HVGO GROTIVS.

n Caist sculpsit ad Ectypum M. a Miereveld, quod extat apud Nobilis: Virum **G. van Papenbroeck,** *Judicum Reip: Amstel: Praesidem.*

LE DROIT DE LA GUERRE, ET DE LA PAIX.

PAR

HUGUES GROTIUS.

NOUVELLE TRADUCTION,

Par JEAN BARBEYRAC,

Professeur en Droit à GRONINGUE, *& Membre de la Societé Roiale des Sciences à* BERLIN.

Avec les NOTES DE L'AUTEUR même, qui n'avoient point encore paru en François; & de nouvelles NOTES DU TRADUCTEUR.

TOME PREMIER.

A AMSTERDAM,

Chez PIERRE DE COUP.

MDCCXXIV.

Avec Privilege de nos Seigneurs les Etats de Hollande & de Westfrise.

J. Wandelaar inv et fecit

A SA MAJESTÉ BRITANNIQUE, GEORGE I.

*IRE*,

TOUT *inconnu que je suis à* VÔTRE MAJESTÉ, *j'ose lui offrir la Traduction d'un Ouvrage qu'Elle connoît parfaitement*,

ment, & qui est comme en possession de paroître sous la protection de quelque Tête Couronnée. L'Auteur, qui le composa en France, *le dédia à* LOUÏS XIII. *La prémière Traduction Françoise, qu'on en a vû, fut dediée à* LOUÏS XIV. *Une Edition Latine, publiée en* Allemagne, *avec des Notes de divers Savans, a été consacrée à l'honneur de l'Empereur* LEOPOLD. *Un Savant de ces Provinces, distingué par son rang, presenta son Commentaire à* GUILLAUME III. *le penultiéme des Prédecesseurs de* VÔTRE MAJESTÉ. *On sait aussi, que* GUSTAVE ADOLPHE, *Roi de* Suéde, *fit de ce Livre le même cas & le même usage, à peu près, qu'avoit fait autrefois* ALEXANDRE LE GRAND *des Poësies d'*HOMERE. *A quel Potentat pourrois-je m'adresser, à qui il convînt mieux de recevoir favorablement, en considération d'un Original si généralement estimé, la nouvelle Traduction, & les Notes par lesquelles je tâche de le faire mieux entendre, & de contribuer, entant qu'en moi est, à l'avancement d'une belle Science, dont une grande partie peut être regardée comme la Science propre des Rois.*

A la vérité cette même Science donne des leçons, qui ne sont pas fort agréables à tous les Souverains. Il y en a eu de tout tems (on ne le sait que trop) qui se faisant une fausse idée de leur Grandeur, aussi bien que de leurs véritables intérêts, n'ont écouté que le langage de la Flatterie, directement opposé aux Maximes établies dans cet Ouvrage. Mais VÔTRE MAJESTÉ *est entrée de bonne heure dans de tout autres sentimens, qu'Elle a témoignez de plus en plus par toute sa conduite, d'une maniére où il n'y a rien de suspect ni d'équivoque.*

Si VÔTRE MAJESTÉ *n'eût jamais gouverné que la* Grande Bretagne, *sur le Trône de laquelle la Providence l'a fait monter par une des Révolutions les plus heureuses pour le bien temporel & spirituel de ces Peuples magnanimes, justement soigneux de l'un & de l'autre; les Ennemis de Vôtre Gloire pourroient,*

roient, sur une présomtion mal fondée à Vôtre égard, mais conforme au génie de bien des Princes, attribuer la justice & la modération de Vôtre Gouvernement à la crainte des mauvais succès qu'ont toûjours eu à la fin les attentats des Rois sur les Libertez & les Priviléges de la Nation. Mais la même justice, la même modération, exercées constamment dans les Etats Héréditaires, au Gouvernement desquels Vôtre Majesté, *depuis tant d'années, avoit été immédiatement appellée par la Naissance; doivent convaincre l'Envie même, que* Vôtre Majesté *agit par un principe de lumiére & d'inclination: qu'Elle sait s'imposer à Elle-même des Loix, & restreindre son Pouvoir: en un mot, que si l'on pouvoit être assûré que tous les Rois fussent de son caractére, il ne seroit plus besoin de Loi Fondamentale; il vaudroit même mieux ôter cette barriére, & laisser aux Chefs de l'Etat une pleine liberté d'agir en tout & par tout comme ils le trouveroient bon.*

C'est là, Sire, *tout ce que je prendrai la liberté de dire ici à la louange de* Vôtre Majesté. *La chose est si connuë, & l'éloge naît si naturellement de mon sujet, que toute la modestie de* Vôtre Majesté *exigeroit en vain le silence. Du reste, je laisse à ceux qui ont l'honneur d'approcher de sa Personne Sacrée, le soin de publier ses autres Vertus Roiales & Chrétiennes. Ou plûtôt je m'en repose sur l'Histoire, qui, écrite selon les régles les plus sévéres, donnera le modéle d'un bon Prince. Je ne suis pas assez vain, pour croire que des louanges de ma part soient d'aucun poids: & je ne me propose ici, que de joindre ma foible voix au concert public de tous ceux qui ont à cœur la liberté de l'*Angleterre*, & l'intérêt commun des* Protestans, *que* Vôtre Majesté *a tant de soin de procurer, soit en les défendant contre l'Oppression, soit en travaillant à réunir les Esprits malheureusement divisez par l'opiniâtreté des Théologiens. Etabli, d'ailleurs, dans une de ces puissantes Provinces, qui font consister leur plus grande gloire &*

leur

leur plus grand avantage dans une étroite union avec VÔTRE MAJESTÉ, *je m'aquitte du devoir d'un bon Citoien, en témoignant la conformité de mes sentimens avec ceux de mes Supérieurs. Mais je les imite sur tout par l'intérêt que je prends à la conservation de Vôtre Personne Sacrée, & à la prosperité de Vôtre Gouvernement : & je me fais un grand plaisir de tirer un bon augure pour l'avenir, de la manière éclattante dont la Providence s'est déclarée par le passé en Vôtre faveur. Oui,* SIRE, *Vôtre Trône, affermi sur la Justice, ne sera point ébranlé. Les Conspirations cesseront : ou, s'il se trouve encore des gens capables d'en entreprendre, elles ne produiront d'autre effet, que de fournir à* VÔTRE MAJESTÉ *de nouvelles occasions de témoigner une Clémence extraordinaire.* VÔTRE MAJESTÉ *verra croître de plus en plus sa Famille Roïale, & en nombre de Successeurs, & en toute sorte de Vertus, dont Elle leur donnera encore l'exemple pendant une longue suite d'années. Vos Ennemis trembleront. Vos Alliez continueront à s'unir de jour en jour plus fortement avec* VÔTRE MAJESTÉ, *par inclination, autant que par intérêt. Ce sont du moins les vœux les plus ardens & les plus sincères de celui qui est avec le plus profond respect,*

SIRE,

DE VÔTRE MAJESTÉ,

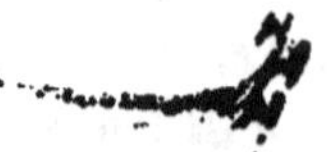

Le très-humble & très-obéïssant serviteur

J. BARBEYRAC.

PRÉFACE

DU

TRADUCTEUR.

QUAND je publiai en François le grand Ouvrage de feu Mr. le Baron de PUFENDORF, *Du Droit de la Nature & des Gens*, je ne croiois pas qu'il me prît jamais envie d'en faire autant pour celui de l'Illustre GROTIUS, *Du Droit de la Guerre & de la Paix*. Ce n'est pas que je ne fusse dès-lors bien persuadé du besoin qu'on avoit d'une Traduction plus intelligible & plus exacte, que celle de Mr. DE COURTIN, qui, avec tous ses défauts a trouvé des Lecteurs & des Acheteurs, faute de meilleure par la haute estime dont l'Ouvrage est en possession depuis près d'un Siécle. Je dis naturellement ce que je pensois là-dessus, dans ma Préface (a) sur la prémiére Edition de (a) §. 30. pag.
PUFENDORF, sans autre dessein que d'exciter quelque personne habile & intel- 84.
ligente à suppléer au mauvais succès de la bonne intention du prémier Traducteur de GROTIUS. J'ajoûtai, dans (b) une seconde Edition, que je pourrois (b) §. 31. pag.
bien quelque jour l'entreprendre moi-même, si j'en trouvois le loisir. Le tems, 123.
& le désir que j'ai toûjours eu de contribuer de mon petit pouvoir à l'avancement de la Science qui est traitée dans ce Livre, m'avoit rendu la tâche moins effraiante, qu'elle ne devoit me paroître immédiatement après le travail, dont j'étois venu à bout, sur un Ouvrage parallèle à celui-ci. Cependant, quoi que je fusse deja sollicité de plus d'un endroit, & par de bons Connoisseurs, à m'embarquer de nouveau pour un voiage du moins aussi pénible & d'aussi long cours, que l'autre, quelque facilité que celui-ci semblât y devoir donner; je me regardois encore comme bien loin de songer tout de bon à faire voile. Il falloit quelque chose d'extraordinaire, pour me déterminer sans délai: & peut-être ne seroit-ce encore qu'une simple *velléité*, ou tout au plus un projet vague, si l'occasion, qui a produit le dessein formé, eût été accompagnée de circonstances moins engageantes. Ici la modestie & la générosité des Illustres Promoteurs de l'entreprise m'impose un silence fâcheux, que toute la déférence que je dois avoir pour leur volonté a bien de la peine à obtenir des mouvemens de reconnoissance, & peut-être d'amour propre, qui me porteroient à m'étendre là-dessus tout à mon aise. Il est si rare de voir des Grands, dans des Postes fort élevez, prendre quelque intérêt aux Occupations sérieuses des Gens-de-Lettres, qu'on ne peut que difficilement resister à la tentation de se faire honneur à soi-même, en rendant des hommages publics à ceux de cet Ordre qui s'élévent ainsi au dessus même de leur rang. Pour moi, rien ne sauroit ici me dédommager un peu du plaisir dont je suis privé à cet égard, que la déclaration solennelle qu'on me permettra du moins de faire, Qu'il n'a pas tenu à moi, que je ne satisfisse en même temps à mon devoir & à mes désirs.

Je serai moins gêné, sur ce que j'ai à dire par rapport à l'Ouvrage même. Jamais Traducteur n'eut plus beau champ pour une Préface, & une Préface intéressante. La matiére du Livre, & le mérite de l'Auteur, fourniroient dequoi remplir un juste volume, si l'on vouloit dire tout ce qu'il faut pour une Introduction à cette lecture. Heureusement le principal se trouve déja fait, dans la longue *Préface* sur PUFENDORF, qui doit désormais servir pour les deux Ouvrages, inséparables & en eux-mêmes, & par la maniére dont je m'y suis pris en les traduisant & les commentant. Je me bornerai donc à donner une espéce d'histoire de mon Original; à rendre compte de ma Version & de ses assortimens, à montrer enfin, par des réflexions générales sur la methode & les principes de cet Ouvrage, l'usage qu'on en doit faire, & le profit qu'on en peut tirer.

I. ON NE sauroit refuser à mon Auteur la gloire d'être original en son genre. C'est le caractére propre de ce Traité, le premier qui aît été fait pour réduire en Systême la plus belle & la plus utile des Sciences Humaines, mais malheureusement la plus négligée. Un tel Essai, avec toutes les imperfections qu'on pourra y découvrir, auroit suffi pour immortalizer un homme d'ailleurs prodige d'Erudition. Et, mis à part les grandes ouvertures qu'il fournit, cela seul qu'il a donné l'exemple, doit rendre & l'Ouvrage, & l'Auteur, éternellement respectables, dans l'esprit de tous ceux qui ont à cœur le bien de la Société Civile & du Genre Humain. Représentons-nous l'affreux cahos où étoient le *Droit de la Nature & des Gens*, & les principes universels du *Droit Public*, qui en sont une dépendance manifeste. S'agissoit-il de décider quelque différent entre deux Nations, ou entre le Corps d'un Peuple & son Souverain? ou bien entre de simples Particuliers, qui étant Sujets de différens Etats n'ont point de Juge commun qui puisse prononcer avec autorité sur leurs prétensions? L'un ne reconnoissoit ici presque d'autre Droit, que la *Loi du plus fort*, ou l'*Intérêt*. L'autre alleguoit la *Coûtume*: principe, prémiérement fort éloigné de l'universalité que doit avoir une Régle commune à tous les Hommes; de plus, souvent incertain, variable, sujet à mille faux-fuians, à mille embarras; enfin, qui peut autoriser le Mal, comme le Bien; qui l'a souvent autorisé chez les Nations les plus polies; & qui, après tout, lors même qu'il a force de Loi, ne l'a point par lui-même, mais en vertu de quelque autre chose, dont l'effet pouvoit aisément être éludé. D'autres, plus Philosophes, mais prévenus de bonne heure d'une admiration outrée pour les Anciens, selon qu'ils s'étoient entêtez d'un PLATON, ou d'un ARISTOTE, ou de tel autre *Homme Divin* à leur gré, vouloient qu'on l'écoutât, comme un Oracle, & qu'on puisât uniquement dans ses Ecrits, obscurs ou confus, superficiels & imparfaits, pleins d'erreurs & de chiméres, les Régles du Droit & de la Morale. D'autres en appelloient au *Droit Romain*: comme si les *Romains*, & leurs Jurisconsultes, avoient été ou infaillibles, ou envoiez du Ciel pour prescrire des Loix à toutes les Nations, depuis même la ruine totale de leur Empire; ou comme si, supposé que leurs décisions dussent faire régle, il étoit fort facile de démêler les principes de l'Equité Naturelle au milieu d'une infinité de subtilitez arbitraires où ils sont ensevelis. Plusieurs faisoient un mélange bizarre de ces principes, ou autres semblables, aussi difficiles à accorder entr'eux, qu'avec le Bon-Sens. Il n'y avoit qu'une chose en quoi ils convenoient tous, c'est que le fondement de leurs Décisions se réduisoit ou directement, ou indirectement, à l'Autorité. Comme elle s'étoit emparée de l'Esprit avant l'examen, ou sans aucun examen des choses mêmes, elle décidoit souverainement de ce qui est du ressort de

la

la Raison toute seule. Il semble qu'on eût perdu le goût de ce qui est raisonnable, à force de ne se repaître que d'Opinion & d'Exemple. En vain la Révélation de la *Loi Divine de* MOÏSE, & plus encore celle du *Fils de* DIEU, avoient ouvert les véritables sources du Droit: en vain, par cela même qu'elles les ouvroient seulement, elles exhortoient les Hommes à les creuser, & à les suivre dans tous les Ruisseaux qui en découlent: on n'en a été guéres plus attentif à profiter de ces avertissemens & de ces secours. Bien loin de là: ce fut à la faveur de la Religion la plus raisonnable & la plus sainte, que s'introduisirent les Erreurs & les Pratiques le plus manifestement contraires & à la Religion, & à la Raison. Selon les principes de l'Evangile, on ne peut plus douter, que ce ne soit une souveraine injustice, de piller, chasser, tourmenter, tuer ceux qui ne font du mal à personne: il s'est trouvé néanmoins, & il n'y a encore que trop de gens, qui faisant profession du Christianisme ont témoigné croire, & persuadé ensuite au Vulgaire ignorant, qui fait la plus grande partie de chaque Ordre & de chaque Condition; que tout cela est non seulement permis, mais un devoir, quand il s'agit de *la plus grande gloire* de DIEU, qui consiste, selon eux, à avancer de quelque maniére que ce soit les intérêts d'une Faction Réligieuse. C'étoit une maxime de Droit Public, assez généralement reçuë, que les Sujets ne dépendent que de leur Souverain: il se forme, dans des Siécles ténebreux, une Puissance Ecclésiastique, qui se parant d'un titre usurpé, vient s'ériger en Souverain de tous les Souverains, leur impose des Tributs à eux & à leurs Sujets, & absout ceux-ci, quand bon lui semble, des Sermens de fidélité les plus solennels. L'Assassinat des Rois, qu'elle declare *Hérétiques*, c'est-à-dire, rebelles à ses Loix & peu dévouez à ses intérêts, est regardé comme une action héroïque, qui met au rang des Martyrs ceux que l'on ose punir, pour l'avoir commise. On peut juger par là, quels progrès doit avoir fait l'étude du Droit de la Nature & des Gens, entre les mains des Suppôts de cette Puissance, qui se l'approprioient, & qui étoient si fort intéressez à étouffer entiérement les lumiéres les plus pures de la Raison. Les *Scholastiques* introduisirent quelque espéce de méthode: mais ils ne firent d'ailleurs qu'ajoûter au peu de solidité & de liaison des principes, un mélange affreux de sécheresse, de vaines subtilitez, & de barbarie, seul capable de dégoûter des meilleures choses. Les *Réformateurs* étoient trop occupez de Controverses Théologiques, pour penser sérieusement à une Science comme celle dont il s'agit; quand même ils auroient eu d'ailleurs moins du levain de l'Ecôle, qu'ils n'en conservérent, & les talens ou les connoissances nécessaires pour une telle entreprise.

Tel étoit l'état de cette prémiére Jurisprudence, qui doit servir de fondement à toutes les autres, lors que GROTIUS conçut le noble dessein de la ramener à ses principes propres, & de la faire voir dans son naturel, dépouillée des haillons dont on l'avoit revêtuë. Il possédoit, dans un degré éminent, les qualitez que demandoit une entreprise de cette nature: & j'ose dire, que son Erudition, quelque immense qu'elle fût, n'étoit pas la principale. Il n'en falloit pas tant, à beaucoup près, pour un tel Ouvrage; & elle auroit été préjudiciable, plûtôt qu'utile, si l'Auteur se fût trouvé du génie de ces Savans, qu'une grande lecture empêche de reflêchir, & d'être en garde contre les Préjugez, dont elle leur fournit même occasion, bien loin de les guérir de ceux qu'ils y apportoient. La liberté de l'Esprit, la pénétration & la droiture du Jugement, l'amour de la Vérité,

rité, le courage de la dire, c'est ce qu'il falloit ici, & c'est ce qui, dans GROTIUS, alloit du pair avec le Savoir. Nous sommes peut-être redevables de l'usage qu'il en a fait pour un tel dessein, à sa mauvaise fortune, qui le réduisit à se trouver encore fort heureux de vivre en exil. S'il fût demeuré dans sa Patrie, où il auroit pû lui rendre tant de services, dans les Emplois les plus considérables de l'Etat; il n'auroit pas eu sans doute autant de loisir qu'elle lui en procura par une injuste Sentence, où elle se punissoit elle-même en se privant de ce Grand Homme. Mais la Postérité, plus équitable, a reconnu la faute de ses Ancêtres, en même tems qu'elle a profité, avec toute l'*Europe*, des Ecrits de GROTIUS. Celui-ci seul suffisoit, pour faire voir, combien on avoit perdu: & ce fut sur la simple lecture du Livre, que nôtre Auteur fut regardé comme un des plus grands Politiques, par des Ministres d'Etat & des Têtes Couronnées, qui vinrent enfin à lui offrir une Ambassade honorable. Mais quoi qu'il n'aît composé & publié cet Ouvrage que dans son exil, il ne faut pas croire qu'il aît commencé alors seulement les recherches nécessaires pour y réussir. Son génie supérieur & précoce en tout genre d'Erudition lui avoit de bonne heure fait reconnoître & démêler peu-à-peu l'obscurité, l'incertitude, & la confusion de ce qu'on débitoit avant lui, en matiére de la Science dont il s'agit. Il paroît, par des Lettres écrites à son Frére(a) GUILLAUME GROTIUS, quelques années avant sa disgrace, qu'il rouloit déja dans son esprit, sur ce sujet, de tout autres idées, que celles qui se trouvoient dans les Livres. Pendant qu'il fut en prison à *Louvestein*, il avoit tout le tems de méditer ces matiéres: mais je doute qu'il pensât encore alors à ramasser dequoi en composer un Corps régulier. On n'en voit du moins aucun indice dans ses Lettres, où néanmoins il parle souvent d'autres Ouvrages auxquels il travailloit dans cette triste solitude. L'étude de l'Ecriture Sainte y fit sa plus grande & plus sérieuse occupation, qui produisit ensuite ces savantes & judicieuses Notes que la Postérité la plus reculée admirera. Mais cette étude d'ailleurs contribua beaucoup à lui donner de plus en plus des idées justes du Droit commun à tous les Hommes, dont celui qui est leur Créateur & leur Pére commun a semé les principes dans le *Vieux* & le *Nouveau Testament*, d'une maniére à diriger très-sûrement la Raison, qu'il ne leur a donnée que pour en faire usage sur ce sujet principalement, où il y va de leur plus grand intérêt. L'Ouvrage même de nôtre Auteur témoigne par tout, combien il avoit tiré de secours de ces Saints Livres, & le soin qu'il avoit de se conduire par leurs lumiéres. Il nous apprend lui-même l'occasion qui le détermina à travailler de propos délibéré sur le Droit de la Nature & des Gens: & il est bon de la rapporter, pour rendre en même tems à la mémoire d'un autre illustre Personnage l'honneur qui lui seroit dû par cette seule raison, quand il ne se seroit pas d'ailleurs distingué par une ardeur extraordinaire à procurer l'avancement de toutes les belles Connoissances. On voit bien que je veux parler du fameux Mr. DE PEIRESC, qui a tant encouragé de toutes maniéres les Savans qu'il jugeoit propres à quelque chose. De l'humeur dont il étoit, il n'avoit garde d'ignorer ou d'oublier un homme comme GRO-

(a) Voiez, par exemple, *Epist. Appendix*, Epist. IV. VI. XII.

(b) C'est ce que GROTIUS témoigne lui-même, dans une de ses Lettres à Mr. DE PEIRESC, datée du 11. de *Janvier*, M. DC. XXIV. *Interim non otior: Sed in illo de Jure Gentium opere perge: quod si tale futurum est, ut lectores de mereri possit, habebit, quod tibi debeat, posteritas, qui me ad hunc laborem & auxilio, & hortatu tuo excitasti.* Epist. CCI. GASSENDI, dans

GROTIUS, qu'il auroit été chercher au bout du monde, s'il l'y eût sû. Il le trouvoit en *France*, où il eut bien-tôt fait connoissance avec lui à *Paris*, & lié un commerce particulier, qu'il entretint toûjours, soit qu'il fût présent, ou en Province. Il ne se contenta pas d'emploier un (b) excellent Peintre, pour orner son Cabinet d'un Portrait qui lui rappellât à chaque moment l'idée de cet Illustre Refugié: il voulut encore, imitateur de l'art de (c) SOCRATE, servir à l'enfantement de quelque production d'Esprit, où GROTIUS se peignît lui-même. Il le sollicita donc à travailler (1) sur le Droit commun à tous les Peuples, & il ne pouvoit choisir de sujet plus digne de celui qui le souhaittoit, & de celui à qui il le proposoit. Il témoignoit par là avoir reconnu la nécessité d'une chose à quoi peu de gens prenoient garde: car je ne sai si on trouvera quelque autre, que le fameux BACON, Anglois & Chancelier d'*Angleterre*, qui eût senti l'imperfection de la Science du Droit de la Nature & des Gens, de la maniére qu'elle avoit été jusqu'alors traitée.

(b) Voiez *Gassendi, De Vita Peiresc.* Lib. IV. *pag.* 123. *Edit. Hag.* C. 1655.

(c) Voiez *Platon, in Theaet.* pag. 149, 150. Tom. I. *Ed. H. Steph.*

GROTIUS se mit à travailler sur cette matiére, en l'année M. DC. XXIII. après avoir (d) achevé son STOBE'E. Il choisit pour cela une retraite agréable. Le célébre Président JEAN JAQUES DE MESMES, qui ne pouvoit que se joindre au grand nombre d'Amis que nôtre Auteur se fit en *France*, lui avoit offert une Maison de campagne, nommée *Balagni*, près de *Senlis*: il s'y rendit, au commencement de *Juin*, à dessein en partie de fortifier sa santé, en respirant un air plus pur qu'à la Ville. A cause dequoi il travailloit d'abord assez (e) lentement: & néanmoins, comme nous l'apprenons d'une de (f) ses Lettres, il mettoit à profit jusqu'aux Promenades, entre lesquelles & l'Etude il partageoit alors tout son tems. On peut juger par cet échantillon, de son application infatigable au travail: sans quoi tous ses beaux talens, & toute la facilité qu'ils lui donnoient, n'auroient pas suffi à produire tant d'Ouvrages de différente nature, au milieu des traverses & des distractions d'une Vie qui n'a pas été des plus longues. Le secours d'une Bibliothéque, qui fût à lui, & dont il pût se servir à tout moment, lui manquoit: d'où l'auroit-il euë? Celle, qu'il avoit ramassée dans sa Patrie, n'échappa pas entiére aux recherches de ceux qui avoient confisqué ses biens; & il avoit à peine dequoi entretenir sa Famille, de (2) la pension assez mal paiée, que lui donnoit *Louïs XIII.* Il falloit donc, que, pour les Livres dont il avoit besoin, il vécût d'emprunt: chose fort incommode, sur tout dans la composition d'un Ouvrage comme celui dont il s'agit, où il vouloit faire passer en revuë tout ce qui pouvoit se trouver, sur son sujet, & dans l'Antiquité, & chez les Modernes. La Bibliothéque de JAQUES AUGUSTE DE THOU, Fils du célébre Historien, fut celle qu'il témoigne avoir (g) eu en sa disposition, & pour cet Ouvrage, & pour les autres qu'il entreprit à *Paris*. Il falloit, pour le dire en passant, que les gens de *Balagni* fussent bien bigots, ou que ses Ennemis & ceux de Mr. le Président DE MESMES fussent fort attentifs à chercher dequoi les chagriner: car il fut obligé de se justifier (h) auprès de Mr. DE THOU, qui lui donnoit avis de certains bruits répandus, sur ce qu'il n'observoit

(d) *Epist.* 56. & 57. Part. II. *seu Append.*

(e) Ep. 57. *ubi supr.*

(f) I. Part. *Epist.* 195.

(g) I. Part. *Epist.* 193. & 198. *II. Part.* Epist. 192.

(h) I. Part. *Epist.* 196.

dans la Vie de cet Illustre Conseiller, rapporte là-dessus un fragment d'une autre Lettre (Lib. IV. pag. 121.) qui ne se trouve pas dans le Recueil de celles de GROTIUS.

(2) Voiez les *Mémoires* de DU MAURIER, *pag.* 449. *dern. Ed. de Holl.* & les Lettres de nôtre Auteur, *I. Part.* Epist. CCVII. *Appendix*, Ep. LXIV.

servoit pas le *Carême*, & qu'on faisoit dans sa Famille des Exercices presque publics de Dévotion, à la maniére des *Protestans*, où, disoit-on, plusieurs se rendoient d'autres endroits. Il répondit, que, bien loin de là, il avoit même expressément ordonné qu'on fit maigre chez lui, le *Vendredi* & le *Samedi*; résolu qu'il étoit de suivre la mode du païs, en matiére de pareilles choses. Que, depuis qu'il étoit dans cette Campagne, il n'y avoit vû aucun des Ministres Refugiez de *Hollande*, ni rien fait qui pût scandalizer les Catholiques Romains, comme de chanter à haute voix des Pseaumes ou des Cantiques. Il promet d'être désormais encore plus circonspect, pour ne pas donner lieu au Président de se plaindre de lui avec la moindre apparence. Il déplore, à cette occasion, le sort d'un Réfugié, en alleguant des vers d'EURIPIDE, (a) qui font consister son malheur principalement en ce qu'il ne peut presque ouvrir la bouche, qu'on ne lui en fasse un crime. Cependant nôtre Auteur ne quitta *Balagni* qu'au mois d'*Aoust*: car alors aiant appris que le Maître de la Maison de campagne y devoit venir lui-même & craignant de l'incommoder, il se retira à *Senlis*, dans le voisinage, dont il trouvoit l'air aussi bon, & les environs fort riants. Ce fut vers le 4. d'*Aoust* (b) qu'il y alla, & il y continua son Ouvrage pendant cet été. Il étoit de retour à *Paris* (c) le 21. d'*Octobre*, où il acheva ce qui restoit. Dans le mois de *Juin* (d) de l'année suivante M. DC. XXIV. il étoit déja occupé à mettre son Livre au net: en quoi il avoit une bonne aide, son Ami & Compatriote THEODORE GRASWINKEL, dont nous aurons occasion de parler plus bas. On commença à imprimer, vers (e) le milieu de *Novembre* de la même année; quoi que l'Auteur fût alors malade, depuis près de deux mois, d'une dysenterie, pendant laquelle il ne laissa pas de préparer d'autres Ouvrages de différente nature. Au mois de *Fevrier* de l'année suivante M. DC. XXV. le Libraire (f) fit rouler deux presses, pour être à tems d'exposer la Livre en vente à *Francfort*, dans la Foire de *Pâques* prochaine. On l'y (1) envoia effectivement, sur la fin de *Mars*, sans les *Index*, qui n'étoient pas encore imprimez, & quelques Cartons que l'Auteur fit faire depuis. Cette prémiére Edition est *in quarto*, & assez belle. GROTIUS la dédia au Roi LOUÏS *XIII.* qui, à ce que nous apprenons de (g) DU MAURIER, *ne lui en donna aucune recompense, pour n'avoir point de Patron auprès de sa Majesté, qui aimât les Belles Lettres, & qui fit état d'un travail de cette importance.* Ce sont les propres termes des *Mémoires*.

(a) *Phœniss.* vers. 391, & *seqq.*

(b) I. Part. *Epist.* 197.

(c) II. Part. *Epist.* 59.

(d) *Ibid.* Ep. 74.

(e) *Ibid.* Epist. 79.

(f) *Ibid.* Epist. 66.

(g) Pag. 450. Edit. de 1691.

Le Public reçut l'Ouvrage plus favorablement. Jamais Livre n'eut une approbation (2) plus générale, & ne s'est mieux soûtenu jusqu'à présent, sans qu'il y aît lieu de craindre qu'il ne continuë pas toûjours à avoir son prix. S'il fut mis à

(1) Cela paroit par la Lettre LXXI. de l'*Appendix*; laquelle, aussi bien que la LXVI. citée en marge, & comme cela est arrivé à plusieurs autres, est mal dattée de l'an M. DC. XXIV. au lieu de M. DC. XXV. ainsi que la suite des choses le montre incontestablement. C'est ainsi que, dans la souscription à la Lettre CLXXXVIII. de la I. Partie, on a mal lû, du 20. *Novembre* M. DC. XXII. au lieu de quelque autre année: car nôtre Auteur y demande à son Ami GERARD JEAN VOSSIUS, des avis pour une nouvelle Edition de ce même Livre; dont, à suivre cette datte, la composition même n'étoit pas encore commencée. Aussi voit-on ensuite une autre Lettre, au même VOSSIUS, (c'est la 218.) dattée du 1. de *Juillet*, M. DC. XXVI. où il le prie encore de lui communiquer ses lumiéres pour la nouvelle Edition qu'il préparoit.

(2) L'Auteur s'en félicite lui-même, dans son Epître Dédicatoire des *Phéniciennes* d'EURIPIDE, adressée au Président DE MESMES, qu'il remercie là, entr'autres choses, de l'occasion qu'il lui avoit fourni de travailler agréablement

à *Rome* (h) dans l'*Indice Expurgatoire*, c'est une condamnation des plus honorables: on auroit pû croire, sans cela, que l'Auteur favorisoit les principes & les intérêts d'une Monarchie destructive de tous les Droits de la Nature & des Gens. Il n'a même pû éviter, (i) qu'on ne l'en soupçonnât, malgré une justification si authentique, que la *Cour* de *Rome* eut soin de faire en sa faveur. Tant il est difficile, pour ne pas dire impossible, que les meilleures intentions du monde ne soient sujettes à des interprétations sinistres, & les plus excellens Ouvrages en butte à la Malignité des Ennemis ou des Envieux. De ceux-ci même il y en a toûjours de cachez, qui sont les plus dangereux: & c'est ce que nous savons aujourdhui être arrivé à nôtre Auteur, de la (3) part du fameux SAUMAISE. Mais le Public l'a bien vengé, en mettant une grande différence entre cet Ouvrage, & le seul que SAUMAISE aît publié sur quelque matiére de Droit Public. On ne se souvient presque plus de la *Defensio Regia:* pendant qu'on rimprime le Traité du *Droit de la Guerre & de la Paix* en divers païs, & en différentes Langues.

(h) Le 4. de *Fevrier*, 1627. Voiez les Lettres de nôtre Auteur, *II. Part. Epist.* 151.

(i) Voiez ce que j'ai dit sur *Liv.* II. *Chap* IX. §. 11. *Not.* 1.

La prémiére Edition de l'Original, qui est la seule de *Paris*, que je sâche, fut presque toute debitée (k) en très-peu de tems: & la rimpression auroit suivi bientôt après, sans les retardemens qu'y apporta (l) la négligence, & puis la (m) mort du Libraire. Les autres Nations, à l'envi l'une de l'autre, enlevérent à la *France* un Ouvrage né dans son sein: & la Patrie sur tout de nôtre Auteur s'en empara, comme d'un bien qu'elle croioit avoir droit de revendiquer. Elle fut néanmoins devancée par l'*Allemagne*, où l'on vit paroître à *Francfort*, dès l'année suivante M. DC. XXVI. une Edition en plus petite (n) forme, mais assez jolie, & plus correcte que celle de *Paris*, dont on ôta les fautes d'impression, & l'on inséra en leur place les Additions qui étoient à la fin du volume. Les Libraires de *Hollande*, après bien des retardemens, se piquérent si fort d'émulation, qu'on vit paroître tout d'un coup, & en très-peu de tems, trois Editions, sur la fin de l'année M. DC. XXXI. & au commencement de l'année suivante M. DC. XXXII. La prémiére, qui étoit *in folio*, fut imprimée à *Amsterdam*, chez *Guillaume Blaeu*, sur les additions & corrections, que l'Auteur lui avoit fournies. *Jean Jansson*, Libraire de la même Ville, donna là-dessus une autre Edition en petit, à l'insû de l'Auteur, qui témoigna publiquement, que l'Edition postérieure étoit peu correcte, sur tout pour les citations des Passages Grecs. Il revit donc un exemplaire, sur lequel *Blaeu* fit la troisieme Edition, aussi *in octavo:* & c'est ce qui paroît par l'Avertissement, qui est au revers du Titre, daté d'*Amsterdam*, où GROTIUS étoit alors, le 8. d'*Avril* de M. DC. XXXII.

(k) *Append.* Epist. 104.

(l) *Ibid.* Epist. 15[illegible]

(m) *Ib.* Ep. 183.

(n) *In octavo*, chez les Héritiers de *Wechel*.

On

ment à cet Ouvrage, en lui prêtant sa Maison de campagne: *Quàm aliquando suis usura Balagniaci sui: qui locus Domini mores amœnitate suâ referens, excitavit in me conatum ejus Operis, quod inter mea faventissimis Lectorum animis exceptum est.* Cette Epitre est du 1. de *Juin*, 1630.

(3) Voiez la Lettre de SAUMAISE, publiée par CRENIUS, *Animadvers. Philos. & Historic.* Part. I. pag. 22. & le *Dictionnaire* de feu Mr. BAYLE, à l'Article GROTIUS, Lett. *M.* Où, pour le dire en passant, celui-ci s'est trompé en expliquant ces mots: *Librum ejus* De Jure Belli ac Pacis *refutandum suscepit quidam Professor* ALMA JULIA &c. qu'il traduit: *Un Professeur de Transilvanie* &c. Il a lû sans doute *Alba Julia*, qui est une Ville de *Transilvanie*: au lieu qu'*Alma Julia* est l'Académie de *Helmstadt*. On vouloit désigner par là FELDEN, Professeur de cette Université, dont je parlerai plus bas. Voiez l'*Historia Juris Naturalis* de Mr. BUDDEUS, §. 27.

On trouve là (pour le dire en passant) une circonstance qui sert à l'Histoire de la Vie de ce Grand Homme; c'est le tems (1) précis, auquel il fit un très-petit séjour dans sa Patrie, d'où il fut obligé de ressortir pour jamais.

Nôtre Auteur ne pensa plus depuis à inserer des Additions dans le corps de son Ouvrage: soit qu'il crût avoir dit tout ce qui étoit nécessaire par rapport à son bût, ou qu'il craignît l'inconvénient des Additions, qu'il est difficile de placer d'une maniére qui ne cause pas de l'interruption à la suite du discours; outre le dérangement qu'il y a à apprehender de la part des Imprimeurs. Il se contenta donc de ramasser, en forme de Notes, tout ce que sa mémoire ou ses lectures lui fournissoient, qui pouvoit servir à expliquer ou illustrer les matiéres.

(a) *II. Part.* Epist. 471.
(b) *I. Part.* Epist. 1234.
(c) *II. Part.* Epist. 602, 603.

Il regardoit (a) lui-même ce Recueil, comme devant grossir le Livre de la moitié ou au delà, par (b) le grand nombre d'Autoritez, anciennes & modernes, qui s'étoient présentées, & qu'il jugeoit remarquables. C'est ce qui servit à faire valoir la nouvelle Edition, qui parut à *Amsterdam*, chez les *Blaeu*, en M. DC. XLII. où d'ailleurs il se glissa bien des fautes; de quoi nôtre Auteur (c) se plaignit en écrivant à son Frere. Mais c'est la derniére qu'il a vuë publier. Il n'eut pas le tems, ni peut-être la volonté, de preparer de nouvelles Additions: & il y en a très-peu dans celle de M. DC. XLVI. quoi qu'en dise le Tître. Les autres Editions, venuës depuis, n'ont fait que copier cette Edition posthume, & par conséquent qu'y ajoûter de nouvelles fautes d'impression; jusqu'à la derniére, de M. DCC. XX. dont je dois parler plus bas.

(d) *Du Maurier*, Mémoir. *pag.* 453.
(e) *Grotii Epist.* I. Part. *Ep.* 880. *in fin.*

En voilà déja beaucoup, pour montrer combien l'Ouvrage fut estimé & recherché. Mais il y en a d'autres preuves encore plus convaincantes. Si l'on vouloit imiter ceux qui, publiant un Auteur Ancien, quelque chetif qu'il soit, ramassent avec ostentation tous les passages d'autres Ecrivains où ils le trouvent, je ne dirai pas loué, mais cité seulement; on pourroit faire de cela seul un gros Volume. Car qui n'a pas loué ou cité (2) GROTIUS, toutes les fois qu'il y a eu occasion de parler de quelque chose qui se rapporte à la matiére de ce Livre? Ceux qui étoient le plus capables d'en juger, sont ceux qui en ont fait le plus de cas; à moins que la passion ou les préjugez n'aient séduit leur Jugement. Le grand GUSTAVE ADOLPHE, Roi de *Suéde*, ne pouvoit se (d) lasser de lire cet excellent Ouvrage: il le (e) fit traduire en Langue Suédoise: & si la mort n'eût prévenu ses desseins, il auroit vraisemblablement appellé l'Auteur à son service dans quelque Emploi considérable. Son Chancelier *Oxenstiern*, qui l'y encourageoit, n'eut garde de manquer l'occasion qu'il trouva de satisfaire lui-même son inclination, conforme à celle du feu Roi, par le grand pouvoir qu'on lui donna sous la Minorité de *Christine*. Il nomma GROTIUS pour Ambassadeur de

(1) On peut joindre ici les Lettres de GERARD JEAN VOSSIUS, 1. Part. *Epist.* CLIX. CLXIX. CLXXXII.

(2) Le feu P. SIMON, dans sa BIBLIOTHEQUE CRITIQUE, publiée sous le nom de Mr. DE SAINJORE, dit, que *même en Italie & principalement dans* Rome, *l'on cite encore aujourdhui avec éloge dans des Ecrits Publics l'excellent Ouvrage* De Jure Belli & Pacis. *Tom.* III. Chap. XIII.

(3) C'est ce qu'il témoigne dans une Lettre à son Frére, du dernier jour de l'année M. DC. XXVIII. en lui envoiant l'exemplaire augmenté, sur lequel devoit se faire la nouvelle Edition: *Mitto libros De Jure Belli ac Pacis, cum non exiguâ accessione. Horum curam tibi & amicis commendo, ut inter mea Opera, si quid recte judico, eminentium.* Append. Epist. 196.

(4) *Librum ejus* De Jure Belli ac Pacis *refutandum suscepit quidam Professor Almæ Juliæ, qui amicis*

de la Couronne de *Suède* auprès de celle de *France*, en M. DC. XXXV. malgré les cabales, que les Ennemis de ce grand Homme (f) firent pour empêcher qu'il ne fût élevé à un si beau poste, ou pour le priver des honneurs qui y étoient attachez. La Haine & l'Envie furent encore plus impuissantes, par rapport à la haute estime que l'on conçut d'abord pour le Livre dont il s'agit. On l'admira de plus en plus, parce qu'on en reconnut de plus en plus la solidité & l'utilité. L'Auteur, qui lui (3) donnoit lui-même le prémier rang entre ses Ecrits, n'eut à essüer aucune critique. Ceux qui en méditoient, eurent assez de prudence, pour se taire de son vivant.

(f) Voiez *Le Vassor, Hist. de Louïs XIII.* Liv. XXXVII. pag. 358. Tom. VIII.

Mais, quelques années après sa mort, il parut à *Amsterdam*, en M. DC. LIII. des Notes, qui venoient d'un Jurisconsulte d'*Allemagne*, Professeur en Mathématiques à *Helmstadt*. C'est le même JEAN (g) DE FELDE, de qui (4) SAUMAISE promettoit monts & merveilles, dans une Lettre écrite peu de tems après la mort de GROTIUS, mais qui n'a été publiée que vers la fin du dernier Siécle. Quelques Amis de ce Savant lui avoient dit, que le Professeur de *Helmstadt* s'étoit vanté en leur présence, de pouvoir montrer *qu'il n'y avoit point de page du Livre de* GROTIUS, *où l'on ne trouvât des fautes grossiéres:* & cela est rapporté, dans la Lettre susdite, d'une maniére à faire penser qu'on y ajoûtoit foi aisément; quoi que, comme l'a remarqué le célébre (h) Mr. BUDDEUS, une fanfaronnade si outrée fût seule capable de donner mauvaise opinion & de la Critique annoncée, & de son Auteur. Aussi fut-il encore long tems à menacer, puis que ses Notes ne parurent que huit ans après, en M. DC. LIII. Si le grand SAUMAISE eût été encore en vie, je doute qu'avec toute sa jalousie sécréte contre l'Auteur critiqué, il n'eût pas beaucoup rabattu des hautes espérances qu'il avoit conçuës de ce projet. On n'a jamais rien vû de plus pitoiable: (5) & on seroit surpris qu'un Mathématicien pût si mal raisonner, si l'on n'avoit d'autres exemples, bien plus illustres, qui montrent clairement que l'étude des Mathématiques ne rend pas toûjours l'Esprit plus juste en matiére de choses qui sont hors de la sphére de ces Sciences. On voit ici un homme, qui ne cherche qu'à censurer, & qui ne sait ce qu'il veut lui-même. Il se bat avec son ombre, il n'entend pas la plûpart du tems la pensée de l'Auteur qu'il combat: & lors même qu'il l'entend, il en tire par les cheveux des conséquences les plus mal fondées du monde. Esprit tenebreux & malheureusement (6) subtil, il ne peut souffrir l'éclat de la lumiére que GROTIUS lui présente: les idées & les distinctions embrouillées de la Philosophie Péripatéticienne, dont il est tout rempli, forment au dedans de lui un nuage épais, qui le rendent impénétrable aux plus forts raïons de la Vérité.

(g) *Feldenus*, comme on a latinizé ce nom.

(h) *Hist. Jur. Natur.* §. 27. pag. 36. *Select. Jur. N. & Gent.*

Nôtre

amicis aliquot, quos vidi, adfirmavit se ostensurum esse, nullam paginam vacare insignibus erratis. Epist. SALMASII, in T. I. *Animadv. Philol. & Hist.* THOM. CRENII, pag. 22.

(5) Notez, qu'il ne s'attache point à examiner les Citations & les Faits, en quoi il auroit assez trouvé matiére à critique; comme il paroîtra par mes Notes.

(6) C'est le jugement qu'en porte un Auteur celébre de la même Nation, Mr. THOMASIUS, dans sa *Paulo plenior Hist. Juris Naturalis*, Cap. VI. §. 3. où, pour prouver d'ailleurs combien FELDENUS aimoit les spéculations subtiles, mais vaines, il allégue un Ouvrage *De Scientia interpretandi*, qui lui avoit coûté cinquante ans de travail, & qui parut à *Helmstadt*, en 1689. Voiez aussi ce que dit, au sujet de ce Critique de mon Auteur, Mr. BUDDEUS, *Hist. Jur. Natur.* §. 27.

Nôtre Auteur n'avoit pas besoin ici de Défenseur : il s'en trouva un néanmoins, qui crut devoir rendre cet office à sa mémoire. Ce fut THEODORE GRASWINKEL, Jurisconsulte, de ses Parens (1) & de ses Amis, natif, comme lui, de *Delft*, & qui lui avoit servi de Copiste, pour mettre au net le Livre même dont il entreprit la défense. On a publié, comme (2) le tenant de sa bouche, qu'il écrivoit, pendant que GROTIUS lui dictoit : mais on pourroit bien avoir mal entendu, ou ne s'être pas bien souvenu de ce qu'on avoit ouï. Une (3) Lettre de GROTIUS même, où il parle de ce en quoi son Ami l'aidoit, donne seulement l'idée d'un homme qui copie des brouillons, tels que devoient être ceux de nôtre Auteur, dont l'écriture d'ailleurs n'étoit pas fort lisible. Quoi qu'il en soit, si GROTIUS eût vêcu encore, il eût été, je crois, plus content de la bonne volonté de GRASWINCKEL, que de la maniére dont il l'avoit executée. Ce Jurisconsulte ne fit pas long-tems attendre la Défense de son Ami défunt ; puis qu'elle parut un an après la Critique, en M. DC. LIV. Il étoit plus propre à compiler, qu'à approfondir les matiéres. Il ne paroît pas avoir assez entendu les principes de son Auteur, quelque occasion qu'il eût eu de s'en instruire, s'il eût voulu, par des Conversations familiéres. Les idées de GROTIUS lui étoient alors nouvelles, & il ne prit pas soin depuis de les méditer avec toute l'attention & la précision qu'il falloit. Il suivit son panchant, & sa méthode d'étudier. DE FELDE ne demeura pas muet : mais il ne rentra pas si tôt en lice. Il attendit qu'on rimprimât ses Notes en (4) *Allemagne*, ce qui n'arriva qu'en M. DC. LXIII. & il y joignit des Réponses à la Réfutation de GRASWINCKEL. Comme le zéle de celui-ci lui avoit fait lâcher quelques traits piquans, l'Antagoniste lui en rendit avec usure : & c'étoit entr'eux une Guerre déclarée, si le Défenseur de GROTIUS eût voulu pousser sa pointe. Les uns (a) attribuent son silence à l'impuissance où il se sentit de tenir tête plus long-tems : d'autres (b), au contraire, conjecturent qu'il se tût par mépris pour un Adversaire chicaneur. Peut-être diroit-on, avec plus de fondement, qu'il ne trouva pas le loisir de repliquer, étant mort trois ans après, dans les fonctions & les distractions de deux Emplois considérables : outre qu'il pouvoit être occupé à (5) d'autres Ouvrages, qui parurent après sa mort, & dont il ne jugea pas à propos de se détourner, pour une querelle desagréable.

(a) *Thomas. Hist. Jur. Nat. Cap.* VI. §. 3.
(b) *Buddeus, Hist. J. Nat.* §. 27.

Il est certain, au moins, que tous les efforts redoublez du Professeur de *Helmstadt*

(1) Je l'apprens par l'Epître Dédicatoire au Frére & aux Fils de nôtre Auteur, qu'il appelle *Cognati sui*.

(2) Dans une Lettre de CHRISTOPHLE ARNOLDUS, que feu Mr. BAYLE cite dans son *Diction Hist. & Crit.* à l'article de nôtre Auteur, *Lett. O.* après CRENIUS, *Animadvers. Philol. & Hist.* Part. V. pag. 204.

(3) *Graswinckelius noster hic adhuc est, & me in describendis libris de Jure* (Belli) *strenuè adjuvat*. Append. Epist. 74.

(4) A *Iena*, sous le même titre de JOANNIS A' FELDEN *Annotata in* HUGONEM GROTIUM *De Jure Belli & Pacis : cum Responsionibus ad Stricturas* GRASWINCKELII. Car tel étoit le titre du Livre de GRASWINCKEL : *Strictura ad Censuram* J. A' FELDEN &c. L'un & l'autre est *in duodecimo*.

(5) Voiez son Article, dans le *Dictionaire Histor. & Critiq.* de Mr. BAYLE, Lettre A.

(6) C'est ce que témoigne BOECLER, dans la Préface qu'il mit au devant de ses Notes, *pag.* 41. Et à cette occasion l'Electeur fonda depuis une Chaire de Professeur, destinée particuliérement à enseigner le Droit de la Nature & des Gens. Voiez ce que j'ai dit dans ma Préface sur le Livre de SAMUEL PUFENDORF, qui fut le prémier Professeur de cette Science, §. 30. de la 2. Edition.

(7) Cette Lettre écrite au Baron DE BOINEBOURG, Chancelier de l'Electeur de *Mayence* (duquel j'ai parlé dans la même Préface sur PUFEN-

stadt ne diminuérent rien de l'estime que le Public avoit conçuë pour le Livre de GROTIUS. Ils ne firent que l'augmenter, en excitant la curiosité de comparer la Critique avec l'Ouvrage critiqué, & en donnant l'exemple de travailler sur le Traité *Du Droit de la Guerre & de la Paix*, mais dans un autre dessein que de censurer. L'Electeur Palatin, CHARLES LOUÏS, ordonna qu'on l'expliquât publiquement dans son Université (6) d'*Heidelberg*. Dès la même année, que la nouvelle Edition des Notes de FELDENUS fut publiée, on vit paroître la Prémiére Partie d'un Commentaire, qui auroit été fort long, si l'Auteur l'eût achevé. C'est celui de JEAN HENRI BOECLER, Professeur en Histoire à *Strasbourg*, & qui a poussé l'admiration pour l'Ouvrage qu'il commentoit, jusqu'à (7) *jurer*, dans une Lettre qu'on a publiée depuis sa mort, que personne ne feroit jamais rien qui approchât, & que quiconque voudroit le surpasser en la moindre chose, s'exposeroit à la risée de la Postérité. C'étoit un fort savant Homme dans l'étude de l'Antiquité: & c'est par cet endroit, sur tout, qu'il fut si charmé du Livre de GROTIUS, où il y a tant d'Erudition. Car, du reste, il n'étoit pas fort en raisonnement, ni d'un Esprit net & juste. Il eut le courage de s'exposer, en témoignant ouvertement le cas qu'il faisoit de cet Ouvrage, à la haine & aux railleries de ses Collégues, qui, par mépris, (8) appelloient *Grotiens*, ceux qui en avoient la même opinion que lui, & qui en recommandoient la lecture. Ce sobriquet étoit sans doute de la façon des Théologiens & des Jurisconsultes Scholastiques, qui, les uns & les autres, avoient leurs raisons, pour décrier un Livre contraire en bien des choses, à leurs préjugez & à leurs intérêts. JEAN REBHAN, Professeur en Droit à *Strasbourg*, se déclara tout ouvertement dans un Programme Académique, pour la Promotion d'un Docteur. Il s'y déchaîne contre les Partisans de la *nouvelle Science* du Droit Naturel, & il les traite de Charlatans, d'Ignorans, de gens, qui, se faisant une Equité imaginaire, veulent anéantir le *Droit Romain*, cette grande source de l'Equité, que l'on regarde avec raison *comme* (9) *le dernier effort de la subtilité de l'Esprit Humain*, & comme *inventé par une espéce d'Inspiration*. Il va jusqu'à dire, que ces téméraires veulent abolir les trois grands principes de la Jurisprudence Romaine, savoir *Qu'il faut vivre honnêtement: Qu'on ne doit faire du tort à personne: Qu'il faut rendre à chacun ce qui lui appartient*. On peut juger par cet échantillon, du reste de l'Invective, placée d'ailleurs si mal à propos. Un Anonyme, que l'on croit

PUFENDORF) est curieuse par la jalousie indigne d'un Homme de Lettres, mais malheureusement assez commune, que ce Savant y temoigne contre la gloire naissante de PUFENDORF. Mr. THOMASIUS l'a inserée toute entiére, dans sa *Paulo plenior Historia Juris Naturalis*, publiée en M. DCC. XIX. *Appendix II.* Voici les paroles dont il s'agit. JURO *tibi*, ILLUSTRIS DOMINE, *nemo hominum eo gloria procedet in hoc opere, quo processit* GROTIUS. *Manet mansbitque incomparabile Opus: quod qui ullâ in parte superare contendet, is posteris ludibrium debebit* &c.

(8) *Nescio quos* GROTIANOS. I. Præfat. BOECLER. pag. 3.

(9) *Verum etiam artem Aequi & Boni* JUS ROMANUM *quod subtilissimo animo, & divino quodam motu conditum merito creditur, ad novas quasdam ab ipsismet effictas aquitatis imaginaria (veram enim nec simulatam aquitatem, utpote non cuivis statim pervestigabilem, ignorant) regulas exactum .... antiquatis & sublatis illis primis & sanctissimis ejusdem principiis*, HONESTE *nempe* VIVERE, NEMINEM LÆDERE, SUUM CUIQUE TRIBUERE; &c. Mr. THOMASIUS a inseré dans son *Histoire du Droit Naturel*, déja citée (*Append.* I.) cette Piéce rare & en elle-même, & pour le ridicule d'une prévention grossiére.

croit avec raison être BOECLER, réfuta ce Programme, sur le même ton, & avec toute la confiance que lui donnoit la bonté de la cause qu'il défendoit. Il reproche à REBHAN ce qu'on lui avoit oüi dire en Chaire, & qui montroit bien la cause de sa prévention & de sa colére, c'est (1) *qu'il n'y avoit pas une syllabe, dans le Droit Romain, qui ne fût conforme à la Raison, & que, s'il en trouvoit une seule, il l'effaceroit.* BOECLER néanmoins ne suit pas toûjours les sentimens de GROTIUS: mais il s'en éloigne le plus souvent sans sujet. On l'accuse (& ce sont des (2) personnes de sa Nation qui le disent) de s'être accommodé, par politique, ici & ailleurs, aux idées de ceux qu'il vouloit flatter, ou qu'il craignoit d'offenser. On (3) croit aussi, que, s'il n'alla pas plus loin que le Chapitre VII. du II. Livre du *Droit de la Guerre & de la Paix*, ce n'est pas tant la mort, qui l'en empêcha, que la difficulté qu'il sentoit à continuer, sur des matiéres qui suivoient, & qui n'étoient pas de sa compétence.

Cependant le mérite de l'Ouvrage se fit jour peu-à-peu, à travers la poussiére, la barbarie, & les préventions des Ecôles. Celui qui y contribua le plus, avec BOECLER, ce fut un célébre Jurisconsulte de *Wittenberg*, CASPAR ZIEGLER, prémier Professeur en Droit dans l'Université de cette Ville. Après avoir pris lui-même goût pour le Livre de GROTIUS, & reconnu l'utilité & la nécessité de la Science qui y est traitée, il tâcha d'inspirer les mêmes sentimens à ses Disciples. Environ l'année M. DC. LVI. quelques-uns des plus studieux le priérent de leur expliquer cet Ouvrage. Il trouva d'abord de la difficulté dans une telle entreprise: cependant, pour ne pas refuser absolument ceux qui lui faisoient une demande si raisonnable, il promit d'essaïer, mais seulement sur le prémier Livre; après quoi il verroit ce qu'il auroit à faire. Il fut près de quatre mois à remplir cette tâche, & il en demeura là. Trois ans après, d'autres Etudians lui aiant encore demandé une explication du Traité de GROTIUS, il la commença par le second Livre où il étoit resté, leur aiant fait comprendre qu'il n'étoit pas possible autrement d'aller jusqu'à la fin, vû le peu de tems que la plûpart d'entr'eux avoient à demeurer dans l'Université. Effectivement aiant emploié à cela plus de six mois, il ne parvint pas même à la moitié du second Livre, & la plûpart de ses Auditeurs quittérent alors. Ce ne fut que quelques années après, qu'il acheva le reste, au milieu d'une foule d'occupations: & de là nâquirent enfin les Notes perpétuelles qu'il publia, en M. DC. LXVI. (4) Il les appelle lui même, dans le Titre, des *Notes* (a) *faites à la hâte*; & on le verroit bien, quand il ne le diroit pas. Cependant il déclare, dans sa Préface, qu'il ne reviendra plus à écrire sur le Livre de GROTIUS, encore même qu'on l'attaquât sur ce qu'il publie. Il a tenu parole: mais il ne devoit pas demeurer en si beau chemin. Il étoit capable de faire plus qu'il n'a fait. Il avoit plus de jugement, que BOECLER, & beaucoup plus de lumiéres sur les choses mêmes dont il s'agit principalement dans nôtre Auteur.

(a) *Nota subitaria.*

On

(1) *Quare fortiùs, quàm cautiùs, ac non sine nasutulorum risu, aliquando in cathedra coaxasti: Si vel syllaba esset in Romano Jure, Rationi rectæ parum congrua, velle te eradere. Censura Programm.* pag. 144. *apud* THOMAS. *Hist. Jur. Nat.* On trouve là aussi cette Piéce toute entiére.

(2) BUDDEUS, *Hist. Jur. Nat.* §. 28.

(3) THOMASIUS, *Hist. Jur. Nat.* Cap. VI. §. 5.

(4) L'Edition de ses Notes est de *Wittenberg*, & *in octavo*. Et c'est lui-même qui nous apprend,

On vit paroître ensuite, l'année M. DC. LXXI. des *Notes* beaucoup plus étenduës, (5) mais *la plûpart Théologiques*, de JEAN ADAM OSIANDER, Professeur en Théologie à *Tubingue*. C'étoit s'attacher à la partie la moins importante de l'Ouvrage, & qui pourroit en être séparée, sans qu'il y manquât rien d'essentiel. Mais le zéle Théologique, grossissant toûjours les objets, fait regarder les moindres (6) minuties comme des choses de la derniére conséquence. Nôtre Théologien ombrageux & emporté, se forge par tout des monstres, pour les combattre. Si peu que GROTIUS s'éloigne, je ne dirai pas des opinions & des explications du Systême & des Commentaires, dont OSIANDER a rempli de bonne heure sa mémoire, mais du langage seul & des termes consacrez dans l'Ecôle, tout est perdu, il faut défendre vigoureusement contre cet Hérétique la *Vérité de l'Ecriture*, c'est-à-dire, tout ce que le Théologien s'est mis dans l'esprit, sur la foi de ses Maîtres ou de ses Lieux Communs. Il n'ose à la vérité refuser d'ailleurs à son Auteur les éloges que tout le monde lui donne: mais il cherche secrétement à le rabbaisser & à le rendre odieux par des interprétations sinistres & des insinuations malignes. Qui s'attendroit à trouver ici la Sentence de prison perpétuelle, renduë contre GROTIUS? Nôtre Théologien a cru *faire plaisir aux Lecteurs* de la rapporter toute (b) entiére, & d'en remplir dix-huit pages de son Livre. Il auroit du aussi inserer tout du long la réfutation que le prétendu Coupable en a faite pié-à-pié. Mais il n'y renvoie pas seulement, & n'en fait même aucune mention. Cela n'est point renfermé dans l'idée qu'il a de la Charité Chrétienne: il laisse aux Sages Paiens le soin d'observer les régles de l'Humanité & de l'Equité la plus commune. La haine l'emporte sur le désir qu'il a d'ailleurs de faire un gros Livre. Avec de telles dispositions, que pouvoit-il produire de bon, quand même il auroit eu assez de Jugement & de Capacité pour s'ériger en Commentateur d'un Ouvrage de la force de celui-ci? S'il dit quelque chose qui vaille, c'est après d'autres, qu'il copie souvent sans les nommer. Aussi n'a-t-il fait d'autre mal à GROTIUS, que de réduire en quelque maniére ceux qui ont écrit depuis sur cet Ouvrage, ou qui l'ont loué, sur tout parmi les *Luthériens*, à la necessité de déclarer d'abord, qu'ils n'approuvoient point, ou qu'ils mettoient à part, ce qu'il y a qui se rapporte à la Théologie. La politique demandoit d'eux ces ménagemens, pour ne pas irriter ceux qui savent se faire craindre, en empruntant les armes de la Religion, maniées au gré de leurs préventions & de leurs passions.

(b) *Pag. 2, & seqq.*

HENRI HENNIGES publia en M. DC. LXXIII. des (7) *Observations Politiques & Morales* sur le Traité *Du Droit de la Guerre & de la Paix*. C'étoit un Jeune Homme, qui, quoi qu'il eût étudié à *Altorf* & à *Iena*, où l'étude du Droit de la Nature & des Gens étoit encore fort négligée, comprit si bien de lui-même l'utilité de cette Science, & du Livre de GROTIUS qui l'explique, qu'il le lut dix fois en l'espace de trois ans, & il rapporta là toutes ses lectures. Il

prend, dans sa Préface, les particularitez que j'ai rapportées.

(5) *Observationes maximam partem Theologicæ* &c. A *Tubingue*, *in octavo*. Je ne sache pas que ces Observations aient été rimprimées.

(6) C'est l'aveu que fait un Théologien Moderne de la même Nation, le celébre Mr. BUDDEUS, *Hist. Jur. Natur.* §. 32.

(7) *Observationes Politicæ & Morales in* HUG. GROTIUM &c. Voiez Mr. THOMASIUS, *Hist. Juris Natural.* Cap. VI. §. 8.

Il ne céde en rien aux Commentateurs, qui l'avoient précedé, & il fournit assez de son propre fonds. Ces Observations le firent connoître à un (a) Ministre d'Etat de l'Electeur de *Brandebourg*, FRIDERIC GUILLAUME I. en sorte que ce Grand Prince instruit par là du mérite d'HENNIGES, l'établit son Envoié à la Diéte de *Ratisbonne*: poste, dans lequel il est mort depuis peu d'années, (1) au service de FRIDERIC GUILLAUME II. prémier Roi de *Prusse*.

(a) *Frideric de Jena.*

Je ne parle pas de plusieurs autres, qui, à mesure que l'Ouvrage de GROTIUS s'introduisoit dans les Académies, où on l'expliquoit en public & en particulier, firent quelque chose là-dessus à leur maniére. Les uns le réduisirent en (2) Tables. (3) D'autres en composérent des Abrégez, dont quelques-uns sont en forme de Demandes & Réponses. Des génies du plus bas ordre s'en mêlérent, & crurent aquérir de la gloire, pour peu qu'ils travaillassent sur un Auteur si célébre. On ne fit presque plus, que se copier les uns les autres, jusqu'à ce que SAMUEL PUFENDORF entreprit, avec beaucoup de succès, de donner un Systême plus méthodique & plus étendu, que celui de GROTIUS, des lumiéres de qui il profita, sans s'y assujettir & sans s'y borner.

Tout se passoit, comme on voit, en *Allemagne*: Nation, à qui il faut rendre cette justice, que c'est encore aujourdhui celle où l'on s'attache le plus à cultiver l'étude du Droit public. Dans la Patrie même de nôtre Auteur, les Savans des Académies ne faisoient pas autant d'usage du Livre de GROTIUS, que les Politiques: ainsi les Libraires ne pouvoient que fournir aux autres Nations, de meilleures Editions, que celles qu'on y auroit pû imprimer. On se contenta de le traduire en Flamand vers ce tems-là. J'ai vû cette Version: mais j'ai oublié l'année de l'Impression.

Le célébre JEAN FRIDERIC GRONOVIUS, quoi que cela n'appartînt pas à la Profession des Belles Lettres, qu'il a toûjours exercée, avoit néanmoins expliqué à ses Ecoliers, dans des Leçons particuliéres, le Traité *Du Droit de la Guerre & de la Paix*. Ses Notes ont paru après sa mort, en M. DC. LXXX. & on les trouve depuis dans toutes les Editions de *Hollande*, aussi bien, que dans quelques-unes d'*Allemagne*, & même dans une Edition publiée à *Naples* depuis peu d'années. Si ce Savant eût été aussi versé dans les matiéres de pur raisonnement, & dans les principes de la Science dont il s'agit, qu'il étoit habile dans la Critique & dans l'étude de l'Antiquité; on pouvoit tout attendre de lui. Mais chacun a ses talens, & on ne voit pas souvent des hommes, comme GROTIUS, qui en réunissent de differens dans un degré considérable. (4) La plûpart des Notes de GRONOVIUS sont assez inutiles, puis qu'elles ne font qu'exprimer le sens de l'Auteur en d'autres termes, qui ne sont pas toûjours plus clairs, ou qu'elles ne peuvent

(1) En M. DCC. XI. Voiez JAC. FRIDERIC. LUDOVICI *Delineatio Historiæ Jur. Nat.* §. 28. pag. 49. 2. *Edit.*

(2) On dit que GROTIUS en avoit lui-même fait une, sur laquelle feu Mr. MULLER, Conseiller de l'Evêque d'OSNABRUG, en dressa de beaucoup plus amples. Voiez un Programme de Mr. BÖHMER, que je citerai ci-dessous, *pag.* 14.

(3) On les trouvera indiquez, si on en est curieux, dans les Auteurs que j'ai citez, qui ont écrit l'Histoire du Droit de la Nature & des Gens.

(4) Voici le jugement qu'en porte un habile homme, de Nation Allemande, comme lui: *Extemporales* (illæ Notæ) *esse videntur, neque à* GRONOVIO *hunc in finem concinnata, ut lucem aliquando adspicerent. Post mortem ejus, ut solet fieri, conquisitum est, tam ab heredibus, quàm à Typographis, quidquid ejus nomen præfixum habet.* MORHOF.

vent servir tout au plus qu'à ceux qui sont novices dans l'intelligence de la Langue Latine, qu'il faut néanmoins bien savoir pour lire cet Ouvrage avec quelque fruit. Dans le peu d'endroits où cet Interpréte traite des choses mêmes, il donne à gauche presque toûjours, faute d'avoir assez médité les matiéres; ce qui fait aussi que, tout habile Critique qu'il étoit, il se méprend assez souvent dans l'explication des termes & de la pensée de son Auteur. Bien plus: on le voit broncher quelquefois, en fait de choses purement d'Erudition d'une maniére à paroître tout autre, si on en jugeoit, par là, que ce qu'il étoit effectivement en ce genre d'Etude; comme je l'ai (5) montré ailleurs.

Il ne manquoit plus à nôtre Auteur, que d'être imprimé avec des Notes *Variorum*. On lui fit cet honneur, avant qu'il se fût écoulé cinquante ans depuis sa mort; au lieu que *les Anciens ne l'ont obtenu qu'après une longue suite de Siécles*, comme le disoit feu Mr. (b) BAYLE. Ce fut JEAN CHRISTOPHLE BECMAN, Professeur alors en Politique & en Histoire, & depuis en Théologie, dans l'Université de *Francfort sur l'Oder*, qui publia cette Edition dans la même Ville, en (6) l'année M. DC. XCI. Il choisit ce qu'il trouva de meilleur non seulement dans les Commentateurs ou Abbréviateurs de GROTIUS, mais encore dans les autres Auteurs qui avoient traité les mêmes matiéres. Il n'y a rien de lui: il ne fait que copier & abréger: en cela commode, qu'il épargne souvent la peine de lire bien des choses inutiles & des digressions ennuïeuses. Un autre Editeur, que je n'ai point vû, suivit le même plan en *Hollande*: mais la mort l'empêcha d'aller au delà du Chapitre IV. du II. Livre; & on assûre (7) qu'il ne s'en aquittoit pas si bien.

(b) *Dict. Hist. & Crit.* Articl. de *Grotius*, Lett. O.

En M. DC. XCVI. on vit paroître, tout d'un coup, deux Editions *in folio*: l'une, à *Francfort*; l'autre, à *Utrecht*. La prémiére, très-mal imprimée, est accompagnée d'un Commentaire de JEAN TESMAR, Professeur en Droit à *Marpourg*, où il mourut avant la fin de l'impression. Ce n'est qu'une méchante Compilation de Passages d'Auteurs, Anciens ou Modernes, citez à tors & à travers. On voit d'abord, que le Commentateur a ramassé dans ses lectures tout ce qui avoit le moindre rapport, quoi qu'éloigné, avec les endroits de GROTIUS dont il se souvenoit; sans s'embarrasser beaucoup si la Citation faisoit au sujet, & entassant mille choses inutiles. Il repéte les mêmes passages en plusieurs endroits, & en allégue même souvent qui ont été déja citez par son Auteur. Lors qu'il veut dire quelque chose du sien sur les matiéres, il fait voir pour l'ordinaire très-peu de goût & de jugement. On auroit pû être dédommagé en quelque maniére du peu d'utilité de son travail, si les Notes, que les Libraires ajoûtérent à la fin, avoient été publiées par celui à qui on les attribuë. Mais que peut-on attendre d'une rapsodie faite par des Ecôliers ignorans, qui écrivent à mesure

HOFIUS, *in Polyhist.* Tom. III. pag. 73. Ce jugement est rapporté, avec une approbation tacite, par Mr. JUSTE CHRISTOPHLE BÖHMER, Professeur en Théologie, en Politique, & en Eloquence, à *Helmstadt*; dans un Programme pour annoncer des Disputes qu'il devoit faire soûtenir sur GROTIUS, *pag.* 11.

(5) Dans ma Préface Latine sur l'Edition de l'Original, imprimée à *Amsterdam* en 1720. & dans les petites Notes, que j'y ai jointes.

(6) Elle a été rimprimée depuis, en M. DC. XCIX.

(7) C'est le jugement de Mr. BUDDEUS, *Hist. Jur. Nat.* §. 44. pag. 60. Cet Auteur se nomme GOTHOFRIDUS SPINAEUS. Voiez la *Bibliotheca Juris* de Mr. STRUVIUS, *Cap.* VI. §. 13. pag. 131. de la 5. Edition, augmentée par le Savant Mr. BUDDER, Bibliothécaire d'*Iena*.

mesure que le Professeur parle, & qui tout occupez du soin d'écrire, ne sauroient, par cela seul, donner aucune attention aux choses mêmes? C'est sur une telle Copie, que le Libraire de *Francfort*, pour faire valoir son Edition aux dépens d'un nom célébre, fit imprimer les Notes d'ULRIC OBRECHT, (1) Professeur en Droit, & puis Préteur Roïal, à *Strasbourg*. C'étoit un très-savant homme; & quelques Dissertations publiées par lui-même, sur des matiéres de Droit Naturel & de Droit Public, donnent lieu de croire qu'il auroit pu faire quelque chose de meilleur, que les Commentateurs qui l'avoient précedé, s'il eût voulu publier lui-même ses Notes, où l'on entrevoit quelquefois de bonnes choses. Cependant, quoi qu'il se soit (2) plaint à ses Amis du tour qu'on lui avoit joué, il n'a jamais, que je sâche, desavoué publiquement ces Notes qu'on débitoit sous son nom.

L'autre Edition *in folio* est en trois volumes, dont le prémier parut seul la même année, avec un Commentaire perpétuel de Mr. GUILLAUME VAN DER MUELEN, Seigneur d'*Oudtbroeckhuysen*, Chanoine de l'Eglise de *Ste. Marie* à *Utrecht*, & revêtu d'Emplois honorables dans sa Province. On ne sauroit que louer le zéle de cet Auteur, qui est allé jusqu'à faire imprimer son travail à ses dépens. C'est le Commentaire le plus ample & le plus raisonné, qu'on ait encore vû sur le Traité du *Droit de la Guerre & de la Paix*. Comme la briéveté du stile de GROTIUS le rend difficile à entendre à ceux qui ne le lisent pas avec une grande attention, ou qui ne sont pas accoûtumez à reflêchir, Mr. VAN DER MUELEN a cru devoir s'étendre beaucoup, & repéter souvent les mêmes choses, pour en faire souvenir par tout où il est besoin de les appliquer aux questions particuliéres, qui en dépendent. Il montre une grande lecture, & le soin qu'il a eu de la rapporter à un Ouvrage si digne d'être perpétuellement entre les mains des personnes de son rang, parmi lesquelles il ne s'en trouveroit peut-être pas beaucoup qui eussent la capacité ou la volonté d'en faire autant. Le second Volume de ce Commentaire vit le jour en M. DCC. & le dernier, trois ans après.

Si le détail, quoi qu'abrégé, que je viens de faire, ne suffisoit pas pour convaincre les Lecteurs de l'estime constante & invariable que le Public a témoignée pour mon Original; je ne sai ce qu'il faudroit pour le leur persuader. Les Versions, qu'on en a publiées en diverses Langues, en sont une autre preuve parlante. J'ai déja indiqué celle qui fut faite en *Suédois*, par ordre du Roi GUSTAVE: & une *Version Flamande*. J'ai vû une autre Edition Flamande, beaucoup plus recente, où les Notes de GRONOVIUS se trouvent aussi (3) traduites: mais je ne me souviens pas non plus de l'année, & je ne sai si c'est la même Traduction, ou une nouvelle.

(a) 1. Part. Epist. 1285.

On pensoit à traduire cet Ouvrage en *Anglois*, du vivant de nôtre Auteur, comme nous l'apprenons d'une (a) de ses Lettres. Mais il ne paroît pas, que ce projet

(1) Il étoit Gendre de BOECLER. Voiez le *Mémoire* touchant sa Vie & ses Ouvrages, dans le Journal de TREVOUX *Tom.* III. pag. 20. *Edition d'Amsterd.*

(2) Comme le témoigne feu Mr. KUHNIUS, Professeur à *Strasbourg*, dans la Préface du Recueil des Dissertations & autres Piéces d'OBRECHT, qu'il ramassa, après la mort de l'Auteur, & qu'il fit imprimer dans la même Ville, en M. DCC. IV.

(3) Il doit y en avoir peu, ou bien ce doit être la plûpart du tems une pure repétition des choses en d'autres termes, selon ce que j'ai dit ci-dessus de la nature des Notes de ce Savant,

projet aît été exécuté, long tems même après sa mort. La difficulté de l'entreprise rebutta apparemment ceux qui y avoient pensé. Je n'ai ouï parler que de deux Traductions Angloises, dont la prémiére, que j'ai, est *in folio* & fut publiée en M. DC. LXXXII. après la mort du Traducteur, GUILLAUME EVATS, Bachelier en Théologie. Il s'est donné de grandes libertez: car non seulement il (4) a inséré dans le Texte même, les Notes de l'Auteur, contre l'intention de l'Auteur même, & en faisant perdre ainsi le fil du discours, qui n'étoit déja que trop souvent interrompu par les Citations; mais encore il y a fourré de ses propres remarques, ce qui est impardonnable. On ne peut même distinguer ces Additions étrangéres, qu'en comparant de suite la Traduction avec l'Original: car on n'en avertit nulle part, & il n'y a aucune marque de distinction, qu'en quelques endroits où l'on a mis la figure d'une parenthése, qui n'est même le plus souvent qu'au commencement des paroles ajoûtées par le Traducteur. La confusion est d'autant plus grande, & plus imperceptible, qu'en d'autres endroits on trouve des Notes marginales, en plus petit caractére, qui par là se distinguant elles-mêmes, empêchent de soupçonner seulement qu'il y aît de pareilles Additions placées dans le Texte sans aucune distinction. Ces Additions en elles-mêmes ne renferment rien de considérable. Ce ne sont que des pensées fort communes, & des exemples ou des passages, tirez de Livres Anglois, ou autres dans lesquels le Traducteur avoit trouvé quelque chose qu'il jugeoit propre à éclaircir ou confirmer certains endroits de son Auteur. Pour ce qui est de la Version, quoi que je n'en aie conferé que quelques endroits par ci par là (car elle n'est parvenuë entre mes mains, que lors que la mienne étoit presque achevée) j'y ai remarqué plusieurs endroits, où l'on a mal rendu le sens de l'Original. Il m'en est même tombé un sous les yeux, où le Traducteur prête ses pensées à l'Auteur, par un désir manifeste d'insinuer certains principes de son Systême favori de Théologie. C'est au Chapitre II. du I. Livre, §. 9. *num.* 1. où GROTIUS voulant répondre aux objections, que ceux qui condamnent absolument la Guerre tirent de quelques Passages des *Péres de l'Eglise*, entre ainsi en matiére: *Comme, dans l'interprétation du sens d'un Ecrit, l'usage reçû depuis, & l'autorité des personnes éclairées, est ordinairement de grand poids: on ne sauroit se dispenser d'y avoir égard, lors même qu'il s'agit du sens des Auteurs Sacrez. Car il n'est pas vraisemblable que les Eglises fondées par les Apôtres se soient éloignées tout d'un coup, ou toutes à la fois, des Maximes que les Apôtres leur avoient données par écrit en peu de mots, mais qu'ils avoient expliquées plus au long de vive voix, ou dont ils avoient eux-mêmes introduit la pratique dans le Christianisme naissant.* Voilà ce que dit nôtre Auteur, fidélement traduit. Le Traducteur Anglois, à la fin de la prémiére période, ajoûte de son chef: (5) *Selon cette ancienne Régle;* Sanctorum praxis, optimus est præceptorum interpres; *La pratique des Saints est le meilleur Interprête des Préceptes de Notre Seigneur.* Et voici comment il tourne l'autre période: *Car il n'est pas vraisembla-*

(4) C'étoit son dessein: mais j'en ai trouvé d'omises & je doute qu'il aît pû faire entrer dans le Texte beaucoup d'autres.

(5) *According to that ancient rule,* Sanctorum praxis, optimus est præceptorum interpres; The practice of the Saints, is the best interpreter of our Saviour precepts. *For it is not probable, that the Apostles did commit all things so clearly to Writing, that might or did concern the Oeconomy of the Church but that some things were delivered by Words only: Neither it is probable, that all the Churchs by them established, should quickly forget what was so delivered unto them and practised by them.* Pag. 25.

semblable, que les Apôtres aient mis par écrit, avec tant de clarté, tout ce qui peut concerner ou qui concerne l'Economie de l'Eglise, qu'il n'y ait quelques choses qu'ils ont dites seulement de bouche. Il n'est pas non plus probable, que toutes les Eglises, qu'ils ont eux-mêmes établies, aient bien tôt oublié ce qui leur avoit été ainsi appris, & qu'elles avoient pratiqué. On voit par là, outre la licence infidéle du Traducteur, qu'au lieu que GROTIUS parle seulement de passages de l'Ecriture qui contiennent des Maximes générales, dont les justes restrictions pouvoient avoir été expliquées de bouche; on lui fait dire, que les Apôtres se sont contentez de laisser de vive voix aux Eglises des choses nécessaires, dont il ne se trouve rien dans leurs Ecrits. Il falloit cela pour soûtenir des Traditions de Droit Divin, sur des Dogmes ou des Régles de Discipline Ecclésiastique, dont le Traducteur Anglois avoit l'Esprit rempli. Un peu plus bas, après ce que GROTIUS dit, *que les Docteurs, qu'on cite, sont la plûpart des gens qui aimoient la singularité, & qui se plaisoient à proposer des idées plus sublimes, que celles du Commun des Chrétiens*; la Version Angloise ajoûte: (1) *qui même (ce qui est encore fort commun dans nôtre siécle) revêtent leurs propres imaginations du beau nom de Traditions Apostoliques.* Après les exemples d'ORIGENE & de TERTULLIEN, que GROTIUS allégue, on met, en forme de parenthése: (2) *C'est ainsi que* CLEMENT d'Alexandrie *dit*, (STROM. *Lib.* VII.) *Que, sélon une Tradition cachée, venuë des Apôtres, il n'est pas permis aux Chrétiens de plaider, ni devant les Saints, ni devant les Infidéles; & il n'est pas non plus permis à un Chrétien parfait de jurer.* Le Traducteur Anglois citoit apparemment ce Pére de l'Eglise sur la foi d'autrui. Car il est bien vrai que CLEMENT veut qu'il ne soit pas permis à son *Gnostique*, c'est-à-dire, à un Chrétien en idée, de jurer en aucune maniére: mais il ne fonde point cette maxime sur une Tradition Apostolique; il la (3) trouve, comme
(a) *Chap* V. *vers.* 37. les *Anabaptistes* Modernes, dans les passages de (a) ST. MATTHIEU, & de
(b) *Epit.* V. 12. (b) ST. JAQUES, si souvent citez sur la matiére dont il s'agit. Et pour ce qui est de plaider en Justice, il en tire aussi la prohibition, des paroles de ST. PAUL:
(c) *I. Corinth.* VI. 1, 2. (c) *Y a-t-il quelcun d'entre vous, qui aiant une affaire avec quelque autre, ose l'appeller en Justice devant les Injustes* (c'est-à-dire, les *Paiens*) *& non pas s'en rapporter au Jugement des Saints*, c'est-à-dire, des *Chrétiens.* Le bon Prêtre d'*Alexandrie* regardant comme une Vengeance illicite tout ce que l'on fait pour obtenir satisfaction du tort qu'on a reçû, & sentant bien que l'Apôtre semble du moins permettre d'avoir recours pour cet effet à l'Arbitrage des *Chrétiens*, explique (4) ces paroles, comme si elles signifioient seulement, que ceux qui en usent ainsi ne font pas à la vérité si mal, mais qu'ils n'observent pourtant pas toute l'étenduë des devoirs du Christianisme. Je me suis peut-être un peu trop arrêté sur cet exemple de la maniére dont s'y est pris le prémier Traducteur Anglois: mais cela servira à donner une juste idée de sa Version.

Je

(1) *Yea and (with in those times was ordinary) to cloath the.r own fancies with that generous notion of an* Apostolical Tradition. *Pag.* 25, 26.

(2) *So* Clemens Alexandrinus *Saith* (Strom. Lib. 7.) *That it was delivered by a certain secret Tradition from the Apostles, that it was no lawful for Christians to go to Law, either before the Saints, or before the Gentiles, or for a perfect Christian to swear.*

(3) Voiez le VII. Livre des *Stromates*, que le Traducteur Anglois cite, *Cap.* VIII. *Ed. Oxon.*

(4) Τὸ δὲ ἐπὶ τῶν ἁγίων κρίνεσθαι ἐθέλειν τινὰς λέγειν, ἐμφαίνει τοὺς δι' εὐχῆς τοῖς ἀδικήσασιν ἀνταποδοθῆναι, τὴν πλεονεξίαν αἰτουμένους· καὶ εἶναι μὲν τῶν προτέρων τοὺς δευτέρους ἀμείνους, οὐδέπω

Je n'ai point vû l'autre Traduction Angloise, quoi que beaucoup plus récente, & plus aisée à trouver. Elle fut imprimée, en trois volumes *in octavo*, il y a huit ou neuf ans. J'avois pris des mesures pour l'avoir, dans le tems que j'étois à *Lausane*, quoi que je ne fusse pas fort assûré si j'en pourrois tirer quelque usage: mais cela aiant manqué, & cependant mon travail aiant été amené près de la fin, lors que j'étois plus à portée de me procurer cette Version, je ne m'en suis plus mis en peine. Voici tout ce que j'en puis dire, sur la foi de quelcun, (d) qui paroît en être assez bien instruit. Elle est de plusieurs mains, ce qui ne paroît pas de bon augure, pour plusieurs raisons, mais qui doit la rendre infailliblement peu exacte, à cause de la maniére d'écrire de GROTIUS qui ne peut être bien entendu, si on ne l'a lû & relû d'un bout à l'autre, pour connoître son stile, & comparer ensemble les endroits qui se prêtent du jour mutuellement. Si un seul des Traducteurs eût pris cette peine, le Libraire n'auroit pas eu sans doute besoin d'en aller chercher d'autres, & lui-même n'auroit pas voulu s'en associer. Mais rien n'est plus ordinaire en *Angleterre*, que ces sortes de Traductions, qu'on peut regarder comme des Ouvrages à piéces rapportées; & la même chose est arrivée à celle de l'Ouvrage paralléle de (e) PUFENDORF. Aussi nous dit-on, dans l'Extrait de Lettres où l'on rend compte au Public de cette Version Angloise de GROTIUS, que, *si l'on en juge par la prémiére période, on peut assûrer que les Traducteurs n'ont point entendu l'Original.* De là on pourroit conjecturer, que ces nouveaux Traducteurs n'ont point vû la Version précedente: car je n'y trouve rien de mal traduit dans la prémiére période du Livre.

(d) *Hist. Critiq. de la Rep. des Lett.* Tom. VIII. *pag.* 393, 394.

(e) Voiez ma *Préface*, §. 30. de la 2. Edit.

Il seroit surprenant, qu'en *Allemagne*, où le Livre de nôtre Auteur a été si fort estimé, commenté, copié, on ne l'eût pas aussi mis en état d'être lû par ceux qui n'entendent que l'Allemand. On ne s'en est néanmoins avisé, que tard: car c'est seulement en l'année M. DCC. VII. qu'on a vû paroître la Traduction de Mr. (5) SCHUTZ. Le célébre Mr. THOMASIUS y joignit une grande & curieuse Préface, où il fait l'histoire du Droit Naturel, jusqu'à GROTIUS, qu'il a continuée depuis dans un (6) Ouvrage Latin, où il a transporté tout ce qu'il avoit dit là-dessus dans cette Préface.

Les Lecteurs François connoissent assez la Version qu'ils ont en leur Langue, de la façon de feu Mr. ANTOINE DE COURTIN, Envoié Extraordinaire de CHARLES GUSTAVE, Roi de *Suéde*, auprès de LOUÏS XIV. & puis Résident général de la Cour de *France* vers les Princes & Etats du *Nord*. Il mourut à *Paris*, en M. DC. LXXXV. & on y imprima bien-tôt après sa mort, cette Traduction, en deux Volumes *in quarto*. Elle fut aussi-tôt rimprimée à *La Haie*, en trois Volumes *in duodecimo*, l'année M. DC. LXXXVIII. & pour la seconde fois, en M. DCC. III. On s'attend peut-être, que j'en parlerai au long: mais je crois pouvoir me dispenser d'en rien dire. Je me contente

πω δὲ ἐμπαθεῖς [c'est ainsi que SYLBURGE, après le Traducteur Latin, veut qu'on lise avec raison, au lieu d'ἀπαθεῖς; quoi qu'en dise COTELIER], ἣν μὴ ἀμνησίκακοι τέλεον γενόμενοι, κατὰ τὴν τοῦ Χριστοῦ διδασκαλίαν προσεύξωνται καὶ ὑπὲρ τῶν ἐχθρῶν. Strom. Lib. VII. Cap. XIV. pag. 883, 884. *Edit. Oxon. Potter.*

(5) Qui se nomme autrement P. B. SINOLDUS; Conseiller alors des Comtes de *Reussen*, & Directeur des Fiefs. Voiez STRUVII *Bibliothec. Jur.* Cap. VI. §. 13. *pag.* 133. Edit. 5.

(6) Dans sa *Paulo plenior Historia Jur. Naturalis*, que j'ai déja citée. Voiez la Préface, *pag.* 11, 12.

tente de ce que j'ai (a) avancé ailleurs, & où je me suis confirmé de plus en plus, lors que j'ai jetté les yeux sur quelques pages de cette Version, à mesure que je travaillois à une nouvelle. Tout ce que je pourrois ajoûter est désormais inutile, puis que le Public a présentement en main les piéces, pour les comparer ensemble, & prononcer là-dessus. Je passe donc, sans plus differer, à ce que j'ai à dire, pour rendre compte de mon travail.

(a) *Préface sur Pufendorf*, §. 30. de la 1. Edit. 31. de la 2. Ed.

II. CEUX qui se piquent de bien traduire quelque Auteur Ancien, commencent avec raison par rechercher au défaut de Manuscrits, les meilleures Editions qu'ils peuvent trouver, pour les comparer les unes avec les autres. Mais c'est dequoi on ne s'avise guéres, à l'égard des Auteurs Modernes, qui ont paru depuis l'invention de l'Imprimerie. Ainsi il ne faudroit pas s'étonner, si le prémier Traducteur de mon Original n'y avoit point du tout pensé: & d'autant moins que, de tous ceux qui ont pris à tâche d'expliquer & de commenter ce Livre, parmi lesquels nous avons vû ci-dessus (b) deux Critiques de profession, aucun ne paroit avoir seulement soupçonné qu'il fût besoin de conferer l'Edition, dont il se servoit, avec quelcune des plus anciennes. Mr. DE COURTIN avertit (c) néanmoins, que *sa Traduction a été faite sur une derniére Edition de 1667. & qu'après il l'a conferée avec une Edition de 1631. qui est en quelques endroits plus correcte*, d'où aussi il a, dit-il, *ajoûté* des choses qu'il jugeoit avoir été *omises par mégarde* dans les autres Editions. Il ne marque point, en quelle forme, ni chez qui fut imprimée cette Edition de M. DC. XXXI. dont il s'est servi: car comme nous l'avons vû, il en parut alors deux, dont une a été desavouée par l'Auteur. Je n'ai pas d'ailleurs remarqué, que le Traducteur aît tiré beaucoup de secours ou fait grand usage de cette collation, sur les endroits qui étoient certainement fautifs dans les Editions postérieures.

(b) *Boecler*, & *Gronovius*.

(c) Dans sa Préface.

Pour moi, j'étois convaincu par l'expérience, qu'il n'y a rien ordinairement de plus négligé, que les Editions d'un Auteur Moderne, qui se font après sa mort. Ceux qui pourroient en procurer de bonnes, ne s'en soucient guéres: ils trouvent plus de gloire à travailler sur un Auteur ancien, quelque chetif qu'il soit en lui-méme. On laisse donc aux Libraires le soin de donner, comme ils l'entendent, de nouvelles Editions des plus excellens Ouvrages des derniers Siécles. Les Libraires n'ont pas toûjours de bons Correcteurs, sur tout quand il s'agit de remettre seulement sous la presse un Livre déja imprimé plus d'une fois. Qu'arrive-t-il de là? C'est que, plus souvent on rimprime de tels Ouvrages, & plus les fautes se multiplient. J'avois déja remarqué dans l'Edition de l'Original, dont je me servois, des endroits où je ne doutois point qu'il ne se fût glissé de ces sortes de fautes, ajoûtées à celles des Editions précédentes. Ainsi, du moment que j'eus pris la résolution de le traduire de nouveau, je cherchai de tous côtez les plus anciennes Editions; & j'eus le bonheur de trouver peu-à-peu toutes celles qui peuvent être ici de quelque usage. J'ai vû depuis, par un avis que nôtre Auteur lui-même donne dans (1) une de ses Lettres, que je ne faisois que me conformer à ce qu'il souhaittoit: car après une liste qu'il envoie à son Frere de quelques fautes qu'il avoit remarquées en jettant les yeux par ci par là sur l'Edition de

(1) *Hæc sunt, quæ cursim observavi: neque enim ordine perlegi Editionem ultimam .... In rebus nihil habeo, quod mutem. Typographica errata collatis Editionibus facile deprehendentur.* Append.

de M. DC. XLII. il ajoûte, que, du reste, *pour les fautes d'impression, il faut conferer ensemble les Editions.*

Celles qui m'ont le plus servi, & desquelles aussi on devoit naturellement se promettre le plus de secours, ce sont les deux où l'Auteur a eu le plus de part; savoir, la premiére, faite sous ses yeux; & celle de M. DC. XXXII. dont il avoit revû avec soin la Copie qui servit aux Imprimeurs. Par la confrontation de ces Editions, je découvris & corrigeai sur mon exemplaire plusieurs fautes ou omissions, qui quelquefois gâtoient le sens de l'Auteur, ou faisoient disparoitre des choses de telle nature, que l'on ne pouvoit pas soupçonner qu'il manquât rien, par la suite du discours. Bien entendu, qu'avant que de rien changer ou ajoûter, pour quelque sujet que ce fût, j'eus une attention extrême à examiner, si l'Auteur n'auroit pas eu quelque raison d'exprimer autrement, ou de retrancher, ce qui se trouvoit conçû d'une maniére différente, ou entiérement omis, dans les Editions postérieures.

Mais je n'en demeurai pas là. En lisant & relisant l'Original avec toute l'attention que demandoit le désir de le bien traduire, je trouvai encore bon nombre d'endroits corrompus ou defectueux dans toutes les Editions généralement. Il étoit bien difficile que cela n'arrivât, quand même GROTIUS auroit revû son Ouvrage plus souvent, qu'il ne fit. On sait que les Auteurs sont ceux à la vuë de qui les fautes échappent le plus aisément; parce qu'aiant l'esprit plein de la matiére, ils parcourent les mots avec une grande rapidité, & y suppléent ou corrigent imperceptiblement ce qu'il peut y avoir d'omis ou de mal couché. Outre les fautes d'impression, auxquelles un caractére peu lisible donnoit lieu inévitablement, il en est demeuré ici, qui venoient originairement ou de la plume de mon Auteur, ou de celle de son Copiste: on en trouve de semblables dans ses autres Ouvrages; & il paroît par ses Lettres (1) qu'il en avoit apperçû lui-même dans celui-ci. Je pourrois alleguer des exemples de tout cela, si je ne l'avois déja fait assez au long dans ma Préface Latine sur l'Edition de l'Original, qui a paru en M. DCC. XX. L'occasion s'étant présentée alors, j'ai été en état de publier le Livre beaucoup plus correct qu'il ne l'avoit jamais été, par le travail auquel je m'étois engagé à dessein uniquement de m'en servir pour ma Traduction.

Une autre chose, qui étoit fort nécessaire, & à quoi néanmoins personne ne s'étoit encore attaché que par occasion, ou autant que la mémoire y pouvoit fournir sur l'heure, c'est l'examen des Passages citez par l'Auteur; qu'il a fallu par conséquent chercher dans les sources mêmes; pour voir s'ils étoient bien alléguez & appliquez convenablement. J'étois fait en quelque maniére à la fatigue de ce travail, qui paroît vetilleux à ceux qui n'en connoissent pas l'usage. J'avois exercé ma patience sur les Citations de PUFENDORF, où il y auroit eu moins d'inconvénient à s'en dispenser, parce que le sujet ne le demandoit pas tant. Selon le systême & les principes de cet Auteur, les Autoritez, soit anciennes ou modernes, ne servent ordinairement que d'illustration. S'il trouve les Maximes, qu'il établit, reconnuës de tout le monde, ou du moins des per-

pend. *Epist.* 687. La Lettre est dattée du 16. de *Janvier*, M. DC. XLIV.

(1) Voiez, par exemple, la Lettre 206. de l'*Appendix*.

personnes éclairées, à la bonne heure; c'est un préjugé favorable de leur solidité, & un moien, qu'on ne doit pas négliger, de convaincre plus aisément bien des gens sur qui l'Opinion des autres Hommes fait plus d'impression que les plus forts Raisonnemens tirez de la nature même des choses. Mais comme PUFENDORF fonde tout principalement sur les lumiéres de la Raison, il lui suffit de prouver que telle ou telle chose est conforme à la Raison: si les preuves sont bonnes, elles ne cesseront pas de l'être, quand même les Hommes, abusant de leur Raison, auroient généralement ignoré cette Vérité, ou témoigné être dans l'Erreur contraire. Au lieu que GROTIUS traite un grand nombre de questions dont la décision dépend d'un *Droit des Gens Arbitraire*, ou de certaines Coûtumes qui ont, selon lui, force de Loi par elles-mêmes, à cause du consentement tacite des Peuples chez qui elles se trouvent établies. Or on voit bien que, pour cet effet, il faut prouver l'établissement de la Coûtume, & par conséquent alléguer des témoignages de bons Auteurs. De sorte que, si on en cite qui ne soient pas bien clairs, ou qui aient été mal entendus, cela ne peut que détruire ou du moins affoiblir les conséquences tirées d'un tel principe. D'ailleurs, GROTIUS enchasse quelquefois les Citations de telle maniére, qu'elles portent avec elles la raison dont il se sert pour prouver ce qu'il veut établir, indépendamment même de l'Autorité. Et, après tout, quel que soit le but & l'usage des Citations, il vaut toûjours mieux qu'il n'y aît aucun doute sur leur exactitude, & que chacun puisse s'en convaincre aisément lui-même. Autrement on ne peut y faire beaucoup de fonds; & si cela est, à quoi bon citer? A moins qu'on ne prétende en être cru aveuglément sur sa parole, ou avoir droit de tromper impunément les Lecteurs, qui eux-mêmes ne doivent pas plus se mettre ici en peine de la Vérité.

Ce n'étoit pas certainement la pensée de mon Auteur. Il croioit bien faire, de citer; & il citoit de bonne foi: mais, contre son intention, il lui est arrivé ce qui arrive aux plus grands Hommes, & aux plus Savans, de citer mal, ou mal à propos. Il n'y a personne, dont l'attention ne soit sujette à se relâcher quelquefois. Ceux qui ont une grande Mémoire, comme étoit celle de GROTIUS, s'y fient trop, & elle leur jouë de mauvais tours. Il emploia peu de tems à composer, parmi bien des distractions, un Ouvrage si plein de matiéres & d'érudition: & quelque ouvertes que lui fussent plusieurs Bibliothéques de ses Amis à *Paris*, il n'étoit pas possible qu'il eût toûjours sous sa main à point nommé les Livres qu'il cite en si grand nombre. Le moien donc qu'il examinât toûjours tout ce qui lui venoit dans l'esprit? Et cela étant, ne seroit-ce pas un miracle, s'il ne s'étoit jamais trompé en citant? ou plûtôt s'il ne s'étoit pas souvent trompé?

Aussi n'ai-je pas lieu de regretter ici ma peine, comme perduë. Il y avoit non seulement une infinité de fautes dans les Chiffres, qui marquent le Livre, le Chapitre, ou le Vers, des Auteurs citez: mais encore on trouvoit quelquefois un Ouvrage cité pour un autre fort différent du même Auteur, & qui plus est, un Auteur pour un autre, ISOCRATE, par exemple, pour DENYS *d'Halicarnasse*, ou pour ESCHINE: DÉMOSTHÉNE, pour ISOCRATE; LYSIAS, pour ANDOCIDE; SENÉQUE, pour PLINE; JUSTIN, pour QUINTE CURSE; EUTROPE, pour DION CASSIUS &c. Tantôt les Passages étoient mal copiez, tantôt mal traduits, tantôt mal entendus, ou mal appliquez. Des paroles ou des actions différentes, ou qui sont de diverses personnes, se trouvoient

voient confonduës par mégarde. Une seule & même chose étoit racontée en deux endroits, comme différente: Bien plus: l'Auteur allégue quelquefois, pour preuve ou pour illustration, un Passage, où l'on trouve précisément le contraire de ce qu'il veut établir. Il y a même des endroits, où plusieurs pareilles inadvertences se présentent à la fois dans un espace de peu de lignes. Les Chapitres XVIII. & XIX. du II. Livre en fourmillent, comme on le verra par mes Notes. J'ai déja donné des exemples de tout cela dans ma Préface Latine sur l'Original: & depuis cette Edition, dans laquelle j'ai ou corrigé, ou indiqué ces sortes de fautes, comme je le fais dans ma Traduction, j'en ai découvert d'autres, qui se trouveront ici redressées.

Il a fallu quelquefois deviner l'Auteur d'un Passage Grec ou Latin, cité sans nom. Et à l'égard des Auteurs nommez, comme très-souvent GROTIUS se contente de les citer, sans marquer le Chapitre, le Vers, le Livre, le Traité, où les paroles sont contenuës, ni donner aucune autre indication; il y a eu là dequoi rendre bien difficile & bien fatigante la tâche que je m'étois imposée de faire tout mon possible pour les trouver. J'ai bien pu en venir à bout quelquefois, sans beaucoup de peine, par le moien des *Index*, dont la plûpart néanmoins sont fort imparfaits; ou à la faveur de ce que ma mémoire me rappelloit; ou guidé par la nature même de la chose dont il s'agissoit, qui me faisoit conjecturer que le Passage devoit être en telle ou telle partie d'un Livre souvent assez gros. Mais la plûpart du tems tout cela ne me servoit de rien; & je puis en appeller à l'expérience de ceux qui en ont fait ou qui voudroient en faire eux-mêmes l'essai. Il y a même des Passages, que je n'aurois jamais découverts, quoi que je les eusse cherchez long tems & à diverses reprises, s'ils ne s'étoient depuis présentez par hazard, pendant que je pensois à tout autre chose. Avec tout cela, j'ai tant fait, que, d'une maniére ou d'autre, j'ai pu tôt ou tard lire & examiner dans les Originaux tous les Passages de quelque importance; de sorte que ceux que j'ai cherchez inutilement, ou que je n'ai pu chercher, faute d'avoir les Livres d'où ils sont tirez, se réduisent à peu de chose, en comparaison du nombre prodigieux de ceux que j'ai trouvez & vérifiez. En furetant ainsi de toutes parts, j'ai découvert quelquefois l'origine des Citations fausses ou mal appliquées. Il y en a qui viennent de ce que l'Auteur citoit alors sur la foi d'autrui, croiant pouvoir s'y fier, ou n'aiant pas le tems ni peut-être le moien de vérifier dans le moment la Citation.

Après cette confrontation du grand nombre de Citations répanduës dans tout l'Ouvrage, je crus qu'il falloit encore, pour me mettre en état de le bien traduire, consulter les principaux Livres, dont nôtre Auteur s'est servi pour le fond de la matiére, tant ceux qu'il indique lui-même dans (a) son *Discours Préliminaire*, que d'autres dont je remarquois par-ci par-là qu'il avoit fait assez d'usage. J'ai eu sous mes yeux les principaux: & je n'ai négligé aucun des moins considerables, qui ont pu tomber entre mes mains. Les autres Ouvrages de mon Auteur, quoi que de différente nature, m'ont aussi fourni de quoi expliquer ou éclaircir plusieurs endroits de celui-ci: & quelquefois dequoi montrer que l'Auteur avoit changé de sentiment sur certaines choses. Mais je me suis sur tout appliqué avec beaucoup d'attention à comparer ensemble les divers endroits de mon Original, soit pour le stile, soit pour les choses. Ceux qui connoissent la maniére d'écrire de GROTIUS, conviendront que, sans cela, il n'est pas possible de le bien entendre.

(a) §. 38, 39.

tendre. Sa briéveté seule rend ce soin indispensable; & faute de se l'être donné, il y a bien des endroits que les Traducteurs & les Interprêtes ont pris tout de travers, ou sur lesquels ils ont glissé, sans témoigner sentir seulement la difficulté. C'est aussi ce qui a donné lieu à tant de fausses Critiques, contre lesquelles j'ai pû défendre mon Auteur par la seule explication de sa véritable pensée.

Pour venir maintenant au fond de ma Traduction, je croiois d'abord n'être pas obligé à prendre beaucoup de libertez & faire beaucoup de réparations, comme celles dont je m'avisai en traduisant PUFENDORF, & qui n'ont pas été desapprouvées du Public. Mais, à mesure que je travaillois sur GROTIUS, je reconnus que, si l'utilité des Lecteurs François ne le demandoit pas ici aussi souvent, il y avoit encore assez dequoi donner de l'ouvrage. Je ne parle pas des transitions, qu'il a fallu souvent suppléer, c'est une chose dont on ne peut guéres se dispenser dans toute Version de quelque Ouvrage que ce soit, sur tout d'un Ouvrage dogmatique, comme celui-ci, où il importe souverainement de ne jamais perdre de vuë la suite & la liaison des matiéres. Mais il y avoit quelquefois des pensées mal rangées, que je pouvois transposer sans aucun inconvénient: & je n'ai pas fait difficulté de prévenir ainsi celui qui pouvoit en resulter par rapport à l'esprit de mes Lecteurs. Je m'y suis cru d'autant plus autorisé, que ce desordre venoit le plus souvent des Additions faites à la prémiére Edition; & que nôtre Auteur lui-même a temoigné craindre qu'elles n'y donnassent lieu. Car on voit par (1) une de ses Lettres, que, dans le tems qu'il pensoit à une seconde Edition de son Livre, differée de jour en jour par les Héritiers du Libraire de *Paris* qui avoit imprimé la prémiére, il pensoit à envoier la Copie en *Hollande*, où il croioit qu'on feroit plus de diligence: *mais*, ajoûtoit-il, *ce qui me retient un peu, c'est, que quoique j'aie mis à mes Additions des renvois aussi distincts qu'il m'a été possible, les Imprimeurs peuvent aisément s'y méprendre à cause des endroits voisins de ceux où je les ai placées: de sorte que j'ai lieu d'esperer, que l'Edition seroit plus correcte, si elle se faisoit sous mes yeux.* Il avoit raison, & je ne doute pas que, s'il eût eu le loisir ou la volonté de relire avec soin d'un bout à l'autre les Editions augmentées qui parurent de son vivant, toutes imprimées en *Hollande*, il ne se fût apperçu de quelques-uns de ces dérangemens faits par les Imprimeurs. Mais il a pû lui-même ne prendre pas toûjours assez garde à placer comme il falloit ses Additions. Il est bien difficile, pour ne pas dire impossible, qu'un Auteur ne s'y méprenne quelquefois, à moins qu'il n'aît beaucoup de tems & d'attention. Aussi ai-je trouvé des transpositions à faire dans des endroits où les choses étoient mal rangées dès la prémiére Edition. Il y en a même quelques-uns de ceux-ci, mais en petit nombre, dans lesquels j'ai été obligé, ou de transporter certaines pensées d'un paragraphe à l'autre, ou de transposer des paragraphes entiers: au lieu que, par tout ailleurs, les périodes, dont l'ordre a été changé, se trouvent toutes dans un même paragraphe. C'est pourquoi comme il est facile à ceux qui voudroient comparer la Version avec l'Original, de s'appercevoir des transpositions qui ne s'étendent pas au delà d'un si petit espace déterminé, je n'ai guéres averti que des autres, qui dérangent la suite des Paragraphes, ou qui ôtent de l'un,

(1) Elle est écrite à son Frére, & dattée du 28. de Juillet, M. DC. XXVIII. *Libri mei* De Jure Belli & Pacis *multis partibus à me aucti sunt.* Buonus *obiit. Heredes usque & usque differunt. Interdum cogito, an non hos libros* Lugdunum (Batavorum) *mittere debeam. Retinet me nonnihil,*

l'un, pour mettre dans l'autre. Il n'étoit pas non plus nécessaire d'indiquer les endroits, dans lesquels j'ai jugé à propos de placer ce qui étoit à la fin d'un paragraphe, au commencement de l'autre; ou au contraire de transporter quelque chose du commencement d'un paragraphe, à la fin du précedent. Chacun peut d'abord le remarquer aisément; & la suite du discours demeure alors comme elle étoit.

Pour ce qui est de la subdivision des Paragraphes en plusieurs *numero*, qui n'est point de l'Auteur, & que l'on a ajoûtée dans les derniéres Editions, je n'y ai eu aucun égard, qu'autant qu'elle m'a paru conforme à ce que demandoit la diversité des sujets. Il étoit certainement nécessaire de distinguer ainsi par plusieurs *à linea* les choses différentes que l'Auteur, selon l'usage de son tems, avoit entassées tout de suite dans la plûpart des Paragraphes, dont quelques-uns sont fort longs. Mais celui qui se chargea du soin de faire cette subdivision (je ne sai qui il est, ni quelle est la prémiére Edition où on l'a faite) s'y est pris certainement d'une maniére à donner lieu de penser ou qu'il n'entendoit guéres la nature & la liaison des matiéres, ou qu'il y faisoit très-peu d'attention. On a très-souvent separé des choses qui manifestement doivent être jointes ensemble, & laissé ensemble, au contraire, des choses qui manifestement doivent être séparées: ce qui ne peut qu'embarrasser un Lecteur peu accoûtumé au stile concis de GROTIUS. Mr. DE COURTIN a bien senti cela, & pour y remédier, en laissant les *numero* de chaque Paragraphe tels qu'ils se trouvent dans les derniéres Editions de l'Original, il les a subdivisez quelquefois en divers *à linea*. Mais il s'en faut beaucoup que par là il aît tout distingué comme il falloit. J'espére que l'application extrême que j'ai euë à considérer la suite & la diversité des pensées, pour régler là-dessus mes subdivisions, ne laissera pas beaucoup à desirer aux Lecteurs.

En quelque peu d'endroits, j'ai transporté des Notes dans le Texte certaines choses qui pouvoient y entrer aisément, & qui renfermoient ou une nouvelle raison, ou une remarque ou une autorité importante. Mais le plus souvent j'ai ôté du Texte, & mis dans les Notes, des choses qui n'étant pas nécessaires, interrompoient & faisoient presque perdre de vuë la suite du discours. Cela a lieu sur tout à l'égard des Passages, qui sont assez souvent entassez avec une espéce de prodigalité, où la vaste Erudition de nôtre Auteur l'engageoit. Et ici il a fallu d'ailleurs chercher bien des expédiens, pour dégager le Texte de l'interruption & de la confusion qu'y causoient ceux qui ne pouvoient en être tout-à-fait bannis. Tantôt je leur ai donné quelque ordre: tantôt je les ai abregez: tantôt j'ai réduit à un sens conçu en peu de mots les pensées qui y étoient renfermées: tantôt, après avoir rapporté un ou deux Passages des plus remarquables, j'ai indiqué seulement les noms d'autres Auteurs qui disoient à peu-prés la même chose, & renvoié leurs paroles mêmes dans les Notes. En un mot, à cet égard & à tout autre, j'ai fait ce que j'ai cru le plus propre à rendre ma Traduction claire & dégagée, sans préjudice du sens & des pensées de l'Auteur, que je me suis fait une loi inviolable de n'alterer jamais le moins du monde. Ma mémoire ne sauroit me rap-

hil, quòd addita notas suas habent, quàm potui positas perspicue, sed quæ ob vicinitatem fallere Typographos possent, ita ut sperare debere videar, emendatiorem editionem fore, me præsente &c. Append. *Epist.* 183.

rappeller en détail chaque expédient dont je me suis servi dans le besoin. J'ai cherché, au reste, la briéveté, mais autant que la clarté s'y trouvoit: & c'est pourquoi, quand celle-ci l'a demandé, j'ai étendu les pensées de mon Auteur, ou rapporté plus au long certains Passages, ou fait mieux sentir leur application en indiquant les circonstances des tems, des lieux, des personnes &c. Mais je n'ai nullement pensé à mettre en vers les passages de Poëtes, comme a fait Mr. DE COURTIN. Je ne suis pas Poëte, non plus que lui: & quand je le serois, j'aurois cru me devoir épargner ici une peine assez inutile. Si nôtre Auteur a traduit en vers Latins les passages de Poëtes Grecs, c'étoit pour lui un amusement. Il n'appartient qu'à des génies, comme le sien, de faire de beaux vers avec une merveilleuse facilité.

Les Notes de l'Auteur paroissent ici, pour la prémiére fois, traduites en nôtre Langue. Quoi qu'il y aît des choses & des Autoritez que l'on peut juger superfluës, aussi bien que celles que j'ai transportées là du Texte; il n'est pas juste de rien retrancher du travail de ce grand Homme. Il vaut mieux qu'il y aît trop, que trop peu: & on ne sauroit nier qu'il ne se trouve, dans ces Notes, quantité de beaux Passages & de remarques utiles. D'ailleurs, ce qui n'est pas bon pour l'un, peut l'être pour l'autre, vû la diversité infinie des goûts. Et la forme des Notes dispense de les lire ceux qui ne s'en soucient pas. J'ai examiné celles de mon Auteur à peu près avec autant de soin, que le Texte même, lorsque j'ai eu sous ma main les Livres nécessaires pour cet effet. Et je me suis donné ici encore plus de liberté, sur tout pour ce qui est de transposer les Citations, où il devoit naturellement y avoir encore plus de désordre, parce que l'Auteur jettoit sur le papier, à mesure qu'il lisoit, tout ce qu'il trouvoit qui pouvoit entrer dans ses Notes, & le plaçoit ainsi sans autre arrangement que celui que le hazard y mettoit; quelquefois même en rapportant à un endroit du Texte ce qui devoit se rapporter à un autre.

Lors qu'une Note étoit fort courte, ne contenant, par exemple, qu'un ou deux renvois à quelque Passage, que je ne jugeois pas à propos de rapporter, ou que je ne pouvois vérifier, faute d'avoir le Livre d'où il étoit tiré; j'ai assez souvent mis de telles Notes en marge, pour gagner du terrein dans un Ouvrage aussi long que celui-ci. C'est aussi par la même raison que j'ai ôté ou du Texte, ou de quelque Note, certaines choses que l'Auteur avoit repetées inutilement aiant oublié qu'il en avoit déja fait usage dans l'un ou dans l'autre. Quelquefois aussi de semblables Notes se trouvent enchassées ou contenuës dans les miennes, soit par nécessité, ou à cause qu'elles avoient quelque rapport avec ce que j'y remarquois: & alors j'en ai toûjours averti.

Au reste, tout ce qu'on trouvera dans les Notes de l'Auteur, entre deux crochets, est de moi. J'ai pû par ce moien, sans confondre mes pensées ou mes remarques avec celles de l'Auteur, inserer quelques mots qui servoient ou à éclaircir la Note, ou à redresser de petites inexactitudes, ou à ajoûter quelque chose d'utile. Mais après les Notes de GROTIUS, à la fin desquelles on voit son nom, hormis quelque peu d'endroits où il a été oublié, soit par les Imprimeurs, ou par moi-même, il y a souvent des Notes miennes, qui sont distinguées de celles de l'Auteur, devenuës ainsi Texte, par un simple *à linea*, qui suit.

Pour ce qui est de mes Notes sur le Texte, dont j'ai à parler présentement, quoi que confonduës avec celles de l'Auteur par l'ordre des Chiffres qui se suivent sans distinctinction dans chaque paragraphe, elles se distinguent aisément, en ce qu'il n'y a point de nom au bas de chacune; non plus qu'à celles qui ne contiennent que des Passages déja rapportez dans le Texte, & dont le chiffre montre assez qu'elles y répondent.

On trouvera donc ici, prémiérement, tous les Passages de quelque conséquence, soit Grecs ou Latins, revûs la plûpart du tems sur de meilleures Editions, que celles dont l'Auteur se servoit, ou pouvoit se servir de son tems, & suivis d'une indication exacte de l'endroit où ils sont dans l'Original. Je les ai souvent rapportez plus au long que GROTIUS ne faisoit, afin qu'on vît mieux la suite du discours, & par conséquent l'application au sujet. Ceux qui n'entendent pas les Langues Originales, ou qui ne se soucient pas de lire les Passages en ces Langues, peuvent les laisser là: ils ne perdront rien, puis que tout est expliqué ou pié-à-pié, ou en substance, dans la Traduction ou dans les Notes. Mais ceux qui sont capables d'entendre les Originaux, ne me sauront pas mauvais gré, à ce que j'espére, de leur avoir ainsi présenté, après mon Auteur, & avec de nouveaux ornemens, un Bouquet de fleurs cueilli de ce qu'il y a de plus exquis dans l'Antiquité: car c'est ainsi qu'on peut appeller l'assemblage qu'en a fait la vaste lecture & la grande mémoire de nôtre Auteur.

J'ai rapporté de moi-même divers autres Passages, qui m'ont paru beaux & à propos. Il a fallu même quelquefois le faire, ou du moins renvoier aux sources, en certains endroits où l'Auteur avance des faits ou autres choses concernant l'Antiquité, sans alleguer aucuns garants; soit que sa mémoire ne les lui fournît pas pour l'heure, ou qu'il crût tous ses Lecteurs assez savans pour n'avoir pas besoin qu'on les leur indiquât; soit qu'il l'aît négligé pour quelque autre raison, qui, quelle qu'elle pût être, n'empêchoit pas que je ne jugeasse à propos d'y suppléer, pour l'utilité de ceux qui liront la Traduction. On ne sauroit avoir trop de soin de ne rien avancer sans preuve; à moins qu'il ne s'agisse de choses connuës de tout le monde.

Quelque peine que j'aie prise pour développer les pensées de mon Auteur en sorte que la Traduction tînt lieu de Commentaire, il n'étoit pas possible de le faire toûjours sans dépouiller le personnage de Traducteur. Ainsi j'ai expliqué en peu de mots, dans les Notes, tout ce qui m'a paru avoir besoin d'éclaircissement. Mais l'utilité des Lecteurs, & la nature même de l'Ouvrage, qui, comme nous l'avons dit d'abord, n'étoit qu'un Essai, de main de Maître à la vérité, mais toûjours un Essai, qui par conséquent doit être bien loin de la perfection; demandoient, à mon avis, quelque chose de plus, c'est-à-dire la même méthode que j'ai déja tenuë en travaillant sur PUFENDORF. Le grand nom de l'Auteur, du mérite de qui j'ai, autant que qui ce soit, la plus haute idée, n'a pas du me détourner d'examiner ses principes & ses raisonnemens, pour dire en suite naïvement en quoi ils me paroissent ou défectueux, ou peu solides. Ce grand Homme ne se croioit nullement infaillible, & il aimoit tant la Vérité, que je suis sûr qu'il n'auroit point été fâché qu'on témoignât n'entrer pas dans toutes ses pensées; & qu'il se seroit au contraire fait un plaisir de renoncer à quelques-unes, s'il eût pû avoir les lumiéres & les secours qu'on a eu depuis. Pour moi, j'avouë qu'une des choses qui ont le plus contribué à me soûtenir dans la longue & épineuse carriére où je m'étois engagé, c'est l'idée agréable dont je me flattois souvent, que, si l'Auteur avoit pu étendre ses jours jusqu'à mon tems, il m'auroit sû quelque gré du soin que je me suis donné à cet égard, & à tout autre, pour parvenir au même but, que celui qu'il se proposoit.

Comme il s'agit donc ici de choses où l'Autorité des plus grands Génies n'est d'aucun poids, qu'autant qu'elle est soûtenuë par de bonnes raisons, dont chacun est en droit de juger selon ses lumiéres: avec la même liberté & le même desintéressement que j'ai confirmé & défendu contre des critiques mal fondées ce qui m'a paru solide & bien établi dans cet Ouvrage, j'ai aussi relevé modestement les principes ou les raisonnemens que je trouvois peu solides. Quand j'ai pû le faire, aprés d'autres, j'en ai été ravi, & j'aurois souhaitté de tout mon cœur avoir eu toûjours dequoi me munir du jugement des personnes éclairées qui, avant moi, ont entrepris d'examiner tout l'Ouvrage, ou quelcune de ses parties: je renoncerois sans peine au petit honneur de la découverte, pour me mettre à l'abri du reproche de témérité auquel je serai peut-être exposé de la part de quelques-uns de ceux qui admirent avec raison GROTIUS. J'ai lu pour cet effet non seulement ses principaux Commentateurs, mais encore les autres Auteurs chez qui j'ai cru trouver quelque chose: & je n'ai rien négligé de ce qui s'est présenté par hazard dans d'autres, où je n'aurois pas été chercher.

Je voudrois pouvoir dire, que les Commentateurs m'ont beaucoup servi: on les verroit plus souvent citez avec approbation, dans mes Notes, où j'ai fait honneur par tout à ceux de qui j'ai emprunté la moindre chose. J'aurois eu au contraire un vaste champ, si j'avois voulu refuter tous leurs faux raisonnemens, & marquer tous les endroits où ils censurent mal à propos mon Auteur. Comme ils le font très-souvent (1) sans entendre assez ses principes & même le sens des passages qu'ils critiquent, j'ai du m'épargner la peine de relever des choses à quoi personne ne pensera, si on lit avec soin ma Traduction, & mes Notes. Je me suis contenté d'en donner par ci par là quelques échantillons, & plûtôt par occasion, que par nécessité. Je leur ai laissé volontiers toutes les digressions & les inutilitez, dont ils sont remplis, & qui m'ont rendu leur lecture la partie la plus désagréable de mon travail.

Celui de qui j'aurois le plus emprunté, si le Livre n'étoit aussi en François, & s'il ne devoit être, comme je l'ai déja dit, perpétuellement confronté avec celui-ci, c'est PUFENDORF, *Du Droit de la Nature & des Gens*. On juge bien aussi, que je n'aurai pas repeté, en me copiant moi-même, ce que j'ai déja remarqué dans mes Notes sur cet Ouvrage. Ils sont d'ailleurs assez étendus l'un & l'autre, pour ne pas les grossir inutilement. Il suffisoit donc de renvoier ici à mon PUFENDORF, comme je renvoierai de PUFENDORF à GROTIUS, dans une nouvelle Edition du prémier, qui doit bien tôt suivre. On verra par là que tantôt je suis du sentiment de l'un de mes Auteurs, tantôt du sentiment de l'autre, & quelquefois ni de l'un ni de l'autre. J'ai suivi par tout ce qui m'a paru le

(1) Il m'est tombé e[illegible] les mains, depuis peu, une brochure imprimee à *Rostock*, en M. DCC. XII. sous ce titre: JOANNIS ARNDII, *Dantiscani*, *Specimen de* HUGONE GROTIO *à Commentatoribus* Juris Belli & Pacis, *aliisque*, *immerito vapulante*. L'Auteur de cet Essai y promet un Traité entier, où il prendra GROTIUS, d'un bout à l'autre, pour le défendre contre ses Commentateurs, & autres Ecrivains, qui l'ont critiqué sans sujet. Il aura là bien de l'ouvrage, s'il exécute son dessein. Il n'y a pas d'apparence qu'il l'aît encore fait: ou du moins que l'Ouvrage aît encore paru. Sa grosseur l'auroit fait connoître dans les autres Païs. On peut voir la maniére dont l'Auteur s'y prend, par les échantillons qu'il a donnez en deux

le mieux fondé selon mes idées, en tâchant de les établir sur les principes les plus certains & les mieux liez.

Pendant le cours de l'Edition de ce Livre, qui a été long tems sous la presse contre mon attente & sans aucun retardement de ma part, j'ai eu occasion de publier une autre Traduction, que l'on peut regarder comme un ample Supplément au Chapitre où GROTIUS traite *Du Juge compétent des Ambassadeurs, tant pour le Civil, que pour le Criminel*, qui fut publié au mois d'*Aoust* de l'année M. DCC. XXI. & dont la Version Françoise a paru au commencement de cette année. L'Illustre Mr. DE BYNKERSHOEK, Conseiller au *Haut Conseil* de *Hollande* a examiné, dans cet Ouvrage, avec beaucoup plus d'exactitude qu'on n'avoit encore fait, une des Questions les plus importantes qui regardent les droits des Ambassadeurs: & j'y ai joint assez de Notes, où je confirme & j'éclaircis de mon mieux ce que l'on trouvera ici sur le Chapitre XVIII. du II. Livre, qui étoit déja imprimé, lors que je fus engagé à travailler sur ce Traité tout nouveau.

En voilà assez, pour ce qui regarde mon travail, dont on connoîtra encore mieux l'usage & l'étenduë par la lecture même du Livre; sur tout si l'on a vû ma Version du grand Ouvrage de PUFENDORF, qui a servi de modéle à celle-ci. J'ajoûterai seulement, que, comme j'ai tâché de ne point perdre de paroles, pour me conformer, autant qu'il m'a été possible, au stile & au génie de mon Auteur: j'ai aussi évité avec soin toute sorte de digression inutile. Si l'on trouve quelques remarques qui paroissent n'avoir pas un rapport direct avec la matiére de cet Ouvrage, on verra qu'elles ne sont proposées que par occasion, & en conséquence de ce à quoi m'engageoit mon plan, dont je viens de rendre compte.

III. IL FAUT maintenant faire les reflexions générales, que j'ai promises, sur la méthode & les principes de mon Auteur: ce qui servira en même tems à montrer l'utilité qu'on peut retirer & du Texte, & de mes Notes.

La méthode du Livre n'est point du tout naturelle, dans le dessein que l'Auteur avoit de donner le prémier un Systême de la Science qu'il y traite. Il ne suivit pas lui-même cet ordre comme le jugeant le meilleur, & je suis sûr qu'il s'y seroit pris d'une toute autre maniére, s'il n'avoit eu ses raisons pour se mettre ici de propos déliberé au dessus des régles. Il avoit remarqué, qu'un des plus funestes effets de l'ignorance du Droit de la Nature & des Gens étoit la licence prodigieuse de la Guerre, où encore aujourdhui il n'y a que trop de gens qui se croient tout permis. Il vouloit que son Livre fût lû sur tout de ceux qui peuvent efficacement y apporter quelque remède, & qui par conséquent doivent être les prémiers convaincus de la nécessité d'y penser serieusement. Il savoit d'ailleurs, que rien n'est plus propre à introduire le goût d'une Science, que l'exemple des Grands, qui l'estiment ou la cultivent eux-mêmes. Pour les engager à lire son Livre,

deux Chapitres, dont son Essai est composé. Il ne manque pas de mettre au nombre des causes qui ont produit tant de fausses critiques, le malheur qu'on a eu de ne pas entrer fort souvent dans la pensée de GROTIUS. Et il rapporte un jugement remarquable, qu'il dit avoir entendu de la propre bouche de feu Mr. VITRIARIUS, Professeur en Droit à *Leide*. Le voici. *Haud paucos librorum* De Jure Bell. & P. *habemus Commentatores: sed ne unicus* GROTIUM *intellexit. Commentarios quidem scripserunt, non in, sed circa* GROTIUM: *à quibus nec* BOECLERUM, *quem alias Præceptorem quondam meum veneror, hic excipio .... Commentatorem igitur in* GROTIUM *non habemus, ipso* GROTIO *meliorem*. Cap. I. §. 17.

Livre, il choisit un sujet particulier, qui ne pouvoit que reveiller leur attention. Le *Droit de la Guerre & de la Paix* a quelque chose d'éclattant, qui frappe même les personnes de tout ordre, & où chacun peut se trouver intéressé d'une maniére ou d'autre, par les fréquentes occasions qu'en fournit l'ambition des Souverains. Nôtre Auteur usant donc d'un innocent artifice, tourna le titre & la disposition de son Livre en sorte qu'il parut se borner à ce qui regarde les affaires de la Guerre, & de la Paix dont elle est suivie: mais cependant il y fit entrer des principes généraux pour toutes les autres matiéres du Droit Naturel, du Droit des Gens, & du Droit Public Universel; avec les Questions les plus importantes, dont la décision, qui dépend de ces principes, peut être ensuite une source féconde de conséquences. Ainsi ce qui étoit le principal dans l'intention de l'Auteur, devint comme l'accessoire, mais un accessoire qui fournissoit des matériaux pour bâtir un édifice plus régulier.

C'est ce que PUFENDORF entreprit depuis, & exécuta de telle maniére, que, s'il n'a pas atteint à la perfection, il n'a du moins été encore surpassé, à tout prendre, par aucun autre Auteur en ce genre. De sorte que, quoi qu'il soit le dernier en datte, & que GROTIUS lui aît montré le chemin, c'est par lui aujourdhui qu'on doit commencer, pour suivre l'esprit de GROTIUS même & pour mieux entendre le Traité *Du Droit de la Guerre & de la Paix*. La briéveté du stile & des raisonnemens, qui fait le caractére propre de GROTIUS, & qui lui étoit si naturelle, qu'on la trouve jusques dans ses Lettres écrites le plus à la hâte; rend cet ordre de lecture encore plus nécessaire. Ceux qui commencent à étudier la Science enseignée dans l'un & l'autre de ces Ouvrages, tous deux assez gros, ont aussi dequoi n'être pas effraiez & rebuttez par leur longueur, en lisant d'abord l'Abrégé du *Droit de la Nature & des Gens*, que PUFENDORF a donnée lui-même, sous le titre de *Devoirs de l'Homme & du Citoien*. Cela leur fera trouver ensuite beaucoup plus de plaisir & d'utilité dans la lecture des deux grands Ouvrages de ces Illustres Auteurs. Et j'ai lieu de croire qu'on l'a déja éprouvé, par plusieurs Editions qui ont paru de cet Abrégé, traduit en François, avec mes Notes, où je me suis proposé l'usage dont il s'agit.

Les principes généraux de GROTIUS, touchant le *Droit Naturel* sont très-solides: mais il ne les développe pas assez, & il faut beaucoup de méditation pour y suppléer. Il ne montre pas assez l'enchaînure des conséquences qui s'en déduisent, dans leur application aux sujets particuliers. Cela a donné lieu à certains Auteurs, peu pénetrans ou peu équitables, de dire qu'après avoir posé ses principes, il les laisse là, sans en faire aucun usage, & qu'il fonde ses décisions sur tout autre chose. Il auroit pû prévenir ces Jugemens temeraires, en s'étendant un peu plus, & faisant mieux sentir, sur chaque matiére, la liaison des preuves dont il se sert avec les principes d'où il les tire.

A

(1) Voiez, par exemple, la *Réponse à l'Avis aux Réfugiez*, *par feu Mr.* DE LARREY, *pag.* 171. Le *Supplément de la Crise*, par Mr. STEELE, pag. 14, *&* *suiv.* pag. 29, *&* *suiv.* Le Discours de feu Mr. BURNET, Evêque de *Salisbury*, dans les *Avocats pour & contre* SACHEVEREL, pag. 44. Les *Entretiens sur les entreprises de l'*ESPAGNE &c. qui ont paru en M. DCC. XIX. *pag.* 153, *& suiv.*

(2) *Librum* De Cive *vidi: placent, quæ pro Regibus dicis. Fundamenta tamen, quibus suas sententias superstruit, probare non possum. Putat, inter homines omnes à natura esse bellum, & alia quædam habet nostris non congruentia. Nam & privati cujusque officium putat, sequi Religionem in Patria sua probatam, si non adsensu, at obsequio.*

Sunt

A l'égard du *Droit des Gens*, qu'il conçoit comme un Droit arbitraire en lui-même, mais aquérant force de Loi par un consentement tacite des Peuples, on a démontré, que, de la maniére qu'il l'entend & qu'il en établit l'obligation, il n'est appuié sur aucun fondement solide: & cependant les questions qu'il y rapporte sont une bonne partie de son Ouvrage. Ainsi j'aurois regretté la peine que je prenois de traduire ces morceaux, si je n'avois trouvé dequoi fonder les décisions sur des principes plus sûrs. Il s'en est présenté à moi deux, également simples & féconds, en faveur desquels cette simplicité même & cette fécondité est, à mon avis, un préjugé favorable. Le prémier est, *Que l'on peut être censé se soûmettre aux Coûtumes les plus arbitraires en elles-mêmes, toutes les fois que les connoissant on ne déclare pas d'avance qu'on ne veut pas les suivre dans l'affaire dont il s'agit.* Et l'autre est, *Que, pour savoir si l'on s'est ainsi engagé à suivre la Coûtume en tel ou tel cas particulier, il faut en juger par les régles naturelles de l'interprétation de toutes les autres Conventions tacites.* Moiennant ces deux Véritez incontestables, convenablement appliquées à chaque sujet particulier, on donne aux Coûtumes, qui composent le *Droit des Gens* de nôtre Auteur, une force, moindre à la vérité que celle qu'il y conçoit, mais réelle & évidente. Si elles peuvent demeurer sans effet, par la volonté de ceux qu'on ne sauroit prouver être tenus de s'y conformer, bon gré mal gré qu'ils en aient; il y a mille cas où l'on ne peut nier, sans renoncer aux lumiéres de la Raison Naturelle sur lesquelles sont fondez mes deux principes, qu'on ne se soit imposé soi-même par son propre consentement une nécessité de suivre ces Coûtumes, de laquelle il n'est plus libre ensuite de se dégager, aussi loin que s'étend la nature de l'affaire dont il s'agit: ce qui suffit pour le but & l'usage de tout ce que nôtre Auteur rapporte à son *Droit des Gens*. On le verra par l'application que j'en fais à chaque sujet.

Pour ce qui est du *Droit Public*, GROTIUS en a assez bien établi les principales régles, fondées sur le but & la constitution des Sociétez Civiles. S'il a un peu trop donné au Pouvoir des Rois, il ne faut pas s'en s'étonner. C'est une des matiéres, sur lesquelles on est le plus sujet à pancher vers l'une ou l'autre des extrémitez vicieuses. Il a pu vouloir aussi éviter tout soupçon de conformité avec les maximes horriblement seditieuses du Jésuite MARIANA, dont le Livre, qui parut de son tems, avoit été condamné à *Paris*, comme il le méritoit. Nôtre Auteur a néanmoins fait des aveus, qui peuvent ramener au juste milieu: & on s'en (1) est servi pour défendre les droits des Peuples contre les Prérogatives Roiales trop loin poussées. Il faut lui rendre encore cette justice, qu'il étoit bien éloigné de donner dans les principes & les conséquences horribles des Disciples de MACHIAVEL & d'HOBBES. Car voici le jugement qu'il porte, dans une de ses Lettres, du fameux Livre *De Cive*, que le dernier de ces Auteurs venoit de publier à *Paris*. (2) " J'ai vû (dit-il) le Traité *Du Citoien*. J'ap-

Sunt & alia quædam, quæ probare non possum. Append. Epist. 648. La Lettre est écrite à son Frére, & dattée du 11. d'*Avril*, M. DC. XLIII. Feu Mr. HUBER, dans son Traité *De Jure Civitatis*, *Lib.* I. *Sect.* I. *Cap.* III. §. 54, 55. rapporte, sur un ouï dire, que GROTIUS avoit témoigné souhaitter que le Livre d'HOBBES eût paru avant le sien; & il juge, que la raison pourquoi nôtre Auteur forma ce souhait, c'étoit parce qu'il auroit voulu avoir occasion de refuter les dogmes pernicieux du Traité *De Cive*; & non pas qu'il pensât à retracter rien des principes opposez qu'il établit dans son Ouvrage. On pourroit ajoûter, qu'il sentit que le Livre d'HOBBES, avec toutes ses erreurs, étoit l'ouvrage d'un Génie méditatif, qui donne lieu à exa-

„ J'approuve ce que l'on y trouve en faveur des Rois: mais je ne saurois approu- „ ver les fondemens sur lesquels l'Auteur établit ses opinions. Il croit que tous „ les Hommes sont naturellement en état de Guerre, & il établit quelques autres „ choses qui ne s'accordent point avec mes principes. Car il va jusqu'à soûtenir, „ qu'il est du devoir de chaque Particulier de suivre la Religion approuvée dans „ sa Patrie par autorité publique, sinon en y adhérant de cœur, du moins en la „ professant & s'y soûmettant par obéïssance. Il y a d'autres choses, que je ne „ puis goûter. On voit par là, que ceux qui voudroient s'appuïer du suffrage de GROTIUS, pour favoriser la Tyrannie, pourroient être refutez par l'autorité de GROTIUS même. Ce grand Homme a d'ailleurs assez fait voir par les réflexions qu'il entremêle dans son Histoire Latine des *Païs-bas*, avec sa briéveté ordinaire, que l'idée qu'il avoit du Pouvoir des Souverains, & de l'obligation des Sujets, étoit fort au dessous de cette Autorité Despotique & illimitée que les Flatteurs des Princes leur attribuent.

Voilà, à mon avis, une juste idée de l'Ouvrage dont je publie aujourdhui la Traduction. Il faudroit maintenant le comparer avec celui de PUFENDORF, *Du Droit de la Nature & des Gens*, si je ne l'avois déja fait dans ma Préface sur le Livre même de ce dernier. Je n'ai rien à changer à cette comparaison, qui m'a paru de plus en plus bien fondée, à mesure que je travaillois sur le *Droit de la Guerre & de la Paix*. On verra au moins, par tout ce que j'ai dit & fait sur ces deux Ouvrages, que, si je me suis trompé, ce n'a point été par une prévention aveugle pour aucun de mes Auteurs. Comme les imperfections que j'ai reconnuës de bonne foi dans l'un & dans l'autre n'empêcheront pas qu'on ne retire un grand profit de leur lecture; j'ose me flatter aussi, qu'avec toutes les fautes que je puis avoir commises, ma peine ne sera pas tout-à-fait perduë.

Ici je ne saurois m'empêcher de relever un jugement très-peu équitable, qu'un Auteur Moderne a porté, depuis quelques années, de l'un & l'autre de ces Ouvrages qu'on a présentement traduits de ma main. Je crois m'être assez aquis le droit d'entreprendre leur défense, autant que de raison est, par le grand travail que j'ai essuié pour les faire lire & entendre de tout le monde, & par le désintéressement que j'ai témoigné à leur égard. Si le Censeur, dont je veux parler, eût été dans la même disposition, jamais il n'auroit hazardé une critique vague, sur laquelle il peut être si aisément repoussé. C'est l'ingénieux (a) *Ecossois*, qui a mis au devant de la nouvelle Edition des AVANTURES DE TELE'MAQUE, publiée en M. DCC. XVII. un *Discours de la Poësie Epique, & de l'excellence du Poëme de* TELE'MAQUE. Plein d'admiration pour ce beau Poëme en prose, & passionné pour la gloire de son Auteur, il se propose, entr'autres choses, de montrer la sublimité de sa Morale. Il auroit pû le faire, sans élever la réputation de son Héros sur le débris de celles d'autres Auteurs, pour le moins aussi estimez & aussi estimables en leur genre. Mais tel est le caractére des Panégyristes: il faut que tout mette pavillon bas devant celui dont ils font l'éloge. Ce zéle outré étoit ici d'autant moins nécessaire, que le Public a assez rendu justice au TELE'MAQUE, malgré tous les efforts de ceux qui ont voulu l'étouffer dans sa naissance. On louera toûjours l'éloquence majestueuse de l'Illustre Archevêque DE CAMBRAI,

(a) Voiez l'*Europe Savante*, Tom. III. Part. II. pag. 186.

examiner & approfondir bien des choses, auxquelles on ne penseroit pas sans cela; & qui débite souvent des Véritez très-utiles, à qui il ne manque que d'être ramenées à de bons principe

BRAI, l'adresse & le courage qu'il a eu de donner aux Rois quantité de beaux préceptes; encore même qu'on n'approuve pas tous les principes sur lesquels il fondoit ses idées touchant le Gouvernement Civil. Mais quiconque examinera les choses sans prévention & sans partialité, n'aura garde, à mon avis, de souscrire à la comparaison peu ménagée de son Panégyriste, que je vais rapporter mot-à-mot.

„ On (a) sait (dit-il) les Systêmes de MACHIAVEL, d'HOBBES, & de „ deux Auteurs plus moderez, PUFENDORF, & GROTIUS. Les deux „ prémiers, sous le vain & faux prétexte, que le bien de la Société n'a rien de „ commun avec le bien essentiel de l'Homme, qui est la Vertu, établissent pour „ seules maximes de Gouvernement, la Finesse, les Artifices, les Stratagêmes, „ le Despotisme, l'Injustice & l'Irréligion. Les deux derniers Auteurs ne fon- „ dent leur Politique que sur des Maximes Paiennes, & qui même n'égalent ni „ celles de la République de PLATON, ni celles des *Offices* de CICERON. Il „ est vrai, que ces deux Philosophes Modernes ont travaillé dans le dessein d'ê- „ tre utiles à la Société, & qu'ils ont rapporté presque tout au Bonheur de „ l'Homme consideré selon le Civil. Mais l'Auteur de TE'LE'MAQUE est „ original, en ce qu'il a uni la Politique la plus parfaite avec les idées de la Ver- „ tu la plus consommée. Le grand principe sur lequel tout roule, est que le „ Monde entier n'est qu'une République universelle, & chaque Peuple comme „ une grande Famille. De cette belle & lumineuse idée naissent ce que les Poli- „ tiques appellent les *Loix de Nature & des Nations*, équitables, généreuses, „ pleines d'humanité. On ne regarde plus chaque Païs comme indépendant des „ autres; mais le Genre Humain comme un Tout indivisible. On ne se borne „ plus à l'amour de sa Patrie; le cœur s'étend, devient immense, & par une „ amitié universelle embrasse tous les Hommes. De là naissent l'amour des E- „ trangers, la confiance mutuelle entre les Nations voisines, la bonne foi, la jus- „ tice & la paix parmi les Princes de l'Univers, comme entre les Particuliers de „ chaque Etat. Nôtre Auteur nous montre encore, que la gloire de la Roiau- „ té est de gouverner les Hommes pour les rendre bons & heureux: que l'auto- „ rité du Prince n'est jamais mieux affermie, que lors qu'elle est appuiée sur l'a- „ mour des Peuples, & que la véritable richesse de l'Etat consiste à retrancher „ tous les faux besoins de la Vie pour se contenter du nécessaire, & des plaisirs „ simples & innocens. Par là il fait voir que la Vertu contribuë non seulement „ à préparer l'Homme pour une Félicité future, mais qu'elle rend la Société „ actuellement heureuse dans cette Vie, autant qu'elle le peut être.

(a) *Discours sur le Poëme Epique*, pag. 31. *& suiv.* Edit. de Paris, en moindre caractére.

Plus j'examine ces paroles, & plus j'ai de la peine à comprendre comment l'Auteur a pû se flatter de persuader à ceux qui auront lû avec quelque soin les Ouvrages de GROTIUS & de PUFENDORF, ce qu'il y dit à leur desavantage, pour rehausser le mérite de la Morale du TELEMAQUE. La Nuit & le Jour ne sont pas plus opposez, que les Systêmes de MACHIAVEL & d'HOBBES, d'un côté; & ceux de GROTIUS & de PUFENDORF, de l'autre. PUFENDORF en particulier a pris à tâche de refuter de toutes ses forces les principes fondamentaux de la Morale & de la Politique d'HOBBES, qui étant une

pes. Il est certain que par là on peut faire des Livres de ce fameux Anglois le même usage qu'on tire de quelques Bêtes ou Plantes venimeuses.

une fois renversez, ne laissent aucun lieu aux conséquences que celui-ci en a tirées. Et GROTIUS, comme je l'ai montré ci-dessus, s'est déclaré contre ces principes dans une Lettre écrite avec toute l'ouverture de cœur qu'on peut attendre d'un homme qui écrit familiérement à son propre Frére. Cependant voilà mes deux Auteurs mis à peu près au même rang que MACHIAVEL & HOBBES: toute la grace qu'on leur fait, c'est de dire, qu'ils sont *plus moderez*.

Ils ne fondent (ajoûte-t-on) *leur Politique, que sur des Maximes Paiennes*. Mais qu'entend-on par ces *Maximes Paiennes*? Sont-ce des Maximes fondées sur les principes particuliers du *Paganisme*, considéré comme tel? Ou bien nos Auteurs ont-ils adopté les fausses Maximes de quelques Philosophes Paiens, pour les faire servir de fondement à leurs Systêmes? C'est ce qu'il faudroit supposer, pour trouver là matiere à les décrier: mais c'est ce qu'on ne prouve point, & qu'on ne sauroit prouver. Que si l'on veut dire, que GROTIUS & PUFENDORF ont bâti sur des principes, qui ont été ou pû être reconnus des Philosophes Paiens, on a raison; mais par là on les louë, & l'on se contredit soi-même. Car ni Mr. DE CAMBRAI, ni son Panégyriste, ne prétendent pas sans doute, que ces *Loix de Nature & des Nations* ne puissent être connuës sans une Révélation extraordinaire du Ciel. Ils ne donneront pas, je pense, le démenti à ST. PAUL (a): & cela d'ailleurs ôteroit tout le *Decorum* de cette partie du TELEMAQUE, que l'on pourroit appeller avec beaucoup plus de raison une Morale & une Politique *fondées sur des Maximes Paiennes*, puis que tous ses beaux Préceptes sont mis en la bouche de Paiens, qui ne parlent que de *Dieux* & de *Déesses*.

(a) Romains, Chap. II. vers. 14, 15.

On veut ensuite, que les *Maximes Paiennes* de nos Auteurs *n'égalent pas même celles de la République de* PLATON, *ni celles des Offices de* CICÉRON. Cela est bien-tôt dit: mais il est plus facile de dire, que de prouver. Nos Auteurs ont pris tout ce qu'il y avoit de bon & dans PLATON, & dans CICÉRON, & dans SENÉQUE, & dans tout autre Auteur de l'Antiquité, lors qu'ils l'ont trouvé conforme aux idées immuables de la Raison: & bien loin de ne pas les égaler, ils sont allez beaucoup plus loin, qu'eux. Ils ont raisonné beaucoup plus conséquemment, & ont évité quantité d'erreurs où les Philosophes Paiens sont tombez, faute de faire assez d'attention à leurs propres principes, & d'en bien tirer les conséquences. Ils ont laissé à PLATON sa *communauté des Femmes* (1) & sa maxime, *De ne rien changer dans la Religion une fois établie, par les Loix:* qui est aussi une des Maximes d'HOBBES. Ils ont pris à tâche de ne point donner dans des idées outrées ou métaphysiques, qui n'ont qu'une fausse apparence de Vertu sublime, & qui sont apparemment celles en quoi nôtre Censeur prétend que GROTIUS & PUFENDORF sont demeurez fort au dessous des Philosophes Paiens.

On avouë néanmoins, que nos deux *Philosophes Modernes ont travaillé dans le dessein d'être utiles à la Société, & qu'ils ont presque tout rapporté au bonheur de l'Hom-*

(1) Voiez ma *Préface* sur PUFENDORF, *Droit de la Nat. & des Gens*, §. 21. de la 2. Edit.

(2) *Duas Respublicas animo complectamur, alteram magnam, & verè publicam, quâ Dii atque Homines continentur, in qua non ad hunc angulum respicimus, aut ad illum, sed terminos civitatis nostra cum Sole metimur: alteram, cui nos adscripsit conditio nascendi. Hac aut* Atheniensium *erit, aut* Carthaginiensium, *aut alterius alicujus*

l'Homme considéré selon le Civil. Cet aveu ne s'accorde pas trop avec ce qu'on venoit de dire. Voilà qui est bien différent des Systêmes de MACHIAVEL & d'HOBBES; & en même tems un préjugé favorable pour la bonté de ces autres Systêmes où *presque tout se rapporte au bonheur de l'Homme considéré selon le Civil.* On pouvoit se passer d'y mettre la restriction de *presque*: ou bien on devoit montrer en quoi les principes de nos Auteurs ne se rapportent pas au bonheur des Sociétez Civiles. Mais voions si l'opposition qu'on fait de la Morale du TELEMAQUE, pour en relever le prix aux dépens de celle de nos Auteurs, est plus juste.

L'Auteur de TELEMAQUE (nous dit-on) *est original, en ce qu'il a uni la Politique la plus parfaite avec les idées de la Vertu la plus consommée. Le grand principe sur lequel tout roule, est que le Monde entier n'est qu'une République universelle, & chaque Peuple comme une grande Famille.* Mr. DE FENELON est si peu original en cela, que c'est le grand principe de la Morale des *Stoiciens*, Secte fort nombreuse & fort connuë. Voici ce que dit SENEQUE: (2) *Nous devons concevoir deux sortes de République: l'une est cette grande & véritablement universelle République, dans laquelle les Dieux & les Hommes sont compris; qui ne se borne pas à tel ou tel coin du Monde, mais qui est aussi étenduë que le cours du Soleil: l'autre est, celle à laquelle nous sommes attachez par la naissance; comme la République* d'Athénes, *ou de* Carthage, *ou de quelque autre Ville, composée d'un certain nombre d'Hommes, & non pas de tout le Genre Humain. Quelques-uns travaillent en même tems pour le bien de l'une & l'autre République, grande & petite: d'autres ne vendent service, qu'à la petite; d'autres, qu'à la grande* &c. Il ne manque à ce passage, auquel on pourroit en ajoûter d'autres (3) semblables, que de se trouver dans le TELEMAQUE, avec tous les ornemens de l'éloquence de Mr. DE CAMBRAI. Mais le principe, qu'il contient, dépouillé de la figure, n'est-ce pas le même sur lequel & GROTIUS, & PUFENDORF ont bâti? Le prémier le pose d'abord dans son *Discours Préliminaire*; & il raisonne là-dessus par tout ailleurs. L'autre le fait (b) d'une maniére, où l'on pourroit trouver à redire la longueur, plûtôt que la briéveté. L'un & l'autre distinguent perpetuellement entre ce qui est conforme à la *Justice rigoureuse*, & ce que demandent l'*Equité*, l'*Humanité*, la *Clemence*, la *Compassion* &c. Il est vrai que la plus grande partie de leurs Ouvrages roule sur les régles de la prémiére de ces Vertus, à laquelle se rapporte ce qu'on appelle proprement *Droit*, selon l'usage dogmatique, sur lequel ils ont formé leur plan: & c'est peut-être ce qui a fait illusion à nôtre Critique. Mais il ne devoit pas pour cela parler d'eux, comme s'ils avoient banni de leurs Systêmes les *idées de la Vertu la plus consommée*, parce qu'ils ne s'étendent pas là-dessus, autant que sur celles des Vertus moins éclattantes, dont l'observation exacte, outre qu'elle dispose à la pratique des prémiéres, rendroit seule la Societé Humaine en général, & la Société Civile en particulier, plus heureuses qu'elles n'ont jamais

(b) *Liv.* II. *Chap.* III. §. 15. *& suiv.*

cujus urbis, quæ non ad omnes pertineat homines, sed ad certos. Quidam eodem tempore utrique Reipublicæ dant operam, majori minorique: quidam tantum minori: quidam tantum majori. De otio Sapientis, *Cap.* XXXI.

(3) L'Auteur même de l'*Essai sur le Gouvernement Civil*, dont on parlera plus bas, en allégue un de CICERON, *Chap.* III. pag. 15.

mais été, & qu'elles ne seront peut-être jamais, si l'on pouvoit obtenir qu'elles fussent généralement suivies. D'ailleurs, les régles de celles-ci sont beaucoup plus étenduës, fondées sur une plus longue suite de conséquences, & par conséquent plus difficiles à découvrir. Au lieu que les autres Vertus, comme l'exercice en est libre de toute contrainte extérieure, dépendent plus aussi des dispositions intérieures où l'on est, que des régles & des préceptes. Avec un bon cœur, il ne faut presque qu'une Prudence commune, pour les pratiquer convenablement dans l'occasion. La précision du *Tien* & du *Mien* est ici superfluë, quand on regarde véritablement les autres Hommes, comme ses semblables, avec lesquels on a une Parenté commune, un même Créateur & Législateur; on est porté par cela seul à leur vouloir du bien: & qui veut du bien à quelcun, lui en fait autant qu'il peut, sans le peser au poids & à la balance, comme il le faut en matiére de choses duës à la rigueur de la Justice. GROTIUS & PUFENDORF ont sû tout cela, ils l'ont inculqué souvent; & quoi que leur dessein ne fût pas de donner un Systême complet de *Morale*, proprement ainsi nommée, ils ont dit là-dessus autant que l'Auteur du *Telémaque*, à l'Eloquence & la Poësie près. Ils ont recommandé *l'amour des Etrangers*, en (1) détruisant les fausses idées de la plûpart des Philosophes Paiens, qui regardoient ou n'empêchoient pas qu'on ne regardât comme *Ennemis naturellement*, tous ceux qui ne sont pas de même Nation. Ils ont établi l'obligation d'une *confiance mutuelle entre les Voisins*, (2) autant que le permet le désir très-juste & très-naturel de ne pas se livrer en proie à ceux qui ne consultent que leurs passions & leurs intérêts. Tous leurs principes, toutes leurs maximes, tendent à faire observer *la Bonne-foi, la Justice, & la Paix, parmi les Princes de l'Univers, comme entre les Particuliers de chaque Etat*.

Je ne vois pas non plus qu'ils aient eu d'autres idées de la *gloire de la Roiauté*, que celles qu'on trouve dans TELEMAQUE. Ni Mr. DE CAMBRAI, ni GROTIUS, ni PUFENDORF, ne sont pas les prémiers, qui l'aient faite consister à *gouverner les Hommes, pour les rendre bons & heureux*. Ils ne sont pas les premiers qui aient montré que *l'Autorité du Prince n'est jamais mieux affermie, que lors qu'elle est appuiée sur l'amour des Peuples, & que la véritable richesse de l'Etat consiste à retrancher tous les faux besoins de la Vie, pour se contenter du nécessaire, & des plaisirs simples & innocens*. Ce sont maximes rebattuës, sur quoi on trouve quantité d'Autoritez, & dans GROTIUS, & dans PUFENDORF, & dans une infinité d'autres Ecrivains. Il n'y a que les Princes, & leurs Flatteurs, qui semblent les ignorer ordinairement, ou qui agissent comme s'ils les ignoroient: encore même veulent-ils s'en faire honneur quelquefois, dans le tems qu'ils les foulent le plus aux pieds. PUFENDORF en particulier a si bien traité en peu de mots ces maximes, & les conséquences qui en résultent, qu'on diroit presque que tout ce que Mr. DE FENELON séme dans son TELEMAQUE n'est qu'un Commentaire, orné & embelli, sur le Chapitre des *Devoirs du Souverain*, qui se trouve au VII. Livre du *Droit de la Nature & des Gens*. On peut s'en convaincre d'abord en lisant mes Notes, où j'ai inseré, entr'autres beaux Passa-ges

(1) Voiez le DROIT DE LA GUERRE ET DE LA PAIX. *Liv.* II. *Chap.* XX. §. 41. *num.* 3. *Chap.* XXII. §. 10. *Chap.* XV. §. 5. Et le DROIT DE LA NAT. ET DES GENS. *Liv.* II. *Chap.* II. &c.

(2) GROTIUS, Liv. II. Chap. XXII. §. 5. Pu-

ges de divers Ecrivains, Anciens & Modernes, plusieurs bons morceaux du TELEMAQUE, comme servant à l'illustration & à la confirmation des pensées de mon Auteur. Je me suis fait autant de plaisir de rendre ainsi justice à l'Illustre Archevêque DE CAMBRAI, que son Panégyriste s'en fait de rabaisser le mérite d'autres Ouvrages, quoi que conformes à cet égard aux principes de celui dont il s'agit.

Mais je crois découvrir ce qui a mis de mauvaise humeur nôtre Critique, & qui l'a porté à degoûter le monde autant qu'en lui est, de la lecture des Ouvrages de mes deux Auteurs. Quelque favorables qu'ils soient aux Rois, sur tout GROTIUS, ils ne le sont pas assez à son gré. Ils ne poussent pas assez loin l'*Obéissance passive*. Ils ne pretendent pas, que les Princes, ou autres Souverains, tirent de DIEU immédiatement leur Autorité, sans qu'elle soit fondée sur aucun *Contract* entr'eux & leurs Sujets: ils se contentent d'établir l'approbation que DIEU donne à tout Gouvernement légitime, de mettre à couvert des attentats d'un Particulier sans vocation la personne & le Gouvernement des Princes qui abusent de leur pouvoir; d'exhorter les Peuples mêmes à ne rien entreprendre d'un commun accord contre leur Souverain, qu'aprés qu'il a poussé à bout leur patience, par une violation manifeste des Loix Fondamentales de l'Etat auxquelles il a promis de se conformer. Ils n'établissent pas un ordre de Succession héréditaire si inaltérable, que, de quelque maniére qu'agisse un Roi appellé par son rang à la Couronne, quelque manifeste Tyran qu'il soit, on ne puisse jamais lui resister, ni le déposer.

On me demandera sans doute, sur quoi je fonde ma conjecture, puis qu'il n'y a rien de tout cela dans la nouvelle Préface sur TELE'MAQUE. Le voici. Il a paru depuis, un (3) ESSAI SUR LE GOUVERNEMENT CIVIL, qui, s'il n'est pas de la même main, comme on ne peut que le soupçonner par la grande conformité des principes & du stile, est du moins tout-à-fait dans le même goût & les mêmes sentimens. Le titre annonce, qu'il est composé *selon les principes de feu* Mr. FRANÇOIS DE SALIGNAC, DE LA MOTHE-FENELON, *Archevêque Duc de Cambrai*. L'Auteur de l'*Essai* (a) *a été nourri pendant plusieurs années des lumiéres & des sentimens de* ce Prélat: la voix publique dit la même chose de l'Auteur du Discours sur le Poëme Epique de TELE'MAQUE. En un mot, ils se ressemblent comme deux gouttes d'eau: & si ce n'est pas une seule & même personne, on peut les regarder comme deux Corps animez d'un même Esprit. Qu'il me soit permis d'alleguer ici un passage de l'*Essai*, par où l'on pourra aisément juger du reste.

„ Le Monde entier (dit-il (b)) n'est devant DIEU qu'une même République. „ Chaque Nation n'en est qu'une Famille. La même Loi de Justice & d'Ordre, „ qui rend le droit héréditaire des Terres inviolable, rend le droit héréditaire „ des Couronnes sacré. Pour faire sentir l'absurdité des principes contraires, „ quittons un peu le stile sérieux, & écoutons pour un moment les raisonnemens „ que ces maximes inspireroient également à un fier Républicain, & à un Vo- „ leur de grand chemin. *Les Rois*, dira le Républicain, *ne sont que les dépositaires*

(a) Préface à la fin.

(b) Ch. IX. p. 56.

PUFENDORF, Liv. II. Chap. V. § 6.

(3) Je me sers de la troisiéme Edition, imprimée en l'année M. DCC. XXII. sous le faux titre de *Londres*, & véritablement en *Hollande*.

„ *taires d'une Autorité qui réside originairement dans le Peuple. Les Hommes naissent libres & indépendans. Mes Ancêtres ont cedé leur droit inhérent de se gouverner eux-mêmes aux Souverains, à condition que ces Magistrats suprêmes gouverneroient bien. Le Roi a violé le Contract originaire. Je rentre dans mon prémier droit, je le reprens & le veux donner à un autre qui en fera meilleur usage. Le droit héréditaire des Couronnes est une chimére. Par quelle autorité les prémiers Princes ont-ils pû transmettre à leurs Enfans un droit à l'exclusion du Genre Humain, & de mille autres plus dignes de gouverner que leurs Descendans? Mes Ancêtres ne pouvoient pas leur transferer sans mon consentement un pouvoir qui anéantit mon droit inhérent & naturel: & certainement leur dessein, en confiant ce droit aux Princes, n'étoit pas de rendre leur postérité malheureuse.* Vous *avez raison*, répond le Voleur. *C'est sur ces mêmes principes que je régle ma Vie. Les Riches ne sont que les Dépositaires des Possessions qui appartiennent à tout le Genre Humain. Les Hommes naissent tous Citoiens de l'Univers, Enfans d'une même Famille. Ils ont tous un droit inhérent & naturel à tout ce dont ils ont besoin pour leur subsistance. Je suppose avec vous que mes Ancêtres & les vôtres ont fait par un accord libre entr'eux le partage des biens de la Terre; mais les miens ont prétendu sans doute que leur postérité seroit pourvuë de tout ce qui lui seroit nécessaire. Les Riches ont violé ce Contract. Ils se sont emparez de tout, rien ne me reste. Je rentre dans mon droit naturel, je le reprens; & je veux me saisir de ce qui m'appartient par nature. Le droit héréditaire des Terres est une chimére. Par quelle autorité les prémiers occupans ont-ils pu transmettre à leur postérité un droit à l'exclusion de tous les Hommes, souvent plus dignes que leurs Descendans? Mes Ancêtres ne pouvoient pas transferer aux autres sans mon consentement, un droit qui anéantit mon droit inhérent & naturel. Et certainement leur dessein dans la distribution originaire des Biens n'étoit pas de rendre leur postérité misérable. Puis que ces Princes & ces Magistrats que vous appellez usurpateurs sur les droits de l'Humanité, m'empêchent de jouïr de ce qui m'appartient par nature, je veux soûtenir mon droit, & faire main basse sur le superflu de tous ceux que je rencontre. Or comme je m'apperçois, Brave Tribun du Peuple & digne Partisan de la liberté naturelle des Hommes, que vous avez plus d'argent qu'il ne vous faut, permettez-moi de vous dire qu'il appartient à vos fréres mes compagnons, & à moi qui sommes dépourvûs de tout. Faites-moi la même justice, que vous voulez que les Princes vous fassent. Ils ont violé vos droits naturels, vous empietez sur les nôtres. Nous n'avons rien, vous avez beaucoup plus qu'il ne vous faut. Nous sommes vos fréres, nous vous aimons, nous ne voulons point vôtre vie, nous ne demandons point vôtre nécessaire, partagez seulement entre nous ce dont vous n'avez pas besoin.* Que diroit un Anti-royaliste, qui rencontreroit sur le grand chemin un semblable Voleur, poli, honnête, & zelé pour les droits de l'Humanité? Je ne vois pas quelle autre réponse il pourroit lui faire, que de lui donner sa bourse, sans pouvoir se plaindre de la moindre injustice. Qu'on me pardonne cette petite digression. *Ridendo dicere verum quid vetat?*

Pour moi, je ne sai si cette ironie, dont l'Auteur paroît se féliciter beaucoup, mérite d'autre réfutation, qu'un autre mot Latin, aussi vrai que celui qu'il cite: *Risu inepto res ineptior nulla est.* Je croirois faire tort à la mémoire & au génie de l'Illustre Archevêque de *Cambrai*, de soupçonner seulement que c'est une des choses qu'on a tirées de ses *Instructions*. Non, cela n'est pas possible. Son imaginagination, quelque vive qu'elle fût, ne l'auroit jamais jetté dans une si grande disparate. Il auroit mieux étudié les principes de ceux qu'il auroit voulu refuter, & auroit donné plus de couleur à ses argumens.

Le *droit héréditaire des Terres est inviolable*: donc *le droit héréditaire des Couronnes est sacré*. L'une & l'autre des Propositions est vraie en un sens & jusqu'à un certain point: mais la conséquence de la prémiére à la seconde, pour en inferer leur égale étenduë & leur identité à tous égards, n'est nullement juste; parce qu'elles n'ont pas l'une & l'autre le même fondement en tout & par tout. La Propriété des Terres doit son origine au droit du prémier occupant, qui le transmet ensuite à qui il lui plait, soit entre vifs, ou en mourant. Personne ne conteste la prémiére sorte de Succession Héréditaire, qui a lieu après la mort de l'ancien Maître, elle suit du but même de l'établissement de la *Propriété* des Biens, dont la multiplication du Genre Humain rendoit l'introduction nécessaire, & qui a aboli la Communauté primitive par tout & en tout ce dont quelcun s'est emparé légitimement. Il falloit alors que chacun transmît, en mourant, son droit à ses Enfans ou autres personnes à qui il auroit déclaré ou à qui on présumeroit raisonnablement qu'il a voulu laisser ses biens, dont il ne peut plus jouïr lui-même. Si après la mort de chacun, ils devoient redevenir au prémier occupant, ce seroit une source de troubles & de désordres, plus féconde encore que ceux que pouvoit causer la Communauté ancienne. Les Enfans, ou autres personnes à la subsistance desquelles le Défunt étoit tenu de pourvoir par quelque obligation naturelle, seroient ainsi privez de ce qu'il leur destinoit, ou qu'il devoit leur destiner, après l'avoir souvent aquis lui-même par son travail ou son industrie. Tel est le foudement du *droit héréditaire des Terres*, droit qui néanmoins n'est pas absolument inviolable, comme il doit l'être dans la comparaison qu'en fait ici l'Auteur de l'*Essai*: à moins qu'il ne veuille ôter aux Rois le pouvoir de confisquer les Biens d'un Criminel qui l'a mérité selon les Loix.

Mais le *droit héreditaire des Couronnes* vient d'une source bien différente. La Liberté naturelle des Hommes n'étoit pas une chose livrée au prémier occupant, qui auroit assez de force pour les contraindre à lui obéir. Ils naissent tous égaux: & rien ne peut les soûmettre à la domination d'un autre Homme, leur semblable, que leur propre consentement, exprès ou tacite. On a beau repéter avec emphase, (a) que le *consentement libre ou forcé, exprès ou tacite, d'un Peuple libre, à la domination d'un ou de plusieurs, peut bien être un canal par où découle l'Autorité suprême, mais qu'il n'en est pas la source: Que ce consentement n'est qu'une simple déclaration de la volonté de* DIEU, *qui manifeste par là à qui il veut que son Autorité soit confiée* &c. Ce sont de pures suppositions, si souvent refutées & avec tant de force, dans un grand nombre d'Ouvrages, Latins, Anglois, François &c. qu'il est surprenant qu'on prétende encore éblouïr par là les gens.

(a) *Essai sur le Gouvern. Civ.* Chap. VI. pag. 37.

Ainsi, de quelque maniére que le *droit héréditaire des Couronnes* se soit introduit, soit par les Loix ou par l'Usage, il a toûjours été établi par la volonté des Peuples, & pour leur bien, qui est la grande & derniére fin de tout Gouvernement Civil. La Roiauté est sans doute une Dignité, & une grande Dignité, mais elle tire cette Dignité des Engagemens & des Devoirs pour l'observation desquels elle a été conférée. Ni les Hommes, qui sont obligez par la Loi Naturelle à se conserver eux-mêmes, ni DIEU, leur Pére commun, qui leur en im-

impose l'obligation, n'ont jamais voulu, ni pu vouloir, lui, sans agir contre sa Bonté & sa Sagesse, eux, sans pécher contre leur Devoir; que leur Vie, leur Liberté, leurs Biens, leur Honneur, jusqu'à leur Posterité la plus reculée, fussent livrez sans ressource au caprice ou à l'ambition d'une suite peut-être longue de Descendans d'une Famille, entre lesquels l'expérience a fait voir, de tous tems & par tout païs, que pour un de bon ou de médiocrement vertueux, il s'en trouve un grand nombre à qui le droit même de la Naissance inspire des sentimens contraires au but de cet établissement. La raison la plus-forte, qui a pu ou du engager les Peuples à mettre la Couronne dans une Famille, c'est le désir d'éviter les inconvéniens des fréquentes Elections qu'il y auroit à faire après la mort de chaque Prince. On a ici, comme ailleurs, choisi de deux maux celui qui paroissoit le moindre, selon les circonstances des tems, des lieux, du génie des Nations. Si l'on avoit pû, sans exposer un Etat aux désordres des Interregnes, & aux troubles que causent les signes des Prétendans, se reserver le droit d'une nouvelle Election après la mort de chaque Roi; on l'auroit fait, pour pouvoir toûjours choisir celui qu'on auroit cru le plus propre à gouverner, & le mieux intentionné pour le Bien Public. Et c'est pour cela qu'en déferant la Couronne à un Prince pour lui & ses Héritiers, on a ordinairement borné le droit de Succession aux Descendans en ligne directe, à l'exclusion de tous les Parens Collatéraux, afin que le Peuple recouvrât le plûtôt qu'il se pourroit ce dont il ne s'étoit dessaisi qu'à regret, & avec une juste crainte que la Postérité du prémier Roi ne dégénerât des Vertus de ses Ancêtres.

L'ordre de Succession une fois établi, la même raison du Bien Public pour laquelle on a pris ce parti, quoi que dangereux, demande qu'on ne pense pas légérement à y rien changer, encore même que les Successeurs abusent quelquefois de leur pouvoir. Il y a de ces abus, qui sont supportables: & lors même qu'ils ne le sont pas, on doit considerer que pour l'ordinaire les Trônes ne se renversent pas sans de grandes révolutions, qui peuvent rendre ce remède violent pire que le mal. Aussi voit-on que les Peuples n'en viennent guéres à se soûlever, que quand on les a mis au désespoir, & qu'ils ne croient pas être plus malheureux qu'ils ne sont, quoi qu'il arrive. Il ne tient qu'aux Princes de regner paisiblement, & de mettre dans leurs intérêts, sinon tous leurs Sujets, du moins la meilleure & la plus considérable partie, dont l'affection rendra inutiles tous les efforts des Mutins. Ils n'ont qu'à connoître leurs véritables intérêts & à agir sur ce principe: il ne sera pas même besoin qu'ils aient mérité au plus haut point le titre de *Péres de la Patrie*, qui devroit faire l'unique objet de leur ambition. Au lieu que, s'ils suivent sans retenuë l'esprit & les maximes du Despotisme, ils ne sauroient jamais, quelques forces qu'ils aient en main, se croire bien en sûreté. Un Auteur François l'a depuis peu soûtenu: voici ses paroles également vives & solides. *Je trouve*, (a) dit-il, *le Prince, qui est la Loi même, moins Maître, que par tout ailleurs. Je vois que, dans ces momens rigoureux, il y a toûjours des mouvemens tumultueux, où personne n'est le Chef: & que, quand une fois l'autorité violente est méprisée, il n'en reste plus assez à personne, pour la faire revenir: Que le desespoir même de l'impunité confirme le désordre, & le rend plus grand: Que, dans ces Etats, il ne se forme point de petite revolte; & qu'il n'y a jamais d'intervalle entre le murmure & la sedition: Qu'il ne faut point que les grands événemens y soient preparez par de grandes causes: au contraire, le moindre accident produit une grande révolution,*

(a) *Lettres Persanes*, Tom. II. Lett. 68. pag. 33, 34. de la 2. Edit.

*tion, souvent aussi imprévuë de ceux qui la font, que de ceux qui la souffrent. Lors qu'*OSMAN, *Empereur des* TURCS, *fut déposé, aucun de ceux, qui commirent cet attentat, ne songeoit à le commettre: ils demandoient seulement en supplians, qu'on leur fit justice sur quelque grief: une voix, qu'on n'a jamais connuë, sortit de la foule par hazard; le nom de* MUSTAPHA *fut prononcé; & soudain* MUSTAPHA *fut Empereur.*

Ce que j'ai dit, au reste, de l'intention & du devoir de ceux qui ont les prémiers déféré la Couronne à titre héréditaire, a lieu aussi par rapport à leur Postérité, qui, à cet égard, comme à bien d'autres, est moralement le même Corps de Peuple. Les Descendans sont entrez dans l'engagement de leurs Ancêtres par un consentement tacite, qui se succéde & se perpetuë de génération en génération. On se soumet à l'ordre établi, & aux mêmes conditions, en jouïssant des avantages qui en résultent. Si quelques Particuliers ne s'en accommodent pas, ils peuvent renoncer à l'un, en renonçant aux autres, & se retirant ailleurs En vain nous dit-on, que, (b) *s'il étoit permis à chacun d'abandonner son Païs, comme un Voyageur qui passe de Ville en Ville selon son goût & sa commodité, il n'y auroit plus de Société fixe & constante sur la Terre.* Il n'y a que la Tyrannie qui expose une Société à cet inconvénient. Les Hommes généralement aiment assez leur Patrie, pour ne la quitter d'ordinaire qu'à regret. La seule accoûtumance la leur rend chére: & la plûpart y ont le fondement de leur fortune, dont ils se contentent, ou qu'ils n'abandonnent pas aisément pour des espérances incertaines. On ne voit pas, que les Païs où chacun a pleine liberté de s'en aller ailleurs, si cela l'accommode, soient moins peuplez, que les autres. Au contraire, cette même liberté, & la douceur du Gouvernement qui la laisse, font que, pour un qu'on perd, on en recouvre mille, qui augmentent les forces & les richesses de l'Etat.

(b) *Essai sur le Gouv. Civ.* Chap. III. *pag.* 21.

Il paroît par-là combien le nouvel Auteur de l'*Essai sur le Gouvernement Civil* entend peu, ou défigure à dessein, les principes de ceux qu'il appelle *Antiroialistes, fiers Républicains, braves Tribuns du Peuple, dignes Partisans de la Liberté naturelle des Hommes:* mais qu'il devroit plûtôt appeller les *vrais Amis des Rois*, puis qu'ils n'établissent rien qui ne tende au plus grand avantage des Rois, & en même tems à ce qui fait la *gloire de la Roiauté*, selon l'opinion des Sages de tous les siécles, adoptée par l'Auteur de TELEMAQUE.

Ainsi le caractére & le langage du *Voleur de grand chemin* sont parfaitement bien assortis avec ce faux exposé. Nôtre zélé défenseur de l'*Obéïssance passive* a trouvé l'art de faire d'un Scélérat un homme *poli, honnête, zélé pour les droits de l'Humanité.* Il a pu réduire au silence un Passant, à qui l'on tient le Pistolet à la gorge, & lui faire donner la bourse, sans murmurer. Mais il a peint, sans y penser, l'état où sont réduits ceux que ses principes ont une fois soûmis à un Despotisme, qui leur ôte, avec tout le reste, la liberté de se plaindre. Que le Voleur jette ses armes, & éloigne ses compagnons, le Muet reprendra la parole, & aura d'abord la réponse prête.

En voilà plus qu'il ne faut, pour une digression, dans laquelle je me suis engagé insensiblement. On la trouvera peut-être superfluë; & j'en tomberai aisément d'accord. Je serois même presque tenté de l'effacer, si elle ne m'avoit fourni occasion de donner un échantillon des principes de Politique sur lesquels je raisonne ici & ailleurs, également éloignez de favoriser l'esprit de Sedition, & d'ériger en droit la licence du Despotisme.

Il ne me reste plus, pour finir ma Préface, que deux ou trois choses à dire, dont je crois devoir avertir mes Lecteurs. Je les prie d'abord, de jetter les yeux sur l'*Errata*, pour en faire usage, avant toutes choses. Il est impossible, quelque bons que soient les Compositeurs & le Correcteur, qu'il ne se glisse des fautes dans un gros Livre, comme celui-ci, imprimé sur un Manuscrit plein de ratures & de renvois: car je n'ai point de Copiste, & je ne saurois me résoudre, quand j'en aurois le tems, à rien recopier moi-même. Ainsi il ne faut pas s'étonner que les Imprimeurs aient gâté le sens en quelque peu d'endroits, par des fautes ou des omissions, qui embarrasseroient, si on ne prenoit la peine de les corriger: ce qui se fera en peu de tems. Il y en peut avoir qui sont venuës de moi, soit parce que tout Auteur y est sujet, ou parce que, l'Ouvrage aiant été long tems sous la presse, la derniére revision d'une partie du Manuscrit, que je faisois à mesure qu'on avoit besoin de Copie, est tombée dans le cours d'une année, où de fréquens retours d'une fiévre opiniâtre ne me laissoient que peu d'intervalles, pendant lesquels je ne pouvois avoir toute l'attention dont je suis capable en pleine santé. J'ai marqué toutes les fautes ou omissions qui peuvent être de la moindre conséquence: & l'on n'en trouvera pas néanmoins le nombre grand vû la grosseur de l'Ouvrage; de sorte que j'aurois pû me dispenser de cette précaution, s'il n'étoit fort important, dans la lecture d'un Ouvrage comme celui-ci, de ne trouver rien qui arrête ou qui embarrasse tant soit peu.

Un autre avis regarde les *Index* tout nouveaux, que j'ai joints à cet Ouvrage. Le prémier est des Auteurs expliquez, ou critiquez, ou sur lesquels on a fait quelque Remarque, soit dans le Texte, ou dans les Notes. Le second contient les mots Hébreux, Grecs, Latins, ou de quelque autre Langue, qui se trouvent expliquez ou éclaircis en passant. Le troisiéme est des matiéres contenuës dans tout l'Ouvrage, & par conséquent le plus considérable. Aussi ai-je jugé à propos de le separer des deux prémiers, qui ne sont pas pour l'usage de toutes sortes de Lecteurs, mais qui seront ainsi plus commodes pour ceux à qui ils conviennent, & qui peuvent aisément oublier les endroits où ils ont vû quelque chose qu'ils seroient bien aises de retrouver. Quoi qu'il y ait dans l'Original une assez longue Table des matiéres, que Mr. DE COURTIN a copiée, ce n'est point là-dessus que j'ai dressé la mienne, mais sur les feuilles mêmes de ma Traduction & de mes Notes, que je relisois à mesure qu'on imprimoit. J'ai pû ainsi éviter les défauts ordinaires des *Index*, où d'un côté, il manque une infinité de choses nécessaires, pendant que de l'autre, on y en trouve de fort inutiles: parce que ceux qu'on charge de ce soin ou ne savent pas ce qu'il faut mettre dans une Table, ou ne se donnent pas la peine de le distinguer.

Enfin je dois faire souvenir les Lecteurs François, qui voudront lire ce Livre avec fruit, qu'ils doivent y apporter toute l'attention dont ils sont capables. Quelque peine que j'aie prise pour leur en épargner, la nature même de l'Ouvrage ne permet pas d'en rendre la lecture aussi aisée, que celle d'un Roman, ou d'une Histoire. Il s'agit d'une Science très-vaste, fondée sur des principes qu'il faut bien comprendre & avoir toûjours présens à l'Esprit, pour appercevoir la liaison des conséquences qui s'en tirent dans l'explication d'une infinité de Questions particuliéres, que nôtre Auteur traite, & toûjours avec cette briéveté qui convenoit à son génie autant qu'à celui d'un Ouvrage Dogmatique. Je l'ai imitée dans mes Notes, autant qu'elle a pû s'accommoder avec la clarté: un stile diffus auroit-

auroit été mal assorti avec le Texte. En après tout, chacun doit ici faire usage de sa Raison, sans quoi on ne remportera jamais que des idées vagues & imparfaites, de la lecture des Livres même où les matiéres sont traitées avec le plus d'étendue. Il faut d'ailleurs tout examiner soi-même, & voir par ses propres yeux, comme si l'on étoit le prémier à méditer un sujet. L'Autorité de GROTIUS, tout grand homme qu'il étoit, ne donne aucun poids à ses décisions, si l'on ne se sent pas soi-même éclairé & convaincu des raisons sur lesquels il les fonde. Son Livre est un Flambeau, mais qui ne peut nous guider & nous éclairer, qu'autant que nous nous en servons avec les mêmes dispositions où il s'est mis & entretenu, pour se conduire dans ses recherches. On ne doit pas se rebutter de la fatigue qu'on y trouvera peut-être d'abord: elle diminuera bien tôt, & j'ose assûrer qu'elle disparoîtra enfin, par le plaisir qu'on aura d'approfondir une Science si digne de l'Homme, si conforme aux plus pures lumiéres de la Raison, si dégagée de tant d'inutilitez difficiles & d'obscuritez impénétrables dont les autres Sciences sont remplies, enfin de si grand usage par rapport aux plus solides intérêts des Hommes en général & de chacun en particulier.

TABLE
DES LIVRES ET DES CHAPITRES.

DISCOURS PRELIMINAIRE,

LIVRE PREMIER,

Où l'on traite de l'Origine du Droit & de la Guerre, & de leurs differentes sortes; comme aussi de l'étendue du pouvoir des Souverains.

LIVRE SECOND,

Où en traitant de la Guerre, on explique la nature & l'étenduë des Droits, tant publics, que particuliers, dont la violation autorise à prendre les armes.

CHAP. X.

TABLE DES CHAPITRES.

TOME SECOND.

Suite du Livre Second.

LIVRE TROISIEME,

Où l'on traite de tout ce qui regarde le cours de la Guerre, & des Traitez de Paix, qui y mettent fin.

CHAP. X.

TABLE DES CHAPITRES.

L E

LE DROIT DE LA GUERRE, ET DE LA PAIX.

DISCOURS PRELIMINAIRE:

Où l'on traite de la CERTITUDE DU DROIT *en général*; *&* *du* BUT DE CET OUVRAGE *en particulier*.

§. I. UN grand nombre d'Auteurs ont entrepris de commenter ou d'abréger le *Droit Civil*, soit que l'on entende par là les Loix Romaines, qui sont ainsi appellées par excellence, ou bien celles de chaque Païs en particulier. Mais pour ce qui est du *Droit qui a lieu entre plusieurs Peuples, ou entre les Conducteurs des Etats*, & qui est ou fondé sur la *Nature*, ou établi par les *Loix Divines*, ou introduit (1) par les *Coûtumes*, accompagnées d'une convention tacite des Hommes; peu de gens se sont avisez d'en toucher quelque matiére: il n'y a du moins personne qui l'aît expliqué dans toute son étenduë & en forme de Systême.

§. II. CEPENDANT il est de l'interêt du Genre Humain, que chacun puisse s'instruire là-dessus dans quelque Ouvrage de cette nature. Car il s'agit d'une connoissance, qui, comme l'a très-bien dit CICERON, (1) est *excellente pour juger des Alliances, des Traitez, des Conventions qui se font entre les Peuples, les Rois, & les Nations étrangéres; en un mot, de tout ce qui regarde le Droit de la Guerre & de la Paix.* EURIPIDE même va jusqu'à mettre cette Science au dessus de la connoissance des Choses Divines & Humaines; comme il paroît par les paroles suivantes d'une de ses Tragédies, où *Héléne* parle ainsi à *Théonoé*: (2) *Il seroit certes honteux à vous, de savoir toutes les choses divines, ce qui est & ce qui n'est pas; & de ne savoir pas néanmoins ce qui est juste.*

§. III.

§. I. (1) L'Auteur entend par là ce qu'il appelle *Droit des Gens*, & qu'il distingue du *Droit Naturel* comme faisant une classe toute séparée. Mais en cela il se trompe; comme la plûpart de ceux qui ont étudié ces matiéres en conviennent aujourdhui. Voiez ce que je dirai sur *Liv.* I. *Chap.* I. §. 14.

§. II. (1) CICERON ne dit pas cela: ses paroles signifient seulement, que *Pompée*, dont il parle, avoit une connoissance rare & excellente des Alliances, des Traitez, des Conventions faites entre les Peuples, les Rois, & les Nations étrangéres &c. *Equidem contra existimo, Judices, quum in omni genere ac varietate Artium, etiam illarum quæ sine summo otio non facilè discantur*, Cn. Pompejus *excellat*, SINGULAREM QUAMDAM LAUDEM EJUS ET PRÆSTABILEM ESSE SCIENTIAM *in fœderibus, pactionibus, conditionibus Populorum, Regum, exterarum Nationum; in omni denique Belli Jure ac Pacis.* Orat. pro L. Corn. Balbo, *Cap.* VI.

(2) 'Αἰσχρὸν, τὰ μέν σε θεῖα πάντ' ἐξειδέναι,
Τά τ' ὄντα, καὶ μὴ, τὰ δὲ δίκαια μὴ εἰδέναι.
Helen. vers. 928, 929.

Cette *Théonoé* étoit une Prêtresse Egyptienne, qui se mêloit de déviner. Ce qu'*Hélene* lui dit, n'emporte pas précisément l'excellence de la connoissance du Juste & de l'Injuste par dessus la connoissance de toutes les choses divines & humaines, comme l'Auteur le prétend: mais le Poëte donne à entendre seulement, qu'on doit joindre l'étude de la Morale avec l'étude de la Religion: & sur ce pié-là les deux vers citez ici peuvent fort bien être adressez à tous les Ministres Publics de la Religion, pour les avertir de leur devoir, ou pour leur reprocher qu'ils y manquent, comme ils ne l'ont fait que trop de tout tems. Voiez ce

§. III. IL EST d'autant plus nécessaire de travailler sur un si vaste sujet, qu'il y a eû autrefois & qu'il y a même encore aujourdhui des gens, qui méprisent cette sorte de Droit, comme un vain nom & une pure chimére. On les entend presque tous tenir sans détour le même langage, qu'un Député des *Athéniens*, nommé *Euphéme*, qui disoit, au rapport de THUCYDIDE; (1) *Qu'un Roi ou une Ville Souveraine ne font rien d'injuste, dès-là qu'il s'agit d'une chose où leur intérêt se trouve.* Ou, ce qui revient au même sens, ils soutiennent, (2) qu'entre les Grands la raison du plus fort est la meilleure; & qu'il n'est pas possible de (3) gouverner un Etat, sans commettre des injustices. D'ailleurs, les démêlez qui surviennent entre les Peuples ou les Rois, ne se décident ordinairement qu'à la pointe de l'épée. Or non seulement le Vulgaire est dans cette prévention, que la Guerre est incompatible avec l'observation de toute sorte de Droit; mais encore il échappe souvent à des personnes savantes & judicieuses, des paroles qui servent à entretenir dans les esprits une si fausse pensée. En effet, rien n'est plus commun, que de voir mettre en opposition le *Droit* & les *Armes*. Le Poëte ENNIUS (4) dit, que, pendant la Guerre, *on a recours non aux Loix, mais au fer, pour se faire raison soi-même de ce que l'on croit nous être dû.* HORACE donnant le caractére d'*Achille*, (5) nous le représente comme un Guerrier farouche, qui *prétend que les Loix & la Justice ne sont pas faites pour lui, & que tout doit ceder à la force de son bras.* Un autre Poëte (6) Latin introduit un autre Conquérant, qui entrant en guerre, parle de cette maniére: *Tréve dès à present à la Paix, & aux Loix, que je vais fouler aux pieds.* Quelcun présentoit un jour à *Antigonus*, Roi d'*Asie*, un Traité de la Justice: ce vieux Prince lui répondit, en se moquant; (7) *J'ai bien à faire de cela, moi qui prens, par tout où je puis, les Villes des autres.* Le fameux Général Romain, *Marius*, (8) disoit, *que le bruit des Armes* (9) *l'empêchoit d'entendre la voix des Loix.* Le grand *Pompée*, avec tout son air de (10)

que j'ai dit dans ma *Préface* sur PUFENDORF, §. 7. *& suiv.*

§. III. (1) Ces paroles se trouvent au Livre VI. Ἀνδρὶ δὲ τυράννῳ ἢ πόλει ἀρχὴν ἐχούσῃ, οὐδὲν ἄλογον, ὅ, τι ξυμφέρον. (Cap. 85. *Ed. Oxon.*) On voit la même maxime au Livre V. où les *Athéniens*, qui, en ce tems-là, étoient fort puissans, parlent ainsi aux *Méliens*: Τὰ δυνατὰ δ᾽ ἐξ ὧν ἑκάτεροι ἀληθῶς φρονοῦμεν διαπράσσεσθαι, ἐπισταμένους πρὸς εἰδότας, ὅτι δίκαια μὲν ἐν τῷ ἀνθρωπείῳ λόγῳ ἀπὸ τῆς ἴσης ἀνάγκης κρίνεται, δυνατὰ δὲ οἱ προὔχοντες πράσσουσι, καὶ οἱ ἀσθενεῖς ξυγχωροῦσι. „ Ne vous „ mettez dans l'esprit que ce qu'il vous est possible „ d'obtenir dans la conjoncture présente, selon que „ chacun de nous le croit de bonne foi: car vous savez, „ aussi bien que nous, que, suivant les idées communes „ des Hommes, le Juste se mesure à la nécessité égale „ où l'on se trouve de part & d'autre; mais que du „ reste, les plus forts font tout ce que leur superiorité „ les met en état de faire, & les plus foibles le souf- „ frent. (*Cap.* 89.) GROTIUS.

Le prémier de ces passages n'est pas bien appliqué. Il y a, comme on voit, ἄλογον, qui signifie *déraisonnable*, & non pas *injuste*. D'ailleurs, la suite du discours fait voir, qu'il ne s'agit point ici de ce qui est juste, ou injuste. *Hermocrate*, Ambassadeur de *Syracuse*, avoit représenté aux *Camariniens*, qu'il n'y avoit nulle apparence que les *Athéniens*, après avoir assujetti la *Chalcide*, voulussent affranchir les *Léontins*, qui étoient du même païs. *Cap.* 76. *Euphéme* répond là-dessus, qu'il est de l'interêt des *Athéniens* de faire cette distinction, & il montre comment ils y trouvent leur utilité. Ainsi ἄλογον veut dire ici, *ce qui n'est pas conforme à la bonne Politique*, & est la même chose qu'εὔλογον dans le Chap. 76.

(2) Les paroles, dont l'Auteur se sert, sont tirées de TACITE; & GRONOVIUS y renvoie à propos: *id in summa fortuna aequius, quod validius.* Annal. Lib. XV. Cap. I.

(3) L'Auteur fait allusion ici à un fragment du II. Livre *de Republica*, de CICERON, qui nous a été conservé par ST. AUGUSTIN, & où *Scipion* soûtient, qu'il est certain au contraire qu'on ne peut bien gouverner un Etat sans observer avec la derniére exactitude les Régles de la Justice. *Propter illud quod jam vulgò ferebatur Rempublicam regi sine injuria non posse. Hanc proinde quaestionem discutiendam & enodandam esse, adsensum est* Scipioni: *responditque, nihil esse.... quo possent longiùs progredi, nisi esset confirmatum, non modo falsum esse illud, sine injuria non posse, sed hoc verissimum, sine summa justitia Rempublicam regi non posse.* De Civit. Dei, *Lib.* II. *Cap.* XXI.

(4) Ce fragment, que chacun a pû voir dans CICERON, *Orat. pro Murena*, Cap. XIV. se trouve plus entier dans AULU-GELLE, Lib. XX. Cap. X.

Non ex jure manum consertum, sed mage ferro
Rem repetunt, regnumque petunt, vadunt solidâ vi.

Mais le Poëte parle là seulement des Loix Civiles; & il oppose les voies de la Force, qui font le caractére distinctif de la Guerre, aux voies de la Justice qu'on emploie, pendant la Paix, pour vuider les différens qu'on a ensemble. Il faut dire la même chose de quelques-uns des passages suivans.

(5) *Jura neget sibi nata, nihil non arroget armis.*
Art. Poëtic. *vers.* 122.

(6) C'est LUCAIN, qui fait ainsi parler *Jules César*, au passage du *Rubicon*:

Hic, ait, hic pacem, temerataque jura relinquo.
Pharsal. Lib. I. *vers.* 225.

(7) Ἀντίγονος ὁ γέρων, σοφιστοῦ τινος αὐτῷ σύγγραμμα προσφέροντος περὶ δικαιοσύνης, Ἀβέλτερος εἶ, (εἶπεν) ὃς ὁρῶν με τὰς ἀλλοτρίας πόλεις τύπτοντα, λέγεις περὶ δικαιοσύνης. PLUTARCH. *de fortuna Alexand. Magn.* pag. 330. E. Tom. II. *Ed. Wech.*

(8) Il parloit des Loix Civiles: car c'est une réponse qu'il

(10) modestie, (11) ne fit pas difficulté de répondre, sur ce qu'on lui représentoit que les Loix ne permettoient pas certaines choses: *Bon! vous voulez que je pense aux Loix, dans le tems que j'ai les armes à la main?*

§. IV. On trouve un grand nombre de pensées semblables, dans les Auteurs Chrétiens. Je me contente d'alléguer là-dessus ce mot de Tertullien: (1) *La Tromperie, les Cruautez, les Injustices, sont,* dit-il, *les apannages de la Guerre.*

§. V. Ceux qui sont dans cette pensée, nous objecteront sans doute ce qu'un ancien Comique Latin met dans la bouche d'un de ses Acteurs: (1) *Si vous vous flattez de pouvoir, avec le secours de votre Raison, fixer des choses inconstantes & incertaines de leur nature, vous n'avancerez pas plus, que si vous vouliez être en même tems fou & raisonnable.* Cependant, comme ce seroit en vain que l'on entreprendroit de traiter du Droit, s'il n'y avoit point de Droit; il est bon, pour faire voir l'utilité de nôtre Ouvrage, & pour l'établir sur de solides fondemens, de réfuter ici en peu de mots une erreur si dangereuse. Mais, pour ne pas nous commettre avec une foule de gens de tout ordre, donnons à cette cause un Avocat, qui en prenne seul la défense. Nous ne saurions en choisir de plus propre à cela, que Carneade: car ce Philosophe Académicien étoit venu à bout de ce à quoi sa Secte aspiroit, comme au plus haut point d'habileté; je veux dire, de savoir emploier toute la force de l'Eloquence à défendre le Faux, aussi bien que le Vrai. Il entreprit un jour de combattre la Justice, sur tout celle dont nous nous proposons de traiter; & voici l'argument qui lui parut le plus fort. *Les Hommes,* (2) disoit-il, *se sont fait des Loix, selon que leur avantage particulier le demandoit; & de là vient qu'elles sont différentes non seulement selon la diversité des mœurs, qui varient fort d'une Nation à l'autre, mais encore quelquefois chez le même Peuple, selon les tems. Pour ce que l'on appelle* Droit Naturel, *c'est une pure chimére. La Nature porte tous les Hommes, & généralement tous les Ani-*

qu'il fit sur ce qu'on le blâmoit d'avoir donné sans y être autorisé par aucune Loi, le droit de Bourgeoisie Romaine, à mille braves Soldats qui s'étoient signalez dans la Guerre contre les *Cimbres.* [illegible] Plutarch. Apophthegmat. *pag.* 202. C. Tom. II. Voiez aussi la Vie de *Marius*, dans le Tome I. pag. 421. E. & Valere Maxime, Lib. V. Cap. II. *num.* 8.

(9) Dans une dispute que ceux d'*Argos* eurent avec les *Lacedémoniens* au sujet de quelques terres, les raisons des prémiers aiant paru les meilleures, *Lysander* tira son épée, &, *Voilà*, dit-il, *le meilleur Avocat: celui qui tiendra en main ce fer, sera celui qui raisonnera le mieux sur le réglement des limites.* [illegible] Plutarch. (Apophthegm. pag. 190. E.) Le même Auteur nous apprend, que *Metellus*, Tribun du Peuple, s'opposant un jour à ce que *Jules César* prit de l'argent du Trésor public, & lui alléguant quelques Loix qui le défendoient; *César* répondit, *qu'autre étoit le tems des Loix, & autre celui des Armes.* [illegible] (In vita Cæsar. pag. 725. B. Tom. I.) Seneque dit, que les Princes accordent quelquefois bien des choses en fermant les yeux, & sans examiner si ce qu'on leur demande est raisonnable; sur tout à la Guerre, où un seul homme, juste & équitable, n'a pas de quoi contenter tant de passions soûtenuës par la force. Il n'est pas possible, ajoûte-t-il, d'être en même tems homme de bien & bon Capitaine. *Multa interim Reges, in bello præsertim, opertis oculis donant. non sufficit homo justus unus tot armatis cupiditatibus. non potest quisquam eodem tempore & bonum virum, & bonum ducem agere.* De Benefic. *Lib.* IV. Cap. XXXVII. Grotius.

(10) Il rougissoit facilement, sur tout quand il avoit à paroître dans l'Assemblée du Peuple; comme le remarque ici Gronovius. Voiez Seneque *Epist.* XI. & la Note du Commentateur que je viens de citer.

(11) Voici de quelle maniére Plutarque exprime ce mot. Les *Mamertins* prétendoient être indépendans de la jurisdiction de *Pompée*, en vertu d'une ancienne Loi Romaine. *Ne cesserez-vous jamais,* leur répondit-il, *de nous alléguer les Loix, pendant que vous nous voiez l'épée au côté?* [illegible] (In Vit. Pompeii, *pag.* 623. D. Tom. I.) Quinte Curce remarque, que la Guerre renverse même l'ordre & les Loix de la Nature: *Adeo etiam naturæ jura bellum in contrarium mutat.* Lib. IX. (Cap. IV. num. 7.) Grotius.

§. IV. (1) *Dolus, asperitas, injustitia, propria negotia præliorum.* Ce passage est du Traité *adversus Judæos,* Cap. IX.

§. V. (1) —— *Incerta hæc si tu postules*
Ratione certa facere, nihilo plus agas,
Quàm si des operam, ut cum ratione insanias.
Terent. Eunuch. *Act.* I. *Scen.* I. *v.* 16, *& seqq.*

(2) *Ejus* [Carneadis] *disputationis summa hæc fuit: Jura sibi homines pro utilitate sanxisse, scilicet varia pro moribus, & apud eosdem pro temporibus sæpe mutata; Jus autem naturale esse nullum. Omnes & homines, & alias animantes, ad utilitates suas, naturâ ducente, ferri: proinde aut nullam esse justitiam, aut, si sit aliqua, summam esse stultitiam, quoniam sibi noceret, alienis commodis consulens.* Apud Lactant. Instit. Divin. Lib. V. Cap. XVI. num. 3. *Edit. Cellar.*

Animaux, à chercher leur avantage particulier: ainsi ou il n'y a point de Justice, ou, s'il y en a quelcune, ce ne peut être qu'une souveraine extravagance, puis qu'elle nous engage à procurer le bien d'autrui, au préjudice de nos propres intérêts.

§. VI. CE que dit-là *Carnéade*, un Poëte Latin l'a soûtenu, après lui, en ces termes: (1) *La Nature ne peut point démêler ce qui est Juste, d'avec ce qui ne l'est pas.* Mais il est aisé de détruire une opinion si mal fondée. Car si l'Homme est un Animal, c'est un Animal d'un ordre très-relevé, & qui a beaucoup plus d'avantage sur toutes les autres espéces d'Animaux, qu'elles ne différent entr'elles; comme il par[illegible]t par plusieurs sortes d'Actions qui sont tout-à-fait particuliéres au Genre Humain. Or une de ces choses

§. VI. (1) *Nec natura potest justo secernere iniquum.* HORAT. Lib. I. Satyr. III. ✝. 113.

(2) L'inclination naturelle de l'Homme à vivre en Societé avec ses semblables, est un principe qui a été reconnu de tout tems par les personnes sages & éclairées. ARISTOTE l'établit par tout, dans ses Livres de Morale & de Politique. *L'Homme*, dit-il, *est un Animal sociable, par rapport à ceux avec qui il a une Parenté naturelle: il y a donc une Societé & quelque chose de Juste, hors de toute Societé Civile.* Ἀλλὰ κοινωνικὸν Ἄνθρωπος ζῶον πρὸς οὓς φύσει συγγενῆ ἐστι· καὶ κοινωνία τοίνυν καὶ δίκαιόν τι, καὶ εἰ μὴ πόλις ἦν. Eudem. *Lib.* VII. *Cap.* X. pag. 280. D. *Ed. Paris.* Le même Philosophe remarque ailleurs, que l'Homme a naturellement plus de disposition à la Societé, que les Abeilles, & autres semblables Animaux, n'aiment à aller en troupes. Διότι δὲ πολιτικὸν ὁ Ἄνθρωπος ζῶον, πάσης μελίττης καὶ παντὸς ἀγελαίου ζώου μᾶλλον. Politic. *Lib.* I. *Cap.* II. pag. 298. B. Et il prouve cela ensuite, par la raison que l'Homme, seul de tous les Animaux, a l'usage de la parole. Voiez ce que l'on a dit sur PUFENDORF, *Droit de la Nat. & des Gens*, Liv. VII. Chap. I. §. 3. *Note* 3. CICERON raisonnant sur les principes des *Stoïciens*, pose en fait, qu'il n'y a point d'Homme qui voulût vivre dans une entiére solitude, quand même il y seroit d'ailleurs comblé de plaisirs: & il infére de là, que nous sommes nez pour la Societé. Il ajoûte un peu plus bas, que, comme nous nous servons des Membres de nôtre Corps, avant que de savoir à quel usage ils sont destinez: de même nous sommes naturellement sociables; sans quoi il n'y auroit point de lieu à la Justice & à la Bonté. *Quodque nemo in solitudine vitam agere velit, ne cum infinita quidem voluptatum abundantia; facilè intelligitur, nos ad conjunctionem congregationemque hominum, & ad naturalem communitatem esse natos..... Quemadmodum igitur membris utimur priùs, quàm didicimus, cujus ea utilitatis causâ haberemus: sic inter nos naturâ ad civilem communitatem conjuncti & consociati sumus, quod ni ita se haberet, nec Justitiæ ullus esset, nec Bonitati locus.* De finibus Bonorum & Mal. *Lib.* III. *Cap.* XX. Voiez aussi *Lib.* V. *Cap.* XXIII. & *de Officiis*, Lib. I. Cap. IV. VII. & XLIV. SENEQUE, *de Benefic.* Lib. VII. Cap. I. & Epist. XCV. pag. 470. DIOGENE LAERCE, Lib. VII. §. 123. & les passages que l'on citera, après l'Auteur, dans la *Note* 6. sur le paragraphe suivant. Mais je ne saurois m'empêcher d'ajoûter à toutes ces autoritez un beau passage des *Discours* d'EPICTETE, recueillis par ARRIEN, où l'on trouve un bon argument *ad hominem* contre ceux qui nient l'inclination naturelle des hommes pour la Societé. Voici donc de quelle maniére le Philosophe Stoïcien rembarre ses Antagonistes: „ EPICURE, en même tems qu'il „ veut détruire le principe de la Societé naturelle entre „ les Hommes, raisonne lui-même sur ce principe. Ne „ vous laissez pas tromper, nous dit-il, gardez-vous de „ l'illusion: croiez-moi, il n'y a naturellement aucune „ Societé, entre les Animaux raisonnables; ceux qui „ vous enseignent le contraire, vous abusent. Mais „ vous, lui répondrons-nous, que vous importe? Laissez-nous dans cette erreur. Quel mal vous revient-il de „ ce que nous sommes tous persuadez, à la reserve de „ vous & de vos Sectateurs, qu'il y a entre nous une „ Societé naturelle, & que nous devons l'entretenir de „ toutes maniéres? Au contraire cela est beaucoup plus „ sûr & plus avantageux pour vous. O Homme, pour- „ quoi vous mettez-vous en peine de nous? A quoi bon „ veiller, allumer vôtre lampe, & vous lever de nuit, „ pour l'amour de nous? Pourquoi faire tant de Livres? „ Afin, dites-vous, que chacun de nous soit désabusé „ de cette pensée, *Que les Dieux prennent quelque intérêt* „ *aux affaires des Hommes*; &, *Que le Bien consiste essen-* „ *tiellement en autre chose, qu'en la Volupté.....* Mais „ que les autres aient là-dessus des opinions saines, ou „ non, que vous fait cela? Quelle liaison avez-vous „ avec nous? Quel intérêt prenez-vous à ce qui nous „ regarde? Avez-vous compassion des Brebis, parce „ qu'elles se laissent tondre, traire, & égorger? Ne „ devriez-vous pas souhaitter, que les Hommes, enchan- „ tez & endormis par les *Stoïciens*, se livrassent ainsi „ paisiblement à la discrétion de vous & de vos sem- „ blables?..... En un mot, qu'est-ce qui arrachoit le „ sommeil à *Epicure*, & qui l'obligeoit à écrire tout ce „ qu'il a publié? C'étoit sans doute la Nature, ce prin- „ cipe le plus puissant des mouvemens humains, qui „ agissoit en lui, qui l'entraînoit & le forçoit à lui „ obéïr, *malgré toute sa résistance.....* Comme il est „ impossible & incompréhensible qu'une Vigne pousse „ à la maniére d'un Olivier, & non pas à la maniére „ d'une Vigne; & un Olivier, au contraire, à la maniere „ d'une Vigne, & non pas à la maniére d'un Olivier: „ de même il n'est pas possible qu'un Homme se ren- „ de si fort maître des mouvemens naturels à ceux de „ son espéce, qu'il n'en ressente aucune impression. „ Quand on fait quelcun Eunuque, on ne sauroit pour „ cela retrancher & étouffer en lui tout désir de mâle. „ Ainsi *Epicure* a eu beau détruire, entant qu'en lui est, „ les rélations de Mari, de Pére de famille, de Citoien, „ d'Ami: il ne s'est pas défait lui-même des sentimens „ de l'Humanité; & cela au fond n'étoit pas plus en „ son pouvoir, qu'il n'est au pouvoir des misérables „ *Académiciens* de dépouiller leurs Sens, ou de les étour- „ dir & de les aveugler, pour ainsi dire, quoi qu'il n'y „ ait personne qui ait autant travaillé qu'eux, pour tâ- „ cher d'en venir à bout. Οὕτω καὶ Ἐπίκουρος, ὅταν ἀναιρεῖν θέλῃ τὴν φυσικὴν κοινωνίαν ἀνθρώποις πρὸς ἀλλήλους, αὐτῷ τῷ ἀναιρουμένῳ συγχρῆται· τί γὰρ λέγει; Μὴ ἐξαπατᾶσθε, ἄνθρωποι, μηδὲ παράγεσθε, μηδὲ διαπίπτετε. οὐκ ἔστι φυσικὴ κοινωνία τοῖς λογικοῖς πρὸς ἀλλήλους, πιστεύσατέ μοι· οἱ δὲ τὰ ἕτερα λέγοντες, ἐξαπατῶσιν ὑμᾶς, καὶ παραλογίζονται. Τί οὖν σοι μέλει; ἄφες ἡμᾶς ἐξαπατηθῆναι. μήτι χεῖρον ἀπαλλάξεις, ἂν πάντες οἱ ἄλλοι πεισθῶμεν (c'est ainsi qu'il faut lire, avec SAUMAISE, pour πειθῶμεν) ὅτι φυσικὴ ἐστιν ἡμῖν κοινωνία πρὸς ἀλλήλους, καὶ ταύτην δεῖ παντὶ τρόπῳ φυλάσσειν; ναὶ (je suis encore ici la correction de SAUMAISE, pour καὶ) πολὺ κρεῖσσον καὶ ἀσφαλέστερον. Ἄνθρωπε, τί ὑπὲρ ἡμῶν φροντίζεις; τί δι' ἡμᾶς ἀγρυπνεῖς; τί λύχνον ἅπτεις; τί ἀνίστασαι; τί τηλικαῦτα βιβλία συγγράφεις; Μή τις ἡμῶν

ses propres à l'Homme, est le désir de la (2) Société, c'est-à-dire, une certaine inclination à vivre avec ses semblables, non pas de quelque maniére que ce soit, mais paisiblement, & dans une communauté de vie aussi bien réglée que ses lumiéres le lui suggerent: disposition que les (3) *Stoïciens* expriment par un mot (4) tiré des sentimens que les personnes d'une même Famille ont les unes pour les autres. Il n'est donc pas vrai, de dire sans restriction que naturellement tout Animal cherche uniquement son utilité particuliére.

§. VII. BIEN plus, on remarque même que, parmi le reste des Animaux, différens de l'Homme, il y en a qui oublient (1) un peu le soin de leur propre intérêt, en faveur

μὴ ἐξαπατηθῇ περὶ Θεῶν, ὡς ἐπιμελουμένων ἀνθρώπων· (Il y a ici mal à propos dans les Editions un point d'interrogation;) ἢ μή τις ἄλλην οὐσίαν ὑπολάβῃ τοῦ Ἀγαθοῦ, ἢ ἡδονήν. Τί δὲ σοὶ μέλει, πῶς οἱ ἄλλοι ὑπολήψονται περὶ τούτων, πότερον ὑγιῶς, ἢ οὐχ ὑγιῶς; τί γάρ σοι καὶ ἡμῖν; Τῶν γὰρ προβάτων σοι μέλει ὅ, τι (c'est ainsi que je lis avec MEIBOMIUS, pour ὅτι, & je mets de plus à la fin de la période un point d'interrogation, qui n'est point dans le Grec, quoi que la Version Latine l'exprime) παρέχει ἡμῖν αὑτὰ κειρόμενα καὶ ἀμελγόμενα, καὶ τὸ τελευταῖον κατακοπτόμενα; Οὐχὶ δ' εὐκταῖον ἦν, εἰ ἐδύναντο οἱ ἄνθρωποι, καταμαγευθέντες καὶ ἐπικοιμισθέντες ὑπὸ τῶν Στωικῶν, ἀποκείρεσθαι καὶ παρέχειν (Il y a dans mon Edition παρέχειν, ce qui est sans doute une faute.) σοὶ καὶ τοῖς ὁμοίοις κειρομένους καὶ ἀμελγομένους ἑαυτούς; . . . . Τί ἂν ἦν τὸ ἐγεῖρον αὐτὸν ἐκ τῶν ὕπνων, καὶ ἀναγκάζον γράφειν ἃ ἔγραφε; τί γὰρ ἄλλο, ἢ τὸ πάντων ἐν τοῖς ἀνθρώποις ἰσχυρότατον, ἡ φύσις, ἕλκουσα ἐπὶ τὸ αὐτῆς βούλημα, ἄκοντα καὶ στένοντα; . . . . οὕτως ἰσχυρόν τι καὶ ἀνίκητόν ἐστιν ἡ φύσις ἡ ἀνθρωπίνη. Πῶς γὰρ δύναται ἄμπελος μὴ ἀμπελικῶς κινεῖσθαι, ἀλλ' ἐλαϊκῶς; ἢ ἐλαία πάλιν μὴ ἐλαϊκῶς, ἀλλ' ἀμπελικῶς; ἀμήχανον, ἀδιανόητον. Οὐ τοίνυν οὐδ' ἄνθρωπον οἷόν τε παντελῶς ἀπολέσαι τὰς κινήσεις τὰς ἀνθρωπικάς. Καὶ οἱ ἀποκοπτόμενοι, τάς γε προθυμίας τὰς τῶν ἀνδρῶν ἀποκόψασθαι οὐ δύνανται. οὕτω καὶ Ἐπίκουρος, τὰ μὲν Ἀνδρὸς πάντ' ἀπεκόψατο, καὶ τὰ Οἰκοδεσπότου, καὶ Πολίτου, καὶ Φίλου· τὰς δὲ προθυμίας τὰς ἀνθρωπικὰς οὐκ ἀπεκόψατο· οὐ γὰρ ἐδύνατο, οὐ μᾶλλον ἢ οἱ ταλαίπωροι (Il y avoit dans le Grec ἀταλαίπωροι, faute visible, que SAUMAISE corrige) Ἀκαδημαϊκοὶ τὰς αἰσθήσεις τὰς αὑτῶν ἀποβαλεῖν ἢ ἀποτυφλῶσαι δύνανται. καὶ τοι τοῦτο μάλιστα πάντων ἐσπουδακότες. Dissert. Lib. II. Cap. XX. pag. 201. *& seqq. Edit. Colon.* 1591. Au reste, un illustre Auteur Anglois, feu Mylord Comte de SHAFTESBURY, s'est servi d'un raisonnement tout semblable, mais tourné d'une maniére fort vive & originale, contre HOBBES, qui avoit pris à tache, avec plus de chaleur encore que son Maître *Epicure*, de persuader au monde que tous les Hommes sont naturellement autant de Loups les uns à l'égard des autres. Voiez *l'Essai* de ce Seigneur *sur l'usage de la Raillerie & de l'Enjoûment dans les Conversations qui roulent sur les matiéres les plus importantes*, imprimé en 1710. à *la Haye*, pag. 64, *& suiv.*

(2) Ἔχομεν γὰρ φυσικήν τινα πρὸς ἀλλήλους οἰκείωσιν, ἣν καὶ θηρία πρὸς ἄλληλα κέκτηνται. „ Nous avons naturellement les uns pour les autres une certaine affection, que l'on remarque aussi entre les Bêtes. „ CHRYSOSTOM. Homil. XXXII. *ad Roman.* Voiez encore ce que dit le même Pére, sur le Chap. I. aux *Ephésiens*, où il enseigne, que la Nature nous a donné des semences de Vertu. Ajoûtons les paroles suivantes de MARC ANTONIN, Empereur & grand Philosophe: Ὅτι γὰρ πρὸς κοινωνίαν γεγόναμεν, πάλαι δέδεικται, ἢ οὐκ ἦν ἐναργές, ὅτι τὰ χείρω τῶν κρειττόνων ἕνεκεν, τὰ δὲ κρείττω ἀλλήλων; „ Il y a long tems qu'on a fait voir, „ que nous sommes nez pour la Societé. N'est-il pas „ évident que les choses les moins parfaites sont pour „ les plus parfaites, & que les plus parfaites sont les unes pour les autres? (*Lib.* V. §. 16.) GROTIUS. Voiez la Note suivante.

(4) Οἰκείωσις. L'Auteur, dans la Note précedente n'allégue là-dessus d'autre autorité, qu'un passage de St. CHRYSOSTOME; car dans celui de MARC ANTONIN, Philosophe Stoïcien, le mot dont il s'agit ne se trouve point. Mais voici un passage de PORPHYRE, où ce terme est emploié précisément sur le sujet de la Sociabilité naturelle des Hommes: Τάχα μὲν γὰρ καὶ φυσικῆς τινὸς οἰκειώσεως ὑπαρχούσης τοῖς ἀνθρώποις πρὸς ἀνθρώπους &c.. De Abstin. Anim. Lib. I. pag. 13. *Ed. Lugd.* 1620. Voiez aussi *Lib.* II. p. 159. *Lib.* III. p. 294. 328. & PLUTARQUE, *De Stoïcor. repugn.* pag. 1038. C. Tom. II. *Edit. Wech.* On trouve en ce sens, dans MARC ANTONIN, l'adverbe Οἰκείως, Lib. IX. §. 1. & le verbe Οἰκειοῦσθαι, dans ARRIEN, *Diss. Epict.* Lib. III. Cap. XXIV. Tout cela semble être venu d'ARISTOTE, qui dit: Ἴδοι δ' ἄν τις, καὶ ἐν ταῖς πλάναις, ὡς ΟΙΚΕΙ͂ΟΝ ἅπας ἄνθρωπος ἀνθρώπῳ καὶ φίλον. Ethic. Nicom. Lib. VIII. Cap. I.

§. VII. (1) C'est un ancien Proverbe, que *jamais Chien ne mangea chair de Chien.* CANIS *caninam non est.* [VARRO, de Ling. Lat. *Lib.* VI. pag. 71. *Ed. H. Steph.* Voiez là-dessus les *Adages* d'ERASME.] Un Poëte Satyrique remarque aussi, que les Tigres vivent en paix avec les Tigres, & que les Bêtes les plus farouches épargnent celles de leur espéce:

——— ——— Parcit
Cognatis maculis similis fera ———
Indica tigris agit rabida cum tigride pacem
Perpetuam: sævis inter se convenit ursis.

JUVENAL. (Satyr. XVI, vers. 159, *& seqq.*)

Il y a un beau passage de PHILON, Juif, que je me contenterai de traduire, parce qu'il est un peu long: „ Imitez du moins, ô Hommes, (dit-il sur le cinquiéme Précepte du *Décalogue*) imitez du moins quelques Bêtes brutes, qui savent reconnoître les Bienfaits qu'elles ont reçûs. Les Chiens gardent la Maison, & vont jusqu'à mourir pour leurs Maîtres, lors qu'ils les voient dans quelque danger pressant. On dit que les Chiens de Berger marchent devant les Troupeaux, & se battent-là jusqu'à la mort, pour empêcher que leurs Maîtres ne perdent rien. Ne seroit-ce pas la chose du monde la plus honteuse, qu'en matiére de Reconnoissance l'Homme se laissât surpasser par un Chien, l'Animal le plus doux par le plus brutal? Si les Animaux terrestres ne suffisent pas pour nous faire la leçon, considérons les Oiseaux, qui fendent l'air, & apprenons d'eux nôtre devoir. Les Cigognes, lors que la vieillesse les empêche de voler, demeurent dans leur nid: & les jeunes, qui ont reçu d'elles le jour, volent, pour ainsi dire, par toutes les mers & les terres, afin d'avoir de quoi leur apporter à manger. Les vieilles se reposent, comme le demande leur âge, vivent dans l'abondance & dans les délices: les jeunes supportent gaiement la fatigue de leurs courses, par le plaisir qu'elles trouvent à s'aquitter de ce qu'elles doivent à leurs Péres & Méres, & par l'esperance qu'elles ont d'éprouver à leur tour le

faveur (2) ou de leurs petits, ou des autres de leur espéce: ce qui vient, à mon avis, (3) de quelque principe intelligent, mais extérieur; car on n'apperçoit pas en eux les mêmes dispositions par rapport à d'autres choses qui ne sont nullement plus difficiles. Il faut dire la même chose des Enfans qui, comme (4) PLUTARQUE l'a très-bien remarqué, laissent voir dès le berceau & avant toute instruction & toute éducation, un certain panchant à faire plaisir aux autres: & la Compassion aussi se montre d'elle-même à chaque occasion dans cet âge tendre. Mais on doit reconnoître qu'un Homme fait, étant capa-

„ le même secours dans leur vieillesse; elles rendent „ dans le tems qu'il faut, ce qu'elles ont reçu. Car il „ n'y a point d'autre Animal qui puisse nourrir ni les „ jeunes, lors qu'elles ne font que d'éclorre, ni les „ vieilles, lors qu'elles sont sur la fin de leur vie: ainsi „ c'est la Nature seule qui a apris aux Cigognes à „ [se faire un plaisir de] nourrir dans leur vieillesse cel„ les qui les ont nourries pendant qu'elles étoient encore „ toutes petites. Cela ne doit-il pas obliger à se cacher „ de honte [& à se faire de grands reproches,] ces „ hommes dénaturez, qui n'ont pas soin de leurs Pa„ rens, & qui négligent ainsi les personnes qu'ils devoient „ secourir seules, ou avant toutes les autres? d'autant „ plus qu'en les secourant ils ne feroient que leur ren„ dre ce qu'ils en ont reçu. Car les Enfans n'ont rien „ qui n'appartienne prémiérement à leurs Pére & Mére, „ soit parce que ceux-ci le leur ont effectivement don„ né, ou du moins parce qu'ils leur ont fourni l'occa„ sion & les ont mis en état de l'aquérir d'ailleurs. Voiez, sur le soin particulier qu'ont les Pigeons de leurs petits, PORPHYRE, *de l'abstinence des Animaux*, Lib. III. (pag. 315. *Ed. Lugd.* 1620.) & au sujet de certains Poissons, nommez *Scari* & *Sauri*, qui s'intéressent pour les autres de leur espéce, CASSIODORE, *Var. Lib.* XI. Cap. XL. GROTIUS.

Voici l'original du passage de PHILON; on ne sera pas fâché de le trouver ici: Μιμηταὶ θηρίων ἔνιοι, ἄνθρωποι, γίνεσθε· τὰς ἀφελείας ἀντεκτίνειν ἐκεῖνα οἶδε καὶ ἀμείβεσθαι. Κύνες οἶκοι θεραπεύουσι, καὶ προαποθνήσκουσι τῶν δεσποτῶν, ὅταν αἰφνίδιός τις ἐξαπιναίως καταλάβῃ κίνδυνος· τοὺς δ' ἐν ταῖς ποίμναις φασὶ προαγωνίζεσθαι τῶν θρεμμάτων, ἄχρι θανάτου παραμένοντας ὑπὲρ τοῦ διατηρῆσαι τοὺς ἀγελάρχας ἀζημίους· ἆρ' οὖν οὐκ αἴσχιστον ἐν τῇ ἐκτίσει τὸν ἄνθρωπον ἡττᾶσθαι κυνῶν, τοῦ ἡμερωτάτου ζῴου τὸ θρασύτατον; Ἀλλ' εἰ μὴ τοῖς χερσαίοις ἀναδιδασκώμεθα, πρὸς τὴν πτηνῶν καὶ ἀεροπόρων μετέλθωμεν φύσιν, ἣν χρὴ παρ' αὐτοῖς μαθησόμεθα. Τῶν πελαργῶν οἱ μὲν γηραιοὶ καταμένουσιν ἐν ταῖς νεοττιαῖς, ἀδυνατοῦντες ἵπτασθαι· οἱ δὲ τούτων παῖδες, ὀλίγου δέω φάναι, γῆν καὶ θάλατταν ἐπιποτώμενοι, πανταχόθεν ἐκπορίζουσι τοῖς γονεῦσι τὰ ἐπιτήδεια· καὶ οἱ μὲν ἀξίως τῆς ἡλικίας ἠρεμοῦντες, ἐν ἀφθονίαις τρυφῶσιν· οἱ δὲ τὰς ἐν τῇ πτήσει κακοπαθείας ἐπελαφρίζουσι τῷ τῆς εὐσεβείας, προσδοκῶντες ἐν γήρᾳ τὰ αὐτὰ πείσεσθαι ὑπὸ τῶν ἐγγόνων, ἀναγκαῖον ἔρανον ἀντιτίνουσιν ἐν καιρῷ, καὶ λαβόντες αὐτοὶ καὶ ἀποδιδόντες· οὐ γὰρ ἕτεροι τρέφειν αὐτοὺς δύνανται, παῖδες μὲν (il faut lire, ce me semble, παῖδας μὲν) ἐν ἀρχῇ τῆς γενέσεως, γονεῖς δ' ἐπὶ τελευτῇ τοῦ βίου· ὅθεν αὐτοδιδάκτῳ τῇ φύσει νεοττοτροφηθέντες, γηροτροφοῦσι χαίροντες. Ἆρ' οὐκ ἄξιον ἐπὶ τούτοις ἀνθρώπους ὅσοι γονέων ἀμελοῦσιν, ἐγκαλύπτεσθαι καὶ κακίζειν ἑαυτούς, ἀλιγωροῦντας ὧν ἢ μόνων ἢ πρὸ τῶν ἄλλων ἀναγκαῖον ἦν προφροντίζειν, καὶ ταῦτ' οὐ διδόντας μᾶλλον ἢ ἀποδιδόντας; παίδων γὰρ οὐδὲν ἴδιον, ὃ μὴ γονέων ἐστίν, ἢ οἴκοθεν ἐπιδεδωκότων, ἢ τὰς αἰτίας τῆς κτήσεως ἐπιπαρεσχημένων. In Decalog. *pag.* 760., 761. *Ed. Paris.*

A l'égard des Poissons, dont l'Auteur parle, voici en quoi ils paroissent s'intéresser pour leurs semblables. Lors qu'un *Scarre* en voit quelque autre pris à l'hameçon, il ronge la fisselle, pour la rompre, & quelquefois il y réussit. Souvent aussi plusieurs se joignent pour délivrer celui qui se trouve pris, de maniére que, s'il tâche de sortir par la queuë, comme il fait ordinairement, les autres lui aident, autant qu'ils peuvent, à la tirer; & s'il jette la tête dehors, quelcun des autres lui présente sa queuë, afin qu'il s'y prenne, & qu'ainsi il se dégage à la faveur des efforts que cet autre fait pour l'entraîner. *En quoi*, dit ELIEN, *ils agissent comme les Hommes, & ils pratiquent naturellement les Loix de l'Amitié, sans les avoir jamais apprises.* Οὗτοι μὲν δὴ ταῦτα δρῶσιν, ὡς ἄνθρωποι· φίλοι δὲ οὐ μαθόντες, ἀλλὰ πεφυκότες. Hist. Animal. *Lib.* I. *Cap.* IV. Voiez aussi PLINE, *Hist. Natur.* Lib. XXXII. Cap. II. OVIDE, *Halieutic.* fragm. vers. 19, *& seqq.* PLUTARQUE, *de solertia Animalium*, Tom. II. pag. 977. C. Pour ce qui est de la force du raisonnement tiré de ce que font les Animaux destituez de raison, voiez la Note suivante.

(2) L'exemple de ce que font les Poules à l'égard de leurs Petits, & les Coqs à l'égard des Poules, s'ôtant, si j'ose ainsi dire, le morceau de la bouche, pour le leur laisser; cet exemple, dis-je, que GRONOVIUS allégue ici, se présente d'abord à chacun; aussi bien que l'ardeur avec laquelle les Bêtes même les plus féroces s'exposent pour la défense de leurs petits, & l'abstinence des Chiens de chasse, qui apportent la proie à leur Maître. On ne connoit pas moins l'empressement des *Abeilles* & des *Fourmis* à travailler en commun, & les unes pour les autres, comme le remarquent deux anciens Auteurs Latins, citez par le même Interprête: *Itemque Formicæ, Apes, Ciconiæ, aliorum etiam caussâ quædam faciunt. multo magis hæc conjunctio est Hominis. itaque naturâ sumus apti ad cœtus, concilia, civitates.* CICERON. de Finibus Bonor. & Malor. *Lib.* III. *Cap.* XIX. *Aut, si ad curam Reipublicæ horteris, ostendas, Apes etiam Formicasque, non modo muta, sed etiam parva animalia, in commune tamen laborare.* QUINTILIAN. Institut. Orator. *Lib.* V. *Cap.* XI. pag. 303. *Ed. Obrecht.* Au reste, dans cet endroit, comme en une infinité d'autres, la pensée de nôtre Auteur a été fort mal expliquée par plusieurs de ceux qui se sont mêlez de le commenter ou de le critiquer. Pour faire tomber leur fausse critique, il suffit de remarquer, que tout ce que l'Auteur veut établir, se réduit à ceci; c'est que le principe de la Sociabilité a un fondement si réel dans la nature de l'Homme, que l'on en remarque même quelques foibles traces dans les Animaux destituez de raison, considérez par rapport à ceux de leur espéce. Car il ne prétend nullement, ni qu'il y ait aucun Droit commun aux Hommes & aux Bêtes, ni que l'on puisse tirer des conséquences sûres de ce que font les Bêtes, pour prouver que telle ou telle chose est conforme ou contraire au Droit Naturel. Voiez ce qu'il dit, *Liv.* I. *Chap.* I. §. 11. & ce que j'ai remarqué dans les Notes sur PUFENDORF, *Droit de la Nat. & des Gens.* Liv. II. Chap. III. §. 2.

(3) Voiez l'endroit de PUFENDORF, que je viens de citer dans la Note précedente. Nôtre Auteur entend par ce principe intelligent & exterieur, DIEU lui-même; comme il paroît par son Traité *de la Vérité de la Relig. Chrétienne*, où il exprime plus clairement sa pensée, mais il ne donne pas pour cela une idée plus juste

capable d'agir de la même (5) maniére à l'égard des choses qui ont du rapport ensemble, a, outre (6) un désir exquis de société, pour la satisfaction duquel lui seul de tous les Animaux a reçû de la Nature un instrument particulier, savoir, l'usage de la Parole; qu'il a, dis-je, outre cela, la faculté de s'instruire & d'agir en suivant certains principes généraux; de sorte que ce qui se rapporte à cette faculté n'est pas commun à tous les Animaux, mais convient proprement & particuliérement au Genre Humain.

§. VIII. Cette *Sociabilité*, que nous venons de décrire en gros, ou ce soin de main-

juste & plus philosophique de la chose, *Lib.* I. §. 7. Consultez là-dessus la Note de Mr. Le Clerc, pag. 13. de la derniére Edition d'*Amsterdam*, 1717.

(4) Je ne sache point d'autre endroit, où Plutarque parle de ce panchant naturel des Enfans, que dans ce qu'il dit d'une petite Fille qui lui mourut, & qui étoit si bonne, à ce qu'il nous apprend, qu'elle vouloit que sa Nourrice donnât son sein non seulement aux autres Enfans, mais encore à ses Poupées & à ses Jouëts, partageant ainsi avec les autres tout ce qu'elle avoit qui lui faisoit le plus de plaisir. Ἀυτὴ δὲ καὶ φύσει θαυμαστὴν ἔσχεν εὐκολίαν καὶ πρᾳότητα, καὶ τὸ ἀντιφιλοῦν καὶ χαριζόμενον αὐτῆς, ἡδονὴν ἅμα καὶ κατανόησιν τῆς φιλανθρωπίας παρεῖχεν. οὐ γὰρ μόνον βρέφεσιν ἄλλοις, ἀλλὰ καὶ σκεύεσιν, οἷς ἐτέρπετο, καὶ παιγνίοις, τὴν τίτθην διδόναι καὶ προσφέρειν τὸν μαστὸν παρεκάλει, καθάπερ πρὸς τράπεζαν ἰδίαν ὑπὸ φιλανθρωπίας μεταδιδοῦσα τῶν καλῶν, ὧν εἶχε, καὶ τὰ ἥδιστα κοινωνοῦσα τοῖς εὐφραίνουσιν αὐτήν. Consolat. ad Uxorem, *pag.* 608. D. Tom. II. *Ed. Wech.* Mais ce Philosophe ne parle point là de l'inclination commune de tous les Enfans : au contraire il semble attribuer quelque chose de particulier à sa petite Fille, comme une raison qui devoit rendre plus sensible la perte qu'il venoit d'en faire. A l'égard de la chose en elle-même, ce qui me paroît ici fort vraisemblable, c'est que, quoi qu'on ne puisse pas déduire les principes & les maximes du Droit Naturel de ce que font les Enfans dans l'âge où leurs inclinations agissent avec le plus de liberté, pensée que notre Auteur ne veut pas non plus insinuer; il y a néanmoins tout lieu de croire, que, malgré la diversité infinie des humeurs, les dispositions contraires à l'Humanité sont plûtôt un effet de la mauvaise éducation & de l'habitude, que d'un panchant naturel & invincible : de sorte que rien n'empêche de soûtenir, qu'il y a dans tous les Hommes, avant l'âge même de discrétion, des semences de Sociabilité, lesquelles par conséquent ont leur fondement dans la Nature Humaine, & ne dépendent pas d'une vuë réfléchie d'intérêt; qui est tout ce que l'Auteur veut établir.

(5) Au lieu que les Bêtes n'agissent d'une certaine maniére, & toûjours uniforme, qu'à l'égard d'une seule chose, à quoi elles sont portées ou dont elles sont détournées par leur instinct naturel. Les exemples s'en présentent à chacun.

(6) L'Empereur Marc Antonin dit que l'Homme est né pour faire du bien aux autres. Οὕτως καὶ ὁ Ἄνθρωπος εὐεργετικὸς πεφυκώς, ὁπόταν τι εὐεργετικὸν, ἢ ἄλλως εἰς τὰ μέσα συνεργητικὸν πράξῃ, πεπλήρωκε πρὸς ὃ κατεσκεύασται &c. Lib. IX. (§ 42. in fine) il soûtient aussi, qu'on trouveroit plûtôt un Corps terrestre détaché de tout autre Corps terrestre, qu'un Homme désuni & séparé de tout autre Homme. Θᾶσσον γοῦν εὕροι τις ἂν γεῶδές τι μηδενὸς γεώδους προσαπτόμενον, ἤπερ ἄνθρωπον ἀνθρώπου ἀπεσχισμένον. (Ibid. § 9.) Un Ecrivain de l'*Histoire Byzantine* dit, que la Nature a gravé & planté dans le cœur des Hommes une espéce de sympathie avec leurs semblables. Ἐνεσπείρατό πως ἡ φύσις ἡμῖν καὶ ἐνεφύτευσε πρὸς τὰ ὅμοια συμπάθειαν Nicetas Choniates. Voiez St. Augustin, *de Doctrina Christiana*, Lib. III. Cap. XIV. Grotius,

L'Auteur Anglois des Characteristicks, ou Mylord Comte de Shaftesbury, que j'ai cité dans la *Note* 2. sur le §. 5. prouve au long cette affection naturelle & sociale, par l'amour de la Patrie, qui se trouve plus ou moins dans tous les Hommes, ou peu s'en faut. Les raisonnemens de cet ingénieux & pénetrant Ecrivain, sont trop longs pour trouver place ici, & je suis fâché d'être réduit à me contenter de renvoier le Lecteur, qui entend l'Anglois, à l'endroit où ils se trouvent, *Tom.* III. ou *Miscellaneous Reflections*, imprimées, en 1711. pag. 143, *& suiv.* Mais il se présente un autre passage beaucoup plus court de ce même Volume, que je vais traduire, & qui contient une reflexion remarquable. „ Il y a, dit-il, bien des sortes „ d'Animaux, qui naturellement vont en troupes, par„ ce qu'ils aiment la compagnie & qu'ils ont quelque „ affection mutuelle pour ceux de leur espéce : mais il „ y en a très-peu que la commodité & la nécessité obli„ ge à lier entr'eux une union & une confédération „ étroite; & peut-être en prend-il bien au Genre Hu„ main que la chose soit ainsi. Des Créatures, qui, par „ une suite de la constitution de leur espéce, sont con„ traintes de se faire, dans leurs demeures, des retran„ chemens contre les injures des Saisons & contre plu„ sieurs autres accidens; des Créatures qui, en certains „ tems de l'année, sont privées de tout ce qui est né„ cessaire pour leur nourriture, & réduites par là à la né„ cessité d'en faire des amas dans le tems qu'elles en „ trouvent, & de pourvoir aussi à la sûreté de leurs „ provisions; de telles Créatures, dis-je, sont par leur „ propre nature aussi étroitement unies, & douées d'af„ fections aussi particuliéres envers leur Communauté, „ que celles qui sont moins sociales, & qui trouvent „ plus aisément de quoi subsister, sont unies en ce qui „ regarde purement & simplement la propagation de „ leur espéce & la nourriture de leurs Petits. Parmi „ toutes les Bêtes qui ont entr'elles l'association la plus „ parfaite, je n'en sache aucune qui, pour la grosseur „ ou pour la force, surpasse le *Biévre* ou le *Castor*. La „ plûpart des autres *Animaux Politiques*, ou sociables en „ quelque sorte, sont aussi peu considérables, que les „ *Fourmis* ou les *Abeilles*. Mais si la Nature avoit assigné „ une telle constitution à un Animal aussi puissant, par „ exemple, que l'*Elephant*, & qu'elle l'eût fait en mê„ me tems aussi fécond que le sont ordinairement ces „ petits Animaux; le Genre Humain s'en seroit peut„ être fort mal trouvé. Si un Animal, qui par sa for„ ce & son intrépidité naturelle a souvent décidé du „ destin des plus sanglantes Batailles qui se sont don„ nées parmi les Hommes, avoit formé quelque socié„ té, avec un génie pour l'Architecture & pour les Mé„ chaniques, proportionné à celui que l'on remarque „ dans certaines Bêtes beaucoup plus foibles & plus pe„ tites, qui vont en troupes; nous aurions eu bien de „ la peine, avec toutes les Machines que nous avons „ inventées, à lui disputer la domination de la Terre „ ferme : il auroit été du moins plus dangereux pour „ nous, d'attaquer une des Citez prodigieusement gran„ des qu'il auroit construites, que de penser à renverser „ une des petites Forteresses des *Guêpes*, ou des *Frêlons*. Characteristicks, Tom. III. pag. 220, 221.

§. VIII.

maintenir la Société (1) d'une maniére conforme aux lumiéres de l'Entendement Humain, (2) est la source du *Droit* proprement ainsi nommé, & qui se réduit en général à ceci: *Qu'il faut s'abstenir* (3) *religieusement du bien d'autrui, & restituer ce que l'on peut en avoir entre les mains, ou le profit qu'on en a tiré: Que l'on est obligé de tenir sa parole: Que l'on doit reparer le Dommage qu'on a causé par sa faute: Et que toute violation de ces Régles mérite punition, même de la part des Hommes.*

§. IX. DE cette idée il en naît une autre plus étenduë, que l'on a ensuite attachée au mot de *Droit*. L'excellence de l'Homme par dessus le reste des Animaux, consiste non seulement dans les sentimens de Sociabilité dont nous venons de parler, mais encore en ce qu'il peut donner un juste prix aux choses agréables (1) ou désagréables, tant à venir, que présentes, & discerner ce qui peut être utile ou nuisible. On conçoit donc, qu'il n'est pas moins conforme à la Nature Humaine, de se régler, en matiére de ces sortes de choses, sur un Jugement droit & sain, autant que le permet la foiblesse des lumiéres

§ VIII. (1) De là il paroît, que l'Auteur ne veut pas que l'instinct seul de la Nature soit la Régle du Droit Naturel, mais qu'il y joint la Raison, pour diriger cet instinct & ce panchant, qui sans cela pourroit nous égarer, & nous porter à ne chercher en le satisfaisant que notre interêt particulier. D'où vient aussi, qu'en donnant ailleurs le caractére de ce qui est de Droit Naturel, il le fait consister dans *une convenance ou disconvenance nécessaire avec* UNE NATURE RAISONNABLE & SOCIABLE. *Liv.* I. *Chap.* I. § 12. *num.* 1. Ainsi il est ridicule d'objecter, comme fait, par exemple, GASPAR ZIEGLER, *que le desir de Societé, que* GROTIUS *pose pour fondement du Droit Naturel, pourroit être satisfait, quand même on n'entretiendroit de liaison & d'amitié qu'avec une seule Famille, ou un seul Peuple: & que les Brigands & les Pirates ont aussi leurs Societez*, &c. Car la Raison, qui est propre à l'Homme, & qui lui est encore plus naturelle que le désir de Societé, dont on voit quelques traces dans les Bêtes, la Raison, dis-je, nous enseigne clairement, qu'il n'est pas convenable de borner la sociabilité & l'affection naturelle à quelque peu de personnes ou à une seule Communauté; mais qu'elle doit être étenduë d'une maniére ou d'autre à tous les Hommes, ou à tous ceux de notre espece, sur lesquels elle se répand également en vertu de la destination de la Nature, & par cela même qu'ils sont naturellement tous semblables & égaux. Je n'en dirai pas davantage, parce qu'on trouvera le principe général de la *Sociabilité* développé & défendu, autant qu'il est nécessaire, dans mon PUFENDORF, *Droit de la Nat. & des Gens*, Liv. II. Chap. III. De sorte que, sans un grand travers d'esprit, on ne peut guéres plus se commettre, en formant & multipliant des difficultez frivoles contre une vérité qui, bien entenduë, ne laisse aucun lieu à des objections plausibles.

(2) Le Philosophe SENEQUE applique ce principe à un bel exemple. „ Preuve, dit-il, que le sentiment „ de la Reconnoissance est une chose qui par elle-mê„ me mérite d'être recherchée, c'est que l'ingra„ titude, qui lui est opposée, porte un caractére qui „ la rend digne d'être fuïe, n'y aiant rien qui trouble „ tant la concorde & l'union du Genre Humain, que „ ce vice honteux. En effet, d'où dépend nôtre sûreté, si „ ce n'est des services mutuels que nous nous rendons? „ Certainement il n'y a que ce commerce de bienfaits „ qui rende la vie commode, & qui nous mette en „ etat de nous garantir des insultes & des invasions „ imprévuës. Quel seroit le sort du Genre Humain, si „ chacun vivoit à part & n'avoit d'autre ressource qu'en „ lui-même? Autant d'Hommes, autant de personnes „ exposées à tout moment à être la proie & les victi„ mes des autres Animaux: un sang toûjours sur le „ point d'être répandu, en un mot la foiblesse même. „ Les autres Animaux ont des forces suffisantes pour „ se défendre. Tous ceux qui doivent être vagabonds, „ & à qui leur *férocité naturelle* ne permet pas „ d'aller en troupes, naissent armez, pour ainsi dire. „ Au lieu que l'Homme est sans defense de toutes parts; „ n'aiant ni ongles, ni dents, qui le rendent redou„ table. Mais ces secours qui lui manquent, il les „ trouve dans la Societé avec ses semblables. La Na„ ture, pour le dedommager, lui a donné deux cho„ ses, qui de foible & miserable qu'il auroit été, le „ rendent très-fort & très-puissant, je veux dire, la „ Raison & la Sociabilité. De sorte que celui qui seul „ ne pourroit résister à aucun autre, devient par cette „ union le maître de tout. La Sociabilité lui donne „ l'empire sur tous les Animaux, sans en excepter mê„ me ceux de la Mer, qui vivent dans un autre Elé„ ment. C'est aussi la Societé qui lui fournit des remé„ des contre les maladies, des secours dans la vieil„ lesse, du soulagement & des consolations au milieu „ des Chagrins & de la Douleur: c'est elle qui le met „ en état de braver, pour ainsi dire, la Fortune. O„ tez la Sociabilité, & vous détruirez en même tems „ l'union du Genre Humain, d'où dépend la conser„ vation & le bonheur de la Vie. Or c'est détruire la „ Sociabilité, que de soûtenir que l'Ingratitude n'est „ pas une chose odieuse & à éviter par elle-même, „ mais seulement à cause des fâcheuses suites qu'elle „ peut avoir. *De Benefic.* Lib. IV. Cap. XVIII. GROTIUS.

Je ne cite point ici l'original de ce beau passage, parce qu'on le trouve déja rapporté tout du long dans mon PUFENDORF, *Droit de la Nat. & des Gens*, Liv. II. Chap. III. § 15. *Note* 6.

(3) Ἡ δὲ δικαιοσύνη ἐν τῷ ἀπέχεσθαι καὶ ἀβλαβεῖ εἶναι παντὸς τοῦ μὴ βλάπτοντος. „ La *Justice* consiste „ à s'abstenir du bien de tous ceux qui ne nous ont point „ fait de mal, & à ne leur nuire en aucune façon. POR„ PHYR. Περὶ Ἀποχῆς, Lib. III. pag. 329. *Edit. Lugd.* „ 1620. GROTIUS.

§ IX. (1) J'ai suivi la pensée de l'Auteur, plûtôt que son expression, qui est ici un peu louche: *Judicium*, dit-il, *ad æstimanda quæ delectant aut nocent* . . . *& quæ in utrumvis possunt ducere.* Le mot *delectant* n'est pas exactement opposé à *nocent*. Je soupçonne qu'il y a ici quelques mots d'omis; quoi que le passage se trouve de même dans toutes les Editions. Il pourroit bien être que l'Auteur eût mis ou voulu mettre: *Quæ delectant* AUT DOLOREM CREANT, QUÆ JUVANT *aut nocent* &c. & que les mots écrits en lettres capitales aiant été sautez, il ne s'en fût pas lui-même apperçû en relisant son Ouvrage, comme nous verrons ailleurs que cela lui est arrivé plus d'une fois.

(2) On voit bien, que ceci renferme les Devoirs de l'Hom-

mières de nôtre Esprit; de ne se laisser ni ébranler par la crainte d'un mal à venir, ni gagner par les amorces d'un plaisir présent, ni emporter à un mouvement aveugle. (2) Ainsi ce qui est entiérement opposé à un tel Jugement, est censé en même tems contraire au Droit Naturel, c'est-à-dire, aux Loix de nôtre Nature.

§. X. Il faut rapporter encore ici un (1) sage ménagement dans la distribution gratuite des choses qui appartiennent en propre à chaque Personne ou à chaque (2) Société particuliére: distribution par laquelle on préfére tantôt celui qui (3) a plus de mérite à celui qui en a moins, tantôt (4) le Parent à l'Etranger, tantôt le Pauvre au Riche, selon que le demandent les actions de chacun, (5) & la nature de la chose dont il s'agit. Plusieurs néanmoins, tant Anciens que Modernes, font de cela (6) une partie du Droit pris dans un sens propre & étroit: mais ce Droit proprement ainsi appellé est d'une tout autre nature, puis qu'il consiste à laisser (7) aux autres ce qui leur appartient déja, ou à s'aquitter envers eux de ce qu'ils peuvent exiger à la rigueur. §. XI.

l'Homme par rapport à lui-même, qui lui sont imposez par la constitution même de sa nature & que l'on trouvera déduits assez au long dans Pufendorf, *Droit de la Nat. & des Gens*, Liv. II. Chap. IV.

§ X. (1) St. Ambroise traite cette matiére dans son I. Livre *de Officiis*. Grotius.

L'Auteur a en vuë apparemment le Chapitre XXX. où ce Pére traite *de la Bénéficence*, & où il dit quelque chose, mais, à son ordinaire, d'une maniére fort vague & fort embrouillée, sur les régles que l'on doit suivre pour ménager sagement le bien que l'on fait à son Prochain.

(2) Nôtre Auteur entend parler ici des Récompenses que l'Etat, ou ceux qui le représentent, distribuent aux personnes qui les ont méritées; comme aussi de la collation des Emplois Publics: car aucun de ceux qui reçoivent les prémiéres, ou qui sont revêtus des derniers, n'avoit un plein droit de les demander, ni de prétendre qu'on lui en donnât de considerables, quelque mérite qu'il ait, & quelque belles que soient les actions par lesquelles il s'en est rendu digne. Voiez ci-dessous, *Liv.* II. *Chap.* XVII. § 2.

(3) C'est une maxime que doivent toûjours observer ceux à qui il appartient de conferer les Emplois Publics. Mais elle n'a pas toûjours lieu à l'égard des libéralitez particuliéres & des services que l'on rend à autrui: car les liaisons de Parenté, le besoin pressant, & autres raisons semblables, demandent quelquefois que l'on préfére celui qui d'ailleurs a moins de mérite. Voiez un beau passage de Ciceron, qui est rapporté tout du long dans mon Pufendorf, *Droit de la Nat. & des Gens*, Liv. III. Chap. III. § 15.

(4) Cela a lieu, toutes choses d'ailleurs égales. Car ce seroit, par exemple, une charité mal entenduë, de donner quelque Emploi Public à une personne qui en a grand besoin pour subsister, au préjudice d'un autre qui est beaucoup plus capable de se bien aquitter d'un tel Emploi. En ce cas-là, avoir égard à la pauvreté d'un Prétendant, seroit une acception de personnes aussi blâmable, que celle d'un Juge qui prononceroit par cette considération en faveur du Pauvre, contre le Droit & les Loix; ce qui est expressément défendu dans la Loi de *Moïse*, Exod. XXIII, 3. sur quoi voiez la Note de Mr. le Clerc.

(5) Cela demande beaucoup de discernement & de circonspection: aussi est-il difficile de donner là-dessus des Régles générales, parce que la diversité infinie des circonstances varie à l'infini la pratique de ce Devoir. On pourra néanmoins lire utilement une Dissertation de Mr. Buddeus, intitulée, *De comparatione obligationum quæ ex diversis hominum statibus oriuntur*, & qui se trouve parmi les *Selecta Juris Naturæ & Gentium*, imprimez en 1704.

(6) L'Auteur veut parler de ceux qui, en suivant Aristote, rapportent la distribution dont il s'agit à la *Justice distributive*, prise dans le sens de ce Philosophe, qui en fait une partie de la *Justice Particuliére* ou Rigoureuse, c'est-à-dire, de celle en vertu de quoi on peut exiger à la rigueur ce qui est dû. Voiez la Note suivante, & ce que l'Auteur dira ci-dessous, *Liv.* I. *Chap.* I. § 7, 8.

(7) C'est ce que signifient les expressions concises de l'Auteur: *Ut quæ jam sunt alterius alteri permittantur, aut impleantur*: il y a même apparence que dans les derniers mots l'Auteur avoit écrit ou voulu écrire, *aut* QUÆ ALTERI DEBENTUR *impleantur*; comme je l'ai remarqué dans mon Edition de l'Original. Quelques exemples feront comprendre sa pensée. Quand on s'abstient de battre, de blesser, de voler, d'injurier ou de diffamer quelcun, on ne fait que lui *laisser ce qui lui appartient déja*; parce que le bon état des Membres de son Corps, les biens qu'il posséde, la réputation, sont des choses qui lui appartiennent actuellement, & dont personne n'a droit de le dépouiller, tant qu'il n'a rien fait qui le mérite. Quand on répare le dommage qu'on lui a causé, soit à dessein ou imprudemment, tant en sa personne, qu'en ses biens, ou en sa réputation; on lui rend ce qu'on lui a ôté, & qui lui appartenoit, *ce qu'il pouvoit exiger à la rigueur qu'on lui rendît*. Quand on tient la parole qu'on lui a donnée, qu'on execute une Promesse ou une Convention, on ne lui rend pas à la vérité ce qu'il avoit déja actuellement, mais on s'aquitte de *ce qu'il pouvoit exiger à la rigueur que l'on fît* à son égard. Voilà donc toutes choses qui se rapportent au *Droit Naturel, pris dans un sens propre & étroit*: pour ne rien dire de la *Punition* des Coupables, dont nôtre Auteur ne paroit pas avoir eu dessein de parler ici, quoi qu'il la rapporte à cette même classe; comme on vient de le voir dans le § 8. & comme nous le montrerons ci-dessous, *Liv.* I. *Chap.* I. § 5. Note derniere. Mais quand le Souverain refuse quelque Charge à un de ses Sujets qui en est digne, ou qu'il lui préfére une autre personne moins capable, ou qu'il ne lui donne pas la récompense qu'il a méritée; il péche à la vérité contre le *Droit Naturel pris dans un sens impropre & plus étendu*, selon les idées de nôtre Auteur: mais il ne fait aucun tort proprement ainsi nommé à ce Sujet, qui n'avoit pas un *droit plein & rigoureux* d'exiger l'Emploi ou la Recompense qu'on lui refuse. Il faut dire la même chose de ceux qui ne veulent pas secourir ou assister les Malheureux & les Pauvres, hors les cas d'une nécessité extrême, qui donne droit d'exiger à la rigueur ce dont on a besoin, comme nous le verrons en son lieu. Au reste, le Savant Gronovius, prévenu des idées d'Aristote, & peu attentif à méditer la matiére & à considerer la suite du discours de nôtre Auteur, l'entend fort mal, & brouille tout, tant ici qu'ailleurs. En quoi il a été fidelement suivi par Mr. de Courtin. Ce qui soit dit en passant. Car il y auroit trop à faire à relever toutes les bevuës & de ce Traducteur & des Commentateurs Latins.

§. XI. TOUT ce que nous venons de dire auroit lieu en quelque maniére, (1) quand même on accorderoit, ce qui ne se peut sans un crime horrible, qu'il n'y a point de DIEU, ou s'il y en a un, qu'il ne s'interesse point aux choses humaines. Mais les lumiéres de nôtre Raison, & une Tradition perpetuelle, répanduë par tout le monde, nous persuadent fermement le contraire dès nôtre enfance, (2) & nous sommes confirmez dans cette pensée par quantité de preuves & de miracles attestez de tous les Siécles. Or de là il s'ensuit, que nous devons obéir sans reserve à cet Etre Souverain, comme à nôtre Créateur, auquel nous sommes redevables de ce que nous sommes, & de tout ce que nous avons; d'autant plus qu'il a déploié en diverses maniéres sa Bonté & sa Puissance infinies: d'où nous avons lieu de conclure, qu'il peut donner à ceux qui lui obéiront, des recompenses très-grandes, & même éternelles, étant lui-même éternel; & nous devons même croire qu'il le veut, sur tout s'il l'a promis expressément, comme nous autres *Chrétiens* en sommes convaincus par des témoignages & des preuves incontestables.

§. XII. VOILA donc une autre source du Droit, savoir la volonté libre (1) de DIEU, à laquelle nous devons nous soûmettre, comme nôtre Raison même nous le dicte d'une maniére à ne nous laisser aucun doute là-dessus. Mais le Droit même de Nature, que nous avons établi ci-dessus, tant celui qui consiste dans l'entretien de la Societé, que celui qui est ainsi appellé dans un sens plus étendu; ce Droit, dis-je, quoi qu'il émane des principes internes de l'Homme, peut néanmoins, & avec raison, être attribué (2) à DIEU, parce qu'il a voulu qu'il y eût en nous de tels principes: Et c'est en ce sens que CHRY-

§. XI. (1) Cela ne peut être admis qu'en ce sens: Que les maximes du Droit Naturel ne sont pas des régles purement arbitraires, qu'elles ont leur fondement dans la nature des choses, dans la constitution même des Hommes, d'où il résulte certaines rélations entre telles ou telles actions & l'état d'un Animal Raisonnable & Sociable. Mais à parler exactement, le *Devoir* & l'*Obligation*, ou la nécessité indispensable de se conformer à ces idées & ces maximes, suppose nécessairement un Supérieur, un Maître Souverain des Hommes, qui ne peut être que le Créateur ou la Divinité Suprême. C'est dequoi nous traiterons un peu au long, sur le *Chap.* I. du *Liv.* I. §. 10. *Note* 4.

(2) On peut voir là-dessus l'excellent Traité de nôtre Auteur, DE LA VERITE' DE LA RELIGION CHRETIENNE.

§. XII. (1) C'est pourquoi, selon la pensée de MARC ANTONIN, tout Homme qui commet quelque Injustice, se rend par cela même coupable d'impieté. 'O ἀδικῶν ἀσεβεῖ. Lib. IX. (§ 1) GROTIUS.

Ce passage est beau, mais mal appliqué; & l'Auteur auroit dû le placer parmi ceux qu'il cite dans la Note suivante. En effet, il parle ici du *Droit Divin volontaire*, comme il l'appelle lui-même, *Liv.* I. *Chap.* I. §. 15. ou de ce qui étant indifferent de sa nature, devient juste ou injuste parce que DIEU l'a ordonné ou defendu. Cela paroît par les termes mêmes dont il se sert, & par la suite du discours: car il appelle la volonté, qui est la source de ce Droit, une *volonté libre* ou arbitraire; & il remarque ensuite, comme par occasion, que le *Droit de Nature*, dont il a établi jusqu'ici les fondemens, peut aussi être regardé comme émanant de la Volonté Divine, *entant que Dieu a voulu qu'il y eût dans les Hommes de tels principes internes*, ou que leur nature fût constituée de la maniére qu'elle est. Nôtre Auteur veut donc dire, dans l'endroit dont il s'agit, que, quand même il n'y auroit point de Droit Naturel, ou que la constitution de nôtre Nature ne nous engageroit point par elle-même à agir de telle ou telle maniére; cependant, dès-là qu'on reconnoît une Divinité, que l'on ne peut raisonnablement ignorer ou nier, on doit avouer aussi que l'on est obligé de lui obeïr, quoi que ce soit qu'elle nous commande, & encore même que ses Loix n'eussent d'autre fondement que sa volonté purement arbitraire. Ainsi on trouveroit là toûjours une source de Droit: car cette Divinité, qui s'est si clairement revélée aux Hommes, dans les Livres que nous appellons l'ECRITURE SAINTE, leur prescrit là des Loix toutes semblables à celles que nous avons dit leur être imposées par la constitution de leur propre nature. Mais on peut dire outre cela, que le Droit de Nature, quoi qu'aiant par lui-même un fondement suffisant, tire aussi son origine de DIEU, independamment de la Revelation, *entant que* &c. Voilà, ce me semble, la pensée de nôtre Auteur, & la liaison de son discours, qui ne se montre pas d'abord: d'où vient que lui-même l'a oubliée, comme on le sent assez par la citation hors d'œuvre qui m'a donné lieu de faire cette remarque. Le peu de justesse de cette citation paroîtra encore mieux par les paroles qui suivent immédiatement, & qu'il est bon d'ailleurs de rapporter. L'Empereur y rend raison de ce qu'il vient d'avancer, que toute Injustice est une véritable Impieté: *Car*, dit-il, *la Nature Universelle aiant créé les Animaux Raisonnables les uns pour les autres, afin qu'ils s'entre-secourent autant que chacun le mérite, & qu'ils ne se fassent aucun mal les uns aux autres; celui qui desobéït à cette volonté, commet certainement une impieté contre la Divinité la plus ancienne.* (Je n'ai pas suivi la Version de Mr. & Me. DACIER, dans laquelle, outre qu'elle n'est pas assez exacte sur quelques mots, il y a une omission considérable, du moins dans l'Edition de *Hollande*, dont je me sers; car on n'y trouve rien de ce que j'ai traduit ainsi: *autant que chacun le mérite, & afin qu'ils ne se fassent aucun mal les uns aux autres.* Voici l'original.) Τῆς γὰρ τῶν ὅλων φύσεως κατεσκευακυίας τὰ λογικὰ ζῶα ἕνεκεν ἀλλήλων, ὥστε ὠφελεῖν μὲν ἄλληλα κατ' ἀξίαν, βλάπτειν δὲ μηδαμῶς· ὁ τὸ βούλημα ταύτης παραβαίνων, ἀσεβεῖ δηλονότι εἰς τὴν πρεσβυτάτην τῶν θεῶν. Lib. IX. §. 1. Au reste, plusieurs Auteurs Païens ont aussi reconnu que la Loi Naturelle est une Loi Divine. Voiez-en quelques passages alléguez dans mes Remarques sur PUFENDORF, *Liv.* II. *Chap.* IV. §. 3. *Note.* 4.

(2) Ὅταν δὲ εἴπω τὴν φύσιν, Θεὸν λέγω· ὁ γὰρ τὴν φύσιν δημιουργήσας αὐτός ἐστιν. » Quand je parle de la Nature, j'entens par là Dieu; car c'est lui qui est l'Au-
» teur

CHRYSIPPE (3) & les autres *Stoïciens* disoient, qu'il ne falloit chercher l'origine du Droit que dans *Jupiter* même. Il y a aussi apparence (4) que le mot Latin *Jus*, qui signifie *Droit*, vient de celui de *Jupiter*.

§. XIII. AJOÛTEZ à cela, que DIEU, par les Loix qu'il a publiées, a rendu ces principes plus clairs & plus sensibles, les mettant à la portée de ceux qui ont peu de pénétration d'esprit. Il a aussi défendu de s'abandonner à ces mouvemens (1) impétueux, qui, contre (2) nôtre propre intérêt, & même au préjudice de celui des autres, nous détournent de suivre les Régles de la Raison & de la Nature; car, comme ils sont extrémement fougueux, il falloit leur tenir la bride courte, & les renfermer dans certaines bornes un peu étroites.

§. XIV. DE PLUS, l'Ecriture Sainte, outre les préceptes par lesquels elle nous engage à entrer dans des sentimens de Sociabilité, ne contribuë pas peu à nous inspirer de tels sentimens, par ce qu'elle nous enseigne des prémiers Parens du Genre Humain, desquels tous les Hommes sont descendus: car on peut dire à cet égard, ce que FLORENTIN, ancien Jurisconsulte, disoit en un autre sens, (1) que *la Nature a établi entre nous une espéce de parenté*; d'où il infére *que c'est très-mal fait à un Homme, de dresser des embûches à un autre Homme.*

§. XV. PARMI les Hommes, (1) un Pére & une Mére sont comme autant de Dieux (2) par rapport à leurs Enfans: ainsi ceux-ci leur doivent une obéïssance, non pas à la vérité

„ teur de la Nature. ST. CHRYSOSTÔME, sur la *I. Ep. aux Corinthiens*, XI. 3. Οὐ γάρ ἐστιν εὑρεῖν τῆς δικαιοσύνης ἄλλην ἀρχὴν, οὐδὲ ἄλλην γένεσιν, ἢ τὴν ἐκ τοῦ Διὸς, καὶ τὴν ἐκ τῆς κοινῆς φύσεως· ἐντεῦθεν γὰρ δεῖ πᾶν τὸ τοιοῦτον τὴν ἀρχὴν ἔχειν, εἰ μέλλομέν τι ἐρεῖν περὶ Ἀγαθῶν καὶ Κακῶν. „ On ne sauroit trouver d'autre principe ni d'autre origine de la *Justice*, qu'en remontant jusqu'à *Jupiter* & à la *Nature Universelle*: car c'est par là qu'il faut toûjours commencer lors qu'on veut traiter des Biens & des Maux. CHRYSIPPE, dans son III. Livre *des Dieux*. GROTIUS.

Ce dernier passage d'un Philosophe Stoïcien, dont il ne nous reste aucun Ecrit, quoi qu'il en eût publié grand nombre; se trouve dans PLUTARQUE, *de Stoïcorum repugnantiis*, pag. 1035. C. Tom. II. *Ed. Wechel.*

(3) Voiez la Note précedente. CICERON soûtient aussi, que les plus sages & les plus éclairez ont crû qu'il falloit chercher la source du Droit dans la Divinité. Voiez son Traité *De Legibus*, Lib. II. Cap. IV. & *Lib. I. Cap.* V. VII. X.

(4) Il vaut mieux dire peut-être, que, comme d'*Ossum* on a fait *Os*, en retranchant la derniére syllabe; de même de *Jussum*, qui signifie *ordonner*, on a fait *Jus*, au Génitif *Jusis*, que l'on a ensuite changé en *Juris*, comme *Papisii* en *Papirii*. Voiez CICERON, Lib. IX. *Epist. ad Famil.* Ep. XXI. GROTIUS.

§. XIII. (1) Les Passions dereglées sont condamnées par tout dans l'ECRITURE SAINTE, sur tout dans le Nouveau Testament, qui défend sous des peines très-rigoureuses de se laisser emporter à ces mouvemens aveugles. L'Apôtre ST. JEAN les renferme toutes sous ces trois chefs, *la Concupiscence de la Chair*, *la Concupiscence des Yeux*, & *l'Orgueil de la vie*, I. Epître, Chap. II. vers. 16. C'est-à-dire, pour s'exprimer à la maniére des Philosophes, la *Volupté*, l'*Avarice*, & l'*Ambition.*

(2) Il y a dans l'Original tout le contraire: *Qui nobis ipsis, quique aliis consulunt.* Mais quoi qu'on lise ainsi dans toutes les Editions que j'ai vuës, & même dans celle de 1632. c'est une faute visible. Il doit y avoir *malè* entre *aliis* & *consulunt*; comme je l'ai corrigé dans mon Edition de l'Original, où l'on pourra voir la raison pourquoi le mot supplée est ici absolument nécessaire.

§. XIV. (1) *Et cum inter nos cognationem quamdam Natura constituit, consequens est hominem homini insidiari nefas esse.* DIGEST. Lib. I. Tit. I. *De Justitia & Jure*, Leg. III. Les idées des *Stoïciens*, tel qu'étoit ce Jurisconsulte, touchant l'origine du Genre Humain, étoient fort confuses; & quoi qu'ils y fissent intervenir la Divinité, c'étoit d'une maniére très-différente de l'Histoire de la Création rapportée par *Moïse*. Voiez JUSTE LIPSE, *Physiolog. Stoïc.* Lib. III. Dissert. IV. La *parenté* qu'ils concevoient entre les Hommes, ne consistoit pas en ce qu'ils les regardoient comme descendus d'un même Pére & d'une même Mére, tiges du Genre Humain; mais uniquement dans la conformité de leur nature & des principes ou des semences dont ils les croioient composez. Voiez MARC ANTONIN, Lib. II. §. 1. & là-dessus les savantes Notes de GATAKER.

§. XV. (1) L'Auteur passe ici presque imperceptiblement à une autre espèce de *Droit Volontaire*, mais qui a néanmoins son fondement dans la Nature, c'est ce qu'un Pére & une Mere prescrivent à leurs Enfans: car les Enfans doivent obéïr à leurs Pére & Mére, à cause de la naissance qu'ils tiennent d'eux, & par laquelle, quoi qu'un Mari & une Femme ne soient que des instrumens aveugles, ils imitent DIEU en quelque maniére. Pour faire sentir la liaison du discours, qui paroissoit mieux dans la premiére Edition, où les deux paragraphes precedens ne se trouvent point; j'ai fait un nouveau paragraphe de cette periode, qui, dans les Editions de l'Original, est jointe mal-à-propos au paragraphe 14.

(2) HIÉROCLÉS, sur les *Vers Dorez de* PYTHAGORE, dit qu'un Pére & une Mére sont *des Dieux terrestres.* PHILON, sur le *Décalogue*, les appelle *des Dieux vivans, qui imitent le Dieu Eternel, en ce qu'ils mettent au monde un nouvel Animal*: Ὡς ἄρα πατὴρ καὶ μήτηρ ἐμφανεῖς εἰσὶ θεοὶ, μιμούμενοι τὸν ἀγέννητον ἐν τῷ ζωοπλαστεῖν. (Pag. 761. D. *Edit. Paris.*) ST. JEROME, *Epist.* (XLVII. Tom. I. pag. 224. D. *Ed. Basil.*) dit que la rélation des Peres & Méres avec leurs Enfans vient après celle que les Hommes ont avec Dieu, *secunda post Deum fœderatio.* PLATON appelle les Péres & Méres des

vérité sans bornes, mais aussi étenduë (3) que le demande cette rélation, & aussi grande que le permet la dépendance où les uns & les autres sont d'un Supérieur commun.

§. XVI. IL EST de Droit Naturel, que chacun tienne religieusement sa parole: car il étoit nécessaire qu'il y eût parmi les Hommes quelque maniére de s'engager les uns aux autres, & on n'en sauroit concevoir d'autre plus conforme à la Nature. C'est ce qui a produit ensuite les différentes sortes de (1) DROIT CIVIL. Car ceux qui entroient dans quelque Communauté, & qui se soûmettoient à une ou plusieurs personnes, promettoient ou formellement, ou par un engagement tacite que la nature même de la chose donnoit lieu de présumer; promettoient, dis-je, d'aquiescer à ce qui auroit été résolu ou par la plus grande partie du Corps, ou par ceux entre les mains de qui on auroit mis le pouvoir de commander.

§. XVII. AINSI ce que disoit CARNE'ADE, & ce que d'autres ont dit après lui, (1) *Que l'Utilité est comme la Mére de la Justice & de l'Equité*; cela, dis-je, n'est pas vrai, à parler exactement. Car la Mére du Droit Naturel est la Nature Humaine elle-même, qui nous porteroit à rechercher le commerce de nos semblables, quand même nous n'aurions besoin de rien. Et la Mére du Droit Civil est l'obligation que l'on s'est imposée par son propre consentement; obligation qui tirant sa force du Droit Naturel, donne lieu de regarder la Nature comme la bisaieule, pour ainsi dire, du Droit Civil. Tout ce qu'il y a, c'est que l'Utilité accompagne le Droit Naturel: car l'Auteur de la Nature a voulu que chaque personne en particulier (2) fût foible par elle-même, & dans l'indigence de plusieurs choses nécessaires pour vivre commodément, afin que nous fussions portez avec plus d'ardeur à entretenir la Société. C'est aussi l'Utilité qui a donné occasion aux Loix Civiles: car la confédération ou la soûmission à une Autorité commune, dont nous venons de parler, s'est faite originairement en vuë de quelque avantage. Outre que tout Homme qui prescrit des Loix aux autres se propose ou doit du moins (3) se proposer quelque utilité qui en revienne.

§. XVIII. COMME les Loix de chaque Etat se rapportent à son avantage particulier; le consentement de tous les Etats, ou du moins du plus grand nombre, a pû produire entr'eux certaines Loix communes. Et il paroît qu'effectivement on a établi de telles Loix, qui tendroient à l'utilité non de chaque Corps en particulier, mais du vaste assemblage de tous ces Corps. C'est ce que l'on appelle DROIT DES GENS, (1) lors qu'on le distingue (2) du Droit Naturel. *Carnéade* ne connoissoit point cette sorte de Droit, puis qu'il réduisoit tout ce que l'on nomme Droit, au Droit Naturel, & au Droit particu-

des images de la Divinité, de Legib. Lib. XI. (pag. 930, 931. Tom. II. *Edit. H. Steph.*) On doit honorer les Parens, comme les Dieux, selon ARISTOTE: Καὶ τιμὴν δὲ, καθάπερ θεοῖς. Ethic. Nicomach. *Lib.* IX. *Cap.* II. GROTIUS.

Le passage d'HIE'ROCLE'S, que l'Auteur cite ici, n'est pas de son Commentaire sur les *Vers dorez*: mais on le trouve dans STOBE'E, *Serm.* LXXVII. où il dit, qu'on ne se trompera pas de regarder les Péres & Méres comme *des Dieux d'un second ordre & des Dieux terrestres*. Οὓς δευτέρους καὶ ἐπιγείους τινὰς θεοὺς εἰπὼν οὐχ ἁμάρτοι τις. Pag. 461. *Ed. Wechel.*

(3) C'est ainsi que j'ai été obligé de développer la pensée de l'Auteur, qui s'exprime d'une maniére fort concise: *sed sui generis obsequium debetur.* Voiez ci-dessous, *Liv.* I. *Chap.* IV. §. 6. *num.* 2.

§. XVI. (1) Ainsi le *Droit Civil*, quoi qu'il n'y ait aucune sorte de Droit qui soit en lui-même plus arbitraire, n'est au fond qu'une extension du Droit Naturel, une suite de cette Loi inviolable de la Nature, *Que chacun doit tenir religieusement ce qu'il a promis.*

§. XVII. (1) *Atque ipsa Utilitas, Justi prope mater & Æqui.*

HORAT. (Lib. I. Satyr. III. vers. 98.)

Un ancien Commentateur d'HORACE, soit que ce soit ACRON, ou quelque autre Grammairien, fait là-dessus cette remarque: *Repugnat praeceptis Stoïcorum; ostendere vult, Justitiam non esse naturalem, sed natam ex utilitate.* „Le Poëte combat ici les dogmes des *Stoïciens*: car il veut prouver que la Justice n'est pas quelque chose de naturel, mais qu'elle est née de l'utilité.” Voiez ce que ST. AUGUSTIN dit contre cette opinion, *de Doctrina Christiana*, Lib. III. Cap. XIV. GROTIUS.

(2) Voiez ci-dessus, §. 8. *Note.* 2.

(3) Voiez PUFENDORF, Liv. VII. Chap. IX. §. 5.

§. XVIII. (1) Voiez ci-dessous, *Liv.* I. *Chap.* I. §. 14.

(2) Car ces deux noms se confondent quelquefois. Voiez ce que j'ai dit sur PUFENDORF, *Liv.* II. *Chap.* III. § 23. *Note* 3.

§ XIX. (1) Joignez à tout ceci, ce que dit PUFENDORF, *Liv.* II. *Chap.* III. § 10.

(2) L'Empereur MARC ANTONIN se sert à propos de cette même comparaison. Ἤτοι ἴδες [illegible] ἢ μὴ ἔχῃ τὴν ἀναφορὰν, ἢτε [illegible], ἢτε [illegible], ἀπὸ [illegible], ἀντὶ [illegible] τὸν [illegible], καὶ ἐκ-

culier de chaque Etat. Il vouloit cependant traiter du Droit qui a lieu entre les Peuples; car il parle ensuite de la Guerre & des Conquêtes: ainsi il devoit certainement ne pas omettre le Droit des Gens.

§. XIX. C'est aussi sans raison qu'il traite la Justice de folie. (1) Car comme, de son propre aveu, un Citoien qui se conforme aux Loix de son Païs n'agit pas en cela follement, quoi qu'il doive, en considération de ces Loix, s'abstenir de certaines choses qui lui seroient avantageuses à lui en particulier: de même, on ne sauroit raisonnablement tenir pour insensé, un Peuple qui n'est pas si fort amoureux de son intérêt particulier, que de fouler aux pieds à cause de cela les Loix communes des Etats & des Nations. Le cas est précisément le même. (2) Un Citoien qui, pour son avantage present, viole le Droit Civil de son païs, sappe par là le fondement de son intérêt perpétuel & en même tems de celui de ses Descendans. Un Peuple, qui enfraint le Droit de la Nature & des Gens, renverse aussi le rempart de sa tranquillité pour l'avenir. Mais, quand même on ne se promettroit aucune utilité de l'observation des Régles du Droit, ce seroit toûjours sagesse, & nullement folie, de se porter où nous nous sentons entraînez par nôtre nature.

§. XX. Un Poëte Latin dit, (1) qu'*il faut convenir, si l'on veut remonter jusqu'aux prémiers Siécles, qu'on ne s'est avisé de faire des Loix que pour se mettre à couvert des insultes d'autrui*: pensée qui se trouve ainsi expliquée par un Interlocuteur d'un Dialogue de Platon, (2) que la crainte de recevoir des injures a fait inventer les Loix, & que les Hommes ne se portent que par force à pratiquer la Justice. Mais il paroît par les réflexions précedentes, que cela n'est pas vrai, à parler généralement. On ne peut le dire raisonnablement que des Loix, & des autres Etablissemens que l'on a faits pour faciliter la poursuite des droits de chacun, & l'exécution de la Justice. C'est ainsi que plusieurs, se sentant foibles par eux-mêmes, & craignant d'être opprimez par des personnes plus puissantes, se joignirent ensemble pour établir des Tribunaux, & en maintenir l'autorité par leurs forces réunies, afin que par ce moien tous ensemble fussent plus forts, que ceux auxquels chacun d'eux n'auroit pas été en état de resister. Et ce n'est qu'en ce sens qu'on peut admettre ce que disent quelques-uns, Que le Droit est la volonté du plus fort. C'est-à-dire, que le Droit n'a pas son effet extérieurement, s'il n'est soûtenu par la Force. Le Législateur *Solon* reconnoissoit, (3) qu'il n'avoit fait de grandes choses, qu'*en mêlant sagement la Force avec la Justice*.

§. XXI.

ἐᾷ ἕνα εἶναι, καὶ στασιώδης ἐστὶν, *ὥσπερ ἐν δήμῳ ὁ τὸ καθ' αὑτὸν μέρος διϊστάμενος ἀπὸ τῆς τοιαύτης συμφωνίας.* C'est-à-dire: "Toute action qui ne se rapporte pas ou de près „ ou de loin à cette fin du Bien Public, met de la discordance dans la Vie, & empêche qu'elle ne soit uniforme: „ c'est une action séditieuse, pour ainsi dire, & semblable à un Citoien qui, en formant des cabales, rompt „ [entant qu'en lui est] l'union de l'Etat. *Lib.* IX. (§ „ 23.) Et ailleurs, il dit, qu'un Homme qui s'est separé d'un autre Homme, s'est retranché de toute la Societé du Genre Humain. *Ἄνθρωπος ἑνὸς ἀνθρώπου ἀποσχισθεὶς, ὅλης τῆς κοινωνίας ἀποπέπτωκεν.* Lib. XI. (§ 8.) En effet, comme le même Empereur le dit en un autre endroit, ce qui est utile à l'Essaim, est aussi utile à l'Abeille. Grotius.

L'Auteur, citant apparemment de memoire, rapportoit mal le second de ces passages: car au lieu de ces mots, *ὅλης τῆς κοινωνίας ἀποπέπτωκεν*, il met *οὐ δύναται μὴ καὶ ὅλου φύλου ἀποκεκόφθαι*. La méprise vient de ce que les derniéres paroles précedent immédiatement, & font partie d'une comparaison, qui aiant été oubliée & confonduë par l'Auteur avec ce qui suit, lui a fait aussi changer le mot de *φυτοῦ*, qui se trouve dans l'Original, en celui de *φύλου*; car voici le passage entier: *Κλάδος τοῦ προσεχοῦς κλάδου ἀποκοπεὶς, οὐ δύναται μὴ καὶ τοῦ ὅλου φυτοῦ ἀποκεκόφθαι· οὕτω δὴ καὶ ἄνθρωπος* &c. "Une branche séparée de la branche, à laquelle elle tenoit im„ médiatement, ne peut qu'être separée en même tems „ de l'Arbre entier: de même un Homme &c. Pour ce qui est du dernier passage, dont l'Auteur ne marque point l'endroit, & ne cite pas l'original, le voici: *Τὸ τῷ σμήνει μὴ συμφέρον, οὐδὲ τῇ μελίσσῃ συμφέρει.* „ Ce qui n'est pas utile à l'Essaim, ne l'est pas non „ plus à l'Abeille. *Lib.* VI. § 54.

§ XX. (1) C'est Horace, déja cité là-dessus:

Jura inventa metu injusti fateare necesse est.

Lib. I. Sat. III. vers. 111.

(2) C'est dans le II. Livre *de la République*: *Τὸ δὲ δίκαιον. . . . ἀγαπᾶσθαι, οὐχ ὡς ἀγαθὸν, ἀλλ' ὡς ἀῤῥωστίᾳ τοῦ ἀδικεῖν τιμώμενον. . . . ὡς δὲ καὶ οἱ ἐπιτηδεύοντες, ἀδυναμίᾳ τοῦ ἀδικεῖν, ἄκοντες αὐτὸ ἐπιτηδεύουσι.* Tom. II. pag. 359. B. *Ed. H. Steph.* Voiez aussi le *Gorgias*, Tom. I. pag. 483. & ce que Pufendorf en rapporte, *Liv.* I. *Chap.* VI. § 10. à la fin.

(3) *Ὁμοῦ βίην τε καὶ δίκην συναρμόσας.* (Plutarch. in Solon. *Tom.* I. pag. 86. C. *Ed. Wechel.*) C'est ce que dit Ovide:

In caussaque valet, caussamque tuentibus armis.

§. XXI. CE N'EST pas que le Droit soit entiérement sans effet, lors qu'il est destitué du secours de la Force. Car l'observation de la Justice met la Conscience en repos: & l'Injustice au contraire produit dans le cœur de ceux qui s'y abandonnent, de cruels tourmens, tels que ceux dont (1) PLATON nous depeint les Tyrans déchirez & bourrelez. Tous les Gens-de-bien s'accordent à approuver la Justice, & à blâmer l'Injustice. Mais, ce qu'il y a de plus considérable, l'Injustice a DIEU pour ennemi, & la Justice au contraire est l'objet de son amour & de sa faveur: or il ne reserve pas tellement ses Jugemens pour une autre Vie, qu'il n'en fasse souvent éprouver la rigueur dans celle-ci; comme il paroît par plusieurs exemples, que l'Histoire nous fournit.

§. XXII. QUE si quelques-uns, reconnoissant d'ailleurs que les Citoiens d'un même Etat doivent observer entr'eux les Régles de la Justice, en dispensent le Peuple entier, ou celui qui en est le Chef; leur erreur vient de ce qu'en matiére de Droit ils ne considérent que l'avantage qui revient de la pratique de ses Régles: avantage, qui est clair à l'égard des Citoiens, dont chacun manifestement est par lui-même trop foible pour se défendre: au lieu que les grands Etats paroissant renfermer en eux-mêmes tout ce qui est néces-

„ Il a bon droit, & son droit est aidé & soûtenu par „ les armes. (*Metamorph.* Lib. VIII. vers 59.) GROTIUS.

Voiez PUFENDORF, *Droit de la Nat. & des Gens*, *Liv.* I. *Chap.* VI. § 12. Au reste, dans le passage d'OVIDE, où *Scylla*, fille de *Nisus*, parle de *Minos*, Roi de *Créte*; la ponctuation ordinaire, que suit nôtre Auteur, n'est pas juste. Il faut, en joignant les dernieres paroles avec le commencement du vers suivant, lire de cette maniére:

—— —— *caussamque tuentibus armis*;

Ut puto, vincemur. —— —— ——

C'est-à-dire: " Et nous serons vaincus, à mon avis, „ par la superiorité de ses armes, qui favorisent la jus„ tice de sa cause." C'est ainsi que le passage est ponctué dans la derniére Edition de 1713. revuë par Mr. BURMAN.

§ XXI. (1) Voiez le *Gorgias*, Tom. I. pag. 524, 525. & le IX. Livre *de la République*, Tom. II. pag. 579. E. TACITE rapporte la pensée de ce Philosophe, à l'occasion des remors dont *Tibére* étoit bourrelé: *Neque frustra præstantissimus Sapientiæ firmare solitus est, si recludantur Tyrannorum mentes, posse adspici laniatus & ictus; quando, ut corpora verberibus, ita sævitia, libidine, malis consultis, animus dilaceretur: quippe* Tiberium *non fortuna, non solitudines protegebant, quin tormenta pectoris suasque ipse pœnas fateretur.* Annal. Lib. VI. Cap. VI. Voiez là-dessus les Interprêtes.

§ XXII. (1) *Quæ foras spectat.* GRONOVIUS remarque, que nôtre Auteur emploie ici une expression d'APULE'E, Lib. II. *de Philosophia Morali*, (pag. 15, 16. *Edit. Elmenhorst.*) où ce Philosophe Platonicien expliquant les Vertus selon les idées de son Ecole, dit que la Justice considerée entant qu'avantageuse à celui-là même qui posséde cette Vertu, s'appelle *Bienveillance*; mais qu'entant qu'elle se termine au dehors, & qu'elle a en vuë l'interêt d'autrui, elle est nommée proprement *Justice*. SED, *quum ei, a quo possidetur, est utilis*, Benivolentia *est: at, quum foras spectat & est fida speculatrix utilitatis alienæ*, Justitia *nominatur*. Le Commentateur, qui indique ce passage, pouvoit remonter plus haut, pour découvrir la source dans laquelle & APULE'E & GROTIUS ont puisé: car CICERON avoit déja dit, dans le II. Livre de sa *République*: JUSTITIA *foras spectat, & projecta tota est, atque eminens.* Apud NONIUM, in voce *Projectum.* Et l'Orateur Romain ne fait lui-même que suivre ARISTOTE, dont voici les propres paroles: Ἑτέρῳ γὰρ [ὁ δίκαιος]· καὶ διὰ τοῦτο ἀλλότριον εἶναι φασιν ἀγαθὸν τὴν δικαιοσύνην, „ L'Homme Juste agit en faveur d'autrui: & c'est pour „ cela qu'on dit que la Justice est un bien étranger (ou „ un bien qui appartient à ceux envers qui s'exerce cet„ te Vertu, plûtôt qu'à celui qui la posséde.) *Ethic. Nicomach.* Lib. V. Cap. X. pag. 67. B. *Ed. Paris.*

§ XXIII. (1) Les paroles dont l'Auteur se sert, sont tirées d'un passage des *Lettres de* CICERON, qu'il cite lui-même dans sa Note sur le paragraphe suivant, & où il ne s'agit pas du Droit en général, mais seulement des Loix Civiles; non plus que dans l'endroit de la Harangue *pour Cécina*, Cap. XXV. auquel GRONOVIUS renvoie ici, comme si l'Auteur l'avoit eu en vuë, & qu'il contînt précisément sa pensée.

§ XXIV. (1) Je suis fort trompé si l'Auteur n'a mis ici un nom pour l'autre, le nom du Disciple pour celui du Maître. Ce qui me le fait croire, c'est non seulement qu'il ne cite point l'endroit d'ARISTOTE, ni en marge, ni dans la Note suivante, où il a ramassé plusieurs passages semblables d'autres Auteurs; mais encore que je n'ai vû personne qui ait cité le Chef des *Péripatéticiens*, comme aiant remarqué la chose dont il s'agit; & je ne me souviens pas non plus d'avoir lû cette pensée dans aucun des Ouvrages de ce Philosophe qui se rapportent à la Morale ou à la Politique. Au contraire, les Commentateurs ont cité PLATON, sur un passage de CICERON, que tout le monde connoît, où l'on trouve la même remarque fort bien tournée; de sorte qu'il est surprenant que GROTIUS n'ait cité ni l'un ni l'autre de ces deux grands Auteurs. Voici le passage du Philosophe Grec. Δοκεῖς ἂν ἢ πόλιν, ἢ στρατόπεδον, ἢ λῃστάς, ἢ κλέπτας, ἢ ἄλλο τι ἔθνος, ὅσα κοινῇ ἐπί τι ἔρχεται ἀδίκως, πρᾶξαι ἄν τι δύνασθαι, εἰ ἀδικοῖεν ἀλλήλους; Οὐ δῆτα, ἦ δ' ὅς. " Croiez-vous qu'u„ ne Ville, qu'une Armée, que les Voleurs même & „ les Brigands, & toute autre Societé de gens qui s'u„ nissent pour quelque chose d'injuste, puissent se main„ tenir & parvenir à leur but, s'ils se font du tort les „ uns aux autres? Nullement, répond l'autre Interlocuteur. *De Republic.* Lib. I. pag. 351. C. Tom. II. *Edit. Steph.* Et voici ce que dit l'Orateur Romain: *Cujus* [Justitiæ] *tanta est vis, ut nec illi quidem, qui maleficio & scelere pascuntur, possint sine ulla particula Justitiæ vivere, nam qui eorum cuipiam, qui una latrocinantur, furatur aliquid aut eripit; is sibi ne in latrocinio quidem relinquit locum: ille autem qui archipirata dicitur, nisi æquabiliter prædam dispertiat, aut interficiatur à sociis, aut relinquatur: quin etiam leges latronum esse dicuntur, quibus pareant, quas observent.* " Les effets de la Justice sont si „ grands & si etendus, que ceux-là même qui ne vivent „ que

cessaire pour vivre en sûreté, semblent n'avoir aucun besoin de cette Vertu qui se termine (1) au dehors, & qu'on appelle Justice.

§. XXIII. MAIS, pour ne pas repeter ce que j'ai déja dit, que le Droit n'a pas uniquement pour but l'Utilité; il n'est point d'Etat si bien pourvû & si bien muni, qui ne puisse quelquefois avoir besoin du secours des autres, ou pour le Commerce, ou pour se mettre à couvert des insultes de plusieurs Nations étrangeres réünies contre lui. Aussi voions-nous que les Peuples & les Rois les plus puissans cherchent à faire avec d'autres des Traitez & des Alliances, qui n'ont aucune force selon les principes de ceux qui renferment la Justice dans les bornes de chaque Etat. Tant il est vrai, que l'on ne (1) peut compter sur rien, du moment que l'on s'éloigne du Droit!

§. XXIV. S'IL n'y a aucune Communauté, qui puisse subsister sans l'observation de quelque sorte de Droit, comme (1) ARISTOTE le prouve par l'exemple (2) remarquable des Brigands: à plus forte raison la Société du Genre Humain, ou de plusieurs Peuples, ne sauroit-elle s'en passer. Et c'est ce qu'a très-bien reconnu celui qui a dit, (3) Qu'*il ne faut jamais rien faire de deshonnête, pas même en faveur de la Patrie.* ARISTOTE (4) blâ-

„ que de rapine & de crimes, ne sauroient subsister sans „ observer entr'eux quelque sorte de Justice. Car si quelcun de ceux qui se joignent ensemble pour exercer des „ brigandages, retenoit ou enlevoit à un de ses compagnons une partie du butin, il se mettroit par là hors „ d'état d'être souffert même dans cette infame Societé. „ Et un Chef des Pirates, qui ne partageroit pas également le butin, seroit ou assassiné, ou abandonné „ par ses gens. On dit même que les Brigands ont établi entr'eux des Loix auxquelles ils se soûmettent, & „ qu'ils observent exactement. *De Offic.* Lib. II. Cap. „ XI.

(2) ST. CHRYSOSTÔME remarque la même chose: *Πῶς οὖν καὶ λῃσταὶ εἰρηνεύουσι, φησί; πότε εἰρηνεύουσιν; ὅταν μὴ λῃστικῷ τρόπῳ χρήσωνται· ἂν γὰρ ἐν αὐτοῖς οἷς διανέμονται, μὴ τὰ τῆς δικαιοσύνης φυλάξωσι νόμιμα, καὶ ἴσως ἀπονείμωσι τὸ δίκαιον, ὄψει καὶ αὐτοὺς ἐν πολέμῳ καὶ μάχαις.* „ Mais, dira quelcun, comment donc les Brigands „ vivent-ils en paix? Quand voit-on cela? C'est certainement lors qu'ils n'agissent pas en Brigands: car si, „ dans les partages qu'ils font entr'eux, ils ne gardent „ pas les Loix de la Justice, s'ils ne distribuent pas „ exactement à chacun ce qui lui revient pour sa portion, „ vous les verrez alors se diviser & en venir aux mains „ les uns contre les autres. *In Cap. IV. ad Ephes.*. PLUTARQUE, après avoir rapporté ce que disoit *Pyrrhus*, qu'il laisseroit son Roiaume à celui de ses Enfans qui auroit l'Epée la plus pointuë; compare ce mot avec la pensée contenuë dans un vers des *Phéniciennes* d'EURIPIDE (vers 68.)

Θηκτῷ σιδήρῳ δῶμα διαλαχεῖν τόδε.
Qu'avec un fer aigu ils partagent mon bien.

Ensuite il ajoûte cette exclamation: *Οὕτως ἄμικτόν ἐστι καὶ θηριῶδες ἡ τῆς πλεονεξίας ὑπόθεσις.* „ Tant le desir „ d'avoir & de s'aggrandir est insociable & farouche! (*In vita Pyrrh.* Tom. I. pag. 388. A. *Ed. Wech.*) CICERON dit, qu'on ne peut compter sur rien, lors que quelcun s'est mis au dessus des Loix: *Nisi quod omnia sunt incerta, quum a jure recessum est.* Lib. IX. *Epist. ad Famil.* XVI. POLYBE remarque que ce qui contribuë le plus à rompre les societez des Malfaiteurs & des Brigands, & à les faire débander, c'est lors qu'ils n'observent pas entr'eux les Regles de la Justice, en un mot lors qu'ils ne se gardent pas la foi les uns aux autres. *Καὶ γὰρ κατ' ἰδίαν τὸ τῶν ῥαδιουργῶν καὶ κλεπτῶν φῦλον, τούτῳ μάλιστα τῷ τρόπῳ σφάλλεται, τῷ μὴ ποιεῖν ἀλλήλοις τὰ δίκαια, καὶ συλλήβδην διὰ τὴν εἰς αὑτοὺς ἀθεσίαν.* (Cap. XXIX.) GROTIUS.

(3) L'Auteur a en vuë apparemment un passage de CICERON, où ce grand Orateur & Philosophe Romain proposant la question, si les Devoirs qui se rapportent à l'entretien & à l'avantage de la Societé doivent toûjours l'emporter sur les Devoirs de la Moderation, de la Temperance, de la Modestie, de la Pudeur; décide, que cela n'a pas toûjours lieu; parce qu'entre les choses contraires à cette derniere sorte de Vertus, il y en a de si honteuses, & d'autres si criminelles, qu'un homme sage ne se résoudra jamais à les faire, pas même pour le salut de sa Patrie. *Illud forsitan quærendum sit, num hæc communitas, quæ maxime est apta naturæ, sit etiam moderationi modestiæque semper anteponenda. Non placet: sunt enim quædam ita fœda, partim ita flagitiosa, ut ea ne conservandæ quidem patriæ caussâ sapiens facturus sit.* De Offic. *Lib.* I. *Cap.* XLV. Il soûtient plus bas, qu'heureusement il n'arrive jamais que l'interêt de l'Etat demande qu'un honnête homme fasse de pareilles choses. *Sed hoc commodius se res habet, quod non potest accidere tempus, ut intersit Reipublicæ quidquam illorum facere sapientem.* Ce qu'il faut bien remarquer.

(4 J'ai trouvé le passage dont il s'agit, dans le VII. Livre de la *Politique* de ce Philosophe; & en voici l'original: *Αὐτοὶ μὲν γὰρ παρ' αὑτοῖς τὸ δικαίως ἄρχειν ζητοῦσι· πρὸς δὲ τοὺς ἄλλους οὐδὲν μέλει τῶν δικαίων.* Lib. VII. Cap. II. pag. 427. D. Voiez aussi *Rhetoric.* Lib. I. Cap. III. pag. 519. E. Tom. II. Opp. *Ed. Paris.* 1629. Pour entendre sa pensée, il faut savoir, qu'il combat l'opinion de ceux qui prétendoient que la bonne Politique demande qu'on cherche à faire des Conquêtes, & à les étendre autant qu'il est possible, aux dépens de la liberté des Peuples voisins. Le Philosophe refute cela, entr'autres raisons, par celle-ci, qu'il ne convient pas à un habile Conducteur de l'Etat & à un sage Legislateur, de faire une chose qui n'est pas même légitime, ou conforme aux Loix de la Societé Civile: or il est illégitime & contre les Loix de la Societé Civile, de vouloir commander aux autres à quelque prix que ce soit, justement ou injustement; & les Conquêtes peuvent être injustes. Cela a lieu aussi en matiere d'autres Sciences. Il n'est pas du devoir, par exemple, d'un Médecin ou d'un Pilote, d'user indifféremment de la voie de la persuasion ou de celle de la force, pour diriger les Malades ou les Nautonniers. Mais, ajoûte ARISTOTE, la plûpart des gens donnent dans cette erreur, que le Gouvernement Politique & le Gouvernement Despotique ne sont qu'une seule & même chose. Ce qu'ils regardent comme injuste & désavantageux par rapport à chacun d'eux en particulier, ils n'ont pas honte de le faire à l'égard des autres: car ils veulent bien

blâme fortement ceux (5) qui, en même tems qu'ils ne veulent pas souffrir que personne leur commande, sans en avoir le droit; ne se mettent point en peine si ce qu'ils font par rapport aux Etrangers est juste ou injuste.

§. XXV. POMPE'E même, dont nous avons rapporté des paroles qui tendent à établir l'opinion contraire à celle que nous défendons, raisonna tout autrement dans une autre occasion. Car aiant lû un mot (1) d'un Roi de *Lacédémone*, qui disoit, *que l'Etat le plus heureux est celui dont les Terres n'ont d'autres limites, que celles que leur donnent la Pique & l'Epée*; il corrigea cette maxime, en disant, qu'*un Etat véritablement heureux est celui qui, au contraire, a la Justice pour bornes.* Il auroit pû opposer encore ici l'autorité d'un autre Roi de *Lacédémone*, (2) qui mettoit la *Justice* au dessus (3) de la *Valeur*, par cette raison, que la Valeur doit être réglée par la Justice; & que, si tous les Hommes étoient justes, ils n'auroient que faire de courage & de bravoure. Aussi les *Stoïciens* définissoient-ils (4) la Valeur, une Vertu dont l'office est, de défendre l'Equité. THEMISTIUS, dans sa Harangue à l'Empereur *Valens*, dit éloquemment, que les Rois, qui se conduisent par les Régles de la Sagesse, ne pensent pas uniquement à la seule Nation dont le Gouvernement leur a été confié, mais qu'ils étendent leurs soins sur tout le Genre Humain; & qu'ils ne sont pas seulement amis des *Macédoniens* ou des *Romains*, (5) mais encore de (6) tous les Hommes sans exception. Rien n'a rendu le nom de *Minos* plus odieux à la Postérité, que la maniére dont il agissoit envers les Etrangers (7).

bien n'obéïr qu'à ceux qui leur commandent justement, mais quand il s'agit de commander eux-mêmes aux autres, ils ne se mettent pas en peine si c'est justement ou injustement. Πῶς γὰρ ἂν εἴη τοῦτο πολιτικὸν, ὃ μηδὲ νόμιμόν ἐστι; οὐ νόμιμον δὲ, τὸ μὴ μόνον δικαίως ἀλλὰ καὶ ἀδίκως ἄρχειν· κρατεῖν δ' ἔστι καὶ μὴ δικαίως. ἀλλὰ μὴν οὐδ' ἐν ταῖς ἄλλαις ἐπιστήμαις τοῦτο ὁρῶμεν. οὔτε γὰρ τοῦ ἰατροῦ, οὔτε τοῦ κυβερνήτου ἔργον ἐστὶ, τὸ ἢ πεῖσαι ἢ βιάσασθαι· τοῦ μὲν τοὺς θεραπευομένους, τοῦ δὲ τοὺς πλωτῆρας. ἀλλ' ἐοίκασιν οἱ πολλοὶ, τὴν δεσποτικὴν πολιτικὴν οἴεσθαι εἶναι· καὶ ὅπερ αὑτοῖς ἕκαστοι οὔ φασιν εἶναι δίκαιον, οὐδὲ συμφέρον, τοῦτ' οὐκ αἰσχύνονται πρὸς τοὺς ἄλλους ἀσκοῦντες. αὐτοὶ μὲν γὰρ παρ' αὑτοῖς τὸ δικαίως ἄρχειν ζητοῦσι· πρὸς δὲ τοὺς ἄλλους οὐδὲν μέλει τῶν δικαίων. Politic. *ubi supr.* A lire ces paroles, on croiroit d'abord qu'ARISTOTE avoit des idées fort justes de l'Egalité naturelle & de chaque Homme en particulier, & des Nations en général: mais il paroît par la suite, & par ce qu'il dit ailleurs plus au long, qu'il croioit qu'il y a des Hommes & des Peuples *naturellement esclaves*, par rapport auxquels il regardoit comme une chose très-juste, de leur faire la guerre sans autre raison, pour les subjuguer: & il se sert ici de la comparaison d'un Chasseur, qui doit prendre & tuer des Bêtes sauvages, bonnes à être mangées ou immolées, non pas des Hommes, qui ne servent de rien à de tels usages: Ἄτοπον δὲ εἰ μὴ φύσει, τὸ μὲν δεσποστόν ἐστι, τὸ δὲ οὐ δεσποστόν. ὥστε εἴπερ ἔχει τὸν τρόπον τοῦτον, οὐ δεῖ πάντων πειρᾶσθαι δεσπόζειν, ἀλλὰ τῶν δεσποστῶν· ὥσπερ οὐδὲ θηρεύειν ἐπὶ θοίνην ἢ θυσίαν ἀνθρώπους, ἀλλὰ τὸ πρὸς τοῦτο θηρευτόν, ὃ ἂν ἄγριον ᾖ, ἐδεστὸν ζῷον. Voiez, du reste, ce que j'ai dit des idées de ce Philosophe, dans ma *Préface* sur PUFENDORF, § XXIV. pag. XCVIII. de la seconde Edition, *du Droit de la Nat. & des Gens.*

(5) PLUTARQUE blâme aussi les *Lacédémoniens*, de ce qu'ils faisoient consister la principale partie de l'Honnête & de la Vertu dans l'intérêt de leur Patrie, & que, prévenus de cette fausse pensée, ils ne connoissoient ni n'apprenoient d'autre Droit, que ce qui leur paroissoit propre à l'aggrandissement de *Sparte*. Λακεδαιμόνιοι δὲ τὴν πρώτην τῶν καλῶν μερίδα τῷ τῆς πατρίδος συμφέροντι διδόντες, οὔτε μανθάνουσιν οὔτε ἐπίστανται δίκαιον ἄλλο, πλὴν ὃ τὴν Σπάρτην αὔξειν νομίζουσιν. In Vit. Agesilai, (*Tom.* I. pag. 617. D.) Voici ce que les *Athéniens* disent du genie des mêmes *Lacédémoniens*, dans THUCYDIDE: Λακεδαιμόνιοι δὲ πρὸς σφᾶς μὲν αὐτοὺς καὶ τὰ ἐπιχώρια νόμιμα, πλεῖστα ἀρετῇ χρῶνται· πρὸς δὲ τοὺς ἄλλους πολλὰ ἄν τις ἔχων εἰπεῖν ὡς προσφέρονται, ξυνελὼν μάλιστ' ἂν δηλώσειεν ὅτι ἐπιφανέστατα ὧν ἴσμεν, τὰ μὲν ἡδέα, καλὰ νομίζουσι, τὰ δὲ ξυμφέροντα, δίκαια. „ Les *Lacédémoniens* observent fort exactement „ les régles de la Vertu entr'eux, & par rapport aux „ Loix de leur Païs. Mais pour ce qui regarde les E- „ trangers, on pourroit rapporter bien des exemples de „ la maniere peu équitable dont ils agissent envers eux: „ il suffira de dire en un mot, que de tous les Peuples „ que nous connoissons il n'y en a aucun qui, plus „ ouvertement qu'eux, tienne pour honnête uniquement „ ce qui lui est agréable, & pour juste tout ce qui est „ de son intérêt. *Lib.* V. (Cap. 105. pag. 344. *Edit. Oxon.*) GROTIUS.

§ XXV. (1) Je ne sai d'où ceci est tiré. PLUTARQUE n'en dit rien, ni dans la Vie de ce grand Capitaine, ni dans ses *Apophthegmes*; & il n'y a pas apparence qu'il eût oublié un mot si remarquable. Je ne trouve non plus ni dans les *Apophthegmes* des *Lacédémoniens*, ni ailleurs, le mot du Roi de *Lacédémone*, de la manière precisément qu'il est rapporté ici. Ainsi je soupçonne fort que notre Auteur ne se soit un peu trop fié à sa mémoire; & voici, à mon avis, l'occasion de sa méprise. *Phraate*, Roi des *Parthes*, envoia un jour des Ambassadeurs à *Pompée*, pour le prier de vouloir bien que l'*Euphrate* servît de bornes à son Empire: là-dessus *Pompée* répondit, que les *Romains* aimoient mieux n'avoir d'autres bornes de leur Empire, que la Justice. Ἐπεὶ δὲ Φραάτης ὁ Πάρθων βασιλεὺς ἔπεμψε πρὸς αὐτὸν, ἀξιῶν ὅρῳ χρῆσθαι τῷ Εὐφράτῃ, μᾶλλον ἔφη χρῆσθαι Ῥωμαίους ὅρῳ πρὸς Πάρθους τῷ δικαίῳ. PLUTARCH. Apophthegm. *pag.* 204. A. Tom. II. *Ed. Wech.* Voiez aussi la *Vie de Pompée*, Tom. I. *pag.* 637. C. où le conte est rapporté un peu autrement. Le même Philosophe attribuë en un endroit à *Agésilas*, & en un autre à *Archidamus*, Fils de celui-ci, la réponse suivante. On demandoit à l'un ou à l'autre de ces Rois Lacédémoniens, jusqu'où s'étendoient les bornes des Etats de *Lacédémone*: AUSSI *loin*, répondit-il, *que la Pique peut s'étendre.* Ἐρωτηθεὶς δέ ποτε, ἄχρι τίνος ἐστὶν αἱ τῆς

Au-

(7) sur ce faux principe qu'il ne devoit avoir aucun égard à la Justice, au delà des bornes de son Empire.

§. XXVI. Pour ce qui est de la Guerre, bien loin qu'on puisse tomber d'accord de ce que quelques-uns s'imaginent, que l'obligation de tout Droit cesse entre ceux qui ont les armes à la main l'un contre l'autre; il est certain au contraire, que l'on ne doit même entreprendre aucune Guerre que pour maintenir ou poursuivre son droit; ni la faire, quand on s'y est une fois engagé, qu'en se tenant dans les bornes de la Justice & de la Bonne Foi. Démosthène (1) a très-bien dit, que l'on a recours à la Guerre, quand on a à faire à des gens dont on ne peut tirer raison par les voies ordinaires de la Justice. En effet, les Tribunaux Civils ne sont d'aucun usage & n'ont aucun effet, que par rapport à ceux qui se sentent hors d'état de resister au Juge: car, à l'égard de ceux qui sont ou qui se croient assez forts pour lui tenir tête, on est obligé de prendre contr'eux la voie des Armes. Mais, afin que la Guerre soit juste, il faut toûjours y apporter autant de précautions & de ménagemens, qu'en a un Juge habile & intégre, dans les Sentences qu'il prononce.

§. XXVII. Que les (1) Loix donc se taisent parmi le bruit des Armes, j'y consens, pourvû qu'on entende par là les Loix Civiles, les Loix des Tribunaux particuliers de chaque Etat, qui n'ont lieu qu'en tems de Paix; & non pas les Loix perpetuelles, qui sont faites pour tous les tems. Car, comme l'a très-bien dit (2) l'Orateur

Λακωνικῶς ἔφη, τὸ δόρυ κραδάνας, εἶπεν, Ἄχρις οὗ τοῦτο φθάνει. Pag. 210. E. Voiez aussi la page 218. E. du même Tome II. De ces deux contes, mal retenus nôtre Auteur a formé celui qu'il fait ici, & qui ne se trouve nulle part, que je sache, tel qu'il le donne.

(2) C'est *Agésilas*; & Plutarque nous a conservé cette réponse qu'il fit à la question qu'on lui proposoit, quelle des deux Vertus étoit la plus belle & la plus louable. Ἐρωτηθεὶς δέ ποτε, ὁποτέρα βελτίων τῶν ἀρετῶν, Ἀνδρεία ἢ Δικαιοσύνη, Οὐδὲν ἔφασκε Ἀνδρείας ὄφελος εἶναι, μὴ παρούσης Δικαιοσύνης. εἰ δὲ δίκαιοι πάντες γένοιντο, μηδὲν Ἀνδρείας δεήσεσθαι. Apophthegm. Lacon. pag. 213. B. Tom. II.

(3) Comme quelcun appelloit le Roi de *Perse*, le grand Roi; *Agésilas* dit là-dessus: *Comment seroit-il plus grand que moi, s'il n'est pas plus juste & plus sage?* Εἰθισμένων δὲ τῶν τὴν Ἀσίαν κατοικούντων τὸν Περσῶν βασιλέα, μέγαν προσαγορεύειν, Τί δὲ ἐκεῖνος ἐμοῦ μείζων, εἰ μὴ δικαιότερος καὶ σωφρονέστερος; Plutarch. (Apophthegm. Lacon. pag. 213. C. Grotius.

(4) Cette definition est rapportée, avec éloge, par Cicéron: *Itaque probè definitur à* Stoïcis *Fortitudo, quum eam virtutem esse dicunt propugnantem pro aequitate.* De Offic. *Lib.* I. *Cap.* XIX.

(5) Οὐ φιλομακεδὼν μόνον, οὐδὲ φιλορωμαῖος, ἀλλὰ φιλάνθρωπος.

(6) L'Empereur Marc Antonin, déclare qu'il a deux Villes, & deux Patries; entant qu'*Antonin*, *Rome*; entant qu'Homme, l'Univers. Πόλις καὶ πατρὶς, ὡς μὲν Ἀντωνίνῳ, μοι ἡ Ῥώμη, ὡς δ' ἀνθρώπῳ, ὁ Κόσμος. (Lib. VI. §. 44.) Porphyre, dit, que celui qui se laisse conduire à la Raison, s'abstient religieusement de faire du mal à ses Concitoiens, & plus encore aux Etrangers, & à tous les Hommes généralement: de sorte qu'en tenant ainsi soûmise la partie destituée de Raison, il se montre en même tems plus raisonnable, & d'un caractére plus divin, que ceux envers qui il agit de cette maniére. Ὁ δὲ λόγῳ ἀγόμενος, καὶ πρὸς πολίτας τηρεῖ τὸ ἀβλαβὲς, καὶ ἔτι μᾶλλον πρὸς ξένους καὶ πρὸς πάντας ἀνθρώπους, ὁ τὴν ἀλογίαν ἔχων ὑπήκοον, καὶ αὐτὸς παρ' ἐκείνους λογικώτερος, διὰ ταῦτα δὲ καὶ θειότερος. De abstinentia, *Lib.* II. (pag. 333.) Grotius.

Les dernieres paroles de ce passage n'étoient pas exactement traduites par l'Auteur, non plus qu'un mot du commencement.

(7) Il y a là-dessus un vers d'un ancien Poëte:

Καὶ νήσους ἐδάμασσε βαρὺν ζυγὸν ἐμβαλὼν Μίνως.

„ Le Roi *Minos* mit sous un rude joug toutes les Iles. Voiez là-dessus Cyrille, dans son Livre VI. contre l'Empereur *Julien*. Grotius.

Le Pere de l'Eglise de qui nôtre Auteur a tiré ce vers, le cite comme étant de Callimaque; & il le rapporte un peu différemment pour les termes, quoi que le sens soit le même:

Καὶ νήσων ἐκέλευσε βαρὺν ζυγὸν αὐχένι Μίνως.

Pag. 191. *Edit Spanh.*

§. XXVI. (1) Je trouve le passage, que l'Auteur a eu en vuë, dans la *Harangue sur la Chersonise*, où l'Orateur voulant dissuader l'envoi d'un nouveau Général dans l'*Hellespont*, à la place de *Diopithe*, accusé d'exaction & de piraterie; montre que seroit une folie outrée d'en venir à cette extrémité contre un Sujet de l'Etat, que l'on pourroit aisément punir sans tant de fracas. Ἔστι τοῦτο γὰρ ὑπερβολὴ μανίας· ἀλλ' ἐπὶ μὲν τοὺς ἐχθροὺς, οὓς οὐκ ἔστι λαβεῖν ὑπὸ τοῖς νόμοις, καὶ στρατιώτας τρέφειν, καὶ τριήρεις ἐκπέμπειν, καὶ χρήματα εἰσφέρειν, δεῖ καὶ ἀναγκαῖόν ἐστιν. ἐπὶ δ' ἡμᾶς αὐτοὺς, ψήφισμα, εἰσαγγελία, πάραλος, ταῦτ' ἐστὶν ἱκανά, ταῦτ' ἂν εὖ φρονούντων ἀνθρώπων. „ C'est contre des Ennemis, qui ne peuvent être réprimez par „ les Loix, qu'il est à propos & absolument nécessaire d'entretenir des Troupes, de mettre en mer des „ Vaisseaux, d'établir des fonds publics. Mais contre „ nous autres Citoiens, il ne faut qu'un simple Decret, qu'un Jugement tel qu'on le prononce dans les „ causes publiques qui demandent une promte expedition, & où les Loix n'ont rien decidé; que la Galére destinée à ramener ici ceux dont vous n'êtes pas „ contens. Pag. 38. C. *Edit. Basil.* 1572.

§. XXVII. (1) *Silent enim leges inter arma.* Cicer. Orat. pro Milone, *Cap.* IV. Voiez là-dessus les Commentateurs.

(2) Καὶ τῶν μὲν ἐγγράφων οὐδὲν ἐν τοῖς πολεμίοις ἰσχύει, τὰ δὲ ἔθη φυλάττεται παρὰ πᾶσι, κἂν εἰς ἐσχάτην ἔχθραν προέλθωσι. Orat. de Consuetudin. Περὶ Ἔθους. J'ai trouvé ce passage rapporté par Pierre du Faur, *Semestr.* Lib. II. Cap. I. pag. 8. *Ed. Genev.* L'Orateur en

teur DION *de Pruse*, entre Ennemis il n'y a pas à la verité de Droit écrit qui leur soit commun, c'est-à-dire, de Loix Civiles; mais il y a un Droit (3) non écrit, c'est-à-dire, les Loix que la Nature enseigne, ou qui sont établies par le consentement des Peuples. Cela est supposé dans cette formule des délibérations des anciens *Romains*, qui disoient, en opinant à prendre les armes: (4) *Je suis d'avis de recouvrer telle ou telle chose par une Guerre juste & sans tâche.* Les mêmes *Romains*, selon la remarque de VARRON, (5) n'entreprenoient la Guerre que tard, & ne s'y donnoient aucune licence; persuadez qu'on ne doit point faire de Guerre qui ne soit légitime & accompagnée d'une sage modération. *Camille* (6) disoit, qu'on doit se montrer juste, aussi bien que vaillant, dans toutes les Guerres qu'on fait. *Scipion l'Africain* louoit (7) le Peuple Romain,

en donne pour exemples, la permission d'enterrer les Morts, la sûreté des Ambassadeurs &c.

(3) C'est sur ce principe que le Roi *Alphonse*, comme on lui demandoit à quoi il avoit le plus d'obligation, aux Livres ou aux Armes; répondit, qu'il avoit appris dans les Livres & le métier de la Guerre, & le droit de la Guerre. PLUTARQUE dit, qu'entre gens de bien il y a des Loix de la Guerre: & qu'il ne faut pas si fort se prévaloir de ses avantages, ni pousser si loin le désir de vaincre, que l'on veuille profiter de quelque action mauvaise ou impie. Ἐισὶ δὲ καὶ πολέμου ὅμως τινὲς νόμοι τοῖς ἀγαθοῖς, καὶ τὸ νικᾶν οὐχ οὕτω διωκτέον, ὥστε μὴ φεύγειν τὰς ἐκ κακῶν ἢ ἀσεβῶν ἔργων χάριτας. GROTIUS.

Ce sont les paroles que PLUTARQUE fait dire à *Camille*, lors qu'il refusa généreusement de profiter de la trahison d'un Maître d'Ecole, qui venoit lui livrer les Enfans des *Falisques*, commis à sa direction. *In Vita Camilli*, Tom. I. pag. 134. B.

(4) On trouve cette formule dans TITE LIVE, que le savant GRONOVIUS cite ici. *Confestim Rex his ferme verbis Patres consulebat*: Quarum rerum, causarum condixit pater patratus Populi Romani Quiritium patri patrato priscorum Latinorum, hominibusque priscis Latinis, quas res dari, fieri, solvi oportuit, quas res nec dederunt, nec fecerunt, nec solverunt, dic, *inquit ei, quem primum sententiam rogabat*, quid censes. *Tum ille*: PURO, PIOQUE DUELLO QUÆRENDAS CENSEO, itaque consentio, consciscoque. *Inde ordine alii rogabantur.* Lib. I. Cap. XXXII. num. 11, 12.

(5) Cela se trouve dans un fragment de ce savant Auteur Latin, que NONIUS nous a conservé, & qui étoit tiré du Liv. II. *De vita Populi Romani*. Le voici, selon la maniére de lire, que nôtre Auteur a suivie: *Itaque bella & tardè, & nullâ licentiâ, suscipiebant, quòd bellum nullum, nisi pium, putabant geri oportere, & prinsquam indicerent bellum iis, à quibus injurias factas sciebant, Fetiales legatos res repetitum mittebant quatuor, quos Oratores vocabant.* Pag. 529. *Edit Mercer.* Voiez ce que je dirai ailleurs sur ce passage, *Liv.* III. *Chap.* III. §. 11. *Note* 2. où j'y fais quelque correction.

(6) C'est ce que TITE LIVE met dans la bouche de ce grand Capitaine, à l'occasion de la trahison du Maître d'Ecôle, qui a aussi donné lieu à PLUTARQUE de lui attribuer des paroles assez semblables, que nous avons rapportées ci-dessus, *Note* 3. *Sunt & belli, sicut pacis jura: justèque ea, non minus quam fortiter, didicimus gerere.* Lib. V. Cap. XXVII. num. 6.

(7) C'est ce que TITE LIVE lui fait dire, dans une réponse aux Ambassadeurs de *Carthage*, qui venoient demander la paix: *Tamen, quum victoriam prope in manibus habeat, pacem non abnuere; ut omnes gentes sciant, Populum Romanum & suscipere justè bella, & finire.* Lib. XXX. Cap. XVI. *num.* 9. A l'égard de la chose en elle-même il s'en faut bien qu'elle soit hors de contestation: au contraire, quand on examine les Guerres des *Romains*, on s'apperçoit aisément qu'il y a eu de l'injustice dans plusieurs, soit par rapport au sujet, ou à la maniére, ou à la conclusion; quoi qu'ALBERIC GENTIL ait pris à tâche de les justifier, dans un Traité entier, *De Armis Romanis*. Voiez la Dissertation de Mr. BUDDEUS, intitulée *Jurisprudentiæ Historicæ Specimen*, §. 82, *& seqq.* parmi ses *Selecta Juris Naturæ & Gentium*; & ce que nôtre Auteur dit lui-même, dans son Traité de *Veritate Relig. Christianæ*, Lib. II. §. 12. Je me souviens ici, au reste, d'un passage de CICERON, où ce fameux Orateur & Philosophe Romain dit, que le Droit & la Bonne Foi ont lieu pour l'ordinaire & dans le commencement, & dans le cours, & dans la fin de la Guerre: *Sequitur enim de jure Belli: in quo & suscipiendo, & gerendo, & deponendo, jus ut plurimum valet, & fides.* De Legib. *Lib.* II. *Cap.* XIV.

(8) C'est TITE LIVE, dont on a déja vû les paroles ci-dessus, *Note* 6.

(9) On trouve cela dans l'Epître CXX. de SENEQUE, que le savant GRONOVIUS a indiquée: *Admirati sumus ingentem virum, quem non regis, non contra regem promissa flexissent, boni exempli tenacem: quod difficillimum est, in bello innocentem: qui aliquod esse crederet etiam in hoste nefas.* Pag. 595. *Edit. major.* Gronov. 1672.

§. XXVIII. (1) C'est ainsi qu'APPIEN fait dire à *Pompée*, dans une Harangue de ce grand Capitaine à son Armée: Θαῤῥεῖν δὲ χρὴ τοῖς τε θεοῖς, καὶ τῷ λογισμῷ τοῦ πολέμου, καλὴν καὶ δικαίαν ἔχοντι φιλοτιμίαν ὑπὲρ πατρίου πολιτείας. „Nous devons avoir bon courage, dans l'espérance du secours des Dieux, & par „une confiance raisonnable en la bonté de nôtre cause, puisque nous sommes engagez dans cette Guerre „par un désir honnête & juste de maintenir le Gouvernement & la liberté de nôtre Patrie. *De Bell. Civil.* Lib. II. pag. 460. *Ed. H. Steph.* pag. 755. *Ed. Amstel.*) Le même Historien introduit *Cassius* disant, qu'à la Guerre rien ne donne de si grandes espérances, que la justice de la cause. Μεγίστη δὲ ἐλπὶς ἐν τοῖς πολέμοις ἐστὶ τὸ δίκαιον. (De Bell. Civil. *Lib.* IV. pag. 645. *H. Steph.* 1034. *Ed. Amst.* Dans JOSEPH, le Roi *Herode* se sert de cette considération, pour encourager ses Soldats, que DIEU est du parti de ceux qui ont la justice de leur côté. Μεθ' ὧν γὰρ τὸ δίκαιόν ἐστι, μετ' ἐκείνων ὁ Θεός. Antiquit. Judaïc. *Lib.* XV. (pag. 522. C. Ed. Lips. 1691.) On trouve là-dessus bien des pensées approchantes, dans PROCOPE; comme, par exemple, ce que dit *Bélisaire*, dans la Harangue qu'il fait en allant en *Afrique*: τὸ ἀνδρεῖον οὐκ ἂν νικῴη, μὴ μετὰ τοῦ δικαίου ταττόμενον. „La Valeur ne rendra point victorieux, si elle n'est réglée & conduite par la Justice. (*Vandalic.* Lib. I. Cap. XII.) Voiez aussi l'autre Harangue que fait le même Général, avant que de s'engager au combat, près de *Carthage*. (Ibid. Cap. XIX.) Les Lom-

main, de ce qu'il commençoit & qu'il finissoit les Guerres, sans sortir des bornes de la Justice. Un Auteur (8) soûtient, que *la Guerre a ses Loix, aussi bien que la Paix.* Un autre admirant (9) les qualitéz Héroïques de *Fabricius*, dit, que ce grand homme allioit, ce qui est très-difficile, l'Innocence avec la Guerre, & qu'il croioit certaines choses illicites même par rapport à un Ennemi.

§. XXVIII. Aussi voions-nous que la persuasion où l'on est de la justice de sa (1) cause, est d'un grand secours, quand on prend les armes; comme il paroît par une infinité d'occasions où les Historiens nous font remarquer cela, à quoi ils attribuent principalement la victoire. De là vient ce qu'on dit ordinairement, *Que la* (2) *qualité du sujet de la Guerre abbat ou relève le courage du Soldat: Que* (3) *celui qui a pris injustement les*

Lombards, dans leur Discours aux *Héruliens*, disent entr'autres choses ce que je vais rapporter, avec quelque correction, que je fais à l'original: *Μαρτυρόμενοι τὸν Θεὸν, ὅπερ τῆς ῥοπῆς καὶ βραχεῖά τις τὸ παράπαν ἰκμὰς πάσῃ τῶν ἀνθρώπων δυνάμει ἀντίξους ἔσται. αὐτὸν τε εἰκὸς ταῖς πολέμου αἰτίαις ἡγμένον, ἀμφοτέροις πρυτανεύσαι τῆς μάχης τὸ πέρας.* „ Nous prenons à témoin ce „ Dieu, dont la Puissance est si grande, que la moin- „ dre partie de cette Puissance surpasse infiniment toutes les „ forces des Hommes. Il y a lieu de croire, qu'aiant é- „ gard aux causes de la Guerre, il lui donnera une fin pro- „ portionnée à ce que les uns & les autres méritent. (*Gotthic.* Lib. II. Cap. XIV.) Et il est à remarquer, que cette prédiction fut bien tôt accomplie par un événement merveilleux, que l'Historien rapporte ensuite. Dans le même Auteur, *Totilas* dit aux *Goths*: „ Il n'est „ pas possible, non, il n'est pas possible, que ceux qui „ commettent des injustices & des violences, s'acquiè- „ rent de la gloire par les armes: mais chacun est heu- „ reux ou malheureux à la Guerre, selon qu'il s'est bien „ ou mal comporté. *Οὐ γάρ ἐστιν, οὐκ ἔστι τὸν ἀδικοῦντα καὶ βιαζόμενον ἐν τοῖς ἀγῶσιν εὐδοκιμεῖν, ἀλλὰ πρὸς τὸν βίον ἑκάστῳ ἡ τοῦ πολέμου πρυτανεύεται τύχη.* (Ibid. *Lib.* III. Cap. VIII.) Après la prise de *Rome*, *Totilas* fait un autre Discours, (*Ibid.* Cap. XXI.) tendant au même sujet. Dans Agathias, autre Historien de ces tems-là, il est dit, que l'Injustice & l'Irréligion sont toûjours des choses dont on doit bien se garder, & très-nuisibles, mais sur tout quand on est obligé de faire la Guerre, & d'en venir aux mains avec l'Ennemi. *Ἀδικία γὰρ καὶ Θεοῦ ἀθεραπευσία φευκτὰ μὲν ἀεὶ καὶ ἀσύμφορα, μάλιστα δὲ ἐν τῷ προσπολεμεῖν καὶ παρατάττεσθαι.* (Lib. II. Cap. I.) C'est ce que le même Historien prouve ailleurs, (*Ibid.* Cap. V.) par l'exemple de *Darius*, de *Xerxès*, & des *Athéniens* dans leur expédition en *Sicile*. Voiez encore, ce que dit *Crispin* aux habitans d'*Aquilée*, dans Hérodien, Lib. VIII. (Cap. VI. *Ed. Oxon.* 1678.) Thucydide remarque, que les *Lacédémoniens* croioient s'être attirez par leur faute les échecs qu'ils avoient reçûs près de *Pylos* & ailleurs, parce qu'ils n'avoient pas voulu se soûmettre à la décision d'Arbitres, quoi qu'ils y fussent sommez par les *Athéniens*, selon leur Traité. Mais les *Athéniens* aiant ensuite refusé à leur tour de donner la même satisfaction, après plusieurs infractions & plusieurs entreprises injustes, les *Lacédémoniens* en conçûrent de bonnes espérances pour le succès de leurs affaires à l'avenir. *Lib.* VII. Grotius.

L'endroit de Thucydide, dont notre Auteur veut parler, se trouve au § 18. pag. 421. de l'Edition d'*Oxford*. Je mettrai ici l'Original, après avoir rapporté plus exactement ce qu'il contient. Plusieurs Peuples du *Peloponnése* faisant des préparatifs de guerre contre les *Athéniens*, les *Lacédémoniens* se joignirent à eux, avec d'autant plus de résolution & de confiance, qu'ils croioient qu'il n'en seroit pas de même que dans la Guerre précedente, où ils reconnoissoient eux-mêmes qu'il y avoit eu de leur propre faute, plûtôt que de celle des *Athéniens*; puis qu'ils avoient pris le parti des *Thébains*, lors que ceux-ci vinrent attaquer *Platée* pendant la Trêve (*Lib.* II. § 1, *& seqq.*); & que d'ailleurs, quand les *Athéniens* les avoient sommez de terminer quelque différent par les voies de la Justice, ils n'avoient pas voulu en passer par-là, malgré la clause expresse de leur Traité (*Lib.* V. § 18. pag. 302.): à cause dequoi ils étoient persuadez qu'ils avoient eu un mauvais succès, & ils attribuoient de bonne foi à ce manquement de parole les échecs qu'ils avoient reçus à *Pylos*, & en d'autres occasions. Mais depuis que les *Athéniens*, aiant équippé une Flotte, étoient allez ravager les terres d'*Epidaure*, de *Prasies*, & d'autres lieux, & que de *Pylos* ils faisoient des courses sur leur païs; depuis qu'ils ne vouloient pas eux-mêmes se soûmettre à un jugement à l'amiable, lors qu'il survenoit quelque différent à l'occasion de leurs Traitez: depuis ce tems-là, dis-je, les *Lacédémoniens* croiant avoir fait passer le tort de l'autre côté, cherchoient avec ardeur l'occasion de leur déclarer la Guerre. *Μάλιστα δὲ τοῖς Λακεδαιμονίοις ἐγεγένητό τις ῥώμη, διότι.... τὰς σπονδὰς προτέρους λελυκέναι ἡγοῦντο αὐτούς. ἐν γὰρ τῷ προτέρῳ πολέμῳ σφέτερον τὸ παρανόμημα μᾶλλον γενέσθαι, ὅτι ἐς Πλάταιαν ἦλθον Θηβαῖοι ἐν σπονδαῖς καὶ εἰρημένον ἐν ταῖς προτέραις ξυνθήκαις, ὅπλα μὴ ἐπιφέρειν, ἢν δίκας θέλωσι διδόναι, αὐτοὶ οὐχ ὑπήκουον ἐς δίκας προκαλουμένων τῶν Ἀθηναίων· καὶ διὰ τοῦτο δυστυχεῖν τε εἰκότως ἐνόμιζον, καὶ ἐνεθυμοῦντο τήν τε περὶ Πύλον ξυμφορὰν, καὶ εἴ τις ἄλλη αὐτοῖς γένοιτο· ἐπειδὴ δὲ οἱ Ἀθηναῖοι, ταῖς τριάκοντα ναυσὶν ὁρμώμενοι, Ἐπιδαύρου τέ καὶ Πρασιῶν καὶ ἄλλα ἐδῄωσαν, καὶ ἐκ Πύλου ἅμα ἐλῃστεύοντο· καὶ ὁσάκις περί τε διαφορὰ γένοιτο τῶν κατὰ τὰς σπονδὰς ἀμφισβητουμένων, ἐς δίκας προκαλουμένων τῶν Λακεδαιμονίων, οὐκ ἤθελον ἐπιτρέπειν· τότε δὴ οἱ Λακεδαιμόνιοι νομίσαντες τὸ παρανόμημα ὅπερ καὶ σφίσι πρότερον ἡμάρτητο, αὖθις ἐς τοὺς Ἀθηναίους τὸ αὐτὸ περιεστάναι, πρόθυμοι ἦσαν εἰς τὸν πόλεμον.* Voiez, au reste, sur l'expression *δίκας διδόναι*, & *προκαλεῖσθαι εἰς δίκας*, les *Sylva Philologica de Mr.* Le Clerc, *Cap.* V.

(2) L'Auteur emploie ici les propres termes d'un vers de Properce, & non pas d'Ovide, comme le dit Gronovius, que sa memoire a trompé, aussi bien que le Savant Ménage, dont la méprise a été relevée par le dernier Commentateur de ce Poëte:

Frangit & attollit vires in milite caussa;
Quæ nisi justa subest, excutit arma pudor.

Lib. IV. Eleg. VI. vers. 51, 52. *Edit. Broekhuis.*

(3) C'est ce que porte le vers suivant, tiré d'une Tragedie perdue d'Euripide:

Οὐδεὶς στρατεύσας ἄδικα, σῶς ἦλθεν πάλιν.

Erechtei Fragm. vers. 44. *Edit. Barnes. Cantabrig.*

(4)

les armes, revient rarement sain & sauf du combat: Que l'espérance est (4) *la compagne fidelle d'une bonne cause:* & autres semblables sentences proverbiales. Que si quelquefois les entreprises injustes ont un heureux succès, personne ne doit se laisser éblouïr par cette considération: car il suffit que la justice du sujet de la Guerre aît par elle-même beaucoup de force pour encourager & pour mettre en état de réüssir, quoi qu'ici, comme dans toutes les choses humaines, il vienne souvent d'autres (5) causes à la traverse, qui empêchent l'effet auquel on avoit lieu de s'attendre. Quand il s'agit aussi de se faire des Amis, dont les Peuples en corps n'ont pas moins besoin pour bien des choses, que chaque Particulier, rien n'est plus utile que l'opinion où sont les autres, qu'on n'a pas entrepris une Guerre légérement & injustement, & qu'on l'a faite en gens d'honneur & de probité. Car personne ne s'allie facilement avec des gens qu'il croit ne tenir aucun compte de la Bonne Foi, de la Justice & de l'Equité.

§. XXIX. PAR les raisons, que je viens d'alleguer, j'étois depuis long tems très-convaincu, qu'il y a un Droit commun à tous les Peuples, qui a lieu & dans les préparatifs, & dans le cours de la Guerre. Plusieurs raisons très-fortes me déterminent aujourd'hui à écrire là-dessus. J'ai remarqué de tous côtez, dans le Monde Chrétien, une licence si effrénée par rapport à la Guerre, que les Nations les plus barbares en devroient rougir. On court aux armes ou sans raison, ou pour de très-legers sujets: & quand une fois on les a en main, on foule aux pieds tout Droit Divin & Humain; comme si dès-lors on étoit autorisé & fermement résolu à commettre toute sorte de crimes sans retenuë.

§. XXX. CETTE barbarie est si horrible, & plusieurs personnes d'une probité non équivoque en ont été si fort frappées, qu'elles en sont venuës à soûtenir que toute sorte de (1) Guerre est défenduë à un Chrétien, dont le devoir consiste principalement à aimer tous les Hommes sans exception. JEAN FERUS (2) & nôtre (3) fameux Erasme, qui tous deux avoient fort à cœur la Paix & Civile, & Ecclesiastique, semblent quelquefois entrer dans cette pensée: mais je m'imagine qu'ils se proposoient seulement d'imiter ceux (4) qui plient du sens contraire une chose courbée d'un côté, afin que par ce moien elle revienne au juste milieu. Quoi qu'il en soit, bien loin qu'on avance quelque chose en voulant ainsi contredire plus qu'il ne faut les maximes reçuës, on fait souvent par là plus de mal que de bien; parce que, ce qu'il y a d'outré dans l'opinion particuliére se faisant aisément sentir, ôte tout credit & toute force à ce que l'on dit de plus raisonnable. Il a donc fallu s'éloigner également des deux extrémitez pour désabuser & ceux qui croient qu'il n'y a rien ici d'innocent, & ceux qui s'imaginent que tout y est permis sans restriction.

§. XXXI. UNE autre chose qui m'a engagé à écrire sur le Droit de la Guerre & de la Paix, c'est que me (1) voiant banni indignement de ma Patrie, malgré tant de travaux par lesquels j'ai tâché de lui faire honneur, il me sembloit que, dans l'état de simple Particulier où je suis réduit, je ne pouvois rendre de meilleur service à la Jurisprudence, dont l'étude a fait mon occupation perpétuelle, pendant que j'étois (2) dans des Emplois publics, que j'ai exercez avec toute l'intégrité dont je suis capable. Plusieurs Auteurs

(4) LUCAIN introduit *Pompée*, se servant de cette raison pour encourager ses Soldats, avant la bataille de *Pharsale*:

Caussa jubet melior Superos sperare secundos.

Lib. VII. vers 349.

Long tems auparavant, le Poëte MENANDRE avoit dit en général: que DIEU favorise toutes les entreprises justes, & qu'ainsi on doit avoir bonne espérance, toutes les fois qu'on fait quelque chose de bon ou d'innocent:

Ὅταν τι πράττῃς ὅσιον, ἀγαθὴν ἐλπίδα
Πρόβαλλε σαυτῷ, τοῦτο γινώσκων, ὅτι
Τόλμῃ δικαίᾳ καὶ Θεὸς συλλαμβάνει.

Fragm. è Vulcanalib. *pag.* 190. *Edit. Cleric.*

Voiez aussi quelques passages que notre Auteur citera ci-dessous, *Liv.* II. *Chap.* I. §. 1.

(5) TACITE fait dire à *Othon*, que les entreprises les plus légitimes ont souvent un très-mauvais succès, faute de prendre de bonnes mesures. *Nam sæpe honestas rerum caussas, ni judicium adhibeas, perniciosi exitus consequuntur.* Histor. Lib. I. Cap. LXXXIII. num. 4.

§ XXX. (1) *Gladius bene de bello evenerus, & melior homicida*, TERTUL. *de Resurrect. carn.* (Cap. XVI.) GROTIUS, Voiez

teurs ont eu dessein de réduire cette Science en systême; mais personne n'en est venu à bout jusqu'ici. Et il faut avouer que cela n'est pas possible, tant qu'on ne sera pas une chose dont on ne s'est pas encore assez mis en peine, je veux dire, tant qu'on ne distinguera pas soigneusement ce qui est (3) établi par la volonté des Hommes, d'avec ce qui est fondé sur la Nature. Car les Loix Naturelles étant toûjours les mêmes, peuvent aisément être ramenées aux régles de l'Art: mais celles qui doivent leur origine à quelque Etablissement Humain étant différentes selon les lieux, & changeant souvent dans un même endroit, ne sont pas susceptibles de systême méthodique, non plus que les autres idées de choses particuliéres.

§. XXXII. Si ceux qui se sont dévouez à l'étude de la véritable Justice, entreprenoient d'expliquer exactement les diverses parties de cette Jurisprudence Naturelle, commune à tous les tems & à tous les lieux, ensorte qu'ils missent bien à quartier tout ce qui dépend d'une volonté arbitraire, & que l'un traitât sur ce pié-là des *Loix*, l'autre des *Tributs*, l'autre du *Devoir des Juges*, un autre des *conjectures* par lesquelles on peut découvrir l'intention de l'Auteur de quelque Acte, un autre des *Preuves & des Présomtions* en matiére de faits; on auroit-là enfin dequoi faire un Corps complet, de tous ces Traitez particuliers joints ensemble.

§. XXXIII. Pour nous, dans cet Ouvrage qui contient la partie de la Jurisprudence la plus noble sans contredit, nous avons montré par des effets, plûtôt que par des paroles, de quelle maniére nous croions qu'il faudroit s'y prendre.

§. XXXIV. Dans le *Prémier Livre*, après avoir parlé de *l'origine du Droit*, j'examine la question générale, *S'il y a quelque Guerre qui soit juste?* Ensuite, pour montrer la différence qu'il y a entre les *Guerres Publiques*, & les *Guerres Particulieres* il a fallu rechercher l'étenduë du *Pouvoir des Souverains*; distinguer la Souveraineté pleine & entiére, d'avec celle qui est limitée ou partagée; celle qui est accompagnée du pouvoir d'aliéner, d'avec celle qui manque de ce pouvoir. Je traite là encore du *Devoir des Sujets* envers leur Souverain.

§. XXXV. Je parcours, dans le *Second Livre*, toutes les *causes* d'où peut naître la Guerre, & pour cet effet j'explique au long la nature des *Choses communes* & des *Choses qui appartiennent en propre*; les *droits qu'une Person... peut avoir sur une autre*; *les obligations qui résultent de la Propriété des biens*; l'ordre des *Successions à la Couronne*; les engagemens des *Conventions* & des *Contracts*; la force & l'interprétation des *Traitez & des Alliances* entre les Peuples & les Princes, comme aussi du *Serment*, tant public que particulier; la maniére dont on doit réparer le *Dommage* qu'on a causé; les priviléges des *Ambassadeurs*; le droit de *Sépulture*; & la nature des *Peines*.

§. XXXVI. Dans le *Troisiéme* & dernier *Livre*, je fais voir d'abord *jusqu'où l'on peut porter les actes d'hostilité.* Je distingue ensuite ce qu'il y a là qui ne renferme effectivement rien de vicieux, d'avec ce qui n'emporte qu'une simple impunité, ou tout au plus une apparence de droit, que l'on peut faire valoir auprès des Nations Etrangéres, comme s'il étoit bien fondé à tous égards. Je parle enfin des diverses sortes de *Paix*, & de toutes les *Conventions qui se font pendant la Guerre.*

§. XXXVII.

Voiez ci-dessous, Liv. I. Chap. II. § 8. & ma Préface sur PUFENDORF, § 9. où l'on trouvera d'autres passages de Péres de l'Eglise, qui ont condamné absolument la Guerre.

(2) C'étoit un Prédicateur de *Mayence*, de l'Ordre des *Mineurs*, & qui vivoit du tems de *Charles Quint.* ZIEGLER cite ici SIXTE DE SIENNE, *Biblioth. Sanct.* Lib. VI. *Annot.* 115. & 156. où l'on trouve rapportez & critiquez des passages de ces deux Auteurs sur le sujet dont il s'agit.

(3) On peut voir la longue digression de ce grand Homme sur le Proverbe, *Dulce bellum inexpertis.*

(4) C'est ainsi qu'en ont usé très-souvent, & de tout tems, plusieurs Moralistes. Voiez là-dessus un beau passage de SENEQUE, que j'ai rapporté tout du long, & traduit, dans mon TRAITE' DU JEU, *Liv.* I. *Chap.* III. § 12.

§ XXXI. (1) L'Auteur écrivoit ceci à *Paris*, en M. DC. XXV.

(2) Il avoit été Avocat Fiscal, & Pensionnaire de *Roterdam.*

(3) Les Loix purement Positives.

§. XXXVII. IL M'A paru d'autant plus nécessaire de travailler sur ce sujet, que personne, comme je l'ai déja dit, ne l'a traité tout entier; & que ceux qui en ont manié quelque partie, ont laissé beaucoup à faire après eux. On ne trouve rien en ce genre dans les Ouvrages qui nous restent des anciens Philosophes, ni des Grecs Paiens, entre lesquels ARISTOTE avoit fait un Livre, (1) intitulé *Les Droits de la Guerre*; ni même de ceux qui se rangérent au Christianisme naissant, & de la main desquels il seroit fort à souhaitter que nous eussions quelque chose de semblable. Les Livres des anciens *Romains* touchant le (2) *Droit des Hérauts d'Armes*, sont aussi perdus: le tems ne nous en a laissé que le nom. Ceux qui dans les derniers Siécles ont fait des *Sommes de cas de Conscience* traitent à la vérité de la *Guerre*, des *Promesses*, du *Serment*, des *Représailles*: mais ici, comme par tout ailleurs, ils ne font qu'effleurer les matiéres: de si vastes sujets n'occupent chez eux qu'autant de Chapitres.

§. XXXVIII. J'AI vû encore quelques Traitez particuliers du Droit de la Guerre, composez les uns par des Théologiens, comme ceux de (1) FRANÇOIS DE VICTORIA, d'HENRI DE (2) GORCKUM, de (3) GUILLAUME MATTHIEU, de (4) JEAN DE CARTHAGENA; les autres par des Jurisconsultes, comme ceux de (5) JEAN LOUP, de (6) FRANÇOIS ARIAS, de (7) JEAN DE LIGNANO, de (8) MARTIN DE LAUDE. Mais tous ces Auteurs ont dit très-peu de chose sur un si riche sujet: & la plûpart le traitent avec si peu d'ordre & d'exactitude, qu'ils brouillent & confondent tout, le Droit Naturel, le Droit Divin, le Droit des Gens, le Droit Civil, le Droit Canon: ils ne distinguent point les choses qui viennent de sources si différentes.

§. XXXIX. LA connoissance de l'Histoire est ce qui leur manquoit le plus. Le savant (1) FABER a tâché d'y suppléer, dans quelques Chapitres de ses *Semestres*: mais il ne l'a fait qu'autant que le demandoit son dessein, & en alléguant seulement des autoritez. Deux autres Auteurs, qui se sont proposez la même chose, & avec plus d'étenduë, ont rapporté de plus à quelques definitions & à quelques maximes générales, le tas d'exemples qu'ils ramassoient, je veux dire BALTHAZAR (2) AYALA & ALBERIC (3) GENTIL; sur tout le dernier, du travail de qui j'avoue que j'ai tiré quelque secours, comme je crois que d'autres pourront en profiter. Du reste, je laisse aux Lecteurs à exami-

§ XXXVII. (1) L'Auteur se trompe ici, pour avoir suivi un passage corrompu du Grammairien AMMONIUS, dans son Traité *des Mots semblables & différens*, au mot Νῆες, où il y a Δικαιώματα πολίμων, pour πόλεων, comme cet Ouvrage est cité par EUSTATHE, sur le VII. Livre de l'*Iliade*. Voiez ME'NAGE sur DIOGE'NE LAERCE, Lib. V. § 26. & SELDEN, *de Jure Nat. & Gent. juxta discipl. Hebr.* Lib. I. Cap. I. pag. 4.

(2) *Ac belli quidem æquitas sanctissime Fetiali Populi Romani Jure perscripta est.* CICER. de Offic. Lib. I. Cap. XI. Voiez ci-dessous, *Liv. II. Chap.* XXIII. § 4. & 8.

§ XXXVIII. (1) C'étoit un Dominicain Espagnol, qui vivoit dans le XVI. Siécle; & le Traité, dont parle notre Auteur, est intitulé, *De Indis & Jure Belli*, parmi ses *Theologicæ Prælectiones XII.*

(2) C'étoit un Hollandois, ainsi nommé du nom de sa patrie, & Chancelier de *Cologne*. Il vivoit au milieu du XV. Siécle, & il composa un Traité *de Bello justo*.

(3) *Wilhelmus Matthai*, Je ne sai qui il est, ni de quelle Nation. Mr. DE COURTIN traduit *Matthison*. Sur ce pié-là, le nom paroit Anglois. Mais peut-être que l'on a mis ainsi en devinant.

(4) Dont le Livre a été imprimé à *Rome* en M. DCIX. GROTIUS.

(5) Celui-ci étoit de *Ségovie*. Son Traité *De Bello & Bellatoribus* se trouve dans le grand Recueil, intitulé TRACTATUS TRACTATUUM, Tom. XVI.

(6) Le Livre de cet autre Espagnol (que notre Auteur nomme mal *Arius*) se trouve dans le même Recueil, & au même Volume, sous ce titre: *De Bello & ejus Justitia*.

(7) Il étoit Italien, & de *Bologne*. Son Traité *De Bello* a été inseré dans le même Tome du Recueil, que je viens d'indiquer.

(8) Le nom de celui-ci étoit GARAT. Son *Tractatus de Bello* se trouve aussi dans le même Recueil, au même endroit. Il a été rimprimé à *Louvain*, en 1647. avec le Traité d'AYALA, dont notre Auteur parle un peu plus bas.

§ XXXIX. (1) C'est PIERRE DU FAUR, de *Saint Jori*, Conseiller au Grand Conseil, puis Maître des Requêtes, & enfin prémier Président au Parlement de *Toulouse*. Il étoit un des Disciples de CUJAS. Son Ouvrage, intitulé, *Semestrium Libri tres*, est plein d'érudition. Il a été plusieurs fois rimprimé, à *Paris*, à *Lyon*, à *Geneve*.

(2) Il étoit d'*Anvers*, & originaire d'*Espagne*. Son Traité, *De Jure & Officiis Bellicis*, fut imprimé à *Anvers*, en M. D. XCVII. *in octavo*. Mon Édition est de *Louvain*, 1648.

(3) Cet Auteur a écrit *De Jure belli*, *Lib. III.* Mon Edition est de *Hanau*, M. DC. XII.

(4) Ce n'est pas seulement aux Jurisconsultes Modernes, qu'on peut reprocher cela. Mr. NOODT a prouvé evidemment que la même chose est arrivée quelquefois aux anciens Jurisconsultes. Voiez ses *Probabilia Juris*

miner ce que l'on peut trouver à redire dans cet Auteur, & pour le Stile, & pour la méthode, & pour la maniére de distinguer les questions & les diverses sortes de Droit. Je me contente de remarquer, que quand il décide quelque point controversé, il se régle souvent ou sur un petit nombre d'exemples, qui ne sont pas toûjours à imiter, ou même sur l'opinion des Jurisconsultes Modernes, tirée de leurs Consultations, dont plusieurs ont été accommodées (4) à l'intérêt des Consultans, plûtôt que formées sur les Régles invariables de la Justice & de l'Equité. AYALA n'a rien dit des raisons, pourquoi une Guerre est appellée juste ou injuste. GENTIL a distingué certains chefs généraux, qu'il a traitez en gros comme il lui a plû : mais il n'a point touché plusieurs questions fameuses, & qui roulent sur des cas très-communs.

§. XL. POUR moi, j'ai tâché de ne rien omettre de semblable; & en indiquant les sources de mes décisions, j'ai donné des principes, dont il sera facile de se servir pour décider les questions que je puis avoir oubliées. Il ne me reste plus qu'à marquer en peu de mots les secours que j'ai eus, & le plan sur lequel j'ai travaillé à cet Ouvrage.

Avant toutes choses, j'ai été attentif à faire un bon choix de preuves, en matiére de ce qui se rapporte au *Droit Naturel*, & j'ai tâché de les fonder sur des idées si certaines, que personne ne puisse les nier, sans se faire violence. Car, si on y pense bien, les principes de ce Droit sont clairs & évidens par eux-mêmes, autant à peu près que les choses que nous connoissons par les Sens extérieurs, lesquels ne trompent point, pourvû que les Organes soient bien disposez, & qu'il ne manque rien d'ailleurs de ce qui est nécessaire pour recevoir les impressions des Objets. C'est sur ce fondement qu'EURIPIDE, dans ses *Phéniciennes*, fait parler *Polynice*, dont il donne la cause pour manifestement juste: (1) *Voila le fait*, dit ce Prince à sa Mére, *je vous ai tout raconté naïvement, sans chercher de longs détours. Il s'agit de choses, dont la justice, à mon avis, se fait* (2) *sentir & aux Savans, & aux Ignorans.* Le Chœur, composé de Femmes, & de Femmes Barbares, approuve aussi tôt ce que dit-là *Polynice*.

§. XLI. JE me suis aussi servi pour prouver le Droit Naturel, de passages des (1) *Philosophes*, des *Historiens*, des *Poëtes*, des *Orateurs*. Non qu'il faille s'y fier aveuglément; car ils s'accommodent pour l'ordinaire (2) aux préjugez de leur Secte, à la nature de leur (3) sujet, &

ris, Lib. II. Cap. II.

§ XL. (1) Ταῦτ' αὔθ' ἕκαστα, μῆτερ, οὐχὶ περιπλοκὰς
Λόγων ἀθροίσας εἶπον, ἀλλὰ καὶ σοφοῖς
Καὶ τοῖσι φαύλοις ἔνδιχ', ὡς ἐμοὶ δοκεῖ.
Vers. 497, *& seqq.*

Voiez ma *Préface* sur PUFENDORF, *Droit de la Nat. & des Gens*, § 1, *& suiv.* CASSIODORE a remarqué, que ceux-là même qui ignorent les principes & le fondement du Droit, sentent néanmoins la vérité des régles de la Justice, qui en découlent : *Laboriosum quidem est, sed non impossibile, justitiam suadere mortalibus : quam ita cunctorum sensibus beneficium Divinitatis adtribuit, ut & qui nesciunt jura, rationem tamen veritatis adgnoscant.* Var. VII. 26.

(2) Le même Poëte introduit *Hermione* disant à *Andromaque* :

Οὐ βαρβάρων νόμοισιν οἰκοῦμεν πόλιν.

„ Nous ne nous gouvernons pas ici selon les Loix des
„ Barbares. A quoi *Andromaque* répond :

Κἀκεῖ τά γ' αἰσχρὰ κἀνθάδ' αἰσχύνην φέρει.

„ Ce qui est deshonnête parmi les Barbares, est aussi
„ deshonnête parmi nous. *Andromach.* vers. 242, 243. GROTIUS.

§ XLI. (1) Pourquoi ne s'en serviroit-on pas? L'Empereur *Alexandre Sévére* lisoit tous les jours les Livres de CICERON, *de la République*; & le Traité des *Offices*. GROTIUS.

Cette particularité est tirée d'ÆLIUS LAMPRIDIUS : *Latina quum legeret, non alia magis legebat, quàm* De Officiis CICERONIS, *&* de Republica. *In vita Alexandri Severi*, Cap. XXX.

(2) Les *Philosophes*, pour suivre certains faux principes dont ils s'étoient entêtez, débitoient souvent des maximes très-fausses, & se contredisoient quelquefois eux-mêmes; sur tout les *Académiciens*, qui se faisoient une gloire de soûtenir le pour & le contre sur toute sorte de sujets. On peut voir là-dessus, par exemple, les Dissertations de Mr. BUDDEUS, *De Scepticismo Morali*, &, *de erroribus Stoïcorum*, parmi ses *Analecta Historia Philosophica*; & l'histoire de la Morale des anciens Philosophes, que j'ai donnée en abregé dans ma *Préface* sur le grand Ouvrage de PUFENDORF.

(3) Les *Historiens*, aussi bien que les *Poëtes*, pour garder le caractére de ceux qu'ils font parler, leur mettent souvent dans la bouche des maximes fausses & contraires au Droit Naturel. Les uns & les autres avoient aussi eux-mêmes, sur plusieurs sujets, des idées très-peu justes, & quelquefois très-grossiéres; mais les Poëtes plus encore que les Historiens. Voiez, au sujet des Poëtes, ma *Préface* sur PUFENDORF, § 16. & à l'égard des Historiens, le PARRHASIANA de Mr. LE CLERC, Tom. I. pag. 200, *& suiv.* Nôtre Auteur rapporte, dans cet Ouvrage, quantité de passages, qui peuvent servir à prouver incontestablement ce qu'il avance ici. Nous en avons déja vû, dès l'entrée de ce Discours Préliminaire, § 3. *Notes* 1, 2. qui sont tirez de THUCYDIDE, & de TACITE, deux des plus

& à (4) l'intérêt de leur cause: mais c'est que, quand plusieurs personnes, en divers tems & en divers lieux, soûtiennent une même chose comme certaine; cela doit être rapporté à une cause générale. Or, dans les questions dont il s'agit, cette cause ne peut être que l'une ou l'autre de ces deux, ou une juste conséquence, tirée des principes de la Nature; ou un consentement universel. La prémiére nous découvre le *Droit Naturel*; & l'autre, le *Droit des Gens*(5). Pour distinguer ces deux sortes de Droit commun, il faut considerer non les termes même dont les Auteurs se servent pour les désigner (car ils confondent (6) souvent les mots de *Droit Naturel* & *Droit des Gens*) mais la qualité du sujet dont il est question. Car, si une maxime, qui ne peut être déduite de principes certains par de justes conséquences, se trouve néanmoins observée par tout, on a lieu d'en inférer, qu'elle doit son origine à une volonté arbitraire.

§. XLII. C'EST pourquoi j'ai été fort attentif à ne confondre jamais le *Droit Naturel* & le *Droit des Gens*, ni l'un avec l'autre, ni avec le *Droit Civil*. A l'égard même du *Droit des Gens*, j'ai exactement distingué ce qui est légitime véritablement & à tous égards, d'avec ce qui a seulement quelque effet extérieur, semblable à ceux que produit ce Droit primitif. Cet effet extérieur consiste en ce qu'on ne peut pas s'opposer par les voies de la Force à ceux qui se prévalent d'un tel Droit, ou qu'on doit même par tout le maintenir par les forces publiques, en vuë de quelque avantage qui en revient, ou pour éviter de fâcheux inconveniens: observation très-utile dans plusieurs matiéres, comme il paroîtra par ce que nous dirons (1) dans le Corps même de nôtre Ouvrage. Je n'ai pas été moins soigneux de distinguer ce qui est de *Droit ainsi appellé dans un sens propre & étroit*, d'où naît, par exemple, l'obligation de restituer le bien d'autrui, d'avec ce à quoi l'on n'est tenu, & que les autres n'ont *droit* d'exiger, que parce qu'*en agissant autrement on viole quelque autre maxime de la Droite Raison*: distinction, que nous avons déja touchée ci-dessus.

§. XLIII.

plus graves & des plus judicieux Historiens de l'Antiquité, l'un Grec, l'autre Latin.

(4) Ceci regarde les *Orateurs*. Voiez là-dessus PUFENDORF, *Droit de la Nat. & des Gens*, Liv. IV. Chap. I. § 21. *Not.* 1.

(5) Voiez ce que je dirai sur *Liv.* I. *Chap.* I. §. 14.

(6) Voiez sur PUFENDORF, *Droit de la Nat. & des Gens*, Liv. II. Chap. III. § 23. *Note* 3.

§ XLII. (1) Voiez, par exemple, *Liv.* III. *Chap.* VII. § 6, 7.

§ XLIII. (1) C'est ce que dit LACTANCE: *Quod si extitisset aliquis, qui veritatem sparsam per singulos, per sectasque diffusam, colligeret in unum, ac redigeret in corpus; is profecto non dissentiret à nobis.* Institut. Divin. *Lib.* VII. *Cap.* VII. (num. 4. *Edit. Cellar.*) JUSTIN, *Martyr*, donne à entendre la même chose: Οὐχ ὅτι ἀλλότριά ἐστι τὰ Πλάτωνος διδάγματα τοῦ Χριστοῦ, ἀλλ' ὅτι οὐκ ἔστι πάντη ὅμοια· ὥσπερ οὐδὲ τὰ τῶν ἄλλων, Στωϊκῶν τε καὶ ποιητῶν καὶ συγγραφέων. ἕκαστος γάρ τις ἀπὸ μέρους τοῦ σπερματικοῦ θείου λόγου τὸ συγγενὲς ὁρῶν, καλῶς ἐφθέγξατο. " Ce n'est pas que les dogmes de *Platon* ,, soient tout-à-fait differens de ceux de JESUS-CHRIST, ,, mais ils ne sont pas semblables à tous égards; non ,, plus que ceux des autres Philosophes, comme des ,, *Stoïciens*, ou des Poëtes, & des Historiens. Car ,, chacun d'eux, à la faveur de la Raison naturelle ,, à tous les Hommes, a vû en partie ce qui ,, lui est conforme, & a bien dit jusques-là. " *Apolog.* I. (pag. 34. *Ed. Oxon.*) TERTULLIEN appelle souvent SENEQUE, *nôtre Seneque*: mais il remarque aussi, qu'il n'y a que JESUS-CHRIST qui ait pû donner un Corps complet de Veritez spirituelles: *Neque enim ulli hominum universitas spiritalium documentorum competebat, nisi in Christum.* (Advers. Judæos, *Cap.* IX.) St. AUGUSTIN pose en fait que les Régles des Moeurs, que CICERON & les autres Philosophes ont données, sont les mêmes qui s'enseignent dans les Eglises Chretiennes. *Hi autem mores* [qui laudibus prædicantur à CICERONE] *in Ecclesiis, toto orbe crescentibus, tamquam in Sanctis auditoriis Populorum, docentur atque discuntur.* Epist. CCII. Voiez ce que le même Pére dit au sujet des *Platoniciens*, qu'il soûtient être Chrétiens, à peu de chose près, *Epist.* LVI. & *De vera Religione*, Cap. III. & *Confess.* Lib. VII. Cap IX. & Lib. VIII. Cap. II. GROTIUS.

On peut joindre à tout cela, CLEMENT d'*Alexandrie*, qui dit des choses fort approchantes, dans ses *Stromates*, Lib. I. pag. 338. & pag. 349. *Edit. Oxon.* Voiez la *Vie* de ce Pere, écrite par Mr. LE CLERC, dans la *Bibliothéque Universelle*, Tom. X. pag. 187, & *suiv.* & la Dissertation de feu Mr. OLEARIUS, *de Philosophia Eclectica*, pag. 1216. de la Traduction Latine de l'*Histoire Philosophique* de STANLEY, imprimée à *Leipsig*, en 1711.

§ XLIV. (1) C'est dequoi LACTANCE traite au long, *Instit. Divin.* Lib. VI. Capp. XV. XVI. XVII. Ajoûtons ce passage de CASSIODORE: *Non adfectibus moveri, sed secundum eos moveri, utile vel noxium.* GROTIUS.

(2) Ἔστιν ἄρα ἡ Ἀρετὴ [ἠθική], ἕξις προαιρετική, ἐν μεσότητι οὖσα τῇ πρὸς ἡμᾶς, ὡρισμένῃ λόγῳ, καὶ ὡς ἂν ὁ φρόνιμος ὁρίσειε. Μεσότης δὲ δύο κακιῶν· τῆς μὲν, καθ' ὑπερβολήν· τῆς δὲ, κατ' ἔλλειψιν. . . . , ἔν τε τοῖς πάθεσι, καὶ ἐν ταῖς πράξεσι. Ethic. Nicom. Lib. II. Cap. VI.

(3) Quoi qu'en dise le savant GRONOVIUS, ce sont deux Vertus différentes. ARISTOTE a pû attacher au mot Grec Ἐλευθεριότης une idée composée, qui sen-

§. XLIII. ENTRE les Philosophes, ARISTOTE tient le prémier rang, & avec justice, soit que l'on considére l'ordre qu'il donne à ses matiéres, ou la subtilité de ses distinctions, ou le poids de ses raisons. Il seroit seulement à souhaitter que l'autorité de ce grand homme n'eût pas dégeneré depuis quelques siécles en tyrannie, de telle maniére que la Vérité, à laquelle *Aristote* s'attachoit fidellement, n'a pas aujourdhui de plus mortels Ennemis, que ceux qui se servent du nom d'*Aristote* pour l'opprimer. Pour moi, j'imite ici, comme par tout ailleurs, la maniére libre de raisonner des anciens Chrétiens, qui ne se déclaroient partisans d'aucune Secte de Philosophes: non qu'ils fussent du sentiment de ceux qui soûtenoient qu'on ne peut rien savoir, pensée la plus absurde du monde; mais ils croioient & qu'il n'y avoit point de Secte qui eût connu toutes les Véritez, & qu'il n'y en avoit point qui n'en eût découvert quelcune. Sur ce principe, ils étoient persuadez, que, si on ramassoit les Véritez répanduës dans les Ecrits de chaque Philosophe & de chaque Secte, (1) on feroit un Systéme de Doctrine véritablement Chrétienne.

§. XLIV. ENTR'AUTRES choses, où *Aristote* se trompe, ce n'est pas sans raison (pour faire ici en passant une remarque qui n'est pas éloignée de mon sujet), ce n'est pas, dis-je, sans raison que quelques *Platoniciens* & quelques Docteurs (1) Chrétiens de l'Eglise Primitive s'éloignent des idées de ce Philosophe, en ce qu'il fait consister l'essence de la Verité (2) dans un *milieu* également éloigné des deux extrémitez, tant à l'égard des Actions, que des Passions. Pour raisonner conséquemment sur ce faux principe, il a été obligé de ne faire qu'une seule Vertu de (3) la *Libéralité*, & de la *Frugalité* ou l'Epargne honnête, qui sont néanmoins deux Vertus différentes; comme aussi, d'opposer (4) à la *Véracité* deux extrémitez, entre lesquelles il n'y a pas une égale contrariété, savoir la *Vanterie*, & la *Fausse Modestie*; de donner enfin le nom de Vice à des choses qui ou ne se trouvent nulle part, ou ne sont pas vicieuses par elles-mêmes, com-

renfermât & cette disposition par laquelle on est enclin à donner gratuïtement, & cette autre disposition qui fait qu'on ménage sagement ses dépenses : mais ce sont toûjours deux sortes de dispositions différentes, & deux idées distinctes. Il est vrai que, plus on épargne, & plus on a dequoi donner : mais il ne s'ensuit point de là, que la *Frugalité* ou l'Epargne honnête ne soit qu'une partie de la *Libéralité*. C'est une tout autre modification de notre Ame, qui met bien en état d'exercer dans l'occasion des actes de Libéralité plus considérables & en plus grand nombre, mais qui pour cela ne fait pas plus partie de la Liberalité même, que la Sobrieté ou l'amour du Travail ne fait partie de la Chasteté, parce qu'elles sont un bon préservatif contre les tentations de l'Impureté, & que ces trois Vertus, comme la plûpart des autres, s'entr'aident réciproquement. Quiconque aime à sécourir de son bien ceux qui en ont besoin, & le fait dans l'occasion, avec choix & autant que ses facultez présentes le permettent; est jusques-là véritablement libéral, encore même que, faute d'avoir toute l'économie & toute l'attention à ses affaires, qu'auroit un bon ménager, il vienne à être reduit dans un état, où il ne peut plus donner autant qu'il auroit pû sans cela. Il se trouvera quelquefois, des gens, qui, avec toute leur négligence & malgré leurs dépenses superfluës, auront encore de reste pour donner, & donneront volontiers, à tous ceux qu'ils ont occasion d'assister : dira-t-on qu'ils ne sont pas libéraux? En un mot la *Libéralité* & l'*Epargne honnête* sont deux Vertus différentes, mais qu'il faut aquérir & cultiver également, de peur que le défaut de la derniére n'empêche d'exercer l'autre, ou du moins n'en rende l'exercice fort borné. Le Philosophe avouë lui-même que la *Libéralité*, telle qu'il la définit, consiste plus à donner & à dépenser comme il faut, qu'à se faire paier & à garder son argent : Χρῆσις δ' εἶναι δοκεῖ χρημάτων δαπάνη καὶ δόσις· ἡ δὲ λῆψις καὶ ἡ φυλακὴ, κτῆσις μᾶλλον· διὸ μᾶλλον ἐστὶ τοῦ ἐλευθερίου τὸ διδόναι οἷς δεῖ, ἢ λαμβάνειν ὅθεν δεῖ, καὶ μὴ λαμβάνειν ὅθεν οὐ δεῖ. Ethic. Nicom. *Lib.* IV. *Cap.* I. *pag.* 43. D. Ainsi notre Auteur a raison de dire, qu'*Aristote* a été obligé de réduire à une seule Vertu les deux dont il s'agit, afin de trouver deux Vices opposez, l'un dans le défaut, l'autre dans l'excès : car l'*Avarice* est bien opposée à la *Libéralité* ainsi appellée selon les idées communes; mais la *Prodigalité*, bien loin d'être contraire par elle-même à la Libéralité, est un Vice qui a quelque rapport avec cette Vertu, & qui peut disposer à l'exercer; qui du moins n'est pas incompatible avec elle. S'il y a des Prodigues, qui deviennent chiches, quand il s'agit de soulager les nécessiteux, il y en a aussi qui donnent volontiers, & qui prennent plaisir à faire du bien, quoi qu'ils le fassent souvent sans beaucoup de choix, & sans avoir assez d'égard à toutes les circonstances.

(4) Il y a plusieurs défauts dans cette division 1. Le Philosophe ne designe par aucun nom particulier la Vertu dont il s'agit, se contentant d'appeller Ἀληθευτικὸς & Φιλαλήθης, celui en qui elle se trouve; & il entend par là, cette disposition qui fait que l'on aime à dire la vérité & à ne la choquer en rien par ses actions, en matiére de choses indifférentes, c'est-à-dire, à l'égard desquelles on n'étoit pas tenu d'ailleurs de parler & d'agir sincérement par les Loix de la Fidélité & de la Justice; car, dit-il, la sincérité & la candeur en matiere de Conventions, & de toutes les choses qui regardent la Justice ou l'Injustice, se rapportent à une autre Vertu. Οὐ γὰρ περὶ τοῦ ἐν ταῖς ὁμολογίαις ἀληθεύοντος λέγομεν· οὐδ' ὅσα εἰς ἀδικίαν ἢ δικαιοσύνην συντείνει·

 ἀλ-

comme le (5) *mepris des Plaisirs & des* (6) *Honneurs* & une *Insensibilité aux Injures*, qui (7) empêche de se mettre en colére contre personne.

§. XLV. POUR reconnoître la fausseté de ce principe de la *Médiocrité*, posé ainsi géné-

ἄλλης γὰρ ἂν εἴη ταῦτ' ἀρετῆς· ἀλλ' ἐν οἷς μηδενὸς τοιούτου διαφέροντος, καὶ ἐν λόγῳ καὶ ἐν βίῳ ἀληθεύει, τῷ τὴν ἕξιν τοιοῦτος εἶναι. δόξειε δ' ἂν ὁ τοιοῦτος ἐπιεικὴς εἶναι. ὁ γὰρ φιλαλήθης, καὶ ἐν οἷς μὴ διαφέρει ἀληθεύων, ἀληθεύσει καὶ ἐν οἷς διαφέρει, ἔτι μᾶλλον· ὡς γὰρ αἰσχρὸν τὸ ψεῦδος εὐλαβήσεται, ὅ γε καὶ καθ' αὑτὸ ηὐλαβεῖτο. Ethic. Nicomach. *Lib.* IV. *Cap.* XIII. pag. 55. D. Ainsi il distingue mal-à-propos deux sortes de *Veracité* & de *Sincérité*, l'une, qui regarde les choses indifférentes; & l'autre, qui se rapporte aux choses obligatoires: comme si la diversité des objets sur lesquels une seule & même Vertu s'exerce, suffisoit pour multiplier cette Vertu en autant de differentes espéces! 2. Il ne traite nulle part de cette autre sorte de *Veracité* & de *Sincerité*, qu'il ne fait qu'indiquer ici par occasion: & celle dont il traite ici, il la réduit toute aux choses indifférentes qui regardent uniquement la personne de celui qui parle ou qui agit: or ne peut-on pas mentir, feindre ou dissimuler, en matiére de mille autres choses indifférentes, sur un point d'histoire, par exemple, sur un phénoméne de la Nature, sur un evenement, sur quelque action ou quelque qualité d'autrui qui ne fait ni bien ni mal à personne &c.? 3. A parler exactement, la *Vanterie* & la *Dissimulation*, qu'ARISTOTE nous donne pour les deux extrémitez opposées, sont toutes deux contraires à la *Véracité* & à la *Sincerité*, dans le défaut, & nullement dans l'excès. Celui qui s'attribuë des qualitez ou qu'il n'a point du tout, ou qu'il ne posséde pas en un si haut degré, & celui qui refuse de reconnoître ou qui extenuë celles dont il est revêtu effectivement, péchent l'un & l'autre en ce qu'ils s'éloignent de la vérité. Si l'un dit plus qu'il n'y en a, & l'autre moins, ce ne sont que deux différentes maniéres de dire les choses autrement qu'elles ne sont. L'extrémité opposée dans l'excès, seroit, de parler & d'agir trop sincérement, ce seroit une trop grande naïveté, qui engageroit à découvrir, par ses discours ou par sa conduite, des choses qu'il n'est pas à propos de faire connoitre. D'ailleurs, le but de la *Dissimulation*, dont le Philosophe parle, est ordinairement de se faire estimer plus qu'on ne vaut, en même tems qu'on ne veut pas reconnoitre son mérite, ou qu'on le rabaisse: & il remarque lui-même, que ce n'est quelquefois qu'une fausse modestie, qui se confond avec la *Vanterie* mal fondée: Καὶ ἐνίοτε ἀλαζονεία φαίνεται [ἡ εἰρωνεία], οἷον ἡ τῶν Λακώνων ἐσθής. καὶ γὰρ ἡ ὑπερβολὴ, καὶ ἡ λίαν ἔλλειψις, ἀλαζονικόν. Il dit aussi, en finissant le chapitre de ces deux vices, que la *Vanterie* est diamétralement opposée à la *Veracité*, plus que la *Dissimulation*. Ἀντικεῖσθαι δ' ὁ ἀλαζὼν φαίνεται τῷ ἀληθευτικῷ· χείρων γάρ. Il trouve une semblable inégalité d'opposition dans plusieurs autres Vices: ce qui fait voir, combien son principe de la *médiocrité* est vague & inutile.

(5) Notre Philosophe avouë lui-même, que l'insensibilité aux Plaisirs, qui fait qu'on en goûte moins qu'on ne doit, étant une chose contraire à la constitution de la Nature Humaine, & à celle des Animaux en général, est aussi très-rare, & à cause de cela, n'a point de nom affecté. Ἐλλείποντες δὲ περὶ τὰς ἡδονὰς, καὶ ἧττον ἢ δεῖ χαίροντες, οὐ πάνυ γίνονται· οὐ γὰρ ἀνθρωπική ἐστιν ἡ τοιαύτη ἀναισθησία· καὶ γὰρ τὰ λοιπὰ ζῶα, διακρίνει τὰ βρώματα, καὶ τοῖς μὲν χαίρει, τοῖς δ' οὔ. εἰ δέ τῳ μηδέν ἐστιν ἡδὺ, μηδὲ διαφέρει ἕτερον ἑτέρου, πόῤῥω ἂν εἴη τοῦ ἄνθρωπος εἶναι· οὐ τέτευχε δὲ ὁ τοιοῦτος ὀνόματος, διὰ τὸ μὴ πάνυ γίνεσθαι. Ethic. Nicomach. Lib. III. Cap. XIV. Il paroit par cette description, qu'ARISTOTE avoit l'idée d'une chose qui ne se trouve point: car où est l'homme *à qui tout soit indifférent, & qui ne prenne plaisir à rien?* S'il y a quelcun qui ne soit pas sensible aux plaisirs naturels du Goût & de l'Attouchement, qui sont ceux auxquels notre Philosophe borne la *Temp rance*, dont il veut que cette insensibilité soit l'extremité opposée dans le défaut; ce ne peut gueres être que par l'effet d'un Tempérament fort particulier, ou d'une noire mélancholie, ou de quelque autre mauvaise constitution du Corps; & en ce cas-là, ce ne sera pas un défaut moral, mais un défaut purement physique. A l'égard des autres sortes de Plaisirs, comme celui de la *Musique*, celui qu'on prend à contempler les beautez de la *Peinture*, ou de l'*Architecture* &c. ce n'est pas non plus une chose vicieuse par elle-même, que de n'y être pas sensible. L'exemple que GRONOVIUS allégue ici de *Timon le Misanthrope*, & de ce que *Marc Antoine* fit pour un peu de tems à son imitation; est tout-à-fait hors d'œuvre. Ce fameux bourru, quelque ennemi qu'il fût du Genre Humain, quelque éloignement qu'il eût pour le commerce des Hommes, se plaisoit néanmoins à cultiver son Jardin. On verra son caractére, & tout ce que l'Histoire nous a conservé de particularitez sur son sujet, dans les belles Remarques de Mr. HEMSTERHUIS sur le *Timon* de LUCIEN, publiées en 1708. à l'occasion d'une nouvelle Edition des *Dialogues Choisis* & de quelques autres Piéces de l'Antiquité Grèque. On pourroit alleguer ici plus à propos l'exemple des Avares, qui se privent des douceurs & des commoditez de la Vie, quelquefois même du nécessaire. Mais, outre qu'il est rare de voir de ces sortes de gens qui aillent jusqu'à un tel excès; s'ils se refusent bien des choses, ce n'est pas pour l'ordinaire par l'effet d'une insensibilité stupide aux plaisirs les plus naturels, mais parce qu'ils aiment mieux leur argent; car, quand ils trouvent moien de goûter ces plaisirs sans qu'il leur en coûte rien, ils s'en donnent au cœur joie, & sont alors plus sujets à passer les bornes de la modération, que ceux qui achétent tous les jours l'usage des biens que la Nature leur offre.

(6) GRONOVIUS prétend que le Philosophe veut parler, non du mépris des Honneurs, qui n'est pas une chose mauvaise, mais seulement du mépris de la Réputation, par lequel on est porté à faire des choses deshonnêtes, à se mettre au dessus du *qu'en dira-t-on*, & à se jetter dans un genre de vie bas & sordide. Il donne là-dessus pour exemple le fameux *Denys*, Tyran de *Syracuse*, qui aiant renoncé au Gouvernement, se retira à *Corinthe*, où il portoit des habits sales & déchirez, beuvoit par tout & avec tout le monde, fréquentoit les Cabarets & les lieux de Débauche, s'amusoit à jaser sur des bagatelles avec les plus grandes canailles; comme nous l'apprend JUSTIN, *Lib.* XXI. *Cap.* V. Mais on n'a qu'à voir de quelle maniére ARISTOTE décrit le mépris des Honneurs, en quoi il fait consister l'extremité opposée dans le défaut à la *Magnanimité*, pour se convaincre d'abord que le Savant, dont je viens de rapporter l'explication, déguise la pensée du Philosophe par un trop ardent desir de sauver l'honneur des Auteurs Anciens. Le Philosophe dit, que ceux qui sont sujets au Vice dont il s'agit, ne sont pas de malhonnêtes gens, & qu'ils péchent seulement en ce que, tout dignes qu'ils sont des Honneurs, qu'ARISTOTE regarde comme des Biens réels en eux-mêmes, ils s'en privent néanmoins, faute de s'en juger dignes & de se bien connoître. Ils ne sont pourtant pas sots, ajoûte-t-il, mais plûtôt paresseux & indolens: retenus par l'opinion peu relevée qu'ils ont d'eux-mêmes, ils n'osent pas faire de belles actions, ni s'en-

néralement, il ne faut que considérer ce qu'*Aristote* dit au sujet de la *Justice*. Car ne pouvant trouver ici dans les Passions mêmes, & dans les Actions qu'elles produisent, deux Vices opposez, dont l'un péche par l'excès & l'autre par le défaut, (1) il les est allé

s'engager dans des entreprises glorieuses, & ils ne recherchent point les biens extérieurs. Ὁ δ' ἐλλείπων, μικρόψυχος· ὁ δ' ὑπερβάλλων, χαῦνος· οὐ κακοὶ μὲν δοκοῦσιν εἶναι οὐδ' οὗτοι· οὐ γὰρ κακοποιοί εἰσιν· ἡμαρτημένοι δέ. ὁ μὲν γὰρ μικρόψυχος, ἄξιος ὢν ἀγαθῶν, ἑαυτὸν ἀποστερεῖ ὧν ἄξιός ἐστι· καὶ ἔοικε κακὸν ἔχειν τι, ἐκ τοῦ μὴ ἀξιοῦν ἑαυτὸν τῶν ἀγαθῶν, καὶ ἀγνοεῖν δ' ἑαυτόν· ὠρέγετο γὰρ ἂν ὧν ἄξιος ἦν, ἀγαθῶν γε ὄντων. οὐ μὴν ἠλίθιοί γε οἱ τοιοῦτοι δοκοῦσιν εἶναι, ἀλλὰ μᾶλλον ὀκνηροί· ἡ τοιαύτη δὲ δόξα δοκεῖ καὶ χείρους ποιεῖν· ἕκαστοι γὰρ ἐφίενται τῶν κατ' ἀξίαν. ἀφίστανται δὲ καὶ τῶν πράξεων τῶν καλῶν καὶ τῶν ἐπιτηδευμάτων, ὡς ἀνάξιοι ὄντες· ὁμοίως δὲ καὶ τῶν ἐκτὸς ἀγαθῶν. Ethic. Nicomach. *Lib.* IV. *Cap.* IX. Voilà certainement une disposition, qui n'a rien de vicieux par elle-même, & qui approche même de l'Humilité, dont les Païens ont eu quelque idée, comme je l'ai fait voir dans mon TRAITE' DU JEU, *Liv.* I. *Chap.* III. §. 6. Tant qu'on ne connoît pas son propre mérite, bien loin de pécher en n'aspirant point aux Honneurs, qui demandent des qualitez qu'on ne croit point avoir, on fait bien de n'y pas prétendre: & l'ignorance est ici d'autant plus excusable, que l'on est beaucoup plus sujet à aller dans l'autre extrémité, & à se flatter de posséder de bonnes qualitez, dont on est entiérement dépourvû. Il est bon de se défier toûjours un peu là-dessus, pour éviter les illusions de l'Amour propre: & il y a tout lieu de présumer pour l'ordinaire, que celui qui refuse des Honneurs, dont il est digne, le fait par un principe de modestie, plûtôt que par indolence ou par bassesse d'ame. Cependant ARISTOTE soûtient, & que l'indifférence pour les Honneurs, qu'il appelle *Pusillanimité*, est plus commune que l'*Ambition* & l'*Arrogance*; & qu'elle est pire & plus opposée à la *Grandeur d'Ame*. Ἀντίκειται δὲ τῇ Μεγαλοψυχίᾳ ἡ Μικροψυχία μᾶλλον, ἢ ἡ Χαυνότης· καὶ γὰρ γίνεται μᾶλλον, καὶ χείρων ἐστίν. Ibid. *in fine Cap.* Le prémier est manifestement démenti par l'expérience. Et pour ce qui est de l'autre, il faut avouer qu'ARISTOTE suit fort bien les idées des Ambitieux & du Vulgaire: d'où vient que, parmi les *Romains*, par exemple, ceux qui aiant droit de prétendre au Consulat, y renonçoient, étoient fort soigneux de s'excuser là-dessus & de proposer leurs excuses de la maniére du monde la plus forte, pour éviter le reproche de pusillanimité. (Voiez les *Lettres* de CICERON à *Atticus*, Lib. I. Epist. I. pag. 8. *Edit. Grav.* ibique CASAUBON.) Mais, si l'on consulte les idées d'une Raison droite & saine, on trouvera, qu'il y a pour l'ordinaire plus de grandeur d'ame à mépriser les Honneurs, qu'à les rechercher ou les embrasser.

(7) Selon notre Philosophe, c'est être aussi sot, de ne pas se mettre en colére pour de justes sujets, que de s'emporter mal-à-propos. Le prémier est une marque d'insensibilité, une preuve qu'on ne sait pas se chagriner, & qu'on n'a point à cœur la vengeance: or, ajoûte-t-il, souffrir patiemment les injures qu'on reçoit, & ne pas aider aux siens à tirer raison de celles qu'ils ont reçuës, c'est avoir l'ame basse, & l'esprit servile. Ἡ δ' ἔλλειψις [περὶ ὀργήν], εἴτ' ἀοργησία τίς ἐστιν, εἴθ' ὅ, τι δή ποτε, ψέγεται. οἱ γὰρ μὴ ὀργιζόμενοι ἐφ' οἷς δεῖ, ἠλίθιοι δοκοῦσιν εἶναι, καὶ οἱ μὴ ὡς δεῖ, μηδ' ὅτε, μηδ' οἷς δεῖ. δοκεῖ γὰρ οὐκ αἰσθάνεσθαι, οὐδὲ λυπεῖσθαι, μὴ ὀργιζόμενός τε. οὐκ εἶναι ἀμυντικός. τὸ δὲ, προπηλακιζόμενον ἀνέχεσθαι, καὶ τοὺς οἰκείους περιορᾶν, ἀνδραποδῶδες. Ethic. Nicomach. *Lib.* IV. *Cap.* XI. On voit par là, qu'ARISTOTE regarde comme un Vice opposé dans le défaut à la *Douceur*, la disposition de tous ceux généralement, qui aiant un juste sujet de se mettre en colére, se modérent; & non pas seulement, comme le veut GRONOVIUS, la stupide & lâche patience des Bouffons, par exemple, ou des Parasites, qui, pour quelque bas intérêt, souffrent les plus grands affronts du monde. Mais, à considerer la chose en elle-même, la tranquillité d'un Esprit libre de colére n'est point un défaut moral. Car supposé que quelcun, ce qui est très-rare, se trouve ou de son naturel, ou par habitude, d'un tempérament si difficile à émouvoir, qu'il ne se fâche que peu ou point, c'est un grand bonheur pour lui, puis qu'il est par là à couvert des excès d'un emportement aveugle; il n'en sera pas moins disposé ni moins propre à maintenir ses justes droits, & ceux des siens: au contraire, par cela même qu'il se posséde, & qu'il est d'une humeur paisible, il pourra prendre de plus justes mesures, & mieux ménager ses intérêts, que ceux qui sont poussez par une passion aussi difficile à gouverner, que la Colere. Quoique la Colére ne soit pas mauvaise de sa nature, & qu'elle puisse être légitime à un certain point; elle n'est jamais absolument nécessaire: on peut toûjours, & c'est même le plus sûr, soûtenir sa dignité & ses droits sans se fâcher. Mais on sent bien que notre Philosophe érige en vertu un degré mediocre de Colére, & le desir de Vengeance, qui est l'effet naturel de cette passion, & qui, comme il est vicieux par lui-même, empêche aussi que la Colére ne demeure jamais dans les justes bornes.

§. XLV. (1) Voici ce qu'il dit de la *Justice*, proprement ainsi nommée, qu'il appelle *Particuliére*, pour la distinguer de la *Justice Universelle* ou *Générale*, qui renferme la pratique de toutes les Vertus qui se rapportent à autrui. Διωρισμένων δὲ τούτων, δῆλον ὅτι ἡ Δικαιοπραγία μέσον ἐστὶ τοῦ ἀδικεῖν καὶ ἀδικεῖσθαι· τὸ μὲν γὰρ, πλέον ἔχειν· τὸ δ' ἔλαττόν ἐστιν· ἡ δὲ Δικαιοσύνη, μεσότης ἐστὶν οὐ τὸν αὐτὸν τρόπον ταῖς πρότερον ἀρεταῖς, ἀλλ' ὅτι μέσου ἐστίν· ἡ δὲ Ἀδικία, τῶν ἄκρων. Καὶ ἡ μὲν Δικαιοσύνη, ἐστὶ καθ' ἣν ὁ δίκαιος λέγεται πρακτικὸς κατὰ προαίρεσιν τοῦ δικαίου, καὶ διανεμητικὸς καὶ αὑτῷ πρὸς ἄλλον, καὶ ἑτέρῳ πρὸς ἕτερον· οὐχ οὕτως ὥστε τοῦ μὲν αἱρετοῦ, πλέον αὑτῷ, ἔλαττον δὲ, τῷ πλησίον· τοῦ βλαβεροῦ δ', ἀνάπαλιν· ἀλλὰ τοῦ ἴσου τοῦ κατ' ἀναλογίαν· ὁμοίως δὲ ἄλλῳ πρὸς ἄλλον. Ἡ δ' Ἀδικία τοὐναντίον, τοῦ ἀδίκου. τοῦτο δ' ἐστὶν ὑπερβολὴ καὶ ἔλλειψις τοῦ ὠφελίμου ἢ βλαβεροῦ παρὰ τὸ ἀνάλογον· διὸ ὑπερβολὴ καὶ ἔλλειψις ἡ Ἀδικία, ὅτι ὑπερβολῆς καὶ ἐλλείψεώς ἐστιν· ἐφ' αὑτοῦ μὲν, ὑπερβολῆς τοῦ ἁπλῶς ὠφελίμου· ἐλλείψεως δὲ, τοῦ βλαβεροῦ. ἐπὶ δὲ τῶν ἄλλων, τὸ μὲν ὅλον, ὁμοίως· τὸ δὲ παρὰ τὸ ἀνάλογον, ὁποτέρως ἔτυχε· τοῦ δὲ ἀδικήματος τὸ μὲν ἔλαττον, τὸ ἀδικεῖσθαί ἐστι, τὸ δὲ μεῖζον, τὸ ἀδικεῖν. » Une *Action Juste* est celle qui tient » le milieu entre *faire du tort* & en *recevoir*: car celui » qui fait du tort, a *plus* qu'il ne doit, & celui à qui » l'on fait du tort, a *moins* qu'il ne doit. La *Justice* est » une médiocrité, mais non pas de la même maniére » que les autres Vertus, dont nous avons parlé ci-des» sus; elle a seulement pour objet le milieu, & l'*In-justice* renferme seule les deux extrêmes. La *Justice* » est une disposition à observer le Droit avec choix » & délibération, & à rendre à chacun ce qui lui est » dû, soit qu'il s'agisse des affaires que l'on a avec les » autres, ou de celles que les autres ont entr'eux, en » sorte que l'on ne prenne pas pour soi plus qu'il ne faut » des choses agréables & avantageuses, ou moins des » choses désagréables & nuisibles, pendant qu'on laisse » aux autres moins qu'il ne faut des prémiéres, & plus » qu'il ne faut des derniéres; mais qu'on observe une » égalité de proportion, & ici, & dans la distribution

» en-

allé chercher dans les choses mêmes qui font l'objet de la Justice. Or c'est-là visiblement sauter d'un genre à l'autre; défaut qu'*Aristote* blâme lui-même avec raison dans les autres. D'ailleurs, lors qu'on se contente de (2) moins que ce qui nous est dû, cela peut à la vérité renfermer par accident quelque chose de blâmable, à cause de certaines circonstances dans lesquelles on devoit, en faveur de soi-même ou des siens, ne rien relâcher ou négliger de son droit: mais il ne sauroit y avoir-là rien de contraire à la *Justice*, proprement ainsi nommée, qui consiste uniquement à s'abstenir de ce qui appartient à autrui. Une autre bevuë, approchante de celle-là, c'est qu'*Aristote* prétend (3) qu'un Adultére auquel on se porte pour satisfaire des désirs criminels, & un Meurtre commis dans la colére, ne doivent pas proprement être mis au nombre des injustices

„ entre les autres personnes. L'*Injustice*, au contraire, „ est une disposition à faire du tort de propos délibéré, „ c'est-à-dire, à agir de telle maniere, qu'on donne „ à chacun trop ou trop peu des avantages & des désavantages, sans observer une exacte proportion. Ainsi il y a & de l'*excès* & du *défaut* dans l'Injustice, puis „ qu'elle roule & sur le trop & sur le trop peu; car „ l'Homme Injuste, quand il s'agit de lui-même, s'attribuë trop de ce qui est purement & simplement avantageux, & trop peu de ce qui est désavantageux: „ &, lorsqu'il s'agit d'autrui, il use en général de la „ même inegalité, mais en sorte qu'il s'éloigne de la „ proportion tantôt d'un côté, tantôt de l'autre. A „ l'égard des *Actions Injustes*, l'extremité vicieuse dans „ le défaut, c'est de recevoir du tort; & l'extremité „ vicieuse dans l'excès, c'est de faire du tort. " *Ethic. Nicomach.* Lib. V. Cap. IX. GRONOVIUS croit avoir défendu ici suffisamment ARISTOTE contre la critique de notre Auteur, en disant, qu'au lieu, que, dans les autres Vertus, il n'y a qu'un *milieu*, reglé selon la Proportion Géométrique; la *Justice* suit tantôt le milieu de cette *Proportion Geométrique*, tantôt celui de la *Proportion Arithmétique*; & qu'ainsi c'est seulement une explication & une distinction des termes, & non pas sauter d'un genre à l'autre. Mais il ne s'agit point ici de la nature du milieu, ou de la Proportion qu'on doit suivre pour le déterminer: il faut marquer le sujet où ce milieu est placé, de maniére qu'il se trouve entre deux extrémitez opposées de la même chose, quelque proportion qu'on observe en le déterminant. Selon ARISTOTE, le milieu, qui fait l'essence de la Vertu Morale, est planté, pour ainsi dire, dans certaines sortes de *Passions* & d'*Actions*, qui par elles-mêmes ne sont pas vicieuses, mais qui le deviennent en s'éloignant de ce milieu, & qui forment ainsi deux Vices opposez, l'un dans l'excès, l'autre dans le défaut. Par exemple, la *Crainte* est une Passion qui n'est pas mauvaise de sa nature: craindre trop, c'est *Timidité* ou *Lâcheté*; ne pas craindre assez, c'est *Audace*, ou Hardiesse temeraire: le juste milieu, c'est *Force* [illegible] Courage raisonnable. Parler, rire, compo[illegible]ge & son exterieur, marcher, s'arrêter, en un [illegible] tout ce que l'on dit & que l'on fait dans la conversation & dans le commerce de la Vie, est indifferent en soi: se conduire en cela de telle sorte qu'on veuille plaire à tout le monde ou à certaines personnes en tout & par tout, c'est *Flatterie*; agir au contraire comme si on ne se soucioit de choquer personne, c'est *Incivilité* ou *Rudesse*: le juste milieu, c'est une *Civilité* ou une *Complaisance raisonnable*. Voiez *Ethic. Nicomach.* Lib. II. Capp. VI. VII. Pour venir donc à la *Justice*, dont il s'agit, ce qui fait le fond & la matiére où l'on doit placer le *milieu* & les deux *extrêmes* de cette Vertu, c'est, selon notre Philosophe, une *égalité*, une distribution égale de choses avantageuses ou désavantageuses: car c'est ce qu'il entend par le *Droit*, auquel se rapportent les actions par lesquelles on pratique la Justice. Garder exactement cette égalité, c'est le propre de la Justice, c'est ce qui en constituë la nature. Ne pas garder cette égalité, soit que l'on prenne ou que l'on donne plus ou moins qu'elle ne le demande, c'est un Vice opposé dans le défaut: le plus ou le moins n'est pas alors dans la *matiére* même de la Justice, mais dans les choses sur quoi elle s'exerce: on ne garde pas le *Droit* plus ou moins qu'il ne faut, on ne l'observe pas trop ou trop peu, on ne va pas au delà de la juste égalité, on demeure toûjours en deça, lors même que l'on prend ou que l'on donne plus qu'il ne faut; ce n'est qu'une différente maniere d'inégalité. Où est donc l'autre extrémité opposée, qui devroit consister dans un trop grand soin de garder l'égalité dont il s'agit! Ce ne sera pas le *Jus summum*, ce droit rigoureux, que l'on dit être une souveraine injustice (*Summum jus, summa injuria*, CICER. *de Offic.* Lib. I. Cap. X. TERENT. *Heautont.* Act. IV. Scen. V. vers. 48.): car, quand quelcun se prévaut trop de ce qu'il peut exiger à la rigueur selon les Loix, ou qu'aiant à prononcer sur ce qui regarde autrui, il presse trop les termes de la Loi, c'est un défaut d'Equité: il peche contre l'esprit de la Loi, contre l'égalité même que la Loi veut établir; il introduit une veritable inégalité contraire au Droit, ainsi qu'ARISTOTE le fait voir lui-même, *Lib.* V. *Cap.* XIV. En un mot, notre Philosophe a bien senti que son principe de la *médiocrité* clochoit ici: il le donne à entendre assez clairement dans les paroles que j'ai citées. Il reconnoit que la Justice est une médiocrité, non pas de la même maniere que les autres Vertus, mais entant qu'elle a pour objet un milieu, & qu'elle n'a pour Vice opposé que l'Injustice, qui seule renferme les deux extremitez de ce milieu: *Ὅτι μέσου ἐστίν· ἡ δ' Ἀδικία, τῶν ἄκρων.* Cela suffiroit pour faire voir l'inutilité & l'insuffisance du principe d'ARISTOTE. Mais on trouvera d'ailleurs, si l'on examine bien les choses, qu'on peut expliquer exactement la nature de toutes les Vertus, sans avoir aucun besoin de ce principe. Voiez un passage de Mr. GREW, habile Anglois, que j'ai cité dans ma *Préface* sur PUFENDORF, pag. XCIV. XCV. de la seconde Edition.

(2) Le docte GRONOVIUS traite ceci de chicane, parce, dit-il, que ce *moins*, selon ARISTOTE, regarde les charges ou les désavantages, & non pas les biens ou les avantages. Mais il chicane lui-même: car nôtre Auteur a en vuë la définition d'une *Action injuste*, qui se trouve à la fin du passage que j'ai cité dans la Note précedente, & selon laquelle *recevoir du tort*, ou *avoir moins* qu'on ne doit, est compris dans l'idée de l'*Injustice*, aussi bien que *faire du tort*, ou *prendre plus* qu'on ne doit. Le Philosophe s'explique ailleurs nettement: il dit, que l'un & l'autre est mauvais, *recevoir du tort*, & *en faire*; puis que le prémier est avoir *moins*, & l'autre *plus* que ne le demande le juste *milieu*: mais que cependant le pire des deux est de faire du tort, parce

ces. Mais il est certain que l'*Injustice* ne consiste essentiellement qu'à violer les droits d'autrui. Et il n'importe qu'on le fasse ou par avarice, ou par sensualité, ou par un mouvement de colére, ou par l'effet d'une compassion imprudente & malentenduë, ou par ambition; qui sont les sources d'où proviennent ordinairement les plus grandes injustices. C'est le propre au contraire de la Justice, de résister à toutes les tentations, par le seul motif de ne faire aucune brêche aux Loix de la Société Humaine.

§. XLVI. POUR revenir à la remarque qui m'a donné occasion de faire celle-ci, il est certain qu'il y a des Vertus qui produisent cet effet, de moderer les Passions: mais ce n'est pas l'office propre & perpétuel de toutes sortes de Vertus; c'est seulement parce que la droite Raison, dont la Vertu suit toûjours les maximes, nous enseigne (1) qu'il y a

ce qu'on le fait malicieusement; au lieu qu'on reçoit du tort sans malice & sans que cela vienne d'une disposition à l'Injustice. Ainsi, ajoûte-t-il, recevoir du tort, est en soi une chose moins mauvaise; quoi que rien n'empêche qu'elle ne soit quelquefois plus mauvaise par accident. En lisant ces derniers mots, on sent d'abord l'allusion tacite qu'y fait GROTIUS, en même tems qu'il les explique, & qu'il réfute la pensée d'ARISTOTE. Voici l'original. Φανερὸν δὲ καὶ ὅτι ἄμφω μὲν φαῦλα, καὶ τὸ ἀδικεῖσθαι, καὶ τὸ ἀδικεῖν· τὸ μὲν γὰρ, ἔλαττον, τὸ δὲ, πλεῖον ἔχειν, ἐστὶ τοῦ μέσου. . . . ἀλλ' ὅμως χεῖρον τὸ ἀδικεῖν· τὸ μὲν γὰρ ἀδικεῖν, μετὰ κακίας, καὶ ψεκτὸν, καὶ κακίας, ἢ τῆς τελείας καὶ ἁπλῶς, ἢ ἐγγύς. . . . τὸ δ' ἀδικεῖσθαι, ἄνευ κακίας καὶ ἀδικίας. καθ' αὑτὸ μὲν οὖν τὸ ἀδικεῖσθαι, ἧττον φαῦλον· κατὰ συμβεβηκὸς δ', οὐδὲν κωλύει εἶναι μεῖζον κακόν. Ethic. Nicomach. Lib. V. Cap. XV. pag. 73. B. C.

(2) Voici l'endroit. Ἔτι, εἰ ὁ μὲν, τοῦ κερδαίνειν ἕνεκα μοιχεύει καὶ προσλαμβάνων· ὁ δὲ προστιθεὶς καὶ ζημιούμενος δι' ἐπιθυμίαν· οὗτος μὲν ἀκόλαστος δόξειεν ἂν εἶναι μᾶλλον ἢ πλεονέκτης· ἐκεῖνος δ' ἄδικος, ἀκόλαστος δ' οὔ· δῆλον ἄρα ὅτι διὰ τὸ κερδαίνειν. ἔτι, περὶ μὲν τἆλλα πάντα ἀδικήματα γίνεται ἡ ἐπαναφορὰ ἐπί τινα μοχθηρίαν ἀεί. οἷον εἰ ἐμοίχευσεν, ἐπ' ἀκολασίαν· εἰ ἐγκατέλιπε τὸν παραστάτην, ἐπὶ δειλίαν· εἰ δὲ ἐπάταξεν, ἐπὶ ὀργήν· εἰ δ' ἐκέρδανεν, ἐπ' οὐδεμίαν μοχθηρίαν, ἀλλ' ἢ ἐπ' ἀδικίαν. „ Posons deux hommes, dont l'un commet adultére par „ le desir de gagner, & reçoit quelque chose pour ce„ la; l'autre, poussé par un désir sensuel, donne du „ sien & perd quelque chose pour se satisfaire: le der„ nier semble être intemperant, plûtôt qu'avide de ce „ qui appartient à autrui; le prémier au contraire, sem„ ble être injuste, & non pas intemperant; parce qu'il „ gagne à commettre l'adultére. De plus, dans tou„ tes les autres Actions injustes, il y a toûjours un „ rapport à quelque Vice. L'Adultére, par exemple, „ se rapporte à l'Intempérance: l'action de celui qui „ abandonne dans un combat son voisin, à la Lâche„ té: l'Action de celui qui frappe quelcun, à la Co„ lere. Mais quand on gagne à faire du mal, cela ne „ se rapporte à d'autre Vice, qu'à l'Injustice. *Ethic. Nicomach.* Lib. V. Cap. IV. On voit par là, que le Philosophe ne distingue pas assez le principe par lequel on est porté à commettre quelque chose d'injuste, d'avec l'action même injuste; puis qu'il prétend qu'une seule & même Action, par laquelle on attente à ce qui appartient à autrui, se rapporte ou à la *Justice Universelle*, ou à la *Justice Particuliére*, qui est la Justice proprement ainsi nommée, selon que l'on est poussé ou par un mouvement d'Intempérance, de Poltronnerie, de Colére, ou par un dessein formel de s'emparer de ce qui appartient à autrui, de prendre plus qu'on ne doit. Or, outre que ce dessein formel se trouve rarement dans l'Injustice, y aiant peu de gens qui fassent du tort précisément pour en faire, & qui ne soient poussez par quelque Passion, en sorte que sans cela ils aimeroient même mieux ne donner aucune atteinte aux droits d'autrui; outre cela, dis-je, la diversité du principe peut bien faire que l'on peche en même tems & contre la Justice proprement ainsi nommée, & contre quelque autre Vertu qui regarde ou nous-mêmes ou les autres: mais elle n'empêche pas que toute Action qui tend à blesser les droits d'autrui, tel qu'est l'Adultére & le Meurtre, ne soit toûjours en elle-même une véritable Injustice: & tout ce que dit GRONOVIUS, pour sauver l'honneur d'ARISTOTE, ne fait rien au sujet. Il a beau alléguer l'exemple du Comédien *Mnester*, qui n'aiant pû être gagné par les sollicitations de *Messaline*, se résolut à satisfaire ses désirs, lors que, sur les plaintes de cette impudique, l'Empereur *Claude*, son mari, lui eût ordonné de faire tout ce qu'elle lui commanderoit. Ce Comédien, à ce que prétend notre Commentateur, commit bien une action injuste & un acte d'Intempérance, mais, à en juger moralement, il ne fut en cela ni injuste, ni intempérant. J'avouë qu'il ne fut pas aussi coupable, que s'il avoit lui-même sollicité *Messaline*: mais, quand même on accorderoit qu'un Mari peut ceder à un autre homme le droit qu'il a sur le corps de sa Femme; ce n'etoit nullement l'intention de l'Empereur, qui n'étendoit pas jusques-là l'ordre général d'obéïr en tout à l'Impératrice. Ainsi le Comédien devoit nonobstant cela persister dans son refus, & il se rendit certainement coupable d'injustice, autant & même plus que d'intempérance; quoi que pour ce seul acte il ne pût pas être regardé comme injuste & intempérant par habitude; dequoi il n'est pas question ici. A l'égard de l'exemple d'un Meurtre commis par un mouvement de colére, il est assez clairement marqué dans le passage que j'ai cité: εἰ δὲ ἐπάταξεν, ἐπὶ ὀργήν. Ainsi c'est mal-à-propos que GRONOVIUS dit, qu'il ne sait de quel endroit cela est tiré, & que ce ne peut être que du Livre V. Chap. X. pag. 68, *Ethic. Nicomach.* en quoi il prétend que notre Auteur se contredit, parce qu'il cite lui-même & louë ailleurs ce passage, *Liv.* III. *Chap.* XI. §. 4. Mais il s'agit-là d'autre chose, savoir de la distinction entre les Actions Injustes commises malicieusement, & celles qui se font sans un dessein prémedité.

§. XLVI. (1) Voici ce qu'AGATHIAS fait dire à un fameux Capitaine. Τῶν γὰρ τῆς ψυχῆς κινημάτων, τὰ μὲν ὅσα πέφυκεν καθαρὸν ἔχειν καὶ ἀκραιφνὲς τὸ αἱρετὸν καὶ καλὸν, τούτοις ἐντελῶς καὶ δὴ ἀφετέον· οἷς δὲ μέτεστι καὶ τῆς πρὸς τἀναντία ῥοπῆς καὶ ἐπιτάσεως, τούτοις οὐ διὰ παντὸς χρηστέον, ἀλλ' εἰ ἴσον ἔχουσι τὸ συμφέρον, τὸ μὲν οὖν φρονεῖν, ἀμφοῖν ἀγαθὸν καὶ ἀσφαλέστερον ἅπαντος εἶναι φήσαιμ' ἄν· τῆς δὲ ὀργῆς τὸ μὲν θερμότερον, ὠφέλιμον, τὸ δὲ ὑπέρμετρον, ἐπικίνδυνον καὶ ἀσύμφορον. „ Entre les „ mouvemens de l'Ame, il y en a qui par eux-mêmes „ tendent uniquement à quelque chose où il ne se trou„ ve rien que de bon & de louable; ceux-là, il faut „ s'y abandonner absolument. Mais il y en a d'autres, „ qui peuvent également porter à quelque chose de con-

y a des choses où l'on doit garder la médiocrité, & d'autres où l'on doit aller aussi loin qu'il est possible. En effet, on (2) ne sauroit servir DIEU avec trop d'ardeur: & ce n'est point par cet endroit-là que la Superstition péche, mais en ce qu'elle ne sert pas DIEU comme il faut. On ne peut jamais desirer & rechercher avec trop d'empressement les Biens Eternels, ni trop craindre les Maux Eternels; ni trop haïr le Péché. AULU-GELLE a donc eu raison de dire, (3) qu'il y a des choses dont l'étenduë n'a point de bornes, & qui sont d'autant plus louables, qu'elles sont portées à un plus haut point. LACTANCE, après avoir parlé au long des Passions, ajoûte cette reflexion: (4) *La Sagesse ne consiste pas à les modérer en elles-mêmes, mais à régler les impressions des causes qui les produisent; car elles sont excitées par les objets extérieurs. Et ce n'est pas principalement les mouvemens des Passions qu'il faut réprimer: car ils peuvent être foibles dans ceux qui commettent le plus grand crime; & les plus violens peuvent ne porter à rien de criminel.* En voilà assez sur le sujet d'ARISTOTE, pour qui nous sommes bien resolus de témoigner toûjours une grande estime, mais en usant à son égard de la même liberté qu'il s'est donnée à l'égard de ses Maîtres, par l'amour qu'il avoit pour la Vérité.

§. XLVII. L'HISTOIRE a deux usages, qui conviennent à mon sujet: car elle nous fournit, d'un côté, (1) *des Exemples*; de l'autre, le *jugement* que diverses personnes ont porté sur certaines choses. Les Exemples qui sont des (2) meilleurs tems, & des Peuples les plus sages, sont ceux qui ont le plus de poids. Le jugement de diverses personnes n'est pas non plus à mépriser, sur tout lors qu'il est conforme: car, comme nous l'avons dit, le Droit Naturel se prouve par là en quelque maniére; & pour le Droit des Gens, il n'y a pas d'autre moien de l'établir.

§. XLVIII.

„ traire au Devoir & à l'Honnête; & ceux-ci, il ne „ faut pas s'y laisser aller en tout & par tout, mais „ seulement autant qu'il est à propos. La Prudence, „ par exemple, est, de l'aveu de tout le monde, un „ bien pur & sans mélange de mal. Dans la Colére, „ ce qu'il y a de propre à animer, est louable: mais „ l'excès est pernicieux, & ne sauroit être évité avec „ trop de soin." *Lib.* V. dans la Harangue de *Belisaire.* (Cap. VII.) GROTIUS.

(2) Ici GRONOVIUS répor[illegible] [illegible]ux choses, en faveur d'ARISTOTE. 1. Qu'on do[illegible] ex[illegible]er ce Philosophe, de ce qu'il n'a pas mis au ran[illegible] [illegible]es Vertus Morales la *Pieté*, non plus que l'*Espérance*, [illegible]. *Charité*, & la *Foi*, qui ne sont connuës que par la Révélation faite aux *Chrétiens.* Car, ajoûte-t-on, ARISTOTE, comme tous les autres anciens Philosophes du Paganisme, rapportoit le culte de la Divinité à la *Magnificence*: *Ethic. Nicomach.* Lib. IV. Cap. V. & cette idée a été suivie par SALLUSTE, *Bell. Catilin.* Cap. IX. *In suppliciis Deorum magnifici* &c. & par JUSTIN, Lib. XXIV. Cap. VI. *in fine* au sujet des présens offerts dans le Temple de *Delphes.* Or on peut en cela aller dans l'excès, comme il paroit par cette ancienne Loi: *Pietatem adhibento: opes amovento:* CICER. de Legib. *Lib.* II. *Cap.* VIII. & par la raison que rendoit *Lycurgue*, d'une Loi qu'il avoit lui-même faite pour régler la dépense des Sacrifices: PLUTARCH. Apophthegm. Lacon. *pag.* 229. C. Tom. II. *Ed. Wech.* L'autre repense est 2. Qu'à la vérité une Pieté solide ne sauroit être poussée trop loin, non plus qu'aucune autre Vertu, qui, entant que telle, demeure toûjours dans le juste milieu, à quelque point qu'on la porte: mais que, dans les actions extérieures, qui sont les seules par lesquelles un Homme juge des sentimens d'un autre Homme, il peut y avoir de l'excès. Car comment est-ce que l'on témoigne servir Dieu? C'est en fréquentant les Temples; en priant à genoux, tête nuë, & les mains jointes ou levées vers le Ciel; en faisant des aumônes; en contribuant aux dépenses nécessaires pour le Culte public; en célebrant les Fêtes; en lisant & méditant l'Ecriture Sainte; en s'abstenant de tout ce en quoi on croit qu'il y a quelque impieté, & l'empêchant autant qu'il dépend de nous &c? Or qui ne sait qu'en tout cela on peut faire plus que DIEU ne commande, & que la droite Raison ne permet? Ainsi, en suivant le principe d'ARISTOTE, la *Pieté* tiendra certainement le milieu entre la *Superstition*, qui en fait l'excès, & l'*Impieté* ou l'*Athéisme*, qui en est le défaut. Voilà ce que dit le savant Interprète de notre Auteur: j'ai deux choses à remarquer là-dessus. I. Il est difficile de justifier tout-à-fait ARISTOTE, sur l'omission d'une Vertu aussi considérable, que la *Pieté*, & divers Auteurs judicieux le blâment avec raison de ce que la Religion n'entre pour rien dans son Systême de Morale; comme je l'ai remarqué dans ma *Préface* sur PUFENDORF, *Droit de la Nat. & des Gens*, §. 24. En effet, dès-là qu'on reconnoit une Divinité, comme il le faisoit, on ne peut que découvrir aussi, pour peu que l'on raisonne conséquemment, certains Devoirs auxquels on est tenu envers elle. Aussi voit-on que plusieurs autres Philosophes Paiens ont dit là-dessus de très-belles choses. En vain GRONOVIUS prétend-il, que, selon les idées de tous les Auteurs de l'Antiquité Paienne, le culte de la Divinité se rapportoit à cette Vertu qu'ARISTOTE appelle *Magnificence.* Il ne se souvenoit pas de ce beau passage de CICERON: *Cultus autem Deorum, est optimus, idemque castissimus atque sanctissimus, plenissimusque pietatis, ut eos semper purâ, integrâ, incorruptâ & mente, & voce, veneremur.* NON ENIM PHILOSOPHI SOLUM, VERUM ETIAM MAJORES NOSTRI, SUPERSTITIONEM A RELIGIONE SEPARAVERUNT. " La meilleure maniére de servir les Dieux, „ le culte le plus pur, le plus saint, le plus pieux, „ c'est de les honorer toûjours, avec des sentimens & „ des discours purs, sincéres, droits, & incorruptibles: „ car ce ne sont pas seulement les Philosophes qui ont „ distingué la Pieté d'avec la Superstition; nos Ancê-

„ tres

§. XLVIII. Les Sentences des *Poëtes* & des *Orateurs* n'ont pas tant d'autorité. Et, si nous en alléguons plusieurs, c'est souvent pour orner & illustrer nos pensées, plûtôt que pour les appuier.

§. XLIX. Je cite souvent ces saints Livres qui ont été ou écrits, ou approuvez par des Hommes inspirez de Dieu: mais ici je distingue soigneusement la *Loi Ancienne*, & la *Loi Nouvelle*. Il y en a (1) qui prétendent que la Loi Ancienne est le Droit même de Nature; en quoi certainement ils se trompent; car elle renferme plusieurs (2) choses fondées sur une volonté libre de Dieu. Il est vrai que cette volonté, quelque arbitraire qu'elle soit, n'est jamais contraire au véritable Droit de Nature; & jusques-là on peut en tirer des conséquences légitimes, pourvû qu'on ne confonde pas (3) les droits de Dieu, qu'il exerce quelquefois par le ministére des Hommes, avec les droits des Hommes les uns par rapport aux autres. J'ai donc évité, autant que j'ai pû, l'erreur dont je viens de parler, & une autre toute opposée, qui consiste à soûtenir (4) que, sous la Nouvelle Alliance, les Livres de l'Ancienne ne sont plus d'aucun usage. Pour moi, je suis persuadé du contraire, & par la raison que j'ai alléguée tout à l'heure, & parce que telle est la nature de la Nouvelle Alliance, qu'en matiére de Préceptes Moraux, elle exige ou les mêmes Devoirs, ou de plus (5) grands & de plus parfaits, que l'Ancienne. Et c'est ainsi que nous voions que les Anciens Auteurs Chrétiens se sont servis des passages du Vieux Testament.

§. L. Or, pour entendre ces Livres du *Vieux Testament*, on peut tirer un grand secours des *Docteurs Juifs*, (1) sur tout de ceux qui avoient une parfaite connoissance de la Langue & des Coûtumes de leur Nation.

§. LI.

„ tres ont aussi connu cette différence. " *De natura Deorum*, Lib. II. Cap. XXVIII. Voiez aussi la Harangue *Pro domo sua, ad Pontifices*, Cap. XLI. avec les Notes de Grævius; & les passages de Seneque & d'Epictete, que j'ai citez sur Pufendorf, Liv. II. Chap. IV. §. 3. *Note* 1. Il paroît par là, & par plusieurs autres autoritez qu'il ne seroit pas difficile d'alléguer, que quantité de sages Paiens faisoient consister la Piété & le culte de la Divinité principalement dans les sentimens intérieurs, & non pas dans les actes extérieurs de Dévotion. II. Il faudroit donc trouver dans les sentimens intérieurs deux extrémitez vicieuses: il faudroit que l'on pût avoir une trop haute idée de Dieu, le trop respecter, le trop aimer, avoir trop de soumission pour sa volonté &c. toutes choses en quoi il ne sauroit jamais y avoir de l'excès. Ainsi, quoi qu'en disent ceux qui veulent à quelque prix que ce soit accorder Aristote avec la Raison & le Bon-Sens; il demeurera constant, qu'ici, comme en diverses autres Vertus, il n'y a point de milieu, également éloigné, ou à peu près, de deux extrémitez opposées, dans un même genre de choses qui fassent l'objet propre de la Vertu.

(3) Ingenium *autem*, & officium, & forma, & disciplina, & consilium, & victoria, & facundia, *sicut ipsa virtutum amplitudines, nullis finibus cohibentur; sed quanto majora auctioraque sint, etiam tanto laudatiora sunt.* Noct. Attic. Lib. IV. Cap. IX. in fine.

(4) *Sed, ut dixi, non in his* [adfectibus] *moderandis sapientia ratio versatur, sed in caussis eorum; quoniam extrinsecus commoventur: nec ipsis potissimum frenos imponi oportuit, quoniam & exigui possunt in maximo crimine, & maximi possunt esse sine crimine.* Instit. Divin. Lib. VI. Cap. XVI. num. 7. Ed. *Cellar.*

§. XLVII. (1) Dont il faut se servir avec beaucoup de discernement. Voiez la [illegible] on que l'Auteur fait ci-dessous, *Liv.* I. *Chap.* III. §. 5. *num.* 6.

(2) Tels sont, selon Gronovius, ceux de l'*Histoire Romaine*, jusques à l'an DC. de la fondation de *Rome*, ou à la *troisiéme Guerre Punique*; & ceux de l'*Histoire Grèque*, jusqu'à la *Guerre du Peloponnése.*

§. XLIX. (1) Le même Gronovius dit, que nôtre Auteur en veut à Bodin, & autres Judaïzans.

(2) Les Loix Cérémonielles, & quantité de Loix Politiques.

(3) Car ce que Dieu fait ou ordonne en vertu de l'autorité suprême qu'il a sur la vie & les biens de ses Créatures, ne tire point à conséquence pour les Hommes, comme s'ils pouvoient en inférer que la même chose leur est ou commandée ou permise par le Droit de Nature. Sur quoi on allégue à propos l'exemple d'*Abraham*, à qui Dieu commanda d'immoler son Fils; des *Israëlites*, qui avoient reçû de lui un ordre exprès d'emporter les Vaisseaux d'or & d'argent des *Egyptiens*, d'exterminer sans rémission les sept Nations des *Cananiens*, après s'être emparez de leur païs & de tout ce qui leur appartenoit. Voiez ce que l'Auteur lui-même dit, *Liv.* I. *Chap.* I. §. 10. *num.* 6. Liv. II. Chap. XXI. §. 14. & *Liv.* III. *Chap.* I. §. 4. *num.* 6.

(4) C'est ce que font quelques *Anabaptistes.* Ziegler renvoie ici à Sixte de Sienne, *Biblioth. Sanct.* Lib. VIII. *Hæres.* I.

(5) A considérer la lettre, mais non pas eû égard à l'esprit de la Loi, ou à l'intention du Législateur. Voiez ce que j'ai dit dans mon Traité du Jeu, *Liv.* I. *Chap.* III. §. 1. & ce que je dirai ci-dessous, sur *Liv.* I. *Chap.* I. §. 17. *Note* 1.

§. L. (1) C'est ce que Cassien remarque aussi, dans ses *Institutions Divines.* Grotius. Mais les Savans les plus judicieux sont fort revenus aujourd'hui de l'estime qu'on avoit pour les *Rabbins*, & croient que ces Docteurs sont de très-peu d'usage pour l'intelligence du *Vieux Testament.* Les plus anciens *Rabbins*, dont il nous reste des Ecrits, sont les Auteurs du *Talmud*, qui ont vécu quelques siécles après Jesus-Christ. La Langue Hebraïque étoit depuis long tems une Langue morte: ils n'avoient d'autre Livre écrit en cette Lan-

§. LI. IL N'Y a que le *Nouveau Testament*, d'où l'on puisse apprendre ce qui est permis aux Chrétiens, c'est aussi-là l'usage que j'en fais. Mais, au lieu que la plûpart des Docteurs confondent ce qui est permis aux Chrétiens, avec le Droit Naturel, je distingue ces deux choses; persuadé qu'une Loi aussi sainte, que celle de l'Evangile, nous engage à une plus grande sainteté, que celle que le Droit Naturel tout seul exige de nous. Cependant, lors qu'il s'agit de choses, (1) que l'Evangile louë & conseille, plûtôt qu'elle ne les ordonne, je n'ai pas négligé de le remarquer, afin qu'on sâche que si, d'un côté, en violant les Préceptes on commet un crime, qui rend sujet à la peine; de l'autre, il est digne d'une Ame noble & généreuse, d'aspirer à la perfection par des efforts continuels, qui auront leur recompense.

§. LII. LES *Canons des Conciles*, (1) lors qu'ils se trouvent justes & raisonnables, ne sont autre chose que des conséquences tirées des maximes générales de la Loi Divine, & accommodées aux cas qui se présentent: ainsi ceux qui sont tels ou indiquent ce que la Loi de DIEU commande, ou exhortent à ce que DIEU conseille. Et c'est-là en effet l'emploi de la vraie Eglise, d'enseigner ce qu'elle a appris de DIEU, & de le donner de la maniére qu'elle l'a reçû. Les (2) *mœurs* aussi *des prémiers Chrétiens*, qui soûtenoient la dignité de leur nom, & même les usages qu'ils approuvoient, quoi qu'ils ne fussent pas reçûs parmi eux, sont avec raison mis au même rang que les Canons des Conciles, & ne tiennent pas moins lieu de régle. Après cela viennent les décisions des Docteurs, (3) qui, dans chaque Siécle, se sont distinguez, parmi les *Chrétiens*, par leur pieté & par leur savoir, sans avoir été d'ailleurs chargez de quelque erreur considérable: car quand ils

Langue, que le Vieux Testament: ils étoient très-mauvais Critiques, & de peu de jugement. Ils n'avoient non plus d'autres monumens anciens de l'Histoire de leur Nation, que les Livres du Vieux Testament, & ils ne lisoient point les Livres des Paiens: leurs traditions ne pouvoient être que fort altérées & corrompuës par la longueur du tems. Ainsi, pour suppléer à leur ignorance, & pour suivre le panchant qu'ils avoient d'ailleurs à débiter des fables & des allégories, ils ont inventé des faits & des coûtumes les plus chimériques du monde. De sorte qu'ils ne sont en rien comparables aux Interprêtes Chrétiens, qui, comme GROTIUS, ont étudié méthodiquement les Langues, & puisé dans tous les monumens de l'Antiquité. Voiez CUNÆUS, *de Republ. Hebr.* Lib. II. Cap. XXIV. les *Sentimens sur l'Histoire Critique du Pére Simon*, par Mr. LE CLERC, pag. 198, 199. & la *Défense* de ce Livre, *Lettre* VI. la BIBLIOTHE'QUE UNIVERSELLE, Tom. IV. pag. 315. *& suiv.* Tom. VII. pag. 247, *& suiv.* Tom. X. pag. 117, 118. Tom. XXIV. pag. 115, *& suiv.* la BIBLIOTHE'QUE CHOISIE, Tom. VII. pag. 83, 84. les *Quæstiones Sacræ* DAVIDIS CLERICI, pag. 139, 285. &c. & les *Quæstiones Hieronymianæ* J. CLERICI Quæst. VI. ZIEGLER cite ici un passage d'ISAAC CASAUBON, *Exercit. in Baron.* XVI. *num.* 15. & un autre de JOSEPH SCALIGER, *de Emendat. temporum*, Lib. VII. Mais c'est sur tout en matiére de Morale & de Droit, dont il s'agit ici, qu'on peut le moins se fier aux Rabbins. Le Livre de SELDEN, *de Jure Nat. ac Gent. secundum Disciplinam Hebræorum*, en est une bonne preuve; quelque haute opinion que ce Savant Anglois ait des Docteurs Juifs. Voiez ce que j'ai dit dans ma *Préface* sur PUFENDORF, *Droit de la Nat. & des Gens*, §. 7. BOECLER accuse GROTIUS de n'avoir pas lû avec assez de soin les Livres des Rabbins, & de s'être presque uniquement attaché à MOÏSE, *Fils de Maimon*. Mais d'autres trouveront peut-être qu'il n'en faisoit que trop de cas, & qu'il avoit trop perdu de tems à les lire, quoi que, par la force de son jugement, il se soit préservé de la contagion, & il ne se soit pas gâté l'esprit à lire de si méchans Auteurs.

§. LI. (1) Voiez ce que je dirai sur Liv. I. *Chap.* II. §. 9. *Note* 19.

§. LII. (1) Ces Canons ne sauroient être de grand usage pour le but de nôtre Auteur. 1. Parce qu'il nous reste très-peu de Conciles des deux ou trois prémiers Siécles, qui sont les tems où la Doctrine doit avoir été, selon lui, la plus pure: & de ceux qui nous restent, plusieurs sont ou supposez, ou falsifiez, ou corrompus en divers endroits. 2. Parce que les décisions des Conciles, généralement parlant, roulent d'ordinaire ou sur des points spéculatifs, ou sur des matiéres de Discipline Ecclésiastique. 3. Parce que les Conciles étoient non seulement tous sujets à l'erreur, mais encore se sont très-souvent trompez, en matiére même de choses assez faciles. Nôtre Auteur donne à entendre cela, lors qu'il dit: *Synodici Canones*, QUI RECTI SUNT. Ainsi il faut toûjours en venir à l'Ecriture Sainte, qui, bien interprêtée, est la pierre de touche, à laquelle on doit examiner les décisions des Conciles, quels qu'ils soient, pour voir si elles sont justes & raisonnables. 4. Enfin, on sait que, dans la plûpart des Conciles, tout se passoit avec beaucoup d'irrégularité, & que ce n'étoient guéres que des cabales de gens dévouez aux Empereurs, ou à quelque Parti qui avoit pris le dessus; de sorte qu'ils n'apportoient rien moins à ces Assemblées, qu'un Esprit éclairé des connoissances nécessaires, & un Cœur droit & Chrétien.

(2) On se trompe fort de croire, que la plûpart des prémiers Chrétiens aient été d'une pieté & d'une probité exactement conforme aux régles de l'Evangile. Voiez l'*Histoire Ecclesiastique* de Mr. LE CLERC, Sæc. I. Ann. LVII. §. 6, *& seqq.* Mais quelque grande qu'on la suppose, leur jugement & leur conduite ne sauroit passer toujours ici pour régle, en matiere de choses qui ne sont pas d'ailleurs clairement & expressément décidées dans l'Ecriture. L'étenduë de leurs lumieres & la justesse de leur Esprit n'égaloit pas quelquefois l'ardeur de

ils disent quelque chose avec beaucoup d'assurance, & comme en étant bien instruits, cela doit être d'une grande autorité dans l'interprétation des passages obscurs de l'Ecriture; sur tout si plusieurs d'entr'eux s'accordent là-dessus, & si le siécle où ils vivoient est plus près des tems où l'Eglise étoit la plus pure, où il n'y avoit encore ni esprit de domination, ni cabales, qui pûssent corrompre la vérité primitive.

§. LIII. Les *Scholastiques*, qui ont succédé aux Péres de l'Eglise, montrent souvent beaucoup de génie & de pénétration. Mais, comme ils ont vécu dans des Siécles malheureux, où les Lettres & les Sciences les plus utiles étoient entiérement negligées, il ne faut pas s'étonner si, parmi plusieurs bonnes choses qu'ils ont dites, on en trouve quelques-unes sur lesquelles ils ont besoin d'indulgence. Cependant, lorsqu'ils s'accordent dans la décision de quelque point de Morale, il n'arrive guéres qu'ils se trompent, parce qu'ils sont très-clairvoians & fort ingénieux à découvrir les bevuës & les fausses pensées des autres. Avec tout cet esprit de dispute, ils ne laissent pas de donner un exemple louable de modestie, en ce qu'ils combattent leurs Adversaires uniquement par des raisons, bonnes ou mauvaises, sans avoir recours à ces armes étrangéres dont l'usage s'est introduit depuis peu, & qui deshonorent si fort les Lettres & les Savans; je parle des injures, fruit honteux d'un Esprit qui n'est pas maître de lui-même.

§. LIV. On peut réduire à trois classes les *Jurisconsultes* qui se sont attachez à l'étude du *Droit Romain*. La *prémiére* comprend ceux, des Ouvrages desquels on voit des fragmens dans le DIGESTE, dans les CODES THEODOSIEN ET JUSTINIEN, & dans les NOVELLES. La *seconde* est de ceux qui succedérent à (1) IRNERIUS, tels

de leur zéle & la droiture de leur Cœur. On sait que plusieurs se faisoient une trop haute idée de la nécessité du Martyre, & que dans cette prévention ils y couroient un peu témérairement. Ils semblent avoir crû pour la plûpart, qu'il n'est pas permis d'aller à la Guerre, ni de plaider, ni d'exercer des Emplois Publics, ni de faire serment, ni de négocier, ni de se marier en secondes nôces, ni de prêter à intérêt; toutes choses que l'on ne sauroit prouver ni par la Raison, ni par l'Ecriture, être mauvaises en elles-mêmes. Aussi est-ce par un trop grand respect pour la simplicité peu éclairée de ces prémiers tems, que nôtre Auteur semble avoir donné dans la distinction des *Conseils* & des *Préceptes Evangeliques*, comme il paroit par ce qu'il dit *Liv.* I. *Chap.* II. §. 9. où l'on verra ce que j'ai remarqué assez au long là-dessus.

(1) J'ai montré avec assez d'étenduë, dans ma *Préface* sur PUFENDORF, *Droit de la Nature & des Gens*, §. 9, & 10. que les PE'RES DE L'EGLISE, dont l'Auteur parle ici, sont de pauvres maitres & de mauvais guides en matiére de Droit & de Morale. Je n'ai point changé de sentiment, depuis que le P. CEILLIER, Moine Benédictin, a publié contre ces articles de ma *Préface*, un Livre *in 4.* intitulé, *Apologie de la Morale des Péres de l'Eglise*, & publié à *Paris* en 1718. Il ne me sera pas difficile de faire voir, que, bien loin d'avoir intenté des *accusations injustes*, je n'ai rien avancé, sur le sujet dont il s'agit, qui ne puisse être démontré ou par des aveus de mon Adversaire même, ou par la foiblesse des raisons qu'il allégue en faveur de ces anciens Docteurs de l'Eglise, qu'il veut justifier à quelque prix que ce soit. Leur cause n'est pas en trop bonnes mains, puis que leur Apologiste, d'un côté, n'a pas même entendu l'état de la question; de l'autre, se défiant de la force de ses preuves, a appellé au secours les invectives & les injures; outre une infinité de choses triviales, qui ne font rien au sujet. C'est ce que je montrerai peut-être un jour en detail, selon que j'en aurai le loisir & l'occasion; quoi que, pour le fond de la dispute, je croie pouvoir m'en rapporter au jugement de toute personne intelligente & non prévenuë, qui voudra comparer ce que j'ai dit, & le Livre où je l'ai dit, avec celui de mon Censeur emporté. Si l'on se dispense d'un préalable si nécessaire, on s'exposera à prononcer témérairement, & on se fera plus de tort, qu'à moi.

§. LIV. (1) Cet IRNERIUS (ou, comme d'autres écrivent, WERNERIUS) vivoit au commencement du onziéme Siecle; & les uns le font Milanois, les autres Allemand. Le Droit Romain avoit été, pendant quelques Siécles, sinon absolument ignoré & hors d'usage dans nôtre Occident, du moins peu connu & peu suivi. Le DIGESTE sur tout semble avoir été alors enseveli dans un entier oubli. Mais les fameuses *Pandectes de Florence* aiant été trouvées à *Amalphi*, dans le Roiaume de *Naples*, lors que l'Empereur *Lothaire II.* eût pris cette Ville, dans la Guerre qu'il faisoit, conjointement avec le Pape *Innocent II.* à *Roger*, Roi de *Sicile*; les Habitans de *Pise*, qui avoient donné quelques Vaisseaux à l'Empereur, lui demandérent pour récompense cet exemplaire, & l'obtinrent. Le goût des Lettres commençoit un peu à renaitre, & l'on venoit d'établir à *Bologne* des Professeurs en toute sorte de Sciences. Un d'eux nommé PEPON, se mit à expliquer le Droit Romain. Mais, comme il le fit avec peu de succès, IRNERIUS prit sa place, aiant été appellé à *Bologne*, de *Ravenne* où il étoit Professeur dans les Arts Libéraux. On le qualifia le Flambeau du Droit (*Lucerna Juris*:) & ce fut lui qui introduisit dans les Ecôles le Droit Romain, ou de son chef, ou, comme le dit *l'Abbé d'*URSPERG, à la sollicitation de *Mathilde*, Comtesse de *Toscane*. Le Droit Romain passa bien tôt ensuite dans le Barreau; & *Lothaire*, & ses Successeurs, lui donnérent enfin force de Loi. IRNERIUS, qui savoit le Grec, avoit étudié les BASILIQUES, & les autres Livres Grecs du Droit Romain, qui s'étoient conservez en Orient. Il fit de petites Scholies sur le Corps du Droit Civil, & donna par là naissance aux *Gloses*, qui

tels que ſont (2) ACCURSE, BARTOLE (3), & un grand nombre d'autres, qui ont regné pendant long tems dans le Barreau. Et la *troiſiéme* renferme (4) ceux qui ont joint la connoiſſance des Belles Lettres avec l'étude du Droit.

§. LV. Je défére beaucoup aux décisions des prémiers. Car, outre qu'ils fourniſſent ſouvent de très-bonnes raiſons pour démontrer ce qui eſt de Droit Naturel; leur ſuffrage ſert ſouvent d'autorité pour confirmer les régles de ce Droit, auſſi bien que pour établir celles du Droit des Gens: quoi qu'eux-mêmes, comme bien d'autres, (1) confondent ſouvent ces deux noms, & qu'ils appellent même quelquefois *Droit des Gens*, ce qui n'eſt ni commun à tous les Peuples, ni fondé ſur une eſpéce de convention tacite entre les Nations, mais particulier à quelques-unes, qui l'ont ſeulement imité les unes des autres, ou reçû même par hazard & ſans deſſein. Il arrive auſſi ſouvent, qu'en traitant des matiéres du Droit des Gens, ils y mêlent ſans diſtinction ce qui eſt purement du Droit Romain, comme il paroit par le (2) Titre *des Priſonniers de Guerre & du droit de Poſtliminie:* confuſion à laquelle nous avons tâché de remédier.

§. LVI. LES Juriſconſultes de la ſeconde claſſe, ſans s'attacher en aucune maniére au Droit Divin & à l'Hiſtoire Ancienne, ont voulu décider tous les différens des Rois & des Peuples par les *Loix Romaines*, auxquelles ſeulement ils joignent quelquefois le *Droit Canonique*. Mais malheureuſement l'ignorance de leur Siécle les a ſouvent empêché de bien entendre ces mêmes Loix qu'ils prenoient mal-à-propos pour des régles univerſelles, auxquelles toutes les Nations devoient ſe ſoumettre, ſelon eux. Du reſte, ils ſont aſſez pénétrans, quand il s'agit de découvrir les principes de l'Equité, de ſorte que ſouvent ils donnent de très-bonnes ouvertures pour enſeigner à faire de nouvelles Loix, lors même qu'ils expliquent mal celles qui ſont déja établies. Mais ce ſur quoi on doit le plus les écouter, c'eſt quand ils rendent témoignage à la pratique d'une Coûtume qui fait aujourdhui partie du Droit des Gens.

§. LVII. LES Docteurs de la troiſiéme & derniére claſſe, qui ſe renferment dans les bornes du Droit Romain, & qui n'entrent que peu ou point dans l'explication du Droit commun aux Princes & aux Nations, ne ſont preſque d'aucun uſage par rapport à nôtre ſujet & à nôtre but. Parmi ceux-ci, il y a deux Eſpagnols, (1) COVARRUVIAS, & (2) VASQUEZ, qui, avec la connoiſſance des Loix & des Canons, ont mis en uſage toutes les ſubtilitez de la Scholaſtique, en ſorte qu'ils ſont allez juſqu'à traiter les queſtions qui regardent les différens des Peuples & des Rois. Le prémier de ces deux Au-

qui ſe multipliérent beaucoup ſous ſes Succeſſeurs. Voiez la *Delineatio hiſtoriæ Juris Romani & Germanici* de Mr. THOMASIUS, §. 121, *& ſeqq.* publiée à *Leipſig* en M. DCC. IV. à la tête de l'*Anti-Tribonianus* de FRANÇOIS HOTMAN: & les *Origines Juris Civilis* de feu Mr. GRAVINA, Profeſſeur à *Rome*, Lib. I. §. 143. pag. 101, *& ſeqq.* de la derniére Edition de 1717.

(2) FRANÇOIS ACCURSE etoit de *Florence*, & il vivoit à la fin du XII. Siécle, & au commencement du XIII. Il ramaſſa toutes les explications des Juriſconſultes qui l'avoient précedé, & y en ajoûta beaucoup de ſiennes, en ſorte que, quoi qu'il eût près de quarante ans, lors qu'il ſe mit à étudier la Juriſprudence, il commenta tout le Droit Civil, par des Gloſes un peu plus amples que les précedentes, mais toûjours aſſez courtes. Cependant le grand CUJAS le mettoit au deſſus de tous les Interprétes, & Grecs, & Latins, qu'il connoiſſoit. Voiez le Livre de Mr. GRAVINA, que j'ai cité dans la Note précedente, §. 155. pag. 108.

(3) Il étoit natif de *Sentinum*, Bourg de l'*Ombrie*, appellé aujourd'hui *Saſſoferrato*; & il vivoit au milieu du XIV. Siécle. Il introduiſit dans la Juriſprudence les ſubtilitez de la Dialectique & le langage barbare des Scholaſtiques, en ſorte qu'il ne s'attacha pas tant à expliquer le Droit Romain, qu'à décider une infinité de cas & de queſtions, ſur quoi les Loix ne diſent rien, mais qu'il tâchoit d'en tirer, ou par des conſéquences ſouvent fort éloignées, ou ſans aucun fondement. Voiez les *Origines Juris Civilis* de Mr. GRAVINA, déja citées plus d'une fois, §. 164. pag. 112. *& ſeqq.* où l'on diſtingue auſſi les Diſciples de BARTOLE, comme faiſant une claſſe de Juriſconſultes, différente de celle des Diſciples d'ACCURSE.

(4) ANDRE' ALCIAT, Juriſconſulte de *Milan*, unit le prémier ces deux études, qui doivent être ſi inſéparables. Il fut Profeſſeur, prémiérement à *Bourges*, puis à *Avignon*: enſuite étant retourné dans ſon païs, il enſeigna publiquement à *Bologne*, & puis à *Ferrare*; d'où il ſe retira à *Pavie*; & il y mourut en M. D. L. âgé d'environ 59. ans. FRANÇOIS CUJAS enchérit beaucoup ſur lui, de ſorte qu'on le regarde, & avec raiſon comme le principal reſtaurateur du Droit Romain. Celui-ci étoit de *Toulouſe*. Il fut d'abord appellé dans l'Univerſité de *Cahors*, puis dans celle de *Bourges*, enſuite à *Valence* en *Dauphiné*, & à *Turin*; enfin il retourna à *Bourges*, où il mourut en M. D. XC. âgé d'environ 70. ans. On trouvera ce qu'il y a de plus conſidé-

Auteurs l'a fait avec beaucoup de liberté: l'autre s'est montré plus retenu, & assez judicieux. Les Jurisconsultes François sont ceux qui ont entrepris avec le plus de soin d'associer l'Histoire à l'étude des Loix: entre lesquels (3) BODIN, & (4) HOTOMAN, se sont fort distinguez; le prémier, par un Ouvrage entier & suivi; l'autre, par des Questions mêlées. Leurs décisions, & les raisons dont ils les appuient, nous fourniront souvent de quoi découvrir la vérité.

§. LVIII. POUR moi, dans tout cet Ouvrage, je me suis proposé principalement trois choses. 1. De fonder ce que j'établis sur les raisons les plus évidentes que j'ai pû trouver. 2. De ranger en bon ordre mes matiéres. 3. Et de distinguer netrement les choses qui peuvent paroître semblables ou de même nature, quoi qu'il y aît entr'elles une différence très-réelle.

§. LIX. JE me suis abstenu de toucher ce qui est d'un autre sujet, comme de donner des Régles sur ce qu'il est à propos de faire; car cela est du ressort d'une Science particuliére, je veux dire de la *Politique:* & c'est avec raison qu'ARISTOTE traite à part cette (1) Science, sans y mêler rien d'étranger; au lieu que BODIN la confond souvent avec le Droit que nous entreprenons d'expliquer ici. Que si en quelques endroits j'ai fait mention de l'Utile, ce n'a été qu'en passant, & pour distinguer plus clairement les questions qui s'y rapportent, d'avec celles qui doivent être décidées par les principes du Juste.

§. LX. ON me feroit tort de s'imaginer que j'aie eu en vûë aucune dispute de nôtre siécle, ou déja née, ou que l'on aît lieu de prévoir. Je puis protester de bonne foi, que comme les Mathématiciens, en examinant les Figures, font abstraction des Corps qu'elles modifient, j'ai aussi, en expliquant le Droit, détourné mes pensées de la considération de tout fait particulier.

§. LXI. A L'EGARD du stile, comme je me suis proposé l'utilité des Lecteurs, je n'ai pas voulu les dégoûter & les rebutter par de longs discours, dans un Ouvrage qui renferme un si grand nombre de matiéres. Je me suis donc exprimé, autant que j'ai pû, d'une maniére concise & didactique: afin que ceux qui sont emploiez aux affaires publiques, voient d'un coup d'œil les questions qui se présentent le plus souvent, & les principes par lesquels on peut les décider; après quoi il sera facile de raisonner sur le cas particulier dont il s'agira, & d'étendre son discours autant qu'on voudra.

§. LXII. EN citant les Anciens, j'ai souvent allégué les propres paroles des Auteurs, lors

sidérable à savoir sur la vie, le caractére, & les Ouvrages de ces deux célébres Jurisconsultes, & des principaux de ceux qui leur ont succédé, dans les *Origines Juris Civilis* de Mr. GRAVINA, *Lib.* I. § 170. pag. 121, *& seqq.* jusqu'à la fin du Livre.

§. LV. Voiez sur PUFENDORF, *Droit de la Nat. & des Gens*, Liv. II. Chap. III. § 23. *Note* 3.

(2) Voiez ci-dessous, *Liv* III. *Chap.* IX.

§. LVII. DIEGO COVARRUVIAS, étoit de *Toléde.* Il fut le prémier qui enseigna le Droit Canon à *Salamanque.* Il eut divers emplois, & il mourut Evêque de *Ségovie*, en M. D. LXXVII. Ses Oeuvres ont été imprimées plusieurs fois, en deux volumes *in folio.*

(2) FERNAND VASQUEZ, étoit Disciple de *Covarruvias.* L'Ouvrage de cet Espagnol, dont notre Auteur a fait le plus d'usage, ce sont ses *Controversiæ illustres & alia usu frequentes*, en six Livres, dont on a plus d'une Edition. Mais notre Auteur cite aussi quelquefois son gros Ouvrage *de Successionibus & ultimis voluntatibus*, qui fait trois volumes *in folio.*

(3) JEAN BODIN, Jurisconsulte Angevin, mourut en M. D. LXXXV. L'Ouvrage dont l'Auteur veut parler, ést le fameux Traité *de la République*, que l'on a en Latin, & en François: mais l'Edition Latine est la meilleure & la plus complette. Celle, dont je me sers, est de *Francfort* en 1622.

(4) FRANÇOIS HOTMAN, natif de *Paris*, & originaire de *Silésie*, mourut en M. D. XC. à *Bâle*, apres avoir composé un grand nombre d'Ouvrages. Ses *Quæstiones illustres*, dont notre Auteur veut parler, parurent en M. D. LXXIII.

§. LIX. (1) La bonne Politique ne doit rien autoriser contre les Régles invariables du Juste; & celle des *Machiavellistes*, qui a pour principe uniquement l'utilité de l'Etat, ou de ceux qui le gouvernent, est une Politique fausse & abominable. Mais ce sont toûjours deux choses différentes que le *Juste* & l'*Utile*, en matiére même de Politique; & un seul éxemple tiré de la matiére même de cet Ouvrage, le fera comprendre aisément. Pour entreprendre légitimement la Guerre, il faut avant toutes choses qu'on ait un juste sujet de s'y engager. Mais, quelque bonnes que soient les raisons justificatives, si les circonstances ne permettent pas de prendre les armes sans préjudice du Bien Public, si l'on court risque de perdre autant ou plus qu'on ne gagnera; on commet alors une faute contre la bonne Politique.

lors qu'elles me paroissoient avoir une force ou une grace singuliére. J'en ai même usé ainsi quelquefois par rapport aux Auteurs Grecs, sur tout quand le passage étoit court, ou tourné de telle maniére, que je ne croiois pas pouvoir en conserver l'agrément dans ma traduction; dont j'ai néanmoins accompagné toûjours ces sortes de citations, en faveur de ceux qui n'entendent pas le Grec.

§. LXIII. AU RESTE, bien loin de vouloir me soustraire à la critique, je prie & je conjure tous ceux entre les mains de qui tombera cet Ouvrage, de prendre à mon égard la même liberté que je me suis donnée en examinant les pensées & les Ecrits d'autrui. Toutes les fois qu'on me fera voir, que je me suis trompé, je profiterai incessamment de l'avis. Et dès à present je déclare ici, que, si j'ai avancé quelque chose de contraire à la Piété, aux Bonnes Mœurs, à l'Ecriture Sainte, aux sentimens reçûs de toute l'Eglise Chrétienne, ou en un mot à quelque vérité que ce soit, je le désavoue, & je veux qu'il soit tenu pour non dit.

LE

LE DROIT DE LA GUERRE, ET DE LA PAIX.

LIVRE PREMIER:

Où l'on traite de l'ORIGINE DU DROIT & de la GUERRE, & de leurs différentes sortes; comme aussi de l'étendue du pouvoir des Souverains.

CHAPITRE PREMIER.

Ce que c'est que la GUERRE, & le DROIT.

I. *Ordre de tout l'Ouvrage.* II. *Définition & étymologie du mot de* GUERRE. III. *Le* DROIT, *pris pour une qualité des actions, se divise en* Droit de Supériorité, *&* Droit d'égal à égal. IV. *Entant qu'il désigne une qualité personnelle, il renferme la* Faculté, *& le* Mérite. V. *Différentes sortes de* Faculté, *ou de* Droit *proprement ainsi nommé.* VI. *Autre division de ce Droit, en* Droit privé *ou inférieur, &* Droit éminent *ou superieur.* VII. *Ce que c'est que* Mérite. VIII. *De la* Justice explétrice, *& de l'*Attributive. Que *ces deux sortes de Justice ne different pas, à proprement parler, en ce que l'une soit la Proportion Géometrique, & l'autre la Proportion Arithmétique; ni en ce que l'une roule sur les choses qui appartiennent à tout le Corps, & l'autre sur ce qui est à chaque Particulier.* IX. *Ce que c'est que le* Droit, *pris pour une certaine Régle. Il se divise en* Droit Naturel, *&* Droit Arbitraire. X. *Définition du* DROIT NATUREL. *Combien de sortes il y en a; & comment on peut le distinguer d'avec certaines choses auxquelles on donne ce nom improprement.* XI. *Que ni l'instinct commun à tous les Animaux, ni même celui qui est particulier à l'Homme, ne constituent point une autre espéce de Droit.* XII. *Maniére de prouver les maximes du Droit Naturel.* XIII. *Le* DROIT ARBITRAIRE *est ou* Divin, *ou* Humain. XIV. *Le* DROIT HUMAIN *se divise en* Droit Civil, Droit moins étendu que le Civil; *&* Droit plus étendu, *ou* DROIT DES GENS. *Comment on prouve cette derniére sorte de Droit.* XV. *Le* DROIT DIVIN *est ou* Universel *ou* Particulier. XVI. *Que les Etrangers n'ont jamais été soûmis aux Loix des anciens* Hébreux. XVII. *Quel usage les* Chrétiens *peuvent faire des Loix données aux anciens* Hébreux, *& comment ils peuvent en tirer des consequences par rapport à certains sujets.*

§. I. C'Est sur les affaires de la Guerre, ou de la Paix, que roulent (1) tous les différens de ceux qui ne reconnoissent point de Droit Civil commun, par lequel ils puissent & doivent être terminez; tels que sont une multitude de gens (2) qui ne forment point de Communauté, ou les personnes qui sont membres de différentes Nations, soit (3) simples Particuliers, soit Rois ou autres Puissances revêtues d'une autorité égale à celle des Rois, comme les Principaux de l'Etat, & le Corps du Peuple, dans les Gouvernemens Républicains. Mais, comme on fait la Guerre en vuë d'avoir la Paix, & qu'il n'y a point de différent qui ne puisse causer la Guerre; il ne sera pas hors de propos de traiter, à l'occasion du Droit de la Guerre, de tous ces démêlez qui arrivent ordinairement: après quoi, la Guerre même nous ménera à la Paix, comme à sa fin & son but.

§. II. 1. Puis donc qu'il s'agit maintenant du Droit de la Guerre, il faut voir d'abord, ce que c'est que la *Guerre*, à quoi se rapporte tout ce que nous avons à dire; & ce que c'est que le *Droit*, que nous cherchons, comme aiant lieu dans la Guerre.

2. Ciceron (1) définit la Guerre, une *maniére de vuider les différens par les voies de la force.* Mais l'usage a voulu qu'on entendît par ce mot, (2) non ce que font les uns par rapport aux autres ceux qui ont quelque chose à démêler ensemble, mais leur état & leur situation respective. Il faut donc dire que la Guerre est *l'état de ceux qui tâchent de vuider leurs différens par les voies de la force, considérez* (3) *comme tels.*

3. Cet-

§. I. (1) Voiez Pufendorf, *Droit de la Nature & des Gens*, Liv. I. Chap. I. §. 8. *Note* 1.

(2) Tels étoient, comme chacun sait, les anciens *Patriarches*, qui vivoient sous des tentes, & qui alloient de côté & d'autre, sans former aucune Communauté, ni dépendre d'aucun Gouvernement; quoi qu'il y eût déja des Societez Civiles établies dans le monde. Le savant Gronovius allegue ici l'exemple des *Aborigénes*, qui habitérent les prémiers l'*Italie*; & de divers Peuples d'*Afrique*. Aborigines, *genus hominum agreste, sine legibus, sine imperio, liberum atque solutum.* Sallust. Bell. Catilin. *Cap.* VI. Africam *initio habuere* Gætuli *&* Libyes, *asperi incultique.* . . . . *Hi neque moribus, neque lege, aut imperio cujusquam regebantur.* Idem, *Bell. Jugurth.* Cap. XXI. *Ed. Wass.* (XVIII. Ed. vulg.) *Quamquam in familias passim & sine lege dispersi* (interiores incolæ *Cyrenaïcæ*), *nihil in commune consultant.* Pompon. Mela, *Lib.* I. *Cap.* VIII. num 11. *Edit. Voss.* On trouve encore aujourd'hui, parmi les *Arabes*, & en *Afrique*, aussi bien qu'en *Amérique*, des Nations sauvages & des Multitudes vagabondes, qui n'ont ni Loix, ni Magistrats, ni aucune forme de Gouvernement. Voiez la *Continuation des Pensées diverses* &c. de feu Mr. Bayle, Article CXVIII.

(3) Voiez ci-dessous, *Liv.* II. *Chap.* XI. §. 5. *num.* 5.

§. II. (1) *Nam cùm sint duo genera decertandi, unum per disceptationem, alterum per vim* &c. De Offic. *Lib.* I. *Cap.* XI. Voiez Pufendorf, *Droit de la Nat. & des Gens*, *Liv.* V. Chap. XIII. où il traite des autres maniéres de vuider un différent dans l'indépendance de l'Etat de Nature.

(2) Philon, Juif, dit, que l'on regarde comme *Ennemis*, non seulement ceux qui nous attaquent actuellement sur mer ou sur terre, mais encore ceux qui font des préparatifs pour venir nous attaquer, & qui dressent des batteries contre nos Ports ou nos Murailles, quoi qu'ils ne soient pas encore aux mains avec nous. Πολεμίους γὰρ, οἶμαι, νομιστέον οὐ μόνον τοὺς ἤδη ναυμαχοῦντας ἢ πεζομαχοῦντας νομίζειν, ἀλλὰ καὶ τοὺς εἰς ἐπιδρομὴν παρασκευαζομένους, καὶ τοὺς ἐπιδήλους ἐπιφέροντας τοῖς λιμέσι καὶ τείχεσι, κἂν μή συμπλέκωνται, πολεμίους: &c. De Legibus Specialib. *Lib.* II. (pag. 790. C. *Ed. Paris.*) Servius, sur ce vers du I. Livre de l'*Enéide* de Virgile:

—— —— *Quo justior alter*
Nec pietate fuit, nec bello major & armis:
Vers. 545.

fait cette remarque: *Non est iteratio: nam* Bellum *& consilium habet. Nec est scientia rei militaris.* Arma *autem tantum in ipso actu sunt, id est viribus dimicandi, ut aliud animi, aliud corporis sit.* „Quand le Poëte dit, „qu'il n'y avoit personne qui l'emportât sur *Enée* dans „la *Guerre* & dans des *Armes*, ce n'est pas une vaine „redite: car le mot de Guerre renferme l'idée des „projets & des conseils que l'on forme contre un Ennemi; de sorte que par là on marque la Science de „l'Art Militaire. Au lieu que le mot d'Armes se dit „seulement des hostilitez actuelles, ou des Combats „dans lesquels on montre sa force. Ainsi le premier „se rapporte à l'esprit, & l'autre au Corps." Le même Commentateur dit ailleurs: Bellum *est tempus omne, quo vel preparatur aliquid pugnæ necessarium: vel quo pugna geritur.* Prælium *autem dicitur conflictus ipse bellorum.* „La Guerre est tout le tems pendant le„quel on est occupé ou aux préparatifs ou à l'exécu„tion des actes d'hostilité. Le Combat, c'est lors „qu'on vient actuellement aux mains dans les diverses „rencontres. Sur le VIII. Livre de l'*Enéide* (vers. 547.) Grotius.

(3) Car non seulement ceux qui sont en guerre ont plusieurs rélations différentes avec d'autres personnes neutres, en vertu desquelles ils font bien des choses qui ne se rapportent nullement à l'état d'Hostilité: mais encore ils peuvent agir & ils agissent quelquefois entr'eux comme s'ils n'étoient pas Ennemis, au lorsqu'à cet égard l'usage des voies de la Force & les droits de la Guerre sont suspendus. C'est ce qui a lieu, lors que deux

3. Cette idée générale renferme toutes les diverses sortes de Guerre, dont nous aurons à traiter. Je n'en excepte pas même les Guerres de Particulier à Particulier, qui étant plus anciennes que les Guerres Publiques, & sans contredit de même nature, doivent être comprises sous un seul & même nom, qui exprime nettement ce qu'elles ont de commun.

4. Cela ne s'accorde pas mal avec l'étymologie du mot Latin, (4) & même avec celle du mot Grec, qui y répond.

5. Il n'est (5) pas non plus contre l'usage, de donner au mot de *Guerre* une signification si étenduë. Que si quelquefois on le restreint aux Guerres Publiques, cela ne fait rien contre nous; car il est certain que le nom du Genre est souvent affecté d'une façon particuliére à quelcune de (6) ses Espéces, sur tout si elle est plus considérable que les autres.

6. Au reste, je ne fais point entrer l'idée de la Justice dans la définition de la Guerre, parce que c'est cela même dont il s'agit dans cet Ouvrage, où nous recherchons s'il y a quelque Guerre juste, & quelle Guerre peut être ainsi appellée: or il faut distinguer ce qui est en question, d'avec la chose même par rapport à quoi on propose la question.

§. III. 1. EN intitulant donc ce Traité, DU DROIT DE LA GUERRE, nous avons voulu donner à entendre que nous examinerions prémiérement, comme nous venons de le dire, s'il y a quelque Guerre juste: & ensuite que nous montrerions ce qu'il y a de juste dans la Guerre. Car le mot de DROIT ne signifie ici autre chose que *ce qui est juste*, & cela dans un sens négatif, plûtôt que dans un sens positif; de sorte que le *Droit* de

deux Ennemis font ensemble quelque Convention ou quelque Traité; comme l'Auteur l'expliquera au long en son lieu. Au reste, GRONOVIUS, dans une Note sur cet endroit, & HUBER, *de Jure Civitatis*, Lib. III. Sect. IV. Cap. IV. §. 2. prétendent qu'il n'y a pas au fond de la différence entre la définition de CICERON, & celle de notre Auteur. Je le veux croire; mais cela est fort peu important, & il suffit que la derniére définition soit plus claire & plus étenduë que la prémiére. OBRECHT, dans une Dissertation *de ratione Belli*, (qui est la VIII. du Recueil publié en 1704.) défend aussi la définition de nôtre Auteur, contre la critique mal entenduë de quelques Commentateurs.

(4) Car *Bellum* vient du mot ancien *Duellum*: comme de *Duonus*, on a fait *Bonus*; & de *Duis*, qui signifioit *Duo*, on a ensuite formé *Bis*. Or *Duellum* étoit dérivé du nombre *Duo*, & donnoit par là à entendre un différent entre *deux* personnes; dans le même sens que nous donnons à la Paix le nom d'*union* (*unitas*) par une raison contraire. C'est ainsi que le terme Grec Πόλεμος, dont on se sert ordinairement pour dire la *Guerre*, donne dans son origine une idée de multitude. Les anciens *Grecs* l'exprimoient aussi par le mot de Λύη, qui emporte une *Désunion* des Esprits: de même qu'ils disoient Δύη, pour exprimer la *dissolution* des parties du Corps. GROTIUS.

Cette Note est toute tirée du Texte, où ce qu'elle contient ne seroit pas fort agréable à un Lecteur François, & n'est pas au fond de grand usage par rapport au sujet. Notre Auteur, en donnant l'étymologie de Πόλεμος, le fait venir de πολὺς. D'autres vont chercher ailleurs l'origine de ce mot, & il ne faut pas s'en étonner. Le païs des Etymologies est fort vaste, & présente bien des routes différentes, où chacun peut se promener à son aise. Il faut néanmoins, en faveur de ceux qui aiment ces sortes de recherches, & pour ne laisser rien à déviner dans les pensées de notre Auteur, dire quelque chose sur les derniéres paroles, qui sont ainsi couchées dans l'Original: *Veteribus etiam* λύη *à dissolutione, quomodo & corporis dissolutio* δύη. Les Commentateurs sont ici muets, sans en excepter GRONOVIUS, Critique de profession: car il se contente d'expliquer le mot de Δύη par d'autres mots Grecs, où il ne trouve que ce sens, *quævis infelicitas*; ce qui ne montre point la raison de l'étymologie de notre Auteur, ni l'application qu'il en fait. On pourroit d'abord s'imaginer qu'il y a faute dans le Texte: & je sai qu'effectivement quelques personnes ont cru qu'il falloit mettre encore ici Λύη. Mais toutes les Editions portent Δύη; & je crois avoir découvert sûrement ce que notre Auteur veut dire, & ce qui lui a donné lieu de proposer ici l'étymologie de ce mot, qu'il fait venir tacitement de Δύω. Il a pris Δύη dans le sens de λύπη, *dolor*, que quelques Léxicographes notent: & il a eu dans l'esprit l'étymologie que PLATON donne de ce mot λύπη, qu'il tire de λύω, parce, dit-il, que, quand on souffre de la Douleur, il se fait une *dissolution du Corps*, c'est-à-dire, des parties du Corps: Ἡ τε λύπη, ἀπὸ τῆς διαλύσεως τοῦ σώματος ἔοικεν ἐπωνομασμένῃ, ἣν ἐν τούτῳ τῷ πάθει ἴσχει τὸ σῶμα. In *Cratylo*, pag. 419. C. Tom. I. *Ed. H. Steph.* Notre Auteur, à l'imitation de cet ancien Philosophe, tire Δύη de δύω, par la même raison: car de la *séparation* des parties du Corps, il s'ensuit que celles qui auparavant ne paroissoient que comme un seul Tout, à cause de leur union, sont désormais *plus d'un*. Les principes de la Vieille Philosophie, dont notre Auteur étoit imbu, lui ont encore aidé à former cette étymologie: car on sait, que, selon ces principes, la *Douleur* est causée par une *solution de continuité*.

(5) Voiez, par exemple, HORACE, Lib. I. *Satir.* III. vers. 107. & TERENCE, *Eunuch.* Act. I. Scen. I. vers. 16.

(6) L'Auteur en allégue des exemples ailleurs, *Liv.* II. *Chap.* XVI. §. 9.

§. III.

de la Guerre est proprement *ce que l'on peut faire sans injustice par rapport à un Ennemi.*

2. Or l'*Injuste*, c'est *ce qui est contraire à la nature d'une Société d'Etres raisonnables.* Ciceron le donne à entendre: car, après avoir remarqué, qu'*il est contre la Nature, de s'accommoder aux dépens d'autrui*, il le prouve par cette raison, (1) que *si chacun en use ainsi, il faut nécessairement que la Société Humaine se détruise.* Le Jurisconsulte Florentin (2) dit, que *c'est mal fait à un Homme de dresser des embûches à un autre Homme, parce que la Nature a établi entre nous une espéce de Parenté.* Et le Philosophe Seneque (3) allégue ici la comparaison des *Membres du Corps Humain, qui sont en bonne intelligence, parce que de leur conservation dépend la conservation du Tout: de même*, ajoute-t-il, *les Hommes doivent s'épargner les uns les autres, puis qu'ils sont nez pour la Société, qui* (4) *ne sauroit subsister, si toutes les parties qui la composent ne s'entr'aiment, & ne travaillent mutuellement à se conserver.*

3. Il y a des (5) *Societez sans inégalité*, telles que sont celles des *Freres*, des *Concitoiens*, des *Amis*, des *Alliez*: & il y a des *Sociétez inégales*, qu'Aristote appelle (6) *Sociétez de prééminence*, telles que sont celle d'un *Pére* avec ses *Enfans*; celle d'un *Maître* avec son *Esclave* ou son *Domestique*; celle, d'un *Roi* avec ses *Sujets*; celle de (7) Dieu avec les *Hommes*. De même aussi le *Juste* a lieu ou entre égaux, ou entre gens dont les uns gouvernent, & les autres sont gouvernez, considérez (8) comme tels. Le prémier, à mon avis, peut être appellé (a) *Droit de Supériorité*, ou qui s'exerce entre un Supérieur & son Inférieur; & l'autre, (b) *Droit d'Egal à Egal.*

(a) *Jus Rectorium.*
(b) *Jus Æquatorium.*

§. IV. 1. Il ne faut pas confondre la signification du mot de *Droit*, que nous venons

§. II. (1) *Sic, si unusquisque nostrûm rapiat ad se commoda aliorum, detrahatque quod cuique possit, emolumenti sui gratiâ, societas hominum & communitas evertatur necesse est.* De Offic. Lib. III. Cap. V.

(2) J'ai cité la Loi, sur le *Discours Préliminaire*, §. 14. *Note* 1.

(3) *Ut omnia inter se membra consentiunt, quia singula servari, totius interest: ita homines singulis parcent, quia ad cœtum geniti sumus. Salva autem esse Societas, nisi amore & custodiâ partium, non potest.* De Ira, Lib. II. Cap. XXXI.

(4) Voici ce que dit, en un autre endroit, le même Philosophe: *Hæc Societas diligenter & sanctè observanda est, quæ nos omnes omnibus miscet, & judicat aliquod esse commune jus generis humani.* " Il faut observer avec soin „ & religieusement les Loix de cette Société, qui nous „ unit tous les uns avec les autres, & qui nous enseigne qu'il y a un Droit commun au Genre Humain. *Epist.* XLVIII. On peut voir encore là-dessus St. Chrysostôme, sur la I. Epitre aux *Corinthiens*, Chap. XI. vers. 1. Grotius.

(5) De même que les Grammairiens distinguent une *Construction de convenance*, & une *Construction de régime.* Grotius.

L'Auteur auroit bien pû se passer de cette remarque.

(6) Καθ' ὑπεροχήν. Mais c'est au sujet de l'Amitié, qui est le lien des Sociétez, que le Philosophe fait cette distinction. 'Εισὶ δὲ [illegible] εἰρημέναι φιλίαι ἐν ἰσότητι. . . . . ἕτερον δ' ἐστι φιλίας εἶδος, τὸ καθ' ὑπεροχὴν· οἷον πατρὶ πρὸς υἱόν, καὶ ὅλως πρεσβυτέρῳ πρὸς νεώτερον, ἀνδρί τε πρὸς γυναῖκα, καὶ παντὶ ἄρχοντι πρὸς ἀρχόμενον. Ethic. Nicomach. *Lib.* VIII. *Cap.* VI. VII.

(7) Voiez, touchant cette sorte de Société, Philon, Juif, dans le Traité sur ces mots, 'Ἐξένηψε Νῶε (pag. 281, 282. *Ed. Paris.*) Plutarque dit aussi quelque chose là-dessus, dans la Vie de *Numa* (pag. 62. *Ed. Wech.* Tom. I.) Grotius.

Je m'étonne que l'Auteur n'ait pas cité un passage remarquable de Ciceron, qui est beaucoup plus exprès & plus à propos, que ceux auxquels il renvoie. L'Orateur & Philosophe Romain y dit formellement, que la Raison, qui est une Loi, étant commune aux Dieux & aux Hommes, il y a entr'eux à cause de cela une Société fondée sur le Droit. *Est igitur, (quoniam nihil est Ratione melius, eaque & in Homine, & in Deo) prima, Homini cum Deo, Rationis Societas. Inter quos autem Ratio, inter eosdem etiam recta Ratio communis est. Quæ cùm sit lex, lege quoque consociati Homines cum Diis putandi sunt. Inter quos porro est communio legis, inter eos communio Juris est. Quibus autem hæc sunt inter eos communia, & civitatis ejusdem habendi sunt.* De Legibus, *Lib.* I. *Cap.* VII. Mais, à parler exactement, il n'y a point de *Droit* commun à Dieu, & aux *Hommes.* Voiez Pufendorf, *Droit de la Nat. & des Gens*, *Liv.* II. *Chap.* I. §. 3. & *Chap.* III. §. 5, 6. comme aussi la Dissertation de Mr. Thomasius, intitulée, *Philosophia Juris, de Obligat. & Action.* qui est la III. parmi celles de *Leipsig*, Cap. I. §. 8, *& seqq.*

(8) Il faut bien remarquer cette restriction. Car, comme le dit très-bien ici Ziegler, dans toutes les affaires qu'un Supérieur & un Inférieur ont ensemble, indépendamment de la rélation de Supériorité, le *Droit d'Egalité* a lieu, tout de même qu'entre personnes égales. Ainsi, par exemple, les Contracts entre un Prince & quelcun de ses Sujets, ne demandent pas d'autres Régles, que celles qui doivent s'observer de Particulier à Particulier. Quand un Marchand a vendu quelque chose à son Roi, le Roi n'est pas moins tenu de le paier sur le pié & dans le tems dont ils sont convenus, que tout autre Acheteur, de la lie même du Peuple, n'y seroit obligé. J'ajoûte, qu'il y a des cas, où celui qui est Supérieur à certains égards se trouve l'Inférieur à un autre égard, & qu'ainsi le Droit de Supériorité change alors par rapport aux mêmes Personnes, selon la nature des choses. Ainsi un Magistrat doit honorer son Pere

nons d'expliquer, avec une autre différente, mais qui néanmoins tire de là son origine, & qui se rapporte directement aux Personnes. En ce sens le *Droit* est (1) une *qualité morale, attachée à la personne, en vertu de quoi on peut légitimement avoir ou faire certaines choses.* Je dis, *attachée à la personne*, quoi que cette qualité suive quelquefois les choses, comme cela se voit dans les (2) *Servitudes des Fonds & des Héritages*, qui sont appellées *Droits réels*, par opposition à d'autres *Droits* (3) *purement personnels* : non que les prémiers ne soient pas attachez à la personne, aussi bien que les derniers, mais parce qu'ils ne sont attachez qu'à celui (4) qui posséde telle ou telle chose.

2. Le *Droit*, considéré comme une qualité morale, est ou (5) *parfait*, ou *imparfait*. J'appelle le prémier, *faculté*; & l'autre, *aptitude*, ou *mérite*. A quoi répondent l'*acte* & la *puissance*, en matiére de choses physiques: la *faculté* étant comme l'*acte*; & l'*aptitude*, comme une simple *puissance*.

§. V. 1. Les Jurisconsultes expriment la *faculté* par le mot de (1) *sien*, ou de ce qui appartient à chacun. Pour nous, nous l'appellerons désormais *Droit proprement ainsi nommé*, ou *Droit rigoureux*. Ce Droit renferme le *Pouvoir*; la *Propriété*; & la *faculté d'exiger ce qui est dû*.

2. On a *pouvoir* ou sur soi-même, ce qui s'appelle (2) *Liberté*; ou sur les autres, & tel est le *Pouvoir paternel*, le *Pouvoir d'un Maître sur ses Esclaves* &c.

3. La (3) *Propriété* est ou *pleine & entiére*, (4) ou *imparfaite*. La derniére a lieu en matiére (5) d'*Usufruit*, par exemple, ou de *Gage*.

4. A la *faculté d'exiger ce qui est dû par autrui*, (6) *répond* l'*obligation* où les autres sont *de rendre ce qu'ils doivent*, ou de souffrir qu'on l'exige d'eux.

§. VI.

Pere & sa Mére, & par conséquent se soûmettre jusqu'à un certain point à leur volonté, en tout ce qui ne regarde pas l'administration des affaires publiques. Mais, en qualité de Magistrat, il ne doit avoir aucun égard pour la volonté de son Pére & de sa Mére, & il peut même leur commander. Voiez ci-dessous, *Liv.* II. *Chap.* V. §. 6. *Note* 1.

§. IV. (1) Voiez Pufendorf, *Droit de la Nat. & des Gens*, Liv. I. Chap. I. §. 19, & 20.

(2) Voiez le même Auteur, *Liv.* IV. *Chap.* VIII.

(3) Tel est, par exemple, le pouvoir d'un *Pére* sur son *Enfant*, le droit d'un *Mari* sur sa *Femme*, le droit d'*Usufruit*, le droit d'exiger l'effet d'une Promesse, par laquelle quelcun s'est engagé personnellement &c.

(4) Ainsi le droit de *Passage* qu'a le Propriétaire d'une Maison de Campagne sur un Fonds voisin, n'est attaché qu'à celui qui posséde cette Maison; & il se transmet à tous ceux qui la possédent, quels qu'ils soient, & aussi long tems que le droit n'est point éteint.

(5) Le *Droit Parfait*, c'est celui dont on peut maintenir l'usage par les voies de la Force, & dont la violation emporte un *tort* proprement ainsi nommé. D'où il est aisé de juger, ce que c'est que *Droit imparfait*. Voiez Pufendorf, *Droit de la Nat. & des Gens*, Liv. I. Chap. I. §. 7. & ce que nôtre Auteur dira ci-dessous, *Liv.* II. *Chap.* XXII. §. 16.

§. V. (1) Comme quand on dit, *Qu'il faut rendre à chacun le sien* : Suum *cuique tribuendum*.

(2) D'où vient que les Jurisconsultes Romains définissent très-bien la *Liberté* par le mot de *Faculté*. Grotius.

Cette définition se trouve en deux endroits du Corps de Droit. Libertas *est naturalis facultas ejus, quod cuique facere libet, nisi si quid vi, aut jure, prohibetur.* Digest. Lib. I. Tit. V. *De statu Hominum*, Leg. V. *princip.* & Instit. Lib. I. Tit. III. *De Jure Personarum*, §. 1. Pour la bien entendre, on fera bien de lire le beau Commentaire de Mr. Noodt, sur la I. Partie des *Pandectes*, pag. 29. Voiez, au reste, la remarque que fait Pufendorf, sur la maniére dont on doit entendre ce pouvoir naturel de l'Homme sur soi-même, *Droit de la Nat. & des Gens*, Liv. I. Chap. I. §. 19.

(3) Le Scholiaste d'Horace dit, que le mot de *Jus* se prend pour la Proprieté d'une chose : *Jus pro Dominio*. Grotius.

Notre Auteur a eu apparemment dans l'esprit cet endroit d'une des Epitres :

Permutet dominos, & cedat in altera Jura.

Lib. II. Epist. II. *vers.* 174.

Sur quoi le Scholiaste dit : In altera jura, id est, *in alterius dominium*. Mais cela est assez commun dans les bons Auteurs.

(4) Voiez sur ceci Pufendorf, *Droit de la Nat. & des Gens*, Liv. IV. Chap. IV. §. 2.

(5) *Ut Usufructus, jus Pignoris*, dit notre Auteur. De la maniére que ces paroles sont conçuës, elles donnent à entendre, que l'*Usufruitier*, & le *Créancier*, ont une espéce de droit de Propriété, mais imparfait, le prémier sur le bien qu'il posséde à titre d'Usufruit, l'autre sur la chose qu'il tient en gage, pour sûreté de la Dette. Cependant, à raisonner sur les idées du Droit de Nature, ni l'un ni l'autre n'ont aucun droit de Proprieté, proprement ainsi nommée. Tout ce qu'il y a, c'est que la jouïssance du bien qu'a l'Usufruitier jusqu'à la fin de l'Usufruit & la détention du Gage, dont le Créancier peut ne pas se dessaisir jusqu'au paiement, rendent imparfaite la propriété, dont le Maître, qui demeure seul tel, n'a pas tous les émolumens ou le plein exercice pendant ce tems-là. Mais notre Auteur a eu dans l'esprit les subtilitez du Droit Romain, selon lequel un Usufruitier, un Créancier & autres, ont action réelle pour le recouvrement de la possession du bien d'autrui, tout de même que s'ils en étoient véritablement Propriétaires : aussi sont-ils souvent regardez comme tels, & leur droit comme approchant ; *Jus dominio proximum*, disent les Interprêtes.

(6) *Creditum : Debitum.* Expressions courtes & commo-

(a) *Facultas vulgaris.*
(b) *Facultas eminens.*

§. VI. Le *Droit rigoureux* est encore de deux sortes: l'un, que j'appelle (a) *Droit privé* ou *inférieur*; & l'autre, *Droit éminent* (b) ou *supérieur*. Le prémier (1) est celui qui tend à l'utilité particuliére de chacun. L'autre est celui qu'a tout le Corps sur ses Membres, & sur ce qui leur appartient, autant que le demande le bien commun; & qui à cause de cela (2) l'emporte sur le Droit privé. Ainsi le *Pouvoir du Roi* est au dessus (3) & du *Pouvoir Paternel*, & du *Pouvoir d'un Maître*. Un Roi a, pour le bien public, (4) un plus grand pouvoir de disposer de ce qui appartient à chacun, que n'en ont les Propriétaires mêmes. Quand il s'agit de fournir aux besoins de l'Etat, on est tenu d'y contribuer, plus (5) que de satisfaire ses Créanciers. §. VII.

modes, tirées du Droit Romain. Voiez ce que j'ai dit sur Pufendorf, *Droit de la Nat. & des Gens*, Liv. I. Chap. I. §. 20. *Note* 3. de la seconde Edit. & *Liv.* V. *Chap.* XI. §. 1. *Note* 5. Le Savant Gronovius restreint mal-à-propos les termes, dont il s'agit, au Contract de *Prêt*, proprement ainsi nommé. Mr. de Courtin fait encore pis: car il confond cette troisiéme classe de choses qui se rapportent, selon nôtre Auteur, au *Droit rigoureux*, avec la seconde classe: *& la Propriété moins parfaite*, dit-il, *telle qu'elle est dans l'Usufruit, dans l'Hypothéque, & dans une chose empruntée, c'est-à-dire, dans le Prêt* &c. Mais quel rapport y a-t-il entre le Contract de *Prêt*, & le droit d'*Usufruit* ou d'*Hypothéque*? Et n'est-ce pas montrer visiblement, qu'on n'entend ni l'Auteur qu'on traduit, ni la matiére? Cela soit dit en passant, & pour donner un petit échantillon de tant de bevuës grossiéres, par lesquelles cet Ouvrage avoit été defiguré dans l'ancienne Traduction. Il y a plus lieu d'être surpris, que le Savant Commentateur, dont je viens de parler, n'ait pas fait attention au langage des Jurisconsultes Romains, que nôtre Auteur imite ici manifestement; d'autant plus que d'autres Commentateurs, beaucoup moins habiles en Critique, ont senti cette allusion. On peut même dire, à mon avis, sans hésiter, qu'il faut entendre ici par *Creditum*, non seulement le droit qu'on a d'exiger tout ce qui nous est dû en vertu de quelque Contract, de quelque Convention, de quelque Promesse, ou de quelque Loi; mais encore le droit qu'on a d'exiger la réparation du dommage causé & des injures reçuës; comme cela est aussi renfermé dans l'étenduë de l'idée que les Jurisconsultes Romains attachoient à ce mot: Creditorum *appellatione non hi tantum accipiuntur, qui pecuniam crediderunt, sed omnes quibus ex qualibet caussâ debetur. Ut si cui ex emto, vel ex locato, vel ex alio ullo debetur. Sed etsi ex delicto debeatur, mihi videtur creditoris loco accipi.* Digest. Lib. L. Tit. XVI. *De verborum & rerum significat.* Leg. XI, XII. Voiez ci-dessous, *Liv.* II. *Chap.* I. §. 2. & *Chap.* XVII. §. 1. Je crois aussi que nôtre Auteur est allé encore plus loin, & qu'il a compris outre cela sous le mot de *Creditum*, le droit de punir; & sous celui de *Debitum*, l'obligation de se soûmettre à la peine, que l'on a mérité. Ce qui me fait entrer dans cette pensée, c'est 1. Que le *Droit Parfait*, auquel se rapporte le *Creditum* & *Debitum* dont il s'agit, repond au *Droit Naturel*, proprement ainsi nommé, dont l'Auteur a parlé dans son *Discours Préliminaire*, §. VIII. Or une des Régles générales de ce Droit est, *Que ceux qui en violent les maximes, méritent d'être punis.* Voiez ce que j'ai dit sur le §. X. *Note* 7. Il y a donc grande apparence que, dans l'énumération des choses que l'on peut exiger à la rigueur, l'Auteur n'aura pas oublié la punition des Coupables. 2. Cela est d'autant plus vrai, qu'il met ailleurs au rang des choses qu'on peut exiger d'autrui à la rigueur *Debitum ex pœna*, ou *pœnale*, Liv. III. Chap. XIII. §. 1, 2. Et il rapporte le droit de punir à la *Justice Explétrice*, qui fait la matiére du *Droit Parfait*, Liv. II. Chap. XX. §. 2.

§. VI. (1) A cela se rapportent tous les droits ou naturels, ou aquis, dont chaque personne est revêtuë, indépendamment de la rélation de Citoien, ou de Membre d'un Etat. L'Auteur en allégue des exemples, qui suffisent pour faire comprendre la chose. Voiez, au sujet des Promesses, ce qu'il dira ci-dessous, *Liv.* II. *Chap.* XI. §. 8. & *Chap.* XIII. §. 20.

(2) Car le but & l'avantage de la Société Civile demande nécessairement que les droits naturels, ou aquis, de chacun des Membres qui la composent, puissent être limitez en diverses maniéres & jusqu'à un certain point, par l'autorité de celui ou de ceux entre les mains de qui on a déposé l'Autorité Souveraine.

(3) De sorte qu'un *Citoien* doit obéïr à son *Souverain*, préférablement à son *Pére* & à son *Maître*. Le Souverain aussi peut laisser à un Pére & à un Maître plus ou moins de pouvoir sur ses Enfans & sur ses Esclaves, comme il le juge à propos pour le bien public. Voiez ci-dessous, *Liv.* II. *Chap.* V. §. 7. & §. 28.

(4) C'est ce que remarque Philon, Juif: Καὶ μὴν ἄργυρός τε καὶ χρυσὸς, καὶ ὅσα ἄλλα κειμήλια παρὰ τοῖς ἀρχομένοις θησαυροφυλακεῖται, τῶν ἡγεμόνων μᾶλλον ἢ τῶν ἐχόντων ἐστίν. „ L'Argent, l'Or, & toutes les au„ tres choses rares & précieuses, que les Sujets serrent „ & gardent avec soin, sont plus au Souverain, qu'à „ ceux qui les possédent. *De plantatione Noë* (pag. 222. C. *Ed. Paris.*) Pline, *le Jeune*, dit, que le Prince, à qui tous les biens de chacun appartiennent, est aussi riche qu'ils le sont tous ensemble. *Nam cujus est, quidquid est omnium, tantum ipse, quantum omnes, habet.* Panegyric. (Cap. XXVII. *in fine*) Et un peu plus bas: *Ecquid Cæsar non suum videat?* „ L'Empereur voit-il „ rien, qui ne soit à lui? Voiez Jean de Salisbery, *Polycratic.* Lib. VI. Cap. I. (pag. 335. *Ed. Lugd.* B. 1639.) Grotius.

Le dernier passage de Pline, n'est pas bien rapporté: car le Panegyriste y dit au contraire, à la louange de *Trajan*, que l'Empereur voit quelque chose qui ne lui appartient point, & que l'empire du Prince est enfin plus étendu que son patrimoine. *Est, quod Cæsar non suum videat; tandemque imperium Principis, quàm patrimonium, majus est.* Cap. L. *num.* 2. *Ed. Cellar.* Du reste, il y a quelque chose d'outré, ou du moins de trop figuré, dans les expressions des Anciens Ecrivains, que nôtre Auteur cite, aussi bien que dans celles des Modernes, qui les imitent. Car, à parler exactement, les biens de chaque Sujet n'appartiennent pas plus à son Prince, qu'à une autre Puissance Etrangére. Tout ce qu'il y a, c'est que, dans une grande nécessité, le Souverain peut, pour l'utilité publique, disposer des biens de ses Sujets, même malgré eux, tout de même que s'ils lui appartenoient; alors il agit, non comme Propriétaire de ces biens, mais comme Chef de la Société, en faveur de laquelle chacun doit ceux qui la composent s'est engagé ou expressément, ou tacitement, à faire un tel sacrifice. Voiez ce que l'on dira ci-dessous, *Liv.* I. *Chap.* III. §. 6. *num.* 4. *Liv.* II. *Chap.* XIV. §. 7. & *Liv.* III. *Chap.* XX. §. 7.

(5) Et par conséquent le Souverain peut decharger un Débiteur de l'obligation de paier, ou pour un tems, ou

§. VII. Pour ce qui est du *Droit imparfait*, que nous appellons *aptitude* ou *capacité*, Aristote le désigne par un (1) mot Grec qui signifie (2) *mérite*, *dignité*. Michel d'Ephése, ancien Commentateur de ce Philosophe, parlant de l'égalité que demande un tel Droit, l'exprime par l'idée de *ce* (a) *qui est convenable*.

(a) Τὸ προσαρμόζον, ἢ τὸ πρέπον.

§. VIII. 1. Le *Droit parfait* est l'objet de la *Justice Explétrice*, ou de la Justice ainsi nommée proprement & à la rigueur. Aristote l'appelle (a) *Justice des Contracts*: mais cela donne une idée qui ne renferme pas toute l'étenduë de cette sorte de Justice. Car, si j'ai droit d'exiger que celui qui a entre les mains une chose qui est à moi, me la rende, ce n'est pas en vertu de quelque *Contract*; (1) & cependant c'est la Justice, dont

(a) Συναλλακτική.

ou pour toûjours, si le bien public le demande ainsi. C'est à quoi se rapporte un exemple, allégué ici par Gronovius. Après la fatale bataille de *Cannes*, le Dictateur *Marc Junius Péra* fit publier, qu'il exemteroit de la peine & du paiement tous ceux qui avoient commis quelque crime digne de mort, ou qui étoient en esclavage pour cause de dettes; s'ils vouloient prendre parti dans les Troupes qu'il levoit. *Qui capitalem fraudem ausi, quique pecuniæ judicati in vinculis essent; qui eorum apud se milites fierent, eos noxâ pecuniâque sese exsolvi jussurum.* Tit. Liv. Lib. XXIII. Cap. XIV. *num.* 3.

§. VII. (1) Ἀξία. C'est lors qu'il traite de la *Justice Distributive*, en vertu de laquelle on doit rendre à chacun ce qui lui est dû selon son mérite. Τὸ γὰρ δίκαιον ἐν ταῖς διανομαῖς, ὁμολογοῦσι πάντες κατ' ἀξίαν τινὰ δεῖν εἶναι. Ethic. Nicom. *Lib.* V. *Cap.* VI. Mais je vois que Ciceron emploie le terme Latin *Dignitas*, qui répond au mot Grec Ἀξία, dans une signification étenduë, qui renferme & le Droit Parfait, & le Droit Imparfait. *Justitia est habitus animi, communi utilitate conservatâ,* SUAM *cuique tribuens* DIGNITATEM. De Invent. *Lib.* II. *Cap.* LIII. Et l'Auteur d'une Rhetorique, attribuée à ce grand Orateur & Philosophe, fait consister la *Justice* à rendre à chacun son *droit*, selon son *mérite*. JUSTITIA *est æquitas*, JUS *unicuique tribuens, pro* DIGNITATE *cujusque.* Ad Herenn. *Lib.* III. *Cap.* II. Huber, dans son Traité *de Jure Civitatis*, & dans ses *Prælectiones in Institut.* & *in Pandectas*, cite mal ces deux passages, comme s'il y avoit, *qua cuique* Jus *suum & dignitatem tribuit*: & sans autre fondement que cette fausse citation, il prétend que Ciceron exprime par *Jus*, le Droit Parfait; & par *Dignitas*, le Droit imparfait.

(2) Voici un exemple des divers degrez de *convenances* & de *mérite*, qui font que l'on a plus ou moins de ce *Droit Imparfait*. L'Auteur nous le fournit lui-même dans la Note suivante, que je vais traduire, & où l'on trouve d'autres citations sur le même sujet.

„ Lors qu'il s'agit (c'est Ciceron qui parle) de „ comparer ensemble ceux avec qui l'on a quelque liaison, & de savoir quels sont ceux à qui l'on doit le „ plus rendre service; je mets au prémier rang la Patrie, & nos Pére & Mére, à qui nous avons plus „ d'obligation qu'à tout autre. Ensuite viennent nos „ Enfans, & toute nôtre Famille, qui ne subsiste que „ par nous, & qui n'a d'autre ressource. Après cela „ il faut penser aux Parens avec qui nous sommes en „ bonne intelligence, & dont aussi la fortune dépend „ pour l'ordinaire de la nôtre. On doit faire part des „ choses nécessaires à la Vie, à ceux dont je viens de „ parler, préferablement à tous les autres. Pour ce „ qui est de vivre & de demeurer ensemble, de donner „ des conseils, d'avoir de fréquentes conversations, de „ faire des exhortations, de fournir des consolations, „ & de censurer même quelquefois; cela a lieu sur „ tout dans l'Amitié. *Sed si contentio quædam & comparatio fiat, quibus plurimum tribuendum officii, principes sint Patria & Parentes, quorum beneficiis maximis obligati sumus: proximi, Liberi totaque Domus, quæ spectat in nos solos, neque aliud ullum potest habere perfugium: deinceps bene convenientes Propinqui, quibuscum etiam communis plerumque fortuna est: Quamobrem necessaria præsidia vitæ debentur iis maximè, quos ante dixi: vita autem victusque communis, consilia, sermones, cohortationes, consolationes, interdum etiam objurgationes, in Amicitiis vigent maximè.* De Offic. *Lib.* I. (*Cap.* XVII.) Voiez ce que l'on dira ci-dessous, *Liv.* II. *Chap.* VII. §. 9, & 10. Seneque, en parlant des Testamens, dit, que l'on cherche, pour donner son bien, ceux qui le méritent le mieux: *Quærimus dignissimos, quibus nostra tradamus.* De Benefic. *Lib.* IV. *Cap.* XI. Voiez St. Augustin, *De Doctrina Christ.* Lib. I. Cap. XXVIII. & XXIX. Grotius.

§. VIII. (1) On a eu raison de dire que la critique de nôtre Auteur n'est pas tout-à-fait bien fondée; parce que le mot de Συνάλλαγμα, selon l'idée qu'Aristote y attache, renferme généralement toutes les affaires que l'on peut avoir les uns avec les autres, & dans lesquelles il se trouve une inégalité qui doit être redressée par l'exercice de cette sorte particuliére de *Justice*, dont il s'agit. Le Philosophe (*Ethic. Nicomach.* Lib. V. Cap. V.) distingue ces Συναλλάγματα en *Volontaires*, par où il entend les *Contracts* proprement ainsi nommez, comme celui de *Vente*, le *Prêt*, le *Cautionnement*, le *Dépôt*, le *Loüage* &c. & *Involontaires*, sous lesquels il comprend toute sorte de mal & de tort fait à autrui, soit clandestinement, ou à force ouverte, en un mot, ce que les Jurisconsultes Romains appellent *Délits*, & que le Savant Gronovius compare mal-à-propos aux *Quasi-contracts*, qui, selon eux, *non ex maleficio substantiam capiunt.* Institut. Lib. III. Tit. XXVIII. *princip.* Le même Commentateur, pour montrer que l'exemple d'un Possesseur du bien d'autrui peut se rapporter à la *Justice permutative* d'Aristote, dit que, depuis l'établissement de la Propriété, il y a une Constitution tacite entre tous les Hommes, par laquelle chacun est tenu de restituer le bien d'autrui qu'il a entre les mains. C'est un faux principe de nôtre Auteur même, *Liv.* II. *Chap.* X. §. 1. qui en cela a été suivi aussi par Pufendorf, *Droit de la Nat. & des Gens*, *Liv.* IV. *Chap.* XIII. §. 3. sur quoi l'on peut voir ma Note, où je les réfute l'un & l'autre. Ainsi je ne m'étonne pas que Gronovius fonde là-dessus son raisonnement. Outre qu'il étoit plus propre à commenter les pensées & les expressions des autres, qu'à examiner & qu'à méditer des Sujets comme ceux-ci; il trouvoit-là un argument *ad hominem* contre Grotius, en faveur de son cher Aristote. Mais il y a tout lieu d'être surpris qu'il n'ait pas fait une remarque très-propre à fortifier sa critique, d'autant plus qu'elle dépend de la Grammaire; c'est que le mot de Συνάλλαγμα ne signifie pas le fondement de l'obligation qu'impose la Justice dont il s'agit, mais seulement la chose qui fait l'objet ou la matiére sur quoi s'exerce cette sorte de Justice

dont il s'agit, qui me donne un tel droit. Ainsi il vaudroit mieux l'appeller (2) *Justice Corrective*, comme ce Philosophe lui-même le fait ailleurs.

2. Le *Droit imparfait* est l'objet de l'autre sorte de Justice, ou de la *Justice Attributive*, qu'ARISTOTE appelle (3) *Justice Distributive*, & que l'on peut regarder comme la compagne des Vertus (4) qui tendent uniquement au bien & à l'avantage d'autrui, telles que sont la *Libéralité*, la *Compassion*, la *sage conduite dans* (5) *le Gouvernement de l'Etat*.

3. Le même Philosophe dit, que la *Justice Explétrice* suit une (6) Proportion simple, qu'il appelle *Proportion Arithmétique*: au lieu que la *Justice Attributive* se régle sur une Proportion de comparaison, qu'il nomme *Proportion* (7) *Geométrique*, & qui est la seule à laquelle les Mathématiciens (8) donnent le nom de Proportion. Mais, quoi que la chose se trouve souvent ainsi, elle n'a pas toûjours lieu. Et ce qui fait la diffé-

Justice, qu'ARISTOTE appelle Δικαιοσύνη ou Δίκαιον, τὸ ἐν τοῖς συναλλάγμασι διορθωτικόν, Lib. V. Cap. V. ou, τὸ διορθωτικόν, ὃ γίνεται ἐν τοῖς συναλλάγμασι καὶ τοῖς ἑκουσίοις, καὶ τοῖς ἀκουσίοις, Cap. VII. c'est-à-dire, *Justice Corrective dans les affaires que l'on a les uns avec les autres*, ou *Justice Corrective* tout simplement; nom que les Interprétes auroient bien fait de conserver, comme exprimant beaucoup mieux la pensée de leur Philosophe, que celui de *Justice commutative*, qui donne une toute autre idée. Ainsi quand nôtre Auteur dit, que ce n'est pas en vertu d'un *Contract* (ἐκ συναλλάγματος) que le Possesseur du bien d'autrui est obligé de le rendre, cela ne fait rien contre ARISTOTE, selon les principes duquel le συνάλλαγμα est ici la détention d'un bien qui appartient à autrui; mais le fondement de l'obligation de restituer consiste dans l'inégalité qu'il y a au désavantage du Propriétaire, inégalité que la Justice, dont il s'agit, veut qu'on redresse. D'ailleurs, il est certain que la *Justice Corrective* ou *Permutative* d'ARISTOTE, ne répond pas exactement à la *Justice Explétrice* de nôtre Auteur, non plus que la *Justice Distributive* du prémier, à la *Justice Attributive* du dernier: & qu'il y a une grande différence entre ces deux distinctions, tant par rapport à leur fondement, que par rapport à l'étenduë de chaque membre. Mais au fond tout cela est peu important; & il vaut mieux laisser là ARISTOTE avec sa division, qui, outre qu'elle a plusieurs défauts, est inutile aujourd'hui, comme divers Auteurs l'ont remarqué. Voiez PUFENDORF, *Droit de la Nat. & des Gens*, Liv. I. Chap. VII. §. 12. les *Institutiones Juris Divini* de Mr. THOMASIUS, Lib. I. Cap. I. §. 106. comme aussi les *Principia Juris secundum ordinem Digestorum*, de Mr. WESTENBERG Professeur à *Franeker*, Lib. I. Tit. I. §. 15, *& seqq.*

(2) Ἐπανορθωτικόν, Ethic. Nicom. Lib. V. Cap. VII. pag. 65. C. *Edit. Paris.* Tom. II. Ou, comme ARISTOTE l'appelle plus souvent, Διορθωτικόν. Voiez la *Note* précedente.

(3) Ce n'est pas la même chose. Voiez la *Note* 1. sur ce paragraphe.

(4) Car la Justice, dont il s'agit, régle l'exercice des Vertus qui consistent à faire en faveur d'autrui des choses que personne ne peut exiger à la rigueur, & elle enseigne à appliquer convenablement les actes de ces Vertus, par un sage chois des personnes les plus dignes d'en ressentir les effets. Voiez la *Note* 2. sur le paragraphe 7. & ce que l'on a dit ci-dessus, *Discours Preliminaire*, §. 10. dans le Texte, & dans les Notes: comme aussi ce que l'Auteur dit ci-dessous, *Liv.* II. *Chap.* I. §. 9. *num.* 1.

(5) L'Auteur a ici en vuë principalement la distribution des Récompenses & des Charges Publiques; car, quoi que le Souverain doive en cela préferer les personnes les plus dignes & les plus capables, aucun Particulier ne peut exiger à la rigueur cette préference. Voiez PUFENDORF, *Droit de la Nat. & des Gens*, Liv. I. Chap. VII. §. 11. Ainsi c'étoit un prétexte bien frivole, que celui dont se servoit autrefois *Catilina*, pour justifier la conjuration qu'il avoit formée: *Fructu laboris industriaque mea privatus, statum dignitatis non obtinebam. . . . . Non dignos homines honore honestatos videbam, meque falsa suspicione alienatum esse sentiebam.* „ Privé du fruit de mes travaux & de mon industrie, je „ ne pouvois point parvenir au poste que je méritois... „ Je remarquois qu'on élevoit aux honneurs des gens „ sans mérite, & je me voiois éloigné des Emplois „ par de faux soupçons dont on me chargeoit. „ SAL„ LUST. *Bell. Catilin.* Cap. XXXVI. *Edit. Wass.*

(6) La *Proportion simple* ou *Arithmétique*, se rencontre, selon ARISTOTE, entre trois Grandeurs, dont la prémiere surpasse la seconde, ou en est surpassée, d'une quantité égale à celle dont cette seconde surpasse la troisiéme, ou en est surpassée; de sorte que pour ramener les choses au juste milieu, en quoi consiste la Justice, il faut ôter de la prémiére Grandeur ou y ajoûter, autant que l'on ajoûte à la seconde ou qu'on en ôte. Ce que l'on doit ôter ou ajoûter ici, ce sont les choses agréables ou avantageuses, & les choses desagréables ou désavantageuses (que le Philosophe comprend sous les noms de κέρδος, *gain*, & ζημία, *dommage*) car on ôte des unes & des autres à celui qui en a trop, pour le donner à celui qui n'en a pas assez. Ainsi supposé qu'une chose, qui ne vaut que *six* Ecus, ait été venduë *neuf* par la tromperie du Vendeur; le Vendeur a *trois* Ecus de trop, & l'Acheteur *trois* Ecus de moins: Otez *trois* Ecus au Vendeur, & donnez les à l'Acheteur; voilà une Proportion Arithmétique entre 9, 6, 3. parce que l'excès de 9. par dessus 6, est égal à l'excès de 6 par dessus 3. Voiez ETHIC. NICOM. *Lib.* V. *Cap.* VII.

(7) Cette *Proportion Géométrique* se trouve entre quatre Grandeurs, dont la prémiére contient la seconde, ou y est contenuë, autant de fois que la troisiéme contient la quatriéme, ou y est contenuë: comme quand on dit: *Six* est à *Trois*, comme *Vint-quatre* est à *Douze*: ou au contraire; *Trois* est à *Six*, comme *Douze* est à *Vint-quatre*. Voiez la *N.* 9.

(8) CASSIODORE l'appelle *Habitudinis comparatio*. HOME'RE décrit assez bien cette sorte de Proportion, que suit ordinairement la Justice Attributive, lors qu'il dit:

Ἐσθλὰ μὲν ἐσθλοῖσι διδοὺς, χείρονα δὲ χείροσι δώσειν.

Celui-ci donnoit les choses excellentes aux personnes les plus considérables, & les moindres à ceux qui avoient le moins de mérite. GROTIUS.

Le passage de CASSIODORE est tiré de son Traité *De Dialectica*, où il dit: *In proportione non est similitudo, sed quadam habitudinis comparatio.* Pag. 408. *Ed. Paris.*

différence de la *Justice Explétrice* & de la *Justice Attributive*, considérées en elles-mêmes, ce n'est pas l'usage de ces différentes sortes de Proportion, mais, comme nous l'avons déja dit, la différence de la matiére, ou du Droit qui est l'objet de la Justice. D'où vient que, dans un Contract de Société, (9) le partage se fait en suivant une Proportion de comparaison; & quand il ne se trouve qu'une seule (10) personne capable de quelque Emploi public, il n'est besoin que d'une simple Proportion pour le conférer.

4. Il n'y a pas plus de fondement à ce que quelques-uns disent, que la *Justice Attributive* a pour objet les choses qui appartiennent à tout le Corps; & l'*Explétrice*, ce qui appartient à chaque Particulier. Car il est certain au contraire, que, quand quelcun fait un *Legs*, par exemple, de son propre bien, il exerce par là ordinairement la *Justice Attributive*: & lors que l'Etat rend, des deniers (11) publics, ce que quelques Citoiens

Paris. Nivell. 1589. Pour ce qui est du vers d'HOMERE, il n'est pas bien rapporté. Il se trouve au XIV. Livre de l'*Iliade*, dans l'endroit où *Neptune* profitant d'un profond assoupissement dans lequel le Dieu du Sommeil avoit jetté *Jupiter*, à la priére de *Junon*, va exhorter les *Grecs* à marcher contre les *Troiens*. Les Rois *Diomède*, *Ulysse*, & *Agamemnon*, courent eux-mêmes de rang en rang pour faire changer d'armes: les plus braves prennent les meilleures armes, & on donne les moindres à ceux qui ont moins de cœur:

Ἐσθλὰ μὲν ἐσθλὸς ἔδυνε, χέρεια δὲ χείρονι δόσκεν.

Iliad. Ξ, 382. *Edit. Barnes.*

(9) On a remarqué, avec raison, que dans la Proportion Géométrique, sur laquelle la *Justice Distributive* se régle, selon ARISTOTE, on compare le mérite des personnes avec les choses, en sorte que la quantité de la chose que l'on donne à l'un, est à la quantité de la chose que l'on donne à l'autre, comme le mérite de l'un est au mérite de l'autre. Cela paroît assez clairement par les Chapp. VI. & VII. du V. Livre de la *Morale adressée à Nicomachus*; sur tout par un endroit où le Philosophe dit, qu'en matiére de *Justice Corrective* ou *Permutative*, opposée à la *Distributive*, il n'importe que ce soit un homme de bien qui ait, par exemple, trompé un méchant homme, ou au contraire un méchant homme qui ait trompé un homme de bien; ni que ce soit un honnête homme ou un malhonnête homme, qui ait commis *adultére*: mais que l'on a égard seulement à la différence du tort & du dommage, en regardant celui qui l'a causé & celui qui l'a reçû, comme égaux. Opposition qui insinuë clairement que, dans l'autre sorte de Justice, on fait attention à la qualité des personnes, aussi bien qu'à l'avantage ou désavantage qu'il y a de part ou d'autre. Τὸ δ' ἐν τοῖς συναλλάγμασι δίκαιον, ἐστὶ μὲν ἴσον τι, καὶ τὸ ἄδικον, ἄνισον· ἀλλ' οὐ κατὰ τὴν ἀναλογίαν ἐκείνην [τὴν διανεμητικὴν], ἀλλὰ κατὰ τὴν ἀριθμητικήν. οὐδὲν γὰρ διαφέρει, εἰ ἐπιεικὴς φαῦλον ἀπεστέρησεν, ἢ φαῦλος ἐπιεικῆ· οὐδ' εἰ ἐμοίχευσεν ἐπιεικὴς ἢ φαῦλος· ἀλλὰ πρὸς τοῦ βλάβους τὴν διαφορὰν μόνον βλέπει ὁ νόμος, καὶ χρῆται ὡς ἴσοις· εἰ ὁ μὲν, ἀδικεῖ, ὁ δ' ἀδικεῖται· καὶ εἰ ὁ μὲν, ἔβλαψεν, ὁ δὲ, βέβλαπται. Lib. V. Cap. VII. pag. 63. A. *Ed. Paris.* Ainsi dans un Contract de *Societé*, qui se rapporte à la *Justice Corrective* ou *Permutative* d'ARISTOTE, on ne doit avoir, selon lui, aucun égard à la qualité de la personne; &, comme le dit GRONOVIUS, si le Prince d'*Orange* a mis, par exemple, mille Ecus dans le commerce de la Compagnie des *Indes*, il ne retire pas une maille de plus, dans le partage du gain, que le moindre Particulier qui aura fourni la même somme. Ce n'est pas non plus ce qu'a prétendu nôtre Auteur; quoi que l'interpréte dont je viens de parler, l'insinue. Mais il a voulu dire seulement, que, dans la *Justice Corrective* ou *Permutative*, on ne suit pas toûjours une *Proportion Arithmétique*, telle qu'*Aristote* la décrit: car, quand on partage le profit entre plusieurs Associez qui sont entrez dans la Société par portions inégales, il est certain qu'il faut user de la *Proportion Géométrique*, & que l'autre Proportion ne suffit point. Il est vrai que ce n'est point une Proportion Géométrique, dans laquelle on compare le mérite des personnes avec les choses, & qu'il suffit de comparer ensemble les choses mêmes, c'est-à-dire, la portion de chacun avec la portion des autres, & avec le gain ou la perte dont il doit revenir à chacun sa part. Il est vrai encore, comme le remarque PUFENDORF, *Droit de la Nat. & des Gens*, Liv. I. Chap. VII. §. 9. que les portions des Associez peuvent être égales; auquel cas il y aura une parfaite égalité dans le partage du gain. Mais il suffit qu'elles puissent être inégales, comme elles le sont très-souvent, pour qu'on ait raison de dire qu'en matiére de Contracts l'usage de la Proportion Arithmétique ne suffit pas; qui est tout ce que nôtre Auteur veut établir. Car c'est se moquer, de prétendre, comme fait GRONOVIUS, qui brouille tout ici, dans le partage entre Associez qui ont contribué inégalement, & l'un de son industrie ou de sa peine, l'autre de son argent, il n'y ait qu'une *Proportion Arithmetique*, selon les idées d'*Aristote*: il faut n'avoir jamais lû, ou avoir lû fort négligemment l'endroit cité ci-dessus, *Note 6.* où ce Philosophe explique lui-même sa pensée.

(10) Les uns répondent, que le cas n'est pas possible: mais tout ce qu'on peut assûrer, c'est qu'il arrive rarement. Les autres prétendent, qu'en ce cas-là même on observe la Proportion Géométrique, puisque l'on compare le mérite de cette personne, seule capable d'un Emploi, avec le défaut de merite dans les autres. Mais alors la comparaison ne se fait plus dans le même genre de choses, & par consequent la Proportion Géométrique ne sauroit avoir lieu. Au fond, pour le dire encore un coup, tout cela est peu important: &, quelques défauts qu'il y ait dans la division d'ARISTOTE nôtre Auteur auroit mieux fait de proposer la sienne, sans s'embarrasser de l'accorder avec l'autre rectifiée à sa maniére; puis qu'elles sont au fond très-différentes; comme on s'en convaincra aisément, si on lit avec attention la Morale de ce fameux Philosophe.

(11) L'Auteur a en vûë ici, ce me semble, un passage d'ARISTOTE, où il est dit, que la *Justice Distributive* suit toûjours la *Proportion Géométrique*. Car, ajoûte le Philosophe, lors qu'il s'agit, par exemple, de distribuer de l'argent des deniers publics, il faut donner à chacun à proportion de ce qu'il avoit fourni. Τὸ μὲν γὰρ διανεμητικὸν δίκαιον τῶν κοινῶν, ἀεὶ κατὰ τὴν ἀναλογίαν ἐστὶ τὴν εἰρημένην· καὶ γὰρ ἀπὸ χρημάτων κοινῶν, ἐὰν γίγνηται ἡ διανομὴ, ἔσται κατὰ τὸν λόγον τὸν αὐτὸν,

toiens avoient fourni pour le Public, il ne fait qu'un acte de *Justice Explétrice*. Un des Maîtres de *Cyrus* avoit bien compris cette différence, comme il paroît par un petit conte que XE'NOPHON rapporte. *Cyrus* avoit ajugé à un Enfant une grande Robe, mais qui ne lui appartenoit point, & qu'il avoit prise à un autre plus petit, lui donnant à la place la sienne, plus proportionnée à sa taille. Là-dessus le Maître lui représenta, (12) *qu'il n'étoit pas question de savoir ce qui convenoit le mieux à chacun, auquel cas à la vérité il auroit bien fait de juger ainsi: mais qu'il s'agissoit d'examiner à qui appartenoit la Robe contestée, & qu'ainsi il falloit voir* (13) *lequel des deux prétendoit justement la posseder, ou celui qui l'avoit enlevée, ou celui qui l'avoit faite ou achétée.*

§. IX. 1. IL Y A un troisiéme sens du mot de *Droit*, selon lequel il signifie la même

ὅνπερ ἔχουσι πρὸς ἄλληλα τὰ εἰσενεχθέντα. Ethic. Nicom. *Lib.* V. *Cap.* VII. pag. 62. E. Voici, à mon avis, le cas dont le Philosophe veut parler. Plusieurs Particuliers ont prêté de l'argent à l'Etat pour les besoins publics: les uns, plus; les autres, moins. On veut les rembourser; mais la somme qu'on destine à cela n'est pas assez grande pour les paier tous: on rend donc à chacun à proportion de ce qu'il a donné. Mais cet exemple même sert encore à faire voir combien les idées d'ARISTOTE sont peu justes. Car il n'y a point ici proprement de comparaison entre le degré du mérite des personnes, & la quantité des choses, mais seulement entre les choses données & les choses renduës. Que si l'on dit que chacun mérite plus ou moins d'être remboursé, selon qu'il avoit prêté plus ou moins, il sera aisé de montrer que cette circonstance est une preuve fort équivoque du plus ou moins de mérite. Car il peut arriver, & il arrivera même souvent, que ceux qui ont prêté les plus grosses sommes, n'auront pas tant prêté à proportion que les autres moins riches, qui se seront peut-être mis fort à l'étroit pour subvenir aux nécessitez de l'Etat, pendant que les prémiers n'auront été que peu ou point incommodez, pour s'être passez quelque tems d'une somme qui n'étoit presque rien en comparaison de ce qui leur restoit. Or qui doute que, dans cette supposition, ceux qui ont témoigné plus de zéle pour le bien public, & qui en ont le plus souffert, ne méritent de recevoir à proportion davantage de la somme qui ne suffit pas pour les paier tous, que ceux dont la dette en elle-même est la plus considérable? Je raisonne ici sur le même principe, que fait Nôtre Seigneur JESUS-CHRIST, au sujet des Aumônes, dans le jugement qu'il porte de la Charité d'une pauvre Veuve qui n'avoit donné que deux petites piéces de monnoie pour les Pauvres, MARC, *Chap.* XII. *vers.* 42, & *suiv.*

(12) *Ἦν δὲ ἡ δίκη τοιάδε. Παῖς μέγας, μικρὸν ἔχων χιτῶνα, ἕτερον παῖδα μικρὸν, μέγαν ἔχοντα χιτῶνα, ἐκδύσας αὐτὸν, τὸν μὲν ἑαυτοῦ ἐκεῖνον ἠμφίεσε, τὸν δὲ ἐκείνου αὐτὸς ἐνέδυ. ἐγὼ οὖν τούτοις δικάζων, ἔγνων βέλτιον εἶναι ἀμφοτέροις τὸν ἁρμόζοντα ἑκάτερον ἔχειν χιτῶνα. ἐν δὲ τούτῳ με ἔπαισεν ὁ διδάσκαλος, λέγων ὅτι ὁπότε μὲν κατασταθείην τοῦ ἁρμόττοντος κριτὴς, οὕτω δέοι ποιεῖν· ὁπότε δὲ κρῖναι δέοι, ποτέρου ὁ χιτὼν εἴη, τοῦτ' ἔφη σκεπτέον εἶναι, τίς κτῆσις δικαία ἐστὶ, πότερα τὸν βίᾳ ἀφελόμενον ἔχειν, ἢ τὸν ποιησάμενον ἢ πριάμενον κεκτῆσθαι.* Cyropæd. Lib. I. Cap. III. §. 14. *Ed. Oxon.*

(13) Voiez le même XE'NOPHON, Liv. II. de la *Cyropédie*. Il faut rapporter ici une Loi de MOÏSE, où DIEU défend aux Juges *d'avoir compassion du Pauvre, quand il s'agit de rendre la Justice*, EXOD. XXIII, 3. LEVIT. XIX, 15. En effet, comme le dit PHILON, Juif, il faut considerer la Cause en elle-même, & faire abstraction de toute considération des Parties. *Τὸ τρίτον παράγγελμα τῷ δικαστῇ, τὰ πράγματα περὶ τῶν κρινομένων ἐξετάζειν, καὶ πειρᾶσθαι πάντα τρόπον ἀφαιρεῖν αὐτὰ τῆς τῶν δικαζομένων φαντασίας.* (Lib. *de Judice*, pag. 720. in fin. *Ed. Paris.*) GROTIUS.

Je ne trouve, dans le II. Livre de la *Cyropédie* de XE'NOPHON, auquel nôtre Auteur renvoie, aucun endroit qui puisse se rapporter ici, qu'une réflexion de *Cyrus*, que l'on va voir. Un des Favoris de ce Prince lui proposoit, qu'il seroit bon que tous les Soldats de son Armée n'eussent pas une égale part au butin qui se feroit, mais qu'on le distribuât à chacun selon son mérite, & selon qu'il auroit montré de bravoure dans l'occasion. *Cyrus* trouva la proposition raisonnable, mais il dit qu'il falloit auparavant demander à toute l'Armée, si elle y consentoit. " A quoi bon cela? repliqua *Chrysante*. Ne suffit-il pas que vous déclariez " que tel est vôtre bon plaisir, & que vous ferez la " distribution sur ce pié-là? Quand vous avez établi " des Combats de prix, n'est-ce pas vous qui avez réglé en même tems quelle récompense chacun auroit. " Le cas n'est pas le même, répondit *Cyrus*. Car les " Soldats regarderont tout le butin qui se fera, comme leur appartenant en commun. Au lieu qu'ils sont " persuadez, que le Commandement général de l'Armée m'appartient, peut-être même par droit de naissance, aussi bien que par élection. A cause de quoi " aussi ils ne trouvent pas mauvais que je dispose des " Charges de l'Armée comme je le juge à propos. *Ἀλλὰ μὰ Δί', ἔφη ὁ Κῦρος, οὐχ ὅμοια ταῦτα ἐκείνοις. ἃ μὲν γὰρ ἂν στρατευόμενοι κτήσωνται, κοινὰ, οἶμαι, ἑαυτοῖς ἡγήσονται εἶναι· τὴν δὲ ἀρχὴν τῆς στρατιᾶς ἐμὴν, ἴσως ἔτι οἴκοθεν, νομίζουσιν εἶναι· ὥστε διατάττοντα ἐμὲ τοὺς ἐπιστάτας, οὐδὲν, οἶμαι, ἀδικεῖν νομίζουσιν.* Cyropæd. Lib. II. Cap. II. §. 10, 11. *Ed. Oxon.*

§. IX. (1) C'est en ce sens qu'HORACE a dit:

JURA *inventa metu injusti fateare necesse est.*
Lib. I. Satir. III. vers. 111.

Et ailleurs:

JURA *neget sibi nata.*
Art Poët. vers. 122.

Sur quoi le Scholiaste dit: *Legum sit contemtor.* GROTIUS.

(2) Voiez PUFENDORF, *Droit de la Nat. & des Gens*, Liv. I. Chap. V. où il explique la nature & le fondement des *Actions Morales*.

(3) Il y a ici deux choses à reprendre. I. L'Auteur s'exprime d'une maniére à faire croire que la Loi *oblige* par elle-même, & purement en qualité de Régle, d'où qu'elle vienne: au lieu que toute Loi tire la vertu qu'elle a d'obliger, d'un *Supérieur* qui la prescrit, c'est-à-dire, de quelque Etre Intelligent qui a droit d'imposer à ceux, dont il gêne ainsi la liberté, une nécessité indispensable de se soûmettre à sa direction. Voiez ce que je dirai sur le paragraphe suivant, *Note* 4. II. L'Auteur reduit tout l'effet de la Loi à l'*Obligation*: or il faut y joindre la *Permission*, qu'il exclut mal-à-pro-

me chose (1) que celui de *Loi*, pris dans sa plus grande étenduë, c'est-à-dire, lors qu'on entend par la LOI, *une Régle des* (2) *Actions Morales, qui oblige* (3) *à ce qui est bon & louable.* Je dis, *qui oblige:* car (4) les Conseils, & tels autres Préceptes, qui, quelque honnêtes & raisonnables qu'ils soient, n'imposent aucune Obligation, ne sont pas compris sous le nom de *Loi* ou de *Droit.* Pour ce qui est de la *Permission*, ce n'est pas (5) proprement une action de la Loi, mais une pure inaction, si ce n'est entant qu'elle assujettit toute autre personne à ne pas empêcher de faire ce que la Loi permet à quelcun. Je dis encore, que la Loi oblige *à ce qui est bon* (a) *& louable*, & non pas simplement à ce qui est *juste*; parce que le Droit, selon l'idée que nous y attachons ici, ne se borne pas aux Devoirs de la Justice, telle que nous venons de l'expliquer, mais embrasse encore ce qui fait la matiére des (6) autres Vertus: quoi que d'ailleurs

(a) *Rectum.*

propos. Voiez la *Note* 5. sur ce paragraphe.

(4) Voiez PUFENDORF, *Droit de la Nat. & des Gens*, Liv. I. Chap. VI. §. 1.

(5) L'Auteur se trompe ici, à mon avis. La *Permission* est un effet aussi reel de la *Loi*, prise dans toute son etenduë, que l'*Obligation* la plus forte & la plus indispensable. Le Supérieur, de qui la Loi émane, a droit de diriger positivement ou toutes les Actions de ceux qui dependent de lui, ou du moins toutes celles d'un certain genre: il n'est aucune de ces Actions, à l'egard de laquelle il ne puisse imposer la nécessité d'agir ou de ne point agir d'une certaine maniére. Mais aucun Supérieur n'exerce son autorité avec tant d'étendue: il y a toûjours un assez bon nombre de choses soûmises à sa direction, par rapport auxquelles il laisse à chacun la liberté de faire comme on jugera à propos. Ce n'est point-là une simple inaction, comme le pretend nôtre Auteur; mais un acte très-positif, quoi que tacite pour l'ordinaire, par lequel le Supérieur ou le Legislateur se relâche de son droit. De sorte que, comme les Actions ordonnées ou défenduës sont reglees positivement par la Loi, entant qu'elle impose une necessité indispensable de faire les prémiéres & de s'abstenir des autres: les Actions permises sont aussi positivement réglées par la Loi à leur maniére & selon leur nature, entant que la Loi ou donne originairement le pouvoir de les faire ou de ne pas les faire, comme on le juge à propos, ou confirme & laisse cette faculte, qu'elle auroit pû ôter, ou en tout, ou en partie. Il n'est nullement nécessaire d'une permission expresse, qui a lieu rarement & dans les Loix Divines, & dans les Loix Humaines: le silence du Legislateur suffit pour donner lieu d'inférer une permission positive de tout ce sur quoi il n'a rien commandé ni défendu. Lors que DIEU, qui seul peut régler toutes les Actions des Hommes, de quelque nature qu'elles soient, défendoit aux *Juifs*, par exemple, de manger de certaines sortes d'Animaux; comme il auroit pû, s'il avoit voulu, leur en défendre plusieurs autres sortes, par cela même qu'il ne défendoit que telles ou telles, il donnoit véritablement & positivement la liberté de manger ou de ne pas manger, de toutes les autres. A l'égard des Loix Humaines, ou elles roulent sur des choses qui étoient déja commandées ou défenduës en quelque maniére par le Droit Divin, soit Naturel ou Revelé: & en ce cas-là, elles accordent, entant qu'en elles est, la permission de faire plusieurs autres choses de ce genre sur quoi elles ne prescrivent rien; car c'est une suite nécessaire de l'impunité: Ou bien elles regardent des choses d'ailleurs indifférentes en elles-mêmes: & ici, à plus forte raison, elles permettent tout ce qu'elles ne défendent point, y aiant une infinité d'Actions de cette nature, en matiére desquelles un Homme revêtu d'autorité sur un autre peut gêner en différentes maniéres la liberté, que le Droit Naturel n'accordoit qu'autant qu'un Superieur légitime ne jugeroit pas à propos d'y mettre des bornes. En un mot, quiconque détermine certaines limites au delà desquelles il déclare que l'on ne doit point aller, marque par cela même jusqu'où il consent & permet que l'on aille, si l'on veut. Cela est d'autant plus vrai, que, comme nôtre Auteur le reconnoit, la permission qu'une Loi donne à quelcun, impose aux autres l'obligation de ne lui causer aucun obstacle, quand il lui prendra envie de faire ce que la Loi permet. Or cette obligation est produite & doit être produite nécessairement par un droit attaché à celui que la Loi laisse dans la liberté d'agir à sa fantaisie: car, dans toutes les Obligations où l'on est par rapport à autrui, il y a quelque droit qui y répond; & ce n'est point parce qu'on est obligé de faire telle ou telle chose, que quelcun a droit de l'exiger, mais au contraire c'est parce que quelcun a droit d'exiger telle ou telle chose, qu'on est obligé de la faire. D'où vient donc ici le droit? Il ne peut certainement venir que de la permission de la Loi; permission, en vertu de laquelle on peut aussi resister à quiconque nous troublera dans la jouissance de ce droit, & emploier ou les voies ordinaires de la Justice, quand on est à portée d'implorer la protection d'un Juge commun, ou la force des armes, si l'on n'a d'autre ressource qu'en se faisant raison à soi-même. Enfin, chacun sait que les Loix accordent quelquefois une permission expresse, ou à tous ceux qui dépendent du Legislateur, ou seulement à quelques-uns. De tout cela il paroit assez, à mon avis, que l'Auteur exclut mal-à-propos la *Permission* de ce qui entre dans l'idée generale de la *Loi*; & l'on peut y joindre ce que j'ai déja dit là-dessus contre PUFENDORF, qui est de même sentiment, *Droit de la Nat. & des Gens*, Liv. I. Chap. VI. §. 15. *Note* 2. Ainsi en suppléant à cette omission, & à quelques autres, je crois qu'il faudroit définir la LOI, comme j'ai déja fait dans une Note sur l'Abrégé *des Devoirs de l'Homme & du Citoien*, Liv. I. Chap. II. §. 2. des derniéres Editions: *Une volonté d'un Supérieur, suffisamment notifiée d'une maniére ou d'autre, par laquelle volonté il dirige ou toutes les actions généralement de ceux qui dépendent de lui, ou du moins toutes celles d'un certain genre; en sorte que, par rapport à ces actions, ou il leur impose la nécessité de faire ou de ne pas faire certaines choses, ou il leur laisse la liberté d'agir ou de ne point agir, comme ils le jugeront à propos.*

(6) On en trouve un exemple dans une Loi de *Zaleuque*, par laquelle ceux qui avoient bû du vin contre l'ordonnance du Médecin, étoient punis. GROTIUS.

Cette Loi rigoureuse condamnoit à mort les contrevenans, s'il en faut croire ELIEN, qui nous la donne pour vraie, *Var. Hist.* Lib. II. Cap. XXXVII. Voiez PUFENDORF, *Droit de la Nat. & des Gens*, Liv. I. Chap.

leurs tout ce qui est conforme à ce Droit, soit aussi appellé (7) *juste*, à prendre le mot de *juste* dans un sens général & fort étendu.

2. La meilleure division du Droit, ainsi entendu, c'est celle que fait (8) ARISTOTE, en *Droit Naturel*, & *Droit Volontaire*, qu'il appelle ordinairement *Droit légitime*, prenant le mot de *Loi* dans (9) son sens le plus étroit: & quelquefois aussi, (10) *Droit d'institution*. Les *Hébreux* n'ont pas ignoré cette différence: car, quand ils s'expriment exactement, ils désignent le Droit Naturel & le Droit d'institution chacun par un terme (11) particulier, auxquels répondent aussi pour l'ordinaire des mots différens (12) dans la Version des Juifs Hellénistes. Voions maintenant quel est le caractére & la difference de ces deux sortes de Droit.

§. X. 1. POUR commencer par le DROIT NATUREL, il consiste dans *certains principes de* (1) *la Droite Raison, qui nous font connoître qu'une Action est moralement honnête* (2) *ou deshonnête, selon la convenance ou la disconvenance nécessaire qu'elle a* avec

Chap. VI. §. 4. dans le Texte, & dans les Notes. A quoi on peut ajoûter ce que dit ELIEN, au sujet des *Lacédémoniens*, & des *Romains*, Lib. III. Cap. XXXIV. avec la Note de feu Mr. PERIZONIUS.

(7) C'est ainsi qu'on dit: *Il est juste de reconnoître les Bienfaits, d'avoir compassion des Pauvres, de faire des libéralitez à ceux qui en ont besoin, de ménager sagement sa santé & ses biens* &c.

(8) C'est dans sa MORALE A' NICOMACHUS, *Lib.* V. *Cap.* X. où il distingue Δίκαιον φυσικὸν, & Δίκαιον νομικὸν, comme faisant partie de ce qu'il appelle Δίκαιον πολιτικὸν, *Droit Civil.* Ainsi ses idées ne sont pas tout-à-fait les mêmes, que celles de nôtre Auteur. On n'a qu'à voir le précis que j'en ai donné dans ma *Préface* sur PUFENDORF, *Droit de la Nat. & des Gens*, §. 24. pag. 97, 98. de la 2. Edition.

(9) C'est-à-dire, pour une Constitution, qui dépend absolument de la volonté du Législateur.

(10) Τὸ ἐν τάξει. C'est en parlant de l'Injuste, que le Philosophe se sert de cette expression: Ἄδικον μὲν γάρ ἐστι τῇ φύσει, ἢ τάξει. Ethic. Nicom. *Lib.* V. Cap. X. pag. 68. A. Tom. II. Opp. *Ed. Paris.*

(11) Ils appellent ce qui est de *Droit Naturel*, מצוות *mitsvoth*, ou משפטים *mischpatim*, comme le dit le Rabbin MOÏSE, *Fils de Maimon*, dans son *Moré nebochim*, ou le *Docteur des Doutans*, Lib. III. Cap. XXVI. Et ce qui est de *Droit volontaire* ou d'institution, חקים *Khukkim*, GROTIUS.

Voiez SELDEN, qui adopte aussi la remarque des Rabbins, dans son Traité *De Jure Nat. & Gent. secundum disciplinam Hebr.* Lib. I. Cap. X. pag. 119, 120. Mais notre Auteur donne lui-même à entendre ici, que cette difference ne s'observe pas toûjours, comme il le reconnoit formellement dans son Commentaire sur St. LUC, I, 6. Consultez Mr. LE CLERC, sur *Génése*, XXVI, 5.

(12) Δικαιώματα, qui répond à מצוות, & Ἐντολαί, qui répond à חקים. Mais l'Auteur avouë aussi, dans sa Note sur LUC, I, 6. que les deux mots Grecs se confondent souvent dans la Version des *Septante*, aussi bien que les termes Hébreux, dans l'Original. Voiez Mr. LE CLERC, dans ses Additions aux Notes de HAMMOND, sur *Rom.* VIII. 4.

§. X. (1) Voici ce que dit là-dessus PHILON, *Juif*: „ La droite Raison est une Loi véritable, Loi incor„ruptible & vivante, qui n'a pas été écrite par tel ou „ tel Homme mortel, sur des Papiers ou des Colom„nes inanimées, mais gravée dans un Entendement „ immortel, par la main d'une Nature immortelle. Νόμος δὲ ἀψευδὴς, ὁ ὀρθὸς λόγος, οὐχ ὑπὸ τοῦ δεῖνος, ἢ τοῦ δεῖνος θνητοῦ, φθαρτὸς, ἐν χαρτιδίοις ἢ στήλαις ἄψυχος ἀψύχοις, ἀλλ' ὑπ' ἀθανάτου φύσεως, ἄφθαρτος, ἐν ἀθανάτῳ διανοίᾳ τυπωθείς. Lib. *Omnem virum bonum esse liberum*, (pag. 871. B. *Ed. Paris.*) " DEMANDEREZ„ VOUS encore, où est la Loi de Dieu? (disoit TER„ TULLIEN) N'avez-vous pas ici une Loi commune, „ exposée aux yeux de chacun dans le grand Livre du „ Monde, sur les Tables de la Nature? *Quæres igitur Dei Legem, habens communem istam in publico Mundi, in naturalibus tabulis?* De Corona Militis (*Cap.* VI.) L'Empereur MARC ANTONIN dit que la fin que tout Animal raisonnable doit se proposer, c'est de suivre la Raison, & les Loix de la plus ancienne des Villes & des Republiques (c'est-à-dire, de l'Univers.) Τέλος δὲ λογικῶν ζώων, τὸ ἕπεσθαι τῷ τῆς πόλεως καὶ πολιτείας τῆς πρεσβυτάτης λόγῳ καὶ θεσμῷ. Lib. II. (§. 16.) Voiez un fragment du Traité de CICERON, *de Republica*, Lib. III. rapporté par LACTANCE, Lib. VI. Cap. VIII. St. CHRYSOSTÔME dit là-dessus de belles choses, dans ses Harangues XII. & XIII. sur les *Statuës.* Ce que l'on trouve dans THOMAS, *d'Aquin*, *Secunda Secundæ*, LVII, 2. & dans SCOT, III. *Dist.* 37. n'est pas à mépriser. GROTIUS.

(2) L'Auteur dit, *moralement nécessaire*: mais le terme, dont je me suis servi, est plus clair, & l'opposition plus juste.

(3) J'ai ajoûté, *& sociable*; comme l'Auteur lui-même s'exprime plus bas, §. 12. *num.* 1. & *Chap.* suivant, §. 1. *num.* 3. Il y a apparence que son Copiste, ou ses Imprimeurs, avoient sauté ici ces deux mots, sans qu'il s'en soit apperçû, comme il est arrivé en d'autres endroits.

(4) *Actus debiti, aut illiciti per se.* L'Auteur suppose donc ici, que l'on seroit dans quelque *obligation* de faire ou de ne pas faire certaines choses, quand même on n'auroit à répondre de sa conduite à personne. Et il ne faut pas s'étonner que ses idées là-dessus ne fussent pas tout-à-fait justes, puis que l'on voit encore aujourd'hui, non seulement la plûpart des Philosophes & des Théologiens Scholastiques, mais encore quelques Auteurs d'ailleurs très-judicieux & nullement esclaves des préjugez de l'Ecole, s'opiniâtrer à soûtenir que les Régles du Droit Naturel & de la Morale imposent par elles-mêmes une nécessité indispensable de les suivre, indépendamment de la volonté de DIEU. Quelques-uns néanmoins raisonnent d'une maniére à donner lieu d'inférer qu'il n'y a qu'une dispute de mots entr'eux, & les autres qui ne sont pas de même opinion. Je vais tâcher de mettre dans tout son jour, quoi qu'en peu de paroles, & l'état de la Question, & les fondemens de la négative, que je prens contre l'Auteur. On pourra joindre cette Note avec ce que j'ai déja dit sur la matiére, dans ma PRE'FACE sur PUFENDORF, §. 6. pag. XXXVI. de la seconde Edition. Il ne s'agit donc point

avec une Nature Raisonnable (3) *& Sociable*; & par conséquent que DIEU, qui est l'Auteur de la Nature, ordonne ou défend une telle Action.

2. Les Actions à l'égard desquelles la Raison nous fournit de tels principes, sont (4) obligatoires ou illicites par elles-mêmes, à cause dequoi on les conçoit comme nécessairement ordonnées ou défenduës de DIEU. Et c'est le caractére propre qui distingue le Droit Naturel non seulement d'avec le Droit Humain, mais encore d'avec le Droit Divin Volontaire, qui ne commande pas & ne défend pas des choses obligatoires ou illicites par elles-mêmes & de leur propre nature, mais qui rend obligatoire ce qu'il commande, par cela seul qu'il le commande; & illicite, ce qu'il défend, par cela seul qu'il le défend.

3. Mais, pour se faire une juste idée du Droit Naturel, il faut remarquer, qu'il y a des choses que l'on dit être de Droit Naturel, qui ne s'y rapportent pas proprement, mais par réduction ou par accommodation, comme on parle dans l'École, c'est-à-dire

point ici de disputer, si en faisant abstraction de toute volonté d'un Etre Intelligent, & même de la volonté de DIEU, nôtre Esprit ne peut pas découvrir les idées & les relations d'ou se déduisent toutes les Regles du Droit Naturel & de la Morale. On doit convenir de bonne foi avec les partisans de l'opinion que je combats, que ces Regles sont effectivement fondées sur la nature même des choses; qu'elles sont conformes a l'Ordre que l'on conçoit qui est necessaire pour la beauté de l'Univers; qu'il y a une certaine proportion ou disproportion, une certaine convenance ou disconvenance, entre la plûpart des Actions & leurs objets, qui fait qu'on trouve de la beauté dans les unes, & de la laideur dans les autres. Mais de cela seul il ne s'ensuit pas que l'on soit proprement *obligé* à faire ou ne pas faire telle ou telle chose. La convenance ou disconvenance, que l'on peut appeller *moralité naturelle* des Actions, est bien une raison qui peut porter à agir ou ne point agir, mais ce n'est pas une raison qui impose une nécessité indispensable, telle que l'emporte l'idee de l'*Obligation*. Cette nécessité ne peut venir que d'un *Supérieur*, c'est-à-dire, d'un Etre Intelligent hors de nous, qui ait le pouvoir de gêner notre liberté, & de nous prescrire des Regles de Conduite. Pour le prouver, voici comme je raisonne. S'il y avoit quelque Obligation, indépendamment de la volonté d'un Supérieur, il faudroit qu'elle nous fût imposée ou par la nature même des choses, ou par nôtre propre Raison. La nature même des choses ne sauroit nous imposer aucune Obligation, proprement ainsi nommée. Qu'il y ait tel ou tel rapport de convenance ou de disconvenance entre nos idées, cela seul ne nous engage qu'à reconnoître ce rapport; il faut quelque chose de plus pour nous assujettir a y conformer nos actions & nôtre vie. La Raison ne peut pas non plus par elle-même nous mettre dans une nécessité indispensable de suivre les idees de convenance ou de disconvenance qu'elle nous met devant les yeux, comme fondées sur la nature des choses. Car 1. les Passions opposent à ces idées abstraites & spéculatives, des idées sensibles & touchantes: elles nous font voir dans plusieurs Actions contraires aux maximes de la Raison, un rapport de plaisir, de contentement, de satisfaction, qui les acompagne, au moment même qu'on s'y détermine. Si les lumiéres de notre Esprit nous détournent de ces Actions, le panchant de notre Cœur nous y entraine avec beaucoup plus de force. Pourquoi donc suivrions-nous les premieres, plûtôt que le dernier, s'il n'y a aucun principe exterieur qui nous y assujettisse? Le penchant de notre Cœur, dans cette supposition, n'est-il pas aussi naturel, que les idées de notre Esprit? Ne vient-il pas d'une certaine disposition de notre nature? La Raison, direz-vous, nous montre clairement, qu'en observant les Regles qu'elle nous propose nous agirons d'une maniere plus conforme à nos interêts, que si nous nous laissons conduire à nos Passions. Mais les Passions contesteront cet avantage: elles prétendront même l'avoir de leur côté, parce que la satisfaction qu'elles offrent est presente & assurée; au lieu que l'interêt, auquel la Raison nous veut faire penser, étant un interêt avenir & eloigné, peut être par là regardé comme incertain. Quand même on seroit convaincu, que, tout bien compté, notre avantage demande que nous suivions les maximes de notre Raison, n'est-il pas libre à chacun de renoncer à ses interêts, tant qu'il n'y a point d'autre personne interessée à ce qu'il ne fasse rien qui y soit contraire, & revêtuë du droit d'exiger qu'il les procure autant qu'en lui est? Que l'on agisse tant qu'il vous plaira contre ses veritables interêts, ce ne sera jamais qu'imprudence, dans cette supposition: il n'y aura rien de contraire à un *Devoir* ou une *Obligation*, proprement ainsi nommée. 2. Mais ce à quoi il faut sur tout faire ici attention, & qui suffit aussi pour prouver la these que nous soûtenons, c'est que notre Raison, considerée comme indépendante de celui qui nous l'a donnée, n'est au fond autre chose que nous-mêmes: or personne ne peut s'imposer à soi-même une nécessité indispensable d'agir ou de ne point agir de telle ou telle maniere. Car afin que la nécessité ait lieu, il faut qu'elle ne puisse pas cesser au gré de celui qui y est soûmis; autrement elle sera sans effet, & elle se reduira à rien. Si donc celui à qui l'Obligation est imposée, est le même que celui qui l'impose, il pourra s'en degager toutes fois & quantes que bon lui semblera; ou plûtôt il n'y aura point de véritable Obligation: de même que, quand un Debiteur succede aux biens & aux droits de son Créancier, il n'y a plus de Dette. En un mot, comme le dit très-bien SENEQUE, à parler proprement, personne ne se *doit* rien à soi-même; & le mot de *devoir* n'a lieu qu'entre deux personnes differentes. *Nemo sibi debet ..... hoc verbum* debere *non habet nisi inter duos locum.* De Benefic. *Lib.* V. *Cap.* VIII. De tout cela je conclus, que les maximes de la Raison, quelque conformes qu'elles soient à la nature des choses, à la constitution de nôtre être, ne sont nullement obligatoires, jusqu'à ce que cette même Raison nous ait découvert l'Auteur de l'existence & de la nature des choses, lequel par sa volonté donne force de Loi à ces maximes, & nous impose une nécessité indispensable de nous y conformer, en vertu du droit qu'il a de gêner nôtre liberté comme il le juge à propos, & de prescrire telles bornes que bon lui semble aux Facultez qu'il nous a données. Il est vrai que DIEU ne peut rien ordonner de contraire aux

à-dire, entant que le Droit Naturel n'y est pas (5) contraire: de même que nous avons dit qu'on appelle *justes*, des choses où il n'y a point d'injustice. Quelquefois aussi on rapporte par abus au Droit Naturel (6) des choses que la Raison fait regarder comme honnêtes, ou comme meilleures que leurs contraires, quoi qu'on n'y soit obligé en aucune façon.

4. Il est bon encore de savoir, que le Droit Naturel ne roule pas seulement sur des choses qui existent indépendamment de la Volonté Humaine, mais qu'il a aussi pour objet plusieurs (7) choses qui sont une suite de quelque acte de cette Volonté. Ainsi, par exemple, la *Propriété* des biens, telle qu'elle est aujourd'hui en usage, a été introduite par la volonté des Hommes: mais dès le moment qu'elle a été introduite, ç'a été une régle du Droit même de Nature, qu'on ne peut sans crime prendre à quelcun, malgré lui, ce qui lui appartient en propre. C'est pourquoi le Jurisconsulte (8) PAUL dit, que *le* (9) *Larcin est défendu par le Droit Naturel.* ULPIEN, autre Jurisconsulte Romain, appelle le Larcin, *une* (10) *chose naturellement deshonnête:* & le Poëte (11) EURIPIDE le fait regarder comme une action odieuse à la Divinité.

5. Au reste, le Droit Naturel est immuable, jusques-là que (12) DIEU même n'y peut rien changer. Car, quoi que la Puissance de Dieu soit infinie, on peut dire qu'il y a des (13) choses auxquelles elle ne s'étend point, parce que ce sont des choses qu'on ne sauroit exprimer par des propositions qui aient quelque sens, mais qui renferment une

aux idées de convenance ou de disconvenance que la Raison nous fait voir dans certaines Actions; mais cela n'empeche pas que l'obligation de se regler sur ces idées ne vienne uniquement de sa volonté: il n'importe que cette volonté soit arbitraire, ou non; c'est toûjours elle seule qui impose proprement la nécessité. Si par impossible on pouvoit raisonnablement se persuader que la Divinité est un Etre tel que le representoient les *Epicuriens*, qui ne s'intéresse point aux actions des Hommes, qui n'exige rien d'eux, qui ne se met point en peine s'ils vivent bien ou mal; quelques idées qu'on eût d'Ordre, de Convenance, de Justice naturelle, la vuë d'une telle Divinité ne suffiroit pas pour imposer une necessité indispensable de prendre ces idées pour regle, quand même on croiroit qu'elle s'y conforme elle-même, autant que le demande la *perfection* de sa nature; car l'Exemple n'est point par lui-même un fondement solide d'Obligation. Enfin, une preuve que la volonté de DIEU est la source de tout Devoir & de toute Obligation, c'est que, quand ceux qui ont une Religion pratiquent les Régles de la Vertu & les Maximes du Droit Naturel, ils doivent le faire, non pas principalement & precisément parce qu'ils reconnoissent que ces Regles sont conformes aux idées naturelles & invariables de l'Ordre, de la Convenance, de la Justice; mais parce que DIEU, leur Maître Souverain, veut qu'ils les suivent dans leur conduite. Et au fond, il seroit autrement assez inutile que Dieu leur prescrivît rien là-dessus, puis qu'ils y seroient deja tenus d'ailleurs: la volonté & l'autorité de Dieu ne seroit ici qu'une espéce d'accessoire, qui ne *feroit* tout au plus que rendre l'Obligation plus forte. J'ai traité cette matiére plus au long dans mes Réflexions sur le *Jugement d'un Anonyme*, ou de feu Mr. de LEIBNITZ, qui ont paru en 1718. à la suite de la quatriéme Edition de ma Traduction de l'Abregé de PUFENDORF, *Des Devoirs de l'Homme & du Citoïen.* Mais comme cette Note étoit composée long tems auparavant, j'ai crû devoir la laisser toute telle qu'elle étoit.

(5) Il s'agit des choses que le Droit Naturel ne commande ni ne defend, & sur lesquelles par conséquent il laisse la liberté d'agir, comme on le juge à propos; à moins qu'un Superieur legitime ne fasse là-dessus quelque Loi Positive, comme il le peut: ce qui n'est conforme au Droit Naturel que de cette maniére n'étant pas immuable, ainsi que nôtre Auteur le dit ailleurs, *Liv.* I. *Chap.* II. §. 5. *num.* 1. Mais il paroît par ce que j'ai établi dans la *Note* 5. sur le paragraphe précedent, qu'il y a véritablement un *Droit Naturel de simple permission*, aussi bien qu'un *Droit Naturel Obligatoire*; & qu'ainsi les choses dont parle l'Auteur peuvent trèsbien être regardées comme de Droit Naturel, dans le prémier sens.

(6) L'Auteur donne ailleurs pour exemple des choses qu'il rapporte à cette classe, le *Concubinage*, le *Divorce*, la *Polygamie* (*Liv.* I. *Chap.* II. §. 6. *num.* 2.); l'action d'une personne qui découvre aux autres, avec qui elle traite, des choses qu'elle n'est point obligée de leur découvrir par la loi du Contract, (*Liv.* II. *Chap.* XII. §. 9. *num.* 2.); le soin de déclarer la Guerre en certains cas, où l'on pourroit s'en dispenser sans violer le Droit Naturel. (*Liv.* III. Chap. III. §. 6. *num.* 6.); le vœu du *Celibat*; les *secondes Nôces*, & autres choses semblables, *Liv.* III. *Chap.* IV. §. 2. num. 1. Ce que nous dirons sur ces endroits-là, & sur *Liv.* I. *Chap.* II. §. 1. *num.* 3. servira à expliquer le principe que nôtre Auteur pose ici, & à marquer en quoi il l'a ou mal appliqué, ou étendu trop loin. Voiez aussi ce que dit là-dessus PUFENDORF, *Droit de la Nat. & des Gens*, Liv. II. Chap. III. §. 22.

(7) Voiez encore PUFENDORF, *Droit de la Nat. & des Gens*, Liv. II. Chap. III. §. 15. *Note* 5. & §. 22, 24.

(8) *Furtum est contrectatio rei fraudulosa, lucri faciendi gratiâ, vel ipsius rei, vel etiam usûs ejus, possessionisve: quod lege naturali prohibitum est admittere.* DIGEST. Lib. XLVII. Tit. II. *De Furtis*, Leg. I. §. 3.

(9) Voici ce que dit là-dessus l'Empereur JULIEN: „ Après la Loi qui regarde la connoissance & le culte „ d'une Divinité, il y a une seconde Loi, sacrée & „ divine de sa nature, qui ordonne à chacun de s'abs„ tenir en tout & par tout du bien d'autrui, & de n'y „ attenter ni par ses discours, ni par ses actions, ni „ par ses pensées les plus secretes. Πρὸς τούτῳ δὲ (ἐφ' ᾧ πάντας ἀθλῆσαι εἶναι θεῖόν τι πειθόμεθα) ὁ καὶ δεύτερος ἐξηκούετο νόμος, ἱερὸς ὢν φύσει καὶ θεῖος, ὁ τῶν ἀλλοτρίων πάντη καὶ πάντως ἀπέχεσθαι κελεύων· καὶ μή-

τε

une manifeste contradiction. Comme donc il est impossible à DIEU même, de faire que *deux fois deux* ne soient pas *quatre*: il ne lui est pas non plus possible de faire que ce qui est mauvais en soi & de sa nature, (14) ne soit pas tel. Et c'est ce qu'ARISTOTE donne à entendre, quand il dit, (15) qu'*il y a des choses dont le seul nom emporte une idée de vice & de déréglement.* Car comme, du moment que les choses existent une fois, leur être & leur essence ne dépend plus d'ailleurs: il en est de même des propriétez qui suivent nécessairement cet être & cette essence: or telle est la qualité de certaines Actions, que l'on juge mauvaises en les comparant avec une Nature éclairée d'une Raison droite. Aussi voions-nous que DIEU lui-même (a) consent que les Hommes jugent de sa conduite par cette régle.

(a) Voiez *Genes.* XVIII, 25. *Esaïe,* V, 3. *Ezechiel,* XVIII, 25. *Jerem.* II, 9. *Mich.* VI, 2. *Rom.* II, 6. III, 6.

6. Il paroît pourtant quelquefois, dans les Actions prescrites ou défenduës par le Droit Naturel, une espéce de changement, qui trompe ceux qui n'y regardent pas de près; quoi qu'au fond le Droit Naturel demeure toûjours le même, & qu'il n'y ait alors rien de changé que dans la chose même qui fait l'objet de la régle établie par le Droit Naturel, laquelle chose est susceptible de changement. Par exemple, si un Créancier me tient quitte de ce que je lui dois, je ne suis plus tenu de paier; non que la maxime du Droit Naturel qui ordonne de paier ce que l'on doit cesse alors d'avoir force de Loi à mon égard, mais parce que je ne dois plus ce que je devois. Car, comme le dit très-bien ARRIEN, dans les *Discours* d'EPICTETE, (16) *pour avoir raison de soûtenir que*

τε ἐν λόγῳ, μήτε ἐν ἔργῳ, μήτε ἐν αὐταῖς ταῖς λανθανούσαις τῆς ψυχῆς ἐπιθυμίαις ταῦτα ἐπιτρέπειν συγχεῖν &c. (Orat. VII. pag. 209. C. D. *Ed. Spanhem.*) Le Philosophe CHRYSIPPE disoit, au rapport de CICERON, que chacun peut, sans injustice, chercher son propre avantage; mais qu'il est contre le Droit, d'ôter aux autres les biens qui leur appartiennent. *Sic in vita sibi quemque petere, quod pertineat ad usum, non iniquum est: alteri deripere, jus non est.* De Offic. Lib. III. (Cap. X.) GROTIUS.

(10) *Ut puta furtum, adulterium, naturâ turpe est.* DIGEST. Lib. L. Tit. XVI. *De verborum signific.* Leg. XLII.

(11) Μισεῖ γὰρ ὁ Θεὸς τὴν βίαν· τὰ κτητὰ δὲ
Κτᾶσθαι κελεύει πάντας, οὐκ ἐξ ἁρπαγῆς.
Ἐατέος ὁ πλοῦτος ἐσ' ἄδικός τις ὤν.
Κοινὸς γάρ ἐστιν οὐρανὸς πᾶσι βροτοῖς,
Καὶ γαῖ', ἐν ᾗ χρὴ δώματ' ἀναπληρουμένους,
Τἀλλότρια μὴ 'χειν, μηδ' ἀφαιρεῖσθαι βίᾳ.

„ La Divinité déteste toute violence: Elle veut que „ chacun s'enrichisse par des voies légitimes, & non „ pas en prenant le bien d'autrui. Renonçons donc aux „ Richesses mal aquises: car la Terre, aussi bien que „ l'Air, appartient en commun à tous les Hommes, „ & ils peuvent y trouver dequoi augmenter leurs biens, „ sans retenir ou enlever ceux d'autrui. In *Helen.* vers. 909, *& seqq.*

(12) Conférez ici PUFENDORF, *Droit de la Nat. & des Gens,* Liv. II. Chap. III. §. 5.

(13) Voiez l'*Ontologie* de Mr. LE CLERC, Cap. XIV.

(14) La distinction du Bien & du Mal Moral, de la Vertu & du Vice, aiant pour base la convenance ou disconvenance nécessaire que nous appercevons entre certaines idées, fondées sur la nature même des choses: il implique contradiction de dire que le Bien devienne Mal, & le Mal, Bien; tant que la nature des choses demeure la même. Si donc DIEU ordonnoit ce en quoi on trouve une disconvenance nécessaire avec la nature des choses, & defendoit au contraire ce en quoi on trouve une convenance nécessaire avec la nature des choses; il se démentiroit lui-même visiblement, puis qu'il est l'Auteur de cette nature. Ainsi il seroit sage, & il ne le seroit pas en même tems, il auroit toutes les perfections, & il manqueroit d'une des plus grandes; en quoi il y a une contradiction manifeste, qui ne sauroit être l'objet de la Toute-puissance Divine. Que si l'on dit, que DIEU pourroit changer la nature des choses, on avance-là une proposition inintelligible, & qui, examinée de près, n'implique pas moins contradiction. Car ou les choses ne seront plus les mêmes, quoi qu'on leur donne le même nom; par exemple l'*Homme* ne sera plus un Animal Raisonnable & Sociable; ce qui ne fait rien au sujet: Ou bien les choses demeurant toûjours les mêmes, elles n'auront plus les mêmes proprietez & les mêmes relations essentielles, c'est-à-dire, elles seront les mêmes, & elles ne le seront plus; car l'essence d'une chose, & la chose même, ne different que de nom.

(15) Ἔνια γὰρ εὐθὺς ὠνόμασται συνειλημμένα μετὰ τῆς φαυλότητος. Ethic. Nicom. *Lib.* II. *Cap.* VI. L'application de ce passage n'est pas tout-à-fait juste. ARISTOTE ne parle point du tout de la mutabilité ou de l'immutabilité du Mal Moral: il veut dire seulement qu'il y a des Passions & des Actions qui sont de telle nature, qu'elles ne peuvent être innocentes en aucun cas, & de quelque maniere qu'on s'y laisse aller, comme la joie maligne qu'on a des disgraces d'autrui, l'impudence, l'Envie, l'Adultere, le Vol, l'Homicide; au lieu qu'il y a d'autres Passions & d'autres Actions, qui sont bonnes ou mauvaises, selon qu'on y garde un juste milieu, ou qu'on s'en éloigne dans l'excès ou dans le défaut, comme la Crainte, la Confiance, le Désir, l'Aversion, la Colere, la Compassion, la Joie, le Chagrin, l'action de donner ou de recevoir, de parler ou de se taire &c. Du reste, si le mal moral qu'il y a toûjours dans la prémiere sorte d'Actions & de Passions, & quelquefois dans les dernieres, en est absolument inseparable, par rapport même à la Volonté Divine; c'est une autre question, sur quoi le Philosophe ne dit rien ni directement, ni indirectement, qui donne lieu de croire qu'il y ait pensé le moins du monde.

(16) C'est au Livre I. Chap. VII. où le Philosophe se sert de cet exemple en forme de comparaison, par rapport à un autre sujet fort différent: Ἡ μέντοι ἐν

ἀγεῖ

que quelcun doit, il ne suffit pas de prouver qu'on lui a prêté, mais il faut faire voir encore que la dette subsiste, & qu'elle n'a point été éteinte. De même, si Dieu ordonne (17) de tuer quelcun, ou de prendre le bien de quelcun, il n'autorise point par là l'Homicide ou le Larcin, deux choses dont le nom seul donne une idée de crime: mais, comme il est le Maître Souverain de la vie & des biens de chacun, ce qu'il commande-là n'est ni homicide ni larcin, par cela même qu'il le commande.

7. Il y a aussi des maximes qui sont de Droit Naturel, non purement & simplement, mais en supposant un certain état des choses. Ainsi, avant l'introduction de la Proprieté des biens, (18) chacun avoit naturellement plein pouvoir de se servir de tout ce qui se présentoit. Et, avant qu'il y eût des Loix Civiles, il étoit permis à chacun (19) de se faire raison à lui-même, & de poursuivre son droit par les voies de la Force.

§. XI. 1. Les Jurisconsultes Romains distinguent deux sortes de Droit immuable: l'un, qui est, selon eux, (1) commun à l'Homme & aux autres Animaux, & qu'ils appellent *Droit de Nature* dans un sens propre & étroit; l'autre, qui est particulier aux Hommes, & qu'ils expriment souvent par le nom de *Droit des Gens.* Mais cette distinction n'est presque d'aucun usage. Car, à proprement parler, il n'y a qu'un Etre capable de se former des maximes (2) générales, qui soit susceptible de Droit & d'Obligation. C'est ce que remarque très-bien Hesiode, un des plus anciens Poëtes Grecs: (3) Jupiter, dit-il, *a établi que les Poissons, les Bêtes farouches, & les Oiseaux se dévorassent les uns les autres, parce que la Justice n'a point de lieu entr'eux: mais il a prescrit aux* (4) *Hommes la Loi de la Justice, qui est la chose du monde la plus excellente.* Cicéron (5) remarque, qu'*on ne dit pas d'un Cheval, ou d'un Lion,* qu'il

ἀρκεῖ τὸ δανείσασθαι πρὸς τὸ ἔτι ὀφείλειν, ἀλλὰ δεῖ προσεῖναι καὶ τὸ ἐγκλήματι ἐπὶ τοῦ δανείου, καὶ μὴ διαλελύσθαι αὐτὸ &c. Pag. 24. *Ed. Colon.* 1595.

(17) Voiez le *Discours Préliminaire*, §. 49. *Note* 3. & ci-dessous, *Liv.* I. *Chap.* II. §. 2. *num.* 1. *Liv.* II. *Chap.* VII. §. 2. *Note* 3. & *Liv.* III. *Chap.* XI. §. 9. *num.* 2.

(18) On traitera de cela, *Liv.* II. *Chap.* II. §. 2.

(19) Voiez ci-dessous, *Liv.* I. *Chap.* III. §. 1, 2. & *Liv.* II. *Chap.* XX. §. 8.

§. XI. (1) Voiez Pufendorf, *Droit de la Nat. & des Gens*, *Liv.* II. *Chap.* III. §. 2, 3.

(2) Les Bêtes n'ont pas la faculté de former des idées abstraites, ou générales; comme l'a fait voir feu Mr. Locke, *Liv.* II. *Chap.* XI. §. 10, 11. de son *Essai sur l'Entendement Humain.* Voiez aussi Cicéron, *De Offic.* Lib. I. Cap. IV. & Senéque, *Epist.* 124. Ou si l'on croit qu'en donnant de la connoissance aux Bêtes, il ne soit gueres possible de leur refuser quelques idées universelles; il faudra au moins convenir, qu'elles ne s'étendent pas fort loin, & ne se reveillent gueres, selon toutes les apparences, que par un effet des impressions de quelque objet singulier & présent.

(3) Τόνδε γὰρ ἀνθρώποισι νόμον διέταξε Κρονίων·
Ἰχθύσι μὲν καὶ θηρσὶ καὶ οἰωνοῖς πετεηνοῖς,
Ἔσθειν ἀλλήλους, ἐπεὶ οὐ δίκη ἐστὶν ἐν αὐτοῖς.
Ἀνθρώποισι δ' ἔδωκε δίκην, ἣ πολλὸν ἀρίστη
Γίνεται —— —— —— ——

Oper. & Dier. *vers.* 276, & *seqq.* Ed. Cleric.

(4) Juvenal fait la même remarque, dans les vers suivans:

—— —— —— —— *Separat hoc nos*
A grege mutorum, atque ideo venerabile soli
Sortiti ingenium, divinorumque capaces,
Atque exercendis capiendisque artibus apti,
Sensum à cælesti demissum traximus arce,
Cujus egent prona & terram spectantia. Mundi
Principio indulsit communis conditor illis
Tantum animas, nobis animum quoque, mutuus ut nos
Adfectus petere auxilium & præstare juberet,
Dispersos trahere in populum ——

„ Voilà ce qui nous distingue des Bêtes brutes. Et c'est „ aussi pour cela que nous, seuls de tous les Animaux, „ avons eu en partage un Esprit merveilleux, qui nous „ rend capables de comprendre les Choses Divines, „ d'inventer & d'exercer divers Arts. Cette Intelligen„ ce nous vient du Ciel, & les autres Animaux, qui „ ont le corps fait de manière à regarder toûjours vers „ la Terre, en sont entiérement destituez. Le Créa„ teur commun de l'Univers ne leur a donné que des „ Ames douées de sentiment: mais il nous a donné à „ nous de plus la Raison, afin qu'une affection mu„ tuelle portât chacun de nous à demander du secours „ & à secourir réciproquement les autres, à s'unir plu„ sieurs ensemble, pour former des Peuples & des Na„ tions &c. Satir. XV. vers. 142. & *seqq.* St. Chrysostome dit, qu'on ne doit jamais s'écarter des Régles du Juste & de l'Injuste, pas même quand il s'agit des Etres inanimez & qui n'ont point de sentiment. Τὸν τοῦ δικαίου καὶ ἀδίκου λόγον οὐδὲ μέχρις δεῖ ὅλη τῶν ἀψύχων καὶ ἀναισθήτων. Ad Cap. VII. Epist. ad Roman. Grotius.

Mais cette pensée de *St. Chrysostôme* semble supposer au contraire, qu'il y a quelque sorte de Droit Commun aux Hommes & aux Bêtes.

(5) *Neque ullâ re longiùs absumus à natura ferarum, in quibus inesse fortitudinem sæpe dicimus, ut in Equis, in Leonibus: justitiam, æquitatem, bonitatem, non dicimus. Sunt enim rationis & orationis expertes.* De Offic. *Lib.* I. *Cap.* XVI. Nôtre Auteur auroit pû citer aussi un passage d'Aristote, où ce Philosophe remarque, que, si l'on dit des Bêtes qu'elles sont *tempérantes* ou *intempérantes*, ce n'est que par métaphore; quoi qu'il y ait entr'elles de la différence à l'égard des desirs naturels, par lesquels celles d'une espéce sont plus violemment portées, que celles d'une autre espéce, au plaisir de l'ac-

qu'il ait quelque Justice. Plutarque, dans la Vie de *Caton l'Ancien*, (6) dit que *naturellement nous n'observons les Loix & la Justice qu'envers les Hommes.* Lactance releve l'excellence de l'Homme par dessus les Bêtes (7) en ce que *les Bêtes, étant destituées de Sagesse, & suivant le seul panchant de leur Nature, qui porte chaque Animal à s'aimer soi-même, se font du mal les unes aux autres pour se procurer quelque avantage à elles-mêmes: car elles ne savent ce que c'est que de nuire en vuë de nuire, & avec connoissance du mal qu'il y a en cela: au lieu que l'Homme, qui connoit le Bien & le Mal, s'abstient de nuire, lors même qu'il y trouve du desavantage.* On trouve quelque chose de semblable dans (8) Polybe.

2. J'avouë que l'on parle quelquefois des Bêtes d'une maniére à leur attribuer de la (9) Justice; mais ce n'est qu'improprement, à cause de quelque foible trace & de quelque ombre de Raison qu'on remarque (10) en elles. Du reste, qu'une action, sur laquelle il y a quelque Loi du Droit Naturel, nous soit commune avec les autres Animaux, telle qu'est l'education de ce que l'on met au monde; ou qu'elle nous soit propre & particuliére, tel qu'est le culte d'une Divinité: cela ne fait rien à la nature même du Droit.

§. XII. Or il y a deux maniéres de prouver qu'une chose est de Droit Naturel: l'une, *à priori*, comme on parle dans les Ecoles, c'est-à-dire, par des raisons tirées de la nature même de la chose; l'autre, *à posteriori*, ou par des raisons prises de quelque chose d'extérieur. La prémiére, qui est plus subtile & plus abstraite, consiste à montrer la convenance ou disconvenance nécessaire d'une chose avec une Nature Raisonnable & Sociable, telle qu'est celle de l'Homme. En suivant l'autre, plus populaire, on conclut, sinon très-certainement, (1) du moins avec beaucoup de probabilité, qu'une chose est de

l'accouplement, & à l'avidité de manger: Διὸ καὶ τὰ θηρία, οὔτε σώφρονα, οὔτε ἀκόλαστα λέγομεν, ἀλλ' ἢ κατὰ μεταφοράν· καὶ εἴ τινι ὅλως ἄλλο πρὸς ἄλλο διαφέρει γένος τῶν ζῴων ὕβρει καὶ σιναμωρίᾳ, καὶ τῷ παμφάγον εἶναι. Ethic Nicom. *Lib.* VII. *Cap.* VII. pag. 92. E.

(6) Νόμῳ μὲν γὰρ καὶ τῷ δικαίῳ πρὸς τοὺς ἀνθρώπους μόνον χρῆσθαι πεφύκαμεν. In Vita Caton. Major. Tom. I. pag. 339. A. *Ed. Wech.*

(7) *In omnibus enim videmus animalibus, quia sapientiâ carent, conciliatricem sui esse naturam. Nocent igitur aliis, ut sibi prosint: nesciunt enim, quia malum est, nocere. Homo vero, qui scientiam boni ac mali habet, abstinet se à nocendo, etiam cum incommodo suo.* Institut. Divinar. Lib. V. Cap. XVII. *num.* 30, 31. *Edit. Cellar.*

(8) Cet Historien, après avoir raconté de quelle maniére les Hommes sont venus à former ensemble des Societez, dit, que, lors que quelcun avoit offensé son Pere ou sa Mere, ou ses Bienfaicteurs, les autres ne pouvoient que le regarder de mauvais œil: car, ajoûte-t-il, y aiant cette différence entre le Genre Humain & le reste des Animaux, que l'Homme a seul en partage la Raison, il n'est nullement vraisemblable que ces prémiers Hommes jugeant d'eux comme des Bêtes, ne se fussent point avisez de remarquer la contrarieté de ces Actions avec leur propre nature, & de les condamner hautement: Τῷ δὲ γένει τῶν ἀνθρώπων ταύτῃ διαφέροντος τῶν ἄλλων ζῴων, ᾗ μόνοις αὐτοῖς μέτεστι νοῦ καὶ λογισμοῦ, φανερὸν ὡς οὐκ εἰκὸς παρατρέχειν αὐτοὺς τὴν προειρημένην διαφοράν, καθάπερ ἐπὶ τῶν ἄλλων ζῴων, ἀλλ' ἐπισημαίνεσθαι τὸ γινόμενον, καὶ δυσαρεστεῖσθαι τοῖς παροῦσι. Lib. VI. Cap. IV. A l'égard de ce que l'Historien dit-là des offenses commises contre un Pére, on peut en voir un exemple dans ce que fit *Cham*, & dans la punition qui suivit son crime, Genese, *Chap.* IX. vers. 22, *& suiv.* St. Chrysostome remarque, que nous sommes tous portez naturellement à entrer dans les mêmes sentimens d'indignation, que conçoivent ceux qui viennent à être insultez: car, ajoûte-t-il, nous sentons d'abord que nous devenons ennemis de l'Offenseur, quoi que nous n'aïons aucune part, à l'injure. Καὶ γὰρ τὸ συναγανακτεῖν τοῖς ὑβριζομένοις, φυσικὸν ἅπαντες ἔχομεν. εὐθέως γὰρ τοῖς ἐπηρεάζουσιν ἐχθροὶ γινόμεθα, κἂν μηδὲν ἡμᾶς αὐτοὶ παραβλάπτωσι. Orat. XIII. *de Statuis.* Le Scholiaste d'Horace dit, que les mouvemens d'indignation qui s'excitent dans nos Sens & dans nôtre Ame, lors qu'on entend dire que quelcun a commis un Homicide, sont differens de ceux que l'on sent, quand on apprend que quelcun a commis un Vol ou un Larcin. *Sensus aliter indignatur, & animus, quum audierit homicidium factum; aliter, quum furtum.* In Lib. I. Satir. III. (*vers.* 97.) Grotius.

(9) Pline, dans son *Histoire Naturelle*, Lib. VIII. Cap. V. dit qu'on a remarqué dans les Eléphants je ne sai quel pressentiment de Justice, *divinationem quamdam justitiæ.* Le même rapporte, sur la foi d'un autre Auteur, qu'on avoit vû en *Egypte*, un Aspic, qui tua lui-même un de ses petits, parce que celui-ci avoit tué le fils d'un homme, chez qui le serpent avoit accoûtumé d'aller manger tous les jours. *Liv.* X. (*Cap.* LXXIV.) Grotius.

(10) Seneque dit, que les Bêtes farouches ne sont pas proprement sujettes à la Colére, & qu'elles ont seulement une impetuosité aveugle, qui ressemble à cette passion. *Sed dicendum est, feras irâ carere, & omnia præter hominem. . . . Impetus habent feræ, rabiem, feritatem, incursum: iram quidem, non magis quàm luxuriam. . . . Muta animalia humanis adfectibus carent: habent autem similes illis quosdam impulsus.* De Ira, *Lib.* I. *Cap.* III. Origéne remarque aussi, que les Bêtes ne sont pas susceptibles de Vice proprement ainsi nommé, mais qu'on remarque en elles quelque ombre de Vice, οὐ κακίαν, ἀλλ' ὡσεὶ κακίαν. *Contra Celsum.* Les *Peripatéticiens* disoient qu'un Lion semble avoir de la Colére, ὡς ἂν θυμοῦσθαι τὸν λέοντα. Apud Porphyr. περὶ ἀποχῆς, Lib. III. (pag. 309. *Edit. Lugd.* 1620.) Grotius.

§. XII. (1) Cette maniére de prouver le Droit Naturel,

de Droit Naturel, parce qu'elle est regardée comme telle parmi toutes les Nations, ou du moins parmi les Nations civilisées. Car un effet universel supposant une cause universelle; une opinion si générale ne peut guéres venir que de ce que l'on appelle le Sens Commun.

2. Plusieurs ont déja cité là-dessus ce mot d'HESIODE: (2) *Ce qui se débite communément parmi plusieurs Peuples, n'est pas entiérement vain.* Le Philosophe HE'RACLITE disoit, que *ce* (3) *qui paroît tel à tout le monde, est assûré* (4): & il posoit pour le caractére le plus certain de la Vérité, la (5) *Raison commune.* Selon ARISTOTE, (6) *la plus forte preuve dont on puisse se servir, c'est de poser en fait, que tout le monde demeure d'accord de ce que l'on dit.* CICE'RON (7) soûtient, que, *quand toutes les Nations s'accordent à reconnoître une chose, on doit regarder cela comme une Loi de Nature.* SENE'QUE (8) donne pour *une marque de la Vérité, le consentement de tous les Hommes à croire une chose.* Et QUINTILIEN dit, qu'*il faut* (9) *tenir pour certain ce qui est généralement reçû.*

3. Ce n'est pourtant pas sans raison que j'ai dit, en parlant de cette maniére de prouver le Droit Naturel, que la chose doit être généralement reconnuë, sinon parmi toutes les Nations, du moins *parmi les Nations civilisées.* Car, comme le remarque trés-bien le Philosophe (10) PORPHYRE, *il y a des Peuples sauvages & abbrutis,* (11) *des*

rel, est de peu d'usage, parce qu'il n'y a que les maximes les plus générales du Droit Naturel, qui aient été reçuës parmi la plûpart des Nations. Il y en a même de trés-évidentes, dont le contraire a été pendant longtems regardé comme une chose indifferente, dans les païs les plus civilisez; ainsi qu'il paroît par la coûtume horrible d'exposer les Enfans. Voiez PUFENDORF, *Droit de la Nat. & des Gens*, Liv. II. Chap. III. §. 7, 8. & ce que j'ai dit dans ma *Préface* sur cet Auteur, §. 4.

(2) Φήμη δ' οὔτις πάμπαν ἀπόλλυται, ἥν τινα πολλοὶ λαοὶ φημίξωσι — — Opp. & Dier. *vers penult.* Mais ce passage est mal appliqué. Car le Poëte y veut dire seulement, que l'on doit tâcher de se mettre en bonne réputation dans le monde, parce que les faux bruits font toûjours quelque impression, & nuisent à ceux au désavantage desquels on les répand: οὐ πάμπαν ἀπόλλυται, *ne tombent pas tout-à-fait à terre.*

(3) Τὰ κοινῇ φαινόμενα πιστά. Nôtre Auteur a tiré cela de SEXTUS EMPIRICUS, dont voici les paroles: Νῦν γὰρ ἐνδόξαντα καὶ ἐν τούτοις τὸν κοινὸν λόγον κριτήριον ἀποφαίνεται [ὁ Ἡράκλειτος] καὶ τὰ μὲν κοινῇ φαινόμενα πιστά, ὡς ἂν τῷ κοινῷ κρινόμενα λόγῳ &c. Advers. Mathem. Lib. VII. §. 134. pag. 399. *Edit. Fabric.*

(4) ARISTOTE soûtient, que ce que tout le monde conçoit d'une certaine maniere, est véritablement tel qu'il paroît, & que quiconque voudroit révoquer en doute une créance comme celle-là, n'avanceroit rien qui fût beaucoup plus croiable. Ὃ γὰρ πᾶσι δοκεῖ, τοῦτ' εἶναί φαμεν· ὁ δ' ἀναιρῶν ταύτην τὴν πίστιν, οὐ πάνυ πιστότερα ἐρεῖ. Ethic. Nicom. Lib. X. Cap. II. (pag. 130. D. *Ed. Paris.*) SENEQUE, voulant prouver qu'il n'y a point de Devoir plus évident que celui de la Reconnoissance, en allégue cette raison, que les Hommes, d'ailleurs si differens dans leurs opinions, s'accordent tous unanimément en ceci, que l'on doit rendre la pareille à un Bienfaicteur. *In tanta judiciorum diversitate, referendam benè merentibus gratiam, omnes uno tibi, quod aiunt, ore adfirmabunt* (Epist. LXXXI. *in fine.*) QUINTILIEN dit, que la conformité des sentimens & de la conduite des Gens de bien, doit être regardée comme la pratique commune en matiére de Morale; de même que l'usage des Savans fait la coûtume, en matiere de Langage. *Ergo consuetudinem sermonis vocabo, consensum Eruditorum: sicut vivendi, consensum Bonorum* (Instit. Orator. *Lib.* I. *Cap.* VI. *in fine.*) Voici encore ce que dit là-dessus JOSEPH, l'Historien Juif. "Il n'y a point "de Nation, parmi laquelle les mêmes coûtumes "soient etablies generalement: chaque Ville a souvent "des coûtumes differentes de celles des autres. Mais "la Justice convient egalement à tous les Hommes: "elle est tres-utile & aux *Grecs*, & aux Barbares. Nos "Loix suivent exactement les Régles de cette Justice; "de sorte que, si nous les observons religieusement, "elles ne peuvent que nous inspirer des sentimens favorables envers tous les Hommes, & nous attirer réciproquement leur bienveillance. C'est tout ce qu'on "peut demander d'elles. Et les autres Peuples ne doivent pas en être effarouchez, à cause de la diversité qu'il y a entre leurs Coûtumes & nos Loix; mais "plûtôt voir si ces Loix tendent à la Probité & à la "Vertu: car c'est à quoi tous les Hommes sont interessez, & ce qui seul aussi est suffisant pour entretenir la Societé Humaine. Ἔστιν μὲν γὰρ οὐδὲν ἔθνος ὃ τοῖς αὐτοῖς ἀεὶ χρῆται· καὶ κατὰ πόλιν δὲ πολλὰ ἔστιν εὑρεῖν ἐγγινόμενα τῆς διαφορᾶς. τὸ δίκαιον δὲ πᾶσιν ἀνθρώποις ὁμοίως ἐπιτήδειον, λυσιτελέστατον ἐν Ἕλλησί τε καὶ βαρβάροις. οὗ πλεῖστον οἱ παρ' ἡμῖν νόμοι λόγον ἔχοντες, ἅπασιν ἡμᾶς, εἰ καθαρῶς ἐμμένοιμεν αὐτοῖς, εὔνους καὶ φίλους ἀποφαίνουσι. διὸ καὶ ταῦτα παρ' ἐκείνων ἡμῖν ἀπαιτητέον, καὶ δεῖν οὐκ ἐν τῷ διαφόρῳ τῶν ἐπιτηδευμάτων ἡγεῖσθαι τὸ ἀλλότριον, ἀλλ' ἐν τῷ πρὸς καλοκἀγαθίαν ἐπιτηδείως ἔχειν· τοῦτο γὰρ κοινὸν ἅπασι, καὶ μόνον ἱκανὸν διασώζειν τὸν τῶν ἀνθρώπων βίον. Antiquit. Judaïc. *Lib* XVI. (Cap. X. pag. 562.) TERTULLIEN dit, que, quand une chose se trouve également reçuë parmi un grand nombre de gens, ce n'est pas une erreur, mais une tradition véritable: *Ceterum quod apud multos unum invenitur, non est erratum, sed traditum.* De præscriptione adversus Hæreticos. (*Cap.* XXVIII.) GROTIUS.

De tous ces passages, il n'y a guéres que les deux prémiers, qui soient à propos. Celui de QUINTILIEN tend même à établir le contraire de ce que nôtre Auteur veut prouver: car on sait que de tout tems les Gens-de-bien n'ont pas fait le plus grand nombre; & ce Maître de Rhétorique dit un peu plus haut, qu'il seroit fort dangereux en fait de Morale, aussi bien qu'en matiére de Stile, de s'en rapporter à l'opinion du plus grand

des mœurs desquels on ne sauroit, sans fausseté & sans injustice, tirer quelque conséquence pour les reprocher à la Nature Humaine en général. ANDRONIC *de Rhodes*, ancien Paraphraste d'*Aristote*, dit, *qu'il y* (12) *a un Droit Naturel, qui est immuable selon l'opinion de tous les Hommes qui ont une Raison droite & saine. Et il n'importe*, ajoûte-t-il, *que ceux dont l'Esprit est malade & fait de travers en jugent autrement: car quand on dit que le Miel est doux, on ne ment point, quoi que les Malades ne le trouvent pas ainsi.* PLUTARQUE fait là-dessus une réflexion approchante, dans la Vie de *Pompée*: (13) *Il n'y a point d'Homme*, dit-il, *qui soit naturellement farouche & insociable: si quelcun le devient, c'est en s'abandonnant au Vice, qui le porte à agir contre la Nature; & il peut même s'apprivoiser de nouveau, en contractant de nouvelles habitudes, & en changeant de lieu & de maniére de vivre.* ARISTOTE voulant caractériser l'Homme par ce qui lui est propre, dit, (14) que *l'Homme est un* (15) *Animal doux de sa nature.* Mais il remarque ailleurs, que, (16) *pour juger de ce qui est naturel, il faut considérer les sujets qui sont bien disposez selon leur nature, & non pas ceux dans lesquels il y a quelque chose de corrompu.*

§. XIII. VOILA' pour ce qui est du Droit Naturel. L'autre sorte de Droit, que nous avons appellé DROIT (1) VOLONTAIRE, est *celui qui tire son origine de la volonté de quelque Etre Intelligent.* Il se divise en *Droit Divin*, &, *Droit Humain.*

§. XIV.

grand nombre: *Quæ* (consuetudo) *si ex eo quod plures faciunt, nomen accipiat, periculosissimum dabit præceptum, non orationi modò, sed, quod majus est, vitæ. Unde enim tantum boni, ut pluribus, quæ recta sunt, placeant?* Le passage de JOSEPH se réduit à ceci, que la pratique de la Justice est également utile à tous les Hommes; & il n'y a rien qui insinuë, que tous les Hommes ont les mêmes idées de la Justice.

(5) C'est dans le même endroit du Philosophe Pyrrhonien, que j'ai deja indiqué: [illegible] . . . [illegible] . . . [illegible]. SEXTUS EMPIRIC. *advers. Mathem.* Lib. VII. §. 131, 133.

(6) [illegible]. Je ne sai d'où cela est tiré: & je ne le trouve en aucun des Livres, où l'on pourroit croire que le Philosophe a dit quelque chose de semblable.

(7) *Omni autem in re consensio omnium gentium lex naturæ putanda est.* Tusculan. Quæst. *Lib.* I. *Cap.* XIII.

(8) *Apud nos veritatis argumentum est, aliquid omnibus videri.* Epist. CXVII.

(9) *Deinde* [pro certis habemus] *ea in quæ communi opinione consensum est.* Institut. Orator. Lib. V. Cap. X. pag. 399. *Edit. Burman.* Il en allégue pour exemple la créance d'une Divinité; la maxime qui porte que les Enfans doivent avoir de l'affection & de la reconnoissance pour leurs Pére & Mére: *Deos esse; præstandam pietatem Parentibus.*

(10) [illegible]. De Abstinentia, *Lib.* IV. pag. 428. *Ed. Lugd.* 1620.

(11) JUSTIN, *Martyr*, fait cette exception: [illegible], " Hormis " ceux, qui étant possedez par des Esprits impurs, & " corrompus par une mauvaise Education, par de mau- " vaises mœurs & de mauvaises Loix, ont étouffé les " idées naturelles. *Colloqu. cum Tryphon.* PHILON, *Juif*, s'étonne que bien des gens soient assez aveugles, pour ne pas appercevoir certaines propriétez des choses, claires comme le jour. [illegible]. Lib. *Omnem bonum esse liberum* (pag. 871. B. *Ed. Paris.*) ST. CHRYSOSTÔME dit, qu'il ne faut pas en appeller au jugement de ceux qui ont l'esprit gâté. [illegible]. Orat. *Christum Deum esse.* GROTIUS.

(12) [illegible]. In Ethic. ad Nicomach. *Lib.* V. *Cap.* X. *num.* 2. *Edit. Heins.*

(13) [illegible] &c. In vita Pompei, *Tom.* I. pag. 633. D. *Ed. Wech.*

(14) [illegible]. Topic. *Lib.* V. *Cap.* II. pag. 229. B. Tom. I. *Ed. Paris.*

(15) St. CHRYSOSTOME dit la même chose, *De Statuis*, Orat. XI. PHILON, Juif, l'explique plus au long: " La Nature, dit-il, en produisant l'Hom- " me, celui de tous les Animaux qui est le plus doux " & le plus facile à apprivoiser, l'a fait de telle ma- " niere, qu'il est propre & disposé à vivre avec ses " semblables; par où elle l'invite à la Societé & à la " Concorde; lui donnant aussi la faculté de parler, " qui sert à former l'union des Esprits & la conformi- " té des mœurs. [illegible]. In Decalog. (*pag.* 763. A. *Ed. Paris.*) Et ailleurs: " L'Homme est le plus doux des Animaux, " parce qu'il a reçu en present de la Nature la faculté " de parler, à la faveur de laquelle les Passions les " plus furieuses sont comme enchantées & apprivoisées. [illegible]. De Mundi immortalit. (*pag.* 945. E.) GROTIUS.

(16) [illegible]. Politic. *Lib.* I. *Cap.* V.

§. XIII. (1) C'est ce que l'on nomme ordinairement

Lrou

§. XIV. 1. Commençons par le *Droit Humain*, qui a été connu d'un plus grand nombre de gens. Il y en a de trois sortes: le *Droit Civil*; un *Droit Humain, moins étendu, que le Civil*; & un autre *plus étendu*.

2. Le Droit Civil, est *celui qui émane de la Puissance Civile*. La *Puissance Civile*, c'est celle qui gouverne l'Etat. Et l'*Etat* est *un Corps* (1) *parfait de personnes libres, qui se sont jointes ensemble pour joüir paisiblement de leurs droits, & pour leur utilité commune*.

3. Le *Droit Humain, moins étendu que le Civil*, quoi que subordonné & soûmis à la Puissance Civile, ne vient pas d'elle (2) originairement; & il y en a différentes sortes. Il renferme les ordres qu'un *Pére* donne à son *Enfant*, un *Maître* à son *Esclave* ou à son *Domestique*, & autres semblables.

4. Le *Droit Humain, plus étendu que le Civil*, est le Droit des Gens, c'est-à-dire, ce qui a aquis force d'obliger par (3) un effet de la volonté de tous les Peuples, ou du moins (4) de plusieurs. Je dis, *de plusieurs*: car, à la reserve du Droit Naturel, qui est aussi appellé *Droit des Gens*, on ne trouve guéres d'autre Droit qui soit commun à toutes les Nations. Souvent même ce qui est du Droit des Gens dans une partie de la Terre, ne l'est pas dans l'autre; comme nous le montrerons en (5) son lieu à l'é-

Droit Positif. Il roule sur des choses indifférentes en elles-mêmes, ou qui ne sont pas fondées sur la constitution de nôtre nature, & qui par consequent peuvent être différemment reglées selon les tems, les lieux, & les autres circonstances; le tout ainsi que le juge à propos le Supérieur, dont la volonté est l'unique fondement de cette sorte de Droit, qui à cause de cela est appellé *Arbitraire*. Voiez Pufendorf, *Droit de la Nat. & des Gens*, Liv. I. Chap. VI. §. 18.

§. XIV. (1) L'Auteur, en ajoûtant cette épithéte de *parfait*, suit les idées d'Aristote, qui regardoit la Societé Civile comme une *Societé parfaite*, αὐτάρκης, dans laquelle on trouve tout ce qui est nécessaire pour vivre commodement & heureusement. Ἡ δ' ἐκ πλειόνων κωμῶν ΚΟΙΝΩΝΙΑ ΤΕΛΕΙΟΣ, πόλις, ἤδη πάσης ἔχουσα πέρας τῆς αὐταρκείας, ὡς ἔπος εἰπεῖν· γινομένη μὲν οὖν τοῦ ζῆν ἕνεκεν, οὖσα δὲ τοῦ εὖ ζῆν. Politic. *Lib.* I. *Cap.* I. Voiez aussi *Lib.* III. *Cap.* VI. & *Lib.* VII. *Cap.* IV. & ce que l'Auteur dira ci-dessous, *Liv.* II. *Chap.* V. §. 23. A l'égard de la définition de l'*Etat*, on peut lire Pufendorf, *Droit de la Nat. & des Gens*, Liv. VII. Chap. II. §. 13. avec la *Note* 1. sur ce paragraphe.

(2) Car il y avoit des *Péres* & des *Enfans*, des *Maîtres* & des *Serviteurs* &c. avant qu'il y eût des *Souverains* & des *Sujets*. Et l'Autorité d'un *Pére* sur son *Enfant*, d'un Maître sur son *Serviteur* &c. n'est nullement fondée sur la volonté des Puissances Civiles, & sur les engagemens où l'on est entré comme Membre d'un Etat; mais elle vient d'ailleurs, comme on le fera voir en son lieu, & tout ce que le Souverain peut ici, c'est de restreindre cette Autorité, autant qu'il est nécessaire pour le Bien public.

(3) Ce *Droit des Gens*, Positif, & distinct du *Droit Naturel*, est une pure chimére. Voiez Pufendorf, *Droit de la Nat. & des Gens*, Liv. II. Chap. III. §. 23. avec les Notes. J'avouë, qu'il y a des Loix communes à tous les Peuples, ou des choses que tous les Peuples doivent observer les uns envers les autres: & si l'on veut appeller cela *Droit des Gens*, on le peut très-bien. Mais, outre que le consentement des Peuples n'est pas le fondement de l'obligation où l'on est d'observer ces Loix, & ne sauroit même avoir lieu ici en aucune sorte; les principes & les régles d'un tel Droit sont au fond les mêmes que celles du *Droit Naturel*, proprement ainsi nommé: toute la différence qu'il y a, consiste dans l'application, qui peut se faire un peu autrement, à cause de la différence qu'il y a quelquefois dans la maniére dont les Societez vuident les affaires qu'elles ont les unes avec les autres. Cela paroît par l'exemple des *Représailles*, qui sont fondées sur cette maxime generale du Droit de la Nature & des Gens, *Que le Dommage doit être reparé*: car un Homme, dans l'Etat de Nature, ne peut pas, pour tirer satisfaction de quelque injure qu'il a reçuë d'un autre Homme qui vit hors de toute Societé Civile, s'en prendre à quelcun de ses Parens ou de ses Amis, qui n'y ont réellement aucune part. A l'égard des Coûtumes reçuës de la plûpart des Peuples, & qui sont telles, qu'il n'y a rien qui soit prescrit ou défendu par le Droit Naturel; si l'on est tenu de s'y soûmettre, ce n'est pas qu'elles soient obligatoires par elles-mêmes: mais parce que, dès-là qu'on sait qu'une chose se pratique communément, on est & l'on peut être censé se conformer à l'usage, tant que l'on ne donne point à entendre le contraire. Ainsi toute l'obligation vient de cette convention tacite & particuliere, sans laquelle les Coûtumes, dont il s'agit, n'ont aucune force. Nous aurons ailleurs occasion de faire voir souvent l'utilité de cette remarque.

(4) Voiez Vasquez, II. *Controvers. illustr.* LIV, 4. Grotius.

(5) Voiez ci-dessous, *Liv.* III. *Chap.* VII. & IX.

(6) Εὕρημα ἀνθρώπων οὐδενὸς, ἀλλὰ βίου καὶ χρόνου. Orat. LXXVI. *De Consuetudine.*

§. XV. (1) Voici ce que dit là-dessus nôtre Auteur, dans une de ses Lettres: " Saumaise, dans son " Traité *de Usuris*, dispute souvent sur des mots. Par " exemple, il s'étend fort (*pag.* 589. & 681.) à réfuter l'epithéte de *volontaire*, dont je me suis servi pour " caractériser & distinguer par une expression commode le Droit Divin non-naturel. Mais il n'a pas pris " garde que Ciceron qualifie une mauvaise action " *Facinus voluntarium*; & qu'ailleurs il oppose *voluntarius* à *necessarius*. Il étoit libre à Dieu, de ne pas " créer l'Homme. Du moment qu'il s'est déterminé à " créer l'Homme, c'est-à-dire, une Nature raisonnable & faite pour une Societé d'un ordre excellent, " il approuve nécessairement les Actions conformes à " cette Nature, & il désapprouve nécessairement celles qui y sont contraires. Mais il y a plusieurs autres choses, qu'il commande, ou qu'il défend, par- " ce

l'égard des *Prisonniers de Guerre*, & du Droit de *Postliminie*.

5. Or le Droit des Gens se prouve de la même maniére que le Droit Civil non-écrit, savoir, par la pratique perpétuelle, & par le témoignage des experts. Car, comme le remarque très-bien l'Orateur DION CHRYSOSTOME, ce Droit est (6) *l'ouvrage du Tems & de l'Usage*. Et de là vient que les Historiens célébres servent ici de beaucoup.

§. XV. 1. IL N'EST pas difficile maintenant de savoir ce que c'est que le *Droit Divin Volontaire*: les termes seuls donnent d'abord à entendre, que c'est celui qui doit son origine uniquement à la (1) volonté de DIEU: par où on le distingue du Droit Naturel, qui, comme nous l'avons dit ci-dessus, peut aussi en un sens être qualifié divin. Ici a lieu ce que le Philosophe *Anaxarque*, au rapport de PLUTARQUE, disoit trop généralement, (2) que les choses que DIEU veut, il ne les veut point parce qu'elles sont justes, mais qu'elles sont justes, c'est-à-dire, qu'on y est indispensablement obligé, parce que DIEU les veut.

2. Or ce Droit Divin a été établi ou pour tout le Genre Humain, ou pour un seul Peuple. Nous trouvons que DIEU a publié des Loix pour tout le Genre Humain, à trois diverses reprises: savoir, immédiatement après (3) la Création; puis, (4) après

» ce qu'il l'a ainsi jugé à propos, & non pas qu'il ne » puisse point agir autrement. Je ne vois pas pour moi, » quel nom plus convenable on auroit pû trouver, pour » exprimer cette sorte de Droit qui ne suit pas invariablement de la nature de l'Homme, & dans l'établissement duquel il intervient une libre détermination de la Volonté Divine. EPIST. *Part.* II. *Epist.* » 419.

(2) J'ai rapporté & expliqué le passage de PLUTARQUE, auquel notre Auteur fait allusion, dans mes Remarques sur PUFENDORF, *Droit de la Nat. & des Gens*, Liv. II. Chap. III. §. 4. *Note* 1.

(3) Je ne sai pas trop bien de quelles Loix Positives Universelles l'Auteur veut parler, que DIEU ait publiées au commencement du Monde, & qui obligent encore aujourd'hui tous les Hommes, du moment qu'elles sont suffisamment venuës à leur connoissance. Il y a apparence qu'il entend par là les défenses des diverses sortes d'*Inceste* en ligne collatérale, qui se rapportoient au quatriéme des six *Préceptes*, qu'il suppose, avec les Rabbins, avoir été donnez à *Adam* & à *Noé*, quoi qu'on les appelle simplement les *Préceptes des Noachides*, aussi bien que le septiéme, qui regarde l'abstinence du Sang, & que nous trouvons prescrit à *Noé*, GENESE, IX, 4. Voiez le *numero* 5. du paragraphe suivant; & *Chap.* II. de ce Livre, §. 5. *num.* 5. & *Liv.* II. *Chap.* V. §. 13. *num.* 2, 5, 6. comme aussi SELDEN, *de Jure Nat. & Gent. juxta disicipl. Hebr.* Lib. I. Cap. X. Mais tout cela n'est fondé que sur une Tradition fort incertaine, qui ne sauroit avoir force de Loi générale, duëment notifiée; comme il paroîtra encore mieux par ce que nous dirons sur les endroits que je viens de citer. Et, à l'égard de la conséquence qu'on tire des paroles du LEVITIQUE, XVIII, 24. *& suiv.* nous montrerons ailleurs, sur *Liv.* II. *Chap.* V. §. 13. *Note* 1. qu'elle n'est pas bien fondée. D'autres (comme Mr. HOCHSTETER, Professeur de *Tubingue*, dans son *Collegium Pufendorfianum*, Exercit. III. §. 19.) rapportent ici avec plus de raison la défense que Dieu fit à *Adam* & à *Eve*, de manger du fruit de l'*Arbre de Science du bien & du mal*, GENES. II, 16, 17. III, 2, 3. Mais, quoi que sans doute cette Loi Positive regardât leurs Descendans, aussi bien qu'eux, supposé qu'ils eussent toûjours demeuré dans le Paradis Terrestre; cependant, comme la matiére des défenses ne subsista que très-peu de tems, & que la Loi n'a pû depuis avoir jamais lieu, il est assez inutile d'en tirer un exemple d'une Loi Positive Universelle. Le même Auteur, & plusieurs autres, après Mr. THOMASIUS, qui avoit le prémier reduit en systême ces sortes de Loix, mais qui depuis a lui-même renversé son edifice; ces Auteurs, dis-je, mettent encore au nombre des Loix Positives Universelles, données à *Adam*, la défense de la Polygamie & du *Divorce*, que l'on prétend être contenuë dans ce qui est dit GENES. II, 24. l'observation du *Sabbat*, ibid. vers. 3. l'autorité d'un *Mari* sur sa *Femme*, III, 16. l'usage des *Sacrifices*, IV, 3. Mais I. Quand MOISE dit, que *l'Homme quittera son Pere & sa Mere, pour s'attacher à sa Femme, & qu'ils deviendront une seule chair*; cela ne fait rien ni pour, ni contre la *Polygamie*, ou le *Divorce*. L'expression, *Devenir une seule chair*, signifie seulement par elle-même, qu'il y auroit entre un Mari & une Femme une union très-étroite: mais elle n'emporte point qu'un Mari ne puisse avoir en même tems une semblable liaison avec deux ou plusieurs Femmes; & à l'égard de la dissolution du Mariage, tout ce qu'on en peut inferer, c'est qu'il ne doit pas être rompu légerement & sans quelque bonne raison. Selon le stile des *Hebreux*, le mot de *chair* marque toute liaison, tant d'affinité, que de consanguinité, comme l'a remarqué Mr. LE CLERC. C'est ainsi que *Laban* dit à *Jacob*: *Tu es mon os & ma chair*: GENES. XXIX, 14. c'est-à-dire, Je vous reconnois pour un de mes Parens. Comme donc tout autant de Parens qu'a une personne sont *sa chair*: de même rien n'empêche qu'un Homme ne puisse être dit, selon ce stile, *une même chair avec* plusieurs Femmes. II. A l'égard du *Sabbat*, les plus judicieux Théologiens reconnoissent que quand MOISE dit, après avoir raconté l'Histoire de la Création: DIEU *a béni le septiéme Jour, & l'a sanctifié*; c'est une anticipation; l'Historien sacré aiant voulu marquer en passant la raison pourquoi DIEU avoit institué dans la suite la Fête du Sabbat, si considérable chez les *Hébreux*. III. Lors que DIEU dit à la prémiére Femme; *Ton cours sera vers ton Mari, & il aura domination sur toi*; la peine consiste plûtôt en ce que, par une suite du Péché, les Femmes seroient réduites à la nécessité d'obeir à des Maris fâcheux, qu'en ce que les Maris auroient quelque droit de leur commander à certains égards & jusqu'à un certain point: car ce droit est fondé d'ailleurs sur la Loi Naturelle, & non pas seulement sur une Loi Divine Positive; comme nous le verrons en

(4) après le Déluge; enfin, sous l'Evangile, dans le renouvellement spirituel & plus considérable du Genre Humain (5) par Jésus-Christ. Ces trois sortes de Loix Divines obligent sans contredit tous les Hommes, du moment qu'elles sont suffisamment venuës à leur connoissance.

§. XVI. 1. De tous les Peuples, il n'y en a qu'un seul, à qui Dieu aît daigné donner des Loix en particulier; c'est le *Peuple Hébreu*, à qui Moïse (a) parle ainsi: *Y a-t-il quelque Nation aussi grande que la vôtre, qui aît des Dieux aussi près, que l'est de nous le Seigneur nôtre Dieu, toutes les fois que nous lui adressons nos vœux? Y a-t-il quelque Nation si grande, qui aît des Constitutions & des Loix justes, telle qu'est toute cette Loi, que je vous propose aujourdhui?* Le Psalmiste ne manque pas de celebrer une chose si glorieuse, & si avantageuse à sa Nation: (b) Dieu, dit-il, *découvre ses paroles à Jacob, ses Statuts & ses Loix* à Israël; *il n'en a pas fait de même aux autres Nations; c'est pourquoi elles ne connoissent point ces Loix.*

(a) *Deuteron.* IV, 7.

(b) *Pseaum.* CXLVII, 19, 20.

2. Ceux

en son lieu. IV. Enfin, le IV. Chap. de la Genese nous presente seulement un exemple de Sacrifices offerts par deux Enfans du prémier Homme: mais il n'y a pas la moindre chose qui insinuë que Dieu leur eût luimême ordonné de lui rendre cette sorte de culte extérieur. A la verite, il y a apparence, que les Hommes ne s'en seroient pas si tôt avisez d'eux-mêmes, comme le remarque très-bien Mr. Le Clerc, dont on peut voir le Commentaire sur cet endroit. Mais il ne s'ensuit point de là, que Dieu leur ait prescrit cet usage, en forme de Loi universelle & perpétuelle pour tout le Genre Humain.

(4) On rapporte ici la défense de *manger du sang*, qui se trouve au Chap. IX. de la Genese, vers. 4. & la *punition des Homicides*, dont il est parlé au même endroit, *vers.* 6. Mais I. La defense que Dieu fit à *Noé*, de *manger la chair* des Animaux *avec leur ame ou leur sang*, étoit une espéce de Loi Symbolique, pour detourner les Hommes de la cruauté envers leurs semblables, dans un tems où il importoit beaucoup, pour la multiplication du Genre Humain, que l'on s'abstînt de répandre le sang les uns des autres. Voiez le Commentaire de Mr. Le Clerc sur cet endroit. Du reste, il n'y a rien qui insinue que cette Loi dût être pour tous les tems & tous les lieux, hors ce qu'il y a de moral: & l'on a suffisamment refuté ceux qui prétendent que, sous l'Evangile même, il n'est pas permis de manger du sang d'aucun Animal. II. Pour ce que Dieu dit: *Si quelcun, parmi les Hommes, répand le Sang Humain, son sang sera répandu*: ce n'est pas une Loi proprement ainsi nommée. C'est seulement une déclaration de la juste peine que les Homicides ont à craindre ou de la part des Hommes, ou même de la part de Dieu, par un effet de la Providence & de la Vengeance Divine. Voiez ci-dessous, *Chap.* suivant, §. 5. *Note* 2. Cela paroît par les paroles qui précédent, où Dieu dit, *qu'il redemandera le sang des Hommes de la main de toute Bête; & qu'il redemandera l'ame d'un Homme de la main de tout homme*, qui aura tué son semblable. *Si quelcun* (ajoûte-t-il pour plus grande explication) *si quelcun, parmi les Hommes, répand le sang humain, son sang sera répandu; car* Dieu *a fait l'Homme à son image.* De ce passage mal entendu quelques Jurisconsultes, comme feu Mr. Coccejus, Professeur en Droit à *Francfort* sur *l'Oder*, (*Diss. de Sacrosancto Talionis jure*, §. 29. *& seqq.*) inferent encore aujourd'hui, qu'aucune Puissance Humaine ne peut faire grace de la peine de mort, que mérite un Homicide. On peut consulter là-dessus une Dissertation de Mr. Thomasius, imprimée à *Hall*, en 1707. & intitulée *De jure aggratiandi Principis Evangelici in caussis Homicidii*; où il combat cette erreur. Voiez encore le Chapitre suivant, §. 5. *num.* 1.

(5) Voiez sur ceci le Chapitre suivant, §. 6. *num.* 2.

§. XVI. (1) Quelques Commentateurs, tant Jurisconsultes ou Critiques, que Théologiens, mais qui les uns & les autres ne font que copier les Lieux Communs de la Théologie Scholastique, se déchaînent ici contre notre Auteur. Ils auroient pû s'en épargner la peine, s'ils avoient consideré que la question du *Salut des Paiens* doit être mise à quartier, comme ne faisant rien au sujet. Car, que les Paiens aient pû ou n'aient pas pû être sauvez sans quelque connoissance de Jesus-Christ ou distincte, ou typique & symbolique, il n'en est pas moins vrai que la Loi de *Moïse*, considerée comme telle, n'obligeoit nullement les Paiens. Cette Loi certainement ne s'adressoit qu'aux *Israëlites*, comme le remarque notre Auteur; & un nombre infini de *Paiens*, qui ne savoient pas & ne pouvoient pas savoir s'il y avoit au monde un Peuple Juif, à qui Dieu eût donné des Loix, etant par là dans une impossibilité absoluë de les connoître, on ne sauroit dire raisonnablement qu'ils fussent tenus de les observer. Ainsi supposé que la vertu du Sacrifice de Jesus-Christ ne pût pas s'etendre sur ceux à qui le secours de la Révélation a manqué sans qu'il y eût de leur faute, quelque moralement bien qu'ils aient vêcu; leur condamnation ne sera point fondée sur ce qu'ils ne se sont pas soûmis à des Loix, dont ils n'avoient ni ne pouvoient avoir connoissance, mais sur ce qu'ils s'etoient d'ailleurs rendus coupables de mille péchez. La privation d'un tel moien de Salut, que Dieu n'étoit pas obligé de leur fournir, sera pour eux un malheur, & non pas un crime. A l'égard même des *Paiens*, qui habitoient dans le voisinage de la *Judée*, & qui par là etoient à portée d'embrasser le Judaïsme; comme Dieu n'empêchoit pas qu'on ne les reçût lors qu'ils venoient, il ne leur ordonnoit pas non plus de se faire circoncire, pour avoir part aux avantages de la Loi Mosaïque. Gronovius le reconnoît, & il en rend lui-même une raison qui montre clairement que la Loi de *Moïse*, comme telle, n'obligeoit point les *Paiens*; c'est, dit-il, *que les Prophêtes ne devoient pas empiéter sur les fonctions du Messie, à qui il étoit reservé de réünir les Nations, d'appeller tous les Hommes, & de rendre l'Eglise Universelle.* Eusebe, dans sa *Démonstration Evangélique*, dit, que la Loi de *Moïse* avoit été donnée à la seule Nation des *Juifs*, & cela pendant qu'elle demeureroit dans son propre païs; d'où il infére, que l'on avoit besoin d'un autre Prophete, & d'une autre Loi: Ὅτι Μωσέως νόμος μόνῳ Ἰουδαίων ἔθνει, καὶ τούτῳ ἐπὶ τῆς οἰκείας γῆς οἰκοῦντι, ἐνομοθετεῖται, καὶ ὅτι διὰ τοῦτο ἑτέρου προφήτου καὶ

ἑτέρου

2. Ceux donc d'entre les *Juifs*, qui, comme faisoit autrefois TRYPHON dans sa Dispute avec JUSTIN, *Martyr*, croient que les Etrangers même ne pouvoient être sauvez (1) sans subir le joug de la Loi des anciens Hebreux, ceux-là, dis-je, se trompent certainement. Car une Loi n'oblige point ceux à qui elle n'a pas été donnée: or la Loi même de MOÏSE nous apprend (2) à qui elle étoit donnée; *Ecoute*, ISRAEL. Et en une infinité d'endroits du Vieux Testament il est dit, que *l'Alliance a été traitée avec les* ISRAELITES, & que DIEU les a *choisis* pour être son *Peuple particulier*. C'est aussi ce que reconnoît le Rabbin MOÏSE, Fils de *Maimon*, qui allégue là-dessus un passage du (c) *Deutéronome*.

3. Bien plus: il y a toûjours eu quelques Etrangers, hommes (3) *pieux & craignans* (c) *Chap.* XXXIII. *vers.* 4.
Dieu, telle qu'étoit la (d) *Syrophénicienne*, & (e) *Corneille*, qui vivoient parmi les (d) *Matth.* XV, 22.
Hébreux: gens, que les Rabbins appellent (4) *les pieux d'entre les Nations*, & qui (e) *Act.* X, 2.
sont désignez dans la Loi par les mots d'*Etrangers* (5) simplement, ou (6) d'*Etrangers &*

[illegible] Lib. I. Cap. I. Voiez les *Prolégoménes* de l'*Histoire Ecclesiastique* de Mr. LE CLERC, Sect. I. Cap. VIII. §. 10.

(2 Le Savant GRONOVIUS objecte ici, que les Loix du *Décalogue* obligent tous les Hommes, quoi que la petite Préface qu'on voit à la tête s'adresse à l'*Israël* que DIEU *avoit fait sortir d'Egypte*. Mais, outre que le quatriéme Commandement, qui regarde l'observation du Sabbat, n'étoit que pour les *Juifs*, comme toute la teneur des paroles dans lesquelles il est conçu le fait voir; ce qui paroît aussi par la raison du cinquiéme Commandement, *afin que tes jours soient prolongez sur* LA TERRE, QUE L'ETERNEL TON DIEU T'A DONNE'E, (ou *te donnera*) outre cela, dis-je, si les Païens étoient obligez de pratiquer ce qu'il y a de moral dans le *Décalogue*, ce n'étoit pas comme autant de Loix publiées du Ciel sur la montagne de *Sinaï*, mais parce que c'étoient des choses que la Raison naturelle peut apprendre à tous les Hommes. Ainsi c'est en vain que ZIEGLER critique aussi notre Auteur, comme s'il n'avoit pas distingué la *Loi Morale* d'avec les *Loix Ceremonielles & Judiciaires*.

(3) Εὐσεβεῖς καὶ φοβούμενοι τὸν Θεόν, & non pas *σεβόμενοι*, comme dit l'Auteur, qui a tiré ceci de l'épithéte donnée à *Corneille*, le Centenier, ACTES, X, 2. Ces sortes d'Etrangers sont aussi appellez tout simplement οἱ σεβόμενοι Ἕλληνες, *Grecs qui craignoient ou qui adoroient*, c'est-à-dire, *Dieu*: ACT. XVII, 4. Car rien n'est plus mal fondé, que ce que dit GRONOVIUS, qu'ils sont ainsi appellez par rapport à leur conversion au Christianisme, & non par rapport à leur etat precedent. Pour peu qu'on lise avec attention les paroles de St. LUC, on ne sauroit tomber dans cette pensée.

(4) En Hébreu, חסידי אומות, *Hhasidé umot*. Dans le TALMUD, Tit. *De Rege*: & Tit. *de Synedrio*, Cap. XI. GROTIUS.

La citation du Titre *de Rege*, est fausse, à ce que dit BOECLER, sur la foi de WAGENSEIL: Not. *pag.* 171.

(5) LEVITIQUE, Chap. XXII. vers 25. בן נכר *Ben nechar*. Voiez aussi EXOD. XII, 43. GROTIUS.

(6) En Hebreu, גר ותושב *Gher vetoschab*. LEVITIQ. XXV, 47. Par où un tel Etranger est distingué des *Proselytes*, c'est-à-dire, des Etrangers qui s'étoient faits circoncire; comme il paroît par ce qui est dit, NOMBRES, IX, 14. Le Rabbin MOÏSE *Fils de Maimon* parle beaucoup de ces Pieux incirconcis, dans son *Traité de l'Idolatrie*, Cap. X. §. 6. Il pose en fait ailleurs, (*Comment. ad Misnaioth, & alibi sæpe*) que ces personnes pieuses, quoi que Païennes, auront part aux biens du *Siécle à venir*. St. CHRYSOSTOME, expliquant le Chap. II. de l'Epître aux *Romains*, dit: „ De quel *Juif*, & de quels *Grecs*, croiez-vous qu'il „ s'agit ici? L'Apôtre parle de ceux qui vivoient avant „ la venuë de JESUS-CHRIST; car il n'est pas encore „ arrivé aux tems de la Grace. [illegible] " Les *Grecs*, ajoute-t-il, dont l'Apôtre parle, ne sont pas des Idolatres, mais des „ gens qui craignoient DIEU, des gens qui suivoient „ la Raison Naturelle, qui, à cela près qu'ils n'ob„ servoient pas les Ceremonies Judaïques, pratiquoient „ tout ce que demande la Pieté. [illegible] Il en donne pour exemple *Melchisedek*, *Job*, les *Ninivites*, & *Corneille*, le Centenier. Et il repete encore plus bas, que par le *Grec* il faut entendre, non pas un Idolatre, mais un homme pieux, vertueux, & qui seulement n'est pas soûmis au joug des Ceremonies de la Loi: [illegible] Il suit les mêmes idees, en expliquant ce mot: *Envers ceux qui sont sans Loi, j'ai agi comme si j'étois moi-même sans Loi.* [illegible] (*I. Epître aux* CORINTHIENS, Chap. IX, vers. 21.) Voici encore ce qu'il dit dans sa XII. Harangue *des Statues*: " L'Apôtre n'en„ tend point ici par le mot de *Grec*, un Idolatre, mais „ un homme qui adore un seul DIEU, sans être néan„ moins astreint à observer les Rites Judaïques, com„ me le Sabbat, la Circoncision, les diverses sortes de „ purifications; & qui d'ailleurs dans toute sa condui„ te se montre attaché à l'etude de la Sagesse & de la Pieté. [illegible] GROTIUS.

L'Auteur, au commencement de cette Note, semble affecter le terme de *Proselyte* aux Païens qui avoient entiérement embrassé le Judaïsme. Mais on sait que les autres Etrangers, domiciliez parmi les *Juifs*, étoient aussi appellez *Proselytes*, parce qu'effectivement, quoi qu'ils ne se soumissent point à l'observation des Cérémonies Mosaïques, il falloit necessairement qu'ils renonçassent à l'Idolatrie Païenne, & qu'ils fissent profession d'adorer le Créateur, le seul vrai DIEU; ce qui étoit le grand & fondamental Article de la Religion Judaïque. Ainsi on les appelloit *Proselytes de la porte*, pour les distinguer des *Proselytes de la Justice*, ou de

& Habitans; sur quoi le Paraphraste Chaldéen ajoûte l'épithéte d'*Incirconcis*. Or ces gens-là, comme les Docteurs Juifs eux-mêmes le remarquent, étoient bien tenus d'observer les Loix données à *Adam* & à *Noé*, de s'abstenir des Idoles & du Sang, & d'autres choses dont nous parlerons en son lieu; mais non pas de se conformer aux Loix particuliéres des *Israëlites*. Ainsi il étoit défendu aux *Israëlites* de manger de la chair d'une Bête morte d'elle-même; ce qui étoit permis (f) neanmoins (7) aux Etrangers qui demeuroient parmi eux. Il y a seulement (8) quelques Loix, où il est déclaré expressément, qu'elles étoient pour les Habitans étrangers, aussi bien que pour les Naturels du païs.

(f) *Deuteron.* XIV, 21.

4. Les Etrangers même qui venoient de dehors, (9) & qui ne se soûmettoient en aucune maniére aux Loix des *Hébreux*, pouvoient aussi adorer Dieu dans le Temple de *Jérusalem*, & lui offrir (g) des victimes, mais il falloit qu'ils (10) se tinssent pour cela dans un lieu particulier, séparé de celui où les *Israëlites* faisoient leurs dévotions. On ne voit pas non plus (11) qu'*Elisée* ait jamais dit à *Nahaman* le Syrien; ni *Jonas*, aux

(g) Voiez I. *Rois*, VIII, 41. *II. Ma. ab.* II, 35. *Jean*, XII, 20. *Act.* VIII, 27.

ceux qui étoient naturalisez. Au reste, le Savant Gronovius prétend mal-à-propos, que *Corneille*, le Centenier, ne faisoit pas profession ouverte du Judaïsme, pour ne pas perdre son Emploi : autrement, dit-il, il n'auroit pas pû etre Citoien Romain, comme il falloit l'être pour porter les armes dans les Troupes Romaines, sur tout pour avoir un poste comme celui qu'il occupoit. Mais, outre qu'il n'y a rien dans toute la narration de *St. Luc*, (Actes, *Chap.* X.) qui donne lieu de soupçonner que *Corneille* ne fût pas tout ouvertement *Proselyte de la porte*; l'exemple de *St. Paul*, qui, quoi que Juif de naissance, étoit Citoien Romain, ne suffit-il pas pour detruire la raison de notre Commentateur? Et n'y a-t-il pas lieu de s'étonner, ou qu'il ait oublié un exemple si connu, ou qu'il n'y ait fait aucune attention? Voiez l'*Orbis Romanus* de feu Mr. le Baron de Spanheim, *Exercit.* I. *Cap.* 17. où l'on trouve des exemples & des autoritez en grand nombre sur ce sujet. Voiez encore ce que notre Auteur dit ci-dessous; *Chap.* suivant, §. 7. *num.* 5. au commencement.

(7) Le Savant Gronovius répond ici, que cela prouve seulement que Dieu laissoit la liberté de Conscience à ces Etrangers, & qu'il ne s'ensuit point qu'ils fussent hors de toute obligation de se soûmettre à la Loi entiére. Mais puis que Dieu exigeoit d'eux necessairement l'observation de certaines Loix, comme celle qui défendoit l'Idolatrie, en sorte que sans cela il ne leur etoit pas permis de demeurer dans le païs; il les déchargeoit clairement par cela même de l'obligation de pratiquer les autres. La raison alleguée dans le passage dont il s'agit, l'insinuë : *car*, dit Dieu, *tu es un Peuple consacre au Créateur ton Dieu*; c'est-à-dire, Vous autres Israëlites, vous ne devez manger que de ce qui est permis par les Loix établies pour vous, en particulier : mais ces Etrangers en sont dispensez, parce que ce n'est pas pour eux que ces Loix sont faites. Ainsi il est surprenant que notre Commentateur donne pour preuve ces paroles, qui sont manifestement contre lui.

(8) Comme, par exemple, la défense de faire quelque ouvrage ou quelque travail le jour du Sabbat, Exode, XX, 10.

(9) Aux passages de l'Ecriture alléguez par notre Auteur, on peut ajoûter ce que dit Joseph, *De Bell. Jud.* Lib. II. Cap. XXX. pag. 809, 810. *Ed. Lips.* Voiez Mr. Le Clerc, sur Esdras, VI, 10. Le Savant Gronovius prétend, que la raison pourquoi Dieu avoit permis aux Etrangers de le prier & de lui offrir des victimes dans le Temple de *Jérusalem*, c'étoit uniquement pour les rendre par là en quelque façon tributaires des *Juifs*; de même qu'il avoit permis que l'on se servit des Vaisseaux d'or des *Egyptiens*, & qu'*Hiram*, Roi de *Tyr*, fournit des matériaux pour bâtir le Temple de *Salomon*. Mais ce grand Critique n'a pas pris garde à ce que dit *Salomon*, dans la priére qu'il adresse à Dieu pour la consécration du Temple, I. *Livre des* Rois, *Les Etrangers viendront & feront leurs priéres dans cette Maison. Toi*, ô Dieu, exauce-les alors *du Ciel*, *qui est le lieu de ta demeure*, & fais tout ce dont l'Etranger te priera, *afin que* tous les peuples de la terre connoissent ton nom, et te craignent, comme ton peuple d'Israel &c. D'où il paroit manifestement que Dieu avoit pour agréables les hommages des Etrangers, rendus avec des dispositions pieuses, comme les paroles de *Salomon* supposent qu'ils pouvoient l'être; & qu'ainsi Dieu se proposoit tout autre chose que ce que dit notre Commentateur. Le passage de Tacite, qu'il allégue, pour montrer que c'étoit des offrandes & des présens faits par les Paiens que les *Juifs* s'enrichissoient, n'est pas non plus bien appliqué : *Pessimus quisque, spretis religionibus patriis, tributa & stipes illuc congerebant : unde auctæ* Judæorum *res*. Histor. *Lib.* V. *Cap.* V. *num.* 1. Il s'agit là de l'argent que les *Juifs* eux-mêmes, qui se trouvoient repandus en divers endroits du monde, envoioient tous les ans à *Jerusalem*; argent, qui provenoit de la vente des premiers fruits de la Terre. Cela est clair par les passages de Philon & de Joseph, qui sont citez dans la Note de Juste Lipse, laquelle Gronovius a lui-même inserée dans son Edition de l'Historien Latin, d'où est tire le passage de question.

(10) Voiez Joseph, dans l'endroit où il fait l'histoire du Temple de *Salomon*. Grotius.

Le lieu où les Etrangers pouvoient entrer, s'appelloit le *Parvis* des *Gentils*. L'Historien Juif parle en plusieurs endroits de la défense de passer plus loin. Voiez *Antiqu. Jud.* Lib. XII. Cap. III. pag. 400. B. Lib. XV. *Cap. ult.* pag. 541. E. *De Bell. Jud.* Lib. VI. Cap. XIV. pag. 916. D. *Contra Apion.* Lib. II. pag. 1066. Il n'est point fait mention de ce Parvis dans le Vieux Testament : mais il y a un passage d'Ezechiel, Chap. XLIV. vers. 7. *& suiv.* d'ou l'on a lieu d'inférer, qu'il devoit y avoir dès le commencement quelque enceinte autour du *Parvis d'Israël*, dans laquelle il étoit permis aux Etrangers d'entrer, pour y faire leurs dévotions. Voiez Selden, *De Jure Nat. & Gent. secund. Heb.* Lib. III. *Cap.* VI.

(11) On trouve une reflexion semblable dans St. Hilaire, sur *Matth.* XII. Grotius.

Notre Auteur, dans son Traité *de la Verité de la Re-li-*

aux *Ninivites*; ni *Daniel*, au Roi *Nabuchodonosor*; ni les autres Prophétes aux *Tyriens*, aux *Moabites*, aux *Egyptiens*, à qui ils écrivoient; la moindre chose qui tendît à leur faire entendre, qu'ils avoient besoin d'embrasser la Loi de *Moïse*.

5. Ce que j'ai dit de toute la Loi de *Moïse* en général, je l'entens aussi de la *Circoncision*, qui étoit comme l'introduction à la Loi. Toute la différence qu'il y a, c'est que les *Israëlites* seuls étoient soûmis à la Loi de *Moïse*; au lieu que toute la Postérité d'*Abraham* étoit obligée de recevoir la Circoncision: d'où vient que les *Juifs* (12) ont contraint quelquefois les *Iduméens* à se faire circoncire, comme nous le voions & par les Histoires des *Juifs*, & par celles des *Grecs*. Ainsi il y a apparence que les autres Peuples, parmi lesquels la Circoncision étoit en usage (& il y en avoit plusieurs, dont (13) HERODOTE, STRABON (14), PHILON (15) Juif, JUSTIN (16) *Martyr*, ORIGÉNE (17), CLÉMENT (18) *d'Aléxandrie*, ST. (19) EPIPHANE, ST. (20) JÉROME, THÉODORET (21), font mention) que ces autres Peuples, dis-je, étoient descendus d'*Ismaël*, ou d'*Esaü*, ou de la (22) postérité de *Késhura*.

6. Mais

ligion Chrétienne, Lib. V. §. 7. joint à tout cela l'exemple de *Moïse*, qui n'exhorta pas son Beau-pere *Jéthro* à embrasser les céremonies de la Loi qu'il avoit donnée aux *Israëlites* de la part de DIEU. Il remarque là aussi, dans une Note, qu'il y a quelques Loix de *Moïse*, qui étoient impraticables pour la plûpart des autres Peuples, comme celles qui regardent les Prémices des fruits de la terre, ou les Dimes, ou les Fêtes solemnelles; car ces Loix devoient nécessairement s'observer dans un seul endroit de la *Judée*, où il étoit impossible que toutes les Nations du monde se rassemblassent.

(12) Voiez JOSEPH, *Antiq. Jud.* Lib. XIII. Cap. XVII. PTOLEMÆUS, Lib. I. *de Vita Herodis* (cité par AMMONIUS, au mot Ἰδουμαῖοι) SELDEN, *de Jur. Nat. & Gent. secund. Hebr.* Lib. II. Cap. II. pag. 147, 148. & ce que je dis un peu plus bas dans la *Note* 19.

(13) Ce Pére des Historiens parle des *Egyptiens*, des *Ethiopiens*, & des Peuples de la *Colchide*: Lib. II. Cap. XCI. & CIV. Il dit que c'est des prémiers, ou des *Egyptiens*, que l'usage de la Circoncision a passé aux deux autres Peuples, comme aussi aux *Phéniciens* & aux *Syriens*, qui demeurent dans la *Palestine*; par où il entend les *Juifs*, qui avouent la chose, à ce qu'il dit, pour ce qui les concerne. Voiez aussi DIODORE *de Sicile*, Lib. I. Cap. XXVIII. &. Lib. III. Cap. XXXII. pag. 17. & 115. *Ed. H. Stephan.*

(14) Voiez sa *Géographie*, Lib. XVI. pag. 771. *Ed. Paris.* (pag. 1116. C. *Ed. Amst.*) où il s'agit des *Créopages*, Peuples d'*Ethiopie*: Et pag. 776. *Paris.* (1122. A. *Ed. Amst.*) au sujet des *Troglodytes*, parmi lesquels, dit-il, quelques-uns sont circoncis, à la maniére des *Egyptiens*, dont il parle *Lib.* XVII. pag. 824. *Paris.* (1180. A. *Ed. Amst.*)

(15) Voiez son petit Traité *de la Circoncision*, pag. 810, 811. *Ed. Paris.*

(16) Dans son *Dialogue avec Tryphon*, où il parle des *Iduméens*.

(17) C'est dans sa Réponse à *Celse*, Lib. V. où il remarque que la raison pourquoi les *Egyptiens* & les Peuples de la *Colchide* se, circoncisoient n'étoit pas la même que celle pourquoi les *Juifs* pratiquoient cette cérémonie; & que les *Juifs* même distinguoient leur circoncision d'avec celle qui étoit en usage parmi les *Ismaëlites* d'*Arabie*, quoi que ceux-ci fussent descendus d'*Abraham*, & que ce Patriarche eût lui-même circoncis *Ismaël*, l'Auteur de leur Nation: Κἂν σεμνύνωνται τινὲς Ἰουδαῖοι τῇ περιτομῇ, χωρίζουσιν αὐτὴν οὐ μόνον τῆς τῶν Κόλχων καὶ Αἰγυπτίων περιτομῆς, ἀλλὰ καὶ τῆς Ἰσμαηλιτῶν Ἀράβων, καίτοιγε ἀπὸ τοῦ προπάτορος αὐτῶν Ἀβραὰμ τοῦ Ἰσμαὴλ γεγενημένου, καὶ σὺν ἐκείνῳ περιτεμνομένου. Pag. 263. *Ed. Cantabrig.*

(18) Ce Pére, dans ses *Stromates*, (Lib. I. Cap. XV. pag. 354. *Ed. Oxon.*) dit, que *Pythagore* étant allé en *Egypte*, s'y fit circoncire, pour pouvoir être initié aux mystéres des *Egyptiens*, & apprendre la Philosophie de leurs Prêtres.

(19) Il dit, (*Hares.* XXX. §. 30.) que les *Egyptiens*, les *Sarazins*, ou *Ismaëlites*, les *Samaritains*, les *Iduméens*, & les *Homérites*, qui font partie de ces derniers Peuples, se circoncisent, aussi bien que les *Juifs*: mais que la plûpart le font par coûtume sans savoir pourquoi, & nullement en vuë d'observer la Loi Divine, qui le prescrivoit. Ce qui nous donne lieu de remarquer, contre notre Auteur, qu'encore que les premiers qui négligerent la Circoncision, & qui furent cause que la pratique de cette céremonie s'abolit parmi les Nations descenduës du Patriarche *Abraham*, eussent mal fait; la Loi de la Circoncision cessa d'obliger leur Postérité, qui n'en avoit aucune connoissance. De sorte que l'action d'*Hyrcan*, qui contraignit les *Iduméens* à se faire circoncire, ne peut être regardée que comme une violence injuste, à laquelle il n'étoit point autorisé d'ailleurs par celui qui seul est le maître des Consciences. Au reste, le même WAGENSEIL, dont on a parlé sur la *Note* 4. de ce paragraphe, remarque aussi, au rapport de BOECLER, que le Rabbin MOÏSE, Fils de *Maimon*, dit le contraire de ce que notre Auteur avance ici, que toute la Postérité d'*Abraham* étoit obligée de se faire circoncire; & que les *Juifs* y contraignoient les *Iduméens*.

(20) C'est dans son Commentaire sur le Chap. IX. de *Jérémie*, Tom. V. pag. 287. D. *Edit. Basil.*

(21) Dans sa *Question III. sur l'*EXODE.

(22) Ceux d'entre les *Ethiopiens*, qu'HERODOTE met au rang des Peuples chez qui l'usage de la Circoncision étoit établi, semblent être venus de quelques-uns des Descendans de *Kethura*. St. EPIPHANE les appelle *Homerites*. GROTIUS.

Les *Homérites* faisoient partie des *Iduméens*; & notre Auteur ne s'est pas souvenu qu'il l'a dit lui-même, après St. EPIPHANE, dans ses Notes sur le Livre *de la Vérité de la Religion Chrétienne*, Lib. I. §. 16. pag. 60. *Ed. Amst. Cleric.* Au reste, il suppose là, comme ici, l'opinion commune de son tems, au sujet de l'origine de la Circoncision, que l'on croioit avoir passé des *Hebreux* à tous les autres Peuples. Mais s'il avoit pû lire les Ouvrages de deux fameux Anglois, MARSHAM & SPENCER, je m'imagine qu'il auroit changé de sentiment, & qu'il auroit reconnu que la Circoncision étoit en usage parmi les *Egyptiens*, avant que DIEU en

 fît

6. Mais pour tout le reste des Paiens, il falloit leur appliquer ce que dit ST. PAUL;
(h) Rom. II. 14. (h) *Lors que les Nations, qui n'ont point la Loi, font naturellement* (c'est-à-dire, (23) en suivant, dans leurs mœurs, des regles qui découlent de la source primitive, ou de la Nature: à moins qu'on n'aime mieux, en rapportant le mot de *naturellement* à ce qui précéde, l'entendre de la connoissance que les Gentils aquéroient d'eux-mêmes & sans instruction, (24) par opposition à celle qu'avoient les *Juifs* par le moien de la Loi, qu'on leur enseignoit presque dès le berceau) *lors*, dis-je, *que les Nations, qui n'ont point la Loi, font naturellement les choses que la Loi ordonne; ces gens-là n'aiant point la Loi, se tiennent lieu de Loi à eux-mêmes; puis qu'ils montrent que ce qui fait la matiére de la Loi est écrit dans leurs Esprits, leur conscience leur rendant en même tems témoignage, & leurs pensées s'accusant ou se défendant tour-à-tour.* A quoi on doit
(i) Vers. 26. ajoûter ce que le même Apôtre dit un peu plus bas: (i) *Si le Prépuce* (c'est-à-dire, un homme circoncis) *observe les Commandemens de la Loi, son prépuce ne sera-t-il pas regardé comme une circoncision?* C'est donc avec raison que le Juif *Ananias*, au rapport
(k) Antiq. Jud. Lib. XX. Cap. 2. de (k) JOSEPH, disoit à *Izate* Adiabénien (ou *Ezate*, ainsi que l'appelle (25) TACITE), que l'on peut servir Dieu comme il faut, & l'avoir (26) pour propice & favorable, même sans être circoncis. Car si plusieurs Etrangers se faisoient circoncire, &
(l) Galat. V. 3. par là s'engageoient à observer la Loi, comme l'explique (l) ST. PAUL; ils le faisoient, en partie, pour être naturalisez (car les *Prosélytes de la Justice* (27) avoient les (m)
(m) Nombr. XV. mêmes droits & les mêmes priviléges, que les *Israëlites*); en partie, pour (28) avoir part aux Promesses, qui n'étoient pas communes à tout le Genre Humain, mais particuliéres au Peuple Hebreu. J'avouë néanmoins, que dans les derniers Siécles, quelques-uns y étoient poussez outre cela par cette fausse pensée qu'on leur inspiroit, qu'il n'y (29) avoit point de salut hors du Judaïsme.

7. De ce que nous venons d'établir, il s'ensuit, qu'aucune partie de la Loi des anciens *Hebreux*, entant qu'elle (30) est proprement une Loi, ne nous regarde & ne nous lie, nous autres qui ne sommes pas Juifs; parce que toute Obligation, hors celle qu'impose le Droit Naturel, vient de la volonté du Législateur; & qu'il n'y a rien qui nous donne lieu de croire que DIEU aît voulu assujettir à la Loi de *Moïse* aucun autre Peuple, que les *Israëlites*. Ainsi, par rapport à nous, il n'est nullement nécessaire de prouver que cette Loi aît été abrogée: car elle ne pouvoit pas être abrogée à l'égard de ceux qui n'y avoient jamais été soûmis. Mais pour ce qui est des *Israëlites*, il faut montrer comment & en quel tems ils en ont été déchargez; ce qui arriva, en matiére des Ordonnan-

fit un signe de son Alliance avec *Abraham* & ses Descendans, à qui il prescrivit cette cérémonie d'une autre maniere & dans une autre vuë, qu'elle n'étoit pratiquée chez ce Peuple. Voiez Mr. LE CLERC, sur GENESE, Chap. XVII. vers. 8. & *suiv.*

(23) St. CHRYSOSTOME explique cela des *raisonnemens naturels*: *τοῖς τῆς φύσεως λογισμοῖς.* " Ce qu'il „ y a de merveilleux, ajoûte-t-il plus bas, c'est qu'ils „ n'ont pas besoin de Loi: la Conscience & l'usage de la Raison leur suffit. *Διὰ τοῦτο γάρ, φησιν, εἰσὶ θαυμαστοί, ὅτι νόμου οὐκ ἐδεήθησαν. . . . Ἀρκεῖ ἀντὶ τοῦ νόμου τὸ συνειδὸς καὶ ὁ λογισμός.* TERTULLIEN assûre, qu'avant la Loi de *Moïse* il y avoit une Loi non-écrite, que l'on pouvoit connoître naturellement, & que les Patriarches observoient. *Denique ante legem* Moysis *scriptam in tabulis lapideis, legem fuisse contendo non scriptam, quæ naturaliter intelligebatur, & à Patribus custodiebatur.* Advers. Judæos. (*Cap.* II.) On peut rapporter ici une pensée d'ISOCRATE, qui est fort approchante: *Δεῖ δὲ τοὺς εὖ πολιτευομένους, οὐ τὰς στοὰς ἐμπιπλάναι γραμμάτων, ἀλλ' ἐν ταῖς ψυχαῖς ἔχειν τὸ δίκαιον.* " Il faut que „ ceux qui veulent bien conduire un Etat, pensent non „ à remplir les Portiques de Loix écrites sur des plan„ ches, mais à faire en sorte que les maximes de la „ Justice soient profondément gravées dans l'esprit des „ Citoiens. (*Areopagitic.* pag. 148. *Edit. H. Steph.*) GROTIUS.

Le passage d'ISOCRATE est tiré d'un peu loin. Car les Loix même Positives, & plusieurs autres choses qui ne découlent pas des lumiéres naturelles communes à tous les Hommes, peuvent être gravées dans les esprits à force d'instruction & de pratique. Ainsi ce que dit l'Orateur Grec suppose plûtôt par lui-même, que les Régles de la Justice, quoi que fondées sur la Raison naturelle, sont peu connuës & négligées de la plûpart des Hommes.

(24) C'est-là le véritable sens de l'Apôtre. Les mots de *nature* & *naturellement* se trouvent souvent emploiez, dans les Auteurs Grecs & Latins, par opposition à la voie de l'Instruction, qui nous fait connoître certaines choses. Nous voions que St. PAUL, parlant d'une coûtume établie de son tems, dit: *La* NATURE *elle-même ne vous enseigne-t-elle pas, que si un Homme porte des cheveux longs, cela lui est honteux; au lieu qu'une longue* ché-

nances Cérémonielles, aussi tôt que la Loi de l'Evangile eût commencé à être publiée, comme cela fut revelé clairement (n) au prémier des Apôtres: & à l'égard de tout le reste de la Loi, lors que, par la ruine & la desolation de *Jérusalem*, sans aucune espérance de rétablissement, ce Peuple cessa d'être un Corps de Peuple. (n) *Act.* X, 15.

8. Ce que nous avons gagné par la venuë de Jesus-Christ, nous autres Etrangers, ne consiste donc pas à être exemts de la Loi de *Moïse*: mais voici l'avantage qui nous en revient. Nous ne pouvions avoir auparavant que des espérances assez foibles en la Bonté de Dieu, dont nous n'avions pas des assûrances bien claires: nous les trouvons aujourdhui dans l'Alliance expresse qu'il veut bien traiter avec nous, & en vertu de laquelle nous sommes reçûs à ne faire qu'une même Eglise avec les *Hébreux*, descendans des Patriarches, depuis que la Loi qui leur étoit particuliére, & qui, comme (o) une cloison, nous séparoit d'eux, a été heureusement abolie. (o) *Ephes.* II. 14.

§. XVII. 1. Il paroît par ce que nous venons de dire, que la Loi donnée par le ministére de Moïse ne sauroit nous imposer aucune obligation directe. Voions maintenant si elle ne pourroit pas avoir quelque autre usage & dans ce qui regarde le Droit de la Guerre, dont nous avons à traiter, & dans l'examen d'autres semblables Questions. Car il importe beaucoup, par rapport à plusieurs choses, d'être éclairci là-dessus.

2. Je remarque donc I. Que la Loi des anciens *Hebreux* nous sert à ceci, qu'elle nous donne lieu de croire & d'être assûrez que ce qu'elle commande n'est point contraire au Droit Naturel. Car le Droit Naturel, comme nous l'avons déja remarqué, étant immuable & d'une obligation perpétuelle, Dieu, qui n'est jamais injuste, n'a pû rien prescrire qui y répugnât le moins du monde. Ajoûtez à cela, que le Psalmiste appelle la Loi de Moïse (a) une *Loi sans tache & droite*; & l'Apôtre St. Paul (b), une *Loi sainte, juste, & bonne*. (a) *Pseaum.* XIX. (XVIII. dans la Vulgate) *vers.* 8. (b) *Romains*, VII, 12.

3. Au reste, je parle ici des choses *commandées* par la Loi des *Hébreux*, & non pas des choses *permises*, à l'égard desquelles il y a quelque distinction à faire. Il faut donc savoir, que la *Permission*, accordée positivement par la Loi, (car il ne s'agit point ici de celle qui est (1) purement de fait, & qui emporte seulement une exemtion d'obstacle de la part de la Loi) que cette Permission, dis-je, est ou *pleine & absoluë*, qui donne droit de faire quelque chose avec une entiére liberté à tous égards; ou *imparfaite*, qui assûre seulement l'impunité devant les Hommes, & le droit de faire une chose en sorte que personne autre ne puisse légitimement nous en empêcher. Lors qu'une chose est permise absolument & sans reserve dans la Loi de *Moïse*, il s'ensuit de cette permission, aussi

chévelure est honorable à une Femme? &c. C'est qu'il ne faut que voir les choses qui se pratiquent tous les jours: on les apprend sans maitre; & on les regarde enfin comme des choses que l'on fait naturellement. A plus forte raison peut-on dire que les *Gentils*, qui étoient privez de la Révelation, connoissoient d'eux-mêmes, sans ce secours, les Préceptes de Morale que les lumiéres naturelles de la Raison leur faisoient découvrir, & qui etoient les mêmes que ceux que la Loi de *Moïse* enseignoit aux *Juifs*; de sorte que, quand un Paien agissoit selon ces Préceptes, il *faisoit naturellement ce que la Loi* (de Moïse) *prescrivoit: il montroit par là, que l'oeuvre de la Loi* (c'est-à-dire, ce qui faisoit la matiére de la Loi, ses Commandemens Moraux) *étoit écrite dans son cœur*, ou dans son Esprit, c'est-à-dire, qu'il pouvoit aisément se former de telles idées, & les retenir dans sa memoire. Voiez, sur cette derniére expression, l'Ars Critica de Mr. Le Clerc, Tom. I. pag. 163, *& seqq.* Edit. 4.

(25) Dans les derniéres Editions de cet Historien, & dans celles qui passent pour les meilleures, on a mis *Izates*; & c'est apparemment le vrai nom de ce Roi des *Adiabéniens*, qui se convertit entiérement au Judaïsme, avec sa Mere *Helene*.

(26) Le Juif *Tryphon*, se relâchant de l'opinion outrée qu'il soûtenoit sur cet article, avouë que Justin, *Martyr*, auroit eu quelque espérance de salut, en suivant les lumiéres d'une saine Philosophie. Μένοντι σοὶ ἐν ἐκείνῳ τῷ φιλοσοφίας τρόπῳ ἐλπὶς ὑπελείπετο ἀμείνονος μοίρας. Dialog. cum *Tryphon.* Grotius.

(27) C'est-ce que remarque Justin, *Martyr.* Προσήλυτος ὁ περιτεμνόμενος, εἰ τῷ λαῷ προσχωρήσειεν, ἐστὶν ὡς αὐτόχθων. Colloq. cum Tryphone. Grotius.

(28) De là vient que ces Proselytes étoient admis à célebrer la Pâque, comme les *Juifs*. Grotius.

Voiez Exod. XII. 19, 47, 48.

(29) C'est contre cette opinion, que l'Apôtre St. Paul dispute souvent, sur tout dans l'Epître aux *Romains*, & dans l'Epître aux *Galates*.

(30) Voiez ce que j'ai dit dans la *Note* 2. sur ce paragraphe.

§. XVII. (1) C'est-à-dire, qui consiste uniquement dans le silence de la Loi. Car ce silence seul n'est pas une marque incontestable que le Législateur approuve les

aussi bien que des commandemens, que la chose en elle-même n'est point contraire au Droit Naturel: au lieu qu'on ne peut pas l'inférer (2) de l'autre sorte de Permission. Mais il arrive rarement qu'on ait lieu de tirer sûrement cette conséquence (3). Car les termes qui expriment la Permission étant équivoques, il est plus à propos d'avoir recours aux principes du Droit Naturel pour découvrir de quelle sorte de Permission il s'agit; que de conclure de la maniére dont la Permission est conçuë, que la chose permise est ou n'est pas conforme au Droit Naturel.

4. Une autre remarque approchante de celle que je viens de faire, c'est II. Que les Puissances qui ont en main l'Autorité Souveraine, parmi les *Chrétiens*, peuvent aujourdhui faire des Loix de même teneur que celles de MOÏSE: hormis celles dont le fond pourroit être tel qu'il regardât uniquement le tems auquel le Messie étoit attendu, & l'Evangile non encore revélé; ou à moins que JESUS-CHRIST lui-même n'ait établi le contraire, soit en (4) général ou en (5) particulier: car, quand il n'y a aucune de ces trois raisons, je ne vois pas pourquoi il ne seroit pas permis aujourdhui de comman-der

les choses qu'il ne défend point; & tout ce qui s'ensuit de là, c'est qu'il ne veut pas emploier les moiens qu'il a en main pour empêcher qu'on ne fasse de telles choses. Il n'y a qu'un seul cas, ou l'on peut prendre le silence pour une marque d'approbation, c'est lors qu'il paroît clairement que le Legislateur a prétendu défendre tout ce qu'il jugeoit mauvais. Or on n'a aucune raison de croire, que DIEU ait voulu défendre positivement, par la Loi de *Moïse*, toutes les choses qui sont en quelque façon mauvaises: bien loin de là, il étoit même nécessaire qu'il n'en défendit pas quelques-unes. En effet, DIEU, en donnant des Loix écrites à la Nation Judaïque, n'agissoit pas tant comme l'Etre tout saint & le Docteur parfait des Hommes en general, que comme le Maître & le Souverain temporel de cette Nation. D'où vient que les peines, dont il menaçoit les contrevenans, étoient toutes des peines temporelles. Comme donc il n'y a point de Societé Civile, dont l'interêt permette que tout ce qui est contraire à quelque Vertu, ou à quelcune des Loix Naturelles, soit sujet à quelque peine: DIEU auroit agi contre sa Sagesse, si, en qualité de Legislateur Civil des *Juifs*, il n'avoit pas laissé impunies, & passé sous silence par conséquent, plusieurs choses mauvaises en elles-mêmes; sur tout aiant à faire à une Nation si grossiére & si revéche. Ainsi, par exemple, l'Homicide étoit puni de mort, (LEVITIQUE, *Chap.* XXIV, 21. NOMBRES, *Chap.* XXXV, 16, 17, 30.) & avec raison: une Societé Civile, où l'on pourroit impunément s'égorger les uns les autres, ne sauroit subsister: mais les emportemens de colére, qui n'aboutissent qu'à quelques injures, n'étoient defendus nulle part, parceque, si le Legislateur avoit puni une chose comme celle-là, si commune parmi tous les Hommes, & dont les *Juifs* sur tout auroient eu beaucoup de peine à s'abstenir, cela auroit produit plus de mal que de bien. Voiez MATTHIEU, *Chap.* V. 21, & *suiv.*

(2) Voiez St. CHRYSOSTOME, sur la fin du Chapitre VII. de l'Epître aux *Romains.* GROTIUS.

(3) Il me semble, pour moi, qu'il faut raisonner ici autrement en matiére des *Loix Divines*, qu'en matiére des *Loix Humaines.* La permission des Loix Humaines, de quelque maniere qu'elle se fasse, n'emporte jamais par elle-même aucune approbation du Législateur, & suppose seulement qu'il a jugé à propos de ne point punir la chose dont il s'agit. La raison en est, que le but des Legislateurs de la Terre, considerez comme tels, est de regler les actions exterieures de chacun le mieux qu'il est possible, pour maintenir la sureté & la tranquillité publique; & non pas proprement de rendre les Hommes gens-de-bien. Mais on ne peut pas dire la même chose de DIEU. De quelque maniere qu'il agisse, il se propose toûjours de porter les Hommes à la Vertu: & ainsi toute permission positive de sa part est une marque certaine d'approbation. Il peut bien passer sous silence certaines choses qui renferment quelque vice, & les laisser impunies ici-bas, par la raison alleguée ci-dessus, dans la *Note* 1. sur ce paragraphe: d'autant plus que, si on y fait attention, on trouvera que ce qu'il y a de mauvais dans ces sortes de choses peut être aisément decouvert par des conséquences tirées de leur conformité avec ce qui est ailleurs défendu en termes exprès, ou de leur incompatibilité avec ce qui est clairement prescrit. Mais DIEU ne sauroit permettre positivement la moindre chose qui soit mauvaise de sa nature, lors même qu'il agit en qualité de Monarque temporel; car ce caractère ne le dépouille point de sa Sainteté, & n'empêche pas qu'il ne puisse & ne doive être censé approuver du moins comme innocent tout ce qu'il permet ou en termes formels, ou par une suite nécessaire de quelque Loi ou quelque Ordonnance expresse. Voici donc, à mon avis, les conséquences qu'on peut tirer de la Permission Divine, lors que les raisons tirées de la nature même des choses, à laquelle il faut toûjours faire attention, peuvent paroître douteuses. I. *Quand* DIEU *permet une chose en certains cas, ou à certaines personnes, ou par rapport à certaines gens; on doit inférer de là, que cette chose permise n'est point mauvaise de sa nature.* Car il se contrediroit lui-même, s'il autorisoit rien de mauvais, en quel cas, en quelles circonstances, & à l'égard de quelles personnes que ce soit. Par exemple, au Chap. XXII. de l'EXODE, *vers.* 2, 3. il est permis de *tuer un Voleur de nuit*, mais non pas un Voleur de jour. De là on peut conclurre certainement, contre la pensée de quelques Docteurs trop rigides, que, quand on repousse un injuste Aggresseur jusqu'à le tuer, quoi qu'il n'en veuille qu'à nos biens; cette maniére de défense n'est point vicieuse par elle-même, & n'a rien de contraire au Droit Naturel. DIEU défendoit aux *Juifs* de se prêter à interêt les uns aux autres: mais il leur permettoit de prêter à intérêt aux Etrangers, sans en excepter ceux qui étoient Prosélytes de la Porte. Donc le *Prêt à intérêt* n'est point deshonnête & illicite de sa nature, quoi qu'en disent certains Théologiens & certains Jurisconsultes: la conséquence est demonstrative, & il n'en faudroit pas davantage pour justifier cette sorte de contract, réduit d'ailleurs à ses légitimes bornes. Il est défendu aux *Rois*, par la Loi de *Moïse*, (DEUTE-

der ou de défendre ce qui étoit autrefois commandé ou défendu, & de la maniére qu'il l'étoit, par la Loi Divine de Moïse.

5. Ma troisiéme & derniére remarque est III. Que tout ce qu'il y a dans les Commandemens de la Loi de Moïse, qui se rapporte à quelcune des Vertus que Jesus-Christ exige de ses Disciples, doit être aujourdhui pratiqué par les *Chrétiens*, pour le moins aussi exactement & dans une aussi grande étenduë, (6) que les *Juifs* y étoient tenus autrefois. Le fondement de cette remarque est, que les Vertus que le Christianisme demande, comme l'Humilité, la Patience, la Charité, il les demande, & avec raison, dans (7) un plus haut degré, que Dieu ne l'exigeoit sous la Loi Judaïque; parce que les Promesses célestes sont proposées beaucoup plus clairement dans l'Evangile, que dans le Vieux Testament. D'où vient qu'il est dit de la Loi Ancienne, en comparaison de l'Evangile, qu'elle (c) *n'étoit pas parfaite*, ni *telle qu'il n'y* (d) *eût rien à redire*. Jésus-Christ est aussi appellé (e) *la fin de la Loi*; & la *Loi*, (f) *Conducteur jusqu'à* Jésus-Christ. Ainsi l'ancienne Ordonnance au sujet du *Sabbat*, & (8)

(c) *Hebr.* VII. 19.
(d) *Ibid.* VIII. 7.
(e) *Rom.* X. 4.
(f) *Galat.* III. 24.

teron. XVII. 17.) d'avoir *un trop grand nombre de Femmes*, de peur qu'elles ne les portent à violer la Loi: par là le Législateur permet tacitement & à eux, & à tous les autres, d'avoir plus d'une Femme; sans quoi la defense seroit fort superfluë. Donc la *Polygamie* n'est pas mauvaise & illicite de sa nature. 2. *Lors que* Dieu *régle la maniére d'une chose, ou qu'il fait par rapport à cette chose quelque autre réglement qui suppose nécessairement qu'elle est permise; il faut voir s'il s'agit d'un seul acte passager, ou d'une chose qui par elle-même, ou par ses suites, se réduise à une habitude, & une pratique continuelle.* Dans le dernier cas, la permission emporte toûjours une véritable approbation de la chose dont il s'agit, comme licite par elle-même. Il est impossible que Dieu permette, par exemple, le métier de *Brigand*, de *Pirate*, d'*Assassin*, de *Duelliste* &c. sous quelques conditions que ce soit. Lors donc qu'on voit qu'il prescrit la maniére des *Divorces*, & qu'il régle certains cas qui supposent la *Poligamie* permise, comme dans le Deuteronome, *Chap.* XXI. vers. 15. on a tout lieu d'inferer de cela seul, que ni le *Divorce*, ni la *Polygamie*, ne sont pas essentiellement contraires au Droit Naturel; comme il paroîtra d'ailleurs par ce que l'on dira en son lieu. Voiez l'application que notre Auteur fera de ce principe, dans le Chapitre suivant, §. 2. *num.* 2. pour montrer, que toute sorte de Guerre n'est pas injuste de sa nature. Mais quand il s'agit d'un seul acte, qui n'entraine après soi aucune suite constante de pechez, la permission peut emporter simplement l'impunité, sans prejudice de la Sainteté de Dieu. Je rapporte ici la permission que la Loi de Moïse accordoit au *Vengeur du sang*, c'est-à-dire, au plus proche Parent ou Héritier d'une personne tuée par quelque cas fortuit, & sans aucun dessein de celui qui avoit été l'Auteur de sa mort. Il étoit permis à ce *Vengeur du sang*, s'il trouvoit le Meurtrier involontaire hors des bornes de l'Asyle, de le tuer sans autre façon, encore même qu'il eût été déclaré innocent par les Juges: *il ne sera point coupable de meurtre*, dit le Législateur, Nombres, XXXV, 27. Il ne s'ensuit point de là néanmoins que Dieu regardât ce meurtre comme innocent devant le Tribunal de la Conscience, & selon le Droit Naturel: mais seulement qu'il avoit jugé à propos d'accorder l'impunité en ce cas-là, devant les Juges Civils, à un homme qui en avoit tué un autre par un esprit de vengeance. C'étoit un acte unique, dont l'Auteur pouvoit reconnoître l'injustice & se repentir, après que les prémiers mouvemens de la colére étoient passez; & il y avoit d'ailleurs de la faute du Mort, qui auroit dû ne pas sortir des bornes de l'Asyle, comme Dieu l'avoit défendu pour de très-bonnes raisons.

(4) Par exemple, Notre Seigneur Jesus-Christ a aboli en général toutes les Loix qui regardent la distinction des Viandes. Si donc quelque Puissance Civile ou Ecclésiastique veut obliger à s'abstenir, par un principe de Religion, d'une certaine sorte de Viandes; elle donne atteinte par là visiblement à la Liberté Chrétienne, que ce grand Sauveur a établie. Je suppose, au reste, que ce soit *par un principe de Religion* que cette abstinence soit imposée: Car autre chose est, si l'on défend l'usage de certaines viandes, pour de bonnes raisons, tirées de l'intérêt de l'Etat. Le Souverain peut certainement le faire dans cette vuë: tout de même qu'il peut se dispenser de prendre pour modele les reglemens Politiques les plus sages de la Loi de Moïse, lors qu'ils ne conviennent point à la constitution de l'Etat, dont il a en main le Gouvernement.

(5) Ainsi Jesus-Christ aiant aboli la permission illimitée qu'avoit un Mari, de repudier sa Femme *pour quelle cause que ce fût*, & sans autre raison que son bon plaisir: un Prince Chretien ne peut point faire de Loi, par laquelle il permette le Divorce de cette maniére, en obligeant seulement un Mari à temoigner par un Ecrit, donné à sa Femme, qu'il ne veut plus d'elle.

(6) *Libertas in* Christo *non fecit innocentiæ injuriam: manet lex tota Pietatis, Sanctitatis, Humanitatis, Veritatis, Constantiæ, Castitatis, Justitiæ, Misericordiæ, Benevolentiæ, Pudicitiæ.* " La Liberté Chretienne n'a donné „ aucune atteinte à l'Innocence & à la Probité. Les „ Loix de la Pieté, de la Sainteté, de l'Humanité, „ de la Vérité, de la Fidelité, de la Chasteté, de la „ Justice, de la Miséricorde, de la Bienveillance, de „ la Pudeur, demeurent en leur entier. Tertullian. de Pudicitia (*Cap.* VI.) Grotius.

(7) C'est la pensée de St. Chrysostome: Μείζονα ἐπιδείκνυσθαι δεῖ τὴν ἀρετὴν, ὅτι πολλὴ ἡ τοῦ Πνεύματος χάρις ἐπεχύθη νῦν, καὶ μεγάλη τῆς τοῦ Χριστοῦ παρουσίας ἡ δωρεά. " Il faut montrer maintenant plus de Vertu, „ puis que l'on a reçû une grande effusion de la Grace de l'Esprit, & que la venuë de Jesus-Christ est „ une riche Source de dons. *De Virginitate*, XCIV. Voiez ce que dit le même Pére, dans son Discours où il montre *Que les Vices viennent de négligence*; & *De Jejuniis*, III. & sur l'Epître aux *Romains*, VI, 14. VII, 5. comme aussi St. Irenée, *Lib.* IV. *Cap.* XXVI. L'Auteur de la *Synopsis Sacræ Scripturæ*, qui se trouve parmi les Oeuvres de St. Athanase, dit en parlant du Chap. V. de *St. Matthieu*, que *Notre Seigneur y augmente la force & l'étendue des Commandemens de la Loi*: Ἐπιτείνει τὰς ἐν τῷ Νόμῳ ἐντολάς. (Pag. 122. A. Tom. II. Opp. Athan. *Edit.* *Colon.* 5. *Lips.* 1686.) Grotius.

(8) celle qui regarde les *Dimes*, montrent que les *Chrétiens* sont obligez de ne donner pas moins que la septiéme partie de leur tems au Service Divin; ni moins que la dixiéme partie de leurs revenus, pour l'entretien de ceux qui vaquent aux choses sacrées, ou pour d'autres usages pieux.

CHAPITRE II.

Si la GUERRE peut être quelquefois JUSTE?

I. *Que le Droit Naturel ne condamne pas absolument la Guerre. Preuve de cela.* 1. *Par des raisons tirées de la chose même.* II. 2. *Par l'Histoire Sainte.* III. 3. *Par le consentement des Hommes.* IV. *Que la Guerre n'est pas non plus contraire par elle-même au Droit des Gens.* V. *Ni au Droit Divin Positif, publié avant l'Evangile. Réponse aux objections qu'on fait sur la derniére sorte de Droit.* VI. *Remarques préliminaires, pour servir à décider la question, Si la Guerre est incompatible avec les Loix de l'Evangile?* VII. *Raisons de la négative, tirées de l'Ecriture.* VIII. *Solution des difficultez dont ceux qui soûtiennent l'affirmative croient trouver le fondement dans cette même Ecriture.* IX. *Examen de l'opinion commune des anciens Chrétiens sur cet article. Qu'il n'y avoit que quelques Particuliers qui crûssent que l'Evangile défend la Guerre, & cela en forme de conseil, plûtôt que par un précepte d'une obligation indispensable.* X. *Preuves de la créance opposée, par l'autorité publique de l'Eglise, par le consentement général, & par la pratique.*

§. I. 1. NOUS venons de voir les sources du Droit. Passons maintenant à la prémiére & la plus générale question, que nous nous sommes proposez d'examiner, savoir, *S'il y a quelque* GUERRE JUSTE, ou s'il est quelquefois permis de faire la Guerre?

2. POUR traiter comme il faut cette question, aussi bien que les autres qui se présenteront dans la suite, il faut commencer par examiner ce que demande ici le *Droit de Nature.* CICÉRON, suivant les idées des *Stoïciens*, dit (a) en plusieurs endroits, qu'il y a de deux sortes de *principes naturels:* les uns qui précédent, & que l'on appelle

(a) *De Finibus Bon. & Malor. Lib. III. & alibi passim.*

(8) Deux Péres de l'Eglise font le même usage de cette Loi, par rapport aux *Chrétiens*, je veux dire, St. IRENÉE, *Lib.* IV. *Cap.* XXXIV. & St. CHRYSOSTOME, sur la fin du dernier Chap. de la I. Ep. aux *Corinthiens*; & sur les *Ephésiens*, Chap. II. vers. 10. GROTIUS.

CHAP. II. §. I. (1) *Placet his* [Stoïcis] *inquit, quorum ratio mihi probatur, simul atque natum sit Animal, ipsum sibi conciliari & commendari ad se conservandum, & ad suum statum, eaque quæ* (c'est ainsi qu'il faut lire, à mon avis) *conservantia sunt ejus status, diligenda: alienari autem ab interitu, iisque rebus quæ interitum videantur adferre. . . . . Satis esse autem argumenti videtur, quamobrem illa, quæ natura prima sunt adscita, natura diligamus; quòd est nemo, quin, cùm utrumvis liceat, aptas malit & integras omnes partes corporis, quàm easdem usu imminutas aut detortas habere. . . . . Primum est officium* (*id enim adpello* καθῆκον) *ut se conservet in naturæ statu: deinceps ut ea teneat, quæ secundum naturam sint, pellatque contraria. . . . . Simul autem cepit intelligentiam, vel notionem potius, quam adpellant* ἔννοιαν *illi, viditque rerum agendarum ordinem, &, ut ita dicam, concordiam: multo pluris eam æstimavit, quàm omnia illa, quæ primùm dilexerat. . . . . Ipsumque honestum, quod in bonis ducitur, quamquam post oritur, tamen id solum, vi sua & dignitate, expetendum est. . . . . Sed quemadmodum sæpe fit, ut is, qui commendatus sit alicui, pluris eum faciat, cui commendatus sit, quàm illum à quo: sic minime mirum est, primò nos Sapientiæ commendari ab initiis Naturæ, post autem ipsam Sapientiam nobis cariorem fieri, quàm illa sint à quibus ad hanc venerimus.* De Finibus, *Lib.* III. *Cap.* V. VI. VII. Voiez aussi *Lib.* V. *Cap.* VII. & PUFENDORF, *Droit de la Nat. & des Gens*, Liv. II. Chap. III. §. 14.

(2) C'est ce que dit SENEQUE: *Quemadmodum omnis naturæ bonum, sinire, nisi consummata, non præstat: ita Hominis bonum non est in Homine, nisi quum in illo Ratio perfecta est.* „ Comme toute autre Nature ne montre ce qui fait son bien, que quand elle est parvenuë au point de perfection qui lui convient: de même le bien de l'Homme ne se trouve dans l'Homme, que quand la Raison est parfaite en lui. *Epist.* CXXIV. GROTIUS.

(3) *Id in quoque optimum est, cui nascitur, quo censetur.*

le les (b) *prémieres impressions de la Nature*: les autres, qui viennent après, mais qui néanmoins doivent être la régle de nos actions préférablement aux prémiers. (1) Il rapporte aux *prémiéres impressions de la Nature*, ce sentiment commun à tous les Animaux, par lequel chacun est affectionné à sa propre conservation, & porté, d'un côté, à aimer son état, & tout ce qui tend à le maintenir; de l'autre, à fuir sa destruction, & tout ce qui paroît capable de l'amener. De là vient qu'il n'y a personne qui, s'il le peut, n'aime mieux avoir tous les Membres de son Corps bien formez & en leur entier, que difformes ou mutilez. Par conséquent, ajoûte-t-on, le prémier devoir de l'Homme est de se conserver dans l'état où la Nature l'a mis; de rechercher ce qui est conforme à la Nature, & d'éloigner tout ce qui y est contraire. Après cela suit, selon le même Auteur, (2) la connoissance de la conformité des choses avec la Raison, qui est une Faculté plus excellente que le Corps: & cette convenance, en quoi consiste l'*Honnête*, doit, dit-il, être estimée & recherchée plus que ce à quoi le seul désir naturel nous porte d'abord; parce que, quoi que les prémiéres impressions de la Nature nous renvoient à la droite Raison, & nous servent comme de recommandation auprès d'elle; la droite Raison mérite néanmoins de nous être encore plus chére (3) que cet instinct naturel.

(b) Τὰ πρῶτα κατὰ φύσιν. Voiez *Aulu-Gelle*, Lib. XII. Cap. V.

3. Rien n'est plus vrai, que ces pensées de Ciceron, que nous venons de rapporter; & ceux qui jugent sainement des choses, en conviendront aisément sans autre démonstration. Ainsi, quand on examine ce qui est de Droit Naturel, il faut voir d'abord (4) si la chose dont il s'agit est conforme aux prémiéres impressions de la Nature; & ensuite, si elle s'accorde avec l'autre principe naturel, qui, quoi que posterieur, est plus excellent, & doit non seulement être embrassé, lors qu'il se présente, mais encore recherché en toutes maniéres.

4. Ce dernier principe, que nous appellons l'*Honnête*, est plus ou moins déterminé, selon la nature des choses sur quoi il roule. Car tantôt il consiste, pour ainsi dire, dans un point indivisible, en sorte que, pour peu (5) qu'on s'en éloigne, on fait mal: tantôt il (6) a quelque étenduë, de maniére que, si on le suit, on fait quelque chose de louable, & que néanmoins on peut, sans rien commettre de deshonnête, ne pas le suivre, ou agir même tout autrement. A peu près comme entre les choses contradictoires on passe tout d'un coup d'une extrémité à l'autre; la chose est ou n'est pas, il n'y a point de milieu: mais entre celles qui sont opposées d'une autre maniére, comme entre le Blanc & le Noir, il y a un milieu qui ou tient des deux extrêmes, ou en est égale-

tur. *In Homine optimum quid est? Ratio.* " Ce qu'il y „ a de meilleur dans chaque Etre, c'est ce à quoi il „ est destiné par la Nature, & ce qui fait son excel„ lence propre. Or qu'y a-t-il, qui soit tel, en l'Hom„ me? C'est la Raison. Seneque, *Epist.* LXXVI. Voiez aussi l'Epitre CXXI. & CXXIV. Juvenal dit, que, selon les Préceptes de *Zenon*, Chef des *Stoïciens*, il y a des choses qu'on ne doit jamais faire, quand même il y iroit de la vie.

——— ——— ——— ——— *Melius nos*
Zenonis *præcepta monent: nec enim omnia, quædam*
Pro vita facienda putat. ——— ——— ———
Satir. XV. (vers. 106, *& seqq.*) Grotius.

Aulu-Gelle, que nôtre Auteur cite en marge, dit aussi que, quand on ne peut faire autrement, il faut s'exposer à souffrir quelque chose de fâcheux, plûtôt que de manquer aux Régles inviolables de l'Honnête. *Postea per incrementa ætatis exorta è seminibus suis Ratio est, & utendi consilii reputatio, & honestatis utilitatisque vera contemplatio, subtiliorque & exploratior commodorum delectus: atque ita præ ceteris omnibus enituit & præfulsit Decori & Honesti dignitas; ac, si ei retinendæ obtinendæve incommodum extrinsecus aliquod obstaret, contemtum est.* Lib. XII. Cap. V.

(4) Voiez l'application que fait nôtre Auteur de ce principe, aux mouvemens naturels qui portent à la *Vengeance*, Liv. II. Chap. XX. §. 5. *num.* 1.

(5) C'est ainsi, par exemple, qu'il n'est jamais honnête, ni par conséquent permis par le Droit Naturel, de manquer de reconnoissance envers un Bienfaiteur; de prendre le bien d'autrui, sur lequel on n'a aucun droit; de violer une Promesse ou une Convention valide; d'attenter à l'honneur de qui que ce soit; d'ôter la vie à un Innocent &c. Il peut y avoir en tout cela divers degrez de turpitude, selon la varieté des circonstances, qui font que l'Ingratitude, le Larcin, l'Infidélité, l'Affront, ou l'Homicide, sont plus ou moins atroces: mais, par rapport à la qualité de l'action en général, la moindre Fraude, par exemple, n'est pas moins contraire aux Régles de l'Honnête & du Droit Naturel, que la plus grande.

(6) Il ne s'agit point ici de l'application des maximes générales de l'Honnête & du Droit Naturel aux cas particuliers, comme l'entendent les Commentateurs de cet

lement éloigné. La derniére sorte d'Honnête fait le plus souvent la matiére des Loix Divines, & (7) Humaines, lesquelles en prescrivant des choses qui s'y rapportent, les rendent obligatoires, au lieu qu'auparavant elles étoient seulement louables. Mais il ne s'agit ici que de ce qui est honnête dans le prémier sens. Car, comme nous l'avons dit (c) ci-dessus, quand on recherche ce qui est de Droit Naturel, on veut savoir si telle ou telle chose peut se faire sans injustice; & on entend par *injuste*, ce qui a une disconvenance nécessaire avec une Nature raisonnable & sociable.

(c) *Chap.* I. §. 8.

5. Si l'on considére les prémiéres impressions de la Nature, on n'y trouve rien qui tende à condamner la Guerre, & tout, au contraire, en favorise la permission. Car on fait la Guerre pour la conservation de sa vie ou de ses membres, & pour maintenir ou aquérir la possession des choses utiles à la Vie; ce qui est très-conforme aux prémiers mouvemens de la Nature. Et il n'y a rien qui y soit contraire, à emploier pour cet effet, s'il en est besoin, les voies même de la Force; puis que la Nature n'a donné des forces à chaque Animal, qu'afin qu'il s'en serve pour sa défense & pour son utilité. XENOPHON a remarqué, (8) que *toute sorte d'Animaux savent quelque maniére de Combat, que la Nature seule leur a appris.* Il y a un fragment d'un ancien (9) Poëme Latin, qui porte, que *tous les Animaux connoissent naturellement leur ennemi, & les secours qu'ils ont pour lui résister; ils sentent*, ajoûte-t-on, *le pouvoir & la trempe des armes dont ils sont pourvûs.* LA *dent*, dit HORACE, (10) *sert de défense au Loup, & la corne au Taureau: D'où vient cela, si ce n'est de l'instinct?* LUCRÉCE va plus loin: *chaque Animal*, dit-il, (11) *a je ne sai quel pressentiment de ses facultez, avant même qu'il soit en état de s'en servir. Un Veau sent ses cornes, avant qu'elles paroissent sur son front:* (12) *il menace & donne de la tête, lors qu'il est irrité.* On trouve la même pensée dans GALIEN; (13) qui remarque encore, (d) que l'Homme est un Animal né pour la Paix & pour (14) la Guerre; lequel à la vérité ne vient pas au monde avec des armes, mais avec des mains (15) propres à en faire & à les bien manier; en sorte que

(d) *De usu partium*, Lib. I.

cet Ouvrage, qui donnent pour exemple les différentes maniéres dont on peut exercer les devoirs de la Bénéficence, de la Liberalité, de l'Amitié *&c.* & qui renvoient à ce que nôtre Auteur dit ci-dessous, *Liv.* II. *Chap.* I. §. 5. de l'etenduë du tems auquel commence & finit la juste defense de soi-même. Mais il s'agit de la nature des Actions en général, comme il paroît par les exemples, auxquels nôtre Auteur lui-même applique son principe, & que j'ai indiquez dans la *Note* 6. sur le §. 10. du Chapitre précedent. Ainsi, indépendamment des Loix Positives qui défendent la *Polygamie*, il est beau & honnête, selon nôtre Auteur, de se contenter d'une Femme: mais cependant on *ne fait pas mal*, lors qu'on en prend deux. Cela n'est point contraire à la prémiére sorte d'*Honnête*, auquel se rapporte le *Droit de Nature*, proprement ainsi nommé.

(7) L'Empereur JUSTINIEN se felicite d'avoir donné force de Loi à une chose de cette nature, que les anciens Jurisconsultes n'avoient fait que conseiller: c'est au sujet de l'incongruité qu'il y avoit en ce qu'un Heritier, ou ceux qui étoient sous sa puissance, fussent Témoins dans le Testament même, par lequel il étoit institué: *Licet ii* [veteres] *qui id permittebant* [ut scil. Hæres, & qui in ipsius potestate erant, testes essent in Testamento] *hoc jure minimè abuti eos debere suadebant: tamen nos.* . . . . QUOD AB ILLIS SUASUM EST, IN LEGIS NECESSITATEM TRANSFERENTES &c. INSTITUT. Lib. II. Tit. X. *De Test. ordinandis*, §. 10. Voiez le CODE THEODOSIEN, Lib. III. Tit. VIII. *De secund. Nuptiis*, Leg. II. & là-dessus le savant Commentaire de JAQUES GODEFROI, Tom. I. pag. 285.

(8) Ἡ [μάχη] εἰς ἃ ἕκαστα ἐπίσταται φῦναι ... μάχην ἕκαστα ... οὐδὲ παρ' ἑνὸς ἄλλου μαθόντα, ἢ παρὰ τῆς φύσεως. De Cyri Institut. *Lib.* II. *Cap.* III. §. 5. Edit. Oxon.

(9) ——— ——— *Omnibus hostem,*
Præsidiumque datum sentire, & noscere teli
Vimque modumque sui ——— ———
Halleutic. fragm. *inter Opera Ovidii*, vers. 7, & *seqq.* Il y a un passage de PLINE, qui explique bien celui-ci: *Callent enim in hoc cuncta animalia, sciuntque non sua modo commoda, verum & hostium adversa: norunt sua tela, norunt occasiones, partesque dissidentium imbelles.* Hist. Natur. *Lib.* VIII. *Cap.* XXV.

(10) *Dente Lupus, cornu Taurus petit: unde, nisi intus*
Monstratum? ——— ——— ———
Lib. II. Satir. I. 52, 53.

(11) *Sentit enim vim quisque suam, quàm possit abuti.*
Cornua nata priùs vitulo, quàm frontibus extent,
Illis iratus petit, atque infensus inurget.
Lib. 5. vers. 1032, & *seqq.*

(12) MARTIAL l'a aussi remarqué:
Vitulusque inermi fronte prurit ad pugnam.
(Epigramm. III. 58. vers. 11.)
PORPHYRE dit, que chaque Animal connoît son fort & son foible; qu'il se sert du prémier, & qu'il se précautionne pour l'autre. La Panthère, ajoûte-t-il, a pour armes les dents; le Lion, les dents & les ongles; le Cheval, la corne du pié; le Bœuf, les cornes. Πρῶτον μὲν ἕκαστον οἶδεν, εἴτε ἀσθενές ἐστιν, εἴτε ἰσχυρόν· καὶ τὰ μὲν φυλάττεται, τοῖς δὲ χρῆται· ὡς πάρδαλις μὲν ὀδοῦσιν, ὄνυξι δὲ λέων καὶ ὀδοῦσιν, ἵππος δὲ ὁπλῇ, καὶ βοῦς κέρασι. De Abstin. animal. *Lib.* III. (pag. 268.

que l'on voit les Enfans même se défendre avec cet instrument naturel, sans que personne le leur aît enseigné. Et Aristote (16) dit, que les Mains tiennent lieu à l'Homme de pique, d'épée, & de toute sorte d'armes, parce qu'elles peuvent empoigner & tenir toute autre chose.

6. Pour ce qui est de la droite Raison & de la Sociabilité, dont nous devons ensuite consulter les principes, & avec plus d'attention encore que les autres, quoiqu'antérieurs; elle ne défend pas toute violence, mais seulement celle qui est contraire à la Société, (17) c'est-à-dire, celle qui donne atteinte aux droits d'autrui. Car le but de la Société est au contraire, que chacun jouïsse paisiblement de ce qui lui appartient, avec le secours & par les forces réünies de tout le Corps. On conçoit aisément que la nécessité d'avoir recours, pour se défendre, aux voies de fait, auroit eu lieu, quand même ce que nous appellons la *Propriété des biens* n'auroit jamais été introduit: car la Vie, les Membres, la Liberté, auroient toûjours appartenu en propre à chacun, & ainsi personne autre n'auroit pû sans injustice en vouloir à quelcune de ces choses. Le prémier occupant auroit eu droit aussi de se servir des choses qui étoient en commun, & de les consumer autant qu'il étoit nécessaire pour subvenir à ses besoins naturels: de sorte que quiconque se seroit mis dans l'esprit de l'en empêcher, lui auroit fait véritablement du tort. Mais on voit beaucoup mieux combien l'usage de la force est nécessaire, depuis que les Loix ou la Coûtume ont assigné à chacun sa part, & réglé les droits des Propriétaires. Je m'exprimerai ici avec (18) Cicéron: *Si chaque Membre de nôtre Corps*, dit-il, *étoit capable de réflexion, & qu'il s'imaginât que, pour être en bon état, il doit tirer à lui le suc de son voisin; tout le Corps s'affoiblirois & périroit enfin nécessairement. De même, si chacun de nous cherche à s'emparer des choses qui sont utiles aux autres, & leur prend tout ce qu'il peut, pour s'en accommoder; il est impossible que la Société Humaine subsiste. Il est permis à chacun d'aimer mieux ag:irir pour soi, que pour autrui, ce qui sert aux besoins de la Vie, & la Nature ne s'y oppose point: mais elle ne peut souf-*

869. *Ed. Lugd.* 1610.) Voici encore ce que dit là-dessus St. Chrysostome: Τὰ ἄλογα πάντα ἐν τῷ σώματι τὰ ὅπλα ἔχει, οἷον ὁ βοῦς τὰ κέρατα, τοὺς ὀδόντας ὁ σῦς ὁ ἄγριος, τοὺς ὄνυχας ὁ λέων. ἐμοὶ δὲ οὐκ ἐν τῇ φύσει τοῦ σώματος τὰ ὅπλα κατέθετο ὁ Θεός, ἀλλ' ἔξω τοῦ σώματος· δηλῶν ὅτι ἥμερον ζῶον ὁ ἄνθρωπος, καὶ ὅτι οὐκ ἀεί μοι τῶν ὅπλων τούτων χρεία. καὶ γὰρ πολλάκις δὲ μεταχειρίζομαι. ἵν' οὖν ἐλευθέρως ὦ καὶ ἀπολελυμένος, καὶ μὴ διηνεκῶς ἀναγκάζωμαι βαστάζειν τὰ ὅπλα, ἐποίησεν αὐτὰ κεχωρισμένα τῆς φύσεως εἶναι τῆς ἐμῆς. " Les Animaux destituez de Raison, portent avec eux leurs armes dans leur propre Corps. Le Bœuf a ses cornes, le Sanglier ses dents, le Lion ses ongles. Mais pour moi, qui suis Homme, Dieu m'a donné des armes, qu'il a mises hors de mon Corps; pour me faire voir, que je suis un Animal Sociable, & que je ne dois pas me servir de ces armes en tout tems. Car tantôt je prens mon Dard, & tantôt je le quitte. Afin donc que je fusse plus libre, & que je ne fusse pas contraint de porter toûjours mes armes avec moi, il a fait en sorte qu'elles soient séparées de ma nature. *De Statuis*, XI. Les dernieres paroles s'accordent merveilleusement bien avec le passage de Galien, cité dans le texte. Grotius.

(13) Φαίνεται γοῦν ἕκαστον ζῶον τῷ μέρει τοῦ σώματος ἀμυνόμενον, ὃ τῶν ἄλλων ὑπερέχει· μόσχος μὲν κυρίττων, πρὶν φῦναι τὰ κέρατα, πῶλος δ' ἔτι λακτίζων, οὐδέπω στερεαῖς ταῖς ὁπλαῖς· ὥσπερ γε τὸ μικρὸν σκυλάκιον δάκνειν ἐπιχειρεῖ, κἂν μηδέπω κρατεροὺς ἔχῃ τοὺς ὀδόντας. " Nous voions, que chaque Animal se sert, pour défendre son corps, de celui de ses Membres, par où il est le plus fort. Un Veau heurte de la tête, avant que d'avoir des cornes au front: un Poulain rue, avant que d'avoir de la corne au pié; un petit Chien mord, avant que d'avoir de bonnes dents.

(14) Mais en sorte qu'il est né pour la Paix, plûtôt que pour la Guerre. Voiez Pufendorf, *Droit de la Nat. & des Gens*, Liv. VIII. Chap. VI. §. 2.

(15) *Et quoniam neque cornu, neque dente, neque fugâ, sicut alia Animalia, corporis humani forma se prævalet vindicare, robustus illi thorax, brachiaque concessa sunt, ut illatam injuriam manu defenderet, & objectu corporis, quasi quodam clipeo, vindicaret.* " Le Corps de l'Homme étant fait de telle maniére, qu'il n'a point de cornes pour se defendre, & qu'il ne peut ni le faire avec ses dents, ni se mettre du moins à couvert des insultes par une fuite legére, comme les autres Animaux: la Nature lui a donné une poitrine forte, & des bras; afin qu'il se défendit avec ses mains, & en presentant son Corps, comme un bouclier. Cassiodor. *de Anima* (pag. 596. *Ed. Paris.* 1589. Grotius.

(16) Ἡ γὰρ χεὶρ, καὶ ὄνυξ, καὶ χηλὴ, καὶ κέρας γίνεται, καὶ δόρυ, καὶ ξίφος, καὶ ἄλλο ὁποιονοῦν ὅπλον καὶ ὄργανον· πάντα γὰρ ἔσται ταῦτα, διὰ τὸ πάντα δύνασθαι λαμβάνειν ταῦτα. De partibus Animal. *Lib.* IV. *Cap.* X. pag. 1034. D. *Ed. Paris.*

(17) Voiez Pufendorf, *Droit de la Nat. & des Gens*, Liv. II. Chap. V. §. 1.

(18) *Ut, si unumquodque membrum sensum hunc haberet, ut posse putaret se valere, si proximi membri valitudinem ad se traduxisset, debilitari & interire totum corpus necesse est: sic, si unusquisque nostrûm rapiat ad se commoda aliorum, detrahatque quod cuique possit, emolumenti sui*

souffrir, que l'on s'accommode & que l'on s'enrichisse des dépouilles d'autrui.

7. Il n'est donc pas contre la nature de la Société Humaine, de penser & de travailler à son propre intérêt, pourvû qu'on le fasse sans blesser les droits d'autrui. Et par conséquent l'usage de la Force n'est point injuste, tant qu'il ne donne aucune atteinte aux droits d'autrui. J'alléguerai encore ici l'autorité de (19) CICE'RON: *Il y a*, dit-il, *deux maniéres de vuider un différent: l'une, par la discussion paisible des raisons que chacune des Parties croit avoir: l'autre, par la force. La prémiére est particuliére à l'Homme: l'autre convient proprement aux Bêtes. Il ne faut donc en venir à celle-ci, que quand il n'y a pas moien d'emploier l'autre.* Et (20) ailleurs: *Que peut-on opposer à la Force, si ce n'est la Force même?* Selon les Jurisconsultes ULPIEN & CASSIEN, (21) *il est permis de repousser la force par la force; c'est un droit qui vient de la Nature même.* Et le Poëte OVIDE (22) avoit déja dit avant eux, que *les Loix permettent de prendre les armes contre ceux qui sont armez pour nous attaquer.*

§. II. 1. CELA suffit, pour montrer, que toute Guerre n'est pas contraire au Droit Naturel. Je puis néanmoins le prouver encore par l'*Histoire Sainte*. Lors qu'*Abraham*, avec l'aide de ses gens & de ses Alliez, eût vaincu les quatre Rois, qui avoient saccagé la Ville de *Sodome*; DIEU, par la bouche de *Melchisedek*, son Sacrificateur, approuva cet exploit; car voici comment *Melchisedek* félicite le Patriarche. (a) *Béni soit le Dieu très-haut, qui a livré tes Ennemis en ta main.* Or *Abraham*, comme il paroît par la suite de l'Histoire, avoit pris les armes sans aucun ordre de DIEU: ainsi ce personnage très-pieux & très-sage, au jugement même des Etrangers, comme de (1) BE'ROSE & (2) d'ORPHE'E, agissoit en cela uniquement selon le Droit Naturel. Je n'alléguerai point ici la défaite des sept Nations, que DIEU livra aux *Israëlites* pour être exterminées: car il y avoit là un commandement particulier du Créateur, qui voulut se servir du ministére des *Israëlites*, pour exécuter la sentence de sa Justice, contre des Peuples coupables des plus grands crimes; d'où vient que ces Guerres sont appellées dans l'Ecriture au pié de la lettre, des *Guerres* (3) *de* DIEU, à cause qu'elles étoient entreprises par son ordre, & non par une pure délibération humaine. Il est plus à propos de remarquer, que les *Hébreux*, sous la conduite de *Moïse* & de *Josué*, aiant repoussé par les armes les *Hamalékites* qui les attaquoient, (b) DIEU approuva la conduite de son Peuple, quoi qu'il ne leur eût rien prescrit là-dessus avant l'action.

2. Mais il y a plus: on trouve dans le (c) DEUTE'RONOME des Loix générales & perpétuelles, que DIEU établit sur la maniére de faire la Guerre; par où il donne à en-

(a) *Genes.* XIV, 20.

(b) *Exod.* XVII.

(c) *Cap.* XX, 10, & *suiv.*

sui gratiâ, societas hominum & communitas evertatur necesse est: nam, sibi ut quisque malit quod ad usum vitæ pertineat, quàm alteri, adquirere, concessum est, non repugnante natura: illud natura non patitur, ut aliorum spoliis nostras facultates, copias, opes augeamus. De Offic. *Lib.* III. *Cap.* V.

(19) *Nam, quum sint duo genera decertandi, unum per disceptationem, alterum per vim; cumque illud proprium sit hominis, hoc belluarum: confugiendum est ad posterius, si uti non licet superiore.* De Offic. *Lib.* I. *Cap.* XI.

(20) *Quid enim est quod contra vim, sine vi, fieri possit?* Epist. ad Famil. *Lib.* XII. *Ep.* III.

(21) *Vim vi repellere licere*, CASSIUS *scribit: idque jus naturâ comparatur. Adparet autem (inquit) ex eo, arma armis repellere licere.* DIGEST. Lib. XLIII. Tit. XVI. *De vi & de vi armata*, Leg. I. §. 27.

(22) *Armaque in armatos sumere jura sinunt.*
De Arte amandi, *Lib.* III. vers. 492.

§. II. (1) Voiez JOSEPH, *Antiq. Jud.* Lib. I. Cap. VIII. où il rapporte le passage de cet Historien profane.

(2) Ou plûtôt d'un Ancien Auteur, qui a emprunté le nom de ce Poëte. CLEMENT D'ALEXANDRIE, *Stromat.* Lib. V. pag. 723. *Ed. Potter. Oxon.* & EUSEBE, *Præp. Evang.* Lib. XIII. *Cap.* XII. nous ont conservé le fragment en vers, auquel nôtre Auteur fait allusion, & qu'il cite lui-même dans les Notes sur son Livre *de la Vérité de la Rel. Chrétienne*, Lib. I. §. 16 pag. 66. *Ed.* 1717. & dans son Commentaire sur *St. Matthieu*, V, 31. à la fin.

(3) Nôtre Auteur trouvoit cette expression, en ce sens, dans le *I. Livre de* SAMUEL, où *David* dit à *Goliath: Toute cette multitude verra, que l'Eternel ne délivre ni avec l'Epée, ni avec la Pique; car* LA GUERRE EST DE LUI, *& il vous livrera aujourd'hui en nos mains.* Mais il est plus naturel d'entendre par ces mots, *la Guerre est de lui*, que le succès de la Guerre dépend de DIEU; comme l'explique MR. LE CLERC. Et nôtre Auteur n'allégue là-dessus aucun autre passage. Il explique même autrement, à la fin de ce paragraphe, un passage, qui pourroit d'abord paroître se rapporter ici. Il a eu dans l'esprit la distinction des Rabbins, en *Guerres commandées*, & *Guerres volontaires*; sur quoi on peut voir CUNÆUS, *De Rep. Hebr.* Lib. II. Cap. XIX. SCHIC-

tendre que la Guerre peut être juste, lors même qu'elle n'est point entreprise par son ordre: car en cet endroit-là il distingue clairement le droit qu'il donne contre les sept Nations maudites, d'avec celui que les Israëlites pouvoient avoir contre tous les autres Peuples. Et comme il ne dit rien en même tems, qui enseigne quelles sont les causes légitimes de la Guerre, il suppose sans contredit qu'elles sont naturellement assez connuës. On en trouve ailleurs des exemples, comme quand (d) *Jephté* fit la guerre aux *Hammonites* pour défendre une partie du païs que le Peuple d'*Israël* possédoit, & qu'on vouloit lui enlever; ou quand (e) *David* prit les armes contre les mêmes Peuples, pour tirer raison de l'outrage qu'ils avoient fait à ses Ambassadeurs. Aussi une Femme distinguée par sa sagesse (f) disoit-elle de ce Roi, qu'*il faisoit des Guerres de* DIEU, c'est-à-dire, des Guerres justes & légitimes.

(d) *Juges*, XI.

(e) II. *Sam.* X.

(f) *Abigail.* Voiez *I. Sam.* XXV. 28.

3. Il est encore à remarquer que l'Auteur divin de (g) *l'Epître aux* HÉBREUX dit, en parlant de *Gédéon*, de *Barak*, de *Samson*, de *Jephté*, de *David*, de *Samuel*, & de plusieurs autres, que *par la Foi* ils ont défait des Rois, montré leur courage à la Guerre, mis en fuite les armées des Etrangers. Le mot de *Foi*, comme il paroît par toute la suite du discours, renferme ici la persuasion où l'on est que ce que l'on fait est agréable à DIEU.

(g) *Hébr.* XI, 32, *& suiv.*

§. III. 1. CE que nous venons de dire, se prouve aussi par le *consentement de toutes les Nations*, & sur tout des plus éclairées. Chacun sait ce beau passage de CICÉRON, où traitant du droit d'avoir recours à la force pour défendre sa vie, il rend ici témoignage à la Nature: (1) *C'est une Loi*, dit-il, *qui n'est point écrite*, *mais qui est née avec nous; une Loi que nous n'avons ni apprise, ni reçuë, ni luë, mais que nous tenons de la Nature même, une Loi à laquelle nous n'avons pas été formez, mais pour laquelle nous sommes faits, dont nous n'avons pas été instruits, mais imbus; Que quand nôtre vie est attaquée ou par des embûches, ou par une force ouverte, quand on est exposé aux insultes d'un Brigand ou d'un Ennemi, tout moien de se tirer d'affaires* (2) *est alors beau & honnête..... C'est une chose que la Raison enseigne aux personnes éclairées, la nécessité aux Ignorans & aux Barbares, la Coûtume aux Nations, la Nature aux Bêtes même; de mettre en usage toute sorte de moiens, pour se garantir d'une violence qui menace leur corps, leur tête, ou leur vie.* Le Jurisconsulte CAÏUS pose pour maxime, (3) *Que la Raison naturelle permet à chacun de se défendre, lors qu'il a à craindre quelque chose de la part d'autrui.* Et FLORENTIN, (4) *Que tout ce qu'on a fait pour défendre son corps, est regardé comme fait légitimement.* JOSEPH, Historien Juif, dit, (5) *Que tous*

SCHICKARD, *De Jure Regio*, Cap. V. & SELDEN, *De Jur. Nat. & Gent.* &c. Lib. VI. Cap. XII.

§. III. (1) *Est igitur hæc, Judices, non scripta, sed nata lex: quam non didicimus, accepimus, legimus: verum ex natura ipsa adripuimus, hausimus, expressimus: ad quam non docti, sed facti; non instituti, sed imbuti sumus: ut, si vita nostra in aliquas insidias, si in vim, si in tela aut latronum, aut inimicorum, incidisset, omnis honesta ratio esset expediendæ salutis.* Orat. pro Milone, Cap. IV. *Sin hoc & ratio doctis, & necessitas barbaris, & mos gentibus, & feris natura ipsa præscripsit, ut omnem semper vim, quacumque ope possent, à corpore, à capite, à vita sua propulsarent &c.* Ibid. Cap. XI.

(2) SENEQUE dit, que le moien le plus sûr de se défendre est tout près de chacun; en ce que chacun est chargé du soin de sa propre défense: *Tutela certissima ex proximo est: sibi quisque commissus est.* [Ep. CXXI. pag. 604. *Ed. Gron. Var.*] QUINTILIEN donne pour précepte à un Orateur, de parler pour la défense de l'Accusé, avant que de rejetter le crime sur l'Accusateur même; par la raison que naturellement chacun pense à sa propre conservation, plûtôt qu'à la perte de son Adversaire. *Quo in genere semper prior esse debebit defensio: Primum, quia natura potior est salus nostra, quàm adversarii pernicies.* Institut. Orator. *Lib.* VII. *Cap.* II. (pag. 403. *Edit. Obrecht.*) C'est donc avec raison que SOPHOCLE dit, en parlant d'*Hercule*, que, s'il eût tué *Iphitus* de bonne guerre & dans une juste défense de soi-même, *Jupiter* ne l'en auroit pas puni.

—— Εἰ γὰρ ἐμφανῶς ἠμύνατο,
Ζεὺς τ' ἂν συνέγνω ξὺν δίκῃ χειρουμένῳ.

Trachin. (*vers.* 281, 282. pag. 341. *Edit. Steph.*) Voiez aussi les *Loix des* WISIGOTHS, Lib. VI. Tit. I. Cap. VI. GROTIUS.

Le second passage de SENEQUE ne fait pas précisément au sujet.

(3) *Itaque si servum tuum latronem, insidiantem mihi, occidero, securus ero: nam adversus periculum naturalis ratio permittit se defendere.* DIGEST. Lib. IX. Tit. II. *Ad Leg. Aquil.* Leg. IV. *princip.*

(4) *Nam jure hoc evenit, ut quod quisque ob tutelam corporis sui fecerit, jure fecisse existimetur.* DIGEST. Lib. I. Tit. I. *De Justit. & Jure*, Leg. III.

(5) Φύσεως γὰρ νόμος ἰσχυρὸς ἐν ἅπασι, τὸ ζῆν ἐθέλειν. διὸ

tous les Hommes, par l'effet d'une Loi naturelle dont chacun sent vivement les impressions, souhaittent de vivre; & que c'est pour cela que l'on tient pour ennemi quiconque en veut manifestement à nôtre vie.

2. Ce principe est fondé sur des raisons d'équité si évidentes, que, quand il s'agit des Bêtes même, qui, comme nous (6) l'avons déja dit, ne sont pas susceptibles de Droit, & en ont seulement quelque legére ressemblance, on distingue néanmoins entre l'attaque & la défense. Le Jurisconsulte ULPIEN, (7) après avoir remarqué, *qu'un Animal* (8) *qui n'a point de connoissance*, c'est-à-dire, qui n'a pas l'usage de la Raison, *ne* (a) Voiez Exod. XXI, 28. *sauroit faire une injure proprement ainsi nommée*; (a) ajoûte pourtant, que, *quand deux Beliers ou deux Taureaux se sont battus, en sorte que l'un a été tué par l'autre, il faut voir, selon* QUINTUS MUCIUS, *si celui qui est mort a été l'aggresseur, ou non: dans le dernier cas, le Propriétaire a action de dommage contre le Maître de l'autre Bête; mais dans le prémier, il n'a point action contre lui.* Sur quoi voici des paroles de PLINE, (9) qui tiendront lieu d'explication: *Les Lions, tout féroces qu'ils sont, ne se battent point entr'eux: les Serpens ne se mordent pas les uns les autres. Mais il n'y a point de Bête, qui, quand on l'attaque, ne se mette en colére: elles sont toutes sensibles à l'injure, elles ne peuvent la souffrir, & si on leur fait du mal, elles se portent d'abord avec ardeur à le repousser par une vigoureuse défense.*

§. IV. IL est donc clair, que le Droit de Nature, qui peut aussi être appellé *Droit des Gens*, ne condamne pas toute sorte de Guerre. Pour ce qui est du *Droit des Gens Arbitraire*, l'Histoire, les Loix & les mœurs de tous les Peuples, montrent assez qu'il ne défend pas non plus la voie des Armes. Bien loin de là: le Jurisconsulte (1) HERMOGENIEN dit, que c'est le Droit des Gens qui a (2) introduit la Guerre: paroles qui doivent, à mon avis, être entenduës un peu autrement qu'on ne fait d'ordinaire; car elles signifient, que le Droit des Gens a établi une certaine maniére de mettre en usage la voie des Armes, en sorte que les Guerres qui y sont conformes ont, par les regles de ce Droit, certains effets particuliers: d'où naît une distinction, que nous aurons à faire ci-dessous, selon laquelle il y a des GUERRES SOLEMNELLES, que l'on (a) Bellum justum, plenum. appelle aussi (a) *Guerres complettes & réglées, Guerres dans les formes*; & des GUERRES NON-SOLEMNELLES, qui ne laissent pas pour cela d'être justes, c'est-à-dire, conformes au Droit & à la Justice. Car, quoi que le Droit des Gens n'autorise pas les Guer-

διὰ τοῦτο καὶ τοὺς φανερῶς ἀφαιρουμένους ἡμᾶς τοῦτο, πολεμίους ἡγούμεθα. De Bell. Jud. *Lib.* III. *Cap.* XXV. pag. 852. *Edit. Lips.*

(6) Voiez le Chapitre precedent, §. 11.

(7) *Nec enim potest animal injuriam fecisse, quod sensu caret. . . . Cum arietes vel boves commisissent, & alter alterum occidit,* QUINTUS MUCIUS *distinxit, ut si quidem is perisset, qui adgressus erat, cessaret actio: si is, qui non provocaverat, competeret actio.* DIGEST. Lib. IX. Tit. I. *Si quadrupes pauperiem* &c. Leg. I. §. 3, 11.

(8) Le Philosophe SENEQUE, raisonnant de la même maniére sur un autre sujet, dit, qu'encore que les Bêtes ne sachent ce que c'est qu'un Bienfait, moins encore quelle en est la juste valeur, elles sont néanmoins sensibles au bien qu'on leur fait, à force de le recevoir pendant longtems. *Adeo etiam quæ extra intellectum atque æstimationem beneficii sunt posita, assiduitas tamen meriti pertinacis evincit.* De Benefic. *Lib.* I. Cap. III. Voiez tout le passage, & comparez-le avec celui de PHILON, Juif, que nous avons cité sur le *Discours Préliminaire*, §. 7. *Note* 1. GROTIUS.

(9) *Leonum feritas inter se non dimicat: serpentum morsus non petit serpentes.* Voilà tout ce que l'on trouve dans PLINE, *Hist. Nat.* Lib. VII. Præfat. *in fin.* Mais pour ce qui est des paroles suivantes: *Sed si vis inferatur, nulla est cui non sit ira, non sit anima injuriæ impatiens, & prompta, si noceas, ad se defendendum alacritas*; je ne les trouve nulle part, & elles sont apparemment de quelque autre Auteur ancien; autant que j'en puis juger par le stile. Ce mêlange vient de ce que nôtre Auteur ne tient pas le passage de la premiére main: car je ne doute pas que je n'aie découvert par hazard d'où il l'a tiré. C'est d'un Livre, qui avoit paru quelques années avant le sien, & qui est intitulé MARCI LYCKLAMA *Membrana*. Ce Jurisconsulte Frison expliquant la Loi III. du Titre du DIGESTE, *De Just. & Jure*, qui vient d'être citée dans la *Note* 4. & traitant à cette occasion du droit naturel de se défendre; *Lib.* VII. *Eclog.* 42. cite le passage de PLINE, sans en marquer l'endroit, non plus que nôtre Auteur; & le rapporte précisément de même, si ce n'est que, dans l'addition étrangére, il met, *nulla est* BESTIA, *cui non* &c. comme il doit y avoir pour la netteté du discours; *nulla* ne pouvant se rapporter à ce qui precéde. Voilà donc l'origine de l'inexactitude, qui a fait que mon Auteur attribuë à PLINE des paroles, qui ne sont de lui qu'en partie. Cherche maintenant qui voudra la source de l'erreur de celui qu'il a copié, sans l'appeller en garantie. Il me suffit d'avoir trouvé celle où nôtre Auteur a puisé

Guerres non-solemnelles, il n'y est pourtant pas contraire, pourvû qu'elles aient une cause légitime; comme nous l'expliquerons ailleurs (3) plus au long. *Il est du Droit des Gens*, dit TITE LIVE, (4) *que l'on puisse opposer les armes aux armes.* Et le Jurisconsulte FLORENTIN rapporte au Droit des Gens, (5) *la permission de repousser la violence & les insultes d'autrui, & de défendre nôtre Corps, par les voies de la Force.*

§. V. 1. IL Y A plus de difficulté pour ce qui regarde le *Droit Divin Arbitraire.* Sur quoi je remarque d'abord, que ce seroit en vain qu'on objecteroit, que, le Droit de Nature étant immuable, DIEU n'a pû rien établir de contraire aux Maximes de cette sorte de Droit. Car cela n'est vrai qu'à l'égard des choses prescrites ou défenduës par le Droit de Nature, & non pas en matiére des choses que le Droit de Nature permet simplement; lesquelles, à proprement parler, (1) sont hors des limites du Droit Naturel, & par conséquent pouvent être ou défenduës, ou ordonnées, comme on le juge à propos.

2. Le prémier argument qu'on fait ici, pour montrer que la Guerre est absolument défenduë, se tire de la Loi donnée à *Noé* & à ses Descendans, au Chap. IX. de la GENESE, *vers.* 5, 6. où DIEU parle ainsi: *Je redemanderai même votre sang, c'est-à-dire, le sang de vos ames, je le redemanderai à toute Bête. Je redemanderai aussi l'ame d'un Homme de la main d'un autre Homme, comme étant son Frere. Quiconque aura répandu le sang de l'Homme, son sang sera répandu; parce que* DIEU *a fait l'Homme à son image.* Ce qui est dit là, que DIEU *redemandera le sang* qui aura été répandu, quelques-uns l'entendent généralement de toute effusion de sang, faite en quel cas que ce soit & de quelle maniére que ce soit. Et pour ce qui est ajoûté, que *le sang de celui qui aura répandu le sang d'un autre sera répandu* à son tour, ils prétendent que c'est une simple menace de la punition du Ciel, & nullement une approbation en vertu de laquelle les Hommes puissent innocemment ôter la vie à celui qui a voulu lui-même en priver un autre. Mais je ne saurois souscrire à aucune de ces deux explications. Car la défense de répandre le sang, n'est pas plus étenduë que le Commandement de la Loi, *Tu ne tueras point:* or il est clair, que ce Commandement n'a rendu illicite ni la peine de mort infligée aux Criminels, ni les Guerres entreprises par autorité publique. Ainsi & la Loi de *Moïse*, & la Loi donnée à *Noé*, tendent plûtôt à expliquer & renouveller

puisé la sienne: sans cela j'aurois crû, qu'il avoit lui-même fait un seul passage de deux passages d'Auteurs differens, comme cela lui est arrivé ailleurs, où il mêle des paroles de SENEQUE, avec d'autres qui sont de SERVIUS le Grammairien: *Liv.* II. *Chap.* II. §. 13. *Note* 18.

§. IV. (1) *Ex hoc Jure Gentium introducta bella.* DIGEST. Lib. I. Tit. I. *De Justit. & Jure*, Leg. V.

(2) L'Auteur Latin des *Vies des Hommes Illustres* (CORNELIUS NEPOS) dit au sujet de *Themistocle*: " Il declara hardiment aux *Lacédémoniens*, que c'étoit par " son conseil que les *Athéniens* avoient environné de " murailles leurs Temples & leurs Maisons, pour être " en état de repousser plus aisément l'Ennemi, comme " ils le pouvoient PAR LE DROIT COMMUN DE TOUTES LES NATIONS. *Apud eos* [Lacedæmonios] *liberrimè professus est:* Athenienses, *suo consilio, quod* COMMUNI JURE GENTIUM *facere possent, Deos publicos, suosque Patrios ac Penates, quo faciliùs ab hoste possent defendere, muris sepsisse.* Vit. Themistocl. (*Cap.* VII. *num.* 4. *Edit. Cellar.*) GROTIUS.

(3) Voiez, par exemple, ce que notre Auteur dira *Liv.* III. *Chap.* VI. §. 27. ou dernier.

(4) *Sin autem hoc & ex fœdere licuit, & Jure Gentium ita comparatum est, ut arma armis propulsentur* &c. Lib. XLII. Cap. XLI. *num.* 11.

(5) [JUS GENTIUM est, veluti] *ut vim atque injuriam propulsemus.* DIGEST. Lib. I. Tit. I. *De Justit. & Jure*, Leg. III. Mais voiez ce que j'ai dit sur PUFENDORF, *Droit de la Nat. & des Gens*, Liv. II. Chap. III. §. 3. *Note* 11. & §. 23. *Note* 3. d'où il paroît, que, dans cette Loi, le Jurisconsulte FLORENTIN parloit de ce que nôtre Auteur appelle *Droit Naturel*; soit qu'il s'agisse-là du *Droit Naturel*, ou du *Droit des Gens*, selon la maniére dont les anciens Jurisconsultes expliquoient cette distinction. Il faut dire la même chose de la Loi V. du même Titre, que nôtre Auteur a citée la premiére, *Not.* 1. Car quand les Jurisconsultes rapportent la Guerre au *Droit des Gens*, ils veulent dire seulement, qu'au lieu que l'*instinct naturel*, commun à tous les Animaux, porte les Hommes à se defendre, de quelque maniére que ce soit; la *Raison*, qui est le principe & la régle du *Droit des Gens*, veut que les Hommes ne fassent la Guerre, pas même pour se défendre, que quand ils en ont un juste sujet, & en se tenant dans certaines bornes. Voiez CUJAS, sur les Loix, dont il s'agit, *Tom.* VII. Opp. *Edit. Fabrot.* pag. 23, 29, *& seqq.*

§. V. (1) Voiez ci-dessus, *Chap.* I. §. 9. *Note* 5.

ler le Droit de Nature, obscurci & comme éteint par les mauvaises coûtumes qui régnoient alors, qu'à établir quelque chose de nouveau. De sorte que l'*effusion du sang* défenduë par la Loi donnée à *Noé*, doit être entenduë dans un sens qui emporte quelque chose de mauvais & de criminel: de même que par l'*Homicide* on n'entend pas tout acte par lequel on ôte la vie à un Homme, mais seulement celui que l'on commet, lors qu'on tuë un Innocent, & cela de propos déliberé. Il me semble aussi, que ce qui est dit ensuite de l'effusion du sang de celui qui aura répandu le sang d'un autre, ne marque pas simplement le fait, ou ce qui arrivera, (2) mais emporte encore un droit que les Hommes ont d'ôter la vie aux Meurtriers. Voici comment j'explique la chose.

3. Il n'est pas injuste, par le Droit de Nature, que chacun souffre autant de mal qu'il en a fait; selon ce qu'on appelle (3) *Droit de Rhadamanthe*. Pensée que SENEQUE le Pére exprime ainsi (4) *Il arrive souvent que l'on est puni, par un très-juste retour, de la même maniére qu'on avoit imaginée pour punir les autres.* C'est par un sentiment de cette maxime de l'Equité Naturelle, que *Caïn*, agité des remors du parricide
(a) *Genes.* IV. 14. qu'il avoit commis en la personne de son Frére, disoit avec fraieur: (a) *Quiconque me trouvera, me tuera.* Mais dans ces prémiers tems, DIEU jugea à propos, soit à cause du petit nombre de gens auquel le Genre Humain étoit encore réduit, soit parce qu'y aiant peu d'exemples d'Homicide, il n'étoit pas tant nécessaire de le punir; DIEU jugea, dis-je, à propos de défendre ce qui étoit naturellement permis: & il voulut bien qu'on évitât le commerce & (5) l'attouchement même des Meurtriers, mais non pas qu'on leur ôtât la vie. Le Philosophe PLATON (6) établit la même chose dans les Loix de sa République en idée; & cela se pratiquoit actuellement dans l'ancienne Gréce, où l'on se contentoit de bannir du païs les Homicides, comme il paroît par ce qui est dit dans une (7) Tragédie d'EURIPIDE. Ce n'est pas que, dans les prémiers tems, DIEU eût expressément fait là-dessus une Loi générale: mais l'exemple de *Caïn*, tout unique qu'il étoit, frappa si fort les Hommes, qu'ils crurent pouvoir en tirer une conjecture de la Volonté Divine, assez forte pour faire passer la chose en loi; car on voit
(b) *Genes.* IV. 24. que (b) *Lamech*, après avoir (8) commis un semblable crime, se promettoit la même im-

(2) Voiez ce que j'ai dit sur le même Chapitre, §. 15. *Note* 4.

(3) Καὶ τοι βούλονταί γε τοῦτο λέγειν καὶ τὸ Ῥαδαμάνθυος δίκαιον,

Εἴ κε πάθοι τά κ' ἔρεξε, δίκη κ' ἰθεῖα γένοιτο.

(ARISTOTEL. Ethic. Nicom. *Lib.* V. *Cap.* VIII. *init.*) APOLLODORE rapporte la Loi de *Rhadamanthe*, de cette maniére: " Que celui qui aura fait du mal à un injuste „ Aggresseur, soit reconnu innocent. Παραθέμενος νόμον Ῥαδαμάνθυος, λέγοντος, Ὃς ἂν ἀμύνηται τὸν χειρῶν ἀδίκων ἄρξαντα, ἀθῷον εἶναι. Biblioth. *Lib.* II. (C. IV. §. 9. *Edit. Th. Gale*) GROTIUS.

(4) *Ac justissima patiendi vice, quod quisque alieno excogitavit supplicio, sæpe expiat suo.* Controvers. *Lib.* V. Præfat. pag. 350. *Edit. Gron. Elzevir.* 1672.

(5) *Contactum ac commercium.* L'Auteur fait allusion ici à la *souillûre* ou l'*impureté* que les Anciens croioient qu'on contractoit, en touchant une personne qui en avoit tué une autre, même innocemment ou légitimement. Voiez PUFENDORF, *Droit de la Nat. & des Gens*, Liv. II. Chap. V. §. 16. *Note* 2. & ELIEN, *Var. Hist.* Lib. VIII. Cap. V. avec la Note 4. de feu Mr. PERIZONIUS; comme aussi EVERHARD. FEITH, *Antiq. Homeric.* Lib. I. Cap. VI. Mais ces idées confuses & obscures n'étoient pas encore nées du tems de *Caïn*.

(6) Voiez son Traité *des Loix*, Lib. IX. pag. 864, *& seqq.* Tom. II. *Edit. H. Steph.*

(7) Καλῶς ἔθεντο ταῦτα πατέρες οἱ πάλαι.

Ἐς ὀμμάτων μὲν ὄψιν οὐκ εἴων περᾶν,

Οὐδ' εἰς ἀπάντημ', ὅστις αἷμ' ἔχων κυροῖ.

Φυγαῖσι δ' ὁσιοῦν, ἀνταποκτείνειν δὲ μή.

„ Nos Péres avoient sagement établi, dans les tems „ anciens, que quiconque auroit trempé ses mains „ dans le sang d'autrui ne se présentât plus aux yeux „ de chacun dans le païs: l'exil étoit la peine qu'on „ lui imposoit pour expiation du meurtre; & il n'étoit „ pas permis de lui ôter la vie, comme il l'avoit ôtée „ au Défunt. (OREST. vers. 511, *& seqq.*) On peut rapporter encore ici cette remarque de THUCYDIDE: Καὶ εἰκὸς τὸ πάλαι τῶν μεγίστων ἀδικημάτων μαλακωτέρας κεῖσθαι αὐτὰς [τὰς ζημίας]· παραβαινομένων δὲ τῷ χρόνῳ, ἐς τὸν θάνατον αἱ πολλαὶ ἀνήκουσι. " Il y a lieu de „ croire, qu'autrefois les plus grands Crimes étoient „ punis de peines très-legéres. Mais comme elles faisoient peu d'impression, on en augmenta avec le tems „ la rigueur; si bien que la Mort fut le supplice le plus „ commun. *De Bell. Pelopann.* Lib. III. (§. 45. *Ed. Oxon.*) Le Grammairien SERVIUS dit, que toutes les Peines qu'on infligeoit, parmi les Anciens, étoient pécuniaires. LUETIS] *Persolvetis. Et hic sermo à pecunia descendit: antiquorum enim pœnæ omnes pecuniariæ fuerunt.* In I. Lib. Æn. Virg. (*vers.* 136.) EXPENDISSE] *Tractum est à pecunia. Nam apud majores, pecuniarias pœnas constat fuisse, quum adhuc rudi ære pecunia ponderaretur; quod ad capitis pœnam de jure* (leg. *deinde*) *usurpatum est.* In II. Lib. Æn. (*vers.* 229.)

PEN-

impunité, en vertu de la défense faite au sujet de *Caïn*. Mais les Meurtres étant devenus fort fréquens & fort communs dès-avant le *Déluge*, du tems des *Géans*; Dieu, pour empêcher que cette funeste licence ne vînt encore à tourner en coûtume depuis le renouvellement du Genre Humain, trouva bon de la réprimer par des moiens plus rigoureux & plus efficaces. Aiant donc aboli l'indulgence des prémiers siécles, il remit les Hommes en possession de leur droit naturel; il permit lui-même formellement ce que la Nature faisoit regarder comme n'aiant rien d'injuste, & il déclara (9) innocente toute personne qui auroit tué un Homicide. Les Tribunaux Civils aiant été ensuite établis, cette permission, pour de très-fortes raisons, fut laissée aux Juges seuls; de telle sorte pourtant qu'il se conserva quelque reste de l'ancien usage dans le privilége qu'avoit, même depuis la Loi de *Moïse*, le plus proche Parent de celui qui étoit mort de la main d'un autre; comme (10) nous le dirons ailleurs plus au long.

4. J'ai un très-bon garant de l'explication que je viens de donner, c'est le Patriarche *Abraham*. Ce saint homme n'ignoroit pas la Loi donnée à *Noé*: il ne laissa pourtant pas de prendre les armes contre quatre Rois, croiant sans doute ne rien faire par là de contraire à cette Loi. *Moïse* aussi, lors que les *Hamalékites* vinrent attaquer le Peuple d'*Israël*, commanda qu'on les repoussât (c) par les armes, sans autre raison que le Droit de Nature; car il ne paroit pas qu'il eût particuliérement consulté Dieu là-dessus.

(c) Exod. XVII. 9.

5. Ajoûtez à cela, que non seulement chez les Peuples étrangers, mais encore parmi les Patriarches (d), qui étoient instruits dans la doctrine de la Révélation, la peine de mort a été en usage, non seulement à l'égard des Homicides, mais encore par rapport à d'autres sortes de Criminels. Car ces saints personnages, par une conjecture fondée sur les lumiéres mêmes de la Raison naturelle, appliquoient aux cas semblables les déclarations expresses de la volonté de Dieu: ainsi ils crurent que ce que Dieu avoit établi contre un Homicide, pouvoit sans injustice être décerné contre d'autres personnes coupables de quelque Crime énorme. En effet, il y a des choses qui sont mises au même rang, que la Vie, comme, par exemple, l'Honneur, la Réputation, la Pudeur d'une Fille, la Fidélité Conjugale: & il y en a aussi qui sont de telle nature, que sans elles

(d) Voiez *Genése*, XXXVIII. 24.

PENDERE] *Solvere: quod, ut supra diximus, tractum est à pecuniaria damnatione.* In VI. Æn. (*vers.* 20.) Pline a remarqué, que le prémier Jugement à mort se fit dans le Tribunal de l'*Aréopage*: *Judicium capitis in Areopago primum actum.* Hist. Natural. *Lib.* VII. Cap. LVI. (pag. 478. *Ed. Hack.*) Lactance dit aussi, que pendant un tems on avoit crû, qu'il n'étoit pas permis de faire mourir les Hommes, qui, quelque méchans qu'ils soient, sont toûjours Hommes. Grotius.

Le Docteur Chrétien, que notre Auteur cite le dernier dans cette Note tirée en partie du Texte, parle des anciens *Romains*, qui ne faisoient mourir aucun Citoien, & ne le bannissoient pas même formellement: mais défendoient seulement à chacun de fournir quoi que ce fût, pas même du feu ou de l'eau, à ceux qui avoient commis quelque crime digne de mort; par où ils reduisoient le Criminel à la nécessité de se bannir lui-même du païs: *Exsulibus quoque ignis & aqua interdici solebat: adhuc enim videbatur nefas, quamvis malos, tamen homines, supplicio capitis adficere.* Instit. Divin. *Lib.* II. *Cap.* X. num. 23. *Ed. Cellar.*

(8) Ou plûtôt il n'avoit pas encore commis de semblable crime, mais il se promettoit l'impunité au cas qu'il vint à le commettre. Car les paroles de Moïse peuvent recevoir cet autre sens. Grotius.

Il ne paroit pas bien, que ce fût en vertu de la défense de Dieu par rapport à *Caïn*, que *Lamech* se promettoit l'impunité, quand il disoit: *Je tuerai un Homme à cause de ma blessûre, & un jeune homme à cause de ma meurtrissûre: Car si* Caïn *est vengé sept fois au double,* Lamech *le sera sept fois plus encore.* Je trouve beaucoup plus vraisemblable, que ce n'est-là qu'une fanfaronnade de *Lamech*, qui, pour se faire craindre, se vantoit fiérement de ses forces, par le moien desquelles il se croioit en état de tirer une plus grande vengeance des moindres injures qu'on lui feroit, que ne feroit la punition dont avoient été menacez ceux qui tueroient *Caïn*. On n'a qu'à voir le Commentaire de Mr. Le Clerc, pour se convaincre que c'est-là l'explication la plus naturelle des paroles de *Lamech*. Ainsi elles ne servent de rien, pour etablir la conséquence que notre Auteur en tire. Mais il suffit pour son but, qu'on n'en puisse tirer aucune en faveur du sentiment qu'il combat, de la défense que Dieu fit au sujet de *Caïn*; puis que, supposé même que cette defense eût eté étenduë à tous les autres cas semblables, il y avoit une raison manifeste sur quoi elle étoit fondée, & qui venant à cesser, comme cela arriva dès que le Genre Humain se fût un peu multiplié, la défense s'évanouïssoit alors d'elle-même.

(9) Voici comment Joseph exprime cela: " Je „ veux qu'on s'abstienne soigneusement de l'Homicide, „ & que ceux qui auront trempé leurs mains dans le „ sang d'autrui, soient punis. Παραγγέλλω μὲν τοι φόνου ἀνθρωπίνου ἀπέχεσθαι, καὶ καθαρεύειν φόνου, καὶ δράσαντάς τι τοιοῦτο κολάζεσθαι. (Antiq. Jud. *Lib.* I. *Cap.* IV. pag. 10. G. *Ed. Lips.*) Grotius.

(10) Voiez ci-dessous, *Liv.* II. *Chap.* XX. §. 8. *num.* 8.

elles on ne sauroit vivre en sûreté, comme le respect dû à l'Autorité de ceux qui ont en main le Gouvernement d'une Société Civile; de sorte que quiconque donne atteinte à de pareilles choses ne paroît pas moins méchant, qu'un Homicide.

6. L'explication que j'ai donnée de la Loi dont il s'agit, se confirme encore par une ancienne tradition des *Hébreux*, qui porte, qu'outre les Loix données aux Enfans de *Noé*, & rapportées dans le Livre de la GENÉSE, DIEU leur en imposa & notifia d'autres, dont l'Historien Sacré ne dit rien, parce qu'elles furent depuis comprises dans le Corps des Loix particuliéres au Peuple d'*Israël*, & qu'il suffisoit pour le but de *Moïse* que ces anciennes Loix se retrouvassent là avec les nouvelles. On voit, par exemple, au Chap. XVIII. du LÉVITIQUE, qu'il y avoit une ancienne (11) Loi contre les Mariages incestueux, dont MOÏSE néanmoins ne parle point en son lieu. Or les Docteurs Juifs disent, (12) qu'une des choses que DIEU commanda aux Enfans de *Noé* étoit, que l'on punit de mort non seulement le Meurtre, mais encore l'Adultére, l'Inceste, & l'attentat de ceux qui veulent s'emparer du bien d'autrui à main armée: ce qui paroît aussi par un passage (e) du Livre de JOB. Et la Loi même de *Moïse*, en décernant la peine de mort contre ceux qui commettroient de tels crimes, y ajoûte des (f) raisons (13) qui ne conviennent pas moins aux autres Peuples, qu'au Peuple Hébreu. Il est même dit du Meurtre en particulier, (g) que *le Païs ne peut être purifié que par l'effusion du sang de l'Homicide.*

(e) *Job*, XXXI. 11.
(f) Voiez *Levit.* XVIII. 24, 25, 27, 28.
(g) *Nombres*, XXXV. 31, 33.

7. D'ailleurs, il est absurde de s'imaginer, que, pendant qu'il étoit permis au Peuple d'*Israël* non seulement d'en venir jusqu'à infliger le dernier supplice à un Criminel, pour maintenir l'ordre dans l'Etat, & pour la sûreté publique & particuliere, mais encore de prendre les armes pour sa défense contre les autres Nations & les autres Puissances, celles-ci n'eussent pas la même permission; sans que pourtant les Prophétes aient jamais rien dit à ces Nations & à ces Puissances étrangéres, pour leur faire comprendre que DIEU condamnoit toute sorte de Guerre & tout usage du Glaive de la Justice, comme ils les ont souvent avertis des autres sortes de péchez dont elles s'étoient renduës coupables. N'est-il pas au contraire de la derniére évidence, que les Loix de *Moïse* au sujet des affaires criminelles portant un caractére si visible de la volonté de DIEU, les autres Nations auroient très-bien fait de les prendre pour modéle? Il y a même apparence, que les *Grecs* du moins, & sur tout les *Athéniens* (14), en ont ainsi usé: d'où vient que l'ancien Droit Attique, & ce que les *Romains* en empruntérent (15) dans leurs DOUZE TABLES, a tant de conformité avec les Loix des *Hébreux*.

§. VI. 1. EN voilà assez, pour montrer que le sens de la Loi donnée à *Noé* est tout autre que celui qu'y trouvent ceux qui en tirent un argument pour prouver que toute sorte de Guerre est absolument illicite. Les raisons prises de l'*Evangile*, ont quelque chose de plus spécieux, qui demande que nous les examinions avec soin.

2. Je ne supposerai pas ici, comme font plusieurs, qu'à la reserve des Véritez proposées à nôtre Foi, & de l'usage des Sacremens, il n'y a rien dans l'Evangile qui ne soit de Droit Naturel; car cela n'est pas vrai, à mon avis, au sens que l'entendent la plûpart des

(11) Voiez ce que l'on dira ci-dessous, Liv. II. Chap. V. §. 13.

(12) On peut voir sur tout ceci le Traité de SELDEN, *De Jure Nat. & Gent. secundum discipl. Hebr.*

(13) Outre les passages du LEVITIQUE, que j'ai cottez en marge, nôtre Auteur cite encore ici PSEAUM. CI, 5. PROVERB. XX. 8. Mais il n'y a rien là, ni aux environs, qui se rapporte au sujet, dont il s'agit.

(14) Voiez ce que dit nôtre Auteur dans son Traité *de la Vérité de la Relig. Chrét.* Lib. I. §. 15. à la fin, avec la Note de Mr. LE CLERC sur cet endroit, pag. 28. *Edit ult.* 1717.

(15) Un ancien Jurisconsulte a fait une comparaison des Loix de MOÏSE avec le Droit Romain, sous ce titre: COLLATIO MOSAICARUM ET ROMANARUM LEGUM. PIERRE PITHOU publia cet Ouvrage pour la prémiére fois à *Paris* en 1572. & nous en avons depuis peu une belle Edition dans la *Jurisprudentia Ante-Justinianea* de Mr. SCHULTING, celebre Professeur en Droit à *Leide*.

§. VI. (1) L'Auteur cite ici, dans une Note, un passage de St. JEROME, que je laisse tout exprès parce qu'il le rapporte lui-même ailleurs, & plus au long, sur

des Docteurs. J'avouë que l'Evangile ne nous prescrit rien qui ne soit conforme à l'Honnêteté Naturelle; mais je ne vois aucune raison d'accorder, que les Loix de Jesus-Christ ne nous obligent à autre chose qu'à ce que le Droit de Nature demandoit déja par lui-même. Et ceux qui entrent dans cette pensée, sont étrangement embarrassez à faire voir, que certaines choses qui se trouvent défenduës par l'Evangile, (1) comme le *Concubinage*, le *Divorce*, la *Polygamie*, sont aussi condamnées par le Droit Naturel. A la vérité, ces sortes de choses sont de telle nature, qu'à consulter la Raison toute seule, on juge plus honnête & plus beau de s'en abstenir, que de se les permettre: mais non pas que, sans la Loi Divine qui les défend, on y trouvât rien de criminel. La Religion Chrétienne veut que nous (a) nous exposions au danger de mourir les uns pour les autres: dira-t-on, que le Droit de Nature (2) nous y obligeât déja? Justin, *Martyr*, pose en fait, (3) que *celui qui se contente de vivre selon la Nature, n'a pas encore la Foi.*

(a) *I. Jean*, III. 16.

3. Je ne suivrai pas non plus ceux qui, supposant un autre principe très-considérable, s'il étoit vrai, prétendent que Jésus-Christ, dans les Préceptes qu'il donne aux *Chapp.* V. & suivans de St. Matthieu, ne fait qu'interprêter la Loi de Moïse. Cette pensée est détruite par les paroles qu'on y voit si souvent repetées: *Vous avez appris, qu'il a été dit aux Anciens: Mais moi je vous dis:* Opposition qui montre que les termes de l'Original doivent être traduits *aux Anciens*, comme porte la Version Syriaque & d'autres Versions, & non pas, *par les Anciens:* de même que tout le monde traduit, *Je vous dis*, & non pas, *Je dis par vous.* Or ces *Anciens* sont certainement ceux qui vivoient du tems de *Moïse:* car les paroles que Nôtre Seigneur allégue, comme aiant été adressées aux Anciens, ne sont pas des Docteurs de la Loi, mais de Moïse même, dans les Livres de qui elles se trouvent ou mot pour mot, ou en substance. Par exemple, (b) *Tu ne tueras point*, est un des Commandemens du Décalogue, Exode, *Chap.* XX. vers. 13. *Celui* (c) *qui aura commis un homicide, en sera punissable devant les Juges:* voiez Lévitique, XXIV, 21. Nombres, XXXV, 16, 17, 30. *Tu ne commettras* (d) *point d'adultére:* ce sont encore les propres termes du Décalogue, Exod. XX, 14. *Que* (e) *celui qui répudiera sa Femme, lui donne un Acte de Divorce:* cela est ainsi prescrit dans le Deuteronome, XXIV, 1. *Tu ne* (f) *te parjureras point, mais tu t'aquitteras envers le Seigneur de ce que tu auras juré:* le sens de ces paroles est contenu dans l'Exode XX, 7. & dans les Nombres, XXX, 3. *Oeil* (g) *pour œil, & dent pour dent* (c'est-à-dire, pourront être demandez en Justice) Cela est en autant de termes dans le Lévitique, XXIV, 20. & dans le Deuteronome, XIX, 21. *Tu aimeras ton Prochain*, c'est-à-dire, tout Israëlite: Voiez Lévitique, XIX, 18. *& tu haïras ton Ennemi*, (4) c'est-à-dire, les sept Peuples, avec qui il étoit défendu aux *Israëlites* d'entretenir amitié, & dont ils ne devoient pas même avoir compassion, comme il paroit par ce qui est dit dans Exode, XXXIV, 11, 12. & dans le Deuteronome, VII, 1, *& suiv.* A quoi il faut ajoûter les *Hamalékites*, auxquels les Hébreux avoient ordre de declarer une guerre implacable, Exod. XVII, 16. Deuteron. XXV, 19.

(b) *Matth.* V. 21.
(c) *Ibid.*
(d) *Ibid.* vers. 27.
(e) *Ibid.* vers. 31.
(f) *Ibid.* vers. 33.
(g) *Ibid.* vers. 38.

4.

sur *Liv.* II. *Chap.* V. §. 9. *num.* 4.

(2) Cet exemple n'est pas tout-à-fait juste. Le Droit de Nature, bien entendu, demande qu'en certains cas quelques personnes se sacrifient pour d'autres, lors qu'il en peut revenir à la Societé un avantage considérable. Aussi voions-nous que les sages Paiens se sont fait un devoir de mourir pour leur Patrie. La Religion Chrétienne ne fait donc que fournir des motifs beaucoup plus puissans à la pratique de ce devoir, en proposant l'espérance certaine d'une Vie à venir, par laquelle on sera abondamment dédommagé de la perte de celle-ci. Nôtre Seigneur veut aussi qu'on souffre la mort pour l'Evangile; mais ce n'est qu'une extension ou une application de la Loi Naturelle; puis qu'il n'y a rien de plus avantageux à la Societé, qu'une profession sincére & éclairée du Christianisme, & par consequent que la courageuse résolution de ceux qui sacrifient leur vie pour l'intérêt de cette sainte Doctrine.

(3) *Τὸ κατὰ φύσιν βιοῦν, οὔπω πεπιστευκότος ἐστίν.* Epist. *ad Zenam.* On trouve une semblable pensée dans Origene, *in Philocalia.* Grotius.

(4) Le celébre Rabbin Abarbanel dit, sur Deuter. XXIII. 21. que la Loi permettoit de haïr ces Peuples. Grotius.

4. Mais, pour bien entendre les paroles de Nôtre Seigneur Jesus-Christ, il faut certainement faire attention, que la Loi de Moïse doit être envisagée sous deux faces: Ou en ce qu'elle a de commun avec les Loix purement Humaines, c'est-à-dire, entant qu'elle travailloit à détourner les Hommes des Crimes les plus grossiers, par la crainte des peines sensibles, & à maintenir par ce moien l'ordre de la Société Civile parmi les anciens *Hébreux*; par rapport à quoi elle est appellée *la* (h) *Loi des Commandemens charnels*, & *la* (i) *Loi des Oeuvres*. Ou bien on la considére en ce qu'elle a de particulier aux Loix Divines, je veux dire, entant qu'elle demande de plus la pureté du Cœur, & qu'elle exige certaines actions dont on peut se dispenser sans craindre les peines temporelles; & à cet égard elle est appellée une (k) *Loi spirituelle*, & une Loi (l) qui *réjouit l'ame*. Les Docteurs de la Loi, & les *Pharisiens*, se contentant de la prémiére partie de la Loi de Moïse, méprisoient l'autre, qui est néanmoins la plus excellente, & négligeoient d'en instruire le Peuple; comme il paroît non seulement par les Livres du Nouveau Testament, mais encore par ceux de Joseph & des *Rabbins*.

(h) *Hébreux*, VII, 16.
(i) *Rom.* III, 27.
(k) *Rom.* VII, 14.
(l) *Pseaum.* XIX, (XVIII. dans la Vulgate) vers. 8.

5. Pour ce qui regarde même cette seconde partie de la Loi, il faut savoir, qu'encore qu'elle prescrive ou qu'elle conseille aux *Hébreux* les mêmes Vertus que l'Evangile demande des *Chrétiens*, ce n'est pas pourtant (5) dans un si haut degré, ni avec tant d'étenduë. Jesus-Christ oppose ses Préceptes aux anciens, à l'un & à l'autre de ces égards; d'où il paroît que ses paroles ne renferment pas une simple explication de la Loi de Moïse.

6. Toutes les remarques, que je viens de faire, sont utiles non seulement pour le sujet dont il s'agit, mais encore pour bien d'autres, où l'on pourroit se servir mal à propos de l'autorité de l'ancienne Loi.

§. VII. 1. Laissant donc à quartier les raisonnemens qui ne me paroissent pas solides, je vais montrer, par des preuves directes, que la Loi de Jesus-Christ n'ôte pas entiérement le droit de faire la Guerre: après quoi, j'examinerai les objections de ceux qui prétendent le contraire.

2. I.

(5) Voiez là-dessus ce qui a été dit à la fin du Chapitre precedent. Il y a sur tout un beau passage de St. Chrysostome, que je vais rapporter: " Autrefois (dit-il) Dieu n'exigeoit pas de nous un si haut degré „ de Vertu. Mais il étoit permis & de se venger de „ ceux dont on avoit reçû quelque injure; & de rendre „ outrage pour outrage; & de chercher à amasser de l'ar„ gent; & de jurer, pourvû que ce fût en bonne con„ science; & de crever l'œil à celui qui nous en avoit „ crevé un; & de haïr un Ennemi. Il n'étoit pas non „ plus défendu de vivre dans les delices, ni de se met„ tre en colére, ni de répudier une Femme, pour en „ prendre une autre; bien plus, la Loi permettoit d'a„ voir deux Femmes en même tems. En un mot, à „ ces egards, & à tous les autres, l'indulgence étoit „ grande alors. Mais, depuis la venuë de Jesus„ Christ le chemin est devenu beaucoup plus étroit. *Τὸ μὲν γὰρ παλαιὸν οὐ τοσοῦτον ἡμῖν ἀρετῆς προὔκειτο μέτρον. ἀλλὰ καὶ ἀμύνασθαι τὸν ἀδικοῦντα, καὶ ἀντιλοιδορῆσαι τῷ λοιδορουμένῳ, καὶ χρημάτων ἐπιμελήσασθαι ἐξῆν, καὶ εὐορκοῦντα ὀμνύναι, καὶ ὀφθαλμὸν ἐξορύξαι ἀντὶ ὀφθαλμοῦ, καὶ μισῆσαι τὸν ἐχθρόν· καὶ οὔτε τρυφᾷν, οὔτε ὀργίζεσθαι, οὔτε γυναῖκα τὴν μὲν ἐκβάλλειν, τὴν δὲ ἀντεισάγειν, κεκώλυτο· καὶ οὐ τοῦτο μόνον, ἀλλὰ καὶ δύο κατὰ ταὐτὸν ὁμοῦ γυναῖκας ἔχειν ὁ νόμος ἐπέτρεψε· καὶ πολλὴ καὶ ἐν τούτοις, καὶ ἐν τοῖς ἄλλοις ἅπασιν ἡ συγκατάβασις ἦν· κατὰ δὲ τὴν τοῦ Χριστοῦ παρουσίαν, πολλῷ στενοτέρα γέγονεν ἡ ὁδός.* De Virginitate, *Cap.* XLIV. Ce Pére dit en un autre endroit du même Ouvrage, que Dieu n'exigeoit pas des Anciens *Juifs* le même degré de Vertu, qu'il exige des *Chrétiens*: *Οὐ τὸ αὐτὸ τῆς ἀρετῆς ἀπαιτούμεθα μέτρον ὑμεῖς τε, κἀκεῖνοι.* Cap. LXXXIII. Et dans un de ses Discours, il remarque que l'Evangile renferme un plus grand nombre de Préceptes, & de Préceptes portez à un plus haut point de perfection, *ὑπέρτασιν καὶ προσθήκην τῶν ἀρετῶν.* Orat. *Filium Patri æqualem esse*, Tom. VI. *Ed. Savil.* Grotius.

Plusieurs des exemples, que cet ancien Docteur de l'Eglise allégue, doivent être entendus selon la distinction que fait nôtre Auteur, entre l'*esprit* & la *lettre* de la Loi.

§. VII. (1) Seneque faisant l'Apologie des véritables Philosophes, que l'on accusoit mal-à-propos de mépriser les Magistrats & les Rois; dit, qu'au contraire il n'y a point de Sujets plus fideles qu'eux, parce qu'il n'y en a point qui aient plus d'obligation au Souverain, que ceux qui, à l'ombre de leur protection, jouïssent d'un loisir tranquille. *Errare mihi videntur, qui existimant, Philosophiæ fideliter deditos, contumaces esse ac refractarios, & contemtores Magistratuum ac Regum, eorumve per quos publica administrantur. E contrario enim, nulli adversus illos gratiores sunt: nec immerito: nullis enim plus præstant, quàm quibus frui tranquillo otio licet.* Epist. LXXIII. (*init.*) Il dit plus bas, qu'encore que chacun jouïsse de la tranquillité publique, procurée par les Princes & les Magistrats, ceux qui font un bon usage de ce bienfait, sont ceux qui le sentent plus vivement: *Sic hujus pacis beneficium, ad omnes pertinentis, altiùs ad eos pervenit, qui illa bene utuntur.* Tout le reste

de

2. I. Le prémier & le plus fort argument qui se présente ici, se tire de ce que dit St. Paul, dans sa (a) *prémiére Epître à* Timothée: *J'exhorte donc, avant toutes choses, que l'on fasse des supplications, des priéres, des intercessions, des actions de graces, pour tous les Hommes; pour les Rois, & pour tous ceux qui sont élevez à quelque Dignité:* (1) *afin que nous menions une vie paisible & tranquille, avec toute sorte de piété & d'honnêteté. Car cela est bon & agréable, devant* Dieu *nôtre Sauveur, qui veut que tous les Hommes soient sauvez, & qu'ils viennent à reconnoître la Vérité.* Nous apprenons de là trois choses. 1. Qu'il est agréable à Dieu, que les Rois se fassent Chrétiens. 2. Qu'il approuve que les Rois convertis au Christianisme (2) demeurent Rois. 3. Enfin, qu'il prend plaisir à voir, que les Rois Chrétiens procurent aux autres Chrétiens les moiens de vivre tranquillement. Or comment peuvent-ils le faire? L'Apôtre l'explique ailleurs: (b) *Le Magistrat,* dit-il, *est le Ministre de* Dieu *pour vôtre bien. Mais si vous faites mal, craignez; car ce n'est pas en vain qu'il porte l'Epée, puis qu'il est le Ministre de* Dieu, *établi pour punir ceux qui font mal.* A la vérité le *droit du Glaive* renferme ici figurément toute sorte de punition, comme ce mot se prend (3) aussi quelquefois chez les Jurisconsultes: mais en sorte pourtant qu'il n'exclut pas l'usage réel (4) & effectif de l'Epée, qui fait la plus considérable (5) partie du Pouvoir d'infliger des Peines. Ce passage peut être beaucoup éclairci par le Pseaume II. qui, quoi qu'il aît été accompli en la personne de *David*, regardoit Jésus-Christ dans un sens plus plein & plus parfait, comme il paroît par l'application qui lui en est faite dans les (c) Actes, & dans l'*Epître aux* (d) Hébreux. Or, dans ce Pseaume, tous les Rois sont exhortez à recevoir avec respect le *Fils de* Dieu, c'est-à-dire, à se montrer ses Ministres entant que Rois, comme l'explique très-bien St. Augustin, dont voici les paroles qui font à nôtre sujet: (6) *Les Rois servent* Dieu, *entant que Rois, comme le St. Esprit le leur ordonne, lors qu'ils ordonnent le bien & qu'ils défendent le mal dans leurs Etats, non seulement en ce qui concerne la Société Humaine, mais encore en ce qui se rapporte à la Religion.* Et ailleurs: (7) *Comment est-ce donc que les Rois servent le Seigneur avec crainte, si ce n'est en défendant & punissant avec une sévérité religieuse ce qui se fait con-*

(a) *Chap.* II. *vers.* 1, 2, 3.

(b) *Rom.* XIII, 4.

(c) *Act.* IV, 25. XIII, 33.

(d) *Hebr.* V, 5.

de la Lettre mérite fort d'être lû. Grotius.

(2) C'est ce que Justin, *Martyr*, exprime ainsi: „Nous demandons à Dieu, que les Rois & les Princes aient, avec la puissance Roiale, des sentimens „sages & raisonnables: *Βασιλεῖς καὶ ἄρχοντας ἀνθρώπους ὁμολογοῦντες, καὶ εὐχόμενοι μετὰ τῆς βασιλικῆς δυνάμεως, καὶ σώφρονα τὸν λογισμὸν ἔχοντας ὑμᾶς εὑρεθῆναι.* (Apolog. I. pag. 32. *Edit. Oxon.*) Et dans les Constitutions attribuées à St. Clement, l'Eglise Ancienne prie Dieu de lui donner des Magistrats Chrétiens, *Χριστιανὰ τὰ τέλη.* On pourroit néanmoins entendre par là une fin Chrétienne. Grotius.

(3) Voiez le Traité de Mr. Noodt, *De Jurisdictione & Imperio*, Lib. I. Cap. IV.

(4) C'est ainsi que les Jurisconsultes distinguent ordinairement le *droit du Glaive*, d'avec le pouvoir de punir les Crimes d'une autre maniére, que par la mort du Coupable. Par exemple, dans cette Loi: *Nemo potest* GLADII *potestatem sibi datam, vel cujus* ALTERIUS COERCITIONIS, *ad alium transferre.* Digest. Lib. L. Tit. XVII. *De diversis Reg. Juris*, Leg. LXX. Voiez le même Auteur, que je viens de citer.

(5) Quoi que la preuve de nôtre Auteur, & plusieurs autres de celles qu'il emploie dans la suite, ne tendent directement qu'à montrer, que les Princes & les Magistrats peuvent & doivent même punir de mort certains Crimes; elles font néanmoins à son sujet: non seulement par la raison qu'il donne lui-même ci-dessous, à la fin du *num.* 10. de ce paragraphe; mais encore par une autre plus forte & plus directe, qu'il auroit dû ne pas oublier. C'est que ceux qui condamnent absolument la Guerre, ne peuvent avoir d'autre fondement plausible de leur opinion, que l'incompatibilité qu'ils croient trouver entre la Douceur ou la Clémence Chrétienne, & le droit d'ôter la vie à un autre Homme, sur tout quand il s'agit de quelque intérêt temporel. Or si un Prince peut & doit faire mourir quelques-uns de ses Sujets, lors qu'ils se sont rendus coupables de certains Crimes, qui ne sont quelquefois nuisibles que par rapport à quelque interêt temporel: pourquoi ne pourroit-il pas innocemment prendre les armes contre des Etrangers? Pourquoi respecteroit-il la vie des Etrangers, plûtôt que celle de ses Sujets? Au reste il faut ajoûter encore ici ce que notre Auteur dira ailleurs, *Liv.* II. *Chap.* XX. §. 12. & 13.

(6) *In hoc enim Reges, sicut eis divinitus præcipitur, Deo serviunt, in quantum Reges sunt, si in regno suo bona jubeant, mala prohibeant, non solum quæ pertinent ad humanam Societatem, verum etiam quæ ad divinam Religionem.* Contra Cresconium Grammaticum, *Lib.* III. *Cap.* LI.

(7) *Quomodo ergo Reges Domino serviunt in timore, nisi ea quæ contra jussa Domini fiunt religiosa severitate prohibendo atque plectendo? Aliter enim servit, quà homo est, aliter quà etiam rex est. . . . In hoc ergo serviunt Domino Reges, in quantum sunt Reges, quum ea faciunt ad serviendum illi, quæ non possunt facere nisi Reges.* Ad Bonifac. *Epist.* L.

(8) Pour

contre les Commandemens du Seigneur? Car un Prince sert DIEU *autrement entant qu'Homme, & autrement entant que Prince .... Les Rois donc*, ajoûte-t-il plus bas, *servent le Seigneur entant que Rois, lors qu'ils font pour son service des choses qu'ils ne peuvent faire que comme Rois.*

3. II. Le second argument, dont je me sers, est pris du même passage dont j'ai cité une partie, je veux dire du Chap. XIII. de l'*Epître aux* ROMAINS, (e) où il est dit que les *Puissances Souveraines*, tels que sont les Rois, *viennent de* DIEU: & l'Apôtre les appelle aussi un *établissement de* DIEU: d'où il infére, qu'on doit *leur être soûmis*, les *respecter & honorer*, & cela *en conscience*; en sorte que *leur résister, c'est résister à* DIEU. Si par le mot d'*établissement* il falloit entendre simplement une chose que DIEU ne veut pas empêcher, comme il fait à l'égard des Actions mauvaises; cela n'engageroit à rendre aucun honneur ni aucune obéïssance, sur tout en conscience: & l'Apôtre, en élevant & exhaltant si fort cette Puissance, ne diroit rien qui ne convînt tout aussi bien aux Vols & aux Brigandages, puis que DIEU permet aussi qu'ils arrivent, & qu'il lui seroit facile de l'empêcher. Le sens de ST. PAUL doit donc être, que les Puissances Souveraines ont été établies avec l'approbation de DIEU: & cet Etre tout sage ne pouvant pas vouloir des choses incompatibles, il s'ensuit de là que l'établissement des Puissances Souveraines n'a rien (8) de contraire à la volonté de DIEU revelée dans l'Evangile, & obligatoire pour tous les Hommes.

(e) *Vers.* 1, 2, 3, 5.

4. Il ne serviroit de rien de dire, que ceux qui avoient quelque part au Gouvernement des Etats, dans le tems que ST. PAUL écrivoit ceci, n'étoient pas Chrétiens. Car prémiérement, cela n'est pas vrai sans exception, puis que déja long tems auparavant *Serge Paul*, Propréteur de l'Ile de *Chypre*, (f) s'étoit converti au Christianisme: pour ne rien dire de l'ancienne tradition au sujet du (9) Roi d'*Edesse*, laquelle, quoi que peut-être un peu corrompuë, semble fondée sur quelque chose de vrai. De plus, il n'est pas question ici de savoir si les personnes qui exerçoient de tels Emplois étoient Fidéles ou Infidéles, mais si ces Emplois, exercez par des Infidéles, avoient par eux-mêmes quelque chose de contraire à la Piété. Or je soûtiens, que l'Apôtre prétend le contraire, puis qu'il dit que la Puissance Souveraine est *établie de* DIEU, dans le tems même qu'il parloit, à cause dequoi il veut qu'on la respecte & qu'on l'honore par rapport même à la Conscience, qui à proprement parler ne relève que de l'empire de DIEU. Ainsi & *Néron*, & le Roi *Agrippa* que *St. Paul* exhortoit (g) si instamment à se faire Chrétien, auroient pu devenir sujets de JESUS-CHRIST, sans que le prémier fût obligé de renoncer à l'Empire, ni l'autre à la Roiauté: deux sortes de Puissances, qui ne sauroient être conçuës sans le droit du Glaive & le pouvoir de faire la Guerre. Comme donc les anciens Sacrifices ne laissoient pas d'être saints selon la Loi; quoi qu'ils fussent offerts par des Sacrificateurs impies: (10) de même le Gouvernement Civil est saint & sacré, quoi qu'il se trouve entre les mains d'un Impie.

(f) *Actes*, XIII, 12.

(g) *Actes*, XXVI.

5. III. Mon troisiéme argument est tiré (11) de la réponse que fit *Jean Baptiste* à des Soldats Juifs, qui lui demandoient fort sérieusement *ce qu'ils devoient faire pour éviter*

(8) Pour achever le raisonnement de l'Auteur, il faut ajoûter ce qu'il dit lui-même plus bas que le Pouvoir Souverain emporte par l[illegible]ne, & selon l'usage de toutes les Nations, le droit de faire la Guerre, & le droit de punir de mort certains Crimes. Voiez aussi ce que j'ai dit dans la *Note* 5. sur ce paragraphe.

(9) *Edesse* est une ville de l'*Osroëne*; & le nom d'*Algare* est fort commun dans ces païs-là; comme il paroît par les Medailles, par TACITE, APPIEN, DION, CAPITOLIN. Voiez DION, dans les Fragmens publiez depuis peu (*Excerpt. Vales.* pag. 746.) aussi bien que dans les Livres qu'on avoit depuis longtems. GROTIUS.

Cette histoire de la Lettre d'*Abgare* à JESUS-CHRIST, (ou, comme d'autres écrivent, d'*Agbare*) & de la réponse que Nôtre Seigneur lui fit, toutes deux rapportées par EUSEBE, *Hist. Eccles.* Lib. I. Cap. XIII. n'est qu'une pure fable, comme les Savans l'ont reconnu il y a longtems. Voiez la *Dissertation préliminaire* de feu Mr. DU PIN *sur la Bible*, Liv. II. Chap. VI. §. 1.

(10) C'est ce que St. CHRYSOSTOME montre parfaite-

ter les effets de la colére de Dieu (car nous apprenons par Joseph, & par d'autres Ecrivains, qu'il y avoit plusieurs milliers de *Juifs* à la solde des Romains). Ce saint Précurseur du Messie n'ordonna point à ceux qui le consultoient, de renoncer à leur profession, comme il l'auroit fait sans doute, si telle eût été la volonté de Dieu: il leur recommanda seulement (h) *de n'user point d'extorsion ni de fraude, & de se contenter de leur paie.* (h) *Luc*, III, 14. Par où il approuve l'exercice des Armes, d'une maniére assez claire, quoi que tacite.

6. Plusieurs répondent là-dessus, qu'il y avoit une si grande différence entre les exhortations de *Jean Baptiste*, & les Préceptes de Jesus-Christ, que Nôtre Seigneur a bien pû enseigner, sur le sujet dont il s'agit, autre chose que son Précurseur. Mais voici les raisons qui m'empêchent d'entrer dans cette pensée. *Jean* & Jesus-Christ se sont servis du même Exorde, pour donner un abrégé de la Doctrine qu'ils annonçoient: (i) *Repentez-vous: car le Régne du Ciel s'approche.* (i) *Matth.* III, 2. IV, 17. Nôtre Seigneur dit lui-même, que (k) *depuis le tems de* Jean Baptiste *on a commencé de s'emparer avec violence du Roiaume du Ciel*, (k) *Matth.* XI, 12. c'est-à-dire, à embrasser avec avidité la Loi nouvelle; car c'est le stile des *Hébreux*, d'appeller la *Loi*, un *Roiaume*. St. Marc dit, que (l) Jean (l) *Marc*, I, 4. *prêchoit le batême de repentance, nécessaire pour obtenir la remission des péchez:* St. Luc nous apprend, (m) que les Apôtres en faisoient autant, au nom de leur Maître. (m) *Act.* II, 38. *Jean* (n) veut *que l'on produise des fruits convenables à la Repentance*, & il menace d'une entiére destruction ceux qui ne montreront pas de tels fruits dans leur conduite. (n) *Matth.* III, 8, 10. Il exige des (o) œuvres de Charité plus considérables que celles que la Loi de Moïse demandoit. (o) *Luc*, III, 11. Il est dit de la *Loi*, (p) qu'elle a duré *jusqu'à Jean*, (p) *Matth.* XI, 13. ce qui donne à entendre que c'est par lui qu'a commencé la nouvelle Doctrine, plus parfaite. Et l'époque du *commencement de l'Evangile* (q) est fixée à *Jean*, par deux Evangelistes. (q) *Marc*, I, 1. *Luc*, I, 77. *Jean* lui-même est dit (r) *plus grand que les Prophétes*, (r) *Matth.* XI, 9. *Luc*, VII, 26. comme aiant été envoié (s) *pour donner au Peuple la connoissance de son salut*, (s) *Luc*, I, 77. & pour (t) *annoncer l'Evangile*, (t) *Luc*, III, 18. ainsi que St. Luc s'exprime formellement. Tout ce qu'il y a, c'est que Jesus-Christ, comme étant (u) *la véritable lumiére*, (u) *Jean*, I, 9. expliqua clairement & distinctement les choses que *Jean* n'avoit fait qu'indiquer d'une maniére plus vague & plus générale, en forme de simples Elémens. Du reste, *Jean* ne met nulle part de la différence entre Jesus & lui, par rapport à la nature & au fond de leur Doctrine, mais seulement en ce (x) que Jesus étoit le Messie promis, (x) *Jean*, I, 29. *Act.* XIX, 4. c'est-à-dire, ce Roi spirituel & céleste, qui (y) devoit communiquer à ceux qui croiroient & qui se confieroient en lui, la vertu du St. Esprit. (y) *Matth.* III, 11. *Marc*, I, 8. *Luc*, III, 16.

7. IV. Voici un quatriéme argument, qui me paroît très-fort pour prouver la thése, que je soûtiens. S'il n'étoit pas permis de punir de mort certains Criminels, ni de défendre les Citoiens par les armes contre les Brigands & les Corsaires; il ne pourroit que naître de là un horrible débordement de Crimes, & un déluge de Maux, (12) puis qu'aujourd'hui même qu'il y a des Tribunaux établis, on a bien de la peine à réprimer la hardiesse des Scélérats. Supposé donc que Nôtre Seigneur Jesus-Christ eût vou-

tement bien, sur ce passage de l'Epître aux *Romains*. Grotius.

(11) Dans les *Notes* de Tesmar, on cite deux passages de St. Augustin, où il se sert de cet exemple, pour faire voir que l'Evangile ne condamne pas absolument la Guerre. Voici le prémier: *Si Christiana disciplina omnia bella culparet, hoc potius militantibus, consilium salutis petentibus, in Evangelio diceretur, ut abjicerent arma, seque omnino militiæ subtraherent. Dictum est autem eis:* Neminem concusseritis, nulli calumniam feceritis: sufficiat vobis stipendium vestrum. *Quibus proprium stipendium sufficere debere præcepit, militare utique non prohibetur.* Epist. V. L'autre passage est de l'Epître CV. où ce Pére tire aussi un argument de l'exemple du Roi *David*, & des deux Centeniers.

(12) St. Chrysostome dit, que c'est pour réprimer les Méchans qu'ont été établis les Tribunaux, les Loix, les Supplices, & tant de différentes sortes de Peines. Διὰ τοῦτο δικαστήρια, καὶ νόμοι, καὶ τιμωρίαι, καὶ διάφοροι κολάσεων τρόποι. Sermon. *ad Patrem fidelem.* Grotius.

voulu abolir ce droit, & faire ainsi un réglement tout nouveau, dont on n'avoit jamais entendu parler; il auroit dû sans doute déclarer en termes très-clairs & très-exprès, que personne n'eût à prononcer sentence de mort contre aucun Coupable, ni à porter les armes pour la défense même des Citoiens. Or c'est ce qu'il n'a fait nulle part. On allégue à la vérité quelques passages, pour prouver le contraire: mais ces passages sont ou fort vagues, ou obscurs; & l'Equité, ou, ce qui est la même chose, le Sens Commun, demande non seulement qu'on resserre les termes généraux, & qu'on donne une interprétation favorable à ceux qui sont équivoques, mais encore qu'on s'éloigne un peu de la proprieté des termes & de l'usage ordinaire, pour éviter un sens qui entraîneroit de très-fâcheux inconvéniens (13).

§. V. En cinquiéme lieu, on ne sauroit montrer par aucune bonne raison, que les Loix de Moise, qui regardoient la punition des Crimes, aient été abolies avant que la Ville de *Jérusalem* fût détruite, & avec elle la forme de l'Etat, sans aucune espérance de rétablissement. Car, dans la Loi même de Moise, il n'est fait mention d'aucun terme, au bout duquel cette partie de la Loi dût être abrogée: & ni Jesus-Christ, ni ses Apôtres, ne parlent jamais de son abolition, si ce n'est entant qu'elle peut être renfermée, comme je viens de le dire, dans la destruction du Gouvernement des *Juifs*. Au contraire, *St. Paul* dit, (z) en parlant d'un *Souverain Pontife* d'alors, qu'il étoit *établi pour juger selon la Loi de* Moise. Jesus-Christ lui-même, au commencement du Discours où il propose ses Préceptes, assûre, (aa) qu'*il n'est pas venu pour abolir la Loi, mais pour la remplir.* Paroles, dont le sens est clair, pour ce qui regarde les Cérémonies: car les traits d'une ébauche *se remplissent*, lors que le Portrait paroit dans toute sa perfection. Mais comment pourroit-il être vrai, par rapport aux Loix Politiques, que Jesus-Christ les a *remplies* ou accomplies en venant au monde, s'il les avoit dès-lors abolies, comme quelques-uns se l'imaginent? Que si ces sortes de Loix ont conservé leur force, tant que le Gouvernement des *Juifs* a subsisté; il s'ensuit, que les *Juifs*, même ceux qui s'étoient convertis au Christianisme, ne pouvoient pas refuser la Magistrature, (14) lors qu'ils y étoient appellez, & qu'ils ne devoient juger (15) que selon ce que Moise avoit ordonné. Pour moi, tout bien compté, je ne vois pas la moindre raison qui fût capable de faire entrer dans une autre pensée tout homme de bien qui entendoit prononcer ces paroles à Nôtre Seigneur. J'avouë qu'avant le tems de l'Evangile, il y avoit certaines choses permises, ou d'une simple permission d'impunité, ou même en conscience (car je n'ai pour l'heure ni besoin, ni loisir, d'examiner exactement cette question); il y avoit, dis-je, des choses permises par la Loi de Moise, lesquelles Jesus-Christ a défenduës à ses Disciples, comme, par exemple, de répudier une Femme pour quelque sujet que ce fût; d'appeller en Justice toute personne de

(z) *Actes*, XXIII, 3.

(aa) *Matth.* V, 17.

(13) Ajoûtez ici que, si l'Evangile condamnoit absolument la Guerre & l'usage du dernier supplice, les *Chrétiens*, qui observeroient le plus exactement les Préceptes de leur Religion, seroient par là inévitablement exposez à être la proie des Usurpateurs & des Scélérats: ce qui ne s'accorde point avec la Bonté & la Sagesse de Dieu.

(14) Ou il y a ici quelque chose d'ômis, quoi que toutes les Editions soient conformes; ou nôtre Auteur s'exprime d'une maniere peu juste. Car de ce que l'obligation des Loix Politiques subsistoit encore, il s'ensuit bien, que les *Juifs* convertis au Christianisme, s'ils étoient Magistrats, devoient juger selon ces Loix: mais il ne s'ensuit point de là, qu'ils ne pussent en aucune maniére, ni pour aucune raison, se dispenser d'accepter la Magistrature. L'Auteur veut dire apparemment, qu'ils ne pouvoient la refuser par cette seule raison que l'exercice en étoit accompagné de l'obligation de condamner à mort ceux qui avoient commis certains Crimes. Je ne sâche rien du moins dans les Livres de l'Ancien Testament, d'où l'on puisse inférer, que toute personne appellée à quelque Magistrature devoit l'embrasser, bon gré mal gré qu'elle en eût. Les *Juifs* ne le croioient pas non plus, comme il paroit par un passage du Talmud, (que Buxtorf cite dans son *Florilegium Hebraïc.* pag. 183.) où il est dit, que les anciens Sages fuioient la Magistrature, & qu'ils se défendoient beaucoup d'accepter la fonction de Juges, jusqu'à ce qu'ils vissent que personne autre ne se présentoit: Que même alors ils ne prenoient place dans le Conseil, qu'après en avoir été instamment priez par le Peuple, & par les Anciens.

(15) Les *Juifs* ne pouvoient pourtant pas, du tems de Nôtre Seigneur Jesus-Christ, faire mourir aucun Cri-

de qui l'on avoit été offensé, en quelque maniére que ce fût, pour tirer vengeance de l'injure &c. Mais, quoiqu'il y aît quelque diversité entre les Préceptes de Jesus-Christ, & ces sortes de permissions, il n'y a pourtant aucune contrariété. Car celui qui garde sa Femme, & celui qui se relâche du droit qu'il avoit de tirer vengeance d'une injure, ne font rien contre la Loi : bien loin de là, il n'y a rien de plus conforme (16) à l'intention de la Loi. Autre chose est d'un Juge, à qui la Loi ne se contente pas de permettre, mais ordonne expressément de punir de mort un Homicide, sur peine d'être lui-même coupable devant Dieu. De sorte que, si Nôtre Seigneur avoit défendu à une telle personne de faire mourir les Homicides, il auroit établi quelque chose de directement contraire à la Loi, il auroit *aboli la Loi.*

9. VI. L'exemple de *Corneille* (bb) me fournit un sixiéme argument. Ce Centenier *reçut* de Jesus-Christ *le Saint Esprit*, signe infaillible de justification, & fut bâtizé au nom de *Christ* par l'Apôtre *St. Pierre* : mais on ne voit pas qu'il aît quitté le service, ni que *St. Pierre* l'aît exhorté à y renoncer. Il y en a qui répondent là-dessus, que l'Apôtre doit être censé avoir adressé une telle exhortation à *Corneille*, par cela même qu'il l'instruisit dans la Religion Chrétienne. Mais c'est-là supposer ce qui est en question. Car, afin que cette réponse eût quelque poids, il faudroit qu'il fût certain & indubitable, que la défense de faire la Guerre est un des Préceptes de Jesus-Christ. Or on ne la trouve ailleurs nulle part d'une maniére claire & expresse : ainsi il auroit été certainement à propos d'en dire quelque chose du moins en cet endroit, afin que les Chrétiens des siécles suivans ne pûssent pas ignorer les régles de leur Devoir. D'ailleurs, il paroit par (cc) divers endroits, que ce n'est pas la coûtume de St. Luc, de passer sous silence les qualitez des personnes, où il y avoit quelque chose qui demandoit changement particulier de vie & d'état.

(bb) *Act.* X.

(cc) Voiez sur tout *Actes*, XIX. 19.

10. VII. Le septiéme argument, semblable au précedent, se tire de l'exemple de *Serge Paul*, que nous avons déja allégué. Car, dans l'histoire de sa conversion, il n'y a pas la moindre chose qui donne lieu de croire qu'il aît quitté son Emploi, ou qu'il aît été exhorté de s'en demettre. Or le silence, en matiére de choses dont on a eu une occasion naturelle de parler, & qu'il étoit très-nécessaire de ne pas omettre, emporte, comme je viens de le dire, qu'elles n'ont jamais été.

11. VIII. On peut donner pour un huitiéme argument, ce que (17) fit *St. Paul*, lors qu'il (dd) eût appris que les *Juifs* lui dressoient des embûches. Il en avertit d'abord le Commandant de la Garnison Romaine : & celui-ci lui aiant envoié une bonne escorte de Soldats pour le conduire à *Césarée*, il ne s'y opposa point, il ne dit rien ni au Commandant, ni aux Soldats, qui leur donnât à entendre que Dieu n'approuvoit pas qu'on repoussât la force par la force. Ce saint Apôtre étoit pourtant d'un caractére à ne laisser pas-

(dd) *Actes*, XXIII, 16, & *suiv.*

Criminel de leur pure autorité, mais il falloit qu'ils obtinssent pour cela permission du Gouverneur Romain. Voiez ce que dit notre Auteur dans son Commentaire sur St. Matth. *Chap.* V. vers. 22. & sur St. Jean, XVIII, 31. Ainsi ils se contentoient de déclarer, que, selon leur Loi, telle ou telle personne avoit commis un crime digne de mort : ce qui suppose toûjours, que les Loix Politiques ne furent point abolies par Jesus-Christ, & suffit par conséquent pour le but de notre Auteur ; quoi qu'en dise Osiander, Théologien bilieux, & de peu de jugement.

(16) Car, outre que chacun peut renoncer au bénéfice d'une Loi, sans rien faire de contraire à cette Loi ; le but de la Loi, qui permettoit le Divorce, n'étoit pas de porter les Maris à repudier leurs Femmes : mais de pourvoir à la sûreté de Femmes, qui, de la maniére qu'étoient faits les *Juifs*, auroient été exposées à de très-mauvais traitemens, si un Mari n'avoit pas eu la liberté de repudier celle qui lui déplaisoit. Ainsi le Législateur vouloit par là prévenir le moindre de deux inconvéniens : du reste, rien ne lui auroit été plus agréable, que de voir les Maris garder leurs Femmes, tant qu'elles ne leur donnoient aucun juste sujet de séparation. C'est ce que demandoit l'esprit de la Loi, ou la plus noble partie de la Loi, quoi que la moins connuë & la moins étudiée du commun des *Juifs*. Il faut dire la même chose de la satisfaction que la Loi offroit en Justice à toute personne offensée, pour empêcher que les Particuliers ne se fissent raison à eux-mêmes par des voies de fait ; à quoi les *Juifs* avoient beaucoup de panchant.

(17) Le *Concile* d'Afrique se sert de ce passage pour justifier la résolution d'implorer le secours de l'Autorité publique contre des Factieux : *Quorum contra furo-*

(ee) Voiez *II. Timoth.* IV, 2.

passer aucune occasion d'instruire les Hommes de leurs devoirs; & il (ee) vouloit que chacun en fit de même.

12. IX. En neuviéme lieu, ce qui se rapporte au but propre & direct d'une chose honnête & obligatoire, ne peut qu'être honnête & obligatoire. Or il est honnête de paier les impôts, & c'est même une chose à quoi on est tenu en conscience, comme l'explique St. PAUL. (ff) Mais quel est le but de ces sortes de charges imposées aux Sujets ? N'est-ce pas, (18) entr'autres, que les Puissances aient dequoi fournir aux dépenses nécessaires pour défendre les Gens-de-bien, & pour ranger les Méchans ? *On ne sauroit ni maintenir les Peuples en repos sans le secours des Armes; ni tenir des Troupes sur pié, sans avoir de quoi paier les Soldats; ni avoir dequoi paier les Soldats, sans exiger des impôts*, comme le dit très-bien (19) TACITE. On trouve dans St. AUGUSTIN (20) une pensée toute semblable.

(ff) *Rom.* XIII, 3, 4, 5, 6.

13. X. Je tire un dixiéme argument des paroles suivantes de *St. Paul*, où il dit à *Festus* : (gg) *Si j'ai fait du tort à quelcun, & que j'aie commis quelque chose digne de mort, je ne* (21) *refuse pas de mourir*. D'où je conclus, que cet Apotre croioit, que, depuis même la publication de la Loi Evangélique, il y a des Crimes que l'on peut innocemment ou que l'on doit même punir de mort; comme (hh) St. PIERRE le donne aussi à entendre. Si DIEU avoit voulu que l'on ne condamnât plus personne à la mort, *St. Paul* n'auroit pas dû se justifier d'une maniére à confirmer les Hommes dans la pensée où ils étoient que la chose n'étoit pas moins permise qu'auparavant. Or dès-là qu'on a prouvé que, depuis la venuë même de JESUS-CHRIST, l'usage du dernier supplice est légitime, on a prouvé en même tems, à mon avis, qu'il est quelquefois permis de faire la Guerre, comme quand il faut mettre à la raison des Criminels, qui sont en grand nombre, & qui ont pris les armes : car on ne sauroit faire le procès à de telles gens, (22) qu'après les avoir vaincus. A la vérité les forces des Coupables, & l'audace avec laquelle ils résistent, peuvent entrer en considération, lors qu'il s'agit d'examiner s'il est à propos de les poursuivre à toute outrance: mais cela n'empêche pas qu'on n'en ait toûjours le droit.

(gg) *Act.* XXV, 11.

(hh) *I. Epitre*, II, 19, 20.

14. XI. En onziéme lieu, (23) les Prophéties de l'*Apocalypse* prédisent quelques Guerres de personnes pieuses, (ii) d'une maniére qui emporte une approbation manifeste.

(ii) Voiez *Chap.* XVIII, 6. ailleurs.

15.

temporibus non insolita, nec à Scripturis aliena impetrare præsidia, quando Apostolus Paulus, *sicut in* APOSTOLORUM ACTIBUS *fidelibus notum est, factiosorum conspirationem militari etiam submovit auxilio*. ST. AUGUSTIN aussi fait souvent valoir cet exemple, comme dans sa *Lettre* L. écrite à *Boniface*: & dans la CLIV. à *Publicola*, où il dit, que, si les Soldats, qui escortoient ST. PAUL eussent eû à se défendre contre des Scélérats, & les eussent tuez, l'Apôtre ne se seroit pas regardé comme complice d'un crime commis par cette effusion de sang: *Neque si in illa arma scelerati homines incidissent*, Paulus *in effusione sanguinis eorum suum crimen agnosceret*. Il remarque ailleurs, *Lettre* CLXIV. que *St. Paul* fit luimême en sorte qu'on lui donnât une bonne escorte de gens armez: PAULUS *egit ut sibi tuitio etiam armatorum daretur*. GROTIUS.

Le penultiéme de ces passages de ST. AUGUSTIN se trouve rapporté dans le DROIT CANONIQUE, *Caus.* XXIII. Quæst. V. Can. VIII.

(18) Il y a dans l'Original: *Tributorum autem finis est* &c. Là-dessus quelques Commentateurs accusent nôtre Auteur d'avancer ici une raison peu concluante; car, disent-ils, on exige des Impôts, non seulement pour soûtenir les Guerres, mais encore pour fournir à diverses autres dépenses nécessaires en tems de Paix. Cela est constant; & nôtre Auteur n'avoit garde de le nier. Aussi ne dit-il point, que ce soit le but *unique* des Impôts. Il lui suffit que c'en soit un, & même un des plus considérables. Ma traduction, conforme à sa pensée, fait disparoître toute occasion de fausse critique. Mr. VAN DER MUELEN a pris ici avec raison le parti de nôtre Auteur.

(19) Il met cela dans la bouche de *Pétilius Cérialis*: *Nam neque quies gentium sine armis, neque arma sine stipendiis, neque stipendia sine tributis haberi queunt*. Hist. *Lib.* IV. *Cap.* LXXIV. *num.* 2.

(20) *Ad hoc tributa præstamus, ut propter bella necessario militi stipendium præbeatur*. Contra Faust. *Lib.* XXII. *Cap.* LXXIV. pag. 299. Tom. VI. *Edit. Eras. Bas.* 1528. Ce passage, (où nôtre Auteur avoit écrit, *propter necessaria militi*, au lieu de *propter bella necessario militi* &c. comme porte l'Edition que je viens d'indiquer, & qui est apparemment celle dont il se servoit) ce passage, dis-je, se trouve cité dans le DROIT CANONIQUE; *Caus.* XXIII. *Quæst.* I. Can. IV. mais un peu différemment, & parmi des extraits abrégez de ce qui suit ou qui précéde.

(21) Le même Apôtre dit ailleurs, *qu'il n'avoit rien fait qui méritât la mort*, ACTES, XXVIII, 18. JUSTIN, *Martyr*, souhaitte que ceux qui ne vivent pas con-

15. XII. Le douziéme & dernier argument qu'on peut alléguer ici, consiste en ce que la Loi de JESUS-CHRIST n'a aboli la Loi de MOISE, qu'à l'égard des choses qui servoient à séparer les *Hébreux* d'avec les *Gentils*. Mais pour celles qui sont regardées comme honnêtes ou selon le Droit de Nature, ou par un consentement tacite des Peuples bien policez; elles se trouvent au contraire recommandées fortement dans l'Evangile, où elles sont comprises sous le Précepte général de (kk) *s'attacher à tout ce qui est honnête & vertueux*. Or l'établissement des Peines décernées contre les Criminels, & l'usage des Armes pour empêcher ou repousser les injures, sont des choses qui passent pour être naturellement louables, & que l'on rapporte à l'exercice de deux excellentes Vertus, de la Justice & de la Bénéficence. (kk) Philipp. IV, 8. Voiez I. Cor. XI, 14.

16. Ici il est bon de remarquer en passant, combien ceux-là se trompent, qui croient que tout le droit qu'avoient les *Israëlites* de faire la Guerre, venoit de ce que DIEU leur avoit donné le Païs de *Canaan*. C'étoit bien là une raison, qui les autorisoit à prendre les armes contre les Peuples de ce Païs: mais ce n'est pas la seule qui pût rendre justes & légitimes les Guerres entreprises par eux, ou par d'autres. Car il y avoit déja eu alors des personnes pieuses qui avoient fait la Guerre, en suivant les lumiéres de la Raison: & les *Israëlites* eux-mêmes prirent depuis les armes pour d'autres sujets, comme quand le Roi *David* (ll) voulut tirer satisfaction de l'outrage fait à ses Ambassadeurs. (ll) *II. Sam.* X. D'ailleurs, ce que chacun posséde en vertu des Loix Humaines, ne lui appartient pas moins, que si DIEU le lui avoit donné: or ce Droit n'est nullement aboli par l'Evangile.

§. VIII. 1. VOIONS maintenant les raisons du sentiment opposé, afin qu'un Lecteur pieux puisse juger plus facilement laquelle des deux opinions est mieux fondée.

2. I. On allégue prémiérement un Oracle (1) d'ESAIE, où il est prédit, (a) qu'un jour *les Peuples changeront leurs Epées en Hoyaux, & leurs Lances en Serpes: qu'ils ne tireront plus l'Epée l'un contre l'autre, & qu'ils n'apprendront plus à faire la Guerre.* (a) *Chap.* II, 4. Mais cet Oracle peut être entendu conditionnellement, comme plusieurs autres, en sorte qu'il marque l'état où seroient les choses, si tous les Peuples (2) embrassoient la Loi de JESUS-CHRIST, & l'observoient exactement; pour lequel effet DIEU n'oubliera rien de tout ce qu'il doit faire de son côté. Or il est certain que, si tout le monde étoit Chrétien, & vivoit chrétiennement, il n'y auroit point de guerres; comme l'ont remarqué

(3)

conformément aux Préceptes de l'Evangile, & qui ne sont Chrétiens que de nom, soient punis, & par les *Chrétiens* mêmes: Κολάζεσθαι δὲ τοὺς μὴ ἀκολούθως τοῖς διδάγμασιν αὐτοῦ βιοῦντας, λεγομένους δὲ μόνον Χριστιανούς, καὶ ὑφ' ὑμῶν, ἀξιοῦμεν. Apolog. II. GROTIUS.

(22) L'Auteur fait ici allusion, comme l'a remarqué le Savant GRONOVIUS, à ce que dit TACITE, au sujet de PISON: *Petitam armis Rempublicam, utque reus agi posset, acie victum.* Annal. *Lib.* III. Cap. XIII. *in fin.*

(23) Ce onziéme chef se trouve & dans la prémiére Edition, & dans celle de 1632. que l'Auteur témoigne avoir revuë avec soin. Je remarque cela, parce qu'il manque dans plusieurs Editions, apparemment par la faute des Imprimeurs, qui sautérent deux lignes, à cause de la ressemblance des mots *Undecimum* & *Duodecimum*. Cet article manquoit déja dans l'Edition de 1642. la derniere avant la mort de l'Auteur. Mais, avant mon Edition, il avoit été remis, comme il doit l'être, dans celle de 1712. qui l'a precedée immédiatement.

§. VIII. (1) St. CHRYSOSTOME explique cela de la Paix universelle qu'il y eut dans le Monde, à la faveur de l'établissement de l'Empire Romain, qui se forma dans le tems que Notre Seigneur vint sur la Terre. „ Le Prophéte, dit-il, ne predit pas seulement, que „ cette Religion sera ferme & inébranlable, mais en„ core qu'elle aménera une grande tranquillité sur la „ Terre; Que les Gouvernemens Aristocratiques & Mo„ narchiques qu'il y avoit dans chaque Etat, seront dé„ truits, & qu'il n'y aura plus qu'un seul Roiaume, „ qui dominera sur tous les autres, & dont la plus „ grande partie jouïra d'une profonde paix. En effet, „ au lieu qu'auparavant les Artisans & les Orateurs mê„ me étoient obligez de prendre les armes & de mar„ cher à la Guerre; depuis la venuë de JESUS-CHRIST, „ cette coûtume a été abolie, & les exercices militaires „ ont été affectez à un certain ordre de gens. Καὶ ὅτι οὐ ταῦτα ἔσται μόνον, καὶ ἄλυτος, καὶ ἀρραγής, ἀλλὰ καὶ πολλὴν φυτεύσουσι τῇ οἰκουμένῃ εἰρήνην, καὶ αἱ μὲν κατὰ πόλεις πολυαρχίαι καταλυθήσονται, καὶ αἱ μοναρχίαι· μία δὲ τις ἔσται βασιλεία, εἰς πλεῖστα ἀρθεῖσα, καὶ τὸ πλεῖον αὐτῆς ἐν εἰρήνῃ ἔσται, οὐ καθάπερ ἔμπροσθεν, τὸ μὲν πάλαι δὲ χειροτέχναι πάντες καὶ ῥήτορες ὅπλα ἐνεδύοντο, καὶ ἐπὶ παρατάξεως ἐξήεσαν· τοῦ Χριστοῦ δὲ παραγενομένου, πάντα ἐκεῖνα διελύθη, καὶ εἰς μέρος ἀφωρισμένον τὸ τῶν στρατιωτῶν περιέστη. Orat. *Christum esse Deum.* On trouve précisément la même explication dans EUSEBE, *De Præpar. Evangel.* Lib. I. Cap. X. (pag. 8. *Edit. Rob. Steph.*) GROTIUS.

(2) En effet, comme le remarque JUSTIN, *Martyr*, les *Chrétiens* entr'eux n'ont point d'Ennemis, contre

 les-

(3) Arnobe & (4) Lactance. Que si l'on explique à la lettre les paroles d'Esaie ; il est clair par l'évenement, que l'Oracle n'a pas encore été accompli, & qu'il faut en attendre l'accomplissement, aussi bien que de celui qui regarde la conversion générale des *Juifs.* Mais de quelque maniére qu'on l'entende, on n'en sauroit rien conclurre, qui tende à persuader que la Guerre soit absolument illicite, tant qu'il y a au monde des gens qui ne veulent pas laisser vivre en repos les autres, & qui insultent les amateurs de la Paix.

3. Les partisans de l'opinion, que je combats, tirent plusieurs argumens du Chapitre V. de l'*Evangile de* St. Matthieu. Sur quoi il faut d'abord se souvenir de ce que nous avons dit un peu plus haut, que, si Nôtre Seigneur Jesus-Christ avoit eu dessein d'abolir tous les Jugemens à mort, & toute permission de faire la Guerre, il se seroit exprimé en termes aussi formels & aussi précis qu'il auroit été possible : l'importance & la nouveauté de la chose le demandoit ; d'autant plus que, sans cela, aucun Juif n'auroit pû s'imaginer que les Loix de Moise concernant les Jugemens & les autres affaires politiques, ne dûssent pas conserver leur force par rapport aux *Juifs*, tant que leur Gouvernement subsistoit. Après cette remarque générale, examinons chaque passage en particulier.

(b) *Matth.* V, 38, 39.
(c) רשע.
(d) Τῷ ἀδικοῦντι.
(e) Voiez *Exod.* II, 13. conf. avec *Act.* VII, 27.

4. II. Le second argument qu'on nous oppose, est donc pris des paroles suivantes du Chapitre dont il s'agit : (b) *Vous avez entendu qu'il a été dit ; Oeil pour œil, & dent pour dent. Mais moi, je vous dis, ne résistez point à celui qui vous fait du mal* (c'est ainsi que le terme Hebreu (c) qui répond au mot (d) Grec de l'Original, & que l'on traduit pour l'ordinaire *Méchant*, est (e) rendu quelquefois par les *Septante* Interprêtes): *mais si quelcun vous donne un soufflet sur la jouë droite, présentez-lui encore l'autre.* De là quelques-uns concluent, que, selon l'Evangile, il ne faut ni repousser aucune injure, ni en tirer raison ; sans distinguer si on le fait de son autorité particuliére, ou par autorité publique. Mais ce n'est pas ce que dit le passage. Jesus-Christ y parle uniquement à ceux qui sont insultez, & non pas au Magistrat. Il ne parle pas non plus de toute sorte d'injures, mais seulement de celles qui sont de la même nature qu'un Soufflet ; car les derniéres paroles restreignent à cela les précedentes, quelque générales qu'elles paroissent d'abord. Il en est ici de même, que dans le Précepte qui suit immédiatement: *Si quelcun veut vous intenter procès, pour avoir votre Tunique, abandonnez-lui*

lesquels ils aient à se battre : Οὐ πολεμήσαμεν τοῖς ἐχθροῖς. C'est precisément ce que Philon, Juif, disoit des *Esséniens* : " On ne trouve parmi eux aucun Ouvrier qui fabrique des Dards, des Javelots, des Epées, des Casques, des Cuirasses, des Boucliers, ni aucune sorte d'Armes ou de Machines. Βελῶν, ἢ ἀκόντων, ἢ ξιφιδίων, ἢ κράνους, ἢ θώρακος, ἢ ἀσπίδος, οὐδένα παρ' αὐτοῖς ἂν εὕροις δημιουργόν, ἢ ὁπλοποιόν, ἢ μηχανοποιόν. Lib. *Omnem Bonum esse liberum* (pag. 877. A. *Ed. Paris.*) St. Chrysostome dit aussi, que, si les Hommes s'aimoient comme ils doivent, il n'y auroit point de Jugement à mort. *In I. ad* Corinth. XIII. 3. Grotius.

(3) „ Si, dit-il, tous ceux généralement qui pensent qu'ils sont Hommes, non pas à cause de la forme extérieure de leur Corps, mais parce qu'ils sont douez de Raison, vouloient un peu prêter l'oreille aux Leçons paisibles & salutaires de Nôtre Seigneur Jesus-Christ, & dépouiller l'opinion présomtueuse qu'ils ont de leurs lumiéres, pour suivre ses exhortations, plûtôt que leur propre fantaisie ; toute la Terre jouiroit depuis long tems d'une profonde tranquillité, & vivroit dans une union indissoluble. Le Fer seroit emploié à des usages plus doux, & on en feroit des Instrumens moins dangereux, que ceux auxquels il sert jusqu'ici. *Quod si omnes omnino, qui homines se esse, non specie corporum, sed Rationis intelligunt potestate, salutaribus ejus* [Christi] *pacificisque decretis aurem vellent commodare paulisper, & non fastu & supercilio luminis, suis potius sensibus, quam illius commonitionibus crederent : universus jamdudum orbis, mitiora in opera conversis usibus ferri, tranquillitate in mollissima degeret, & in concordiam salutarem incorruptis fœderum sanctionibus conveniret.* Adversus Gentes, *Lib.* I. pag. 6. *Edit. Lugd. B. Salmas.*

(4) C'est dans un endroit où il reproche aux Paiens la déïfication des Conquerans ; sur quoi voici comment il raisonne : Si on ne peut aquérir l'Immortalité, qu'en répandant le sang des Hommes, personne ne seroit digne du Ciel, supposé que tous les Hommes fussent gens-de-bien, puisqu'en ce cas-là il n'y auroit point de Guerres : *Si aliter immortalitas parari non potest, nisi per sanguinem ; quid fiet, si omnes in concordiam consenserint ? quod certe fieri poterit, si pernicioso & impio furore projecto, innocentes esse ac justi velint. Num igitur nemo erit cœlo dignus ?* Institut. Divin. *Lib.* I. Cap. XVIII. *num.* 16. *Edit. Cellar.*

(5) St. Cyprien explique cela ainsi ; Ne redemandez point ce qu'on vous a pris : *Ut tua ablata non repetas. De Patientia.* Et St. Irenée dit, que Notre Seigneur

lui encore le Manteau. (5) Par où Notre Seigneur ne défend pas absolument d'avoir recours à la Justice, ou de prendre des Arbitres, pour terminer un différent. J'en appelle à l'interprétation de St. Paul, qui (f) n'interdit pas toute sorte de Procès, mais veut seulement que les *Chrétiens* ne plaident pas les uns contre les autres devant des Tribunaux Paiens; & cela à l'exemple des *Juifs*, parmi lesquels c'étoit une maxime commune, *Que celui qui faisoit prendre connoissance aux Gentils des affaires qu'il y avoit entre les Israëlites, deshonoroit le nom de* Dieu. Le but de Jesus-Christ est donc d'exercer notre patience, en nous défendant de plaider pour des choses aisées à recouvrer, comme une Tunique, ou le Manteau avec la Tunique, s'il arrive qu'on coure risque d'être dépouillé de l'un & de l'autre; & voulant qu'en de pareils cas nous ne poursuivions pas notre droit par les voies de la Justice, quelque bien fondé qu'il soit. *Apollonius de Tyane* (6) soûtenoit, qu'*il est indigne d'un Philosophe, de plaider pour quelque peu d'argent.* Ulpien dit, que *le Préteur* (7) *ne désapprouve point l'action d'un Homme, qui a mieux aimé perdre son bien, que de plaider plusieurs fois pour le recouvrer. Car*, ajoûte-t-il, *il ne faut pas blâmer une honnête aversion des Procès.* Ce que ce Jurisconsulte témoigne-là être louable dans l'esprit des Gens-de-bien, Notre Seigneur le commande expressément, faisant ainsi la matiére de ses Préceptes des choses les plus honnêtes & les plus approuvées. Mais on auroit tort d'en conclurre, qu'un Pére, qu'un Tuteur, ne puisse pas, quand il y est contraint, avoir recours à la Justice, pour empêcher qu'on ne retienne ou qu'on n'enléve ce qui est absolument nécessaire pour l'entretien de ses Enfans, ou de ses Pupilles. Car autre chose est une Tunique, ou un Manteau; & autre chose, les biens dont on tire toute sa subsistance. Dans les *Constitutions de* Clément, il est dit, que, (8) *si un* Chrétien *a un procès, il doit tâcher de s'accommoder, quand même il devroit perdre quelque chose.* Il faut donc appliquer ici ce que l'on dit ordinairement des Choses Morales en général, qu'elles ne consistent pas dans un point indivisible, mais qu'elles ont, à leur maniére, quelque étendue. Cela a lieu aussi dans le Précepte qui suit celui que nous venons d'expliquer: (g) *Si quelcun vous contraint de faire un mille de chemin avec lui, faites-en deux.* Nôtre Seigneur ne parle pas de faire cent milles, ce qui détourneroit trop une personne de ses affaires; mais seulement un mille, ou deux, s'il le faut, ce qui n'est qu'une espéce de promenade, dont la peine & le retardement est compté presque pour rien. Le sens de ces paro-

(f) I. Corinth. VI, 4.

(g) Vers 41.

gneur nous ordonne par là, de ne pas nous abandonner au chagrin & à la tristesse, mais d'être joieux, comme si nous avions donné de nôtre pur mouvement ce qui nous a été pris. *Tollenti tibi tunicam, remitte et & pallium: sed non, quasi nolentes fraudari, contristemur, sed, quasi volentes donaverimus, gaudeamus.* Et si quis te, *inquit*, angariaverit mille passus, vade cum eo alia dua: *ut non, quasi servus sequaris, sed, quasi liber, precedas.* Lib. IV. Cap. XXVII. Libanius, qui avoit lû les *Evangiles*, loue, dans une de ses Harangues (*De custodia reorum*) ceux qui ne plaidoient pas pour un Manteau ou une Tunique. St. Jerome dit, que, quand une personne veut nous appeller en Justice, & nous dépouiller de notre Tunique par des chicanes, il faut, selon l'Evangile, lui laisser aussi le Manteau: *Docet Evangelium, ei qui nobiscum velit judicio contendere, & per lites & jurgia auferre tunicam, etiam pallium esse concedendum.* Dialog. I. adversus Pelagium (*Tom.* II. pag. 274. C. *Edit. Basil.*) Grotius.

Le passage de St. Cyprien, que notre Auteur indique, se trouve, dans le Traité *De bono Patientiæ*, pag. 216. *Edit. Fell. Brem.* Mais il n'est pas bien clair, que ce Pere veuille expliquer par là les paroles de l'Evangile, qui suivent.

(6) Ὑπολαβὼν οὖν ὁ Ἀπολλώνιος, [illegible] τὸ δικάζεσθαι, [illegible] χρημάτων [illegible]. Vit. Apoll. Tyan. *Lib.* II. Cap. XV. (XXXIX. *Edit. Olear.*)

(7) *Non tamen ejus factum improbat Prætor, qui tanti habuit re carere, ne propter eam sæpius litigaret: hæc enim verecunda cogitatio ejus, qui lites execratur, non est vituperanda.* Digest. Lib. IV. Tit. VII. *De alienat. judicii mutandi caussâ facta*, Leg. IV. §. 1. J'ai traduit cette Loi, selon le sens que notre Auteur doit y donner, dans l'application qu'il en fait. Mais, à la considerer en elle-même, il ne s'agit point là de sacrifier quelque chose de son propre bien, pour éviter un Procès. Le cas est fort différent, puis que celui, que l'on dit vouloir éviter de plaider plusieurs fois, est un Possesseur du bien d'autrui, qui voit le Propriétaire disposé à le revendiquer entre ses mains. On peut lire là-dessus le beau Commentaire de Mr. Noodt sur la I. Partie du Digeste, pag. 203, 204. car il faudroit trop s'étendre ici, pour faire comprendre les fondemens de cette explication, qui supposent la connoissance d'une des matiéres subtiles du Droit Romain.

(8) Σπουδαζέτω διαλύεσθαι, κἂν δέῃ ζημιωθῆναί τι. Lib. I. Cap. XLV.

(9)

roles est donc, qu'en matiére de choses qui ne doivent pas nous incommoder beaucoup, nous ne devons pas presser nôtre droit à la rigueur, mais (9) en ceder plûtôt au delà même de ce qu'on nous demande, (10) pour faire voir à tout le monde nôtre patience & nôtre bonté. Nôtre Seigneur ajoûte: (h) *Donnez à celui qui vous demande,* (11) *& ne renvoyez pas celui qui veut emprunter de vous.* Si l'on entend cela sans restriction, rien n'est plus dur. *Ceux qui n'ont pas soin de leur Famille, sont pires que des Infidéles, dit* (i) St. Paul. Suivons donc ici l'explication du même Apôtre, qui sans doute entendoit très-bien la Loi de son Maitre. Voici comme il parle aux *Corinthiens*, lors qu'il les exhorte à la charité envers les Pauvres de *Jerusalem*: (k) *Je ne veux pas que vous vous mettiez à l'étroit, pour soulager les autres, mais qu'il y ait de l'égalité, & que* (12) *vôtre abondance supplée pour l'heure à leur disette*, c'est-à-dire, pour me servir des paroles de Tite Live sur un sujet assez semblable, (13) *afin que de vôtre superflu vous subveniez aux nécessitez d'autrui*; comme (14) faisoit *Cyrus* envers ses Amis, au rapport de Xénophon. Usons donc de la même équité, en expliquant le Précepte de Nôtre Seigneur où il défend de *réfuser à ceux qui nous font du mal*, & il nous ordonne de *présenter la jouë gauche à celui de qui l'on a reçû un soufflet sur l'autre.*

(h) *Vers.* 42.

(i) *I. Timoth.* V, 8.

(k) *II. Cor.* VIII, 13.

5. Pour en mieux comprendre le sens, considérons une opposition qu'il y a dans ce Précepte. Comme la Loi de Moïse accordoit la liberté illimitée du Divorce, pour empêcher que les Maris ne maltraitassent leurs Femmes: de même, pour prévenir les Vengeances particuliéres, auxquelles les *Israëlites* étoient extrémement portez, elle permettoit à l'Offensé de faire souffrir à l'Offenseur la peine du (15) Talion, non pas en se faisant justice à soi-même, mais en recourant aux Juges, qui devoient décerner cette peine: comme cela fut aussi établi depuis, parmi les *Romains*, (16) dans la Loi des Douze Tables. Il n'en est pas de même des Loix de Jesus-Christ. Comme il demande de ses Disciples un plus haut degré de Patience, bien loin d'approuver que ceux

(9) C'est le sage Précepte que donne Ciceron: *Multa multis de jure suo cedentem: à litibus vero, quantum liceat, & nescio an paullo plus etiam quàm liceat, abhorrentem.* De Offic. *Lib.* II. *Cap.* XVIII.

(10) Justin, *Martyr*, dit, que Nôtre Seigneur Jesus-Christ veut nous engager par là à être patiens, officieux envers tout le monde, non coléres. *Περὶ δὲ τοῦ ἀνεξικάκους εἶναι, καὶ ὑπηρετικοὺς πᾶσι, καὶ ἀοργήτους, ἃ ἔφη, ταῦτά ἐστι.* Apolog. II. Grotius.

(11) Le même Pére de l'Eglise, qui vient d'être cité, explique cela de l'empressement avec lequel on doit faire part de ses biens à ceux qui en ont besoin, par un pur principe de bonté, & sans ostentation. *Εἰς δὲ τὸ κοινωνεῖν τοῖς δεομένοις, καὶ μηδὲν πρὸς δόξαν ποιεῖν, ταῦτα ἔφη· Παντὶ τῷ αἰτοῦντι δίδοτε.* &c. Justin. *Apolog.* II. Et ailleurs: *Παντὶ δεομένῳ κοινωνοῦντες.* St. Cyprien dit à peu près la même chose: *Nemini negandam eleemosynam. Item illic:* Omni poscenti te dato, & ab eo qui voluerit mutuari, ne aversatus fueris. *Testimon.* Lib. III. Cap. I. Grotius.

(12) „ Je donnerai à celui qui en a besoin, *pourvû que je n'en aie pas besoin moi-même.* C'est ce que dit très-bien Seneque: *Dabo egenti, sed ut ipse non egeam.* De Benefic. *Lib.* II. (*Cap.* XV.) St. Chrysostome, sur le passage de *l'Epître aux* Corinthiens, cité dans le Texte, dit, que Dieu demande de chacun selon les moiens qu'on a, & pas davantage: *Ὁ Θεὸς τὰ κατὰ δύναμιν ἀπαιτεῖ, καὶ καθ' ὃ ἔχει τις, οὐ καθ' ὃ οὐκ ἔχει.* L'Apôtre (ajoûte-t-il, pour mieux expliquer sa pensée) l'Apôtre louë à la vérité les *Thessaloniciens*, d'avoir fait au delà de ce qu'ils pouvoient: mais il ne veut pas contraindre ceux d'*Achaïe* à en faire autant: *Ἐπαινεῖ μὲν τὸ ὑπὲρ δύναμιν, οὐκ ἀναγκάζει δὲ τούτους ποιῆσαι τ' αὐτό.* Grotius.

(13) *Ex eo quod adfluit opibus vestris, sustinendo necessitates aliorum.* Lib. VI. Cap. XV. *num.* 9.

(14) *Ἐπειδὰν δὲ κτήσωμαι, ἃ ἂν ἴδω περιττὰ ὄντα τῶν ἐμοὶ ἀρκούντων, τούτοις τάς τ' ἐνδείας τῶν φίλων ἐξακοῦμαι.* Cyropæd. Lib. VIII. Cap. II. §. 11. *Ed. Oxon.*

(15) Ce n'étoit pas une peine de Talion au pié de la lettre: car on ne crevoit les yeux à aucun Criminel, & on ne mutiloit personne d'aucun Membre, selon les Loix de Moïse; qui d'ailleurs ne condamnoient qu'à une amende ceux qui avoient blessé quelcun, sans que la mort s'ensuivît. L'expression, *Oeil pour oeil, & dent pour dent*, n'est donc qu'une façon de parler proverbiale, dont le sens se reduit à ceci, Que chacun seroit puni par les Juges selon la gravité du fait. Voiez Mr. Le Clerc, sur Exode, XXI, 24. & Deuteron. XIX, 21.

(16) Cette Loi portoit que, si quelcun avoit rompu quelque Membre à un autre, on devoit lui en faire autant, à moins qu'il ne s'accommodât avec la personne lézée. Si. membrum. rupit. ni. cum. eo. pacit. talio. esto. Voiez Aul. Gell. *Noct. Attic.* Lib. XX. Cap. I. & Festus sur le mot *Talio.*

(17) Voiez St. Chrysostome, dans l'endroit que je viens de citer (*Note* 12.) Grotius.

(18) „ Distinguons, s'il vous plaît (dit-il) entre l'*Injure* & l'*Affront.* La prémiére est plus fâcheuse de „ sa nature: l'autre est plus leger, & n'est difficile à „ digerer que pour ceux qui sont fort sensibles; il offense, mais il ne fait aucun mal. Cependant les „ Esprits sont ordinairement si vains & si foibles, qu'il

ceux qui ont été actuellement offensez poursuivent de cette maniére la réparation de l'injure; il défend même d'emploier les voies de la Force ou de la Justice, pour prévenir certaines injures dont on se voit menacé. Mais quelles sont ces injures? Celles que l'on peut aisément supporter. (17) Non qu'il ne soit louable de souffrir ainsi des injures atroces, sans en demander satisfaction: mais c'est que Nôtre Seigneur se contente d'un moindre degré de Patience; d'où vient qu'il donne pour exemple un Soufflet, qui ne met en danger ni nôtre Vie, ni les membres de nôtre Corps, & qui emporte seulement quelque mépris, dont l'effet ne diminuë rien de nôtre mérite. C'est ainsi que les Sages du Paganisme, comme (18) SENE'QUE, PACUVE (19), CE'CILE (20) & (21) DE'MOSTHE'NE, ont distingué entre une *Injure*, & un *Affront*: & le prémier de ces Auteurs raisonnant en Philosophe, (22) soûtient, que, si l'*Affront* est plus sensible à bien des gens, c'est un effet de leur vanité & de leur foiblesse, qui les rend si sensibles à quelque action ou quelque parole peu obligeante. C'est dans des circonstances comme celles-là que Nôtre Seigneur JE'SUS-CHRIST recommande la Patience. Et afin qu'on n'objecte pas ce mot commun, *Qu'en* (23) *souffrant une injure, on s'en attire une nouvelle*; il ajoûte, qu'il faut plûtôt (24) supporter une seconde injure, que de repousser la prémiére; parce que tout le mal qui en revient, ne consiste que (25) dans une fausse imagination. Il faut, dis-je, souffrir patiemment ces sortes d'injures: car c'est ce que signifie *présenter la jouë*, selon le stile de (l) la Langue Hébraïque. TACITE (26) & (27) TE'RENCE ont dit dans le même sens, *présenter la face.*

(l) Voiez *Esaïe* L. 6. & *Lament. de Jerem.* III. 3.

§. III. Le troisiéme passage dont on se sert ordinairement, pour montrer que l'Evangile condamne absolument la Guerre, c'est celui qui suit les paroles que je viens d'examiner: (m) *Vous avez entendu, qu'il a été dit; Tu aimeras ton Prochain, & haïras ton Ennemi. Mais moi je vous dis: Aimez vos Ennemis, bénissez ceux qui vous maudissent, priez pour ceux qui vous traitent injurieusement & qui vous persécutent.* Il y a des gens qui s'imaginent que la Guerre, & le droit de punir de mort les Criminels, sont in-

(m) *Math.* V. 41.

» y a des gens, qui ne trouvent rien de plus insuppor» table, qu'un Affront. C'est ainsi que tel Esclave ai» mera mieux être fouetté, que souffleté. *Dividamus, si tibi videtur,* SERENE, Injuriam à Contumelia. *Prior illa naturâ gravior est: hac levior, & tantum delicatis gravis; quâ non læduntur, sed offenduntur. Tanta est tamen animorum dissolutio & vanitas, ut quidam nihil acerbius putent. Sic invenies Servum, qui flagellis, quàm colaphis cædi malit.* De constantia Sapientis, *Cap.* IV. Le même Philosophe remarque ailleurs, que les Loix même n'ont pas jugé qu'un Affront méritât d'être puni: *Est minor Injuria* [Contumelia]: *quam queri magis, quàm exsequi possumus: quam Leges quoque nullâ dignam vindictâ putaverunt.* Ibid. *Cap.* X. GROTIUS.

(19) *Patior facile injuriam, si est vacua à contumelia.* In *Peribœa.* Voiez la Note suivante.

(20) *Facile ærumnam ferre possum, si inde abest injuria:*
Etiamque injuriam, nisi contra constat contumelia.
Ces vers sont tirez d'une Piéce intitulée, *Fallacia.* On les trouve citez par NONIUS MARCELLUS, (pag. 430. *Edit. Paris. Mercer.*) aussi bien que celui de la Note précedente: & GRONOVIUS conjecture que dans les derniéres paroles, il faut lire, *nisi circum adstant contumelia.*

(21) Il dit, que, quelque fâcheux qu'il soit à un Homme Libre d'être battu, ce ne sont pas tant les coups reçus qui l'offensent, que de voir qu'on les lui donne par mépris. Οὐδὲ τὸ τύπτεσθαι τοῖς ἐλευθέροις ἐστὶ δεινὸν, καίπερ ὂν δεινόν· ἀλλὰ τὸ ἐφ' ὕβρει. Orat. advers. Midiam, *pag.* 395. B. *Edit. Genev.* Ce passage se trouve cité par les Jurisconsultes Romains, DIGEST. Lib. XLVIII. Tit. XIX. *De Pœnis*, Leg. XVI. §. 6.

(22) *Hunc adfectum movet humilitas animi, contrahentis & ob factum dictumve inhonorificum.* De Constant. Sap. *Cap.* X. Voiez les passages du même Philosophe qui viennent d'être citez, *Note* 18.

(23) *Veterem ferendo injuriam, invites novam.* C'est une des Sentences de PUBLIUS SYRUS, qu'AULU-GELLE nous a conservée, *Noct. Attic.* Lib. XVII. Cap. XIV. Elle est la 733. du Recueil de GRUTER; sur quoi voiez ses Notes, publiées en 1708. à *Leide.*

(24) » C'est une belle victoire, de donner à l'Offen» seur plus qu'il ne veut, & de surpasser par la gran» deur de sa propre patience l'étenduë même des mau» vais désirs d'un tel homme. Ταύτη γὰρ ἡ λαμπρὰ νίκη, τὸ πλεῖον αὐτῷ παρασχεῖν ὧν βούλεται, καὶ τῆς ὁρμῆς τῆς πονηρᾶς ἐπιθυμίας αὐτοῦ τῇ δαψιλείᾳ τῆς οἰκείας ὑπερβῆναι μακροθυμίας. CHRYSOSTOM. in VII. *ad Romanos.* GROTIUS.

(25) Le même Pére de l'Eglise, qui vient d'être cité, dit ailleurs, qu'un Affront porte coup ou tombe, selon les sentimens & la disposition de celui qui souffre, & non pas selon l'intention de celui qui le fait. Ὕβρεις οὐκ ἀπὸ γνώμης τῶν ὑβριζόντων, ἀλλ' ἀπὸ τῆς διαθέσεως τῶν πασχόντων, ἢ συνίσταται, ἢ διαλύεται. CHRYSOST. Orat. I. *de Statuis.* GROTIUS.

(26) *Mox ut* PRÆBERI ORA *contumeliis*, &c. Hist. Lib. III. Cap. XXXI. *num.* 5. Il dit ailleurs: Os & OFFERRE *contumeliis.* Ibid. Cap. LXXXV. *num.* 6. Et TITE LIVE: PRÆBERE *ad contumeliam os.* Lib. IV. Cap. XXXV. *num.* 10.

(27) SA. *Qui potui melius, qui hodie usque* OS PRÆBUI---
Adelph. *Act.* II. *Scen.* III. vers. 7.
Voiez aussi CICERON, *Epist. ad Attic.* I, 18. pag. 145. Tom. I. *Orat. pro Sext. Rosc. Amerin.* Cap. XLIX. pag. 205. *Ed. Grævii*; & *in Verr.* III, 16. pag. 32. où la même expression se trouve dans le même sens.

incompatibles avec ce devoir d'aimer ses Ennemis, & de leur faire du bien. Mais il sera aisé de réfuter une telle pensée, si nous considérons bien les paroles mêmes de la Loi de MOISE, auxquelles Notre Seigneur oppose le Précepte qu'il donne ici. Il étoit ordonné aux anciens *Hébreux d'aimer* (n) *leur Prochain*, c'est-à-dire, (28) ceux de leur Nation. Mais cela n'empêchoit pas que les Magistrats ne fussent tenus par la même Loi, de faire mourir les Homicides, & autres Criminels, coupables de Crimes énormes. Cela n'empêcha pas non plus, que les onze Tribus (o) n'entreprissent légitimement la Guerre contre la Tribu de *Benjamin*, à cause d'un grand forfait dont elle s'étoit renduë complice. Cela n'empêcha pas que *David*, dont les Exploits militaires sont appellez (29) *Combats de* DIEU, ne prît les armes contre *Isboseth*, pour se mettre en possession du Roiaume qui lui avoit été promis. J'avouë que le mot de *Prochain* s'étend aujourdhui à tous les Hommes: car ils sont tous admis à une Grace commune, & il n'y a plus de Peuple, que DIEU aît condamné à être exterminé sans ressource. Mais on n'en a pas moins pour cela la liberté de faire contre tous les Hommes ce qui étoit alors permis contre les *Israëlites*, puis qu'il étoit aussi bien commandé de les aimer, qu'il l'est aujourdhui d'aimer tous les Hommes. Que si l'on dit, que la Loi Evangélique demande un plus haut degré d'amour, je le veux aussi, pourvû que l'on reconnoisse avec moi, comme une chose certaine, que nous ne devons pas aimer (30) également tous les Hommes, mais qu'il est juste aujourdhui, comme autrefois, d'aimer son Pére, par exemple, plus qu'un Etranger: & que, selon les Loix d'une Charité bien reglée, l'utilité de l'Innocent doit être preferée à l'avantage du Coupable, le bien public au particulier. Or l'usage de la Guerre, aussi bien que celui du dernier supplice, sont venus de l'amour qu'on (p) avoit pour les Innocens. Ainsi l'obligation d'aimer chacun en particulier, & de procurer son utilité, se doit toûjours entendre avec cette restriction, qu'il n'y aît pas quelque raison d'un amour plus fort & plus juste, qui en empêche: (31) *Il y a autant de cruauté à avoir de l'indulgence pour tout le monde, qu'à ne pardonner à personne.* Ajoûtez à cela, que quand JESUS-CHRIST nous ordonne d'aimer nos Ennemis, il se sert, pour nous y porter, de l'exemple de DIEU, qui (q) *fait lever son Soleil sur les Méchans, aussi bien que sur les Bons:* or DIEU punit, dès cette Vie même, quelques Méchans, & il les punira un jour très-sévérement. Par où tombent en même tems les raisons qu'on ti-

re

(n) Voiez *Levitiq.* XIX, 17. conféré avec le vers. 18.

(o) *Juges*, XX, XXI.

(p) Voiez une sentence morale de SALOMON, *Proverb.* XXIV. 11.

(q) *Matth.* V, 45.

(28) Les *Prosélytes* étoient mis au même rang que les *Hébreux*: & les Loix qui défendoient de faire du mal à autrui, s'étendoient aussi à ces Habitans incirconcis, dont nous avons parlé ci-dessus, *Chap.* I. §. 16. C'est ce que reconnoissent les *Talmudistes*. GROTIUS.

(29) Voiez ci-dessus, §. 2. de ce Chap. *num.* 3. à la fin.

(30) TERTULLIEN dit, qu'il y a un degré de bonté envers les Etrangers, qui est inférieur aux sentimens que l'on doit avoir pour les Proches. *Quod si secundus gradus bonitatis est in extraneos, qui in proximos, primus est* &c. Advers. *Marcion. Lib.* IV. (Cap. XVI.) St. JEROME trouve fort étrange de dire, qu'on doive aimer également ses Ennemis & ses Parens: *Praeceptum est mihi, ut diligam inimicos, & orem pro persecutoribus. Numquid justum est, ut ita diligam, quasi proximos & consanguineos? ut inter amulum, & necessarium, nulla sit distinctio?* Advers. Pelag. *Dialog.* I. (Tom. II. pag. 274. C. *Ed. Basil.*) GROTIUS.

(31) Ce sont les propres paroles de SENEQUE: *Nam tam omnibus ignoscere crudelitas est, quàm nulli.* De Clement. *Lib.* I. *Cap.* II. St. CHRYSOSTOME, traitant des Peines Humaines, dit que les Hommes les infligent par un principe de bonté, & nullement dans un esprit de cruauté. Οὐδὲ ἀνθρώπινος ἀμύνοντες ταῦτα ποιοῦσιν, ἀλλὰ φιλανθρωπίᾳ. In I. *ad Corinth.* III, 12, *& seqq.* Selon St. AUGUSTIN, comme il y a quelquefois une Compassion qui punit, il y a aussi une Cruauté qui pardonne: *Sicuti enim est aliquando misericordia puniens; ita & crudelitas parcens.* (Epist. LIV. *ad Macedon. Judicem.*) Il y a une Loi de VALENTINIEN, THEODOSE, & ARCADIUS, dans laquelle ces Empereurs recommandent d'empêcher que certaines personnes puissantes ne protégent les Brigands, & n'enhardissent par là d'autres Scelerats à commettre de semblables crimes. *Removeantur patrocinia, quae favorem reis & auxilium facinorosis impertiendo, maturari scelera fecerunt.* COD. THEODOS. Lib. I. Tit. XI. *de Defensorib. Civitat.* Leg. III. [Cette Loi se trouve, à peu près dans les mêmes termes, au même Titre du *Code Justinien*, Leg. VI.] *Totila* mettoit au même rang ceux qui commettent un Crime, & ceux qui empêchent que le Crime ne soit puni: Τό τε ἐξαμαρτάνειν, καὶ τὸ διακωλύειν τὴν εἰς τοὺς ἡμαρτηκότας τιμωρίαν, οἶμαι, ἐν ἴσῳ ἐστί. PROCOP. Gothic. Lib. III. (Cap. VIII.) Voiez ce que l'on dira ci-dessous, *Liv.* II. *Chap.* XXI. §. 2. GROTIUS.

(32) Voiez ce que dit là-dessus St. CYRILLE, dans son V. Livre contre l'Empereur *Julien* (pag. 171, *& seqq. Ed. Spanhem.*) GROTIUS.

Conferez ce que dit l'Auteur ci-dessous, *Liv.* II. Chap. XX. §. 11.

(33)

te ici de la Douceur qui est prescrite aux Chrétiens. Car, quoi que (r) DIEU soit *doux*, *miséricordieux*, *patient*, comme il est qualifié dans l'Ecriture Sainte; cette même Ecriture ne laisse pas de lui attribuer par tout de la (s) *colére* envers (32) les Pécheurs obstinez, c'est-à-dire, une volonté de les punir. Et le Magistrat nous est représenté comme établi pour être (t) *le Ministre* de cette colére. MOÏSE est loué, à cause de sa douceur extrême: cependant il a puni des Criminels, jusqu'à les faire mourir. La douceur & la patience de JESUS-CHRIST nous est souvent proposée à imiter: mais c'est lui qui (33) a puni très-rigoureusement (v) les *Juifs* rebelles, & qui, au jour du dernier Jugement, condamnera les Méchans chacun selon son mérite. Les Apôtres ont imité la douceur de leur Maître: (34) & néanmoins ils se sont servis du pouvoir extraordinaire que DIEU leur avoit donné, pour (x) punir des personnes coupables de grands Péchez.

(r) *Jonas*, IV, 2. *Exod.* XXXIV, 6.

(s) Voiez *Nombr.* XIV, 18. *Rom.* II, 8.

(t) *Rom.* XIII, 4.

(v) Voiez *Matth.* XXII, 7.

(x) Voiez *I. Cor.* IV, 21. V, 5. *I. Timoth.* I, 20.

7. IV. Le quatriéme passage qu'on objecte, est celui de l'Epître de ST. PAUL aux *Romains*, (y) où l'Apôtre dit: *Ne rendez à personne le mal pour le mal: aiez soin de ne rien faire que d'honnête devant tous les Hommes. S'il se peut, vivez en paix avec tous les Hommes, autant qu'il dépend de vous. Ne vous* (35) *vengez pas vous-mêmes, mes bien aimez, mais donnez lieu à la colére: car il est écrit; C'est à moi qu'appartient la Vengeance: je punirai, dit le Seigneur. Si donc ton Ennemi a faim, donne-lui à manger: s'il a soif, donne-lui à boire; car en faisant cela, tu amasseras des charbons de feu sur sa tête. Ne te laisse pas vaincre par le mal, mais surmonte le mal par le bien.* Ici la même réponse que nous avons faite au sujet du passage précedent, se présente d'elle-même. Car dans le tems que (36) DIEU avoit dit, *C'est à moi qu'appartient la Vengeance, c'est moi qui punirai*; dans ce même tems la peine de mort étoit en usage, & il y avoit des Loix écrites touchant la Guerre. On trouve même dans la Loi un commandement exprès (z) de rendre service à ses Ennemis, c'est-à-dire, à ceux qui étoient de la même Nation; sans préjudice néanmoins du droit de punir de mort les *Israëlites* même, & de prendre les armes contr'eux pour de justes causes, comme nous l'avons dit ci-dessus. Ainsi les mêmes paroles, ou d'autres qui contiennent des Préceptes semblables, quoi que plus étendus, ne doivent pas non plus sous l'Evangile être pressées à la rigueur, comme si elles condamnoient de pareilles choses. On a d'autant moins lieu de

(y) *Rom.* XII, 17, & *suiv.*

(z) *Exod.* XXIII, 4, 5.

(33) Voiez encore MATTH. XXI, 41. LUC, XIX, 12, 14, 27. St. CHRYSOSTOME, après avoir raconté les maux que souffrit *Jérusalem*, s'écrie: " C'est „ CHRIST qui a fait tout cela: Ecoutez comment il „ l'a prédit lui-même, & sous l'enveloppe des Parabo„ les, & tout ouvertement, en termes clairs & for„ mels. Ὅτι δὲ ὁ Χριστὸς αὐτὸς ταῦτα εἰργάσατο, ἄκουσον αὐτοῦ τοῦτο προλέγοντος, καὶ διὰ παραβολῶν, καὶ σαφῶς καὶ διαῤῥήδην. In *Roman.* XIV. Voiez aussi la II. Harangue contre les *Juifs*, où il dit quelque chose de semblable. GROTIUS.

(34) „ Ferai-je mourir? Détruirai-je quelque Mem„ bre? Car il y a un esprit de sévérité, aussi bien „ qu'un esprit de douceur. Ἀπέκτεινε, φησὶν; Ἔστι γὰρ πνεῦμα πραότητος, καὶ πνεῦμα ἀποτομίας. CHRYSOSTOM. *in I. Corinth.* IV, 21. Voiez aussi ce que dit St. AUGUSTIN, *de Sermonib. Domini in monte*, Lib. I. & autres Ecrivains Ecclésiastiques, citez dans le Droit Canon, *Caus.* XXIII. *Quæst.* VIII. GROTIUS.

(35) Il y a ici dans la Vulgate, *defendentes*: mais ce mot se prend souvent, chez les Auteurs Chrétiens, pour *se venger*; comme, par exemple, dans TERTULLIEN: *Jam si levius* DEFENDARIS, *insanies: si uberius, oneraberis. Quid mihi cum ultione, cujus modum regere non possum per impatientiam doloris?* De Patientia (Cap. X.) Et ailleurs: *Non enim injuria mutuo exercenda licentiam sapit, sed in totum cohibenda violentia prospicit, ut quia durissimo & infideli in Deum populo longum vel etiam incredibile videretur à Deo expectare* DEFENSAM, *edicendam postea per Prophetam*, Mihi DEFENSAM, *& ego* DEFENDAM, dicit Dominus: *interim commissio injuria, metu vicis statim occursura repastinaretur: & licentia retributionis prohibitio esset provocationis; ut sic improbitas astuta cessaret, dum secundâ permissâ, prima terretur; & primâ deterritâ, nec secunda committitur, quæ & alias facilior timor talionis per eumdem saporem passionis. Nihil amarius, quàm id ipsum pati, quod feceris aliis.* Adversus Marcion. *Lib.* II. (Cap. XVIII.) *Alia Diluvium iniquitates provocaverant, semper* DEFENSÆ *qualescumque fuerunt, non tamen septuagies septies, quod duo matrimonia merentur.* De Monogamia. (*Cap.* IV.) Le passage de St. PAUL, dont il s'agit, n'est pas mal expliqué par St. AUGUSTIN, de cette maniére: " Il „ est défendu de même *de résister au Méchant*, afin que „ nous ne prenions pas plaisir à la Vengeance, qui se „ repait de la vuë des maux d'autrui. *Hinc autem dictum est*, Non resistamus malo, *ne nos vindicta delectet, quæ alieno malo animum pascit.* Epist. CLIV. Voiez ce que l'on dira ci-dessous, *Liv.* II. *Chap.* XX. §. 5. & 10. GROTIUS.

(36) Voiez LEVITIQUE, XIX, 18. DEUTERONOME, XXXII, 35. où l'on trouve le sens des paroles.

de leur donner ce sens, que le prémier verset & les suivans du Chap. XIII. qui commence ainsi, *Que toute personne soit soûmise aux Puissances Supérieures*; étoient autrefois joints tout de suite avec les Préceptes dont il s'agit, où la Vengeance est défenduë (car la division des Livres du Nouveau Testament en Chapitres, n'est pas des Apôtres, ni même de leur tems; elle a été (37) faite beaucoup plus tard, pour la commodité des Lecteurs, afin qu'on pût citer & trouver plus aisément un passage.) Or dans le Chap. XIII. St. Paul dit que les Puissances établies par autorité publique sont les *Ministres de* Dieu, & les *Vengeurs* du crime *pour la colére*, c'est-à-dire, pour punir *ceux qui font mal*. Par où il distingue très-clairement la Vengeance qui s'exerce de la part de Dieu, pour le bien public, & qui doit être rapportée à celle que Dieu s'est reservée; d'avec la Vengeance particuliére, qui n'a pour but que de satisfaire le ressentiment de l'Offensé, & qui est celle que l'Apôtre avoit défenduë un peu auparavant. Car si l'on renfermoit dans cette défense, la Vengeance même qui se fait pour le bien public, qu'y auroit-il de plus absurde que de dire, qu'il faut bien se garder de punir de mort les Criminels, & d'ajoûter immédiatement après, que les Puissances Souveraines sont établies pour punir au nom & en la place de Dieu?

(aa) *II. Cor.* X, 3, 4.

7. V. Un cinquiéme passage, que quelques-uns alléguent, c'est celui-ci, tiré de la *II. Epître* aux Corinthiens: (aa) *Quoi que nous marchions dans la chair, nous ne faisons pas la guerre selon la chair. Car les armes de nôtre milice ne sont* (38) *point charnelles, mais puissantes, par la vertu de* Dieu, *pour renverser les forteresses* &c. Mais il n'y a rien là qui fasse à nôtre sujet. Car il paroît par ce qui suit, & par ce qui précéde, que St. Paul entend par la *chair*, l'état foible de son Corps, tel qu'il paroissoit aux yeux du monde, & à cause duquel on le méprisoit. Il oppose à cela les armes dont il étoit pourvû, c'est-à-dire, le pouvoir qu'il avoit reçû du Ciel, comme Apôtre, de punir les réfractaires : pouvoir dont il avoit usé contre *Elymas*, contre l'Incestueux de *Corinthe*, contre *Hymenée* & *Alexandre*. Il dit donc que ce pouvoir n'est point *charnel*, c'est-à-dire, foible: & il soûtient au contraire qu'il est très-fort & très-efficace. Que fait cela au droit de punir de mort, ou d'entreprendre la Guerre? Au con-

(37) On attribuë la distinction moderne des Chapitres, à *Hugues de S. Cher*, Cardinal, qui vivoit dans le XIII. Siécle, ou à d'autres, qui ne sont guéres plus anciens. Il y avoit avant cela une distinction beaucoup plus ancienne, faite sur la fin du IV. Siécle. Voiez les *Prolégoménes* du Docteur Mill, *num.* 903, *& seqq.* Edit. *Kuster.* Selon cette prémiére division, les Chapitres XII. XIII. & XIV. de nos Editions, n'en font qu'un; comme on peut le voir dans la belle Edition du Docteur Anglois, que je viens de citer.

(38) St. Chrysostome dit, sur ce passage, que l'Apôtre entend par les *Armes Charnelles*, les Richesses, la Gloire, la Puissance, l'Eloquence, l'Adresse, les Brigues, les Flatteries, les Tromperies: πλοῦτον, δόξαν, δυναστείαν, εὐγλωττίαν, δεινότητα, περιδρομάς, κολακείας, ὑποκρίσεις. Grotius.

(39) *Divitis hoc vitium est auri; nec bella fuerunt,*
Faginus adstabat quum Scyphus ante dapes.
Lib. I. Eleg. XI. ℣. 7, 8. *Edit. Broekhuys.*

(40) Voiez par exemple *Lib.* VII. pag. 300. *Ed. Pavis.* (460. *Ed. Amstelod. Almelov.*) *Lib.* XIV. pag. 656. (970.) Lib. XV. pag. 713. (1040.)

(41) Philon, Juif, fait la même remarque, *De Vita contemplat.* (pag. 892. A. B. *Ed. Paris.*) en citant ce vers d'Homere (Iliad. Lib. XIII. vers. 6.)

Γλακτοφάγων, Ἀβίων τε δικαιοτάτων ἀνθρώπων.

Gens qui vivent de lait, & qui sont pauvres, mais d'une grande probité. Justin, en parlant des *Scythes*, après avoir dit, qu'ils méprisent l'Or & l'Argent, autant que les autres Hommes en sont passionnez; ajoûte, que c'est de cette maniére de vivre simple & moderée que vient l'innocence de leurs mœurs; parce que, ne connoissant pas les Richesses, ils n'ont que faire de convoiter le bien d'autrui. *Aurum & argentum perinde adspernantur, ac reliqui mortales adpetunt.* . . . . . . *Hæc continentia illis morum quoque justitiam indidit.* [L'Edition de Grævius, suivie aujourd'hui, porte *edidit*: mais peut-être que les exemples qu'il allegue ne sont pas tout-à-fait justes, à cause de la construction; de sorte que la maniére dont notre Auteur cite ce passage, semble la meilleure, & approche fort de celle des deux MSS. où l'on trouve *addidit*], *nihil alienum concupiscentibus. Quippe ibidem divitiarum cupido est, ubi & usus.* (Lib. II. Cap. II. *num.* 8, *& seqq.*) Nicephore Gregoras, Lib. II. dit quelque chose de semblable au sujet des *Scythes*: le passage mérite d'être lû. *Taxile*, l'un des Rois des *Indiens*, parloit ainsi à *Alexandre le Grand*: " A quoi bon entrerions-nous en guerre l'un " contre l'autre, puis que vous n'êtes pas venu ici " pour nous priver de nôtre eau, ni des alimens né" cessaires pour vivre? Car ce sont les seules choses " pour lesquelles des Hommes raisonnables veuillent en " venir aux armes. Τί δεῖ πολέμων (φάναι [ὁ Ταξίλης]) καὶ μάχης ἡμῖν, Ἀλέξανδρε, πρὸς ἀλλήλους, εἰ μήτε ὕδωρ ἀφαιρησόμενος ἥκεις ἡμῶν, μήτε τροφὴν ἀναγκαίαν, ὑπὲρ ὧν μόνων ἀνάγκη διαμάχεσθαι νοῦν ἔχουσιν ἀνθρώποις. (Plutarch. in Alexandr. *pag.* 698. B. Tom. I. *Edit. Wechel.*) Le Philosophe *Diogéne* disoit, que ce n'est pas par-

contraire, c'est parce que l'Eglise étoit alors privée du secours des Puissances Temporelles, que Dieu avoit communiqué à quelques Particuliers du Christianisme, pour sa défense, ce pouvoir miraculeux, qui commença à cesser dès que l'Eglise eut des Empereurs Chrétiens: de même que la *Manne* avoit discontinué de tomber, aussi tôt que les *Israëlites* furent entrez dans des Païs cultivez.

8. VI. On objecte en sixiéme lieu ces paroles de l'Epître aux *Ephésiens:* (bb) *Revêtez-vous de toutes les armes de* Dieu, *pour pouvoir resister aux artifices du Diable: car nous n'avons pas à combattre* (ajoûtez *seulement*, selon le stile des *Hébreux*) *contre le Sang & la Chair, mais contre les Puissances* &c. Mais il s'agit-là des Combats que les *Chrétiens* ont à soûtenir, comme Chrétiens, & non pas de ceux qui peuvent leur être communs avec les autres Hommes en certaines occasions.

(bb) *Eph.* VI, 11, 12.

9. VII. Le septiéme passage, qu'on allégue, est de St. Jaques: (cc) *D'où viennent les Guerres & les Combats entre vous? N'est-ce pas de vos Voluptez, qui combattent dans vos membres? Vous desirez avec ardeur, & vous n'avez pas ce que vous souhaittez: vous êtes envieux & jaloux, sans pouvoir néanmoins obtenir ce que vous souhaittez: vous combattez & vous faites la Guerre, mais vous n'avez pas pour cela ce pourquoi vous vous quérellez, parce que vous ne le demandez point: Vous demandez, & vous ne recevez pas, parce que vous le demandez mal, pour le depenser en vos voluptez.* Mais ces paroles ne renferment point de maxime générale, qui condamne absolument l'usage des Armes: elles nous apprennent seulement que les Guerres & les Combats, par lesquels les *Juifs* dispersez se déchiroient alors misérablement les uns les autres, & dont on peut voir une partie dans (dd) Joseph, doivent leur origine à des principes honteux & criminels; comme cela n'arrive que trop aujourdhui même, à nôtre grand regret. Le Poëte Tibulle fait une réflexion approchante, lors qu'il dit: (39) *C'est l'Or qui est la cause de tant de quérelles: il n'y eut point de Guerres, tant qu'on beuvoit dans des Gobelets de bois.* Strabon remarque (40) en plusieurs endroits, que les Peuples (41) qui vivoient avec le plus de simplicité étoient ceux parmi lesquels l'Innocence & la Tranquillité regnoient le plus. On trouve des pensées semblables dans (42) Lu-

(cc) *Chap.* IV, 1, *& suiv.*

(dd) *Antiq. Jud.* Lib. XVIII. Cap. XII. & Lib. XIX.

parmi ceux qui vivent de bouillie, qu'on trouve des Voleurs, ou des Guerriers. Οὐ γὰρ ἐν τοῖς μαζοφάγοις οἱ κλέπται καὶ οἱ στρατιῶται. Porphyre regarde la nourriture qui coûte peu, comme une chose qui contribuë beaucoup à affermir la Pieté, & à la rendre commune parmi les Hommes: Τὸ εὐδάπανον καὶ εὐπόριστον πρὸς εὐσέβειαν συντελεῖ, καὶ πρὸς τὴν ἀνάπαυσιν. De abstin. animal. *Lib.* II. (pag. 144. Ed. Lugd. 1620.) Grotius.

Dans le vers d'Homere, cité au commencement de cette Note, l'Auteur suivant l'explication ordinaire, prend ἀβίων pour une épithéte; au lieu que c'est le nom propre d'une partie des anciens *Scythes*, comme le remarque le petit Scholiaste; quoi qu'il ait d'ailleurs donné lieu à cette fausse interprétation. On n'a qu'à voir Strabon, *Geograph.* Lib. VII. pag. 296, 300. *Ed. Paris.* (454, 460. *Ed. Amst.*) Arrien, *de Expedit. Alex.* Lib. IV. Cap. I. Q. Curt. *Lib.* VII. *Cap.* VI. *num.* 11. Stephanus, *de Urbib. in voce* Ἄβιοι; pour se convaincre que le Poëte parle des *Abiens*, comme d'une Nation particuliére: & il est surprenant que Madame Dacier soit la pre[...]ete des Traducteurs d'*Homere*, qui ne s'est pas m[...]ise dans cet endroit. Car non seulement la petite Edition de *Wetstein*, mais encore la grande & belle Edition de feu Mr. Barnes, sont ici conformes aux précedentes. Dans la derniére même (pour le dire en passant) l'Imprimeur a sauté toute la Scholie Gréque sur le vers 6. sans que l'Editeur s'en soit apperçu, quoi qu'il dise l'avoir rangée en meilleur ordre, qu'elle ne l'étoit auparavant. Pour revenir à mon Auteur, le mot de *Diogéne*, qu'il rapporte sans dire, d'où il l'a tiré, se trouve dans Porphyre, qu'il cite ensuite, *Lib.* I. *pag.* 94. Et je remarque cela d'autant plus volontiers, que ce mot est un de ceux qui ont échappé aux recherches, non seulement de Stanley, dans son *Histoire Philosophique*, composée en Anglois; mais encore de feu Mr. Olearius, qui avoit pris à tâche, en traduisant cet excellent Ouvrage en Latin, d'y faire les supplémens nécessaires.

(42) „ O Luxe prodigue (dit-il) qui ne se contente „ jamais d'un petit ordinaire! Vain & ambitieux désir „ de mets cherchez de tous côtez par mer & par terre! „ Pompe superbe d'une Table délicate! Apprenez, ô „ Hommes, combien peu de chose il faut pour vivre, „ & combien peu la Nature demande. Il n'est pas be„ soin, pour guérir un Malade, d'un Vin exquis, cou„ lé sous un Consul dont le tems a fait oublier le nom; „ il n'est pas nécessaire qu'il boive dans des Tas„ ses d'or ou de porcelaine: c'est de l'Eau bien claire, „ qui le restaure. Une bonne Source, avec du Pain, „ voilà ce qu'il faut aux Hommes. Malheureux mor„ tels! pourquoi donc font-ils la Guerre?

——— ——— *O prodiga rerum*
Luxuries, numquam parvo contenta paratu,
Et quaesitorum terrâ pelagoque ciborum
Ambitiosa fames, & lautae gloria mensae!
Discite, quàm parvo liceat producere vitam,
Et quantum natura petat. *Non erigit aegros*

No-

LUCAIN, dans (43) PLUTARQUE, dans (44) JUSTIN, dans (45) CICERON; dans (46) MAXIME *de Tyr*, & dans (47) JAMBLIQUE.

(ee) *Matth.* XXVI, 52.

(ff) *Jean*, XVIII, 36.

10. VIII. Pour ce qui est du passage, où JESUS-CHRIST dit à ST. PIERRE: (ee) *Ceux qui auront pris l'épée, périront par l'épée*; cela regarde proprement l'usage des armes de Particulier à Particulier, & non pas la Guerre en général: car Nôtre Seigneur lui-même, lors qu'il parle (ff) du dessein qu'il avoit formé de ne pas se défendre, & d'empêcher même que d'autres ne vinssent à son secours, en rend cette raison, *Que son Régne n'est pas de ce monde*. Ainsi il faut renvoier la solution de la difficulté qu'on tire de ce passage, jusqu'à ce que nous ayions (48) occasion de l'expliquer en son lieu.

§. IX. 1. EN VOILA assez pour répondre aux objections tirées des Livres même du Nouveau Testament. Mais comme, dans l'interprétation du sens d'un Ecrit, l'usage établi depuis, & l'autorité des personnes éclairées, est ordinairement de grand poids; on ne peut se dispenser d'y avoir égard, lors même qu'il s'agit du sens des Auteurs Sacrez. Car il n'est pas vraisemblable que les Eglises fondées par les Apôtres se soient é-loi-

Nobilis ignoto diffusus Consule Bacchus:
Non auro myrrhaque bibunt, sed gurgite puro
Vita redit. Satis est populis fluviusque Ceresque.
Heu miseri, qui bella gerunt. ——

Pharsal. *Lib.* IV. ℣. 373, *& seqq.*

(43) Οὐδεὶς γὰρ φύεται ἀνθρώποις πόλεμος ἄνευ κακίας. ἀλλὰ τὸν μὲν φιληδονία, τὸν δὲ πλεονεξία, τὸν δὲ φιλοδοξία τις ἢ φιλαρχία συῤῥήγνυσιν. " Il n'y a point de „ Guerre, qui ne vienne de quelque principe vicieux: „ car l'une est produite par l'amour des Plaisirs, l'au„ tre par l'Avarice, l'autre par l'Ambition. *De Stoicor. contradict.* (pag. 1049. D. Tom. II. *Edit. Wech.*) C'est une pensée très-véritable, mais à laquelle on fait peu d'attention. Il n'y aura point de mal à la confirmer par d'autres passages aussi beaux, que ceux qui viennent d'être citez. Le prémier sera du Philosophe ATHENE'E, qui disoit, dans une Epigramme Greque: „ O Hommes, pourquoi prenez-vous tant de peine „ pour de mauvaises choses? Pourquoi, par une avidité insatiable de gain, vous engagez-vous dans des Quérelles & des Guerres?

Ἄνθρωποι, μοχθεῖτε τὰ χείρονα, καὶ διὰ κέρδος
Ἄπληστοι νεικέων ἄρχετε καὶ πολέμων;

DIOGEN. LAERT. (*Lib.* X. §. 12. *Edit. Amstel.*) Le second est d'un ancien Rhéteur, nommé FABIANUS PAPIRIUS: *Ecce instructi exercitus, saepe civium cognatorumque conserturi manus, constiterunt, & colles equis utrimque complentur, & subinde omnis regio trucidatorum corporibus consternitur, illatorum multitudine cadaverum, vel spoliantium. Si quaesierit aliquis, quae causa hominem adversus hominem in facinus coëgit? nam neque feris inter se bella sunt: nec, si forent, eadem hominem decerent, placidum proximumque divino genus. Qua tanta vos fert ira, quum una stirps idemque sanguis sitis? vel quae furia in mutuum sanguinem egit? Quod tantum malum humano generi vel sorte vel fato invectum? An ut convivia popinis instruantur, & tecta auro fulgeant, parricidium tanti fuit? Magna enimvero & laudanda sunt, propter quae mensam & lacunaria sua potius quàm lucem innocentes intueri maluerint. An, ne quid ventri negetur libidinique, orbis servitium expetendum est? quid tandem sic pestifera ista divitiae expetuntur, si ne in hoc quidem ut liberis relinquantur?* " On voit des Armées rangées en bataille, où „ souvent les Concitoiens & les Parens vont se battre „ ensemble: les Collines de part & d'autre sont plei„ nes de Cavalerie: tout le païs est couvert de Corps „ morts, ou de gens qui les dépouillent. Qu'est-ce „ qui porte les Hommes à cette rage criminelle contre „ leurs semblables? Les Bêtes sauvages même ne se „ font pas la guerre les unes aux autres: &, quand „ cela seroit, l'Homme, cet Animal doux & paisible, „ celui qui approche le plus de la Divinité, ne devroit „ pas en user de même. Vous êtes tous d'un même „ sang: pourquoi vous laissez-vous emporter à cet ex„ cès de colére? quelle fureur vous anime à répandre „ le sang les uns des autres? Par quel hazard, par „ quelle fatalité, une coûtume si funeste s'est-elle in„ troduite parmi le Genre Humain? Faut-il commet„ tre des parricides, pour avoir de quoi faire de ma„ gnifiques Festins, & de quoi orner des Palais super„ bes? Il doit y avoir sans contredit quelque chose de „ grand & de beau, qui fasse qu'on aime mieux à ce „ prix-là admirer chez soi une Table somptueuse & de „ riches Lambris, que de voir, en conservant son inno„ cence, la lumiére du Soleil à découvert. Faut-il souhai„ ter de rendre esclave l'Univers, pour être en état de „ ne rien refuser à son ventre & à ses passions? A quoi „ bon rechercher ces richesses pernicieuses, si ce n'est „ pas même pour les laisser à ses Enfans? SENEC. *Controvers.* (Lib. II. Contr. IX. pag. 151. *Ed. Elzevir.* 1672.) Le troisiéme passage est de PHILON, Juif: Χρημάτων ἕνεκ', ἢ γυναικὸς, ἢ δόξης, ἢ τινος ἄλλου τῶν ἡδονὴν ἀπεργαζομένων, ἆρά γε μικρῶν καὶ τῶν τυχόντων αἴτιος γίνεται κακῶν; οὐ διὰ τοῦτο συγγένειαι μὲν ἀλλοτριοῦνται, τὴν φυσικὴν εὔνοιαν μεθαρμοζόμεναι πρὸς ἀνήκεστον ἔχθραν; χῶραι δὲ μεγάλαι καὶ πολυάνθρωποι στάσεσιν ἐμφυλίοις ἐρημοῦνται; γῆ δὲ καὶ θάλαττα πληροῦται τῶν καινουργουμένων ἀεὶ συμφορῶν, ναυμαχίαις καὶ πεζαῖς στρατιαῖς; οἱ γὰρ Ἑλλήνων καὶ βαρβάρων πρός τε ἑαυτοὺς καὶ πρὸς ἀλλήλους τραγῳδηθέντες πόλεμοι, πάντες ἀπὸ μιᾶς πηγῆς ἐῤῥύησαν, ἐπιθυμίας ἢ χρημάτων, ἢ δόξης, ἢ ἡδονῆς. " L'amour des Richesses, ou des Femmes, „ ou de la Gloire, ou de toute autre chose qui cause „ du plaisir, a-t-elle produit seulement de petits maux, „ & des maux communs? N'est-ce pas ce qui divise „ les plus proches Parens, & qui change en une hai„ ne irréconciliable l'affection naturelle qu'ils avoient „ les uns pour les autres? N'est-ce pas ce qui fait que „ des Païs vastes & fort peuplez, deviennent deserts „ par des Séditions & des Guerres intestines? N'est-ce „ pas ce qui couvre la Terre & la Mer d'Armées ter„ ribles, qui y causent des malheurs dont on est in„ génieux à inventer tous les jours quelque nouvelle „ maniére? Les Guerres sanglantes des *Grecs* & des „ *Barbares*, ou les uns contre les autres, ou contre ceux „ de leur propre Nation, ces Guerres dont les Poëtes „ Tra-

loignées tout d'un coup, ou toutes à la fois, des Maximes que les Apôtres leur avoient données par écrit en peu de mots, mais qu'ils avoient expliquées plus au long de vive voix, ou dont ils avoient eux-mêmes introduit la pratique dans le Christianisme naissant. Or ceux qui condamnent toute sorte de Guerre sans exception, alléguent quelques passages des anciens Auteurs Chrétiens: sur lesquels voici ce que j'ai à dire.

2. I. Je remarque d'abord, que tout ce qu'on peut conclurre de ces passages, c'est que quelques Particuliers étoient dans le sentiment que nous combattons: mais il ne s'ensuit point, que ce fût l'opinion commune des Eglises. Ajoûtez à cela, que les Docteurs, qu'on cite, sont la plûpart des gens qui aimoient la singularité, & qui se plaisoient à proposer des idées plus sublimes que celles du Commun des *Chrétiens*; comme, par exemple, ORIGÉNE & TERTULLIEN. D'ailleurs, ils ne sont pas toûjours d'accord avec eux-mêmes. Car ORIGÉNE dit, que ce que font les *Abeilles* est un modéle naturel que DIEU donne aux Hommes, de (1) *la maniére juste & réglée dont ils doivent s'y prendre, pour faire la Guerre, lors qu'il en est besoin.* Et TERTULLIEN qui semble désapprouver en quelques endroits l'usage du dernier supplice, dit ail-

„ Tragiques nous font des descriptions si lugubres, sont „ toutes venuës d'une seule source, du desir des Richesses, ou de la Gloire, ou des Plaisirs. *De Decalogo*, (pag. 761. D. E. *Edit. Paris.*) PLINE dit, que la magnificence des Richesses aboutit à des meurtres & des Guerres sanglantes: *Placatiore tamen Dea* [Terra] *ob hoc minime, quòd omnes hi opulentia exitus ad scelera caedesque & bella tendunt: quamque sanguine nostro irrigamus, insepultis ossibus tegimus.* Hist. Natur. *Lib.* II. *Cap.* LXIII. Le Philosophe *Diogéne*, disoit, au rapport de St. JEROME, que ce n'est pas pour avoir dequoi vivre simplement, avec des Herbages & des Fruits, qu'on cherche à s'emparer du Gouvernement d'un Etat, qu'on saccage des Villes, qu'on fait la Guerre aux Etrangers, ou même à ses Concitoiens; mais pour manger des viandes exquises, & pour couvrir sa Table de mets delicieux: DIOGENES *Tyrannos, & subversores* [Il y a dans mon Edition *subversiones*] *Urbium, bellaque vel hostilia, vel civilia, non pro simplici victu olerum pomorumque, sed pro carnium & epularum deliciis, adserit excitari.* HIERONYM. Adv. Jovinian. *Lib.* II. (pag. 77. A. Tom. II. *Edit. Basil.*) St. CHRYSOSTOME remarque, que, si les Hommes s'aimoient les uns les autres, il n'y auroit ni Meurtres, ni Guerres, ni Séditions, ni Fraudes, ni Rapines. Εἰ γὰρ ἅπαντες ἠγάπων καὶ ἠγαπῶντο, οὐδεὶς ἂν ἠδίκησεν οὐδένα, ἀλλὰ καὶ φόνοι, καὶ μάχαι, καὶ πόλεμοι, καὶ στάσεις, καὶ ἁρπαγαὶ, καὶ πλεονεξίαι, καὶ πάντα ἂν ἐκποδὼν ἐγεγόνει τὰ πονηρά. In I. *ad* CORINTH. XIII. 3. Et ailleurs il fait regarder les Riches comme la cause des Guerres, & d'une infinité d'autres maux de la Vie: Οὐδὲ ἐκεῖνος [πλοῦτος] τίκτει, καὶ πολέμους, καὶ μάχας, καὶ πόλεων κατασκαφὰς, καὶ ἀνδραποδισμοὺς, καὶ δουλείας, καὶ αἰχμαλωσίας, καὶ φόνους, καὶ τὰ μυρία ἐν τῷ βίῳ κακά; Ad Patrem fidelem. CLAUDIEN dit, que, si l'on savoit se contenter de peu, & de ce que la Nature demande, on n'entendroit pas le bruit des Trompettes, qui appellent au Combat, & l'on ne seroit pas exposé à des Siéges:

Vivitur exiguo melius: Natura beatis
Omnibus esse dedit, si quis cognoverit uti.
Hac si nota forent, frueremur simplice cultu:
Classica non fremerent: non stridula fraxinus iret:
Non ventus quateret puppes, non machina muros.

(In Rufin. *Lib.* I. ℣. 216, *& seqq.*)

AGATHIAS soûtient, que le desir d'avoir & l'injustice, à laquelle les Hommes s'abandonnent volontairement, sont la Source des Guerres & des troubles dont le monde est rempli. Ὡς δὲ πλεονεξίαν καὶ ἀδικίαν αἱ τῶν ἀνθρώπων ψυχαὶ ἀνθαίρετα κατεκλίθησαν, πολέμων καὶ ταραχῶν ἅπαντα ἐμπέπλησται. Histor. Lib. I. (Cap. I.) Finissons par un mot de POLYBE, qui ne sera pas mal assorti avec tous les beaux passages que nous venons de citer: Αὐτάρκεια τοῦ βίου, φιλοσοφία αὐτοδίδακτος. „ Quand on sait se contenter de ce qui est nécessaire „ pour la Vie, on n'a pas besoin d'autre Philosophie, „ ni d'autre Maître. [Apud SUIDAM, voc. Αὐτάρκεια.] GROTIUS.

(44) C'est à l'occasion des anciens *Scythes*, dont il décrit & loue les mœurs: *Atque utinam reliquis mortalibus similis moderatio & abstinentia alieni foret: profecto non tantum bellorum per omnia secula terris omnibus continuaretur; neque plus hominum ferrum & arma, quàm naturalis fatorum conditio, raperet.* „ Il seroit à souhaiter „ que, parmi le reste des Hommes, il y eût autant „ de modération, & un attachement si scrupuleux à „ s'abstenir du bien d'autrui. On ne verroit pas de „ tout tems & par tout païs, tant de Guerres presque continuelles; & le nombre de ceux qui perissent par le fer ne surpasseroit pas celui des gens qui „ meurent de mort naturelle. *Lib.* II. *Cap.* II. num. 11, „ *& seqq.*

(45) *Ex cupiditatibus odia, dissidia, discordiae, seditiones, bella, nascuntur.* De Finibus bon. & mal. *Lib.* I. *Cap.* XIII.

(46) Νῦν δὲ μετὰ πάντα πολέμων καὶ δίκαιας· αἱ γὰρ ἐπιθυμίαι πλανῶνται πανταχοῦ, ὀρέγονται γὰρ τῆς πλεονεξίας ἀνεγείρουσαι. Dissertat. XIII. pag. 142. *Edit. Davis.*

(47) Καὶ γὰρ πολέμους, καὶ στάσεις, καὶ μάχας, οὐδὲν ἄλλο παρέχει, ἢ τὸ σῶμα, καὶ αἱ τούτου ἐπιθυμίαι· διὰ γὰρ τὴν τῶν χρημάτων κτῆσιν οἱ πόλεμοι γίγνονται. Protrept. Cap. XIII. pag. 142. Ce Philosophe, aussi bien que celui qui vient d'être cité dans la Note précedente, disent en un mot, que toutes les Guerres & toutes les Divisions qui s'élévent parmi les Hommes, viennent des desirs déreglez & excessifs, qui portent à vouloir s'accommoder aux dépens d'autrui.

(48) Dans le Chapitre suivant, §. 8.

§. IX. (1) Περὶ τὸ δίκαιον καὶ τεταγμένως πολέμους, εἴ ποτε δέοι, γίγνεσθαι ἐν ἀνθρώποις. Nôtre Auteur ne cite que ces paroles, sans indiquer l'endroit d'où il les a prises.

(2)

ailleurs: (2) *Tout le monde convient, qu'il est* (3) *bon de punir les Coupables.* Il n'a pas non plus une opinion bien fixe, au sujet de la Guerre. Car, dans son Traité *de l'Idolatrie*, il forme cette (4) question: *Si les Fidéles peuvent prendre le parti des Armes, & si les Gens-de-guerre peuvent être admis au Christianisme?* Sur quoi il semble pancher vers la négative: mais, dans le Livre *touchant la Couronne du Soldat*, après avoir fait quelques réflexions, contre la Guerre, il distingue entre ceux qui exerçoient la profession militaire avant leur Batême, & ceux qui l'ont embrassée depuis: (5) *C'est tout autre chose*, dit-il, *lors que quelcun, en devenant Fidéle, s'est trouvé engagé dans le mêtier des Armes: tels qu'étoient ceux que* Jean Baptiste *recevoit à son Batême; & ces deux Centeniers très-pieux, dont l'un est loué par* JESUS-CHRIST, *& l'autre instruit par* St. Pierre. *Bien entendu que ces gens-là, après* (6) *leur conversion & leur batême, ou renoncent aussi tôt à la Guerre, comme plusieurs l'ont fait, ou du moins aient toute l'attention imaginable à ne commettre dans cet état aucune action qui offense* DIEU. Nôtre Docteur a donc reconnu que quelques-uns de ceux qui avoient pris le parti des Armes, ont continué dans cette profession depuis leur Batême: or ils ne l'auroient pas fait sans doute, s'ils eussent cru que l'Evangile défend absolument la Guerre; & on ne leur auroit pas plus permis de faire toûjours le même mêtier, qu'on ne le permettoit aux *Haruspices*, aux *Magiciens*, & (7) autres personnes qui exerçoient des Arts illicites. TERTULLIEN, dans le même Ouvrage, faisant l'éloge d'un Soldat, & d'un Soldat Chrétien, s'écrie: (8) *O Soldat, couvert de gloire devant* DIEU!

3. II. Ma seconde observation est, que les *Chrétiens* ont souvent condamné ou fui le mêtier de la Guerre, à cause des circonstances du tems, qui ne permettoient guéres de porter les armes, sans commettre des actions contraires aux Loix du Christianisme. En quoi ils imitoient les sentimens & la conduite des *Juifs*, par rapport à la violation des Loix de *Moïse*. Car il y a une Lettre de *Dolabella* aux *Ephésiens*, que JOSEPH nous a conservée, dans laquelle on voit que les *Juifs* (9) demandérent d'être exemtez des expéditions militaires, à cause qu'y étant mêlez avec les Etrangers, ils ne pouvoient pas

(2) *Bonum esse, quum puniuntur nocentes, nemo negat.* C'est ainsi que nôtre Auteur rapporte le passage, sans marquer même le Livre d'où il l'a tiré. Il se trouve dans le Traité *des Spectacles*, & il y est conçû d'une maniére plus énergique: *Bonum est, quum puniuntur nocentes. Quis hoc, nisi nocens, negabit?* Cap. XIX. C'est parler bien fortement, que de dire, comme fait ce Pére, qu'il n'y a que les Criminels, c'est-à-dire, ceux qui méritent d'être punis, qui puissent condamner l'usage des peines qui vont jusqu'à ôter la vie au Coupable: car c'est de celles-là qu'il s'agit, comme il paroit par la suite du discours.

(3) Le même Pére dit ailleurs, que, selon l'Apôtre St. PAUL, la Justice Humaine n'est pas armée en vain du Glaive, & que la rigueur des Supplices tend à l'avantage des Hommes: *Quis non praferat saculi justitiam, quam & Apostolus non frustra gladio accinctam contestatur, qua pro homine saviendo religiosa est?* De Anima. (Cap. XXXIII.) Voici encore de quelle maniére il parle au Proconsul *Scapula*: " Nous ne pensons pas „ à vous épouvanter, quoi que nous ne vous craignions „ point. Mais nous voudrions sauver tout le monde, „ en les exhortant à ne pas combattre contre DIEU. „ Vous pouvez exercer votre Jurisdiction, sans oublier „ néanmoins l'Humanité; ne fût-ce que parce que „ vous autres êtes aussi soûmis à une Puissance armée „ du Glaive. *Non te terremus, qui nec timemus. Sed velim, ut omnes salvos facere possimus, monendo μὴ θεομαχεῖν. Potes & officio jurisdictionis tua fungi, & humanitatis meminisse, vel quia & vos sub gladio estis.* Ad Scapul. (*Cap.* IV.) GROTIUS.

(4) *At nunc de isto quaritur, an Fidelis ad militiam converti possit, & an Militia ad fidem admitti.* &c. De Idololatria, Cap. XIX.

(5) *Plane si quos militiâ praventos Fides posterior invenit, alia conditio est: ut illorum, quos* Joannes *admittebat ad lavacrum; ut Centurionum fidelissimorum, quem* Christus *probat; & quem* Petrus *catechizat: dum tamen susceptâ fide atque signatâ, aut deserendum statim sit, ut multis actum, aut omnibus modis cavillandum* (cela signifie *cavendum*: mais GRONOVIUS croit avec raison qu'il faut lire *cavitandum*, parce que ce Pere, qui se sert souvent du mot *cavillari*, ne l'emploie ailleurs que pour *tromper, chicaner.*) *ne quid adversus Deum committatur.* Cap. XI. Il faut encore, dans ce passage, mettre *Centurionem fidelissimum*, au lieu de, *Centurionum fidelissimorum*; comme l'a remarqué Mr. LE CLERC, dans son *Histoire Ecclésiastique* des deux prémiers Siécles, pag. 751.

(6) TERTULLIEN applique ailleurs cette distinction au Mariage, & dans son Traité *de Monogamia*, & dans son *Exhortation à la Chasteté.* GROTIUS.

(7) TERTULLIEN dit, qu'on ne reçoit point dans l'Eglise Chrétienne des gens qui exercent quelque profession condamnée par les Loix Divines. *Ad Ecclesiam non admittuntur, qui artes exercent, quas Dei disciplina non recipit.* De Idololatria, [*Cap.* V. où les paroles ne sont pas précisément conçuës de cette maniére, quoi que le sens s'y

pas bien observer les Cérémonies de leur Loi, & parce qu'ils étoient souvent obligez d'exercer des fonctions militaires ou de faire de grandes journées pendant le Sabbat. Le même Historien nous apprend, que les *Juifs* obtinrent (10) de *L. Lentulus*, pour les mêmes raisons, d'être dispensez du service. Il dit ailleurs, que, quand on fit sortir les *Juifs* de *Rome*, on en enrolla (11) quelques-uns, & on en punit d'autres, parce qu'ils ne vouloient pas s'enroller par respect pour les Loix de leurs Ancêtres, c'est-à-dire, pour les deux raisons dont nous venons de parler. Il y en avoit quelquefois une troisiéme qui les en empêchoit, c'est qu'ils avoient à servir contre ceux de leur propre Nation, persécutez pour cause de Religion: auquel cas ils (12) croioient qu'ils ne pouvoient pas en conscience porter les armes. Mais toutes les fois que les *Juifs* n'avoient aucun de ces inconvéniens à craindre, ils entroient dans le service même des Princes étrangers, à condition (13) de *persister inviolablement dans la profession & l'observation des Loix de leur Religion*; ce qu'ils stipuloient avant toutes choses, comme Joseph le témoigne. Les *Chrétiens*, qui alloient à la Guerre, étoient exposez à des dangers fort semblables, du tems de Tertullien, comme il le leur reproche dans son Traité de l'Idolatrie: (14) *Le Serment de fidélité que l'on prête à* Dieu, *ne s'accorde pas*, dit-il, *avec celui qu'on prête aux Hommes; les Etendars de* Jesus-Christ *ne sont pas bien assortis avec ceux du Diable.* C'est qu'on faisoit jurer les Gens-de-guerre par un *Jupiter*, par un *Mars*, & autres Divinitez du Paganisme. Le même Docteur parle ainsi, dans le Livre *touchant la Couronne du Soldat*: (15) *Quoi! un Chrétien sera sentinelle devant les Temples des Idoles, auxquelles il a renoncé! Il soupera dans un lieu, où l'Apôtre le lui défend! Il sera commis, pendant la nuit, à la garde des Démons, qu'il a chassez de jour par ses exorcismes!* Et plus bas: (16) *Combien d'autres fonctions militaires n'y a-t-il pas, que l'on doit regarder comme des Pechez?*

4. III. Une troisiéme & derniére réflexion qu'il faut faire ici, c'est que les *Chrétiens* des prémiers siécles aspiroient avec tant d'ardeur au plus haut degré de perfection, qu'ils ont souvent pris les Conseils divins pour des Préceptes d'une obligation indispensable. Athe'nagoras dit, (17) que *les* Chrétiens *ne plaident point en Justice contre*

s'y trouve.) On ne recevoit à la Communion de l'Eglise, ni les Courtisanes, ni les Comédiens, ni autres gens de ce caractere, qu'ils n'eussent renoncé à leur maniere de vivre; comme le témoigne St. Augustin: *Quando Meretrices & Histriones, & quilibet alii publicæ turpitudinis professores, nisi solutis aut diruptis talibus vinculis, ad* Christi *Sacramenta non permittuntur accedere.* De Fide & Operibus (*Cap.* XVIII.) Voiez-en un exemple, au sujet d'un Comédien, dans St. *Cyprien*, *Epist.* LXI. (Ep. II. *Edit. Fell.*) au sujet des Gladiateurs, des infames Entremetteurs de débauche, de ceux qui faisoient trafic de Victimes pour les Sacrifices, dans Tertullien: [De Idololatria, *Cap.* XI.] D'un Cocher des Jeux du Cirque, dans St. Augustin. Grotius.

(8) *O Militem in Deo gloriosum!* C'est dans le Livre *de Corona Militis*, où le Pére vient de dire, en parlant de ce Soldat: *Consfas expostulatus*, Christianus sum, *respondit*. Cap. I.

(9) *Hyrcan*, Souverain Pontife & Prince de la Nation, avoit député pour cet effet à *Rome* un certain *Alexandre*, fils de *Theodore*. Ἀλέξανδρος Θεοδώρου, πρεσβευτὴς Ὑρκανοῦ, ἀρχιερέως καὶ ἐθνάρχου τῶν Ἰουδαίων, ἐνεφάνισέ μοι ὅπως τῶν μὴ δύνανται στρατεύεσθαι τοὺς πολίτας αὐτοῦ, διὰ τὸ μήτε ὅπλα βαστάζειν δύνασθαι μήτε ὁδοιπορεῖν ἐν ταῖς ἡμέραις τῶν σαββάτων, μήτε τροφῶν τῶν πατρίων καὶ συνήθων κατ' αὐτοὺς εὐπορεῖν &c. Antiq. Jud. *Lib.* XIV. *Cap.* XVII. pag. 488. C. *Ed. Lips.*

(10) C'est immédiatement après l'endroit que j'ai cité dans la *Note* précedente.

(11) Κελεύει [ὁ Τιβέριος] πᾶν τὸ Ἰουδαϊκὸν τῆς Ῥώμης ἀπελαθῆναι. οἱ δὲ ὕπατοι τετρακισχιλίους ἀνθρώπους ἐξ αὐτῶν στρατολογήσαντες, ἔπεμψαν εἰς Σαρδὼ τὴν νῆσον· πλείστους δὲ ἐκόλασαν, μὴ θέλοντας στρατεύεσθαι διὰ φυλακὴν τῶν πατρίων νόμων. Antiq. Jud. *Lib.* XVIII. *Cap.* V. *pag.* 623. F.

(12) Κατὰ τῶν ὁμοφύλων ὅπλα λαβεῖν ἀθέμιτον. Ces paroles sont apparemment de Joseph, ou de Philon: mais je n'ai pû les trouver nulle part.

(13) C'est ce que dit Joseph, au sujet d'*Alexandre le Grand*, qui leur proposa de servir à ces conditions: Ἐπιτρέψαντος δ' αὐτοῦ [Ἀλεξάνδρου] τοῖς τὸ πλῆθος, εἴ τινες αὐτῷ θέλοιεν συστρατεύειν, τοῖς πατρίοις ἔθεσιν ἐμμένοντες καὶ κατὰ ταῦτα ζῶντες, ἑτοίμως ἔχειν ἐπάγεσθαι, πολλοὶ τὴν σὺν αὐτῷ στρατείαν ἠγάπησαν. Antiq. Jud. Lib. XI. *Cap. ult.* pag. 386. B.

(14) *Non convenit sacramento divino & humano, signo* Christi, *& signo Diaboli* &c. De Idololatr. Cap. XIX.

(15) *Et excubabit pro Templis, quibus renunciavit? & cœnabit illic ubi Apostolo non placet? & quos interdiu exorcismis fugavit, noctibus defensabit?* &c. De Corona Milit. *Cap.* XI.

(16) *Quanta alia in debitis* (c'est ainsi qu'il faut lire, au lieu de *delictis*, selon la correction du Savant Gronovius) *circumspici possunt castrensium munium, transgressioni interpretanda?* Ibid.

(17) Οὐδὲ μὲν δικάζεσθαι τοῖς ἄγουσι καὶ ἁρπάζουσιν ἡμᾶς μεμαθήκαμεν &c. Legat. pro Christian. *Cap.* I. pag. 10. *Edit. Oxon.* 1706.

tre ceux qui les dépouillent de leurs biens. SALVIEN (18) pose en fait, que JESUS-CHRIST a ordonné positivement d'abandonner les choses mêmes qu'on nous conteste, quel-

(18) *Jubet* Christus, *ne litigemus. Quis jubenti obtemperat? Nec solum jubet, sed in tantum hoc jubet, ut ea ipsa nos, de quibus lis est, relinquere jubeat, dummodo litibus exuamur.* De Gubernat. Dei, *Lib.* III. pag. 74. *Edit. Paris.* 1645. St. BASILE, surnommé *le Grand*, prétend aussi que l'Evangile défend, par une Loi expresse, d'avoir jamais aucun Procès. Οἷς [Χριστιανοῖς] τὸ μὴ δικάζεσθαι, νόμῳ προστεταγμένον ἐστί. Homil. *de legend. Græcor. Lib.* §. 7. *Ed. Oxon.* 1694. Voiez la *Note* suivante.

(19) Sans m'engager ici dans les Disputes des Théologiens, je ferai seulement quelques remarques, qui suffiront, à mon avis, pour montrer le peu de fondement de tout ce que l'on a débité autrefois, & qu'on débite encore aujourd'hui en bien des endroits, touchant ces prétendus *Conseils Evangiliques*; & en même tems pour découvrir ce qui a donné lieu à la distinction des *Conseils*, & des *Preceptes*. Je dis donc I. Que, s'il y avoit des *Conseils Divins*, proprement ainsi nommez, il faudroit qu'ils concernassent des choses qui fussent d'un côté, toûjours louables, excellentes, & agréables à DIEU par elles-mêmes; de l'autre, laissées entiérement à la liberté de chacun, en sorte qu'elles ne pûssent être obligatoires en aucun cas. Or, si on examine bien les exemples même, que nôtre Auteur allégue ici après les anciens Péres, & qui sont aussi les plus considerables de ceux qu'on rapporte aux Conseils Evangeliques; on trouvera, qu'ils roulent sur des choses qui ou ne sont ni bonnes ni mauvaises de leur nature, ou sont véritablement obligatoires par rapport à certaines personnes, & en certaines circonstances. 1. Commençons par l'abstinence des *Secondes Nôces*, & par le *Celibat* en général, que nôtre Auteur met ailleurs dans cette classe, *Liv.* III. *Chap.* IV. §. 2. *num.* 1. Il est certain que, soit qu'on se marie ou qu'on ne se marie pas, on ne fait en cela ni bien, ni mal, à considerer la chose en elle-même. Comme l'état du Mariage n'engage pas necessairement au Vice, la vie hors du Mariage n'est pas non plus un moien infaillible pour porter à la Vertu. On peut être honnête homme ou malhonnête homme, dans l'état du Mariage: on peut l'être aussi dans le Celibat. L'expérience ne prouve que trop, que ceux qui ont fait vœu de vivre dans le Celibat, ou de ne pas se remarier, sont tombez pour la plûpart dans l'un ou dans l'autre de ces inconvéniens, ou qu'ils n'ont pas vêcu chastement, ou qu'ils n'en ont pas été moins sujets à d'autres passions & à d'autres Vices très-indignes d'un Chrétien, comme à la Colére, à l'Avarice, à la Haine, à l'Orgueil, à l'esprit de Domination, à l'Oisiveté &c. Quand même on seroit d'un tempérament à pouvoir se passer facilement du Mariage, si en vivant dans le Celibat, on n'est pas pour cela plus utile à la Societé, ni plus en état de s'aquitter de ses devoirs, il est alors tout-à-fait indifférent de se marier ou de ne pas se marier. Que si on a tout lieu de croire que l'on pourra mieux emploier son tems, & rendre plus de service au Public, hors du Mariage (ce qui dépend de l'état & des circonstances où l'on se trouve, & dont chacun est le Juge pour soi-même); on est, en ce cas-là, indispensablement tenu de ne pas se marier, supposé qu'on se croie entiérement à l'abri des tentations de l'Impureté; ou de ne point passer à de secondes nôces, lors sur tout que par ce moien on peut mieux pourvoir aux intérêts de sa Famille. 2. Pour ce qui est de *ne pas plaider*, & d'aimer mieux perdre son bien, que de poursuivre en Justice une personne qui nous l'a pris ou nous le retient injustement; c'est une maxime générale, que l'on doit relâcher de son droit, toutes les fois qu'on le peut sans s'incommoder beaucoup, & sans qu'il en résulte d'ailleurs quelque inconvenient. Le bien de la Paix, & la Prudence, le demandent également. Ainsi les Procès étant d'ordinaire une source funeste de haines, d'animositez, de divisions, de chagrins, d'embarras, de dépenses &c. il faut les fuir, autant qu'on peut, & s'exposer à une perte supportable, plûtôt que de s'engager dans toutes ces suites fâcheuses de la poursuite des droits les plus legitimes. Ce n'est point-là un Conseil, mais un vrai Précepte, & de l'Evangile, & de la Loi de Nature; sur tout lors que certaines circonstances particuliéres exigent une telle modération, comme au commencement du Christianisme, où il importoit beaucoup, pour ne pas donner mauvaise opinion de la Religion Chrétienne, & de ses Sectateurs, que les *Chrétiens* n'allassent point plaider devant des Juges Païens. Voiez ce que nôtre Auteur a dit dans le paragraphe 8. de ce Chap. *num.* 4. Mais supposé qu'il n'y eût à craindre aucun inconvénient semblable, ni par rapport à nous, ni par rapport à autrui, & qu'il s'agît d'un intérêt de consequence: bien loin que ce fût une action fort louable, de se laisser tranquillement enlever ou retenir son bien, il y auroit même du mal à cela, puis qu'on encourageroit par là les Méchans à mal faire; & cette modération seroit d'autant plus blâmable, que l'on pourroit par là s'incommoder davantage soi ou les siens. Ainsi ou la patience en matiére du sujet dont il s'agit, est inutile ou nuisible, & alors elle ne sauroit être louable; ou elle est un véritable devoir. Il faut dire, à peu *près*, la même chose des cas où l'on s'abstient de faire la *Guerre*. 3. Quand les prémiers *Chrétiens* refusoient l'*Edilité* ou la *Préture*, c'étoit, selon GRONOVIUS, parce que les *Ediles* & les *Préteurs* étoient obligez de donner au Peuple des Jeux publics, où il y avoit quelque melange d'Idolatrie. Mais les idées outrées qu'on se faisoit à l'égard de plusieurs autres choses, donnent lieu de croire que plusieurs des anciens Docteurs de l'Eglise condamnoient en général tous ceux qui recherchoient ou qui acceptoient les Honneurs & les Dignitez. Tout ce qui est de la chose en elle-même, les Honneurs que l'on recherche, ou qu'on accepte, ou sont de *vains* titres, & des distinctions frivoles, qui ne supposent aucun mérite & n'ont rien d'utile à la Societé; ou bien ils demandent, dans ceux à qui on les confére, certains talens & certaines qualitez louables, pour pouvoir dignement exercer les fonctions qui y sont attachées. Il n'y a pas beaucoup de vertu, à négliger ou rejetter les prémiers: & comme il est fort dangereux qu'ils n'inspirent des sentimens d'orgueil, on doit même les fuir par cette raison. A l'égard des autres, ou l'on a les qualitez requises pour exercer les fonctions utiles à la Societé, qui y sont attachées; ou l'on est destitué de ces qualitez. Si l'on est destitué de ces qualitez, ou même s'il y a des Concurrens qui les possédent dans un beaucoup plus haut degré; on fait mal de rechercher ou d'accepter seulement les Dignitez dont il s'agit, pour lesquelles on ne sauroit jamais avoir trop de capacité. Que si l'on est convaincu, non seulement par son opinion propre, (en quoi on peut se faire illusion) mais encore par le jugement avantageux & impartial des personnes éclairées, qu'on est beaucoup plus propre à se bien aquitter d'un Emploi honorable, auquel on est appellé, que les autres, qui y prétendent: ce seroit ou paresse, ou fausse modestie, que de le refuser, & on ne pourroit le faire raisonnablement, que quand on y seroit engagé par quelque autre obligation plus

quelque bien fondé que soit le droit qu'on y a, plûtôt que de s'engager dans un procès. Cette maxime ainsi prise dans toute sa généralité, (19) est peut-être une de celles qui

plus forte, ou supposé qu'on se connût d'un tempérament à avoir beaucoup à craindre les tentations de la Vanité, qui seroient d'ailleurs capables de faire abuser souvent des droits & du pouvoir dont on seroit revêtu. 4. LACTANCE ne veut pas qu'un Chrétien *aille sur mer*, pour negocier: " Qu'iroit-il chercher, dit-il, dans " les *Païs* étrangers, lui qui se contente de ce qu'il " trouve chez lui? *Cur enim navigет, aut quid petat ex aliena terra, cui sufficit sua?* Lib. V. Cap. XVII. *num.* 12. Mais l'Apôtre St. JAQUES suppose manifestement, qu'on peut *aller de côté & d'autre pour negocier & gagner*, Chap. IV. ℣. 13, 14. C'est donc une chose indifférente en elle-même: de sorte que, comme on peut trafiquer ou innocemment, ou d'une maniere contraire à quelque Vertu; il n'y a non plus rien de louable à s'abstenir du Negoce, à moins que ce ne soit pour ne pas donner prise à l'avidité insatiable du Gain, à laquelle on se sent quelque disposition, ou pour eviter quelque autre tentation dangereuse: en ce cas-là, ce n'est plus matiére à un pretendu Conseil de perfection extraordinaire, c'est une obligation indispensable, imposée à tout Chrétien. 5. L'usage du *Serment* est quelquefois d'une nécessité indispensable, comme quand il s'agit de choses qui intéressent la gloire de DIEU, ou le salut des Hommes; ou quand le Magistrat l'exige pour de justes causes. Et à l'égard des cas où il ne s'agit que de nôtre propre intérêt, qui sont aussi ceux où la distinction des *Conseils* & des *Préceptes* pourroit le plus avoir lieu; il faut en juger par les mêmes principes, que nous avons établis en parlant des Procès. 6. A tous ces exemples de GROTIUS, ajoûtons-en un autre, allégué par le Docteur HAMMOND, qui aussi, par respect pour l'Antiquité Ecclésiastique, avoit adopté la distinction des *Conseils* & des *Préceptes*, comme il paroit par sa longue Note sur COLOSS. II, 23. Cet exemple est tiré de la générosité que témoigna *S. Paul*, en prechant l'Evangile sans aucun salaire, *I. Epître aux* CORINTH. IX. 15, 18. Mais, si on examine bien la chose, on trouvera qu'il n'y a rien-là qui se rapporte à un *Conseil*, proprement ainsi nommé. Quand l'Apôtre *se glorifie* de ce qu'*il n'a pas usé du pouvoir* qu'il avoit d'exiger quelque salaire, & quand *il attend d'en être recompensé*; il ne s'ensuit point de là que ce fût pour lui un acte entiérement libre, qui n'eût aucun rapport avec son devoir. Il donne lui-même à entendre clairement le contraire, lors qu'il dit que, s'il ne s'est pas servi de son pouvoir, ç'a été *pour ne point apporter d'obstacle à l'Evangile de* JESUS-CHRIST. En effet, il étoit de la derniére importance, que les premiers Prédicateurs de l'Evangile évitassent soigneusement tout ce qui pouvoit les faire soupçonner le moins du monde, quoi que mal-à-propos, d'annoncer la Religion Chrétienne pour en tirer du profit: & on peut dire en général, que tous ceux qui se mêlent d'enseigner aux autres cette sainte Religion, ne sauroient jamais montrer trop de désintéressement, comme ils ne sauroient avoir trop d'humilité. Ainsi, quoi que ceux à qui les Apôtres prêchoient l'Evangile, ne pûssent nullement exiger avec raison qu'ils le fissent sans aucun salaire, & qu'ainsi *St. Paul* n'y fût point obligé à la rigueur: dès-là néanmoins qu'il crut que son ministere en seroit plus efficace, (ce qu'il avoit peut-être lieu de penser, pour quelque raison particuliére, que nous ne savons pas; & il semble même qu'il en insinuë une ailleurs, *II. Epître aux* CORINTH. XI, 9, 10, 11, 12, 13.) il y avoit-là une véritable obligation, fondée sur l'engagement général où est toute personne de chercher & d'emploier tous les moiens nécessaires pour s'aquitter le mieux qu'il est possible d'un emploi important, dont on est chargé. Cependant, comme en matiere de pareilles choses on relâche de son droit par rapport à ceux avec qui l'on a à faire, & qu'ainsi il faut un plus grand fonds de vertu pour se résoudre à un tel sacrifice, que pour manquer à ce que les autres ont droit d'exiger à la rigueur; on a aussi plus de sujet de s'en féliciter, & on peut attendre de la Bonté de DIEU une plus grande recompense. D'ailleurs, l'Apôtre regarde ici le desintéressement, dont il s'applaudit, comme un devoir qui ne lui avoit point été prescrit formellement par quelque ordre particulier du Ciel, ou qui du moins n'étoit pas nécessairement attaché à l'exercice du Ministére Evangélique; par opposition à *la nécessité qui lui étoit imposée de prêcher l'Evangile*, (℣. 16.) comme en aiant reçû un ordre exprès de Notre Seigneur JESUS-CHRIST, ACTES, *Cap.* XXII. ℣. 14, 15. On peut voir ce que dit là-dessus GROTIUS lui-même, dans ses Notes sur LUC, XVII., 10. Et cela nous méne à découvrir la raison qui a donné lieu à la fausse distinction des *Conseils* & des *Préceptes*; c'est la seconde remarque, que j'ai à faire. II. Les Apôtres se sont quelquefois servis du mot de *Conseil*, en parlant aux *Chrétiens* de la conduite qu'ils devoient tenir en certaines circonstances, par rapport à certaines choses, ou indifférentes en elles-mêmes, ou sur lesquelles il n'y avoit aucun ordre particulier de JESUS-CHRIST, ni aucune Loi génerale de l'Evangile, qui imposât à chacun une nécessité constante & indispensable d'agir ou de ne point agir de telle ou telle maniere. C'est ainsi que, dans la *I. Epître aux* CORINTHIENS, *Chap.* VII. St. PAUL traitant du Mariage, eû égard aux *afflictions* & aux persécutions, auxquelles les *Chrétiens* étoient alors exposez (℣. 26, 28, *& suiv.*) dit, qu'à la verité ceux qui n'ont pas le don de continence peuvent & doivent se marier (℣. 2.) & que ceux qui sont mariez, ne doivent ni se refuser l'un à l'autre l'usage de leur Corps, à moins que ce ne soit d'un consentement mutuel; ni se separer l'un de l'autre, quand même l'un d'eux ne seroit pas Chrétien (℣. 3, *& suiv.* 10, *& suiv.*): mais qu'*il vaudroit mieux* pour les personnes qui n'ont jamais été mariées, & pour celles dont le lien conjugal a été rompu par la mort de l'une ou de l'autre, de demeurer comme elles sont (℣. 8, 26, 38, 40.) Il déclare cependant, qu'*il* N'A AUCUN COMMANDEMENT DU SEIGNEUR là-dessus, *mais qu'il leur donne un* CONSEIL, *comme étant fidéle, par la misericorde du Seigneur*, & *comme aiant l'Esprit de* DIEU (℣. 25, 40.) c'est-à-dire, comme étant un bon interprête de la volonté de DIEU, dans la détermination de ce qu'il falloit faire par rapport aux circonstances où l'on se trouvoit alors. En quoi néanmoins il ne pouvoit que leur donner certaines régles générales, dont chacun devoit en suite se faire application à soi même, *selon l'état* où il se trouvoit, ℣. 17. De sorte que, comme il étoit obligé de laisser la chose au jugement & à la conscience de chacun, il appelle à cause de cela ses exhortations un simple *Conseil*. Il en use de même, lors qu'il exhorte les *Corinthiens* à la libéralité envers les Pauvres, Vertu dont l'exercice doit être volontaire, & proportionné aux facultez de chacun, *II. Epître aux* CORINTHIENS, *Chap.* VIII. ℣. 10. De là on en a pris occasion de s'imaginer mal-à-propos, qu'il y a des choses, qui, quoi qu'excellentes & tres-agréables à DIEU par elles-mêmes, sont entierement laissées à la liberté de chacun, en sorte qu'il n'y a point de mal à les négliger, & qu'on n'a pas à craindre d'en être puni; mais que, si on forme le no-

qui se rapportent aux Conseils Evangéliques, (20) & au dessein de mener une vie plus sublime que le Commun des Fidéles: mais elle ne sauroit être regardée comme une régle, à laquelle chacun soit tenu de se conformer nécessairement. Il en est de même du *Serment*, dont plusieurs des Anciens ont condamné (21) l'usage, sans aucune exception; quoi que (22) l'Apôtre St. Paul n'aït pas fait difficulté de jurer en matiére de choses de conséquence. Tatien (23) fait parler ainsi un Chrétien: *Je refuse la Charge de Préteur.* Tertullien dit, qu'*un Chrétien ne recherche* (24) *point l'Emploi d'Edile.* Lactance soûtient, qu'un Homme véritablement Juste, tel que doit être un Chrétien, ne fera point la Guerre: (25) mais en même tems il lui défend aussi les Voiages sur mer. Combien n'y a-t-il pas d'anciens Docteurs de l'Eglise, qui veulent que les Chrétiens s'abstiennent absolument des Secondes Nôces? Toutes choses louables en elles-mêmes, excellentes, & très-agréables à Dieu, mais auxquelles il n'y a aucune Loi qui nous oblige indispensablement.

§. X. 1. Ces remarques générales suffiront pour résoudre toutes les objections qu'on tire de l'Antiquité Ecclesiastique. Pour confirmer maintenant nôtre opinion par des preuves positives, puisées dans la même source; il est certain d'abord que nous pouvons produire des Auteurs, & même des Auteurs plus anciens que ceux qu'on nous oppose, qui ont cru que l'usage de condamner à mort les Criminels, & celui de faire la Guerre, dont l'innocence dépend de la justice du prémier, n'ont rien d'incompatible avec le Christianisme. Clément d'Alexandrie (1) dit, qu'un Chrétien, s'il est appellé à gouverner, comme le fut autrefois *Moïse*, sera une Loi vivante à ses Sujets, & qu'il récompensera les Bons & punira les Méchans. Le même Docteur remarque ailleurs, (2) en parlant de l'extérieur d'un Chrétien, qu'il lui sied bien d'aller pieds nuds, à moins qu'il ne soit Homme-de-guerre. Dans les Constitutions qui portent le nom de Clément, *Romain*, & qui semblent écrites sur la fin du second Siécle, (3) il est dit formellement, qu'*on ne fait pas toûjours mal en ôtant la vie à un Homme, mais seulement lors qu'on l'ôte à un Innocent: bien entendu que ce droit de faire mourir quelcun est reservé au Magistrat seul.*

2. Mais laissant-là l'opinion des Particuliers, passons à l'autorité publique de l'Eglise, la-

ble dessein d'y aspirer, on s'éléve à un degré de perfection extraordinaire, on fait des actes de Vertu qui méritent une récompense toute particuliére. Une autre raison approchante, qui peut avoir donné lieu à cette distinction, c'est que, comme Dieu exige des Hommes des Devoirs plus étendus & en plus grand nombre, à proportion du plus de lumiéres & de secours qu'ils ont pour les connoître & les pratiquer, il y a certains actes de Vertu, ou même certaines Vertus, dont un grand nombre de gens semblent dispensez, parce qu'il y en a peu qui se trouvent dans des circonstances, qui les y appellent. On avoit remarqué sur tout, que Dieu demande des *Chrétiens* une plus grande sainteté, qu'il n'en demandoit des anciens *Juifs.* Mais on devoit considerer, que si quelcun, sous le *Judaïsme*, étoit parvenu, à force de méditation & de reflexions, à aquérir une connoissance aussi exacte & aussi étendue de ses Devoirs, que celle qu'on trouve dans l'Evangile, comme on le pouvoit en bien examinant les principes qui étoient répandus dans les Livres de *Moïse* & des autres Prophétes; ce *Juif* alors auroit été obligé à une conduite aussi réguliére & aussi sainte, que celle des vrais *Chrétiens.* III. Enfin, il faut remarquer, que la distinction des *Conseils* & des *Préceptes*, bien loin d'être de quelque usage pour porter les Hommes à la Vertu, est capable de les en détourner à certains égards. Les Hommes aiment le merveilleux, & tout ce qui tend à flatter la vanité. Ainsi il est fort dangereux, qu'ils ne se laissent éblouïr aux idées pompeuses d'une perfection imaginaire, qui les éléve au dessus du Commun; & que, pour y parvenir, ils ne negligent plusieurs de leurs véritables Devoirs, dont les passions leur rendent quelquefois la pratique plus difficile, que le sacrifice qu'ils font en s'abstenant des choses permises. On peut même, sous prétexte de cette sainteté extraordinaire, se faire de grandes illusions au sujet des Devoirs simples & communs, & croire pouvoir s'en dispenser d'une maniére ou d'autre, pour se dédommager des efforts que demande l'abstinence des choses dont on se sévre. L'expérience le prouve bien à l'egard de ceux qui font vœu de Célibat & de Pauvreté. Voiez les additions de Mr. Le Clerc à la Note de Hammond, que j'ai citée; comme aussi ses Notes sur la II. Epitre de Sulpice Severe, dans l'Edition de *Leipsig*, 1709.

(20) Le IV. Concile de *Carthage* défend aux Evêques de plaider pour des intérêts temporels, quand même on les attaqueroit en Justice: *Episcopus, nec provocatus, de rebus transitoriis litiget.* Voiez St. Ambroise, *De Offic.* Lib. II. Cap. XXI. & Gregoire *le Grand*, Lib. II. Ind. XI. Epist. LVIII. Grotius.

(21) Voiez nôtre Auteur, dans ses Notes sur Matthieu, *Chap.* V. ✞. 34. & le Sermon XXII. de Tillotson, dans le III. Tome de ceux que j'ai traduits.

(22) Par exemple, dans l'*Epître aux Rom.* I, 9. II. Ep-

laquelle doit être de très-grand poids. Je dis donc, que l'on n'a jamais refusé le Batême aux Gens-de-guerre, & qu'on ne les a non plus jamais excommuniez. On auroit dû néanmoins le faire, & on l'auroit fait sans doute, si la profession militaire étoit incompatible avec les conditions de la Nouvelle Alliance. Dans les CONSTITUTIONS, que je viens de citer, l'Auteur traitant de ceux à qui l'on accordoit ou l'on refusoit autrefois le Batême, dit: (4) *Quand un Soldat se présentera pour être bâtizé, qu'on l'exhorte à ne maltraiter personne injustement, à n'user point de fraude, & à se contenter de sa paie. S'il se conduit de cette maniére, qu'on le reçoive.* TERTULLIEN, dans son *Apologétique*, dit aux *Paiens*, en parlant au nom de tous les *Chrétiens*: (5) *Nous voiageons sur mer avec vous, nous servons à la Guerre avec vous.* Il venoit de dire un peu auparavant: (6) *Nous ne paroissons que depuis quatre jours, pour ainsi dire, & cependant nous remplissons déja tout vôtre Empire, vos Villes, vos Forteresses, vos Iles, vos Provinces, vos Bourgs, & vos Armées même &c.* Il raconte, dans le même Livre, (7) de quelle maniére des Soldats Chrétiens obtinrent (a) du Ciel de la pluie par leurs priéres, en faveur de l'Empereur *Marc Auréle*. Dans son Traité *de la Couronne*, (8) il dit, que ce Soldat, qui avoit jetté la Couronne, étoit plus courageux que ses autres Fréres; & il nous apprend qu'il y avoit plusieurs Chrétiens qui servoient avec lui.

(a) Voiez aussi *Xiphilin*, dans l'endroit où il raconte cette histoire.

3. Ajoûtez à cela, que quelques Soldats, qui avoient souffert de cruels tourmens jusqu'à la mort pour le nom de CHRIST, ont été honorez par l'Eglise de la même maniére que les autres Martyrs. Tels sont (9) les trois Compagnons de *Paul*; *Cérialis*, qui souffrit le Martyre sous l'Empereur *Décius*; *Marinus*, sous *Valérien*; cinquante, dont l'Histoire Ecclésiastique fait mention sous l'Empire d'*Aurélien*; *Victor*, *Maurus*, & *Valentin*, Lieutenant Général, sous *Maximien*; *Marcellus*, Centurion, environ le même tems; *Sévérien*, sous *Licinius*. Voici ce que ST. CYPRIEN (10) dit de *Laurentin* & *Ignace*, Africains: *Ces saints hommes, qui avoient autrefois servi dans les Armées de ce monde, mais qui étoient véritablement Soldats de* DIEU *dans la Milice spirituelle, ont terrassé le Diable par la confession du nom de* CHRIST, *& remporté, par leur martyre les palmes & les couronnes glorieuses du Seigneur.* De là il paroit assez, quel-

Epitre aux CORINTHIENS, I, 18, 23. GALAT. I, 20. PHILIPP. I, 8. *I. aux* THESSALONIC. II, 5.

(23) [illegible]

(24) *Christianus vero nec Ædilitatem* [adfectat] Apologetic. *Cap.* XLVI.

(25) *Cur enim naviget* [Justus], *aut quid petat ex aliena terra, cui sufficit sua? cur autem belligeret, ac se alienis furoribus misceat, in cujus animo pax cum hominibus perpetua versetur?* Instit. Divin. *Lib.* V. *Cap.* XVII. *num.* 12. *Ed. Cellar.*

§. X. (1) Notre Auteur avoit apparemment dans l'esprit ce que cet ancien Docteur dit dans ses *Stromates*, Lib. I. Capp. XXVI. & XXVII. pag. 420, *& seqq. Edit. Oxon.* ou l'on trouve le sens, mais non pas les paroles mêmes, telles qu'elles sont ici conçuës.

(2) C'est dans le Pédagogue: [illegible] Lib. II. Cap. XI. pag. 240.

(3) [illegible] Lib. VII. Cap. III.

(4) [illegible] Lib. VIII. Cap. XXXII.

(5) *Navigamus & nos vobiscum, & militamus &c.* Apologetic. *Cap.* [illegible]

(6) *Hesterni* [illegible] *vestra omnia implevimus, Urbes, Insulas,* [illegible], *Conciliabula, Castra ipsa &c.* Ibid. *Cap.* XXXVII.

(7) *At nos è contrario edimus protectorem* [Christianorum]; *si literæ* Marci Aurelii, *gravissimi Imperatoris requirantur, quibus illam Germanicam sitim Christianorum forte militum precationibus, impetrato imbri, discussam contestatur.* Cap. V. Le Pére PAGI, dans sa Critique de BARONIUS, *Tom.* I. fait voir, qu'il y a bien des Fables mêlées dans cette histoire. Mais il suffit, pour le but de notre Auteur, qu'il y eût des Soldats Chrétiens dans l'Armée de *Marc Auréle*; ce qu'on ne sauroit révoquer en doute, & qui a donné lieu à toutes les merveilles qu'on a pû inventer au sujet de cette *Legion Fulminante*, comme EUSEBE, & d'autres, la qualifient.

(8) *Adhibetur quidam illic magis Dei miles, ceteris constantior fratribus, qui se duobus dominis servire non posse præsumserat, solus libero capite, coronamento in manu otioso. . . . . solus scilicet fortis, inter tot fratres commilitones solus Christianus.* Cap. I.

(9) Ajoûtez à tous ceux-là, un Soldat, qui avoit été bâtizé par *Corneille*, & dont ADON fait mention (dans son *Martyrologe*) GROTIUS.

(10 *Item patruus ejus & avunculus*, Laurentinus & Ignatius, *in castris & ipsi quondam secularibus militantes, sed veri & spirituales Dei milites, dum Diabolum* Christi *confessione prosternunt, palmas Domini & coronas illustri passione meruerunt.* Epist. XXXIX. *Edit. Fell.* (XXXIV. *Pamel.*)

quelle étoit l'opinion commune des prémiers *Chrétiens* au sujet de la Guerre, avant même que les Empereurs fussent Chrétiens.

4. Que si les *Chrétiens*, en ce tems-là, n'assistoient pas volontiers aux (11) Jugemens Criminels, où il s'agissoit de la vie; il ne faut pas s'en étonner, puis que la plûpart du tems c'étoit à des Chrétiens même qu'il falloit faire le procès. Ajoûtez à cela, qu'en matiére d'autres choses les *Loix Romaines* étoient plus sévéres, que la Douceur Chrétienne ne le permet: il ne faut, pour s'en convaincre, que jetter les yeux sur le *Sénatusconsulte* (12) *Silanien*. Mais lors que *Constantin* eût embrassé la Religion Chrétienne, & commencé de travailler à son avancement, l'usage du dernier supplice ne fut point aboli pour cela. Au contraire, le même Empereur publia entr'autres une Loi, qui se trouve dans le CODE, par laquelle il ordonnoit (13) que les Parricides seroient cousus dans un sac de cuir. Cependant il étoit d'ailleurs si doux envers les Criminels, que plusieurs Historiens le (14) blâment d'une trop grande indulgence. Il eut aussi dans son Armée un grand nombre de *Chrétiens*, comme il paroît par l'Histoire; & il fit mettre le nom de CHRIST (15) sur ses étendars. Ce fut aussi depuis ce tems-là que le Serment de fidélité, que prétoient les Gens-de-guerre, fut changé, & conçu dans les termes suivans, que VÉGÉCE rapporte (16): *Je jure par le nom de* DIEU, *par le nom de* JÉSUS-CHRIST, *par le nom du* ST. ESPRIT, *& par la Majesté de l'Empereur, qui, après* DIEU, *doit être aimée & respectée du Genre Humain.*

5. De tant d'Evêques qu'il y avoit alors, dont plusieurs avoient souffert de violentes persécutions pour cause de Religion, on n'en trouve pas un seul dans toute l'Histoire Ecclésiastique, qui aît exhorté *Constantin* à ne faire mourir aucun Criminel & à s'engager dans aucune Guerre, ou qui aît dissuadé les *Chrétiens* de servir, par la crainte de la colére du Ciel. La plûpart de ces Evêques étoient néanmoins très-rigides défenseurs de la Discipline, & fort éloignez de rien dissimuler de ce qui regardoit les devoirs tant des Empereurs, que des autres Hommes. ST. AMBROISE, qui étoit de ce

(11) Il y a ici dans toutes les Editions, *aux supplices de mort: Capitalibus suppliciis:* mais ce qui suit montre clairement, que l'Auteur a voulu dire *Capitalibus judiciis.* Il s'agit d'exercer l'office de *Juge*; & non pas d'être simple spectateur du supplice d'un Criminel condamné à mort, comme l'explique ridiculement TESMAR, qui là-dessus va citer QUINTILIEN & SENEQUE. Il paroît par TERTULLIEN, que la nécessité d'assister à de tels Jugemens étoit une des raisons pourquoi l'on faisoit scrupule de porter les armes: & dans le passage, que je vais rapporter, il y a précisément les mêmes mots que j'ai retablis, en suivant la pensée de mon Auteur: *Et an Militia ad fidem admitti, etiam caligata, vel inferior quaque, cui non sit necessitas immolationum vel* CAPITALIUM JUDICIORUM. De Idololatr. *Cap.* XIX. Notre Auteur a cité ci-dessus ce qui suit & ce qui précéde ces paroles, auxquelles il fait apparemment allusion.

(12) Ce Sénatusconsulte, fait sous *Auguste*, portoit, que, si un Maitre venoit à être assassiné dans sa Maison, on devoit faire mourir tous les Esclaves, qui étoient sous le même toit; encore même qu'on n'eût aucune preuve qu'ils fussent du complot, ou qu'ils eussent entendu quelque chose, quand le coup avoit été fait. On trouve un exemple du cas, dans les *Annales de* TACITE, *Lib.* XIV. *Cap.* XLII., *& seqq.* L'Empereur *Hadrien*, comme le remarquoit notre Auteur dans une Note, modéra depuis la rigueur de cet Arrêt, en ordonnant qu'on ne mit à la torture, que ceux qui s'étoient trouvez assez près de l'endroit où le Maitre avoit été tué, pour pouvoir entendre quelque bruit. SPARTIEN *Vit. Hadrian.* Cap. XVIII. Notre Auteur disoit aussi, dans la même Note, qu'on peut ajoûter aux Loix trop sévéres des *Romains*, celle qui ordonnoit, qu'on ne reçût le témoignage d'un Esclave, que quand il l'auroit rendu constamment dans les douleurs de la Torture. Voiez COD. Lib. VI. Tit. I. *De Servis fugitivis* &c. Leg. IV. & les *Probabilia Juris* de Mr. NOODT, Lib. I. Cap. XIII. *in fin.*

(13) *Si quis parentis, aut filii, aut omnino adfectionis ejus, quæ nuncupatione* parricidii *continetur, fata properaverit. . . . insutus culeo, cum cane & gallo gallinaceo, & vipera, & simia. . . . . vel in vicinum mare, vel in amnem projiciatur.* Lib. IX. Tit. XVII. *De his qui parentes, vel liberos occiderunt.* Leg. un. C'etoit, comme on sait, l'ancienne maniére de punir les Parricides, parmi les *Romains*: mais l'usage en avoit été aboli; on brûloit les Parricides, ou bien on les exposoit à se battre, dans l'Aréne, avec des Bêtes féroces. Voiez les Interprêtes, sur les INSTITUTES, Lib. IV. Tit. XVIII. *De Publicis Judiciis*, §. 6. & les *Recepta Sententiæ* du Jurisconsulte PAUL, Lib. V. Tit. XXIV. avec les Notes de Mr. SCHULTING.

(14) Il disoit, qu'il falloit bien couper un Membre pourri, de peur qu'il n'infectât les sains, mais non pas un Membre guéri, ou qui commence à guérir; & dans cette pensée, il se montroit clément envers ceux qui témoignoient revenir de leur mauvais train de vie: Τοῖς μεταβαλλομένοις ἐκ πονηρίας φιλανθρώπως διατιθέμενος, ἔλεγεν, ὅτι τὸ νοσοῦν μέλος ἀποκοπτέον, καὶ σηπτικὸν, ἵνα μὴ καὶ τοῖς ὑγιαίνουσι λυμανεῖται, οὐ μὴν τό γε ὑγιὲς ἤδη τυχὸν, ἢ καὶ ὑγιαζόμενον. ZONAR. *in fin. Vit. Constantin.* Voiez aussi EUSEBE, (*De Vit. Constantini*, Lib. IV. Cap. XXXI.) Comme les *Chrétiens* se plaignoient de

ce caractére, du tems de *Théodose*, (17) dit formellement, *qu'il n'y a point de mal à porter les armes, mais que c'est un péché, de le faire en vuë du butin.* Et (18) ailleurs: *La Valeur n'a rien que de juste & d'équitable, lors qu'elle tend ou à défendre par les armes la Patrie attaquée par des Barbares, ou à proteger au dedans les Foibles, ou à secourir des Compagnons tombez entre les mains des Brigans.* Cette preuve est si forte, qu'il n'en faut pas davantage, à mon avis, pour prouver le sentiment de l'ancienne Eglise touchant l'innocence de l'usage de la Guerre, consideré en lui-même.

6. Je n'ignore pas, que les Evêques, & le Peuple Chrétien, ont souvent (19) intercedé en faveur des Criminels, sur tout de ceux qui étoient condamnez à mort. Je sai aussi, qu'en vertu d'une coûtume qni s'étoit introduite parmi les Chrétiens, si un Criminel s'étoit (20) réfugié dans une Eglise, on ne le rendoit qu'après avoir exigé promesse de lui laisser la vie sauve. Il est vrai encore, que vers les Fêtes de *Pâque* (21) on avoit accoûtumé d'ouvrir les Prisons à ceux qui y étoient détenus. Mais si l'on examine bien tout cela, & autres choses semblables, on trouvera que ce sont seulement des effets d'une Bonté Chrétienne, empressée à chercher & à embrasser toutes les occasions qui pouvoient donner lieu à l'exercice de la Clémence; & nullement des suites d'une opinion fixe & arrêtée, qui condamnât généralement & sans restrictions tous les Jugemens à mort. Aussi voions-nous, que ces graces n'étoient pas universelles, mais attachées à certains tems & à certains lieux. Les intercessions même étoient modifiées (22) par certaines exceptions.

7. Quelques-uns objectent ici le XII. Canon du *Concile de* NICÉE dont voici la traduction: (23) *Que tous ceux qui ont été appellez par la Grace, & qui, après avoir montré leur ardeur & leur foi, & quitté le métier des armes, sont ensuite retournez, comme les Chiens, à leur vomissement, en sorte que quelques-uns même ont donné de l'argent & fait des brigues pour rentrer dans le service: que tous ceux-là*, dis-je, *après avoir été simples Ecoutans pendant trois années, demeurent pendant dix ans au nombre de ceux*

de la trop grande douceur de *Constantin*, les *Danois* en faisoient autant de celle de leur Roi *Harauld*, ainsi que le témoigne SAXON *le Grammairien*, dans son Histoire du Nord. (*Lib.* XI. pag. 193, 194. *Ed. Wechel.* 1576.) GROTIUS.

(15) Voiez les Notes de feu Mr. CUPER, sur LACTANCE, *De mortibus Persecutorum*, Cap. XLIV.

(16) *Jurant autem per Deum, & per Christum, & per Spiritum Sanctum, & per Majestatem Imperatoris, quæ, secundùm Deum, Generi Humano diligenda est & colenda.* VEGET. *De Re Militari*, Lib. II. Cap. V. Edit. *Plantin. Scriver.*

(17) *Non enim, militare, delictum est; sed propter prædam militare, peccatum est.* Serm. VII. On trouve un mot tout-à-fait semblable de St. AUGUSTIN, qui est inséré dans le DROIT CANONIQUE, *Caus.* XXIII. *Quæst.* I. Can. V. comme tiré è *Lib. de verbis Domini*, Tract. sive Serm. XIX. Aussi notre Auteur cite-t-il ailleurs les mêmes paroles, sous le nom de ce dernier Pére, *Liv.* II. *Chap.* XXV. §. 9. à la fin.

(18) *Siquidem & fortitudo, quæ vel in bello tuetur à barbaris patriam, vel domi defendit infirmos, vel à latronibus socios, plena sit justitia.* De Offic. *Lib.* I. Cap. XXVII. Ce passage se trouve aussi rapporté dans le Titre du DROIT CANONIQUE, que j'ai cité; où il y a plusieurs autres pensées semblables de divers *Péres de l'Eglise.*

(19) St. AUGUSTIN dit, qu'il est du devoir d'un Ecclésiastique, d'interceder pour les Criminels: *Officium Sacerdotis est, intervenire pro reis.* On voit dans les Lettres de ce Pére plusieurs exemples d'un tel acte de bonté. GROTIUS.

Le passage même, que notre Auteur cite ici, se trouve dans une Lettre de ce Pere, dont il rapporte ailleurs divers endroits; c'est la LIV. écrite au Juge *Macédonius*: QUÆRIS *à me, cur officii Sacerdotii nostri esse dicamus, intervenire pro reis* &c. On voit là ensuite la réponse aux objections de ce Magistrat.

(20) Voiez St. CHRYSOSTOME, Orat. XVI. *de Statuis*: le CONCILE *d'Orleans*, Cap. III. & la *Loi des* WISIGOTHS, *Lib.* VI. *Tit.* V, 16. *Lib.* IX. *Tit.* II. *Cap.* 3. GROTIUS.

(21) *Ubi primus dies Paschalis extiterit, nullum teneat carcer inclusum; omnium vincula dissolvantur.* COD. Lib. I. Tit. IV. *De Episcopali audientia* &c. Leg. III. Cela n'avoit pourtant lieu qu'à l'égard de certains crimes, comme il paroit par le reste de la Loi. Voiez les *Observationes divini & humani juris*, imprimées à *Paris* en 1564. *pag.* 43, *& seqq.* Elles sont de BARNABÉ BRISSON, Président illustre par son savoir. Au reste, la coûtume, dont il s'agit, étoit déja reçuë parmi les *Juifs*, comme chacun l'a pû voir dans les Evangiles. Et notre Auteur, dans ses Notes sur MATTHIEU, XXVII, 15. conjecture, que ce fut *Auguste*, qui leur accorda ce privilége.

(22) On trouvera ces exceptions dans CASSIODORE, *Var.* Lib. XI. Cap. XL. Voiez aussi les DECRETALES, Lib. III. Tit. XLIX. *De immunitate Ecclesiarum, Cœmiterii* &c. Cap. VI. GROTIUS.

(23) SIMEON LE MAITRE exprime ainsi en abrégé le sens de ce Canon: Οἱ βιαζόμενοι καὶ δείξαντες ἀντιστῆναι, εἶτα κυνηγετήσαντες τῆς ἀσεβείας καὶ ἀναστρατευσάμενοι, δεκαετίαν ἀφοριζέσθωσαν. » Que ceux, qui, après avoir d'abord resisté à la violence qu'on leur » fai-

ceux qui se prosternent dans l'Eglise. Mais à l'égard de tous ces gens-là, il faut prendre garde dans quels sentimens ils sont, & de quelle maniére ils font pénitence. Car ceux qui, par leur crainte, par leurs larmes, par leur patience, & par leurs bonnes œuvres, témoignent la sincérité de leur conversion; après avoir achevé le tems pendant lequel ils doivent être Ecoutans, pourront assister aux Priéres publiques; & il sera alors permis à l'Evêque, de les traiter plus doucement. Mais pour ceux qui auront regardé avec indifférence leur punition, & qui se seront imaginez qu'il suffit, pour se convertir, d'entrer dans une Eglise; qu'ils achévent tout le tems qui leur est prescrit. Voilà ce que porte le Canon. La longueur seule du terme de la pénitence prescrite, je veux dire, de treize ans, montre assez qu'il ne s'agit pas d'un péché leger ou douteux, mais d'un crime énorme & incontestable. Ce crime, c'est sans contredit (24) l'Idolatrie: car, dans le Canon XI. qui précéde immédiatement, il est fait mention des tems de l'Empereur *Licinius*; circonstance, qui doit être censée tacitement repetée dans celui-ci, comme on voit souvent que l'intelligence d'un (a) Canon dépend de ceux qui précédent. Or *Licinius*, comme nous (25) l'apprend EUSEBE, *cassoit les Gens de guerre, s'ils refusoient de* (26) *sacrifier aux Dieux.* L'Empereur (27) *Julien* en usa depuis de même; & ce fut pour cela que *Victricius*, & autres dont l'Histoire Ecclésiastique parle, renoncérent au métier de la Guerre, qu'ils ne pouvoient exercer sans abandonner le Christianisme. Il y avoit déja eu, sous l'Empire de *Dioclétien*, onze cens quatre personnes en *Arménie*, qui avoient fait la même chose pour la même raison: comme on le voit par les *Martyrologes*; & en *Egypte*, un *Menna*, & un *Hésychius.* Du tems donc de *Licinius*, il s'en trouva plusieurs, qui quittérent le service, pour éviter l'Idolatrie; entre lesquels fut *Arsacius*, Confesseur; & *Auxence*, depuis Evêque de *Mopsueste.* C'est pourquoi, sous cet Empereur ceux qui, par un mouvement de conscience, s'étoient défaits de leurs Emplois Militaires, ne pouvoient plus y rentrer qu'en abjurant le Christianisme. Et comme cette abjuration étoit d'autant plus criminelle, que ceux qui la faisoient avoient témoigné, par leur abdication précedente, une plus grande connoissance de la Loi de DIEU; l'Eglise, à cause de cela, punissoit plus rigoureusement ces Apostats, que ceux dont il est parlé dans le Canon précedent, lesquels avoient renoncé au Christianisme sans y être contraints par le danger de perdre leurs biens ou leur vie. Il seroit d'ailleurs tout-à-fait contre la raison, d'expliquer le Canon, dont il s'agit, comme s'il condamnoit la Guerre généralement & sans restriction. Car il paroît clairement (28) par l'Histoire Ecclésiastique, que l'Empereur *Constantin* donna le choix à ceux qui n'avoient point voulu rentrer dans le service ce

(a) Voiez, par exemple, le [illegible] Canon du Concile d'*Eliberis*.

» faisoit, ont succombé à l'impieté, & se sont rengagez à porter les armes, soient exclus pour dix ans » de la Communion. C'est aussi de la même maniére que le sens de ce Canon se trouve conçû par BALSAMON, par ZONARE, & par RUFIN, Lib. X. Cap. VI. GROTIUS.

(24) Ce crime est appellé par TERTULLIEN de *Idololatria*, (Cap. I.) le plus grand de tous les crimes, *Principale crimen generis humani, summum seculi reatus*: St. CYPRIEN le qualifie de même, *gravissimum & extremum delictum*, Epist. XI. (XV. *Edit. Fell.*) GROTIUS.

(25) *Στρατιώτας ἐκέλευεν ἀποβάλλεσθαι τοῦ ἀξιώματος, εἰ μὴ τοῖς δαίμοσι θύειν αἱροῖντο.* De Vita Constantini, *Lib.* I. Cap. 54.

(26) C'est ce que SULPICE SEVERE témoigne aussi: *Sane tum* Licinius, *quia adversus* Constantinum *de imperio certavit, milites suos litare praeceperat: abnuentes, militiâ rejiciebat.* (Histor. Sacr. *Lib.* II. *Cap.* XXXIII. *num.* 2. *Edit. Vorst.*) *Valentinien*, qui fut depuis Empereur, avoit été depouillé, pour la même raison, d'un Emploi militaire, sous *Julien* [comme cela est rapporté par RUFIN, PHILOSTORGE, THEODORE, SOZOMENE &c.] Il y a quelque chose d'approchant en ce que dit VICTOR *d'Utique*, que, sous le Roi *Huneric*, plusieurs quittérent le service, parce qu'ils ne pouvoient y demeurer sans se déclarer pour l'*Arianisme*. GROTIUS.

(27) Voiez SOZOMENE, Hist. *Lib.* V. *Cap.* XVII.

(28) C'est ce que nous apprenons d'EUSEBE, dans la *Vie de Constantin*, Lib. II. Cap. XXXIII.

(29) *Contrarium est omnino Ecclesiasticis regulis, post pœnitentiae actionem, redire ad militiam secularem.* Epist. XC. (al. XCII.) *ad Rusticum Episcopum*. Cap. X. On trouve ce passage dans le DROIT CANONIQUE, *Caus.* XXXIII. *Quaest.* III. *De Pœnitentia*, Distinct. V. Can. 3. Je vois aussi la même chose dans les *Capitulaires de* CHARLEMAGNE, Lib. VI. Cap. 264. *Edit. Paris.* 1640.

(30) Le Pape LEON dit, dans la même Lettre XC. à *Rusticus*, que, pour obtenir le pardon des Péchez qu'on a commis, il faut s'abstenir de plusieurs choses permises: *Illicitorum veniam postulantem, oportet etiam multis licitis abstinere.* On trouve à peu près la même pensée dans la *Lettre des Evêques à* LOUIS, Roi de *Germanie*.

ce sous l'Empire de *Licinius*, pour ne pas renoncer à la Foi Chrétienne; que *Constantin*, dis-je, leur donna le choix de servir ou de ne pas servir; & il y en eut sans doute plusieurs qui prirent alors le parti de retourner à la Guerre.

8. On objecte encore ici une Lettre de (29) LEON, où il est dit, que *les Régles de la Discipline Ecclésiastique ne permettent pas de se rengager dans la profession des Armes, après avoir fait pénitence.* Mais il faut savoir, qu'on exigeoit des *Pénitens*, aussi bien que des Gens d'Eglise & des Religieux, un degré éminent de sainteté, fort au dessus de celui du commun des *Chrétiens*; afin (30) qu'autant que leurs mauvais exemples avoient scandalizé, autant leur vie extraordinairement pure servît désormais à édifier. Il faut donc dire ici la même chose, que des défenses faites aux Ecclésiastiques sur le même sujet. Dans un Recueil de très-anciennes Coûtumes de l'Eglise, auxquelles on donnoit ordinairement le nom de CANONS APOSTOLIQUES, pour les rendre plus respectables; il y a un Canon, (31) qui porte: *Qu'aucun Evêque, Prêtre, ou Diacre, ne fasse le métier de la Guerre, & ne posséde en même tems un Emploi Romain & une Charge Sacerdotale. Car* (ajoûte-t-on) *il faut rendre à César ce qui appartient à César; & à* DIEU, *ce qui appartient à* DIEU. Cela suppose manifestement, que la profession des Armes n'étoit pas défenduë aux *Chrétiens* en général & sans exception: autrement il n'auroit pas été nécessaire de l'interdire en particulier à ceux qui aspiroient aux Emplois Ecclésiastiques. Et on faisoit bien plus à l'égard de ceux-ci. Car, si un homme, depuis son batême, avoit exercé quelque Emploi Civil ou Militaire, il étoit défendu de le recevoir Membre du Clergé; comme il paroît par les Lettres de SYRICE & d'INNOCENT, & par le *Concile de* TOLE'DE. C'est qu'on vouloit que les Ecclésiastiques fussent choisis, non d'entre (32) toute sorte de *Chrétiens*, mais d'entre ceux qui avoient mené une vie extraordinairement sainte & réguliére. Ajoûtez à cela, que les Ecclésiastiques ne devoient être détournez de leurs fonctions par (33) aucun autre soin ou aucun autre travail qui demandât une application continuelle, tel qu'est le Service à la Guerre, & l'exercice de certains Emplois Civils. C'est pourquoi, dans le VI. des mêmes CANONS APOSTOLIQUES, il est défendu aux *Evêques*, aux *Prêtres*, & aux *Diacres*, de se mêler des affaires séculiéres: & dans le LXXX. d'entrer dans l'administration des affaires publiques: Le VI. *Canon des Eglises* d'AFRIQUE veut aussi, qu'ils ne fassent la fonction ni de (34) Procureurs, ni d'Avocats. Et ST. CYPRIEN va jusqu'à soûtenir, que (35) c'est mal fait de les établir Tuteurs.

9. Les autoritez qu'on allégue, ne concluent donc rien en faveur du sentiment que nous

manie: Quilibet tanto à se licita debet abscindere, quanto se meminit & illicita perpetrasse. Et dans les *Capitulaires de* CHARLES *le chauve: Tanto quisque majora quærat bonorum operum lucra, quanto graviora sibi intulit damna per culpam.* GROTIUS.

(31) Ἐπίσκοπος, ἢ Πρεσβύτερος, ἢ Διάκονος, στρατείᾳ σχολάζων, καὶ βουλόμενος ἀμφότερα κατέχειν, Ῥωμαϊκὴν ἀρχὴν, καὶ ἱερατικὴν διοίκησιν, καθαιρείσθω. τὰ γὰρ τοῦ Καίσαρος, Καίσαρι, καὶ τὰ τοῦ Θεοῦ, τῷ Θεῷ.

(32) EUSEBE, dans le I. Livre de sa *Démonstration Evangelique*, dit, que la vie des *Chrétiens* est de deux sortes, l'une *parfaite*, ἐντελής, l'autre au dessous de la perfection. Il ajoûte que ceux qui ménent la derniére doivent, entr'autres choses, représenter leur devoir à ceux qui servent dans une Guerre juste: Τοῖς τε κατὰ τὸ δίκαιον στρατευομένοις τὰ πρακτέα ὑποτίθεσθαι. (Cap. VIII.) GROTIUS.

(33) Voiez le Canon du *Concile de* MAYENCE, rapporté dans les DECRETALES (Lib. III. Tit. L.) *Ne Clerici vel Monachi Sæcularibus negotiis se immisceant.* Cap. I. GROTIUS.

(34) Voiez la Lettre de St. JEROME à *Népotien*. GROTIUS.

Le Canon des *Conciles* d'AFRIQUE, cité par notre Auteur, n'est pas le VI. mais le XVI. comme ZIEGLER le remarque ici.

(35) *Neque apud altare Dei meretur nominari in Sacerdotum prece, qui ab altari Sacerdotes & Ministros voluit avocare. Et ideo* Victor, *quum contra formam nuper in Concilio à Sacerdotibus datam*, Geminium Faustinum *Presbyterum ausus sit tutorem constituere; non est quod pro dormitione ejus apud vos fiat oblatio, aut deprecatio aliqua nomine ejus in Ecclesia frequentetur* &c. Lib. I. Epist. IX. (Ep. I. *Ed. Fell.*) *Ad Presbyteros, Diaconos, & Plebem* Furnis *consistentem.* Voiez aussi le CODE de JUSTINIEN, Lib. I. Tit. III. *De Episcop. & Cleric.* &c. Leg. LII. GROTIUS.

Le passage de St. CYPRIEN, que notre Auteur ne faisoit que cotter, se trouve rapporté dans le DROIT CANONIQUE, Distinct. LXXXVIII. *Episcopi & Ecclesiastici sæcularia negotia non curent*, Can. XIV. & Caus. XXI. Quæst. III. *An procurationes sæcularium negotiorum Clericis liceat suscipere*, Can. IV. On voit par là, que, selon ce Pére, le Défunt mérite d'être puni en quelque maniére après sa mort, pour avoir osé nommer Tuteur un

nous combattons. Mais nous avons au contraire pour nous un jugement formel de l'Eglise, dans le *prémier Concile* d'ARLES, tenu sous *Constantin*. Car voici ce que porte le III. Canon de ce Concile: (36) *On a trouvé bon de suspendre de la Communion ceux qui jettent les armes en tems de paix*, c'est-à-dire, qui quittent le Service, hors des tems de persécution: car c'est ce qu'on entendoit alors par le mot (37) de *paix*, comme il paroit par les Ecrits de ST. CYPRIEN & d'autres Auteurs. Ajoûtez à cela l'exemple des Soldats qui servoient sous l'Empereur *Julien*, & qui avoient fait de si grands progrès dans le Christianisme, qu'ils étoient tout prêts à séeller de leur sang la vérité de l'Evangile. Voici ce qu'en dit ST. AMBROISE: (38) *L'Empereur* Julien, *quoi qu'Apostat, avoit à son service des Soldats Chrétiens. Lors qu'il leur disoit*, Marchez au combat pour la défense de l'Etat, *ils lui obéïssoient aussi tôt. Mais, quand il leur disoit*, Prenez les armes contre les Chrétiens; *ils respectoient alors les ordres de l'Empereur céleste, préférablement à ceux de l'Empereur terrestre.* Telle avoit été, long tems auparavant, la conduite de la *Légion Thébéenne*, qui, sous *Dioclétien*, fut instruite dans la Religion Chrétienne par *Zabda*, trentiéme Evêque de *Jérusalem*, & qui donna ensuite un exemple immortel de constance & de patience Chrétienne; dont nous parlerons plus bas.

10. Je me contente ici d'alléguer, en finissant cette matiére, quelques paroles de ces illustres Confesseurs, qui renferment exactement & en peu de mots, tout le devoir d'un Soldat Chrétien: (39) *Nous vous offrons nôtre bras*, disoient-ils à l'Empereur, *contre tout Ennemi que vous aurez à combattre: mais nous croirions commettre un grand crime, si nous trempions nos mains dans le sang des Innocens. Elles agissent vigoureusement contre les Impies, & les Ennemis de l'Etat: mais elles n'ont plus de force, quand il est question de massacrer impitoïablement des gens pieux, nos Concitoiens. Nous nous souvenons, que c'est pour la défense des Citoiens, & non pas contr'eux, que nous nous sommes engagez à prendre les armes. Nous avons toûjours combattu pour la Justice, pour la Piété, pour la conservation des Innocens: c'est jusqu'ici la récompense que nous avons euë des dangers, auxquels nous nous sommes exposez. Nous avons combattu avec fidélité: comment vous la garderions-nous, Seigneur, si nous en manquions envers* DIEU? Ajoûtons ce que dit ST. BASILE, au sujet des anciens *Chrétiens*: (40) *Nos Ancêtres n'ont pas regardé comme de vrais Homicides, ceux qui se font à la Guerre: c'est, à mon avis, qu'ils ont cru devoir excuser toute personne qui n'ôte la vie à une autre, que pour la défense de la Vertu & de la Piété.*

CHA-

un Prêtre: puis qu'il défend, à cause de cela, de faire en son nom des Oblations ou des Priéres publiques, le jour de l'Anniversaire de sa mort, selon la coûtume qui s'étoit introduite, & qui fraia ensuite le chemin à la Superstition. Voiez la Note de l'Evêque d'*Oxford*, JEAN FELL, sur ce passage; & la V. *Dissertation Cyprianique* de DODWELL: à quoi on peut joindre ce que dit Mr. LE CLERC, dans sa *Vie de St. Cyprien*, BIBL. UNIVERS. Tom. XII. pag. 234, *& suiv.*

(36) *De his, qui arma projiciunt in pace, placuit abstinere eos à communione.*

(37) En voici des exemples: *Immo quomodo etiam in* PACE *militabit?* TERTULLIAN. de Idololatr. (Cap. XIX.) *Nostra* PACI *quod est bellum, quam persecutio?* Idem, *de fuga Persecut.* (Cap. III.) *Quando ipsa ante mater nostra Ecclesia* PACEM *de misericordia Domini prior sumserit.* CYPRIAN. *Epist.* X. (XVI. Ed. Fell.) *Quum Dominus coeperit ipsi Ecclesiae* PACEM *dare*: Idem, *Epist.* XXII. *Ecclesiae* PACEM *sustinendam* (id est, *exspectandam*) Epist. XXXI. (XXX. *Edit. Fell.*) *Et quia traditam nobis disciplinam* PAX *longa corruperat*: Idem, *De Lapsis.* (pag. 123.) *Post* Hadrianum, Antonino Pio *imperante*, PAX *Ecclesiis fuit.* SULPIT. SEVER. (Hist. Sacr. *Lib.* II. *Cap.* XXXII. num. 1. *Edit Vorst.*) *Interjectis deinde annis* VIII. *&* XXX. PAX *Christianis fuit.* Ibid. (*num.* 2.) *Exinde tranquillis rebus* PACE *perfruimur.* (Cap. XXXIII. *num.* 3.) Et au commencement de son Histoire: *Vexationesque populi Christiani, & mox* PACIS *tempora.* (Lib. I. Cap. I. *num.* 3.) GROTIUS.

(38) Julianus *Imperator, quamvis esset Apostata, habuit tamen sub se Christianos milites: quibus quum dicebat*; Producite aciem pro defensione Reipublicae; *obediebant*

ei:

CHAPITRE III.

Où l'on traite des DIFFERENTES SORTES DE GUERRE; & l'on explique la nature de la SOUVERAINETÉ.

I. *Division de la* GUERRE *en* PUBLIQUE, PRIVÉE, & MIXTE. II. *Que, depuis l'établissement des Tribunaux Civils, toute* Guerre Privée *n'est pas illicite, selon le Droit Naturel. Exemples des cas, où cela a lieu.* III. *Que la Loi même de l'Evangile ne s'y oppose point, Réponse aux objections qu'on fait là-dessus.* IV. *La* Guerre Publique *est ou* Solemnelle, *ou* Non-solemnelle. V. *Si une Guerre, faite par autorité d'un Magistrat qui n'est pas Souverain, peut être appellée publique?* VI. *En quoi consiste la* Puissance Civile. VII. *Ce que c'est que la* PUISSANCE SOUVERAINE. VIII. *Réfutation de la pensée de ceux qui prétendent, que le Pouvoir Souverain appartient toûjours au Peuple: & réponse aux raisons qu'ils alléguent pour le prouver.* IX. *Que le Roi & le Peuple ne sont pas non plus toûjours dépendans l'un de l'autre.* X. *Avis nécessaires pour l'intelligence de la véritable opinion.* 1. *Il faut remarquer, que les mêmes titres ne signifient pas toûjours la même chose.* XI. 2. *Il faut distinguer entre le droit, & la maniére dont on en est revêtu.* XII. *Qu'il y a des Souverainetez, que l'on posséde avec un plein pouvoir, c'est-à-dire, avec la faculté d'aliénation:* XIII. *Et d'autres, qu'on ne peut aliéner.* XIV. *Qu'il y a même des Seigneuries non souveraines, que l'on posséde néanmoins avec le pouvoir d'aliéner.* XV. *Preuve de cette distinction, par la maniére dont on régle la Régence des Roiaumes, pendant la minorité du Prince.* XVI. 3. *Que les engagemens où entre un Prince, en promettant même des choses qui ne sont ni de Droit Naturel, ni de Droit Divin, n'empêchent pas qu'il ne soit Souverain.* XVII. 4. *Que la Souveraineté se partage quelquefois ou entre plusieurs personnes, qui la possédent par indivis; ou en plusieurs parties, dont l'une est entre les mains d'une personne, & l'autre entre les mains de l'autre.* XVIII. *Qu'il n'y a point de partage, lors qu'un Prince consent que les actes qui n'ont pas été approuvez par un certain Corps de son Roiaume, soient nuls.* XIX. *Autres exemples qu'on allégue mal-à-propos.* XX. *Exemples bien appliquez.* XXI. *Que les engagemens d'une Alliance inégale n'empêchent point que l'Allié Inférieur ne puisse être Souverain. Réponse aux difficultez qu'on oppose là-dessus.* XXII. *Les Rois tributaires ne laissent pas pour cela d'être Souverains:* XXIII. *Ni ceux qui sont Feudataires.* XXIV. *Il ne faut pas confondre le droit, avec l'exercice du droit. Exemples de cette distinction.*

§.I. 1.

el: quum autem diceret ei; Producite arma in Christianos, *tunc adgnoscebant Imperatorem Cœli.* Ce passage n'est point de St. AMBROISE, quoi qu'il lui soit attribué dans le DROIT CANONIQUE, Caus. XI. Quæst. III. C. 94. où l'on a remarqué, qu'il y en a un tout semblable de St. AUGUSTIN, sur le *Pseaume* CXXIV. qui est aussi rapporté dans le Canon 98. Voiez la Note de PITHOU. Notre Auteur lui-même cite ailleurs sous le nom du dernier Pére, quelque chose de semblable, *Liv.* II. Chap. XXVI. §. 3. *num.* 9. dans une Note.

(39) *Offerimus nostras in quemlibet hostem manus, quas sanguine innocentium cruentare nefas ducimus. Dextera ipsa pugnare adversus impios & inimicos sciunt, laniare pios & cives nesciunt. Meminimus nos pro civibus, potiùs quàm adversus cives, arma sumsisse. Pugnavimus semper pro justitia, pro pietate, pro innocentium salute: hæc fuerunt hactenus pretia periculorum. Pugnavimus pro fide: quam quo pacto conservemus tibi, si hanc Deo nostro non exhibemus?* Ces paroles sont tirées de la Rélation du Martyre de la *Légion Thebéenne*, attribuée à St. EUCHER, Evêque de *Lyon.* Mais Mr. DUBOURDIEU, Ministre de l'Eglise de *la Savoie* à *Londres*, a publié en 1705. une Dissertation, où il montre, que cette Rélation est une piéce supposée, & que la *Légion Thébéenne* n'a jamais existé.

(40) Τοὺς ἐν πολέμοις φόνους οἱ πατέρες ἡμῶν ἐν τοῖς φόνοις οὐκ ἐλογίσαντο, ἐμοὶ δοκεῖν, συγγνώμην δόντες τοῖς ὑπὲρ σωφροσύνης καὶ εὐσεβείας ἀμυνομένοις. Notre Auteur ne dit rien, qui puisse faire conjecturer de quel endroit des Oeuvres de St. BASILE il a tiré ce passage.

§. I. 1. IL Y A une *Guerre Privée*, une *Guerre Publique*, & une *Guerre Mixte*; c'est la division la plus générale & la plus nécessaire. (a) LA GUERRE PUBLIQUE, c'est celle qui se fait de part & d'autre par l'autorité d'une Puissance (1) Civile. La GUERRE PRIVÉE, c'est celle qui se fait de Particulier à Particulier, sans autorité publique. La GUERRE MIXTE, c'est celle qui se fait d'un côté par autorité publique, & de l'autre par de simples Particuliers. Parlons prémiérement de la *Guerre Privée*, comme de la plus ancienne.

(a) *Sylvest.* verbo *Bellum*, I. n. 1.

2. Il n'est pas besoin de s'arrêter ici à faire voir, que, selon le *Droit de Nature*, la Guerre est quelquefois permise *de Particulier à Particulier:* cela paroît assez, à mon avis, par ce qui a été dit ci-dessus, (b) lors que nous avons prouvé, que le Droit Naturel ne défend point de repousser par la force les injures qu'on reçoit, on dont on est menacé. Mais quelcun pourroit s'imaginer, que depuis l'établissement des Juges Publics, cette permission ne subsiste plus. Car, quoi que les Tribunaux soient purement l'ouvrage des Hommes; la Nature ne donnant à personne le droit de connoître des demêlez d'autrui, & de les terminer avec autorité: cependant, comme il est beaucoup plus honnête & plus avantageux pour le repos du Genre Humain, de remettre la décision des différens & des querelles au jugement d'un tiers désinteressé, que de permettre à chacun de se faire lui-même raison en sa propre cause, où les illusions de l'Amour propre sont si fort à craindre; l'Equité même & la Raison naturelle veulent qu'on se conforme à un établissement si louable. *On ne doit pas souffrir*, dit le Jurisconsulte PAUL, (2) *que les Particuliers fassent de leur chef ce que le Magistrat peut faire par son autorité; autrement cela donneroit lieu à de grands troubles.* La raison pourquoi les Loix ont été inventées, c'est, selon THÉODORIC, ancien Roi des *Ostrogoths*, (3) *afin que personne n'usât de voies de fait, & ne se fit justice à soi-même: car*, ajoûte-t-il, *quelle différence y auroit-il entre un tems de Guerre, & un tems de Paix, si les Particuliers usoient de violence pour vuider leurs démêlez?* Et, selon les Jurisconsultes Romains, on use de *violence*, *quand* (4) *on veut se faire rendre ce que l'on croit nous être dû, sans avoir recours au Juge.*

(b) *Chap.* II.

§. II. 1. IL EST hors de doute, que la permission qu'on avoit à cet égard dans l'Etat de Nature, a été beaucoup restreinte par l'établissement des Tribunaux de Justice. Il y a pourtant des cas où ce droit subsiste encore aujourd'hui, c'est *lors que la voie de la Justice n'est point ouverte:* car la Loi qui défend de poursuivre son droit par une autre voie, doit être entenduë avec cette restriction d'équité, que l'on trouve des Juges à qui l'on puisse avoir recours.

2. Or la voie de la Justice peut manquer (a) ou pour quelque tems, ou absolument. Elle manque *seulement pour quelque tems*, lors que l'on se trouve dans un tel état, que si l'on attendoit le secours du Juge, (1) on seroit exposé à un peril ou un dommage cer-

(a) *Momentanee aut continuè.*

§. I. (1) C'est ce que notre Auteur entend par *auctore eo qui jurisdictionem habet.* Et la raison pourquoi il s'exprime ainsi, c'est d'un côté qu'il entend par le mot de *Guerre*, toute prise d'armes qui a pour but de vuider une querelle, par opposition à la maniére de décider un différent, en recourant à un Juge commun: de l'autre, qu'il renferme sous le nom de *Guerre Publique*, celle-là même qui se fait par une Puissance Subalterne, sans ordre de la Puissance Souveraine, comme il paroit par ce qu'il dira plus bas, §. 4. & 5. Ainsi tombent toutes les critiques des Commentateurs, qui ne considérent point, qu'il étoit libre à notre Auteur de définir les termes comme il le jugeoit à propos, pourvû qu'il leur attachât ensuite constamment la même idée, & qu'il raisonnât là-dessus conséquemment.

(2) *Non est singulis concedendum, quod per Magistratum publicè possit fieri, ne occasio sit majoris tumultus faciendi.* DIGEST. Lib. L. Tit. XVII. *De diversis Reg. Jur.* Leg. 176. Voiez le Commentaire de JAQUES GODEFROI, sur cette Loi.

(3) *Hinc est, quod Legum reperta est sacra reverentia, ut nihil manu, nihil proprio ageretur impulsu. Quid enim à bellica confusione pax tranquilla distat, si per vim litigia terminantur?* CASSIODOR. Var. Epistol. *Lib.* IV. Ep. X. Voiez aussi l'*Edit* de THEODORIC, Cap. X. & CXXIV. GROTIUS.

(4) *Vis est & tunc, quotiens quis id, quod deberi sibi putat, non per Judicem reposcit.* DIGEST. Lib. IV. Tit. II. *Quod metus caussa* &c. Leg. XIII. C'est ce que les Latins appellent, en stile de Droit, *injicere manum*, mettre la main dessus; comme le remarque SERVIUS, ancien Commentateur de VIRGILE: INJICERE MANUM

certain. Elle manque *absolument*, ou de droit, ou de fait. *De droit*, lors que quelcun se (2) trouve dans des lieux qui n'ont point de maître, comme sur mer, dans un Désert, dans une Ile non habitée, & dans tout autre endroit où il n'y a point de Gouvernement Civil. *De fait*, quand les Sujets ne veulent pas se soûmettre au Juge, ou que le Juge lui-même refuse (3) manifestement de prendre (b) connoissance des affaires que l'on a à démêler. (b) *Du Moulin, Disp. C. §. Dubium vero.*

3. Le Droit Naturel ne condamne donc pas sans exception toute Guerre de Particulier à Particulier, même depuis l'établissement des Tribunaux de Justice. Et cela paroît aussi par la Loi des anciens *Juifs*, où DIEU parle ainsi par la bouche de MOISE: (c) *Si un Voleur est surpris perçant la muraille, & qu'on le blesse, en sorte qu'il en meure, on ne sera point coupable de meurtre, à moins qu'il ne fût déja jour alors.* Car il y a tout lieu de croire que cette Loi, qui distingue si exactement les cas, n'emporte pas une simple impunité, mais qu'elle renferme une explication du Droit de Nature; & qu'elle n'est pas fondée sur une volonté particuliére de DIEU, mais sur les Régles communes de l'Equité. Aussi voions-nous, que les autres Nations ont suivi le même principe. Chacun sait ce que portoit la *Loi des* XII. TABLES, tirée certainement de (4) l'ancien Droit d'*Athénes*: (5) *Si quelcun dérobe de nuit, & qu'on le tuë, il sera bien & duëment tué.* C'est ainsi encore que, par les Loix de tous les Peuples qui nous sont connus, un homme qui s'est servi de quelque arme pour défendre sa vie contre un injuste Agresseur, est déclaré innocent. Preuve évidente qu'il n'y a là rien de contraire au Droit Naturel. (c) *Exod.* XXII, 2.

§. III. MAIS il n'est pas aussi facile de décider, si cette défense de soi-même est permise par le *Droit Divin Positif*, plus parfait que le Droit Naturel, je veux dire, par l'*Evangile.* Il est, à mon avis, hors de doute, que DIEU, qui a plus de pouvoir sur nôtre vie, que nous n'en avons nous-mêmes, a pû exiger que nous nous laissassions tuer, plûtôt que de tuer l'Aggresseur, dans le cas dont il s'agit. Mais la question est de savoir, s'il a voulu actuellement nous obliger à un si haut degré de patience?

2. Ceux qui tiennent ici l'affirmative, alléguent ordinairement deux passages, que nous avons déja expliquez, lors que nous avons examiné si la Guerre en général est permise: (a) l'un est tiré de l'Evangile, où JESUS-CHRIST (b) parle ainsi; *Mais moi je vous dis, ne resistez point à celui qui vous fait du mal:* l'autre, de (c) *l'Epître aux Romains*, où ST. PAUL dit; *Ne vous vengez pas vous-mêmes, Mes bien aimez:* ce que la Version Latine traduit, *Ne vous défendez pas.* Il y a un troisiéme passage, dont on se sert encore; c'est ce que JESUS-CHRIST dit à *Pierre:* (d) *Rémets ton Epée au fourreau; car tous ceux qui auront pris l'Epée, périront par l'Epée.* Quelques-uns ajoûtent ici l'exemple que JESUS-CHRIST lui-même a donné, en mourant (e) pour ses Ennemis.

(a) *Chap.* II. §. 8. *num.* 4, 5, 7. (b) *Matth.* V, 39. (c) *Rom.* XII, 19. (d) *Matth.* XXVI, 52. (e) *Rom.* V, 8, 10.

3. Par-

NUM PARCÆ.] *Trahere debitum sibi. Et sermone usus est Juris: nam* manus injectio *dicitur, quotiens, nullâ Judicis auctoritate exspectatâ, rem nobis debitam vindicamus.* In Æneid. X. 419. GROTIUS.

§. II. (1) Comme quand on est attaqué, ou de nuit, ou en plein jour, mais dans des endroits à l'écart, ou du moins en sorte que ceux qui nous voient en danger ne veulent ou ne peuvent pas nous sécourir, & mettre ainsi l'Aggresseur en état de répondre de sa conduite en Justice. Voiez ce que l'on dira dans le Chap. I. du II. Livre.

(2) Voiez ci-dessous, *Liv.* II. *Chap.* XX. §. 8. *num.* 6, 7.

(3) C'est le cas où se trouvoit *Moïse*, lors qu'*aiant vû un de ses Freres* (c'est-a-dire un Israëlite) *à qui on faisoit tort, il le défendit, & vengea cet homme opprimé, en tuant un Egyptien*, EXOD. II. ACTES, VII. 24. Car alors les *Israëlites* n'avoient aucune Justice à attendre des Juges *Egyptiens.*

(4) Voici la Loi de *Solon*: " Si quelcun dérobe de „ jour au delà de la valeur de cinquante Drachmes, „ on pourra le faire venir en Justice devant le Conseil „ des Onze. Mais si quelcun dérobe de nuit quoi que „ ce soit, il sera permis de le tuer, ou de le blesser „ en le poursuivant &c. Εἰ μέν τις μεθ' ἡμέραν ὑπὲρ πεντήκοντα δραχμὰς κλέπτοι, ἀπαγωγὴν πρὸς τοὺς Ἕνδεκα εἶναι, εἰ δέ τις νύκτωρ ὁ, τι οὖν κλέπτοι, τοῦτον ἐξεῖναι καὶ ἀποκτεῖναι, καὶ τρῶσαι διώκοντα &c. (DEMOSTHEN. Orat. *advers. Timocrat.* pag. 476. C. *Ed. Basil.* 1572.) Consultez ce que l'on dira ci-dessous, *Liv.* II. *Chap.* I. §. 12. (où l'on traite plus amplement de la raison de cette Loi.) GROTIUS.

(5) C'est MACROBE, qui nous a conservé cette Loi, ce

3. Parmi les anciens Docteurs de l'Eglise Chrétienne, il y en a qui ne désapprouvant pas les Guerres Publiques, ont cru néanmoins que la Défense de soi-même de Particulier à Particulier est illicite. Nous avons cité (f) des passages de St. Ambroise, en faveur de l'innocence de la Guerre. On en trouve là-dessus, dans St. Augustin, beaucoup plus, & de plus clairs, que tout le monde connoît. Cependant voici ce que dit le prémier de ces Péres, à l'occasion du passage de l'Evangile, dont je viens de parler: (1) *C'est peut-être pour cela que, quand* Pierre *présente deux Epées, Nôtre Seigneur lui dit,* C'est assez: *comme s'il entendoit par là, que jusqu'à l'Evangile il avoit été permis de se servir de l'Epée, & que, comme la Loi enseignoit là-dessus ce qui est juste, l'Evangile enseigne ce que demande une Bonté portée au plus haut point de perfection.* Et ailleurs: (2) *Si un Chrétien est attaqué par un Brigand, il ne doit point le repousser en le frappant à son tour; pour ne pas défendre sa propre Vie, aux dépens de la Piété.* St. Augustin déclare, (3) qu'*il ne blâme point la Loi qui permet de tuer les Voleurs, & autres Aggresseurs semblables; mais qu'il ne voit pas bien comment on peut excuser ceux qui les tuent. Je n'approuve point*, dit-il (4) ailleurs, *la maxime, de tuer celui par qui l'on craint d'être tué soi-même; à moins qu'on ne soit Soldat, ou chargé de quelque autre fonction publique, en sorte qu'alors on agisse non pour soi-même, mais pour les autres, en vertu du pouvoir légitime dont on est revêtu.* St. Basile étoit de même sentiment, comme il paroît par sa (5) Seconde Lettre à *Amphilochius.*

(f) Chap. II. §. 10, num. 5.

4. Malgré tout cela, l'opinion contraire, qui est la plus commune, me paroît aussi la plus raisonnable. Je crois donc, qu'on n'est nullement obligé de porter la patience jusqu'à se laisser tuer, plûtôt que de tuer un injuste Aggresseur: car l'Evangile nous ordonne bien d'*aimer nôtre Prochain comme nous-mêmes*, mais non pas plus que nous-mêmes. Bien loin de là: lors que nous avons à craindre le même mal, qu'une autre personne, nous pouvons légitimement penser à nôtre propre interêt, (6) plûtôt qu'au sien; comme je l'ai montré ci-dessus (g) par l'autorité de St. Paul, en expliquant une régle qu'il donne sur la Libéralité.

(g) Chap. II. §. 8. num. 4.

5. On objectera peut-être, que la permission de préferer son propre avantage à celui du Prochain n'a pas lieu en matiére de biens inégaux; & qu'ainsi l'on doit plûtôt sacrifier sa vie, que d'exposer l'Aggresseur à être damné éternellement. Mais il n'est pas difficile de répondre à cette difficulté. Car celui qui est attaqué, a souvent besoin lui-même de quelque temps pour se repentir, ou du moins il le croit avec assez d'apparence. Et il peut, d'autre côté, rester assez de tems à l'Aggresseur, pour se repentir, avant que

en la donnant pour exemple du mot *noxi* pris pour *nocens*, chez les Anciens: SEI. NOX. FURTUM. FACTUM. ESIT. SEI. IM. OCCISIT. JOURE. CAISUS. ESTO. Saturnal. *Lib.* I. *Cap.* IV.

§. III. (1) *Et ideo fortasse* Petro *duos gladios offerenti*, Satis, *dicit; quasi licuerit, usque ad Evangelium: ut sit in Lege aquitatis eruditio, in Evangelio bonitatis perfectio.* Lib. X. in Lucam, *Cap.* XXII. pag. 1782. C. *Ed. Paris.* 1569.

(2) *Vipote qui* [Christianus], *etiam si in Latronem armatum incidat, ferientem referire non potest; ne, dum salutem defendit, pietatem contaminet.* De Offic. *Lib.* III. *Cap.* IV.

(3) *Quapropter Legem quidem non reprehendo, qua tales* [latrones & alios invasores violentos] *permittit interfici: sed quo pacto istos defendam, qui interficiunt, non invenio.* Lib. I. *De Libero Arbitrio*, Cap. V.

(4) *De occidendis hominibus, ne ab eis quisquam occidatur, non mihi placet consilium; nisi forte sit miles, aut publica functione teneatur, ut non pro se hoc faciat, sed pro aliis, vel pro civitate ubi etiam ipse est, acceptâ legitimâ potestate* &c. Epist. ad Publicolam, CLIV.

(5) *Cap.* XLIII. & LV. Voiez encore un Canon du *Concile d'*Orleans, qui se trouve cité dans le Droit Canonique, par Gratien, *Caus.* XIII. *Quæst.* II. Can. XXXII. Grotius.

(6) Cassiodore dit, qu'il n'y a aucun Commandement de l'Evangile, ni aucune raison, en vertu de quoi on soit tenu de préferer le salut éternel de son Prochain au sien propre, ou de perdre sa propre vie pour sauver celle du Prochain, lors qu'on n'espére pas de lui procurer par là le Salut éternel. *Sane nullius alique præcepto, vel aliqua ratione, tenetur salutem animæ Proximi perditione animæ suæ, aut corporis ejus liberationem, citra spem perpetuæ salutis, proprii corporis interitu procurare.* De Amicitia. Grotius. Ce Traité que notre Auteur cite, est de Pierre *de Blois*, au jugement des Critiques.

(7) On peut ajoûter à cela, qu'il n'est nullement certain, que celui, par qui on se laissera tuer, pour ne pas l'exposer, en se défendant, au péril de la Damnation éternelle, soit pour cela à l'abri de ce danger. Il peut arriver même, qu'il ne fera que devenir plus me-

que de rendre l'ame. De (7) plus, à en juger moralement, on ne doit avoir aucun égard à un danger où quelcun s'est jetté lui-même, & dont il peut se tirer quand il voudra.

6. Les Apôtres du moins semblent avoir été bien éloignez de croire, qu'on ne doive pas se défendre jusqu'à tuer un Aggresseur injuste, qui en veut à nôtre vie. Car il y a beaucoup d'apparence, que quelques-uns d'eux portoient l'Epée en voiage, au vû & au sû de Nôtre Seigneur, pendant tout le tems qu'ils l'accompagnérent. C'est une précaution, que les *Galiléens*, leurs Compatriotes, prenoient ordinairement, quand ils alloient de chez eux à *Jérusalem*, parce que les chemins en étoient remplis de Voleurs, comme nous l'apprenons de (8) JOSEPH, qui dit la même chose des *Esséniens*, gens qu'il nous représente comme les plus doux & les plus pacifiques du monde. Quand JESUS-CHRIST disoit, (h) que bien tôt il faudroit *vendre jusqu'à son habit, pour acheter une Epée*; les Apôtres lui répondirent incontinent, qu'il y avoit deux Epées dans leur troupe: or la troupe n'étoit composée que des Apôtres. Les paroles même de Nôtre Seigneur, quoi qu'elles ne contiennent pas un véritable commandement, mais seulement une façon de parler proverbiale, par laquelle il donnoit à entendre, qu'on étoit à la veille de très-grands dangers, comme il paroît clairement par l'opposition qu'il fait (i) de ce tems-là au tems passé, qui avoit été heureux & tranquille: ces paroles, dis-je, semblent pourtant faire allusion à une pratique commune, & à une pratique que les Apôtres regardoient comme innocente. Or *pourquoi seroit-il permis de porter l'Epée, s'il n'étoit pas permis de s'en servir?* ainsi que le dit très-bien (9) CICERON.

(h) *Luc*, XXII, 36.

(i) *Vers.* 35.

7. Pour venir maintenant aux passages qu'on objecte, quand Nôtre Seigneur défend de *résister à ceux qui nous font du mal*, cette maxime n'est pas plus générale, que celle qu'il prescrit un peu après, de *donner à toute personne qui nous demande*: or il y a ici une exception sousentenduë, c'est que l'on puisse donner sans s'incommoder beaucoup; on peut donc aussi entendre avec quelque restriction la défense de résister. Et on est d'autant mieux fondé à le faire, que les termes généraux du précepte de donner ne sont accompagnez de rien qui insinuë la restriction, laquelle se déduit uniquement des régles de l'Equité: au lieu que la défense de résister est suivie d'une explication, contenuë dans l'exemple d'un *Soufflet*; car cet exemple fait voir, qu'on n'est indispensablement tenu de souffrir sans résistance, que quand il s'agit d'un Soufflet, ou de quelque autre semblable injure. Autrement il auroit été plus naturel de s'exprimer ainsi: *Ne résistez point à celui qui vous fait du mal, mais sacrifiez vôtre vie, plûtôt que de vous défendre à main armée.*

8. Dans

méchant, & que nuire de plus en plus à la Societé. D'ailleurs, dans l'épouvante où jette la crainte d'une mort prochaine, dont on est menacé de la part d'un injuste Aggresseur, on n'a pas le tems d'examiner toutes choses: &, après tout, on ne fait qu'user du droit naturel qu'on a de travailler à sa propre conservation. Bien plus: il y a ici, à mon avis, une espéce d'obligation comme je l'ai remarqué sur PUFENDORF, *Droit de la Nat. & des Gens*, Liv. II. Chap. V. §. 2. *Note* 5. de la 2. Edition. Ajoûtons encore, avec feu Mr. LA PLACETTE, que, " si la Charité s'opposoit à ce " qu'on fit mourir des personnes qu'on sauroit être en " état de péché & de damnation, il s'ensuivroit, que " les Magistrats ne pourroient faire souffrir le dernier " supplice à des Scélérats, qui feroient voir par leurs " paroles & par leurs actions qu'ils n'ont pas les dispositions nécessaires pour bien mourir. Ces misérables n'auroient qu'à proferer des blasphêmes & des " impietez, pour se mettre à couvert de la punition " qu'ils ont méritée; ce qui est absurde & insupportable. Il s'ensuivroit encore, qu'il n'y auroit point de " Guerre, qui fût permise: car, comme il est moralement impossible que la moins sanglante de toutes " les Guerres n'emporte un grand nombre de misérables, qui meurent dans de mauvaises dispositions, " on n'en pourroit entreprendre aucune sans s'exposer à " ce danger, & par conséquent sans violer les Loix de " la Charité. *Traité du droit que chacun a de se défendre*, Chap. V. Concluons, que, si un Aggresseur injuste vient à être tué, celui qui le tuë, pour défendre sa vie, est le ministre innocent de la Providence & de la Vengeance Divine.

(8) Il dit, que, quand les gens de cette Secte voiagent, ils n'ont ni bagage, ni provisions, & qu'ils se contentent de porter des armes, à cause des Voleurs de grand chemin: Διὸ καὶ ποιοῦνται τὰς ἀποδημίας, οὐδὲν μὲν ὅλως ἐπικομιζόμενοι, διὰ δὲ τοὺς λῃστὰς, ἔνοπλοι. De Bell. Jud. *Lib.* II. Cap. XII. (VII. *in Latin.*) pag. 785. D.

(9) *Quid comitatus nostri, quid gladii volunt? quos habere*

(k) Ἐκδικεῖν.
(l) *Judith*, I, 12. II, 1. *Luc*, XVIII, 7, 8. XXI, 22. *Rom.* XIII, 4. *I. Thess.* IV, 6. *II. Thess.* I, 8. I. *Pierre*, II, 14.
(m) XXXII, 35.
(n) לי נקם

8. Dans les paroles de l'*Epître aux* ROMAINS, le mot de l'Original (k) ne signifie pas *se défendre*, mais *se venger*, comme il paroît par (l) d'autres passages où il se trouve. Et la suite du discours fait voir manifestement qu'il ne signifie ici autre chose: car il est dit un peu plus haut; *Ne rendez à personne le mal pour le mal*; or cela donne l'idée de la Vengeance, & non pas d'une simple Défense de soi-même. De plus, l'Apôtre appuie son exhortation sur ce que DIEU dit dans le (m) DEUTERONOME: *C'est à moi qu'appartient la Vengeance, c'est moi qui rendrai la pareille*: on voit bien qu'il ne peut s'agir ici de la Défense de soi-même; & le (n) mot Hébreu, dans son sens propre & naturel, signifie la Vengeance.

(o) *Jean*, XVIII, 8, 9.
(p) *Ibid.* ℣. 11.
(q) *Matth.* XXVI, 54.
(r) Dans le *Chap.* suivant.
(s) *Apoc.* XIII, 10.

9. Pour ce que Nôtre Seigneur dit à *Pierre*, il y a là, je l'avouë, un ordre positif de ne pas se servir de l'Epée, mais cela ne regarde point le cas dont il est question; car l'Apôtre n'avoit pas besoin de se défendre. JESUS-CHRIST avoit déja dit aux gens qui venoient pour le prendre, en parlant de ses Disciples: (o) *Laissez aller ceux-ci: par où fut accompli*, comme le remarque l'Evangéliste, *ce qu'il avoit dit auparavant; Je n'ai perdu aucun de ceux que tu m'as donnez.* Il n'étoit pas non plus nécessaire de défendre Nôtre Seigneur, qui vouloit se laisser prendre: d'où vient que, dans *l'Evangile de* ST. JEAN, il ajoûte pour raison de ce qu'il dit à *Pierre*; *Remets ton Epée au fourreau: (p) Ne boirois-je pas le calice, que mon Pére m'a donné?* Et voici de quelle maniére il s'exprime dans ST. MATTHIEU: (q) *Comment seroient accomplies les Ecritures, qui disent que la chose doit ainsi arriver?* Il est donc clair, que *Pierre*, qui étoit d'un naturel ardent, pensoit à la vengeance, & non pas à la défense. Ajoûtez à cela, qu'il vouloit prendre les armes contre ceux qui venoient par ordre des Puissances: & je ne sai s'il est jamais permis de leur résister en aucun cas; c'est une question particuliere, que nous (r) traiterons en son lieu. A l'égard des paroles suivantes: *Tous ceux qui auront pris l'Epée, périront par l'Epée*; ou c'est un mot proverbial, qui signifie que le sang fait verser le sang, & qu'ainsi l'usage des Armes est toûjours périlleux: ou bien, selon l'explication d'ORIGENE, de THEOPHYLACTE, de TITE, & d'EUTHYMIUS, cela veut dire, qu'il ne faut pas empiéter sur les droits de DIEU, en anticipant la vengeance, qu'il saura assez prendre lui-même en son tems. C'est précisément en ce sens qu'il est dit dans l'APOCALYPSE: (s) *Si quelcun tuë avec l'Epée, il faut qu'il meure aussi par l'Epée: en cela consiste la patience & la foi des Saints.* A quoi se rapportent les paroles suivantes de TERTULLIEN: (10) DIEU *est un bon dépositaire de la Patience. Si vous remettez entre ses mains l'injure que vous avez reçuë, il en est le Vengeur: si vous*

bere certe non liceret, si mi illis nullo pacto liceret. Orat. pro Milon. *Cap.* VI.

(10) *Adeo satis idoneus patientiæ sequester* DEUS. *Si injuriam deposueris penes eum, ultor est: si damnum, restitutor est: si dolorem, medicus est: si mortem, resuscitator est. Quantum patientiæ licet, ut Deum habeat debitorem.* De Patientia, *Cap.* XV. *seu ult.*

(11) C'est ce que signifie le mot de *Frére*, dont se sert l'Apôtre. D'ailleurs, il suppose sans doute que ceux, en faveur desquels on expose sa vie, méritent un si grand sacrifice, & qu'on ait tout lieu de croire qu'on leur procurera par là un grand bien; ce qu'on ne peut point dire d'un Brigand, ou de tel autre Aggresseur injuste.

(12) Le voici: Εἴ τις κληρικὸς ἐν μάχῃ τινὰ κρούσας, καὶ ἀπὸ τοῦ ἑνὸς κρούσματος ἀποκτείνας, καθαιρείσθω διὰ τὴν προπέτειαν αὐτοῦ· εἰ δὲ λαϊκὸς εἴη, ἀφοριζέσθω. Canon LXIV. Au reste, notre Auteur cite ici en marge deux Canons des DECRETALES: l'un, qui porte, que, si un Laïque blesse un Ecclésiastique, en se défendant contre lui, ou l'aiant trouvé couché avec sa Femme, sa Mére, sa Sœur, ou sa Fille; il n'encourra point la sentence d'Excommunication: *Lib.* V. *Tit.* XXXIX. *De sententia Excommun.* Cap. III. L'autre, qui fait diverses distinctions sur les cas où l'on tuë un Aggresseur, & qui suppose, comme le prémier, qu'on peut le tuer *cum moderamine inculpatæ tutelæ*: Lib. V. Tit. XII. *De Homicidio voluntario, vel casuali*, Cap. XVI. Dans l'un & dans l'autre, on pose en fait, que toutes les Loix permettent de repousser la force par la force: *Vim vi repellere, omnes Leges omniaque jura permittunt.*

(13) St. AMBROISE explique ainsi ce que JESUS-CHRIST disoit, qu'il faudroit *vendre jusqu'à son habit, pour acheter une Epée*: " O Seigneur, pourquoi m'ordonnez-vous d'acheter une Epée, puis que vous me défendez de frapper? Pourquoi exigez-vous que je la tire? C'est peut-être afin que j'aie-là dequoi me défendre, & non pas afin que je me venge. O DOMINE, *cur emere me jubes gladium, qui ferire me prohibes? Cur haberi præcipis, quem vetas promi? Nisi forte ut sit parata defensio, non ultio necessaria.* Lib. X. in Lucam (*Cap.* XXII. pag. 1782. C. *Edit. Paris.* 1589.) GROTIUS.

(14) Notre Auteur trouve cela dans la *Question* LXXXIV.

vous vous reposez sur lui de la réparation du dommage, il en est garant: si vous lui confiez la douleur que vous ressentez, il en est le Médecin: si vous lui remettez vôtre vie, il est celui qui ressuscite. Que ne doit pas faire la Patience, pour avoir un Débiteur tel que DIEU? Il semble aussi que les paroles de Nôtre Seigneur renferment en même tems une prédiction des peines que les *Juifs* cruels & sanguinaires auroient à souffrir, par l'Epée des *Romains*.

10. L'exemple de JESUS-CHRIST, qui est mort pour ses Ennemis, ne fait rien ici. J'avouë que ses actions portoient toutes le caractére d'une Vertu consommée: qu'il est beau & louable de les imiter, autant qu'il se peut; & que cette imitation ne manquera pas d'être bien recompensée. Mais toutes les actions de ce grand Sauveur n'étoient pas de telle nature, qu'il les fit pour observer une Loi indispensable, ou qu'elles fassent loi elles-mêmes par rapport à nous. Car, s'il est mort pour ses Ennemis & pour des Impies, ce n'est pas qu'il y fût obligé par quelque Loi, mais en vertu d'une espéce d'accord particulier qu'il avoit fait avec son Pére, & par lequel le Pére lui avoit promis en récompense de l'élever non seulement à une grande gloire, mais encore (t) de lui (t) *Esaie*, LIII. 10.
donner un Peuple, qui subsisteroit éternellement. ST. PAUL déclare d'ailleurs, que c'est une action (v) singuliere, & dont à peine trouve-t-on aucun exemple. Et quand (v) *Rom.* V, 7.
JESUS-CHRIST nous (x) ordonne d'exposer nôtre vie, ce n'est pas pour tout le (x) *I. Jean*, III, 16.
monde; mais seulement pour ceux (11) qui font profession de la Religion Chrétienne.

11. Enfin, les passages des Docteurs Chrétiens, que l'on cite, ou paroissent tendre à donner un Conseil de perfection extraordinaire, plûtôt qu'à établir un Commandement exprès; ou renferment seulement l'opinion de quelques Particuliers. Car, dans ces Canons très-anciens qu'on appelle les CANONS DES APÔTRES, il y en a bien un (12) qui prive de la Communion ceux qui tuent quelcun en se défendant, mais c'est seulement lors que, dans une querelle, on a tué son homme du prémier coup, *par un* (13) *excès d'emportement*. Et ST. AUGUSTIN, même, qui, comme nous l'avons vû, s'est déclaré d'opinion contraire, semble entrer (14) ailleurs dans cette pensée.

§. IV. 1. Voilà pour ce qui regarde la Guerre de Particulier à Particulier. Les *Guerres Publiques* sont ou (1) *Solemnelles selon le Droit des Gens*, ou *Non-solemnelles*. J'entens par *Guerre solemnelle*, celle qu'on appelle ordinairement (a) *légitime*, ou faite (a) *Justum*.
dans les formes: au même sens qu'on dit un *Testament légitime*, (2) par opposition aux *Codicilles*; & un *Mariage légitime*, par opposition à la (3) *cohabitation des Esclaves*

(4)

LXXXIV. sur le Livre de l'EXODE. Mais St. AUGUSTIN ne fait là qu'expliquer la raison pourquoi, selon la Loi de MOISE, on pouvoit impunément tuer un Voleur de nuit, & non pas un Voleur de jour: c'est, dit-il, que, pendant le jour, on peut distinguer, si le Voleur vient a dessein de tuer, ou simplement pour dérober; auquel cas il n'est pas permis de le tuer, pour sauver son propre bien: *Hoc est enim quod ait: Si* orietur super eum Sol: *Poterat quippe discerni, qui ad furandum, non occidendum, venisset, & ideo non deberet occidi.* Ce Pére ne fait point d'autre distinction: & il ne parle pas non plus de ce que les Loix de l'Evangile peuvent exiger sur ce sujet.

§. IV. (1) Voiez ce que l'on dira sur *Liv.* III. *Chap.* III.

(2) Dans la définition même, que le Droit Civil donne du *Testament*, l'épithéte de *légitime* se prend en ce sens; car le *Testament* est défini une déclaration de notre derniére volonté, faite dans les formes, & cela est exprimé par le mot de *justa*, qui est le même, dont se sert ici notre Auteur: TESTAMENTUM *est voluntatis nostræ* JUSTA *sententia, de eo quod quis post mortem suam fieri velit.* DIGEST. Lib. XXVIII. Tit. I. *Qui Testamenta facere possunt* &c. Leg. I. Voiez aussi les Fragmens d'ULPIEN, Tit. XX. §. 1. Du reste, je ne sai si l'on trouve dans le Corps du Droit Civil, *Justum Testamentum*, précisément par opposition aux *Codicilles*. Car dans une Loi qu'on cite, du DIGESTE, Lib. XXIX. Tit. II. *De adquir. vel omittenda hereditate*, Leg. XXII. *Justum Testamentum* est opposé à *Non justum Testamentum*, c'est-à-dire, à un Testament qui n'est pas fait dans les formes: & c'est de celui-là seulement qu'il s'agit dans le Titre, INJUSTO, *rupto, irrito facto Testam.* DIGEST. Lib. XXVIII. Tit. III. On fait aussi, que les *Codicilles* demandoient certaines formalitez; quoi qu'il n'en fallût pas tant, que pour un Testament bon & valide; du moins lors qu'il n'y avoit point de Testament, fait avant ou après, qui leur communiquât toute sa force.

(3) *Contubernium.* Et celle, avec qui un Esclave habitoit, s'appelloit *Contubernalis*. Lors même qu'un Homme libre habitoit avec une Femme Esclave, ce n'étoit point un Mariage légitime. *Inter Servos & Liberos* Matrimonium *contrahi non potest*: CONTUBERNIUM *potest.* JUL. PAULUS, *Recept. Sentent.* Lib. II. Cap. XIX.

(4): Non qu'il ne soit permis à chacun de faire des Codicilles, quand bon lui semble; & à un Esclave, de prendre une Femme avec qui il habite: mais parce que les Testamens, & les Mariages dans les formes, ont (5), en vertu du Droit Civil, certains effets dont les Codicilles, & la cohabitation avec une personne Esclave, sont destituez. Et c'est ce qu'il faut remarquer soigneusement: car plusieurs, faute de bien entendre le mot de *légitime*, dont on se sert ici, s'imaginent que l'on ordonne comme injustes ou illicites, toutes les Guerres auxquelles cette épithéte ne convient point.

2. Or il faut deux choses, pour qu'une Guerre soit *Solemnelle* selon le Droit des Gens: la prémiére, Qu'elle se fasse de part & d'autre par autorité du Souverain: la seconde, Qu'elle soit accompagnée de certaines formalitez, dont nous traiterons en son lieu. Ces conditions sont également nécessaires, en sorte que, l'une manquant, l'autre demeure inutile.

3. Mais la Guerre Publique *non-solemnelle* peut se faire & sans aucune formalité, & contre de simples Particuliers, & par l'autorité de quelque Magistrat que ce soit. Car, à en juger indépendamment des Loix Civiles, tout Magistrat (6) semble avoir au-

XIX. §. 6. CONTUBERNALES *quoque Servorum, id est, uxores, & natos, instructo fundo contineri verum est.* DIGEST. Lib. XXXIII. Tit. VII. *De instructo vel instrum. legato*, Leg. XII. §. 33. *Cum Ancillis non potest esse connubium; nam ex ejusmodi* CONTUBERNIO *servi nascuntur.* COD. Lib. V. Tit. IV. *De incestis & inutilibus nuptiis*, Leg. III. VARRON appelle les Femmes des Esclaves *Conjunctæ: Dandaque opera, ut* (Servi) *habeant peculium, &* CONJUNCTAS CONSERVAS, *é quibus habeant filios.* De Re Rust. *Lib.* I. *Cap.* XVII. Et cette cohabitation est exprimée par le mot de *Consortium*, dans les INSTITUTES, Lib. III. Tit. VII. *De servili cognatione.*

(4) Entre ceux même qui étoient Citoiens, & par conséquent libres, il y avoit des *Mariages non-légitimes*, d'où naissoient des *Enfans illegitimes*. PAULUS, *Sentent.* Lib. II. Tit. XIX. & DIGEST. Lib. XLVIII. Tit. V. *Ad Leg. Jul. de Adulter.* Leg. XIII. §. 1. SENEQUE, *De Vita Beata*, Cap. XXIV. & SUETONE, *in Octav.* Cap. XL. parlent aussi d'une sorte de *Liberté non-légitime.* GROTIUS.

Les *Mariages non-légitimes*, dont l'Auteur veut parler, sont ceux des Enfans, qui étant sous la puissance paternelle, se marioient sans le consentement de leur Pére: car, selon lui, ces Mariages ne se cassoient point, lors qu'ils étoient une fois contractez: ils étoient seulement destituez des effets de droit, qu'ils auroient eû, s'ils eussent été autorisez par l'approbation du Pére. C'est ainsi qu'il explique le passage du Jurisconsulte PAUL, dont voici les paroles: *Eorum, qui in potestate Patris sunt, sine voluntate ejus matrimonia jure non contrahuntur; sed contracta non solvuntur.* En quoi il suit l'opinion de CUJAS, dont on peut voir les *Observat. Juris*, Lib. III. Cap. V. Mais il y a tout lieu de croire, que le Jurisconsulte Romain parle seulement du pouvoir ôté aux Péres de rompre le Mariage de leurs Enfans encore sous puissance, lors même qu'ils y avoient donné leur consentement. On peut voir là-dessus les Notes de Mr SCHULTING, pag. 300. de sa *Jurisprudentia Ante-Justinianea.* Pour ce qui est de l'*Uxor injusta*, dont il est parlé dans la *Loi* 13. §. 1. DIG. *Ad Leg. Jul. de Adulter.* CUJAS lui-même semble s'être retracté dans un autre endroit du même Ouvrage, où il conjecture, qu'il s'agit dans cette Loi d'une Femme qui n'a pas été épousée avec les formalitez ordinaires, *quæ non solemniter accepta est aquâ & igni*, OBSERVAT. *Lib.* VI. Cap. XVI. Car, chez les anciens *Romains*, quand on avoit omis ces formalitez, qui consistoient en ce que l'on appelloit *Confarreatio*, & *Coemptio*; une Fille, quoi qu'elle eût été menée dans la maison de celui qui vouloit en faire sa Femme, n'étoit pourtant pas censée pleinement & legitimement mariée: elle n'étoit pas encore entrée dans la Famille & sous la puissance du Mari, ce qui s'appelloit, *In manum Viri convenire*: elle n'avoit pas droit de succéder à ses biens, ou entiérement, ou par portion égale, avec les Enfans procréez d'eux: il falloit, pour suppléer à ce défaut des formalitez requises, qu'elle eût été un an complet avec son Mari, sans avoir découché trois nuits entiéres, selon la Loi des *XII.* TABLES, qu'AULU-GELLE, *Noct. Attic.* Lib III. Cap. II. & MACROBE, *Saturnal.* Lib. I. Cap. XIII. nous ont conservée. Jusques-là donc cette Femme étoit appellée *Uxor injusta*, (comme le Président BRISSON l'explique aussi dans son Traité *Ad Leg. Jul. De Adulteriis*, pag. m. 232. publié avant le VI. Livre des *Observations* de CUJAS) c'est-à-dire, qu'elle étoit bien regardée comme véritablement Femme, & nullement comme simple Concubine, mais en sorte qu'il manquoit quelque chose à cette union, pour qu'elle eût tous les Droits d'un Mariage légitime. Au lieu qu'un Mariage contracté sans le consentement du Pére, ou de celui sous puissance de qui le Pére lui-même étoit, avoit par là un vice qui le rendoit absolument nul & illegitime, de même que les Mariages incestueux, ou le Mariage d'un Tuteur avec sa Pupille, ou celui d'un Gouverneur de Province avec une Provinciale &c. Aussi notre Auteur soupçonne-t-il ailleurs, (*Liv.* II. *Chap.* V. §. 14. *Note* 11.) que les derniéres paroles du passage des *Receptæ Sententiæ* du Jurisconsulte PAUL, sont une addition d'ANIEN, Referendaire du Roi des *Wisigoths.* Il est certain, au moins, que le Jurisconsulte Romain dit ailleurs tout le contraire: *Nuptiæ consistere non possunt, nisi consentiant omnes, id est, qui coeunt, quorumque in potestate sunt.* DIGEST. Lib. XXIII. Tit. II. *De ritu Nuptiarum*, Leg. II. Pour ce qui est de la *Libertas non justa*, que nôtre Auteur donne encore pour exemple, c'étoit une espéce d'Affranchissement, qui n'étoit pas entier, ni irrévocable. On peut voir là-dessus le docte TORRENTIUS, dans son Commentaire sur le passage de SUETONE, cotté ci-dessus; & J. LIPSE, sur TACITE, *Annal.* Lib. XIII. Cap. XXVII. comme aussi Mr. NOODT, dans son Commentaire sur le DIGESTE, Lib. I. Tit. V. pag. 33.

(5) C'est ainsi qu'on ne pouvoit pas directement instituer, par codicille, un Heritier, ou desheriter ceux qui

autant de droit, en cas de résistance, de prendre les armes pour exercer sa jurisdiction & faire exécuter ses ordres ; que pour défendre le Peuple qui est confié à sa protection. Cependant, comme la Guerre met en danger tout un Etat, les Loix de presque tous les Peuples ne permettent de l'entreprendre que par l'ordre ou avec l'approbation du Souverain. On trouve une semblable Loi dans (7) PLATON. Et selon le Droit Romain, c'est un (8) crime de *Léze-Majesté*, que *de faire la Guerre, de lever des Troupes, ou de mettre sur pié une Armée, sans ordre de l'Empereur*: ce qui n'étoit pas permis auparavant *sans ordre du Peuple*, comme porte la LOI CORNELIENNE, (9) proposée par *L. Cornélius Sylla*. Il y a dans le CODE DE JUSTINIEN une Constitution de VALENTINIEN & VALENS, où ces Empereurs déclarent, que (10) *personne n'eût à manier aucune sorte d'Armes, sans qu'ils le sâchent, & sans en avoir obtenu d'eux la permission.* Selon ST. AUGUSTIN, (11) l'ordre naturel, & la tranquillité du Genre Humain, demandent que la chose soit ainsi réglée dans tout Etat.

4. Cette Loi néanmoins doit être entenduë avec quelque restriction, selon les régles de l'Equité, comme on en use à l'égard de toute maxime, quelque généraux que soient les termes dans lesquels elle est conçuë. (b) Car il est hors de doute, que toute person-

(b) *Franc. Victoria*, De Jure Belli, n. 9. *Molin.* Disput. C. 5. *Idem Victoria* *Bartol.* in Leg. *Ex hoc Jure*, Digest. *de Just. & Jure*: *Bartol.* de Repræs. 3. principali ad secund. n. 6. *Mart. Laud.* de Bello, Qu. 2.

qui avoient droit à la Succession. *Codicillis autem hereditas neque dari neque adimi potest.* INSTITUT. Lib. II. Tit. XXV. *De Codicillis*, §. 2. Un esclave n'avoit pas les droits de la Puissance Paternelle sur ses Enfans : ni même un Pére de condition libre, sur les Enfans qu'il avoit eûs d'une Femme Esclave &c.

(6) PUFENDORF critique cette pensée, *Liv.* VIII. *Chap.* VI. §. 10. *du Droit de la Nat. & des Gens.* Mais il est aisé d'accorder nos deux Auteurs. Il n'y a entr'eux qu'une dispute de mots. GROTIUS attache au mot de *Guerre* une idée plus générale, comme il paroit par la définition qu'il a donnée, *Chap.* I. §. 2 Voiez ce que j'ai remarqué ci-dessus, dans la Note 1. sur ce Chapitre. Selon lui aussi, lors qu'un Magistrat subalterne prend les armes pour maintenir son autorité, & pour mettre à la raison ceux qui refusent de s'y soûmettre ; il est censé le faire avec l'approbation du Souverain, qui en lui confiant une partie du Gouvernement de l'Etat, l'a revêtu en même tems du pouvoir nécessaire pour l'exercer. Ainsi il s'agit uniquement de savoir, si tout Magistrat, comme tel, a ici besoin d'un *ordre exprès* du Souverain, en sorte que la constitution des Societez Civiles en général le requiére, indépendamment des Loix Civiles de chaque Etat. Or je demande, si un tel Magistrat peut user de la voie des Armes pour mettre à la raison une ou deux personnes, ou dix, ou vingt, qui ne veulent pas lui obeïr, ou qui veulent l'empêcher d'exercer sa Jurisdiction: pourquoi ne pourroit-il pas se servir du même moien contre cinquante, contre cent personnes, contre mille, contre deux-mille &c? Plus le nombre sera grand, & plus il aura besoin d'emploier la Force, pour vaincre la résistance. Or c'est ce que notre Auteur comprend sous le nom de *Guerre*. Si l'on dit, qu'il peut être dangereux de laisser tout ce pouvoir à un Magistrat subalterne ; cela prouve seulement, que, pour prendre le parti où il y a le moins d'inconvénient, les Législateurs font bien de mettre des bornes à ce qui autrement seroit une suite du but même pour lequel le Magistrat a été établi. Ainsi c'est mal-à-propos que les Interprêtes de notre Auteur se déchainent ici contre lui, comme s'il choquoit grossiérement les premiers principes du Droit Public.

(7) Voici le passage: Ἐὰν δέ τις ἰδίᾳ σπένδηται πρός τινας εἰρήνην ἢ πόλεμον, ἄνευ τοῦ κοινοῦ, θάνατος ἔστω καὶ τούτῳ ζημία. ἐὰν δέ τι μέρος τῆς πόλεως εἰρήνην ἢ πόλεμον πρός τινας ἑαυτῷ ποιῆται, τοὺς αἰτίους οἱ στρατηγοὶ ταύτης τῆς πράξεως εἰσαγόντων εἰς δικαστήριον· ὄφλοντι δὲ θάνατος ἔστω δίκη. „ Si quelque Particulier fait la „ Paix ou la Guerre de son autorité privée, sans ordre „ de l'Etat, qu'il soit puni de mort. Que si une par„tie de l'Etat fait la Paix ou la Guerre de son chef, „ les Commandans Militaires feront venir les auteurs „ de l'entreprise par devant le Conseil de Guerre ; & „ quiconque sera trouvé coupable, sera aussi puni de „ mort. *De Legibus*, Lib. XII. pag. 955. B. C. Tom. II. *Ed. H. Steph.*

(8) *Eadem Lege* [Julia Majestatis] *tenetur, & qui, injussu Principis, bellum gesserit, delectumve habuerit, exercitum comparaverit.* DIGEST. Lib. XLVIII. Tit. IV. *Ad Leg. Jul. Majest.* Leg. III.

(9) C'est par conjecture qu'on attribuë cette Loi à *L. Corn. Sylla.* Tout ce qu'on en sait, est fondé sur un passage de CICERON, où l'Orateur parle d'une *Loi Cornélienne* sur le crime de *Léze-Majesté*: *Mitto exire de provincia, educere exercitum, bellum sua sponte gerere, in regnum injussu Populi aut Senatûs accedere: quæ, cum plurimæ Leges veteres, tum* Lex Cornelia *Majestatis*, Julia *de pecuniis repetundis, planissime vetant.* Orat. in Pison. *Cap.* XXI.

(10) *Nulli prorsus, nobis insciis atque inconsultis, quorumlibet armorum movendorum copia tribuatur.* Lib. XI. Tit. XLVI. *Ut armorum usus, inscio Principe, interdictus sit*, Leg. unic. Dans cette Loi il ne s'agit nullement du pouvoir de faire la Guerre, de quelque maniére qu'on l'entende : mais les Empereurs VALENTINIEN & VALENS y défendoient à ceux qui n'étoient pas Soldats, de porter des Armes en voiage. On peut voir là-dessus le docte Commentaire de JAQUES GODEFROI, sur la I. Loi du même Titre, dans le CODE THEODOSIEN, Lib. XV. Tit. XIV. Tom. V. pag. 419, *& seqq.* où il explique fort bien l'occasion de cette Loi ; & il fait voir que *movere arma* signifie simplement, *porter des* Armes, soit qu'on s'en serve, ou qu'on ne s'en serve pas.

(11) *Ordo tamen ille naturalis, mortalium paci accommodatus, hoc poscit, ut suscipiendi belli auctoritas atque consilium penes Principes sit.* Lib. XXII. *contra Faustum*, Cap. LXXIV. Ce passage est cité dans le DROIT CANONIQUE, *Caus.* XXIII. *Quæst.* 1. *An militare sit peccatum*, Can. IV. comme le disoit notre Auteur dans une Note ; où il remarque encore, que les Docteurs Juifs appellent toute Guerre qui n'est pas faite par un ordre particulier de DIEU, מלחמת הרשות *milkamath harosjuth*, c'est-à-dire, une *Guerre des Puissances.* Voiez

sonne qui a quelque Jurisdiction (12) peut se servir de ses Huissiers ou de ses Archers, pour mettre à la raison un petit nombre de gens rebelles à ses ordres, toutes les fois qu'il n'est pas besoin pour cela de plus grandes troupes, & qu'il n'y a d'ailleurs rien à craindre pour l'Etat. De plus, lors que le danger est si pressant, qu'on n'a pas le tems d'en donner avis au Souverain, la nécessité fait encore ici une exception. (13) C'est en vertu de ce privilége que *Lucius Pinarius*, Gouverneur d'*Enna* en *Sicile* pour les *Romains*, sâchant (c) avec certitude que les Habitans tramoient de se ranger sous l'obéissance de *Carthage*, fit main basse sur eux, & sauva ainsi la Place. Hors un tel cas de nécessité, les Habitans d'une Ville n'ont nul droit de prendre les armes, pour se venger des injures dont le Prince néglige de tirer raison. Je sai bien que FRANÇOIS DE VICTORIA n'a pas fait difficulté de soûtenir le contraire: mais d'autres rejettent avec raison sa pensée.

(c) *Tit. Liv.* Lib. XXIV, Cap. XXXIX.

§. V. 1. De dire maintenant, si dans les cas où l'on convient que les Magistrats subalternes ont droit de prendre les armes, une telle Guerre doit être appellée publique; c'est sur quoi les Jurisconsultes ne sont pas d'accord. Les uns (a) tiennent l'affirmative; les (b) autres, la négative. Pour moi, je dis, que, si par *public* on n'entend ici autre chose que ce qui se fait en vertu du pouvoir d'un Magistrat, ou d'une personne revêtuë de quelque Emploi par autorité publique, il est certain qu'une Guerre comme celle dont il s'agit est publique; & qu'ainsi ceux qui en ce cas-là s'opposent aux Magistrats, encourent les peines que mérite toute personne rebelle à ses Supérieurs. Mais si le mot de *public* signifie par excellence ce qui se fait solemnellement & dans toutes les formes, comme il est indubitable que cette épithéte se prend souvent; une telle Guerre n'est point publique, puis que, pour remplir toute l'idée de ce sens, il faut une résolution expresse du Souverain, & plusieurs autres circonstances. En vain objecteroit-on, que dans ces sortes de démêlez on (1) dépouille ordinairement les Rebelles de leurs biens, & (c) l'on en donne même le pillage aux Soldats: car cela n'est pas tellement attaché à une Guerre solemnelle, qu'il ne puisse avoir lieu en d'autres sortes de Guerre.

(a) *Ayala*, de Jure Belli, *Lib.* I. Cap. II. n. 7. *Sylv.* verbo *Bellum*, n. 2. ibi, *Sufficit etiam.*

(b) *Innocent.* C. olim, *De restit. spol.* n. 8. & C. sicut *de Jurejurando*, n. 5. *Panormit.* ibid. *Bartol.* ad Leg. *Hostes*, D. *de captiv.*

(c) Voiez *Tite Live*, ubi supra, *num.* 7.

2. Il

SELDEN, *De Jure Nat. & Gent. juxta discipl. Hebr.* Lib. VI. Cap. XII. *init.*

(12) C'est pourquoi les Huissiers ou Officiers des Juges, sont appellez *Manus militaris*, dans le Droit Romain: *Qui restituere jussus, Judici non paret, contendens non posse restituere, si quidem habeat rem*, MANU MILITARI, *officio Judicis, ab eo possessio transfertur.* DIGEST. Lib. VI. Tit. I. *De Rei Vindicatione*, Leg. LXVIII. Voiez là-dessus deux grands Jurisconsultes, JAQUES GODEFROI, sur le CODE THEODOSIEN, *De Offic. Jud. milit.* Lib. I. Tit. IX. *Leg. unic.* Tom. I. pag. 54. & Mr. de BYNCKERSHOEK, *Observ.* Lib. III. Cap. XIV.

(13) Voiez PUFENDORF, *Droit de la Nat. & des Gens*, Liv. VIII. Chap. VI. §. 10 & 11. avec les *Notes*.

§. V. (1) Ajoûtez aux Jurisconsultes citez en marge, FRANCISC. ARET. *Cons.* XIV. *num.* 7. GAILIUS, *de Pace publica*, Cap. II. *num.* 20. Le Cardinal TUSCHUS, *Pract. Quest.* LV. liter. B. verbo *Bellum*, num. 20. GOEDDEUS, *Consil. Marpurg.* XXVIII. num. 202, *& seqq.* GROTIUS.

(2) Voiez la Loi de l'Empereur FRIDERIC I. dans CONRAD, Abbé d'*Ursperg.* GROTIUS.

Cette Loi regarde les Membres de l'Empire d'*Allemagne*. Voiez là-dessus une Dissertation de feu Mr. HERTIUS, *De Superioritate Territoriali*, §. 31. où il remarque aussi, après le Pére MABILLON, *De Re Diplomat.* Lib. IV. Cap. XXX. §. 5. qu'autrefois, *en France*, chaque Gentilhomme pouvoit faire la Guerre à ses Voisins de son autorité privée. Il renvoie encore là-dessus aux Remarques de Mr. DU CANGE sur l'*Histoire de St. Louis*, par JOINVILLE, & au JOURNAL DES SAVANS de l'année M. DC. LXXVI. dans l'Extrait d'un Livre du P. MAIMBOURG.

(3) C'est-à-dire, encore qu'il ne soit point arrivé de mal actuellement, de ce qu'un Gouverneur a entrepris la Guerre sans attendre les ordres du Souverain. Voiez ci-dessous, *Liv.* II. *Chap.* XVI. §. 25. *num.* 1.

(4) SUETONE dit en un endroit, que *Caton* avoit juré plusieurs fois d'accuser *César*, dès qu'il se seroit défait du Commandement de l'Armée: *Quum* M. Cato *identidem, nec sine jurejurando denunciaret, delaturum se nomen ejus, simulac primum exercitum dimisisset*: Cap. XXX. Et dans un autre, il parle en genéral de *quelques personnes* qui opinérent à ce qu'on livrât *César* aux Ennemis: *Ac nonnulli dedendum eum hostibus censuerint.* Cap. XXIV. Mais PLUTARQUE rapporte le fait d'une maniére circonstanciée. Il nous apprend, qu'après la victoire remportée par *César* dans la *Gaule Belgique*, contre les *Usipétes* & les *Tenchtériens*, qui avoient passé le *Rhein*, pour tâcher de s'établir quelque part; le Sénat ordonna des Priéres Publiques & des Processions, selon la coûtume, pour rendre graces aux Dieux, & en l'honneur du Commandant de l'Armée. *Caton* alors dit que, pour lui, il étoit d'avis de livrer *César* aux *Germains*, pour expier la perfidie qu'il avoit commise en violant la foi donnée à ces Peuples, & pour détourner de dessus l'Etat la malédiction que cela pourroit lui atti-

2. Il peut arriver encore, (d) que, dans un Etat de grande étenduë, les Puissances subalternes (2) aient permission d'entreprendre la Guerre ; & alors la Guerre doit être censée faite par autorité du Souverain : car celui qui donne à quelque autre le droit de faire une chose, en est reputé l'Auteur.

(d) *Victor.* n. 29. *Cajetan.* secund. secund. quæst. 40. Artic. I. *Sylv.* verbo *Bellum*, P. I. n. 2. *Lorca*, Disp. L. n. 11.

3. Il est plus difficile de décider, si, lors qu'il n'y a point de permission expresse comme celle-là, une simple conjecture de la volonté du Souverain suffit pour autoriser à prendre les armes sans ordre & à son insû ? Pour moi, je ne saurois me le persuader. Car ce n'est pas assez de voir, dans telle ou telle situation des choses, quel parti on a lieu de croire que prendroit le Souverain, si on le consultoit: mais il faut plûtôt considerer en général ce qu'il voudroit qu'on fît sans le consulter, lors qu'on en a le tems, ou que l'affaire est douteuse, supposé qu'il établît là-dessus une Loi fixe. En effet, quoi que dans tel ou tel cas la raison qui détermine la volonté du Souverain à exiger qu'on attende ses ordres (3) cesse pour l'heure, à la considérer en particulier; cela n'empêche pas que la même raison, prise en général, ne subsiste toûjours, je veux dire, le motif de prévenir les dangers auxquels l'État seroit inévitablement exposé, si chaque Magistrat s'érigeoit en juge de l'utilité ou de la nécessité de la Guerre.

4. Ce ne fut donc pas à tort que les Lieutenans de *Cnéus Manlius* (e) l'accusérent d'avoir entrepris la Guerre contre les *Galates* sans l'ordre du *Peuple Romain*. Car, quoi que les *Galates* eussent fourni quelques Troupes à *Antiochus*; cependant, la paix aiant été faite avec ce Prince, ce n'étoit pas à *Manlius*, mais au *Peuple Romain*, à voir s'il falloit se venger après cela des *Galates*. Lors que *Jules César* eût fait la Guerre de son chef aux *Germains*, (4) *Caton* opina à ce qu'on le leur livrât; non pas tant, à mon avis, parce qu'il croioit la chose juste par rapport à eux, que parce qu'il vouloit délivrer la République d'un homme qui cherchoit à s'en rendre maître. Car les *Germains* avoient secouru les *Gaulois*, Ennemis déclarez du Peuple Romain : & ainsi ils ne pouvoient pas raisonnablement se plaindre qu'on leur eût fait du tort en prenant les armes contr'eux, supposé que la Guerre du *Peuple Romain* contre les *Gaulois* fût juste. Avec tout cela, *César* devoit se contenter d'avoir chassé les *Germains* de la *Gaule*, dont il étoit

(e) *Tite Live*, Lib. XXXVIII. cap. XLV, & seqq.

attirer. PLUTARQUE donne là-dessus pour garant un Historien Latin, nommé *Tanusius Géminus* : Τανύσιος (c'est ainsi qu'il faut lire, comme porte même un MS. & non pas Τανύσιος) δὲ λέγει, Κάτωνα, τῆς βουλῆς ἐπὶ τῇ νίκῃ ψηφιζομένης ἑορτὰς καὶ θυσίας, ἀποφήνασθαι γνώμην, ὡς ἐκδοτέον ἐστὶ τὸν Καίσαρα τοῖς βαρβάροις, ἀφοσιουμένους τὸ παρασπόνδημα ὑπὲρ τῆς πόλεως, καὶ τὴν ἀρὰν εἰς τὸν αἴτιον τρέποντας. Vit. Cæsar.. *pag.* 718. E. Tom. II. *Ed. Wechel.* Voiez aussi ce qu'il dit ailleurs *Compar. Vit. Crassi & Niciæ*, pag. 567. B. Ainsi ce n'étoit point à cause que *César* avoit entrepris la Guerre contre les *Germains* sans un ordre exprès de la République, que *Caton* opinoit à le livrer aux Ennemis ; mais parce que *César* avoit attaqué les *Germains* contre la parole donnée, & arrêté prisonniers leurs Députez ; comme il paroit par ce qu'il dit lui même dans ses *Mémoires de la Guerre des Gaules*, Lib. IV. Cap. XI. *& seqq.* Il est vrai qu'il tâche de colorer cela : mais on a grand sujet de croire, qu'ici, comme en d'autres endroits, il déguise les choses, pour les tourner à son avantage. Voiez les Commentateurs sur cet endroit, dans l'Edition de Mr. DAVIES ; & les *Supplémens de* FREINSHEMIUS sur TITE LIVE, Lib. CV. Cap. LI. *& seqq. Edit. Cleric.* La maniére dont *Caton* opina, suffit pour faire conjecturer, qu'à *Rome* on étoit persuadé qu'il y avoit eu de la mauvaise foi de la part de *César*, dans l'action dont il s'agit. Quoi qu'il en soit, il paroit par là, que notre Auteur expose mal le fondement sur lequel *Caton* avoit opiné à ce qu'on livrât *César* aux *Germains*. Il confond aussi la défaite des *Usipites* & des *Tenchtériens*, arrivée avant que *César* fit faire pour la prémiére fois un Pont sur le *Rhein*, avec la victoire qu'il remporta environ deux ans apres, contre ceux de *Tréves* ; car ce fut alors seulement, que *César* alla porter la Guerre dans le païs même des *Germains*, pour se venger, comme il le dit lui-même, *de ce qu'ils avoient envoié du secours à ceux de* Trêves, *Bell. Gall.* Lib. VI. Cap. IX. Et cette expédition même fut très-courte, & fort peu considérable. Les Ennemis, à l'approche de *César*, se retirérent dans leurs Forêts : & lui, craignant de manquer de vivres (*Ibid.* Cap. XXIX.) ou, comme le dit DION CASSIUS, (Lib. XL. pag. 151. C. *Ed. H. Steph.*) appréhendant l'Ennemi, repassa le *Rhein* peu de jours apres. Cet exemple est donc mal appliqué. Mais plusieurs Interprétes de notre Auteur ont encore plus brouillé les choses, en entendant ce qu'il dit de la Guerre que *César* fit à *Arioviste*, lors que ce Prince se fût emparé d'une partie du païs des *Séquanois* ; comme on le voit au I. Livre des *Mémoires de la Guerre des Gaules.* Le Savant OBRECHT a aussi donné dans cette méprise, comme il paroit non seulement par ses Notes sur cet Ouvrage, qu'un de ses Disciples publia à son insû ; mais encore par un Corollaire mis à la fin de sa Dissertation *de Censu Augusti*, qui est la IX. du Recueil imprimé en 1704. Car il fait dire là à PLUTARQUE : *Finito bello, quod cum* Ariovisto Cæsar *gessit, Catonem censuisse* &c. & il soûtient, *Que le Peuple Romain alors n'avoit nul droit de punir* César ; *mais que les* Ger-

toit Gouverneur, & consulter le *Peuple Romain*, avant que d'aller attaquer les *Germains* dans leur propre païs; d'autant plus qu'il n'y avoit rien à craindre de ce côté-là. Ainsi les *Germains* n'avoient nul droit de demander qu'on leur livrât *César*: mais le *Peuple Romain* étoit en droit de le punir, par la même raison dont les *Carthaginois* se servirent en répondant aux *Romains*, qui leur demandoient si c'étoit par ordre de l'Etat qu'*Hannibal* avoit assiégé *Sagonte*: (5) *Il n'est pas question de savoir, si* Hannibal *a entrepris ce siége par autorité publique, ou de son autorité privée, mais si en cela il vous a fait du tort ou non. Car c'est nôtre affaire, de voir si nôtre Sujet a agi en vertu de nos ordres, ou de son chef: tout ce qu'il y a à démêler entre vous & nous, c'est si la chose a pû se faire sans préjudice de nos Traitez.* OCTAVIUS (f), & *Brutus*, aiant depuis pris les armes de leur autorité particuliére contre *Marc Antoine*, CICERON (6) s'attacha à les justifier là-dessus. Mais, quelque assûré qu'on pût être que *Marc Antoine* avoit mérité d'être traité en Ennemi, il falloit attendre que le *Sénat* & le *Peuple Romain* eussent décidé s'il étoit de l'interêt de l'Etat de ne pas prendre connoissance de la conduite d'*Antoine*, ou de chercher à en tirer raison; d'entrer dans quelque accommodement avec lui, ou d'en venir d'abord aux armes. Lors même que *Marc Antoine* eut été déclaré Ennemi de la République, c'étoit au *Sénat* & au *Peuple Romain* à voir quels Généraux il vouloit choisir pour commander dans cette Guerre. C'est ainsi que, *Cassius* aiant demandé du secours aux *Rhodiens* en vertu d'un Traité, ils lui (7) répondirent, qu'ils le lui envoieroient, si le Sénat l'ordonnoit.

(f) Depuis l'Empereur *Auguste*.

5. L'exemple, que je viens de donner de l'Apologie que CICERON fait mal à propos, & plusieurs autres semblables, qu'on trouvera dans ses lectures, doivent nous apprendre à ne pas approuver sans reserve tout ce que disent les Auteurs les plus célébres. Car ils raisonnent souvent selon que le demandent les circonstances du tems, & souvent selon leurs propres passions, en sorte qu'ils accommodent la Régle du Juste aux choses, & non pas les choses à la Régle. Ainsi il faut apporter à l'examen de ces sortes de matiéres un jugement libre de prévention, & prendre garde de ne pas imiter légé-

Germains *avoient droit de demander qu'on le leur livrât.* Mr. BUDDEUS suit la même supposition, dans son *Jurisprudentiæ Historicæ Specimen*, §. 110. Dans l'application même qu'ils font l'un & l'autre de l'avis de *Caton*, la derniére Proposition d'OBRECHT est aussi fausse, que la prémiére est véritable; comme je le montrerai dans un autre endroit, où j'aurai occasion de parler, après notre Auteur, de la Guerre contre *Arioviste*, *Liv.* III. *Chap.* III. §. 10.

(5) *Ego autem non, privato publicone consilio* Saguntum *oppugnatum sit, quærendum censeam, sed utrum jure, an injuria. Nostra enim hæc quæstio atque animadversio in civem nostrum est: nostro, an suo, fecerit arbitrio. Vobiscum una disceptatio est, licuerit-ne per fœdus fieri.* TIT. LIV. Lib. XXI. Cap. XVIII, *num.* 6. Le docte GRONOVIUS prétend, que ce raisonnement des *Carthaginois* n'étoit qu'une chicane, parce qu'*Hannibal*, en attaquant la Ville de *Sagonte* de son autorité privée, avoit violé une clause du Traité d'Alliance entre les *Romains* & les *Carthaginois*. Il est vrai, qu'il y avoit-là effectivement une infraction du Traité, & je le ferai voir en un autre endroit, contre notre Auteur, *Liv.* II. *Chap.* XVI. §. 13. Mais c'est cela même qui étoit en question; & jusqu'à ce qu'on en eût convaincu les *Carthaginois*, ils avoient raison de dire, que ce n'étoit pas aux *Romains* à s'informer, si *Hannibal* avoit agi, ou non, par ordre de sa République.

(6) C'est dans la III. de ses *Philippiques*, Capp. 11, & *seqq.* GRONOVIUS défend ici le jugement de CICERON, contre la critique de notre Auteur. On auroit raison, dit-il, de blâmer *Octave* & *Brutus*, si alors le Sénat eût été libre, & si les entreprises de *Marc Antoine* avoient laissé assez de tems pour consulter le Sénat & le Peuple. Mais, comme le dit très-bien VELLEIUS PATERCULUS, la République étoit comme engourdie sous la domination d'*Antoine*: *Torpebat oppressa dominatione* Antonii *civitas. Lib.* II. *Cap.* LXI. Et *Antoine* lui-même n'avoit il pas, de sa pure autorité, attaqué *Brutus*? Ne s'étoit-il pas emparé de la *Gaule*, & ne tenoit-il pas le même chemin qu'avoit fait *Jules César*, pour parvenir à la Tyrannie? Les Honnêtes gens seroient bien malheureux, s'ils ne pouvoient rien faire que dans les formes, pendant que les Méchans foulent aux pieds toutes les Loix Divines & Humaines. Si *Brutus* eût attendu des ordres de *Rome*, il étoit perdu, & avec lui toute la *Gaule*, avant même qu'il eût pû donner avis de l'état des choses. C'étoit alors qu'on pouvoit dire véritablement, qu'une juste présomtion de la volonté du Sénat devoit passer pour un Arrêt formel, selon l'avis que CICERON donne à ce *Brutus* même dont il s'agit: *Ut ne in libertate & salute Pop. Romani conservanda auctoritatem Senatûs exspectes nondum liberi, ne & tuum factum condemnes: nullo enim publico consilio Rempublicam liberasti. . . . Voluntas Senatûs pro auctoritate haberi debet, quum auctoritas impeditur metu.* Lib. XI. *Epist. ad Famil.* Ep. VII. Voiez le Discours de *Caton* au Fils du grand *Pompée*, dans les *Mémoires de la Guerre d'Afrique*, par HIRTIUS, Cap. XXII. & la Note suivante.

(7) Cet exemple n'est pas tout-à-fait à propos: car les *Rhodiens* n'étoient point Sujets des *Romains*, mais leurs Alliez inférieurs; comme notre Auteur les quali-fie

gérement ce qui peut être excusé, plûtôt que loué: en quoi l'erreur est pour l'ordinaire d'une conséquence très-dangereuse.

6. Puis donc que, comme nous l'avons dit, une Guerre Publique ne doit se faire que par l'autorité du Souverain; il est nécessaire pour l'intelligence de ce principe, aussi bien que pour décider la question de la Guerre Solemnelle, & pour plusieurs autres choses qui en dépendent, de savoir exactement ce que c'est que la SOUVERAINETE', & qui sont ceux en qui elle réside. Cela est d'autant plus important, que les Savans de nôtre Siécle aiant traité la matiére chacun selon l'intérêt présent des affaires de son païs, plûtôt que selon la vérité, n'ont fait que rendre beaucoup plus embrouillé un sujet qui par lui-même n'est pas fort clair.

§. VI. 1. LE pouvoir moral de gouverner un Etat, ou la PUISSANCE CIVILE, comme on l'appelle ordinairement, se réduit à trois choses, selon THUCYDIDE: car cet Historien décrivant un Etat, véritablement tel, l'appelle (1) un Corps *qui a ses Loix, ses Magistrats* (2), *& ses Tribunaux*. ARISTOTE distingue trois parties du Gouvernement Civil, (3) savoir, la délibération touchant les affaires publiques, l'établissement des Magistrats, & les Jugemens. Il rapporte à la prémiére classe, le pouvoir de faire la Guerre & la Paix, de conclurre ou de rompre les Traitez & les Alliances, d'établir ou d'abroger les Loix: à quoi il joint l'infliction du dernier Supplice, de l'Exil, de la Confiscation de biens, de la peine du Péculat ou des Concussions; c'est-à-dire, à mon avis, les Jugemens qui regardent les Crimes Publics; au lieu que, dans la derniére classe, il entend par les *Jugemens*, ceux qui concernent les Crimes commis directement contre les Particuliers. DENYS D'HALICARNASSE marque (4) trois chefs principaux, en quoi il fait consister le Pouvoir Civil, savoir, le droit de créer des Magistrats, le droit de (5) faire des Loix & de les abolir, & le droit de régler ce qui concerne la Guerre & la Paix. Il y ajoûte ailleurs (6) un quatriéme chef, savoir, le droit de juger; & dans un autre endroit encore (7) le droit de régler les affaires de la Religion, & le droit de convoquer l'Assemblée du Peuple.

2. Mais

fie lui-même ci-dessous, §. 21. *num.* 9. quoi qu'à dire vrai, ils fussent dependans des *Romains*, malgré la liberté dont ils jouïssoient en un sens. Voiez ce que je dirai sur le même paragraphe, *Note* 25. D'ailleurs, *Cassius* répondit aux Députez des *Rhodiens*, qu'ils se moquoient, de vouloir attendre le consentement du Sénat, puis que le Sénat alors étoit fugitif & vagabond, par l'oppression des Tyrans, qui en avoient dispersé les principaux Membres. *Κασσίῳ δὲ δεομένῳ εἰρωνεύεσθαι ἔδει τῆς Ῥωμαίων Βουλῆς φυγούσης καὶ ἀλωμένης ἐν τῇ πατρίδι ὑπὸ τῶν ἐν ἄστει τυράννων* &c. APPIAN. De Bellis Civilibus, *Lib.* IV. *pag.* 627. *Ed. H. Steph.* (1005. *Toll.*) Cela sert à confirmer les reflexions faites dans la Note précedente; & je m'étonne que le Savant GRONOVIUS ne l'ait pas remarqué.

§. VI. (1) *Καὶ Δελφοὺς αὐτονόμους εἶναι, καὶ αὐτοτελεῖς, καὶ αὐτοδίκους.* Lib. V. §. 18. *Ed. Oxon.*

(2) On peut aussi traduire le mot de l'Original, *αὐτοτελεῖς*, *qui a ses propres Impôts*, c'est-à-dire, qui ne paie tribut à personne; & c'est ainsi que le Scholiaste Grec a entendu ce terme équivoque. GROTIUS.

(3) *Ἔστι δὲ τρία μόρια τῶν πολιτειῶν πασῶν . . . . ἔστι δὲ τῶν τριῶν τούτων, ἓν μέν τι τὸ βουλευόμενον περὶ τῶν κοινῶν· δεύτερον δὲ, τὸ περὶ τὰς ἀρχάς· τοῦτο δ' ἐστίν, ἃς δεῖ, καὶ τίνων εἶναι κυρίας, καὶ ποίαν τινὰ δεῖ γίγνεσθαι τὴν αἵρεσιν αὐτῶν· τρίτον δὲ, τί τὸ δικάζον. Κύριον δ' ἐστὶ τὸ βουλευόμενον περὶ πολέμου καὶ εἰρήνης, καὶ συμμαχίας καὶ διαλύσεως, καὶ περὶ νόμων, καὶ περὶ θανάτου, καὶ φυγῆς, καὶ δημεύσεως, καὶ τῶν εὐθυνῶν.* Politic. *Lib.* IV. *Cap.* XIV. pag. 379. D. E. *Edit. Paris.*

(4) C'est dans l'endroit où il dit, que le Peuple Romain avoit ces trois grands Pouvoirs dès le commencement, & du tems même des Rois, qui n'étoient nullement Souverains absolus, comme on le croit ordinairement, *Εἴρηται δέ μοι καὶ πρότερον, ὅτι τριῶν πραγμάτων ὁ Δῆμος ἐκ τῶν παλαιῶν νόμων κύριος ἦν, τῶν μεγίστων τε καὶ ἀναγκαιοτάτων· ἀρχὰς ἀποδεῖξαι, τάς τε κατὰ πόλιν, καὶ τὰς ἐπὶ στρατοπέδου· καὶ νόμους τοὺς μὲν ἐπικυρῶσαι, τοὺς δὲ ἀνελεῖν· καὶ περὶ πολέμου συνισταμένου τε καὶ καταλυομένου* (c'est ainsi qu'il faut lire, selon un MS. du *Vatican*) *διαγνῶναι.* Antiquit. Roman. *Lib.* IV. *Cap.* XX. pag. 215. *Edit. Oxon.* (224. *Sylb.*) Voiez aussi *Lib.* II. *Cap.* XIV.

(5) Le Grammairien SERVIUS décrit ainsi le Pouvoir des *Romains*: OMNI DITIONE] *Melius* Omni, *quàm* Omnis: *ut significet, omni potestate, pace, legibus, bello.* In Æneid. I. (*vers.* 236.) GROTIUS.

(6) C'est dans la Harangue de *Manius Valérius*, où il demande que le Peuple soit admis aux Jugemens, avec le Sénat, du moins dans les Causes de grande conséquence pour le bien de la République; comme il a les trois autres Parties du Pouvoir Civil, dont on a parlé, lesquelles sont les plus considérables. *Ἀλλ' ὅστις ἀρχὰς ἀποδείκνυσι* &c. *ὅτε καὶ τῶν δικαστηρίων μεταδίδοτε, καὶ μάλιστα ὑπὲρ ὧν ἄν τις αἰτίαν ἔχῃ τὴν πόλιν ἀδικεῖν, εἰς ὃν εἰσάγων, ἢ τυραννίδα σκευαζόμενος, ἢ περὶ προδοσίας τοῖς πολεμίοις διαλεγόμενος* &c. Antiq. Roman. *Lib.* VII. *Cap.* LVI. pag. 445. *Ed. Oxon.* (462. *Sylb.*)

(7) Nôtre Auteur a en vuë l'endroit où il est parlé du Pouvoir que *Romulus* donna aux Rois, lequel se réduisoit à ces chefs. 1. D'avoir la direction des choses qui regardoient la Religion. 2. De maintenir les Loix, tant

2. Mais si l'on veut s'attacher avec soin à faire une division exacte, où il n'y ait ni rien qui manque, ni rien de trop; il ne sera pas difficile de découvrir & d'articuler tout ce qui se rapporte au Pouvoir Civil. Voici, à mon avis, de quelle maniére il faut s'y prendre.

3. Celui qui gouverne l'Etat, le gouverne ou *par lui-même*, ou *par autrui*. Quand il gouverne *par lui-même*, il régle ou les *affaires générales*, ou les *affaires particuliéres*. Il régle les *affaires générales*, en faisant des *Loix* ou les abrogeant, tant sur ce qui regarde la *Religion*, autant qu'il a droit de s'en mêler; qu'en matiére de *choses profanes*. C'est ce qu'ARISTOTE appelle la (8) *Maîtresse Science* du Gouvernement.

4. Les *affaires particuliéres* sont ou *directement publiques*, ou *privées*, mais considérées entant qu'elles ont quelque rapport au Bien Public. Celles qui sont *directement publiques*, concernent ou certaines *actions*, comme quand on fait la *Paix*, la *Guerre*, des *Traitez*, des *Alliances*; ou certaines *choses*, comme quand il s'agit de lever des *Impôts*, & d'exercer d'autres actes semblables: à quoi il faut rapporter le *Domaine éminent* (9) qu'a l'Etat sur les Citoiens & sur leurs biens, autant que le demande l'utilité publique. La maniére de bien régler tout cela est renfermée, selon ARISTOTE, sous le nom (10) général de *Politique*, & sous un autre qui signifie *l'art de déliberer*. Les *affaires privées* sont ici les differens des Particuliers, autant que le repos de la Société demande qu'on les termine par autorité publique. C'est ce qu'ARISTOTE appelle (11) la *Science de juger*.

5. Ce qui se fait *par autrui*, se fait ou par les *Magistrats*, ou par d'*autres Ministres*, tels que sont les *Ambassadeurs*.

§ VII. 1. VOILA en quoi consiste la *Puissance Civile*, & celle *dont les actes sont indépendans de tout autre Pouvoir superieur, en sorte qu'ils ne peuvent être annullez par aucune autre volonté humaine.* (1) Je dis, *par aucune autre volonté humaine*: car il faut excepter ici le Souverain lui-même, à qui il est libre de changer de volonté, aussi bien que celui qui (a) succéde à tous ses droits, & qui par conséquent a la même Puissance, & non pas une autre.

(a) Voiez *Cacheranus*, Decis. Pedemont. CXXXIX. *num.* 6.

2. Or il y a deux *sujets*, dans lesquels la Souveraineté réside, l'un *commun*, & l'autre *propre*: de même que le sujet commun de la *Vuë* est le *Corps Humain*, & le sujet propre, l'*Oeil*.

3. Le *sujet commun* dans lequel réside la Souveraineté, c'est *l'Etat*, que nous avons dé-

tant Naturelles, que Civiles, en connoissant lui-même des Injures les plus considérables. 3. De convoquer le Sénat, & le Peuple, d'opiner le prémier dans les Assemblées, & de faire exécuter ce qui y auroit été résolu à la pluralité des voix. 4. Enfin, d'avoir le Commandement absolu des Armées. Βασιλεῖ μὲν ἐξῄρητο τάδε τὰ γέρα· πρῶτον μὲν, ἱερῶν καὶ θυσιῶν ἡγεμονίαν ἔχειν, καὶ πάντα δι' ἐκείνου πράττεσθαι τὰ πρὸς τοὺς Θεοὺς ὅσια· ἔπειτα, νόμων τε καὶ πατρίων ἐθισμῶν φυλακὴν ποιεῖσθαι. καὶ παντὸς τοῦ κατὰ φύσιν, ἢ κατὰ συνθήκας, δικαίου προνοεῖν, τῶν τε ἀδικημάτων τὰ μέγιστα μὲν αὐτὸν δικάζειν. . . . . Βουλήν τε συνάγειν, καὶ δῆμον συγκαλεῖν, καὶ γνώμης ἄρχειν, καὶ τὰ δόξαντα τοῖς πλείοσιν ἐπιτελεῖν. . . . . καὶ ἔτι πρὸς τούτοις, ἡγεμονίαν ἔχειν αὐτοκράτορα ἐν πολέμοις. Lib. II. Cap. XIV. pag. 84. *Ed. Oxon.* (87. *Sylb.*)

(8) Τῆς δὲ περὶ πόλιν, ἡ μὲν ὡς Ἀρχιτεκτονικὴ φρόνησις, νομοθετική. Ethic. Nicomach. *Lib.* VI. *Cap.* VIII.

(9) Voiez ci-dessus, *Chap.* I. §. 6.

(10) Ἡ δὲ [φρόνησις], ὡς τὰ καθ' ἕκαστα, τὸ κοινὸν ἔχει ὄνομα, Πολιτική· αὕτη δὲ πρακτικὴ, καὶ βουλευτική. Ethic. Nicomach. *Lib.* VI. *Cap.* VIII.

(11) Καὶ ταύτης, ἡ μὲν Βουλευτικὴ, ἡ δὲ Δικαστική. Ibidem.

§. VII. (1) Surtout ceci, PUFENDORF, *Droit de la Nat. & des Gens*, Liv. VII. Chap. VI. peut servir de commentaire. A l'égard de la définition, que notre Auteur donne de la *Puissance Souveraine*, on peut voir le Traité de RABOD HERMAN SCHELIUS, *De Jure Imperii*, pag. 132. *& seq.*

(2) Voiez ci-dessous, *Liv.* II. *Chap.* IX. §. 8.

(3) PUFENDORF, *Liv.* VII. *Chap.* V. §. 16, *& suiv.* traite au long de ceci, & on fera bien de le consulter.

(4) Σύστημα. Par exemple, en parlant des *Amphictyons*: Καὶ δὴ καὶ τὸ Ἀμφικτυονικὸν σύστημα ἐν τούτῳ συνετάχθη. Lib. IX. pag. 643. A. *Edit. Amstelod.* (420. *Paris.*) Et au sujet des *Lyciens*: Ἀλλ' ἔμειναν ἐν τῇ πατρίῳ διοικήσει τοῦ Λυκιακοῦ συστήματος. Lib. XIV. pag. 980. *Amst.* (664. *Paris.*)

(5) Il appelle ces Corps, Συμμαχίαι, *Politic.* Lib. II. Cap. II. *pag.* 313. C. *Ed. Paris.* Tom. II. & Lib. III. Cap. IX. *pag.* 348. C. C'est que ces sortes de Confédérations se font d'ordinaire principalement, en vuë de se défendre les uns les autres, contre des Ennemis communs.

(6) GALIEN l'appelle, Πρώτη ἀρχή, ou la prémiére Puissance de l'Etat, *De placitis Hippocrat. & Platonis*, Lib. VI. GROTIUS.

§. II.

défini (b) ci-dessus un Corps parfait. Et par là nous excluons les Peuples qui ont passé sous la domination de quelque autre Peuple, tels qu'étoient ceux que les *Romains* avoient reduit en forme de *Province*. Car ces Peuples-là ne sont point par eux-mêmes un *Etat*, selon l'idée que nous attachons maintenant à ce terme, mais seulement des membres moins considérables d'un grand Etat, de la même maniére que les Esclaves sont membres d'une Famille.

(b) *Chap.* I. §. 14. *num.* I.

4. Il arrive aussi quelquefois qu'il n'y a qu'un seul Chef de plusieurs Peuples, (c) lesquels néanmoins forment chacun un Corps parfait. Car il n'en est pas de même du Corps Moral, que du Corps Naturel. Il ne sauroit y avoir naturellement plusieurs Corps, qui n'aient qu'une seule Tête: mais une seule & même Personne Morale, considérée à divers égards, peut être le Chef de plusieurs Societez ou Communautez distinctes. Et une preuve certaine que, dans le cas dont il s'agit, chaque Peuple est un Corps d'Etat parfait, (2) c'est que, la Famille Régnante venant à s'éteindre, le Pouvoir Souverain retourne à chacun des Peuples réunis auparavant sous un même Chef.

(c) *Francisc. Victoria* de Jure Belli, n. 7.

5. Il peut encore arriver que plusieurs Etats soient unis ensemble par une alliance très-étroite, & fassent un (3) *Composé*, comme STRABON s'exprime (4) en plusieurs endroits, sans cesser néanmoins d'être chacun un Etat parfait. ARISTOTE (5) l'a remarqué en divers endroits, & plusieurs autres en parlent.

6. L'Etat est donc, dans le sens que je viens de dire, le sujet commun de la Souveraineté. Mais le *sujet propre* où elle réside, c'est *une ou plusieurs personnes*, selon les loix & les coûtumes de chaque Nation: en un mot, le *Souverain* (6).

§. VIII. 1. ICI il faut d'abord rejetter l'opinion de ceux (1) qui prétendent, *que la Puissance Souveraine appartient toujours & sans exception au Peuple*, en sorte qu'il aît droit de reprimer & de punir les Rois, toutes les fois qu'ils abusent de leur autorité. Il n'y a point de personne sage & éclairée qui ne voie, combien une telle pensée a causé de maux, & en peut encore causer, si une fois les esprits en sont bien persuadez. Voici les raisons dont je me sers, pour la réfuter.

2. Il est permis à chaque Homme en particulier de se rendre Esclave de qui il veut, comme cela paroît par la (a) Loi des anciens *Hébreux*, & (2) par celles des (b) *Romains*: pourquoi donc un Peuple libre ne pourroit-il pas se soûmettre à une ou plusieurs personnes, en sorte qu'il leur transférât entiérement le droit de le gouverner, sans s'en reser-

(a) *Exod.* XXI. 6.

(b) *Institut.* Lib. I. Tit. III. *de Jure person.* §. 4.

§. VIII. (1) Voiez ce que j'ai remarqué, sur PUFENDORF, *Droit de la Nat. & des Gens*, Liv. VII. Chap. VI. §. 5. *Note* 2. Feu Mr. Mr. HERTIUS, a fait, sur cette question, une Dissertation entiére, qui est la VIII. du I. Tome de ses *Commentationes & Opuscula* &c. On y trouvera un détail assez exact des Livres qui ont été publiez pour ou contre. Il faut avouër, que, sur toute la matiere des droits respectifs du Souverain & du Peuple, il y a beaucoup de mal entendu. Les prémiers, sur tout, qui l'ont traitée un peu au long, n'aiant que des idées confuses du Droit Naturel, n'entendoient pas assez la Topique de ces sortes de questions. Ajoûtez à cela les interêts particuliers & les passions, qui ont fait ici, comme ailleurs, que, de part & d'autre, on a donné dans des extrémitez vicieuses. Mais si on examine les choses sans prévention, on trouvera, ce me semble, qu'il n'est pas fort difficile d'établir des principes, qui ne favorisent ni la Tyrannie, ni l'esprit d'Indépendance & de Rebellion. Ici il est certain, que, du moment qu'un Peuple s'est soûmis, de quelque maniére que ce soit, à un Roi véritablement tel, il n'a plus le Pouvoir Souverain: car il implique contradiction de dire, que l'on confére un Pouvoir à quelcun, & que cependant on le retient. Mais il ne s'ensuit point de là, qu'on l'ait conféré d'une maniére à ne se reserver en aucun cas le droit de le reprendre. Cette *reserve* est quelquefois *expresse*: & il y en a toûjours une *tacite*, dont l'effet se déploie, lors que celui à qui on a conféré le Pouvoir en abuse d'une maniére directement & notablement contraire à la fin pour laquelle il lui a été conféré. (Voiez ce que notre Auteur dira dans le *Chap.* suivant, §. 11.) Car je ne sai s'il y a quelcun, qui ait osé soûtenir, que, pour le moindre abus de l'Autorité Souveraine, un Prince soit entiérement déchû de son droit. Les Princes étant Hommes, tout de même que le moindre Particulier, & par conséquent sujets à tomber dans des fautes; c'est sur ce pié-là qu'ils doivent être censez revêtus de leur Pouvoir. Et il est certain, que les Peuples leur pardonnent bien des injustices même criantes, avant que de penser à rentrer dans les Droits de leur Liberté Naturelle.

(2) Il y a ici, à la marge de l'Original, une citation d'AULU-GELLE, qui est non seulement fautive dans toutes les Editions, avant la mienne, mais encore mal appliquée; comme l'a remarqué GRONOVIUS, dans une Note sur cet Ancien Auteur, quoi qu'ici il garde un parfait silence. Le passage, dont il s'agit, regarde *Diogene le Cynique*: DIOGENES *etiam* Cynicus *ser-*

reserver aucune partie? Il ne serviroit de rien de dire, qu'on ne présume pas un transport de droit si étendu: car il ne s'agit point ici des présomtions sur lesquelles on doit décider dans un doute, mais de ce qui peut (c) se faire légitimement. En vain aussi allégue-t-on les inconvéniens qui naissent ou qui peuvent naître de là: car on ne sauroit imaginer aucune forme de Gouvernement qui n'ait ses incommoditez, & d'où il n'y ait quelque chose à craindre. *On* (3) *il faut prendre le bien avec le mal qui l'accompagne,* (4) *ou il faut renoncer à l'un & à l'autre*, ainsi que porte un mot de l'ancienne Comédie. Comme donc, entre plusieurs genres de Vie les uns meilleurs que les autres, il est libre à chaque personne d'embrasser celui qui lui plaît: de même un Peuple peut choisir telle forme de Gouvernement que bon lui semble; & ce n'est point par l'excellence d'une certaine forme de Gouvernement, sur quoi les opinions sont fort partagées, qu'il faut juger du droit qu'a le Souverain sur ses Sujets, mais par l'étendue de la (5) volonté de ceux qui lui ont conféré ce droit.

(c) Voiez *Gail. de Arrestis*, cap. VI. num. 22. & *seqq.*

3. Or il peut y avoir plusieurs raisons qui portent un Peuple à se dépouiller entiérement de la Souveraineté, & à la remettre entre les mains de quelque Prince, ou d'un autre Etat: par exemple, lors que se voiant sur le point de périr, il ne trouve pas d'autre moien pour se conserver; ou lors qu'étant pressé d'une extrême disette, il ne lui reste que cette ressource pour avoir de quoi subsister. C'est ainsi qu'autrefois les *Campanois*, étant réduits à l'extrémité par leurs Ennemis, se donnérent au *Peuple Romain*, (6) *avec leur Ville de* Capoue, *leurs Terres, leurs Temples, & tous leurs Droits divins & humains* (7). Il y eut même des Peuples, qui voulant se mettre sous la domination des *Romains*, en furent refusez, comme APPIEN (8) le raconte. Et, dans ces derniers Siécles, les *Vénitiens* (d) n'en ont pas voulu non plus recevoir d'autres, qui les prioient instamment d'être leurs Maîtres. Pourquoi donc un Peuple ne pourroit-il pas

(d) Petr. Bemb. Hist. Venet. *Lib.* VI.

servitutem servivit: sed is ex libertate in servitutem venum ierat. Noct. Attic. *Lib.* II. Cap. XVIII. Notre Auteur a voulu donner à entendre par là, que, parmi les anciens *Grecs*, chacun pouvoit vendre lui-même directement sa liberté; comme il paroît par ses FLORUM SPARSIONES *ad Jus Justinianeum*, Tit. *de Jure Personarum*, pag. 14. *Edit. Amstel.* où il se sert de ce passage, pour prouver la différence qu'il prétend qu'il y avoit à cet egard entre les Loix Gréques & les Romaines. Mais le Compilateur Latin d'Observations mélées veut dire seulement, que *Diogéne* étoit devenu Esclave de libre qu'il étoit auparavant; car il avoit été pris par des Pirates, qui le vendirent, comme il paroît par des passages de DIOGENE LAERCE, que GRONOVIUS indique sur cet endroit. Il auroit mieux valu alléguer un passage de DION *de Pruse*, que notre Auteur lui-même cite ci-dessous, *Liv.* II. *Chap.* V. §. 27. *num.* 1.

(3) *Aut hac cum illis sunt habenda; aut illa cum his mittenda sunt.*
TERENT. *Heautont.* Act. II. Scen. II. ℣. 84.

(4) C'est la réflexion, que fait CICERON, en parlant du pouvoir des *Tribuns du Peuple Romain*: *Vitia quidem Tribunatûs praclarè*, Quinte, *perspicis. Sed est iniqua, in omni re accusandâ, prætermissis bonis, malorum enumeratio, vitiorumque selectio. . . . Sed bonum, quod est quæsitum in ea, sine isto malo non haberemus.* De Legibus, *Lib.* III. (Cap. X.) GROTIUS.

(5) Ceux d'*Augsbourg* demandérent à *Charles Quint*, que les delibérations du Sénat de leur Ville n'eussent aucune force, que quand elles auroient été approuvées par les Maîtres des Tribus du Peuple. En même tems, la Ville de *Nuremberg* demanda précisément le contraire à cet Empereur. GROTIUS.

L'Auteur se trompe ici, en attribuant à *Charles Quint* ce que les Historiens disent de l'Empereur *Sigismond*; comme l'a remarqué WAGENSEIL, *de Noriberga rebus notabilibus*, Cap. XXIII. pag. 179. Il cite là-dessus MELANCHTHON, *Chronic. Carion.* Lib. II. pag. 206. Je tiens cette remarque de feu Mr. HERTIUS, dont on peut voir la Dissertation *De specialibus Rom. Germ. Imperii Rebuspublicis* &c. §. 23. dans le II. Tome de ses *Commentationes & Opuscula &c.* pag. 136.

(6) *Itaque* Populum Campanum, *urbemque Capuam, agros, delubra Deûm, divina humanaque omnia, in vestram, Patres Conscripti, Populique Romani, ditionem dedimus.* TIT. LIV. Lib. VII. Cap. XXXI. *num.* 4.

(7) Les *Falisques*, & les *Samnites*, en firent de même. Voiez TITE LIVE, *Lib.* V. (Cap. XXVII.) & *Lib.* IX. (Cap. XLII.) C'est ainsi encore que les *Epidamniens*, étant abandonnez par ceux de *Corcyre*, se donnérent aux *Corinthiens*, afin qu'ils les défendissent contre les *Taulantiens*, Peuple d'*Illyrie*, & contre les Exilez qui s'étoient joints à eux; comme nous l'apprend THUCYDIDE, *Lib.* I. (§. 24. 25. *Edit. Oxon.*) GROTIUS.

(8) Voiez la Préface d'APPIEN, pag. 6. (*sine numero, Ed. Toll.*) Le même Auteur en donne ailleurs pour exemple, ceux de *Libye* pag. 7. *Ed. Toll.* (3. *H. Steph.*)

(9) L'Auteur citoit ici un passage de VIRGILE, que j'ai chassé du Texte, parce qu'il ne fait rien au sujet, comme l'ont déja remarqué les Commentateurs de cet Ouvrage. C'est celui du IV. Livre de l'*Enéide*, où *Didon*, parmi les imprécations qu'elle entasse contre *Enée*, souhaitte qu'après avoir fait une paix désavantageuse, il ne jouïsse ni du Roiaume, ni de la lumiére, ou de la vie:

Nec, quum se sub leges pacis iniquæ
Tradiderit, regno aut optata luce fruatur.
℣. 618, 619.

Notre Auteur changeant la ponctuation & le sens, fait dire

pas se soûmettre de (9) cette maniére à une seule personne, à un puissant Prince? Il peut arriver aussi qu'un Pére de famille, qui posséde une grande étendue de Terres, n'y veuille recevoir que ceux qui se résoudront à dépendre absolument de lui; ou que quelcun aiant un grand nombre d'Esclaves, les affranchisse à condition qu'ils le reconnoîtront pour leur Souverain, & qu'ils lui paieront des tailles & des impôts. Telle étoit à peu près, au rapport de TACITE, la condition des Esclaves parmi les anciens *Germains*: (10) *Chacun*, dit-il, *a sa maison & son ménage à part. Le Maître lui demande, comme à un Fermier, ce qu'il veut avoir de Grain, ou de Bêtail, ou d'Etoffes: après quoi l'Esclave n'est tenu à rien.*

4. Ajoûtez à cela, que, comme il y a des Hommes qui, selon ARISTOTE, (11) sont *naturellement Esclaves*, c'est-à-dire, propres à l'Esclavage: il y a aussi des Peuples d'un tel naturel, qu'ils savent mieux obéir que commander. Les *Cappadociens* semblent s'être reconnus tels, puis que, quand les *Romains* leur offrirent la liberté, ils la refusérent, disant (c) qu'ils ne pouvoient vivre sans Roi. PHILOSTRATE, dans la *Vie* d'APOLLONIUS, soûtient qu'il (12) faudroit être bien sot pour vouloir procurer la liberté aux *Thraces*, aux *Mysiens*, aux *Gêtes*, puis qu'ils ne l'aiment pas, & qu'ils n'en sauroient pas gré.

(c) *Strabon* Geograph. *Lib.* XII. pag. 815. *Edit. Amstel.* (540 *Paris.*) *Justin.* Lib. XXXVIII. cap. 2.

5. Quelques-uns encore ont pû être portez à transferer au Souverain un pouvoir absolu par l'exemple de certaines Nations, qui, pendant plusieurs Siécles, ont vêcu (13) assez heureusement sous une domination entiérement despotique. TITE LIVE remarque, (14) que les Villes qui dépendoient d'*Euméne* n'auroient pas (15) changé leur condition avec celle d'aucune République.

6. Quelquefois aussi la situation des affaires publiques est telle, que l'Etat semble être perdu sans ressource, (16) si le Peuple ne se soûmet désormais à la domination absoluë d'un

dire à cette Amante infortunée:

Nec, quum se sub leges pacis iniquæ
TRADIDERIT REGNO ——— ———

C'est un exemple remarquable des mauvais tours que la mémoire joue à ceux qui s'y fient trop.

(10) *Suam quisque sedem, suos penates regit. Frumenti modum Dominus, aut pecoris, aut vestis, ut Colono, injungit: & Servus hactenus paret.* De moribus Germanorum, *Cap.* XXV. Voiez une Dissertation de Mr. THOMASIUS, *De Hominibus propriis Germanorum*, §. 66. *& seqq.* où il explique ce que dit TACITE des différentes sortes d'Esclaves parmi ces anciens Peuples. On allégue encore ici pour exemple ceux qu'on appelloit *Lidi* ou *Liti*, dans le Moien Age. Voiez une Dissertation de feu Mr. HERTIUS, *de Hominibus Propriis*, Sect. I. §. 4. dans le II. Tome de ses *Commentat. & Opuscula* &c.

(11) Voiez PUFENDORF, *Droit de la Nat. & des Gens*, Liv III. Chap. II. §. 8. où il examine cette pensée de l'ancien Philosophe.

(12) Θρᾷκας γὰρ, καὶ Μυσοὺς, καὶ Γέτας, δουλεύειν μὲν ῥᾷστον, ἐλευθεροῦν δὲ ἀνόητον. οὐδὲ γὰρ τῇ ἐλευθερίᾳ χαίρειν, ὅτε, οἶμαι, ἐν αἰσχρῷ ἡγεῖσθαι τὸ δουλεύειν. Vita Apollonii, *Lib.* VII. *Cap.* III. *Edit. Olear.*

(13) Voici ce que dit SENEQUE, en parlant de *Marc Brutus*: *MIHI enim, quum vir magnus fuerit in aliis, in hac re videtur vehementer errasse, nec ex institutione Stoïca se egisse: qui aut Regis nomen extimuit, quum optimus civitatis status sub Rege justo sit; aut ibi speravit libertatem futuram, ubi tam magnum præmium erat & imperandi & serviendi; aut existimavit, civitatem in priorem formam posse revocari, amissis pristinis moribus, futuramque ibi æqualitatem civilis juris, & staturas suo loco leges, ubi viderat tot millia hominum pugnantia, non an servirent, sed utri.* " C'étoit sans doute un grand homme dans les „ autres choses: mais il me semble qu'il se trompe ex„ trémement, & qu'il ne suivit pas les maximes de la „ *Philosophie Stoïcienne*, en ce qu'il redouta si fort le „ nom de Roi, puis qu'au fond il n'y a point de meil„ leur Gouvernement que celui d'un bon Roi; ou en „ ce qu'il se flatta d'une vaine espérance de rendre la „ liberté à sa Patrie, dans un tems où il y avoit de si „ grandes recompenses à attendre pour ceux qui aspi„ roient à la Domination, & pour ceux qui s'y soû„ mettroient; ou en ce qu'il s'imagina, que malgré le „ changement des mœurs anciennes, le Gouvernement „ pourroit être rétabli dans sa premiere forme; que „ l'egalité d'une République pourroit avoir lieu, & les „ Loix être en vigueur, dans un Etat où il avoit vû „ tant de milliers d'Hommes combattre, non pour leur „ liberté, mais pour savoir à qui ils obéïroient. *De Benefic.* Lib. II. Cap. XX. Voiez PETR. BIZAR. *Hist. Genuens.* Lib. XIV. pag. 329. GROTIUS.

(14) *Quum* Eumenis *beneficiis muneribusque omnes* Græciæ *civitates & plerique Principum obligati essent: & ita se in regno suo gereret, ut quæ sub ditione ejus urbes essent, nullius liberæ civitatis fortunam secum mutatam vellent.* Lib. XLII. Cap. V. *num.* 2, 3.

(15) C'est ainsi que plusieurs Citoiens des Républiques de la *Gréce*, quittérent autrefois leur païs, pour aller demeurer à *Salamine*, Ville de *Chypre*, où régnoit *Evagoras*; comme nous l'apprenons d'ISOCRATE. (*Orat. laudat. Evagora*, pag. 199. B. *Edit. H. Steph.*) GROTIUS.

(16) PHILOSTRATE fait dire à *Dion*, Qu'il craignoit bien que les *Romains*, déja accoûtumez à la Monarchie, ne pûssent souffrir une autre forme de Gouvernement: δέδια δὲ, μὴ, χειροήθεις ἤδη Ῥωμαῖοι [illegible], χαλεπὴν ἡγήσωνται τὴν μεταβολήν. Vit. Apollon. Tyan. *Lib.* V. (*Cap.* XXXIV. *Ed. Lips. Olear.*) GROTIUS.

d'un seul homme. C'est ce que plusieurs personnes (17) sages & intelligentes ont remarqué au sujet de la *République Romaine*, de la maniére que les choses y alloient du tems d'*Auguste*.

7. Par les raisons, que je viens d'alléguer, & autres semblables, il peut arriver & il arrive ordinairement que les Hommes se soûmettent d'eux-mêmes à l'empire de quelcun, comme CICERON (18) l'a remarqué il y a long tems. Mais ils y sont aussi quelquefois réduits, bon gré mal gré qu'ils en aient; ce qui a lieu dans une Guerre légitime, (19) à prendre le mot de *légitime* au sens que nous avons dit ci-dessus: car, comme on peut aquérir par les armes la (20) Propriété des biens de l'Ennemi, on peut aussi aquérir par la même voie *le Domaine Civil*, ou un droit absolu de commander à l'Ennemi & de le gouverner.

8. Ce que j'ai dit, au reste, ne tend pas seulement à faire respecter & maintenir l'autorité Souveraine d'un Monarque, dans les lieux où elle est établie. Il faut dire la même chose, & pour les mêmes raisons, des *Principaux de l'Etat*, qui ont autant de pouvoir qu'un Roi, lors qu'ils gouvernent à l'exclusion & indépendamment du Peuple. On n'a même jamais vû (21) de République si populaire, qu'il n'y eût, outre les Femmes & les jeunes Gens, quelques personnes ou fort pauvres, ou étrangéres, qui étoient exclues des Délibérations Publiques.

9. Il y a aussi des Peuples, qui dépendent d'autres (22) Peuples aussi absolument, que s'ils étoient sous la domination d'un Roi. C'est là-dessus qu'étoit fondée la demande que fit *Tarquin l'Ancien* aux Députez de *Collatia*, qui venoient de la part de l'Etat pour se soûmettre aux *Romains*: (23) *Le Peuple Collatin est-il maître de lui-même?* Lors que les *Campanois* se furent donnez aux *Romains*, ils *passérent sous une domination étrangére*, comme (24) s'exprime TITE-LIVE. L'*Acarnanie* (f), & (g) l'*Amphilochie*, avoient appartenu aux *Etoliens*: la (h) *Pérée* & la (i) Ville de *Caunus*, dans la *Carie*, aux

(f) *Tit. Liv.* Lib. XXVI. cap. 24. *num.* 6.

(g) *Idem*, XXXVIII, 3. *num.* 4.

(h) *Idem*, XXXII. 33. *num.* 6.

(i) *Idem*, XLV. 25. *num.* 11. *Strabo*, Geogr. Lib. XIV. pag. 651. *Ed. Par.* (963. B. *Ed. Amst.*)

(17) Je me contenterai de citer là-dessus ce que dit TACITE, en rapportant les réflexions que faisoient les personnes sages (*prudentes*) après la mort d'*Auguste*: *Non aliud discordantis patriæ remedium fuisse, quàm ut ab uno regeretur.* Annal. *Lib.* I. Cap. IX. *num.* 4. Voiez aussi *Histor.* Lib. I. Cap. I. *num.* 2. & FLORUS, Lib. IV. Cap. III. num. 6. LUCAIN, *Pharsal.* Lib. I. 670. IX. 262. & DION CASSIUS, Hist. *Lib.* LIII. pag. 575. D. *Ed. H. Steph.*

(18) *Atque etiam subjiciunt se homines imperio alterius & potestati, de caussis pluribus. Ducuntur enim aut benevolentia; aut beneficiorum magnitudine, aut dignitatis præstantia; aut spe, sibi id utile futurum; aut metu, ne vi parere cogantur; aut spe largitionis, promissisque capti; aut postremo, ut sæpe in nostra Republica videmus, mercede conducti.* De Offic. *Lib.* II. *Cap.* VI.

(19) Il y a dans l'Original: *Bello justo, ut antè diximus, sicut adquiri potest* &c. Ainsi il semble d'abord, que cette petite parenthése, *ut ante diximus*, tombe sur toute la période, & sur la proposition qu'elle renferme. Mais, comme notre Auteur n'a encore rien dit jusques ici sur cette matiére, j'ai crû qu'il falloit rapporter le renvoi au seul mot de *justo*, dont il a expliqué le sens ci-dessus, §. 4. *num.* 1. Et que cette traduction soit conforme à sa pensée, il paroît par ce qu'il dira *Liv.* III. *Chapp.* VI. VII. où il traite de la maniére dont on aquiert la propriété des biens pris sur l'Ennemi, & de la personne même de l'Ennemi prisonnier, en vertu d'une *Guerre solemnelle*, ou *légitime* dans le sens dont il s'agit.

(20) *Dominium privatum.* Voiez la Note précedente.

(21) Cette réflexion, (que notre Auteur a aussi mêlée dans ses courtes remarques sur la *Politique* de CAMPANELLA, pag. 97. du Recueil imprimé à *Amsterdam* en 1652.) tend à faire voir, qu'il n'est pas contraire au but de la Societé Civile en général, que le Peuple soit soûmis à un Pouvoir Indépendant; puis que, dans les Républiques les plus populaires, il y a toûjours un assez grand nombre de personnes de l'un & de l'autre Sexe, qui n'ont aucune part au Gouvernement de l'Etat, & qui dépendent de l'Assemblée du Peuple, entre les mains de laquelle est le Pouvoir Souverain, autant que les Sujets d'une Monarchie dépendent de leur Prince, ou les Sujets d'un Gouvernement Aristocratique, du Conseil des Principaux de l'Etat. Je remarque cela, parce que le savant GRONOVIUS fait raisonner ainsi notre Auteur: Il y a des personnes qui sont ordinairement excluës des Déliberations publiques; Donc il n'est pas permis au Peuple entier, ou à la plus grande & la plus saine partie du Peuple, de résister, dans une extrême nécessité, à un Prince manifestement Tyran. Là-dessus le Commentateur conclut d'un air méprisant: *Sic adparet argumenti vanitas.* Et l'argument en effet seroit tout-à-fait impertinent, s'il étoit renfermé dans les paroles de notre Auteur, qui n'étoit pas capable d'un tel renversement d'esprit. Il faut donc le mettre sur le compte de son Interpréte, d'ailleurs très-grand Critique, mais qui, sur cette matiére & sur plusieurs autres, a donné souvent à gauche, en expliquant un Auteur, dont il n'entendoit pas bien les principes; comme je l'ai remarqué il y a long tems dans mes Notes sur PUFENDORF, & comme il paroît par ce que j'ai dit dans la Préface de mon Edition Latine de cet Ouvrage de GROTIUS.

(22) C'est ainsi que l'Ile de *Salamine* étoit de la dépendance des *Athéniens*, depuis *Philée* & *Eurysace*, Fils d'*Ajax*, qui la leur donnérent en reconnoissance du droit de bourgeoisie qu'ils en avoient reçû. Voiez PLUTARQUE, *Vit. Solon.* (pag. 83. D. Tom. I. *Ed. Wech.*) L'Empereur *Auguste* ôta depuis cette Ile aux *Athéniens*; & *Hadrien*, la *Céphalénie*; comme le témoigne XIPHILIN. Le païs d'*Atarnes*, dans la *Mysie*, appartenoit autre-

aux *Rhodiens*. Le Roi *Philippe* donna aux *Olynthiens* (k) la Ville de *Pydnes*, en *Macedoine*. Quelques Villes qui étoient sous la domination des *Lacedémoniens*, lors qu'elles y eurent été soustraites, furent appellées d'un nom qui signifie (l) *Lacedémoniens libres*. XENOPHON (m) parle de *Cotyore*, Ville du *Pont*, comme appartenant à ceux de *Sinope*. STRABON (n) dit, que *Nice*, ville d'*Italie*, fut ajugée à ceux de *Marseille*; & l'Ile de (o) *Pithécuse*, aux *Néapolitains*. *Calatia & Caudium*, avec leurs territoires, furent aussi ajugées, la prémiére à la Colonie de *Capouë*, l'autre à celle de *Benevent*; comme nous l'apprenons de (p) FRONTIN. L'Empereur *Othon* (q) donna les Villes des *Maures* à la *Province* (25) *Bétique* en *Espagne*.

10. Ou il faut détruire tout ce que nous venons d'établir, ou il faut reconnoître que le droit de gouverner n'est pas toûjours soûmis au jugement & à la volonté de ceux qui sont gouvernez. Mais il paroît encore & par l'Histoire Sainte, & par l'Histoire Profane, qu'il y a des Rois qui ne dépendent point du Peuple, considéré même en Corps. Voici de quelle maniére DIEU (r) parle au Peuple d'*Israël*: *Si tu dis; J'établirai sur moi un Roi, comme toutes les autres Nations qui sont aux environs* &c. Et (s) à *Samuel*: *Déclare-leur le droit* (26) *du Roi, qui régnera sur eux*. De là vient que le Roi est dit *oint sur le Peuple*, (t) *sur l'héritage du Seigneur*, *sur Israël*. SALOMON est appellé *Roi* (v) *sur tout Israël*. DAVID (x) rend graces à DIEU, de ce qu'il lui a *soûmis son Peuple*. Nôtre Seigneur JESUS-CHRIST dit, que (y) *les Rois des Nations dominent sur elles*.

11. Chacun sait cette Sentence d'un Poëte Latin: (27) *Les Rois redoutables ont l'empire sur leurs Peuples: mais les Rois eux-mêmes sont soûmis à l'empire de* JUPITER. Voici comment SENEQUE décrit les trois principales formes de Gouvernement: (28) *Nous avons quelquefois à craindre le Peuple; quelquefois les personnes de crédit qu'il y a dans*

(k) *Diod. Sic.* Lib. XVI. cap. 8. pag. 514. *Ed. H. Steph.*

(l) *Eleutherolacones.* Voiez *Pausan.* Lib. III. cap. 21. & *Strab.* Geogr. Lib. VIII. pag. 366. *Ed. Paris.* (562. *Ed. Amst.*)

(m) *De Exped. Cyr.* Lib. V. Cap. 5.

(n) *Strab.* Lib. IV. pag. 184. (281.)

(o) *Lib.* V. pag. 248. (381.)

(p) *De Coloniis*, pag. 123. *Kenchen.*

(q) *Tacit.* Hist. I, 78.

(r) *Deuter.* XVII, 14.

(s) I. *Sam.* VIII, 9.

(t) I. *Samuel*, IX, 16. X, 1. XV, 1. II, *Sam.* V, 2.

(v) I. *Rois*, IV, 1.

(x) *Pseaum.* CXLIV, 2.

(y) *Luc*, XXII, 25.

autrefois à ceux de *Chios*; au rapport d'HERODOTE, *Lib.* I. (Cap. CLX.) & ceux de *Samos* étoient maîtres de plusieurs Villes dans le Continent; ainsi que nous l'apprenons de STRABON, Lib. XIV. (pag. 639. *Edit. Paris.* 946. *& seqq.* Ed. Amst.) La Ville d'*Anactorium*, dans le Golfe d'*Ambracie*, étoit moitié aux *Corinthiens*, & moitié à ceux de *Corcyre*: THUCYDID. Lib. I. (Cap. LV. *Edit. Oxon.*) Dans un Traité de Paix, conclu entre les *Romains* & les *Etoliens*, il y avoit un article qui portoit, *que la Ville* d'Ocniade, *avec ses Habitans & ses Terres, appartiendroit aux* Acarnaniens: TIT. LIV. (Lib. XXXVIII. Cap. XI. *num.* 9.) PLINE parle de sept Villes, qu'*Alexandre le Grand* donna à ceux d'*Halicarnasse*: Hist. Natur. *Lib.* V. *Cap.* XXIX. L'Ile de *Lindus*, & la Ville de *Caune*, appartenoient aux *Rhodiens*: Idem, *Lib.* XXXIII. *Cap.* IV. *Lib.* XXXV. (*Cap.* X.) CICER. *Epist. ad Q. Fratrem*, Lib. I. Epist. I. (§. 11.) Les *Romains* donnérent plusieurs Villes aux mêmes *Rhodiens*, en reconnoissance du secours qu'ils en avoient reçû dans la Guerre contre *Antiochus*: EUTROP. *Breviar. Hist. Rom.* Lib. IV. (Cap. II. *num.* 11. *Ed. Cellar.*) C'étoient des Villes de la *Carie*, & de la *Lycie*, que le Sénat leur ôta depuis. Voiez les *Excerpta* POLYBII (Exc. Legat. *Cap.* XXV. & XCIII.) GROTIUS.

Il y a quelques fautes dans cette Note de l'Auteur, qui pouvoit bien d'ailleurs se passer d'apporter un si grand nombre d'exemples d'une chose assez connuë. I. Il n'est pas vrai, qu'*Auguste* ait ôté aux *Athéniens* l'Ile de *Salamine*. STRABON, qui florissoit du tems d'*Auguste* & de *Tibére*, dit formellement, qu'elle étoit alors sous la dépendance des *Athéniens*: Καὶ νῦν μὲν ἔχουσιν Ἀθηναῖοι τὴν νῆσον [Σαλαμῖνα]. Geogr. *Lib.* IX. pag. 603. C. *Ed. Amst.* (394. *Paris.*) Nôtre Auteur a confondu *Salamine* avec l'Ile d'*Egine*: car c'est de celle-ci que XIPHILIN dit, qu'*Auguste* l'ôta aux *Athéniens*, pour se venger d'eux: Τοὺς δὲ Ἀθηναίους ἐκόλασεν, Αἴγιναν ἀφελόμενος. Pag. 71. B. *Edit. H. Steph.* II. Il n'est pas vrai non plus, qu'*Hadrien* ait ôté aux *Athéniens* l'Ile de *Céphalenie*. C'est tout le contraire: il la leur donna, comme le témoigne l'Abbréviateur, que nôtre Auteur lui-même cite: Τὴν τε Κεφαλληνίαν ὅλην τοῖς Ἀθηναίοις ἐχαρίσατο. XIPHILIN, pag. 264. D. III. Il est faux encore, que *Linde* soit une Ile. C'est une Ville de l'Ile même de *Rhodes*; comme PLINE lui-même nous la décrit, *Lib.* V. *Cap.* XXXI. *Habitata* [Rhodus] *urbibus* Lindo, Camyro, Jalyso; *nunc* Rhodo &c. Nôtre Auteur a été trompé par les paroles suivantes, corrompuës ou dans son exemplaire, ou dans sa memoire: MINERVÆ *Templum habet* Lindos, *insula* Rhodiorum, *in quo* Helena *sacravit calicem ex electro*. Lib. XXXIII. Cap. IV. Il a lû, *Lindos*, *insula Rhodiorum* &c. Je ne vois pourtant aucune varieté de lecture, ni en marge, ni dans les Notes, de l'Edition d'HACKIUS, 1668.

(23) *Est-ne Populus Collatinus in sua potestate? Est.* TIT. LIV. Lib. I. Cap. XXXVIII. *num.* 2.

(24) *Adeo infractos animos gereret* [Populus Campanus] *ut se ipse suaque omnia potestatis alienæ faceret.* TIT. LIV. Lib. VII. Cap. XXXI. *num.* 6.

(25) Cet exemple n'est point à propos; puis qu'il s'agit d'une Province de l'Empire Romain, laquelle par conséquent ne pouvoit avoir une autorité souveraine sur ces Villes, mais seulement autant qu'il plaisoit à l'Empereur de lui en donner.

(26) Voiez ce que l'on dira sur le Chapitre suivant, §. 3.

(27) *Regum timendorum in proprios greges,*
Reges in ipsos imperium est Jovis.
HOR. Lib. III. Od. I. ℣. 5, 6.

(28) *Interdum* POPULUS *est, quem timere debeamus: interdum, si ea Civitatis disciplina est, ut plurima per* SENATUM *transigantur, gratiosi in eo viri: interdum* SIN-

GULI,

dans un Conseil, lors que la plûpart des affaires Publiques sont entre les mains de ce Conseil: quelquefois enfin une seule personne, qui a été revêtuë du pouvoir du Peuple, & sur le Peuple. Tels sont ceux, dont PLUTARQUE (29) dit, qu'*ils commandent non seulement selon les Loix, mais encore aux Loix mêmes.* HERODOTE (30), & l'Orateur DION *de Pruse*, définissent la Monarchie, le pouvoir *de commander* (31) *comme on veut, sans être obligé d'en rendre compte à personne.* PAUSANIAS oppose la *Roiauté* (32) à une *Puissance comptable de ses actions.* ARISTOTE (33) dit, qu'il y a des Rois, qui ont le même pouvoir que la Nation même a ailleurs sur soi & sur ce qui lui appartient. Les Jurisconsultes Romains parlant du tems, auquel les Chefs de la République, commencerent à usurper dans *Rome* une autorité véritablement Roiale, disent, (34) que *le Peuple leur transféra tout son empire & tout son pouvoir*, MEME SUR LUI, comme l'explique (35) THEOPHILE, Paraphraste Grec. D'où vient que MARC ANTONIN, le Philosophe, disoit, (36) *Qu'il n'y a que la Divinité, qui puisse être le Juge d'un Prince.* Et selon DION CASSIUS, (37) les Empereurs Romains étoient *absolument libres, & maitres des Loix aussi bien que d'eux-mêmes, en sorte qu'ils faisoient*

GULI, *quibus potestas Populi & in Populum data est.* Epist. XIV.

(29) Ce passage de PLUTARQUE n'est pas trop bien appliqué. Il s'agit de *Philopœmen*, General des *Achéens*, & nullement Souverain. L'Historien dit, Qu'il savoit non seulement commander selon les Loix, mais encore commander aux Loix mêmes, quand le bien de l'Etat le demandoit. Il n'attendit pas, ajoûte-t-il, qu'on lui deferât le Commandement ; il le prit lui-même, quand l'occasion s'en presenta : persuadé que celui qui savoit mieux qu'eux ce qu'il falloit faire pour leur bien, étoit leur vrai General, plûtôt que celui qu'ils avoient élû. Οὕτως ἡγεμονικὴν φύσιν ἔχων, οὐ κατὰ τοὺς νόμους, ἀλλὰ καὶ τῶν νόμων ἄρχειν ἠπίστατο πρὸς τὸ συμφέρον· οὐ δεόμενος παρὰ τῶν ἀρχομένων λαβεῖν τὸ ἄρχειν, ἀλλὰ χρώμενος αὐτοῖς, ὅπου καιρὸς εἴη· τὸν ὑπὲρ αὐτῶν φρονοῦντα, μᾶλλον ἢ τὸν ὑπ' αὐτῶν ᾑρημένον, ἡγούμενος στρατηγόν. Compar. Vit. Philopœm. & Flamin. *pag.* 382. E. Tom. I. *Ed. Wech.*

(30) Τῇ [Μουναρχίῃ] ἔξεστι ἀνευθύνῳ ποιέειν τὰ βούλεται Lib. III. Cap. LXXX.

(31) Ἐπιτάττειν ἀνυπεύθυνον ὄντα. Orat. III. *De Regno.*

(32) Καὶ ἀντὶ Βασιλείας μετέστησαν [ὁ Δῆμος] ἐς ἀρχὴν ὑπεύθυνον. Messeniac. *Cap.* V. pag. 116. *Ed. Wech.* 1583.

(33) Πέμπτον δ' εἶδος Βασιλείας, ὅταν ᾖ πάντων κύριος εἷς ὤν, ὥσπερ ἕκαστον ἔθνος, καὶ πόλις ἑκάστη, τῶν κοινῶν, τεταγμένη κατὰ τὴν οἰκονομικήν. Politic. *Lib.* III. *Cap.* XIV. *in fin.* pag. 357. D. *Ed. Paris.*

(34) *Quod Principi placuit, Legis habet vigorem : utpote quum* LEGE REGIA, *quæ de imperi[illegible] est, Populus ei & in eum omne suum imperi[illegible] em conferat.* DIGEST. Lib. I. Tit. IV. *De Constitut. Principum*, Leg. I. Voiez là-dessus la Harangue du Savant GRONOVIUS, *De Lege Regia*, que j'ai traduite en François, avec des Notes, & publiée en 1714. dans la seconde Edition des Discours de Mr. NOODT sur le *Pouvoir des Souverains & de la Liberté de Conscience.*

(35) Νόμῳ Ῥηγίῳ τοῦτο κελεύσαντος, ὃς περὶ Βασιλείας τεθεὶς, πᾶσαν Βασιλεῖ δίδωσι κατὰ τοῦ Δήμου τὴν ἐξουσίαν. Ad INSTITUT. Lib. I. Tit. II. §. 6. pag. 22. *Edit. Fabroti.*

(36) Περὶ γὰρ τῆς Αὐταρχίας ὁ Θεὸς μόνος κρίνειν δύναται. XIPHILIN. in Marc. Antonin. *pag.* 271. D. *Ed. H. Steph.* Voiez ce que dit MILTON, sur le sens de ce passage, *Defens. pro Popul. Anglic.* Cap. II. pag. m. 49. Mr. de TILLEMONT, dans son *Histoire des Empereurs*, (Vol. IV. pag. 644. *Ed. de Bruxelles.*) lie & explique ainsi les paroles de l'Empereur, comme s'il avoit voulu dire, *Qu'il ne craignoit pas les mutineries des Soldats, parce que c'est* DIEU *seul qui est le maitre des Empires.* Et c'est aussi de cette maniere que GRONOVIUS l'explique un peu plus bas.

(37) C'est ce qu'il dit en decrivant la manière dont il etoit qu'*Auguste* fut decharge de l'obligation des Loix: Πάντως αὐτὸν τῆς τῶν νόμων ἀνάγκης ἀπήλλαξαν, ἵν', ὥσπερ εἴρηταί μοι, καὶ αὐτοτελὴς ὄντως καὶ αὐταρχῆς, καὶ ἑαυτοῦ, καὶ τῶν νόμων, πάντα τε ὅσα βούλοιτο ποιῇ, καὶ πάνθ' ὅσα μὴ βούλοιτο μὴ πράττῃ. Lib. LIII. pag. 591. A. *Ed. H. Steph.*

(38) Ce sont les ענקים *Hanakim*, dont il est parlé dans le DEUTERONOME, Chap. II. ℣. 10. De là est venue aussi la Déesse Ὄγκα, ענקה, à qui *Cadmus* bâtit un Temple à *Thebes* ; & que les *Grecs* ont nommée *Pallas.* ESCHYLE dit, que les *Inachides* etoient *Pelasges*, c'est-à-dire, des gens bannis de leur païs ; du mot Syrien פלג. Les premiers habitans du païs de *Lacédémone* etoient aussi *Pelasges* : & de là vient que les *Lacédémoniens* se disoient descendus d'*Abraham* ; comme il paroît par l'Histoire des MACCABÉES, (Liv. I. Chap. XV. ℣. 21.) Or comme les Rois d'*Argos* etoient absolus, à l'imitation de ceux de l'*Orient*, d'où ils etoient venus : ceux de *Thebes* l'etoient aussi ; parce qu'ils etoient descendus des *Phéniciens.* Cela paroît par les discours que SOPHOCLE fait tenir à *Creon* ; & EURIPIDE, au Héraut de *Thebes*, dans ses *Suppliantes.* GROTIUS.

Sur les *Hanakim*, & l'origine d'*Inachus*, voiez BOCHART, *Chanaan* Lib. I. Cap. I. & Mr. LE CLERC, dans son *Abregé d'Histoire Universelle*, pag. 13, 14. 2. *Edit.* A l'égard de la Déesse Ὄγκα, on peut consulter SELDEN, *De Diis Syris*, Syntagm. II. Cap. IV. Et pour ce qui est des *Pélasges*, on fera bien de lire ce que dit Mr. LE CLERC dans l'*Explication historique de la Fable de* CERES, BIBLIOTH. UNIVERSEL. Tom. VI. pag. 105. L'endroit de SOPHOCLE, dont parle notre Auteur, comme servant à prouver que les Rois de *Thèbes*, en *Béotie*, étoient absolus, c'est la Tragédie de ce grand Poëte, intitulée *Antigone.* Le nouveau Roi y parle en Prince fort absolu, au sujet des défenses qu'il avoit fait publier d'enterrer *Polynice. Antigone* convient que c'est un des avantages de la *Tyrannie*, c'est-à-dire, de la Roiauté, selon le langage de ce tems-là, de dire & faire tout ce qu'on veut : & elle soûtient que c'est

soient tout ce qu'ils vouloient, & qu'ils ne faisoient que ce qu'ils vouloient. C'est sur ce pié-là qu'étoit l'ancien Roiaume (38) des descendans d'*Inachus*, à *Argos*, comme il paroit par une Tragédie d'Eschyle, où le Peuple parle ainsi au Roi: (39) Sire, *vous êtes la Ville, & le Public: vous êtes un Juge indépendant. Assis sur vôtre Thrône, comme sur un Autel, vous gouvernez seul ce Païs par vos ordres absolus.*

12. Le Roi *Thésée* tient un tout autre langage, dans Euripide, en parlant du Gouvernement d'*Athénes*: *Cette Ville*, (40) dit-il, *n'est pas gouvernée par un seul Homme, mais c'est une Ville libre, où le Peuple régne, en établissant tous les ans de nouveaux Magistrats, tels que bon lui semble.* En effet, *Thésée*, comme (41) l'explique Plutarque, n'étoit que le Chef des *Athéniens* dans la Guerre, & le Gardien des Loix: du reste, il n'y avoit point de (42) différence entre lui, & les Citoiens. Aussi a-t-on remarqué, que le titre de *Roi* n'est donné que dans un sens impropre à de tels Rois qui dépendent du Peuple. C'est ainsi qu'à *Lacedémone*, depuis *Lycurgue*, & plus encore depuis l'établissement des *Ephores*, les Rois n'étoient tels que de nom, selon (43) Po-

Ly-

c'est pour cela que les *Thébains* n'osent parler, quoi que dans le fond de leur cœur ils trouvent l'Edit de *Creon* injuste & inhumain:

'Αλλ' ἡ Τυραννὶς πολλά τ' ἄλλ' εὐδαιμονεῖ,
Κἄξεστιν αὐτῇ δρᾷν λέγειν θ' ἃ βούλεται.
ΚΡ. Σὺ τοῦτο μούνη τῶνδε Καδμείων ὁρᾷς;
ΑΝΤ. Ὁρῶσι χ' οὗτοι, σοὶ δ' ὑπίλλουσι στόμα.
ΚΡ. Σὺ δ' οὐκ ἐπαιδῇ, τῶνδε χωρὶς εἰ φρονεῖς;

℣. 516, *& seqq.* Voiez aussi ℣. 748, *& seqq.* *Creon* ailleurs se jettant sur le lieu commun de la subordination & de l'obeïssance nécessaire dans un Etat, dit qu'il faut suivre la volonté de celui que le Peuple a établi pour Chef de l'Etat, soit qu'il commande des choses considerables ou non, des choses justes ou injustes:

'Αλλ' ὃν Πόλις στήσειε, τοῦδε χρὴ κλύειν,
Καὶ σμικρὰ, καὶ δίκαια, καὶ τἀναντία.

℣. 681, 682.

Il declare, qu'en persistant à vouloir qu'on observe son Edit, il ne fait que soûtenir l'honneur de son Autorité.

ΚΡ. 'Αμαρτάνω γὰρ τὰς ἐμὰς ἀρχὰς σέβων;

Vers. 759.

Voici maintenant ce que dit le Héraut des *Thébains*, dans les *Suppliantes* d'Euripide:

——— Πόλις γὰρ, ἧς ἐγὼ πάρειμ' ἄπο,
'Ενὸς πρὸς ἀνδρὸς, οὐκ ὄχλῳ κρατύνεται.

„ L'Etat, de la part duquel je viens, est gouverné par „ un seul homme, & non par le Peuple. ℣. 410, 411. Et *Thésée*, qui là-dessus fait l'éloge du Gouvernement Populaire, tel que celui d'*Athénes*, par opposition à la Monarchie, remarque, entr'autres choses, que dans un Roiaume il n'y a point de Loix établies par le Peuple, mais que le Monarque y fait seul la Loi:

Οὐδὲν Τυράννου δυσμενέστερον πόλει·
Ὅπου τὸ μὲν πρώτιστον οὐκ εἰσὶν νόμοι
Κοινοὶ, κρατεῖ δ' εἷς τὸν νόμον κεκτημένος
Αὐτὸς παρ' αὑτῷ ——— ——— ———

Vers. 429, *& seqq.*

Je trouve aussi que Pausanias donne clairement à entendre, que les Rois de *Thébes* étoient absolus, lors qu'il parle du changement du Gouvernement arrivé après la mort de *Xanthus*, le dernier Roi des *Thébains*: Τὸ δὲ ἐντεῦθεν ἐδόκει πλείοσιν πολιτεύεσθαι, μᾶλλον ἢ ἐς ἄνδρα ἑνὸς ἠρτῆσθαι τὰ πάντα, ἄμεινον ἐφαίνετο τοῖς Θηβαίοις. „ Depuis ce tems-là, ils trouvérent plus à pro„ pos d'être gouvernez par le plus grand nombre, que „ de laisser tout dépendre d'un seul homme. *Bœotic.* Cap. V. pag. 287. *Ed. Wech.* Mais on ne peut pas dire tout-à-fait la même chose des Rois d'*Argos*. Voiez la *Note* suivante.

(39) Σύ τοι πόλις, σὺ δὲ τὸ δήμιον,
Πρύτανις ἄκριτος ὤν,
Κρατύνεις βωμὸν ἑστίαν χθονὸς,
Μονοψήφοισι νεύμασι σέθεν.

In *Supplic.* Mais, comme l'a remarqué Milton, dans sa *Defensio pro Populo Anglicano*, Cap. V. pag. 174. le Poëte met ces paroles dans la bouche de quelques Femmes étrangéres, qui demandant au Roi d'*Argos* sa protection contre la Flotte des *Egyptiens*, qui les poursuivoit, le flattent, en lui attribuant une puissance absoluë, qu'il n'avoit point; comme il paroit par ce qu'il dit lui-même:

Εἶπον δὲ καὶ πρὶν, οὐκ ἄνευ δήμου τάδε
Πράξαιμ' ἂν, οὐδέπερ κρατῶν ———

„ Je vous l'ai deja dit, je ne ferai pas cela sans le „ consentement du Peuple, quand même je le pour„ rois". Effectivement il fait assembler le Peuple, & après en avoir obtenu l'approbation, il leur promet de les défendre. Cependant c'étoient ses propres Filles, dont il s'agissoit. Voiez aussi le passage de Pausanias, que l'Auteur lui-même cite un peu plus bas, *Note* 46.

(40) ——— ——— Οὐ γὰρ ἄρχεται
'Ενὸς πρὸς ἀνδρὸς, ἀλλ' ἐλευθέρα πόλις.
Δῆμος δ' ἀνάσσει διαδοχαῖσιν ἐν μέρει
'Ενιαυσίαισιν ——— ———

Supplic. ℣. 404. *& seqq.*

(41) Τοῖς δὲ δυνατοῖς ἀβασίλευτον πολιτείαν προτείνων, καὶ δημοκρατίαν, αὐτῷ μόνον ἄρχοντι πολέμου καὶ νόμων φύλακι χρησομένην, τῶν δὲ ἄλλων παρέξουσαν ἅπασιν ἰσομοιρίαν Plutarch. in Vit. Thes. *pag.* 11. A. Tom. I. *Ed. Wech.*

(42) Voici comme parle *Démophoon*, Fils de *Thesée*, dans une Tragedie d'Euripide:

Οὐ γὰρ τυραννίδ', ὥστε βαρβάρων, ἔχω·
'Αλλ' ἢν δίκαια δρῶ, δίκαια πείσομαι.

„ Je n'ai pas un Pouvoir Souverain, comme les Rois „ des Barbares: mais, si je gouverne avec justice, on „ agira aussi justement avec moi. *Heraclid.* (℣. 424, 425.) Grotius.

(43) Cet Historien décrit seulement la maniére dont le Pouvoir des Rois de *Lacédémone* étoit borné, *Lib.* VI. Cap. VIII. qui est l'endroit que notre Auteur a eu en vuë.

(44)

LYBE, PLUTARQUE (44), & (45) CORNELIUS NEPOS. Cela avoit lieu aussi parmi d'autres Peuples de la *Gréce*. Les *Argiens*, *qui, dès les tems les plus reculez, aimoient l'égalité & la liberté, resserrérent, autant qu'il fut possible, la puissance de leurs Rois, en sorte qu'ils ne laissérent aux Enfans & aux Descendans de Cisus, que le nom de Roi*; comme le remarque PAUSANIAS (46). PLUTARQUE (47) nous apprend, qu'à *Cumes*, dans la *Campanie*, le Sénat jugeoit les Rois. ARISTOTE dit, (48) que ces sortes de Roiaumes ne constituent pas une forme particuliére de Gouvernement, parce qu'ils font seulement partie des Républiques Aristocratiques ou Démocratiques.

13. Parmi les Nations même qui ne vivent pas dans une dépendance perpétuelle des Rois, on trouve des exemples d'une espéce de Monarchie à tems, absolument indépendante du Peuple. Telle étoit la Puissance des (49) *Amymoniens*, dans la Ville de *Cnide*; & celle des *Dictateurs* (z) à *Rome*, (50) dans les prémiers tems, où l'on ne pouvoit point en appeller d'eux au Peuple: en sorte que, selon ce que dit TITE LIVE, (51) *l'Ordonnance d'un Dictateur étoit respectée comme la volonté d'un Dieu; il n'y avoit d'autre* (52) *ressource, que celle de lui obéir exactement*: en un mot, *la Dictature s'étoit emparée de toute la force de la Puissance Roiale*, (53) ainsi que s'exprime CICERON.

(z) Voiez *Denys d'Hali.arn.* Lib. V. Cap. LX. *Plutarque*, in Marcell. pag. 312. E.

14. De tout ce que je viens de dire, il s'ensuit clairement, que la Puissance Souveraine ne réside pas toûjours dans le Peuple. Et il n'est pas difficile de réfuter les raisons dont on se sert pour prouver le contraire. On soûtient prémiérement, que celui qui établit est au dessus de celui qui est établi. Mais cela n'est vrai qu'à l'égard des Pouvoirs dont l'effet dépend toûjours de la volonté de leur Auteur; & non pas quand il s'agit d'un Pouvoir, qui, quoi qu'il fût libre d'abord de le conférer ou non, ne peut plus être revoqué par celui qui l'a une fois conféré: comme quand une Femme épouse un Mari, à qui elle est toûjours indispensablement tenuë d'obéir, du moment qu'elle lui a donné autorité sur elle. C'est ainsi que l'Empereur *Valentinien* répondit aux Soldats,

(44) C'est en parlan[t] de *Cléoméne*: Αὐτῷ δὲ ὄνομα βασιλεύοντος ἦν μόνον, [illegible] γε πᾶσα τῶν Ἐφόρων. Vit. Agid. & Cleomen. p[ag.] 805. E. Tom. I. *Ed. Wech.*

(45) *Mos est enim a [illegible]oribus* Lacedæmoniis *traditus, ut duos haberent semper Reges*, NOMINE MAGIS QUAM IMPERIO, *ex duabus familiis*, Proclis, *&* Eurysthenis &c. Vit. Agesil. *Cap.* I. *num.* 2. *Ed. Cellar.* LACEDÆMONIUS *autem* Agesilaus, NOMINE, NON POTESTATE, *fuit Rex: sicut ceteri Spartani.* Idem, *Cap.* XXI. *de Regibus*, num. 2.

(46) Ἀργεῖοι δὲ, ἅτε ἰσηγορίαν καὶ τὸ αὐτόνομον ἀγαπῶντες ἐκ παλαιοτάτου, τὰ τῆς ἐξουσίας τῶν Βασιλέων ἐς ἐλάχιστον προήγαγον, ὡς μηδὲν τῶν Κείσου καὶ τοῖς ἀπογόνοις, ἢ τὸ ὄνομα λειφθῆναι τῆς βασιλείας μόνον. Corinthiac. *Cap.* XIX. pag. 61. *Ed. Wech. Græc.*

(47) Il s'assembloit de nuit, pour connoître de la conduite des Rois; & il y avoit un Magistrat établi pour les mettre en prison pendant ce tems-là. Ἦν δὲ καὶ Φύλακτις τὶς ἀρχὴ παρ' αὐτοῖς· ὁ δὲ ταύτην ἔχων, τὸν μὲν ἄλλον χρόνον ἐτήρει τὸ δεσμωτήριον, εἰς δὲ τὴν Βουλὴν ἐν τῷ νυκτερινῷ συλλόγῳ παριὼν, ἐξῆγε τοὺς Βασιλεῖς τῆς χειρὸς, καὶ κατεῖχε, μέχρι περὶ αὐτῶν ἡ Βουλὴ διαγνοίη, πότερον ἀδικοῦσιν ἢ οὔ, κρύβδην φέρουσα τὴν ψῆφον. PLUTARCH. Quæst. Græc. *init.* pag 291, 292. Tom. II. *Ed. Wech.*

(48) Le Philosophe ne dit pas, que ces sortes de Rois *fassent partie* d'un Etat Aristocratique, ou Démocratique: mais seulement qu'il peut y avoir dans un Etat Aristocratique ou Démocratique, des Chefs qui aient autant d'autorité qu'eux dans la Guerre: Ὁ μὲν γὰρ κατὰ νόμον λεγόμενος Βασιλεὺς οὐκ ἔστιν εἶδος, καθάπερ εἴπομεν, πολιτείας· ἐν πάσαις γὰρ ὑπάρχειν δύναται στρατηγίαν ἀΐδιον, οἷον ἐν Δημοκρατίᾳ, καὶ Ἀριστοκρατίᾳ. Politic. *Lib.* III. *Cap.* XVI. pag. 359. E. *Ed. Paris.*

(49) L'Auteur, & d'autres avec lui, écrivent mal ce mot, comme le remarque GRONOVIUS; car il faut dire *Amnemones*. C'est PLUTARQUE qui rapporte le fait. Mais je suis surpris qu'on n'ait pas remarqué, que l'exemple est mal appliqué. Car ces soixante hommes choisis, qui gouvernoient les affaires les plus importantes avec une autorité absoluë, étoient à vie: ainsi on ne peut point alléguer cela comme un exemple d'une Souveraineté à tems. L'Auteur citant de mémoire, a crû que PLUTARQUE disoit *δι' ἔτους*, au lieu de *διὰ βίου*: ou peut-être même que venant de lire BODIN, qui fait la même faute dans son Traité *de la Republique*, Lib. I. Cap. VIII. pag. 126. de l'Edition Latine, *Francof.* 1622. il s'en est rapporté à lui, sans consulter l'Auteur même, d'où celui-ci avoit tiré le fait. Ce qui donne lieu de le croire, c'est la conformité qu'il y a entr'eux, à l'égard de la maniére peu exacte dont ils écrivent l'un & l'autre le nom des Magistrats de *Cnide*, *Amymones*, pour *Amnemones*. Quoi qu'il en soit, notre Auteur pouvoit alléguer un exemple plus à propos, & beaucoup plus à portée: c'est celui du Gouvernement de la *Frise*, où les Sénateurs qui composent le Conseil Souverain de l'Etat, & que l'on change tous les ans, ont pendant ce peu de tems, une autorité si absoluë, depuis l'année M. DC. XXIX. qu'ils font tout ce qu'ils jugent à propos, sans consulter personne, sans qu'on

dats, qui, après l'avoir fait Empereur, lui demandoient quelque chose qu'il n'approuvoit point: (54) *Il dépendoit de vous, Soldats, de me choisir ou non pour Empereur: mais, depuis que vous m'avez élû, ce que vous demandez dépend de moi, & non pas de vous. C'est à vous d'obéïr, comme étant mes Sujets; & à moi, de voir ce que j'ai à faire.* Il est faux d'ailleurs, que, comme on le suppose, tous les Rois soient établis par le Peuple. Le contraire paroît assez par les exemples que j'ai alléguez ci-dessus, d'un Pére de famille qui reçoit des Etrangers dans ses terres à condition de lui obéïr comme à leur Maître; & des Peuples que l'on réduit sous son empire par droit de Guerre.

15. On tire un autre argument de ce que disent les Philosophes, Que tout Pouvoir est établi en faveur de ceux qui sont gouvernez, & non pas en faveur de ceux qui gouvernent: D'où il s'ensuit, à ce qu'on prétend, que ceux qui sont gouvernez sont au dessus de ceux qui gouvernent, puis que la Fin est plus considérable que les Moiens. Mais il n'est pas vrai généralement & sans restriction, Que tout Pouvoir soit établi en faveur de ceux qui sont gouvernez. Il y a des Pouvoirs qui, par eux-mêmes, sont établis en faveur de celui qui gouverne, (55) comme le Pouvoir d'un Maître sur son Esclave: car l'avantage que l'Esclave en retire, est quelque chose d'extérieur & d'accidentel; de même que le profit, que fait un *Médecin* en traitant ses Malades, n'a aucune liaison avec l'art de la *Médecine*. Il y a d'autres Pouvoirs qui tendent à l'utilité mutuelle de celui qui commande & de celui qui obéït, comme l'Autorité d'un *Mari* sur sa *Femme*. Ainsi rien n'empêche qu'il n'y aît des Gouvernemens Civils qui soient établis pour l'avantage du Souverain, comme les Roiaumes qu'un Prince aquiert par droit de Conquête; sans que pour cela on puisse traiter ces Gouvernemens de tyranniques: la *Tyrannie* emportant une injustice, selon l'idée qu'on (56) attache présentement à ce mot. Il y en peut aussi avoir d'autres, dont l'établissement aît pour but l'utilité réciproque du Souverain & des Sujets, comme quand un Peuple, qui ne se sent pas en état de se défendre soi-même, se met sous la domination d'un Prince puissant. Je ne nie pas, du reste,

qu'on puisse annuller ce qu'ils ont fait, & sans qu'ils soient obligez d'en rendre compte après qu'ils sont redevenus Particuliers. C'est ce que j'apprens d'un Jurisconsulte du païs même, qui a été successivement Professeur & Membre de ce Conseil Souverain, d'où il fut rappellé ensuite dans l'Académie de *Franeker*. Voiez ULRIC. HUBER. *de Jure Civitatis*, Lib. I. Sect. VIII. Cap. II. *num.* 3, *& seqq.*

(50) Voiez ci-dessous, §. 11. où l'Auteur traite plus particuliérement des *Dictateurs*. J'ai renvoié là une Note de l'Auteur qu'il y avoit ici; parce qu'elle contient un exemple tiré de l'Histoire Romaine, lequel a du rapport avec ce qu'il dit du Pouvoir de ces Magistrats extraordinaires.

(51) *Et Dictatoris edictum, pro numine semper observatum* &c, Lib. VIII. Cap. XXXIV. *num.* 2.

(52) *Neque enim, ut in Consulibus, qui pari potestate essent, alterius auxilium, neque provocatio erat: neque ullum usquam, nisi in cura parendi auxilium.* Idem, *Lib.* II. *Cap.* XVIII. *num.* 8.

(53) L'Orateur Romain ne parle point du pouvoir propre & ordinaire des Dictateurs: mais de la maniére dont *Jules César* l'avoit exercé, en trouvant moien de le rendre perpétuel, & par là de l'ériger en une vraie Roiauté à tous égards. Cela paroît par toute la suite du discours. Voici le passage. *Dictaturam, quæ vim jam regiæ potestatis obsederat, funditus ex Republica sustulit* [M. Antonius] . . . . *propter perpetuæ Dictaturæ recentem memoriam.* Philippic. I. cap. I.

(54) C'est ce que rapporte SOZOMENE, *Hist. Eccles.* Lib. VI. (Cap. VI.) Voici comment les paroles de cet Empereur sont conçuës, dans l'Histoire Ecclésiastique de THEODORET: *Ὑμέτερον ἦν, ὦ Στρατιῶται, βασιλευομένων ὄντων, ἐμοὶ δοῦναι τὴν βασιλείας τῆς ἡνίας· ἐπεὶ δὲ ταύτην ἐδεξάμην ἐγὼ, ἐμὸν λοιπὸν, οὐχ ὑμέτερον, τὸ περὶ τῶν κοινῶν διανοεῖσθαι πραγμάτων.* Lib. IV. Cap. VI. GROTIUS.

(55) Il est vrai néanmoins, qu'ici, comme dans toute autre sorte de Conventions, chacune des Parties a en vuë son intérêt, en sorte du moins que celui qui doit obeïr n'est censé & ne peut être censé s'engager, qu'autant que la condition sera supportable. Voiez le Discours de Mr. NOODT, *des Droits de la Puissance Souveraine*, pag. 241, *& suiv.* de la seconde Edition de la Traduction Françoise.

(56) Car il n'en étoit pas de même du commencement parmi les *Grecs*, chez qui ce mot a passé dans la Langue Latine, & dans quelques-unes des Langues vivantes. On en a pû voir un exemple dans ce que j'ai dit sur la Note 38. de ce paragraphe. J'ajoûterai ici seulement un passage de CORNELIUS NEPOS, qui est exprès là-dessus, en parlant de *Miltiade*: NAM Chersonesi, *omnes illos, quos habitarat annos, perpetuam obtinuerat dominationem*, TYRANNUSQUE *fuerat appellatus, sed* JUSTUS: *non erat enim vi consecutus, sed suorum voluntate, eamque potestatem bonitate retinuerat. Omnes autem & habentur, & dicuntur* TYRANNI, *qui* POTESTATE SUNT PERPETUA, IN EA CIVITATE QUÆ LIBERTATE USA EST. Vit. Miltiad. *Cap.* VIII. *num.* 3. *Ed. Cellar.* Voiez encore la belle Préface de Mr. COSTE, sur son excellente Version du *Hiéron* de XENOPHON, pag. XI, *& suiv.*

reste, que dans l'établissement de la plûpart des Gouvernemens Civils on ne se propose directement l'utilité des Sujets: & je reconnois pour vrai ce que (57) CICERON a dit après (58) HERODOTE, & celui-ci après (59) HESIODE, *Que les Rois ont été établis pour rendre justice à chacun.* Mais il ne s'ensuit point de là, comme on le veut, que les Peuples soient au dessus du Roi: car les *Tuteurs* ont été sans doute établis pour le bien des *Pupilles*, & cependant la Tutéle donne au Tuteur un (60) pouvoir sur son Pupille. On dira sans doute, qu'un Tuteur, qui administre mal les affaires de sa Tutéle, peut en être dépouillé, & on conclurra de là, que le Peuple a le même droit par rapport au Prince. Mais le cas est différent. Car un Tuteur a un Supérieur, de qui il dépend: au lieu que le Prince n'en a point. Comme il ne peut ici y avoir de progrès à l'infini, il faut nécessairement s'arrêter à une seule Personne ou une seule Assemblée, qui ne reconnoisse d'autre Juge, que DIEU. A cause dequoi DIEU (aa) s'attribuë en particulier le droit de connoitre des péchez que commettent les Souverains, en sorte que, tantôt il les punit, quand il le trouve à propos, tantôt il les tolére, pour châtier ou pour éprouver le Peuple. C'est sur ce principe que (61) TACITE dit très-bien: *Il faut supporter le luxe ou l'avarice des Puissances, comme on fait les années de Stérilité, les Orages, & les autres déréglemens de la Nature. Il y aura des Vices, tant qu'il y aura des Hommes: mais le mal n'est pas continuel, & on en est dédommagé par le bien qui arrive de tems en tems.* L'Empereur MARC AURELE disoit, (62) *Que les Magistrats sont les Juges des Particuliers; les Princes, ceux des Magistrats: mais qu'il n'y a que* DIEU, *qui soit le Juge des Princes.* Il y a un beau passage de GREGOIRE de *Tours*, où cet Evêque parle (63) ainsi au Roi de *France*: *Si quelcun de nous,* SIRE, *passe les bornes de la Justice, vous pouvez le châtier: mais si vous les passez vous-même, qui est-ce qui vous châtiera? Quand nous vous faisons des représentations, vous nous écoutez, s'il vous plaît: mais si vous ne voulez pas nous écouter, qui est-ce qui vous condamnera? Il n'y a que celui, qui a déclaré qu'il est la Justice même.* PORPHYRE met au rang des maximes de la Secte des *Esséniens*, (64) *Que ce n'est pas sans une Providence particuliére de* DIEU *que le pouvoir de commander échet en partage à quelques personnes.* ST. IRENÉE (65) dit très-bien, *Que celui par l'ordre (66) de qui les Hommes naissent, est* ce-

(aa) *Jérem.* XXV, 12.

(57) *Mihi quidem, non apud* Medos *solum, ut ait* HERODOTUS, *sed etiam apud majores nostros, justitiæ fruendæ caussâ, videntur olim bene morati Reges constituti.* De Offic. *Lib.* II. *Cap.* XII.

(58) L'Auteur veut parler de l'endroit où cet Historien rapporte, de quelle maniére *Déjocès* fut élevé à la Roiauté. C'est dans le I. Livre, *Cap.* 96, 97.

(59) Le Poëte dit, que les *Muses* donnent aux Rois l'art de persuader, afin qu'ils puissent engager les Peuples à se soûmettre à leurs jugemens, qui est ce pour quoi ils sont établis: car les prémiers Rois n'étoient proprement que des Juges qui n'avoient pas le pouvoir d'infliger des peines de leur pure autorité, & sans le consentement du Peuple.

Τῷ μὲν [Βασιλεῖ] ἐπὶ γλώσσῃ γλυκερὴν χείουσιν ἐέρσην,
Τοῦ δ' ἔπε' ἐκ στόματος ῥεῖ μείλιχα· οἱ δέ τε Λαοὶ
Πάντες ἐς αὐτὸν ὁρῶσι, διακρίνοντα θέμιστας
Ἰθείῃσι δίκῃσιν· ὁ δ' ἀσφαλέως ἀγορεύων,
Αἶψά τε καὶ μέγα νεῖκος ἐπισταμένως κατέπαυσε.
Τοὔνεκα γὰρ Βασιλῆες ἐχέφρονες, οὕνεκα λαοῖς
Βλαπτομένοις ἀγορῆφι μετάτροπα ἔργα τελεῦσι
Ῥηϊδίως, μαλακοῖσι παραιφάμενοι ἐπέεσσιν.
Theogon. ℣. 83, *& seqq.* Ed. Cleric.

(60) *Est autem Tutela (ut* SERVIUS *definivit) vis ac potestas in capite libero* &c. INSTIT. Lib. I. Tit XIII. *De Tutelis*, §. 1.

(61) *Quomodo sterilitatem, aut nimios imbres, & cetera naturæ mala: ita luxum vel avaritiam dominantium tolerate. Vitia erunt, donec homines: Sed neque hæc continua, & meliorum interventu pensantur.* Hist. Lib. IV. Cap. LXXIV. *num.* 4.

(62) Nôtre Auteur a en vuë le passage de XIPHILIN, que j'ai cité ci-dessus, *Note* 36. de ce paragraphe; car il le rapportoit ici dans une Note, où il allégue encore deux passages de deux autres Princes, dans lesquels on trouve la même pensée. Voici de quelle maniére il les exprime: *Vitigis Rex apud* CASSIODORUM: *Caussa regiæ potestatis* [il falloit dire *dignitatis*] *supernis est adplicanda judiciis, quandoquidem illa e cœlo petita est, & soli cœlo debet innocentiam.* Apud eumdem CASSIODORUM *Rex: Alteri subdi non possumus, quia judices non habemus.* Ce dernier passage se trouve dans la *Formula Præfecturæ Urbanæ*, Var. VI. 4. Pour le prémier, qui est tiré du *Liv.* X. 31. on n'y voit point ces paroles, *quandoquidem illa è cœlo* &c. & je ne sai d'où nôtre Auteur les a tirées.

(63) *Si quis de nobis, ô Rex, justitiæ tramites transcendere voluerit, à te corripi potest: si vero tu excesseris, quis te corripiet? Loquimur enim tibi; sed, si volueris, audis: si autem nolueris, quis te damnabit, nisi is, qui se pronunciavit esse justitiam?* Histor. Lib. V.

(64) Οὐ γὰρ δίχα Θεοῦ περιγίνεσθαί τισι τὸ ἄρχειν. De Abstin. anim. *Lib.* IV. pag. 389. Au reste, JOSEPH, Historien Juif, qui, avec PHILON, est celui de qui on peut le mieux apprendre ce qui regarde les *Esséniens*, dit

celui-là même par l'ordre de qui les Rois sont établis, & cela tels qu'il les faut pour les Peuples qu'ils gouvernent. Il y a une semblable pensée (67) dans les CONSTITUTIONS qui passent sous le nom de ST. CLEMENT: *Vous craindrez le Roi, sâchant que c'est* DIEU *qui l'a élû.*

16. On allègue une autre raison, qui ne fait rien contre ce que nous avons établi jusqu'ici, c'est que l'Histoire Sainte nous parle des Peuples (bb) comme étant quelquefois punis pour les fautes de leurs Rois. Mais cette punition n'est pas infligée au Peuple, à cause qu'il a négligé de punir ou (68) de reprimer son Roi; mais parce qu'il a consenti, du moins tacitement, à ses vices. Indépendamment même de cela, comme DIEU a un droit souverain de vie & de mort sur tous les Hommes, il peut en user, pour châtier un Prince, à l'égard duquel c'est une grande punition, que d'être privé de ses Sujets.

(bb) *I. Rois*, XIV, 16. *II. Rois*, XVII, 7. *& suiv.*

§. IX. EN voilà assez, pour refuter la pensée de ceux qui veulent que le Peuple soit toûjours au dessus du Roi. Il y en a d'autres, qui se figurent une dépendance réciproque entre le Roi, & le Peuple, en sorte que, selon eux, le Corps du Peuple doit obéir au Roi, tant qu'il use bien de son Pouvoir; mais aussi, lors qu'il en abuse, il devient à son tour dépendant du Peuple. Si l'on prétendoit seulement, que les Sujets ne doivent jamais faire des choses manifestement injustes, quelque commandement qu'ils en aient reçu du Roi; on ne diroit rien que de vrai, & de conforme au sentiment unanime des Gens-de-bien. Mais cela ne renferme aucun droit de contraindre le (1) Roi, ou de lui commander. Que si un Peuple avoit voulu partager avec le Roi l'Autorité Souveraine (de quoi nous parlerons (2) plus bas); il auroit dû régler exactement les limites de ces Jurisdictions respectives, selon la différence des lieux, des personnes, ou des affaires; en sorte qu'on eût pû aisément discerner ce qui seroit du ressort de chacune des Puissances collatérales. Mais pour ce qui est du bien ou du mal moral qu'il y a dans une action, sur tout en matière de choses civiles, qui souvent sont d'une discussion assez épineuse; cela ne seroit point propre à marquer les bornes de la Jurisdiction du Roi, & de celle du Peuple: & il naîtroit de là une extrême confusion, parce (3) que, sous prétexte qu'une action paroîtroit bonne ou mauvaise, le Roi & le Peuple voudroient cha-

cun

dit précisément la même chose, *De Bell. Jud.* Lib. II. Cap. XII. (VII. *in Latin.*) pag. 786. E. Ainsi il valloit mieux citer le prémier Auteur, que le Copiste.

65) *Cujus jussu homines nascuntur, hujus jussu & Reges constituuntur, apti iis, qui, in illis temporibus, ab ipsis regnantur.* Lib. V. Cap. XXIV. Ce passage, & les autres alléguez, tant dans le Texte, que dans la Note suivante, signifient seulement, que c'est avec la permission de la Providence que tels ou tels Princes régnent. Or cela ne fait rien au sujet; car il s'agit du *droit*, & non pas du *fait*. Et puis, n'est-ce pas aussi avec la permission de la Providence que les plus grands Tyrans exercent leur domination?

(66) HOMERE dit, que c'est de *Jupiter* que vient la plus haute dignité:

Τιμὴ δ' ἐκ Διός ἐστι —— ——

(*Iliad.* Lib. II. ℣. 197.)

Les *Egyptiens*, au rapport de DIODORE *de Sicile*, croioient que ce n'étoit pas sans une Providence Divine que les Rois parvenoient à la Souveraineté: Ἅμα μὲν ἐκ θείου δαιμονίου τινὸς προνοίας νομίζοντες αὐτοὺς τετευχέναι τῆς τῶν ὅλων ἐξουσίας. Lib. I. (pag. 57. *Ed. Steph.* Cap. XC.) St. AUGUSTIN dit, qu'un *Domitien*, & un *Julien l'Apostat*, ne tiennent pas moins leur Empire de DIEU, que *Vespasien*, *Titus*, & *Constantin*. *Qui* Vespasiano *vel patri, vel filio, suavissimis Imperatoribus, ipse &* Domitiano *crudelissimo; & ne per singulos ire necesse sit, qui* Constantino *Christiano, ipse apostata* Juliano [*regnum* dedit] De Civit. Dei, *Lib.* V. (Cap. XXI. CASSIODORE fait dire au Roi *Vitigès*, que toute élévation à quelque Dignité, sur tout à la Dignité Roiale, est un present de la Divinité: *Quamvis omnis provectus ad Divinitatis est munera referendus. . . . tamen quàm maximè caussa regia dignitatis* &c. (Var. X. 31.) L'Empereur *Titus* disoit, que c'étoit la Destinée qui établissoit les Puissances: *Potestates fato dari.* [Epit. AUREL. VICTOR. Cap. X. *num.* 10. ou, comme l'exprime SUETONE, Que c'est la Destinée, qui fait les Princes: *Principatum fato dari.* In Vit. Tit. *Cap.* IX.] GROTIUS.

Voiez ce que j'ai dit dans la Note précedente.

(67) Τὸν βασιλέα φοβηθήσῃ, εἰδὼς ὅτι τοῦ Κυρίου ἐστὶν ἡ χειροτονία. Lib. VII. Cap. XVII.

(68) Cette raison peut avoir lieu quelquefois. Voiez les reflexions que fait Mr. LE CLERC au sujet de la famine que DIEU envoia pour punir les *Israëlites* de ce que *Saül* avoit exterminé les Descendans des anciens *Gabaonites*, II. SAMUEL, XXI, 1.

§. IX. (1) C'est-à-dire, tant qu'il demeure véritablement Roi, & qu'il n'a pas abusé de son Pouvoir à un tel point, qu'on ait lieu de ne plus le regarder comme tel. Car cette restriction doit toûjours être sous-entenduë.

(2) Voiez le §. 17. de ce Chapitre.

(3) C'est-à-dire, que, si le Peuple étoit en droit de se regarder comme indépendant du Roi, & d'agir avec

auto-

cun, en vertu de leur pouvoir, attirer à soi la connoissance d'une seule & même chose. Or je ne sâche aucun Peuple, qui aît pensé à introduire un tel desordre.

§. X. 1. Aprés avoir détruit les fausses opinions qu'on a sur cette matiére, il faut donner maintenant quelques avis, qui pourront mettre en état de bien juger, à qui appartient le Pouvoir Souverain dans chaque Nation.

2. Ma *prémiére remarque* est donc, Qu'il ne faut pas se laisser imposer par l'ambiguïté des mots, ni éblouir par l'apparence des choses extérieures. Car chez les *Latins*, par exemple, le terme de *Principauté*, & celui de *Roiaume*, sont ordinairement opposez: comme quand Jules Cesar dit, (1) que le Pére de *Vercingetorix* avoit la *principauté* de la *Gaule*, mais qu'il fut tué, parce qu'il aspiroit à la *Roiauté:* ou quand Tacite fait dire à *Pison*, (2) que *Germanicus* étoit Fils du *Prince* des *Romains*, & non pas du *Roi* des *Parthes:* ou quand Suetone raconte, (3) que peu s'en fallut que *Caligula* ne changeât les ornemens d'un *Prince* en ceux d'un *Roi:* ou quand Velleius Paterculus (4) dit, que *Maroboduus*, Chef d'une Nation des *Germains*, se mit dans l'esprit de s'élever jusqu'à l'*Autorité Roiale*; ne se contentant pas de la *Principauté*, dont il étoit en possession avec le consentement de ceux qui dépendoient de lui. Cependant ces deux mots se confondent souvent. Car les Chefs des *Lacédémoniens*, de la postérité d'*Hercule*, depuis même qu'ils (5) furent mis sous la dépendance des *Ephores*, ne laissoient pas d'être toûjours appellez *Rois*, comme nous l'avons vû (6) un peu plus haut. Dans l'ancienne *Germanie*, il y avoit des *Rois*, qui, au rapport de Tacite, (7) *gouvernoient par la déférence qu'on avoit pour leurs conseils, plutôt que par un pouvoir qu'ils eussent de commander.* Tite Live dit, (8) qu'Evandre, Arcadien, *régnoit* dans quelques endroits du *Païs Latin*, par la considération qu'on avoit pour lui, plutôt que par son autorité. Aristote (9), & Polybe (10), & Diodore (11) *de Sicile*, donnent le titre de *Rois* aux *Suffétes*, ou Juges, des *Carthaginois:* & *Hannon* est ainsi qualifié par (12) Solin. Il y avoit dans la *Troade* une Ville, nommée *Scepse*, au sujet de laquelle Strabon (13) raconte, qu'aiant reçû dans l'Etat les *Milésiens*, elle s'érigea en Démocratie, de telle sorte pourtant que les Descendans des anciens Rois conservérent & le titre de Roi, & quelques marques d'honneur. Les *Empereurs Romains*, au contraire, depuis qu'ils exerçoient tout ouvertement & sans aucun dé-

autorité par rapport à lui, toutes les fois que le Roi feroit quelque chose qui paroitroit injuste, ou contraire au Bien Public; ce seroit une source perpétuelle de querelles & de désordres: parce qu'il peut aisément arriver que le Peuple, en certains tems, trouve injustes ou préjudiciables, des choses qui ne le seront point effectivement. Ainsi le Roi alors croiant n'avoir point abusé de son Pouvoir, & le Peuple croiant le contraire, sans qu'il y eût aucun Juge pour terminer le différent: il faudroit qu'ils en vinssent à une Guerre déclarée. Il vaut donc mieux que le Souverain puisse quelquefois faire impunément des choses véritablement mauvaises: l'inconvenient est moindre de ce côté, que de l'autre. Mais il ne s'ensuit point de là, que le Peuple ne puisse jamais juger des actions du Roi, & qu'il doive tout souffrir. Cela est contraire au but naturel de toute Societé, & à l'obligation où les Peuples sont naturellement, aussi bien que chaque Particulier, de se conserver eux-mêmes.

§. X. (1) *Cujus* [Vercingetorigis] *Pater* PRINCIPATUM Galliæ *totius obtinuerat, & ob eam caussam, quòd* REGNUM *adpetebat, ab civitate erat interfectus.* De Bell. Gall. *Lib.* VII. Cap. IV.

(2) PRINCIPIS *Romani, non Parthi* REGIS *filio eas epulas dari.* Annal. Lib. II. Cap. LVII. *num.* 7.

(3) *Nec multum abfuit, quin statim diadema sumeret, speciemque* PRINCIPATUS *in* REGNI *formam converteret.* Vit. Calig. *Cap.* XXII.

(4) *Non tumultuarium, neque fortuitum, neque mobilem, sed ex voluntate parentium constantem, inter suos occupavit* [Maroboduus] PRINCIPATUM, *& certum imperium:* VIMQUE REGIAM *complexus animo, statuit* &c. Lib. II. Cap. CVIII. pag. 115. *Ed. Oxon.* 1711.

(5) Les Rois de *Lacédémone*, comme le remarque ici le Savant Gronovius, ne dépendoient pas des *Ephores*: mais les *Ephores* étoient établis pour s'opposer à la puissance des Rois, si elle venoit à dégénerer en tyrannie; comme les *Tribuns du Peuple*, parmi les *Romains*, étoient établis pour s'opposer à la puissance des Consuls. C'est ce que dit Valere Maxime: *Quum primus* [Theopompus] *instituisset, ut Ephori* Lacedæmone *crearentur, ita futuri Regiæ potestati oppositi, quemadmodum* Romæ *Consulari imperio Tribuni plebis sunt objecti* &c. Lib. IV. Cap. I. *num.* 8. extern.

(6) Voiez la *Note* 45. sur le paragraphe 8.

(7) *Mox Rex vel Princeps, prout ætas cuique, prout nobilitas, prout decus bellorum, prout facundia est, audiuntur, auctoritate suadendi, magis quàm jubendi potestate.* German. *Cap.* XI. *num.* 6.

(8) Evander *tum ea, profugus ex* Peloponneso, *auctoritate, magis quàm imperio, regebat loca.* Lib. I. Cap. VII. *num.* 8.

(9) Τὰς δὲ Βασιλεῖς [ἔχει ἡ τῶν Καρχηδονίων πολιτεία] καὶ τὴν Γερουσίαν &c. Politic. *Lib.* II. *Cap.* IX. pag. 334. B.

(10.)

déguisement une Puissance Monarchique très-absoluë, ne laissoient pas d'être appellez *Princes* ou Chefs de l'Etat. Il y a aussi des Républiques, où les principaux Magistrats (14) sont honorez des marques extérieures de la Dignité Roiale.

3. D'autre côté, les *Etats d'un Roiaume*, c'est-à-dire, l'Assemblée de ceux qui représentent le Peuple divisé en certaines classes, ou, comme s'exprime un Poëte (15) des derniers siécles, *les Prélats, les Grands, & les Députez des Villes*; ces Etats, dis-je, ne sont, en (16) certains endroits, que comme un Grand Conseil du Roi, par le moien duquel les plaintes du Peuple, que les Ministres de son Conseil privé lui cachent souvent, parviennent à ses oreilles; & le Roi ne laisse pas de pouvoir ensuite ordonner ce que bon lui semble, sur les choses dont il s'agit. Mais en d'autres païs, ces Assemblées du Corps du Peuple ont droit de connoître des actions mêmes du Prince, & de faire des Loix, auxquelles il est tenu de se soûmettre.

4. Plusieurs croient, que, pour savoir si un Prince est Souverain, ou non; il ne faut qu'examiner, s'il monte sur le Trône par droit de Succession, ou par voie d'Election: car, selon eux, il n'y a que les Roiaumes Successifs, qui soient Souverains. Mais il est certain, que cette maxime n'est pas vraie généralement & sans restriction. Car la Succession n'est pas un titre qui détermine la forme du Gouvernement, & l'étenduë du Pouvoir de celui qui gouverne: elle emporte seulement une continuation des droits de celui à qui l'on succéde. Dès-là qu'une Famille a été choisie pour régner, le droit qui lui a été conféré, passe de Successeur en Successeur, avec le même pouvoir que la prémiére Election avoit donné, & pas davantage. Parmi les *Lacédémoniens*, le Roiaume étoit héréditaire, même depuis l'établissement des *Ephores*. Et c'est en parlant d'un tel Roiaume, c'est-à-dire, de la prémiére Dignité de l'Etat, qu'ARISTOTE dit, (17) *Qu'il y a des Roiaumes Héréditaires, & des Roiaumes Electifs*. Tels étoient la plûpart des Roiaumes de la *Gréce*, dans les *Tems Héroïques*, comme le même Auteur (18) le remarque, & avant lui (19) THUCYDIDE, suivi aussi en cela par (20) DENYS *d'Halicarnasse*. L'*Empire Romain*, au contraire, (21) se conféroit par élection, depuis même que le Sénat & le Peuple eurent perdu toute leur autorité.

§. XI. 1. MA *seconde remarque* est, (a) Qu'il faut distinguer entre la *chose* même, & la *maniére de la posséder*. Cela a lieu non seulement en matiére de *Choses Corporelles*, mais

(a) Voiez *Charles Du Moulin*, sur la Coûtume de *Paris* Tit. I. §. 2. gloss. 4. *num.* 16.

(10) Les *Carthaginois*, dit cet Historien, avoient des Rois, & un Sénat, revêtu d'un Pouvoir Aristocratique: Καὶ γὰρ Βασιλεῖς ἦσαν παρ' αὐτοῖς, καὶ τὸ Γερόντιον εἶχε τὴν ἀριστοκρατικὴν ἐξουσίαν. Lib. VI. Cap. XLIX.

(11) C'est en parlant de *Magon*, qu'il qualifie *Roi*: Καταστήσαντες δὲ στρατηγὸν Μάγωνα τὸν βασιλέα &c. Biblioth. Histor. *Lib.* XV. *Cap.* XV. pag. 465. *Ed. H. Steph.* Le même titre lui est donné au même endroit deux ou trois fois.

(12) *Prodidit* Xenophon *Lampsacenus*, Hannonem Pœnorum *Regem* in eas [Insulas] *permeavisse* &c. Cap. LVI. L'Auteur ajoûte ici, dans une Note, ce que dit *celui qui a écrit la vie* d'HANNIBAL (il veut parler de CORNELIUS NEPOS, dont les *Vies des Hommes Illustres dans la Guerre* passoient encore alors sous le nom d'*Æmilius Probus*, mais en sorte que les Savans doutoient fort qu'elles fussent de ce Grammairien du Moien Age) *Ut enim* Romæ *Consules: sic* Carthagine *quotannis annui bini Reges creabantur.* Cap. VII. *num.* 4. *Ed. Cellar.* Il remarque aussi, qu'on peut mettre au rang de ces *Rois* improprement ainsi nommez, les Princes, auxquels leur Pere, véritablement Roi, donnoit le nom de Roi, sans se dépouiller lui-même du Pouvoir Souverain: tel qu'étoit ce *Darius*, qu'*Artaxerxès* fit mourir, apres avoir été convaincu d'une conspiration contre lui; comme le rapporte PLUTARQUE, *Vit. Artaxerx.* pag. 1026. Tom. II. *Ed. Wech.*

(13) Elle s'étoit deja auparavant érigée en Aristocratie: Μετὰ ταῦτα δὲ εἰς ὀλιγαρχίαν μετέστησαν [οἱ Σκήψιοι]· εἶτα Μιλήσιοι συνεπολιτεύθησαν αὐτοῖς, καὶ δημοκρατικῶς ᾤκουν· οἱ δ' ἀπὸ γένους οὐδὲν ἧττον ἐκαλοῦντο Βασιλεῖς, ἔχοντές τινας τιμάς. Geograph. *Lib.* XIII. pag. 904. C. *Ed Amst.* (607. *Paris.*)

(14) Comme le *Doge* de *Venise*, qui a la Couronne, & le titre de *Sérénité*; quoi qu'il ne soit nullement Prince Souverain.

(15) *Prælati, Proceres, missisque Potentibus Urbes.*
In *Ligurin.*

(16) Voiez, sur ceci, PUFENDORF, *Droit de la Nat. & des Gens*, Liv. VII. Chap. VI. §. 12.

(17) Il parle là de ceux qui n'avoient que le Commandement perpétuel des Armées. Τούτων δ' [τῶν Βασιλειῶν] αἱ μὲν κατὰ γένος εἰσὶν· αἱ δ' αἱρεταί. Politic. *Lib.* III. *Cap.* XIV. pag. 356. C. *Ed. Paris.*

(18) Τέταρτον δ' εἶδος Μοναρχίας βασιλικῆς, αἱ κατὰ τοὺς Ἡρωϊκοὺς χρόνους, ἑκούσιαί τε, καὶ πάτριαι, γιγνόμεναι κατὰ νόμον. Ibid. pag. 357. A.

(19) Πρότερον δὲ ἦσαν ἐπὶ ῥητοῖς γέρασι πατρικαὶ βασιλεῖαι. Lib. I. §. 13.

(20) Voiez le passage, que j'ai rapporté tout du long sur PUFENDORF, *Droit de la Nat. & des Gens*, Liv. VII. Chap. I. §. 7. *Note* 1. à la fin.

(21) On traitera au long ci-dessous, *Liv.* II. *Chap.* IX. §. 11. de ce point d'Histoire.

mais encore en matiére de *Choses corporelles*; car un *droit de Passage* ou de *Charrol* sur un Fonds de terre, n'est pas moins une chose, (1) que le Fonds même. Or on posséde l'une & l'autre sorte de choses ou *en pleine propriété*, ou par droit d'*Usufruit*, ou *à tems*. Ainsi, parmi les *Romains*, le *Dictateur* étoit Souverain pour un tems (2). La plûpart (3) des Rois, tant ceux qui sont élûs les prémiers, que ceux qui leur succédent selon l'ordre établi par les Loix, jouïssent du Pouvoir Souverain à titre d'usufruit. Mais il y a quelques Rois qui possédent la Couronne en pleine propriété (4), comme ceux qui ont aquis la Souveraineté par droit de conquête, ou ceux à qui un Peuple s'est donné sans reserve, pour éviter un plus grand mal.

2. J'ai

§. XI. (1) Voiez sur PUFENDORF, *Droit de la Nat. & des Gens*, Liv. IV. Chap. IX. §. 7. *Note* 5. de la seconde Edition.

(2) On trouve un exemple d'un Empereur élû à tems, dans NICEPHORE GREGORAS, *Lib.* IV. au commencement. GROTIUS.

(3) Dans toutes les Editions, avant la mienne, il y avoit ici, *Reges denique*, pour *plerique*: La suite du discours demande nécessairement cette correction: & l'Auteur s'exprime ainsi plus bas: PLERAQUE *Imperia summa non plenè habentur*. §. 14. Voiez aussi *Liv.* III. *Chap.* XX. §. 5. *num.* 1. Au reste, la faute étoit si grossiére, que Mr. DE COURTIN l'a corrigée dans sa Traduction, sans en avertir; comme je m'en apperçois.

(4) Cette division de nôtre Auteur en *Roiaumes Patrimoniaux & Usufruitaires*, a été adoptée par PUFENDORF, *Droit de la Nat. & des Gens*, Liv. VII. Chap. VI. §. 16, 17. & par la plûpart des Commentateurs ou autres Ecrivains. Mais feu Mr. COCCEIUS, Professeur célébre de l'Université de *Francfort* sur l'*Oder*, l'a rejettée, dans une Dissertation *De Testamento Principis*, Cap. II. §. 16. & Mr. THOMASIUS depuis a raisonné là-dessus d'une maniére fort judicieuse, dans ses *Notes* sur HUBER, *De Jure civitatis*, Lib. I. Sect. III. Cap. II. §. 19. p. 69, 70. Voici, à peu près, ce qu'il dit. Rien n'empêche à la vérité que le Pouvoir Souverain n'entre en commerce: il n'y a là rien de contraire à la nature de la chose; & si la convention entre le Prince & le Peuple porte expressément que le Prince aura plein droit d'aliéner la Couronne, ce sera alors, si l'on veut, un *Roiaume Patrimonial*, par opposition auquel on pourra appeller les autres, des *Roiaumes Usufruitaires*. Mais, dans les questions qui ont du rapport à cette matiére, il s'agit ordinairement de Roiaumes établis sans une telle convention formelle, dont les exemples d'ailleurs sont très-rares; car à peine en trouve-t-on d'autre que celui des *Egyptiens* avec leur Roi, dont il est parlé dans l'Histoire Sainte, GENES. *Chap.* XLVII. *vers.* 18, *& suiv.* & les disputes des Docteurs sur le pouvoir d'aliéner la Couronne, regardent les cas où il n'y a point eu de convention là-dessus entre le Prince & le Peuple. C'est pour se tirer d'embarras, dans ce doute, que l'on a inventé la distinction dont il s'agit, qui ne fait qu'embrouiller les choses, & qui se réduit à un cercle vicieux: car quand on demande, quels sont les Princes qui ont pouvoir d'aliéner le Roiaume, les Docteurs vous répondent, que ce sont ceux qui possédent un Roiaume Patrimonial; & quand on veut savoir ce que c'est qu'un Roiaume Patrimonial, ils vous disent que c'est celui dont le Prince a pouvoir d'aliéner la Couronne. Il est vrai que les uns prétendent, que les *Roiaumes Successifs* sont Patrimoniaux: les autres, que ce sont les *Roiaumes Despotiques*: les autres, que ce sont ceux qui ont été *conquis*, ou établis de quelque autre maniére *par un consentement forcé* du Peuple. Mais tout cela ne pose aucun fondement solide d'un droit de Propriété, proprement ainsi nommé, & accompagné du pouvoir d'aliéner. La Succession, selon GROTIUS même, ne fait que continuer le droit du prémier Roi. L'Empire du *Turc* est le plus despotique du monde: & cependant le *Grand Seigneur* n'a le pouvoir ni d'aliéner l'Empire, ni de changer à sa fantaisie l'ordre de la Succession. De ce que l'on s'est soûmis par force, ou par nécessité, à la domination de quelcun, il ne s'ensuit pas non plus qu'on lui ait donné par cela même le pouvoir de transférer son droit à tel autre qu'il voudra. En vain objecteroit-on, que si, en ce cas-là, le Prince eût stipulé, qu'on lui donnât le pouvoir d'aliéner, on y auroit consenti. Car le silence donne lieu au contraire de présumer, qu'il n'y a point eu de telle concession tacite; puis que, si le Roi avoit prétendu aquérir le droit d'aliéner la Couronne, c'étoit à lui à s'expliquer & à faire expliquer là-dessus le Peuple: & le Peuple n'en aiant point parlé, comme on le suppose, est & doit être censé n'avoir nullement pensé à donner au Roi un pouvoir, qui le mît en état de lui faire changer de Maître toutes les fois qu'il lui en prendroit fantaisie. C'est ouvrir la porte aux chicanes, que d'expliquer les Conventions au delà de ce qui est exprimé, sous prétexte que les Parties auroient vraisemblablement étendu plus loin leurs engagemens, si on les avoit pressées. De telles conjectures n'ont quelque lieu, que quand il s'agit du sens d'un terme ou d'une clause équivoque. En un mot, le Pouvoir Souverain, de quelque maniére qu'il soit conféré, n'emporte point par lui-même un droit de Propriété: ce sont deux idées tout-à-fait distinctes, & qui n'ont aucune liaison nécessaire l'une avec l'autre. Comme donc un Prince, en transférant la Propriété d'une Terre à quelque Particulier, ne lui donne pas par cela seul le droit de Souveraineté sur cette Terre: de même, lors qu'un Peuple se soûmet à la domination de quelcun, cela seul n'emporte pas la concession d'un plein droit de Propriété. Ainsi il faut dire, que le transport de Propriété, par lui-même & de sa nature, renferme le pouvoir d'aliéner, à moins qu'il n'y ait dans la convention une clause qui ôte ce pouvoir: mais que le transport de la Souveraineté au contraire ne renferme point par lui-même le pouvoir d'aliéner, à moins qu'il n'y soit ajoûté par une clause formelle. Il ne reste donc plus, que le grand nombre d'exemples qu'on allégue, d'aliénations faites de tout tems par les Souverains. Mais ou ces aliénations n'ont eu aucun effet; ou bien elles ont été faites ou approuvées par un consentement ou exprès, ou tacite, du Peuple; ou enfin elles n'ont eu d'autre titre, que la force. Voiez ce que je dirai ci-dessous, sur le §. 12. *Note* 21. Quoi qu'il en soit, il faut poser, à mon avis, pour principe, que, dans un doute, tout Roiaume doit être censé non-patrimonial. Voiez l'*Introductio ad Jus Publicum Univers.* de Mr. BOHMER, pag. 228.

(5) L'Auteur veut parler de BODIN, qui s'explique là-dessus dans son Traité *de la République*, Liv. I. Chap. VIII. & qui a été depuis suivi par plusieurs Auteurs, & même

2. J'ai dit qu'il pouvoit y avoir des Souverains à tems, & j'ai allégué là-dessus l'exemple des *Dictateurs Romains*. En quoi je m'éloigne du sentiment (5) de ceux qui croient, que la Puissance du Dictateur n'étoit pas souveraine, par la raison qu'elle n'étoit pas à vie. Mais, comme on ne peut juger de l'essence des Choses Morales que par leurs opérations, les Droits ou les Pouvoirs qui produisent les mêmes effets, doivent aussi avoir le même nom (6). Or le Dictateur, pendant tout le tems qu'il étoit en charge, (7) exerçoit tous les actes du Gouvernement Civil avec autant d'autorité, que le Roi le plus absolu; sans que ce qu'il avoit fait pût être annullé par aucune autre Puissance. Et la durée d'une chose n'en change pas la nature. Tout ce qu'il y a, c'est que, comme la

même par PUFENDORF, *Droit de la Nat. & des Gens*, Liv. VII. Chap. VI. §. 15.

(6) Si donc le Peuple confére à quelcun pour un tems le droit d'exercer toutes les parties de la Souveraineté, sans consulter personne, & sans rendre compte à personne de sa conduite: on peut dire, que, pendant tout ce tems-là, il est Souverain. Je ne sai pas pourquoi divers Auteurs s'obstinent à vouloir qu'il ne puisse y avoir de Souveraineté à tems. Ou c'est-là une pure dispute de mots, ou les raisons qu'on allégue ne sont que des petitions de principe. Le pouvoir de commander, même absolument, est de telle nature, que rien n'empêche qu'il ne soit conféré pour un tems, sans cesser d'être tel. Si un Particulier vend sa liberté pour quelques années seulement, il ne sera pas moins Esclave pendant ce tems-là, que s'il s'étoit donné un Maitre pour toute sa vie. Il est vrai qu'en ce cas-là le Maitre n'aura pas droit de le vendre: mais le pouvoir d'aliéner n'est pas, selon le Droit Naturel tout seul, une suite nécessaire de l'Esclavage, & moins encore de la Souveraineté en général. On veut que la limitation du tems que doit durer la Souveraineté en détruise la nature: mais on suppose gratuitement, que toute Souveraineté doit être perpetuelle. Un Pouvoir Souverain conferé à tems, est, dit-on, par cela même dépendant. Point du tout. Il est vrai, que c'est le Peuple qui l'a conféré, & qu'il n'a voulu le conférer que pour un tems: mais, du moment que celui à qui on le confére en a été revêtu, il est au dessus du Peuple, il ne depend pas plus de lui, pendant le tems limité, qu'un Prince établi à vie: tout ce qu'il y a, c'est que, le terme expiré, sa supériorité & son indépendance finit aussi. On prétend encore, que la limitation d'un terme fait que la Souveraineté ne peut s'étendre qu'à certains actes de la Souveraineté. Mais il suffit que celui qui est établi Souverain pour un tems ait par là le pouvoir d'exercer tous les actes & toutes les parties de la Souveraineté, selon qu'il le jugera à propos, & que les circonstances le demanderont: il n'est pas nécessaire qu'il ait actuellement occasion de les exercer toutes. Autrement un Roi, qui n'a régné, ou qui, selon le cours de la nature, ne peut régner que très-peu de tems, ne seroit pas Souverain. Ceux qui soûtiennent que la perpetuité de la durée a une liaison nécessaire avec la nature de la Souveraineté, ne prennent pas garde que cela méneroit plus loin qu'ils ne veulent. Car il s'ensuivroit, que toute Souveraineté doit s'étendre aussi loin qu'il est possible, & par conséquent être Successive, puis que c'est là un moien, & le seul qu'il y a, de la rendre perpetuelle, dans la nécessité de mourir à laquelle les Princes sont réduits, tout de même que le moindre de leurs Sujets. Il s'ensuivroit aussi de là, qu'un Souverain, quoi qu'il fasse, ne peut jamais être déposé, quand même il auroit porté la tyrannie aux derniers excès: ou du moins qu'un Prince qui est déposé alors, n'a pas été Souverain pendant le tems qu'il gouvernoit comme il faut. Cependant on convient avec nous, que les Princes les plus absolus sont déchus de la Souveraineté en ce cas-là: & comme tout Prince peut s'y trouver, il est clair qu'à cet égard toute Souveraineté est à tems. Que s'il ne répugne pas à la nature de la Souveraineté qu'elle finisse au bout d'un tems, qui à la verité n'étoit pas limité, mais qui pouvoit arriver, & que l'on regardoit comme pouvant arriver: je ne vois pas pourquoi elle ne pourroit pas finir au bout d'un tems fixe & déterminé. Il y a aussi bien d'autres conditions, sous lesquelles on peut concevoir que l'Autorité Souveraine soit conferée expressément à quelcun, en sorte que l'événement ou le defaut de ces conditions en fasse un Pouvoir à tems. Par exemple, supposons que, dans un Roiaume Electif, où l'on ne juge point à propos d'établir un Régent du Roiaume, le Peuple voulant élire un Fils du dernier Roi, encore en bas âge, établisse un autre Roi, à condition, que, si le jeune Prince parvient à l'âge de Majorité, il lui remettra la Couronne. Ce sera alors sans doute une Souveraineté à tems. Concluons que, si une telle Souveraineté, faute d'être perpétuelle, est moins avantageuse à celui qui l'exerce, & passe pour moins éclatante; elle n'en est pas moins, pour le fond, une Souveraineté réelle. Il ne s'agit donc plus, que d'examiner si les exemples qu'on allégue sont à propos. Voiez la *Note* suivante.

(7) En sorte, (ajoûte notre Auteur dans une Note) que le Peuple fut obligé d'avoir recours aux priéres, pour sauver *Q. Fabius Maximus Rullianus*, Général de la Cavalerie (*Magister Equitum*) lors que le Dictateur *L. Papirius Cursor* vouloit le faire mourir, pour avoir donné bataille sans ses ordres. Voiez TITE LIVE, *Lib.* VIII. *Cap.* XXIX.——XXXV. L'Auteur, qui a déja parlé ci-dessus des *Dictateurs*, comme fournissant un exemple de Souveraineté à tems, (§. 8. *num.* 13.) remarquoit aussi là, (dans une *Note*, que j'ai renvoiée ici,) que *Marc Livius Salinator* étant Censeur, cassa toutes les Tribus (*ærarias reliquit*) à la reserve d'une seule; & par là montra qu'il avoit pouvoir sur tout le Peuple. Voiez TITE LIVE, *Lib.* XXIX. *Cap.* XXXVII. *num.* 13. Mais, quelque grande que fût, à certains égards, la puissance des *Censeurs*, elle n'étoit pas universelle, comme celle des *Dictateurs*. Peut-être que nôtre Auteur a fait cette remarque seulement pour donner à entendre, que si les *Censeurs*, en ce qui concernoit leur charge, étoient absolus & au dessus du Peuple même; à plus forte raison doit-on regarder comme tels les *Dictateurs*. Quoi qu'il en soit, il a raison, à mon avis, de donner les DICTATEURS pour une espéce de Souverains à tems, en distinguant, comme il fait, le pouvoir des Dictateurs, tel qu'il étoit originairement & dans les prémiers Siécles de la Republique Romaine, d'avec celui qu'ils eurent dans la suite, lors qu'on y eût apporté peu-à-peu des changemens, qui le dépouillerent du caractére d'une entiére independance. A l'égard du prémier, qui est celui dont il s'agit, les anciens Auteurs, Grecs & Latins, nous donnent l'idée d'une

la maniére de posséder une Dignité la rend plus ou moins honorable; l'honneur attaché à la Souveraineté, ou la *Majesté*, comme on parle, paroit avec plus d'éclat en la personne de celui qui en est revêtu pour toujours, que dans la personne de celui qui ne l'a que pour un tems. Je dis la même chose de ceux qui, pendant la Minorité de l'Héritier de la Couronne, ou lors que le Roi est tombé en démence, ou a été fait prisonnier par l'Ennemi; sont établis *Regens du Roiaume*, (8) en sorte qu'ils ne dépendent point du Peuple, & qu'ils ne peuvent pas être dépouillez de leur autorité avant le tems fixé par les Loix.

3. Il n'en est pas de même de ceux qui sont revêtus d'un Pouvoir précaire, & qui peut être révoqué en tout tems, tels qu'étoient les Rois des anciens (b) *Vandales* en *Afrique*, & ceux des (c) *Goths* en *Espagne*, que les Peuples (9) déposoient, quand bon leur sembloit, s'ils n'en étoient pas contens. Tout ce que fait un tel Prince, peut être annullé par ceux qui l'ont revêtu d'un Pouvoir ainsi sujet à révocation: & par conséquent l'exercice de son Autorité n'aiant pas les mêmes effets que les actes d'un véritable Souverain, elle n'est pas non plus la même.

(b) Voiez *Procope*, Vandalic. *Lib.* I. Cap. 9.
(c) Voiez *Aimoin.* Lib. II. *Cap.* 20. *& Lib.* IV. *Cap.* 35.

§. XII. 1. POUR ce que j'ai dit, qu'il y a des *Souverainetez que l'on posséde en pleine proprieté*, c'est-à-dire, dont le Souverain est maître comme de son *patrimoine*; quelques

d'une véritable Souveraineté à tems. On a deja rapporté §. 8. *Note* 51, & 52. des passages de TITE LIVE là-dessus. DENYS D'HALICARNASSE, en parlant de *Titus Lartius*, qui fut le prémier Dictateur, l'appelle *Monarque*: il dit, qu'il avoit un pouvoir absolu & indépendant, en ce qui regardoit la Guerre & la Paix, & toutes les autres affaires: Que si on ne lui donna pas le nom de *Roi*, mais celui de *Dictateur*, ce fut pour éviter ce que le prémier a d'odieux dans un Etat d'ailleurs libre; mais qu'au fond c'étoit une espéce de Roiauté élective, qu'il appelle *Tyrannie*, selon le sens originaire de ce terme. Il avoit deja dit, en rapportant le projet & le but de la création d'un Dictateur, que ce Magistrat extraordinaire auroit une autorité égale à celle des *Tyrans* ou Rois, & qu'il seroit au dessus de toutes les Loix. Ἑτέραν δέ τινα ἀρχὴν ἀποδεῖξαι [ἔκρινεν ἡ Βουλὴ] πολέμου τε καὶ εἰρήνης, καὶ παντὸς ἄλλου πράγματος κυρίαν, αὐτοκράτορα καὶ ἀνυπεύθυνον ὧν ἂν βουλεύσηται καὶ πράξῃ.... Τὴν ἰσοτύραννον ἀρχὴν [c'est ainsi qu'il faut lire, selon un MS. du *Vatican*] ἔκρινεν ἐπὶ τὰ πράγματα παραγαγεῖν, ἣ πάντας ἔμελλεν ἕξειν ὑφ' ἑαυτῇ τοὺς νόμους. Antiq. Roman. Lib. V. Cap. LXX. Οὗτος [Τίτος Λάρκιος] πρῶτος ἐν Ῥώμῃ μόναρχος ἀπεδείχθη, πολέμου τε, καὶ εἰρήνης, καὶ παντὸς ἄλλου πράγματος αὐτοκράτωρ. ὄνομα δ' αὐτῷ τίθενται Δικτάτορα, εἴτε διὰ τὴν ἐξουσίαν τοῦ κελεύειν καὶ διατάττειν ὅ, τι θέλει &c. ... οὐ γὰρ ᾤοντο δεῖν ἐπίφθονον ὄνομα καὶ βαρὺ θέσθαι τῇ ἀρχῇ πόλιν ἐλευθέραν ἐπιτροπευούσῃ.... ἐπεὶ τό γε τῆς ἐξουσίας μέγεθος, ὃ ὁ Δικτάτωρ ἔχει, ἥκιστα δηλοῦται ἐπὶ τοῦ ὀνόματος· ἔστι γὰρ αἱρετὴ τυραννὶς, ἡ Δικτατορία. Ibid. *Cap.* LXXIII. Voiez aussi POLYBE, *Histor.* Lib. III. Cap. LXXXVII. & EUTROPE, *Breviar. Hist. Rom.* Lib. I. Cap. XI. Effectivement le Dictateur, selon la prémiére institution, exerçoit toutes les parties de la Souveraineté: & son autorité n'étoit restreinte qu'à l'égard de certaines choses peu considérables; comme il seroit aisé de le faire voir. Tous les faits qu'on allégue, qui semblent prouver le contraire, regardent les tems postérieurs: & si l'on examine ce qu'ont dit BOECLER (dans ses Notes sur nôtre Auteur, *pag.* 239., *& suiv.*) OBRECHT, (dans sa Dissertation *De extraordinariis Populi Romani Imperiis*, §. 41, *& seqq.*) PUFENDORF, dans l'endroit deja cité, & autres Ecrivains; on trouvera que toutes leurs objections tombent, en supposant cette distinction. Un Savant même, qui, depuis que tout ce que je viens de dire étoit écrit, a publié une courte & bonne Dissertation *de Dictatoribus Populi Romani*; soûtient que, dans les cas dont il s'agit, les Dictateurs ou n'usoient pas de tout leur pouvoir par pure bonté, ou en étoient empêchez par le Sénat, abusant en cela du sien. Voiez le *Chap.* VIII. de cette Dissertation, imprimée en M. DCC. XVII. dans le *Ferculum Literarium* de Mr. JENS. Au reste, ARISTOTE nous fournit un autre exemple, encore plus ancien, d'une Souveraineté à tems; c'est celui des *Asymnétes*, qui parmi les anciens *Grecs*, étoient établis pour gouverner absolument, ou à vie, ou pour un tems, ou pour certaines sortes d'affaires: Ἑτέρα δ' [εἶδος Βασιλείας] ἥπερ ἦν ἐν τοῖς ἀρχαίοις Ἕλλησιν, οὓς καλοῦσιν Αἰσυμνήτας. ἔστι δὲ τοῦθ', ὡς ἁπλῶς εἰπεῖν, αἱρετὴ τυραννίς· διαφέρουσα τῆς βαρβαρικῆς, οὐ τῷ μὴ κατὰ νόμον, ἀλλὰ τῷ μὴ πάτριος εἶναι μόνον, ἦρχον δὲ οἱ μὲν διὰ βίου τὴν ἀρχὴν ταύτην· οἱ δὲ ΜΕ'ΧΡΙ ΤΙΝΩ'Ν ὩΡΙΣΜΕ'ΝΩΝ ΧΡΟ'ΝΩΝ, ἢ πράξεων. Politic. *Lib.* III. *Cap.* XIV. pag. 356. E. *Ed. Paris.* DENYS D'HALICARNASSE compare le pouvoir des *Dictateurs* à celui de ces *Asymnétes*; & il croit même que les *Romains* établirent les prémiers sur le modéle des derniers: Δοκοῦσι δέ μοι καὶ τοῦτο παρ' Ἑλλήνων οἱ Ῥωμαῖοι τὸ πολίτευμα λαβεῖν. οἱ γὰρ Αἰσυμνῆται καλούμενοι παρ' Ἕλλησι τὸ ἀρχαῖον, ὡς ἐν τοῖς περὶ βασιλείας ἱστορεῖ Θεόφραστος, αἱρετοί τινες ἦσαν τύραννοι. ᾑροῦντο δὲ αὐτοὺς αἱ πόλεις, οὔτ' εἰς ἀόριστον χρόνον, οὔτε συνεχῶς, ἀλλὰ πρὸς τοὺς καιρούς, ὁπότε δόξειε συμφέρειν, καὶ εἰς πλεῖον χρόνον. Antiq. Roman. Lib. V. Cap. LXXIII.

(8) Il faut bien remarquer, que l'Auteur ne parle que de ceux qui sont établis Régens sur ce pié-là, & dont les exemples sont rares; car ceux qui l'ont critiqué là-dessus, semblent supposer qu'il parle en général de tous les Régens d'un Roiaume. Il a indiqué ci-dessus *Note* 2. un exemple du cas extraordinaire dont il s'agit, que l'on peut voir rapporté tout du long dans PUFENDORF, *Droit de la Nat. & des Gens*, Liv. VII. Chap. VI. *Note* 4. Feu Mr. HERTIUS, dans une Dissertation *de Tutela Regia*, qui fait partie du I. Tome de ses *Commentationes & Opuscula* &c. ajoûte à cela d'autres exemples. JEAN *de Brienne*, Viceroi de *Jérusalem*, fut établi Tuteur de *Baudouïn II.* couronné comme Empereur, à condition que, quand son Pupille, qui devoit aussi être son Gendre, seroit en âge, il lui rendroit l'Empire fidelement. Voiez *Charles* DU FRESNE, dans son *Hist. Gallo-Byzantin.* Lib. III. ODON, ou En-

ques Savans (a) combattent cette pensée, par la raison que les personnes libres n'entrent point en commerce. Mais comme il y a de la différence entre la *Puissance Roiale*, & le Pouvoir d'un *Maître* sur son *Esclave*; il y en a aussi entre la *Liberté Civile*, & la *Liberté personnelle*: autre est la Liberté d'un Particulier, & autre, la Liberté de tout le Corps. Les *Stoïciens* (1) faisoient de la *sujettion* une sorte d'Esclavage: & dans l'Ecriture Sainte, les Sujets d'un Roi sont appellez (b) ses Esclaves. Comme donc la *Liberté personnelle* exclut le pouvoir d'un *Maître*: de même la *Liberté Civile* exclut la *Roiauté*, & toute autre sorte de domination, proprement ainsi nommée. Aussi voions-nous que (2) TITE LIVE, CICERON (3), TACITE (4), ARRIEN (5), SENEQUE (6) opposent manifestement ces deux choses. Ceux d'entre les *Ciliciens*, qui n'obéïssoient à aucun Roi, étoient appellez, à cause de cela, d'un nom qui signifioit, (7) les *Ciliciens libres*. STRABON (8) parlant d'*Amise*, Ville du *Pont*, dit que tantôt elle fut libre, & tantôt gouvernée par des Rois. Dans le Droit Romain, sur la matiére de la *Guerre*, & des *Jugemens* (9) *Recuperatoires*, on distingue les Etrangers en (10) *Rois*, & *Peuples libres*. On (11) dit même en parlant de ceux qui n'ont pas cette Liberté publique, aussi bien qu'en parlant de ceux qui sont privez de la Liberté personnelle, qu'ils *ne sont pas maîtres d'eux-mêmes*, mais qu'ils *appartiennent* à ceux de qui

(a) *Franc. Hotoman. Quæst. Illustr. Qu.* I.

(b) Voiez *I. Sam.* XXII, 17. *II. Sam.* X, 2. *I. Rois*, IX, 22.

Eudon, Duc de *Bourgogne*, aiant été nommé Tuteur de CHARLES *le Simple*, Roi de *France*, fut couronné comme Roi, afin qu'il gouvernât avec plus d'autorité. Voiez le *Glossaire* du même Mr. DU CANGE, au mot *Heredes*: & ALBERIC. *Chronic. ad ann.* 994. comme aussi BUSSIERES, *Hist. de France*, Liv. VI. pag. 467. Dans l'Empire d'*Allemagne*, PHILIPPE gouverna sous le nom de Roi, pendant la minorité de son Neveu *Frideric II.* Voiez la *Chronique* de l'*Abbé* d'URSPERG, pag. 319. & celle du Moine GODOFRIDUS, *ad ann.* 1196.

(9) On rapporte la même chose des anciens *Héruliens*: PROCOP. *Gothic.* Lib. II. (*Cap.* XIV. & XV.) Des *Lombards*: PAUL. WARNEFRID. Lib. IV. & VI. Des *Bourguignons*: AMMIAN. MARCELLIN. Lib. XXVIII. (*Cap.* V. *Ed. Vales.*) Des *Moldaves*: LAONIC. CHALCOCONDYL. Du Roi d'*Agade* en *Afrique*: JOAN. LEO, Lib. VII. Parmi les *Norwégiens*, quiconque avoit tué le Roi, devenoit Roi lui-même: GULIELM. NEUBRIG. On trouve la même chose dans les Fragmens de DION, au sujet des *Quades*, & des *Jazygiens*. GROTIUS.

§. XII. (1) Εἶναι δὲ καὶ ἄλλην δουλείαν, τὴν ἐν ὑποτάξει. DIOGEN. LAERT. Lib. VII. §. 122.

(2) *In variis voluntatibus, regnari tamen omnes volebant*, LIBERTATIS *dulcedine nondum experta*. Lib. I. Cap. XVII. *num.* 3. *Cui indignum videbatur, Populum Romanum* SERVIENTEM, *quum sub* REGIBUS *esset, nullo bello, nec ab hostibus ullis obsessum esse*; LIBERUM *eumdem Populum ab iisdem* Etruscis *obsideri*. Lib. II. Cap. XII. *num.* 2. *Non in* REGNO *Populum Romanum, sed in* LIBERTATE *esse*. Ibid. *Cap.* XV. *num.* 3. *Ut & in* LIBERTATE *gentes quæ essent, tutam eam sibi perpetuamque sub tutela Populi Romani esse: & quæ sub* REGIBUS *viverent, & in præsens tempus mitiores eos tristioresque respectu Populi Romani habere se* &c. *crederent*. Lib. XLV. Cap. XVIII. *num.* 2.

(3) *Quamobrem aut exigendi* REGES *non fuerunt: aut Plebi ve, non verbo, danda* LIBERTAS. De Legg. *Lib.* III. *Cap.* X.

(4) *Urbem* Romam *à principio* REGES *habuere*. LIBERTATEM *& Consulatum* L. Brutus *instituit*. Annal. Lib. I. Cap. I. *num.* 1. *Quippe* regdo ARSACIS *acrior* Germanorum LIBERTAS. Idem, *de morib. German.* Cap. XXXVII. *num.* 6.

(5) Καὶ τὰ φέρε τοῖς τε Βασιλεῦσι καὶ τῇσι πόλεσιν ὅσαι αὐτόνομοι, ὅσαι δημοκρατέονται. Histor. Indic. *Cap.* XI. *Ed. Gron.*

(6) *Regalia* [fulmina], *quorum vi tangitur vel Comitium, vel principalia* URBIS LIBERÆ *loca: quorum significatio regnum civitati minatur*. Natur. Quæst. Lib. II. Cap. XLIX. On trouve un exemple de ce présage, dans l'*Histoire de Genes*, par PIERRE BIZAR. Lib. XIX. Voici encore d'autres passages: que l'Auteur cite dans une *Note*, pour prouver, que, chez les anciens Auteurs Grecs & Latins, la *liberté* des Peuples est opposée au *Gouvernement Monarchique*. Il pouvoit, à mon avis, se dispenser d'alléguer un si grand nombre de passages, sur une chose comme celle-là: ainsi je ne ferai que rapporter les suivans, sans les traduire, non plus que ceux des *Notes* précédentes, que j'ai crû pouvoir & devoir ôter du Texte. Ὁ δὲ Τήρης οὗτος, ὁ τοῦ Σιτάλκου πατήρ, πρῶτος Ὀδρύσαις τὴν μεγάλην βασιλείαν ἐπὶ πλεῖον τῆς ἄλλης Θρᾴκης ἐποίησε. πολὺ γὰρ μέρος καὶ αὐτόνομόν ἐστι Θρᾳκῶν. THUCYDID. Lib. II. Cap. 29. *Ed. Oxon.* NON *eodem modo in* LIBERA CIVITATE *dicendam esse sententiam, quo apud* REGES. SENEC. Pater, *Suasor.* I. pag. 4, 5. *Ed. Elzevir.* 1672. Ὄντα τε αὐτοῖς φησί τε Βασιλεῖς καὶ δήμους ἐλευθέρους γράμματα δοῦναι &c. JOSEPH. *Antiq. Jud.* Lib. XIII. Cap. XVII. pag. 451. A. *Et* POPULORUM LIBERORUM REGUMQUE *sociorum auxilia voluntaria comparavissem* &c. CICER. *ad Famil.* Lib. XV. Epist. IV. *Jam hi montium, qui perpetuo tractu Oceani oram tenent, incolæ*, LIBERI & REGUM *expertes* &c. PLIN. *Hist. Nat.* Lib. VI. Cap. XX. GROTIUS.

(7) *Eleutherocilices*. CICERON en parle, *Lib.* XV. *Ep.* IV. *ad Famil.* & *Lib.* V. *Ep.* XX. *ad Attic.*

(8) Καὶ ταύτην [Ἀμισὸν] δὲ κατέσχον οἱ Βασιλεῖς . . . ἐλευθερωθεῖσαν δὲ ὑπὸ Καίσαρος τοῦ Θεοῦ, παρέδωκεν Ἀντώνιος βασιλεῦσιν. . . . εἶτ' ἠλευθερώθη πάλιν, μετὰ τὰ Ἀκτιακά, ὑπὸ Καίσαρος τοῦ Σεβαστοῦ &c. Geograph. Lib. XII. pag. 822. B. *Ed. Amst.* (547. Paris.)

(9) Voiez ci-dessous, §. 21. *num.* 5.

(10) Par exemple, dans la définition du droit de *Postliminie*: POSTLIMINIUM *est jus amissæ rei recipiendæ, & in statum pristinum restituendæ, inter nos, ac* LIBEROS POPULOS REGESQUE, *moribus, legibus, constitutum*. DIGEST. Lib. XLIX. Tit. XV. *De Captivis & Postlim.* &c. Leg. XIX. *init.*

(11) Cette periode, & la suivante, étoient mal rangées, à mon avis, dans l'Original: ainsi j'ai cru pouvoir les transposer hardiment. J'avertirai ailleurs, mais non pas toûjours, de quelques autres transpositions que j'ai été obligé de faire, pour l'ordre & la netteté du discours.

qui ils dépendent: comme (12) dans cette clause d'un Traité de Paix entre les *Romains*, & les *Etoliens*; *Les Villes, les Terres, les Personnes, qui ont été autrefois aux* Etoliens &c. Et dans la demande de *Tarquin l'Ancien* aux Députez de *Collatia*: (13) *Le Peuple Collatin est-il maître de lui-même?* Ainsi l'argument, dont on se sert, ne fait rien au sujet, puis (14) qu'il s'agit de la Liberté du Peuple, & non pas de la Liberté d'une personne. Mais, à proprement parler, quand on aliéne un Peuple, ce ne sont pas les Hommes, dont il est composé, que l'on aliéne, mais le droit perpétuel de les gouverner, considérez comme un Corps de Peuple: de même que, quand on assigne un Affranchi à l'un des Enfans du (15) Patron, ce n'est pas une aliénation d'une personne libre, mais seulement un transport du droit qu'on avoit sur cette personne.

2. On objecte encore que, les Conquêtes ne se faisant qu'aux dépens de la vie des Sujets, & à la sueur de leur visage; les Peuples conquis doivent être censez aquis aux Sujets, plûtôt qu'au Roi. (16) Car il peut arriver, que le Roi aura entretenu (17) une Armée de ses propres deniers, ou bien (18) des revenus du Domaine de la Couronne, qui dans les Roiaumes même Electifs, où les Rois n'ont que l'usufruit de ces sortes de biens, non plus que de la Souveraineté sur le Peuple qui les a élûs; ne laissent pas néanmoins de leur appartenir en propre: de même que, par le Droit Civil, lors qu'on est obligé de rendre une Hérédité, on n'en restituë point les revenus, parce qu'ils sont censez venir de la (19) chose même, & non pas faire partie de l'Hérédité.

3. Rien

(12) *Quæ urbes, qui agri, qui homines* Ætolorum JURIS *aliquando fuerant* &c. TIT. LIV. Lib. XXXVIII. Cap. XI. *num.* 9.

(13) *Est-ne Populus Collatinus* IN SUA POTESTATE? *Est*. Idem, *Lib.* I. *Cap.* XXXVIII. *num.* 2.

(14) Voici le raisonnement de l'Auteur, qui n'est pas assez développé. Quand on dit, que les Personnes Libres n'entrent point en commerce, cela s'entend des Particuliers, & non pas de tout le Corps d'un Peuple. Or les Particuliers, qui sont Membres d'un Peuple, ne laissent pas d'être *libres*, quoi que le Peuple entier ne le soit pas: car la Liberté d'un Homme consiste à n'avoir point de Maître particulier, qui puisse disposer de toutes ses actions, & même de sa personne, comme de son bien; & ceux qui sont Membres d'un Peuple qui n'est pas libre, n'ont comme tels, qu'un Maître commun, qui a droit de leur commander, comme à ses Sujets. Ainsi, lors qu'un Roi aliéne sa Couronne, on ne peut pas dire qu'il trafique de ses Sujets, considérez chacun en particulier: car, après qu'il a vendu ou donné son Roiaume, chaque Sujet n'en est pas moins libre qu'auparavant, il a seulement un autre Roi. Pour ce qui est du Corps du Peuple, par cela même qu'il a un Roi, véritablement tel, il n'est pas libre: & ainsi, selon la maxime même qu'on objecte à nôtre Auteur, rien n'empêche qu'un tel Peuple n'entre en commerce à sa m[illegible]ére, c'est-à-dire, que le Prince, qui a plein droit [illegible] gouverner pour toûjours, ne transfére son droit à un autre; car c'est en quoi consiste l'aliénation de la Souveraineté. Mais il faut bien remarquer, que nôtre Auteur ne prétend pas, que tout Prince Souverain ait, entant que Souverain, plein droit d'aliéner sa Souveraineté: il restreint [illegible] à quelques-uns, c'est-à-dire, à ceux qui ont aq[illegible] un Peuple par voie de juste conquête, ou bien par l'effet d'une pressante nécessité qui a obligé le Peuple à se mettre sans reserve sous leur domination; comme il paroît par ce qui a été dit ci-dessus, §. 11. *num.* 1. & par le §. 14. ci-dessous. En quoi pourtant nous avons fait voir, (sur le §. 11. *Note* 4) que la distinction de l'Auteur n'est pas bien fondée; aucun Souverain ne pouvant avoir le droit d'aliéner ses Etats, qu'en vertu d'une concession ou formelle, ou tacite, mais bien claire, du Peuple qui est sous sa domination, de quelque maniére qu'il s'y soit soûmis.

(15) Ce droit regardoit plûtôt la succession aux biens de l'Affranchi, que la personne même de l'Affranchi. Voiez INSTITUT. Lib. III. Tit. IX. *De adsignatione Libertorum.*

(16) Voiez ci-dessous, Liv. III. Chap. VIII. §. 2. *num.* 1. & PUFENDORF, Liv. VIII. Chap. V. §. 8. Comme l'objection, qui est d'HOTOMAN, (*Quæst. Illustr.* Cap. I.) prouveroit seulement, si elle étoit bien fondée, que le Peuple commis doit dépendre du Peuple Vainqueur, ou de l'Etat, plûtôt que du Roi, sous le commandement de qui il a vaincu; & non pas que l'empire aquis sur le Peuple vaincu ne peut point être accompagné d'un droit de Proprieté: de même la réponse de nôtre Auteur à cette objection, prouve seulement, que, quand un Prince a fait la Guerre à ses propres dépens, de la maniére qu'il l'explique, il aquiert lui seul, à l'exclusion de son Peuple, la Souveraineté du Peuple conquis, soit qu'il ait un Roiaume Patrimonial, ou non. Mais il ne s'ensuit point de là, que l'aquisition la plus légitime, par droit de Conquête, emporte par elle-même pouvoir d'aliéner le Peuple conquis. Voiez ci-dessus, §. 11. *Note* 4.

(17) L'Empereur *Marc Antonin* aiant épuisé toutes ses finances dans la Guerre contre les *Marcomans*, & ne pouvant se résoudre à charger ses Peuples de nouveaux impôts, fit vendre dans la Place Publique de *Trajan*, sa Vaisselle d'or, ses Vases de Crystal & de Porcelaine, ses habits d'or & de soie, & ceux de sa Femme, & un grand nombre de belles pierreries. GROTIUS.

Voiez là-dessus JUL. CAPITOLIN. *Vit. M. Antonin. Philos.* Cap. XVII. EUTROP. *Breviar. Hist. Rom.* Lib. VIII. Cap. VI. num. 11. *Ed. Cellar.* AUREL. VICTOR. *Epitom.* Cap. XVI. *num.* 9.

(18) C'est sur ce fondement, que *Ferdinand*, Roi d'*Arragon*, s'appropria la moitié du Roiaume de *Grenade*, comme l'aiant conquis des revenus du Roiaume de *Castille*, pendant qu'*Isabelle* sa Femme étoit encore en

3. Rien n'empêche donc, qu'un Roi n'aît un droit de Propriété sur (20) certains Peuples, en vertu duquel il pourra les aliéner, s'il veut: & on trouve dans l'Histoire (21) quantité d'exemples de Souverainetez accompagnées de ce droit. STRABON remarque, que l'Ile de *Cythére*, située vis-à-vis du Cap de *Ténare*, (22) appartenoit *en propre* à *Euryclès*, Prince de *Lacédémone*. Le Roi *Salomon* donna (c) vint Villes au Roi des *Phéniciens*, nommé *Hirom* (c'est ainsi que l'appelle en Grec PHILON *de Byblos*, qui a traduit l'Histoire de SANCHONIATON) il lui fit, dis-je, présent de vint Villes: non pas de celles qui étoient habitées par le Peuple Hébreu (car il est parlé ailleurs de *Chabul*, qui est le nom qu'on donna au territoire où étoient ces Villes, comme étant situé (d) hors des confins du Païs des *Israëlites*) mais du nombre de celles que des Peuples conquis, Ennemis des *Hébreux*, avoient gardées jusqu'alors, & dont les unes avoient été prises par le Roi d'*Egypte*, Beau-pére de *Salomon*, & données en dot au Gendre; les autres, subjuguées par *Salomon* même. Car une preuve qu'en ce tems-là elles n'étoient point habitées par des *Israëlites*, c'est que, quand *Hirom* les eût (23) renduës, (e) *Salomon* y envoia des Colonies d'*Hébreux*. *Hercule* (f) aiant pris la Ville de *Sparte*, (24) en céda la Souveraineté à *Tyndarée*, à condition que si lui, *Hercule*, laissoit des Enfans, il la leur rendroit. *Amphipolis* (25) fut donnée pour dot à *Acamante*, Fils de *Thésée*. Dans HOMERE, (26) *Agamemnon* promet sept Villes à *Achille*. *Anaxagoras* donna à *Mélampe* deux parties de son Roiaume. *Darius le Bâtard*, au

(c) *I. Rois*, IX. 11, 12.

(d) *Jos.* XIX, 27.

(e) *II. Chron.* VIII, 2.

(f) *Diod. Sic.* Lib. IV. Cap. 33. pag. 166. *Ed. H. Steph.*

en vie: comme le rapporte MARIANA, *Histor. Hispan.* Lib. XXVIII. GROTIUS.

(19) C'est-à-dire, des choses qui composent le fond de l'Hérédité, & dont on avoit la pleine jouïssance, tant que le cas de la restitution n'étoit pas encore arrivé. C'est la pensée de nôtre Auteur, & en même tems le vrai sens de la Loi qu'il a en vuë; de sorte que ZIEGLER chicane ici, en critiquant l'un & l'autre. Voici la Loi: *Quotiens quis rogatur hereditatem restituere, id videtur rogatus reddere, quod fuit hereditatis: fructus autem non hereditati, sed ipsis rebus accepto feruntur.* DIGEST. Lib. XXXVI. Tit. I. *Ad Senatusc. Trebell.* Leg. XVIII. §. 2.

(20) Ceux qui étoient allez en *Orient*, avec *Baudouin*, lui laissérent la moitié des Villes, des Provinces, des Impôts, & du Butin, dont ils se rendirent maîtres dans cette expédition. GROTIUS.

(21) Il faut remarquer, sur ces exemples qu'on entasse, 1. Que nous ne savons pas assez les conditions sous lesquelles les Princes ou les Etats anciens, dont on parle, avoient aquis la Souveraineté de tels ou tels Peuples. Ainsi il pourroit se faire qu'il y eût eu quelque clause formelle, par laquelle ces Peuples avoient donné à leur Souverain le pouvoir d'aliéner la Souveraineté même. 2. Souvent ces aliénations n'ont eu d'autre titre, que la force, comme il a été déja remarqué sur le §. 9. *Note* 4. à la fin: & elles ne sont devenuës légitimes, qu'en vertu du consentement donné après coup, lors que les Peuples aliénez se sont soûmis sans opposition au nouveau Souverain qu'on leur avoit donné. 3. Il a pû y avoir aussi un consentement tacite, entiérement libre, dans le tems même de l'aliénation, & cela en deux maniéres: ou quand le Peuple, qu'on vouloit aliéner, n'y témoignoit aucune répugnance, quoi qu'il ne fût point contraint par une force majeure: ou parce que, l'usage s'étant introduit en *Orient* & ailleurs, d'attacher au droit de Souveraineté absoluë un plein pouvoir de propriété, qui autorisât le Souverain à aliéner ses Etats comme bon lui sembloit; ceux qui se soûmettoient à un tel Souverain, étoient censez le faire sur le pié de la coûtume établie, à moins qu'ils ne déclarassent expressément le contraire. Ainsi tous ces exemples ne prouvent point, que le pouvoir d'aliéner suive nécessairement de la Souveraineté la plus absoluë, considérée en elle-même, & de quelque maniére qu'on l'aquiére.

(22) Ἣν [Κύθηρα] ἔσχεν Εὐρυκλῆς ἐν μέρει κτήσεως ἰδίας. Geograph. Lib. VIII. pag. 558. B. *Ed. Amst.* (363. *Paris.*)

(23) Il n'est pas certain que les Villes, que *Hiram donna à Salomon* (car le Texte porte ainsi, & non pas *rendit*) fussent les mêmes, qu'il avoit reçuës en don du Roi des *Hébreux*. Voiez le Commentaire de Mr. LE CLERC, sur les passages citez en marge.

(24) Le même *Hercule*, aiant vaincu les *Dryopes*, qui habitoient près du *Parnasse*, en fit présent à *Apollon*; comme le dit SERVIUS, sur le IV. Livre de l'*Enéide* (ỳ. 146.) *Ægimius*, Roi des *Doriens*, avec qui *Hercule* s'étoit joint dans la guerre contre les *Lapithes*, lui donna pour récompense une partie de ses Etats. APOLLODOR. *Bibliothec.* (Lib. II. Cap. VII. §. 7. *Edit. Paris.*) *Cychrée*, Roi de *Salamine*, n'aiant point d'Enfans, laissa par testament son Roiaume à *Telamon*. Idem, (*Lib.* III. Cap. XI. §. 7.) *Pelée* épousa la Fille d'*Eurytion*, Roi de *Phthie*, qui lui assigna en dot la troisiéme partie de son païs. *Idem*. Lib. III. Cap. XII. §. 1.) *Proca*, Roi d'*Albe*, donna, par son testament, le Roiaume à *Numitor*, l'aîné de ses Fils. TIT. LIV. *Lib.* I. (*Cap.* III. *num.* 10.) GROTIUS.

(25) On trouve ce fait dans DEMOSTHENE: Ἣν [Θησέως παῖδα] Ἀκάμαντα λέγεται φερνὴν ἐπὶ τῇ γυναικὶ λαβεῖν τὴν χώραν ταύτην [Ἀμφίπολιν]. Orat. de male obita Legat. *pag.* 251. A. *Ed. Bas.* 1572.

(26) [C'est dans l'*Iliade*, Lib. IX. ỳ. 149. *& seqq.*] Voiez encore SERVIUS, sur la VI. Eclogue de VIRGILE [ỳ. 48. & PAUSANIAS, *Corinthiac.* Cap. XVIII. pag. 60. *Ed. Wech.*] Ainsi, dans HOMERE, *Jobate* donne sa Fille à *Bellérophon*, avec *la moitié de tous ses honneurs Roiaux*: ce que SERVIUS explique, *avec une partie de son Roiaume* (Ad Æneid. V, 118.)

Δῶκε δέ οἱ τιμῆς βασιληΐδος ἥμισυ πάσης.

(Iliad. Lib. VI. ỳ. 193.)

Pélée donna à *Phénix* le païs des *Dolopes*, qui est à l'extrémité de la *Phthie*; comme *Phénix* lui-même le témoigne:

au rapport de (27) JUSTIN, *donna par son Testament le Roiaume de Perse à Artaxerxès son Fils aîné; & à Cyrus son Cadet, les Villes dont il étoit Gouverneur.* Les Successeurs d'*Alexandre le Grand* (28) doivent être censez avoir hérité chacun pour sa part du plein droit de propriété, en vertu duquel il commandoit aux Peuples qui avoient été sous la domination des *Médes*, ou bien avoir aquis eux-mêmes cette Souveraineté par droit de Conquête: ainsi il ne faut pas s'étonner, s'ils s'attribuoient le pouvoir de l'aliéner. Lors que le Roi *Attale*, fils d'*Euméne*, (29) Roi de *Pergame*, eut, par son Testament, institué le *Peuple Romain* Héritier de ses biens; le Peuple Romain prit le mot de *biens* comme renfermant dans son étenduë la Couronne même. Sur quoi FLORUS (30) fait cette remarque, que *le Peuple Romain s'étant porté pour héritier d'Attale, gardoit la Province non comme une conquête, mais, ce qui étoit un titre plus légitime, en vertu du Testament.* Et dans la suite, *Nicoméde*, Roi de *Bithynie*, (g) aiant aussi établi le Peuple Romain son Héritier, le Roiaume fut réduit en forme de Province: ce qui fit dire à (31) CICERON; *Nous venons d'avoir un bon héritage, le Roiaume de Bithynie.* C'est ainsi encore que le Roi *Apion* laissa au même Peuple par Testament la *Cyrénaique*, qui fait partie de la *Libye*, & dans laquelle étoient les (h) Villes célébres de *Bérénice*, *Ptolémaïs*, & *Cyréne*. TACITE (i) parle des Terres (32) qui avoient appartenu autrefois à ce Prince. Et CICERON dit, (33) que *tout le monde sait que les*

(g) Voiez *Appien*, *Bell. Mithridat.* pag. 418. & *Bell. Civil.* Lib. I. pag. 420. *Ed. H. Steph.*
(h) Voiez *Eutrop.* Lib. VI. Cap. IX. *num.* 3.
(i) *Annal.* Lib. XIV. Cap. 18. *num.* 2. Voiez *Epitome Livii*, Lib. LXX.

——— *Πολλὸν δέ μοι ὤπασε λαόν.*
Ναῖον δ' ἐσχατιὴν Φθίης, Δολόπεσσιν ἀνάσσων.
(*Iliad.* Lib. IX. ℣. 479, 480.)

Lanassa apporta en dot à Pyrrhus, Roi d'*Epire*, la Ville de *Corcyre*, qu'*Agathoclés* son Pére, Roi de *Syracuse*, avoit conquise. PLUTARCH. *in Pyrrh.* (pag. 387. E.) GROTIUS.

(27) *Regnum* Artaxerxi, Cyro *civitates, quarum præfectus erat, testamento legavit* (Darius) Lib. V. Cap. XI. *num.* 2.

(28) AMMIEN MARCELLIN, en parlant de la *Perse*, dit, quoi que peu exactement selon la vérité de l'histoire, qu'*Alexandre le Grand*, par son testament, donna tout ce Roiaume à un de ses Successeurs: *Ut bella prætereamus* Alexandri, *& testamento nationem omnem in successoris unius jura translatam.* Lib. XXIII. (*Cap.* VI. pag. 398. *Ed. Vales. Gron.*) GROTIUS.

Voiez la Note d'HENRI DE VALOIS, sur ce passage.

(29) VALERE MAXIME rapporte, que ce fut par reconnoissance qu'*Attale* fit le Peuple Romain héritier de ses Etats: *Sed* Attalus *etiam testamenti æquitate gratus, qui eamdem* Asiam *Populo Romano legavit.* (Lib. V. Cap. II. *num.* 3. *extern.*) *Sertorius* disoit, qu'à cause de cela le Peuple Romain étoit maître de ce païs-là à très-juste titre: Ἣν δὲ τῷ δικαιοτάτῳ τρόπῳ Ῥωμαίων κληρονομίαν ἐπαρχίαν ἀποδεδειγμένος &c. PLUTARCH. *Vit. Sertor.* (pag. 580. E. Tom. I. *Ed. Wech.*) GROTIUS.

(30) *Adita igitur hereditate, Provinciam Populus Romanus, non quidem bello, nec armis; sed, quod est æquius, testamenti jure retinebat.* Lib. II. Cap. XX. *num.* 3. Voiez le Sommaire du LVIII. Livre de TITE LIVE.

(31) *Quam hereditatem jam crevimus: Regnum* Bithyniæ, *quod certè publicum est Populi Romani factum.* Orat. II. de Lege Agrar. contra Rull. *Cap.* XV. pag. 413. *Ed. Grav.*

(32) APPIEN d'*Alexandrie*, dit, qu'*Apion*, Bâtard, de la race des *Lagides*, laissa par son testament le païs de *Cyréne* au Peuple Romain: Κυρήνην γὰρ αὐτὴν Ἀπίων βασιλεὺς, τοῦ Λαγιδῶν γένους νόθος, ἐν διαθήκαις ἀπέλιπε [τοῖς Ῥωμαίοις] De Bell. Mithridat. (*in fin.*) AMMIEN MARCELLIN parle aussi de cet héritage: *Aridiorem* Libyam *supremo* Apionis *Regis consecuti sumus arbitrio:* Cyrenas, *cum residuis civitatibus* Lybiæ Pentapoleos, Ptolemæi *liberalitate suscepimus.* Lib. XXII. (*in fin.* Cap. XVI. pag. 378.) Car ce Roi de *Cyréne* s'appelloit aussi *Ptolomée*. Voiez le Sommaire du LXX. Livre de TITE LIVE. Il avoit lui-même hérité de la Couronne, par le testament de son Pére, comme le dit JUSTIN, Lib. XXXIX. (Cap. V. *num.* 2.) EUSEBE, dans sa *Chronique*, sur l'an 1952. fait mention de l'autre *Apion*, dont parle AMMIEN MARCELLIN, qui avoit établi le Peuple Romain héritier des païs arides de la *Libye*. (Mais voiez là-dessus les Notes d'HENRI DE VALOIS.) Voici d'autres exemples semblables. Le Roi *Arsace*, par son testament, partagea l'*Arménie*, en sorte qu'il en donna la plus grande partie à son fils *Arsace*, & la moindre à *Tigrane*. PROCOP. *De Ædific.* (Lib. III. Cap. I.) L'Empereur *Auguste* aiant permis à *Hérode* de laisser le Roiaume de *Judée* à quel de ses Fils il voudroit, ce Prince changea plusieurs fois son testament; comme nous le voions dans JOSEPH, *Antiq. Jud.* Lib. XV. & XVI. Parmi les *Goths* & les *Vandales*, les Rois disposoient par testament de leurs conquêtes. *Giseric*, Roi des *Vandales*, suivit cette coûtume à l'égard de ce qu'il tenoit en *Espagne*: PROCOP. *Vandalic.* Lib. I. (Cap. VII.) *Theuderic*, Roi des *Ostrogoths*, donna pour dot à sa Sœur *Amalesfride* le païs de *Lilybée* en *Sicile*. Idem, *ibid.* (Cap. VIII.) On trouve le même usage établi parmi d'autres Nations. *Pépin* aiant conquis l'*Aquitaine*, la partagea entre ses Enfans. FREDEGAR. *Chron.* in fin. On voit des dispositions testamentaires au sujet de la *Bourgogne*, dans AIMOIN, III., 68, & 75. Le Roi de *Fez* donne *Fez*, par son Testament, à son second Fils, dans LEON d'*Afrique*, Lib. III. Voiez aussi ce que le même Auteur dit au sujet de *Buzgie*, Lib. V. Le Sultan *Aladin* laissa par son testament plusieurs Villes à *Osmin*. LEUNCLAVIUS, *Hist. Turc.* Lib. II. Le Roi de *Germiane* donna à sa Fille, qui devoit se marier avec *Bajazet*, les Villes de *Phrygie*, qui lui appartenoient. *Idem*, Lib. V. *Musal* partagea entre ses Enfans les païs que les *Turcs* possédoient en *Cappadoce*. NICETAS Lib. III. *Chasein Beg* donna à *Moras* les Villes qui étoient près du *Pont Euxin*. LEUNCLAV. *Lib.* I. *Bajazet* donna à *Etienne* les Villes de *Servie*, en l'honneur de sa Femme, Sœur d'*Etienne*. Idem, *Lib.* VI. Le Sultan *Mahomet* laissa

les Romains *étoient devenus maîtres du Roiaume* d'Egypte, *en vertu du Testament du Roi Ptolomée Alexandre. Mithridate*, dans la Harangue que JUSTIN lui prête, (34) soûtient, que la *Paphlagonie* étoit échuë à son Pere, *non par la voie de la force & par la supériorité de ses armes, mais en vertu d'un Testament, par lequel il avoit été adopté, au défaut d'Héritiers de la Famille.* Le même Auteur rapporte (k) qu'*Orode*, Roi des *Parthes*, fut long tems en balance, lequel de ses Fils il choisiroit pour son Successeur. *Polémon*, Seigneur des *Tibareniens* & du païs voisin, (l) laissa sa femme Héritiére du Gouvernement: & *Mausole*, Roi de *Carie*, avoit auparavant fait la même (m) chose, quoi qu'il eût des Fréres encore en vie.

(k) *Lib.* XLII *Cap.* 4. *num.* 14.

(l) *Strab. Geogr.* Lib. XII. pag. 833. *Ed. Amst.* 556. *Paris.*

(m) *Idem*, Lib. XIV. pag. 970. *Ed. Amst.* (656. *Paris.*)

3. Au reste, pour qu'un Roiaume puisse être ainsi aliéné, comme étant censé le (35) patrimoine du Souverain, il n'importe que le Roi soit, ou ne soit pas Propriétaire de chaque Fonds en particulier, comme le devint le Roi (n) d'*Egypte*, du tems de *Joseph*; & comme l'étoient les Rois des *Indes*, au rapport de DIODORE (o) *de Sicile*, & de STRABON (p). Car cela est extérieur, par rapport à la Souveraineté, & n'a aucun rapport avec sa nature. Ainsi il n'en résulte pas une autre forme de Souveraineté, ni une autre maniere de la posséder.

(n) Gen. Chap. XLVII.

(o) *Lib.* II. Cap. 40.

(p) *Lib.* XV. pag. 1030. *Ed. Amst.* (704. *Paris.*)

§. XIII. 1. MAIS à l'égard des Roiaumes qui ont été originairement établis par un plein & libre consentement du Peuple, je conviens (1) qu'on ne doit pas présumer, que

laissa, par son testament, l'Empire à *Murat*. Idem, *Lib.* XII. *Jacup Beg*, Prince de *Germiane*, fit heritier de ses Etats le Sultan *Murat*. Idem, Lib. XIV. *Mahomet*, Empereur des *Turcs*, avoit pensé à laisser l'Empire de l'*Europe* à son Fils *Amurat*, & celui de l'*Asie* à *Mustafa* son autre Fils: CHALCOCONDYL. *Lib.* IV. L'Empereur BASILE *Porphyrogennéte*, fut institué heritier par *David Curopalate*, du païs dont celui-ci avoit été maître en *Ibérie*: ZONAR. *in Bas. Porphyrog.* Voici maintenant des exemples de Conquerans Chrétiens d'*Orient*. *Michel Despote* partagea la *Thessalie* entre ses Enfans. NICEPHOR. GREGORAS, Lib. IV. Le Prince d'*Etolie* laissa *Athènes* aux *Vénitiens*, & vendit la *Béotie* à *Antoine*. CHALCOCONDYL. Lib. IV. Le Prince d'*Arcadie* donna en dot à sa Fille, *Messène*, *Ithome*, & les païs maritimes d'*Arcadie*, lors qu'elle épousa le Fils de *Thomas*, Empereur Grec: *Idem*, Lib. V. Le Prince *Charles*, par son testament, partagea l'*Acarnanie* entre ses Fils Bâtards; & donna des portions de l'*Etolie* à ses parens maternels: *Idem*. Les Roiaumes de *Jerusalem* & de *Cypre* furent en partie leguez par testament, & en partie aliénez par des contracts. Voiez, au sujet de celui de *Cypre*, BEMBUS, *Hist. Ital.* Lib. VII. & PARUTA, Lib. I. Les *Génois* reçûrent en don la Ville de *Castrum* en *Sardaigne*, & autres de la dépendance de *Cagliari*: BIZAR. *de Bello Pisan.* Lib. II. *Robert* donna à *Boëmond* son Fils cadet, *Dyrrachium*, (ou *Duras*) & *Aulone*: ANN. COMNEN. Lib. V. (Cap. II.) *Alfonse*, Roi d'*Arragon*, laissa à son Bâtard *Ferdinand*, le Roiaume de *Naples*, comme pouvant en disposer par droit de conquête. *Ferdinand* légua à son petit-fils quelques Villes du même Roiaume. MARIANA, *Hist. Hisp.* Lib. XXX. GROTIUS.

Voiez ci-dessus, *Note* 21. de ce paragraphe.

(33) *Quis enim vestrûm hoc ignorat dici, illud regnum, testamento Regis* Alexandri, *Populi Romani esse factum?* Orat. II. *de Lege Agrar. contra Rull.* Cap. XVI. pag. 415.

(34) *Quæ* [Paphlagonia] *non vi, non armis, sed adoptione testamenti, & Regum domesticorum interitu, hereditaria Patri suo obvenisset.* Lib. XXXVIII. Cap. V. *num.* 4.

(35) Tout cet *à linea* se trouve, dans l'Original, à la fin du paragraphe 15. après ce que l'Auteur dit des Régens d'un Roiaume. La réflexion sera beaucoup mieux placée ici, où l'Auteur n'a pas encore traité des Roiaumes non-patrimoniaux: au lieu que, dans l'endroit d'où je l'ai otée, on ne voit pas qu'elle ait une liaison prochaine avec la suite du discours. Et je soupçonne fort que l'Auteur l'aiant ajoûtée après la composition de son Ouvrage, ne prit pas bien garde où il la mettoit; comme cela lui est arrivé plus d'une fois à l'égard des choses qu'il ajoûta depuis la premiere Edition. On en verra ailleurs des exemples.

§. XIII. (1) Un Sénateur Romain disoit autrefois, Que l'Empire ne devoit pas être une Herédité, comme celle des Terres & des Esclaves: *Ne sic Rempublicam, Patresque Conscriptos, Populumque Romanum, ut Villulam tuam, ut colonos tuos, ut servos tuos, relinquas.* VOPISC. *in Tacito.* (Cap. VI.) SALVIEN, parlant de *Nebukadnezar*, Roi de *Babylone*, dit, qu'il ne pouvoit pas donner aux Pauvres, par testament, les Peuples qu'il gouvernoit: *Sermo enim ei* [Prophetæ] *cum Rege erat: & quidem cum Rege, non unius urbis, sed, ut tunc videbatur, totius Orbis: qui itaque non poterat Populos, quos regebat, per testamentum egenis tradere, & nationes barbaras indigentibus, quasi nummos, dare, aut in pauperum stipes diffusa longè ac latè regna convertere: & ideo Propheta:* Peccata, *inquit*, tua in misericordiis redime; *hoc est, aurum de indigentibus, quia non potes regnum dare: facultates distribue, quia potestatem non vales prærogare.* (Ad Eccles. Catholic. *Lib.* I. pag. 336. *Ed. Paris.* 1645.) GROTIUS.

J'ai rapporté tout du long le dernier passage, que nôtre Auteur citoit d'ailleurs d'une maniere si vague, que, si je ne l'eusse trouvé par hazard, après l'avoir bien cherché, on n'auroit sû s'il s'agissoit ou des Rois en général, ou de quelque Roi en particulier. Mais le raisonnement de SALVIEN, ainsi consideré en son entier, & le passage de DANIEL, Chap. IV. qui en est l'occasion; feront voir aussi, que le Prêtre peut n'avoir point du tout pensé au sujet dont il s'agit. Il y a grande apparence qu'il veut dire seulement. Qu'un Prince n'est pas obligé de vendre les Peuples, qui sont sous sa domination, pour convertir en aumônes l'argent qu'il en pourra tirer; & qu'il ne seroit pas non plus convenable, ni possible de leur donner les Etats par testament: Qu'ainsi le Roi de *Babylone* devoit fai-

que leur Peuple aît voulu laisser au Roi la permission d'aliéner la Souveraineté. Ainsi (2) il ne faut pas blâmer CRANTZIUS, d'avoir remarqué (a) comme une chose toute nouvelle, qu'*Unguin*, Roi des *Goths*, donna la *Norwége* par testament; puis que cet Historien a pû avoir en vuë les coûtumes des anciens *Germains*, parmi lesquels les Rois n'avoient pas le pouvoir d'aliéner leurs Etats. Car pour ce qu'on rapporte de *Charlemagne*, de *Louïs le Debonnaire*, & d'autres Rois aprés eux, parmi les *Vandales*, & en *Hongrie*; (3) les dispositions testamentaires, qu'ils faisoient, étoient plûtôt de simples recommandations auprès du (4) Peuple qui devoit élire leurs Successeurs, qu'une veritable aliénation. ADON, dans sa *Chronique*, remarque expressément, que *Charlemagne* voulut faire ratifier (5) son Testament par les principaux Seigneurs de *France*: A peu près comme on rapporte de *Philippe*, Roi de *Macédoine*, que ce Prince, voulant exclurre *Persée* de la Succession à la Couronne, pour mettre à sa place *Antigone* son Neveu, (6) alla par toutes les Villes de *Macédoine* recommander *Antigone* aux Principaux de l'Etat, ainsi que TITE LIVE nous l'apprend (7). Pour ce qu'on dit de *Louïs le Debonnaire*, qu'il rendit la Ville de *Rome* au Pape *Paschal* (8), cela ne fait rien au sujet; puis que

(a) *Histor. Dan.* Lib. II. Cap. 4.

re des aumônes, non entant que Roi, mais entant que possédant de grandes richesses. D'où le bon Prêtre conclut, par un raisonnement subtil & bien digne de son siecle, que, puis que DANIEL exhorte le Roi en géneral à *racheter ses péchez par des aumônes*, sans excepter rien de ce qu'il possedoit, qui étoit de nature à pouvoir être distribué aux Pauvres; il entend par là, que le Roi doit emploier toutes ses richesses en aumônes: *Ac per hoc videtur jussisse, ut totum daret, quem hoc solum non jussit distribuere, quod non poterat erogare.* Ainsi on ne peut tirer de ces paroles aucune conséquence sur la question si les Rois en general, & les Rois de *Babylone* en particulier, pouvoient, selon SALVIEN, aliéner leurs Etats à leur fantaisie.

(2) L'Auteur en veut ici encore à HOTOMAN, qui, dans ses *Quæstiones Illustres*, Cap. I. critique la remarque de l'Historien Allemand.

(3) Voiez les *Capitulaires* de CHARLES LE CHAUVE, *Capit. XII. Conventus ad Carisiacum.* On peut rapporter ici le Testament de *Pelage*, par lequel il laissa l'*Espagne*, (ou les Roiaumes de *Léon*, des *Asturies*, & de *Castille*) à *Alphonse* & *Ormisinde*: comme aussi certaines choses qu'on trouve dans le GRAMMAIRIEN SAXON, au sujet du Roiaume des *Danois*. Il ne faut donc pas s'étonner, que quelques Testamens de Princes aient été nuls, à cause que le Peuple ne les ratifioit point; comme celui d'*Alfonse*, Roi d'*Arragon*. Voiez MARIANA, *Hist. Hispan.* Lib. X. (pag. 499.) Et celui d'*Alfonse*, Roi de *Léon*, par lequel il avoit institué ses Filles héritiéres, à l'exclusion de ses Fils; comme le rapporte le même Historien, *Lib.* XII. (pag. 577.) GROTIUS.

(4) ZIEGLER cite ici des paroles mêmes du Testament de *Charlemagne*, qui se trouve après sa Vie, écrite par un Moine anonyme d'*Angoulême*, & publiée par P. PITHOU, pag. 203, *& seqq.* comme aussi dans le grand Recueil de MELCHIOR GOLDAST, sur l'an 806.) Là ce Prince suppose d'une maniére assez claire, que l'approbation du Peuple étoit absolument nécessaire: *Quod si filius cujuslibet istorum trium fratrum natus fuerit*, QUEM POPULUS ELIGERE VELIT, *ut patri suo succedat in hereditate regni* &c. „ Que si quelcun de „ ces trois Fréres (c'est-à-dire, des Fils de *Charlemague*) a un Enfant mâle, & que le Peuple veuille l'élire pour Successeur de son Pére &c. Les Historiens disent aussi, que *Charlemagne*, sur la fin de ses jours, fit assembler solennellement les Grands de tous ses Etats, & qu'avec leur approbation il s'associa & déclara son Successeur, *Louïs*, Roi d'*Aquitaine*, dit depuis *le Pieux*, ou *le Débonnaire*: [CAROLUS MAGNUS] *extremo vitæ tempore, quum jam morbo & senectute premeretur, evocatum ad se* LUDOVICUM, *filium* Aquitaniæ *Regem, congregatis solenniter de toto Regno* Francorum *Primoribus*, CUNCTORUM CONSILIO *consortem sibi totius Regni & Imperialis nominis heredem constituit: impositoque capiti ejus diademate*, Imperatorem & Augustum *jussit adpellari*. EGINHART. *in Vit. Carol. Mag.* Cap. XXX. Voiez aussi ANSELM. *Annal. Francor.* ann. 813. THEGANUS, *de gestis Ludovic. Imp.* Cap. VI.

(5) Il les fit même jurer, comme EGINHART le dit dans un autre Ouvrage, ou dans ses *Annales*. Voici le passage: *De hac partitione est & testamentum factum, & jurejurando ab optimatibus* Francorum *confirmatum* &c. Le Savant BOECLER, qui rapporte ces paroles, (dans son Abregé de l'Histoire du IX. & X. Siecle, *Tom.* III. *Dissert.* pag. 20.) croit néanmoins avec plusieurs autres Auteurs, qu'il y avoit dés-lors une Succession établie, & constamment observée. Mais il est difficile d'accorder cela avec toutes les précautions que *Charlemagne* & ses Successeurs prirent, pour s'assûrer que leurs dispositions seroient suivies. La chose alloit jusqu'à faire intervenir le secours de la Religion, ou plûtôt de la Superstition: car on regardoit ces Testamens, comme l'effet d'une inspiration divine: *Susceptum est hoc consilium ejus* [Caroli Magni] *ab omnibus, qui aderant, magno cum favore; nam divinitus ei, propter Regni utilitatem, videbatur inspiratum.* EGINHART. De Vit. Car. Magn. Cap. XXX. Voiez les autres autoritez qu'allégue là-dessus Mr. SCHMINCKE, le dernier Editeur de cette Vie.

(6) Voiez quelque chose de semblable dans CASSIODORE, Lib. VIII. Epist. III, *& seqq.* C'est ainsi que les conventions entre *Sanctius* & *Jaques*, touchant la succession réciproque au Roiaume d'*Aragon*, furent confirmées par les Grands de l'Etat; au rapport de MARIANA, *Hist. Hisp.* Lib. X. (*pag.* 512.) Cet Historien dit la même chose du Testament de *Henri*, Roi de *Navarre*, par lequel il avoit institué *Jean* son héritier; *Lib.* XIII. (pag. 597.) & de celui d'*Isabelle*, Reine de *Castille*: Lib. XXVIII. (siv. *Appendic. Hist. Hisp.* pag. 243.) GROTIUS.

(7) *Quum in* Thracia Perseus *abesset, circumire* Macedoniæ *urbes, principibusque* Antigonum *commendare*. Lib. XL. Cap. LVI. *num.* 7.

(8) Il y a ici plusieurs choses à redire. I. Le fait dont il s'agit, est faux. On ne trouve rien de cette pré-

que les *Francs* aiant reçû du Peuple Romain la Souveraineté de la Ville de *Rome*, ont fort bien pû la rendre au même Peuple, que le Pape représentoit en quelque maniére, comme Chef du prémier Ordre de l'Etat.

§. XIV. AU RESTE, la distinction que nous faisons entre la Souveraineté, & la maniére plus ou moins pleine de la posséder, est si bien fondée, que non seulement la plûpart des Souverains ne sont pas maîtres de leurs Etats avec un plein droit de propriété; mais encore il y a plusieurs Puissances non Souveraines, qui ont un plein droit de propriété sur les païs de leur jurisdiction. D'où vient que les *Marquisats* & les *Comtez* (a) se vendent & se léguent par testament, plus facilement que les Roiaumes.

(a) Voiez, au sujet de la Principauté *Urzeti*, *Mariana*, Hist. Hisp. *Lib.* XII. Cap. 16.

§. XV. 1. UNE autre chose qui prouve la réalité de nôtre distinction, c'est la maniére dont se régle (a) la Régence d'un Roiaume, pendant la Minorité de l'Héritier de la Couronne, ou lors que le Roi est tombé dans quelque maladie, qui l'empêche d'exercer les fonctions du Gouvernement. Car, dans les Roiaumes non-patrimoniaux, la Régence appartient à ceux qui sont établis par les Loix; ou, au défaut de Loi, par le consentement (1) du Peuple. Au lieu que, dans les Roiaumes Patrimoniaux, les Ré-

(a) Voiez *Cothman*, Consult. Tom. I. *Cons.* XLI. num. 11.

prétenduë Donation, ni dans AIMOIN, ni dans les *Annales* d'EGINHART, ni dans ANASTASE, ni dans THEGANUS, *de gestis Ludovici Imp.* ni dans un Auteur incertain, qui a écrit la Vie de cet Empereur. Tout est fondé sur un acte supposé, dont on allegue deux Copies differentes; l'une, que RAPHAEL VOLATERRAN, (*Geogr. Lib.* III.) dit avoir tirée de la Bibliothéque du *Vatican*; l'autre qui se trouve dans le DROIT CANONIQUE, Distinct. LXIII. *Laici, etiam Principes Magni Episcopos non eligant*, Cap. XXX. Voiez le *Mystére d'iniquité* de DU PLESSIS MORNAI, pag. 336, & *seqq. Edit. Salmur.* 1612. comme aussi HERMAN CONRING. *De German. Imperio Rom.* Cap. VII. & les Notes de GRONOVIUS sur cet endroit de notre Auteur. II. Il paroit par l'Histoire, que ni avant *Louis le Débonnaire*, ni long tems après lui, les Papes n'avoient pas la Souveraineté pleine & entiére, de la Ville de *Rome* & de ses dépendances. *La Donation de* CONSTANTIN est une fable, comme les plus éclairez & les plus sincéres Auteurs de la Communion Romaine en conviennent. Voiez entr'autres la Harangue de LAURENT VALLA, *de falso credita & ementita Const. Magni Imp. Romani donatione*; publiée en 1517. & dédiée à *Léon X.* Lors que les Papes eurent engagé les Villes d'*Italie*, qui restoient aux Empereurs d'*Orient*, à secouer le joug de ceux-ci, quoi qu'ils eussent trouvé moien de s'emparer des revenus & du Gouvernement temporel de la Ville de *Rome* & des environs, ce n'étoit pas néanmoins en qualité de véritables Souverains, reconnus pour tels. Et quand *Pépin* fut venu à leur secours contre les *Lombards*, ce ne fut que sur ce pié-là qu'il rendit aux Papes la Ville de *Rome*, & les autres de l'Exarchat de *Ravenne*. Il y a même des Auteurs qui disent, que les *Romains* avoient promis à *Pépin* de le faire Empereur. Voiez la Vie de *Charlemagne*, par BOECLER, dans son Histoire *De rebus Secul. IX. & X.* pag. 23. *Tom.* III. du Recueil de ses Dissertations. *Charlemagne* confirma la Donation de son Pére: & avant même que d'être déclaré Empereur, il connut de l'affaire du Pape *Léon III.* qui aussi immédiatement après son élévation au Pontificat, avoit fait présenter à ce Prince les clefs & l'étendard de *Rome*, le priant d'envoier quelcun, pour recevoir les hommages des *Romains*, & leur faire prêter serment de fidelité; comme cela paroit par des Annales de *France* très-anciennes: ANNAL. FRANCIC. *ad annum* 796. Voiez les Notes sur EGINHART, *Cap.* 28. de la dern. Edition. Et dans le Testament de *Charlemagne*, tel que le rapporte EGINHART, (Cap. 33.) il est fait mention de *Rome*, comme d'une des Villes Métropolitaines de ses Etats. Consultez, sur tout ceci, HENNING. ARNISÆUS, *de subjectione & exemptione Clericorum*, &c. *item de translatione Imperii Romani*, Cap. VI. VII. & HERMANN. CONRING. *De Germanorum Imper. Romano*, Cap. VII. comme aussi un Livre intitulé, *Les Droits de l'Empire sur l'Etat Ecclésiastique* &c. traduit de l'Italien, & imprimé en 1713. Ainsi je ne vois pas comment on peut dire, que *Louis le Débonnaire* rendit à *Paschal* la Ville de *Rome*; puis que, depuis *Pépin*, les Papes l'avoient toûjours possédée sur le pié que j'ai dit; & qu'auparavant ils n'y avoient pas eu un plus grand pouvoir, approchant de la Souveraineté; qui est ce dont il s'agit ici. Un Savant Italien a même soûtenu, depuis peu, non seulement que les Papes n'avoient qu'une jurisdiction dépendante, mais encore que les *Romains* ne perdirent pas leur liberté, en appellant les Rois des *Francs*; qu'ils ne donnerent à *Charlemagne*, & à ses Successeurs, que le Haut Domaine de *Rome*; qu'ils ne se soûmirent au Pape, que comme à leur Chef, ainsi que les *Vénitiens* font au *Doge*; & que jusqu'en 1431. ils défendirent, autant qu'ils pûrent, leurs libertez contre les Souverains Pontifes de leur Eglise. Voiez la BIBLIOTHEQUE CHOISIE de Mr. LE CLERC, Tom. XXIII. Art. II. Quoi qu'il en soit, de quelque maniére qu'on appelle le droit des Empereurs sur la Ville de *Rome*, il est certain par l'Histoire, qu'ils l'exercérent jusqu'au regne de l'Empereur *Henri IV.* & au Pontificat de *Grégoire VII.* c'est à-dire, pendant près de trois Siécles. III. La réponse que fait ici nôtre Auteur, paroit peu juste & hors de propos. Il veut réfuter HOTOMAN, qui avoit allégué la pretenduë Donation de *Louis le Débonnaire*, comme un exemple du pouvoir d'aliéner la Couronne, qu'avoient, selon lui, les Rois des anciens *Germains*. En supposant donc ce fait véritable, comme nôtre Auteur le reconnoit; il n'importe de quelle maniére la Souveraineté de la Ville de *Rome* ait passé autrefois aux Rois des *Francs*, ni en faveur de qui ils s'en soient depouillez: il s'agiroit seulement de voir, si *Louis le Débonnaire* avoit fait cette restitution de son autorité propre, ou avec l'approbation de son Peuple.

§. XV. (1) Voiez MARIANA, au sujet d'*Alfonse V.* Roi de *Léon*. Mais le testament du Roi *Jean*, où il nommoit des Régens du Roiaume, fut désapprouvé des Grands; comme nous l'apprend le même Historien, *Hist. Hispan.* Lib. XVIII. GROTIUS.

(2)

Régens (2) sont établis ou par le Pére de l'Héritier de la Couronne, ou par les Parens. Ainsi dans l'*Epire* (3), dont le Roiaume avoit été fondé par le consentement du Peuple, ce fut aussi le Peuple qui nomma des Tuteurs au Roi *Arrybas* encore Mineur: & les Grands de *Macédoine* (4) en firent de même pour le Fils posthume d'*Alexandre le Grand*. Mais, dans l'*Asie Mineure*, qui étoit une conquête, (5) le Roi *Euménès* établit son (b) Frére pour Tuteur d'*Attale* son Fils. Et *Hiéron*, Roi de *Sicile*, nomma (6) ceux qu'il voulut pour Tuteurs de son Fils *Hiérôme* (7).

(b) *Plutarque*, De amore fratern. *pag.* 489, 490. *Ed. Wech.*

§. XVI. UNE *troisiéme remarque* qu'il y a ici à faire, c'est, *Que* (1) *la Souveraineté n'en est pas moins Souveraineté, quoi que le Souverain, lors de son installation, s'engage solemnellement envers ses Sujets, ou envers* DIEU, *à certaines* (2) *choses, qui regardent même le Gouvernement de l'Etat*. Et je ne parle pas ici de l'observation du Droit

(2) *Ptolomée*, Roi d'*Egypte*, établit pour Tuteur de son Fils, le Peuple Romain. VALER. MAXIM. *Lib.* VI. *Cap.* VI. *num.* I. GROTIUS.

Mais ces exemples peuvent être éludez par d'autres exemples contraires. Feu Mr. COCCEIUS, dans une Dissertation *De Tutelis Illustrium*, publiée en 1693. *Sect.* II. §. 4. fait voir, que, dans les mêmes Roiaumes qui sont regardez par nôtre Auteur comme Patrimoniaux, le Peuple a quelquefois disposé de la Régence, pendant la Minorité de l'Héritier de la Couronne: & qu'au contraire, dans ceux que l'on reconnoit n'avoir point été Patrimoniaux, la Régence a été réglée ou par le dernier Roi, ou, après sa mort, par ses Parens. Voiez aussi, pour le dernier, feu Mr. HERTIUS, dans sa Dissertation *De Tutela Regia*, (Tom. I. de ses *Comment. & Opusc.*) §. 10, *& seqq.* & ci-dessous, *Note* 6. sur ce paragraphe. Cela est cause que Mr. THOMASIUS (dans ses Notes sur HUBER. *De Jure Civit.* pag. 287, 288.) semble croire, qu'on ne peut établir ici aucun principe certain, non plus qu'au sujet des Successions contestées. Je tombe d'accord avec lui, que les Jurisconsultes trouveront toûjours dequoi soûtenir le pour & le contre sur ces sortes de sujets, selon que le demandera l'intérêt du Parti qu'ils voudront favoriser. Mais, à considérer les choses en elles-mêmes & sans prevention, il n'est peut-être pas si difficile qu'on pense, d'établir le *Droit*; quoi que l'application au *fait*, dans la matiere dont il s'agit, puisse être quelquefois assez difficile. S'il y a quelque *Roiaume Patrimonial*, je veux dire, qui soit tel, que le Prince ait pouvoir de l'aliéner, & de disposer de la Succession comme il le juge à propos, soit que ce droit ait eté formellement accordé au prémier Roi, ou que les Successeurs l'aient aquis depuis par une concession tacite, mais claire, du Peuple: il est certain, qu'un tel Prince a droit de nommer avant sa mort ceux qu'il veut être Regens du Roiaume pendant la minorité de son Successeur; & quand il l'a fait, il n'y a point de difficulté. Mais, au defaut d'une déclaration particuliére de sa volonté, & de tout reglement général fait là-dessus, je crois que, comme le Peuple est celui qui a le plus d'interêt à ce que le Roiaume soit bien gouverné pendant la minorité de celui qui doit être un jour son Maître, c'est aussi à lui qu'il appartient de régler la Régence, selon qu'il le jugera à propos, ou du moins conjointement avec ceux de la Famille Roiale. Quoi qu'en ce cas-là le Peuple ne devienne pas libre, y aiant quelcun qui conserve le droit de le gouverner; cependant, puis que celui-ci n'est pas encore en etat d'exercer son droit, c'est une espece d'interregne, pendant lequel le Peuple peut pourvoir à sa sûreté & à son bien, comme il pourroit le faire, si son Roi, en âge de gouverner, étoit absent & dans l'impossibilité de donner aucun ordre aux affaires, par exemple, s'il avoit eté fait prisonnier par les Ennemis, & qu'il ne trouvât pas moien de faire savoir, entre les mains de qui il veut que soit alors le Gouvernement. Le Peuple peut & doit être censé s'être reservé ce droit passager & provisionnel. Que si le Roi ne vouloit pas le lui laisser, il n'avoit qu'à prendre de bonne heure ses mesures, pour régler la Regence à sa fantaisie. Les Parens de la Famille Roiale, & la Mére même du Roi Mineur, n'ont ici aucun privilége, à l'exclusion du Peuple. La Mere peut bien être comme Tutrice de son Enfant, pour ce qui regarde son éducation & l'administration de son Patrimoine particulier: mais l'administration du Gouvernement est d'une toute autre nature; & comme les Princes mêmes, qui ont pouvoir d'aliéner leurs Etats, ne peuvent jamais le faire d'une maniére desavantageuse au Peuple, ils ne sauroient non plus ôter au Peuple le droit de pourvoir à sa conservation & à son intérêt, pendant une Minorité, lors que le Roi defunt n'y a pas pourvû lui-même. A l'égard des autres Parens du Roi Mineur, qui ont droit en leur rang à la Succession, ce droit ne peut encore rien opérer, parce qu'il n'est qu'en espérance: & l'intérêt même de l'Héritier actuel demande, que l'administration du Gouvernement ne soit pas réglée absolument à leur volonté, puis que cela pourroit leur faire prendre envie & leur donner occasion d'anticiper le tems auquel eux ou les leurs doivent être appellez à la Succession. A plus forte raison ce que je viens d'établir doit-il avoir lieu dans les Roiaumes établis par un consentement tout à-fait libre du Peuple, & sans aucune concession du pouvoir d'aliéner: car rien n'empêche que, dans ces Roiaumes mêmes, le Peuple n'accorde au Roi le droit de regler la Régence, lors qu'il n'y a point de Loi fondamentale là-dessus. (Voiez ci-dessous, *Note* 6. de ce paragraphe.) Et ainsi la differente maniere dont les Regens d'un Roiaume sont etablis, ne sert de rien par elle-même à prouver la distinction des *Roiaumes Patrimoniaux*, ou simplement *Usufruitaires*; comme le prétend nôtre Auteur. Remarquons cependant, pour ne pas lui faire tort, qu'il parle ici uniquement de la Régence du Roiaume (*Tutela Regni*) & non pas de la *Tutéle* du Roi Mineur, ou du pouvoir de diriger ses actions & son patrimoine particulier. *Il est vrai que ces deux droits sont ordinairement joints ensemble: mais rien n'empêche qu'ils ne soient separez, & entre les mains de différentes personnes. Ainsi c'est en vain que quelques Commentateurs de nôtre Auteur lui objectent ici, Qu'un Particulier, selon ses principes, aura plus de pouvoir, qu'un Roi, par rapport à la Tutele de ses Enfans. " Il n'est ni nouveau, ni singulier (di„ soit-on il y a quelques années, dans le Parlement „ de *Paris*) de voir dans les Familles particuliéres, l'é„ ducation des Mineurs séparée de la régie & de l'ad„ ministration des biens: & les Histoires sont pleines „ d'exem-

Droit Naturel & du Droit Divin, ou même du Droit des Gens, à quoi tous les Princes sont obligez, encore qu'ils n'aient rien promis expressément là-dessus: mais de l'observation de certaines Régles, qui concernent des choses auxquelles ils ne seroient tenus en aucune façon, sans l'engagement où ils entrent par leur pr..messe. La verité de ce que je dis, paroît par l'exemple d'un *Pére de Famille*, qui a promis à sa Famille quelque chose qui regarde sa direction: car, quoi qu'il doive tenir sa parole, il ne cesse pas pour cela d'être le Chef, & le Souverain en quelque maniére, de sa Famille, autant que le permet le but & la constitution de cette petite Société. Un *Mari* de même ne perd rien de son autorité sur sa *Femme*, pour lui avoir promis quelque chose, qu'il ne sauroit se dispenser d'accomplir.

2. Il faut avouer néanmoins, que, quand les Princes s'engagent à suivre certaines régles de Gouvernement, leur Souveraineté est restreinte & limitée en quelque maniére, soit

„ d'exemples dans lesquels la Régence du Roiaume „ des Rois Mineurs ont été confiées à des personnes „ différentes. RECUEIL GE'NE'RAL *des Piéces touchant l'affaire des* PRINCES LEGITIMES & LE'GITIMEZ, Tom. I. pag. 66.

(3) *Per ordinem deinde regnum ad* Arrybam *descendit, cui, quoniam pupillus & unicus ex gente nobili superesset, intentiore omnium cura servandi ejus educandique publicè tutores constituuntur.* JUSTIN. Lib. XVII. Cap. III. *num.* 10.

(4) *Placuit itaque* Roxanis *exspectari partum: &, si puer natus fuisset, tutores* Leonatum, Perdiccam, Crateron, *&* Antipatrum, *constituerunt, confestimque in Tutorum obsequia jurant.* JUSTIN. Lib. XIII. Cap. II. *num.* 14.

(5) Le Savant GRONOVIUS critique ici nôtre Auteur, comme aiant mal-à-propos rapporté aux Roiaumes Patrimoniaux aquis par droit de Conquête, l'*Asie Mineure*, où régnoit *Euménès*: car, dit-il, ce Prince n'avoit point conquis l'*Asie*; il l'avoit héritée de son Pére *Attale*, & ses Etats s'étoient aggrandis par les bienfaits des *Romains*, en récompense du secours qu'il leur avoit donné dans la Guerre contre *Antiochus*. Mais nôtre Au..ur ne prétend point, que ce fût *Euménès* lui-même qui eût conquis l'*Asie Mineure*; il veut dire seulement, que ce païs étoit originairement une conquête: *In* Asia Minore, *bello parta, Rex* Eumenes Attalo, *filio suo, fratrem suum tutorem dedit.* Or il est certain, qu'*Alexandre le Grand* avoit conquis l'*Asie*, & qu'elle passa, après lui, à ses Successeurs, avec le même droit; & par conséquent à titre de Roiaume Patrimonial, selon les principes de nôtre Auteur. Voiez STRABON, *Geograph.* Lib. XIII. pag. 925, 926, *Ed. Amstel.* (623, 624. *Ed. Paris.*) De plus, ce que les *Romains* donnérent à *Euménès*, ils l'avoient aquis par les armes; & en le lui donnant, ils lui avoient transmis leur droit. La critique du Commentateur est donc mal fondée: mais il auroit pû en faire une autre plus juste; c'est de remarquer, qu'au rapport de PLUTARQUE, cité en marge par nôtre Auteur, *Euménès* fit plus, que d'établir son Frére Tuteur de l'Héritier de la Couronne, & Régent du Roiaume pendant la Minorité: il lui donna véritablement & absolument le Roiaume, le chargeant d'epouser la Reine sa Veuve. C'est pourquoi le Philosophe remarque, comme un bel exemple d'amitié fraternelle, qu'*Attale*, le Frére dont il s'agit, ne voulut élever aucun des Enfans qui lui nâquirent de sa Belle-Sœur devenuë sa Femme, mais qu'aussi tôt que son Néveu fut en âge, il se démit de la Couronne en sa faveur, & le nomma Roi: Ἀπέθανε, τῷ Ἀττάλῳ [ὁ Εὐμένης] τήν τε βασιλείαν καὶ τὴν γυναῖκα παρεγγυήσας. τί ἂν ἐκεῖνος ἀποθανόντος αὐτοῦ, παιδίον οὐδὲ ἓν ἐκ τῆς γυναικὸς ἀνελέσθαι ἠθέλησε, πολλῶν τεκόντων· ἀλλὰ τὸν ἐκείνου παῖδα θρέψας καὶ αὐξήσας, ἔτι ζῶν ἐπέθηκε τὸ διάδημα, καὶ βασιλέα προσηγόρευσε. Tom. II. *pag.* 489, 490. Cette inexactitude de nôtre Auteur est d'autant plus à noter, que le fait ainsi rapporté, conformément au sens de celui qu'il donne pour garant, faisoit encore mieux à son but; puisqu'il montre avec quelle liberté les Rois, qui regardoient le Roiaume comme leur patrimoine, en disposoient, jusqu'à nommer pour Héritier un Frére, à l'exclusion d'un Fils. Il est vrai que STRABON raconte la chose différemment. Il parle d'*Attale*, comme aiant été etabli par son Frére simple Tuteur de son Fils, & Régent du Roiaume: mais il dit néanmoins, qu'*Attale* REGNA, & il le fait même régner jusqu'à la fin de ses jours, c'est-à-dire, l'espace de vingt & un an, en sorte que, sur ce pié-là, il ne rendit le Roiaume à son Neveu qu'après sa mort: Ἀπέλιπε [δ' Εὐμένης] τῷ υἱῷ τὴν ἀρχὴν Ἀττάλῳ .... ἐπιτροπεύσας δὲ κατέστησε. καὶ τῷ παιδὶ νέῳ τελέως ὄντι, καὶ τῆς ἀρχῆς τὸν ἀδελφὸν Ἄτταλον· ὃς δὲ καὶ εἴκοσιν ἔτη ΒΑΣΙΛΕΥΣΑΣ γέρων ἔτος τελευτᾷ .... κατέλιπε δὲ καὶ τὴν ἀρχὴν τῷ ἐπιτροπευθέντι Ἀττάλῳ. Geograph. *Lib.* XIII. pag. 926. B. C. *Edit. Amst.* (624. *Ed. Paris.*)

(6) L'Auteur a tiré ce fait de TITE LIVE, *Lib.* XXIV. Cap. IV. Ici le docte GRONOVIUS reléve avec raison deux méprises. 1. Que ce *Hiérôme* étoit *petit-fils*, & non pas *Fils* de *Hiéron*. Cela paroît par l'endroit de TITE LIVE, que je viens d'indiquer, où l'Historien dit: *Regnumque ad* Hieronymum NEPOTEM *ejus translatum.* Num. I. Car *Gélon*, Pére de *Hiérôme*, étoit mort. 2. Que le Roiaume, dont il s'agit, n'étoit nullement Patrimonial, puis que ce *Hiéron* même, le second Roi de ce nom qu'il y ait eu en *Sicile*, de simple Magistrat & Général qu'il étoit, fut établi Roi par un consentement bien exprès du Peuple; comme nous l'apprenons de JUSTIN: *Post profectionem à* Sicilia Pyrrhi, MAGISTRATUS Hiero *creatur: cujus tanta moderatio fuit, ut, consentiente omnium civitatium favore,* DUX *adversus* Carthaginenses *primum, mox* REX *crearetur.* Lib. XXIII. Cap. IV. *num.* 1, 2. Ainsi voilà un exemple, qui renverse les principes de nôtre Auteur, bien loin de les confirmer.

(7) Il y a ici, dans l'Original, une réflexion que j'ai cru devoir placer plus haut, & qui fait le dernier *à linea* du paragraphe 12. ou l'on peut voir ce que j'ai dit.

§. XVI. (1) Voiez, sur tout ce paragraphe, ce que dit PUFENDORF, *Droit de la Nat. & des Gens* Liv. VII. Chap. VI. §. 10, *& suiv.*

(2) L'Empereur *Trajan*, (lors qu'il fut fait Consul, par les suffrages libres du Peuple) jura de se bien aquitter de cet Emploi, se soumettant à la vengeance des Dieux, lui & sa Famille, s'il violoit les Loix de propos deliberé: *Et ille juravit, expressit explanavitque verba, quibus caput suum, domum suam, si scienter fefellisset, Deorum ira consecraret.* PLIN. *Panegyr.* (Cap. LXIV.

soit que les obligations où ils entrent regardent seulement l'exercice de leur Pouvoir; (3) ou qu'elles tombent directement sur le Pouvoir même. Dans le prémier cas, tout ce qu'ils font contre la parole donnée est injuste; parce que, comme nous le prouverons (a) ailleurs, toute véritable Promesse donne un droit à celui en faveur de qui elle est faite (4). Dans l'autre, l'acte est injuste & nul en même tems, par le défaut de pouvoir. Il ne s'ensuit pourtant pas de là, que le Prince qui fait de telles promesses dépende d'un Superieur: car l'acte n'est pas annullé en ce cas-là par une autorité supérieure, mais il est nul en lui-même & par le Droit.

(a) *Liv.* II. *Chap.* XI.

3. Voici maintenant des exemples de ces sortes d'engagemens où entrent les Souverains. Parmi les anciens *Perses*, (5) le Roi étoit très-indépendant: on l'adoroit, comme (6) une image de la Divinité; & (7) tant qu'il vivoit, on n'en mettoit point d'autre à sa place. C'étoit un Prince, qui parloit ainsi aux Grands de *Perse*: (8) *Je vous ai fait assembler, afin qu'on ne crût pas que je n'ai suivi d'autre conseil, que le mien. Du reste,*

LXIV. *num.* 3. *Ed. Cellar.*) *Hadrien* jura de ne punir jamais aucun Senateur, qu'il n'eût été condamné par le Senat: *In Senatu quoque, excusatis quæ facta erant, juravit, se numquam Senatorem, nisi ex Senatûs sententia, puniturum.* (SPARTIAN. Vit. Hadrian. *Cap.* VII.) L'Empereur *Anastase* jura de faire observer les Canons du Concile de *Calcedoine*; comme le rapportent ZONARAS, CEDREN, & d'autres. Les derniers Empereurs Grecs prêtoient serment à l'Eglise. Voiez ZONARAS, dans la Vie de *Michel Rangabe*, & ailleurs. Voiez aussi un exemple des promesses que faisoient les Rois Goths, dans CASSIODORE Var. *Lib.* X, 16, 17. GROTIUS.

Les exemples, que l'Auteur allégue ici, ne sont pas tous à propos. Car il s'agit de ce à quoi les Princes s'engagent avant que d'être actuellement revêtus de la Souveraineté, ou lors qu'ils montent sur le Trône; & non pas des promesses qu'ils font, étant deja Souverains. Les dernieres peuvent avoir moins de force.

(3) Voici quelle est la pensée de nôtre Auteur, & le fondement de sa distinction. Quelquefois le Peuple exige de son Roi, qu'il ne leve, par exemple, des Impôts, que sur certaines choses, comme sur les Fonds, ou sur telle ou telle sorte de Denrées ou de Marchandises: en ce cas-là, le Roi a le pouvoir de lever des Impôts, qui est une partie de la Souveraineté; il n'est point obligé de consulter le Peuple, afin que le Peuple juge s'il est necessaire de lever des Impots extraordinaires, ou de les exiger en telle ou telle quantité: mais il ne peut légitimement les mettre sur d'autres choses, que celles qui ont été spécifiées par la Loi Fondamentale. Ainsi la limitation tombe alors sur l'*exercice du Pouvoir*, & non pas sur le Pouvoir même. Il faut dire la même chose, quand le Peuple a stipulé, que le Roi feroit observer dans les Jugemens Civils ou Criminels, les Loix du païs, sauf à lui d'en faire de nouvelles, qui n'y soient pas contraires; ou qu'il ne choisiroit des Magistrats que dans un certain Ordre de gens; ou qu'il n'entreprendroit point de Guerre Offensive, que sous certaines conditions & en certains cas. Mais quelquefois aussi le Peuple stipule, que le Roi ne levera aucun impôt, ou qu'il ne fera aucune Loi, ou qu'il n'établira aucun Magistrat, ou qu'il n'entreprendra aucune Guerre, qu'avec le consentement du Peuple: & alors la limitation de l'Autorité Roiale *tombe sur le Pouvoir même.* Car, quoi que le Roi ait toutes les parties de la Souveraineté, il y en a quelques-unes qu'il ne peut exercer sans le consentement du Peuple. C'est ce qu'il faut bien remarquer, parce que les Commentateurs entendent les paroles de nôtre Auteur, comme s'il supposoit un partage de la Souveraineté. Il est parlé d'un tel partage dans le paragraphe suivant; & la difference qu'il y a, c'est que, quand la Souveraineté est véritablement partagée, le Peuple exerce la partie de la Souveraineté qu'il s'est reservée, avec une entiére independance, & sans être obligé de consulter le Roi: au lieu que, dans le cas dont il s'agit ici, le Peuple ne peut point, par exemple, faire la Guerre de son chef, mais il a seulement droit d'exiger que le Roi ne l'entreprenne pas sans son consentement; & quand il a consenti, c'est le Roi qui fait la Guerre, & non pas le Peuple.

(4) Je ne vois aucun fondement à la distinction que fait ici nôtre Auteur. Il me semble que, dans l'un & dans l'autre cas, tout ce que le Roi fait contre ses engagemens est également injuste & nul en lui-même. Le Roi n'a pas plus de droit de lever, par exemple, des Impôts sur les denrées ou les autres choses exceptées par la Loi Fondamentale, que de lever aucun Impôt sans le consentement du Peuple, lors qu'il s'est engagé solennellement à observer cette condition, qui limite une partie de la Souveraineté. L'engagement est aussi vrai & aussi fort dans le prémier cas, que dans l'autre; & par conséquent le Roi n'a pas plus de droit de violer celui-là, que celui-ci. De sorte que, si ce qu'il a fait n'est pas annullé, c'est ou faute de forces suffisantes de la part du Peuple, ou par une tolérance & une ratification tacite du même Peuple, qui, pour le bien de la paix, ou pour d'autres raisons, peut relâcher de son droit.

(5) Πέρσαι μὲν αὐτοκρατῆ βασιλείαν καὶ ἀνυπεύθυνον [ἀπεκληρώσαντο]. PLUTARCH. *de tribus gener. Rerump.* Tom. II. pag. 826. E.

(6) C'est ce que PLUTARQUE fait dire à *Artaban*, un des Generaux d'*Artaxerxès*. Ἡμῖν δὲ πολλῶν νόμων καὶ καλῶν ὄντων, κάλλιστος οὗτός ἐστι, τὸ τιμᾶν βασιλέα, καὶ προσκυνεῖν, ὡς εἰκόνα Θεοῦ, τῷ τὰ πάντα σώζοντι. Vit. Themistocl. *pag.* 125. C. Tom. I. *Ed. Wech.* Voiez BARNAB. BRISSON. *De Regno Persarum*, Lib. I. pag. 22, *& seqq.* Edit. Sylburg.

(7) *Contra morem* Persarum, *apud quos rex non nisi morte mutatur.* JUSTIN. Lib. X. Cap. I. *num.* 2.

(8) VALERE MAXIME, de qui l'Auteur a tiré ce fait, le rapporte comme un exemple de grande insolence: *Ne viderer meo tantummodo usus consilio, vos contraxi: ceterum mementote, parendum magis vobis esse, quam suadendum.* Lib. IX. Cap. V. *extern.* num. 2. Voiez BRISSON, *De Regno Persico*, Lib. I. pag. 24. *Ed. Sylburg.*

(9) Le passage, dont l'Auteur veut parler, se trouve dans la *Cyropedie*, où il est dit, que, *Cambyse*, Roi de *Perse*, aiant déclaré *Cyrus* son Successeur, en presence des

reste, souvenez vous, que vous devez obéïr, plûtôt que donner vos avis. Cependant, à son avénement à la Couronne, il prêtoit serment, comme XENOPHON (9), & DIODORE (10) *de Sicile* l'ont remarqué: & il ne pouvoit légitimement (11) changer les Loix qui avoient été faites d'une certaine maniére; comme il paroît par l'Histoire de (b) DANIEL, & par ce que disent (12) PLUTARQUE, DIODORE (13) *de Sicile*, & long tems après ceux-ci, (14) PROCOPE, (15) chez qui l'on trouve sur ce sujet une histoire remarquable. DIODORE *de Sicile* (16) dit la même chose des Rois d'*Ethiopie*. Le même Auteur nous apprend, (17) que les Rois d'*Egypte*, qui certainement n'exerçoient pas moins une Autorité Souveraine que les autres Rois de l'*Orient*, s'obligeoient à observer plusieurs choses: mais que, s'ils venoient à y manquer, on ne pouvoit pas les accuser pendant qu'ils étoient en vie; on se contentoit de faire le procès (18) à leur mémoire, & de les priver d'une sépulture faite avec pompe, après qu'ils avoient été condamnez. C'est ainsi que, (c) parmi les anciens *Hébreux*, (19) les corps des

(b) *Chap.* VI. vers. 8, 12, 15.

(c) Voiez II. *Chron.* XXIV, 25. XXVIII, 27.

des Principaux de l'Etat, qu'il avoit convoquez pour cela, fit promettre avec serment à *Cyrus*, de defendre les *Perses* contre leurs Ennemis, & de maintenir leurs Loix de tout son pouvoir; & aux *Perses* réciproquement, d'obeïr à *Cyrus*, & de maintenir sa Couronne & son Empire. Ce qui (ajoûte l'Historien) s'est pratiqué constamment jusqu'à aujourd'hui, lors qu'un nouveau Roi monte sur le Trône. Ἐπεὶ δ' ἐκεῖ, ἴσῃ [ὁ Καμβύσης], θύσαντας ὑμᾶς κοινῇ, καὶ Θεοὺς ἐπιμαρτυραμένους συνθέσθαι, σὺ μὲν, ὦ Κῦρε, ἄν τις ἢ ἐπιστρατεύηται χώρᾳ Περσίδι, ἢ Περσῶν νόμους διασπᾶν πειρᾶται, βοηθήσειν παντὶ σθένει· ὑμᾶς δὲ, ὦ Πέρσαι, ἄν τις ἢ ἀρχῆς Κῦρον ἐπιχειρῇ καταπαύειν, ἢ ἀφίστασθαί τινας τῶν ὑποχειρίων, βοηθήσειν καὶ ὑμῖν αὐτοῖς, καὶ Κύρῳ, καθ' ὅ, τι ἂν ἐπαγγέλλῃ..... Ταῦτα εἰπόντος Καμβύσου, συνέδοξε Κύρῳ τε, καὶ τῶν Περσῶν τέλεσι· καὶ συνθέμενοι ταῦτα τότε, καὶ Θεοὺς ἐπιμαρτυράμενοι, οὕτω καὶ νῦν ἔτι διαμένουσι ποιοῦντες πρὸς ἀλλήλους Πέρσαι τε καὶ βασιλεύς. Lib. VIII. Cap. V. §. 12, 13. *Ed. Oxon.* Il est surprenant que le docte BRISSON ait ômis cette circonstance dans son Recueil *de Regno Persico*, que je viens de citer.

(10) Je ne sai en quel endroit de DIODORE *de Sicile* il est fait mention de ce serment; & je doute fort qu'on y trouve rien là-dessus.

(11) JOSEPH, dans l'histoire de la Reine *Vaste*, dit que le Roi ne pouvoit pas se reconcilier avec elle, à cause de la Loi: Καταλλαγῆναι μὲν αὐτῇ, διὰ τὸν νόμον, οὐκ ἐδύνατο. (Antiq. Jud. *Lib.* XI. *Cap.* VI. pag. 374. A *Ed. Lips.*) Ces sortes de Loix s'appelloient les *Loix du Roiaume*, comme le remarque le Rabbin JACCHIADES, sur DANIEL, VI, 13. Voiez MARIANA, *Hist. Hispan.* Lib. XX. touchant les Loix des Roiaumes d'*Espagne*. GROTIUS.

Le President BRISSON a encore ômis cette circonstance remarquable, concernant le Roiaume de *Perse*. Au reste, nôtre Auteur, dans ses Notes sur le Livre d'ESTHER, *Chap.* I. *vers.* 18. conjecture, que la formalité nécessaire pour rendre immuables les Loix & les Ordonnances des Rois de *Perse*, consistoit en ce qu'elles etoient munies non seulement du seau du Roi, mais encore de celui des Principaux de l'Etat: & il se fonde sur ce qui est rapporté dans les *Révélations* de DANIEL, *Chap.* VI. *vers.* 17.

(12) L'Auteur cite ici la Vie de *Thémistocle*: mais il n'y a rien de tel. Et je suis fort trompé, s'il n'a eu en vuë une chose, qui se trouve dans la Vie d'*Artaxerxès*. Voici le fait. Il y avoit une Loi des *Perses*, portant que, quand le Roi auroit nommé & déclaré solennellement son Successeur, celui-ci pourroit lui demander tout ce qu'il voudroit, & le Roi seroit obligé de le lui donner, pourvû que la chose fût possible. *Darius* aiant été désigné par *Artaxerxès* son Pére, il lui demanda, pour user de ce droit, *Aspasie*, une de ses Concubines. Le Roi en fut fâché: cependant il la lui donna, pour satisfaire à la Loi, qu'il trouva moien d'éluder dans la suite, en ôtant à son Fils cette Concubine: Ἔδωκε μὲν, ὑπ' ἀνάγκης τοῦ νόμου· δοὺς δὲ, ὀλίγον ὕστερον ἀφείλετο. Vit. Artaxerxis. *Tom.* II. *pag.* 1025. B. *Ed. Wech.*

(13) Ici nôtre Auteur indique simplement le *Livre* XVII. de DIODORE *de Sicile*: & voici apparemment l'endroit qu'il a eu en vuë. C'est ce que l'Historien remarque, au sujet d'une chose que la peur fit faire à *Darius*, après la Bataille qu'il perdit près de la Riviere d'*Isse*. Comme ses Chevaux effarouchez alloient l'emporter avec son Char au milieu des Ennemis; il prit lui-même les resnes, & fut ainsi contraint de se mettre dans une attitude peu convenable à sa Dignité, & contraire aux Loix que les Rois de *Perse* doivent observer: Συναναγκαζόμενος λῦσαι τὸν σεμνότατον τῆς περιστασίας, καὶ τὸν παρὰ Πέρσαις τοῖς Βασιλεῦσι κείμενον νόμον ὑπερβῆναι. *Biblioth. Hist.* Lib. XVII. Cap. XXXIV. pag. 580. *Ed. Henr.* [illegible]

(14) La Loi, dont nôtre Auteur veut parler, rapportée par PROCOPE, *Lib.* I. *De Bell. Persic.* Cap. V. defendoit de laisser la Couronne à une personne qui eût quelque imperfection, ou quelque difformité corporelle. Ou plûtôt notre Auteur a eu dans l'esprit une autre Loi, par laquelle il etoit defendu d'oter une Charge d'une Famille, pour la donner à un Etranger. *Ibid.* Cap. VI.

(15) Le même Historien parle pourtant d'une Loi au sujet du Fort de *Lithé* (ou *de l'Oubli*) laquelle fut changée par le Roi de *Perse*. Mais il n'approuve point ce changement. (*Ibid.* Cap. V.) GROTIUS.

(16) C'est au *Liv.* III. *Chap.* V. pag. 102. *Edit. H. Steph.*

(17) Voiez *Lib.* I. Cap. LXX, *& seqq.* pag. 44, 45. *Ed. H. Steph.*

(18) Par les Loix des *Romains*, les Corps des Tyrans devoient demeurer sans sépulture, & être jettez hors des terres de la République: Ἄταφα γὰρ οἱ νόμοι τὰ σώματα τῶν τυράννων ὑπερορίζουσι. APPIAN. *De Bell. Civil.* Lib. III. (pag. 873. *Ed. Toll.* 537. *H. Steph.*) L'Empereur *Andronic Paleologue* laissa sans sépulture le corps de *Michel* son Pére, parce qu'il avoit donné dans les dogmes de l'*Eglise Latine*; comme le rapporte NICEPHORE GREGORAS, Lib. VI. GROTIUS.

(19) Voiez JOSEPH, au sujet des deux *Jorams* un Roi de *Juda*, l'autre Roi d'*Israël*; *Antiq. Jud.* Lib. IX. Cap. III. & V. Et touchant *Joas*, Roi de *Juda*, (ibid. Cap. VIII. in fin.) GROTIUS.

des méchans Princes étoient enterrez hors du lieu destiné à la sépulture des Rois. Par ce tempérament merveilleux, on conservoit en même tems le respect dû à la Puissance Souveraine, & l'on détournoit néanmoins les Rois de violer leurs engagemens, par la crainte du Jugement qui suivroit leur mort. Les Rois d'*Epire* juroient aussi de régner selon les Loix, comme (20) PLUTARQUE le rapporte.

4. Mais que dirons-nous des promesses accompagnées de cette clause, que, si le Roi vient à violer ses engagemens, (d) il sera déchû de la Couronne? N'est-ce plus alors un Pouvoir Souverain? Je crois, que si: tout ce qu'il y a, c'est que la (21) condition apposée met quelques bornes à la maniére de posséder la Souveraineté, & en fait à peu près une Souveraineté à tems. Il en est ici comme d'un Fonds, que l'on tient à charge de Fidéicommis: ce Fonds n'est pas moins *nôtre* (22), que si on en étoit maître avec un plein droit de Propriété: on le posséde seulement d'une maniére à craindre qu'on ne soit un jour obligé de le rendre. Une semblable clause commissoire peut être ajoûtée non seulement aux conventions entre le Peuple, & le Roi, à qui il confére l'Autorité Souveraine, mais encore aux autres sortes de Contracts, qui ne changent pas pour cela de nature. On trouve (23) des Traitez d'Alliance faits sous cette condition avec des Voisins: ou même par lesquels il est stipulé, que les Sujets (24) n'aideront point leur Roi, ou ne lui obéiront point, s'il vient à violer ses engagemens.

(d) Voiez-en un exemple dans *Kran[illegible]*, Hist. Suec. Lib. 12.

§. XVII. 1. IL FAUT remarquer *en quatriéme lieu*, Qu'encore que la Souveraineté soit quelque chose de simple & d'indivisible en lui-même, ou un assemblage des diverses parties, dont nous avons fait le dénombrement, liées étroitement ensemble, avec le caractére d'indépendance qui y est joint: (1) il arrive pourtant quelquefois (a) qu'elle se trouve divisée ou en *parties subjectives*, comme on parle, ou en *parties potentielles*,

(a) Voiez Zasius, Singular. Resp. *Lib.* II. *Cap.* 31.

Les endroits de l'Ecriture Sainte où se trouve cette circonstance de la sepulture des trois Rois, dont parle nôtre Auteur, sont, pour ce qui regarde *Joram*, Roi de *Juda*, II. CHRONIQ. Chap. XXI, 20. A l'egard de *Joram*, Roi d'*Israël*, II. ROIS, IX, 26. Et enfin, pour ce qui est de *Joas*, II. CHRON. XXIV, 25. Il y a pourtant dans le II. Livre des ROIS, XII, 21. que *Joas fut enterré dans la Ville de* David, AVEC SES PE'RES. Ce que nôtre Auteur tâche de concilier dans ses *Notes sur le Vieux Testament*, en disant, qu'il faut entendre par là, qu'on rendit quelque honneur à son cadavre, mais non pas le plus grand de ceux qu'on rendoit aux Rois qui avoient constamment régné comme il faut; lequel honneur consistoit à être mis dans le lieu destiné à la sépulture des Rois. Les Commentateurs même de l'Ouvrage, que nous expliquons, pretendent que la coûtume, dont il s'agit, n'a pas toûjours été observée; & que, quand elle l'a été, ce n'étoit pas toûjours en forme de punition, infligée par les Hommes. Ils se fondent sur ce que, de tant de Rois de *Juda* & d'*Israël*, dont l'Histoire Sainte parle, il y en a eu très-peu qui aient obéï aux Commandemens de DIEU; & cependant il n'est pas vraisemblable, que ceux-là seuls aient été mis dans le Tombeau des Rois. Quelques-uns même, dit-on, semblent avoir ordonné, *qu'après leur mort on les enterrât dans un lieu particulier*: sur quoi on cite II. ROIS, IX, 28. & XXI, 18, 26. Mais outre que ces Princes ont été méchans les uns plus que les autres; il peut y avoir eu des raisons particuliéres qui ont empêché que le corps de ceux mêmes qui avoient porté la méchanceté à un point assez haut pour mériter une flêtrissûre après leur mort, n'y ait pas été actuellement exposé. Quoi qu'il en soit, il est certain que l'Histoire Sainte nous fait regarder comme une punition des Rois du Peuple Hebreu, de n'être point ensevelis dans les Tombeaux de leurs Prédécesseurs. Un Prophéte la denonce clairement à *Jéroboham*: *Ton cadavre*, lui dit-il, *n'entrera point dans le sépulcre de tes Ancêtres*: I. ROIS, XIII, 22. Voiez aussi le Chapitre suivant, vers. 13.

(20) Cela se faisoit dans la ville de *Passarone*, du territoire des *Molosses*, où, après les sacrifices ordinaires dans ces sortes de solemnitez, les Rois juroient de régner selon les Loix, & les Peuples d'*Epire* juroient à leur tour de maintenir le pouvoir de leur Roi selon les Loix. Εἰώθεσαν οἱ βασιλεῖς, ἐν Πασσαρῶνι χωρίῳ τῆς Μολοττίδος, Ἀρείῳ Διῒ θύσαντες, ὁρκωμοτεῖν τοῖς Ἠπειρώταις καὶ ὁρκίζειν, αὐτοὶ μὲν, ἄρξειν κατὰ τοὺς νόμους, ἐκείνους δὲ τὴν βασιλείαν διαφυλάξειν κατὰ τοὺς νόμους. In Pyrrh. (pag. 385. C. Tom. I. *Ed. Wech.* GROTIUS.

(21) Le Roi des anciens *Sabéens*, Peuple d'*Arabie*, étoit le Prince le plus absolu du monde: mais cependant, s'il sortoit de son Palais, on pouvoit le lapider. AGATHARCIDES apud PHOTIUM. (*De Rubro mari*, pag. 63, 64. in Vol. I. *Geograph. Vett. Hudson.* Cette coûtume étoit fondée sur un ancien Oracle, qui l'avoit ainsi ordonné, à ce qu'on croioit. [illegible] ...... [illegible]) STRABON rapporte la même chose sur la foi d'ARTE'MIDORE: Geogr. Lib. XVI. (pag. 1124. C. *Ed. Amstel.* 778. *Ed. Paris.*) GROTIUS.

Ceci étoit dans le Texte, avant la période suivante: & comme la liaison du discours en étoit interrompuë, je l'ai mis en forme de Note. Je remarque cela seulement pour donner un exemple de ce que j'ai fait en divers autres endroits, où je n'en avertis point. Au reste, nôtre Auteur pouvoit joindre à ceux qu'il cite, touchant le fait dont il s'agit, DIODORE *de Sicile*, qui dit la même chose, *Lib.* III. Cap. XLVII.

(22) Il y a ici dans toutes les Editions de l'Original: *Est quidem fundus, non minus quam* &c. Mais que signi-

les, c'est-à-dire, (2) ou entre plusieurs personnes qui la possédent par indivis; ou en plusieurs parties, dont l'une est entre les mains d'une personne, & l'autre entre les mains de l'autre. C'est ainsi que, quoi qu'il n'y eût qu'un *Empire Romain*, (3) on a vû souvent deux Empereurs, l'un pour l'*Orient*, l'autre pour l'*Occident*; quelquefois même jusqu'à trois, qui gouvernoient chacun dans son département. Il peut arriver aussi, qu'un Peuple, en élisant un Roi, se reserve certains actes de la Souveraineté, laissant les autres au Roi absolument & sans restriction. Ce qui pourtant n'a pas lieu, toutes les fois que le Roi s'engage par quelque promesse, comme nous l'avons remarqué ci-dessus: mais seulement lors qu'on (4) fait un partage exprès de la Souveraineté, dequoi nous avons déja parlé; ou lors qu'un Peuple encore libre prescrit au Roi qu'il veut se choisir, certaines choses en forme d'Ordonnance perpétuelle; ou enfin lors qu'on insére une clause, qui donne à entendre que le Roi peut être contraint à faire ce qu'on exige de lui, ou puni même, s'il y manque. (5) Car toute Ordonnance émane d'un Supérieur, qui est tel du moins par rapport à ce qui est ordonné. Et la Contrainte n'est pas toûjours à la vérité un acte de Supérieur; car naturellement chacun a droit de contraindre ses Débiteurs à le satisfaire: mais elle est incompatible avec l'état d'un Inférieur. Ainsi le droit de contraindre emporte du moins une égalité, & par conséquent un partage de la Souveraineté.

2. (6) Platon nous fournit un exemple fort ancien de ce partage. (7) Les *Héraclides*, ou Descendans d'*Hercule*, s'étant établis à *Argos*, à *Messéne*, & à *Lacédémone*, les Rois de cette Famille furent astreints à régner selon certaines Loix qu'on leur prescrivit, & en même tems les Peuples de ces trois Etats s'engagérent à leur laisser la Couronne à eux & à leurs Descendans, & à ne point souffrir que personne la leur ôtât. Bien

signifie cela, *Un Fonds est un Fonds, lors qu'on le tient à titre de Fideicommis?* Il n'est pas moins un *Fonds*, lors qu'on le tient à ferme. Ainsi la comparaison de nôtre Auteur n'auroit aucun rapport avec son sujet, ou seroit du moins très-fausse & il est surprenant, qu'aucun de ses Commentateurs n'ait pas même temoigné sentir cette faute. On voit bien qu'il a voulu dire, comme je l'ai exprimé dans ma version, & comme j'ai mis dans mon Edition de l'Original: *Est quidem* FUNDUS NOSTER, *non minus quam* &c. La ressemblance du mot suivant *non*, fit que les Imprimeurs sautérent *noster*; & l'Auteur ne s'apperçut point de cette omission, en relisant son Ouvrage. Je suis fort trompé, s'il n'a eu dans l'esprit cette Loi du Digeste: *Non ideo minus recte quid* NOSTRUM *esse vindicabimus, quod* ABIRE A NOBIS DOMINIUM SPERATUR *si* CONDITIO *legati aut libertatis extiterit.* Lib. VI. Tit. I. *De rei vindicatione*, Leg. LXVI.

(3) Nôtre Auteur même établit ailleurs, que cette clause commissoire est tacitement renfermée dans tous les Traitez d'Alliance: *Liv.* II. *Chap.* XV. §. 15.

(14) Voiez Martin. Cromer. *Polon.* Lib. XIX. & XXI. On en trouve aussi un exemple dans la Chronique de Lambert de Schafnaburg, sur l'an 1074. dans l'histoire de *Henri IV.* Empereur d'*Allemagne*. Grotius.

§. XVII. (1) Voiez ce que j'ai dit sur Pufendorf, *Droit de la Nature & des Gens*, Liv. VII. Chap. IV. §. 1. & sur l'Abrégé des *Devoirs de l'Homme & du Citoien*, Liv. II. Chap. VII. §. 8. *Note* 1. de la troisiéme & quatriéme Edition.

(2) J'ai ajoûté cette explication, qui étoit fort nécessaire pour la plûpart des Lecteurs.

(3) Cet exemple n'est pas tout-à-fait bien appliqué. Voiez Pufendorf, *Droit de la Nat. & des Gens*, Liv. VII. Chap. V. §. 15. où l'on en trouvera aussi de plus justes.

(4) C'est ainsi que, du tems de l'Empereur *Probus*, le Sénat Romain confirmoit les Loix du Prince; connoissoit des Appels; créoit les Proconsuls; nommoit les Lieutenans des Consuls. Voiez aussi Gailius, Lib. II. Observ. LVII. *num.* 7. & le Cardinal Mantica, *De tacitis & ambiguis convention.* Lib. XXVII. Tit. V. *num.* 4. Grotius.

Ce que l'Auteur dit ici de l'autorité qu'avoit le Sénat de *Rome*, du tems de *Probus*, est tiré de Vopisque: *Permisit Patribus* [Probus] *ut ex magnorum Judicum appellationibus ipsi cognoscerent, Proconsules crearent, Legatos Consulibus darent .... Leges, quas Probus ederet, Senatusconsultis propriis consecrarent.* Cap. XIII. Mais il y a là une faute, & il faut lire *Legatos* EX *Consulibus darent*, comme le montre le docte Saumaise, dont on peut voir la Note. De sorte qu'au lieu de *nommoit les Lieutenans des Consuls*, on doit dire: *nommoit des Lieutenans Consulaires*, pour gouverner les Provinces même qui étoient reservées aux Empereurs.

(5) Voiez ce que dit, sur tout ceci, Pufendorf, *Droit de la Nat. & des Gens*, Liv. VII. Chap. IV. §. 14.

(6) Cet exemple se trouve, dans l'Original, à la fin du paragraphe. J'espére qu'on trouvera, qu'il est mieux placé ici. L'Auteur, en l'ajoûtant aux Editions postérieures à la premiére, ne prit pas bien garde à la liaison du discours.

(7) Voici le passage. Τὸ δὲ δὴ μετὰ τοῦτο ἴδωμεν αὐτοῖς ... τρεῖς πόλεις κατοικίζειν, Ἄργος, Μεσσήνην, Λακεδαίμονα .... Πάντες δὲ τούτοις ὤμοσαν οἱ τότε βασιλεῖς, ἐάν τις τὴν βασιλείαν αὐτῶν διαφθείρῃ ..... Γέγονε δὲ τόδε. Βασιλεῦσι πρὸς βασιλευομένους πόλεσι τρισὶν ὅρκους ἀλλήλοις ὀμόσαι, κατὰ νόμους, οὓς ἔθεντο, τοῦ τε ἄρχειν καὶ ἄρχεσθαι, κοινὸς, οἱ μὲν μὴ βιαιοτέραν τὴν ἀρχὴν ποιήσεσθαι, προϊόντος τοῦ χρόνου καὶ γένους· οἱ δὲ ταῦτα ἐμπεδούντων τῶν ἀρχόντων, μήτε αὐτοὶ τὰς βα-

Bien plus : outre l'engagement réciproque de chaque Peuple & de son Roi, les trois Rois (8) s'engagérent les uns envers les autres, les trois Peuples les uns envers les autres, & chaque Roi envers les deux autres Peuples voisins, comme aussi chaque Peuple envers les deux autres Rois voisins ; tous ensemble se promettant du secours réciproquement.

3. Plusieurs étalent ici un grand nombre d'inconvéniens auquel est exposé l'Etat par ce partage de la Souveraineté, qui en fait comme un Corps à deux Têtes. Mais, en matiére de Gouvernement Civil, il n'y a rien qui soit sans aucun inconvénient : & il faut juger de la nature & de l'effet d'un droit, non par les idées que telle ou telle personne peut se faire de ce qui est le meilleur, mais par la volonté de celui qui a conféré ce droit ; comme nous l'avons déja remarqué.

§. XVIII. C'est, au reste, une grande erreur, de s'imaginer, comme font quelques-uns, que lors qu'un Roi déclare que certaines choses qu'il fera ou qu'il ordonnera seront nulles, si elles ne sont approuvées par un Sénat, ou par quelque autre Assemblée, il y aît là un vrai partage de la Souveraineté. Car les actes qui sont ainsi annullez, doivent être censez annullez par l'autorité du Roi même, (1) qui a voulu de cette maniére empêcher qu'on ne prît pour sa volonté quelque chose qui auroit été obtenu par surprise. (a) C'est ainsi qu'*Antiochus III*. (2) écrivit aux Magistrats des Villes de ses Etats, de ne pas lui obéïr, s'il leur ordonnoit quelque chose de contraire aux Loix. Et il y a une Loi de CONSTANTIN, qui porte, que l'on ne contraigne point les Pupilles & les Veuves de venir, pour cause de procès, à la Cour Impériale, (3) quand même on pro-

(a) Voiez *Boxhorn*, ad Cap. I. *de Constit.* in *Decret.*

βασιλείας πέρι καταλύοιεν, μήτ' ἐπιτρέψειν ἐπιχειροῦσιν ἑτέροις. Βοηθήσειν δὲ βασιλεῦσί τε βασιλευομένων ἀδικουμένων καὶ δήμοις, καὶ δήμοις δήμοις καὶ βασιλεῦσιν ἀδικουμένοις... Τό γε μέγιστον.., τὸ βοηθοὺς εἶναι τοὺς δύο ἐπὶ τὴν μίαν ἀεὶ πόλιν, τὴν τοὺς τεθέντας νόμους ἀπειθοῦσαν. De Legibus, Lib. III. pag. 683, 684. Tom. II. *Ed. H. Steph.* Les Commentateurs veulent, que cet exemple ne soit pas bien appliqué ; parce, disent-ils, qu'il ne s'agit-là que d'une Alliance. Mais, si on l'examine bien, on trouvera que, par une suite de l'Alliance, les Sujets pouvoient exercer indépendamment de leur Souverain quelques actes d'une partie de la Souveraineté.

(8) On trouve plusieurs exemples semblables dans l'histoire des Peuples Septentrionaux. Voiez JOAN. MAGNUS, *Hist. Sued.* Lib. XV. & XXIX. CRANTZIUS, *Sued.* Lib. V. PONTANUS, *Hist. Dan.* Lib. VIII. GROTIUS.

§. XVIII. (1) Il y a pourtant beaucoup d'apparence, que, dans les Roiaumes où une certaine Assemblée doit approuver les Edits & Ordonnances du Prince, cette approbation avoit originairement plus de force. C'étoit une espece de limitation du Pouvoir Législatif, sagement établie pour prévenir les abus. Mais, avec le tems, les Rois ont trouvé moien de la réduire à une *vérification*, c'est-à-dire, à une pure formalité ; aucun des Membres de l'Assemblée n'osant dire son avis sur des Edits, dont quelquefois on ne lit que le titre, & auxquels on n'a garde de trouver à redire, dans la crainte de la disgrace d'un Souverain qui veut qu'on lui obéïsse aveuglement.

(2) *Ἀντίοχος ὁ τρίτος ἔγραψε ταῖς πόλεσιν, ἄν τι γράψῃ παρὰ τοὺς νόμους κελεύων γενέσθαι, μὴ προσέχειν, ὡς ἠγνοηκότι.* PLUTARCH. Apophthegm. Reg. & Imper. *Tom.* II. pag. 183. in fin. *Ed. Wech.* Le Traducteur Latin met ici *Antigone*, au lieu d'*Antiochus* : & il se fonde sur ce que PLUTARQUE a parlé un peu plus haut d'*Antigone II.* A la vérité, il est difficile de comprendre, pourquoi le Philosophe ne donne pas à cet *Antiochus III.* le surnom de *Grand*, sous lequel il est si connu. Cependant, comme il n'y a rien qui puisse faire bien connoître s'il s'agit d'un Roi de *Syrie*, ou d'un Roi de *Macédoine* ; le plus sûr est de laisser le texte, tel qu'il se trouve.

(3) *Si contra Pupillos, vel Viduas, vel [diuturno] morbo fatigatos & debiles impetratum fuerit lenitatis nostræ judicium, memorati à nullo nostrorum Judicum compellantur comitatui nostro sui copiam facere* &c. COD. Lib. III. Tit. XIV. *Quando Imperator* &c. Leg. unic. Voiez aussi *Lib.* X. Tit. XII. *De petitionibus bonorum sublatis*, Leg. I. GROTIUS.

(4) Cette révocation expresse est nécessaire, selon la pratique du Barreau reçuë en divers endroits. Mais les plus habiles Jurisconsultes croient, que cet usage n'est fondé que sur quelques Loix du Droit Romain mal entenduës. Voiez CUJAS, *Observ.* Lib. XIV. Cap. VII, & ANTOINE FAURE, *De Erroribus Pragmaticor.* Decad. XXXVII. Error. VII, *& seqq.* Cependant, à en juger par le Droit Naturel tout seul, il me semble que nôtre Auteur a raison ; & que sa décision sauve également la force de la clause derogatoire apposée au prémier Testament, & la liberté qu'a le Testateur de changer de volonté. Ainsi, à moins que le prémier Testament ne paroisse avoir été fait peu sérieusement, ou qu'on n'ait lieu de croire que le Testateur a oublié la clause derogatoire ; elle doit être expressément révoquée : sans quoi on a tout lieu de présumer que le Testateur a supposé, qu'on verroit bien par cette clause même l'inutilité du Testament postérieur, qui la laisse subsister.

§. XIX. (1) C'est au Livre VI. de son Histoire, *Cap.* IX, *& seqq.*

(2) Voiez ce que je dirai un peu plus bas, sur le *num.* 4. du paragraphe suivant, *Note* 40.

§. XX. (1) Voici le passage : *Σχεδὸν δὴ δύο ἐστίν, ὡς εἰπεῖν, εἴδη βασιλείας, περὶ ὧν σκεπτέον, αὕτη τε [ἡ Παμβασιλεία], καὶ ἡ Λακωνική. τῶν γὰρ ἄλλων αἱ πολλαί, μεταξὺ τούτων εἰσίν. ἐλαττόνων μὲν γὰρ κύριοι τῆς Παμβασιλείας, πλειόνων δ' εἰσὶ τῆς Λακωνικῆς.* Politic. *Lib.*

produiroit là-dessus un ordre de l'Empereur même. Il en est donc ici, comme des Testamens, auxquels on met cette clause, *Que tout Testament postérieur sera nul.* Car une telle clause donne lieu de présumer, que le Testament postérieur n'a pas été fait sérieusement. Mais comme elle peut devenir inutile (4) par une revocation expresse du Testateur; de même la déclaration d'un Prince au sujet de la nullité de certaines choses qu'il aura faites ou ordonnées, peut perdre toute sa force par un nouvel ordre exprès, & par une notification particuliére de sa volonté postérieure.

§. XIX. Je ne veux pas non plus, pour établir par des exemples la vérité de ce que je viens de dire du partage de la Souveraineté, me prévaloir ici de l'autorité de Polybe, (1) qui met la *République Romaine* au rang des Etats dont le Gouvernement étoit mixte: en quoi il se trompe, à mon avis. Car dans le tems qu'il écrivoit, le Gouvernement étoit purement (2) populaire, à considerer le droit, & non pas la maniére dont on se conduisoit actuellement; puis que non seulement l'autorité du *Sénat*, que cet Auteur rapporte au Gouvernement Aristocratique, mais encore celle des *Consuls*, qu'il prétend avoir été Rois en quelque maniére, étoient l'une & l'autre dépendantes du Peuple. Ce que j'ai dit de Polybe, je le dis aussi des autres Auteurs, qui, en écrivant sur des matiéres de Politique, jugent à propos, selon leurs vuës, de s'arrêter à la forme extérieure du Gouvernement, & à la maniére dont les affaires s'administrent ordinairement, au lieu de faire attention à la nature même de la Souveraineté.

§. XX. 1. Ce que dit Aristote (1) de quelques sortes de Roiauté qui tiennent le

Lib. III. *Cap.* XV. *init.* Il veut donc, que les Rois de ces Roiaumes mixtes aient moins de pouvoir que les Monarques absolus, mais plus que les Rois de *Lacédemone*, qui n'étoient presque qu'une espece de Généraux à vie; car, outre ce commandement perpétuel & absolu dans la Guerre, qui n'etoit pas toûjours héréditaire; ils n'avoient d'autre pouvoir, que par rapport aux choses qui regardoient la Religion: Αὕτη μὲν οὖν ἡ βασιλεία (Λακωνικὴ) οἷον στρατηγία τις αὐτοκρατόρων, καὶ ἀΐδιός ἐστι. Ibid. *Cap.* XIV. pag. 356. B. Ἔτι δὲ τὰ πρὸς τοὺς Θεοὺς ἀποδέδοται τοῖς Βασιλεῦσιν. Et il fait mention de trois sortes de Roiaumes, qui tiennent le milieu entre ces deux. Le prémier, est celui qu'il appelle *à la façon des Barbares*, lequel est heréditaire, & despotique, mais établi par les Loix, & fondé sur un consentement libre des Peuples. Παρὰ ταύτην δ' ἄλλο Μοναρχίας εἶδος, οἷαι παρ' ἐνίοις εἰσὶ Βασιλεῖαι τῶν Βαρβάρων, ἔχουσι δ' αὗται τὴν δύναμιν πᾶσαι παραπλησίαν τυραννικῇ· εἰσὶ δ' ὅμως κατὰ νόμον, καὶ πάτριαι.... αἱ μὲν γὰρ (Βασιλεῖς) κατὰ νόμον, καὶ ἑκόντων... δε-γονι. Ibid. D. Le second, est celui des *Aesymnetes*, dont j'ai déja parlé sur le §. 9. de ce Chapitre, *Note* 6. Le troisiéme, est un *Roiaume*, *comme ceux des tems Heroïques*, dont les Rois avoient le commandement des Armées, le Pouvoir Judiciaire, & le soin des affaires de la Religion. Le Peuple leur déferoit volontairement cette autorité, à cause des obligations qu'on leur avoit, & ils la transmettoient à leurs Descendans. Τέταρτον δ' εἶδος Μοναρχίας βασιλικῆς, αἱ κατὰ τοὺς Ἡρωϊκοὺς χρόνους, ἑκούσιαί τε καὶ πάτριαι γιγνόμεναι κατὰ νόμον. διὰ γὰρ τὸ τοὺς πρώτους γενέσθαι τοῦ πλήθους εὐεργέτας κατὰ τέχνας ἢ διὰ τὸ συναγαγεῖν, ἢ πορίσαι χώραν, ἐγίγνοντο βασιλεῖς ἑκόντων, καὶ τοῖς παραλαμβάνουσι πάτριοι. κύριοι δ' ἦσαν τῆς τε κατὰ πόλεμον ἡγεμονίας, καὶ τῶν θυσιῶν, ὅσαι μὴ ἱερατικαί. καὶ πρὸς τούτοις τὰς δίκας ἔκρινον.... αὕτη δὲ (βασιλεία) ἦν ἑκόντων μὲν, ἐπί τισι δ' ὡρισμένοις· στρατηγὸς γὰρ ἦν καὶ δικαστὴς ὁ Βασιλεὺς, καὶ τῶν πρὸς τοὺς Θεοὺς κύριος. Ibid. *pag.* 357. A. B. C. Sur cette description, il est d'abord assez difficile de determiner, quelle différence Aristote met entre son *Roiaume à la façon des Barbares* (ἡ Βαρβαρικὴ Βασιλεία), & son *Roiaume absolu* (ἡ Παμβασιλεία). Car si le dernier donne au Prince le pouvoir de faire tout ce qu'il juge à propos (Αὕτη δ' ἐστὶ καθ' ἣν ἄρχει πάντων κατὰ τὴν ἑαυτοῦ βούλησιν ὁ Βασιλεύς: Cap. XVI. *init.*) l'autre est despotique, selon nôtre Philosophe, & ne différe de la *Tyrannie*, qu'en ce que celle-ci est une domination usurpée, contre la volonté des Citoiens. Giphanius, dans son Commentaire imparfait sur la *Politique*, d'Aristote (imprimé avec une nouvelle version, à *Francfort*, en 1608. mais qui, pour le dire en passant, semble avoir échappé aux recherches de Mr. Fabricius, dans sa *Bibliotheque Grèque*) ce Commentateur, dis-je, croit que son Auteur a traité tout exprès la matiere obscurement, pour ne pas choquer *Alexandre*, son Disciple. Et cette conjecture est assez plausible; quoi que le Philosophe Grec s'exprime obscurément en plusieurs autres endroits, où il n'avoit pas la même raison. Il me semble que l'idée qu'il attachoit à ce qu'il appelle Παμβασιλεία, *Roiaume plein & absolu*, dont il ne donne aucun exemple; revient à celle du *Roiaume Patrimonial* de mon Auteur. Cela paroit par un passage cité ci-dessus, sur le §. 8. *Note* 33. où il compare le pouvoir d'un *Roi absolu* à celui d'un Pére de Famille, qui peut disposer de ses biens à sa fantaisie. Il donne aussi à entendre, dans le Chapitre suivant, qu'un tel Roi régle, comme il veut, la succession à la Couronne. Car en traitant des inconvéniens de cette Roiauté, il dit, qu'il est tres-dangereux que la Couronne passe aux Enfans, quels qu'ils soient, bons ou méchans: & que cependant il n'y a nulle apparence que le Roi ne les nomme pas pour ses Successeurs, comme il le peut; la tendresse paternelle ne permettant pas de croire qu'un Pére desherite ses Enfans, ce qui est au dessus des forces de la Nature Humaine: Εἰ δὲ δή τις ἄριστον θείη τὸ βασιλεύεσθαι ταῖς πόλεσι, πῶς ἕξει τὰ περὶ τῶν τέκνων; πότερον καὶ τὸ γένος δεῖ βασιλεύειν; ἀλλὰ γιγνομένων ὁποῖοί τινες ἔτυχον, βλαβερόν. Ἀλλ' ὁ καταλείψει τοὺς υἱεῖς διαδόχους ὁ Βασιλεὺς, ἐπ' ἐξουσίας ἔχων τοῦτο ποιῆσαι, ἀλλ' οὐκ ἔτι τοῦτο ῥᾴδιον πιστεῦσαι· χαλεπὸν γὰρ, καὶ μείζονος ἀρετῆς, ἢ κατ'

le milieu entre une *Monarchie absolue* (2), & un *Roiaume à la façon de celui de Lacédémone*, qui n'est autre chose que la prémiére Dignité de l'Etat; cette distinction, dis-je, fait plus à nôtre sujet. Pour moi, j'estime qu'on peut donner pour exemple d'un tel mélange, la Souveraineté des *Rois du Peuple Hébreu*. On ne sauroit douter, à mon avis, que ces Rois ne fussent absolus en matiere de la plûpart des choses: car le Peuple avoit demandé un Roi (3) tel qu'en avoient les Voisins; or le Pouvoir des Rois de l'*Orient* étoit fort absolu, comme il paroît par le témoignage de toute l'Antiquité, entr'autres d'ESCHYLE (4), d'ARISTOTE (5), de (6) VIRGILE, de (7) TITE LIVE, de (8) TACITE, de (9) PHILOSTRATE. Tout le Corps du Peuple Hébreu dépendoit aussi du Roi, comme nous (a) l'avons remarqué ci-dessus: & lors que SAMUEL décrit le *droit des Rois*, il donne assez à entendre, qu'il ne resteroit (10) au Peuple aucun pouvoir de se défendre contre les injures du Roi; ce que les anciens Docteurs (11) de l'Eglise inférent avec raison des paroles d'un (b) PSEAUMB, où *David* dit à DIEU;

(a) §. VIII. *num.* 10.

(b) LI, 6.

ἢ κατ' ἀνδραγαθίαν φύσιν. Cap. XV. pag. 359. B. Sur ce pié-là, il faudroit que les *Roiaumes à la façon des Barbares*, tout despotiques qu'ils étoient, ne fussent héréditaires, qu'autant qu'il plaisoit aux Peuples. Quoi qu'il en soit, il paroît par là, que les Roiaumes, dont parle ARISTOTE, comme tenant le milieu entre les *Roiaumes Laconiques*, & le *Roiaume plein & absolu*, n'étoient pas tous tels, qu'il y eût un véritable partage de la Souveraineté, comme dans les *Gouvernemens* que nôtre Auteur appelle *Mixtes*.

(2) Παμβασιλεία. (Voiez la *Note* précedente.) SOPHOCLE l'appelle, Παντελὴς Μοναρχία, en parlant du Roi *Créon*

Ηὔθυνε τε χώρας παντελῆ μοναρχίαν.

Antigon. (*vers.* 1181.)

Car, comme nous l'avons remarqué sur le §. 8. (*Note* 38.) les Poëtes Tragiques représentent le Roiaume de *Thébes* comme semblable à ceux des *Phéniciens*, d'où étoient sortis les prémiers Rois de cette Ville de *Béotie*. PLUTARQUE désigne un Roiaume absolu, par ces mots: Αὐτοκρατὴς βασιλεία καὶ ἀνυπεύθυνος. (De tribus gener. Rerumpubl. *Tom.* II. *pag.* 826. E. *Ed. Wech.*) & STRABON le qualifie, ἰσχυρὰ αὐτοκρατής Lib. VI. *in fin.* pag. 441. B. Ed. Amst. 288. *Ed. Paris.*) DENYS d'*Halicarnasse*, en parlant des Rois de *Lacedémone*, dit, qu'ils n'étoient pas αὐτοκράτορες, *absolus & indépendans.* (Lib. II. Cap. XIV. *pag.* 83. *Ed. Oxon.* 87. *Sylb.*) GROTIUS.

(3) Le Peuple, pour me servir des paroles de JOSEPH, croioit qu'on ne devoit pas trouver étrange, s'il vouloit être soûmis à un Gouvernement Monarchique, comme celui des Peuples voisins: Καὶ οὐδὲν ἄτοπον εἶναι, τῶν πλησιοχώρων βασιλευομένων, τὴν αὐτὴν ἔχειν αὐτοὺς πολιτείαν. Antiq. Jud. (*Lib.* VI. *Cap.* IV. pag. 174 C. *Ed. Lips.*) GROTIUS.

(4) Ce Poëte fait dire à *Atosse*, en parlant du Roi de *Perse*, qu'il n'est point obligé de rendre compte de ses actions à l'Etat, encore même qu'il fasse mal:

Κακῶς δὲ πράξας, οὐχ ὑπεύθυνος πόλει. In Persis.

(5) Il dit, que les *Barbares*, & les *Asiatiques*, souffrent aisément un Pouvoir Despotique: *Διὰ γὰρ τὸ δουλικώτεροι εἶναι τὰ ἤθη φύσει, οἱ μὲν βάρβαροι τῶν Ἑλλήνων, οἱ δὲ περὶ τὴν Ἀσίαν, τῶν περὶ τὴν Εὐρώπην, ὑπομένουσι τὴν δεσποτικὴν ἀρχὴν, οὐδὲν δυσχεραίνοντες.* Politic. *Lib.* III. *Cap.* XIV. pag. 356. D. Tom. II. *Ed. Paris.*

(6) C'est à l'occasion des Abeilles, qui, à ce que dit le Poëte, ont pour leur Roi un respect aussi profond, que les Peuples de l'*Orient*, pour leurs Monarques:

Præterea Regem non sic Ægyptos, & ingens
Lydia, *nec populi* Parthorum, *aut Medus* Hydaspes,
Observant. —— —— —— ——

Georgic. *Lib.* IV. vers. 210, *& segg.*

Ainsi il ne s'agit pas là précisément du pouvoir des Rois de l'*Orient*, non plus que dans quelques passages des Notes suivantes.

(7) *Hic* Syri *&* Asiatici Græci *sunt, levissima genera hominum, & servituti nata.* Lib. XXXVI. Cap. XVII. *num.* 5.

(8) *Serviunt* Syria, Asiaque, *& suetus Regibus* Oriens. HISTOR. Lib. IV. Cap. XVII. *num.* 7. C'est ce que dit un ancien *Batave.* Car les *Germains* & les *Gaulois* avoient bien des Rois en ce tems-là: mais c'étoient des Rois, qui, au rapport du même Historien, n'avoient qu'une Autorité précaire, & conseilloient plûtôt qu'ils ne commandoient: *Mox Rex vel Princeps, prout ætas cuique, prout nobilitas, prout decus bellorum, prout facundia est, audiuntur, auctoritate suadendi magis quàm jubendi potestate.* Germ. Cap. XI. *num.* 6. Mais, pour revenir en Orient, CICERON parle des *Juifs* & des *Syriens*, comme de Peuples nez pour l'esclavage: *Tradidit in servitutem* Judæis *&* Syris, *nationibus natis servituti.* Orat. de Provinc. Consul. *Cap.* V. EURIPIDE dit, que parmi les *Barbares*, tout est Esclave, à la réserve d'un seul Homme:

Τὰ βαρβάρων γὰρ δοῦλα πάντα, πλὴν ἑνός.

Helen. (*vers.* 283.)

En quoi il a imité une pensée d'ESCHYLE, au sujet de *Jupiter*:

Ἐλεύθερος γὰρ οὔτις ἐστὶ, πλὴν Διός.

(*In Prometh vinct.*)

Et LUCAIN, après ces deux Poëtes Grecs, l'a appliquée à *César*:

—— Toto jam liber in Orbe
Solus Cæsar *erit.* —— —— ——

Pharsal. (*Lib.* II. vers. 280 281.)

SERVIUS & PHILARGYRIUS, sur le passage de VIRGILE, qu'on a cité (*Note* 6.) rapportent un passage de SALLUSTE, où cet Historien disoit, que les Peuples de l'*Orient* ont naturellement une grande vénération pour le nom de Roi: *Adeo illis ingenita est sanctitas regii nominis.* L'Empereur JULIEN oppose à l'amour que les anciens *Germains* avoient pour la liberté, l'humeur servile des *Syriens*, des *Perses*, des *Parthes*, & de tous les Barbares de l'*Orient* & du *Midi*, qui étoient gouvernez despotiquement par des Rois: *Τί με χρὴ καθ' ἕκαστον ἀπαριθμεῖν τὸ φιλελεύθερόν τε καὶ ἀνυπότακτον Γερμανῶν ἐπεξιέναι, τὸ χειροηθὲς καὶ τιθασσὸν Σύρων, καὶ Περσῶν, καὶ Πάρθων, καὶ πάντων ἁπλῶς τῶν πρὸς ἕω καὶ μεσημβρίαν βαρβάρων, καὶ ὅσα καὶ τὰς βασιλείας ἀγαπῶντα τὰς δεσποτικωτέρας.* Contra Christian. (*apud* CYRILL. pag. 198. *Edit. Spanhem.*) CLAUDIEN représente à l'Empereur *Honorius*, qu'il commande à des Peuples libres, & non pas à des Peuples comme les *Arabes*, les *Arméniens*, les *Assyriens*:

Non

Dieu; *J'ai péché contre toi* seul. Les *Rabbins* à la vérité conviennent, (12) que, quand le Roi violoit les Loix écrites qui concernoient son devoir, il étoit batu: mais cette espèce de punition n'emportoit aucune infamie, & le Roi la souffroit volontairement, pour donner par là des marques de sa repentance; aussi n'étoit-ce pas un Executeur public de la Justice, qui le battoit, mais telle personne qu'il choisissoit lui-même, & il régloit à son gré le nombre des coups. Du reste, les Rois des *Hébreux* étoient si peu sujets aux peines coactives, que la note même d'infamie, infligée en vertu de la Loi de *Moïse* (c) à celui qui ne vouloit point user du droit de Retrait lignager, cessoit à leur égard. En un mot, selon la sentence d'un (d) Rabbin, *Aucune Créature ne jugeoit le Roi, il n'y avoit que* Dieu *qui eût ce pouvoir.* Cependant je crois qu'il y avoit des Causes qui n'étoient pas de la jurisdiction du Roi, & dont la connoissance avoit été reservée au (13) Conseil des Septante, que *Moïse* avoit institué par ordre de Dieu, & qui subsista sans interruption jusqu'au tems d'*Hérode*, où il est connu sous le nom de *Sanhédrin.* De là vient

(c) *Deuter.* XXV, 9.

(d) *Bar-nachmoni*, Tit. *De Judicib.*

Non tibi tradidimus dociles servire Sabaeos;
Armeniae *dominum non te praefecimus orae;*
Non damus Assyriam, *tenuit quam femina, gentem.*

(De IV. Consulatu Honorii, *vers.* 306, *& seqq.* Grotius.

(9) Il fait dire à *Apollonius de Tyane*, que *Damis* étant *Assyrien*, & voisin de la *Médie*, païs où l'on adore la Domination arbitraire, il ne faut pas s'étonner qu'il n'ait gueres de nobles sentimens de liberté: Ἀσσύριος γὰρ ὤν, καὶ Μήδοις προσοικίζων, ἐν οἷς τυραννίδας προσκυνοῦσιν, οὐδὲν ὑπὲρ ἐλευθερίας ἐνθυμεῖται μέγα. Vit. Apollon. *Lib.* VII. Cap. XIV. *Ed. Olear.*

(10) Mais voiez ce que l'on dira sur le Chap. suivant, §. 3.

(11) St. Jerome dit, que, comme *David* étoit Roi, il ne craignoit personne, il ne reconnoissoit personne ici-bas au dessus de soi: *Quod Rex erat, alium non timebat.* In loc. Psalm. *Rex enim erat; alium non timebat; alium non habebat super se.* Epist. ad Rusticum, *de Paenitentia.* (Tom. I. pag. 121. E. *Edit. Basil. Erasm.*) St. Ambroise raisonne de même sur ce passage: *Rex utique erat, nullis ipse legibus tenebatur; quia liberi sunt Reges à vinculis delictorum. Neque enim ullis ad poenam vocantur legibus, tuti imperii potestate. Homini ergo non peccavit, cui non tenebatur obnoxius: sed quamvis tutus imperio, devotione tamen ac fide erat* Deo *subditus.* (Apolog. David.) *Cap.* X. Voiez aussi Arnobe *le Jeune*, sur le même Pseaume, & Isidore *de Péluse*, Lib. V. Epist. 383. des dernières publiées. *Vitigès*, Roi des *Goths*, disoit, que, le Pouvoir des Rois venant du Ciel, c'est au Ciel qu'il faut laisser le jugement de leurs actions, à l'égard desquelles ils ne doivent rien aux Hommes: *Caussa Regiae potestatis supernis est applicanda judiciis; quandoquidem illa à caelo petita est, ita soli caelo debet innocentiam.* Cassiodor. (Voiez ci-dessus, §. 8. *Not.* 62.) Grotius. Je suis surpris, que nôtre Auteur ait pû adopter & ici, & dans son Traité *De imperio Summarum Potestatum circa Sacra*, Cap. IX. §. 20. une explication aussi peu raisonnable, que celle que ces Péres de l'Eglise donnent, des paroles de David; & une conséquence aussi peu juste, que celle qu'ils en tirent. Y a-t-il apparence, (comme le remarque Milton, *Defens. pro Pop. Angl.* Cap. II. pag. m. 51. & après lui le Savant Rabod Herman Schelius, dans son Traité posthume *De Jure Imperii*, pag. 255.) Y a-t-il, dis-je, apparence, que *David*, dans le tems qu'il prononçoit ces paroles, pénetré de sentimens d'humiliation & de repentance, pensât aux prérogatives des Rois; & qu'il voulût se glorifier d'un prétendu pouvoir, qui l'autorisât à commettre des rapines, des meurtres, des adultéres, envers ses Sujets, sans que ceux-ci eussent lieu de se plaindre qu'il leur fit du tort? Je ne sai si les plus zelez defenseurs du Pouvoir arbitraire, quelque impunité qu'ils assûrent aux Rois, quelque obligation qu'ils imposent aux Sujets, de ne point résister, oseroient soutenir qu'un Prince qui fait mourir une personne innocente, ou qui enléve la Femme de quelcun de ses Sujets, ne péche que contre Dieu? qu'il ne commet pas une veritable *injustice* envers le Mort, ou envers le Mari? Or c'est de la *moralité de l'action*, & non pas de la *peine* ou des suites de l'action, que *David* parle manifestement; comme il paroit par toute la suite du discours. Ainsi il est certain qu'il ne veut dire autre chose, si ce n'est qu'il a non seulement fait du tort à son Prochain, mais encore offensé Dieu lui-même, en sorte que, quoi que le péché ne soit pas *directement* commis contre la Majesté Divine, il la regarde néanmoins *principalement*, comme étant une violation de ses Loix les plus incontestables. De là vient que l'Enfant prodigue dit à son Pére: *J'ai péché contre le Ciel, & contre vous;* Luc, XV, 18, 21. Cela suffiroit pour montrer, qu'on ne doit pas prendre au pié de la lettre le mot de *toi seul.* Mais les Critiques ont allegué d'autres passages de l'Ecriture Sainte, où cette façon de parler n'a pas une signification exclusive, & se réduit à ceci, *toi-même*, ou *toi principalement.* Voiez Glassii *Philolog. Sacr.* Lib. III. Tract. V. Can. XXVI. *Not.* 2. Gronovius en marque même plusieurs exemples, tirez des Auteurs Latins, qui apparemment avoient imité cela des *Grecs.* Voiez les Notes de ce Savant sur l'*Hippolyte* de Sénéque, vers. 874. Il auroit pû y joindre cette expression, qui se trouve dans les bons Auteurs, Unice *amare aliquem*, pour dire, l'aimer *beaucoup*, ou *plus que d'autres*, mais non pas *seul.*

(12) C'est une pure fable, & divers Auteurs l'ont montré clair comme le jour. Voiez Selden, *De Synedriis*, Lib. III. Cap. IX. Saumaise, dans sa *Defens. Regia*, Cap. II. & Cap. V. pag. 231, *& seqq.* Mr. Le Clerc, dans sa *Défense des Sentimens sur l'Hist. Critique du P. Simon*, Lett. VI. pag. 145, 146. &c.

(13) La perpétuité de ce grand Conseil, après avoir été revoquée en doute par quelques Savans, a été entiérement détruite par Mr. Le Clerc, dans ses *Sentimens sur l'Hist. Critique du P. Simon*, Lett. X. & dans une Dissertation sur ce sujet, qui se trouve à la fin de son Commentaire sur les Livres Historiques de l'*Ancien Testament.* Ainsi tout ce que dit ici nôtre Auteur tombe de lui-même. Voiez une preuve, rapportée par occasion un peu plus bas, dans la *Note* 16. sur ce paragraphe.

(c) *Exod.* XXII, 28.
(f) *Pseaum.* LXXXII, 1.
(g) *Deut.* I, 17. *II. Chron.* XIX, 8.
(h) *II. Chron.* XIX, 6.
(i) *I. Chron.* XXVI, 32. & *II. Chron.* XIX, 11.
(k) Voiez *Luc,* XIII, 33.
(l) *Jérem.* XXXVIII, 5.
(m) *Joseph.* Antiq. Jud. *Lib.* XIV. *Cap.* 17.

vient que (e) MOÏSE & (f) DAVID donnent aux Juges le titre de (14) *Dieux*; les sentences des Juges sont aussi appellées (g) *Jugemens de* (15) DIEU; & il est dit que *les Juges* (h) *jugent par autorité de* DIEU, *& non pas par autorité des Hommes.* On distingue même entre les (i) *Causes qui regardoient* DIEU, & *celles qui concernoient le Roi*; entendant par les *Causes qui regardoient* DIEU, comme l'expliquent les plus Savans Rabbins, les Jugemens qui devoient être rendus (16) selon la Loi Divine de MOISE. J'avouë que les Rois de *Juda* connoissoient par eux-mêmes (17) de quelques affaires criminelles; en quoi le Rabbin MOISE, *Fils de Maimon*, leur donne l'avantage (18) sur les Rois des dix Tribus d'*Israël*: & cela paroît par plusieurs exemples qu'on en trouve & dans l'Ecriture Sainte, & dans les Ecrits des Docteurs Juifs. Mais il semble que le Roi n'avoit pas la connoissance de certaines affaires, comme quand il s'agissoit des crimes commis par une Tribu, ou par le Souverain (19) Sacrificateur, ou par un (k) Prophéte. On en voit une preuve dans l'Histoire de JEREMIE. Les Principaux du païs demandoient qu'il fût puni de mort: le Roi leur répondit; (l) *Le voilà, il est en vôtre puissance; car le Roi ne peut* (20) *rien contre vous*, c'est-à-dire, dans ces sortes d'affaires. Bien plus: quand quelcun avoit été accusé devant le *Sanhédrin*, pour quelque autre sujet que ce fût, il n'étoit pas au pouvoir du Roi de le dérober au jugement de ce Tribunal: & de là vient qu'*Hyrcan* (m) voiant qu'il n'y avoit pas moien d'empêcher qu'*Hérode* n'y fût jugé, chercha des expédiens pour éluder la sentence.

2. Le Pouvoir des Rois étoit donc limité de cette maniére, parmi les anciens *Hébreux*. Dans la *Macédoine* aussi, les Rois descendus de *Caranus*, (21) *régnoient selon les Loix, & non par la force*; comme ARRIEN le fait dire à *Callisthéne*. Et QUIN-

TE-

(14) C'est une expression figurée, dont on ne peut conclurre autre chose, si ce n'est que les Juges étoient revêtus de quelque autorité.

(15) Les Juges devoient juger selon la Loi de DIEU, donnée par *Moïse*: voilà tout le fondement de ces expressions, qui n'emportent nullement qu'ils eussent une autorité indépendante du Roi.

(16) Dans les affaires de la Religion, & dans toutes les Causes particuliéres, tant Civiles, que Criminelles, qui pouvoient être décidées par la Loi de *Moïse*, les Rois ne pouvoient rien changer de leur autorité propre, & ils devoient juger selon cette Loi, qui étoit la Loi Fondamentale de l'Etat: de sorte que toutes les affaires qui s'y rapportoient, pouvoient en ce sens être appellées des Causes qui *regardoient* DIEU. Mais sur tout le reste, il n'y avoit rien qui bornât leur pouvoir: c'étoient-là les *Causes Roiales*. Par rapport aux unes & aux autres, ils établissoient ceux qui en devoient connoître; & cela paroît par l'endroit même du Livre des CHRONIQUES, qui est cité en marge, lequel aussi sert à réfuter la fable du Grand Conseil perpétuel parmi les *Juifs*; puis qu'on y voit des Juges établis par *Josaphat* dans toutes les Villes de *Juda*, sans en excepter *Jérusalem*. Concluons, que, dans la Monarchie du Peuple Hébreu, il n'y avoit aucun partage de la Souveraineté, mais seulement une limitation du Pouvoir Législatif, & du Pouvoir en matiére de Religion; ce qui n'empêchoit pas que les Rois ne fussent d'ailleurs aussi absolus, qu'aucune autre Puissance de l'*Orient*. Ainsi l'application que nôtre Auteur fait de cet exemple, n'est pas juste. On verra dans la *Note* 19. ce qui a donné occasion à l'erreur où il est tombé là-dessus, après d'autres.

(17) Et cela en sorte qu'ils faisoient mourir les Criminels, sans aucune formalité de Justice. C'est ainsi qu'en usa *David*, contre celui qui se vantoit d'avoir tué *Saül*, *II.* SAM. *Chap.* I. *vers.* 15. & contre ceux qui avoient assassiné *Isboseth*, Ibid. IV, 11.

(18) Mais voiez là-dessus SELDEN, *de Synedriis*, Lib. II. Cap. XIV. §. 1.

(19) Mais ne voions-nous pas, que *Salomon* déposa le Souverain Sacrificateur *Abiathar*, I. ROIS, Chap. II. vers. 27. Nôtre Auteur, & ceux qu'il a suivi, confondent le Gouvernement des *Hébreux* avant la Captivité de *Babylone*, avec l'état où étoit la République d'*Israël* sous les Princes *Asmonéens*, qui, quoi qu'ils eussent pris le diadême & le titre de Roi, furent obligez, pour affermir leur autorité, de la partager avec le *Sanhédrin*, qui avoit été établi depuis que les *Juifs*, aiant secoué le joug des Rois de *Syrie*, eurent commencé à être gouvernez par les Souverains Sacrificateurs, conjointement avec les Principaux de la Nation; comme l'a très-bien conjecturé MR. LE CLERC, dans sa Dissertation, §. 7. Voiez au reste, sur le pouvoir du *Sanhédrin* en matiére des crimes commis par une Tribu, ou par un grand Sacrificateur, ou par un Faux Prophéte, SELDEN, *de Synedriis*, Lib. III. Cap. IV, *& seqq.*

(20) Il ne s'agit point là, comme l'ont remarqué les Commentateurs, des droits de la Puissance Roiale: mais *Sédécias* déclare, que, dans cette conjoncture, il est contraint de céder aux demandes importunes des Principaux du Peuple, qui regardoient *Jérémie* comme un Traître, comme un homme qui étoit d'intelligence avec les *Caldéens* leurs Ennemis.

(21) Ὅτι [Ἀλέξανδρου] οἱ πρόγονοι . . . οὐ βίᾳ, ἀλλὰ νόμῳ, Μακεδόνων ἄρχοντες διετέλεσαν. De Expedit. Alex. *Lib.* IV. *Cap.* XI. Il s'agit-là plûtôt de la maniére dont les Prédécesseurs d'*Aléxandre* avoient aquis la Couronne, sans usurpation & sans violence, que de la maniére dont ils avoient exercé la Roiauté.

(22) Et Macedones, *adsueti quidem Regio imperio, sed majore libertatis umbra, quàm ceteræ gentes; immortalitatem adfectantem* [Alexandrum] *contumaciùs, quàm aut ipsis expediebat, aut Regi, aversati sunt.* Lib. IV. Cap. VII. *num.* 31.

(23)

te-Curce (22) nous apprend, que *les Macédoniens, tout accoûtumez qu'ils étoient au Gouvernement Monarchique, vivoient pourtant dans une ombre de liberté plus grande, que n'en avoient les autres Peuple*: En effet, les Jugemens Criminels n'appartenoient point au Roi. *C'étoit* (23) *parmi eux une ancienne coûtume, qu'en tems de Guerre l'Armée connoissoit des Crimes capitaux; & en tems de Paix, le Peuple: de sorte que les Rois n'avoient à cet égard aucun pouvoir, que par la voie de la persuasion.* Le même Auteur nous donne ailleurs une autre preuve du mélange qu'il y avoit dans le Gouvernement des *Macédoniens*: (24) *Ils ordonnérent*, dit-il, *selon leur ancienne coûtume, que le Roi n'iroit plus à la chasse à pié, ou sans être accompagné de quelques-uns des Grands & de ses Favoris.*

3. Tacite dit des *Gothons*, Nation Germanique, qu'*ils étoient sous la domination de* (25) *Rois, qui les tenoient un peu plus dans la sujettion, que ceux des autres Peuples de* Germanie, *mais en sorte qu'ils ne leur laissoient pas une entiére liberté.* Il avoit dit un peu plus haut, en parlant des *Germains* en général, que leurs Rois, qui n'étoient que les Chefs ou les Prémiers de l'Etat, (26) *gouvernoient plûtôt par la voie de la persuasion, & par la considération qu'on avoit pour eux, que par leur autorité.* Mais ailleurs il décrit une Monarchie absoluë en ces termes: (27) *Les Suions sont sous la domination d'un Prince, dont l'autorité est absoluë, & non pas précaire, comme celle des autres.* Eustathe, Commentateur d'Homere, (28) remarque, que le Gouvernement des *Phéaciens* étoit *mêlé de Roiauté & d'Aristocratie* (29).

4. Je trouve quelque chose de semblable parmi les *Romains*, du tems de leurs Rois: car alors presque toutes les affaires se régloient par le Roi, comme il le jugeoit à propos, sa

(22) *De capitalibus rebus, vetusto* Macedonum *more, inquirebat exercitus: in pace erat vulgi. nihil potestas Regum valebat, nisi prius valuisset auctoritas.* Lib. VI. Cap. VIII. *num.* 25.

(24) *Ceterum* Macedones, *quamquam prospero eventu defunctus erat* Alexander, *tamen scivére, gentis suæ more, ne pedes venaretur, aut sine delectis principum, amicorumque.* Lib. VIII. Cap. I. *num.* 18. Au reste, Pufendorf, dans une Dissertation *De rebus gestis Philippi*, qui est parmi ses *Dissertations Académiques*, §. 16. prétend que, de tout cela il s'ensuit seulement, que la Souveraineté des Rois de *Macédoine* étoit limitée. Mais si on examine bien les passages dont il s'agit, & d'autres qu'il cite lui-même; on trouvera, à mon avis, qu'ils supposent quelque chose de plus qu'une simple limitation; à considérer du moins l'origine de ces coûtumes, & la maniére dont elles avoient été pratiquées pendant long tems.

(25) *Trans* Lygios, Gothones *regnantur; paullo jam adductius, quàm cetera* Germanorum *gentes; nondum tamen supra libertatem.* German. *Cap.* XLIII. *num.* 7.

(26) *Mox Rex vel Princeps, prout ætas cuique, prout nobilitas, prout decus bellorum, prout facundia est, audiuntur, auctoritate suadendi, magis quam jubendi potestate.* Ibid. *Cap.* XI. *num.* 6.

(27) *Eoque unus imperitat* [apud Suiones] *nullis jam exceptionibus, non precario jure parendi.* Ibid. *Cap.* XLIV. *num.* 3.

(28) Συνῆκτωσις βασιλείας καὶ ἀριστοκρατίας. In Odyss. *Lib.* VI.

(29) Laonic Chalcocondyle dit, qu'un tel mélange se trouvoit dans les Roiaumes des *Pannoniens*, & des *Anglois*, Lib. II. dans celui d'*Arragon*, Lib. V. & dans celui de *Navarre*, ibid. Ce n'étoit pas le Roi de *Navarre*, qui créoit les Magistrats: il ne mettoit des garnisons dans les Places, qu'avec le consentement du Peuple; & il ne pouvoit lui rien commander, contre les Coûtumes; ainsi que le dit le même Auteur, dans le dernier endroit cité. Le Rabbin Le'vi, *Fils de Gerson*, remarque, sur *I. Sam.* VIII, 4. qu'il y a des Rois absolus, & d'autres soûmis aux Loix. Ce que Pline nous apprend, au sujet de l'Ile de *Taprobane*, est curieux. On y choisissoit pour Roi quelcun qui fût vieux & d'un naturel doux, & qui n'eût point d'Enfans: que s'il venoit à en avoir, on le déposoit pour empêcher que la Couronne ne devînt héréditaire. Le Peuple lui donnoit trente Ministres ou Conseillers: & personne n'étoit condamné à mort, qu'à la pluralité des voix. Il y avoit pourtant appel de ce Conseil au Peuple, qui nommoit septante Juges: & s'il ne se trouvoit pas plus de trente Juges, qui opinassent à absoudre le Criminel, on les destituoit, ce qui étoit une grande flétrissûre. Le Roi étoit vêtu à la maniére de *Bacchus*; les autres, comme les *Arabes*. Si le Roi commettoit quelque faute, on le punissoit de mort, sans que pourtant personne le fît mourir, mais en ordonnant à chacun de n'avoir aucun commerce avec lui, & de ne lui parler pas même: *Eligi Regem à Populo, senectâ clementiâque, liberos non habentem: &, si postea gignat, abdicari, ne fiat hereditarium regnum. Rectores et à Populo* XXX. *dari: nec nisi plurium sententiâ quemquam capitis damnari. Sic quoque appellationem esse ad Populum:* LXX. *Judices dari. Si liberent ii reum, non amplius* XXX. (c'est ainsi qu'il faut lire, au lieu d'*amplius* XXX) *iis nullam esse dignitatem, gravissimo probro. Regi cultum* Liberi *Patris, ceteris* Arabum. *Regem, si quid delinquat, morte mulctari, nullo interimente, sed adversantibus cunctis, & commercia etiam sermonis negantibus.* Hist. Natur. *Lib.* VI. Cap. XXII. Servius, sur le IV. Livre de l'*Eneïde*, (v. 682.) dit, que le Gouvernement de *Carthage* étoit mêlé de Democratie, d'Aristocratie & de Monarchie: Populumque, patresque] ... *Quidam hoc loco volunt treis partes politiæ comprehensas, Populi, Optimatium, Regiæ potestatis.* Cato *enim ait, de tribus istis partibus ordinatam fuisse* Carthaginem. Grotius.

 (30)

sa volonté tenoit lieu de Loi, selon TACITE (30). Et le Jurisconsulte (31) POMPONIUS dit, que *les Rois avoient tout pouvoir.* Cependant DENYS *d'Halicarnasse* (32) veut qu'en ce tems-là même il y eût certaines choses qui étoient réservées au Peuple. Que si nous ajoûtons plus de foi au témoignage des Auteurs Romains, qu'à celui de cet Historien Grec, SENEQUE (33) nous apprend qu'en matiére de certaines Causes on pouvoit en appeller des Rois au Peuple; & il cite là-dessus le Traité de CICERON *de la République*, les Livres mêmes des *Pontifes*, & FENESTELLA. *Servius Tullius*, qui étoit monté sur le Trône par la faveur du Peuple, plûtôt qu'en vertu d'un juste titre, diminua encore plus l'Autorité Roiale, puis qu'*il fit des Loix* (34) *auxquelles les Rois même devoient se soûmettre*, comme parle encore TACITE. Ainsi il ne faut pas trouver étrange que (35) TITE LIVE aît dit, Qu'il n'y avoit presque d'autre différence entre le Pouvoir des prémiers Consuls & celui des Rois, si ce n'est que le Consulat n'étoit que pour une année. Il y eut encore, dans le Gouvernement des *Romains*, un mélange de Démocratie & d'Aristocratie (36) pendant l'Interrégne, & dans les prémiers tems des Consuls. (37) Car ce que le Peuple ordonnoit en matiére de certaines affaires, & des plus importantes, n'avoit aucune force, qu'après (38) qu'il avoit été approuvé par le Sénat. Et il resta quelque chose de ce mélange encore plus tard, tant que le *Pouvoir*, comme dit encore (39) TITE LIVE, fut entre les mains des *Patriciens*, c'est-à-dire, du Sénat, & le *secours*, ou le droit d'opposition, entre les mains des *Tribuns*, c'est-à-dire, du Peuple. Mais, avec le tems, la puissance du Peuple s'étant accruë, le consentement du Sénat ne fut plus qu'une pure cérémonie & une vaine image de son ancien droit; puis que les Sénateurs ratifioient les délibérations de l'Assemblée du Peuple, avant même que de savoir ce qui y seroit résolu; comme le remarque (40) TITE LIVE.

5. En-

(30) *Nobis* Romulus, *ut libitum, imperitaverat.* Annal. Lib. III. Cap. XXVI. *num.* 5.

(31) *Quod ad Magistratus adtinet, initio civitatis hujus constat*, Reges *omnem potestatem habuisse.* DIGEST. Lib. I. Tit. II. *De origine Juris* &c. Leg. II. §. 14. Mais l'illustre Mr. DE BYNKERSHOEK veut, qu'il s'agisse ici seulement du Pouvoir des Magistrats, dont les différentes fonctions étoient toutes exercées par les Rois. Il reconnoît cependant, que le Jurisconsulte *Pomponius* a parlé plus haut de cette volonté des Rois, qui tenoit alors lieu de toute sorte de Loi, lors qu'il dit: *Omniaque manu à Regibus gubernabantur.* §. 1. Voiez les *Prætermissa ad L. 2. D. D. Orig. Juris*, pag. 16, 17. des *Opuscula* publiez en 1719.

(32) J'ai deja rapporté le passage ci-dessus, *Note* 4. sur le paragraphe 6. Au reste, PUFENDORF, dans une Dissertation *De forma Reipublicæ Romanæ*, §. 4, *& seqq.* soûtient, que les anciens Rois de *Rome* avoient toutes les parties de la Souveraineté. Mais si l'on examine ses raisons, on trouvera qu'elles ne sont pas assez fortes pour detruire le témoignage des Auteurs Latins & Grecs, qui nous donnent une autre idée du pouvoir de ces prémiers Chefs du Gouvernement.

(33) *Provocationem ad Populum etiam à Regibus fuisse* [notat CICERO.] *Id ita in Pontificalibus libris aliqui putant*, & FENESTELLA. Epist. CVIII. pag. 538. *Edit. Elzevir. maj.* 1672. On en trouve un exemple dans TITE LIVE, Lib. I. Cap. XXVI. au sujet d'*Horace*, qui avoit tué sa Sœur. Voiez le même Auteur, *Lib.* VIII. *Cap.* XXXIII. *num.* 8.

(34) *Sed præcipuus* Servius Tullius *sanctor Legum fuit, queis etiam Reges obtemperarent.* Annal. Lib. III. Cap. XXVI. num. 5.

(35) *Libertatis originem inde magis, quia annuum imperium Consulare factum est, quàm quòd deminutum quicquam sit ex Regia potestate numeres.* Lib. II. Cap. I. *num.* 7. Voiez CICERON, *De Legib.* Lib. III. Cap. III.

(36) Quand un Roi étoit mort, le Peuple donnoit pouvoir au Sénat d'établir telle forme de Gouvernement que bon lui sembloit. Le Sénat créoit des *Interreges*, ou Régens de l'Etat, tirez de son propre Corps; & qui gouvernoient tour-à-tour, chacun pendant cinq jours. Ceux-ci nommoient un nouveau Roi, ou du païs, ou étranger même: mais il falloit qu'il fût ensuite approuvé, prémiérement par le Sénat, & puis par le Peuple; & que les augures aussi fussent favorables. C'est ce que nous apprend DENYS *d'Halicarnasse*: Ἐν γὰρ τοῖς πρότερον χρόνοις, ὁπότε βασιλεὺς ἀποθάνοι, τὴν μὲν ἐξουσίαν ἐδίδου ὁ δῆμος τῷ συνεδρίῳ τῆς βουλῆς, ἥντινα βούλοιτο καταστήσασθαι πολιτείαν· ἡ δὲ βουλὴ μεσοβασιλεῖς ἀπεδείκνυεν· ἐκεῖνοι δὲ τὸν ἄριστον ἄνδρα, εἴτ' ἐκ τῶν ἐπιχωρίων, εἴτ' ἐκ πολιτῶν, εἴτ' ἐκ τῶν ξένων, βασιλέα καθίστασαν. εἰ μὲν οὖν ἥ τε βουλὴ τὸν αἱρεθέντα ὑπ' αὐτῶν ἐδοκίμασε, καὶ ὁ δῆμος ἐπεψήφισε, καὶ τὰ μαντεύματα ἐπεκύρωσε, παρελάμβανεν οὗτος τὴν ἀρχήν. Antiq. Rom. *Lib.* IV. Cap. XL. pag. 233. *Ed. Oxon.* (242. *Sylburg.*) Voiez le passage de TITE LIVE, qui sera cité dans la Note 40. sur ce même paragraphe.

(37) C'est-à-dire, dans l'établissement des Magistrats, & des Loix, & quand il s'agissoit de faire la Guerre; car c'étoit-là, comme nous l'avons vû ailleurs, les trois choses reservées au Peuple. Τῷ δὲ δημοτικῷ πλήθει τρία ταῦτα ἐπέτρεψεν [ὁ Ῥωμύλος], ἀρχαιρεσιάζειν τε, καὶ νόμους ἐπικυροῦν, καὶ περὶ πολέμου διαγινώσκειν, ὅταν ὁ βασιλεὺς ἐφῇ, οὐδὲ τούτων ἔχοντι τὴν ἐξουσίαν ἀνεπίληπτον, ἂν μὴ καὶ τῇ βουλῇ ταὐτὰ δοκῇ. DENYS *d'Halicarnasse*, Antiq. Rom. *Lib.* II. *Cap.* XIV. (pag. 85. *Ed. Oxon.* 87. *Sylb.*) Voiez les deux Notes suivantes; & ci-dessus §. 6. *Note* 4.

(38) Ἐξενεχθεῖσαν δὲ τὴν γνώμην εἰς τοὺς πολλοὺς, ὁ

μὲν

5. Enfin, Isocrate prétend, que, du (41) tems de *Solon*, le Gouvernement d'*Athénes* étoit une *Démocratie mêlée d'Aristocratie*.

§. XXI. 1. Apre's avoir ainsi établi des principes propres à faire juger, entre les mains de qui est le Pouvoir Souverain de chaque Etat; examinons maintenant quelques questions, qui sont d'un usage fréquent sur cette matiére.

2. La prémiére qui se présente, c'est, si une Puissance inférieure à quelque autre en vertu d'un Traité d'*Alliance Inégale*, peut avoir la Souveraineté? (1) J'entens par *Alliance Inégale*, non pas celle qui se fait entre deux Puissances dont les forces sont inégales, comme le Roi de *Perse* s'allia autrefois avec (2) la Ville de *Thébes* en *Beotie*, du tems de *Pélopidas*; & les *Romains*, avec (a) ceux de *Marseille*, & ensuite avec le Roi (b) *Massanissa*: ni celle où l'on stipule d'une part quelque condition dont l'effet n'est point permanent, comme lors que, dans un Traité de Paix, on promet de vivre en bonne amitié avec l'Ennemi reconcilié, à condition qu'il remboursera les frais de la Guerre, ou qu'il fera ou donnera quelque autre chose une fois pour toutes: Mais une *Alliance Inégale*, c'est celle qui, en vertu des articles mêmes du Traité, donne à l'un des Alliez une prééminence perpétuelle sur l'autre, ou par laquelle un des Alliez est tenu *de maintenir la Souveraineté & la Majesté de l'autre*, comme porte le Traité d'Alliance (3) entre les *Romains* & les *Etoliens*, c'est-à-dire, d'empêcher qu'on ne donne aucune atteinte à sa Souveraineté, & de faire en sorte qu'on respecte sa dignité, qui est marquée par le nom de *Majesté*, Tacite (4) appelle cela *avoir de la vénération pour l'Empire des Romains*: & voici comment il l'explique immédiatement après, en parlant d'un Peuple de l'ancienne *Germanie*: *Quoi que placez sur leur rivage, & hors des limites de nôtre Empire, ils ne laissent pas d'être avec nous de cœur & d'inclination.* Florus (5) dit que *ceux-là mêmes qui n'étoient pas sous la domination des* Romains, en

(a) *Justin.* Lib. XLIII. Cap. V. *num.* 3.

(b) *Valer. Max.* Lib. V. Cap. II. *Extern. num.* 4.

[illegible Greek] *Plutarch.* in Vit. Coriolan. (*Tom.* II. *pag.* 227. E. *Ed. Wech.*) Chalcocondylas, Hist. Lib. V. a remarqué un semblable mêlange de Souveraineté qu'il y avoit de son tems dans la Republique de *Gênes*. Grotius.

(39) *Non posse aquo jure agi, ubi imperium penes illos* [*Patres*], *penes se* [*Plebem*] *auxilium tantum sit.* Lib. VI. Cap. XXXVII. *num.* 4.

(40) *Decreverunt enim, ut quum Populus Regem jussisset, id sic ratum esset, si Patres auctores fierent: hodieque in Legibus Magistratibusque rogandis usurpatur idem jus, vi ademptâ. priusquam Populus suffragium ineat, in incertum Comitiorum eventum Patres auctores fiunt.* Lib. I. Cap. XVII. *num.* 9. Denys d'*Halicarnasse* dit aussi, que, de son tems, ce qui avoit été délibéré par le Peuple avoit force de Loi, sans que le Sénat en prît connoissance; quoi que les Arrêts du Sénat n'eussent aucune force sans l'approbation du Peuple. [illegible Greek] Antiq. Rom. *Lib.* II. *Cap.* XIV. C'est de ces tems-là que nôtre Auteur veut parler, lors qu'il soûtient ci-dessus, §. 19. contre l'opinion de Polybe, que le Gouvernement de *Rome* étoit *Démocratique*: de sorte que quelques-uns de ses Commentateurs l'ont mal-à-propos accusé de contradiction sur ce sujet. On peut voir dans les *Observations* de Gronovius, Lib. I. Cap. XXV. de quelle maniére le Peuple empiéta peu-à-peu sur les droits du Sénat, & les engloutit enfin. On fera bien aussi de lire là-dessus une Dissertation de Pufendorf, que j'ai déja citée, *De forma Reip. Romanæ*; quoi qu'il fasse tout ce qu'il peut, pour sauver l'autorité du Sénat. Voiez encore Paul Me'rula, *de Legibus Romanorum*, Cap. II. §. 12. & Cap. III. §. 1. & Rabod Herman Schelius, *De Jure Imperii*, pag. 41, & *seqq.*

(41) C'est dans sa *Harangue Panathénaïque*, où il dit, que Lycurgue imita, autant qu'il lui fut possible, cette maniére de Gouvernement: [illegible Greek] Pag. 261. A. Ed. *H. Steph.*

§. XXI. (1) Voiez sur cette matiére, Pufendorf, *Droit de la Nat. & des Gens*, Liv. VIII. Chap. IX. §. 3, 4. & conferez ce que nôtre Auteur dira ci-dessous, *Liv.* II. *Chap.* XV. §. 7, & *suiv.*

(2) Plutarque, de qui nôtre Auteur a tiré sans doute ce fait, dit, qu'*Artaxerxès* accorda, entr'autres choses, à *Pélopidas*, Que les *Thébains* seroient regardez comme amis du Roi, de Pére en Fils: [illegible Greek] In Vit. Pelopid. *pag.* 294. D. *Ed. Wech.*

(3) *Imperium majestatemque Populi Romani gens Ætolorum conservato sine dolo malo.* Tit. Liv. Lib. XXXVIII. Cap. XI. *num.* 2.

(4) *Protulit enim magnitudo Populi Romani ultra Rhenum, ultraque veteres terminos Imperii reverentiam. Ita sede finibusque in sua ripa, mente animoque nobiscum agunt.* German. *Cap.* XXIX. *num.* 3, 4. Dans ce passage, & dans celui de la Note suivante, il ne s'agit point d'Alliance, mais de l'impression que faisoit la grandeur des *Romains* sur les autres Peuples.

(5) *Illi quoque reliqui, qui immunes imperii erant, sentiebant tamen magnitudinem, & victorem gentium Populum Romanum venerabantur.* Lib. IV. Cap. XII. *num.* 61.

en reconnoissoient la Grandeur, & respectoient ce Peuple Vainqueur des Nations. En effet, comme l'a très bien dit ARISTOTE, & après lui (6) un de ses Commentateurs, c'est le propre de l'Amitié entre inégaux, que l'on donne au plus puissant plus d'honneur, & au plus foible plus de secours.

3. C'est à l'inégalité dont il s'agit qu'on doit rapporter quelques-uns des droits que l'on appelle aujourdhui *Droit de* (7) *Protection*, *Droit* (8) d'*Avouërie*, *Droit de* (9) *Mambournie:* comme aussi le droit qu'avoit autrefois, parmi les *Grecs*, une (10) *Ville Mere*, sur les *Colonies* qui en étoient sorties: car, quoi que ces Colonies fussent libres & indépendantes, elles devoient avoir du respect pour la Ville d'où elles tiroient leur origine, & lui rendre certains honneurs; ainsi que nous l'apprend (11) THUCYDIDE. Et TITE LIVE, (12) en parlant d'une ancienne Alliance entre les *Romains*, qui étoient devenus maîtres absolus d'*Albe*, & les *Latins*, qui étoient sortis d'*Albe*; dit que, dans ce Traité les *Romains* étoient reconnus Supérieurs.

4. Pour venir maintenant à nôtre question, on sait ce qu'y répondit le Jurisconsulte PROCULUS. Il décida, (13) Que tout Peuple, qui ne dépend d'aucun autre, est libre, encore même que, par un Traité d'Alliance, il soit tenu de maintenir & de respecter la Majesté d'un autre Peuple. Si donc un Peuple, qui s'est engagé de cette maniére, demeure néanmoins libre, s'il ne dépend point de l'autre Peuple; il s'ensuit, qu'il conserve la Souveraineté. Il faut dire la même chose d'un Roi, en pareil cas: car il n'y a point de différence entre un Peuple Libre, & un Roi véritablement Roi. Le Jurisconsulte ajoûte, qu'une telle clause apposée à un Traité d'Alliance emporte seulement, que le Peuple, qui doit témoigner du respect & de la déference à l'autre, lui est inférieur; & non pas, qu'il ne soit plus libre. Les mots de *Supérieur* & d'*Inférieur* se doivent entendre ici, non par rapport au *pouvoir* ou à la *jurisdiction* (puis qu'on vient de dire

(6) Ἀλλὰ τῷ μὲν ὑπερέχοντι δεῖ πλεῖον νέμειν τιμῆς, τῷ δὲ ἐνδεεῖ πλεῖον ἀποδιδόναι ὧν δεῖται. ANDRONIC. RHODIUS, Paraphr. Lib. VIII. Cap. XVIII. pag. 567. *Edit. Heins.* 1617.

(7) C'est lors qu'un Prince ou un Etat prend sous sa protection quelque autre Prince ou quelque autre Etat moins puissant, & s'engage à le défendre, soit gratuitement, ou moiennant un certain tribut. On en trouve plusieurs exemples dans l'*Empire d'Allemagne*, & ailleurs. Voiez la Dissertation de feu Mr. HERTIUS, *de specialibus Romano-Germ. Imperii Rebuspublicis* &c. §. 34. dans le II. Tome de ses *Commentationes & Opusc.* & ses *Paræmia Juris Germanici*, Lib. II. Cap. V.

(8) *Advocatia.* On appelloit *Advocati*, ceux qui s'engageoient à défendre les biens & les droits d'une Eglise, ou d'un Monastére. Voiez-en l'origine dans la BIBLIOTHEQUE UNIVERSELLE, Tom. I. pag. 97, *& suiv.* Le Savant GRONOVIUS cite ici plusieurs Auteurs, qui traitent de ces *Advouez.* On trouvera aussi bien des remarques curieuses & instructives, sur ce sujet, dans une Dissertation de feu Mr. HERTIUS, *De consultationibus, legibus, & judiciis, in specialibus Rom. Germ. Imperii Rebuspublicis*, §. 17. Tom. II. de ses *Comment. & Opuscula* &c. Il suffira d'en alleguer un exemple considérable, par rapport au but de nôtre Auteur, c'est celui de l'Empereur d'*Allemagne*, qui se qualifie *Suprême Avoué de l'Eglise Romaine*; quoi qu'il n'en soit pas Chef Souverain, & que, depuis long tems il n'ait aucun droit sur le Temporel des Papes. Voiez, au reste, le *Jus Ecclesiasticum Protestantium &c.* de Mr. BÖHMER, Professeur en Droit à *Hall*, *Lib.* III. *Cap.* V. §. 36, 37. où il fait en peu de mots l'histoire du droit d'*Avouerie*, & il indique en même tems les Auteurs, chez qui on peut s'en instruire à fonds.

(9) *Mundiburgium.* C'est ainsi que portoient les Editions de nôtre Auteur, publiées de son vivant, & immédiatement après sa mort. Dans les derniéres on a mis *Mundiburdium.* L'un & l'autre se trouve dans les Auteurs: aussi bien que *Mundiburnium*; d'où l'on a fait en François, *Mambournie.* De quelque maniére qu'on l'ecrive, il vient, selon quelques-uns, du vieux mot Teuton, *Munto*, qui signifioit, *défendre*, *protéger*, & de *Burde*, qui veut dire, *Charge*, *fardeau.* D'autres le tirent d'ailleurs: mais on convient de la signification du terme; & c'est toûjours une espéce de droit de Protection. Voiez CUJAS, sur le II. Livre *de Feudis*, Tit. IV. FRANC. GUILLIMAN. *De Rebus Helvetiorum.* Lib. I. Cap. IX. num. 14. *Edit. Lips.* 1710. l'Illustre JERÔME BIGNON, sur MARCULPHE, Lib. I. Cap. XXIV. pag. 504. & 506. le *Glossaire* de Mr. DU CANGE; & la Dissertation de Mr. HERTIUS, que j'ai citée dans la *Note* 7. On prétend, que ce mot se disoit particuliérement du droit de Protection qu'avoit un Prince sur un Evêque, ou un Abbé.

(10) Voiez les Notes du Savant HENRI DE VALOIS sur les *Excerpta Constantini Porphyrog.* dans le Recueil fourni par Mr. *de Peiresc*, pag. 6, 7. & ce que nôtre Auteur dira ci-dessous, *Liv.* II. *Chap.* IX. §. 10.

(11) Celui que l'Historien fait parler, y met cette exception; *à moins que la Ville Mére n'en agisse mal avec la Colonie:* Μαθέτωσαν δὲ πᾶσα ἀποικία, εὖ μὲν πάσχουσα, τιμᾷ τὴν μητρόπολιν, ἀδικουμένη δὲ, ἀλλοτριοῦται. Lib. I. §. 34. *Ed. Oxon.* Οὔτε γὰρ ἐν πανηγύρεσι ταῖς κοιναῖς διδόντες γέρα τὰ νομιζόμενα, οὔτε Κορινθίῳ ἀνδρὶ προκαταρχόμενοι τῶν ἱερῶν, ὥσπερ αἱ ἄλλαι ἀποικίαι &c. Ibid. §. 25.

(12) *Quamquam in eo fœdere superior Romana res erat.* Lib. I. Cap. LII. num. 4.

(13) *Liber autem Populus est is, qui nullius alterius Populi potestati est subjectus, sive is fœderatus est: item sive æquo fœdere in amicitiam venit, sive fœdere comprehensum est*

dire que le Peuple inférieur par le Traité ne dépend point de l'autre, qui lui est supérieur) mais à la *considération* & à la *dignité*. Et c'est ce qui est expliqué par une comparaison très-juste, dans les paroles qui suivent immédiatement: *Nous regardons comme libres nos* Clients, *quoi qu'ils ne nous soient nullement égaux ni en considération, ni en rang, ni à l'égard de toute* (14) *sorte de droits: de même il faut regarder comme libres, ceux qui doivent maintenir & respecter la Majesté de nôtre Etat.* En effet, comme un *Client* est sous la protection de son *Patron*; de même les Peuples inférieurs par un Traité d'Alliance, (15) sont *sous la protection* du Peuple Superieur, & non pas *sous sa domination*, ainsi que le dit *Sylla* (16) dans l'Histoire d'APPIEN *d'Alexandrie*: ils sont de son parti, & non pas de ses Etats, comme s'exprime (17) TITE LIVE. Aussi CICERON dit-il des *Romains*, en parlant des tems où la Vertu regnoit parmi eux, (18) *Qu'ils étoient les Protecteurs, & non pas les Maîtres, de leurs Alliez.* A quoi se rapporte ce mot du prémier *Scipion*, dit *l'Africain*; (19) *Le Peuple Romain aime mieux attacher les Hommes à soi par ses bienfaits, que par la crainte de sa Puissance: il aime mieux voir les Nations étrangéres jointes à lui par la protection qu'il leur accorde, & par l'alliance qu'il fait avec elles, que de les tenir soûmises à son Empire par un triste esclavage.* STRABON (20) dit, que les *Lacédémoniens*, depuis même l'entrée des *Romains* dans la *Gréce*, *demeurérent libres, ne contribuant autre chose que ce qu'ils étoient obligez de faire en qualité d'Amis & Alliez.* Comme donc le *Patronage*, de Particulier à Particulier, ne prive point le Client de la liberté personnelle: de même cette espéce de *Patronage Public*, ou d'Etat à Etat, ne détruit point la liberté civile, qui ne sauroit être conçuë sans la Souveraineté. C'est pourquoi TITE LIVE oppose l'état de ceux qui (21) sont *sous la protection* de quelque autre Peuple, à l'état de ceux qui sont *sous sa domination*. Et l'Empereur *Auguste*, au rapport de JOSEPH, menaça, (22)

est, ut is Populus alterius Populi majestatem comiter conservaret: hoc enim adjicitur, ut intelligatur alterum Populum superiorem esse; non ut intelligatur alterum non esse liberum: quemadmodum Clientes nostros intelligimus liberos esse, etiamsi neque auctoritate, neque dignitate, neque jure omni [Voiez la *Note* suivante] *nobis pares sunt; sic eos, qui majestatem nostram comiter conservare debent, liberos esse intelligendum est.* DIGEST. Lib. XLIX. Tit. XV. *De Captivis & Postlimin.* &c. Leg. VII. §. 1.

(14) *Jure omni*: C'est la leçon ordinaire, que nôtre Auteur a suivie, dans ce passage, qui est corrompu, tel que le représentent les meilleurs MSS: mais il vaut mieux lire, comme fait HALOANDER, *neque viribus*, c'est-à-dire, *ne nous sont pas égaux en forces.*

(15) Voiez le Cardinal TUSCHUS, *Practic. Conclus.* 935. Nous avons un exemple de ceci, dans les *Dilimnites*; [ou *Dolomites*, Peuples de *Perse*,] qui, quoi que libres & vivant sous leurs propres Loix, donnoient des Troupes aux *Perses*; comme le rapporte AGATHIAS, Lib. III. [Cap. VIII. Voiez aussi PROCOPE, *De Bell. Goth.* Lib. IV. Cap. XIV. & l'*Orbis Romanus* de Mr. le Baron de SPANHEIM, Exercit. II. Cap. XVII. pag. 452.] *Iréne*, Impératrice de *Constantinople*, avoit eu dessein de partager l'Empire entre les Enfans de son Mari, en sorte que ceux qui naîtroient après leur fussent inférieurs en dignité, mais du reste maîtres d'eux-mêmes & indépendans: Δευτέρους μὲν κατὰ τὸ τῆς τιμῆς ἀξίωμα, αὐτονόμους δὲ καὶ αὐτοκράτορας εἶναι. Voiez, au sujet des Villes qui se mirent sous la protection de la Maison d'*Aûtriche*, ALBERT. KRANTZIUS, *Saxonic.* Lib. X. HE'RODIEN parlant des *Osrhoëniens* & des *Arméniens*, remarque, que les prémiers étoient sujets des *Romains*, mais les autres seulement Amis & Alliez: Ὀσροηνῶν τε καὶ Ἀρμενίων· ὧν ἦσαν οἱ μὲν ὑπήκοοι, οἱ δὲ, φίλοι καὶ σύμμαχοι. Hist. *Lib.* VII. (Cap. V. *Ed.* Oxon. 1678. Cap. II. num. 2. *Edit. Boecler.*) GROTIUS.

J'ajoûterai ici à ce que j'ai mis entre deux crochets, dans cette Note, que le Passage Grec, qui y est cité sans nom d'Auteur, pourroit bien être de THE'OPHANE, & se rapporter aux conditions du Mariage que l'on sait qui fut proposé entre *Iréne* & *Charlemagne*. Je n'ai pas le Livre en main, pour m'en éclaircir.

(16) C'est au sujet de quelques Peuples de l'*Asie Mineure*, que les *Romains* avoient donnez à *Euménès*, Roi de *Pergame*, & aux *Rhodiens*, leurs Alliez: Ἀλλὰ μεθήκαμεν αὐτονόμους, πλὴν εἴ τινας Εὐμενεῖ καὶ Ῥοδίοις συμμαχήσασιν ἡμῖν ἔδομεν, οὐχ ὑποτελεῖς, ἀλλ' ἐπὶ προστασίᾳ εἶναι. Bell. Mithridat. *pag.* 356. *Ed. Amst.* (212. *H. Steph.*) Ainsi ces Peuples n'étoient pas indépendans, tels qu'il faut supposer ceux dont nôtre Auteur parle.

(17) Il s'agit là des *Olcadiens*, Peuple d'*Espagne*, par rapport aux *Carthaginois*: *Ultra* Iberum *ea gens in parte magis, quàm in ditione* Carthaginiensium *erat.* Lib. XXI. Cap. V. *num.* 3.

(18) L'Orateur & Philosophe Romain dit, qu'on pouvoit les appeller les Protecteurs, plûtôt que les Maîtres de leurs Alliez: *Nostri autem Magistratus Imperatoresque ex hac una re maximam laudem capere studebant, si Provincias, si Socios aequitate & fide defendissent. Itaque illud patrocinium orbis terrae verius, quàm imperium, poterat nominari.* De offic. *Lib.* II. *Cap.* VIII. Voiez aussi *Lib.* I. Cap. XI.

(19) *Venisse eos in Populi Romani potestatem, qui beneficio, quàm metu, obligare homines malit; exterasque gentes fide ac societate junctas habere, quàm tristi subjectas servitio.* TIT. LIV. Lib. XXVI. Cap. XLIX. *num.* 8.

(20) Καὶ ἔμειναν ἐλεύθεροι, πλὴν τῶν φιλικῶν λειτουργιῶν ἄλλο συντελοῦντες οὐδέν. Geograph. *Lib.* VIII. pag. 362. B. *Ed. Amst.* (365. *Paris.*)

(21) *In fide, & in ditione.* Par exemple, en parlant des

(22) *Syllée*, Roi des *Arabes*, que, s'il ne cessoit d'insulter ses Voisins, il le réduiroit à n'être plus son Ami, mais son Sujet. Les Rois d'*Arménie* pouvoient être mis au dernier rang: car, comme le disoit *Patus*, écrivant à *Vologése*, ils (23) étoient sous la domination des *Romains*, en sorte qu'ils n'avoient guéres que le titre de Rois. Tels aussi avoient été autrefois les Rois de *Chypre*, & autres Princes, soûmis (24) à l'Empire des *Perses*.

5. Il est donc certain que les conditions d'une Alliance Inégale n'empêchent point que l'Allié Inférieur ne soit Souverain. Mais il y a une difficulté sur les paroles du Jurisconsulte Romain, que nous venons de citer, comme étant de même opinion: car ce qu'il dit, semble ne pas s'accorder avec ce qu'il ajoûte: (25) *Ceux qui sont membres des Etats Alliez sont citez par devant nous; on leur fait le procès dans nos Tribunaux, & on les punit en vertu de la Sentence renduë contr'eux.* Pour éclaircir cela, il faut remarquer, qu'il peut y avoir ici quatre sortes de démêlez, ou de sujets de plainte. 1. Lors que les Sujets du Peuple, ou du Roi, qui est sous la protection d'un autre, sont accusez d'avoir fait quelque chose contre le Traité d'Alliance. 2. Lors qu'on en accuse le Peuple même, ou le Roi. 3. Lors que les Alliez, qui sont sous la protection d'un même Peuple ou d'un même Roi, portent devant lui les griefs qu'ils ont les uns contre les autres. 4. Enfin, lors que les Sujets se plaignent des mauvais traitemens ou du tort qu'ils reçoivent de

des *Sidiciniens*: *Qui . . . nec* IN FIDE *Populi Romani, nec* DITIONE *essent.* Lib. VIII. Cap. I. *num.* 10. Et ailleurs *in fidem se tradere*, est opposé, à *in servitutem*: comme quand *Phéneas*, Chef de l'Ambassade des *Etoliens*, disoit à un Consul Romain: *Non* IN SERVITUTEM, *sed in* FIDEM *tuam nos tradimus.* Lib. XXXVI. Cap. XXVIII. *num.* 4. Mais le Consul fit bien voir, que, par *in fidem se tradere*, on entendoit alors se rendre à discrétion, se mettre sous la domination des *Romains*. Voiez l'*Orbis Romanus* de feu Mr. le Baron de SPANHEIM, Exercit. II. Cap. X. pag. 299. C'est que l'expression devint équivoque, à mesure que les *Romains* commencérent à agir en maîtres avec leurs Alliez. Voiez ce que nôtre Auteur remarque ailleurs, *Liv.* III. *Chap.* XX. §. 50. *num.* 3. En quoi il n'y a nulle contradiction, comme l'insinuë BOECLER, qui m'a indiqué les passages, que je viens de rapporter. Il remarque lui-même que les Auteurs Latins, qui veulent parler exactement, ajoûtent quelque chose, pour ôter l'équivoque; comme dans ces passages; *Quorum* IN FIDE ET CLIENTELA *regnum* [Numidiæ] *erat.* FLORUS, Lib. III. Cap. I. *num.* 3. *Manus ad* Cæsarem *tendere, & voce significare cœperunt* (Bellovaci), *sese in ejus* FIDEM AC POTESTATEM *venire.* CÆSAR, De Bell. Gall. Lib. II, Cap. XIII. Bellovacos *omni tempore* IN FIDE ATQUE AMICITIA *Civitatis* Æduæ *fuisse.* Idem, *ibid.* Cap. XIV. Mais la prémiére de ces expressions, selon Mr. le Baron de SPANHEIM, dans son *Orbis Romanus*, *ubi supra*, pag. 307. emporte autant que la seconde.

(22) Il y a ici plusieurs fautes, que le Savant GRONOVIUS a relevées. I. *Syllée* n'étoit pas Roi des *Arabes*, mais seulement Ministre ou Général d'*Obodas*, Roi d'une partie de l'*Arabie*. II. Ce n'est pas lui qu'*Auguste* menaça, mais *Hérode*. *Syllée* trouva moien d'en faire accroire à *Auguste*, au sujet de l'expédition d'*Hérode* contre l'*Arabie*; & là-dessus l'Empereur écrivit au Roi des *Juifs*, qu'il l'avoit traité jusqu'alors en ami, mais que désormais il le traiteroit comme son Sujet: Καὶ τοῦτο τῆς ἐπιστολῆς τὸ κεφάλαιον, ὅτι πάλαι χρώμενος αὐτῷ φίλῳ, νῦν ὑπηκόῳ χρήσεται. JOSEPH. Antiq. Jud. *Lib.* XVI. *Cap.* XV. pag. 572. C. III. Nôtre Auteur ne donne pas une juste idée de la condition des Rois d'*Arabie*: car ces Rois, aussi bien que tous les autres, depuis l'Occident jusqu'à l'*Euphrate*, étoient en ce tems-là dépendans des *Romains*, en sorte qu'ils recevoient d'eux la Couronne, & que sans leur consentement un Fils même ne pouvoit pas succeder à son Pere. JOSEPH rapporte, dans l'endroit même que je viens de citer, & dans le Chapitre suivant, combien *Auguste* fut irrité, de ce qu'*Aretas* avoit commencé à regner, sans attendre son approbation, après la mort d'*Obodas*; & les soûmissions qu'il fallut que fit ce Prince, pour appaiser l'Empereur. On sait aussi qu'*Archelaüs*, Fils de l'*Hérode*, dont il s'agit, alla à *Rome*, incontinent après la mort de son Pere, pour demander à *Auguste* la confirmation du Roiaume de *Judée*, qu'il ne put obtenir que sous le titre d'*Ethnarque*; & même quelques années après, sur les plaintes des *Juifs*, l'Empereur le relégua à *Vienne*. Voiez la Dissertation de feu Mr. PERIZONIUS, *De Augustea Orbis terrarum descriptione*, §. 3, & 5, 6.

(23) TACITE, qui rapporte ceci, fait dire à *Patus*, que les *Arméniens* avoient toûjours été ou sous la domination des *Romains*, ou Sujets d'un Roi élû par l'Empereur: *Quid pro* Armeniis, *semper Romanæ ditionis, aut subjectis Regi, quem Imperator delegisset, hostilia faceret.* Annal. *Lib.* XV. *Cap.* XIII. *num.* 4. FLORUS dit, qu'après la défaite de *Tigrane*, *Pompee*, n'imposa d'autre sujettion aux *Arméniens*, que celle de recevoir des *Romains* ceux qui devoient les gouverner: Armenios, *victo Rege* Tigrane, *in hoc unum servitutis genus* Pompeius *adsueverat* (Madame DACIER lit, *adstrinxerat*), *ut rectore: à nobis acciperent.* Lib. IV. Cap. XII. *num.* 43. Voiez l'*Orbis Romanus* de Mr. le Baron de SPANHEIM, pag. 452.

(24) Αἱ μὲν ἄλλαι πόλεις ἅπασαι, τοῖς Πέρσαις ὑποτάγησαν . . . . ὁ δὲ Πρωταγόρας (ou, comme feu Mr. PERIZONIUS conjecturoit qu'on doit lire, Πνυταγόρας, *Not. in Ælian.* pag. 440.) ἑκουσίως ὑποταγεὶς τοῖς Πέρσαις, τὸ λοιπὸν ἀδεῶς, ἐβασίλευε τῆς Σαλαμῖνος &c. Biblioth. Histor. *Lib.* XVI. *Cap.* XLVI. pag. 534. *Edit. H. Steph.*

(25) *At fiunt apud nos rei ex Civitatibus Fœderatis, & in eos damnatos animadvertimus.* DIGEST. Lib. XLIX. Tit. XV. *De Captiv. & Postlimin.* &c. Leg. VII. §. 2. Voiez ce que dit là-dessus PUFENDORF, Liv. VIII. Chap. IX. §. 4. dans la *Note* 1. où j'ai rassemblé ce qu'il avoit répandu en deux endroits. La difficulté dispa-

de leur Souverain. Voions de quelle maniére il faut décider chacun de ces cas.

6. Je dis donc que, si un Sujet du Peuple ou du Roi, qui est sous la protection d'un autre, a commis quelque chose qui donne atteinte aux articles du Traité, le Roi ou le Peuple est tenu ou de punir le Coupable, ou de le livrer à celui qui a été offensé ou lezé par-là. Ce qui a lieu entre Alliez égaux, aussi bien qu'entre un Allié Inférieur & un Allié Supérieur, & même entre ceux qui ne sont liez par aucun Traité, comme nous le montrerons (26) ailleurs. Le Souverain, dont il s'agit, doit aussi faire en sorte que le dommage soit reparé; & il y avoit pour cet effet à *Rome* (27) des Commissaires publics, dont l'emploi étoit de connoître de ces sortes de Causes, comme nous l'apprenons de FESTUS. Mais aucun des Alliez n'a droit directement de se saisir du Coupable, Sujet de l'autre, ou de le punir. C'est sur ce principe qu'un Campanois, nommé *Décius Magius*, (c) aiant été pris par ordre d'*Hannibal*, & transporté prémiérement à *Cyréne*, puis à *Aléxandrie*, représenta au Roi *Ptolomée* qu'il y avoit là une infraction du Traité fait entre *Hannibal* & les *Campanois*; sur quoi le Roi d'*Egypte* le fit relâcher.

(c) *Tit. Liv.* Lib. XXIII. Cap. VII. *num.* 10.

7. Dans le second cas, l'Allié Supérieur est en droit de contraindre l'Inférieur à tenir les articles du Traité, & de le punir même, s'il y manque. Mais cela n'est pas non plus particulier aux Alliances Inégales: la même chose a lieu entre Alliez Egaux. Car, pour

paroît entiérement, quand on a lû ce que dit Mr. le Baron de SPANHEIM, dans son *Orbis Romanus*, Exercit. II. Cap. X. L'*Alliance* & la *Liberté* des Rois ou Peuples, dont il s'agit, étoit tout autre, que nôtre Auteur ne la conçoit. L'inégalité d'Alliance n'emportoit pas une simple *infériorité de respect*, mais une veritable *dependance*. Cela paroît par divers endroits de TITE LIVE, où la différence du *Fœdus æquum*, & *Fœdus iniquum*, est clairement marquée. Lors que les *Campanois* allérent demander du secours aux *Romains* contre les *Samnites*, & en même tems une alliance perpetuelle, ils leur dirent, Que, s'ils avoient recherché leur amitié dans le tems que la fortune leur étoit favorable, comme ils auroient traité d'égal à égal, ils ne leur auroient pas été soûmis & devouez, comme ils vouloient l'être desormais: *Quam* [amicitiam] *si secundis rebus nostris petissemus, sicut cœpta celerius, ita infirmiore vinculo contracta esset. tunc enim, ut qui* EX ÆQUO *nos* VENISSE IN AMICITIAM *meminissemus, amici forsan pariter ac nunc*, SUBJECTI ATQUE OBNOXII *vobis minus essemus*. Lib. VII. Cap. XXX. *num.* 2. Tout le reste de la Harangue des Deputez donne à entendre cette dépendance; quoi qu'ils n'eussent pas encore déclaré qu'ils vouloient se mettre à discrétion sous la puissance des *Romains*, ce qu'ils n'avoient ordre de faire qu'après un refus de traiter alliance avec eux sur le pié dont il s'agit. Le même Historien dit, que le Peuple *Romain* donna la paix aux *Appuliens*, non pas en traitant avec eux une Alliance égale, mais à condition qu'ils seroient sous sa dependance: *Impetravére, ut fœdus daretur: neque ut* ÆQUO *tamen* FOEDERE, *sed ut* IN DITIONE *Populi Romani essent*. Lib. IX. Cap. XX. num. 8. Ce ne fut guéres que du tems des prémiers Consuls, & avant la Guerre de *Sicile*, que les *Romains* firent des Alliances, qui ne donnoient aucune atteinte à la Souveraineté de leurs Alliez: mais, depuis ce tems-là, elles n'étoient telles qu'en apparence. Les Peuples qu'on appelloit *Libres*, *Alliez*, *Amis*, étoient ainsi nommez, parce que le Peuple Romain leur laissoit, avec la propriété de leurs terres la permission de se gouverner par leurs propres Loix, & par des Magistrats naturels du païs. Du reste, ils devoient reconnoître qu'ils tenoient tout cela de la concession du Peuple Romain; & ce Peuple le faisoit bien voir, en diminuant ou ôtant cette liberté à qui bon lui sembloit. Nous avons donné aussi dans la *Note* 22. sur ce paragraphe, un échantillon de la maniére dont il en usoit à l'egard des Rois: & le Jurisconsulte SCÆVOLA rapporte au crime de *Léze Majesté*, l'action de ceux qui empêchent malicieusement qu'un Roi de quelque Nation étrangére ne soit pas soûmis & n'obeïsse pas au Peuple Romain: *Cujusque dolo malo factum erit, quo Rex exteræ Nationis Populo Romano minus obtemperet*. DIGEST. Lib. XLVIII. Tit. IV. *Ad Leg. Jul. Majestatis*, Leg. IV. Preuve évidente, que les *Romains* regardoient comme dépendans d'eux, les Rois Alliez; & à plus forte raison, les Villes ou Nations, qu'on appelloit Libres & Alliées. Ces Peuples ne pouvoient ni entreprendre aucune Guerre, ni faire aucune Alliance, sans la permission du Peuple Romain. Ils devoient fournir le logement & des vivres à ses Généraux & à ses Armées: & recevoir, de tems en tems, quelque Gouverneur qu'on leur envoioit, pour mettre ordre aux affaires. Ils paioient des tributs & des impôts; à moins qu'ils n'eussent obtenu une exemtion particuliére: & cette exemtion même n'empêchoit pas qu'on n'en exigeât d'eux en certains cas extraordinaires. Ajoûtez à tout cela, que ces Peuples, aussi bien que les Rois Alliez, étoient obligez de fournir des troupes aux *Romains*, toutes fois & quantes que ceux-ci vouloient; & c'est pour cela que fut fait le *dénombrement de toute la Terre*, dont il est parlé dans l'Evangile, LUC, II, 1, *& suiv.* sur quoi on peut voir la Dissertation de Mr. PERIZONIUS, que j'ai deja citée. Il ne faut donc pas s'étonner, si les *Romains* connoissoient, quand ils le jugeoient à propos, des accusations intentées contre les Citoiens des Villes ou Nations Alliées, & s'ils exerçoient envers eux le droit du Glaive. Mais cela étant on doit avouer aussi, que le Jurisconsulte, dont les paroles ont donné lieu à l'objection que nôtre Auteur examine, définit mal la liberté des Peuples, dont il s'agit, comme si elle avoit le caractére d'une vraie indépendance (*qui nullius alterius potestati subjectus est*) Et par conséquent aussi toutes les distinctions de nôtre Auteur sont inutiles, dans l'application qu'il en fait: de sorte qu'il suffit de les considerer en elles-mêmes.

(26) Voiez *Liv.* II. *Chap.* XXI. §. 4.

(27) On les appelloit *Reciperatores*, ou *Recuperatores*, par-

pour avoir droit de punir quelcun qui s'est rendu coupable, il suffit que l'on ne soit pas son Sujet; comme nous (28) le ferons voir ailleurs. Et c'est pourquoi les Rois ou les Peuples non alliez ont aussi ce droit les uns par rapport aux autres.

8. Pour ce qui est du troisiéme cas, comme les differens qui s'élévent entre Alliez égaux se portent ou devant (29) l'Assemblée du reste des Alliez non intéressez à l'affaire dont il s'agit, ce que nous trouvons autrefois pratiqué parmi les *Grecs*, les *Latins*, & les *Allemans*; ou sont remis à la décision d'Arbitres, ou même au jugement du Chef de la confédération, en qualité d'Arbitre commun de tous les Membres: de même, dans une Alliance Inégale, on convient ordinairement, que les démêlez qui naîtront entre les Alliez Inférieurs se vuideront par celui qui est également leur Allié Supérieur. Ainsi cela n'emporte aucune jurisdiction, que l'Allié Supérieur aît sur eux; car les Rois plaident souvent, dans leurs propres Etats, devant des Juges qu'ils ont eux-mêmes établis.

9. Enfin, dans le dernier cas, un Allié, quoi que Superieur, n'a aucun droit de connoître des plaintes des Sujets contre leur propre Souverain. De là vient que, quand *Hérode* alla lui-même accuser ses Enfans devant *Auguste*, ils lui dirent: (30) *Vous pouviez*, SIRE, *nous punir vous-mêmes, & comme Pére, & comme Roi.* C'est aussi sur ce fondement que *Scipion* l'*Africain*, lors que quelques *Carthaginois* (31) furent venus à *Rome* pour se plaindre d'*Hannibal*, dit tout haut dans le Sénat, que les *Romains* ne devoient pas se mêler des affaires de la République de *Carthage*. Et ARISTOTE met cette différence entre un Corps d'Alliez, & un Etat particulier, (32) que les Alliez doivent seulement prendre garde qu'aucun d'eux ne fasse du mal aux autres, mais qu'ils n'ont que faire de s'embarrasser du tort que les Citoiens d'un des Etats Alliez reçoivent de la part de quelcun de leurs Concitoiens.

10. On objecte encore, que les Historiens se servent du mot de *commander*, en parlant des prérogatives d'un Allié Supérieur; & de celui d'*obéïr*, en parlant des engagemens de l'Allié Inférieur. Mais cette difficulté n'a rien qui puisse nous faire de la peine. Car ou il s'agit d'affaires qui regardent le bien commun des Alliez, ou il s'agit de l'intérêt particulier de l'Allié Supérieur. En matiére d'affaires qui regardent le bien commun de tout le Corps; il est ainsi établi pour l'ordinaire, que celui qui a été déclaré Chef de (d) la confédération, commande aux autres Alliez, hors du tems qu'ils sont assemblez, lors même que l'Alliance est égale. C'est ainsi qu'*Agamemnon* commandoit aux Rois de la *Gréce*; & dans la suite des tems, les *Lacédémoniens* prémiérement, & après eux les *Athéniens*, à tous les Peuples de la *Gréce*. Les *Corinthiens*, dans une Harangue que (33) *Thucydide* leur prête, posent pour maxime, *Que les Chefs d'une Al-*

(d) נגיד ברית *Daniel*, XI, 22.

parce qu'ils faisoient *recouvrer* ce qu'on avoit perdu. RECIPERATIO *est, ut ait* GALLUS ÆLIUS, *quum inter Populum, & Reges Nationesque ac Civitates peregrinas, lex convenit, quomodo per Reciperatores reddantur res reciperenturque, resque privatas inter se persequantur.* Voiez touchant ce mot le Commentaire de TORRENTIUS sur SUETONE, *in Neron.* Cap. XVII. & celui de THEODORE MARCILLY, sur la Vie de *Vespasien*, Cap. X.

(28) Voiez *Liv.* II. Chap. XX. §. 3.

(29) Cette sorte d'Assemblée est appellée Κοινοδίκιον dans une ancienne Inscription, où l'on trouve les articles du Traité des *Priansiens* & des *Hiéropotamiens*, par lequel ces deux Peuples se donnoient réciproquement le droit de Bourgeoisie, pour leurs Citoiens. GROTIUS.

Il falloit dire, *Hierapytniens*, & non pas *Hiéropotamiens*. *Hiérapytne* & *Prianse* étoient deux Villes de Créte. JEAN PRICE, Savant Anglois, a le prémier publié cette Inscription curieuse, dans ses Notes sur l'*Apologie* d'APULE'E, pag. 59, *& seqq. Edit. Paris.* 1635. On la trouve aussi dans les *Marbres d'Oxford*, pag. 116. Voiez l'*Orbis Romanus* de Mr. le Baron de SPANHEIM, *Exercit.* I. Cap. IV. & *Exercit.* II. Cap. XVI. pag. 426.

(30) Καὶ γὰρ ἐξῆν, παρόντι μὲν ἐξουσίαν, ὡς βασιλεῖ, παρόντι δὲ ὡς πατρὶ, τοὺς ἀδικοῦντας ἐπεξιέναι. JOSEPH. Antiq. Jud. Lib. XVI. Cap. VIII. pag. 556. G.

(31) *Adjecit quoque* [Scipio Africanus], non oportere Patres Conscriptos se Reipublicæ Carthaginiensium interponere. VALER. MAXIM. Lib. IV. Cap. I. *num.* 6. Voiez un autre exemple dans POLYBE, *Excerpt. Legat.* CV. GROTIUS.

(32) Οὔτε τῦ ποίυς τινὰς εἶναι δεῖ φροντίζουσιν ἀτέρυς τὺς ἑτέρυς, ἀλλ' ὅπως μηδεὶς ἄδικος ἔσται τῶν ὑπὸ τὰς συνθήκας, μηδὲ μοχθηρίαν ἕξει μηδεμίαν, ἀλλὰ μόνον ὅπως μηδὲν ἀδικήσουσιν ἀλλήλυς. Politic. *Lib.* III. *Cap.* IX. pag. 348. C. *Ed. Paris.*

(33)

Alliance doivent ne s'attribuer aucun avantage en ce qui concerne leur intérêt particulier: mais qu'il est juste que, dans l'administration des affaires communes, ils aient la prééminence. Les anciens *Athéniens* pendant qu'ils étoient les Chefs de la *Gréce*, (34) *se contentoient de prendre soin des affaires générales, mais du reste ils laissoient à chaque Peuple sa liberté:* persuadez (35) *qu'ils devoient avoir le commandement de la Guerre, & non pas dominer sur leurs Alliez.* C'est l'éloge qu'ISOCRATE leur donne. Les *Latins* expriment par le mot de *commander* ce droit de l'Allié principal: mais les *Grecs* se servent d'un terme plus (e) modeste, qui signifie *régler.* C'est ainsi que les *Athéniens*, quand on leur eût donné le commandement de la Guerre contre les *Perses*, REGLERENT, comme parle THUCYDIDE, (36) *quelles Villes devoient fournir de l'argent pour cette expédition, & quelles devoient donner des Vaisseaux.* De même, lors que les *Romains* envoioient quelcun en *Gréce*, pour mettre ordre aux affaires, on disoit (37) qu'ils y alloient *régler l'état des Villes Libres.* Que si celui qui n'est que Chef de la confédération, gouverne les affaires communes, de la maniére que nous venons de dire, il ne faut pas s'étonner que, dans une Alliance Inégale, l'Allié Supérieur fasse la même chose. De sorte que le (f) *droit de commander* en ce sens, ne diminuë rien de la liberté des autres Alliez. C'est ce que TITE LIVE donne à entendre, dans une Harangue où il fait ainsi parler les Députez de *Rhodes*, devant le Sénat de *Rome:* (38) *Les* Grecs *autrefois étoient même assez forts pour commander: à l'heure qu'il est, ils souhaitent que le Commandement demeure toûjours entre les mains de ceux qui l'ont. Il leur suffit de maintenir leur liberté avec le secours de vos armes victorieuses, puis qu'ils ne peuvent la défendre par les leurs propres.* Lors que les *Thébains* eurent recouvré la Forteresse de *Cadmée*, plusieurs Villes Gréques, au rapport de DIODORE *de Sicile*, se (39) liguérent *pour maintenir en commun leur liberté sous la conduite des Athéniens.* DION *de Pruse* dit des *Athéniens* eux-mêmes, dans l'état où ils se trouvoient du tems de *Philippe* de *Macédoine*, (40) qu'*aiant abandonné le Commandement de la Guerre, ils ne conservoient que leur liberté.* JULES-CE'SAR aiant parlé de quelques Peuples de la *Gaule Belgique* qui étoient *sous le commandement* des *Sueviens*, (41) les appelle un peu plus bas leurs *Alliez.* Pour ce qui est des choses qui concernent l'intérêt particulier de chaque Allié, si les demandes de l'Allié Supérieur sont souvent appellées des *commandemens*, cela n'emporte aucun droit d'exiger avec autorité de pareilles choses; mais on s'exprime ainsi, à cause que ces demandes produisent le même effet que des commandemens proprement ainsi nommez, & qu'on y a autant d'égard. C'est en ce sens qu'on dit que les Prieres d'un Roi sont des *commandemens*; & les conseils d'un Médecin, des *Ordonnances.* Il faut donc entendre ainsi ce que dit TITE LIVE au sujet

(e) Τάσσειν.

(f) Ἡγεμονία.

(33) Χρὴ γὰρ τοὺς ἡγεμόνας, τὰ ἴδια ἐξ ἴσου νέμοντας, τὰ κοινὰ προσκοπεῖν. Lib. I. Cap. 120. *Edit. Oxon.*

(34) Ὅλων μὲν τῶν πραγμάτων ἐπιστατοῦντες, ἰδίᾳ δ' ἑκάστους ἐλευθέρους ἐῶντες εἶναι. ISOCRAT. in *Panegyr.* pag. 62. C. *Ed. H. Steph.*

(35) Καὶ στρατηγεῖν οἰόμενοι δεῖν, ἀλλὰ μὴ τυραννεῖν αὐτῶν. Ibid. *pag.* 56. E. Συμμαχικῶς, ἀλλ' οὐ δεσποτικῶς βουλευόμενοι περὶ αὐτῶν. Pag. 62. C.

(36) Παραλαβόντες δὲ οἱ Ἀθηναῖοι τὴν ἡγεμονίαν τούτῳ τῷ τρόπῳ, ἑκόντων τῶν συμμάχων, διὰ τὸ Παυσανίου μῖσος, ΕΤΑΞΑΝ ἅς τε ἔδει παρέχειν τῶν πόλεων χρήματα πρὸς τὸν βάρβαρον, καὶ ἅς, ναῦς. Lib. I. Cap. 96. *Ed. Oxon.*

(37) Comme PLINE *le Jeune* le dit d'un de ses Amis: *Cogita te missum in Provinciam* Achaiam .... *missum ad* ORDINANDUM STATUM *liberarum Civitatum.* Lib. VIII. Epist. XXIV. *num.* 2. *Ed. Cellar.* Voiez l'*Orbis Romanus* de Mr. le Baron de SPANHEIM, pag. 311, 381, 394, 395.

(38) *Domesticis quondam viribus etiam imperium amplectebantur* [Græci]; *nunc imperium ubi est, ibi ut sit perpetuum optant. libertatem vestris tueri armis satis habent, quoniam suis non possunt.* Lib. XXXVII. Cap. LIV. *num.* 24.

(39) Πάσας ὑπάρχειν αὐτονόμους, ἡγεμόσι χρωμένας Ἀθηναίοις. Lib. XV. pag. 471. *Ed. H. Steph.*

(40) Ὅτι τῆς ἡγεμονίας παρακεχωρήκασι, τῆς δ' ἐλευθερίας μόνης λοιπὸν ἀντείχοντο. Je ne sai dans quelle Harangue de l'Orateur Grec ces paroles se trouvent.

(41) Nôtre Auteur, trompé par sa mémoire, met ici les *Sueviens*, au lieu des *Nerviens*: *Itaque confestim* [Nervii] *dimissis nunciis ad* Centrones, Grudios, Levacos, Pleumosios, Gordunos, *qui omnes* SUB EORUM IMPERIO *sunt, quàm maximas manus possunt, cogunt ... His circumventis, magna manu* Eburones, Atuatici, Nervii, *atque horum omnium* SOCII ET CLIENTES, *legionem oppugnare incipiunt.* De Bell. Gall. *Lib.* V. *Cap.* XXXIX. Le Savant GRONOVIUS remarque encore, que ce

jet du Consul *L. Postumius:* (42) *Avant lui, personne n'avoit chargé les Alliez, & ne leur avoit causé de la dépense. On donnoit aux Généraux d'Armée, des Mulets, des Tentes, & tout le bagage nécessaire à la Guerre, afin qu'ils n'*ORDONNASSENT *point aux Alliez de leur en fournir.*

11. Il faut avouer néanmoins, qu'il arrive pour l'ordinaire, qu'un Allié Supérieur, s'il se trouve beaucoup plus puissant que les Alliez inférieurs, (43) usurpe sur eux peu-à-peu une domination proprement ainsi nommée; sur tout lors que l'Alliance est perpétuelle, & que l'Allié Supérieur a droit de mettre garnison dans les Villes de l'Allié Inférieur. C'est ainsi qu'en usérent autrefois les *Athéniens*, lors qu'ils souffrirent que les Alliez en appellassent à eux, & les prissent pour arbitres de leurs démêlez; (44) ce que les *Lacedémoniens* n'avoient jamais fait. Aussi voions-nous que l'Orateur ISOCRATE, tout Athénien qu'il étoit, compare à (45) une Monarchie le pouvoir de commander, que les *Athéniens* avoient exercé en ce tems-là sur leurs Alliez. C'est ainsi que les (46) *Latins* se plaignoient, (47) que sous ombre d'une Alliance égale, les *Romains* les tenoient dans l'esclavage. Les *Etoliens* disoient, par rapport aux mêmes *Romains*, dont ils étoient Alliez, (48) qu'ils n'avoient qu'une ombre & un vain nom de liberté: & depuis eux, les Peuples d'*Achaïe* (49) déploroient leur triste condition, de ce qu'ils *étoient en*

ce n'est pas le mot d'*Imperium* qui se prend ici dans un sens impropre, puis que les Peuples, dont il s'agit, étoient véritablement dépendans des *Nerviens*; mais le titre d'*Alliez*, que les *Romains* donnoient même quelquefois aux Peuples de leurs Provinces.

(42) *Ante hunc Consulem* [L. Postumium] *nemo umquam Sociis in ulla re oneri aut sumptui fuit. Ideo Magistratus mulis tabernaculisque, & omni alio militari instrumento ornabantur, ne quid tale* IMPERARENT *Sociis.* Lib. XLII. Cap. I. *num.* 9.

(43) Je vois que THUCYDIDE fait remarquer cela au sujet des *Athéniens*, qui cherchant aujourdhui un prétexte, & demain un autre, réduisirent enfin sous leur domination les *Ioniens*, & autres, qui leur avoient déféré le Commandement, pour faire la Guerre aux *Médes*. Ἡγεμόνες γὰρ γενόμενοι, ἑκόντων τῶν τε Ἰώνων, καὶ ὅσοι ἀπὸ σφῶν ἦσαν ξύμμαχοι, ὡς ἐπὶ τοῦ Μήδου τιμωρίᾳ, τοὺς μὲν, λειποστρατίαν, τοὺς δὲ, ἐπ' ἀλλήλους στρατεύειν, τοῖς δ' ὡς ἑκάστοις τινὰ εἶχον αἰτίαν εὐπρεπῆ ἐπενεγκόντες, κατεστρέψαντο. Lib. VI. Cap. LXXVI. *Ed. Oxon.*

(44) Le savant GRONOVIUS soupçonne, que l'Auteur, trompé par sa memoire, n'ait attribué aux *Athéniens*, ce que PAUSANIAS dit des *Romains*, Qu'après la Guerre contre *Persée*, ils contraignirent plusieurs personnes d'*Achaïe* à venir comparoître à *Rome*, sur les accusations intentées contr'elles, d'avoir favorisé ce Prince vaincu. L'Historien remarque là-dessus, que la chose parut fort étrange aux *Grecs*, parmi lesquels on n'avoit rien vû de semblable sous l'Empire des Macédoniens: Καὶ ὁπόσοις Καλλικράτης ἐπῆγεν αἰτίαν Περσεῖ σφᾶς φρονῆσαι τὰ αὐτά, ἀνάπεμπτοι ἐς δικαστήριον κρίσιν τῷ Ῥωμαίων ὀφείλοντες· ὃ μόνον κατειλήφει πρότερον Ἕλληνας. οὔτε γὰρ Μακεδόνων οἱ ἰσχύσαντες μέγιστον, Φίλιππος ὁ Ἀμύντου καὶ Ἀλέξανδρος, τοὺς ἀνθεστηκότας σφίσιν Ἑλλήνων ἐς Μακεδονίαν ἠθέλησαν ἀποστεῖλαι· δοῦναι δὲ αὐτοῖς ἐν Ἀμφικτύοσιν εἴων λόγον. Achaïc. seu *Lib.* VII. *Cap.* X. pag. 216. *Ed. Wech.* Pour moi, je suis persuadé & que la meprise de nôtre Auteur est sûre, & qu'on en a découvert la véritable origine. On auroit pû remarquer, que nôtre Auteur a cru apparemment avoir lû ce qu'il rapporte, dans ISOCRATE, qu'il cite un peu plus bas: cependant, bien loin qu'il y ait rien de semblable dans cet Orateur Grec, il soûtient au contraire, qu'en matiére de la chose dont il s'agit, & de plusieurs autres dont on accuse les *Athéniens*, les *Lacédémoniens* ont fait bien pis qu'eux: Καὶ τάς γε δίκας καὶ τὰς κρίσεις τὰς ἐνθάδε γιγνομένας τοῖς ξυμμάχοις, καὶ τὸν τῶν φόρων εἰσπραξιν διεξελθεῖν .... Οὐ μὴν ἀλλ' ἐκεῖνό γ' οἶομαι ποιήσειν, τὴν τε πόλιν τὴν Σπαρτιατῶν ἐπιδείξειν, περὶ τὰς πράξεις τὰς προειρημένας πολὺ πικροτέραν καὶ χαλεπωτέραν τῆς ἡμετέρας γεγενημένην .... εἶτα καὶ νῦν, εἰ μνησθῶσι τῶν ἀγώνων τῶν ἐν τοῖς συμμάχοις ἐνθάδε γενομένων, τίς ἐστιν οὕτως ἀφυής, ὅστις οὐχ εὑρήσει πρὸς ταῦτ' ἀντειπεῖν, ὅτι πλείους Λακεδαιμόνιοι τῶν Ἑλλήνων ἀκρίτους ἀπεκτόνασι, τῶν παρ' ἡμῖν, ἐξ οὗ τὴν πόλιν οἰκοῦμεν, εἰς ἀγῶνα καὶ κρίσιν καταστάντων; Orat. Panathen. *pag.* 245, 246. *Ed. H. Steph.*

(45) Nôtre Auteur, comme je l'ai indiqué à la marge de mon Edition Latine, a eu apparemment dans l'esprit un endroit de la *Harangue sur la Paix*, où l'Orateur reproche aux *Athéniens*, ses Compatriotes, qu'ils ont en horreur le Gouvernement Monarchique, comme pernicieux à celui-là même qui l'a en main, & que cependant ils sont passionnez pour l'Empire de la Mer, qui est au fond une véritable Monarchie: Ἀλλὰ τὰς μὲν τυραννίδας ἡγεῖσθε χαλεπὰς εἶναι, καὶ βλαβερὰς οὐ μόνον τοῖς ἄλλοις, ἀλλὰ καὶ τοῖς ἔχουσιν αὐτάς· τὴν δ' ἀρχὴν τὴν κατὰ θάλατταν, μέγιστον ἀγαθῶν αἰτίαν, τὴν οὐδὲν, οὔτ' ἐν τοῖς πάθεσιν, οὔτ' ἐν ταῖς πράξεσι, τῶν μοναρχιῶν διαφέρουσαν. Pag. 182. D. *Ed. H. Steph.*

(46) L'Auteur citoit ici en marge, DENYS *d'Halicarnasse*, Lib. VI. Mais les propres termes dont il se sert se trouvent, à un mot près qu'il a omis, dans TITE LIVE, qui fait ainsi parler un Préteur des *Latins: Nam si etiam nunc sub umbra fœderis æqui servitutem pati possumus; quid obstat* &c. Lib. VIII. Cap. IV. *num.* 2.

(47) C'est ainsi que PLUTARQUE dit d'*Aratus*, Général des *Achéens*, qu'on l'accusoit d'avoir donné aux Villes de l'*Achaïe* de véritables Maîtres, qu'il appelloit par adoucissement leurs Alliez: [illegible] ἐπάγεσθαι δεσπότας ταῖς πόλεσι, συμμάχους ὑποκοριζόμενος. Vit. Arat. (*Tom.* I. *pag.* 1045. A. *Ed. Wech.*) *Dillius Vocula*, Lieutenant d'armée des *Romains*, disoit au sujet de quelques Peuples de la Gaule *Belgique*, qu'ils avoient été jusqu'alors sous un doux esclavage: *Nunc hostes, quia molle servitium.* TACIT. Hist. *Lib.* IV. (*Cap.* LVII. *num.* 4.) FESTUS RUFUS [ou comme d'autres l'appellent, SEXTUS RUFUS] remarque, en parlant de ceux de *Rho-*

en apparence Alliez des Romains, *mais qu'au fond ceux-ci ne leur laissoient qu'autant de liberté qu'ils le jugeoient à propos.* Un des anciens *Bataves*, nommé *Civilis*, se plaignoit, que (50) les *Romains* ne traitoient plus en *Alliez* ceux de sa Nation, comme ils faisoient autrefois, mais en *Esclaves*; & (51) qu'*on donnoit faussement le nom de paix à un misérable Esclavage. Eumène*, Roi de *Pergame*, accuse les *Rhodiens*, dans (52) Tite Live, d'agir de telle maniére avec leurs Alliez, que ceux-ci n'étoient Alliez que de nom, & qu'ils devenoient au fond leurs Sujets. Les *Magnésiens* (53) disoient, que la Ville de *Démétriade* paroissoit libre, mais que tout s'y faisoit au gré des *Romains*. Polybe (54) remarque, que les *Thessaliens*, quoi que (55) libres en apparence, étoient véritablement Sujets des *Macédoniens*. Quand les choses vont ainsi, & que l'usurpation se change enfin en droit par la concession tacite des intéressez qui la souffrent; dequoi nous traiterons ailleurs en son lieu (56): alors ceux qui avoient été Alliez, deviennent Sujets, ou du moins il se fait un partage de la Souveraineté, tel que nous avons dit qu'il peut y avoir.

§. XXII. Il y a aussi des Puissances, (1) qui paient quelque chose à une autre, ou pour se racheter de ses insultes, ou pour trouver dans sa protection une défense contre celles d'autrui; en un mot, des *Alliez* (2) *tributaires*, comme les appelle Thucydide, tels qu'étoient, par rapport aux *Romains*, (3) les Rois des *Juifs*, & ceux des

Rhodes, [& des Peuples d'autres Iles], qu'ils vivoient d'abord dans la liberté, mais qu'avec le tems ils s'accoûtumerent à obéir aux *Romains*, qui les y engagérent par leur douceur: *Ita* Rhodus, *& Insulæ, primùm liberè agebant, postea in consuetudinem parendi* Romanis, *clementer provocatæ, pervenerunt.* (Cap. X. *Edit. Cellar.*) Jules Ce'sar, après avoir parlé de quelques Peuples, comme Amis & Cliens des *Eduens*, dit ensuite, qu'ils avoient été sous la domination [des Auvergnats: *Imperant* Æduis, *atque eorum clientibus*, Segusianis, Ambivaretis, &c. *qui* sub imperio Arvernorum *esse consueverant.* De Bell. Gall. *Lib.* VII. *Cap.* LXXV.] On peut consulter outre cela si l'on veut, Frideric. Mindanus, *De Processibus*, Lib. II. Cap. XIV. *num.* 5. Ziegler (*ad auream Praxim* Calvoli) §. Landsassii; *Conclus.* 1. num. 66. Gailius, Lib. II. Observ. LIV. *num.* 6. Voiez aussi Agathias, Lib. I. dans l'endroit où l'on représente aux *Goths* ce qu'ils doivent attendre des *Francs*, avec le tems. Grotius.

Dans le passage des *Memoires* de Ce'sar, dont nôtre Auteur n'indiquoit pas seulement le Livre, il n'est point parlé d'*amitié*. Peut-être qu'il a eu en même tems dans l'esprit un autre endroit, qui convient aussi bien à son sujet, & où tout se trouve. Voici les paroles, dans lesquelles il s'agit des *Séquaniens*: *Adventu* Cæsaris *factâ commutatione rerum, obsidibus* Æduis *redditis, veteribus* clientelis *restitutis, novis per* Cæsarem *comparatis; quòd ii, qui se ad eorum* amicitiam *adgregaverant, meliore conditione atque* imperio *æquiore se uti videbant, reliquis rebus eorum, gratia dignitateque amplificatâ*, Sequani *principatum dimiserant*: De Bell. Gall. *Lib.* VI. *Cap.* XII. L'endroit d'Agathias est au *Chap.* XI. du Livre cité; & là il n'y a point de représentation faite aux *Goths*: mais c'est un Prince Goth, nommé *Aligerne*, qui voulant se ranger au parti des *Romains*, s'y détermine par la considération de l'état de servitude, auquel il voioit que sa Nation alloit être réduite par les *Francs* sous ombre d'alliance & de protection.

(48) *Insimulavit fraudis* Romanos [Alexander, princeps gentis Ætolorum] *quòd vano titulo libertatis ostentato*, Chalcidem, *&* Demetriadem, *præsidiis tenerent.* Tit. Live Lib. XXXIV. Cap. XXIII. *num.* 8. *Splendidiore nunc eos catena, & multo graviore vinclos esse* &c. Lib. XXXV. Cap. XXXVIII. *num.* 10.

(49) *Specie, inquit, æquum est fœdus apud* Achæos, *re precaria libertas: apud* Romanos *etiam imperium est.* Idem, *Lib.* XXXIX. Cap. XXXVII. *num.* 13.

(50) *Neque enim Societatem, ut olim, sed tanquam mancipia haberi.* Tacit. Histor. *Lib.* IV. *Cap.* XIV. *num.* 5.

(51) *Admonebat malorum, quæ tot annos perpessi, miseram servitutem falsò pacem vocarent.* Ibid. Cap. XVII. *num.* 3.

(52) *Ipsi autem* [Rhodii] *tanto obligatos beneficio, verbo socios, re vera subjectos imperio & obnoxios habituri sint.* Tit. Liv. Lib. XXXVII. Cap. LIII. *num.* 4.

(53) *Tum quoque specie liberam* Demetriadem *esse, re vera omnia ad nutum* Romanorum *fieri.* Tit. Liv. Lib. XXXV. Cap. XXXI. *num.* 12.

(54) Θετταλοὶ μὲν ἐδόκουν μὲν κατὰ νόμους πολιτεύειν, καὶ πολὺ διαφέρειν Μακεδόνων, διέφερον δ' οὐδὲν, ἀλλὰ πᾶν ὅμοιον ἔπασχον Μακεδόσι, καὶ πᾶν ἐποίουν τὸ προσταττόμενον τοῖς βασιλικοῖς. Hist. Lib. IV. Cap. LXXVI.

(55) Tels étoient les *Laziens*, Peuples de la *Colchide*, du tems de l'Empereur *Justinien*. Procop. Persic. Lib. II. (Cap. XV.) Grotius.

Voiez, sur ces Peuples, l'*Orbis Romanus* de Mr. le Baron de Spanheim, *Exercit.* II. Cap. XVII. pag. 447, 448.

(56) Voiez *Liv.* II. Chap. IV. §. 14.

§. XXII. (1) L'Empereur *Justinien* paioit tous les ans une certaine somme aux *Perses*. Voiez Procope, *Persic.* Lib. II. (Cap. X.) & *Gothic.* Lib. IV. (ou *Hist. Miscell.* Cap. XV.) On appelloit cela par adoucissement, un *tribut pour la garde des Portes Caspiennes.* Les *Turcs* donnent de l'argent aux *Arabes* des montagnes, pour se racheter de leurs courses. Grotius.

Voiez encore ici la Note du docte Casaubon sur Spartien, *in Hadrian.* Cap. VI. & ce que feu Mr. Hertius dit en partie après lui, sans le nommer, dans ses *Elementa Prudentiæ Civil.* I. Part. Sect. XII. §. 11. & II. Part. Sect. XX. §. 9.

(2) Καὶ οἱ μὲν Λακεδαιμόνιοι, οὐχ ὑποτελεῖς ἔχοντες φόρου τοὺς ξυμμάχους ἡγοῦντο &c. Lib. I. Cap. XIX. *Edit. Oxon.*

(3) Appien d'*Alexandrie* met au rang des Rois établis par *Antoine*, moiennant certains tributs qu'il leur imposa, *Hérode*, Roi des *Iduméens*, & des *Samaritains*: Ἵστη δὲ πῃ καὶ βασιλέας οὓς δοκιμάσειεν, ἐπὶ φό-

des Nations (4) voisines, depuis le tems de *Marc Antoine*. On ne sauroit douter, à mon avis, que ces sortes d'Alliez ne puissent, nonobstant cela, avoir la Souveraineté; quoi que l'aveu de leur foiblesse, qu'emporte le tribut qu'ils paient, diminuë quelque chose de l'éclat de leur Dignité.

§. XXIII. 1. Bien des gens trouvent plus de difficulté à décider, si les *Puissances Feudataires* peuvent être Souveraines: mais la question peut être facilement décidée par les principes posez ci-dessus. Car, dans ce Contract, (1) qui est particulier à la *Nation Germanique*, en sorte qu'on ne le trouve pratiqué que dans les lieux où quelques Peuples de cette Nation se sont établis; en matiére, dis-je, de *Fiefs*, il faut distinguer deux choses; l'*obligation personnelle* du *Vassal*, & le *droit* du *Seigneur* sur la *chose* même.

2. L'*obligation personnelle* du *Vassal* demeure la même, soit qu'il possède à titre de Fief la Souveraineté, ou quelque autre chose, située même hors (2) des Etats dont il est d'ailleurs Souverain. Or comme, par rapport à un Particulier qui jouït d'un Fief, une

ροις ἄρα τεταγμένοις ..... Ἰδουμαίων καὶ Σαμαρέων, Ἡρώδην. (De Bell. Civ. *Lib.* V. pag. 1135. *Ed. Amstel.* 715. H. Steph.) *Marc Antoine* déclara, au sujet d'*Hérode*, qu'il n'étoit pas juste que ce Prince rendît raison de ce qu'il avoit fait comme Roi; parce qu'autrement il ne seroit pas Roi: Qu'ainsi ceux qui l'avoient revêtu de cet honneur & de ce pouvoir, devoient l'en laisser jouïr: *Οὐ γὰρ ἔφη καλῶς ἔχειν Ἀντώνιος βασιλέα περὶ τῶν κατὰ τὴν ἀρχὴν γεγενημένων εὐθύνας ἀπαιτεῖν· οὕτως γὰρ ἂν οὐδὲ βασιλεὺς εἴη. δεῖν δὲ τοὺς τὴν τιμὴν, καὶ τῆς ἐξουσίας καταξιώσαντας, ἐᾶν αὐτῇ χρῆσθαι.* Joseph. *Antiq. Jud.* Lib. XV. (Cap. IV. pag. 516. F.) Voici ce que dit St. Chrysostôme, au sujet des Juifs: „ Depuis que leurs affaires allérent en décadence, & „ qu'ils eurent été enfin soûmis à l'Empire des *Ro-* „ *mains*; ils ne furent ni tout-à-fait libres, comme „ auparavant; ni réduits à une entiére servitude, com- „ me ils sont présentement: mais ils étoient encore „ mis au rang des Alliez. Ils paioient tribut à leurs „ propres Rois, & en recevoient des Gouverneurs, „ ils suivoient du reste leurs propres Loix, & ils pu- „ nissoient, selon la coûtume de leur païs, ceux qui „ avoient commis quelque crime. *Ἐπειδὴ τὰ τῶν Ἰουδαίων μετέπεσε πράγματα, καὶ λοιπὸν ὑπὸ τὴν τῶν Ῥωμαίων ἐτέθησαν ἀρχὴν, οὔτε αὐτόνομοι ἦσαν, καθάπερ καὶ πρότερον, οὔτε καθόλου δοῦλοι, καθάπερ καὶ νῦν· ἀλλ' ἐν τάξει συμμάχων ὄντες ἐντίμων, φόρους μὲν τελοῦντες τοῖς βασιλεῦσιν ἑαυτῶν, καὶ τοὺς παρ' ἐκείνων ἄρχοντας δεχόμενοι· τ' ἄλλα δὲ τοῖς ἰδίοις κεχρημένοι νόμοις, καὶ τοὺς παρ' αὐτοῖς ἁμαρτάνοντας κατὰ τὰ πάτρια κολάζοντες νόμιμα.* De Eleemosyna, II. Grotius.

L'exemple des Rois des *Juifs*, aussi bien que des autres Rois voisins, est mal appliqué. Car, dans ce tems-là, ils n'avoient les uns & les autres qu'une Autorité précaire. Voiez ce que j'ai dit sur le §. 21. *Notes* 22, & 25. Les passages même que nôtre Auteur allégue ici, concernant les Rois des *Juifs*, sont contre lui. Car ce que l'on rapporte de *Marc Antoine* fut dit à l'occasion des plaintes portées devant lui contre *Hérode*, au sujet de la mort d'*Aristobule*, son Beaufrére: & on y voit clairement, que tout le pouvoir de ce Prince étoit dépendant des *Romains*; quoi que, dans le cas dont il s'agit, *Antoine* gagné par des présens, ne voulût pas prendre connoissance des accusations trop bien fondées qu'on intentoit contre *Hérode*; & ce fut pour cela qu'il faisoit valoir, par rapport aux Sujets d'*Hérode*, sa qualité de Roi. St. Chrysostôme dit aussi formellement, dans l'endroit cité, que les *Juifs* étoient sous l'empire des *Romains*, *ὑπὸ τὴν τῶν Ῥωμαίων ἐτέθησαν ἀρχὴν*, & qu'ils n'avoient que le titre spécieux de leurs *Alliez*, dans le sens dont nous avons parlé ci-dessus. Après tout, Joseph remarque expressément, qu'après la prise de *Jerusalem* par *Pompée*, les *Juifs* perdirent leur liberté, & devinrent Sujets des *Romains*: *τήν τε γὰρ ἐλευθερίαν ἀπεβάλομεν, καὶ ὑπήκοοι Ῥωμαίων κατέστημεν.* Antiq. Jud. *Lib.* XIV. *Cap.* VIII. pag. 471. D. Voiez l'*Orbis Romanus* de Mr. le Baron de Spanheim, Exercit. II. Cap. XI.

(4) Les Rois de ces Nations voisines n'étoient pas plus indépendans, que ceux des *Romains*. Voiez ci-dessus, *Note* 22. sur le paragraphe précedent. Mais le savant Gronovius indique un Auteur, qui a allégué des exemples plus justes, de Princes qui, sans être pour cela moins Souverains, paioient quelque tribut à des Nations étrangéres, pour les empêcher de faire des courses sur leur païs. Voiez Ammien Marcellin, Lib. XXV. Cap. VI. pag. 468. *Edit. Vales. Gron.* & là-dessus la Note de Frideric Lindenbrogius.

§. XXIII. (1) Voiez ce que j'ai dit sur Pufendorf, *Droit de la Nat. & des Gens*, Liv. IV. Chap. VIII. §. 12. *Note* 4.

(2) Comme quand les Rois d'*Angleterre* faisoient hommage aux Rois de *France*, pour les Provinces qu'ils possédoient dans le Roiaume de ceux-ci. Voiez Bodin, *de Republ.* Lib. I. Cap. IX. pag. 171, 172. *Ed. Francof.* 1622.

(3) *Nullo jure in rem.* Ce que l'Auteur dit-là, ne s'accorde ni avec l'idée que les Feudistes donnent des *Fiefs francs*, ni avec la nature des Fiefs en général. On entend par *Fief franc*, celui qui est exemt de toutes charges & de tous services, qui demandent une peine ou une dépense considérable; en sorte que les engagemens du Vassal se réduisent à ce qu'emporte la *foi & loiauté*, qui consiste uniquement à honorer le Seigneur, à empêcher qu'il ne lui arive du mal, & à lui procurer du bien, autant qu'on le peut; comme cela est spécifié dans la formule du Serment de fidélité, Feudor. Lib. II. Tit. VI. *De forma fidelitatis*, & Tit. VII. *De nova forma fidelitatis*. Mais cette exemtion de charges & de services n'empêche pas que le Seigneur d'un *Fief franc* n'ait droit sur la chose même que le Vassal tient en fief, & qu'elle ne retourne à lui, quand le Vassal se rend coupable de Félonie, ou qu'il ne laisse point d'Héritiers. L'exclusion d'un tel droit détruit entiérement la nature du Fief, proprement ainsi nommé. Quand le Vassal d'un *Fief franc* pourroit aliéner la chose sans le consentement du Seigneur; dequoi les Docteurs ne conviennent pas: le droit de celui-ci se perpétueroit néanmoins sur ceux en faveur de qui le Fief auroit été aliené. Je suis fort trompé si nôtre Auteur

une telle obligation ne détruit point sa liberté personnelle: elle ne donne non plus aucune atteinte à la Souveraineté, ou à la liberté civile d'un Roi ou d'un Peuple; ce qui paroît avec la derniére évidence par l'exemple des *Fiefs francs*, qui consistent uniquement dans une obligation personnelle, (3) sans donner au Seigneur aucun droit sur la chose même que le Vassal posséde: car ces sortes de Fiefs ne sont autre chose qu'une espéce d'Alliance Inégale, comme celles dont nous avons parlé, en vertu de quoi le Vassal promet ses services au Seigneur, & le Seigneur de son côté promet au Vassal de le protéger & de le défendre. Posé le cas aussi qu'un Vassal aît promis à son Seigneur de le servir contre tous & chacun (ce qui (a) s'appelle aujourdhui (4) *Fief lige*, car ce mot avoit autrefois plus d'étendue): cela ne diminuë rien (5) du droit de Souveraineté que le Vassal a sur ses Sujets. Pour ne pas dire, qu'on suppose toûjours ici, comme une condition tacite, que la Guerre entreprise (6) par le Seigneur soit juste; de quoi nous traiterons ailleurs.

(a) Voiez *Bald.* Proœm. Digest. *Natta*, Consil. 485.

3. Pour ce qui regarde le *droit du Seigneur* sur la *chose* même possédée à titre de Fief,

teur n'a confondu ici & ailleurs (comme ci-dessous, *Liv.* III. *Chap.* XX. §. 44.) ce que l'on appelle *Fiefs francs*, avec certains engagemens auxquels on a quelquefois donné improprement le nom de *Fiefs*, à cause de quelque ressemblance à l'égard du respect & de l'hommage. Un habile homme, qui nous a donné des Extraits curieux du grand Recueil des Actes anciens d'*Angleterre*, publié par Mr. Rymer, a remarqué, comme un fait certain, *Qu'on faisoit souvent hommage pour de simples pensions annuelles, sans exprimer la cause de l'Hommage.* " On en voit des exemples, ajoûte-t-" il, dans le prémier Volume de ce Recueil, *page* 1. " & en quelques autres endroits, à l'égard des Comtes " de *Flandres*, qui rendoient hommage aux Rois d'*An-" gleterre* pour une pension de 400 marcs. Bibliothéque Choisie, Tom. XX. pag. 99, 100. L'acte du 17. de *Mai* M. CI. entre *Henri I.* Roi d'*Angleterre*, & *Robert*, Comte de *Flandres*, porte, que le Roi s'oblige à lui donner par an *en fief*, 400 marcs d'argent, à condition que *Robert* sera obligé, lors qu'il en sera besoin, d'envoier en *Angleterre* 100 Cavaliers, au service du Roi: *Vno quoque anno 400 marcas argenti in feodo.* Biblioth. Choisie, Tom. XVI. pag. 10, *& seqq.* Je m'apperçois que Bodin avoit fait il y a long tems une semblable remarque. " Nos Péres, dit-il, abusoient " de ce mot *Lige* en tous les anciens Traitez d'Allian-" ce & Sermens qu'ils faisoient: & me souviens avoir " vû 48 Traitez d'Alliance & Lettres de serment, col-" lationnez à l'original du Thrésor, baillez aux Rois " *Philippe de Valois, Jean, Charles V. VI. VII. Louys* " *XI.* par les trois Electeurs deçà le *Rhin*, & plusieurs " autres Princes de l'Empire, ayant promis & juré en-" tre les mains des Deputez par le Roi, le servir en " guerre envers & contre tous, reservé l'Empereur & " le Roi des Romains, advouans être Vassaux & Hom-" mes liges du Roi de France, qui plus, qui moins: " les uns se nommans Conseillers, les autres Pension-" naires, & tous Vassaux liges, hormis l'Archevêque " de *Tréves*, Electeur de l'Empire, qui ne s'appelle " sinon Confédéré: & toutefois ils ne tenoient rien " de la Couronne; car ce n'étoient que Pensionnaires " de *France*, qui faisoient le serment au Roi de le ser-" vir aux charges & conditions portées par les actes de " serment. L'acte du serment du Duc de *Gueldres* & " Comte de *Juliers* porte ces mots: *Ego devenio Vasal-" lus ligius* Caroli *Regis Francorum, pro ratione quin-" quaginta millium scutorum auri, ante festum D. Remi-" gii mihi solvendorum.* L'acte est datté du mois de " *Juin* de l'an M. CCCCI. Et même entre Princes Sou-" verains on usoit de cette façon de parler; comme au " Traité d'Alliance, entre *Philippe de Valois*, Roi de " *France*, & *Alphonse*, Roi de *Castille*, l'an M. CCC. " XXXVI. il y a procuration de part & d'autre, por-" tant ces mots: *Pour prêter & recevoir foi & hommage* " *l'un de l'autre.* Mais c'est abuser des mots de *Vassal* " & *Lige*: aussi les sermens des Pensionnaires de Roi, " ni les Traitez ne portent plus ces mots. De la République, Liv. I. Chap. IX. pag. 171, 176. de l'Edit. Françoise imprimée en 1608. J'ai rapporté ce passage tout du long, parce qu'il sert merveilleusement bien à expliquer la pensée de nôtre Auteur, & à découvrir en même tems l'origine de sa méprise; dequoi aucun de ses Commentateurs ne s'est avisé. Depuis cette Note écrite, j'ai trouvé dans un autre Ouvrage de nôtre Auteur, de quoi confirmer ma conjecture. C'est au *Chap.* V. de son Traité *De antiquitate Reip. Batavicæ*: où il soûtient, que, quand même les anciens Comtes de *Hollande* auroient été Vassaux de l'Empire d'*Allemagne*, les *Hollandois* ne laisseroient pas pour cela d'être un Peuple libre & indépendant. Les *Cliens* (dit-il, pour prouver sa thése) les Clients, comme l'a très-bien remarqué le Jurisconsulte *Proculus*, n'en sont pas moins libres, pour n'être point égaux en dignité à leurs *Patrons*; ni un Peuple, pour être obligé, par la clause d'un Traité d'Alliance, à respecter la majesté de son Allié, pourvû qu'il ne soit pas soûmis à sa domination. *De là est venu*, ajoûte-t-il, *le nom de* Fief franc. *Mais nos Comtes ne se sont pas même avouez sujets à cette espéce d'obligation de Fief* &c. Unde & Feudi liberi *orta est adpellatio. Verum enimvero ne hoc quidem* qualecumque *Feudi vinculum Comites agnovêre.* &c.

(4) *Ligius Homo*, ou *Lidges*, qui vient, à ce que l'on croit, de l'Allemand *Ledig*, vuide, ne signifioit originairement autre chose, qu'un Vassal. Voiez Vossius, *De Vitiis sermonis*, Lib. III. Cap. XX. au mot *Liga*; & le Traité de feu Mr. Hertius, *De Feudis oblatis*, Part. II. §. 6. dans le II. Volume de ses *Commentat. & Opuscula* &c. Mais dans la suite on a entendu par *Homme lige*, ou *Vassal lige*, celui qui s'engageoit à respecter son Seigneur plus que tout autre, & à le servir lui seul contre tout autre. De sorte qu'un tel Vassal ne peut être Vassal de deux Seigneurs de la même maniére, & ne doit point avoir d'ailleurs de Souverain.

(5) En effet, cet engagement ne donne pas plus d'atteinte à la Souveraineté du Prince Vassal, que quand un Prince promet, par un Traité d'Alliance, à un autre dont il n'est point Feudataire, de lui donner du secours contre tous ceux avec qui il pourra avoir la Guerre.

(6) Voiez ci-dessous, *Liv.* II. Chap. XV. §. 13. *num.* 2. & *Chap.* XXV. §. 4.

(7)

Fief, il est tel à la vérité, que, si la Famille du Vassal vient à s'éteindre, ou s'il tombe dans certains crimes, il peut perdre le droit même de Souveraineté. Mais cela n'empêche pas, que le Pouvoir qu'il avoit sur ses Sujets ne fût Souverain: car, comme nous l'avons déja dit plusieurs fois, il y a de la différence entre la chose, & la maniére de la posséder. Je vois que les *Romains* établirent plusieurs Rois, avec cette condition, que, du moment que la Famille Roiale viendroit à s'éteindre, la Souveraineté retourneroit à eux; comme STRABON le remarque (b) au sujet de la *Paphlagonie*, & de quelques autres Roiaumes (7).

(b) Lib. XII. pag. 842. A. Edit. *Amst.* 562. *Paris.*

§. XXIV. ENFIN, il faut distinguer, en matiére du Pouvoir Souverain, aussi bien qu'en matiére de la Propriété des biens, l'*acte prémier* d'avec l'*acte second*, c'est-à-dire, le droit d'avec l'usage du droit. (1) Car comme un Roi, encore Enfant, a le droit de Souveraineté, sans pouvoir l'exercer: il en est de même d'un Prince tombé en démence, ou fait prisonnier, ou qui se trouve en païs étranger, de maniére qu'il n'a pas la liberté d'exercer lui-même les actes de la Souveraineté: car, en tous ces cas-là, il est nécessaire d'établir des Régens ou des Vice-Rois. C'est pourquoi *Démetrius I.* Roi de *Macédoine*, se (a) voiant entre les mains de *Séleucus*, Roi de *Syrie*, où il n'étoit pas bien libre; défendit d'ajoûter foi à ses Lettres, ou à son sceau, & voulût qu'on gouvernât toutes les affaires de l'Etat, comme s'il eût été mort.

(a) Plutarch. in Demetr. pag. 914. D.

CHAPITRE IV.

De la Guerre des SUJETS contre les PUISSANCES.

I. *Etat de la question.* II. *Que pour l'ordinaire la Guerre d'un* SUJET *contre les* PUISSANCES, *de qui il dépend, considérées comme telles, est illicite, selon le Droit Naturel:* III. *Comme aussi par la Loi de* MOÏSE: IV. *Et plus encore par la Loi Evangelique. Preuve du dernier point* 1. *Par des passages de l'Ecriture.* V. 2. *Par la conduite des anciens Chrêtiens.* VI. *Réfutation de la pensée de ceux qui prétendent, qu'il est permis aux Magistrats Subalternes de prendre les armes contre leur Souverain.* VII. *Quel*

(7) Mais ces Roiaumes étoient plus que Feudataires. Voiez ce que l'on a dit ci-dessus, §. 21. *Note* 22, & 23. STRABON même qualifie les Rois, dont nôtre Auteur parle, Sujets des *Romains*, ὑπηκόους, Lib. VI. pag. 440. B. C. *Ed. Amst.* Je vais rapporter le passage, parce qu'il est corrompu en un endroit, où je ne vois pas qu'on ait même témoigné sentir la faute. Le Géographe y distingue manifestement, entre les Rois d'*Asie* dont la race s'étoit éteinte, & ceux qui s'étant révoltez de l'obeïssance des *Romains*, & aiant été vaincus avoient donné lieu par là à réduire leurs Etats en forme de Provinces Romaines. Il met au rang des prémiers, les Rois de *Pergame*, ceux de *Syrie*, ceux de Paphlagonie, ceux de *Cappadoce*, & enfin, selon que porte le texte & la Version Latine, ceux d'*Egypte*: cependant il donne pour exemple des autres, *Mithridate* surnommé *Eupator*, & *Cléopatre*, Reine d'*Egypte*. Τὰ δ' ὅμοια καὶ περὶ τὴν Ἀσίαν συνέβη· κατ' ἀρχὰς μὲν ὑπὸ τῶν Βασιλέων διῳκεῖτο ὑπηκόων ὄντων· ὕστερον δ' ἐκλειπόντων ἐκείνων, καθάπερ τῶν Ἀτταλικῶν Βασιλέων, καὶ Σύρων, καὶ Παφλαγόνων, καὶ Καππαδόκων, καὶ Αἰγυπτίων, ἢ [j'ajoûte cette particule qui est absolument nécessaire, comme on voit] ἀφισταμένων, καὶ ἔπειτα καταλυομένων, καθάπερ ἐπὶ Μιθριδάτου συνέβη τοῦ Εὐπάτορος, καὶ τῆς Αἰγυπτίας Κλεοπάτρας, ἅπαντα τὰ ἐντὸς Φάσιδος καὶ Εὐφράτου, πλὴν Ἀράβων τινῶν, ὑπὸ Ῥωμαίοις ἐστὶ &c. Je crois, qu'au lieu du mot Αἰγυπτίων, STRABON avoit écrit Βιθυνῶν. On sait au moins, que les *Romains* héritérent de la *Bithynie*, par le testament de *Nicomede*, dernier Roi de ce païs-là; comme ils aquirent de la même maniere le Roiaume de *Pergame*, dont les Rois sont ici appellez Ἀτταλικοὶ Βασιλεῖς. Voiez ci-dessus, §. 12. de ce Chapitre, *num.* 3. où ces deux exemples sont citez, sur la foi de bons Auteurs.

§. XXIV. (1) Voiez ci-dessous, *Liv.* III. *Chap.* XX. §. 3.

CHAP. IV. §. I. (1) Les Commentateurs critiquent cet exemple, qui ne leur paroit pas juste. *Isboseth*, dit-on, avoit été reconnu pour Roi des onze Tribus, sur lesquelles il régna pendant deux ans, II. SAMUEL, II, 10. *David* lui-même, bien loin de le regarder comme un Sujet rebelle, lui donne l'éloge d'*homme juste*, Ibid. Chap. IV. vers 11. & punit ceux qui lui avoient ôté la vie. La promesse que DIEU avoit faite de transférer la Couronne à *David* & à ses Descendans, ne marquoit aucun tems fixe: ainsi elle ne devoit s'accomplir qu'après la mort & de *Saül*, & d'*Isboseth*. De là on conclut, que ceux qui se rangérent du parti d'*Isboseth* étoient ses Sujets, & non pas de *David*. Mais il paroit par l'Histoire Sainte, qu'encore que *David* eût été oint secrétement par *Samuel*, & que peu de gens eussent

Quel parti on peut prendre, dans une nécessité extrême & inévitable. VIII. *Autres cas, où l'on a droit ici de faire la Guerre.* 1. *Contre le Chef d'un Peuple libre.* IX. 2. *Contre un Roi qui a abdiqué la Couronne.* X. 3. *Contre un Roi, qui veut l'aliéner, autant qu'il est nécessaire pour empêcher qu'il ne la remette actuellement entre les mains de quelque autre.* XI. 4. *Contre un Roi, qui se montre Ennemi déclaré de tout le Peuple.* XII. 5. *Contre un Roi, qui est déchû de la Couronne en vertu d'une clause commissoire.* XIII. 6. *Contre un Roi, qui n'a qu'une partie de la Souveraineté; lors qu'il veut empiéter sur celle qui ne lui appartient point.* XIV. 7. *Enfin, quand on s'est reservé la liberté de résister au Souverain en certains cas.* XV. *Jusqu'où & comment on est tenu d'obéir à un* USURPATEUR *de la Puissance Souveraine.* XVI. *Que l'on peut résister à un tel Usurpateur* 1. *Pendant que l'état de Guerre subsiste.* XVII. 2. *Lors qu'on y est autorisé par une Loi précedente.* XVIII. 3. *Quand on en a ordre du Souverain légitime.* XIX. *Pourquoi la résistance est illicite hors ces cas-là.* XX. *Que, quand il y a contestation sur le droit de la Souveraineté, les Particuliers ne doivent pas s'ériger en juges.*

§. I. 1. IL PEUT y avoir Guerre, ou entre *deux Particuliers*, comme quand un Voiageur se défend contre un Voleur de grand chemin: ou entre *deux Souverains*, comme quand *David* (a) prit les armes contre le Roi des *Hammonites*: ou entre un *Particulier*, & un *Souverain*, *mais qui ne l'est point par rapport à lui*, comme quand *Abraham* (b) attaqua le Roi de *Babylone*, & les autres Princes voisins: ou entre un *Souverain*, & des *Particuliers*, lesquels ou sont *ses Sujets*, comme lors que *David* (1) marcha contre le parti d'*Isboseth*; ou *ne relévent point de lui*, comme quand les *Romains* poursuivoient les *Pirates*.

(a) *II. Sam.* Chap. X.

(b) *Genés.* Chap. XIV.

2. Il s'agit ici seulement de savoir, si des Particuliers, ou même des Personnes publiques, peuvent légitimement prendre les armes contre leur propre Souverain, ou contre les Puissances Subalternes de qui ils dépendent? car pour ce qui est des autres sortes de Guerre, il n'y a nulle difficulté. On convient aussi, que ceux qui sont autorisez par le Souverain peuvent prendre les armes contre des Puissances Subalternes; & c'est ainsi qu'agit (c) *Néhémie*, en vertu de l'Edit qu'il avoit obtenu du Roi *Artaxerxe* contre les Roitelets voisins. C'est aussi ce que pratiquoient autrefois les Propriétaires des Héritages

(c) Voiez *Néhém.* Chap. II. & IV.

sent eu d'abord connoissance de la volonté de DIEU, qui le destinoit à être le Successeur de *Saül*; cela fut enfin divulgué, & parvint jusqu'à la Cour du Prince régnant. *Jonathan* dit à *David*, dans le Désert de *Ziph*: *Tu régneras sur* Israël, *& je serai le second après toi. Mon Pére aussi le sait bien*; I. SAM. XXIII, 17. *Saül* lui-même s'en explique, dans le discours où il reconnoît la générosité de celui qu'il persécutoit cruellement: *Je vois maintenant, que tu régneras, & que le Roiaume* d'Israël *demeurera dans ta main. Jure-moi donc, par l'Eternel, que tu n'effaceras pas mon nom de la famille de mon Pére.* Ibid. Chap. XXIV. vers. 21. D'où il paroit, qu'il regardoit *David* comme celui qui devoit être son Successeur immédiat, selon la promesse du Ciel. Les onze Tribus, lors qu'elles vinrent enfin pour se soûmettre à *David*, avouerent, qu'elles savoient *que l'Eternel* lui avoit dit: *Tu paitras mon Peuple* d'Israël, *tu seras Chef* d'Israël. De sorte qu'en vertu de cette élection divine, tous ceux qui en avoient connoissance devoient regarder *David* comme leur Roi légitime, du moment que *Saül* fut mort. Car il n'en etoit pas de même parmi les *Hébreux*, que parmi les autres Peuples, qui n'aiant point de Révélation extraordinaire, donnoient eux-mêmes à leurs Rois tout le pouvoir qu'ils avoient sur eux. Le Peuple d'*Israël* ne faisoit que de sortir de dessous la *Théocratie*: & quoique DIEU eût accordé à son imprudente & opiniâtre demande le changement de cette heureuse forme de Gouvernement en Monarchie Humaine, il ne s'etoit pas dépouillé pour cela du droit de choisir lui-même immédiatement les Rois, quand il le jugeroit à propos. Bien loin de là, ce fut ainsi que *Saül*, le premier Roi d'*Israël*, monta sur le Trône. *David* donc aiant été oint par *Samuel*, du vivant même de *Saül*, c'etoit-là pour lui un titre incontestable de Succession; & par conséquent les onze Tribus, qui reconnurent *Isboseth*, pouvoient être regardées comme des Sujets rebelles au Souverain légitime; d'autant plus qu'elles n'avoient qu'à consulter leur Oracle ordinaire, l'*Urim* & le *Thummim*, pour s'éclaircir de la volonté de DIEU. Que si *David* punit les Meurtriers d'*Isboseth*, comme *aiant tué un homme juste*, ou innocent; ce n'est pas qu'il ne le regardât comme un Usurpateur de ses droits: mais il l'appelle *innocent* par rapport à *Rechab* & *Bahana*, qui l'avoient tué de leur pure autorité, sans qu'il leur eût fait aucun mal. Et il vouloit lui-même épargner la vie des Enfans de *Saül*, à cause du serment qu'il avoit fait là-dessus au Pére; en considération dequoi il pardonnoit à *Isboseth*, & il ne lui auroit jamais fait aucun mal. Voiez Mr. LE CLERC, sur *II. Sam.* IV, 11.

tages de la Campagne, depuis la permission que quelques (2) Empereurs Romains leur accordérent, de chasser les Fourriers qui, voudroient les inquiéter, ou exiger d'eux quelque chose. Mais on demande ce qu'il est permis aux Sujets de faire contre le Souverain même, ou contre les Puissances Subalternes, agissantes en son nom & en son autorité.

3. C'est une vérité constante, au jugement de toutes les personnes de probité, Que, si les (3) Puissances Civiles ordonnent quelque chose de contraire au Droit Naturel, ou aux Commandemens de DIEU, il ne faut pas le faire. Car, quand les Apôtres ont
(d) *Act.* IV, 19. V, 29. dit, (d) *Qu'on doit obéir à* DIEU, *plûtôt qu'aux Hommes*; ils en ont appellé à une maxime incontestable, gravée dans le cœur de tous les Hommes; & qui se trouve aussi, presque en autant de termes, dans (4) les Ecrits de PLATON. Mais si l'on est maltraité, sur le refus qu'on fait d'obéïr en pareil cas, ou parce qu'il plaît ainsi au Souverain pour quelque autre raison; il faut souffrir, plûtôt que d'opposer la force à la force.

§. II. 1. A LA VE'RITE', chacun a naturellement droit de résister, pour se mettre
(a) *Chap.* II. §. 1. à couvert des injures qu'on veut lui faire; comme nous l'avons dit (a) ci-dessus. Mais du

(2) *Licentiam enim domino* [prædii], *actori, ipsique plebi Serenitas nostra commisit, ut eum, qui præparandi gratiâ ad possessionem venerit, expellendi habeat facultatem, nec crimen aliquod pertimescat: quum sibi arbitrium ultionis suæ sciat esse concessum; utque sacrilegum prior arceat, qui primus invenit.* COD. Lib. XII. Tit. XLI. *De Metatis & Epidemeticis*, Leg. V.

(3) Voiez ci-dessous, Liv. II. Chap. XXVI. §. 3.

(4) C'est dans l'*Apologie de* SOCRATE, où il fait ainsi parler ce Philosophe: 'Εγὼ ὑμᾶς, ὦ ἄνδρες Ἀθηναῖοι, ἀσπάζομαι μὲν καὶ φιλῶ, πείσομαι δὲ τῷ Θεῷ μᾶλλον ἢ ὑμῖν. " Je vous honore, Athéniens, & je vous " aime: mais j'obeïrai pourtant au Dieu (c'est-à-dire, " à son Démon ou Génie) plûtôt qu'à vous. *Tom.* I. pag. 29. D. *Ed. H. Steph.*

§. II. (1) Il faut considérer ici prémiérement les *Particuliers*, & puis le *Corps du Peuple*. 1. A l'égard des *Particuliers*, il est certain que le but de la Société Civile en général demande, que chacun ne soit pas en droit de résister à la Puissance Souveraine, toutes les fois qu'il croit qu'elle lui fait quelque tort. Car, outre qu'on peut accuser là-dessus mal-à-propos un Supérieur; quiconque se soûmet à une Autorité Humaine, ne peut ignorer que celui, en faveur duquel il se dépouille d'une partie de sa liberté, est & sera toûjours Homme, c'est-à-dire, sujet à se tromper & à manquer en quelque chose à son Devoir: ainsi il doit être censé le reconnoître pour son Maître sur ce pié-là. Par conséquent il lui accorde en même tems le droit, non pas de le traiter injustement en aucune maniére (personne ne peut jamais donner ni avoir un véritable *droit* de commettre la moindre *injustice*) mais d'exiger qu'on ne le dépouille pas de son Autorité pour toute sorte d'abus qu'il en pourroit faire. Un Homme qui n'abuse jamais de son pouvoir, doit être regardé comme un Homme qui ne se trouve point: & aucune Autorité ne seroit durable, ni suffisante pour produire l'effet auquel elle est destinée, si on pouvoit la perdre si aisément. Mais il ne s'ensuit point de là, qu'un Particulier se soit engagé ou ait dû s'engager nécessairement à souffrir tout de ses Supérieurs, sans jamais opposer la force à la force. Si cela étoit, la condition de ceux qui entrent dans quelque Société, où ils doivent être du nombre des Membres qui obéïssent, seroit sans contredit plus malheureuse, qu'auparavant; & rien ne les obligeroit à se dépouiller de cette liberté naturelle, dont chacun est si jaloux. Lors même qu'ils se soûmettent à un Vainqueur, il vaudroit mieux pour eux de demeurer avec lui en état de Guerre. Ainsi il faut distinguer entre les *injustices douteuses, ou supportables*; & les *injustices manifestes & insupportables*. On doit souffrir les prémiéres: mais à la rigueur on n'est point obligé de souffrir les autres; & si on le doit quelquefois, ce n'est nullement en considération de celui qui les fait, mais pour le bien de la Société. De sorte que, s'il n'y a pas lieu de croire que la résistance causera de plus grands maux & de plus grands troubles, que ceux auxquels la Société est déja exposée ou court risque de l'être; rien n'empêche qu'on n'use de tous ses droits contre celui qui, par un excès de fureur, nous a dégagé du lien de la Sujettion, & s'est mis avec nous en état de Guerre. Or qu'il y ait des injustices énormes & manifestes, à l'égard desquelles un Particulier ne peut se faire illusion & se prévenir mal à propos contre son Prince; on en conviendra aisément, si l'on examine bien & la nature des choses, & la conduite des Souverains devenus Tyrans. Qui peut douter, par exemple, qu'un Prince qui veut tuer un de ses Sujets, ou lui enlever ses biens, sans qu'il ait commis aucun crime, & sans autre forme de procès, sans autre raison que son bonplaisir, ou pour quelque raison manifestement injuste, comme s'il refusoit de croire une chose qu'il trouve très-fausse, sur tout en matiére de Religion; peut-on douter, dis-je, que ce ne soit-là un de ces abus énormes & insupportables de l'Autorité Suprême, dont la tolérance, bien loin d'être nécessaire pour le bien de l'Ordre & du Repos public, y est directement contraire? N'a-t-on pas même pour l'ordinaire tout lieu de penser, qu'un Souverain qui en vient à cet excès de fureur contre un ou quelques Particuliers, n'en demeurera pas là, & que les autres doivent s'attendre à de pareils traitemens? S'il est de l'intérêt public, que ceux qui obéïssent souffrent quelque chose, il n'est pas moins de l'intérêt public, que ceux qui commandent craignent de pousser à bout leur patience. Un homme qui se croit tout permis par rapport à ses Inférieurs, est capable de tout. Il est vrai que pour l'ordinaire un ou quelque peu de Particuliers voudroient en vain résister, & ne feroient que s'attirer de plus grands maux. Mais alors c'est une affaire de prudence, & qui ne diminuë rien du droit qu'ils ont contre un Supérieur, qui, par des injustices énormes & insupportables, & par la violation des engagemens où il étoit envers eux, les a déchargez de ceux ci

du moment qu'on est entré dans une Société Civile, établie pour maintenir la tranquillité publique, l'Etat acquiert sur nous, & sur ce qui nous appartient, un droit supérieur, autant qu'il est nécessaire pour cette fin. Ainsi l'Etat peut, pour le bien de l'ordre & du repos public, interdire l'usage illimité de ce droit envers toute autre personne. Et il n'y a point de doute qu'il ne le veuille, puis qu'autrement il ne sauroit atteindre à son but. (1) Car si chacun conservoit le droit de résister à tout autre, ce ne seroit plus un Etat, mais une Multitude sans union: tels qu'étoient les *Cyclopes*, parmi lesquels (2) chaque Pére de Famille gouvernoit sa Femme & ses Enfans, sans dépendre lui-même de personne, ainsi qu'Homere nous les représente; ou les (3) *Aborigénes*, & les (4) *Gétuliens*, qui au rapport de Salluste, n'avoient ni Loix, ni Coûtumes, ni Magistrats.

2. Aussi voions-nous que la résistance, dont il s'agit, est regardée comme illicite, selon l'usage de tous les Etats. St. Augustin (5) remarque, qu'*il y a une Convention générale de la Société Humaine, en vertu dequoi on est tenu d'obéir aux Rois.* Eschyle (6), Sophocle (7), Euripide (8), trois anciens Poëtes Grecs, ont semé dans leurs Tragédies des sentences qui établissent l'obligation indispensable de se sou-

où ils étoient envers lui. II. Ce que je viens d'établir, a lieu, & à beaucoup plus forte raison, par rapport au Peuple entier, ou la plus grande partie. Plus le nombre des Opprimez est grand, & plus l'Oppresseur mérite d'être mis à la raison. Le Tyran a alors d'autant moins sujet de se plaindre, qu'il n'y a guéres qu'un excès horrible d'ambition & de fureur, qui puisse obliger le gros de la Nation à se soûlever contre lui. Voiez ce que j'ai dit sur Pufendorf, *Droit de la Nat. & des Gens*, Liv. VII. *Chap.* VIII. §. 6. *Note* 1.

(2) ——— ——— [illegible]

[illegible]

Odyss. Lib. IX. *vers* 114, 115. Euripide les appelle, une troupe de gens vagabonds, parmi lesquels personne n'obeit à un autre:

[illegible]

In Cyclop. *vers* 120. Grotius.

(3) *Cumque his* [Trojanis] Aborigines, *genus hominum agreste, sine legibus, sine imperio, liberum atque solutum.* Sallust. *Bell. Catilin.* Cap. VI.

(4) *Hi* [Getuli & Libyes] *neque moribus, neque lege aut imperio cujusquam regebantur.* Idem, *Jugurth.* Cap. XXI. *Ed. Wass.* Nôtre Auteur ajoûte ici, dans une Note, l'exemple des *Bebryciens*; & il cite là-dessus ces paroles d'un Poëte Latin:

——— *Non fœdera legum*
Ulla colunt, placidas aut jura tenentia mentes.

Valer. Flaccus, Argonaut. *Lib.* IV. *vers.* 102, 103. Mais cela veut dire seulement, que c'étoient des Peuples, qui n'observoient aucune Loi d'Humanité & de Justice envers les autres; comme il paroît par la suite, où le Poëte dit, qu'ils tuoient tous les Etrangers qui abordoient là, pour en faire un sacrifice à *Neptune*. On peut y joindre les vers suivans, qui expliquent ceux que nôtre Auteur a alléguez:

——— *Non hæc, ait, hospita vobis*
Terra, Viri; non hic ullus reverentia vitæ
Pectora: mors habitat, sacraque hoc litore pugna.

Vers. 146, *& seqq.* Mais, pour montrer le peu de justesse de l'application, il suffiroit de dire, que ce païs des *Bebryciens* étoit un Roiaume, où régnoit *Amycus*, comme le même Poëte nous l'apprend un peu plus haut:

Proxima Bebrycii *panduntur litora regni*
. . . .
Rex Amycus: *regis fatis & numine freti* &c.

Vers 99, 101.

(5) *Generale quippe pactum est Societatis humanæ, obedire Regibus suis.* Lib. III. Confess. *Cap.* VIII. Ce passage, qui se trouve cité dans le Droit Canonique, *Distinct.* VIII. *Can.* 2. est bien vague, & dit seulement, qu'il faut obeir à un Souverain. Qui en doute? La question est de savoir, jusqu'où on doit lui obeïr. Toutes les autoritez, que nôtre Auteur ou d'autres alleguent, ne prouvent pas, si on les examine bien, que l'opinion générale de tous les Peuples ait été, qu'on doit tout souffrir des Souverains, & qu'il n'est permis de leur resister en aucun cas. Les mêmes Auteurs, où l'on trouve des Sentences comme celles que les Partisans de la *non-resistance* absolue entassent avec affectation, sont quelquefois ceux qui, en d'autres endroits, élévent jusqu'au Ciel des personnes qui ont eu le courage de se défaire d'un Tyran; comme le remarque le Savant Schelius, dans son Traité *de Jure Imperii*, pag. 116.

(6) [illegible]

Eschyle parle là d'un Roi independant, qui use de son pouvoir avec dureté; c'est une chose de fait.

(7) [illegible]

„ Ils sont les Chefs [*Ménélas* & *Agamemnon*] Pourquoi „ ne cédeoit-on pas à leurs ordres? *In Ajac.* ℣. 677. C'est *Ajax* qui parle, & qui reconnoit la faute qu'il a faite de s'être laissé aller à des emportemens de colére, à cause qu'on ne lui avoit pas ajugé les armes d'*Achille*.

(8) [illegible]

Phœniss. ℣. 396.

Ce passage est tout-à-fait mal appliqué. Il ne contient pas un *précepte*, quoi que Ciceron l'appelle ainsi, dans une Lettre à *Atticus*, Lib. II. Ep. XXV. mais il marque seulement la nécessité où l'on est réduit, de souffrir les sottises de ceux de qui l'on dépend. *Polynice* s'excuse auprès de sa Mére, de ce que, pour s'ouvrir un chemin à retourner dans sa Patrie, & à monter sur le Trône, où son Frére *Eteocle* ne vouloit pas lui laisser mettre le pié; il avoit épousé la Fille d'*Adraste*, Roi d'*Argos*. Il étale là-dessus tous les desagrémens de l'exil; au nombre desquels il met celui-ci, *Qu'on est reduit à supporter les bizarreries & les folies de ceux qui régnent* dans les lieux où l'on s'est refugié. Il s'en faut donc bien, qu'il veuille parler d'un droit qu'aient les Rois, de faire impunément des folies.

soûmettre au Souverain, quelque dures & déraisonnables que soient ses Ordonnances. (b) Chap. III. §. 8. Note 58. TACITE, dont nous avons (b) deja rapporté un passage là-dessus, dit ailleurs, (9) *Que les Dieux ont établi le Prince pour arbitre souverain de toutes choses, & que les Sujets n'ont en partage que la gloire de l'obeïssance.* SENEQUE dit, (10) qu'*il faut souffrir patiemment ce que le Roi commande, juste ou non:* pensée qu'il a (11) prise de SOPHOCLE. Et SALLUSTE pose pour maxime, (12) que *faire tout impunément, c'est être véritablement Roi.*

3. De là vient que, par tout païs, il y a tant de Loix & tant de Peines établies, pour mettre en sûreté la majesté, c'est-à-dire, la dignité & l'autorité ou du Peuple, ou de la personne qui a seule le Pouvoir Souverain: autorité, qui ne pourroit se maintenir, si chacun conservoit la liberté de résister. Selon le Droit Romain, (13) lors qu'un Capitaine veut châtier un Soldat, si celui-ci retient le bâton, pour en éviter les coups, il est dégradé & mis dans un plus bas poste: que s'il rompt le bâton de propos déliberé, ou s'il met la main sur son Capitaine, il est condamné à mort. ARISTOTE (14) dit, que, *quand un Magistrat a battu quelcun, celui-ci ne doit pas le battre à son tour.*

§. III.

(9) L'Historien fait parler *Marc Térentius*, Chevalier Romain, qui s'adresse ainsi, dans le Senat, à *Tibére* comme s'il eût été présent: *Tibi summum rerum judicium Dii dedére: nobis obsequii gloria relicta est.* Annal. *Lib.* VI. *Cap.* VIII. *num.* 5.

(10) *Æquum atque iniquum Regis imperium feras.*
Med. ℣. 195.
C'est *Créon*, Roi de *Corinthe*, qui parle ainsi. L'Auteur appliquoit encore ici un vers, que j'ai d'abord soupçonné être de quelque Poëte Tragique:
Indigna digna habenda sunt, Rex quæ facit.
Mais je me suis souvenu d'un passage de PLAUTE, dont ce vers n'est qu'une parodie:
Indigna digna habenda sunt, herus quæ facit ———
Captiv. Act. II. Scen. I. ℣. 6.
„ Il faut regarder comme de bons traitemens, les mau„ vais traitemens qu'on reçoit d'un Maître. Je vois aussi que JUSTE LIPSE avoit parodié, de la même maniére, le vers du Poëte Latin, dans sa *Politique*, Lib. VI. Cap. V. Et c'est peut-être de là que nôtre Auteur l'a tiré.

(11) Ἀλλ' ὃν πόλις στήσειε, τοῦδε χρὴ κλύειν,
Καὶ σμικρὰ, καὶ δίκαια, καὶ τἀναντία.
Antigon. ℣. 681, 682.

(12) *Nam impunè quælibet facere, id est, Regem esse.* Bell. Jugurth. *Cap.* XXXVI. Celui qui parle là, c'est *Memmius*, Tribun du Peuple Romain, & très-ardent défenseur de la Liberté Publique. Il n'a garde de donner aux Rois le droit de faire tout impunément: il veut dire seulement, qu'ainsi vont les choses, que telle est la coûtume des Rois, & le succès de leurs mauvaises actions. Sur quoi MILTON (*Defens.* Cap. II. pag. 34.) allégue à propos ce passage de CICERON, que l'on peut comparer avec celui du Livre de SAMUEL, dont nous parlerons tout à l'heure: *Nemo nostrûm ignorat, etiamsi experti non sumus*, CONSUETUDINEM REGIAM. *Regum autem hæc sunt imperia*, Animadverte & Dicto pare: & Præter rogitatum si querare: & *illæ minæ*, Si te secundo lumine hic offendero, Moriere. *Quæ non ut delectemur solum legere & spectare debemus, sed ut cavere etiam & effugere discamus.* Orat. pro C. Rabirio Postum. *Cap.* XI. Au reste, nôtre Auteur renvoioit ici, dans une Note, à un passage de JOSEPH, qu'il a déja cité sur le Chap. précedent, §. 22. *Note* 3.

(13) *Nam eum* [Militem] *qui Centurioni, castigare se volenti, restiterit; veteres notaverunt: si vitem tenuit, militiam mutat: si ex industria fregit, vel manum Centurioni intulit, capite punitur.* DIGEST. Lib. XLIX Tit. XVI. *De Re Militari*, Leg. XIII. §. 4. Voiez RUFFI *Leges Militares*, Cap. XV. jointes au VEGECE, de l'edition de *Plantin*, 1607.

(14) Οἷον εἰ ἀρχὴν ἔχων ἐπάταξεν, οὐ δεῖ ἀντιπληγῆναι. Ethic. Nicom. *Lib.* V. *Cap.* VIII. pag. 64. C. *Ed. Paris.* Ce passage n'est pas tout-à-fait à propos. Il s'agit de la Peine du *Talion*. Le Philosophe, pour montrer qu'elle seroit quelquefois contraire à la Justice, allégue pour exemple le cas d'un Magistrat Subalterne, qui auroit battu sans sujet quelcun de ses inferieurs: & il soûtient, qu'alors il ne seroit pas convenable au caractére d'une telle personne, qu'on la condamnât à être battuë à son tour. Ce n'est que par conséquence qu'on peut inférer de là, aussi bien que de l'exemple de la Discipline Militaire allégué auparavant, Que pour l'ordinaire les Inférieurs ne doivent pas résister à la Puissance Souveraine, & aux Puissances Subalternes, agissantes en son nom & en son autorité.

§. III. (1) La Loi parle de ceux qui mépriseront *insolemment* (car il y a ainsi dans le Texte,) la décision des Juges établis de DIEU pour expliquer & appliquer les Loix de *Moïse*, dans les cas douteux. Ainsi cela ne fait rien à la question dont il s'agit, où il faut toûjours supposer une injustice manifeste. Voiez Mr. LE CLERC, sur le passage du DEUTERONOME, cité en marge.

(2) Notre Auteur suppose ici, avec plusieurs Interprêtes, que SAMUEL, en représentant aux *Israëlites* la maniere dont les Rois les traiteroient, parle du *droit*, & non pas simplement du *fait*. PUFENDORF même a donné (*Liv.* VII. *Chap.* VI. §. 9.) une paraphrase des paroles du Prophéte, où il les explique en sorte qu'elles ne contiennent rien selon lui, qu'un Roi, absolu ou non, ne puisse exiger légitimement. Mais il est obligé, pour y trouver son compte, d'aider beaucoup à la lettre, & d'adoucir la force des expressions de l'original, contre les régles de la Critique. Il ne faut que considérer les paroles suivantes: *Ils prendront vos Champs, vos Vignes, vos meilleurs Oliviers, & ils les donneront à leurs Serviteurs.* ℣. 13. C'est-là une tyrannie manifeste; & l'Histoire de *Naboth* suffit pour faire voir, que les plus méchans Princes n'osoient pas soûtenir, qu'on dût souffrir qu'ils s'emparassent des biens de leurs Sujets, pas même en les leur paiant au delà de leur juste valeur. D'où il paroit, qu'on ne croioit pas

§. III. La Loi de *Moïse* décerne la peine de mort contre (a) celui qui désobéïra (1) ou au Souverain Sacrificateur, ou à celui que Dieu aura établi extraordinairement pour gouverner son Peuple. A l'égard des paroles de (b) Samuel, touchant le *droit du Roi*, (2) si l'on examine bien le passage, on trouvera, qu'il ne faut l'entendre ni d'un véritable droit, c'est-à-dire, du pouvoir de faire quelque chose honnêtement & légitimement (car dans l'endroit de la Loi, qui traite des Devoirs du Roi, (c) on lui prescrit une toute autre maniére de vivre); ni d'un simple pouvoir de fait (car il n'y auroit-là rien de singulier, puis que les Particuliers se font aussi très-souvent du tort les uns aux (3) autres): mais qu'il s'agit d'un acte, qui, juste ou non, a quelque *effet de droit*, je veux dire, qui emporte l'obligation (4) de ne pas résister. C'est pour cela que le Prophéte ajoûte, que, quand le Peuple seroit opprimé par les injustices & les mauvais traitemens du Roi, il imploreroit le secours de Dieu; comme n'aiant (5) aucune ressource humaine. C'est donc un *droit*, dans le même sens qu'il est dit que (6) *le Préteur rend justice, lors même qu'il prononce un Arrêt injuste.*

(a) *Deuter.* XVII, 12. *Josué* I, 18.

(b) *I. Sam.* VIII, 11.

(c) *Deuter.* XVII, 14. *& suiv.*

§. IV. 1. Dans le Nouveau Testament, Jesus-Christ (a) ordonne de *rendre à César ce qui appartient à César.* Par où il donne à entendre, que ses Disciples doivent

(a) *Matth.* XXII, 21.

pas que *Samuel* eût voulu établir en aucune maniére les droits du Roi, ou l'obligation des Sujets, mais seulement representer au Peuple les malheurs auxquels il seroit exposé par l'abus que les Rois feroient de leur pouvoir & de leurs forces. Le but du Prophéte, qui étoit de detourner les *Israëlites* de continuer à souhaiter la Monarchie, ne demande pas autre chose; & le mot de l'original, dont il se sert, que l'on traduit ordinairement par celui de *droit*, signifie aussi souvent, dans l'Ecriture, la *maniére d'agir*, la coûtume: l'exemple que j'en ai allégué, après les Interprêtes, sur l'endroit de Pufendorf cité ci-dessus, suffit pour mettre cela dans une entiére évidence. D'ailleurs, la bonté & la sainteté de Dieu ne permettent pas, ce me semble, de penser, qu'il eût voulu insinuer la moindre chose, d'où les Rois eussent pû prendre occasion de se croire tout permis, & de manquer aux devoirs qu'il leur avoit prescrits si expressément dans sa Loi. Il y auroit eu là une espéce de contradiction, indigne de l'Etre souverainement parfait.

(3) Il est vrai: mais il y a toûjours beaucoup de différence entre le tort que les Particuliers peuvent se faire les uns aux autres dans un Etat où les Loix sont observées, & celui qu'un mauvais Prince peut faire à ses Sujets. Car, comme on l'a remarqué, & comme chacun le voit d'abord, la force que les Princes ont en main les met en état d'opprimer leurs Sujets en mille maniéres, qui sont au dessus du pouvoir des Particuliers. Un Citoien, par exemple, s'emparera-t-il impunément du Champ ou de la Vigne de son Voisin? Lui prendra-t-il par force ses Enfans, ou ses Domestiques?

(4) Ou plûtôt, l'impuissance physique de résister. Les *Israëlites* (comme le dit Mr. Le Clerc sur le passage dont il s'agit) n'ont jamais crû, que personne, pas même le Corps entier du Peuple, ne pût légitimement résister au Roi. Cela paroit par la maniére dont les Dix Tribus secouérent le joug de *Roboham*; & par l'exemple de divers Tyrans, qui furent tuez, dans le même Roiaume d'*Israël*. Nôtre Auteur cite ici, dans une Note, ce que Philon fait dire aux *Juifs* d'*Alexandrie*, en opposant leur conduite à celle des naturels du païs: „ Quand est-ce que nous nous sommes „ rendus suspects de révolte? Tout le monde ne nous „ a-t-il pas toûjours regardé comme des gens pacifi„ ques? Nôtre conduite, nos occupations ordinaires, „ ne sont-elles pas irréprochables, & ne tendent-elles „ pas à l'utilité & à la tranquillité publique? Πότε γὰρ εἰς ἀπόστασιν ὑπωπτεύθημεν; πότε δ' οὐκ εἰρηνικοὶ πᾶσιν ἐνομίσθημεν; τὰ δ' ἐπιτηδεύματα, οἷς καθ' ἑκάστην ἡμέραν χρώμεθα, οὐκ ἀνεπίληπτα, οὐ συντείνοντα πρὸς εὐνομίαν πόλεως καὶ εὐστάθειαν; In Flaccum, *pag.* 978. D. *Edit. Paris.* Mais il ne s'ensuit point de là, que, depuis même la Captivité de *Babylone*, les *Juifs* fussent dans cette pensée, qu'il n'est jamais permis de résister aux Puissances: l'exemple des *Maccabées*, allégué plus bas par notre Auteur, & toute l'histoire de cette Nation, témoignent manifestement le contraire. Voiez Milton, *Defens.* Cap. IV. pag. 115, *& seqq.* Et lors qu'ils ont souffert de grandes cruautez de la part des Gouverneurs Romains, ç'a été parce qu'ils étoient dans l'impuissance de résister; quoi que, pour montrer leur innocence, & pour adoucir leurs Persécuteurs, ils aient fait quelquefois valoir leur patience forcée; comme quand *Petrone*, par ordre de *Caligula*, voulut mettre dans le Temple la Statuë de cet Empereur impie. Voiez Joseph, *Antiq. Jud.* Lib. XVIII. Cap. XI. *pag.* 640. F. & Philon, *de legat. ad Cajum*, pag. 1025. C. 1026. C. Je ne trouve pourtant pas dans aucun de ces deux Ecrivains Juifs, des paroles que l'Auteur Anglois, que je viens de citer, rapporte, comme un aveu que les *Juifs* eux-mêmes faisoient de leur impuissance: (*pag.* 133.) *Πολεμεῖν μὲν οὐ βουλόμενοι, διὰ τὸ μηδ' ἂν δυνασθαι.* Je vois seulement, que Joseph dit, que, quand *Pétrone* marchoit pour venir en *Judée* avec trois Légions, & des Troupes auxiliaires de *Syrie*, les *Juifs* ou ne pouvoient s'imaginer qu'on voulût s'en servir contr'eux, ou, s'ils le croioient, se sentoient hors d'état de se défendre: *Οἱ δὲ φοβηθέντες, ἦσαν ἐν ἀμηχανίᾳ πρὸς τὴν ἄμυναν.* De Bell. Jud. *Lib.* II. *Cap.* XVII. (IX. Latin.) *pag.* 790. F.

(5) Mais les *Israëlites* implorérent aussi souvent le secours de Dieu, du tems des *Juges*, lors qu'ils étoient opprimez par quelque Roi ou Peuple voisin: & cependant leur étoit-il alors défendu de résister à l'Oppresseur, quand ils le pouvoient? Le Prophéte certainement ne veut dire autre chose, si ce n'est que Dieu, pour les punir de ce qu'ils avoient voulu, à quelque prix que ce fût, & malgré lui en quelque façon, être soumis à une forme de Gouvernement Monarchique; ne la changeroit point, par sa Providence, lors qu'ils en auroient reconnu les fâcheux inconvéniens. Aussi la prédiction fut-elle justifiée par l'événement. Voiez Mr. Le Clerc, sur cet endroit.

(6) *Prætor quoque jus reddere dicitur, etiam quum ini-*

vent à leur Souverain une obéïssance, sinon portée plus haut, du moins aussi haut, & accompagnée, s'il le faut, d'une aussi grande patience, que celle à laquelle les anciens *Hébreux* étoient tenus envers leurs Rois. L'Apôtre St. Paul, Interpréte fidelle des paroles de Nôtre Seigneur, explique la chose plus distinctement: car dans l'endroit où il traite au long des Devoirs des Sujets, il dit entr'autres choses : (b) *Celui qui resiste aux Puissances, refuse de se soûmettre à un établissement de* Dieu: *& ceux qui s'y opposent, s'attireront la condamnation. Le Prince*, dit-il un peu plus bas, *est un Ministre de* Dieu, *qui exerce son pouvoir pour vôtre bien* . . . *C'est pourquoi il faut nécessairement lui être soûmis, non seulement pour éviter sa colére, mais encore à cause de la Conscience.* L'Apôtre fait regarder ici comme une partie de la soûmission qu'on doit aux Puissances, la nécessité de (1) ne pas leur résister; & cela non seulement par la crainte d'un plus grand mal, mais encore par un sentiment du devoir, & par l'effet d'une obligation où l'on est à cet égard, & envers les Hommes, & envers Dieu. Il en allégue deux raisons: l'une, que Dieu aiant approuvé & sous la Loi Mosaïque, & sous l'Evangile, cet ordre de la Société Civile, en conséquence duquel les uns commandent & les autres obéïssent, les Puissances doivent être regardées comme établies de Dieu même; car en autorisant une chose, on la rend sienne: l'autre, que cet ordre nous est avantageux à nous-mêmes.

(b) *Rom.* XIII. 2, *& suiv.*

2. On peut objecter contre la derniére raison, Qu'il n'est pas avantageux, de souffrir de mauvais traitemens. Sur quoi quelques-uns font une réponse, qui, à mon avis, est plus vraie en elle-même, que conforme à la pensée de l'Apôtre; c'est que ces injures mêmes nous sont avantageuses, entant que la patience, avec laquelle on les souffre, aura un jour sa récompense. Mais il me semble que l'Apôtre a eu en vuë le but général de l'ordre du Gouvernement Civil, ou la tranquillité (2) publique, dans laquelle est renfermée celle des Particuliers. Et en effet, il est hors de doute que la protection des Puissances nous procure pour l'ordinaire cet avantage: car personne ne se veut du mal à soi-même; & le bonheur d'un Souverain dépend de celui des Sujets. *Il faut avoir à qui commander*; c'est (3) un mot d'un Ancien. Les *Juifs* disoient en commun Proverbe, *Que* (4) *s'il n'y avoit point de Magistrats, on se mangeroit les uns les autres*: pensée qui se trouve aussi dans (5) St. Chrysostóme. Que si quelquefois les Conducteurs de l'Etat, emportez par des mouvemens excessifs de crainte, ou de colére, ou de quelque autre

qué decernit. Digest. De Justitia & Jure, Lib. I. Tit. I. Leg. XI.

§. IV. (1) Fort bien: mais il ne s'agit point ici de la maniére dont on doit agir envers les Puissances dans toute sorte d'occasion, & de quelque maniére qu'elles se conduisent. Bien loin de là, l'Apôtre suppose un Magistrat, qui agit en vrai *Ministre de* Dieu, & qui use de son autorité *pour le bien* de ceux à qui il commande.

(2) St. Chrysostome dit très-bien, que le Prince travaille de concert avec ceux qui prêchent l'Evangile. *Συνεργός ἐστί σοι, συμπράκτωρ σοι.* Grotius.

(3) Cela fut dit à *Sylla*: *Donec admonente* Fursidio, *Vincere aliquos debere, ut essent, quibus imperarent; proscripta est ingens illa tabula* &c. Florus, (Lib. III. Cap. XXI. *num.* 25.) Voiez Plutarch. *in Syll.* (pag. 472.) & St. Augustin, *De Civit. Dei*, Lib. III. Cap. XXVIII. Grotius.

(4) On le trouve dans le Pirke' Aboth, ou les Sentences des Docteurs Juifs. Il est attribué au Rabbin *Chananias*: *Priez*, disoit-il, *pour la paix du Roiaume: car s'il n'y avoit point de crainte* (du Magistrat), *on se mangeroit tout vifs les uns les autres.* Cap. III. pag. 42. *Edit. P. Fagii*, 1541.

(5) Τῶν πόλεων τοὺς ἄρχοντας ἂν ἀνέλῃς, *θηρίων ἀλόγων ἀλογώτερον βιωσόμεθα βίον, δάκνοντες ἀλλήλους καὶ κατεσθίοντες.* Orat. *de Statuis* VI. Ce Pere repéte la même pensée en deux ou trois autres endroits: *Ἂν γὰρ τὰ δικαστήρια ἀνέλῃς, πᾶσαν τῆς ζωῆς ὑμῶν ἀνεῖλες τὴν εὐταξίαν.* „ Otez les Tribunaux, & vous ôtez „ en même tems tout l'ordre de la Vie. *Ibid.* *Μὴ γάρ μοι τοῦτο εἴπῃς, εἴ τις κακῶς τῷ πράγματι κέχρηται· ἀλλ᾽ αὐτῆς βλέπε τῆς διατάξεως τὴν εὐκοσμίαν, καὶ τὴν πολλὴν ὄψει τοῦ ταῦτα ἐξ ἀρχῆς νομοθετήσαντος σοφίαν.* „ Ne me dites pas, qu'il y en a qui abusent de leur „ autorité: mais considerez la beauté de l'établissement „ en lui-même, & vous admirerez la grande sagesse „ de celui qui en a été le prémier auteur. *Ibid.* *Ἂν ἀνέλῃς αὐτὰς [τὰς ἀρχὰς] πάντα οἰχήσεται· καὶ οὐ πόλεις, καὶ οὐ χωρία, οὐκ οἰκίαι, οὐκ ἀγορά, οὐκ ἄλλο οὐδὲν στήσεται, ἀλλὰ πάντα ἀνατραπήσεται, τῶν δυνατωτέρων τοὺς ἀσθενεστέρους καταπινόντων.* „ Si vous ôtez les Magistrats, tout est „ perdu. Il n'y aura ni Champs, ni Villes, ni Marchez, ni autres choses semblables: tout sera boule- „ versé, & les plus forts mangeront les plus foibles. *In Epist. ad* Romanos. On trouve la même chose, sur l'Epitre aux Ephesiens, *Cap.* V. Grotius.

(6) On a cité le passage entier, sur le *Chap.* precedent

autre passion, se détournent du droit chemin, qui méne au repos public; cela doit être regardé comme un cas rare, & comme un mal qui est compensé par le bien qu'on retire d'ailleurs de leur protection, ainsi que TACITE (6) l'a remarqué. Or les Loix se contentent d'avoir égard à ce qui arrive ordinairement, selon ce que disoit (7) un ancien Philosophe: à quoi se rapporte aussi ce mot de CATON; (8) *Il n'y a point de Loi, qui soit commode à tous les Particuliers: on demande seulement, qu'elle soit utile en gros, & à la plûpart des gens.* Mais les choses qui n'arrivent que rarement, ne doivent pas moins pour cela être soûmises aux régles générales. Car, encore que la raison de la Loi n'ait pas lieu en tel ou tel cas particulier, elle subsiste pourtant dans sa généralité, à laquelle il est juste que les cas particuliers ne fassent point d'exception; parce que cela est plus avantageux à la Société, que de vivre sans régle, ou que de laisser chacun juge de la régle. Sur quoi SENEQUE dit fort à propos, (9) *Qu'il valloit mieux qu'un petit nombre de gens courût risque de n'être pas reçû à alléguer une excuse légitime, que si tout le monde pouvoit chercher quelque prétexte spécieux pour se disculper.* Ici doit avoir lieu aussi ce que THUCYDIDE (10) fait dire à *Periclès*, dans un morceau de sa Harangue qui ne sauroit être trop loué: (11) *J'estime*, dit-il, *qu'il est plus avantageux aux Particuliers mêmes, de vivre dans un païs où le Corps de l'Etat est florissant, que si les Particuliers faisoient bien leurs affaires, pendant que le Corps de l'Etat seroit foible & abbatu. Car, quelque bien qu'aillent les affaires d'un Particulier, si sa Patrie est détruite, il ne peut que périr avec elle: au lieu que, si l'on est malheureux dans un Etat florissant, on trouve dans sa protection bien plus de ressources, qu'on n'en avoit sans cela. Puis donc que l'Etat peut soûtenir les Particuliers & les relever de leurs malheurs, au lieu que les Particuliers ne sauroient faire la même chose à son égard; chacun ne doit-il pas concourir à le défendre, au lieu d'agir comme vous, qui étourdis & abbatus de vos pertes domestiques, abandonnez le soin du salut public?* TITE LIVE exprime en peu de mots la même pensée: (12) *Lors*, dit-il, *que les affaires de l'Etat vont bien, il peut aisément faire prosperer celles des Particuliers: mais en vain se flatteroit-on de jouir en sûreté de ses biens, si l'on néglige de sécourir le Public.* PLATON avoit déja posé pour maxime, (13) *Que ce qui fait le lien des Etats, c'est le soin du Bien Public, & que ce qui les détruit, c'est de ne penser qu'à l'avantage des Particuliers:* d'où il tire cette conséquence, *qu'il est avantageux & au Public, & aux Parti-*

dent, §. 8. *Note* 61.

(7) Ἐς γὰρ ἅπαξ ἢ δὶς, *idest*, Quod enim semel aut bis existit, *ut ait* THEOPHRASTUS, παραβαίνουσιν οἱ νομοθέται, *id est*, prætereunt Legislatores. DIGEST. Lib. I. Tit. III. *De Legibus* &c. Leg. VI. Voiez aussi *Lib.* V. *Tit.* IV. *Si pars hereditatis petatur*, Leg. III. *in fine.*

(8) *Nulla Lex satis commoda omnibus est: id modo quæritur, si majori parti, & in summam, prodest.* TIT. LIV. Lib. XXXIV. Cap. III. *num.* 5.

(9) Le Philosophe dit cela, à l'occasion des Loix sur les Debiteurs insolvables; dans lesquelles on ne distingue point ceux qui le sont devenus par quelque accident, ou il n'y a pas de leur faute, d'avec ceux qui ont dépensé en débauches, ou au jeu, l'argent qu'ils avoient emprunté: *Quid tu tam imprudentes judicas Majores nostros fuisse, ut non intelligerent, iniquissimum esse, eodem loco haberi eum qui pecuniam, quam à creditore acceperat, libidine aut aleâ absumpsit, & eum qui incendio, aut latrocinio, aut aliquo casu tristiore, aliena cum suis perdidit? Nullam excusationem receperunt, ut homines scirent, fidem utique præstandam. Satius enim erat a paucis etiam justam excusationem non accipi, quàm ab omnibus aliquam tentari.* De Benefic. Lib. VII. Cap. XVI.

(10) Ἐγὼ γὰρ ἡγοῦμαι, πόλιν πλείω ξύμπασαν ὀρθουμένην ὠφελεῖν τοὺς ἰδιώτας, ἢ καθ' ἕκαστον τῶν πολιτῶν εὐπραγοῦσαν, ἀθρόαν δὲ σφαλλομένην. καλῶς μὲν γὰρ φερόμενος ἀνὴρ τὸ καθ' ἑαυτὸν, διαφθειρομένης τῆς πατρίδος, οὐδὲν ἧσσον ξυναπόλλυται· κακοτυχῶν δὲ ἐν εὐτυχούσῃ, πολλῷ μᾶλλον διασώζεται. ὁπότε οὖν πόλις μὲν καὶ τὰς ἰδίας ξυμφορὰς οἵα τε φέρειν, εἷς δὲ ἕκαστος τὰς ἐκείνης ἀδύνατος, πῶς οὐ χρὴ πάντας ἀμύνειν αὐτῇ; καὶ μὴ (ὃ ὑμεῖς δρᾶτε, ταῖς κατ' οἶκον κακοπραγίαις ἐκπεπληγμένοι) τοῦ κοινοῦ τῆς σωτηρίας ἀφίεσθε. Lib. II. Cap. LX. *Edit. Oxon.*

(11) C'est ainsi que St. AMBROISE pose pour maxime, Que l'intérêt des Particuliers est le même, que celui du Public. *Liquet igitur, id expetendum & tenendum omnibus; quod eadem singulorum sit utilitas, quæ sit universorum.* De Offic. *Lib.* III. (*Cap.* IV.) Les Jurisconsultes établissent la même chose, en matiere du Contract de Societé: *Semper enim non id quod privatim interest unius ex sociis, servari solet, sed quod societati expedit.* DIGEST. Lib. XVII. Tit. II. *Pro Socio*, Leg. LXV. §. 5. Voiez aussi COD. Lib. VI. Tit. LI. *De caducis tollendis*, Leg. unic. §. 14. GRONOVIUS.

(12) *Respublica incolumis & privatas res facile salvas præstat, publica prodendo, tua nequicquam serves.* Lib. XXVI. Cap XXXVI. *num.* 9.

(13) (Τὸ μὲν γὰρ κοινὸν ξυνδεῖ, τὸ δὲ ἴδιον διασπᾷ τὰς πό-

ticuliers, de pourvoir aux intérêts du Public, plûtôt qu'à ceux des Particuliers. Xenophon (14) remarque, *que ceux qui se rebellent contre un Général d'Armée, travaillent à se perdre eux-mêmes.* Jamblique dit, (15) *Que l'avantage des Particuliers, bien loin d'être séparé de celui du Public, y est, au contraire, renfermé; & que comme, à l'égard des Animaux, & de tous les autres Etres, la conservation des Parties dépend de celle du Tout, il en est de même dans un Etat.* Or, en matiére de Choses Publiques il n'y a rien de plus considérable, que l'ordre du Gouvernement, dont j'ai parlé, lequel est incompatible avec le droit de résister laissé aux Particuliers. Expliquons cela par un beau passage de Dion Cassius: (16) *Je ne trouve pas*, dit-il, *qu'il soit beau & honnête, qu'un homme qui est revêtu d'autorité céde à ceux qui sont sous sa dépendance; ni qu'on puisse jamais être en sûreté, si ceux qui doivent obéir veulent commander. Considérez quel ordre il y auroit dans une Famille, si les Vieillards y étoient méprisez par les Jeunes Gens; ou dans une Ecôle, si les Disciples se moquoient des Maîtres. Les Malades guériroient-ils, s'ils n'exécutoient pas toutes les Ordonnances du Médecin? Les gens qui sont sur un Vaisseau, ne seroient-ils pas perdus, si les Nautonniers refusoient de suivre les ordres du Pilote? En un mot, c'est une chose naturellement nécessaire & salutaire au Genre Humain, que les uns commandent, & les autres obéïssent.* Voilà ce que dit cet Historien, & en même tems la raison pourquoi St. Paul, dans le passage cité ci-dessus, nous fait regarder l'obligation de ne pas résister aux Puissances, comme avantageuse à nous-mêmes.

(c) *I. Epit. II, 18, & suiv.*

3. Joignons y des paroles d'un autre Apôtre, ou de St. Pierre: (c) *Respectez*, dit-il, *le Roi. Vous, Esclaves, soiez soûmis à vos Maîtres, avec toute sorte de crainte; non seulement à ceux qui sont bons & équitables, mais encore* (17) *aux rudes. Car, si quelcun, par un principe de Conscience fondé sur la volonté de* Dieu, *supporte de mauvais traitemens, qu'il n'a point méritez; on lui en sait gré. Et quel honneur y auroit-il pour vous, si, après avoir mal fait, vous souffriez patiemment les coups qu'on vous*

πόλεως) καὶ ὅτι ξυμφέρει τῷ κοινῷ τε καὶ ἰδίῳ τοῖν ἀμφοῖν, ἂν τὸ κοινὸν τεθῆται καλῶς μᾶλλον ἢ τὸ ἴδιον. De Legibus, Lib. IX. pag. 875. A. Tom. II. *Ed. H. Steph.*

(14) Νομίζω γὰρ, ὅτι ὅστις ἐν πολέμῳ ἂν στασιάζῃ πρὸς τὸν ἄρχοντα, τὴν ἑαυτοῦ σωτηρίαν στασιάζει. De expedit. Cyri, *Lib.* VI. *Cap.* I. §. 19. *Ed. Oxon.*

(15) Notre Auteur ne cite qu'en Latin ce passage, qui etoit deja dans la premiére Edition. Je ne l'ai trouvé ni dans la *Vie de* Pythagore, ni dans le *Protrepticon* de Jamblique; & je ne sai s'il n'auroit pas mis le nom de ce Philosophe pour celui de quelque autre. Quoi qu'il en soit, voici une pensée toute semblable de Hierocles: Δεῖ τε χρὴ τὸ κοινὸν συμφέρον τοῦ ἰδίου μὴ χωρίζειν, ἀλλ' ἓν ἡγεῖσθαι καὶ ταυτόν. Τό, τε γὰρ τῇ πατρίδι συμφέρον, κοινόν ἐστι καὶ τῶν κατὰ μέρος ἑκάστῳ· τὸ γὰρ ὅλον δίχα τῶν μερῶν ἐστιν οὐδέν. Apud Stob. Serm. XXXIX.

(16) C'est *Jules César* qui parle ainsi, dans sa Harangue aux Soldats séditieux, à *Plaisance*: Οὐ μὲν τοι καὶ ἐγὼ ἔτ' ἄλλως καλὸν εἶναι νομίζω, ἄρχοντά τινα τῶν ἀρχομένων ἡττᾶσθαι, οὔτ' ἂν σωτήριόν τι γενέσθαι ποτὲ, εἰ τὸ ταχθὲν ὑπείκειν τινὶ, κρατεῖν αὐτοῦ ἐπιχειρήσειεν. σκέψασθε δὲ, ποῖος μὲν κόσμος οἰκίας γένοιτο, ἂν οἱ ἐν τῇ ἡλικίᾳ ὄντες τῶν πρεσβυτέρων καταφρονήσωσι· ποῖος δὲ τῶν διδασκαλείων, ἂν οἱ φοιτῶντες τῶν παιδευτῶν ἀμελήσωσι· τίς ὑγίεια νοσοῦσιν, ἂν μὴ πάντα τοῖς ἰατροῖς οἱ κάμνοντες πειθαρχῶσι· τίς δὲ ἀσφάλεια ναυτιλλομένοις, ἂν οἱ ναῦται τῶν κυβερνητῶν ἀνηκουστῶσι. φύσει τε γὰρ ἀναγκαῖα τινὰ καὶ σωτήρια, τῷ μὲν, ἄρχειν ἐν τοῖς ἀνθρώποις, τῷ δὲ, ἄρχεσθαι τέτακται. Lib. XLI. pag. 189. B. C. *Ed. H. Steph.*

(17) On trouve cela ainsi expliqué dans les *Constitutions de St.* Clement: Ὁ δοῦλος εὔνοιαν φυλαττέτω πρὸς τὸν δεσπότην μετὰ φόβου Θεοῦ, κἂν ἀσεβὴς, κἂν πονηρὸς ὑπάρχῃ. „Un Esclave doit avoir, avec la crainte de „Dieu, de l'affection pour son Maître, quelque impie, „quelque méchant, que ce Maître soit. Grotius.

(18) Tertullien dit, qu'en craignant les Hommes on honore Dieu: *Timor Hominis, Dei honor est.* De Pœnitent. Grotius.

C'est au Chapitre VII. de l'Ouvrage cité. Mais il s'agit-là de toute autre chose.

(19) Ce n'est que par accommodation, que l'on peut tirer de là cette conséquence. Et cela ne prouveroit pas, qu'on dût tout souffrir; non plus que ne le doit un Esclave, à qui les Loix même offroient leur protection, lors qu'il éprouvoit de la part de son Maître des traitemens insupportables. Voiez le Discours de Mr. Noodt sur le *Pouvoir des Souverains*, pag. 254. de la 2. Edition de la Traduction Françoise. D'ailleurs, les préceptes, que l'Apôtre donne ici, étoient en partie fondez sur des circonstances particuliéres, comme nous le ferons voir dans la Note 25. sur le paragraphe 7. Enfin, on peut dire de ces préceptes généraux, qui recommandent la soûmission au Souverain, ce que notre Auteur dit lui-même ci-dessous, au sujet de ceux qui regardent la soûmission des Esclaves à leurs Maîtres, *Liv.* II. *Chap.* V. §. 29. à la fin. Voiez encore ce que dit, sur les passages de St. Paul & de St. Pierre, un Auteur, que j'ai deja cité plus d'une fois, Schelius, *de Jure Imperii*, pag. 116, *& seqq.*

(20) *Ames Parentem, si aequus est; si aliter, feras.* Publ. Syrus, vers. 23.

(21) Un Jeune Homme, qui avoit frequenté longtems

vous donne? Mais si en faisant bien, il vous arrive néanmoins d'être maltraitez, & que vous le souffriez patiemment, (18) DIEU *vous en saura gré.* L'Apôtre confirme cela en suite par l'exemple de Nôtre Seigneur JESUS-CHRIST. Sur quoi il y a deux choses à remarquer: l'une, que ce qui est dit de la soûmission qu'on doit aux Maîtres, quelque rudes qu'ils soient, doit (19) se rapporter aussi aux Rois; puis que ce qui suit, & qui est bâti sur le même fondement, ne regarde pas moins les devoirs des Sujets, que ceux des Esclaves: l'autre, que la soûmission, à laquelle nous sommes tenus, emporte l'obligation de souffrir patiemment les injures qu'on reçoit; de même qu'un Fils doit supporter les mauvais traitemens de son Pére; selon ce que porte une ancienne (20) sentence, confirmée (21) par divers Auteurs anciens. En un mot, comme le disoit TACITE (22) *on peut souhaitter d'avoir de bons Princes, mais il faut les souffrir tels qu'on les a.* CLAUDIEN (23) louë les *Perses*, de ce qu'ils *obéïssoient à leurs Rois, quoi que cruels.*

§. V. 1. LA pratique (1) des *prémiers Chrêtiens*, qui est le meilleur interprête des Loix Evangéliques, se trouve aussi conforme au précepte des Apôtres de Nôtre Seigneur, tel que je viens de l'expliquer. Car, quoi que l'Empire Romain ait été souvent entre les mains de très-méchans Princes, & qu'il n'ait pas manqué de gens qui s'opposoient à eux, sous prétexte de rendre service à l'Etat; les *Chrêtiens* ne sont jamais entrez dans de tels complots. Les *Constitutions* attribuées à St CLEMENT, donnent pour maxime, (2) *Qu'il n'est pas permis de résister à la Puissance Roiale.* TERTULLIEN, dans son *Apologie pour les Chrêtiens*, défie les Paiens de pouvoir leur rien reprocher à cet égard: (3) *D'où sont sortis*, dit-il, *un* Avidius Cassius, *un* Pescennius Niger, *un* Clodius Albinus? *D'où sont venus ceux qui ont assiégé un Empereur entre deux lauriers? D'où sont venus ceux qui l'ont étranglé dans un exercice de Lutte? D'où sont venus ceux qui ont forcé l'entrée du Palais, plus audacieux que tous les* (4) Sigéres, *& les* Parthenies? *C'étoient tous Romains, si je ne me trompe, c'est-à-dire, des gens nullement Chrêtiens.* Ce qu'il dit là d'un Empereur étranglé dans un exercice de Lutte, regarde la mort de

tems l'Ecôle de *Zénon*, étant retourné chez lui, comme son Pére lui demandoit ce qu'il y avoit appris, répondit, qu'il le feroit voir par des effets. Là-dessus son Pére s'emporta contre lui, & le battit. Le Jeune Homme le souffrit patiemment, & dit alors: *Voilà ce que j'ai appris; De supporter la colére de mon Pére.* Τοῦτο ἔφη μεμαθηκέναι, φέρειν ὀργὴν πατρός. (ÆLIAN. *Var. Hist.* Lib. IX. Cap. XXXIII.) JUSTIN dit, que *Lysimaque souffrit* courageusement la cruauté d'ALEXANDRE *le Grand* à son égard, comme si c'eût été son Pére: LYSIMACHUS *quoque magno animo Regis, veluti parentis, contumeliam tulit.* Lib. XV. (Cap. III. num. 10.) TITE LIVE fait dire aux Sénateurs Romains, Que, comme on adoucit la mauvaise humeur d'un Pére, à force de souffrir patiemment ses duretez; il faut en user de même envers la Patrie: *Ut parentum sævitiam, sic Patriæ, patiendo ac ferendo leniendam esse*, Lib. XXVII. (Cap. XXXIV. num. 13.) Dans TERENCE, un Jeune Homme dit, qu'il est obligé de supporter la mauvaise humeur de sa Mére:

Nam Matris ferre injurias me, Parmeno, pietas jubet.
Hecyr. (Act. III. Scen. I. ℣. 21.)

CICERON donne pour précepte, de garder non seulement le silence sur les injures qu'on reçoit de ses Parens, mais encore de les souffrir patiemmment: *Facile intelligo, non modo reticere homines parentum injurias, sed etiam animo æquo ferre oportere.* Orat pro Cluent. (Cap. VI.) St. CHRYSOSTOME dit de belles choses sur cette maxime, dans sa Prédication sur l'*Epître à Timothée*, & *Lib. V. advers. Judæos.* On peut rapporter encore ici ce que dit EPICTETE, & son Commentateur SIMPLICIUS, au sujet des deux anses, (*Cap.* LXV.) GROTIUS.

(22) *Ac tamen ferenda Regum ingenia* &c. Annal. Lib. XII. Cap. XI. *num.* 3. *Bonos Imperatores voto expetere, qualescumque tolerare.* Hist. *Lib.* IV. *Cap.* VIII. *num.* 3.

(23) ——— ——— *Quamvis crudelibus, æquè*
Paretur Dominis. ——— ——— ———
In Eutrop. Lib. II. ℣. 479, 480.

§. V. (1) Elle paroit par le Canon XVIII. du *Concile de* CHALCEDOINE, renouvellé dans le IV. Canon du Concile *in Trullo* (comme aussi par le IV. Concile de *Toléde*; par le *Capitulaire* II. de CHARLES *le Chauve*, *in Villa Colonia*; par le V. Canon du Concile de *Soissons.* GROTIUS.

Voiez ce que je dirai plus bas, sur le §. 7. *Note* 25. & ce que j'ai dit, sur le *Discours Préliminaire*, §. 52.

(2) Βασιλείᾳ μὴ ἀντιστῆναι ἐναντιοῦσθαι.

(3) *Unde* Cassii, *&* Nigri, *&* Albini? *unde qui inter duas lauros obsident Cæsarem? unde qui faucibus ejus exprimendis palæstricam exercent? unde qui armati palatium irrumpunt, omnibus tot* Sigeriis (c'est ainsi que porte en autant de termes un manuscrit de Mrs. DU PUY) *ac* Parthenii s *audaciores? De Romanis, ni fallor, id est, de non Christianis.* Apologet. (*Cap.* XXXV.) GROTIUS.

(4) Ἐπίθεντο δὲ αὐτῷ καὶ συνεσκευάσαντο τὴν σφαγὴν Παρθένιός τε ὁ πρόκοιτος αὐτοῦ . . . . . καὶ Σιγήριος (c'est ainsi qu'il faut lire, au lieu de Σιγηρὸς) ἐν τῇ προκοιτίᾳ καὶ αὐτὸς ὤν. „ Ceux qui firent complot pour „ le tuer, [*Domitien*] furent *Parthénius*, & *Sigérius*, „ tous deux ses Valets de chambre. XIPHILIN, (pag. 237. B. C. *Ed. Steph.*) MARTIAL, critiquant les ma-

de *Commode*, qui fut ainsi étouffé par un Lutteur, à qui *Ælius Lætus*, Capitaine de la Garde Prétorienne, en avoit donné ordre: & cet Empereur étoit peut-être le plus scélérat qu'il y ait jamais eu. *Parthenius*, dont TERTULLIEN déteste aussi l'attentat, est celui qui tua *Domitien*, autre Empereur très-méchant. L'Apologiste compare à ceux-là *Plautien*, (5) Capitaine de la Garde Prétorienne, qui avoit voulu tuer dans le Palais *Septimius Sévérus*, Empereur fort sanguinaire. *Pescennius Niger* (6) avoit pris les armes dans la *Syrie* contre le même *Septimius*; & *Clodius Albinus*, dans la *Gaule* & dans la *Bretagne*; l'un & l'autre sous ombre de zéle pour le bien Public: les *Chrétiens* désapprouvérent aussi leur entreprise, comme le même TERTULLIEN s'en glorifie en leur nom: (7) *On nous veut faire passer*, dit-il, *pour des gens ennemis de la majesté de l'Empereur; on n'a pourtant jamais pû trouver aucun Chrétien dans le parti d'un* Albinus, *d'un* Niger, *d'un* Cassius. Le dernier, dont il est ici parlé, est *Avidius Cassius*, homme d'un mérite distingué, lequel prit les armes en *Syrie*, pour rétablir, disoit-il, les affaires de l'Etat, ruinées par la négligence de (8) *Marc Antonin*, le Philosophe.

2. (9) ST. AMBROISE, quoi qu'il fût persuadé que *Valentinien II.* lui faisoit du tort, & non seulement à lui, mais encore à son Troupeau, & à JESUS-CHRIST; quoi qu'il vit le Peuple assez ému; ne voulut pas néanmoins en profiter, pour exciter un sou-

niéres d'un homme qui vouloit passer pour Courtisan, dit qu'il ne parle que des *Sigeres*, & des *Parthenies*:

Sigeriosque meros, Partheniosque sonas.

Epigramm. *Lib.* IV. (Epig. LXXIX, 8.) Le nom de *Sigerius* etoit non seulement corrompu dans TERTULLIEN, où on lisoit, *Stephanis*; mais il l'est encore dans SUETONE (Vit. Domit. Cap. XVII.) où il y a *Saturius*; & dans l'AURELIUS VICTOR, communément ainsi appellé, où on lit, *Casperius* (*Epit. de Vit. & moribus Impp. Rom.* Cap. XII. *num.* 8.) GROTIUS.

(5) Voiez HERODIEN, Lib. III. Cap. XI. *Edit. Boecler.*

(6) Mais, comme le remarque ici le Savant GRONOVIUS, *Pescennius Niger*, & *Clodius Albinus*, avoient eté nommez Empereurs par leurs Soldats, en même tems que *Septimius Severus* le fut par les siens: ainsi on pouvoit tout aussi bien dire que c'étoit lui qui prenoit les armes contre les deux prémiers; & ceux-ci ne sont regardez comme des rebelles, que parce qu'ils eurent le malheur d'être vaincus.

(7) *Circa majestatem Imperatoris infamamur: tamen numquam* Albiniani, *vel* Nigriani, *vel* Cassiani, *inveniri potuerunt Christiani.* Ad Scapulam, *Cap.* II.

(8) Il prétendoit, que cet Empereur, par un excès naturel de bonté, & par trop d'application à la Philosophie, négligeroit de rechercher & de punir les Méchans, & sur tout les Gouverneurs de Province, qui s'enrichissoient en pillant les Peuples. Voiez la Lettre de *Cassius Avidius* à son Gendre, dans sa Vie écrite par VULCATIUS GALLICANUS, *Cap.* XIV.

(9) Dans la premiere Edition, il y a, avant ce que l'Auteur dit ici de St. AMBROISE, un passage de St. CYPRIEN, que l'Auteur retrancha apparemment parce qu'il le citoit plus bas, §. 7. *Note* 26. où il est aussi rapporté plus exactement.

(10) *Coactus repugnare non novi. Dolere potero, potero flere, potero gemere: adversus arma, milites,* Gothos *quoque, lacryma mea mea arma sunt; talia enim sunt munimenta Sacerdotum: aliter nec debeo, nec possum resistere.* Orat. in Auxentium, (post *Epist.* XXXII.) *Exigebatur à me ut compescerem populum: referebam, in meo jure esse, ut non excitarem; in* DEI *manu, ut mitigaret.* Lib. V. Epistol. XXXII. Les premieres paroles ont été inserées dans le DROIT CANONIQUE, *Caus.* XXIII. *Quæst.* VIII. *An Episcopis vel quibuslibet Clericis suâ liceat* &c. Can. XXI. [On trouve au même endroit cet autre passage du même Pére] *Vultis in vincula rapere? vultis in mortem? voluptati est mihi. Non ego me vallabo circumfusione populorum.* Epist. XXXIII. GREGOIRE *le Grand* a dit quelque chose de semblable, [qui est aussi rapporté dans le Droit Canonique, *ubi supra*, Can. XX.] *Si in morte* Longobardorum *me miscere voluissem, hodie* Longobardorum *gens nec Regem, nec Duces, nec Comites haberet; atque in summa confusione esset divisa.* „ Si „ j'avois voulu tremper à la mort des *Lombards*, cet- „ te Nation n'auroit aujourd'hui ni Roi, ni Ducs, ni „ Comtes, & elle seroit dispersée en grand desordre. *Lib.* VII. *Epist.* I. GROTIUS.

L'autorité de St. AMBROISE, bien loin de faire au sujet, peut servir à prouver le contraire de ce que notre Auteur en veut inférer, & à montrer combien peu de fonds on doit faire sur l'opinion de ces anciens Docteurs, vulgairement nommez *Péres de l'Eglise.* Celui dont il s'agit témoigna bien par sa conduite, qu'il croioit qu'on peut résister au Souverain. Et même deux des passages qu'on cite ici ont été écrits à l'occasion d'un acte eclatant de résistance que fit ce grand Saint, & qu'il n'auroit pas dû faire selon les principes même de ceux qui n'etendent pas si loin l'autorité des Souverains, & qui la réduisent à ses justes bornes. Voici le fait, qu'il est bon de rapporter. J'emprunterai les propres paroles de la narration de feu Mr. BAYLE, dressée sur les circonstances dont l'Abbé FLECHIER & le Pére MAIMBOURG convenoient; le prémier, dans sa *Vie de* THEODOSE; & l'autre, dans son *Histoire de l'Arianisme.* „ La mort de *Gratien* aiant laissé tout „ l'Empire d'*Occident* au Jeune *Valentinien*, son Frére, „ il fit un Edit, à la priere de *Justine* (sa Mere), *par* „ *lequel il permettoit aux* Ariens *l'exercice public de leur* „ *Religion, & déclaroit tous ceux qui oseroient s'y opposer,* „ *Auteurs de sédition, perturbateurs du repos de l'Eglise,* „ *criminels de Léze-Majesté, & dignes du dernier supplice.* „ Mais, comme toutes les Eglises étoient au pouvoir „ de *St. Ambroise*, il fut question d'en prendre une con- „ tre son gré. L'Empereur voulant se mettre en possession „ de la Cathédrale, trouva que *St. Ambroise* s'y etoit com- „ me barricadé avec tout son Peuple, qui étoit *résolu de* „ *défendre & l'Eglise, & le Pasteur, jusqu'à la derniére goutte* „ *de son sang.* (*Hist.* de THEODOSE, Liv. III. *num.* 52, & *suiv.*)

ſoûlévement contre cet Empereur. *Je ne ſai*, dit-il lui-même, *ce que c'eſt que de réſiſter*, (10) *quelque violence qu'on me faſſe. Je puis ſentir de la douleur, je puis pleurer, je puis gémir: les pleurs ſont les ſeules armes que j'emploie contre les armes réelles, contre les Soldats, contre les Goths mêmes. Les Prêtres n'ont pas d'autre défenſe; je ne puis ni ne dois réſiſter que de cette maniére. On vouloit*, ajoûte-t-il un peu plus bas, *que j'arrêtaſſe la fureur du Peuple: je répondis, qu'il étoit en mon pouvoir, de ne pas l'animer, mais qu'il n'y avoit que* Dieu *qui pût l'appaiſer.* Auſſi cet Evêque ne ſe prévalut-il (d) pas des troupes de *Maxime*, contre le même Empereur, qui étoit pourtant Arrien, & de plus Perſécuteur de l'Egliſe.

(d) *Théodoret.* Hiſt. Eccleſ. Lib. V. Cap. XIV.

3. Lors que *Julien l'Ap[oſta]t* tramoit des deſſeins très-pernicieux contre l'Egliſe, il fut retenu par les larmes des *Chrétiens*, comme nous l'apprend Gregoire *de Nazianze*; car, ajoûte-t-il, (11) *il n'y avoit pour eux d'autre reméde contre la violence d'un Perſécuteur.* Cependant l'armée de cet Empereur étoit preſque toute compoſée de *Chrétiens*. D'ailleurs, comme le remarque le même Auteur, cette cruauté de *Julien* étoit non ſeulement pleine d'injuſtice envers les *Chrétiens*, mais encore avoit mis l'Etat à deux doits de ſa ruine.

4.

» *ſuiv.*) Il fait inveſtir l'Egliſe, & ſomme *St. Ambroiſe*, » en vertu du dernier Edit, de la leur abandonner. Il répond, *qu'il n'en ſortira jamais volontairement*. On remontre à l'Empereur les difficultez de cette affaire, » on lui conſeille d'en ſortir par quelque accommodement, puis que la Cour y étoit engagée: l'Empereur fait dire très-civilement à *St. Ambroiſe*, *Qu'il lui laiſſe ſa Cathédrale, & ſe contente d'une Egliſe du Fauxbourg: qu'il eſt juſte que, comme le Prince ſe relâche de ſon côté pour le bien de la Paix, le Prélat ſe relâche auſſi du ſien*; tout cela eſt inutile, le Peuple » s'écrie tout d'une voix ſuivant les intentions de ſon » Paſteur, *Qu'il n'y a point d'accommodement là-deſſus, qu'on laiſſe aux Catholiques les Egliſes qui leur appartiennent.* La Cour envoie des Soldats, pour ſe rendre » maîtres de l'Egliſe du Fauxbourg; mais le Peuple » prenant les armes s'y oppoſe: la Ville ſe trouve dans » une effroiable confuſion; les Magiſtrats empriſonnent » les plus mutins, & les condamnent à de grands ſupplices, mais cela ne fait qu'irriter cette Populace » ſoûlevée. Pluſieurs Seigneurs de la Cour viennent » prier *St. Ambroiſe* de retenir le Peuple, & d'empêcher ce deſordre, puis que l'Empereur ne lui demande qu'une Egliſe des Fauxbourgs; ils lui repréſentent qu'il eſt juſte que l'Empereur ſoit maître » dans ſon Empire: le Saint Archevêque leur répond, » *Que l'Empereur n'a point de droit ſur la Maiſon de* » Dieu; *qu'il n'en a pas même ſur celle d'un Particulier, de laquelle il ne peut s'emparer par force, ſans violer les droits de la Juſtice: que c'eſt un crime à un Evêque de rendre une Egliſe, & un ſacrilége à un Prince de s'en ſaiſir: que, quant à lui, il n'excite point le Peuple, qu'il l'exhorte à ne ſe défendre que par les larmes & par la priére; mais que s'il étoit une fois en furie, il n'appartiendroit plus qu'à* Dieu *de l'appaiſer.* L'Empereur » & l'Impératrice, réſolus d'aller eux-mêmes prendre » poſſeſſion de l'ancienne Baſilique, envoient des Soldats pour y tendre le Dais Impérial: St. Ambroise *excommunie ſolennellement tous les Soldats qui avoient eu l'inſolence de ſe ſaiſir des Egliſes*; ce qui les étonne » tellement, qu'ils ſe rangent dans ſon parti: l'Empereur ſe voit réduit à la dure néceſſité de craindre » que tous ſes Sujets ne l'abandonnent, & de dire à » ſes Principaux Officiers; *Je vois bien que je ne ſuis ici que l'ombre d'un Empereur, & que vous êtes gens à me livrer à votre Evêque toutes les fois qu'il vous l'ordonnera*; & d'envoier un de ſes Secrétaires à *St. Ambroiſe*, pour lui demander, *s'il étoit réſolu de reſiſter opiniâtrement aux ordres de ſon Maître, & s'il pretendoit uſurper l'Empire, comme un Tyran, afin qu'on ſe preparât à la Guerre contre lui.* Le Saint répond, *Qu'il n'eſt point ſorti du reſpect qui étoit dû à l'Empereur, qu'il revére ſa puiſſance, mais qu'il ne la lui envie pas.* » Il avoit raiſon de ne point la lui envier; car il avoit » plus d'autorité que l'Empereur, comme il parut clairement en ce qu'à la fin il fallut laiſſer les choſes » comme elles avoient été, & caſſer l'Edit donné en » faveur des *Ariens*. Voilà, ce me ſemble, une rebellion dans les formes. L'on voit, d'un côté, les » troupes de l'Empereur ſe mettre en état de s'emparer d'une Maiſon, pour exécuter les ordres & les Edits d'un Souverain; & de l'autre, une Populace attroupée autour de ſon Archevêque, & reſolue d'emploier juſqu'à la derniére goutte de ſon ſang, pour » s'oppoſer à l'exécution de ces Edits. On voit un » Archevêque, qui excommunie les Soldats emploiez » à l'exécution des ordres de l'Empereur, & par conſéquent qui diſpenſe les Sujets du ferment de fidelité » qui les attache à leur Prince. On voit tout un Peuple prendre les armes, lors même qu'un Empereur » ſe relâche de ſon droit. Et on voit arriver tout cela » non pas dans quelcune de ces circonſtances où un » Roi exige de ſes Sujets, qu'ils faſſent des actions défenduës par la Loi de Dieu (la déſobéïſſance eſt juſte en ces occaſions-là); mais dans un tems où le » Prince ne demande que des murailles, & laiſſe les » gens croire tout ce qu'ils voudront, & ſervir Dieu » à leur fantaiſie par tout ailleurs. C'eſt une étrange » illuſion, que de croire qu'un Bâtiment, qui a été » deſtiné au ſervice de Dieu, ſoit l'heritage de Jesus-Christ, ſur lequel la Puiſſance Seculiere ait » perdu ſon droit &c. " *Critique générale de l'Hiſtoire du Calviniſme de Mr.* Maimbourg, Lett. XXX. §. 2, 3. pag. 271, *& ſuiv.* de la 3. Edit. Ajoûtons, que ceux qui s'obſtinoient alors à ne pas laiſſer une Egliſe aux *Ariens*, & à l'Empereur, qui la leur demandoit; n'étoient munis d'aucun privilége particulier, en vertu duquel ils pûſſent prétendre que leur Souverain n'eût pas droit de la leur ôter, malgré eux. Il n'y avoit ni Loi fondamentale de l'Etat, ni conceſſion perpetuelle & irrévocable, qui leur en aſſûrât la poſſeſſion, contre la volonté même de leur Souverain.

(11) *Τοῦτο μόνον ἐχόντων κατὰ τοῦ διώκτου φάρμακον.* Orat. I. in Julian. pag. 54. *Ed. Colon.* 1690.

4. Ajoûtons encore ici l'explication que donne (11) St. Augustin du passage de l'*Epître aux* Romains, que nous avons allégué: *Il est nécessaire*, dit-il, *pour le bien de cette Vie, que nous soions dans l'obligation d'être soûmis, & de ne pas résister* aux Conducteurs de l'Etat, *quand ils veulent nous dépouiller de quelque chose.*

§. VI. 1. Il s'est trouvé dans nôtre Siécle des personnes (1) savantes à la vérité, mais trop prévenuës en faveur des tems & des lieux où elles vivoient, qui ont tâché de persuader aux autres, après se l'être persuadé, comme je le crois, à elles-mêmes, que ce que je viens d'établir a lieu seulement par rapport aux simples Particuliers, & non pas à l'égard des Magistrats subalternes, qui, à ce qu'on prétend, ont droit de résister aux injures du Souverain, & ne peuvent même négliger de le faire, sans manquer à leur devoir. Mais cette opinion est insoûtenable. Car comme, en matiére de Logique, une *Espéce* (a) mitoienne est toûjours une Espéce par rapport au *Genre* Supérieur, quoi qu'elle soit un Genre par rapport à l'Espéce inférieure: de même, en Politique, un Magistrat Subalterne est bien Personne Publique par rapport à ses Inférieurs, mais à l'égard du Souverain, il n'est que simple Particulier. (2) Tout le pouvoir civil, qu'ont ces sortes de Magistrats, est tellement soûmis au Souverain, que, du moment qu'ils agissent contre sa volonté, ce qu'ils font est fait sans autorité, & par conséquent ne doit être regardé que comme un acte privé. En un mot, selon la maxime (b) des Philosophes, qui peut être appliquée ici, il n'y a point d'Ordre qui ne renferme un rapport à quelque chose de prémier. Et ceux qui sont dans une autre pensée, tâchent, à mon avis, de mettre les choses ici bas dans le même état que la Fable nous représente les affaires du Ciel, avant qu'il y eût une Majesté Souveraine; car alors les moindres Dieux ne le cedoient pas à *Jupiter*.

(a) *Genus speciale*, comme l'appelle *Sénéque*, Epist. LVIII.

(b) *Averroës*, V. Metaphys. com. 6.

2. L'ordre (3) & la subordination, dont je parle, se découvre non seulement par le sens commun, comme il paroit par de belles (4) sentences qu'on trouve là-dessus dans les Auteurs & Paiens, & Chrétiens; mais encore on peut l'appuier sur l'autorité de l'Ecriture Sainte. Car le prémier (c) des Apôtres veut que nous soions *soûmis* au Roi, autrement qu'aux Magistrats: *Au Roi, comme à celui qui est au dessus de tous*, c'est-à-dire, (5) sans reserve & sans exception, hormis en matiére des choses directement commandées de Dieu, qui approuve la patience à souffrir les injures, bien loin de

(c) *I. Pierre* II. 13.

(11) *Quod autem ait*, Ideoque necessitate subditi estote: *ad hoc valet, ut intelligamus, quia necesse est propter hanc vitam subditos nos esse oportere, non resistentes, si quid illi* (Rectores) *auferre voluerint, in quo sibi potestas data est de temporalibus rebus*. Proposit. LXXIV. Nôtre Auteur n'a point rapporté ces derniéres paroles, *in quo sibi potestas data est de temporalibus rebus*. C'est qu'elles semblent emporter une restriction, qui borne la non-résistance aux cas où le Souverain ne passe point les bornes de son pouvoir. La suite du discours n'est pas pourtant assez claire, pour qu'on puisse déterminer l'idée qu'avoit alors St. Augustin.

§. VI. L'Auteur indique ici, dans une Note, Pierre Martyr, sur le III. Chap. du Livre des *Juges*; Paræus, sur le XIII. Chap. de l'Epitre aux *Romains*; Junii Bruti *Vindiciæ contra Tyrannos*; Danæus, Lib. VI. *Politic.* &c.

(2) Cela est vrai: mais on peut dire aussi que, supposé qu'il soit permis, même aux simples Particuliers, de résister en certains cas au Souverain, comme nous l'avons fait voir ci-dessus; les Magistrats, entant que Personnes Publiques, qui doivent mieux connoître par conséquent les affaires de l'Etat, & qui ont en main dequoi résister efficacement, sont aussi plus particuliérement autorisez, que les autres, à travailler pour le Bien Public. Car enfin il faut que quelcun commence, & montre le chemin aux autres.

(3) C'est ainsi que, dans une Famille, le Pére est le prémier; ensuite vient la Mére; puis les Enfans; après cela les Domestiques ordinaires; & enfin les Domestiques extraordinaires. Voiez St. Chrysostome, sur la I. Epitre aux *Corinthiens*, Chap. XIII, §. Grotius.

(4) *Omne sub regno graviore regnum est.*
„ Tout Roiaume reléve d'un Roiaume plus puissant. (Senec. *Thyest.* ℣. 612.)

—— —— *Vice cuncta reguntur,*
Alternisque premunt —— ——
„ Tout gouverne, & est gouverné à son tour. Statius, (Lib. III. *Sylv.* III. ℣. 49, 50.) Il y a un mot célebre de St. Augustin: *Ipsos humanarum rerum gradus adverte: si aliquid jusserit Curator, non faciendum est? non tamen si contra Proconsul jubeat: aut si Consul aliud jubeat, & aliud Imperator. non utique contemnis potestatem, sed eligis majori servire. nec hinc debet minor irasci, si major prælatus est.* „ Considérez les degrez de subordination „ qu'il y a même entre les Hommes. Si un Intendant „ de Police commande quelque chose, il faut le faire: „ mais non pas quand le Proconsul ordonne le con„ traire. Il en est de même lors qu'un Consul com„ mande une chose, & l'Empereur une autre. Ce n'est „ pas qu'alors on méprise la Puissance, à laquelle on „ deso-

de la défendre: *Aux Magistrats, comme étant envoiez de la part du Roi*, c'est-à-dire, comme tenant du Roi leur autorité. Et quand St. Paul dit; (d) *Que toute ame soit soûmise aux Puissances supérieures*; il comprend sous ces mots, *toute ame*, ou toute personne, les Magistrats Subalternes, aussi bien que les simples Particuliers. (d) Rom. XIII, 1.

3. Parmi le Peuple Hébreu, où l'on a vû tant de Rois, qui fouloient aux pieds tout Droit Divin & Humain, jamais les Magistrats Subalternes, au nombre desquels il y a eu plusieurs personnages également pieux & vaillans, ne se sont donnez la liberté d'opposer la violence aux injustices des Rois; à moins qu'ils n'en eussent reçû un ordre exprès de Dieu, qui a un empire souverain sur les Rois mêmes. Au contraire, le Prophéte *Samuel* apprit aux Grands leur devoir en ce cas-là, lors qu'en présence des Principaux & de tout le Peuple, (e) il rendit ses respects ordinaires à *Saül*, qui avoit déja commencé à mal gouverner. (e) 1. Sam. XV, 30. L'état même du Culte Public de la Religion dépendit toûjours de la volonté du Roi & (6) du Sanhédrin. Car, quoique les Magistrats, & le Peuple, promissent, après le Roi, d'être fidelles à Dieu; cela doit s'entendre (7) autant qu'il seroit au pouvoir de chacun. Aussi ne lisons-nous pas que les Statuës mêmes des Faux Dieux, exposées en public, aient jamais été abbatuës, si ce n'est par ordre ou du Peuple, pendant que le Gouvernement fut Républicain, ou des Rois, quand le Gouvernement fut devenu Monarchique. Que si quelquefois on s'est servi contre les Rois de la voie de la force, cela est raconté simplement comme une chose que la Providence avoit permise, & sans aucune marque d'approbation.

4. Les partisans de l'opinion contraire à celle que je soûtiens, allèguent ici ordinairement ce que *Trajan* dit au Capitaine de la Garde Prétorienne, en lui mettant entre les mains une Epée: (8) *Si je gouverne en bon Prince, servez-vous en pour moi; sinon, contre moi.* Mais il faut savoir, que cet Empereur s'étudioit, sur toutes choses, comme il paroît par le *Panégyrique* de Pline *le Jeune*, à ne laisser voir aucune marque de Roiauté, & (9) à agir en simple Chef de l'Etat, soûmis par conséquent au jugement du Sénat & du Peuple; dont le Capitaine de la Garde devoit exécuter les Arrêts contre le Prince même. C'est ainsi que *Marc Antonin* (10) ne voulut pas toucher au Trésor public, sans consulter le Sénat.

§. VII. 1. Il est plus difficile de décider, si la Loi qui défend de résister aux Puissan-

„ désobéït; mais on obéït à une Puissance Supérieure, „ préférablement à l'Inférieure. Ainsi celle-ci ne doit „ pas se fâcher, de ce qu'on a eû plus de respect pour „ la Supérieure." Ce passage est cité dans le Droit Canonique, Caus. XI. Quæst. III. *Can.* 97. On trouve à peu près la même chose, dans le *Sermon* VI. *De verbis Domini.* Ce Pére dit ailleurs, en parlant de *Pilate*, que, si Dieu lui avoit donné quelque autorité, c'étoit une autorité qui n'empêchoit pas que ce Gouverneur ne fût lui-même soûmis à celle de l'Empereur: *Talem quippe Deus dederat illi potestatem, ut esset etiam ipse sub Cæsaris potestate.* In Joann. (Tom. IX. *pag.* 369. *Edit. Bas. Erasm.*) Grotius.

(5) Nôtre Auteur, comme l'a remarqué le Savant Gronovius, explique autrement ces paroles, dans ses Notes sur le N. Testament: *comme au Souverain*, c'est-à-dire, comme à celui qui ne reconnoît personne au dessus de lui.

(6) J'ai déja remarqué ailleurs, que l'ancienneté & la perpétuité du *Sanhédrin*, supposée par nôtre Auteur, est une chose pour le moins fort incertaine.

(7) C'est-à-dire, que l'attachement que tout *Israëlite* devoit avoir pour sa Religion, n'obligeoit ni les Particuliers, ni les Magistrats Subalternes, à s'ériger de leur autorité privée en Iconoclastes, ou à s'opposer de quelque autre manière violente aux faux Cultes, introduits ou tolérez par le Roi; parce que c'auroit été empiéter sur ses droits. Mais ce n'est pas de ces sortes de cas qu'il s'agit ici.

(8) C'est Xiphilin, qui nous a conservé ce mot, dans son Abrégé de Dion Cassius: *Λαβὲ τοῦτο τὸ ξίφος, ἵνα, ἂν μὲν καλῶς ἄρχω, ὑπὲρ ἐμοῦ, ἂν δὲ κακῶς, κατ' ἐμοῦ αὐτῷ χρήσῃ.* In Vit. Trajan. *pag.* 248. D. *Ed. H. Steph.* Voiez encore Zonare, dans la Vie du même Empereur, Tome II. de ses *Annales*; & Pline, *Panegyr.* Cap. LXVII. *num.* 8. *Ed. Cell.* comme aussi Cassiodore, *Var.* VIII. 13.

(9) C'est la conduite que tinrent depuis, à son imitation, *Pertinax* & *Macrin*, comme il paroît par les belles Harangues qu'Herodien leur prête. Grotius.

Mais pourquoi ne veut-on pas, qu'un bon Empereur, un Souverain modeste, puisse avoir une juste idée de l'étenduë de son pouvoir? A la vérité, on en voit peu de tels: mais il peut s'en trouver; & à moins qu'ils ne démentent leurs discours par leur conduite, il faut d'autant moins entrer dans des soupçons injurieux à leur égard, que l'on a plus de respect pour leur caractére.

(10) Cela est rapporté par Xiphilin, dans la Vie de cet Empereur, *pag.* 281. C.

Z 3 §. VII.

sances est obligatoire dans un péril même très-grand & très-assûré. Car il y a certaines Loix, même parmi les Loix Divines, qui, quelque générales qu'elles soient, renferment l'exception tacite des cas d'une extrême nécessité. C'est ce qui fut décidé par les Docteurs Juifs, au sujet de la Loi du *Sabbat*, (1) du temps des *Hasmonéens*: d'où est venuë cette sentence proverbiale; (2) *Tout danger de la Vie chasse le Sabbat.* Et SYNESIUS introduit un Juif, qui aiant violé le Sabbat, en rend cette raison; (3) *Nous courions* (a) *manifestement risque de périr.* Nôtre Seigneur JESUS-CHRIST a (b) lui-même approuvé cette exception; aussi bien que par rapport à une autre Loi, qui défendoit de manger des Pains mis sur la Table du Sanctuaire. Et les Rabbins, suivant une vieille tradition, ont avec raison restreint de la même maniére les Loix sur les Viandes défenduës, & quelques autres semblables. „Ce n'est pas que DIEU n'ait plein droit de nous obliger à faire ou ne pas faire certaines choses, quand même nous serions exposez par là à mourir certainement: mais il y a des Loix de telle nature, qu'on a tout lieu de croire, que, tout Maître absolu qu'il est, il ne demande pas qu'on porte à leur égard l'obéïssance si loin: ce que l'on doit par conséquent présumer encore plus des Législateurs Humains.”

(a) Voiez I. *Maccab.* IX, 10, 43, 44.
(b) *Matth.* XII. 4, & *suiv.*

2. J'avouë que les Loix même des Hommes peuvent prescrire certains actes de Vertu si indispensablement, qu'elles n'exceptent pas même le péril de mort le plus certain; comme quand on défend à un Soldat d'abandonner (4) le poste où il a été placé. Mais on ne présume pas légérement, que telle ait été la volonté du Législateur; & il y a grande apparence que les Hommes n'ont pas reçû un pouvoir si étendu sur eux-mêmes, ou sur autrui, hors les cas où une grande nécessité le requiert. Car les Hommes doivent faire leurs Loix, & les font ordinairement de telle maniére, qu'ils ont toûjours devant les yeux la foiblesse humaine, pour ne rien exiger au delà de ce qu'elle permet. Or la Loi dont il s'agit & par conséquent son explication, semble dépendre de la volonté de ceux qui se sont les prémiers joints en un Corps de Société Civile, puis que c'est d'eux qu'émane originairement le Pouvoir des Souverains. Supposé donc qu'on leur eût demandé, s'ils prétendoient imposer à tous les Citoiens la dure nécessité de mourir, plûtôt que de prendre les armes en aucune occasion, pour se défendre contre les Puissances; je ne sai s'ils auroient répondu qu'oui. La présomtion est au contraire qu'ils auroient déclaré qu'on ne doit pas tout souffrir, si ce n'est peut-être lors que les choses se trouvent dans un tel état, que la résistance causeroit infailliblement de très-grands troubles dans la Société, ou tourneroit à la ruïne d'un grand nómbre d'Innocens. Car je ne doute nullement que ce que la Charité demanderoit en de telles circonstances, ne puisse être prescrit par une Loi Humaine, qui en impose absolument la nécessité.

3. On objectera sans doute, que c'est d'une Loi de DIEU, & non pas d'aucune Loi Humaine, que vient l'obligation rigoureuse de souffrir la mort, plûtôt que de repousser aucune injure des Puissances Civiles. Mais il faut remarquer, que ceux qui les pré-

§. VII. (1) Voiez le *I. Livre des* MACCABÉES, Chap. II. *vers.* 41. Depuis ce tems-là, l'opinion commune des *Juifs* fut, qu'il n'étoit pas permis d'attaquer l'Ennemi un jour de Sabbat, mais qu'on pouvoit bien se défendre; comme il paroit par ce que dit JOSEPH: Ἀρχόντας γὰρ μάχης καὶ τύπτοντας ἀμύνασθαι δίδωσιν ὁ νόμος, ἄλλο δέ τι δρῶντας τοὺς πολεμίους οὐκ ἐᾷ. Antiq. Jud. *Lib.* XIV. *Cap.* VIII. *pag.* 474. B. C'est à quoi Nôtre Seigneur JESUS-CHRIST fait allusion, dans l'Evangile de St. MARC, *chap.* III. ꝟ. 4. comme Mr. LE CLERC l'a très-bien remarqué.

(2) On trouve cette sentence dans le TALMUD *Babylonien.* Voiez nôtre Auteur, sur MATTH. XII, 11. & BUXTORF. *Synagog. Jud.* Cap. XVI.

(3) *Σαφῶς ὑπὲρ ψυχῆς θέομεν.*

(4) Voiez JOSEPH, dans l'endroit où il parle des Gardes de *Saül.* POLYBE nous apprend, que, parmi les *Romains*, on punissoit de mort ceux qui abandonnoient leur poste: Παρὰ Ῥωμαίοις θάνατός ἐστι πρόστιμον τοῖς ἐφεδρείας λιποῦσι τὴν τάξιν. GROTIUS.

Le passage de JOSEPH, dont nôtre Auteur veut parler, est celui où *David*, après avoir trouvé la Garde de *Saül* endormie, crie à *Abner*, qui la commandoit, Que c'étoit un crime digne de mort, de s'être ainsi endormis, puis que cela avoit donné lieu à l'Ennemi d'en-

prémiers se sont unis en un Corps de Société Civile, ne l'ont pas fait en conséquence d'un ordre de Dieu, mais y étant portez eux-mêmes par l'expérience qu'ils avoient faite de l'impuissance où étoient des Familles séparées de se mettre suffisamment à couvert de la violence & des insultes d'autrui. De là est né le Pouvoir Civil, que St. Pierre appelle à cause de cela (c) *un établissement humain*; quoi qu'il soit ailleurs qualifié (d) *un établissement divin*, parce que Dieu l'a approuvé, comme une chose salutaire aux Hommes, qui en sont les Auteurs propres. Or, quand Dieu approuve une Loi Humaine, il est censé l'approuver comme humaine, & sur un pié conforme à la portée & à l'intention des Hommes.

(c) *I. Epître*, II, 13.

(d) *Rom.* XIII, 1.

4. Un des plus zélez défenseurs de l'Autorité Roiale, le fameux Barclai, (e) en vient à accorder, que le Peuple entier, ou une partie considérable du Peuple, a droit de se défendre contre son Roi, lors que celui-ci en vient à un excès horrible de cruauté, quoi que d'ailleurs cet Auteur regarde le Roi comme au dessus de tout le Corps du Peuple. Pour moi, je conçois aisément, que, plus ce qui court risque de périr est considérable, & plus l'Equité veut qu'on restreigne les paroles de la Loi, pour autoriser le soin de la conservation d'une telle chose. Mais je n'oserois condamner indifféremment tous les Particuliers, ou une petite partie du Peuple, qui se trouvant réduits à la derniére extrémité, ont profité de l'unique ressource qui leur restoit, de telle sorte qu'ils n'ont pas négligé en même tems de penser, autant qu'ils pouvoient, au Bien Public. *David*, qui, à la reserve de quelque peu d'actions irréguliéres, nous est représenté dans l'Ecriture Sainte comme aiant vêcu conformément aux Loix; nous peut servir ici de modéle. Pendant qu'il n'étoit que simple Particulier, il se faisoit accompagner, d'abord de quatre cens Hommes, (f) & puis d'un plus grand nombre. Pourquoi cela? si ce n'est pour se (5) défendre, en cas qu'on vint l'attaquer? Mais il faut bien remarquer, qu'il ne se détermina à prendre cette précaution, que quand *Jonathan* lui eût donné avis, & qu'il eût d'ailleurs plusieurs autres preuves très-certaines, que le Roi *Saül* en vouloit à sa vie. De plus, il ne pensa ni à prendre des Villes, ni à chercher les occasions d'en venir aux mains avec son Persécuteur, mais à se cacher, tantôt dans des lieux écartez, tantôt chez des Peuples étrangers; & cela en évitant avec le dernier soin de faire aucun mal à ceux de sa Nation.

(e) *Adversus Monarchomachos*, Lib. III. Cap. VIII. & Lib. VI. Cap. XXIII. & XXIV.

(f) Voiez I. *Sam.* XXII, 2. & XXIII, 13.

5. On peut alléguer encore ici l'exemple des *Maccabées*. Car c'est en vain que quelques-uns veulent justifier leur entreprise, par la raison qu'*Antiochus* n'étoit qu'un Usurpateur. Dans toute l'Histoire, on ne voit pas que les *Maccabées*, & ceux de leur parti, donnent jamais à *Antiochus* d'autre titre que celui de Roi: &, au fond, ils ne pouvoient pas le qualifier autrement; puis que les *Juifs*, depuis long tems, reconnoissoient pour leurs Souverains les Rois de *Macédoine*, du pouvoir desquels *Antiochus* avoit hérité. Il est vrai que la Loi défendoit (g) d'établir aucun Etranger pour gouverner le Peuple: mais cela se doit entendre d'une élection volontaire, & non pas de ce que le Peuple pourroit être contraint de faire par la nécessité des tems. Pour ce que d'autres di-

(g) *Deuter.* XVII, 15.

d'entrer dans le Camp jusqu'à la Tente du Roi, & d'en sortir, sans que personne s'en apperçût: *Οὐ γὰρ ταῦτα ἄξια καὶ τιμωρίας, εἴγε μηδεὶς ὑμῶν ἐμήνυσεν εἰσελθόντα τινὰ ὑμῶν εἰς τὸ στρατόπεδον ἐπὶ τὸν βασιλέα καὶ πάντας τοὺς ἄλλους, οὐκ ἐσήμανε.* Antiq. Jud. *Lib.* VI. *Cap.* XIV. pag. 202. F. Ainsi on voit bien que le cas n'est pas le même, que celui dont il s'agit. A l'égard du passage de Polybe, nôtre Auteur le cite, tel qu'il l'a trouvé dans Suidas, au mot *Πολέμιος*: car les termes sont assez différens dans l'Original même, *Lib.* I. *Cap.* XVII. où on les trouvera, si on veut les comparer. Voiez, au reste, Juste Lipse, *de Militia Rom.* Lib. V. pag. 293, 383. & le Traité *de Pœnis Militar. Romanorum*, (Cap. IV.) de Mr. Sichterman, qui a fait voir par ce petit Ouvrage, dequoi il auroit été capable, si la Fortune ne l'avoit détourné du chemin des Lettres, en le poussant dans celui des Armes.

(5) Quelques Commentateurs de nôtre Auteur disent ici, que *David* aiant été oint pour Roi par *Samuel*, ne devoit plus dès-lors être regardé comme Particulier. Mais d'autres ont très-bien répondu, que *David* ne devoit être Roi qu'après la mort de *Saül*; & que lui-même, depuis son onction, jusqu'à la mort de *Saül*, le reconnut toûjours pour Roi légitime d'*Israël*.

(c)

disent, que les *Maccabées* agirent en vertu du droit qu'avoit leur Nation d'exiger qu'on lui laissât la liberté, ou le pouvoir de se gouverner par elle-même; c'est une raison, qui n'a pas plus de solidité. Car les *Juifs* aiant été autrefois conquis par *Nabuchodonozor*, étoient tombez, par le même droit de Guerre, sous la domination des (6) *Médes* & des *Perses*, Successeurs des *Caldéens*: & tout l'Empire des *Médes* & des *Perses* avoit passé aux (h) *Macédoniens*. D'où vient que TACITE appelle les *Juifs* (7) *les plus vils des Peuples, qui furent assujettis, pendant que l'Orient étoit sous la domination des Assyriens, des* Médes, *& des* Perses. Aussi ne stipulérent-ils rien d'*Alexandre le Grand*, & de ses Successeurs: mais ils se soûmirent sans reserve à leur empire, comme ils avoient été sous celui de *Darius*. Que si quelquefois ils eurent la liberté d'exercer publiquement leurs Cérémonies, & de faire valoir leurs Loix, ce fut par une faveur particuliére des Princes régnants, qui leur accordoient ce privilége autant qu'ils le jugeoient à propos; & non pas en vertu d'une Loi fondamentale du Gouvernement. Le danger extrême & inévitable, où se trouvoient les *Maccabées*, est donc la seule chose qui pouvoit justifier leur conduite, tant qu'ils demeurérent dans les bornes de la défense,

(h) Voiez *Justin.* Lib. XXXVI. Cap. III. *num.* 8, 9.

(6) Le Savant GRONOVIUS critique ici nôtre Auteur, sur ce qu'il suit aveuglément TACITE, qui prétend mal-à-propos que les *Juifs* ont été sous la domination des *Médes*; car cela est faux, à moins qu'on ne l'entende du seul *Darius le Méde*, ou *Nabonnide*, dont le Prophéte DANIEL parle. Les *Juifs* étant devenus la conquête des *Babyloniens*, sous *Nabuchodonozor*, passérent de là immédiatement sous l'Empire des *Perses*, lors que *Cyrus* eût pris *Babylone*. Cependant je vois, que l'Empereur JULIEN, & après lui le Patriarche CYRILLE, quoi que son Antagoniste, croient aussi que les *Juifs* ont été dépendans des *Médes*; en quoi ils suivent l'erreur de la Chronologie ordinaire, qui faisoit succeder l'Empire des *Médes* à celui des *Assyriens*: Ἐξ ἐκείνου χρόνου Ἀσσυρίοις, εἶτα Μήδοις, ὕστερον Πέρσαις, ἐδούλευσαν [οἱ Ἰουδαῖοι] εἶτα νῦν ἡμῖν αὐτοῖς. Pag. 210. A. & 212. B. *Edit. Spanhem.*

(7) *Dum* Assyrios *penes*, Medosque *&* Persas, *Oriens fuit, despectissima pars servientium.* Hist. *Lib.* V. *Cap.* VIII. *num.* 3.

(8) Ces gens-là n'ont pas, ce me semble, tant de tort. Il paroit par l'entretien de *David* & de *Saül*, auprès de la Caverne où le prémier auroit pû tuer l'autre, s'il eût voulu; que *David* se piqua d'agir généreusement avec son Ennemi mortel, & que *Saül* fut touché de cette grandeur d'ame extraordinaire. *David* représente à *Saül*, que, bien loin de conspirer contre lui comme on l'en accusoit, il n'avoit pas voulu profiter de l'occasion qui se présentoit de le tuer facilement: *Pourquoi écoutes-tu les gens qui te disent, que* David *machine du mal contre toi? Voilà tes yeux ont vû que l'Eternel t'a livré en ma main, dans la Caverne, & on m'a dit de te tuer: mais je t'ai épargné* &c. I. SAMUEL, XXIV. 10, 11. *Saül* reconnoit là-dessus l'obligation qu'il lui a: il ne fait point valoir la sainteté inviolable de son caractére; il avoue assez clairement, que *David* s'étoit relâché du droit que lui donnoit la maniére dont il en avoit usé contre lui; & qu'un acte si éclatant de générosité lui paroissoit rendre son auteur digne de la Couronne, qui lui avoit été promise: *Tu es plus juste, que moi; car tu m'as rendu le bien pour le mal.* . . . . . *Qui est-ce qui, aiant trouvé son Ennemi, le laisse aller par le droit chemin?* . . . . *Je vois maintenant que tu régneras*, &c. „ Si *David* eût tué *Saül* (j'emprunte ici les propres paroles du Commentaire de Mr. LE CLERC) „ *Saül*, dis-je, qui abusoit si cruellement „ de son autorité, qui le persécutoit depuis long tems „ d'une maniere si furieuse, qui faisoit mourir sans „ autre forme de procès tous ceux qu'il soupçonnoit de „ le favoriser, & qui sur tout avoit immolé à sa hai„ ne & à sa rage un grand nombre de Sacrificateurs „ innocens; personne ne l'auroit trouvé étrange, & „ n'en auroit fait un crime à *David*. Mais *David*, ma„ gnanime qu'il étoit, voulut en agir tout autrement, „ pour faire connoître à tout le monde son innocence, „ & les sentimens où il étoit envers le Roi, qui lui „ vouloit tant de mal. Il montroit aussi par là, que, „ s'il avoit été oint pour succéder à *Saül*, il n'avoit „ recherché en aucune maniére la Dignité Roiale, ni „ rien fait d'où l'on pût soupçonner qu'il trouvât que „ le Roi vécût trop long tems. Il crut devoir prévenir „ toutes les calomnies de ses Ennemis ou de ses En„ vieux, qui auroient pû l'accuser d'être un Ambitieux „ ou un Séditieux; & il voulut monter sur le Trône „ d'une maniére où l'Envie même ne pût rien trouver „ à redire. C'étoient-là les véritables raisons de sa „ magnanimité: pour ne pas en faire parade, il en „ allegue deux autres; l'une, que *Saül* étoit son *Sei„ gneur*; & l'autre, qu'il avoit été *oint* par ordre de „ DIEU. Mais celui qui viole toute sorte de droit en„ vers ses Serviteurs, n'est plus leur Maître dès-lors... „ Personne ne commande ou n'obéït que sous certai„ nes conditions, qui doivent être observées de part „ & d'autre; faute de quoi la Societé Humaine est en„ tierement détruite, & ses droits foulez aux pieds. „ On dechoit aussi du droit de l'*Onction*, lors que l'on „ se rend entiérement indigne de la faveur de DIEU, „ par ordre duquel on a été oint. *David* donc ne vou„ lut pas se servir de son droit, pour les raisons déja „ alleguées; & parce encore qu'il s'agissoit de son „ Beau-pére. Ajoûtez à cela que, comme il avoit é„ té oint lui-même, pour être Roi un jour, il étoit „ de son intérêt que l'on crût qu'il n'est permis à per„ sonne de tuer un Roi. " Cela paroit manifestement par l'exemple qu'il fit de l'Hamalékite, qui vint se vanter à lui d'avoir achevé d'ôter la vie à *Saül*, à la priére de *Saül* lui-même; pour l'empêcher de tomber vivant entre les mains des *Philistins*. Car quoi que *David* crût que la chose étoit ainsi, n'aiant pû encore apprendre d'ailleurs la vérité du fait; il fit mourir sur le champ cet homme, qui, en supposant vrai ce qu'il disoit, avoit rendu service à *Saül*. Voiez Mr. LE CLERC sur cet endroit, II. SAMUEL, I, 14. Je remarquerai encore, que, comme *Saül* avoit été choisi de DIEU d'une façon extraordinaire, oint & sacré par un de ses Prophétes, honoré lui-même du don de Prophé-

se, & qu'à l'exemple de *David*, ils se contentérent d'aller chercher un azile dans des lieux écartez, sans se servir des armes que pour repousser les Aggresseurs; car c'est ce qu'il faut toûjours supposer, à mon avis.

6. Il y a encore ici une autre précaution à observer, c'est que même dans une pareille extrémité il faut épargner la personne du Souverain. Ceux qui croient que *David* en usa ainsi, non pour satisfaire à un devoir indispensable, mais par l'effet d'une générosité qui avoit pour principe le désir de s'élever à un point de perfection extraordinaire; ceux-là, dis-je, se trompent (8) certainement. Car *David* lui-même déclare formellement, (i) qu'il tient pour criminelle toute personne qui met la main sur le Roi. C'est qu'il savoit la Loi qui porte ainsi: (k) *Tu ne diras point de mal des Dieux*, c'est-à-dire, des Juges Suprêmes; *tu ne diras point de mal du* (9) *Chef de ton Peuple.* Comme cette Loi regarde d'une façon particuliére les Puissances élevées en dignité, les défenses qu'elle contient doivent engager aussi à quelque chose de particulier. (10) Or il n'est pas permis de parler mal sans sujet d'une simple personne privée: donc il ne faut pas mal parler d'un Roi, quelque vrai (11) que soit ce que l'on en dit; parceque, se-

(i) *I. Sam.* XXVI. 9.

(k) *Exod.* XXII. 28.

phétie, & un instrument visible en la main du Tout-puissant pour de grandes victoires remportées sur les Ennemis d'*Israël*; *David* peut avoir respecté sa vie pour ces considérations, lesquelles ne tirent point à conséquence pour tous les autres Princes, qui parviennent à la Roiauté par les voies ordinaires. D'ailleurs, dans les deux occasions où il épargna la vie de *Saül*, il put le faire sans rien risquer lui-même; & ainsi cela ne fait rien pour le cas de ceux qui n'ont d'autre ressource contre un Tyran, que de le repousser, au hazard même de lui ôter la vie. Et après tout, les paroles de *David*, dont il s'agit, quelque sens qu'on leur donne, ne sont pas un Oracle ou un Précepte Divin. On n'a aucune raison de croire, qu'il parlât alors par une inspiration de l'Esprit de Dieu, qui mit dans sa bouche une regle pour la conduite de tous les Hommes.

(9) Joseph introduit *Joab* disant à *Sémei*: „Ne „mourrois-tu pas, toi qui as osé parler mal d'un Roi „établi de Dieu! *Οὐ τεθνήξῃ, βλασφημήσας τὸν ὑπὸ τοῦ Θεοῦ καταστάντα βασιλεύειν;* (Antiq. Jud. *Lib.* VII. *Cap.* X. pag. 236. F.) Grotius.

Ce n'est pas *Joab*, mais *Abisaï*, fils de *Tséruja*, & frére de *Joab*, qui dit cela: *Ἀβισαῖος, ὁ Ἰωάβου ἀδελφός.* Et je ne sai pourquoi l'Auteur a mieux aimé citer ici Joseph, que l'Historien sacré du *II. Livre de* Samuel, où il y a: *Est-ce que* Simhi *ne mourra point, lui qui a dit des injures à l'Oint de l'Eternel?* Chap. XIX. ℣. 21.

(10) Le même Historien Juif remarque, que quand *David* eut coupé un morceau de la robe de *Saül*, dans la Caverne où il le surprit, il se repentit aussi tôt, disant qu'il n'étoit pas permis à un Sujet de tuer son Maître. *Μετανοῆσαι δὲ εὐθὺς, οὐ δίκαιον εἶναι φονεύειν τὸν ἑαυτοῦ δεσπότην.* (Antiq. Jud. *Lib.* VI. *Cap.* XIV. pag. 199. D.) Et plus bas, lors qu'il fut entré dans la tente de *Saül*, aiant trouvé ses gens endormis; comme *Abisaï* vouloit le tuer, *David* l'en empêcha, disant, Que c'est une chose horrible, de tuer un Roi, quelque méchant qu'il soit; & que celui qui commet un tel crime, en sera puni par celui qui a donné le Roi. *Ἀλλὰ τὸν ὑπὸ τοῦ Θεοῦ κεχειροτονημένον βασιλέα φονεῦσαι εἶναι δεινὸν ἀποκτεῖναι, κἂν ᾖ πονηρός· ἕξειν γὰρ αὐτὸν παρὰ τοῦ δόντος τὴν ἀρχὴν σὺν χρόνῳ τὴν δίκην.* (Pag. 202. D.) Optat *de Miléve*, parlant de cette action de *David*, dit, qu'il fut retenu par le souvenir des Commandemens de Dieu: *Obstabat plena divinorum memoria mandatorum.* Lib. II. Et il fait parler ainsi *David*: *Volebam hostem vincere, sed prius est divina praecepta servare.* „Je voulois vaincre mon Ennemi: mais j'ai mieux aimé garder les Commandemens divins. Grotius.

Le dernier passage, qui est une addition des Editions postérieures à la prémiere, interrompoit la suite du discours dans le Texte, d'où je l'ai renvoié ici. Les deux autres de l'Historien Juif, ne sont pas rapportez ni traduits exactement. Dans le prémier, nôtre Auteur a oublié ces mots, après *βασιλεύειν*; *Οὐδὲ τὸν ὑπὸ τοῦ Θεοῦ βασιλείας ἀξιωθέντα*: C'est-à dire, *Et celui que* Dieu *avoit établi lui-même.* Cela détermine à quelque chose de particulier la maxime que l'on veut faire générale. Voiez ci-dessus, *Note* 8. Dans l'autre, on n'a pas non plus traduit *κεχειροτονημένον*, qui signifie la même chose, & fait le même effet. Mais il y a plus: les derniéres paroles du passage, sont tout-à-fait mal traduites: elles signifient clairement, indépendamment même de *σὺν χρόνῳ*, que l'Auteur avoit sûuré: Que *le Roi méchant seroit puni par celui qui lui avoit donné la Puissance Roiale*; & non pas que la punition attendoit celui qui auroit tué le Roi. Voilà un sens bien différent, pour ne pas dire tout opposé: & je suis tenté de croire que nôtre Auteur, par la grande envie qu'il avoit de chercher de tous côtez dequoi appuier son sentiment, est tombé sans y penser dans une telle bevuë.

(11) Il est certain, qu'on ne doit pas légérement diffamer les Puissances, toutes les fois qu'elles ont commis des fautes & abusé de leur pouvoir en quelque maniére. La même raison qui oblige, comme je l'ai dit ci-dessus, à supporter leurs injustices jusqu'à un certain point, engage aussi à épargner leur réputation, pour ne pas donner lieu au mépris de leur autorité. Et c'est pourquoi les Prédicateurs, qui se mêlent d'échaffauder le Magistrat, lors qu'ils croient qu'il a manqué en quelque chose, font très-mal sans contredit, bien loin d'y être autorisez par les engagemens de leur Ministére. Mais il ne s'ensuit point de là, que, lors même qu'un Prince est devenu Tyran, ce soit un crime de parler de ce qui est notoire, en appellant les choses par leur nom. On ne sauroit prouver non plus, que les paroles de la Loi, dont il s'agit, le défendent. Ainsi l'argument, ou plûtôt la conséquence que nôtre Auteur en veut tirer, ne sauroit raisonnablement être étenduë jusques-là; quelque généraux que paroissent les termes, qui doivent ici, comme en une infinité d'autres endroits, être restreints autant que le demande ou que le souffre la nature du sujet, dont il s'agit.

selon la pensée d'un ancien Auteur des *Problémes* qui portent le nom d'ARISTOTE; (12) *celui qui dit des injures à un Magistrat, outrage tout le Corps du Peuple.* Que si on ne doit pas offenser en paroles un Roi; à plus forte raison faut-il s'abstenir à son égard de toute voie de fait. C'est pourquoi l'Histoire Sainte rapporte que *David* témoigna (l) du répentir (13) de ce qu'il avoit touché à l'habit de *Saül:* tant il regardoit comme sacrée une Personne Roiale! Et en effet, la Puissance Souveraine ne pouvant qu'être (14) exposée à la haine de bien des gens, il falloit que celui qui en est revêtu fût rendu respectable d'une façon particuliére & mis à couvert de toute sorte d'insulte. Les *Romains* même assûrérent ainsi l'autorité des *Tribuns du Peuple*, déclarant leur personne (15) *inviolable.* C'est un mot des anciens *Esséniens*, (16) *Qu'il faut tenir les Rois pour sacrez.* HOMERE représente *Antiloque* (17) *craignant qu'il n'arrivât quelque funeste accident* (18) *au Conducteur des Peuples*, à *Ménélas.* Ce n'est pas sans raison que *les Peuples, qui vivent sous un Gouvernement Monarchique, respectent le nom des Rois, comme si c'étoient des Dieux;* ainsi que l'a remarqué (19) QUINTE-CURCE. *Artaban*, Général d'*Artaxerxe*, (20) disoit que, *parmi plusieurs Loix excellentes, les* Perses *n'en avoient point de meilleure, que celle qui ordonnoit d'honorer & d'adorer le Roi, comme une image vivante de la Divinité qui conserve toutes choses.* PLU-

(l) *1. Sam.* XXIV, 6.

(12) Le Philosophe cherchant les raisons de la différence des Peines etablies par les Loix, dit, que l'on ne punit point les injures que les Particuliers se disent les uns aux autres, parce que cela n'est pas de grande consequence pour le bien de l'Etat: mais que celui qui dit des injures à un Magistrat est sévérement puni, parce que par là il outrage l'Etat, que le Magistrat représente: Οἷον καὶ ἐὰν μέν τις ἄρχοντα κακῶς εἴπῃ, μεγάλα τὰ ἐπιτίμια· ἐὰν δέ τις ἰδιώτην, οὐθέν. καὶ καλῶς· οἴεται γὰρ τότε οὐ μόνον εἰς τὸν ἄρχοντα ἐξαμαρτάνειν τὸν κακηγοροῦντα, ἀλλὰ καὶ εἰς τὴν πόλιν ὑβρίζειν. Problem. *Sect.* XXIX. *num.* 14. pag. 814. E. Tom. II. *Ed. Paris.* L'Empereur JULIEN dit, Que les Loix sont sevéres contre les Particuliers en faveur des Princes, en sorte que celui qui fait quelque outrage à un Prince, foule aux pieds les Loix de gaieté de cœur: Καὶ γὰρ οἱ νόμοι φοβεροὶ διὰ τοὺς ἄρχοντας· ὥστε ὅστις ἄρχοντα ὑβρίζει, οὗτος ἐκ περιουσίας τοὺς νόμους κατεπάτησε. In Misopog. (*pag.* 342. B. *Edit. Spanhem.*) GROTIUS.

Le dernier passage n'est pas rendu exactement par nôtre Auteur. Il signifie, comme il paroit par les termes mêmes & par la suite du discours: *On respecte les Loix, à cause des Souverains*, de l'autorité desquels elles émanent: *celui donc qui outrage le Souverain lui-même, fera, à plus forte raison, moins de difficulté de violer les Loix.* Sur ce pié-là, on voit bien que l'application n'est pas juste.

(13) Ce n'est pas qu'il crût avoir violé par là le respect qu'il devoit à son Ennemi: mais, comme l'a remarqué Mr. LE CLERC, quoi que *David* ne fit cela que pour convaincre *Saül* de la facilité qu'il auroit euë à le tuer, s'il eût voulu; il eut quelque inquiétude (car c'est ce que signifie l'expression de l'Original, *le cœur de David lui battit*; & non pas, *il se repentit*) il eut, dis-je, quelque inquiétude, craignant que *Saül*, bourru comme il étoit, ne prit la chose tout autrement.

(14) QUINTILIEN dit, que tous ceux qui se mêlent de l'administration du Gouvernement, sont sujets à s'attirer la Haine & l'Envie, en faisant les choses les plus nécessaires pour le Bien Public. *Equidem intelligo hanc esse conditionem omnium, qui administrationem Reipublicæ adgrediuntur, ut ea, quæ maximè pertinent ad salutem communem, cum quadam sui invidia efficere cogantur.* Declam. CCCXLVIII. Voiez ce que *Livie* disoit là-dessus à *Auguste*, dans l'Abrégé de DION, par XIPHILIN, (pag. 85, 86. *Ed. H. Steph.*) GROTIUS.

(15) Ἄσυλοι. Voiez DENYS d'*Halicarnasse*, Antiq. Rom. *Lib.* VI. *Cap.* LXXXIX. pag. 395. *Ed. Oxon.* TITE LIVE, Lib. III. Cap. LV. APPIEN *d'Alexandrie*, Bell. Civil. *pag.* 628. *Ed. Toll.* & ce que nôtre Auteur dira ailleurs, *Liv.* III. *Chap.* XIX. §. 8. *Note* 3.

(16) L'Auteur ne cite ici personne. Voici tout ce que je trouve dans JOSEPH, c'est que, selon les *Esséniens*, il faut garder la foi à tous les Hommes, mais principalement aux Puissances, comme n'étant pas élevées en dignité sans la volonté ou la permission de DIEU: Τὸ πιστὸν ἀεὶ παρέξειν πᾶσι, μάλιστα δὲ τοῖς κρατοῦσιν· οὐ γὰρ δίχα Θεοῦ περιγίνεσθαί τινι τὸ ἄρχειν. De Bell. Jud. *Lib.* II. *Cap.* XII. pag. 786. E.

(17) „ Si quelcun tue une Brebis, il ne fait par là „ que diminuer un peu le nombre des Bêtes du Trou„ peau: mais, quand on tuë le Berger, on disperse „ tout le Troupeau. C'est ce que dit St. CHRYSOSTOME, sur le *Chap.* I. de la *I.* Epître de St. PAUL à *Timothée.* Voici des paroles de SENEQUE: *Somnum ejus* [Regis aut Principis] *nocturnis excubiis muniunt: latera objecti circumfusique defendunt: incurrentibus periculis se opponunt. Non hic est sine ratione Populis Urbibusque consensus sic protegendi amandique Reges, & se suaque jactandi, quocumque desideraverit Imperantis salus. Nec hæc vilitas sui est, aut dementia, pro uno capite tot millia excipere ferrum, ac multis mortibus unam animam redimere, nonnumquam senis & invalidi. Quemadmodum totum Corpus Animo deservit. . . . . sic hæc immensa multitudo, unius animæ circumdata, illius spiritu regitur, illius ratione flectitur, pressura se ac fractura viribus suis, nisi consilio sustineretur. Suam itaque incolumitatem amant* &c. „ Les Sujets veillent pour la garde de leur Prince, pen„ dant qu'il dort: ils l'environnent & se tiennent à „ ses côtez, pour le défendre: ils vont au devant des „ dangers qui le menacent. Et ce n'est pas sans rai„ son que les Peuples & les Villes s'accordent à aimer „ & à défendre leurs Rois, & que chacun sacrifie sa „ personne & ses biens, toutes les fois que le salut du „ Souverain le demande. Ce n'est point par folie, ou „ par mépris de soi-même, que tant de milliers de „ gens s'exposent à périr pour une seule tête, & rachè„ tent par la mort de plusieurs la vie d'un seul homme, „ quelquefois fort âgé & caduque. Comme tous les „ Mem-

Plutarque, qui rapporte cela, dit (21) ailleurs, *Qu'il n'est pas permis d'attenter à la personne d'un Roi.*

7. C'est une autre question, encore plus difficile, de savoir, si ce qui a été permis à *David*, & aux *Maccabées*, est aussi permis aux *Chrétiens*, Disciples d'un Maître qui leur commande si souvent de (22) *porter leur croix*, & qui par là semble exiger d'eux un plus haut dégré de Patience. Voici ce que je trouve là-dessus dans le Nouveau Testament. Nôtre Seigneur Jesus-Christ parlant des *Chrétiens* persécutez pour cause de Religion, & menacez de la mort par les Puissances de qui ils dépendent, leur permet bien de fuïr, c'est-à-dire, lors qu'ils n'ont point d'Emploi dont les devoirs indispensables les attachent à quelque lieu: mais il (23) ne leur laisse point d'autre ressource en ce cas-là. Et l'Apôtre St. Pierre dit, (m) que Nôtre Sauveur, *en souffrant pour nous, nous a laissé un exemple, auquel nous devons nous* (24) *conformer; puis que, quoi qu'il fût exemt de péché & de toute tromperie, il ne rendit jamais injure pour injure, & dans le tems qu'on lui faisoit du mal, il n'usa point de menaces; mais il se remit à celui qui juge justement.* Le même Apôtre (n) exhorte ailleurs les *Chrétiens*

(m) *I. Epître* II, 21, *& suiv.*

(n) *I. Epître*, IV, 12, *& suiv.*

„ Membres du Corps Humain s'intéressent pour l'Ame „ & en prennent soin. . . . . de même ce nombre in„ fini de Sujets défend la vie d'un seul homme, le„ quel est comme l'Ame qui les gouverne, en sorte „ qu'ils se détruiroient eux-mêmes par leurs propres „ forces, si la sagesse & la prudence du Chef ne les „ dirigeoit. Senec. *de Clem.* Lib. I. Cap. III. Voiez ce que l'on dira ci-dessous, *Liv.* II. *Chap.* I. §. 9. Grotius.

Le Philosophe parle d'un bon Prince; comme il paroit par ce qui précéde. A l'égard de la comparaison du Berger & des Brebis, allegué par le Pére de l'Eglise, il est aisé de voir jusqu'où on peut la presser. Consultez ce que dit là-dessus Mr. Le Clerc, sur II. Samuel, V, 2.

(18) ——— Περὶ γὰρ δίε ποιμένι λαῶν,
Μή τι πάθῃ ——— ——— ———
Iliad. *Lib.* V. ℣. 566, 567.

(19) *Itaque sive nominis, quod gentes, quæ sub Regibus sunt, inter Deos colunt, sive propria ipsius veneratio* &c. Lib. X. Cap. III. *num.* 3.

(20) On a déja rapporté le passage ci-dessus, Chap. III. §. 16. *Note* 6.

(21) Il dit, que, quand l'Ephore *Démocharès* alloit pour prendre *Agis*, Roi de *Lacedémone*, les Officiers Publics, & autres gens qui se trouvoient là, ne voulurent pas mettre la main sur le Roi, regardant cela comme une chose, qui ne leur étoit pas permise: Ἀποτρεπόμενοι καὶ φεύγοντες τὸ ἔργον, ὡς οὐ θεμιτὸν οὐδὲ νενομισμένον Βασιλέως σώματι τὰς χεῖρας προσφέρειν. In Vit. Agid. & Cleomen. *pag.* 804. *init. Ed. Wech.* Tom. I.

(22) Nôtre Seigneur a ordonné à ses Disciples par deux fois, de *porter leur Croix*; l'une, lors qu'il donna des instructions aux douze Apôtres, en les envoiant prêcher l'Evangile, Matth. X, 38. Marc, VIII, 34. Luc, IX, 23. l'autre, quand il alloit à *Césarée de Philippe*, suivi d'une grande foule de gens, Matth. XVI. 24. Luc, XIV, 27. Par là il vouloit dire seulement, que les *Chrétiens* doivent être disposez à souffrir patiemment les persécutions, & en général toute sorte d'afflictions, lors qu'ils n'ont aucun moien de s'en garantir. Car il ne défend nulle part de se servir des moiens innocens qui se présentent. Comme donc un Malade, quelque obligé qu'il soit à la patience, ne laisse pas de pouvoir emploier les remedes qu'il croit propres à guérir son mal: de même rien n'empêche qu'une personne injustement opprimée ne se serve des forces qu'elle a en main, pour se délivrer de l'oppression. D'ailleurs, comme le remarque ici le Savant Gronovius, le précepte de Nôtre Seigneur regarde tous les Chrétiens en général, de quelque ordre & de quelque condition qu'ils soient. Comme donc cette obligation à la patience n'empêche pas que les Princes & les Magistrats ne puissent réprimer la malice de leurs Sujets mutins & rebelles: elle n'empêche pas non plus, que les Particuliers ne puissent résister à la fureur d'un Prince ou d'un Magistrat, devenu Tyran à leur égard.

(23) Le passage, dont nôtre Auteur veut parler, est celui de l'Evangile de St. Matthieu, *Chap.* X. ℣. 23. *Quand on vous persécutera dans une Ville, fuiez dans une autre.* Cela est dit aux Apôtres, & les regarde particuliérement, comme il paroit par ce qui suit: *Je vous dis en vérité, qu'avant que vous aiyez fait le tour des Villes d'Israël, le Fils de l'homme sera venu*, c'est-à-dire, avant la ruïne de *Jérusalem*. Voiez le Docteur Hammond, & Mr. Le Clerc, sur ce passage. Ainsi il n'y a point là de maxime générale, qui enseigne tout ce qu'il est permis aux *Chrétiens* de faire, lors qu'ils sont persécutez ou opprimez, de quelque maniére que ce soit: & les réponses du Savant Gronovius sont superfluës. Nôtre Auteur s'est réfuté lui-même, dans son Commentaire sur les Evangiles, publié depuis l'Ouvrage, que nous expliquons: car voici comment il paraphrase le passage, dont il s'agit. „ Le sens est: „ Quand on vous aura chassé d'une Ville, ne renon„ cez pas pour cela aux fonctions de l'Emploi, dont „ je vous charge. Fuiez donc alors, non pas dans „ quelque Désert, pour vous y mettre en sûreté; mais „ dans quelque autre Ville, pour tâcher d'y produire „ du fruit par vos instructions. D'où il paroit, ajoû„ te-t-il, que c'est sans raison qu'on veut tirer d'ici u„ ne preuve, pour décider la question, S'il est permis „ de fuïr, uniquement pour éviter le péril où l'on se „ trouve? &c.

(24) La Patience, à laquelle l'exemple de Nôtre Seigneur engage, doit être entenduë dans le même sens, que l'exhortation à *porter nôtre croix*; dont nous avons parlé dans la *Note* 22. sur ce paragraphe. S'il falloit imiter à tous égards ce que Jesus-Christ a fait, chacun devroit s'offrir volontairement aux supplices & à une mort ignominieuse: or c'est ce que nôtre Auteur n'accorderoit pas. Il a lui-même réfuté l'argument, qu'on tire de l'exemple de Jesus-Christ, pour soûtenir l'opinion trop rigide, à son avis même, de ceux qui prétendent qu'on ne doit pas repousser un

 En-

tiens à se réjouïr, & à remercier DIEU, lors qu'ils sont punis pour leur Christianisme. Et c'est aussi cette constance à souffrir, qui a le plus contribué à l'établissement de la Religion Chrétienne, comme il paroît par l'Histoire.

8. Il y a des gens qui croient que, si les prémiers Chrétiens ne se sont pas défendus, lors qu'ils étoient exposez à un péril de mort inévitable, les forces leur manquoient, & non pas la volonté. Mais on leur fait grand tort d'avoir d'eux une telle opinion: & il faut dire au contraire, selon moi, qu'étant sortis tout fraichement de l'école des Apôtres & des Hommes Apostoliques, ils entendoient (25) & observoient leurs préceptes, mieux que n'ont fait les Chrétiens des Siécles suivans. TERTULLIEN certes auroit été & bien imprudent & bien effronté, si parlant aux Empereurs, qui ne pouvoient ignorer la verité de la chose, il eût osé mentir avec autant d'assûrance qu'il feroit dans cette supposition; car voici ce qu'il leur dit: (26) *Si nous voulions agir avec vous comme Ennemis déclarez, & non pas seulement comme Ennemis secrets, nous manqueroit-il de forces & de troupes suffisantes pour une telle entreprise? Les* Maures, *les* Marcomans, *les* Parthes *même, ou tels autres Peuples, qui, quelque grands qu'ils soient, sont toûjours renfermez dans une certaine étenduë de païs, dans les bornes de leur Etat; ces Nations, dis-je, forment-elles une plus nombreuse Multitude, que nous, qui sommes répandus par tout le Monde? Nous ne paroissons que depuis quatre jours, pour ainsi dire; & cependant nous remplissons déja vôtre Empire, vos Villes, vos Forteresses, vos Iles, vos Provinces, vos Bourgs, vos Armées mêmes, vos Tribus, vos Tribunaux, vôtre Palais, vôtre Sénat, vos Places Publiques: en un mot, nous ne vous laissons que les Temples de vos Dieux. Disposez comme nous sommes à souffrir si volontiers qu'on nous tuë, quelles guerres n'aurions-nous pas été en état d'entreprendre, & avec quelle ardeur n'y aurions-nous pas couru, quelque inférieurs que nous fussions en forces & en appareil mili-*

Ennemi jusqu'à lui ôter la vie, *Chap.* II. §. 8. *num.* 6. & *Chap.* III. §. 3. *num.* 10.

(25) J'ai deja remarqué, & montré par des exemples, (sur le *Discours Preliminaire* de cet Ouvrage, §. 32. *Note* 2.) que l'on ne peut pas regarder les prémiers Chrétiens comme les meilleurs Interprêtes de l'Ecriture Sainte, ni comme des modéles de conduite à tous egards. On fait pour certain, que, sur le point dont il s'agit, ils avoient des idées outrées, qui leur faisoient étendre l'obligation de souffrir le Martyre beaucoup au delà de ses justes bornes. Nôtre Auteur, qui sentit cela, retrancha dans les Editions posterieures, les paroles suivantes, que l'on trouve dans la prémiére Edition, à la fin de ce paragraphe: „ Quand nous „ accorderions, (disoit-il) que c'est ici un conseil, & „ non pas un précepte indispensable, il seroit toûjours „ plus sûr, devant DIEU, de prendre ce parti; puis „ que les prémiers Chrétiens, LORS MEME QU'ILS „ AUROIENT PU FUIR OU GARDER LE SILENCE, „ ont souvent recherché eux-mêmes une mort si hon- „ nête, dans l'espérance certaine, que ceux qui té- „ moignoient ainsi leur foi obtenoient par là la remis- „ sion de tous leurs péchez; qu'ils jouïssoient en quel- „ que maniere immediatement, après leur mort, d'une „ gloire semblable à celle que l'on attend après la Re- „ surrection; & que de grandes recompenses leur é- „ toient promises pour l'avenir. Voiez la XII. *Dissertation* sur *St. Cyprien*, de feu Mr. DODWELL. On peut ajoûter à cela, que, sur quelques passages de l'Ecriture mal entendus, ils s'imaginoient que le Jour du dernier jugement étoit tout proche, comme le remarque le Savant GRONOVIUS; & dans cette pensée, il ne faut pas s'étonner, qu'ils ne se souciassent ni des biens de ce Monde, ni de la Vie, dont la conservation est ce qui anime à repousser les injures d'un Tyran: quelquefois aussi ils prenoient trop à la lettre ce que l'Evangile dit du mépris des biens de ce Monde, dont il veut que l'on néglige le soin, non pas absolument, mais lors qu'on ne peut en jouïr sans préjudice de la Conscience. Ainsi la conduite de ces prémiers Sectateurs du Christianisme, ne doit pas servir de modéle à tous les Chrétiens en général, qui ne sont pas dans les mêmes idées & dans les mêmes dispositions. Quand même ils auroient voulu résister à leurs Persecuteurs, ils auroient été hors d'état de l'entreprendre. En vain étale-t-on leur grand nombre: c'étoit une multitude dispersée, & fort petite, en comparaison du nombre de leurs Ennemis: c'étoient des gens de basse condition pour la plûpart, sans armes, sans forces, sans autres Chefs que des Ecclesiastiques qui n'étoient pas d'une plus grande distinction: ils s'assembloient en secret, & par conséquent ils ne pouvoient pas s'attrouper en fort grand nombre: une seule Légion auroit suffi pour renverser tous leurs projets. *Mais lors que* les Empereurs eurent embrassé le Christianisme, les *Chrétiens* suivirent de tout autres principes. Voiez MILTON, *Defens.* Cap. IV. pag. 136, *& suiv.* comme aussi le Discours de feu Mr. BURNET, Evêque de *Salisbury*, à l'occasion du Procès de *Sacheverel*; dans les *Avocats pour & contre* cet Ecclésiastique séditieux. Je remarque enfin, qu'il étoit d'une très-grande importance pour l'établissement de l'Evangile, que les *Chrétiens* ne pussent pas être soupçonnez de la moindre chose qui sentît la sédition. D'autant plus que, comme nôtre Auteur lui-même le remarque, sur ROMAINS XIII. 1. les *Juifs*, du milieu desquels sortoient les prémiers Disciples de l'Evangile, étoient prévenus de fausses idées, qui, sur un passage du DEUTERONOME (XVII. 15.) mal entendu, leur faisoient regarder comme illégitime toute domination des Etrangers, en sorte

militaire; si nous n'avions été élevez dans une Ecôle, où l'on apprend à se laisser tuer, plûtôt que de tuer les autres? ST. CYPRIEN se déclare aussi, sur ce sujet, du sentiment de son Maitre: (27) *Lors*, dit-il, *que l'on veut prendre quelcun de nous, il ne résiste point, il ne se défend point contre vôtre injuste violence; quoi que nôtre Peuple soit extrémement nombreux. L'espérance certaine que nous avons de la vengeance à venir, produit en nous cette patience: elle fait que des Innocens souffrent tout paisiblement de la part de Méchans & de Scélerats. Nous nous confions*, dit encore LACTANCE, (28) *en celui qui peut aussi aisément venger les maux & les injures qu'on fait à ses Serviteurs, que le mépris de sa Majesté suprême. Et c'est pourquoi, lors que nous sommes exposez à souffrir des injustices si criantes, nous n'ouvrons pas même la bouche pour nous en plaindre; mais nous laissons à* DIEU *le soin de punir nos Persécuteurs.* ST. AUGUSTIN avoit précisément en vuë le cas, dont il s'agit, lors qu'il parloit ainsi: (29) *Un Homme-de-bien doit penser sur toutes choses à n'entreprendre la Guerre, que quand il le peut légitimement; car cela n'est pas toûjours permis. Toutes les fois*, (30) dit-il encore, *que les Empereurs sont dans l'erreur, ils font des Loix pour maintenir l'Erreur au préjudice de la Vérité; & ces Loix servent à éprouver les Justes, & à leur faire remporter la Couronne* (du Martyre). Et ailleurs: (31) *Les Peuples doivent supporter les mauvais traitemens de leurs Princes, & les Esclaves ceux de leurs Maitres, afin qu'exerçant par là leur patience, ils souffrent des maux temporels, dans l'espérance des biens éternels.* Il propose là-dessus dans un autre endroit l'exemple des prémiers Chrétiens: *La* (32) *Cité de* JESUS-CHRIST, dit-il, *quoi qu'elle fût alors errante & vagabonde par toute la Terre, & qu'elle eût une si grande multitude de Troupes, dont elle pouvoit se servir contre ses impies Persecuteurs; ne voulut pourtant pas combattre pour son salut temporel, mais elle aima mieux ne point résister, pour obtenir le Salut éternel.* On lioit

ce qu'ils ne se croioient obligez en conscience d'obéïr qu'à des Souverains de leur Nation. Si donc les Chrétiens relâcherent alors de leur droit pour de si fortes considérations, cela ne tire point à conséquence pour ceux qui ont vécu depuis que le Christianisme est établi dans le Monde.

(26) *Si enim hostes exertos, non tantum vindices occultos, agere vellemus, deesset nobis vis numerorum & copiarum? Plures nimirum* Mauri, & Marcomanni, *ipsique* Parthi, *vel quantaecumque, unius tamen loci & suorum finium, gentes, quam totius orbis? Hesterni sumus, & vestra omnia implevimus, Urbes, Insulas, Castella, Municipia, Conciliabula, Castra ipsa, Tribus, Decurias, Palatium, Senatum, Forum: sola vobis relinquimus Templa. Cui bello non idonei, non prompti fuissemus, etiam impares copiis, qui tam libenter trucidamur, si non apud istam disciplinam magis occidi liceret, quàm occidere?* Apologet. Cap. XXXVII. *Ed. Herald.*

(27) *Inde est enim quod nemo nostrûm, quando adprehenditur, reluctatur: nec se adversus injustam violentiam vestram, quamvis nimius & copiosus noster sit populus, ulciscitur. Patientes facit de secutura ultione securitas. Innocentes nocentibus cedunt.* Ad Demetrian. (*pag.* 192. *Edit. Fell. Brem.*) Voici ce que le même Pere dit ailleurs: *Intellexit* (Adversarius) Christi *milites vigilare jam sobrios, & armatos ad prœlium stare; vinci non posse, mori posse: & hoc ipso invictos esse, quia mori non timent, nec repugnare contra impugnantes, quum occidere innocentibus nec nocentem liceat; sed prompte & animas & sanguinem tradere* &c. „ L'Ennemi a compris, que les Soldats de „ JESUS-CHRIST demeurant sobres, veillent, les ar„ mes à la main, & tout prêts au combat; qu'ils peu„ vent mourir, mais qu'ils ne peuvent être vaincus: „ & que cela même qui les rend invincibles, c'est „ qu'ils ne craignent point la mort, & qu'ils ne sa„ vent ce que c'est que se défendre contre ceux qui les „ attaquent; ne leur étant pas permis, tout innocens „ qu'ils sont, de tuer un Coupable; mais se croiant o„ bligez de donner gaiement leur vie & leur sang. " *Lib.* I. Epist. I. *Edit. Erasm.* (Epist. LX. *Ed. Fell.* pag. 142.) GROTIUS.

(28) *Confidimus enim majestati ejus, qui tam contemptum sui possit ulcisci, quàm etiam servorum suorum labores & injurias. Et ideo, quum tam nefanda perpetimur, ne verbo quidem reluctamur, sed Deo remittimus ultionem.* Instit. Div. Lib. V. Cap. IX. *num.* 9. *Ed. Cellar.*

(29) *Ut nihil homo justus præcipuè cogitare debeat, in his rebus, nisi ut justum bellum suscipiat, cui bellare fas est.* Lib. VI. Quæst. X. *in Josuam.* Ce passage est rapporté dans le DROIT CANONIQUE, *Caus.* XXIII. *Quæst.* II. Can. II.

(30) *Imperatores enim, si in errore essent (quod absit) pro errore suo contra veritatem leges darent, per quas justi & probarentur & coronarentur, non faciendo, quod illi juberent,* &c. Epist. CLXVI. Ce passage se trouve aussi dans le DROIT CANONIQUE, *Caus.* XI. *Quæst.* III. *Can.* 98.

(31) *Ita à plebibus Principes, & à servis Domini, ferendi sunt, ut sub exercitatione tolerantiæ sustineantur temporalia, & sperentur æterna.* L'Auteur ne dit point d'où il a tiré ce passage. Il le citoit apparemment de mémoire, comme le précédent, qui, à cause de cela, etoit rapporté un peu autrement qu'il n'est dans l'Original.

(32) *Neque tunc civitas* Christi, *quamvis adhuc peregrinaretur in terris, & haberet tam magnorum agmina populorum adversus impios persecutores, pro temporali salute pugnavit, sed potius, ut obtineret æternam, non repugnavit. Ligabantur, includebantur, cædebantur, torquebantur, urebantur, laniabantur, trucidabantur; & multiplicabantur.*

lioit les Chrétiens, *on les emprisonnoit, on les battoit, on les tourmentoit, on les brûloit, on les déchiroit, on les massacroit; & avec tout cela ils se multiplioient de plus en plus. Combattre pour le Salut, n'étoit autre chose, dans leur esprit, que mépriser cette Vie, pour en aquérir une autre plus excellente.*

9. La *Légion Thébéenne* nous fournit un exemple remarquable de la pratique du devoir, dont ces anciens Docteurs font voir la nécessité. Elle étoit composée, comme il paroît par les Actes de son Martyre, de six mille six cens soixante-six Soldats, tous Chrétiens. L'Empereur *Maximien* étant à (o) *Octodurum*, voulut obliger son Armée à sacrifier aux fausses Divinitez. Pour s'en dispenser, les Soldats de cette Légion s'en allérent d'abord à (p) *Agaunum*. L'Empereur leur envoia dire de venir sacrifier; ils le refusérent. Alors il ordonna qu'on les décimât; & les Prévôts qui eurent charge de faire cette exécution, ne trouverent en eux aucune résistance. Voici de quelle maniére *Maurice*, (33) Commandant de cette Légion, & celui du nom duquel le Bourg d'*Agaunum* a été nommé depuis, encourageoit alors ses Soldats, selon le rapport d'EUCHER, Evêque de *Lion*: (34) *Je craignois fort que quelcun de vous, comme il est facile à des gens armez, ne tâchât, sous prétexte d'une innocente défense, d'éloigner une mort aussi heureuse, que celle qui nous attend. Je me préparois déja, pour vous détourner de cette pensée, à vous mettre devant les yeux l'exemple de* JESUS-CHRIST, *qui commanda lui-même à un Apôtre de remettre l'épée dans son fourreau: Par où il nous enseigne, que toute la force des Armes n'est pas capable d'ébranler une Constance Chrétienne. C'est, dis-je, ce que je voulois vous représenter, pour empêcher qu'aucun de vous, en emploiant un bras mortel, ne s'opposât lui-même à la gloire d'une action immortelle; & afin, au contraire, que chacun achevât constamment l'ouvrage qu'il a si bien commencé.* Après l'exécution faite, l'Empereur ordonna aux Soldats, qui restoient, la même chose qu'il avoit exigée auparavant de tous: mais ils lui répondirent d'une commune voix: (35) NOUS *sommes, Seigneur, Vos Soldats, il est vrai, & nous nous sommes engagez à porter les armes pour la défense de l'Etat. Jamais on ne vit parmi nous de Déserteurs, ni de Traîtres, ni de Lâches. Et nous obeïrions volontiers aux ordres, que Vous nous donnez aujourd'hui, si la Religion Chrétienne, dans laquelle nous avons été*

(o) *Martignac.*

(p) *St. Maurice.*

tur. Non erat eis pro salute pugnare, nisi salutem pro salute contemnere. De Civit. Dei, *Lib.* XXII. *Cap.* VI. St. CYRILLE dit là-dessus d'aussi belles choses, en expliquant le passage de St. JEAN, où il est parlé de l'Epée de *St. Pierre.* (Chap. XVIII. ✠. 11.) GROTIUS.

(33) Les *Suisses* rendent de grands honneurs à ce Martyr; sur quoi on peut voir FRANÇOIS GUILLIMAN, (*De rebus Helvetiorum*, Lib. I. Cap. XV. & Lib. II. Cap. VIII) La Légion de *Maurice* est aussi mise au rang des plus illustres Martyrs, qui souffrirent la mort pendant la dixiéme Persécution, dans une ancienne Relation du transport des reliques de St. *Justin*, à la *nouvelle Corbie: Unde, juxta fidem Chronicorum, atrocissimâ & incomparabili illâ Decimâ post Neronem Persequutione passum eum collegimus: qua & prioribus Persequutionibus immanior, dum venerabilem multitudinem Martyrum cœlis mitteret; inter quos etiam præcipuum Sancti* Mauritii *collegium, & innocentia speculum.* ALBERT KRANTZIUS parle aussi de quelques Martyrs de la *Légion Thébéenne*, dont on transporta les corps à *Brunswic: Saxonic.* VII. 16. GROTIUS.

Mais toute cette Rélation du Martyre de la *Légion Thebéenne* est une pure fable. L'Histoire en elle-même renferme plusieurs marques de fausseté: & le petit Livre, où on la trouve, n'est point de St. EUCHER, Evêque de *Lion*, sous le nom duquel il passe. Il ne faut que considerer, qu'il y est fait mention de *Sigismond*, Roi de *Bourgogne*, comme mort depuis plusieurs années: & cependant St. EUCHER étoit lui-même mort, il y avoit longtems, lors que ce Prince régnoit. On trouvera tout cela prouvé au long, dans une bonne Dissertation de feu Mr. JEAN DUBOURDIEU, Ministre autrefois de *Montpellier*, & ensuite de l'Eglise de *la Savoie à Londres*. Cette *Dissertation Historique & Critique, sur le Martyre de la Légion Thébéenne* a paru prémiérement en Anglois, l'année 1696, & puis en François, l'an 1705. Je ne dis rien de quelque autre chose, qu'on pourroit relever dans la Note de mon Auteur; & je me contente de renvoier le Lecteur, pour plus ample confirmation de la fausseté du fait, dont il s'agit, à la fameuse Dissertation de feu Mr. DODWELL, *De paucitate Martyrum*, qui est la XI. des *Dissertationes Cyprianicæ*, imprimées & à part, & à la fin de l'Edition de St. CYPRIEN, que donna JEAN FELL, Evêque d'*Oxford*.

(34) *Quàm timui, ne quisquam, quod armatis facile est, specie defensionis, beatissimis funeribus manus obviam adferre tentaret! Jam mihi ad hujus rei interdictum* Christi *nostri parabatur exemplum, qui exemtum vaginâ Apostoli gladium, propria vocis jussione, recondidit, docens majorem armis omnibus Christianæ confidentiæ esse virtutem: ne quisquam mortali* [il faut lire ici *immortali*, comme le remarque le Savant GRONOVIUS, dont j'ai suivi la correction en traduisant ce passage] *operi mortalibus dexteris obsisteret, quin immo cœpti operis fidem perenni religione compleret.*

(35)

été instruits, ne nous interdisoit le Culte des Démons, & ne nous engageoit à fuïr des Autels toûjours souillez de sang innocent. Nous savons que Vous avez eu dessein ou de faire commettre un sacrilége à des Chrétiens, ou de nous épouvanter par l'exemple de ceux qui ont été décimez. Mais vous n'avez que faire de chercher loin des gens qui ne se cachent point: nous sommes tous Chrétiens, & nous Vous le déclarons. Nos Corps sont en Vôtre puissance; mais Vous ne sauriez Vous rendre maître de nos Ames, qui sont toûjours tournées vers Jesus-Christ, *leur Créateur.* Alors *Exupére*, Porte-enseigne de la Légion, lui parla ainsi, au rapport du même Ecrivain: (36) *Vous voiez, mes chers Compagnons, que je tiens en mes mains les enseignes de la Guerre de ce Siécle: mais ce n'est point à cette sorte de Guerre que je vous appelle; vous avez d'autres Combats à soûtenir; il y a d'autres armes, dont vous devez vous servir, pour vous ouvrir le chemin du Roiaume Céleste.* Après quoi, il envoia dire à l'Empereur, ce qui suit: (37) *Ce n'est point le désespoir, la plus puissante ressource dans les périls, qui nous a,* Seigneur, *armez contre Vous. Nous avons les armes à la main, mais* (38) *nous ne résistons point, parce que nous aimons mieux mourir, que vaincre, & mourir innocens, plûtôt que de vivre criminels. . . . . Nous mettons bas nos armes: vos Exécuteurs trouveront nos bras sans défense, mais nos Cœurs armez du bouclier de la Foi Chrétienne & Universelle.* L'Historien rapporte ensuite le carnage qu'on fit de ces Soldats, qui souffroient la mort sans résistance; & il y ajoûte cette réflexion: (39) *Leur grand nombre n'empêcha pas qu'on ne les punît, tout innocens qu'ils étoient; au lieu qu'ordinairement on épargne les Coupables, lors qu'il y en a trop, sur qui il faudroit exercer la séverité des Loix.* La même histoire se trouve ainsi racontée dans un vieux (40) Martyrologe: *On les massacroit de tous côtez, sans qu'ils dissent mot. Ils mettoient même bas leurs armes, & présentoient à leurs Persécuteurs la gorge ou la poitrine nuë. Ils ne se prevalûrent ni de leur grand nombre, ni du secours des armes qu'ils avoient en main, pour défendre la justice de leur cause à la pointe de l'épée: mais occupez de cette seule pensée, qu'ils confessoient le nom de celui qui avoit été mené à la boucherie sans ouvrir la bouche, pas plus qu'un Agneau; eux aussi, comme un Troupeau de Brebis du Seigneur, se laissoient déchirer à des Loups furieux.*

10.

(35) *Milites quidem,* Cæsar, *tui sumus, & ad defensionem Reipublicæ Romanæ arma suscepimus: nec unquam aut desertores bellorum, aut proditores militiæ fuimus, aut ignavæ formidinis meruimus subire flagitium. Tuis etiam obtemperaremus præceptis, nisi instituti legibus Christianis, Dæmonum cultus & aras semper pollutas sanguine vitaremus. Comperimus præcepisse te, ut aut sacrilegiis pollueres Christianos, aut de denis interfectis nos velles terrere. Non inquiras longiùs latitantes, nos omnes Christianos esse cognosce. Habebis potestati tuæ subdita omnium corpora: autlorem vero suum respicientes* Christum *animas non tenebis.*

(36) *Tenere me, Commilitones Optimi, secularium quidem bellorum signa perspicitis: sed non ad hæc arma provoco, non ad hæc bella animos vestros virtutemque compello. Aliud vobis genus eligendum est præliorum. Non per istos gladios potestis ad regna cælestia properare.*

(37) *Non nos adversum te, Imperator, armavit ipsa, quæ fortissima est in periculis, desperatio. Tenemus ecce arma, & non resistimus, quia mori magis, quàm vincere, volumus, & innocentes interire, quàm noxii vivere, præoptamus. . . . Tela projicimus: exarmatas quidem dexteras satelles tuus, sed armatum fide Catholicâ pectus inveniet.*

(38) Les *Juifs* d'*Alexandrie* dirent autrefois quelque chose de semblable à *Flaccus*: Ἄοπλοι ἐσμὲν, ὡς ὁρᾷς, παρεγγεγράφθαι δὲ αἰτιῶνταί τινες, ὡς πολέμιοι· ἃ δὲ ἡ φύσις ἑκάστῳ μέρη πρὸς ἄμυναν ἀπένειμε, χεῖρας ἀποστρέψαντες, ἔνθα μηδὲν ἐγχειρεῖν δύναιντο, παρέχοντες αὐτοῖς τὰ σώματα εὔσκοπα τοῖς Βιαίοις ἀναιρεῖν ἐνθάδε. „ Nous sommes sans armes, comme vous „ voiez; & cependant il y a des gens qui nous accu- „ sent de venir ici en Ennemis. Les Mains même, „ que la Nature a données à chacun pour se défendre, „ nous les tenons derriere le dos, où elles ne peuvent „ nous servir de rien: nous presentons nos Corps tous „ découverts à quiconque voudra nous tuer. Grotius.

Ces paroles ne sont pas des *Juifs* d'*Alexandrie*; mais de ceux de *Judée*, qui parlent ainsi à *Pétrone*, Gouverneur de *Syrie*, & non pas à *Flaccus*. Elles se trouvent dans Philon, *de Legat. ad Cajum*, pag. 1025. C. Nôtre Auteur a confondu deux histoires differentes, racontées dans deux Ecrits voisins de cet Auteur Juif.

(39) *Ne justi punirentur, multitudo non obtinuit, quum inultum* [c'est ainsi qu'il faut lire, au lieu de *multum*, selon la correction de nôtre Auteur] *esse soleat, quod multitudo deliquit.*

(40) *Cadebantur itaque passim gladiis non reclamantes, sed & depositis armis, cervices persequutoribus, vel intectum corpus offerentes, non vel ipsâ suorum multitudine, non armorum motione elati sunt, ut ferro conarentur adserere justitiæ caussam, sed hoc solum reminiscentes, se illum confiteri, qui nec reclamando ad occisionem ductus est, & tamquam agnus non aperuit os suum; ipsi quoque, tamquam grex Dominicarum ovium, laniari se, tamquam ab irruentibus Lupis, passi sunt.*

(41)

10. Ceux qui, suivant l'Ecriture Sainte & la tradition des Péres, faisoient profession de regarder Nôtre Seigneur JESUS-CHRIST comme (q) *coëssentiel* à DIEU son Pére, furent aussi persécutez (41) cruellement par l'Empereur *Valens*: cependant ils n'eurent jamais recours aux armes, pour se défendre, quoi qu'ils fussent en très-grand nombre.

(q) 'Ομοούσιον.

11. Il est certain que, dans les endroits du Nouveau Testament où la Patience nous est prescrite, les Ecrivains (r) Sacrez proposent souvent à nôtre imitation, comme nous venons de voir que faisoient les Soldats de la Légion Thébéene, l'exemple de nôtre (42) JESUS-CHRIST, qui a poussé cette vertu jusqu'à souffrir la mort sans la moindre résistance. Et il déclare lui-même, que (s) quiconque perd la vie de cette maniére, la trouve véritablement.

(r) I. Pierre, II. 21.

(s) Matth. X. 39. Luc, XVII. 33.

§. VIII. 1. J'AI donc prouvé, qu'on ne peut pas légitimement résister au Souverain. Il faut maintenant faire quelques remarques absolument nécessaires, pour empêcher que le Lecteur ne croie qu'on viole cette Loi en certains cas, où l'on ne péche contr'elle en aucune sorte.

2. Je dis donc, *prémiérement*, que les Princes qui dépendent du Peuple, soit qu'ils aient été d'abord établis sur ce pié-là, ou que leur autorité aît été ainsi renduë subalterne par une convention postérieure, comme il (1) arriva autrefois à *Lacédemone*; peuvent non seulement être repoussez & mis à la raison par les voies de la force, mais encore punis de mort, s'il en est besoin; ainsi qu'on en usa envers *Pausanias*, (2) Roi de ce même Etat de l'ancienne *Gréce*. Telle étoit la condition des plus anciens Rois de diverses contrées d'*Italie*: de sorte qu'il ne faut pas s'étonner, si VIRGILE, après avoir raconté les cruautez horribles de *Mézentius*, dit, (3) *que toute l'Etrurie, justement soûlevée & irritée contre ce Roi, demanda qu'on le fit mourir sur le champ.*

§. IX.

(41) Voiez les Extraits de JEAN d'*Antioche*, publiez sur un Manuscrit fourni par feu Mr. de PEIRESC, personnage digne d'une réputation immortelle (*pag.* 846.) GROTIUS.

(42) Mais voiez ce que j'ai dit dans la *Note* 24. sur ce paragraphe.

§. VIII. (1) Après que *Lysandre* eut été tué dans un Combat, les *Lacédémoniens* voulurent faire un procès criminel au Roi *Pausanias*; & il fut obligé, pour éviter la mort, de s'enfuïr à *Tégée*: Τοιούτου δὲ τῷ Λυσάνδρῳ τῆς τελευτῆς γενομένης, παραχρῆμα μὲν οὕτως ἤνεγκαν βαρέως οἱ Σπαρτιᾶται, ὥστε τῷ βασιλεῖ κρίσιν προαγορεῦσαι θανάτου· ὁ δ᾽ οὐχ ὑπέστη ἐκεῖνος, εἰς Τεγέαν ἔφυγε &c. PLUTARCH *in Lysandr.* (pag. 450. D. Tom. I. *Ed. Wech.*) Le même Auteur dit, que les *Lacédémoniens* ont détrôné quelques-uns de leurs Rois, comme indignes de regner: 'Αυτοί γε τοι Σπαρτιᾶται βασιλεύοντας εἶδον ἀφείλοντο τὴν ἀρχὴν, ὡς οὐ βασιλικοὺς ἀλλὰ φαύλους καὶ τὸ μηδὲν ὄντας. Comparat. Lysand. & Syll. (*pag.* 476. C.) Voiez aussi ce qu'il rapporte d'*Agis*, qui fut condamné à la mort, quoi qu'injustement. Les *Mosyniens*, (ou *Mossyniens*, Peuple du *Pont*,) faisoient jeûner leur Roi, quand il avoit commis quelque faute: *Reges suffragio deligunt* (Mossyni), *vinculisque & artissimâ custodiâ tenent: atque ubi culpam, pravè quid imperando, meruére, inediâ diei totius adficiunt.* POMPON. MELA, (Lib. I. Cap. XIX. *num.* 75. Voiez là-dessus ISAAC VOSSIUS, dans ses Notes.) GROTIUS.

(2) Ce *Pausanias*, Général des *Lacédémoniens*, étoit bien de race Roiale, mais il ne fut jamais Roi. Il avoit été seulement Tuteur de *Plistarque* son Cousin, fils du Roi *Léonidas*; comme le remarque ici le Savant GRONOVIUS. Voiez THUCYDIDE, Lib. I. Cap. 132. *Edit. Oxon.*

(3) *Ergo omnis furiis surrexit Etruria justis:*
Regem ad supplicium præsenti Marte reposcunt.
——— ——— *Quos justus in hostem*
Fert dolor ——— ———

VIRGIL. Æn. VIII. 494, 495, 496. 500, 501.

§. IX. (1) Comme quand *Henri III.* Roi de *Pologne*, aiant appris la mort de *Charles IX.* son Frére, Roi de *France*, sortit secrétement de *Cracovie*, & se retira en *France*, l'an 1574. Aussi les *Polonois* choisirent-ils un autre Roi, l'année suivante. On peut voir, au reste, dans le *Supplément de la* CRISE, par Mr. STEEL, le debat qu'il y eut dans les deux Chambres du Parlement d'*Angleterre*, au sujet de l'*abdication* du Roi *Jaques II.*

(2) Bien entendu que la négligence ne soit pas extrême: car si elle est portée à un tel point, que le Roi laisse aller les affaires de l'Etat tout en désordre & en confusion, je ne doute pas que le Peuple ne soit en droit de regarder cela comme un veritable abandonnement. La chose parle d'elle-même; & je vois que Mr. VAN DER MUELEN est de même sentiment, dans son Commentaire sur cet endroit.

§. X. (1) Comme s'il rend le Roiaume feudataire, ou tributaire. BOECLER *prétend*, que l'Auteur Anglois n'a parlé que de ce cas, & non pas du précedent, ou d'une véritable aliénation, pleine & entiére. Mais puis que BARCLAI regardoit comme déchû de la Couronne celui qui fait le moins, il ne pouvoit raisonnablement porter un autre jugement de celui qui fait le plus. Le même Commentateur a de la peine à convenir, que le cas dont il s'agit soit si grave, & mérite une si grande punition: il voudroit même faire tomber nôtre Auteur en contradiction, sur ce qu'il a établi, dans le Chapitre précedent, §. 21, *& suiv.* qu'un Prince ne laisse pas d'être Souverain, quoi qu'il soit Client,

§. IX. EN SECOND LIEU, si un Roi, ou quelque autre Prince que ce soit, s'est démis du Gouvernement, ou l'a manifestement (1) abandonné; on peut agir dès-lors contre lui, tout de même que contre un simple Particulier. Mais il ne faut pas prendre pour un abandonnement réel, la négligence (2) à s'aquitter des fonctions du Gouvernement.

§. X. EN TROISIEME LIEU, si un Roi aliéne son Roiaume, ou le rend dépendant (1) de quelque autre Puissance; il est déchû de la Couronne, selon (a) BARCLAY. Pour moi, je n'oserois prononcer décisivement de cette maniére. Car, quand il s'agit d'un Roiaume, (2) soit électif ou successif, mais déféré par un libre consentement du Peuple; l'aliénation est nulle: or tout acte nul n'a aucun (3) effet de droit. Sur ce principe, il y a des Jurisconsultes qui soûtiennent, qu'un Usufruitier, auquel nous avons comparé ci-dessus les Princes dont il s'agit, s'il (4) céde son droit à tout autre, que le Propriétaire même, le fait invalidement; & cette opinion me paroit la mieux fondée. Car, pour ce qui est dit dans une Loi, (5) Que l'Usufruit retourne, en ce cas-là, au Propriétaire; cela doit (6) s'entendre du tems au bout duquel l'Usufruit devoit finir. Mais si un Roi veut actuellement remettre la Couronne entre les mains d'un autre, ou la rendre dépendante; je ne doute pas, qu'on ne puisse s'y opposer. Car, comme nous l'avons dit, autre chose est la Souveraineté, & autre chose la maniére de la posséder. Le Peuple peut empêcher qu'on ne change rien à la derniére; le pouvoir de faire un tel changement n'étant pas compris dans le droit de la Souveraineté. Il y a un passage de SENEQUE, qui ne viendra pas mal ici, & qui regarde un sujet approchant: (7) *Quoi qu'on doive*, dit-il, *obéir à un Pére en toutes choses, on n'est point tenu de lui obéir, quand ce qu'il commande est tel, qu'en le commandant il cesse par là même d'être Pére.*

(a) Lib. III. Cap. XVI. *Adversus Monarchomach.*

§. XI.

Client, ou Tributaire, ou Feudataire d'un autre. Mais il suffit que celui qui veut assujettir ainsi son Roiaume n'ait pas droit de le faire de sa pure autorité, sans le consentement du Peuple; pour que le Peuple soit déchargé de l'obéïssance, qu'il ne lui a promise que sous la condition ou expresse, ou tacite, qu'il n'entreprendroit rien de tel. Et il est inutile de dire, que le bien de l'Etat le demande quelquefois: car ce n'est pas de quoi il s'agit; & en ce cas-là il faudroit toûjours avoir un consentement de la Nation, ou exprès, ou présumé sur des raisons convaincantes.

(2) Voiez ci-dessus, *Chap.* III. §. 10. *num.* 4. & §. 11. *num.* 1.

(3) C'est-à-dire, que l'acte d'aliénation ou d'assujettissement, que le Roi a fait, ne tourne ni à son préjudice, ni à l'avantage de celui en faveur de qui il a aliéné ou assujetti le Roiaume; & par conséquent qu'il ne perd rien du droit à la Couronne par un acte comme celui-là, qui est nul & de nul effet. Voiez ci-dessous, *Liv.* II. *Chap.* VI. §. 3. 9. Mais je ne vois pas comment accorder cela avec la permission que nôtre Auteur donne de résister à un tel Prince, lors qu'il veut actuellement livrer ou assujettir sa Couronne. Il ne fait par là qu'effectuer ce qui étoit déja accompli, entant qu'en lui est, par l'engagement contracté avec une autre Puissance; & si cet engagement ne l'a pas fait déchoir de la Souveraineté, en vertu de quoi le Peuple lui résisteroit-il, lors qu'il veut l'exécuter? La vérité est, que tout Prince, qui, sans en avoir le droit, veut aliéner ou assujettir son Roiaume, sans le consentement du Peuple, viole par là une Loi fondamentale de l'Etat; & ainsi est déchu véritablement de la Souveraineté, comme l'établit BARCLAI, d'ailleurs si zélé défenseur des droits du Souverain. Ici encore Mr. VAN DER MUELEN est de même sentiment, que moi; & il regarde ce que fait alors le Roi comme une abdication manifeste de la Couronne. Voiez, au reste, des exemples de ce cas, dans le Traité de HUBER, *De Jure Civitatis*, Lib. I. Sect. IX. Cap. VI. §. 36, 37.

(4) *Item finitur Usufructus, si Domino proprietatis ab Usufructuario cedatur: (nam cedendo extraneo nihil agitur.)* INSTITUT. Lib. II. Tit. IV. *De Usufructu*, §. 3.

(5) *Si usufructus fundi, cujus proprietatem mulier non habebat, dotis nomine mihi à Domino proprietatis detur: difficultas erit post divortium circa reddendum jus mulieri: quoniam diximus, usumfructum à Fructuario cedi non posse, nisi Domino proprietatis; & si extraneo cedatur, id est, ei qui proprietatem non habet, nihil ad eum transire, sed ad Dominum proprietatis reversurum usumfructum.* DIGEST. Lib. XXIII. Tit. III. *De Jure Dotium*, Leg. LXVI.

(6) Mais d'autres prétendent le contraire, & à mon avis avec plus de fondement. Mr. NOODT l'a très-bien fait voir, dans son Traité *De Usufructu*, Lib. II. Cap. X. où il distingue, sur ce sujet, le Droit ancien d'avec le nouveau, & il explique la Loi dont il s'agit, aussi bien que le paragraphe des INSTITUTES cité dans la Note précédente. Ainsi, quand même on pourroit comparer à tous égards un Usufruitier avec le Roi d'un Roiaume déféré par élection ou par succession; cela feroit contre nôtre Auteur, plûtôt que pour lui. C'est aux personnes intelligentes à juger, si Mr. VAN DE WATER a allégué des raisons suffisantes pour soûtenir l'opinion contraire, dans ses *Observationes Juris*, Lib. III. Cap. XI. qui ont paru en 1713. peu de tems après le Recueil des Oeuvres de Mr. NOODT, où le Traité *de Usufructu* fut publié pour la prémiére fois.

(7) *Cœpit à vetere & explosa quæstione:* [c'est ainsi qu'il faut lire, avec ANTOINE SCHULTING] *An in omnia* Pa-

§. XI. EN QUATRIEME LIEU, le même Auteur Anglois dit, qu'un Roi perd la Couronne, s'il se (1) montre véritablement Ennemi de tout le Peuple, & qu'il travaille à le perdre. Pour cela, j'en conviens: car la volonté de gouverner un Peuple, & le désir de le perdre, sont deux choses entiérement incompatibles. Celui donc qui se déclare Ennemi de tout le Peuple, abdique par cela même la Couronne. Mais un tel excès de fureur (2) ne peut guéres tomber, à mon avis, dans l'esprit d'un Roi qui est en son bon sens, & qui ne commande qu'à un seul Peuple. Que s'il en a plusieurs sous sa domination, il peut arriver, qu'il tâche d'en détruire (3) un en faveur de l'autre, pour peupler les terres du prémier de Colonies envoiées du dernier.

§. XII. EN CINQUIEME LIEU, lors qu'un Roiaume *tombe en commise*, soit pour cause de (1) *Félonie* envers le Seigneur dont il est un Fief, soit (2) en vertu d'une clause apposée à l'acte par lequel la Souveraineté avoit été déférée, & qui porte que, si (a) le Roi fait telle ou telle chose, les Sujets seront dès-lors dégagez de toute obligation de lui obéïr; en ce cas-là, le Roi redevient sans contredit une personne privée.

(a) Voiez *Mariana*, Lib. VIII. au sujet du Roiaume d'*Arragon*.

§. XIII. EN SIXIEME LIEU, lors qu'un Roi n'a qu'une partie de la Souveraineté, (1) le reste étant reservé au Peuple ou à un Sénat; s'il empiéte sur ce qui ne lui appartient point, on peut s'y opposer légitimement par les voies de la force; puis qu'à cet égard il n'est nullement Souverain. Cela a lieu, à mon avis, lors même que, dans le partage (2) de la Souveraineté, le pouvoir de faire la Guerre est échû au Roi. Car la concession d'un tel pouvoir doit alors être entendue seulement par rapport aux Guerres avec ceux du dehors; quiconque a une partie de la Souveraineté, ne pouvant qu'avoir en même tems le droit de la défendre. Et lors qu'on est obligé d'en venir là contre le Roi, il peut, par droit de Guerre, perdre même la partie de la Souveraineté dont il étoit incontestablement revêtu.

§. XIV. ENFIN, lors qu'en établissant un Roi on a stipulé expressément, (1) qu'au cas qu'il arrivât telle ou telle chose on pourroit lui résister; encore même que cette clause n'emporte aucun partage de la Souveraineté, on (2) se reserve du moins par là quelque partie de la liberté naturelle, & une liberté indépendante de l'Autorité Roiale. Or rien n'empêche que chacun, en aliénant ses droits en faveur d'autrui, ne le fasse sous telle restriction que bon lui semble.

§. XV.

Patri parendum sit: etiam si in omnia, an ibi tamen non sit parendum, quo efficitur ne pater sit. Controvers. *Lib.* II. *Cap.* IX. pag. 158. *Edit. Elzevir.* 1672.

§. XI. (1) C'est sur ce principe que *Gracchus* soûtenoit ingénieusement, qu'un Tribun du Peuple cesse d'être tel, & est déchû de plein droit de son pouvoir. Le Discours qu'il fit là-dessus, mérite d'être lû: & on le trouvera dans PLUTARQUE (*Vit. Tiber. & Caj. Gracch.* pag. 831, 832. Tom. I. *Ed. Wech.*) JEAN MAJOR (ou MAIR) dans son Traité sur le IV. Livre des *Sentences* de PIERRE LOMBARD, dit, qu'un Peuple ne peut pas se dépouiller du pouvoir de déposer le Prince, lors que celui-ci travaille à le détruire. Principe, qui doit être adouci & expliqué de la maniére que nous l'expliquons ici. GROTIUS.

Voiez le Discours de Mr. NOODT, *du Pouvoir des Souverains*, pag. 237, 238. avec la *Note* de la seconde Edition, qui a paru en 1714.

(2) Il n'est pas nécessaire, pour qu'un Prince soit dans le cas dont il s'agit, qu'il souhaitte, comme faisoit *Caligula*, que le Peuple n'eût qu'une Tête, pour la faire sauter d'un seul coup; ou qu'il témoigne un dessein formel & direct de perdre tous ses Sujets: il suffit que les choses qu'il fait, tendent-là manifestement. Et l'on n'est pas non plus obligé d'attendre, qu'il n'y ait plus de reméde. Voiez ce que j'ai dit sur PUFENDORF, *Droit de la Nat.* [illegible] *Gens*, Liv. VII. Chap. VIII. §. 6. *Note* 1.

(3) On a attribué ce dessein à *Philippe II.* Roi d'*Espagne*, par rapport aux *Païs-Bas*. Voiez quelque chose de semblable, au sujet de *Philippe*, Roi de *Macedoine*, dans TITE LIVE, Lib. XL. Cap. III.

§. XII. (1) Voiez le Chapitre précedent, §. 23.

(2) Voiez encore ci-dessus, *Chap.* III. §. 16. *num.* 4.

§. XIII. (1) On en trouve un exemple, par rapport à la République de *Gênes*, dans PIERRE BIZAR. *Lib.* XVIII. & à l'égard de la *Bohéme*, du tems de *Wenceslas*, (dans DUBRAV.) *Histor.* Lib. X. Voiez AZOR, *Institut. Moral.* Lib. X. Cap. VIII. & LAMBERT *de Schafnaburg*, au sujet de l'Empereur *Henri IV.* GROTIUS.

(2) Le Savant GRONOVIUS remarque, que notre Auteur répond ici tacitement à un des chefs d'accusation qu'on intenta contre BARNEVELD; & il renvoie là-dessus à son Apologie intitulée, *Apologeticus eorum, qui* Hollandiæ Westfrisiæque &c. *ex legibus præfuerunt, ante mutationem quæ evenit anno* 1618. Cap. X. Mais le cas n'est pas tout-à-fait le même; comme il paroîtra, si l'on compare ce que dit-là nôtre Auteur, avec ce qu'il dit ici.

§. XIV. (1) Voiez-en des exemples, dans l'Histoire de DE THOU, *Lib.* CXXXI. sur l'année 1604. (pag. 1037,

§. XV. 1. En-voilà assez pour ce qui regarde le Souverain légitime, ou celui qui l'a été. Parlons maintenant de la maniére dont on doit agir envers un Usurpateur, non pas depuis qu'il a aquis (1) un véritable droit par une longue possession, ou par quelque convention; mais pendant tout le tems que le titre de sa possession est injuste (2).

2. Les actes de Souveraineté qu'exerce un tel Usurpateur, peuvent avoir force (a) d'obliger, non en vertu de son droit, (car il n'en a aucun) mais parce qu'il y a toutes les apparences du monde, que le Souverain légitime, soit que ce soit le Peuple même, ou un Roi, ou un Sénat, aime mieux qu'on obéïsse pendant ce tems-là à l'Usurpateur, que si l'exercice des Loix & de la Justice étoit interrompu, & l'Etat exposé ainsi à tous les désordres de l'Anarchie. *Sylla*, lors qu'il se fut emparé du Gouvernement de la République Romaine, avoit fait des Loix, par lesquelles il excluoit des Honneurs & des Emplois les Enfans des Proscripts. Ciceron, quoi qu'il trouvât ces Loix cruelles, fut pourtant d'avis qu'on les laissât subsister; soûtenant, au rapport de (3) Quintilien, qu'il étoit si fort nécessaire pour le bien de l'Etat, de ne pas les abolir dans les circonstances où l'on se trouvoit alors, (4) que sans cela tout étoit perdu. L'Historien Florus étoit dans la même pensée, comme il paroît par les paroles suivantes: (5) Lepide, dit-il, *se disposoit à annuller les choses établies ou ordonnées par ce grand homme: en quoi il auroit eu raison, s'il eût pû le faire sans causer un grand préjudice à la République* .... *Il falloit*, ajoûte-t-il un peu plus bas, *laisser, à quelque prix que ce fût, un peu de repos à l'Etat malade, & blessé, pour ainsi dire, de peur de rouvrir ses plaies, en voulant y apporter du remède.*

(a) Voiez *Victoria*, de potest. civil. *num.* 23. *Suarez*, de Legib. *Lib.* III. *Cap.* X. *num.* 9. *Lessius*, de Justit. & Jure, *Lib.* II. *Cap.* XXIX. *Dub.* 5. *n.* 71.

3. Mais en matiére de choses qui ne sont pas d'une telle nécessité pour le Bien Public, & qui tendent à affermir l'Usurpateur dans son injuste possession; il ne faut pas lui obéir, si on peut l'éviter sans un grand péril.

§. XVI. Est-il aussi permis de déposséder un tel Usurpateur, ou de le tuer même? Ici il faut distinguer. Prémiérement, s'il s'est emparé du Gouvernement en consequence d'une Guerre injuste, & qui n'avoit pas toutes les qualitez requises par le Droit des Gens, sans qu'il y aît eu depuis aucun Traité, (1) ou qu'on lui aît prêté serment de fidélité; en un mot, s'il n'a d'autre titre de possession, que la force: le droit de la Guerre

1037, 1038. *Ed. Francof.* 1628.) & *Lib.* CXXXIII. sur l'année 1605. (pag. 1074.) l'un & l'autre par rapport à la *Hongrie*: comme aussi dans Jaques Meyer, *Annal. Belgic.* sur l'année 1339. au sujet du *Brabant* & de la *Flandre*; & sur l'année 1468. touchant le Traité fait entre *Louis XI.* Roi de *France*, & *Charles*, Duc de *Bourgogne*. Voiez aussi ce que dit, au sujet de la *Pologne*, Chytræus, *Saxonic.* Lib. XXIV. & au sujet de la *Hongrie*, Bonfinius, *Decad.* IV. *Lib.* IX. Grotius.

Les exemples, que nôtre Auteur allégue ici, ne sont pas tous à propos; comme il paroîtra, si on les examine chacun en particulier.

(2) Pourquoi ne pas dire sans detour, que cette reserve dégage de l'obéïssance, lors que le cas vient à arriver; en sorte que, si le Prince s'obstine à faire ce qui lui est défendu par une telle clause, qui a force de Loi Fondamentale, le Peuple ne doit plus le regarder comme son Souverain? On ne conçoit pas, que la restriction puisse naturellement avoir d'autre but ni d'autre effet.

§. XV. (1) Voiez ci-dessous, *Liv.* II. *Chap.* IV. §. 14.

(2) Comparez avec tout ceci ce que dit Pufendorf sur la même matiére, *Droit de la Nat. & des Gens*, Liv. VII. Chap. VIII. §. 9, 10. & dans sa Dissertation Académique *de Interregnis*, §. 16.

(3) *Mollienda est in plerisque alio colore asperitas orationis*, *ut* Cicero de proscriptorum liberis *fecit*. Quid enim crudelius, quàm homines honestis parentibus ac majoribus natos, à Republica summoveri? *Itaque durum id esse summus ille tractandorum animorum artifex confitetur: sed ita Legibus* Sullæ *cohærere statum civitatis adfirmat, ut his solutis stare ipsa non possit.* Quintilian. Instit. Orator. Lib. XI. Cap. I. pag. 981. *Edit. Burm.*

(4) C'est que les Enfans des Proscripts, pour venger la mort de leurs Péres, auroient troublé tout l'Etat. Et ceux à qui Sylla avoit donné les biens des Proscripts, n'auroient pas voulu aisément les rendre, comme le remarque Florus, dans le passage suivant, que je citerai plus au long, que ne fait nôtre Auteur.

(5) *Cupidus namque rerum novarum per insolentiam* Lepidus, *acta tanti viri* [Syllæ] *rescindere parabat; nec immerito, si tamen posset sine magna clade Reipublicæ. Nam quum jure belli* Sylla *Dictator proscripsisset inimicos, qui supererant, revocante* Lepido, *quid aliud quàm ad bellum vocabantur? quumque damnatorum civium bona, addicente* Sylla, *quamvis malè capta, jure tamen; repetitio eorum procul dubio labefactabat compositam civitatem. Expediebat ergo quasi ægra sauciaque Republica requiescere quomodocunque; ne vulnera curatione ipsa rescinderentur.* Lib. III. Cap. XXIII. *num.* 2, 3, 4.

§. XVI. (1) Voiez ci-dessous, *Liv.* II. *Chap.* XIII. §. 15. & *Liv.* III. *Chap.* XIX. §. 2, *& suiv.*

(2)

re semble demeurer en son entier, (2) & par conséquent on est autorisé à agir contre lui, tout de même que contre un Ennemi, à qui chaque Particulier peut ôter la vie. TERTULLIEN (3) dit que *tout homme est Soldat-né, contre les Criminels de Léze-Majesté, ou les Ennemis publics.* Et en considération du repos public, il est permis (4) à chacun, par le Droit Romain, de punir, au nom du Public, les Déserteurs.

§. XVII. JE crois, après (1) PLUTARQUE, qu'il faut dire la même chose, de celui qui a usurpé l'Autorité Souveraine dans un Etat où il y avoit déja une Loi, qui donnoit pouvoir à chacun de tuer quiconque feroit telle ou telle chose visible, & distinctement désignée; comme, par exemple, si un simple Particulier se fait escorter, de son autorité privée, par une Compagnie de Gardes, ou s'il s'empare d'une Forteresse: si l'on fait mourir un Citoien, sans qu'il aît été condamné dans les formes, ou après qu'il l'a été par des Juges incompétens: si l'on établit des Magistrats, sans qu'ils aient été élûs par de légitimes suffrages. Il y avoit plusieurs Loix de cette nature dans les Etats de l'ancienne *Gréce*; de sorte que là on devoit tenir pour innocens ceux qui avoient tué un Tyran coupable de semblables contraventions. Telle étoit à *Athénes* 2) la Loi de *Solon*, renouvellée après le retour du *Pirée*, contre ceux qui voudroient abolir le Gouvernement Populaire, ou qui, lors qu'il auroit été aboli, exerceroient quelque Emploi Public. Telle étoit aussi à *Rome* la (3) *Loi Valérienne*, contre ceux qui s'ingéreroient de faire les fonctions de quelque Charge, sans l'ordre du Peuple: & la *Loi Consulaire*, établie depuis les *Décemvirs*, (4) laquelle portoit défenses de créer aucun Magistrat, de

(2) Le docte GRONOVIUS applique ici ce qu'un Sénateur Romain disoit au sujet des *Decemvirs*: *Tamquam majus ullum Populo Romano bellum sit, quàm cum iis qui . . . . . privati fasces & regium imperium habeant.* TIT. LIV. Lib. III. Cap. XXXIX. *num.* 8.

(3) *In reos majestatis, & publicos hostes, omnis homo miles est.* Apologetic. *Cap.* II.

(4) On pouvoit les prendre; & s'ils résistoient, les tuer: *Opprimendorum desertorum facultatem Provincialibus jure permittimus. Qui si resistere ausi fuerint, in his velox ubique jubemus esse supplicium. Cuncti etenim, adversus latrones publicos desertoresque militiæ, jus sibi sciant pro quiete communi exercendæ publicæ ultionis indultum.* COD. Lib. III. Tit. XXVII. *Quando liceat unicuique sine Judice se vindicare*, &c. Leg. II.

§. XVII. (1) Voici le raisonnement de PLUTARQUE, sur quoi nôtre Auteur fonde l'opinion qu'il lui attribuë. Le Philosophe veut prouver, que l'on ne peut pas dire que tout se fasse par la Destinée, ou soit un effet, une suite du Destin, καθ' εἱμαρμένην, quoi que tout soit compris dans le Destin. Il se sert pour cet effet de cette comparaison. Tout ce qui est renfermé dans une Loi, n'est pas pour cela conforme à la Loi, ou un effet de la volonté du Législateur, κατὰ νόμον: comme, par exemple, la Trahison, l'action d'un Soldat qui abandonne son poste, l'Adultére, & plusieurs autres choses semblables, dont il est fait mention dans les Loix. Bien plus: lors même qu'il y est parlé de ceux qui montrent une bravoure extraordinaire, ou qui tuent un Tyran, ou qui font quelque autre belle action de cette nature, on ne peut pas dire qu'ils agissent *selon la Loi*; car ce qui est *selon la Loi*, est ce que la Loi commande: si donc la Loi commandoit de telles choses, on pécheroit contre la Loi, lors qu'on ne montre pas une bravoure extraordinaire, ou qu'on ne tue pas un Tyran, ou qu'on ne fait pas quelque autre belle action, comme celles-là; & on pourroit être justement puni d'une telle omission; ce qui est absurde. Comme donc on ne peut appeller *légitime* & *selon la Loi*, que ce qui est prescrit par la Loi: de même il n'y a que ce qui suit nécessairement des choses que DIEU a réglées & déterminées, qui puisse être dit *fait par le Destin*, ou *selon le Destin*; car quoi que le Destin comprenne tout, chaque chose ne laisse pas d'arriver selon sa nature. Voilà une comparaison tirée d'un peu loin, & fondée sur un jeu de mots, qui n'est pas digne d'un Philosophe. Εἰ δ', ὅπερ καὶ μᾶλλον ὁμολογεῖται, τὸ καθ' εἱμαρμένην οὐχ ἅπαντα ἀλλ' αὐτὸ μόνον (Il y a ici μόνον, & dans l'Edition d'*Henri Etienne*, & dans celle de *Wechel*, ce qui est une faute manifeste d'impression) τὸ ἑπόμενον αὐτῇ σημαίνει, ὁ πάντα μὲν ἂν καθ' εἱμαρμένην, οὐδ' εἰ καθ' εἱμαρμένην πάντα. Οὐδὲ γὰρ νόμιμα, οὐδὲ κατὰ νόμον, πάντα ὅσα περιείληφεν ὁ νόμος· καὶ γὰρ προδοσίαν, καὶ λιποταξίαν καὶ μοιχείαν, καὶ πολλὰ ἕτερα τοιαῦτα περιλαμβάνει, ὧν οὐδὲν ἄν τις εἴποι νόμιμον· ἐπεὶ οὐδὲ τὸ ἀριστεῦσαι, ἢ τυραννοκτονῆσαι, ἢ τι ἄλλο κατορθῶσαι, φαίην ἂν ἔγωγε νόμιμον. τὸ μὲν γὰρ δὴ νόμιμον, πρόσταγμα νόμου ἐστί· τὸ δ' εἴπερ ὁ νόμος προστάττει, πῶς οὐκ ἂν ἀπειθοῖεν καὶ παρανομοῖεν οἵγε μὴ ἀριστεύοντες, καὶ τυραννοκτονοῦντες, καὶ ὅσοι τὰ τοιαῦτα μὴ κατορθοῦσι; ἢ πῶς, εἰ παράνομοί εἰσι, οὐ δίκαιον κολάζειν τοὺς τοιούτους; εἰ δὲ μηδὲ ταῦτα λόγον ἂν ἔχει, μόνα ῥητέον νόμιμά τε καὶ κατὰ νόμον, τὰ ὑπὸ τοῦ νόμου ἐξαιρεθέντα ἐπὶ τοῖς ἑκαστοῦ προσταττομένοις· μόνα δὲ εἱμαρμένα καὶ καθ' εἱμαρμένην, τὰ ἀκόλουθα τοῖς ἐν τῇ θείᾳ διατάξει προηγησαμένοις . . . . ἡ μὲν γὰρ εἱμαρμένη πάντα περιέχει . . . τὰ δ' οὐκ ἐξ ἀνάγκης γενήσεται, ἀλλ' ἕκαστον αὐτῶν, οἷον καὶ πέφυκεν εἶναι. De Fato, *pag.* 570. *Ed. Wech.* Tom. II.

(2) Je la trouve dans l'Orateur ANDOCIDE: Ἀλλ' ἔτι ἄν, ὦ Ἐπίχαρες, ἢ νῦν, ὁ ἀποκτείνας σε, καθαρὸς τὰς χεῖρας εἶναι, κατά γε τὸν Σόλωνος νόμον . . . . Ἐάν τις δημοκρατίαν καταλύῃ τὴν Ἀθήνησιν, ἢ ἀρχήν τινα ἄρχῃ, καταλελυμένης τῆς δημοκρατίας, πολέμιος ἔστω Ἀθηναίων, καὶ νηποινεὶ τεθνάτω &c. Orat. I. pag. 219, 220. *Edit. Hanov.*

(3) C'est DENYS *d'Halicarnasse* qui rapporte ainsi cette Loi. Νόμους τε φιλανθρωποτάτους ἔθετο [ὁ Οὐαλέριος]

de qui il n'y eût point d'appel; & permettoit de tuer sans autre forme de procès ceux qui auroient créé un tel Magistrat.

§. XVIII. IL EST aussi permis de tuer un Usurpateur, lors qu'il y a là-dessus un ordre exprès du Souverain légitime, soit Roi, ou Sénat, ou Peuple. Les Tuteurs de l'Héritier de la Couronne ont le même droit; & c'est en vertu de cela que le (a) Sacrificateur *Jojadah* chassa *Athalie* du Trône, qui appartenoit à son Pupille *Joas*.

(a) II. *Chron.* XXIII.

§. XIX. 1. HORS les cas, dont je viens de parler, je ne saurois approuver qu'un simple Particulier pense à déposséder ou à tuer l'Usurpateur de la Souveraineté. Car il peut se faire que le Souverain légitime aime mieux qu'on laisse l'Usurpateur en paisible possession de la Couronne, que de donner occasion aux troubles dangereux & aux Guerres sanglantes qui s'excitent ordinairement, lors qu'on veut attaquer ou tuër des gens qui ont une puissante faction parmi le Peuple, ou même des amis parmi les Puissances étrangéres. Il est du moins incertain, si le Roi, ou le Sénat, ou le Peuple, à qui l'Autorité Souveraine appartient légitimement, veulent qu'on en vienne à cette extrêmité dangereuse; & tant qu'on ne sait pas leur volonté là-dessus, toute voie de fait ne peut être juste. FAVONIUS disoit, (1) *qu'une Guerre Civile est quelque chose de pis, que la nécessité de se soumettre à une domination illégitime.* CICERON trouvoit, que (2) *toute paix faite avec les Citoiens, est plus avantageuse qu'une Guerre Civile.* *Titus Quinctius Flaminius*, Général Romain, (3) aiant fait la paix avec *Nabis*, Tyran de *Lacédémone*, se justifia par la raison qu'il valloit (4) mieux le laisser maître du Gouvernement, que de perdre cette

[illegible Greek] Antiq. Rom. *Lib.* V. *Cap.* XIX. pag. 281. *Ed. Oxon.* (292. *Sylb.*) TITE LIVE exprime cela par *se faire Roi*; & PLUTARQUE, dont nôtre Auteur cite dans une Note les deux passages suivans, par *s'ériger en Tyran.* *Ante omnes* [Leges tulit] *de provocatione adversus Magistratus ad Populum, sacrandoque cum bonis capite ejus, qui regni occupandi consilia inisset.* Lib. II. Cap. VIII. *num.* 2. *Edit. Cleric.* cujus vide Not. [illegible Greek] Vita Poplicol. *pag.* 110. C. [illegible Greek] Pag. 103. B. C. On auroit pû remarquer, que PLUTARQUE se trompe, lors qu'il dit que la Loi de *Solon* ordonnoit seulement une peine contre ceux qui seroient pris & convaincus en Justice d'avoir usurpé quelque domination. Le contraire paroit manifestement par le passage d'ANDOCIDE, que j'ai cité dans la Note précedente.

(4) Nôtre Auteur emploie ici les termes de TITE LIVE, quoi qu'il ne le cite pas. Ce fut un autre *Valerius*, petit-fils de *Publicola*, & appellé *Lucius Valerius Potitus*, qui fit faire cette Loi, conjointement avec son Collegue dans le Consulat *Marc Horatius*: *Aliam deinde Consularem Legem de provocatione, unicum præsidium libertatis, decemvirali potestate eversam, non restituunt modo, sed etiam in posterum muniunt; sanciendo novam legem*; Ne quis ullum magistratum sine provocatione crearet. qui creasset, eum jus fasque esset occidi: neve ea cædes capitalis noxæ haberetur. *Lib.* III. *Cap.* LV. *num.* 4, 5.

§. XIX. (1) C'est PLUTARQUE, qui nous a conservé le mot de ce Romain, ami de *Brutus*. [illegible Greek] Vit. M. Brut. *pag.* 989. A. *Ed. Wech.*

(2) *Mihi enim omnis pax cum civibus, bello civili utilior videbatur.* Philipp. II. Cap. XV. pag. 445. *Ed. Grav.*

(3) *Nec ignarus hujus habitus animorum* QUINCTIUS, Si sine excidio *Lacedæmonis* fieri potuisset, *fatebatur*, pacis cum Tyranno mentionem admittendam auribus non fuisse. nunc, quum aliter quam ruina gravissimæ civitatis opprimi non posset, satius visum esse, Tyrannum debilitatum, ac totis prope viribus ad nocendum cuiquam, ademptis, relinqui, quàm intermori vehementioribus, quàm quæ pati posset, remediis, civitatem sinere, in ipsa vindicta libertatis perituram. TITE LIVE *Lib.* XXXIV. *Cap.* XLIX. *num.* 1, *& seqq.*

(4) Voici comment PLUTARQUE exprime cela: [illegible Greek] Vit. T. Quinct. Flamin. (*pag.* 376. E.) Il ne sera pas hors de propos de rapporter ici un mot d'un Lacédémonien, qui, aiant lû une Epigramme, dont le sens étoit; *Ceux-ci sont morts à la guerre, en voulant éteindre la Tyrannie, devant les murailles de Sélinonte*; dit là-dessus: *Ils méritoient bien de périr; car ils devoient attendre que la Tyrannie se consumât elle-même toute entiére.* [illegible Greek]

[illegible Greek verse]

[illegible Greek] (Vit. Lycurg. *pag.* 53. E.) GROTIUS.

Ce dernier passage a été très-mal traduit par l'Interprête Latin, qui dit: *Permittendum enim fuerat, ut totum conflagraret oppidum.* Mais nôtre Auteur n'a pas non plus réüssi à en exprimer le sens; quoi qu'il eût senti le jeu de mots, en quoi consiste la pointe. Le *Lacédémonien* veut dire, comme l'a remarqué JAQUES PAUMIER *de Grentesmenil* (dans ses *Exercitationes in optimos fere Auctores Græcos*, pag. 186.): „ Ces „ gens-

te Ville en voulant lui rendre la liberté. A quoi se rapporte ce mot d'ARISTOPHANE, (5) *Qu'il ne faut point nourrir de Lion dans une Ville, mais que, quand une fois on en a élevé quelcun, il faut le souffrir.*

2. C'est certainement une affaire de la derniére conséquence, de décider (6) s'il faut demeurer en repos ou tâcher à quelque prix que ce soit de se mettre en liberté. CICERON propose ce Problême de Politique, comme très-difficile à résoudre; (7) *Si, lors que la Patrie est opprimée par une domination illégitime, il faut tout mettre en œuvre pour la délivrer, quand même on devroit risquer de perdre l'Etat?* Ainsi les Particuliers ne doivent pas s'ériger en Juges d'une chose comme celle-là, qui intéresse tout le Corps du Peuple. Que si l'Etat veut bien (8) se soumettre au joug d'un Usurpateur, c'est alors une injustice manifeste & inexcusable, de prendre les armes (9) pour l'en délivrer: mauvaise raison, dont *Sylla* se servit, quand on lui demanda (10) pourquoi il attaquoit sa Patrie.

3. PLATON, (11), & CICERON (12) après lui, posent une maxime plus raisonnable: *Ne vous mêlez*, disent-ils, *de ce qui regarde le Gouvernement, qu'autant que vous pouvez vous promettre l'approbation de vos Concitoiens: n'usez de violence, ni envers vôtre Pére, ni envers vôtre Patrie.* On trouve la même pensée dans SALLUSTE: (13) *Vouloir*, dit-il, *gouverner par force sa Patrie, ou ses Parens, quand on auroit en main assez de pouvoir pour s'emparer du Gouvernement, & qu'on viendroit même à bout de réformer les abus; c'est toujours une entreprise odieuse: d'autant plus que tous les changemens dans les affaires publiques ne peuvent se faire sans qu'on aît lieu de craindre qu'ils n'entraînent après soi des meurtres, des bannissemens, & tous les autres maux de la Guerre. Stallius*, au rapport de PLUTARQUE, disoit quelque chose d'approchant, c'est qu'il (14) *n'est pas juste qu'un Homme sage & prudent s'expose à des périls & à des troubles, en faveur de gens sans probité & sans jugement.* Il y a des paroles de ST. AMBROISE qui ne viendront pas mal ici: (15). *Une des choses*, dit-il, *par où l'on peut avancer sa reputation, c'est de délivrer le Pauvre des mains d'un Homme puissant, & de sauver la vie à une personne condamnée, autant qu'on peut le faire sans causer des troubles & des désordres; de peur qu'il ne semble qu'on agit par vanité, plûtôt que par un principe de compassion; & pour ne pas faire de plus grandes plaies que celles qu'on veut guérir.* THOMAS d'*Aquin* soûtient, (a) qu'on se rend quelquefois coupable de sédition, en voulant détruire un Gouvernement même tyrannique.

(a) *Secund. Second.* Quæst. XLII. Artic. II.

4. Au reste, si l'on nous objecte ici ce que fit *Ehud* contre *Eglon*, Roi des *Moabites*, il n'y a rien là qui soit capable d'ébranler le sentiment que nous embrassons. Car l'E-

„ gens-là méritoient bien de périr: car ils ne devoient „ pas éteindre la Tyrannie, ils devoient plûtôt la laisser brûler & se consumer ainsi toute entiére, au lieu „ de la conserver. Ainsi la critique tombe sur ce que le mot d'*éteindre* donne à entendre que ceux dont parle l'Epigramme avoient maintenu la Tyrannie; au lieu que le Poëte vouloit dire, qu'ils l'avoient détruite. Et par conséquent le mot du *Lacédémonien*, bien entendu, est mal appliqué ici; puis que, bien loin de faire au but de nôtre Auteur, il y est directement contraire.

(5) AI. Οὐ χρὴ λέοντος σκύμνον ἐν πόλει τρέφειν,
Μάλιστα μὲν λέοντα μὴ 'ν πόλει τρέφειν.
Ἢν δ' ἐκτραφῇ τις, τοῖς τρόποις ὑπηρετεῖν.
Ran. vers. 1498, *& seqq. Ed. Kuster.*

(6) *Qui* (Rheni) *per* Gallias *edixére*, ut missis legatis in commune consultarent, LIBERTAS AN PAX PLACERET. TACIT. *Histor.* Lib. IV. Cap. LXVII. *num.* 5.

(7) Εἰ μενετέον ἐν τῇ πατρίδι τυραννουμένης. Τυραννουμένης δ' αὐτῆς, εἰ παντὶ τρόπῳ τυραννίδος κατάλυσιν πραγματευτέον, κἂν μέλλῃ διὰ τοῦτο περὶ τῶν ὅλων ἡ πόλις κινδυνεύσειν. Epist. ad Attic. *Lib.* IX. *Ep.* IV.

(8) L'Auteur exprime cela par un vers, qui est de LUCAIN:

Detrahimus dominos urbi servire paratæ.

Lib. I. ℣. 351. C'est *Jules César*, qui parle.

(9) C'est ainsi qu'*Antiochus, le Grand*, voulant faire la guerre aux *Romains*, prit pour prétexte, de remettre en liberté les *Grecs*, qui n'en avoient pas besoin: Εὐπρεπῆ δὲ τοῦ πολέμου προθέμενος αἰτίαν, τοὺς Ἕλληνας ἐλευθεροῦν, μηδὲν δεομένους. PLUTARCH. Vit. Cat. Major. *pag.* 342. F.

(10) Πρέσβεις δ' ἐν ὁδῷ καταλαβόντες, ἤροντο τί μεθ' ὅπλων τὴν πατρίδα ἐλαύνοι. ὁ δ' εἶπεν, Ἐλευθερώσων αὐτὴν ἀπὸ τῶν τυραννούντων. APPIAN. Bell. Civ. *Lib.* I. pag. 648. *Ed. Toll.* (384. *H. Steph.*)

(11) Nôtre Auteur cite ici l'Epître VII. de ce Philosophe, à *Perdiccas*; on trouvera le passage rapporté tout du long dans mes Remarques sur PUFENDORF, *Droit de la Nat. & des Gens*, Liv. VII. Chap. VIII. §. 5. *Note* 1. Mais il y a plus d'apparence que CICERON a eu

l'Ecriture Sainte témoigne clairement, que DIEU lui-même avoit suscité *Ehud* pour délivrer les *Israëlites*, c'est-à-dire, en lui donnant là-dessus (16) des ordres particuliers. Et on ne sait pas pour sûr, (17) si le Roi des *Moabites* n'avoit point aquis un véritable droit de Souveraineté sur les *Israëlites* en vertu de quelque convention: car DIEU se servoit de tels Ministres (b) qu'il lui plaisoit, pour exécuter ses jugemens sur d'autres Rois légitimes; comme, par exemple, il emploia *Jéhu* (c) contre *Joram*.

(b) Voiez Néhémie, IX, 27.
(c) II. Rois, IX.

§. XX. CE que nous soûtenons, qu'un Particulier ne doit pas s'ériger en Juge du titre de la Souveraineté, a lieu sur tout quand la chose en elle-même est douteuse; car alors il faut prendre le parti du Possesseur. C'est sur ce fondement que Nôtre Seigneur JESUS-CHRIST ordonnoit aux *Juifs* (a) de paier tribut à l'Empereur, parce que la Monnoie étoit frappée à son coin, c'est-à-dire, qu'il étoit en possession du Gouvernement; car le pouvoir de battre (b) monnoie est une marque certaine de possession.

(a) Matth. XXII, 20.
(b) Voiez P. Bizar. Hist. Genuens. Lib. XVIII.

CHAPITRE V.

Quelles PERSONNES peuvent légitimement FAIRE LA GUERRE.

I. *Il y a trois sortes de* Causes Efficientes *de la* Guerre. 1. *Les* AGENS PRINCIPAUX, *ou ceux qui sont intéressez.* II. 2. *Ceux* QUI EMBRASSENT LES INTERETS D'AUTRUI. III. 3. *Ceux qui ne servent que d'*INSTRUMENT, *tels que sont les Esclaves, & les Sujets.* IV. *Que, par le Droit Naturel, il n'y a personne qui soit exclu ou dispensé d'aller à la Guerre.*

§. I. 1. LES Actions (1) Morales, comme toutes les autres choses, ont ordinairement trois sortes de *Causes Efficientes:* les *Agens principaux*; ceux *qui aident*; & ceux qui servent d'*instrument*.

2. L'AGENT PRINCIPAL, dans une Guerre, c'est d'ordinaire la personne intéressée; c'est-à-dire, un simple Particulier, s'il s'agit d'une Guerre privée; ou une Puissance Civile, sur tout le Souverain, quand il s'agit d'une Guerre Publique. Nous verrons (2) ailleurs, si l'on peut de son chef prendre les armes pour les intérêts de quelque autre qui ne se remuë point. Il suffit de savoir ici, que naturellement chacun est celui qui doit

eu en vuë les paroles suivantes du Dialogue intitulé *Criton:* Ἀλλὰ καὶ ἐν πολέμῳ, καὶ ἐν δικαστηρίῳ, καὶ πανταχοῦ ποιητέον ἃ ἂν κελεύῃ ἡ πόλις τε καὶ ἡ πατρίς· ἢ πείθειν αὐτὴν ᾗ τὸ δίκαιον πέφυκε. βιάζεσθαι δὲ οὐχ ὅσιον οὔτε μητέρα, οὔτε πατέρα· πολὺ δὲ τούτων ἔτι ἧττον τὴν πατρίδα. „ Et à la Guerre, & dans les Tribunaux de Justice, & par tout ailleurs, il faut obeïr „ aux ordres de l'Etat & de la Patrie, ou bien tâcher „ de lui persuader ce qui est juste & raisonnable. „ Mais il n'est pas permis de faire violence ni à un „ Pére, ni à une Mére; & moins encore à la Patrie. Tom. I. pag. 51. C. Ed. Steph.

(12) *Id enim jubet idem ille* PLATO, *quem ego vehementer auctorem sequor; Tantum contendere in Republica, quantum probare tuis civibus possis: Vim neque Parenti, neque Patriæ adferri oportere.* Lib. I. Epist. ad Famil. IX. pag. 50. Ed. maj. Grav.

(13) *Nam vi quidem regere Patriam aut Parentes, quamquam & possis, & delicta corrigas, tamen importunum est: quum præsertim omnes rerum mutationes cædem, fugam, aliaque hostilia portendant.* Bell. Jugurth. Cap. III. *Ed. Wass.*

(14) Ὁ δὲ Στράτων ἦν, τῷ σοφῷ καὶ τοὺς ἔχοντας διὰ φθόνου καὶ ἀδίκως [illegible] καὶ ταράττεσθαι μὴ καθάπτειν. Vit. M. Brut. pag. 989. A. Tom. I. Ed. Wech.

(15) *Adjuvat hoc quoque ad profectum bonæ existimationis, si de potentis manibus eripias inopem, & de morte damnatum eruas, quantum sine perturbatione fieri potest; ne videamur jactantia magis facere causâ, quam misericordiâ, & graviora inferre vulnera, dum levioribus mederi desideramus.* De Offic. *Lib.* II. *Cap.* XXI. *init.*

(16) Il n'y a rien dans le Texte, JUGES, III, 15. qui autorise cette explication. Il y est dit seulement, que DIEU *suscita* Ehud *pour libérateur aux* Israëlites. Voiez le Commentaire de Mr. LE CLERC sur le vers 20. de ce Chapitre.

(17) On ne trouve rien non plus, qui donne lieu de le soupçonner.

CHAP. V. §. I. (1) C'est apparemment ce que nôtre Auteur entend ici par *Voluntatis actiones:* expression obscure, qu'il a fallu rendre intelligible.

(2) Voiez ci-dessous, *Liv.* II. *Chap.* XXV.

§. II.

doit travailler au maintien de ses propres droits. C'est pour cela que les Mains nous ont été données par la Nature.

§. II. 1. MAIS cela n'empêche point, qu'il ne soit & permis, & honnête, de rendre (a) service à autrui, autant qu'on le peut: & par conséquent de servir d'AIDE dans une Guerre d'autrui. Ceux qui ont écrit sur les Devoirs de la Vie, disent avec raison, (b) Que rien n'est plus utile à l'Homme, qu'un autre Homme. Or il y a divers liens particuliers, qui engagent les Hommes à se sécourir mutuellement. Les Parens se rassemblent pour s'entr'aider. Les Voisins & les Compatriotes crient (1) *à l'aide* les uns des autres. ARISTOTE (2) dit, que chacun doit prendre les armes ou pour lui-même, s'il a reçû quelque injure, ou pour ses Parens, ou pour ses Bienfaicteurs, ou pour ses Alliez. Et le Legislateur *Solon* (3) regardoit comme heureux, les Etats où chacun prend sur son compte le tort qu'on fait à autrui.

(a) Voiez *Digest.* Lib. XVIII. Tit. VII. *De Servis exportand.* Leg. VII. & les Jurisconsultes sur *Lib.* XLVII. Tit. II. *De Furtis*; Leg. VII. & *Cod.* Lib. X. Tit. I. *De jure Fisci*, Leg. V.

(b) *Cicer.* de Offic. Lib. II. Cap. III. *ex Panætio.*

(c) Voiez *Bartole*, sur *Digest.* Lib. I. Tit. I. *De Just. & Jur.* Leg. III. *num.* 7, 8. *Jason*, ibid. *num.* 29. *Cast.* sur *Leg.* I. §. 4. *ibid. Bartol.* sur *Dig.* Lib. XLIX. Tit. XV. De *Captiv.* &c. Leg. XXIV. *num.* 9. *Innocent.* ad C. *Sicut. De Jurejur.* & in C. *olim. De restit. spol.* num. 16. *Panorm.* n. 18. *Sylvest.* in verbo *Bellum*, Q. 8.

2. Mais quand on n'auroit d'autre rélation avec quelcun, que la conformité de nature, cela suffiroit pour engager à le (c) secourir, lors qu'on le peut. Car tout Homme doit s'intéresser à ce qui regarde les autres Hommes. Voici là-dessus ce que dit MENANDRE: (4) *Si chacun prenoit en main avec chaleur la défense de ceux qui sont insultez; si l'on s'intéressoit aux injures faites à autrui, comme à celles que l'on a reçuës soi-même, & que l'on s'entresécourût vigoureusement: les Méchans ne deviendroient pas de jour en jour plus entreprenans; mais voiant qu'on est de tous côtez en garde contr'eux, & éprouvant la juste punition de leurs attentats, il n'y en auroit que peu ou point qui s'y hazardassent.* Il y a une sentence du Philosophe DEMOCRITE, qui porte, (5) *Que c'est une chose également juste & avantageuse, de défendre de toutes ses forces ceux à qui l'on fait du tort, & de ne pas négliger leurs intérêts.* LACTANCE, ancien Docteur de l'Eglise Chrétienne, établit la même maxime; & voici comment il l'explique: (6) DIEU, *qui n'a pas donné la Sagesse aux autres Animaux, les a pourvûs, en les créant, d'armes naturelles, par le moien desquelles ils sont plus à couvert des insultes & des périls. Mais comme il a fait l'Homme nud & foible, aimant mieux l'orner de Sagesse, que de le douer de Force; il lui a donné entr'autres choses un sentiment d'affection, qui le porte à défendre ses semblables, à les aimer, à les chérir, à leur donner & à recevoir d'eux du secours contre toute sorte de dangers.*

§. III. ENFIN, il y a aussi des CAUSES INSTRUMENTALES de la Guerre: & par là je n'entens pas ici les Armes, ou autres choses semblables dont on se sert contre [l']Ennemi: mais certaines personnes qui agissent par leur propre volonté, en telle sor[te] ... [to]ûjours que cette volonté dépend d'une autre, qui la met en mouvement. Un Fils

§. II. (1) De là vient, comme le remarquoit ici nôtre Auteur, ce mot des anciens *Romains*; *Porro, Quirites*: & *Quiritari*, pour dire, *se plaindre, crier au secours.* Voiez la Note de GRONOVIUS sur cet endroit.

(2) Προφάσεις μὲν ἔν εἰσι τῦ πολέμυ ἐκφέρειν πρός τινας αὗται· δεῖ πρότερον ἀδικηθέντας, νῦν καιρῶν παραπεπλακότων, ἀμύνασθαι τὺς ἀδικήσαντας, ἢ νῦν ἀδικυμένυς ὑπὲρ ἑαυτῶν πολεμεῖν, ἢ ὑπὲρ συγγενῶν, ἢ ὑπὲρ εὐεργετῶν, ἢ συμμάχοις ἀδικυμένοις βοηθεῖν. Rhetoric. ad Alexandr. *Cap.* III. pag. 615. E. *Edit. Paris.* Tom. II.

(3) Ἐρωτηθεὶς γὰρ (ὡς ἔοικεν) ἥτις οἰκεῖται κάλλιστα τῶν πόλεων, Ἐκείνη (εἶπεν) ἐν ᾗ τῶν ἀδικυμένων ὐχ ἧττον οἱ μὴ ἀδικύμενοι προβάλλονται καὶ κολάζυσι τὺς ἀδικῦντας. PLUTARCH. in Solon. (pag. 88. D. Tom. I. *Ed. Wech.*) On peut rapporter ici ce mot de PLAUTE:

Prætorquete injuriæ prius collum, quàm ad vos perveniat.

„ Arrêtez l'injustice, avant qu'elle vienne jusqu'à
„ vous. *Rudent.* (Act. III. Scen. II. vers 12.) GROTIUS.

(4) Εἴπερ τὸν ἀδικῦντ' ἀσμένως ἠμύνετο
Ἕκαστος ἡμῶν, καὶ συνηγωνίζετο,
Ἴσως νομίζων ἴδιον εἶναι τὸ γεγονὸς
Ἀδίκημα, καὶ συνέπραττον ἀλλήλοις πικρῶς·
Οὐκ ἂν ἐπὶ πλεῖον τὸ κακὸν ἡμῖν ηὔξετο
Τὸ τῶν πονηρῶν, ἀλλὰ παρατηρέμενοι,
Καὶ τυγχάνοντες ἧς ἔδει τιμωρίας,
Ἦτοι σπάνιοι σφόδρ' ἂν ἦσαν, ἢ πεπαυμένοι.

Apud STOB. Tit. XLIII. Voiez la Note de Mr. LE CLERC, sur ce fragment, pag. 3, 4.

(5) Ἀδικυμένοισι τιμωρεῖν κατὰ δύναμιν χρὴ, καὶ μὴ παριέναι· τὸ μὲν γὰρ τοιῦτο δίκαιον καὶ ἀγαθόν. Apud STOB. Serm. XLVI. pag. 310.

(6) DEUS *enim, qui cæteris animalibus Sapientiam non dedit, naturalibus ea munimentis ab incursu & periculo tutiora generavit: Hominem vero, quia nudum fragilemque formavit, ut eum Sapientiâ potius instrueret, dedit ei præter cætera hunc pietatis adfectum, ut homo hominem tueatur, diligat, foveat, contraque omnia pericula & accipiat & præstet auxilium.* Lib. VI. Cap. X. *num.* 3. Ed. *Cellar.*

§. III.

Fils est un Instrument de cette nature, en la main de son Pére, (a) comme faisant naturellement partie de lui-même; & un Esclave, (b) en la main de son Maître, dont il fait partie en quelque façon par l'établissement de la Loi. Car comme une Partie n'est pas seulement Partie en vertu de la même rélation qui fait que le Tout est Tout, mais encore est ce qu'elle est à cause du Tout d'où elle dépend: (1) de même la chose possédée fait en quelque maniére partie du Possesseur. DEMOCRITE disoit, (2) *Qu'on doit se servir de ses Domestiques, comme des Membres de son Corps; des uns pour une chose, des autres pour l'autre.* Or ce qu'est un Esclave dans une Famille, les Sujets le sont dans un Etat; & par conséquent on peut les regarder comme des Instrumens du Souverain.

§. IV. 1. AUSSI est-il hors de doute, que naturellement (a) tous les Sujets peuvent être emploiez à la Guerre; à moins qu'il n'y aît quelque Loi particuliére qui en exclue quelques-uns, comme l'étoient autrefois à *Rome* (1) les Esclaves; ou qui les en dispense, comme le sont aujourdhui les (2) *Ecclésiastiques* presque par tout. Et même une telle Loi, comme toutes les autres de cette nature, doit toûjours être entenduë avec l'exception des cas d'une (3) extrême nécessité.

2. En voilà assez sur ce qui regarde en général ceux qui aident quelcun dans la Guerre, & les Sujets, ou autres personnes dépendantes, qui lui servent d'instrument. Nous (4) traiterons en son lieu des questions particuliéres qui s'y rapportent.

(a) Voiez *Cod.* Lib. XI. Tit. XLVII. *De agricolis, & censitis* &c. Leg. XXII. §. 1. & Lib. IX. Tit. IX. *Ad Leg. Jul. de Adulter.* Leg. IV. *Senec.* Lib. I. Controv. IV.

(b) *Aristot.* Ethic. Nicom. V. 10. *pag.* 67. C. *Ed. Paris.*

(a) Voiez *Thomas, Secund. Secund.* 40. Art. 2. *Sylvest.* de Bell. p. 3.

§. III. (1) Ces idées de vieille Philosophie sont peu satisfaisantes. Il suffit de dire, que, quand un Fils ou un Esclave sont regardez comme de simples Instrumens, ils agissent ou sont censez agir par ordre du Pére ou du Maître, ensorte que, sans cela, ils ne se seroient pas déterminez à agir. Voiez que j'ai dit sur l'Abrégé de PUFENDORF, *Des Devoirs de l'Homme & du Citoien*, Liv. I. Chap. I. §. 27. *Note* 1, 2. de la troisiéme & quatriéme Edition.

(2) Ὀικέτῃσιν, ὡς μέρεσι τοῦ σώματος, χρῶ, ἄλλῳ πρὸς ἄλλο. Apud STOB. Serm. LXII. pag. 385.

§. IV. (1) Voiez PUFENDORF, Liv. VIII. Chap. II. du *Droit de la Nat. & des Gens.* L'Auteur renvoie ici, dans une *Note* à ce que dit SERVIUS, sur le IX. Livre de l'*Enéïde*, p. 547. Il y a là-dessus une Loi formelle: *Ab omni militia Servi prohibentur: alioquin capite puniuntur.* DIGEST. Lib. XLIX. Tit. XVI. *De Re Militari*, Leg. XI. Voiez JUSTE LIPSE, *De Militia Romana*, Lib. I. Dialog. II. pag. 22, *& seqq. Ed. Wesal.* & *Analect.* pag. 414. comme aussi les Notes du P. ABRAM, Jésuite, sur CICERON, *Orat. in Pison.* Cap. X. & *Pro Rege Dejotaro*, Cap. VIII.

(2) Les *Lévites* étoient aussi exemts des fonctions de la Guerre; comme l'a remarqué JOSEPH: [Ἱεροὶ γὰρ ἦσαν οἱ Λευῖται, καὶ πάντων ἀτελεῖς. Antiq. Jud. *Lib.* III. *Cap.* XI. pag. 96. F.] A l'égard des Ecclésiastiques, voiez NICETAS CHONIATE, *Lib.* VI. CAROLI CALVI *Capitul.* in Sparnaco XXXVII. & le DROIT CANONIQUE, Distinct. L. Can. V. & *Caus.* XXIII. *Quæst.* VIII. C'est ce que portent les Canons: mais on peut voir dans l'Histoire d'ANNE COMNENE, (Lib. X. Cap. 8.) combien les *Grecs* les ont observez plus exactement, que les *Latins.* [Conferez ce que l'on dit dans le *Votum pro Pace Ecclesiastica*, ad Artic. XVI.] GROTIUS.

Voiez ci-dessus, *Chap.* II. §. 10. *num.* 8. & le *Jus Ecclesiasticum Protestantium* de Mr. BÖHMER, *Lib.* III. *Tit.* I. §. 62, *& seqq.* & *Tit.* XX. §. 71, *& seqq.* comme aussi les Notes sur LANCELOT, *Instit. Jur. Canonic.* de Mr. THOMASIUS, pag. 154. & 330, *& seqq.* Au reste, je ne trouve rien dans NICETAS CHONIATE, que nôtre Auteur cite, touchant l'exemtion de porter les armes, accordée aux Ecclésiastiques. Cet Historien dit seulement, dans la Vie de *Manuel Comnène*, Lib. VII. Cap. III. que cet Empereur défendit aux Moines de posséder des Terres, afin qu'ils ne fussent point distraits par le soin des affaires temporelles, & qu'ils se donnassent tout entiers aux exercices de Dévotion.

(3) C'est ainsi qu'après la Bataille de *Cannes*, les *Romains* achetérent & enrollérent huit mille Esclaves: *Et aliam formam novi delectus inopia liberorum capitum ac necessitas dedit: octo millia juvenum validorum ex servitiis, prius sciscitantes singulos, vellentne militare, empta publicè armaverunt. Hic miles magis placuit, quum pretio minore redimendi captivos copia fieret.* TITE LIVE. Lib. XXII. Cap. LVII. *num.* 11, 12.

(4) Voiez ce que nôtre Auteur dira *Liv.* II. *Chap.* XXV. XXVI.

FIN DU PREMIER LIVRE.

LE DROIT DE LA GUERRE, ET DE LA PAIX.

LIVRE SECOND:

Où en traitant des CAUSES DE LA GUERRE, on explique la nature & l'étenduë des Droits, tant publics, que particuliers, dont la violation autorise à prendre les armes.

CHAPITRE I.

Des CAUSES de la GUERRE; & prémiérement, de la juste DEFENSE DE SOI-MEME & de ce qui nous appartient.

I. *Ce que l'on entend par* CAUSES JUSTIFICATIVES *de la* GUERRE. II. *Elles se réduisent à trois en général, savoir la défense de ce qui nous appartient; la poursuite de ce qui nous est dû; & la* punition *des Crimes.* III. *Qu'il est permis de prendre les armes, pour* DEFENDRE SA VIE: IV. *Mais seulement contre un injuste Aggresseur;* V. *Et cela dans un péril présent & inévitable.* VI. *On a le même droit pour la défense de ses* MEMBRES: VII. *Et plus encore pour repousser les attentats sur la Pudeur.* VIII. *On peut néanmoins ne pas se défendre, si l'on veut.* IX. *La Défense est quelquefois illicite par les Loix de la Charité, lors qu'on est attaqué par une personne fort utile au Public.* X. *Qu'il n'est pas permis aux* Chrétiens *de tuer quelcun, pour éviter un* Soufflet, *ou quelque autre semblable injure, ou pour n'avoir pas la honte de fuïr.* XI. *Que, selon le Droit de Nature, on peut légitimement tuer une personne qui veut nous enlever quelque chose de nos* BIENS. XII. *Comment cela étoit permis par la Loi de* MOÏSE. XIII. *Si l'*EVANGILE *le permet quelquefois?* XIV. *Si les Loix Civiles, qui permettent de tuer un Voleur, donnent un véritable droit de le faire, ou seulement l'impunité?* XV. *En quel cas les* Combats Singuliers *peuvent être permis.* XVI. *De la défense, dans une Guerre Publique.* XVII. *Que, lors qu'on entreprend la Guerre par le seul motif de diminuer la puissance d'un Voisin, ce n'est pas une juste défense de soi-même:* XVIII. *Non plus que quand on repousse les actes d'hostilité d'un Ennemi, à qui l'on a donné sujet de prendre les armes.*

§. I. 1. PASSONS maintenant aux causes de la Guerre, je veux dire, aux RAISONS JUSTIFICATIVES: (1) car il y a des *motifs d'utilité*, qui sont quelquefois différens des *justes sujets* qui déterminent à prendre les armes. POLYBE (2) distingue exactement ces deux sortes de causes, & les unes des autres, & toutes deux ensemble d'avec les (3) *commencemens de la Guerre*, ou ce qui a donné occasion aux prémiers actes d'hostilité, tel qu'étoit ce Cerf (4) blessé par *Ascanius*, d'où nâquit la Guerre entre *Turnus* & *Enée*. Mais, quoi qu'il y aît une différence manifeste entre ces trois choses, les termes dont on se sert pour les exprimer se confondent souvent dans le langage ordinaire, & dans les Auteurs. C'est ainsi que TITE LIVE, dans la Harangue qu'il prête aux *Rhodiens*, appelle *commencemens*, ce que nous appellons *raisons justificatives*: (5) VOUS *autres*, (6) Romains, (disent les Députez) *vous faites profession de croire que le succès de vos Guerres est heureux, parce qu'elles sont justes; & vous ne vous glorifiez pas tant de la victoire, qui les termine, que des* (7) COMMENCEMENS, *ou de ce que vous ne les entreprenez pas sans sujet.*

2.

§. I. (1) Voiez ci-dessous, Chap. XXII. de ce Livre; & PUFENDORF, *Droit de la Nat. & des Gens*, Liv. VIII. Chap. VI. §. 3, 4.

(2) C'est au troisiéme Livre de son *Histoire*, où il appelle *Causes*, (Ἀιτίας) les motifs d'utilité qui portent à entreprendre la Guerre; & *Prétextes*, (Προφάσεις) les raisons justificatives, qu'on allegue. Ces deux choses-là, dit-il, précédent le commencement de la Guerre (Ἀρχή), c'est-à-dire, l'exécution actuelle du dessein qu'on a formé, ou les prémiers actes d'hostilité. Ἀλλ' ἐστὶν ἀνθρώπων τὰ τοιαῦτα μὴ διειληφότων, ἀρχὴ τί διαφέρει, καὶ πόσον διέστηκεν αἰτίας καὶ προφάσεως· καὶ διότι τὰ μέν ἐστι πρῶτα τῶν ἁπάντων, ἡ δ' ἀρχὴ τελευταῖον τῶν εἰρημένων· ἐγὼ δὲ παντὸς μὲν ἀρχὰς εἶναί φημι, τὰς πρώτας ἐπιβολὰς καὶ πράξεις τῶν ἤδη κεκριμένων· αἰτίας δὲ τὰς προκαθηγουμένας τῶν κρίσεων καὶ διαλήψεων &c. Cap. VI. Il applique cela ensuite à la Guerre des *Grecs* contre les *Perses*, & à celle d'*Antiochus* contre les *Romains*. Dans la prémiére, il y eut deux *causes*: l'une fut, l'expérience qu'on avoit fait de la foiblesse des Barbares, par la fameuse Retraite des Dix Mille, qui traversérent toute l'*Asie*, sans que personne osât les attaquer: l'autre fut l'expédition du Roi *Agésilas* en *Asie*, qui donna lieu à *Philippe de Macédoine* de se confirmer dans cette opinion à l'égard des *Perses*, & de faire des préparatifs pour les attaquer. Mais il prit pour *prétexte*, le désir de venger les injures que les *Grecs* avoient reçuës de la part des *Perses*: & le *commencement* de la Guerre ne se fit que, quand *Alexandre*, son Fils, passa en *Asie*. Pour ce qui est de la Guerre entre *Antiochus* & les *Romains*, la *cause* en fut le ressentiment des *Etoliens*, qui, pour se venger des marques de mépris que les *Romains* leur avoient données, engagérent *Antiochus* à entrer dans leurs intérêts: le *prétexte* fut ensuite, de délivrer les *Grecs* du joug des *Romains*, contre lesquels ils animérent toutes les Villes de la *Gréce*: & la Guerre *commença*, lors qu'*Antiochus* aborda à *Démétriade* avec une Flotte. On pourra lire tout cela dans l'Original, *Cap.* VI. & VII.

(3) C'est ce que VIRGILE appelle *Exordia pugnæ*: (*Aen.* VII, 40.) GROTIUS.

(4) *Ut Cervum ardentes agerent: quæ prima laborum*
Caussa fuit, belloque animos accendit agresteis.
Cervus erat forma præstanti & cornibus ingens &c.
Aen. VII, 481, & *seqq.*

(5) *Certè quidem vos estis Romani, qui ideo felicia bella vestra esse, quia justa sunt, præ vobis fertis, nec tam exitu eorum, quod vincatis, quàm* PRINCIPIIS, *quòd non sine caussa suscipiatis, gloriamini.* Lib. XLV. Cap. XXII. *num.* 5.

(6) Certainement il n'y a guéres de Nation, qui ait été pendant si long tems aussi scrupuleuse à examiner le sujet des Guerres qu'elle entreprenoit. POLYBE, dans un passage cité par SUIDAS, dit, que les *Romains* étoient fort soigneux de ne pas attaquer les prémiers leurs Voisins, & de faire en sorte qu'on vît bien qu'ils ne prenoient les armes que par la nécessité de repousser les injures: Οἱ γὰρ Ῥωμαῖοι πρόνοιαν ἐποιοῦντο μεγίστην πρὸς τὸ μὴ χεῖρας ἐπιβάλλειν τοῖς πέλας, μηδ' ἄρχοντες φαίνεσθαι χειρῶν ἀδίκων· ἀλλ' ἀεὶ δοκεῖν ἀμυνόμενοι ἐμβάλλειν εἰς τοὺς πολέμους. In voce Ἐμβάλλειν. C'est ce que DION CASSIUS montre dans la belle comparaison qu'il fait des *Romains* avec *Philippe de Macédoine* & *Antiochus*: Excerpt. Peiresc. (*pag.* 314, & *seqq.*) Le même Historien dit ailleurs, que les Anciens, ou les *Romains*, n'avoient rien tant à cœur, que de n'entreprendre aucune Guerre, qui ne fût juste; & de ne point decider là-dessus sans une mûre délibération: Διὰ τὸ τῆς παλαιᾶς ἀρετῆς οὕτω σπουδάζειν, ὥστε δικαίως ἐπιφέρεσθαι τοὺς πολέμους. Excerpt. Legation. Σπουδῇ οἱ Ῥωμαῖοι φιλοτιμοῦνται δικαίως ἐπιφέρεσθαι τοὺς πολέμους, καὶ μηδὲν εἰκῇ καὶ προπετῶς περὶ τῶν τοιούτων ψηφίζεσθαι. Excerpt. Peiresc. (*pag.* 341.) GROTIUS.

Le premier passage se trouve bien dans SUIDAS, au mot marqué: mais ce Léxicographe ne dit point qu'il soit de POLYBE. La comparaison des *Romains* avec *Philippe de Macédoine* & *Antiochus*, est de DIODORE *de Sicile*, aussi bien que le dernier passage cité dans cette Note; quoi que l'Auteur les attribuë l'un & l'autre à DION CASSIUS. On peut voir les endroits des *Excerpta Peiresciana*, que j'ai indiquez exactement. Je ne trouve point dans les *Excerpta Legationum*, le passage, que nôtre Auteur cite entre deux, comme étant du même DION CASSIUS; & cela me fait croire, qu'il a encore ici pris un Auteur pour un autre. A l'égard de la chose même, ou du fait glorieux aux *Romains*, que l'on donne pour certain dans tous ces passages, voiez ce que j'ai dit sur le *Discours Préliminaire*, §. 27. *Note* 7.

(7) C'est dans le même sens qu'ELIEN dit Πολέμων αἱ ἀρχαί, Var. Hist. *Lib.* XII. *Cap.* LIII. DIODORE *de Sicile*, traitant de la Guerre des *Lacédémoniens* contre les *Eléens*, les appelle προφάσεις & ἀρχάς, Lib. XIV.

2. C'est de ces raisons justificatives que nous avons proprement à traiter dans cet Ouvrage. Et voici des passages d'anciens Auteurs où il en est parlé. DENYS d'*Halicarnasse* introduit *Coriolan* (8) disant aux *Volsques*; *Je vous conseille avant toutes choses de chercher quelque raison juste & honnête, qui vous autorise à déclarer la guerre aux* Romains. DEMOSTHENE (9) pose pour maxime, *Que, comme une Maison, un Vaisseau, & autres choses semblables, doivent être bâties sur des fondemens solides: de même toute action, que l'on entreprend, doit avoir pour principe & pour base la Justice & la Vérité.* DION CASSIUS fait dire à *Jules César*: (10) *Nous devons bien penser à la justice de nôtre cause: car avec cela on a lieu de concevoir de bonnes espérances du succès de ses armes; & sans cela, on ne peut compter sur rien, quand même on auroit eu d'abord quelques avantages.* CICERON (11) traite d'*injustes*, les *Guerres que l'on entreprend sans cause*; & ailleurs (12) il blâme *Crassus*, (13) de ce qu'il voulut passer l'*Euphrate*, sans avoir aucune raison de faire la Guerre.

3. Cette maxime touchant la justice de la Cause, doit être observée dans les Guerres Publiques, aussi bien que dans les Guerres Particuliéres. Et SENEQUE se plaint avec raison de la différence qu'on y met à cet égard: (14) *Nous punissons*, dit-il, *les Homicides, & les Meurtres de Particulier à Particulier: mais en usons-nous de même à l'égard des Guerres, & du carnage des Peuples? C'est un crime glorieux. L'Avarice & la Cruauté y régnent sans bornes . . . On est autorisé à faire des cruautez horribles, par des Arrêts du Sénat & des Ordonnances du Peuple: & ce qui est défendu* (15) *aux Particuliers, se fait au nom & par ordre de l'Etat.* J'avouë que les Guerres entreprises

XIV. (*Cap.* XVIII. pag. 404. *Ed. H. Steph.*) & PROCOPE, δικαιώματα. Gotthic. *Lib.* III. Cap. 33. Voiez ce que l'on dira ci-dessous, *Chap.* XXII. de ce même Livre, au commencement. L'Empereur JULIEN se sert du mot d'ὑπόθεσις, Orat. II. *de laudib. Constantii* (pag. 95. B. *Ed. Spanheim.*) GROTIUS.

(8) Πρῶτον μὲν ἂν ὑμῖν παραινῶ σκοπεῖν, ὅπως εὐσεβῆ καὶ δικαίαν προλήψεσθε τοῦ πολέμου πρόφασιν. Antiquit. Roman. *Lib.* VIII. *Cap.* VIII. pag. 468. *Edit. Oxon.* (486. *Sylburg.*)

(9) Ὥσπερ γὰρ οἰκίας, οἶμαι, καὶ πλοίου, καὶ τῶν ἄλλων τῶν τοιούτων τὰ κάτωθεν ἰσχυρότατα εἶναι δεῖ· οὕτω καὶ τῶν πράξεων τὰς ἀρχὰς καὶ τὰς ὑποθέσεις ἀληθεῖς καὶ δικαίας εἶναι προσήκει. Olynthiac. II. pag. 7. B. *Edit. Basil.* 1572. Il s'agit-là des expeditions militaires de *Philippe de Macédoine.*

(10) Δεῖ δὲ δὴ καὶ τὸ δικαίωμα ἡμᾶς ὀρθότατον προσθέσθαι· μετὰ μὲν γὰρ τούτου καὶ ἡ παρὰ τῶν ὅπλων ἰσχὺς εὔελπίς ἐστιν· ἄνευ δ᾽ ἐκείνου βέβαιον οὐδὲν, κἂν παραυτίκα τις κατορθώσῃ τι, ἔχει. Lib. XLI. pag. 189. A. *Ed. H. Steph.*

(11) *Illa Bella injusta sunt, quæ sunt sine caussâ suscepta.* C'est ainsi que nôtre Auteur rapporte le passage; & il cite en marge le *III. Livre* du Traité *de la République* de CICERON. Mais je ne trouve point ces paroles parmi les Fragmens qu'on a recueillis des Ouvrages perdus de cet illustre Romain: j'y vois seulement une pensée approchante, que ST. AUGUSTIN nous a conservée, tirée du même *Livre III. de la République*: NULLUM *bellum suscipitur à Civitate optima, nisi aut pro fide, aut pro salute.* " Un Etat bien réglé n'entreprend " point de Guerre, que pour sa propre conservation, " ou pour tenir les engagemens où il est entré. *De Civit. Dei*, Lib. XXII. Cap. VI.

(12) *Rectiùs dives, quàm* Crassus, *qui, nisi eguisset, numquam* Euphratem, *nullâ belli caussâ, transire voluisset.* De finib. Bon. & Mal. *Lib.* III. *Cap.* XXII.

(13) APPIEN d'*Aléxandrie* dit, que les Tribuns du Peuple défendirent au même *Crassus*, de faire la Guerre aux *Parthes*, de qui l'on n'avoit reçû aucune offense: Καὶ οἱ δήμαρχοι προηγόρευον μὴ πολεμεῖν τοῖς Παρθυαίοις μηδὲν ἀδικοῦσι. (*De Bell. Civil.* Lib. II. pag. 723. *Ed. Toll.* 438. *Steph.*) Et PLUTARQUE raconte, que plusieurs étoient indignez, de voir qu'un homme allât attaquer des gens, de qui non seulement on n'avoit reçû aucune injure, mais encore qui étoient Alliez des *Romains*: Καὶ συνίσταντο πολλοὶ, χαλεπαίνοντες εἴ τις ἀνθρώποις οὐδὲν ἀδικοῦσιν, ἀλλ᾽ ἐνσπόνδοις, πολεμήσων ἄπεισι. (Vit. Marc. Crass. *pag.* 552. E. Tom. I. *Ed. Wech.*) GROTIUS.

Les derniéres paroles se trouvent aussi mot pour mot dans APPIEN, *De Bell. Parth.* pag. 220. *Ed. Toll.* (135. *H. Steph.*) Pour les autres du même Auteur, elles doivent être expliquées selon ce qu'il dit lui-même dans l'Histoire de la Guerre des *Parthes*: car il n'y eut que le seul *Atéius*, qui osât s'opposer aux desseins injustes & téméraires de *Crassus*; & il ne fut point appuié des autres Tribuns, comme PLUTARQUE aussi le remarque.

(14) *Homicidia compescimus, & singulas cædes: quid bella, & occisarum gentium gloriosum scelus? Non avaritia, non crudelitas modum novit . . . . Ex Senatusconsultis Plebisque scitis sæva exercentur; & publicè jubentur, vetita privatim.* Epist. XCV. pag. 464. *Edit. major. Elzevir.* 1672.

(15) Le même Philosophe dit ailleurs qu'il y a des entreprises glorieuses, qui étoient regardées comme des crimes, pendant qu'on pouvoit encore en empêcher l'exécution: *Et pro gloria habita, quæ, quamdiu opprimi possunt, scelera sunt.* De Ira, *Lib.* II. *Cap.* VIII. Voiez les passages de SENEQUE, & de ST. CYPRIEN, que l'on citera ci-dessous, *Liv.* III. *Chap.* IV. §. 5. vers la fin. GROTIUS.

(16) *At tu, qui te gloriaris ad latrones persequendos venire, omnium gentium, quas adisti, latro es.* Lib. VII. Cap. VIII. *num.* 19.

(17)

ses par autorité publique ont, comme les Sentences des Juges, certains effets de droit, dont nous parlerons (a) ailleurs. Mais elles ne laissent pas pour cela d'être au fond illégitimes & criminelles, s'il paroît que l'Ennemi n'avoit pas donné lieu de prendre les armes. De sorte que, supposé qu'*Aléxandre le Grand* aît ainsi attaqué sans sujet les *Perses* & le autres Peuples, qu'il conquit, c'est avec raison que les *Scythes* (16), dans le Discours que Quinte-Curce leur fait tenir, appellent ce Conquérant, un *Voleur*; que Senèque (17) & Lucain (18) le traitent de *Brigand*; que les Sages des *Indes* lui reprochérent son (19) *ambition criminelle*; & qu'un Pirate lui soûtint, (20) *qu'il étoit aussi Pirate que lui.* Digne fils de *Philippe de Macédoine*, qui aiant été pris pour arbitre par deux Fréres, Rois de *Thrace*, les dépouilla l'un & l'autre de leurs Etats, (21) *agissant* (dit Justin) *non en Juge, mais en infame Voleur.* St. Augustin a raison de poser pour maxime, (22) *Que, sans la Justice, les Roiaumes & les Empires ne sont que de grands brigandages.* Et Lactance n'est pas moins bien fondé, quand il remarque, (23) *Que les Conquérans, éblouïs d'une vaine gloire, donnent à leurs crimes le nom de Vertu.*

(a) Liv. III. Chap. IV, & suiv.

4. Il est certain qu'il ne peut y avoir d'autre cause légitime de la Guerre, (b) que quelque injure ou quelque injustice de la part de celui contre qui on prend les armes. St. Augustin, que je viens de citer, dit encore, (24) que *l'iniquité d'une Partie*, c'est-à-dire, le tort qu'on en a reçû, *fournit un juste sujet de Guerre.* Parmi les anciens *Romains*, le Héraut d'armes, qui déclaroit la Guerre, prenoit les Dieux à témoin, (25) *que le Peuple à qui il la déclaroit étoit injuste, & ne vouloit pas s'aquitter de ce qu'il devoit.* C'est (26) en suivant ce principe de l'Equité naturelle, qu'un Roi des In-

(b) Sylvest. voc. Bellum, p. 1. n. 2.

(17) *At hic* [Alexander] *à pueritiâ latro, gentiumque vastator* &c. De Benefic. *Lib.* I. *Cap.* XIII. Justin, *Martyr*, compare; assez bien le pouvoir des Princes, qui preferent à la Vérité les opinions dont ils sont entêtez, à celui qu'ont les Brigands dans un Desert: Τοσοῦτον δὲ δύνανται ἄρχοντες πρὸ τῆς ἀληθείας δόξαν τιμῶντες, ὅσον καὶ λῃσταὶ ἐν ἐρημίᾳ. Apolog. II. Et Philon, Juif, appelle les Ambitieux qui cherchent à dominer, de grands Voleurs, qui, sous le beau nom de Gouvernement & de Principauté, cachent le plus franc brigandage: Οὗτοι δ' εἰσὶν οἱ ὀλιγαρχικοὶ τὰς φύσεις, οἱ τυραννίδος καὶ δυναστείας ἐπιθυμοῦντες, οἱ τὰς μεγάλας ἐγχειρούμενοι κλοπάς, σεμνοῖς ὀνόμασι τῆς ἀρχῆς καὶ ἡγεμονίας ἐπικρύπτοντες [illegible] τ' ἀληθέστερον. (De Decalog. *pag.* 763. C. D. *Ed. Paris.*) Grotius.

(18) *Illic Pellæi proles vesana Philippi*
Felix prædo jacet ——— ——— ———

Pharsal. *Lib.* X. *vers.* 20, 21.

(19) Σὺ δὲ ἄνθρωπος ὤν, παραπλήσιος τοῖς ἄλλοις, πλήν γε δὴ ὅτι πολυπράγμων καὶ ἀτάσθαλος, ἀπὸ τῆς οἰκείας τοσαύτην γῆν ἐπεξέρχῃ, πράγματα ἔχων τε καὶ παρέχων ἄλλοις. „ Vous n'êtes qu'un Homme, comme les autres: toute la différence qu'il y a, c'est que vous mêlant de trop, & animé d'une ambition criminelle, vous avez quitté vôtre Roiaume & traversé une infinité d'autres païs, pour vous tourmenter & tourmenter les autres en même tems. Arrian. *de Expedit. Alexandr.* Lib. VII. Cap. 1. *Ed. Gronov.*

(20) Nonius Marcellus nous a conservé ce mot, dans un passage qu'il cite, du III. Livre *de Republica*, de Ciceron: *Nam quum quæreretur ex eo* [Pirata] *quo scelere compulsus mare haberet infestum uno myoparone: Eodem, inquit*, quo tu orbem terræ. *In voce* Myoparo, *pag.* 534. *Ed. Mercer.* Voiez aussi St. Augustin, *de Civit. Dei*, Lib. IV. Cap. IV.

(21) *Sed Philippus, more ingenii sui, ad judicium, velut ad bellum, inopinantibus fratribus* [duobus Regibus Thraciæ], *instructo exercitu, supervenit, & regno utrumque, non Judicis more, sed fraude Latronis ac scelere, spoliavit.* Lib. VIII. Cap. III. *num.* 13.

(22) *Remotâ Justitiâ, quid sunt Regna, nisi magna latrocinia?* De Civit. Dei, *Lib.* IV. *Cap.* IV.

(23) *Quid nostri? num sapientiores? qui Athleticam quidem virtutem contemnunt, quia nihil obest; sed Regiam, quia latè solet nocere, sic admirantur, ut fortes & bellicosos duces in Deorum cœtum locari arbitrentur; nec esse ullam aliam ad immortalitatem viam, quàm exercitus ducere, aliena vastare, urbes delere, oppida exscindere, liberos populos aut trucidare, aut subjicere servituti. videlicet quò plures homines adflixerint, spoliaverint, eò se nobiliores & clariores putant: & inanis gloriæ specie capti, sceleribus suis nomen virtutis imponunt.* Instit. Divin. *Lib.* I. *Cap.* XVIII. num. 8, 9. *Ed. Cellar.*

(24) *Iniquitas partis adversæ justa bella ingerit.* De Civit. Dei, *Lib.* IV. Le mot *iniquitas* se prend ici pour *injuria*; comme si on disoit en Grec ἀδικία, pour ἀδίκημα. Grotius.

Les paroles, que nôtre Auteur cite, ne se trouvent point ainsi conçuës, dans le Livre de St. Augustin qu'il cite. Mais elles sont au *Livre* XIX. où ce Pére dit: *iniquitas enim partis adversæ justa bella ingerit gerenda Sapienti.* Cap. VII. La fausse citation vient de ce que nôtre Auteur copiant ici Alberic Gentil, *De Jure Bell.* Lib. I. Cap. VI. pag. 49. a confondu ce passage avec un autre, que ce Jurisconsulte cite, du *Livre* IV. (*Cap.* XV.) où le mot d'*iniquitas* se trouve dans le même sens, & sur le même sujet.

(25) Ego vos testor Populum illum (*quicumque est, nominat*) injustum esse, neque jus persolvere. Tit. Liv. *Lib.* I. *Cap.* XXXII. *num.* 10.

(26) Tout le reste de ce paragraphe est placé, dans l'Original, à la fin du paragraphe suivant. Comme c'est une addition des Editions postérieures à la prémiére, je ne doute nullement que l'Auteur en l'inférant n'ait pris, sans y penser, un paragraphe pour l'au-

Indes, (27) au rapport de DIODORE *de Sicile*, blâmoit *Sémiramis*, de ce qu'elle commençoit la Guerre, sans avoir reçû aucun tort. Les *Romains* envoiérent des Deputez aux *Gaulois Sénonois*, venus depuis peu en *Italie*, pour leur dire (28) qu'ils se gardassent bien d'attaquer un Peuple, qui ne les avoit en rien offensez. ARISTOTE (29) suppose qu'on n'en vient ordinairement à la Guerre, que contre ceux qui nous ont les prémiers fait quelque injure. Les *Scythes Abiens*, qui, selon (30) QUINTE-CURCE, *étoient estimez les plus justes de tous les Barbares, ne prenoient jamais les armes, que pour se défendre* (31).

§. II. 1. AUSSI, autant qu'il y a de sources de Procès, autant y a-t-il de causes de Guerre: car où les voies de la Justice manquent, là commence la voie des Armes.

2. Or on a action en Justice ou *pour cause d'injure encore à venir*, ou *pour cause d'injure déja faite*.

3. Pour cause d'*injure encore à venir*, lors, par exemple, qu'on demande des sûretez contre une personne, de la part de qui on est menacé de quelque offense, ou pour le dédommagement (1) d'une perte qui est à craindre; & autres choses portées par les (2) Arrêts du Juge Supérieur, qui défendoient quelque violence.

4. A l'égard de l'*injure déja faite*, on est reçû à en poursuivre ou la *réparation*, ou la *punition*: deux sources d'obligation, que (3) PLATON, & avant lui (4) HOMERE, ont judicieusement distinguées.

5. La

l'autre; ce qui peut arriver très-facilement. Si on examine bien la suite du discours, on sentira, je m'assûre, qu'il y a quelque chose de peu lié, de la maniére que l'addition est placée dans le Latin; au lieu que, dans ma Traduction, elle s'ajuste merveilleusement bien avec l'endroit où je l'ai mise.

(27) Ce Roi fit dire cela à *Sémiramis*, par des Ambassadeurs qu'il lui envoia, lors qu'il eût appris qu'elle étoit en marche contre lui: *Πρὸς τὴν Σεμίραμιν καθ᾽ ὁδὸν ἤδη ἀπέστειλεν ἀγγέλους, ἐγκαλῶν ὅτι προκατάρχεται τοῦ πολέμου, μηδὲν ἀδικηθεῖσα*. Lib. II. pag. 74. *Ed. H. Steph.* Cap. XVIII.

(28) *Legati tres*, M. Fabii Ambusti *filii*, *missi*, *qui Senatus Populique Romani nomine agerent cum* Gallis, *Ne à quibus nullam injuriam accepissent*, *socios Populi Romani atque amicos, oppugnarent*. TIT. LIV. Lib. V. Cap. XXXV. *num.* 5.

(29) *Πολεμοῦσι γὰρ τοὺς προαδικήσαντας*. Analytic. post. *Lib.* II. *Cap.* XI. pag. 171. A. *Ed. Paris.*

(30) *Justissimos Barbarorum* [Abios Scythas] *constabat. Armis abstinebant, nisi lacessiti*. Lib. VII. Cap. 6. *num.* 11.

(31) PLUTARQUE dit, qu'*Hercule*, en ne faisant que se défendre, vainquit tous ceux avec qui il eut à combattre: *Καὶ γὰρ τὸν Ἡρακλέα πάντων κρατεῖν ἀμυνόμενον καὶ προεπιχειρούμενον*. In Vit. Niciæ, (*pag.* 539. E. Tom. I. *Ed. Wech.*) Et JOSEPH, que, quand on insulte quelcun, qui ne s'y attendoit point, on le force à prendre les armes pour sa défense: *Οἱ παρελθόντες καὶ πρὸς μὴ* [c'est ainsi qu'il faut lire, au lieu de *μὴ πρὸς*] *διανοουμένους ἄρχοντες ἀδίκων ἔργων, οἱ δὲ ἰσχὺν οἱ βιαζόμενοι καὶ μὴ θέλοντας τοὺς ἀμυνομένους εἰς ὅπλα χωρεῖν*. Antiq. Jud. Lib. XVII. (Cap. XI. pag. 604. G. *Ed. Lips.*) GROTIUS.

§. II. (1) *Damni infecti*: Expressions de la Jurisprudence Romaine, comme celles qui suivent dans cette division, où elles ne sont pourtant pas toûjours emploiées précisément dans le sens des Anciens Jurisconsultes, mais accommodées aux idées générales du Droit Naturel. Voiez DIGEST. Lib. XXXIX. Tit. II. *De damno infecto, & de suggrundis & protectionibus* &c.

(2) *Interdicta ne vis fiat*; ou comme parlent les Jurisconsultes Romains, *Prohibitoria*, *quibus* [Prætor] *vetat aliquid fieri: veluti vim sine vitio possidenti, vel mortuum inferenti, quò ei jus erat inferendi* &c. INSTITUT. Lib. IV. Cap. XV. *De Interdictis*, §. 1.

(3) L'Auteur cite ici le *IX. Livre*, *des Loix*; & il a sans doute en vûë ce passage, où le Philosophe dit, qu'un Législateur doit penser à deux choses, au *Dommage*, & à l'*Injure*: Au prémier, pour le faire réparer, autant qu'il est possible: Et à l'autre, pour empêcher que celui qui a commis une action injuste n'en commette d'autres à l'avenir. *Καὶ πρὸς δύο ταῦτα δὴ βλέποντα, πρός τε τὸ ἄδικον, καὶ βλάβην. καὶ τὸ μὲν βλαβὲν, ὑγιὲς τοῖς νόμοις, εἰς τὸ δυνατὸν, ποιητέον.... τὸ δὲ τῆς ἰάσεως ἡμῖν τῆς ἀδικίας πέρι φήσομεν χρῆναι φράζειν... ὅπως ἂν, ὅ τι τις ἂν ἀδικήσῃ μέγα ἢ σμικρὸν, ὁ νόμος αὐτὸν διδάξῃ, καὶ ἀναγκάσῃ τὸ παράπαν εἰς αὖθις τὸ τοιοῦτον ἢ μηδέποτε ἑκόντα τολμᾶν ποιεῖν, ἢ διαπαύεσθαι ἔλαττον αὐτὸ, πρὸς τῇ τῆς βλάβης ἐκτίσει*. Pag. 862. B. D. Tom. II. *Ed. H. Steph.*

(4) Les Galants de *Pénélope* offroient à *Ulysse* de lui païer largement tout ce qu'ils avoient bû & mangé dans sa Maison, & de lui donner de l'or & de l'argent, autant qu'il voudroit. *Ulysse* leur répond: „ Quand vous me rendriez tout le bien de mon Pere, „ que vous avez entre les mains, & que vous me „ donneriez encore beaucoup au delà; je ne m'empêcherois point de vous tuer, & je ne serai point satisfait que vous n'aiyez paié tous vos excès & toutes „ vos folies.

Εὐρύμαχ᾽, οὐδ᾽ εἴ μοι πατρώϊα πάντ᾽ ἀποδοῖτε,
Ὅσσα τε νῦν ὔμμ᾽ ἐστὶ, καὶ εἴ ποθεν ἄλλ᾽ ἐπιθεῖτε·
Οὐδέ κεν ὣς ἔτι χεῖρας ἐμὰς λήξαιμι φόνοιο,
Πρὶν πᾶσαν μνηστῆρας ὑπερβασίην ἀποτῖσαι.

(Odyss. Lib. XXII. vers 62, *& seqq.*) CASSIODORE donne à entendre, que, quand on s'est relâché du droit de punir, on doit du moins ne souffrir aucun dommage: *Ut qui vindictam remisimus, damna minimè sentiamus*. Lib. V. Epist. XXXV. Voiez ce que l'on dira ci-dessous, *Chap.* XVII. & XX. au commencement de l'un & de l'autre. GROTIUS.

Dans le passage d'HOMERE, que nôtre Auteur cite ici, Madame DACIER explique ces mots du prémier vers, *πατρώϊα πάντ᾽ ἀποδοῖτε*, comme s'il s'agissoit du pa-

5. La *réparation de l'injure* regarde ou ce qui est *nôtre* ou qui l'a été, d'où naissent les *Actions* (5) *réelles*, & quelques (6) *Actions personnelles*: ou ce qui nous est *dû*, soit par une *Convention*, soit à cause d'un *Délit*, soit en vertu de quelque *Loi*; à quoi il faut rapporter les obligations que le Droit Romain fonde sur un (7) *Quasi-Contract*, ou un (8) *Quasi-Délit*: chefs d'où naissent toutes les *Actions personnelles*.

6. La *punition de l'injure* donne lieu à l'*Accusation*, & aux (9) *Jugemens Publics*.

7. La plûpart des (a) Auteurs distinguent trois causes légitimes de Guerre, savoir, la défense, le recouvrement de ce qui nous appartient, & la punition. On les trouve toutes trois dans la déclaration de *Camille* aux *Gaulois*, où il dit, (10) Qu'*il prend les armes pour toutes les choses qu'on peut légitimement défendre, redemander, ou punir.* Mais, à moins que le mot de *recouvrer* ne se prenne ici dans une signification plus étenduë que celle qu'il a ordinairement, cette division ne renferme point la poursuite de ce qui nous est dû. Platon ne l'a pas oubliée: car il dit, (11) que l'on prend les armes, non seulement lors qu'on a été insulté, ou dépouillé de son bien, mais encore quand on a été trompé. A quoi se rapportent ces paroles de Seneque: (12) *Rendez ce que vous devez, c'est un mot plein d'équité, & qui paroît d'abord fondé sur le Droit des Gens.* Lors que les Hérauts des *Romains* déclaroient la Guerre, la formule portoit, que (13) c'étoit *parce qu'on n'avoit point donné, fait, rendu, ce que l'on devoit donner, faire, rendre.* Dans l'*Histoire* de Salluste, quelcun (14) disoit: *J'agis selon*

(a) *Baldus* ad Leg. II. *Cod.* De Servit. & aqua, *num.* 71. *Wilh. Matth.* de Bello justo & licito.

patrimoine des Galants même: *Quand vous me donneriez tous les biens que vous possédez, chacun en particulier* &c. Mais je laisse à juger aux Connoisseurs, si le mot ἀποδῖναι, qui signifie *rendre*, ne convient pas mieux à l'explication de nôtre Auteur, qui est aussi celle des Interprêtes. La suite du discours ne demande point d'ailleurs qu'on s'éloigne ici du sens naturel des termes.

(5) *Vindicationes*, ou *Actiones in rem.* Voiez sur Pufendorf, *Droit de la Nat. & des Gens*, Liv. IV. Chap. IX. §. 8. *Note* 4.

(6) Telles sont, comme le remarque ici le Savant Gronovius: 1. *Condictio caussâ data*, ou *ob caussam dati, caussâ non sequutâ*: Action personnelle, pour redemander une chose, que l'on n'avoit donnée que sous une condition qui ne se trouve point accomplie. Voiez Digest. Lib. XII. Tit. IV. *De condictione caussâ data* &c. 2. *Condictio ob turpem vel injustam caussam, Ibid.* Tit. V. c'est lors qu'on redemande ce qui avoit été donné pour un sujet injuste ou deshonnête de la part de celui qui a reçû. 3. *Condictio indebiti*: Ibid. Tit. VI. Action personnelle de l'*indû*; lors qu'on redemande ce que l'on a paié croiant le devoir, quoi qu'on ne le doive point effectivement. 4. *Condictio furtiva*; Action personnelle & civile, pour cause de Larcin: *Lib.* XIII. *Tit.* I.

(7) Voiez sur Pufendorf, *Droit de la Nat. & des Gens*, Liv. IV. Chap. XIII. §. 5. *Note* 11. de la seconde Edition.

(8) Les Jurisconsultes Romains entendoient par là certaines fautes, en conséquence desquelles on doit un dédommagement, quoi qu'on n'ait point agi de mauvaise foi, ou que même l'action ait été commise par quelque autre personne, sans qu'on y eût rien contribué soi-même. C'est ainsi qu'un Juge inférieur devoit paier la valeur de la perte du Procès, à celui qu'il avoit condamné mal-à-propos; quoi qu'il n'eût mal jugé que par ignorance ou par inadvertence. Lors qu'on avoit jetté quelque chose d'une Fenêtre, celui à qui appartenoit la Chambre, ou qui y logeoit sans rien paier, étoit responsable du dommage, quoi qu'il fût causé, à son insû, par quelcun de ses Domestiques ou par toute autre personne. Un Maître de Navire, un Cabaretier, un Maître d'Ecurie, étoient responsables de ce qui avoit été volé ou gâté dans le Vaisseau, dans le Cabaret, ou dans l'Etable; quoi qu'ils n'eussent par eux-mêmes aucune part au larcin ou au dommage. Tout cela s'appelloit *Quasi maleficium*, ou *Quasi delictum*, parce qu'il y avoit une espéce de fiction, en vertu de laquelle on étoit censé coupable, quoi qu'on ne le fût point effectivement. Voiez Institut. Lib. IV. Cap. V. *De obligationibus quæ quasi ex delicto nascuntur.*

(9) On entend par là, dans le Droit Romain, les Causes où il s'agit de certains Crimes qui intéressent plus particuliérement & plus directement le Public; à cause dequoi il étoit permis à chaque Citoien de se porter pour Accusateur de ces sortes de crimes. Tels sont le Crime de *Léze-Majesté*; l'*Adultére*; l'*Homicide*; le *Parricide*; les actes de *Faussaire*; la *Violence*, publique ou particuliére; le *Péculat*; le crime de ceux qui *gardent* ou qui *font renchérir les denrées* &c. Voiez les Institutes, Lib. IV. Cap. XVIII. & *ult.* *De Publicis Judiciis.*

(10) Ce n'est pas dans la déclaration de Guerre, mais dans l'exhortation qu'il fit à ses Soldats: *Sues... ferro non auro recuperare patriam jubet; in conspectu habentes fana Deûm, & conjuges, & liberos, & solum patriæ deforme belli malis, & omnia quæ defendi, repetique & ulcisci fas sit.* Tit. Liv. Lib. V. Cap. XLIX. *num.* 3.

(11) Οὐκ οἶσθα, ὅταν πόλεμον πολεμῶμεν, ὅ, τι ἐγκαλοῦντες ἀλλήλοις πάθημα, ἐρχόμεθα ἐπὶ τὸ πολεμεῖν; καὶ ὅ, τι αὐτὸ ὀνομάζοντες ἐρχόμεθα; ΑΛ. Ἔγωγε, ὅτι ἐξαπατώμενοί τι, ἢ βιαζόμενοι, ἢ ἀποστερούμενοι. Alcibiad. I. *pag.* 109. A. Tom. II. *Ed. H. Steph.*

(12) *Æquissima vox est, & Jus gentium præ se ferens*, Redde, quod debes. De Benefic. Lib. III. Cap. XIV.

(13) *Quas res dari, fieri, solvi oportuit, quas res nec dederunt, nec fecerunt, nec solverunt* &c. Tit. Liv. Lib. I. Cap. XXXII. *num.* 11.

(14) C'est un Tribun du Peuple, qui parle là: *Jure Gen-*

lon le Droit des Gens, qui m'autorise à redemander ce qui m'appartient. St. Augustin (15) remarque, qu'*on entend d'ordinaire par* (16) Guerres Justes, *celles qui vengent les injures.* Il prend là le mot de *venger* dans un sens général, qui emporte tout éloignement, toute cessation, toute abolition, toute réparation d'injure; comme il paroît par la suite du discours, où ce Pére se contente d'alleguer des exemples, sans faire une énumération exacte des différentes sortes d'injure qu'on peut distinguer: *C'est ainsi*, dit-il, *qu'on doit attaquer une Nation ou une Ville, qui a négligé de punir les mauvaises actions de ceux qui dépendent d'elle, ou de restituer ce qui avoit été pris injustement.* (17).

§. III. 1. La prémiére cause d'une Guerre Juste est donc une *injure encore à venir.* Or cette injure menace ou nôtre *personne*, ou nos *biens.* Parlons de ces deux cas l'un après l'autre.

2. Si nôtre personne est actuellement attaquée, en sorte que nous courions infailliblement risque de la vie, (a) il est alors permis de repousser la force par la force, jusqu'à tuer celui qui nous met dans un tel danger; c'est ce que nous avons déja remarqué, lors que nous avons (1) allégué ce cas, comme celui dont on convient le plus généralement, pour prouver qu'il peut y avoir des Guerres privées qui soient justes.

(a) *Sylvest.* in verbo *Bellum*, p. 1. n. 3. & p. 2.

3. Il faut remarquer ici, que ce droit de se défendre vient directement & immédiatement du soin même de nôtre propre conservation, que la Nature recommande à chacun, & non pas de l'injustice ou du crime de l'Aggresseur. (b) Ainsi, quand même l'Agresseur seroit innocent, comme, par exemple, si c'est un Soldat, qui (2) porte les armes de bonne foi, ou s'il me prend pour un autre, ou s'il est hors de son bon-sens (3) ou en réverie, comme nous lisons que cela est arrivé à quelques personnes; on n'en a pas moins droit de se défendre. Car il suffit qu'on ne soit point obligé de souffrir ce dont on est menacé de la part d'un tel homme; & on n'est pas plus obligé alors de l'épargner, que si le danger venoit d'une Bête appartenante à autrui.

(b) *Bartol.* ad Leg. III. Dig. *de Just. & Jure*: *Bald.* in Leg. I. *Cod.* Unde vi: *Bann.* 2, 2. Quæst. 10. Art. 10. Dub. ult. *Soto*, Lib. IV. Disp. V. art. 10. *Valent.* 2, 2. Disp. V. Qu. 10. p. 7.

§. IV. 1. Mais peut-on aussi percer ou écraser une personne innocente, (1) qui se trouvant sur nôtre chemin, nous empêche de nous défendre ou de fuïr, sans quoi l'on se voit perdu? Les sentimens sont partagez là-dessus. (a) Il y a des Docteurs, même parmi les Théologiens, qui croient que cela est permis. Et certainement, à considérer la Nature toute seule, le soin de nôtre propre conservation l'emporte de beaucoup sur la

(a) *Card.* Qu. 83. Lib. I. *Petr. Navarr.* Lib. II. C. 3. *num.* 147. *Cajetan.* 2, 2. Art. 67. Qu. 2.

Gentium res repeto. Orat. Macri Licinii, *Cap.* X. *Fragment.* Lib. III. pag. 50. *Ed. Wass.*

(15) *Justa autem bella definiri solent, quæ ulciscuntur injurias: si qua gens vel civitas, quæ bello petenda est, vel vindicare neglexerit quod à suis improbè factum est, vel reddere quod per injurias ablatum est.* Lib. VI. *Quæst.* X. *super Josue.* Ce passage se trouve rapporté dans le Droit Canonique, *Caus.* XXIII. *Quæst.* II. *Quod Bellum sit justum* &c. Can. 2.

(16) Servius a remarqué, que, parmi les *Romains*, le prémier des Hérauts d'armes disoit, qu'il déclaroit la Guerre pour certains sujets, c'est-à-dire, ou parce que ceux, à qui il la déclaroit, avoient offensé les Alliez du Peuple Romain, ou parce qu'ils ne vouloient pas rendre les Bêtes qu'ils avoient prises, ou les Coupables qui étoient chez eux: *Quum enim volebant bellum indicere, Pater patratus, hoc est, princeps Fecialium, proficiscebatur ad hostium fines, & præfatus quædam solennia, clara voce dicebat, se bellum indicere propter certas caussas: Aut quia socios læserant, aut quia nec abrepta animalia, nec obnoxios redderent.* Ad Lib. IX. *Æn.* (℣. 52.) Grotius.

(17) Il y a ici dans l'Original, quelque chose que j'ai placé à la fin du paragraphe précedent. Voiez la *Note* 26. sur ce paragraphe.

§. III. (1) C'est au *Chap.* II. §. 3. du Livre précédent. Voiez, au reste, sur toute cette matiére de la Juste Défense de soi-même, Pufendorf, *Liv.* II. *Chap.* V. *du Droit de la Nat. & des Gens.*

(2) *Bona fide militet.* L'Auteur veut parler de ceux qui servent leur Souverain dans une Guerre qu'ils croient juste de bonne foi, quoi qu'elle ne le soit pas effectivement. Voiez ci-dessous, *Chap.* XXVI. de ce même Livre. Pufendorf, dans son grand Ouvrage du *Droit de la Nat. & des Gens*, Liv. II. Chap. V. §. 5. a mal entendu la pensée de nôtre Auteur, comme s'il eût eu en vuë le cas où un Soldat prend quelcun de ses Camarades pour un homme du parti contraire; car ce cas se rapporte aux paroles suivantes, *aut alium me putet, quàm sim.* Le Savant Gronovius explique aussi mal les paroles dont il s'agit, de tout Soldat enrollé dans les formes.

(3) On peut ajoûter ici l'exemple des *Somnambules.* Voiez ce qui a été dit sur Pufendorf, *Droit de la Nat. & des Gens*, Liv. I. Chap. V. §. 21. *Note* 2.

§. IV. (1) Voiez encore ici Pufendorf, *Liv.* II. *Chap.*

la considération de ce que demande l'engagement à entretenir la Société avec nos semblables. Mais selon les Loix de la Charité, sur tout telle qu'elle nous est prescrite par l'Evangile, où les intérêts d'autrui sont mis au même (2) rang que les nôtres, une chose comme celle-là n'est nullement innocente.

2. Au reste, Thomas *d'Aquin* (b) a eu raison de dire, si l'on explique sa pensée comme il faut, que, quand on use véritablement de la Défense légitime de soi-même, on n'a pas pour cela intention de tuer. Non qu'il ne soit permis quelquefois, si l'on n'a d'autre ressource, de faire de propos délibéré quelque chose d'où la mort de l'Agresseur doit s'ensuivre: mais parce qu'on prend ce parti, comme l'unique ressource qui reste pour l'heure, & non comme la prémiére fin que l'on se propose, ainsi que cela a lieu dans le Jugement des Criminels condamnez à mort: car celui qui est actuellement attaqué, doit même alors aimer mieux faire quelque autre chose, capable d'arrêter la furie de l'Aggresseur, ou de l'affoiblir, que de se mettre à couvert en le tuant.

(b) *Secund. secund.* Quæst. LXIV. Art. I.

§. V. 1. Lors qu'on en vient à cette extrémité fâcheuse, il faut (1) que le péril soit présent, & comme renfermé dans un point. J'avouë que, si l'Aggresseur prend les armes d'une maniére à paroître dans le dessein de nous tuer, on peut le prévenir: car, en fait de Choses Morales, aussi bien qu'en matiere de Choses Naturelles, il ne se trouve aucun point, qui n'aît quelque étenduë. Mais c'est se tromper beaucoup, & engager les autres dans une grande erreur, que d'accorder, comme font quelques-uns, que toute sorte de crainte donne droit d'ôter la vie à ceux de qui l'on craint quelque chose pour la sienne. Car, comme Ciceron (2) l'a très-bien remarqué, l'on fait souvent une injustice, en tâchant de nuire à quelcun, pour éviter le mal que l'on appréhende de sa part. Xenophon fait dire à *Cléarque*: (3) *Je sai qu'il y a eu des gens, qui, sur une calomnie, ou sur un simple soupçon, se défiant les uns des autres, & voulant se prévenir réciproquement, ont terriblement maltraité ceux qui ne pensoient pas même à leur faire rien de semblable.* Le sage Caton haranguant le Sénat, en faveur de ceux de *Rhodes*, disoit entr'autres choses, (4) *Ferons-nous les prémiers ce que nous disons qu'ils ont voulu faire?* Il y a encore là-dessus une belle pensée d'Aulu-Gelle: (5) *Dans un Combat de Gladiateurs*, dit-il, *il faut ou mourir, ou tuer son homme. Mais, dans la Vie Humaine, les dangers auxquels on est*

Chap. VI. §. 4. du *Droit de la Nat. & des Gens.*

(2) La Charité, de quelque maniére qu'on l'entende, veut bien qu'on aime les autres *comme soi-même*, mais non pas *plus que soi-même*; ce qui arriveroit dans le cas dont il s'agit, & autres semblables. Voiez ce que nôtre Auteur dit lui-même ci-dessus, *Liv.* I. *Chap.* III. §. 3. *num.* 4. Toutes choses d'ailleurs égales, le soin de nôtre propre conservation l'emporte certainement sur le soin de celle d'autrui. La remarque de Thomas *d'Aquin*, que nôtre Auteur rapporte & approuve immediatement après, doit être appliquée ici à beaucoup plus forte raison.

§. V. (1) Voiez, dans Agathias, Lib. IV. un bel usage de cette distinction, [au sujet du meurtre de *Gubazes*, Cap. I. & II.] *Phrynichus*, Général des *Athéniens*, disoit, qu'on ne devoit pas le blâmer de ce que, voiant qu'on mettoit sa vie en danger, il faisoit tout au monde, pour ne pas se laisser perdre par ses Ennemis: Καὶ ὅτι ἀνεπίφθονον οἱ ἤδη εἴη, ἀλλὰ τῆς ψυχῆς ἐν κινδύνῳ ὄντι, καὶ τοῦτο καὶ ἄλλο τι ἂν δρᾶσαι, μᾶλλον ἢ ὑπὸ τῶν ἐχθίστων αὐτὸν διαφθαρῆναι. Thucydid. Lib. VIII. (*Cap.* 50. *Ed. Oxon.*) Grotius.

Le cas où se trouvoit *Phrynichus*, n'est pas un de ceux dont parle nôtre Auteur. On n'a qu'à voir l'Historien qu'il cite, dans l'endroit que j'ai exactement cotté. Au reste, il faut consulter sur ce paragraphe, Pufendorf, *Droit de la Nat. & des Gens*, Liv. II. Chap. V. §. 6, 7, 8. où il explique non seulement la matiére plus au long, mais encore il distingue avec soin ce qui a lieu dans l'Etat de Nature, d'avec ce qui est permis dans une Societé Civile: distinction importante, à laquelle nôtre Auteur semble n'avoir gueres pensé.

(2) *Atque illæ quidem injuriæ, quæ nocendi caussâ de industria inferuntur, sæpè à metu proficiscuntur; quum is, qui nocere alteri cogitat, timet, ne, nisi id fecerit, ipse aliquo adficiatur incommodo.* De Offic. Lib. I. Cap. VII.

(3) Καὶ γὰρ οἶδα ἤδη ἀνθρώπους, τοὺς μὲν ἐκ διαβολῆς, τοὺς δὲ καὶ ἐξ ὑποψίας, οἳ φοβηθέντες ἀλλήλους, φθάσαι βουλόμενοι πρὶν παθεῖν, ἐποίησαν ἀνήκεστα κακὰ τοὺς οὔτε μέλλοντας, οὔτε βουλομένους τοιοῦτον οὐδέν. De Expedit. Cyr. *Lib.* II. *Cap.* V. §. 2. *Ed. Oxon.*

(4) *Quod illos dicimus voluisse facere, id nos priores facere occupabimus?* Aul. Gell. *Noct. Attic.* Lib. VII. Cap. III. pag. 382. *Edit. Jac. Gron.*

(5) *Nam Gladiatori, composito ad pugnandum, pugnæ hæc proposita sors est, aut occidere, si occupaverit, aut occumbere, si cessaverit. Hominum autem vita non tam iniquis neque tam indomitis necessitatibus circumscripta est, ut idcirco prior injuriam facere debeat, quam nisi fecerit, pati possit.* Idem, *ibid.* pag. 383.

est exposé de la part d'autrui, ne sont pas si inévitables, que l'on soit toûjours réduit à la nécessité de faire du mal à autrui, pour prévenir celui que l'on en peut recevoir. J'ai déja cité CICERON: voici un autre passage de cet Auteur, où il ne raisonne pas moins bien sur le même sujet: (6) *Qui s'est jamais avisé de soûtenir, ou à qui peut-on accorder, sans exposer la vie de chacun aux plus grands périls, que l'on puisse légitimement tuer une personne, sous prétexte qu'on craignoit d'en être tué un jour?* Dans EURIPIDE, quelcun parle ainsi: (7) *Vôtre Mari*, dites-vous, *vous auroit tué. Il falloit attendre qu'il voulût le faire actuellement.* En effet, comme le remarque THUCYDIDE, (8) *l'Avenir est incertain, & il ne faut pas s'en allarmer de telle sorte, que l'on entre pour cela dans des sentimens d'une inimitié déclarée, & accompagnée d'actes présens d'hostilité.* Le même Auteur, dans l'endroit où il décrit éloquemment les maux que causoient les factions qui s'étoient élevées entre les Etats de la *Gréce*, (9) blâme ces Peuples de ce qu'*on y louoit ceux qui, par la crainte d'être insultez, insultoient les prémiers les autres:* Chose au contraire très-honteuse, comme (10) la qualifioit *Livie*, au rapport de DION CASSIUS. C'est une sentence de TITE LIVE, (11) *Qu'en voulant se précautionner contre ce que l'on craint de la part d'autrui, on est le prémier à donner lieu de craindre quelque chose de nôtre* (12) *part, & on fait soi-même aux autres l'injure que l'on vouloit repousser, comme si l'on eût été réduit à la nécessité de la faire ou de la recevoir.* On peut appliquer à ceux qui agissent ainsi, ce mot de *Vibius Crispus*, rapporté par QUINTILIEN: (13) *Qui est-ce qui vous a permis d'avoir une telle crainte?*

2. Que si l'on a des avis certains, qu'une personne a conjuré contre nous, ou qu'elle pense à nous dresser des embûches, ou qu'elle se dispose à nous empoisonner, à intenter contre nous une fausse accusation, à suborner de faux témoins, à corrompre les Juges; pendant que l'on n'a rien à craindre pour l'heure de la part de cette personne-là,

(6) *Quis hoc statuit umquam, aut cui concedi sine summo omnium periculo potest, ut eum jure potuerit occidere, à quo metuisse se dicat, ne ipse posteriùs occideretur?* Orat. pro Tullio, *apud* QUINTILIAN. Instit. Orat. *Lib.* V. *Cap.* XIII. pag. 315, 316. *Edit. Obrecht.*

(7) Il falloit traduire *mon Mari*: car c'est *Mérope*, Belle-Sœur de *Polyphonte*, qui parle ainsi à ce Roi, coupable du meurtre de son Mari. Nôtre Auteur a fait cependant la même faute, dans ses *Excerpta ex Trag. & Com. Græcis*, publiez depuis, *pag.* 390. Les deux vers, au reste, se trouvent dans le Chap. d'AULU-GELLE, qui vient d'être cité plus d'une fois; & Mr. BARNES les met entre les fragmens d'une Tragédie perduë, intitulée *Cresphonte*. Les voici:

'Ει γὰρ σ' ἔμελλεν, ὡς σὺ φῂς, κτείνειν πόσις,
Χρῆν καὶ σὲ μέλλειν, ὡς χρόνος διῆλθε παρών.

(8) Καὶ τὸ μέλλον τοῦ πολέμου (ᾧ φοβοῦντες ὑμᾶς Κερκυραῖοι κελεύουσιν ἀδικεῖν) ἐν ἀφανεῖ ἔτι κεῖται· καὶ οὐκ ἄξιον, ἐπαρθέντας αὐτῷ, φανερὰν ἔχθραν ἤδη καὶ οὐ μέλλουσαν πρὸς Κορινθίους κτήσασθαι. Lib. I. Cap. 42. pag. 26. *init. Ed. Oxon.* Nôtre Auteur, comme on voit, a fait une maxime générale de ce qui étoit dit à l'occasion de la crainte d'une Guerre particuliére.

(9) Ἁπλῶς δὲ, ὁ φθάσας τὸν μέλλοντα κακόν τι δρᾶν, ἐπῃνεῖτο. Lib. III. §. 82. pag. 195.

(10) C'est dans le Discours, où elle donne des conseils à *Auguste*, touchant la maniére dont il devoit se conduire: Τό, τε ἀμυνόμενον, ὃ καὶ προκαταλαμβάνοντα τινὰς, καὶ ἀνιᾶσθαι καὶ κακοδοξεῖν ἀναγκαῖόν ἐστι. Lib. LV. pag. 640. E. *Ed. H. Steph.*

(11) *Cavendoque ne metuant homines, metuendos ultro se efficiunt: & injuriam à nobis repulsam, tamquam aut facere, aut pati necesse sit, injungimus aliis.* Lib. III. Cap. LXV. *num.* 11.

(12) C'est ainsi que *César*, lors qu'il s'emparoit de la République, disoit, qu'il y étoit contraint par la crainte qu'il avoit de ses Ennemis. Il y a là-dessus un beau passage, dans APPIEN d'*Alexandrie*, Bell. Civ. Lib. II. GROTIUS.

Je ne sai où est ce beau passage. Je ne le trouve point dans tout le Livre II. de la *Guerre Civile*, que l'Auteur cite, & qui est celui où l'Historien parle des affaires de *Jules César*, jusqu'à sa mort. Je m'imagine que nôtre Auteur a eu dans l'esprit ce que disoit *César*, dans la Lettre qu'il écrivit au Sénat, avant que d'entreprendre la Guerre Civile. Il y promettoit de quitter le Commandement de son Armée, si *Pompée* en vouloit faire de même; & il ajoûtoit, que ce seroit une injustice de l'y contraindre, pendant que *Pompée* auroit les armes à la main, puis que par là lui *César* seroit livré à ses Ennemis. C'est ce qu'on trouve dans DION CASSIUS, au commencement du *Liv.* XLI. APPIEN ne dit rien de cette crainte dont *César* coloroit son ambition: il le fait parler au contraire d'un air menaçant; Que si *Pompée* prétendoit retenir le Commandement, il conserveroit aussi le sien, & il iroit incessamment à *Rome*, pour y venger les injures qu'on faisoit à la Patrie, & les siennes propres, *pag.* 448. *Ed. H. Steph.* Ainsi il pourroit bien être que nôtre Auteur, citant de mémoire, a confondu ces deux Auteurs. Voiez encore un mot de *César*, qu'il dit après la Bataille de *Pharsale*, au rapport d'ASINIUS POLLION, sur la foi duquel SUETONE (*in Jul. Cæs.* Cap. XXX.) & PLUTARQUE (*Vit. Cæs.* pag. 730. A.) le racontent.

(13) *Ex inopinato: ut dixit* VIBIUS CRISPUS *in eum, qui, quum loricatus in foro ambularet, prætendebat id se metu facere:* Quis tibi sic timere permisit? *Instit. Orat.* Lib. VIII. Cap. V. pag. 723. *Edit. Burman.*

(14) *Inter os & offam.* C'est AULU-GELLE qui rapporte cet ancien Proverbe, sur quoi il cite des paroles d'une

là, je soûtiens qu'on ne peut pas légitimement la tuer, si l'on voit jour à éviter le péril par quelque autre voie, ou même si l'on n'est pas bien assûré de ne pouvoir autrement s'en garantir. Car un peu de tems fournit souvent plusieurs ressources, & améne divers accidens imprévûs, selon le proverbe qui (14) porte, *Qu'il arrive bien des choses depuis qu'on prend le morceau, jusqu'à ce qu'on le porte à la bouche.* Il y a pourtant des (a) Théologiens & des Jurisconsultes, qui sont ici plus indulgens. Mais l'autre opinion, pour laquelle je me déclare, & qui est la mieux fondée & la plus sûre, a aussi ses partisans.

§. VI. Que dirons-nous des cas où l'on court risque seulement d'être mutilé (1) ou estropié ? (b) Certainement comme la perte d'un Membre, sur tout s'il est des plus nobles, est un mal très-fâcheux, & presque aussi grand que la perte de la vie ; outre qu'on ne peut guéres savoir si cela ne nous mettra pas en danger de mort : je suis fort porté à croire, que, s'il n'y a pas moien d'éviter autrement le péril, on peut innocemment tuer l'Aggresseur.

§. VII. Il est presque hors de doute, que la même chose est permise contre ceux qui attentent (1) à la pudeur. (a) Car l'Honneur est (2) mis au même rang, que la Vie, non seulement selon les idées communes des Hommes, mais encore par la Loi (3) Divine. Le Jurisconsulte Paul (4) décide, que la défense de l'Honneur autorise à en venir à une telle extrémité. Nous trouvons dans (b) Quintilien, dans (c) Ciceron, & dans (d) Plutarque, l'exemple d'un Officier de l'Armée de *Marius*, qui fut tué pour cette raison par un de ses Soldats : (5) & l'Histoire nous fournit des exemples de Femmes, qui se sont ainsi mises à couvert de la brutalité de ceux qui vouloient les violer. *Chariclée*, dans le Roman d'Heliodore, appelle un meurtre commis en ce cas-là, (6) *une juste défense contre l'injure dont la chasteté d'une Femme étoit menacée.*

§. VIII.

(a) *Bannès*, Quæst. LXIV. Art. 7. Dub. 4. *Baldus*, in Leg. XVII. Cod. *De Liberali Caussa*, & in Leg. I. Cod. *Unde vi* ; *Lessius*, Lib. II. Cap. IX. Dub. 8. *Soto*, Lib. V. Qu. I. Art. 8.

(b) *Cardin.* in Clement. Lib. V. Tit. IV. *De Homicid.* &c. Leg. *Si furiosus* &c. *Covarruvias*, ibid. part. 3. §. 1. n. 2. *Sylvest.* in verbo *Homicidium*, 1. Qu. 4.

(a) *Sylvest.* in verbo *Homicidium*, c. 3. quæst. 4.

(b) Declamat. *Tribunus Marianus.*

(c) Pro Milon. Cap. IV.

(d) Vit. Mar. pag. 413. Ed. *Wech.*

d'une Harangue de Caton : *Sæpe audivi, inter os atque offam multa intervenire posse.* Noct. Attic. *Lib.* XIII. *Cap.* XVII. Voiez Erasme, dans ses *Adages.*

§. VI. (1) Comparez ici ce que dit Pufendorf, *Liv.* II. *Chap.* V. §. 10. du *Droit de la Nat. & des Gens.*

§. VII. (1) Voiez le même endroit de Pufendorf, qui vient d'être cité, §. 11. & ce que j'ai dit sur l'Abrégé des *Devoirs de l'Homme & du Citoien*, Liv. I. Chap. V. §. 22. *Note* 1. de la troisiéme & quatriéme Edition.

(2) Seneque met après la Vie, trois choses sans lesquelles on peut bien vivre, mais en sorte qu'il vaut mieux mourir, selon lui ; savoir, la Liberté, la Pudeur, & le Bon-Sens : *Proxima ab his sunt, sine quibus possumus quidem vivere, sed ut mors potior sit : tamquam Libertas, & Pudicitia, & Mens bona.* De Benefic. *Lib.* I. *Cap.* XI. St. Augustin dit, que les Loix permettent de tuer, ou avant, ou après l'action, celui qui attente à la pudeur de quelcun, tout de même qu'elles permettent de tuer un Brigand, qui en veut à nôtre vie : *Lex dat potestatem vel Viatori, ut Latronem, ne ab eo ipse occidatur, occidat ; vel cuipiam viro aut feminæ, ut violenter sibi stupratorem irruentem, aut post illatum stuprum, si possit, interimat.* De Libero Arbitrio, *Lib.* I. (*Cap.* V.) Grotius.

(3) Quelcun a douté, que nôtre Auteur eût trouvé dans l'Ecriture quelque passage, d'où l'on pût inférer ce qu'il avance ici, sans citer aucun endroit. Mais voici la Loi qu'il a eu en vuë, comme il paroit par ses Notes sur le Vieux Testament : *Si quelcun aiant trouvé à la campagne une Fille fiancée à quelque autre, l'a prise & a couché avec elle ; cet homme, qui a couché avec elle, mourra seul ; mais tu ne feras point de mal à la Fille, puis qu'elle n'a point commis de crime digne de mort ; car il en est ici de même que quand quelcun se jette sur son Prochain, & lui ôte la vie.* Deuteron. XXII, 25, 26. Il faut avouer pourtant, qu'on ne peut pas directement conclurre de là, que la Pudeur & la Vie soient de même prix. Car le Législateur veut dire seulement, que, dans le cas dont il s'agit, une Fille n'est pas plus coupable, qu'un Homme qui est tué par des Voleurs de grand chemin ; puis qu'elle est censée n'avoir pas eu plus de ressources pour se garentir de la brutalité du Galant, que n'en a eues le Defunt, contre les coups du Meurtrier. C'est ce que Mr. Le Clerc fait bien sentir, dans sa Paraphrase.

(4) Son expression donne à entendre, qu'on est autorisé à cela par l'intérêt du Public : *Qui Latronem, cædem sibi inferentem, vel alium quemlibet stuprum inferentem, occiderit, puniri non placuit. Alius enim vitam, alius pudorem, publico facinore defendit.* Recept. Sentent. *Lib.* V. *Tit.* XXIII. *Ad Leg. Cornel. de Sicariis* &c. §. 2.

(5) La Fable nous parle aussi de *Mars*, qui aiant tué un fils de *Neptune*, parce qu'il vouloit violer sa Fille, fut absous, devant le Tribunal de l'*Aréopage*, par le suffrage des XII. Dieux. Apollodor. *Biblioth.* Lib. III. (Cap. XIII. §. 2. *Ed. Gal.*) Voiez une histoire remarquable, qui se trouve dans Gregoire *de Tours*, Lib. IX. Grotius.

(6) C'est au premier Livre, où une Fille parle ainsi: Ὅσοι δὲ πρὸς ἡμῶν [ἀνῄρηνται] ἀμύνης νόμῳ καὶ ἐκδικίας καὶ εἰς σωφροσύνην ὕβριν προκαλοῦντες &c. C'est-à-dire, selon la vieille Version du bon Amiot : " Et quant „ à ceux qui ont esté occis par nous, vous sçavez que „ ç'a esté à bon droit, & selon la loy de juste vengeance, pour repoussér l'injure & l'outrage que vous „ attentiez faire à nostre pudicité. *Pag.* 7. *Edit Paris. Bourdelot.*

§. VIII. Nous avons dit ci-dessus, (1) qu'encore qu'il soit permis de tuer celui qui se dispose à nous tuer nous-mêmes, il est néanmoins plus louable de se laisser tuer, lors qu'on ne peut mettre sa vie à couvert, qu'en faisant retomber le danger sur celle de l'Aggresseur. Quelques-uns (a) conviennent de cela, en sorte néanmoins (2) qu'ils exceptent les personnes utiles à plusieurs autres. Mais il ne me paroît guéres sûr, d'établir que tous ceux, à la vie desquels d'autres ont intérêt, soient dans une obligation comme celle-là, si contraire (3) à la Patience. Je croirois donc, qu'il faut restreindre cette maxime à ceux qui sont tenus de défendre les autres, tels que sont des gens engagez à escorter les Voiageurs; comme aussi les Conducteurs de l'Etat, auxquels on peut appliquer ces paroles que Lucain (4) met dans la bouche des Amis de *César*, parlant à lui-même: *Puis que la vie & le salut de tant de Peuples dépendent de vôtre conservation, & qu'un si vaste Monde vous a établi pour son Chef; c'est à vous une cruauté, de vouloir mourir.*

(a) *Soto*, ubi supra, *Sylvest.* in verbo *Bellum*, p. 2. n. 3.

§. IX. 1. Il peut arriver au contraire, qu'en considération de ce que la vie d'un Aggresseur est utile à plusieurs autres personnes, on ne puisse la lui ôter sans pécher; & cela non seulement contre la Loi Divine, soit ancienne ou nouvelle, de quoi nous avons parlé ci-dessus, lors que nous avons fait voir que la personne des Rois est sacrée & inviolable; mais encore contre le Droit même de Nature. (a) Car le Droit Naturel, entant qu'il signifie une certaine sorte de Loi, (1) ne renferme pas seulement les maximes de la *Justice*, que nous avons nommée *Explétrice*, mais encore les actes des autres Vertus, comme de la *Tempérance*, du *Courage*, de la *Prudence*; entant que l'exercice de ces Vertus, dans certaines circonstances, est également honnête & d'une obligation indispensable. Or (2) la *Charité* engage à ce que je viens de dire.

(a) *Soto*, ubi supra.

2. Vasquez, qui a soûtenu (b) le contraire, n'en donne aucune raison qui soit capable de me faire changer de sentiment. Il dit, qu'un Prince, qui attaque un Innocent, cesse par cela même d'être Prince. Mais on ne peut guéres rien avancer de plus

(b) Lib. I. *Controv. Illustr.* XVIII.

§. VIII. (1) L'Auteur n'a dit cela nulle part ci-dessus, au moins formellement & directement. On peut seulement l'inferer de ce qu'il insinue au *Chap.* II. du Livre précédent, §. 9. *num.* 4. & *Chap.* III. §. 3. *num.* 10.

(2) C'est-à-dire, qu'ils veulent qu'en ce cas-là il ne soit pas libre de se laisser tuer; & que la patience, bien loin d'être alors louable, est vicieuse, selon eux, à cause du tort qu'on fait à ceux auxquels nôtre vie étoit utile.

(3) Mais si l'obligation de la Patience ne s'étend point jusques-là, comme nôtre Auteur le reconnoit; pourquoi ne seroit-on pas tenu de conserver une vie utile à plusieurs autres, & en vertu dequoi devroit-on sacrifier leur intérêt, aussi bien que le nôtre, à celui d'un Scélérat? La vérité est, que le soin de défendre sa vie est en général une chose à quoi l'on est tenu, & non pas une simple permission. Voiez ce que j'ai dit sur Pufendorf, *Droit de la Nat. & des Gens*, *Liv.* II. *Chap.* V. §. 2. *Note* 5. de la 2. Edition; & ce qu'il dit lui-même dans le paragraphe 14. de ce Chapitre.

(4) *Quum tot ab hac anima Populorum vita salusque*
Pendeat, & tantus caput hoc sibi fecerit Orbis,
Sævitia est voluisse mori ——— ——— ———
Pharsal. (*Lib.* V. ℣. 685. *& seqq.*)

C'est ainsi que *Cratère* se plaignoit à *Aléxandre le Grand* de ce qu'il s'exposoit tête baissée à des périls tout visibles, sans songer qu'il entraînoit après soi, la ruïne de tant d'Ames: *Quum tam avide manifestis periculis offeras corpus, oblitus tot civium animas trahere te in casum.* Quint. Curt. Lib. IX. (Cap. VI. *num.* 8.) Grotius.

§. IX. (1) Voiez ci-dessus, *Liv.* I. *Chap.* I. §. 9. *num.* 1.

(2) Pour que la *Charité*, c'est-à-dire, l'intérêt des autres Hommes, & d'un grand nombre, doive indispensablement l'emporter sur le soin de nôtre propre conservation, qui nous est si fortement recommandé & prescrit en quelque sorte par la Nature; il faut, à mon avis, que cet intérêt d'autrui soit en lui-même très-considerable, & d'ailleurs non douteux. Or si on examine bien les cas qui peuvent arriver sur la question dont il s'agit, on trouvera, je m'assûre, qu'il s'en faut bien que l'avantage qu'on pourroit procurer à autrui, en se laissant tuer, soit assez grand & assez certain, pour nous imposer l'obligation d'y sacrifier nôtre propre vie. D'ailleurs, dans ces sortes de cas où l'on court risque de périr, l'épouvante où jette le péril est si grande, qu'on n'a pas le tems de bien examiner s'il est avantageux, ou non, au Public, de se laisser tuer, plûtôt que de tuer l'Aggresseur.

(3) Tout ce que demande la nature de la Souveraineté, bien entenduë, c'est qu'elle ne se perde pas pour toute sorte de fautes, ou pour toute sorte d'abus du Pouvoir dont le Souverain est revêtu. Mais il y a des injustices directement contraires au but de l'établissement de la Souveraineté, lesquelles par conséquent font que le Souverain, du moment qu'il se porte de propos délibéré à de tels excès, est déchû de son droit, du moins par rapport à ceux envers qui il les commet. Or tel est certainement le cas d'un Prince, qui, sans aucun sujet, veut ôter la vie à celui qu'il doit proteger & défendre contre tout autre qui se porteroit au mê-

plus faux ou de plus dangereux. Car le droit de Souveraineté, non plus que celui de Propriété, ne se perd point, par cela seul que l'on (3) vient à commettre quelque action criminelle ; à moins qu'une Loi ne l'ait ainsi statué. Or on ne trouve nulle part, &, à mon avis, on ne trouvera jamais de Loi, qui porte qu'un Souverain sera déchû de son droit, du moment qu'il se rendra coupable de quelque injustice envers un Particulier : car ce seroit donner lieu à la plus grande confusion du monde.

3. Le fondement sur lequel raisonne le même Auteur, pour établir la pensée que nous combattons, & plusieurs autres conséquences qu'il en tire, c'est que toute Autorité a pour but l'avantage non de ceux qui commandent, mais de ceux qui obéïssent. Quand cela seroit vrai généralement & sans restriction, il ne feroit rien au sujet. Car une chose n'est pas détruite, (4) dès-là que le bien qui doit en revenir manque à quelque égard.

4. Pour ce que VASQUEZ ajoûte, que chacun souhaitte la conservation de l'Etat à cause de son propre intérêt, & par conséquent que chacun doit aussi préférer sa propre conservation au bien de tout l'Etat ; c'est encore un argument peu solide. Car nous souhaittons à la vérité la conservation de l'Etat à cause de nous-mêmes, mais ce n'est pas à cause de nous-mêmes seulement, c'est encore (5) à cause d'autrui. Les plus judicieux Philosophes ont rejetté avec raison la pensée de (6) ceux qui croient, que l'Amitié a uniquement pour principe la vuë du besoin ; car il est clair, que nous nous y portons de nous-mêmes & par le panchant de nôtre nature. Or la Charité nous conseille souvent, & nous commande quelquefois, de préférer le bien d'un grand nombre de gens à nôtre propre avantage. SENEQUE dit, (7) qu'*il ne faut pas s'étonner, si les Princes, les Rois, & en général tous les Conducteurs de l'Etat, quelque nom qu'ils portent,* (8) *sont aimez de chacun, & plus même que les Particuliers avec qui l'on a des relations étroites. Car*, ajoûte-t-il, *si, au jugement des personnes sensées, le Public doit l'emporter sur le Particulier, il s'ensuit, que celui, sur qui tout l'E-*

tat

même attentat. Voiez ce que j'ai dit sur *Liv.* I. *Chap.* IV. §. 2. *Note* 1.

(4) Cela est vrai : mais lors que ce bien manque considérablement, & qu'il en revient au contraire un préjudice manifestement opposé au but pour lequel une chose a été établie ; qui peut douter qu'alors elle ne soit véritablement détruite ?

(5) Il est certain, que l'on doit avoir égard à l'intérêt d'autrui, sur tout à celui du plus grand nombre, & qu'on doit quelquefois y sacrifier son propre intérêt. Mais la question est de savoir, si on a tout lieu de croire qu'un Prince qui se porte à un excès de fureur comme celui dont il s'agit, soit fort utile à la Société. Ainsi je m'en tiens à ce que j'ai dit sur PUFENDORF, *Droit de la Nat. & des Gens*, Liv. II. Chap. V. §. 3. *Note* 1. de la seconde Edition.

(6) Voiez SENEQUE, *de Benefic.* Lib. I. Cap. I. & Lib. IV. Cap. XVI. où il réfute cette opinion pernicieuse. GROTIUS.

Il auroit mieux vallu renvoier à l'Epitre IX. de ce Philosophe, où il traite la matiére plus directement & plus au long. Voiez aussi CICERON, *de Amicitia*, Cap. IX. & XIV.

(7) *Ideo Principes Regesque, & quocumque alio nomine sunt tutores status publici, non est mirum amari ultra privatas etiam necessitudines. Nam si sanis hominibus publica privatis potiora sunt : sequitur, ut is quoque carior sit, in quem se Respublica convertit.* De Clement. *Lib.* I. *Cap.* IV.

(8) PLUTARQUE regarde comme le principal acte de Vertu, de travailler à la conservation de celui qui conserve tout le reste : Ἧς [*ἀρετῆς*] πρῶτον ἔργον ἐστὶ, *σώζειν τὸν ἄνακτα τ' ἄλλα σώζοντα.* Vit. Pelopid. *init.* (pag. 278. D. Tom. I. *Ed. Wech.*) Voici ce que dit CASSIODORE, (ou plûtôt PIERRE *de Blois*) dans son Traité de l'Amitié : " Si la Main, à la faveur des „ Yeux, s'apperçoit qu'une Epée vient fondre sur quel- „ que autre de nos Membres, elle s'expose aux coups „ de cette Epée, sans penser à son propre danger, & „ craignant plus pour l'autre Membre, que pour soi- „ même. . . . . Ainsi ceux qui rachétent la vie de „ leurs Maîtres par leur propre sang, font bien, de „ sacrifier leur propre conservation à celle d'autrui : car „ la Conscience leur dictant, qu'ils doivent être fidè- „ les à leurs Maîtres, il semble aussi raisonnable qu'ils „ aient plus de soin de la vie de leurs Maîtres, que „ de leur propre vie. . . . . . On peut donc inno- „ cemment (dit-il encore plus bas) exposer son Corps „ à la mort, par un principe de Charité, & sur tout „ quand il s'agit de la conservation de plusieurs person- „ nes. *Si manus, oculorum obsequio, vibratum in aliud membrum senserit gladium imminentem, ipsa suum minimè discrimen attendens, plus alii quàm sibi timens, gladium excipit. . . . Proinde qui morte propriâ Dominos suos à morte redimunt, rectè quidem hoc faciunt, si potius salutem animæ suæ, quàm liberationem alieni corporis in caussâ constituunt. Quum enim eis conscientia dictet, quòd fidem Dominis suis debeant exhibere, videtur etiam consonum rationi, quòd sua vita corporali vitam Dominorum debeant anteferre. . . . Dilectione itaque, & maximè pro salute multorum, potest quis salubriter morti suum corpus exponere.* GROTIUS.

tat a les yeux, doit être plus cher que tout autre. Selon (9) St. Ambroise, *chacun trouve beaucoup plus de plaisir à sauver la Patrie, qu'à se tirer soi-même d'affaires.* Deux personnages de l'Antiquité, *Callistrate* & *Rutilius*, le prémier Athénien, l'autre Romain, ne voulurent point être rappellez d'exil, *parce*, dit encore Seneque, (10) *qu'il valloit mieux que deux personnes souffrissent injustement, que si leur retour eût exposé l'Etat à quelque péril.*

§. X. 1. Pour revenir aux injures dont on est menacé en sa propre personne; il y a des gens qui (a) croient, que, quand quelcun veut nous donner un *Soufflet*, ou nous faire quelque autre semblable insulte, on peut repousser un tel Ennemi jusqu'à le tuer. (1) Et j'avouë, qu'à ne considérer que la *Justice Explétrice* ou rigoureuse, il n'y a rien là que de légitime. Car, quelque inégalité qu'il y aît entre la mort de l'Aggresseur, & le Soufflet dont il nous menace; il n'en est pas moins vrai que, dès-là que quelcun se dispose à nous faire une injure, il nous donne par cela même contre lui un droit (2) illimité, ou un pouvoir moral d'agir contre lui à l'infini, si l'on ne peut se garantir autrement de ses insultes. La Charité toute seule ne nous impose pas non plus par elle-même une obligation indispensable d'épargner l'Offenseur en ce cas-là. Mais la Loi de l'Evangile a rendu entiérement illicite la défense poussée si loin pour un tel sujet: car Nôtre Seigneur Jesus-Christ veut qu'on se laisse donner un Soufflet, plûtôt que de faire aucun mal à l'Aggresseur, d'où il s'ensuit, qu'il défend, à beaucoup plus forte raison, de le tuer, pour éviter le Soufflet.

(a) *Soto*, ubi supra, *Navarr.* Cap. XV. *num.* 3. *Sylvest.* in verbo *Homicidium*, 1. Qu. 5. *Lud. Lopez*, Cap. LXII.

2. Cet exemple nous doit empêcher d'entrer dans la pensée de (b) Covarruvias, qui pose pour principe, Que les idées du Droit Naturel, étant renfermées dans l'étenduë de la Connoissance Humaine, on ne peut pas dire qu'il y aît rien de permis par la Raison Naturelle, qui ne soit en même tems permis devant Dieu, lequel est la Nature elle-même. (3) Car Dieu est l'Auteur de la Nature à la vérité, mais en sorte que, quand il lui plaît, il agit d'une maniére au dessus de la Nature: ainsi il a droit de nous prescrire des Loix, sur les choses même qui sont libres & indéterminées de leur nature, & à plus forte raison de nous imposer une obligation indispensable de faire des choses naturellement honnêtes, quoi que non obligatoires.

(b) *Ubi supra*, §. 1.

3. Au reste, il y a lieu d'être surpris, que, nonobstant une déclaration aussi claire de la volonté de Dieu, que celle qu'on trouve dans l'Evangile, il se trouve des Théologiens, (c) & des Théologiens Chrétiens, qui croient non seulement qu'on peut tuer légitimement un Aggresseur, pour éviter un Soufflet, mais encore après l'avoir reçû, si celui qui l'a donné s'enfuit; car alors, disent-ils, il faut recouvrer son honneur. Cette pensée est fort contraire & à la Piété, & à la Raison. Car l'Honneur n'étant autre chose que l'opinion qu'on a des qualitez distinguées de quelcun; celui qui souffre une telle injure, témoigne par là une patience au dessus du Commun; & ainsi, bien loin de faire brêche à son honneur, il l'augmente. Que si quelques personnes, par l'effet d'un mauvais goût, donnent à cette Vertu des titres qui ne lui conviennent point, &

(c) *Navarr.* Cap. XV. *Henr.* de irregul. Cap. XI. *Victor.* de Jure Belli, *num.* 5.

(9) *Multoque sibi unusquisque arbitretur gratius, excidia patriæ repulisse, quam propria pericula.* De Offic. *Lib.* III. *Cap.* III. *sub fin.*

(10) *Qui* [Callistratus, & Rutilius] *reddi sibi penates suos noluerunt clade communi, quia satius erat duos iniquo malo adfici, quam omnes publico.* De Benefic. *Lib.* VI. *Cap.* XXXVII.

§. X. (1) Voiez, sur cette question, Pufendorf, *Droit de la Nat. & des Gens, Liv.* II. *Chap.* V. §. 12. à quoi on peut joindre le Commentaire de Mr. Van der Muelen sur ce paragraphe de l'Auteur, que nous avons presentement en main.

(2) Apollodore raconte, que *Linus*, frére d'*Orphee*, étant venu à *Thébes*, & y aiant été reçû au nombre des Citoiens, y fut tué par *Hercule*, d'un coup de luth, parce qu'il l'avoit battu. *Hercule* étant accusé de ce meurtre en Justice, ne fit qu'alléguer la Loi de *Rhadamanthe*, qui déclaroit *innocent quiconque se seroit defendu contre une personne qui l'insultoit.* Οὗτος δὲ [Λῖνος] ἦν ἀδελφὸς Ὀρφέως· ἀφικόμενος δὲ εἰς Θήβας, καὶ Θηβαῖος γενόμενος, ὑπὸ Ἡρακλέους τῇ κιθάρᾳ πληγεὶς ἀπέθανεν· ἐπιπλήξαντα γὰρ αὐτὸν ὀργισθεὶς ἀπέκτεινε· δίκην δὲ ἐπαγόντων τινῶν αὐτῷ φόνου, παρανέγνω νόμον Ῥαδαμάνθυος λέγοντος, Ὃς ἂν ἀμύνηται τὸν χειρῶν ἀδίκων ἄρ-

& la tournent ainsi en ridicule ; ces faux jugemens ne changent point la nature même de la chose, & ne diminuent rien de son vrai prix. Et c'est ce qui a été reconnu non seulement des prémiers Chrétiens, mais encore des anciens Philosophes, qui, comme nous l'avons remarqué (d) ailleurs, ont dit, qu'il y a de la bassesse d'ame à ne pouvoir souffrir un outrage.

(d) *Liv.* I. *Chap.* II. §. 8. *num.* 5.

4. De là il paroît encore, combien est à rejetter ce qu'enseignent (e) la plûpart des Casuistes, que, quand même on pourroit fuïr sans péril, la Défense de soi-même poussée jusqu'à tuer l'Aggresseur, ne laisse pas d'être permise, c'est-à-dire, par le Droit Divin ; car je ne conteste pas qu'elle le soit par le Droit Naturel tout seul. La raison qu'ils alléguent, c'est que la fuite est honteuse, sur tout pour un Gentilhomme. Mais il n'y a point ici de véritable deshonneur ; ce n'est qu'une vaine imagination, qui doit être méprisée de tous ceux qui ont à cœur la Vertu & la Sagesse. En quoi je suis ravi d'avoir pour moi, parmi les Jurisconsultes, le célébre (f) CHARLES DU MOULIN.

(e) *Soto*, Artic. 8. ubi supra, Quæst. V. Doctores in Leg. III. Dig. *de Just. & Jure*; & in Leg. I. Cod. *Unde vi*. *Vasquez*, ubi supra, Cap. XVIII. *num.* 13, 14. *Sylvest.* in verbo *Bellum*, p. 2. n. 4.

(f) In *Addit. ad Alex.* Cons. CXIX.

5. Ce que j'ai dit d'un Soufflet, & de la fuite, par laquelle on peut l'éviter, je le dis aussi de toutes les autres choses, qui ne donnent aucune atteinte au vrai Honneur. Quand même quelcun débiteroit, sur nôtre compte, des choses capables de nous faire du tort dans l'esprit des Honnêtes-gens, cela ne nous autoriseroit nullement à le tuer. S'il y a (g) des Auteurs qui soûtiennent le contraire, c'est une opinion très-erronée, & qui choque même les principes du Droit Naturel: car ce n'est pas un bon moien de défendre nôtre réputation, que de tuer celui qui l'attaque.

(g) *Petr. Navarr.* Lib. XI. Cap. III. *num.* 376.

§. XI. 1. VENONS maintenant aux *injures qui menacent nos* BIENS. (1) Et ici j'avouë d'abord, que, par les régles de la *Justice Explétrice*, ou rigoureuse, il est permis, pour conserver son bien, de tuer, s'il le faut, celui qui veut nous le prendre. Car l'inégalité qu'il y a entre les Biens & la Vie est compensée, selon ce que nous avons dit (a) ci-dessus, en ce que la cause de l'Innocent est favorable, au lieu que celle du Voleur est odieuse. D'où il s'ensuit, qu'à considérer ce Droit tout seul, on peut tirer sur un Voleur, qui s'enfuit avec nôtre bien, si l'on ne voit pas jour autrement à le recouvrer. *Ne seroit-ce pas*, disoit DEMOSTHENE, (2) *une chose très-dure & très-injuste, une chose contraire non seulement aux Loix écrites, mais encore à la Loi commune de tous les Hommes, qu'il ne me fût pas permis d'user de violence, pour arracher mon bien des mains de celui qui me l'emporte de vive force, & qui exerce ainsi contre moi un acte d'hostilité?*

(a) Dans le §. X. *num.* 1.

2. Il n'y a non plus en cela, mis à part toute Loi Divine & Humaine, rien d'incompatible avec les Régles de la Charité, qui imposent une obligation indispensable : à moins qu'il ne s'agisse d'une chose de très-peu de prix, qui par cette raison ne vaille pas la peine d'être conservée ; exception que quelques-uns ajoûtent ici judicieusement.

§. XII. 1. ON dispute sur le sens (1) d'une Loi de MOISE (2) qui permet de tuer pour cause de larcin ; Loi, à laquelle est conforme une (3) ancienne Loi de *Solon*, rap-

ἀμύνηται, ἀθῷον εἶναι. Bibliothec. *Lib.* II. (Cap. IV. §. 9. *Edit. Paris. Galei.*) GROTIUS.

(3) ZIEGLER a remarqué, que ce Jurisconsulte Espagnol ne soûtient point ce que nôtre Auteur lui attribue, & qu'il raisonne en supposant qu'il n'y ait point ici de Loi Divine Positive, qui ôte le droit que chacun a naturellement.

§. XI. (1) Voiez PUFENDORF, *Droit de la Nat. & des Gens*, Liv. I. Chap. V. §. 16. & ce que j'ai dit sur l'Abregé des *Devoirs de l'Homme & du Citoien*, Liv. I. Chap. V. §. 23. de la troisiéme & quatriéme Edition.

(2) Ἔστ' οὖν δεινὸν, ὦ γῆ καὶ θεοὶ, καὶ φανερῶς παράνομον, οὐ μόνον παρὰ τὸν γεγραμμένον νόμον, ἀλλὰ καὶ παρὰ τὸν κοινὸν ἁπάντων ἀνθρώπων νόμον, τὸν ἄγοντα ἢ φέροντα βίᾳ τἀμὰ, ἐν πολεμίου μοίρᾳ, μὴ ἐξεῖναί μοι ἀμύνασθαι ; Orat. adversus Aristocrat. *pag.* 436. A. *Edit. Basil.* 1572.

§. XII. (1) On trouvera ceci examiné dans le Texte, & dans les Notes, sur PUFENDORF, *Droit de la Nat. & des Gens*, Liv. II. Chap. V. §. 17, 18.

(2) Voiez ci-dessus, *Liv.* I. *Chap.* III. §. 2. *num.* 3.

(3) On l'a citée dans l'endroit, que je viens d'indiquer.

rapportée par DEMOSTHENE, & la Loi des (4) *XII. Tables*, formée sur ce modéle; comme aussi une (5) des maximes de PLATON. Toutes ces Loix s'accordent en ce qu'elles distinguent un *Voleur de nuit*, d'avec un *Voleur de jour*: mais on ne convient pas de la raison sur quoi est fondée cette différence. Quelques-uns (a) la réduisent uniquement à ceci, c'est que pendant la nuit on ne peut pas distinguer si celui qui vient voler est un simple Larron, ou un Assassin; & qu'ainsi on peut le tuer comme Assassin. D'autres (b) croient, que c'est parce que le Voleur ne pouvant être connu dans l'obscurité de la nuit, on ne voit pas moien de recouvrer autrement ce qu'il emporte. Pour moi, il me semble que les Législateurs n'ont eû proprement en vuë ni l'une ni l'autre de ces raisons. Ils ont plûtôt voulu donner à entendre par là; que l'on (6) ne doit jamais tuer personne directement & précisément pour la conservation de nôtre bien; ce qui arriveroit, par exemple, si l'on tiroit sur un Voleur (7) qui s'enfuit, pour recouvrer, en le tuant, ce qu'il nous a pris: mais que, si l'on court risque soi-même de la vie, on peut alors se garantir du danger, en le faisant retomber sur la vie de l'Aggresseur. Et il n'importe qu'on se soit mis soi-même dans ce danger, en voulant sauver son bien, ou l'enlever au Ravisseur, ou prendre le Larron: car en tout cela on ne se rend coupable de rien, & l'on ne fait tort à personne, puis que l'action est licite, & qu'on use de son droit.

(a) *Soto*, ubi supra; *Mathesilanus*, Notabil. 135. *Jas.* & *Com.* in Inst. *de Act.* princ. *Covarruvias*, ubi supra, §. 1. *num.* ibi, *decimo*: *Less.* Dub. XI. *num.* 68.

(b) *Covarruv.* ubi supra: *Augustin* cit. in C. *Si perfodiens*: De Homicid. *Lessius*, d. Cap. IX. Dub. XI. *num.* 66.

2. La différence que les Loix mettent entre un Voleur de nuit, & un Voleur de jour, vient donc de ce que, pendant la nuit, il n'y a guéres moien d'avoir des témoins: de sorte que, si on trouve mort le Voleur, on en croit plus aisément le Maître de la Maison

(4) [Voiez le même endroit.] On peut ajoûter à cela une Loi des *Wisigoths*, Lib. VII. Tit. II. XVI. & le *Capitulaire* de CHARLEMAGNE, Lib. V. Cap. 191. Par une Loi des *Lombards*, celui qui entre de nuit dans la Cour d'une Maison d'autrui, peut être tué; à moins qu'il ne se laisse lier. GROTIUS.

(5) Νύκτωρ φῶρα εἰς οἰκίαν εἰσιόντα ἐπὶ κλοπῇ χρημάτων ἐὰν ἑλὼν κτείνῃ τις, καθαρὸς ἔστω. De Legib. *Lib.* IX. *pag.* 874. B. Tom. II. *Ed. H. Steph.*

(6) Ce n'est point là l'esprit des Loix: elles ont au contraire supposé manifestement, que la defense des Biens, lors qu'il n'y a pas d'autre expedient pour les conserver, autorise à tuer le Voleur, tout de même que la défense de la Vie. Pour ce qui est de la pensée en elle-même, Qu'on ne doit pas tuer *précisément & directement* pour conserver son bien; elle ne peut être admise qu'en ce sens, c'est que celui qui trouve un Voleur dans sa Maison ne doit pas se proposer directement & principalement de le tuer, mais seulement au defaut de tout autre moien d'user du droit que chacun a de conserver son bien: or cela a lieu aussi par rapport à un Aggresseur qui en veut à notre vie, comme on l'a remarqué ci-dessus, §. 4. *num.* 2. Nôtre Auteur ne s'accorde pas trop bien ici avec lui-même. Il ne veut pas que *l'on tire sur un Voleur qui s'enfuit, afin de recouvrer ce qu'il emporte*, parce que ce seroit le tuer directement & précisément pour la conservation des Biens: & cependant il dit, dans la période suivante, que l'on peut le tuer, pour lui *enlever* ce qu'il emporte, ou pour le *prendre* lui-même: or cela suppose que le Voleur s'enfuit, & par conséquent qu'on n'a rien à craindre de sa part pour ce qui est de sa vie. D'ailleurs, PUFENDORF a très-bien remarqué, que s'il n'etoit pas permis de tuer quelcun precisement & directement pour conserver les biens qu'il veut nous ravir ou qu'il emporte actuellement, il ne seroit pas non plus permis de defendre ou de poursuivre son bien jusqu'a se mettre dans la nécessite de tuer le Voleur, qui, plûtôt que de lâcher prise, attaque nôtre vie, à laquelle il n'avoit pas eu d'abord dessein d'attenter. Voiez la Note suivante.

* (7) C'est ainsi que portent toutes les Editions de l'Original: *Si fugientem telo prosternerem* &c. Mais je ne doute pas qu'il n'y ait ici un mot de sauté, & qu'il ne faille lire: *Si fugientem* INERMEM *telo prosternerem* &c. La suite du discours le demande nécessairement: car il faut supposer le Voleur *sans armes*, pour que le cas, dont il s'agit, soit different du cas suivant, dans lequel le Voleur s'enfuit aussi; & c'est-là dessus que nôtre Auteur fonde la différence entre un Voleur de nuit, & un Voleur de jour. La ressemblance d'*inermem* avec les derniéres syllabes de *fugientem*, a fait éclipser le prémier mot, sans que l'Auteur se soit jamais apperçû de cette omission, qui obscurcit entierement sa pensée: & je n'y avois pas encore pris garde moi-même, lors que je publiai mon Edition Latine. Cependant, pour ce qui regarde le fond de la chose, l'opinion de nôtre Auteur demeure toûjours exposée à la difficulté dont je viens de parler, à la fin de la Note precedente.

(8) La conséquence n'est pas juste. Tout ce qu'on peut inferer de là, c'est que les Loix des *XII. Tables* supposoient, que, pendant la nuit, on ne peut guéres recouvrer son bien qu'en tuant le Voleur qui veut nous le prendre, ou qui l'emporte, parce que, pour l'ordinaire, on ne connoit pas le Voleur, & par conséquent, si on le laisse faire ou si on le laisse aller, il n'y a plus moien de recouvrer ce qu'il tient: que si on connoit le Voleur, on a tout lieu de croire qu'il s'évadera avec nôtre bien, pour se derober aux poursuites de la Justice. Au lieu que, pendant le jour, ou le Voleur lâche prise, des qu'il se voit découvert, ou bien il est ordinairement facile de le connoître, ou de le prendre, avec le secours des Voisins. Mais comme il peut arriver qu'un Voleur de jour, dans l'espérance de se sauver avec sa proie, jouë de son reste, & se défende à main armée; la Loi permet alors au Propriétaire de le tuer, parce qu'il a autant à craindre de ne pas recouvrer son bien, que si la chose arrivoit de nuit; sur

son, qui dit l'avoir tué pour défendre sa vie, à laquelle il y avoit tout lieu de croire que le Voleur en vouloit, puis qu'il étoit armé de quelque instrument dangereux; car c'est ce que suppose la Loi de Moïse, qui parle d'un Voleur *que l'on a trouvé perçant*; ou, comme d'autres traduisent, peut-être plus exactement, *qui a été surpris avec un instrument à percer*; sens que les plus habiles Rabbins donnent au mot de l'Original, dans un passage de (c) Jeremie. Il y a dans la Loi des XII. Tables quelque chose qui nous méne à expliquer ainsi celle des anciens *Hébreux*: car les Décemvirs, après avoir défendu de tuer un Voleur de jour, y ajoûtent cette exception; *à moins qu'il ne se défende avec quelque arme.* La (8) présomtion est donc, qu'un Voleur de nuit s'est défendu avec quelque arme, quelle qu'elle soit; car le terme de l'Original renferme, & les Instrumens de fer, & les Bàtons, & même les Pierres, comme le Jurisconsulte Cajus le (9) remarque, en expliquant la Loi dont il s'agit. Ulpien témoigne d'autre côté, que, quand la Loi accorde l'impunité à celui qui a tué un Voleur de nuit, (10) cela ne doit s'entendre qu'au cas qu'il n'eût pas pû épargner la vie du Voleur, sans courir risque lui-même de la sienne, c'est-à-dire, en voulant sauver son bien. Si donc il y a des Témoins, par la déposition desquels on soit assûré, que celui qui a tué un Voleur de nuit n'étoit pas dans la nécessité de le faire pour sauver sa vie; alors la présomtion, dont je viens de parler, cesse, & par conséquent le Propriétaire est coupable d'Homicide.

(c) *Jérém.* II, 34.

3. Ajoutez à cela, que, tant par rapport aux Voleurs de nuit, que par rapport à ceux de jour, la Loi des *XII. Tables*, comme nous l'apprenons du Jurisconsulte Caius, (11)

sur tout lors que le Voleur n'est point connu.

(9) *Furem interdiu deprehensum non aliter occidere* Lex Duodecim Tabularum *permisit, quàm si telo se defendat.* Teli *autem adpellatione & ferrum, & fustis, & lapis, & denique omne quod nocendi caussâ habetur, significatur.* Digest. Lib. XLVII. Tit. II. *De Furtis*, Leg. LIV. §. 2.

(10) *Furem nocturnum si quis occiderit, ita demum impune feret, si parcere ei sine periculo suo non potuit.* Digest. Lib. XLVIII. Tit. VIII. *Ad Leg. Cornel. de Sicariis* &c. Leg. IX. Mr. Noodt, dans ses *Probabilia Juris*, Lib. I. Cap. IX. & dans son Traité *Ad Legem Aquiliam*, Cap. V. a prouvé, ce me semble, par des raisons fort plausibles, que cette Loi a été mal placée ici par Tribonien, & qu'elle devoit être mise au Titre de la *Loi Aquilienne*, laquelle regardoit la réparation du dommage causé par celui qui avoit tué un Esclave d'autrui, & non pas la peine de l'Homicide. Il se fonde 1. Sur ce que la *Loi Cornélienne* ne punissoit que les meurtres commis malicieusement & de propos deliberé (*dolo*) & qu'en particulier, à l'egard de celui dont il s'agit, elle étoit tout-à-fait conforme aux Loix des *XII. Tables*, qui permettoient de tuer tout Voleur de nuit, sans distinction d'aucun cas; comme il paroit par des passages clairs de Ciceron, *Orat. pro Milon.* Cap. III. d'Ulpien, *Collat. Legum Mosaic. & Romanarum*, Tit. VII. §. 2. & de Paul, autre Jurisconsulte, *ibid. ex Lib. V. Sentent. Ad Leg. Cornel. de Sicariis* &c. Tit. XXIII. §. 9. A quoi on peut joindre un passage de St. Augustin, rapporté dans les Decretales, Lib. V. Tit. XII. *De Homicidio volunt. vel casuali*, Cap. 3. Il est vrai qu'Ulpien, dans l'endroit qui vient d'être cité, & dans un autre de ses fragmens, Digest. Lib. IX. Tit. II. *Ad Leg. Aquil.* Leg. V. *princ.* semble dire, que, quand on tuë un Voleur de nuit, que l'on pouvoit prendre, on encourt la peine de la *Loi Cornélienne.* Mais il y a apparence que cet ancien Jurisconsulte a écrit, sans y penser, *Lege Cornelia*, pour *Lege Aquilia*; comme le croit le Savant & judicieux Professeur, dont je rapporte le sentiment: ou peut-être que les Copistes aiant fait cette faute dans l'un des deux fragmens, on l'a suivie ensuite dans l'autre, croiant corriger le texte; ou peut-être encore qu'il s'est trouvé par hazard que les Copistes ont fait la même faute dans les deux endroits, car tout cela est possible, & il peut y avoir d'autres causes, que nous ne connoissons pas. 2. Une autre raison de Mr. Noodt, c'est que la Loi, dont il s'agit, est tirée du *Liv. XXXVII. sur l'Edit* du Préteur: or il paroit par plusieurs autres endroits du même Livre, rapportez ailleurs, qu'il n'y étoit point traité des Causes d'Homicide, ou d'aucune autre Cause Publique, mais de quelques Causes Particuliéres. 3. Enfin, dans le fragment d'Ulpien, que la *Collatio Legum Mosaicarum & Romanarum* nous a conservé, il s'agit uniquement de la *Loi Aquilienne*, & avant, & après l'endroit ou ces mots, *Ergo etiam Lege Corneliâ tenebitur*, se trouvent, sans qu'on voie à quel propos. Ainsi il est fort vraisemblable, que c'est une faute d'écriture, d'où qu'elle vienne. & par conséquent que dans la Loi IX. *Ad Legem Corneliam* &c. qui est du même Jurisconsulte, *impunè ferre* signifie simplement, *être exemt des dommages & intérêts.* C'est ainsi qu'on trouve *innoxium esse*, au Titre *de Lege Aquilia*, Leg. XLV. §. 4. pour exprimer la même chose. J'ajoûte, que l'adverbe même *impunè* est emploié precisément dans le même sens par le Jurisconsulte Marcellus, lors qu'il dit, que, si quelcun aiant promis de donner un Esclave, le trouve depuis en flagrant délit, il peut le tuer *impunément*, & sans que celui, à qui il devoit le remettre en vertu de la stipulation faite dans les formes, ait action en Justice contre lui pour dédommagement du defaut d'exécution de la promesse: *Qui servum mihi ex stipulatu debebat, si in facinore eum deprehenderit,* IMPUNE *eum occidit, nec mihi actio erit in eum constituenda.* Digest, Lib. XLV. Tit. I. *De verborum obligat.* Leg. XCVI. Quoi qu'il en soit, les raisons de Mr. Noodt me paroisTom. I.

(11) vouloit que celui, qui les avoit surpris, se mît d'abord à crier; afin que, s'il étoit possible, les Magistrats ou les Voisins accourussent, pour le secourir, ou pour lui servir de témoins. Or comme, pendant le jour, il est plus facile d'avoir cette ressource, que pendant la nuit, ainsi que le remarque le (12) Commentateur ULPIEN, sur le passage de DEMOSTHENE que j'ai indiqué; on en croit plus aisément celui qui aiant tué un Voleur de nuit, assûre qu'il en est venu à cette extrémité pour sauver sa vie, que celui qui l'a tué en plein jour: de même que la Loi de *Moïse* (d) veut que, quand une Fille dit avoir été forcée, on y ajoûte foi, si la chose s'est passée à la Campagne; mais non pas (13) si ç'a été dans une Ville, où elle devoit crier au secours, & elle pouvoit en avoir.

(d) *Deuter.* XXII, 23, & *suiv.*

4. Une autre raison, à quoi il faut faire attention ici, c'est que, quand même toutes choses seroient d'ailleurs égales, on ne peut pas si bien découvrir ce qui arrive la nuit, ni si bien connoître la nature & la grandeur du péril; & par conséquent on en est plus effraié, que de ce qui arrive pendant le jour.

5. Concluons, que le Droit Romain, aussi bien que la Loi des *Juifs*, prescrit ici aux Citoiens la même chose, que les Régles de la Charité; je veux dire, de ne tuer personne uniquement pour cause de larcin, mais seulement lors qu'en voulant conserver son bien, on court risque de la vie. Le Rabbin MOÏSE, *fils de Maimon*, remarque, qu'un Particulier ne peut innocemment en tuer un autre, que pour sauver une chose dont la perte est irréparable, telle qu'est la Vie ou l'Honneur.

§. XIII. 1. MAIS que dirons-nous de la *Loi Evangélique*? Croirons-nous, qu'elle donne la même permission, que la Loi de MOÏSE accordoit? ou bien, qu'elle est ici, comme en d'autres choses, plus parfaite que l'ancienne Loi des *Hébreux*? Pour moi, je ne doute nullement que, dans le cas dont il s'agit, l'Evangile ne demande quelque chose de plus. Car si Nôtre Seigneur JESUS-CHRIST veut (a) qu'on *abandonne le Manteau à celui qui cherche à nous enlever la Tunique*; (1) si l'Apôtre ST. PAUL veut (b) *qu'on souffre quelque injustice, plûtôt que d'entrer en procès contre quelcun*; combat néanmoins qui n'est pas sanglant: combien plus doivent-ils nous imposer la nécessité

(a) *Matth.* V, 40.

(b) *I. Corinth.* VI, 7.

roissent bien fondées, depuis même que j'ai vû un Ouvrage, où l'on a entrepris de les refuter; je veux dire les *Observationes Juris Romani* de Mr. VAN DE WATER, un de ses Disciples, *Lib.* I. *Cap.* XVIII. Le célébre Mr. SCHULTING, Collégue & Parent de Mr. NOODT, reconnoit, que dans les deux fragmens d'ULPIEN, il étoit traité de la *Loi Aquilienne*: cependant il a de la peine à laisser chasser la *Loi Cornelienne* de cet endroit, où l'on prétend qu'elle n'a que faire. Il a besoin, pour cela, de restreindre la généralité des termes dont s'est servi l'ancien Jurisconsulte: & il avouë après tout, que l'explication du passage est très-difficile, en supposant qu'il n'y a point de faute. On pourra voir ce qu'il dit là-dessus dans ses excellentes Notes sur la JURISPRUDENTIA ANTE-JUSTINIANEA, pag. 760.

(11) *Lex* DUODECIM TABULARUM *furem noctu deprehensum occidere permittit: ut tamen id ipsum cum clamore testificetur.* DIGEST. Lib. IX. Tit. II. *Ad Leg. Aquil.* Leg. IV. §. 1. Ce qui vient d'être dit, dans la *Note* précédente, doit faire d'abord penser, que cette condition ne peut être dans la Loi des XII. TABLES, qui permettoient purement & simplement de tuer un Voleur de nuit: Mr. NOODT allégue aussi des raisons fort plausibles, (*Observ.* Lib. I. Cap. XV.) pour montrer qu'il s'agit ici non de la punition du meurtre, décernée par la *Loi Cornilienne*, mais de la réparation du dommage, laquelle se rapportoit à la *Loi Aquilienne*, & même qu'à cet égard les Jurisconsultes avoient adouci la rigueur du Droit, en insinuant qu'on devoit se contenter que celui qui trouvoit chez soi un Esclave d'autrui, venu de nuit pour dérober, criât au Voleur, avant que de le tuer: au lieu qu'auparavant il étoit fort difficile de prouver qu'on y avoit été contraint par la nécessité de défendre sa propre vie, & par conséquent d'éviter le dédommagement, auquel on étoit tenu envers le Maître, pour peu qu'il y eut eu moien de se garantir du péril, sans tuer l'Esclave. D'autres, comme JAQUES GODEFROI, (*ad LL.* XII. TABB. *pag.* 58.) & après lui Mr. SCHULTING (*Jurisp. Ante*). pag. 508. & 759.) aiment mieux regarder ces paroles, *ut tamen id ipsum cum clamore testificetur*, comme une addition de TRIBONIEN. Mais, à quelle opinion qu'on se range la pensée de nôtre Auteur est toûjours également mal fondée.

(12) Ἐν νυκτὶ δὲ μείζονα τὴν τιμωρίαν ἔδωκεν, ἐπειδήπερ μεῖζόν ἐστι τὸ ἔγκλημα τῆς νυκτός· ἐν γὰρ ἡμέρᾳ δύναταί τις καὶ βοηθοὺς καλέσαι ἑαυτῷ. ἐν δὲ νυκτὶ οὐκ ἔστι. Pag. 265. *Edit. Bas.* 1572.

(13) PHILON, *Juif*, dans l'explication de cette Loi, remarque judicieusement, que ce qu'elle dit de la différence du lieu où un Homme a couché avec une Fille, est allégué seulement comme l'exemple le plus commun des cas auxquels une Fille est forcée; & non pas comme s'il falloit toûjours avoir égard à cette seule circonstance, pour condamner ou absoudre la Fille. Car, ajoûte-t-il, il peut arriver & qu'un Homme ait em-

cessité d'abandonner des choses même de plus grande importance, plûtôt que de tuer un Homme, fait à l'image de DIEU, & descendu d'un même Pére, commun à tout le Genre Humain? Si donc on peut sauver son bien, sans s'exposer au danger de commettre un meurtre, à la bonne heure; sinon, il faut sacrifier ce que le Voleur emporte: à moins peut-être qu'il ne s'agisse d'une chose d'où dépend nôtre vie & celle de nôtre Famille; car en ce cas-là si on ne voit pas jour à recouvrer un tel bien par les voies de la Justice, à cause que le Voleur, par exemple, est inconnu; & s'il y a d'ailleurs quelque espérance que l'affaire se passera sans qu'il en coûte effectivement la vie au Voleur; rien n'empêche qu'on ne le repousse à toute outrance.

2. Je n'ignore pas que presque tous les Jurisconsultes & les Théologiens Modernes soûtiennent, (c) qu'il est permis, pour sauver son bien, de tuer celui qui veut nous le prendre, & qu'ils étendent même cette permission au delà des bornes que lui donnoient la Loi de MOÏSE & le Droit Romain; car ils disent, que si le (2) Voleur s'enfuit, après avoir pris quelque chose, le Propriétaire peut le poursuivre jusqu'à le tuer. Mais je ne doute point, que l'opinion, pour laquelle je me déclare, ne soit celle des prémiers Chrétiens: & ST. AUGUSTIN en a été aussi pleinement persuadé; car voici comme il parle là-dessus: (3) *Peut-on se flatter d'être exemt de péché devant* DIEU, *lors que, pour des choses qui doivent être méprisées, on trempe ses mains dans le sang d'une Créature Humaine?* Ici donc, comme en matiére de plusieurs autres choses, la (4) Discipline s'est relâchée avec le tems; & l'on a peu-à-peu accommodé l'explication des Loix de l'Evangile aux mœurs du Siécle. (d) Autrefois on imposoit du moins aux Ecclésiastiques la nécessité de suivre l'ancienne maxime: (5) mais à la fin on les a aussi exemtez à cet égard de la sévérité des censures.

(c) *Soto*, ubi supra: *Lessius*, Dub. XI. *num.* 74. *Sylvest.* in verb. *Bellum*, 2. *num.* 3.

(d) *Panorm.* C. II. *De Homic.* *Lessius*, ubi supra.

§. XIV. 1. QUELQUES-UNS demandent, s'il n'est pas vrai du moins que les Loix Civiles, lors qu'elles permettent en certains cas aux Particuliers de tuer un Voleur, rendent par là innocent un tel meurtre, en vertu du droit de Vie & de Mort qu'elles ont incontestablement? Pour moi, je n'ai garde de croire qu'on doive accorder cela. Car, prémiérement, les Loix n'ont pas droit sur la vie de tous les Citoiens pour toute sorte de

empêché une Fille de crier, avant que de la violer, quoi que la chose se passe au milieu de la Ville; & qu'une Fille se laisse volontairement débaucher à la Campagne: [Καὶ περὶ ταύτης μέν τοι πολυπραγμονητέον τῷ δικαστῇ, μὴ πάντ' ἐπὶ τοῖς τόποις ἀναθέντι. δύναται γὰρ κατὰ μέσην τὴν πόλιν ἄκουσα βιάζεσθαι, καὶ ἔξω πόλεως ἑκοῦσα πρὸς ὁμιλίαν ἀθέσμον ἐνδοῦναι· διὸ παγκαλῶς καὶ σοφῶς καλῶς ἀπολογούμενος ὑπὲρ τῆς ἐν ἐρημίᾳ φθειρομένης, φησὶν ὁ νόμος, Ἐβόησεν ἡ νεᾶνις, καὶ βοηθῶν οὐκ ἦν αὐτῇ. ὥστ' εἰ μήτ' ἐβόησε, μήτ' ἠναντιώθη, βουλομένη δὲ συνανέβη, γέγονεν ἀνέγνοχος, σόφισμα τοῦ βιάζεσθαι δοκεῖν προσποιησαμένη τὸν τόπον. καὶ μὴν ἐν πόλει τί γένοιτ' ἂν ἔρημος τῇ πάντ' ἐθελούσῃ ποιεῖν ὑπὲρ τῆς ἰδίας σωτηρίας, ἀδυνατούσῃ δ' ἕνεκα τῆς περὶ τὸν ὑβριστὴν ἰσχύος; τί γὰρ εἰ μετὰ ξίφους ἐπελθὼν, ἢ τὸ στόμα ἀποφράξειν, ὡς μηδὲ φωνὴν ῥῆξαι δύνασθαι, γένοιτ' ἂν ἔρημος ἐν τοῖς συνοικοῦσι; τρόπον γάρ τινα ἤδη μὴν ἐν πόλει διατρίβουσα, κατ' ἐρημίαν ἐστὶν, ἅτε βοηθῶν ἔρημος· ὁ (il faut lire ainsi, au lieu d' ὃ) δὲ, κἂν μυρίοι παρατυγχάνωσι, τῇ δ' ἑκούσῃ συνεταῖρος. λέγοιτ' ἂν οὐδὲν διαφέρειν τῆς ἐν ἄστει.] De Specialib. Legibus (*pag.* 788. D. E. *Edit. Paris.*) GROTIUS.

§. XIII. (1) Tout ce que l'on peut inférer des paroles de Nôtre Seigneur, & de celles de l'Apôtre, c'est que, quand il s'agit d'une chose de peu de conséquence, on ne doit point tuer le Voleur qui veut nous la prendre, ou qui l'emporte. Mais, lors qu'on trouve un Voleur dans sa Maison, on ne sait pas d'abord s'il n'a pris que peu de chose; on a tout lieu de présumer au contraire qu'il a pris beaucoup; car ce n'est pas la coûtume de ceux qui font ce métier, de laisser le meilleur: & quand ils n'auroient eu envie d'abord que d'une certaine chose, l'occasion, comme on sait, fait le Larron.

(2) Voiez ci-dessus, §. 12. *Note* 6.

(3) *Quomodo enim apud eam* [divinam Providentiam] *à peccato liberi sunt, qui pro his rebus, quas contemni oportet, humanâ cæde polluti sunt?* De Libero Arbitrio, *Lib.* I. *Cap.* V. Mais il ne s'agit point là des *Biens*. Le Pére parle uniquement de la défense de la Vie, ou de l'Honneur: on n'a qu'à voir ce qui précéde.

(4) ST. JEROME, dans la Vie de *Malchus*, dit, que, depuis que l'Eglise commença à avoir des Magistrats Chrétiens, elle devint bien plus riche & plus puissante, mais moins vertueuse: *Postquam Ecclesia cœpit habere Christianos Magistratus, facta est quidem opibus major, sed virtutibus minor.* Voiez les DECRETALES, Lib. V. Tit. XII. *De Homicidio voluntario*, Can. X. & Distinct. L. *Ecclesiastici criminosi* &c. Can. XXXVI. GROTIUS.

Le passage de St. JEROME, qui se trouve au commencement de la Lettre citée, est un peu autrement conçû dans l'Original: *Et postquam ad Christianos Principes venit* [Ecclesia] *potentiâ quidem & divitiis major, sed virtutibus minor facta sit.* Pag. 255. B. Tom. I. *Edit. Basil.*

(5) Nôtre Auteur veut parler de la liberté qu'ont

 euë

de crimes, mais seulement pour ceux qui sont d'une énormité à mériter la mort par eux-mêmes. Or je trouve très-vraisemblable l'opinion de SCOT, qui soutient qu'il n'est pas permis de condamner qui que ce soit au dernier supplice, pour (1) d'autres Crimes que ceux qui étoient punis (2) de mort par la Loi de MOÏSE: j'ajoûte seulement, ou pour ceux qui sont d'une égale atrocité, à en juger sainement. En effet, il semble que, dans une affaire de si grande conséquence, on ne sauroit mieux connoître la volonté de DIEU, seule capable de mettre la Conscience en repos, que par cette sainte Loi, qui certainement ne décernoit point la peine de mort contre un Larron.

2. De plus, les Loix ne doivent pas donner & ne donnent pas ordinairement aux Particuliers, le droit de tuer ceux même qui ont mérité la mort, à moins qu'il ne s'agisse de Crimes très-atroces; autrement ce seroit en vain que l'on auroit établi des Tribunaux de Justice. Si donc une Loi permet de tuer un Voleur, elle doit être censée accorder seulement l'impunité, & non pas donner en même tems un (3) vrai droit.

§. XV. DE ce que nous avons dit il paroît, qu'il y a deux cas où un Particulier peut innocemment se battre en *Combat singulier*: l'un est, lors que l'Aggresseur (1) permet à l'autre de se défendre, bien résolu autrement de le tuer sans combat: l'autre est, quand un Prince ou un Magistrat fait battre ensemble deux hommes qui ont mérité la mort. En ce dernier cas, il est permis à chacun des Criminels de profiter du moien qu'on lui offre, pour tâcher de sauver sa vie: mais celui qui ordonne un tel combat, semble pécher contre son devoir; car s'il croit qu'il suffise de faire mourir l'un des criminels, il vaudroit mieux s'en remettre à la (2) décision du sort.

§. XVI. 1. TOUT ce que nous avons établi jusqu'ici, sur le droit de se défendre soi-même & ses biens, regarde principalement les Guerres de Particulier à Particulier: mais on doit aussi (1) l'appliquer aux Guerres Publiques, avec quelque différence. Car, prémiérement, dans une Guerre de Particulier à Particulier, le droit de la Défense ne dure, pour ainsi dire, qu'un moment, & il finit aussi tôt que l'on trouve moien d'aller en Justice. Au lieu qu'une Guerre Publique ne s'élevant qu'entre ceux qui ne reconnoissent point de Juge commun, ou lors que (2) l'exercice de la Justice est interrompu; le droit de se défendre a ici quelque durée, & il s'entretient continuellement par les nouveaux dommages & les nouvelles injures que l'on reçoit.

2. De plus, dans une Guerre de Particulier à Particulier, on ne considére presque que la simple Défense: au lieu que les Puissances, qui entrent en guerre, ont, avec le droit

enë les Ecclésiastiques, dans les derniers Siécles, de faire la Guerre, & de commander les Armées: au lieu que, selon l'ancienne Discipline, ils ne pouvoient pas même tuer quelcun, en se défendant, sans encourir les peines portées par les Canons. Voiez CONRAD. RITTERSHUS. *Differ. Juris Civil. & Canon.* Lib. VI. Cap. VI. & Lib. VII. Cap. XIII. comme aussi les Auteurs qu'on a citez ci-dessus, *Liv.* I. *Chap.* V. §. 4. *Note* 2.

§. XIV. (1) Mais voiez PUFENDORF, *Liv.* VIII. *Chap.* III. §. 26. du *Droit de la Nat. & des Gens.*

(2) Voiez, au sujet des Loix qui punissent de mort un Païsan, pour avoir été à la Chasse, GREGOIRE *de Tours*, Lib. X. Cap. X. JEAN DE SARISBERY, Policratic. Lib. I. Cap. IV. PIERRE *de Blois*, Epist. CXXIX. GROTIUS.

(3) Elle donne un vrai droit, dans tous les cas où la Loi Naturelle & les Régles de la Charité, bien entenduës, le permettent.

§. XV. (1) Quelques Interprètes de nôtre Auteur se battent ici avec leur ombre, en le réfutant au long, comme s'il vouloit parler des *Duels*, proprement ainsi nommez: au lieu qu'il ne traite manifestement que de ce qu'on appelle *Rencontre*, ou du cas auquel on est attaqué sans qu'on l'ait prévû, & sans aucun rendez-vous.

(2) Voiez ce que j'ai dit dans mon *Discours sur la nature du* SORT, §. 20.

§. XVI. (1) AMMIEN MARCELLIN dit, que c'est une Loi générale & perpétuelle, qu'il est permis de se défendre de toute sorte de maniéres, lors qu'on est attaqué par un Ennemi étranger; sans que la Coûtume puisse nous ôter ce droit: *Ita demum hæc & similia contemni oportere firmantes, quum irruentibus armis externis lex una sit & perpetua: salutem omni ratione defendere, nihil renitente vi moris.* Lib. XXIII. (Cap. I.) Voici de quelle maniére l'Empereur *Aléxandre Sévere* parloit là-dessus à ses Soldats: " Celui qui insulte les " au-

droit de se défendre, celui de venger & de punir les injures. D'où vient qu'il leur est permis de prévenir une insulte qui paroit les menacer même de loin; non pas directement à la vérité (car nous avons fait voir ci-dessus que cela est injuste) mais indirectement, en punissant un crime qui n'est que commencé; de quoi nous traiterons (4) ailleurs en son lieu.

§. XVII. MAIS on ne doit nullement admettre ce qu'enseignent quelques Auteurs, (a) que, selon le Droit des Gens, il est permis de prendre les armes, pour affoiblir un Prince ou un Etat, dont la (1) puissance croît de jour en jour; de peur que, si on la laisse monter trop haut, elle ne se mette en état de nous nuire dans l'occasion. J'avouë que, quand il s'agit de délibérer si on doit faire la Guerre ou non, cette considération y peut entrer pour quelque chose, non pas comme une raison justificative, mais comme un motif d'intérêt; en sorte que, si l'on a d'ailleurs un juste sujet de prendre les armes contre quelcun, la vuë de son aggrandissement donne lieu de juger qu'il y a de la prudence, aussi bien que de la justice, à lui déclarer la Guerre; & c'est tout ce que veulent dire les (b) Auteurs que l'on cite là-dessus. Mais que l'on aît droit d'attaquer quelqu'un, par cette seule raison qu'il est en état de nous faire lui-même du mal, c'est une chose contraire à toutes les régles de l'Equité. Telle est la Constitution de la Vie Humaine, qu'on ne s'y trouve jamais dans une sûreté parfaite. Ce n'est pas dans les voies de la Force, mais dans la protection de la Providence, & dans les précautions innocentes, que l'on doit chercher des ressources contre une crainte incertaine.

(a) *Alberic. Gentil.* Lib. I. Cap. XIV.

(b) *Bald.* in Leg. III. *De rerum divis.*

§. XVIII. 1. JE n'approuve pas davantage une autre maxime de ces Auteurs, savoir, (a) que ceux même qui ont donné juste sujet de prendre les armes contr'eux, ne font point de mal en se défendant; parce, dit-on, qu'il y a peu de gens qui se contentent de tirer une vengeance proportionnée à l'injure. Mais cette crainte d'une chose incertaine ne peut pas plus donner droit d'opposer la force à une juste attaque, que la crainte d'être puni trop rigoureusement ne donne droit à un Criminel de se défendre contre les Ministres publics de la Justice, qui veulent le prendre par ordre du Magistrat.

(a) *Alberic. Gentil.* Lib. I. Cap. XIII. *Castr.* Lib. V. *de Justitia.*

2. Celui qui a offensé quelcun, (1) doit d'abord lui offrir satisfaction, au jugement équitable d'un Arbitre; après quoi il pourra en conscience se défendre. C'est ainsi que (a) *Sancherib*, Roi d'*Assyrie*, s'étant mis en campagne contre *Ezéchias*, pour venger l'infraction de l'Alliance que ses Prédécesseurs avoient faite avec lui; *Ezéchias* avoüa sa faute, & se remit à la discrétion de ce Prince pour une amende qu'il vouloit bien lui paier. Le Roi d'*Assyrie* n'aiant pas laissé de continuer à lui faire la guerre, il se mit alors

(a) *II. Rois*, XVIII, 7, 14, & XIX.

„ autres le prémier, se reproche à lui-même son injustice: mais quand on repousse les insultes, la persuasion où l'on est de la bonté de sa cause donne de la confiance, & l'on espére un bon succès, par cette raison qu'on ne fait que se défendre: Καὶ τὸ μὲν ἄρχειν ἀδίκων ἔργων, ἐκ συνειδότος ἔχει τὴν ὀλιγωρίαν· τὸ δὲ τοὺς ὀχλοῦντας ἀμύνεσθαι, ἔκ τε τῆς ἀγαθῆς συνειδήσεως ἔχει τὸ θαρρεῖν, καὶ ἐκ τοῦ μὴ ἀδικεῖν, ἀλλ' ἀμύνεσθαι, ὑπάρχει τὸ εὔελπι. HERODIEN, Lib. VI. (Cap. III. *num.* 8, 9. *Edit. Boecler.*) GROTIUS.

A la fin du passage d'AMMIEN MARCELLIN, cité dans cette Note, l'Edition d'ADRIEN DE VALOIS porte, *nihil* REMITTENTE *vi moris*, selon un ancien MS. Mais la leçon ordinaire, suivie par nôtre Auteur, paroit meilleure: & le passage a été expliqué très-bien par le Savant JAQUES GODEFROI, dans la derniére page du *Tome* V. de son Commentaire sur le CODE THEODOSIEN, où il rapporte ce *vi moris* à la coûtume superstitieuse qu'on avoit, de ne point entreprendre d'Expedition Militaire, sans avoir consulté les Auspices. Il est surprenant que le dernier Editeur n'ait rien dit là-dessus, ni renvoié du moins à la remarque du Jurisconsulte.

(2) *Ubi cessant judicia.* L'Auteur veut parler des Guerres Civiles.

(3) Voiez ci-dessous, *Liv.* II. *Chap.* XX. §. 8.

(4) C'est au même endroit, qui vient d'être cité, §. 39.

§. XVII. (1) Voiez ci-dessous, *Liv.* II. *Chap.* XXII. §. 5. & PUFENDORF, *Liv.* II. *Chap.* V. §. 6. *Liv.* VIII. *Chap.* VI. §. 5. Au reste, BOECLER remarque, qu'ALBERIC GENTIL, à qui notre Auteur en veut ici, comme il paroit par la citation marginale, est au fond de même sentiment, que lui.

§. XVIII. (1) Voiez PUFENDORF, *Liv.* I. *Chap.* V. §. 19. & *Liv.* V. *Chap.* XIII. §. 1. du *Droit de la Nat. & des Gens.*

alors en état de défense, & éprouva la faveur de DIEU. Voici ce que dit *Pontius*, Général des *Samnites*, lors qu'ils eurent rendu aux *Romains* ce qui leur avoit été pris, & qu'ils eurent aussi livré l'Auteur de la Guerre: (2) *Ne vous imaginez pas que nôtre Ambassade aît été inutile: nous avons par là expié la violation du Traité, & prévenu tout ce que nous avions à craindre de la colére de Ciel. Je suis assûré, que les Dieux, qui ont voulu que nous fussions réduits à la nécessité de rendre ce que l'on nous redemandoit en vertu de nos engagemens, n'ont pas voulu pour cela que les Romains rejettassent si fiérement la satisfaction que nous leur avons offerte ...... Que te dois-je encore,* Romain? *Que dois-je faire, pour réparer l'infraction de l'Alliance, & pour appaiser les Dieux, qui en ont été les témoins & les garants? Au jugement de qui dois-je me soûmettre, pour une punition capable de satisfaire ton ressentiment, & d'expier le crime de mon infidélité? Il n'y a ni Peuple, ni Particulier, que je récuse sur ce sujet.* C'est ainsi encore que les *Thébains* (3) aiant offert aux *Lacédémoniens* toute sorte de satisfaction raisonnable, & ceux-ci ne s'en étant pas contentez, ARISTIDE dit, que la bonne cause (4) passa alors du parti des derniers à celui des prémiers.

CHAPITRE II.

Des DROITS COMMUNS à tous les HOMMES.

I. *Combien de choses il y a, qui peuvent être appellées* NÔTRES. II. *Origine du droit de* PROPRIETÉ, *& suites de son établissement.* III. *Qu'il y a des choses qui ne sont pas susceptibles de propriété, comme la* Mer, *ou prise dans toute son étendue, ou dans ses principales parties. Raison de cela.* IV. *Que les* Terres, qui n'ont point de maître, *sont au* PREMIER OCCUPANT; *à moins qu'un Peuple ne s'en soit emparé en gros.* V. *Que les* BETES Sauvages, *les* Poissons, *les* Oiseaux, *sont aussi au premier occupant; tant qu'il n'y a point de Loi, qui le défende.* VI. *Que, dans un cas de nécessité, chacun a droit de se servir des choses appartenantes à autrui. Fondement de ce droit.* VII. *Qu'il n'a lieu, que quand on ne trouve point d'autre ressource:* VIII. *Et lors que le Propriétaire n'est pas réduit à la même nécessité:* IX. *Et enfin avec cette condition, de restituer, dès qu'on le pourra.* X. *Exemple de l'usage de ce droit, dans la Guerre.* XI. *Qu'il est permis de se servir du bien d'autrui, lors qu'on peut en tirer quelque utilité, sans qu'il en coûte rien au Propriétaire.* XII. *Exemple de*

(2) *Ne nihil actum*, inquit [Caius Pontius, Imperator] *hac legatione censeatis: expiatum est quidquid ex foedere rupto irarum in nos caelestium fuit. Satis scio, quibuscumque Diis cordi fuit, subigi nos ad necessitatem dedendi res, quae à nobis ex foedere repetitae fuerant; iis non fuisse cordi, tam superbè ab* Romanis *foederis expiationem spretam. . . . . . Quid ultra tibi*, Romane, *quid foederi, quid Diis arbitris foederis debeo? quem tibi irarum tuarum, quem meorum suppliciorum judicem feram, neminem neque populum, neque privatum fugio.* TIT. LIV. Lib. IX. Cap. I. *num.* 3, 4, 7, 8.

(3) L'Auteur change ici les personnages, & attribuë aux *Thébains* ce que l'Orateur Grec dit des *Lacedémoniens*. D'ailleurs, ARISTIDE ne dit pas même que les *Lacedémoniens* eussent offert une satisfaction raisonnable aux *Thébains*; mais seulement que ceux-ci l'avoient euë par la victoire de *Leuctres*; car il s'agit du secours que les *Lacedémoniens* envoierent demander aux *Athéniens*, lors que les *Thébains*, après cette victoire, vouloient achever de détruire les Vaincus: Ἐπειδὴ γὰρ τυχόντες τῶν δικαίων, ὧν προὔτειναν σπουδάζειν οὐκ ἐπαύσαντο [οἱ Θηβαῖοι], ἐνόμισαν εἰς τὸ τῶν Λακεδαιμονίων ἔγκλημα αὐτοὶ δι' ἐξὸν δικαίως, καὶ μετελήλυθεν ἡ τοῦ πολέμου πρόφασις, ὡς ἦν ἐπ' ἐκείνους τότ' ἐλθεῖν ἔδει. οὐ γὰρ ἂν ἀπεπέμφθησαν ἀμύνοντες· ἀλλ' ἃ κατωρθώκασι μείζονα ζητοῦσι ποιῆσαι. Orat. Leuctric. I. *pag.* 93. Tom. II. *Edit. Paul. Steph.* Voiez XENOPHON, *Hist. Graec.* Lib. VI. Cap. V. §. 33, & *seqq. Ed. Oxon.*

(4) Voiez ce que dit ZONARE (Tom. III.) du Prince de *Chalep* (ou *Alep*) qui avoit offert à l'Empereur ROMAIN *Argyropole*, de demeurer en repos, & de lui paier les arrérages du tribut qu'il lui devoit. MARTIN CROMER, *Hist. Polon.* Lib. XVII. rapporte quelque chose d'approchant, au sujet des *Croisez* (pag. 392. *Edit. Basil.* 1555.) & PHILIPPE DE COMMINES, Liv. VII. de ses *Memoires*, touchant les *Suisses*, qui avoient offert satisfaction à *Charles*, *le Hardi*, Duc de *Bourgogne*, pour une charretée de peaux de brebis, qui avoit été prise à des Marchands. GROTIUS.

Dans le dernier exemple, il y a encore une inadver-

de cela, dans les Eaux courantes. XIII. *Du droit de Passage sur les Terres & les Riviéres appartenantes à autrui.* XIV. *Si l'on peut faire paier quelque chose pour le passage des Marchandises?* XV. *Du droit de séjourner quelque tems en Païs étranger.* XVI. *Du droit de s'établir dans un autre Païs, après avoir été chassé du sien.* XVII. *Comment on peut occuper les lieux déserts qui s'y trouvent.* XVIII. *Du droit qu'on a de faire certaines choses que demandent les nécessitez de la Vie:* XIX. *Comme, d'acheter ce qui est nécessaire pour subsister.* XX. *Si l'on peut exiger que les autres achétent de nous?* XXI. *Ou qu'ils nous permettent de chercher femme chez eux?* XXII. *Du droit de faire ce qui est permis à tous les Etrangers sans distinction.* XXIII. *Que ce droit a lieu en matiére de choses qui sont permises comme devant l'être en vertu du Droit Naturel, & non pas à l'égard des choses permises par pure faveur.* XXIV. *Si l'on peut innocemment faire un Contract, par lequel on exige d'un Peuple qu'il ne vende ses denrées à d'autres qu'à nous?*

§. I. 1. NOUS avons traité des injures dont on est menacé, entant qu'elles fournissent un juste sujet de Guerre. Passons maintenant aux INJURES DE'JA REÇUES; & prémiérement à celles qui regardent ce qui est *nôtre*.

2. Il y a des choses qui sont NÔTRES en vertu d'un *droit commun* à tous les Hommes; & d'autres, qui le sont par un *droit particulier*.

3. Le *droit commun* à tous les Hommes, a pour objet ou directement certaines *Choses Corporelles*, ou bien certaines *actions*, que l'on exige d'autrui.

4. Les *Choses Corporelles* ou sont *sans maître*, ou *appartiennent en propre* à quelcun. Les prémiéres ou *ne sont pas susceptibles de propriété*, ou *le sont*. Pour mieux entendre cela, il faut savoir quelle est l'origine (1) de la PROPRIETE', ou du *Domaine*, comme parlent les Jurisconsultes.

§. II. 1. DIEU, immédiatement après la Création (a) du Monde, donna au Genre Humain en général un droit sur toutes les choses de la Terre, & il renouvella cette concession (b) dans le renouvellement du Monde, après le Déluge. *Tout étoit alors commun*, ainsi que parle (1) JUSTIN, *& chacun en jouïssoit par indivis, comme s'il n'y eût eu qu'un seul Patrimoine.* En vertu de cela chacun pouvoit prendre ce qu'il vouloit, pour s'en servir, & même pour consumer ce qui étoit de nature à l'être. L'usage que l'on faisoit ainsi du droit commun à tous les Hommes, tenoit lieu alors de Propriété: car, dès que quelcun avoit pris une chose de cette maniére, aucun autre ne pouvoit la lui ôter sans injustice. CICERON emploie une comparaison très-propre à faire com-

(a) *Genes.* I, 29.

(b) *Ibid.* IX, 2, 3.

venance de nôtre Auteur. Ce ne furent pas les *Suisses* qui arrêtérent le Chariot de peaux; mais ce fut le Comte de *Romont* qui *le prit à un Suisse, en passant par sa terre*, comme le dit COMMINES, *Liv.* V. pag. 368. *Edit. de Geneve* 1615. Et lors qu'il ajoûte un peu plus bas: *vû les offres qui lui avoient été faites*; cela regarde ce qui est rapporté au commencement du Livre, *pag.* 363. que les *Suisses*, *sentans si près d'eux* le Duc de *Bourgogne*, qui étoit de retour de la conquête du Duché de *Lorraine*, lui envoiérent par deux fois des Ambassadeurs, pour lui offrir, entr'autres choses, *de rendre ce qu'ils avoient pris du Seigneur de Romont*, qui, comme Vassal du Duc, *le sollicitoit de le venir secourir en personne.* Ainsi l'enlévement du Chariot, plein de peaux de mouton, fut la cause de la Guerre des *Suisses* avec le Comte de *Romont*, & par conséquent de la Guerre que le Duc de *Bourgogne* vint leur faire en partie sous ce prétexte. Au reste, nôtre Auteur avoit lû ceci non dans l'Original, mais dans la Version Latine & abrégée de SLEIDAN, pag. 66, 67. *Edit. Wech.* comme il paroît de ce qu'il cite le *Liv.* VII. au lieu que c'est le V. du François. Le Traducteur cependant ne lui a point donné occasion de faire la faute, que l'on vient de remarquer.

CHAP. II. §. I. (1) Voiez PUFENDORF, *Droit de la Nat. & des Gens*, Liv. IV. Chap. IV. avec les Notes de la seconde Edition; où cette matiére est traitée plus au long, & plus exactement.

§. II. (1) *Quorum* [Aboriginum] *Rex* Saturnus *tantæ justitiæ fuisse traditur, ut neque servierit sub illo quisquam, neque quidquam privatæ rei habuerit; sed omnia communia & indivisa omnibus fuerint, veluti unum cunctis patrimonium esset.* JUSTIN. Lib. XLIII. Cap. I. *num.* 3. Il s'agit là, comme on voit, du régne de *Saturne*. Aussi se conserva-t-il quelque trace de cette ancienne communauté dans la Fête des *Bacchanales*; comme le remarquoit ici nôtre Auteur. Et l'Historien qu'on vient de citer, le dit lui-même immediatement après: *Ob cujus exempli memoriam cautum est, ut* Saturnalibus, *exæquato omnium jure, passim in conviviis servi cum dominis recumbebant.* Num. 4.

(2)

comprendre ceci : (2) *Un Théatre*, dit-il, *est commun : cependant chaque Place est à celui qui l'occupe.*

2. Les choses seroient sans doute demeurées dans cet état, si les Hommes eussent continué à vivre dans une grande simplicité, ou qu'ils eussent vêcu tous ensemble dans une grande amitié. Le prémier paroît par l'exemple de quelques Peuples de l'*Amérique*, chez qui, depuis plusieurs siécles, tout demeure commun, sans qu'ils y trouvent aucun inconvénient ; parce (3) qu'ils vivent toûjours d'une maniére très-simple. L'autre moien d'entretenir la communauté des biens, je veux dire, l'amitié avec laquelle on vit les uns avec les autres, se voit, parmi les anciens *Juifs*, dans la Secte des *Esséniens* (4) ; & parmi les *Chrétiens*, dans les prémiers qu'il y eut à *Jérusalem.* Nous en avons encore aujourd'hui un grand nombre d'exemples, dans les Sociétez Religieuses.

3. Or que les prémiers Hommes (5) aient été créez dans un état de simplicité, cela paroît par leur nudité. Ils ignoroient le Vice, plûtôt qu'ils ne connoissoient la Vertu,

(2) *Sed quemadmodum, Theatrum quum commune sit, recte tamen dici potest, ejus esse eum locum, quem quisque occuparit : sic in Urbe Mundove communi non adversatur Jus, quominus suum quidque cujusque sit.* De finib. Bon. & Mal. *Lib.* III. *Cap.* XX. SENEQUE dit la même chose de l'endroit d'un Amphitheatre, qui étoit reservé aux Chevaliers Romains : *Equestria omnium Equitum Romanorum sunt : in illis tamen locus meus fit proprius, quem occupavi.* De Benefic. *Lib.* VII. *Cap.* XII. GROTIUS.

(3) Voici ce que dit HORACE, des *Scythes* & des *Gétes* : " Ils ont avec eux des Chariots, qui trainent „ leurs Maisons portatives par tout où ils veulent aller. Ils ne savent ce que c'est que de compter les „ Arpens, & de separer la Terre par des bornes : les „ Fruits & les Grains qu'elle produit, ne sont pas plus „ pour les uns, que pour les autres : ils se sont fait „ une Loi de ne labourer la Terre que chacun leur année : celui qui a fini son tems, donne avec joie sa „ place à un autre, & la reprend de même l'année „ d'après.

Campestres melius Scythæ,
Quorum plaustra vagas ritè trahunt domos,
Vivunt, & rigidi Getæ ;
Immetata quibus jugera liberas
Fruges & Cererem ferunt ;
Nec cultura placet longior annuâ :
Defunctumque laboribus
Æquali recreat sorte vicarius.

(Lib. III. Od. XXIV. *ỳ*. 9, *& seqq.*) GROTIUS.

Dans cet exemple, aussi bien que dans quelques autres, il n'y a pas une parfaite communauté. Mais il suffit, pour le but de nôtre Auteur ; que les choses fussent communes jusqu'à un certain point, & qu'elles ne l'aient pas eté de cette maniére, dans les tems & parmi les Peuples où l'on a vêcu moins simplement.

(4) Et dans les *Pythagoriciens*, qui sortirent de l'Ecôle de ceux-ci. Voiez PORPHYRE (*de Vit. Pythag.* num. 20. *Edit. Kuster.*) DIOGENE LAERCE (Lib. VIII. §. 10.) AULU-GELLE, *Noct. Attic.* Lib. I. Cap. IX. GROTIUS.

Nôtre Auteur a allégué, dans une de ses Lettres, *I. Part. Epist. DLII.* les raisons sur lesquelles il fonde sa conjecture, que la Secte des *Esséniens* a servi de modéle à *Pythagore.* Que cela soit vrai, ou non, il ne fait rien au sujet. Il vaut mieux remarquer, que cet exemple, & les autres semblables, sont alléguez ici à dessein de montrer, que, comme ceux qui ont ainsi mis tous leurs biens en commun, n'auroient pû vivre de cette maniére, s'ils n'eussent été desinteressez & pleins de sentimens d'amitié les uns pour les autres : de même, si le Genre Humain fût demeuré dans sa prémiere innocence, aussi bien que dans sa prémiere simplicité, rien n'auroit obligé les Hommes à etablir la Proprieté des biens. C'est, à mon avis, tout ce que nôtre Auteur veut dire ; & les Commentateurs, qui le critiquent là-dessus, chicanent ici, comme en bien d'autres endroits, faute d'entrer dans son but.

(5) *Adam* etoit un type du Genre Humain. Voiez ORIGENE, *contra Cels.* On peut rapporter encore ici les paroles suivantes de TERTULLIEN : *Naturale enim rationale credendum est, quod animæ à primordio sit ingenitum, à rationali videlicet auctore. Quid enim non rationale, quod Deus jussu quoque ediderit, nedum id quod proprié adflatu suo emiserit ? Irrationale autem posterius intelligendum est, ut quod acciderit ex serpentis instinctu, ipsum illud transgressionis admissum, atque exinde inoleverit, & coadoleverit in anima adinstar jam naturalitatis : quia statim in primordio naturæ accidit.* " Ce qui est raisonnable, doit être regardé comme naturel, & comme „ produit dans nos Ames dès le commencement de „ leur existence, par un Créateur qui est lui-même raisonnable. Car ce que DIEU a produit par son simple commandement, & à plus forte raison ce qu'il „ produit par son souffle propre, ne seroit-il pas raisonnable ? Il faut donc concevoir ce qui est deraisonnable, ou le Peché, comme venant après, comme un effet des sollicitations du Serpent ; de sorte „ que ce Peché aiant depuis pris des racines dans l'Ame, y est devenu comme naturel, parce que la „ transgressi[illegible]n est arrivée dans le commencement même [illegible] [illegible]ature. *De Anima* (Cap. 16.) GROTIUS.

Je ne vois pas ce que fait au sujet le passage obscur, que je viens de traduire comme j'ai pû. Il me semble, que l'on n'en peut inferer autre chose, si ce n'est que l'Homme etoit innocent, en sortant des mains du Créateur.

(6) *Tanto plus in illis profuit vitiorum ignoratio, quàm in his cognitio virtutis.* Lib. II. Cap. II. num. 15.

(7) *Vetustissimi mortalium, nullâ adhuc malâ libidine, sine probro, scelere, eoque sine pœna aut coërcitionibus agebant.* Annal. *Lib.* III. *Cap.* XXVI. num. 1.

(8) SENEQUE soûtient, que les prémiers Hommes vivoient dans l'innocence, à cause de l'ignorance où ils étoient : *Quid ergo ? Ignorantiâ rerum, innocentes erant.* Epist. XC. (*sub fin.*) Ensuite, après avoir dit, qu'ils n'étoient douez ni de *Justice*, ni de *Prudence*, ni de *Tempérance*, ni de *Force d'ame*, il ajoûte, que leur Vie grossiére avoit quelque chose qui ressembloit à ces Ver-

tu, comme le dit Justin (6) au sujet des anciens *Scythes*. Tacite (7) pose en fait, que *les prémiers Hommes n'étant* (8) *encore agitez d'aucun mauvais désir, vivoient dans l'innocence, sans commettre aucun crime ni aucune action deshonnête; & qu'ainsi on n'avoit que faire de les retenir dans leur devoir par la crainte des peines.* Macrobe (9), & l'Apôtre (10) St. Paul, opposent la ruse & l'artifice à cette *simplicité*, qu'un sage Juif semble désigner par le mot (11) d'*intégrité*. En effet, les prémiers Hommes n'avoient d'autre soin que celui de servir Dieu; culte, dont (c) l'Arbre de vie (12) étoit le Symbole, selon l'explication des anciens Docteurs Juifs, confirmée par un passage de (d) l'Apocalypse. Et ils vivoient à leur aise, des choses que (13) la Terre produisoit d'elle-même, sans aucun travail. (c) Voiez *Proverb.* III, 18. (d) Chap. XXII, 2.

4. Mais, avec le tems, les Hommes, las de cette vie simple & innocente, s'adonnérent à divers Arts, dont (14) le Symbole étoit *l'Arbre de la science du Bien & du Mal*, c'est-à-dire, de la connoissance des choses dont on peut bien ou mal user; ce que Philon, *Juif*, appelle (15) une *Prudence moienne*. C'est ce que Salomon a,

Venus: *Deerat illis Justitia, deerat Prudentia, deerat Temperantia, ac Fortitudo: omnibus his virtutibus habebat similia quadam rudis vita.* Joseph, l'Historien Juif, parlant de l'état d'innocence, nous représente *Adam & Eve* comme vivant alors sans souci & sans inquiétude: Μηδεμιᾶς ἐπιζόμενοι τὴν ψυχὴν φροντίδι. (Antiq. Jud. *Lib.* I. *Cap.* II. pag. 6. A.) Grotius.

(9) *Sicque primùm inter eos mali nescia, & adhuc astutia inexperta simplicitas, quæ nomen auri in primis saeculis præstat.* In Somn. Scip. *Cap.* X.

(10) Πανουργία. Ἁπλότης. II. Corinth. *Chap.* XI. 3. Mais nôtre Auteur lui-même, dans ses *Notes sur le* Nouveau Testament, n'attache pas tout-à-fait la même idée au mot de *simplicité*. Car il entend par là une pureté de doctrine & de conduite, digne du Christianisme.

(11) Ἀφθαρσία. Sapient. Salom. Cap. II. ℣. 23. St. Paul emploie ce mot, dans l'*Epitre aux* Ephes. VI, 24. Et il se sert ailleurs d'un autre terme approchant, ἀδιαφθορία, *Epitre à* Tite, *Chap.* II. ℣. 7. Grotius.

Ici encore nôtre Auteur explique autrement les termes dont il s'agit, dans ses *Notes* sur le Vieux & le Nouveau Testament. Par ἀφθαρσία, *Incorruption* ou *Incorruptibilité*, il entend, dans le passage du Livre de la Sapience, attribué à Salomon, l'état d'Immortalité dans lequel l'Homme avoit été créé: & cette explication convient mieux à la suite du discours; car il est dit immédiatement après, que la Mort entra dans le Monde, par l'envie du Diable: Ὅτι ὁ Θεὸς ἔκτισε τὸν Ἄνθρωπον ἐπ' ἀφθαρσίᾳ, καὶ εἰκόνα τῆς ἰδίας ἰδιότητος ἐποίησεν αὐτόν· φθόνῳ δὲ Διαβόλου θάνατος εἰσῆλθεν εἰς τὸν κόσμον. ℣. 23, 24. Pour ce qui est des passages de l'Apôtre, ἀφθαρσία & ἀδιαφθορία, y signifient, selon nôtre Auteur, une probité ou une intégrité à toute épreuve; & ainsi ce n'est point-là cette simplicité chancellante, qui avoit pour principe l'ignorance du Vice, plûtôt que la connoissance de la Vertu.

(12) Philon, dans son Traité *de la Création du Monde*, dit que l'*Arbre de Vie* représente la Piété, qui est la plus excellente des Vertus: Διὰ δὲ τοῦ ξύλου τῆς ζωῆς, τὴν μεγίστην τῶν ἀρετῶν Θεοσέβειαν [αἰνίττεται.] Les Rabbins appellent cela *la Sainteté supérieure*; & Arethas, sur l'Apocalypse, ἔνθεος σοφία, *une Sagesse divine*. Voiez, au sujet du Paradis Terrestre, l'Ecclesiastique, Chap. XL, 17. & touchant les quatre Fleuves de ce Paradis, le même Livre, XXIV. 25. *& suiv.* Grotius.

(13) Voiez là-dessus un beau passage de Dicearque, cité par Varron, *de Re Rustica*, Lib. I. (Cap. II. pag. 9. Edit. 3. *H. Steph.* 1581.) On peut y joindre ce que Porphyre dit, après le même Auteur, *De non esu Animal.* (Lib. IV. pag. 342, *& seqq.* Ed. Lugd. 1620.) Grotius.

Dans le *Recueil des anciens Geographes Grecs*, publié par Mr. Hudson, Tom. II. il y a, au devant du fragment de Dicearque, des paroles de St. Jerome, où le passage de cet ancien Auteur Grec est cité d'une maniére qui contient plus expressément le fait dont il s'agit: Dicæarchus, *in Libris Antiquitatum & descriptionum Græciæ refert, sub* Saturno, *id est, in aureo saeculo, quum omnia humus funderet, nullum comedisse carnes; sed universos vixisse fructibus & pomis, quæ sponte terra gignebat.* Lib. II. *adversus* Jovinian. Tom. II. pag. 78. C. *Edit. Basil.* 1537.

(14) Joseph dit, que c'étoit un Arbre, dont le fruit donnoit de la pénétration & de l'intelligence: Τὸ γὰρ φυτὸν ὀξύτητος καὶ διανοίας ὑπῆρχεν. (Antiq. Jud. *Lib.* I. *Cap.* I. pag. 5. F.) *Télémaque*, pour marquer qu'il n'étoit plus Enfant, dit, qu'il sait tout, le bon & le mauvais:

—— Ἤδη γὰρ νοέω καὶ οἶδα ἕκαστα,
Ἐσθλά τε, καὶ τὰ χέρεια· πάρος δ' ἔτι νήπιος ἦα.
Homer. (*Odyss.* XX, 309, 310.)

Zenon définissoit la *Prudence*, la connoissance des choses bonnes & mauvaises, & de celles qui ne sont ni l'un ni l'autre: Καὶ τὴν μὲν φρόνησιν εἶναι ἐπιστήμην κακῶν καὶ ἀγαθῶν, καὶ οὐδετέρων. Diogen. Laert. (Lib. VII. §. 92. *Edit. Amst.*) Plutarque, dans son Traité contre les *Stoïciens*, raisonne ainsi: " Quel inconvénient y auroit-il, qu'il n'y eût point de Mal, & en même tems point de Prudence? mais qu'à la place de cette vertu on s'en fit une autre, qui consistât uniquement dans la connoissance du Bien? Εἰ δὲ δὴ ἀναιρεῖται δεῖ, τὴν φρόνησιν ἀγαθῶν εἶναι καὶ κακῶν ἐπιστήμην, τί δεινόν, εἰ, τῶν κακῶν ἀναιρεθέντων, οὐκ ἔσται φρόνησις, ἑτέραν δ' ἀντ' ἐκείνης ἀρετὴν ἕξομεν, οὐκ ἀγαθῶν καὶ κακῶν, ἀλλὰ ἀγαθῶν μόνον ἐπιστήμην οὖσαν. De commun. notit. adversus Stoïc. (*Tom.* II. pag. 1067. A. *Ed. Wech.*) Grotius.

(15) En allégorizant sur l'histoire des prémiers Chapitres de la Genese, il dit, que par la *science du Bien & du Mal* il faut entendre la *Prudence moienne*, par laquelle on distingue les choses contraires de leur nature: Διὰ δὲ τοῦ καλοῦ καὶ πονηροῦ γνωστοῦ, φρόνησιν τὴν μέσην, ᾗ διαγινώσκεται τἀναντία φύσει. De Mundi Opific. *pag.* 35. E. *Edit. Paris.* Je remarque, qu'il appelle ailleurs, dans le même Traité, un *Homme moien*, ou un *Esprit moien*, celui qui n'est ni vicieux, ni vertueux,

(e) Ecclef. VII, 29.

a en vuë, lors qu'il dit: (e) DIEU *a créé l'Homme droit*, c'est-à-dire, simple, *mais ils ont cherché bien des pensées*, ou, comme s'exprime encore PHILON, (16) *ils sont devenus rusez.* DION *de Pruse* parlant de *ceux qui vinrent après les prémiers Hommes*, dit, que (17) *leur finesse, & leur adresse à inventer & à faire bien des choses* (18) *pour l'usage de la Vie, ne fut pas fort avantageuse; parce que les Hommes firent servir leur esprit & leur habileté à se procurer du plaisir, plûtôt qu'à se distinguer par des actes de Valeur & de Justice.*

5. Les plus anciens de tous les Arts, sont l'Agriculture & le mêtier de Berger: on les voit exercez par les prémiers Fréres, en sorte qu'il y avoit entr'eux quelque partage de biens. La diversité des inclinations produisit dès-lors la Jalousie, & puis le Meurtre. Enfin, les Honnêtes gens s'étant aussi insensiblement corrompus par le commerce des Méchans, on vêcut à (19) la maniére des *Géants*, c'est-à-dire, en usant de toute sorte de violence, comme ceux que les *Grecs* appellent (20) *Gens à tout faire.*

(f) Génef. Chap. X. XI.

6. A cette vie farouche succéda, après le Déluge, (21) l'attachement aux Plaisirs; (22) à quoi servit l'usage du Vin nouvellement inventé: & de là naquirent aussi les Amours illicites. Mais ce qui contribua le plus à désunir les Hommes, ce fut un vice plus noble, je veux dire, l'Ambition, (23) dont (f) la Tour de *Babylone* est un signe. Ils s'en allérent ensuite les uns d'un côté, les autres de l'autre, & partagérent ainsi les Terres entr'eux.

(g) Génef. XIII.

7. Il resta néanmoins depuis cela, entre ceux qui étoient voisins, une communauté, non pas de Bêtail, mais de (g) Pâturages; parce que l'étenduë des Terres étoit encore si grande à proportion du petit nombre d'Hommes, qu'elle pouvoit suffire aux besoins de plusieurs, sans qu'ils s'incommodassent les uns les autres. *Il* (24) *n'étoit pas permis alors*, comme le dit VIRGILE, *de distinguer les Possessions, & de mettre des bornes aux Champs.* Mais le Genre Humain s'étant fort multiplié, aussi bien que le Bêtail, on s'avisa enfin d'assigner une portion de Terres à chaque Famille, au lieu qu'au-

tréux, & il l'oppose à celui qui est parfait; ajoûtant, que le dernier n'a pas besoin, comme le prémier, d'instructions & d'avertissemens, pour être porté à la Vertu & detourné du Vice: Ἡ δὲ παραίνεσις, περὶ τὸν μέσον, τὸν μήτε φαῦλον, μήτε σπουδαῖον. οὔτε γὰρ ἁμαρτάνει ὡς ἀπαγορεύειν ἄν τινα αὐτῷ, οὔτε κατορθοῖ κατὰ τὴν τοῦ ὀρθοῦ λόγου πρόσταξιν· ἀλλὰ χρείαν ἔχει παραινέσεως, τῆς ἀπέχειν μὲν τῶν φαύλων διδασκούσης, προτρεπούσης δὲ ἐφίεσθαι τῶν ἀστείων. τῷ μὲν οὖν τελείῳ, καὶ κατ' εἰκόνα, προστάττειν ἢ ἀπαγορεύειν οὐχὶ δεῖ· οὐδενὸς γὰρ ὁ τέλειος δεῖται. . . . εἰκότως οὖν τῷ γηΐνῳ νῷ, μήτε φαύλῳ ὄντι, μήτε σπουδαίῳ, ἀλλὰ μέσῳ, ταῦτ' ἐντέλλεται καὶ παραινεῖ. Pag. 57. E. 58. A. On peut voir par là, ce que le Philosophe Juif entend par sa *Prudence moienne*; épithéte dont on ne comprendroit pas autrement la raison.

(16) Il parle là du péché des prémiers Hommes; & ainsi cela ne fait rien au sujet: Ὡς δὲ εἶδε ῥέπουσαν μὲν πρὸς πανουργίαν, ἐπιδόντα δὲ καὶ πανουργίας ἐπιγινομένας . . ἐξωθοῦσιν ἐκ τοῦ Παραδείσου &c. Pag. 35. E.

(17) Ἀλλὰ τὴν πανουργίαν τοῖς ὕστερον, καὶ τὸ πολλὰ εὑρίσκειν καὶ μηχανᾶσθαι πρὸς τὸν βίον, οὐ πάνυ τι συνενεγκεῖν· οὐ γὰρ πρὸς ἀνδρείαν, οὐδὲ δικαιοσύνην, χρῆσθαι τῇ σοφίᾳ τοὺς ἀνθρώπους, ἀλλὰ πρὸς ἡδονήν. Orat. VI.

(18) On peut voir cela expliqué au long dans SENEQUE, *Epist.* XC & dans les passages de DICEARQUE, rapportez par les Auteurs qu'on a citez ci-dessus (*Note* 13.) GROTIUS.

(19) SENEQUE, parlant du Déluge, qui devoit arriver, selon les idées de la Physique des *Stoïciens*, dit, " alors le Genre Humain périra, & en même tems les Bêtes farouches, dont les Hommes avoient revêtu le naturel: *Sed peracto exitio Generis humani, extinctisque pariter feris, in quarum homines ingenia transierant.* Natural. Quæst. *Lib.* III. *Cap.* XXX. GROTIUS.

Voiez le Commentaire de Mr. LE CLERC, sur la GENESE, VI, 4. où il explique le mot de *Nephilim*, que l'on traduit ordinairement par celui de *Géant.*

(20) Χειροδίκας. Voiez HESIODE, *Oper. & Dier.* v. 189. & là-dessus les Interprêtes.

(21) Le Philosophe SENEQUE, dans l'endroit cité ci-dessus, dit, que l'innocence des Hommes, qu'il suppose devoir être produits de nouveau après le Déluge, ne durera que pendant qu'ils seront encore nouveaux: *Sed illis quoque innocentia non durabit, nisi dum novi sunt.* Quæst. Nat. III, 30. GROTIUS.

(22) SENEQUE dit, au même endroit, que l'impureté est le grand fruit de l'Yvrognerie: *Præmiumque summum ebrietatis libido portentosa, ac jucundum nefas.* GROTIUS.

L'Auteur trompé apparemment par sa mémoire, cite ici un Ecrivain pour un autre. Ce passage est de PLINE, *Hist. Natur.* Lib. XIV. Cap. XXII. pag. 164. *Ed. Hack.*

(23) Il y a lieu de douter, si l'Ambition fut le principe qui porta les Hommes à construire la Tour de *Babel*. On peut voir là-dessus les *Origines Babylonicæ* de feu Mr. PERIZONIUS.

(24)

qu'auparavant elles n'étoient partagées que par Nations. Et comme les Puits, chose fort nécessaire dans un Païs sec, ne suffisoient pas (h) à l'usage de plusieurs, (25) chacun s'appropria ceux dont il pût s'emparer. (h) *Genes.* XXI.

8. Voilà ce que nous apprenons de l'Histoire Sainte, assez d'accord ici avec ce que les Philosophes & les Poëtes ont dit de la Communauté primitive, & du partage des biens qui fut fait ensuite. Nous en avons allégué (i) ailleurs quantité de témoignages. (i) *Mar. liber.* Cap. V.

9. La cause donc pourquoi on renonça à l'ancienne communauté, & prémiérement à celle des Choses Mobiliaires, puis à celle des Immeubles; ce fut que les Hommes ne se contentant plus, (26) pour leur nourriture, de ce que la Terre produit d'elle-même; n'étant plus d'humeur de demeurer dans des Cavernes, d'aller tout nuds, ou couverts seulement d'écorces d'Arbres ou de peaux de Bêtes; voulurent vivre d'une maniére plus commode & plus agréable: car il fallut pour cela du travail & de l'industrie, que l'un emploioit à une chose, l'autre à une autre. Et il n'y avoit pas moien alors de mettre en commun les revenus, prémiérement à cause de la distance des lieux, dans lesquels chacun s'étoit établi; & ensuite à cause du manque d'équité & d'amitié, qui faisoit qu'on n'auroit pas gardé une juste égalité ni dans le travail, ni dans la consomption des fruits & des revenus.

10. De là aussi il paroît, que les Choses n'ont pas commencé à passer en propriété par un simple acte intérieur de l'Ame, puis que les autres ne pouvoient pas deviner ce que l'on vouloit s'approprier, pour s'en abstenir eux-mêmes; & que d'ailleurs plusieurs auroient pû vouloir en même tems une même chose: mais cela s'est fait par une (27) convention, ou expresse, comme lors qu'on partageoit des choses qui étoient auparavant en commun; ou tacite, (28) comme quand on s'en emparoit. Car du moment qu'on ne voulut plus laisser les choses en commun, tous les Hommes furent censez & dûrent être censez avoir (29) consenti, que chacun s'appropriât, par droit de prémier Occupant, ce qui n'auroit pas été partagé. *Il est permis à chacun*, au jugement de (30) Ci-

(24) *Nec signare quidem aut partiri limite campum*
Fas erat — — — —
Georgic. Lib. I. ℣. 126.

(25) Les Puits étoient communs à plusieurs, dans le païs d'*Oase* en *Egypte*; comme le témoigne OLYMPIODORE, dans l'Extrait que PHOTIUS a donné de son Histoire. GROTIUS.

(26) C'est ainsi que vivoient les *Scritofinniens*, dont PROCOPE fait une exacte description; *Gothic.* Lib. II. (Cap. XV.) Voiez aussi PLINE, *Hist. Nat.* Lib. XII. *Proœm.* & VITRUVE, *Architect.* Lib. II. Cap. I. GROTIUS.

(27) Il n'étoit besoin d'aucune convention, pour fonder le droit du Prémier Occupant. Voiez ce que j'ai dit dans mes Notes sur PUFENDORF, *Droit de la Nat. & des Gens*, Liv. IV. Chap. IV. §. 4, *& suiv.*

(28) Voiez les passages du TALMUD, & de l'ALCORAN, qui ont été citez là-dessus par SELDEN, l'honneur de l'*Angleterre*; dans son Livre sur l'Empire de la Mer (ou *Mare clausum*, Lib. I. Cap. IV. *pag.* 24. *Ed. Londin.* 1636.) GROTIUS.

(29) CICERON dit, que, depuis que les choses qui étoient naturellement communes ont commencé d'appartenir à tel ou tel en particulier, chacun a droit de conserver ce qui lui est échû: *Ex quo, quia suum cujusque fit, eorum quæ natura fuerant communia; quod cuique obtigit, id quisque teneat.* (De Offic. *Lib.* I. *Cap.* VII.) Il éclaircit cela (*Lib.* III. *Cap.* X.) par une comparaison, tirée de CHRYSIPPE, Philosophe Stoïcien, qui disoit, que, quand on court dans la Lice, on peut bien faire de son mieux pour emporter le prix, mais on ne doit pas donner du croc en jambe à son Concurrent: [*Qui stadium currit, eniti & contendere debet, quàm maximè possit, ut vincat: supplantare eum, quicum certet, aut manu depellere, nullo modo debet.*] Le Scholiaste d'HORACE (*in Art. Poët.* ℣. 128.) remarque, qu'une Maison ou une Terre, qui n'a point de Maître, est commune; mais que, quand quelcun l'occupe, elle devient propre: *Quemadmodum Domus, aut Ager, sine domino, communis est; occupatus vero, jam proprius fit.* (Pag. 137. *Edit. Cruq.*) Dans un Fragment de VARRON, il est dit, qu'anciennement les Terres furent assignées à tels ou tels en particulier, pour les cultiver; & que c'est ainsi que l'*Etrurie*, par exemple, échût aux *Thusciens*; le païs de *Samnium*, aux *Sabelliens*: TERRA, *culturæ causâ, attributa olim particulatim hominibus, ut* Etruria Thuscis, Samnium Sabellis. *In Age modo.* GROTIUS.

Ce passage de VARRON, où il y avoit un mot de sauté, nous a été conservé par PHYLARGYRIUS, ancien Grammairien, & Commentateur de VIRGILE: sur ces mots, *Pubemque Sabellam*, du II. Livre des *Géorgiques*, ℣. 167.

(30) *Nam, sibi ut quisque malit, quod ad usum vitæ pertineat, quàm alteri, adquirere, concessum est, non repugnante naturâ.* De Offic. *Lib.* III. *Cap.* V.

CICERON, *d'aimer mieux* (31) *aquérir pour soi, que pour autrui, les choses qui sont d'usage dans la Vie; & la Nature n'y répugne pas.* S'IL *est ainsi établi*, dit (32) QUINTILIEN, *que tout ce qui est échû à une personne pour son usage, lui appartient en propre; tout ce que l'on posséde à titre légitime, ne peut certainement nous être ôté sans injustice.* Lors que les Anciens ont donné à *Cerès* l'épithéte de *Législatrice*; (k) & à une Fête célébrée en son honneur, le nom de *Thesmophories*: ils ont fait entendre par là, (33) que le partage des Terres a produit une nouvelle sorte de Droit.

(k) *Macrob.* Saturn. III, 12.

§. III. 1. CELA posé, je dis, que la *Mer*, ou prise dans toute son étenduë, ou considérée à l'égard de ses principales parties, ne peut point passer en propriété. Quelques-uns en tombent d'accord, pour ce qui regarde les Particuliers: mais ils prétendent que les Peuples peuvent s'approprier certains endroits de la Mer. Je prouve le contraire, prémiérement, par une *raison morale*, c'est que la (1) cause pourquoi on a renoncé à la communauté des biens, n'a point de lieu ici: car la Mer est d'une si grande

(31) Il dit ailleurs, qu'on ne doit point blâmer une personne de ce qu'elle cherche à augmenter son bien, sans faire tort à personne; mais qu'il faut toûjours se garder de commettre aucune injustice: *Nec vero rei familiaris amplificatio, nemini nocens, vituperanda: sed fugienda semper injuria est.* Lib. I. Cap. VIII. Voici encore là-dessus une sentence de SOLON:

Χρήματα δ' ἱμείρω μὲν ἔχειν, ἀδίκως δὲ πεπᾶσθαι
Οὐκ ἐθέλω ——— ——— ——— ———

„ Je voudrois bien être riche; mais je ne veux pas a-„ quérir des richesses injustement. (*Ex Eleg.* ℣. 7, 8.) GROTIUS.

(32) Il parle en particulier des Abeilles: *Si vero hæc conditio est, ut quidquid ex his animalibus in usum homini cessit, proprium sit habentis: profecto quidquid jure possidetur, injuriâ aufertur* &c. Declam. XIII. Cap. VIII. pag. 281. *Edit. Burm.*

(33) SERVIUS le remarque, sur le IV. Livre de l'Enéïde (℣. 58.) LEGIFERÆ CERERI; *Leges enim ipsa dicitur invenisse. Nam & sacra ipsius* Thesmophoria, *id est, legum latio, vocantur. Sed hoc ideo fingitur, quia ante inventum frumentum à* Cerere, *passim homines sine lege vagabantur: quæ feritas interrupta est, invento usu frumentorum, postquam ex agrorum discretione nata sunt jura.* GROTIUS.

§. III. (1) Quoi que la raison pourquoi on introduisit la Proprieté des biens, fût la multiplication du Genre Humain, qui ne laissoit plus par tout dequoi fournir suffisamment aux besoins de chacun; il ne s'ensuit point de là, que, pendant la communauté primitive, chacun ne pût pas s'emparer légitimement de tout autant qu'il vouloit des choses communes, qui étoient de telle nature, qu'il en restoit toûjours assez aux autres: car, par cette raison même, personne ne pouvoit s'en formaliser. La rétorsion est sans replique; & je m'apperçois avec plaisir qu'elle a été emploiée par un Savant Jurisconsulte Allemand du Siécle passé, nommé JEAN STRAUCHIUS, dans une Dissertation Académique *De Imperio Maris*, (Cap. II. §. 8.) qui m'est tombée entre les mains depuis peu. Ainsi, quelque suffisante que soit une chose pour les besoins de tout le monde, rien n'empêche qu'on ne puisse se l'approprier, autant qu'elle peut être possédée; sur quoi voiez ce que j'ai dit sur PUFENDORF, *Droit de la Nat. & des Gens*, Liv. IV. Chap. V. §. 3, 4. dans les Notes de la seconde Edition: & sur l'Abregé des *Devoirs de l'Homme & du Citoien*, Liv. I. Chap. XII. §. 4. dans les derniéres Editions.

(2) Cela n'est pas vrai à tous égards, ni par rapport à toutes les parties de la Mer. Voiez le Savant SELDEN, *Mare claus.* Lib. I. Cap. XXII. & PUFENDORF, §. 7, 8. du Chapitre, que je viens de citer dans la Note précedente.

(3) Mais de cela même il s'ensuivroit, que l'on ne pourroit empêcher personne, non seulement de passer par les grands Chemins, mais encore d'entrer dans les Fonds qu'il voudroit. Car enfin, si l'Air, entant qu'Air, n'est pas de nature à entrer en propriété, & qu'il n'y ait pourtant pas moien d'en joüir sans être posté sur la surface de la Terre; il faut aussi que la surface de la Terre soit demeurée commune par tout: autrement cette prétenduë communauté de l'Air est fort inutile. D'ailleurs, il y a des cas, où l'on peut se servir de l'Air qui répond à un Fonds d'autrui, sans appuier sur le Sol; comme quand on bâtit en saillie, ou qu'on fait un Balcon qui donne sur la Cour d'une Maison voisine. Cependant, selon le Droit Romain, cela n'est point permis, à moins qu'il n'y ait un droit de Servitude, (*projiciendi, protegendive*) attaché au Bâtiment. Preuve que l'on regarde l'Air comme entrant en propriété par lui-même.

(4) Tel est aussi le droit d'*habitation*. Le Jurisconsulte POMPONIUS dit, que, si quelcun a fait, de vive force ou en cachette, un ouvrage nouveau, dans le Fonds ou au préjudice d'autrui; il faut mesurer le *Ciel*, ou l'Air, aussi bien que le *Sol* ou le terrein. *In opere novo, tam soli, quam cæli, mensura facienda est.* DIGEST. Lib. XLIII. Tit. XXIV. *Quod vi aut clam*, Leg. XXI, §. 2. Voiez aussi *Lib.* XVII. Tit. II. *Pro Socio*, Leg. 83. GROTIUS.

La prémiére de ces Loix confirme ce que je viens de dire, à la fin de la Note precedente; & ainsi elle fait contre nôtre Auteur, plûtôt qu'elle ne sert à confirmer son principe. Car on y décide, qu'il faut voir non seulement combien celui qui a bâti a occupé de Sol dans le Fonds d'autrui, mais encore s'il a bâti quelque chose, qui, sans porter sur le Sol, avançât dans l'Air qui y répond. Pour ce qui est de l'autre Loi, voici le cas. Il s'agit d'un Arbre, qui est né de lui-même dans les confins de deux Champs, ou d'une grosse Pierre qui s'y est formée (on entendoit par les *Confins*, *Confinium*, un espace de cinq ou six pieds qui devoit être laissé entre deux Champs voisins, & qui n'appartenoit pas plus à l'un des Propriétaires qu'à l'autre; en sorte qu'aucun d'eux ne pouvoit y rien planter, ni y rien mettre) Le Jurisconsulte PAUL demande, si lors qu'on a coupé l'Arbre, ou ôté la Pierre, ces Corps doivent être communs par indivis aux Propriétaires des deux Champs voisins, dans la terre desquels ils s'étendoient, en sorte que, s'ils ne veulent pas

de étenduë, qu'elle suffit pour tous les (2) usages que les Peuples peuvent en retirer, soit qu'ils veuillent y puiser de l'Eau, ou y pêcher, ou y naviger. Il en est de même dês *Bancs de Sable*, où il n'y a rien qui soit susceptible de culture, & qui ne servent qu'à fournir du Sable, mais d'où tout le monde peut en tirer sans qu'il en manque à personne. Il faudroit dire aussi la même chose de l'Air, s'il avoit quelque usage (3) pour lequel on n'eût pas besoin d'être posté sur la surface de la Terre; faute dequoi la Chasse (4) aux Oiseaux, par exemple, n'est permise qu'autant qu'il plaît au Maître de chaque Païs.

2. Il y a aussi une *raison naturelle*, qui empêche que la Mer, considerée de la maniére que nous avons dit, ne puisse être possédée en propre; c'est que la prise de possession (5) n'a lieu qu'en matiére de choses bornées: d'où vient que THUCYDIDE appelle un Païs désert, une (6) *Terre sans limites*; & ISOCRATE parlant du Païs que les *Athéniens* occupoient, dit que c'étoit celui où *ils* (7) *avoient planté des bornes*. Or tout Liquide n'aiant point de bornes propres, selon la remarque (8) d'ARISTOTE,

pas les posséder en commun, l'un ou l'autre les garde tout entiers, en paiant à l'autre la valeur de sa part; ou bien si chacun peut prendre sa part, à proportion de ce que les racines de l'Arbre, ou le côté de la Pierre, s'étendoient dans son Champ? On décide, pour le dernier. *Illud quærendum est, Arbor, quæ in confinio nata est, item Lapis, qui per utrumque fundum extenditur, an, quum succisa Arbor est, vel Lapis exemptus,* (il y a ici quelques mots, qui ne sont qu'une glose fourrée mal-à-propos dans le Texte, comme le remarque A COSTA, sur les INSTITUTES, Lib. II. Tit. I. *De divisione rerum* &c. §. 31.) *pro ea quoque parte singulorum esse debeat, pro qua parte in fundo fuerat: an qua ratione, duabus massis duorum dominorum conflatis, tota massa communis est, ita Arbor, hoc ipso quo separatur à Solo, propriamque substantiam in unum corpus redactam accipit, multo magis pro indiviso communis sit, quàm massa? Sed naturali convenit rationi, & postea tantam partem utrumque habere, tam in Lapide, quàm in Arbore, quantam & in terra habebat.* Je n'examine pas les subtilitez, qui sont le fondement de cette question, sur quoi même le savant Commentateur, que je viens de citer, avouë que les Jurisconsultes Romains ne s'accordent pas bien ensemble. Il me suffit de remarquer, que, pour trouver dans la Loi, dont il s'agit, quelque chose qui fasse au sujet, il faut supposer, que les branches de l'Arbre donnent sur les deux Champs voisins: or il peut arriver qu'elles ne donnent ni sur l'un ni sur l'autre, si l'Arbre est petit; ou qu'elles ne donnent que sur l'un des deux; & les Jurisconsultes ne supposent point la prémiére de ces trois choses, quoi qu'en dise SELDEN, après quelques Interprêtes, *Mar. Claus.* Lib. I. Cap. XXI. pag. 155. *Ed. Lond.* 1636. En ce cas-là même, les Jurisconsultes Romains n'ont aucun égard à l'espace que les branches occupent dans l'air qui répond au Sol, mais uniquement à l'étenduë des racines dans la terre; de même qu'à l'égard de la Pierre née dans les Confins, ils supposent qu'elle soit entrée de côté & d'autre dans la terre des Champs voisins, comme il arrive ordinairement. Voiez les Interprêtes sur le §. 31. du Titre des INSTITUTES, qui vient d'être cité. Pour ce qui est de la question, si un Arbre qui ne s'étend sur le Champ voisin que par ses branches, devient par là commun aux deux Propriétaires? sur quoi il n'y a rien, que je sache, dans le Droit Romain: si les Jurisconsultes raisonnoient conséquemment, ils devoient la décider d'une maniére qui supposât la propriété de l'Air, comme fait le DROIT SAXON, selon lequel, au rapport de Mr. THOMASIUS, (*Not. ad* HUBERI *Prælection.* INSTITUT. *Lib.* II. Tit. I. §. 5.) les branches, & le fruit qu'elles portent, sont au Maître du Champ voisin, sur lequel elles donnent. Car, outre que les décisions des anciens Jurisconsultes sur quelques Servitudes sont fondées là-dessus; ils veulent encore, que, quand un Arbre donne sur une Maison voisine, le Propriétaire de cette Maison puisse couper l'Arbre, & se l'approprier, si le Maître du Fonds voisin ne le coupe lui-même à la requisition de l'autre. *Ait Prætor*: QUÆ ARBOR EX ÆDIBUS TUIS IN ÆDES ILLIUS IMPENDET, SI PER TE STAT, QUO MINUS EAM ADIMAS; TUNC QUO MINUS ILLI EAM ARBOREM ADIMERE, SIBIQUE HABERE LICEAT, VIM FIERI VETO. *Digest.* Lib. XLIII. Tit. XXVII. *De Arboribus cædendis*, Leg. I. *princ.* Si l'Air n'est point susceptible de propriété par lui-même, celui, dans le Fonds duquel est l'Arbre avec toutes ses racines, peut très-bien dire, qu'il ne fait que se servir de l'air commun à tous les Hommes; & qu'ainsi le Voisin n'a aucun droit de toucher aux branches de son Arbre, ni d'empêcher qu'elles ne s'étendent bien avant sur sa Maison.

(5) De là vient qu'HORACE parlant de terres qui ne sont point possedées en propre, les appelle des terres qui ne sont distinguées par aucunes bornes:

Immetata quibus jugera liberas
Fruges & Cererem ferunt.

(Lib. III. Od. XXIV. ℣. 12, 13.) GROTIUS.

(6) Ἐπικαλοῦντες ἐπεργασίαν (c'est ainsi qu'il faut lire, au lieu de ἐπ' ἐργασίαν, comme le remarque HENRI ETIENNE dans ses Notes sur SOPHOCLE, pag. 82.) Μεγαρεῦσι τῆς γῆς τῆς ἱερᾶς, καὶ τῆς ἀορίστου &c. Lib. I. Cap. 139. *Ed. Oxon.* Il s'agit là, comme le remarque très-bien le Scholiaste, d'un espace de terre situé entre le païs d'*Athénes*, & celui de *Mégare*; lequel espace étoit consacré à quelque Divinité, & devoit demeurer inculte, comme pour servir de limites. Voiez DEMOSTHENE, *Orat. de Repub. ordinand.* pag. 71. C. *Edit. Basil.* 1572. & HARPOCRATION, au mot Ὀργάς, comme aussi POLLUX, Lib. I. §. 10. avec les Interprêtes de ces Auteurs.

(7) C'est dans son *Panégyrique*, où le mot, dont il se sert, peut aussi bien être traduit par celui d'*assigné*, qu'emploie l'Interprête Latin: Οὐ γὰρ αὐτοῖς ἔδει κατακτᾶσθαι χώραν διακινδυνεύειν, ἀλλ' εἰς τὴν ὑφ' ἡμῶν ἈΦΟΡΙΣΘΕΙΣΑΝ, εἰς ταύτην οἰκεῖν ἰόντας. Pag. 48. A. *Edit. H. Steph.*

(8) Ὑγρὸν δὲ, τὸ ἀόριστον οἰκείῳ ὅρῳ. De Generat. & Corrupt. *Lib.* II. *Cap.* II. pag. 515. D.

TE, ne peut être (9) possédé qu'autant qu'il est renfermé dans une autre chose. Et c'est ainsi qu'on posséde les *Lacs* & les *Etangs*, comme aussi les *Riviéres*, dont les Eaux sont arrêtées par les bords. Mais la Mer étant aussi grande, ou (10) plus grande même que la Terre, n'est point renfermée dans la Terre: au contraire (11) les Anciens ont dit, que la Terre étoit renfermée dans la Mer.

3. Et il n'y a pas lieu de supposer ici (12) un partage: car, quand on commença à partager les Terres, la plus grande partie de la Mer étoit inconnuë; & ainsi on ne sauroit concevoir comment des Peuples si éloignez auroient pû convenir entr'eux que les uns seroient maîtres de tel ou tel espace de Mer, les autres d'un autre. C'est pourquoi les choses qui étoient en commun à tous les Hommes, & qui ne sont point entrées dans le prémier partage, commencent aujourd'hui à appartenir à quelcun, non en vertu d'un partage, mais par droit de Prémier Occupant, & elles ne sont partagées qu'après être devenuës un bien propre.

§. IV. 1. VENONS maintenant aux choses qui sont susceptibles de propriété, mais qui n'appartiennent encore à personne. Il faut mettre en ce rang plusieurs Terres (a) encore désertes & incultes, certaines (1) Iles qui se trouvent quelquefois dans la Mer, les Bêtes Sauvages, les Poissons, les Oiseaux.

(a) Voiez *Bembe*, Histor. Lib. VI.

2. Sur quoi il y a deux remarques à faire. L'une est, que l'on (2) s'empare d'une *Contrée* en deux maniéres, ou en gros, ou par parties. Le prémier se fait ordinairement par un Peuple en corps, ou par le Souverain qui le gouverne. L'autre se fait ensuite par les Particuliers, dont le Peuple est composé, en sorte néanmoins qu'il est plus ordinaire d'assigner à chacun sa part, que de laisser chaque portion au prémier occupant. Que si, dans un Païs occupé en gros, il reste quelque chose qui n'aît été assigné à personne en particulier, on ne doit pas pour cela le regarder comme vacant; car il appartient toûjours à celui qui s'est le prémier rendu maître du Païs, je veux dire, au Peuple ou au Roi. Telle est ordinairement la propriété des *Riviéres*, des *Lacs*, des *Etangs*, des *Forêts*, des *Montagnes escarpées & incultes*.

§. V. POUR ce qui est des *Bêtes Sauvages*, des *Poissons*, & des *Oiseaux*, (1) il faut savoir (c'est l'autre chose à remarquer ici), Que (a) celui qui a la Souveraineté des Ter-

(a) *Covarruvias*, C. Peccatum. Part. II. §. 8.

(9) Cette raison n'est nullement solide. Il n'y a point ici d'autre obstacle physique, que l'impossibilité de la possession. Or rien n'empêche qu'on ne posséde, du moins en partie, une chose renfermée dans une autre, sans posséder en même tems ce qui l'environne. Ainsi, quoi qu'il n'y ait pas moien de posséder toute l'etenduë de l'Océan; pourquoi ne pourroit-on pas se rendre maître de quelques-unes de ses parties jusqu'à une certaine distance? A l'égard des bornes, il y a toûjours, d'un côté, les Rivages; &, de l'autre, plusieurs maniéres de limiter l'etenduë de Mer que l'on posséde; comme SELDEN le montre au long, *Mar. Claus.* Lib. I. Cap. XXII. Voiez aussi PUFENDORF, *Droit de la Nat. & des Gens*, Liv. IV. Chap. V. §. 3, *& suiv.* avec les Notes de la 2. Edition; comme aussi Mr. DE BYNKERSHOEK, dans sa Dissertation *de Dominio Maris*, Cap. IX.

(10) C'étoit l'opinion de *Jarchas*, un des Sages des *Indes*; comme le rapporte PHILOSTRATE, *Vit. Apollon. Tyan.* Lib. III. Cap. XI. (*Edit. Morell.* Cap. XXXVII. *Edit. Lips. Olear.*) GROTIUS.

Ce Sage fait la Mer plus ou moins grande que la Terre, à divers égards. Il dit, que, si on compare la Terre avec la Mer, c'est-à-dire, à mon avis, la surface de l'une avec la surface de l'autre; la Terre est plus grande, puis qu'elle renferme la Mer: mais que si l'on compare la Terre avec toute la *substance humide* ou liquide, c'est-à-dire, la masse de la Terre, avec la masse des Eaux de l'Océan, la Terre est plus petite, puis que les Eaux la portent, ou qu'elle nage dans les Eaux. Ὁ δὲ Ἰάρχας, εἰ μὲν πρὸς τὴν Θάλατταν, ἔφη, ἡ Γῆ ἐξετάζοιτο, μείζων ἔσται, τὴν γὰρ Θάλατταν αὐτὴ ἔχει· εἰ δὲ πρὸς πᾶσαν τὴν ὑγρὰν οὐσίαν θεωροῖτο, ἥττω τὴν Γῆν ἀποφαινοίμεθα ἄν, καὶ γὰρ ἐκείνην τὸ ὕδωρ φέρει. Le Savant Auteur de la derniére & belle Edition, feu Mr. OLEARIUS, entend par ὑγρὰ οὐσία, tout l'*Ether* ou le grand Tourbillon de la Terre: Mais le Philosophe Indien s'explique assez lui-même, dans les paroles suivantes, où ὕδωρ est visiblement la même chose que ὑγρὰ οὐσία. Or il distinguoit entre ὕδωρ & αἰθὴρ, comme il paroît par le Chap. XXXIV. Autre chose est de dire, si l'opinion de *Jarchas* est solide en elle-même, & appuiée de bonnes raisons. C'est dequoi je ne dois pas m'embarrasser, puis que cela ne fait rien au sujet, par la raison alléguée ci-dessus dans la *Note 9*.

(11) APOLLONIUS *de Tyane* disoit, que l'Océan est une espéce de lien, qui environne la Terre: Φασὶ καὶ τὸν Ὠκεανὸν, δεσμοῦ ἕνεκα, τῇ Γῇ περιβεβλῆσθαι. PHILOSTRAT. Vit. Apoll. Tyan. *Lib.* VII. Cap. XII. (*Edit. Morell.* Cap. XXVI. *Ed. Olear.*) AULU-GELLE rapporte une remarque de *Sulpice Apollinaire*, qui, pour prouver que ces mots d'un passage de CICERON, (*III. in Verr.* Cap. LXXXIX.) *intra Oceanum*, ne signifient pas

Terres & des Eaux, peut défendre de prendre ces sortes d'Animaux, & empêcher ainsi qu'on ne les aquiére en les prenant. Les Etrangers même (b) sont tenus d'obéir à une telle Loi : & la raison en est, que, pour pouvoir gouverner un Peuple, il est moralement nécessaire que ceux qui s'y mêlent, quoi que ce ne soit que pour un tems, comme on fait en entrant dans son Territoire, se conforment à ses Loix, aussi bien que les Naturels du païs.

(b) Voiez les Docteurs sur *Cod.* Lib. I. Tit. I. *De summa Trinit.* Leg. I. *Innocent.* & *Panormit.* in Can. 21. *Decretal.* Lib. V. Tit. XXXIX. *De Sentent. excomm.*

2. En vain objecteroit-on une maxime qui se lit souvent dans (2) les Fragmens des Jurisconsultes Romains, c'est que, par le Droit de la Nature, ou des Gens, comme ils parlent, il est permis de prendre ces sortes d'Animaux. Car cela n'est vrai, qu'en supposant qu'il n'y aît point de Loi Civile qui le défende : de sorte qu'ici, comme en matiére de plusieurs autres choses, les Loix Romaines laissoient la liberté des prémiers tems, sans préjudice du droit que les autres Peuples ont crû avoir d'en disposer autrement, comme nous voions aussi qu'ils l'ont fait. (c) Or quand une Loi Civile régle autrement les choses, le Droit même de Nature veut qu'on l'observe : car, quoi que les Loix Civiles ne puissent rien commander, qui soit défendu par le Droit Naturel, ni rien défendre qui soit commandé par ce même Droit ; elles peuvent néanmoins resserrer la liberté naturelle, & défendre ce qui naturellement étoit permis. Ainsi leurs défenses ont la vertu d'empêcher qu'on n'acquiére à juste titre une chose, dont la propriété auroit été sans cela naturellement aquise.

(c) *Covarruv.* ubi supr.

§. VI. 1. VOIONS ensuite, si les Hommes peuvent avoir un *droit commun* sur certaines choses, *qui appartiennent déja à quelques-uns* en particulier? La question paroîtra peut-être d'abord étrange, puis que l'établissement de la Propriété semble avoir éteint tout le droit que donnoit l'état de Communauté. Mais cela n'est point: & pour convenir du contraire, il ne faut que considerer l'intention de ceux qui les prémiers ont introduit la Propriété des biens. On a tout lieu de supposer qu'ils n'ont voulu s'éloigner que le moins qu'il a été possible, des régles de l'Equité Naturelle: & ainsi c'est avec cette restriction que les droits des Propriétaires ont été établis. Car si les Loix même écrites doivent être ainsi expliquées, autant qu'il se peut ; à plus forte raison doit-on donner cette interprétation favorable aux choses introduites par une Coûtume non-écrite, & dont par

pas *citra Oceanum*, ou *en deçà de l'Océan*, dit, que l'Océan environne toute la Terre : *Quid enim potest dici* citra Oceanum *esse, quum undique Oceanus circumscribat omnes terras & ambiat? nam* citra *quod est, id* extra *est. Sed si ex unâ tantum parte Orbis Oceanus foret, tum quæ terra ad eam partem foret*, citra Oceanum *esse dici posset, vel* ante Oceanum : *quum vero omnes terras omnifariam & undique versum circumfluat, nihil* citra *eum est ; sed, undarum illius ambitu terris omnibus convallatis, in medio eius sunt omnia, quæ intra oras ejus inclusa sunt.* Noct. Attic. *Lib.* XII. *Cap.* XIII. Dans TITE LIVE, le Consul *Manius Acilius Glabrio* représente l'Océan comme embrassant toutes les Terres & leur servant de bornes: *Oceano fines terminemus, qui orbem terrarum amplexu finit.* (Lib. XXXVI. Cap. XVII. *num.* 15.) SENEQUE, le Pére, appelle l'Océan, le lien & le rempart de toute la Terre : *Totius orbis vinculum, terrarumque custodia.* Suasor. (I. pag. 2. *Edit. Elzevir.* 1672.) Et LUCAIN, une eau qui borne & environne le Monde:

—— —— *Mundumque coërcens*
Monstriferos agit unda sinus —— ——

Pharsal. *Lib.* V. ℣. 619, 620. GROTIUS.

(12) Il n'est pas non plus nécessaire de le supposer. Il suffit qu'à mesure que les parties de la Mer venoient à être connuës, on se soit emparé tôt ou tard de quelques-unes, jusqu'à un certain endroit. Le prémier partage des biens, que nôtre Auteur conçoit comme antérieur à l'aquisition par droit de prémier occupant, est aussi une chimére. Voiez ce que j'ai dit sur PUFENDORF, *Droit de la Nat. & des Gens*, Liv. IV. Chap. IV. §. 4. *Note* 4. & §. 9. *Note* 3. de la 2. Edition.

§. IV. (1) Comme les *Echinades*, qu'*Alcmeon* s'appropria par droit de prémier occupant, ainsi que le rapporte THUCYDIDE, *Lib.* II. *in fin.* GROTIUS.

Ce n'est pas des Iles ainsi nommées, que l'Historien dit qu'*Alcmeon* s'empara ; puis qu'il les représente un peu plus haut comme encore désertes. Mais il veut parler des environs de la Ville d'*Oeniades*, qui s'étoient formez de quelcune des petites Iles voisines, jointes à la terre ferme par le charroi du fleuve *Achéloüs* : & il dit expressément, qu'*Alcméon* appella ce païs, où il régna, *Acarnanie*, , du nom de son Fils. *Cap.* CII. *Edit. Oxon.* Nôtre Auteur, dans son *Florum sparsio ad Jus Justin.* met les *Echinades* au nombre des Iles qui ont paru tout d'un coup dans la Mer, & dont il donne plusieurs autres exemples, *pag.* 28. *Edit. Amstel.*

(2) Voiez PUFENDORF, *Liv.* IV. *Chap.* VI. §. 3, 4. du *Droit de la Nat. & des Gens.*

§. V. (1) Voiez encore PUFENDORF, au même endroit que je viens de citer, §. 4, 5, 6, 7. avec les Notes ; comme aussi sur l'Abregé des *Devoirs de l'Homme & du Citoien*, Liv. I. Chap. XII. §. 6. *Note* 2. de la 3. & 4. Edition.

(2) Il suffit d'alléguer ce qui est dit dans les INSTITU-

par conséquent l'étenduë n'est point déterminée par la signification des termes.

2. De là il s'ensuit, que, dans un cas (1) d'extrême nécessité, le droit ancien de se servir des choses qui se présentent revit en quelque maniére, tout de même que si elles étoient encore communes: parce que ces sortes de cas semblent exceptez dans toutes les Loix Humaines, & par conséquent aussi dans celle qui a établi la Propriété des biens. Ainsi lors, par exemple, qu'on est sur mer, & que (2) les Vivres viennent à manquer, chacun doit mettre en commun ce qui lui en reste. Dans un Incendie il est permis d'abbattre la Maison de (3) son Voisin, pour se garantir soi-même du feu. Si un Vaisseau se trouve embarassé dans (4) les Cables d'un autre Vaisseau, ou dans des Filets de Pêcheurs, on peut couper ces Cables & ces Filets, lors qu'il n'y a pas moien de le dégager autrement. Tout cela n'est point introduit par les Loix Civiles: elles ne font qu'expliquer par de tels reglemens les maximes de l'Equité Naturelle, & y prêter leur autorité.

(a) *Thomas*, Secund. secund. LXVI, 7. *Covarruvias*, Cap. *Peccatum*. P. 2. §. 1.

(b) *Soto*, Lib. V. Quæst. III. Art. 4.

3. Parmi les Théologiens même c'est un sentiment commun, (a) que si, dans une telle nécessité, quelcun prend du bien d'autrui ce dont il a besoin pour conserver sa vie, il ne commet point de véritable Larcin. Cette décision n'est pas fondée sur ce que, comme le disent quelques-uns, (b) le Propriétaire est tenu par les Régles de la Charité de donner de son bien à ceux qui en ont besoin: mais sur ce que la Propriété des biens est censée n'avoir été établie qu'avec cette exception favorable, que l'on rentreroit en ces cas-là dans les droits de la Communauté primitive. Car si l'on eût demandé à ceux qui ont fait le prémier partage des biens communs, ce qu'ils pensoient là-dessus; ils auroient répondu ce que nous disons ici. *La (5) Necessité, cette grande raison qui est la ressource de la foiblesse humaine, l'emporte*, selon SENEQUE le Pére, *sur toute Loi*, (c'est-à-dire, sur toute Loi Humaine, ou faite à la maniére & dans l'esprit des Loix Humaines) *elle justifie toutes les actions auxquelles elle contraint.* CICERON parlant de l'entrée de *Cassius* en *Syrie*, dit, (6) qu'*à la vérité cette Province auroit été à un autre, si en ce tems-là on eût observé les Loix écrites; mais que, ces Loix étant foulées aux pieds, la Province étoit devenuë sienne en vertu de la Loi de Nature.* C'est une sentence

TUTES: *Feræ igitur bestiæ, & volucres, & pisces, id est, omnia animalia, quæ mari, cælo, & terra nascuntur, simulatque ab aliquo capta fuerint, Jure Gentium statim illius esse incipiunt.* Lib. II. Tit. I. *De rerum divisione*, §. 12. Voiez ci-dessous, *Chap.* VIII. de ce Livre, §. 2, & *suiv.*

§. VI. (1) Voiez, sur cette matiére, PUFENDORF, *Droit de la Nat. & des Gens*, Liv. II. Chap. VI. §. 5, 6, 7.

(2) *Eo magis, quòd, si quando ea* [cibaria] *defecerint in navigationem, quod quisque haberet, in commune conferret.* DIGEST. Lib. XIV. Tit. II. *Ad Leg. Rhod. de Jactu*, Leg. II. §. 2.

(3) *Si, defendendi mei caussâ, vicini ædificium, orto incendio, dissipaverim .... quum, defendendarum mearum ædium caussâ fecerim, utique dolo careo. ... nec. .. injuriâ hoc fecit, qui se tueri voluit, quum aliàs non posset.* DIGEST. Lib. XLVII. Tit. IX. *De incendio* &c. Leg. III. §. 7.

(4) *Item* LABEO *scribit, si, quum vi ventorum navis impulsa esset in funes ancorarum alterius,* [*&*] *nautæ funes præcidissent, si nullo alio modo, nisi præcisis funibus, explicare se potuit, nullam actionem dandam. Idemque* LABEO *&* PROCULUS, *& circa retia piscatorum, in quæ navis* [*piscatorum*] *inciderat, æstimaverunt.* DIGEST. Lib. IX. Tit. II. *Ad Leg. Aquil.* Leg. XXIX. §. 3. Il faut remarquer, avec le Jurisconsulte ULPIEN, que tout cela n'a lieu, que quand il s'agit d'une chose considérable & dans une pressante nécessité. Il allégue immédiatement après l'exemple d'une Maison abbatuë pour arrêter le feu: *Quod non aliter procedere debet, nisi ex magna & satis necessaria caussa. ... Est & alia exceptio. ... ut, puta, si, incendii arcendi caussâ, vicini ædes intercidi* &c. DIGEST. Lib. XLIII. Tit. XXIV. *Quod vi aut clam*, Leg. VII. §. 3, 4. GROTIUS.

(5) *Necessitas, magnum humanæ imbecillitatis patrocinium est. ... quæ, quidquid coëgit, defendit.* Lib. IV. *Controv.* XXVII. Le même Auteur éclaircit ailleurs cette maxime, par l'exemple des Marchandises que l'on jette dans la Mer, pour éviter un naufrage; & par celui des Maisons démolies pour arrêter un incendie: *Necessitas est, quæ navigia jactu exonerat: necessitas est, quæ ruinis incendia opprimit. Necessitas est lex temporis.* Excerpt. Controv. *Lib.* IV. *Contr.* IV. THEODORE PRISCIEN, ancien Médecin, autorise aussi par un de ces exemples, la nécessité où l'on se trouve quelquefois de faire périr le fruit d'une Femme enceinte, pour la sauver elle-même: *Expedit prægnantibus, in vita discrimine constitutis, sub unius partûs sæpe jactura salutem mercari certissimam: sicut arboribus crescentium ramorum adcommodatur salutaris abscissio; & naves pressæ onere, quum gravi tempestate jactantur, solum habent ex damno remedium.* Les prémiéres paroles de ce passage regardent l'usage d'un instrument, nommé par les Grecs 'Εμβρυοθλάστης, dont on trouve la description dans GALIEN, & dans CELSUS, (Cap. XXIX.) mot qu'il faut par conséquent rétablir dans un passage de TERTULLIEN, *de Anima.* GROTIUS.

Le

ce de (7) QUINTE-CURCE, *Que, dans un malheur public, chacun pense à soi, & cherche fortune.*

§. VII. 1. MAIS il y a ici quelques précautions à observer, pour ne pas étendre trop loin les privileges de la Nécessité.

2. La premiére est, qu'il faut auparavant tenter toute autre sorte de voie pour se tirer d'affaires; implorer, par exemple, le secours du Magistrat, ou essaier même d'obtenir par priéres du Maitre de la chose dont on a besoin, qu'il nous en permette l'usage. PLATON (1) ne donne permission de prendre de l'Eau dans le Puits d'un Voisin, que quand on a creusé inutilement dans son propre Fonds, pour en trouver, jusqu'à la Craie: & *Solon* fixoit la profondeur à quarante coudées; sur quoi PLUTARQUE (2) remarque, que *ce Législateur vouloit soulager la nécessité, mais non pas favoriser la paresse.* XENOPHON, répondant aux Députez de *Sinope*, (3) déclare, que, dans sa retraite, *par tout où il ne trouvoit pas des vivres à acheter pour son Armée, soit en païs de* Barbares, *ou en païs de* Grecs, *il prenoit ce dont il avoit besoin, non pour s'approprier insolemment le bien d'autrui, mais pour subvenir à sa nécessité.*

§. VIII. EN SECOND LIEU, il n'est pas permis de prendre le bien d'autrui, pour s'en servir, lors que le Possesseur se trouve dans la même nécessité: car, toutes choses égales, le (1) Possesseur a l'avantage. *Lors qu'un homme*, disoit autrefois LACTANCE, (2) *se trouvant plus fort qu'un autre qui s'est saisi d'une Planche, dans un Naufrage, ne la lui ôte point, pour se sauver lui-même; ou que rencontrant sur son chemin un homme blessé, qui est à cheval, il ne le lui prend point, pour fuïr plus vîte; ce n'est pas une folie, puis qu'en s'abstenant de pareilles choses, il s'abstient de faire du mal à autrui, ce qui est un Péché; & il est de la Sagesse, de s'abstenir de pécher.* CICERON propose cette question: (3) *Si un Homme sage, se voiant sur le point de mourir de faim, peut prendre de lui-même quelques vivres à une personne qui n'est d'aucune utilité?* Et il répond, que non; *parce*, dit-il, *que la conservation de nôtre vie ne nous est pas plus utile, qu'une disposition d'esprit qui empêche de s'accommoder soi-même aux dépens d'autrui.* QUINTE-CURCE établit pour maxime, (4) *Que celui qui ne veut pas donner*

Le passage de TERTULLIEN se trouve au Chap. XXV. de ce Traité: *Est etiam aeneum Spiculum, quo jugulatio ipsa dirigitur, caeco latrocinio,* ἐμβρυοσφάκτην (d'autres lisent, ἐμβρυοσφάκτην) *adpellant, de infanticidii officio, utique viventis infantis peremptorium.* La correction, que nôtre Auteur propose, se trouvoit déja dans le *Trésor de la Langue Grecque*, Tom. I. pag. 796. où HENRI ETIENNE dit même, que plusieurs avoient déja remarqué, que ce passage doit être ainsi lû.

(6) *Huic igitur Legi paruit* Cassius, *quum est in* Syriam *profectus, alienam provinciam, si homines Legibus scriptis uterentur; his vero oppressis, suam, Lege Naturae.* Orat. Philippic. XI. *Cap.* XII. pag. 844.

(7) *In communi calamitate, suam quemque habere fortunam.* Lib. VI. Cap. IV. §. 11.

§. VII. (1) Ἀὐχμία δὲ εἴ τισι τόποις ξύμφυτος ἐκ γῆς τὰ ἐκ Διὸς ἰόντα ἀποστέγει νάματα, καὶ ἐλλείπει τῶν ἀναγκαίων πομάτων, ὀρυττέτω μὲν ἐν τῷ αὐτοῦ χωρίῳ, μέχρι τῆς κεραμίτιδος γῆς· ἐὰν δ' ἐν τούτῳ τῷ βάθει μηδαμῶς ὕδατι προστυγχάνῃ, παρὰ τῶν γειτόνων ὑδρευέσθω, μέχρι τοῦ ἀναγκαίου πόματος ἑκάστοις τῶν οἰκετῶν. De Legib. *Lib.* VIII. pag. 844. B. Tom. II. *Ed. H. Steph.*

(2) Ἐὰν δὲ ὀρύξαντες ὀργυιῶν δέκα βάθος παρ' ἑαυτοῖς, μὴ εὕρωσι, τότε λαμβάνειν παρὰ τοῦ γείτονος, ἑξάχουν ὑδρίαν δὶς ἑκάστης ἡμέρας πληροῦντας. ἀπορίᾳ γὰρ ᾤετο δεῖν βοηθεῖν, οὐκ ἀργίαν ἐφοδιάζειν. In Vit. Solon. *pag.* 91. C. D. Tom. I. *Ed. Wech.*

(3) Ὅπου δ' ἂν ἐλθόντες ἀγορὰν μὴ ἔχωμεν, ἄν τε εἰς βάρβαρον γῆν, ἄν τε εἰς Ἑλληνίδα, οὐχ ὕβρει, ἀλλ' ἀνάγκῃ, λαμβάνομεν τὰ ἐπιτήδεια. Expedit. Cyr. *Lib.* V. *Cap.* V. §. 9. *Edit. Oxon.*

§. VIII. (1) Voiez PUFENDORF, *Droit de la Nat. & des Gens*, Liv. II. Chap. VI. §. 6. *Note* 3. de la seconde Edition.

(2) Voici le passage, dont nôtre Auteur exprime le sens, plûtôt que les paroles; quoi qu'il l'ait mis en caractére Italique: *Quod si est verissimum, manifestum est, eum, qui aut naufrago tabulam, aut equum saucio non ademerit, stultum non esse; quia haec facere, peccatum est, à quo se Sapiens abstinet.* Lib. V. Cap. XVII. *num.* 27. *Ed. Cellar.*

(3) *Forsitan quispiam dixerit: Nonne igitur Sapiens, si fame ipse conficiatur, abstulerit cibum alteri, homini ad nullam rem utili? Minime vero. Non enim mihi est vita mea utilior, quàm animi talis adfectio, neminem ut violem commodi mei gratiâ.* De Offic. *Lib.* III. *Cap.* VI. Ce passage contient une décision également outrée, & mal appliquée au sujet dont nôtre Auteur traite. Car l'Orateur Romain ne suppose point que la personne qui n'est d'aucune utilité, se trouve dans la même nécessité, que le Sage.

(4) *Nisi quòd melior est caussa suum non tradentis, quàm poscentis alienum.* Lib. VII. Cap. I. *num.* 33.

§. IX.

ner ce qui lui appartient, a toûjours meilleure cause, que celui qui demande le bien d'autrui.

§. IX. Enfin, il faut restituer, aussi tôt qu'on peut, ce que l'on a pris. Quelques-uns à la vérité (a) n'en conviennent pas, & ils se fondent sur ce qu'on n'est tenu à aucune restitution, (1) quand on ne fait qu'user de son droit. Il est néanmoins plus vrai de dire, que le droit qu'on a dans le cas dont il s'agit n'est pas un droit plein & entier, mais accompagné de cette restriction, que, la nécessité cessant, on sera obligé de restituer. Car il suffit qu'il aille jusques-là, & pas plus loin, pour maintenir les Loix de l'Equité Naturelle contre la rigueur des droits d'un Propriétaire.

(a) *Adrian.* quod lib. I. Art. 2. col. 3. *Covarruvias*, ubi supra.

§. X. De ce que nous avons établi, on peut inférer, comment il est permis, dans une Guerre juste, de s'emparer de quelque Place située en païs neutre. (1) Car on voit bien, qu'une terreur panique ne suffit pas pour autoriser une chose comme celle-là, mais qu'il doit y avoir tout lieu de craindre que l'Ennemi ne se jette dans cette Place, & ne nous cause par là des maux irréparables. De plus, il ne faut rien prendre que ce qui est nécessaire pour nôtre sûreté, c'est à-dire, la garde seule de la Place, laissant au véritable Propriétaire la jurisdiction & les revenus. Enfin, on ne doit en venir là, qu'avec intention de se dessaisir de la garde même de la Place, aussi tôt qu'on n'aura plus rien à appréhender de ce côté-là. Tite Live (2) parlant de ce que firent les *Romains*, lors qu'ils garderent la Ville d'*Enna* en *Sicile*, témoigne douter *si ce fut une action mauvaise, ou une nécessité*. En effet, il n'y a point de milieu: tout ce que l'on fait ici sans y être réduit par la nécessité, quelque peu qu'il s'en faille, est mauvais & illicite. Les *Grecs*, qui étoient avec Xenophon, (a) aiant absolument besoin de Vaisseaux pour se sauver & s'en retourner chez eux, en prirent, par l'avis même de *Xénophon*, de ceux qui passoient, mais en sorte qu'ils ne touchérent point aux Marchandises de la cargaison, & qu'ils paiérent non seulement le fret, mais encore donnerent des vivres aux Matelots.

(a) *Expedit. Cyr.* Lib. V. Cap. 1.

§. XI. Voila pour le droit de la Nécessité, qui est le prémier de ceux qui restent de l'ancienne Communauté, depuis l'établissement de la Propriété des biens. Il y en a un autre, qui consiste à tirer du bien d'autrui (1) une *utilité innocente*. Car, comme le dit Ciceron, (2) *pourquoi est-ce qu'on refuseroit de faire part aux autres des choses en quoi on peut leur rendre service, sans en être soi-même incommodé?* C'est pourquoi Senbque soutient, que ce n'est point un Bienfait, proprement ainsi nommé, de

§. IX. (1) Cette difficulté est très-bien fondée, dans les principes de nôtre Auteur: mais elle tombe, quand on pose, comme il le faut, que la nécessité donne droit seulement de se servir du bien d'autrui, & qu'elle ne fait pas revivre le droit de l'ancienne communauté. Voiez Pufendorf, *Liv.* II. *Chap.* VI. §. 6. *du Droit de la Nat. & des Gens.*

§. X. (1) On trouvera cette question traitée, & un peu plus exactement, dans Pufendorf, au dernier paragraphe du Chapitre qui vient d'être cité dans la Note précédente.

(2) *Ita* Enna, *aut malo, aut necessario facinore retenta.* Lib. XXIV. Cap. XXXIX. *num.* 7. Mais il s'agit là du massacre qu'un Gouverneur Romain fit faire des Habitans de cette Ville, aiant sû qu'ils vouloient se révolter. Ainsi l'exemple ne fait pas au sujet.

§. XI. (1) Voiez, sur ces offices d'une utilité innocente, Pufendorf, *Droit de la Nat. & des Gens*, Liv. III. Chap. III. §. 3, 4.

(2) Le passage, quoi que mis en caractére Italique, est rapporté peu exactement pour les paroles; & même le Savant Gronovius y trouve un barbarisme. Voici ce que dit véritablement l'Orateur Romain: *Unum ex re satis præcipit* [Ennius], *ut quidquid sine detrimento possit commodari, id tribuatur vel ignoto. Ex quo sunt illa communia*; Non prohibere aqua profluente; Pati ab igne ignem capere, si quis velit; Consilium fidele deliberanti dare; *quæ sunt iis utilia, qui accipiunt, danti non molesta.* De Offic. Lib. I. Cap. XVI.

(3) Ni de donner à un Pauvre un morceau de pain, ou une petite pièce de monnoie: *Quis beneficium dixit, quadram panis, aut stipem æris abjecti, aut ignis accendendi factam potestatem?* De Benefic. *Lib.* IX. *Cap.* XXIX.

(4) Οὔτε δὲ τροφὴν ἀφανίζειν ἔσωθεν αὐτοὺς ἄδην ἔχοντας· ὅτε νάματος ἐμφορηθέντας, πηγὴν ἀποτυφλοῦν καὶ ἀποχωννύειν· ὅτε πλοῦ σημεῖα καὶ ὁδοῦ διαφθείρειν χρησαμένους· ἀλλ' ἐᾶν καὶ ἀπολείπειν τὰ χρήσιμα τοῖς ἀπορουμένοις μεθ' ἡμᾶς. Symposiac. *Lib.* VII. *Quæst.* IV.

§. XII. (1) C'est-à-dire, à la considerer en gros comme un amas d'eau, qui coule dans un certain lit. Voiez la Note suivante.

(2) A l'égard de chacune des parties d'eau qui s'écoulent à chaque moment. Mais cette distinction n'est pas bien fondée, comme le remarque Pufendorf, *Droit de la Nat. & des Gens*, Liv. III. Chap. III. §. 4. Voiez ce que j'ai dit sur l'Abrégé, *des Devoirs de l'Homme*

de permettre seulement que (3) quelcun allume du feu au nôtre. *C'est mal fait*, selon (4) PLUTARQUE, *de gâter ou dissiper les Viandes qui restent, après qu'on est rassasié; de boûcher ou cacher une Source, après qu'on a assez bû; d'ôter les Balises qui marquent les endroits dangereux de la Mer, ou les Mains qui montrent les Chemins sur terre, après s'en être servi soi-même pour se conduire.*

§. XII. AINSI une *Riviére*, entant que (1) Riviére, appartient au Peuple dans les terres de qui elle coule, ou à celui sous la domination de qui est le Peuple; en sorte qu'il peut y faire des Ecluses, & s'approprier ce qui y naît. Mais cette même Riviére, considérée (2) comme une Eau courante, est du nombre des choses qui sont demeurées en commun, c'est-à-dire, que chacun peut y boire & y puiser autant qu'il en a besoin. *Y a-t-il quelcun*, (3) dit OVIDE, *qui ne veuille pas laisser allumer une Chandelle à la sienne, ou qui garde étroitement les Eaux de la Mer, pour empêcher qu'on n'en prenne?* Il dit ailleurs, (4) que *l'usage des Eaux est commun*; & il les appelle (5) *un présent* ou un bien *public*, c'est-à-dire, commun à tous les Hommes; prenant le mot de *public* dans un sens impropre, de la même maniére que certaines choses sont appellées *publiques par le Droit* (6) *des Gens*. VIRGILE (7) dit, dans le même sens, que *l'usage de l'Eau, aussi bien que de l'Air, doit être libre à tout le monde.*

§. XIII. 1. ON est aussi tenu de laisser passer librement par les Terres, les Fleuves, & les endroits de la Mer qui peuvent nous appartenir, ceux qui veulent aller ailleurs pour de justes causes; comme (a) si, étant chassez de leur Païs, ils cherchent à s'établir dans quelques Terres inhabitées; ou s'ils vont trafiquer avec un Peuple éloigné; ou s'ils ont entrepris une Guerre juste, pour se faire rendre ce qu'on leur doit. La raison en est la même, que nous avons appliquée ci-dessus, c'est que le droit de Propriété aiant pû être établi avec reserve d'un tel usage, (1) d'où les uns tirent quelque profit, sans qu'il en coste rien aux autres; les Auteurs de cet établissement doivent être censez l'avoir fait sur ce pié-là. (a) *Bald.* III. Consil. 293.

2. Nous trouvons un exemple remarquable de l'usage du droit dont il s'agit, dans l'histoire (b) de *Moïse*, qui aiant à passer sur les terres de quelques Peuples, proposa les conditions suivantes, prémiérement aux *Iduméens*, & ensuite aux *Amorrhéens*: Qu'il suivroit le grand Chemin, sans s'écarter & sans entrer dans les Possessions des Particuliers; & que, s'il avoit besoin de quelque chose qui leur appartînt, il le leur paieroit à un prix raisonnable. Ces propositions aiant été rejettées, (2) il entra justement en (b) *Nombres*, XX, XXI.

me & du Citoien, Liv. I. Chap. XII. §. 6. *Note* 2. de la 3, & 4. Edition.

(3) *Quis vetet apposito lumen de lumine sumi,*
Quisve cavo vastas in mare servet aquas?
Art. amat. *Lib.* III. ℣. 93, 94.

(4) *Quid prohibetis aquis? usus communis aquarum.*
Metamorph. *Lib.* VI. ℣. 349.

(5) *Nec Solem proprium Natura, nec Aëra fecit,*
Nec tenues undas: ad publica munera veni.
Ibid. ℣. 350, 351.

(6) Voiez le Chapitre suivant, §. 9. *Note* 3.

(7) ——— ——— *Litusque rogamus*
Innocuum, & cunctis undamque auramque patentem.
Æn. VII, 230.

§. XIII. (1) SERVIUS, sur le passage de l'*Enéïde*, qui vient d'être cité dans la Note précedente, expliquant l'epithéte d'*innocuum*, dit que ceux qui veulent aborder sur le Rivage de la Mer, demandent une chose qui ne peut nuire à personne: INNOCUUM] *Non quod nulli noceat: sed cujus vindicatio nulli possit nocere. Aliter Serpentes* innocuos *dicimus*. GROTIUS.

L'Auteur corrige ce passage, sans dire mot: car il y a dans les Editions, que j'ai vuës, *cui vindicato nullus possit nocere*. Et sa correction paroit bien fondée. Pour ce qui est de la chose en elle-même, il suppose gratuïtement, que la liberté de passer sur les Terres ou les Eaux qui appartiennent à autrui, est toûjours une chose d'une utilité innocente. On trouvera le contraire fortement prouvé dans PUFENDORF, *Droit de la Nat. & des Gens*, Liv. III. Chap. III. §. 5. avec les Notes. Et après tout, lors même qu'on n'a rien à craindre de la part de ceux qui demandent le passage, on n'est pas pour cela tenu à la rigueur de le leur accorder. C'est une suite nécessaire du droit de Propriété, que le Propriétaire peut refuser à autrui l'usage de son bien. L'Humanité demande, à la vérité, qu'il accorde cet usage à ceux qui en ont besoin, quand il le peut sans s'incommoder soi-même considérablement: mais si alors même il le leur refuse, quoi qu'il péche contre son devoir, il ne leur fait pour cela aucun *tort*, proprement ainsi nommé; à moins qu'ils ne se trouvent dans un cas de cette extrême nécessité, qui est supérieure aux régles communes. Ce n'est que jusques-là que s'étend & peut s'étendre la reserve, dont on conçoit que l'établissement de la Propriété des biens fut accompagné.

(2) C'est ainsi qu'*Hercule* tua *Amyntor*, Roi d'*Orchoméne*, qui vouloit l'empêcher de passer sur ses ter-

en guerre pour ce sujet avec les *Amorrhéens*. Car, comme le remarque St. Augustin, (3) *on refusoit injustement aux* Israëlites *une chose qu'on devoit leur accorder par les régles de l'Equité les plus conformes au droit de la Société Humaine, puis qu'ils vouloient passer sans faire aucun mal.*

3. L'Histoire Profane nous fournit aussi bien des exemples sur ce sujet. Voici comment les (4) *Grecs*, qui étoient avec *Cléarque*, parlérent à *Tissapherne*: *Nous ne voulons que retourner chez nous paisiblement, & pourvû que personne ne nous inquiette, nous ne ferons du mal à personne. Mais si on nous attaque, nous tâcherons, avec l'aide du Ciel, de nous défendre.* *Agésilas*, à son retour d'*Asie*, (c) étant arrivé dans la (5) *Troade*, demanda aux gens de ce païs-là, s'ils vouloient qu'il passât en Ami, ou en Ennemi? Et *Lysandre* (d), en pareil cas, disoit aux *Béotiens*, s'il passeroit la pique haute, ou la pique basse? Les anciens *Bataves* (6) déclarérent à ceux de *Bonne*, *que, si personne ne les empêchoit, ils passeroient sans commettre aucun désordre; mais que, si on prenoit les armes pour s'opposer à leur passage, ils se l'ouvriroient l'épée à la main.* *Cimon*, Général des *Athéniens*, allant au secours des *Lacédémoniens*, conduisit ses Troupes par les Terres de *Corinthe*, sans en avoir donné avis à l'Etat. Les *Corinthiens* lui en firent des reproches, & lui dirent, (7) *Que, quand on vouloit entrer chez quelcun, on heurtoit à la porte, & on attendoit d'avoir permission: Fort-bien*, leur repondit-il; *mais vous-mêmes avez-vous heurté à la porte des* Cléoniens *& des* Mégariens? *Ne l'avez-vous pas enfoncée, vous imaginant que tout doit être ouvert au plus fort?*

(c) Plutarch. Apopht. Lacon. pag. 211. C.

(d) Idem, Apopht. Lacon. p. 229. C. Et Vit. Lysandr. pag. 445. D.

4. Le principe, sur lequel les derniers, dont nous venons de parler, raisonnoient, est outré, à mon avis. L'opinion véritable est ici celle qui tient le milieu, c'est qu'il faut prémiérement (8) demander passage; mais que, si le Maître du Païs le refuse, on peut alors le forcer. C'est ainsi (e) qu'*Agésilas*, à son retour d'*Asie*, envoia prier le Roi de *Macédoine* de permettre qu'il passât par ses Etats. Celui-ci répondit, qu'il y penseroit. Alors *Agésilas* dit: *Eh bien, qu'il y pense, nous passerons cependant.*

(e) Plutarch. in ejus Vit. pag. 604. & Apopht. pag. 211. D.

5. En

ses; comme le rapporte Apollodore (*Biblioth.* Lib. II. Cap. 7. §. 7.) Le Scholiaste d'Horace dit, sur l'Ode contre *Canidia* (*Epod.* XVII, 8.) que les *Grecs* firent la Guerre à *Télephe*, Roi de *Mysie*, parce qu'il refusa de les laisser passer par son païs, pour aller à *Troie*. Voiez aussi les *Loix des* Lombards, Lib. II. Tit. LIV. Cap. II. Grotius.

Touchant *Télephe*, voiez Dictys *de Créte*, Lib. II. Cap. I. *& seqq.*

(3) *Notandum est sane, quemadmodum justa bella gerebantur à filiis* Israël *contra* Amorrhæos. *Innoxius enim transitus denegabatur; qui jure humanæ Societatis æquissimo patere debebat.* In Numer. Cap. XX. *Quæst.* XLIV. Ce passage se trouve cité dans [illegible] Droit Canonique, *Caus.* XXIII. *Quæst.* II. Cap. [illegible] Mais, n'en déplaise à St. Augustin, on ne peut tirer aucune consequence de cet exemple. Car 1. *Sichon*, Roi des *Amorrhéens*, ne se contenta pas de refuser le passage aux *Israëlites*: il leur alla au devant, dans le Desert, jusqu'à *Jahatz*, avec une Armée; & les réduisit [illegible] la nécessité de le battre, pour se défendre, plûtôt que pour forcer le passage. 2. Il est vrai que, d'une maniére ou d'autre, les *Israëlites* auroient sans doute voulu passer: mais la donation que Dieu leur avoit faite de la Terre de *Chanaan*, & l'ordre exprès qu'ils avoient d'exterminer non seulement les sept Peuples maudits, mais encore de repousser tout ce qui s'opposeroit à l'execution des desseins du Ciel; cela, dis-je, forme un cas tout extraordinaire, sur lequel on ne sauroit raisonnablement fonder de régle générale, pour décider la question dont il s'agit.

(4) Πορευσόμεθα δὲ ἂν οἴκαδε, εἴ τις ἡμᾶς μὴ λυποίη, ἀδικοῦντα δὲ τοι πειρασόμεθα, σὺν τοῖς Θεοῖς, ἀμύνασθαι. De Expedit. Cyri, *Lib.* II. *Cap.* III. §. 13. *Ed. Oxon.* Voiez aussi ce que dit *Chirisophe* à *Mithridate*, Lib. III. Cap. III. §. 3.

(5) Ou plûtôt dans le païs des *Tralliens*, Τρελλεῖς, comme Plutarque lui-même les appelle, dans la Vie d'*Agésilas*, Tom. I. pag. 604.

(6) *Si nemo obsisteret, innoxium iter fore: sin arma occurrant, ferro viam inventuros.* Tacit. Hist. *Lib.* IV. *Cap.* XX. *num.* 2.

(7) Ἐγκαλοῦντος Λαχάρτου αὐτῷ, πρὶν ἐντυχεῖν τοῖς πολίταις, εἰσαγαγόντι τὸ στράτευμα. καὶ γὰρ θύραν κόψαντας ἀλλοτρίαν, οὐκ εἰσιέναι πρότερον ἢ τὸν κύριον κελεῦσαι. Καὶ ὁ Κίμων, Ἀλλ' οὐχ ὑμεῖς, εἶπεν, ὦ Λάχαρτε, τὰς Κλεωναίων καὶ Μεγαρέων θύρας κόψαντες, ἀλλὰ κατασχίσαντες, εἰσεβιάζεσθε (il y a ici une faute d'impression, qui n'étoit pas dans l'Edition d'Henri Etienne, εἰσεβιάζεσθε) μετὰ τῶν ὅπλων, ἀξιοῦντες ἀνεῳγέναι πάντα τοῖς μεῖζον δυναμένοις. Plutarch. *in Cimon.* pag. 489. C. Tom. I. Ed. *Wech.*

(8) Aristophane introduit quelcun, qui dit, que, quand les *Athéniens* vouloient aller à *Delphes*, ils demandoient prémiérement le passage aux *Béotiens*:

Ἐνθ' ὥσπερ ἡμεῖς, ἢν ἰέναι βουλώμεθα
Πυθῶδε, Βοιωτοὺς δίοδον αἰτούμεθα. &c.
Avib. (v. 188, 189.)

Sur quoi le Scholiaste remarque, qu'on ne demandoit passage que pour une Armée: Τότε γὰρ μόνον δίοδον ᾔτουν

5. En vain voudroit-on se dispenser de donner passage, à cause du grand nombre, qui nous fait appréhender quelque chose de la part de ceux qui le demandent. Car nôtre crainte ne diminuë rien de (9) leur droit; d'autant plus qu'il y a des moiens de se précautionner, en faisant, par exemple, passer les Troupes par petites bandes séparées, ou (10) sans armes, ainsi que ceux de *Cologne* (11) l'exigeoient autrefois des *Germains*, & comme cela se pratiquoit dans le païs des (12) *Eléens*. On peut aussi avoir des Garnisons ou des Troupes, entretenuës aux dépens de celui qui veut passer; ou lui demander des (f) Otâges, comme fit *Séleucus* à *Démétrius*, avant que de lui accorder la permission de demeurer quelque tems dans ses Etats (g).

(f) Voiez-en un exemple dans *Procope*, Persic. Lib. II.

(g) *Plutarch.* in Demetr. p. 912. E.

6. Pour ce que l'on a à craindre de la part de celui contre qui marche l'autre qui nous demande passage, cela ne suffit pas non plus pour nous autoriser à le lui refuser, s'il (13) a un juste sujet de faire la Guerre.

7. Il ne serviroit pas plus de dire, qu'il y a d'autres chemins, par où l'on peut passer. Car chacun en pourroit dire autant; & ainsi le droit de Passage (14) se réduiroit à rien. Il suffit que l'on ne trouve point d'autre chemin plus court, ni plus commode, & que l'on demande à passer sans aucun mauvais dessein.

8. Mais si celui qui veut passer, marche pour aller faire une Guerre injuste, ou s'il méne avec soi (15) des gens qui sont nos Ennemis, on peut lui refuser le passage: car, en ce cas-là, il seroit permis de lui aller au devant dans son propre païs pour l'empêcher d'aller plus loin.

9. On doit laisser passer non seulement les *Personnes*, mais encore les *Marchandises*; parce qu'aucun n'a droit d'empêcher une Nation (16) de trafiquer avec toute autre Nation éloignée. L'intérêt de la Société Humaine demande cette liberté du Commerce, & il n'en revient du dommage à personne: car on ne doit pas tenir pour dommage la perte d'un gain auquel on s'attendoit, mais qui n'étoit nullement dû. J'ai allégué (17) ailleurs là-dessus bon nombre d'autoritez: ajoûtons-en ici quelques autres. *Sous un bon Gouvernement*, dit (18) Philon Juif, *les Vaisseaux marchands font voile en sûreté par*

είων, ὅταν πολεμίων διάγῃ. Les *Vénitiens* laissérent passer les *Allemands*, & les *François*, qui se disputoient la ville de *Marano*. Paul Paruta, *Hist. Venet.* Lib. XI. Les *Allemands* s'étant plaints de ce qu'on avoit donné passage à leurs Ennemis, les *Vénitiens*, pour s'excuser, dirent, qu'ils n'auroient pû l'empêcher qu'en prenant les armes; & que ce n'étoit pas leur coûtume d'en venir là, à moins qu'ils n'eussent à faire à des Ennemis declarez. *Ibid.* Le Pape eut recours à la même excuse: *Lib. XII. ejusdem.* Grotius.

(9) C'est supposer ce qui est en question.

(10) On en trouve un exemple, dans les *Excerpta Legationum*, XII. & dans Bembe, *Hist. Ital.* Lib. VII. Voiez aussi des Traitez remarquables pour le passage, entre *Frideric Barberousse*, Empereur d'*Allemagne*, & *Isaac l'Ange*, Empereur de *Constantinople*; dans quelques endroits de Nicetas, Lib. II. *De Vit. Isacii.* (Cap. IV. & VII.) Dans l'Empire d'*Allemagne*, celui qui demande passage, donne des suretez pour la réparation du dommage qu'il pourra causer. Voiez Albert Krantzius, *Saxonic.* Lib. X. & Mendoza, *in Belgicis.* Les anciens *Suisses* demandant à passer par la Province Romaine, *Jules César* le leur refusa, dans la pensée que des gens comme ceux-là, qui ne vouloient pas du bien à la République, ne pourroient guéres s'empêcher de faire quelque désordre. *De Bell. Gall.* Lib. I. (Cap. VII. VIII.) Grotius.

Nôtre Auteur, ou les Imprimeurs, ont oublié le nom de l'Historien, d'où sont tirez les *Excerpta Legationum*, qu'il cite au commencement de cette Note; & je n'ai pas sous ma main tous ceux de qui il nous reste des Extraits sous ce titre, pour trouver l'endroit dont il s'agit.

(11) *Sint transitus incustoditi, sed diurni, & inermes.* Tacit. Histor. *Lib.* IV. *Cap.* LXV. *num.* 6.

(12) On leur remettoit les armes, & ils les rendoient au sortir du païs: *Καὶ τὰς δὲ αὐτῆς τῆς χώρας ἱερὰς νενομίσθαι, τὰ ὅπλα παραδόντας, ἀπολαμβάνειν μετὰ τὴν ἐκ τῶν ὅρων ἔκβασιν.* Geograph. *Lib.* VIII. pag. 548. C. *Ed. Amst.* (358. *Paris.*)

(13) Mais quelque juste sujet qu'il ait de faire la Guerre (sur quoi il n'est pas toûjours facile de prononcer) on n'est pas pour cela plus obligé de s'exposer, en lui donnant passage, aux effets de la vengeance de son Ennemi, que de secourir une personne, lors qu'on ne se sent pas assez fort pour l'entreprendre.

(14) C'est supposer encore ce qui est en question.

(15) C'est sur ce prétexte que les *Francs*, qui étoient dans le païs de *Venise*, refusérent autrefois le passage à *Narsès*, qui avoit dans son Armée quelques *Lombards*, [Procop.] Goth. *Lib.* IV. (seu *Miscell. Hist.* Cap. XXVI.) Voiez d'autres exemples du passage refusé par cette raison, dans Bembe, *Italic.* Lib. VII. & dans Paul Paruta, *Hist. Venet.* Lib. V. & VI. Grotius.

(16) C'est-à-dire, ou médiatement, ou immédiatement. Voiez ce que j'ai dit sur Pufendorf, *Droit de la Nat. & des Gens*, Liv. III. Chap. III. §. 6. *Note* 1. On trouvera aussi dans ce paragraphe, & dans les Notes qui l'accompagnent, de quoi rectifier les idées de nôtre Auteur sur cette matiere.

(17) Dans le Traite, intitulé *Mare Liberum*, Cap. VIII.

(18) *Μεγίστη δὲ καὶ ἀρίστη [illegible] ἐστὶν ἡ ἡγεμονία, δι'*

par toute la Mer, pour le Commerce, (19) *à la faveur duquel les Peuples des divers Païs se communiquent, par un effet du désir naturel de Societé, les biens qui manquent à l'un, & dont l'autre a de reste. Car l'Envie n'a jamais gagné tout le Monde, ni même aucune de ses grandes parties toute entiére.* Selon PLUTARQUE, (20) *la Vie Humaine auroit été sauvage & grossiére, il n'y auroit eu aucun commerce entre les Hommes, sans la Mer, qui leur fournit le moien de suppléer mutuellement à leurs besoins, & de former entr'eux, par les échanges qu'ils font, des connoissances & des liaisons d'amitié.* LIBANIUS (21) dit, que le Commerce des Marchandises a été introduit par un effet de la Providence Divine, pour suppléer à l'inégale distribution de ses présens dans les divers Païs, & afin que par ce moien chacun pût avoir de ce qui croît par tout ailleurs. EURIPIDE (22) aussi introduit *Thésée*, qui, pour cette raison met la Navigation au nombre des choses que l'Esprit Humain a inventées pour le bien commun de tous les Hommes. Et FLORUS (23) dit, que *troubler le Commerce, c'est rompre la Société du Genre Humain.*

§. XIV. 1. MAIS on demande, si le Souverain du Païs (1) peut mettre quelque impôt sur les Marchandises qui passent ainsi par ses Etats, soit sur terre, ou sur une Riviére, ou sur quelque partie de la Mer qui est comme un accessoire de ses Terres? Ici il est certain, que l'Equité ne permet nullement d'exiger de ceux qui transportent ces Marchandises, quelque charge ou contribution qui n'y ait aucun rapport: de même qu'il seroit injuste de faire paier aux Etrangers, qui ne font que passer, une Capitation imposée aux Citoiens, pour soûtenir les dépenses de l'Etat.

2. Mais si l'on est obligé de faire quelque dépense (2) ou tout exprès & uniquement pour la sûreté du transport des Marchandises, ou entr'autres choses pour cet usage; on peut

ἐπεὶ πᾶσα μὲν ἡ ἀγαθὴ καὶ βαθεῖα πεδιάς τε καὶ ὀρεινὴ γεωργεῖται, πᾶσα δὲ θάλαττα φορτηγοῖς ὁλκάσιν ἀδεῶς διαπλεῖται, κατὰ τὰς ἀντιδόσεις ὧν ἀλλήλαις ἀγαθῶν ἀντικατίασιν αἱ χῶραι κοινωνίας ἱμείρουσαι, τὰ μὲν ἐνδέοντα λαμβάνουσαι, ἃ δὲ ἄγουσι πλεονάζοντα ἀντιπέμπουσαι. φθόνος γὰρ οὐδέποτε πᾶσαν τὴν οἰκουμένην ἐκράτησεν, ἀλλ' οὐδὲ τὰς μεγάλας αὐτῆς ἀποτομὰς, ὅλην Εὐρώπην, ἢ ὅλην Ἀσίαν &c. De Legat. ad Cajum, *pag.* 998, 999. *Ed. Paris.*

(19) Le Commentateur SERVIUS dit, que le Négoce est la cause de la Navigation: OMNIS FERET *omnia Tellus*] *Navigatio enim ex mercimonii ratione descendit.* In Eclog. IV. Virgil. (*v.* 37.) Et ailleurs il remarque, que c'est la nécessité de chercher dans les autres païs de quoi se pourvoir des choses nécessaires à la Vie, qui a fait inventer aux Hommes la Navigation: *Et in eo, quod dicit*, Nautam Stellis numeros & nomina fecisse, *significat, necessitate quærendarum rerum, quæ ante sponte suâ cunctis proveniebant, homines navigandi peritiam & studium reperisse.* In Georgic. *Lib.* I. (*v.* 137.) St. AMBROISE parlant de l'utilité de la Mer, dit, qu'elle est non seulement le receptacle des Riviéres, mais encore qu'elle sert à transporter les provisions, & à lier ainsi les Peuples éloignez les uns des autres: *Bonum mare, tamquam hospitium fluviorum, fons imbrium, derivatio alluvionum, invectio commeatuum, quo sibi distantes populi copulantur.* De Creatione (*Hexaëmer.* III. 5.) Pensée prise de St. BASILE, *Hexaëmer.* IV. THEODORET appelle élégamment la Mer, le *Marché du Monde*; & les Iles, autant de *stations dans la Mer.* De Provident. *Lib.* II. Ajoûtons les paroles suivantes de St. CHRYSOSTOME: " Peut-on „ assez exprimer la grande facilité que nous avons de „ commercer ensemble? Car afin que l'on ne fût pas „ rebutté par la longueur du chemin, DIEU nous a „ fourni une route plus courte, je veux dire, la Mer, „ qui est voisine de tout païs. Ainsi le Monde n'étant „ que comme une seule Maison, nous pouvons nous „ visiter souvent les uns les autres, & nous communiquer reciproquement, sans beaucoup de peine, ce „ que l'un a qui ne se trouve pas chez l'autre. De sorte que chacun habitant dans un petit coin de la Terre, jouit des biens qui naissent par tout, de même „ que s'il étoit maître de tout. Et comme si l'on étoit tous à une même Table, bien fournie, on n'a „ qu'à étendre la main pour donner de ce que l'on a „ devant soi, à ceux qui sont à un autre bout de Table, & recevoir d'eux à son tour de ce qu'ils ont „ devant eux. Τί δὲ τὰς νήσους τὴν περὶ τὰς ἐπιμιξίας εὐκολίαν γενομένην ἡμῖν; ἵνα γὰρ μὴ τῆς ὁδοιπορίας τὸ μῆκος ἀποτρεπτικὸν γίγνηται τῆς συνουσίας τῆς πρὸς ἀλλήλους, ἐπιτομωτέραν ὁδὸν τὴν θάλατταν ἀνῆκε πανταχοῦ τῆς γῆς ὁ Θεός· ἵνα, ὥσπερ οἶκον ἕνα, τὴν οἰκουμένην οἰκοῦντες, οὕτω θαμινὰ πρὸς ἀλλήλους βαδίζωμεν, καὶ τῶν παρ' ἑαυτοῦ ἕκαστος τῷ πλησίον μεταδιδοὺς, εὐκόλως ἀντιλαμβάνῃ τὰ παρ' ἐκείνου· καὶ μικρὸν τῆς γῆς μέρος κατέχων, ὥσπερ ἁπάσης κύριος ὤν, τῶν πανταχοῦ γινομένων ἀπολαύῃ καλῶν· καὶ νῦν ἔξεστι, καθάπερ ἐπὶ τραπέζης πλουσίας, ἕκαστον τῶν δαιτυμόνων τὸ παρατεθειμένον αὐτῷ ὄντα τῷ πόρρωθεν κατακειμένῳ, τὸ παρακείμενον ἀντιλαβεῖν, τὴν χεῖρα μόνον ἐκτείναντα. Ad Stelechium. GROTIUS.

Dans le dernier passage de SERVIUS, l'Auteur mettoit à la fin tout d'une suite, & en caractére italique, les paroles suivantes, qui ne s'y trouvent point: *Commune bonum erat, patere commercium maris.* Elles sont de SENEQUE, de Benefic. *Lib.* I. *Cap.* VIII.

(20) Ἄγριον ἂν ἡμῶν ὄντα καὶ ἀσύμβολον τὸν βίον, τοῦτο τὸ στοιχεῖον συνῆψε, καὶ τέλειον ἐποίησε, διορθούμενον ταῖς παρ' ἀλλήλων ἐπικουρίαις, καὶ ἀντιδόσεσι κοινωνίαν ἐργαζόμενον καὶ φιλίαν. De Aquæ & Ignis comparat. *pag.* 957. A. Tom. II. *Ed. Wech.*

(21) Οὐ μὴν τοι πάντα γε πᾶσιν ἔνειμε μέρεσιν, ἀλλὰ διεῖλε τὰ δῶρα κατὰ τὰς χώρας, εἰς κοινωνίαν τὰς ἀνθρώ-

peut, pour s'en dédommager, lever quelque droit sur ces Marchandises étrangéres, pourvû qu'il n'aille pas au delà de ce que demande la raison, pourquoi on l'exige: car de là dépend la justice (3) & des Impôts, & des Tributs. C'est ainsi que le Roi *Salomon* (a) avoit établi un Péage pour les Chevaux & les Toiles qui passoient par l'Isthme de *Syrie.* Comme on ne pouvoit transporter l'Encens de l'*Arabie Heureuse* dans d'autres païs, que par les terres des *Guébanites*, le Roi de ceux-ci en tiroit un droit, au rapport de (4) *Pline.* Les *Marseillois* s'enrichirent par (5) le péage qu'ils exigeoient des Vaisseaux qui montoient ou descendoient sur le Canal, que *Marius* avoit fait faire depuis le *Rhône* jusqu'à la Mer. Strabon, qui nous apprend cela, dit ailleurs, (6) que les *Corinthiens*, depuis les tems les plus anciens, levoient un impôt sur les Marchandises que l'on transportoit par terre d'une Mer à l'autre, pour éviter le détour du Cap de *Malée.* Les (7) *Romains* se faisoient paier quelque chose pour le passage du *Rhein.* Seneque (8) dit, qu'il y a des Péages aux Ponts. Et les Livres des Jurisconsultes (b) Modernes sont pleins de Questions touchant les Péages des Riviéres.

(a) *I. Rois*, X. 29.

(b) *Choppin.* de Doman. Regni Franc. Lib. I. Tit. IX. *Peregrin.* de jure Fisci, Cap. I. num. 22. *Angel.* Consil. 199. *Zabar.* Consil. 38. *Firm.* in Tract. de Gabell.

3. Il arrive souvent néanmoins, que l'on ne se tient pas ici dans les bornes de la Justice & de l'Equité. Strabon en accuse (9) les *Phylarques*, (ou Chefs des diverses Nations des *Arabes*): *Il est difficile*, ajoûte-t-il, *que des gens comme cela, qui sont pauvres, & d'ailleurs brutaux, réglent les impôts sur un pié qui ne soit pas trop onéreux aux Négocians.*

§. XV. 1. Il doit être aussi permis à ceux qui passent, soit par terre ou par eau, de *rester quelque tems* dans le païs, pour rétablir leur santé, ou pour quelque autre raison legitime; car c'est-là aussi (1) une utilité innocente. (a) C'est pourquoi Virgile (2) intro-

(a) *Franc. Victoria*, de Indis, Relect. II. num. 1.

θάπτειν ἄγων τῇ παρ' ἀλλήλων χρείᾳ. καὶ φαίνεται δὲ τὰς ἐμπορίας, ὅπως τῶν παρ' ἑκάστοις φυομένων κοινὴν εἰς ἅπαντας εἶναι τὴν ἀπόλαυσιν. Nôtre Auteur ne donne aucun indice, d'où l'on puisse conjecturer, de quel endroit de Libanius il a tiré ces paroles.

(22) Πάντα γε ναυσιπέρατ', ἢν διαλλαγῇς,
Ἔχοιμεν ἀλλάσσειν, ὧν πληροῖτο γῆ.
Supplic. ℣. 209, 210.

(23) *Sublatisque commerciis, rupto fœdere generis humani, sic mari, bello, quasi tempestate, præcluserant.* Lib. III. Cap. VI. *num.* 1.

§. XIV. (1) Voiez Pufendorf, *Droit de la Nat. & des Gens*, Liv. III. Chap. III. §. 7. avec les Notes.

(2) Cette raison, & autres semblables, ne font que rendre plus juste la levée des impôts. Mais indépendamment de tout cela, on peut exiger quelque chose pour la simple permission de passer, que l'on n'étoit pas obligé d'accorder à la rigueur. Il est libre à tout Propriétaire, par une suite du Droit même de Proprieté, de n'accorder à autrui que moiennant un certain prix l'usage de son bien.

(3) Voiez les *Loix des* Lombards, Lib. II. Tit. XXXI. & la Lettre des Evêques au Roi *Louis*, laquelle se trouve parmi les Capitulaires de Charles *le Chauve*, Cap. XIV. Grotius.

(4) *Evehi non potest* [Thus] *nisi per* Gebanitas: *itaque & horum Regi penditur vectigal.* Hist. Natur. *Lib.* XII. *Cap.* XIV. On trouve quelque chose de semblable dans le Voyage de Leon d'*Afrique*, vers le commencement. Aristophane, dans sa Comédie des *Oiseaux*, (℣. 190, & *seqq.*) fait allusion à ces sortes d'impositions, lors qu'il veut que l'on ferme le passage de l'Air, afin que les Dieux soient obligez de paier quelque impôt pour la fumée de la graisse des Victimes. Grotius.

(5) Ἐξ ὧν πλοῦτον ἠθροίσαντο Μασσαλιῶται, τέλη πραττόμενοι τοὺς ἀναπλέοντας, καὶ τοὺς καταγομένους. Strab. Lib. IV. pag. 279. B. *Ed. Amstel.* (183. *Ed. Paris.*)

(6) Ἀγαπητὸν δ' ἦν ἑκατέροις, τοῖς τε ἐκ τῆς Ἀσίας, καὶ τοῖς ἐκ τῆς Ἰταλίας ἐμπόροις ἀφεῖσι τὸν ἐπὶ Μαλέας πλοῦν, εἰς Κόρινθον κατάγεσθαι τὸν φόρτον αὐτόθι· καὶ πεζῇ δὲ τῶν ἐκκομιζομένων ἐκ τῆς Πελοποννήσου, καὶ τῶν εἰσαγομένων, ἔπιπτε τὰ τέλη τοῖς τὰ κλεῖθρα ἔχουσι. Lib. VIII. pag. 580. B. *Ed. Amst.* (378. *Paris.*)

(7) L'Auteur cite ici en marge Tacite, *Hist.* Lib. IV. Voici apparemment l'endroit d'où il a inféré le fait dont il est question; car je ne trouve rien de plus précis, ni dans ce Livre, ni dans aucun autre. Les *Tenctères*, qui habitoient en deçà du *Rhein*, aiant envoié des Députez à ceux de *Cologne*, qui demeuroient au dela de ce fleuve, pour les solliciter à secouer le joug des *Romains*, on leur répondit entr'autres choses, qu'on vouloit bien abolir en leur faveur, les péages & les autres charges du Commerce: *Vectigal & onera commerciorum resolvimus.* Cap. LXV. *num.* 6.

(8) *Cogitans & in pontibus quibusdam pro transitu dari.* De Constant. Sap. *Cap.* XIV.

(9) Οἱ γὰρ παροικοῦντες ἑκατέρωθεν τὸν ποταμὸν φύλαρχοι, χώραν οὐκ εὔπορον ἔχοντες, ἧττον δὲ εὔποροι νεμόμενοι, δυναστείαν ἕκαστος ἰδίαν περιβεβλημένοι, ἴδιον καὶ τελώνιον ἔχει· καὶ τοῦτ' οὐ μέτριον. χαλεπὸν γὰρ ἐν τοῖς τοιούτοις, καὶ τοῖς αὐθάδεσι, κοινὸν ἀφορισθῆναι μέτρον, τὸ τῷ ἐμπόρῳ λυσιτελές. Geograph. *Lib.* XVI. pag. 1083. B. *Ed. Amst.* (748. *Paris.*)

§. XV. (1) Cela n'a pas toûjours lieu. Voiez Pufendorf, *Liv.* III. *Chap.* III. §. 8. du *Droit de la Nat. & des Gens.*

(2) *Quod genus hoc hominum, quæve hunc tam barbara morem*
Permittit patria? hospitio prohibemur arenæ.
Bella cient, primâque vetant consistere terrâ.
Si genus humanum & mortalia temnitis arma;

troduit *Ilionée* osant bien prendre à témoin les Dieux de ce qu'on ne vouloit pas lui permettre, & aux autres *Troiens*, de se rafraichir en *Afrique*. Les *Mégariens* s'étant plaints, que les *Athéniens* leur avoient défendu l'entrée de leurs Ports, *contre* (3) *le Droit des Gens*, ainsi que PLUTARQUE s'exprime; les *Grecs* trouvérent leur grief
(b) *Thucyd.* Lib. I. Cap. 79. *Diod. Sic.* Lib. XII. Cap. 39. pag. 306, 307. *Ed. H. Steph.* très-bien fondé, & (b) les *Lacédémoniens* regardérent cela comme un des plus justes sujets de Guerre.

2. D'où il s'ensuit, qu'on ne doit pas empêcher les Etrangers, qui passent, de dresser, sur le Rivage de la Mer, par exemple, supposé même que le Peuple se le soit approprié, une Cabane ou une Hutte pour le peu de tems qu'ils y séjourneront. Si le Jurisconsulte POMPONIUS (4) dit, qu'il faut avoir permission du Magistrat, pour pouvoir bâtir sur le Rivage ou dans la Mer même; cela ne regarde que les Edifices permanens, tels que ceux dont un Poëte dit, (5) *que les Poissons sentent la Mer retressie par les grandes masses de pierre que l'on a jettées dans son sein.*

§. XVI. ON ne doit pas non plus refuser une *demeure fixe* à des Etrangers, qui étant chassez de leur païs cherchent ailleurs quelque retraite: (1) bien entendu qu'ils se soûmettent aux Loix de l'Etat, & qu'ils s'abstiennent d'ailleurs de tout ce qui pourroit donner lieu à quelque sédition. C'est cette juste restriction qu'un excellent Poëte a bien observée, lors qu'il introduit ENE'E proposant entr'autres choses cet article de la Paix avec les *Latins*: (2) *Le Roi* Latinus, *devenu alors mon Beau-pére*, *conservera toûjours l'Autorité Souveraine*, *& dans la Guerre*, *& dans la Paix*. *Latinus* lui-même, au rapport de (3) DENYS *d'Halicarnasse*, reconnoît, qu'*Enée* avoit eu un juste sujet d'entrer dans ses Etats, s'il y étoit venu pour chercher où s'établir. C'est ainsi
(a) *Herodot.* Lib. I. Cap. 150. *Pausan.* Lib. VII. Cap. 11. que les *Eoliens* reçûrent chez eux (a) les *Colophoniens*; les *Rhodiens*, (b) *Phorbas* & ses Compagnons; les *Cariens*, ceux de *Mélos*; les (c) *Lacédémoniens*, les *Minyens*; les (d) *Cuméens*, d'autres Peuples. ERATOSTHENE disoit, (4) qu'il n'appartient
(b) *Diod. Sic.* Lib. V. Cap. 58. pag. 228. qu'à des Barbares, de chasser les Etrangers: & les *Lacédémoniens*, (5) qui en usoient ainsi, n'ont pas été louez à cet égard. Selon ST. AMBROISE aussi, (6) on ne doit
(c) *Herodot.* Lib. IV. Cap. 145. nullement approuver la conduite de ceux qui chassent de leur Ville les Etrangers. Mais HERODOTE dit très-bien, en parlant des *Minyens*, qui demandoient une partie du
(d) *Oros.* Lib. VII. Gouvernement dans le païs où on leur donna retraite, *qu'ils* (7) *agirent insolemment & contre tout droit & raison*: Et (8) VALERE MAXIME, qu'*ils rendirent le mal pour le bien.*

§. XVII.

At sperate Deos, memores fandi atque nefandi.
Æneid. *Lib.* I. ℣. 543, *& seqq.*)

Sur quoi SERVIUS remarque, que, selon le Droit des Gens, le Rivage étoit commun, & au prémier occupant; de sorte que c'étoit une cruauté, d'empêcher qu'on n'y abordât: LITUSQUE ROGAMUS INNOCUUM] *Litus enim, Jure Gentium, commune omnibus fuit, & occupantis solebat ejus esse possessio. . . . . Unde ostenduntur crudeles, qui etiam à communibus prohibeant.* Le même Commentateur dit, (*in vers.* 619.) qu'*Hercule* tua *Laomédon*, parce qu'il ne vouloit pas le laisser entrer dans le port de *Troie*. GROTIUS.

(3) Il y joint *la foi donnée avec serment*: Χαλεπαίνειν δὲ τοῖς Κορινθίοις, καὶ κατηγοροῦσι τῶν Ἀθηναίων ἐν Λακεδαίμονι, προσεγένοντο Μεγαρεῖς, αἰτιώμενοι πάσης μὲν ἀγορᾶς, ἁπάντων δὲ λιμένων, ὧν Ἀθηναῖοι κρατοῦσιν, εἴργεσθαι καὶ ἀπελαύνεσθαι, παρὰ τὰ κοινὰ δίκαια καὶ τοὺς γεγενημένους ὅρκους τοῖς Ἕλλησιν. In Vit. Pericl. *pag.* 168. B. Tom. I. *Ed. Wech.* Mais THUCYDIDE ne parle que de l'infraction des Traitez: Μάλιστα δὲ, λιμένων τε εἴργεσθαι τῶν ἐν τῇ Ἀθηναίων ἀρχῇ, καὶ τῆς Ἀττικῆς ἀγορᾶς, παρὰ τὰς σπονδάς. Lib. I. Cap. 67. *Ed. Oxon.* D'ailleurs, il s'agit-là de la liberté du Commerce; & non pas simplement de la permission d'aborder, pour se rafraichir, ou pour quelque autre sujet de cette nature.

(4) *Quamvis quod in litore publico, vel in mari, extruxerimus, nostrum fiat: tamen decretum Prætoris* (ou, comme d'autres lisent, *Principis*) *adhibendum est, ut id facere liceat.* DIGEST. Lib. XLI. Tit. I. *De adquir. rerum dominio*, Leg. L. Voiez le Chapitre suivant, §. 9.

(5) *Contracta pisces æquora sentiunt,*
Jactis in altum molibus ——
HORAT. Lib. III. *Od.* I. ℣. 33, 34.

§. XVI. (1) Voiez, sur ceci, PUFENDORF, *Droit de la Nat. & des Gens*, Liv. III. Chap. III. §. 10.

(2) —— *Socer arma Latinus habeto,*
Imperium solenne socer ——
Æneid. *Lib.* XII. ℣. 192, 193.

(3) [illegible] .DION. HALICARN. Antiq. Roman. *Lib.* I. *Cap.* LVIII. pag. 47.

(4) Cet Auteur ne dit pas qu'il n'appartienne qu'à des Barbares, de chasser les Etrangers; mais il rappor-

§. XVII. QUE s'il y a, dans l'enceinte des Etats d'un Peuple, quelques Terres désertes & stériles, il doit les donner aux Etrangers qui les demandent ; ou même ceux-ci peuvent légitimement s'en emparer, (1) parce que ce qui n'est point cultivé n'est censé occupé qu'à l'égard de la Jurisdiction, qui demeure à l'ancien Peuple. Les *Latins Aborigénes* donnérent aux *Troiens* sept cens arpens de méchante terre en friche ; comme le remarque (2) SERVIUS, sur la foi de CATON, de SISENNA, & d'autres anciens Auteurs. DION *de Pruse*, dit, (3) *qu'on ne fait point de mal, en se mettant à cultiver un endroit du Païs qui est inculte.* Les *Ansibariens* se récrioient autrefois contre les *Romains*, qui leur refusoient une pareille chose: (4) *La Terre*, disoient-ils, *est le partage des Hommes, comme le Ciel le domicile des Dieux ; & ce qui n'est possedé de personne, appartient à tout le monde. Puis se tournant vers le Soleil & les Astres, ils leur demandoient, comme s'ils eussent été présens, s'ils pouvoient souffrir de voir ces terres inhabitées, & s'ils ne feroient pas plûtôt inonder la Mer pour engloutir ceux qui vouloient empêcher que d'autres ne s'y établissent.* Ces maximes générales sont très-raisonnables: mais les *Ansibariens* les appliquoient mal ; car les Terres, dont il s'agissoit, n'étoient pas entiérement vacantes, elles servoient à faire paître les Troupeaux de gros & de menu bêtail des Soldats qui étoient en garnison tout auprès ; ainsi les *Romains* avoient-là un juste sujet de ne pas permettre que d'autres s'en emparassent. C'est avec autant de raison que les *Romains*, long tems auparavant, demandoient aux *Gaulois Sénonois*, (5) *s'il étoit juste de vouloir à quelque prix que ce fût que les Possesseurs légitimes des Terres les leur cedassent, &, faute de cela, de les menacer d'en venir contr'eux aux armes?*

§. XVIII. 1. OUTRE le droit commun, dont nous venons de parler, qui a pour objet les Choses, les Hommes ont aussi un droit commun à certaines *actions* ; & cela ou *purement & simplement*, ou *par supposition*.

2. Le droit commun *pur & simple* regarde (2) certains actes par lesquels on aquiert les

porte cela historiquement, comme une coûtume reçuë chez tous les *Barbares*, c'est-à-dire, chez tous les Peuples qui n'étoient pas *Grecs*. Φησὶ δ' Ἐρατοσθένης, κοινὸν μὲν εἶναι τοῖς Βαρβάροις πᾶσιν ἔθος, τὴν ξενηλασίαν. STRABO, Geograph. *Lib.* XVII. pag. 1154. B. *Ed. Amst.* (802. *Paris.*)

(5) Voiez là-dessus le Traité de NICOLAS CRAGIUS, *De Repub. Lacedæmon.* Lib. III. Tab. III. Institut. 3. pag. 210, *& seqq.*

(6) *Sed & illi, qui peregrinos urbe prohibent, nequaquam probandi.* De Offic. *Lib.* III. *Cap.* VII. *init.*

(7) Χρέω δὲ πολλῶν ἀπαλλάσσοντ@, αὐτίκα οἱ Μινύαι ἐξύβρισαν, τῆς τε βασιληΐης μεταιτέοντες, καὶ ἄλλα ποιεῦντες οὐκ ὁσία. Lib. IV. Cap. 146.

(8) *Sed hoc tantum beneficium* [Minyæ] *in injuriam bene merita urbis, regnum adfectantes, verterunt.* Lib. IV. Cap. VI. extern. *num.* 3.

§. XVII. (1) Ils ne le peuvent point, à mon avis ; & la raison, que nôtre Auteur allégue, n'est pas solide. Tout ce qui se trouve dans l'enceinte des Etats du Peuple, est véritablement occupé ; quoi qu'il ne soit ni cultivé, ni assigné à aucune personne en particulier : c'est au Corps du Peuple qu'il appartient. L'Auteur raisonne ici sur une fausse idée de la nature de la prise de possession. Il a pourtant lui-même reconnu ci-dessus, §. 4. que non seulement les Riviéres, les Lacs, les Etangs, les Forêts, mais encore les Montagnes escarpées & incultes (*Montes asperi*), appartiennent (*manent in dominio*) au Peuple, ou au Roi, qui s'est le premier emparé du païs. Il ne distingue point-là la *Jurisdiction*, d'avec la *Proprieté* ; & cette distinction est ici également mal fondée, & sujette à de fâcheux inconvéniens. Les inondations de tant de Peuples Barbares, qui, sous prétexte d'aller chercher à s'établir dans des païs incultes, ont chassé les Habitans naturels, ou se sont emparez du Gouvernement, en sont une bonne preuve. Voiez PUFENDORF, *Liv.* III. *Chap.* III. §. 10. du *Droit de la Nat. & des Gens.*

(2) *Unde sequenda est potius* LIVII SISENNÆ *&* CATONIS *auctoritas : nam pæne omnes antiquæ historiæ Scriptores in hoc consentiunt.* CATO *enim, in* Originibus, *dicit*, Trojanos à Latino *accepisse agrum, qui est inter* Laurentum *&* castra Trojana. *Hic etiam modum agri commemorat, & dicit eum habuisse jugera* DCC. Ad Æneid. XI, 316.

(3) Οὐδὲν ἀδικεῖν οἱ τὴν ἀργὸν τῆς χώρας ἐργαζόμενοι. Orat. VII.

(4) Sicut Cœlum Diis : ita Terras generi mortalium datas : quæque vacuæ, easdem publicas esse. *Solem deinde respiciens* (Boiocalus, dux Ansibariorum) *& cetera sidera vocans, quasi coram interrogabat*, vellent-ne contueri inane solum ; potius mare superfunderent adversus terrarum ereptores. *Annal.* Lib. XIII. Cap. LV. *num.* 4, 5.

(5) *Quodnam id jus esset, agrum à possessoribus petere, aut minari arma?* TIT. LIV. Lib. V. Cap. XXXVI. *num.* 5.

§. XVIII. (1) C'est-à-dire, supposé qu'on ait une fois accordé à tous généralement la liberté de faire telle ou telle chose.

(2) L'Auteur entend par là les Contracts de Vente, d'Echange, ou telles autres Conventions en conséquence desquelles on se pourvoit dans un Païs étranger, des choses nécessaires à la Vie. Voiez, sur ceci, PUFENDORF, *Droit de la Nat. & des Gens*, *Liv.* III. Chap.

les choses sans quoi on ne sauroit vivre commodément. Je dis, *commodément*: car il ne faut pas ici une nécessité comme celle qui autorise à prendre le bien d'autrui, parce qu'il ne s'agit pas de faire quelque chose sans le consentement du Propriétaire, mais d'aquérir d'une certaine maniére ce dont on a besoin, avec le consentement des Possesseurs légitimes; & cela seulement en sorte qu'on ne puisse l'empêcher ni par quelque Loi, ni par un complot; ce qui est contraire à la nature de la Société Humaine, lors qu'on prive ainsi les autres des choses dont j'ai parlé. C'est ce que St. Ambroise (3) appelle, *ôter* (4) *aux Hommes la communication des biens de leur Mére commune, refuser à quelcun les fruits de la Terre qui naissent pour tous, détruire le commerce necessaire pour la Vie*. En effet, le droit, dont nous traitons, n'a pas lieu en matiére de choses superflues, & qui ne servent que pour le plaisir; mais seulement en matiére des choses nécessaires à la Vie, comme sont les Vivres, les Vêtemens, les Médicamens.

(a) *Covarruv.* Var. Resol. *Lib.* III. *Cap.* XIV. ibi, *Tertio*, pag. 270. *Ed. Francof.*

§. XIX. Je soûtiens donc, (a) que tous les Hommes ont droit de prétendre qu'on leur vende ces sortes de choses à un prix raisonnable; à moins que ceux, de qui on veut les acheter, n'en aient besoin eux-mêmes: car en ce cas-là, il est juste qu'ils les gardent pour eux; & c'est pourquoi on fait fort bien de défendre (1) la vente du Blé, quand il y en a disette. On ne peut pourtant pas, même dans une telle nécessité, (2) chasser du païs les Etrangers qu'on y a une fois reçûs, mais il faut partager avec eux le malheur commun; C'est le sentiment de St. Ambroise, dans (b) l'endroit que j'ai déja cité.

(b) *De Offic.* Lib. III. Cap. VII.

§. XX. On n'a pas le même droit (1) pour *vendre ses propres Marchandises*, que pour acheter celles d'autrui. (a) Car il est libre à chacun d'aquérir ou de ne pas aquérir ce que bon lui semble. Ainsi les anciens *Belges* (b) ne laissoient point entrer de Vin dans leur païs, ni autres Marchandises étrangéres. Parmi les *Nabathéens* (2) Peuple d'*Arabie*, il y avoit des (c) choses qu'il étoit permis de transporter dans le païs, & d'autres non.

(a) *Molina*, Disp. CV. *Ægid. Reg.* de act. Supernat. Disp. XXXI. Dub. II. *num.* 12.
(b) *Cæsar*, de Bello Gall. Lib. II. Cap. XV.
(c) Voiez *Alb. Krantz*, Saxonic. Lib. XI.

§. XXI. 1. Le droit commun à tous les Hommes purement & simplement, renferme aussi la liberté *de rechercher & de prendre Femme* chez les Voisins, lors, par exemple, qu'un Peuple, où il ne reste que des Hommes, (1) aiant été chassé de son Païs,

Chap. III. §. 11.

(3) *Separare à commerciis communis parentis, fusos omnibus partus negare, inita jam consortia vivendi averruncare.* De Offic. *Lib.* III. *Cap.* VII.

(4) Voiez un passage de Plutarque, *in Vit. Pericl.* cité ci-dessus (§. 15. *Note* 3.) Seneque, après avoir rapporté deux vers de Virgile, où il est dit, que tout ne croît pas par tout païs; ajoûte, que cela est ainsi établi par la Nature, pour rendre nécessaire le commerce entre les Hommes: *Vide*, (Georgic. I, 53, *& seqq.*)

Et quid quæque ferat regio, & quid quæque recuset.
Hic segetes, illic veniunt felicius uvæ &c.

Ista in regiones descripta sunt, ut necessarium mortalibus esset inter ipsos commercium, si invicem alius ab alio aliquid peteret. Epist. LXXXVII. (*pag.* 377.) Ailleurs il fait regarder comme une des merveilles de la Providence, l'établissement & l'étenduë du Commerce, qui unit des Peuples fort éloignez: *Quid quod omnibus inter se Populis commercium dedit, & gentes dissipatas locis miscuit.* Quæst. Natur. *Lib.* V. *Cap.* XVIII. Voiez les plaintes des *Anglois*, au sujet des *Espagnols*, dans l'Histoire de Mr. De Thou, Lib. LXXI, sur l'année 1580. Grotius.

§. XIX. (1) Cassiodore dit, qu'il est juste que les Habitans du païs soient les prémiers pourvûs des grains qui y croissent: *Copia frumentorum debet provincia primum prodesse, cui nascitur.* Var. *Lib.* I. *Epist.* XXXIV. Grotius.

(2) Voiez Pufendorf, *Droit de la Nat. & des Gens*, Liv. III. Chap. III. §. 9. à la fin.

§. XX. (1) Consultez encore ici Pufendorf, §. 12. du Chapitre, qui vient d'être cité dans la Note précédente.

(2) Εἰσαγώγιμα δ' ἐστὶ τὰ μὲν τελέως, τὰ δ' οὐ παντελῶς. Strab. Geograph. *Lib.* XVI. pag. 1130. D. *Ed. Amst.* (784. *Paris.*)

§. XXI. (1) Tout le malheur qui reviendroit à ces Hommes, de ce qu'on ne voudroit pas leur donner des Femmes, c'est que, leur race manquant, le Corps du Peuple s'éteindroit bientôt. Mais il n'est pas nécessaire que tout Corps de Peuple soit éternel; ni par conséquent que, pour empêcher qu'un Peuple ne s'éteigne, on perde la liberté naturelle qu'on a de ne se marier qu'avec qui l'on veut, & de ne donner ses Filles qu'à ceux que l'on est bien aise d'avoir pour Gendres. D'ailleurs, quelque peine qu'aient la plûpart des Hommes de se passer de Femme, ce n'est pas un de ces cas de nécessité extrême, qui met en droit de forcer les autres à nous accorder ce dont nous avons besoin. Voiez, au reste, Pufendorf, *Droit de la Nat. & des Gens*, Liv. III. Chap. III. §. 13.

(2) *Proinde ne gravarentur homines cum hominibus sanguinem & genus miscere.* Tit. Liv. Lib. I. Cap. IX. *num.* 4.

(1)

Païs, s'est établi dans un autre. Car, quoi que le Célibat ne répugne pas entiérement à la Nature Humaine, il répugne au naturel de la plûpart des Hommes, & il ne convient qu'à des Esprits au dessus du commun. Ainsi on ne doit point empêcher que les Hommes ne contractent mariage. Sur ce fondement, *Romulus* (2) prioit les Voisins *de vouloir bien mêler leur sang & lier parentage avec ses Citoiens, qui étoient Hommes aussi bien qu'eux.* Et *Canuléjus*, Tribun du Peuple, parloit ainsi aux Sénateurs: (3) *Nous souhaitons de pouvoir contracter mariage avec vous, & nous vous demandons par là une chose qui ne se refuse ni aux Voisins, ni aux Etrangers.* St. Augustin dit, (4) que *si les* Romains *eussent pris les armes contre leurs Voisins, pour le refus injuste que ceux-ci leur avoient fait, de leur donner des Femmes, ils auroient pû alors en prendre justement par droit de Guerre.*

2. Pour ce qui est des Loix Civiles de quelques Peuples, par lesquelles les Mariages des Etrangers sont défendus, ou elles sont fondées sur ce que, dans le tems qu'elles ont été faites, il n'y avoit point de Peuple qui n'eût abondance de Femmes; ou bien elles ne doivent pas s'entendre de toute sorte de Mariages, mais seulement de ceux que l'on appelle *légitimes*, c'est-à-dire, qui ont certains (5) effets de Droit Civil.

§. XXII. Le droit commun à tous les Hommes *par supposition* seulement, a lieu en matiére des actions que l'on permet à tous les Etrangers indifféremment. (a) Car alors, si l'on exclut ceux de quelque Peuple en particulier, on leur fait injure. (1) S'il est permis, par exemple, aux Etrangers, d'aller à la grande ou à la petite Chasse, de pêcher du Poisson, ou des Perles, d'hériter par Testament, de commercer de leurs denrées ou leurs marchandises, de contracter mariage, même sans qu'ils aient disette de Femmes; on ne peut rien défendre de tout cela aux Citoiens d'un certain Peuple, à moins qu'ils ne s'en soient rendus indignes par quelque crime, comme ceux de la Tribu de *Benjamin*, (b) qui, à cause de cela, furent exclus du droit de prendre femme dans les autres Tribus des *Israëlites*.

(a) *Victoria*; ubi supra, Relect. II. *num.* 3, 4.

(b) *Juges*, XX.

§. XXIII. Ce que nous venons de dire, doit être entendu des choses permises comme en vertu de la liberté naturelle, (1) en sorte que cette liberté n'aît été ôtée par aucune

(3) *Altera* [rogatione] *connubium petimus, quod finitimis externisque dari solet.* Idem, Lib. IV. Cap. III. *num.* 4.

(4) Ce Pére décide là-dessus avec un *peut-être*: *Aliquo enim fortasse jure belli injustè negatas* [feminas] *justè victor auferret.* De Civit. Dei, *Lib.* II. *Cap.* XVII. Il veut que les *Sabins* aient mal fait de refuser aux *Romains* leurs Filles; mais que ceux-ci aient beaucoup plus mal fait de les enlever, & qu'à cause de cela les *Sabins* aient pris justement les armes contr'eux: cependant il semble soûtenir en même tems, que la Guerre eût été juste de la part des *Romains*, s'ils n'eussent point enlevé les Filles de leurs Voisins, & qu'ils se fussent contentez de venger par les armes l'affront du refus qu'on leur avoit fait: *Nam si iniquè* Sabini *facerent, negare postulatas, quanto fuit iniquius, rapere non datas? Justius autem bellum cum ea gente geri potuit, quæ filias suas ad matrimonium corregionalibus & confinalibus suis negasset petitas, quàm cum eâ quæ repetebat ablatas. Illud ergo potius ibi fieret, ubi Mars filium suum pugnantem juvaret, ut conjugiorum negatorum armis ulcisceretur injuriam, & eo modo ad fœminas, quas voluerat, perveniret. . . . Nullo autem jure pacis non datas rapuit, & injustum bellum cum earum parentibus, juste succensentibus, gessit.* Tout cela, comme on voit, ne s'accorde pas trop bien ensemble.

(5) Voiez ci-dessous, *Chap.* V. §. 13.

§. XXII. (1) Mais voiez, sur ceci, Pufendorf, *Liv.* III. *Chap.* III. §. 14. du *Droit de la Nat. & des Gens.*

§. XXIII. (1) Mais puis que les choses, dont il s'agit, sont telles, que le Souverain peut ôter, à leur égard, la liberté de les faire; il s'ensuit de là, qu'elles ne sont permises qu'autant qu'il lui plait. Ainsi, tant qu'il n'y a point de Convention particuliére, en vertu de laquelle il se soit engagé de les permettre, c'est toûjours une faveur, soit qu'il les permette à quelques Etrangers seulement, ou à tous sans distinction. Quand même il y auroit une Loi, qui permettroit ces sortes de choses à tous les Etrangers généralement, comme le Législateur est maître d'abolir ou de changer la Loi, il peut ou révoquer la permission par rapport à tous les Etrangers, ou ne la laisser subsister qu'à l'égard de tels ou tels. A plus forte raison, la permission qui n'est que tacite, doit-elle être regardée comme purement précaire; de sorte que, quand un Souverain, pour des raisons, dont il n'est point obligé de rendre compte aux Etrangers, vient à exclurre quelques-uns du privilége qu'il ne refusoit auparavant à personne; il ne fait qu'user de son droit; & par conséquent ceux à qui il refuse désormais ce qu'il n'étoit tenu de leur accorder qu'autant qu'il vouloit, n'ait aucun sujet de prendre cela pour une *injure*. Autre chose est de savoir, si en cela le Souverain ne peut pas pécher

cune Loi; & non pas des choses permises par faveur à certaines gens, (2) par rapport auxquels on a relâché de la Loi: car il n'y a point d'injustice à refuser une grace. C'est ainsi, à mon avis, que l'on peut concilier (3) ce que remarque (a) MOLINA, avec les principes de FRANÇOIS DE VICTORIA, quoi que le prémier aît prétendu établir quelque chose de contraire.

(a) *Disp.* CV.

§. XXIV. JE me souviens, qu'il a été mis en question, (1) s'il est permis à un Peuple de faire avec quelque autre un Traité, par lequel celui-ci s'engage de ne vendre qu'à lui seul certaines sortes de denrées qui ne croissent point ailleurs? Pour moi, je ne vois point de mal à cela; bien entendu que le Peuple, qui aquiert le privilége d'acheter seul ces sortes de choses, soit tout prêt de les vendre aux autres à un prix raisonnable: car, pourvû qu'on puisse avoir ce dont on a besoin pour satisfaire aux besoins de la Nature, il n'importe d'où on le tire, ni de qui on l'achéte. Et chacun peut légitimement s'emparer le prémier du gain qu'il y a à faire; sur tout si l'on est autorisé à se l'approprier par quelque raison particuliére, comme si l'on a pris sous sa protection le Peuple avec qui l'on fait un tel marché, & qu'il faille pour cela quelque dépense. Cette espéce de Monopole, mis en usage de la maniére & avec l'intention que je viens de dire, n'est point contraire au Droit Naturel, (2) quoi que les Loix Civiles le défendent quelquefois, pour des raisons tirées de l'utilité publique.

CHAPITRE III.

De l'AQUISITION PRIMITIVE des choses; où il est traité de la maniére dont on s'empare des RIVIERES, & de quelque partie de la MER.

I. *Que l'*AQUISITION PRIMITIVE *se fait ou par un partage, ou par droit de prémier occupant.* II. *C'est sans raison qu'on se figure d'autres maniéres d'aquérir originairement une chose; comme, par la concession d'un droit incorporel:* III. *Ou par la production d'une nouvelle forme.* IV. *Qu'il y a deux choses dont on peut* S'EMPARER, *savoir, la* Jurisdiction, *& la* Propriété. *Explication de cette distinction.* V. *Comment on empêche, par quelque Loi, que personne ne s'empare des Choses Mobiliaires, dans un Païs déja occupé d'ailleurs.* VI. *En vertu dequoi les Enfans & les Foux ont quelque droit de Propriété.* VII. *Comment on s'empare des* RIVIERES. VIII. *Si l'on peut s'emparer de quelque partie de la* MER? IX. *Cela n'étoit pas permis autrefois dans toute l'étendue de l'Empire Romain.* X. *On peut néanmoins, sans faire rien de contraire au Droit Naturel, s'approprier par droit de prémier occupant,*

péché contre les Régles de la Prudence. Ici, comme ailleurs, il faut distinguer entre le Droit, & la Politique.

(2) Comme quand on exemte d'un péage, ou de tel autre impôt, quelque Peuple Etranger; pendant qu'on l'exige des autres.

(3) On doute avec raison, que cette conciliation soit suffisante. Voiez PUFENDORF, *Droit de la Nat. & des Gens*, Liv. III. Chap. III. §. 9. au quatriéme *à linea*.

§. XXIV. (1) Voiez ci-dessus, §. 13. *Note* 15.

(2) On traitera de ceci plus au long, dans le *Chap.* XII. §. 16. de ce Livre.

CHAP. III. §. I. (1) Lors qu'une chose, qui n'étoit à personne, commence à appartenir en propre à quelcun, c'est une *Aquisition primitive*. Par conséquent, l'*Aquisition dérivée*, c'est celle qui fait passer d'une personne à une autre le droit de Propriété déja établi.

(2) Mais, outre que, quand une Multitude, après s'être emparée en gros du Païs, le partage ensuite; ce partage est, par rapport à chacun de ceux qui la composent, un titre primordial d'aquisition: outre cela, dis-je, supposons que plusieurs personnes, sans aucun accord entr'elles, abordent en même tems dans une Ile déserte, & qu'avant que d'y entrer elles conviennent ensemble, que l'une aura un tel endroit de l'Ile, l'autre un autre: en ce cas-là, le partage ne sera-t-il pas le fondement de l'Aquisition primitive & de l'Ile en général, & de chacune de ses parties en particulier, puis qu'on ne s'en étoit point encore emparé en gros, &

pant, quelque endroit de la Mer qui est comme enclavé dans les terres d'un Païs. XI. *Comment se fait cette prise de possession, & combien elle dure.* XII. *Qu'elle ne donne pourtant pas droit de refuser le passage à ceux qui ne veulent faire aucun mal.* XIII. *Que l'on peut s'emparer de la Jurisdiction sur quelque partie de la Mer.* XIV. *Des* PEAGES *qu'on exige pour la navigation.* XV. *Des Traitez, par lesquels un Peuple s'engage à ne point envoier de Vaisseaux au delà de certaines bornes.* XVI. *Si une Riviére, en changeant de cours, change aussi les limites du Territoire?* XVII. *Du cas, où la Riviére change tout-à-fait de lit.* XVIII. *Qu'il arrive quelquefois qu'une Riviére appartient tout entiére à l'un des Peuples qui ont des terres des deux côtez.* XIX. *Que les choses abandonnées sont au prémier occupant; à moins que le Peuple du païs, où elles se trouvent, n'aît aquis, en l'occupant, un droit de Propriété générale & universelle sur tout ce qui est renfermé dans son enceinte.*

§. I. 1. APRE'S avoir montré, quelles choses sont *nôtres* en vertu d'un droit commun à tous les Hommes; il faut maintenant traiter de celles qui le sont en vertu d'un *droit particulier.* Or celles-ci deviennent nôtres ou par une (1) *Aquisition primitive*, ou par une *Aquisition dérivée.* Commençons par la prémiére.

2. L'AQUISITION PRIMITIVE, dans le tems que le Genre Humain étoit encore réduit à un nombre de personnes assez petit pour pouvoir s'assembler en un même lieu, a pû se faire & par droit de *prémier occupant*, & par un *partage*, comme (a) nous l'avons remarqué ci-dessus. Mais aujourdhui elle ne peut (2) se faire que par droit de prémier occupant.

(a) *Chap.* II. §. 2. *num.* 10.

§. II. ON dira peut-être, que, quand le Maître d'un Fonds accorde à son Voisin un droit de Servitude, ou quand un Créancier reçoit quelque chose en gage, l'un & l'autre aquiert une espéce de droit primitif. Mais, si l'on y pense bien, on trouvera que ce droit n'est nouveau qu'en apparence; & qu'il n'y a qu'une modification d'un droit déja établi; car il étoit (1) renfermé virtuellement dans la Propriété du Maître du Fonds, & de la chose engagée.

§. III. LE Jurisconsulte PAUL, en parlant des différens titres d'Aquisition, met dans ce rang entr'autres une maniere d'aquérir, qui paroît très-naturelle, (1) c'est lors qu'on est cause qu'une chose est venuë en nature. Mais comme naturellement rien ne se fait que d'une matiére préexistente, si la matiére est nôtre, nous ne faisons, en y produisant une nouvelle forme, que continuer nôtre droit de Propriété. Si elle n'appartient à personne, cela se rapporte à l'Aquisition par droit de prémier occupant. Que si elle appartient à autrui, elle ne nous est pas naturellement aquise à nous seuls, à cause de la forme que nous y avons produite; comme il paroîtra par ce que nous dirons (2) en un autre endroit.

§. IV. 1. JE n'ai donc à traiter ici que de la prise de possession par DROIT DE PRE-

& qu'on étoit seulement à portée de s'en emparer. L'Auteur raisonne d'ailleurs ici, comme dans l'endroit cité en marge, sur cette fausse supposition, que l'établissement de la Propriété des biens demandoit un consentement, exprès ou tacite, de tous les Hommes, à qui ils appartenoient auparavant en commun. Voiez la *Note* 12. sur le paragraphe 5. du Chap. précédent.

§. II. (1) Un Propriétaire, comme tel, peut disposer de son bien ainsi qu'il le juge à propos. Lors donc qu'il accorde à un Voisin le droit, par exemple, de passer sur son Fonds, ou d'y venir puiser de l'eau; il ne fait que lui communiquer une partie de ce qui etoit renfermé dans son droit de Propriété. De même, lors qu'un Débiteur donne quelque chose en gage à son Créancier, pour sûreté de la dette: ce n'est qu'un dessaisissement de la possession, & un achéminement à l'aliénation, en cas que le Débiteur soit insolvable.

§. III. (1) Genera possessionum *tot sunt, quot & causa adquirendi ejus, quod nostrum non sit; velut* pro emptore, pro donato, pro legato, pro dote, pro hærede, pro noxæ dedito, pro suo. *Sicut in his, quæ terrâ marique, vel ex hostibus capimus, vel quæ ipsi, ut in rerum natura essent, fecimus.* DIGEST. Lib. XLI. Tit. II. *De adquir. vel omittenda possessione*, Leg. III. On voit bien, que le Jurisconsulte parle là de toute sorte d'Aquisition en général, sans distinguer les Primitives d'avec les Dérivées.

(2) Voiez le *Chap.* VIII. de ce Livre, §. 19. *& suivans.*

PREMIER OCCUPANT ; qui est, depuis les prémiers siécles, dont nous venons de parler, la seule Aquisition naturelle (1) & primitive. Or à l'égard de ce qui n'appartient proprement à personne, il y a deux choses dont on peut s'emparer : (2) la *Jurisdiction* & le droit de *Proprieté*, entant qu'il est distinct de la Jurisdiction. SENEQUE a fait cette distinction : (3) *Les Rois*, dit-il, *ont pouvoir sur tout ce qui est dans leurs Etats ; mais cela n'empêche pas que chacun ne soit maître de son bien.* DION de *Pruse* (4) dit la même chose, en parlant du Corps de l'Etat.

2. La *Jurisdiction* s'exerce ordinairement sur deux sujets : l'un principal, savoir, les *personnes* ; & cela suffit quelquefois, comme dans une Armée d'Hommes, de Femmes, d'Enfans, qui vont chercher à s'établir quelque part : l'autre accessoire, je veux dire, le lieu, qu'on appelle *Territoire*.

3. On aquiert quelquefois la Jurisdiction & la Proprieté tout ensemble, par un seul & même acte. Mais (5) ces deux choses ne laissent pas pour cela d'être distinctes. Et de là vient que la Proprieté peut être transferée non seulement à des Sujets de l'Etat, mais encore à (6) des Etrangers, sans préjudice de la Jurisdiction du Souverain du païs. SICULUS FLACCUS nous apprend, que, parmi les anciens *Romains*, (7) *quand les Terre. destinées à une Colonie ne lui suffisoient pas, on prenoit ce qui man-*

quoit

§. IV. (1) Il y a ici dans la prémiére Edition, aussi bien que dans les derniéres, *solus est naturalis*, AN & *originarius modus*. Mais dans l'Edition de 1632. corrigée par l'Auteur, qui le témoigne lui-même au revers du titre, il y a simplement *naturalis & originarius modus*. Je ne sai comment cet *an* avoit été remis depuis dans l'Edition de 1642. d'où il passa dans les suivantes, jusqu'à celle de 1712. qui a précedé la mienne, & d'où on le chassa de nouveau. Pour moi, je l'ai trouvé ici très-mal placé, & j'ai suivi hardiment l'Edition de 1632. Voici ce qui m'y a engagé. Suivant les autres Editions, l'Auteur voudroit dire, que *la prise de possession par droit de prémier occupant est, depuis les prémiers Siecles*, dans lesquels la Proprieté des biens s'établit, *la seule maniére naturelle*, & PEUT-ETRE *la seule maniére primitive d'Aquisition.* Sur ce pié-là 1. il feroit regarder la prise de possession par droit de prémier occupant, comme la seule sorte d'*Aquisition naturelle*, c'est-à-dire, fondée sur le Droit de Nature, depuis l'établissement de la Proprieté des biens : & ainsi il contrediroit ce qu'il enseigne lui-même ailleurs, que l'Aliénation, d'où nait une Aquisition Dérivée, est de Droit Naturel, depuis l'établissement de la Proprieté. Voiez ci-dessous, *Chap.* VI. §. 1. *num.* 2. & le *Chap.* VII. où il parle d'autres *Aquisitions dérivées*, qui se font, selon lui, en vertu du Droit Naturel. 2. L'Auteur exprimeroit en doutant la seconde partie de sa proposition, savoir, *que la prise de possession par droit de prémier occupant est aujourd'hui la seule maniére d'Aquisition primitive* : or il n'avoit aucun doute là-dessus, comme il paroit par tout ce qu'il dit dans les paragraphes precedens. Mr. DE COURTIN (ce qui soit dit en passant) quoi qu'il eût entre les mains, comme il le témoigne dans sa Preface, l'Edition, que j'ai suivie ici dans la mienne, & sur laquelle aussi je traduis ce passage, en a rendu le sens encore plus embrouillé. Car n'entendant point l'élegance de la particule *an*, placée en cet endroit (il ne faut pas s'en étonner, il bronche dans une infinité d'endroits bien plus faciles) il fait parler nôtre Auteur, comme s'il devoit encore examiner cette question dans la suite : *Il est donc question de parler ici de l'Occupation. . . . . & de voir aussi si c'est un moyen primitif & originel.* Je sens néanmoins, qu'on me fera ici une objection. On dira, qu'il ne semble pas que ni l'Auteur, ni les Imprimeurs, aient pû laisser glisser la faute dont il s'agit, dans la prémiére Edition. A l'égard des Imprimeurs, il peut se faire que l'Auteur aiant écrit *naturalis ac originarius*, ils aient mis *an* au lieu d'*ac*. Mais rien n'empêche aussi, que l'Auteur, faute d'y regarder de près, ne se soit veritablement exprimé ainsi d'abord ; & qu'ensuite y aiant mieux pensé, il n'ait changé son expression, pour les raisons que j'ai alléguées. Depuis cela, un Correcteur aiant confronté par hazard cet endroit avec la prémiére Edition, ou quelque autre antérieure à celle de 1632. aura crû là-dessus faire merveille de retablir le texte d'une maniere qui forme un tout autre sens.

(2) Voiez PUFENDORF, *Liv.* IV. *Chap.* VI. §. 14. à la fin ; où il démêle les fausses idées que pourroient donner ces paroles de nôtre Auteur.

(3) *Ad Reges enim potestas omnium pertinet, ad singulos proprietas.* De Benefic. *Lib.* VII. *Cap.* IV. Ce Philosophe fait la même distinction un peu plus bas : *Sub optimo Rege, omnia Rex imperio possidet, singuli dominio.* Cap. V. *Cæsar omnia habet ; Fiscus ejus privata tantum, ac sua : & universa in imperio ejus sunt, in patrimonio propria.* Cap. VI. SYMMAQUE représente aux Empereurs *Theodose* & *Arcadius*, que, quoi qu'ils gouvernent tout, ils doivent laisser à chacun le sien : *Omnia regitis : sed suum cuique servatis, plusque apud vos justitia, quam licentia, valet.* Lib. X. Epist. LIV. (pag. 397. *Edit. Juret.*) PHILON, Juif, dit, qu'encore que les Rois soient maîtres de tous les biens qui se trouvent dans leurs Etats, sans en excepter les Possessions des Particuliers ; cependant il n'y a que celles qu'ils remettent à des Fermiers & des Intendans, & dont ils tirent les revenus, qui soient regardées comme leur appartenant en propre : Οἱ δὲ αὐτοὶ (Βασιλεῖς) καὶ τῶν κατὰ τὴν χώραν ἁπάντων ὄντες κτημάτων δεσπόται, καὶ ὅσων ἐπικρατεῖν οἱ ἰδιῶται δοκοῦσι, μόνα ταῦτα ἔχειν νομίζονται, ἅπερ ἐπιτρόποις καὶ διοικηταῖς ἐγχειρίζουσιν, ἀφ' ὧν καὶ τὰς ἐτησίους προσόδους ἐκλέγουσιν. De plantatione Noë (*pag.* 222. B. *Ed. Paris.*) PLINE, le Jeune, louë l'Empereur *Trajan*, de ce que, sous son régne, l'Empire du Prince s'étend plus loin que son patrimoine : *Tandemque imperium Principis, quam patrimonium, majus est.* Panegyric. (*Cap.* L. *num.* 2. *Ed. Cellar.*) GROTIUS.

(4) Ἡ χώρα τῆς πόλεως, ἀλλ' οὐδὲν ἧττον τῶν κεκτη-

μένων

quoit des Territoires voisins : mais qu'alors les Magistrats de ces Territoires conservoient la Jurisdiction sur ce qu'on leur avoit pris. DEMOSTHENE emploie (8) deux mots differens, pour distinguer les Terres possédées par des gens du païs, d'avec celles qui appartiennent à des Etrangers.

§. V. 1. NOUS avons remarqué (a) ci-dessus, que, dans un lieu déja occupé pour ce qui regarde la Jurisdiction, les Loix Civiles peuvent empêcher qu'on ne s'empare légitimement des Choses Mobiliaires par droit de prémier occupant. En effet, le droit de s'emparer de ces sortes de choses (1) est bien fondé sur la Loi de Nature, mais ce n'est que sur une Loi de simple permission, & non pas sur une Loi qui ordonne de laisser toûjours là-dessus une pleine liberté ; le bien de la Société Humaine ne demandant pas que cette liberté ne puisse jamais être restreinte ou ôtée. (a) *Chap. II. §. 5. de ce Livre.*

2. Si l'on dit, qu'il semble que chacun aît, sinon par le Droit de Nature, du moins par le Droit des Gens, la permission de s'emparer des Choses Mobiliaires qui n'ont été assignées à personne en particulier, je répondrai, que, quand même cela seroit ou auroit été communément reçû dans quelque partie du Monde, ce ne seroit pas un usage qui eût force de convention entre les Peuples, mais seulement une permission du Droit Civil de plusieurs Peuples considérez en particulier, laquelle chacun d'eux pourroit

ὅμως ἐκεῖνος κύριός ἐστι τῶν ἑαυτοῦ. Orat. XXXI. sive *Rhodiaca.*

(5) Aussi voions-nous que les Terres d'*Arcadie*, & celles de l'*Attique*, furent autrefois partagées, en sorte que toute la Jurisdiction (πᾶν τὸ κράτος) demeura à un seul de ceux entre qui le partage se faisoit ; comme nous le trouvons dans APOLLODORE. [Ἀρκάδος δὲ . . . . . ἐγένοντο παῖδες Ἔλατος καὶ Ἀφείδας· οὗτοι τὴν γῆν ἐμερίσαντο· τὸ δὲ πᾶν κράτος εἶχεν Ἔλατος. Bibliothec. *Lib.* III. *Cap.* IX. §. 1. Μετὰ δὲ τὴν Πανδίονος τελευτὴν, οἱ παῖδες αὐτοῦ στρατεύσαντες ἐπ' Ἀθήνας, ἐξέβαλον τοὺς Μητιονίδας, καὶ τὴν ἀρχὴν τετραχῇ διεῖλον· εἶχε δὲ τὸ πᾶν κράτος Αἰγεύς. Ibid. *Cap.* XIV. §. 6. *Edit. Paris. Th. Gal.*] GROTIUS.

(6) C'est à-dire, à des Etrangers demeurant même chez eux ; comme il paroit par les exemples suivans. Voiez ci-dessous, *Chap.* VIII. §. 26. Je ne remarquerois pas cela, si le Savant GRONOVIUS n'avoit entendu les paroles de nôtre Auteur, d'un Etranger domicilié dans le païs, mais qui n'est pas Citoien : *In inquilinos, qui nobiscum habitant, etsi non sint cives.* Il devoit considerer, que ces sortes d'Etrangers, pendant qu'ils demeurent dans le païs, sont soûmis à la Jurisdiction de l'Etat, tout de même que les Naturels ; ainsi que nôtre Auteur le reconnoit en plusieurs endroits. De sorte qu'il ne faut pas s'étonner, s'ils ne peuvent y faire la moindre aquisition sans préjudice des droits du Souverain, duquel ils dépendent eux-mêmes. Au lieu que, quand un Etranger, demeurant chez soi, aquiert des Terres dans nôtre païs, on voit là un Propriétaire, qui n'est point soûmis personnellement à la Jurisdiction du Seigneur du païs où son bien est situé ; en sorte que la Jurisdiction est alors purement réelle.

(7) *Praeterea aulteres adsignationis divisionisque, non sufficientibus agris colonicarum, quos ex vicinis territoriis sumpsissent, adsignaverunt quidem futuris civibus coloniarum ; sed jurisdictio in agris, qui adsignati sunt, penes eos remansit, ex quorum territorio sumpti sunt.* Pag. 25. in fin. *Edit. Goës.* C'est ainsi que nôtre Auteur cite ce passage, qui est autrement dans les MSS. & dans les Editions, où les derniéres paroles sont corrompuës, de cette maniére : *Sed jurisdictio* EIS AGRIS, *qui adsignati sunt*, PER *eos remansit* &c. La correction de *per eos* en *penes eos*, est incontestable ; & SAUMAISE la fit aussi depuis nôtre Auteur, dans ses *Exercitations sur* SOLIN. Mais pour celle d'*in agris*, au lieu d'*eis agris*, il s'en faut bien qu'elle ne soit sûre. Feu Mr. VAN DER GOES, Conseiller dans la Cour Souveraine de *Hollande*, lequel publia en 1674. une très-belle Edition des Auteurs anciens *Rei Agrariae*, lit ainsi : *cis agros.* Cette conjecture en elle-même approche plus de la leçon des MSS. & l'autre forme un sens, qui n'est pas conforme à la vérité, comme le Savant Commentateur le fait voir contre SAUMAISE, qui avoit crû aussi que le Magistrat du Païs voisin conservoit la Jurisdiction sur les Terres ôtées à leurs anciens Possesseurs. Mais il est clair par d'autres passages des Auteurs anciens qui ont écrit sur cette matiére, que, quand on avoit pris dans le voisinage une certaine étenduë de Terres, pour suppléer ce qui manquoit à la Colonie, encore que toute cette étenduë eût été mesurée par arpens, si néanmoins on n'en avoit assigné qu'une partie à ceux de la Colonie, le reste demeuroit du Territoire & de la Jurisdiction de ceux à qui on l'avoit pris. C'est ce que veut dire SICULUS FLACCUS, dans ces paroles ainsi corrigées : *Sed jurisdictio* CIS AGROS, *qui adsignati sunt, penes eos remansit, ex quorum territorio sumpti erant.* Voiez les *Antiquitates agrariae* de Mr. GOES, jointes à son Edition, *Cap.* XII. pag. 112, & *seqq.* Ainsi le passage, dont il s'agit, ne fait rien au sujet de nôtre Auteur.

(8) Ἐγκτήματα, Κτήματα. Voici le passage : Ἀξιοῖ φησὶ [Κερσοβλέπτης] τὴν χώραν ἑαυτοῦ οἰκεῖν, καὶ οὐκ ἀλλοτρίαν εἶναι. καὶ τὰ μὲν ὑμέτερα, εἶναι ἐγκτήματα φασὶν, ὡς ἐν ἀλλοτρίᾳ· τὰ δὲ αὑτῶν, κτήματα, ὡς ἐν οἰκείᾳ. Orat. de Halonneso, *pag.* 34. A. B. *Ed. Basil.* 1572. Voiez les *Variae Lectiones* de P. VICTORIUS, Lib. XXIX. Cap. XXI. Au reste, l'Auteur a, sans y penser, renversé la signification de ces mots : car il dit, dans l'Original, que l'on entendoit par Ἐγκτήματα, les Terres possédées par ceux à qui appartient le Territoire ; & par Κτήματα, celles qui appartiennent à des Etrangers. C'est justement tout le contraire, comme il paroit par les paroles citées.

§. V. (1) Ou plûtôt ces sortes de choses appartiennent véritablement à tout le Corps du Peuple, ou à celui qui le represente ; de sorte que la liberté que les Particuliers ont de se les approprier par droit de prémier occupant, vient uniquement d'une concession ou expresse, ou tacite, du Souverain, qui peut la révoquer roit abolir quand il lui plairroit. Il y a plusieurs autres choses (2) semblables, que les Jurisconsultes disent être du Droit des Gens sur ce pié-là, lors qu'ils traitent *de la division des Choses, & de l'aquisition de la Propriété.*

§. VI. Il faut remarquer encore, qu'à considérer le Droit Naturel tout seul, il n'y a que ceux qui ont l'usage de la Raison, qui soient capables d'avoir quelque chose en propre. (1) Cependant le Droit des Gens a établi, pour l'utilité commune, que les *Enfans* & les *Insensez* pourroient aquérir & conserver la Propriété des biens; le Genre Humain les représentant, pour ainsi dire, pendant qu'ils sont dans cet état-là. Mais si les Loix Humaines peuvent ainsi suppléer en plusieurs choses à la Nature, elles ne sauroient rien établir de contraire à la Nature. C'est pourquoi cette espéce de Propriété, qui a été introduite par le consentement des Nations civilisées, en faveur des Enfans & d'autres personnes qui leur ressemblent, demeure dans l'*acte prémier*, & ne passe jamais à l'*acte second*, comme on parle dans l'Ecôle; je veux dire, qu'ils ont bien le droit, mais non pas le pouvoir de l'exercer par eux-mêmes: parce que l'Alienation, & autres semblables maniéres de disposer de son bien, supposent de leur nature un acte d'une Volonté raisonnable, qui ne peut se trouver dans ces sortes de personnes. L'Apôtre St. Paul fait une remarque, qui vient ici fort à propos. Il dit, (a) qu'encore qu'un Pupille soit héritier des biens de son Pére; cependant, tant qu'il est dans cet âge-là, il n'y a point de différence entre lui & un Esclave, c'est-à-dire, par rapport à l'exercice de son droit de Propriété.

(a) *Galates*, IV, 1.

§. VII. 1. Achevons maintenant ce que nous avons commencé ci-dessus (1) touchant le Domaine de la Mer & des Riviéres.

2. Je dis donc, qu'on a pû s'emparer des Riviéres, quoi que ni leur source, ni leur embouchûre, ne soient pas dans l'enceinte d'un Territoire, & qu'il n'y aît qu'une partie de leur lit, jointe d'un côté au haut de la Riviére, & de l'autre au bas, ou bien à la Mer. Car la plus grande partie de la Riviére, c'est-à-dire, les côtez, est fermée par les bords, (2) & la Riviére a peu d'étenduë en comparaison des Terres; ce qui suffit pour pouvoir dire qu'on l'occupe.

§. VIII.

quer toutes fois & quantes que bon lui semble. Voiez les endroits de Pufendorf, ausquels j'ai renvoié dans la Note 1. sur le paragraphe du Chap. précedent, qui est cité ici en marge.

(2) Voiez le Chapitre VIII. de ce Livre, §. 1.

§. VI. (1) Voiez Pufendorf, *Droit de la Nat. & des Gens*, Liv. IV. Chap. IV. §. 15. Pour aquérir ou conserver un droit, il ne semble pas qu'il soit nécessaire ni d'être actuellement en état de le faire valoir, ni même d'en avoir connoissance: comme, pour recevoir du tort, il n'est pas nécessaire de le savoir, ni de le comprendre. Il suffit que l'on puisse avoir un jour & la connoissance & la faculté requise pour accepter & exercer son droit. Jusques-là, quoi que le droit soit comme suspendu, il n'en est pas moins réel, de sa nature, & indépendamment des Loix Positives, lesquelles, à mon avis, ne font ici que prêter leur protection à ceux qui ne sont pas en état de faire valoir eux-mêmes leur droit.

§. VII. (1) L'Auteur dit simplement, *De Mari capimus* &c. Et c'est ainsi que portent toutes les Editions. Mais, comme dans le Chapitre précédent il a traité des Riviéres, aussi bien que de la Mer; il achéve aussi dans celui-ci d'examiner les questions qui regardent les Riviéres, & il commence même par elles. J'ai donc cru, qu'il falloit suivre sa pensée, plûtôt que ses expressions; & peut-être même que ses deux mots *& fluminibus* furent d'abord ômis par les Imprimeurs, sans que l'Auteur y prît garde depuis. La chose a pû aisément arriver, à cause de la ressemblance des derniéres lettres du mot *fluminibus*, & de celui de *capimus*.

(2) Ni l'une ni l'autre de ces choses n'est nécessaire, comme il paroit par ce que nous avons dit sur le Chap. précedent.

§. VIII. (1) Voiez Pufendorf, *Liv. IV. Chap. V.* §. 8. du *Droit de la Nat. & des Gens.*

§. IX. (1) *Et quidem Naturali Jure omnium communia sunt illa: Aër, Aqua profluens, & Mare, & per hoc Litora maris.* Digest. Lib. I. Tit. VIII. *De divisione rerum* &c. Leg. II. §. 1. Voiez aussi Institut. Lib. II. Tit. I. §. 1. Mr. de Bynckershoek, dans sa Dissertation *de Dominio Maris*, Cap. IX. pag. 71, & *seqq.* dit, que la raison pourquoi les Jurisconsultes Romains mettent la Mer au rang des choses communes, c'est que, de leur tems, la Mer n'étoit occupée de personne pour la plus grande partie, & peut-être nulle part, au delà de l'espace duquel on peut commander de dessus terre.

(2) *Φυσικῷ μὲν δικαίῳ κοινὰ πάντων ἀνθρώπων ἐστὶ ταῦτα· ὁ ἀὴρ, τὸ ὕδωρ τὸ ἀέναον, ἡ θάλασσα· διὰ τοῦτο καὶ οἱ αἰγιαλοὶ τῆς θαλάσσης.* Lib. II. Tit. I. §. 1.

(3) *Quamvis Mari, quod naturâ omnibus patet, servitus imponi privatâ lege non potest* &c. Digest. Lib. VIII. Tit. IV. *Communia prædiorum* &c. Leg. XIII. *princip.*

(4) *Maris communem usum omnibus hominibus* [arbitror], *ut aëris* &c. Digest. Lib. XLIII. Tit. VIII. *Ne quid in loco publico, vel itinere, fiat*, Leg. III. §. 1.

(5)

§. VIII. 1. De meme il semble que ceux qui possedoient quelques Terres des deux côtez de la Mer, ont pû s'emparer de cet endroit de la Mer, quoi qu'il ne soit point enfermé par le haut, comme dans un *Golfe*, ou qu'il ne soit enfermé ni par le haut, ni par le bas, comme dans un *Détroit*: pourvû que l'étenduë de cette Mer ne soit pas si grande, qu'étant comparée aux Terres, dont elle baigne les côtes, elle ne puisse pas être censée en faire partie.

2. Que si cela est permis à un Peuple ou à un Roi, rien n'empêche, à mon avis, que deux ou trois ne s'emparent également d'une Mer (1) ainsi enclavée dans leurs Terres: de même qu'une Riviere, qui sépare deux Etats, a été d'abord occupée par l'un & l'autre Peuple, & puis partagée entr'eux.

§. IX. 1. Il faut avouer pourtant, que dans toutes les parties de la Mer qui étoient connuës du tems de l'*Empire Romain*, depuis les prémiers Siécles jusques à *Justinien*, il avoit été établi par le Droit des Gens, qu'aucun Peuple ne pourroit s'emparer de la Mer, pas même pour le simple droit de Pêche. En vain quelques-uns prétendent-ils, que, quand les Jurisconsultes Romains disent que (1) *la Mer est commune à tous*, cela ne doit s'entendre que des Citoiens Romains. Car, prémiérement, les termes sont si généraux, qu'ils ne souffrent pas une telle restriction. Aussi voions-nous que Theophile, dans sa Paraphrase Gréque, explique ainsi la maxime dont il s'agit: (2) *La Mer est commune à tous les Hommes.* Ulpien dit, (3) que la Mer est naturellement ouverte à tout le monde; & qu'elle appartient à tout le monde, comme l'Air. Celsus (4) aussi pose pour principe, que l'usage de la Mer est commun à tous les Hommes.

2. D'ailleurs, les Jurisconsultes distinguent clairement entre les choses *communes* de cette maniére, & celles qui sont *publiques* par rapport à un Peuple seulement, au nombre desquelles ils mettent les Riviéres. Voici ce qui est dit dans les Institutes: (5) *Il y a des choses communes, par le Droit Naturel,* (6) *à tout le monde, & d'autres publiques .... Les choses communes par le Droit Naturel sont celles-ci, l'Air, les Eaux courantes, la Mer, & ses Rivages, à cause de la communauté de la Mer même*

(5) *Quædam enim Naturali Jure communia sunt omnium, quædam publica .... Et quidem Naturali Jure communia sunt omnium hæc: Aër, Aqua profluens, & Mare, & per hoc Litora maris. .... Flumina autem omnia, & Portus, publica sunt.* Lib. II. Tit. I. §. 1, 2. Mr. Noodt, dans ses *Probabilia Juris*, Lib. I. Cap. VII. VIII. prouve fort au long, que, selon le langage des Anciens sur cette matiére, que l'on appelloit *public* étoit la même chose que *commun*: d'où il conclut qu'il faut de deux choses l'une, ou que Tribonien ait forgé une nouvelle division, faute d'entendre le Jurisconsulte Marcien, dont il a copié les paroles; ou qu'il se soit glissé ici une faute, en sorte qu'on doive lire, par exemple, *Quædam Naturali Jure communia sunt omnium (quæ eadem publica)* comme quelques Savans l'ont conjecturé. Tout ce que dit là-dessus cet excellent Jurisconsulte est, à mon sens, fort plausible. Pour ce qui est de la chose en elle-même, les Anciens convenoient qu'encore qu'on dût laisser à tout le monde un usage innocent des Rivages, des Riviéres &c. cependant tout cela dépendoit de la Jurisdiction du Peuple, en sorte que, si quelcun vouloit bâtir, par exemple, sur le Rivage, il falloit une permission du Magistrat. Voiez la Loi, qui sera citée tout-à-l'heure, dans la *Note* 10. & Mr. Noodt, *Probab. Jur.* Lib. IV. Cap. I. Cela étant, je ne vois pas comment on peut éviter d'en venir à une idée de Propriété, si l'on veut penser & raisonner juste. Je comprens aisément, que la Jurisdiction du Souverain peut s'accorder avec la Propriété des Particuliers qui ont des Terres dans ses Etats; parce que cette Jurisdiction, & cette Propriété, quoi que séparées, tendent également à empêcher que tout autre que le Propriétaire & le Souverain n'ait droit d'exiger à la rigueur qu'on lui laisse tirer d'un Fonds tous les usages dont il peut avoir besoin: Mais je ne comprens pas comment la *Jurisdiction* peut être compatible avec une *communauté* proprement ainsi nommée du lieu sur lequel cette Jurisdiction s'exerce: poser l'une, c'est, à mon avis, détruire l'autre. D'ailleurs, tout ce que l'on dit de cette *communauté* n'emporte au fond autre chose que la liberté de faire un usage innocent de la Mer, des Rivages, des Riviéres &c. qui relévent de la Jurisdiction d'autrui: or sur ce pié-là, elle n'exclut pas plus le droit de Propriété, que celui de Jurisdiction: & il est facile de le montrer par un exemple tout semblable. Une Fontaine, qui est dans mon Fonds, m'appartient certainement: je suis néanmoins obligé, par le Droit Naturel, d'y laisser boire & prendre de l'Eau à ceux qui en ont besoin, lors que je le puis sans m'incommoder moi-même. Mr. Noodt convient de cela, après les Anciens, *ubi supra*, Cap. VII. §. 2. Et selon le Droit Romain même, les bords d'une Riviére sont d'un usage public, quoi qu'ils appartiennent aux Propriétaires des Terres joignantes. Voiez ci-dessous, *Chap.* VIII. de ce Livre, §. 8. *Note* 1.

(6) C'est ainsi que s'exprime en Grec Michel Attaliate: *Τινὰ δὲ κοινὰ τῶν [illegible], οἷον ὁ ἀήρ, τὸ ῥέον ὕδωρ*

me ... Mais les Rivières, & les Ports, sont des choses publiques. Theophile explique le mot de *publiques*, par (7) celles *qui appartiennent au Peuple Romain.* Et le Jurisconsulte Neratius, parlant des (8) Rivages, dit, qu'ils ne sont pas *publics* de la même manière que ce qui est du patrimoine du Peuple, (9) mais comme ce qui est originairement un présent de la Nature, & qui n'a point encore de maître, c'est-à-dire, qui n'appartient ni à aucun Particulier, ni à aucun Peuple.

3. La dernière décision semble ne pas s'accorder avec celle de Celsus, autre Jurisconsulte, qui dit, (10) qu'*encore que les Rivages, qui sont de la dépendance du Peuple Romain, appartiennent au Peuple Romain; l'usage de la Mer est commun à tous les Hommes.* Mais il semble qu'on peut concilier ici ces deux Jurisconsultes, en disant que Neratius établit la communauté des Rivages, entant que leur usage est nécessaire à ceux qui vont ou qui passent sur mer: au lieu que Celsus parle des Rivages, entant qu'on se les approprie pour une utilité (11) durable, comme quand on y bâtit un Edifice permanent; car alors, ainsi que nous l'apprend Pomponius, (12) il faut ordinairement en demander la permission au Magistrat, aussi bien que, quand on veut bâtir dans la Mer, c'est-à-dire, dans un endroit de la Mer proche du Rivage, & qui est censé en faire partie.

§. X. 1. Mais, quelque vrai que soit le fait que je viens d'établir, c'est pourtant en conséquence (1) d'un établissement arbitraire, & non pas en vertu d'une prohibition du Droit Naturel, que la Mer n'étoit point alors occupée, ou que l'on ne pouvoit

[illegible], (Pragmatic. *Tit.* II.) Grotius.

(7) [illegible] Lib. II. Tit. I. §. 2. Mr. Noodt, dans l'endroit dont je viens de parler, ne s'est point objecté cette explication du Paraphraste Grec, tout-à-fait contraire à sa pensée, & qui prouveroit, ou qu'il n'y a point de faute dans le Texte des Institutes, ou que la faute est assez ancienne, encore même qu'on ne croie pas Theophile aussi ancien que quelques-uns le pretendent.

(8) Voici comment il en est aussi parlé dans le Corps du Droit Grec: [illegible]. Basilic. *Eclog.* Lib. I. Tit. I. Cap. XIII. Voiez aussi *Lib.* LIII. Tit. VI. Grotius.

(9) *Quod in litore quis ædificaverit, ejus erit. Nam litora publica non ita sunt, ut ea quæ in patrimonio sunt Populi: sed ut ea, quæ primum à natura prodita sunt, & in nullius adhuc dominium pervenerunt.* Digest. Lib. XLI. Tit. I. *De adquir. rerum dominio*, Leg. XIV. princ.

(10) *Litora, in quæ Populus Romanus imperium habet, Populi Romani esse arbitror. Maris communem usum omnibus hominibus, ut aëris.* Digest. Lib. XLIII. Tit. VIII. *Ne quid in loco publico*, &c. Leg. III.

(11) Il y avoit ici dans toutes les Editions, avant la mienne: *Quatenus ad utilitatem adsumitur.* Je suis persuadé que l'on a sauté un mot, & que l'Auteur avoit voulu mettre: *ad utilitatem* perpetuam *adsumitur*; comme la suite du discours le demande. Soit que l'omission vienne de la main de l'Auteur, ou de la négligence des Imprimeurs, elle est manifeste; & ainsi j'ai suppléé, sans balancer, le mot qui manquoit.

(12) *Quamvis quod in litore publico, vel in mari, exstruxerimus, nostrum fiat: tamen decretum Prætoris adhibendum est, ut id facere liceat.* Digest. Lib. XLI. Tit. I. *De adquir. rerum dominio*, Leg. L. Quelques-uns, comme le remarque Gronovius, lisent ici *Decretum Principis*: & Mr. Noodt suit cette correction, dans son Commentaire sur le Digeste, *Lib.* I. *Tit.* VIII. pag. 39. Mais Mr. de Bynkershoek, dans sa Dissertation *de Dominio Maris*, Cap. IX. pag. 81, s'étonne qu'on ait pû s'aviser d'un tel changement. La chose est peu importante, par rapport au fond de la question. Mr. Schulting ne croit pas non plus la correction nécessaire. Voiez son *Enarratio primæ partis Pandectar.* Tit. *De divisione rerum*, §. 5.

§. X. (1) Les *Anglois* alléguérent un tel établissement contre les *Danois*. Voiez le bon Camden, dans le Régne d'*Elizabeth*, sur l'année 1600. Grotius.

(2) *Si quisquam in fluminis publici deverticulo solus pluribus annis piscatus sit, alterum eodem jure uti prohibet.* Digest. Lib. XLIV. Tit. III. *De diversis tempor. præscript.* &c. Leg. VII.

(3) *Sane si maris proprium jus ad aliquem pertineat, Uti possidetis interdictum ei competit, si prohibeatur jus suum exercere: quoniam ad privatam jam caussam pertinet, non ad publicam, hæc res; utpote quum de jure fruendo agatur, quod ex privata caussa contingat, non ex publica.* Digest. Lib. XLVII. Tit. X. *De injuriis & famosis libell.* Leg. XIV.

(4) Salluste parlant du luxe de son tems, dit, que l'on voioit plusieurs Particuliers renverser des Montagnes, & bâtir dans les Mers: *Nam quid ea memorem, quæ, nisi iis qui videre, nemini credibilia sunt? à privatis compluribus, subversos montes, maria constructa esse* &c. (Catilin. *Cap.* XIII. *Ed. Wass.*) Horace reproche aussi aux *Romains*, qu'ils rétrécissoient en quelque façon la Mer, par les digues qu'ils y jettoient:

Marisque Baiis obstrepentis urges
Summovere litora.

Lib. II. *Od.* XVIII. *vers.* 20, 21.

Contracta pisces æquora sentiunt
Jactis in altum molibus ——

Lib. III. *Od.* I. *vers.* 33, 34. On trouve la même chose dans Seneque, le Déclamateur: *Maria submoventur, projectis molibus.* Excerpt. Controv. *Lib.* V. *Contr.* V. Pline dit, qu'on laisse ronger la Terre par les Eaux, pour y faire entrer la Mer: *In maria jacitur* [Ter-

voit légitimement s'en emparer, dans le sens dont j'ai parlé. Car quoi qu'une Riviére appartienne constamment au Public; si néanmoins elle entre par quelque endroit dans les Terres d'un Particulier, celui-ci peut s'approprier le droit de Pêche (2) dans cette espéce de branche ou de golfe de la Riviére. A l'égard même de la Mer, le Jurisconsulte Paul (3) dit, que *si quelcun y a un droit de propriété, il est reçû à demander un Arrêt du Préteur pour la maintenuë; parce que c'est alors une affaire particuliére, & non pas une affaire qui regarde le Public; puis qu'il s'agit de la joüissance d'un droit que l'on posséde à titre d'aquisition privée, & non pas, de la joüissance d'un droit commun.* Il s'agit là certainement d'une petite partie des eaux de la Mer, (4) que l'on introduit dans le Fonds d'un Particulier; comme nous lisons que (5) *Lucullus* & d'autres l'ont fait autrefois. L'Empereur Leon étendit depuis ce droit, contre les décisions des anciens (6) Jurisconsultes, jusqu'aux (7) endroits de la Mer qui sont au devant des Maisons bâties sur le rivage du *Bosphore de Thrace*, en sorte qu'il permit à chaque Propriétaire d'enclorre de Bâtardeaux cet espace de Mer, & de se l'approprier.

2. Que si un certain espace de Mer peut être comme l'accessoire du Fonds d'un Particulier, entant qu'il y est enclavé, & de si petite étenduë, qu'il est censé faire partie du Fonds; si d'ailleurs il n'y a là rien de contraire au Droit Naturel: pourquoi est-ce qu'une partie de la Mer, qui se trouve renfermée dans les Terres, ne pourroit pas appartenir en propre à un ou plusieurs Peuples; qui sont maîtres des Rivages, lors que cette

[Terra], *aut, ut freta admittamus, ereditur aquis.* Hist. Natur. *Lib.* II. *Cap.* LXIII. L'Empereur *Alexandre Sévére* fit à *Bayes* des Etangs d'une grandeur prodigieuse, par le moien des eaux de la Mer qu'on y introduisoit: *Fecit & alia in* Bajano *opera magnifica, in honorem adfinium suorum; & stagna stupenda, admisso mari.* Lamprid. in ejus Vit. (*Cap.* XXVI.) Cassiodore admiroit encore de son tems ces Etangs: *Quantis ibi molibus marini termini decenter invasi sunt! Quantis in visceribus aequoris terra promota est!* Variar. *Lib.* IX. *Cap.* VI. Tibulle représente les Poissons comme se moquant des tempêtes, dans les espaces de Mer ainsi enclavez:

Claudit & indomitum moles mare, lentus ut intra
Negligat hibernas piscis adesse minas.
(Lib. II. Eleg. VI. ℣. 27, 28.)

Pline parle (en passant) de ces Viviers faits dans la Mer: *Hist. Natur.* Lib. XXXI. Cap. VI. Voiez là-dessus Columelle, *de Re Rustic.* Lib. VIII. Capp. XVI. XVII. où il dit, entr'autres choses, que la délicatesse des personnes opulentes avoit renfermé les Mers, & *Neptune* en quelque façon: *Mox istam curam sequens aetas abolevit, & lautitia locupletum maria ipsa* Neptunumque *clauserunt.* (*Pag.* 377. *Edit. Commelin.* 1595.) On trouve quelque chose de semblable dans St. Ambroise, *Hexaemer.* Lib. V. Cap. X. & *de Nabuthe*, Cap. III. comme aussi dans plusieurs endroits de Martial [par exemple, *Lib.* X. *Epigr.* XXX. ℣. 19. *& seqq.*] Grotius.

(5) Varron dit, que *Lucullus* perça une montagne, près de *Naples*, & qu'il fit entrer les eaux de la Mer dans des Reservoirs de poisson, qui avoient une espéce de flux & reflux; après quoi il se vantoit de ne le pas ceder à *Neptune* pour la pêche: *Contra ad* Neapolim L. Lucullus, *posteaquam perfodisset montem, ac maritima flumina immisisset in piscinas, quae reciproca fluerent, ipse* Neptuno *non cederet de piscatu.* (De Re Rustic. *Lib.* III. *Cap.* XVII. pag. 129. Edit. 3. *H. Steph.*) Plutarque parle des Maisons de campagne de ce fameux Romain, autour desquelles il faisoit aller la Mer, & il avoit de grands Viviers. Il bâtissoit, ajoûte-t-il, des logemens dans la Mer: [à cause dequoi *Tubéron*, Philosophe Stoïcien, l'appella le *Xerxès* Romain.] Τὰ δ᾽ ἐν τοῖς παραλίοις καὶ περὶ Νέαν πόλιν ἔργα, λόφους ἀνακρεμαννύντος αὐτοῦ μεγάλοις ὀρύγμασι, καὶ τροχοὺς θαλάσσης, καὶ διαδρομὰς ἰχθυοτρόφους τοῖς οἰκητηρίοις περιελίσσοντος, καὶ διαίτας ἐναλίους κτίζοντος, ὁ Στωϊκὸς Τουβέρων θεασάμενος, Ξέρξην αὐτὸν ἐκ τηβέννου προσηγόρευσεν. Vit. Lucull. (*pag.* 518. C. Tom. II. *Ed. Wech.*) [Pline attribuë ce mot à *Pompée* le Grand] Lucullus, *exciso etiam monte juxta* Neapolim, *majore impendio, quàm villam aedificaverat, Euripum & maria admisit: quâ de causâ* Magnus Pompejus *Xerxem togatum eum appellabat.* Hist. Natur. *Lib.* IX. *Cap.* LIV. Velleius Paterculus rapporte la chose de même: *Quem* [Lucullum] *ob injectas moles mari, & receptum, suffossis montibus, in terras mare, haud infacetè* Magnus Pompejus *Xerxem togatum vocare adsueverat.* (Lib. II. Cap. XXXIII. *in fin.*) Valere Maxime nous apprend, que *C. Sergius Orata* s'étoit fait des Mers particuliéres, arrêtant les eaux de la Mer dans des Barres ou des Bassins, & faisant diverses Digues pour renfermer à part chaque sorte de poissons: *Idem* [C. Sergius Orata] *videlicet ne gulam* Neptuni *arbitrio subjectam haberet, peculiaria sibi maria excogitavit, aestuariis intercipiendo fluctus, piscïumque diversos greges separatis molibus includendo, ut nulla tam saeva tempestas incideret, qua non* Oratae *mensa varietate ferculorum abundaret.* Lib. IX. Cap. I. *num.* 1. Grotius.

(6) *Usurpatum tamen & hoc est, tametsi nullo jure, ut quis prohiberi possit ante aedes meas vel Praetorium meum piscari: quare si quis prohibeatur, adhuc injuriarum agi potest.* Digest. Lib. XLVII. Tit. X. *De Injuriis &c.* Leg. XIII. §. 7.

(7) C'est ce qu'on appelloit Πρόθυρα. Voiez les Novelles de Leon, Nov. LVII. CII. CIII. CIV. Michel Attaliate, *Pragmat.* Tit. XCV. Harmenopul. *Prochir. Jur.* Lib. II. Tit. I. §. Περὶ προθύρων. Voiez aussi le grand Cujas, *Observ.* Lib. XIV. Cap. I. Grotius.

cette partie de la Mer, comparée avec les Terres, n'est pas plus grande, que ne l'est un petit coin de Mer, comparé avec l'étenduë du Fonds d'un Particulier? Et il ne serviroit de rien de dire, que la Mer n'est pas renfermée de tous côtez dans les Terres d'un ou de plusieurs Peuples. Car cela n'empêche pas qu'on ne puisse se l'approprier; comme il paroît par l'exemple d'un coin de Riviére ou de Mer, qu'on a fait entrer dans une Maison de campagne.

3. Cependant, comme le Droit des Gens a pû défendre bien des choses que le Droit Naturel permet; s'il a été établi, par une espéce de (8) commun consentement des Peuples, que la Mer ne seroit susceptible de propriété en aucune sorte, un Peuple ne pourra point s'approprier un coin de Mer, quelque petit qu'il soit, & encore qu'il se trouve renfermé dans ses terres pour la plus grande partie, par tout où cet usage aura eu lieu, sans avoir été aboli par un commun consentement.

§. XI. 1. IL FAUT remarquer, au reste, que dans les lieux où un tel usage du Droit des Gens n'a pas été établi, ou a été aboli; de cela seul qu'un Peuple s'est emparé des

(8) Mais ce commun consentement des Peuples, que l'on suppose avoir force de Loi, est une chose qu'on ne prouvera jamais.

§. XI. (1) Il y a un certain espace, dont tout Peuple, qui a des terres au bord de la Mer, est censé s'être emparé, sans aucun acte corporel de prise de possession. Voiez PUFENDORF, *Droit de la Nat. & des Gens*, Liv. IV. Chap. V. §. 7, 8. avec les Notes.

(2) *Præscriptio longæ possessionis ad obtinenda loca Juris gentium publica concedi non solet: quod ita procedit: si quis, ædificio funditus diruto, quod in litore posuerat, aut dereliquerat ædificium, alterius postea eodem loco extructo, occupanti datam exceptionem opponat: vel si quis, quod in fluminis publici diverticulo solus pluribus annis piscatus sit, alterum eodem jure prohibeat.* DIGEST. Lib. XLI. Tit. III. *De Usurp. & Usucapion.* Leg. XLV. En rapportant cette Loi, où les plus habiles Interprêtes conviennent qu'il y a quelque chose de fautif, j'ai suivi l'Edition de *Florence*; à la reserve du mot *occupanti*, que d'autres Editions anciennes portent, au lieu d'*occupantis*, qui ne sauroit avoir lieu ici. Mr. NOODT, dans son Commentaire sur la prémiére Partie du DIGESTE, *pag. 14. & seqq.* conjecture, que les mots *aut dereliquerat ædificium*, sont une glose, qui a été ensuite fourrée dans le Texte: & l'explication, qu'il donne, de cette Loi, paroît fort ingenieuse. D'autres s'y prennent un peu autrement. On peut voir CUJAS, sur la Loi même dont il s'agit, *pag.* 1165, 1166. Tom. I. Opp. *Edit. Fabrott.* & Mr. de BYNCKERSHOEK, dans sa Dissertation *De Dominio Maris*, Cap. IX. pag. 85. On trouvera aussi quelque chose là-dessus, dans une Dissertation de Mr. DE TOULLIEU, mon Collégue, *De Luitione Pignoris, & Rebus meræ facultatis*, §. 41. à laquelle je renvoie avec plaisir.

§. XII. (1) Mais on n'a pas droit à la rigueur de prétendre que quelcun nous laisse passer par ses terres; comme je l'ai remarqué sur le Chapitre précedent.

§. XIII. (1) PHILON, Juif, dit, en parlant des Rois, qu'ils n'ont pas sujet de se glorifier de ce qu'ils se sont rendus maîtres de tous les Fleuves, & même d'une infinité de Mers, dont l'étenduë est sans bornes. Ὅτι . . . . . πάντας ποταμοὺς, καὶ τὰ ἄπειρα πλήθη καὶ μεγέθει πελάγη προσεκτήσαντο. (De plantat. Noë, pag. 223. E. *Edit. Paris.*) LYCOPHRON introduit *Cassandre*, qui prédit aux *Romains* l'Empire de la Mer, aussi bien que celui de la Terre:

Γῆς καὶ θαλάσσης σκῆπτρα καὶ μοναρχίαν.

[C'est par allusion à cela, que VIRGILE, pour flatter *Auguste*, lui dit,] que *Tethys* donneroit toutes ses eaux, afin de l'avoir pour Gendre:

Teque sibi generum Tethys *emat omnibus undis.*
(Georgic. *Lib.* I. *v.* 31.)

Et JULIUS FIRMICUS dit de ceux qui sont nez sous une certaine situation des Astres, qu'ils seront Maîtres de la Terre & de la Mer: *Maris & Terræ dominia possidentes, quocunque feliciter exercitus ducent.* (Mathes. *Lib.* VI. *Cap.* I.) NONNUS parle de *Beroé* [ou *Beryte*, Ville de *Phénicie*] comme aiant l'Empire de la Mer:

——— Βερόη κράτος ἔσχε θαλάσσης.

(*Dionysiac.* Lib. XLIII. pag. 1106. *v.* 14. *Ed. Wech.*) QUINTE-CURCE dit, que la Ville de *Tyr* fut long tems maîtresse non seulement de la Mer qui lui étoit voisine, mais de toutes les autres Mers où ses Vaisseaux avoient pénétré: *Diu* [Tyrus] *mare, non vicinum modo, sed quodcunque classes ejus adierunt, ditionis suæ fecit.* (Lib. IV. Cap. IV. *num.* 19.) De là vient le Proverbe, *Mers Tyriennes*: TYRIA *maria in proverbium deductum est, quod* TYRO *oriundi* Pœni *adeo potentes maris fuerunt, ut omnibus mortalibus navigatio esset periculosa.* FESTUS, *in voc.* TYRIA. Les *Athéniens* & les *Lacédémoniens* eurent alternativement l'Empire de la Mer, en sorte qu'ils tenoient par là sous leur obéïssance la plûpart des Villes de la *Gréce*; comme le remarque ISOCRATE: Μετὰ ταῦτα τοίνυν συνέβη, κυρίαν ἑκατέραν [τὴν πόλιν τὴν Ἀθηναίων, καὶ τὴν Λακεδαιμονίων] γενέσθαι τῆς ἀρχῆς τῆς κατὰ θάλατταν· ἐν ὁποτέρᾳ δ' ἂν καταστῇ, ὑπηκόους ἔχειν τὰς πλείστας τῶν πόλεων. (Panathenaïc. *pag.* 243. C. *Ed. H. Steph.*) DEMOSTHENE dit, que les *Lacédémoniens* commandoient autrefois à toute la Mer, aussi bien qu'à toutes les Terres (c'est-à-dire, de la *Gréce*): Οἱ [Λακεδαιμόνιοι] θαλάττης μὲν ἦρχον, καὶ γῆς ἁπάσης. Philipp. III. (pag. 49. C. *Ed. Basil.* 1572. Voiez aussi la Harangue *de la Couronne*, pag. 326.) L'Auteur de la Vie de *Timothée* [CORNELIUS NEPOS] dit, qu'après les exploits de ce Général, les *Lacédémoniens* cedérent volontairement aux *Athéniens* l'empire de la Mer, qu'ils leur avoient disputé long tems: *Quo facto* Lacedæmonii *de diutina contentione destiterunt, & sua sponte* Atheniensibus *imperii maritimi principatum concesserunt.* (Cap. II. *num.* 2. *Edit. Cellar.*) L'Auteur de la Harangue *touchant l'Ile de Halonèse*, qui se trouve parmi les Oeuvres de DEMOSTHENE, dit, que *Philippe* ne cherchoit autre chose, qu'à faire en sorte que les *Athéniens* le reconnussent pour maître de la Mer: Οὐδὲν ἄλλο, ὦ τί, ἀξιῶν, ὑφ' ὑμῶν εἰς τὴν θάλατταν καταστῆναι, καὶ ὁμολογῆσαι ὑμᾶς, ὡς ἄνευ Φιλίππου οὐδὲ τὴν ἐν τῇ θαλάττῃ φυλακὴν δύνασθε φυλάττειν. (Pag. 31. B.) *Alexandre le Grand*, selon l'Empereur JULIEN, se

des Terres, on ne peut pas inférer qu'il se soit aussi emparé de la Mer qui y est enclavée: & il ne suffit pas pour cela d'un acte intérieur de l'ame, (1) mais il faut encore un acte extérieur, par où la prise de possession paroisse bien clairement.

2. De plus, si, après avoir déja pris possession d'une telle Mer par Droit de prémier occupant, on vient ensuite à l'abandonner; elle retourne alors à son prémier état de communauté; comme le Jurisconsulte PAPINIEN l'a (2) décidé au sujet d'un Bâtiment fait sur le rivage, & de la Pêche dans un détour de Riviére.

§. XII. IL est certain encore, que lors même qu'on est naturellement en possession de quelque endroit de la Mer, on ne peut pas légitimement empêcher que des Vaisseaux non armez, & de la part desquels on n'a rien à craindre, n'y fassent voile, puis (1) qu'un passage comme celui-là doit être accordé sur terre, où il est ordinairement moins nécessaire & plus dangereux.

§. XIII. MAIS il a été plus facile de s'emparer de la (a) jurisdiction (1) seule sur quelque partie de la Mer, sans aucun droit de Propriété; & je ne crois pas que cela fût

(a) *Bossius*, Tit. de Aquis, *num.* 36. ubi allegat *Bald. Capoll.* & al. Voiez *Cod.* Lib. XI. Tit. XII. *De Classicis*, Leg. unic.

se proposoit, dans ses expéditions militaires, de se rendre maitre de toute la Terre & de toute la Mer: [Greek illegible] (Orat. III. pag. 107. B. C. *Edit. Spanhem.*) JOSEPH, *fils de Gorion*, fait dire à *Antiochus Epiphane*, un des Successeurs d'*Alexandre*: *La Terre & la Mer ne sont-elles pas à moi?* (Lib. III. Cap. XII. *Edit. Munster.*) Un autre de ses Successeurs, *Ptolemée Philadelphe*, est loué par THEOCRITE, comme étendant sa domination fort loin sur Mer:

Πολλᾶς δὲ κρατέει γαίας, πολλᾶς δὲ θαλάσσας

. . . .

—— Θάλασσα δὲ πᾶσα καὶ αἶα

Καὶ ποταμοὶ κελάδοντες ἀνάσσονται Πτολεμαίῳ.

(Idyll. XVII. ℣. 76, 91, 92.)

Voilà pour les *Grecs*. Venons aux *Romains*. *Hannibal* parlant à *Scipion l'Africain*, le prémier ainsi nommé, lui dit, que les *Carthaginois*, renfermez dans les Rivages d'*Afrique*, consentoient que desormais les *Romains*, puis qu'ainsi il plaisoit aux Dieux, commandassent au dehors par terre & par mer: CARTHAGINIENSES, *inclusi* Africæ *litoribus, vos, quando ita Diis placuit, externa etiam terrâ marique videamus regere imperia.* TIT. LIV. (Lib. XXX. Cap. XXX. *num.* 26.) CLAUDIEN represente *Scipion l'Africain*, le dernier, soûmettant aux Loix de *Rome* l'Ocean d'*Espagne*:

Ergo sen patriis primævus manibus ulter
Subderet Hispanum legibus Oceanum &c.

(De Secundo Consul. Stillicon. *Præfat.* ℣. 7, 8.)

De là vient que les Auteurs Romains, comme SALLUSTE, FLORUS, POMPONIUS MELA, appellent souvent la Mer intérieure, *nôtre Mer*. [Voiez, par exemple, *Bell. Jugurth.* Cap. XX. *init.* ibique *Wass.* FLORUS, Lib. III. Cap. VI. *num.* 9. POMP. MELA, Lib. I. Cap. I. *num.* 24. *Edit. Voss.* 1700.] Mais DENYS *d'Halicarnasse* dit bien plus: il prétend que les *Romains* étoient maitres non seulement de toutes les Mers qui sont en deça des *Colomnes d'Hercule*, mais encore de l'*Ocean*, aussi loin qu'on pouvoit y faire voile: [Greek illegible] (Antiquit. Roman. *Lib.* I. *Cap.* III. pag. 3. *Ed. Oxon*). DION CASSIUS dit des mêmes *Romains*, qu'ils régnent presque sur toute la Terre & sur toute la Mer: [Greek illegible] [GROTIUS peut-être cite ici cet Historien de mémoire, au lieu de l'Orateur THEMISTIUS, qui dit en parlant de l'Empereur *Théodose*: [Greek illegible] Orat. V.] APPIEN, dans sa Préface, où il décrit la grandeur de l'Empire Romain, y comprend le *Pont Euxin*, la *Propontide*, l'*Hellespont*, la *Mer Egée*, la *Mer de Pamphylie*, & la *Mer d'Egypte*. On donna à *Pompée*, par le *Sénatusconsulte Gabinien*, le pouvoir de commander sur toute la Mer qui est en deça des Colomnes d'Hercule: [Greek illegible] &c. APPIAN. *Alexandr.* (Bell. Mithridat. pag. 391. *Ed. Amst.* 235. H. Steph.) PLUTARCH. (*in Vit. Pompeji*, pag. 631. F. Tom. I. *Ed. Wech.*) OVIDE introduit *Jupiter* prédisant, que la Mer même obeïra à *Auguste*:

—— *Pontus quoque serviet illi.*

(Metamorph. *Lib.* XV. ℣. 831.)

Une ancienne Inscription, en l'honneur d'*Auguste*, porte qu'il ferma le Temple de *Janus*, après avoir rétabli la paix sur la Terre & sur la Mer: ORBE MARI ET TERRA PACATO, TEMPLO JANI CLUSO. [Apud GRUTER. 2. Edit. pag. 194. *num.* 4.] Voiez aussi SUETONE, *in ejus Vit.* (Cap. XXII.) Cet Historien parle ailleurs de deux Flottes, qu'*Auguste* avoit, l'une à *Misène*, l'autre à *Ravenne*, pour garder la *Mer supérieure* & l'*Inférieure*: CLASSEM Miseni, *& alteram Ravennæ, ad tutelam Superi & Inferi Maris, collocavit.* (Cap. XLIX.) VALERE MAXIME dit à *Tibére*, que le consentement des Dieux & des Hommes l'a établi Maitre de la Terre & de la Mer: *Te . . . penes quem Hominum Deorumque consensus Maris ac Terræ regimen esse voluit.* (Præfat. *pag.* 2.) PHILON, Juif, remarque, que *Tibére* eut l'Empire de la Terre & de la Mer pendant 23. ans: [Greek illegible] &c. De Legat. ad Cajum, *pag.* 1012. C. *Edit. Paris.*) Il attribue le même empire à *Caligula*, Successeur de *Tibére*: [Greek illegible] &c. (Ibid. *pag.* 993. C.) JOSEPH, l'Historien Juif, appelle *Vespasien*, Seigneur de la Terre & de la Mer: [Greek illegible] (De Bell. Jud. *Lib.* III. *Cap.* XXVII. *in Græc.* XIV. *in Lat.*) ARISTIDE donne le même éloge à *Marc Antonin*, en divers endroits. [Voiez, par exemple, *Orat.* IX. pag. 119. Tom. I.] PROCOPE raconte, qu'il y avoit des Statuës de l'Empereur, dans lesquelles il étoit représenté tenant d'une main le Monde, pour donner à entendre, que toute la Terre & toute la Mer étoient sous sa domination: [Greek illegible] (*De Ædific. Justinian.* Cap. II. *de*

fût contraire à l'usage du Droit des Gens, dont je viens de parler. Les *Athéniens* aiant laissé passer par leur Mer les *Lacédémoniens*, ennemis des *Argiens*, ceux-ci s'en plaignirent, comme d'une infraction du Traité, par lequel il étoit convenu entr'eux, (2) *qu'aucun des deux Peuples ne laisseroit passer les Ennemis de l'autre par les lieux de sa dépendance.* Et dans la Trêve d'un an, qui se fit pendant la Guerre du *Peloponnése*, il est permis aux *Mégariens* (3) *de faire voile librement par toutes les Mers qui dépendoient de leurs terres, ou de celles de leurs Alliez.* DION CASSIUS (4) dit, que *Pompée le Grand* avoit pacifié *toutes les Mers qui étoient du ressort de l'Empire Romain.* (5) THEMISTIUS & (6) OPPIEN, parlant de l'Empereur Romain, disent, qu'*il tenoit soûmises à ses Loix la Terre & la Mer.* Et DION *de Pruse*, dans un endroit où il étale les privileges accordez à la Ville de *Tarse* par l'Empereur *Auguste*, rapporte entr'autres celui (7) *d'avoir la Jurisdiction sur le Fleuve du* Cydne, *& sur la Mer voisine.* VIRGILE (8) représente les *Romains* comme *maîtres absolus & de la Terre & de la Mer.* AULU-GELLE cite un passage de SALLUSTE, où cet Historien disoit, que le *Nil* est le plus grand de tous les Fleuves (9) qui se déchargent *dans les Mers dépendantes de l'Empire Romain.* STRABON remarque, (10) qu'on voioit à *Marseille* plusieurs dépouilles remportées dans diverses Batailles navales, *sur ceux qui disputoient injustement au Peuple de cette Ville l'empire de la Mer.* Le même Auteur nous apprend, (11) que

Augustae.) *Constantin Monomaque*, Empereur d'*Orient*, est appellé Maître & Seigneur de la Terre & de la Mer.

Γῆς καὶ θαλάσσης κύριος καὶ δεσπότης.

(JOANN. Episcop. *in Euchait.* pag. 51.)

Et la *Mer Egée* est mise au rang des Provinces de l'Empire Romain (dans CONSTANTIN *Porphyrogenn.* Lib. I. *Themat.* XVII.) Les anciens *Francs* commandoient à la Mer de *Marseille* & des environs; au rapport de PROCOPE, *Hist. Goth.* Lib. III. (Cap. 33.) Dans la Lettre de l'Empereur LOUIS II. à *Basile*, Empereur d'Orient (*apud* GOLDAST. *Constit. Imperial.* Tom. I. pag. 118.) il est fait mention d'un Patricien de *Venise*, nommé *Nicétas*, qui étoit maître de la *Mer Hadriatique*: *Hadriatici freti servator.* Voiez aussi, touchant le domaine de la République de *Venise*, PARUTA, Lib. VII. & l'Histoire particuliére des USCOQUES. Les bornes du Roiaume de *Suéde* sont au milieu du Détroit d'*Oresund*; à ce que dit JEAN MAGNUS, *Hist. metropolit. seu Episcop. & Archiepiscop. Upsal.* Cap. XV. Ajoûtez à tout cela, les Jurisconsultes Modernes, sur les DECRETALES, *in VI.* Lib. I. Tit. VI. *De Electione* &c. Cap. III. BARTOLE, ANGELUS, FELINUS, sur *Lib.* V. Tit. VI. *De Judaeis*, Cap. XVII. BALDUS, sur le Titre du DIGESTE, *de rerum divisione*, col. 2. AFFLICTUS, sur le Titre, *Quae sint Regalia*, FEUD. Lib. II. Tit. LVI. CACHERANUS, *Decis. Pedemont.* CLV. *num.* 4. où il dit, après BALDE, que ce droit est établi par tout le Monde: enfin, ALBERIC GENTIL. *Advocat. Hispan.* Lib. I. Cap. 8. GROTIUS.

Ces autoritez se trouvent presque toutes dans le *Mare clausum* de SELDEN, qui en apporte un bien plus grand nombre, auxquelles même on en pourroit ajoûter plusieurs autres, comme il paroit par l'échantillon qu'en donne Mr. DE BYNCKERSHOEK, dans sa Dissertation *de Dominio Maris*, Cap. VIII. Mais le dernier Jurisconsulte rejette avec raison la distinction que fait ici nôtre Auteur entre la *Jurisdiction* & la *Propriété* de la Mer. Il remarque (*Cap.* IV. pag. 26, *& seqq.*) que, tant qu'on n'aura pas prouvé par de bonnes raisons (il s'en faut bien que celles de nôtre Auteur soient telles) que la Mer de sa nature n'est point susceptible de Propriété, rien n'empêche qu'on ne dise, qu'en s'emparant de la Mer, on aquiert le même droit qu'en s'emparant des autres choses. A la vérité, ajoûte-t-il, la *Jurisdiction* & la *Propriété* sont distinctes par rapport aux biens renfermez dans les terres d'un Etat, de la maniére que l'explique SENEQUE, *de Benefic.* Lib. VII. Capp. IV. V. (Voiez ci-dessus, §. 4. *Note* 3.) mais, par rapport à la Mer, c'est une seule & même chose; à moins qu'on ne veuille dire, que tous ceux qui passent par une Mer, dont quelcun s'est emparé, dépendent de lui: & en ce cas-là même ce ne seroit pas à cause de la Mer, la dépendance devroit venir d'ailleurs, puis qu'on suppose que le Maître de la Mer n'y a aucun droit de Propriété. Si plusieurs, après s'être emparez en même tems d'une Mer, avoient établi un d'entr'eux pour commander aux autres, la Propriété alors seroit distincte de la Jurisdiction. Mais n'y aiant point & n'y aiant jamais eu de tel établissement, celui qui commande à une Mer, & celui qui en est véritablement Propriétaire, est le même. De sorte que quiconque est Maître d'une Mer peut, comme les Propriétaires de toute autre chose, vendre cette Mer, la troquer, la donner, en un mot en disposer de toute autre maniére, comme bon lui semble. Bien entendu qu'il ne transfére pas plus de droit, qu'il n'en a luimême, c'est-à-dire, que ceux qui aquerront de lui une telle Mer ne conserveront leur Propriété, qu'autant qu'ils conserveront la Possession. Voiez ce que l'on a dit sur PUFENDORF, *Droit de la Nat. & des Gens*, Liv. IV. Chap. V. §. 8. *Note* 6.

(2) Ἀργεῖοι δ' ἐλθόντες παρ' Ἀθηναίους, ἐπεκάλουν ὅτι γεγραμμένον ἐν ταῖς σπονδαῖς, διὰ τῆς ἑαυτῶν ἑκάστους μὴ ἐᾶν πολεμίους διιέναι, ἐάσειαν κατὰ θάλασσαν παραπλεῦσαι. THUCYDID. Lib. V. Cap. LVI. *Ed. Oxon.*

(3) Καὶ τῇ θαλάσσῃ χρωμένους [Μεγαρέας], ὅσα ἂν κατὰ τὴν ἑαυτῶν καὶ κατὰ τὴν ξυμμαχίαν. Idem, *Lib.* IV. *Cap.* CXVIII.

(4) Τήν τε θάλασσαν τὴν τῶν Ῥωμαίων πᾶσαν ἡμερώσας [ὁ Πομπήϊος] ἐν αὐτῇ ἐκείνῃ διέλυσε. Lib. XLVI. pag. 211. A. *Ed. H. Steph.*

(5) Τὴν γῆν καὶ θάλασσαν ὑπήκοον ἔχων.

(6) ——— Σοὶ μὲν γὰρ ὑπὸ σκηπτροῖσι θάλασσα
Εἱλεῖται, καὶ φῦλα Ποσειδάωνος ἀνάλκων.
Halieutic. *Lib.* III. *v.* 4, 5.

(7) Ἐξουσίαν τοῦ ποταμοῦ, καὶ τῆς θαλάττης τῆς κατ' αὐτήν,

que la Ville de *Sinope*, dans le *Pont*, commandoit à tout cet espace de Mer qui est entre les Iles ou Rochers des *Cyanées*.

2. Or la Jurisdiction sur quelque partie de la Mer, s'aquiert, à mon avis, comme toutes les autres sortes de Jurisdiction, c'est-à-dire, ainsi, que je l'ai remarqué (b) ci-dessus, & à l'égard des personnes, & à l'égard du Territoire. A l'égard des personnes, comme quand (12) une Flotte, qui est une Armée maritime, se tient dans quelque endroit de la Mer. A l'égard du Territoire, entant que ceux qui font voile sur les côtes d'un Païs peuvent être contraints de dessus terre, car alors c'est tout de même que s'ils étoient abordez. (b) §. 4. num. 2.

§. XIV. C'est pourquoi, quand on se charge de rendre la navigation assûrée, & d'aider les Voiageurs sur mer, en tenant des feux allumez la nuit, & mettant des balises pour marquer les Bancs de sable; on peut, sans rien faire contre le Droit Naturel ni contre le Droit des Gens, lever sur les Vaisseaux un péage (1) raisonnable, tel qu'étoit celui que les *Romains* exigeoient autrefois (2) dans la *Mer Rouge*, pour se dédommager des frais d'une Armée Navale qu'ils y entretenoient, contre les Pirates. Les *Byzantins* (3) se faisoient paier quelque chose aux Vaisseaux qui alloient dans le *Pont Euxin*; comme les *Athéniens* (4) l'avoient pratiqué autrefois sur la même Mer, lors qu'ils se furent rendus maîtres de *Chrysopolis*, vis-à-vis de *Byzance*. Les derniers levoient aussi un

[illegible]. Orat. II. *ad Tarsenses*, §. XXXIV.

(8) *Hinc fore ductores revocato à sanguine* Teucri,
Qui mare, qui terras, omni ditione tenerent.
Æneid. *Lib.* I. *v.* 235, 236.

(9) *Omnium fluminum, quæ in maria, quà Imperium Romanum est, fluunt, quam Græci* [illegible] *appellant, maximum esse* Nilum *consentitur: proxima magnitudine esse* Histrum *scripsit* Sallustius. Noct. Attic. Lib. X. Cap. VII.

(10) [illegible] Geograph. *Lib.* IV. pag. 172. C. *Edit. Amst.* (180. *Paris.*)

(11) [illegible] Lib. XII. pag. 581. A. (845. *Paris.*)

(12) C'est-à-dire, quand un Prince ou un Peuple tient une Flotte toûjours sur pié dans un certain endroit de la Mer, à dessein de s'en emparer. Mr. de Bynckershoek, (*De Dominio Maris*, Cap. IX.) tire avantage de cet aveu contre nôtre Auteur. Si avec une petite Flotte, (dit-il) on peut s'emparer d'une petite partie de la Mer, pourquoi est-ce qu'avec une plus grande Flotte, on ne pourroit pas s'emparer d'une plus grande partie de la Mer, & enfin avec plusieurs Flottes de toute la *Mer Méditerranée*, comme firent autrefois les *Romains*?

§. XIV. (1) Les *Rhodiens* exigeoient autrefois un impôt des Iles, jusqu'au *Phare* d'*Alexandrie*; comme il paroît par ce que dit Ammien Marcellin, Lib. XXII. (Cap. XVI. pag. 371. *Edit. Vales. Gron.*) César remarque, au sujet des anciens Peuples de *Vannes*, qu'encore que leur Mer soit fort impetueuse & toute ouverte, & qu'ils n'y eussent que peu de Ports, ils tiroient tribut de presque tous ceux qui navigeoient dans cette Mer: *Et in magno impetu maris, atque aperto, paucis portubus interjectis, quos tenent ipsi* [Veneti] *omnes ferè, qui eodem mari uti consueverunt, habent vectigales.* (De Bello Gall. *Lib.* III. *Cap.* VIII.) Florus dit, qu'après la prémiére Guerre Punique, le Peuple Romain étoit outré de voir qu'on lui eût ôté la Mer, pris ses Iles, & imposé des tributs qu'il avoit lui-même accoûtumé d'exiger des autres: *Urebat nobilem Populum ablatum mare, capta insula, dare tributa, quæ jubere consueverat.* (Lib. II. Cap. VI. *num.* 2.) Pline, *Hist. Natur.* Lib. VI. Cap. XXII. parle d'un certain *Annius Plocamus*, qui avoit affermé le peage de la *Mer Rouge*. *Id accidit hoc modo: Annii Plocami, qui Maris Rubri vectigal à Fisco redemerat, libertus circa Arabiam navigans* &c. Et dans le Chap. suivant, où il traite de la navigation dans les *Indes*, il dit qu'à cause des Pirates, on embarque des Compagnies d'Archers sur les Vaisseaux qui partent tous les ans: *Deinde compendia invenit Mercator, lucroque India admota est. Quippe omnibus annis navigatur, sagittariorum cohortibus impositis: etenim Piratæ maximè infestant.* (Pag. 310. *Edit. Elzevir.*) A l'égard de la quantité du peage, voiez de beaux discours là-dessus dans Camden, Vie d'*Elizabeth*, sur l'année 1582. & 1602. Grotius.

(2) Dans toutes les Editions, il y a ici en marge: Strabon, Lib. XVII. & Pline, *Hist. Natur.* Lib. XIX. Cap. IV. Le prémier passage se trouve *pag.* 1149. C. *Edit. Amstel.* (798. *Paris.*) Mais pour l'autre, il n'y a rien de semblable; & nôtre Auteur avoit eu sans doute dans l'esprit les passages de Pline, qu'il a depuis citez dans la *Note* précedente.

(3) Herodien parle de ce péage qu'exigeoient les *Byzantins*, dans l'histoire de l'Empereur *Sévére* (Lib. III. Cap. I. *num.* 11. *Edit. Boecler.*) Procope & dans son Histoire Publique, & dans son *Histoire secréte*, (Cap. XXV.) fait mention de l'ancien péage levé sur l'*Hellespont*; aussi bien que du nouveau, établi à l'entrée du *Pont Euxin*, & dans le Détroit de *Byzance*. Theophane nous apprend qu'on levoit le péage de *Byzance* dans l'endroit où est l'Eglise de *Blaquernes*; & à *Abydos*, celui de l'*Hellespont*. Agathias, *Lib.* V. appelle le dernier, l'impôt du dixiéme ([illegible]) Mais l'Impératrice *Irene* le diminua depuis. *Emanuel Comnéne* donna à quelques Monastéres des revenus maritimes, [illegible], comme le témoigne Theodore Balsamon, *in Concil. Chalcedon.* Can. IV. & in *Can.* XII. Synod. VII. Grotius.

(4) C'est au *Livre* V. de son Histoire, *Cap.* XLIV.

(5)

un tribut (5) dans l'*Hellespont*; & les *Romains* en uférent de même du tems de (a) PROCOPE.

(a) *In Arcana Hist.* Cap. 25.

§. XV. 1. QUELQUEFOIS un Peuple s'engage envers un autre Peuple, à ne pas faire voile au delà de certains endroits de la Mer; & on trouve dans l'Histoire divers exemples de ces sortes de Traitez. Il étoit convenu entre (1) les *Egyptiens*, & les Rois qui avoient des Terres sur les bords de la *Mer Rouge*, qu'aucun Vaisseau de Guerre Egyptien ne viendroit dans cette Mer, & qu'il n'y pourroit venir qu'un seul Vaisseau Marchand à la fois. Un Traité fait entre les *Athéniens* & les *Perses*, (2) du tems de *Cimon*, portoit, qu'aucun Vaisseau de guerre Médois ne feroit voile dans toute l'étenduë de Mer qui est entre les *Iles Cyanées* & les *Iles Chélidoniennes*: & après la Bataille de *Salamine*, (3) on régla cet espace depuis les *Iles Cyanées* jusqu'à la Ville de *Phasélis*. Dans la Trêve d'un an, faite pendant la Guerre du *Peloponnése*, il y avoit un (3) article, en vertu duquel les *Lacédémoniens* ne pouvoient point envoier sur mer de Vaisseaux de Guerre, ni d'autres Vaisseaux du port de plus de vint tonneaux. Dans le prémier Traité, que les (5) *Romains* firent avec les *Carthaginois*, immédiatement après avoir chassé les Rois, il fût dit, que (6) les *Romains*, ni leurs Alliez, ... ne feroient point voile au delà du *Cap-beau*, à moins qu'ils n'y fussent jettez par la tempête, ou

(5) Il dit là même, que les *Athéniens*, en prenant possession de *Byzance*, devinrent maîtres de l'*Hellespont*: Οἱ Βυζάντιον παραδόντες Θρασυβούλῳ, κυρίους ὑμᾶς ἐποίησαν τοῦ Ἑλλησπόντου, ὥστε τὴν δεκάτην ἀποδόσθαι. Orat. adversus Leptinem, (*pag.* 369. A.) Sur quoi le Scholiaste ULPIEN remarque, que les Vaisseaux Marchands paioient là aux *Athéniens* un dixiéme de la valeur des Marchandises; & que les *Athéniens* vendoient ce péage: Δεκάτην ἐκ τῶν φορτίων τῶν ἐμπόρων τοῦ Ἑλλησπόντου ἐλάμβανον ἐπώλουν δὲ τὰ τέλη, καὶ ἐποίουν χρημάτων εὐπορεῖν τὴν πόλιν. (Pag. 134. C. Tom. II. *Opp. Demosth. & Æschin.* Edit. Basil. 1562. GROTIUS.

Voiez aussi XENOPHON, *Hist. Græc.* Lib. IV. Cap. VIII. §. 27, 31. *Edit. Oxon.*

§. XV. (1) PHILOSTRATE, que nôtre Auteur cite en marge, ne parle que du Roi *Erythras*, qui étoit, dit-il, en ce tems-là maître de la Mer Rouge: Θεσμὸς γὰρ παλαιὸς περὶ τὴν Ἐρυθρὰν ὄντα, ὃν βασιλεὺς Ἐρύθρας ἐνόμισεν, ὅτε τῆς θαλάττης ἐκείνης ἦρχε, μακρῷ μὲν πλοίῳ μὴ ἐσπλεῖν ἐς αὐτὴν Αἰγυπτίους, στρογγύλῃ δὲ καὶ μιᾷ νηὶ χρῆσθαι &c. Vit. Apollon. Tyan. *Lib.* III. *Cap.* XXXV. *Edit. Lipf. Olear.*

(2) C'est ce fameux Traité de paix, comme le qualifie PLUTARQUE, dans lequel il y avoit aussi un article portant, que les *Perses* ne s'approcheroient pas de la Mer, plus près qu'à la distance d'une course de Cheval, c'est-à-dire, de XL. stades: [Τοῦτο τὸ ἔργον οὕτως ἐταπείνωσε τὴν γνώμην τοῦ Βασιλέως, ὥστε συνθέσθαι τὴν περιβόητον εἰρήνην ἐκείνην, ἵππου μὲν δρόμον ἀεὶ τῆς Ἑλληνικῆς ἀπέχειν θαλάσσης, ἔνδον δὲ Κυανέων καὶ Χελιδονίων μακρῷ νηὶ καὶ χαλκεμβόλῳ μὴ πλεῖν. Pag. 486., 487. Tom. I. *Edit. Wech.* in Vit. Cimon.] Voiez DIODORE *de Sicile*, Lib. XI. (Cap. LXI.) ISOCRATE fait aussi mention de ce Traité, dans son *Oraison Panathénaïque* (pag. 244. E. *Edit. H. Steph.*) GROTIUS.

Cette *course de Cheval* (Ἵππου δρόμος) est une Journée de Cheval, ou le chemin que peut faire un Cheval en l'espace d'un Jour. Cela paroît par un passage d'ARISTIDE, que nôtre Auteur cite en marge: Ἡ μὲν γὰρ τῆς πόλεως [Ἀθήνας εἰρήνη] ἐπέταττε τῷ Βασιλεῖ. . . ἐ γὰρ ἐᾶ πλεῖν εἴσω Χελιδονίων καὶ Κυανέων. εἰ δὲ ἐπὶ τῷ ἵππῳ μέγα φρονεῖ, οὐδὲν μᾶλλον ἐπιτρέπει ἄχρι θαλάττης, ἀλλ' αὐτῆς, φησί, τῆς ἵππου δρόμον ἡμέρας τῆς θαλάττης ἀποσχέσθαι. Orat. Panathen. *pag.* 294. B. Tom. I. *Ed. Paul. Steph.* Voiez aussi la Harangue à la louange de *Rome*, *pag.* 349. où il y a, ἵππου δρόμος ἡμερήσιος ἐπὶ θάλατταν. Je puis ajoûter encore ici l'autorité d'un autre Orateur Grec, beaucoup plus ancien; c'est DEMOSTHENE, dans un endroit où il parle de *Callias*, qui fut député de la part des *Athéniens*, pour conclurre *ce fameux Traité de Paix*: Καλλίαν τὸν Ἱππονίκου, τὴν ταύτην τὴν ὑπὸ πάντων θρυλλουμένην εἰρήνην πρεσβεύσαντα, ἵππου μὲν δρόμον ἡμέρας πεζῇ μὴ καταβαίνειν ἐπὶ τὴν θάλατταν Βασιλέα· ἐντὸς δὲ Χελιδονίων καὶ Κυανέων, πλοίῳ μακρῷ μὴ πλεῖν. Orat. de falsa legat. *pag.* 287. A. *Edit. Basil.* 1572. Je suis fort trompé, si PLUTARQUE n'a eu dans l'esprit précisément ce passage. Pour ce qui est de l'espace de chemin, nôtre Auteur se trompe, de le borner à quarante Stades, qui ne feroient qu'une lieuë & deux tiers, en comptant trois mille pas pour une lieuë; car on sait que le *Stade* étoit de cent vingt cinq pas. PLUTARQUE, comme l'a remarqué JAQUES PAUMIER *de Grentesmenil*, explique lui-même ce que l'on entendoit alors par une Journée de Cheval, lors qu'il dit, sur la fin de la Vie de *Cimon*, que, tant que ce Général eut le commandement, il n'y eut ni Messager, ni Cheval, des *Persans*, qui osât descendre vers la Mer plus près que de quatre cens Stades, c'est-à-dire, de seize lieuës & deux tiers: Ὧν [Περσῶν] οὐδὲ γραμματοφόρος κατέβαινεν, οὐδ' ἵππος, περὶ θάλασσαν, τετρακοσίων σταδίων ἐντὸς, ὤφθη, στρατηγοῦντος Κίμωνος. Pag. 491. C. Qu'il me soit permis de remarquer, à cette occasion, une méprise, que je trouve dans un Traité, d'ailleurs très-utile, de feu Mr. EISENSCHMID, *De Ponderibus & Mensuris Veterum* &c. imprimé à *Strasbourg*, en 1708. Cet habile homme, *Sect.* III. *Cap.* III. pag. 113. confond Ἱππικὸς δρόμος avec ce que PLUTARQUE appelle ailleurs Ἱππικὸν simplement (*Vit. Solon.* pag. 91. C.) & qu'il dit être de *quatre Stades*, ou cinq cens pas. Mais c'est l'espace que parcourt un Cheval, en courant aussi vîte qu'il peut dans une Carriére; & ce ne peut être, comme on voit, une Journée de chemin.

(3) Le nouveau Traité, dont parle ici nôtre Auteur, est un Traité chimérique, comme le remarque le Savant GRONOVIUS. Il ne s'en fit aucun, après la Bataille de *Salamine*, qui fut bien tôt suivie de celles de *Platées*, & de *Mycale*. D'ailleurs la chose même fait voir, qu'il n'y a aucune différence entre ces deux prétendus articles de Paix: car les *Iles Chélidoniennes* sont trois Iles situées dans la Mer de *Pamphylie*, vis-à-vis de

ou par la nécessité de fuïr un Ennemi supérieur en forces: on ajoûtoit, que ceux qui auroient été ainsi forcez de passer ces limites, ne prendroient rien que ce qui leur seroit absolument nécessaire, & qu'ils remettroient à la voile au cinquiéme jour. Le second Traité entre les mêmes Peuples portoit, (7) que les *Romains* n'iroient point faire de courses, ni négocier, au delà du *Cap-beau*, de *Mastie*, & de *Tarseïe*. Les *Romains* eux-mêmes exigérent des *Illyriens*, dans un Traité de Paix, (a) qu'ils ne passeroient pas la Ville de *Lisse* avec plus de deux Fregates, non-armées: Et du Roi *Antiochus* que ses Vaisseaux demeureroient en deça du Promontoire de *Calycadne* & de celui de *Sarpédon*; (8) à moins qu'ils ne fussent obligez d'aller plus loin pour porter le tribut qu'il devoit donner, ou bien des Ambassadeurs, ou des Otages.

(a) *Appian. in Illyr. pag.* 760. *Ed. H. Steph.*

2. Mais tout cela ne prouve pas, que ceux qui bornoient ainsi la navigation de quelque autre Peuple, se fussent emparez de la Mer, ou du droit d'y naviger. Car les Peuples peuvent, aussi bien que les Particuliers, (9) se relâcher, en faveur de quelcun qui y trouve son intérêt, non seulement des droits qu'ils ont en propre, mais encore de ceux qui leur sont communs avec tous les Hommes. Et alors il faut dire, comme le Jurisconsulte Ulpien, (10) au sujet de la vente d'une Terre, faite à condition que l'Acheteur ne pêcheroit point au Thon, au préjudice du Vendeur. Qu'à la vérité on n'a-

de la Ville de *Phaselide*; de sorte que c'est précisément le même espace de Mer. Je ne comprens pas ce qui peut avoir donné lieu à nôtre Auteur de multiplier ainsi les êtres sans nécessité; car, dans la prémiére Edition, il y a simplement: *Ne qua navis Medica armata extra Cyaneas navigaret.*

(4) Λακεδαιμονίους καὶ τοὺς ξυμμάχους πλεῖν μὴ μακρᾷ νηΐ, ἄλλῳ δὲ κωπήρει πλοίῳ, ἐς πεντακόσια τάλαντα ἄγοντι μέτρα. Thucydid. Lib. IV. Cap. CXVIII.

(5) Μὴ πλεῖν Ῥωμαίους, μήτε τοὺς Ῥωμαίων συμμάχους, ἐπέκεινα τοῦ Καλοῦ Ἀκρωτηρίου, ἐὰν μὴ ὑπὸ χειμῶνος ἢ πολεμίων ἀναγκασθῶσιν· ἐὰν δέ τις βίᾳ κατενεχθῇ, μὴ ἐξέστω αὐτῷ μηδὲν ἀγοράζειν, μηδὲ λαμβάνειν μηδὲν πλὴν ὅσα πρὸς πλοίου ἐπισκευὴν, ἢ πρὸς ἱερά. ἐν πέντε ἡμέραις δὲ ἀποτρεχέτωσαν οἱ κατενεχθέντες. Polyb. Lib. III. Cap. XXII.

(6) Le Grammairien Servius remarque, que, par ce Traité, ni les *Romains* ne pouvoient aborder sur les côtes des *Carthaginois*, ni les *Carthaginois* sur celles des *Romains*: Litora litoribus contraria]. *Aut quia in fœdere cautum fuit, ut neque* Romani *ad litora* Carthaginiensium *accederent, neque* Carthaginienses *ad litora* Romanorum &c. In Æneid. *Lib.* IV. (*v.* 628.) Les *Romains* firent un semblable Traité avec les *Tarentins*, par lequel ils s'engageoient à ne point envoier de Vaisseau au delà du Cap de *Lacinium*: Μὴ πλεῖν Ῥωμαίους πέραν Λακινίας ἄκρας. Excerpt. Legat. ex Appiano. Les *Carthaginois*, lors qu'ils trouvoient quelque Vaisseau étranger vers l'île de *Sardaigne*, ou les *Colomnes d'Hercule*, en faisoient noier l'équipage: Καρχηδονίους δὲ καταποντοῦν, εἴ τις τῶν ξένων εἰς Σαρδὼ παραπλεύσειεν, ἢ ἐπὶ Στήλας. Strabo Geograph. *Lib.* XVII. pag. 1154. C. *Ed. Amst.* (802. Paris.) Grotius.

(7) Τοῦ Καλοῦ Ἀκρωτηρίου, Μαστίας, Ταρσηΐου, μὴ λῄζεσθαι ἐπέκεινα Ῥωμαίους, μηδ' ἐμπορεύεσθαι. (Polyb. Hist. *Lib.* III. *Cap.* XXII.) Ce Traité portoit aussi, que les *Romains* ne pourroient aborder en *Sardaigne*, ou en *Afrique*, à moins que ce ne fût pour se pourvoir de vivres, ou pour radouber leurs Vaisseaux: [Ἐν Σαρδόνι καὶ Λιβύῃ μηδεὶς Ῥωμαίων. . . . εἰ μὴ ἕως τοῦ ἐφόδια λαβεῖν, ἢ πλοῖον ἐπισκευάσασθαι. Ibid. *Cap.* XXIV.] Après la *troisiéme Guerre Punique*, on se plaignit du Sénat de *Carthage*, de ce que, contre le Traité, il préparoit des Vaisseaux & une Armée Navale. *Epitome* Livii, Lib. XLVIII. & XLIX. Un article du Traité de Paix avec *Antiochus*, lui défendoit d'avoir plus de douze Vaisseaux de Guerre, [pour tenir dans l'obéïssance ses Sujets] Ναῦς δὲ καταφράκτους δώδεκα ἔχειν μόνας, αἷς εἰς τοὺς ὑπηκόους πολέμου κατάρξει. Appian. De Bell. Syriac. (*pag.* 181. *Ed. Amst.* 112. *H. Steph.*) Le Sultan d'*Egypte* obtint des *Grecs*, par accord, qu'il pût tous les ans envoier deux Vaisseaux au delà du *Bosphore*: Nicephor. Gregor. Lib. IV. Les *Vénitiens* prétendent, qu'en vertu des Traitez, aucun Vaisseau de guerre, ne peut entrer dans leur Golfe: Voiez De Thou, *Lib.* LXXX. sur l'an 1584. (pag. 200. a. *Edit. Francof.*) Grotius.

Nôtre Auteur, dans toutes les Editions, avoit laissé *Massiam*, pour *Mastiam*: de même que, dans la période suivante, *Lessum*, pour *Lissum*. Il y a dans Polybe, ἔξω τοῦ Λίσσου, Lib. II. Cap. XII. & c'est de là que nôtre Auteur a pris l'article du Traité conclu avec les *Illyriens*; quoi qu'en marge il cite seulement Appien *d'Aléxandrie*, qui rapporte la chose un peu autrement. Au reste, pour le dire en passant, ces deux Villes, *Mastia* & *Tarseïum*, ont été oubliées dans la Géographie Ancienne de Cellarius: on peut y suppléer en consultant Bochart, *Phaleg.* Lib. III. Cap. VII.

(8) *Neve navigato* [Antiochus] *citra* Calycadnum, *neve* Sarpedonem, *promontoria: extra quàm si qua navis pecuniam, stipendium, aut legatos, aut obsides, portabit.* Tit. Liv. Lib. XXXVIII. Cap. XXXVIII. *num.* 9.

(9) Cela est vrai: mais rien n'empêche aussi que, quand on fait des Traitez comme ceux dont il s'agit, on n'ait dessein de s'assûrer par là la propriété de quelque Mer, & d'obliger les autres à la reconnoître. Mr. Vitriarius, dans son Abrégé de nôtre Auteur, *Lib.* II. Cap. III. §. 18. prétend, que, si celui qui fait un tel Traité étoit déja maître de la Mer dont il veut que l'autre s'éloigne, il ne seroit pas nécessaire de stipuler une telle clause. Mais il ne s'est pas souvenu de ce qu'il établit lui-même, après nôtre Auteur, *Lib.* II. Cap. XV. qu'il y a des Traitez qui roulent sur des choses déja dûës, même par le Droit Naturel.

(10) *Venditor fundi* Geroniani, *fundo* Botrojano, *quem retinebat, legem dederat*, ne contra eum piscatio thynnaria exerceretur. *Quamvis mari, quod natura omnibus patet, servitus imponi privata lege non potest: quia tamen bona fides contractûs, legem servari venditionis ex-* [pe-]

n'a point pû rendre la Mer sujette à une Servitude, mais que cependant la bonne foi demande qu'on se soûmette à la clause du Contract: qu'ainsi l'Aquéreur, & ceux qui succédent à ses droits, sont personnellement obligez à observer une telle clause.

§. XVI. 1. VOILA ce que nous avions à dire sur la Mer. Pour ce qui est des RIVIERES, il est bon d'examiner, si lors qu'elles *changent leur cours*, elles changent en même tems les bornes de la Jurisdiction des Etats? & si *ce qu'une Riviére ajoûte à ses bords*, accroît au Territoire du Peuple qui est de ce côté-là? Cela produit souvent, entre les Peuples voisins, des contestations, qui doivent être décidées par la nature & la maniére de l'aquisition qu'on a faite des Terres situées près des Riviéres.

2. Les Auteurs, qui ont écrit *des bornes des Terres*, nous apprennent, (1) qu'il y a trois sortes de *Terres*, savoir 1. Celles qui sont *divisées & assignées*, que le Jurisconsulte (2) FLORENTIN appelle *limitées*, (3) parce qu'elles ont pour bornes, des limites faites de main d'Homme. 2. Celles qui sont (4) *assignées en gros*, ou renfermées dans une certaine mesure, c'est-à-dire, dans un (5) certain nombre d'arpens, ou de cen-

poscit: persona possidentium, aut in jus eorum succedentium, per stipulationis vel venditionis legem obligantur. Lib. VIII. Tit. IV. *communia prædiorum* &c. Leg. XIII. *princ.*

§. XVI. (1) Nôtre Auteur cite en marge FRONTIN, dont voici les paroles: *Agrorum qualitates sunt tres. Una, agri divisi & adsignati: altera, mensurâ per extremitates comprehensi: tertia, arcifinii, qui nullâ mensurâ continetur.* De Agrorum qualitatibus, *pag.* 38. *Edit. Goes.*

(2) *In agris limitatis jus alluvionis locum non habere constat.* Digest. XLI. Tit. I. *De adquirendo rerum dominio*, Leg. XVI.

(3) GRONOVIUS, & le Savant Editeur des Auteurs *Rei Agrariæ*, feu Mr. GOES, critiquent ici nôtre Auteur, comme n'aiant pas bien compris la nature de ces trois sortes de Terres, & la différence qu'y mettoient les anciens *Romains*. Il n'est pas vrai, dit-on, que les *Terres limitées* fussent ainsi appellées, parce que, dans leur étenduë extérieure elles étoient environnées de limites faites de main d'Homme; mais parce que toute leur étenduë, & extérieure, & intérieure, étoit coupée & divisée par des limites, qui distinguoient les arpens ou les centaines d'arpens, dont on devoit faire la repartition entre chacun de ceux à qui on distribuoit ces Terres. De reste, ces sortes de Terres pouvoient être bornées par une Riviére, & en ce cas-là les portions assignées à tels ou tels s'étendoient quelquefois jusqu'à la Riviére, qui leur servoit de limites. Voiez AGGENUS URBICUS, *de controversiis agrorum*, pag. 70. Je remarque néanmoins, que nôtre Auteur a eu ici une espéce de garant de la maniére dont il explique la raison pourquoi les *Terres limitées* étoient ainsi appellées; c'est le même AGGENUS URBICUS, qui vient d'être cité: car il entend par *Limites*, tout ce qui est fait de main d'Homme dans une Terre, pour en déterminer les bornes: *Limes ergo est quodcunque in agro operâ manuum factum est, ad observationem finium.* Commentar. *pag.* 46. Il est vrai que Mr. GOES prétend que cet Ouvrage ou n'est pas de celui dont il porte le nom, ou a été gâté par un grand nombre de choses fausses & absurdes, que quelque autre y a mêlées. Mais il est certain pourtant, que les Terres dont il s'agit avoient pour l'ordinaire quelques limites extérieures, faites de main d'homme, qui déterminoient jusqu'où elles devoient s'étendre; & cela suffit pour le but de nôtre Auteur, qui d'ailleurs n'ignoroit pas, à mon avis, que l'étenduë intérieure étoit divisée par des limites, aussi bien que l'extérieure.

(4) C'étoient celles, que l'on donnoit en gros à une Ville ou à un Peuple, sans les partager; en sorte qu'elles appartenoient au Public, & non à aucun Particulier: *Ager est mensurâ comprehensus, cujus modus universus Civitati est adsignatus, sicut in* Lusitania Salmanticensibus, *aut in* Hispania *citeriore* Palantinis, *& compluribus Provinciis, quibus tributarium solum per universitatem Populis est definitum.* FRONTIN. pag. 38. Aussi étoitce des fonds publics que les impôts se paioient, & non pas des biens de chaque Particulier. Voiez les Notes de Mr. GOES, pag. 153, & 192.

(5) *Per centurias ac jugera.* Un Arpent, *Jugerum*, contenoit 120 pieds de largeur, & 240 de longueur. *Centuria* renfermoit deux cens, ou deux cens cinquante Arpens; & on nommoit cet espace une *Centaine*, parce qu'il y en avoit pour cent personnes; car on ne donnoit pas moins de deux Arpens par personne. Ainsi on a raison de dire, que la mesure d'arpens & de centaines d'arpens ne convient point aux Terres, dont il s'agit, qui n'étoient mesurées que par les extrémitez. Ici encore je trouve que nôtre Auteur a été trompé par le Commentaire d'AGGENUS URBICUS sur FRONTIN: car il y est dit expressément, que quelques-uns appelloient *Centuria*, cette mesure faite par les extrémitez, *Nam quidam* Centuriam *volunt intelligi mensuram dictam per extremitatem comprehensam.* Pag. 45. Je m'imagine que nôtre Auteur concevoit, qu'encore que les Terres, dont il s'agit, n'eussent point de limites qui les divisassent & les entrecoupassent; cependant, pour déterminer la mesure de leurs extrémitez, il falloit mesurer en quelque façon toute leur étenduë. Un passage de FRONTIN peut lui avoir fait naitre cette idée: car il y est dit, qu'en plusieurs endroits les Mesureurs, quoi qu'ils mesurassent par les extrémitez les *Terres assignées en gros*, en dressoient néanmoins le plan, comme si c'eussent été des *Terres limitées*: *Hunc agrum* [mensurâ comprehensum] *multis locis Mensores, quamvis extremum mensurâ comprehenderint, in formam, in modum limitatorum, condiderunt.* Pag. 38. Mais, quelle que soit l'erreur de nôtre Auteur, il suffit, par rapport à son but que les deux prémiéres sortes de Terres, qu'il distingue, soient opposées à la derniére, en ce qu'elles ont des bornes fixes. Et Mr. GOES convient que l'Empereur ANTONIN LE PIEUX, qui, par une Constitution, dont il est fait mention DIGEST. *De adq. rer. dom.* Lib. XLI. Tit. I. Leg. XVI. refusoit les Alluvions aux Propriétaires des *Terres limitées*, les auroit refusées aussi à un Peuple, par rapport aux Terres qui lui avoient été don-

centaines d'arpens. 3. Enfin, les *Terres arcifinies*, ainsi nommées, selon VARRON, (6) parce qu'elles sont environnées de bornes propres à empêcher les courses des Ennemis, c'est-à-dire, (7) de limites naturelles, comme les Riviéres & les Montagnes. AGGENUS URBICUS appelle les derniéres, (8) des *Terres à occuper*, parce que le plus souvent celles dont on s'empare, ou comme vacantes, on par droit de Guerre, sont de telle nature.

3. A l'egard des deux prémiéres sortes de Terres, le changement du cours d'une Riviére ne (9) change rien au Territoire; & ce qui est ajoûté par l'Alluvion, est au prémier occupant.

4. Mais pour ce qui est des *Terres arcifinies*, la Riviére, en changeant peu à peu son cours, change aussi les bornes du Territoire, (a) & tout ce qu'elle ajoûte d'un côté, reléve de celui qui a là ses Terres; parce que les deux Peuples, entre lesquels la Riviére coule, sont censez avoir pris (10) originairement le milieu de la Riviére pour borne naturelle de leurs Jurisdictions. TACITE décrivant le païs des *Usipiens* & des *Tenchtériens*, dit, (11) qu'ils sont le long du *Rhein*, qui *commence là à avoir un lit fixe, & pro-*

(a) Voiez *Jeann. Andr.* & les autres que cite *Reinking*, Lib. I. Class. V. Cap. I.

données en gros, s'il eût été consulté là-dessus; quoi que les Jurisconsultes aient décidé autrement. Sa raison est, *quoniam hujus agri* [per universitatem adsignati] *extremitates etiam certa sunt & definita, quibus comprehenditur. . . . Et quid refert quòd interiùs nunc limitibus sit distinctus, alter non item, quum exterior facies nihil discrepet?* Not. pag. 198. Je remarquerai pourtant une autre méprise de nôtre Auteur, dont on lui a fait grace; c'est dans une petite Note sur cet endroit, où, pour donner un exemple des *Terres renfermées dans une certaine mesure*, il renvoie à SERVIUS, sur la IX. Eclogue de VIRGILE. Or il s'agit là certainement de *Terres limitées*, puis qu'il s'agit de celles qu'on prit aux *Mantouans*, pour suppléer à ce qui manquoit au territoire de *Crémone*, qu'*Auguste* fit distribuer à ses Soldats. Voiez ce Commentateur ancien, sur le vers 7. & 28.

(6) *Nam ager arcifinius, sicut ait* VARRO, *ab arcendis hostibus est adpellatus.* FRONTIN. pag. 38. Mais SICULUS FLACCUS dit, que ces Terres furent ainsi appellées, parce que chacun s'en approprioit tout autant qu'il pouvoit ou qu'il esperoit de pouvoir cultiver, & éloignoit ainsi ceux qui pouvoient lui être voisins: *Deinde terra non tantum occupaverunt, quod colere potuissent, sed quantum in spe colendi reservavere. Hi ergo agri* occupatorii *dicuntur: arcendo enim vicinos, hanc adpellationem finxit quisque. . . . Ut quisque virtute colendi occupavit; arcendo vicinum*, arcifinalem *dixit.* Pag. 3. L'étymologie, que donne GRONOVIUS, me paroit plus naturelle; & elle revient à la même chose pour le fond. Il la tire *ab arcendis finibus*; c'est-à-dire, de ce que ces sortes de Terres n'avoient point de bornes fixes, & déterminées par quelque mesure. C'est aussi, à mon avis, l'idée qu'attache nôtre Auteur aux *Terres arcifinies*: & s'il parle de bornes naturelles, c'est parce qu'ordinairement on ne s'avise pas de mesurer en aucune maniére les Terres auxquelles on donne de telles bornes. Il est vrai que, comme le remarque Mr. GOES, après FRONTIN, les bornes des *Terres arcifinies* étoient quelquefois faites de main d'homme; & que même, dans la suite, les contestations qui survenoient entre les voisins obligérent à en limiter l'étenduë par quelque mesure. Mais il suffit qu'originairement ces sortes de Terres fussent par elles-mêmes illimitées.

(7) TACITE dit, que la *Germanie* est separée du païs des *Sarmates* & des *Daces*, ou par la crainte que ces Peuples ont les uns des autres, ou par des Montagnes: *A Sarmatis Dacisque, mutuo metu, aut montibus, separatur* [Germania.] De moribus German. *Cap.* I. *num.* 1. PLINE, parlant des *Alpes*, dit qu'on transporte ce qui avoit été établi pour servir de bornes entre les païs des différentes Nations: EVEHIMUS *ea, quæ separandis gentibus pro terminis constituta erant.* Hist. Natur. Lib. XXXVI. (Cap. I.) GROTIUS.

Je suis fort trompé si, dans le passage de PLINE, le prémier mot n'est corrompu, mais en sorte qu'il est très-facile de le rétablir. Il s'agit des Pierres, & sur tout des Marbres, que l'on coupoit dans les Montagnes: & l'Historien les représente comme de *bornes* naturelles, qu'on auroit dû respecter. Ainsi il me semble qu'au lieu d'*evehimus*, on doit lire, *evellimus*; & traduire ainsi: *Nous arrachons les bornes que la Nature avoit plantées, pour séparer les Peuples.* Chacun voit, combien aisément les Copistes ont pû mettre un de ces termes pour l'autre. Il est vrai que le mot *evehimus* peut faire ici un bon sens: mais l'autre est sans doute plus à propos; & d'ailleurs il sauve une repétition qu'il y auroit dans les paroles suivantes: *Navesque marmorum caussâ fiunt, ac per fluctus . . . huc illucque* PORTANTUR *juga montium &c.* Au reste, il n'y a point de terme plus propre pour marquer l'enlévement des bornes, que celui d'*evellere*, ou *revellere*, comme parle HORACE:

Quid quòd usque proximos
Revellis agri terminos . . .
Lib. II. Od. XVIII. vers. 24.

(8) *Hic & occupatorius ager dicitur, eo quòd in tempore occupatus est à victore populo, territis exinde fugatisque hostibus.* Pag. 45. Ed. Goes.

(9) Parce que leur étenduë & leurs bornes sont fixes & déterminées. Voiez PUFENDORF Liv. IV. Chap. VIII. §. 11. du *Droit de la Nat. & des Gens.*

(10) Voiez-en un exemple dans MARIANA, *Hist. Hisp.* Lib. XXIX. Cap. 21. au sujet de la Riviére de *Vedasp*, (nommée aujourdhui *Bidassoa.*) GROTIUS.

(11) *Proximi Cattis, certum jam alveo* Rhenum, *quique terminus esse sufficiat*, Usipii *ac* Tencteri *colunt.* De morib. German. (*Cap.* XXXII. *num.* 1.) SPARTIEN nous apprend, que l'Empereur *Hadrien* fit planter de gros pieux, liez les uns aux autres comme une espéce de muraille, en plusieurs endroits des frontiéres de l'Empire Romain, où il n'y avoit point de Riviére qui le séparât d'avec les païs des Barbares: *Per ea tempora, & alias frequenter, in plurimis locis, in quibus Barbari non fluminibus, sed limitibus, dividuntur, stipitibus magnis, in modum muralis sepis, funditus jactis atque con-*

propre à servir de limites. DIODORE *de Sicile* (12) rapporte une dispute qu'il y eut entre ceux d'*Egeste* & ceux de *Sélinonte*, dont *la Riviére séparoit les païs.* XENOPHON (13) parlant d'un tel Fleuve, l'appelle simplement LE BORNEUR. Le Fleuve *Achéloüs*, comme nous l'aprenons des Anciens, avoit au commencement un cours fort inconstant: tantôt il se divisoit en plusieurs branches, tantôt il alloit en tournoiant; d'où
(b) *Strab.* Lib. X. pag. 703. *Ed. Amst.* (458. *Ed. Paris.*) vient que la Fable nous le représente sous la forme d'un Taureau & d'un Serpent. (b) Par là il fournit pendant long tems matiére de guerre aux *Acarnaniens* & aux *Etoliens*, au sujet des Terres situées sur ses bords; jusqu'à ce qu'enfin *Hercule* y fit des chaussées: dequoi *Oenée*, Roi d'*Etolie*, lui eut tant d'obligation, qu'il lui donna en mariage sa Fille.

§. XVII. 1. MAIS ce que je viens de dire des *Terres arcifinies*, n'a lieu que quand la Riviére ne change pas tout-à-fait de lit. Car une Riviére, qui sépare deux Jurisdictions, n'est pas considérée simplement comme un amas d'Eau, mais comme une Eau qui coule dans un certain canal, & qui est environnée de certains bords. C'est pourquoi les accroissemens, les diminutions, & les autres changemens des parties, qui laissent (1) subsister le Tout dans son ancienne forme, n'empêchent pas que la Riviére ne soit regardée comme la même. Mais si la forme du Tout change en même tems, ce sera une autre chose: & par conséquent, comme il se forme un nouveau Fleuve, lors qu'en faisant des digues du côté de la source d'une Riviére, on détourne ses Eaux dans un Canal fait à la main; de même, si une (2) Riviére abandonne son ancien lit, ce sera une autre Riviére. De sorte que, comme le milieu du lit voisin desséché demeureroit la borne commune des deux Jurisdictions, si les eaux de la Riviére étoient venuës à tarir; parce que l'on doit présumer que l'intention des Peuples a bien été de prendre la Riviére pour borne naturelle de leurs Etats, mais en sorte que, si elle cessoit d'être Riviére, chacun gardât alors ce qu'il tient: il faut dire la même chose du
(a) Voiez Digest. Lib. XLIII. Tit. XX. *De aqua quotid. & æstiva*, Leg. III. §. 2. cas où le lit de la Riviére (a) est changé.

2. Or, dans un doute, on présume que les Terres qui se trouvent le long d'une Riviére sont *arcifinies*; parce qu'il n'y a rien de plus propre à distinguer les Jurisdictions, que

connexis, Barbaros separavit. Vit. Hadr. (Cap. XII.) CONSTANTIN *Porphyrogennite* appelle le Fleuve du *Phase* [illegible], c'est-à-dire, qui sert de limites. Cap. XLV. GROTIUS.

(12) Ποταμοῦ τὴν χώραν τῶν διαφερομένων πόλεων ὁρίζοντος. Lib. XII. Cap. 82. pag. 328. *Ed. H. Steph.*

(13) C'est en parlant d'une Riviere, qu'il ne nomme pas, qui se jettoit dans une autre, dont il ne dit pas non plus le nom. La prémiére séparoit le païs des *Macrons* d'avec celui des *Scythiniens*: Καὶ ἐξ ἀριστερᾶς ἄλλον ποταμὸν, εἰς ὃν ἐνέβαλλεν ὁ ὁρίζων. De Expedit. Cyri, *Lib.* IV. *Cap.* VIII. §. 1. *Edit. Oxon.*

§. XVII. (1) Voiez une Loi du DIGESTE, que nôtre Auteur cite ici en marge, & qui sera rapportée ailleurs, *Chap.* IX. de ce Livre, §. 3. *Note* 3.

(2) Comme fit autrefois le Fleuve de *Bardane* (ou plûtôt *Vardare*) au rapport d'ANNE COMNENE, *Hist.* Lib. I. (Cap. V.) GROTIUS.

(3) *Darius* appelloit le *Tigre* & l'*Euphrate*, deux puissans boulevards de son Roiaume: *Magna munimenta regni* Tigris *atque* Euphrates *erant.* Q. CURT. Lib. IV. Cap. XIV. *num.* 10.

§. XVIII. (1) C'est ainsi que les ROMAINS, comme le remarque GRONOVIUS, étoient seuls maîtres du *Rhein*, du *Danube*, & autres Fleuves: parce que, les Barbares qui habitoient de l'autre côté le long de ces Fleuves, n'aiant point de Batteaux; les *Romains* y en tenoient toûjours, qu'ils appelloient *Lusoria naves.* Voiez SAUMAISE, sur VOPISQUE, *Vit. Benosi*, Cap. XV.

§. XIX. (1) Voiez PUFENDORF, *Liv.* IV. *Chap.* VI. §. 12. du *Droit de la Nat. & des Gens.*

(2) Quand on meurt sans laisser aucun Héritier. C'est là-dessus qu'est fondé un passage de JUSTIN, que le Savant GRONOVIUS cite ici à propos. *Imilcon*, Général des *Carthaginois*, aiant perdu son armée par la peste, en *Sicile*, au milieu des regrets qu'il faisoit, après son retour à *Carthage*, se consoloit de ce que les Ennemis avoient pillé son Camp, par la raison que ce n'étoient pas les dépouilles d'un Ennemi vaincu, mais des biens dont les Maîtres étant morts les avoient laissez au prémier occupant: *Prædam, quam velliti à se castris abstulerint* (hostes,) *non esse talem, quam velut spolium victi hostis ostentent; sed quam, possessione vacuâ, fortuitis dominorum mortibus, sicuti caduca, occupaverint.* Lib. XIX. Cap. III. *num.* 6.

(3) C'est au Livre I. Chap. I. §. 6.

(4) En voici un exemple. Les anciens *Germains* s'emparoient en commun, par Villages, d'autant de Terres qu'ils pouvoient en cultiver tous ensemble: ensuite ils les partageoient, selon la condition de chacun. *Agri, pro numero cultorum, ab universis, per vicos* [c'est ainsi qu'il faut lire, au lieu de *vices*] *occupantur, quos mox inter se, secundùm dignationem, partiuntur.* German. (Cap. XXVI.) GROTIUS.

(5) Voiez sur PUFENDORF, *Droit de la Nat. & des Gens*, Liv. IV. Chap. VIII. §. 12. *Note* 4.

(6) Il en est traité dans PUFENDORF, *Liv.* IV. *Chap.* VIII. §. 1.

(7)

que (3) ce qui est de telle nature, qu'on ne peut pas le passer facilement. Il n'arrive guéres que ces sortes de Terres soient limitées, ou renfermées dans une certaine mesure: & quand cela a lieu, ce n'est pas tant par une suite de l'aquisition originaire qu'en vertu d'une concession d'autrui.

§. XVIII. MAIS, quoi que, dans un doute, les Jurisdictions de deux Peuples voisins s'étendent de part & d'autre jusqu'au milieu de la Riviére qui les sépare, comme nous venons de le dire; rien n'empêche néanmoins, que la Riviére ne puisse être toute entiére à celui qui est d'un côté, comme nous le voions effectivement en quelques endroits; parce que celui qui se trouve de l'autre côté ne s'est emparé que tard du païs, & lors que la Riviére (1) étoit déja occupée; ou parce que cela a été ainsi réglé par quelque Traité.

§. XIX. 1. AVANT que de finir la matiére de ce Chapitre, il est bon encore de remarquer, que l'on doit regarder aussi comme une Aquisition primitive, celle qu'on fait des choses qui ont bien eu un maître, (1) mais qui n'en ont plus; soit parce qu'elles ont été abandonnées, ou qu'il ne reste plus personne de ceux qui pouvoient y avoir (2) un droit de Propriété: car alors elles rentrent dans l'état où étoient au commencement toutes choses.

2. Mais il faut remarquer en même tems, que l'aquisition primitive d'un Païs s'est faite quelquefois de telle maniére par un Peuple, ou par le Chef du Peuple, que non seulement la Jurisdiction, qui renferme ce droit supérieur, dont nous avons (3) parlé ailleurs, mais encore la Propriété, pleine & entiére, étoit aquise d'abord généralement (4) au Peuple, ou à son Chef; & qu'ensuite on assignoit des Terres à chacun, en telle sorte néanmoins que la Propriété des Particuliers demeuroit dépendante de cette Propriété antérieure, sinon comme (5) le droit d'un *Vassal* dépend du droit de son *Seigneur*, ou celui d'un (6) *Emphytéote* du droit du *Bailleur à emphytéose*, du moins de quelque autre maniére moins considérable, telles que sont plusieurs sortes de (7) *droits sur la chose*, au nombre desquels il faut mettre le droit d'une personne qui attend un (8) Fidéicommis établi en sa faveur sous certaine condition. SENEQUE soutient, (9) qu'*encore*

(7) *Jus in rem*, ou plûtôt *in re*, comme on parle ordinairement, par opposition au *Jus ad rem*: Distinction des Interprêtes Scholastiques du Droit Romain, touchant laquelle on peut voir ce que j'ai dit sur PUFENDORF, *Liv.* IV. *Chap.* IX. §. 8. *Note* 2. en y joignant le Commentaire de Mr. NOODT sur la I. Partie du DIGESTE, pag. 60, 61.

On met au nombre des Droits *in rem*, le droit d'un *Propriétaire* sur *son bien*; celui d'un Créancier sur le *Gage* qu'il a en main; les droits de *Servitude* sur les *biens d'autrui*; le droit de *Possession*; celui d'un *Héritier*. Mais tous les Docteurs ne conviennent pas, que le pénultiéme de ces Droits, ou celui de *Possession*, doive être mis en ce rang, selon les idées de l'ancienne Jurisprudence. Voiez les belles Notes du célebre Mr. SCHULTING sur la *Jurisprudentia Ante-Justinian.* pag. 428.

(8) *Et liberum est, vel purè, vel sub conditione, relinquere fideicommissum, vel ex die certo.* INSTITUT. Lib. II. Cap. XXIII. *De fideicommissariis hereditatibus*, §. 2. On critique ici nôtre Auteur, comme aiant rapporté mal-à-propos au *Droit sur la chose*, entendu de la maniére qu'il fait ici, selon les idées des Scholastiques, le droit de celui qui attend un fidéicommis, établi sous une certaine condition. Par le Droit Civil, dit-on, un Legs fait sous condition n'est aquis au Légataire, que quand la condition est accomplie par l'événement. Jusques-là le Légataire n'est point censé Créancier: (Voiez DIGEST. Lib. XLIV. Tit. VII. *De Obligat. & Action.* Leg. 42. & là-dessus CUJAS, dans ses Leçons Publiques, Tom. VIII. *Opp. Edit. Fabrot.* pag. 409.) & s'il vient à mourir avant l'accomplissement de la condition, il ne transmet pas même aucune espérance à ses Successeurs. A plus forte raison en doit-il être de même d'un Héritier Fidéicommissaire, tant que la condition est pendante. Comme il n'aquiert encore rien, il n'a ni un *droit sur la chose*, ni même un *droit à la chose*: ce n'est qu'une vaine espérance, dont il se repait. Voilà qui est bien, selon les principes de la Jurisprudence Romaine. Mais, à considérer la simplicité de la Jurisprudence Naturelle, quoi que le droit d'une telle personne n'ait aucun effet, & qu'il puisse n'en avoir jamais, par rapport à l'aquisition actuelle de la chose; il n'en est pas moins réel, & ne tombe pas moins sur la chose. Preuve de cela, c'est que celui qui est chargé du Fidéicommis ne peut point disposer du bien à sa fantaisie, jusqu'à ce que la condition ait manqué entiérement.

(9) *Non est argumentum, ideo aliquid tuum non esse, quia vendere non potes, quia consumere, quia mutare in deterius aut melius. Tuum enim est, etiam quod sub lege certa tuum est.* De Benefic. *Lib.* VII. *Cap.* XII. Le Philosophe dit un peu plus haut, qu'il y a des choses qui n'appartiennent à quelcun que sous certaines conditions, *Quaedam quorumdam sub certa conditione sunt.* GROTIUS.

Nôtre Auteur citoit le dernier passage, comme étant du *Liv.* VIII. *Chap.* XII. du Traité *de Benefic.* Or on sait que ce Traité n'a que sept Livres. A l'égard de

core qu'on ne puisse ni vendre une chose, ni la consumer, ni la gâter, ni l'améliorer, il ne s'ensuit pas qu'elle ne soit point à nous: car, ajoûte-t-il, *ce qui ne nous appartient que sous certaines conditions, ne laisse pas d'être nôtre.* Selon DION *de Pruse*, (10) *il y a plusieurs maniéres, & très-différentes, dont les choses sont dites être à chacun; en sorte que quelquefois celui à qui elles sont ne peut ni les vendre, ni en disposer à sa fantaisie.* STRABON dit de quelcun, (11) *qu'il étoit le maître de ce qu'il possédoit, à la reserve du pouvoir de le vendre.*

3. Lors que la Propriété des Particuliers dépend de la Propriété générale de l'Etat, de la maniére que je viens de le dire, ce qui n'a point de Maître particulier n'est pas pour cela au prémier occupant, mais il retourne à (12) tout le Corps, ou au Maître supérieur. Les Loix Civiles même peuvent, sans que cette raison ait lieu, établir un droit semblable, comme nous (13) avons déja commencé de le remarquer.

CHAPITRE IV.

De l'ABANDONNEMENT présumé, en vertu duquel on s'empare d'une chose; & de la différence qu'il y a entre le droit de propriété qu'on aquiert par là, & le droit d'USUCAPION ou de PRESCRIPTION.

I. L'USUCAPION *ou la* PRESCRIPTION, *proprement ainsi nommée, n'a pas lieu entre les différens Peuples, ou leurs Conducteurs; & pourquoi cela.* II. *La longue possession est néanmoins un titre, qu'ils allèguent souvent les uns contre les autres.* III.

de la chose même, voiez ci-dessus, *Liv. I. Chap.* III. §. 16. *Note* 5.

(10) [illegible] Orat. Rhod.

(11) [illegible] Lib. XII. pag. 558. Ed. *Casaub.* Paris.

(12) On peut recueillir de ce qui est dit à la fin du second Livre de l'*Odyssée* d'HOMERE, que les biens d'un homme, qui mouroit sans enfans, parvenoient au Peuple. Et c'est ainsi qu'EUSTATHE explique un endroit de l'*Iliade*, Lib. V. où le Poëte dit, que *ceux qui gouvernoient la Ville partagerent les biens* d'une telle personne:

—— [illegible]

(Vers. 158.)

Car il entend par ces [illegible], un Magistrat, qui administroit les biens de ceux qui mouroient sans enfans. Les Histoires nous apprennent, qu'on pratiquoit autrefois quelque chose de semblable dans le Roiaume de *Mexique.* GROTIUS.

L'endroit de l'*Odyssée*, dont nôtre Auteur veut parler, est apparemment celui où un des Galants de *Pénélope* dit, que, si *Télémaque*, Fils d'*Ulysse*, venoit à périr sur mer, comme son Pére, ils partageroient ses biens; & ils laisseroient seulement la Maison à sa Mére, & à celui qui l'épouseroit:

[illegible]

Vers. 335, 336. Voiez aussi le vers. 368. Mais je ne voi pas qu'on puisse bien sûrement fonder là-dessus ce que nôtre Auteur en infére. Et il est beaucoup plus vraisemblable, qu'*Homére* insinue seulement, comme Madame DACIER l'a remarqué, que les Poursuivans de *Pénélope* étoient convenus, que, s'ils pouvoient être défaits de *Télémaque*, ils partageroient entr'eux tous ses biens par égales portions, afin que ceux que *Pénélope* n'auroit pas choisis, eussent quelque sorte de consolation. A l'égard du passage de l'*Iliade*, voici le fait. Il s'agit d'un Vieillard Troien, nommé *Phénops*, qui n'avoit que deux Fils. *Diomède* les tua, & *ainsi*, dit le Poëte, *il laissa à leur Pére un grand sujet de deuil & d'affliction.* Après quoi suivent les paroles dont il est question. Le mot de [illegible] ne signifie clairement dans aucun Auteur Grec, que nous sachions, ces sortes de Magistrats dont parle EUSTATHE, & qui ont bien la mine d'être de sa façon. POLLUX & HESYCHIUS expliquent ce mot des *Parens éloignez*, qui succédoient à un Pére ainsi *privé* d'Enfans. Il est vrai que Madame DACIER veut, que ce ne soit qu'après le tems d'*Homere* qu'on a entendu par [illegible] *les Collatéraux qui recueillent la succession:* mais elle devoit prouver auparavant que c'est d'eux qu'*Homére* parle; & elle n'en a d'autre garant que l'Archevêque de *Thessalonique.* Voici sa traduction, où elle aide beaucoup à la lettre: *Dans une affliction & dans un deuil, qu'augmentoit encore la douleur de voir des Curateurs s'emparer de sa succession, pour la conserver à des Collatéraux éloignez, qui la dévoroient déja des yeux, & auxquels elle n'étoit pas* destiz-

III. Examen *du fondement de cette raison. Les conjectures, sur lesquelles on peut raisonnablement présumer une certaine volonté de quelque Homme, ne se tirent pas seulement des paroles:* IV. *Mais encore des actions:* V. *Et même de ce que l'on ne fait pas.* VI. *Comment c'est que le tems, joint au défaut de la possession & au silence, donne lieu de conjecturer qu'on a renoncé tacitement à son droit.* VII. *Qu'un tems immémorial suffit ordinairement, pour fonder une telle conjecture. Et ce qu'il faut entendre par ce tems.* VIII. *Réponse à une objection tirée, de ce qu'il n'y a personne dont on doive présumer, qu'il veuille jetter son bien.* IX. *Qu'indépendamment même des conjectures d'un abandonnement tacite, une possession de tems immémorial semble transporter au Possesseur la propriété, par le Droit des Gens.* X. *Si ceux qui ne sont pas encore nez, peuvent perdre leur droit de cette manière?* XI. *Que la Souveraineté même est aquise à un Peuple, ou à un Roi, par la longueur de la possession.* XII. *Si les Loix Civiles touchant l'Usucapion & la Prescription sont obligatoires par rapport au Souverain?* XIII. *Que les droits de la Souveraineté, qui en peuvent être separez, ou qui sont de nature à être communiquez, peuvent s'aquérir & se perdre par l'Usucapion ou la Prescription.* XIV. *Réfutation de ceux qui croient, que les Sujets peuvent toûjours se remettre en possession de leur liberté.* XV. *Que les droits, qui consistent dans un simple pouvoir de faire telle ou telle chose, ne se perdent jamais par prescription. Explication de cette maxime.*

§. I. 1. IL SE présente ici (1) une grande difficulté touchant le droit de PRESCRIPTION. Ce droit étant établi par les Loix Civiles (car le Tems de sa nature n'a aucune vertu pour produire quoi que ce soit: rien ne se fait par le Tems, quoi que tout se fasse dans le Tems) ce droit, dis-je, étant établi par les Loix Civiles, ne peut avoir lieu, à ce que croit (a) VASQUEZ, entre deux Peuples libres, ou deux Rois, ni entre un Peuple libre, & un Roi; ni même entre un Roi, & un Particulier, qui n'est pas de ses Sujets; ni entre (2) deux Sujets de deux Rois ou de deux Peuples differens. Et il sem-

(a) *Controv. Illustr.* Lib. II. Cap. LI. *num.* 28.

destinée. Elle suppose là, que, du vivant même d'un homme qui mouroit sans enfans, ces prétendus Curateurs s'emparoient de l'administration de son bien. Mais où a-t-elle trouvé cela? Il paroît clairement, par un passage d'HESIODE tout semblable, que ce dont il s'agit, ne se passoit qu'après la mort de celui qui n'avoit point de lignée.

——— Ὁ δ' αὖ βίοτον ἐπιδευὴς
Ζώει, ἀποφθιμένου δὲ διὰ κτῆσιν δατέονται
Χηρωσταὶ ——— ——— ——— ———
Theogon. *vers.* 605, *& seqq.*

Il est vrai que cette Dame veut que χηρωσταὶ soient ici *les Collatéraux mêmes qui recueilloient la succession.* Mais en vertu dequoi explique-t-elle dans un sens différent ce passage où il s'agit visiblement de la même chose, & qui est d'un Poëte ou contemporain, ou du moins fort proche du tems auquel l'autre a vécu? Et quelle apparence, qu'on n'attendît pas la mort d'un homme qui n'avoit point d'Enfans, & qu'on lui ôtât l'administration de ses biens, pour en assûrer la succession à des Parens éloignez? La vérité est, que le passage d'*Homére* n'est pas assez clair pour prouver, ni ce que Madame DACIER y trouve, ni ce que nôtre Auteur en conclut. Je ne nie pourtant pas, que dès-lors même les biens vacans ne pussent être regardez comme devant revenir au Public. Il est certain que, depuis long tems, les Souverains se sont attribuez le droit de s'approprier de tels biens, avec le consentement des Peuples.

(13) Voiez le Chapitre précedent, §. 4, 5.

CHAP. IV. §. I. (1) Comme nôtre Auteur, dans le dernier paragraphe du Chapitre précedent, a mis au rang des choses qui s'aquiérent par droit de prémier occupant, celles qui sont abandonnées de leur Maître; il examine, à cette occasion, le droit de Prescription, que l'on fonde sur un abandonnement tacite. Au reste, selon l'ancien Droit Romain, il y avoit cette différence principale entre l'*Usucapion* & la *Prescription*, que celui qui aquéroit une chose par droit d'*Usucapion*, aquéroit en même tems le droit de la réclamer par tout où il la trouvoit: au lieu que la *Prescription* servoit seulement à éluder la demande de l'ancien Maître, & ne fournissoit aucun moien de recouvrer la possession, quand on l'avoit une fois perduë. On peut voir les Interprêtes, & sur tout JANUS A COSTA, sur le Titre des INSTITUTES *De Usucapionibus* &c. Lib. II. Tit. VI. De reste, on trouvera bien des choses sur cette matiére, dans PUFENDORF, Liv. IV. Chap. XII. §. 1. & *suiv.* du grand Ouvrage *Du Droit de la Nat. & des Gens.*

(2) Une des Loix des XII. TABLES portoit, que l'on conserve éternellement son droit de Propriété, contre un Possesseur étranger: [Hostis *enim apud majores nostros is dicebatur, quem nunc* peregrinum *dicimus. Indicant* DUODECIM TABULÆ: Aut status dies cum hoste. *Itemque:* Adversus hostem æterna auctoritas. CICER. *de Offic.* Lib. I. Cap. XII.] GROTIUS.

(3)

semble d'abord, que cela doit être (3) ainsi, excepté entant (4) que la chose ou l'acte dépendent des Loix du païs.

2. Cependant si on admet un tel principe, il en résultera un très-grand inconvénient, c'est qu'il n'y aura jamais de fin aux disputes touchant les Roiaumes, ou leurs limitez; ce qui est non seulement une source d'inquiétudes, de troubles, & de guerres, parmi les Hommes, mais encore une maxime contraire au sentiment (5) commun des Peuples.

(a) Juges, XI, 14. & suiv.

§. II. En effet, nous voions dans l'Histoire Sainte, que (a) quand le Roi des *Hammonites* voulut revendiquer quelques terres situées entre les torrens d'*Arnon* & de *Jabbok*, & depuis les déserts d'*Arabie* jusqu'au *Jourdain*; *Jephté* lui opposa une possession de trois cens ans, & lui demanda pourquoi lui & ses Prédécesseurs avoient tant tardé à faire valoir leur droit. Isocrate introduit les *Lacédémoniens* posant (1) pour maxime très-certaine, & reconnuë de (2) toutes les Nations, que la possession où est un Etat de quelque chose qui appartenoit à autrui, aussi bien que celle des Particuliers, étant continuée pendant un long espace de tems, s'affermit tellement par là, qu'on ne peut leur ôter ce qu'ils ont aquis de cette maniére, comme étant devenu leur patrimoine: & les *Lacédémoniens* se servent de la même raison, pour détruire les prétensions de ceux qui redemandoient *Messéne*. *Philippe II.* Roi de *Macédoine*, alléguoit le même titre, lors qu'il disoit à *Titus Quintius*, Consul Romain, (3) *qu'il vouloit bien évacuer les Villes qu'il avoit prises, mais que pour celles qu'il tenoit de ses Ancêtres par une possession légitime & héréditaire, il n'avoit garde de les abandonner.* *Sulpicius*, Ambassadeur Romain, parlant contre *Antiochus*, Roi de *Syrie*, (4) soûtient qu'il étoit injuste à lui de prétendre, sous prétexte qu'autrefois les Peuples Grecs d'*Asie* avoient été sous la domination de ses Ancêtres, qu'il fût en droit de les ranger à son obéïssance, après tant de siécles qui s'étoient écoulez depuis qu'ils avoient recouvré leur

(3) C'est-à-dire, si l'on suppose que le droit de Prescription est uniquement fondé sur la volonté des Législateurs, & qu'il n'y a rien dans le Droit de la Nature & des Gens, qui puisse l'autoriser. De plus, encore même qu'il ait quelque fondement dans les principes d'un Droit commun à tous les Hommes & à tous les Peuples; la détermination précise du tems de la Prescription, qui est plus long en certains païs, & en d'autres plus court, ne sert de régle qu'aux Sujets d'un même Etat.

(4) Quand même la Prescription seroit purement de Droit Civil, cela n'empêcheroit pas que, si quelcun du païs avoit possédé pendant le tems réglé par les Loix, un bien ou un droit qui apartenoit à un Etranger; cet Etranger ne fût débouté en Justice, quand il viendroit le reclamer après ce tems-là: par la même raison qu'il seroit exclus d'une Hérédité, si les Loix ne permettoient pas que les biens du païs passassent aux Etrangers par testament ou abintestat. Voilà quelle est la pensée de nôtre Auteur qui paroît d'abord assez obscure.

(5) Voici de quelle maniére Pierre du Puy réfutoit cela, dans une Dissertation où il prétendoit prouver, *que la Prescription n'a pas lieu entre Princes Souverains.* " Ceux qui ont dit, que l'opinion négative répugnoit au Sens commun de toutes les Nations, semble que difficilement ils pourroient répondre à ce consentement universel de tous les Rois & Princes Souverains, qui n'ont jamais rabattu d'aucun point de leurs anciennes prétensions: aucuns même ont retenu les titres des Royaumes & Seigneuries prétendues, les autres, les armes & les titres ensemble; les autres, les armes seulement; sans jouïr néanmoins d'un seul pouce de terre de leurs prétensions." Après quoi, cet Auteur étale un grand nombre d'exemples, qu'il n'est pas nécessaire de rapporter. Feu Mr. Werlhof, Professeur à *Helmstadt*, dont j'ai parlé sur Pufendorf (*Droit de la Nat. & des Gens*, Liv. IV. Chap. XII. §. 11. *Note* 1. de la 2. Edition) répond judicieusement, 1. Que si, en gardant ainsi les titres ou les armes d'un Roiaume, dont on n'est plus en possession depuis long tems, on a véritablement dessein de conserver son droit, c'est une espéce de protestation que l'on fait, qui empêche la prescription: & qu'ainsi, bien loin que cela prouve que les Rois & les Princes regardent la Prescription comme n'aiant pas lieu entr'eux, on a tout lieu d'en inferer qu'ils sont persuadez du contraire, puis qu'autrement il ne seroit pas nécessaire qu'ils s'empressassent si fort à interrompre, entant qu'en eux est, la possession de fait du Détenteur. 2. Mais souvent la coûtume & la vanité ont beaucoup de part à ce soin de retenir les titres ou les armes d'un Roiaume, dont on abandonne la possession. De sorte que cela ne peut être censé interrompre la possession, ni donner aucune atteinte au droit du Possesseur, quand il y a d'ailleurs d'autres actes & d'autres circonstances suffisantes pour présumer le délaissement. *Vindicia Gratiani dogmatis, de Praescriptione inter Gentes liberas* &c. §. 47.

§. II. (1) [illegible] Orat. Archidam. pag. 121. A. Ed. H. Steph. Nôtre Auteur citoit ensuite, dans le Texte de toutes les Editions, cet autre passage, comme étant du même Isocrate, *Orat. ad Philippum*: [illegible] Mais il est de Denys d'Ha-

leur liberté. TACITE (5) fait regarder comme une *impertinence*, la maniére d'agir de ceux qui ressuscitent de (6) vieilles prétensions: & DIODORE *de Sicile* (7) traite cela de *chansons & de sornettes. Est-il juste*, disoit (8) CICERON, *qu'après une possession de plusieurs années, ou même de plusieurs siécles, celui qui avoit un Fonds en soit dépouillé, & celui qui ne l'a point eu pendant tout ce tems-là en devienne maître?*

§. III. 1. QUE dirons-nous là-dessus? Voici, à mon avis, les principes qu'il faut poser.

2. Les effets de droit, qui dépendent de la volonté de quelcun, ne peuvent pourtant pas avoir lieu en conséquence d'un simple acte de l'Ame: il faut que cet acte intérieur soit manifesté par quelque indice extérieur. (1) Un Homme ne sauroit connoître ce qui se passe dans le cœur d'un autre, que par des signes extérieurs: ainsi il ne seroit pas conforme à nôtre nature, d'attribuer quelque effet de droit aux simples actes de l'Ame; & c'est pour cela aussi que les (2) mouvemens purement internes ne sont pas de la jurisdiction des Loix Humaines.

3. Mais de tous les signes par lesquels on découvre les pensées & les mouvemens de l'Ame, il n'y en a aucun qui soit accompagné d'une certitude Mathématique: la persuasion qu'ils produisent, ne va jamais au delà de la probabilité. On peut dire autre chose qu'on ne veut & qu'on ne pense: on peut aussi composer ses actions d'une maniére à faire entendre par là autre chose que ce qu'on a dans l'esprit. Cependant, comme la constitution de la Société Humaine ne permet pas que les actes de l'Ame suffisamment manifestez demeurent sans effet; tout ce qu'on a donné à connoître par des signes suffisans, passe pour la véritable pensée & la vraie intention de celui qui a emploié ces signes. Tant pis pour lui, (3) s'il donne le change.

§. IV. 1. CE que je viens de dire ne souffre pas de difficulté, quand il s'agit des *paro-*

d'Halicarnasse, dans l'endroit de son *Jugement sur Isocrate*, où il donne le précis de la Harangue faite sous le nom d'*Archidamus*; Cap. IX. *pag.* 155. *Tom.* II. *Ed. Oxon.*

(2) *Louïs de Gonzague*, Duc de *Nevers*, raisonnoit sur le même principe. Voiez DE THOU, *Lib.* LIX. sur l'année 1574. GROTIUS.

(3) Philippus *aliam aliarum civitatum conditionem esse respondit: quas ipse cepisset, eas liberaturum. Quæ sibi tradita à majoribus essent, earum hereditariâ ac justâ possessione non excessurum.* TIT. LIV. Lib. XXXII. Cap. X. *num.* 4.

(4) *Nam si, quià aliquando servierunt, temporum iniquitate pressi, jus, post tot secula, adserendi eos in servitutem facit; quid abest, quin actum nobis nihil sit, quòd à* Philippo *liberavimus* Græciam, *& repetant posteri ejus* Corinthum, Chalcidem, Demetriadem, *&* Thessalorum *totam gentem?* Idem, *Lib.* XXXV. *Cap.* XVI. *num.* 10.

(5) C'est en parlant d'*Artaban*, Roi des *Parthes*, qui vouloit ravoir les païs possedez ou conquis par *Cyrus* & *Alexandre*: *Missis qui gazam à* Vonone *relictam* in Suria Ciliciaque *reposcerent, simul veteres* Persarum *ac* Macedonum *terminos: seque invasurum possessa* Cyro, *& post* Alexandro, *per vaniloquentiam ac minas jaciebat.* Annal. Lib. VI. Cap. XXXI. *num.* 1.

(6) C'est ce que les *Grecs* appellent, par allusion à un fait de l'Histoire d'*Athénes*, aller rechercher ce qui étoit avant *Euclide*, τὰ πρὸ Εὐκλείδου (ou ὑπὲρ Εὐκλείδην) Façon de parler proverbiale, dont s'est servi, entr'autres Auteurs, NICETAS, dans la Vie d'*Alexis Comnéne*, Frére d'*Isaac l'Ange*, en parlant de l'Empereur *Henri*, Fils de *Frideric*: Καὶ ταῦτα δὲ [illegible] [illegible] " Il n'avoit pas honte d'aller ainsi rechercher ce qui étoit avant *Euclide*. Lib. I. (Cap. IX.) GROTIUS.

Cet *Euclide*, dont parle le Proverbe, étoit Archonte à *Athénes*, peu de tems après l'établissement de cette Charge. Nôtre Auteur auroit pu prouver l'usage de ce Proverbe par d'autres Ecrivains plus anciens; comme, par exemple, LUCIEN, *in Cataplo*, Tom. I. pag. 426. & *in Hermotimo*, pag. 161. *Ed. Amstel.* Le docte CASAUBON, dans ses Remarques sur ATHENE'E, Lib. I. Cap. II. avoit promis de l'expliquer & de l'illustrer au long, dans un Traité *des Proverbes*, qui n'a jamais vû le jour.

(7) [illegible]. Je ne sai de quel endroit de l'Historien Grec nôtre Auteur a pris ces mots.

(8) *Quam autem habet æquitatem, ut agrum multis annis, aut etiam seculis, antè possessum, qui nullum habuit, habeat; qui autem habuit, amittat?* De Offic. Lib. II. Cap. XXII. FLORUS, en parlant de la sédition causée par les Tribuns, qui vouloient qu'on fit de nouveaux partages des Terres, que plusieurs avoient usurpées, dit que cela ne pouvoit se faire qu'en ruïnant les Possesseurs, à qui leurs Ancêtres avoient laissé ces Terres, & pour qui le tems étoit comme un titre héréditaire: *Reduci plebs in agros unde poterat, sine possidentium eversione? qui ipsi pars populi erant, & tamen relictas sibi à majoribus sedes, ætate, quasi jure hereditario, possidebant.* Lib. III. Cap. XIII. (*num.* 9, 10. GROTIUS.

§. III. (1) Voiez ci-dessous, *Chap.* VI. §. 1. *num.* 3. de ce Livre.

(2) On traitera de cela au *Chap.* XX. §. 18. de ce même Livre.

(3) Quand même il ne le feroit pas à dessein de trom-

paroles. Pour ce qui est des *actions*, quand quelcun, par exemple, jette une chose, il est censé l'abandonner; à mains que ce ne soit en telles circonstances, qu'on doive présumer qu'il ne se porte à cela que par la nécessité du tems, (1) & avec intention de recouvrer, s'il peut, ce qu'il jette.

2. C'est ainsi qu'un Créancier, (2) en rendant à son Débiteur le billet d'obligation, est censé le tenir quitte.

3. Selon le Jurisconsulte PAUL, (3) on peut renoncer à une Hérédité, non seulement par des paroles, mais encore par des actions, & par tout autre indice de la volonté.

4. Si un homme, sachant bien qu'une chose lui appartient, traite avec le Possesseur de cette chose, d'une maniére qui suppose que celui-ci est le véritable Propriétaire; on peut avec raison le regarder dès-lors comme aiant renoncé à son droit. Et je ne vois pas pourquoi cela n'auroit pas lieu aussi de Roi à Roi, & entre deux Peuples libres.

5. Lors qu'un Supérieur permet ou commande à son Inférieur quelque chose que celui-ci ne peut faire légitimement (4) sans être dispensé de la Loi qui le défend, on doit tenir cela pour une vraie dispense.

6. En tous ces cas, la présomtion n'est pas fondée sur le Droit Civil, mais sur le Droit Naturel, selon lequel chacun a la liberté de renoncer à ce qui lui appartient; & sur une conjecture naturelle, en vertu de laquelle chacun est censé vouloir ce qu'il a suffisamment donné à connoître. On peut très-bien admettre en ce sens, ce qu'a dit le Jurisconsulte ULPIEN, (5) que l'*Acceptilation* est du Droit des Gens.

§. V. 1. OR, à parler moralement, sous le nom général d'*action* on comprend aussi les *omissions*, considérées avec les circonstances requises. Ainsi celui qui se tait, quoi qu'il sâche dequoi il s'agit, & qu'il soit présent; est censé consentir à ce qui se fait alors,

tromper: car chacun doit penser à ce qu'il dit. Voiez ci-dessous, *Chap.* XVI. de ce Livre, §. 1.

§. IV. (1) Comme quand on jette ses marchandises dans la Mer, pour éviter le naufrage; ou quand un homme, qui voiage par terre, laisse sur le grand chemin une chose qu'il ne pouvoit plus porter, à dessein de revenir la prendre avec d'autres personnes, qui lui aideront: c'est la décision des Jurisconsultes Romains, que nôtre Auteur cite en marge: *Qui, levandæ navis gratiâ, res aliquas projiciunt, non hanc mentem habent, ut eas pro derelicto habeant; quippe, si invenerint eas, ablaturos; & si suspicati fuerint, in quem locum ejectæ sunt, requisituros: ut perinde sint, ac si quis onere pressus, in viam rem abjecerit, mox cum aliis reversurus, ut eamdem auferret.* DIGEST. Lib. XIV. Tit. II. *Ad Leg. Rhod. de jactu*, Leg. VIII. Voiez aussi *Lib.* XLI. Tit. I. *De adquir. rerum domin.* Leg. IX. §. 8. *& Lib.* XLVII. Tit. II. *De Furtis*, Leg. XLIII. §. 11.

(2) *Sed etiam tacitè consensu convenire intelligitur. Et ideo si debitori meo reddiderim cautionem, videtur inter nos convenisse, ne peterem: profuturamque ei conventionis exceptionem placuit.* DIGEST. Lib. XIV. Tit. II. *De Pactis* &c. Leg. II. *princ.* & §. 1. Voiez PUFENDORF, *Droit de la Nat. & des Gens*, Liv. III. Chap. VI. §. 2. *Note* 7. de la 2. Edit. Mais quand il y a quelque raison manifeste, qui montre que ce n'est pas à dessein de quitter la dette qu'on a rendu ou raié le billet d'obligation; alors la présomtion cesse: *Si chirographum cancellatum fuerit, licet præsumptione debitor liberatus esse videtur, in eam tamen quantitatem, quam manifestis probationibus creditor sibi adhuc deberi ostenderit, rectè debitor convenitur.* Lib. XXII. Tit. III. *De probation. & præsumptionibus*, Leg. XXIV. Voiez le beau Traité de Mr. NOODT, *de Pactis & Transactionibus*, Cap. II. pag. 611, 612. Opp.

(3) *Recusari hereditas, non tantum verbis, sed etiam re potest, & alio quovis indicio voluntatis.* DIGEST. Lib. XXIX. Tit. II. *De adquir. vel omittend. heredit.* Leg. XCV.

(4) Dans une Loi du DIGESTE, que nôtre Auteur citoit en marge, il est dit, qu'une Sentence renduë par un Magistrat encore Mineur, & par conséquent incapable selon les Loix d'être Juge, est néanmoins valide; parce que le Prince, en le revêtant de cette Charge, l'a dispensé en même tems de la Loi: *Quid si Magistratum Minor gerit, dicendum est jurisdictionem ejus non improbari .... Proinde si Minor Prætor, si Consul jus dixerit, sententiamve protulerit, valebit: Princeps enim, qui ei magistratum dedit, omnia gerere decrevit.* Lib. XLII. Tit. I. *De re judicata*, Leg. LVII. Voiez aussi *Lib.* I. Tit. XIV. *De officio Prætor.* Leg. III. & là-dessus le Commentaire de JAQUES GODEFROI, dans une de ses Dissertations mêlées.

(5) *Quia hoc jure utimur, ut Juris Gentium sit acceptilatio.* DIGEST. Lib. XLVI. Tit. IV. *De acceptilat.* Leg. VIII. Il n'y avoit que les formalitez de l'*Acceptilation*, qui fussent de Droit Civil. Voiez PUFENDORF, *Droit de la Nat. & des Gens*, Liv. V. Chap. XI. §. 7. & Mr. NOODT, *De Pactis & Transact.* Cap. VIII. p. 671. comme aussi dans ses *Probabilia Juris*, L. I. Cap. II, *in fin.*

§. V. (1) *Idem* [POMPONIUS] *ait, & si naufragio quid amissum sit, non statim nostrum esse desinere ..... Et sanè melius est dicere, & quod à Lupo eripitur, nostrum manere, quamdiu recipi possit id quod ereptum est.* DIGEST. Lib. XLI. Tit. I. *De adquir. rerum dominio*, Leg. XLIV.

lors, comme la (a) Loi même de MOÏSE l'établit; à moins qu'il ne paroisse par les circonstances, que la crainte, ou quelque autre accident, a empêché de parler.

(a) Nombres, XXX. 4, 5, 11, 12.

2. C'est sur ce fondement qu'on tient pour perdu, ce que la personne à qui il appartenoit (b) n'espére plus de recouvrer. ULPIEN (1) dit, que les Pourceaux qui ont été pris par le Loup, & les choses qu'on a perduës par un Naufrage, cessent d'être à nous, non pas d'abord, mais lors qu'il n'y a plus moien de les recouvrer, (2) c'est-à-dire, quand on n'a plus lieu de croire que le Propriétaire les regarde comme siennes; quand on ne voit aucune marque qu'il veuille y conserver quelque prétension. Car s'il a envoié des gens pour chercher ce qu'il a perdu, s'il a promis une récompense à ceux qui le trouveroient; c'est alors une autre affaire.

(b) Les Jurisconsultes Juifs appellent cela יאוש.

3. De même, quand quelcun sachant que son bien est entre les mains d'un autre, laisse écouler un long espace de tems sans le reclamer; il y a tout lieu de croire, qu'il n'a négligé cela, que parce qu'il ne vouloit plus regarder comme sienne la chose dont il s'agit; à moins qu'il n'y aît quelque autre raison, qui l'aît manifestement empêché de faire ses oppositions. C'est en ce sens que le Jurisconsulte ULPIEN dit, (3) qu'une Maison est tenuë pour abandonnée, à cause du long silence du Propriétaire. Et l'Empereur ANTONIN *le Debonnaire* décida sur ce principe un cas semblable: (4) *Vous avez tort*, (ce sont les termes du Rescript) *de demander les intérêts de vôtre argent pour le passé. Le long espace de tems que vous avez laissé écouler sans les demander, montre que vous en avez tenu quitte vôtre Débiteur; parce que c'est pour lui faire plaisir que vous n'avez pas jugé à propos de les lui demander.*

4. On voit quelque chose de fort approchant dans l'établissement d'une (c) Coûtume. Car, mis à part les Loix Civiles, qui en réglent le tems & la maniére; un Peuple, quelque sujet qu'il soit, peut (5) l'introduire par un effet de la tolérance de son Souverain.

(c) Thomas, I. 2. Quæst. XCVII. Art. 3.

XLIV. Voiez ci-dessous, Chap. VIII. de ce Livre, §. 1.

(2) Cette explication a été critiquée par feu Mr. HUBER, dans son Commentaire sur le Titre des INSTITUTES, *De rerum divisione* &c. §. 47. Le Jurisconsulte ULPIEN ne parle point (dit-il) de l'espérance qu'on a, ou non, de recouvrer ce que l'on a perdu: il veut dire seulement, que les choses jettées dans la Mer, ou enlevées par quelque Bête, ne cessent point d'appartenir au Propriétaire, tant qu'elles peuvent être recouvrées. De sorte que, si un Oiseau, qui passe, nous a pris une Pierre précieuse, elle demeure toûjours nôtre, parce qu'il peut se faire que nous la recouvrions; quoi qu'en ce cas-là on n'ose guéres s'en flatter. Pour ce qui est de la question en elle-même j'avouë que, de cela seul qu'on n'a que peu ou point d'espérance de recouvrer une chose, il ne s'ensuit point qu'on l'abandonne entiérement: & lors même qu'on cesse de chercher, on ne renonce pas pour cela toûjours à son droit. Ainsi l'abandonnement ne peut guéres être présumé, d'une maniére à assûrer le droit de celui qui a trouvé la chose perduë, que quand on a tout lieu de croire que l'ancien Maître ni ne sera jamais connu, ni n'aura lui-même jamais aucune connoissance de ce qu'est devenu son bien.

(3) *Ergo intervallum aliquod debebit intercedere, quod aut pro derelicto ades, longo silentio, dominus videatur habuisse* &c. DIGEST. Lib. XXXIX. Tit. II. *De damno infecto*, Leg. XV. §. 21.

(4) DIVUS PIUS *ita rescripsit, Parum justè præteritas usuras petis, quas omisisse te longi temporis intervallum indicat, quia eas à debitore tuo, ut gratior apud eum videlicet esses, petendas non putasti.* DIGEST. Lib. XXII. Tit. I. *De Usuris* &c. Leg. XVII. §. 1. Voiez Mr. NOODT, dans son beau Traité *de Fænore & Usuris*, Lib. III. Cap. XVI. où il explique cette Loi.

(5) Comme le Souverain ne peut ignorer, à moins qu'il ne soit d'une négligence extrême, les Coûtumes qui s'introduisent dans ses Etats, & qu'il ne tenoit qu'à lui d'empêcher qu'elles ne prissent pié; dès-là qu'il souffre qu'elles aient force de Loi, pendant un certain tems, plus ou moins long selon la nature des choses, il est censé & peut être censé les autoriser. Bien plus: les Loix qu'il a faites lui-même, s'abolissent par le non-usage, ou une Coûtume contraire. Les Princes peuvent avoir de bonnes raisons de laisser ainsi tomber imperceptiblement une Loi qui ne leur paroît pas nécessaire. Mais encore même que cela vienne de leur négligence, comme il arrive assez souvent, soit parce qu'ils n'ont pas été assez soigneux de maintenir eux-mêmes la Loi, ou parce qu'ils n'ont pas veillé assez attentivement sur la conduite des Magistrats inférieurs qui étoient chargez de faire observer cette Loi, elle ne laisse pas pour cela de perdre toute sa force, après un tems considérable. La raison en est, que, toute Loi tendant à gêner la liberté des Sujets, & le Souverain pouvant & devant expliquer sa volonté là-dessus d'une maniére claire & nette; du moment qu'il y a de sa part des marques suffisantes d'un changement de volonté, l'interprétation se doit faire naturellement en faveur des Sujets. Ainsi le Souverain peut bien, s'il veut, faire revivre la Loi pour l'avenir, par le même droit qu'il a d'en faire de toutes nouvelles: mais pour ce qui s'est passé pendant que la Loi n'a pas été observée, on doit en juger comme s'il n'y avoit jamais eu de telle Loi. Voici un exemple remarquable, que PLI-

tain. Il est vrai que le tems requis pour que cette Coûtume aît quelque effet de droit, n'a pas en général des limites fixes : mais il doit toûjours être assez long, pour qu'on aît lieu de présumer le consentement du Prince.

5. Pour fonder donc une présomtion raisonnable d'abandonnement, sur le silence du Propriétaire, il faut deux choses. (d) L'une, qu'il sâche qu'un autre posséde ce qui est à lui. L'autre, qu'il veuille bien se taire, quoi qu'il aît toute liberté de parler. Car quand quelcun (6) s'abstient d'agir par pure ignorance, cela n'a aucun effet : & lors qu'il paroît quelque autre raison qui a empêché d'agir, la conjecture tirée du silence n'a plus de lieu.

(d) *Suarez*, Lib. VII. *De Legib.* Cap. XV.

§. VI. 1. Entre plusieurs autres conjectures, qui servent à vérifier les deux conditions dont je viens de parler, la longueur du tems est d'un très-grand poids pour montrer que le silence d'un Propriétaire est accompagné de l'une & de l'autre. (1) Car, prémiérement, il est presque impossible qu'une chose qui appartient à quelcun demeure long tems entre les mains d'un autre, sans qu'il vienne à en avoir connoissance par quelque voie ; le tems en fournissant plusieurs occasions. Sur quoi il faut pourtant remarquer, qu'indépendamment même des Loix Civiles (2) un moindre espace de tems suffit pour fonder cette conjecture entre présens, qu'entre absens.

2. De plus, la crainte peut bien avoir empêché pendant quelque tems qu'on ne redemandât son bien, mais on ne conçoit pas qu'elle dure toûjours ; la longueur du tems fournissant plusieurs occasions de se mettre à couvert de cette crainte, ou par soi-même, ou par autrui, en quittant même le païs de celui que l'on craint ; en sorte du moins que l'on puisse protester de son droit, ou, ce qui est plus avantageux, en appeller à des Juges ou à des Arbitres.

§. VII. Un (1) tems immémorial est comme infini, moralement parlant : ainsi le si-

ne *le Jeune* nous fournit. Il y avoit une Loi, originairement établie sur la proposition de *Pompée*, par laquelle Loi il étoit permis à toutes les Villes de la Province de *Bithynie*, de choisir pour Sénateurs qui bon leur sembleroit, pourvû qu'ils fussent de la Ville même. Cependant il se trouva, avec le tems, qu'on se contentoit de choisir des gens de la Province : & les Censeurs vouloient faire dépouiller de leur charge, en vertu de l'ancienne Loi, tous les Sénateurs qui n'étoient pas de la Ville même où ils jouïssoient de cette dignité. P[illegible], qui étoit Proconsul de *Bithynie*, consulta là-dessus l'Empereur Trajan ; qui lui répondit, Que la longue pratique, contraire à la Loi, devoit l'emporter pour le présent : Qu'ainsi il laissât les choses comme elles étoient ; d'autant plus qu'on ne pourroit, sans de grands bouleversemens, faire revivre la Loi de *Pompée* par un effet rétroactif : Mais qu'il vouloit que désormais on observât cette Loi. *Nam & legis auctoritas, & longa consuetudo usurpata contra legem, in diversum movere te potuit. Mihi hoc temperamentum ejus placuit, ut ex præterito nihil novaremus, sed manerent, quamvis contra legem, adsciti quarumcumque civitatum cives ; in futurum autem* Lex Pompeja *observaretur : cujus vim si retro quoque velimus custodire, multa necesse est perturbari.* Lib. X, Epist. CXVI. Voiez au reste, une Dissertation de Mr. Thomasius, *de Morum cum Jure Scripto contentione*, §. 52, *& seqq.* & les Dissertations de Mr. Schulting sur la prémiére Partie du Digeste, Lib. I. Tit. III. §. 20, 21. comme aussi les *Interpretationes Juris* de Mr. Averani, Lib. II. Cap. I.

(6) Voiez ci-dessous, *Chap.* XXI. de ce Livre, §. 2. & Barthol. Socin. *Consil.* CLXXXVII. col. 8. Meischner. *Decis. Cameral.* IX. *num.* 113. Tom. III. Grotius.

§. VI. (1) J'ai fait voir, dans la seconde Edition de mon Pufendorf, *Droit de la Nat. & des Gens*, Liv. IV. Chap. XII. §. 8. *Note* 3. que, sans toutes ces présomptions, qui le plus souvent ne sont pas bien fondées, le droit de Prescription peut se déduire de la nature & du but de la Propriété même, par des principes qui supposent plûtôt les sentimens où doit être l'ancien Maître, que ceux où il est effectivement. Je renvoie là le Lecteur, sur toute cette matiére.

(2) Voiez le Chapitre de Pufendorf, que je viens de citer, §. 4. *Note* 6. & §. 9.

§. VII. (1) C'est ainsi que, par les Loix Romaines, un tel tems suffit pour établir un droit de *Servitude*, comme, par exemple, celui de conduire des Eaux par le Fonds d'autrui : *Ductus aquæ, cujus origo memoriam excessit, jure constituti loco habetur.* Digest. Lib. XLIII. Tit. XX. *De aqua quotid. & æstiva*, Leg. III. §. 4. Voiez Andr. Knich. Tract. *de jure Territorii* : Theod. Reinking. Lib. I. Class. V. Cap. II. *num.* 5. Oldendorp. Class. III. Art. 2. Grotius.

On appelle ce tems un *Tems immémorial*, non qu'il ne puisse y avoir aucun monument par où il paroisse que la Possession n'a pas été originairement aquise à juste titre (car il n'y a point de tems si long, dont il ne puisse rester quelque Ecrit ; & ainsi la longueur du temps ne donneroit pas lieu à la prescription la mieux fondée) mais parce qu'il n'y a point d'homme vivant qui se souvienne qu'une chose a appartenu à un autre qu'au Possesseur, & à ceux de qui il l'a héritée, ou qui l'ait ouï dire à ceux de son tems ; sans que d'ailleurs il paroisse aucun titre, qui donne lieu de contester le droit du Possesseur. Ainsi ce tems peut être quelquefois assez court, comme après une Guerre sanglante, qui a emporté une grande partie des Habitans du païs. Voiez la Dissertation de feu Mr. Werlhof, que j'ai citée ci-dessus, §. 18, *& seqq.* comme aussi le *Jus* can-

silence, pendant un tel tems, sera toûjours regardé comme suffisant pour donner lieu de présumer le délaissement d'une chose; à moins qu'il n'y aît de très-fortes (a) raisons qui persuadent le contraire.

(a) Voiez *Menochius*, I. Conf. XC.

2. Les plus habiles Jurisconsultes ont très-bien remarqué, que ce tems immémorial n'est (2) pas la même chose qu'un espace de cent ans. Mais souvent il n'y a pas grande différence. Car (3) le terme ordinaire de la Vie Humaine est environ cent ans, ce qui fait presque trois âges d'Homme, ou trois (4) *générations* (b). Les *Romains* objectoient à *Antiochus* (5) ces trois générations, lors qu'ils se plaignoient de ce qu'il redemandoit des Villes, sur lesquelles ni lui, ni son Pére, ni son Grand-Pére, n'avoient jamais témoigné avoir aucunes prétensions.

(b) Voiez *Eustath.* in Iliad. *Lib.* I. *vers.* 250.

§. VIII. 1. On dira peut-être, que, les Hommes s'aimant eux-mêmes & ce qui leur appartient, on ne doit pas présumer qu'ils jettent leur bien; & qu'ainsi les actes négatifs, accompagnez même d'un long espace de tems, ne suffisent pas pour fonder la conjecture dont nous parlons. Mais il y a ici d'autre côté une réflexion à opposer, c'est qu'on doit avoir bonne opinion des Hommes, (1) & qu'ainsi il ne faut pas s'imaginer que, pour un bien périssable, ils veuillent que quelcun de leurs semblables demeure coupable d'un Péché qui ne s'efface jamais; ce qui arriveroit souvent sans l'abandonnement tacite que nous supposons.

2. Pour ce qui est de la Souveraineté, quoi qu'on en fasse ordinairement beaucoup de cas, on doit savoir que (2) c'est un grand fardeau, & un emploi dont on ne peut s'aquitter mal, sans s'exposer manifestement à la colére de Dieu. Ce seroit sans contredit une grande inhumanité, de plaider, aux dépens d'un Pupille, pour en avoir la Tutéle: ou si des Matelots, selon la comparaison que Platon (3) emploie sur ce sujet, se disputoient l'un à l'autre la conduite du Vaisseau, au hazard de le mettre par là

Controversum de Mr. Coccejus, le Fils, *Tom.* II. *pag.* 467, *& seqq.*

(2) C'est ce qu'a remarqué Balbus, *de Praescriptionibus* & Covarruvias, sur le même sujet: comme aussi Reinking, *dist. Lib. I.* Class. V. Cap. XI. *num.* 40. Voiez, au sujet du Tems immémorial, le Savant Antoine Faure, *Consil. pro Ducatu Montisferrat.* Grotius.

(3) C'est ce que Justinien appelle 'Ανθρώπου μέτρον ζωῆς χρόνου: dans son *V. Edit*, publié parmi les Notes sur l'*Histoire anecdote* de Procope. Grotius.

(4) Car une *Génération* (γενεὰ) est un espace de trente ans, τριακονταετία, comme le remarque Porphyre, dans ses *Questions sur* Homere (pag. XCIX. *Edit. Barnes.*) Herodien parlant des *Jeux Séculaires*, renferme dans un *Siécle* trois *Générations*: (Lib. III. Cap. VIII. *Ed. Boecl.* Philon, Juif, dit, qu'en *Egypte* il y eut dix Rois en l'espace de trois cens ans. *De Legatione*: & Plutarque, qu'il y en eut quatorze à *Lacedemone*, en cinq cens ans. *Vit. Lycurg.* (pag. 58. A. Tom. I. *Ed. Wech.*) Justinien refuse la permission de porter une certaine affaire en Justice, parce qu'il y avoit quatre générations d'écoulées depuis le fait dont il s'agissoit. *Novell.* CLIX. (Cap. II.) Grotius.

Le nombre des années que les Anciens Orientaux & *Grecs* comprenoient dans une Génération, varioit un peu; mais pour l'ordinaire il ne s'éloignoit guéres de trente années, & on y joignoit trois & quatre mois, afin que les trois Générations fissent justement cent ans. Voiez Mr. Le Clerc sur Genese, V, 1. & XV, 16. comme aussi les *Origines Ægyptiacæ* de feu Mr. Perizonius, Cap. XI. pag. 178, *& seqq.* & les Notes de Boecler, sur le passage d'Herodien, que nôtre Auteur cite. Je ne trouve point dans Philon, ce qui est rapporté ici, comme étant du Traité *De Legation.*

(5) *Si sibi* Antiochus *pulchrum esse censet, quas urbes proavus belli jure habuerit, avus paterque nunquam usurpaverint pro suis, eas repetere in servitutem* &c. Tit. Liv. Lib. XXXIV. Cap. LVIII. *num.* 10.

§. VIII. (1) On a très-bien remarqué, que cette raison est plus conforme aux régles de la Charité Chrétienne, qu'aux sentimens ordinaires des Hommes & à la nature des choses. La vérité est, qu'il faut supposer ici un Possesseur de bonne foi, comme je l'ai fait voir sur Pufendorf, *Droit de la Nat. & des Gens*, Liv. IV. Chap. XII §. 8. *Note* 5. de la 2. Edition. Ainsi la présomtion, ou cette espéce d'absolution, dont parle nôtre Auteur, n'est nullement nécessaire, puis qu'après le terme de la Prescription expiré, le Possesseur aiant aquis un véritable droit, n'est coupable de rien.

(2) Il faut dire la même chose de cette réponse, que de la précedente. Elle est d'ailleurs plus propre à consoler un Prince qui a perdu ses Etats, sans espérance de les recouvrer; qu'à l'empêcher de se remettre, s'il peut, en possession du Gouvernement, dont chacun est fort sujet à se croire assez capable. Voiez au reste le dernier paragraphe du Chapitre de Pufendorf, que je viens de citer.

(3) Nôtre Auteur cite en marge *Lib. I.* sans marquer, si c'est du Traité *de la République*, ou de celui *des Loix.* Je m'imagine qu'il a voulu parler du *premier* Livre *de la République*, dans lequel le Philosophe emploie souvent la comparaison d'un Pilote & des Nautonniers, avec le Gouvernement d'un Etat, mais non pas en l'appliquant au sujet dont il s'agit. Tout ce que je trouve là, qui y a du rapport, c'est ce que dit Platon, que, si les

là en danger de faire naufrage. Par la même raison, on ne peut pas toûjours approuver les contestations des Princes, qui se disputent une Couronne, au grand dommage & souvent même aux dépens du sang d'un Peuple innocent. *Antiochus*, Roi de *Syrie*, lors que les *Romains* eurent retréci les bornes de son Empire, les (4) remercia, de ce qu'ils l'avoient déchargé (5) du soin de gouverner de trop grands Etats; & les Anciens ont beaucoup loué ce mot. Entre plusieurs belles moralitez de LUCAIN, celle-ci n'est pas des moindres: (6) *Faut-il commettre*, dit-il, *un si grand nombre de nouveaux crimes, pour savoir qui des deux, de César* ou de *Pompée*, *sera le Maître dans* Rome? *A peine devroit-on acheter à ce prix le bonheur de n'avoir ni l'un ni l'autre pour Maître.*

3. D'ailleurs, l'intérêt de la Société Humaine demande qu'avec le tems la possession de la Souveraineté soit enfin assûrée & incontestable: or toutes les présomtions qui tendent à cette utilité commune du Genre Humain, doivent être mises au nombre des favorables. *Aratus de Sicyone* trouvoit (7) dur, de Particulier à Particulier, qu'on vînt à troubler une possession de cinquante ans: combien plus doit-on tenir pour maxime, avec (8) *Auguste*, qui l'a dit après (9) & avant d'autres, qu'un homme de probité & un bon Citoien ne cherche point à changer l'état présent du Gouvernement Civil, & qu'il le maintient, au contraire, de tout son pouvoir?

(a) *Ang. de Clavasio*, in *Summa*, verb. *Inventa*.

(b) Voiez *Albert. Crantzius*, Saxonic. Lib. XI. *num.* 10. & 13.

4. Mais, quand même tout ce que nous venons de dire n'auroit pas lieu, (a) on pourroit toûjours opposer à la présomtion du désir que chacun a de conserver son bien, une autre présomption plus forte, c'est qu'il n'y a nulle apparence que personne laisse écouler un long espace de tems, sans donner (b) aucun indice suffisant de sa volonté.

§. IX.

les Hommes, qui sont Membres d'un Etat, étoient tous gens-de-bien, ils chercheroient à se dispenser d'avoir aucune part au Gouvernement, avec autant d'ardeur qu'ils se disputent aujourdhui à qui y aura part: *Ἐπεὶ κινδυνεύει, πόλις ἀνδρῶν ἀγαθῶν εἰ γένοιτο, περιμάχητον ἂν εἶναι τὸ μὴ ἄρχειν, ὥσπερ νῦν τὸ ἄρχειν.* Pag. 347. D. Tom. II. *Ed. H. Steph.* Mais au Livre VI. du même Traité, *pag.* 488. on trouve une comparaison fort approchante, qui est trop longue, pour être rapportée ici.

(4) ANTIOCHUS *autem, à* L. Scipione *ultra* Taurum *montem imperii finibus submotus, quum* Asiam *Provinciam vicinasque ei gentes amisisset, gratias agere* Populo Romano *non dissimulanter tulit, quòd nimis magnâ procuratione liberatus, modicis regni terminis uteretur.* VALER. MAXIM. Lib. IV. Cap. I. *num.* 9. *extern.* Voiez la Harangue de CICERON *pro Dejotaro*, Cap. XIII.

(5) *Jonathan*, Fils de *Saül*, semble avoir été dans ces sentimens. GROTIUS.

Nôtre Auteur fait sans doute allusion à ce que *Jonathan* dit à *David*, dans le Désert de *Ziph*: *Ne crains point; car la main de* Saül, *mon Pére, ne t'attrapera point; mais tu régneras sur* Israël, *& je serai le second après toi.* I. SAMUEL, Chap. XXIII. §. 17. Je ne saurois m'empêcher de relever ici la témérité insigne, pour ne rien dire de pis, du Commentateur BOECLER, qui a bien osé traiter d'*impie* & de *profane* cette petite remarque de nôtre Auteur. On auroit de la peine à deviner sur quoi il fonde une censure si âpre & si peu charitable, puis que GROTIUS n'attribuë ici à *Jonathan* que des sentimens très-louables. *Si on lit avec soin l'Histoire Sainte, on y verra*, (dit nôtre Grammairien bilieux) *on y verra que* Jonathan *est déchargé de tout soupçon injurieux de lâcheté, & de toute autre pensée contraire aux sentimens & aux ordres de* DIEU. *Il aquiesce à la volonté d'un seul* DIEU, *dès qu'elle lui est connuë; & s'il renonce à ses prétensions sur le Roiaume de son Pére, après la possession duquel il soûpiroit sans doute d'ailleurs par un désir naturel, ce n'est que par respect pour les ordres de* DIEU. Rapporter un raisonnement si pitoiable, n'est-ce pas le refuter? Ce qu'il y a de plaisant, c'est que BOECLER avouë ensuite, comme si pourtant il faisoit grace à nôtre Auteur, qu'il peut avoir voulu dire que *Jonathan* joignoit aux sentimens de résignation pour la volonté de DIEU, des sentimens de modestie, fondez sur la difficulté de soûtenir un aussi grand poids, que le Gouvernement de l'Etat.

(6) ——— ——— ——— *Tantóne novorum*
Proventu scelerum quærunt, uter imperet Urbi?
Vix tanti fuerat, civilia bella moveri
Ut neuter ——— ——— ———
Pharsal. *Lib.* II. *vers.* 60, *& seqq.*

(7) *Et quinquaginta annorum possessiones moveri non nimis æquum putabat* [Aratus Sicyonius,] *propterea quòd, tam longo spatio, multa hereditatibus, multa emtionibus, multa dotibus tenebantur sine injuria* &c. (CICER. de Offic. *Lib.* II. *Cap.* XXIII.) C'est ainsi qu'à *Athénes*, lors que la Paix fût faite, *Thrasybule* laissa les Possessions comme elles étoient. GROTIUS.

Je ne sai où l'Auteur a trouvé ce qu'il dit de *Thrasybule*. Ce brave Athénien, après avoir chassé les XXX. Tyrans, qui n'avoient régné qu'environ deux ans; fit faire une Loi d'Amnistie, portant que personne ne seroit accusé ni châtié pour ce qui s'étoit passé pendant ces troubles, & qu'on se dépouilleroit de tout esprit d'animosité les uns contre les autres. Voilà tout ce que disent XENOPHON, *Hist. Græc.* Lib. II. *in fin.* DIOD. *de Sicile*, Lib. XIV. Cap. XXXIV. ESCHINE, *Orat. de falsa Legat.* pag. 271. A. *Edit. Basil.* 1572. JUSTIN, Lib. V. Cap. X. *num.* 10. VALERE MAXIME, Lib. IV. Cap. I. *num.* 4. *extern.* &c. Je suis fort trompé, si nôtre Auteur n'a confondu avec un article de la Paix d'*Athénes*, ce qu'il avoit lû dans THUCYDIDE, au sujet de la Paix de *Sicile*, par laquelle il fut

§. IX. 1. Peut-etre aussi n'y-a-t-il pas ici une simple présomtion : & je ne sai si l'on ne pourroit pas dire, avec assez de probabilité, qu'il a été établi, par (1) une Loi du Droit des Gens (2) arbitraire, qu'une possession immémoriale, qui n'a été ni interrompuë, ni troublée par un appel à des Arbitres, rendroit le Possesseur véritable Propriétaire. Car cela étant d'une très-grande importance pour la tranquillité commune du Genre Humain, il y a lieu de croire que les Peuples y ont donné leur consentement.

2. Mais il faut bien remarquer ce que j'ai dit, que la possession (3) ne doit point avoir été *interrompuë* : c'est-à-dire, que l'on doit avoir possédé la chose dont il s'agit tout d'une suite, sans interruption, & sans contestation, comme Tite Live (4) le fait dire à *Publius Sulpicius*, Ambassadeur Romain. Car une possession par intervalles ne sert de rien : & les *Numides* alléguoient à propos cette exception dans une dispute qu'ils eurent pour quelques terres avec les *Carthaginois*, à qui ils répondirent, (5) *que, selon les tems & les occasions, tantôt eux, tantôt le Roi de* Numidie, *s'étoient appropriez ces terres, & qu'elles avoient toûjours été entre les mains du plus fort.*

§. X. 1. Voici une autre question, & une question très-difficile, qui se présente à examiner. (1) On demande, si ceux qui ne sont pas encore nez peuvent perdre leur droit par le délaissement tacite de celui qui le leur auroit transmis ? Si l'on dit, que non, ce que nous venons d'établir sera fort inutile pour assûrer la Souveraineté aux Princes, & la Propriété aux Particuliers, après un long espace de tems; puis que la plûpart des Roiaumes & des Biens particuliers sont de telle nature, qu'ils doivent passer aux

fut convenu, que chacun demeureroit en possession de ce qu'il tenoit : Ἀυτοὶ μὲν [Σικελιῶται] κατὰ σφᾶς αὐτοὺς ξυνηνέχθησαν γνώμῃ, ὥστε ἀπαλλάσσεσθαι τοῦ πολέμου, ἔχοντες ἃ ἕκαστοι ἔχουσι. Lib. IV. Cap. LXV. *Edit. Oxon.* Et ce qui peut avoir donné lieu à cette méprise, c'est que Bongars, dans une Note sur l'endroit de *Justin*, que j'ai cité, rapporte le passage de *Thucydide*, comme un exemple semblable à ce que fit *Thrasybule*.

(8) C'est Macrobe, qui rapporte ce mot, avec bien d'autres du même Empereur; & le Savant Gronovius n'a pas manqué ici d'indiquer l'endroit : *Dein* Strabone, *in adulationem* Cæsaris, *malè existimante de* Catonis *pervicacia, ait :* Quisquis præsentem statum Civitatis commutari non volet, & civis & vir bonus est. *Saturnal.* Lib. II. Cap. IV. pag. 334, 335. *Edit. Jac. Gronov.*

(9) Comme *Alcibiade :* Δημοκρατοῦντες, ἐν ᾧ σχήματι μεγίστη ἡ πόλις ἐτύγχανε καὶ ἐλευθερωτάτη οὖσα, καὶ ὅπερ ἐδέξατό τις, τοῦτο ξυνδιασώζειν. Thucydid, (Lib. VI. Cap. LXXXIX. *Ed. Oxon.*) C'est ce qu'Isocrate appelle τὴν παροῦσαν πολιτείαν [ou plûtot τύχην διαφυλάττειν. Orat. in Callimach. (*in fin.*) Ciceron pose pour maxime, qu'il convient à ceux qui se déclarent les Défenseurs de la Paix & de la Concorde, de défendre l'état présent du Gouvernement : *Neque vero nunc ideo disputabo, quòd hunc statum Reipublicæ non magnopere defendendum putem : præsertim qui otii & concordiæ patronum me in hunc annum Reipublicæ professus sim* &c. De Lege Agrar. contra Rull. (*Orat.* III. Cap. II.) Tite Live, Lib. XXXV. dit, que tout Honnête-Homme aime avec l'état présent du Gouvernement. Grotius.

Le dernier passage de cette Note, qui est tirée du Texte de nôtre Auteur, ne renferme pas tout-à-fait la pensée qu'il y trouve. Tite Live y rapporte historiquement, que, pendant que les *Etoliens* pensoient à se revolter de l'Alliance avec les *Romains*, & à en détacher les autres Peuples de la *Gréce*; parmi ceux-ci, les plus honnêtes gens d'entre les Principaux de chaque Etat étoient dans les intérêts des *Romains*, & affectionnez à l'état présent des choses : *Inter omnes constabat, in civitatibus* [Græciæ] *principes, optimum quemque, Romanæ societatis esse, & præsenti statu gaudere.* Cap. XXXIV. *num.* 3.

§. IX. (1) Nicephore Gregoras rapporte, que les Empereurs *Grecs* avoient donné la Ville de *Phocée* aux Ancêtres de *Catanas*, à condition que chaque Successeur donneroit une déclaration par écrit, qu'il ne tenoit cette Ville qu'en qualité d'Administrateur; de peur qu'avec le tems une longue possession n'éteignît insensiblement les droits de l'Empereur : Μὴ λάθῃ παρακρουσαμένη τὴν βασιλικὴν δεσποτείαν τῷ χρόνῳ μακρὰ κατοχή. Grotius.

(2) Cette Loi du Droit des Gens arbitraire, est aussi peu nécessaire, que difficile à prouver. Tout ce qu'il y a, c'est que la Prescription étant autorisée par l'opinion & l'usage de la plûpart des Peuples, c'est un préjugé favorable, qui donne lieu de croire que ce droit a son fondement dans quelque principe évident des Loix Naturelles.

(3) Voiez Pufendorf, *Droit de la Nat. & des Gens*, Liv. IV. Chap. XII. §. 4.

(4) *Ab* Rheginis, *&* Neapolitanis, *&* Tarentinis, *ex quo in nostram venerunt potestatem, uno & perpetuo tenore juris semper usurpato, numquam intermisso, quæ ex fœdere debent, exigimus. Potes-ne tandem dicere, ut ii Populi non per se, non per alium quemquam fœdus mutaverint; sic &* Asiæ *civitates, ut semel venerunt in majorum* Antiochi *potestatem, in perpetua possessione regni vestri permansisse, & non alias earum in* Philippi, *alias in* Ptolemæi *fuisse potestate, alias per multos annos, nullo ambigente, libertatem usurpasse ?* Lib. XXXV. Cap. XVI. *num.* 7, 8, 9.

(5) *Per opportunitatem nunc illos* [Carthaginienses,] *nunc Reges* Numidarum, *usurpasse jus : semperque penes eum possessionem fuisse, qui plus armis potuisset.* Idem, Lib. XXXIV. Cap. LXII. *num.* 13.

§. X. (1) Voiez Pufendorf, *Liv.* IV. *Chap.* XII. §. 10. du *Droit de la Nat. & des Gens.*

(2)

aux Descendans. Que si l'on soûtient, que les personnes encore à naître peuvent perdre leur droit, il paroît étrange que le silence soit capable de nuire à ceux qui ne sont pas en état de parler, puis qu'ils n'existent pas même; ou qu'un fait d'autrui puisse leur être préjudiciable.

2. Pour résoudre cette difficulté, il faut savoir, que, comme une chose qui n'existe point n'a aucune qualité, aucune propriété, de même celui qui est encore à naître n'a aucun droit. Si donc, dans un Roiaume où le droit de régner vient originairement de la volonté du Peuple, le Peuple change de sentiment; il ne fait par là aucun tort à ceux qui sont encore à naître, puis qu'ils n'ont encore aquis aucun droit. Or comme le Peuple peut changer expressément de volonté, on peut aussi présumer en certains cas (2) qu'il en a changé tacitement. De sorte que, quand le Peuple a ainsi changé de volonté, dans un tems où il n'y avoit point de droit aquis aux Successeurs qu'on peut attendre, (3) & lors que les Pére ou Mére, de qui peuvent naître ceux qui auroient eu droit en leur tems à la Succession, ont renoncé à ce même droit; rien n'empêche qu'un autre ne s'en empare, comme d'une chose abandonnée.

3. Je ne parle ici que de ce qui a lieu selon le Droit Naturel. Car le Droit Civil peut, par une espece de fiction semblable à plusieurs autres dont les Législateurs se sont avisez, établir que la Loi représentera (4) ceux qui sont encore à naître, & qu'ainsi elle empêchera qu'on ne s'empare de rien à leur préjudice. Mais on ne doit pas légérement présumer que les Loix veuillent faire de telles suppositions, parce que l'utilité qui en revient à quelques Particuliers est fort contraire à l'utilité (5) publique. C'est pourquoi les Fiefs qui sont dévolus, non par succession, aux droits du dernier Possesseur, (6) mais en vertu de l'investiture primitive, peuvent (7) être aquis, selon l'opinion la plus commune, après un assez long espace de tems: & COVARRUVIAS,

(a) C. *Possess.* P. III. §. 3.

(a) Jurisconsulte très-judicieux, se fondant sur des raisons assez fortes, étend cette maxi-

(2) Lors que celui, qui auroit transmis son droit à ses Descendans encore à naître, y renonce ou expressément, ou tacitement, & que le Peuple le sachant & le voiant, ne s'y oppose point, quoi qu'il le puisse: en ce cas-là, il est censé avec raison consentir à la rénonciation, & par conséquent changer de volonté.

(3) On trouve, dans les Histoires, plusieurs exemples de ces renonciations. Voiez-en un remarquable en la personne de *Louis IX.* ou *St. Louis*, Roi de *France*, qui renonça pour lui & pour ses Enfans, au droit qu'il pouvoit avoir, par sa Mére *Blanche*, au Roiaume de *Castille*. MARIANA, *Hist. Hispan.* Lib. XIII. Cap. XVIII. GROTIUS.

Voiez encore l'*Histoire de France* du P. DANIEL, Tom. III. pag. 149. *Ed.* d'*Amst.*

(4) C'est ce que font les Loix Civiles à l'égard d'une Hérédité, pour laquelle personne ne se présente encore, *Hereditas jacens.* GROTIUS.

Selon les principes subtils de la Jurisprudence Romaine, une Hérédité, dont personne n'a encore pris possession, est censée représenter le Défunt, & continuer son droit de Propriété, ensorte qu'il passe d'elle à l'Héritier: d'où vient qu'on la qualifie quelquefois *Maitresse* du bien, comme si c'étoit une personne: *Hereditas enim non heredis personam, sed defuncti, sustinet: ut multis argumentis Juris Civilis comprobatum est.* DIGEST. Lib. XLI. Tit. I. *De adquir. rer. domin.* Leg. XXXIV. *Accedit his, quod Hereditas* [jacens] *Domina locum obtinet* &c. Lib. XLIII. Tit. XXIV. *Quod vi aut clam*, Leg. XIII. §. 5. Voiez ANTOINE FAURE, *Conject. Jur. Civ.* Lib. XIV. Cap. 20. & *De Errorib. Pragmatic.* Decad. III. Err. 3.

(5) Qui demande, que l'on ne trouble pas aisément les possessions.

(6) C'est-à-dire, lors que la Succession a été réglée dès le commencement, en sorte que chacun de ceux qui viennent à succeder en leur rang, tiennent leur droit, non de leur Prédécesseur, qui ne pouvoit pas faire héritier qui bon lui sembloit, ou disposer autrement du Fief par un seul acte valide; mais de la volonté de celui qui a le prémier établi le Fief.

(7) Si quelcun, à qui le Fief étoit dévolu, n'aiant point d'Enfans, céde son droit de quelque maniere que ce soit à un autre qui ne devoit succeder qu'après lui & les siens; les Enfans, qui viennent à naître au prémier depuis le terme de la Prescription expiré, ne sont plus reçûs à demander la Succession qui leur échéoit sans cela. Il en est de même, lors que les Enfans nez avant le terme de la Prescription expiré, laissent achever ce qui manquoit, lors qu'ils sont parvenus à l'âge de Majorité. A plus forte raison, cela a-t-il lieu à l'égard des Successeurs en ligne collatérale. Bien plus: un Possesseur même Etranger peut aquérir le Fief de cette maniére, ou de quelque autre, par la Prescription de trente années, appellée *Præscriptio longissimi temporis*: car c'est de celle-là que nôtre Auteur veut parler; ceux, dont il rapporte l'opinion, reconnoissant, aussi bien que les autres, que la Prescription ordinaire de dix années entre présens, & de vingt entre absens, ne suffit point ici. Voiez CUJAS sur FEUD. Lib. IV. Tit. XIV. *Quando Adgnatus ad Feudum admittatur* &c. (II. 26. 5. Edit. vulg.) & Tit. XLIX. *De Capitulis Conradi Regis* &c. (II. 40. vulg.) comme aussi ANDR. GAILL. *Observ. Practic.* Lib. II. Obs. 159.

(8)

xime aux droits de (8) *Majorasque*, & aux choses sujettes à (9) Fidéicommis. En effet, rien n'empêche que les Loix Civiles, pour prévenir l'incertitude des possessions, n'établissent un droit, qui, quoi qu'il ne puisse pas être validement aliéné par un acte unique, se perde pour avoir négligé de le faire valoir pendant un certain tems; & cela même sauf à ceux qui sont encore à naître, de se dédommager un jour par une action personnelle contre ceux qui ont négligé ce droit, ou contre leurs Héritiers.

Spec, tit. de Feud. §. Quoniam, ℣. 3. Quaritur. Voiez *Chassan*, de consuet. Burgund, *Des mains mortes*, §. 6. ℣. *Par an & jour. Cravett*, de antiquit. temp. P. IV. §. *Materia*, num. 90.

§. XI. 1. De tout ce que nous avons dit il paroit, que, comme un Roi peut aquérir un droit de Souveraineté au préjudice d'un autre Roi, & un Peuple libre au préjudice d'un autre Peuple libre, par un consentement exprès; ils le peuvent aussi par un abandonnement tacite, & par la prise de possession qui le suit, ou qui en tire une nouvelle force. Car, pour ce qui est de la maxime commune, Que les actes (1) nuls originairement ne peuvent point être validez par un effet rétroactif; elle renferme cette exception: à moins qu'il ne survienne quelque nouvelle cause, capable de produire par elle-même un vrai droit.

2. De même, le (2) Roi légitime d'un Peuple peut perdre la Souveraineté, & devenir dépendant du Peuple, par un délaissement comme celui dont il s'agit. Et au contraire celui qui n'étoit que Prince ou Chef de l'Etat, (3) peut devenir Roi, ou véritable Souverain. Il peut arriver aussi que la Souveraineté, qui étoit toute entiére entre les mains du Peuple ou du Roi, se partage entr'eux par le même moien.

§. XII. 1. Il est bon encore d'examiner ici une autre question, savoir, si les Loix (1) touchant l'*Usucapion* ou la *Prescription*, établies par un Souverain, regardent le droit même de Souveraineté, & les parties essentielles, dont nous avons fait ailleurs le dénombrement. Un grand nombre de (a) Jurisconsultes semblent tenir ici l'affirmative, accoûtumez qu'ils sont à décider par le Droit Civil des *Romains* les questions

(a) *Bartol.* in Leg. XXIV. *Digest. de Capt. & postlim.* & in Leg. I. *De aqua pluvia arcend. Jason.* Conf. LXX. Lib. III. *Aymon*, de antiq. Part. IV. versic. *Materia ista*, num. 62. *Ant. Corset.* de exc. Reg. Quæst. 104. *Balb.* de Prescript. II. Part. V. pr. Quæst. 2. *Castal.* de Imp. Quæst. 33. *Covarruv.* in C. *Peccatum*, De Reg. Jur. in VI. P. II. §. 9. in fin.

(8) *Majorazgo.* C'est un droit établi en *Espagne*, en vertu duquel l'Aîné de la Famille hérite seul des Comtez, Marquisats, Duchez, Fiefs, & autres semblables biens, qui sont substituez de l'un à l'autre; de telle sorte que, l'Aîné venant à mourir sans enfans, celui qui se trouve Aîné après lui succéde. Dans le cas, dont il s'agit, qui est aisé à concevoir, après ce que nous venons de dire dans la Note précédente, il faut aussi distinguer les deux sortes de Prescription, dont on a parlé: Voiez là-dessus un autre Auteur Espagnol, Fernand Vasquez, *De Successionibus*, Lib. III. §. 26.

(9) On suppose ici un Fidéïcommis établi de telle maniére, que plusieurs personnes sont appellées les unes après les autres, & au défaut les unes des autres, à recueillir une Succession. Cela étant, si celui dont le tour venoit a cédé son droit au suivant; les Enfans du prémier, qui sont encore à naître, perdent le droit que le Pére leur auroit transmis, si le Possesseur du bien sujet à Fidéïcommis en jouït paisiblement jusqu'au terme de la Prescription. On objecte ici une Loi du Code, Lib. VI. Tit. XLIII. *Communia de Legatis* &c. Leg. II. §. 3. d'où l'on infere, que le Possesseur, soit Etranger, ou dont le droit au Fidéïcommis étoit encore à venir, ne peut point prescrire, au préjudice du Fidéïcommissaire actuellement appellé à la Succession. Mais il s'agit uniquement, dans cette Loi, de la Prescription ordinaire de dix ou vingt ans; & nullement de celle de trente ou quarante. Voiez Antoine Faure, *De Erroribus Pragmaticorum*, Decad. LXXXVIII. Err. 1, & *seqq.*

§. XI. (1) *Quod initio vitiosum est, non potest tractu temporis convalescere.* Digest. Lib. L. Tit. XVII. *De diversis Reg. Juris*, Leg. XXIX. Voiez là-dessus le Commentaire de Jaques Godefroi; & ce que dit Pufendorf, *Droit de la Nat. & des Gens*, Liv. III. Chap. VI. §. 14.

(2) Voiez sur tout ceci Huber, *de Jure Civitatis*, Lib. I. Sect. III. Cap. IX.

(3) Voiez Vasquez, *Controvers. illustr.* Lib. I. Cap. XXIII. §. 3. Lib. II. Cap. LXXXII. §. 8, 9. & *seqq.* comme aussi Panormitan. Lib. I. Conf. LXXXII. & Peregrinus, *de Jure Fisci.* Lib. VI. Cap. VIII. §. 10. Grotius.

§. XII. (1) C'est-à-dire, ces Loix considérées en ce qu'elles ont de particulier, qui regarde la maniére & le tems de la Prescription. Car pour ce qu'il y a qui est fondé sur le Droit de la Nature & des Gens, bien loin que l'Auteur mette la Souveraineté à l'abri de la Prescription, il soûtient même dans le *num.* 8. que, comme le terme de la Prescription réglé par les Loix ne suffit pas toûjours pour aquérir la Souveraineté, il peut arriver aussi qu'il ne faille pas pour cela un si long espace de tems. Bien plus: il veut que, dans les païs même où la Prescription ne seroit pas autorisée par les Loix Civiles, elle ne laisse pas d'avoir lieu pour les choses qui se rapportent à la Souveraineté. Ainsi la critique, que le Savant Gronovius fait ici de l'opinion de nôtre Auteur, tombe d'elle-même, puis qu'elle n'est fondée que sur un mal-entendu, ou une fausse supposition. Pour ce qu'il dit contre la raison tirée de ce qu'un Législateur ne sauroit s'imposer à lui-même une obligation, proprement ainsi nommée; voiez ce que j'ai remarqué là-dessus il y a long tems, sur Pufendorf, *Droit de la Nat. & des Gens*, Liv. VII. Chap. VI. §. 3. Note 4.

tions touchant la Souveraineté. Mais pour moi je (2) ne suis pas de ce sentiment. Et ma raison est, que, pour être tenu de se conformer à une Loi, il faut, de la part du Législateur, & le pouvoir, & la volonté, du moins tacite, d'y obliger. Personne ne peut s'imposer à soi-même une obligation qui aît force de Loi, c'est-à-dire, à laquelle il soit soûmis comme venant d'un Supérieur. Et de là vient, que les Législateurs ont droit de changer leurs Loix. Ils peuvent seulement être astreints à observer leurs propres Loix indirectement & par réflexion, entant qu'ils sont Membres de (3) la Société Civile; l'Equité Naturelle voulant que les Parties se conforment aux intérêts du Tout; comme l'Histoire Sainte (b) nous apprend qu'en usa *Saül* dans les commencemens de son régne. Mais cela ne fait rien à la question présente, puis que nous considérons ici le Législateur, non comme faisant partie de la Société Civile, mais comme renfermant le pouvoir du Tout; car il s'agit de la Souveraineté considérée comme telle.

(b) *I. Samuel*, XIV, 40.

2. On ne présume pas non plus ici la volonté du Législateur. Car les Législateurs ne peuvent pas être censez avoir voulu se comprendre eux-mêmes dans le nombre de ceux pour qui la Loi est faite, à moins que la matiére (4) & la raison de la Loi ne soient générales; comme quand il s'agit de la détermination du Prix des choses. Mais la Souveraineté n'est pas de même ordre, que les autres choses: bien loin de là, elle est d'une excellence fort supérieure. Je n'ai jamais vû de Loi Civile touchant la Prescription, qui parlât de la Souveraineté comme sujette à ses réglemens, ou qui fût conçuë de telle maniére, qu'on eût lieu de présumer vraisemblablement qu'elle s'étendoit jusques-là.

3. D'où il s'ensuit, que, d'un côté, le terme de la Prescription réglé par les Loix Civiles ne suffit pas pour aquérir la Souveraineté, ou quelcune de ses parties essentielles, si les fondemens naturels de la présomtion, dont nous avons parlé, manquent, ou en tout, ou en partie: &, de l'autre, qu'il ne faut pas pour cela un aussi long espace de tems, si avant le terme limité il y a suffisamment dequoi établir cette présomtion. Il s'ensuit encore de là, que, si en certains endroits les Loix Civiles n'autorisent pas les aquisitions faites par un laps de tems, cela ne regarde point les choses qui se rapportent à la Souveraineté.

4. Il pourroit arriver néanmoins, qu'un Peuple, en déférant la Souveraineté, eût dé-

(2) J'ai ici pour moi DON GARZIAS MASTRILL. *de Magistratu*, Lib. III. Cap. II. *num.* 26. JEAN OLDENDORP, *Consil. Marp.* V. num. 47. Tom. I. GROTIUS.

(3) Voiez ci-dessous, *Chap.* XX. de ce Livre, §. 24. SENEQUE dit, qu'un Pilote soûtient deux personnages, l'un qui lui est commun avec tous ceux qui sont dans le Vaisseau: l'autre, qui lui est particulier, entant qu'il conduit & gouverne le Vaisseau: *Duas personas habet Gubernator: alteram communem cum omnibus, qui eamdem conscenderunt navem, quâ ipse quoque Vector est, alteram propriam, quâ Gubernator est.* Epist. LXXV. (pag. 860.) Voiez là-dessus CLAUDE DE SEYSSEL: *De la Monarchie de France*, Liv. I. (Chap. XII.) CHASSAGNE, *De la Gloire du Monde*, Part. II. Cons. 5. GAILL. Lib. II. *Obs.* LV. *num.* 7. BODIN. *De Republ.* Lib. I. Cap. 8. REINKING. I. 12. GROTIUS.

(4) Voiez ci-dessous, *Chap.* XIV. §. 5. de ce Livre.

§. XIII. (1) L'Auteur suit ici la distinction des Jurisconsultes Scholastiques, qui appellent les droits dont il s'agit *Regalia minora*, par opposition aux *Regalia majora*, ou aux parties essentielles de la Souveraineté. On met au rang des *Regalia minora*, le droit, par exemple, de créer des Magistrats subalternes, ou de conférer certaines Dignitez; le droit d'établir des Foires & des Féries; le droit de légitimer les Bâtards, ou d'accorder un bénéfice d'âge; le droit de battre monnoie; le droit de confisquer les biens des Criminels; le droit de s'approprier les biens vacans; le droit de Chasse; le droit de lever certains Péages; & autres semblables droits. Mais Mr. THOMASIUS rejette cette distinction, & en même tems la conséquence que notre Auteur en tire par rapport à son sujet. La division, dit-il, des *Regalia majora* & *minora* n'est pas fondée sur un principe bien clair; & de là vient qu'on a tant de peine à marquer la différence de ces deux sortes de droits, sur quoi les Jurisconsultes ne sont pas d'accord entr'eux. Cette division a été empruntée des Interprêtes du Droit Féodal des *Lombards*. Il y a un Titre, c'est le LVI. du Livre II. dont la rubrique est, *Quæ sint Regalia*, & où l'on trouve une énumération de diverses sortes de droits de Souveraineté attachez aux *Fiefs Roiaux*. Comme il n'y est point fait mention du Pouvoir Législatif, du droit de la Guerre & de la Paix, & autres semblables; les Interprêtes, pour expliquer cette omission, ont inventé la distinction des *Regalia majora* & *minora*; entendant par les derniers, ceux dont il est parlé dans ce Titre; & par les autres, ceux dont il n'y est point parlé. Or un Vassal aiant le *Domaine utile* du Fief, & pouvant même aquérir le Fief par prescription, au préjudice de son Seigneur; les Jurisconsultes, qui, presque

déclaré de quelle maniere & en combien de tems il vouloit qu'elle se perdît par le non-usage: & en ce cas-là; sa volonté devroit certainement être suivie: le Roi, quelque revêtu qu'il fût de l'Autorité Suprême, ne pourroit y rien changer; parce que cela ne regarderoit pas la Souveraineté même, mais seulement la maniére de la posséder; différence, dont nous avons (c) parlé ailleurs.

(c) *Liv.* I. *Chap.* III. §. 11.

§. XIII. POUR ce qui est des droits, qui n'entrent point dans l'essence de la Souveraineté, & qui n'y sont pas attachez comme autant de propriétez naturelles, (1) mais qui peuvent naturellement en être séparez, ou du moins être communiquez à autrui; ils dépendent absolument des Loix Civiles de chaque Peuple, qui réglent l'Usucapion & la Prescription. (a) C'est ainsi que nous voions des Sujets, qui ont aquis, par prescription, le droit de juger sans appel & en dernier ressort; ce qui pourtant doit s'entendre de telle sorte, qu'on puisse toûjours se pourvoir par devers le Souverain, par voie de Requête, ou de quelque autre maniére: car de juger absolument sans appel, cela est incompatible avec la qualité de Sujet, & se rapporte par conséquent à la Souveraineté, ou à une de ses parties; de sorte qu'on ne peut l'aquérir que selon les Régles du Droit Naturel, auxquelles la Souveraineté est soûmise.

(a) *Covarruvias*, C. Possessor. P. II. §. 2. *num.* 12, 13.

§. XIV. 1. PAR les principes que nous avons établis il paroît en quel sens on peut recevoir ce que disent (a) quelques-uns, qu'il est toûjours permis aux Sujets, quand ils en trouvent le moien, de se remettre en possession de leur liberté, c'est-à-dire, de la liberté qui convient à un Peuple. Car, dit-on, ou l'Autorité Souveraine a été aquise par la force, & en ce cas-là elle peut se perdre par la même voie: ou elle a été déférée volontairement, & en ce cas-là, on peut se repentir, & changer de volonté. Mais, quoi qu'une Souveraineté aît été originairement aquise par la force, elle peut devenir légitime par une volonté tacite, qui en assûre la jouissance au Possesseur. Et la volonté du Peuple peut être telle, ou dans le tems qu'il établit la Souveraineté, ou depuis, qu'elle confére un droit qui (1) ne dépend plus desormais de sa volonté. Voici ce que disoit là-dessus le Roi *Agrippa*, aux *Juifs*, que l'on nomme *Zélateurs*, à cause du Zéle mal entendu qu'ils avoient pour le recouvrement de leur liberté: (2) *Il n'est plus tems de soûpirer après vôtre liberté: il falloit avoir combattu autrefois, pour ne pas la perdre. Il est dur de s'exposer à l'Esclavage, & l'on peut légitimement se défen-*

(a) Comme *Vasquez*, Controv. Illust. Lib. II. Cap. LXXXII. *num.* 3.

que jusqu'au tems de GROTIUS, confondoient fort souvent les Vassaux avec les Sujets, ont dit, à cause de cela, que les *Regalia minora* pouvoient être aliénez & aquis par prescription. Les anciens Rois des *Francs*, d'où sont venuës les Loix ou les Coûtumes du Droit Féodal, qu'on attribuë aux *Lombards*; ces Rois, dis-je, ont aussi éprouvé, mais trop tard, combien il est dangereux, pour un Souverain, de laisser à quelcun de ses Sujets les *Regalia minora*, avec pouvoir de les aliéner, ou de les transmettre à ses Successeurs; puis qu'avec le tems ces *Regalia minora* ont entraîné les *Regalia majora*; de sorte que plusieurs Sujets se sont érigez en vrais Souverains. Voiez les Notes de Mr. THOMASIUS, sur HUBER, *De Jure Civitatis*. Lib. I. Sect. III. Cap. VI. *num.* 3. *pag.* 91, 92. On peut y joindre les Notes de CUJAS sur le Titre du Droit Feodal, qu'on a cité; où ce grand Jurisconsulte montre, qu'il s'agit des droits, que les Evêques, les Princes, & les Villes d'*Italie*, rendirent à l'Empereur *Fridéric*, qui en avoit été privé pendant long tems. Pour venir maintenant à la question, dont il s'agit, j'entre fort dans la pensée du même Jurisconsulte, qui soûtient qu'un Sujet, demeurant Sujet, ne sauroit aquérir par prescription aucun droit, grand ou petit, de la Souveraineté. Lors que, sans une concession expresse du Souverain, un Sujet exerce pendant long tems certains droits qui appartiennent au Souverain, ou ce sont des droits qui se rapportent à l'exercice de quelque Charge publique dont le Sujet est revêtu; & en ce cas-là, il ne les exerce pas en son propre nom, mais au nom du Souverain, de qui il tient son emploi; ce qui ne laisse pas plus de lieu à la Prescription en sa faveur, qu'elle ne pourroit être alléguée par un Fermier, sous prétexte qu'il auroit tenu à ferme pendant cent ans un Fonds d'autrui: ou bien ce sont des droits, qu'on n'exerce pas entant que revêtu d'un Emploi public, & alors ils ne peuvent être regardez que comme des privileges tacites, & des privileges accordez par pure faveur; de sorte que leur durée dépend de la volonté du Souverain, comme celle des Privileges même accordez expressément, mais sans aucune clause d'irrévocabilité. Voiez les Notes du même Auteur sur le même Livre, *pag.* 111. & sa Dissertation *De Praescriptione Regalium ad jura Subditorum non pertinente*, imprimée à *Hall* en *Saxe*, 1696.

§. XIV. (1) C'est-à-dire, tant que celui à qui le droit a été conféré se tient dans les bornes prescrites ou expressément, ou tacitement.

(2) Ἀλλὰ μὴν τό γε νῦν ἐλευθερίας ἐπιθυμεῖν ἄωρον, δέον ὑπὲρ τοῦ μηδὲ ἀποβαλεῖν αὐτὴν ἀγωνίζεσθαι πρότερον. ἡ γὰρ πεῖρα τῆς δουλείας χαλεπὴ, καὶ περὶ τοῦ μηδὲ ἄρξασθαι ταύτης ὁ ἀγὼν δίκαιος· ὁ δ' ἅπαξ χειρωθεὶς, ἔπει-

fendre contre ceux qui veulent nous y jetter. Mais, quand une fois on est subjugué, si l'on vient à se revolter, ce n'est plus amour de la liberté, c'est une rebellion insolente & opiniâtre, ou, comme s'exprimoit JOSEPH en leur faisant les mêmes représentations, (3) *c'est à faire à des gens desespérez.* C'est aussi ce que disoit *Cyrus* (4) au Roi d'*Arménie*, qui couvroit sa rebellion du prétexte de recouvrer une liberté qu'il avoit perduë depuis long tems.

2. Mais si un Roi souffre pendant long tems, de la maniére que nous l'avons décrit ci-dessus, que le Peuple se soustraise à sa domination; cela suffit certainement pour faire aquérir au Peuple sa liberté publique, en vertu de l'abandonnement présumé du Souverain.

§. XV. IL n'en est pas de même des droits (1) qu'on n'exerce pas tous les jours, mais seulement une fois & quand on en a la commodité, tel qu'est, par exemple, (a) le droit de retirer un (2) Gage en paiant; (3) de ceux qui consistent dans l'exercice de nôtre Liberté, en sorte que ce que l'on fait n'y est pas directement contraire, mais y est renfermé comme la Partie dans son Tout; tel qu'est le cas d'une personne, qui pendant cent ans n'a lié de société qu'avec un seul Voisin, quoi qu'elle pût le faire avec d'au-

(a) Voiez *Paruta*, Hist. Venet. Lib. VII.

ἔπειτα ἀφιστάμενοι, δυσθάνατοι δοῦλοί εἰσιν, οὐ φιλελεύθεροι. JOSEPH. De Bello Jud. *Lib.* II. *Cap.* XXVI. Græc. (XVI. Latin.) pag. 805. B.

(3) *Εἰ γὰρ δὴ καὶ πολεμεῖν ὑπὲρ ἐλευθερίας καλόν, χρῆναι τὸ πρῶτον, τὸ δ' ἅπαξ ὑποπεσόντας, καὶ μακροῖς ἐξείξαντας χρόνοις, ἔπειτα ἀποσείεσθαι τὸν ζυγόν, δυσθανατώντων, οὐ φιλελευθέρων εἶναι.* (Ibid. *Lib.* VI. *cap.* XXV. Græc. (XI. Lat.) *pag.* 927. F.) On trouve presque les mêmes paroles dans la Harangue du Comte de *Blandrate* aux *Milanois*; RADEVIC, Lib. I. Cap. XL. GROTIUS.

(4) C'est au Liv. III. de la *Cyropédie* de XE'NOPHON, Cap. I. §. 6, 7.

§. XV. (1) Feu Mr. HUBER, dans ses *Prælectiones ad Pandectas*, Lib. XX. Tit. VI. *Quibus modis Pignus vel Hypoth. solvit.* num. 11. critique cette définition de nôtre Auteur. Elle n'est pas complette, dit-il: car le droit, par exemple, qu'a un Propriétaire de reclamer son bien possedé par autrui, & le droit qu'a un Créancier de redemander l'argent prêté à son Débiteur, ne consistent pas dans une suite d'actes réïterez; l'un & l'autre s'exerce par un seul acte, & quand on en a la commodité: cependant ils ne se rapportent ni l'un ni l'autre à ces *Res meræ facultatis*, dont il s'agit, puis que le Possesseur & le Débiteur prescrivent incontestablement contre le Propriétaire & contre le Créancier. Mais ce Jurisconsulte, & ceux qui ont approuvé sa critique, n'ont pas pris garde que ces paroles ne contiennent qu'une partie de la définition, ou plûtôt de la division, que nôtre Auteur propose ici, pour expliquer la nature des Droits imprescriptibles, dont il traite en peu de mots. Dans le sommaire de ce paragraphe, il les a appellez en général, *Quæ sunt meræ facultatis*: mais, dans le paragraphe même, il les réduit manifestement à deux classes, dont la derniére est plus considérable & plus étenduë; de sorte qu'on auroit dû plûtôt prendre pour définition ce qu'il dit de celle-ci, que la description de l'autre. Il y a, selon lui, des Droits, dont on ne fait usage que par un seul acte, qui n'est limité à aucun terme, & qu'on est par conséquent toûjours à tems d'exercer, d'où que vienne cette liberté de la differer: ce sont ceux, dont il parle ici d'abord, & dont il donne pour exemple le droit de retirer un gage en paiant. Voiez la Note suivante. Il y en a d'autres, qui sont une suite de la liberté naturelle que chacun a de disposer de ses actions, de ses biens, & en général de tous ses droits, quels qu'ils soient, tant qu'on n'a renoncé ni expressément, ni tacitement, à quelque partie de cette liberté: & ce sont ceux, dont il parle immédiatement après, *Item Jura libertatis* &c. Les uns & les autres sont appellez *Jura meræ facultatis*, ou un simple *pouvoir* de faire telle ou telle chose, parce que personne n'a droit ni directement, ni indirectement, d'exiger que nous en usions avant un certain terme, ou pendant un certain espace de tems, & de nous imposer par là en quelque maniére l'*obligation* d'en faire usage, si nous ne voulons les perdre. Cette nécessité peut venir ou de nôtre propre consentement, comme quand on s'est engagé à retirer dans un certain tems le Gage donné à un Créancier: ou de quelque Loi, soit Naturelle ou Civile, comme dans la Prescription, dont il s'agit, qui en elle-même est fondée sur le Droit Naturel, &, pour le terme, réglée d'ordinaire par le Droit Civil de chaque Païs: ou bien enfin de la volonté de celui qui a permis quelque chose qu'il pouvoit empêcher, ou concedé un privilége qu'il pouvoit refuser, à condition d'user de la permission ou du privilége de tems en tems, ou dans un certain espace de tems. Voilà, ce me semble, les idées qu'avoit nôtre Auteur sur cette matiére: & elles suffisent, ainsi developées, pour faire distinguer les Droits, qu'il a voulu expliquer, d'avec ceux qui par eux-mêmes sont sujets à prescription. La définition, que le Jurisconsulte, contre qui je le défends, a prétendu substituer, bien loin d'être plus nette & plus juste, est également obscure & fausse, comme l'a remarqué Mr. THOMASIUS, dans ses Notes sur cet endroit; & comme le montre aussi Mr. DE TOULLIEU, mon très-honoré Collégue, dans une savante Dissertation, intitulée *De Luitione Pignoris, & Rebus meræ facultatis*, (§. 8.) qui est la troisiéme de son *Dissertationum Juridicarum trias*, imprimé à *Utrecht* en 1706. Le dernier Auteur, qui a traité la matiére beaucoup plus exactement & plus nettement qu'on n'avoit encore fait, réfute aussi les définitions, que d'autres ont voulu établir: &, pour suppléer à leur défaut, il en donne une lui-même, qui revient au fond à ce que j'ai dit. Il entend par *Res meræ facultatis*, §. 25. certains *pouvoirs que l'on a, par le Droit Naturel, ou par le Droit commun de l'Etat dont on est Membre, à l'égard de l'usage & de la disposition de ce qui nous appartient* (c'est-à-dire, de nos biens & de nos droits) *tant qu'on en est en possession.* Il est vrai que lui, & Mr. THOMASIUS (ubi

d'autres. Ces sortes de droits ne se perdent, que depuis qu'il y a eu des défenses ou une contrainte, à quoi l'on s'est soûmis avec des marques suffisantes de consentement. Comme celà est conforme & au (4) Droit Civil, & à la Raison naturelle, il doit avoir lieu même entre les Grands.

CHAPITRE V.

De l'Aquisition originaire d'un droit sur les Personnes: Où l'on traite du Pouvoir Paternel; du Mariage; des Corps ou Communautez, du Pouvoir des Souverains sur leurs Sujets, & des Maîtres sur leurs Esclaves.

I. *Du* Pouvoir Paternel. II. *De quelle manière les Enfans dépendent de leurs Péres & Méres pendant l'Enfance; & s'ils sont alors capables d'avoir quelque droit de*

(*ubi supra*), excluent du nombre de ces Droits, ceux qui viennent originairement de la concession d'un Particulier, ou de quelque Convention & de quelque Obligation, qui emportent, de la part de celui à l'égard desquels on les exerce, quelque diminution de sa liberté. Mais je ne vois pas pourquoi on ne pourroit pas accorder à quelcun une permission ou un privilége, de telle manière qu'il lui soit entiérement libre d'en user ou de n'en pas user, sans que le non-usage, quelque long tems qui puisse s'être écoulé, le dépouille de son droit. Il n'y a là rien qui répugne à la simplicité du Droit Naturel, dont il est question: & en ce cas-là, ce ne sera pas moins un simple *pouvoir*, & un pouvoir imprescriptible, que celui, par exemple, de bâtir dans un Fonds qui est à nous. Voiez Gaill. *Observ. Practic.* Lib. II. Cap. LX. *num.* 9. Pour revenir à Mr. Huber, un des exemples qu'il allégue de Droits sujets à prescription, je veux dire, celui de se faire rendre un argent prêté, n'est à propos que selon les principes du Droit Civil. Car la Loi Naturelle, bien entenduë, assûre au Créancier, ou à ses Héritiers, tant qu'il y a des preuves suffisantes de la Dette, un plein pouvoir d'en exiger le paiement, après le plus long terme qui suffit d'ailleurs pour prescrire. Voiez ce que j'ai dit sur Pufendorf, *Droit de la Nat. & des Gens*, Liv. IV. Chap. XII. §. 2. *Note* 1.

(2) C'est ce qu'entend nôtre Auteur par *Luitio pignoris*. Quelques Docteurs prétendent, que *Luere pignus* est simplement paier la Dette, & dégager ainsi la chose qui avoit été donnée en gage; ce qui peut toûjours se faire, selon eux: mais ils veulent que le droit de redemander le Gage en vertu du Contract ne soit point renfermé là-dedans, & qu'il soit sujet à prescription, nonobstant le paiement; sauf au Débiteur à reclamer ensuite la chose dégagée, comme lui appartenant. Si cette distinction est bien fondée, elle n'est certainement que de Droit Civil. A l'égard de la question en elle-même, il faut aussi distinguer entre le Droit Naturel, & le Droit Romain. Selon le Droit Naturel, il est, à mon avis, hors de doute, que tant que le Créancier ou ses Héritiers ont entre les mains le Gage, tenu pour tel; comme la Dette subsiste éternellement, de la maniére que je l'ai dit, le droit de retirer le Gage en paiant ne s'éteint non plus jamais, s'il n'y a point de clause commissoire, expresse ou tacite, ni de rénonciation. Voiez ci-dessous, *Liv.* III, *Chap.* XX. §. 60. Pour ce qui est du Droit Romain, la question me paroit fort problématique. Il y a, de part & d'autre, des raisons spécieuses; & les sentimens des plus habiles Docteurs sont partagez là-dessus. Le dessein de ces Notes ne demande pas que je m'engage à examiner, de quel côté il y a une plus grande vraisemblance. Ceux qui voudront faire un tel examen, pourront consulter, entr'autres, le grand Cujas, sur Digest. *L.* 13. *De Usurpation. & Usucapionibus*, & *Paratitl.* Cod. *De Praescriptione triginta vel* 40. *ann.* Bachovius, *De Pignoribus & Hypoth.* Lib. V. Cap. XX. Vinnius, *Select. Quaest.* Lib. II. Cap. XXVI. Jacob. Gothofred. *in* Cod. Theodos. Tom. I. pag. 255. J. Voet. *in Tit. D. De Pigneratitia Action.* num. 7. Huber. *in Tit. D. Quibus mod. Pignus vel Hypoth. solvitur*, num. 11. avec les Notes de Mr. Thomasius &c. mais sur tout la curieuse Dissertation de Mr. de Toullieu, que j'ai citée dans la Note précédente. Il y a en général beaucoup d'embarras à expliquer, selon les principes du Droit Civil, les autres choses que l'on rapporte aux Droits *merae facultatis*: de sorte qu'il faut ou que les anciens Jurisconsultes n'aient pas eu ici des idées bien nettes & bien liées, ou que les Fragmens, qu'on nous a laissé de leurs Ecrits soient obscurs & imparfaits sur ce sujet, comme sur bien d'autres.

(3) Le Savant Gronovius allégue ici l'exemple de *C. Valerius Flaccus*, Prêtre de *Jupiter* (*Flamen Dialis*) qui, malgré les oppositions, entra dans le Sénat de *Rome*; quoi que, de tems immémorial, ses Prédécesseurs n'y fussent point venus, comme ils le pouvoient en vertu de leur Charge. Tit. Liv. *Lib.* XXVII. Cap. VIII. Mais je ne sai si cet exemple est tout-à-fait à propos. Car le privilége, dont il s'agit-là, est de telle nature, qu'il semble qu'on doive en faire usage du moins quelquefois, pour ne pas donner lieu enfin de croire qu'on y renonce. Aussi l'Historien remarque-t-il, que, si le Prêtre de *Jupiter* obtint permission d'entrer dans le Sénat, comme il le souhaitoit, ce ne fut pas tant en vertu d'un droit attaché à son Sacerdoce, qu'en considération de son mérite personnel, & de la pureté de sa vie: *Omnibus ita existimantibus, magis sanctitate vitae, quàm sacerdotii jure, eam rem eum Flaminem obtinuisse.* Ibid. *num.* 10.

(4) Voiez ce que j'ai dit dans la *Note* 2. sur ce paragraphe.

de Proprieté sur les biens. III. *Comment ils dépendent de leurs Péres & Méres, quand ils sont sortis de l'Enfance, & qu'ils demeurent encore dans la Famille.* IV. *Du pouvoir qu'ont les Péres & Méres, de châtier leurs Enfans.* V. *Du droit de les vendre.* VI. *Du tems auquel les Enfans sont sortis de l'Enfance, & en même tems de la Famille.* VII. *Distinction du Pouvoir naturel & du Pouvoir Civil des Péres & Méres sur leurs Enfans.* VIII. *Du droit d'un* MARI *sur sa* FEMME. IX. *Si la Loi de Nature demande nécessairement que le* MARIAGE *soit indissoluble, & d'un avec une; ou si cela est seulement prescrit par la Loi de l'Evangile?* X. *Que le défaut du consentement des Parens ne rend pas un Mariage nul, par le Droit Naturel tout seul.* XI. *Que, selon la Loi Evangelique, tout Mariage avec le Mari ou la Femme d'autrui, est nul.* XII. *Que les Mariages des Péres & des Méres avec leurs Enfans, sont illicites & invalides, par le Droit de Nature.* XIII. *Que les Mariages entre Frére & Sœur, ou entre une Belle-Mére & son Beau-Fils, ou entre un Beau-Pére & sa Belle-Fille, & autres semblables; sont illicites & invalides, par le Droit Divin Arbitraire.* XIV. *Il n'en est pas de même des Mariages entre Parens à un degré plus éloigné.* XV. *Que certains Mariages, auxquels les Loix donnent le nom de* Concubinage, *peuvent néanmoins être innocens.* XVI. *Qu'il peut y avoir des Mariages illicites, qui ne laissent pas d'être valides.* XVII. *Du droit établi dans toute sorte de* CORPS *ou* COMMUNAUTEZ, *en vertu duquel l'opinion de la plus grande partie des Membres l'emporte.* XVIII. *Quelle opinion doit prévaloir, lors que les voix sont égales?* XIX. *Comment il faut séparer ou joindre les opinions différentes dans une Assemblée.* XX. *Que le droit des absens accroît aux présens.* XXI. *Du rang entre égaux, & même entre les Rois.* XXII. *Que, dans les Societez fondées sur une certaine chose, l'opinion de chacun des Membres doit valoir à proportion de la part qu'il a à cette chose.* XXIII. *Du Pouvoir de l'*ETAT *sur ses* SUJETS. XXIV. *Si les Sujets peuvent sortir de l'Etat, pour entrer dans un autre?* XXV. *Que l'Etat n'a aucun droit sur les personnes qui en ont été bannies.* XXVI. *Fondement du droit d'*ADOPTION. XXVII. *Du Pouvoir d'un* MAÎTRE *sur ses* ESCLAVES. XXVIII. *En quel sens il renferme le droit de Vie & de Mort.* XXIX. *Quelle est, selon le Droit Naturel, la condition des Enfans nez d'un Homme ou d'une Femme Esclave.* XXX. *Diverses sortes de Servitude.* XXXI. *Du droit qu'on*

CHAP. V. §. I. (1) C'est-à-dire, en sorte que la personne, sur qui l'on aquiert un droit, ne fût pas auparavant dépendante de quelque autre: car si elle l'étoit, l'Aquisition est alors *dérivative*, comme celle qu'on fait d'un bien qui appartenoit déja à quelcun. L'Auteur traitera de cette autre sorte, dans les Chapitres suivans, & par rapport aux *Choses*, & par rapport aux *Personnes*.

(2) Voiez ce que j'ai remarqué sur PUFENDORF, *Droit de la Nat. & des Gens*, Liv. VI. Chap. II. §. 4. *Note* 1. On doit aussi joindre tout le Chapitre avec ce que nôtre Auteur dit ici sur la matiére du Pouvoir Paternel.

(3) Un ancien Déclamateur soûtient, que le Pére a le prémier droit sur ses Enfans, & que la Mére vient ensuite: *Prima partes sunt Patris, secunda Matris.* SENEC. Controvers. Lib. III. *Contr.* XIX. (pag. 255. *init.* *Ed. Elzev.* 1672.) St. CHRYSOSTÔME établit aussi cette inégalité, qui donne la préférence au Mari; deux autoritez égales sur les mêmes personnes étant incompatibles: & il veut que, d'un côté, la Femme ne s'attribuë pas un pouvoir égal, parce qu'elle dépend d'un Chef; de l'autre, que le Mari ne méprise point sa Femme, parce qu'elle est un même Corps avec lui: Ἐκεῖ-τωι ὑποτεταγμένη τῷ ἀνδρὶ ἡ γυνή· ἡ γὰρ ἰσοτιμία μάχην ποιεῖ. In I. ad CORINTH. XI, 3. Ἀρχὴ δ' ἐστιν ἡ γυνή, μήτε οὖν αὐτὴ τὴν ἰσοτιμίαν ἀπαιτείτω (ὑπὸ γὰρ τὴν κεφαλήν ἐστι) μήτε ἐκεῖνος, ὡς ὑποτεταγμένης, καταφρονείτω· σῶμα γάρ ἐστι . . . , ἀντίρρησις ἐστὶν ἀρχὴ αὐτῇ, ἀρχὴν ἔχουσα καὶ πολλὴν τὴν ἰσοτιμίαν· ἀλλ' ὅμως ἔχει τι πλέον ὁ ἀνήρ. In EPHES. Cap. VI. St. AUGUSTIN dit, qu'un Enfant légitime dépend plus du Pére, que de la Mére: *Filium autem vestrum, quoniam de legitimis cum & honestis nuptiis suscepisti, magis in Patris, quàm in tuâ esse potestate, quis nesciat?* Epist. CXCIX. (*Ad Ecdiciam.*) Un Ecrivain de l'Histoire Byzantine remarque, en parlant d'*Andronic Paléologue* & d'*Iréne*, qu'on alléguoit entr'autres cette raison, Qu'un Pére a plus de pouvoir qu'une Mere, & que rien n'empêche que la volonté du Pére au sujet de son Fils ne soit valable, au préjudice même de celle de la Mére: Προστίθησιν δὲ καὶ τοῦ, μείζονα δύνασθαι τὴν πατρὸς τὴν μητρὸς, τὸ μηδὲν εἶναι τὴν τοῦ πατρὸς τελευταίαν βούλησιν ἐπὶ τῷ παιδὶ, μᾶλλον ἢ τῆς μητρός. NICEPHOR. GREGOR. Lib. VII. Voiez, au sujet du respect dû à une Mére, COD. Lib. VIII. Tit. XLVII. *De Patria Potest.* Leg. IV. GROTIUS.

§. II. (1) Ὁ δὲ παῖς, ἔχει μὲν [τὸ βουλευτικόν], ἀλλ' ἀτελές. ARISTOTEL. Politic. *Lib.* I. *Cap.* XIII. pag. 311. A. *Edit. Paris.*

(2)

qu'on aquiert sur un Peuple, en vertu de la sujettion où il entre par son propre consentement. XXXII. *Du pouvoir qu'on aquiert sur une personne en conséquence de quelque délit.*

§. I. 1. ON peut aquérir un droit, non seulement sur les *Choses*, comme nous venons de le faire voir sur les *Choses*, mais encore sur les *Personnes*.

2. Il y a trois maniéres d'aquérir (1) *originairement* un droit sur les PERSONNES, savoir, la *Génération*; le *Consentement*; & le *Délit* ou le Crime.

3. La *Génération* donne (2) aux PERES & aux MERES un vrai droit sur leurs ENFANS. Je dis, *aux Péres & aux Méres*; avec cette différence, que, si le Pére (3) commande une chose, & la Mére une autre, l'autorité du Pére doit l'emporter, à cause de l'excellence de son séxe.

§. II. 1. OR il faut distinguer ici trois états des Enfans, selon trois tems différens de leur vie. Le prémier est, lors que leur Jugement (1) est imparfait, & qu'ils manquent de (2) discernement, comme dit ARISTOTE. Le second, lors que, leur Jugement étant mûr, ils sont encore Membres de la Famille Paternelle, ou, comme s'exprime le même Philosophe, (3) *ils ne s'en sont pas encore séparez*. Le troisiéme & dernier, lors qu'ils sont sortis de cette Famille.

2. Dans le prémier intervalle (4) toutes les actions des Enfans sont soûmises à la direction de leurs Péres & Méres. Car il est juste, que ceux qui ne sont pas capables de (5) se conduire eux-mêmes, soient gouvernez par autrui: & il n'y a que ceux qui ont donné la naissance à un Enfant, qui soient naturellement chargez du soin de le gouverner.

3. Un Fils, ou une Fille, ne laissent pourtant pas, pendant cet âge-là même, (a) d'être capables, selon le Droit des Gens, d'avoir quelque chose en propre: tout ce qu'il y a, c'est que la foiblesse de leur Jugement ne leur permet pas d'exercer eux-mêmes leur droit de Propriété. Ils ont le *droit*, mais non pas l'*usage* du droit, comme le dit (6) PLUTARQUE, en parlant des Enfans. Ainsi ce n'est point par la Loi de Nature que tous les biens qui surviennent aux Enfans sont aquis au Pére & à la Mére; mais en vertu des Loix Civiles de quelques Peuples; lesquelles aussi distinguent (7) à cet égard le Pére d'avec la Mére, & les Enfans non-émancipez d'avec ceux qui ont été éman-

(a) Voiez ci-dessus, *Chap.* III. de ce Livre, §. 6.

(2) Τὸ μὲν γὰρ ἑκουσίου καὶ Παῖδες, καὶ τὰ ἄλλα ζῷα, κοινωνεῖ· προαιρέσεως δ', οὔ. Idem, *Ethic. Nicom.* Lib. III. Cap. IV.

(3) Ce Philosophe regarde les Enfans pendant ce tems-là, comme faisant partie du Pére; & il en infére, que le Pére ne peut commettre aucune injustice envers eux, non plus qu'envers des Esclaves: Τὸ δὲ κτῆμα, καὶ τὸ τέκνον, ἕως ἂν ᾖ πηλίκον, καὶ μὴ χωρισθῇ, ὥσπερ μέρος αὐτοῦ· αὐτὸν δ' οὐδεὶς προαιρεῖται βλάπτειν· διὸ οὐκ ἔστιν ἀδικία πρὸς αὑτόν. Ibid. *Lib.* V. *Cap.* X. pag. 67. C. Voilà une belle Morale du Prince des Philosophes!

(4) Dans cet âge-là, les Enfans appartiennent à leurs Pére & Mére, de la même maniére que les autres choses qu'ils possédent; c'est un mot du Rabbin MOÏSE *fils de Maimon*, Canon. pœnitential. *Cap.* VI. §. 2. GROTIUS.

(5) L'Auteur citoit ici ce passage d'ESCHYLE, mais seulement en Latin, selon la version qu'il en a donnée dans ses *Excerpta ex Tragæd. & Comœdiis Græcis*, pag. 14.

——— Τὸ μὴ φρονοῦν γὰρ, ὡσπερεὶ βοτὸν,
Τρέφειν ἀνάγκη (πῶς γὰρ οὔ;) τρόπῳ φρενός.

» Les Enfans n'aiant pas l'usage de la Raison, & » étant comme les Bêtes, il est bien force qu'ils » soient élevez & conduits par la Raison d'autrui, *Choëphor.* (p. 237. *Ed. Steph.*) On auroit pû ajoûter ce qui est dit dans les INSTITUTES, au sujet de la Tutéle des Enfans qui ne sont pas encore en âge de puberté: *Impuberes autem in tutela esse, Naturali Juri conveniens est: ut is, qui perfectæ ætatis non sit, alterius tutelâ regatur.* Lib. I. Tit. XX. *De Atiliano Tutore* &c. §. 6.

(6) *Jus* ἐν κτήσει, *non* ἐν χρήσει. C'est ainsi que s'exprime nôtre Auteur. Le passage de *Plutarque*, sur lequel il se fonde, porte qu'il n'y a point de véritable Grandeur dans la simple possession des Biens, mais seulement dans l'usage qu'on en fait. Et là-dessus il allégue l'exemple des Enfans qui héritent d'un Roiaume. Οὐδὲν γὰρ ἐν τῷ κτᾶσθαι τῶν ἀγαθῶν, ἀλλ' ἐν τῷ χρῆσθαι τὸ μέγα ἐστίν· ἐπεὶ καὶ νήπια βρέφη κληρονομεῖ βασιλείας πατρῴας καὶ ἀρχάς. De fortun. Alexandr. *Orat.* II. pag. 337. C. Tom. II. *Ed. Wech.*

(7) Tout cela avoit lieu par le Droit Romain. Car les Enfans étoient sous la puissance du Pere, & nullement sous celle de la Mére: *Nec naturales liberos in sua potestate habent* (Feminæ). INSTITUT. Lib. I. Cap. XI. *De Adoptionib.* §. 10. Voiez Mr. NOODT, *Observat.* Lib. II. Cap. XV. Ainsi c'étoit le Pére seul qui aquéroit tous les biens de ses Enfans non émancipez à la reserve de certaines sortes de biens qu'on excepta avec le

émancipez, & les Enfans naturels d'avec les Légitimes; toutes différences inconnuës à la Nature, qui n'en établit d'autre que la prérogative du Séxe Masculin, dans un conflict des volontez contraires du Pére & de la Mére, comme je l'ai remarqué.

§. III. 1. Dans le second tems, c'est-à-dire, lors que les Enfans ont atteint l'âge où le Jugement est mûr, il n'y (1) a que les choses qui sont de quelque importance pour le bien de la Famille Paternelle ou Maternelle, à l'égard desquelles ils dépendent de la volonté de leurs Péres & de leurs Méres, & cela par cette raison, qu'il est juste que la Partie se conforme aux intérêts du Tout. Pour toutes les autres actions, les Enfans ont alors le (a) pouvoir moral de faire ce qu'ils trouvent à propos; en sorte néanmoins qu'ici même ils doivent toûjours tâcher de se conduire d'une maniére agréable à leurs Parens.

(a) Ἐξουσία.

2. Cependant, comme cette obligation n'est pas fondée sur un droit que les Parens aient d'en exiger à la rigueur les effets, de même que les autres dont nous avons parlé ci-dessus; mais seulement sur ce que demande l'Affection naturelle, le Respect, & la Reconnoissance, envers ceux de qui on tient la vie: si un Enfant vient à y manquer, ce qu'il fait contre le gré de ses Parens (2) n'est pas plus nul pour cela, qu'une Donation faite par un légitime Proprietaire, contre les régles de l'Economie, ne devient invalide par cette seule raison.

§. IV. Le droit de gouverner les Enfans renferme, dans l'un & dans l'autre de ces deux tems, le pouvoir de les châtier, autant qu'il est nécessaire pour les contraindre à s'aquitter de leur devoir, ou pour les corriger. Pour ce qui est des punitions plus rigoureuses, nous examinerons (a) ailleurs s'ils peuvent les emploier.

(a) Chap. XX. de ce Livre, §. 7. *num.* 2.

§. V. Quoi que le Pouvoir Paternel soit tellement personnel & attaché à la rélation de Pére, qu'il ne peut en être séparé, ni transporté à autrui: cependant, à en juger par le Droit Naturel tout seul & indépendamment de la défense des Loix Civiles, rien

se tems. Voiez les Interprêtes sur Institut. *Lib.* II. *Cap.* IX. *Per quas personas nobis adquiritur.* Pour ce qui est des Enfans naturels, ou Bâtards, ils n'étoient pas sous la puissance du Pére: *In potestate nostra sunt Liberi nostri, quos ex justis nuptiis procreaverimus.* Institut. Lib. I. Tit. IX. *De Patria potest.* init. *Itaque ii, qui ex eo coitu* (injusto) *nascuntur, in potestate Patris non sunt: sed tal . . .unt, quantum ad patriam potestatem pertinet, quales sunt ii, quos Mater vulgo concepit.* Ibid. Tit. X. *de Nuptiis*, §. 12. D'où il s'ensuit, que le Pére ne pouvoit pas s'approprier leurs biens, puis qu'il n'avoit ce droit qu'en vertu de la Puissance Paternelle, établie par les Loix.

§. III. (1) C'est ainsi que Moïse *fils de Maimon* explique la Loi, qui se trouve dans le Livre des Nombres, Chap. XXX. vers. 6. Grotius.

(2) Voiez le §. 10. de ce Chapitre; & *Liv.* III. *Chap.* XXIII. §. 8. Comme aussi ce que j'ai dit au long sur cette matiére dans mon Commentaire sur Pufendorf, *Droit de la Nature & des Gens*, Liv. III. Chap. VII. §. 6. *Note* 2. de la seconde Edition; & mes deux Lettres contre Mr. Du Tremblai, insérées dans le Journal des Savans, Ann. 1712. & 1713.

§. V. (1) Jornandes dit, qu'il vaut mieux perdre la liberté, que la vie; & que c'est pour cela qu'un Pére vend son Enfant, lors qu'il le voit réduit à cette extrémité: *Haud enim secus Parentes faciunt, salutem suorum pignorum providentes: satius deliberant, ingenuitatem perire, quàm vitam, dum misericorditer alendus quis venditur, quàm moriturus servatur.* Histor. Goth. (*Cap.* XXVI. pag. 73. *Edit. Vulcan.* 1597.) Je vois qu'il y avoit, dans le *Mexique*, une Loi qui permettoit cela. Grotius.

Je trouve dans l'*Histoire générale* des *Indes Occidentales*, de François Lopez de Gomara, Liv. II, Chap. LXXXVI. que, dans le *Mexique*, les Péres pouvoient vendre pour Esclaves leurs Enfans, sans distinction d'aucun cas: de même que chaque Homme & chaque Femme se pouvoit vendre soi-même. Sur ce pié-là, l'exemple ne seroit pas à propos.

(2) Cette Loi vouloit, que la chose se fit par autorité du Magistrat, qui exigeoit de l'Acheteur une promesse solemnelle de bien nourrir l'Enfant, jusqu'à ce qu'il fût en état de servir: Ἀλλ' ἐὰν ᾖ πένης εἰς τὰ ἔσχατα ὁ τοῦ παιδὸς πατὴρ, εἴτε ἄρρεν τοῦτο, εἴτε θῆλυ εἴη, ἐπὶ τὰς ἀρχὰς κομίζειν ἐξ ὠδίνων τῶν μητρῴων σὺν τοῖς σπαργάνοις αὐτό. Αἱ δὲ παραλαβοῦσαι, ἀποδίδονται τὸ βρέφος τῷ τιμὴν ἐλαχίστην δόντι· ῥήτρα τε πρὸς αὐτὸν καὶ ὁμολογία γίνεται, ἦ μὴν τρέφειν τὸ βρέφος, καὶ αὐξηθὲν ἔχειν δοῦλον, ἢ δούλην, θρεπτήρια αὐτοῦ τὴν ὑπηρεσίαν λαμβάνοντα. Ælian. Var. Hist. *Lib.* II. *Cap.* VII. Nôtre Auteur remarquoit ici, qu'il y avoit une semblable Loi parmi les *Phrygiens*; sur quoi il cite Philostrate, dans la Lettre que celui-ci fait écrire par *Apollonius* à *Domitien*. Mais il n'est point parlé là d'Enfans précisément: *Apollonius* dit seulement, qu'il est ordinaire aux *Phrygiens* de vendre leurs gens, & que même, quand on leur a pris quelcun pour le rendre Esclave par force, ils ne s'en mettent point en peine: Φρυξὶ γὰρ ἐπιχώριον, καὶ ἀποδίδοσθαι τοὺς αὐτῶν, καὶ ἀνδραποδισθέντων μὴ ἐπιστρέφεσθαι. Vit. Apollon. Tyan. *Lib.* VIII. *Cap.* VII. §. 12. pag. 346. *Edit. Olear.*

(3) Voiez Exode, XXI, 7. Levitique, XXV, 39. Deuteron. XV, 12.

§. VI.

rien n'empêche qu'un Pére n'engage, & ne (1) vende même, s'il le faut, son propre Fils, lors qu'il ne trouve pas d'autre moien de le faire subsister; comme cela étoit autorisé (2) par une ancienne Loi des *Thébains*, qui l'avoient empruntée des *Phéniciens*, & ceux-ci des (3) *Hébreux*. En effet, la Nature même est censée donner droit de faire tout ce sans quoi on ne peut obtenir une fin qu'elle prescrit.

§. VI. 1. Dans le troisiéme & dernier tems, un Enfant est maître absolu de lui-même à tous égards; mais il ne laisse pas d'être obligé à avoir pour son Pére & pour sa Mére, pendant tout le reste de sa vie, les sentimens d'affection & de respect, dont le fondement subsiste toûjours.

2. D'où il s'ensuit, que les actes d'un Roi ne peuvent point être annullez (1) par cette raison que son Pére ou sa Mére ne les ont pas autorisez.

§. VII. 1. Toute l'autorité qu'ont les Péres & les Méres, au delà de ce que nous venons d'établir, (1) vient de quelque Loi Positive & arbitraire, qui est différente selon les lieux.

2. Parmi les anciens *Hébreux*, selon la Loi que Dieu lui-même leur avoit donnée, (a) un Pére avoit droit d'annuller les Vœux de son Fils ou de sa Fille. Mais ce pouvoir n'étoit pas perpétuel: il ne duroit que tant que les Enfans étoient membres de la Famille Paternelle. Du reste, tel étoit l'usage des *Juifs*, qu'un Fils pouvoit contracter quelque obligation à l'âge de treize ans; comme le (b) témoignent les Rabbins.

(a) *Nombres*, XXX, 2, & *suiv.* Voiez le Livre *de Praeceptis Legis*, Praecept. vetante CCXLII.

(b) *In dict. loc.* Num. XXX.

3. Il y avoit une sorte de Pouvoir Paternel, qui étoit particulier (2) aux Citoiens *Romains*, lequel s'étendoit même sur les Enfans qui étoient Chefs de famille, tant qu'ils n'étoient pas (3) émancipez. *Les Législateurs de* Rome, comme le remarque (4) Sextus Empiricus, *avoient rendu la condition des Enfans semblable à celle des Esclaves: les Péres étoient maîtres du bien de leurs Enfans, jusqu'à ce qu'ils les eussent affranchis, de la même maniére qu'on affranchissoit les Esclaves; ce qui passe pour tyran-*

§. VI. (1) Ou il s'agit d'affaires particuliéres, dans lesquelles le Roi ne fait rien comme Roi; & en ce cas-là, il ne dépend point de la volonté de ses Parens, puis qu'il n'est plus Membre de la Famille: ou bien il s'agit d'affaires publiques, & à plus forte raison n'est-il pas obligé de consulter là-dessus ses Parens, puis qu'un Sujet même, qui se trouve revêtu de quelque Emploi public, ne dépend point de son Pére dans les choses qui ont du rapport à cet Emploi, quoi qu'il soit d'ailleurs sous la puissance paternelle. C'est la décision du Droit Romain, qui malgré le pouvoir excessif qu'il donnoit d'ailleurs aux Péres sur leurs Enfans, y soustrait aussi un Fils de famille établi Tuteur, en ce qui concerne les affaires de la Tutéle: *Filiusfamilias, in publicis caussis, loco Patrisfamilias habetur, veluti si Magistratum gerat, vel Tutor detur.* Digest. Lib. I. Tit. VI. *De his qui sui vel alieni juris sunt*, Leg. IX. Un fils peut même, entant que Magistrat, contraindre son Pére aux choses qui sont de sa juridiction: *Si quis Filiusfamilias sit, & Magistratum gerat: Patrem suum, in cujus est potestate, cogere poterit, suspectam dicentem hereditatem adire, & restituere. Nam, quod ad Jus Publicum adtinet, non sequitur jus potestatis.* Lib. XXXVI. Tit. I. *Ad Senatusconf. Trebell.* Leg. XIII. §. 5. & Leg. XIV. *init.* De même, quoi qu'un Fils doive toûjours du respect à son Pére, le Pére est tenu de lui ceder en ce qui regarde les honneurs dûs à sa Charge. Voiez Pufendorf, *Droit de la Nat. & des Gens*, Liv. VI. Chap. II. §. 12. à la fin du second *à linea*.

§. VII. (1) Seneque dit, que comme il est avantageux aux Jeunes Gens d'être dirigez par quelcun, les Loix les ont mis sous la conduite de leurs Péres, qui sont une espéce de Magistrats domestiques: *Et quia utile est juventuti regi, imposuimus illi quasi domesticos Magistratus, sub quorum custodia contineretur.* De Benefic. *Lib.* III. *Cap.* XI. Grotius.

(2) Les Jurisconsultes Romains reconnoissent eux-mêmes, comme le remarquoit ici nôtre Auteur, que les autres Hommes n'avoient pas ce pouvoir sur leurs Enfans: *Jus autem potestatis, quod in liberos habemus, proprium est civium Romanorum. Nulli enim alii sunt homines, qui talem in liberos habeant potestatem, qualem nos habemus.* Institut. Lib. I. Tit. IX. *De Patria Potestate*, §. 2. Ce ne fut qu'après la Constitution de l'Empereur *Antonin Caracalla*, que tous les Sujets de l'Empire Romain eurent ce droit. Voiez l'*Orbis Romanus* de feu Mr. le Baron de Spanheim, Exercit. II. Cap. XXIII.

(3) Voiez sur Pufendorf, *Droit de la Nat. & des Gens*, Liv. V. Chap. X. §. 8. *Note* 5.

(4) Οἵ τε Ῥωμαίων νομοθέται, τοὺς παῖδας ὑποχειρίους καὶ δούλους τῶν πατέρων κελεύουσιν εἶναι· καὶ τὴν οὐσίαν τῶν παίδων μὴ κυριεύειν τοὺς παῖδας, ἀλλὰ τοὺς πατέρας, ἕως ἂν ἐλευθερίας οἱ παῖδες τύχωσι, κατὰ τοὺς ἀργυρωνήτους. παρ' ἑτέροις δὲ, ὡς τυραννικὸν, τοῦτο ἐκβέβληται. Pyrrhonic. hypotypos. *Lib.* III. (*Cap.* XXIV. §. 211. *Edit. Fabric.*) Philon dit, que, selon les Loix Romaines, un Pére a tout pouvoir sur son Fils: Ἡ γὰρ υἱοῦ παντελὴς ἐξουσία, κατὰ τοὺς τῶν Ῥωμαίων νόμους, ἀνάκειται πατρί. De Legat. ad Caj. (*pag.* 996. B.) Grotius.

tyrannique chez d'autres Peuples. *Ces Législateurs*, comme le dit (5) SIMPLICIUS, dans son Commentaire sur EPICTETE, *aiant égard à la supériorité que la Nature donne aux Péres & aux Méres sur leurs Enfans, & aux travaux qu'ils essuient pour leur éducation; comptant d'ailleurs sur la tendresse naturelle des Péres & Méres; voulurent que les Enfans dépendissent d'eux absolument, & leur donnérent pouvoir de les vendre, & de les tuer même impunément, quand ils le jugeroient à propos.*

4. ARISTOTE (6) traite de tyrannique un Pouvoir Paternel aussi étendu, qu'il dit avoir été établi chez les *Perses*. Il faut donc bien distinguer ici ce que les Loix Civiles permettent, d'avec ce qui est autorisé par la Loi Naturelle: & c'est pour cela que j'ai allégué les exemples qu'on vient de voir.

§. VIII. 1. LE droit qu'on aquiert sur les *Personnes*, en vertu de leur propre *consentement*, vient ou d'une *société* que l'on contracte avec quelcun, ou d'une *sujettion* où il entre.

2. La *Société* la plus naturelle, c'est celle du MARIAGE. (1) Ici la différence du
(a) *Ephes.* V. 23. Séxe fait que l'autorité n'est pas égale. Le *Mari* est (a) le Chef de la *Femme*, c'est-à-dire, en ce qui concerne le Mariage, & les affaires de la Famille; car la Femme devient membre de la Famille de son Mari. Ainsi c'est au Mari à régler le domicile.

3. Si les Maris ont quelque pouvoir au delà de ce que je viens de dire, comme parmi les anciens *Hébreux* (b) tous les Vœux d'une Femme pouvoient être annullez par son Mari; & chez quelques Peuples un Mari peut vendre les biens de sa Femme: cela n'est point fondé sur la Nature, mais sur un établissement arbitraire. Voions maintenant, en quoi consiste la nature du Mariage.

(b) *Nombr.* XXX, 7. *& suiv.*

4. Selon le Droit de Nature, le *Mariage* n'est autre chose, à mon avis, que l'habitation d'un Homme avec une Femme, par laquelle la Femme est comme sous les yeux & sous la garde de l'Homme. Car on voit, parmi quelques Bêtes, une espéce de sembla-

(5) 'Οἱ δὲ παλαιοὶ τῶν 'Ρωμαίων νόμοι, καὶ πρὸς τὴν τῆς φύσεως ὑπεροχὴν ἀποβλέψαντες, καὶ πρὸς τοὺς πόνους, οὓς οἱ γονεῖς ὑπὲρ τῶν τέκνων ποιοῦσιν, ἅμα καὶ τὰς παῖδας παντελῶς ὑποτάξαι βουλόμενοι, καὶ τῇ τῶν γονέων, οἶμαι, φυσικῇ φιλοστοργίᾳ θαῤῥήσαντες καὶ ἐπιτρέψαντες, εἰ βούλοιντο, τοὺς παῖδας τοῖς γονεῦσιν ἐπέτρεψαν, καὶ φονεύειν ἀτιμωρητεί. In Cap. XXXVII. pag. 199. *Ed. Heins.*

(6) 'Η Περσικὴ δὲ ἡ τοῦ Πατρὸς [ἀρχὴ], τυραννική· χρῶνται γὰρ, ὡς δούλοις, τοῖς υἱοῖς. Ethic. Nicom. *Lib.* VIII. *Cap.* XII.

§. VIII. (1) Sur toute cette matiére, on doit consulter PUFENDORF, qui la traite fort au long, *Droit de la Nat. & des Gens*, Liv. VI. Chap. I. Au lieu qu'ici on ne fait qu'effleurer les principales questions.

§. IX. (1) St. CHRYSOSTÔME dit, en parlant de *Sara*, qu'elle cherchoit à consoler son Mari de sa stérilité, par les Enfans qu'il auroit de sa Servante; car, ajoûte-t-il, cela n'étoit pas encore défendu: *Κἀκείνη πάλιν ἐπινοεῖ τῆς ἀπαιδίας ἐπινοῆσαι παραμυθίαν αὐτῷ τινα ἀπὸ τῆς παιδίσκης· οὔπω γὰρ ταῦτα τότε ἐκεκώλυτο.* (Homil. *in Genes.*) Voiez le même Pére, sur la *I. Epître à* TIMOTHÉE, Chap. III. (& un autre passage de son Livre *sur la Virginité*, qui a été cité ci-dessus, *Liv.* I. *Chap.* II. §. 6. *num.* 5. *Note* 5. St. AUGUSTIN parle de la coûtume d'avoir plusieurs Femmes en ce tems-là, comme d'une chose innocente, & qui étoit permise pour la multiplication de la postérité: *Sufficiendæ prolis caussâ erat uxorum plurium simul habendarum inculpabilis consuetudo.* De Doctrina Christ. *Lib.* III. *Cap.* XII. *Quoniam multiplicandæ posteritatis caussâ plures uxores Lex nulla prohibebat* &c. De Civit. Dei, *Lib.* XVI. *Cap.* XXXVIII. Voiez encore le Chap. XVIII. Lib. III. *de Doctrina Christ.* Il dit ailleurs, dans le même Ouvrage, qu'on faisoit alors légitimement des choses, qui ne peuvent aujourdhui être faites que pour contenter sa Passion: *Multa enim sunt, quæ illo tempore officiosè facta sunt, quæ modo nisi libidinosè fieri non possunt.* Ibid. *Cap.* XXII. GROTIUS.

(2) L'Historien Juif dit, que c'étoit parmi eux la coûtume, d'avoir plus d'une Femme, si on vouloit: *Πάτριον γὰρ ἐν ταὐτῷ πλείοσιν ἡμῖν συνοικεῖν.* Antiq. Jud. *Lib.* XVII. *Cap.* I. GROTIUS.

(3) Voiez le docte SELDEN, *De Uxore Hebraïca*, Lib. I. Cap. VIII.

(4) JOSEPH rapportant cela, fait dire à *Nathan*, que DIEU avoit donné à *David* des Femmes, qu'il pouvoit épouser légitimement: *Δοῦναι δ' αὐτῷ καὶ γυναῖκας, ὡς δικαίως· καὶ νομίμως ἠγάγετο.* (Antiq. Jud. *Lib.* VII. *Cap.* VII. pag. 227. A. *Ed. Lips.*) L'Auteur du PESICHTA ZOTERTHA dit, sur le Chap. XVIII. du LEVITIQUE, que ceux qui prétendent qu'il étoit défendu d'avoir en même tems plus d'une Femme, ne savent ce que c'est que la Loi. [*Fol.* 24. col. 1.] GROTIUS.

Voiez encore ici SELDEN, *de Jure Nat. & Gent. juxta discipl. Ebræorum*, Lib. V. Cap. VI.

(5) LEVITIQUE, *Chap.* XXI. *vers.* 7. Il n'étoit pas non plus permis à un Sacrificateur, d'épouser une Veuve, comme il paroit par le verset 14. du même Chapitre. PHILON, Juif, [*De Monarchia*, pag. 827. A. *Ed. Paris.*] & la plûpart des Interprêtes Modernes, entendent cela du Souverain Sacrificateur; à cause de ce qui précéde, *vers.* 10, *& suiv.* Mais qu'il s'agisse là de tous Sacrificateurs sans exception, il paroit & par un

blable société entre le Mâle & la Femelle. Mais l'Homme étant un Animal raisonnable, le Mariage, à son égard, renferme de plus un engagement de la Femme envers son Mari.

§. IX. 1. IL n'en faut pas davantage pour constituer un Mariage naturellement bon & valide. Il semble même que c'est tout ce que demandoit la Loi Divine, jusqu'à l'établissement de l'Evangile. Car, avant la Loi de *Moïse*, on voit (1) de saints personnages, qui avoient plusieurs Femmes. Et dans cette (2) Loi même (a) il y a quelques Préceptes, donnez à ceux qui auroient plus d'une Femme. Il est défendu (b) aux Rois d'avoir un trop grand nombre de Femmes & de Chevaux : sur quoi les Docteurs Juifs remarquent, (3) qu'il étoit permis à un Roi d'avoir dixhuit ou Femmes, ou Concubines. DIEU (c) reprochant à *David* son ingratitude, met au nombre des bienfaits dont il l'avoit comblé, qu'il lui avoit (4) donné plusieurs Femmes, & des Femmes d'un rang considérable.

(a) *Deut.* XXI, 15.
(b) *Ibid.* XVII, 17.
(c) *II. Sam.* XII, 8.

2. La Loi de MOÏSE (d) régle aussi la maniére dont un Mari devoit se conduire, lors qu'il vouloit répudier sa Femme : & elle ne défend d'épouser une Femme ainsi congediée, qu'à celui-là même qui l'avoit répudiée, & à un (5) Sacrificateur.

(d) *Deuter.* XXIV, 4.

3. Il faut pourtant remarquer ici, que cette liberté de s'engager avec un autre Mari doit être restreinte, par le Droit même de Nature, en sorte qu'il n'en puisse arriver aucune confusion de lignée. De là vient cette question, qui, au rapport de (6) TACITE, fut autrefois proposée aux Pontifes : *Si une Femme, qui se trouvoit grosse, après le divorce, pouvoit se remarier, avant que d'avoir accouché?* Parmi les *Juifs*, il falloit laisser passer trois mois, avant que de convoler en secondes Nôces.

4. Mais Nôtre Seigneur JESUS-CHRIST a prescrit ici, comme en plusieurs autres choses, une regle plus parfaite ; selon laquelle il déclare coupables (e) d'adultére, (7) & celui qui répudie une Femme, à moins qu'elle n'aît commis quelque infidélité contre

(e) *Matth.* V, 32. XIX, 9.

un passage d'EZECHIEL, XLIV, 22. & par ce que dit JOSEPH, dans l'explication de cette Loi, & dans son I. Livre *contre Apion*. Il faut donc lier le verset 14. avec le commencement du Chapitre ; en sorte qu'on regarde ce qui est dit du Souverain Sacrificateur aux versets 10, 11, 12, 13. comme dit en passant, & par parenthése. GROTIUS.

L'Historien Juif, de l'autorité duquel nôtre Auteur se sert, fait justement contre lui : car après avoir parlé des Femmes que les Sacrificateurs en général ne doivent point épouser, il ajoûte : *Mais pour ce qui est du Souverain Sacrificateur*, Moïse *ne lui permet pas même d'épouser une Veuve, comme il fait aux autres Sacrificateurs* : Τὸν δ' Ἀρχιερέα μηδὲ τοι, ὡς τεθνηκότος ἐξεῖναι γαμεῖν γυναῖκα, τοῦτο τοῖς ἄλλοις ἱερεῦσι συγχωρῶν. Antiq. Jud. *Lib.* III. *Cap.* X. pag. 95. F. Pour ce qui est de l'autre passage, que l'on cite comme étant dans le I. Livre *contre Apion*, il y a bien un endroit, où JOSEPH parle du Mariage des Sacrificateurs, *pag.* 1036. mais je n'y trouve pas un mot de ce qui regarde les Veuves. Aussi nôtre Auteur ne cite-t-il point du tout JOSEPH, dans sa Note sur le passage du LEVITIQUE, où il fait la même remarque. A l'égard du passage d'EZECHIEL, Mr. LE CLERC, qui trouve avec raison quelque chose de bien dur dans la parenthése que nôtre Auteur suppose ici ; promet d'expliquer un jour les paroles du Prophéte d'une maniére qui conciliera la contradiction apparente. Voiez SELDEN, *de Uxore Hebraïca*, Lib. I. Cap. VII. & *de Successione in Pontificat.* Lib. II. Cap. II.

(6) C'est en parlant d'*Auguste*, qui, après avoir enlevé *Livie* à son Mari, consulta par moquerie les Pontifes, sur cette question : *Abducta* Neroni *uxor : & consulti per ludibrium Pontifices*, An concepto, necdum edito partu, ritè nuberet ? *Annal.* Lib. I. Cap. X. *num.* 7.

(7) Pour éclaircir la matiére, & pour savoir en même tems ce que pensoit nôtre Auteur depuis la prémiére édition de cet Ouvrage, où il ne fit néanmoins aucun changement dans cet endroit ; il est bon d'ajoûter ici quelques-unes des réflexions que l'on trouve dans son Commentaire sur le *Nouveau Testament*, MATTH. V, 32. Il remarque donc d'abord, que Nôtre Seigneur JESUS-CHRIST, ne prétend point, dans ce passage, non plus que dans tout le reste de son Discours fait sur la Montagne, abolir aucune partie de la Loi de *Moïse* : il veut seulement montrer, de quelle maniére & en quel cas un Homme-de-bien peut profiter de la permission du Divorce, accordée par un des Réglemens Politiques de cette Loi, qui subsistoit encore dans le tems qu'il parloit. Il ne s'agit point par conséquent d'une cause de Divorce portée devant les Juges : car, outre qu'un Mari, qui vouloit répudier sa Femme, n'étoit point obligé, selon la Loi, de le faire par voie de Justice ; lors qu'il accusoit sa Femme d'Adultére devant les Juges, cela alloit à la faire punir de mort, selon la Loi, & non pas à obtenir une dissolution de Mariage. Ainsi, quand Nôtre Seigneur parle de l'Adultére, comme d'une juste cause de Divorce, il suppose ou un Mari doux & clément, qui ne vouloit point faire punir sa Femme, quelque coupable qu'elle fût d'infidélité, comme *Joseph* en usa à l'égard de *Marie*, dans le tems qu'il ne pouvoit encore savoir la cause miraculeuse de sa grossesse ; ou bien un Mari, qui n'avoit pas dequoi prouver en Justice l'infidélité de sa Femme, quoi qu'il en fût persuadé, ou

tre lui; & celui qui épouse une telle Femme. L'Apôtre St. PAUL, fidéle Interprête de la pensée de son divin Maître, (f) ne se contente pas de donner au Mari un droit sur

(f) *I. Corinth.* VII. 4.

ou que même il en eût des preuves indubitables pour lui. Sur quoi St. JEROME dit, que toutes les fois qu'il y a ou adultére, ou soupçon d'adultére, on peut sans scrupule répudier une Femme. [*Ubicumque est igitur fornicatio, & fornicationis suspicio, liberè uxor dimittitur.* In MATTH. XIX. pag. 56. C. Tom. IX. *Edit. Basil.* 1537.] Ce n'est pas que toute imagination d'un esprit soupçonneux autorise en conscience à user de ce droit : mais on n'est pas obligé d'attendre qu'on ait en main toutes les preuves nécessaires en Justice, & selon la rigueur des Loix : Il suffit de tenir ici le milieu entre une jalousie trop crédule, & une indolence stupide. THEODOSE *le Jeune*, Empereur Chrétien, & qui consultoit fort les Evêques, établissant les conjectures de l'infidélité d'une Femme selon les mœurs de son Siécle, crut que, pour autoriser un Divorce, il suffisoit que la Femme fût allée manger avec d'autres Hommes, contre les défenses ou à l'insû de son Mari; ou qu'elle eût couché dehors, sans de bonnes raisons, à moins que ce ne fût chez son Pére ou sa Mére; ou qu'elle fût allée aux Spectacles publics, contre la volonté de son Mari. JUSTINIEN y ajoûta les cas suivans : Si une Femme se faisoit avorter de gaieté de cœur; Si elle se baignoit avec d'autres Hommes; Si elle parloit de mariage à un autre Homme. (Voiez COD. Lib. V. Tit. XVII. *De Repudiis* &c. Leg. VIII. & XI.) Mais les paroles de Nôtre Seigneur, *si ce n'est en cas d'adultére*, doivent-elles être prises si fort à la rigueur, qu'il n'y ait que cette seule raison capable de mettre en repos la conscience d'un Homme qui répudie sa Femme? Ceux qui n'en reconnoissent point d'autre, pressent les termes de l'Original, emploiez ici, ou dans les autres Evangélistes, παρεκτὸς λόγου πορνείας, ἐκτὸς εἰ μὴ &c. Mais on peut entendre cette exception, comme fait ORIGENE, (*Homil. in* MATTH. VII.) en sorte qu'elle ne renferme qu'un exemple des cas pour lesquels le Divorce est permis. Il est assez ordinaire, & dans les Loix Humaines, & dans les Loix Divines, de marquer seulement les cas les plus communs, d'où l'on doit ensuite inférer les autres non exprimez. Voiez EXOD. XXI, 18, 19, 20, 26. DEUTERON. XIX, 5. La chose sera encore plus plausible, si l'on explique, comme on le peut, les mots qui se trouvent dans St. MATTHIEU, V, 32. παρεκτὸς λόγου πορνείας, *Quiconque répudie sa Femme, hors qu'il n'y a aucune cause d'adultére* &c. & si on lit dans le Chap. XIX, 9. au lieu d'εἰ μὴ ἐπὶ πορνείᾳ, comme portent les Editions ordinaires, μὴ ἐπὶ πορνείᾳ, comme il y a dans celle de *Complute* (& dans plusieurs MSS. *apud* MILL.) c'est-à-dire, *non pour cause d'adultére*. Car ces sortes d'expressions, que la Version Syriaque semble avoir imitées dans les deux passages citez, emportent plûtôt un exemple, qu'une restriction qui laisse d'ailleurs les termes dans toute leur généralité. Mais, posé qu'il y ait ici une véritable exception, le sens demeurera toûjours le même. Car, dans toutes les Loix, sans en excepter les plus odieuses, telles que sont les Loix pénales, ce qui est établi par le Législateur a lieu dans tous les cas où la raison est la même : & les Loix favorables s'appliquent aussi aux cas semblables. Que si nous considérons bien la nature de tous les Préceptes de JESUS-CHRIST, nous trouverons, que la Charité en est & le principe, & la perfection. Or la Charité veut bien que nous procurions l'avantage d'autrui, mais en sorte que nous pensions au nôtre, & que nous ne soyions pas cruels envers nous-mêmes, comme l'enseigne St. PAUL, *II. Epître aux* CORINTHIENS, Chap. VIII. ℣. 13. Il y auroit de la dureté & de l'inhumanité à chasser une Femme pour toute sorte de sujets. Les Païens l'ont reconnu. Voiez AULU-GELLE, *Noct. Attic.* Lib. I. Cap. XVII. A combien plus forte raison un Chrétien, qui fait profession de patience, & à qui il est ordonné d'aimer ses plus grands Ennemis, doit-il ne pas concevoir légérement un ressentiment implacable contre sa Femme. Mais aussi lors qu'elle s'est, par exemple, renduë coupable d'infidélité, il ne seroit pas juste qu'il fût réduit à la dure nécessité de garder une telle Femme. La chose parle d'elle-même : & c'est peut-être pour cela que St. MARC, *Chap.* X. ℣. 11. & St. PAUL, *I. Epître aux* CORINTHIENS, VII, 10. rapportant le Précepte de Nôtre Seigneur, dont il s'agit, l'expriment d'une maniére générale, sans y ajoûter aucune exception; supposant, à mon avis, que de telles restrictions sont renfermées tacitement dans les Loix les plus générales, en vertu de l'Equité Naturelle. Cette même Equité ne pourroit-elle donc pas autoriser le Divorce en d'autres cas moins fréquens, & dont, à cause de cela, il n'étoit pas tant nécessaire de parler? Posons qu'une Femme ait voulu empoisonner son Mari : ou qu'elle ait tué leurs Enfans communs. Dira-t-on, que ces sortes de Crimes ne sont pas aussi contraires au but du Mariage, que l'Adultére? Mais le Mariage n'a pas été établi seulement pour la propagation de l'espéce : le secours mutuel qu'on espére de cette union, y entre sans doute pour quelque chose. Et rien ne sauroit être plus contraire aux engagemens d'une Société si étroite, qu'un attentat sur la vie de l'un des Mariez. En matiére de Divorce, les anciens *Romains* distinguoient, si la mauvaise conduite d'une Femme étoit supportable, ou insupportable : peut-être que Nôtre Seigneur a eu en vuë cette distinction, en sorte qu'il a exprimé les maniéres d'agir insupportables par l'exemple du cas le plus commun & le plus connu. Les Empereurs Chrétiens, dont nous avons parlé, ajoûtent à l'Adultére, & aux choses qui donnent de justes soupçons d'infidélité, quelques autres Crimes, qui étant prouvez autorisoient le Mari à répudier sa Femme, sans qu'il lui en coûtât rien. Bien plus : encore même qu'il n'eût pas des preuves suffisantes, il ne lui étoit pas absolument défendu de la répudier, mais on laissoit à son choix ou de la garder, ou de rendre la dot, & de perdre ce qu'il avoit lui-même donné pour cause de mariage. Il n'étoit pas permis aux Femmes Juives de se séparer de leur Mari sans sa volonté : aussi Nôtre Seigneur ne dit-il rien d'elles, qui tende à leur donner cette permission, pas même quand leur Mari avoit commis adultere. Mais par les Loix Romaines, le Mari & la Femme avoient ici un droit égal : & c'est pourquoi l'Apôtre St. PAUL le leur donne aussi, dans sa *I. Epître aux* CORINTHIENS, *Chap.* VII. vers. 15. JUSTIN, *Martyr*, qui étoit voisin du tems des Apôtres, louë, en parlant au Sénat Romain, une Femme Chrétienne, qui profitant du bénéfice des Loix Romaines, s'étoit séparée de son Mari, à cause de ses impudicitez, afin, dit-il, de n'être pas participante des crimes d'un tel Homme, en habitant avec lui : *ὅπως μὴ κοινωνὸς τῶν ἀδικημάτων καὶ ἀσεβημάτων γένηται μένουσα ἐν τῇ συζυγίᾳ, καὶ ὁμοδίαιτος καὶ ὁμόκοιτος γενομένη.* Mais ce Pére ajoûte, que la Femme, dont il s'agit, n'en vint là, qu'après avoir inutilement fait tout ce qu'elle pouvoit pour engager son Mari à changer de vie. Et si l'on examine bien ce que dit St. PAUL, dans le Chapitre cité ci-dessus, on se convaincra, que les paroles de Nôtre Seigneur ne doivent être entenduës que du mariage de deux personnes Chrétiennes. Car c'est à l'égard de celles-là que l'Apôtre dit, qu'il y a un commandement de Nôtre Seigneur : pour les autres, il déclare expressément, que Nôtre Seigneur n'a-

sur le corps de sa Femme; ce (8) qui avoit lieu aussi dans l'Etat de Nature: il donne encore à la Femme un droit à son tour sur le corps de son Mari; *établissant ainsi*, comme

n'avoit rien ordonné sur leur sujet. St. Augustin le remarque: *Ambobus quippe Christianis Dominus praecepit, ne quisquam dimittat uxorem, exceptâ caussâ fornicationis.* Epist. LXXXIX. En effet, de Chrétien à Chrétien, quand même un des Mariez auroit commis quelque grande faute, l'autre ne doit pas aisément desespérer qu'il ne revienne à lui-même, tant qu'il demeure dans la profession du Christianisme. Pour ce que Nôtre Seigneur dit, que celui qui répudie sa Femme pour quelque léger sujet, *la fait devenir adultére*; le terme de l'original *μοιχᾶσθαι* ne signifie pas proprement *adultére*: il marque toute sorte d'*impudicité* en général, & plus ordinairement la simple fornication. De sorte que, si l'on a raison de le traduire par *adultére*, dans les endroits où il s'agit de l'infidélité d'une Femme mariée; il ne s'ensuit point de là qu'on doive l'entendre de même ici, où il s'agit d'une Femme répudiée, & qui par conséquent n'étoit plus liée à son Mari, selon la Loi de *Moïse*. Cela veut donc dire, qu'un Homme qui répudioit sa Femme pour de legers sujets, l'exposoit par là, entant qu'en lui étoit, au danger de s'abandonner à tout le monde; parce que souvent les Femmes répudiées ne trouvoient point d'autres Maris. St. Ambroise a eu cette idée: *Quàm periculosum, si fragilem adolescentulae aetatem errori offeras?* [In Luc. XVI. Lib. VIII. pag. 1754. A. *Edit. Paris.* 1569.] Dans les paroles suivantes: *Et celui qui épouse la Femme répudiée, commet adultére*, Nôtre Seigneur parle toûjours d'une Femme répudiée par son Mari demeurant Chrétien; & dont par conséquent il y avoit lieu d'espérer qu'il reviendroit à lui-même: car la Loi de *Moïse* subsistant encore, comme nous l'avons dit, il auroit été trop dur de traiter d'Adultéres tous ceux qui épousoient quelque Femme répudiée. Supposé, par exemple, qu'une telle Femme étant en danger de son honneur, quelcun touché de compassion l'eût épousée; n'auroit-ce pas été plûtôt une action louable? Il faut donc entendre les paroles de Jesus-Christ, de celui qui épousoit une Femme répudiée, avant qu'on eût tenté toutes les voies possibles de la reconcilier avec son Mari, comme l'Apôtre St. Paul le prescrit, I. Corinth. VII, 11. ou, ce qui est encore pis, de ceux qui étant devenus amoureux des Femmes d'autrui, cherchoient à s'en emparer par un divorce. C'est aussi à cela que se rapporte ce que dit Nôtre Seigneur, au Chap. XIX. de St. Matthieu, ℣. 9. où il explique plus au long sa pensée: *Celui qui répudiera sa Femme*, ET EN EPOUSERA UNE AUTRE &c. Car & celui qui épousoit la Femme répudiée, empêchoit par là qu'elle ne retournât avec son Mari, qui n'auroit pû après cela la reprendre, quand il l'auroit voulu; & le Mari de la Femme répudiée, dès-là qu'il en épousoit un autre, donnoit lieu de croire qu'il n'étoit point disposé à reprendre la prémiére, & ainsi il lui fournissoit occasion, entant qu'en lui étoit, ou de s'abandonner à l'impudicité, ou de s'engager avec un autre Mari; car c'est ainsi qu'il faut entendre le terme *μοιχᾶται*, que l'on traduit *commet adultére*, mais qui doit signifier la même chose que *ποιεῖ μοιχᾶσθαι*, *fait commettre adultére*, dans l'autre passage paralléle du même Evangeliste; selon le stile des *Hébreux*, qui attribuent à quelcun directement, ce à quoi il donne occasion par quelque action propre. Voiez Romains, VIII, 26. Galat. IV, 16. Au reste, quand St. Paul dit, I. Corinth. VII. 39. *qu'une Femme est liée par la Loi, pendant que son Mari est en vie*; il ne s'agit point-là du Divorce. L'Apôtre veut prouver seulement, que le lien du Mariage ne s'étend point jusqu'après la mort du Mari; & qu'ainsi la Femme peut alors se remarier. Le même Apôtre disant ailleurs la même chose, quoi que dans un autre but, Rom. VII, 1, 2. parle de la Loi de *Moïse*: or il est certain, que, selon la Loi de *Moïse*, une Femme étoit libre de se remarier, quand elle avoit été répudiée, & par conséquent avant la mort de son Mari. Voilà en substance ce que dit nôtre Auteur dans ses *Notes* sur le Nouveau Testament. D'où il paroît, que ses idées n'étoient pas tout-à-fait les mêmes, que quand il composa l'Ouvrage que nous expliquons, quoi qu'il n'ait depuis rien changé dans cet endroit. De tout ce que l'on vient de voir, il s'ensuit, que dans les passages de l'Evangile, qu'il cite ici en marge pour montrer que Nôtre Seigneur Jesus-Christ a défendu par une de ses Loix la *Polygamie*, il ne s'agit que du *Divorce*; & cela par opposition aux fausses idées des *Juifs*, qui le croioient permis en conscience *pour quelque cause que ce fût*, Matth. XIX, 3. Aussi voions-nous que nôtre Auteur, dans son Traité *de la Vérité de la Religion Chrétienne*, publié pour la prémiére fois en M. DC. XXXIX. c'est-à-dire, environ deux ans avant ses *Notes sur le Nouveau Testament*; lors qu'il parle du Mariage d'un avec une, après avoir dit, *qu'il y a eu peu de Nations dans le Paganisme parmi lesquelles on se soit contenté d'une Femme, comme faisoient les* Germains *& les* Romains; ajoûte seulement, que *les Chrétiens suivent cette maniére de Mariage.* Lib. II, §. 13. Et dans les Notes il ne cite aucun passage de l'Evangile, mais seulement ces paroles de la *I. Epitre* de St. Paul aux Corinthiens, Chap. VII. *vers.* 4. *Une Femme n'est pas maitresse de son Corps, mais son Mari: de même un Mari n'est pas maitre de son Corps, mais sa Femme.* Or, dans ses Notes posthumes sur les Epitres, il explique ces paroles conformément à la suite du discours, comme n'emportant autre chose que le droit qu'a une Femme d'exiger que son Mari ne lui refuse point le devoir conjugal, parce qu'en vertu du Mariage elle entre avec lui, dans une société qui demande l'usage réciproque de leurs Corps: *'Ουκ ἐξουσιάζει heic est, non habet Jus plenum atque integrum. Nam non vita tantum, sed & corporum inita est societas. In re autem sociali nemo sociorum jus plenum habet.* Mais il ne s'ensuit point de là, qu'un Mari ne puisse avoir plus d'une Femme: car les Societez ne se font pas toûjours sur un pié égal. Ainsi ce n'est que par accommodation que nôtre Auteur applique ici les paroles de St. Paul, & pour donner à entendre, que les *Chrétiens* ont renoncé à la *Polygamie*, plûtôt pour suivre l'esprit & le génie de l'Evangile, qui porte à éviter ce dont on peut abuser facilement, que pour obéir à une Loi expresse de Nôtre Seigneur, ou de ses Apôtres. Voiez Mr. Le Clerc, *Hist. Eccles.* Prolegom. Sect. III. Cap. IV. §. 5. *num.* 9. pag. 162. Il n'y a nulle apparence, que Jesus-Christ ait voulu obliger ceux qui avoient plusieurs Femmes, avant que de devenir ses Disciples, à les renvoier toutes, hormis une. Et lors que les Loix Politiques de Moïse eurent été tacitement abrogées, par la destruction de la Ville de *Jerusalem* & du Gouvernement des *Juifs*: comme les *Juifs* & les *Chrétiens* furent répandus dans l'Empire Romain, où il n'étoit pas permis d'avoir plusieurs Femmes; il n'étoit point à craindre que les *Chrétiens* voulussent rappeller l'usage de la Nation Juive. Moins encore y a-t-il à craindre aujourd'hui, que toutes les Loix & Civiles & Ecclésiastiques défendent depuis si long tems la *Polygamie*.

(8) C'est ce que remarque Artemidore: *'O γὰρ μιγνύμενος κατὰ νόμον ἀφροδίτης, πάντως ἄρχει τοῦ σώματος τῆς ὑπεικούσης.* Oneirocrit. Grotius.

me le remarque LACTANCE, (9) *une égalité de droits entre deux persones qui ne font qu'un seul Corps.*

5. Je n'ignore pas, que la plûpart des Docteurs croient qu'en matiére de ces deux articles, je veux dire, de la Polygamie & du Divorce, JESUS-CHRIST n'a pas fait une nouvelle Loi, mais seulement rétabli celle que DIEU le Pére avoit établie dès la Création du Monde. Et les paroles mêmes de Nôtre Seigneur, (g) où il nous rappelle à ce commencement de toutes choses, semblent avoir donné lieu d'entrer dans une telle pensée. On peut néanmoins répondre, qu'à la vérité la prémiére institution, dans laquelle DIEU ne donna à un Homme qu'une seule Femme, montre assez que c'est (10) ce qu'il y a ici de meilleur & de plus agréable à DIEU; & par conséquent que cela a toûjours été beau & louable: mais il ne s'ensuit point, qu'on ne pût sans crime faire autrement. Car où il n'y a point de Loi, il n'y a point de violation de la Loi: or en ce tems-là, il n'y avoit aucune Loi là-dessus.

(g) *Marc.* X, 6.

6. Pour ce que DIEU dit, soit par la bouche d'*Adam*, ou par celle de MOÏSE; (h) que l'union du Mariage est si grande, que le Mari doit quitter la Famille Paternelle, pour faire une nouvelle Famille avec sa Femme; c'est à peu près dans le même sens que le Psalmiste dit à la Fille de *Pharaon*: (i) *Oublie ton Peuple, & la Maison de ton*

(h) *Genèse*, II, 24.

(i) *Pseaum.* XLV, 11.

(9) *Non enim, sicut Juris Publici ratio est, sola mulier adultera est, quæ habet alium; maritus autem, etiam si plures habeat, à crimine adulterii solutus est. Sed Divina Lex ita duos in matrimonium, quod est in corpus unum, pari jure conjungit, ut adulter habeatur, quisquis compagem corporis in diversa distraxerit.* Institut. Divin. *Lib.* VI. *Cap.* XXIII. (*num.* 24, 25. *Edit. Cellar.*) Ce Pére ajoûte un peu plus bas, qu'un Mari doit, par son exemple, apprendre à sa Femme la chasteté; & qu'il y a de l'injustice à exiger d'elle ce qu'on ne peut pas obtenir de soi-même: *Servanda igitur fides ab utroque alteri est, immo exemplo continentiæ docenda uxor, ut se casté gerat. iniquum est enim, ut id exigas, quod præstare ipse non possis.* (num. 29.) On trouve la même pensée dans GREGOIRE *de Nazianze*: Πῶς ἂν σωφροσύνην ἀπαιτεῖς, ἣν ἀντιτελεῖς οὐ; [Orat. XXXI. pag. 500. C. *Edit. Colon.* seu Lips.] Voici ce que dit St. JEROME: " Autres sont les Loix des Empereurs, autres „ celles de JESUS-CHRIST. Autres sont les préceptes de PAPINIEN, autres ceux de St. PAUL. Les „ prémiers lâchent la bride à l'impudicité des Hommes & condamnent seulement la Fornication avec „ des persones de condition libre, & l'Adultére; „ permettent la débauche dans des lieux publics, & „ le commerce avec des Esclaves; comme si c'étoit „ la qualité des persones, & non pas la volonté, „ qui fit le crime. Mais, parmi nous, les Hommes „ n'ont pas plus de liberté que les Femmes, & ils „ sont assujettis les uns & les autres aux mêmes Loix. *Aliæ sunt Leges* Cæsarum, *aliæ* Christi: *aliud* Papinianus, *aliud* Paulus *noster præcipit. Apud illos viris impudicitiæ fræna laxantur, &, solo stupro atque adulterio condemnato, passim per lupanaria & ancillulas libido permittitur; quasi culpam dignitas faciat, non voluntas. Apud nos quod non licet feminis, æquè non licet viris, & eadem servitus pari conditione censetur.* Ad Ocean. (*Tom.* I. pag. 198. C. *Ed. Bas.* GROTIUS.

(10) Plusieurs Sages de l'Antiquité ont aussi préféré le Mariage d'un avec une, à la Polygamie. EURIPIDE soûtient, qu'il n'est pas beau de voir un seul Homme commander à deux Femmes; & que quiconque veut bien gouverner sa Famille, doit se contenter d'une seule compagne de lit.

——— ——— ——— Οὐδὲ γὰρ καλὸν,
Δυοῖν γυναικοῖν ἄνδρ' ἕν' ἡνίας ἔχειν·
Ἀλλ' εἰς μίαν βλέποντες εὐναίαν Κύπριν,
Στέργουσιν, ὅστις μὴ κακῶς οἰκεῖν θέλει.
Andromach. (℣. 177, & *seqq.*)

Dans la même Tragédie, le Chœur dit: " Je n'approuverai jamais, qu'un Homme ait deux lits en „ même tems, & que l'on voie chez lui des Enfans „ de deux Méres vivantes: ce n'est là qu'un sujet de „ divisions & de grands chagrins, dans une Famille. „ Qu'un Mari se contente d'avoir une Femme, chaste „ & vertueuse. Dans un Etat, on n'est pas mieux gouverné par deux, que par un: la multiplicité des Maîtres rend le joug plus pesant, & cause des Séditions „ parmi les Citoiens. Les Muses même excitent ordinairement des querelles entre deux Poëtes. Quand „ on est sur mer, il vaut mieux avoir un seul Pilote, „ moins habile, qui tienne le Gouvernail, que si le „ Vaisseau étoit conduit par deux, ou même par une „ troupe d'habiles Pilotes. En un mot, si l'on veut être „ heureux & vivre en repos, il ne faut qu'une seule „ persone qui commande & dans l'Etat, & dans les „ Familles.

Οὐδέποτ' ἂν δίδυμα
Λέκτρ' ἐπαινέσω βροτῶν,
Οὐδ' ἀμφιμάτορας κόρους,
Ἔριν οἴκων,
Δυσμενεῖς τε λύπας.
Τὰν μίαν μοι στεργέτω πόσις γάμοις
Ἀκοινώνητον εὐνὰν ἀνδρός.
Οὐδὲ γὰρ ἐν πόλεσι
Δίπτυχοι τυραννίδες
Μιᾶς ἀμείνονες φέρειν,
Ἄχθος δ' ἐπ' ἄχθει,
Καὶ στάσις πολίταις.
Τεκτόνοιν δ' θ' ὕμνοιν ἐργάταιν δυοῖν
Ἔριν Μοῦσαι φιλοῦσι κραίνειν.
Πνοαὶ δ' ὅταν φέρωσι ναυτίλους θοαί,
Κατὰ πηδαλίων
Διδύμα πραπίδων γνώμα,
Σοφῶν τε πλῆθος ἀθρόον ἀσθενέστερον
Φαυλοτέρας φρενὸς αὐτοκρατοῦς.
Ἑνὸς ἁ δύναμις ἀνά τε μέλαθρα,
Κατά τε πόλιας,
Ὁπόταν εὑρεῖν θέλωσι καιρόν.
(Vers. 464, & *seqq.*)

Dans la Comédie de PLAUTE, intitulée, *Le Marchand*, une

ton Pére. Et l'établissement d'une amitié si étroite entre un Mari & une Femme, montre bien que DIEU aime fort à les voir unis inséparablement: mais cela ne prouve point, que, dès le commencement du Monde, (11) il aît défendu de rompre cette union pour quelque sujet que ce fût. On ne trouve point de telle défense avant JESUS-CHRIST, qui a dit (k) *que l'Homme ne doit point séparer ce que* DIEU *avoit joint* dans la prémiére institution du Mariage; faisant ainsi d'une chose très-bonne & très-agréable à DIEU, la matiére très-digne d'un des Préceptes de la Loi nouvelle. (k) *Marc*, X, 9.

7. Il est certain, que le Divorce & la Polygamie ont été autrefois en usage parmi la plûpart des Peuples. TACITE (12) remarque, que de son tems, de tous les Peuples Barbares il n'y avoit presque que les *Germains*, chez qui un Homme n'eût qu'une Femme; & l'Histoire nous fournit une infinité d'exemples de la pratique contraire, parmi les (13) *Perses*, & les (14) *Indiens* (15). En (16) *Egypte*, il n'y avoit que les Prêtres, qui se contentassent d'une Femme. Chez les *Grecs* même, *Cécrops* fut le prémier, qui, au rapport d'ATHENE'E, (17) *établit le Mariage d'un avec une*: ce qui néanmoins ne s'observa pas long tems, pas même à *Athénes*, comme il paroît par l'exemple de (18) *Socrate*, & de (19) plusieurs autres. Si quelques Peuples ont été plus sobres là-dessus, si les *Romains* n'ont jamais eu deux Femmes à la fois, & se sont long

une Actrice raisonne ainsi: " Une honnête Femme „ se contente d'un Mari: pourquoi est-ce qu'un Mari „ ne se contenteroit pas d'une Femme?

Nam uxor contenta est, quæ bona est, uno Viro:
Qui minus Vir unâ Uxore contentus siet?

Mercator. (*Act.* IV. *Scen.* VI. ℣. 8.) GROTIUS.

A juger de cette question indépendamment des Loix Civiles, il est certain que souvent on ne pourroit user de la liberté de la Polygamie & du Divorce, sans pécher contre quelque Vertu, & s'engager dans des inconvéniens fâcheux; à cause desquels la prudence des Législateurs a demandé qu'on défendit entiérement d'avoir plus d'une femme à la fois, & qu'on ne permît de se séparer d'elle qu'en certains cas & pour certaines raisons. Mais on ne sauroit inferer de là, que la chose soit mauvaise en elle-même, selon le Droit Naturel: tout ce qu'on peut dire, c'est que c'est une de ces choses indifférentes de leur nature, dont il est facile d'abuser, comme le Jeu, par exemple, & plusieurs autres Divertissemens, dont le plus sûr est de se priver, pour peu qu'on se sente de la disposition à en faire un mauvais usage. Voiez au reste ce que j'ai dit ci-dessus, *Liv.* I. *Chap.* I. §. 15. *Note* 3. & §. 17. *Note* 3.

(11) C'est ainsi que St. AMBROISE, parlant de la Polygamie, dit que DIEU, dans le Paradis Terrestre, approuvoit le Mariage d'un avec une, sans condamner pourtant le contraire: *Quia dixit* Sara *ad* Abraham: Ecce conclusit me Dominus, ut non pariam: intra ergo ad ancillam meam, ut filium facias ex illa. Et ita factum est. *Sed consideremus primum, quia Abraham ante Legem* Moysi, *& ante Evangelium, fuit, nondum interdictum adulterium videbatur. Pœna criminis ex tempore Legis est, quæ crimen inhibuit. Nec ante Legem ulla Rei damnatio est, sed ex Lege. Non ergo in Legem commisit* Abraham, *sed Legem prævenit. Deus in Paradiso conjugium laudaverat, non adulterium damnaverat.* Lib. I. de Abraham. *Cap.* IV. Ce passage se trouve rapporté dans le DROIT CANONIQUE, Caus. XXXII. Quæst. IV. *Cujus arbitrium aliqua sequatur* &c. (C. III.) GROTIUS.

Ce Pére a raison de dire, que la Polygamie n'étoit point défenduë, du tems d'*Abraham*: mais il ne devoit pas l'appeller un *Adultére* par rapport à ce tems-là; moins encore avancer, que l'Adultére étoit alors permis. Il y a là pour le moins une grande confusion d'idées, & une inexactitude d'expression, capable de jetter dans l'erreur des Lecteurs peu éclairez. Mais j'aurai peut-être occasion d'examiner un jour ce passage plus en détail.

(12) *Nam prope soli Barbarorum singulis uxoribus contenti sunt, exceptis admodum paucis, qui non libidine, sed ob nobilitatem, plurimis nuptiis ambiuntur.* De moribus German. *Cap.* XVIII. On voit par les derniéres paroles, que, quoi que cela fût rare parmi eux, il y en avoit pourtant des exemples; de sorte que c'étoit plûtôt une mode, qu'une chose regardée comme illicite.

(13) Voiez BRISSON, *de Regno Persarum*, Lib. II. pag. 219, *& seqq.* Edit. Sylburg. 1595.

(14) Τὸ δὲ πολλὰς ἔχειν γυναῖκας [τὰς ἐν Ταξίλοις] κοινὸν καὶ ἄλλων. STRAB. Geograph. *Lib.* XV. pag. 1041. C. *Ed. Amst.* (714. *Paris.*)

(15) Ajoûtez-y les *Thraces*, touchant lesquels il y a des vers de MENANDRE [*apud* STRABON. *Lib.* VII. pag. 455, 456. *Ed. Amst.* 297. *Paris.*] & d'EURIPIDE, dans son *Andromaque* (℣. 214, *& seqq.*) GROTIUS.

(16) Γαμοῦσι δὲ παρ' Αἰγυπτίοις οἱ μὲν ἱερεῖς μίαν, τῶν δ' ἄλλων ὅσας ἂν ἕκαστος προαιρῆται. DIODOR. SICUL. Lib. I. Cap. 81. pag. 51. *Ed. H. Steph.* Nôtre Auteur, qui citoit ce passage en marge, renvoyoit aussi, dans une petite Note, à HERODIEN, *Lib.* II. Il a voulu dire sans doute HERODOTE; car il n'y a certainement rien là-dessus dans le prémier de ces Historiens; & l'autre traite au long, dans son II. Livre, des mœurs des *Egyptiens.* Mais il dit tout le contraire: car, après avoir parlé des *Egyptiens*, qui habitent au delà des Marais, il remarque, que ceux qui demeurent dans les Marais ont les mêmes mœurs, que le reste des *Egyptiens*, entr'autres en ce que chacun n'y a qu'une Femme, comme parmi les *Grecs*: Οἱ δὲ δὴ ἐν τοῖσι ἕλεσι κατοικημένοι, τοῖσι μὲν αὐτοῖσι νόμοισι χρέωνται τοῖσι καὶ οἱ ἄλλοι Αἰγύπτιοι· καὶ τἄλλα, καὶ γυναικὶ μιῇ ἕκαστος αὐτῶν συνοικέει, κατάπερ Ἕλληνες. Cap. XCII. C'est aux Savans à voir, comment on peut accorder ces deux Historiens.

(17) Ἐν δὲ Ἀθήναις πρῶτος Κέκροψ μίαν ἑνὶ ἔζευξεν. ATHEN. Lib. XIII. Cap. I.

(18) Voiez sa Vie, dans DIOGENE LAERCE, Lib. II. §. 26. *Ed. Amstel.*

(19) Comme le Poëte *Euripide*, au rapport d'AULU-GEL-

long tems (20) abstenus du Divorce, en sorte que, depuis même qu'il fût introduit ; le Mariage d'une Prêtresse de (21) *Jupiter* ne pouvoit être rompu que par la mort; on doit sans doute les en louer, puis que par là ils se sont approchez de la perfection : mais il ne s'ensuit point de là, (22) que ceux qui en ont usé autrement, avant la publication de l'Evangile, aient péché.

§. X. 1. Voions maintenant, quels Mariages sont valides, selon le Droit de Nature. Sur quoi il faut d'abord se souvenir, (1) que tout ce qui est contraire au Droit de Nature n'est pas pour cela annullé par le Droit même de Nature, comme il paroît par l'exemple d'une Donation faite avec prodigalité: mais seulement ce à quoi il manque le principe nécessaire pour rendre un acte valide, ou (2) ce qui est accompagné de quelque effet durable, par lequel le vice de l'acte se perpétuë.

2. Le principe nécessaire pour rendre un acte valide, est ici, comme dans les autres actes humains capables de produire quelque droit, un pouvoir (a) moral, accompagné d'une volonté suffisante.

(a) Voiez ci-dessus, *Liv.* I. *Chap.* I. §. 4.

3. Je n'examine pas maintenant, quelle est cette volonté, qui suffit pour produire quelque droit: il vaut mieux renvoier cela à l'endroit où nous traiterons (b) des *Promesses* en général. Pour ce qui est du pouvoir moral, il se présente ici une question au sujet du consentement des Parens, que quelques-uns croient être en quelque façon nécessaire par le Droit Naturel, pour la validité d'un Mariage. Mais ils se trompent. Les raisons qu'ils alléguent, ne prouvent autre chose si ce n'est qu'il est du devoir des Enfans de tâcher d'obtenir le consentement de leurs Pére & Mére: & j'en tombe d'accord, avec cette restriction, que la volonté des Péres & Méres ne soit pas manifestement déraisonnable. En effet, si les Enfans doivent du respect à leurs Pére & Mére en toutes choses, c'est sans contredit principalement dans une affaire comme le Mariage, qui intéresse toute la Parenté. Mais il ne s'ensuit point de là, qu'un Fils ne soit pas mai-

(b) *Chap.* XI. de ce Livre.

Gelle, que nôtre Auteur citoit en marge, *Noct. Attic.* Lib. XV. Cap. XX.

(20) Pendant plus de cinq cens ans. Ce fut *Spurius Carvilius Ruga*, qui le prémier répudia sa Femme, pour cause de stérilité. Voiez Denys *d'Halicarnasse*, *Antiq. Roman.* Lib. II. Cap. XXV. pag. 93. *Ed. Oxon.* (96. *Sylburg.*) Valere Maxime, Lib. II. Cap. I. *num.* 4. Aulu-Gelle, *Noct. Attic.* Lib. IV. Cap. III. & Lib. XVII. Cap. XXI. & là-dessus les Interprétes.

(21) *Flaminica*, la Femme d'un Prêtre de *Jupiter*. Matrimonium *Flaminis*, *nisi morte*, *dirimi*, *non est jus*. Aul. Gell. Lib. X. Cap. XV.

(22) St. Augustin dit, qu'il n'y avoit point-là de crime, pendant que la coûtume en étoit établie : *Objiciuntur* Jacob *quatuor uxores : quod, quando mos erat, crimen non erat.* Lib. XXII. *contra Faust.* Cap. XLVII. Gratien a inséré ce passage dans le Droit Canonique, (*Caus.* XXXII. *Quæst.* IV. Can. VII.) mais en mettant le nom de St. Ambroise, pour celui du véritable Auteur. Grotius.

Dans l'Edition des Fréres Pithou, on a restitué ce mot à son vrai Auteur, sur les anciennes Editions & les MSS. Au reste, on cite encore Theodoret, qui a dit, que, du tems d'*Abraham*, la Polygamie n'étoit défenduë, ni par la Nature, ni par aucune Loi écrite. Οὔτε τῆς φύσεως, οὔτε νόμου τινὸς ἐγγράφου, τηνικαῦτα τὴν πολυγαμίαν κωλύοντος. Quæst. LXVII. *in Genes.*

§. X. (1) Voiez ci-dessus, §. 3. de ce Chapitre, *Note* 2.

(2) *Ea, in quibus vitium durat in effectu.* L'Auteur, dans sa Note sur Matthieu, XXII, 30. où il traite aussi la question de la même maniére, s'exprime ainsi : *ubi actus turpitudo est permanens.* Eclaircissons sa pensée par un exemple sensible. Celui qui posséde le bien d'autrui, qu'il a aquis injustement, ne fait pas mal seulement en ce qu'il l'a volé, ou qu'il s'en est emparé de quelque autre maniére, mais encore en ce qu'il le retient ; de sorte que toutes les fois qu'il se sert de ce bien, qui ne lui appartient point légitimement, il commet une injustice. La turpitude est alors attachée, pour ainsi dire, à la chose même, & à tout acte qu'exerce par rapport à elle le Possesseur de mauvaise foi. Mais il n'en est pas de même d'un Fils, qui étant en âge de se conduire, se marie sans le consentement de ses Parens. Il peut avoir mal fait en cela : mais, du moment que le Mariage est conclu & arrêté, le mal qu'il y a eu dans l'engagement ne subsiste plus, s'il n'y a rien d'ailleurs qui le rende criminel ou deshonnête. Le consentement des Parens est une chose extérieure, qui n'entre point dans l'essence des conventions du Mariage, à moins que quelque Loi Civile ne lui donne cette force.

(3) Par le Droit Romain, le consentement du Pére est absolument nécessaire pour la validité de tout Mariage : *Dum tamen, si filiifamilias sint, consensum habeant Parentium, quorum in potestate sunt. Nam hoc fieri debere, & civilis, & naturalis ratio suadet.* Institut. Lib. I. Tit. X. *De Nuptiis*, princip.

(4) Bien plus : la volonté du Grand-Pére de condition libre, a ici plus de force que la volonté du Pére Esclave. Cela est décidé dans le Droit Canonique : *Patrem puella, Ecclesia nostra famulum, avum vero ejus liberis ortum constat esse natalibus : & ideo avi magis electionem de conjunctione neptis, quàm patris ejus, cujus nullo modo liberum potest esse arbitrium, decernimus attendi.* Caus. XXXII. Quæst. III. *Can. unic.* Grotius.

(5)

maître de lui-même & qu'il n'ait pas droit de se marier sans le consentement de ses Pére & Mére. Car celui qui se veut marier doit être d'un âge mûr, & en se mariant il sort de la Famille Paternelle, de sorte qu'à cet égard il n'est point sous la direction du Chef de cette Famille. Que s'il péche contre le respect qu'il lui doit, un tel manquement ne suffit pas pour annuller l'acte.

4. Les Loix des (3) *Romains*, & d'autres Peuples, qui déclarent nuls certains Mariages, à cause qu'ils n'ont pas été faits avec le consentement du Pére, sont donc uniquement fondées sur la volonté des Législateurs, & non pas sur le Droit de Nature. Aussi voions-nous que, selon ces mêmes Loix, le défaut de consentement (4) de la part d'une Mére, à qui les Enfans doivent naturellement du respect, n'empêche pourtant pas que le Mariage ne soit bon & valide. Bien plus: le consentement du Pére même n'est point nécessaire (5) pour la validité du Mariage d'un Fils émancipé. Et si le Pére est lui-même sous la puissance paternelle, il faut que le Grand-Pére & le Pére consentent tous deux au Mariage; (6) au lieu que, dans le Mariage d'une Fille, le consentement du Grand-Pére suffit. Toutes différences inconnuës au Droit Naturel, & qui montrent bien qu'il n'y a rien ici qui ne soit purement de Droit Civil.

5. A la vérité, il paroît par l'Ecriture Sainte, que des Hommes pieux, & sur tout des Femmes, dont la pudeur (c) demande particuliérement qu'elles se réglent ici sur le jugement & la volonté (7) d'autrui, n'ont contracté mariage qu'avec l'approbation de leurs Parens. Mais le (d) Mariage d'*Esaü* n'est pourtant pas déclaré nul, ni ses Enfans illégitimes, pour avoir été fait sans un tel consentement. Voici ce que dit là-dessus QUINTILIEN, en raisonnant eu égard au droit rigoureux, & au Droit même de Nature: (8) *S'il y a des cas, où un Fils peut faire, même contre le gré de son Pére, des choses qui n'ont rien d'ailleurs de blâmable; c'est sans contredit quand il veut se marier, puis qu'il n'y a rien où la liberté soit plus nécessaire.* (9)

(c) *Cod.* Lib. V. Tit. IV. *De Nuptiis*, Leg. XX. Voiez aussi *I. Corinth.* VII, 36.

(d) *Genése*, XXIX, 7, 8. & Chap. XXXVI.

§. XI.

(5) *Filius emancipatus, etiam sine consensu Patris, uxorem ducere potest, & susceptus filius ei heres erit.* DIGEST. Lib. XXIII. Tit. II. *De ritu nuptiarum*, Leg. XXV.

(6) *Nepote uxorem ducente, & filius consentire debet: Neptis vero si nubat, voluntas & auctoritas avi sufficiet.* Ibid. *Leg.* XVI. §. 1. Voiez là-dessus CUJAS, *Recit. in Jul. Paul.* Tom. V. Opp. *Edit. Fabrott.* & ANTON. FABR. *Jurisprud. Papinian.* Tit. IX. Princip. IV. Illat. 2. & 4.

(7) *Non est enim virginalis pudoris, eligere maritum.* AMBROS. *de Abraham.* Lib. I. *Cap. ult.* Cela est cité dans le DROIT CANONIQUE, *Caus.* XXXII. *Quæst.* II. (C. XIII.) DONAT, Commentateur de TERENCE, dit, que, quand il s'agit de faire un Mariage, tout dépend du Pére de la Fille: UT JUBEAM ARCESSI) *Recté* jubeam: *quia summa potestas nuptiarum in patre puellæ est.* In Andr. (*Act.* IV. *Scen.* IV. vers. 2.) EURIPIDE fait dire à *Hermione*, qu'elle ne peut point disposer de son cœur, & que c'est à son Pére à lui choisir un Mari:

[illegible]
[illegible]

(Andromach. *vers.* 987.) *Héro* disoit aussi à *Léandre*, qu'ils ne pouvoient pas se marier ensemble, puis que ses Parens, d'elle, ne le vouloient pas:

[illegible]
[illegible]

MUSÆUS (vers. 179, 180.) GROTIUS.

(8) *Quod si licet aliquando, etiam contra patris voluntatem, ea, quæ alioqui reprehensionem non merentur, filio facere: nusquam tamen libertas tam necessaria, quàm in matrimonio est.* Declam. CCLVII. pag. 470. *Edit. Burman.* Nôtre Auteur, dans une Note sur les Evangiles, que j'ai déja citée, dit, qu'à la vérité il n'y a rien en quoi les Enfans doivent avoir plus de déférence pour la volonté de leurs parens, qu'en ce qui regarde le Mariage; comme ARISTOTE l'a remarqué quelque part. Mais, ajoûte-t-il, il y a des circonstances qui forment ici une exception raisonnable. Si les Parens, par un principe de haine, d'avarice, ou de quelque autre passion, manquent à leur devoir envers leurs Enfans; seroit-il juste que ceux-ci fussent dépouillez, à cause de cela, de leur liberté naturelle? Par le Droit Romain, une Fille qui, aiant plus de vint-cinq ans, s'est mariée sans le consentement de ses Parens, qui tardoient à la pourvoir, & a même fait folie de son Corps, est reputée innocente par rapport à eux; ils ne peuvent pas la deshériter pour cela. *Si verò usque ad viginti quinque annorum ætatem pervenerit filia, & parentes distulerint eam marito copulare, & forsitan ex hoc contigerit in suum corpus eam peccare, aut sine consensu parentum marito se, libero tamen conjungere: hoc ad ingratitudinem filiæ nolumus imputari; quia non suâ culpâ, sed parentum, id commisisse cognoscitur.* NOVELL. CXV. Cap. III. §. 11. Nous savons aussi avec quel soin l'Apôtre St. PAUL veut qu'on évite les inconvéniens de l'incontinence, I. CORINTH. VII. 9. Voiez, au reste, sur cette question, PUFENDORF, *Droit de la Nat. & des Gens*, Liv. VI. Chap. II. paragraphe dernier.

(9) Un ancien Commentateur de TERENCE, dit, qu'en matiére de Mariage, les Enfans peuvent faire ce qu'ils jugent à propos: *Tangitur & illud, ab Patrum imperiis obsequi Filii debeant. Constat enim, circa nuptias esse Filiis liberam voluntatem.* EUGRAPHIUS *in Andr.* Act. I. Scen. V. CASSIODORE trouve qu'il y a de la dureté à être gêné pour le Mariage, d'où doivent nal-

§. XI. 1. Tout Mariage avec une Femme déja mariée à un autre Homme, est nul certainement, par le Droit de Nature; à moins qu'elle n'aît été répudiée par son prémier Mari; & selon la Loi de Jesus-Christ, (1) jusqu'à ce que la mort rompe l'engagement: car, dans l'un & dans l'autre cas, le droit en vertu duquel la Femme appartenoit au prémier Mari subsiste toujours. Ainsi un tel Mariage est nul, & parce que le prémier Mariage ôte le pouvoir moral d'en contracter un second, & parce que tous ses effets sont vicieux, chaque acte renfermant une usurpation du bien d'autrui.

2. Mais, outre cela, la Loi de Jesus-Christ déclare nul réciproquement le Mariage d'une Femme (2) avec un Homme qui est déja Mari d'une autre, à cause du Droit que Nôtre Seigneur a donné à une Femme chaste, sur le corps de son Mari.

§. XII. 1. La question qui regarde les Mariages entre *Parens* ou *Alliez*, a été souvent agitée avec beaucoup de chaleur, & il ne faut pas s'en étonner, puis qu'elle est assez épineuse. Qui voudra chercher des raisons certaines & tirées du Droit Naturel, pour prouver que ces sortes de Mariages sont illicites, de la maniére que les Loix ou les Coûtumes des Peuples les défendent, (1) se convaincra bien tôt par sa propre expérience, combien il est difficile, ou plûtôt impossible, d'en trouver aucune de semblable. Celle qu'allégue (2) Plutarque, & après lui (3) St. Augustin (5), fondée sur ce qu'il est bon d'étendre les amitiez en étendant les alliances; celle-là, dis-je, n'est pas assez forte, pour que les Mariages contraires à une telle fin doivent être reputez nuls ou illicites. Car ce qui est moins utile, n'est pas illicite pour cela seul. D'ailleurs, il peut arriver qu'une autre utilité plus considérable s'oppose à celle dont il s'agit, quelque grande qu'on la conçoive. On sait que, pour conserver dans une Famille les biens qui y étoient passez de Pére en Fils, Dieu avoit fait, dans la Loi qu'il donna aux *Hébreux*, une exception formelle aux degrez défendus, en (4) faveur de la Veuve d'un Homme qui mouroit sans enfans. C'est sur la même raison qu'est fondé

maître des Enfans : *Nam, quum spontanea copula animantia cuncta consociet, dignumque unicuique videatur esse, quod placuit, durum est libertatem liberam non habere, unde liberi procreantur.* Variar. Lib. VII. Cap. XL. Grotius.

§. XI. (1) Voiez la *Note* 7. sur le paragraphe 9. de ce Chapitre.

(2) Consultez la même Nôte, que l'on vient d'indiquer.

§. XII. (1) On peut s'en convaincre, en lisant les raisons subtiles qu'ont alléguées là-dessus deux Auteurs, qui ont fait de grands efforts pour établir, sur toute cette matiére, des principes tirez du Droit Naturel. Le prémier est Moïse Amyraut, dans ses *Considérations sur les droits par lesquels la Nature a réglé les Mariages*; imprimées à *Saumur* en 1648. L'autre est Lambert Velthuysen, dans son *Tractatus Moralis de naturali pudore & dignitate Hominis, in quo agitur de Incestu, Scortatione, Voto cœlibatus, Conjugio, Adulterio, Polygamia, & Divortiis*, &c. Tom. I. de ses Oeuvres, imprimées à *Rotterdam*, en 1680. On peut voir aussi une Dissertation de Mr. Thomasius, *de fundamentorum definiendi causas matrimoniales hactenus receptorum insufficientia*, imprimée à *Hall* en *Saxe*, 1698.

(2) Διὰ τί δὲ τὰς ἐγγὺς γένους οὐ γαμοῦσι; Πότερον αὔξειν τοῖς γάμοις βουλόμενοι τὰς οἰκειότητας, καὶ συγγενεῖς πολλοὺς ἐπικτᾶσθαι, διδόντες ἑτέροις καὶ λαμβάνοντες παρ' ἑτέρων γυναῖκας; Quæst. CVIII. pag. 289. D. Tom. II. *Ed. Wech.*

(3) *Habita est enim ratio rectissima caritatis, ut homines, quibus esset utilis atque honestissima concordia, diversarum necessitudinum vinculis necterentur, nec unus in uno multas haberet, sed singulæ spargerentur in singulos, ac sic ad socialem vitam diligentius colligandam plurimæ plurimos obtinerent.* De Civit. Dei, *Lib.* XV. *Cap.* XVI. [Ce passage se trouve rapporté dans le Droit Canonique: *Caus.* XXXV. Quæst. I. C. I.] Philon, *Juif*, se sert de la même raison, en parlant du Mariage entre Fréres & Sœurs; & il dit que c'est pour cela que Moïse défendit plusieurs autres degrez. Τὸ δὲ τὰς πρὸς ἄλλους ἀνθρώπους κοινωνίας καὶ ἐπιμιξίας ἐπέχειν, εἰς βραχὺ χωρίον τὸ ἑκάστου οἰκίας συναγαγόντας μέγα καὶ λαμπρὸν ἔργον, ἐκτείνεσθαι καὶ χεῖσθαι δυνάμενον εἰς ἤπειρον, καὶ νήσους, καὶ τὴν οἰκουμένην ἅπασαν· αἱ γὰρ τῶν ὀθνείων ἐπιγαμίαι καινὰς ἀπεργάζονται συγγενείας, τῶν ἀφ' αἵματος οὐκ ἀποδεούσας· ὧν χάριν πολλὰς καὶ ἄλλας ὁμιλίας ἐκώλυσε [ὁ Μωϋσῆς]. De Legib. Specialib. (*pag.* 780. B. C.) St. Chrysostome raisonne de même là-dessus: Τὸ στενοχωρεῖν τῆς ἀγάπης τὸ πλάτος, τὸ συγγενείας ὑπόθεσιν ἀναλίσκειν εἰς αὐτὴν φιλίας, δι' ἧς δύναται καὶ ἑτέραν περιβάλλεσθαι φιλίας ἀφορμὴν, ἔξωθεν γυναῖκα ἀγαγών. In *I. ad Corinth.* XIII, 13. Grotius.

(4) Si le Défunt laissoit un Frére, celui-ci étoit tenu d'épouser la Veuve. Deuteron. XXV, 5. Cependant la Loi défendoit d'ailleurs d'épouser un Beaufrére : Levitique, XVIII, 16.

(5) Voiez Demosthene, *Orat. ad Leochar.* comme aussi le Rheteur Curius Fortunatien, (*Art. Rhet. Schol.* Lib. I. pag. 49. *inter Antiq. Rhet. Latin.* Ed. Paris. 1599.) & Donat, sur Terence, *Phorm.* Act. I. Scen. II. (*v.* 75.) & *Adelph.* Act. IV. Scen. V. (*v.* 17.

de un autre réglement, en quoi les Loix des (5) *Athéniens* étoient conformes à celles des *Hébreux*, (6) je veux dire, celui qui concerne les Filles (7) uniques Héritiéres. Mais il y a encore plusieurs autres cas, que l'on voit souvent arriver, ou que l'on peut imaginer, dans lesquels un plus grand intérêt demandera qu'on renonce à celui de la multiplication des alliances.

2. Quand je parle de la difficulté & de l'impossibilité qu'il y a de montrer, par des raisons bien convaincantes, que les Mariages entre Parens ou Alliez sont criminels & invalides par le Droit Naturel; j'excepte pourtant les Mariages entre un *Pére* ou une *Mére*, & leurs *Enfans*, à quel degré que ce soit; car on voit assez la raison pourquoi ces sortes de Mariages sont illicites. (8) C'est qu'un Fils, qui, par la Loi du Mariage, deviendroit supérieur à sa Mére, ne sauroit avoir pour elle le respect que chacun doit naturellement à ceux de qui il tient la naissance. Et pour ce qui est d'une Fille mariée avec son Pére, quoi qu'elle demeurât inférieure dans le Mariage, cette union néanmoins introduit par elle-même une familiarité incompatible avec un tel respect. Le Jurisconsulte Paul, (9) après avoir dit, que, dans les Mariages qui se contractent, il faut avoir égard au Droit de Nature & à la Pudeur naturelle, ajoûte, qu'il est contre la Pudeur d'épouser sa propre Fille. Il n'y a donc point de doute, que les Mariages entre Ascendans & Descendans ne soient & illicites, & invalides, parce que leurs effets sont accompagnez d'un vice perpétuel.

3. Il y a eu des Philosophes, comme *Diogéne* (10) & *Chrysippe*, qui se servoient de l'exemple des Coqs & d'autres Animaux, pour prouver que ces sortes de conjonctions ne sont pas contraires au Droit Naturel. Mais c'est-là une raison qui n'a rien de solide. Car, comme nous l'avons remarqué au (a) commencement de cet Ouvrage, pour qu'une chose soit reputée illicite, il suffit qu'elle soit contraire à la Nature Humaine. Or telle est la conjonction des Ascendans avec les Descendans, que le Jurisconsulte Paul appelle (11) un *Inceste selon le Droit des Gens*; & Xenophon, (12) une Loi, qui n'en est pas moins Loi, quoi que (13) les *Perses* la violassent. Car, com-

(a) *Liv.* I. *Chap.* I. §. 10, 11.

17, 18.) Grotius.

(6) Voiez la Note de nôtre Auteur, sur Matthieu, I, 16. & Sam. Petit. *Leg. Attic.* Lib. VI. Tit. I.

(7) Ἐπίκληροι, comme les *Grecs* les appelloient. Il s'agit de l'héritage des Fonds; & le plus proche parent devoit épouser de telles Héritiéres. Voiez Nombres, XXXVI, 8.

(8) Voiez Pufendorf, *Droit de la Nat. & des Gens*, Liv. VI. Chap. I. §. 32. *Note* 2.

(9) *Unde nec vulgo quaesitam Filiam Pater naturalis potest uxorem ducere; quoniam* in contrahendis matrimoniis naturale jus, & pudor inspiciendus est: *contra pudorem est autem, Filiam uxorem suam ducere*. Digest. Lib. XXIII. Tit. II. *De ritu nuptiarum*, Leg. XIV. §. 3. Philon, *Juif*, raisonne très-bien là-dessus, lors qu'il dit, que c'est le crime du monde le plus abominable, de souiller le lit d'un Pére mort, que l'on devroit regarder comme une chose sacrée; de n'avoir égard ni à l'âge de sa Mére, ni au respect qu'on lui doit; d'être le Fils & le Mari d'une même Femme, le Pére & le Frére de ses Enfans &c. Οὐ γὰρ ἐν γένεσιν ἀσεβέστερον ἀνοσιούργημα, πατρὸς εὐνὴν τετελευτηκότος, ἣν ἄψαυστον, ὡς ἱερὰν, ἐχρῆν φυλάττεσθαι, καταισχύνειν· γήρως δὲ καὶ μητρὸς αἰδῶ μὴ λαμβάνειν· τὸν αὐτὸν τῆς αὐτῆς υἱὸν καὶ ἄνδρα γενέσθαι, καὶ πάλιν τὴν αὐτὴν τοῦ αὐτοῦ μητέρα καὶ γυναῖκα· καὶ τοὺς ἀμφοῖν παῖδας, τοῦ μὲν πατρὸς ἀδελφοὺς, υἱωνοὺς δὲ τῆς μητρὸς &c. De specialibus Legibus, (*pag.* 778. C.) Grotius.

(10) Voiez Plutarque, *de Stoïcorum repugnantiis*, pag. 1044, 1045. Tom. II. *Ed. Wech.*

(11) *Jure Gentium incestum committit, qui ex gradu ascendentium vel descendentium uxorem duxerit.* Digest. Lib. XXIII. Tit. II. *De ritu nuptiarum*, Leg. LXVIII. *siv. ult.* Voiez aussi *Lib.* XLVIII. Tit. V. *Ad Leg. Jul. de Adult.* &c. Leg. XXXVIII. §. 2.

(12) Le Philosophe dit là-dessus, que ceux qui péchent contre cette Loi, en violent bien d'autres: Οὐκέτι μοι δοκεῖ, (ἔφη) ὦ Σώκρατες, τοῦτο Θεοῦ νόμος εἶναι [μήτε γονέας παισὶ μίγνυσθαι, μήτε παῖδας γονεῦσιν] . . . ὅτι αἰσθάνομαί τινας παραβαίνοντας αὐτόν. Καὶ γὰρ ἄλλα πολλὰ παρανομοῦσι. Memorabil. Socrat. *Lib.* IV. *Cap.* IV. §. 19, 20.

(13) Philon remarque, que Dieu les punit par les Guerres perpétuelles qu'il y eut parmi eux, & par les horribles spectacles de Fréres qui tuoient leurs Fréres: (*De specialib. Legib.* pag. 779. A. B. *Ed. Paris.*) St. Jerome attribuë la même chose aux *Medes*, aux *Indiens*, & aux *Ethiopiens*: Lib. II. *adv. Jovinian.* (pag. 75. Tom. II. *Ed. Basil.*) Dans l'*Andromaque* d'Euripide, *Hermione* parle de cette coûtume, comme généralement établie chez les Barbares; & elle ajoûte, qu'ils n'épargnent pas le sang des personnes qui leur sont les plus chéres.

——— Τοιοῦτον πᾶν τὸ βάρβαρον·
Πατήρ τε θυγατρὶ, παῖς τε μητρὶ μίγνυται,
Κόρη τ' ἀδελφῷ· διὰ φόνου δ' οἱ φίλτατοι
Χωροῦσι· καὶ τῶνδ' οὐδὲν ἐξείργει νόμος.

(*v.* 173, *& seqq.*) Grotius.

A l'égard des *Perses*, chez qui les *Mages* sur tout approuvoient & pratiquoient cette sorte d'inceste, on peut voir Diogene Laerce, Procem. §. 7. *Ed. Amst.* avec les Notes des Interprêtes: comme aussi Quinte-

Cur-

comme le remarque très-bien un (14) Interprète d'ARISTOTE, on a raison de qualifier NATUREL, *ce qui se pratique parmi la plûpart des Nations, & des Nations non-corrompuës, & qui vivent conformément à la Nature.* HIPPARQUE, (15) Philosophe Pythagoricien, appelloit les conjonctions charnelles d'un Pére avec sa Fille, ou d'un Fils avec sa Mére, *des plaisirs infames, l'effet malheureux d'un désir déréglé & contraire à la Nature.* Le Poëte LUCAIN, en parlant des *Parthes*, dit, que, parmi eux, *le* (16) *Roi, quand il a fait la débauche, n'a horreur d'aucune sorte d'Inceste, défendu par les Loix.* Et un peu plus bas, il fait cette réflexion, (17) *De quoi ne croions-nous pas capable, un homme qui se croit permis de coucher avec sa Mére?* DION *de Pruse*

(b) *Orat.* XX. (b) attribuë en particulier cette coûtume des *Perses* à une mauvaise éducation.

4. Ici il faut que je témoigne ma surprise, de voir que *Socrate* (18) ne trouvoit autre chose à redire dans les Mariages entre Ascendans & Descendans, que l'inégalité d'âge, qui fait, disoit-il, qu'un tel Mariage est stérile, ou qu'il en provient des Enfans d'une conformation vicieuse. S'il n'y avoit que cette raison qui dissuadât ces sortes de Mariages, ils ne seroient certainement ni nuls, ni illicites, ou bien il faudroit condamner & annuller ceux d'autres personnes, dont l'âge est aussi disproportionné, que l'est ordinairement celui d'un Pére ou d'une Mére, & de leurs Enfans en âge de se marier.

5. Il vaut mieux examiner si, outre les idées que nous venons de dire que la Raison nous fournit sur cette matiére, il n'y auroit pas dans toutes les personnes dont les sentimens n'ont pas été corrompus par une mauvaise éducation, je ne sai quelle aversion naturelle d'un commerce charnel avec ceux de qui on a reçû la vie, ou à qui on l'a donnée; puis qu'on voit même des Bêtes qui témoignent naturellement une pareille aversion. C'a été l'opinion de plusieurs Auteurs anciens, & entr'autres d'ARNOBE, qui dit, en parlant du *Jupiter* des Paiens: (19) *Est-il possible que ce Dieu aît conçû une passion infame pour sa propre Mére, & qu'il n'aît pû être détourné d'un désir si criminel par l'horreur que la Nature a inspiré non seulement aux Hommes, mais encore à quelques Animaux?* Il y a là-dessus, dans l'*Histoire des Animaux* qu'ARISTOTE (c) nous a laissée, un conte remarquable, touchant un Chameau, & un Cheval Scythe (20). OPPIEN (d) rapporte quelque chose de semblable.

(c) *Lib.* IX. *Cap.* XLVII.
(d) *De Venat.* *Lib.* I.

CURCE, Lib. VIII. Cap. II. *num.* 19. & là-dessus la Note de PITISCUS, qui indique un grand nombre d'Auteurs, où l'on trouve quelque chose sur ce sujet.

(14) Τὸ παρὰ τοῖς ἀστείοις, καὶ ἀδιαστρόφοις, κατὰ φύσιν ἔχουσιν. MICHAEL EPHES. in *Ethic. Nicom.* V, 10.

(15) L'Auteur disoit *Hippodame*; confondant ainsi deux Philosophes de même Secte. Voici le passage: ἀλλὰ γὰρ τὰς παρὰ φύσιν ἀδονὰς [illegible], πολλοὶ εἰς [illegible] ἐξώκειλαν· καὶ ἔστι τὰς ἐν ταῖς θυγατράσιν, οὔτε τὰς ἐν ταῖς ματράσιν [illegible]. EX STOBÆO, in *Opuscul. Mythol. Phys. Ethic.* Amstel. 1688. pag. 670.

(16) ——— ——— *Epulis vesana meroque*
Regia, non ullos exceptos legibus horret
Concubitus. ——— ——— ———
Pharsal. *Lib.* VIII. ℣. 401, *& seqq.*

(17) ——— *Cui fas implere parentem,*
Quid rear esse nefas? ——— ———
Ibid. ℣. 409, 410.

(18) Καὶ ποίαν (δίκην) ἔφη, ὦ Σώκρατες, οὐ δύνανται διαφεύγειν γονεῖς τε παισὶ, καὶ παῖδες γονεῦσι μιγνύμενοι; Τὴν μεγίστην, ἔφη· τί γὰρ ἂν μεῖζον πάθοιεν ἄνθρωποι τεκνοποιούμενοι, τοῦ κακῶς τεκνοποιεῖσθαι; XENOPH. Memorab. Socrat. *Lib.* IV. Cap. IV. §. 23.

(19) *Post innumeras virgines, & spoliatas castitate matronas, etiamne in matrem cupiditatis infandæ spem Jupiter cepit, nec ab illius adpetitionis ardore horror eum quivit avertere, quem non hominibus solis, sed animalibus quoque nonnullis natura ipsa subjecit, & ingeneratus ille communiter sensus?* Adversus Gentes, *Lib.* V. pag. 161, 162. *Ed. Salmas.* 1651.

(20) PLINE parle aussi d'un Cheval, à qui l'on avoit fait couvrir sa Mére, lequel l'aiant reconnuë, s'alla précipiter; & d'un autre qui, en pareil cas, tua le Palefrenier: d'où l'Historien conclut, que ces Animaux ont quelque connoissance des degrez de Parenté: *Alium* [Equum] *detracto oculorum operimento, & cognito cum matre coitu, petiisse prærupta, atque exanimatum. Equa, eadem ex caussa, in* Reatino *agro, laceratum prorigam invenimus. Namque & cognationum intellectus in iis est.* Hist. Natur. *Lib.* VIII. Cap. XLII. On trouve quelque chose de semblable dans VARRON, *De Re Rustica*, Lib. II. Cap. VII. dans ANTIGONUS CARYSTIUS, *De mirabil.* (Cap. LIX.) & dans le Traité d'ARISTOTE, qui porte le même titre (*pag.* 1130. B. C. Tom. I. *Ed. Paris.*) GROTIUS.

Mais voiez là-dessus SELDEN, *De Jure Nat. & Gentium juxta discipl. Ebræorum*, Lib. I. Cap. V. pag. 68. *Edit. Argentor.*

(21) *Fera quoque ipsa Veneris evitant nefas,*
Generisque leges inscius servat pudor.
Hippolyt. ℣. 914, 915.

§. XIII.

ble. SENEQUE fait dire à *Hippolyte*: (21) *Les Bêtes fuient les commerces incestueux, & sans connoître les régles du Devoir, leur pudeur naturelle observe les Loix de la proximité du sang.*

§. XIII. 1. IL FAUT passer maintenant à ce qui regarde tous les degrez d'*Affinité*, & les degrez de *Consanguinité en ligne collatérale*, sur tout ceux qui se trouvent marquez dans le Chapitre XVIII. du LEVITIQUE. Je dis donc, que supposé même que les Mariages entre personnes Parentes ou Alliées dans quelcun de ces degrez ne soient pas illicites par le Droit Naturel, on peut croire qu'ils le sont devenus par un effet de la volonté arbitraire de DIEU. Et que les défenses ne regardent pas seulement les *Hébreux*, mais tous les Hommes en général, cela semble se déduire des paroles de DIEU même, que l'on trouve dans l'Histoire de MOÏSE: (a) *Ne vous souillez pas*, dit-il aux *Israëlites*, *d'aucune de ces choses; car les Peuples, que je chasserai du païs à vôtre arrivée, se sont souillez de toutes ces choses* . . . Et plus bas: *Ne commettez aucune de ces choses abominables, qui que vous soyiez, ou Habitans du païs, ou Etrangers qui y voiagent; car ceux qui avant vous ont habité le païs, ont commis toutes ces choses abominables, & la Terre en a été souillée.* Sur quoi voici mon raisonnement. Si les *Cananéens*, & leurs Voisins, ont péché en contractant des Mariages comme ceux dont il s'agit, il faut qu'il y ait quelque Loi qui les défendît. (1) Or il n'y a point de Loi purement naturelle, qui les défende: donc il doit y avoir eu là-dessus quelque Loi Divine Positive, faite ou pour ces Peuples-là seuls, (ce qui n'est pas vraisemblable, & ne s'accorde guéres avec les paroles du LEVITIQUE) ou pour tout le Genre Humain; & qui ait été établie ou dès la Création, ou après le Déluge.

(a) *Levitiq.* XVIII, 24, 26, 27.

2. Or il semble que JESUS-CHRIST n'a point aboli ces sortes de Loix, données à tout le Genre Humain, mais seulement celles qui servoient (b) comme de cloison pour séparer les *Juifs* d'avec les autres Nations. D'ailleurs, St. PAUL condamne fortement le Mariage d'un Beau-Fils avec la Belle-Mére, (c) & en parle comme d'une chose abominable: cependant il n'y a là-dessus aucune défense particuliére de Nôtre Seigneur; & l'Apôtre lui-même n'allégue d'autre raison, si ce n'est que les *Paiens* mêmes tenoient pour infame un tel commerce; comme il paroît effectivement par un (2) grand nombre d'autoritez. Puis qu'une opinion si générale n'étoit pas l'effet d'une impression invin-

(b) *Ephes.* II, 14.

(c) I. *Corinth.* V, 1.

§. XIII. (1) Mais la remarque critique, & très-bien fondée, que nôtre Auteur lui-même fait dans le Paragraphe suivant, *num.* 3. détruit toute la force de la conséquence qu'il tire ici. Car dès-là qu'on reconnoît, que, parmi les choses défendues dans ce Chapitre du LEVITIQUE, il y en a qui n'étoient pas des péchez pour les *Cananéens*, malgré l'expression générale TOUTES; quand il s'agira de tel ou tel dégré de Consanguinité ou d'Affinité, si l'on n'y voit rien qui le rende illicite par le Droit de Nature, on aura lieu de douter, si ce n'est pas un de ceux qu'il faut excepter; & ainsi on ne pourra pas en inferer, qu'il ait été défendu par une Loi Divine, Positive & Universelle; Loi, dont la publication est d'ailleurs très-difficile à prouver, pour ne pas dire impossible. Car une tradition incertaine ne me paroît pas suffisante pour faire recevoir une chose comme aiant force de Loi. J'aimerois mieux dire, que les déréglemens des *Cananéens*, pour lesquels *Moïse* declare que DIEU vouloit les punir, ne consistoient pas tant dans des Mariages incestueux, que dans une débauche effrénée, qui faisoit qu'ils n'observoient presque aucune Loi de Mariage, & qu'ils satisfaisoient leurs désirs charnels avec les prémieres personnes qui se presentoient, telles que sont ordinairement celles avec qui l'on a quelque rélation de Parenté ou d'Affinité, & que l'on fréquente le plus à cause de cela. C'est ainsi que l'Incestueux de *Corinthe avoit la Femme de son Pére*, I. CORINTH. V, 1. non qu'il fût marié avec sa Belle-Mére (les Loix apparemment ne le permettoient pas) mais parce qu'il vivoit avec elle comme si c'eût été sa Femme, soit après la mort de son Pére, ou après que celui-ci l'avoit répudiée. D'ailleurs, il pouvoit se faire que les *Cananéens* eux-mêmes crussent, (n'importe sur quel fondement) que les Mariages dans la plûpart des degrez, dont il est parlé, étoient illicites, ou que même ils fussent défendus par leurs Loix: ainsi cela suffisoit pour les rendre coupables, & dignes des châtimens de la Vengeance Divine, encore même qu'on suppose que quelques-uns de ces degrez n'ont rien en eux-mêmes qui rende le Mariage illicite selon le Droit Naturel tout seul.

(2) TERTULLIEN le suppose, dans les paroles suivantes: *Non defendo, secundum Legem Creatoris displicuisse illum, qui mulierem patris sui habuit. Communis & publica religionis sequutus sit disciplinam.* " Je ne m'at-" tache pas à prouver, que, selon la Loi du Créateur, " il n'est pas permis d'avoir la Femme de son Pére. " Il ne faut ici que consulter l'opinion ou la religion " commune de tous les Peuples. *Advers. Marcion* Lib. V. Cap. VII. Les Loix de *Charondas* notoient d'infamie ceux qui contractoient un tel Mariage. Dans une Harangue de LYSIAS, un homme qui avoit commer-

vincible des lumiéres de la Nature, il s'ensuit nécessairement qu'elle devoit son origine à une vieille tradition, venuë de quelque Loi Positive, par laquelle DIEU avoit défendu ces sortes de Mariages.

3. Les anciens Docteurs Juifs, qui sont ici d'assez bons Interprêtes du *Droit Divin*; & après eux (d) MOÏSE, *fils de Maimon*, qui a lû & très-judicieusement compilé tous leurs Ecrits; alléguent deux raisons des Loix sur les Mariages, contenuës dans le Chapitre XVIII. du LEVITIQUE. La prémiére est, une certaine pudeur naturelle, qui ne permet pas que ceux qui ont donné la naissance à une personne aient avec elle un commerce charnel, ou par eux-mêmes, ou par d'autres (3) avec qui ils ont des liaisons prochaines de Sang ou de Mariage. L'autre est, que la familiarité & la liberté avec laquelle certaines personnes se voient tous les jours, donneroit occasion à une infinité de fornications & d'adultéres, si de telles amours pouvoient aboutir à un Mariage légitime. Si l'on applique bien ces deux raisons aux Loix Divines, dont je viens de parler, on découvrira aisément, que, sans parler ici des Péres & des Enfans, entre lesquels le Mariage est défendu, à mon avis, par la Raison naturelle, encore même qu'il n'y aît point là-dessus de Loi expresse; ceux qui ont quelque liaison d'*Affinité en ligne directe*, (4) comme aussi ceux qui ont quelque liaison de *Consanguinité dans le prémier degré collatéral*, que l'on appelle *second* par rapport à la tige commune, ne peuvent pas se marier ensemble pour la prémiére raison, à cause qu'il y a là une image trop vive de leur Pére commun, que chaque Enfant représente immédiatement. Et cela est fondé sur une chose, sinon prescrite par la Nature, du moins telle que les lumiéres de la Nature nous la font regarder comme plus honnête, que son contraire; de même que plusieurs autres, sur lesquelles roulent les Loix & Divines, & Humaines.

(d) *More Nebochim*, Lib. III. Cap. XLIX.

4. C'est sur ce principe que les Rabbins veulent, que, dans les Degrez défendus en ligne directe, on en comprenne quelques-uns dont la Loi ne fait aucune mention, mais

merce avec la Mére & la Fille, est appellé à cause de cela un grand scelerat : *Συνῴκει ὁ πάντων σχετλιώτατ@ ἀνθρώπων τῇ μητρὶ καὶ τῇ θυγατρί.* CICERON parlant d'une Femme, qui avoit épousé son Gendre, s'écrie, que c'est un crime horrible, inouï, incroiable : *O mulieris scelus incredibile, &, præter hanc unam, in omni vita inauditum!* Orat. pro Cluentio, (*Cap.* VI.) Lors que *Seleucus*, Roi de *Syrie*, voulut marier sa Femme *Stratonice* avec *Antiochus* son Fils, il craignoit, au rapport de PLUTARQUE, que la Reine n'eût de la peine à s'y resoudre, & qu'elle ne fût choquée de la proposition d'un Mariage illicite : aussi ordonna-t-il, qu'on lui fit entendre, qu'elle devoit trouver juste & honnête tout ce que le Roi jugeoit à propos : *Εἰ δ' ἡ γυνὴ τῷ μὴ νενομισμένῳ δυσκολαίνοι, παρακαλεῖν τοὺς φίλους, ὅπως διδάσκωσιν αὐτὴν καὶ πείθωσι, καλὰ καὶ δίκαια τὰ δοκοῦντα βασιλεῖ μετὰ τοῦ συμφέροντ@ ἡγεῖσθαι.* Vit. Demetr. (*pag.* 907. E. Tom. I. *Ed. Wech.*) APPIEN dit, qu'*Antiochus* lui-même sentoit que sa passion étoit criminelle, & que c'est pour cela qu'il la cachoit : *Συγγινώσκων δὲ [ὁ Ἀντίοχ@] τὴν ἀθεμιστίαν τοῦ πάθους, οὔτε ἐπεχείρει τῷ κακῷ, οὔτε προὔφαινε* &c. De Bell. Syriac. (pag. 104. *Ed. Toll.* 126. *H. Steph.*) [Ou, comme l'exprime VALERE MAXIME, *memor quam improbis facibus arderet, impium pectoris vulnus piâ dissimulatione contegebat.* Lib. V. Cap. VII. *num.* 1. *extern.*] VIRGILE fait regarder comme un grand attentat, l'action d'un Gendre qui coucha avec sa Belle-Mére :

—— *Et* Rhæti *de gente vetusta*
Anchemolum, *thalamos ausum incestare novercæ.*
(Æn. X, 389.) GROTIUS.

Cette Note est composée de deux Notes de l'Auteur, & de quelques autres autoritez qui étoient dans le Texte, mais que j'ai jugé à propos de mettre ici, pour dégager la suite du discours. Il y a, au reste, deux méprises de l'Auteur. L'une, qui a été relevée par le savant GRONOVIUS, c'est que la Loi de *Charondas*, dont on parle ici, ne défendoit point le Mariage d'un Gendre avec sa Belle-Mére; mais les Secondes Nôces comme il paroît par DIODORE *de Sicile*, Lib. XII. Cap. XII. pag. 296. *Ed. H. Steph.* On pouvoit ajoûter, que nôtre Auteur lui-même, dans les *Excerpta ex Tragæd. & Comæd. Græcis*, pag. 918. a bien traduit la Loi, dont il s'agit, exprimée en vers par un ancien Poëte inconnu :

Ὁ πατρὸς αὐτοῦ μητρυιὰν ἐπεισάγων,
Μήτ' εὐδοκιμείσθω, μήτε μετεχέτω λόγου
Παρὰ τοῖς πολίταις —— ——
Natis novercam si quis induxit suis,
Expers honorum vivat atque inglorius
In civitate —— —— ——

Les vers suivans en contiennent la raison; sur quoi voiez la reflexion de PUFENDORF, *Droit de la Nat. & des Gens.* Liv. VI. Chap. I. §. 7. comme aussi, pour la maniére de lire le passage, la *Dissertation* de Mr. BENTLEY sur les *Lettres de* PHALARIS, pag. 374, 375. L'autre inadvertence de nôtre Auteur, c'est qu'il a cité LYSIAS pour ANDOCIDE; car les paroles qu'il donne comme étant du prémier de ces Orateurs Grecs, je les trouve dans le dernier, *Orat.* I. pag. 235. *Ed. Wech.* 1619. où il n'y a pas la moindre différence. Je m'apperçois aussi de ce qui avoit donné lieu à la prémiére faute. STOBÉE exprime ainsi en prose la Loi de *Charondas* : *Ὁ μητρυιὰν ἐπαγαγών, μὴ εὐδοξείτω, ἀλλ' ἀτι-*

mais à l'égard desquels la même raison a manifestement lieu. Voici comment ils expriment ces degrez. On ne peut pas épouser, disent-ils, *la Mére de sa Mére : la Mére du Pére de sa Mére : la Mére de son Pére : la Mére du Pére de son Pére : la Femme du Pére de son Pére : la Femme du Pére de sa Mére : la Belle-Fille de son Fils : la Belle-Fille du Fils de son Fils : la Belle-Fille de sa Fille : la Fille de la Fille de son Fils : la Fille du Fils de son Fils : la Fille de la Fille de sa Fille : la Fille du Fils de sa Fille, la Fille de la Fille du Fils de sa Femme : la Fille de la Fille de la Fille de sa Femme : la Mére de la Mére du Pére de sa Femme : la Mére du Pére de la Mére de sa Femme.* C'est-à-dire, pour exprimer en peu de mots ces degrez à la maniére des *Romains*, toutes les *Aieules & Bisaieules* ; *les Arriére-Petites-filles* ; les *Arriére-Marâtres* ; les *Arriére-Belles-méres*, les *Arriére-Belles-filles* (c). La raison en est, que chaque nom d'un Parent paternel renferme celui du Parent maternel qui y a du rapport : & le prémier degré renferme le second ; le second, le troisiéme ; au delà duquel il ne peut guéres y avoir de dispute : car, si la chose étoit possible, tous les degrez suivans y seroient compris à l'infini.

(c) *Proprivigna, & Pronurus* : qui répondent à *Pronoverca, & Prosocrus.*

5. Au reste, les Docteurs Juifs croient que les Loix touchant ces degrez, aussi bien que celle qui défend le Mariage entre Frére & Sœur, avoient été données à *Adam*, (5) en même tems que les Loix qui prescrivoient de servir Dieu ; d'établir des Juges pour rendre la Justice, de ne point répandre le sang ; de n'adorer aucune fausse Divinité ; de ne pas prendre le bien d'autrui. Mais ils y mettent cette différence, que les Loix sur les Mariages ne devoient avoir lieu que quand le Genre Humain se seroit suffisamment multiplié ; ce qui ne pouvoit arriver, si au commencement du Monde les Fréres n'avoient épousé leurs Sœurs. Que si Moïse (6) n'a point parlé de cela en son lieu, c'est, dit-on, parce qu'il a cru qu'il suffisoit de l'insinuer tacitement dans la Loi, en mettant ces sortes de Mariages au nombre des déréglemens dont les Nations étrangéres s'étoient renduës coupables. En effet, on trouve dans la Loi plusieurs choses semblables, racon-

[illegible] Sermon. XLIV. Les prémiéres paroles signifient mot à mot, *celui qui épouse une Belle-Mére.* Là-dessus nôtre Auteur, trompé apparemment par sa mémoire, qui ne lui présentoit pas la suite du discours, aura cru qu'il s'agissoit d'un Gendre qui épouse sa Belle-Mére : au lieu que le sens est : *Celui qui épouse une Femme, qui doit être la Belle-Mére de ses Enfans du prémier lit* : en un mot, comme s'exprime *Alceste*, dans Euripide :

Καὶ μὴ 'πιγήμῃς τοῖσδε μητρυιὰν τέκνοις.

Alcest. ℣. 305.

(3) Voici ce que dit là-dessus Philon, *Juif* : Ἀδελφαὶ δὲ, εἰ καὶ διῄρηνται τὰ μέρη σωμάτων, ἀλλ' οὖν ἡρμόσθησαν τῇ φύσει καὶ συγγενείᾳ μιᾷ. " Quoique les " parties soient divisées, elles retiennent le droit de " fraternité, & elles sont liées par la parenté, comme par un lien naturel. (*De Special. Legib.* pag. 780. E.) Grotius.

J'ai traduit ce passage mot-à-mot, comme fait nôtre Auteur. Mais on comprendra aisément, que sa traduction n'est pas tout-à-fait exacte. La version de Gelenius ne me paroît pas non plus bien juste : *Germani autem, quamvis membra disjuncta sint, naturâ tamen ac cognatione coaptantur.* Il s'agit-là de la défense d'épouser deux Sœurs, soit en même tems, ou successivement, mais en sorte que toutes deux soient en vie. Philon étale là-dessus les inconvéniens de la jalousie & des inimitiez que cela cause entre les deux Sœurs. C'est, dit-il, comme si les Membres de nôtre Corps étoient déchirez & divisez : car, ajoûte-t-il, *quoi que les personnes qui ont entr'elles une relation de Fraternité, soient effectivement des Membres séparez, elles sont néanmoins unies par la Nature & par la Parenté.* Voilà, à mon avis, le sens du passage ; qui, sur ce pié-là, n'est pas fort à propos.

(4) C'est aussi jusques-là que les Peuples du *Perou* & du *Mexique* s'abstenoient du Mariage entre Parens. Grotius.

Nôtre Auteur avoit apparemment lû cela dans le Voiage de Jean de Lery, Chap. XVII. au commencement.

(5) Mais cette tradition des Préceptes donnez à *Adam* ou à *Noé* est fort incertaine ; comme je l'ai déja remarqué ailleurs.

(6) Car on ne trouve non plus nulle part la Loi, en vertu de laquelle *Juda* vouloit qu'on brûlât *Thamar*, Genes. XXXVIII, 24. C'est ainsi que *Judith* parle des *Sichemites* comme aiant été tuez légitimement, à cause du viol d'une Fille : *Chap.* IX, ℣. 2. Et *Jacob* maudit *Ruben*, à cause de l'inceste qu'il avoit commis. Grotius.

La Loi contre les Femmes adultéres, n'étoit fondée, comme bien d'autres, que sur les coûtumes des Orientaux de ce tems-là. Le carnage, que les Enfans de *Jacob* firent des *Sichémites*, n'étoit nullement une action louable ; comme nôtre Auteur le reconnoit dans sa Note sur le passage qu'il cite du Livre Apocryphe. Voiez Mr. Le Clerc sur le Chap. de la Genese, où cette Histoire se trouve. Et ce n'étoit pas en vertu d'une Loi contre les Ravisseurs de la virginité d'une Fille, que les Enfans de *Jacob* en usérent ainsi, mais par un pur esprit de vengeance, qui fit qu'ils y joignirent la perfidie. A l'égard de *Ruben*, voiez Genese, XXXV, 22. XLIX, 4.

(7)

contées par occasion, & non pas selon l'ordre des tems: d'où vient la maxime célébre des Rabbins, *Que dans la Loi il n'y a ni prémier, ni dernier*; par où ils donnent à entendre, que plusieurs choses y sont dites avant ou après leur tems.

(f) Voiez *Cajetan*, sur *Matth.* Chap. XIX.

6. Pour ce qui regarde (f) en particulier le Mariage entre Fréres & Sœurs, MICHEL *d'Ephése*, ancien Commentateur d'ARISTOTE, (7) dit, qu'*au commencement c'étoit une chose indifférente; mais que, depuis que ces sortes de Mariages ont été défendus par la Loi, il importe beaucoup de les empêcher.* DIODORE *de Sicile* donne pour (8) *une coutume reçuë de tous les Hommes*, qu'un Frére n'épouse point sa Sœur. Il en excepte pourtant les *Egyptiens*; & DION *de Pruse*, les Barbares. SENEQUE, le Philosophe, parlant contre les fausses idées qu'on se faisoit de la Divinité, dit, (9) *qu'on represente les Dieux se mariant les uns avec les autres, & qui plus est d'une maniére criminelle, puis que les Fréres parmi eux épousent leurs Sœurs.* PLATON (10) traite ces sortes de Mariages de *conjonctions illicites & en abomination à la Divinité.* Tout cela fait voir qu'il y avoit quelque vieille tradition d'une Loi Divine sur ce sujet: d'où vient qu'on emploie ordinairement le mot de (g) *crime*, pour qualifier ces sortes de Mariages.

(g) *Nefas.*

7. Or qu'il faille entendre ici tous les Fréres & Sœurs, de quelque ordre qu'ils soient, la Loi même du LEVITIQUE (11) le donne assez à entendre, puis qu'elle comprend ceux qui sont dans ce degré tant du côté du Pére, que du côté de la Mére, soit qu'ils soient nez & qu'ils aient été élevez dans la Maison, ou dehors.

§. XIV. 1. L'ENUMERATION claire que fait le Législateur, dans la Loi dont je viens de parler, semble insinuer la différence (1) qu'il y a entre ces degrez, & les autres plus éloignez. Car il est bien défendu (a) d'épouser une Tante paternelle; mais non pas (2) une Niéce du côté du Frére, quoi que ce soit le même degré. On a des exemples de la derniére sorte de Mariage parmi (3) les *Hébreux* mêmes. TACITE, (4) qui en parle comme d'une chose extraordinaire parmi les *Romains*, avouë en même tems que la pratique en étoit commune parmi les autres Peuples, & qu'il n'y avoit au-

(a) *Lévitiq.* XVIII, 12.

(7) Τὸ ἀδελφῇ μίγνυσθαι τὸν ἀδελφὸν, ἐξ ἀρχῆς μὲν ἀδιάφορον ἦν· νόμου δὲ τεθέντος, μὴ μίγνυσθαι, οὐκ ἀδιάφορον. In Ethic. ad Nicom. *Lib.* V. *Cap.* VII.

(8) Νενομοθετῆσθαι δέ φασι τοὺς Αἰγυπτίους παρὰ τὸ κοινὸν ἔθος τῶν ἄλλων ἀνθρώπων, γαμεῖν ἀδελφὰς, διὰ τὸ γεγονὸς ἐν τούτοις τῆς Ἴσιδος ἐπίτευγμα. Lib. I. Cap. XXVII. pag. 16. *Ed. H. Steph.*

(9) Ce passage se trouve dans un fragment, que St. AUGUSTIN nous a conservé: *Quid quod & matrimonia*, inquit [SENECA] *Deorum jungimus, & ne piè quidem, fratrum scilicet & sororum!* De Civit. Dei, *Lib.* V. *Cap.* X.

(10) Τὸ ταῦτα εἶναι φάναι μηδαμῶς ὅσια, θεομισῆ δὲ, καὶ αἰσχρῶν αἴσχιστα. De Legib. *Lib.* VIII. pag. 838. D. Tom. II. *Edit. H. Steph.* Voiez ce que j'ai dit sur PUFENDORF, *Droit de la Nat. & des Gens*, Liv. I. Chap. II. §. 6. *Note* 10.

(11) Voiez là-dessus le PARAPHRASTE CHALDE'EN. Les *Lacédémoniens* & les *Athéniens* ont mal-à-propos distingué ici, & cela en diverses maniéres. GROTIUS.

On peut voir là-dessus SELDEN, *De Jure Nat. & Gentium* &c. Lib. V. Cap XI. pag. 627, 628: *Ed. Argentor.* & PUFENDORF, *Droit de la Nat. & des Gens*, Liv. VI. Chap. I. §. 34. *Note* 1, 2. comme aussi le Commentaire de feu Mr. le Baron de SPANHEIM sur les Oeuvres de l'Empereur JULIEN, pag. 89, *& seqq.* & ce que je dirai ci-dessous, *Note* 3. sur le paragraphe suivant.

§. XIV. (1) Nôtre Auteur veut dire, que, puis que la Loi entre ainsi dans le détail au sujet des différentes sortes de *Sœur*, avec qui elle défend de se marier; c'est une preuve que, dans les endroits où elle ne spécifie pas ainsi les degrez qui ont quelque chose d'approchant, on ne doit pas l'étendre, sur une simple analogie, à ce qui n'est point exprimé. Et en effet, comme il s'agit ici de choses qui, pour la plûpart, sont indifférentes en elles-mêmes, de l'aveu des Docteurs les plus rigides; le nombre des degrez expressément défendus est assez grand, pour qu'il faille prendre garde de ne pas le multiplier par des conjectures souvent assez minces, ce qui seroit gêner mal-à-propos la liberté naturelle des Hommes.

(2) L'Historien Juif croit, que *Sara* étoit ainsi parente d'*Abraham*. [Σὺν' ἐπιόντος, Ἀβράμου ὅτε τὴν συγγένειαν τῆς γυναικὸς ἐψεύσθαι ἔλεγεν, ἀδελφοῦ γὰρ αὐτὴν [Ἀρράνου] εἶναι παῖδα. JOSEPH. *Antiq. Jud.* Lib. I. Cap. XII. *pag.* 21. D.] Le même Auteur nous donne un exemple de cette sorte de Mariage, depuis la Loi même de *Moyse*, en la personne d'*Hérode*, qui avoit épousé *Marianne* sa Niéce, & promis sa Fille à son Frere *Phéroras*. Voiez *Antiq. Jud.* Lib. XIV. & XVI. (*pag.* 564.) *Andromède* avoit été promise à *Phinée* son Oncle: OVID. *Metamorph.* Lib. V. (*vers.* 10.) Il fut ensuite défendu à *Rome*, d'épouser une Niéce. Mais l'Empereur *Claude* le permit. *Nerva* le défendit de nouveau. *Heraclius* le permit ensuite. GROTIUS.

Sara n'étoit point Niéce d'*Abraham*, mais sa Sœur, de Pére. La chose est claire, par ce que dit le Patriarche lui-même, GENESE, XX, 12. sur quoi voiez Mr. LE CLERC. On trouvera dans SUETONE, *Vit. Claud.* Cap. XXVI. & dans TACITE, *Annal.* Lib. XII. Cap. V. VI. VII. la raison qui obligea l'Empereur *Claude* à faire

aucune Loi qui la défendît. Il paroît par des passages de l'Orateur (5) ISÉE, & de (6) PLUTARQUE, qu'à *Athénes* il étoit permis à un Oncle d'épouser sa Niéce.

2. Les Rabbins, pour expliquer le fondement de cette différence, disent, que les Jeunes Hommes vont tous les jours chez leurs Grands-Péres & leurs Grands-Méres, ou même y demeurent avec leurs Tantes: au lieu qu'ils ne fréquentent pas tant la Maison de leurs Fréres, où ils n'ont pas aussi tant de droit. Si l'on admet ces pensées, qui sont certainement conformes à la Raison, il faudra avouer, que depuis la multiplication du Genre Humain, la défense de se marier avec quelque personne alliée en ligne directe, ou avec une Sœur, est une Loi perpétuelle & commune à tous les Hommes, comme étant fondée sur l'Honnêteté naturelle; en sorte que tout ce qui se fait contre cette Loi est nul, à cause du vice qui subsiste toûjours: mais qu'il n'en est pas de même des Loix concernant les autres degrez, puis qu'elles sont plûtôt faites pour prévenir certains inconvéniens, que pour détourner les Hommes d'une chose deshonnête en elle-même; outre qu'il y a d'autres moiens de remédier à ces inconvéniens. Dans les CANONS très-anciens, attribuez aux APÔTRES, (7) toute la peine qu'on impose à un homme qui épouse deux Sœurs l'une après l'autre, ou une Niéce, soit du côté du Frére ou de la Sœur, c'est d'être exclu de l'état Ecclésiastique.

3. On dira sans doute, que les Mariages dans les degrez collatéraux, dont nous venons de parler, font partie des péchez, pour lesquels, comme nous l'avons remarqué, DIEU déclara qu'il vouloit punir les *Cananéens*, & les autres Peuples voisins. Mais il n'est pas difficile de répondre à cette objection. Car les termes de l'Ecriture, quoi que généraux, peuvent être restreints aux choses les plus (8) considérables dont il est parlé dans ce Chapitre, comme à la Sodomie, à la Bestialité, au commerce d'un Fils avec sa Mére, ou d'une Fille avec son Pére, ou d'un Frére avec sa Sœur, ou d'un Homme avec une Femme mariée à un autre: conjonctions dont la turpitude est telle en comparaison des autres, que c'est pour mettre, comme parlent les Rabbins, une barriére aux prémiéres, qu'ont été faites les Loix touchant les derniéres. Et une preuve que tout ce

faire passer en Loi la permission d'épouser une Niéce, c'est-à-dire, la Fille d'un Frére; car cela ne s'étendit pas plus loin, & n'eut pas lieu même dans les Provinces de l'Empire Romain; comme le prouve Mr. NOODT, dans ses *Observat.* Lib. II. Cap. V. quoi que Mr. REINOLD, Professeur à *Francfort* sur l'*Oder*, ait voulu le refuter là-dessus, dans ses *Varia Jur. Civil.* Cap. XXII. *Nerva*, qui, au rapport de XIPHILIN, (pag. 241. A. *Ed. Steph.*) défendit, par une Loi, d'épouser une Niéce: Μήτε ἀδελφιδῆν γαμεῖν (ἐνομοθέτησε); n'entendoit par là que la Fille d'une Sœur; comme le montre CUJAS, *Observ.* XIII. 16. & après lui d'autres Savans Interprêtes. Pour ce qui est d'*Héraclius*, je ne sache pas qu'il ait fait aucune Loi là-dessus. Mais il est vrai, que cet Empereur épousa en secondes nôces *Martine*, fille de son Frére; comme le témoignent ZONARE, dans sa Vie, *Tom.* III. CEDRENUS, pag. 313, 314. *Edit. Basil.* 1566. PAUL DIACRE, Hist. Lib. XVIII. pag. 551, *& seqq. Ed. Basil.* 1569. & autres.

(3) *Nachor*, Frére d'*Abraham* & d'*Haram*, épousa *Milcha*, Fille de *Haram*. GENESE, Chap. XI. vers. 27, 29.

(4) *At enim nova nobis in fratrum filias conjugia. Sed aliis gentibus solemnia, nec lege ullâ prohibita.* Annal. Lib. XII. Cap. VI. *num.* 4.

(5) Je ne trouve rien là-dessus dans cet Orateur. Il pourroit bien être, que nôtre Auteur a mis un nom pour l'autre: car je vois dans DEMOSTHENE un exemple bien clair; c'est dans la Harangue contre *Léochare*, où l'on raconte que *Midylide* voulut donner en mariage à son Frére *Archiade*, une Fille qu'il avoit, nommée *Clitomaque*; laquelle celui-ci refusa, parce qu'il ne se soucioit point de se marier; ce qui suppose manifestement, que la chose étoit permise: Καὶ γίνεται αὐτῷ (Μειδυλίδῃ) θυγάτηρ, ᾗ ὄνομα Κλειτομάχη· ἣν ἐβουλήθη μὲν ἐκεῖνος ἀγαγεῖν τῷ ἀδελφῷ ὄντι τῷ ἑαυτοῦ ἐκδοῦναι· ἀπειπὼν δὲ ὁ Ἀρχιάδης οὐ προαιρεῖσθαι γαμεῖν &c. Pag. 671. C. *Ed. Basil.* 1572. Le même Orateur nous parle ailleurs d'un Oncle qui épousa la Fille de sa Sœur: Ἔλαβον καὶ ἐγὼ γυναῖκα, Ἀπολλοδώρου μὲν θυγατέρα, ἀδελφιδῆν δ' ἐμαυτοῦ. Orat. in Neæram, *pag.* 517. C. Et il ne faut pas s'étonner que ce degré ne fût point défendu à *Athénes*, puis qu'il y étoit permis d'épouser une Sœur de Pére. Voiez POTTER. *Archaeol. Graec.* Lib. IV. Cap. XI. où il remarque aussi, qu'à *Lacédémone* les Mariages collatéraux au second degré étoient en usage; & il allégue là-dessus l'exemple d'*Anaxandride*, qui épousa la Fille de sa Sœur, au rapport d'HERODOTE, Lib. V. Cap. XXXIX. Joignez ici la *Note* 12. sur le paragraphe précedent.

(6) Il dit, que *Lysias* épousa la Fille de son Frére *Branchyle*: Ἔγημε δὲ [illegible] Βραχύλλου τοῦ ἀδελφοῦ θυγατέρα. In X. Orator. Vit. *pag.* 836. B. Tom. II. *Ed. Wech.*

(7) La Version Latine porte, une *Cousine germaine*, au lieu d'une *Niéce*: *Qui duas sorores duxit, aut consobrinam, Clericus esse non potest.* Can. XVIII. Mais il y a dans le Grec ἀδελφιδῆν. Ὁ δύο ἀδελφὰς ἀγαγόμενος, ἢ ἀδελφιδῆν, οὐ δύναται εἶναι Κληρικός.

(8) C'est ainsi que l'entendent la plûpart des Docteurs Juifs. Voiez SELDEN, *de Jure Nat. & Gent.* Lib. V. Cap. XI.

ce qui est défendu dans le Chapitre du LEVITIQUE, dont il s'agit, n'étoit pas un péché par rapport aux *Cananéens*, c'est qu'on y trouve la défense d'avoir en même tems deux Sœurs pour Femmes: or nous savons que *Jacob* a été dans le cas; & la piété de ce Patriarche ne nous permet pas de croire qu'il eût contrevenu à une Loi qui auroit été imposée dès le commencement à tout le Genre Humain. On peut ajoûter à cela, qu'avant la Loi, *Hamram*, Pére de *Moïse*, (b) avoit épousé sa Tante Paternelle: comme on voit, parmi les *Grecs*, *Dioméde* (c) & *Iphidamas* mariez avec des Tantes Maternelles; (d) *Alcinoüs* avec *Aréte* sa Niéce paternelle; & *Electre* (e) fiancée à *Castor*, son Oncle maternel.

(b) *Exod.* VI, 20.

(c) Voiez *Eustath.* in *Iliad.* Lib. XII. ỳ. 224.

(d) *Idem*, in *Odyss.* Lib. VII. ỳ. 146.

(e) Voiez l'*Electre* d'*Euripide*, ỳ. 312, 313.

4. J'avouë pourtant, que les prémiers Chrétiens ont bien fait, de s'imposer eux-mêmes la nécessité d'observer non seulement les Loix prescrites en commun à tous les Hommes, mais encore plusieurs autres qui n'avoient été établies que pour les *Hébreux* en particulier; & de s'interdire même le Mariage dans quelques autres degrez plus reculez, afin de porter la Pudeur, comme toutes les autres Vertus, plus loin que n'avoient fait les *Hébreux*. Cela s'introduisit de bonne heure, avec un consentement fort unanime, comme il paroît par les anciens Canons. St. AUGUSTIN (9) parlant du Mariage entre Cousins germains, tant du côté du Pére, que du côté de la Mére, dit, que les Chrétiens profitoient rarement de la permission que les Loix donnoient là-dessus, & qu'encore que ces sortes de Mariages ne soient pas défendus par la Loi Divine, on les avoit en horreur, à cause de la proximité des autres degrez qu'elle défend. Les Rois & les Peuples ont suivi dans leurs Loix ces idées de pudeur. L'Empereur THEODOSE (10) défendit les Mariages entre Cousins germains, quels qu'ils soient: & St. AMBROISE louë cette Ordonnance, (f) comme un réglement saint & pieux.

(f) *Epist.* LXVI.

5. Mais il faut savoir aussi, que, quand on fait une chose défenduë par quelque Loi

(9) *Experti autem sumus in connubiis Consobrinarum, etiam nostris temporibus, propter gradum propinquitatis fraternum, quàm raro per mores fiebat, quod fieri per Leges licebat: quia id nec Divina prohibuit, & nondum prohibuerat Lex Humana. Verum tamen factum etiam licitum, propter vicinitatem horrebatur illiciti* &c. De Civit. Dei, *Lib.* XV. *Cap.* XVI. Le Poëte ESCHYLE, parlant des *Danaïdes*, appelle les Mariages entre Cousins germains, des Mariages illicites, par lesquels la Race est souillée:

Πρὶν ποτε λέκτρων, ὧν θέμις εἴργει,
Σφετεριξάμενον πατραδελφίαν
ἐπιβῆναι.

(Supplicib. pag. [illegible] Ed. H. Steph.)

Ἐχθρῶν ὁμαίμων καὶ μαινόντων γένος.

(Ibid. *pag.* 315. Mais le Scholiaste Grec remarque, (sur le prémier endroit) que ce Mariage étoit illégitime, à cause que le Pére des Filles étoit encore en vie; comme si, après sa mort, il eût été légitime, en vertu de la Loi touchant les Filles, uniques héritiéres (ἐπίκληροι): Ὧν [λέκτρων] τὸ δικαιον ἡμᾶς εἴργει, διὰ τὸ μὴ θανατωθῆναι τὸν πατέρα. TITE LIVE fait dire à *Spurius Ligustinus*, Citoien Romain, qu'il avoit épousé sa Cousine germaine du côté de son Pére: *Quum primum in ætatem veni, pater mihi uxorem fratris sui filiam dedit.* (Lib. XLII. Cap. XXXIV. *num.* 3.) Voiez aussi PLAUTE, *Pœnul.* (Act. V. Scen. III. vers. 37.) GROTIUS.

(10) C'est ce que nous apprend AURELIUS VICTOR: *Tantum pudori tribuens & continentiæ, ut consobrinarum nuptias vetuerit, tamquam Sororum.* (De vit. & morib. Imperatorum Rom. *Cap.* XLVIII. num. 10. *Edit. Pitisc.*) LIBANIUS fait mention aussi de cette Loi, *Orat. de Angariis.* Il y a, dans le CODE THEODOSIEN, une Loi semblable d'ARCADIUS & d'HONORIUS, Lib. III. Tit. XII. *De Incestis Nupt.* Leg. III. On sait néanmoins, que les Empereurs accordoient dispense pour ces sortes de Mariages; ce qui paroît par une autre Loi d'HONORIUS & de THEODOSE *le Jeune*, laquelle se trouve dans le même CODE THEODOSIEN, Lib. III. Tit. X. *Si nuptiæ ex Rescripto petantur*, Leg. unic. Les Rois des *Goths* se reservérent aussi le Droit de dispenser pour un tel degré; comme nous le voions dans CASSIODORE, qui donne la formule de l'acte de dispense: *Hoc prudentes viri sequentes exemplum, longiùs publicam observantiam posteris transmiserunt: reservantes Principi tantum beneficium, consobrinis nuptiali copulatione conjungendis.* Var. Lib. VII. Epist. XLVI. GROTIUS.

Dans le CODE JUSTINIEN, il y a une Loi d'ARCADIUS & d'HONORIUS, qui révoque la défense des Mariages entre Cousins germains, que ces mêmes Empereurs avoient confirmée, la prémiére année de leur régne: *Lib.* V. *Tit.* IV. *De Nuptiis*, Leg. XIX. Voiez THEODORE DE MARCILLY sur les INSTITUTES, Lib. I. Tit. X. §. 4. & sur tout l'excellent Interprète du CODE THEODOSIEN, JAQUES GODEFROI, sur les Loix, que nôtre Auteur a citées.

(11) Dans le *Concile* d'AGDE, après une énumération des Mariages défendus, & entr'autres de celui d'un Frére avec la Veuve de son Frére, on ajoûte, que cependant le Concile ne dissoût point les Mariages de cette sorte, contractez par le passé: *Quod ita præsenti tempore prohibemus, ut ea, quæ sunt hactenus constituta, non dissolvamus.* Cela se trouve rapporté dans le DROIT CANONIQUE, *Caus.* XXXV. *Quæst.* II. III. Can. VIII. C'est ainsi que, selon le Jurisconsulte PAUL, les Mariages contractez sans le consentement des Péres, ne se rompent point, tout illégitimes qu'ils sont, *Eorum, qui in potestate patris sunt, sine voluntate ejus matrimonia jure*

Loi Humaine, l'acte (11) n'est pas pour cela nul & de nul effet, à moins que la Loi n'ajoûtre expressément ou ne donne à entendre la clause de nullité. (12) Le Canon LX. du *Concile* d'Eliberris porte, que, si un Homme a épousé la (13) Sœur de sa Femme, après la mort de celle-ci, & que cette Femme soit Chrétienne, il sera privé pendant cinq ans de la Communion: Ce qui suppose manifestement, que le lien du Mariage subsistoit. Et dans les Canons nommez Apostoliques, celui qui a épousé deux Sœurs, ou une Niéce, est seulement exclu de l'état Ecclésiastique; comme je l'ai déja remarqué.

§. XV. 1. Pour passer à un autre article, il faut remarquer, qu'il y a une espéce de (1) Concubinage, qui est un Mariage vrai & valide, quoi qu'il soit destitué de certains effets propres au Droit Civil, ou qu'il perde même quelques effets naturels, à cause de l'obstacle que les Loix Civiles y apportent. Par exemple, selon le Droit Romain, le commerce d'un Homme & d'une Femme Esclave, est appellé une simple (2) *cohabitation*, & non pas un Mariage: cependant il ne manque rien à une telle Société, de ce qui est essentiel au Mariage; aussi est-elle qualifiée du nom de (a) Mariage, dans les anciens Canons. De même, on appelloit *Concubinage*, le commerce d'un Homme libre & d'une Femme Esclave: & l'on a ensuite donné ce nom par analogie à l'union d'autres personnes d'une condition différente; comme à *Athénes*, quand un Citoien épousoit une Etrangére, il passoit pour *Bâtard*, ainsi qu'il paroît par des passages (3) d'Aristophane, & d'Elien (4) Le Commentateur Servius (5) expliquant un vers de Virgile, où le mot de *Bâtards* se trouve, entend par là des Enfans d'une naissance basse & obscure du côté de leur Mére.

(a) Γάμοι.

2. Mais comme, dans l'Etat de Nature, il pouvoit y avoir un véritable Mariage entre les personnes dont je viens de parler, pourvû que la Femme fût sous la garde du Mari,

jure non contrahuntur: sed contracta non solvuntur. Recept. Sentent. Lib. II. Tit. XIX. §. 2. A moins qu'on ne veuille dire, que les derniéres paroles sont une addition d'*Anien*. Tertullien, parlant des Mariages contractez avec une personne qui n'est pas Chrétienne, dit, que le Seigneur veut plûtôt qu'on ne fasse point de tels Mariages, qu'il ne veut qu'on les rompe: *Ante omnia adlegans, Dominum magis ratum habere matrimonium non contrahi, quàm omnino disjungi. Lib. II. ad Uxorem.* (Cap. 2. Voiez ci-dessous, §. 16. Grotius.

Voiez, au sujet des Mariages contractez sans le consentement d'un Pére, ce que j'ai dit ci-dessus, *Liv. I.* Chap. III. §. 4. *Note* 4.

(12) Il y a ici dans la prémiére Edition: *Et quand même cela seroit, la nullité ne regarderoit que les actes de ceux qui sont soûmis à la Loi, en sorte qu'elle puisse les contraindre. Car le pouvoir d'annuller est une espéce de contrainte.* Comme ces paroles finissoient le paragraphe, il pourroit bien être que les Imprimeurs, après avoir copié les exemples des deux périodes qui les précédent, & qui sont une addition, que l'Auteur avoit sans doute écrite à la marge; aient passé, sans y prendre garde, au paragraphe suivant. Le sens des paroles a demeuré du moins dans l'*Indice*, avec un renvoi à ce même endroit.

(13) *Quia Canones sic habent de duabus Sororibus, sicut de duobus fratribus.* Lex Longobard. Lib. II. Cap. VIII. 13. Grotius.

§. XV. (1) Voiez Pufendorf, *Droit de la Nat. & des Gens*, Liv. VI. Chap. I. §. dernier: & une Dissertation de Mr. Thomasius, *de Concubinatu*, imprimée à *Hall*, en 1713.

(2) *Contubernium.* [Voiez ci-dessus, *Liv.* I. *Chap.* III. §. 4. *num.* 1.] La cohabitation des Esclaves étoit pourtant appellée un Mariage, dans la *Gréce*, à *Carthage*, & dans l'*Apulie*. Voiez Plaute, dans le Prologue de la *Casina*. Elle est qualifiée de même, dans les *Loix des* Lombards, *Lib.* II. *Tit.* XII, 10. & XIII, 5. & dans la Loi Salique, Tit. XIV. §. 11. Mais, parmi les *Juifs*, ces sortes de Mariages n'étoient bons & valides, que quand le Maître y avoit consenti; comme le remarquent les Rabbins sur Exode, XXI. où il en est fait mention. Il en étoit de même chez les *Chrétiens Grecs*; comme il paroît par les *Canons* de St. Basile. Nous voions aussi dans Cassiodore, que ceux qui vouloient épouser une Femme de moindre condition qu'eux, en demandoient ordinairement la permission au Prince: *Var.* Lib. VII. Cap. XL. Grotius.

(3) C'est dans la Comédie des *Oiseaux*, où *Pisthatére* dit à *Hercule*, qu'il est Bâtard; & il le prouve, parce qu'il est né d'une Femme Etrangére:

——— *Νόθος γὰρ εἶ, κοὐ γνήσιος.*

ΗΡ. Ἐγὼ νόθος; τί λέγεις; ΠΕΙ. Σὺ μέντοι, νὴ Δία,
Ὤν γε ξένης γυναικός. ——— ——— ——— ———

Vers, 1649, 1650.

(4) Il rapporte la Loi de *Periclès*, par laquelle ceux qui n'étoient pas nez d'un Pére & d'une Mére tous deux Citoiens, étoient exclus du Gouvernement de la République; & il ajoûte, que *Periclès* lui-même en fut puni, puis que ses deux Fils légitimes étant morts, il ne lui resta que des Bâtards: Περικλῆς, στρατηγῶν Ἀθηναίοις, νόμον ἔγραψεν, ἐὰν μὴ τύχῃ τις ἐξ ἀμφοῖν ὑπάρχων ἀστῶν, τούτῳ μὴ μετεῖναι τῆς πολιτείας .... Κατελείφθη δὲ ὁ Περικλῆς ἐπὶ τοῖς νόθοις &c. Var. Hist. *Lib.* VI. *Cap.* X.

(5) ——— ——— *Patri quos Dadala Circe*
Supposita de matre nothos furata creavit.

Æneid. VII, 284. Nothos] *Materno ignobiles genere* dit Servius.

(b) Voiez Decretal. Lib. IV. Tit. IX. *De conjugio servorum*, Cap. I.

Mari, & qu'elle lui eût donné sa foi: de même, dans (b) l'état du Christianisme, une telle union entre un Homme & une Femme Esclave, ou entre un Homme libre & une Femme Esclave; & à beaucoup plus forte raison, entre un Citoien & une Etrangére, un Sénateur & une Affranchie; est un vrai Mariage, quoi qu'il ne soit pas accompagné de certains effets du Droit Civil, ou que la Loi le dépouille de ceux dont il auroit été accompagné sans cela: pourvû qu'il ait d'ailleurs les qualitez requises par le Droit Divin des *Chrétiens*, je veux dire, l'union indissoluble d'un avec une. C'est ainsi qu'il faut entendre ces paroles du *prémier Concile de* TOLEDE; (6) *Que celui qui, au lieu d'une Epouse, a une* (7) *Concubine, ne soit pas privé de la Communion: bien entendu qu'il se contente d'une seule Femme, soit Epouse, ou Concubine, comme bon lui semblera.* Les Empereurs THEODOSE & VALENTINIEN (8) donnent à une sorte de Concubinage le nom de *Mariage inégal:* & les Jurisconsultes Romains disent (9) qu'on peut accuser en Justice une Concubine, comme coupable d'Adultére.

(a) Voiez ci-dessus, §. 3. *num.* 2. & §. 10. *num.* 3.

§. XVI. 1. BIEN PLUS: lors qu'une Loi purement Humaine défend à certaines personnes de se marier ensemble, il ne s'ensuit pas de cela seul que le Mariage soit nul, lors qu'il a été contracté actuellement. Car il y a de la différence (a) entre *défendre* une chose, & l'*annuller*. L'effet des défenses peut se réduire à une punition ou déterminée par la Loi, ou arbitraire. Et le Jurisconsulte (1) ULPIEN appelle *imparfaites* ces sortes de Loix, qui laissent subsister ce qu'elles défendent; telle qu'étoit la *Loi Cincienne*, qui défendoit

(6) *Ceterum is, qui non habet uxorem, & pro uxore concubinam habet, à communione non repellatur: tamen ut unius mulieris, aut uxoris, aut concubinæ, uti ei placuerit, sit conjunctione contentus.* Cap. XVII. Ceci est rapporté dans le DROIT CANONIQUE, Distinct. XXXIV. Cap. IV. & le Concile, dont il s'agit, fut tenu en l'année CCCC. Voiez, sur ceci, le *Troisiéme* & dernier *Mémoire* en faveur des Princes Légitimez de *France* dans le IV. Tome du RECUEIL GENERAL DES PIECES TOUCHANT L'AFFAIRE DES PRINCES LEGITIMES ET LEGITIMEZ, pag. 30, *& suiv.* où l'on fait voir, que ce n'est qu'avant le Cinquiéme Siécle qu'on prenoit quelquefois le mot de *Concubine* pour une Femme avec qui l'on pouvoit vivre en sûreté de conscience, quoi qu'on ne l'eût point épousée solemnellement, & qu'ainsi les Enfans qu'on en avoit ne fussent pas légitimes civilement.

(7) St. AUGUSTIN dit, que, si une Concubine a promis de n'avoir commerce avec aucun autre Homme, & qu'elle vienne à être renvoiée par celui qui l'entretenoit; il y a grand sujet de douter, si elle ne doit pas être admise à recevoir le Batême: *De Concubina quoque, si professa fuerit nullum se alium cognituram, etiamsi ab illo, cui subdita est, dimittatur, utrùm ad percipiendum baptismum non debeat admitti.* De Fide & Operibus. (*Cap.* XIX.) Voici ce que dit ailleurs le même Pére: " On demande, si lors qu'un Homme & une „ Femme ont commerce ensemble, sans être Mari & „ Femme, & sans avoir dessein de procréer lignée, „ mais seulement pour contenter leurs désirs, en sorte pourtant que l'un & l'autre s'engage de ne pas „ le faire avec d'autres; on demande, dis-je, si cela „ ne peut pas être appellé un *Mariage*. Peut-être que „ le nom de Mariage n'y convient pas mal, s'ils sont „ convenus de se voir ainsi jusqu'à la mort de l'un „ des deux, & si, encore qu'ils ne se soient pas unis „ pour la propagation de leur espéce, ils n'ont ni souhaitté, ni empêché par quelque mauvais artifice, qu'il ne „ nâquit quelque fruit de leur union: *Solet etiam quæri, quum masculus & femina, nec ille maritus, nec illa uxor alterius, sibimet, non filiorum procreandorum, sed, propter incontinentiam, solius concubitûs caussâ, copulantur, eâ fide mediâ, ut nec ille cum altera, nec illa cum altero, id faciat, utrum nuptiæ sint vocandæ? Et potest quidem fortasse non absurdè hoc adpellari connubium, si usque ad mortem alicujus eorum id inter eos placuerit, & prolis generationem, quamvis non eâ caussâ conjuncti sint, non tamen vitaverint, ut vel nolint sibi nasci filios, vel etiam opere aliquo malo agant, ne nascantur.* De bono Conjugali Cap. V. C'est pour cela que, dans les CAPITULAIRES *des Rois de France*, il est dit, qu'un Homme marié ne peut point avoir de Concubine; de peur que l'amour qu'il auroit pour la Concubine ne le refroidît envers l'Epouse: *Qui uxorem habet, eo tempore concubinam habere non potest, ne ab uxore eum dilectio separet concubinæ.* Lib. VII. Cap. CCLV. GROTIUS.

(8) *Quod si alterutram Regalium civitatum patriam sortiatur, sit ei liberum susceptam ex* INÆQUALI CONJUGIO *sobolem, cujuscumque civitatis Decurionibus immiscere: dummodo civitas, quæ eligitur, totius Provinciæ teneat principatum. Indignum enim est, ut qui sacratissimæ urbis ubere gloriatur, naturales suos non illustris ordine civitatis illuminet.* COD. Lib. V. Tit. XXVII. *De naturalibus liberis &c. Leg.* III. Le Jurisconsulte PAUL dit, que toute la différence qu'il y a entre une *Femme légitime*, & une *Concubine*, consiste dans le degré d'affection; & qu'ainsi on ne peut avoir en même tems une Femme & une Concubine: *Eo tempore, quo quis Uxorem habet, Concubinam habere non potest.* Recept. Sentent. Lib. II. Tit. XX. §. 1. Voiez là-dessus Mr. SCHULTING; & CUJAS, sur le Titre du CODE, *de Concubinis*, V. 26. avec les Notes de FABROT.

(9) Celui dont elle étoit Concubine, pouvoit l'accuser comme Etranger, & non pas comme Mari: *Si uxor non fuerit in adulterio, concubina tamen fuit: jure quidem mariti accusare eam non poterit, quæ uxor non fuit; jure tamen extranei accusationem instituere non prohibebitur.* DIGEST. Lib. XLVIII. Tit. V. *Ad Leg. Jul. de Adulter.* &c. Leg. XIII. *princip.* Voiez le Traité du Président BRISSON, *Ad L. Juliam de Adulteriis*, pag. 232, 233. *Ed. Antuerp.* 1585. Mais il en étoit de même à l'égard d'une Etrangére mariée avec un Citoien Romain; comme il paroit par un fragment de PAPIEN, ancien Jurisconsulte: *Civis Romanus, qui sine connubio sibi peregrinam*

doit de donner au delà d'une certaine somme, mais qui n'annulloit pas pour cela une Donation où l'on passoit ces bornes.

2. Je sai que, dans la suite, on trouve chez les Romains, une Ordonnance des Empereurs THEODOSE & VALENTINIEN, (2) qui porte, que, du moment qu'une chose aura été défenduë par quelque Loi, encore même que la Loi ne déclare pas expressément nul ce qui est fait contre sa prohibition, il sera néanmoins reputé tel, & regardé comme non avenu, lors que l'affaire aura été portée en Justice. Mais cette extension de la vertu des Loix ne venoit pas uniquement de la force propre & naturelle des défenses: elle étoit l'effet de la Loi particuliére, nouvellement établie, à laquelle d'autres Peuples ne sont pas obligez de se conformer. Et au fond, il y a souvent plus d'indécence dans l'acte défendu, que dans ses effets. Souvent aussi les inconvéniens, (3) qui suivroient la rescision d'un tel acte, sont plus grands, que l'indécence ou que l'inconvénient de l'acte même.

§. XVII. 1. VOILA pour ce qui regarde la *Societé* la plus naturelle, que les Hommes contractent ensemble. Il y en a d'autres, qui sont ou *Publiques*, ou *Particuliéres*. Et les *Publiques* sont ou *entre un Peuple & l'Assemblée ou la Personne qui le gouverne*; *ou composées de plusieurs Peuples*.

2. Toutes ces Societez ont ceci de commun, qu'en matiére des choses pour lesquelles chaque Société a été établie, tous les Membres de la Société doivent se soûmettre au Corps, ou à la plus grande partie du Corps, qui le représente. (1) Car on doit

nam in matrimonio habuit, jure quidem mariti eam adulteram non postulat &c. COLLAT. LEGG. MOS. ET ROM. Tit. IV. §. 5. Voiez là-dessus Mr. SCHULTING.

§. XVI. (1) *Imperfecta Lex est, veluti* Cincia, *quæ supra certum modum donari prohibet, exceptis quibusdam cognatis, &, si plus donatum sit, non rescindit.* Institut. Tit. I. §. I. La *Loi Valerienne* défendit de faire mourir, ou de fouetter ceux qui en appelleroient au Peuple, sans etablir d'autre peine pour les contrevenans, que celle de les déclarer coupables d'une mauvaise action. C'est qu'alors, comme le remarque TITE LIVE, les sentimens de l'Honneur & de la Probité avoient seuls tant de pouvoir sur les Esprits, qu'une simple déclaration de cette nature sembloit suffire pour empêcher qu'on ne violât la Loi: VALERIA LEX, *quum eum, qui provocasset, virgis cædi, securique necari, vetuisset, si quis adversus eam fecisset, nihil ultra, quàm,* Improbè factum, *adjecit. Id (qui tum pudor hominum erat) visum, credo, vinculum satis validum Legis. Nunc vix serio ita minetur quisquam.* (Lib. X. Cap. IX. *num.* 5, 6.) Il étoit défendu, par une autre Loi, de recevoir en legs, ou en donation pour cause de mort, au delà d'une certaine somme (d'environ deux cens Ecus) à moins que le Legs ou la Donation ne fussent faits à certaines personnes: cependant, si quelcun avoit pris davantage, le Legs ou la Donation subsistoient, & il étoit seulement condamné à une amende du quadruple: *Minus quàm perfecta Lex est, quæ vetat aliquid fieri: &, si factum sit, non rescindit: sed pœnam injungit ei, qui contra legem fecit: qualis est* Lex Furia testamentaria, *quæ plus quàm mille assium legatum, mortisve caussâ, prohibet capere, præter exceptas personas; & adversus eum, qui plus ceperit, quadrupli pœnam constituit.* ULPIAN. *ubi supra*, §. 2. MACROBE definit une *Loi imparfaite*, celle qui n'ordonne aucune peine pour les contrevenans: *Inter Leges quoque illa imperfecta dicitur, in quâ nulla deviantibus pœna sancitur.* In Somn. Scip. (*Lib.* II. *Cap.* XVII.) Un Rescript de l'Empereur MARC ANTONIN portoit, que, si un Héritier empêchoit que les funerailles du Défunt ne se fissent par celui qu'il en avoit chargé dans son Testament, il faisoit mal; mais que cependant il n'y avoit aucune peine décernée contre lui: DIVUS *autem* MARCUS *rescripsit*, Eum heredem, qui prohibet funerari ab eo, quem Testator elegerit, non rectè facere: pœnam tamen in eum statutam non esse. (DIGEST. Lib. XI. Tit. VII. *De Religiosis & sumtibus funerum*, Leg. XIV. §. 14.) GROTIUS.

Voiez PUFENDORF *Droit de la N. & des G.* Liv. I. Chap. VI. §. 14. avec les Notes; comme aussi FRIDER. BRUMMERI *Comment. ad Leg. Cinciam*, Cap. III.

(2) *Quod ad omnes etiam Legum interpretationes, tam veteres, quàm novellas, trahi generaliter imperamus: ut Legislatori, quod fieri non vult, tantum prohibuisse sufficiat; cetera[que] quasi expressa ex legis liceat voluntate colligere: hoc est, ut ea, quæ lege fieri prohibentur, si fuerint facta, non solum inutilia, sed pro infectis etiam habeantur; licet Legislator fieri prohibuerit tantum, nec specialiter dixerit,* inutile esse debere, quod factum est. COD. Lib. I. Tit. XIV. *De Legibus* &c. Leg. V. Il y a des Docteurs, qui croient que la régle n'est pas sans exception même depuis cette Constitution des Empereurs. Voiez VINNIUS, dans ses *Selectæ Juris Quæstiones*, Lib. I. Cap. I. Mr. SCHULTING y renvoie aussi, comme approuvant ce que l'on dit là, dans son Explication de la I. Partie du DIGESTE, Lib. I. Tit. III. §. 8.

(3) C'est pourquoi *Alcinoüs*, Roi des *Phéaciens*, étant pris pour arbitre entre les habitans de la *Colchide* & les *Argonautes*, prononça, Que, si *Médée* étoit encore vierge, il falloit la rendre à son Pére: mais, que si elle avoit couché avec *Jason*, celui-ci devoit la garder. Ὁ δὲ [Ἀλκίνοος] εἶπεν· εἰ μὲν ἤδη συνελήλυθεν Ἰάσονι, ἀδοῦναι αὐτὴν ἐκείνῳ· εἰ δὲ παρθένος ἐστὶ, τῷ πατρὶ ἀποπέμψειν. APOLLODOR. *Bibliothec.* (Lib. I. Cap. IX. §. 25. *Ed. Paris. Gal.*) Voiez aussi APOLLONIUS, *in Argonaut.* & son Scholiaste. GROTIUS.

§. XVII. (1) Voiez, sur cette matiere, PUFENDORF, *Droit de la Nat. & des Gens*, Liv. VII. Chap. II. §. 15, *& suiv.* & le Traité de notre Auteur, *De imperio Summarum Potestatum circa Sacra*, Cap. IV. §. 6. comme aussi la Dissertation de BOECLER, *De calculo Minervæ*, Tom. I. pag. 226, *& seqq.*

doit certainement présumer, que ceux qui ont formé la Société ont voulu qu'il y eût quelque moien de décider les affaires. (a) Or il y auroit une injustice manifeste à prétendre, que la moindre partie du Corps l'emportât sur la plus grande. Ainsi, par le Droit Naturel, & mis à part (2) les Conventions & les Loix qui réglent la maniére dont les affaires doivent être vuidées, l'opinion du plus grand (3) nombre a le même effet de droit, que celle de tout le Corps. THUCYDIDE nous apprend, (4) que, dans une Alliance entre quelques Peuples du *Peloponnése*, il y avoit un article portant, *Que chacun des Alliez approuveroit ce qui auroit été résolu entr'eux à la pluralité des voix.* APPIEN dit, (5) que, *dans les Elections, & dans les Jugemens, la pluralité des voix l'emporte toûjours*: & DENYS *d'Halicarnasse* (6) témoigne que cela se pratiquoit ainsi dans le Sénat & dans les Tribunaux de Justice des *Romains*. ARISTOTE (7) remarque, que c'est une chose commune à tous les Gouvernemens non Monarchiques, que les affaires s'y décident à la pluralité des voix. Après la mort d'*Aléxandre le Grand*, comme on cherchoit les moiens de régler le Gouvernement, *Ptolomée* fut d'avis, au rapport de QUINTE-CURCE, (8) que ceux qui avoient été du Conseil de ce Prince s'assemblassent, & que l'on suivît ce qu'ils auroient résolu à la pluralité des voix. Le Poëte PRUDENCE dit, (9) *qu'un petit nombre de gens ne représentent pas l'Etat, ni le Sénat, & que leur voix doit ceder à celle du plus grand nombre.* Après la mort du jeune *Cyrus*, les Généraux qui ramenérent son Armée ne firent rien qu'en conséquence des délibérations prises entr'eux à la pluralité des voix; comme nous le voions dans (10) XENOPHON.

(a) *Vitter*, de Potestate Civil. *num.* 14.

§. XVIII.

(2) Comme, par le Droit Canonique, celui qui est élû Pape doit avoir les deux tiers des voix des Cardinaux: *Si forte . . . non poterit esse plena concordia, & duabus partibus concordantibus, tertia concordare noluerit, aut sibi alium præsumserit nominare; ille, absque ulla exceptione, ab universali Ecclesiæ Romanus Pontifex habeatur, qui à duabus partibus electus fuerit & receptus.* DECRETAL. Lib. I. Tit. VI. *De Electione & Electi potestate*, Cap. VI. GROTIUS.

(3) C'est ainsi que le Paraphraste Chaldéen, & les Rabbins, entendent ce qui est dit dans l'EXODE, *Chap.* XXIII. vers. 2, 3. [Mais consultez là-dessus Mr. LE CLERC.] Voiez DIGEST. Lib. XLII. Tit. I. *De re judicatâ* &c. Leg. XXXVI. & XXXIX. & ce que je dirai ci-dessous, *Liv.* III. *Chap.* XX. §. 4. GROTIUS.

(4) Εἰρημένον, κύριον εἶναι ὅ, τι ἂν τὸ πλῆθος τῶν ξυμμάχων ψηφίσωνται. Lib. V. Cap. XXX. *Ed. Oxon.*

(5) Ἔστι δ' ἔν τε χειροτονίαις καὶ δίκαις ἀεὶ τὸ πλέον δυνατώτερον. Je ne trouve nulle part ces paroles dans les Histoires d'APPIEN: & je n'ai pas sous ma main les *Excerpta Legationum*, pour voir, si elles sont tirées de là.

(6) Καὶ ὅ, τι ἂν δόξῃ ταῖς πλείοσι, τοῦτο νικᾷν. Antiq. Roman. *Lib.* II. *Cap.* XIII. pag. 81. *Ed. Oxon.* (87. *Sylb.*) Ὅ, τι δ' ἂν οἱ πλείους ψῆφοι καθαιρῶσι, τοῦτο ποιεῖν· Ibid. Lib. VII. Cap. XXXVI. pag. 428. (445. *Sylb.*) Il est juste, dit-on ailleurs, que chacun ait la liberté de dire ce qu'il croit avantageux à l'Etat; mais après cela il faut se rendre à ce qui a été résolu à la pluralité des voix: Δίκαιον γάρ, ἀποφαίνεσθαι μὲν ἕκαστον ἃ δοκεῖ τῷ κοινῷ συνοίσειν, πείθεσθαι δὲ τοῖς ὑπὸ τῶν πλειόνων κριθεῖσι. Lib. XI. Cap. LVI. pag. 695, 696. (731. *Sylb.*)

(7) Τὸ δ' ὅ, τι ἂν δόξῃ τοῖς πλείοσιν, ἐν πάσαις [πολιτείαις] ὑπάρχει· Politic. *Lib.* IV. *Cap.* VIII. pag. 372. E. Voiez aussi *Lib.* VI. *Cap.* II. pag. 414. C. *Ed. Paris.*

(8) *Mea sententia est, ut, sede* Alexandri *in Regia positâ, qui consiliis ejus adhibebantur, coeant, quoties in commune consulto opus fuerit: eoque, quod major pars eorum decreverit, stetur.* Lib. X. Cap. VI. *num.* 15.

(9) *Attamen in paucis, jam deficiente catervâ,*
Nec persona sita est patriæ, nec curia constat.
. . . .
Servemus leges patrias: infirma minoris
Vox cedat numeri, parvâque in parte silescat.

(In Symmach. *Lib.* I. vers. 599, 600, 607, 608.) St. AMBROISE dit la même chose, dans sa Lettre contre *Symmaque*. GROTIUS.

(10) Τὸν δὲ πρόσθεν χρόνον ἐκ τῆς νικώσης ἔπραττον πάντα οἱ στρατηγοί· De Exped. Cyri, *Lib.* VI. *Cap.* I. §. 11. *Ed. Oxon.*

§. XVIII. (1) Cela est décidé par le Droit Romain: *Inter pares numero Judices, si dissonæ sententiæ proferantur, in liberalibus quidem caussis (secundum quod à D. Pio constitutum est) pro libertate statutum obtinet: in aliis autem caussis, pro reo: quod & in judiciis publicis obtinere oportet.* DIGEST. Lib. XLII. Tit. I. *De re judicata* &c. Leg. XXXVIII. *princ.* SENEQUE établit la même chose: *Alter Judex damnat, alter absolvit: inter dispares sententias mitior vincat.* Controvers. (Lib. I. Contr. V.) Il remarque un peu plus-bas, qu'un droit ou un pouvoir n'est pas odieux, lors que c'est la compassion, qui le rend supérieur: *Non est invidiosa potestas, quæ misericordia vincit.* Voiez ce que dit l'Empereur JULIEN, à la louange d'*Eusébie* (*Orat.* III. pag. 115. A. *Edit. Spanh.*) Parmi les *Juifs* même, un Criminel n'étoit point tenu pour condamné, lors que le nombre des Juges qui absolvoient n'étoit moindre que d'une voix; comme le témoigne le PARAPHRASTE CHALDEEN sur le passage de l'EXODE, déja cité; XXIII, 2, 3. & le Rabbin MOISE *de Kotzi*, *Præcept. jubent.* XCVIII. & *vetant.* CXCV. GROTIUS.

ZIEGLER remarque ici, que cela a lieu principalement dans les affaires criminelles, où l'on doit pancher du côté le plus doux: mais qu'en matiére d'affaires civiles, le Président ou le Doien de l'Assemblée fait quelquéfois pancher la balance; ce qui a lieu, dit-il, en

Par-

§. XVIII. QUE si le nombre des voix est égal de part & d'autre, céla n'est d'aucun effet, l'affaire demeure toujours dans son prémier état; parce qu'il n'y a rien alors qui aît assez de force pour faire pancher la balance. C'est pourquoi, dans le Barreau, (1) quand les voix pour & contre sont égales, le Défendeur est censé absous: ce que les *Grecs* appelloient (2) *le Suffrage de Minerve*, à cause de la Fable d'*Oreste*, dont parlent les Poëtes (a) ESCHYLE & (b) EURIPIDE (3). Par la même raison, le Possesseur, en ce cas-là, est maintenu en possession de la chose contestée; comme l'a très-bien remarqué (4) l'Auteur des *Problêmes* attribuez à ARISTOTE. Il en est ici comme dans le *Syllogisme*, où la Conclusion suit la plus foible partie.

(a) In *Furiis.*
(b) In *Oreste* & *Electra.*

§. XIX. MAIS on demande, s'il faut joindre ou séparer les opinions, qui, quoi que différentes, semblent avoir quelque chose de commun? A en juger par le Droit Naturel tout seul, c'est-à-dire, indépendamment de toute Convention ou de toute Loi particuliére qui régle la maniére dont on doit s'y prendre en ce cas-là; il faut distinguer, à mon avis, entre les opinions qui différent pour le tout, & celles dont l'une renferme une partie de l'autre. (1) Les derniéres doivent être réunies en ce qu'elles ont de commun: mais il n'en est pas de même des prémiéres. Si, par exemple, les uns condamnent à vint Ecus, & les autres à dix; il faut réduire l'amende à dix Ecus, contre l'opinion qui absout. Mais si une partie des Juges condamne le Criminel à la mort, & l'autre au banissement; ces deux avis ne doivent pas être joints ensemble, contre celui qui absout; parce que ce sont deux choses entiérement différentes, la Mort ne renfermant pas le Bannissement. L'opinion qui absout, ne doit pas non plus être jointe (2) avec celle

Portugal, & dans le Sénat de *Piémont*; sur quoi il cite ANT. DE GAMMA, Decis. I. *num.* 12. & ANT. TESAURO, Decis. I. *num.* 13. Je puis assûrer que, dans le Canton de *Berne*, en *Suisse*, on a prévenu par ce moien l'inconvénient de l'égalité des suffrages, sur toute sorte d'affaires.

(2) Voiez là-dessus la Dissertation de BOECLER, que j'ai déja citée, & la Harangue du Savant GRONOVIUS, sur la *Loi Roiale*, pag. 41, *& suiv.* de la Traduction Françoise, publiée dans la seconde Edition des Discours de Mr. NOODT sur le *Pouvoir des Souverains* &c. en 1714.

(3) Voici ce que disent *Castor* & *Pollux*, dans l'*Electre*:

Καὶ τοῖσι λοιποῖς ὅδε νόμος τεθήσεται,
Νικᾶν ἴσαις ψήφοισι τὸν φεύγοντ' ἀεί.

(Vers. 1267, 1268.) Voiez aussi l'*Iphigénie dans la Tauride* (vers. 1470.) GROTIUS.

Joignez à cela ce que dit Mr. le Baron de SPANHEIM, sur les *Grenouilles* d'ARISTOPHANE, vers. 697.

(4) Ἔτι δὲ, ἐὰν ὁ μὲν τόδε ἐγκαλῇ, ὁ δὲ ἀμφισβητῇ ὅτι ἔλαβεν, οὐκ εὐθὺς ἀξιοῦμεν δεῖν ἀποδοῦναι τὸ ἐγκαλούμενον, ἀλλὰ νέμεσθαι τὸν κεκτημένον, ἕως ἂν κριθῇ· τὸν αὐτὸν δὲ τρόπον καὶ ἐπὶ τῶν πλειόνων, ὅταν ἰσάζῃ τὸ πλῆθος, τῶν τε φασκόντων ἀδικεῖν, καὶ τῶν μὴ ὁμολογούντων &c. Problemat. Sect. XXIX. *num.* 13. pag. 813. A. B. Tom. II. *Ed. Paris.*

§. XIX. (1) C'est pourquoi, dans le Sénat Romain, quand quelcun avoit opiné d'une maniére qui renfermoit plusieurs Chefs; on lui ordonnoit de *diviser son sentiment*; comme nous l'apprend le Grammairien ASCONIUS: *Quum aliquis in dicenda sententia duas pluresve res complectitur; ea si non omnes probantur, postulatur ut dividat, id est, ut de rebus singulis referatur.* In Orat. Cic. pro Milone, (*Cap.* VI.) En voici un exemple, tiré des Lettres de CICERON. Dans l'affaire du Roi *Ptolomée*, il y avoit trois avis: l'un, proposé par *Bibulus*, qui vouloit que l'on nommât trois Ambassadeurs, pour ramener ce Prince dans ses Etats: Le second, d'*Hortensius*, qui croioit que *Lentulus* devoit ramener le Roi, mais sans armée: le dernier, de *Volcatius*, selon lequel il falloit donner cette commission à *Pompée*, qui avoit le commandement d'une Armée. Là-dessus, on fit opiner séparément sur les deux chefs que renfermoit l'opinion de *Bibulus*. Il prétendoit, que, selon les Vers Sibyllins, on ne devoit pas rétablir le Roi avec une Armée: cela passa d'autant plus aisément, qu'il n'y avoit plus moien de s'opiniâtrer à demander le contraire. Mais pour ce qui étoit d'envoier trois Ambassadeurs, plusieurs prirent un tout autre parti. *Itaque, quum sententia prima* Bibuli *pronuntiata esset, ut tres legati Regem reducerent: Secunda* Hortensii, *ut is* [Lentulus] *sine exercitu reduceret: tertia* Volcatii, *ut* Pompeius *reduceret: postulatum est, ut* Bibuli *sententia divideretur. Quatenus de religione dicebat, cuique rei jam obsisti non poterat,* Bibulo *adsensum est: de tribus legatis frequentes ierunt in alia omnia.* Lib. I. *ad Familiar.* Epist. II. SENEQUE fait application de cette coutûme aux Opinions Philosophiques, dont on n'approuve qu'une partie: *Quod fieri in Senatu solet, faciendum ego in Philosophia quoque existimo. Quum censuit aliquis, quod ex parte mihi placeat,* JUBEO DIVIDERE SENTENTIAM, *& sequor.* Epist. XXI. *Est & mihi censendi jus: itaque aliquem sequar, aliquem jubebo sententiam dividere.* De Vita beata, *Cap.* III. Voiez aussi PLINE *le Jeune*, Lib. VIII. Epist. XIV. (*num.* 15. *Ed. Cellar.*) GROTIUS.

(2) Un celebre Jurisconsulte Frison n'est pas ici du sentiment de nôtre Auteur. Il veut qu'on aît égard à l'intention des Opinions, plûtôt qu'à la nature même des choses qu'ils prononcent. Or sur ce pié-là, dit-il, ceux qui absolvent, aimeront mieux se joindre à ceux qui bannissent le Criminel, quelque innocent qu'ils le croient eux-mêmes, que de le laisser condamner à mort; & dans un doute, on doit toûjours pancher vers le plus doux. ULRIC. HUBER. *de Jure Civitatis*, Lib. III. Sect. II. Cap. VI. *num.* 5, 6. Voiez les *Paratitla Juris German.* de feu Mr. HERTIUS, Lib. III. Cap. VIII. §. 2.

celle qui condamne à l'exil: car encore que ceux qui absolvent & ceux qui bannissent conviennent en ce qu'ils épargnent la vie du Criminel, ce n'est pas ce que porte leur avis; c'est seulement une conséquence qui s'en tire: & au fond, celui qui bannit, n'absout point. Le cas, dont (3) il s'agit, étant arrivé autrefois à *Rome* dans le Sénat, PLINE *le Jeune* (4) remarqua très-bien, que les deux avis étoient si opposez, qu'il n'étoit pas possible de les faire compatir ensemble; & qu'au fond il importoit peu que les Opinans rejettassent tous une même chose; puis qu'ils n'approuvoient pas tous une même chose. POLYBE (5) remarque une trichérie dont usa le Préteur *Aulus Postumius*, en recueillant les voix dans le Sénat, au sujet de quelques Prisonniers Grecs; c'est qu'il joignit l'avis de ceux qui condamnoient ces Prisonniers, & l'avis de ceux qui vouloient qu'on les retînt seulement pour quelque tems, contre l'opinion de ceux qui les vouloient relâcher dès-lors.

§. XX. AJOUTONS encore, que, quand quelques-uns des Membres de l'Assemblée sont absens, ou qu'ils ne peuvent opiner pour quelque autre raison, leur droit accroît pour l'heure aux (1) Présens; en sorte qu'un Corps peut (2) être réduit à une seule personne. Souvent néanmoins les Loix forment exception à cette régle, aussi bien qu'à celle de la pluralité des Suffrages: comme quand elles (3) veulent que les deux tiers des Membres de l'Assemblée s'y trouvent; ou (4) quand elles permettent aux Absens d'établir quelcun des Présens, pour tenir leur place; ou d'opiner par procureur.

§. XXI. POUR ce qui est du rang entre les Membres d'un même Corps, (1) l'ordre naturel est que chacun prenne place selon le tems de sa reception. C'est ainsi qu'entre Fréres le plus (2) âgé passe devant les autres, & ainsi de suite, sans qu'on aît égard à aucune autre qualité. Les Empereurs THEODOSE & VALENS, dans une Constitu-

§. 3. *& ult.* comme aussi une Dissertation de feu Mr. COCCEJUS, *De eo quod justum est circa numerum suffragiorum*, Sect. III.

(3) Voiez une question semblable dans AULU-GELLE, *Noct. Attic.* Lib. IX. (Cap. XV.) comme aussi dans le Rhéteur CURIUS FORTUNATIANUS, *loc. de quantitatum comparat.* (Art. Rhet. Scholicæ, *Lib.* II. pag. 50. *Ed. Pithoei* 1599.) & dans QUINTILIEN, le Pére, *Declam.* CCCLXV. Le dernier ne veut pas que l'on joigne l'opinion de deux Juges qui condamnoient à l'exil, & celle de deux autres qui notoient d'infamie, contre trois qui condamnoient à la mort: *Duo, inquit, exsilium mihi injungunt. Jam igitur apertè unâ* (Sententiâ) *plures facis: jam turbam istam, quæ universa noceret, dividendo exstinguis: duo ignominiam pronuntiant. Vis ego illos jungam, qui se ipsi dividunt?* GROTIUS.

(4) *Quarum sententiarum tanta diversitas erat, ut non possent esse, nisi singulæ. Quid enim commune habet, occidere & relegare . . . . Exigebam ergo, ut qui capitali supplicio adficiendos putabant, discederent à relegante, nec interim contra absolventes, mox dissensuri, congregarentur: quia parvulum referret, an idem displiceret, quibus non idem placuisset.* Lib. IX. Epist. XIV. num. 13, 14.

(5) Τριῶν γὰρ οὐσῶν γνωμῶν, μιᾶς μὲν τῆς ἀφιέναι κελευούσης· ἑτέρας δὲ τῆς ἐναντίας ταύτῃ· τρίτης δὲ τῆς ἀπολύειν μὲν, ἐπισχεῖν δὲ κατὰ τὸ παρόν. καὶ πλείστων δὲ ὄντων τῶν ἀφιέντων, παρελθὼν τὴν μίαν γνώμην, διεῖλε τὰς δύο καθολικῶς· ΟΙΣ ΔΟΚΕΙ ΤΟΥΣ ΑΝΑΚΕΚΛΗΜΕΝΟΥΣ ΑΦΙΕΝΑΙ· ΚΑΙ ΤΟΥΝΑΝΤΙΟΝ· λοιπὸν οἱ πρὸς τὸ παρὸν ἐπέχειν κελεύοντες, προσέθεσαν πρὸς τοὺς μὴ φάσκοντας δεῖν ἀπολύειν, καὶ πλείους ἐγενήθησαν τῶν ἀφιέντων· Excerpt. Legat. CXXIX. pag. 1331. *Ed. Amstel.* Voiez là-dessus la Note de FULVIUS URSINUS.

§. XX. (1) C'est ce qu'établit SENEQUE; car il dit, que, si un Esclave a deux Maîtres, à qui il appartient en commun, & que l'un se trouve absent, il doit servir celui qui est présent: *Puta, inquit, te servum esse communem; huic domino servies, qui præsens est.* Lib. III. Controvers. XIX. GROTIUS.

Le cas n'est pas tout-à-fait le même, comme on voit: mais il peut servir de comparaison.

(2) Cela est décidé ainsi dans le Droit Romain: *Si universitas ad unum redit, magis admittitur, posse eum convenire & conveniri: quum jus omnium in unum reciderit, & stet nomen universitatis.* DIGEST. Lib. III. Tit. IV. *Quod cujusque universit. nomine* &c. Leg. VII. §. 2. Voiez là-dessus WESEMBEC, & *Lib.* II. Tit. XIV. *De Pactis*, Leg. X. ZASIUS, in *Paratitl.* Dig. *de Pactis*: BARTOL. in *Leg.* 1. §. 3. *de Albo scribendo*: BOER. Decis. 1. *num.* 4. ANT. FABER, *Cod. Sabaudic.* Lib. I. Tit. III. Defin. 40. REINKING. Lib. I. Class. V. C. 1. GROTIUS.

(3) *Nulli permittetur, nomine Civitatis vel Curiæ experiri, nisi ei, cui lex permittit, aut, lege cessante, Ordo dedit, quum duæ partes adessent, aut amplius quàm duæ.* DIGEST. Lib. III. Tit. IV. *Quod cujusque Universitatis nomine &c.* Leg. III. *Nominationum forma vacillare non debet, si omnes, qui albo Curiæ detinentur, adesse non possunt: ne paucorum absentia, sive necessaria, sive fortuita, debilitet quod à majore parte Ordinis salubriter fuerit constitutum; quum duæ partes Ordinis in urbe positæ, totius Curiæ instar exhibeant.* COD. Lib. X. Tit. XXXI. *De Decurionibus* &c. Leg. XLVI.

(4) Comme cela est permis par le Droit Canonique: *Si quis justo impedimento detentus, in electionis negotio nequeat commodè interesse; potest, nedum uni, prout dicitur in Concilio generali, sed pluribus committere vices suas: dum tamen eorum cuilibet det in solidum potestatem* &c. DECRE-

tution touchant le rang des Consuls les uns par rapport aux autres, disent, (3) qu'*entre personnes revêtuës de la même Dignité, celui qui a été revêtu le prémier doit avoir le pas sur les autres.* Cette coûtume s'observoit autrefois dans la Société des Rois & des Peuples Chrétiens; car ceux qui avoient les prémiers embrassé le Christianisme, passoient devant les autres, dans (4) les Conciles, & autres Assemblées où il s'agissoit des affaires du Christianisme.

§. XXII. IL FAUT ajoûter ici néanmoins, que toutes les fois que la Communauté est fondée sur une certaine chose, où tous les Membres n'ont pas également part, comme quand l'un a la moitié, l'autre le tiers, l'autre le quart, d'une Hérédité ou d'un Fonds; chacun doit non seulement avoir son rang à proportion de la part qu'il a à la chose commune, mais encore son avis doit avoir plus ou moins de force selon cette proportion géométrique. Les Loix (a) Romaines suivent (1) cette maxime, qui est conforme à l'Equité naturelle. STRABON (2) nous apprend, que la Ville de *Cibyre* aiant formé un Corps avec trois autres Villes voisines, il fut convenu entr'elles que ces trois n'auroient que chacune leur voix, mais que *Cibyre* en auroit deux, parce qu'elle contribuoit beaucoup plus que les autres à l'avantage de la Communauté. Il y avoit dans la *Lycie*, au rapport du (3) même Auteur, vint & trois Villes confédérées, dont les unes avoient trois voix, (4) les autres deux, les autres une; & qui supportoient les charges à proportion. Mais ARISTOTE remarque très-bien, (5) que cela n'est juste que *quand on s'est associé à cause des biens & des possessions.*

(a) Voiez *Digest.* Lib. II. Tit. XIV. *De Pactis*, Leg. VIII. Lib. XVI. Tit. III. *Depositi vel contra*, Leg. XIV. Lib. XLII. Tit. V. *De rebus auctorit. Jud.* &c. Leg. XVI.

§. XXIII. L'UNION de plusieurs Chefs de Famille en un Corps de Peuple ou d'Etat, donne au Corps sur ses Membres le plus grand droit qu'il puisse avoir. Car c'est la plus parfaite (1) de toutes les Societez: & il n'y a aucune action extérieure de l'Homme qui ou ne se rapporte par elle-même à cette Société, ou ne puisse s'y rapporter à cau-

CRETAL. *in VI.* Lib. I. Tit. VI. *De Electione* &c. Cap. XLVI.

§. XXI. (1) Touchant le Droit de *Préséance*, on peut voir M. ANTON. NATTA, *Consil.* DC. *num.* 22. & *Consil.* DCLXXVIII. *num.* 31. MARTIN. WACHER. *Consil. Caesar. in controversia Saxonica.* GROTIUS.

Voiez un Traité exprès de JAQUES GODEFROI *de Jure Praecedentiae*, dont la seconde Edition, augmentée du double, est imprimée à *Genéve*, en 1664. PUFENDORF a depuis traité la matiére assez au long, *Liv.* VIII. *Chap.* IV. §. 15, *& suiv.* du *Droit de la Nat. & des Gens.*

(2) Ἴσοι γὰρ [οἱ ἀδελφοί]· πλὴν ἐφ' ὅσον ταῖς ἡλικίαις διαλλάττουσιν· ARISTOT. Ethic. Nicom. *Lib.* VIII. *Cap.* XII. pag. 111. B.

(3) *Quis enim in uno eodemque genere dignitatis prior esse deberat, nisi qui prior meruit dignitatem?* COD. Lib. XII. Tit. III. *De Consulibus* &c. Leg. I. Voiez aussi Tit. VIII. *Ut dignitatum ordo servetur*, Leg. II. Tit. XLIV. *De Tironibus*, Leg. III. & DIGEST. Lib. L. Tit. III. *De albo scribendo*, & Tit. VI. *De jure immunitatis*, Leg. V. GROTIUS.

(4) Voiez JOAN. FICH. *Cons. Latino* LXXVII. *num.* 16. AFFLICTUS, *Decis. Neapol.* 1. n. 8. BARTOL. in Leg. I. Dig. *de Albo scrib.* INNOCENT. in C. *Tua; De majoritate & obedientia*: ANT. TESSAUR. I. *Quaest. for.* XLVIII. *num.* 5. TIBER. DECIANUS, *Resp.* XIX. *num.* 183, *& seqq.* INNOCENT. BUTR. FELIN. in C. *Statuimus*, dict. Tit. *De majorit.* &c. BALD. in *Decernimus*, in 2. Notabili, C. *de Sacrosanctis Eccles.* Mais consultez sur tout ÆNEAS SYLVIUS, dans l'Histoire du CONCILE *de Bâle*. GROTIUS.

§. XXII. (1) Dans les Loix, que l'Auteur cite à la marge, il ne s'agit point du rang des personnes ni du poids de leurs opinions, mais seulement de la part que chacune doit avoir à la chose sur laquelle elles ont droit en commun.

(2) Προσγενομένων δὲ τριῶν πόλεων ὁμόρων, Βυβῶνος, Βαλβούρων, Οἰνοάνδων, τετράπολις τὸ σύστημα ἐκλήθη, μίαν ἑκάστης ψῆφον ἐχούσης, δύο δὲ τῆς Κιβύρας. Geograph. Lib. XIII. *in fin.* pag. 936. *Ed. Amst.* (631. *Paris.*) L'Auteur, ou les Imprimeurs, avoient mis ici par tout *Libyra*, au lieu de *Cibyra*; & cette faute se trouve dans toutes les Editions, depuis celle où l'on ajoûta ces exemples, qui n'étoient point dans la prémiére, jusqu'à la mienne, que j'ai publiée au commencement de l'année M. DCC. XX.

(3) Εἰσὶ δὲ τρεῖς καὶ εἴκοσι πόλεις, [τοῦ Λυκιακοῦ συστήματος] αἱ τῆς ψήφου μετέχουσαι . . . τῶν δὲ πόλεων αἱ μέγισται μὲν τριῶν ψήφων ἐστὶν ἑκάστη κυρία· αἱ δὲ μέσαι, δυοῖν, αἱ δὲ ἄλλαι, μιᾶς. Idem, *Lib.* XIV. pag. 980. B. *Ed. Amst.* (665. *Paris.*)

(4) C'est ainsi que, dans la Ligue de *Smalcalde*, l'Electeur de *Saxe* avoit deux voix. GROTIUS.

Cela fut ainsi réglé l'an M. D. XXXV. lorsqu'on renouvella la Ligue pour dix ans; & chacun des Confédérez y eut droit de suffrage à proportion de sa dignité & de sa puissance. Voiez l'Histoire du XVI. Siécle par feu MR. PERIZONIUS, pag. 247. où il auroit été à souhaiter, comme par tout ailleurs, qu'il eût cité ses garants; quoi que je ne doute point de sa fidélité & de son exactitude en général. Ici je ne trouve rien dans SLEIDAN, *Hist.* Lib. IX. à la fin, où il parle du renouvellement de la Ligue.

(5) Εἰ μὲν γὰρ τῶν κτημάτων χάριν ἐκοινώνησαν καὶ συνῆλθον, τοσοῦτον μετέχουσι τῆς πόλεως, ὥσπερ καὶ τῆς κτήσεως. Politic. *Lib.* III. *Cap.* IX. pag. 348. A.

§. XXIII. (1) Voiez ci-dessus, *Liv.* I. *Chap.* I. §. 14. num. 2.

cause des circonstances. C'est pourquoi ARISTOTE a dit, (2) *que les Loix ordonnent de toutes sortes de choses.*

§. XXIV. 1. ON demande, (1) s'il est permis aux Citoiens de (2) sortir de l'Etat sans permission? Nous savons qu'il y a des Peuples, chez qui cela est défendu, comme en *Moscovie*: & nous ne nions pas, qu'on ne puisse entrer dans une Société Civile sous cette condition, & que même une coûtume établie là-dessus ne puisse avoir force de convention. Par les *Loix Romaines*, du moins selon les derniéres, on pouvoit (3) bien changer de domicile: mais on ne laissoit pas pour cela d'être toûjours tenu aux charges de la Communauté du lieu d'où l'on sortoit. Il s'agit-là aussi de gens qui demeuroient toûjours dans les terres de l'*Empire Romain*; & le but de cette Ordonnance étoit l'utilité particuliére (4) qui en revenoit par rapport aux contributions. Mais nous cherchons ici ce qui doit avoir lieu naturellement, lors qu'il n'y a point de convention là-dessus, & nous parlons de ceux qui sortent, non d'une partie de l'Etat, mais de tout l'Etat, ou de toute l'étenduë de la domination d'un Souverain.

2. Or que l'on ne puisse sortir de l'Etat (5) en troupes, cela paroît assez par le but de la Société Civile, laquelle ne sauroit subsister, si on accorde une telle permission: & en matiére de Choses Morales, ce qui est nécessaire pour arriver à une fin, tient lieu de Loi.

3. Mais il semble que l'on doive juger tout autrement de la sortie d'une personne seule; comme c'est tout autre chose de puiser de l'eau d'un Fleuve, & de faire entrer une partie de ses eaux dans un Canal, qui forme un nouveau Ruisseau. Le Jurisconsulte TRYPHONIN dit, (6) qu'*il est libre à chacun de choisir l'Etat dont il veut être Membre.* Les *Romains* ne forçoient personne à demeurer dans leur Etat; & CICERON (7) louë fort cette maxime; il dit que *chacun doit être maître de retenir son droit, ou d'y renoncer, & que c'est-là le plus ferme fondement de la Liberté.*

4. Il y a pourtant ici une régle à observer, qui est prescrite par l'Equité Naturelle, & que les *Romains* ont suivie dans la dissolution des Societez particuliéres; c'est qu'on ne doit pas sortir de l'Etat, si l'intérêt de la Société Civile demande qu'on y reste. Car, comme le dit très-bien le Jurisconsulte PROCULUS, (8) on a égard pour l'ordinaire à l'intérêt de

(2) *Οἱ δὲ νόμοι ἀγορεύουσι περὶ ἁπάντων.* Lib. V. Cap. III. pag. 59. C. Il y avoit ici, dans toutes les Editions, avant la mienne, *ἀπαγορεύουσι*, pour *ἀγορεύουσι*. Ce qui fait un sens différent de celui que nôtre Auteur donne lui-même dans sa version. Le passage du reste ne signifie peut-être pas précisément ce qu'il y trouve. Voiez là-dessus le Commentaire de MURET, *pag.* 870. *& seqq.* d'un Recueil imprimé à *Ingolstadt* en 1602.

§. XXIV. (1) Voiez, sur cette question, PUFENDORF, *Droit de la Nat. & des Gens*, Liv. VIII. Chap. XI. §. 2, *& suiv.*

(2) Voiez les Traitez des *Cantons Suisses*, dans SIMLER, *de Republ. Helvet.* (Lib. I. pag. 203. *Edit. Elzevir.* 1627.) & autres Auteurs. Le Commentateur SERVIUS dit, dans les additions du MS. de l'Abbaïe de *Fulde*, que c'étoit la coûtume, parmi les Anciens, quand on entroit dans une nouvelle Famille, ou dans une nouvelle Nation, de renoncer auparavant à celle d'où l'on sortoit: *Consuetudo apud antiquos fuit, ut qui in familiam vel gentem transiret, prius se abdicaret ab ea, in qua fuerat, & sic ab alia reciperetur* &c. In II. *Æneid.* (vers 156.) On voit dans l'Histoire de MARIANA quelques exemples de gens qui ont déclaré qu'ils se dégageoient de l'obéïssance qu'ils avoient promise à un Roi. Le dernier exemple, qui est fort remarquable, se trouve au Livre XXVIII. Chap. XIII. GROTIUS.

(3) *Municipes sunt liberti & in eo loco, ubi ipsi domicilium sua voluntate tulerunt: nec aliquod ex hoc origini patroni faciunt præjudicium; & utrobique muneribus adstringuntur.* DIGEST. Lib. L. Tit. I. *Ad municipalem & de incolis*, Leg. XXII. §. 2. Il s'agit là d'un Affranchi, qui étoit censé *originaire* du lieu d'où étoit son Patron, en sorte que s'il venoit à établir ailleurs son *Domicile*, il étoit tenu & aux charges du lieu qu'il avoit quitté, & à celles du lieu où il demeuroit. C'étoit la régle générale pour tous les Citoiens des Villes Municipales (*Municipia.*) Voiez COD. Lib. X. Tit. XXXVIII. *De Municipibus & Originariis*, avec les Notes du grand CUJAS; & l'*Orbis Romanus* de feu Mr. le Baron DE SPANHEIM, Exercit. I. Cap. V. & VI.

(4) Car de cette maniére la quantité des contributions demeuroit toûjours la même; & les Habitans du lieu (*Municipii*) n'étoient pas plus foulez, qu'auparavant.

(5) La cause de la Guerre qui s'éléva, entre les *Romains* & les *Perses*, (du tems de l'Empereur *Justin*, de *Thrace*, ce fut que le Roi des *Laziens* (nommé *Tzathus*) s'étoit revolté de l'obéïssance des *Perses*, pour passer sous celle des *Romains*: ainsi les prémiers se plaignoient, que l'Empereur retiroit leurs Sujets, & se les approprioit. *Τοῦτο αἴτιον μάχης Ῥωμαίοις καὶ Πέρσαις ἐγένετο, ὡς τοῦ Βασιλέως Ῥωμαίων τοὺς αὐτοὺς ὑπηκόους σφετεριζομένου.* ZONAR. Tom. III. *in Justin. Thrac.* GROTIUS.

de la Société, & non pas seulement à l'intérêt particulier de quelcun des Associez. Or le cas, dont il s'agit, a lieu, (a) lors que l'Etat est fort endetté, à moins que l'on ne veuille, avant que de quitter le païs, païer sa quotte part des dettes: ou quand le Souverain s'est engagé dans une Guerre, comptant sur le nombre des Citoiens, sur tout si l'on est à la veille d'un Siége; à moins que le Citoien, qui veut se retirer ailleurs, n'aît quelque autre personne pour mettre à sa place, & qui soit aussi capable, que lui, de concourir à la défense de l'Etat.

(a) Voiez Bemb. Lib. VII.

5. Hors ces cas-là, il y a présomtion que les Peuples laissent à chacun la liberté de sortir de l'Etat, parce qu'ils peuvent y gagner, autant qu'y perdre, par le nombre d'Etrangers qu'ils recevront à leur tour.

§. XXV. De meme, un Etat n'a plus de jurisdiction (a) sur ceux qui en ont (1) été bannis; comme le soûtient *Jolas*, dans une Tragédie d'Euripide, (2) au nom des *Héraclides*, ses Cousins, dont il étoit le Défenseur; & comme Isocrate (3) le fait dire au Fils d'*Alcibiade*, en parlant du tems auquel *Alcibiade* avoit été chassé d'*Athénes*.

(a) Voiez ci-dessous, *Liv.* III. Chap. XX. §. 41.

§. XXVI. 1. Il faudroit parler maintenant de la Société où entrent plusieurs Peuples, ou par eux-mêmes, ou par leurs Chefs. Mais comme c'est une espéce d'Alliance, nous aurons occasion d'en traiter ailleurs, quand nous expliquerons la nature & les effets de toute Alliance en (a) général, c'est-à-dire, lors que nous en serons venus aux Obligations fondées sur quelque Convention. Passons donc au droit qu'on aquiert sur les Personnes, en vertu d'une *Sujettion* où elles entrent par leur propre consentement.

(a) *Chap.* XV. de ce Livre.

2. Cette *Sujettion* est ou *privée*, ou *publique*. Il peut y avoir un grand nombre de maniéres d'entrer par son propre consentement dans une *Sujettion privée*, c'est-à-dire, autant qu'il y a de sortes d'Autorité ou de Commandement.

3. La plus honorable est, lors que (1) quelcun, qui est maître de lui-même, se donne à un autre, en sorte qu'il veut devenir Membre de sa Famille, & dépendre de lui desormais, comme un Fils en âge mûr dépend de son Pére. Un Pére aussi donne quelquefois son Fils à un autre qui l'adopte de cette maniére: mais par là il ne lui transfére pas

Le cas est différent, comme on voit. Pour celui, dont il s'agit, il ne peut guéres arriver, que quand le Gouvernement est tyrannique, ou lors qu'une multitude de gens ne peut pas subsister dans le païs, comme si des Manufacturiers, par exemple, ou autres Ouvriers, ne trouvoient plus dequoi fabriquer ou débiter leurs Marchandises. Si le Gouvernement est tyrannique, c'est au Souverain à changer de conduite; & aucun Citoien ne s'est engagé à vivre toûjours sous la tyrannie. Si les gens, qui sortent en foule, y sont contraints par la misére, c'est-là encore une exception raisonnable aux engagemens les plus exprès. L'obligation naturelle de se conserver soi-même l'emporte sur toute convention; & quiconque se soûmet à un Gouvernement, ne le fait que pour son bien.

(6) *Quia, ut* Sabinus *scribit, de sua quaque civitate cuique constituendi facultas libera est* &c. Digest. Lib. XLIX. Tit. XV. *De Capt. & Postlimin.* Leg. XII. §. 9. Voiez l'*Orbis Romanus* de Mr. de Spanheim, *Exercit.* I. Cap. V.

(7) *O jura praeclara, atque divinitus, jam inde à principio Romani nominis, a majoribus nostris comparata .... ne quis invitus civitate mutetur, neve in civitate maneat invitus. Hac sunt enim fundamenta firmissima nostra libertatis, sui quemque juris & retinendi, & dimittendi, esse dominum.* Orat. pro L. Corn. Balbo, *Cap.* XIII.

(8) *Semper enim, non id quod privatim interest unius ex sociis, servari solet, sed quod societati expedit.* Digest. Lib. XVII. Tit. II. *Pro Socio*, Leg. LXV. §. 5.

§. XXV. (1) Voiez Pufendorf, *Liv.* VIII. *Chap.* XI. §. 6, 7. du *Droit de la Nat. & des Gens.*

(2) Ἐπεὶ γὰρ Ἄργους οὐδὲν ἔσθ' ἡμῖν ἔτι,
Ψήφῳ δοκοῦσαν, ἀλλὰ φεύγομεν πάτραν,
Πῶς ἂν δικαίως, ὡς Μυκηναίους, ἄγοι,
Ὅδ' ὄντας ἡμᾶς, οὓς ἀπήλασαν χθονός;
Heraclid. *vers.* 186, *& seqq.*

(3) Οὐδ' ἐνεθύμηθεν ἐξαμαρτὼν χρὴ νῦν, ὁπότε τις ἂν ὁ πατὴρ πολίτης, ὅτ' οὐκ αὐτῷ τὴν πόλιν προσῆκεν &c. (Orat. *De Bigis*, pag. 349. D. *Ed. H. Steph.*) Nicetas dit, qu'il ne faut pas s'étonner, si une personne qui a été traitée en Ennemi par les siens, va rechercher l'amitié des Ennemis: Μὴ καινὸν, εἰ ἐχθρὸν τις τὸν ἀντίπαλον, καὶ πολεμίους ὡς φίλον, τὸν ἐκείνου ἐχθρὸν πολέμιον. Hist. *in rebus Isaaci Angeli* (Cap. X.) Grotius.

§. XXVI. (1) *Adrogatio, quâ quis se* &c. C'est ainsi que portoient toutes les Editions avant la mienne: Mais on voit bien que l'Auteur, ou plûtôt les imprimeurs, avoient oublié les mots *sui juris*, que j'ai dû exprimer dans ma version. La chose est trop claire & trop connuë, pour laisser aucun doute sur la pensée de l'Auteur: & dans la période suivante, *Pater autem* &c. il oppose manifestement l'*Adoption* d'un Fils sous puissance, à celle d'une personne maîtresse d'elle-même. Voiez les Institutes, Lib. I. Tit. XI.

pas entiérement tous ses droits paternels, & il ne se dégage pas lui-même de tous les devoirs auxquels il est tenu comme Pére; car la Nature ne le permet point: tout ce qu'il peut faire, c'est de confier son Fils à un autre, qui se charge de l'entretenir, & qu'il met comme à sa place pour cet effet.

§. XXVII. 1. LA plus vile Sujettion au contraire, c'est l'*Esclavage*, ou une Servitude parfaite, à laquelle on se soumet, comme faisoient autrefois, parmi les *Grecs*, un grand nombre de gens, qui se vendoient eux-mêmes, au rapport de (1) DION *de Pruse*; ou comme ceux d'entre les anciens *Germains*, qui jouoient leur liberté en un coup de dé, après avoir perdu au jeu tout ce qu'ils avoient; ainsi que (2) TACITE nous l'apprend.

2. Or la *Servitude parfaite* (3) consiste à être obligé de servir toute sa vie un Maître, pour la nourriture & les autres choses nécessaires à la vie, qu'il doit fournir à l'Esclave. Et cette sujettion ainsi entenduë, & renfermée dans les bornes de la Nature, (a) n'a rien de trop dur en elle-même: car l'obligation perpétuelle où est l'Esclave de servir son Maître, est compensée par l'avantage qu'il a d'être assûré d'avoir toûjours dequoi vivre; au lieu que les gens de journée ne savent la plûpart du tems comment subsister: d'où il arrive souvent qu'ils voudroient trouver quelcun (4) chez qui ils pussent demeurer, sans autre salaire que la nourriture & l'entretien; & l'on a vû même des Esclaves, qui *après s'être enfuïs, sont revenus d'eux-mêmes à leur ancienne créche*, comme le dit un (5) ancien Poëte Comique. POSIDONIUS, Philosophe Stoïcien, remarquoit, dans son *Histoire*, (6) qu'il y avoit eu autrefois bien des gens, qui, sentant leur foiblesse, s'étoient rendus volontairement, *afin que leurs Maîtres eussent soin de leur fournir le nécessaire, en récompense des services qu'ils leur rendroient, autant qu'ils en seroient capables.* D'autres alléguent là-dessus l'exemple des *Mariandyniens*, qui, pour cette raison, se mirent (7) sous l'esclavage des *Héracleotes*.

(a) Voiez *Busbeq. Legat. Turc. Epist.* III. où il raisonne très-bien là-dessus.

§. XXVIII. MAIS pour ce qui est du droit de Vie & de Mort, les Maîtres ne l'ont

§. XXVII. (1) Μυρίοι δήπου ἀποδίδονται ἑαυτοὺς ἐλεύθεροι ὄντες, ὥστε δουλεύειν κατὰ συγγραφήν. Orat. XV. Cela étoit défendu autrefois en *Egypte*. On le permettoit à *Athénes*, jusqu'au tems de *Solon*, qui par une de ses Loix, abolit l'usage d'engager son corps ou sa liberté, pour cause de dette: Περὶ δὲ τὸ λοιπὸν ἐπὶ τοῖς σώμασι μηδένα δανείζειν· PLUTARCH. *in Solon*. (pag. 86. D. Tom. I. *Ed. Wech.*) La *Loi Pétilienne*, parmi les *Romains*, faisoit les mêmes défenses. GROTIUS.

Ce fut *Bocchoris*, Roi d'*Egypte*, qui voulut que les Créanciers s'en prissent uniquement aux biens de leurs Debiteurs, & non pas à leurs corps: Τῶν δὲ δανεισάντων τὴν εἴσπραξιν τῶν δανείων ἐκ τῆς οὐσίας μόνον ἐποιήσατο· τὸ δὲ σῶμα κατ' οὐδένα τρόπον εἴασεν ὑπάρχειν ἀγώγιμον· DIODORE *de Sicile*, de qui sont ces paroles, *Biblioth. Histor.* Lib. I. Cap. LXXIX. pag. 59. *Ed. H. Steph.* ajoûte que *Solon* avoit imité cette Loi. A l'égard de la *Loi Pétilienne*, voiez VARRON, *de Ling. Lat.* Lib. VI. pag. 82. *Ed. H. Steph.* & TITE LIVE, *Lib.* VIII. Cap. XXVIII. Et joignez-y ce que l'on a dit sur PUFENDORF, *Droit de la Nat. & des Gens*, Liv. III. Chap. VII. §. 3. *Note* 7. de la seconde Edition.

(2) *Aleam (quod mirere) sobrii inter seria exercent, tantâ lucrandi perdendive temeritate, ut, quum omnia defecerunt, extremo ac novissimo jactu de libertate & de corpore contendant.* German. *Cap.* XXIV. *num.* 2.

(3) Voiez, sur cette matiére, PUFENDORF, *Droit de la Nat. & des Gens*, Liv. VI. Chap. III.

(4) Comme celui dont parle EUBULUS, ancien Comique Grec:

Ἐθέλει δ' ἄνευ μισθοῦ παρ' αὐτοῖς καταμένειν
Ἐπὶ σιτίοις ——— ——— ———.

GROTIUS.

Cela se trouve dans ATHENE'E *Lib.* VI. *Cap.* XII. pag. 247. A. Mais nôtre Auteur a mis ἐπὶ σιτίοις, pour Ἐπισίτιος, comme il y a, & comme il doit y avoir. Au reste, pour le dire en passant, il y a lieu d'être surpris, que nôtre Auteur, qui cite ici un passage d'EUBULE, tiré de la Comédie intitulée *Dédale*, l'ait oublié dans ses *Excerpta ex Trag. & Com. Græcis*, où l'on ne trouve pas même le nom de cette Piéce.

(5) Πολλοὶ φυγόντες δεσπότας, ἐλεύθεροι
Ὄντες, πάλιν ζητοῦσι τὴν αὐτὴν φάτνην.

EUBULUS.

Dans une Comédie de PLAUTE, un Esclave dit, qu'il vit aux dépens de son Maître; [& par cette raison il refuse la liberté que son Maître lui offroit sous une certaine condition.]

Liber si sim, meo periculo vivam, nunc vivo tuo. (Casin. *Act.* II. *Scen.* IV. vers. 14.) Le Grammairien *Melisse*, de *Spolète*, ne voulut point être affranchi, quoi qu'il le pût. (SUETON. *Illustr. Gramm.* Cap. XXI.) GROTIUS.

Le passage du Comique Grec EUBULE, que nôtre Auteur cite ici, se trouve dans STOBE'E, *Serm.* LXII.

(6) C'est d'ATHENE'E que nôtre Auteur a tiré les paroles de ce Philosophe Stoïcien: Ποσειδώνιος δέ φησιν, ὁ ἀπὸ τῆς στοᾶς, ἐν τῇ τῶν Ἱστοριῶν ἑνδεκάτῃ, πολλούς τινας ἑαυτῶν οὐ δυναμένους προΐστασθαι, διὰ τὸ τῆς διανοίας ἀσθενές, ἐπιδοῦναι ἑαυτοὺς εἰς τὴν τῶν συνετωτέρων ὑπηρεσίαν, ὅπως παρ' ἐκείνων τυγχάνοντες τῆς εἰς τὰ ἀναγκαῖα ἐπιμελείας, αὐτοὶ πάλιν ἀποδιδῶσιν ἐκείνοις δι' αὐτῶν ἅπερ ἂν ὑπηρετεῖν δύνωνται· Deipnosoph. *Lib.* VI. *Cap.* XVIII. pag. 263. C. D. *Edit. Lugd.* 1657.

(7) Ce fait se trouve immédiatement après les paroles de POSIDONIUS, qui viennent d'être citées dans la Note

s'ont pas sur leurs Esclaves, à en juger par les régles de la Justice pleine & entiére, ou devant le Tribunal de la Conscience. Car aucun Homme ne peut légitimement en faire mourir un autre, si celui-ci n'a commis quelque crime qui le mérite. Cependant, selon les Loix de quelques Peuples, un Maître qui tue son Esclave, pour quelque sujet que ce soit, le fait impunément; il en est de lui à cet égard comme des Rois absolus, qui par tout païs sont, en pareil cas, à l'abri de toute recherche. C'est la comparaison dont SENEQUE s'est servi il y a longtems: (1) *Si la nécessité*, dit-il, *où est un Esclave, de tout souffrir de son Maître, & la crainte qu'il en a, l'empêche de rien faire pour lui qui puisse mériter le titre de Bienfait; par la même raison, un Sujet, ou un Soldat, ne le pourront pas non plus; puis qu'encore qu'ils n'aient pas le même nom, le Roi & le Général ont autant de pouvoir sur eux.* Ce n'est pas qu'un Maître ne puisse certainement faire du tort à son Esclave, comme le même Philosophe le (2) soutient avec raison: mais l'impunité passe pour un droit, dans un sens impropre. Les Loix de (3) *Solon*, (a) & les anciennes Loix des *Romains*, donnoient le même droit à un Pére sur ses Enfans: & DION *de Pruse* dit (4) que cela avoit lieu *chez plusieurs Peuples bien policez.* Sur quoi SOPATER (5) a remarqué, que les Loix accordoient une telle permission, *dans la pensée qu'un Pére seroit bon Juge, & qu'il n'useroit de son pouvoir que quand son Enfant auroit commis quelque forfait qui le méritât.*

(a) *Sext. Empiric.* Pyrrhon. hypotyp. Lib. III. Cap. XXIV. §. 211. *Ed. Fabric.*

§. XXIX. 1. IL EST plus difficile de décider, quelle doit être la condition des Enfans qui naissent des Esclaves. Par le Droit (1) Romain, & selon ce que le Droit des Gens établit au sujet des Prisonniers de Guerre, comme nous le dirons (a) ailleurs; le fruit ici suit le ventre, ou la Mére, de même que quand il s'agit des Bêtes. Mais cela n'est pas bien conforme au Droit Naturel, quand il y a des indices suffisans pour faire connoître le Pére. Car puis qu'entre les Bêtes mêmes, (2) le Mâle a soin de ses Petits, aussi bien que la Femelle, c'est une preuve que le fruit qui naît de leur union ap-

(a) *Liv.* III. *Chap.* VII.

Note précedente: Καὶ τούτῳ τῷ τρόπῳ Μαριανδυνοὶ μὲν Ἡρακλεώταις ὑπετάγησαν, διὰ τέλους ὑποσχόμενοι θητεύσειν, παρέχουσιν αὐτοῖς τὰ δέοντα. ATHENÆUS, *ubi supra*, D. Mais STRABON dit, que ce fut par force que les *Mariandyniens* furent réduits à l'esclavage par les *Milésiens* dans le païs où ils habitoient auparavant: Εἴρηται δὲ καὶ τοῦτο, ὅτι πρῶτον τὴν Ἡράκλειαν κτίσαντες Μιλήσιοι, τοὺς Μαριανδυνοὺς εἱλωτεύειν ἠνάγκασαν, τοὺς προκατέχοντας τὸν τόπον &c. Geograph. *Lib.* XII. pag. 817. A. *Ed. Amst.* (542. *Paris.*)

§. XXVIII. (1) *Nam si servo, quominus in nomen meriti perveniat, necessitas obest, & patiendi ultima timor: idem istud obstabit & ei qui Regem habet, & ei qui Ducem; quoniam, sub dispari titulo, paria in illos licent.* De Benefic. *Lib.* III. *Cap.* XVIII.

(2) *Potest dare beneficium domino* [servus,] *si à domino injuriam accipere: atqui de injuriis dominorum in servos, qui audiat, positus est, qui & sævitiam, & libidinem, & in præbendis ad victum necessariis, avaritiam compescat.* Ibid. Cap. XXII. Voiez ci-dessous, *Liv.* III. *Chap.* XIV.

(3) Nôtre Auteur a pour garant le Philosophe Pyrrhonien, qu'il cite en marge. Voici le passage, où SEXTUS EMPIRICUS dit, que *Solon* permit à un Pére de faire mourir ses Enfans sans autre forme de procès: Καὶ ὁ Σόλων Ἀθηναίοις τὸν περὶ τῶν ἀκρίτων νόμον ἔθετο, καθ' ὃν φονεύειν ἑκάστῳ τὸν ἑαυτοῦ παῖδα ἐπιτρέψε. Mais, comme on l'a remarqué, DENYS *d'Halicarnasse* dit expressément, que, parmi les *Grecs*, un Pére pouvoit bien chasser son Enfant rebelle, & le deshériter, mais pas autre chose: Τιμωρίας τε κατὰ τῶν παίδων ἔταξαν [οἱ τὰς Ἑλληνικὰς καταστησάμενοι πολιτείας,] ἐὰν ἀπειθῶσι τοῖς πατράσιν, οὐ βαρείας, ἐξελάσαι τῆς οἰκίας ἐπιτρέψαντες αὐτοὺς, καὶ χρήματα μὴ καταλιπεῖν, περαιτέρω δὲ οὐδέν. Antiq. Roman. *Lib.* II. *Cap.* XXVI. pag. 93. *in fin.* Ed. Oxon. (98. *Sylb.*) Il venoit de parler de *Solon*, de *Pittacus*, & de *Charondas.* Cependant MEURSIUS, *Themid. Attic.* Lib. I. Cap. II. rapporte un passage de SOPATER, ancien Rheteur, d'où il paroît, que les Méres même avoient droit de Vie & de Mort sur leurs Enfans; sans que ni ce Savant, ni Mr. FABRICIUS, qui le cite, aient fait mention de l'autorité tout-à-fait contraire d'un Historien aussi judicieux & aussi celebre, que l'est l'Auteur Grec des *Antiquitez Romaines.*

(4) Παρὰ πολλοῖς, καὶ σφόδρα εὐνομουμένοις. Orat. XV.

(5) Ἐξῆν πατρὶ ἕνα τῶν παίδων ἀνελεῖν· ἔδοξεν, ἐὰν ἀδικῇ τι, καὶ ὅτι ὁ νόμος, τοῦτο εἶπεν ὡς ἐπιεικὴς γενήσεσθαι δικαστὴς ὁ πατὴρ, οὕτω προσέταξεν. Je ne sai d'où l'Auteur a tiré ces paroles, ni si elles sont du Rheteur, ou du Philosophe de ce nom.

§. XXIX. (1) *Partum ancillæ matris sequi conditionem, nec statum patris in hac specie considerari, explorati iuris est.* COD. Lib. III. Tit. XXXII. *De rei vindicatione,* Leg. VII. Voiez aussi *Lib.* VII. Tit. XVI. *De liberali caussa,* Leg. XLI. Voiez le celebre Mr. SCHULTING, sur ULPIEN, Tit. X. §. 8. pag. 580. de sa *Jurisprudentia Ante-Justinianea.*

(2) Voiez ci-dessous, *Chap.* VIII. de ce Livre, §. 18. PLINE dit, que, parmi les Pigeons, le Mâle & la Femelle aiment également leurs petits: *Amor utrique sobolis æqualis.* Hist. Natur. *Lib.* X. *Cap.* XXXIV. GROTIUS.

appartient également au Pére & à la Mére. De sorte que, sans les Loix Civiles, il devroit (3) suivre le Pére, aussi bien que la Mére.

2. Posons donc, pour diminuer la difficulté, que le Pére & la Mére soient tous deux Esclaves, & voions si naturellement l'Enfant doit être de même condition qu'eux. Il est certain que, si un Pére & une Mére n'avoient pas d'autre moien d'élever leur Enfant, ils pourroient, avant qu'il nâquit, se donner eux & lui en même tems pour Esclaves: car une raison comme celle-là les autorise à vendre même leurs Enfans, qui sont nez libres.

3. Mais, comme c'est la nécessité qui donne ce droit naturellement, les Parens ne (4) peuvent pas hors de là disposer de la liberté de leurs Enfans en faveur de qui que ce soit. Si donc un Maitre a droit, indépendamment de cette nécessité, sur les Enfans nez de ses Esclaves, (5) cela vient de ce qu'il leur fournit la nourriture (b) & les autres choses nécessaires à la Vie. De sorte que, comme il a eu à les entretenir long tems avant qu'ils fussent en état de le servir, & que le prix du travail qu'ils font ensuite, quand ils sont devenus grands, ne va pas au delà de la valeur de l'entretien présent; ils ne sauroient légitimement se soustraire à l'Esclavage, qu'après avoir dédommagé le Maitre de ce qu'ils lui doivent pour le passé.

(b) Voiez *Léon d'Afrique*, Lib. VI. au sujet de *Barca*.

4. Tout ce qu'il y a, c'est que, si le (c) Maitre les maltraite excessivement, ils peu-

(c) *Less.* Lib. V. Cap. V. *Dub.* V.

(3) SENE'QUE a remarqué, que chaque Enfant appartient également à son Pére & à sa Mere: *Sed quemodo patri matr que communes liberi sunt; quibus quum duo sunt, non singuli singulos habent, sed singuli binos.* De Benefic. *Lib.* VII. *Cap.* XII. Les *Loix* des WISIGOTHS vouloient, que les Enfans nez d'un Pére & d'une Mére Esclaves, mais qui appartenoient à différens Maitres, fussent la moitié à un Maitre, & l'autre à l'autre: & elles se fondoient sur ce principe, que le Pére & la Mére concourent à la génération de leurs Enfans, en sorte que l'un ne peut rien faire sans l'autre: *Si enim filius ab utroque parente gignitur & creatur, cur idem ad conditionem tantum pertineat genitricis, qui sine patre nullatenus potuit procreari? . . . Hac rationabiliter natura lege compellimur, agnationem ancillæ, quæ servo alieno juncta pepererit, inter utrosque dominos æqualiter dividendam.* Lib. X. Tit. I, 17. Les Enfans d'un Homme & d'une Femme *Esclavons*, suivoient le Pére, comme il paroit par le SPECULUM SAXONICUM, III, 73. La même chose avoit lieu en quelques endroits d'*Italie*. Voiez les DECRE'TALES, Lib. IV. Tit. IX. *De conjug. servorum*, Cap. III. Parmi les *Lombards* & les *Saxons*, celui qui étoit d'une moindre condition, soit Pére ou Mére, étoit celui dont les Enfans suivoient le sort: SPECUL. SAXON. I, 16. Cela se pratiquoit aussi chez les *Wisigoths*, en *Espagne*, du tems d'ISIDORE; comme il paroit par le DROIT CANONIQUE: *Semper enim qui nascitur deteriorem partem sumit.* Caus. XXXII. Quæst. IV. *Can.* XV. *sive ult.* Les *Loix des* WISIGOTHS déclarent formellement, qu'un Enfant né d'un Pére de libre condition & d'une Mére Esclave devient par là Esclave: *Lib.* III. Tit. II, 3. *Lib.* IV. Tit. V, 7. *Lib.* IX. *Tit.* I, 16. Ceux qui naissoient d'un Pére & d'une Mére Esclave, se partageoient entre les deux Maitres. S'il n'y avoit qu'un Garçon, le Maitre du Pére le prenoit, en paiant au Maitre de la Mére la moitié de ce qu'il pouvoit valoir. A l'égard de ceux qu'on appelloit *Originarii*, le Maitre du Pere avoit les deux tiers, & le Maitre de la Mére l'autre tiers; selon l'*Edit* du Roi THE'ODORIC, *apud* CASSIODOR. C. 67. En *Angleterre*, on est Libre, ou non, (*Free or Villain*) selon la condition du Pére: LITTLETON, *de Villanagio*. Voiez aussi le Livre *De laudibus Legum Angliæ*. Ces Loix sont différentes du Droit Civil des *Romains*: & néanmoins THOMAS d'*Aquin* avouë, qu'elles n'ont rien de contraire au Droit Naturel (*Supplement.* Quæst. LII. Art. IV. *in Conclus.*) Les *Romains* même ne suivoient pas toûjours leur principe; puis que, par une de leurs Loix, soit que le Pére ou la Mére d'un Enfant fussent Etrangers, l'Enfant l'étoit aussi: *Quoniam* LEX MENSIA, *ex alterutro peregrino natum, deterioris parentis conditionem sequi jubet.* ULPIAN. Tit. V. *De iis qui in potestate sunt*, §. 8. GROTIUS.

Les *Esclavons* (*Slavi*) dont nôtre Auteur parle au commencement de cette Note, sont des Esclaves de cette Nation, qui, à cause de leur grand nombre, que de longues Guerres avec l'*Allemagne* produisirent, donnérent leur nom à tous ceux en général qui étoient réduits en servitude. Voiez la Dissertation de feu Mr. HERTIUS, *De Hominibus Propriis*, Tom. II. *Comm. & Opusc.* §. 5. pag. 161, 162. On ne peut guéres douter, que ce ne soit aussi de là qu'est venu nôtre mot François *Esclave*; comme l'ont remarqué quelques Etymologistes. Pour ce qui est des *Originarii*, qui sont les mêmes qu'on appelle *Adscriptitii*, voiez l'excellent Commentateur du *Code Theodosien*, JAQUES GODEFROI, ad *Lib.* V. Tit. IX. pag. 431, *& seqq.* Tom. I. comme aussi Mr. SCHULTING, *Jurispr. Antejustinian.* pag. 180. où l'on verra aussi ce qu'il dit de la *Loi Mensienne*.

(4) C'est ce qu'établit CHARLES *le Chauve*, Cap. XXXIV. *Edict. Pist.* GROTIUS.

(5) Joignez ici ce que j'ai dit dans une Note sur PUFENDORF, *Devoirs de l'Homme & du Citoien*, Liv. II. Chap. IV. §. 6. de la troisiéme & quatriéme Edition.

(6) Il y a dans l'Ecriture plusieurs maximes, qui paroissent générales, & qui le sont, à ne considerer que les termes, lesquelles néanmoins souffrent des exceptions, qui se découvrent aisément par la nature même de la chose & par les circonstances. Quelquefois aussi ces maximes ne sont générales, qu'entant qu'elles regardent ce qui a lieu ordinairement. Voilà ce que veut dire nôtre Auteur, qui répondra plus au long à l'objection, dans l'endroit, cité en marge.

§. XXX. (1) Parmi les *Romains*, quoi qu'un Esclave eût été affranchi, il devoit non seulement avoir toûjours du respect pour son *Patron* (c'est ainsi qu'on appelloit celui qui avoit été son Maitre) mais encore le Patron pouvoit exiger de lui certains services, comme de l'accompagner, d'avoir soin de ses affaires &c. Si l'Af-

peuvent s'enfuïr; & cela est même permis, en pareil cas, à ceux qui se sont volontairement rendus Esclaves. Cette décision est fort vraisemblable.

5. Je n'ignore pas que les (d) Apôtres, & les (e) anciens Canons, défendent aux Esclaves de ne pas secouer le joug de leurs Maîtres. Mais c'est-là une maxime (6) générale, & opposée à l'erreur de ceux qui vouloient faire regarder toute sujettion & publique, & particuliére, comme incompatible avec la Liberté Chrétienne.

(d) I. *Cor.* VII, 21. *Ephes.* VI, 5. *Coloss.* III, 22. *I. Pierre*, II, 18.

(e) *Causa* XVII. Quæst. IV. C. 37, 38. Voiez ci-dessus, *Liv.* III. *Chap.* VII. §. 6.

§. XXX. 1. Outre la Servitude pleine & entiére, dont nous venons de parler, il y a des *Servitudes imparfaites*, qui ne sont que pour un tems, ou sous certaines conditions, ou pour certaines choses. Telle est celle des (1) *Affranchis*; celle des (2) Esclaves à qui la liberté avoit été donnée par testament, mais seulement au bout d'un certain tems, ou sous certaine condition; celle des (3) *Débiteurs insolvables*, qui se rendoient eux-mêmes Esclaves de leurs Créanciers jusqu'à ce qu'ils pussent les satisfaire, qui y étoient condamnez par le Juge; celle des (4) Laboureurs, qui étoient attachez aux Terres qu'on leur donnoit; celle des Esclaves, parmi les (a) *Juifs*, laquelle finissoit ou au bout de sept ans, ou à l'année du Jubilé; celle des (5) *Pénestes*, chez les *Thessaliens*; celle des gens de (6) *Main morte*; enfin, celle des *Mercenaires*, (7) ou gens à gages. Toutes différences, qui viennent ou des Loix, de chaque Païs, ou des Conventions particuliéres.

(a) Voiez *Exod.* XXI, 2. *Levitiq.* XXV, 40.

2. Ceux

l'Affranchi manquoit à son devoir & se rendoit coupable d'ingratitude à un certain point, il pouvoit redevenir Esclave de son ancien Maître. S'il venoit à mourir sans enfans, & sans tester, le Patron héritoit de tous ses biens; dont l'Affranchi même étoit obligé de lui laisser la moitié par testament. Voiez Digest. *Lib.* XXXVII. Tit. XIV. *De jure Patronatus*: & Lib. XXXVIII. Tit. I. *De operis Libertorum*, Tit. II. *De bonis Libertorum*.

(2) *Statuliberi*. Il a fallu mettre la définition à la place du défini; nôtre Langue ne fournissant pas dequoi l'exprimer en un ou peu de mots: à moins qu'on ne voulût les appeller des *Esclaves libres en espérance*. Statuliber *est*, *qui statutam & destinatam in tempus, vel conditionem, libertatem habet*. Digest. Lib. XL. Tit. VII. *De Statuliberis*, Leg. I. *princ.* Voiez les Fragmens d'Ulpien, Tit. II. & là-dessus les Notes de Mr. Schulting, & des autres, qu'il a rassemblées, dans sa *Jurispr. Antejust.* pag. 571.

(3) Tout ceci est exprimé en deux mots, *Nexi*, *Addicti*. *Liber, qui suas operas in servitute pro pecunia dabat dum solveret*, Nexus *vocatur, ut ab ære Obaratus*. Varro de Ling. Lat. *Lib.* VI. pag. 82. Voiez Saumaise, *de modo Usurarum*, Cap. XVIII. *Ut quum quæritur, an* Addictus, *quem lex servire, donec solverit, jubet, servus fit* .... *Servus, quum manumittitur, fit libertinus; Addictus, receptâ libertate, est ingenuus. Servus, invito domino, libertatem non consequetur: Addictus solvendo, citra voluntatem domini, consequetur*. Quintilian. Lib. VII. Cap. III. pag. 620, 621. *Edit. Burman.*

(4) *Adscripti* ou *Adscriptitii glebæ*. Les *Grecs* les appellent 'Ομόδουλοι τοῦ ἀγροῦ, comme on le prouve par un passage de Sozoméne, *Hist. Eccles.* Lib. IX. Cap. XVII. *seu ultim.* où il est parlé de *Calémère*. C'est que ces gens de cette condition suivoient les Terres d'autrui, qu'ils cultivoient; car le Propriétaire pouvoit les aliéner en aliénant ses Terres. Du reste, leur condition n'étoit pas aussi dure, que celle des Esclaves. Voiez Cujas sur le Code, Lib. XI. Tit. XLVIII. *De Agricolis, censitis, & colonis*: comme aussi le Commentaire de Jaques Godefroi sur l'endroit du Code Theodosien, que j'ai cité un peu plus haut, à la fin de la *Note* 8. du paragraphe précédent.

(5) Voici l'origine de ces sortes de Serviteurs. Une Colonie de *Béotiens* étant venuë dans la *Thessalie*, les uns s'en retournérent chez eux; les autres, qui restérent, trouvant le païs à leur gré, s'engagérent à servir les Habitans, & à cultiver leurs Terres, à condition que ceux-ci ne pourroient ni les tuer, ni les mener hors du païs. C'est ce que dit Athénée, sur la foi d'un ancien Historien: 'Αρχέμαχος δ' ἐν τῇ τρίτῃ Εὐβοϊκῶν, Βοιωτῶν φησι τῶν τὴν Ἄρναν κατοικησάντων, οἱ μὴ ἀπάραντες εἰς τὴν Βοιωτίαν, ἀλλ' ἐμφιλοχωρήσαντες, παρέδωκαν ἑαυτοὺς τοῖς Θετταλοῖς δουλεύειν καθ' ὁμολογίας, ἐφ' ᾧ οὔτε ἐξάξουσιν αὐτοὺς ἐκ τῆς χώρας, οὔτε ἀποκτενοῦσιν· αὐτοὶ δὲ τὴν χώραν αὐτοῖς ἐργαζόμενοι τὰς συντάξεις ἀποδώσουσιν· οὗτοι οὖν οἱ κατὰ τὰς ὁμολογίας καταμείναντες, καὶ παραδόντες ἑαυτοὺς, ἐκλήθησαν τότε Μένεσται, νῦν δὲ Πενέσται &c.' Deipnosoph. *Lib.* VI. *Cap.* XVIII. pag. 264. A. B. Julius Pollux met les *Penestes* au rang de ceux qui n'étoient ni Libres, ni Esclaves, & dont il donne plusieurs exemples: Μεταξὺ δὲ ἐλευθέρων καὶ δούλων, οἱ Λακεδαιμονίων Εἵλωτες· καὶ Θετταλῶν, Πενέσται &c. Lib. III. §. 83. *Ed. Amstel.* Denys d'*Halicarnasse* les compare aux *Cliens* des anciens *Romains*: mais il y avoit bien de la différence, comme le fait voir Henri Etienne, *Schediasm.* Lib. IV. Cap. XIV. XV. XVI. où il traite aussi de l'étymologie du mot de Πενέσται.

(6) Ce sont des gens, qui ne peuvent pas disposer de leurs biens par testament, sans le consentement de leur Seigneur, ni se marier hors de ses terres. Et lors qu'ils viennent à mourir sans enfans légitimes, le Seigneur hérite de tous leurs biens, ou du moins de ceux d'une certaine sorte. On les appelle *Gens de main morte*, parce qu'après la mort d'un Chef de famille sujet à ce droit, le Seigneur venoit prendre le plus beau joiau ou le plus beau meuble qu'il trouvoit dans sa Maison: ou, s'il n'y en avoit point, on coupoit la main droite du Mort, & on la lui offroit. Voiez les Auteurs que le Savant Gronovius cite ici dans sa Note.

(7) Entre lesquels ceux que l'on appelle *Apprentis*, en *Angleterre*, approchent de la condition d'Esclaves, pendant le tems que leur apprentissage dure. Grotius. Voiez Thomas Smith, *De Republ. Anglic.* Lib. III. Cap. X. p. m. 158.

(8)

2. Ceux qui naissent d'un Pére de condition libre & d'une Mére Esclave, ou d'un Pére Esclave & d'une Mére de condition libre; semblent aussi n'être soûmis, selon le Droit Naturel, qu'à une servitude imparfaite, (8) pour la raison que nous avons alléguée ci-dessus.

§. XXXI. 1. La *Sujettion publique*, dont il faut parler maintenant, c'est lors qu'un Peuple se met sous la domination d'une ou de plusieurs personnes, ou même d'un autre Peuple. Nous avons (a) allégué ailleurs l'exemple de la Ville de *Capoue*. Le Peuple de *Collatium* se donna de (1) la même maniére au Peuple Romain; & Plaute fait (2) allusion à cela dans son *Amphitryon*. C'est ce que les *Perses* appelloient (3) *livrer ses terres & ses eaux*.

(a) *Liv.* I. *Chap.* III. §. 8. *num.* 1.

2. Mais un Peuple ne se soûmet pas toûjours ainsi absolument à l'empire d'autrui. Il y a d'autres sujettions, qui sont moindres ou à l'égard de la maniére dont le Maître que l'on se donne posséde la Souveraineté, ou par rapport à l'étenduë de son pouvoir; selon que nous l'avons expliqué (b) ci-dessus.

(b) *Liv.* I. *Chap.* III.

§. XXXII. 1. Enfin, on aquiert aussi un droit sur les Personnes, à cause de quelque *Délit*, qui les rend sujettes bon gré malgré qu'elles en aient. Cela arrive toutes les fois que quelcun, (1) qui a mérité de perdre sa liberté, est réduit par force sous la puissance de celui qui a droit de punir le crime. Nous verrons (a) ailleurs à qui ce droit appartient.

(a) *Chap.* XX. de ce Livre.

2. C'est ainsi qu'à *Rome* ceux qui étant (2) appellez pour s'enrôller, ne comparoissoient point, & ceux (3) qui ne donnoient pas un état de leurs biens, ou qui le donnoient peu exact; devenoient par là Esclaves (4). Dans la suite, les Femmes, qui se (5) marioient avec un Esclave d'autrui, furent condamnées à la même chose.

3. Et ce ne sont pas seulement les Particuliers qui tombent ainsi dans une servitude involontaire: les Peuples aussi (6) peuvent y être assujettis en punition d'un crime public. Mais il y a cette différence, que la servitude d'un Peuple est perpétuelle par ellemême, parce que la Succession des Membres dont il est composé n'empêche pas qu'il ne soit toûjours le même Peuple. Au lieu que la servitude des Particuliers, en conséquence d'un crime, ne passe pas plus loin que celui qui l'a commis, parce que les (7) fautes sont personnelles.

4. Du

(8) C'est-à-dire, que, comme ils appartiennent également au Pére & à la Mére, ils doivent tenir aussi également de la condition de l'un & de l'autre; & par conséquent n'être obligez de servir que pour un tems, ou d'une maniére qui adoucisse beaucoup la rigueur de leur sort.

§. XXXI. (1) *Dedisitne vos Populum* Collatinum, *urbem, agros, aquam, terminos, delubra, utensilia, divina humanaque omnia, in meam* Populique Romani *ditionem? Dedimus. At ego recipio.* Lib. I. Cap. XXXVIII. *num.* 2.

(2) C'est dans l'*Amphitryon*, où *Sosie* dit cela des *Téléboéns*:

Deduntque se, divina humanaque omnia, urbem, & liberos,
In ditionem atque in arbitratum, cuncti, Thebano Poplo.
Act. I. Scen. I. ℣. 102, 103.

(3) C'est ce que *Xerxès* & *Darius* demandoient aux *Grecs*: *Admonebat, ab iis gentibus illata* Græciæ *bella,* Darii *priùs, deinde* Xerxis *insolentiâ, aquam ipsam terramque postulantium.* Quint. Curt. Lib. III. Cap. X. *num.* 8. Voiez là-dessus les Interprêtes.

§. XXXII. (1) C'est ainsi que quand *Ulysse* fut abordé en *Egypte*, quelques-uns de ses Compagnons s'étant mis à piller, les *Egyptiens* en tuérent un grand nombre & prirent les autres pour en faire leurs Esclaves:

Ἔνθ' ἡμέων πολλοὺς μὲν ἀπέκτανον ὀξέϊ χαλκῷ,
Τοὺς δ' ἄναγον ζωούς, σφίσιν ἐργάζεσθαι ἀνάγκῃ.

Odyss. *Lib.* XIV. (*vers.* 271, 272.) Apollodore dit, que *Jupiter* vouloit jetter *Apollon* dans le *Tartare*, à cause qu'il avoit tué les *Cyclopes*; mais que, fléchi par les priéres de *Latone*, il se contenta de le condamner à servir pendant un an: Δεηθείσης δὲ Λητοῦς, ἐκέλευσεν αὐτὸν ἐνιαυτὸν ἀνδρὶ θητεῦσαι. Biblioth. *Lib.* III. (Cap. X. §. 3. *Ed. Paris. Gal.*) Grotius.

(2) Cela paroît par un passage de Ciceron, que nôtre Auteur cite en marge: *Jam Populus, quum eum vendidit, qui miles factus non est, non adimit ei libertatem, sed judicat, non esse eum liberum, qui, ut liber sit, adire periculum noluit. Quum autem incensum vendit, hoc judicat; quum is, qui in servitute justa fuerit, censu liberetur, eum, qui quum liber esset, censeri noluerit, ipsum sibi libertatem abjudicasse.* Orat. pro A. Cæcina, *Cap.* XXXIV. Mais les Jurisconsultes en parlent aussi, dans le Digeste: *Nam & qui ad delectum* [ou plûtôt *dilectum*, car c'est ainsi qu'il faut lire, selon le Ms. de *Florence*: Voiez Cujas, sur la Loi XX. Digest. Tit. *de Communi dividundo*; & Mr. Schulting, *Jurispr. Antejust.* p. 305.] *olim non respondebant, ut proditores libertatis, in servitutem redigebantur.* Lib. XLIX. Tit. XVI. *De re militari*, Leg. IV. §. 10. Voiez Duaren. *Disput. annivers.* Lib. I. Cap. IV.

(3) *Incensi.* Les Jurisconsultes en font mention: *Maxima capitis diminutio est, per quam & civitas, & libertas amittitur: veluti quum incensus aliquis venierit, aut quum*

4. Du reste, cette servitude involontaire, & publique & particuliére, peut être ou pleine & entiére, ou modifiée & imparfaite, selon le degré de la faute & de la punition.

5. Pour ce qui est de la Servitude, tant publique, que particuliére, qui vient du Droi des Gens arbitraire, nous aurons occasion d'en parler, (b) lors que nous traiterons des effets de la Guerre. (b) *Liv.* III. *Chap.* VII.

CHAPITRE VI.

De l'Aquisition derive'e, produite par le fait d'un Homme: Où l'on traite de l'Alienation de la Souveraineté, & des Biens de la Souveraineté.

I. *Condition requise pour l'*Alienation, *de la part de celui qui donne.* II. *Et de la part de celui qui reçoit.* III. *Que la* Souveranete' *peut être* aliene'e, *quelquefois par le Roi, & quelquefois par le Peuple.* IV. *Que le Peuple ne peut pas aliéner une partie de l'Etat, bon gré malgré qu'elle en aît.* V. *Qu'une partie de l'Etat ne peut pas non plus aliéner la jurisdiction qu'il a sur elle, si ce n'est dans une extrême nécessité.* VI. *Raison pourquoi la Partie a, en ce cas-là, plus de droit que le Corps entier du Peuple.* VII. *Qu'il est libre d'aliéner la jurisdiction que l'on a sur quelque lieu, ou quelque partie du Territoire.* VIII. *Réfutation de ceux qui prétendent, qu'un Roi peut légitimement aliéner quelque partie de ses Etats, pour des raisons d'utilité ou de nécessité.* IX. *Que l'Aliénation renferme ici l'Inféodation & l'Engagement.* X. *Que l'aliénation des Jurisdictions même non-souveraines demande un consentement du Peuple, ou exprès, ou inféré de la Coûtume.* XI. *Que les Rois ne peuvent point aliéner le* Patrimoine du Peuple. XII. *Il faut pourtant distin-*

quum mulier alieno servo se junxerit &c. Ulpian. Tit. XI. §. 11. Ce fut le Roi *Servius Tullius*, qui fit une Loi, portant que ceux qui n'avoient pas donné un état exact de leurs biens, en seroient dépouillez, & eux-mêmes vendus, après avoir été bien fouettez : Τῷ δὲ μὴ τιμησαμένῳ τιμωρίαν ὥρισε, τῆς τε οὐσίας στέρεσθαι, καὶ αὐτὸν μαστιγωθέντα πραθῆναι. Dion. Halicarn. *Antiq. Roman.* Lib. IV. Cap. XV. pag. 212. *Ed. Oxon.* (221. *Sylb.*) C'est de cette Loi que veut parler Tite Live, dans le passage suivant, que je vais rapporter, parce que je crois qu'il y a faute en un endroit : *Censu perfecto, quem maturaverat* Metu *Legis de Incensis lata, cum vinculorum minis, mortisque* &c. Lib. I. Cap. XLIV. *num.* 1. Je crois qu'il faut lire *metus Legis* &c. Ce ne fut pas le Roi qui hâta le dénombrement des biens : mais la crainte qu'on eut d'encourir la peine, fit que chacun se dépêcha. L'expression est du moins plus naturelle, par ce petit changement.

(4) En *Lycie*, les Voleurs étoient aussi condamnez à l'Esclavage: comme, nous l'apprenons d'un fragment de Nicolas *de Damas*. [Ὃς δ' ἂν ἐλεύθερος ἁλῷ κλέπτων, δοῦλος γίνεται. Excerpt. Peiresc. pag. 517.] Chez les *Wisigoths*, la même peine étoit décernée pour plusieurs autres crimes; ainsi qu'il paroit par le Recueil de leurs Loix. Grotius.

(5) Voiez Tacite, *Annal.* Lib. XII. Cap. LIII. Sue'tone, *in Vespas.* Cap. XI. & le passage d'Ulpien, qui vient d'être cité dans la *Note* 3.

(6) Voiez-en des exemples ci-dessous, *Chap.* XIII. de ce Livre, §. 4. avec la *Note* 8.

(7) C'est ainsi que nôtre Auteur entend ici les paroles du Droit Romain, *Noxa caput sequitur*, qui se trouvent en divers endroits, comme dans les *Receptæ Sententiæ* du Jurisconsulte Paul, *Lib.* II. *Tit.* XXXI. §. 8. & dans le Digeste, Lib. XIII. Tit. VII. *Commodati, vel contra*, Leg. XXI. §. 1. & dans le Code, Lib. III. Tit. XLI. *De Noxalibus Action.* Leg. I. Mais le sens est un peu différent : car les Jurisconsultes vouloient dire, que l'action qu'on pouvoit intenter en Justice pour être dédommagé du mal qu'avoit fait un Esclave (*Actio Noxalis*) suivoit la personne même de l'Esclave en sorte que, si depuis le mal commis, il venoit à être aliéné, c'etoit avec le nouveau Maitre qu'il falloit convenir, & non pas avec l'ancien : que si l'Esclave avoit été affranchi, alors on s'en prenoit à lui-même. C'est ainsi que la régle est expliquée ailleurs : *Quum actio noxalis caput sequatur*, Digest. Lib. IX. Tit. IV. *De Noxalib. action.* Leg. XX. Institut. Lib. IV. Tit VIII. §. 5. Voiez aussi Digest. Lib. IV. Tit. V. *De Capite minutis*, Leg. VII. §. 1. & Lib. XLIV. Tit. VII. *De Obligat. & Action.* Leg. XIV. Cod. Lib. IV. Tit. XIV. *An Servus ex suo facto, post manumissionem, teneatur*, Leg. IV. Ainsi il ne s'agit là ni d'une punition, ni du droit de la perpétuer en la personne des Descendans du Coupable.

distinguer ici entre les revenus de ces biens, & les biens mêmes. XIII. *Comment & pourquoi il est permis aux Rois d'engager quelque partie du Domaine de l'Etat.* XIV. *Que les* TESTAMENS *sont une espéce d'aliénation, & d'aliénation fondée sur le Droit Naturel.*

§. I. 1. APRES avoir parlé des *Aquisitions originaires*, il faut passer maintenant aux (1) AQUISITIONS DERIVÉES, qui se font ou *par le fait d'autrui*, ou *en vertu de quelque Loi.*

2. Depuis l'établissement de la propriété, il est de Droit Naturel, que (2) les Hommes, qui (3) sont maîtres de leurs biens, puissent transferer ou en tout, ou en partie, le droit qu'ils y ont: c'est ce que renferme la nature même de la Propriété; j'entens, de la Propriété pleine & entiére. *On posséde en propre une chose*, disoit (4) ARISTOTE, *lors qu'on a pouvoir de l'aliéner.*

(a) Voiez *Soto*, Lib. IV. Quæst. V. Art. I.

3. Il faut remarquer seulement, (a) qu'il y a ici deux choses requises: l'une, de la part de celui qui donne; l'autre, de la part de celui à qui l'on donne. A l'égard de *celui qui donne*, un acte intérieur de sa volonté ne suffit pas: il faut en même tems qu'il la manifeste par des paroles, ou par quelque autre signe extérieur. Car, comme nous l'avons (b) déja dit, les actes purement internes ne conviennent point à ce que demande la nature de la Société Humaine.

(b) *Chap.* IV. de ce Livre, §. 3.

(c) *Less.* Lib. II. Cap. III. Dub. 3.

4. Mais la *Délivrance* de la chose même, que l'on transfére à autrui, (5) n'est nécessaire (c) qu'en vertu des Loix Civiles. Que si on rapporte cela au Droit des Gens, ce n'est qu'un Droit des Gens improprement ainsi nommé, parce que la chose dont il s'agit, se trouve en usage chez plusieurs Peuples différens. C'est ainsi qu'en quelques endroits il faut, pour aliéner validement, une déclaration (6) par devant le Peuple, ou le Magistrat, & un (7) enrégistrement: toutes choses, qui certainement sont de Droit Civil.

5. Au reste, quand on parle ici d'une volonté manifestée par des signes, il faut entendre par là une (8) volonté raisonnable.

§. II. 1. POUR ce qui est de *celui à qui l'on donne*, mis à part les Loix Civiles, il

CHAP. I. §. I. (1) Voiez ci-dessus, *Chap.* III. de ce Livre, §. I. *num.* 1.

(2) Il faut consulter, sur cette matiére, PUFENDORF, *Droit de la Nat. & des Gens*, Liv. IV. Chap. IX.

(3) C'est-à-dire, qui sont dans un âge à pouvoir raisonnablement ménager leurs affaires.

(4) Τῦ δὲ οἰκεῖον εἶναι, ἢ μὴ, [ὅρος] ὅταν ἐφ' αὐτῷ ἦ ἀπαλλοτριῶσαι. Rhetoric. *Lib.* I. Cap. V. pag. 523. B. *Ed. Paris.*

(5) Autre chose est le *droit* de Propriété, & autre chose l'*usage* actuel de ce droit. On n'a pas à la vérité le dernier avant la Délivrance: mais le *droit* n'en est pas moins réel, & indépendant du pouvoir physique de l'exercer. Il n'est pas plus nécessaire d'être mis en possession d'une chose, pour en être véritablement Propriétaire, qu'il ne l'est de conserver perpétuellement la possession de son bien, pour ne pas perdre le droit de Propriété. La Loi Naturelle est ici de la derniere évidence: & c'est par un préjugé tiré du Droit Romain que quelques Docteurs soûtiennent encore, que la Délivrance est nécessaire, même selon le Droit Naturel, pour transferer la Propriété. Cependant les plus habiles Interprêtes conviennent aujourd'hui, que c'est une subtilité des anciens Jurisconsultes, pour qui ils ont d'ailleurs beaucoup de respect. Voiez ce que dit le celébre Mr. SCHULTING dans ses Notes sur la *Jurisprud. Ante-Justinian.* pag. 473. col. 2.

(6) Comme, par exemple, selon le DROIT SAXON. Voiez HERTIUS, *Dissert. de Conventionibus dominii translativis*, §. 15. dans le Tom. III. de ses *Opusc. & Commentationes &c.* pag. 77. & les *Differentiæ Juris Communis & Saxonici* de Mr. MENKENIUS, à la fin du III. Tome des *Prælectiones Juris Civilis* de HUBER, pag. 8. col. 2. *Edit. Lips.* 1707.

(7) C'est ainsi que, selon le Droit Romain, les Donations, au delà d'une certaine somme, doivent nécessairement être enrégistrées. Voiez les INSTITUTES, Lib. II. Tit. VII. *De Donationibus*, §. 2. & là-dessus les Interprêtes.

(8) C'est une maxime de CASSIODORE, que, pour aliéner validement ses biens, il faut avoir la liberté entiére du Jugement: *Alienatio enim rerum, solidum desiderat habere judicium.* Var. Lib. II. Epist. XI. GROTIUS.

Ces paroles contiennent la raison pourquoi le Roi THE'ODORIC cassoit les aliénations faites par une Femme, qui aiant donné dans la débauche, s'étoit séparée de son Mari. Voiez ce que l'on dira ci-dessous, *Chap.* XI. de ce Livre, §. 5.

§. II. (1) C'est pourquoi on peut donner quelque chose à des personnes absentes, & le leur envoier; comme le remarque SERVIUS, sur le IX. Livre de l'*Enéide*: [QUÆ MITTIT DONA] *Consuetudo erat apud majores, ut inter se homines hospitii jura mutuis muneribus copularent, vel in præsenti, vel per internuntios.* (In vers. 361.) GROTIUS.

§. III. (1) Voiez, sur cette matiére, PUFENDORF, *Droit de la Nat. & des Gens*, Liv. VIII. Chap. V. §. 9, & suiv.

(2)

il faut de son côté, selon le Droit Naturel, une volonté de recevoir, & une volonté qui se fasse aussi connoître par quelque signe suffisant. Cette volonté suit ordinairement l'acte de l'autre Partie: mais elle peut aussi le préceder; lors, par exemple, qu'on avoit prié quelcun de nous donner ou de nous accorder telle ou telle chose; car, en ce cas-là, la volonté de recevoir est censée durer, tant qu'il ne paroît pas qu'on aît changé de sentiment.

2. Il y a d'autres choses nécessaires, tant pour le transport du droit, que pour l'acceptation. Mais ce n'est pas ici le lieu d'en traiter, non plus que de voir comment on peut faire l'un & l'autre. Nous aurons occasion d'expliquer tout cela, dans le Chapitre (a) des *Promesses*. Car les régles des Aliénations, & celles des Promesses, (1) sont à tous ces égards les mêmes, à en juger par le Droit Naturel tout seul.

(a) *Chap.* XI. de ce Livre.

§. III. LA Souveraineté (1) peut être aliénée, comme toutes les autres choses, par celui à qui elle appartient véritablement; c'est-à-dire, ainsi que nous l'avons remarqué (a) ci-dessus, par le Roi, s'il posséde le (2) Roiaume comme un patrimoine: hors de là, c'est le Peuple (3) qui doit aliéner, mais avec le consentement du Roi, parce que le Roi a aussi quelque droit ici, semblable à celui d'un Usufruitier; de sorte qu'on ne doit pas le lui ôter malgré lui.

(a) *Liv.* I. *Chap.* III. §. 11.

§. IV. CE que je viens de dire, regarde toute l'étenduë de la Souveraineté. Mais, quand il s'agit seulement d'une partie des Etats, il faut encore une autre chose, c'est que (1) le Peuple même du païs, qu'on veut aliéner, y consente. En effet, ceux qui se joignent ensemble pour former un Corps d'Etat, contractent une Société perpétuelle (2) & éternelle, à l'égard des (3) *Parties intégrantes*, comme on parle. D'où il s'ensuit, que ces parties ne dépendent pas du Tout de la même maniére que les Membres du Corps Naturel, qui ne sauroient avoir de vie qu'en lui & par lui; (4) à cause de quoi on peut légitimement les retrancher pour le bien du Corps. Au lieu que le Corps, dont il s'agit, étant d'une autre nature, je veux dire, produit par la volonté de ceux qui le composent; pour savoir quel droit il a sur ses Membres, il faut en juger par l'intention de ceux qui l'ont originairement formé. Or il n'y a nulle apparence qu'ils aient prétendu que (5) le Corps de l'Etat eût pouvoir & de retrancher quelques-unes de ses Parties, & de les soûmettre à la domination d'autrui.

§. V.

(2) Voiez ce que j'ai dit ci-dessus, sur *Liv.* I. *Chap.* III. §. 11. *Note* 4. & §. 12. *Note* 21.

(3) Voiez BALD. & *Oldrad.* in Cap. *Intellecto* &c. *De Jurejurando:* le même BALDE, *Cons.* CCCXXVII. *num.* 7. le Cardinal THUSCUS, P. I. *Concl.* XL. *num.* 1. & *Concl.* DCXCIV. On trouvera des exemples d'une telle aliénation, dans FRANC. HARÆUS, *Annal. Ducum Brabant. & utriusque Belgii*, Tom. II. sur l'année M. D. XXVI. & dans GUICCIARDIN, *Lib.* XVI. GROTIUS.

§. IV. (1) C'est le sentiment de GAILIUS, *de Pace publica*, Cap. XV. *num.* 14. Voiez DE SERRES, *Inventaire de l'Hist. de France*, dans la Vie de *Charles le Sage*, [touchant quelques Villes & Païs, que ce Prince avoit cedez aux *Anglois* par le Traité de *Bretigny*, pag. 194. *Edit. de Paris* in fol. 1627. Voiez le même Historien dans la Vie de *François* I. où il parle du Duché de *Bourgogne*, [que ce Roi, étant prisonnier, avoit promis de remettre à l'Empereur, *pag.* 565.] GROTIUS.

(2) C'est-à-dire, qui doit durer toûjours, entant qu'en eux est, à moins que tous les interessez ne consentent à quelque séparation.

(3) Comme des Villes, des Provinces, en un mot, de tous les Corps particuliers dont le Corps général de l'Etat est composé.

(4) Le Savant GRONOVIUS prétend, qu'il s'ensuit de là le contraire de ce que nôtre Auteur en conclut. Car, dit-il, puis que les parties d'un Etat peuvent subsister détachées de ce Corps; on doit faire moins de scrupule de les retrancher, que les Membres du Corps Humain, qui perissent du moment qu'ils en sont séparez. Cela seroit bon, si la maniére dont les Parties d'un Etat dépendent de tout le Corps étoit la même, que celle dont nos Membres dépendent de nôtre Corps. Ces Memb., sont faits pour le Corps, & leurs intérêts ne peuvent jamais être séparez de ceux du Corps. Mais les diverses Parties d'un Roiaume ne sont pas faites pour tout le Corps de l'Etat; elles n'y sont jointes que pour leur propre bien, & par un effet de leur propre volonté. Elles ont, outre l'intérêt commun de tout le Corps, un intérêt particulier: & si elles doivent sacrifier celui-ci à l'autre, ce n'est ni toûjours, ni au delà des engagemens où elles sont volontairement entrées. Or aucune partie de l'Etat ne peut être censée avoir consenti que les autres eussent droit de lui faire changer de maître malgré elle. Ce n'est pas-là une de ces choses qui se décident à la pluralité des voix; comme le prétend HERTIUS, qui fonde là-dessus une objection contre nôtre Auteur, dans son Traité *De Feudis oblatis*, Part. II. §. 28. Tom. II. *Comment.* & *Opusc.* pag. 543, 544. Car le droit de la pluralité des Suffrages ne s'étend pas jusqu'à retrancher du Corps ceux qui n'ont pas violé leurs engagemens & les Loix de la Société.

§. V.

§. V. D'AUTRE CÔTÉ, aucune Partie n'a droit de se détacher du Corps, à moins que sans cela elle ne soit manifestement (1) réduite à périr. Car, comme nous l'avons (a) dit ci-dessus, tous les Etablissemens Humains semblent renfermer l'exception tacite des cas d'une extrême nécessité, qui ramène les choses au Droit Naturel tout pur. *Parmi toutes les Nations*, dit St. AUGUSTIN, (2) *on a mieux aimé se soûmettre au joug d'un Vainqueur, que d'être exterminé en s'exposant aux derniers actes d'hostilité ; c'est comme la voix de la Nature.* Dans le serment des anciens *Grecs*, par lequel ils s'engageoient avec mille imprécations à punir ceux d'entr'eux qui se seroient mis sous la domination des *Perses*, il y avoit cette clause ; (3) *à moins qu'on n'y fût forcé.*

(a) *Liv.* I. *Chap.* IV. §. 7. *num.* 2. & *Liv.* II. *Chap.* II. §. 6.

§. VI. 1. PAR ce que nous venons de dire, il est aisé de comprendre la raison pourquoi la Partie a ici un plus grand droit pour sa propre conservation, (1) que le Corps de l'Etat n'a de pouvoir sur cette Partie. C'est que la Partie use du droit qu'elle avoit avant l'établissement de la Société ; au lieu qu'il n'en est pas de même du Corps.

2. Et il ne serviroit de rien de dire, que la Souveraineté réside dans le Corps de l'Etat, comme dans son sujet ; & qu'ainsi le Corps de l'Etat peut l'aliéner, comme une chose qui lui appartiendroit en propre. (2) Car si la Souveraineté réside dans le Corps, c'est comme dans un sujet (a) qu'elle remplit tout entier, & sans aucune division en plusieurs parties ; en un mot de la même maniére que l'Ame est dans les Corps parfaits.

(a) *In subjecto adaequato.*

3. La

§. V. (1) Voiez ce que l'on dira ci-dessous, *Chap.* XXIV. de ce Livre, §. 6. C'est sur ce principe que les *Lacédémoniens* autrefois déclarérent absous *Anaxilas*, qui avoit rendu la Ville de *Byzance*, y étant contraint par la famine. XE'NOPHON, *Hist. Graec.* Lib. I. (Cap. III. §. 12. *Ed. Oxon.*) L'Empereur *Anastase* remercia même le Gouverneur de la Ville de *Martyropole* en *Mésopotamie*, de ce qu'il l'avoit rendue aux *Perses*, ne pouvant pas la défendre. PROCOPE, qui nous apprend cela dans son Traité *des Edifices* de JUSTINIEN, (Lib. III. Cap. II.) remarque ailleurs, que la Valeur & la Faim ne sauroient loger ensemble, & qu'il est au dessus de la Nature Humaine, de jeûner & de faire le brave en même tems : *Λιμῷ γὰρ οὐκ οἶδεν ἡ ἀρετὴ συνοικίζεσθαι, πεινῆν τε καὶ ἀνδραγαθίζεσθαι οὐκ ἀνεχομένης τῆς φύσεως.* Gothic. *Lib.* IV. (Cap. XXIII. *Hist. Miscell.*) Et dans la Lettre de *Céphale* à l'Empereur *Aléxius*, au sujet du siége de *Larisse*, on lui dit, que l'on est contraint par une nécessité naturelle, contre laquelle rien ne peut tenir, de remettre la Place aux Assiégeans, qui tenoient le pié sur la gorge aux Assiégez : *Ἀνάγκῃ δουλεύοντες (καὶ τί γὰρ δεῖ πρὸς φύσιν καὶ τὴν ἐκ ταύτης τυραννίδα ποιεῖν ;) γνώμην ἔχομεν τὸ φρούριον παραδοῦναι τοῖς ἐγκειμένοις καὶ σχεδὸν ἀποπνίγουσιν.* ANN. COMNEN. Lib. V. (*Cap.* IV.) GROTIUS.

(2) *Nam in omnibus ferè gentibus quodammodo vox naturae ista personuit, ut subjugari victoribus mallent, quibus contigit vinci, quàm bellicâ omnifariâ vastatione deleri.* De Civit. Dei, *Lib.* XVIII. Cap. II.

(3) Τὸ δὲ ὅρκιον ὧδε εἶχε· Ὅσοι τῷ Πέρσῃ ἔδοσαν σφέας αὐτοὺς, Ἕλληνες ἐόντες, μὴ ἀναγκασθέντες, καταστάντων σφι εὖ τῶν πρηγμάτων, τούτους δεκατεῦσαι τῷ ἐν Δελφοῖσι θεῷ. HERODOT. Lib. VII. Cap. 132.

§. VI. (1) Le Corps de l'Etat n'a pas à la vérité le pouvoir d'aliéner une de ses Parties, en sorte qu'elle soit tenuë, bon-gré malgré qu'elle en ait, de reconnoître le nouveau Maître auquel on veut la donner, & que celui-ci l'aquiére dès-lors sans autre titre. Mais cela n'empêche pas que le Corps de l'Etat ne puisse abandonner une de ses Parties, lors qu'il seroit réduit évidemment à périr, s'il vouloit continuer à être uni avec elle. Il faut certainement que le droit soit égal de part & d'autre : & le Corps de l'Etat peut sans doute penser à sa propre conservation, aussi bien que le pourroit cette Partie. Il suffit qu'il ne la force pas directement à passer sous une autre domination, & qu'il lui laisse le droit de se défendre par elle-même, si elle peut : en un mot, qu'il ne la protege plus ; qui est tout ce que peut raisonnablement exiger celui qui le réduit à cette fâcheuse extrémité. Ainsi le Corps de l'Etat n'aliéne point, en ce cas-là, la Partie dont il s'agit : il ne fait que renoncer à une Société, dont les engagemens finissent, en vertu de l'exception tacite que forment les cas de nécessité. En vain nôtre Auteur prétend-il, que, quand une Partie de l'Etat se détache du Corps, y étant contrainte par la nécessité, elle use du droit de se conserver, qu'elle avoit avant l'établissement de la Société ; au lieu qu'il n'en est pas de même du Corps. Cela est fondé sur une raison subtile, dont on tire une fausse conséquence ; c'est que le Corps n'étant formé que par l'établissement de la Société, il n'avoit aucun droit, avant que d'être Corps, & par conséquent il n'avoit pas le droit de se conserver. Mais, quoi qu'un Corps Moral n'ait aucun droit précisément comme Corps, avant que d'être formé, il ne laisse pas pour cela d'avoir droit de se conserver, autant qu'en a chacun des Membres qui le composent. Les particuliers, qui entrent dans une Société Civile, aiant & le droit & la volonté de se conserver, ce qu'ils ne peuvent faire sans la conservation du Corps ; ils sont & doivent être censez communiquer ce droit au Corps même. Le Corps peut donc aussi légitimement se séparer, de la maniére que nous avons dit, de quelcune de ses parties, lors que sa conservation le demande ; que cette Partie pourroit se détacher du Corps en pareil cas : & il le peut d'autant plus légitimement, que la Partie est ordinairement peu considérable, en comparaison du reste du Corps. Ajoutez à cela, que, selon le principe de nôtre Auteur, la Partie même, dont il s'agit, n'auroit pas droit de se détacher du Corps de l'Etat, même dans la derniére nécessité. Car enfin il ne s'agit pas d'un simple Particulier, ou d'un Pére de Famille : il s'agit d'une Ville, ou d'une Province, c'est-à-dire, d'un Corps, qui est à la vérité Membre d'un

3. La nécessité même, qui raméne les choses au Droit de Nature tout seul, ne sauroit avoir lieu ici; parce que la Loi de Nature donnoit bien droit de se servir des choses, de les manger, par exemple, ou de les garder, qui sont des actes naturels; (3) mais non pas de les aliéner. Ce pouvoir a été introduit par le fait des Hommes, & ainsi c'est par là qu'il faut juger de son étenduë.

§. VII. 1. Mais pour ce qui est de la jurisdiction souveraine sur un lieu, ou une partie du Territoire, qui n'est point habitée, ou qui a été abandonnée; rien n'empêche, à mon avis, qu'elle ne puisse être aliénée par un Peuple libre, ou même par un Roi, avec le consentement du Peuple. Car le Territoire, soit entier, soit en partie, appartient au Peuple en commun par indivis; & ainsi il dépend de la volonté du Peuple: au lieu qu'une partie du Peuple aiant une volonté libre, a aussi droit de s'opposer à l'aliénation.

2. Que si le Peuple ne peut pas aliéner une partie des Etats, comme nous venons de le dire, sans le consentement de ceux-là même qu'on aliéne; beaucoup moins cela est-il permis à un Roi, qui, quoi que revêtu de la Souveraineté pleine & entiére, ne la posséde pas avec un plein droit de Propriété, selon la distinction que nous avons (a) faite ailleurs.

(a) *Liv.* I. *Chap.* III. §. 11, 12.

§. VIII. C'est pourquoi je ne saurois souscrire à l'opinion des (a) Jurisconsultes, qui expliquant la Régle, par laquelle il est défendu d'aliéner les parties de l'Etat, y ajoûtent deux exceptions: l'une, des cas où il est de l'utilité publique qu'on fasse une tel-

(a) *Belluga*, in prim. spec. in Rubric 8. P. 3, & 4. *Roch. de Curte*, de consuet. Quæst. V. col. 6. Tom. I. & alii allegati à *Vasqu.* Lib. I. Cap. IV. *Controv. Illust.*

d'un plus grand Corps, mais qui en lui-même est un Corps Moral aussi réel, que le Corps entier de l'Etat; & qui par conséquent n'avoit aucun droit, comme Corps, avant que d'être formé. Après tout, dans le cas de nécessité qu'on suppose, & que je reconnois être le seul qui autorise le Corps de l'Etat à abandonner quelcune de ses parties; en ce cas-là, dis-je, ce seroit en vain que le Corps voudroit s'obstiner à conserver & à defendre cette Partie, puis qu'il est hors d'état de se conserver & de se défendre lui-même. Ainsi c'est un malheur, dont la Partie malheureuse doit se consoler, si elle ne trouve pas d'ailleurs de quoi y remédier: & elle seroit bien déraisonnable, de vouloir que le Corps de l'Etat se sacrifiât inutilement pour elle. En rectifiant ainsi l'opinion de nôtre Auteur, elle sera à l'abri de la critique de quelques-uns de ses Commentateurs, qui alléguent bien de pauvres raisons pour le refuter, & qui brouillent les choses à leur ordinaire.

(2) Comme l'objection est subtile & peu solide, la réponse est obscure & peu satisfaisante. Il est vrai que la Souveraineté a son siége dans le Corps de l'Etat: mais il ne s'ensuit point de là, que le Corps de l'Etat puisse aliéner quelcune de ses Parties, bongré malgré qu'elle en ait. On confond deux choses différentes, la Souveraineté, & les Membres de l'Etat, ou de la Societé Civile. La Souveraineté ne laisse pas d'être toûjours Souveraineté, encore que le nombre des Membres de l'Etat diminuë; comme elle n'en est pas plus Souveraineté, par cela seul que ce nombre augmente. On peut, au contraire, se dépouiller de quelque partie de la Souveraineté, sans que le nombre des Membres de l'Etat augmente ou diminuë. Ainsi tout ce que l'on doit inferer de ce que la Souveraineté réside dans le Corps de l'Etat, c'est que le Corps de l'Etat peut aliéner la Souveraineté, ou quelcune de ses parties; auquel cas même il faut un consentement de tous les Membres de l'Etat, ou de tous les petits Corps dont ce grand Corps est composé. Mais pour savoir si le Corps de l'Etat a droit de retrancher quelcun de ses Membres, & de le donner à un autre Maitre, il faut examiner s'il y a lieu de croire que chaque Membre ait prétendu se soûmettre ici à la volonté de tout le Corps; ce qui n'est point. La Souveraineté même la plus absoluë ne renferme pas de sa nature le pouvoir de faire passer les Sujets, malgré eux, sous la domination d'autrui; comme nous l'avons remarqué ailleurs, sur *Liv.* I. *Chap.* III. §. 11. *Note* 4. Ainsi, pour répondre à l'objection dont il s'agit, il n'est pas besoin de dire, avec nôtre Auteur, que la Souveraineté est indivisible, & qu'elle réside également dans tous les Membres du Corps de l'Etat; puis que la question, dont il s'agit, ne regarde point l'étenduë & l'exercice de la Souveraineté. La comparaison même qu'il emploie, tirée de l'axiome de la vieille Philosophie: *Anima tota est in Corpore, & tota in qualibet Corporis parte*; cette comparaison, dis-je, pourroit faire tirer de son principe une conséquence toute contraire. Car l'Ame n'en est pas moins Ame, quoi qu'un Membre du Corps ait été retranché; & elle peut ordonner qu'il soit retranché, lors que le bien du Corps le demande.

(3) Autre réponse fort subtile, & fondée sur de fausses idées de la nature & de l'origine du droit de Propriété. Pendant que la Communauté primitive des choses subsistoit encore, si quelcun qui s'étoit emparé d'un coin de Terre, eût voulu, en même tems qu'il l'abandonnoit, le remettre à un autre, afin qu'il s'en emparât après lui; cet autre aquéroit par là un droit équivalent à ce qu'on appelle *Aliénation*. Car celui qui étoit auparavant en possession du morceau de Terre, avoit droit de le garder tant qu'il vouloit, & il pouvoit ne s'en dessaisir qu'en faveur de qui bon lui sembloit. Lors donc qu'il s'en dessaisissoit actuellement, il cédoit par là son droit à l'autre, qui pouvoit aussi le conserver tant qu'il lui plaisoit. Mais, quelque idée qu'on ait de l'Aliénation des biens, il ne s'agit point ici de cela: & nôtre Auteur devoit se souvenir de ce qu'il a dit ci-dessus, *Liv.* I. *Chap.* III. §. 12. *num.* 1. que, quand on aliéne un Peuple, ce ne sont pas les personnes mêmes qu'on aliéne, mais le droit de les gouverner. Et après tout, ç'a été de tout tems, à mon avis, une maxime de Droit Naturel, *Que chacun peut transférer à autrui tout droit qui est de nature à pouvoir passer d'une personne à l'autre.*

telle aliénation; l'autre, des cas de nécessité. Ces exceptions, à mon avis, ne sauroient avoir lieu, qu'en ce sens, c'est que, si l'aliénation d'une Partie de l'Etat lui est avantageuse, aussi bien qu'au Corps, le silence pendant un tems, quoi que pas fort long, fait aisément présumer le consentement & du Peuple, & de la Partie aliénée; & plus encore, s'il paroît qu'il a été nécessaire d'en venir-là. Mais lors qu'il y a une opposition manifeste ou du Corps, ou de la Partie; l'acte d'aliénation doit être reputé nul; à moins que, comme nous l'avons dit, la Partie n'eût été contrainte de se détacher du Corps.

§. IX. 1. Sous l'Aliénation on renferme ici avec raison le pouvoir de rendre une Souveraineté Feudataire de quelque autre, à qui elle doit revenir en cas de Félonie, ou lors que la Famille régnante vient à s'éteindre: car c'est-là une espéce d'aliénation conditionnelle. Aussi voions-nous que (a) plusieurs Peuples ont regardé comme nulles (1) les inféodations, aussi bien que les aliénations faites par leurs Rois, sans leur participation.

(a) Voiez *Smith*, de Rep. Anglic. Lib. I. Cap. IX. *Buchanan.* in Balliol. *Froissard*, Lib. I. C. 214. & 246. *Monstrellet.* Hist. C. XXII, s. *Guicciardin.* Lib. XVI.

2. Or le Peuple est censé consentir, ou par lui-même, lors qu'il s'assemble tout entier, comme cela se pratiquoit autrefois chez les *Germains* & les *Gaulois*; ou par ses Députez, aiant des pouvoirs suffisans de chacune des Parties intégrantes de l'Etat. (2) Car ce que l'on fait par autrui, est regardé comme si on le faisoit soi-même.

3. On ne peut pas non plus engager une partie des Etats, sans un consentement & de cette Partie, & du Corps du Peuple: non seulement par la raison que l'engagement entraîne souvent après soi une véritable aliénation; mais encore parce que, d'un côté, le Roi est tenu envers le Peuple d'exercer la Souveraineté par lui-même, & non par autrui; de l'autre, le Peuple est tenu envers chacune de ses Parties, à maintenir en son entier cette administration, en vuë dequoi on est entré dans la Société Civile.

§. X. 1. Il n'en est pas de même des Jurisdictions ou Seigneuries (1) non Souveraines. Rien n'empêche que le Peuple ne les donne à titre même héréditaire; cela ne diminuant rien de l'integrité du Corps & de la Souveraineté. (a) Mais, à considérer le Droit Naturel tout seul, le Roi ne peut le faire qu'avec l'approbation du Peuple: parce que le droit des Rois qui montent sur le Trône par voie d'Election, ou en ver-

(a) *Cravett.* Consuet. 894. *num.* 2. *Zoannet.* de Rom. Imper. num. 162.

§. IX. (1) Par la même raison, les Peuples ont annullé une décharge de l'Hommage, accordée par leur Roi, de sa pure autorité, à un Vassal du Roiaume. Voiez, par exemple, Cromer. *Hist. Polon.* Lib. XXV. Grotius.

(2) C'est ainsi que, dans l'Empire d'*Allemagne*, quand il s'agit d'aliénations, le consentement des Electeurs est regardé comme le consentement de tous les Etats, selon la coûtume & les conventions faites là-dessus. Grotius.

Les Auteurs qui ont traité du Droit Public d'*Allemagne*, ne conviennent pas, que le consentement des Electeurs suffise, pour rendre valide l'aliénation de quelque Partie des Terres de l'Empire, soit que l'aliénation se fasse en faveur d'un Etranger, ou en faveur de quelque autre Membre de l'Empire. Voiez la Note de Boecler sur ce paragraphe, *pag.* 220, *& seqq.* & la Dissertation de feu Mr. Hertius, *De Superioritate Territor.* §. 91, 92, 93. Tom. II. *Comment. & Opusc.* pag. 363, 364. comme aussi la *Juris Publici Prudentia* de feu Mr. Coccejus, Cap. XIV. §. 9. &c.

§. X. (1) *Minores functiones civiles.* Dans le sommaire de ce paragraphe, l'Auteur dit, *Jurisdictiones minores.* Il entend par là les Emplois, les Gouvernemens, & en général tous les Droits & tous les Pouvoirs Civils, qui aiant quelque rapport au Gouvernement, ou ne pouvant être exercez sans autorité publique, doivent être conférez par le Souverain; en sorte que c'est en son nom qu'on les exerce, de quelque maniére qu'on les posséde.

(2) Cette maxime n'est pas généralement vraie; & on a eu raison de reprendre là-dessus nôtre Auteur, qui a donné lieu à la critique par des expressions trop vagues. Un Usufruitier, auquel il compare les Rois dont il s'agit, n'a qu'un droit à tems; & cependant les dispositions qu'il a faites au sujet des revenus du bien dont il avoit la jouïssance, subsistent après que l'Usufruit est fini. Les Loix établies par un Parlement d'*Angleterre*, ne perdent pas leur force, du moment que ce Parlement est dissous, soit qu'on en convoque un nouveau, ou non. Nôtre Auteur lui-même ne prétend pas, qu'un Roi puisse révoquer tous les actes de ses Prédecesseurs, comme il paroît par ce qu'il dira plus bas, *Chap.* XIV. de ce Livre, §. 11, *& suiv.* Les principes, qu'il établit-là, serviront à nous faire découvrir quelle a été ici sa pensée. Lors qu'un Roi donne quelcun des Droits ou des pouvoirs, dont il s'agit, ce n'est pas un Contract qu'il fasse comme de Particulier à Particulier; c'est une faveur qu'il accorde, comme Chef de l'Etat. Ainsi, pour déterminer jusqu'où peut s'étendre cette faveur, il faut voir jusqu'où s'étend le pouvoir de celui qui l'accorde. Or de cela seul que le Peuple confére la Souveraineté à quelcun, il ne s'ensuit pas qu'il lui donne pouvoir de conférer à perpétuité, & moins encore à titre héréditaire, une Jurisdiction, une Seigneurie, une Charge, ou telle autre chose. Car ce-

la

vertu des Loix qui réglent la Succession, étant un droit à tems, (2) ses effets aussi ne sauroient être qu'à tems.

2. Les Rois néanmoins peuvent aquérir le pouvoir d'aliéner ces sortes de Jurisdictions, par un consentement du Peuple, ou exprès, ou tacite, c'est-à-dire, fondé sur la coûtume, comme nous voions que cela se pratique aujourdhui en divers endroits. C'est ainsi qu'autrefois les Rois des *Médes* & des *Perses* donnoient à quelques personnes (3) des Villes ou des Païs entiers, à perpétuité: l'Histoire Ancienne en fournit bien des exemples.

§. XI. 1. Il n'est pas non plus (1) permis aux Rois, (a) d'aliéner ou en tout, ou en partie, le Domaine (2) du Peuple, dont les revenus sont destinez à soûtenir les dépenses nécessaires pour le bien de l'Etat, ou pour l'entretien de la Dignité Roiale. (3) Car ils n'ont pas plus de droit sur ces sortes de biens, que n'en a un Usufruitier.

(a) *Alberic.* in C. *Intellecto*, De Jurejur. *Bartol.* in Leg. III. §. 4. Dig. *Quod vi* &c. *Corset.* in Tract. de excell. Reg. *Quæst.* IV. *Lucas*, laud. à *Vasq.* C. V. *Natta*, Consil. 367. *Bonifs. Rugg.* Consil. XLIX. *num.* 43.

2. Quelques-uns prétendent, que, quand un Roi n'aliéne que des biens de peu de valeur, il ne passe pas les bornes de son pouvoir. Mais je ne saurois admettre cette exception. Car, dès-là qu'une chose ne nous appartient point, on n'a aucun droit d'en aliéner la moindre partie. Tout ce qu'il y a, c'est que la connoissance & le consentement du Peuple se présume plus aisément dans l'aliénation d'une chose de peu de prix, que dans l'aliénation d'une chose de grand prix.

3. C'est sur ce pié-là qu'on peut appliquer aux biens du Domaine Public, ce que nous avons dit ci-dessus des cas dans lesquels la nécessité ou l'utilité publique demande qu'on aliéne quelque partie des Etats. Et la régle a ici d'autant plus lieu, que l'affaire est de moindre importance; car le Domaine Public est établi à cause de la Souveraineté, & par conséquent il ne sauroit avoir plus de privilége.

§. XII. Mais il faut remarquer, que plusieurs confondent ici mal-à propos les revenus du Domaine de l'Etat, avec les biens mêmes de ce Domaine. Ainsi le *droit d'Alluvion* est ordinairement du Domaine de l'Etat: mais les morceaux de terre que la Riviére laisse à sec en se retirant sont mis au rang des revenus. Le *droit d'exiger des Impôts* appartient au Domaine: mais l'argent qui provient des impositions, est un revenu.

la peut être contraire au bien de l'Etat; sur tout lors que le droit ou le pouvoir accordé est considérable. Les Princes eux-mêmes ont éprouvé quelquefois combien ces sortes de concessions leur sont préjudiciables; puis que ceux, qui en avoient été favorisez, se sont si fort aggrandis avec le tems, qu'ils ont entiérement secoué le joug, & se sont érigez en Souverains. Ainsi, à moins que le Peuple ne consente ou expressément, ou tacitement, à la perpétuité ou l'aliénation des Droits ou des Pouvoirs dont il s'agit, ils finissent d'eux-mêmes avec le Roi qui les a donnez; & le Successeur n'est tenu de les confirmer, qu'autant qu'il lui plait.

(3) C'est ainsi que *Darius* donna à *Syloson* la Ville & l'Ile de *Samos*. Grotius.

L'exemple n'est pas tout-à-fait juste: *Darius* ne fit que chasser *Méandrius*, qui s'étoit emparé du Gouvernement, & procurer ainsi à *Syloson* le moien de monter sur le thrône, qu'avoit occupé *Polycrate* son Frére. On peut voir l'histoire, avec toutes ses circonstances, dans Herodote, *Lib.* III. *Cap.* CXXXIX, *& seqq.* Il valloit mieux rapporter ce que dit Cornelius Nepos, que *Darius* donna à perpétuité aux Principaux de quelques Villes d'*Ionie* & d'*Eolide*, le commandement chacun de sa Ville: *Ejus pontis, dum ipse abesset, custodes reliquit principes, quos secum ex* Ionia *&* Æolide *duxerat: quibus singulis ipsarum urbium perpetua dederat imperia.* Vit. Miltiad. *Cap.* III. *num.* 1. Voiez aussi la Vie de *Themistocle*, Cap. X. *num.* 5.

§. XI. (1) Voiez Pufendorf, *Droit de la Nat. & des Gens*, Liv. VIII. Chap. V. §. 8, & 11.

(2) Les anciens Grecs appelloient *Τέμενος*, une partie des Terres publiques, que l'on assignoit aux Rois. Voiez-en des exemples dans Homere, au sujet de *Bellérophon*, Roi de *Lycie*, Iliad. *Lib.* VI. (vers. 194, *& seqq.*) Touchant *Méléagre*, ibid. *Lib.* IX. (*vers.* 573, *& seqq.*) Touchant *Glaucus*, Lycien, *Lib.* XII. (*vers.* 313, *& seqq.*) Grotius.

Il y a là-dessus un passage remarquable du Grammairien Servius, sur ce vers de Virgile:

Insuper his, campi quod Rex habet ipse Latinus]

Mos fuerat, ut viris fortibus, sive Regibus, pro honore daretur aliqua publici agri particula, ut habuit Tarquinius Superbus *in* Campo Martio: *quod spatium ab* Homero *Τέμενος dicitur.* In *Æn.* IX, 274. Selon les Loix de *Lycurgue*, un Roi de *Lacedémone* avoit pour sa part des meilleures Terres du païs, autant qu'il lui en falloit pour vivre honnêtement, sans néanmoins s'élever au dessus des autres: Καὶ γῆν γε ἐν πολλαῖς τῶν περιοίκων πόλεων ἀπέδειξεν ἐξαίρετον τοσαύτην, ὥστε μήτε δεῖσθαι τῶν μετρίων, μήτε πλούτῳ ὑπερφέρειν. Xenophon, de Republ. Laced. *Cap.* XV. §. 3. *Ed. Oxon.*

(3) Ainsi ils ne peuvent pas les aliéner, sans le consentement des Etats du Roiaume. Voiez-en un exemple, dans De Thou, *Hist.* Lib. LXIII. sur l'année 1577. Grotius.

§. XIII.

venu. Le *droit de Confiscation* entre dans le Domaine de l'Etat: mais les biens confisquez font seulement partie des revenus.

§. XIII. 1. Les Rois, dont la Souveraineté est pleine & entiére, & qui ont droit par conséquent d'exiger de nouveaux Impôts pour cause légitime, peuvent aussi, en pareil cas, engager quelque partie du Domaine. Car on peut engager (1) une chose que l'on a soi-même en gage. Or le Peuple étant tenu de paier les contributions qu'on exige de lui pour le bien de l'Etat, doit par la même raison racheter ce qui a été engagé pour un tel sujet; cette obligation de paier, étant une espéce d'impôt: & par conséquent le Domaine est hypothéqué au Roi, pour cette dette du Peuple, comme pour toutes les autres.

2. Au reste, tout ce que nous avons dit jusqu'ici a lieu, à moins qu'une Loi Fondamentale de l'Etat n'ait augmenté ou diminué le pouvoir ou du Roi, ou du Peuple.

§. XIV. 1. Une autre chose qu'il faut savoir, c'est que l'Aliénation, dont nous traitons dans ce Chapitre, renferme le pouvoir de tester. Car quoi que le Droit Civil puisse régler la maniére & les formalitez des Testamens, aussi bien que de tous (a) les autres actes; le fond même du Testament tient beaucoup du droit de Propriété; &, la Propriété une fois établie, il est de Droit Naturel. En effet, on peut aliéner son bien ou d'une maniére pure & simple, ou sous condition, & non seulement d'une maniére irrévocable, mais encore d'une maniére revocable, en sorte même que l'on retienne la possession & la pleine puissance de ce que l'on aliéne. (1) Or le Testament n'est autre chose qu'*une aliénation que l'on fait de ses biens, en cas de mort, se reservant cependant, avec la possession & la jouissance, le pouvoir de révoquer l'aliénation, & disposer autrement de ses biens avant son décès.*

(a) Voiez *Aristote*, Politic. Lib II. Cap. VII. pag. 323. A. *Ed. Paris.*

2. Or que cette sorte d'aliénation révocable soit de Droit Naturel, c'est ce qu'a très-bien vû Plutarque; puis qu'après avoir dit, que le Législateur *Solon* permit aux *Athéniens* de faire testament, il ajoûte, (2) que par là *il rendit chacun véritablement & pleinement maître de son bien.* Quintilien pose en fait, (3) que *la possession de nos biens nous pourroit être desagréable, si l'on n'avoit pas une entiére liberté d'en disposer, & si après avoir eu plein pouvoir d'en disposer pendant sa vie, on en étoit privé quand on meurt.* C'est en vertu de ce droit naturel, qu'*Abraham* avoit résolu, s'il fût mort sans enfans, (4) de laisser son bien à *Eliézer.*

3. Que si, en certains endroits, on ne permet point aux Etrangers de tester, cela n'est pas néanmoins du Droit des Gens, mais du Droit Civil, de tel ou tel Etat. Et je suis fort trompé si cette Loi ne vient des siécles où les Etrangers (5) étoient presque regardez comme Ennemis. Aussi voions-nous qu'elle (6) a été abolie avec raison parmi les Peuples civilizez.

CHA-

§. XIII. (1) *Quum pignori rem pigneratam accipi posse placuerit* &c. Digest. Lib. XX. Tit. I. *De pignoribus & hypothec.* Leg. XIII. §. 2.

§. XIV. (1) Voiez, sur cette matiére, Pufendorf, *Droit de la Nat. & des Gens*, Liv. IV. Chap. X. avec les Notes.

(2) Ὁ δ' ᾧ βούλεταί τις ἐπιτρέψας, εἰ μὴ παῖδες εἶεν αὐτῷ, δοῦναι τὰ αὐτοῦ, φιλίαν τε συγγενείας ἐτίμησε μᾶλλον, καὶ χάριν ἀνάγκης· καὶ τὰ χρήματα, κτήματα τῶν ἐχόντων ἐποίησε. Vit. Solon. pag. 90. A. Tom. I. *Ed. Wech.*

(3) *Alioqui potest grave videri etiam ipsum patrimonium, si non integram legem habet, & , quum omne jus nobis in id permittatur viventibus, auferatur morientibus.* Declam. CCCVIII.

(4) Cela paroit par ce qui est dit, Genese, Chap. XV, *vers.* 2, 3. On trouve dans Sophocle, le Testament d'*Hercule*; *Trachin.* vers. 1164, (*& seqq.*) dans Euripide, celui d'*Alceste*, (Alcest. *vers.* 282, *& seqq.*) Et dans Homere, on voit *Télémaque* faisant une donation à cause de mort, qui est une espéce de Testament, *Odyss.* Lib. XVII. (vers. 79, *& seqq.*) Il y a aussi dans Homere des exemples d'une déclaration des derniéres volontez touchant certaines choses à faire; comme Plutarque le montre par des paroles d'*Andromaque*, & de *Pénélope*. Nous avons allégué ailleurs d'autres exemples de Testamens faits par les Anciens, *Liv.* I. *Chap.* III. §. 12. (*num.* 2.) dans le Texte & dans les Notes. L'usage des Testamens étoit aussi reçû parmi les *Hébreux*, comme il paroit de ce qui

CHAPITRE VII.

De l'Aquisition derive'e, qui se fait en vertu de quelque Loi: Où l'on traite des Successions abintestat.

I. *Qu'il y a des Loix Civiles, qui sont injustes, & qui par conséquent ne font pas véritablement passer le droit de Propriété de celui qui l'avoit à celui qui ne l'avoit pas. Telles sont celles, qui confisquent les biens sauvez du Naufrage.* II. *Que, selon le Droit de Nature, on aquiert le bien d'une autre personne, lors qu'on le prend pour se paier de ce qu'elle nous doit. En quels cas cela a lieu.* III. *Comment la* Succession abintestat *tire son origine de la Loi Naturelle.* IV. *Si, en vertu du Droit de Nature, les Enfans peuvent prétendre quelque chose des biens de leurs Pére & Mére?* V. *Que, dans les Successions abintestat, les Enfans sont préferez au Pére ou à la Mére du Défunt.* VI. *Origine du droit de* Représentation. VII. *De l'*Abdication, *& de l'*Exhérédation. VIII. *Quel droit ont les* Enfans Naturels IX. *Qu'au défaut d'Enfans, s'il n'y a ni Testament, ni Loi qui régle la Succession, les biens que le Défunt tenoit de ses Ancêtres doivent retourner à ceux de qui ils étoient venus, ou à leurs Enfans.* X. *Mais les biens nouvellement aquis sont aux plus proches Parens.* XI. *Diversité des Loix sur les Successions.* XII. *Comment se régle la Succession aux Roiaumes Patrimoniaux.* XIII. *Que, si un tel Roiaume est indivisible, l'Aîné du Défunt passe devant tous les autres.* XIV. *Que, dans un doute, les Roiaumes Héréditaires, établis par le consentement du Peuple, sont censez indivisibles.* XV. *Et que la Succession ne s'étend pas au delà des Descendans du prémier Roi.* XVI. *Que les Enfans Naturels n'y ont aucun droit.* XVII. *Que les Mâles y sont préferez aux Femmes, dans le même degré.* XVIII. *Qu'entre Mâles, l'Aîné va devant les autres.* XIX. *Si un tel Roiaume fait partie de l'Hérédité du Défunt?* XX. *Qu'on doit présumer que la Succession a été établie sur le pié qu'elle étoit en usage pour les autres biens, dans le tems que le Roiaume a été fondé; soit que le Roiaume fût Allodial:* XXI. *Ou Féodal.* XXII. *De la* Succession Linéale Cognatique; *& comment le droit y passe de l'un à l'autre.* XXIII. *De la* Succession Linéale Agnatique. XXIV. *De l'ordre de Succession, où l'on prend toûjours le plus proche du prémier Roi.* XXV. *Si un Fils peut être deshérité de la Succession au Roiaume?* XXVI. *Si quelcun peut renoncer à la Couronne, pour soi & pour ses Héritiers?* XXVII. *Que, quand il y a dispute sur la Succession, ni le Roi ni le Peuple, n'ont droit de prononcer là-dessus un jugement pro-*

qui est dit Deuteronom. XXI, 16. & Ecclesiastique, XXXIII, 25. Grotius.

Dans le Testament d'*Hercule*, & dans celui d'*Alceste*, il n'y a aucune disposition de biens, mais seulement des recommandations de certaines choses que l'on souhaitoit qui se fissent. Mais on voit, dans l'*Alceste* d'Euripide, une espéce de Donation à cause de mort, faite non par *Alceste* elle-même, mais par *Hercule*, vers. 1020, *& seqq.* Nôtre Auteur a rapporté cet exemple dans son *Florum sparsio ad Justinian.* pag. 36. *Edit. Amst.* & voilà apparemment d'où vient la méprise, qui lui fait confondre ici les personnes. Pour ce qui est de la réflexion de Plutarque, elle se trouve dans le Traité *de la Poësie d'*Homere, que d'autres attribuent à Denys *d'Halicarnasse*. Il dit, que ceux qui alloient à la Guerre, ou qui se trouvoient dans quelque autre péril, avoient accoûtumé de recommander certaines choses à leurs Proches: Τὸ δὲ καὶ τοὺς ἐξιόντας ἐπὶ πόλεμον, ἢ ἐν κινδύνῳ καθεστῶτας, ἐντέλλεσθαί τε τοῖς οἰκείοις, [illegible] περὶ πάντων, ὑφηγήσατο ὁ Ποιητής. Pag. LXXIV. *Edit. Barnes.* Les paroles d'*Andromaque*, d'où il infére cela, se trouvent dans l'*Iliade*, Lib. XXIV. vers. 744, 745. Et celles de *Pénélope*, dans l'*Odyssée*, Lib. XVIII. vers. 264, *& seqq.*

(5) Voiez ci-dessous, *Chap.* XV. §. 5. de ce Livre.

(6) Elle n'a pas été tout-à-fait abolie. Voiez Bodin, *de la République*, Liv. I. Chap. VI. vers la fin.

proprement ainsi nommé. XXVIII. *Qu'un Fils né avant que son Pére parvînt à la Couronne, doit être préféré à celui qui est né depuis:* XXIX. *A moins que la chose n'aît été autrement reglée dans l'acte par lequel la Couronne a été déférée* XXX. *Si un Petit-fils, né d'un Fils Aîné, doit être préféré à un Fils Cadet?* XXXI. *Si un Frére Cadet du Roi défunt doit passer devant le Fils d'un Frére Aîné?* XXXII. *Si le Fils d'un Frére l'emporte sur l'Oncle du Roi défunt?* XXXIII. *Si un Petit-fils, né du Fils du Roi, va devant la Fille du Roi?* XXXIV. *Si un Petit-fils né d'un Fils, doit être préféré au Petit-fils né d'une Fille, mais plus âgé?* XXXV. *Si une Petite-fille, née du Fils Aîné, doit être préférée à un Fils Cadet?* XXXVI. *Si un Neveu du côté de la Sœur doit aller devant une Niéce du côté du Frére?* XXXVII. *Si la Fille d'un Frére Aîné passe devant un Frére Cadet?*

§. I. 1. L'Aquisition (1) *Dérivée*, ou l'Aliénation, qui se fait en vertu de quelque *Loi*, se fait ou par la *Loi de Nature*, ou par le *Droit des Gens arbitraire*, ou par les *Loix Civiles.*

2. Nous ne parlerons point ici de celle qui est fondée sur les *Loix Civiles.* Il y en a un si grand nombre, que cela nous méneroit à l'infini. D'ailleurs, ce n'est point par les Loix Civiles que se décident les principales questions qui fournissent matiére à la Guerre.

3. Je remarquerai seulement ici, qu'il y a des Loix Civiles (2) tout-à-fait injustes; comme celle qui (3) confisque les biens échappez du Naufrage. Car c'est une injustice toute pure, d'ôter à quelcun ses biens, & de se les approprier, sans aucun sujet apa-

Chap. VII. §. I. (1) Voiez ci-dessus, *Chap.* III. de ce Livre, §. 1. *num.* 1.

(2) J'en ai allégué plusieurs exemples sensibles, dans mon *Discours sur la permission des Loix*, &c. imprimé en M. DCC. XV.

(3) Comme autrefois parmi les *Anglois*, les *Bretons*, les *Siciliens*. Une Constitution de l'Empereur Frideric, qui l'abolit, suppose qu'elle avoit lieu en plusieurs païs, *Navigia, quacumque locorum pervenerint, si quo casu contingente rupta fuerint, vel alias ad terram pervenerint, tam ipsa navigia, quàm navigantium bona, illis integra reserventur, ad quos spectabant, antequàm navigia hujusmodi periculum incurrissent: sublatâ penitus omnium locorum consuetudine, quæ huic adversatur sanctioni: nisi talia sint navigia, quæ piraticam exerceant pravitatem, aut sint nobis, sive Christiano nomini inimica.* Cod. *Lib.* VI. Tit. II. *De Furtis*, Authent. post *Leg.* XVIII. Sopatre, & Syrien, *in Hermogen.* ('Εις τὰ στάσεις, pag. 107. *Edit. Venet.* 1509. font mention d'une semblable Loi, comme aiant été établie autrefois en *Gréce*. *Christien*, Roi de *Dannemark*, disoit, que l'abolition de la Loi, qui confisquoit les biens sauvez du Naufrage, lui coûtoit cent mille Ecus par an. Il est fait mention de cette mauvaise coûtume dans les *Révélations* de Brigitte, Reine de *Suéde*, *Lib.* VIII. *Cap.* VI. & dans le Speculum Saxonicum, II, 29. où il s'agit du *Dannemark*. Voiez aussi les Decretales, Lib. V. Tit. XVII. *De raptoribus* &c. Cap. III. Crantzius, *Vandalic.* XIII, 40. XIV, 1. Cromer. *Polonic.* Lib. XXII. (in fin. *pag.* 509. *Edit. Basil.* 1555.) Grotius.

Voiez Pufendorf, *Droit de la Nat. & des Gens*, Liv. IV. Chap. XIII. §. 4. à la fin: & ce que j'ai dit là, *Note* 8. de la seconde Edition. Au reste, quoi qu'il n'y ait encore aujourdhui que trop d'endroits, où l'on fait valoir d'une maniére ou d'autre cette coûtume barbare, il faut avouer que quelques Etats ont pensé sérieusement à la moderer, ou à l'abolir. Je puis alléguer là-dessus l'exemple de la République de *Venise*; de quoi j'ai en main une preuve authentique. C'est une Loi faite par le Conseil des *Pregadi*, en 1583. où l'on défend sous de grosses peines de rien prendre des biens de ceux qui ont fait naufrage, & l'on régle les choses avec toutes les précautions nécessaires, pour que les véritables Maîtres de ces biens puissent les recouvrer facilement. Je trouve cette Loi dans un Manuscrit curieux d'Instructions que le Sénat donnoit, vers ce tems-là, à un Gouverneur qu'il envoioit dans l'Ile de *Céphalonie*: Manuscrit, que je tiens de la libéralité d'un honnête homme & un savant homme, Mr. Bourguet, qui a demeuré à *Venise* plusieurs années.

(4) Με. Ναυαγὸς ἥκω, ξένος, ἀσύλητον γένος. Helen. *vers.* 456.

(5) *Si quando naufragio navis expulsa fuerit ad littus, vel si quando aliquam terram adtigerit, ad dominos pertineat. Quod enim jus habet Fiscus in aliena calamitate, ut de re tam luctuosa compendium sectetur?* Cod. Lib. XI. Tit. V. *De Naufragiis*. Leg. I. Voiez aussi Digest. Lib. XLVII. Tit. [illegible] *incendio, ruina, naufrag.* &c. Leg. VII. Nicet[illegible]iate, dans l'histoire de l'Empereur *Andronic Comnéne*, appelle cela une coûtume très-deraisonnable, ἔθος ἀλογώτατον. (Lib. II. Cap. 3.) Voiez aussi Cassiodore, *Var.* IV, 7. Je ne sai comment il est venu dans l'esprit à Bodin, de soûtenir qu'il n'y a rien d'injuste dans une chose comme celle-là. Mais on ne s'en étonnera plus, quand on pensera que c'est le même Auteur qui blâme *Papinien*, de ce qu'il aima mieux mourir, que de blesser sa conscience. Grotius.

L'endroit, où Bodin blâme le Jurisconsulte *Papinien*, se trouve au Livre III. Chap. IV. de sa *République*, *pag.* 456, 459. de l'Edit. Latine, *Francof.* 1622. Voiez le *Papinien* de Mr. Otto, Chap. XVI. §. 5, 6. Pour ce qui est de l'apologie qu'on dit qu'il fait de la Loi qui confisque les biens sauvez du naufrage; les Com-

parent. EURIPIDE introduisant quelcun qui avoit fait naufrage, lui met avec raison ces paroles dans la bouche : (4) *Je suis de ces gens, qu'on ne doit pas piller.* QUEL *droit a le Fisc*, disoit l'Empereur (5) CONSTANTIN, *sur ce qu'on a perdu par un si triste accident? & faut-il qu'il grossisse son fonds aux depens des Malheureux?* A DIEU *ne plaise*, (6) s'écrie DION *de Pruse*, en parlant aussi des Naufrages, *que nous nous enrichissions du malheur de ces gens-là!*

§. II. 1. SELON la *Loi de Nature*, c'est-à-dire, par une Loi qui suit de la nature même & de la vertu de la Propriété, l'Aliénation se fait en deux maniéres, par *droit de Compensation*, & par *droit de Succession*.

2. Par *droit de* (1) *Compensation*, lors (2) qu'à la place d'une chose qui nous appartient, ou qui nous est duë, mais que l'on ne peut avoir en nature, on en (3) prend une autre qui vaut autant, de celui qui ne veut pas nous rendre nôtre bien, (4) ou nous paier ce qu'il nous doit. (a) Car la *Justice Explétrice*, ou Rigoureuse, toutes les fois qu'elle ne peut obtenir précisément ce qu'on a droit d'exiger, cherche l'équivalent, qui, selon l'estimation morale, est regardé comme la chose même.

(a) *Sylvest.* verb. *Bellum*: L. II. Quæst. XIII.

3. Et que la Propriété passe alors de celui qui devoit à celui à qui il étoit dû, cela se prouve par la liaison nécessaire de ce transport avec une fin légitime; qui est le meilleur argument en fait de Choses Morales. Car, dans le cas dont il s'agit, on ne sauroit parvenir à la jouïssance de son droit, si l'on ne devient Propriétaire de ce dont on se saisit; la possession seule étant fort inutile, sans le pouvoir de disposer à sa fantaisie de ce que l'on tient.

4. Je n'ignore pas, que, par (5) les Loix Civiles, il est défendu de se faire justice à soi-

Commentateurs accusent nôtre Auteur de lui imputer une chose fort éloignée de son opinion, & ils citent là-dessus des paroles assez expresses. On les trouvera au Liv. I. Chap. X. pag. 267. de la même Edition Latine : car elles ne sont pas dans le François.

(6) Μὴ γὰρ ἔτι ποτὲ, ὦ Ζεῦ, λαβεῖν μηδὲ κερδᾶναι κέρδος τοιοῦτον ἀπὸ ἀνθρώπων δυστυχίας. Orat. VII.

§. II. (1) *Expletione juris.* Je n'ai point trouvé de terme plus propre pour exprimer la pensée de l'Auteur, que celui de *Compensation*. Je sai qu'en stile de Droit, il se prend dans un sens un peu différent ; sur quoi l'on peut voir PUFENDORF, *Droit de la Nat. & des Gens*, Liv. V. Chap. XI. §. 5, 6. Mais rien n'empêche qu'on n'y attache une idée plus générale, quand la nécessité de se faire entendre le demande. Nôtre Auteur lui-même, dans la *Note* 3. s'exprime ainsi : *In compensationem opera* &c.

(2) Dans cette définition, où l'Auteur n'a rien changé depuis la prémiére Edition de son Ouvrage, il y avoit quelques mots entiérement superflus : *Quoties* ID QUOD MEUM NONDUM EST, SED MIHI DARI DEBET, *aut loco rei meæ, aut mihi debitæ, quum eam ipsam consequi non possum, aliud tantumdem valens accipio* &c. Otez les mots, que j'ai mis en lettres capitales, vous ne soupçonnerez point qu'il manque rien, & le sens vous paroîtra très-net. Laissez ces mots où ils sont, dès-là le discours est tout-à-fait embrouillé, & le sens, qu'on entrevoit, beaucoup moins clair. *Id quod meum nondum est, sed mihi dari debet*, n'est qu'une explication ou une repétition anticipée du *mihi debitæ*, qui suit. Je suis fort trompé si nôtre Auteur, qui n'aime rien moins que les superfluitez, n'avoit d'abord pris un autre tour pour exprimer sa pensée. Il avoit mis apparemment : *quoties loco illius, quod meum est, vel quod meum nondum est, sed mihi dari debet, quum id ipsum consequi non possum* &c. Il s'apperçut ensuite qu'on pouvoit dire en moins de paroles : *loco rei meæ, aut mihi debitæ* &c. & comme il aimoit fort la briéveté, il changea ainsi son expression. Mais en substituant les nouvelles paroles, il oublia d'effacer quelque chose de ce qu'il avoit écrit. Ceux qui connoissent son stile, & qui savent ce que c'est que Critique, sentiront bien la vérité de ce que j'avance. Aussi, ai-je hardiment ôté du Texte les paroles superfluës, dont il s'agit, dans mon Edition publiée en 1720.

(3) Voiez ce que l'on dira ci-dessous, *Liv.* III. *Chap.* VII. §. 6. (*num.* 4.) C'est ainsi que St. IRENE'E justifie les *Israëlites*, de ce qu'ils prirent les vaisseaux d'or & d'argent des *Egyptiens*, en compensation de ce que les *Egyptiens*, leur devoient pour le travail qu'ils avoient fait sans en tirer aucun salaire. Les *Egyptiens*, dit-il, étoient redevables aux *Israëlites*, & de leurs biens, & de leurs vies : *Ægyptii enim Populi erant debitores, non solum rerum, sed & vitæ suæ.* TERTULLIEN *Advers. Marcion.* Lib. II. (Cap. XX.) est dans la même pensée : *Reposcunt Ægyptii de* Hebræis *vasa aurea & argentea. Contra*, Hebræi *mutuas petitiones instituunt, allegantes sibi . . . . mercedes restitui oportere illius operaria servitutis* &c. Il montre ensuite, que ce que les *Israëlites* prirent étoit fort au dessous de ce qu'ils avoient droit d'exiger. DIODORE *de Sicile* raconte, qu'*Ixion* Roi de *Thessalie*, n'aiant pas tenu ce qu'il avoit promis à la Fille d'*Hésionée*; celui-ci, pour s'en dédommager, lui prit ses Chevaux. *Lib.* IV. (pag. 272. *Ed. H. Steph.* Cap. 71.) GROTIUS.

Dans ce dernier passage, au lieu d'*Hésionée*, Ἡσιονέως, il faut lire *Eïonée*, Ἠιονέως. Voiez MUNCKER, sur HYGIN, Fabul. CLV. pag. 227. a. Cette correction avoit été faite, il y a long tems, par MEZIRIAC, dans son docte Commentaire sur les Epîtres d'OVIDE, Tom. I. pag. 151. de la nouvelle Edition de 1716.

(4) Voiez PUFENDORF, *Droit de la Nat. & des Gens*, Liv. V. Chap. XIII. §. 10. & dernier.

(5) Par le Droit Romain, celui qui trouve moien de

à soi-même: jusques-là qu'on y traite de violence (6) l'action d'un homme qui veut prendre par force ce qui lui est dû; & qu'en plusieurs endroits (7) celui qui en use ainsi, perd sa dette. J'avouë encore, que quand les Loix Civiles ne font p[illegible] directement une telle prohibition, elle suit néanmoins du but même de l'établissement des Tribunaux de Justice. (b) Mais nous ne prétendons pas non plus qu'il soit toûjours permis de s'approprier par droit de Compensation une chose appartenante à autrui. Cela n'a lieu que lors que les voies de la Justice manquent absolument, de la maniére que nous l'avons (c) expliqué ailleurs. Car si elles ne manquent que pour un peu de tems, on peut bien se nantir de ce qu'on trouve, (d) lors qu'autrement il n'y auroit pas moien de recouvrer son propre bien; comme, par exemple, si l'on voit que le Débiteur s'enfuit: mais il faut attendre que le Magistrat nous ajuge la propriété de la chose dont on s'est saisi, comme cela se pratique en matiére de (e) Représailles, dont nous traiterons (f) ailleurs.

(b) Thomas, II, 2. LXVI. Artic. 5.

(c) Liv. I. Chap. III. §. 2. num. 2.

(d) Voiez Cod. Lib. X. Tit. XXXI. De Decurionibus &c. Leg. LIV. & Lib. I. Tit. III. De Episcopis & Cleric. &c Leg. XII. & les Docteurs sur Leg. XXXIX. §. 1. in fin. Dig. ad Leg. Aquil.

(e) Bartol. in Tract. De Repress. Quæst. 59.

(f) Liv. III. Chap. II. §. 4, 5.

5. Que si, encore qu'on aît un droit clair & indubitable d'exiger ce que l'on demande, il est moralement certain qu'on ne pourra rien obtenir par le moien du Juge, à cause qu'il n'y a pas, par exemple, des preuves suffisantes; (8) en ce cas-là, l'obligation d'avoir recours aux voies de la Justice cesse, & l'on en revient au droit qu'on avoit avant l'établissement des Tribunaux; c'est, à mon avis, l'opinion la mieux fondée.

§. III. Voila pour la Compensation. J'ai dit que l'Aliénation se fait encore, selon le Droit de Nature, *par droit de Succession.* (a) Cela a lieu dans les (1) Successions abintestat, qui, la Propriété une fois posée, & indépendamment de toute Loi Civile, sont fondées sur une conjecture (2) naturelle de la volonté du Défunt. En effet, c'est une suite du droit de Propriété, que le Proprietaire puisse, quand il lui plait, le transférer à autrui, même en cas de mort, & en retenant la possession de son bien, comme nous l'avons (b) dit ci-dessus. Mais lors que quelcun n'a pas déclaré sa volonté par testament, il n'y a pourtant aucune apparence qu'il aît prétendu lais-

(a) Soto, de Justit. Quæst. III. Art II. Cajetan, d. Qu. 66.

(b) Chap. préced. §. 14. & dern.

de se mettre en possession d'une chose qui lui est duë, sans qu'elle lui ait été remise avec le consentement de celui-là même qui doit la lui livrer, est regardé comme un Voleur: *Si ex stipulatione tibi* Stichum *debeam, & non tradam eum, tu autem nactus fueris possessionem: prædo es. Æquè si vendidero, nec tradidero rem, si non voluntate mea nactus sis possessionem: non pro emtore possides, sed prædo es.* Digest. Lib. XLI. Tit. II. *De adquir. vel amittenda possessione*, Leg. V.

(6) *Et quum* Marcianus *diceret:* Vim nullam feci: Cæsar [*Divus Marcus*] *dixit:* Tu vim putas esse solum, si homines vulnerentur? Vis est & tunc, quotiens quis, id quod deberi tibi putat, non per Judicem reposcit. Digest. Lib. XLVIII. Tit. VII. *Ad Leg. Jul. de vi privata*, Leg. VII. *Si quis igitur suam rem rapuit, vi quidem bonorum raptorum non tenebitur, sed aliter multabitur.* Lib. XLVII. Tit. VIII. *De vi bonorum rapt.* Leg. II. §. 18.

(7) *Quisquis igitur probatus mihi fuerit rem ullam debitoris, vel pecuniam [debitam] non ab ipso sibi sponte datam, sine ullo Judice, temerè possidere, vel accepisse, isque sibi jus in eam rem dixisse, jus crediti non habebit.* Digest. Lib. IV. Tit. II. *Quod metus causa* &c. Leg. XIII.

(8) L'Auteur suppose sans doute, que celui à qui l'on demande, est aussi ou doit être lui-même convaincu qu'il nous doit. Car s'il pouvoit ignorer la dette, comme si c'étoit l'Héritier d'une personne à qui l'on a prêté quelque chose; on ne devroit s'en prendre qu'à soi-même, ou à son malheur, de ce [illegible] n'a pas exigé, par exemple, un Billet d'obligation, ou qu'on l'a perdu. Il faut supposer encore ici [illegible], où celui à qui il est dû trouve moien, sans faire [illegible] à personne, d'avoir ce qui lui est dû, en sorte que, comme il ne pourroit pas prouver la dette, le Débiteur ne pourroit pas non plus prouver ce qu'il a fait pour se paier; car autrement il seroit fort inutile de prendre cet expédient, puis que le Juge feroit rendre par force ce que l'on a pris. Ce que je viens de dire suffit pour répondre à la critique des Commentateurs sur cet endroit, & sur tout à la prétenduë contradiction qu'un d'entr'eux trouve entre ce que nôtre Auteur pose ici, & ce qu'il dit ailleurs, *Chap.* XXIII. de ce Livre, §. 11.

§. III. (1) Voiez, sur cette matiére, Pufendorf, Liv. IV. Chap. XI. du *Droit de la Nat. & des Gens.*

(2) Le Jurisconsulte Paul dit, que l'on peut laisser un Fideïcommis, par codicille, à ceux qui succédent abintestat, parce que le Pére de famille est censé vouloir qu'ils succédent à l'Hérédité, qui leur revient par les Loix: *Sed ideo Fideicommissa dari possunt ab intestato succedentibus, quoniam creditur Paterfamilias sponte suâ his relinquere legitimam hereditatem.* Digest. Lib. XXIX. Tit. VII. *De jure Codicill.* Leg. VIII. §. 1. Grotius.

(3) *Quum religiosissimè soleas custodire defunctorum voluntatem, quam, bonis heredibus, intellexisse, pro jure est.* Epist. Lib. IV. Ep. X. (*num.* 3.) Voiez aussi *Lib.* II. *Epist.* XVI. Grotius.

Cet

laisser ses biens, après sa mort, au prémier occupant. D'où il s'ensuit, qu'on doit regarder les biens d'une telle personne comme revenans à celui à qui il y a le plus d'apparence qu'elle vouloit qu'ils appartinssent après sa mort. Pline *le Jeune* dit, (3) qu'il suffit de comprendre l'intention du Défunt, & que cela tient lieu de Loi. Or, dans un doute, chacun est censé avoir voulu ce qui est le plus juste & le plus honnête. Et en matiére de choses justes & honnêtes, il faut mettre au prémier rang ce qui est dû à la rigueur; & ensuite ce qui a une certaine convenance avec le caractére ou le personnage de quelcun, quoi qu'il n'y soit pas obligé à la rigueur.

§. IV. 1. Les (a) Jurisconsultes disputent entr'eux sur cette question, *Si un Pére & une Mére doivent à leurs Enfans la nourriture & l'entretien?* Quelques-uns croient, qu'il est à la vérité assez conforme à la Raison Naturelle, que les Enfans soient nourris & entretenus par leurs Pére & Mére; mais que ce n'est pas néanmoins une chose duë. Pour moi, je suis persuadé qu'il faut distinguer ici, selon les deux significations différentes du dernier terme. Quand on dit qu'une chose est *duë*, cela emporte quelquefois une obligation fondée sur la *Justice Expletrice* ou Rigoureuse; quelquefois aussi cette expression a un sens plus étendu, qui marque ce dont on ne peut se dispenser sans pécher contre les régles de l'Honnête, quoi que cette Honnêteté vienne de quelque autre source, que du Droit rigoureux, & proprement ainsi nommé. C'est dans ce dernier sens, qu'un Pére & une Mére (1) *doivent* fournir à leurs Enfans la nourriture & l'entretien; à moins qu'il n'y aît quelque Loi Humaine qui les mette dans une obligation plus étroite. Valere Maxime dit, que (2) *les Péres & Méres, en nourrissant leurs Enfans, les engagent par là à nourrir eux-mêmes les leurs, comme à un devoir dont il faut qu'ils s'aquittent à leur tour.* Le mot de *devoir* se prend-là, à mon avis, dans le sens que je viens de dire; aussi bien que dans les paroles suivantes, tirées d'un très-beau Traité de Plutarque: (3) *Les Enfans*, dit-il, *attendent l'héritage de leurs Péres, comme une (4) chose qui leur est duë.*

(a) *Franc. Piscin.* de statu excell. Femin. *num.* 133. *Menoch.* in Auth. *Novissima*, Cod. de inoffic. Testam. *num.* 296. *Tell. Fernand.* in L. X. *Taurin.* Q. IV.

2. Sur ce pié-là donc, comme, selon la maxime d'Aristote, *celui qui donne la for-*

Cet Auteur parle de ce que doit faire un Héritier, lors qu'il a lieu de croire que le *Défunt* a voulu certaines choses, quoi qu'il n'y en ait point de preuves suffisantes en Justice, ou que même ses dispositions puissent être annullées par le Droit. Ainsi c'est-là un cas particulier, ou plûtôt une espece de cas de Conscience, sur quoi on peut voir Pufendorf, *Droit de la Nat. & des Gens*, Liv. IV. Chap. X. §. 7, 8. avec la *Note* 2. sur le §. 8. de la seconde Edition. Au lieu qu'il s'agit ici d'établir une Régle générale, pour savoir à qui doivent revenir les biens d'une personne, qui n'en a point disposé par testament, & dont on suppose que l'intention particuliere n'est point connuë.

§. IV. (1) Il faut distinguer ici, à mon avis, le tems, pendant lequel les Enfans sont hors d'état de pourvoir eux-mêmes à leur subsistance, d'avec celui où ils le peuvent. A l'égard du prémier, les Peres & Méres sont tenus à la rigueur de fournir ou de laisser à leurs Enfans ce qui est nécessaire pour leur entretien: c'est une suite nécessaire de l'obligation où ils sont de faire tout ce qui dépend d'eux, pour conserver la vie qu'ils ont donnée à leurs Enfans. Mais du moment que les Enfans ont assez d'industrie pour travailler eux-mêmes à aquérir les choses nécessaires pour leur subsistance, & à plus forte raison lors qu'ils les ont déja aquises, le Droit Naturel tout seul n'impose pas aux Peres & aux Méres une obligation indispensable de leur laisser leurs biens, ou en tout, ou en partie. A la vérité, il n'y a persone de plus proche, qu'ils puissent instituer Héritier: & ainsi, lors qu'ils ne voient point de raison considérable qui leur persuade qu'il vaut mieux les laisser à d'autres, ils feroient mal de preferer qui que ce soit à leur propre sang. Mais en ce cas-là même les Enfans n'auroient pas sujet de se plaindre qu'on leur fit un *tort* proprement ainsi nommé, & moins encore, quand le Pére ou la Mere ont eu de bonnes raisons de disposer de quelque partie de leurs biens en faveur de persones plus dignes, ou qui en avoient plus de besoin.

(2) Ces paroles sont tirées d'un discours qu'il suppose que les Censeurs pouvoient tenir à ceux qu'ils condamnoient à l'amende, pour avoir atteint la vieillesse sans se marier: *Natura vobis, quemadmodum nascendi, ita gignendi legem scribit: parentesque, vos alendo, nepotum nutriendorum debito, si quis est pudor, adligaverunt.* Lib. II. Cap. IX. *num.* 1. Ainsi il s'agit-là directement de l'obligation de se marier, dont l'obligation de nourrir des Enfans est une suite.

(3) Il dit, que c'est pour cela que les Enfans n'ont pas de la reconnoissance envers leurs Péres & Méres, de ce qu'ils leur laissent leurs biens, & ne s'empressent pas dans cette vuë à les honorer & les servir: Οἱ μὲν γὰρ παῖδες χάριν οὐδεμίαν ἔχουσι, οὐδὲ ἕνεκα τούτου θεραπεύουσι, οὐδὲ τιμῶσιν, ὡς ὀφείλημα τὸν κλῆρον ἐκδεχόμενοι. De amore prolis, *Tom.* II. pag. 497. B. *Ed. Wech.*

(4) L'Empereur Julien dit, qu'il est juste (ou plûtôt que c'est une chose reçuë) que les Enfans héritent de leurs Péres: Παισὶ τὸ γὰρ νόμιμον ἐπιτρέπειν τὰς διαδοχάς.

forme, donne aussi les choses nécessaires pour la produire; de même celui qui est cause de l'existence d'un Homme, doit, entant qu'en lui est, & autant qu'il est nécessaire, pourvoir aux choses dont il a besoin pour la Vie Humaine, c'est-à-dire, & pour la conservation de son être naturel, & pour la Société avec ses semblables; car l'Homme est né pour cette Société. C'est pourquoi les (5) autres Animaux, tout destituez qu'ils sont de Raison, nourrissent leurs Petits, autant qu'il le faut, par un instinct naturel. Et les anciens Jurisconsultes, à cause de cela, rapportent l'éducation des Enfans (6) au Droit de Nature, c'est-à-dire, à celui dont les Bêtes mêmes ont quelque sentiment par l'effet d'une impression (7) naturelle, & qui nous est prescrit à nous par la Raison, que nous avons de plus en partage.

3. Ce devoir étant un (8) devoir naturel, il s'ensuit de là, que les Enfans (9) même nez d'un commerce vague, & dont le Pére par conséquent n'est point connu, doivent être nourris & entretenus par la Mére.

4. *Solon*, ce fameux Législateur d'*Athénes*, dispensoit (10) un Pére & une Mére de rien donner, après leur mort, à des Enfans Naturels, & le Droit Romain ne vouloit pas qu'on laissât aucune partie de ses biens aux Enfans qu'on avoit eus d'un (11) commerce défendu par les Loix. Mais les (b) Canons de l'Eglise Chrétienne ont corrigé ces Ordonnances trop rigoureuses, déclarant qu'on est même obligé, s'il le faut, de laisser à ses Enfans, quels qu'ils soient, ce qui est nécessaire pour leur nourriture & leur entretien.

(b) *Decretal.* Lib. IV. Tit. VII. *De eo qui duxit in matrimonium quam polluit per adulterium*, Cap. V. in fin.

5. C'est ainsi qu'il faut entendre la maxime commune, que les Loix Humaines ne peuvent pas ôter la *Légitime* aux Enfans. Car cela n'est vrai, qu'entant que la Légitime

δοχάς. In Cæsarib. (pag. 334. D. *Ed. Spanhem.*) Les Filles n'en doivent pas être excluës; & il paroît par la fin de l'Histoire de Job, que, selon la coûtume de l'Antiquité la plus reculée, elles avoient part à l'Hérédité de leurs Péres & Méres, après les Garçons. C'est sur ce principe d'Equité que St. Augustin veut, que l'Eglise même ne reçoive pas les biens de ceux qui ont deshérité leurs Enfans. On trouvera ses paroles là-dessus dans le Droit Canonique, *Caus.* XIII. *Quæst.* II. (Can. VIII.) & *Caus.* XVII. *Quæst.* IV. (Can. XLIII.) Le prémier passage est tiré du Liv. II. *De Vita Clericorum*: & l'autre du *Sermon* LII. *Ad Fratres in Eremo*, si du moins le dernier Traité est de ce Pére. Procope remarque, que les Loix, d'ailleurs si différentes, s'accordent en ceci & chez les *Romains*, & chez tous les Peuples Barbares, que l'Hérédité d'un Pére appartient à ses Enfans: Ὁι νόμοι τῷ διαλλάσσοντι ἀλλήλοις ἀεὶ ἐν πᾶσιν ἀνθρώποις μαχόμενοι, ἐνταῦθα ἔν τε Ῥωμαίοις καὶ πᾶσι Βαρβάροις ξυνίασί τε καὶ ξυνομολογῦντες ἀλλήλοις κυρίες ἀποφαίνεσι τὲς παῖδας εἶναι τῦ πατρὸς κλήρε. Persic. *Lib.* I. (Cap. XI.) Grotius.

(5) C'est pourquoi un jour qu'on alléguoit à *Apollonius de Tyane* une sentence d'Euripide, qui porte, que tous les Hommes regardent leurs Enfans comme leur vie:

—— —— Πᾶσι δ' ἀνθρώποις ἄρ' ἦν
Ψυχὴ τέκν' —— —— ——

(Andromach. *vers.* 418.) il corrigea ou parodia ainsi ces vers:

—— —— Πᾶσι δὲ ζώοις ἄρ' ἦν
Ψυχὴ τέκν' —— —— ——

Tous les Animaux regardent leur lignée comme leur vie. Et il prouvoit ce sentiment naturel par plusieurs exemples: *apud* Philostrat. *Vit. Apoll. Tyan.* Lib. II. Cap. VII. & VIII. (XIV. XV. *Ed. Olear.*) Il y a quelque chose de fort semblable dans Oppien, *Cyneget.* Lib. III. (vers. 107, *& seqq.*) *Halieut.* Lib. I. (vers. 646, *& seqq.* 702.) Pline dit des Hirondelles, qu'elles donnent la béquée à leurs Petits tour-à-tour: *In fætu summâ æquitate alternant cibum.* Hist. Natur. *Lib.* X. *Cap.* XXXIII. Le même Euripide, que je viens de citer, dit, que la seule Loi universelle parmi les Hommes, & qui est commune au Genre Humain avec les Bêtes, c'est d'aimer ceux à qui on a donné le jour:

Εἷς γὰρ τις ἐστὶ κοινὸς ἀνθρώποις νόμος,
Καὶ θεοῖσι τῦτο δόξαν, ὡς σαφῶς λέγω,
Θηρσίν τε πᾶσι τέκνα τίκτεσιν φιλεῖν.
Τὰ δ' ἄλλα χωρὶς χρώμεθ' ἀλλήλων νόμοις.

In Dictye Trag. (*apud* Stob.) Grotius.

(6) *Jus Naturale est, quod natura omnia animalia docuit . . . . . . Hinc descendit maris atque feminæ conjunctio, quam nos matrimonium adpellamus: hinc liberorum procreatio, hinc educatio: videmus etenim, cetera quoque animalia istius juris peritiâ censeri.* Instit. Lib. I. Tit. II. *De Jure Natur.* &c. *princip.* Voiez aussi Digest. Lib. I. Tit. I. *De Justitia & Jure*, Leg. I. §. 3.

(7) *Sileat ob liberos retentio, quum ipse naturalis stimulus parentes ad liberorum suorum educationem hortetur.* Cod. Lib. V. Tit. XIII. *De rei uxoriæ actione* &c. Leg. un. §. 5.

(8) *Ipsum autem Filium, vel Filiam, Filios vel Filias, & deinceps, alere Patri necesse est, non propter hereditates, sed propter ipsam naturam & leges, quæ à Parentibus alendos Liberos imperaverunt, & ab ipsis Liberis Parentes, si inopia ex utraque parte vertitur.* Cod. Lib. VI. Tit. XLI. *De bonis, quæ liberis* &c. Leg. VIII. §. 5. Diodore *de Sicile* dit, que la Nature enseigne à tous les Animaux à se conserver eux & les leurs, afin que par ce moien leur race se perpétuë éternellement: Ἀγαθὴ γὰρ ἡ φύσις διδάσκαλος ἅπασι τοῖς ζώοις ἐστὶ, περὶ διατήρησιν ὐ μόνον ἑαυτῶν, ἀλλὰ καὶ τῶν γεννωμένων, διὰ τῆς συγγενῦς φιλοζωΐας τὰς διαδοχὰς εἰς ἀΐδιον ἄγεσα διαμονῆς κύκλον. (Lib. II. Cap. 50. pag. 94. *Ed. H. Steph.*)

me renferme une portion de biens nécessaire pour leur entretien. Tout ce qui est au delà, peut être ôté aux Enfans, sans préjudice du Droit de Nature.

6. Au reste, les Enfans qu'on doit nourrir ne sont pas seulement ceux du prémier degré, mais encore ceux du second, & des suivans, si le cas échet. JUSTINIEN (12) décide formellement, que la Nature nous y engage: & cela s'étend jusqu'à ceux qui descendent de nous par les Femmes, (13) s'ils n'ont pas d'ailleurs de quoi subsister.

§. V. UN Enfant doit à la vérité nourrir son Pére & sa Mére, comme cela est non seulement prescrit par les Loix, mais encore enseigné par un (1) proverbe Grec tiré de ce que font les Cigognes. Et on a même loué *Solon* (2) d'avoir noté d'infamie ceux qui manquoient à un tel devoir. Mais la pratique n'en est pas aussi souvent nécessaire, que celle de l'obligation où sont les Péres envers leurs Enfans. Car les Enfans, en venant au monde, n'y apportent rien, d'où ils puissent subsister, & ils ont plus long tems à vivre, que leurs Pére & Mére. De sorte que, comme, d'un côté, on doit l'honneur & l'obéissance à ses Pére & Mére, & non pas à ses Enfans; de l'autre, on doit la nourriture & l'éducation à ses Enfans, plûtôt qu'à ses Pére & Mére. C'est ainsi que j'entens ce qu'a dit LUCIEN, (3) *Que la Nature prescrit aux Péres d'aimer leurs Enfans, plus indispensablement & plus fortement, qu'elle ne prescrit aux Enfans d'aimer leurs Péres.* Et ce que dit ARISTOTE: (4) *Ce qui engendre, a plus d'affection pour ce qu'il a engendré, que ce qui est engendré n'en a pour ce qui l'a engendré; parce que l'on regarde comme sien, ce à quoi on a donné la naissance.*

2. Ainsi, sans le secours même des Loix Civiles, les Enfans doivent hériter des biens

Steph.) Dans QUINTILIEN, un Fils dit, qu'il demande sa portion de l'Hérédité Paternelle, en vertu du Droit des Gens (ou du droit commun à tous les Peuples): *At qui naturam sequetur, illa cogitabit professo, hoc dicturum rusticum; Pater intestatus duos nos filios reliquit: partem, Jure Gentium, peto.* (INSTITUT. ORAT. Lib. VII. Cap. I. pag. 591. *Edit. Burm.*) GROTIUS.

(9) *Ergo & Matrem cogemus, præsertim vulgo quæsitos Liberos alere: nec non ipsos eam.* DIGEST. Lib. XXV. Tit. III. *De adgnoscend. & alendis liberis*, Leg. V. §. 4.

(10) Nôtre Auteur, trompé sans doute par sa mémoire, applique mal ici la Loi de *Solon* touchant les Enfans Naturels. Ce fameux Législateur, au rapport d'HERACLIDE *du Pont*, cité par PLUTARQUE, ordonna, non pas qu'un Pére ne seroit pas tenu de nourrir ces sortes d'Enfans, mais qu'ils ne seroient pas tenus de nourrir leur Pére. La raison de cette Loi étoit, que, dans le commerce d'où ils étoient nez, le Pére n'avoit eu en vuë que de satisfaire sa passion; & que, bien loin de pouvoir attendre quelque reconnoissance de ses Enfans, ils devoient lui savoir mauvais gré de ce qu'il leur avoit donné une naissance honteuse: Ἐκεῖνο δ' ἤδη σφοδρότερον, τὸ μηδὲ τοῖς ἐξ ἑταίρας γενομένοις ἐπάναγκες εἶναι τοὺς πατέρας τρέφειν, ὡς Ἡρακλείδης ἱστόρηκεν ὁ Ποντικός. ὁ γὰρ ἐν γάμῳ παριδὼν τὸ καλὸν, οὐ τέκνων ἕνεκα δῆλός ἐστιν, ἀλλ' ἡδονῆς, ἀγόμενος γυναῖκα· τόν τε μισθὸν ἀπέχει, καὶ παῤῥησίαν αὑτῷ πρὸς τοὺς γενομένους οὐκ ἀπολέλοιπεν, οἷς αὐτὸ τὸ γενέσθαι πεποίηκεν ὄνειδος. Vit. Solon. Tom. I. pag. 90. E. *Ed. Wech.* Pour ce qui est des Péres, à l'égard de leurs Enfans Naturels; quoi que ceux-ci ne fussent point Héritiers des biens paternels, à moins qu'ils n'eussent été légitimez, il leur revenoit pourtant une certaine portion de l'Hérédité, que l'on appelloit la portion des Bâtards, Νοθεῖα, & qui étoit fixée à mille Drachmes, ou dix Mines, c'est-à-dire, environ cent Ecus, somme assez considérable pour ce temslà. Voiez ARISTOPHANE, dans la Comédie intitulée *les Oiseaux*, vers. 1655, & *seqq.* HARPOCRATION, au mot Νοθεῖα; & MEURSIUS, dans *Themis Attica*, Lib. II. Cap. 12.

(11) Comme d'un Adultére, d'un Inceste &c. Car ces sortes d'Enfans n'étoient pas appellez *Enfans Naturels*: *Omnis qui ex complexibus (non enim hoc vocamus nuptias) aut nefariis, aut incestis, aut damnatis, processerit, iste neque naturalis nominatur, neque alendus est à parentibus, neque habebit quoddam ad præsentem legem participium.* NOVELL. LXXXIX. *Quibus modis naturales &c.* Cap. XV.

(12) Voiez la Loi citée ci-dessus, *Note* 8. de ce paragraphe; & la Loi V. §. 1, 5. du Titre du DIGESTE, qui va être cité dans la *Note* suivante.

(13) *Non quemadmodum masculorum liberorum nostrorum liberi ad onus nostrum pertinent; ita & in feminis est: nam manifestum est, id, quod filia parit, non avo, sed patri suo, esse oneri; nisi pater, aut non sit superstes, aut egens est.* DIGEST. Lib. XXV. Tit. III. *De adgnoscend. & alendis liberis* &c. Leg. VIII.

§. V. (1) Ἀντιπελαργεῖν. Voiez [un passage de PHILON, cité dans le *Discours Préliminaire*, §. 7. *Note* 1.] & ce que LEON *d'Afrique* remarque au sujet d'un Oiseau d'*Afrique*, nommé *Nest.* Liv. IX. (vers la fin.) GROTIUS.

(2) C'est DIOGENE LAERCE qui rapporte & louë entr'autres cette Loi: Δοκεῖ δὲ καὶ κάλλιστα νομοθετῆσαι· Ἐάν τις μὴ τρέφῃ τοὺς γονέας, ἄτιμος ἔστω. Lib. I. §. 55. Voiez les Fragmens de MENANDRE, recueillis par Mr. LE CLERC, pag. 278.

(3) Καίτοι γε ἡ φύσις τοῖς πατράσι τοὺς παῖδας μᾶλλον, ἢ τοῖς παισὶ τοὺς πατέρας ἐπιτάττει φιλεῖν. In Abdicat. Tom. I. pag. 721. *Ed. Amstel.*

(4) Καὶ μᾶλλον συνῳκείωται τὸ ἀφ' οὗ τῷ γεννηθέντι, ἢ τὸ γενόμενον τῷ ποιήσαντι· τὸ γὰρ ἐξ αὐτοῦ, οἰκεῖον τῷ ἀφ' οὗ &c. Ethic. Nicom. Lib. VIII. Cap. XIV. pag. 112. C. *Ed. Paris.*

biens de leurs Pére & Mére, préférablement à toute autre personne; parce qu'il y a lieu de présumer, qu'un Pére & une Mére regardant leurs Enfans comme autant de parties de leur propre Corps, ont voulu les pourvoir, aussi largement qu'il seroit possible non seulement du nécessaire, mais encore de ce qui sert à faire vivre agréablement & honnêtement; sur tout après qu'ils ne seroient plus en état de jouïr eux-mêmes de leurs biens. *La Raison Naturelle*, dit le (5) Jurisconsulte PAUL, *laquelle est une espéce de Loi tacite, ajuge aux Enfans l'hérédité de leurs Pére & Mére, & les appelle à cette Succession, comme à une chose qui leur est duë.* PAPINIEN, autre Jurisconsulte, (6) soûtient, que *la Succession d'un Pére & d'une Mére est duë à leurs Enfans, plus que celle des Enfans n'est duë au Pére & à la Mére: car*, ajoûte-t-il, *les biens des Enfans reviennent aux Péres & Méres, comme pour les consoler de l'affliction que leur cause cette perte; au lieu que les Enfans sont appellez à la Succession des biens paternels & maternels, non seulement par la Nature, mais encore par les souhaits ordinaires d'un Pére & d'une Mére*; c'est-à-dire, que, si les Enfans héritent, c'est en partie à cause d'une obligation expresse qui est imposée par la Nature à leurs Pére & Mére; en partie, à cause d'une présomtion naturelle, qui donne lieu de croire que les Péres & les Méres veulent pourvoir aux intérêts de leurs Enfans le mieux qu'il leur est possible. A quoi se raportent les paroles suivantes de l'Apôtre St. PAUL: (a) *Il ne faut pas que les Enfans amassent du bien pour ceux qui les ont mis au monde, mais c'est aux Péres & Méres à amasser du bien pour leurs Enfans.* VALERE MAXIME parlant de *Quintus Hortensius*, qui, quoi que très-mal content de son Fils, ne laissa pas de l'instituer son héritier, dit, (7) qu'*il en usa ainsi par la considération qu'il devoit avoir pour son sang.*

(a) II. Corinth. XII, 14.

§. VI. COMME il est ordinaire, qu'un Pére & une Mére aient soin de leurs Enfans: aussi, tant que le Pére ou la Mére vivent, les Aieuls & Aieules ne sont pas censez

(5) *Quum ratio naturalis, quasi lex quædam tacita, liberis parentum hereditatem addiceret, velut ad debitam successionem eos vocando* &c. DIGEST. Lib. XLVIII. Tit. XX. *De bonis damnatorum*, Leg. VII.

(6) *Non sic Parentibus Liberorum, ut Liberis Parentum debetur hæreditas. Parentes ad bona Liberorum ratio miserationis admittit: Liberos, naturæ simul & Parentum commune votum.* DIGEST. Lib. XXXVIII. Tit. VI. *Si tabula testamenti* &c. Leg. VII. §. 1. PHILON, *Juif*, dit, que comme c'est une Loi de la Nature, que les Enfans succédent aux Péres, & non pas les Péres aux Enfans; MOÏSE a supprimé ce dernier cas, comme étant de mauvais augure, & contraire aux vœux d'un Pére & d'une Mére: Ἀλλ' ἐπειδὰν ὁ νόμος φύσεώς ἐστι, κληρονομεῖσθαι τοὺς γονεῖς ὑπὸ παίδων, ἀλλὰ μὴ τούτους κληρονομεῖν· τὸ μὲν ἀπευκταῖον καὶ παλίμφημον ἡσύχασεν &c. De Vita Mosis, *Lib.* III. (pag. 689. E.) SOCRATE disoit, qu'un homme, en se mariant, pense à préparer ce qu'il faut pour la subsistance des Enfans qu'il aura, & qu'il souhaitte de les pourvoir, aussi largement qu'il lui est possible, des choses nécessaires à la Vie: Καὶ ὁ μὲν ἀνὴρ τήν τε συντεκνοποιήσουσαν ἑαυτῷ τρέφει, καὶ τοῖς μέλλουσιν ἔσεσθαι παισὶ προπαρασκευάζει πάντα, ὅσα ἂν οἴηται συνοίσειν αὐτοῖς πρὸς τὸν βίον, καὶ ταῦτα ὡς ἂν δύνηται πλεῖστα. XENOPHON, *Memorabil.* Lib. II. (Cap. II. §. 5.) GROTIUS.

(7) *Tamen, ne naturæ ordinem confunderet, non nepotes, sed filium heredem reliquit. Moderatè usus adfectibus suis: quia & vivus moribus ejus verum testimonium, & mortuus sanguini honorem debitum reddidit.* Lib. V. Cap. IX. *num.* 2.

§. VI. (1) JUSTINIEN dit, que cela est juste: *Æquum enim esse videtur, nepotes neptesque in patris sui locum succedere.* INSTIT. Lib. III. Tit. I. *De hereditatibus, quæ ab intestato deferuntur*, §. 6. C'est une maxime des Docteurs Juifs, que *les Enfans succedent, même dans le Tombeau.* Et, que *les Enfans de nos Enfans sont comme nos Enfans propres*; ainsi que le dit aussi PHILON: Υἱωνοὶ γὰρ, πατέρων ἀποθανόντων, ἐν υἱῶν τάξει παρὰ πάπποις καταριθμοῦνται. ad Cajum, (*pag.* 996. C. *Ed. Paris.* Le Rabbin JOSEPH, *Fils de Jacchi*, fait mention de ce droit, comme d'un droit naturel, dans son Commentaire sur DANIEL, *Chap.* V. vers. 2. EGINHART, parlant de *Charlemagne*, qui l'observa religieusement à l'égard de ses Petits-fils, regarde cela comme un effet de sa tendresse paternelle: *In quibus Rex pietatis suæ præcipuum documentum ostendit, quum filio defuncto, nepotem patri succedere, & neptes inter filias suas educari fecisset.* De Vita Caroli Magni, (Cap. XIX. *Edit. Schmink.*) MICHEL *Attaliate* dit, que les Descendans prennent chacun la place de leur Pére: Καθίστανται εἰς τὸν ἰδίου γονέως τόπον ὑπεισελθεῖν. GROTIUS.

(2) *Si quâ pœnâ pater fuerit adfectus, ut vel civitatem amittat, vel servus pœnæ efficiatur: sine dubio nepos loco filii succedit.* DIGEST. Lib. I. Tit. VI. *De his qui sui, vel alieni, juris sunt*, Leg. VII. Le Jurisconsulte MODESTIN appelle cela, remplir la place d'un Pére mort, τὸν τοῦ πατρὸς ἀποθανόντος τόπον πληροῦν: *Auxiliantur autem tum, quando, patre eorum mortuo, illius locum supplent, avo.* Lib. XXVII. Tit. I. *De excusationib. Tutor.* Leg. II. §. 7. Et JUSTINIEN, τὴν πατρῴαν ὑπεισιέναι τάξιν, NOVELL. CXXVII. *princip.* Dans l'Orateur ISÆUS, ceux qui succédent par droit de Représentation, sont dits *retourner*, ἐπανιέναι, *Orat. de Philoctemon. hereditate.* GROTIUS.

Nôtre Auteur avoit lû fort à la hâte, & sans faire attention à la suite du discours, les paroles de l'Orateur Grec qu'il cite à la fin de cette Note, tirée du Texte.

sez être dans l'obligation de nourrir leurs Petits-fils ou Petites-filles. Mais lors que le Pére & la Mére, ou l'un des deux, viennent à manquer, il est juste que le Grand-Pére & la Grand'-Mére prennent soin de leurs Petits-fils ou Petites-filles, à la place de leur Fils ou Fille décédez; ce qui a lieu aussi à l'égard des Ascendans plus éloignez. De là vient le droit, en vertu duquel (1) *un Petit-fils succéde en la place du Fils*, (2) comme parle le Jurisconsulte Ulpien: *un Pére & une Mére n'aiant rien de plus proche, après leurs Fils & leurs Filles, que les Enfans sortis de ceux-ci*; comme le dit (3) Demosthene. Les Jurisconsultes Modernes appellent cette succession (4) par tiges, *droit de Représentation*. Elle étoit en usage parmi les anciens *Hébreux*, comme il paroît assez clairement par le partage des (5) Terres promises aux Enfans de *Jacob*.

§. VII. Mais ce que nous avons dit jusqu'ici des présomtions de la volonté d'un Pére, au sujet de la succession à ses biens, n'a lieu qu'autant qu'il ne paroît point d'indices contraires: tel qu'est ce que les *Grecs* appelloient (1) *Abdication*; & les *Romains*, *Exhérédation* (2). Ici néanmoins, pour la raison alléguée ci-dessus, il faut laisser dequoi vivre à un Fils; à moins qu'il n'ait commis des crimes dignes de mort.

§. VIII. 1. Un autre indice, qui forme une exception à la régle générale, c'est lors qu'il n'y a pas des preuves suffisantes que celui qui passe pour Fils du Défunt le soit effectivement. A la vérité, en matiére de Faits, on ne sauroit avoir de démonstration incontestable: mais ce qui se passe ordinairement à la vuë des Hommes, est regardé comme certain en son genre, à cause du témoignage qu'ils en rendent; & c'est en ce sens qu'on dit qu'il est assûré qu'une telle est Mére d'un tel, y aiant des personnes de l'un & de l'autre sexe qui ont assisté à sa naissance, ou qui ont été témoins de son éducation. Mais on ne sauroit avoir une aussi grande certitude, qu'un tel est Pére d'un tel; comme l'ont remarqué il y a long tems (1) Homere & (2) Menandre. Il falloit

Texte. Le passage se trouve à la page 467. *Ed. Wech.* 1619. Ὁ γὰρ νόμος οὐκ ἐᾷ ἐπανιέναι, ἐὰν μὴ υἱὸν καταλίπῃ γνήσιον. Il s'agit-là d'un article d'une Loi de *Solon*, qui portoit, qu'un Enfant Adoptif ne pourroit point rentrer dans la Famille & dans l'héritage de son Pére Naturel, d'où il étoit sorti par l'adoption; à moins qu'il n'eût lui-même un Enfant légitime, qui restât dans la Famille du Pére Adoptif. Cette Loi se trouve toute entiére dans Demosthene, à la fin de sa *Harangue contre Léocharès*; & on y voit le mot même dont il est question: Τοὺς δὲ ποιηθέντας, ἐκ τῶν διαθηκῶν· ἀλλὰ ζῶντας, ἐγκαταλιπόντας υἱὸν γνήσιον, ΕΠΑΝΙΕΝΑΙ, ἢ τελευτήσαντας ἀποδεδόσθαι τὴν κληρονομίαν τοῖς ἐξ ἀρχῆς οἰκείοις οὖσι τοῦ ποιησαμένου. La même expression se trouve plus haut, dans cette Harangue, pag. 673. B. *Edit. Basil.* 1572. où elle est expliquée par ἐπανιέναι ἐπὶ τὴν πατρῴαν οἰκίαν. Isæus lui-même appelle cela ailleurs, ἐπανελθεῖν εἰς τὸν πατρῷον οἶκον, Orat. IX. *Seu de hereditate Aristarchi*, pag. 553. Voiez aussi Harpocration, au mot, Ὅτι οἱ ποιητοὶ παῖδες &c. Le passage est donc tout-à-fait hors de propos.

(3) Ἐγὼ μὲν γὰρ οἶμαι, ὦ ἄνδρες δικασταί, εἴπερ καὶ ὁ υἱὸς οἰκειότατός ἐστι καὶ ἡ θυγάτηρ, πάλιν ὁ υἱιδοῦς καὶ ὁ ἐκ τῆς θυγατρὸς υἱός, ἔτι οἰκειότεροι εἰσι &c. Orat. advers. Macartat. *pag.* 661. B.

(4) C'est ainsi que, dans le partage que les *Héraclides* firent du *Péloponnése*, *Proclès* & *Eurysthéne* comme représentant *Aristodéme* leur Pére, ne tirérent au sort que pour une portion, contre *Téméne* & *Cresphonte*, qui tiroient chacun pour la sienne; comme nous l'apprennent Apollodore *Bibliothec.* Lib. II. (Cap. VIII. §. 4. *Ed. Th. Gal.*) Pausanias, *Messen.* (Cap. III. pag. 113. *Ed. Wech.*) Strabon, Lib. VIII. (pag. 560. C. *Edit. Amstel.* 364. *Paris.*) Grotius.

(5) Les Descendans d'*Ephraïm* & de *Manassé*, Fils de *Joseph*, ne succédérent pas seulement par droit de Répresentation: car sur ce pié-là, ils auroient dû n'avoir entre tous deux qu'une portion égale à celle de chacun de leurs Oncles. Mais *Jacob* les adopta, comme nôtre Auteur lui-même le remarque ci-dessous, *Note* 3. sur le §. 8. Voiez Nombres, *Chap.* XXVI. & Josue', *Chap.* XVII.

§. VII. (1) Ἀποκήρυξις. Aristote appelle cela ἀποκηρύττεσθαι, & ἀπειπεῖν, Ethic. Nicom. *Lib.* VIII. *Cap.* XVI. *& ult.* où il dit, qu'il n'arrive guéres qu'un Pére renonce son Fils pour sien, à moins que le Fils ne soit excessivement méchant: Ἅμα δ' ἴσως οὐδεὶς ποτ' ἂν ἀποστῆναι δοκεῖ μὴ ὑπερβάλλοντος μοχθηρίᾳ. Pag. 115. E.

(2) Voiez le Traité intitulé Baba Kama, *Cap.* IX. §. 10. & ce que l'on dira ci-dessous, §. 25. Grotius.

§. VIII. (1) Μήτηρ μέν τ' ἐμέ φησι τοῦ ἔμμεναι· αὐτὰρ ἔγωγε
Οὐκ οἶδ'· οὐ γάρ πώ τις ἑὸν γόνον αὐτὸς ἀνέγνω.

Odyss. *Lib.* I. *vers.* 215, 216.

(2) Αὑτὸν γὰρ οὐδεὶς οἶδε τοῦ ποτ' ἐγένετο,
Ἀλλ' ὑπονοοῦμεν πάντες, ἢ πιστεύομεν.

Apud Eustath. in Homer. pag. MCCCCXII. lin. 14. *Ed. Rom.* Nôtre Auteur cite tout autrement le prémier vers: Αὐτὸς γὰρ οὐδεὶς οἶδε πῶς ἐγείνατο.

Ce qui fait un sens différent: *Personne ne sait comment il a été engendré*, ou *comment il est né*. Mais il ne laisse pas de traduire selon la véritable maniére de lire, & ici, & dans ses *Excerpta è vett. Trag. & Com.* où il cite comme il faut le passage; qui, comme il le-

loit donc trouver quelque moien de s'en assûrer raisonnablement; & c'est ce que fait le Mariage, pris, selon ce que demande le Droit Naturel tout seul, pour une Société qui met la Femme sous la garde du Mari. Cependant, si l'on a de quoi s'assûrer, de quelque autre maniére que ce soit, qu'un tel est Pére d'un tel, ou que le Pére en soit lui-même persuadé; cet Enfant alors héritera, selon le Droit Naturel, aussi légitimement que tout autre. Et pourquoi n'hériteroit-il pas, puis qu'un Etranger même, qui avoit été ouvertement réputé pour Fils ou adopté, comme on parle, (3) hérite en vertu d'une présomtion de la volonté du Defunt? Bien plus: depuis même que les Loix ont mis de la différence (4) entre les Enfans Naturels, & les Enfans Légitimes, on peut adopter un Enfant Naturel, à moins que cela ne soit défendu par quelque Loi. Une Ordonnance de l'Empereur ANASTASE (5) le permettoit autrefois, parmi les *Romains:* mais dans la suite, pour favoriser les Mariages légitimes, on trouve moien de rendre plus difficile la légitimation des Enfans Naturels, en obligeant les Péres ou à épouser leur Mére, ou à (6) les mettre dans le Corps des Conseils de Ville. On a un exemple fort ancien de l'adoption des Enfans Naturels, dans les Fils du Patriarche *Jacob*, qui, quoi que nez de Servantes Esclaves, furent mis par leur Pére au même rang que les Enfans de ses Femmes de condition libre, & partagérent également son héritage.

2. Il peut arriver, au contraire, non seulement en vertu de la disposition des Loix, mais encore par un effet de quelque convention, (7) que ceux qui sont nez d'un Mariage légitime n'aient que ce qu'il faut pour leur nourriture & leur entretien, ou du moins soient exclus de la plus considérable partie des biens. Les Docteurs Juifs donnent le nom de Concubinage, à un Mariage contracté de cette maniére, même avec une

remarque là, se trouve rapporté de l'autre façon, par CLEMENT d'*Alexandrie*; avec cette différence, qu'il y a ἐγένετο, & non pas ἐγείνατο. Nôtre Auteur citoit encore ici, dans le Texte, cet autre Fragment de MENANDRE, où il est dit, qu'une mére aime mieux ses Enfans, que le Pére; parce que le Pére n'est pas assûré, comme elle, qu'ils soient siens:

Ἔστιν δὲ μήτηρ φιλότεκνος μᾶλλον πατρός,
Ἡ μὲν γὰρ αὐτῆς οἶδεν υἱόν, ὃδ' οἴεται.

In STOBÆI *Florilegio*, Tit. LXXVI.

(3) Ou un Petit-fils adopté, comme fit le Patriarche *Jacob* à l'égard de ses Petits-fils, *Ephraim* & *Manassé*. GROTIUS.

Voiez GENESE, *Chap.* XLVIII. vers. 5, & là-dessus le Commentaire de Mr. LE CLERC.

(4) EURIPIDE dit, que les Bâtards ne valent pas moins, que les Enfans légitimes; mais que c'est la Loi qui rend leur condition moins avantageuse:

Ἐγὼ δὲ παῖδας οὐκ ἐῶ νόθους λαβεῖν.
Τῶν γνησίων γὰρ οὐδὲν ὄντες ἐνδεεῖς,
Νόμῳ νοσοῦσιν ——— ———

(Ex Andromed. *Fragm. Barnes.* vers. 12, *& seqq.*) GROTIUS.

(5) *Filios insuper & filias, jam per divinos adfatus à patribus suis in adrogationem susceptos vel susceptas, hujus providentissimæ nostra legis beneficio & juvamine potiri censemus.* COD. Lib. V. Tit. XXVII. *De naturalib. liberis*, Leg. VI.

(6) *Per Curiæ oblationem.* On entendoit par *Curia*, la Cour ou le Conseil des Villes Municipales, c'est-à-dire, qui avoient reçû le droit de Bourgeoisie Romaine. Les Membres de ce Corps s'appelloient *Curiales*, ou *Decuriones*. Mais, quoi que l'Emploi fût fort honorable, la plûpart des gens le fuioient, à cause qu'il étoit devenu fort onéreux. Car les *Curiaux* ou *Décurions* étoient chargez presque de toutes les affaires publiques, & cela souvent à leurs risques, périls & fortunes; pendant qu'il leur étoit défendu de se mêler de bien des choses, d'où ils auroient pû tirer du profit. Et c'est pourquoi les *Chrétiens*, entr'autres persécutions qu'ils souffroient, ont été quelquefois condamnez par des Empereurs cruels, à entrer dans ces sortes de Corps, comme il paroit par l'*Histoire Tripartite* de CASSIODORE, Lib. I. Cap. IX. Lib. VI. Cap. VII. & Lib. VII. *Cap. ult.* Comme donc, avec le tems, il ne se trouvoit presque personne qui ne cherchât à se dispenser d'être Curial, ou à sortir du Conseil des Villes Municipales, à quelque prix que ce fut; il fallut accorder des priviléges, qui contrebalançassent un peu les charges attachées à cet Emploi. Voilà pourquoi THEODOSE *le Grand* permit à un Pére de légitimer ses Fils Naturels, en les offrant pour être faits Curiaux; & même une Fille Naturelle, en la donnant pour Femme à un Curial: *Si quis [naturalem dumtaxat fæcunditatem sortiatur] seu liber ipse, seu Curiæ sit nexibus obligatus: & tradendi filios naturales, vel omnes, vel quos quemve maluerit, ejus civitatis Curiæ, unde ipse oritur, & in solidum heredes scribendi, liberam ei concedimus facultatem .... Sed & si filiam naturalem ... Curiali ... matrimonio collocavit* &c. COD. Lib. VII. Tit. XXVII. *De Naturalib. liber.* &c. Leg. III. Voiez aussi les INSTITUTES, Lib. I. Tit. X. *De Nuptiis*, §. 13. & les *Selecta Antiquit.* de BRISSON, Lib. III. Cap. 13. comme aussi GODEFROI sur le CODE THEODOSIEN, XII. 1.

(7) C'est ainsi qu'autrefois, dans le païs de *Mexique*, tous les Enfans qui venoient après l'Aîné, n'avoient que la nourriture. GROTIUS.

Voiez FRANÇOIS LOPEZ DE GOMARA, *Hist. Gen. des Indes Occidentales*, Liv. II. Chap. LXXVI.

(8) *Matrimonium ad morgengabicam*, ou comme parlent les Auteurs des Livres des FIEFS, *ad morganaticam*, Lib. II. Tit. XXIX. Ce mot vient de l'Allemand *Morgen gab*, qui veut dire, *présent du matin*. C'est que celui qui épouse une Femme de la maniére dont il s'agit,

une Femme de condition libre. (a) Tel étoit le Mariage d'*Abraham* avec *Kétura*, dont les Enfans, aussi bien qu'*Ismaël*, Fils de l'Esclave *Agar*, furent obligez de se contenter de quelques présens, c'est-à-dire, de quelques legs, & n'eurent aucune part à l'Héritage. Tel est encore le *Mariage* (8) *à la morganatique*, comme on parle: avec lequel ont beaucoup de rapport les Secondes Nôces, dans le païs de *Brabant*; car les Enfans du prémier lit aquiérent la propriété des Immeubles (9) qui étoient en nature lors de la dissolution du prémier Mariage (10).

(a) *Génèse* XXV, 6.

§. IX. 1. IL n'est pas si facile de décider, qui doit hériter naturellement, au défaut d'Enfans; & il n'y a rien sur quoi les Loix varient si fort. Toute la diversité néanmoins peut se réduire à deux sources, ou deux régles principales: l'une, que l'on a égard au plus proche degré: l'autre, que les biens retournent d'où ils sont venus; ou, comme on dit ordinairement, *Les biens paternels aux Parens Paternels*; *les maternels, aux Maternels*.

2. Pour moi, je crois certainement qu'il faut distinguer ici entre les (1) *biens paternels, venus de pére en fils*, (2) & les *biens nouvellement aquis*. A l'égard des prémiers, on doit poser pour principe ce que PLATON fait dire à son Législateur: (3) *Je tiens, que ni vous n'êtes à vous, ni vos biens ne vous appartiennent proprement; mais que vous & vos biens êtes à toute vôtre Race, tant passée, qu'à venir.* C'est pourquoi le Philosophe veut, que l'Hérédité Paternelle demeure (4) aux Parens, d'où elle est venuë.

3. Ce n'est pas que le Droit Naturel défende de disposer par testament des biens venus de pére en fils. Car souvent on a des (5) Amis, qui sont dans une telle nécessité, qu'on fait bien non seulement de leur laisser l'héritage, mais qu'on doit même le faire. Tout

git, ou *de la main gauche*, comme parlent les *Allemands*, lui fait le lendemain des nôces un présent, qui consiste dans la désignation d'une certaine portion modique de biens, qu'elle & ses Enfans à venir doivent avoir après la mort de leur Pére; moiennant quoi ils n'ont plus rien à prétendre. GREGOIRE *de Tours* appelle cela *Matutinale donum*, Lib. IX, 19. comme le remarque GRONOVIUS, qui renvoie aussi au *Glossaire* de LINDENBROG, sur le CODEX LEGUM *Antiquarum*. Voiez CUJAS, *ad Lib.* IV. De Feud. *Tit.* XXXII. (Ed. vulg. II. 29.) & la Dissertation de feu Mr. HERTIUS, *de specialibus Rom. Germ. Rebuspubl.* &c. Sect. II. §. 5. pag. 104, *& seqq.* Tom. II. *Comment. & Opusc.* &c. On peut consulter aussi une Dissertation de feu Mr. COCCEJUS, *De Lege Morganatica*, imprimée à *Francfort sur l'Oder* en 1695. où il prétend, que *Lex Morganatica* est la même chose que *Loi Salique*; & que, comme cette Loi permettoit les Mariages, dont il s'agit, on les a appellez à cause de cela, *Matrimonia ad Morganaticam*, ou *ex Lege Morganatica*.

(9) Tant du Pére, que de la Mére. Car, lequel des deux qui soit mort, les Enfans héritent abintestat de ses biens immeubles: & les biens de l'autre, de même nature, leur sont affectez, en sorte qu'il ne peut point les aliéner, mais qu'il est tenu de les conserver en son entier, pour les laisser à ces Enfans du prémier lit, qui en sont censez dès-lors Propriétaires. Il y a un Traité sur cette matiére, intitulé, *Tractatus de Jure Devolutionis*, par PIERRE STOCKMAN, Conseiller dans la Cour de *Brabant* & Maître des Requêtes du Roi d'*Espagne*; en faveur de qui il le publia, l'année M. DC. LXVII.

(10) Il y a une Loi semblable des anciens BOURGUIGNONS, qui porte, que, si un Pére a partagé ses biens avec ses Enfans, & qu'il vienne à se remarier, les Enfans du second lit n'auront part qu'à la portion que le Pére s'est reservée: *Si pater cum filiis diviserit, & portionem suam tulerit, & postea de alia uxore filios habuerit, aut unum, aut plures, illi filii, qui de secunda uxore sunt, in illam, quam pater accepit, portionem succedant: & illi, qui, cum patre dividentes, portiones suas fuerint consequuti, ab eis penitus nihil requirant.* Lib. I. Tit. I. *num.* 2. GROTIUS.

§. IX. (1) *Bona paterna avitaque.* C'est ainsi que portoit la formule de l'Arrêt, par lequel le Juge ôtoit aux Prodigues l'administration de leurs biens. GROTIUS.

On trouve cette formule dans le Recueil des *Receptæ Sententiæ* du Jurisconsulte PAUL: *Moribus, per Prætorem, bonis interdicitur, hoc modo:* QUANDO TIBI BONA PATERNA AVITAQUE NEQUITIA TUA DISPERDIS, LIBEROSQUE TUOS AD EGESTATEM PERDUCIS: OB EAM REM, TIBI EA RE COMMERCIOQUE INTERDICO. Lib. III. Tit. IV. *De Testamentis*, §. 7. Voiez là-dessus les belles Notes de Mr. SCHULTING.

(2) Les *Hébreux* distinguent ces deux sortes de biens: car ils appellent les biens venus de pére en fils, מורשה *moraschah*; & les biens nouvellement aquis, נחלה *nahhalah*. Voiez une semblable distinction dans les *Loix des* BOURGUIGNONS, Lib. I. Tit. I. *num.* I. GROTIUS.

(3) Ἔγωγ' οὖν, νομοθέτης ὢν, οὔθ' ὑμᾶς ὑμῶν αὐτῶν εἶναι τίθημι, οὔτε τὴν οὐσίαν ταύτην. ξύμπαντος δὲ τοῦ γένους ὑμῶν, τοῦ τε ἔμπροσθεν καὶ τοῦ ἔπειτα ἐσομένου. De Legib. *Lib.* XI. Tom. II. pag. 923. A. *Ed. Steph.*

(4) Τούτῳ τῶν ἄλλων χρημάτων ἐξέστω τῷ πατρὶ διδόναι ἐὰν ἐθέλῃ, πλὴν τοῦ πατρῴου κλήρου &c. Ibid. D.

(5) Voici ce que dit là-dessus SENEQUE: *Quid, cum ipso vitæ in fine constitimus, cum testamentum ordinamus, non beneficia nobis nihil profutura dividimus? quantum temporis consumitur, quamdiu secreto agitur, quantum & quibus demus? Quid enim interest, quibus demus, à nullo recepturi? Atqui nunquam diligentius damus, nunquam magis judicia nostra torquemus, quàm ubi, remotis utilitatibus, solum ante oculos honestum stetit &c.* „Et quand nous „ sommes à la fin même de nôtre vie, quand nous „ faisons testament, ne distribuons-nous pas alors des „ bien-

Tout ce que je veux dire, c'est qu'il faut se servir de la régle que j'établis, pour conjecturer, dans un doute, quelle peut avoir été la volonté d'une personne décédée abintestat. Car j'accorde, & je suppose, que celui, dont nous cherchons à découvrir la volonté, aît été maître absolu de ses biens, en sorte qu'il auroit pû en disposer à sa fantaisie. Mais, comme il ne peut en conserver la propriété dans le Tombeau, & qu'on doit tenir pour une chose certaine qu'il n'a pas prétendu perdre l'occasion qu'il avoit d'obliger quelcun en lui laissant son héritage; il s'agit de voir quel est l'ordre le plus naturel, selon lequel on doit faire du bien à une personne plûtôt qu'à l'autre. Or ici les devoirs de la Reconnoissance l'emportent sans contredit sur l'obligation de faire du bien à ceux de qui on n'en a jamais reçû: Aristote (6) l'a dit il y a long tems, &, après lui, (7) Ciceron, & (8) St. Ambroise. Et on peut témoigner sa reconnoissance, non seulement aux Vivans, mais encore, comme le montre l'Orateur (9) Lysias, aux (10) Morts, en la personne de leurs Enfans, qui faisoient naturellement partie d'eux-mêmes, & auxquels, s'ils étoient encore en vie, ils souhaiteroient fort qu'on fit du bien, préférablement à tout autre.

4. Les Jurisconsultes Romains, dont les décisions forment le Corps du Droit Civil de Justinien, & qui s'attachoient avec beaucoup de soin aux régles de l'Equité, ont suivi les principes de l'Equité Naturelle, que je viens d'établir, dans la maniére de décider les contestations entre *Fréres de pére & de mére*; *Fréres consanguins*, ou de pére seulement; & *Fréres uterins*, ou de mére; (a) comme aussi sur quelques autres questions. Aristote dit, que (11) *les Fréres s'aiment réciproquement, comme nez des mêmes Parens; & qu'à cause de cette union avec ceux de qui ils tiennent le jour, ils sont en quelque façon les mêmes personnes.* Ce *qui fait la prémiére liaison*

(a) Voiez *Novell.* LXXXIV. *De consanguin. & uterin. fratrib.* Cod. Lib. VI. Tit. LVII. *de legit. heredib.* Leg. XIII. §. 1. & Tit. LIX. *Comm. De Success.* Leg. XI. & Tit. LXI. *de bonis quæ liberis* &c. Leg. III.

„ bienfaits, dont il ne doit nous revenir aucune utilité? Quel tems n'emploie-t-on pas, à penser en secret combien on doit donner, & à qui? Qu'importe-t-il donc à qui l'on donne, lors qu'on fait bien que personne ne nous rendra la pareille? Cependant on ne donne jamais avec tant de délibération & de précaution, jamais on ne se tourmente tant, on ne roule tant de pensées dans son esprit, que lors que, laissant à part toute vuë d'intérêt propre, on n'a en vuë que l'Honnête &c. *De Benefic.* Lib. IV. Cap. XI. Grotius.

(6) Les paroles, que nôtre Auteur cite ici dans le Texte, sont une question, & non pas une decision. Le Philosophe même la met au rang des questions problématiques; & s'il décide dans la suite, comme le dit nôtre Auteur, ce n'est qu'avec quelque restriction, & en y ajoûtant que cela a lieu pour l'ordinaire ou *le plus souvent*; en un mot, *ceteris paribus*, comme on parle, toutes choses d'ailleurs égales: Ἀπορίαν δ' ἔχει καὶ τοιάδε. . . . καὶ [πότερα] εὐεργέτῃ ἀνταποδοτέον χάριν μᾶλλον, ἢ ἑταίρῳ δοτέον, ἐὰν ἀμφοῖν μὴ ἐνδέχηται; . . . . Καὶ τὰς μὲν εὐεργεσίας ἀνταποδοτέον ὡς ἐπιτοπολὺ μᾶλλον, ἢ χαριστέον ἑταίροις &c. Ethic. Nicom. Lib. IX. Cap. II.

(7) *Nullum enim officium, referendâ gratiâ magis necessarium est . . . . . Nam, quum duo genera liberalitatis sint, unum dandi beneficii, alterum reddendi: demus, necne, in nostra potestate est; non reddere, viro bono non licet, modo id facere possit sine injuria.* De Offic. *Lib.* I. Cap. XV.

(8) *Pulchrum quoque est, propensiorem ejus haberi rationem, qui tibi aut beneficium aliquod, aut munus contulit, si ipse in necessitatem incidit. Quid enim tam contra officium, quàm non reddere quod acceperis?* Offic. *Lib.* I. Cap. XXXI. *init.*

(9) C'est dans son Oraison Funébre de ceux qui étoient morts dans une Guerre où les *Athéniens* avoient envoié du secours aux *Corinthiens* contre les *Lacédémoniens*. Nôtre Auteur indique en marge cette Harangue, qui est la XXXI. Voici où commence l'endroit, dont il veut parler: Ὥστε ἄξιον τοὺς ζῶντας τέκνα ποθεῖν, καὶ τοὺς αὐτῶν ἐλεεῖν, καὶ τοὺς προσήκοντας αὐτῶν ἐκείνων τῷ ἐπιλοίπῳ βίῳ &c. Cap. XX.

(10) C'est ainsi que, dans Procope, un homme dit en mourant à une autre personne: „ Tout le bien „ que vous ferez à mes Enfans, vous me le ferez à moi: Τὰ παιδία σώζων, σώσεις ἐμέ. Persic. *Lib.* I. (*Cap.* IV. dans l'histoire de la Perle de *Pérose*.) Voiez-en un exemple dans ce que fit l'Empereur *Théodose* en faveur de *Valentinien le Jeune*, reconnoissant en la personne de celui-ci les obligations qu'il avoit à son Pére; comme nous l'apprend Zosime, *Lib.* IV. Par la Loi de Moïse, l'Oncle héritoit, après les Fréres, comme étant plus proche du prémier Possesseur des biens, que les Neveux: Nombres, XXVII, 10. Grotius.

L'Empereur *Gratien*, qui est celui à qui *Théodose* avoit de grandes obligations, puis qu'il l'avoit élevé à l'Empire, n'étoit pas *Pére* de *Valentinien le Jeune*, mais son *Frére*; comme chacun sait. De plus, Zosime ne dit nullement ce que nôtre Auteur lui attribuë. Bien loin de là: il raconte, que, quand *Valentinien* se fût venu réfugier dans les Etats de *Théodose*, & lui eût envoié des Ambassadeurs pour lui demander son secours contre *Maxime*; *Théodose*, malgré l'avis de tout son Conseil, ne vouloit point s'engager pour ce sujet dans une Guerre; à laquelle il ne se détermina ensuite, que par l'effet d'une forte passion qu'il conçût pour la Princesse *Galla*, Fille de l'Impératrice *Justine*, & Sœur de *Valentinien*. Voiez les Chapp. XLIII. & XLIV. du IV. Livre de cet Historien, *Edit. Cellar.*

(11) Ἀδελφοὶ δ' ἀλλήλους [φιλοῦσι], τῷ ἐκ τῶν αὐτῶν πε-

son d'amitié, c'est, selon Valere Maxime, (12) *d'avoir reçû de celui que l'on aime, plusieurs bienfaits, & de très-grands bienfaits: & ce qui fait la seconde, c'est lors qu'on a reçû d'une même personne de tels bienfaits, conjointement avec d'autres.* Justin donne pour une chose établie par le Droit commun des Nations, (13) qu'un Frére succéde à son Frére.

5. Que s'il n'y a au monde ni celui de qui les biens sont venus immédiatement ni aucun de ses Enfans; il faut alors que ces biens passent, par droit de reconnoissance, moindre à la vérité, mais aussi légitime, à leur défaut, aux Ascendans du Bienfaiteur, ou à leurs Enfans; & cela avec d'autant plus de justice, que les biens demeurent ainsi aux Parens & du Défunt, & de celui de qui les biens étoient venus immédiatement. *Les Cousins germains*, dit Aristote, (14) *& les autres Parens, sont unis ensemble, entant qu'ils sont sortis de personnes, qui sont en quelque façon les mêmes. Et il y a entr'eux plus ou moins d'union, selon qu'ils sont plus ou moins éloignez de la tige commune.*

§. X. 1. Mais pour ce qui est des biens nouvellement aquis, ou qui sont (1) *au delà du Patrimoine*, ainsi que Platon les appelle; comme la Reconnoissance n'a point de lieu ici, il ne reste d'autre parti à prendre, que d'ajuger la Succession à celui qu'on a lieu de croire avoir été le plus cher au Défunt: or tel (2) est le plus proche Parent. Cela étoit ainsi établi chez les anciens *Grecs*: & l'Orateur Isæus, (3) qui le témoigne, dit, qu'il n'y a rien de plus juste. Aristote (4) est dans la même pensée. Ciceron dit, (5) que *rien n'est plus conforme à l'entretien de la Société Humaine, que de faire le plus de bien à ceux avec qui l'on a les liaisons de Parenté les plus étroites.* Un peu plus bas, (6) il met après les Enfans, *les Parens avec qui*

πεφυκέναι· ἡ γὰρ πρὸς ἐκεῖνα ταὐτότης, ἀλλήλοις ταὐτὸ ποιεῖ. Ethic. Nicom. *Lib.* VIII. *Cap.* XIV. pag. 112. D.

(12) *Nam, ut merito primum amoris vinculum ducitur, plurima & maxima beneficia accepisse: ita proximum judicari debet, simul accepisse.* Lib. V. Cap. V. *princip.*

(13) Il y a faute dans cette citation. Mais ce n'est pas, comme le conjecture le Savant Gronovius, en ce que, dans le passage de Justin qu'il croit que nôtre Auteur a eu en vuë, (XXXIV, 3, 7.) il s'agit de la prérogative d'un Aîné par dessus son Cadet. La méprise consiste en ce que nôtre Auteur a cité un Auteur pour l'autre. Car il cotte en marge *Lib.* X. & la reflexion, dont il s'agit, se trouve dans Quinte-Curce, *Lib.* X. où il fait dire à un homme de la lie du Peuple, que ceux qui ne vouloient pas reconnoître pour Successeur d'*Alexandre le Grand*, son Frére *Aridée*, dépouilloient celui-ci, sans aucun sujet, d'une Couronne qui lui étoit aquise en vertu du Droit commun des Nations: *Quo merito suo* [præteritur]? *quidve fecit* [*Aridæus*, *Alexandri* paullo ante Regis frater], *cur etiam* GENTIUM COMMUNI JURE *fraudetur?* Cap. VII. *num.* 2.

(14) Ἀνεψιοὶ δὲ, καὶ οἱ λοιποὶ συγγενεῖς, ἐκ τούτων συνῳκείωνται· τῷ γὰρ ἀπὸ τῶν αὐτῶν εἶναι· γίγνονται δ', οἱ μὲν οἰκειότεροι, οἱ δ' ἀλλοτριώτεροι, τῷ σύνεγγυς ἢ πόῤῥω τὸν ἀρχηγὸν εἶναι. Ethic. Nicom. *Lib.* VIII. *Cap.* XIV. pag. 112. E.

§. X. (1) Τὰ περιόντα τοῦ κλήρου. De Legib. *Lib.* XI. pag. 923. D. Tom. II. *Ed. Steph.*

(2) Voiez Deuteronome, XV, 11. XXIII, 7. Proverb. XI, 17. Le Grammairien Servius traite de cela, sur le VI. Livre de l'*Enéide*:

Aut qui divitiis soli incubuere repertis,
Nec partem posuere suis ——— ———

Bene addidit, SUIS, *id est cognatis, adfinibus. Hæc enim fuerat apud majores donandi ratio; non profusa passim: nam hoc est velle inaniter perdere.* (In vers. 611.) Hierocles dit, que l'*honneur*, ou le soin, qu'on doit à ses Proches, & qui vient après celui des Péres & des Méres, se mesure par le degré de parenté: Ἡ δὲ τῶν ἈΓΧΙΣΤΕΩΝ [τιμὴ], δευτέρα μετ' ἐκείνην τεταγμένη, πρὸς τὴν τῆς φύσεως ἐγγύτητα παραμετρεῖσθαι τὴν θεραπείαν, τοσοῦτον τῆς μετὰ ΓΟΝΕΑΣ ΤΙΜΗΣ ἑκάστῳ τῶν συγγενῶν νέμουσα, ὅσον ἂν ἡ πρὸς ἐκείνους ἐγγύτης ὑπαγορεύῃ. (In Aurea Carmina, *vers.* 4. pag. 46, 48. *Ed. Needham.*) Possidius, dans sa vie de *St. Augustin*, Cap. XXIV. dit, qu'il (refusa plusieurs Héréditez, parce qu'il) trouvoit plus juste que les Fils, ou les Péres, ou les Parens du Défunt les recueillissent: *Sed quoniam justum & æquum esse videbat, ut à mortuorum vel filiis, vel parentibus, vel adfinibus, magis possiderentur* [hereditates.] Grotius.

(3) Παρὰ πάντων γὰρ ὡμολογημένον, τοῖς ἐγγυτάτω γένους τὰ τοῦ τελευτήσαντος γίνεσθαι. Orat. III. seu, *de Nicostrati heredit.* pag. 413. in fin. *Ed. Wech.* Τί ἂν, τὸ δικαιότερον, ἢ τοῖς συγγενέσι τὰ τοῦ συγγενοῦς; Ibid. pag. 417. *init.*

(4) Καὶ καθάπερ ὁ νομοθέτης κληρονόμους ποιεῖ τοὺς ἐγγυτάτω γένους ὄντας τοῖς ἀπαισὶν ἀποθνήσκουσιν &c. Rhetoric. ad Alexandr. *Cap.* II. pag. 611. E.

(5) *Optimè autem societas hominum conjunctioque servabitur, si, ut quisque erit conjunctissimus, ita in eum benignitatis plurimum conferatur.* De Offic. *Lib.* I. Cap. XVI.

(6) *Proximè liberi, totaque domus. . . . . deinceps benè convenientes propinqui, quibuscum etiam communis plerumque fortuna est. Quamobrem necessaria vitæ præsidia debentur his maximè, quos ante dixi* &c. Ibid. Cap. XVII. Tacite dit aussi, qu'après les Enfans, les Proches parens sont ceux qui nous sont naturellement les plus chers: *Liberos cuique, ac propinquos suos, natura carissimos esse voluit.* (Vit. Agricol. *Cap.* XXXI. *num.* 1.) Grotius.

(7)

qui l'on est en bonne intelligence: & il ajoûte, *qu'on doit leur fournir les choses nécessaires à la Vie.* On *doit*, c'est-à-dire, non pas selon la *Justice Explétrice* ou Rigoureuse, mais d'un *devoir* (a) *de convenance.* Le même remarque ailleurs, (7) après avoir parlé des sentimens d'affection qu'on a pour ses Parens, que *de là est venuë la coûtume de faire des Testamens, & de recommander aux autres en mourant les personnes qui nous sont chéres.* Il dit aussi, (8) *qu'il est juste de donner de son bien à ses Parens, & de le leur laisser, plûtôt qu'aux Etrangers.* St. Ambroise, après lui, pose pour une des régles de la Libéralité, (9) *qu'il faut l'exercer de telle maniére, que l'on ne néglige pas ses Proches.*

(a) Κατ' ἀξίαν.

2. Les biens même venus de pére en fils, doivent naturellement parvenir aux Parens les plus proches, si ceux de qui ils sont venus, ou leurs Enfans, ne sont plus au monde, & qu'ainsi la Reconnoissance ne puisse pas servir de fondement à la Succession.

3. En général, la Succession abintestat, dont nous traitons ici, n'est autre chose qu'un Testament tacite, fondé sur de justes presomtions de la volonté du Défunt. *Le droit qu'ont les Parens à la Succession vient,* à ce que dit Quintilien, (10) *après le droit de l'Héritier institué par testament; & cela supposé que le Défunt soit mort & sans tester, & sans Enfans. Ce n'est pas,* ajoûte-t-il, *que la Justice demande absolument que les Parens héritent: mais les biens du Défunt étant abandonnez & comme au prémier occupant, il n'y a personne qui soit plus près & plus à portée de les recueillir.*

§. XI. 1. Quoique tout ce que nous venons de dire soit très-conforme aux présomtions naturelles de la volonté du Défunt, le Droit Naturel n'impose pas néanmoins une obligation indispensable de se régler toûjours là-dessus. Aussi y a-t-il plusieurs raisons & plusieurs motifs, qui font qu'on remarque ordinairement une grande diversité dans les établissemens faits sur ce sujet, par les conventions, par les Loix, & par les Coûtu-

(7) *Ex hac animorum adfectione testamenta commendationesque morientium natæ sunt.* De finibus bonor. & mal. *Lib.* III. *Cap.* XX.

(8) *Quas enim copias his* [proximis] *& suppeditari æquum est, & relinqui, eas transferunt ad alienos.* De Offic. *Lib.* I. Cap. XIV.

(9) *Est etiam illa probanda liberalitas, ut proximos seminis tui non despicias, si egere cognoscas.* Offic. *Lib.* I. Cap. XXX. Cela est pris d'Esaïe, (selon la Vulgate: *Et carnem tuam ne despexeris*) LVIII, 7. Voiez St. Chrysostôme, sur *I. Corinth.* IV, 7. & St. Augustin, *de Doctrinâ Christ.* Lib. II. Cap. XII. où l'on trouve quelque chose de semblable. Grotius.

(10) *Proximum locum à testamentis habent propinqui: & ita, si intestatus quis, ac sine liberis, decesserit. Non quoniam utique justum sit, ad hos pervenire bona defunctorum, sed quoniam relicta, & velut in medio posita, nulli propiùs videntur contingere.* Declam. C[illegible] VIII. *init.*

§. XI. (1) Le Droit de Représentation, même entre Enfans, étoit absolument inconnu aux anciens *Germains.* Childebert, Roi de *France*, fut le prémier qui l'introduisit dans ses Etats, par un Edit: & l'Empereur Othon I. Fils d'*Henri* I. dans les païs au delà du *Rhein*; comme nous l'apprend Wittekind, *Annal.* Lib. II. Voiez les *Loix des* Lombards, Lib. II. Tit. XIV, 18. Selon l'ancien Droit d'*Ecosse*, on n'avoit non plus égard qu'à la proximité du degré. Voiez Pontanus. *Danic.* Lib. VII. où il dit, que le Roi d'*Angleterre* étant pris pour arbitre, décida ainsi. Grotius.

(2) Autrefois cette régle avoit lieu dans une partie de ces Provinces, selon le Droit de *Zélande*, autrement appellé *Jus Scabinicum*: &, au contraire, dans l'autre partie, on suivoit le Droit des anciens *Frisons*, (*Jus Æsdomicum*, ou *Asingicum*,) qui vouloit qu'on eût égard à la seule proximité de sang. Voiez Vinnius, sur les Institutes, Lib. III. Tit. V.

(3) Voiez Deutéronome, Chap. XXI. vers. 17. Genése, XLIX, 3. & là-dessus Mr. Le Clerc.

(4) On a lieu de croire, que le Défunt a voulu que la Succession de ses biens fût réglée selon les Loix du Païs, comme celles qui paroissent d'ordinaire à chacun les plus raisonnables: outre que, s'il eût voulu disposer autrement de ses biens, il auroit pû le faire par testament.

(5) Feu Mr. Hertius, dans une Dissertation *de collisione Legum*, Sect. IV. §. 33. pag. 196, 197. Tom I. de ses *Commentat. & Opusc.* a voulu réfuter ici nôtre Auteur, par deux raisons. 1. Parce que la maniére de posséder ou d'aquerir la Souveraineté n'est pas du ressort de la Puissance Souveraine, dans les Roiaumes non-patrimoniaux; comme nôtre Auteur lui-même l'établit ci-dessous, (§. 28. *num.* 1.) 2. Parce qu'il n'en est pas de la Souveraineté comme des autres choses réglées par les Loix ou par les Coûtumes: elle est d'un ordre fort supérieur, selon nôtre Auteur même, *Chap.* IV. de ce Livre, §. 12. La prémiére raison porte à faux; car nôtre Auteur parle ici sans doute des Roiaumes Patrimoniaux, dans lesquels il suppose que le Roi a le pouvoir d'aliéner la Couronne, & par conséquent de disposer, comme il veut, de la Succession: au lieu que, dans le paragraphe 28. il s'agit des Roiaumes originairement établis par un libre consentement du Peuple. Mais l'autre raison est bonne. Et les Souve-

tumes. Car le droit de *Représentation*, par exemple, est reçû en tel ou tel endroit (1) pour certains degrez, & non pas pour d'autres. Ici on distingue, d'où sont venus les (2) biens du Défunt: là on n'a aucun égard à cette différence. Il y a des Païs, où les Aînez ont une plus grosse portion de l'Hérédité, comme cela étoit établi parmi les (3) anciens *Hébreux*: en d'autres, chaque Enfant a une égale portion. En certains endroits, les Collatéraux Paternels sont préférez aux Maternels: en d'autres, ils ont un droit égal. Il y a même des lieux, où le séxe donne quelque avantage; au lieu qu'ailleurs on n'y a aucun égard. Là on n'a égard à la Parenté, que dans les degrez les plus proches: ailleurs on l'étend plus loin. Il seroit trop long d'entrer dans un détail de toutes ces différences; & le but de cet Ouvrage ne le demande pas non plus.

2. Il faut savoir pourtant, que, toutes les fois qu'il n'y a pas des indices plus clairs & plus certains de la volonté du Défunt, chacun est censé avoir voulu que la Succession à ses biens fût déférée selon les Loix ou les Coûtumes du païs: & cela non seulement à cause du pouvoir qu'ont les Souverains de faire ou d'autoriser de tels réglemens, mais encore par une (4) conjecture de la volonté du Défunt; conjecture, qui a lieu par rapport aux Souverains même. Car on présume vraisemblablement, que les Souverains ont (5) trouvé très-juste de suivre, en ce qui regarde leurs biens ou leurs affaires particulieres, les dispositions ou des Loix qu'ils ont fait eux-mêmes, ou des Coûtumes qu'ils ont approuvées: j'entens, en matiére de choses, qui ne tournent point à leur préjudice.

§. XII. 1. Mais à l'égard de la Succession à la Couronne, il faut distinguer entre les Roiaumes que l'on posséde avec un plein droit de propriété, & comme un patrimoine; & ceux dont on jouït d'une certaine maniére, déterminée par le consentement du Peuple: différence, dont nous avons (a) traité ci-dessus. (a) *Liv.* I. *Chap.* III. §. 11.

2. Les *Roiaumes Patrimoniaux* peuvent être (1) partagez, même entre les Mâles & les personnes de l'autre séxe, comme céla se pratiquoit autrefois (2) en *Egypte*, & dans

verains peuvent d'autant moins être censez avoir voulu que la Succession au Roiaume se réglât sur les Loix Civiles ou les Coûtumes du Païs, lors que ces Loix & ces Coûtumes sont fort extraordinaires & fort éloignées de la maniére commune de succeder dans la plûpart des Etats. Car il y a beaucoup plus de lieu de présumer, qu'ils ont prétendu suivre les Coûtumes le plus généralement reçuës en matiére de Succession à la Couronne. Voiez l'*Introductio ad Jus Public. Universale*, de Mr. Böhmer, Part. Spec. *Lib.* III. *Cap.* IV. §. 19. avec la Note: & confrontez sur la matiére en général des Successions à la Couronne, Pufendorf, *Liv.* VII. *Chap.* VII. §. 11, *& suiv.* du *Droit de la Nat. & des Gens.*

§. XII. (1) Dans l'*Asie Mineure*, les Fréres autrefois régnoient en même tems, après la mort de leur Pére avec cette différence seulement qu'il y en avoit un qui portoit le Diadême, & qui étoit appellé Roi par excellence: Polyb. *Excerpt. Legat.* XCIII. [Il s'agit-là d'*Euméne* & d'*Attale*, Fils d'un Roi de *Pergame*]: Οὗτοι ὑπὸ τὴν ὄψιν, ὅτι κατὰ μὲν τὸ παρὸν συμβασιλεύει [ὁ Ἄτταλος] τ' ἀδελφῷ [Εὐμένει], τούτῳ διαφέρων ἐκείνου, τῷ μὲν διάδημα μὴ περιτίθεσθαι, μηδὲ χρηματίζειν Βασιλεύς· τὴν δὲ λοιπὴν ἴσην καὶ τὴν αὐτὴν ἔχειν ἐξουσίαν. Pag. 1277. *Ed. Amstel.*] Le même Historien, (*Excerpt. Leg.* LXXXIX.) & Tite Live (Lib. XLIV. Cap. XIX. Lib. XLV. Cap. XI.) nous parlent de deux *Ptolomées*, entre lesquels l'*Egypte* avoit été partagée. Les Fils d'*Attila* prétendoient qu'on partageât entr'eux également les Nations que leur Pére avoit conquises: Jornand. *de rebus Getthicis* (Cap. L.) Voici ce que dit Nicephore Gregoras, au sujet d'*Iréne*, Femme d'*Andronic Paléologue*: „ Ce qu'il y a de plus surprenant, „ c'est qu'elle ne voulut pas qu'un seul régnât, selon „ la coûtume ancienne des Empereurs Romains d'*Orient*; mais elle prétendoit que ses fils partageassent „ entr'eux les Villes & les Païs, à la maniére des Empereurs d'*Occident*, en sorte que désormais le Roiaume passât ainsi de Pére en Fils, tout de même que „ les Patrimoines particuliers des moindres du Peuple. „ Comme elle étoit originaire de l'*Occident*, elle étoit „ bien aise d'introduire à cet égard la coûtume qu'elle „ y voioit établie: Τὸ δὲ καινότερον, ὅτι οὐ μοναρχίας τρόπῳ, κατὰ τὴν ἐπικρατήσασαν Ῥωμαίοις ἀρχῆθεν συνήθειαν, ἀλλὰ τρόπον Λατινικὸν, διανειμαμένους τὰς Ῥωμαίων πόλεις καὶ χώρας, ἄρχειν κατὰ μέρος τῶν υἱέων ἕκαστον, ὥσπερ ἰδίου κλήρου καὶ κτήματος τοῦ λαχόντος, ἐκ πατέρων ἀεὶ ἐς αὐτοὺς, κατὰ τὸν ἐπικρατήσαντα νόμον ταῖς περιουσίαις καὶ κτήσεσι τῶν ἰδιωτῶν ἀνθρώπων, κατέστη, παραπεμπομένης δ' ἐκεῖθεν ὁμοίως εἰς τοὺς ἐκείνων παῖδας καὶ διαδόχους· Λατίνη γὰρ οὖσα γένει, καὶ παρὰ τούτων ἐκαινούργει τουτὶ τὸ νεώτερον ἔθος, ἐπάγειν ἐβούλετο. Lib. VII. Grotius.

(2) —— *Nullo discrimine sexûs,*
Reginam scit ferre Pharos ——

Lucan. Pharsal. (*Lib.* X, vers. 91, 92. Voiez, au sujet de la Fille de *Ptolomée Aulétès*, Strabon, Lib. XVII. (pag. 1146. B. *Ed. Amst.* 796. *Paris.*) C'est ainsi qu'*Alexandre*, Fils d'*Antiochus*, Roi de *Syrie*, & *Laodice* Fille du même Prince, furent rétablis, par le *Sénat Romain*, dans le Roiaume de leur Pére. Polyb. *Excerpt. Legat.* CXL. Arrien dit que depuis *Sémiramis*, Il y avoit eu en *Asie* plusieurs Femmes qui avoient régné: [Καὶ ὁ μὲν Ἱδριεὺς τελευτῶν ταύτῃ (Ἄδᾳ) ἐπέτρεψε τὰ πράγματα, νενομισμένου ἐν τῇ Ἀσίᾳ ἔτι ἀπὸ Σεμιράμεως, καὶ γυναῖκας ἄρχειν ἀνδρῶν. De Expe-

dans la (3) *Grande Bretagne*. Rien n'empêche aussi, que les Enfans Adoptifs ne succédent, tout de même que les Enfans véritablement nez du Défunt, & cela en vertu d'une présomtion de sa volonté. C'est ainsi (b) qu'*Hyllus*, Fils d'*Hercule*, hérita, par droit d'adoption, du Roiaume d'*Epalius*, Roi des *Locriens*. *Pyrrhus*, Roi d'*Epire*, (4) n'aiant point d'Enfans légitimes, institua pour son héritier à la Couronne *Molossus* son Fils naturel (5). *Athéas*, Roi de *Scythie*, demandant du secours à *Philippe*, Roi de *Macédoine*, lui promettoit (6) de lui laisser après sa mort le Roiaume. *Jugurtha*, Bâtard, mais adopté, succéda (c) à la Couronne de *Numidie*. Dans les Roiaumes conquis par les (d) *Goths* & les *Lombards*, nous voions que les Enfans adoptifs succédoient.

(b) *Strab.* Lib. IX. pag. 614. A. *Edit. Amst.* (427. *Paris.*)

(c) *Sallust.* Bell. Jugurth. Cap. X. XI. XXV.

(d) *Cassiodor.* in Chron. *Paul. Diacon.* de gestis Langobard. *Lib.* VI.

3. Bien plus, dans ces sortes de Roiaumes, la Couronne peut parvenir des Parens du dernier Possesseur, qui ne seront point Parens du prémier Roi, si cet ordre de Succession est établi dans le païs. C'est ainsi que la Famille des Rois naturels de *Paphlagonie* étant venuë à manquer, le Pére de *Mithridate* succéda au Roiaume (6) par droit héréditaire; comme *Mithridate* le dit dans un discours que Justin lui fait tenir.

§. XIII. 1. Que s'il y a un réglement, qui porte que la Couronne sera indivisible, & que néanmoins on n'aît pas nommé le Successeur; (1) l'Aîné, Mâle ou Femelle, doit succeder. Il est dit dans le (a) Talmud, *que celui qui a le principal droit à une Hérédité particuliére, l'a aussi à la possession du Roiaume; & qu'ainsi l'Aîné passe devant le Cadet.* Herodote pose en fait, (2) que c'est la coûtume de tous les

(a) Tit. *de Regibus.*

pedit. Alex. *Lib.* I. Cap. XXIV. *Ed. Gronov.* où l'on a laissé passer cette traduction ridicule des derniéres paroles: *Ut & virorum Uxores regnent*, pour, *ut & feminæ viris imperent.* Voiez aussi Quinte Curce, Lib. X. [Cap. I. *num.* 37.] Telle étoit *Nitocris* Reine de *Babylone*; *Artémise*, Reine d'*Halicarnasse*; & *Tomyris*, Reine des *Scythes*. Le Commentateur Servius remarque, sur le I. Livre de l'*Enéide*, qu'autrefois les Femmes même régnoient. [Maxima natarum Priami] *Quia ante etiam feminæ regnabant.* Ad vers. 654.] Il dit ailleurs, que cela avoit lieu chez les *Rutuliens*. Ad Lib. IX. (*vers.* 596.) Grotius.

(3) Voadica, *generis regii feminâ, duce: neque enim sexum in imperiis discernunt* [Britanni]. Tacit. Vit. Agricol. *Cap.* XVI. *num.* I.

(4) Nôtre Auteur cite en marge Pausanias, *Lib.* I. Mais il rapporte très-mal le fait. 1. *Molossus* n'étoit point bâtard de *Pyrrhus*: mais il étoit l'Aîné de trois Fils, que *Pyrrhus* eut d'Andromaque, Veuve d'*Hector*; les deux autres s'appelloient *Pielus*, & *Pergame*. Servius dit aussi, que *Pyrrhus* avoit regardé *Andromaque*, quoi que sa prisonniére de guerre, comme une Epouse légitime, en sorte que les Enfans qu'il en auroit, devoient succéder à la Couronne: *Consuetudinis sanè regiæ fuit, ut legitimam uxorem non habentes, aliquam, licet captivam, tamen pro legitima haberent, adeo ut liberi, ex ipsa nati, succederent.* Pyrrhus *hanc* [Andromachen] *quasi legitimam habuit, & ex ea filium* Molossum *suscepit.* In Æneïd. *Lib.* III. *vers.* 297. Il n'est point dit 2. dans Pausanias, que *Pyrrhus* ait institué *Molossus* son Successeur à la Couronne, au défaut d'Enfans légitimes. Mais *Hélénus*, Fils de *Priam*, & qui épousa *Andromaque*, après la mort de *Pyrrhus*, succéda à celui-ci: & il laissa ensuite la Couronne à *Molossus*: [illegible] &c. Cap. XI. pag. 10. lin. 8. *Ed. Wech.* Il est vrai que Servius (*ubi supra*) fait régner *Hélénus* ou après *Molossus*, ou en son nom & comme son Tuteur; car les termes ne sont pas bien clairs: *Inde factum est, ut teneret* Helenus *regnum privigni, qui successeras patris à quo* Molossia *dicta est pars* Epiri &c.

(5) Parmi les *Tartares*, les Bâtards sont égaux aux Enfans Légitimes. Hérodote nous apprend, que les Bâtards étoient admis à la Succession au Roiaume de *Perse*, mais seulement lors qu'il n'y avoit point d'Enfans Légitimes: [illegible] (Lib. III. Cap. II.) En *Espagne*, il y eut, au rapport de Procope (Vandalic. *Lib.* I. Cap. III.) deux Fils de *Godigiscle*, Roi des *Wandales*, dont l'un, nommé *Gontharis*, étoit légitime; & l'autre, nommé *Gizeric*, étoit bâtard, qui régnérent néanmoins tous deux: sans doute selon l'ancienne coûtume des Peuples Septentrionaux, dont parlent Adam *de Bréme*, Histor. Eccles. *Cap.* CVI. & Helmold. *Slavic.* Lib. I. Cap. LI. & LII. Michel, Prince de *Thessalie*, eut pour Successeur, au défaut d'Enfans légitimes, *Michel*, son Fils Bâtard: Nicephore Gregoras, Lib. II. A celui-ci succéda en partie un autre Bâtard: *Idem*, Lib. IV. Voiez, au sujet de *Molossus*, Fils de *Pyrrhus*, le Grammairien Servius, sur le III. Livre de l'*Enéide* [& la *Note* précedente.] Grotius.

(6) *Quæ* [Paphlagonia] *non vi, non armis, sed adoptione testamenti, & Regum domesticorum interitu, hereditaria patri suo obvenisset.* Justin. Lib. XXXVIII. Cap. V. *num.* 4.

§. XIII. (1) A l'égard de la *Suéde*, voiez Brigitte, Reine de ce païs-là, *Revelat.* Lib. IV. Cap. III. Et pour le *Dannemark*, le *Grammairien* Saxon, Lib. XII. & XIII. *Antipater* disoit, que le Roiaume de *Judée* appartenoit à *Hyrcan*, comme à l'Aîné: [illegible] (Joseph. De Bell. Jud. *Lib.* I. *Cap.* V. pag. 717. G.) Appien d'*Alexandrie* fait dire aux Ambassadeurs de *Nicoméde*, que *Socrate*, Frére Cadet de celui-ci, se seroit tenu en repos, & auroit reconnu que le Roiaume lui étoit dû, sans les sollicitations & l'assistance de *Mithridate*: [illegible] De Bell. Mithridat. (*pag.* 306. *Ed. Amstel.* 178. *H. Steph.*) Nicetas Choniates, dans la Vie de *Jean Comnéne*, dit,

les Peuples. Tite Live parlant de deux Fréres du païs des anciens *Allobroges*, lesquels se disputoient la Couronne, (3) dit, que le Cadet fut le plus fort, quoi qu'il n'eût pas raison. L'Abbréviateur de Trogue Pompée remarque (4) à propos d'*Artabazane*, qui prétendoit avoir le Roiaume de *Perse*, comme l'Aîné de la Famille; Que c'est *un droit que la Naissance, & la Nature même donnent parmi les Nations.* Tite Live dit (5) quelque chose de semblable; & l'un l'autre de ces Historiens (6) rapportent au Droit des Gens cet ordre de Succession.

2. Cela se doit néanmoins entendre avec cette restriction, que le Roi défunt n'aît pas autrement disposé de la Couronne entre ses Enfans; comme (b) fit *Ptolomée*, un des Successeurs d'*Alexandre*, en choisissant son Cadet, *Ptolomée Philadelphe.* (b) *Justin*, Lib. XVI. Cap. II. *num.* 7.

3. Au reste, celui qui succéde seul, doit (7) dédommager ceux qui seroient ses cohéritiers, si le Roiaume étoit partagé, & leur donner pour cet effet, s'il le peut & autant qu'il est possible, la valeur de ce à quoi se monteroit leur portion.

§. XIV. 1. Ainsi, dans un Roiaume Patrimonial, tout se régle selon la volonté du Roi défunt, expresse ou tacite. Mais dans les Roiaumes rendus héréditaires par un libre consentement du Peuple, il faut suivre les présomtions de la volonté du Peuple. Or il y a tout lieu de croire, que le Peuple a voulu ce qui est le plus avantageux à l'Etat.

2. De là il s'ensuit, *prémiérement*, que, s'il n'y a point de Loi ni de Coûtume, (1) qui demande que le Roiaume soit partagé entre plusieurs, comme l'Antiquité nous en

dit, que Dieu ne suit pas toûjours, dans le choix qu'il fait de ceux qu'il éléve aux plus grands honneurs, la préférence que la Nature donne ordinairement aux Aînez: Ἡ φύσις τοῖς πρωτοτόκοις φαινεῖ τῇ τάξει ἐμμένουσα, τὰ πρωτεῖα βραβεύειν εἴωθε· παρὰ δὲ Θεῷ οὐχ οὕτως ἐν ταῖς τῶν προβλήσεων μεγίσταις ἀεὶ τοῦτο φιλεῖ γίνεσθαι. (Cap. XII.) Le même Historien parlant d'*Isac*, dans la Vie de l'Empereur *Manuel*, dit qu'il étoit appellé à la Succession de l'Empire par sa naissance: Ἀπὸ γενέσεως εἰς τὴν διαδοχὴν τῆς βασιλείας καλούμενος. (Lib. I. Cap. I.) Voiez aussi Leunclavius, Turcicor. Lib. XVI. Grotius.

(2) Καὶ ὅτι νομιζόμενον ἐν πρὸς πάντων ἀνθρώπων, τὸν πρεσβύτατον τὴν ἀρχὴν ἔχειν. Lib. VII. (Cap. II.) Le même Historien appelle cela, en plusieurs autres endroits, νόμος, la *Loi* ou la *Coûtume* des Roiaumes. Grotius.

(3) *Regni certamine ambigebant fratres* [Allobroges]. *major, & qui prius imperitarat*, Brancus *nomine, minore ab fratre, & coetu juniorum, qui jure minus, vi plus poterat, pellebatur.* Lib. XXI. Cap. XXXI. *num.* 6.

(4) *Ex his* Artabazanes [on lit ordinairement *Artemenes*] *maximus natu, aetatis privilegio regnum sibi vindicabat; quod jus & ordo nascendi, & natura ipsa gentibus dedit.* Lib. II. Cap. X. *num.* 2.

(5) *Cupit regnum, & quidem sceleratè cupit, qui transcendere festinat ordinem aetatis, naturae, moris Macedonum, juris gentium.* Lib. XL. Cap. XI. *num.* 7.

(6) *Quod* [regnum] *sicuti, jure gentium, majori fratri cessisset, ita nunc sibi, qui pupillum aetate antecedat, deberi.* Justin. Lib. XXXIV. Cap. III. *num.* 7. Voiez le passage de la *Note* précédente.

(7) Mais voiez ce que dit Pufendorf, *Droit de la Nat. & des Gens*, Liv. VII. Chap. VII. §. 11.

§. XIV. (1) *Dardanus* & *Jasius*, Fréres, partagérent le Roiaume de *Troie*, à ce que dit le Grammairien Servius, sur ces mots du III. Livre de l'*Enéide*: Sociisque Penates] .... *Vel quia, cum omni hereditate majorum, diviserant etiam Deos Penates* Dardanus *&* Jasius *fratres; quorum alter* Thraciam, *alter* Phrygiam *incoluit occupatam.* (Ad *vers.* 15.) *Minos* & *Rhadamanthe* regnérent aussi tous deux dans l'Ile de *Crete*; comme nous l'apprend l'Empereur Julien: Καὶ [ὁ Μίνως] διελόμενος πρὸς τὸν ἀδελφὸν Ῥαδάμανθυν, οὔτε τὴν γῆν, ἀλλὰ τὴν ἐπιμέλειαν τῶν ἀνθρώπων. Adversus Christianos, (*pag.* 190. D. *Ed. Spanh.*) *Amulius* & *Numitor* devoient tour-à-tour jouïr de la Couronne d'*Albe*, selon la destination de leur Pére *Proca*: *Quibus* [Amulio & Numitori] *regnum annuis vicibus habendum reliquit, & ut alternis imperarent: Sed* Amulius *fratri imperium non dedit.* Aurel. Victor, *de Viris illustrib.* (Cap. I.) D'autres disent néanmoins, que l'hérédité aiant été divisée en deux portions, le Roiaume échut à *Numitor*, & l'argent à *Amulius*: Plutarch. (*in Romul. pag.* 19. A. Tom. I. *Ed. Wech.*) de même qu'en pareil cas *Etéocle* eut en partage le Roiaume de *Thébes*; & *Polynice*, son Frére, le Collier d'*Hermione*; à ce que racontent quelques-uns. C'est ainsi encore qu'on a vû, en *Norwégue*, un Fils du Roi défunt héritier du Roiaume, & l'autre des Vaisseaux, avec tout ce qui pouvoit revenir des expeditions sur mer. Grotius.

Ce que nôtre Auteur dit du partage d'*Etéocle* & de *Polynice*, il l'a tiré apparemment du *Scholiaste* d'Euripide, qui le rapporte sur la foi d'Hellanicus: Ἑλλάνικος δ' ἱστορεῖ, κατὰ συνθήκας αὐτὸν [Πολυνείκην] συγχωρῆσαι τὴν βασιλείαν Ἐτεοκλεῖ, λέγων αἵρεσιν αὐτῷ προτεῖναι τὸν Ἐτεοκλῆ, εἰ βούλοιτο τὴν βασιλείαν ἔχειν, ἢ τὸ μέρος τῶν χρημάτων λαβεῖν, καὶ ἑτέραν πόλιν οἰκεῖν. τὸν δὲ λαβόντα τὸν ὅρμον καὶ τὸν χιτῶνα Ἁρμονίας, ἀποχωρῆσαι εἰς Ἄργος &c. In Phoeniss. *vers.* 71. A l'égard du Collier d'*Hermione*, ou plûtôt *Harmonie*, Femme de *Cadmus*, voiez Apollodore, *Biblioth.* Lib. III. Cap. IV. §. 2. & Stace, *Thebaid.* Lib. II. vers. 265, *& seqq.* Pour les Princes de *Norwégue*, dont parle nôtre Auteur, je ne sai qui ils sont: mais je vois dans une Histoire anonyme & abrégée des Rois de *Dannemark*, qu'*Olaus* I. aiant deux Fils, *Harald*, & *Frothon*, laissa au prémier l'empire de la Mer, & à l'autre le Roiaume: *Pag.* 177. *Descript. Daniae*, apud Elzevir. 1629.

en fournit des exemples à *Thébes* (2) en *Béotie*, à (3) *Argos*, & (4) en quelques autres Etats; la Couronne doit être indivisible; cela étant fort utile pour conserver le Roiaume en bon état, & pour tenir les Citoiens bien unis. C'est la reflexion que JUSTIN (5) met dans la bouche des Soldats de *Denys*, Tyran de *Sicile*, lors qu'ils élevérent sur le Trône, après sa mort, *Denys* son Aîné.

§. XV. IL FAUT, *en second lieu*, que le Roiaume demeure dans la ligne des Descendans du premier Roi. Car cette Famille est censée avoir été éluë, comme étant d'un rang fort distingué; de sorte que, du moment qu'elle vient à manquer, la Souveraineté retourne au Peuple. Les Soldats d'*Aléxandre*, au rapport de QUINTE-CURCE, (1) disoient, après sa mort, *qu'il falloit que la Puissance Souveraine demeurât dans la même Maison & la même Famille, & qu'une Couronne héréditaire passât à celui qui étoit de la Race Roiale; Qu'ils étoient accoûtumez à honorer & respecter le nom même* (de *Philippe*) *& que personne ne portoit ce nom, qu'il ne fût né pour régner.*

§. XVI. ON doit, *en troisiéme lieu*, n'admettre à la Succession que ceux qui sont nez d'un Mariage conforme aux Loix du païs Car on est sujet à regarder avec mépris les Enfans Naturels, dont le Pére n'a pas fait l'honneur à leur Mére de l'épouser dans les formes. D'ailleurs, il n'est pas assez sûr qui est le Pére des Enfans nez d'un tel commerce; & dans les Roiaumes Héréditaires il est bon, pour éviter les contestations, que le Peuple aît la plus grande certitude qu'il est possible sur la naissance de celui qui doit les gouverner un jour. C'est pourquoi les *Macédoniens* jugérent que la Couronne étoit duë à *Démétrius*, tout Cadet qu'il étoit, plûtôt qu'à *Persée* son Aîné; (1) parce que le prémier étoit Fils d'une Femme légitime. OVIDE introduit *Phédre* représentant (2) à *Hippolyte*, que *Thésée* n'avoit pas voulu épouser sa Mére, afin qu'il ne pût parvenir à la Couronne.

2. Les

(2) Cela paroît non seulement par l'histoire d'*Etéocle* & de *Polynice*, mais encore par celle de *Zéthus* & *Amphion*, Fils de *Jupiter*, lesquels régnérent en même tems, comme nous l'apprend EURIPIDE:

> Τὼ λευκοπώλω πρὶν τυραννῆσαι χθονὸς
> Ἀμφίον' ἠδὲ Ζῆθον, ἐκγόνω Διός.

Hercul. furent. (*vers.* 29, 30.) GROTIUS.

Voiez aussi APOLLODORE, *Bibliothec.* Lib. III. Cap. V. §. 5.

(3) Le Roiaume d'*Argos* fut partagé entre les quatre Fils de *Persée*. GROTIUS.

Les anciens Auteurs ne conviennent pas là-dessus: la plûpart font régner successivement les Fils de *Persée*; & cela non à *Argos*, mais à *Mycenes*. Rien n'est plus incertain & plus embrouillé en général, que la Succession & la Chronologie des Rois de ce tems-là, dont l'histoire est si fort mêlée avec la fable.

(4) L'ancien Roiaume d'*Athénes* fut partagé entre les Fils de *Pandion*: & le païs des environs de *Rhodes*, entre *Camirus*, *Jalysus* & *Lindus*, Fréres. GROTIUS.

Le partage de l'ancien Roiaume d'*Athénes* ne regardoit que les Terres; & non pas la Jurisdiction, qui demeuroit toute à un seul; comme nôtre Auteur lui-même l'a dit ci-dessus, *Chap.* III. de ce Livre, §. 4. *Note* 5. où j'ai cité les paroles mêmes d'APOLLODORE, d'où il a tiré ce fait. Pour ce qui est du partage entre *Camirus*, *Jalysus*, & *Lindus*; il allégue sans doute cet exemple sur la foi de PINDARE, dont voici les paroles:

> —— Ὦν, εἷς μὲν Κάμειρον,
> Πρεσβύτατόν τε Ἰα ——
> λυσον ἔτεκεν, Λίνδον τ'· ἀπάτερθε δ' ἔχον,
> Διὰ γαῖαν τρίχα δάσ——
> σάμενοι πατρωΐαν
> Ἀστέων μοῖραν κέκληνται δέ σφιν ἕδραι.

Olympion. VII, 135, & *seqq.*

(5) *Exstincto in* Sicilia Dionysio *tyranno, in locum ejus milites maximum natu ex filiis ejus, nomine* Dionysium, *suffecêre; & naturæ jus sequuti, & quòd firmius futurum esse regnum, si penes unum remansisset, quàm si portionibus inter plures filios divideretur, arbitrabantur.* Lib. XXI. Cap. I. *num.* 1, 2.

§. XV. (1) *In eadem domo familiaque imperii vires remansuras esse gaudebant: hereditarium imperium stirpem regiam vindicaturam: adsuetos se nomen ipsum colere, venerarique; nec quemquam id capere, nisi genitum, ut regnaret.* Lib. X. Cap. VII. *num.* 15.

§. XVI. (1) *Nam, etsi minore ætate, quàm* Perseus *esset* [Demetrius], *hunc tamen justâ matrefamilias, illum pellice ortum esse: illum, ut ex vulgato corpore genitum, nullam certi patris notam habere &c.* TIT. LIV. Lib. XXXIX. Cap. LIII. *num.* 3.

(2) *At ne nupta quidem, tædâque accepta jugali.*
Cur? nisi ne caperes regna paterna nothus?

Epist. Heroïd. IV. seu *Phædr. Hippolyto*, vers. 121, 122.

§. XVII. (1) Voiez NICE'TAS CHONIATE, *Vit. Manuel.* Lib. IV. [Cap. IV. où *Andronique* dit, que, si l'Empereur *Manuel Comnéne* venoit à avoir des Fils; le serment, par lequel on se seroit engagé à reconnoître, après sa mort, sa Fille *Marie* pour Impératrice, seroit alors nul & de nul effet.] GROTIUS.

(2) Mr. THOMASIUS, dans ses Notes sur HUBER. *de Jure Civitatis*, Lib. I. Sect. VII. Cap. VII. §. 10. pag. 281. soûtient, que cette raison prouve que les Femmes doivent être entiérement excluës de la Succession

2. Les Enfans Adoptifs doivent aussi être exclus ici de la Succession, parce que l'on a plus de respect pour les Rois qui sont véritablement du Sang Roial, & qu'on en conçoit de plus grandes espérances, qu'ils (a) hériteront des vertus de leurs Ancêtres.

(a) Voiez *Horace*, Lib. IV. Od. IV, ꝟ. 40, *& seqq.*

§. XVII. La *quatriéme* Régle est, qu'entre ceux qui seroient admis également à la Succession, s'il s'agissoit du Patrimoine d'un Particulier, soit comme étant au même degré, soit par représentation; les Mâles ont (1) la préférence par dessus les personnes de l'autre séxe; parce que (2) les Hommes sont regardez comme plus propres, que les Femmes, à faire la Guerre, & à exercer les autres fonctions du Gouvernement.

§. XVIII. 1. Entre plusieurs Mâles, ou entre plusieurs Femmes appellées à la Succession au défaut de Mâles, (1) l'Aîné ou l'Aînée doit avoir la préférence; parce qu'on suppose que le plus âgé a plus de jugement & de conduite, ou qu'il l'aura plûtôt que le moins âgé; comme le disoit (2) *Cyrus*, en déclarant à ses Enfans ses derniéres volontez.

2. Cependant comme cet avantage, que donnent quelques années de plus, est (3) une chose à tems, au lieu que celui du Séxe dure toûjours; la prérogative du Séxe l'emporte aussi sur la prérogative de l'Age. Herodote, après avoir dit, que *Perse*, Fils d'*Andromède*, succeda au Roiaume de *Cephée*, son Pére; en rend cette raison, (4) que *Céphée*, ne laissoit point d'Enfans Mâles. *Teuthras*, Roi de *Mysie*, au rapport de (a) Diodore *de Sicile*, laissa la Couronne à sa Fille *Argiope*, parce qu'il n'avoit point d'Enfans Mâles. C'est ainsi que le Roiaume des *Médes* parvint (5) à la Fille de *Cyaxare*. Il y a plusieurs (6) autres exemples semblables dans l'Histoire Anciénne.

(a) *Lib.* IV. Cap. 33. pag. 167. *Ed. H. Steph.*

3. D'où il paroît, qu'encore que les Enfans en certains degrez, prennent la place de leurs

sion à la Couronne; à moins que l'usage, ou une clause expresse de l'acte qui régle la Succession, ne les y appelle.

§. XVIII. (1) Homére, en parlant du Roiaume de *Crète*, dit, que *Jupiter* & *Neptune* étoient bien nez d'un même Pére; mais que *Jupiter* fut préféré comme celui qui avoit le plus de lumiéres & d'habileté:

'Η μὰν ἀμφοτέροισιν ὁμὸν γένος, ἠδ' ἴα πάτρη,
'Αλλὰ Ζεὺς πρότερος γεγόνει καὶ πλείονα ᾔδει.

Iliad. *Lib.* XIII. (*vers.* 354, 355.) On voit, que le Poëte explique là, pourquoi les Aînez étoient préferez dans la Succession au Roiaume, & que raisonnant ici judicieusement, à son ordinaire, il en donne une raison qui se vérifie la plûpart du tems; ce qui suffit en matiére de pareilles choses. Zosime dit, qu'une Loi des *Perses* donnoit la Souveraineté à l'Aîné des Fils du Roi défunt: Καὶ ταῦτα τῷ νόμῳ τῷ πρεσβυτάτῳ τῶν βασιλέως παίδων διδόντος τὴν τῶν ὅλων ἡγεμονίαν. (Cap. XXVII. *Ed. Cellar.*) *Périander* succéda au Roiaume de *Corinthe*, par le même droit d'Aînesse, κατὰ πρεσβεῖον, au rapport de Nicolas *de Damas*, dans les *Excerpta* (pag. 450.) qui ont été publiez par les soins d'un trés-grand Homme, de Mr. de Peiresc, Conseiller au Parlement de *Provence*. Grotius.

Mr. Thomasius se sert d'une autre méthode, pour prouver que l'Aîné doit succeder. Le Peuple, dit-il, a voulu que le Roiaume fût indivisible, & en même tems successif. Or, posé que le Roi défunt laisse plus d'un Fils, si le Cadet veut succeder, au préjudice de l'Aîné, ou il prétendra s'emparer de la Couronne par droit de prémier occupant, en quoi il auroit tort visiblement, puis que la Couronne n'est pas une chose qui n'appartienne à personne: ou bien il se servira de ce prétexte, qu'il est plus propre, que son Frére, à gouverner l'Etat; & en ce cas-là, c'est à lui à le prouver. Or qui en jugera? Seront-ce les Etrangers? Mais alors le Roiaume deviendroit Electif, de Successif qu'il étoit. *Not. in* Huber. *De Jure Civit.* Lib. I. Sect. VII. Cap. VII. *num.* 11. Not. *p.* pag. 281.

(2) Τὸ δὲ προβουλεύειν καὶ ἐξηγεῖσθαι, ἐφ' ὅ, τι ἂν καιρὸς δοκῇ εἶναι, τοῦτο προστάττω τῷ προτέρῳ γενομένῳ, καὶ πλειόνων κατὰ τὸ εἰκὸς ἐμπείρῳ. Cyropæd. *Lib.* VIII. Cap. VII. §. 3. pag. 543. *Ed. Oxon.*

(3) Car celui, qui est moins âgé, sera dans quelques années aussi âgé que l'est présentement son Aîné, & aura par consequent ou pourra avoir alors autant de lumiéres & de conduite.

(4) 'Ετύγχανε γὰρ ἄπαις ἐὼν ὁ Κηφεὺς ἔρσενος γόνου. Lib. VII. Cap. LXI.

(5) C'est ainsi que *Cyaxare* lui-même dit à *Cyrus*, en lui donnant sa Fille: 'Επιδίδωμι δὲ αὐτῇ ἐγὼ καὶ φερνὴν, Μηδίαν τὴν πᾶσαν· οὐδὲ γὰρ ἔστι μοι ἄῤῥην παῖς γνήσιος. (Cyropæd. *Lib.* VIII. *Cap.* V. §. 9.) Justin dit aussi, qu'aprés la mort d'*Astyage*, la Couronne devoit passer à sa Fille, parce qu'il n'avoit point d'Enfans mâles: *Is veritus, si ad filiam, mortuo Rege* [Astyage], *venisset imperium, quia nullum* Astyages *virilis sexus genuerat* &c. (Lib. I. Cap. IV. *num.* 7.) Grotius.

(6) Dans le Roiaume de *Lacédémone*, avant que les *Héraclides* s'en fussent mis en possession, *Eurotas* eut pour successeur sa Fille *Sparte*, ou ses Enfans; & *Tyndare*, les Enfans d'*Héléne*; parce que ni l'un ni l'autre ne laissoit point d'Enfans mâles. Pausanias, Lib. III. seu Laconic. (*Cap.* I. pag. 81. *Edit. Wech.*) Et, dans le Roiaume de *Mycénes*, *Atrée*, pour la même raison, succéda à *Eurysthée*, son Neveu maternel: Thucy-

leurs Péres ou Méres décedez, cela se doit entendre en supposant toûjours qu'ils soient capables de succéder aussi bien que les autres avec qui ils concourent; sauf néanmoins la prérogative, prémiérement du Sexe, & puis de l'Age, entre ceux qui sont capables de succéder. Car & le Séxe, & l'Age, sont des qualitez, que le Peuple considére ici comme inséparables de la personne.

§. XIX. On demande, si un Roiaume, comme celui dont nous venons de parler, fait partie de l'Hérédité du Roi défunt? Sur quoi l'opinion la mieux fondée est, à mon avis, que ce Roiaume est bien une (1) Hérédité, mais une Hérédité à part, & tout-à-fait distincte de celle des autres biens; en un mot, de même nature que la Succession particuliére de (2) certains *Fiefs*, d'un droit (3) d'*Emphytéose*, d'un droit (4) de *Patronat*, & d'un droit (5) de *Préciput*. D'où il s'ensuit, que la Couronne appartient à la vérité à celui qui doit être, s'il veut, Héritier des biens particuliers du Roi défunt, mais

cydid. Lib. I. (Cap. IX.) On remarque aussi, que le Roiaume d'*Athénes* étoit parvenu à *Creuse*; Eurip. *Ion.* (vers. 72, 73, 578.) & celui de *Thébes* à *Antigone*, au défaut des Successeurs Mâles. Le Roiaume d'*Argos* échut, en pareil cas, à *Argus*, Fils d'une Fille de *Phoronée*. Apollodor. Lib. II. Cap. I. §. 2.) Et si *Oreste* fut mort sans enfans, *Electre* lui auroit succédé dans le même Roiaume d'*Argos*, comme nous l'apprenons d'Euripide, *Iphigen. Tauric.* (vers. 681, 682, 695, *& seqq.*) C'est aussi de cette maniére que le Roiaume de *Calydon* parvint à *Andrémon*, Gendre d'*Oenée* (Apollodor. *Biblioth.* Lib. I. Cap. VIII. §. 6.) & celui de *Créte* à *Minos*, Gendre d'*Astérius*. (Idem, *Lib.* III. Cap. I. §. 2, 3.) Virgile dit, que le Roi *Latinus* n'aiant point d'Enfans mâles, une seule Fille, qu'il avoit, *Lavinie*, demeuroit héritiére de ses biens & de ses Etats:

Filius huic [Latino] *fato Divûm, prolesque virilis*
Nulla fuit, primâque oriens erepta juventâ est.
Sola domum & tantas servabat filia sedes.

(Æneid. *Lib.* VII. vers. 50. *& seqq.*) Grotius.

Outre quelques faits ci-dessus rapportez, dont l'Auteur n'indiquoit pas la source, & à quoi j'ai suppléé; il en reste un à déterrer; c'est ce qui regarde *Antigone*, Fille d'*Oedipe*, à laquelle nôtre Auteur dit *qu'on remarque que le Roiaume étoit parvenu*. Je ne sai s'il veut dire, que cette Princesse hérita actuellement de la Couronne, ou seulement qu'elle lui venoit de droit. Le prémier n'est point conforme à l'Histoire ancienne; car on sait que *Créon* s'empara du Roiaume, après la mort d'*Etéocle*, & l'exil d'Oedipe. L'autre peut avoir son fondement dans les paroles suivantes d'Euripide, qui sont apparemment celles d'où nôtre Auteur a tiré ce qu'il avance. Le Poëte introduit *Créon* disant à *Oedipe*, après la mort d'*Etéocle* & de *Polynice*, qu'*Etéocle* lui a donné, à lui *Créon*, la Souveraineté de ce païs, comme la dot d'*Antigone*, qui devoit épouser *Hémon*, Fils de *Créon*:

——— Ἀρχὰς τῆσδε γῆς ἔδωκέ μοι
Ἐτεοκλέης σὸς παῖς, γάμων φερνὰς διδοὺς
Αἵμονι, κόρης τε λέκτρον Ἀντιγόνης σέθεν.

Phœniss. *vers.* 1580, *& seqq.* Voiez aussi *vers.* 764, *& seqq.* De dire, en vertu dequoi *Créon* s'emparoit lui-même du Gouvernement, qui, sur ce pié-là, devoit plûtôt appartenir à son Fils, déja sans doute Majeur; c'est ce que j'ignore. Au reste, il y a une remarque générale à faire sur les exemples que nôtre Auteur allégue ici, & ailleurs, tirez de la Fable; c'est qu'ils ne laissent pas de faire à son but, autant que ceux qui sont tirez de l'Histoire véritable. Car, outre que les anciennes Fables ne sont que des Histoires mêlées de choses fabuleuses, & qu'ainsi les faits qu'on en cite peuvent être vrais; quand même ils seroient faux, on pourroit toûjours en conclure, qu'ils sont conformes aux idées & à la pratique de ces tems-là: ce qui suffit par rapport à l'application qu'en fait nôtre Auteur.

§. XIX. (1) Le Pape Innocent III. a cru, que le droit de Succession à un tel Roiaume se perd, faute d'exécuter les derniers ordres du Défunt. [*Ne si onus tibi à patre injunctum, & à te sponte susceptum, occasione qualibet detrectaveris, paterna te reddas successione indignum, & hereditatis emolumento priveris, cujus recusaveris onera supportare: sciturus ex tunc anathematis te vinculo subjacere, & jure, quod tibi, si dictus Rex sine prole decederet, in Regno Hungariæ competebat ordine genitura, privandum, & regnum ipsum ad minorem fratrem tuum app. postposita devolvendum.*] Decretal. Lib. III. Tit. XXXIII. *De Voto, & Voti redemtione*, Cap. VI. Grotius.

L'Auteur auroit bien pû se passer de rapporter cette décision, qui va beaucoup plus loin qu'il ne prétend, comme il paroît par le sujet dont il s'agit, & par les paroles mêmes du Pape, que j'ai citées tout du long. Elles s'adressent à *André II.* Roi de *Hongrie*, qui refusoit d'aller en croisade à la Terre Sainte, pour accomplir un vœu que son Pere avoit fait, & dont il l'avoit chargé en mourant. Mais, sans examiner ici si le Pape avoit droit d'ôter ainsi les Couronnes de sa pure autorité, sous un tel prétexte; & si, faute d'executer les derniéres volontez du Défunt, on est déchu de la Succession, lors que le Défunt lui-même n'a pas institué l'Héritier sous cette condition, ce qui ne paroît point ici: sans examiner, dis-je, tout cela, il suffit de remarquer, que la Succession dont il s'agit dépendant de la volonté du Peuple, & nullement de celle du Roi, comme nôtre Auteur le suppose; la négligence à exécuter les derniers ordres du Défunt ne peut jamais nuire au Successeur légitime, qu'en ce qui regarde les biens particuliers, dont il avoit la disposition pleine & entiére.

(2) La plûpart des Fiefs ne passant qu'aux Mâles, les Filles n'y ont aucune part; quoi qu'elles puissent être d'ailleurs également héritiéres des autres biens de leur Pére commun. Lors que le Vassal n'a point d'Enfans, ou ne laisse que des Filles, le Fief passe aux Collatéraux paternels, quoi qu'ils ne soient nullement héritiers des autres biens; pourvû qu'ils soient dans la ligne des Descendans de celui qui a eu la prémiére investiture. Et, selon le Droit Feodal, un Fils à la vérité doit necessairement ou répudier, ou accepter, les deux Herédirez; mais le Parent collatéral, qui succéde, au défaut d'Enfans, peut retenir le Fief & répudier l'hérédité des autres biens. *Si contigerit Vasallum sine omni prole decedere, adgnatus, ad quem universa hereditas pertinet, repudiatâ hereditate, feudum, si paternum fuerit, retinere poterit* &c. Lib. II. Tit. XLV. *An adgnatus vel filius possit retinere Feudum, repudiatâ hereditate.* (IV. 54. *Edit. Cujac.*) Voiez Cujas, sur ce Titre: com-

mais en sorte qu'il peut accepter la Succession à la Couronne, sans se porter pour héritier de ces biens, & des charges qui y sont attachées. (6) La raison en est, qu'on présume que le Peuple a voulu déférer la Succession à la Couronne de la maniére la plus avantageuse au Successeur; & il n'importe pas au Peuple, que le Successeur accepte ou n'accepte point l'Hérédité des biens particuliers du Défunt; puis que ce n'est pas pour cela que le Peuple a rendu la Succession héréditaire, mais pour établir un ordre fixe, qui prévînt les contestations, & pour rendre la personne des Rois respectable par l'éclat de leur naissance; comme aussi pour avoir lieu de se promettre, que le Prince régnant auroit plus de soin de son Roiaume, & le défendroit avec plus d'ardeur, dans l'espérance de le laisser aux personnes qui lui sont le plus chéres, ou par la tendresse naturelle qu'il a pour elles, ou (7) par un motif de reconnoissance.

§. XX. LORS que, selon la Coûtume du païs, l'ordre de la Succession n'est pas le mê-

comme aussi GIPHANIUS, *Antinom. Jur. Feud.* Disp. V. *num.* 46, *& seqq.* TREUTLER. Vol. II. Disp. XII. Thes. 4. ANT. CONTIUS, *Method. de Feudis*, Cap. VIII. §. 7, &c. COVARRUVIAS, *Variar. Resolut.* Lib. II. Cap. XVIII. *num.* 4. &c.

(3) Voiez, sur la nature & l'origine du droit d'*Emphytéose*, PUFENDORF, *Droit de la Nat. & des Gens*, Liv. IV. Chap. IX. §. 3. Comme ce droit est fondé sur une convention particuliére faite entre le Propriétaire du Fonds & l'Emphytéote; lors que l'Emphytéote l'a aquis *pour lui & pour ses Enfans*, ceux-ci succédent en vertu de la convention, & non pas entant qu'Héritiers de leur Pére. Ainsi rien n'empêche, qu'ils ne conservent cette succession, lors même qu'ils répudient l'hérédité des autres biens. C'est le cas dont il s'agit, & le fondement de la décision de ceux, dont nôtre Auteur a embrassé le sentiment, comme GAILL. *Observ.* Lib. II. Cap. XXVIII. *num.* 17. Mais l'opinion contraire paroit mieux fondée, selon les Principes du Droit Civil; comme le prouve ANTOINE FAURE, *De Error. Pragmaticor.* Decad. XXXIII. Err. X. en quoi il est suivi par BACHOVIUS même (*Not. & Animadv. in* TREUTLER. Vol. II. Disp. XII. Thes. 4. *lit.* A.) qui par tout ailleurs se déchaîne contre lui en vrai furieux, mais qui n'a garde de le citer ici. A en juger même par le Droit de Nature tout seul, il est certain, que le Propriétaire n'a traité qu'avec le prémier Aquéreur de l'Emphytéose, & qu'il n'a nullement pensé à faire aquérir aux Enfans de l'Emphytéote, un droit indépendant de celui du Défunt. La clause, *pour lui & pour ses Enfans*, est mise au Contract en faveur du Propriétaire, afin que, les Enfans venant à manquer, le bien retourne à lui; au lieu qu'autrement il passeroit aux Collatéraux, & aux Héritiers même étrangers, selon l'usage & la nature du Bail Emphytéotique. Mais comme ceux-ci n'y auroient droit, qu'entant qu'Héritiers, ce n'est aussi que sous cette qualité que les Enfans y peuvent prétendre quelque chose en vertu de la clause dont il s'agit, qui ne change point l'essence du Contract. Et cela est aussi conforme à l'intention du Propriétaire, qui a voulu que le bien retournât à lui le plûtôt qu'il se pourroit. Que si l'Emphyteote avoit prétendu aquérir l'Emphytéose pour ses Enfans, Héritiers ou non, il auroit dû faire exprimer ainsi la clause: autrement on a lieu de croire qu'il s'est lui-même soûmis au sens que demandoit la nature de la chose.

(4) Le *Patron*, ou l'ancien Maître d'un Affranchi, pouvoit donner à un de ses Enfans en particulier le droit de Patronat, qui autrement se partageoit entre tous; ce que l'on appelloit *Adsignare Libertum*. Mais celui, qui seul héritoit ainsi du droit de Patronat, ne pouvoit pas lui-même le conférer à un seul, & s'il venoit à mourir sans Enfans, ce droit retournoit aux autres Enfans du Patron. Quoi qu'un Fils eût été deshérité de son Pére, cela n'empêchoit pas que le Pére ne pût lui affecter le droit de Patronat: & même l'exhérédation faite depuis, n'annulloit pas toûjours cette donation. *Liberi Patroni, quamquam & ipsi in plerisque caussis manumissoris jure censentur, tamen paternum Libertum liberis suis adsignare non potuerunt, etiamsi eis à parente fuerit adsignatus.* DIGEST. Lib. XXXVIII. Tit. IV. *De adsignandis libertis*, Leg. VIII. *Sed & si exheredato filio Libertum quis adsignaverit, valet adsignatio: nec nocet ei nota exheredationis, quantum ad jus patronatûs. Sed si post adsignationem fuerit exheredatus, non semper exheredatio adimet adsignationem: nisi hoc animo facta sit.* Ibid. Leg. I. §. 6, 7. Voiez les Interprêtes, sur les INSTITUTES, Lib. III. Tit. IX. D'où il paroit, que l'on considéroit le droit de Patronat, comme distinct de l'hérédité des autres biens. Il peut en être de même des *Patronats Ecclésiastiques*, qui n'ont d'ailleurs rien de commun, que le nom, avec ceux du Droit Romain, dont nous venons de parler.

(5) *Jus precipui*, comme parlent les Jurisconsultes, & les anciens Auteurs Latins. Voiez le Dictionnaire de Droit du Président BRISSON. C'est lors qu'un des Cohéritiers a un legs, qu'il doit prélever avant le partage. Selon le Droit Romain, un tel Cohéritier peut renoncer à sa portion de l'Hérédité, sans abandonner pour cela son préciput: *Si uni ex heredibus fuerit legatum, hoc deberi ei officio Judicis familiæ herciscundæ, manifestum est. Sed etsi abstinuerit se hereditate, consequi eum hoc legatum posse, constat.* DIGEST. Lib. XXX. *De Legatis & Fideicomm. I.* Leg. XVII. §. 2. *Filio Pater, quem in potestate retinuit, heredi pro parte instituto, legatum quoque relinquit. Durissima sententia est existimantium, denegandam ei legati petitionem, si Patris abstinuerit hereditate: non enim impugnatur judicium ab eo, qui justis rationibus noluit negotiis hereditariis implicari.* Ibid. *Leg.* LXXXVII. Voiez CUJAS, sur cette Loi, *in Papinian.* pag. 481, *& seqq.* Tom. IV. Opp. *Ed. Fabrott.* & une Dissertation de feu Mr. HERTIUS, *de Prælegatis*, §. 15. pag. 321, *& seqq.* Tom. II. de ses *Comment. & Opuscula* &c.

(6) Voiez ce que j'ai dit, sur PUFENDORF, *Droit de la Nat. & des Gens*, Liv. VII. Chap. VII. §. 12. *Note* 4.

(7) Nôtre Auteur ne veut pas parler des Ascendans du Defunt, comme il pourroit sembler d'abord; car la Succession à un Roiaume ne remonte point, comme celle des Héréditez particuliéres. Mais il s'agit ici des Fréres, en la personne desquels le Défunt est censé témoigner sa reconnoissance à leur Pére commun, selon ce qui a été dit ci-dessus, §. 9. *num.* 3. Il faut avouer cependant que l'expression est non seulement obscure, mais encore l'ordre naturel renversé, dans l'O-

même dans les (1) *Biens Allodiaux*, & dans les *Biens Féodaux*; si le Roiaume n'est pas un Fief, ou du moins ne l'étoit pas au commencement, encore même qu'il le devienne dans la suite, l'hommage qu'on rend au Seigneur n'empêche pas que la Succession à la Couronne (2) ne se régle toûjours sur la maniére dont on succédoit aux Biens Allodiaux lors de l'établissement du Roiaume.

§. XXI. Au contraire, dans les Roiaumes, qui ont été originairement donnez à titre de Fief par celui à qui ils appartenoient pleinement, il faut (1) suivre l'ordre de la Succession Féodale; non pas toûjours à la vérité celle des *Fiefs Lombards*, dont nous avons les régles écrites, mais celle qui étoit reçuë dans chaque Nation au tems de la prémiére investiture. Car les *Goths*, les *Vandales*, les *Allemans*, les *Francs*, les *Bourguignons*, les *Anglois*, les *Saxons*, tous Peuples de l'ancienne *Germanie*, qui conquirent les meilleurs païs de l'*Empire Romain*, avoient chacun leurs Loix & leurs Coûtumes, en matiére de Fiefs, aussi bien que les *Lombards*.

§. XXII. 1. Il y a une autre maniére de succéder à la Couronne, fort en usage, & qui n'est point héréditaire, mais (1) *linéale*, comme on parle. Voici en quoi elle consiste. On n'y (2) observe pas ce que l'on appelle ordinairement droit de Représentation, mais le droit de transmettre la Succession à venir, comme si elle étoit actuellement échuë, une simple espérance, qui par elle-même & naturellement n'a aucun effet, donnant ici un vrai droit, (3) en vertu de la Loi, qui régle la Succession. Ce droit se transmet donc nécessairement aux Descendans du prémier Roi, en sorte qu'on appelle d'abord à la Succession les Enfans du dernier Possesseur de la Couronne, tant morts, que vivans; & qu'entre les Vivans & les Morts, on a égard, prémiérement au Séxe, & ensuite à l'Age. Que si le droit des Morts prévaut, il passe à leurs Descendans, avec la même condition de donner toûjours entre ceux qui sont au même degré la préférence aux Garçons, & puis à l'Aîné, & de faire passer le droit des Morts aux Vi-

l'Original, où les mots *ob acceptum beneficium*, sont mis les prémiers, & avant *ob caritatem*: car la Succession fondée sur un devoir de Reconnoissance n'a lieu pour l'ordinaire qu'au défaut d'Enfans, qui sont le prémier objet de l'affection naturelle. Ma version a pu remédier à cette inexactitude.

§. ... (1) On entend par *Allodium*, en François *Alleu*, les biens que quelcun posséde en propre, & sans reconnoitre aucun Seigneur, à qui il doive quelque service, quelque charge ou quelque redevance, & auquel ces biens doivent retourner en certains cas. En un mot, *Alleu* est opposé à *Fief*. Voiez les *Selecta capita Historiæ Juris Feudalis* de Mr. Thomasius, §. 4, & *seqq*.

(2) L'inféodation n'emporte point par elle-même un changement dans l'ordre de la Succession. Il suffit que les Rois, qui succéderont, rendent l'hommage à celui de qui le Roiaume est devenu Feudataire; & que la Couronne lui parvienne, en cas de félonie, ou au défaut d'héritiers. Quand on contracte des engagemens onéreux, comme celui-là, on est censé & on doit être censé ne s'assujettir que le moins qu'il est possible: & c'est à l'autre Partie à faire exprimer bien nettement tout ce qui ne suit pas nécessairement de la nature même de la chose, tel qu'est ici l'ordre de la Succession, qui peut varier & varie effectivement, selon les lieux, ou les conventions entre le Seigneur & le Vassal qui reçoit la prémiere investiture.

§. XXI. (1) C'est-à-dire, lors même que le Roiaume cesse d'être un Fief. Or ici encore il ne paroit pas nécessaire de changer l'ordre de la Succession. Cela ne serviroit qu'à causer des brouilleries. D'ailleurs, on doit supposer ici, que, dans le tems que le Roiaume a été délivré de la sujettion du Fief, le Peuple n'ait point fait de réglement sur l'ordre de la Succession à venir (car, en ce cas-là, il faut s'en tenir au nouveau réglement, & la question est superfluë) Or, par cela même qu'on a laissé le Roiaume héréditaire, & que cependant on n'a point réglé l'ordre de la Succession, on a approuvé tacitement celui qui avoit lieu par le passé, puis qu'il en faut un nécessairement. En un mot, l'ordre une fois établi doit subsister, à moins qu'il ne soit manifestement changé par ceux à qui il appartient de le faire: & par conséquent, dans un doute, la présomtion est en faveur de l'ancienne maniére de succeder, quelle qu'elle soit.

§. XXII. (1) Voiez le Cardinal Tuschus, *Practic. Conclus.* LXXXVIII. verbo, *Regni Successio* &c. Guillaume de Montferrat, *de Successionibus Regum*, dans le Recueil intitulé, *Oceanus Juris* (Tom. XVI.) Peregrinus, *de jure Fisci*, Lib. I. Tit. II. *num.* 44. & Lib. V. Tit. I. *num.* 109. Il y a des exemples de cette sorte de Succession, dans le Roiaume de *Norwége*, qui sont rapportez par un Historien très-savant & très-exact, Joann. Pontan. *Hist. Dan.* Lib. IX. Voiez aussi la Coûtume *de Normandie*, dans l'endroit où est traitée cette question, *Qui est le plus proche Héritier?* & De Serres, *Inventaire de l'Histoire de France*, dans la Vie de Louïs *le Gros*, au sujet de la dispute pour les Comtez de *Bourbon* & d'*Auvergne* (Pag. 107, 108. Edit. Paris. 1627.) Voici ce que dit Bertrand d'Argentré, dans son *Histoire de Bretagne*. „ En matiére de Successions, les Enfans de l'Aîné, soit Mâles, „ ou Femelles, & pareillement les Enfans des Cadets, „ si les Aînez meurent sans enfans procréez d'eux; „ représentent, à cause de leur droit d'aînesse, la personne de leurs Péres, dans les Successions des Fiefs, „ & parviennent à tels droits de succession & d'aînesse,

Vivans, & des Vivans aux Morts. Si le dernier Poſſeſſeur de la Couronne meurt ſans Enfans, on vient aux plus proches Parens, ou à ceux qui le ſeroient, s'ils étoient en vie. Ceux-ci tranſmettent leur droit de la même maniére, c'eſt-à-dire, qu'on a toûjours égard entre égaux dans la même ligne, à la différence du Séxe & de l'Age, & qu'à cauſe du Séxe & de l'Age on ne paſſe jamais d'une ligne à l'autre. D'où il s'enſuit, que la Fille d'un Fils eſt préférée au Fils d'une Fille, & la Fille d'un Frére au Fils d'une Sœur, comme auſſi le Fils d'un Frére aîné au Frére Cadet; & ainſi du reſte.

2. Cette ſorte de Succeſſion avoit lieu dans le Roiaume de *Caſtille*; (a) & les *Majorasques* (4) de ce païs-là ſont établis ſur le même pié. Pour ſavoir ſi on doit la ſuivre, au défaut de Loi & d'exemples; on peut voir quel ordre (5) s'obſerve dans la Succeſſion des Membres des Aſſemblées Publiques. Car ſi on y a égard aux lignes, c'eſt une preuve que la Loi donne à une ſimple eſpérance force de droit, qui paſſe des Morts aux Vivans.

(a) Voiez *Covarruvias*, T. II. *Practic. Quaeſt.* Cap. XXXVIII. *num.* 8. *Molin.* de primogenit. Hiſp. *Cap.* VIII.

3. Le fondement de cette Succeſſion, entant qu'elle eſt différente de la Succeſſion purement héréditaire, c'eſt que les Peuples ont cru, que ceux qui eſpérent le plus juſtement de parvenir à la Couronne, tels que ſont les Enfans dont les Péres auroient ſuccédé s'ils euſſent vêcu, ſeront le mieux élevez.

4. La Succeſſion linéale, de la maniére que nous l'avons décrite, s'appelle auſſi *Cognatique*, parce que les Femmes, & leur lignée n'en ſont point excluës: elles vont ſeulement aprés les Mâles, dans la même ligne; en ſorte néanmoins qu'on revient à elles, ſi les Mâles plus proches ou d'ailleurs égaux viennent à manquer, avec tous leurs Deſcendans.

§. XXIII. 1. Il y a une autre ſorte de Succeſſion linéale, nommée *Agnatique*, ſelon laquelle il n'y a que les Mâles & nez de Mâles, qui ſuccédent. (1) On l'appelle auſſi *Succeſſion à la Françoiſe*, parce qu'elle eſt en uſage dans le Roiaume de *France*,

„ ſe, que ſeroient parvenus leurs Péres, s'ils euſſent „ vêcu, excluant leurs Oncles, tant paternels, que „ maternels, ſelon la coûtume généralement reçuë & „ toute notoire, tant pour les Succéſſions qui viennent „ en ligne directe, que pour celles qui échéent en li„ gne collatérale. Et ſelon l'uſage & la coûtume ſus„ dite, la Fille hérite des Fiefs, ſoit Duchez, Com„ tez, Pairies, ou Baronies, quelque grands & nobles „ qu'ils ſoient: la choſe eſt ainſi arrivée dans les Com„ tez d'*Artois*, de *Champagne*, de *Toulouſe*, & de *Bretagne*. Liv. VI. Chap. IV. L'Empereur *Sigismond* régla de cette maniere la Succeſſion, pour le Marquiſat de *Mantoue*, l'an 1432. L'Empereur *Charles Quint*, & le Roi d'*Eſpagne*, *Philippe* II. en firent de même, pour leurs Roiaumes & Principautez: le prémier, en 1554. l'autre, en 1594. Grotius.

(2) Car le droit de *Repréſentation*, proprement ainſi nommé, a ſeulement la vertu de faire regarder le Petit-Fils, par exemple, comme étant au même degré que l'Oncle, en ſorte qu'alors c'eſt l'âge qui donne la préférence. Au lieu que, dans la *Succeſſion Linéale* dont il s'agit, le Défunt eſt cenſé avoir déja exclu ſon Frére par droit d'aîneſſe, & par là avoir tranſmis la Couronne à ſes Deſcendans. Voiez ci-deſſous, §. 30.

(3) Tel eſt le droit d'un Héritier ſur ce qui étoit dû au Défunt en vertu d'une Stipulation conditionnelle: *Ex conditionali Stipulatione tantum ſpes eſt debitum iri, eamque ipſam ſpem in heredem tranſmittimus, ſi, priùs quàm conditio exſiſtat, mors nobis contigerit.* Instit. Lib. III. Tit. XVI. *De verborum obligat.* §. 4. Il en eſt de même des Legs, *quorum dies ceſſit, non venit.* Grotius.

Par ces Legs on entend, dans le Droit Romain, ceux qui ſont dûs à la vérité, mais qui ne doivent être paiez qu'au bout d'un certain tems, ce qui a lieu lors que la choſe eſt leguée ou purement & ſimplement, ou dans un certain tems fixe; car alors, le droit étant déja aquis, paſſe à l'Héritier: au lieu que, quand le Legs eſt conditionel, comme avant l'accompliſſement de la condition *dies legati non cedit*, ſi le Légataire vient à mourir, il ne tranſmet rien à ſes Heritiers. *Si, poſt diem legati cedentem, Legatarius deceſſerit, ad heredem ſuum transfert legatum* . . . . *Sed, ſi ſub conditione ſit legatum relictum, non priùs dies legati cedit, quàm conditio fuerit impleta: ne quidem ſi ea ſit conditio, quae in poteſtate ſit legatarii.* Digest. Lib. XXXVI. Tit. II. *Quando dies Legatorum vel Fideicommiſſorum cedat*, Leg. V. *princ.* & §. 2. Voiez auſſi Ulpien, Tit. XXIV. §. 31. avec les Notes de Mr. Schulting. Pour ce qui eſt de la différence qu'il y a ici entre les Legs faits ſous condition, & les Stipulations conditionnelles, on peut lire Cujas, ſur la Loi 57. du Titre du Digeste, *De Verbor. obligationib.* pag. 1131, 1134. Tom. I. & *Obſerv.* XIV. 32. XVIII. 1. comme auſſi les *Interpretationes Jur. Civil.* de feu Mr. Joseph Averani, Lib. II. Cap. XVI.

(4) Voiez le *Chap.* IV. de ce Livre, §. 10. *Note* 8.

(5) C'eſt-à dire, dans les Corps ou les Conſeils Publics, dont les places ſont heréditaires: comme en *Angleterre*, où les Pairs, qui compoſent la Chambre Haute du *Parlement*, tranſmettent leur droit de ſeance, avec leur dignité, à leurs Deſcendans Mâles.

§. XXIII. (1) On trouve dans Agathias, Lib. II. une preuve de cette coûtume parmi les anciens *Francs*. (Cap. VII.) Le même ordre de Succeſſion s'obſerva dans les Deſcendans de *David*, depuis *Salomon*. Voiez II. Chroniques, *Chap.* XXIII. *vers.* 3. Grotius.

De-

ce, un des plus considérables. L'exclusion des Femmes & de tous ceux qui sortent d'elles, qui est ce qui distingue cette sorte de Succession, a été établie principalement pour empêcher que la Couronne ne parvienne à une Race Etrangére, par les Mariages des Princesses du sang Roial.

2. Dans l'une & l'autre sorte de Succession linéale, on admet à l'infini les Parens même les plus éloignez du dernier Roi, pourvû qu'ils descendent du prémier. Il y a aussi des Païs, où, quoique la Succession (2) soit ordinairement Agnatique, cependant si les Mâles & nez de Mâles viennent à manquer, on suit alors la Succession Cognatique, & on prend les Femmes qui restent, ou les Mâles sortis d'elles.

§. XXIV. 1. Il peut y avoir encore d'autres (1) maniéres de Succession, établies ou par la volonté du Peuple, ou par celle d'un Roi qui a droit d'aliéner la Couronne, comme étant son patrimoine. On établira, par exemple, (2) que ceux qui seront les plus proches, en quel tems que ce soit, se succédent toûjours les uns aux autres. C'est, à mon avis, pour cette raison qu'autrefois, dans le Roiaume de *Numidie*, (3) les Fréres étoient préférez aux Enfans du dernier Roi. Cela étoit aussi en usage dans l'*Arabie Heureuse*, comme je le recueille d'un passage de (4) Strabon. Les Historiens modernes (5) nous apprennent la même chose au sujet de la *Chersonése Taurique*, & il n'y a pas long tems qu'on en a vû des exemples (6) dans la Famille Roiale des Rois de *Fez* & de *Maroc*.

2. L'ordre, dont je viens de parler, doit être suivi, dans un doute, à l'égard d'un (7) Fi-

Depuis *Salomon*, on vit *Abijam* succeder à *Roboam*, quoi qu'il ne fût pas l'Aîné de ses Fils. Voiez ci-dessous, §. 25. *Note* 3.

(2) Comme dans la *Province Narbonnoise*. Voiez De Serres, *Inventaire de l'Hist. de France*, dans la Vie de *Charles VI.*. (où il parle de *Jeanne*, Héritiére du Comté de *Comminges*, pag. 322, 323.) C'est, à mon avis, en vertu d'un semblable réglement, que *Theuderic* (ou *Théodoric*) étant mort sans enfans, *Athalaric*, Fils de sa Sœur, lui succéda. (Voiez Procope, *Gothic.* Lib. I. Cap. II.) Il semble aussi que cela avoit lieu autrefois dans le Roiaume d'*Aragon*. Grotius.

§. XXIV. (1) Parmi les *Ethiopiens*, les Fils des Sœurs succédoient autrefois à la Couronne; comme nous l'apprenons de Nicolas *de Damas*, (Excerpt. Peiresc. Vales. *pag.* 518. Be'de rapporte, que la même chose étoit en usage chez les anciens *Pictes*, & que les Parens du côte des Femmes avoient toûjours succédé. Tacite dit, que, parmi les Anciens Peuples de *Germanie*, on faisoit autant de cas des Enfans d'une Sœur, que le Pére même; & que quelques-uns même regardoient ce degré de consanguinité comme plus fort & plus étroit: *Sororum filiis idem apud avunculum, qui apud patrem, honor. Quidam sanctiorem arctioremque hunc nexum sanguinis arbitrantur* &c. (German. *Cap.* XX.) La même chose se pratiquoit en quelques endroits des *Indes*, au rapport d'Osorio, & d'autres Auteurs. Grotius.

(2) Cela fut ainsi établi en *Afrique*, par le Testament de *Gizeric*, qui ordonna, entr'autres choses, que le Roiaume des *Vandales* parvînt toûjours à celui de ses Descendans Mâles qui seroit le plus proche de lui, & l'Aîné de tous les autres dans le même degré: Χρόνον δὲ ὕστερον Γιζέριχος ἐτελεύτα, γηραιὸς ἤδη ἀκριβῶς ὤν, διαθήκας διαθέμενος, ἐν αἷς ἄλλα τε πολλὰ Βανδίλοις ἐπέσκηψε, καὶ τὴν βασιλείαν ἐν Βανδίλοις ἐς τοῦτον ἰέναι, ὃς ἂν ἐν γένει ἄρρενι αὐτῷ Γιζερίχῳ κατὰ γένος προσήκων, πρῶτος ἂν ἁπάντων τῶν αὐτοῦ ξυγγενῶν τὴν ἡλικίαν τύχοι. Procop. Vandalic. Lib. I. (Cap. VII.) *Diu regnans* [Gizerichus] *ante obitum, suorum filiorum agmine acci*[illegible], *ordinavit, ne inter ipsos de regni ambitione esset dissensio, sed ordine quisque & gradu suo aliis superveniret, id est, seniori suo filio fieret sequens successor, & rursus ei posterior ejus.* Jornand. *de rebus Get.* (Cap. XXXIII. *Ed. Vulc.* 1597. où il y a quelques endroits différemment conçûs.) *Cui, secundum constitutionem* Gizerichi *Regis, eo quod major omnibus esset, regnum inter nepotes potissimum debebatur.* Victor Uticens. Lib. II. On regarde ici toûjours, non pas le dernier Possesseur de la Couronne, mais celui qui l'a le prémier aquise. Il y a lieu de douter, si *Gizeric*, en établissant un tel ordre de Succession se conforma aux idées reçuës dans l'*Afrique* même, où il étoit en usage, comme nous l'avons remarqué dans le Texte; ou bien s'il avoit pris cela de quelques Peuples de nôtre Septentrion. Car on voit, parmi les *Lombards*, qu'encore que *Vaces* laissât des Fils, aucun d'eux ne devoit lui succeder, mais *Risiulphe* son Neveu; comme nous l'apprend Procope, *Gothic.* Lib. III. (Cap. XXXV.) Et, dans le Roiaume de *Hongrie*, après la mort de *Jetra*, la Couronne venoit de droit non à ses Enfans, mais à son Frére, comme le rapporte Nice'tas Choniate, *de rebus Manuelis*, Lib. IV. (Cap. I.) Je ne sai si on ne doit pas rapporter ici l'ordre de Succession établi chez les *Patzinacites*, & dont parle, mais obscurément, Constantin *Porphyrogennite*, de administrat. Imper. *Cap.* XXXVII. La même chose se pratiquoit en *Dannemark*, comme le témoigne Crantzius, *Danic.* Lib. IV. & *Suedic.* Lib. V. On voit aussi qu'autrefois, dans le Roiaume d'*Albe* le Successeur d'*Enée* ne fut pas *Iulus*, Fils d'*Ascanius*, son Fils aîné; mais *Silvius*, Fils Cadet d'*Enée*. Grotius.

Le dernier fait se trouve dans Denys d'*Halicarnasse*, qui dit que le Peuple décida en faveur de *Silvius*, principalement par cette raison, qu'il étoit Fils de *Lavinie*, seconde Femme d'*Enée*, laquelle étoit Héritiére du Roiaume: Τὴν δὲ ἀρχὴν ἀπεψήφισεν ὁ δῆμος, ἄλλοις τε ὑπαχθεὶς λόγοις, καὶ οὐχ ἥκιστα ὅτι μητρὸς ἦν ὁ Σιλούιος κληρούχου τῆς ἀρχῆς. Antiquit. Roman. *Lib.* I. *Cap.* LXX. pag. 55, 56. *Ed. Oxon.* Voiez aussi l'Auteur du Livre *de Origine Gentis Romanæ*, attribué à Aurelius Victor, Cap. XVII. Dans un autre endroit de cette Note, où nôtre Auteur parle de la Succession au Roiaume

Fidéïcommis laissé à une Famille. C'est l'opinion la mieux fondée, & qui se trouve aussi conforme (8) aux Loix Romaines, quoi que (a) plusieurs Interprêtes les entendent autrement.

(a) Voiez *Covarruv.* T. II. *Practic. Quæst.* Cap. 38. *Molina* ubi supra, *Cap.* VI. *num.* 47.

§. XXV. 1. Si l'on comprend bien les principes que j'ai établis ci-dessus, il sera facile de répondre aux questions qui forment des contestations entre les Princes, touchant la Succession aux Roiaumes: questions que l'on croit néanmoins très-difficiles, à cause de la différence de sentimens qu'il y a là-dessus entre les Jurisconsultes.

2. La prémiére, qui se présente, c'est, si un Roi peut deshériter son Fils, pour ce qui regarde la Succession à la Couronne? Ici il faut distinguer entre les Roiaumes aliénables, c'est-à-dire, Patrimoniaux, & les inaliénables ou non-Patrimoniaux. A l'égard des (1) prémiers, l'exhérédation est valable sans contredit, puis qu'ils ne différent (2) point des autres biens. Ainsi ce qui est établi en matiére d'Exhérédation par les Loix ou les Coûtumes, doit s'observer à l'égard d'un Prince deshérité par son Pére. Que si on ne peut produire là-dessus ni Loi ni Coûtume, l'Exhérédation ne laissera pas d'avoir lieu, autant qu'elle est permise par le Droit Naturel, c'est-à-dire, dans ce qui est au delà des choses nécessaires à l'entretien; ou même sans l'exception de cette quantité, si le Fils avoit commis un crime digne de mort, ou quelque autre offense énorme, & qu'il aît d'ailleurs dequoi s'entretenir. C'est ainsi que le Patriarche *Jacob* dépouilla *Ruben*, de son droit d'Ainesse, à cause d'une (3) mauvaise action dont il s'étoit rendu coupable contre lui: & le Roi *David* priva *Adonija* du droit à la Couronne,

me de *Hongrie*, on a mis le nom de *Jatra*, qui ne se trouve point, pour *Geiza*, ou *Geicza*; car c'est de lui qu'il s'agit dans l'Historien cité. D'ailleurs, l'exemple n'est pas tout-à-fait à propos: car on sait que le Roiaume de *Hongrie* étoit Electif, & non pas Successif.

(3) C'est ce que TITE LIVE nous apprend, en parlant de *Masinissa*, qui fut exclu de la Succession à la Couronne, par *Oesalces* son Oncle: *Militanti pro* Carthaginiensibus *in* Hispania, *pater ei moritur*: Galæ *nomen erat. Regnum ad fratrem Regis* Oesalcen, *pergrandem natu* (*mos ita apud* Numidas *est*) *pervenit.* Lib. XXIX. (Cap. XXIX. *num.* 6.) GROTIUS.

(4) Cet Auteur dit, que, dans l'*Arabie Heureuse*, les Fréres sont plus considérez que les Enfans, à cause qu'ils ont plus d'âge: & que ceux qui sont de la race Roiale regnent, & sont revêtus des autres Emplois Publics: Ἀδελφοὶ τιμιώτεροι τῶν τέκνων, κατὰ πρεσβυγένειαν· καὶ βασιλεύουσιν οἱ ἐκ τοῦ γένους, καὶ ἄλλας ἀρχὰς ἄρχουσι. Geograph. *Lib.* XVI. pag. 1129. D. *Ed. Amst.* (783. *Paris.*)

(5) Voiez DE THOU, Lib. LXVII. Tom. II. pag. 199. A. *Ed. Francof.* C'est le païs de *Prekop* ou de *Krim*, dans la *petite Tartarie.*

(6) *Hamet* fut appellé à la Succession du Roiaume de *Fez* & de *Maroc* après ses Fréres, à l'exclusion de leurs Fils, & cela en vertu du Testament de son Pére. DE THOU, Hist. Lib. LXV. sur l'an 1578. Voiez par rapport à toute la *Mauritanie*, l'Histoire de MARIANA, Lib. XXIX. C'est à l'imitation d'un tel usage, que, parmi les *Sarazins*, venus d'*Afrique* en *Espagne*, les Fréres du Roi défunt étoient préferez aux Fils, jusqu'au tems d'*Abdérame*. Voiez RODERIC *de Tolède*, Hist. Arabum, *Cap.* VI. Le même ordre de Succession étoit établi dans le Roiaume de *Mexique*, & dans celui du *Perou*, comme je le vois par les Histoires de ces païs-là. GROTIUS.

Voiez, à l'égard du *Mexique*, LOPEZ DE GOMARA, *Hist. gener. des Indes Occident.* Liv. II. Chap. LXXVI. & Liv. III. Chap. XXII. Pour le *Perou*, le même Auteur en parle, *Liv.* V. Chap. LXXXVII. & GARCILASSO DE LA VEGA, Liv. IV. Chap. X.

(7) C'est-à-dire, que, s'il y a plusieurs Fils du Défunt, ou plusieurs Parens au même degré, le Fidéïcommis doit passer de l'un à l'autre, & non pas aux Enfans de celui qui l'a eu le prémier.

(8) Il y a une Loi, que nôtre Auteur citoit en marge, où il est dit, qu'en matiére d'un Fideïcommis de Famille, lors que ceux qui avoient été nommez par le Testateur viennent à manquer, l'Héredité passe à ceux qui portoient le nom du Testateur dans le tems qu'il est mort, & cela en sorte que le plus proche de lui va devant les autres; à moins que le Testateur n'ait étendu le Fideicommis à ceux qui se trouvent dans un degré plus eloigné: *In fideicommisso, quod familiæ relinquitur, hi ad petitionem ejus admitti possunt, qui nominati sunt: aut, post omnes eos extinctos, qui ex nomine defuncti fuerint eo tempore, quo testator moreretur, & qui ex his primo gradu procreati sunt: nisi specialiter defunctus ad ulteriores voluntatem suam extenderit.* DIGEST. *de Legatis & Fideicomm. II.* Lib. XXXI. Leg. XXXII. §. 6. Voiez CUJAS, sur cette Loi, *Recit. in Digest.* Tom. VII. Opp. *Edit. Fabrott.* pag. 1206. 1207. & ANTOINE FAURE, *De Errorib. Pragmatic.* Decad. LIV. Err. 7.

§. XXV. (1) C'est d'un tel Roiaume qu'il faut entendre ce que dit BALDE, *Proœm. Decretal. Gregor.* qu'un Roi peut choisir pour son Successeur, quel de ses Enfans il lui plait. Il y en a aussi un exemple dans l'Histoire du *Mexique*. GROTIUS.

(2) C'est à-dire, par rapport au pouvoir d'aliener: car, du reste, il y a une assez grande différence. Un Roiaume, quelque Patrimonial qu'il soit, est toûjours un Etat, c'est-à-dire, une Societé d'Hommes soûmis à un même Gouvernement pour leur propre utilité: ainsi le Roi ne peut point disposer absolument à sa fantaisie du Roiaume, jusqu'à detruire le Peuple, ou le faire passer entre les mains de quelcun de la part duquel il ait à craindre de mauvais traitemens; ce qui n'est pas même permis, selon le droit Naturel, à un Maître, par rapport à son Esclave.

(3) Il avoit violé *Bilha*, Concubine de son Pére. Voiez GENESE, Chap. XXXVI, 22. XLIX, 4.

(4) pour la même raison. Bien plus: si un Fils a commis quelque grand crime contre son Pére, & qu'il ne paroisse pas que le Pére lui aît pardonné; (5) il doit être regardé comme deshérité tacitement.

3. Mais il n'en est pas de même à l'égard des Roiaumes, qui, quoi qu'héréditaires, ne peuvent point être aliénez par le Roi seul. Car ici le Peuple a bien rendu la Couronne héréditaire, mais (6) seulement abintestat. (7) A plus forte raison, l'Exhérédation n'est-elle d'aucun effet dans les Roiaumes dont la Succession est linéale, & où par conséquent la Couronne passe de l'un à l'autre par un pur effet de la bonne volonté du Peuple, & selon l'ordre qu'il a réglé, tout différent de celui des Successions purement héréditaires.

§. XXVI. 1. Il y a beaucoup de rapport entre la question que nous venons de décider, & une autre qu'on fait ici, savoir, si on peut renoncer à la Couronne, ou se dépouiller du droit de succéder au Roiaume? Il n'y a nul doute, que chacun ne puisse renoncer (1) pour soi. Mais il y a plus de difficulté à décider, si l'on peut aussi renoncer pour ses Enfans.

2. Il faut appliquer ici la même distinction, dont nous nous sommes servis sur la question précédente. Je dis donc, que, si le Roiaume est Héréditaire, dès-là qu'un Pére s'est dépouillé de son droit, il ne peut rien transférer à ses Enfans. Mais dans les Etats où l'ordre de la Succession Linéale est établi, la renonciation du Pére ne sauroit tourner au pré-

(4) Ce n'est pas pour cela qu'*Adonija* fut exclu de la Couronne. Avant qu'il voulût se faire Roi, *David* avoit deja promis avec serment à *Bathsiba*, Mére de *Salomon*, de choisir celui-ci pour son Successeur, comme il paroit par I. Rois, *Chap.* I. *vers.* 17. & Dieu même avoit deja declaré là-dessus sa volonté, II. Chroniq. *Chap.* XXII. *vers.* 9, 10, 11. On voit d'ailleurs par toute l'Histoire Sainte, que les Rois nommoient de leur vivant leur Successeur, ou le revêtoient même de la dignité Roiale, sans avoir presque aucun égard à l'ordre de la naissance. Et nôtre Auteur remarque ici, dans une Note, que le Roiaume de *David* étoit comme patrimonial, non par droit de Guerre, mais en vertu d'une donation de Dieu même.

(5) Les Commentateurs ont raison de ne pas approuver cette pensée. Quelle qu'ait été la conduite du Fils, il seroit trop dur de le regarder comme dépouillé du droit à la Couronne, lors que le Pere ne l'a pas expressément deshérité. Encore même qu'il ne paroisse point de pardon de la part du Pére, il ne resulte point de cela seul une présomtion suffisante d'exhérédation. Le Pére a pû vouloir punir son Fils d'une autre maniére: &, dans un doute, la considération de la tendresse paternelle doit toûjours faire pancher les conjectures vers le côté le plus doux. Nôtre Auteur cotte en marge deux Loix du Digeste, où il s'agit de cas assez différens. La prémiére porte, que si un homme aiant chassé de chez lui quelques-uns de ses Affranchis, & discontinué de les nourrir, ordonne par son Testament fait depuis, *que tous ses Affranchis, tant ceux qu'il avoit deja, que ceux à qui il donne désormais la liberté, auront tant par mois pour leur entretien*; il en faut pourtant excepter ceux qu'il avoit chassez & privez de la nourriture; à moins qu'ils ne prouvent clairement que le Patron, dans le tems qu'il testa, avoit changé de sentiment à leur égard. Lucius Titius Damam & Pamphilum *libertos suos, ante biennium mortis suæ, de domo dimisit, & cibaria, quæ dabat, præstare desiit: mox, facto testamento, ita legavit:* Quisquis mihi heres erit, omnibus libertis meis, quos hoc testamento manumisi, & quos ante habui, quosque, ut manumitterentur petii, in menses singulos certam pecuniam dato. *Quæsitum est, an Damæ & Pamphilo Fideicommissum debeatur? Respondi, secundum ea, quæ proponerentur, ita deberi, si hi, qui petent, manifestè docerent, eo animo circa se Patronum, quum testamentum faceret, esse cœpisse, ut his quoque legatum dari vellet: alioquin nihil ipsis præstetur.* Lib. XXXI. *De Legat. & Fideic. II.* Leg. LXXXVIII. §. 11. Dans l'autre Loi, il est question d'une Femme, qui avoit légué à son Beau-fils une certaine somme. Depuis le Testament fait, le Beau-fils accusa la Testatrice d'avoir suborné des gens pour tuer son Mari, Pére de lui Légataire. Elle mourut avant la fin du procès, & la sentence des Juges, par laquelle elle fut declarée innocente. Cependant, depuis l'accusation intentée, elle fit un Codicille, dans lequel elle ne révoqua point le legs fait à son Beau-fils. On demande, si les Héritiers doivent paier ce legs? Le Jurisconsulte Scævola répond, que non. Seja *testamento suo legavit auri pondo quinque.* Titius *accusavit eam, quod patrem suum mandasset interficiendum.* Seja, *post institutam accusationem codicillos confecit, nec ademit* Titio *privigno legatum; & ante finem accusationis decessit. Aliâ causâ, pronuntiatum est, patrem* Titii *scelere* Sejæ *non interceptum. Quæro, quum codicillis legatum, quod testamento* Titio *dederat, non ademerit; an ab heredibus* Sejæ Titio *debeatur? Respondi, secundum ea, quæ proponerentur, non deberi,* Lib. XXXIV. Tit. IV. *De adimendis vel transferendis legatis*, Leg. XXXI. §. 2. Ici Obrecht dit, que la conséquence tirée de cette revocation tacite du legs, dans les cas dont nous venons de parler, à l'exhérédation tacite que l'on suppose dans celui d'un Fils à qui le Roi son Pére ne paroît point avoir pardonné le crime qu'il avoit commis contre lui; que cette conséquence, dis-je, n'est pas juste: parce que le Legs est un pur don; au lieu que, par le Droit Civil, les Enfans ont quelque droit sur les biens paternels, du vivant même de leur Pére. Mais il faut ajoûter quelque chose de plus précis, pour montrer la différence des cas dont il s'agit. Je dis donc, que le Patron, en chassant de la Maison ses deux Affranchis, & discontinuant de les nourrir, a témoigné manifestement la disposition où il étoit de ne leur rien laisser pour leur nourriture, & de les exclure du nombre de ceux à qui il vouloit faire du bien. (Voiez Cujas, *Recit. in Digest.* Tom. VII. pag. 1366. & *in Resp. Scævolæ*, Tom.

préjudice ni de ses Enfans déja nez, parce qu'au moment qu'ils sont venus au monde, ils ont aquis un droit propre à la Couronne, en vertu de la Loi qui régle la Succession; ni des Enfans encore à naître, parce que le Pére ne sauroit empêcher qu'ils n'aquiérent en son tems un droit qui leur vient par un pur effet de la concession du Peuple.

3. En vain objecteroit-on ce que nous avons dit, que chacun de ceux qui sont appellez à la Couronne transmet son droit aux suivans, & qu'ainsi du moment qu'il a renoncé à son droit, ceux à qui il l'auroit transmis sans cela n'héritent rien. Car le droit, dont il s'agit, passe nécessairement de l'un à l'autre, soit que celui qui le transmet le veuille ou non: de sorte qu'il ne dépend pas de la volonté du Pére d'en frustrer ses Enfans.

4. Il y a néanmoins cette différence entre les Enfans déja nez, & ceux qui sont encore à naître, que les derniers n'éxistant point, n'ont aquis encore aucun droit, & qu'ainsi il peut leur être ôté par la volonté du (2) Peuple, si en même tems les Péres, qui sont intéressez à faire passer ce droit à leurs Enfans, y renoncent. On doit appliquer ici ce que nous avons (a) dit ci-dessus de l'Abandonnement.

(a) *Chap.* IV. de ce Livre, §. 10.

§. XXVII. 1. On demande encore, à qui il appartient de prononcer, dans les disputes sur la Succession au Roiaume? Si c'est au Roi régnant, ou au Peuple jugeant ou par lui-même, ou par ceux à qui il en donne commission; Je répons, qu'ils ne le peuvent ni l'un ni

Tom. V. Part. II. pag. 150, 151.) ainsi, tant qu'il ne paroit aucune marque d'un changement de volonté, ce qu'il a fait à leur égard suffit par lui-même pour donner lieu de présumer, que, quelque générales que soient les expressions de son Testament, ils n'y sont nullement compris. Au lieu que le Roi, comme nôtre Auteur le suppose, n'a rien fait de tel; il a seulement témoigné être en colére contre son Fils: & il ne s'ensuit pas de cela seul, qu'il ait voulu le deshériter, sur tout, à l'égard de la Succession à la Couronne. Pour ce qui est de la Belle-Mére, le legs qu'elle avoit fait à son Beau-fils devenoit nul par lui-même, dès le moment d'une accusation aussi atroce; & cela en vertu d'une présomtion autorisée par les Loix, qui supposoient qu'un Testateur ne pouvoit que changer de sentiment envers le Légataire, lors que, depuis le Testament fait, il survenoit quelque sujet de grande inimitié: *Et si quidem capitales vel gravissimæ inimicitiæ intercesserint, ademtum videri, quod relictum est* &c. Digest. Lib. XXXIV. Tit. IV. *De adimendis vel transfer. legatis* &c. Leg. III. §. 11. Cette présomtion est fondée sur ce qui arrive ordinairement. Car il se trouveroit peu de gens, qui, en ce cas-là, ne revoquassent pas le legs qu'ils auroient fait à un Légataire, qui se montre si indigne des effets de leur libéralité. De sorte que, quand il ne paroit point de révocation expresse, on a lieu de croire que le Testateur ou n'a pas eu occasion de la faire, ou n'y a pas pensé, ou a cru qu'elle se sousentendroit d'elle-même. Mais il n'en est pas de même d'un Pére par rapport à l'exhérédation. Quelque irrité qu'il soit contre son Fils, il ne se porte pour l'ordinaire à cette extrémité qu'avec beaucoup de peine. Ainsi le simple défaut de réconciliation manifeste, ou de pardon, n'emporte point une exhérédation tacite: il faut ici une déclaration expresse. Sur ce principe, les Loix Romaines veulent qu'un Pére, qui a dessein de deshériter son Fils, ne se contente pas de nommer d'autres Héritiers, mais qu'il le prive expressément de sa succession; autrement on regarde cette disposition comme n'étant pas faite sérieusement: *Sed qui filium in potestate habet, curare debet, ut eum heredem instituat, vel exheredem eum nominatim faciat. Alioquin si eum silentio præterierit, inutiliter testabitur.* Institut. Lib. II. Tit. XIII. *De exheredatione liberorum, princip.*

(6) En sorte qu'il ne peut ni en disposer par testament, ni laisser la Couronne à un Enfant Adoptif. Voiez Mariana, Hist. Lib. XIX. (Cap. XX.) au sujet du Roiaume de *Naples*. Grotius.

(7) Mr. Vitriarius, *Inst. Jur. Nat. & Gent.* Lib. II. Cap. VII. *num.* 38. met ici une restriction, après d'autres Auteurs; c'est que, quand le bien public le demande, comme si le Fils du Roi avoit tramé quelque chose contre l'Etat, on présume alors aisément que le Peuple consent à ce qu'il soit exclu de la Succession.

§. XXVI. (1) Bien entendu, qu'il ne le fasse pas à contre-tems, comme lors que le Roiaume tomberoit en minorité, sur tout si on étoit menacé d'une Guerre &c. C'est la remarque judicieuse du même Mr. Vitriarius, *ibid.* num. 39. qui la fait aussi après d'autres.

(2) Le droit vient originairement de la volonté du Peuple, & le Peuple d'aujourd'hui est & doit être censé le même, que celui d'autrefois, qui a réglé l'ordre de la Succession. Il est de l'interêt public, que ces sortes de Rénonciations soient valides, & que les intéressez ne cherchent point à les annuller. Car il y a des tems & des circonstances, où elles sont nécessaires, pour le bien de l'Etat; de sorte que, si ceux avec qui l'on a à faire croient que l'on se moquera ensuite de la rénonciation, ils n'auront garde de s'en païer. D'ailleurs, il ne peut que naître de là des Guerres sanglantes, auxquelles il n'y a pas d'apparence que l'on ait voulu s'exposer, pour conserver un droit de Succession à des Princes qui ne sont pas au monde. Bien plus: la nécessité des Conventions entre les Peuples, dont aucun n'est obligé de se conformer au Droit Civil ou Public des autres, semble demander qu'en certains cas les Princes même déja nez perdent leur droit de succeder, par la rénonciation de leur Pére. Voiez les Entretiens *dans lesquels on traite des entreprises de l'Espagne* &c. imprimez à *la Haie*, en 1719.

ni l'autre, si on l'entend d'une Sentence (1) juridique & définitive. Car, pour prononcer ainsi, il faut être Supérieur, non seulement par rapport à la personne, mais encore eu égard à l'affaire dont il s'agit, que l'on doit considérer avec toutes ses circonstances. Or l'affaire de la Succession (2) ne dépend point ici du Roi régnant, comme il paroît de ce qu'il ne peut (3) imposer aucune Loi à son Successeur. La Succession au Roiaume n'est pas d'ailleurs du nombre des choses, que le Roi peut régler à sa volonté, comme Souverain: & par conséquent la décision des démêlez qui surviennent là-dessus doit se faire comme dans l'Etat de Nature, où il n'y avoit point de Jurisdiction. Pour ce qui est du Peuple, (4) il a transporté tout son droit de Jurisdiction au Roi & à la Famille Roiale; de sorte qu'il n'en conserve aucun reste, tant que cette Famille subsiste. Je parle d'un Roi véritablement Roi, & non pas de celui qui est simplement Prince ou Chef de l'Etat.

2. Cependant lors qu'il s'agit de savoir, quelle a été originairement la volonté du Peuple qui a établi l'ordre de la Succession, on ne fera pas mal de consulter là-dessus le Peuple (5) d'à présent, qui est censé le même que celui d'autrefois: & il faudra suivre son sentiment, à moins qu'on n'ait d'ailleurs d'assez bonnes preuves que le Peuple d'autrefois a voulu autre chose, & que quelcun a aquis un droit en vertu de cette volonté. C'est ainsi qu'*Euphaès*, Roi de *Messène*, (6) laissa aux *Messéniens* à décider qui devoit lui succéder de la Famille Roiale des *Epytides*. En *Perse*, le Peuple (7) connut aussi du différent entre *Xerxès* & *Artabazane*.

3. Dans ces sortes de disputes, les Prétendans feront bien aussi, de convenir entr'eux d'Ar-

§. XXVII. (1) *De judicio jurisdictionis.*

(2) Voiez, au sujet du Roiaume de *France* De Thou, Histor. Lib. CV. sur l'année 1593. Voiez aussi Guicciardin. Grotius.

(3) C'est-à-dire, lui imposer la nécessité de suivre ses ordres & de confirmer ce qu'il a fait, en matière de choses où personne n'a aquis un droit véritable & perpétuel. Car le Savant Gronovius chicane ici, de prétendre, que nôtre Auteur accorde aux Successeurs le pouvoir de ne tenir aucune Alliance, aucun Traité, aucun Contract de leurs Prédécesseurs. Le contraire paroît manifestement par ce qu'il dira ci-dessous, *Chap.* XIV. de ce Livre, §. 12, 13.

(4) Mais, comme le remarque Pufendorf, *Droit de la Nat. & des Gens*, Liv. VII. Chap. VII. §. 15. l'affaire d'une dispute au sujet de la Succession au Roiaume, ne se rapporte pas aux choses qui dépendent de cette jurisdiction, que le Peuple a transferée au Roi. J'entre fort dans la pensée de Mr. Böhmer, (*Introduct. ad Jus Public. Univers.* Part. Spec. Lib. III. Cap. IV. §. 20.) qui soûtient, que c'est au Peuple à prononcer absolument sur ces sortes de contestations. On suppose, dit-il, que ni l'un ni l'autre des Prétendans n'est en possession de la Couronne: or sur ce pié-là, aucun n'est encore Souverain, ils aspirent seulement tous deux à le devenir. Ainsi le Peuple ne dépend actuellement ni de l'un, ni de l'autre; & il rentre alors par accident & par *interim* dans l'Indépendance, jusqu'à ce que l'affaire soit décidée. Rien n'empêche donc qu'il ne juge pendant ce tems-là définitivement. D'ailleurs, le fondement sur lequel on doit décider cette dispute, ce sont les présomtions que l'on peut avoir de la volonté du Peuple, qui a originairement établi l'ordre de la Succession. Or qui peut mieux juger de cela que le Peuple même? Car, comme nôtre Auteur le reconnoît, le Peuple d'à present est censé le même que celui d'autrefois. Que si l'on ne veut pas s'en rapporter à la décision du Peuple, ou de ceux qui le representent, comme sont les Etats ou les Grands du Roiaume; il n'y aura que la force & les armes, qui puissent terminer le different: ce qui est fort contraire au bien de la Société Civile. Au reste, le Peuple, en prononçant sur de telles disputes, ne s'arroge point le droit d'election, auquel il a renoncé en établissant un ordre de Succession; il ne fait que determiner, quel des deux Prétendans de la Famille Roiale a le meilleur droit. Quelquefois même le Peuple s'est expressément reservé le droit de juger en de tels cas, par une Loi fondamentale, qui ne laisse alors aucun doute là-dessus. Voilà ce que dit l'Auteur, que je viens de citer. Il ajoûte cependant, que, si l'un ou l'autre des Prétendans s'est emparé de la Couronne, & a fait prêter serment de fidélité aux Sujets, bon-gré malgré qu'ils en eussent; le Peuple n'a plus aucun droit de juger, parce qu'il dépend alors du Possesseur de la Couronne. Mais je ne saurois approuver cette pensée. Car, si le Peuple a droit de juger, il n'y a que son jugement qui puisse autoriser la possession de l'un ou de l'autre des Pretendans; autrement ce droit seroit fort inutile. Et un consentement forcé ne peut être regardé comme le jugement du Peuple. D'ailleurs, pour que la seule prise de possession fût ici un titre apparent, il faudroit du moins que de part & d'autre il y eût des raisons fort spécieuses, & à peu près égales: ce qui n'a pas toûjours lieu. Il peut arriver aisément que le droit de l'un des Prétendans soit assez clair. Si donc l'autre, qui n'a que des prétensions fondées sur des raisons frivoles, trouve moien de se faire un parti, & de s'emparer de la Couronne: pourquoi est-ce que le Peuple ne pourroit pas, s'il en trouve l'occasion, déposséder l'Usurpateur, après avoir mûrement examiné & reconnu le droit de l'autre Prétendant? Au reste, pour ce qui regarde le fond de la question, nôtre Auteur auroit dû, ce semble, la décider d'une manière toute opposée, c'est-à-dire, comme nous faisons, par la même raison qu'il veut ailleurs que le Peuple ait par Interim la Régence du Roiaume, pendant que son Roi est retenu Prisonnier. Voiez ci-dessous, *Liv.* III. *Chap.* XX. §. 3. *num.* 2.

(5)

d'Arbitres, au jugement de qui ils s'en rapportent. C'est une voie digne de Princes vertueux & amateurs de la Paix.

§. XXVIII. 1. Pour passer à d'autres questions, je tiens pour certain que dans un Roiaume indivisible, un Fils né avant que son Pére (1) parvînt à la Couronne, (a) doit être préféré à celui qui est né depuis, quelque sorte de Succession qui soit établie. Car si le Roiaume pouvoit être partagé, il en auroit sa part sans contredit, comme des autres biens, à l'égard desquels on ne distingue jamais en quel tems ils ont été aquis. Puis donc que, dans un Roiaume divisible, il auroit sa portion, aussi bien que son Cadet né depuis l'avénement de leur Pére à la Couronne; dans un Roiaume indivisible, il doit avoir la préférence, par son droit d'Ainesse. C'est pourquoi aussi un Fief passe au Fils né avant la prémiére investiture.

(a) Voiez *Hotomann*. Quæst. Illustr. II. & *Tiraquell*. de Primog. Quæst. 31.

2. Dans la Succession même Linéale, du moment que quelcun a aquis la Couronne, les Enfans nez auparavant ont quelque espérance d'y parvenir. Car, supposé qu'il ne nâquît plus d'Enfans à leur Pére, personne n'oseroit dire que ceux qui étoient nez déja doivent être exclus de la Succession. Or, dans cette sorte de Succession, pour avoir droit de succeder, il suffit qu'on en aît eu l'espérance: & ce droit ne se perd point par un effet de quelque chose arrivée depuis: tout ce qu'il y a, c'est que, dans la Succession Cognatique, l'aquisition prochaine en est suspenduë par le privilége du Séxe, ou en ce qu'il peut naître des Enfans Mâles.

3. L'opinion que nous venons d'établir, fut suivie autrefois en *Perse*, dans la contestation entre *Cyrus* & *Arsica* (2): en *Judée*, dans (3) la dispute entre *Antipater*, Fils

(5) Ou dans une Assemblée générale des Etats du Roiaume, comme cela s'est pratiqué en *Angleterre*, & en *Ecosse*, au rapport de Cambden, sur les années 1571, & 1572. Ou bien par des Deputez, comme on fit dans le Roiaume d'*Arragon*, au rapport de Mariana, Hist. Lib. XX. Grotius.

(6) C'est bien ainsi que traduit l'Interpréte Latin: *Regnum Populi arbitrio permisit*. Je vois même que le Savant Mr. Boivin, dans une Dissertation faite exprès pour examiner les choses qui arrivérent à l'occasion de cette election, n'a pas seulement soupçonné qu'il y eût quelque chose à reformer dans la Version ordinaire; car voici de quelle maniére il exprime en François le sens de l'Historien Grec: *Comme* Euphaès *ne laissoit point d'enfans, il choisit pour son Successeur, celui qui seroit élû par le Peuple Messénien*. Dissert. sur un Fragment de Diodore *de Sicile*, pag. 138. Tom. III. des Mémoires de Litterature de l'*Académie Roiale des Belles Lettres*, Edit. d'*Amsterdam*. Mais je suis fort trompé, si le Grec ne donne une toute autre idée. Le voici. Εὐφάει δὲ ἐν τέκνων ἀπαιδίᾳ, τὸν αἱρεθέντα ὑπὸ τοῦ δήμου καταλέλειπτο ἔχειν τὴν ἀρχήν. C'est-à-dire: „ Comme *Euphaès* „ n'avoit point d'enfans, il fallut que le Peuple choi„ sit quelcun pour lui succeder. *Lib.* IV. *Cap.* X. Il paroit clairement par la suite du discours, que l'Historien parle de ce qui se passa après la mort d'*Euphaès*. D'ailleurs, la construction seule des termes ne permet pas de traduire comme fait nôtre Auteur. La méprise vient, de ce qu'on n'a pas pris garde à cette façon de parler, καταλέλειπτο τὸν αἱρεθέντα &c. ἔχειν τὴν ἀρχήν, *reliquum erat, ut electus à Populo haberet imperium*. Ciceron & César ont dit, *Relinquitur, ut* &c. dans le même sens; comme on pourroit le montrer, s'il s'agissoit ici de critique, & si la faute n'étoit assez claire. Il faut donc dire, que ce ne fut pas le Roi *Euphaès*, qui remit au jugement des *Messéniens* le choix de son Successeur: mais le Peuple usa du droit qu'il avoit. Ainsi l'exemple n'est point à propos.

(7) Nôtre Auteur suit ici Plutarque, qu'il cite en marge, *De amore fraterno*, pag. 488. Tom. II. *Ed. Wech*. Mais Justin, qu'il cite aussi, dit, que *Xerxès* & *Artemène* (car c'est ainsi que d'autres appellent *Artabazane*) remirent le différent à la decision de leur Oncle *Artapherne*: Lib. II. Cap. II. *num.* 9. Et il est vrai encore, comme le remarque le Savant Gronovius, que, selon Hérodote, *Lib.* VII. *Cap.* II. ce fut *Darius* lui-même qui termina la contestation entre ses Enfans. Ainsi voilà bien des variations, qui empêchent qu'on ne puisse faire fonds sur cet exemple.

§ XXVIII. (1) La question peut s'entendre ou des Enfans nez à un Roi, qui le premier de sa Famille a été choisi pour régner dans un Etat où la Couronne est Successive; ou des Enfans nez à un Prince de la Famille Roiale, avant que l'ordre de la Succession l'appellât actuellement à monter sur le Trône. Nôtre Auteur parle sans doute de l'un & de l'autre cas: sa décision au moins est vraie dans tous les deux; & il y a encore moins de difficulté dans le prémier, que dans le dernier. Car, dès-là que le Peuple donne la Couronne à un Prince, & à ses Descendans; s'il a déja des Enfans, ce sont eux sans doute qu'on regarde comme les prémiers Successeurs, & non pas ceux qui peuvent naître dans la suite, mais dont la naissance est incertaine. Ainsi à moins que, dans la Loi fondamentale de la Succession, il n'y ait une clause expresse, qui porte qu'elle regarde *les Enfans à naître* du Prince élû; ceux-ci ne peuvent avoir aucun droit à la Couronne, qu'après les autres. Voiez Huber, *De Jure Civit.* Lib. I. Sect. VII. Cap. VI. §. 24, & *seqq.*

(2) Qui fut nommé depuis *Artaxerxe Mnémon*. Voiez Plutarque, *Vit. Artaxerx.* (pag. 1012. C. Tom. I.) Grotius.

(3) Ce fut *Hérode le Grand*, leur Pére, qui, aiant eu permission de l'Empereur *Auguste* de choisir pour son Successeur quel de ses Fils il voudroit, ou de partager même entr'eux le Roiaume de *Judée*; déclara que la Couronne parviendroit après lui, prémiérement à *Antipater*, son Fils aîné, & qui étoit né pendant qu'il

Fils d'*Hérode le Grand*, & ses Fréres: en *Hongrie*, lors que *Geissa* (4) monta sur le Trône: & en *Allemagne*, lors qu'*Otton I.* & *Henri* prétendoient en même tems (5) à l'Empire, querelle néanmoins qui ne se vuida pas sans guerre.

§. XXIX. Je sai, qu'autrefois à *Lacédémone* on a décidé autrement en pareil cas. Mais c'étoit en vertu d'une Loi particuliére de ce Peuple, (1) qui donnoit la préférence aux Enfans nez depuis l'avénement du Pére à la Couronne, dans la supposition qu'ils devoient être mieux élevez que les autres. La même chose peut avoir lieu en conséquence d'une clause de l'investiture originaire, lors qu'un Vassal reçoit la Souveraineté en fief, *pour lui & pour ceux qui naîtront de lui*: raison, dont il semble que *Louïs Sforza* (2) se servit contre son Frére *Galéace*, dans la dispute pour le Duché de *Milan*.
(a) Lib. VII. init. Mais le cas de *Xerxès*, qui, au rapport (a) d'Herodote, obtint la Couronne au préjudice de son Frére *Artabazane*, n'est pas le même que celui dont il s'agit (3): car il l'emporta par la puissance de sa Mére *Atosse* (4), plûtôt que par la justice de sa cause. Et la même dispute s'étant élevée depuis dans le même Roiaume, comme nous l'avons déja remarqué en (b) passant, entre *Artaxerxès Mnémon* & *Cyrus*, tous deux Fils de *Darius* & de *Parisatis*, *Artaxerxès*, quoi que né dans le tems que son Pére étoit encore personne privée, fut déclaré Roi, comme l'Aîné.

(b) Paragr. precedent, Note 1.

§. XXX.

qu'il n'étoit que simple Particulier; puis à *Aléxandre* & *Aristobule*, nez depuis son avénement à la Couronne: Ἕτερον αὐτῷ γεγενημένον ἰδιωτεύοντι παῖδα [Le Traducteur Latin Gelenius rend très-mal ici, *alium filium, qui etiamnum privatus erat*, pour, *qui ei privato natus erat*] προσήγετο (Ἡρώδης) καὶ τοῦτον ἐδόκει τιμᾶν ..... Καὶ τὸν υἱὸν μετ' αὐτὸν ἀποδεικνύειν βασιλέα γενέσθαι, πρότερον μὲν Ἀντίπατρον, εἶτα καὶ τοὺς ἐκ Μαριάμμης, Ἀλέξανδρον καὶ Ἀριστόβουλον &c. Joseph. Antiq. Jud. *Lib.* XVII. *Cap.* VI. pag. 554. E. & *Cap.* VIII. pag. 559. A.

(4) Voiez Flavius Blondus, Hist. *Decad.* II. Lib. VI. & Michel Ritius, *de rebus Hungar.* Lib. II. citez par Hotman. Ce *Geissa* ou *Geicza*, dont j'ai parlé ci-dessus, sur la *Note* 4. du §. 24. étoit le II. du nom; & il monta sur le thrône en 1141. après la mort de *Béla II.* son Pére, surnommé l'*Aveugle*.

(5) Voiez là-dessus Sigebert, (*in Chron.*) & les Notes d'Henri Meibomius sur le III. Livre des *Annales* de Wittikind. Dans l'*Empire du Turc*, il y eut dispute pour la Succession entre *Bajazet* & *Gémes*, dont le prémier étoit l'Aîné; mais *Gémes* étoit né depuis que leur Pére régnoit. *Bajazet* l'emporta. Mariana, Hist. Lib. XXIV. Constantin *Ducas* laissa l'Empire à ses trois Fils, dont deux (savoir *Michel* & *Andronic*) lui étoient nez d'*Eudocie*, avant qu'il fût Empereur; & le troisiéme (savoir *Constantin*) *né dans la pourpre*, πορφυρογέννητον. [Mais à cause de cela, il revêtit ce dernier des marques les plus éclatantes de la Dignité Impériale.] Zonar. (Tom. III. *in vit. Constant. Duc.*) Voiez Corset. Tract. *de Prole Regali*, III. Part. Quæst. 26. Grotius.

Nôtre Auteur n'auroit pas mal fait d'ajoûter aux exemples alleguez dans ce paragraphe, une décision du Droit Romain, qui, quoi qu'elle ne regarde pas la Succession au Roiaume, peut néanmoins servir à illustrer la matiére, puis qu'elle se rapporte à une Dignité Publique. C'est que les Enfans d'un Sénateur, quoi que nez avant son entrée dans le Sénat, étoient néanmoins regardez comme Enfans de Sénateur, & jouïssoient de tous les honneurs & de tous les avantages attachez à la qualité d'être nez d'un Pére élevé à ce haut rang; quoi qu'ils fussent d'ailleurs exemts des charges auxquelles les Possessions des Sénateurs étoient sujettes. *Senatoris filium accipere debemus, non tantum eum, qui naturalis est, verum adoptivum quoque .... nec interest, jam in Senatoriâ dignitate constitutus eum susceperit, an ante dignitatem Senatoriam.* Digest. Lib. I. Tit. IX. *De Senatorib.* Leg. V. Voiez encore les *Receptæ Sententiæ* du Jurisconsulte Paul, Lib. I. Tit. *Ad Municipal.* §. 6. & là-dessus Mr. Schulting, pag. 215. comme aussi son *Enarratio I. Partis Digest.* sur le Titre *de Senatorib.* §. 4. où il cite Jaques Godefroi sur le Code Theodosien, Lib. VI. Tit. II. pag. 9. Tom. II. A quoi on peut joindre Duaren, *Disp. Anniverf.* Lib. II. Cap. 22.

§. XXIX. (1) C'est de cet exemple que *Démarate*, chassé du Roiaume de *Lacédémone*, se servit, pour fournir une raison à *Darius*, dans la dispute avec *Artabazane* sur la Succession au Roiaume de *Perse*: Ἐπεὶ καὶ ἐν Σπάρτῃ ἔφη ὁ Δημάρητος ὑποτιθέμενος οὕτω νομίζεσθαι, ἢν οἱ μὲν προγεγονότες ἔωσι πρὶν ἢ τὸν πατέρα σφέων βασιλεῦσαι, ὁ δὲ βασιλεύοντι ὀψίγονος ἐπιγένηται, τοῦ ἐπιγενομένου τὴν ἔκδεξιν τῆς βασιληΐης γίνεσθαι. Lib. VII. Cap. III. Voiez la *Note* 4. sur le paragraphe suivant. Au reste, je suis surpris que cette circonstance considérable de l'ordre de la Succession au Roiaume de *Lacédémone*, ait été entiérement omise par Nicolas Cragius, *De Republ. Laced.* Lib. II. Cap. II. & par Ubbo Emmius, qui traite la matiére, après lui, *Vet. Græc.* Tom. III. pag. 118, *& seqq.*

(2) Son Frére *Jean Galéace* avoit possédé le Duché de *Milan*: mais il prétendit, qu'il n'y avoit pas eu droit à son préjudice, par cette raison; & ainsi il s'empara du Gouvernement, quoi que son Frére eût laissé un Fils. Mais il allégua aussi d'autres prétextes. Voiez Guicciardin, (*Liv.* I. feuille 17. *vers.* Tom. I. de la vieille Traduction Françoise d'Hierôme Chomedey, imprimé à *Genéve* en 1593.) & Paul Jove, Lib. II. *fol.* 37.1 *vers.* Tom. I. *Edit. Argentorat.* 1556.

(3) *Xerxès* même s'associa au Roiaume *Artaxerxe* (dit *Longuemain*) & non pas *Darius* ou *Hystaspe*, qui étoient Aînez de l'autre, mais venus au monde avant l'avénement de leur Pére à la Couronne. [Voiez Petau, *de doctrina tempor.* Lib. X. Cap. XXV. & *Rationar.* Part. II. Lib. III. Cap. X.] Mais peut-être que la Succession au Roiaume de *Perse* dépendoit véritablement des suffrages du Peuple, en sorte néanmoins qu'il ne devoit déferer la Couronne qu'à quelcun de la Famille Roiale. Car Ammien Marcellin dit, que cela avoit lieu à l'égard des *Arsacides*, Famille des

§. XXX. 1. UNE autre question aussi agitée, (a) & qui a été même un sujet de Guerres & de (1) Combats singuliers, (2) c'est si un Petit-fils, né d'un Fils Aîné, doit avoir la préférence sur le Fils Cadet? Il n'y a point de difficulté là-dessus dans la Succession Linéale. Car les Morts y sont regardez comme vivans, autant qu'il le faut pour transmettre leur droit à leurs Enfans: ainsi, dans une telle Succession, le Fils de l'Aîné doit l'emporter, sans aucun égard à l'âge; & la Fille même de l'Aîné a la préférence, si la Succession est Cognatique, parce que ni l'Age, ni le Séxe, n'autorisent pas à passer d'une ligne à l'autre. (3) Dans l'ancien Roiaume de Lacédémone, où une espece de Succession Linéale (b) Agnatique s'introduisit, depuis que la Couronne fut passée aux *Héraclides*, on (c) voit qu'*Arée*, Fils de *Cléonyme*, fut préféré (4) à *Cléonyme* son Oncle, Frére Cadet du Défunt. En *Angleterre*, où la Succession est Linéale Cognatique, (5) *Jean*, Petit-fils d'*Edouard*, l'emporta sur *Hémon* & *Thomas*, ses Oncles, Enfans puînez du même *Edouard*. Il y avoit là-dessus une Loi expresse dans le Roiaume de *Castille*.

(a) Voiez *Hotoman*, Quæst. Illustr. III. *Tiraquell*. de Primog. Quæst. XL. *Merlin*. de Primog. Lib. III. Cap. VI.

(b) Voiez *Plutarch*. Lycurg. pag. 40. D. *Justin*, Lib. III. Cap. II. *num.* 1.

(c) *Pausan*. Lib. III. Cap. VI. pag. 86. *Ed. Wech.*

2. Pour ce qui est des Roiaumes purement héréditaires, s'ils sont divisibles, le Petit-fils & le Fils Cadet auront chacun leur portion; à moins qu'il ne s'agisse d'un païs où le droit de Représentation (d) n'est point en usage, comme il ne l'étoit point autrefois (6) par-

(d) Voiez *Wittikind*, Sax. Hist. Lib. II. *Martin*. de Primog. Lib. III. Cap. VIII.

des *Parthes*, sous la domination desquels les *Perses* furent pendant un tems: *Ut ad nostri memoriam non, nisi Arsacides is sit, quisquam in suscipiendo regno cunctis anteponatur.* Lib. XXIII. (Cap. VI. pag. 397. *Ed. Vales. Gron.*) ZONARE *in Justin.* dit la même chose des Rois Persans, qui succedérent aux *Parthes*. GROTIUS.

(4) HERODOTE dit, que cette Princesse pouvoit tout: & il en conclut, que, quand même *Darius* n'auroit pas choisi *Xerxès*, celui-ci n'auroit pas laissé de régner: [illegible] Lib. VII. Cap. III.

§. XXX. (1) Environ l'an 942. il s'éleva là-dessus une grande dispute en *Allemagne*. L'Empereur *Otton I.* fit assembler les Etats de l'Empire, pour la décider. Comme on ne pût s'accorder, la decision en fût remise à un Duel. Le Vainqueur fut celui qui soûtenoit, que le droit de Représentation avoit lieu, & qu'ainsi les Neveux devoient partager la Succession également avec leur Oncle. WITTIKIND, *Hist.* Lib. II. SIGEBERT. *Chron.* Otton. I. *sub ann.* 942. citez par HOTOMAN, dans l'endroit cotté en marge.

(2) Voiez RENE' CHOPPIN, *de Domanio*, Lib. II. THOM. GRAMMATIC. *Decis. Neapol.* I. JOANN. LE CIRIER, de Primogenit. *in Ocean. Juris*, (Tom. X.) MARIANA, Hist. Lib. XX. & XXVI. CROMER. *Hist. Polon.* Lib. XXX. GROTIUS.

(3) Ces exemples sont placez, dans l'Original, à la fin du paragraphe. Je ne sai pourquoi l'Auteur les avoit mis là.

(4) Le Savant Gronovius dit, que ce ne fut pas à cause d'une Loi fondamentale de la Succession, mais parce que les *Lacedémoniens* trouvant *Cléonyme* d'une humeur trop violente, & porté à la domination, ne voulurent point qu'il régnât: ce qui fit que, pour se venger, il engagea *Pyrrhus* à leur déclarer la Guerre. Il est vrai que PLUTARQUE semble insinuer cela, dans le passage suivant, auquel on renvoie: [illegible] Vit. Pyrrh. *pag.* 400. F. Tom. I. *Ed. Wech.* Mais PAUSANIAS, dans l'endroit que nôtre Auteur indique en marge, donne à entendre au contraire assez clairement, que *Cléonyme* fut exclu, par la raison que la Roiauté venoit de droit à *Arée*, selon l'ordre de la Succession: [illegible] Et que, selon les Loix, le Fils d'un Aîné défunt succédât, au préjudice de son Oncle, cela paroît par ce que PLUTARQUE même rapporte, dans l'endroit que nôtre Auteur cite aussi; savoir que *Lycurgue*, qui auroit pû s'approprier le Roiaume, s'il eût voulu, déclara qu'il appartenoit à son Neveu *Charilas*: [illegible] &c. GRONOVIUS accuse encore nôtre Auteur de contredire ce qu'il a lui-même dit dans le paragraphe précedent, de la préférence que les *Lacedémoniens* donnoient, selon leurs Loix, à un Cadet né depuis l'avénement de son Pére à la Couronne; ce qui ne s'accorde point avec une Succession linéale agnatique, telle que GROTIUS suppose avoir été établie à *Lacédémone*. Mais cela prouve seulement, que nôtre Auteur entend parler ici d'une Succession linéale irreguliére; comme il l'insinuë & dans le paragraphe précedent, & dans celui-ci, où il s'exprime de cette maniere: *Ubi ad* Heraclidas *regno delato* SIMILIS *exstitit successio linealis agnatica* &c.

(5) Voiez DE SERRES, *Invent. de l'Hist. de France*, dans l'histoire de *Charles V.* surnommé *le Sage*, & MARIANA, *Hist.* Lib. XVIII. où il dit, que les Fils d'*Edouard* ne contestérent pas même la Couronne à leur Neveu. Le même MARIANA, après avoir traité, au Liv. XIV. de la dispute qu'il y eut entre *Sanche*, Fils d'*Alphonse*, Roi de *Castille* & de *Léon*, & son Petit-fils, nous apprend, que les Etats décidérent en faveur du prémier; on ne sait, ajoûte-t-il, si ce fut à tort ou non. GROTIUS.

Nôtre Auteur a mis ici, dans le Texte, *Jean*, pour *Richard*: car c'est de celui-ci que parlent les Historiens qu'il cite lui-même. Voiez DE SERRES, pag. 196. *Jean* est le nom d'un des Oncles de *Richard*; & l'autre s'appelloit *Edmond*, & non pas *Hémon*. Voiez POLYDORE VIRGILE, *Hist. Angl.* Lib. XX. au commencement; & l'Extrait des ACTES PUBLICS D'ANGLETERRE, dans la BIBLIOTHEQUE CHOISIE, Tom. XXVI. pag. 1, *& suiv.*

(6) Voiez ci-dessus, §. 17. *Note* 1. C'est pour cela qu'autrefois, dans le *Palatinat*, *Rupert* le Cadet fut préféré à un autre *Rupert*, descendu de l'Aîné. Voiez REINKING, Lib. I. Class. IV. Cap. XVII. *num.* 35. GROTIUS.

(7)

parmi la plûpart des Peuples d'*Allemagne*: car la coûtume d'admettre les Petits-fils à la concurrence de la Succession avec les Fils, ne s'est introduite que tard. Mais, dans un doute, on doit présumer plûtôt, que le droit de Représentation a lieu; parce qu'il est conforme à la Nature, comme nous l'avons (e) remarqué ci-dessus.

(e) §. 6.

3. Que si la Représentation est formellement autorisée par le Droit Civil du païs, elle ne laissera pas d'avoir lieu, encore même que, dans quelque Loi, il soit fait mention du plus *proche Parent*, comme appellé à la Succession. On allégue là-dessus diverses raisons, tirées du Droit Romain, mais qui ne sont pas bien concluantes; comme il paroîtra, si on examine les Loix mêmes, sur lesquelles les Docteurs se fondent. Mais voici, à mon avis, la meilleure raison, c'est qu'en matiére de (7) Choses Favorables, il faut étendre la signification des termes à tout ce qu'ils peuvent signifier, non seulement selon l'usage commun, mais encore selon l'usage des Arts. Sur ce principe, le nom de *Fils* comprend ceux qui ne le sont que par *adoption*: & le terme de *Mort* renferme la *Mort Civile*; car c'est ainsi que ces mots sont souvent pris dans les Loix. De même, par *le plus proche Parent* on pourra fort bien entendre celui qui est à un degré que la Loi déclare le plus proche.

4. Mais si un Roiaume Héréditaire est indivisible, & que le droit de Représentation n'y soit pas rejetté; le Petit-fils ne doit pas toûjours être préféré au Fils Cadet, ni le Fils Cadet non plus au Petit-fils né du Fils Aîné: mais comme entr'égaux (car ils sont au même degré (8) par un effet de la Loi, qui les y met) le plus âgé passera devant. Car, comme nous l'avons remarqué (f) ci-dessus, la prérogative de l'Age ne passe pas d'une personne à l'autre dans les Roiaumes purement Héréditaires. Dans l'ancien Roiaume de (g) *Corinthe*, le plus âgé des Enfans du Roi défunt succédoit toûjours, à l'exclusion des Puînez. Parmi les *Vandales*, depuis qu'on eût établi que le plus proche du Sang Roial & le plus âgé seroit l'Héritier de la Couronne, (h) un Fils Cadet (9) l'emporta sur le Petit-fils, né du Fils Aîné, parce qu'il avoit plus d'âge. Dans le Roiaume de *Sicile*, *Robert* (i) fut préféré au Fils de *Martel* son Frére Aîné, non pas proprement par la raison que Bartole a imaginée, savoir, parce que ce Roiaume étoit un Fief; mais à cause que la Couronne étoit héréditaire. Il y a un exemple ancien d'une semblable Succession dans le Roiaume de *France*, en la personne de (k) *Gontran*: mais cela arriva plûtôt par un effet de l'élection du Peuple, que par une suite d'un ordre réglé de Succession; car la maniére d'élever les Rois sur le Trône par élection, n'étoit pas encore entiérement hors d'usage.

(f) §. 18. num. 3.

(g) *Diod. Sic.* Lib. VI. apud *Georg. Syncell.*

(h) *Procop.* Bell Vandal. Lib. I. Cap. 7. 8.

(i) *Conrad. Vicerius*, Vit. Henric. VII. *pag.* 463.

(k) *Aimoin.* Lib. III. Cap. 62.

§. XXXI. 1. C'est avec la même distinction qu'on doit répondre à la question sur la

(7) Voiez ci-dessous, *Chap.* XVI. de ce Livre, §. 10, 12. Mais cette distinction ne fait rien ici: & l'explication de nôtre Auteur est bien fondée, indépendamment de ce qu'il y a de favorable dans le droit de Représentation, consideré en lui-même. Car dès-là que ce droit est établi par les Loix du Païs, celui qui représente son Pére est le plus proche, puis qu'en vertu de la Loi il est censé la même personne que son Pére. De sorte que, comme son Pére, s'il vivoit, seroit le plus proche, il l'est aussi.

(8) Ils ne sont pas au même degré, à considerer la proximité naturelle, je l'avouë, car le Petit-Fils est éloigné du Roi defunt d'un degré plus que le Fils Cadet. Mais en vertu du droit de Représentation, autorisé par les Loix, le Petit-fils, qui represente son Pére, est par là censé la même personne, comme je viens de le dire, & ainsi est au même degré que son Oncle.

(9) C'étoit *Honoric* (ou *Hunneric*) Fils de *Genzon*, qui fut préferé à *Gondamond*. Voiez ce qui a été dit ci-dessus, §. 24. dans les Notes, au sujet d'un tel ordre de Succession. Grotius.

Il y avoit ici, dans le Texte, *Henricus*, pour *Honoricus*, ou *Hunnericus*; ce qui étoit sans doute une faute d'impression. Mais il reste plus d'une méprise de nôtre Auteur. I. *Honoric*, ou *Hunneric*, étoit Frere cadet de *Genzon*, mort avant lui, & non pas son Fils. II. *Gondamond*, au contraire, étoit lui-même Fils de *Genzon*. III. Il falloit donc dire, conformément à la vérité de l'Histoire, & pour que l'exemple soit à propos, qu'*Honoric*, Fils cadet de *Gizeric*, fut préferé à *Gondamond*, Fils de *Genzon*, son aîné. *Bodin* (*de Republ.* Lib. VI. Cap. V. pag. 1145.) fait aussi mal-à-propos *Honoric*, Petit-fils de *Gizeric*, dans l'endroit où il traite cette même matiére. Nôtre Auteur semble l'avoir eu devant les yeux; car il citoit mal, comme lui, Procop. *Lib.* 2. *Bell. Vandal.*

§. XXXI. (1) Voiez De Serres, *Invent. de l'Hist. de France*, dans la Vie de *Philippe Auguste*, où il parle de la dispute entre *Jean* & *Artus*, pour la Succession au Roiaume d'*Angleterre*. (pag. 116.) Le même Historien rapporte une semblable décision en faveur de la Succession Linéale, par rapport au Duché de *Bretagne*:

Vies

la préférence entre un Frére Cadet du dernier Roi, & le Fils de son Frére Aîné mort. Il faut remarquer seulement, qu'il y a plusieurs Païs où le droit de Représentation n'a pas lieu dans la ligne collatérale, quoi qu'il soit reçû dans celle des Descendans. Mais lors que cette exception n'est pas manifeste, l'Equité Naturelle (1) veut qu'on panche plûtôt à favoriser les Enfans, en les mettant à la place de leurs Péres décedez; j'entens pour ce qui regarde les biens venus de pére en fils.

2. Il ne serviroit de rien d'observer, que l'Empereur JUSTINIEN appelle un *privilége* (2), le droit de Représentation accordé aux Fils des Fréres. Car il ne le qualifie pas ainsi eu égard à l'Equité Naturelle; mais par rapport (3) à l'ancien Droit des *Romains*. Parcourons maintenant les autres questions, qu'EMMANUEL COSTA (a) propose sur la matiére dont nous traitons.

(a) *De rebus dubiis.*

§. XXXII. CET Auteur dit, que le Fils d'un Frére défunt, ou même sa Fille, passent devant l'Oncle du dernier Roi. Cela est vrai, (1) non seulement dans la Succession Linéale, mais encore dans la Succession (a) purement Héréditaire, si le droit de Représentation est reçû. Mais il n'en est pas de même dans les Roiaumes où la Succession se régle précisément sur le degré naturel: car là il faut donner la préférence à celui qui a la prérogative du Séxe ou de l'Age.

(a) Voiez *Digest.* Lib. XXVI. Tit. III. *de legitim. Tutoribus*, Leg. III. §. 1.

§. XXXIII. ON ajoûte, que le Petit-fils, né d'un Fils, passe devant la Fille. Cela est certain, à cause de l'avantage du Séxe. Mais il faut y mettre cette exception, que la dispute ne naisse pas dans un Païs, où, même entre Enfans, on ne regarde que le degré.

§. XXXIV. LE même décide, qu'un Petit-fils, né d'un Fils, & qui est moins âgé, doit être préféré au Petit-fils né d'une Fille, mais plus âgé. (1) Cela est vrai dans la Succession Linéale Cognatique, mais non pas dans la Succession purement Héréditaire: à moins qu'on ne produise là-dessus quelque Loi particuliére. La raison, qu'on allégu., n'est pas suffisante. Le Pére, dit-on, du Petit-fils moins âgé, l'auroit emporté sur l. Mére du Petit-fils plus âgé. Mais ç'auroit été à cause d'une prérogative purement personnelle, & qui ne passe point du Mort au Vivant.

§. XXXV. POUR ce que l'on dit, qu'il paroît vraisemblable qu'une Petite-fille, née d'un Fils Aîné, exclut le Fils Cadet; cela ne peut être admis dans les Roiaumes purement héréditaires, lors même que la Représentation a lieu. Car la Représentation rend bien capable de succeder; mais entre personnes capables de succeder le Séxe masculin a la préférence.

§. XXXVI. C'EST pour cela que, dans le (a) Roiaume d'*Aragon* (1) le Fils d'une Sœur fut préféré à la Fille du Frére.

(a) *Illescas*, Hist. Pontific. *Lib.* VI. *Cap.* XIX. *Assict.* C. I. col. 5. *num.* 20. *de natura succed. Aguirr.* Apolog. *num.* 88.

§. XXXVII.

Vies de PHILIPPE *de Valois & de* CHARLES VIII. (pag. 165, 166. & 422.) GROTIUS.

(2) *Quandoquidem igitur fratris & sororis filiis tale privilegium* [ὀφεγρόμενον] *dedimus, ut in propriorum parentum succedentes locum, soli in tertio constituti gradu, cum iis, qui in secundo gradu sunt, ad hereditatem vocentur* &c. NOVELL. CXVIII. Cap. III.

(3) Selon l'ancien Droit des *Romains*, les Neveux ne succedoient, que quand il ne restoit point de Frére, ni de Sœur, du Défunt: *Proinde quum fratris tui intestato mortui ad te consanguinitatis jure hereditas pertineat: nullâ ratione alterius fratris tui filii ad eamdem successionem adspirare desiderant: nam & cessante jure adgnationis in persona omnium, Praetorii juris beneficio, ad te potius, qui secundum gradum obtines, hereditas pertinet, quàm ad fratris tui filios, qui in tertio gradu constituti sunt.* COD. *de legitim. heredibus*, Leg. III. *Et mortuo eo, qui patruus quidem est fratris sui filiis, avunculo autem sororis sua soboli, simili modo ex utroque latere succedant, tamquam si omnes legitimo jure veniant: scilicet. ubi frater & soror superstites non sunt.* Ibid. *Leg.* XIV. §. 1.

§. XXXII. (1) Car l'Oncle du Défunt a été déja exclus par la proximité de la ligne du Défunt, dans laquelle se trouve le Neveu de celui-ci, si la Succession est Linéale. Et il est exclus par la proximité du degré, si la Succession est Héréditaire, & que le droit de Représentation ait lieu; car alors le Neveu est censé au même degré que le Défunt.

§. XXXIV. (1) MARIANA, *Hist. Hisp.* Lib. XXVI. décide que cela devoit avoir lieu dans le *Portugal*. Il raconte néanmoins, que, contre cette maxime, *Emanuel* fut préferé à l'Empereur *Maximilien*, par la faveur du Peuple. Le même dit, *Lib.* XII. que si, dans le Roiaume de *Castille*, *Ferdinand*, Fils de *Berengére*, Sœur cadette du Roi défunt *Henri*, fut préféré à *Blanche*, Sœur aînée du même Roi, ce fut en haine de la *France*, parce que *Blanche* étoit mariée à un Prince François. GROTIUS.

§. XXXVI. (1) Dans ce païs-là, on croioit autrefois, à ce que dit MARIANA, qu'un Frére devoit succeder, à l'exclusion des propres Filles du Roi défunt.

§. XXXVII. De même, dans les Roiaumes purement héréditaires, la Fille d'un Frére Ainé doit aller après le Frére Cadet du Roi.

CHAPITRE VIII.

Des AQUISITIONS, que l'on rapporte communément au DROIT DES GENS.

I. *Que l'on rapporte au* DROIT DES GENS, *bien des choses, qui, à proprement parler, ne sont pas du Droit des Gens.* II. *Que les* Poissons *d'un Etang, & les* Bêtes Sauvages *renfermées dans un Parc, appartiennent, selon le Droit de Nature au Maître de l'Etang, ou du Parc; quoi que le Droit Romain décide autrement.* III. *Qu'une Bête Sauvage, qui s'est enfuïe, ne cesse pas pour cela d'appartenir à celui qui l'avoit prise, si on peut la bien reconnoître.* IV. *Si la* Possession *s'aquiert par le moien de quelque Instrument?* V. *Qu'il n'est pas contre le Droit des Gens, que les Bêtes Sauvages appartiennent aux Princes.* VI. *Comment on aquiert la Possession des autres choses qui n'ont point de Maître.* VII. *A qui appartient naturellement un* Trésor. *Combien les Loix sont différentes sur ce sujet.* VIII. *Que les maximes du Droit Romain touchant les* Iles *& les* Alluvions, *ne sont conformes ni au Droit Naturel, ni au Droit des Gens.* IX. *Que naturellement une Ile qui se forme dans une Riviére, ou le lit qu'une Riviére laisse à sec, appartiennent à celui à qui est la Riviére, ou cette partie de la Riviére, c'est-à-dire, au Peuple.* X. *Que, par le Droit Naturel, un Propriétaire, dont la Terre a été inondée, ne perd pas pour cela son droit de Propriété.* XI. *Que, dans un doute, les Alluvions sont aussi au Peuple.* XII. *Que le Peuple néanmoins est censé les laisser à ceux dont les Fonds n'ont d'autres bornes, que la Riviére.* XIII. *Il en est de même des bords que la Riviére abandonne, & d'une partie du lit laissée à sec.* XIV. *Moien de distinguer ce que l'on doit regarder comme une Alluvion, d'avec ce qui doit passer pour Ile.* XV. *Quand c'est que les Alluvions appartiennent aux Vassaux.* XVI. *Examen des raisons, dont les Jurisconsultes Romains se servent, pour montrer que leurs décisions sur cette matiére sont fondées sur le Droit Naturel.* XVII. *Lors qu'il y a un Chemin public entre la Riviére & le Fonds voisin, cela empêche, selon le Droit Naturel, que le Propriétaire de ce Fonds ne puisse prétendre à l'Alluvion.* XVIII. *Qu'il n'est pas du Droit Naturel, que le fruit d'un Animal suive le ventre seul.* XIX. *Que naturellement & le mélange de matiéres appartenantes à différens Maîtres, & la pro-*

Ensuite, on s'accommoda si fort de la Succession Linéale, que le Fils d'une Sœur étoit préféré à ceux qui descendoient du Frére, mais dans un degré plus éloigné: *Hist.* Lib. XV, 23. XIX, 21. XX, 2, & 8. Le même Historien, parlant d'*Alfonse*, dit, qu'*il ordonna, que, pour la Succession du Roiaume* d'Aragon, *ses Petits-fils seroient préférez aux Fils de* Ferdinand: *& que même les Petits-fils qu'il auroit de sa Fille, seroient préférez aux Fills. de* Ferdinand, *en cas que les Mâles vinssent à manquer.* Lib. XXIV. *C'est ainsi*, ajoûte-t-il, *que souvent le droit à la Couronne se change, selon la fantaisie des Rois.* Voiez le même MARIANA, XXVII, 3. GROTIUS.

CHAP. VIII. §. I. (1) C'est-à-dire, à ce Droit arbitraire, établi par un consentement tacite des Peuples, que nôtre Auteur suppose sans fondement. Voiez ci-dessus, *Liv.* I, *Chap.* I. §. 14. *Note* 3. Mais, comme on l'a remarqué, les Jurisconsultes Romains n'entendent ici autre chose par le *Droit des Gens*, que ce que les Interprêtes Modernes appellent *Jus Naturale secundarium*. Voiez ce que j'ai dit sur PUFENDORF, *Droit de la Nat. & des Gens*, Liv. II. Chap. III. §. 23. *Note* 3. de la seconde Edition: & le Commentaire de Mr. NOODT sur la I. Partie du DIGESTE, pag. 6, *& seqq.*

Il paroit par le Titre même, où sont contenuës les matiéres dont nôtre Auteur va traiter, que c'étoit-là l'idée des anciens Jurisconsultes: *Quarumdam enim rerum dominium nanciscimur* JURE NATURALI, *quod, sicut diximus, adpellatur* JUS GENTIUM: *quarumdam Jure Civili.* INSTITUT. *De divisione rerum* &c. Lib. II. Tit. I. §. 11. Ainsi la critique de nôtre Auteur n'est juste, qu'en ce qu'il fait voir, que certaines décisions des

production d'une nouvelle forme dans une matiére appartenante à autrui, rendent le Tout commun: XX. *Quand même celui qui s'est servi d'une matiére appartenante à autrui, l'auroit fait de mauvaise foi.* XXI. *Il n'est pas non plus conforme au Droit Naturel, que ce qui est de plus grande valeur l'emporte ici sur ce qui est de moindre valeur. Autres erreurs des Jurisconsultes Romains.* XXII. *Que, quand on a planté, semé, ou bâti, dans le Fonds d'autrui, il résulte de là naturellement une communauté.* XXIII. *Que, par le Droit de Nature, un Possesseur de bonne foi n'aquiert pas les revenus qu'il tire du bien d'autrui; mais qu'il peut seulement se dédommager là-dessus des dépenses qu'il a faites.* XXIV. *Que cela a lieu même à l'égard d'un Possesseur de mauvaise foi.* XXV. *Que la Délivrance n'est pas nécessaire, selon le Droit Naturel, pour transférer la Propriété.* XXVI. *Usage des remarques précedentes.*

§. I. 1. L'ORDRE demande, que nous traitions maintenant des AQUISITIONS QUI SE FONT PAR LE DROIT DES GENS, distinct du *Droit Naturel*, c'est-à-dire, par le Droit des Gens arbitraire, comme nous l'avons appellé ci-dessus.

2. Les Aquisitions qui se font *par droit de Guerre*, sont de cet ordre. Mais il sera plus à propos d'en parler, quand nous en serons venus à l'endroit où nous expliquerons les effets de la Guerre.

3. Les Jurisconsultes Romains, lors qu'ils traitent de l'*Aquisition de la Propriété des biens*, en expliquent plusieurs maniéres, qu'ils disent être du Droit des Gens. Mais si l'on y fait bien réflexion, on trouvera, qu'à la reserve de celles du droit de la Guerre, toutes les autres, dont ils parlent, n'appartiennent point au (1) *Droit des Gens* dont il s'agit dans cet Ouvrage. Elles doivent être rapportées ou au Droit Naturel, non pas à la vérité à celui qui vient purement & simplement de la Nature, mais à celui qui a lieu en conséquence de l'établissement de la Propriété des biens, & avant tout Droit Civil; ou bien aux Loix Civiles, non pas du seul Peuple Romain, mais de (2) plusieurs Nations voisines. Et ces Loix ou ces Coûtumes communes à plusieurs Peuples ont été, à mon avis, appellées *Droit des Gens*, parce qu'elles étoient venuës des *Grecs*, dont les usages, comme DENYS *d'Halicarnasse* & d'autres Auteurs le remarquent, étoient fort suivis par les Peuples d'*Italie* & des environs. Mais elles ne sont pas du *Droit des Gens* proprement ainsi nommé: car elles (3) ne se rapportent point à ce que demande la Société générale qu'il y a entre les Peuples, mais au bien & à la tranquillité de chaque Peuple en particulier. Aussi est-il libre à chaque Peuple de changer ces sortes de Loix, sans consulter les autres: & il peut même se faire, que de tout autres Coûtumes, communes à plusieurs Nations, s'introduisent en d'autres lieux & en d'autres tems; d'où il résultera un nouveau Droit des Gens, dans le sens impropre dont il s'a-

des Jurisconsultes Romains ne sont pas fondées sur les véritables principes du Droit de Nature, commun à toutes les Nations; quoi qu'ils les donnent pour telles.

(2) Les Peuples s'accordent, sans qu'on sâche certainement d'où cela vient, en matiére d'autres Coûtumes, qui n'ont aucun rapport au Droit. C'est dequoi PLINE donne plusieurs exemples: comme, que l'on ne brûloit pas les Corps des Enfans, qui n'avoient point encore de dents (dans le tems que c'étoit la mode générale de rendre ainsi les derniers devoirs aux Morts) *Hist. Natur.* Lib. VII. *Cap.* XVI. Que l'on se servoit, en écrivant, des caractéres des *Ioniens*: Ibid. *Cap.* LVII. Il parle aussi de l'usage des Barbiers, comme d'une chose en quoi les Nations s'accordoient: *Ibid.* Cap. LIX. & de la distinction des Heures: *Cap.* LX. & du respect religieux qu'on avoit pour les genoux d'une personne: *Lib.* XI. *Cap.* XLV. & de la coûtume d'adorer les Eclairs en battant des mains, ou remuant la langue, d'une certaine maniére: (*Fulgetras poppysmis adorare, consensus gentium est.*) XXVIII, 2. GROTIUS.

(3) *Neque enim pertinet ad mutuam gentium inter se societatem.* C'est ainsi que porte l'Original. L'Auteur, à la fin du Chapitre, s'exprime encore plus clairement & plus fortement: *Ab his* [juribus] *quæ societatis humanæ vinculum continent.* Je remarque cela, pour montrer que ses idées ne sont pas bien nettes ni bien constantes, sur la nature de son *Droit des Gens.* Il l'a defini un *Droit arbitraire*: mais ce qui est nécessaire pour entretenir la Société entre tous les Peuples, n'est pas une chose arbitraire: ils doivent l'observer indispensablement, en vertu de la Loi de Nature, soit qu'ils le veuillent, ou ne le veuillent pas.

s'agit. Cela est arrivé effectivement, depuis que les Peuples de l'ancienne *Germanie* se sont emparez presque de toute l'*Europe*. Car les *Loix & les Coûtumes Germaniques* s'introduisirent alors par tout, & elles y subsistent encore aujourdhui, comme avoient fait autrefois celles des *Grecs*.

4. La prémiére maniére d'aquérir, que les Jurisconsultes Romains disent être du Droit des Gens, c'est (4) la *prise de possession des choses qui n'appartiennent à personne*. Mais c'est-là sans contredit une maniére d'aquérir selon le Droit Naturel, entendu dans le sens que je viens d'indiquer, depuis l'introduction de la Propriété des biens, & tant qu'il n'y a point de Loi qui en dispose autrement. Car les Loix même Civiles peuvent conférer un droit de Propriété, par leur autorité seule.

§. II. On rapporte à ce prémier chef, l'aquisition des *Bêtes Sauvages*, des *Oiseaux*, & des *Poissons*, que l'on prend. Mais il n'est pas sans difficulté, de déterminer le tems pendant lequel tous ces Animaux doivent être regardez comme n'appartenant à personne. Le Jurisconsulte (1) Nerva, *le Fils*, dit, que l'on est maître des Poissons d'un Vivier, mais non pas de ceux d'un Etang; & des Bêtes Sauvages d'un Parc, mais non pas de celles qui courent dans une Forêt, quoi qu'environnée tout autour de quelque clôture. Cependant les Poissons d'un Etang, qui appartient à quelcun, ne sont pas moins enfermez, que ceux d'un Vivier; ni les Bêtes Sauvages d'une Forêt bien enclose, moins gardées que celles d'un (a) Parc: toute la différence qu'il y a, c'est que la derniére prison est plus étroite, que l'autre. Ainsi c'est avec raison que, dans nôtre Siécle, l'opinion contraire a prévalu. Car on tient pour régle aujourdhui, que le Maître d'une Forêt ou d'un Etang est censé posseder les Bêtes Sauvages ou les Poissons qu'il y a, & par conséquent avoir sur eux un droit de Propriété.

(a) *Vivarium*, que les *Grecs* appellent Θηριοτροφεῖον.

§. III. 1. Les Jurisconsultes Romains disent, que (1) les Bêtes Sauvages ne nous appartiennent plus, dès qu'elles ont recouvré leur liberté naturelle. Mais, en matiére de toute autre chose, quoi que la Propriété commence par la Possession, (2) elle ne finit pas néanmoins du moment que l'on perd la Possession: bien loin de là, un Propriétaire, comme tel, a droit d'exiger qu'on le remette en possession de son bien, si on l'a entre ses mains. Et il n'importe pas beaucoup, que ce soit quelcun qui nous pren-

(4) *Feræ igitur bestiæ, & volucres, & pisces, id est, omnia animalia, quæ mari, cœlo, & terrâ nascuntur, simul atque ab aliquo capta fuerint, jure gentium statim illius esse incipiunt. Quod enim ante nullius est, id naturali ratione occupanti conceditur.* Instit. Lib. II. Tit. I. *De divisione rerum* &c. §. 12. On voit encore ici que *jure gentium*, & *naturali ratione*, sont la même chose, selon les Jurisconsultes Romains.

§. II. (1) *Item* [Nerva filius] *ait, feras bestias, quas vivariis incluserimus, & pisces, quos in piscinas conjecerimus, à nobis possideri. Sed eos pisces, qui in stagno sint, aut feras, quæ in silvis circumseptis vagantur, à nobis non possideri: quoniam relictæ sint in libertate naturali.* Digest. Lib. XLI. Tit. II. *De adquir. vel amittenda possess.* Leg. III. §. 14. Mais il faut lire ici *in silvis* NON *circumseptis*; ce qui fait un sens tout contraire à celui qu'on y trouve ordinairement, & conforme à la pensée de nôtre Auteur. Voiez ce que l'on a dit sur Pufendorf, *Droit de la Nat. & des Gens*, Liv. IV. Chap. VI. §. 11. *Note* 1.

§. III. (1) *Quidquid autem eorum ceperis, eo usque tuum esse intelligitur, donec tuâ custodiâ coercetur: quum vero evaserit custodiam tuam, & in naturalem libertatem se receperit, tuum esse desinit, & rursum occupantis fit. Naturalem autem libertatem recipere intelligitur, quum vel oculos tuos effugerit, vel ita sit in conspectu tuo, ut difficilis sit ejus persequutio.* Instit. Lib. II. Tit. II. *De divis. rerum*, §. 12. Voiez, sur ceci, Pufendorf, *Liv.* IV. *Chap.* VI. §. 12. avec les Notes.

(2) Voiez ce que j'ai dit sur Pufendorf, dans le Chapitre qui vient d'être cité, §. 1. *Note* 1. Il faut remarquer ici, avec Obrecht, que les Jurisconsultes Romains ont admis la présomption sur laquelle nôtre Auteur fonde l'abandonnement tacite de l'ancien Maître d'une Bête Sauvage. Cela paroît par les derniéres paroles du paragraphe des Institutes, qui vient d'être cité dans la *Note* précedente, & qui est tiré de la Loi V. du Titre du Digeste, *De adquir. rerum dominio.* Mais je ne vois pas qu'ils disent rien, comme ils devoient le faire en raisonnant conséquemment, de l'exception d'une présomtion plus forte, que fournissent les marques mises à une Bête Sauvage, & d'où on a tout lieu d'inférer que le Propriétaire espére de pouvoir recouvrer sa Bête, lors qu'elle s'est échappée. Et au fond, cela n'est pas possible, sur tout quand une Bête Sauvage s'est un peu apprivoisée. Ainsi c'est en vain que Ziegler prétend, que, par cela même que la Bête est Sauvage, le Propriétaire, qui ne peut ignorer le naturel de cet Animal, est censé ne vouloir en conserver la Propriété qu'autant qu'il en aura la Possession.

(3) *Namque fugitivus idcirco à nobis possideri videtur, ne ipse nos privet possessione:* Digest. Lib. XLI. Tit. II. *De adquir. vel amitt. possess.* Leg. XIII. *princip.*

(4) Que les *Grecs* appellent Γνωρίσματα, & les Latins *Crepundia*. Le prémier mot se trouve dans le Gram-

prenne nôtre bien, ou qu'une chose qui nous appartient se dérobe, pour ainsi dire, elle-même, comme fait un (3) Esclave fugitif. Il est donc plus raisonnable de dire, que, quand une Bête Sauvage s'est échappée, cela seul ne dépouille pas le Maître de son droit de Propriété; mais il le perd, parce qu'il y a lieu de présumer vraisemblablement, (a) qu'on abandonne alors ces sortes d'Animaux, qu'il seroit très-difficile de rattraper; d'autant plus qu'on ne peut point distinguer la Bête qui nous a appartenu, d'avec toute autre.

(a) Voiez ci-dessus, *Chap.* IV. de ce Livre, §. 5.

2. Cette présomtion peut néanmoins être détruite par d'autres: comme si l'on a mis quelque marque (4) à une Bête. Nous savons que des Cerfs & des Eperviers ont été reconnus par là, & rendus à leurs Maîtres.

3. Au reste, pour aquérir la Propriété, il faut une (5) Possession corporelle. Ainsi il ne suffit pas d'avoir (6) blessé une Bête, mais il faut l'avoir prise; comme cela fut décidé avec raison par les (7) anciens Jurisconsultes, contre l'opinion de TREBATIUS. De là vient le proverbe; *Faire lever le Liévre pour* (8) *un autre*: & ce que dit (9) OVIDE, qu'*autre chose est de savoir où est ce qu'on veut, & autre chose de le trouver.*

§. IV. CETTE Possession corporelle peut être aquise, non seulement avec les *Mains*, mais encore avec des *Instrumens*, tels que sont les Trébuchets, les Filets, les Lacets. Mais il faut pour cela deux choses: l'une, que ces Instrumens (1) soient en nôtre pouvoir; l'autre, que la Bête soit si bien prise, qu'elle ne puisse se sauver. C'est par ce principe qu'on doit décider la question proposée au sujet d'un (2) Sanglier qui s'étoit pris dans les Toiles.

§. V. 1. TOUT ce que je viens de dire a lieu, tant qu'il n'y a point de Loi Civile, qui régle autrement les choses. Car c'est se tromper beaucoup, que de prétendre, comme font (a) les Jurisconsultes Modernes, que ces sortes de maximes soient tellement de Droit Naturel, qu'on ne puisse y rien changer. Elles ne sont pas de Droit Naturel purement & simplement, mais en supposant un certain état des choses, c'est-à-dire, tant qu'on n'en a pas disposé autrement.

(a) *Host.* & alii in Cap. *Non est*: 22. De Decimis. *Jason*, Consil. 119.

2. Or, comme les Rois & les Princes ont besoin de quelques biens pour soûtenir leur dignité; les Peuples de l'ancienne *Germanie* pensérent (1) sagement, qu'on ne pou-

Grammairien DONAT, qui parle des marques qu'on mettoit aux Enfans exposez, pour les reconnoître: [CUM MONUMENTIS] Monumenta *sunt, quæ Græci dicunt* Γνωρίσματα, καὶ σπάργανα. In Eunuch. TERENT. *Act.* IV. *Scen.* VI. (vers. 15.) APULE'E emploie en ce sens le mot de *Crepundia*, Apolog. (pag. 64. *Ed. Pricæi.*) GROTIUS.

(5) Voiez les Notes sur PUFENDORF, *Droit de la Nat. & des Gens*, Liv. IV. Chap. VI. §. 2. & 9, 10.

(6) HARMENOPULE dit, que celui qui a blessé une Bête n'en devient maître que quand il l'a prise: Μὴ ἰσχύσει γὰρ τὸν τρώσαντα γενέσθαι δεσπότην τοῦ θηρίου, εἰ μὴ καὶ τοῦτο ἐκδέξεται. Lib. II. Tit. I. (*num.* 26. *Ed. Gothofr.*) GROTIUS.

(7) *Illud quæsitum est, an fera bestia, quæ ita vulnerata sit, ut capi possit, statim nostra esse intelligatur? Trebatio placuit, statim nostram esse, & eo usque nostram videri, donec eam persequamur. . . . . Plerique non aliter putaverunt eam nostram esse, quàm si eam ceperimus; quia multa accidere possunt, ut eam non capiamus: quod verum est.* DIGEST. Lib. XLI. Tit. I. *De adquir. rerum domin.* Leg. V. §. 1.

(8 On le trouve dans PETRONE: *Vides, quod aliis leporem excitavi?* (Cap. CXXXI.) Et OVIDE y fait allusion:

Credula si fueras, alia tua gaudia carpent,
Et lepus hic aliis exagitatus erit.

(De Art. amat. *Lib.* III. *vers.* 660, 661.) Par les Loix des *Lombards*, si quelcun a tué ou trouvé une Bête qui avoit été blessée par un autre, il lui en revient une épaule, avec sept côtes: le reste demeure à celui qui l'avoit blessée, pourvû qu'il n'y ait pas plus de vingt-quatre heures depuis la blessûre faite. (*Lib.* I. *Tit.* XXII. Leg. IV. & VI.) GROTIUS.

(9) ——— ——— ——— *Aut si*
Scire ubi sit, reperire vocas ———

Metamorph. Lib. V. vers. 520. Mais il s'agit-là d'autre chose, comme je l'ai remarqué sur PUFENDORF, *Droit de la Nat. & des Gens*, Liv. IV. Chap. VI. §. 8. *Note* 1.

§. IV. (1) C'est-à-dire, non pas toûjours qu'ils nous appartiennent (car on peut se servir de ceux que l'on a d'emprunt, avec le consentement du Propriétaire) mais que rien n'empêche qu'on ne s'en serve dans le lieu où ils sont placez. Par conséquent il faut ou que ce soit un lieu qui appartienne à celui qui y veut chasser; ou que ce soit un lieu public; ou, si c'est un Fonds appartenant à autrui, que le Propriétaire consente qu'on y chasse.

(2) Voiez DIGEST. Lib. XLI. Tit. I. *De adquir. rerum domin.* Leg. LV. & ce que l'on a remarqué sur PUFENDORF, *Droit de la Nat. & des Gens*, Liv. IV. Chap. VI. §. 9. *Note* 2.

§. V. (1) Voiez ce que dit JEAN *de Salisbury*, in *Policrat.* (Lib. I. Cap. IV.) touchant l'abus de ce droit. GROTIUS.

pouvoit mieux faire d'abord (2) que de leur assigner ce qu'on pouvoit leur donner sans ôter rien à personne; telles que sont toutes les choses qui n'ont point encore de maître. Je vois qu'on en usoit de même en *Egypte*, où un Intendant des Rois (3) avoit charge de faire entrer dans le Domaine Roial ces sortes de choses. Et les Loix ont pû en transférer la propriété, même avant qu'elles fussent occupées; (b) la volonté du Législateur suffisant pour produire un droit de Propriété.

(b) *Covarruv.* in Cap. *Peccatum*: Part. II. §. 8.

§. VI. Les autres (1) choses sans maître, s'aquiérent de la même maniére, que les Bêtes Sauvages. Car, à considérer le Droit Naturel tout seul, tout ce qui n'a point de maître est au prémier qui le trouve, & qui s'en saisit. C'est ainsi que (2) la Ville d'*Acanthe* fut ajugée à l'Espion des *Chalcidiens*, qui y étoit entré le prémier, & non pas à celui des *Andriens*, qui avoit le prémier lancé un Dard contre la Porte de la Ville: parce que l'on commence à prendre possession d'une chose par une application corporelle, qui, en matiére de Choses Mobiliaires, se fait principalement avec les Mains; & en matiére d'Immeubles, avec les Pieds. Savoir où est une chose, ce n'est pas la trouver, comme nous l'avons déja remarqué (a), après Ovide.

(a) §. 3. à la fin.

§. VII. 1. On met au rang des choses sans maître, un (a) *Trésor*, c'est-à-dire, un argent dont on ignore le maître. (1) Car ce qui ne paroit point, est censé n'être point. Ainsi les Trésors appartiennent naturellement à celui qui les trouve, c'est-à-dire, qui les tire du lieu où ils étoient, & qui s'en saisit.

(a) Voiez *Digest.* Lib. XLI. Tit. II. *De adquir. vel amitt. possess.* Leg. III. §. 3.

2. Cela n'empêche pourtant pas, que (2) les Loix ou les Coûtumes ne puissent en disposer autrement. Platon (3) veut que, quand on a trouvé un Trésor, on le déclare au Magistrat, & que l'on consulte ensuite l'Oracle, pour savoir à qui doit être ce Tré-

(2) Voiez Pufendorf, *Droit de la Nat. & des Gens*, Liv. IV. Chap. VI. §. 3, 6, 7.

(3) Celui dont parle Strabon, cité en marge par nôtre Auteur, n'est pas un Intendant des anciens Rois d'*Egypte*, mais un Intendant des Empereurs Romains, établi depuis que ce païs fut réduit en forme de Province. Le Géographe dit que cet Intendant est appellé Ἴδιος λόγος: & Casaubon remarque là-dessus judicieusement, que c'étoit le même qui est appellé dans le Digeste, *Procurator Caesaris*, ou *Rationalis*. Voiez le même Savant, dans son Commentaire sur Lampridius, *Alex. Sever.* Cap. XLV. & sur Capitolin, *Maximin. duob.* Cap. XIV. Ce qui a trompé nôtre Auteur, c'est qu'il est dit un peu plus bas, que *ces Magistrats étoient les mêmes sous les Rois*: Ἦσαν δ᾽ ἐν καὶ ἐπὶ τῶν Βασιλέων αὗται αἱ ἀρχαί. Mais il n'a pas pris garde, que cela ne se rapporte qu'aux *Magistrats du païs*, Τῶν δ᾽ ἐπιχωρίων ἀρχόντων, dont il vient de parler, & qui sont clairement distinguez des Officiers établis par l'Empereur Romain. Voici, au reste, le passage de question: Ἄλλος δ᾽ ἐστὶν ὁ προσαγορευόμενος Ἴδιος λόγος, ὃς τῶν ἀδεσπότων, καὶ τῶν εἰς Καίσαρα πίπτειν ὀφειλόντων, ἐξεταστής ἐστι. Geograph. *Lib.* XVII. *pag.* 1148. *Edit. Amst.* (797. *Paris.*) Ainsi il pourroit bien être, que, lors que l'*Egypte* étoit gouvernée par ses propres Loix, les Rois n'y avoient pas le même droit, qu'eurent depuis les Empereurs Romains, sur les choses sans maître.

§. VI. (1) En *Portugal*, les Baleines, qui viennent à bord, sont au Roi. Georg. de Cabedo, *Decis. Lusitan.* Part. II. Decad. XLVIII. Grotius.

(2) L'Auteur érigeoit en *Ile* cette Ville de *Macédoine*, qui est près de la Mer, vers le Golfe de *Strymon*. C'est Plutarque, cité en marge, qui rapporte le fait: Ὁ μὲν Χαλκιδικὸς [κατάσκοπος] προεξέδραμεν, ὡς καταληψόμενος τοῖς Χαλκιδεῦσι τὴν πόλιν· ὁ δὲ Ἄνδριος οὐ συνεξανύσας, ἠκόντισε τὸ δόρυ, καὶ ταῖς πύλαις ἐμπαγέντος μετὰ βοῆς, Ἀνδρίων ἔφη παισὶν ἀρχῇ προκα-τειλῆφθαι τὴν πόλιν &c. Quaest. Graec. XXIX. *pag.* 298. T. II.

§. VII. (1) Voiez sur cette matiére, Pufendorf, *Droit de la Nat. & des Gens*, Liv. IV. Chap. VI. §. 13.

(2) Il y avoit une Loi des *Bybliens*, qui défendoit *d'emporter ce que l'on n'avoit point mis dans l'endroit où on le trouvoit*. Le Philosophe Apollonius *de Tyane* approuvoit cette maxime, au rapport de Philostrate, dans sa Vie. Grotius.

La Loi, dont nôtre Auteur parle, étoit des *Stagirites*: Σταγειριτῶν νόμος οὗτος καὶ πάνυ Ἑλληνικός· Ὃ μὴ κατέθου, φησὶ, μὴ λάμβανε. Ælian. Var. Hist. *Lib.* III. *Cap.* XLVI. Il est vrai que le même Auteur rapporte, que les gens de *Byblos*, Ville de *Phénicie*, suivoient cette maxime dans la pratique: *Lib.* IV. *Cap.* I. pag. 302. *Edit. Perizon.* Mais il ne dit point, qu'il y eût de Loi là-dessus. Pour ce que l'on remarque ici, au sujet d'*Apollonius*, je ne sache point qu'il y ait autre chose dans Philostrate, que ce qui va être rapporté dans la *Note* 4. & qui regarde un cas tout particulier.

(3) Ὁ δὲ κατιδὼν εὑρὼν [θησαυρὸν], ἀγγελλέτω .... τοῖς τῶν ἀρχόντων ἐπιμεληταῖς· ἐπανελθόντων δὲ ἡ πόλις εἰς Δελφοὺς πεμπέτω &c. De Legibus, Lib. XI. pag. 913, 914. Tom. II. *Ed. H. Steph.*

(4) Il s'agissoit d'une dispute entre un Vendeur, & l'Acheteur, qui avoit trouvé un Trésor dans le Champ vendu. Le Philosophe dit là-dessus, qu'il falloit voir, lequel des deux étoit le plus honnête homme. Et, selon lui, il n'y avoit point d'apparence, que les Dieux eussent permis que le Vendeur se défit de sa Terre, où il y avoit un si beau Trésor caché, pour donner ainsi lieu à l'Acheteur de le trouver, si celui-ci n'eût été plus homme de bien: Δοκεῖ δέ μοι, Βασιλεῦ, καθάπερ ἐπὶ τρυτάνης ἀντικρῖναι τούτους, καὶ τὸν ἀμφοῖν ἀνθρωπήσαι βίον. οὐ γὰρ ἄν μοι δοκοῦσιν οἱ Θεοὶ τὸν μὲν ἀφελέσθαι καὶ τὴν γῆν, εἰ μὴ φαῦλος ἦν, τῷ δ᾽ αὖ καὶ τὰ ὑπὸ τῇ

γῇ

Trésor, APOLLONIUS *de Tyane*, autre Philosophe, ajugeoit (4) un Trésor trouvé au plus honnête homme, comme un présent de la libéralité divine. La Parabole de Nôtre Seigneur JESUS-CHRIST (b) au sujet de l'homme qui a trouvé un Trésor caché dans un Champ, semble (5) donner lieu d'inférer, que, parmi les *Juifs*, un Trésor étoit au (6) Maître du Fonds, où on l'avoit trouvé. Une histoire, rapportée par (c) PHILOSTRATE, me fait croire que la même chose avoit lieu en *Syrie*. Les Loix des Empereurs Romains ont fort varié là-dessus : ce qui paroît en partie par (7) leurs Constitutions, en partie par les Histoires (8) de (d) LAMPRIDE, de (e) ZONARE, & de (f) CEDREN. Les Peuples de l'ancienne *Germanie* ont affecté [illegible] Prince les Trésors, aussi bien que toutes les autres choses sans maître : de sorte que c'est maintenant une (g) Loi commune, & en quelque façon du Droit des Gens. En effet, tel est l'usage & en *Allémagne*, & en *France*, & en *Angleterre*, & en *Espagne*, & en *Dannemark*. Nous avons (h) suffisamment (9) établi ci-dessus la raison pourquoi il n'y a rien là d'injuste.

§. VIII. 1. VENONS maintenant aux *accroissemens des Terres, qui se font lors qu'une Riviére se retire ou change de cours.* Il y a là-dessus (1) un grand nombre de décisions des anciens Jurisconsultes & plusieurs Traitez entiers des Modernes.

2. Mais tout ce qu'on a dit sur cette matiére, n'est fondé, pour la plus grande partie, que sur les usages de quelques Nations, quoi que ces Auteurs donnent souvent leurs décisions pour conformes aux maximes du Droit Naturel. Ils raisonnent le plus souvent sur ce principe, (a) Que les bords d'une Riviére appartiennent aux Propriétaires des Fonds voisins, (2) & le lit même de la Riviére, (3) aussi tôt que la Riviére le quit-

(b) *Matth.* XIII, 44.

(c) *Vit. Apoll.* Lib. VI. Cap. 16. *Ed. Morell.* (Cap. 39. *Ed. Olear.*)

(d) *Vit. Alex. Sever.* c. 46. Voiez *Spartien*, Vit. Hadrian. C. 18.

(e) *Vit. Nerv.* au sujet d'*Atticus*, le Rhéteur.

(f) In *Nicephor.*

(g) *Thom.* II. 2. LXVI, 5. & *Cajet.* Vid. & *Covarruv.* in C. *Peccatum* : Part. III. §. 2.

(h) §. 5. Voiez aussi *Chap.* II. de ce Livre, §. 5. & Chap. III. §. 5.

(a) Voiez *Digest.* Lib. XLI. Tit. I. *De adquir. rer. dom.* Leg. 7.

γῆ δοῦναι, εἰ μὴ βέλτιον ἦν τοῦ ἀποδομένου . . . . . ἐνεχθ- ῆναι ἐν ᾗ τῷ Ἀπολλωνίῳ γνώμῃ, καὶ ἀνελθεῖν ὁ χρυσὸς, ὡς παρὰ τῶν Θεῶν ταῦτα ἔχων. Vit. Apoll. Tyan. *Lib.* II. *Cap.* XXXIX. *Ed. Olear.* Voilà une décision, qui prouve qu'*Apollonius* n'avoit pas de plus justes idées en matiere de Théologie, qu'en fait de Droit Naturel.

(5) Cela n'est pas sûr. Voiez ce que j'ai dit sur PUFENDORF, *Droit de la Nat. & des Gens*, Liv. V. Chap. III. §. 7. *Note* 2.

(6) Il semble que cela fût en usage à *Rome*, du tems de PLAUTE. Car, dans une de ses Comédies, *Callicles* dit, que, s'il n'eût pas acheté lui-même la Maison où il savoit qu'il y avoit un Trésor caché par son Ami absent, un autre qui l'auroit achetée, auroit eu le Trésor :

Qui emisset, ejus esset-ne ea pecunia?
Emi egomet potius ædeis, argentum dedi
Thesauri caussâ, ut salvom amico traderem.

(Trinumm. *Act.* I. *Scen.* II. *vers.* 141, *& seqq.*) Voiez aussi *Act.* V. *Scen.* II. vers. 22. GROTIUS.

(7) Voiez les INSTITUTES, Lib. II. Tit. II. *De rerum divisione* &c. §. 39. & là-dessus les Interprêtes : comme aussi l'illustre JAQUES GODEFROI, sur le CODE THEODOSIEN, Lib. X. Tit. XVIII. *De Thesauris*, Tom. III. pag. 485, *& seqq.*

(8) Voiez ce que TACITE rapporte, *Annal.* Lib. XVI. (*Cap.* I. *& seqq.*) des Trésors qu'on disoit avoir été trouvez en *Afrique*, & que *Néron* dévoroit d'espérance, sur la fausse nouvelle qu'on lui en avoit donnée. Voiez aussi PHILOSTRATE, au sujet, du Rhéteur *Atticus* : Vit. Sophist. (*Lib.* II, Cap. I. §. 2. *Ed. Olear.*) GROTIUS.

(9) Voiez le SPECULUM SAXONICUM, Cap. XXXV. CONSTITUT. SICUL. *Frideric.* Lib. I. Tit. LVIII. & CIII. La même chose étoit en usage chez les *Goths*. Le Roi *Theodoric* dit, dans CASSIODORE, qu'on ne sauroit taxer d'une avidité injuste, les Princes qui prennent ce dont aucun Propriétaire ne se plaint qu'on l'ait dépouillé : *Non est enim cupiditas eripere, quæ nullus se dominus ingemiscat amisisse.* Var. *Lib.* IV. *Cap.* XXXIV. Le même, en ordonnant ailleurs à ses Ministres d'appliquer au Trésor Roial les Trésors trouvez, dit, que, puis qu'il laisse chacun jouïr tranquillement de son bien, ceux qui ont trouvé ces biens qui n'ont point de maître, doivent le lui laisser de bon cœur : *Depositiva* (ou *Depositiones*) *quoque pecunia, quæ longâ vetustate competentes dominos amiserunt, inquisitione tuâ nostris applicentur ærariis : ut quia sua cunctos patimur possidere, aliena nobis debeant libenter offerre. Sine damno siquidem inventa perdit, qui propria non amittit.* Lib. VI. Cap. VIII. GROTIUS.

§. VIII. (1) Voiez BARTOLE, in Tract. *Tyberiad.* BAPTIST. AYMUS, *De Alluvionum jure* : CONNANUS, Comm. Jur. Civ. Lib. III. Cap. V. JEAN BOREO, ANTOINE MARSAI JEAN GRYPHIANDER, (*De Insulis*, Cap. XVIII.) & plusieurs autres. GROTIUS.

(2) Ils veulent bien, que l'usage en soit public, & qu'ainsi chacun puisse y aborder, attacher les cordes du Batteau aux Arbres qui s'y trouvent, y décharger quelque fardeau : mais ils prétendent néanmoins, que les bords appartiennent en propre aux Maîtres des Champs voisins, à cause dequoi les Arbres, qui y naissent, sont à eux : *Riparum quoque usus publicus est juris gentium, sicut ipsius fluminis. Itaque navem ad eas adplicare, funes arboribus ibi natis religare, onus aliquod in his reponere, cuilibet liberum est, sicut per ipsum flumen navigare : sed proprietas earum illorum est, quorum prædiis hærent : quâ de caussâ arbores quoque in iisdem natæ eorumdem sunt.* INSTITUT. Lib. II. Tit. I. *De divisione rerum* &c. §. 4.

(3) *Quod si naturali alveo in universum relicto, alia parte fluere cœperit* (flumen) : *Prior quidem alveus eorum est, qui prope ripam ejus prædia possident, pro modo scilicet latitudinis cujusque agri, quæ latitudo prope ripam sit.* Nec,

quitte : d'où il s'ensuit, que les Iles, qui se forment dans la Riviére, sont (4) aussi à eux.

(b) *Digest. ubi supra, §. 5. & eod. Tit. Leg.* 30. Leg. 38.

3. De plus, à l'égard des inondations, ils distinguent les grandes d'avec les petites: (b) & ils disent, que les prémiéres font perdre aux anciens Maîtres des Fonds inondez tout le droit qu'ils y avoient; mais que les autres laissent ce droit en son entier: de telle sorte que, si la Riviére se retire tout d'un coup, les Champs même entiérement inondez retournent à leurs anciens Maîtres, comme par droit (5) de *postliminie*: mais que, quand la Riviére se retire peu-à-peu, les (6) anciens Propriétaires n'ont plus rien à prétendre à ces Terres découvertes, & que même elles reviennent aux Propriétaires des Fonds les plus proches. Tout cela, je l'avouë, a pû être ainsi établi par les Loix Civiles; & on trouve même dequoi justifier la sagesse de ces réglemens, par la raison qu'il est à propos d'engager les Propriétaires des Fonds à entretenir (7) les bords de la Riviére voisine: mais qu'ils soient fondez sur le Droit de Nature, comme les Jurisconsultes, dont il s'agit, semblent le croire; c'est dequoi je ne saurois convenir.

(a) Voiez ci-dessus, *Chap.* III. de ce Liv. §. 19.

§. IX. 1. En effet, si l'on considére ce qui (1) arrive ordinairement, (a) les Peuples en corps se sont emparez de toute l'étenduë d'un Païs, & pour la jurisdiction, & pour la propriété, avant que l'on assignât des Terres à chaque Particulier. Selon (2) Seneque, *on appelle le païs des* Athéniens *ou des* Campanois, *toute l'étenduë des Terres qui appartiennent à ces Peuples, quoi que chaque Particulier y aît ensuite sa portion distinguée de celles des autres par certaines bornes.* Il *n'y a rien*, dit Ciceron, (3) *qui appartienne naturellement à telle ou telle personne, plûtôt qu'à toute autre: mais le droit de Propriété, qu'on a sur certaines choses, vient ou de ce qu'on s'en est emparé le prémier, comme firent ceux qui s'établirent au commencement dans des lieux inhabitez; ou des Conquêtes; ou des Loix, des Conventions, des Conditions que* les

Novus autem alveus ejus juris esse incipit, cujus & ipsum flumen, id est, publicus &c. Ibid. §. 23. Les Jurisconsultes Romains supposoient, que le Peuple ne s'étoit emparé de la Riviére qu'entant que Riviére, & comme nécessaire pour l'usage du Public: *Et ideo, quum exsiccatus esset alveus, proximorum fit: quia jam populus eo non utitur.* Digest. Lib. XLI. Tit. I. *De adquir. rerum dom.* Leg. XXX. §. 1.

(4) *In flumine nata* [Insula], *quod frequenter accidit, siquidem mediam partem fluminis tenet, communis est eorum, qui ab utraque parte fluminis prope ripam prædia possident: pro modo latitudinis cujusque fundi, quæ latitudo prope ripam sit. Quod si alteri parti proximior sit, eorum est tantum, qui ab ea parte prope ripam prædia possident* &c. Institut. *ubi supra*, §. 22.

(5) C'est qu'alors on regardoit le Fonds comme aiant changé de forme, & étant devenu le Lit ou le Canal de la Riviére: *Quod si post aliquod tempus ad priorem alveum reversum fuerit flumen, rursus novus alveus eorum esse incipit, qui prope ripam ejus prædia possident. Alia sanè caussa est, si cujus totus ager inundatus fuerit: neque enim inundatio fundi speciem commutat. Et ob id si recesserit aqua, palam est eum fundum ejus manere, cujus & fuit.* Ibid. §. 23, 24. Voiez les *Probabilia Juris* de Mr. Noodt, Lib. I. Cap. I. & son Traité *de Usufructu*, Lib. II. Cap. XI. pag. 631, & *seqq.*

(6) Voiez ci-dessous, *Liv.* III. *Chap.* IX.

(7) Voiez un passage de Cassius, dans Aggenus Urbicus (*Comment. in Frontin.*) & dans Boece (De Geometr. Lib. II.) Grotius.

Le passage, auquel nôtre Auteur renvoie, est de Cassius Longin, célébre Jurisconsulte, dont le sentiment sur les Alluvions est celui qui passa en loi. Ce fut à l'occasion des inondations fréquentes du *Pô*, & des disputes qui en naissoient entre les Propriétaires des Fonds voisins, qu'il décida de cette maniére, dans la pensée que l'accroissement imperceptible qui se fait du côté d'une Riviére, vient ordinairement de ce que les Propriétaires des Fonds qui y repondent de l'autre côté, ont laissé ronger leurs bords, faute de soin: au lieu que, quand l'Eau se déborde tout d'un coup, c'est l'effet d'une force majeure, qu'ils n'ont pû prévenir: *Circa* Padum *autem quum ageretur (quod flumen torrens & aliquando tàm violentum decurrit, ut alveum mutet, & multorum latè agros trans ripam, ut ita dicam, transferat, sæpè etiam Insulas efficiat)* Cassius Longinus, *vir prudentissimus,* [*Juris auctor*] *hoc statuit, ut quidquid aqua lambendo abstulerit, id possessor amittat: quoniam scilicet ripam suam, sine alterius damno, tueri debet. Si verò majore vi decurrens, alveum mutasset, suum quisque modum adgnosceret: quia non possessoris neglegentiâ, sed tempestatis violentiâ, abreptum adparet. Si verò Insulam fecisset, à cujus agro fecisset, id possideret: at si ex communi, quisque suum reciperet.* Pag. 56, 57. Auct. Rei Agrar. *Edit. Goes.* Voiez aussi Siculus Flaccus, *de conditionibus agrorum*, pag. 13.

§. IX. (1) Voiez ce que j'ai remarqué sur Pufendorf, *Droit de la Nat. & des Gens*, Liv. IV. Chap. VII. §. 12. *Note* 1. & en général tout ce paragraphe, sur la matiére dont il s'agit.

(2) *Fines* Atheniensium *aut* Campanorum *vocamus, quos deinde inter se vicini privatâ terminatione distinguunt.* De Benefic. *Lib.* VII. *Cap.* IV.

(3) *Sunt autem privata nulla naturâ: sed aut veteri occupatione, ut qui quondam in vacua venerunt; aut victoriâ, ut qui bello potiti sunt; aut lege, pactione, conditione, sorte. Ex quo fit, ut ager* Arpinas Arpinatum *dicatur,* Tusculanus Tusculanorum. *Similisque est pri-*vata-

*les Particuliers font ensemble; ou de la décision du Sort. C'est sur quelcun de ces fondemens, que le territoire d'*Arpine, *&* celui de Tusculum, *appartiennent à ces deux Villes. Il faut dire la même chose des biens que chaque Particulier posséde.* L'Orateur DION *de Pruse* remarque, (4) *qu'il y a bien des choses, que l'Etat regarde comme siennes en général, quoi qu'elles aient été assignées à tel ou tel Particulier.* Les anciens *Germains*, au rapport de TACITE, (5) *s'emparoient en commun par villages* (c'est ainsi qu'il faut traduire, en corrigeant un mot de l'original, qui signifieroit *tour-à-tour*) *d'autant de Terres qu'ils en pouvoient cultiver : ensuite ils les partageoient, selon la condition de chacun.* Ainsi tout ce dont un Peuple s'est emparé au commencement, & qui n'a point été ensuite partagé, est censé appartenir en propre au Peuple. Et comme une Ile née dans une Riviére, qui appartient à quelque Particulier, est à ce Particulier, aussi bien que le lit de la Riviére, lors qu'elle vient à changer de cours: de même, dans une Riviére appartenante au Public, l'Ile & le lit sont au Peuple, ou à celui à qui le Peuple a donné de telles choses. Il en est de même (6) des bords de la Riviére, qui sont la partie extérieure du lit, c'est-à-dire, de l'espace dans lequel la Riviére a son cours naturellement.

2. L'usage commun est aujourdhui conforme à ce que je viens de dire. Dans la Province de *Hollande*, & dans les païs voisins, où il y a eu de tout tems des disputes très-fréquentes sur ce sujet, parce que les Terres y sont basses, & les Riviéres grandes; & à cause du voisinage de la Mer, dont le flux & reflux porte le limon tantôt d'un côté, tantôt de l'autre; dans ces païs-là, dis-je, il a toûjours passé pour constant, que les Iles, véritablement telles, sont du Domaine Public. On a souvent jugé de la même maniére à l'égard des lits que le *Rhein* ou la *Meuse* avoient abandonnez entiérement: & ce jugement est fondé (7) sur de très-bonnes raisons.

3. Les

veterum possessionum descriptio. De Offic. *Lib.* I. *Cap.* VII.

(4) Πολλὰ ἔστιν εὑρεῖν, ἃ κοινῇ μὲν ἀνεγέγραπτο ἢ πόλεως, δέδονται δὲ εἰς τοὺς κατὰ μέρος, ὅπως δὲ ἔχ. Orat. Rhodiac.

(5) *Agri, pro numero cultorum ab universis per vicos* [& non pas, *vices*] *occupantur, quos mox inter se, secundum dignationem, partiuntur.* De moribus German. *Cap.* XXVI. *num.* 2. La correction, que propose ici nôtre Auteur, avoit été déja faite par CURTIUS PICHENA, & suivie par d'autres. Le Savant GRONOVIUS ne la croit point nécessaire. Mais cela est peu important, par rapport à l'application au sujet dont il s'agit.

(6) Cela est en usage en *France.* Voiez le Livre intitulé, SANCTION DES EAUX ET FORETS, *Liv.* II. *Chap.* I. GROTIUS.

(7) Nôtre Auteur cite ici en marge quelques Loix du DIGESTE, qu'il croit fondées sur ses principes, & par conséquent ne pas s'accorder avec les principes des Jurisconsultes Romains. Il est dit dans l'une, que ce qui naît ou qui est bâti dans un lieu public, appartient au Public, & qu'ainsi une Ile, née dans une Riviére Publique, doit aussi appartenir au Public: LABEO libro eodem : *Si id, quod in publico innatum aut ædificatum est, publicum est, Insula quoque, quæ in flumine publico nata est, publica esse debet.* Lib. XLI. Tit. I. *De adquir. rerum domin.* Leg. LXV. §. 4. Un peu plus haut, le Jurisconsulte PAUL soûtient, que les bords même d'une Ile appartenante à un Particulier sont publics, de même que les bords de la Mer, & les bords de la Riviére voisins d'une Terre, qui n'est point Ile : *Si qua Insula in Flumine propria tua est, nihil in ea publici est.* PAULUS : *Immo in eo genere Insularum ripa fluminis, & litora mari proxima, publica sunt : non secus atque in continenti agro idem juris est.* §. 1. (Il faut lire ici : *Ripa* FLUMINIS, UT *litora* &c. selon la correction ingénieuse du Jurisconsulte Moderne, que je vais citer tout-à-l'heure.) L'autre Loi porte, que le nouveau Canal que s'est fait une Riviére dans des Terres appartenantes à des Particuliers, devient dès-là public; parce qu'il est impossible de concevoir, que le lit d'une Riviére publique n'appartienne pas au Public: *Ille etiam alveus, quem sibi flumen fecit, etsi privatus ante fuit, incipit tamen esse publicus : quia impossibile est, ut alveus fluminis publici non sit publicus.* Lib. XLIII. Tit. XII. *De Fluminibus* &c. Leg. I. §. 7. Mr. VAN DE WATER, dans ses *Observat. Jur. Rom.* Lib. I. Cap. VII. où il fait la correction, dont je viens de parler, montre aussi très-bien, ce me semble, que dans le §. 4. de la premiére Loi, il faut lire PAULUS, au lieu de LABEO *libro eodem*; & remettre les derniers mots au commencement du paragraphe précedent: parce qu'autrement ces deux Jurisconsultes raisonneroient d'une maniére toute opposée à ce qu'ils viennent de soûtenir l'un & l'autre. Il veut ensuite, que la remarque du Jurisconsulte PAUL ne soit qu'une confirmation de celle qu'il a faite dans le §. 3. & qu'elle ne doive s'entendre que des Iles flottantes. Mais ceci ne me paroît pas aussi sûr. Car 1. La remarque, sur ce pié-là, ne porteroit pas contre la décision précedente, qui regarde un cas tout particulier: au lieu que l'objection est générale. 2. D'ailleurs, il n'y a rien qui insinuë, que le Jurisconsulte parle seulement des Iles flottantes : les termes marquent clairement *toute Ile qui est née dans une Riviére Publique.* Et, dans le paragraphe précedent, avec lequel celui-ci est apparemment lié, il s'agit d'une Ile attachée au fond du lit de la Riviére. 3. La comparaison que fait le Jurisconsulte avec les choses *bâties* dans un Lieu Public,

3. Les Jurisconsultes Romains reconnoissent eux-mêmes, (8) qu'une Ile, qui (9) flotte dans une Riviére, où des Arbrisseaux, par exemple, la soûtiennent, appartient au Public; parce, (10) disent-ils, qu'une Ile née dans la Riviére, doit être à celui à qui appartient la Riviére. Or il en doit être ici du lit de la Riviére, comme de la Riviére même: non seulement par la raison qui a frappé les Jurisconsultes Romains, c'est que le Lit est couvert de la Riviére; mais encore par une autre raison, que nous avons déja alléguée, c'est que le Peuple s'est emparé en même tems & de la Riviére, & de son Lit, sans avoir ensuite assigné en propre ni l'un ni l'autre à aucun Particulier. C'est pourquoi je ne trouve non plus aucun fondement dans le Droit Naturel, à ce que disent les mêmes Jurisconsultes, (11) que, quand les Possessions voisines de la Riviére sont des (12) *Terres limitées*, l'Ile, qui se forme dans la Riviére, est au prémier occupant. Car cela ne pourroit avoir lieu, qu'en supposant que le Peuple ne se fût point (13) emparé de la Riviére, & en même tems de son Lit; auquel cas il en seroit comme d'une Ile, née dans la Mer, laquelle est au prémier occupant.

§. X. 1. Ce que disent encore les Jurisconsultes Romains au sujet des grandes inondations, n'est pas mieux fondé, à en juger par le Droit Naturel tout seul. Car, quand

blic, montre, que les Iles, dont il parle, ne sont pas des Iles flottantes: car on ne bâtit point en l'air. 4. Le raisonnement semble demander, qu'on entende ici toutes sortes d'Iles, qui se forment dans une Riviére publique. Voici à quoi il se reduit. Tout ce qui se trouve dans un Lieu Public, soit qu'il y croisse naturellement, ou qu'on l'y mette, en bâtissant, doit être, par rapport au Droit, de même nature que le Lieu: Or les Iles d'une Riviére Publique, quelles qu'elles soient, naissent dans un Lieu Public: Donc elles doivent aussi appartenir au Public, & non pas aux Particuliers, qui ont des Terres voisines. C'est une objection, que Paul fait contre le sentiment de Labéon, ou plûtôt contre l'opinion reçuë des anciens Jurisconsultes: & à la considerer en elle-même, selon les principes du Droit Naturel, elle étoit très-bien fondée. Mais comme le Jurisconsulte a voulu faire un argument *ad hominem*, à cet égard-là elle peut être regardée comme une de ces chicanes dont on l'accuse de s'être souvent servi, en critiquant les maximes de Labéon. La Majeure de l'argument n'est pas généralement vraie, comme elle devroit l'être, selon les principes des anciens Jurisconsultes. Car les choses qui se formoient naturellement (*innata*) dans un Lieu Public, étoient bien regardées comme Publiques, les Arbres, par exemple, les Plantes, les Mineraux &c. mais non pas les *Bâtimens*, dont l'usage même n'étoit pas public; ce qui fait voir combien ceux-là se trompent, qui croient, après Accurse & Cujas, que les Iles sont dites ici *Publiques*, uniquement pour l'usage, ensorte que la Proprieté est supposée demeurer aux Particuliers: car, sur ce pié-là, la Conclusion seroit differente des Prémisses. Il vaut mieux encore, pour l'honneur du Jurisconsulte Paul, qu'il ait raisonné sur un principe faux en partie: & les Compilateurs du Droit Romain ne devoient pas oublier d'y joindre la réponse, qu'il étoit aisé de faire. Car, comme Mr. Van de Water le soûtient avec raison, selon les idées reçuës des Jurisconsultes Romains, le lit d'une Riviére Publique, consideré en lui-même, est censé faire partie des bords; de sorte que, du moment que la Riviére l'abandonne, & qu'ainsi il n'est plus necessaire pour l'usage public, les Maîtres des Terres joignantes, auxquels appartiennent les bords, ne font que se mettre en possession de leur bien. D'où il s'ensuit, que les Iles aussi qui se forment dans le lit de la Riviére, leur appartiennent; car c'est alors la même chose, par rapport à ces Iles, que si la Riviére avoit abandonné son lit: & il n'y a que l'usage des bords qui soit public, de la même maniére qu'il l'est à l'égard de ceux qui touchent les Terres voisines de la Riviére. D'où il paroit encore, que, dans le paragraphe dont il s'agit, le Jurisconsulte ne peut point parler de l'usage seul d'une Ile nouvellement née dans une Riviére, puis que son raisonnement & ses paroles regardent toute l'Ile, & non pas une partie, ou les bords, qui seuls étoient d'un usage public.

(8) *Si qua Insula in flumine publico proxima tuo fundo nata est, ea tua est.* Paulus: *Videamus, ne hoc falsum sit de ea Insula, quæ non ipsi alveo fluminis cohæret, sed virgultis, aut qualibet alia levi materia ita sustinetur in flumine, ut solum ejus non tangat, atque ipsa movetur: hæc enim propemodum publica, atque ipsius fluminis est Insula.* Digest. Lib. XLI. Tit. I. *De adquir. rerum domin.* Leg. LXV. §. 2. L'exception, que les Jurisconsultes Romains faisoient de ces sortes d'Iles, separées du lit de la Riviére, confirme ce qui vient d'être dit dans la Note précedente.

(9) On trouve des descriptions de ces Iles flottantes, dans Sene'que, *Natural. Quæst.* Lib. III. Cap. XXV. Pline, *Hist. Natur.* Lib. II. Cap. XCV. Macrobe, *Saturnal.* Lib. I. Cap. VII. Pline *le Jeune*, Epist. *Lib.* VIII. *Cap.* XX. décrit aussi agréablement de semblables Iles qu'il y a d[an]s le Lac de *Vadimon* en *Toscane*; & Chiffley, ce[ll]es de *Flandres*, dans un Livre, qui mérite d'être l[û]. Grotius

(10) Mais voiez ce que l'on a dit ci-dessus, dans la *Note* 7. sur ce paragraphe.

(11) *Si Insula in publico flumine fuerit nata, inque ea aliquid fiat, non videtur in publico fieri. Illa enim Insula aut occupantis est, si limitati agri fuerunt; aut ejus, cujus ripam contingit; aut, si in medio alveo nata est, eorum, qui prope utrasque ripas possident.* Digest. Lib. XLIII. Tit. XII. *De Fluminibus* &c. Leg. I. §. 6. Voiez aussi *Lib.* XLI. Tit. I. *De adquir. rerum dominio*, Leg. XVI. & ce que dit sur cette Loi Mr. Van der Goes, *Not. in Auctores Rei Agrariæ*, pag. 197.

(12) Voiez ci-dessus, Chap. III. de ce Livre, où l'on explique la nature de ces sortes de Terres, & des autres differentes.

(13)

quand même toute la surface des Terres inondées se convertiroit en sable, la partie intérieure demeure toûjours solide: (1) & quoi qu'elle change un peu de qualité, sa substance n'est pas plus changée, qu'une partie d'un Champ, qui est engloutie par un Lac; auquel cas les Jurisconsultes Romains (2) croient avec raison, qu'elle ne change point pour cela de maître.

2. Il n'est pas non plus de Droit Naturel, que les Riviéres, semblables aux (3) anciens Receveurs des impositions mises sur les Terres, prennent, en changeant de cours, tantôt quelque chose des Biens Publics, pour le donner aux Particuliers, & tantôt du bien des Particuliers, pour le donner au Public; comme parlent les Jurisconsultes (4) Romains. Les *Egyptiens* avoient de meilleures maximes: car ils distinguoient (5) exactement les Terres de chacun, & les mesuroient & remesuroient, pour les reconnoître, malgré tous les changemens qu'y faisoit le *Nil* en se débordant (6).

3. Les Jurisconsultes Romains disent eux-mêmes une chose, qui s'accorde avec nôtre sentiment. Car ils posent pour régle, *Que* (7) *ce qui est à nous, ne cesse de nous appartenir que par nôtre propre fait:* ajoûtez, *ou en vertu de quelque Loi.* Or, comme nous (a) l'avons déja remarqué, le mot général de *faire* renferme ce que l'on ne fait

(a) *Chap.* IV. de ce Livre, §. 5.

(11) Lors que les *Romains* distribuoient quelques Terres à une Colonie ou une Multitude de gens; s'il y avoit une Riviére, elle faisoit quelquefois partie de l'étenduë assignée à tels ou tels: quelquefois la Riviére étoit du nombre des morceaux qui restoient, après que les Terres avoient été mesurées & divisées en arpens (*Subseciva*): quelquefois elle étoit expressément reservée au Peuple Romain. C'est ce que nous apprend un ancien Auteur, qui a écrit de la nature des Terres: *In quibusdam regionibus, fluminum modus adsignationi cessit: in quibusdam vero tamquam subsecivus relictus est: aliis autem exceptus, inscriptumque;* FLUMINI ILLI TANTUM; *ut in Pisaurensi comperimus* &c. SICULUS FLACCUS, *de conditionibus agrorum*, (pag. 18, 19. *Edit. Goes.*) Voiez les excellentes remarques, que SAUMAISE fait, à son ordinaire, touchant ces *Subseciva*, dans ses *Exercit. in Solinum.* (& joignez y celles de Mr. VAN DER GOES, dans ses *Antiquitates agrariæ*, où il a mieux examiné ces sortes de choses.) En général, sur toute la matiére des Riviéres & des Accroissemens qui en proviennent, on peut consulter, si l'on veut, ROSENTHAL. *De Jure Feudorum*, Cap. V. Coroll. XXIII. SIXTINUS, *de Regalibus*, Lib. II. Cap. III. CÆPOLLA, *de Servitutib. rusticorum prædiorum*, Cap. XXXI. & *seqq.* GROTIUS.

§. X. (1) Ce n'est pas non plus en cela, que les Jurisconsultes Romains font consister le changement des Terres inondées, & la différence de l'inondation: car ils reconnoissent, que quand on auroit ôté la terre qui couvre un Fonds, pour en mettre d'autre, cela n'empêcheroit pas qu'il n'appartint toûjours à son ancien Maître: LABEO: *Nec si summa terra sublata ex fundo meo, & alia regesta esset, idcirco meum solum esse desinit; non magis, quàm stercorato agro.* DIGEST. Lib. VII. Tit. IV. *Quibus modis Ususfructus* &c. Leg. XXIV. §. 2. Mais ils raisonnent sur ce principe, que la Riviére aiant quitté son ancien lit, s'en est ouvert un autre dans les Terres inondées, qui par là sont devenuës le Canal de la Riviére; au lieu que quand la Riviére, demeurant dans son ancien lit, se déborde seulement, le lit étant toûjours le même, les Terres couvertes d'Eau sont aussi censées demeurer les mêmes. Voiez ci-dessus, §. 8. *Note* 5. & la *Note* suivante.

(2) Cela est fondé sur le même principe, dont nous venons de parler: *Lacus & Stagna, licet interdum crescant, interdum exarescant, suos tamen terminos retinent: ideoque in his jus alluvionis non adgnoscitur.* DIGEST. Lib. XLI. Tit. I. *De adquir. rerum dominio*, Leg. XII. *Lacus, quum aut crescerent, aut decrescerent, numquam neque accessionem, neque decessionem in eos vicinis facere licet.* Lib. XXXIX. Tit. III. *De aqua, & aquæ pluviæ arcenda*, Leg. XXIV. §. 3. Voiez aussi *Lib.* XVIII. Tit. I. *De contrah. emtione*, Leg. LXIX.

(3) CASSIODORE dit, que les Mesureurs des Terres sont comme un grand Fleuve, qui ôte à l'un, & donne à l'autre: *More vastissimi fluminis aliis spatia tollit* (Agri mensor), *aliis jura* (d'autres lisent *rura*, ou *terram*) *concedit.* (Var. Lib. III. Cap. LII.) GROTIUS.

(4) *Flumina enim Censitorum vice funguntur, ut ex privato in publicum addicant, & ex publico in privatum.* DIGEST. Lib. XLI. Tit. I. *De adquir. rerum domin.* Leg. XXX. §. 3. Cela se doit entendre aussi, selon l'hypothése dont nous avons parlé, *Note* 1. sur ce paragraphe.

(5) Ἐδέησε δὲ τῆς ἐπ' ἀκριβὲς καὶ κατὰ λεπτὸν διαιρέσεως, διὰ τὰς συνεχεῖς τῶν ὅρων συγχύσεις, ἃς ὁ Νεῖλος ἀπεργάζεται κατὰ τὰς αὐξήσεις, ἀφαιρῶν καὶ προστιθεὶς, καὶ ἐναλλάττων τὰ σχήματα, καὶ τἆλλα σημεῖα ἀποκρύπτων, οἷς διακρίνεται τό, τε ἀλλότριον, καὶ τὸ ἴδιον, ἀνάγκη δὲ ἀναμετρεῖσθαι πάλιν καὶ πάλιν. STRABO. *Geograph.* Lib. XVII. pag. 1136. *Ed. Amst.* (787. *Paris.*)

(6) Il n'y a rien là de contraire aux principes des Jurisconsultes Romains, comme le remarque très-bien OBRECHT. Car ils reconnoissent eux-mêmes formellement, que les inondations du *Nil*, qui n'étoient qu'à tems, ne changeoient point & n'augmentoient point ses bords: RIPA *autem ita rectè definitur*, id, quod flumen continet, naturalem rigorem cursûs sui tenens. *Ceterum si quando, vel imbribus vel mari, vel qua alia ratione, ad tempus excrevit: ripas non mutat. Nemo denique dixit*, Nilum, *qui incremento suo* Ægyptum *operit, ripas suas mutare, vel ampliare. Nam, quum ad perpetuam sui mensuram redierit, ripæ alvei ejus muniendæ sunt.* DIGEST. Lib. XLIII. Tit. XII. *De Fluminibus* &c. Leg. I. §. 5.

(7) *Id, quod nostrum est, sine facto nostro ad alium transire non potest.* DIGEST. Lib. L. Tit. XVII. *De diversis regulis Juris*, Leg. XI.

fait pas, ou l'omission d'une chose, entant qu'elle donne lieu à conjecturer la volonté de celui qui n'agit point. Ainsi je tombe d'accord, que quand l'inondation est très-grande, & que les anciens Maîtres des Terres inondées ne donnent point d'autre marque qu'ils aient dessein de conserver leur droit de Propriété; on présume aisément, qu'ils abandonnent ces Terres

4. La grande variété des circonstances, auxquelles il faut faire ici attention, est cause que le Droit Naturel ne donne point de régle fixe pour fonder, dans tous les cas, cette présomtion, & qu'il laisse cela au jugement équitable d'un Arbitre. Mais les Loix Civiles déterminent ordinairement quelque chose là-dessus. Ainsi, dans la Province de *Hollande*, on tient pour abandonnée une Terre, qui a été entiérement inondée pendant l'espace de dix ans; à moins que les Propriétaires n'aient fait connoître en quelque maniére qu'ils continuoient leur possession. Et l'usage est, parmi nous, qu'au défaut de tout autre moien, il suffit de pêcher sur les eaux qui couvrent les Terres inondées, pour être censé en retenir la possession: ce qui est, à mon avis, bien fondé, quoi que les Jurisconsultes Romains aient décidé (b) autrement. Mais les Princes autrefois marquoient pour l'ordinaire un certain tems, pendant lequel les anciens Possesseurs des Terres inondées devoient les dessêcher; faute dequoi, on sommoit ceux à qui ces Terres étoient hypothéquées, de le faire eux-mêmes; & après eux, ceux qui y avoient Jurisdiction, ou seulement civile, ou civile & criminelle: que si aucun d'eux ne se mettoit en devoir de travailler au dessêchement, alors tout le droit de Propriété sur les Terres inondées passoit au Prince, qui ou les dessêchoit lui-même, & les unissoit à son Domaine, ou les donnoit à dessêcher à d'autres, s'en reservant une partie.

(b) *L. si ager.* 23. D. *quibus modis ususfr. amitt.*

§. XI. POUR ce qui est des *Alluvions*, c'est-à-dire, de l'accroissement des petits morceaux de terre que personne ne peut réclamer, parce qu'on ne (1) sait d'où ils viennent (car, si on le sait, ils ne (2) changent point de Maître, à en juger par le Droit Naturel); en matiére, dis-je, d'Alluvions, il faut tenir pour certain, qu'elles appartiennent aussi au Peuple, si le Peuple s'est approprié la Riviére, ce que l'on doit présumer dans un doute: sinon, elles sont au prémier occupant.

§. XII. 1. MAIS le Peuple peut ceder son droit aux Propriétaires des Terres voisines, comme à toute autre personne: & il doit certainement être censé avoir fait cette concession, lors que les Terres n'ont de ce côté-là d'autres limites, que les bornes natu-

§. XI. (1) *Per alluvionem autem id videtur adjici, quod ita paulatim adjicitur, ut intelligere non possimus, quantum quoque momento temporis adjiciatur.* DIGEST. Lib. XLI. Tit. I. *De adquir. rerum domin.* Leg. VII. §. 1.

(2) Les Jurisconsultes Romains disent, que si l'Eau aiant emporté un morceau de terre d'un Champ, l'ajoûte au Champ voisin; ce morceau de terre appartient toûjours au Maître du Champ, d'où il a été détaché; à moins qu'il ne reste trop long tems dans l'autre Fonds, & que les Arbres, qu'il a entraînez, n'y aient pris racine: car en ce cas-là, il est aquis au Propriétaire du Fonds, où il demeure attaché: *Quod si vis fluminis partem aliquam ex tuo prædio detraxerit, & meo prædio adtulerit; palam est, eam tuam permanere. Planè si longiore tempore fundo meo hæserit, arboresque, quas secum traxerit, in meum fundum radices egerint: ex eo tempore videtur meo fundo adquisita esse.* DIGEST. Lib. XLI. Tit. I. *De adquir. rerum dominio*, Leg. VII. §. 2. *Ea, quæ vi fluminum importata sunt, condici possunt.* Lib. XII. Tit. I. *De rebus creditis, si certum petatur* &c. Leg. IV. §. 2. Nôtre Auteur citoit ces deux Loix en marge. Voiez, sur la derniére, où il y a quelque difficulté par rapport aux principes du Droit Romain, CUJAS, *Recit. in Digest.* Tom. VII. Opp. *Ed. Fabrott.* pag. 674. & ANTOINE FAURE, *Rational.* Tom. III. pag. 12, 13.

§. XII. (1) Voiez ci-dessus l'explication de cette sorte de Terres, *Chap.* III. §. 16. *Note* 4, 5.

(2) Nôtre Auteur dit ici, *certâ mensurâ terminati*, au lieu de *comprehensi*, comme il s'exprime un peu plus haut, & ailleurs: ce qui revient à la même chose; car les *Terres renfermées dans une certaine mesure*, sont *bornées* par cette mesure. Ainsi c'est mal-à-propos que Mr. VAN DER GOES (*Not. in Auct. Rei Agrar.* pag. 196.) l'accuse de distinguer une quatriéme sorte de Terres. Le même Critique lui reproche, d'avancer, contre l'opinion du Jurisconsulte FLORENTIN, dans la Loi XVI. du Titre *De adquirendo rerum domin.* qu'en matiére d'Alluvions, les *Terres renfermées dans une certaine mesure* n'avoient pas plus de droit, que les *Terres limitées.* Mais nôtre Auteur ne parle point ici de ce qui avoit lieu alors; il dit seulement ce qui doit avoir lieu, à raisonner conséquemment; comme Mr. GOES l'avouë lui-même, dans la page précédente, où il remarque, que, si l'Empereur ANTONIN *le Debonnaire* avoit eu à décider expressément au sujet des Terres données en gros & *renfermées dans une certaine mesure*, il auroit sans doute prononcé de la même maniére qu'il

turelles, c'est-à-dire, la Riviére. Ainsi l'exactitude des Jurisconsultes Romains à distinguer ici entre (a) les *Terres limitées*, & les autres, n'est pas ici à mépriser. Il faut seulement se souvenir, que les (1) *Terres renfermées dans une certaine mesure* ont, à cet égard, le même privilége, que les *Terres limitées*. Car ce que nous avons dit de l'étenduë d'un Territoire, lors que nous (b) traitions de la maniére de s'en emparer, a lieu aussi à l'égard des Terres des Particuliers. Toute la différence qu'il y a, c'est que, dans un doute, le Territoire d'un Etat doit être censé *arcifinie*, parce que c'est ce qui convient le mieux à la nature d'un Territoire: au lieu que les Terres des Particuliers sont plûtôt censées ou limitées, ou (2) renfermées dans une certaine mesure, qu'*arcifinies*; parce que cela s'accorde mieux avec la nature des Possessions particuliéres.

(a) Voiez ci-dessus, §. 9. *Note* 11. & *Bald*, in Feud. Lib. I. Tit. IV. §. 5. *Si quis de manso* &c. §. 1. *Si de Jure Feudali controv. fuerit.*

(b) *Chap.* III. de ce Livre, §. 16, *& suiv.*

2. Je ne nie pas pourtant, qu'il ne puisse arriver qu'un Peuple ait assigné en propre des Terres aux Particuliers avec le même droit qu'il s'en étoit emparé, c'est-à-dire, en sorte qu'elles aboutissent à la Riviére; auquel cas les Propriétaires des Terres voisines de la Riviére ont le droit d'Alluvion. Cela fut ainsi décidé, il y a quelques Siécles, dans la Province de *Hollande*, au sujet des Terres situées près de la *Meuse* & de l'*Issel*; par la raison que, dans les Regitres des Ventes ou autres Aliénations, & dans les Papiers terriers, il étoit toûjours porté que ces Terres s'étendoient jusqu'à la Riviére.

3. Quand on vend ces sortes de Terres, quoi que dans le Contract il soit fait mention de quelque mesure, néanmoins si on les vend en gros, & non pas par arpens, elles conservent leur nature & le droit d'Alluvion. Cela est (3) ainsi décidé par les Loix Romaines; & on le pratique aujourdhui par tout.

§. XIII. CE que nous venons de dire des Alluvions, il faut l'appliquer aussi aux bords que la Riviére abandonne, & à une partie du Lit de la Riviére laissée à sec. C'est-à-dire, que, quand il s'agit d'une Riviére dont personne ne s'est emparé, les bords abandonnez & la partie du Lit laissée à sec sont au prémier occupant: autrement tout cela appartient au Peuple qui s'est emparé de la Riviére. Et les Particuliers n'y peuvent rien prétendre, que quand le Peuple, ou celui qui est revêtu des droits du Peuple, leur a donné les Terres voisines comme s'étendant jusqu'à la Riviére, sans autres bornes.

§. XIV.

qu'il fit, touchant les *Terres limitées*.

(3) *Si Titius fundum, in quo nonaginta jugera erant, vendiderit, & in lege emtionis dictum est, in fundo centum esse jugera, & antequam modus manifestetur, decem jugera alluvione adcreverint: placet mihi* NERATII *sententia, existimantis, ut, si quidem sciens vendidit, ex emto actio competat adversus eum, quamvis decem jugera adcreverint: quia dolo fecit, nec dolus purgatur. Si vero ignorans vendidit, ex emto actionem non competere* DIGEST. Lib. XIX. Tit. I. *De actionibus emti & venditi*, Leg. XIII. §. 14. Cette Loi, que nôtre Auteur citoit en marge, prouve indirectement ce qu'il en infére. Voici le cas. Un homme vend une Terre, pour un certain prix, en assûrant qu'elle a cent arpens d'étenduë; surquoi l'Acheteur compte, comme sur une clause du Contract. Cependant la Terre n'a que quatre-vingt-dix arpens: mais il se trouve qu'avant qu'on en mesure la grandeur, pour la vérifier, la Riviére voisine, en se retirant, y ajoûte dix arpens; de sorte que cela fait le compte juste. On demande, si le Vendeur est par là dispensé de dédommager l'Acheteur, pour avoir accusé faux touchant l'étenduë du Fonds vendu: dédommagement, qui, selon les anciennes Loix Romaines, alloit au double de ce qu'il falloit rabattre du prix, à proportion de ce qu'on avoit dit moins qu'il ne se trouvoit. (Voiez les *Recepta Sententia* de JULIUS PAULLUS, Lib. I. Tit. XIX. §. 1. & Lib. II. Tit. XVII. §. 4.) mais JUSTINIEN l'a reduit au simple, comme on le conclut de la Loi II. du Titre *de Actionib. Emti & Vend.* La difficulté est fondée sur ce que, quoi que l'Acheteur ait cent arpens, comme portoit le Contract, les dix, qui rendent le nombre complet, lui reviennent, selon les principes du Droit Romain (DIGEST. Lib. XVIII. Tit. VI. *De pericul. & commod. rei vendit.* Leg. VII. princ.) ce qui suppose, comme on voit, qu'encore qu'on ait stipulé une certaine mesure, cette limitation ne change rien au droit d'Alluvion; parce qu'on n'a pas pour cela vendu la Terre à tant par arpent, mais en gros, à condition néanmoins qu'il n'y auroit pas moins de cent arpens. Là-dessus, le Jurisconsulte distingue, si le Vendeur a cru de bonne foi que sa Terre avoit cent arpens, ou si, sachant que non, il a voulu tromper l'Acheteur. Mais cela ne fait rien à nôtre sujet; & on peut voir là-dessus CUJAS, *Recit. in Digest.* Tom. VI. Opp. *pag.* 813. comme aussi ANTOINE FAURE, *Rational.* Tom. V. pag. 485.

§. XIV. 1. Nous avons remarqué, qu'il y a ici de la différence entre l'aquisition des Iles qui naissent dans une Riviére, (1) & l'aquisition des Alluvions. De là il naît souvent des disputes, lors qu'un terrein qui se montre un peu hors de l'eau est joint aux Fonds voisins, de maniére qu'il y a entre deux une plaine toute inondée, comme il arrive souvent dans nos Provinces, à cause de l'inégalité des lieux: car alors on ne sait comment appeller cela, & si c'est une Ile, ou une Alluvion.

2. Les Coûtumes varient là-dessus. Dans le païs de *Gueldres*, si l'on peut traverser l'eau avec une Charrette chargée, le terrein qui paroît delà est aux Propriétaires des Fonds les plus proches, moiennant qu'ils témoignent s'en emparer. Dans le païs de *Putte*, en *Brabant*, il faut (2) qu'un homme à pié puisse atteindre, avec son Epée nuë, au terrein qui est au milieu de l'Eau. Rien n'est plus conforme au Droit Naturel, que de regarder un tel terrein comme séparé des Fonds voisins, lors qu'on peut la plûpart du tems passer en batteau les Eaux qui sont entre deux.

§. XV. 1. Il n'est pas moins ordinaire de voir des contestations sur ce sujet entre un Prince Souverain, & ses Vassaux, qui ont une Jurisdiction inférieure. Ici il est assez clair, que la concession d'une Jurisdiction n'emporte point toute seule & par elle-même le droit de s'approprier les accroissemens survenus par le changement du cours d'une Riviére.

2. Mais il faut remarquer, que quelques Vassaux, en recevant l'investiture de cette Jurisdiction limitée, ont en même tems aquis en gros toute l'étenduë des Terres de leur Seigneurie, sauf le droit de chaque Particulier sur son bien; parce que ces Terres avoient autrefois appartenu au Peuple ou au Prince, ou que le Prince les avoit desséchées. En ce cas-là, il n'y a nul doute, que les Vassaux n'aient le même droit qu'avoit autrefois le Peuple ou le Prince. C'est ainsi que nous voions en *Zélande* des Vassaux, même d'entre ceux qui établissent des Juges seulement pour le Civil, paier néanmoins les impôts pour toute l'étenduë de leurs Terres généralement, après quoi ils font paier eux-mêmes à chaque Particulier sa quote part, à proportion de la grandeur de ses Possessions. On ne conteste point les Alluvions à de tels Vassaux.

3. Ceux à qui l'on a donné la Riviére, ont aussi, par cette raison, plein droit de s'approprier les Iles qui s'y forment ou par un amas de limon, ou du terrein même du Lit, laissé à découvert par les eaux qui se séparent & se rejoignent ensuite.

4. Il y en a d'autres, qui, par l'acte de leur investiture, n'ont âquis ni toute l'étenduë en gros des Terres de leur Seigneurie, ni la propriété de la Riviére. Ceux-ci ne peuvent rien prétendre, au préjudice du Fisc; à moins que la Coûtume du Païs ne leur

§. XIV. (1) La différence, que nôtre Auteur n'a point exprimée, consiste en ce que les Iles sont toûjours, selon lui, au Peuple, qui s'est emparé de la Riviére: au lieu qu'il n'en est pas de même des Alluvions. Voiez les paragraphes 9, 11, 12.

(2) Cet usage vient d'une coûtume très-ancienne des *Nations Germaniques*. Paul Warnefrid, parlant d'*Antharis*, Roi des *Lombards*, dit, que ce Prince étant à cheval, s'en alla jusqu'à une Colomne qu'il y avoit dans la Mer, & que la touchant du bout de son Epée, il dit: *Voilà où seront les bornes du païs des Lombards*. On trouve dans le Grammairien Saxon, *Lib.* X. & autres Auteurs, un semblable conte de l'Empereur *Othon*, qui jetta une Lance dans la Mer, pour marquer les bornes de l'Empire, sur le *Golfe Baltique*. Grotius.

Le Grammairien Saxon ne dit point, que l'Empereur *Othon* eût jetté une Lance dans la Mer, à dessein de marquer les bornes de l'Empire dans la Mer Baltique; mais pour laisser un monument de son Expédition. Voiez la page 164. de cet Historien, *Edit. Francof.* 1576.

§. XV. (1) *Et placuit, alluvionis quoque usumfructum ad fructuarium pertinere.* Digest. Lib. VII. Tit. I. *De Usufructu* &c. Leg. IX. §. 4.

§. XVI. (1) C'est bien là une de leurs maximes: *Secundum naturam est, commoda cujusque rei eum sequi, quem sequuntur incommoda.* Digest. Lib. L. Tit. XVII. *De diversis Regulis Juris*, Leg. X. Mais ils raisonnent ici sur d'autres principes; comme il paroît par ce qui a été dit ci-dessus, §. 8. *Note* 3. §. 9. *Note* 7. §. 10. *Note* 1. Ainsi nôtre Auteur confond les anciens Jurisconsultes, avec les Interprêtes Modernes, qui allèguent cette raison.

(2)

leur soit favorable, ou qu'ils n'aient aquis un droit aux Alluvions, par une assez longue possession, accompagnée des circonstances requises.

5. Que si un Vassal, sans avoir jurisdiction sur ses Terres, les tient seulement en Fief, il faut voir de quelle nature sont ces Terres, selon la (a) distinction que nous avons faite ci-dessus. Car, si elles sont arcifinies, le droit d'Alluvion doit être censé compris dans la concession du Fief; non pas en vertu d'un transport du droit particulier du Prince, mais par une suite de la qualité des Terres: car, en pareil cas, un simple (1) Usufruitier auroit le même avantage. (a) §. 11.

§. XVI. 1. LES Jurisconsultes Romains, pour montrer la conformité de leurs décisions avec le Droit Naturel, alléguent ordinairement (1) cette maxime commune, *Qu'il est selon la nature, que celui qui souffre les incommoditez d'une chose, jouïsse aussi des avantages qui en proviennent:* D'où il s'ensuit, selon eux, que la Riviére rongeant souvent une partie des Champs voisins, il est juste que les Propriétaires de ces Champs profitent du bénéfice des Alluvions.

2. Mais la maxime, dont il s'agit, n'a lieu que quand les avantages proviennent d'une chose qui est à nous. Or ici ils proviennent de la Riviére, qui appartient à autrui. (2) Et pour ce qui périt, il est de Droit Naturel que ce soit (3) tant pis pour le Propriétaire. Enfin, une preuve que la maxime qu'on allégue n'est pas universelle, c'est que les Jurisconsultes Romains exceptent eux-mêmes (4) ici les *Terres limitées.* Pour ne pas dire, que la plûpart du tems, si la Riviére appauvrit les uns, elle enrichit les autres, comme le Poëte LUCAIN le (5) remarque par rapport aux Maîtres des Terres voisines du *Po.*

§. XVII. CE que disent les mêmes Jurisconsultes, que les Propriétaires des Fonds voisins d'une Riviére ne laissent pas de pouvoir (1) s'approprier les Alluvions, quoi qu'il y aît entre deux un Chemin public; cela, dis-je, n'est pas non plus fondé sur le Droit Naturel: à moins que l'on ne soit tenu de laisser un Chemin sur le Fonds qui touche l'Eau.

§. XVIII. UN autre moien d'aquérir, que l'on dit être du Droit des Gens, (1) c'est la *naissance des Animaux.* Selon (2) les Loix Romaines, & celles de quelques autres Peuples, *le fruit suit le ventre.* Mais, comme nous l'avons (a) déja remarqué, cette maxime n'est de Droit Naturel, que parce que la plûpart du tems on ne connoît pas le Pére. Car, si l'on peut s'en assûrer par des raisons fort apparentes, je ne vois pas en vertu dequoi le fruit ne seroit pas en partie au Pére. Il est certain, que ce qui naît est une partie du Pére, aussi bien que de la Mére. Autre chose est de savoir si le Pére contribuë plus ou moins que la Mére, à la production du Fœtus. C'est sur quoi les Physiciens ne sont pas d'accord. PLUTARQUE (3) soûtient, qu'on ne sauroit distinguer

(a) *Chap.* V. de ce Livre, §. 29. où l'on doit voir aussi les Notes.

(2) Dès-là qu'on suppose, que la Riviére appartient au Peuple, les Propriétaires, qui ont àquis des Terres voisines de la Riviére, ont dû compter qu'ils pourroient recevoir du dommage par les inondations, sans espérance d'en être dedommagez par les alluvions. D'ailleurs, il peut y avoir souvent de leur faute, parce qu'ils n'ont pas eu soin d'entretenir les bords de la Riviére.

(3) Les Jurisconsultes Romains raisonnent ailleurs sur ce principe. Voiez COD. Lib. IV. Tit. XXIV. *De pigneratitia actione*, Leg. V. VI. VIII. IX. & Tit. LXV. *De locato & conduct.* Leg. XII.

(4) Voiez ci-dessus, §. 7. *Note* 11.

(5) *Illos terra fugit dominos: his rura colonis*
Accedunt: donante Pado —— ——
Pharsal. *Lib.* VI. vers. 277, 278.

§. XVII. (1) *Nec tamen impedimento viam* [publicam] *esse* [ait] *quominus ager, qui trans viam alluvioni relictus est, Atilii fieret: nam ipsa quoque via fundi esset.* DIGEST. Lib. XLI. Tit. I. *De adquir. rerum domin.* Leg. XXXVIII. Voiez, sur cette Loi, HUG. DONELL. *Comment. Jur. Civ.* Lib. IV. Cap. 28. JEAN GRYPHIANDER, *De Insulis*, Cap. XXVII. §. 17, & *seqq.* REINH. BACHOVIUS, *in Treutler.* Vol. II. *Disp.* XX. Thes. V. lit. F. pag. m. 104.

§. XVIII. (1) *Item quæ ex animalibus dominio tuo subjectis nata sunt, eodem jure* [gentium] *tibi adquiruntur.* INSTITUT. Lib. II. Tit. I. *De divis. rerum &c.* §. 19. Voiez ci-dessus, *Chap.* V. de ce Livre, §. 29. *Note* 1. & PUFENDORF, *Droit de la Nat. & des Gens*, Liv. IV. Chap. VII. §. 4.

(2) CHARLES *le Chauve* suit leur décision, Cap. XXXI. *Edict. Pistens.* GROTIUS.

(3) Καὶ γὰρ ἡ φύσις μίγνυσι διὰ τῶν σωμάτων ἡμᾶς, ἵν'

guer la part que chacun des sexes y a ; tant la Nature a pris soin de les confondre. Les anciennes (4) Loix des *Francs*, & des *Lombards*, suivent ce principe.

§. XIX. 1. POUR ce qui est de *l'introduction d'une nouvelle forme dans une matiére appartenante à autrui*, (1) les Jurisconsultes de la Secte des SABINIENS vouloient que la chose appartînt au Maître de la matiére : mais les Sectateurs de PROCULUS prétendoient, qu'elle fût à celui qui lui avoit donné la forme ; parce, disoient-ils, qu'il étoit cause de l'existence d'une chose. On prit enfin le milieu, & l'on décida, que, si la matiére pouvoit être remise dans son prémier état, la chose produite nouvellement appartiendroit au Maître de la matiére ; sinon, elle demeureroit à l'Auteur de la forme.

(a) *Connanus*, Jur. Civ. Lib. III. Cap. VI.

2. Un (a) Jurisconsulte Moderne n'approuve point cette distinction. Il veut, que l'on considére seulement lequel vaut le plus, de l'ouvrage ou de la matiére, & que ce qui vaut davantage emporte par là ce qui vaut moins. Il se fonde sur les principes dont les

ἐν ᾗ ἐξ ἑκατέρου μέρος λαβοῦσα καὶ συγχέασα, κοινὸν ἀμφοτέροις ἀπέδωκε τὸ γινόμενον· ὥστε μηδέτερον διορίσαι μηδὲ διακρῖναι τὸ ἴδιον, ἢ τὸ ἀλλότριον. (Conjugial. Præcept. *pag.* 140. E. Tom. II. *Ed. Wech.*) Voiez là-dessus un passage fort à propos, de GALIEN, Lib. II. *de Semine.* St. CHRYSOSTOME dit, que le Fœtus se forme des deux semences mêlées : *Μιγνυμένων τῶν σπερμάτων τίκτεται ὁ παῖς.* In Cap. V. *Ephes.* GROTIUS.

(4) Feu Mr. COCCEJUS, dans une Dissertation *de Jure Seminis*, Sect. I. §. 10. dit, que c'est tout le contraire, & que, selon les Loix des anciens *Francs* & *Lombards*, aussi bien que selon le Droit Romain, le Fruit suivoit le ventre. Il cite là-dessus *Lib.* II. LEG. LONGOBARD. C. 14. SPECULUM SUEVIC. Part. I. C. 61, 62. *Edictum* THEODORICI *Reg.* C. 65, 66. Mais il y a quelque chose dans ce qui suit la derniére citation, d'où nôtre Auteur a pu inferer, que ces anciens Peuples ne suivoient pas toûjours le principe des Jurisconsultes Romains. Car THEODORIC y ordonne, que le Maître d'un de ces Esclaves, qu'on appelloit *Originarii* ou *Adscriptitii*, aura les deux tiers des Enfans nez à l'Esclave d'une Femme de même condition. Ainsi, en ce cas-là, le Maître de la Mére étoit le moins bien partagé, puis qu'il ne lui revenoit que le tiers : *Si vero Originarius alienus se Originariæ fortasse conjunxerit, duas filiorum partes Originarii dominus, & tertiam sobolis, Originariæ dominus consequatur.* Cap. 67. On réfute aussi nôtre Auteur, sur le fond même de la question, dans la Dissertation que je viens de citer ; mais par des raisons, qui ne sont pas toûjours bien solides.

§. XIX. (1) *Quum ex aliena materia species aliqua facta sit ab aliquo, quæri solet, quis eorum naturali ratione* [voilà encore qui explique ce que les Jurisconsultes Romains entendent ici par le *Droit des Gens*, c'est-à-dire, le *Droit Naturel* qu'on appelle *du second ordre*] *dominus sit : utrum is qui fecerit, an ille potius, qui materiæ dominus fuerit : ut ecce, si quis ex alienis uvis, aut olivis, aut spicis, vinum aut oleum, aut frumentum fecerit : aut ex alieno auro, argento, vel ære, vas aliquod fecerit : vel ex alieno vino & melle mulsum miscuerit : vel ex medicamentis alienis emplastrum, aut collyrium composuerit : vel ex aliena lana vestimentum fecerit : vel ex alienis tabulis navem vel armarium, vel subsellium fabricaverit.* Et *post multas* SABINIANORUM & PROCULEJANORUM *ambiguitates, placuit media sententia existimantium, si ea species ad materiam reduci possit, eum videri dominum esse, qui materiæ dominus fuerit. Si non possit reduci, eum potius intelligi dominum, qui fecerit. Ut ecce vas conflatum potest ad rudem massam æris, vel argenti, vel auri reduci, vinum autem, vel oleum, aut frumentum, ad uvas, & olivas, & spicas, reverti non potest, ac ne mulsum quidem ad vinum & mel resolvi potest.* INSTITUT. Lib. II. Tit. I. *De adquirendo rerum dominio*, §. 25.

(2) Ce que les Jurisconsultes Romains regardoient comme un *Accessoire*, n'étoit pas précisément ce qui vaut le plus, mais ce qui est regardé comme se rapportant à l'usage ou à l'ornement du Tout, avec lequel il a été incorporé, & qui en est comme la base ; soit que l'Accessoire vaille moins ou plus, que le Principal : car ils reconnoissent formellement, que la Pourpre, par exemple, est l'Accessoire d'un Habit, sur lequel elle a été brochée, quoi qu'elle vaille davantage ; & qu'une Pierre précieuse est aussi l'accessoire d'un Vase d'or ou d'argent, dans lequel elle est enchassée : PROCULUS *indicat, hoc jure nos uti, quod* SERVIO & LABEONI *placuisset : In quibus propria qualitas exspectaretur, si quid additum erit, toto cedit : ut statuæ pes, aut manus ; scypho, fundus, aut ansa ; lecto, fulcrum ; navi, tabula ; ædificio, cæmentum : tota enim sunt, cujus ante fuerant.* DIGEST. Lib. XLI. Tit. I. *De adquir. rerum domin.* Leg. XXVI. §. 1. *Perveniamus & ad gemmas inclusas argento, auroque : & ait* SABINUS, *auro argentove cedere : ei enim cedit, cujus major est species : quod rectè expressum. Semper enim, quum quærimus quid cui cedat, illud spectamus, quid cujus rei ornandæ caussâ adhibetur ; ut accessio cedat principali. Cedent igitur gemmæ phialis vel lancibus, inclusæ auro, argentove.* Lib. XXXIV. Tit. II. *De auro, argento, mundo &c.* Leg. XIX. §. 13. *Si quis rei suæ alienam rem ita adjecerit, ut pars ejus fieret, veluti si quis statuæ suæ brachium aut pedem alienum adjecerit . . . . dominum ejus totius rei effici, veréque statuam suam dicturum . . . . Necesse est ei rei cedi, quòd sine illa esse non potest. In omnibus igitur istis, in quibus mea res, per prævalentiam, alienam rem trahit, meamque efficit, si eam rem vindicem, per exceptionem doli mali cogar pretium ejus, quod accesserit, dare.* Lib. VI. Tit. I. *De rei vindicatione*, Leg. XXIII. §. 2, 3, 4. *Si tamen alienam purpuram vestimento suo quis intexuit : licet pretiosior est purpura, accessionis vice cedit vestimento &c.* INSTITUT. Lib. II. Tit. I. *De divisione rerum &c.* §. 26. Voiez les Notes de THEODORE MARCILLY & de JANUS A COSTA, sur ce dernier paragraphe. Du reste, les décisions des Jurisconsultes Romains ne paroissent pas avoir été bien nettes & bien fixes sur cette matiére ; comme le montre Mr. THOMASIUS, dans sa Dissertation *de Pretio adfectionis in res fungibiles non cadente*, Cap. III. Et il ne faut pas s'en étonner. Car ce n'est point par des idées

les Jurisconsultes Romains se servent eux-mêmes, au sujet des (2) *Accessoires.*

3. Mais, si l'on suit bien les véritables principes du Droit Naturel, on trouvera que, comme (3) dans un mêlange de matiéres appartenantes à divers Maîtres, le Tout est commun à proportion de la part que chacun y a, ainsi que les Jurisconsultes Romains l'ont eux-mêmes décidé, parce que naturellement il n'y a pas d'autre moien de terminer le différent: de même, chaque chose étant composée de sa Matiére & de sa Forme, comme d'autant de parties, si la Matiére appartient à l'un, & la Forme à l'autre, la chose devient naturellement (4) commune; à proportion de la valeur de la Matiére & de la Forme. Car la Forme fait partie de la Substance, & n'est pas la Substance entiére; comme ULPIEN (5) le reconnoît, lors qu'il dit, que la Substance est presque détruite, lors qu'elle change de forme.

§. XX. ON condamne celui, qui a pris de mauvaise foi une matiére appartenante à autrui, (1) à perdre la chose entiére. Il n'y a là rien d'injuste, je l'avouë: mais (2) c'est une punition, & par conséquent une regle qui n'est pas fondée sur le Droit Naturel.

idées physiques ou métaphysiques, ni même par la destination, l'usage, ou le prix des choses mêlées ensemble, qu'on doit décider les questions dont il s'agit: mais par d'autres principes; touchant lesquels on peut voir ce que j'ai dit dans les Notes de la seconde Edition de PUFENDORF, *Droit de la Nat. & des Gens*, Liv. IV. Chap. VII. & principalement dans celles de l'Abrégé, des *Devoirs de l'Homme & du Citoien*, Liv. I. Chap. XII. §. 7. *Note* 4 de la troisiéme & quatriéme Edition, où cette matiére a été traitée beaucoup plus exactement.

(3) *Si duorum materia ex voluntate dominorum confusa sint, totum id corpus, quod ex confusione fit, utriusque commune est; veluti si qui vina sua confuderint* &c.... *Quod si fortuitu, & non voluntate dominorum confusæ fuerint, vel diversæ materiæ, vel quæ ejusdem generis sunt: idem juris esse placuit.* INSTITUT. Lib. II. Tit. I. *De divis. rerum* &c. §. 27. Voiez, sur ce paragraphe, la *Florum Sparsio in Jus Justinianeum*, de nôtre Auteur, *pag.* 28, *& seqq. Edit. Amst.*

(4) Voici comment le celébre Mr. SCHULTING explique la pensée de nôtre Auteur, qu'il approuve. A considerer, dit-il, le Droit Naturel tout seul, si le bien d'autrui, à qui l'on a donné une nouvelle forme, est déterioré par là, il ne paroit point de raison solide qui oblige à croire que le Propriétaire perde pour cela son droit de Propriété: tout ce qu'il y a, c'est qu'il aquiert le droit d'exiger un dedommagement, s'il y a de la mauvaise foi, ou quelque faute, de la part de l'Auteur de la nouvelle forme, comme on le suppose sans doute. Que si la chose ne vaut pas moins qu'elle ne valoit, on ne voit pas non plus pourquoi elle devroit changer de maitre. Bien plus, quand elle vaudroit davantage, cela ne suffiroit pas pour dépouiller du droit de Propriété celui qui n'a point consenti à cette amelioration de son bien: tout ce qu'on pourroit dire alors, c'est que celui qui auroit contribué à rendre la chose de plus grand prix, devroit, à cause de cela, avoir une plus grande part à l'Ouvrage, ou au Composé qui resulte de la matiére de l'un, & de la forme, dont l'autre est l'auteur. *Not.* in CAJI *Instit.* Lib. II. Tit. I. §. 5. pag. 82, 83. JURISPRUD. ANTE-JUSTIN. Voilà qui est bien. Mais la question est de savoir, quel des deux doit avoir la chose, lors qu'ils ne veulent ou ne peuvent pas la posséder en commun. Quelques-uns même, comme OBRECHT, prétendent que ce n'est que pour ce cas-là que sont faites les régles des anciens Jurisconsultes Romains. Mais ils se trompent. Les Jurisconsultes n'admettoient aucune communauté dans ce qu'on appelle *Specificatio*, comme le reconnoit Mr. SCHULTING; ni dans la plûpart des autres questions qui se rapportent à l'Aquisition par droit d'Accessoire. Ils pretendoient que la Proprieté passoit de droit à l'un ou à l'autre, en vertu de certaines choses sur quoi ils fondoient leurs régles: & la communauté qu'ils établissent formellement dans le cas d'un mêlange de matiéres appartenantes à différentes personnes, (Voiez la Note précedente, & le paragraphe des INSTITUTES, qui suit) cette communauté, dis-je, fait une exception, qui montre évidemment qu'il n'y en avoit point dans les autres cas, selon leurs principes.

(5) *Nam, mutatâ formâ, prope interemit substantiam rei.* DIGEST. Lib. X. Tit. IV. *Ad exhibendum*, Leg. IX. §. 3.

§. XX. (1) L'Auteur cite ici en marge une Loi, qui porte, que, si quelcun a fait du vin ou de l'huile, avec des raisins ou des olives qu'il savoit bien appartenir à autrui; ou s'il a fait un habit avec de la laine d'autrui, connuë telle: le véritable Maître des raisins, des olives, ou de la laine, a action contre lui, pour le contraindre à produire le vin, l'huile, ou l'habit; parce, ajoûte-t on, que ce qui est fait de nôtre bien nous appartient: *Si quis ex uvis meis mustum fecerit, vel ex olivis oleum, vel ex lanâ vestimenta, quum sciret hæc aliena esse; utriusque nomine ad exhibendum actione tenebitur: quia, quod ex re nostra fit, nostrum esse, verius est.* DIGEST. Lib. X. Tit. IV. *Ad exhibendum*, Leg. XII. §. 3. De là on infére, que l'Auteur de la nouvelle forme est tenu de rendre purement & simplement ce qu'il a fait d'une matiére appartenante à autrui, sans pouvoir rien demander pour sa peine au Propriétaire de la matiére; de sorte qu'à cause de la mauvaise foi du premier, la forme suit ici la matiére; au lieu que, quand on a agi de bonne foi, la matiére suit la forme. Cependant la plûpart des Interprêtes du Droit Romain croient aujourdhui, que la mauvaise foi n'empêche point que l'Ouvrage ne demeure à l'Auteur de la forme: toute la différence qu'il y a, selon eux, c'est qu'alors le Maître de la matiére est en droit d'exiger un plus grand dedommagement, jusqu'à pouvoir intenter action de Larcin, qui en ce cas-là alloit au double, contre celui qui avoit, par exemple, fait de l'Huile avec ses Olives. La vérité est, que, comme les anciens Jurisconsultes ne s'accordoient pas ensemble sur toute cette matiére, & que les idées même de chacun des différens partis n'étoient pas bien liées; il en est resté ici des traces assez sensibles dans la Compilation de TRIBONIEN: & quelques Docteurs Modernes le reconnoissent ingénument. Celui qui a bâti

rel. Car la Nature ne détermine point les Peines; & elle ne prive pas un Propriétaire de son bien, purement & directement à cause d'un délit: quoi que naturellement tous ceux qui en commettent, méritent d'être punis.

§. XXI. 1. Que, de deux choses jointes ensemble, la moindre soit aquise au Maître de la plus grande, qui est le principe sur lequel De Connan raisonne; cela est bien naturel de fait, (1) mais non pas de droit. Une personne, qui a un vintiéme sur un Fonds, est aussi bien maître de sa portion, que celui à qui appartiennent les dix-neuf autres est maître des siennes. Ainsi ce que les Loix Romaines établissent touchant l'aquisition par droit d'Accessoire, à cause du plus de valeur de la chose, ou en certains cas, auxquels un Législateur pourroit en ajoûter d'autres; cela, dis-je, n'est pas fondé sur le Droit Naturel, mais sur le Droit Civil: c'est un réglement fait pour terminer les affaires plus commodément; qui pourtant ne renferme rien de contraire à la Nature, parce que les Loix ont droit de conférer la Propriété à telle ou telle personne, selon qu'elles le jugent à propos.

2. Au reste, il n'y a guéres de matiére de Droit, sur quoi les Jurisconsultes se soient partagez en tant d'opinions différentes, & soient tombez dans un si grand nombre d'erreurs. Car le moien de convenir avec eux, que quand l'*or* d'une personne, par exemple, a été mêlé avec l'*airain* d'une autre, on ne puisse point séparer ces deux métaux? comme Ulpien (2) le pose en fait: Ou que la *Soudûre* produise un mélange des

bâti de ses propres matériaux dans un Fonds d'autrui, qu'il connoissoit tel, les perd, parce qu'il est censé les avoir aliénez; la décision se trouve clairement & dans le Digeste, & dans les Institutes: *En diverso si quis in alieno solo suâ materiâ domum ædificaverit, illius fit domus, cujus & solum est. Sed hoc casu materiæ dominus proprietatem ejus amittit, quia voluntate ejus intelligitur alienata, utique si non ignorabat, se in alieno solo ædificare, & ideo, licet diruta sit domus, materiam tamen vindicare non potest.* Institut. Lib. II. Tit. I. *De divisione rerum* &c. §. 30. Digest. Lib. XLI. Tit. I. *De adquir. rerum dom.* Leg. VII. §. 12. Si la mauvaise foi dépouille un tel homme de son propre bien, qu'il a mêlé avec celui d'autrui: pourquoi faut-il que celui, qui n'a mis du sien que sa peine, aquiére par là le bien d'autrui, qu'il a voulu s'approprier injustement? Et il ne sert de rien de dire, que le Propriétaire de la matiére a d'ailleurs dequoi se dédommager par les actions que la Loi lui donne: car, à considerer la simplicité du Droit Naturel, que les Jurisconsultes faisoient profession ici de suivre, il faudroit au moins laisser à un tel Propriétaire le choix ou de reprendre son bien, qu'il ne sauroit perdre légitimement par le fait injuste d'un autre, ou de le laisser à celui-ci, en exigeant la valeur, avec les dommages & intérêts. Voiez Muret, Marcilly, & A Costa, sur le paragraphe des Institutes, qui vient d'être cité, & les précedens: comme aussi feu Mr. Voet, dans son Commentaire sur le Titre du Digeste, *De adquirendo rerum dominio*, §. 21.

(2) Mais (comme le remarque Pufendorf, Liv. IV. *Chap.* VII. §. 10. à la fin) ce n'est pas proprement une peine, que de ne retirer aucun fruit d'une injustice. D'ailleurs, celui qui prend le bien d'autrui, le sachant tel, s'est soumis par là lui-même de gaieté de cœur à la perte & de la peine, & de tout ce qu'il peut mettre du sien. Les Jurisconsultes Romains raisonnent très-bien sur ce principe, lors qu'ils disent, qu'un homme qui a cueilli les Olives, ou les Grains, ou les Raisins d'autrui, qui étoient deja mûrs, n'est pas à la vérité obligé de dédommager le Propriétaire, puis que celui-ci n'en souffre aucun dommage; mais aussi qu'il ne peut rien prétendre pour les dépenses qu'il a faites, parce qu'en cueillant des fruits, qu'il n'étoit pas en droit de cueillir, il est censé avoir donné les frais de la recolte: *Quod si jam maturas* (olivam, vel segetem, vel vineas, decerpserit) *cessat Aquilia: nulla enim injuria est, quum tibi etiam impensas donaverit, quæ in collectionem hujusmodi fructuum impenduntur.* Digest. Lib. IX. Tit. I. *Ad Leg. Aquil.* Leg. XXVII. §. 25.

§. XXI. (1) C'est-à-dire, que pour l'ordinaire celui à qui appartient la moindre de deux choses jointes ensemble, est contraint de ceder au Maître de la plus grande; soit parce que celui-ci est le plus fort, soit parce que l'autre ne peut pas lui paier la valeur de sa portion, ou que cela ne lui seroit pas fort avantageux, ou qu'il ne peut plus faire de son bien le même usage qu'il en auroit fait sans cela.

(2) *Sed si deduci, inquit, non possit, ut puta si æs & aurum mixtum fuerit, pro parte esse vindicandum. Nequaquam erit dicendum, quod in mulso dictum est: quia utraque materia, etsi confusa, manet tamen.* Digest. Lib. VI. Tit. I. *De rei vindicatione*, Leg. V. §. 1. Il y a des Interprêtes, comme Janus a Costa (in Institut. *De divis. rerum* &c. §. 26.) qui disent, qu'en ce tems-là les Ouvriers ne savoient pas encore l'art de séparer ces deux métaux; sur tout parce qu'on n'avoit pas inventé l'*Eau régale*. On oppose mal-à-propos une autre Loi, qui est de Callistrate: car ce Jurisconsulte ne parle que de l'Argent mêlé avec l'Airain: *Quia quum diversa materia æs atque argentum sit, ab artificibus separari, & in pristinam materiam reduci solet.* Digest. Lib. XLI. Tit. I. *De adquir. rerum domin.* Leg. XII. Or on pouvoit avoir le secret de séparer l'Argent d'avec l'Airain, sans avoir celui de séparer l'Or, qui, comme il paroît par l'experience de ces derniers Siecles, ne peut être dissous qu'avec l'*Eau Régale*. Ainsi il n'est pas nécessaire d'entrer dans la pensée de quelques autres Interprêtes Modernes, & de ceux de nôtre Auteur, qui prétendent qu'Ulpien a voulu dire seulement, qu'on ne peut séparer l'Or d'avec l'Airain, sans détruire l'Airain.

(3)

des deux matiéres soudées ensemble? ainsi que le dit le Jurisconsulte (3) PAUL: Ou qu'il y aît (4) de la différence entre l'*Ecriture* & la *Peinture*, en sorte que la Toile ou la Planche demeure à celui qui y a peint quelque chose, mais non pas le Papier ou le Parchemin à celui qui y a écrit dessus?

§. XXII. 1. IL N'EST non plus que de Droit Positif, que (1) ce qui est *planté* ou *semé* suive le Fonds. On l'a ainsi réglé, parce que ces choses-là tirent leur nourriture du Fonds. Et c'est pour cela que, quand il s'agit d'un Arbre, on distingue (2) s'il a pris racine ou non. Mais l'aliment fait seulement partie d'une chose qui existoit déja: & ainsi, comme, d'un côté, le Propriétaire du Fonds aquiert quelque droit sur la Plante, à cause de la nourriture qu'elle tire du suc de sa Terre; de l'autre, celui à qui appartient la Semence, la Plante, ou l'Arbre, ne perd pas certainement par là son droit, à en juger par le Droit Naturel tout seul. Il faut donc admettre encore ici une communauté entre le Maître du Fonds, & le Maître de la Plante, de l'Arbre, ou de la Semence.

2. Il en est de même d'un *Bâtiment*, dont le sol & la surface du Terrein font partie. Car, si c'est un Bâtiment qui puisse être transporté ailleurs, le Maître du Sol n'y aura aucun droit; comme le Jurisconsulte SCÆVOLA (3) l'a décidé.

§. XXIII. ON veut encore, qu'un Possesseur (1) de bonne foi s'approprie légitimement tous les revenus qu'il a tirez du bien d'autrui (a). Mais le Droit (2) Naturel demande-

(a) Voiez *Digest.* Lib V. Tit. III. *De Hered. petit.* Leg XXV. §. 11.

(3) *Dicit enim* [Cassius], *si statuæ suæ ferruminatione junctum brachium sit, unitate majoris partis consumi: & quod semel alienum* [*factum*] *sit, etiamsi inde abruptum sit, redire ad priorem dominum non posse. Non idem in eo, quod adplumbatum sit: quia ferruminatio per eamdem materiam facit confusionem; plumbatura non idem efficit.* DIGEST. Lib. VI. Tit. I. *De rei vindicatione*, Leg. XXIII. §. 5. Le Jurisconsulte distingue ici deux sortes de Soudûre: l'une, qui se fait avec une matiére de même genre, que les deux corps soudez ensemble; l'autre, qui se fait avec une matiére de différente nature. Il appelle la premiére, *Ferruminatio*; & l'autre, *Plumbatura*. Voiez là-dessus les *Opuscula de latinitate Jurisconsultorum Vett.* publiez en 1711. par. Mr. DUKER, pag. 218, *& seqq.* La premiére sorte de *Soudûre* confond, selon lui, les deux corps soudez ensemble, de maniére que le Tout demeure, par droit d'Accessoire, au Propriétaire de la plus grosse ou la plus considérable partie, quand même elle viendroit ensuite à être séparée de la moindre; comme si un bras soudé à une Statuë d'or se déタchoit. Que si les deux parties étoient égales, ensorte que l'une ne pût être regardée comme un accessoire de l'autre; alors aucun des deux Propriétaires ne pouvoit s'approprier le Tout, & chacun demeuroit maître de sa portion. Cela est décidé dans une autre Loi: *Quum partes duorum dominorum ferrumine cohæreant, hæ, quum quæreretur, utri cedant*, CASSIUS *ait, pro portione rei æstimandum, vel pro pretio cujusque partis. Sed si neutra alteri accessioni est, videamus ne aut utriusque esse dicenda sit, sicuti massa confusa, aut ejus cujus nomine ferruminata est? Sed* PROCULUS *&* PEGASUS *existimant, suam cujusque rem manere.* Lib. XLI. Tit. I. *De adquir. rerum domin.* Leg. XXVII. §. 2. Mais quand deux piéces d'Argent, par exemple, sont soudées avec du Plomb, ou que l'on soude ensemble deux piéces de différent métal, ce qu'on appelloit *Plumbatura*; les Jurisconsultes vouloient qu'en ce cas-là il n'y eût point de mélange; & qu'ainsi les deux corps soudez demeurassent chacun à son Maître, soit que l'un fût plus ou moins considérable, que l'autre. On ne voit aucun fondement solide de cette différence. Car deux piéces d'Argent soudées ensemble avec de l'argent demeurent aussi distinctes l'une de l'autre, que si elles étoient soudées avec du Plomb, ou si une piéce de Fer étoit soudée avec une piéce d'Argent.

(4) *Literæ quoque, licet aureæ sint, perinde chartis membranisque cedunt, ac solo cedere solent ea, quæ inædificantur, aut inseruntur, ideoque si in chartis membranisve tuis, carmen vel historiam, vel orationem scripsero, hujus corporis non ego, sed tu dominus esse intelligeris..... Sed non, ut literæ chartis membranisve cedunt, ita solent picturæ tabulis cedere, sed ex diverso placuit, tabulas picturæ cedere.* DIGEST. Lib. XLI. Tit. I. *De adquir. rerum domin.* Leg. IV. §. 1, 2. Voiez ce que j'ai dit sur PUFENDORF, *Droit de la Nat. & des Gens*, Liv. IV. Chap. VII. §. 7. *Note* 1.

§. XXII. (1) *Quâ ratione autem plantæ, quæ terra coalescunt, solo cedunt; eadem ratione frumenta quoque, quæ sata sunt, solo cedere intelliguntur.* INSTIT. Lib. II. Tit. I. *De divis. rerum* &c. §. 32. Voiez le Chapitre de PUFENDORF, qui vient d'être cité, §. 5. avec les Notes.

(2) *Si quis sciens alienum agrum sevit, vel plantas imposuit, postquam hæ radicibus terram fuerint amplexæ, solo cedere rationis est.* COD. Lib. III. Tit. XXXII. *De rei vindicat.* Leg. XI. Voiez aussi le Titre des INSTITUTES, si souvent cité, §. 31.

(3) Titius *horreum frumentarium novum, ex tabulis ligneis factum, mobile in* Seji *prædio posuit: quæritur uter horrei dominus sit? Respondit, secundum ea quæ proponerentur, non esse factum* Seji. DIGEST. Lib. XLI. Tit. I. *De adquir. rerum domin.* Leg. LX.

§. XXIII. (1) *Si quis à non domino, quem dominum esse crediderit, bonâ fide fundum emerit, vel ex donatione, aliave qualibet justâ caussâ æque bona fide acceperit: naturali ratione placuit, fructus, quos percepit, ejus esse pro cultura & cura.* INSTITUT. Lib. II. Tit. I. *De rerum divis.* &c. §. 35. Voiez Mr. NOODT, *Probabil. Jur.* Lib. I. Cap. VII.

(2) Mais voiez ce que j'ai dit sur PUFENDORF, *Droit de la Nat. & des Gens*, Liv. IV. Chap. XIII. §. 1. *Note* 1. de la seconde Edition.

mande seulement, qu'un tel Possesseur ait droit de déduire, sur les revenus déja perçus de la chose, dont il est en possession, la valeur des dépenses qu'il a faites & de la peine qu'il a prise utilement par rapport à cette chose. Il peut même, pour s'en dedommager, garder les fruits encore en nature, (3) si on ne lui restitue pas autrement ce qui lui est dû.

§. XXIV. Il semble aussi que cela (1) doive avoir lieu même à l'égard d'un Possesseur de mauvaise foi; lors qu'il n'y a point de Loi, qui le condamne, en punition de son injustice, à perdre ce qu'il a fourni du sien. Le Jurisconsulte Paul dit, (2) que la Douceur & l'Humanité le demandent: *car*, ajoûte-t-il, *le Demandeur ne doit pas s'enrichir au détriment d'autrui*.

§. XXV. Le dernier moien d'aquérir, que l'on rapporte au Droit des Gens, c'est (1)

(3) Voiez là-dessus le Speculum Saxonicum, II. 46. ou il y a plusieurs reglemens tout pleins d'équité. Grotius.

§. XXIV. (1) Il ne me le semble pas. Un tel Possesseur, par cela même qu'il s'est mis a faire de la dépense pour un bien qu'il savoit n'être pas sien, s'est soûmis à perdre ces frais. D'ailleurs, la sûreté des Propriétaires, & par consequent le but de la Proprieté & l'interêt de la Société Humaine en general, demandent que toute autre personne ne puisse pas, de sa pure autorité & sans permission du Proprietaire, lui détenir son bien, & en disposer, fût-ce d'une maniére à l'améliorer: d'ou il s'ensuit, que l'injuste Detenteur ne doit avoir aucun droit de rien demander pour les depenses qu'il a faites, comme il ne sauroit alleguer aucune raison plausible pour justifier les pretensions. Ainsi il n'y a qu'un motif de pure generosité, qui puisse engager le veritable Proprietaire a le dédommager le moins du monde. Si celui-ci y gagne, l'autre a mérite de perdre: & on peut regarder ce gain comme un juste dedommagement de ce qu'il a eté privé pendant quelque tems de la possession de son bien, par l'injustice du Possesseur. Voiez ci-dessus, §. 20. *Note* 1.

(2) *Sed benignius est, in hujus quoque* [prædonis] *persona haberi rationem impensarum: non enim debet petitor ex aliena jactura lucrum facere*. Digest. Lib. V. Tit. III. *De hereditatis petitione*, Leg. XXXVIII.

§. XXV. (1) *Hæ quoque res, quæ traditione nostræ fiunt, Jure Gentium nobis adquiruntur: nihil enim tam conveniens est naturali æquitati, quam voluntatem domini, volentis rem suam in alium transferre, ratam habere*. Digest. Lib. XLI. Tit. I. *De adquir. rerum domin.* Leg. IX. §. 3. On voit par là encore, que le *Droit des Gens*, dont parlent ici les Jurisconsultes Romains, n'est autre chose que le *Droit de Nature*. Aussi y a-t-il dans les Institutes, *De rerum divis.* §. 40. *Per traditionem quoque* Jure Naturali *res nobis adquiruntur*. Mais il faut, outre la Délivrance, un titre légitime, qui emporte une véritable aliénation, dont l'acte de delivrer la chose n'est au fond qu'un signe: *Numquam nuda traditio transfert dominium: sed ita, si venditio, aut aliqua justa causa præcesserit*. Digest. *ubi supra*, Leg. XXXI. Voiez, au reste, sur cette matiére, Pufendorf, *Droit de la Nat. & des Gens*, Liv. IV. Chap. IX. §. 5, *& suiv.*

(2) Elle n'est pas certainement nécessaire. Les *Loix des* Wisigoths font regarder une chose comme delivrée, lors que le Donataire a entre les mains l'acte de Donation: *Tum videtur vera esse traditio, quando jam apud illum scriptura donationis habetur*. Lib. V. Tit. II. Cap. VI. Parmi les anciens *Romains*, les choses, qu'on appelloit *Res mancipi*, s'aliénoient pleinement & absolument, en observant la formalité de mettre une piéce de monnoie dans la Balance (*per æs & libram*). Voiez Varron, *de Ling. Latin.* Lib. VI. (pag. 82. Ed. 1. H. Steph.) Festus Pompejus, au mot *Rodus*: Ulpien, *Institut.* Tit. XIX. Boethius, Lib. III. *Comment. in Topica Ciceron.* Grotius.

Ce que les anciens *Romains* appelloient *Res mancipi*, etoient les Fonds de terre, les Maisons, & toute autre Possession située en *Italie*, ou dans quelque endroit des Provinces privilegié, avec les droits de Servitude, qui y etoient attachez; comme aussi les Esclaves, & les Bêtes de somme. Tout le reste etoit *Res non mancipi*; à la reserve peut-être des Perles. Les choses *Mancipi*, que l'on regardoit comme les plus utiles & les plus considérables, ne pouvoient être aliénées avec un plein effet de droit, qu'entre Citoiens Romains, & avec les formalitez de la Balance: elles etoient comme assujetties à l'esclavage des Citoiens Romains, qui seuls, selon les Loix, en pouvoient aquerir la Proprieté pleine & sûre; d'où vient leur nom de *Res mancipi*, à ce que prétendent quelques Savans. Au lieu que les Choses *non mancipi*, à l'egard desquelles l'usage des formalitez, dont on a parlé, n'avoit point de lieu, se transportoient indifferemment aux Citoiens & aux Etrangers, mais en sorte que leur aquisition n'avoit pas tant de force, & d'etendue que celle des Choses *Mancipi*. Voiez les *Vindiciæ pro recepta de Mutui alienatione sententia*, de feu Mr. Van der Goes, imprimées à *Leyde*, en 1646. pag. 61, *& seqq.* ou il refute sur cette matiere diverses pensées du grand Saumaise: comme aussi Mr. Schulting, sur le Titre d'Ulpien, que nôtre Auteur cite; & sur tout l'illustre Mr. de Bynckershoek, qui a, depuis peu, donné un Traité exprès sur cette matiere, dans ses *Opuscula varii argumenti*, imprimez en 1719. mais qui semble n'avoir pas vû ou avoir oublie de consulter le Livre, que je viens d'indiquer, d'un Savant qui a été autrefois Membre de la même Cour, qu'il l'est aujourdhui lui-même; au moins ne le cite-t-il nulle part, que je sache. Au reste, le droit qu'on aquéroit sur les Choses *Mancipi*, duement reçuës, s'appelloit *Dominium Quiritarium*, ou *Juris Quiritium*, ou *Legitimum & Civile*: & celui qu'on aqueroit sur les Choses *Non mancipi*, & même sur les Choses *Mancipi*, lors qu'en les recevant on n'avoit pas observé les formalitez requises, *Dominium Bonitarium*, ou *naturale*, ou *Juris Gentium*. On se servoit ordinairement du mot de dare, *donner*, pour marquer le transport du premier; & de celui de tradere, *delivrer*, pour marquer le transport du dernier; quoi que l'un & l'autre se fit par le même acte corporel, à l'égard de la chose même aliénée, & que toute la difference consistât dans les formalitez qu'il falloit observer pour aquerir ce plein droit de Proprieté Civile qu'on avoit sur les Choses *mancipi*. Voiez les *Probabi-*

(1) la *Délivrance*. Mais, comme nous l'avons dit (a) ci-dessus, la Délivrance n'est (2) point nécessaire, par le Droit Naturel, pour transporter la Propriété; & les Jurisconsultes Romains le reconnoissent eux-mêmes en certains cas, comme en (3) matière d'une Donation faite avec reserve d'usufruit, ou lors qu'on aliéne une chose (4) en faveur de quelqu'un qui posséde déja la chose donnée, ou (5) qui l'avoit entre les mains par emprunt. Il ne faut pas non plus, selon eux, de Délivrance, quand on jette (6) une chose, pour la laisser au prémier occupant d'une multitude. Bien plus: il y a des cas, où, selon le Droit Romain qui est encore aujourdhui reçû, la Propriété passe d'une personne à l'autre sans aucune Possession: comme quand il s'agit d'une (7) Hérédité, d'un (8) Legs, de (9) choses données aux Eglises, ou à des lieux consacrez à d'autres usages pieux, ou à une Ville, ou (10) pour la nourriture & l'entretien de quelcun. Il en

(a) Chap. VI. de ce Livre, §. 1. num. 4.

babilia Juris, de Mr. Noodt, Lib. II. Cap. XII. Et de là vient que les Jurisconsultes Romains disent, qu'à considerer le Droit Naturel tout seul, la simple Delivrance (*Traditio*) suffit pour transférer la Proprieté. Cette difference des Choses *mancipi* & *non mancipi*, fut abolie par l'Empereur Justinien, comme on le voit dans le Code, Lib. VII. Tit. XXV. *De nudo jure Quiritum tollendo.*

(3) *Quisquis rem aliquam donando, vel in dotem dando, [vel vendendo] usumfructum ejus retinuerit: etiamsi stipulatus non fuerit, eam continuo tradidisse credatur, nec quid amplius requiratur, quo magis videatur facta traditio: sed omni modo idem sit in his caussis usumfructum retinere, quam tradere.* Cod. Lib. VIII. Tit. LIV. *De donationibus*, Leg. XXVIII. C'est une Constitution de Theodose *le Jeune*, sur laquelle on peut voir Jaques Godefroi, in *Cod. Theodos.* Lib. VIII. Tit. XII, Leg. IX. Tom. II. pag. 621.

(4) *Si rem meam possideas, & eam velim tuam esse: fiet tua, quamvis possessio apud me non fuerit.* Digest. Lib. XLI. Tit. I. *De adquir. rerum domin.* Leg. XXI. §. 1.

(5) *Interdum etiam, sine traditione, nuda voluntas domini sufficit ad rem transferendam: veluti, si rem, quam tibi aliquis commodavit, aut locavit, aut apud te deposuit, vendiderit tibi, aut donaverit. Quamvis enim ex ea caussa tibi eam non tradiderit; eo tamen ipso, quod patitur tuam esse, statim tibi adquiritur proprietas, perinde ac si eo nomine tradita fuisset.* Institut. Lib. II. Tit. I. *De rerum divisione* &c. §. 44. C'est la décision de ceux même d'entre les anciens Jurisconsultes, qui croioient qu'une prise de possession corporelle est absolument nécessaire, selon le Droit Naturel, pour aquerir la Proprieté. Voiez les *Probabilia Juris* de Mr. Noodt, *Lib.* II. *Cap.* VI. *num.* 5.

(6) *Hoc amplius; interdum & in incertam personam collata voluntas domini transfert rei proprietatem: ut ecce Pretores, & Consules, qui missilia jactant in vulgus, ignorant quid eorum quisque sit excepturus: & tamen, quia volunt quod quisque exceperit, ejus esse, statim eum dominum efficiunt.* Institut. ibid. §. 46.

(7) Tous les droits de l'Hérédité sont aquis, du moment que l'on se porte pour Héritier; quoi que l'on ne soit pas encore en possession des biens, & que même on ne soit pas regardé comme Possesseur, à l'egard des effets de droit qui résultent de la Possession: *Quum heredes instituti sumus, aditâ hereditate, omnia quidem jura ad nos transeunt: possessio tamen, nisi naturaliter comprehensa, ad nos non pertinet.* Digest. Lib. XLI. Tit. II. *De adquir. possessione*, Leg. XXIII. *init.* Voiez, sur cette Loi, que nôtre Auteur cite ici, le grand Cujas, *Recit. in Digest.* Tom. VIII. Opp. pag. 307, 308.

(8) *Quia ea, quæ legantur, rectâ viâ ab eo, qui legavit, ad eum, cui legata sunt, transeunt.* Digest. Lib. XLVII. Tit. II. *De Furtis*, Leg. LXIV. De là vient, qu'encore que le Légataire meure, pourvû que ce soit après la mort du Testateur, le Legs passe à ses Heritiers, comme s'il l'avoit reçû actuellement: *Si post diem Legati cedentem Legatarius decesserit, ad heredem suum transfert Legatum. Itaque si purum Legatum est, ex die mortis dies ejus cedit.* Digest. Lib. XXXVI. Tit. II. *Quando dies Legat. vel Fideic. cedat*, Leg. V. princ. & §. 1.

(9) *Sive itaque memoratis religiosissimis locis vel Civitatibus hereditas, sive legatum vel fideicommissum fuerit relictum, sive donatio vel venditio processerit, in quibuscumque rebus mobilibus vel immobilibus, vel se moventibus, sive pro redemtione captivorum quædam fuerint derelicta, vel donata: sit eorum penè perpetua vindicatio, & ad annos centum extendatur* &c. Cod. Lib. I. Tit. II. *De sacrosanctis Eccles.* &c. Leg. XXIII. *princ.* Dans cette Loi, que nôtre Auteur indiquoit en marge, on voit qu'il établit la même chose à l'égard des Ventes, contre les régles du Droit Civil. Il y a pourtant des Docteurs, comme Wissenbach, *in Cod.* pag. 7. & *in Institut.* Disp. X. §. 36. qui prétendent, que Justinien accorde seulement action personnelle pour exiger ces sortes de choses, & nullement action réelle, ou le droit de les reclamer, entre les mains de quel Possesseur que ce soit. Mais ils sont obligez de donner pour cet effet au mot *vindicatio*, un sens impropre; & de restreindre la generalité des termes qui suivent; *In his autem* omnibus casibus, *non solum personales actiones damus, sed etiam in rem, & hypothecariam* &c. ce qui ne doit pas se faire sans de très-fortes raisons; & on n'en a point ici de telle. J'en vois au contraire une considerable, qui doit empêcher d'en venir là. C'est que la Constitution, dont il s'agit, est une Loi faite à la sollicitation des Ecclesiastiques d'*Emise*, ou *Emise*, Ville de *Syrie*, qui l'obtinrent par surprise de Justinien, comme le remarque Suidas, & comme l'Empereur lui-même le reconnut, en la corrigeant pour le terme de la Prescription, qu'il réduisit à quarante ans, au lieu de cent: Novell. IX. & CXI. Voiez ce que j'ai dit sur Pufendorf, *Droit de la Nat. & des Gens*, Liv. IV. Chap. XII. §. 2. *Note* 5. La conséquence est aisée à tirer. Un privilége, ainsi accordé, ne se donne pas à demi: on le pousse aussi loin qu'il est possible.

(10) *Si doceas, ut adfirmas, nepti tuæ eâ lege esse donatum à te, ut certa tibi alimenta præberet: vindicationem etiam in hoc casu utilem, eo quod legi illa obtemperare noluerit, impetrare potes; id est, actionem, quâ dominium pristinum tibi restituatur.* Cod. Lib. VIII. Tit. LV. *De Donationibus quæ sub modo* &c. Leg. I. Voici le cas de cette Loi, que nôtre Auteur cite. On donne à quelcun une Terre, par exemple, à condition qu'il nous fournira ce qui est nécessaire pour nôtre entretien. Le Dona-

en est de même (11) des biens de chaque Associé, dans une Société de tous biens généralement.

§. XXVI. 1. J'ai fait toutes les remarques, que l'on vient de lire dans ce Chapitre, afin qu'on ne s'imagine pas que, toutes les fois qu'il est parlé du *Droit des Gens* dans les Auteurs du Droit Romain, il s'agisse d'un Droit immuable: mais que l'on apprenne à bien distinguer les Maximes qui sont du Droit de Nature primitif, d'avec celles qui ne sont de Droit Naturel qu'en supposant un certain état des choses; comme aussi les Loix communes à plusieurs Peuples séparément, d'avec celles qui sont nécessaires pour entretenir le lien de la Société Humaine.

2. Au reste, il faut savoir, que, quand une certaine maniére d'aquérir par ce Droit des Gens, improprement ainsi nommé, dont nous venons de parler, ou même par les Loix d'un seul Peuple, est établie sans distinction de Citoien & d'Etranger; (1) dès-là les Etrangers aquiérent par là un droit: de sorte que, si on veut ensuite les empêcher d'en jouïr, on leur fait un tort, qui peut fournir un juste sujet de Guerre.

CHAPITRE IX.

En quels cas FINISSENT le droit de SOUVERAINETE', & celui de PROPRIE'TE'.

I. *Que le droit de* PROPRIE'TE', *& celui de* SOUVERAINETE', FINISSENT, *lors que celui, qui les possédoit, vient à mourir, sans laisser aucun Successeur.* II. *Il en est de même, à l'égard d'une Famille, lors qu'elle est éteinte:* III. *Et à l'égard d'un Peuple, lors qu'il est détruit;* IV. *Ce qui arrive, ou lors que ses parties essentielles périssent:* V. *Ou quand le Corps du Peuple ne subsiste plus:* VI. *Ou lors qu'il est dépouillé de la forme, qui le rendoit un Corps de Peuple.* VII. *Mais un Peuple ne cesse pas d'être le même, pour avoir changé de lieu:* VIII. *Ou pour avoir établi une autre forme de Gouvernement.* *Quel rang doit avoir le nouveau Roi, ou le Peuple qui*

Donataire ne s'aquitte pas de cet engagement. Le Donateur peut alors non seulement faire révoquer la Donation, en intentant certaines Actions Personnelles, établies par le Droit Romain; mais encore réclamer la Terre, comme en aiant dès-lors recouvré la propriété, quoi qu'il n'en ait point eu la possession, depuis qu'il l'avoit aliénée sous cette condition. Ainsi c'est un cas singulier, où quelques Empereurs avoient fait une exception aux régles, en faveur des personnes à qui l'on devoit fournir la nourriture & l'entretien; comme on en trouve de semblables sur d'autres sujets. Voiez CUJAS, *Recit. in Codic.* Tom. IX. Opp. pag. 1401.

(11) *In societate omnium bonorum, omnes res, quæ coeuntium sunt, continuo communicantur: quia, licet specialiter traditio non interveniat, tacita tamen creditur intervenire.* DIGEST. Lib. XVII. Tit. II. *Pro socio*, Leg. I. §. 1. & Leg. II.

§. XXVI. (1) Mais il faut, à mon avis, raisonner ici de la même maniére que nous avons fait ci-dessus, contre le sentiment de nôtre Auteur, sur le Chap. II. de ce Livre, §. 22.

CHAP. IX. §. I. (1) C'est-à-dire, en sorte que le droit est éteint. Car dans tous les cas où la chose même sur quoi on a un tel droit n'est point détruite, rien n'empêche qu'elle ne puisse à l'avenir appartenir encore à quelque autre; mais alors ce ne sera point par une continuation du même droit, ce sera en vertu d'un nouveau titre.

(2) Voiez PUFENDORF, *Droit de la Nat. & des Gens*, Liv. IV. Chap. VI. §. 14. & *Liv.* VI. *Chap.* III. §. 11. & *Liv.* VIII. *Chap.* XI. §. 1.

(3) Encore même que les biens reviennent au Souverain; car le Souverain s'en empare par droit de prémier occupant. Tout ce qu'il y a, c'est que personne autre ne peut alors user de ce droit.

(4) Par le Droit Romain, tous les biens, qui demeuroient sans héritier, étoient au Fisc; & par conséquent aussi les Esclaves, que l'on mettoit au nombre des biens: *Scire debet gravitas tua, intestatorum res, qui sine legitimo herede decesserint, fisci nostri rationibus vindicandas.* COD. Lib. X. *De bonis vacantibus* &c. Leg. I. Voiez encore DIGEST. Lib. XLIX. Tit. XIV. *De jure Fisci*, Leg. I. §. 2. & CUJAS sur COD. Lib. VI. Tit. LI. *De Caducis tollendis*, avec les Notes de FABROT; [com]me aussi celles de Mr. SCHULTING sur ULPIEN, Tit. XXVIII. §. 7. pag. 673. Mais si un Maître témoignoit abandonner son Esclave, celui-ci étoit au prémier occupant, selon la régle générale touchant les choses abandonnées. Voiez DIGEST. Lib. XLI. Tit. VII. *Pro derelicto*, Leg. I. & *Leg. ult.* à moins que le Maître ne se fût ainsi dépouillé de son droit par une avarice inhumaine, à cause que l'Esclave étoit attaqué d'une grande maladie. *Servo, quem pro*

qui a recouvré sa liberté? IX. *Quel est l'effet de l'union de deux Peuples.* X. *Ou de la division d'un Peuple en deux.* XI. *A qui appartiennent aujourdhui les Païs qui étoient autrefois de l'*Empire Romain, *& que l'on ne peut pas prouver avoir été aliénez?* XII. *Du droit des Héritiers.* XIII. *Des droits d'un Vainqueur.*

§. I. 1. APRE'S avoir suffisamment expliqué, de quelle maniére on aquiert originairement le droit de PROPRIE'TE', & celui de SOUVERAINETE', comme aussi de quelle maniére ils passent de l'un à l'autre; il faut voir présentement, de quelle maniére ils FINISSENT (1).

2. Nous avons fait voir (a) ci-dessus en passant, que l'un & l'autre se perd par un abandonnement tacite; parce que, au moment qu'on ne veut plus conserver son bien, le droit qu'on y avoit ne subsiste plus. (a) *Chap.* IV. de ce Livre.

3. La Propriété & la Souveraineté finissent aussi, lors que le sujet, auquel elles étoient attachées, vient à manquer, sans qu'il y aît eu aucune aliénation ni expresse, ni tacite, comme celle qui a lieu dans les Successions abintestat. (2) Si donc un homme n'a point disposé en mourant de ce qui lui appartenoit, & ne laisse d'ailleurs aucun Parent; tous les droits qu'il avoit s'éteignent avec lui, & tout ce qu'il possedoit est (3) au prémier occupant, hormis les personnes. Ainsi ses Esclaves recouvrent leur liberté; & les Peuples, qui dépendoient de lui, redeviennent maîtres d'eux-mêmes: à moins qu'il n'y aît quelque Loi (4) qui en empêche les prémiers, ou que les uns & les autres ne renoncent volontairement à leur liberté. Car ce n'est pas une chose qui soit de nature à être au prémier occupant.

§. II. Lors qu'une (1) *Famille*, qui avoit quelque droit de Propriété ou de Souveraineté, vient à s'éteindre; ce droit s'évanouït aussi.

§. III. 1. IL EN est de même d'un *Peuple*. Cela semble d'abord ne pas lui convenir. Eclaircissons la difficulté.

2. ISOCRATE (1) a dit, & après lui l'Empereur (2) JULIEN, que les Etats sont immortels, c'est-à-dire, qu'ils peuvent l'être; parce que tout Peuple est un de ces sortes de Corps, qui sont composez de parties (3) séparées les unes des autres, mais réunies

pro derelicto Dominus, ob gravem infirmitatem, habuit, ex Edicto Divi CLAUDII, *competat libertas.* DIGEST. Lib. XL. Tit. VIII. *Qui sine manumissione* &c. Je ne sai pourquoi un Interprête de nôtre Auteur veut que ce droit de s'emparer d'un Esclave ainsi abandonné, ait été abrogé par la NOVELLE XXII. *Cap.* XII. Car JUSTINIEN ne fait là que confirmer la Loi, qu'on vient de citer, en ordonnant que, si un Maître a abandonné son Esclave malade, homme ou femme, le Mariage contracté avec une personne libre soit reputé valide, en vertu de l'Aquisition que cet Esclave a faite de la liberté, selon ce que porte le Titre du DIGESTE *Pro Derelicto*, auquel on renvoie; & c'est ainsi que l'entend JULIEN, dans son Abrégé. Voiez la NOVELLE CLIII. Cap. I. Dans celle, sur quoi on se fonde, l'expression à la vérité est embarassée, comme dans toute cette Compilation: mais si l'on y prend garde, on verra, que l'Empereur distingue seulement deux maniéres d'abandonner un Esclave malade: l'une, en le mettant hors de la maison; l'autre, en n'aiant pas soin de lui, quoi qu'on le garde.

§. II. (1) C'est ainsi que la Famille des Rois *Danois* s'éteignit autrefois: ALBERT. CRANTZ. *Hist. Vandal.* Lib. VIII. Cap. XXIII. Et celle des *Rugiens*: Idem, *Lib.* VIII. *Cap.* XII. Et celle des *Pélasgiens* & des *Thessaliens*: NICEPH. GREGORAS, *Lib.* VII. Et celle des *Usumcassanides*, dans le Roiaume de *Perse*: LEUNCLAVIUS, *Hist. Turc.* Lib. XVI. Voiez LE'ON d'*Afrique*, Liv. II. dans l'endroit où il parle de la Ville de *Taredant*: & ajoûtez à tout cela, si vous voulez, ce que dit ERNEST COTHMAN, *Consil.* XLI. *num.* 1, *& seqq.* GROTIUS.

§. III. (1) Les Etats, dit-il, étant immortels, éprouvent tôt ou tard les effets de la Vengeance Divine & Humaine: *Αἱ δὲ πόλεις, διὰ τὴν ἀθανασίαν, ὑπομένουσι καὶ τὰς παρὰ τῶν ἀνθρώπων, καὶ τὰς παρὰ θεῶν, τιμωρίας.* Orat. *de Pace*, pag. 183. D. *Ed. H. Steph.*

(2) C'est à la fin de sa Lettre en faveur de ceux d'*Argos*: *Τὰς πόλεις δὲ ἀθανάτους οὔσας* &c. Pag. 411. B. *Ed. Spanhem.*

(3) *Tertium* [genus corporum], *quod ex distantibus constat: ut corpora plura non soluta, sed uni nomini subjecta, veluti Populus, Legio, Grex.* DIGEST. Lib. XLI. Tit. III. *De usurpat. & usucap.* Leg. XXX. *princ.* SENEQUE définit de même ces sortes de Corps, en les distinguant de ceux dont les parties sont jointes ensemble: *Quædam continua esse corpora, ut hominem: quædam composita, ut navem, domum, omnia denique quorum diversæ partes junctura in unum sunt coacta: quædam ex distantibus, quorum adhuc membra separata sunt, tamquam Exercitus, Populus, Senatus.* Epist. CII. Cela est pris d'ACHILLE TATIUS, qui, dans son Discours sur les *Phénoménes* d'ARATUS, rapporte la division que faisoit l'Astro-

nies sous un seul nom, & par la vertu d'*une même* (4) *constitution*, comme dit PLUTARQUE, ou d'*un même esprit*, comme s'exprime le (5) Jurisconsulte PAUL. Cet *esprit*, ou cette *constitution*, qui forme les Corps d'un Peuple n'est autre chose qu'une association pleine & entiére pour la Vie Civile; (6) association, dont le prémier effet est la Souveraineté, ce grand lien de l'Etat, ce *souffle de vie, que tant de milliers de gens respirent*, pour parler avec (7) SENEQUE.

3. Les Corps artificiels, comme celui dont il s'agit, ressemblent parfaitement au Corps Naturel. Or un Corps Naturel ne cesse pas d'être le même, (8) quoi que les petites parties, dont il est composé, changent peu-à-peu, tant que la forme demeure la même; comme le soûtient le Jurisconsulte (9) ALFENUS, suivant les principes des anciens Philosophes. Car il ne faut pas prendre au pié de la lettre ce que dit SENEQUE. (10) qu'aucun de nous n'est le même dans la Vieillesse, qu'il étoit dans la Jeunesse. Cela ne doit s'entendre que de la matiére de nos Corps, & dans le sens qu'HERACLITE (11) & (12) EPICHARME disoient, que *personne ne descend deux fois dans la même Riviére :* pensée que SENEQUE lui-même redresse & explique ainsi: (13)

l'Astronome CONON, celui qui est l'inventeur de la *Chevelure de Berenice :* Παρεστήσατο δὲ Κόνων ὁ μαθηματικὸς, σώματα λέγεσθαι ὅσα ὑπὸ μιᾶς ἕξεως ἡνωμένα κρατεῖται, οἷον λίθος, ξύλον (ἕξις δὲ ἐστι πνεῦμα σώματος συνεκτικὸν) συνημμένα δὲ, ὅσα οὐχ ὑπὸ μιᾶς ἕξεως δέδεται, ὡς πλοῖον, καὶ οἰκία· τὸ μὲν γὰρ ἐκ πολλῶν σανίδων, ἡ δὲ ἐκ πολλῶν λίθων σύγκειται. διεστῶτα δὲ, ὡς χορός. τῶν δὲ τοιούτων διτταὶ αἱ διαφοραί· τὰ μὲν γὰρ ἐξ ὡρισμένων σωμάτων, καὶ ἀριθμῷ ληπτῶν, ὡς χορὸς· τὰ δὲ ἐξ ἀορίστων, ὡς ὄχλος. (Cap. XIV. *Edit. Petav.*) Il est clair, que c'est de là qu'a été tirée la Loi du DIGESTE, qui vient d'être citée; aussi bien que cette autre, où le Jurisconsulte PAUL dit, qu'une Statuë est *unie par un même esprit*, & où il fait la même distinction des différentes sortes de Corps : *At in his [corporibus,] quæ ex distantibus corporibus essent, constat singulas partes retinere suam propriam speciem; ut singuli homines, singulæ oves : ideoque posse me gregem vindicare, quamvis aries tuus sit immixtus : sed & te arietem vindicare posse. Quod non idem in corporibus cohærentibus eveniet. Nam si statuæ meæ brachium alienæ statuæ addideris, non posse dici brachium tuum esse; quia tota statua uno spiritu continetur.* Lib. VI. Tit. I. *De rei vindicatione*, Leg. XXIII. §. 5. D'autres se sont aussi servis du mot d'*esprit* pour marquer cette constitution, ἕξις, qui lie les parties des Corps. PHILON, Juif, dit, que c'est un esprit qui circule au dedans de lui-même : Λίθων μὲν οὖν καὶ ξύλων ἃ δὴ τῆς συμφυΐας ἀπέσπασται, δεσμὸν κραταιότατον, ἕξιν εἰργάσατο. ἡ δέ ἐστι πνεῦμα ἀναστρέφον ἐφ' ἑαυτό. ἄρχεται μὲν γὰρ ἀπὸ τῶν μέσων ἐπὶ τὰ πέρατα τείνεσθαι, ψαῦσαν δὲ ἄκρας ἐπιφανείας, ἀνακάμπτει πάλιν ἄχρις ἂν ἐπὶ τὸν αὐτὸν ἀφίκηται τόπον, ἀφ' οὗ τὸ πρῶτον ὡρμήθη. ἕξεως ὁ συνεχὴς οὗτος δίαυλος. De Mundo (*pag.* 1154, 1155. *Ed. Paris.*) Il l'appelle plus bas, un lien difficile à rompre, mais non pas indissoluble : Ἡ δ' [ἕξις] ἐστι πνευματικὸς τόνος, δεσμὸς οὐκ ἄρρηκτος, ἀλλὰ μόνον δυσδιάλυτος. (Pag. 1169. A.) Voiez aussi BOECE, *Arithmetic.* Lib. I. & notez, que, quand j'attribuë à un Peuple cette *constitution*, ἕξις, ou cet *esprit*, je n'entens pas les termes à la rigueur, comme fait le Mathematicien que j'ai cité; mais par analogie, & sur le même pié qu'un Peuple est appellé un *Corps*. Le Jurisconsulte ALFENUS appelle cet *esprit*, la *forme* d'une chose : *Quapropter cujus rei species eadem consisteret, rem quoque eamdem esse existimari.* DIGEST. Lib. V. Tit. I. *De Judiciis* &c. Leg. LXXVI. *in fine.* GROTIUS.

La plûpart des remarques, que nôtre Auteur fait ici, se trouvoient déja dans les *Observations* de CUJAS, Lib. XV. Cap. XXXIII. On peut y joindre, si l'on veut, SEXTUS EMPIRICUS, *Adversus Mathemat.* Lib. VII. §. 102. & Lib. IX. §. 78. avec les Notes de Mr. FABRICIUS.

(4) Ἕξις μία. Nôtre Auteur n'indique point l'endroit où cela se trouve. Je suis fort trompé, s'il n'a eu dans l'esprit le passage suivant, où il y a μορφὴ, au lieu d'ἕξις : Ἐπεὶ δὲ [ταὐτοῦ, ἑτέρου] σύνοψιν καὶ σύνεσιν, δι' ὁμολογήσαντος ἐκ τῶν πολλῶν μίαν ἀπετέλεσεν μορφὴν καὶ δύναμιν. De Animæ procreat. *pag.* 1025. C. Tom. II. *Edit. Wech.*

(5) Voiez la Loi citée dans la *Note* 3.

(6) ARISTOTE dit, que le Gouvernement est l'ame d'un Etat : Ἡ γὰρ πολιτεία βίος τίς ἐστι πόλεως. Politic. *Lib.* IV. *Cap.* XI. (pag. 373. C. *Ed. Paris*) GROTIUS.

(7) *Ille est enim vinculum, per quod Respublica cohæret : ille spiritus vitalis, quem hæc tot millia trahunt* &c. De Clement. *Lib.* I. *Cap.* IV.

(8) Les Jurisconsultes ALFENUS, & ULPIEN, alléguent là-dessus l'exemple d'un Vaisseau, qui demeure toûjours le même, quoi qu'il ait été refait dans toutes ses parties, & qu'il n'y reste aucune des planches, dont il étoit d'abord composé : *Itemque navem, si adeo sæpe refecta esset, ut nulla tabula eadem permaneret, nihilominus eamdem navem esse existimari.* DIGEST. Lib. V. Tit. I. *De Judiciis* &c. Leg. LXXVI. *In navis quoque usufructu*, SABINUS *scribit, si quidem per partes refecta sit, usumfructum non interire.* Lib. VII. Tit. IV. *Quibus modis Ususfructus* &c. Leg. X. §. 7. Autre chose est, si le Vaisseau a été démonté & rebâti, fut-ce des mêmes planches : *Si autem dissoluta sit, licet iisdem tabulis, nulla præterea adjectâ, restaurata sit, usumfructum extinctum : quam sententiam puto veriorem.* Ibid. Voiez aussi Lib. XLVI. Tit. III. *De solutionibus & liberation.* Leg. XCVIII. §. 8. Il y eut là-dessus une dispute entre les anciens Philosophes, à l'occasion du Vaisseau de *Thésée*, que les *Athéniens* conservérent pendant plusieurs siécles, en mettant de tems en tems de nouvelles piéces à la place de celles qui étoient usées : Τὸ δὲ πλοῖον, ἐν ᾧ μετὰ τῶν ἠϊθέων ἔπλευσε [ὁ Θησεὺς], καὶ πάλιν ἐσώθη, τὴν τριακόντορον, ἄχρι τῶν Δημητρίου τοῦ Φαληρέως χρόνων διεφύλαττον οἱ Ἀθηναῖοι, τὰ μὲν παλαιὰ τῶν ξύλων ὑφαιροῦντες, ἄλλα δὲ ἐμβάλλοντες ἰσχυρὰ καὶ συμπηγνύντες, ὥστε ἤδη καὶ τοῖς φιλοσόφοις εἰς τὸν αὐξόμενον (il faut lire αὐξομένων, comme porte un MS.) λόγον ἀμφιδοξούμενον παράδειγμα τὸ πλοῖον εἶναι, τῶν μὲν, ὡς τὸ αὐτὸ, τῶν δὲ, ὡς οὐ τὸ αὐτὸ

(13) *Le nom du Fleuve demeure toûjours le même, quoi que l'Eau s'écoule incessamment.* Et au fond ce n'est pas un vain nom qui reste à la Riviére: mais elle conserve toûjours cette disposition, que le Mathématicien CONON (14) définissoit, une *constitution qui forme & entretient le Corps*; & que (15) PHILON, aussi bien que les Latins, appelloit, *ce qui fait l'ame du Corps.*

4. Ainsi donc un Peuple, au jugement du Jurisconsulte (16) ALFENUS, & de (17) PLUTARQUE, est censé le même aujourdhui, qu'il étoit il y a cent ans, quoi qu'il ne reste pas une ame vivante de ce tems-là. Il suffit que, comme le dit le même PLUTARQUE, *la Société, qui forme & lie le Corps, subsiste toûjours.* Et de là vient qu'en parlant au Peuple d'aujourdhui, on lui attribuë souvent ce qui étoit arrivé au même Peuple plusieurs siécles auparavant; comme il paroît & par les Historiens (18) Profanes, & par les (a) Auteurs Sacrez. A la vérité, dans l'Histoire de TACITE, (19) *Pison* soûtient, que les *Athéniens* de son tems ne sont pas (20) véritablement *Athéniens*, mais un égout d'autres Nations; l'ancien Peuple aiant été, dit-il, détruit par tant d'échecs qu'il avoit soufferts. Mais ce Romain parloit par passion, & non pas selon la véri-

(a) Voiez *Matth.* XXIII, 35. *Marc*, X, 3. *Jean*, VI, 32. VII, 19, 22. *Act.* III, 22. VII, 38.

αὐτὸ διαμένει, λέγοιτο. PLUTARCH. In Vita Thes. (*pag.* 10. C. Tom. I. *Ed. Wech.*) Les Jurisconsultes décidérent avec raison, que c'étoit toûjours le même Vaisseau. Et TERTULLIEN, qui étoit fort versé dans l'étude de la Jurisprudence, suit le même principe, en parlant d'un Vaisseau délabré par la tempête, ou pourri de vieillesse: *Navem procellâ dissipatam, vel carie dissolutam, redactis & recuratis omnibus membris, eamdem sæpe conspeximus, etiam titulo restitutionis gloriantem.* De Resurrect. carnis. (*Cap.* LX.) Il est vrai qu'il se sert là du mot de *dissoluta*, qui semble marquer une séparation de toutes les parties du Vaisseau: mais il faut sousentendre, que le fond du Vaisseau subsistoit toûjours en son entier. Et c'est ainsi encore qu'on doit expliquer le mot de *dissolvit* dans la Loi suivante: *Nam & si navem, quam spopendit, dominus dissolvit, & iisdem tabulis compegerit: quia eadem navis esset, inciperet obligari.* Lib. XLV. Tit. I. *De verborum obligat.* Leg. LXXXIII. §. 5. La suite du discours fait voir, que ces deux mots ne doivent pas être autrement entendus, ni dans le passage du Pére de l'Eglise, ni dans celui du Jurisconsulte. PHILON, Juif, pose pour maxime, qu'afin qu'une chose soit regardée comme sujette à périr, il faut que toutes ses parties périssent en même tems: Οὐ γὰρ ἀπολλύειν ὃ πάντα τὰ μέρη φθείρεται, φθαρτὸν ἐστιν ἐκεῖνο, ἀλλ' ὃ πάντα τὰ μέρη ἅμα καὶ ἐν ταὐτῷ ἄθροα κατὰ τὸν αὐτὸν χρόνον. De mundo (*pag.* 1171. E.) GROTIUS.

(9) Voiez la Loi citée à la fin de la *Note* 3. de ce paragraphe.

(10) *Nemo nostrûm idem est in senectute, qui fuit juvenis. Nemo est mane, qui fuit pridie.* Epist. LVIII. pag. 204.

(11) Λέγει που Ἡράκλειτος, ὅτι πάντα χωρεῖ, καὶ οὐδὲν μένει· καὶ ποταμοῦ ῥοῇ ἀπεικάζων τὰ ὄντα, λέγει, ὡς δὶς ἐς τὸν αὐτὸν ποταμὸν οὐκ ἂν ἐμβαίης. PLATO, in Cratylo, *pag.* 402. A. Tom. I. *Edit. H. Steph.* Voiez MENAGE, sur DIOGE'NE LAERCE, Lib. IX. §. 8.

(12) Voiez DIOGE'NE LAERCE, Lib. III. §. 11. *Edit. Amstel.*

(13) *Hoc est, quod ait* HERACLITUS: In idem flumen bis non descendimus. *Manet idem fluminis nomen, aqua transmissa est.* Epist. LVIII. ARISTOTE remarque aussi, en comparant un Peuple aux Riviéres & aux Fontaines, qu'on dit qu'elles sont les mêmes, encore que l'Eau coule ou s'écoule toûjours: Ἀλλὰ τῶν αὐτῶν κατοικούντων τὸν αὐτὸν τόπον, πότερον ἕως ἂν ᾖ τὸ γένος ταὐτὸ τῶν κατοικούντων, τὴν αὐτὴν εἶναι φατέον πόλιν, καίπερ ἀεὶ, τῶν μὲν φθειρομένων, τῶν δὲ γινομένων· ὥσπερ καὶ ποταμοὺς εἰώθαμεν λέγειν τοὺς αὐτοὺς, καὶ κρήνας τὰς αὐτὰς, καίπερ ἀεὶ τοῦ μὲν ἐπιγινομένου νάματος, τοῦ δ' ὑπεξιόντος. Politic. Lib. III. Cap. III. GROTIUS.

(14) Ἕξις σώματος συνεκτική. Voiez le passage entier, cité dans la *Note* 3. sur ce paragraphe.

(15) Πνευματικὸν συνέχον, dit nôtre Auteur. Mais je ne trouve, dans les deux Traitez du Docteur Juif, sur *l'incorruptibilité du Monde*, que cette expression, Ἕξις πνευματική, qui revient à la même chose. Voiez *pag.* 939. E. & 1103. D. *Edit. Paris.*

(16) *Et Populum eumdem hoc tempore putari, qui abhinc centum annis fuisset, quum ex illis nemo nunc viveret.* DIGEST. Lib. V. Tit. I. *De Judiciis* &c. Leg. LXXVI.

(17) Ἓν γάρ τι πρᾶγμα καὶ συνεχὲς ἡ πόλις, ὥσπερ ζῶον, οὐκ ἐξίσταται αὑτῆς ταῖς καθ' ἡλικίαν μεταβολαῖς, οὐδ' ἕτερον ἐξ ἑτέρου τῷ χρόνῳ γινόμενον, ἀλλὰ συμπαθὲς ἀεὶ καὶ οἰκεῖον αὑτῷ, καὶ πᾶσαν, ὧν πράττει κατὰ τὸ κοινὸν, ἢ ἔπραξεν, αἰτίαν καὶ χάριν ἀναδεχόμενον, μέχρις ἂν ἡ ποιοῦσα καὶ συνδέουσα ταῖς ἐπιπλοκαῖς κοινωνία, τὴν ἑνότητα διαφυλάττῃ. De sera Numinis vindicta, *pag.* 559. A. Tom. II. Voiez PUFENDORF, *Droit de la Nat. & des Gens*, Liv. VIII. Chap. XII. §. 7.

(18) Dans TACITE, par exemple, *Antonius Primus*, Lieutenant de *Vespasien*, encourage les Soldats de la troisiéme Légion, en les faisant souvenir des victoires qu'ils avoient remportées sur les *Parthes*, sous la conduite de *Marc Antoine*; & sur les *Arméniens*, sous *Corbulon*: *Plura* [Antonius Primus] *ad tertianos, veterum recentiumque admonens: ut sub* M. Antonio Parthos, *sub* Corbulone Armenios, *nuper* Sarmatas *pepulissent.* TACIT. Hist. Lib. III. (Cap. XXIV. *num.* 3.) GROTIUS.

(19) *At* Cn. Piso, *quo properantius destinata inciperet, civitatem* Atheniensium *turbido incessu exterritam oratione sævâ increpat; obliquè* Germanicum *perstringens, quòd, contra decus Romani nominis, non* Athenienses, *tot cladibus extinctos, sed colluviem illam nationum, comitate nimiâ coluisset* &c. Annal. Lib. II. Cap. LV. *num.* 1.

(20) L'Empereur JULIEN dit le contraire des mêmes *Athéniens*, dans son *Misopogon*. GROTIUS.

L'Ouvrage, que nôtre Auteur cite, est contre ceux d'*Antioche*; & il n'y a rien d'approchant au sujet des *Athéniens*. Je m'imagine qu'il a eu dans l'esprit ce que dit cet Empereur dans sa Lettre aux *Athéniens*,

vérité. Le mêlange des Etrangers, qui s'étoient établis à *Athénes*, pouvoit avoir diminué quelque chose de la gloire de l'ancien Peuple; mais il n'en avoit pas fait un autre Peuple. Et *Pison* lui-même n'ignoroit pas cela; puis qu'il (21) reprochoit à ces mêmes *Athéniens* de son tems, le peu de succès qu'avoient eu ceux d'autrefois dans leurs entreprises contre les *Macédoniens*, & les violences dont ils avoient usé contre leurs propres Concitoiens.

5. Mais, quoi que le changement des petites parties, dont un Peuple est composé, n'empêche pas qu'il ne soit toûjours le même Peuple, pendant mille ans, & au delà: il se peut faire néanmoins qu'un Peuple *périsse*, & cela en deux maniéres: Ou par la *destruction du Corps*; ou par la destruction de la *forme*, ou de cet esprit qui l'anime.

§. IV. 1. Le *Corps* périt, ou lors que toutes les parties, sans lesquelles il ne sauroit subsister, sont détruites; (1) ou lors qu'elles ne forment plus de Corps.

2. Il faut rapporter au prémier chef, les Peuples qui ont été emportez par la Mer, comme il arriva à ceux de l'*Ile Atlantique*, dont Platon (a) parle, & à quelques autres (2) dont (b) Tertullien fait mention. Il en est de même de ceux qui ont été engloutis par un Tremblement ou une ouverture de Terre, dont (c) Seneque, Ammien (d) Marcellin, & autres Auteurs nous fournissent des exemples: & de ceux qui se sont détruits eux-mêmes en s'entretuant, comme firent (e) les *Sidoniens* & (3) les *Sagontins*. Pline (4) rapporte, qu'il y eut cinquante & trois Peuples de l'ancien *Païs Latin*, qui périrent sans qu'on en vît aucune trace.

3. La question est de savoir ce qui demeure aux Particuliers d'un tel Peuple, qui sont échappez, mais en si petit nombre, qu'ils ne sauroient faire un Corps d'Etat. Pour moi, je crois, qu'ils peuvent bien conserver les droits de Propriété (5) que le Peuple possédoit à la maniére des Particuliers; mais non pas ce qui appartenoit au Peuple,

(a) *In Timaeo*, pag. 25. C. Tom. III. *Ed. Steph.*
(b) *De Pallio*, pag. 19. *Ed. r. Salmas.*
(c) *Epist.* XCI. pag. 419, 420.
(d) Lib. XVII. Cap. VII.
(e) *Diod. Sicul.* Lib. XVI. Cap. XLV. pag. 533, 534. *Ed. H. Steph.*

niens, dès le commencement; pag. 268, 269. *Edit. Spanh.*

(21) *Etiam vetera objectabat, quæ in Macedones improsperè, violenter in suos fecissent.* Ubi supra, *num.* 2.

§. IV. (1) Le Grammairien Servius distingue ces deux maniéres dont une Armée ou une Flotte est détruite: [Aut age diversas] *Hoc est, disperge illos per diversa, ne ad Italiam veniant: duobus enim generibus deletur exer..*[illegible]*, aut internecione, aut dispersione.* In Æneid. Lib. I. (vers. 70.) Grotius.

Le Savant Gronovius cite ici un passage de Strabon, où il est dit, qu'un Peuple s'éteint en deux maniéres: l'une, quand toutes les personnes dont il est composé manquent, en sorte que le Païs demeure entiérement désert; l'autre, lors que le nom & le Corps du Peuple ne subsiste plus. *Τὴν δ' ἔκλειψιν διττῶς ἀκούειν· ἢ γὰρ ἀφανισθέντων τῶν ἀνθρώπων, καὶ τῆς χώρας τελέως ἠρημωμένης, ἢ τοῦ ὀνόματος τοῦ ἐθνικοῦ μηκέτι ὄντος, μηδὲ συστήματος διαμένοντος τοιούτου.* Lib. IX. pag. 664. A. *Edit. Amst.* (434. *Paris.*)

(2) Il est parlé de *Myûs*, Ville d'*Ionie*, dans Vitruve, (*Archit.* Lib. IV. Cap. I.) d'*Hélice* & *Bure*, Villes d'*Achaïe*, dans Pausanias, (Lib. VII. Cap. XXV.) dans Strabon, (Lib. I. pag. 102 B. *Ed. Amst.* 59. *Paris.* dans Senéque, *Natur. Quæst.* Lib. VI. Cap. XXIII. & XXXI. & dans l'Anthologie. [Voiez aussi Ovide, *Metam.* Lib. XV. vers. 293. On trouvera, sur tout ceci, un grand nombre d'exemples & d'autoritez, dans les Notes du Savant Gataker, sur Marc Antonin, Lib. IV. §. 48.] Grotius.

(3) Voiez Tite Live, Lib. XXI. Cap. XIV. *num.* 4.

(4) *Ita ex antiquo* Latio *LIII. populi interiere sine vestigiis.* Hist. Natur. *Lib.* III. *Cap.* V.

(5) C'est-à-dire, héritez des biens & droits de tous les Particuliers, qui ont péri. Voiez Pufendorf, *Droit de la Nat. & des Gens*, Liv. VII. Chap. XII. §. 8.

(6) L'Auteur cite en marge deux Loix, dont la prémiére décide formellement, que, si un Corps se trouve réduit à une seule personne, cette personne conserve le nom & les droits de tout le Corps: *Sed si universitas ad unum redit; magis admittitur, posse eum convenire, & conveniri: cum jus omnium in eum reciderit, & stet nomen universitatis.* Digest. Lib. III. Tit. IV. *Quod cujusque universitatis nomine* &c. Leg. VII. §. 2. L'autre Loi ne fait pas trop au sujet. Voici le cas. Un Esclave, qui appartenoit à plusieurs Maîtres, aiant été fait Prisonnier de Guerre, est racheté par quelcun, qui par là est en droit de le garder, jusqu'à ce que les anciens Maîtres lui remboursent ce qu'il a donné pour la rançon.

Voiez ci-dessous, *Liv.* III. *Chap.* IX. §. 11. num. 6. Si le remboursement se fait au nom de tous ceux, à qui l'Esclave appartenoit en commun, ils le recouvrent aussi tous en commun dès ce moment-là. Mais si c'est seulement au nom d'un, ou de quelques-uns; alors chacun de ceux-ci, ou celui qui a seul paié, recouvre non seulement la portion qu'il avoit, avant que l'Esclave fut fait Prisonnier, mais encore succéde, pour les autres portions, au droit de celui qui rend l'Esclave racheté; c'est-à-dire, comme l'explique Antoine Faure, *Jurisprudent. Papinian.* Tit. XI. Princip.

ple, considéré comme Peuple. Il faut dire la même chose d'une (6) Communauté.

§. V. Le Corps du Peuple est dissout, lors que les Citoiens se désunissent, ou volontairement, par l'effet d'une Peste, ou d'une Sédition, qui fait qu'ils prennent le parti de s'en aller les uns d'un côté, les autres de l'autre; ou malgré eux, par l'effet d'une violence, (1) qui les disperse, en sorte qu'ils ne peuvent plus se réunir, comme il arrive quelquefois dans les Guerres.

§. VI. La *forme* du Peuple est détruite, (a) lors qu'il perd ou en tout, ou en partie, les droits communs dont il jouïssoit entant que Peuple: soit que chaque Particulier entre dans un Esclavage personnel, comme ceux de (1) *Mycénes* furent autrefois vendus par les *Argiviens*; les *Olynthiens*, (2) par *Philippe*; les *Thébains*, (3) par *Alexandre le Grand*; & les *Brutiens* (4) rendus Esclaves publics des *Romains*: soit que les Citoiens conservant leur liberté personnelle, soient dépouillez du droit de Souveraineté. C'est ainsi que les *Romains* aiant pris *Capouë*, voulurent (5) que désormais elle subsistât simplement comme une Ville, dont les Habitans, sans former un Corps d'Etat, sans avoir ni Sénat, ni Assemblée du Peuple, ni Magistrat, ni Jurisdiction, ne seroient qu'une multitude dépendante, à qui l'on envoieroit de *Rome* un Gouverneur, pour être leur Juge. C'est pourquoi Ciceron (6) dit, qu'on n'avoit laissé à *Capouë* aucune ombre de République.

(a) Voiez *Aristote*, Politic. Lib. III. dont le passage sera cité plus bas, §. 8.

2. Il faut dire la même chose des Peuples, qui ont été réduits en forme de Province; comme aussi de ceux qui ont passé sous la domination de quelque autre Peuple. C'est ainsi que la Ville de (b) *Byzance* fut assujettie à la jurisdiction de *Périnthe*, par l'Empereur *Sévére*; & (c) *Antioche*, à celle de *Laodicée*, par *Théodose*.

(b) Voiez *Xiphilin*, in Sever. *Herodien*, Lib. III. Cap. 6. *num.* 19. *Ed. Boecler.*

(c) *Theodoret.* Hist. Eccles. *Lib.* V. *Cap.* 20. *Zonar.* in *Valent.* & *Theod.*

§. VII. Mais si un Peuple change seulement de païs, ou de lui-même, à cause de la disette, ou de quelque autre malheur, qui ne lui permet pas d'y vivre commodément; ou étant contraint d'en sortir par la volonté d'un autre plus fort, comme il arriva

cap. VIII. Illat. 14. que, jusqu'à ce que les autres aient paié leur part de la rançon, l'Esclave demeure, comme en gage à celui ou ceux-là seuls qui l'ont remboursée. Voilà tout ce que porte la Loi, dont il s'agit, ou plûtôt le paragraphe, dont le sens assez clair par le texte de la Loi, a peut-être été mal entendu par nôtre Auteur: *Si plurium servus fuerat, & omnium nomine ei, qui redemit* (captivum), *restitutum pretium erit; in communionem redibit: si unius tantum, vel quorumdam, nec omnium; ad eum, eosve, qui solverunt, pertinebit, ita ut in portione sua pristinum jus obtineant, & in parte ceterorum ei, qui redemit, succedant.* Lib. XLIX. Tit. XV. *De Captivis & postlimin.* &c. Leg. XII. §. 13.

§. V. (1) Philon, Juif, dit, que les Corps composez de parties séparées les unes des autres, comme un Troupeau, un Chœur de Musiciens, une Armée, périssent par la desunion & la dispersion des Membres; tout de même que ceux dont les parties sont liées ensemble: Τὰ μὲν ἐκ διεστηκότων, αἰπόλια, βουκόλια, χοροὶ, στρατεύματα, ἃ ὥσπερ τὰ ἐκ συναπτομένων σώματα συγκείμενα, τῇ διαστάσει καὶ διαιρέσει λύονται. De Mund. Incorrupt. (*pag.* 952. D. *Ed. Paris.*) Voiez ce que l'on a dit ci-dessus, au sujet de l'exemple d'un Vaisseau. Grotius.

§. VI. (1) Voiez Diodore *de Sicile*, Lib. XI. Cap. LXV.

(2) Cela est rapporté par le même Auteur, Lib. XVI. Cap. LIV. pag. 538. *Edit. H. Steph.*

(3) Voiez encore ici Diodore *de Sicile*, *Lib.* XVII. *Cap.* XIV. pag. 569. & Arrien, *Lib.* I. *Cap.* IX. &c.

(4) C'est Aulu-Gelle, qui nous apprend ce fait, *Noct. Attic.* Lib. X. Cap. III. *in fin.*

(5) *Ceterum habitari tantum, tanquam urbem*, Capuam, *frequentarique placuit: corpus nullum civitatis, nec Senatûs, nec Plebis concilium, nec magistratus esse: sine concilio publico, sine imperio multitudinem, nullius rei inter se sociam, ad consensum inhabilem fore. Præfectum ad jura reddenda ab* Roma *quotannis missuros.* Tite Live. Lib. XXVI. Cap. XVI. *num.* 9, 10. Voiez Festus Pompejus, au mot *Præfectura*. Vellejus Paterculus marque le tems, pendant lequel *Capouë* demeura réduite en forme de *Préfecture*, ou de Gouvernement: *Et jus ab his restitutum, post annos circiter* CLII. *quàm bello Punico ab* Romanis Capua *in formam præfecturæ redacta erat.* Lib. II. (Cap. XLIV.) Voiez les exemples alléguez ci-dessus, *Liv.* I. *Chap.* III. §. 8. dans le Texte, & dans les Notes. Grotius.

(6) *Statuerunt homines sapientes, si agrum* Campanis *ademissent, magistratus, senatum, publicum ex illa urbe concilium sustulissent, imaginem reipublicæ nullam reliquissent; nihil fore, quod* Capuam *timeremus.* De Leg. Agrar. contra Rull. *Orat.* I. (Cap. XXXII.) L'Empereur *Sévére* rendit à ceux d'*Alexandrie* le droit d'avoir un Conseil Public, qu'ils avoient perdu depuis long tems, pendant quoi ils vivoient sous la conduite d'un Juge, nommé *Juridicus*, qui leur étoit envoié de *Rome*: *Deinde* Alexandrinis *jus Buleutarum dedit; qui sine publico consilio, ita ut sub Regibus, ante vivebant, uno judice contenti, quem* Cæsar *dedisset.* [Spartian. in Sever. *Cap.* XVII.] Grotius.

Ce dernier fait est revoqué en doute par le Savant Reinesius, *Not. ad Inscript.* XXVI. Class. 2.

§. VII.

(a) *Florus*, Lib. II. Cap. XV.

riva (1) aux *Carthaginois* (a) dans la troisiéme *Guerre Punique*: pourvû que la forme, dont j'ai parlé, demeure en son entier, il ne cesse pas (2) pour cela d'être un Peuple; & à beaucoup plus forte raison, lors qu'on n'a fait que raser les murailles de la Ville. Aussi voions-nous, que, les *Lacedémoniens* aiant prétendu autrefois qu'on ne devoit pas admettre les *Messéniens* au Traité de Paix entre les Peuples de la *Gréce*, par la raison que leur Ville n'avoit plus de murailles; (b) cela fut rejetté dans l'Assemblée générale des Alliez.

(b) *Plutarch.* in Agesilao, pag. 616. B. Tom. II. *Ed. Wech.*

§. VIII. 1. Le changement de Gouvernement ne fait non plus rien ici, soit que le Gouvernement fût Monarchique, ou Aristocratique, ou Démocratique. (1) Le *Peuple Romain* est toûjours le même, & sous les Rois, & sous les Consuls, & sous les Empereurs. La Roiauté même la plus absoluë n'empêche pas que le Peuple, qui y a été soûmis, ne soit le même, que quand il étoit libre; pourvû que le Roi le gouverne comme son Chef en particulier, & non pas comme Chef d'un autre Peuple. Car si la Souveraineté réside alors dans la personne du Roi, comme dans le Chef du Peuple; elle demeure toûjours dans le Corps du Peuple, comme dans un Tout, dont le Chef fait partie. Et de là vient que le Roi d'un Roiaume Electif, ou la Famille Roiale d'un Roiaume Successif, venant à manquer; la Souveraineté retourne au Peuple; comme nous l'avons (a) déja remarqué ailleurs.

(a) *Liv.* I. *Cap.* III. §. 7. *num.* 4.

2. En vain m'objecteroit-on ici ce que dit (2) Aristote, que, comme l'Harmonie change, du moment qu'on passe d'un *air Dorique* à un *air Phrygien*; l'Etat aussi n'est plus le même, dès-là que la forme du Gouvernement est changée. Il faut savoir, qu'en matiére de Corps artificiels, une seule & même chose peut avoir plusieurs formes. Autre est la forme d'une Légion, par exemple, considérée (3) par rapport à l'ordre du Commandement; & autre, (4) par rapport à l'ordre du Service ou du Combat. De même, il y a une forme de l'Etat, qui consiste dans la communauté de droits & de Souveraineté; & une autre, qui consiste dans le rapport qu'il y a entre les Membres qui gouvernent, & ceux qui sont gouvernez. Celle-ci est l'objet des recherches d'un Politique; & la prémiére, des réflexions d'un Jurisconsulte. Aristote même n'a pas ignoré cette distinction. Car il ajoûte: (5) *De dire maintenant, si l'on doit paier, ou non, les Dettes de l'Etat, lors que la forme du gouvernement a été changée; c'est* (6) *une autre question*, c'est-à-dire, qui regarde une autre Science, que nôtre Philosophe n'a garde de confondre avec la Politique, pour

§. VII. (1) Les *Romains* vouloient bien, que les *Carthaginois* allassent bâtir une autre Ville, à quelque distance de la Mer: mais ceux-ci aimérent mieux périr, avec leur Ville; comme il paroît par l'Historien même, que nôtre Auteur cite en marge, & par Appien, *in Libyc. Bell.* &c.

(2) C'est ainsi que les anciens *Geloïns* furent transportez à *Phintia*, Ville de *Sicile*; comme il paroît par un fragment de Diodore *de Sicile*, dans les *Excerpta Peiresciana*. Grotius.

Ce fait ne se trouve point dans les *Excerpta*, que Mr. de Peiresc fit publier par Henri de Valois: mais dans les Fragmens qu'on avoit déja, du *Liv.* XXII. de Diodore *de Sicile*. On peut voir, si l'on veut, sur les circonstances de la fondation de cette nouvelle Ville, la Dissertation Angloise de Mr. Bentley, sur les Lettres de *Phalaris*, pag. 91, *& suiv.*

§. VIII. (1) Voiez Pufendorf, *Droit de la Nat. & des Gens*, Liv. VIII. Chap. XII. §. 1, *& suiv.*

(2) Εἴπερ γάρ ἐστι κοινωνία τις ἡ πόλις, ἔστι δὲ κοινωνία πολιτῶν, πολιτείας γιγνομένης ἑτέρας τῷ εἴδει, καὶ διαφερούσης τῆς πολιτείας, ἀναγκαῖον εἶναι δόξειεν ἂν καὶ τὴν πόλιν εἶναι μὴ τὴν αὐτήν· ὥσπερ γε καὶ χορόν, ὁτὲ μὲν κωμικόν, ὁτὲ δὲ τραγικόν, ἕτερον εἶναί φαμεν, τῶν αὐτῶν πολλάκις ἀνθρώπων ὄντων· ὁμοίως δὲ καὶ πᾶσαν ἄλλην κοινωνίαν καὶ σύνθεσιν ἑτέραν, ἂν εἶδος ἕτερον ᾖ τῆς συνθέσεως· οἷον ἁρμονίαν τῶν αὐτῶν φθόγγων, ἑτέραν εἶναι λέγομεν, ἂν ὁτὲ μὲν ᾖ Δώριος, ὁτὲ δὲ Φρύγιος. Politic. *Lib.* III. *Cap.* III. pag. 341. B.

(3) Car, à cet égard, on y distingue diverses parties, selon les divers Officiers, Généraux, ou Subalternes, qui commandent.

(4) On disposoit le Camp, & on rangeoit l'Armée en bataille, de diverses maniéres. On peut voir sur tout cela le Traité de Juste Lipse, *de Militia Romana*; & le Tome IV. de *l'Antiquité expliquée & représentée en figures*, par le Pére Dom Bernard de Montfaucon.

(5) Εἰ δὲ δίκαιον διαλύειν, ἢ μὴ διαλύειν [τὰ συμβόλαια], ὅταν εἰς ἑτέραν μεταβάλλῃ πολιτείαν ἡ πόλις, λόγος ἕτερος. Ubi supra, *in fine Cap.*

(6) C'est ainsi que tourne Gifanius. Cependant Boecler, dans sa Dissertation *De actis Civitatis*, Tom. I. *Dissert.* pag. 860 prétend, mais sans en alléguer aucune raison, qu'il faut traduire, *nous en parlerons*

pour ne pas faire ce qu'il blâme en autrui, je veux dire, de *passer d'un genre à l'autre.*

3. Pour ce qui est de la question, qu'on vient de lire, les Dettes contractées par un Peuple Libre, ne sont point éteintes, lors qu'il vient à se donner un Roi: car c'est toûjours le même Peuple, & il demeure maître de ce qui lui appartenoit comme Peuple. Il conserve même la Souveraineté au dedans de soi, bien que désormais elle doive être exercée par le Chef, & non par le Corps de l'Etat.

4. Ce principe nous fournit aussi une réponse toute prête à la question qui a quelquefois actuellement produit des disputes, savoir, quel rang doit tenir (7) dans une Assemblée de Confédérez, celui qui est devenu Souverain d'un Peuple Libre? Il doit avoir, à mon avis, le même rang, qu'avoit le Peuple même. Et c'est sur ce fondement que *Philippe de Macédoine* (8) prit la place des *Phocéens*, dans l'Assemblée des *Amphictyons.* Lors au contraire qu'un Peuple devient libre, il doit avoir le même rang, qu'avoit son Roi.

§. IX. 1. Il arrive quelquefois que deux Peuples (1) se réunissent en un. Et alors ils ne perdent pas leurs droits, mais ils jouïssent en commun de ceux que chacun avoit. C'est ainsi que (2) les *Sabins*, & ensuite les (3) *Albains*, furent incorporez avec les *Romains*, & *devinrent un même Etat*, comme parle Tite Live.

2. Il faut dire la même chose de deux ou plusieurs Roiaumes réunis, non par une simple confédération, ni parce qu'ils viennent à avoir un même Roi, mais d'une maniére qui les confond véritablement, & n'en fait qu'un seul Roiaume.

§. X. 1. Quelquefois, au contraire, d'un seul Etat il s'en forme deux ou plusieurs; & cela ou par un consentement réciproque des parties qui se détachent; ou par un effet de la supériorité des armes d'un Ennemi, comme l'Empire des *Perses* fut divisé entre les Successeurs d'*Alexandre*. En ce cas-là, au lieu d'une Souveraineté, il en naît plusieurs distinctes, & d'une même force par rapport à chaque partie érigée en Corps d'Etat. Pour ce qui appartenoit en commun aux deux Membres de l'ancien Etat, il faut ou que les nouveaux Etats en jouïssent en commun, ou qu'ils le partagent entr'eux, à proportion de la part que chacun y avoit auparavant.

2. On doit rapporter encore ici l'établissement des anciennes *Colonies.* (1) Car il se formoit par là, d'une multitude de gens, qui sortoient volontairement d'un Etat, & avec son consentement, un nouveau Peuple, libre & indépendant, comme le dit (2) Thucydide, & comme le soûtenoit *Tullus Hostilius*, Roi des anciens *Romains*,

vons ailleurs. Le Philosophe ne traite nulle part ailleurs la question; & on voit bien qu'il n'a pas voulu la décider.

(7) Voiez Pufendorf, *Droit de la Nat. & des Gens*, Liv. VIII. Chap. XII. §. 4.

(8) Il n'est point parlé du rang, dans le Décret des *Amphictyons*, que Diodore *de Sicile* nous a conservé. Il y est dit seulement, que ce Prince auroit deux voix dans l'Assemblée, comme avoient les *Phocéens.* Ἔδοξεν ἐν τοῖς συνέδροις, μεταδοῦναι τῷ Φιλίππῳ καὶ τοῖς ἀπογόνοις αὐτοῦ τὴν Ἀμφικτυονίαν, καὶ δύο ψήφους ἔχειν, ἃς πρότερον οἱ καταπολεμηθέντες Φωκεῖς εἶχον. Biblioth. Hist. *Lib.* XVI. *Cap.* LXI. pag. 542. *Edit. H. Steph.*

§. IX. (1) Comme, des *Celtes* & des *Ibériens*, il se forma le Peuple des *Celtibériens*; au rapport de Diodore *de Sicile*, (Lib. V. Cap. XXXIII. *pag.* 214.) On peut voir, si l'on veut, sur ce sujet, Reinking. Lib. I. Class. IV. Cap. 17. *num.* 95. & les Auteurs qu'il cite-là. Grotius.

(2) *Inde ad foedus faciendum duces* (Sabinorum & Romanorum) *prodeunt, nec pacem modo, sed & civitatem unam ex duabus faciunt; regnum consociant, imperium omne conferunt Romam.* Tite Live. Lib. I. Cap. XIII. *num.* 4. Voiez la Dissertation de Boecler, que j'ai déja citée, *pag.* 882, 883. & Pufendorf, *Liv.* VIII. *Chap.* XII. §. 6. du *Droit de la Nat. & des Gens.*

(3) *Quod bonum, faustum felixque sit Populo Romano, ac mihi vobisque,* Albani; *Populum omnem Albanum Romam traducere in animo est, civitatem dare plebi, primores in Patres legere; unam urbem, unam rempublicam facere. Ut ex uno quondam in duos populos divisa Albana res est, sic nunc in unum redeat.* Tite Live. Lib. I. Cap. XXVIII. *num.* 7.

§. X. (1) Voiez Pufendorf, *Droit de la Nat. & des Gens*, Liv. VIII. Chap. XI. §. 6. *Chap.* XII. §. 5. On sait, que les Colonies d'aujourdhui, qui sont envoiées par l'Etat, des terres duquel elles sortent, en demeurent toûjours Membres dépendans.

(2) Οὐ γὰρ ἐπὶ τῷ δοῦλοι, ἀλλ᾽ ἐπὶ τῷ ὁμοῖοι τοῖς λειπομένοις εἶναι, ἐκπέμπονται [οἱ ἄποικοι]. Lib. I. Cap. XXXIV. Le même Historien, en parlant de la seconde Colonie, que les *Corinthiens* envoiérent à *Epidamne*, dit, qu'ils firent publier, que ceux qui voudroient y aller, auroient les mêmes droits & les mêmes privilé-ges,

mains, au rapport de (3) DENYS *d'Halicarnasse*. Ce qui doit s'entendre néanmoins sans préjudice du respect (4) que les Colonies doivent à leur ancienne patrie, comme à leur Mére; dequoi nous avons (a) parlé ailleurs.

(a) *Liv.* I. *Chap.* III. §. 21. *num.* 3.

§. XI. 1. C'EST une question célébre & entre les Historiens, & entre les Jurisconsultes, de savoir à qui appartiennent aujourdhui les Païs qui étoient autrefois de l'*Empire Romain*? (1) Plusieurs veulent qu'ils dépendent maintenant de l'*Empire d'Allemagne*, ou du *Roiaume de Germanie*, comme on l'appelloit autrefois (car il importe peu pour la question dont il s'agit, de quel de ces deux noms on se serve.) Ils se figurent je ne sai quelle révolution qui a fait succeder cet Empire à l'Empire Romain; quoi (2) que ce soit une chose assez connuë, que la *Grande Germanie*, c'est-à-dire, toute celle qui est au delà du *Rhein*, a été la plus grande partie du tems hors de l'enceinte de l'Empire Romain.

2. Pour moi, il me semble qu'on ne doit point présumer ici de changement ni de transport de droit, à moins qu'on n'en allégue de bonnes preuves. Ainsi je soûtiens que le *Peuple Romain* est le même (3) qu'il étoit autrefois, quoi que mêlé d'un grand nom-

ges, que ceux qui resteroient: Καὶ ἅμα ἀποικίαν ἐς τὸν Ἐπιδέμενον ἐκήρυσσον, ἐπὶ τῇ ἴσῃ καὶ ὁμοίᾳ τὸν βουλόμενον εἶναι. Ibid. Cap. XXVII. *Ed. Oxon.*

(3) Τὸ δὲ ἄρχειν ἐκ παντὸς τῶν ἀποικιῶν τὰς μητροπόλεις, ὡς ἀναγκαῖόν τε φύσεως νόμιμον, ὅτι ἀληθές, ὅτι δίκαιον ἠξιοῦτο ὑφ' ἡμῶν. Antiquit. Roman. *Lib.* III. *Cap.* XI. pag. 141, 142. *Ed. Oxon.* (147. *Sylburg.*)

(4) Les *Tyriens*, qui avoient bâti *Carthage*, y furent toûjours honorez & respectez, comme des Péres; au rapport de QUINTE CURCE: *Quippe* Carthaginem Tyrii *condiderunt*, *semper parentum loco culti*. Lib. IV. (Cap. II. *num.* 10.) GROTIUS.

Voiez la Note de PITISCUS, sur ce passage.

§. XI. (1) Nôtre Auteur a été fort critiqué sur cet article, & il faut avouër que ce n'est pas sans raison; car il y a bien des choses à redire. Quelques-uns en sont venus jusqu'à l'accuser sans detour & avec aigreur, d'avoir agité & décidé ici la question, uniquement en vuë de faire la cour au Pape, & à la Couronne dans les Etats de laquelle il composa & publia son Livre. On me permettra bien de juger de lui plus favorablement, & de rejetter des soupçons si peu conformes au caractére de ce grand Homme. Mis à part tout intérêt de Traducteur & de Commentateur, je suis persuadé que mon Auteur a suivi de bonne foi les consequences de certains principes, faux à la vérité, mais spécieux, & auxquels il s'est laissé éblouïr. Ceux qui le critiquent le plus âprement, avouent, qu'en voulant, selon eux, flatter le Pape, il dit une chose qui ne peut que le choquer beaucoup, c'est qu'on ne doit le regarder que comme le prémier Citoien de *Rome*, idée fort éloignée de ses ambitieuses prétensions; comme GROTIUS ne l'ignoroit pas sans doute. Et il a vû son Livre, mis dans l'*Indice Expurgatoire*, peu de tems après sa publication. Quoi qu'il en soit, en desaprouvant le zéle trop vif des Commentateurs, & de quelques autres Auteurs qui ont censuré mon Auteur dans des Ouvrages particuliers; je ne laisserai pas de leur rendre justice à l'égard des raisons dont ils se sont servis pour le critiquer, & que j'emprunterai d'eux dans les Notes suivantes: bien entendu que je prendrai la liberté de les augmenter & tourner à ma maniére, les redressant même quelquefois.

(2) Cette raison prouveroit seulement, que les Empereurs d'*Allemagne*, Successeurs des Empereurs Romains, auroient eu sous leur domination une plus grande étenduë de terres dans l'ancienne *Germanie*. Mais comme, pour succeder à l'*Empire Romain*, il n'auroit pas été nécessaire, qu'ils possedassent out ce qui en avoit dépendu; plusieurs parties pouvant en avoir été détachées par les diverses révolutions qui arrivent dans les Etats: rien n'empêche, d'autre côté, qu'ils n'eussent pû étendre leur domination sur des Païs, qui n'avoient jamais été conquis par les armes Romaines, & dont ils étoient eux-mêmes maîtres en vertu de quelque autre titre. Ainsi nôtre Auteur a bien raison de soûtenir, qu'il n'y a point eu de véritable substitution de l'Empire d'*Allemagne* à l'ancien Empire Romain: mais, pour le prouver, il falloit dire, ce qu'il ne veut pas néanmoins reconnoître, que, quand le Peuple Romain se soûmit à *Charlemagne*, prémier Empereur d'*Allemagne*, il avoit perdu depuis long tems les droits de son ancien Empire. On n'avoit pas réfuté, comme je fais, ce raisonnement.

(3) Il est bien le même, à le considérer simplement comme un Corps de Ville: mais non pas à l'égard des droits de son ancien Empire, qui ont été éteints depuis long tems. Ainsi, dès-là qu'on trouve ce terme fatal, on peut accorder à nôtre Auteur tout ce qu'il dit des tems anterieurs, sans que sa cause en tire aucun avantage.

(4) Nôtre Auteur a déja dit ci-dessus, *Liv.* I. *Chap.* III. §. 10. *num.* 4. que l'Empire Romain étoit électif. Et il est certain, que, comme les prémiers Empereurs s'étoient emparez insensiblement de l'Autorité Souveraine, sans un consentement exprès du Peuple, il n'y avoit pas non plus de Loi fixe & fondamentale sur l'ordre de la Succession. Cependant on voit que, pour l'ordinaire, les Fils, ou Naturels ou adoptifs, succédoient. Mais il faut avouer aussi, que ce n'étoit point par l'effet d'une libre élection du Corps de l'Etat. Depuis *Auguste*, on ne fit pas même semblant de consulter le Peuple ou le Sénat Romain. Tout dépendoit de la volonté des Armées, & par conséquent de la loi du plus fort. Après la mort de *Néron*, on découvrit, comme le remarque TACITE, le secret du Gouvernement, ignoré jusqu'alors, c'est que l'Empereur pouvoit être élû autre part qu'à *Rome*: *Evulgato imperii arcano, posse Principem alibi, quàm* Romæ, *fieri*. Hist. *Lib.* I. *Cap.* IV. *num.* 2. Ce n'est pas que le Peuple se fût dépouillé véritablement de son droit en faveur des Armées: mais il n'en usoit pas plus, que s'il n'en eût eu aucun; & s'il approuvoit les élections faites sans sa participation, c'est qu'il ne pouvoit mieux faire. Tel est le sort inévitable de toute Monarchie, où il y a toûjours sur pié une forte Armée.

(5)

nombre d'Etrangers; & je crois, que l'Empire lui est demeuré, comme au Corps dans lequel il résidoit & il subsistoit. Car ce que le Peuple Romain pouvoit faire autrefois légitimement, avant qu'il eût des Empereurs, il a eu droit de le faire (4) après la mort de chaque Empereur, & avant que le Successeur fût établi. L'élection même des Empereurs dépendoit du Peuple; & le Peuple a quelquefois exercé ce droit (5) ou par lui-même, ou par l'entremise du Sénat. Et pour ce qui est des Elections qui se faisoient par les Légions, tantôt par les unes, tantôt par les autres; elles n'étoient pas valides en vertu d'un droit qu'eussent ces Légions (car le moien de concevoir (6) qu'un nom vague, comme celui-là, eût ici quelque droit?) mais en conséquence de l'approbation & de la ratification du Peuple.

3. Le sentiment, que je viens d'établir, semble d'abord ne pas s'accorder avec une Constitution d'ANTONIN, (7) qui ordonne, que tous ceux qui se trouvent dans l'enceinte de l'Empire Romain soient regardez comme Citoiens Romains. Mais, si l'on examine bien cette Constitution, on trouvera qu'il n'y a rien de contraire à mes principes. Car les Sujets de l'Empire Romain aquirent bien par là les droits qu'avoient autre-

(5) On trouve en divers endroits des exemples d'élections faites ou approuvées par le Sénat. Voiez DION CASSIUS, SPARTIEN, CAPITOLIN, LAMPRIDE, VOPISQUE, au sujet d'*Hadrien*, de *Pertinax*, de *Julien*, de *Sévére*, de *Macrin*, de *Maxime*, de *Balbin*, d'*Aurélien*, de *Tacite*, de *Florien*, de *Probus*. Avant *Aurelien*, il y eut un interrégne de six mois, & pendant ce tems-là les Armées priérent plus d'une fois le Sénat d'élire lui-même un Empereur. Le droit du Sénat est clairement établi dans une belle Lettre d'*Albinus*, que CAPITOLIN nous a conservée; (*Cap.* XIII.) comme aussi dans une Lettre du Sénat en faveur des *Gordiens*. (*Apud eumdem*, Maximin. c. 15.) Voici ce que dit *Macrin*, dans une Lettre au Sénat: " Les Soldats „ m'ont offert l'Empire; je me suis chargé d'en exer„ cer les fonctions en attendant: mais je ne veux „ conserver le Gouvernement, qu'au cas que vous so„ yiez, MESSIEURS, dans les mêmes sentimens à mon „ égard, que l'Armée. *Detulerunt ad me imperium; cujus ego, Patres Conscripti, interim tutelam recepi: tenebo regimen, si & vobis placuerit, quod militibus placuit.* (CAPITOLIN. Cap. VI.) *Tacite* dit, que le Sénat l'avoit fait Empereur, conformément à la sage volonté des Soldats: *Me quidem Senatus principem fecit, de prudenti.* [Il y a dans les derniéres Editions, *prudentis*] *exercitûs voluntate.* VOPISCUS, *in Probo*, (Cap. VII.) *Probus* reconnoit aussi, que l'élévation à l'Empire dépend de la bonne volonté du Sénat, à qui il attribuë un droit perpétuel & héréditaire: *Rectè atque ordine, Patres Conscripti, proximè superiore anno factum est, ut vestra clementia orbi terrarum Principem daret, & quidem de vobis, qui & estis mundi Principes, & semper fuistis, & in vestris posteris eritis.* Idem, *ibid.* (Cap. XI.) MAJORIN (ou *Majorien*) dans une de ses NOVELLES, (Lib. IV. Tit. III. Supplem. Novell. ad finem COD. THEODOS.) somme le Sénat de le reconnoître, comme devenu Empereur par un effet de sa libre élection, & de la proclamation d'une puissante Armée: *Imperatorem me factum, Patres Conscripti, vestræ electionis arbitrio, & fortissimi exercitûs ordinatione, agnoscite.* GROTIUS.

Le Savant GRONOVIUS, dans une longue Note sur cet endroit, fait voir en détail, par les circonstances de la création de chaque Empereur, qu'il n'y en a aucun qui ait été élevé à l'Empire par une libre élection du Sénat, & que le consentement du Sénat venoit toûjours après coup; de sorte que tous les beaux discours de quelques Empereurs, rapportez ici, & autres semblables, ne sont que de vaines simagrées. J'en tombe d'accord: mais on peut toûjours inférer de là, que les Empereurs eux-mêmes reconnoissoient, que le Peuple Romain ne s'étoit pas dépouillé du droit de se donner un Maître. Du reste, le Commentateur, que je viens de citer, reléve aussi avec raison quelques inexactitudes de nôtre Auteur sur les faits. 1. L'interrégne, dont il parle, n'arriva point *avant Aurelien*, mais après sa mort, & avant le régne de *Tacite*. Voiez VOPISQUE, *in Aurelian.* Cap. XL. & *in Tacit.* Cap. II. III. Et cet exemple suffit, pour montrer combien les Soldats étoient en possession d'élire l'Empereur; car le Sénat leur renvoia toûjours la bale, sachant bien, dit l'Historien, que l'Armée ne recevoit pas volontiers un Empereur de la main du Sénat: *Verum Senatus hanc eamdem delectionem in exercitum refudit, sciens, non libenter jam milites accipere Imperatores eos, quos Senatus elegerit.* 2. Ce que nôtre Auteur appelle une *Lettre* d'*Albin*, est un discours fait de vive voix à l'Armée, *concio*; & dans lequel il n'établit nullement un droit présent du Sénat. Voiez le Chap. XIII. de la Vie de cet Empereur, écrite par CAPITOLIN. La Lettre du Sénat, au sujet des *Gordiens*, rapportée par CAPITOLIN, *in Maximin. duob.* Cap. XV. ne dit non plus autre chose, si ce n'est que le Sénat reconnoissoit les deux *Gordiens*, Pére & Fils, qui avoient été déja proclamez en *Afrique*, comme il paroit par ce que rapporte le même Auteur, *in Gordian.* Cap. XI.

(6) PUFENDORF, dans une Dissertation *de Interregnis*, qui fait partie du Recueil de ses *Dissert. Academic.* §. 17. explique cela en ce sens, que les Soldats n'étant que les Ministres de l'Etat, ne peuvent pas légitimement s'approprier le droit de disposer du Gouvernement. La maxime est vraie: mais ce n'est point la pensée de nôtre Auteur. Il veut dire qu'y ayant plusieurs Légions, & ces Légions n'étant pas des Corps fixes & déterminez, ni attachez à aucun tems ou à aucun lieu; on n'auroit sû quelles Légions avoient droit d'élire l'Empereur, plûtôt que les autres. Effectivement il arrivoit quelquefois, qu'une Armée en proclamoit un autre.

(7) C'est-à-dire, d'*Antonin Caracalla.* *In Orbe Romano qui sunt, ex Constitutione Imperatoris* Antonini, *cives Romani effecti sunt.* DIGEST. Lib. I. Tit. V. *De statu hominum*, Leg. XVII. Voiez le beau Traité de feu Mr. le Baron de SPANHEIM, intitulé *Orbis Romanus*.

trefois les (8) Colonies, les (9) Villes Municipales, & les Provinces (10) où l'on étoit habillé à la Romaine, c'est-à-dire, le privilége d'entrer dans les Charges, & de (11) joüir des mêmes bénéfices, que les *Quirites*, ou les Citoiens naturels de *Rome*: mais la source de (12) l'Empire ne fut pas pour cela dans les autres Peuples, comme dans celui de la Ville de *Rome*; & il n'étoit pas au pouvoir des Empereurs de leur communiquer un tel droit, puis que ç'auroit été changer la maniére & le titre de la Souveraineté.

4. Si dans la suite les Empereurs Romains aimérent mieux faire leur résidence à *Constantinople*, qu'à *Rome*; (13) cela ne diminua rien non plus du droit du Peuple Romain: mais alors le Peuple entier ratifioit l'élection faite à *Constantinople* par une partie de son Corps; d'où vient que le Poëte CLAUDIEN (14) appelle *Quirites*, les Habitans

(8) Les Colonies avoient bien les mêmes droits, que les Citoiens Romains, pour ce qui regardoit les Mariages, les Testamens, l'Affranchissement, & autres affaires particulieres; mais non pas voix délibérative dans les Assemblées Publiques, ni le droit de prétendre aux Charges de la Ville de *Rome*. Voiez l'illustre Auteur, que je viens de citer, *Lib.* I. *Cap.* IX.

(9) *Municipia*. Ce que l'on appelloit proprement ainsi, étoient des Villes qui se gouvernoient par leurs propres Loix, & qui d'ailleurs avoient voix délibérative à *Rome*, & le droit de prétendre aux Charges, sur tout aux Militaires. Quelques-unes néanmoins étoient privées du dernier privilége. Voiez le même Auteur, *Cap.* XIII.

(10) *Provincia togata*. Ce que les *Romains* appelloient *Toga*, étoit, selon quelques-uns, une Robe ronde, fermée de tous côtez, & sans manches; qui se mettoit en sorte qu'après avoir passé la tête, on tiroit dehors le bras droit, & on laissoit sur l'épaule gauche l'autre côté de la Robe: mais le Savant Pere de MONTFAUCON croit qu'elle étoit toute ouverte sur le devant. Voiez *L'Antiquité expliquée & représentée en figures*, Tom. III. Liv. I. Chap. V. pag. 16, 17. Quoi qu'il en soit, l'usage de cette Robe étoit si fort particulier aux *Romains*, & ils en faisoient tant de cas, que, par cela même qu'ils permettoient de la porter, ils étoient censez accorder le droit de Bourgeoisie Romaine. C'est pour cela qu'on appelloit *Gallia Togata*, la *Gaule Cisalpine*; & non pas, comme le dit GRONOVIUS, la *Gaule Narbonnoise*, qui, au contraire, étoit nommée *Gallia braccata*, à cause d'une maniére d'habillement toute différente. Voiez encore l'*Orbis Romanus* de feu Mr. SPANHEIM, Exercit. II. Cap. VI. pag. 239. & le grand Recueil du P. DE MONTFAUCON, que je viens de citer, à la fin du même Chapitre.

(11) *Uti jure Quiritium*. Ce n'est pas la même chose, que *Jus Latii*, comme le fait voir Mr. de SPANHEIM, *Orb. Rom.* Exercit. I. Cap. IX.

(12) Dans HERODIEN, on voit que le Sénat exhorte les Provinces à demeurer sous l'obéïssance des *Romains*, auxquels l'Empire appartenoit depuis si long tems: Τὰ δ' ἔθνη πείθεσθαι Ῥωμαίοις, ὧν ἀρχαιόθεν τὸ κράτος ἐστὶν, αὐτά τε φίλα καὶ ὑπήκοα ἐκ προγόνων. (Lib. VII. Cap. VII. *num.* 12. *Ed. Boecl.*) Voici ce que le même Auteur fait dire à *Maxime*, dans un discours à l'Armée: " L'Empire n'appartient pas à un „ seul homme, ou à celui qui en est en possession; il „ est, dès son origine, à tout le Peuple Romain. „ C'est dans la Ville de *Rome*, que réside la fortune „ de l'Empire. Nous n'en sommes que les Administrateurs, avec vous, SOLDATS. Οὐ γὰρ ἑνὸς ἀνδρὸς „ ἴδιον κτῆμα ἡ ἀρχὴ, ἀλλὰ κοινὸν τοῦ Ῥωμαίων δήμου „ ἄνωθεν, καὶ ἐν ἐκείνῃ τῇ πόλει ἡ τῆς βασιλείας ἵδρυ„ται τύχη· ἡμεῖς δὲ διοικεῖν καὶ διέπειν τὰ τῆς ἀρχῆς „ σὺν ὑμῖν ἐγκεχειρίσμεθα. (Lib. VIII. Cap. VII. *num.* 11 12.) CLAUDIEN, appelle *Rome*, la Mére des Armes & des Loix, celle dont l'Empire s'étend par tout:

Armorum Legumque parens, quæ fundit in omnes
Imperium.

(De sec. Consul. Stilic. vers. 136.) GROTIUS.

(13) Il y avoit plus qu'un simple changement de résidence. C'étoit visiblement une communication de droits. Le nom de *Nouvelle Rome*, donné à la Ville de *Constantinople*, avec tous les éloges & tous les priviléges de l'ancienne, le Consulat sur tout partagé entre un Consul de *Rome* & un Consul de *Constantinople*, montrent assez, que la source de l'Empire ne fut plus dès lors à *Rome*. Voiez le docte JAQUES GODEFROI, sur le CODE THEODOSIEN, Tom. V. pag. 222, 223. & l'illustre Baron de SPANHEIM, sur la I. Harangue de JULIEN, pag. 71, 76. Nôtre Auteur dit, que c'étoit *une partie du Peuple Romain* qui élisoit alors les Empereurs à *Constantinople*. Mais l'élection ne se faisoit-elle que par des *Romains*, ou par des gens qui en eussent charge d'eux? Bien loin de là: lors que l'Empire fut divisé, après la mort de THEODOSE *le Grand*, en *Empire d'Orient*, & *Empire d'Occident*; l'Empereur qui étoit à *Rome*, devoit être confirmé par celui de *Constantinople*; sans quoi son Autorité n'étoit pas regardée comme bien légitime & bien assûrée. Voiez la Note de GRONOVIUS.

(14) ——— ——— *Plaudentem cerne Senatum,*
Et Byzantinos *proceres, Graiosque* Quirites.

In Eutrop. *Lib.* II. vers. 135. Voiez la Note précedente.

(15) ZONARE nous apprend, que CONSTANTIN *le Grand* laissa à la Ville de *Rome* la prééminence (πρεσβεῖα), à cause que l'Empire étoit venu de là. (Tom. III. *in Constantin.*) AMMIEN MARCELLIN dit, que *Rome* est respectée par tout, comme la Maîtresse & la Reine: *Per omnes tamen, quotquot sunt partes terrarum, ut domina suspicitur & regina*. Lib. XIV. (Cap. VI. pag. 23. *Ed. Vales. Gron.*) CLAUDIEN, parlant d'*Honorius*, qui demeuroit à *Ravenne*, dit: " Jusques à quand la „ Puissance Souveraine sera-t-elle bannie de son siége „ domestique: Jusques à quand l'Empire sera-t-il errant & vagabond?

Quem, precor, ad finem laribus sejuncta potestas
Exsulat, imperiumque suis à sedibus errat?

(De VI. Consul. Honorii, *vers.* 407, 408.) GROTIUS.

(16) Car l'un des deux Consuls étoit de la Ville de *Rome*, & il avoit même le pas sur celui de *Constantinople*; comme nous l'apprenons de PROCOPE, dans son *Histoire secrete*. (Cap. XXVI.) GROTIUS.

Toutes ces marques extérieures de distinction n'empêchoient pas qu'au fond la source, aussi bien que le Sié-

rans de *Constantinople*. Du reste, le Peuple Romain conserva des marques de son droit, en ce que la Ville de *Rome* fut toûjours (15) regardée comme la plus considérable, & qu'elle avoit, outre l'honneur (16) du Consulat, plusieurs autres prérogatives. C'est pourquoi tout le droit que les Habitans de *Constantinople* pouvoient avoir dans l'élection de l'Empereur, dépendoit de la volonté du Peuple Romain. Et quand (17) ils voulurent, contre l'intention (18) & la coûtume du Peuple Romain, se soûmettre à la domination d'une Femme, de l'Impératrice *Iréne*, à qui même ils prêtérent (a) serment; alors, pour ne rien dire de (19) quelques autres raisons, le Peuple Romain révoqua justement la concession (20) expresse, ou tacite, qu'il leur avoit faite: il élut un Empereur par lui-même, & il le proclama par la bouche de (21) son prémier Citoien

(a) *Zonar.* Tom. III.

Siége de l'Empire, ne fût en Orient, & que *Constantinople* n'eût les prérogatives réelles. Telle est la politique des Princes, qu'ils savent bien repaître de fumée ceux qu'ils dépouillent de leurs droits: ils leur laissent sans peine des noms & des honneurs vuides de ce qu'ils emportoient autrefois. Au reste, PROCOPE, dans l'endroit que j'ai cotté, parle bien des deux Consuls, l'un de *Rome*, l'autre de *Constantinople*: mais je ne trouve rien ni là, ni ailleurs, sur la preseance du prémier.

(17) Nôtre Auteur fait ici un terrible saut. Avoit-il oublié, que sur la fin du V. Siécle, l'an CCCCLXXVI. *Odoacre*, Roi des *Hérulliens*, Nation Scythique, mit fin à l'Empire d'*Occident*, en prenant *Rome* & s'emparant de l'*Italie*? Et que ce Prince fut lui-même vaincu & depossédé, treize ans après, par *Theodoric* II. Roi des *Goths*, dont les Successeurs régnérent en *Italie* près de cent ans? Le Peuple Romain avoit donc été conquis aussi légitimement, qu'il avoit lui-même conquis tant d'autres Nations. Ainsi ce n'étoit plus le même Peuple, selon les principes que nôtre Auteur vient d'établir, §. 6. Et quand les *Goths* eurent été chassez d'*Italie* par *Justinien*; *Rome* & les autres Villes, qu'il leur prit, devinrent une dépendance de son Empire. Le Peuple Romain se vit alors tributaire de l'Empereur de *Constantinople*. Il eut ensuite des *Exarques*, ou Gouverneurs, comme une Province de l'Empire d'*Orient*. De sorte que son ancien droit étoit éteint depuis long tems, lors que *Charlemagne* vint faire la guerre aux *Lombards*, qui avoient chassé les *Exarques*, & qui s'étoient emparez de la plus grande partie de l'*Italie*.

(18) *Neron*, pour noircir la mémoire de sa Mére *Agrippine*, qu'il avoit fait assassiner, disoit, en écrivant au Sénat, Qu'elle s'étoit flattée de l'espérance d'avoir part à l'Empire, & de voir les Cohortes Pretoriennes prêter serment à une Femme, au grand deshonneur du Peuple & du Sénat Romain: *Adjiciebat crimina longius repetita, quòd consortium imperii, juraturasque in feminæ verba Prætorias cohortes, idemque dedecus Senatûs & Populi speravisset.* TACIT. Annal. *Lib.* XIV. (Cap. XI. *num.* 3.) L'Empire Romain ne tomboit point en quenouille, selon ce qu'on trouve dans les Recueils d'un ancien Sophiste: Οὐ γὰρ θηλειῶν, ἀλλ᾽ ἀῤῥένων ἡ τῆς Ῥωμαϊκῆς βασιλείας ἀρχή. PRISCUS, *Excerpt. Legation.* Après la mort d'*Heliogabale*, il fut résolu, comme une chose de très-grande importance, qu'aucune Femme n'entreroit jamais dans le Sénat, & qu'on dévoueroit aux Dieux de l'Enfer celui qui auroit contribué à en introduire l'usage: *Cautumque ante omnia, post* Antoninum Heliogabalum, *ne unquam mulier Senatum ingrederetur, utque inferis ejus caput dicaretur devoveretùrque, per quem id esset factum.* LAMPRID. in Heliogab. (*Cap.* XVIII.) Un autre Ecrivain de l'*Histoire Auguste*, remarque, que *Zénobie* s'étant emparée de l'Empire, le gouverna plus long tems, que ne devoit une Femme: *Quorum* [Herenniani & Timolai] *nomine* Zenobia *usurpato sibi imperio, diutiùs, quam feminam decuit, Rempublicam obtinuit.* TREBELL. POLLIO, (in Trigint. Tyr. *Cap.* XXVII.) GROTIUS.

(19) Ce furent les Papes, qui engagérent les Villes d'*Italie* à secouer le joug de l'Empereur d'*Orient*; & les raisons, ou plûtôt les prétextes dont ils se servirent, & que nôtre Auteur laisse à deviner, furent, d'un côté, la tyrannie des *Exarques* de *Ravenne*; de l'autre, le zéle que l'Empereur *Léon* témoigna contre les *Images*, raison très-propre à irriter des Peuples ignorans & superstitieux, dont la crédulité & la bigoterie donna occasion à l'Evêque de *Rome* de s'ériger peu-à-peu en Souverain temporel. Son régne spirituel s'étendoit déja bien loin; & Pepin, Pére de *Charlemagne*, sût bien en profiter, puis qu'à la faveur de l'approbation du Pape *Zacharie*, il fit condamner le Roi *Childeric* à passer le reste de ses jours dans un Monastére, & engagea les *Francs* à le reconnoître lui-même pour leur Roi, comme plus digne de la Couronne, dont il avoit eu toute l'autorité sous le titre de simple *Maire du Palais*. En reconnoissance de ce bon office, *Pepin*, qui d'ailleurs n'étoit pas insensible au désir de faire des conquêtes dans un païs aussi beau que l'*Italie*; se résolut aisément à aller au secours du Pape *Etienne*, Successeur de *Zacharie*, pour le délivrer d'*Aistulphe*, Roi des *Lombards*; & il lui fit donner l'Exarchat de *Ravenne*, avec une espéce de domination temporelle. Voiez ce que l'on a dit sur *Liv.* I. *Chap.* III. §. 13. *Note* 8. *Charlemagne* hérita des sentimens de son Pére à cet égard, lors qu'il eût chassé les *Lombards* d'*Italie*, & qu'il eût conquis le Roiaume qu'ils y avoient établi.

(20) Cette concession étant une supposition gratuite, comme il paroît par les Notes précedentes; la revocation l'est aussi.

(21) Nôtre Auteur veut parler du couronnement de *Charlemagne*, par le Pape *Léon III.* qui le proclama *Empereur des Romains.* Mais ce ne fut pas dès-lors seulement qu'il commença à régner sur les *Romains*. Il avoit déja la chose, & il ne fit qu'aquérir un titre éblouïssant, qui représentoit la dignité des anciens Empereurs de *Rome*, dont néanmoins il n'étoit pas revêtu de la même maniére & avec la même étenduë. Car il s'en falloit bien qu'il succedât à tous leurs droits: ces droits étoient éteints, aussi bien que ceux du Peuple. Le Peuple étoit devenu dépendant des Empereurs de *Constantinople*, comme nous l'avons dit: *Charlemagne* lui-même reconnut cette dépendance, puis qu'il en transigea avec *Iréne* l'Impératrice; transaction qui fut ratifiée par *Nicéphore*, Successeur de cette Princesse. Voiez EGINHART, *de Vita Caroli Magni*, Cap. XXVIII. avec les

toien, je veux dire, de son Evêque; de même que, parmi les *Juifs*, (22) le Souverain Sacrificateur étoit la prémiére personne de l'Etat, lors qu'il n'y avoit point de Roi.

5. Cette élection fut personnelle, (23) par rapport à *Charlemagne*, & à quelques-uns de ses Successeurs; qui (24) distinguérent eux-mêmes soigneusement le droit de Souveraineté qu'ils avoient sur les *Francs*, ou sur les *Lombards*; (25) d'avec celui qu'ils avoient sur les *Romains*, comme étant aquis par un nouveau titre. Ensuite les *Francs* s'étant divisez en deux Peuples, ou deux Roiaumes, comme les appelle OTTON *de Frisingue*, savoir (26) l'*Occidental*, qui est la *France* moderne, & l'*Oriental*, qui est l'*Allemagne*; & ceux du païs Oriental aiant voulu se donner des Rois électifs (car quoi que jusqu'à ce tems-là il y eût eu une espéce de Succession (27) Agnatique entre les Rois des *Francs*, elle dépendoit plûtôt des suffrages du Peuple, que d'une Loi fixe) le Peuple Romain alors, pour avoir une plus grande protection, trouva à propos de ne point se choisir de Roi particulier, mais de prendre le même que les *Allemans* auroient choisi pour eux; en sorte néanmoins qu'il se reserva (28) quelque droit d'approuver ou de ne pas approuver leur élection, autant que cela le regardoit. Il déclaroit aussi ordinairement son approbation à cet égard par la bouche de son Evêque, & il la notifioit solennellement par la cérémonie d'un Couronnement particulier. C'est pourquoi, en vertu du choix des * *Sept Electeurs*, qui représentent le Corps de l'*Allemagne*, celui qui est élû Empereur a droit de gouverner les *Allemans* selon leurs coûtumes: mais c'est l'approbation du Peuple Romain, qui le fait *Roi* ou *Empereur des Romains*, ou, comme les Historiens s'expriment souvent, (29) *Roi du Roiaume d'Italie*. En vertu

* Il n'y en avoit pas davantage, dans le tems que l'Auteur écrivoit ceci.

les Notes des Commentateurs qui se trouvent dans l'Edition de Mr. SCHMINCKE; comme aussi la Vie de Charlemagne, par BOECLER, dans le II. Tome de ses Dissertations, pag. 211, *& seqq.* & dans le III. pag. 21, *& seqq.* & PUFENDORF, *de origine Imperii Germanici*, Cap. I. pag. 50, *& seqq.* avec les Notes de l'Edition de feu Mr. TITIUS.

(22) Supposé que cela fût vrai (car les *Juges* n'étoient-ils pas les prémiéres personnes de l'Etat, avant qu'il y eût des *Rois*?) il ne s'ensuit point de là, qu'un Evêque doive être le prémier de sa Ville, ni que l'Ordre Ecclésiastique doive tenir le prémier rang dans une Société Civile. Sous la Loi, les Souverains Sacrificateurs avoient, outre les droits qui se rapportoient à la Religion, quelque autorité dans les affaires civiles; c'étoit un établissement Politique. Mais il n'en est pas de même sous l'Evangile: & si les Ecclésiastiques ont trouvé moien d'abuser de la simplicité des Peuples, pour satisfaire leur propre ambition; c'est contre les régles de leur devoir, & contre le génie de la Doctrine qu'ils prêchent.

(23) On ne convient pas de cela; & il y a beaucoup plus d'apparence, que, comme *Charlemagne* succéda aux droits des Empereurs d'*Orient* sur l'*Italie*, ce fut aussi à titre héréditaire. On voit du moins, que *Charlemagne*, & quelques-uns de ses Successeurs, déclarérent leurs Fils Empereurs, sans consulter le Peuple Romain, ni le Pape. Voiez HERMANN. CONRING. *de German. Imp. Rom.* Cap. VII. §. 21, *& seqq.* Si, dans la suite, les Papes voulurent se mêler de couronner qui il leur plaisoit, ce fut par un effet du dessein qu'ils tramoient depuis long tems, de s'ériger en Souverains temporels & de l'*Italie*, &, s'ils l'avoient pû, de toute la Terre. Mais tout ceci ne fait rien à la question principale, dont il s'agit.

(24) Voiez le *Concile de Pont-yon*, parmi les CAPITULAIRES *de Charles le Chauve*: & PAUL EMILE, Lib. III. au sujet de *Charlemagne*. GROTIUS.

(25) Ils avoient raison de faire cette distinction: car ils régnoient sur les *Francs*, & ils avoient conquis le Roiaume des *Lombards*, avant que d'aquérir le titre d'Empereurs. Mais ce titre ne leur donnoit aucun droit sur l'ancien Empire Romain: c'étoit un nom, qui ne leur valoit pas même la Souveraineté de *Rome*, & des Villes de l'Exarchat, puis que *Charlemagne* l'avoit euë avant que d'être salué Empereur.

(26) Voiez WITIKIND, Lib. I. & là-dessus les Notes de MEIBOMIUS: comme aussi le Traité entre *Charles* & *Henri*, inséré après les CAPITULAIRES *de Charles le Chauve*, avec les Notes du très-docte & très-judicieux JAQUES SIRMOND. La *France Occidentale* est appellée par WIPPON (*in Vit. Conradi Salici*) la *France Latine*, parce que la *Langue Romande* y étoit en usage, comme elle y est présentement; au lieu que les Peuples, qui sont au delà du *Rhein*, parloient Allemand. GROTIUS.

(27) C'est ce qu'a remarqué PRISCUS, dans les *Excerpta Legationum*; & REGINON, *in Chron.* ad ann. 816. *Charlemagne*, dans une clause de son Testament, au sujet de la Succession, suppose qu'il naisse un Enfant mâle à quelcun de ses trois Fils: *Quod si filius cuilibet horum trium filiorum* &c. GROTIUS.

Voiez la *Preface Historique*, de l'*Histoire de France* du P. DANIEL, où il montre, que, sous la seconde Race des Rois de *France*, la Couronne n'étoit point héréditaire; & joignez y ce que j'ai remarqué ci-dessus, Liv. I. *Chap.* III. §. 13. *Notes* 4, & 5.

(28) Cela est très-certain; & WIPPON le témoigne assez clairement, dans sa Vie de *Conrad le Salique*. GROTIUS.

Le fait n'est rien moins que certain, & cette prétenduë reserve ne paroit nulle part. L'approbation particuliére du Peuple Romain pouvoit être nécessaire pour montrer que la dignité d'Empereur de *Rome* étoit distincte du Régne d'*Allemagne*: & c'est pour cela qu'on couronnoit l'Empereur à *Rome*; couronnement, qui n'étoit qu'une pure cérémonie, & qui ne donnoit pas plus au Pape le droit d'approuver ou de

tu de ce dernier titre, (30) il est maître de tout ce qui a appartenu autrefois (31) au Peuple Romain, & qui n'est point passé sous (32) la domination des autres Peuples par quelque convention, ou par l'effet d'un abandonnement, ou par droit de conquête.

6. De ce que je viens de dire il paroît, de quel droit l'Evêque de *Rome* donne (33) l'investiture des Fiefs de l'Empire Romain, pendant qu'il est vacant. C'est parce qu'il est la prémiére personne du Peuple Romain, libre dans cet interrégne. Car les affaires, qui regardent un Corps, s'expédient au nom du Corps, par celui qui y (34) tient le prémier rang; comme nous l'avons (b) remarqué ailleurs. Cynus & Raynerius ont eu aussi raison de dire, que, si l'Empereur Romain étoit malade ou prisonnier, (35) le Peuple Romain pourroit, en ce cas-là, lui donner un Vicaire; pour exercer, à son défaut, les fonctions de la Souveraineté.

(b) *Liv.* I. *Chap.* III. §. 13. à la fin.

§. XII. Pour revenir à la durée du droit de Propriété, & de celui de Souveraineté; c'est une maxime certaine, qu'un Héritier est censé (1) la même personne que le Défunt, à qui il succéde.

§. XIII. A l'égard de la maniére dont un Vainqueur succéde au Vaincu; on en parlera plus bas, quand on traitera des effets de la Guerre.

CHAPI-

de désapprouver l'élection, que le couronnement fait à *Aix la Chapelle*, ou à *Francfort*, ne donne droit aux Habitans de ces deux Villes de rejetter celui qui a été nommé par les Electeurs. Voiez Hermann. Conring, *De Imper. Rom. Germanic.* Cap. VII. §. 21, *& seqq.* & Boecler, dans la Vie d'*Othon I.* pag. 221, *& seqq.* du Tome II. de ses Dissertations.

(29) C'est ainsi que, dans l'excommunication de l'Empereur *Henri IV.* le Pape distingue le Roiaume d'*Allemagne* d'avec celui d'*Italie*. Cela paroît encore par le serment d'*Othon*, qui se trouve dans le Droit Canonique: *Et in* Romana Urbe *nullum Placitum aut Ordinationem faciam de omnibus, quæ ad te* (Papam) *aut ad* Romanos *pertinent, sine tuo consilio . . . & cuicumque* Italicum Regnum *commisero, jurare faciam illum, ut* &c. Distinct. LXIII. (*Can.* XXXIII.) Voiez le privilége qu'*Otton* donna à *Alderam*, & qui a été publié par Meibomius, après l'Histoire de Saxe de Witikind. Voiez aussi Crantzius, *Saxonic.* Lib. V. Grotius.

Nôtre Auteur confond ici ce qu'il avoit distingué lui-même ci-dessus; le *Roiaume d'Italie*, avec l'*Empire Romain*. Le prémier étoit à *Charlemagne*, pour l'avoir conquis sur les *Lombards*, & indépendamment de la Dignité Impériale, qu'il aquit depuis. C'est ce qui a été prouvé solidement par le Savant Conringius, dans son Traité *de Germanorum Imperio Romano*, que j'ai cité, & que l'on doit consulter sur toute cette matiére. Ou, si l'on veut voir en peu de mots ce qu'il y a de meilleur à dire, on peut lire la Dissertation de feu Mr. Hertius, *De uno homine plures sustinente personas*, Sect. I. §. 1, 2, 3. pag. 55, *& seqq.* du III. Tome de ses *Comment. & Opuscula* &c.

(30) Comme *Roi d'Italie*, tout ce qui avoit été du Roiaume des *Lombards* lui appartient. Comme *Empereur Romain*, il n'a que la Ville de *Rome*, l'*Exarchat de Ravenne*, & quelque peu d'autres Villes qui étoient hors des terres du Roiaume des *Lombards*. Ainsi c'est bien peu de chose.

(31) Nullement, comme il paroît par tout ce qui a été dit dans les Notes précedentes.

(32) Voiez ci-dessous, *Chap.* XXII. de ce Livre, §. 13.

(33) Voiez De Serres, *Inventaire de l'Hist. de France*, dans la Vie de *Louis XII.* (pag. 505. *Ed. de Paris*, in fol 1627.) C'est ainsi que, dans l'*Empire d'Allemagne* l'*Electeur Palatin* & l'*Electeur de Saxe*, Vicaires de l'Empire, donnent l'investiture, l'un de certains Fiefs, l'autre des autres, pendant l'interregne. Grotius.

La comparaison n'est pas juste. Les deux Electeurs, dont on parle ici, ont ce droit incontestablement par les Loix de l'Empire. Mais le Pape n'a aucun droit de donner l'investiture des Fiefs d'*Italie*, qui sont ceux dont il s'agit; puis que le *Roiaume d'Italie* ne dépend nullement du Peuple Romain, & n'en a jamais dépendu depuis l'invasion des *Lombards*.

(34) C'est ainsi qu'en *Pologne*, pendant l'interregne, l'Archevêque de *Gnesne* tient la place du Roi, & s'assied sur le Trône Roial, comme la prémiére personne des Etats du Roiaume. Voiez Philippe Honorius, *Diss. de Regno Polon.* Grotius.

Le Primat de *Pologne* a ce droit par les Loix fondamentales de l'Etat. Mais le Pape n'en a aucun, par les raisons alléguées ci-dessus.

(35) Le Systême de nôtre Auteur étant renversé, cette conséquence, & toutes les autres semblables, tombent d'elles-mêmes.

§. XII. (1) Et par conséquent le droit du Défunt n'est point éteint: il se continuë en la personne de l'Héritier, à qui il passe. C'est la maxime du Droit Romain, conforme aux principes du Droit Naturel: *Hereditas nihil aliud est, quàm successio in universum jus, quod defunctus habuerit.* Digest. Lib. L. *De diversis regulis Juris*, Leg. LXII.

CHAPITRE X.

De l'OBLIGATION que le droit de PROPRIÉTÉ impose à AUTRUI, par rapport au PROPRIÉTAIRE.

I. *Comment & pourquoi on est tenu de* RENDRE LE BIEN D'AUTRUI *à son véritable Maître.* II. *De l'obligation où l'on est de restituer le profit qu'on a fait d'un bien d'autrui qui n'est plus en nature. Eclaircissement de cela par un grand nombre d'exemples.* III. *Qu'un* POSSESSEUR DE BONNE FOI *n'est tenu à aucune restitution, si la chose a péri.* IV. *Il doit néanmoins rendre les fruits qui se trouvent encore en nature:* V. *Et même la valeur des fruits consumez; à moins que, sans cela, il n'en eût pas consumé autant.* VI. *Mais il n'est pas obligé de restituer la valeur de ceux qu'il a négligé de percevoir.* VII. *S'il est tenu de rendre la valeur d'une chose dont il a fait présent à autrui?* VIII. *Ou d'une chose achetée, qu'il a revenduë?* IX. *En quel cas on peut garder ou en tout, ou en partie, la valeur de ce que l'on a paié en achetant de bonne foi une chose qui se trouve appartenir à autrui.* X. *Qu'on ne peut pas légitimement rendre au Vendeur une chose achetée, que l'on découvre appartenir à autrui.* XI. *Que celui qui est en possession d'une chose, dont on ignore le Maître, n'est obligé de la ceder à personne.* XII. *Que, selon le Droit de Nature, on n'est pas tenu de restituer ce que l'on a reçû à titre deshonnête, ou pour faire une chose à quoi on étoit obligé d'ailleurs.* XIII. *Réfutation de la pensée de ceux qui prétendent, que la Propriété des choses qui se pésent, ou se comptent, ou se mesurent, peut être transférée à autrui sans le consentement du Propriétaire.*

§. I. 1. NOUS avons expliqué, autant qu'il suffit pour nôtre dessein, le droit qu'on a sur les Personnes ou sur les Choses. Il faut voir présentement, quelle OBLI-

CHAP. X. §. I. (1) Sur toute cette matiére, il faut consulter le Chap. XIII. du IV. Livre de PUFENDORF, *Droit de la Nat. & des Gens*, où il ne fait qu'expliquer, suppléer, ou redresser ce que nôtre Auteur établit dans ce Chapitre. Je vais encore plus loin, que lui, dans mes Notes, de la seconde Edition, où je décide toutes les questions, dont il s'agit, par un principe plus simple, &, à mon avis, beaucoup mieux fondé.

(2) Un des Préceptes Affirmatifs de la Loi donnée aux *Hébreux*, selon le Recueil qu'en ont fait les Rabbins, c'est celui-ci, Qu'il faut rendre une chose trouvée à qui elle appartient: MOS. MICOTSI, *Præcept. jubent.* LXXIV. Cette maxime a son fondement & dans l'Equité Naturelle, & dans ce qui est dit au *Chap.* XXII. du DEUTE'RONOME, *vers.* 1. ST. CHRYSOSTÔME remarque, que les Loix Humaines permettent à chacun de prendre son bien où il le trouve, sans se mettre en peine de courir après le Voleur ou le Ravisseur: Ταῦτα δὲ καὶ οἱ τῶν ἔξωθεν ἐκεῖνοι νόμοι, οἱ τοὺς ἀπολέσαντας καὶ ἀφῃρημένους ἀφέντες, ἐκείνους κελεύουσιν ἀπαιτεῖν, παρ᾽ οἷς ἂν εὕρωσι τὰ αὐτῶν κείμενα ἅπαντα. In I. *ad Corinth.* V, 8. ST. JE'ROME censure ceux qui croient pouvoir en bonne conscience retenir le bien d'autrui qu'ils ont trouvé, & qui regardent cela comme une aubaine que la Providence leur offre. Il pose en fait, que c'est un aussi grand péché, que si on alloit voler: *Multi sine peccato putant esse, si alienum, quod invenerint, teneant, & dicunt;* Deus mihi dedit. Cui habeo reddere? *Discant ergo, peccatum hoc esse simile rapinæ, si quis inventa non reddat.* In *Levitic.* C'est aussi la pensée de ST. AUGUSTIN: *Si quid invenisti, & non reddidisti, rapuisti.* Serm. XVIII. *De verbis Apost.* Il soûtient, que celui qui ne veut pas rendre le bien d'autrui, le prendroit, s'il pouvoit: *Qui alienum negat, si posset, & tolleret.* Ibid. Les passages de ces deux Péres se trouvent dans le DROIT CANONIQUE, *Caus.* XIV. *Quæst.* V.: Can. VI. & VIII. [Mais le passage qu'on y donne comme de ST. JE'ROME, est d'ORIGE'NE, & a été traduit de son *Hom. IV.* sur le Chap. VI. du LE'VITIQUE; ainsi qu'on le remarque dans l'Edition des PITHOU.] ST. AUGUSTIN dit encore, que, du moment qu'on vient à savoir qu'une chose que l'on posséde appartient à autrui, si on ne s'en dessaisit, on est Possesseur de mauvaise foi, on la retient injustement: *Sicut jure prædiorum tamdiu quisque bonæ fidei possessor rectissimè dicitur, quamdiu se possidere ignorat alienum: cum vero scierit, nec ab aliena recesserit, tunc malæ fidei possessor perhibetur, tunc justè injustus possessor vocabitur.* De Fide & Operibus, (*Cap.* VII.) Voiez LEX WISIGOTHORUM, Lib. IX. Tit. I. Cap. IX. Les Loix Civiles, pour de bonnes raisons, portent quelquefois cette obligation de restituer le bien d'autrui, au delà de ce que le Droit Naturel demande; comme font, par exemple, les *Loix des* BOURGUIGNONS, au sujet des Esclaves fugitifs: *Lib.* I. Tit. VI. L'Empereur *Nerva* fit rendre à chacun ses biens, dont

OBLIGATION il résulte de là par rapport à ceux qui ont un tel droit.

2. Cette obligation a lieu ou en matiére (1) de *Biens qui sont encore en nature*, ou en matiére de *Biens qui ne sont plus en nature*. Et sous le nom de *Biens* je comprens aussi les Personnes, autant qu'on peut retirer quelque avantage du droit que l'on a sur elles.

3. A l'égard des *Biens qui sont encore en nature*, il faut poser pour maxime, que quiconque a en son pouvoir une chose appartenante à autrui, doit faire (2) en sorte, autant qu'en lui est, qu'elle parvienne entre les mains du légitime Propriétaire. Je dis, *autant qu'en lui est*: car il n'est tenu ni à (3) l'impossible, ni à restituer de telle maniére, qu'il fasse savoir au Propriétaire qu'il a entre ses mains une chose qui lui appartient, afin que le Propriétaire puisse recouvrer son bien. Sur ce pié-là, l'obligation résulte de l'établissement même de la Propriété. Car comme, dans l'état de la Communauté primitive, il falloit garder quelque égalité, en sorte que chacun pût se servir, aussi bien que les autres, des choses qui étoient en commun: de même, lors qu'on a introduit la Propriété des biens, les Propriétaires ont contracté entr'eux une espéce de société, en vertu de laquelle (4) on est convenu que quiconque auroit en son pouvoir le bien d'autrui le rendroit à son véritable Maître. Et certainement, s'il ne falloit rendre le bien d'autrui que quand le Maître le redemande lui-même, la Propriété auroit trop peu de force, & il en coûteroit trop pour garder ce que l'on a.

4. Il n'importe, au reste, que l'on aît aquis de bonne ou de mauvaise foi la possession du bien d'autrui; on n'en est pas moins tenu, dès qu'on s'en apperçoit, à faire la déclaration & la restitution dont je viens de parler. Car autre est l'obligation (5) qui vient d'un délit, & autre celle qui vient de la chose même. Lors que *Phébidas*, Lacedémonien, se fut emparé de la (a) Forteresse de *Thébes* en *Béotie*, contre la foi des Traitez; les *Lacedémoniens* (b) se purgérent du crime, en condamnant l'Auteur de l'usurpation: mais ils ne laissérent pas de garder la Citadelle, & ils furent (6) regardez, à cause de cela comme coupables d'injustice, & d'une injustice atroce, qui attira sur eux une punition particuliere de la Providence, selon la remarque (7) de XENOPHON. C'est ainsi encore que CICERON (8) blâme *Marc Crassus* & *Quintus Hortensius*, de ce qu'ils avoient

(a) On l'appelloit *Cadmée*.
(b) *Plutarch.* in Pelopid. pag. 280. D.

dont *Domitien* avoit injustement dépouillé les légitimes Propriétaires; comme nous l'apprend XIPHILIN (pag. 240. C. *Edit. Steph.*) PROCOPE fait dire à *Belisaire*, qu'il n'y a point de difference entre celui qui prend le bien d'autrui, & celui qui refuse de le rendre: Οἶμαι δ' ἔγωγε τόν τε βιαζόμενον, καὶ ὃς ἂν τὰ τοῦ πέλας ἑκὼν μὴ ἀποδιδῷ, τὸν αὐτὸν ἑκάτερόν γε εἶναι. Gotthic. *Lib.* II. (Cap. VI.) GROTIUS.

(3) C'est-à-dire que, s'il ne connoit pas le Maître, ou s'il ne trouve pas moien de lui faire savoir qu'il a son bien, ou de le lui faire parvenir; l'obligation alors est suspenduë.

(4) Il n'est pas nécessaire de supposer ici aucune convention. Voici ce que j'ai dit sur PUFENDORF, *Droit de la Nat. & des Gens*, Liv. IV. Chap. XIII. §. 3. *Note* 1.

(5) Celui qui posséde le bien d'autrui, est tenu de le rendre par cela seul que c'est un bien d'autrui. Mais celui qui l'a pris, ou qui le retient, le sachant tel, se rend par là de plus sujet à la peine.

(6) C'est ainsi qu'en juge DIODORE *de Sicile*, Lib. XV. (Cap. XX.) PLUTARQUE dit, qu'*Agésilas* persuada à l'Etat de prendre sur son compte l'entreprise, injuste de *Phébidas*, & de retenir la Citadelle: Ἀλλὰ καὶ τὴν πόλιν ἔπεισεν εἰς αὑτὴν ἀναδέξασθαι τὸ ἀδίκημα, καὶ κατέχειν τὴν Καδμείαν δι' ἑαυτῆς. In Vit. Agesil. (pag. 609. B. Tom. I. *Edit. Wech.*) *Bajazet* commit une semblable injustice à l'égard de *Nicopolis*; comme le rapporte LEUNCLAVIUS, *Hist. Turc.* Lib. VI. GROTIUS.

Il paroit par le passage de DIODORE *de Sicile*, auquel on renvoie ici, & par celui de PLUTARQUE, qu'on rapporte, que l'on raisonne en supposant que *Phébidas* avoit agi de son chef, ou que du moins les *Thébains* n'avoient aucune preuve du contraire. Ainsi c'est mal à propos que feu Mr. COCCEJUS, Professeur à *Francfort sur l'Oder*, dans une Dissertation Académique *De Testamentis Principum*, Sect. II. §. 14.) accuse nôtre Auteur de se contredire, par la raison que les *Lacedémoniens* étoient aussi coupables que *Phébidas*, qui n'avoit agi que par leur ordre; de sorte qu'en le condamnant, ils ne faisoient que se condamner eux-mêmes.

(7) Il dit, qu'ils furent punis par ceux-là même envers qui ils avoient usé de perfidie, eux qui auparavant ne savoient ce que c'étoit que d'être vaincus: Πολλὰ μὲν οὖν ἄν τις ἔχοι καὶ ἄλλα λέγειν, καὶ Ἑλληνικὰ καὶ Βαρβαρικά, ὡς Θεοὶ οὔτε τῶν ἀσεβούντων, οὔτε τῶν ἀνόσια ποιούντων ἀμελοῦσι. νῦν γε μὴν λέξω τὰ προκείμενα. Λακεδαιμόνιοί τε γὰρ οἱ ὀμόσαντες αὐτονόμους ἐάσειν τὰς πόλεις, τὴν ἐν Θήβαις ἀκρόπολιν κατασχόντες, ὑπ' αὐτῶν μόνων τῶν ἀδικηθέντων ἐκολάσθησαν, πρῶτον οὐδ' ὑφ' ἑνὸς τῶν πώποτε ἀνθρώπων κρατηθέντες. Hist. Græc. *Lib.* V. *Cap.* IV. §. 1. *Ed. Oxon.*

(8) L. Minucii Basili, *locupletis hominis, falsum testamen-*

avoient accepté la portion d'une Hérédité, qui leur revenoit en vertu d'un Testament supposé, mais sans qu'ils eussent eu part à la falsification.

5. De plus, l'obligation dont il s'agit étant générale, comme fondée sur une espéce de contract universel entre tous les Hommes, & cette obligation donnant un droit au Propriétaire de la chose par rapport à toute autre personne; il s'ensuit de là, qu'elle forme une exception à la validité des Contracts particuliers au sujet de cette chose, comme étant postérieurs à l'engagement du Possesseur du bien d'autrui. C'est par ce principe qu'on peut éclaircir la décision du Jurisconsulte TRYPHONIN sur le cas suivant: (9) *Un Voleur*, dit-il, *a mis en dépôt des effets volez, sans que le Dépositaire sût rien du crime de celui qui lui a confié ces effets. Doit-il les rendre au Voleur, ou bien à celui de qui le Voleur les a pris? A considérer simplement en elle-même la personne de celui qui a reçû, la bonne foi veut que l'on rende le dépôt à celui qui l'a remis. Mais si l'on regarde ce que demande l'équité dans toute cette affaire, & la qualité de toutes les personnes qui y sont intéressées; il faut rendre les effets déposez à celui à qui ils ont été pris par une action détestable. Car, à mon avis, la Justice consiste à rendre à chacun le sien, mais en sorte qu'on ne manque jamais de donner la préférence à toute personne qui a une raison plus légitime de redemander la chose dont il s'agit.* Voilà ce que dit le Jurisconsulte. Et en effet le véritable Maître a ici de plus justes prétensions sur la chose déposée, puis qu'elles sont fondées sur un droit aussi ancien que l'établissement de la Propriété même, comme nous venons de le montrer. D'où il s'ensuit encore, comme le remarque le même Jurisconsulte, (10) qu'un homme qui, sans le savoir, a reçû en dépôt une chose qui est à lui, n'est point tenu de la rendre, du moment qu'il vient à la connoître telle. Et c'est aussi par ce principe, plûtôt que par la raison tirée de l'utilité des Peines, qu'il faut décider la question proposée un peu plus haut, au (11) sujet d'un dépôt confié par une personne, dont les biens sont confisquez. Car il n'importe que le droit de Propriété vienne du Droit des Gens, ou du Droit Civil. Cette différence n'en change point la nature: il est toûjours accompagné de ses effets naturels, au nombre desquels il faut mettre l'obligation imposée à tout Possesseur de rendre la

mentum quidam è Græcia Romam *attulerunt: quod quò facilius obtinerent, scripserunt heredes secum* M. Crassum & Q. Hortensium, *homines ejusdem ætatis potentissimos: qui, quum illud falsum esse suspicarentur, sibi autem nullius essent consilii culpa, alieni facinoris munusculum non repudiaverunt. Quid ergo? Satin' hoc est, ut non deliquisse videantur? mihi quidem non videtur.* De Offic. *Lib.* III. *Cap.* XVIII. Ici nôtre Auteur suppose, à mon avis, que *M. Crassus* & *Q. Hortensius* aient d'abord cru de bonne foi que le Testament étoit véritable, & qu'ensuite l'aiant soupçonné faux, ils n'aient pas laissé de s'en prévaloir, sous prétexte qu'ils n'avoient aucune part à la falsification. Ainsi l'exemple peut faire au sujet, en ce qu'il montre, que ce n'est pas assez d'avoir aquis d'abord de bonne foi la possession du bien d'autrui, comme avoient fait ces deux Romains, en se portant pour Héritiers du bien qu'ils croioient leur revenir légitimement en vertu du Testament: mais que comme ils devoient laisser ce bien aux Héritiers Légitimes, dès qu'ils s'apperçurent de la supposition du Testament; de même tout Possesseur de bonne foi doit rendre ce qu'il a entre les mains, du moment qu'il vient à reconnoître le véritable Propriétaire. De sorte que nôtre Auteur peut aussi être à l'abri de la critique de PUFENDORF, dans le Chapitre cité, qui répond à celui-ci, §. 4.

(9) *Exempli loco, latro spolia, [quæ] mihi abstulit, posuit apud* Sejum *inscium de malitia deponentis: utrum latroni, an mihi, restituere* Sejus *debeat? Si per se dantem accipientemque intuemur, hæc est bona fides, ut commissam rem accipiat is, qui dedit. Si totius rei æquitatem, quæ ex omnibus personis, quæ negotio isto continguntur, impletur; mihi reddenda sunt, quæ* (c'est ainsi que nôtre Auteur lit avec raison, au lieu de *quo*), *facto scelestissimo adempta sunt. Et probo hanc esse justitiam, quæ suum cuique ita tribuit, ut non distrahatur ab ullius personæ justiore repetitione.* DIGEST. Lib. XVI. Tit. III. *Depositi, vel contra*, Leg. XXXI. §. 1.

(10) *Et si rem meam fur, quam me ignorante subripuit, apud me etiam nunc delictum ejus ignorantem deposuerit; recte dicetur, non contrahi depositum* &c. Ibid.

(11) *Veluti, reus capitalis judicii deposuit apud te centum, is deportatus est, bona ejus publicata sunt: utrum ne ipsi hæc reddenda, an in publicum deferenda sunt? Si tantum Naturale & Gentium Jus intuemur, ei, qui dedit, restituenda sunt: si Civile Jus, & Legum ordinem, magis in publicum deferenda sunt. Nam malè meritus publicè, ut exemplo aliis ad deterrenda maleficia sit, etiam egestate laborare debet.* Ibid. *princip.* Voiez ce que j'ai dit sur PUFENDORF, dans le Chapitre déja cité qui répond à celui-ci.

(12) *Nam Jure Gentium condici puto res ab his, qui non ex justa caussa possident.* DIGEST. Lib. XXV. Tit. II. *De actione rerum amotarum*, Leg. XXV.

(13) *Condictio.* Ceci se rapporte aux subtilitez du Barreau Romain. Voiez la dispute qu'il y a sur la Loi, dont

la chose qu'il a entre les mains à son véritable Maître. Et c'est dans cette pensée que MARCIEN, autre Jurisconsulte Romain, (12) dit, que, selon le Droit des Gens, on a action (13) *personnelle de répétition* contre ceux qui possédent quelque chose sans un juste titre.

6. C'est sur ce même principe qu'est fondée la maxime d'ULPIEN, (14) qui dit, que celui qui a trouvé une chose appartenante à autrui doit la rendre à son Maître, sans pouvoir exiger de lui aucune gratification pour l'avoir trouvée.

7. Il faut rendre aussi les fruits d'un bien d'autrui, qui est encore en nature; déduction préalablement faite de ce que l'on a dépensé pour les recueillir.

§. II. 1. POUR ce qui est des *Biens qui ne sont plus en nature*, le Genre Humain a trouvé bon d'établir, que, si quelcun a tiré du profit d'une chose appartenante à autrui, qui étoit tombée entre ses mains; il doit rendre au Propriétaire, qui ne peut plus recouvrer son bien, le gain (a) qu'il a fait en le possédant. (1) Car il a cela de plus, & l'autre de moins: or la Propriété des biens a été établie pour maintenir l'égalité, c'est-à-dire, afin que chacun eût le sien. *Il est contre la Nature*, selon CICERON, (2) *de s'accommoder aux dépens des autres*, & (3) *de s'enrichir à leur détriment.*

(a) Voiez *Cajetan.* ad *Thom.* II, 2 62. Artic. VI, & *Digest.* Lib. V. Tit. III. *De heredit. petit.* Leg. XX. §. 6.

2. La maxime est si équitable, que les Jurisconsultes s'en sont servis pour décider bien des cas, sur lesquels les anciennes Loix n'avoient rien prescrit: (4) ils en ont toûjours appellé à ce principe, comme à une régle dont la justice est de la derniére évidence. Par exemple, un Négociant est tenu du fait de son Facteur, à moins qu'il n'aît déclaré qu'on n'eût rien à faire avec lui. (5) Mais après même une telle déclaration, si l'Esclave Facteur, avec qui l'on a fait un contract, y gagne quelque chose qui entre dans son (6) *pécule*, ou qui tourne au profit de son Maître; le Contractant pourra éluder la fin de non recevoir en y opposant une *replique de dol:* car, dit le Jurisconsulte PROCULUS, *celui qui veut s'enrichir aux dépens d'autrui, est censé agir de mauvaise foi.* Il entend là par *mauvaise foi*, tout ce qui est contraire au Droit de Nature & à l'Equité Naturelle.

3. Si

dont il s'agit, entre ANTOINE FAURE, *De Errorib. Pragmatic.* Decad. LXXVIII. Error. IV. & REINH. BACHOVIUS, *Chiliad. Errorum*, ou *Exercitation.* pag. 11, 14.

(14) *Quid ergo, si* εὕρετρα *(id est, inventionis præmia) quæ dicunt, petat? Nec hic videtur furtum facere; etsi non probè petat aliquid.* DIGEST. Lib. XLVII. Tit. II. *De Furtis*, Leg. XLIII. §. 9.

§. II. (1) J'ai examiné, dans mes Notes sur PUFENDORF, *Droit de la Nat. & des Gens*, Liv. IV. Chap. XIII. §. 5, 6. *& suiv.* les principes de nôtre Auteur sur toute cette matiére: & j'ai montré, par des raisons qui, quoi que nouvelles, me paroissent encore assez solides, que le Possesseur de bonne foi a comme tel, & pendant qu'il est tel, les mêmes droits que le Propriétaire inconnu. De là naissent des décisions fort différentes de celles de nôtre Auteur, par rapport aux engagemens d'un tel Possesseur. Mr. THOMASIUS, qui est au fond dans le même sentiment, que GROTIUS & PUFENDORF, reconnoit, dans ses Notes sur HUBER, *de Jure Civit.* pag. 535. que, quand il s'agit de voir si un Possesseur de bonne foi s'est enrichi par la possession de la chose même, ou par la jouïssance des revenus qui en proviennent, c'est un examen sujet à des difficultez infinies, & dont on ne peut presque venir à bout.

(2) *Detrahere igitur aliquid alteri, & hominem hominis incommodo suum augere commodum, magis est contra naturam, quàm mors, quàm paupertas* &c. De Offic. *Lib.* III. *Cap.* V.

(3) *Illud natura non patitur, ut aliorum spoliis nostras facultates, copias, opes augeamus.* IBID. C'est la maxime des Jurisconsultes Romains: *Jure Naturæ æquum est, neminem cum alterius detrimento & injuriâ fieri locupletiorem.* DIGEST. Lib. L. Tit. XVII. *De diverf. Reg. Juris*, Leg. CCVI. Voiez là-dessus les Interprêtes. On la trouve dans CASSIODORE: *Quia hoc nostris temporibus confitemur inimicum, ut alter alterius lætetur incommodo.* Var. XI, 16. GROTIUS.

(4) Mais, pour ne pas l'étendre trop loin, il faut considérer, si celui qui profite, aux dépens d'un autre, n'a pas eu droit de faire ce profit. Car s'il en a eu droit, alors on voit bien que c'est tant mieux pour lui, & tant pis pour l'autre.

(5) PROCULUS *ait: Si denuntiavero tibi*, ne servo à me præposito crederes, *exceptionem dandam*, si ille illi non denuntiaverit, ne illi servo crederet. *Sed si ex eo contractu peculium habeat, aut in rem meam versum sit, nec velim, quo locupletior sim, solvere; replicari de dolo [malo] oportet: nam videri me dolum [malum] facere, qui ex alienâ jacturâ lucrum quæram.* DIGEST. Lib. XIV. Tit. III. *De Institoria actione*, Leg. XVII. §. 4. Voiez, sur cette Loi, CUJAS, *Recit. in Paul. ad Edict.* T. V. Opp. *pag.* 438. & ANTOINE FAURE, *Rational.* T. IV. *pag.* 65.

(6) Voiez sur PUFENDORF, *Droit de la Nat. & des Gens*, Liv. VI. Chap. II. §. 8. *Note* 2.

(7)

3. Si (7) quelcun aiant pris en main le fait & cause d'un autre absent, sans son ordre, un tiers répond (8) pour ce Défendeur, par ordre de la Mére de celui qu'il défend; ce Répondant n'a (9) point *action de mandement* contre le Défendeur d'office, & à proprement parler il n'a point agi pour lui, puis que c'est en considération de la Mére de l'autre qu'il a cautionné: (10) cependant, selon l'opinion de PAPINIEN, il aura *action pour gestion d'affaires* (il entend, à mon avis, une action (11) *indirecte*) contre le Défendeur, parce que celui-ci est libéré par le moien de l'argent que la Caution a fourni.

4. Lors qu'une Femme a donné à son Mari une somme d'argent, qu'elle peut se faire rendre, selon les Loix; (12) si l'argent a été emploié par le Mari à acheter quelque chose, la Femme aura contre lui action personnelle de repétition, ou action réelle indirecte, sur la chose même achetée de son argent; car, dit ULPIEN, on ne peut pas nier que le Mari n'en soit plus riche; & il s'agit de voir ce qu'il possède du bien appartenant à sa Femme.

5. Si un Esclave a volé son ancien Maître, & (13) que le nouveau Maître ait dépensé l'argent volé, croiant qu'il étoit du *pécule* de l'Esclave; l'ancien Maître a action personnelle de repétition contre le nouveau, comme aiant aquis la possession de son bien sans un juste titre.

6. Selon les Loix Romaines, on n'a point action contre un Pupille, pour cause de Prêt à usage. Cependant, s'il se trouve que le Pupille profite de la chose empruntée, ces mêmes Loix donnent alors (14) *action indirecte* à celui qui l'a prêtée.

7. Quand on a engagé une chose appartenante à autrui, & que le Créancier, entre les mains de qui on l'a remise, l'a vendue; le Débiteur est quitte, par rapport au Créancier, à proportion de la valeur de l'argent que celui-ci en a fait; parce, dit TRYPHONIN, (15) qu'en vertu de cette obligation telle quelle, il est plus juste que l'argent reçû à l'occasion de la dette & par le moien du Débiteur, tourne au profit de celui-

(7) C'est ce que l'on appelloit en un mot *Defensor*. Voyez DIGEST. Lib. III. Tit. III. *De Procuratoribus & Defensoribus*.

(8) Il falloit que celui qui, de son chef, prenoit ainsi la défense d'une personne absente, donnât caution pour le paiement de ce à quoi il seroit condamné. Voiez les INSTITUTES, Lib. IV. Tit. XI. *De Satisdationibus*, §. 5.

(9) A cause du *Senatusconsulte Vellejen*, selon lequel une Femme ne pouvoit s'obliger pour autrui, ni immédiatement, ni médiatement.

(10) *Si fidejussores pro defensore absentis filii, ex mandato matris ejus, intercesserint, quaritur, an etiam his Senatusconsulto subveniatur? Et ait* PAPINIANUS, libro nono Quæstionum, *exceptione eos usuros. Nec multum facere, quod pro defensore fidejusserunt, quum contemplatione mandati matris intervenerunt .... Sed non erit iniquum, dari negotiorum gestorum actionem in defensorem: quia mandati caussa per Senatusconsultum constituitur irrita, & pecuniâ fidejussoris liberatur.* DIGEST. Lib. XVI. Tit. I. *Ad Senatusconsultum Vellejanum*, Leg. VI. VII. Voiez CUJAS, *in Papinian. Quæst.* Tom. IV. Opp. pag. 209, *& seqq.* & ANTOINE FAURE, *Rational.* Tom. IV. pag. 926, 127.

(11) *Actio utilis.* C'est lors que le cas, pour lequel on donne action en Justice, n'étant point renfermé dans le sens de la Loi, on l'en déduit par une interprétation favorable, conforme aux Régles de l'Equité, & par conséquent d'une maniére *indirecte*. Aussi les Jurisconsultes appellent-ils *directe* l'action opposée, qui naît des termes & du sens rigoureux de la Loi. Voiez INSTITUT. Lib. IV. Tit. III. *De Lege Aquilia*, §. 16.

(12) Il s'agit du cas, où le Mari est insolvable, après le Divorce, en sorte que la Femme, qui veut profiter du bénéfice de la Loi, pour révoquer la Donation faite contre les défenses, ne peut recouvrer ce qu'elle a donné, qu'en se dédommageant d'une maniére ou d'autre sur la chose achetée de son argent: *Uxor marito suo pecuniam donavit: maritus ex pecunia sibi donatâ aut mobilem, aut soli rem comparavit: solvendo non est, & res extant. Quæro, si mulier revocet donationem, an utiliter condictitiâ experiatur: videtur enim maritus, quamvis solvendo non sit, ex donatione locupletior effectus, quum pecuniâ mulieris res comparata extet. Respondi; Locupletiorem esse ex donatione, negari non potest: non enim quærimus, quid deducto ære alieno liberum habeat, sed quid ex re mulieris possideat ... Sed nihil prohibet, etiam in rem, utilem mulieri in ipsas res accommodare.* DIGEST. Lib. XXIV. Tit. I. *De donat. inter virum & uxorem*, Leg. LV. Voiez, sur cette Loi, CUJAS, *Recit. in Paul. Quæst.* Tom. V. Opp. pag. 1088, 1089. & ANTOINE FAURE, *Conject. Jur. Civ.* Lib V. Cap. IX. comme aussi *De Errorib. Pragmatic.* Decad. LXXXI. Err. X. avec la critique de BACHOVIUS, dans son *Chilias errorum* &c. sur cet endroit.

(13) *Secundum quæ dicendum, si nummos, quos servus iste* (quem de me cum peculio emisti) *mihi subripuerat, tu ignorans furtivos esse, quasi peculiares, ademeris, & consumseris; condictio eo nomine mihi adversus te competat, quasi res mea ad te sine caussa pervenerit.* DIGEST. Lib. XIX. Tit. I. *De actionibus empti & venditi*, Leg. XXX. *princip.* Il s'agit, comme on voit, d'un Esclave, que l'ancien Maître, avoit vendu avec son Pécule, & à qui le nouveau Maître, usant de son droit, avoit ensuite

lui-ci, qu'il ne l'est que le Créancier en profite: mais néanmoins, le Débiteur, pour ne pas s'enrichir aux dépens d'autrui, doit dédommager l'Acheteur du bien qui n'appartient ni à l'un, ni à l'autre. En effet, si (16) le Créancier avoit tiré du Possesseur des revenus qui fussent allez au delà des intérêts de la Dette, il auroit fallu qu'il les imputât sur le Capital.

8. Si l'on a emprunté de l'argent du Débiteur (17) de quelcun, sans le regarder comme tel, & croiant qu'il fût Débiteur d'un autre; on est obligé envers le vrai Créancier; non qu'il nous aît prêté cet argent (car le Prêt ne peut se faire que par un consentement réciproque des Parties) mais parce qu'il est juste & raisonnable que celui entre les mains duquel l'argent d'autrui est tombé, le rende à celui à qui il est dû.

9. Les Interprêtes Modernes étendent judicieusement ces décisions à d'autres cas semblables. Ils disent, par exemple, que si, on a vendu les effets d'une personne condamnée par défaut, (b) mais qui avoit un moien légitime de défense; elle doit être reçuë à repeter l'argent qu'on a retiré de la vente de ses biens. Ils veulent aussi, que, quand on a prêté de l'argent à un homme, pour nourrir son Fils; si le Pére devient insolvable, (c) le Débiteur aît action contre le Fils, pour se faire paier des biens maternels de celui-ci.

(b) *Accurs.* in Dig. *De distract. pignor.* Leg. XII. §. 1.

(c) *Jason*, in Dig. *De rebus creditis*, Leg. XXXII.

§. III. 1. Les deux Régles, que nous venons de poser, étant une fois bien entenduës, il ne sera pas difficile de répondre aux questions que les Jurisconsultes (d) & les Casuïstes ont accoûtumé de proposer ici.

2. Et *prémiérement*, il est clair, qu'un Possesseur de bonne foi n'est obligé à aucune restitution, si (1) la chose est venuë à pétir; puis qu'en ce cas-là il n'a ni la chose, ni le profit. Je dis, *un Possesseur de bonne foi*: car le Possesseur de mauvaise foi, outre l'obligation qui naît de la chose même, est tenu de son propre fait.

(d) *Soto*, Lib. IV. *Quæst.* VII. Art. 2. *Covarruv.* ad C. *Peccatum*, II. Part. §. 1. *Sylvestr.* verb. *Restitutio*, num. 3. Quæst. VI. *Medina*, de contr. Quæst. X. *Lessius*, Lib. II. Cap. XIV. *Navarr.* Cap. XVII. num. 7.

§. IV.

suite ôté, l'argent volé, qu'il croioit de bonne foi faire partie du Pécule aquis avec l'Esclave. Voiez, sur cette Loi, Cujas, *in African.* Tom. I. pag. 1318. & Antoine Faure, *Rational.* Tom. V. pag. 512.

(14) *Quoniam nec constitit commodatum in pupilli persona, sine tutoris auctoritate . . . . . Sed mihi videtur, si locupletior pupillus factus sit, dandam utilem commodati actionem, secundum Divi Pii Rescriptum.* Digest. Lib. XIII. Tit. VI. *Commodati, vel contra*, Leg. I. §. 2. & III. *princip.* Voiez ce que j'ai dit dans mon Traité du Jeu, Liv. II. Chap. IV. §. 11.

(15) *Si aliena res pignori data fuerit, & creditor eam vendiderit, videamus an pretium, quod percepit creditor, liberet debitorem personali actione pecunia credita? Quod verè responderetur, si ea lege vendidit*, ne evictionis nomine obligaretur: *quia ex contractu, & quali quali obligatione à debitore interposita, certè ex occasione ejus redactum id pretium, æquiùs proficeret debitori, quàm creditoris lucro cederet. Sed quantum quidem ad creditorem, debitor liberatur: quantum vero ad dominum rei, si nondum pignus evictum est, vel ad emtorem, post evictionem, ipse debitor utili actione tenetur, ne ex aliena jactura sibi lucrum adquirat, nam & si majores fructus forte petens à possessore creditor abstulit, universos in quantitatem acceptos ferre debebit* &c. Digest. Lib. XX. Tit. V. *De distractione pignorum* &c. Leg. XII. §. 1.

(16) Cette raison ne tombe pas sur ce qui précéde immédiatement, mais sur la prémiére partie de la période. Car il ne s'agit pas ici d'un Créancier, qui, pour l'intérêt de l'argent prêté, tire les revenus d'une Terre, que le Débiteur possédoit de bonne foi, comme sienne; ainsi que l'explique le Savant Gronovius. Mais le Jurisconsulte parle d'un Créancier, qui aiant perdu la possession du Fonds engagé, qui se trouve appartenir à un autre que le Débiteur, l'a reclamé, & se l'est fait rendre par voie de Justice, avec les revenus que le Possesseur en avoit tirez. Ainsi nôtre Auteur auroit pû se passer d'ajoûter cette raison, qui ne fait rien au sujet principal, pour lequel il allégue la décision que l'on vient de voir dans la Note précedente: ou du moins il ne devoit pas imiter l'inexactitude du Jurisconsulte Tryphonin, qui a obscurci le sens, en rangeant mal ses pensées. Voiez, au reste, Digest. Lib. XX. Tit. I. *De Pignorib. & Hypothec.* Leg. XXI. §. ult.

(17) C'est-à-dire, en sorte que le Créancier de ce Débiteur lui ait donné ordre de prêter au tiers: *Si & me, &* Titium *mutuam pecuniam rogaveris, & ego meum debitorem tibi promittere jusserim, tu stipulatus sis, quum putares eum* Titii *debitorem esse: an mihi obligaris? Subsisto: si quidem nullum negotium mecum contraxisti. Sed propius est, ut obligari te existimem: non quia pecuniam tibi credidi (hoc enim, nisi inter consentientes fieri non potest); sed quia pecunia mea [quæ] ad te pervenit, eam mihi à te reddi bonum & æquum est.* Digest. Lib. XII. Tit. I. *De rebus creditis* &c. Leg. XXXII.

§. III. (1) A la vérité, quand il s'agit d'une chose achétée, ou aquise à quelque autre titre onéreux, le Possesseur de bonne foi y perdra, bien loin d'y gagner; parce que les profits qu'il peut avoir faits n'égaleront pas ordinairement la valeur de la chose même. Mais s'il a reçû la chose en don, & qu'il l'ait possédée quelque tems; il peut être censé plus riche, à l'égard des revenus dont il a joui pendant ce tems-là. Ainsi

§. IV. En *second lieu*, un Possesseur de bonne foi doit rendre & la chose, & les fruits de la chose qui sont encore en nature: car celui à qui appartient une chose est naturellement maître des fruits. Je dis au reste, *les fruits de la chose même*, & non pas les fruits (1) de l'industrie: car quoi que ceux-ci ne fussent pas provenus sans la chose, d'où on les tire, on ne lui en est pas redevable, mais à son propre travail.

§. V. En *troisiéme lieu*, un Possesseur de bonne foi est tenu de rendre & la chose même, & la valeur des fruits (1) consumez, s'il y a lieu de croire que sans cela il en auroit consumé tout autant de semblables; car à cet égard il est censé s'être enrichi. C'est ainsi qu'on louë *Caligula*, de ce (2) qu'au commencement de son régne, en même tems qu'il rendit à plusieurs Princes les Etats dont ils avoient été dépouillez, il leur fit aussi restituer les revenus recueillis depuis le tems qu'ils n'en jouissoient plus.

§. VI. En *quatriéme lieu*, un Possesseur de bonne foi n'est point obligé de rendre la valeur des fruits qu'il a négligé de recueillir; puis qu'en ce cas-là, il n'a ni la chose, ni rien qui en tienne lieu.

§. VII. En *cinquiéme lieu*, si un Possesseur de bonne foi, après avoir reçû la chose en pur don, en a lui-même fait présent à quelque autre, il n'est point tenu d'en rendre la valeur; à moins que sans cela il n'eût été absolument déterminé à en donner une autre de même prix; car alors il profite, en ce qu'il a épargné son propre bien (1).

§. VIII. En *sixiéme lieu*, si un Possesseur de bonne foi aiant acheté la chose l'a réven-

c'est là une distinction qu'il faudroit faire, selon les principes de nôtre Auteur; mais qui, en suivant les miens, est aussi peu nécessaire, que sujette à des discussions embarrassantes.

§. IV. (1) Selon le Droit Romain, dont les décisions sont d'ailleurs fondées sur les mêmes principes, que celles de nôtre Auteur, un Possesseur de bonne foi s'approprie légitimement & les fruits provenus par un effet de son industrie, & les fruits purement naturels. Cela est aussi conforme à ce que j'ai établi sur le Chapitre de PUFENDORF cité ci-dessus.

§. V. (1) Il n'y est point tenu, puis que, comme Possesseur de bonne foi, il a eu pendant ce tems-là le même droit, que le véritable Propriétaire; comme le demande le but même & l'usage de la Propriété. Voiez les Notes sur PUFENDORF; qui ajoûte lui-même ici cette restriction, *à moins que le Possesseur de bonne foi ne puisse point se dédommager par un recours contre celui de qui il tient la chose.*

(2) *Ac si quibus regna restituit, adjecit & fructum omnem vectigaliorum, & reditum medii temporis, ut Antiocho Comageno HS. millies confiscatum.* SUETON. Vit. Caligul. *Cap.* XVI. C'étoit par caprice ou par une vaine ostentation, ou pour quelque autre raison semblable, que *Caligula* fit cette restitution. Car, après avoir ainsi remis *Antiochus* en possession de cette partie de la *Syrie*, nommée *Comagéne*, que *Tibére* avoit reduite en forme de Province, il l'ôta lui-même de nouveau à *Antiochus*. Voiez l'*Orbis Romanus* de feu Mr. le Baron de SPANHEIM, pag. 361. Et l'aquisition n'étoit pas originairement plus légitime, que la plûpart des Conquêtes des *Romains*. Ainsi il ne s'agit point ici d'un Possesseur de bonne foi.

§. VII. (1) Mais celui dont il a disposé, lui appartenoit aussi bien, dans le tems qu'il l'a donné.

§. VIII. (1) Il n'est tenu de rendre, ni le surplus, dans le prémier cas; ni le prix entier de la vente, dans l'autre cas; par la raison déja alléguée plusieurs fois. Au reste, nôtre Auteur citoit ici en marge une Loi du DIGESTE, qui porte, que, si le véritable Maître d'une chose volée sachant que le Voleur l'a venduë, lui prend par force l'argent qu'il en a tiré, c'est un vol qu'il fait à son tour; parce que l'argent produit par la vente d'une chose volée n'est pas la chose même, & qu'ainsi le Maître de cette chose ne peut point le regarder comme sien: *Quod enim ex re furtiva redigitur, furtivum non esse, nemini dubium est.* Lib. XLVII. Tit. II. *De Furtis*, Leg. XLVIII. §. 7. Le but de cette citation est apparemment de faire entendre, que, selon les Jurisconsultes Romains, l'argent que le Possesseur de bonne foi a tiré de la chose appartenante à autrui, qu'il a venduë, n'est pas la chose même, & qu'ainsi il ne doit point le rendre. Faute de prendre garde à cela, PUFENDORF semble critiquer nôtre Auteur, dans le Chapitre si souvent cité, §. 11. *Note* 3. comme s'il avoit voulu insinuer une chose, qui est tout-à-fait contraire à ses principes; ainsi qu'il paroit par ce qu'il a dit ci-dessus, *Liv.* II. *Chap.* VII. §. 2. *num.* 2.

§. IX. (1) Oui bien, s'il peut avoir son recours contre le Vendeur, mais non pas autrement; à en juger par le Droit de Nature tout seul. Voiez la *Note* 1. sur le §. 13. du Chap. de PUFENDORF, auquel j'ai renvoié tant de fois.

(2) Dans TERENCE, un Esclave rusé aiant fait accroire au Pére de son Maître, qu'une Jeune Fille, qui se trouvoit être sienne, avoit été donnée en gage pour une certaine somme à une Courtisane; parle ainsi au Pére: " Pour cet argent, que vôtre Fille doit à *Bacchis*, il faut presentement le lui rendre. Car je ne " crois pas, que pour vous dispenser de la paier, vous " soyiez homme à dire, comme font bien des gens: " *Qu'ai-je affaire de cela? Est-ce à moi que l'argent a été* " *prêté? Ai-je donné ordre de le compter? Cette vieille* " *Femme pouvoit-elle donner ma Fille en gage sans mon* " *consentement?* Vous savez trop bien, Monsieur, la vé- " ri-

venduë, il ne doit rendre que ce qu'il peut en avoir retiré de (a) plus, qu'il n'avoit donné. (1) Que s'il (b) avoit reçû en présent la chose qu'il a venduë, il doit rendre l'argent qu'il en a tiré; à moins qu'il n'aît emploié cet argent à des dépenses qu'il n'auroit pas faites sans cela.

§. IX. 1. En *septiéme lieu*, un Possesseur de bonne foi, qui a acheté une chose appartenante à autrui, est tenu de la rendre à son véritable Maître, sans pouvoir (a) lui demander ce qu'elle lui a couté (1).

2. Il faut, à mon avis, ajoûter à cette Régle une exception, c'est que, supposé que le véritable Maître n'eût pû vraisemblablement (2) recouvrer son bien sans quelque dépense, comme, par exemple, si la chose étoit entre les mains des Pirates; on peut alors retenir (3) ce qu'il auroit volontiers donné pour la ravoir. Car la simple Possession de fait, sur tout quand elle est difficile à recouvrer, est une chose susceptible d'estimation; & ainsi le Propriétaire est censé plus riche, en ce qu'il la recouvre. C'est pourquoi, au lieu qu'ordinairement (4) l'achat qu'on fait de son propre bien est nul, le Jurisconsulte Paul (5) dit néanmoins qu'un tel achat est valide, lors que la chose se trouvant entre les mains d'un tiers, on convient de donner tant pour la possession (b). Et je ne demande point ici que l'on aît acheté la chose (c) à dessein de la rendre à son véritable Maître; auquel cas les uns soûtiennent que l'on a action pour *gestion d'affaires* contre le Propriétaire à qui l'on rend ce bon office; (d) les autres disent que non. *L'Action pour gestion d'affaires* est purement de Droit Civil: elle (6) n'a aucun des fondemens, en vertu desquels la Loi Naturelle impose quelque Obligation. Or nous cherchons ici ce qui est conforme au Droit Naturel.

(a) Voiez Digest. Lib. V. Tit. III. *De hered. petit.* Leg. XXIII. XXV.

(b) Voiez Digest. Lib. XII. Tit. I. *De rebus creditis* &c. Leg. XXIII.

(a) *Cod* Lib. III. Tit. XXXII. *De rei vindic.* Leg. III. & XXIII. Lib. VIII. Tit. XLV. *De Evictionibus*. Leg. XVI.

(b) Voiez Digest. Lib. XIV. Tit. II. *Ad. Leg. Rhod.* Leg. II. §. 3. Ægid. Reg. Disp. XXXI. Dub. VII. num. 126. *Host.* Tit. *de pœn.* V. *quid de præd. ementibus*.

(c) Voiez *Speculum Saxonic.* II, 37. *Landrecht*, Tit. XV.

(d) Bald. & *Castrens.* ad. Leg. I. Dig. *De negot. gest.*

„ tiré de cette maxime commune, *Que le droit rigoureux est souvent une très-grande chicane.*

——— ——— Sed illud quod tibi
Dixi de argento, quod ista debet Bacchidi,
Id nunc reddendum est illi: neque tu scilicet
Eò nunc confugies: Quid meâ? num mihi datum est?
Num jussi? num illa oppignerare filiam
Meam me invito potuit? Verum illud, Chreme,
Dicunt: Jus summum sæpe summa est malitia.

Heautontimor. *Act.* IV. *Scen.* IV. (vers. 42, *& seqq.*) Voiez-là dessus la Note d'Eugraphius. Les Rabbins approuvent cette maxime d'équité; & on la trouve aussi suivie dans les *Loix des* Wisigoths, Lib. I. Tit. IX. *Capp.* IX. & XV. Voiez encore Alciat. Regul. III. *Præsumt.* 29. Menoch. V. *De Præsumt.* 29. *num.* 26. Stracha, Part. II. *num.* 18. Grotius.

(2) Mais s'il n'en a rien coûté au Possesseur de bonne foi, s'il a paié seulement ce que la chose valoit; en vertu dequoi doit-il profiter de ce que le Propriétaire auroit eté obligé de donner pour ravoir son bien? Si le Propriétaire en est plus riche, tant mieux pour lui: le Possesseur n'en est pas plus pauvre. On voit par là, combien la condition d'un Possesseur de bonne foi seroit désavantageuse, en comparaison de celle du Propriétaire. Et j'ose dire que la maxime, dont il s'agit ici, quelque generalement qu'elle soit reconnuë par les Jurisconsultes & les Moralistes, est celle contre quoi la Raison se révoltera le plus, si l'on y pense bien; & qu'elle suffira pour faire soupçonner que les principes communs ne sont pas appuiez sur des fondemens solides. Aussi voit-on que les Coûtumes de plusieurs Peuples forment des exceptions à la maxime du Droit Romain, en plusieurs cas; comme à l'égard des choses achetées dans une Foire établie par autorité publique; à l'égard de ce qu'on a mis en gage chez les Lombards; à l'égard des vieilles hardes, achetées d'un Fripier &c. car si ces sortes de choses se trouvent appartenir à autrui, le Possesseur de bonne foi n'est tenu de les rendre au véritable Maître, qu'en recevant l'argent qu'il en a donné. C'est ce que témoigne nôtre Auteur même, dans son *Introduction au Droit de Hollande*, écrite en Flamand, *Lib.* II. Part. III. *num.* 13. & Zypæus, *Not. Jur. Belgic.* Tit. *De rei vindic.* verbo, *Jure Dominus*; comme le remarque Huber, *Prælect. in Pandect.* Tit. *de adquir. rerum domin.* num. 2. Voiez aussi Voet. *in Tit. De Rei Vindic.* *num.* 8.

(4) *Suæ rei emptio non valet, sive sciens, sive ignorans emi.* Digest. Lib. XVIII. Tit. I. *De contrahenda emtione*, Leg. XVI. *princip.*

(5) *Rei suæ emtio tunc valet, quum ab initio agatur, ut possessionem emat, quam forte venditor habuit, & in judicio possessionis potior esset.* Ibid. *Leg.* XXXIV. §. 4.

(6) Elle est fondée sur une maxime très-évidente de l'Equité Naturelle, c'est que celui qui rend service à autrui ne doit pas en recevoir du dommage; or cela arriveroit, si l'on refusoit de rembourser à un Homme les dépenses qu'il a faites pour nous, dans un tems où nous ne pouvions pas vaquer nous-mêmes à nos affaires. Le bien de la Societé, & l'interêt de chaque Particulier, demande aussi, que, quand une personne est absente, & qu'il lui survient des affaires, pour lesquelles elles n'a donné aucun ordre ni général, ni particulier, quelcun se charge de ses affaires: or peu de gens voudroient le faire, s'ils craignoient de n'être pas remboursez des dépenses nécessaires. Et c'est pour cela que les Jurisconsultes Romains disent qu'on introduisit l'action civile pour *gestion* d'affaires: *Idque utilitatis caussâ receptum est, ne absentium, qui subitâ festinatione coacti, nulli demandatâ negotiorum suorum administratione, peregrè profecti essent, desererentur negotia: quæ sanè nemo curaturus esset, si de eo, quod quis impendisset, nullam habiturus esset actionem.* Institut. Lib. III. Tit. XXVII. *De obligat. quasi ex contractu.* §. 1. Ainsi,

3. Le Jurisconsulte ULPIEN établit quelque chose de semblable, lorsqu'il dit (7), en parlant de (e) l'*Action pour frais de Funerailles*, (f) qu'un bon Juge ne doit pas prononcer là-dessus à la rigueur, selon les régles d'une action par gestion d'affaires; mais en suivant les maximes favorables de l'Equité, auxquelles la nature (8) de cette sorte d'action civile permet d'avoir recours. Le même Jurisconsulte raisonne encore ailleurs sur ce principe, lors qu'il établit, que si l'on s'est emploié pour les affaires de quelcun, non pas en vuë de lui rendre service, mais pour son propre intérêt, & qu'on aît fait pour cela quelque dépense; (9) on aura action contre celui dont on a fait les affaires, non pas à la vérité pour remboursement de ce que l'on a dépensé, (g) mais pour restitution de ce en quoi l'autre est plus riche.

(e) *Funeraria*.

(f) Voiez *Balsam*. ad Cap. X. *Gregor. Thaumat*.

(g) Voiez *Cajetan*, ad *Thom*. II, 2. LXII, 6. *Soto*, Lib. IV. Quæst. VII. Artic. 2. *Covarruv*. ubi supra.

4. C'est sur le même fondement que les (10) Loix Romaines veulent, que ceux dont les effets ont été sauvez, lors que, dans un péril de naufrage, on a jetté dans la Mer les marchandises des autres, dédommagent ceux-ci d'une partie de la valeur de ce qu'ils ont perdu; parce que l'on est censé plus riche, en ce que l'on conserve ce qui autrement auroit péri.

§. X. EN *huitiéme lieu*, celui qui a acheté une chose qui se trouve appartenir à autrui, ne peut point la faire reprendre au Vendeur, pour ratraper son argent. Car, du moment qu'il a eu entre les mains le bien d'autrui, l'obligation de le rendre à son véritable Maître a commencé d'avoir force, selon ce que nous avons établi.

§. XI. EN *neuviéme lieu*, celui qui posséde une chose dont on ne connoît pas le Maître, n'est point obligé, par le Droit Naturel, à la donner aux Pauvres. Car il n'y a que le Propriétaire, qui aît droit sur une chose, par une suite de la nature même de la Propriété. Or tant que le Propriétaire ne paroît point, c'est comme s'il n'y en avoit point, par rapport à celui à qui il est inconnu. Ce n'est pas que, si l'on donne aux Pauvres ce que l'on a trouvé, & que personne ne réclame, on ne fasse une (a) action très-louable: & les Loix l'ont ainsi sagement établi en plusieurs endroits.

(a) *Chrysostôme*, dans l'endroit cité sur le §. 1. *Note*. 2.

§. XII. 1. ENFIN on n'est point tenu, par le Droit Naturel tout seul, de restituer ce que l'on a reçû à titre deshonnête, (1) ou pour une chose honnête en elle-même, mais à laquelle on étoit obligé d'ailleurs. Car personne n'est dans aucune obligation, par une suite de la nature même de la chose, que quand cette chose appartient à autrui: & ici le droit de Propriété a été transporté avec le consentement de l'ancien Propriétaire. C'est pourtant avec raison que quelques Loix imposent ici la nécessité de [illegible]

2. [illegible] [ch]ose est, s'il y a eu quelque (2) vice dans la maniére même dont on a reçû une chose à titre deshonnête, comme lors qu'on l'a extorquée. Car l'obligation de restituer est alors de Droit Naturel, en vertu d'un autre principe d'obligation, dont (a) il ne s'agit point ici.

(a) Voiez le §. 9. du *Chap*. suivant; & *Chap*. XII. §. 9, 10, 11.

§. XIII. AJOÛTONS, que c'est une erreur de croire, comme fait (a) ME'DINA, que

(a) *De Restit*. Quæst. X.

à moins que celui qui a fait les affaires d'une personne absente, n'ait témoigné manifestement vouloir s'en charger à dessein d'exercer envers elle sa libéralité, en prenant sur son compte les dépenses même nécessaires; il est & doit être censé n'avoir donné gratuitement que sa peine.

(7) *Et generaliter puto, Judicem justum non meram negotiorum gestorum actionem imitari; sed solutius aquitatem sequi, quum hoc ei actionis natura indulgeat*. DIGEST. Lib. XI. Tit. VI. *De religiosis, & sumtibus funerum* &c. Leg. XIV. §. 13.

(8) Cela est dit à l'occasion d'une personne, qui étant chargée par le Testament du Defunt de faire les funerailles, s'aquitte de la commission, nonobstant les défenses de l'Héritier; & ainsi ne peut point avoir action contre celui-ci, comme pour gestion d'affaires. Mais, selon les principes même du Droit Romain, celui qui fait les frais des Funerailles est censé traiter avec le Défunt, & non pas avec l'Héritier: ainsi là dette est attachée aux biens que le Défunt laisse: *Qui propter funus aliquid impendit, cum defuncto contrahere creditur, non cum herede*. Ibid. *Leg*. I.

(9) *Sed & si quis negotia mea gessit, non mei contemplatione, sed sui lucri caussâ*, LABEO *scripsit, suum eum potius, quàm meum negotium gessisse: qui enim depradandi caussâ accedit, suo lucro, non meo commodo studet. Sed nihilominus, immo magis, & is tenebitur negotiorum gestorum actione. Ipse tamen, si circa res meas aliquid impenderit, non in id, quod ei abest, quia improbè ad negotia mea accessit, sed in quod ego locupletior factus sum, habet* con-

que l'on aquiert la propriété d'autrui, sans le consentement du Propriétaire, lors qu'il s'agit de choses que l'on prend ordinairement au poids, au nombre, ou à la mesure. Car ces sortes de choses sont à la vérité susceptibles de remplacement, comme on parle, c'est-à-dire, qu'on peut les rendre par un équivalent de même nature: mais il faut ou que le consentement du Propriétaire aït précedé, ou qu'il soit censé avoir précedé en vertu des Loix ou de la Coûtume; ou du moins que la chose sujette à restitution aït été consumée, & par conséquent ne puisse pas être renduë en nature. Lors qu'il n'y a point de tel consentement, exprès ou tacite, & hors le cas d'impossibilité dont je viens de parler; la restitution par équivalent (1) n'a pas plus de lieu ici, qu'en matiére de choses qui n'en sont point susceptibles de leur nature.

CHAPITRE XI.

Des Promesses.

I. *Réfutation de la pensée de ceux qui croient, que naturellement une simple* Promesse *ne donne aucun droit à celui en faveur de qui elle est faite.* II. *Qu'une simple déclaration de nôtre volonté ne nous impose aucune obligation.* III. *Qu'il y a des Promesses imparfaites, qui obligent naturellement, sans donner néanmoins aucun droit à celui à qui l'on promet.* IV. *Quelle est la nature des Promesses, qui donnent quelque droit à autrui.* V. *Toute Promesse valide suppose l'usage de la Raison dans le Promettant. Quelle difference il y a ici entre le Droit de Nature, & les Loix Civiles touchant les Mineurs.* VI. *Si une Promesse faite par erreur est valide selon le Droit Naturel?* VII. *Qu'une Promesse faite par crainte ne laisse pas pour cela d'être obligatoire; mais que celui, qui l'a extorquée, doit en tenir quitte le Promettant.* VIII. *Pour qu'une Promesse soit valide, il faut encore que la chose promise soit au pouvoir du Promettant.* IX. *Si une Promesse faite pour un sujet deshonnête ou criminel, est valide, à en juger par le Droit Naturel?* X. *Des Promesses qui roulent sur des choses, auxquelles on étoit déja tenu envers celui à qui l'on promet.* XI. *Comment on s'engage validement par soi-même:* XII. *Et par autrui. Du cas où un Ambassadeur passe ses ordres.* XIII. *De l'obligation où est un Maître de Navire pour le fait de ses Commis; & un Négociant, pour le fait de ses Facteurs; entant qu'elle est fondée sur le Droit de Nature tout seul. Fausse maxime du Droit Romain sur cet article.* XIV. *Qu'une Promesse, pour être bonne & valide, doit avoir été acceptée.* XV. *S'il est nécessaire que l'acceptation soit connuë du Promettant?* XVI. *Une Promesse peut être révoquée, si celui à qui elle étoit faite vient à mourir avant que de l'avoir acceptée.*

---

contra me actionem. Digest. Lib. III. Tit. V. *De negot. gestis*, Leg VI. §. 3. Il y a faute dans les derniéres paroles de cette Loi; comme l'illustre Mr. Noodt le conjecture avec beaucoup d'apparence, *Probabil. Jur.* Lib. III. Cap. IX. Et il s'agit là des dépenses faites par un homme qui possédoit de mauvaise foi le bien d'autrui. Voiez ce que j'ai remarque sur Pufendorf, *Droit de la Nat. & des Gens*, Liv. V. Chap. IV. §. 1. *Note.* 3.

(10) *Lege Rhodia cavetur, ut, si levandæ navis gratiâ jactus mercium factus est, omnium contributione sarciatur, quod pro omnibus datum est.* Digest. Lib. XIV. Tit. II. *De Lege Rhodia* &c. Leg. I.

§. X. (1) Cela est vrai. Mais comme il n'est pas obligé de perdre lui-même son argent, selon mes principes; il suffit qu'il avertisse le véritable Maître, & qu'il lui fournisse entant qu'en lui est, les moiens de recouvrer son bien.

§. XII. (1) Voiez ce que j'ai dit au long sur Pufendorf, *Droit de la Nat. & des Gens*, Liv. III. Chap. VII. §. 6. *Note* 2. de la seconde Edition.

(2) St. Augustin fait très-bien cette distinction, dans sa LIV. Lettre. Grotius.

§. XIII. (1) C'est-à-dire, que, si elles tombent entre les mains de quelcun, & qu'il ne les aït pas consumées ou dépensées, il n'est pas moins tenu de les rendre en espece à leur veritable Maître, que les autres sortes de choses, qui par elles-mêmes ne sont pas susceptibles de remplacement.

tée. XVII. *Si cette révocation a lieu, lors que le porteur de la Promesse est mort avant l'acceptation?* XVIII. *Si un tiers peut accepter la Promesse, & la rendre par là irrévocable?* XIX. *Si l'on est toûjours à tems d'ajoûter à la Promesse quelque condition onéreuse?* XX. *Comment c'est qu'une Promesse nulle peut devenir valide.* XXI. *Que les Promesses faites sans cause ne sont pas naturellement invalides.* XXII. *A quoi est tenu, selon le Droit de Nature, celui qui a promis qu'un autre feroit telle ou telle chose?*

§. I. 1. L'Ordre (1) nous méne à traiter maintenant des *Obligations* qui résultent des Promesses.

2. Ici je me vois d'abord obligé de refuter l'opinion d'un Jurisconsulte, dont l'érudition n'est pas commune; c'est François de Connan, qui soûtient, (a) que, (2) selon le Droit de la Nature & des Gens, les simples Conventions, qui ne renferment point de (3) *Contract*, n'imposent aucune obligation au Promettant. Il avouë néanmoins, qu'on est louable de tenir ces sortes de Promesses, lors qu'il s'agit de choses dont l'exécution est d'ailleurs conforme à l'Honnêteté & aux régles de quelque Vertu, indépendamment de la parole donnée.

(a) *Comment. Jur. Civil.* Lib. I. Cap. VI. Lib. V. Cap. I.

3. Pour établir son sentiment, cet Auteur allégue non seulement des passages de divers Jurisconsultes, qui semblent être dans la même pensée, mais encore il avance quelques raisons. Il y a, dit-il, autant de la faute de celui qui compte légérement sur une Promesse (4) faite sans cause, que de celui qui le repaît de cette vaine espérance. De plus, chacun courroit grand risque de se voir dépouillé de ses biens, si l'on étoit tenu d'exécuter des Promesses, qui partent souvent d'une vaine ostentation, plûtôt que d'une volonté sérieuse; ou qui, si l'on a eu quelque dessein de s'engager, se font du moins, à la légére & sans beaucoup de réflexion. Enfin, il étoit juste de laisser quelque chose a l'honneur & à la conscience de chacun, & de ne pas attacher une nécessité indispensable à l'exécution de tout ce qu'un Homme peut faire espérer à un autre de sa part. De sorte que, s'il est honteux de ne pas tenir sa Promesse, ce n'est pas qu'il y aît en cela de l'injustice, mais parce qu'on témoigne par-là que la Promesse avoit été faite légérement. Nôtre Jurisconsulte se sert aussi de l'autorité de Ciceron, (5) qui a dit, qu'on n'est point obligé de tenir sa parole, lors qu'en la tenant on causeroit du préjudice à celui à qui on l'a donnée, ou qu'on s'en causeroit à soi-même, plus qu'on ne lui feroit de bien. Il prétend que, si la (6) chose n'est plus en son entier, on doit alors, non pas executer sa Promesse, mais paier les dommages & intérêts.

Chap. XI. §. I. (1) Voiez le Chapitre I. de ce Livre, §. 2. *num.* 5.

(2) Conferez ici, ce que j'ai remarqué sur Pufendorf, *Droit de la Nat. & des Gens*, Liv. III. Chap. V. §. 9. *Note* 2. J'ai vû depuis une Dissertation de feu Mr. Coccejus, intitulée, *De jure circa Actus imperfectos*, & imprimée à *Francfort* sur l'*Oder*, en 1699. dans laquelle il soûtient, *Sect.* II. que, par le Droit même de Nature, une simple Convention n'oblige point. Mais il se sert, pour prouver ce paradoxe, de raisons fort subtiles, qui ne paroissent pas plus solides, que celles du Jurisconsulte François, que nôtre Auteur réfute ici. Je dis la même chose de l'explication que le même Mr. Coccejus donne, dans une autre Dissertation *De jure pœnitendi in Contractibus*, de ce que l'on entend dans le Droit Romain par συνάλλαγμα, *Sect.* II. §. 6. à l'occasion de quoi il accuse nôtre Auteur, §. 7. *de ne savoir ce qu'il dit*, sur cette matiére. Mais il ne savoit lui-même ce que c'est qu'expliquer un Auteur selon les régles de la Critique.

(3) Συνάλλαγμα, c'est-à-dire, selon les idées des Jurisconsultes Romains, que cet Auteur suit, un engagement valide en Justice. Or les Engagemens valides en Justice, étoient ou les *Contracts* proprement ainsi nommez, qui avoient un nom particulier, comme la Vente, le Louage, le Prêt &c. ou les Conventions en vertu desquelles il y avoit quelque chose de fait ou de donné actuellement. Les uns & les autres s'appelloient en général non seulement des *Contracts*, mais encore des *Affaires* (*Negotia*) ou des *Affaires Civiles* (*Negotia Civilia*) des *Causes Civiles* &c. Voiez le beau Traité de Mr. Noodt, *De Pactis & Transactionibus*, Cap. IX.

(4) Voiez Pufendorf, *Droit de la Nat. & des Gens*, Liv. III. Chap. V. §. 9, *& suiv.* avec les Notes.

(5) Le passage sera cité plus bas, dans le *Chap.* XVI. de ce Livre, §. 27. *Note.* 2.

(6) C'est-à-dire, si celui à qui l'on avoit promis a commencé d'exécuter ce à quoi il s'étoit engagé lui-même en vuë de nôtre Promesse.

(7) Les Loix ne sont pas, à proprement parler, des Conventions, quoi qu'elles soient une suite d'un établis-

rêts. Du reste, la force que les simples Conventions n'ont pas d'elles-mêmes, elles la tirent, selon lui, ou des *Contracts* dans lesquels elles sont renfermées, ou auxquels elles sont ajoûtées, ou de la délivrance de la chose même promise : d'où il na.. quelquefois des actions en Justice, quelquefois des exceptions ou fins de non recevoir; à cause de quoi aussi il est défendu de demander ce que l'on a donné de cette maniére. Pour ce qui est des Conventions qui ont force d'obliger selon le Droit Civil, comme celles qui sont accompagnées d'une stipulation dans les formes, & quelques autres; elles tirent toute cette vertu du bénéfice des Loix, qui peuvent rendre nécessaire & indispensable ce qui est de sa nature conforme à l'Honnêteté.

4. Mais l'opinion, que je viens de rapporter, est insoûtenable, à la prendre tout crûment & sans distinction, comme fait l'Auteur. Car, *prémiérement*, il s'ensuivroit delà, que les Conventions entre les Rois ou les Peuples, seroient de nulle force, tant qu'il n'y auroit rien d'exécuté de ce qu'ils ont promis; sur tout dans les lieux où l'usage n'a établi aucune formule pour les Traitez ou les Conventions Publiques.

5. *En second lieu*, puis qu'on reconnoît que les Loix, qui sont comme une (7) Convention du Corps du Peuple, nom qui leur est aussi donné par DÉMOSTHÉNE (8) & par (9) ARISTOTE, peuvent, par leur autorité, rendre les simples Conventions véritablement obligatoires; on ne sauroit alleguer aucune raison, pourquoi la volonté d'une personne, qui est absolument déterminée à s'engager, & qui en donne toutes les marques possibles, n'auroit pas cette vertu; sur tout lors que les Loix Civiles n'y mettent aucun obstacle.

6. *En troisiéme lieu*, la Propriété d'une chose peut être transférée à autrui par une simple volonté du Propriétaire, suffisamment notifiée, comme nous l'avons (b) dit ci-dessus: pourquoi est-ce qu'on ne pourroit pas de la même maniére transférer à quelcun le droit ou d'exiger qu'on lui transfére la Propriété d'une chose (ce qui est moins que l'aquisition actuelle du droit même de Propriété), ou d'exiger qu'on fasse quelque chose en sa faveur; puis que nous avons sans contredit autant de pouvoir sur nos actions, pour en disposer, que sur nos biens?

(b) *Chap.* VI. de ce Livre, §. 1.

7. Ajoûtez à cela, *en quatriéme lieu*, le (10) consentement des Sages, qui est tout-à-fait contraire à l'opinion que nous combattons. Les Jurisconsultes Romains, qui donnent pour maxime, qu'il (11) n'y a rien de plus naturel que de laisser avoir son effet à la volonté d'un Propriétaire, qui transfére son bien à autrui; ces mêmes Jurisconsultes disent (12) aussi, qu'il n'y a rien de plus conforme à la Bonne Foi, qui doit régner entre les Hommes, que de tenir ce à quoi on s'est engagé les uns envers les autres.

blissement humain, fondé sur des Conventions. Voiez PUFENDORF, *Droit de la Nat. & des Gens*, Liv. I. Chap. VI. §. 2.

(8) Πόλεως δὲ συνθήκη κοινὴ [ὡς ἐστὶ νόμος] Orat. I. adversus Aristogiton. *pag.* 492. C. *Edit. Basil.* 1572. Le passage entier se trouve cité dans le DIGESTE, Lib. I. Tit. III. *De Legibus* &c. Leg. II.

(9) Καὶ ὅλως αὐτὸς ὁ Νόμος, συνθήκη τίς ἐστι. Rhetoric. *Lib.* I. *Cap.* XV. pag. 545. B. Tom. II. *Ed. Paris.* Il définit ailleurs la Loi: Λόγος ὡρισμένος καθ' ὁμολογίαν κοινὴν πόλεως. Rhetoric. ad. Alex. *Cap.* I.

(10) Les Docteurs Juifs vont jusqu'à dire, que, quand la chose est de nature à ne point souffrir de retardement, le silence a force d'engagement. BABA KAMA, Cap. X. §. 4. GROTIUS.

Voiez là-dessus le Commentaire de CONSTANTIN L'EMPEREUR.

(11) *Nihil enim tam conveniens est naturali aequitati, quam voluntatem domini, volentis rem suam in alium transferre, ratam haberi.* INSTITUT. Lib. II. Tit. I. *De divisione rerum* &c. §. 40. Ces paroles ne signifient pas, comme il pourroit sembler d'abord, qu'une simple déclaration de la volonté d'aliener son bien suffise pour en transferer la Propriété à celui en faveur de qui on a témoigné suffisamment cette volonté. Car, selon les Jurisconsultes Romains, peu attentifs ici aux véritables principes du Droit Naturel, le transport de Propriété ne peut se faire que par la Délivrance actuelle de la chose aliénée. Mais on veut dire seulement, que, lors que quelcun délivre une chose à dessein d'en transporter la Propriété (& non pas, par exemple, pour la prêter, ou pour la mettre en dépôt) cela suffit, selon le Droit de Nature, dont JUSTINIEN rétablit toute la force, pour transferer un plein droit de Propriété : au lieu qu'auparavant il n'y avoit que les Choses appellées *Res mancipi*, qui pussent être ainsi aliénées. Voiez ci-dessus, Chap. VIII. §. 25. *Note* 2.

(12) *Hujus Edicti aequitas naturalis est. Quid enim tam congruum fidei humanae, quàm ea, quae inter eos placuerunt, servare?* DIGEST. Lib. II. Tit. XIII. *De Pactis*, Leg. I.

(13)

tres. Ils regardent comme fondé sur l'Equité Naturelle, l'Edit du Préteur touchant une somme déja duë, que (13) l'on s'est engagé de paier en un autre lieu, sans aucune stipulation dans les formes; quoi qu'il n'y ait eu alors d'autre cause de l'engagement, que le simple consentement du Débiteur. Le Jurisconsulte Paul (14) dit, que, selon le Droit de la Nature & des Gens, tout Homme est véritablement Débiteur de celui qui a compté sur sa parole, en vertu de laquelle il faut que le prémier donne à l'autre ce qu'il lui a promis. Cette expression *il faut*, emporte ici une nécessité morale, ou une obligation indispensable. Et ce qui est dit d'un homme qui *compte sur la parole d'un autre*, ne doit pas être entendu seulement du cas où la chose n'est plus en son entier, comme le prétend le Docteur moderne, que nous réfutons. Car le Jurisconsulte Paul traitoit-là de l'*Action* (15) *personnelle pour répétition d'une chose non-duë, qu'on a paiée :* or cette action cesse, lors qu'on a paié en conséquence (16) d'une Convention, quelle qu'elle soit, parce qu'avant le paiement, & par conséquent lors que la chose étoit encore en son entier, on étoit tenu, par le Droit de la Nature & des Gens, de donner ce que l'on avoit promis, quoi qu'alors on n'eût point action en Justice par les Loix Civiles, qui, pour diminuer les occasions de procès, ne prêtent pas leur secours à ceux à qui il est dû quelque chose en vertu d'une simple Convention.

8. Pour ce qui est de Ciceron, il donne tant de force aux Promesses, qu'il appelle la Fidélité à les tenir (17) *le fondement de la Justice.* Horace nous représente cette même Fidélité comme (18) *la Sœur de la Justice.* Et les *Platoniciens* expriment souvent la Justice par le mot de (c) *Vérité* ou *Véracité*, qu'Apulée traduit (19) *Fidélité.* Simonide, au rapport de (20) Platon, faisoit consister la Justice, non seulement à rendre ce que l'on a reçû, mais encore à dire la vérité.

(c) Ἀλήθεια.

§. II. 1. Mais pour bien comprendre la nature & l'effet des Promesses, il faut distinguer soigneusement (1) trois maniéres différentes de témoigner quelque résolution en faveur d'autrui, à l'égard des choses à venir qui dépendent de nous, ou que l'on croit qui en dépendront.

2. La prémiere, ou celle qui donne le moindre degré d'espérance, consiste à déclarer simplement le dessein que l'on a pour l'heure de faire un jour telle ou telle chose. Pour rendre innocente une déclaration de cette nature, il suffit que l'on parle sincérement: il n'est nullement nécessaire, que l'on persiste désormais dans la pensée qu'on a té-

(13) C'est ce que nôtre Auteur appelle, *Pecunia constituta*, selon le langage des Jurisconsultes Romains. On disoit aussi en un mot *Constitutum*; ainsi qu'il paroit par la Loi même d'ou nôtre Auteur a tiré la maxime, que voici: *Hoc Edicto Prætor favet naturali æquitati, qui constituta ex consensu facta custodit: quoniam grave est, fidem fallere.* Digest. Lib. XIII. Tit. V. *De Pecunia constituta*, Leg. I.

(14) *Is naturâ debet, quem Jure Gentium dare oportet, cujus fidem secuti sumus.* Digest. Lib. L. Tit. XVII. *De diversis regulis Juris*, Leg. LXXXIV. §. 1.

(15) *Condictio indebiti.* Voiez Digest. Lib. XII. Tit. VI.

(16) Ainsi, par exemple, un Créancier ne pouvoit point exiger d'intérêt de son argent, lors que le Débiteur ne s'étoit engagé à paier les interêts que par une simple Convention, & sans une stipulation dans les formes. Voiez ci-dessous, §. 4. *Note* 5. Mais si le Débiteur avoit paié les intérêts promis de cette maniére, il n'avoit point action en Justice pour se les faire rendre, comme non dûs, pourvû qu'il eût donné l'argent sur le pié d'intérêts; car autrement la somme reçuë du Créancier s'imputoit sur le Capital: *Et sicut ex pacti conventione data repeti non possunt, ita proprio titulo non numerata, pro solutis ex arbitrio percipientis non habebuntur.* Digest. Lib. XLVI. Tit. III. *De solutionibus & liberationibus*, Leg. V. §. 2.

(17) *Fundamentum est autem Justitiæ fides, id est, dictorum conventorumque constantia & veritas.* De Offic. Lib. I. Cap. VII.

(18) —— *Cui Pudor, & Justitiæ soror*
Incorrupta Fides, nudaque Veritas &c.
Lib. I. Od. XXIV, 6, 7.

(19) *Hanc ille heros Justitiam modo nominat, nunc universæ virtutis nuncupatione complectitur, & verò Fidelitatis vocabulo nuncupat &c.* De *habitud.* Doctrin. Platonic. *Lib.* II. pag. 25. *in fin. Edit. Elmenhorst.*

(20) Οὐκ ἄρα οὗτος ὅρος ἐστὶ δικαιοσύνης, ἀληθῆ λέγειν, καὶ ἃ ἂν λάβῃ τις ἀποδιδόναι. . . . Εἴπερ γε καὶ Σιμωνίδῃ πειστέον. De Republic. *Lib.* I. pag. 331. C. D. Tom. II. *Ed. Steph.*

§. II. (1) Voiez sur ceci Pufendorf, *Droit de la Nat. & des Gens*, Liv. III. Chap. V. §. 5, *& suiv.* Feu Mr. Hertius remarque, que nôtre Auteur a emprunté cette distinction d'un Scholastique, Dominic. de Soto, Lib. VII. *De Justitia & Jure*, Quæst. II. Artic. I.

(2) C'est-à-dire, tant qu'on ne s'est pas imposé la nécessité de ne point changer, ou qu'il n'y a rien d'ailleurs hors de nous qui nous impose cette nécessité,

témoigné avoir. Car nôtre Ame (2) a naturellement & le pouvoir, & le droit de changer de sentiment. Que si alors on fait mal de changer, ce n'est pas que le changement en lui-même fût vicieux ; mais il le devient à cause de la matiére, ou parce que le prémier sentiment étoit plus raisonnable que le dernier.

§. III. LA seconde maniére de faire espérer une chose à quelcun, c'est lors que la volonté se détermine, pour l'avenir, avec une déclaration suffisante de la nécessité qu'elle s'impose de perseverer dans les sentimens où l'on a témoigné que l'on étoit en faveur de quelcun. C'est ce qu'on peut appeller une (1) *Promesse imparfaite*, laquelle, indépendamment des Loix Civiles, oblige à la vérité ou absolument, ou sous condition, mais ne donne aucun droit, proprement ainsi nommé, à la personne à qui on promet. Car il y a plusieurs cas où l'on est dans une véritable obligation envers un autre, sans que celui-ci aît aucun (2) droit d'en exiger les effets ; comme cela se voit dans les Devoirs de la Compassion & de la Reconnoissance. Tel est ici l'engagement où l'on entre fondé sur les Loix de la Constance ou de l'exactitude à effectuer ce dont on a donné parole à quelcun. De sorte que, selon le Droit Naturel, on ne peut point, en vertu d'une demi-Promesse comme celle-là, retenir les biens de celui qui l'a faite, ni le contraindre en aucune maniére à l'effectuer.

§. IV. 1. LA troisiéme & derniére maniére de s'expliquer, ou celle qui renferme le plus haut degré d'espérance, c'est lors qu'à la détermination, dont je viens de parler, on ajoûte une déclaration suffisante de la volonté qu'on a de donner à celui, en faveur de qui l'on s'engage, un véritable droit d'exiger l'effet de nôtre parole. C'est-là une *Promesse parfaite*, qui a le même effet, que l'Aliénation, ou le transport de Propriété. Car elle est ou un achéminement à l'aliénation de quelque partie de nos biens, ou une espéce d'aliénation de quelque partie de nôtre Liberté. Le prémier renferme les *Promesses de donner*; l'autre, celles *de faire*.

2. La Révélation nous fournit une preuve éclattante de cette vertu que nous attribuons aux véritables Promesses. Car l'Ecriture Sainte (a) nous enseigne, que DIEU même, (b) qui ne peut être soûmis à aucune Loi imposée par autrui, agiroit contre sa propre nature, s'il ne tenoit ce qu'il a promis. D'où il s'ensuit, que la nécessité d'effectuer les Promesses vient des Régles d'une Justice immuable, commune à DIEU, & à tous les Etres Intelligens, autant qu'elle (1) convient à chacun. Il y a encore là-des-

(a) Voiez *Néhem.* IX, 8. *Hébr.* VI, 18. X, 23. *I. Corinth.* I, 9. X, 13. *I. Thess.* V, 24. *II. Thess.* III, 3. *II. Tim.* II, 13.

(b) Voiez *Bald.* sur *Leg.* I. *Digest. De Pactis.*

sité. Voiez PUFENDORF, *Droit de la Nat. & des Gens*, Liv. I. Chap. VI. §. 6.

§. III. (1) Je n'ai pû exprimer autrement ce que l'Auteur dit en un mot, *Pollicitatio*; terme emprunté du Droit Romain, où l'on entend par là une Promesse faite à l'Etat, à une Ville, à une Communauté, en un mot à quelque Corps ; & cela pour une juste cause, comme en vuë de quelque Charge donnée, ou à donner ; ou pour reparer le dommage causé par un Incendie, par un Tremblement de Terre, &c. PACTUM *est duorum consensus atque conventio:* POLLICITATIO *verò offerentis solius promissum* .... *Non semper autem obligari eum, qui pollicitus est, sciendum est ; si quidem ob honorem promiserit, decretum sibi vel decernendum, vel ob aliam justam causam, tenebitur ex pollicitatione* ..... *Propter incendium, vel terræ motum, vel aliquam ruinam, quæ Reipublicæ contingit* &c. DIGEST. Lib. L. Tit. XII. *De Pollicitationibus*, Leg. III. Leg. I. §. 1. Leg. IV. Voiez Mr. NOODT, *De Fœnore & Usuris*, Lib. III. Cap. VII. *in fin.* sur la différence qu'il y a entre une Donation, & cette sorte de Promesse ; qui n'est pas tout-à-fait la même chose, que la *Promesse imparfaite* dont nôtre Auteur parle. Car, dans celle-ci, le Promettant ne veut donner aucun droit, proprement ainsi nommé, à celui en faveur de qui il s'impose lui-même la nécessité de faire ce qu'il promet : mais, dans la *Pollicitatio*, le Promettant a véritablement intention de donner un plein droit au Public, à qui il promet. Toute la différence qu'il y a entre la *Pollicitatio*, & ce que nôtre Auteur appelle, dans le paragraphe suivant, *Promesse Parfaite*; c'est que, par un effet de la détermination des Loix Civiles, la prémiére a toute sa force & est irrévocable, du moment qu'elle est faite ; au lieu que l'autre peut être révoquée, avant l'acceptation, quelque intention que le Promettant ait euë de donner un plein droit d'exiger l'effet de sa parole. Voiez ci-dessous, §. 14.

(2) C'est-à-dire, un droit parfait, un droit rigoureux, en vertu duquel on peut être contraint à faire ce à quoi l'on est tenu ; comme il paroit par ce que nôtre Auteur dit à la fin du paragraphe. Ce n'est qu'en ce sens qu'on peut admettre la maxime qu'il pose ici : car du reste toute Obligation envers autrui répond à quelque Droit, ou parfait, ou imparfait : & l'exemple de la *Reconnoissance* le montre assez. Voiez PUFENDORF, *Droit de la Nat. & des Gens*, Liv. III. Chap. V. §. 1. & ce que j'ai dit là dans une Note de la seconde Edition.

§. IV. (1) Voiez PUFENDORF, Liv. II. Chap. III. §. 5. *du Droit de la Nat. & des Gens.*

(c) Proverb. VI, 1, 2.

(d) אסרה· Voiez Nombres, XXX, 4, 5, 6.

(e) Ὑπόσχεσις.

dessus une belle sentence de SALOMON: (c) *Mon Fils*, dit-il, *si vous avez promis quelque chose, vous vous êtes lié les mains en faveur de celui à qui vous avez promis, vous vous êtes mis dans le filet par les paroles de vôtre bouche, vous vous êtes pris par vos paroles.* De là vient aussi que les *Hébreux* appellent les Promesses un (d) *lien*; & qu'elles sont (2) comparées à un *Vœu*. EUSTATHE, sur le second Livre de l'*Iliade*, donne une semblable (3) étymologie d'un mot Grec (e) qui signifie Promesse: Et selon cette idée, OVIDE fait dire à un Promettant, (4) *Que sa parole est devenuë le bien de celui à qui il s'est engagé.*

3. Cela posé, il ne sera pas difficile de répondre aux raisons de l'Auteur Moderne, dont nous avons parlé ci-dessus, qui nie absolument l'obligation naturelle des Promesses. Car ce que disent les Jurisconsultes Romains au sujet des *simples Conventions*, (5)

(2) Un Scholiaste d'HORACE dit, que les Hommes, en offrant des Vœux aux Dieux, traitent, pour ainsi dire, avec eux: *Quasi paciscantur cum Diis Homines, oblatione votorum*. GROTIUS.

C'est le Scholiaste de CRUQUIUS, qui dit cela, en expliquant l'idée que le Poëte même donne:

Non [illegible] meum, si mugiat Africis
Malus procellis, ad miseras preces
Decurrere, & VOTIS PACISCI
Ne Cypriæ Tyriæque merces
Addant avaro divitias mari.

Lib. III. Od. XXIX. vers 57, *& seqq.*

(3) Ἄλλως γὰρ καὶ κατίσχει τὸν ὑποσχόμενον ὁ τὴν ἐπαγγελίαν δεξάμενος. In vers. 349.

(4) C'est *Apollon*, qui parle ainsi à *Phaëton* son Fils, lors qu'après avoir juré par le *Styx* de lui accorder tout ce qu'il demanderoit, ce jeune étourdi l'eût prié de lui laisser mener, pendant un jour, le Char du Soleil:

Pœnituit jurasse patrem, qui terque quaterque
Concutiens illustre caput, Temeraria, dixit
Vox mea facta tuâ est: utinam promissa liceret
Non dare ——— ——— ——— ———

Metamorph. *Lib.* II. vers. 49, *& seqq.* Cela signifie: *La demande téméraire, que tu viens de faire, montre que ma promesse a été faite légérement.* Il n'y a rien là qui approche du sens, que nôtre Auteur avoit dans l'esprit. Mais ou il a été trompé par sa mémoire, ou il a suivi quelque mauvaise Edition, qui portoit:

——— ——— *Temerarie, dixit:*
Vox mea facta tua est ———

(5) C'est ce que le Jurisconsulte PAUL donne à entendre, lors qu'il dit, qu'une simple Convention ne donne point action en Justice, entre Citoiens Romains, comme quand on a simplement promis de donner quelque intérêt, sans une stipulation dans les formes: *Si pactum nudum de præstandis usuris interpositum sit, nullius est momenti. Ex nudo enim pacto*, INTER CIVES ROMANOS, *actio non nascitur.* Recept. Sentent. Lib. II. Tit. XIV. §. 1. GROTIUS.

Un Jurisconsulte Allemand a soûtenu, dans un Abrégé de nôtre Auteur, (KULPIS, *Colleg. Grotian.* Exercit. VI. Cap. II. §. 1. *in Not.*) que la raison pourquoi les Jurisconsultes Romains disent qu'une simple Convention ne donne point action en Justice, c'est qu'il n'y avoit point de simple Convention, toutes les Conventions se rapportant à quelque Contract, ou à quelque Convention autorisée par les Loix. OBRECHT approuve cette pensée, dans ses Notes. Mais elle a été réfutée par un Jurisconsulte de la même Nation. Voiez les *Paræmia Juris Germanici* de feu Mr. HERTIUS, Lib. I. Cap. VIII. §. 2, 3. & joignez-y ce que dit l'illustre Mr. de BYNCKERSHOEK, dans sa Dissertation *De Pactis juris stricti contractibus in continenti adjectis*, Cap. I. au commencement.

(6) Voiez Mr. NOODT, dans son Traité *de Pactis & Transactionibus*, Cap. X. Au reste, il est bon, pour mieux entrer dans les idées de nôtre Auteur, de rapporter ici ce que l'on trouve un peu au long dans une de ses Lettres, écrite pour l'instruction de son Frére, quelques années avant qu'il publiât le Traité que nous expliquons: " Les *Romains*, dit-il là, n'ont pas voulu donner à toutes les Conventions faites de vive „ voix une telle force d'obliger, que celui, à qui l'on „ avoit promis de cette maniére, eût toûjours droit „ d'exiger l'effet de la Promesse; ce qui naturellement „ est une suite de toute Obligation purement Naturelle. On demande, si les Législateurs ont eu ce pouvoir, puis que JUSTINIEN lui-même reconnoît que „ les principes du Droit Naturel sont immuables! La „ difficulté paroît d'autant plus grande, que les maximes du Droit Naturel au sujet des Conventions & „ des Promesses ne se réduisent pas à une simple permission: elles emportent une Ordonnance positive „ & une Obligation réelle. Or il peut arriver en deux „ maniéres, qu'un Législateur Humain permette quelque chose qui semble contraire au Droit Naturel: l'une, en n'agissant point; l'autre, en donnant „ droit d'agir. Le Législateur n'agit point, lors qu'il „ ne punit point, par exemple, le Mensonge, la Fornication, & autres semblables crimes, contraires à la „ Loi de Nature & à la Loi Divine. Et il donne droit „ d'agir, quand il autorise, par exemple, à garder „ une chose aquise de bonne foi par prescription. La „ question est de savoir, lequel des deux a lieu dans „ les Promesses & les Conventions faites sans une stipulation dans les formes; si le Droit Civil empêche seulement qu'on ne soit admis à demander en „ Justice ce qui est dû en vertu de tels engagemens; „ ou s'il donne de plus un véritable droit de ne pas „ les tenir? La chose n'est pas sans difficulté de part „ & d'autre: on peut cependant fort bien soûtenir le „ dernier. La raison en est, que, supposé que les „ Loix Civiles autorisent véritablement le manque de parole dans le cas dont il s'agit, elles ne „ font rien néanmoins de contraire à la Loi de Nature. Car la Loi de Nature ne veut pas purement „ & simplement, que l'on soit obligé de tenir tout „ ce qu'on peut avoir promis, mais en supposant que „ l'on ait promis une chose qu'on avoit pouvoir de „ promettre: de même que toute Aliénation n'est „ pas valable par le Droit Naturel, mais seulement „ celle par laquelle on aliéne une chose que l'on a „ pouvoir d'aliéner. En effet, pour être veritablement „ Débiteur, il faut qu'il ait été permis de contracter „ la Dette: pour entrer dans quelque Obligation, il „ faut qu'il ait été libre de s'engager: pour aliéner „ validement, il faut que l'on ait la pleine & entiére propriété du bien dont on se défait. Or les Loix „ Civiles peuvent, sans choquer le Droit de Nature,

„ &

(5) se rapporte aux réglemens du Droit Romain, qui établissoit pour signe certain (6) d'un consentement donné avec délibération, les formalitez des Stipulations. Sur quoi je reconnois aussi, qu'il y avoit des Loix semblables chez d'autres Peuples; comme il paroît par (7) un passage de Sene'que. Mais, à en juger par le Droit Naturel, il peut y avoir d'autres signes d'un consentement donné avec déliberation, que la Stipulation, ou telles autres formalitez, que les Loix Civiles exigent, pour donner action en Justice. Et nous croions aussi, que ce qui se fait sans délibération n'a pas force d'obliger, comme Theophraste (8) l'a remarqué il y a long tems. Bien plus: je soûtiens, qu'encore même qu'on agisse avec délibération, si néanmoins en faisant esperer quelque chose on n'a pas intention de donner à autrui un droit propre & particulier, personne ne peut naturellement rien exiger de nous à la rigueur; quoi qu'en

„ & même d'une maniére que ce Droit approuve & „ conseille, restreindre le pouvoir naturel que chacun „ a de s'engager, soit pour l'avantage de la personne „ même qui promet, soit pour le Bien Public. C'est „ ainsi que Dieu lui-même déclare nul le Voeu d'une „ Fille, fait sans le consentement de son Pére, Nombres, *Chap.* XXX. vers. 5. Et l'Equité Naturelle „ demande, que l'on restreigne en quelque maniére „ la force d'un consentement qui part d'un Jugement „ foible & aisé à surprendre: [*Hoc Edictum Prætor naturalem æquitatem sequutus proposuit, quo tutelam minorum suscepit: nam quum inter omnes constet, fragile esse & infirmum hujusmodi ætatum consilium, & multis captionibus suppositum, multorum insidiis expositum; auxilium eis Prætor hoc Edicto pollicitus est & adversus captiones opitulationem.* Digest. Lib. IV. Tit. IV. *De minoribus* &c. Leg. I. *princ.*] Lors donc que les „ Loix Civiles déclarent nulle une Promesse ou une „ Convention, elles n'ordonnent rien de contraire au „ Droit Naturel. Car elles ne dispensent pas de tenir „ ce que l'on avoit pouvoir de promettre; mais elles „ ôtent ce pouvoir, & par conséquent elles empêchent qu'il n'y ait aucune obligation, selon le „ Droit même de Nature: car on n'est tenu à rien, „ quand on a promis ce que l'on ne pouvoit pas promettre. Ainsi la Loi Naturelle n'est point alors „ changée: tout le changement est dans la matiére ou „ dans le sujet . . . . . Quoi que les Majeurs aient „ pour l'ordinaire plus de jugement, que les Mineurs; „ il y a des gens fort faciles à promettre. Ainsi les „ Loix Civiles ne pouvoient mieux faire, que de prescrire certaines formules aux Promesses obligatoires, „ pour empêcher qu'on ne s'engageât trop légérement, & pour avertir les Hommes en quelque „ maniére, de bien penser à ce qu'ils font. Nous „ voions qu'elles en usent de même à l'égard des „ *Testamens*, pour prévenir les surprises, auxquelles „ quelques personnes sont exposées de la part de gens „ rusez & artificieux &c. *Part.* II. *Epist.* XII. Voilà ce que dit nôtre Auteur. Je lui accorde, que les Loix Civiles peuvent ôter le droit d'exiger en Justice l'effet d'une Promesse, valide par le Droit de Nature, & ainsi annuller l'obligation, entant qu'en elles est. Mais, à mon avis, cela n'empêche point qu'une telle Promesse ne soit valide en elle-même, lors que celui qui l'a faite, sachant bien qu'elle n'auroit aucune force en Justice, n'a pas laissé de la faire; car par cela même il a renoncé au bénéfice de la Loi. Il n'en est pas de même à l'égard des *Testamens*. Il n'y a point de rénonciation de l'Héritier Légitime: & d'ailleurs le but des Loix qui demandent certaines formalitez essentielles pour rendre un Testament valide, est pour le moins autant de restreindre la liberté de disposer de ses biens par testament, que de prévenir les fraudes & les surprises. Le prémier est souvent nécessaire pour le Bien Public: ainsi on peut dire, qu'il manque véritablement à un Testateur le pouvoir de tester autrement que de la maniére que les Loix le prescrivent; & par conséquent que l'Héritier Légitime a plein droit de faire casser un Testament défectueux à cet égard. Mais je ne vois aucune raison d'utilité publique, qui puisse demander qu'en matiére de Promesses où il n'y a rien de vicieux selon le Droit de Nature, les Loix ôtent au Promettant le pouvoir & de les faire, & de les tenir, soit qu'il veuille ou qu'il ne veuille pas renoncer au benéfice qu'elles accordent. Conferez ici ce que j'ai dit dans mon Discours *du Bénéfice des Loix*, pag. 21, *& suiv.* Edit. d'*Amsterdam*.

(7) *Quæ lex ad id præstandum nos, quod alicui promisimus, adligat?* De Benefic. *Lib.* V. *Cap.* XXI. Il parle là des Loix Humaines, & des Promesses qui ne sont pas faites dans les formes. Celles qu'on fait avec les formalitez requises par les Loix, s'expriment par les mots de *Spondere*, *Sponsio*. Le Philosophe insinuë ailleurs cette distinction [en parlant des espérances certaines que lui donnoient les Lettres de son Ami] *Jam non promittunt de te, sed spondent.* Epist. XIX. *init.* Le Jurisconsulte Paul appelle la Stipulation, *verborum solemnitas*; Recept. Sentent. *Lib.* V. (Tit. VII. §. 1.) Voiez aussi Cajus. *Instit.* Lib. II. Tit. IX. *De Obligation.* §. 4. Grotius.

Je doute que Sene'que parle d'autres Loix, que des Romaines, dans le passage cité. Et il est à remarquer, que, pendant long tems, une Promesse faite avec stipulation, quoi qu'en badinant, étoit valide en Justice, & avoit son plein effet, tout de même que si elle eût été faite sérieusement. Voiez Mr. Noodt, *Jul. Paul.* Cap. XI. *in fin.* D'où il paroît, que nôtre Auteur n'est pas trop bien fondé, de dire, que les Loix Romaines avoient regardé les formalitez des Stipulations comme une marque certaine d'un véritable consentement, donné avec délibération. Car, sur ce pié-là, du moment qu'il y auroit eu des preuves claires d'un dessein sérieux de s'engager par une pure Convention, la présomtion cessant, l'engagement auroit dû être valide en Justice.

(8) Ce Philosophe disoit, qu'il faut plûtôt se fier à un Cheval qui a la bride sur le col, qu'à des paroles lâchées légérement & à l'étourdie: *Θᾶττον ἔφη πιστεύειν δεῖν ἵππῳ ἀχαλίνῳ, ἢ λόγῳ ἀσυντάκτῳ.* Diogen. Laërt. Lib. V. §. 39. Mais nôtre Auteur a ici en vuë ce que l'on trouve dans Stobe'e, *Serm.* XLIV. où il y a un Extrait, tiré apparemment du Traité *des Loix* de The'ophraste, comme nôtre Auteur l'indique ici, & comme le Titre même sous lequel Stobe'e a placé cet Extrait, le fait connoître d'abord.

qu'en ce cas-là il soit non seulement beau & honnête de tenir ce que l'on a fait esperer, mais qu'il y aît encore une espéce de nécessité morale, par rapport à nous-mêmes.

4. Pour le passage de CICERON, que DE CONNAN cite, nous l'expliquerons ailleurs, (f) dans l'endroit où nous traiterons de la maniére d'interprêter les Conventions. Voions maintenant, quelles sont les conditions nécessaires pour qu'une parole donnée aît cette force qui la rend une Promesse parfaite.

(f) Chap. XVI. de ce Liv. §. 27.

§. V. 1. IL FAUT ici prémiérement, l'*usage de la Raison.* (1) C'est pourquoi toute Promesse faite par un Furieux, par une personne qui est en demence, ou par un Enfant, est nulle.

2. Autre chose est des Promesses faites par un Mineur. Car quoi que les Mineurs soient censez, aussi bien que les Femmes, n'avoir pas assez de jugement, cela n'est pas toûjours vrai, & ne (2) suffit point par lui-même pour rendre l'engagement invalide.

3. De dire maintenant, en quel tems un Enfant commence à avoir l'usage de la Raison, c'est sur quoi on ne sauroit établir de régle fixe: mais il faut en juger par la conduite ordinaire de chaque Enfant en particulier, ou bien par ce que l'on remarque ordinairement dans chaque Païs. Parmi les *Juifs*, (3) les Promesses d'un Jeune Garçon, qui avoit treize ans accomplis, étoient valables; & celles d'une Fille, qui en avoit douze. En d'autres endroits les Loix Civiles, pour de bonnes raisons, déclarent nulles absolument les Promesses des Pupilles & des Mineurs en matiére de certaines choses; ce qui avoit lieu & parmi les *Romains*, & parmi (4) les *Grecs*: quelquefois aussi elles accordent aux Pupilles & aux Mineurs, le bénéfice de la *restitution en entier*.

4. Mais tout cela est un pur effet des Loix Civiles, & ainsi n'a rien de commun avec le Droit de la Nature & des Gens. Tout ce qu'il y a, c'est que, dans les lieux où les choses sont réglées de cette maniére, on doit (5) s'y conformer en vertu du Droit même de Nature. C'est pourquoi ces sortes de reglemens ont lieu dans les affaires même qui se contractent entre un Etranger & un Citoien, parce que quiconque traite dans les terres d'un autre Etat, est tenu, comme Sujet à tems de cet Etat, de se soumettre aux Loix du païs.

5. Il en est tout autrement, lors que l'accord a été fait sur mer, ou dans une Ile déserte, ou par lettres & entre absens. De telles Conventions n'ont d'autre régle que le Droit de Nature, de même que celles qui se font entre Souverains, considérez comme tels. Je dis, *comme tels*: car en matiére des choses qu'ils font comme de Particulier à Particulier, (6) les Loix même qui annullent un acte ont lieu, quand la res-

§. V. (1) Voiez PUFENDORF, *Droit de la Nat. & des Gens*, Liv. III. Chap. VI. §. 3, *& suiv.*

(2) Encore qu'on n'aît pas toute la prudence, toute l'habileté possible; cependant, si l'on a assez de lumiéres pour savoir ce que l'on fait, & pour se déterminer avec délibération; les Promesses & les Conventions que l'on fait, sont valides, selon le Droit Naturel, lors qu'il n'y a point eu d'erreur de la part du Promettant, ni de fraude de la part de celui à qui il promet.

(3) Voiez SELDEN. *De Successionibus in bona defunctorum*, Cap. IX.

(4) Nôtre Auteur renvoie ici à DION *Chrysostôme*, Orat. LXXV. Voiez PUFENDORF, *Droit de la Nat. & des Gens*, Liv. III. Chap. VI. §. 4. *Note* 3.

(5) Les Juges doivent sans doute prononcer selon cela. Mais il ne s'ensuit point, que toutes les obligations contractées par un Mineur soient nulles, en sorte qu'il soit toûjours dispensé en conscience, & selon le Droit Naturel, de tenir ce qu'il a promis. Voiez la *Note* 5. sur le paragraphe de PUFENDORF, qui vient d'être cité.

(6) Voiez ci-dessous, *Chap.* XIV. de ce Livre, §. 2. *num.* 3, 4

§. VI. (1) Voiez PUFENDORF, *Droit de la Nat. & des Gens*, Liv. III. Chap. VI. §. 6, *& suiv.*

(2) Voiez-en un exemple, dans la Loi V. du Titre du CODE, *De Servis fugitivis* &c. Lib. VI. Tit. I. comme aussi dans GAILIUS, Lib. I. *Obs.* II. *num.* 7. & dans DU MOULIN, sur la *Coûtume de Paris*, Tit. I. §. 33. *Gloss.* 3. GROTIUS.

(3) Voiez ci-dessous, *Chap.* XVI. de ce Livre, §. 8.

(4) SENE'QUE dit, qu'il faut être fou, pour tenir ce que l'on a promis par erreur: *Demens est, qui fidem praestat errori.* De Benefic. *Lib.* IV. *Cap.* XXXVI. *in fin.* GROTIUS.

(5) *De Oratore*, Lib. I. Cap. XXXVIII. Voiez sur

Puf-

rescission est un bénéfice, mais non pas lors qu'elle se fait en punition du Contractant.

§. VI. 1. La question qui regarde les *Conventions faites par erreur*, (1) est assez difficile à décider. On (a) distingue ordinairement, si l'erreur regarde, ou non, le fond même de la chose: s'il y a, ou non, quelque dol ou quelque fraude, qui aît donné lieu au Contract; &, supposé qu'il y en aît, si l'autre Contractant y a eu quelque part: si l'acte est de droit rigoureux, ou de bonne foi. Selon la variété de ces circonstances, les Auteurs prétendent que l'engagement ou est nul en lui-même, ou demeure valide, mais en sorte qu'il dépend de la Partie lézée de l'annuller ou de le réformer.

(a) *Antonin.* Part. II. Tit. I. Cap. XVII. §. 6. Doctores ad Leg. *Contractus*, XXIII. *De div. Reg. Juris*: *Covarruv.* de Contractib. Qu. LVII. *Medina*, C. de Restitut. Quæst. XXXV.

2. La plûpart de ces distinctions sont fondées sur le Droit Romain, tant sur l'ancien, nommé *Droit Civil* par excellence, que sur le *Droit du Préteur*: quelques-unes mêmes ne sont pas tout-à-fait vraies, ou du moins assez exactes. Pour découvrir ici ce qui est conforme au Droit Naturel, je ne vois rien de plus propre à nous guider, que l'application d'une maxime reçuë presque généralement, au sujet de la force & de l'efficace des Loix; c'est que, (2) si une Loi est fondée sur la présomtion de quelque fait, qui ne se trouve pas effectivement tel qu'elle le suppose, (b) cette Loi alors n'oblige point, parce que la vérité du fait manquant, (3) la Loi aussi perd toute sa force. Et pour savoir si la Loi est fondée sur une telle présomtion, il faut en juger par la matiére de la Loi, par les termes dans lesquels elle est conçuë, & par les circonstances. De même, si une Promesse (4) est fondée sur la présomtion de quelque fait qui ne se trouve pas tel que l'a cru le Promettant, elle n'a naturellement aucune force; (c) parce qu'alors il est certain que le Promettant n'a donné sa parole que sous une condition qui ne s'est point vérifiée par l'événement. C'est par ce principe qu'il faut résoudre la question proposée par Ciceron, (5) touchant un Pére, qui, sur la fausse nouvelle de la mort de son Fils, avoit institué un autre Héritier.

(b) *Felin.* Cap. I. *De Constitut.* num. 40. *Baldus*, in Leg. *Quum quis*, Siv. X. Cod. *De Juris & facti ignor.*

(c) *Covarruv.* in C. *Possessor*, De Reg. Jur. *in VI.* Part. II. §. 6. *num.* 8. *Navarr.* Cap. XXI. *num.* 18.

3. Que s'il y a eu, de la part du Promettant, de la négligence à (6) s'informer de la chose, ou à exprimer sa pensée; & que celui, à qui il a promis, en aît reçû du dommage: le Promettant doit le reparer, non en vertu de la Promesse, mais en vertu de la maxime qui veut qu'on repare le dommage qu'on a causé par sa faute; de quoi nous traiterons ci-dessus dans un Chapitre à part.

4. Mais si, encore qu'il y aît eu de l'erreur, la Promesse n'a point été fondée sur le fait qu'on a cru vrai; comme alors le véritable consentement ne manque point, l'acte aussi est bon & valide: mais, en ce cas-là, s'il y a eu, de la part de celui à qui l'on avoit promis, quelque (7) dol ou quelque fraude, par laquelle il aît lui-même donné lieu à l'erreur; il sera aussi tenu, en vertu de l'autre principe d'obligation, dont j'ai parlé, de

Puffendorf, *Droit de la Nat. & des Gens*, Liv. III. Chap. VI. §. 6. *Note* 5. de la seconde Edition.

(6) Il faut distinguer ici entre les *Promesses purement gratuites*, & les *Conventions*, dans lesquelles on promet en vuë de quelque chose que l'autre Contractant promet à son tour. Dans les prémiéres, par cela même qu'elles sont un pur effet de libéralité, le Promettant n'est responsable que de sa bonne foi. Comme rien ne l'engage à promettre, que sa bonne volonté; rien aussi ne l'engage à examiner toutes choses avec la derniére exactitude. Les Bienfaits certainement seroient trop onéreux, s'il falloit, pour ainsi dire, païer l'amende, lors qu'aiant eu dessein de faire du bien à quelcun, & croiant pouvoir le faire, on se trouve frustré de ses espérances. Si donc celui, à qui l'on avoit promis, a compté là-dessus, comme sur une chose qui ne pouvoit lui manquer; c'est sa faute, & non pas la nôtre; aussi bien que quand on ne s'est pas exprimé d'une maniére assez nette: car c'étoit à lui à nous demander explication de ce qui étoit sujet à quelque ambiguïté; autrement, il doit présumer, que l'on a crû s'être fait assez entendre. Mais pour ce qui est des Conventions intéressées de part & d'autre; on peut être responsable de sa négligence à examiner la chose en quoi il se trouve de l'erreur, & à exprimer sa pensée d'une maniére suffisante. C'est dequoi il faut juger par les circonstances, qui font que c'est tantôt l'un des Contractans qui doit parler avec la derniére précision, ou bien examiner tout, & tantôt l'autre.

(7) Voiez, sur l'effet du *Dol*, en matiére de Promesses & de Conventions, ce qui est dit dans le Texte & dans les Notes sur Puffendorf, *Droit de la Nat. & des Gens*, Liv. III. Chap. VI. §. 8. à quoi il faut joindre les Notes de la troisiéme & quatriéme Edition de l'Abrégé *des Devoirs de l'Homme & du Citoien*, Liv. I. Chap. IX. §. 13.

de reparer tout le dommage qui en est revenu au Promettant. Que si la Promesse n'a été fondée qu'en partie sur l'erreur, elle vaudra pour le reste.

§. VII. 1. Il n'y a pas moins d'embarras dans la décision de ce qui regarde les *Promesses faites par crainte.* (1) On fait encore ici plusieurs distinctions. On dit qu'il faut examiner, si la crainte a été grande, ou absolument, ou eu égard à la personne qu'elle a fait agir, ou bien si elle a été légére: Si elle étoit juste, ou injuste: Si elle venoit de celui à qui l'on a promis, ou de quelque autre: S'il s'agit d'un acte purement gratuit, ou d'un acte interessé de part & d'autre. Selon ces diverses circonstances, on regarde comme entiérement nuls quelques-uns des engagemens contractez par crainte; les autres, comme sujets à être annullez au gré du Promettant; les autres, comme autorisans à demander une restitution en entier. Et sur chacun de ces points il y a une grande variété de sentimens.

(a) Sylvest. verb. *Metus*, Quæst. VIII.

2. Pour moi, je me range, sans balancer, du parti de (a) ceux qui croient, que, mis à part les réglemens des Loix Civiles, qui (2) peuvent empêcher qu'on ne contracte une véritable obligation, ou en diminuer la force & l'étenduë, celui qui a promis quelque chose par crainte est dans une véritable obligation à cet égard; parce qu'il a consenti, & cela non pas conditionnellement, comme nous venons de le dire de celui qui a promis par erreur, mais d'une maniére absoluë & sans reserve. Car, comme Aristote l'a très-bien remarqué, (3) une personne qui, dans la crainte du naufrage, se détermine à jetter ses effets dans la Mer, voudroit bien les conserver, si cela se pouvoit sans s'exposer à périr; mais elle veut absolument sacrifier ce qu'elle jette à cause de la circonstance du tems & du lieu, qui le demande.

(b) Sylvest. verb. *Restitutio*, num. 3. dict. 7. Navarr. Cap. XVII. num. 15. & Cap. XXII. num. 51. §. 7. Covarruv. ad Reg. *Peccatum*, Part II. §. 3. num. 7.

3. Mais, d'autre côté, je tiens aussi pour maxime incontestable, que, quand la Promesse est l'effet d'une crainte injuste, quoi que légére, & que cette crainte est venuë de celui-là même en faveur de qui la Promesse a été faite; (b) il doit tenir quitte le Promettant, (4) si celui-ci le veut: non que la Promesse aît été alors sans force, mais à cause du dom-

§. VII. (1) Voiez Pufendorf, *Droit de la Nat. & des Gens*, Liv. III. Chap. VI. §. 9. *& suiv.*

(2) A parler exactement, les Loix Civiles n'empêchent jamais de s'engager validement en conscience, & selon le Droit Naturel, lors que l'on a eu une intention sérieuse de s'engager, & qu'il n'y a d'ailleurs aucun des vices qui rendent naturellement l'engagement nul. La rescission & la restitution en entier, qu'elles accordent, n'est qu'un bénéfice, auquel on peut renoncer; & on est censé y renoncer, toutes les fois que n'ignorant pas la Loi, on a sérieusement traité au sujet des choses pour lesquelles elles accordent ce bénéfice. Ainsi supposé que les Promesses & les Conventions faites par crainte, fussent véritablement obligatoires par le Droit Naturel; le Droit Civil, qui déclare ces engagemens nuls, & qui en reléve ceux qui les ont contractez, n'empêcheroit pas qu'on ne dût en conscience les tenir.

(3) Ἁπλῶς μὲν γὰρ οὐδεὶς ἀποβάλλεται [τὰς ἐκβολὰς] ἑκών· ἐπὶ σωτηρίᾳ δὲ αὑτοῦ καὶ τῶν λοιπῶν, ἅπαντες οἱ νοῦν ἔχοντες. μικταὶ μὲν οὖν εἰσιν αἱ τοιαῦται πράξεις, ἐοίκασι δὲ μᾶλλον ἑκουσίοις. Ethic. Nicom. *Lib.* III. *Cap.* I. pag. 28. B. Tom. II. *Edit. Paris.*

(4) Mais si le Promettant a véritablement consenti, qu'importe que la crainte ait été juste, ou injuste? On ne fait point de tort à qui consent. Le circuit inutile de nôtre Auteur montre d'ailleurs combien ses idées sont ici peu justes. Voiez ce que l'on a dit sur l'endroit de Pufendorf, qui vient d'être cité dans la *Note* 1.

(5) Le Droit Romain annulle toute Promesse & tout Acte dont la crainte a été le principe, de la part de qui que ce soit que la crainte vienne: *In hac actione non quæritur, utrum is, qui convenitur, an alius metum fecit: sufficit enim hoc docere, metum sibi illatum, vel vim; & ex hac re, eum, qui convenitur, etsi crimine caret, lucrum tamen sensisse. Nam quum metus habeat in se ignorantiam, merito quis non adstringitur, ut designet, quis ei metum, vel vim adhibuit: & ideo ad hoc tantum actor adstringitur, ut doceat, metum in caussa fuisse, ut alicui acceptam pecuniam faceret, vel rem traderet, vel quid aliud faceret.* Digest. Lib. IV. Tit. II. *Quod metus caussa* &c. Leg. XIV. §. 3. Mais Sene'que suivant les idées du Droit de Nature, dit, que, quand la crainte & la violence ne viennent point de la part de celui-là même avec qui l'on a traité; comme ce n'est pas sa faute, il ne doit pas non plus en souffrir: *An, si est in re vis & necessitas, ita tamen rescindantur, quæ per vim & necessitatem gesta sunt, si vis & necessitas a paciscente adhibita est? Nihil, inquit, mea, an tu cogaris, si non à me cogeris. Meam culpam oportet esse, ut mea pœna sit.* Controvers. Lib. IV. Controv. XXVII. (pag. 316. *Edit. Elzevir. Variar.*) Voiez ce que l'on dira ci-dessous, *Liv.* III. *Chap.* XIX. §. 4. Grotius.

Nôtre Auteur n'avoit qu'à copier deux ou trois lignes de plus, dans les Déclamations de Sene'que: il lui auroit fourni la réponse qui suit immédiatement, & que l'on trouvera dans Pufendorf, *ubi supra*, §. 11. où il explique aussi jusqu'où la crainte venuë de la part d'un tiers, rend une Convention nulle à en juger par les maximes du Droit Naturel tout seul. Voici, à mon avis, ce qu'il faut dire là-dessus. Si c'est pour rendre service à celui qui est forcé, que l'on traite avec lui sur une chose à quoi il ne se détermineroit point sans la violence; l'engagement est très-valide sans

dommage causé injustement par l'extorsion du consentement. Il y a néanmoins ici quelque exception à faire, selon le Droit des Gens; de quoi nous traiterons en (c) son lieu. (c) *Chap.* XVII. §. 18, 19. de ce Livre; & *Liv.* III. *Chap.* XIX. §. 11.

4. Pour ce qui est de la crainte venuë d'un autre, que de celui à qui l'on a promis, elle n'a rien qui l'oblige à nous dédommager en nous déchargeant de nôtre parole. Que si quelquefois cette crainte est un sujet de rescission; cela vient des Loix (5) Civiles, qui peuvent même, à cause de la foiblesse du Jugement d'une personne, annuller certains engagemens qu'elle a contractez avec une entiére liberté, ou lui laisser du moins le choix de les tenir, ou de se dédire, comme bon lui semblera.

5. Au reste, il faut se souvenir ici de ce (6) que nous avons remarqué ci-dessus, touchant la force & l'efficace des Loix Civiles. Pour ce qui est du Serment, nous examinerons ailleurs (d) quel effet il a par rapport à la vertu des Promesses. (d) *Chap.* XIV. de ce Livre.

§. VIII. 1. VOIONS maintenant, quelle est la (1) *matiére* des Promesses, c'est-à-dire, de quelle nature doivent être les choses que l'on promet.

2. Je pose ici pour régle générale, qu'il faut que ce que l'on promet soit ou puisse être au pouvoir du Promettant. C'est le caractére distinctif des Promesses bonnes & valides en elles-mêmes.

3. D'où il s'ensuit, prémiérement, que toute Promesse, par laquelle on s'est engagé à une action illicite en elle-même, est entiérement nulle. Car personne n'a ni ne peut avoir la liberté de faire de telles choses; & une Promesse, comme nous l'avons dit, tire toute sa force du pouvoir de celui qui promet; elle ne s'étend jamais au delà. Le Roi *Agésilas*, comme on le sommoit de tenir la parole qu'il avoit donnée, répondit: (2) *Je le veux bien, si ce que j'ai promis est juste; sinon, j'ai parlé, & non pas promis.*

4. Si la chose promise n'est pas à la vérité, pour l'heure, au pouvoir du Promettant, mais peut y être un jour; la validité de la Promesse demeure suspenduë jusqu'alors: parce qu'on doit être censé n'avoir promis que sous (3) cette condition, que la chose

sans contredit. Que si on a en vuë son propre intérêt, & non pas l'avantage de l'autre Contractant, il faut distinguer. Ou la crainte, qui le porte à traiter, nous est connuë, ou elle ne l'est pas. Si elle ne l'est pas, la Convention est très-valide; car on n'est pas obligé de deviner. Mais si l'on voit très-bien, que la crainte est le motif unique & direct, qui porte l'autre Contractant à traiter avec nous; alors on n'a pas dû compter sur un tel engagement; ce qui en est le principe, doit avoir pour le moins le même effet, que l'erreur; & on peut appliquer ici ce que disent les Jurisconsultes Romains quoi que dans un autre sens: *Metus habet in se ignorantiam.* (Voiez la Loi que nôtre Auteur indiquoit en marge, & que j'ai rapportée tout du long dans cette Note.) Si l'on vouloit que l'exception de la crainte n'eût pas lieu, il falloit y faire renoncer expressément celui avec qui l'on a traité, sachant bien qu'il ne promettoit que malgré lui. En ce cas-là, il est de la générosité de fournir à la personne forcée un moien de se tirer d'affaires par un engagement involontaire: mais il seroit & dur, & injuste de se prévaloir d'un tel engagement. On doit laisser du moins au Contractant forcé, la liberté de ratifier, ou non, ce qu'il a fait ou promis, lors que la crainte a cessé.

(6) Ce que nôtre Auteur veut que l'on repéte & que l'on applique ici, c'est-ce qu'il a dit dans le paragraphe precedent, *num.* 2. Ainsi sa pensée est que, pour pouvoir prétendre légitimement que celui, à qui on a promis, nous tienne quitte d'une Promesse qui étoit valide, quoi que forcée; ou pour se dispenser de tenir une telle Promesse, comme véritablement nulle, en vertu des Loix Civiles qui lui ôtent la force qu'elle auroit eu d'ailleurs; il faut que la crainte soit réelle, & non pas une simple terreur panique. De sorte que, quoi qu'une personne, par la peur qu'elle avoit, se soit déterminée à entrer dans un engagement qu'elle n'auroit point contracté sans cela; si néanmoins elle n'avoit pas sujet de craindre, ni de la part de celui avec qui elle a traité, ni de la part d'un tiers, c'est tant pis pour elle. Le fait, que la Loi supposoit, n'a point de lieu; & par conséquent le bénéfice de la Loi cesse. Voilà, à mon avis, ce que nôtre Auteur donne ici à entendre d'une maniére à laisser en quelque façon deviner sa pensée. Aussi tous ses Commentateurs ont-ils glissé sur cet endroit, comme sur bien d'autres, dont ils ne semblent pas même avoir senti l'obscurité. Pour ce qui est de la chose en elle-même, tout dépend encore ici, selon moi, de savoir si l'autre Contractant a sû, ou non, que celui qui se déterminoit à traiter malgré lui, y étoit porté par une terreur panique. Car, s'il l'a sû, il ne doit pas s'en prévaloir; & en ce cas-là, le consentement requis dans les Conventions, n'en est pas moins destitué, par rapport à lui, de la liberté requise.

§. VIII. (1) Voiez PUFENDORF, *Liv.* III. *Chap.* VI. du *Droit de la Nat. & des Gens.*

(2) C'est PLUTARQUE, qui rapporte ce mot: *Φαμένου δέ τινος ποτε πρὸς αὐτόν, Ὡμολόγηκας· καὶ πολλάκις τὸ αὐτὸ λέγοντος, Ναὶ δῆτα, εἰ δ' ἐστὶ δίκαιον (ἔφη)· εἰ δὲ μή, ἔλεξα μέν, ὡμολόγησα δ' οὔ.* Apophthegm. Laconic. *pag.* 208. C. Tom. II. *Ed. Wech.*

(3) Consultez ici PUFENDORF, *Droit de la Nat. & des Gens*, Liv. III. Chap. VIII. §. 4.

chose vienne à être en nôtre pouvoir. Que si la condition, moiennant quoi la chose promise peut venir à être au pouvoir du Promettant, dépend du pouvoir de ce même Promettant; il sera tenu de faire tout ce qui est moralement possible pour en procurer l'accomplissement.

5. Mais ici encore les Loix Civiles, pour des raisons d'utilité publique, annullent souvent bien des actes, qui seroient obligatoires selon le Droit Naturel tout seul, comme une Promesse de mariage (4) faite par une personne mariée, au cas que celui ou celle, avec qui elle est liée présentement, vienne à mourir. Il en est de même de plusieurs engagemens contractez par des Mineurs, ou des Fils de famille.

§. IX. 1. On demande, si une Promesse, faite (1) pour un sujet naturellement deshonnête ou criminel, est valide, à en juger par le Droit Naturel tout seul? comme quand on a promis quelque chose à un Homme, s'il en tuë un autre. Il est clair, qu'une telle Promesse est moralement mauvaise, puis qu'elle a pour but de porter quelcun à une mauvaise action. Mais tout ce en quoi on fait mal, n'est pas (2) pour cela sans effet de droit; comme il paroît par l'exemple d'une Donation (3) prodigue. Il y a seulement cette différence, qu'après la Donation faite, ce qu'il y a eu de mauvais s'évanouït; car on ne fait point de mal en laissant au Donataire ce qu'on lui a donné: au lieu qu'en matiére de Promesses, ce qu'il y a de mauvais subsiste, tant que le crime n'est pas encore commis; car jusques-là l'accomplissement de la Promesse étant un appas au mal, renferme par cela même un vice réel, qui commence à s'effacer du moment que le crime est actuellement commis. D'où il s'ensuit, qu'avant cela la validité de la Promesse demeure toûjours suspenduë, comme nous venons de le dire au sujet des choses promises, dont l'exécution n'est pas encore en nôtre pouvoir: mais lors que le crime est une fois commis, la force de l'obligation commence à se déploier; non qu'elle manquât dès le commencement, à considerer l'engagement en lui-même, mais parce que ce qu'il y avoit de vicieux & d'illicite en empêchoit l'effet. *Juda*, un des Fils du Patriarche *Jacob*, nous fournit un exemple de ce que je viens de dire. (a) Car aiant promis une récompense à *Thamar* sa Belle-Fille, lors qu'il eut commerce avec elle, la prenant pour une Femme publique; il

(a) *Génes.* XXXVIII, 20, & suiv. Voiez *Cajetan*, II. 2. Quæst. II. Art. 7.

(4) Il est certain que, pour l'ordinaire, ces sortes de Promesses sont suspectes de quelque sentiment contraire à ceux que des Mariez doivent avoir l'un pour l'autre, & par là renfermeront aisément quelque chose de deshonnête. Mais cela n'empêche pas qu'on ne puisse concevoir des cas où elles se fassent sans donner aucune atteinte à la Fidélité Conjugale; & Mr. Thomasius en allégue deux, dans ses Remarques sur Huber, *de Jure Civit.* Lib. II. Sect. VI. Cap. III. §. 13. Supposons, dit-il, que, dans un tems de Peste, deux Amis mariez conviennent entr'eux, avec le consentement de leurs Femmes, que, si un des Maris, & une des Femmes, viennent à mourir, les deux autres, qui resteront, se marieront ensemble. Supposons encore qu'une Femme vertueuse aiant un Mari débauché, qui n'a aucun soin d'elle, ni de leurs Enfans, & qui dissipe tout; un Ami sage, à qui elle confie ses chagrins, lui promette de l'assister de ses conseils & de tout ce qui dépendra de lui, & s'engage de plus à l'épouser, au cas que son Mari vienne à mourir. Il n'y a en tout cela rien que de fort innocent.

§. IX. (1) Sur toute cette matiére des Promesses ou Conventions illicites, voiez ce que j'ai dit dans une longue Note de la seconde Edition de Pufendorf, *Droit de la Nat. & des Gens*, Liv. III. Chap. VII. §. 6. *Note* 2. A quoi on peut joindre deux petites Piéces, où, en appliquant mes principes à un exemple considérable, j'ai eu occasion d'éclaircir encore plus la matiére, difficile en elle-même, & qui, à mon avis, n'avoit pas été assez bien traitée. Ces Piéces se trouvent dans le Journal des Savans; l'une, au mois d'Août 1712. Ed. de *Paris* (*Octobr.* Edit. d'*Amsterdam*) l'autre au mois de *Décembre* 1713. (*Fevr.* & *Mars* 1714. Ed. d'*Amst.*) Mr. Gundling, Professeur à *Hall* en *Saxe*, a témoigné desapprouver mes idées, dans son petit Traité de Droit Naturel, publié sous le nom de *Via ad veritatem.* Mais comme il n'a point entrepris de réfuter mes raisons, ni sur ce sujet, ni sur quelque peu d'autres matieres, où il rejette mes sentimens; rien ne m'oblige jusqu'ici de douter seulement de leur solidité.

(2) Voiez ci-dessus, *Chap.* V. de ce Livre, §. 14. *num.* 5. & §. 16.

(3) C'est-à-dire, lors qu'une personne, qui a plein pouvoir de disposer de ses biens, fait des libéralitez mal entenduës, donne sans raison & sans choix ni régle. L'Auteur s'explique lui-même, dans son Traite *de Imperio Summarum Potestatum circa Sacra*, Cap. V. §. 12. *Privatus*, dit-il, *cui bonis interdictum non est, temeraria largitione rem suam donavit alteri: vitiosa est actio; valet tamen alienatio.* Deux Commentateurs, Ziegler, & Tesmar, ont osé avancer, l'un en doutant, l'autre bien affirmativement, qu'une telle Donation n'a rien de moralement mauvais. Ce qu'il y a de plaisant, c'est qu'ils en allèguent pour exemple les *Donations pieuses*, & ce qu'auroit dû faire le Jeune Homme de l'Evangile, à qui

il lui donna ponctuellement ce dont il étoit convenu, comme (4) une chose duë légitimement.

2. J'avouë que, dans le cas dont il s'agit, si l'on n'a promis que par un effet de l'injustice de celui à qui la Promesse est faite, ou s'il y a eu quelque inégalité dans le Contract, tout cela doit être reparé par la Partie interessée. Mais c'est une autre question, dont nous traiterons dans le Chapitre (b) suivant. (b) §. 9, 10, 11.

§. X. Pour les Promesses faites en vuë (1) d'une chose que celui à qui l'on a promis étoit d'ailleurs tenu de faire en nôtre faveur; elles n'en sont pas moins obligatoires, à considerer le Droit Naturel tout seul, selon ce que nous avons dit ci-dessus (a) d'une personne qui a reçû pour un tel sujet quelque chose qui appartenoit à autrui: car on est naturellement lié par une Promesse faite même sans cause. Tout ce qu'il y a, c'est que s'il paroît que la Promesse aît été extorquée, ou qu'il se trouve de l'inégalité dans le Contract; le dommage causé par là au Promettant doit aussi être reparé, selon les régles que nous établirons plus bas. (a) Chap. X. §. 12.

§. XI. Passons à la *maniére* dont on promet. Il faut pour cela, (1) comme dans le transport de Propriété dont (a) nous avons parlé ci-dessus, un acte extérieur, c'est-à-dire, un signe suffisant de la volonté du Promettant. Il peut quelquefois la donner à connoître par un mouvement de tête: mais le plus commun est de le faire par des paroles prononcées de vive voix, ou par écrit. (a) Chap VI. §. 1. num. 3.

§. XII. 1. On s'engage aussi non seulement par soi-même, mais encore (1) par autrui, lors qu'il paroit clairement que l'on a voulu établir quelcun pour nous servir (2) d'instrument à contracter quelque obligation. Cela se fait ou par une *Procuration spéciale* pour telle ou telle affaire en particulier, ou par une *Procuration générale* pour certaines sortes d'affaires.

2. Quand la commission est générale, il peut arriver que l'on soit tenu du fait de l'Agent, encore même qu'il aît agi contre nôtre volonté, connuë de lui seul; parce qu'il y a ici deux volontez distinctes: l'une, par laquelle on s'engage à ratifier tout ce que l'Agent aura fait & conclu en matiére des affaires dont il s'agit; l'autre, par laquelle on sti-

qui Nôtre Seigneur Jesus-Christ ordonnoit de vendre tous ses biens pour les donner aux Pauvres. Cela soit dit en passant, & pour donner un échantillon du jugement de ceux qui se sont mêlez de commenter nôtre Auteur. On pourroit même montrer aisément, que les *Donations pieuses*, quelque bonne que soit l'intention de ceux qui les font, peuvent être & ont été souvent vicieuses à divers égards.

(4) C'est-à-dire, en vertu du Droit Naturel, qui étoit alors l'unique régle des actions des Hommes. *Cajus Aquilius* jugea autrement d'un cas semblable en suivant les régles du Droit Civil; comme nous l'apprenons de Valere Maxime, *Lib.* VIII. *Cap.* II. *num.* 2. Grotius.

Le fait, dont parle Valére Maxime, est tel. Un Romain, nommé *Cajus Visellius Varron*, étant dangereusement malade, fit un billet d'obligation d'une somme considérable, à une Maitresse qu'il avoit; afin qu'après sa mort elle pût se faire paier à ses Héritiers cette somme, qu'il ne vouloit pas lui donner ouvertement & en forme de legs. Cependant il releva de cette maladie: & la Maitresse interessée, à qui l'espérance de jouïr des effets de sa liberalité lui avoit fait souhaitter sa mort, voulut se prévaloir en Justice du billet d'Obligation, pour obliger *Varron* à paier la somme, bon-gré malgré qu'il en eût. *Aquilius* étant Juge de cette affaire, de l'avis des plus considérables de la Ville, qu'il avoit pris pour Assesseurs, debouta la Courtisane de sa demande. Elle s'appelloit *Otacilia*. L'Historien remarque, que si *Aquilius* eût pû en même tems condamner & la Maitresse & l'Amant, il l'auroit fait, pour punir celui-ci d'un commerce honteux & illicite, qui l'avoit rendu la duppe d'une Courtisane: mais que se contentant de prononcer sur le civil, & de rejetter pour cet effet une demande non recevable il laissa aux Juges Criminels à punir l'adultere du Défendeur: *De qua re* C. Aquilius, *vir magnae auctoritatis, & scientiâ Juris Civilis excellens, Judex addictus, adhibitis in consilium principibus civitatis, prudentiâ & religione suâ mulierem repulit. Quod si eâdem formulâ &* Varro *damnari, & adversaria absolvi potuisset, ejus quoque non dubito quin turpem & inconcessum errorem libenter castigaturus fuerit: nunc privatae actionis calumniam ipse compescuit: adulterii crimen publicae quaestioni vindicandum reliquit.* Il est dit auparavant, que la Promesse étoit nulle, comme la demande honteuse: *Quos* (nummos) *ut fronte inverecunda, ita inani stipulatione captaverat.* A l'égard de l'exemple de *Thamar*, voiez Pufendorf, *ubi supra*, §. 8.

§. X. (1) Voiez le Chapitre de Pufendorf, que j'ai cité plusieurs fois ci-dessus, §. 9.

§. XI. (1) Consultez encore ici Pufendorf, *Liv.* III. *Chap.* VI. §. 16.

§. XII. (1) Cette matiére est traitée dans Pufendorf, *Liv.* III. *Chap.* IX. du *Droit de la Nat. & des Gens.*

(2) Voiez ci-dessus, *Chap.* VI. de ce Livre, §. 2. dans la *Note* 1.

stipule de l'Agent, qu'il ne fasse rien que selon ses ordres secrets. Et c'est ce qu'il faut bien remarquer, pour la décision du cas qui arrive, quand un Ambassadeur, en vertu de ses Lettres de créance, a promis, au nom de son Prince, quelque chose qui est au delà de ses instructions secrétes (3).

§. XIII. 1. Dela' il paroît, que l'*Action civile contre un Maître de navire pour le fait de ses Patrons*, (1) & l'*Action contre un Négociant, pour le fait de ses Facteurs ou Commis*, sont fondées sur le Droit même de Nature; comme d'ailleurs elles ne sont pas tant des Actions particuliéres, (2) que des modifications ou des applications de quelques autres sortes d'Actions Civiles.

2. Remarquons seulement ici une décision mal fondée des Loix Romaines, (3) qui veulent que, si un Vaisseau appartient à plusieurs, chacun d'eux soit tenu solidairement du fait du Patron. Cela n'est ni conforme à l'Equité Naturelle, qui (4) rend chacun responsable seulement pour sa part; ni avantageux au Public, puis que les Particuliers peuvent être fort rebuttez de mettre des Vaisseaux en mer, par la crainte (5) d'être responsables presque à l'infini, du fait d'un Patron. Aussi voit-on qu'en *Hollande*, où depuis long tems le Commerce fleurit beaucoup, cette Loi du Droit Romain n'a jamais été suivie: bien loin delà, l'usage y est encore aujourdhui, que les Associez même ne sont tenus tous ensemble qu'autant que se monte la valeur du Vaisseau, & de ce qui est dedans.

§. XIV. 1. Pour qu'une Promesse donne quelque droit à celui en faveur de qui elle est faite, (a) il faut (1) de sa part une (2) *acceptation*, aussi bien que dans le

(a) *Gomez.* Tom. II. Cap. IX. *num.* 1.

(3) On en trouve un exemple dans Mariana, Hist. Lib. XXVII. Cap. XVIII. Il y en a un autre dans Guicciardin, au Tome I. de son Histoire. Grotius.

Voiez ci-dessous, *Liv.* III. *Chap.* XXII. §. 4.

§. XIII. (1) La prémiére s'appelle, *Actio exercitoria*; l'autre, *Actio institoria*. Voiez Digest. Lib. XIV. Tit. I. & III.

(2) *Non tam actiones sunt, quàm qualitates actionum.* C'est-à-dire, que, quand on a prêté de l'argent, par exemple, au Patron, ou au Facteur; l'action qu'on a pour ce sujet n'est pas tant une sorte particuliére d'action, qu'une action pour argent prêté à une personne, comme empruntant au nom d'une autre. Et de là vient qu'on avoit aussi directement action personnelle pour cause de Prêt, contre le Maître même du navire, ou le Maître Négociant: *Ei quoque, qui vel exercitoria, vel institoria actione, tenetur, directò posse condici placet; quia hujus quoque jussu contractum intelligitur.* Institut. Lib. IV. Tit. VII. *Quod cum eo contractum* &c. §. 8. *seu ult.* Voiez Hubert Giphanius, & Theodore Marcilly, sur ce paragraphe.

(3) *Si plures navem exerceant, cum quolibet eorum in solidum agi potest: ne in plures adversarios distringatur, qui cum uno contraxerit.* Digest. Lib. XIV. Tit. I. *De exercitoria actione*, Leg. I. §. 25. & Leg. II.

(4) A considérer les Associez les uns par rapport aux autres, l'Equité Naturelle demande sans contredit que chacun ne soit tenu que pour sa part. Mais celui qui est censé avoir traité avec eux, par l'entremise du Patron, est naturellement censé avoir traité non avec tel ou tel Associé en particulier, mais avec tous les Associez en général, ou avec la Société. Ainsi il peut attaquer qui il veut, puis qu'ils sont tous tenus solidairement les uns pour les autres. Le Patron, avec qui l'on a traité, représente tous les Associez en général; il n'est pas plus l'Agent de l'un que de l'autre: ainsi c'est sur ce pié-là qu'on a traité avec lui.

(5) Mais, comme l'ont remarqué les Commentateurs, on dira d'autre part, que peu de gens voudront traiter avec le Patron, s'ils savent qu'ils ne pourront s'en prendre aux Associez que pour la part de chacun; car, outre le risque qu'il ne s'en trouve d'insolvables, il seroit très-fâcheux d'avoir autant de procès, qu'il y a de personnes, qui quelquefois demeureront en divers lieux. Ainsi cet inconvénient balance l'autre. Et à quoi serviroit-il de ne pas rebutter ceux qui mettent des Vaisseaux en mer, si ceux avec qui le Patron peut avoir à faire pour la navigation & le négoce dont il est chargé, sont rebuttez de traiter avec lui? La vérité est, que les Loix Civiles peuvent faire ici tel réglement qu'elles jugent à propos; & qu'on est censé s'engager sur le pié qu'elles l'ont réglé.

§. XIV. (1) Voiez Pufendorf, *Droit de la Nat. & des Gens*, Liv. III. Chap. VI. §. 15.

(2) Selon le Droit Romain, l'affranchissement d'un Esclave, fait par lettres, n'est accompli, que quand l'Esclave a reçû la Lettre: *Qui absenti servo scribit, ut in libertate moretur, non eam mentem habet, ut statim velit servi possessionem dimittere: sed magis destinationem suam in id tempus conferre, quo servus certior factus fuerit.* Digest. Lib. XLI. Tit. II. *De adquirenda vel amitt. possess.* Leg. XXXVIII. *princip.* Tertullien raisonnant en Jurisconsulte au sujet des Voeux, dit, qu'ils ne tiennent lieu de Loi, que quand Dieu les a acceptez: *Votum, quum à Deo acceptatum est, legem in posterum facit.* Lib. de Jejuniis. (*Cap.* XI.) Grotius.

Nôtre Auteur, qui cite assez souvent Donat, aussi bien que d'autres Grammairiens Latins, auroit pu rapporter ici ce que dit ce Commentateur de Terence, à l'occasion d'une Dot promise: Ch. *Dos, Pamphile, est, Decem talenta.* Pamph. *Accipio.*] *Ille nisi dixisset*, Accipio, *dos non esset: datio enim ab acceptione confirmatur; nec potest videri datum, id quod non sit acceptum.* In Andr. Act. V. Scen. V. vers. 48. Ciceron aussi avoit déja dit, qu'on ne peut point concevoir de Donation, sans acceptation: *Nam neque deditio-*

le transport de Propriété: en telle sorte néanmoins que, s'il avoit demandé ce qu'on lui promet, la demande est censée (3) subsister, & tenir lieu d'acceptation.

2. Il n'y a rien de contraire à la maxime que je viens d'établir, dans ce que porte le Droit Civil (4) au sujet des demi-Promesses faites à une Ville ou une Communauté; quoi que (b) quelques-uns aient inféré delà, que, selon le Droit même de Nature, l'acte du Promettant suffit pour rendre la Promesse obligatoire. La Loi du Droit Romain ne dit point, que les Promesses, dont il s'agit, aient toute leur force avant l'acceptation: elle veut seulement que le Promettant ne puisse point se dédire, afin que l'on (c) soit toûjours à tems de les accepter. Or ce n'est point là un effet du Droit de Nature, mais purement du Droit Civil, & qui ressemble assez à un bénéfice que le Droit des Gens accorde aux Enfans & aux Insensez, en faveur desquels les Loix (d) suppléent & à l'intention de posséder les choses qui s'aquiérent par la possession, & à celle d'accepter les choses qu'on leur donne ou qu'on leur promet.

(b) *Molina*, Disp. CCLXII.

(c) Voiez une semblable Loi des *Wisigoths*, Lib. V. Tit. II. Cap. VI.

(d) Voiez ci-dessus, *Chap.* III. de ce Livre, §. 6. & *Chap.* IV. §. 10.

§. XV. On demande encore, s'il suffit que la Promesse aît été acceptée, ou s'il faut que le Promettant sâche aussi qu'elle l'a été, pour qu'elle aît un plein & entier effet? Il est certain qu'on peut promettre de l'une & l'autre de ces maniéres, c'est-à-dire, ou en s'exprimant ainsi; *Je veux que la Promesse soit valable, du moment qu'elle aura été acceptée*; ou en disant; *Je veux qu'elle soit valable, quand j'aurai sû qu'elle a été acceptée.* On présume que la Promesse a été faite sur le pié du dernier sens quand le Promettant stipule quelque chose à son tour de l'autre. (1) Mais en matiére de Promes-

ditionem, neque donationem, sine acceptione intelligi posse. Topic. Cap. VIII. *in fin.*

(3) Voiez ci-dessus, *Chap.* VI. de ce Livre, §. 2. *num.* 1.

(4) *Ut, si ob honorem pollicitatio fuerit facta, quasi debitum exigatur.* Digest. Lib. L. Tit. XII. *De Pollicitat.* Leg. III. princ. Voiez ce que l'on a dit ci-dessus, §. 3. *Note* 1. Pufendorf, dans l'endroit que j'ai cotté, répond autrement à l'objection tirée de cette Loi. Mais la chose est peu importante, parce qu'il s'agit du Droit Civil, qui peut donner à certains actes une force qu'ils n'auroient point par le Droit Naturel; comme il peut ôter à d'autres celle qu'ils auroient naturellement.

§. XV. (1) C'est aussi le sentiment de Pufendorf, *Droit de la Nat. & des Gens*, Liv. III. Chap. VI. §. 15. à la fin. En quoi nos deux Auteurs suivent la décision d'un Scholastique celébre, Lessius, *De Justit. & Jure*, Lib. II. Cap. XVIII. *Dub.* 6. dont Mr. Van der Muelen rapporte ici les paroles, approuvant en même tems la pensée. Je crois néanmoins qu'il faudroit décider d'une maniére toute opposée. Comme on se porte plus aisément à promettre, lors qu'on le fait pour son propre intérêt, en vue de quelque autre chose que l'on exige à son tour; on est & l'on peut être ordinairement censé vouloir l'effet d'une telle Promesse, d'où il doit revenir de l'utilité à nous ou aux nôtres, plus invariablement que celui des Promesses gratuïtes. Feu Mr. Huber, *de Jure. Civit.* Lib. II. Sect. VI. Cap. III. §. 9. prétend, mais sans en alléguer aucune raison, qu'à moins que le Promettant n'ait expressément déclaré qu'il entendoit que la Promesse n'eût toute sa force que quand il sauroit qu'elle a été acceptée; il n'est jamais nécessaire qu'il le sâche, & l'acceptation suffit, soit qu'il s'agisse de Promesses gratuïtes, ou de Conventions intéressées de part & d'autre. Mr. Thomasius au contraire, dans ses Notes sur cet Auteur, *pag.* 514. soûtient, que la connoissance de l'acceptation est toûjours nécessaire. Sa raison est, que, comme la Promesse demeure suspenduë jusqu'à ce que celui à qui elle est faite en ait connoissance, il en doit être de même de l'Acceptation. Supposons, ajoûte-t-il, que celui à qui l'on promet quelque chose soit présent, & qu'il accepte seulement en lui-même, ou en parlant à l'oreille d'un tiers: on ne sera point lié par une telle Promesse. Mais la conséquence n'est pas juste, de la nécessité de l'acceptation, à la nécessité de la connoissance de cette acceptation. L'acceptation est absolument nécessaire, pour former l'union des deux volontez, d'où résulte l'engagement plein & entier. Mais du moment que les deux volontez sont ainsi unies, quoi que celle qui s'est déterminée n'ait pas encore connoissance de la détermination de l'autre qui y répond; il ne manque rien d'essentiel à l'engagement, à moins qu'il n'y ait une condition expresse, ou tacite, qui en fasse dépendre l'entier accomplissement de la connoissance de l'acceptation. Si l'effet de la Promesse demeure ici suspendu jusqu'à l'acceptation, c'est par une suite nécessaire de l'absence, & non pas à cause que le Promettant a voulu se reserver du tems pour se dédire. Il peut se dédire, à la vérité, parce qu'il peut survenir des choses qui l'obligent à changer de sentiment: mais, pour être fondé à soûtenir que la connoissance de l'acceptation est toûjours nécessaire pour lui imposer la nécessité de persister dans sa volonté, il faudroit qu'on eût toujours lieu de croire, que, si celui à qui il promet eût été présent, il ne lui auroit pas promis d'une maniére à s'engager sur le champ, pourvû que lui aussi acceptât incessamment. Bien loin de là: il y aura plûtôt une presomtion contraire; du moins en matiére de Conventions intéressées de part & d'autre. Si la connoissance de l'acceptation d'une Promesse étoit toûjours nécessaire, il s'ensuivroit de là, contre ce que Mr. Thomasius reconnoit lui-même (*Jurispr. Divin.* Lib. II. Cap. VII. §. 14.) après nôtre Auteur, que lors même que la Promesse a été faite en conséquence d'une demande de celui à qui l'on promet, elle ne

messes purement gratuïtes, on suppose plus aisément le prémier sens; à moins qu'il n'y aït quelque indice, qui persuade le contraire.

(a) Voiez *Cod.* Lib. IV. Tit. L. *Si quis alteri, vel sibi* &c. Leg. VI. & *Digest.* Lib. XL. Tit. II. *De manumiss. vindict.* Leg. IV.

§. XVI. 1. DE LA' il s'ensuit, qu'avant (a) l'acceptation, qui est ce qui fait le transport de droit, on peut révoquer une Promesse sans injustice, & même sans se rendre coupable d'inconstance & de légéreté, si l'on a véritablement promis avec cette intention (1) que la Promesse ne commençât à avoir force, que quand elle seroit acceptée.

2. Il s'ensuit encore, que la Promesse peut être révoquée, si celui à qui elle étoit faite vient à mourir avant l'acceptation; parce qu'on est censé avoir prétendu que ce fût lui qui acceptât, & non pas ses Héritiers. En effet, autre chose est (2) de vouloir donner à quelcun un droit qui doive passer à ses Héritiers, quand il l'aura une fois aquis; & autre chose, de vouloir donner ce droit indifféremment à lui ou à ses Héritiers. Car il importe beaucoup à chacun, d'obliger qui il lui plaît par un acte de pure libéralité. Et c'est sur ce principe que le Jurisconsulte NERATIUS (3) décida, au sujet d'une grace que l'Empereur avoit accordée à une personne, la croiant en vie; qu'il ne lui sembloit pas que l'Empereur eût voulu l'accorder à cette personne, encore même qu'elle fût morte.

(a) Voiez *Digest.* Lib. XVII. Tit. I. *Mandati, vel contra*, Leg. LVII. & *Jul. Clarus*, Lib. IV. Sentent. §. *Donatio*; Quæst. XII.

§. XVII. 1. ON peut aussi révoquer une Promesse, lors que celui qu'on avoit chargé d'annoncer nôtre volonté (a) vient à mourir avant l'acceptation; parce qu'on n'avoit prétendu s'engager que par sa bouche.

2. Il n'en est pas de même d'un simple Messager ou Courrier: car celui-ci ne sert point d'instrument pour contracter l'obligation, il ne fait que porter l'Acte dans lequel on s'oblige. Ainsi la Lettre ou l'Ecrit, par lequel le Prometant donne à connoître sa volonté, peut être porté par toute autre personne.

3. Il faut distinguer encore, si celui, par l'entremise duquel on a voulu s'engager, est

ne seroit valable, que quand celui qui a demandé auroit eu avis de la bonne volonté de celui qui a promis. L'acceptation anticipée de celui qui demande, n'a pas, ce me semble, plus de force, que les offres de celui qui promet de lui-même absolument, & sans autre condition que celle de l'acceptation. Celui qui avoit demandé, peut aussi bien changer de sentiment avant la connoissance de l'aquiescement à sa demande, que celui qui a offert, avant la connoissance de l'acceptation. Pour ce qui est de l'exemple, que Mr. THOMASIUS allégue, j'avouë qu'il me paroit peu à propos. On ne sauroit regarder en aucune maniére comme une vraie acceptation, un acte de volonté, qui ou ne se manifeste par aucun signe exterieur, ou se manifeste seulement par une déclaration inconnuë au Promettant, dans la circonstance que l'on suppose. Lors qu'un Homme étant présent ne donne pas à connoitre bien clairement à la personne même qui lui promet quelque chose, la volonté où il est d'accepter ses offres, il semble les mépriser: il doit du moins être censé ne vouloir pas encore se déterminer à les accepter; quelque déclaration qu'il fasse de son intention à d'autres, qu'au Promettant. Et en général, tous ceux qui aiant connoissance d'une Promesse, & étant à portée de notifier au Promettant leur acceptation, ne le font pas, lui laissent par là une pleine liberte de se dédire. Mais ceci n'a point lieu à l'égard des Absens, sur tout si l'eloignement est considérable. L'absence par elle-même les met dans l'impossibilité d'accepter la Promesse, dès le moment qu'elle est faite. Je conclus, qu'à en juger par le Droit de Nature tout seul, & indépendamment des preuves particulieres d'une intention contraire du Promettant, toute Promesse absoluë est accomplie de sa part, du moment qu'il s'est déterminé serieusement à la faire & à la notifier d'une maniére ou d'autre à celui en faveur de qui elle est faite. De sorte qu'à moins qu'il ne la révoque à tems, c'est-à-dire, non seulement avant qu'elle soit acceptée, mais encore avant que celui qui devoit accepter ait eu avis de la révocation; l'acceptation rend la Promesse irrevocable, pourvû que celui à qui la Promesse a été faite l'ait acceptée d'abord, & sans delai; car s'il a pris du tems pour déliberer, dès-là il en a donné au Promettant pour se dédire.

§. XVI. (1) En effet, rien n'empêche qu'on ne promette irrevocablement, avant même l'acceptation. Mais il faut pour cet effet déclarer bien nettement, qu'on donne dès ce moment un plein droit à celui en faveur de qui l'on s'engage, & qu'on ne se reserve aucune liberté de se dédire; bien entendu toûjours que, s'il n'accepte point la Promesse, quand elle lui a été duement notifiée, le Promettant rentre alors dans tous ses droits. Conferez au reste, ce paragraphe, & les suivans, avec ce qui est dit dans PUFENDORF, *Droit de la Nat. & des Gens*, Liv. III. Chap. IX. §. 3, *& suiv.*

(2) C'est pourquoi, comme le remarque SERVIUS, les *Romains*, quand ils vouloient donner quelque chose à une personne, ou à ses Héritiers, exprimoient formellement cette condition: MATRIQUE TUÆ GENERIQUE MANEBUNT] *Hoc autem secundum morem Romanorum dicit, apud quos ita præmia decernebantur*, Illi liberisque *ejus; ut darentur liberis, quæ accipere non potuissent parentes.* In Æneid. *Lib.* IX. (*vers.* 302.) GROTIUS.

(3) NERATIUS *consultus, an, quod beneficium dare, se, quasi viventi, Cæsar rescripserat, jam defuncto dedisse existi-*

est chargé seulement d'annoncer la Promesse, ou s'il devoit la faire lui-même. Dans le prémier cas, on peut révoquer sa parole, (1) encore même que celui qui la portoit n'ait eu aucune connoissance de la révocation. Dans l'autre, la révocation n'aura aucun effet; (2) parce que le droit de promettre dépendoit de la volonté de l'Entremetteur: ainsi, tant qu'il n'a eu aucune connoissance de la révocation, (b) ce n'est pas sa faute s'il a promis.

4. De même, quand il s'agit d'une Donation, & que le Donateur est venu à mourir, (3) on ne laisse pas de pouvoir depuis accepter la Donation, si celui qui devoit l'annoncer n'est qu'un simple porteur de la parole du Donateur; parce que la Donation étoit (c) accomplie d'une part, quoi que d'une maniére sujette à révocation; ce qui se voit encore mieux dans les (4) Legs. Mais si quelcun avoit été chargé d'offrir lui-même ce que le Donateur avoit dessein de donner; il n'y a point de lieu à l'acceptation (5) après la mort du Donateur, parce qu'en ce cas-là il n'a point fait de Donation, mais seulement ordonné de la faire. Or il est bien vrai que, dans un doute, on présume que celui qui a donné une commission, veut qu'on l'exécute: mais c'est avec cette restriction, qu'il ne soit pas arrivé un grand changement, tel qu'est celui de la mort de l'Auteur même de la commission.

5. Il peut néanmoins y avoir des présomtions (d) raisonnables, (6) que l'Auteur de la Commission a voulu qu'on l'exécutât même après sa mort. Et l'on doit aisément admettre ces présomtions, quand il s'agit d'ordres donnez pour quelque œuvre pie.

6. C'est par de semblables principes qu'on peut décider une question agitée autrefois, savoir, si l'on a (7) action de Mandement contre un Héritier? Sur quoi le Préteur *Marc Drusus* prononça d'une maniére; & le Préteur *Sextus Julius*, d'une autre; comme nous l'apprend l'Auteur (e) de la *Rhétorique adressée à* Herennius.

(b) Voiez *Digest.* Tit. *Mandati, vel contra*, Leg. XV.

(c) Voiez *Cod.* Lib. VIII. Tit. LIV. *De Donat.* Leg. VI.

(d) *Covarruv.* Var. Lib. I. Cap. XIV. *num.* 16.

(e) *Lib.* II. *Cap.* 13.

§. XVIII.

existimaretur? Respondit, non videri sibi, Principem; quod ei, quem vivere existimabat, concessisset, defuncto concessisse: quem tamen modum esse beneficii sui vellet, ipsius æstimationem esse. Digest. Lib. L. Tit. XVII. *De diversis Regulis Juris*, Leg. CXCI. Voiez là-dessus le Commentaire de Jaques Godefroi.

§. XVII. (1) Il faut supposer ici, que celui, à qui la Promesse étoit faite, en ait sû lui-même la révocation par quelque autre voie, avant que d'avoir accepté. Autrement, c'est tant pis pour le Promettant, si la révocation est venuë trop tard.

(2) Bien entendu encore, que la révocation de la commission n'ait pas été suffisamment connuë par quelque autre voie, de celui à qui l'Agent a promis depuis, pour la personne qui l'en avoit chargé.

(3) Voiez le Traité *de Tenuris Angliæ* (ou touchant les titres des Ténemens d'*Angleterre*) Cap. VII. Grotius.

(4) Car, quoi qu'un Testateur puisse révoquer le Legs, cependant jusqu'à ce qu'il l'ait révoqué actuellement, tout ce qui étoit necessaire de sa part, est fait; & s'il vient à mourir, il n'en faut pas davantage pour donner droit au Légataire, qui accepte.

(5) Il faut supposer ici, que celui qui a été chargé de faire la Donation, ait sû la mort du Donateur: car s'il l'a ignorée, & que le Donataire ait accepté; quoi que dans le tems de l'acceptation le Donateur ne fût plus en vie, c'est tout de même que s'il n'eût pas encore été mort. Il avoit donné plein pouvoir à son Agent, & par là il s'étoit dépouillé, entant qu'en lui étoit, de tout droit sur la chose à donner, à moins qu'il ne revoquât à tems la commission, avant qu'elle fût exécutée. S'il avoit prétendu que la Donation ne fût valide, qu'au cas qu'elle eût été acceptée avant sa mort; c'étoit à lui à inserer cette clause dans la commission. Hors de là, le Donataire, qui n'a pu ni accepter plûtôt, ni deviner la mort du Donateur, doit être regardé comme si, la Donation lui étant faite personnellement par le Donateur, il l'eût acceptée; d'autant plus, que d'ordinaire on a tout lieu de croire, que le Donateur n'auroit pas laissé de donner, quand même il auroit cru mourir.

(6) C'est sur ce fondement qu'il est décidé, dans une Loi que nôtre Auteur cite en marge, que, si un Pere aiant permis à son Fils d'affranchir un de ses Esclaves, vient à mourir sans tester, & que le Fils ignorant la mort de son Pére ait affranchi depuis l'Esclave; l'affranchissement subsiste, pourvû qu'il n'y ait aucune preuve que le Pere avoit changé de volonté à cet egard: *Si pater filio permiserit servum manumittere, & interim decesserit intestato, deinde filius ignorans patrem suum mortuum, libertatem imposuerit: libertas servo, favore libertatis, contingit, quum non appareat mutata esse domini voluntas.* Digest. Lib. XL. Tit. II. *De manumissis vindicta*, Leg. IV. *princ.* Cela étoit établi en faveur de la Liberté; comme bien d'autres choses où l'on s'éloignoit, par la même raison, de la rigueur du Droit. Voiez Cujas, sur la Loi, que l'on vient de rapporter, *Recit. in Salv. Julian.* Tom. VI. Opp. *pag.* 317.

(7) *Et fit, ut de eadem re sæpe alius aliud decreverit, aut judicaverit; quod genus, M. Drusus, Prætor urbanus, quod cum herede mandati ageretur, judicium reddidit; S. Julius non reddidit.* Lib. II. Cap. XIII. Il s'agit d'une commission exécutée depuis la mort de celui qui l'avoit donnée. Voiez ce que j'ai dit sur Pufendorf, *Droit de la Nat. & des Gens*, Liv. III. Chap. IX. §. 4. *Note* 3.

§. XVIII. 1. Il arrive quelquefois des disputes au sujet de l'acceptation (1) faite pour autrui. Ici il faut distinguer, si l'on avoit promis à quelcun de donner quelque chose à un autre, ou si la Promesse, dont on lui a parlé, étoit faite directement à celui à qui l'on vouloit donner. Dans le prémier cas, sans examiner si celui à qui l'on a promis en faveur du tiers a lui-même interêt que l'on tienne sa parole; circonstance à laquelle le Droit Romain (2) veut qu'on aît égard: (a) il semble qu'à en juger par le Droit Naturel, celui à qui l'on a promis en faveur du tiers, aquiert le droit d'accepter, & de faire en sorte par là que le droit d'exiger l'accomplissement de la Promesse passe au tiers, moiennant qu'il l'accepte aussi; de telle sorte que, dans cet intervalle, le Promettant ne peut point à la vérité se dédire, mais celui à qui il a promis en faveur du tiers peut le tenir quitte de sa parole. (b) En effet, cette explication n'a rien de contraire au Droit Naturel, & elle est très-conforme aux termes dans lesquels une telle Promesse est conçuë. D'ailleurs, ce n'est pas une chose indifférente, qu'un bienfait parvienne, ou non, à autrui par nôtre canal.

(a) *Covarruv.* C. *Quamvis.* Part. II. §. 4. 13.

(b) *Alex.* Conf. CCIV. Lib. I. & ibi *Carol. Molin.*

2. Mais lors que la Promesse, dont on a parlé à quelcun, étoit faite directement au tiers à qui l'on vouloit donner, il faut distinguer, si celui qui accepte pour lui en a eu ou non, un ordre ou particulier, ou renfermé dans un ordre général. S'il (3) paroît quelque ordre de cette nature, il ne faut plus distinguer, à mon avis, comme font les (4) Loix Romaines, si celui qui l'a donné, est maître de lui-même, ou s'il est sous puissance d'autrui; mais après l'acceptation du Procureur, la Promesse a toute sa force, à cause du consentement de celui en faveur de qui elle a été faite; consentement qu'il a pû donner & notifier par l'entremise d'autrui: car on est censé vouloir, ce dont on s'est rapporté à la volonté d'un autre, du moment que celui-ci le veut bien. Que s'il n'y a point eu d'ordre de la part de celui à qui la Promesse étoit faite directement, & que néanmoins le tiers, que cette Promesse ne regarde point, l'aît acceptée (5) avec l'approbation du Promettant; l'acceptation a cet effet, que le Promettant ne peut point se dédire avant que l'on sâche si celui en faveur de qui la Promesse est faite l'agrée ou non; mais en sorte que, dans cet intervalle, le tiers, qui a accepté pour lui sans son ordre, ne peut pas non plus tenir quitte le Promettant: car il n'y a point eu de droit conféré à ce tiers, il n'a été emploié que pour imposer au Promettant la nécessité de persister dans la volonté de faire du bien à l'autre. Si donc le Promettant se dédit, il manque à sa parole, mais il ne donne atteinte au droit de personne.

§. XIX.

§. XVIII. (1) Consultez le Chapitre de Pufendorf, que je viens de citer, §. 5.

(2) Voiez les Institutes, Lib. III. Tit. XX. *De inutil. stipulat.* §. 19.

(3) Nôtre Auteur suppose sans doute, que l'on montre l'ordre à celui qui promet. Ainsi il n'étoit point nécessaire, que feu Mr. Huber, (*de Jure Civit.* Lib. II. Sect. VI. Cap. III. *num.* 18.) ajoûtât cela, comme une chose à quoi nôtre Auteur n'avoit point pensé.

(4) Comme un Pére & un Fils non-émancipé étoient censez la même personne, le Fils pouvoit stipuler pour son Pére. Il en étoit de même d'un Esclave, par rapport à son Maître. *Alteri stipulari nemo potest, praeterquam si servus domino, filius patri stipuletur.* Digest. Lib. XLV. Tit. I. *De verborum obligationibus*, Leg. XXXVIII. §. 17. *Quodcumque stipulatur is, qui in alterius potestate est, pro eo habetur, ac si ipse esset stipulatus.* Ibid. *Leg.* XLV. Mais un Pére au contraire ne pouvoit pas stipuler pour son Fils, ni un Maître pour son Esclave. Voiez Mr. Noodt, dans son beau Traité *de Pactis & Transactionibus*, Cap. XXIV.

(5) L'Auteur pose ici un cas, qui est assez difficile à concevoir, c'est qu'il y aît une acceptation, & que néanmoins cette acceptation ne donne aucun droit à celui qui accepte. Une telle acceptation n'aiant aucun effet par rapport à la force de la Promesse, & laissant au Promettant toute la liberté de se dédire sans faire tort à personne; elle ne peut, à mon avis, être appellée une acceptation, que dans un sens fort impropre. Le prétendu Acceptant n'est au fond qu'un simple témoin de la bonne volonté que l'autre fait paroître en faveur du tiers. Nôtre Auteur semble le regarder comme une espéce de Garant de la continuation & de l'exécution de cette bonne volonté. Mais cette idée n'est pas non plus juste. Le caractére & l'usage d'un Garant suppose une obligation antécedente, qui donne à un tiers quelque droit vrai & parfait: or ici celui envers lequel on veut s'imposer la necessité de faire ce dont on a parlé, n'a aquis aucun droit. Je conclus, que ce n'est qu'une de ces demi-Promesses, dont nôtre Auteur a traité ci-dessus, §. 3. & auxquelles il donne le nom de *Pollicitatio*. Toute la différence qu'il y a, c'est que là il parle d'une déclaration faite à celui-là même en faveur de qui l'on s'impose la nécessité de persister dans la volonté de faire telle ou telle chose;

§. XIX. 1. DES principes établis ci-dessus, il est aisé de concluire ce que l'on doit penser des conditions onéreuses ajoûtées à une Promesse. Rien n'empêche que le Promettant n'ajoûte de telles conditions, tant que la Promesse (1) n'est pas encore consommée par l'acceptation, ni devenuë irrevocable par l'interposition d'une parole donnée.

2. Que si la condition onéreuse a été ajoûtée en faveur & au profit d'un tiers, on peut la revoquer, tant que le tiers ne l'a point acceptée. Il y a néanmoins des (a) Auteurs qui sont d'un autre sentiment sur cette question, aussi bien que sur les autres. Mais, si l'on examine bien la chose, on verra clairement que ce que je dis est fondé sur l'Equité Naturelle; de sorte qu'il n'est pas besoin d'alleguer plusieurs raisons pour l'établir.

(a) *Bartol.* in Dig. *De verborum oblig.* Leg. CXXII. §. 2.

§. XX. 1. ON demande encore, comment une Promesse faite par erreur peut devenir ensuite valide, (1) lors que le Promettant aiant reconnu son erreur, veut néanmoins tenir sa parole? Et l'on peut faire la même question, au sujet des Promesses dont le Droit Civil empêche la validité, à cause de la crainte (2) qui y a donné lieu, ou de quelque autre raison, qui a cessé depuis.

2. Quelques-uns (a) ne demandent ici qu'un acte intérieur de la Volonté, & ils croient que cet acte interne, joint avec l'extérieur qu'il y a déja eu, suffit pour produire une véritable obligation.

(a) *Navarr.* Cap. XXII. *num.* 51. & 80.

3. D'autres rejettent cette pensée, par la raison qu'un acte extérieur antécédent ne sauroit être le signe d'un acte intérieur produit depuis. Ainsi ils prétendent, qu'il faut ici une nouvelle Promesse notifiée par des paroles, & une nouvelle acceptation.

4. Le meilleur est, à mon avis, de prendre ici le milieu, & de dire, (b) qu'à la vérité il doit y avoir quelque signe extérieur, mais qu'il n'est nullement nécessaire que la ratification de la Promesse se fasse par des paroles. Car, si celui à qui la chose avoit été promise, la garde, & que le Promettant la lui laisse; cette circonstance, ou autres semblables, peuvent être des signes suffisans d'un véritable consentement.

(b) *Sanchez*, de Matrimon. Lib. II. Disp. XXXII. *num.* 8.

§. XXI. IL ne faut pas oublier, en finissant cette matiére, de faire deux remarques très-nécessaires, pour empêcher qu'on ne confonde ici ce qui est de Droit Civil, avec ce qui est de Droit Naturel. L'une est, que les Promesses, (1) dans lesquelles on n'exprime point la raison pourquoi on les fait, ne sont pas pour cela naturellement invalides, non plus que les Donations.

§. XXII.

chose: au lieu qu'ici la déclaration se fait à un tiers, sans l'ordre & à l'insû même de la personne interessée. Et la prémiére déclaration a cet avantage sur la derniére, que si le Promettant veut ensuite donner un véritable droit à celui en faveur de qui il a déclaré sa volonté, & changer ainsi la Promesse imparfaite en parfaite; celui-ci aquiert dès-lors un plein droit sur la chose promise, il ne faut point d'autre acceptation que celle qui a été déja donnée d'avance par la personne même interessée. Au lieu que, dans l'autre cas, le tiers n'aiant eu aucun ordre d'accepter, & la Promesse ne le regardant pas lui-même; elle ne peut avoir aucun effet, qu'après l'acceptation de celui en faveur de qui on a témoigné vouloir faire quelque chose.

§. XIX. (1) *Perfectæ donatio conditiones postea non capit.* COD. Lib. VIII. Tit. LV. *De Donationibus quæ sub modo* &c. Leg. IV. OBRECHT remarque ici, que la maxime de nôtre Auteur n'a lieu qu'en matiére des nouvelles charges ajoûtées par la volonté d'un seul des Contractans. Mais nôtre Auteur n'avoit garde de nier cela. Il l'a supposé, comme une chose incontestable. Car qui peut douter, que, si les deux Parties en sont d'accord, on ne puisse, même depuis l'acceptation, ajoûter quelque nouvelle condition, onéreuse ou à tous deux, ou à un seul? Alors c'est une espéce de nouvel accord, ou du moins une réformation du prémier engagement.

§. XX. (1) Voiez PUFENDORF, *Droit de la Nat. & des Gens*, Liv. III. Chap. VI. §. 14.

(2) Toute crainte injuste annulle les Promesses, par le Droit de Nature, aussi bien que par le Droit Civil. Voiez ce que j'ai dit sur le §. 7.

§. XXI. (1) *Quæ non habent expressam caussam.* Si l'on n'exprime pas la raison pourquoi l'on promet, il ne s'ensuit point qu'on n'en ait aucune. On peut avoir plusieurs raisons secrétes, que l'on ne juge pas à propos de dire. Il y a toûjours lieu de présumer ou que le Promettant se propose quelque avantage, ou qu'il promet pour faire plaisir à celui en faveur de qui il s'engage, & pour avoir ainsi lui-même le plaisir de l'obliger. Quand même on supposeroit qu'il ne sait pas trop bien lui-même pourquoi il promet, il suffit qu'il se détermine à promettre avec une pleine liberté, & qu'il n'y ait d'ailleurs aucun vice dans la Promesse. C'est la volonté qui fait tout ici, aussi bien que dans les Aliénations. On n'est pas moins maître de ses

§. XXII. L'autre remarque est, que celui qui a promis (1) qu'un autre feroit telle ou telle chose, n'est point tenu de paier les dommages & interêts, (a) pourvû qu'il n'aït rien négligé de ce qui dépendoit de lui (2) pour porter le tiers à faire ce que l'on souhaittoit; à moins que les termes de la Promesse, ou la nature même de l'affaire, n'imposent au Promettant une obligation plus forte & plus étenduë.

(a) Voiez Covarruv. Cap. *Quamvis*, P. II. §. 5. & ce que l'on dira ci-dessous, *Liv.* III. *Cap.* XXI. §. 10.

CHAPITRE XII.

Des Contracts.

I. *Les* Actes Humains, d'où il revient quelque utilité à autrui, *sont ou simples, ou composez.* II. *Les* Simples *se divisent en* Actes Gratuits, *ou purement & simplement, ou accompagnez de quelque obligation réciproque:* III. *Et* Actes où il se fait un échange. *Ceux-ci ou réglent la portion séparée de chaque Contractant.* IV. *Ou mettent en commun ce sur quoi ils traitent.* V. *Les* Actes Composez *sont tels ou pour le* principal: VI. *Ou à cause de quelque* accessoire. VII. *Ce que c'est qu'un* Contract. VIII. *Qu'il doit y avoir de* l'égalité *dans les Contracts; & cela* 1. *A l'égard des actes qui précédent l'engagement:* IX. *Sur quoi il faut certaines connoissances;* X. *Et la liberté de la volonté.* XI. 2. *Dans l'acte même de l'engagement, s'il s'agit d'un acte où il se fasse quelque échange.* XII. 3. *Dans la chose même sur laquelle on traite.* XIII. *Comment l'égalité peut avoir lieu dans les Actes gratuits ou en tout, ou en partie.* XIV. *De quelle maniére on régle le* Prix, *dans un Contract de Vente; & pour quelles causes le Prix augmente ou diminuë légitimement.* XV. *Ce qu'il faut naturellement pour rendre un Contract de* Vente *accompli; & quand c'est que le droit de Propriété passe du Vendeur à l'Acheteur. Quels* Monopoles *sont contraires au Droit Naturel, ou aux Loix de la Charité.* XVII. *Comment c'est que l'Argent monnoié est susceptible de remplacement.* XVIII. *Si, dans un Contract de* Louage, *on est tenu, par le Droit Naturel, de relâcher quelque partie du loier, à cause d'une stérilité, ou d'autres cas semblables? Du cas où, le Preneur n'aiant pû, à cause de quelque empêchement, joüir de la chose louée, le Bailleur l'a louée ensuite à un autre.* XIX. *Comment un juste salaire peut être rehaussé ou rabaissé.* XX. *En vertu de quoi le* Prêt à usure *est défendu.* XXI. *Que l'on retire d'un argent prêté certains bénéfices, qui ne doivent point être appellez usure, ou interêt.* XXII. *Quel est l'effet de la per-*

ses actions, que de ses biens: ainsi il suffit que l'on veuille s'imposer la nécessité de faire ou de ne pas faire quelque chose en faveur d'un autre, pour que celui-ci ait plein droit d'exiger l'effet de cette sujettion où l'on s'est mis soi-même; il n'est point tenu de s'informer pourquoi on s'y est mis. C'est-là, à mon avis, ce que nôtre Auteur a voulu dire. Mais je ne vois pas en quoi consiste la différence qu'il doit y avoir, selon lui, entre les régles du Droit Civil, & les maximes du Droit Naturel. Car, dans les Stipulations, il n'étoit nullement nécessaire que le Promettant exprimât la raison pourquoi il promettoit. On lui demandoit, *Promettez-vous?* Il répondoit, *Je promets.* Cela suffisoit. Au contraire, une Convention sans stipulation n'en étoit pas plus valide, quoi que l'on dit, par exemple, *Je vous donnerai ceci ou cela, afin que vous fassiez pour moi telle ou telle chose.*

§. XXII. (1) Voiez Pufendorf, *Droit de la Nat. & des Gens*, Liv. III. Chap. VII. §. 10. & ce que je dirai ci-dessous, sur l'endroit cité en marge.

(2) C'est ainsi qu'un Dictateur Romain aiant parlé fortement dans le Sénat, pour faire délivrer le bas Peuple de l'oppression des Créanciers, & s'étant démis de la Dictature, aussi tôt qu'il vit que son opinion avoit été rejettée; le Peuple le combla de remercimens & de bénédictions, parce qu'il n'avoit pas tenu à lui qu'on ne fit ce qu'il avoit promis: *Apparuit causa Plebi, suam vicem indignantem magistratu abiisse: itaque, velut persolutâ fide, quoniam per eum non stetisset quin præstaretur, decedentem domum, cum favore ac laudibus, prosequuti sunt.* Tit. Liv. Lib. II. (Cap. XXXI. *num.* 11.) Grotius.

Chap. XII. §. I. (1) Par *Actes Simples*, l'Auteur entend ici ceux qui tendent à une seule utilité, ou de celui en faveur de qui l'on agit, ou de soi-même. Au lieu que les *Actes Composez* renferment plusieurs vuës d'u-

permission des Loix Civiles à cet égard. XXIII. *Du Contract d'*Assurance. XXIV. *Du Contract de* Société, *& de ses différentes sortes.* XXV. *De celle que l'on contracte pour la sûreté de la Navigation.* XXVI. *Que, selon le Droit des Gens, on ne fait point d'attention, par rapport aux actes extérieurs, à une inégalité dans les Contracts, à laquelle on a consenti de part & d'autre : & en quel sens cela est dit conforme au Droit Naturel.*

§. I. LEs Actes par lesquels les Hommes se procurent de l'utilité les uns aux autres, sont ou (1) *Simples*, ou *Composez*.

§. II. 1. Ceux que j'appelle *Actes Simples*, (1) sont ou *gratuits*, ou *utiles de* (2) *part & d'autre.*

2. Les *Gratuits* sont ou *purement & simplement tels*, ou *accompagnez de quelque obligation réciproque.*

3. Ceux qui sont *purement gratuits* ou *s'exercent sur le champ*, en sorte qu'ils ont tout leur effet au moment qu'on s'y détermine; ou bien ils *portent sur l'avenir.*

4. Il faut mettre au prémier rang les *actions par lesquelles on rend actuellement service à autrui*; & dont il n'est pas besoin de parler, puis que, quelque utilité qu'elles procurent, elles n'ont (3) aucun effet de droit. Telle est encore une *Donation*, par laquelle on transfére à quelcun la propriété d'un bien; dequoi nous avons (a) traité ci-dessus, en expliquant les différentes sortes d'Aquisition. (a) *Chap.* VI. §. 1.

5. Les Actes gratuits qui *portent sur l'avenir*, sont les simples *Promesses*, par lesquelles on s'engage gratuitement à donner ou à faire certaines choses. Nous venons d'en traiter dans le Chapitre précedent.

6. Les Actes gratuits *accompagnez d'une obligation réciproque*, sont ceux par lesquels on dispose en faveur d'autrui ou d'une chose qui nous appartient, mais en sorte qu'on ne l'aliéne point; ou d'une action propre, dont il reste quelque effet. Telle est, à l'égard des Choses, la permission que l'on accorde à quelcun de se servir de nôtre bien, ce qui s'appelle *Prêt à usage*: & à l'égard des Actions, la bonne volonté de rendre à quelcun un service qui demande de la dépense, ou par rapport auquel on s'engage de part & d'autre à quelque chose. C'est ce que l'on appelle *Mandement* ou Commission; dont le *Dépôt* est une espéce; car un Dépositaire donne ses soins à la garde de la chose déposée entre ses mains.

7. Les Promesses par lesquelles on s'engage à quelcun des actes dont je viens de parler, sont semblables (4) à ces actes mêmes: toute la différence qu'il y a, c'est que, comme nous l'avons dit, elles regardent l'avenir. Cela soit dit aussi des autres actes, que nous allons expliquer.

§. III.

d'utilitez différentes.

§. II. (1) Aristote renferme tous les Actes gratuits sous le nom de Δόσις (*donation, libéralité*); & les Actes intéressez de part & d'autre, sous celui de Πρᾶσις (*Vente*) Grotius.

Nôtre Auteur a eu sans doute en vuë ce passage de la *Rhétorique*, où le Philosophe définit la *Propriété*, le pouvoir d'aliéner: & il entend par *aliéner*, donner ou vendre: Τοῦ τὸ οἰκεῖον εἶναι, ἢ μή, [ἐστὶν] ὅταν ἐφ' αὐτῷ ᾖ ἀπαλλοτριῶσαι. λέγω δὲ ἀπαλλοτρίωσιν, δόσιν καὶ πρᾶσιν. Lib. I. Cap. V. *pag.* 523. B. Tom. II. *Edit. Paris.* Ainsi on voit bien qu'il ne s'agit point là de tous les Contracts. Ceux par lesquels on dispose de ses propres actions, n'y sont point compris; ni même plusieurs de ceux par lesquels on dispose de son bien, sans l'aliener.

(2) Le Latin porte, *Permutatorii*, comme qui diroit, *dans lesquels on fait un échange de services*. Mais le tour que j'ai pris revient à la même chose, & est plus commode.

(3) Celui à qui l'on a ainsi rendu un service purement gratuit, n'est obligé à autre chose qu'à la Reconnoissance; d'où il ne résulte pas un droit parfait & rigoureux. Ce que les Jurisconsultes Romains appellent *Gestion d'affaires*, se rapporte à l'autre classe des *Actes gratuits*, c'est-à-dire, à ceux qui sont accompagnez d'une obligation réciproque. Car celui qui vaque aux affaires d'un autre à son insû, ne prétend donner gratuitement que sa peine: ainsi il met l'autre dans l'obligation de lui rembourser tout ce qu'il lui en a coûté pour ménager fidélement ses affaires.

(4) Car la Promesse est quelquefois gratuite purement & simplement, comme quand on promet à quelcun de lui donner, ou de faire quelque chose en sa faveur, sans qu'il entre de son côté dans aucune obligation parfaite & rigoureuse, à l'occasion du présent ou

§. III. 1. Les *Actes utiles de part & d'autre* ou laissent les interêts des Parties séparez, ou les réunissent.

2. Les prémiers, que l'on peut appeller (1) *Actes d'interêt à part*, sont de trois sortes, que les (2) Jurisconsultes Romains distinguent avec raison: *Donner, afin que l'on nous donne: Faire, afin que l'on fasse pour nous: Faire, afin que l'on nous donne.*

3. Mais ces mêmes Jurisconsultes ne renferment point dans cette division quelques Contracts, qu'ils appellent (3) *Contracts nommez*; non pas tant parce qu'ils ont un nom particulier (car l'*Echange* en a un, & cependant ils l'excluent du nombre de ces Contracts), que parce qu'à cause de leur usage fréquent, on y avoit attaché (a) un certain effet & une certaine propriété essentielle, que leur nom seul donnoit d'abord à entendre, sans qu'il fût nécessaire qu'on s'expliquât là-dessus. D'où vient qu'il y avoit de certaines formules fixes pour les actions intentées en Justice au sujet de ces sortes de Contracts; au lieu que, les autres Contracts moins communs ne renfermant que ce qui avoit été expressément dit & conclu, il n'y avoit point de formule générale & réglée d'action civile, (4) mais on en dressoit une particuliére, selon la nature du fait dont

(a) Voiez *Vasquez*, Controvers. Cap. X. *in fin.*

ou du service qu'on lui promet. Quelquefois aussi la Promesse, quoi que gratuite pour le principal, emporte quelque chose qui a ou peut avoir des suites, par rapport auxquelles la libéralite cesse: comme quand on promet à quelcun de lui faire une commission; car on ne s'engage d'ordinaire, en ce cas-là, qu'à donner gratuitement sa peine, & l'on prétend être remboursé des frais qu'on sera obligé de faire. Voiez ci-dessous, §. 13.

§. III. (1) Je ne trouve point de tour plus commode, pour exprimer le Latin, *Actus diremtorii*, qui est difficile à rendre en nôtre Langue, & dont PUFENDORF n'a point compris le sens, non plus que de l'expression *dirimere partes*; comme je l'ai remarqué sur le *Droit de la Nat. & des Gens*, Liv. V. Chap. II. §. 9. *Note* 6. de la seconde Edition.

(2) *In hac quæstione totius ob rem dati tractatus inspici potest: qui in his competit speciebus. Aut enim* do tibi, ut des: *aut* do, ut facias: *aut* facio, ut des: *aut* facio, ut facias. DIGEST. Lib. XIX. Tit. V. *De præscriptis verbis*, Leg. V. *princip.* Voilà une quatriéme classe, *Donner, afin qu'on fasse pour nous.* Mais c'est au fond la même que celle de *Faire, afin qu'on nous donne.* Voiez Mr. NOODT, dans son Traité *de Pactis & Transactionibus*, Cap. IX. pag. 677. col. 2. *init.* PUFENDORF a voulu néanmoins y trouver quelque différence, *Liv.* V. *Chap.* II. §. 9. du *Droit de la Nat. & des Gens.* L'un & l'autre a raison, selon les différentes maniéres d'envisager la question. Il vaut mieux remarquer ici, que, comme le Jurisconsulte PAUL a véritablement voulu faire regarder le *Do, ut facias*, comme une quatriéme espéce, distincte à certains égards des trois autres: le sens, que nôtre Auteur donne à toute cette division, est aussi beaucoup plus général, que celui auquel les Anciens l'entendoient. Car, comme il l'insinuë lui même immédiatement après, le Contract de *Vente*, par exemple, & celui de *Louage*, n'y sont point compris, quoi que le prémier se rapporte à la classe *Do, ut des*; & l'autre, à celle de *Facio, ut des*; à prendre les termes dans toute l'étenduë de leur signification naturelle. Nôtre Auteur même range ci-dessous, (*num.* 5. de ce paragraphe) le Contract de Louage, sous la classe *Do, ut des*: ce qui ne s'accorde point avec les idées des Jurisconsultes Romains; comme il paroit par la Loi même, qui vient d'être citée: *At quum* do, ut facias, *si tale sit factum, quod locari solet, puta*, ut tabulam pingas, *pecuniâ datâ*, Locatio *erit* &c. §. 2.

(3) La distinction des *Contractus nominati*, & *innominati*, n'est pas en autant de termes dans le Corps du Droit Romain: mais on y trouve celle de *Contractus certi*, & *incerti*, qui désigne mieux la raison que nôtre Auteur allégue de cette distinction: *Certi condictio competit ex omni caussa, ex omni obligatione, ex qua certum petitur: sive ex* CERTO *contractu petatur, sive ex* INCERTO. *licet enim nobis ex omni contractu* &c. DIGEST. Lib. XII. Tit. I. *De rebus creditis* &c. Leg. IX. *princ.* Voiez Mr. NOODT, *De Pactis & Transact.* Cap. IX. & PUFENDORF, dans le Chapitre qui vient d'être cité, §. 7.

(4) *Nam quum deficiant vulgaria atque usitata actionum nomina, præscriptis verbis agendum est: In quam* [actionem civilem in factum] *necesse est confugere, quoties contractus existunt, quorum appellationes nulla Jure Civili prodita sunt.* DIGEST. Lib. XIX. Tit. V. *De præscriptis verbis*, Leg. II. III.

(5) Parmi les *Juifs*, une Vente n'étoit tenuë pour accomplie, qu'après la délivrance, vraie ou feinte, de la chose venduë. GROTIUS.

Voiez SELDEN, *de Jure Natur. & Gent. secundum disciplinam Hebræorum*, Lib. VI. Cap. V.

(6) Ainsi, par exemple, lors que le marché étoit conclu & arrêté, la Vente ne pouvoit être rompuë que du consentement des deux Parties, encore même que la chose venduë n'eût point été délivrée, ni l'argent compté: *Re quidem integrâ, ab emtione & venditione, utriusque partis consensu, recedi potest.* COD. Lib. IV. Tit. XLIV. *Quando liceat ab emtione discedere*, Leg. I. Voiez aussi Tit. X. *De obligat. & actionibus*, Leg. V. & DIGEST. Lib. II. Tit. XIV. *De Pactis*, Leg. LVIII. Lib. XVIII. Tit. I. *De contrahend. Emtione*, Leg. VI. §. *ult.*

(7) On pouvoit repeter ce que l'on avoit déja donné, pour affranchir, par exemple, un Esclave, si l'on venoit à se dédire avant que l'autre Partie eût executé ce à quoi elle s'étoit engagée: *Sed si tibi dedero*, ut Stichum manumittas, *si non facis, possum condicere; aut si me pœniteat.* DIGEST. Lib. XII. Tit. IV. *De condictione, caussâ datâ, caussâ non sequutâ*, Leg. III. §. 2. Voiez la Loi V. du même Titre; & là-dessus ANTOINE FAURE, *Rational.* pag. 249, &c. 264, *& seqq.* comme aussi les *Probabilia Jur.* de Mr. NOODT, Lib. IV. Cap. V.

(8) Feu Mr. COCCEJUS a soûtenu, dans une Dissertation Académique *De jure pœnitendi in Contractibus*, Sect.

dont il étoit question ; & c'est pour cela qu'on l'appelloit *Action en termes prescrits*. C'est aussi à cause de l'usage fréquent des *Contracts nommez*, qu'on en exigeoit plus étroitement l'exécution : car, pourvû qu'ils eussent certaines conditions requises, que, dans la Vente, par exemple, on fût (5) convenu du prix ; il falloit absolument les tenir, (6) lors même que la chose étoit encore en son entier, c'est-à-dire avant qu'aucune des Parties eût rien exécuté. Au lieu qu'à l'égard des autres Contracts, plus rares, pendant que la chose étoit encore en son entier, (7) on avoit la liberté de se dédire, c'est-à-dire, qu'on pouvoit (8) impunément ne pas les tenir, parce que le Droit Civil ôtoit à ceux qui faisoient de telles Conventions le pouvoir de se contraindre réciproquement en Justice, & en laissoit l'observation à leur bonne foi.

4. Toutes ces différences sont inconnuës au Droit Naturel. Les *Contracts sans nom*, que les Jurisconsultes Romains distinguent de ceux dont nous venons de parler, ne sont pas moins naturels, ni moins anciens. L'*Echange* même, que l'on met au rang des Contracts sans nom, est & plus simple (9) & de plus ancienne datte, que le Contract de *Ven-*

Sect. IV. qu'il n'y a pas ici une simple impunité devant les Tribunaux Civils, mais que le Droit même de Nature autorise la liberté de se dédire, telle que le Droit Romain l'établit, dans les *Contracts sans nom*. Il prétend le prouver par deux raisons. La prémiére est, que le Contract, selon lui, est imparfait, de la part de celui qui a donné, parce qu'il n'a pas donné absolument, mais afin que celui, à qui il donnoit, fît à son tour telle ou telle chose en sa faveur : de sorte que, tant que celui-ci n'a encore rien executé, il manque quelque chose à l'accomplissement du Contract. Mais cela prouve seulement, que, si la condition, sous laquelle on a donné, manque, soit par la faute de celui à qui on a donné, ou par quelque accident survenu, qui a rendu l'exécution impossible ; on peut alors se faire rendre ce qu'on n'avoit pas donné d'une maniére irrévocable. L'autre raison de Mr. Coccejus est, que celui qui a reçû s'est mis par là dans quelque obligation envers celui qui ne lui a donné qu'à condition de faire telle ou telle chose ; de sorte que, de sa part, le Contract est parfait, & qu'ainsi l'autre a droit d'en exiger l'exécution. Au lieu que celui qui a donné ne s'est engagé à rien, qu'au cas que celui, à qui il donnoit, eût actuellement exécuté ce pourquoi il avoit reçû. Mais c'est-là supposer manifestement ce qui est en question, & établir un principe contraire à l'égalité qu'il doit y avoir dans les Contracts comme ceux dont il s'agit, où chacune des Parties cherche son propre avantage, & veut par conséquent, en même tems qu'elle s'impose une obligation, aquérir le droit d'exiger à son tour quelque chose, dont l'autre Contractant ne puisse pas se dispenser à son gré. Ainsi, à moins que le Contract ne se fasse uniquement pour l'intérêt de celui qui donne, afin qu'on fasse pour lui quelque chose ; c'est une inégalité visible, & incompatible avec les régles simples & équitables du Droit Naturel, que celui qui a reçû une chose, à dessein de la garder, moiennant qu'il fit ce à quoi il s'engageoit, ne puisse point obliger celui qui la lui a donnée sous cette condition, à la lui laisser, lors qu'il est tout prêt de remplir la condition ; & que l'autre, au contraire, ait le choix ou de le contraindre à tenir ce qu'il a promis, & d'exiger même de lui les dommages & intérêts, si c'est par sa faute qu'il ne peut exécuter ses engagemens ; ou de se dédire, & de se faire rendre ce qu'il a donné, ou la valeur, encore même que celui qui a reçû veuille & puisse faire ce qu'il a promis ; comme il est porté par le Droit Romain, que Mr. Coccejus veut accorder avec le Droit Naturel.

(9) Cela paroît par des vers d'Homére, qui sont citez dans le Digeste, *Lib.* XVIII. Tit. I. *De contrahenda emtione*, Leg. I. §. 1. Tacite, en parlant de ceux qui habitoient dans le cœur de la *Germanie*, & qui ne trafiquoient que par échange, dit, que c'est la plus simple & la plus ancienne maniére de commerce : *Interiores, simpliciùs & antiquiùs, permutatione mercium utuntur.* (De moribus German. *Cap.* V. *num.* 6.) Le Grammairien Servius témoigne aussi l'antiquité de cet usage : Nec nautica pinus mutabit merces) *Quia antiqui res rebus mutabant.* In Eclog. IV. Virgil. (*vers.* 39.) Vellera mutentur) *Ingenti pretio compararentur. Nam, apud majores, omne mercimonium in permutatione constabat : quod & Cajus Homerico confirmat exemplo.* In Georgic. *Lib.* III. (vers. 307.) Pline regrette à cet égard, le bonheur des anciens tems : *Quantum feliciore avo, quum res ipsæ permutabantur inter se, sicut & Trojanis temporibus factitatum*, Homero *credi convenit.* Hist. Natur. *Lib.* XXXIII. Cap. I. *init.* Il rapporte ailleurs l'exemple des *Séres* (ou anciens Peuples de la *Chine*) qui troquoient leurs marchandises contre celles des Etrangers, à vuë d'œil, & sans marchander, ni s'entretenir avec eux : *Fluminis ulteriore ripa merces positas juxta venalia tolli ab his, si placeat permutatio.* Lib. VI. Cap. XXII. C'est ce que d'autres anciens Auteurs témoignent, au sujet des mêmes Peuples : Seres *intersunt, genus plenum justitiæ, ex commercio, quod rebus in solitudine relictis absens peragit, notissimum.* Pompon. Mela, (Lib. III. Cap. VII. *num.* 10.) *Quumque ad coëmenda fila, vel quædam alia, fluvium transierint advenæ, nullâ sermonum vice, propositarum rerum pretia solis oculis æstimantur.* Amm. Marcellin. Lib. XXIII. (Cap. VI. pag. 413. *Edit. Vales. Gronov.*) Pomponius Méla rapporte, que les *Satarques*, (Peuples de la *Scythie* en *Europe*) n'aiant pas l'usage de la Monnoie, ne trafiquent que par des échanges : Satarchæ, *auri & argenti, maximarum pestium, ignari, vice rerum commercia exercent.* (Lib. II. Cap. I. *num.* 95.) Voiez, au sujet des Peuples de la *Colchide*, Busbeq. *Epist. exotic.* III. & à l'égard des *Lappons*, Olaus Magnus, *Hist. Septentrional. Gentium*, Lib. IV. Cap. V. Grotius.

Voiez Pufendorf, *Liv.* V. *Chap.* V. §. 1. du *Droit de la Nat. & des Gens*.

Vente. Eustathe donne (10) le nom de *Contract* en général ; & d'*Echange* en particulier, au prix que devoit recevoir celui qui avoit vaincu dans un Combat public.

5. En suivant donc les idées du Droit Naturel, nous réduirons tous les *Contracts d'interêt à part*, sans considerer s'ils ont ou n'ont pas un nom affecté, aux trois classes, dont nous avons parlé. Or en matiére de celui qui consiste à *Donner, afin que l'autre Contractant nous donne à son tour*, ou l'on donne en même tems chose pour chose, comme dans l'*Echange*, particuliérement ainsi nommé, (b) qui est sans contredit la plus ancienne sorte de commerce : ou l'on donne argent (11) pour argent, ce que les Marchands appellent (c) *Change* : ou l'on donne une chose pour de l'argent, ce qui a lieu dans le Contract de *Vente* : ou l'on donne l'usage d'une chose pour la propriété d'une autre chose ; ou bien l'usage d'une chose pour l'usage d'une autre ; ou enfin l'usage d'une chose pour de l'argent ; & la derniére sorte de Contract se nomme *Louage.* Par l'*usage*, on entend ici, & l'usage simple, & celui qui est accompagné d'usufruit, (12) soit que cet usufruit soit à tems, ou personnel, ou héréditaire, ou borné de quelque autre maniére, comme on voit que, parmi les anciens *Hébreux*, il duroit jusqu'à l'année du *Jubilé.*

(b) Voiez *Aristot.* Ethic. Nicom. Lib. V. Cap. VIII. & *Politic.* Lib. I. Cap. IX.

(c) En Grec Κόλλυβος ; mot, que les Latins ont conservé, *Collybus.*

6. Mais l'on donne aussi quelquefois à condition que, dans un certain tems, celui qui reçoit nous en rendra autant, de la même sorte ; c'est-ce qui s'appelle *Prêt à consomtion*, lequel a lieu & en matiére d'*Argent monnoié*, (13) & en matiére de toutes les autres choses, qui se prennent au poids, au nombre, ou à la mesure.

7. La seconde classe, *De faire, afin que l'on fasse pour nous*, peut avoir une infinité d'espéces, selon la diversité des actions par lesquelles on se procure réciproquement quelque utilité.

8. Dans les Contracts de *Faire, afin que l'autre nous donne*, ou l'on veut avoir de l'argent en échange de ce que l'on fait, ce qui s'appelle Contract de *Louage*, quand il s'agit d'actions d'un usage ordinaire ; & Contract (14) d'*Assûrance*, lors qu'on s'engage à indemnizer des cas fortuits, sorte d'engagement aussi commun aujourdhui, qu'il étoit autrefois peu connu : ou bien on veut que l'autre Contractant nous donne ou une chose, ou l'usage d'une chose.

§. IV. Les (1) *Actes qui réunissent les interêts des Contractans*, mettent en commun, pour leur avantage mutuel, ou leurs actions, ou leurs biens, ou les actions d'un côté, & les biens de l'autre. Tout cela s'appelle en général *Contract de Société* ; & l'on y comprend les Societez contractées pour la Guerre, comme celle qui est commune parmi nous, & qu'on (a) appelle *Amirauté*, c'est-à-dire, l'union de plusieurs Vaisseaux de Particuliers pour se défendre les uns les autres dans leur route contre les Pirates, ou autres qui pourroient les attaquer.

(a) Les Grecs appelloient une telle Societé, Σύμπλοια, ou Ὁμόπλοια.

§. V.

(10) Ἀμειφθαι, ἀντικαταλλάττεσθαι· συνάλλαγμα γδ' τι καὶ τὰ τοιαῦτα. C'est-à-dire, le Contract de *Faire, afin que l'on nous donne.* In Lib. XXII. (vers. 160.) Grotius.

(11) Voiez là-dessus Procope, dans son *Histoire Secréte.* (Cap. XXV.) Une certaine Monnoie, que l'on apportoit d'*Illyrie*, passoit autrefois en *Italie* pour marchandise. Plin. *Hist. Natur.* Lib. XXXIII. Cap. III. Grotius.]

Voiez Barnabe' Brisson, *Select. Antiq. Jur. Civil.* Lib. I. Cap. VIII. & Mr. Noodt, *Probabil. Jur.* Lib. IV. Cap. IV.

(12) Consultez Pufendorf, *Droit de la Nat. & des Gens*, Liv. IV. Chap. VIII. §. 7.

(13) Voiez encore ici Pufendorf, *Liv. V. Chap.* VII.

(14) Voiez ci-dessous, §. 23.

§. IV. (1) C'est ce que l'Auteur dit en un mot *Actus communicat[illegible]*.

§. V. [illegible], V[illegible], sur tout ceci, Pufendorf, *Droit de la Nat. &* [illegible] *Gens*, Liv. V. Chap. II. §. 10. où il redresse les idées de nôtre Auteur sur quelques-uns des exemples suivans.

(2) C'est-là plûtôt un seul Contract de Vente, comme les anciens Jurisconsultes le déterminérent, contre l'opinion de Cassius : *Item quæritur, si cum aurifice* Titius *convenerit, ut is ex auro suo certi ponderis certaque formæ annulos ei faceret, & acciperet, verbi gratia, aureos decem, utrum emtio & venditio, an locatio & conductio contrahi videtur?* Cassius *ait, materia quidem emtionem & venditionem contrahi, opera autem locationem & conductionem. Sed placuit, tantum emtionem & venditionem contrahi.* Instit. Lib. III. Tit. XXV. §. 4. Le mélange de Contract de Vente, & de Contract de Loua-

§. V. Voila pour les Actes Simples. Les *Actes Composez* ou renferment un mêlange dans ce qu'il y a de *principal*, ou deviennent mixtes à cause d'un *accessoire*. (1) Si, par exemple, le sâchant & le voulant, j'achéte une chose plus qu'elle ne vaut, & que de ma bonne volonté je laisse au Vendeur le surplus du juste prix; c'est en partie un *Achat*, en partie une *Donation*. Si je promets de l'argent à un Orfévre, afin qu'il me fasse quelques Bagues de son Or; c'est (2) en partie un *Achat* de la matiére, en partie un *Louage* de la peine. Dans une *Société*, quelquefois l'un des Associez fournit & son argent, & sa peine, pendant que l'autre ne contribuë que de son argent. Dans un *Contract Féodal*, la concession du *Fief* est un pur bienfait: & la promesse des services militaires auxquels le Vassal s'engage en vuë de la protection de son Seigneur, c'est un *Contract de faire, afin que l'on fasse pour nous.* Que si le Fief est donné à la charge d'une certaine rente que le Vassal doit paier au Seigneur annuellement; il entre par là dans le Contract une espéce d'*Emphytéose*. Lors qu'on met de l'*argent à la* (3) *grosse aventure*, c'est aussi un mêlange de *Prêt à consomtion*, & de *Contract d'assûrance*.

§. VI. D'un acte principal, & de quelque *acte accessoire* qui y est joint, il se forme un acte composé, (1) dans le *Cautionnement*, par exemple, & dans l'*Engagement* d'une chose. Car, si l'on considére ce qui se passe entre la Caution, & le principal Débiteur, le Cautionnement est d'ordinaire une espéce de Mandement ou de Commission: que si l'on a égard à ce qui se passe entre le Créancier, & la Caution, qui ne reçoit rien, il semble que ce soit un acte purement gratuit; cependant comme on l'ajoûte à un Contract onéreux, il est ordinairement reputé de la même classe. Lors qu'on donne une chose en gage, l'acte en lui-même semble gratuit, puis qu'on met son bien entre les mains d'une autre personne, sans rien exiger d'elle pour cette possession: mais comme c'est pour la sûreté de quelque Contract, l'acte tient aussi de la nature de ce Contract.

§. VII. Au reste, on entend par Contract, (1) tout acte par lequel on procure à autrui quelque utilité; à la reserve de ceux qui sont purement gratuits.

§. VIII. 1. Le Droit Naturel veut qu'il y aît de l'*égalité* (1) dans tous les Contracts, en sorte que, du moment qu'il paroît quelque inégalité, celui qui a moins aquiert par là le droit d'exiger qu'on y supplée. Cette égalité regarde en partie les actes des Contractans, en partie la chose sur quoi ils traitent.

2. Il y a des actes qui précédent l'engagement; & d'autres, qui l'accompagnent.

§. IX. 1. Par rapport aux *actes qui précédent l'engagement*, l'égalité demande que quiconque traite avec un autre, lui déclare de bonne foi les défauts (1) qu'il connoît dans

Louage, ne se fait que quand on fournit soi-même l'Or a l'Orfévre: *Quod si suum aurum* Titius *dederit, mercede pro opera constitutâ; dubium non est, quin locatio & conductio sit.* Ibid.

(3) Voiez sur Pufendorf, *Liv.* V. *Chap.* VII. §. 11. *Note* 3.

§. VI. (1) Il n'y a point ici non plus de véritable mêlange. Voiez Pufendorf, Liv. V. Chap. II. §. 10. du *Droit de la Nat. & des Gens.*

§. VII. (1) Contractum *autem* [definit Labeo] *ultro citroque obligationem, quod* Græci Συνάλλαγμα *vocant: veluti emtionem, venditionem, locationem, conductionem, societatem.* Digest. Lib. L. Tit. XVI. *De verborum significatione*, Leg. XIX. Nôtre Auteur citoit cette Loi. Pufendorf définit autrement le *Contract*, *Droit de la Nat. & des Gens*, Liv. V. Chap. II. Mais cela est au fond arbitraire; & il suffit de déclarer nettement l'idée qu'on attache aux termes, dònt la signification n'est pas bien fixe. Les Interprêtes même du Droit Romain disputent beaucoup entr'eux sur la définition du *Contract*; & je ne sai si les anciens Jurisconsultes étoient mieux d'accord là-dessus. Voiez Bachovius, dans son Commentaire sur la I. Partie du Digeste, pag. 565, 566.

§. VIII. (1) Voiez, sur toute cette matiere, Pufendorf, *Droit de la Nat. & des Gens*, Liv. V. Chap. III.

§. IX. (1) Selon le Droit Romain, on étoit tenu à cela, soit que l'autre Partie demandât, ou ne demandât pas, ce qu'il y avoit qui diminuoit l'utilité de la chose sur quoi on traitoit: *Sed scire venditorem, &* celare, *sic accipimus, non solum si non admonuit, sed & si negavit servitutem istam deberi, quum esset ab eo quæsitum.* Digest. Lib. XIX. Tit. I. *De action. emti & venditi*, Leg. I. §. 1. Quand on vendoit, par exemple, un Esclave, il faloit

dans la chose dont il s'agit. Cela est non seulement établi par les Loix Civiles, mais encore conforme à la nature même de l'affaire. Car il y a entre les Contractans une (2) société plus particuliére, que celle qui unit généralement tous les Hommes. Et par là on peut répondre à ce que disoit le Philosophe *Diogéne*, surnommé *le Babylonien*, en traitant cette matiére: (3) Qu'il y a de la difference entre *céler* une chose, & la *taire*; & qu'on n'est point obligé de découvrir aux autres tout ce qu'il leur seroit avantageux de savoir, comme, par exemple, ce qui regarde les choses célestes. Cet argument n'a aucune force: car la nature même des Contracts, qui ont été inventez pour l'avantage mutuel des Contractans, demande (4) quelque chose de plus, que ce qu'on doit faire pour l'utilité de toute autre personne. St. Ambroise dit très-bien, (5) qu'*un Vendeur doit déclarer les défauts de la chose qu'il vend; & que, s'il ne le fait pas, quoi qu'il aît transféré son droit de propriété à l'Acheteur, celui-ci a action de dol, pour dédommagement des défauts que l'autre lui a cachez.* Avant lui Lactance (6) avoit soûtenu, contre le Philosophe *Carnéade*, que *ce n'est point sagesse, mais ruse & fourberie, de ne pas faire prendre garde à un Vendeur qu'il se trompe, pour avoir à grand marché ce qu'on achéte de lui; ou de ne pas dire, qu'un Esclave que l'on veut vendre est sujet à faire des escapades, ou une Maison empestée, pour faire un marché plus avantageux.*

(a) *Thomas*, II. 2. Qu. 77. Art. 3. *Bald.* ad Leg. I. Dig. *De Ædilit. Edict.* *Covarruvias*, ad C. Peccatum: P. II. §. 4. *num.* 6.

2. Mais il n'en est pas de même (a) de ce qui ne regarde pas le fond même de la chose sur quoi on traite, comme si un Marchand de blé savoit qu'il y a en mer plusieurs Vaisseaux qui en apportent. A la vérité en découvrant de pareilles choses on rend un bon office, & l'on fait une action louable: quelquefois même on ne peut y manquer, sans pécher contre les régles de la Charité. Mais cependant il n'y a là rien d'injuste, c'est-à-dire, de contraire au droit des personnes avec qui l'on a à faire. De sorte qu'on peut appliquer ici ce que disoit judicieusement, au rapport de Cicéron, le même

loit déclarer tous les défauts qu'on lui connoissoit, tant pour l'Esprit, que pour le Corps. C'est ce que remarque le Scholiaste d'Horace, [publié par Cruquius] sur un endroit où le Poëte dit d'un homme, que son Maître, en le vendant, n'auroit pas dû garantir sa tête saine, s'il n'eût aimé les procès:

—— —— —— Sanus utrisque
Auribus atque oculis: mentem, nisi litigiosus,
Exciperet dominus —— —— ——

(Lib. II. Sat. III. *vers.* 285, 286.) [*Sumtum est hoc argumentum à Dominis mancipia vendentibus, quorum omnia vitia sibi cognita, tam animi quàm corporis, debebant aperire Emtori, nisi postea litigare vellent, propter celatum vitium: ergo tenetur Venditor Emtori præstare damnum, si non dicit, Servum, quem vendit, esse superstitiosum.*] Grotius.

Voiez le Chapitre de Pufendorf, auquel je viens de renvoier, §. 2. *Note* 2. de la seconde Edition.

(2) J'ai expliqué cela, sur le même Chapitre de Pufendorf, §. 9. *Note* 1.

(3) *Respondebit* Diogenes [Babylonius] *fortasse sic: Aliud est celare, aliud tacere. Neque ego nunc te celo, si tibi non dico, quæ natura Deorum sit, quis sit finis bonorum; quæ tibi plus prodessent cognita, quàm tritici utilitas. Sed non quidquid tibi audire utile est, id mihi dicere necesse est.* Cicer. De Offic. *Lib.* III. *Cap.* XII. Mais ce Philosophe est au fond de même sentiment, que nôtre Auteur; & là il ne propose pas une objection, mais il répond à ceux qui prétendoient, qu'on doit découvrir les circonstances même accidentelles, qui n'entrent pour rien dans le fond de l'engagement.

(4) Valére Maxime rapporte, que *Claude Centumalus* aiant reçû ordre des *Augures* de démolir une Maison qu'il avoit sur le *Mont Célien*, & qui les empêchoit de faire leurs observations, la vendit à *Calpurnius Lanarius*, sans lui rien dire de la démolition commandée. *Porcius Caton*, Pére du célébre *Caton*, étant pris pour Juge de cette affaire, condamna sans balancer le Vendeur aux dommages & intérêts. Rien n'étoit plus juste, dit l'Historien; car un Vendeur de bonne foi ne doit ni faire trop valoir les avantages de la chose dont on est en marché, ni dérober tant soit peu aux Acheteurs la connoissance de ses défauts: Cato, *ut est edoctus, de industria* Claudium *edictum Sacerdotum suppressisse, continuo illum* Calpurnio *damnavit: summâ quidem cum æquitate; quia bonæ fidei venditorem nec commodorum spem augere, nec incommodorum cognitionem obscurare oportet.* Lib. VIII. Cap. II. *num.* 1. Grotius.

(5) *Non solum itaque in contractibus (in quibus etiam vitia eorum, quæ veneunt, prodi jubentur, ac nisi intimaverit venditor, quamvis in jus emtoris transcripserit, doli actione vacuantur) sed etiam generaliter in omnibus, dolus abesse debet: aperienda simplicitas, intimanda veritas est.* De Offic. *Lib.* III. *Cap.* X. Voiez, sur ce passage, le Traité de Mr. Noodt, *De forma emendandi doli mali*, Cap. XIII.

(6) *Nam qui vendentis errorem non redarguit, ut aurum parvo emat; aut qui non profitetur, fugitivum servum, vel pestilentem se domum vendere, lucro & commodo suo consulens; non est ille sapiens, ut* Carneades *videri volebat, sed callidus & astutus.* Instit. Divin. *Lib.* V. *Cap.* XVII. *num.* 32. *Edit. Cellar.*

(7) *Adveni, exposui, vendo meum non pluris, quàm ceteri, fortasse etiam minoris, quum major est copia. Cui* si

même Philosophe que j'ai cité un peu plus haut, ou plûtôt ce qu'il fait dire au Marchand? (7) *J'ai transporté mon Blé par mer; je l'expose en vente; je ne le vends pas plus cher, que ne font les autres, & peut-être que je le donne à meilleur marché qu'eux, quand il y en a plus grande abondance. A qui fais-je tort?* Il ne faut donc pas poser, comme fait CICERON, (8) pour maxime générale, que le silence est criminel, toutes les fois que, pour son profit particulier, on ne dit pas une chose, que ceux à qui on la cache ont intérêt de savoir. Cela n'a lieu qu'en matiére des qualitez & des circonstances, qui par elles-mêmes ont quelque liaison avec le fond de la chose dont il s'agit; comme, si une Maison est empestée, si le Magistrat a ordonné de la démolir; (9) exemples que l'on voit alléguez dans cet Auteur.

3. Il n'est pas même nécessaire de parler de ces sortes de défauts, lors que l'autre Contractant les connoît aussi bien que nous; comme, par exemple, (10) cet ancien Romain, nommé *Caius Sergius Orata*, qui rachetant de *Marc Marius Gratidianus* une Maison qu'il lui avoit venduë lui-même, ne pouvoit ignorer une servitude à laquelle cette Maison étoit sujette. En effet, la connoissance, que l'on suppose de part & d'autre, rend les Contractans parfaitement (11) égaux à cet égard; comme PLATON (12) l'a remarqué il y a long tems. HORACE raisonne sur la même maxime, au sujet d'un marché fait pour un Esclave: (13) *Le Marchand*, dit-il, *vous a déclaré franchement le défaut de cet Esclave, & vous l'achetez sur ce pié-là.*

§. X. OUTRE l'égalité, dont nous venons de parler, qui regarde les connoissances nécessaires pour l'affaire dont il s'agit; les Contractans doivent garder entr'eux quelque égalité par rapport à l'usage de leur volonté. Ce n'est pas que, si l'on a été porté à traiter par une crainte juste, l'autre Contractant soit tenu de faire cesser cette crainte; car c'est-là une circonstance extérieure, qui n'entre pour rien dans le Contract: mais il ne faut jamais user d'une crainte (1) injuste, pour porter quelcun à traiter; & si on l'a

sit injuria: De Offic. *Lib.* III. *Cap.* XII.

(8) *Neque enim id est celare, quidquid reticeas; sed quum, quod tu scias, id ignorare, emolumenti tui caussâ, velis eos, quorum intersit id scire.* Ibid. Cap. XIII.

(9) *Vendat ædes vir bonus, propter aliqua vitia, quæ ipse norit, ceteri ignorent: pestilentes sint, & habeantur salubres: ignoretur, in omnibus cubiculis adparere serpentes: malè materiatæ, ruinosæ; sed hoc, præter dominum, nemo sciat. Quæro, si hoc emtoribus venditor non dixerit, ædesque vendiderit pluris multo, quàm se venditurum putarit: num id injustè, an improbè, fecerit? Ille vero,* inquit ANTIPATER. Ibid. *Quidquid enim esset in prædio vitii, id statuerunt* [Jureconsulti], *si venditor sciret, nisi nominatim dictum esset, præstari oportere. Ut, quum in arce augurium Augures acturi essent, jussissentque* T. Claudium Centumalum, *qui ædes in* Cœlio *monte habebat, demoliri ea, quorum altitudo officeret auspiciis* &c. Cap. XVI. Voiez ci-dessus, *Note* 4. de ce paragraphe.

(10) *Æquitatem* Antonius [urgebat]: *quoniam id vitium ignotum* Sergio *non fuisset, qui illas ædes vendidisset, nihil fuisse necesse dici; nec eum esse deceptum, qui id, quod emerat, quo jure esset, teneret.* CICER. ibid. *Cap.* XVI. Voiez ce que j'ai dit, sur PUFENDORF, *Droit de la Nat. & des Gens*, Liv. V. Chap. III. §. 5. *Note* 1. de la seconde Edition.

(11) Le Droit Romain suit cette maxime: *Hæc ita vera sunt, si emtor ignoraverit servitutes: quia non videtur esse celatus, qui scit; neque certiorari debuit, qui non ignoravit.* DIGEST. Lib. XIX. Tit. I. *De actionibus emti & venditi*, Leg. I. *in fin.* Voiez aussi l'*Edit* du Roi *Théodoric*, Cap. CXLI. GROTIUS.

(12) Le Philosophe dit, que, si l'on vend un Esclave coupable d'homicide, & que l'Acheteur le sache, aussi bien que le Vendeur; celui-ci n'est pas obligé de reprendre son Esclave: *'Εὰν δὲ ἀνδροφόνον ἀποδῶταί τις τινὶ, εἰδότε μὲν ἄμφω, μὴ τυγχανέτω ἀναγωγῆς τοῦ τοιούτου.* De Legibus, *Lib.* XI. *pag.* 916. C. Tom. II. *Edit. Steph.* C'est sur le même principe qu'il établit un peu plus haut, que si celui, à qui l'on vend un Esclave, attaqué de quelque maladie opiniâtre de Corps ou d'Esprit, est Médecin, ou Maître d'exercices; la Vente est bonne & valide, tout de même que si on avoit déclaré expressément la maladie: parce que la profession du Vendeur fait présumer, qu'ils doivent connoître d'eux-mêmes ces sortes de défauts: *'Εάν τις ἀνδράποδον ἀποδῶται κάμνον φθόῃ, ἢ λιθιῶν, ἢ στραγγουρίᾳ, ἢ τῇ καλουμένῃ ἱερᾷ νόσῳ, ἢ καὶ ἑτέρῳ τινὶ δήλῳ τοῖς πολλοῖς νοσήματι μακρῷ καὶ δυσιάτῳ κατὰ τὸ σῶμα, ἢ κατὰ τὴν διάνοιαν, ἐὰν μὲν ἰατρῷ τις ἢ γυμναστῇ, μὴ ἀναγωγὴ ἔστω τούτῳ πρὸς τὸν τοιοῦτον τυγχάνειν· μηδ' ἐὰν ἀληθῆ τις προειπὼν, ἀποδῶταί τῳ.* Ibid. A. B.

(13) *Ille ferat pretium, pœnæ securus, opinor.*
Prudens emisti vitiosum: dicta tibi est lex.
Lib. II. Epist. II. vers. 17, 18.

§. X. (1) Dans toutes les Editions, avant la mienne, il y a ici un mot d'omis, que le raisonnement & les principes de nôtre Auteur demandent nécessairement: *Sed ne quis* INJUSTE *incutiatur* &c. Comme le mot suivant commence par un *in*, les Imprimeurs apparemment avoient sauté l'adverbe *injustè*; & l'Auteur ne s'en apperçut point dans les revisions qu'il fit de son Ouvrage. Voiez le Chapitre précedent, §. 7. On trouve ailleurs une semblable omission, *Chap.* XX. de ce Livre, §. 40. sur la fin: & cela de l'adverbe contraire à celui-ci, *justè*.

l'a fait, on doit ôter le sujet de crainte. C'est sur ce principe que les *Lacedémoniens* condamnérent les *Eléens* à rendre des Terres, qu'ils s'étoient fait vendre par force: *car*, (2) dit là-dessus XÉNOPHON, *ils savoient bien, qu'il n'y a pas moins d'injustice à se prévaloir de ce qu'on est le plus fort, pour extorquer le bien d'autrui, sous prétexte de vente, qu'à l'enlever de vive force.* Il y a ici néanmoins une exception à faire, selon le Droit des Gens; de quoi nous (a) parlerons en son lieu.

(a) *Liv.* III. *Chap.* XIX. §. II.

§. XI. 1. L'ÉGALITÉ qu'il doit y avoir dans l'*acte principal du Contract*, consiste à ne rien demander au delà de ce qui est juste & raisonnable.

2. Cette égalité ne peut (1) guéres avoir lieu dans les Contracts gratuits. Car si l'on stipule quelque petit salaire pour une chose que l'on prête, ou pour la peine qu'on prend à s'aquitter d'une Commission, ou à garder un Dépôt; on ne fait point de tort à la vérité à ceux de qui l'on exige cette récompense, (2) mais on rend le Contract mixte, c'est-à-dire que, de gratuit, il devient à moitié intéressé de part & d'autre.

3. Mais dans tous les Contracts intéressez de part & d'autre, comme on s'y propose directement & essentiellement un échange de services, l'égalité, dont il s'agit, doit être observée avec beaucoup d'exactitude. En vain prétendroit-on, que ce qu'une des Parties promet au delà de ce à quoi l'autre s'engage à son tour, est regardé comme un don. Ce n'est point là pour l'ordinaire l'intention de ceux qui font de tels Contracts; & on ne doit jamais la présumer, tant qu'il n'y en a point de preuve évidente. Car ce qu'ils promettent ou qu'ils donnent, ils sont censez le promettre ou le donner comme équivalent à ce qu'ils doivent recevoir, & comme dû à cause de cette égalité même. St. CHRYSOSTÔME (3) dit, que *c'est une espéce de volerie, lors qu'on achéte ou qu'on paie quelque chose, de tant marchander & de presser si fort ceux avec qui l'on a à faire, qu'on les force en quelque maniére à se contenter de moins qu'il ne faut, & qu'on mette tout en usage pour cela.* L'Auteur de la Vie d'*Isidore*, que l'on trouve dans PHOTIUS, (4) raconte, que, quand le Philosophe *Hermias* vouloit acheter quelque chose, si on lui en demandoit moins que la chose ne valloit, il ajoûtoit ce qu'il falloit pour achever le juste prix; trouvant une espéce d'injustice à en user autrement, quoi qu'il reconnût qu'un grand nombre de gens n'y font aucune attention. C'est en ce sens que les Docteurs Juifs expliquent une Loi du (b) LÉVITIQUE, où il est défendu *de fouler son Prochain* dans les *Ventes*.

(b) XXV, 14, 17. Voiez le Rabbin *Moyse de Kotzi*, Præcept. jub. LXXII.

§. XII. 1. ENFIN, il y a une égalité à observer, par rapport à la chose même sur quoi on traite, & voici en quoi consiste cette égalité. C'est que, quand même on n'auroit rien caché de ce qu'il faut dire, ni rien exigé au delà de ce que l'on croioit nous être dû; si néanmoins on vient à découvrir quelque inégalité dans la chose même, quoi qu'elle s'y trouve sans la faute des Parties, comme, par exemple, s'il y avoit quelque défaut caché, ou si l'on s'est trompé à l'égard du prix; il faut réparer cela,

(2) Γνόντες, μηδὲν δικαιότερον εἶναι, βίᾳ πριάμενοι, ἢ βίᾳ ἀφελόμενοι, παρὰ τῶν ἡττόνων λαμβάνειν. Hist. Græc. *Lib.* III. *Cap.* II. §. 22. *Edit. Oxon.*

§. XI. (1) Voiez PUFENDORF, *Liv.* V. *Chap.* III. §. 7, 8. du *Droit de la Nat. & des Gens.*

(2) *In summa sciendum est, mandatum, nisi gratuitum sit, in aliam formam negotii cadere. Nam, mercede constitutâ, incipit locatio & conductio esse. Et ut generaliter dixerimus, quibus casibus, sine mercede suscepto officio, mandati, sive depositi, contrahitur negotium; iis casibus, interveniente mercede, locatio & conductio contrahi intelligitur.* INSTITUT. Lib. III. Tit. XXVI. *De Mandato*, §. 13. Voiez aussi DIGEST. Lib. XVI. Tit. III. *Depositi, vel contra*, Leg. I. §. 9, GROTIUS,

(3) Ὅταν γὰρ ἐν τοῖς συμβολαίοις, καὶ ὠνῖα δὲ ἀγοράσαι δέῃ τι ἢ καὶ ἀποδόσθαι, φιλονεικῶμεν καὶ βιαζώμεθα ἔλαττον τῆς ἀξίας καταλαβεῖν, καὶ πάντα ὑπὲρ τούτου ποιῶμεν· ὁ λῃστεία τὸ πρᾶγμα ἐστί; Nôtre Auteur ne dit point, de quel endroit des Oeuvres de St. CHRYSOSTOME il a tiré ce passage.

(4) L'Historien dit, qu'*Hermias* pratiqua cette maxime, entr'autres occasions, à l'égard d'un Ignorant, qui lui demandoit d'un Livre à vendre, moins qu'il ne valloit: Οὗτος, ἰδιώτου ποτὲ πωλοῦντος αὐτῷ βιβλίον, καὶ ἔλαττον, ὅπερ ἦν ἄξιον, αἰτοῦντος, ἐπηνώρθωσέ τε τὴν πρᾶσιν, καὶ πλείονος ὠνήσατο .... Καὶ γὰρ ἐνόμιζον τινα εἶναι τῷ πράγματι καὶ ἀπάτην, οὐ λέγουσαν τὸ ψεῦδος, ἀλλὰ σιωπῶσαν τὴν ἀλήθειαν· καὶ ἀδικίαν ἔδοσαν λανθάνειν τοὺς πολλοὺς, οὐ βίαιον, ἀλλὰ κλοπιμαίαν

la, en ôtant à l'un des Contractans ce qu'il a de trop, & donnant à l'autre ce qui lui manque. Car, dans le Contract, on s'est proposé, ou l'on a dû se proposer, de part & d'autre, que chacun n'eût ni plus, ni moins.

2. Le Droit Romain veut qu'on redresse ainsi les choses, mais non pas pour toute sorte d'inégalité : car les Loix ne s'attachent pas à ce qui est de peu de conséquence; & les Législateurs jugent même à propos de prévenir, autant qu'il est possible, le trop grand nombre de procès. Il faut donc ici, selon les Loix Romaines, une inégalité ou une lézion considérable, comme celle qui excéde (1) la moitié du juste prix. C'est que, comme le remarque CICERON, (2) les Loix ne redressent les injustices qu'autant qu'elles sont, pour ainsi dire, palpables; au lieu que les Philosophes ne laissent rien de ce qui peut être découvert par une méditation exacte & profonde. Mais ceux qui ne dépendent point des Loix Civiles, doivent se régler sur ce que la droite Raison leur dit être juste & équitable. Ceux même qui sont soûmis aux Loix, doivent, malgré la permission que les Loix accordent, faire toûjours en conscience ce que demande la Justice & l'Equité. Bien entendu que les Loix refusent simplement leur secours, pour certaines raisons, à ceux qui sont véritablement (3) lézez [illegible] autre chose est, quand elles donnent le droit de profiter de l'inégalité qu'il y a [illegible] un Contract, ou qu'elles ôtent le droit d'exiger un redressement de cette inégali[illegible].

§. XIII. 1. IL FAUT remarquer, au reste, que, dans les Contracts même gratuits, il y a aussi quelque égalité à observer, non pas à la verité une égalité absoluë, comme dans les Contracts interessez de part & d'autre, mais une égalité proportionnée à ce qu'on suppose ici, comme conforme à la nature de la chose & à l'intention des Contractans, c'est qu'on ne souffre point de dommage pour avoir rendu service à autrui. (a) C'est pour cette raison (1) qu'un homme, à qui l'on a donné quelque commission, doit être remboursé des dépenses qu'il a faites pour l'exécuter, & des pertes qu'elle lui a causé.

2. De même, quand on a (2) emprunté une chose en espéce, si elle est venuë à périr, il faut en paier la valeur; parce que l'obligation où l'on est envers le Maître de cette chose est fondée non seulement sur la chose même, ou sur le droit de propriété qu'il y avoit, telle qu'est l'obligation de tout autre Possesseur du bien d'autrui, comme nous l'avons dit (b) ci-dessus; mais encore sur le plaisir que le Maître de la chose perduë nous avoit fait, de nous en accorder gratuitement l'usage. (c) Il faut pourtant supposer ici, (d) qu'il n'y aît pas lieu de croire que la chose prêtée auroit péri infailliblement, quand même elle auroit été entre les mains du Propriétaire: car, en ce cas-là, le Propriétaire ne perd rien, pour l'avoir prêtée.

3. Un (3) Dépositaire, au contraire, ne s'est engagé qu'à garder fidélement le Dépôt. Ainsi il n'est responsable de rien, quand la chose déposée vient à périr. On ne peut alors rien exiger de lui, ni à cause de la chose même, puis qu'elle ne subsiste plus, & qu'il

(a) *Sylvest.* verbo *Bellum*: P. I. *num.* 7.

(b) *Chap.* X.

(c) *Thom.* II. 2. *Quæst.* 62. *Artic.* 6.

(d) Voiez *Lex Wisigoth.* Lib. V. Tit. V. Cap. I. II. III.

μαλαν &c. Cod. CCXLII. pag. 1044. *Edit. Rothom.* 1553.

§. XII. (1) *Rem majoris pretii, si tu vel pater tuus minoris distraxerit: humanum est, ut, vel pretium te restituente emptoribus, fundum venundatum reci[illegible]s, auctoritate Judicis intercedente: vel, si emtor elegerit, quod deest justo pretio recipias.* Minus *autem* pretium *esse videtur, si nec dimidia pars veri pretii soluta sit.* COD. Lib. IV. Tit. XLIV. *De rescindenda vendit.* Leg. II. Voiez ce que l'on a dit, sur cette fameuse Constitution de l'Empereur DIOCLETIEN, dans une longue Note de la seconde Edition de PUFENDORF, *Liv.* V. *Chap.* III. §. 9. Note 1.

(2) *Sed aliter Leges, aliter Philosophi, tollunt astutias: Leges, quatenus manu tenere possunt; Philosophi, quatenus ratione & intelligentiâ.* De Offic. *Lib.* III. *Cap.* XVII.

(3) S'il y a une véritable lézion, les Loix Civiles, quelque bonnes raisons qu'elles puissent avoir de ne pas donner action en Justice pour le redressement de cette inégalité, laissent subsister dans toute sa force l'obligation naturelle.

§. XIII. (1) Voiez sur tout ce qui regarde ce Contract en général, PUFENDORF, *Droit de la Nat. & des Gens*, Liv. V. Chap. IV. §. 2, 3, 4. avec les Notes de la seconde Edition.

(2) Consultez le même Auteur, au même Chapitre, §. 6. avec les Notes de la seconde Edition.

(3) Voiez le même endroit, §. 7.

& qu'il n'en est pas devenu plus riche; ni parce qu'il l'avoit reçuë, puis qu'il s'en étoit chargé pour faire plaisir à celui qui la lui avoit remise, & non pas comme une faveur dont il lui fût redevable.

4. En matiére de choses mises en (4) gage, aussi bien que de choses (5) louées, il faut prendre ici un milieu. C'est que celui qui a reçû la chose engagée, ne doit pas à la vérité être responsable de toute sorte d'événement, comme l'est une personne qui a emprunté une chose d'autrui; mais il doit pourtant apporter plus de soin à conserver ce qu'il tient en gage, qu'un simple Dépositaire. Car, quoi qu'il ne donne rien pour la possession du Gage, l'Engagement en lui-même est ordinairement un accessoire d'un Contract onéreux, ou interessé de part & d'autre.

5. Tout ce que je viens de dire, est conforme (6) aux Loix Romaines: mais elles ne font que suivre ici les principes de l'Equité Naturelle. Aussi trouve-t-on de semblables décisions parmi d'autres Peuples; entr'autres dans un Ouvrage du Rabbin (e) Moïse, *Fils de Maimon* (7). C'est aussi là-dessus qu'il faut juger des autres Contracts.

(e) *More nebokim*, Lib. III. Cap. 43.

§. XIV. 1. Aprés avoir traité des Contracts en général, autant qu'il suffit pour nôtre dessein; parcourons quelques questions particuliéres qui se présentent sur plusieurs sortes de ces engagemens.

2. La mesure la plus naturelle de la valeur de chaque chose, c'est le besoin qu'on en a; comme Aristote (1) l'a très-bien remarqué. Cela paroît sur tout par les échanges qui se font parmi les Nations Barbares.

3. Ce n'est pourtant pas là l'unique régle du (2) Prix des choses. Car la Volonté des Hommes, qui est Maîtresse de tout, désire & recherche bien des choses, plus qu'elles ne sont nécessaires. *C'est le Luxe, qui fait le prix des Perles*, comme le remarque (3) Pline. Et Ciceron (4) dit, que *la valeur de ces sortes de choses dépend de la curiosité & de la passion qu'on a pour elles.* Au contraire, les choses les plus nécessaires sont celles qui sont à meilleur marché, à cause de leur abondance; comme Sene'que le montre (a) par plusieurs exemples. Le même Philosophe ajoûte, (5) que *la valeur de chaque chose change selon les tems. Estimez*, dit-il, *vôtre marchan-*

(a) *De Benefic.* Lib. VI. Cap. 15.

(4) Pufendorf traite aussi de ce Contract en général, *Droit de la Nat. & des Gens*, Liv. V. Chap. X. §. 13, *& suiv.*

(5) Voiez le même Auteur, *Chap.* VI. du Livre qui vient d'être cité plusieurs fois, §. 2.

(6) La conformité n'est pas entiére. Pour ne rien dire des pertes faites à l'occasion d'une Commission, sur quoi nôtre Auteur ne s'explique pas assez, pour nous faire juger sûrement s'il avoit là-dessus d'autres idées que les Jurisconsultes Romains; il ne s'accorde pas tout-à-fait avec eux sur le *Prêt à usage.* Car, selon le Droit Romain, quand la chose prêtée vient à périr par un cas fortuit, sans la faute de l'Emprunteur, c'est tant pis pour le Maître, soit que la chose eût pû se conserver, ou non, entre ses mains. Voiez ce que j'ai dit sur Pufendorf, *Liv.* V. *Chap.* IV. §. 6. *Note* 8. de la seconde Edition. On trouvera, du reste, dans les autres endroits de ce Livre que j'ai indiquez, les Loix du Droit Romain, qui répondent aux décisions de nôtre Auteur sur ces matiéres. Il remarquoit, un peu plus bas, dans le Texte, que Sene'que a eu en vuë la différence des engagemens dans les Contracts dont il s'agit, lors qu'il a dit, que certaines gens ne sont responsables que de leur bonne foi, mais que d'autres doivent garder ce qu'on leur a confié. Voiez le passage, où il s'agit de la nécessité de rendre à une personne ce qu'on lui doit, encore même que, dans le tems qu'on le lui rend, elle soit disposée à le dissiper; car, dit le Philosophe, on est obligé de tenir ce qu'on a promis, mais on n'est point obligé de conserver la chose qu'on rend: *Non tutelam illi, sed fidem debeo.* De Benefic. *Lib.* VII. *Cap.* XIX. Ainsi, quoi que dans ces paroles il puisse y avoir une allusion aux différens degrez de soin & d'exactitude que l'on doit avoir selon la nature des Contracts; il s'agit au fond d'une tout autre question. Peut-être même que Sene'que fait ici allusion aux engagemens d'une *Tutelle*; comme s'il disoit, *Je ne suis pas le Tuteur de celui à qui je dois: je ne suis obligé qu'à lui rendre son bien, c'est à lui à le garder.*

(7) Selon la Loi de *Moïse*, un Dépositaire n'est responsable que de sa mauvaise foi. Voiez Exode, *Chap.* XXII. vers. 7, 10, 11, 12. Le Rabbin Moïse, *Fils de Kotzi*, suit ce principe; *Præcept. jubent.* LXXXVIII. & LXXXIX. Grotius.

§. XIV. (1) Δεῖ ἄρα ἑνί τινι πάντα μετρεῖσθαι ... τοῦτο δ' ἐστὶ τῇ μὲν ἀληθείᾳ ἡ χρεία. Ethic. Nicomach. *Lib.* V. *Cap.* VIII. pag. 65. B. Tom. II. *Edit. Paris.*

(2) Sur toute cette matiére, il faut consulter Pufendorf, *Droit de la Nat. & des Gens*, Liv. V. Chap. I. avec les Notes.

(3) Il dit, que le luxe a rendu les différentes sortes de Pourpre presque aussi chéres que les Perles: *Conchylia & purpuras omnis hora atterit: quibus eadem mater luxuria paria pene etiam margaritis pretia fecit.* Hist. Nat. *Lib.* IX. *Cap.* XXXV. *in fine.* Le même remarque, en par-

chandise tant qu'il vous plaira; elle ne vaudra, au bout du compte, que ce que vous en pourrez trouver. Le Jurisconsulte PAUL établit, (6) *qu'on doit régler le prix des choses, non sur la passion qu'un Particulier peut avoir pour elles, ni sur l'utilité qu'il peut en retirer, mais sur l'estimation commune;* c'est-à-dire, comme le même Jurisconsulte l'explique ailleurs, (7) *sur ce que tout le monde l'estimeroit.*

4. Mais, quoi qu'on n'estime une chose qu'autant que chacun en offre ou en donne communément: cela a presque toûjours quelque étenduë, en sorte que l'on peut donner ou exiger plus ou moins dans un certain nombre de degrez variables; excepté en matiére de choses dont la Loi fixe le prix à un (b) *point indivisible*, comme parle ARISTOTE.

(b) Ἐν στιγμῇ.

5. Dans la détermination du *Prix commun*, on a égard ordinairement à la peine que prennent les Marchands, & aux dépenses qu'ils font. Et ce Prix change souvent tout d'un coup, selon que le nombre des Acheteurs est grand ou petit, & qu'il y a abondance ou disette d'argent ou de marchandises.

6. Au reste, il peut y avoir aussi certaines circonstances accidentelles, mais susceptibles d'estimation, qui autorisent à acheter ou vendre légitimement au dessous ou au dessus du Prix commun; comme la perte qu'on fait, le profit qu'on perd, une passion particuliére pour certaines choses, le plaisir qu'on fait à quelcun de lui vendre ou d'acheter de lui des choses qu'on n'auroit pas venduës ou achetées sans cela. Mais il faut déclarer toutes ces circonstances à celui avec qui l'on traite.

7. On peut aussi avoir égard au dommage qu'on reçoit, ou au profit qu'on perd, à cause du délai ou de l'avance du paiement.

§. XV. 1. TOUCHANT le Contract de (1) VENTE, il faut remarquer, que la propriété de la chose venduë peut être transférée dès le moment du Contract fait & passé, & avant la délivrance. C'est même la maniére la plus simple de vendre & d'acheter. Aussi SENÉQUE définit-il la Vente, (2) *une aliénation, par laquelle on transporte à autrui son bien, & le droit qu'on y avoit.* Et (3) l'Echange se fait ordinairement sur ce pié-là.

2. Si néanmoins on est convenu, que l'Acheteur ne deviendroit pas Propriétaire aussi tôt

parlant des Pierres précieuses, que c'est la passion de chacun, & sur tout des Rois, qui en fait le prix: *Singulorum enim libido singulis pretia facit, & maxime Regum.* Lib. XXXVII. (*Cap.* VI.) Et ailleurs, en parlant du *Corail*, qu'il dit être aussi estimé chez les *Indiens*, que les Perles des *Indes* étoient estimées parmi les *Romains*; il ajoûte, que tout cela dépend de l'opinion des Peuples: *Quantum apud nos Indicis margaritis pretium est .... tantum apud* Indos *in Coralio. Namque ista persuasione gentium constant.* Lib. XXXII. (*Cap.* II.) St. AUGUSTIN montre la folie & la bizarrerie des Hommes, en ce que souvent on achéte plus cher un Cheval, ou un Diamant, qu'un Homme ou une Femme Esclave, quoi que la Nature Humaine soit si fort relevée au dessus de celle des Animaux & des Etres inanimez. Les idées de la Raison, ajoûte-t-il, sont ici fort différentes de celles du Besoin & du Plaisir: *Sed quid mirum, quum in ipsorum etiam hominum æstimatione, quorum certè natura tanta est dignitatis, plerumque cariùs comparetur Equus, quàm Servus; Gemma, quàm Famula? Ita, in tali libertate judicandi, plurimum distat ratio considerantis à necessitate indigentis, seu voluptate cupientis: quum ista, quid per se ipsum in rerum gradibus pendat; necessitas autem, quid propter quid expetat, cogitet: & ista, quid verum luci mentis adpareat; voluptas vero, quid jucundum corporis sensibus blandiatur, exquirat.* De Civit. Dei, *Lib.* XI. *Cap.* XVI. GROTIUS.

(4) *Etenim qui modus est in his rebus cupiditatis, idem est æstimationis. Difficile est enim, finem facere pretio, nisi libidini feceris.* In Verr. *Lib.* IV. *Cap.* VII.

(5) *Pretium cujusque rei, pro tempore est. Quum bene ista laudaveris, tanti sunt, quanto pluris venire non possunt.* Ibid.

(6) *Pretia rerum, non ex adfectu, nec utilitate singulorum, sed communiter funguntur.* DIGEST. Lib. XXXV. Tit. II. *Ad Leg. Falcid.* Leg. LXIII. PLINE dit, qu'un Pere de famille raisonnable ne cherche à tirer du profit de ses denrées, qu'autant que le revenu, plus ou moins grand, de chaque année, en détermine le prix: *Sed æqui patrisfamilias modus est, annona cujusque anni uti.* Hist. Nat. Lib. XVIII. Cap. XXXI. *in fin.* GROTIUS.

(7) *Si servum meum occidisti, non adfectiones æstimandas esse puto, (veluti si filium tuum naturalem quis occiderit, quem tu magni emtum velles) sed quanti omnibus valeret.* DIGEST. Lib. IX. Tit. II. *Ad. Leg. Aquil.* Leg. XXXIII. *princ.*

§. XV. (1) Voiez, sur ce Contract, PUFENDORF, *Droit de la Nat. & des Gens*, Liv. V. Chap. V. §. 2, *& suiv.*

(2) *Quia venditio alienatio est, & rei suæ, jurisque in ea sui, in alium translatio.* De Benefic. *Lib.* V. *Cap.* X. *init.*

(3) De la maniére que ceci est tourné dans l'Original, nôtre Auteur l'allégue comme une preuve de ce qu'il vient d'avancer au sujet du Contract de Vente: *Nam & ita fit in permutatione.* Voici, à mon avis, quelle est sa pensée; sur quoi les Commentateurs ne disent mot. Si, selon le Droit Naturel, la Propriété peut être transférée dès le moment du Contract conclu, lors qu'on donne une chose pour une autre chose,

tôt après le marché conclu; le Vendeur sera tenu en ce cas-là de transferer en son tems la propriété, & cependant la chose venduë sera à ses risques & périls, aussi bien qu'à son profit.

3. Quand donc on dit, que le Contract de Vente consiste en ce que le Vendeur (4) s'engage à faire en sorte que l'Acheteur puisse avoir la chose venduë, & à la garentir de toute éviction; Que la (5) chose est aux risques & périls de l'Acheteur, & que les fruits lui appartiennent, avant qu'il aquiére la propriété de la chose: ce sont toutes maximes purement de Droit Civil, lesquelles même ne s'observent pas par tout. Bien plus: la plûpart des anciens Législateurs ont jugé à propos d'établir, que, jusqu'à la délivrance, la perte ou les profits d'une chose venduë seroient pour le compte du Vendeur. C'est ce que THÉOPHRASTE remarque, dans un passage que STOBÉE

se, encore que ni l'un ni l'autre des Contractans ne délivre ce dont il se défait, ou que l'un des deux seulement remette à l'autre sur le champ la chose échangée: pourquoi est-ce que le transport de Propriété ne pourroit se faire de même sans la delivrance, lors qu'on donne une chose pour de l'argent? Il n'y a pas plus de difficulté dans le dernier cas, que dans le prémier. Cependant comme ceux qui sont prévenus en faveur du Droit Romain, dont les idées, au sujet de l'Echange, ne sont pas plus conformes à la simplicité du Droit Naturel, pourroient contester aussi ce que nôtre Auteur pose en fait touchant ce Contract, le plus ancien de tous; il en faut toûjours revenir à ce qui a été dit ci-dessus, *Chap.* VI. §. 1. dans le Texte, & dans les Notes.

(4) *Præstando, ut habere liceat.* Selon l'ancien Droit Romain, quand on vendoit une chose purement & simplement, on ne s'engageoit qu'à la remettre entre les mains de l'Acheteur, en sorte qu'elle fût au nombre de ses biens selon le Droit des Gens (ce qui s'appelloit *Dominium Bonitarium*) & qu'il ne fût point troublé dans sa possession, ou que, s'il l'étoit par une éviction, on l'en dédommageât. Mais tout cela ne rendoit pas l'Acheteur véritable Propriétaire selon le Droit Civil, jusqu'à ce que le terme de la Prescription fût expiré; il n'avoit point encore le *Dominium Quiritium*, la Propriéte ne passoit point à lui *omni modo*, ou *quoquo modo:* ce n'étoit qu'une espéce de possession. Aussi cela s'appelloit-il simplement *délivrer* (*tradere*) au lieu qu'on se servoit du mot de *donner* (*dare*) pour exprimer le transport de la pleine & entiére Propriété, qui se faisoit avec certaines formalitez (*mancipatione, vel cessione in jure*) Voiez ci-dessus, *Chap.* VIII. §. 25. *Note* 2. Or, à moins qu'on ne fût expressément convenu de mettre l'Acheteur en possession sur ce pié-là de la chose venduë, il ne pouvoit exiger la possession que de l'autre maniére. Voiez là-dessus les *Probabilia Juris* de Mr. NOODT, Lib. II. Cap. XII.

(5) Voiez PUFENDORF, *Droit de la Nat. & des Gens*, Liv. V. Chap. V. §. 3. où il répond bien à la raison qu'on allégue pour sauver le peu de liaison des principes du Droit Romain, ou du moins de la maniére dont on les explique communément; c'est, dit-on, que le Vendeur est regardé comme Débiteur d'une chose en espéce; & par là n'est point responsable des cas fortuïts, qui font périr la chose, sans qu'il y ait de sa faute. Mr. THOMASIUS néanmoins, (dans ses Notes sur HUBER, *de Jure Civit.* Lib. II. Sect. VI. Cap. IV. pag. 523.) approuve non seulement cette raison, mais encore prétend qu'elle a lieu, selon le Droit Naturel, lors que la marchandise n'est pas encore paiée, & que le Vendeur ne la vend point à credit. Il veut qu'en ce cas-là la Propriété soit censée demeurer au Vendeur, & que cela ait toûjours lieu, même par le Droit Naturel, à moins qu'on ne soit convenu expressément que la Propriété passeroit à l'Acheteur dès le moment du Contract conclu, & avant la delivrance de la chose venduë. Il se fonde sur ce que, par la nature du Contract de Vente, le Vendeur n'est point obligé à délivrer la marchandise (c'est ce qu'on a voulu dire apparemment par ces mots *ad dominium transferendum*, entendant par *dominium* la *possession*, & non pas la *propriété*; ce qui seroit supposer ce qui est en question) le Vendeur, dis-je, n'est point obligé à délivrer la marchandise, jusqu'à ce qu'on l'ait paié; à moins qu'il ne fasse credit. Mais il ne s'ensuit point de là, à mon avis, que le droit de Propriété demeure au Vendeur. Autre chose est le droit, & autre chose la jouïssance du droit. Autre chose est le Contract, & autre chose son exécution. Pour transferer le droit, il ne faut que la volonté du Propriétaire; & cette volonté, à en juger par la simplicité du Droit Naturel, a son plein effet, dès le moment que le Contract de Vente est conclu; à moins qu'on n'en convienne autrement. Mais la jouïssance du droit, qui regarde l'exécution du Contract, peut être suspenduë jusqu'à ce que l'Acheteur ait paié le prix convenu, sans que celui-ci en soit moins Propriétaire de la chose venduë. Le Vendeur n'est pas obligé de se dessaisir de sa marchandise, jusqu'à ce que l'Acheteur l'ait paiée; parce que, dès-là qu'il ne fait point crédit, il se reserve tacitement le droit de rompre le Contract, si l'Acheteur n'exécute pas le prémier ses engagemens: & il ne veut pas s'exposer au danger de ne pouvoir ni être paié, ou du moins qu'avec beaucoup de peine, ni recouvrer saine & sauve la marchandise, qu'il n'a venduë qu'à condition que, si on ne le paioit, la Vente seroit nulle. Or ou le tems du paiement, qui doit préceder la délivrance de la chose venduë, est déterminé; & en ce cas-là il est clair, que, du moment que le terme est passé, le droit de Propriété retourne au Vendeur: ou bien on n'a point fixé le tems du paiement, & alors il faut que l'Acheteur ne tarde pas à venir retirer la marchandise, parce que le Vendeur pourroit autrement manquer l'occasion de s'en défaire ailleurs aussi avantageusement. C'est, à mon avis, ce qui doit avoir lieu, selon le Droit Naturel. *Mais* il faut avouer aussi que, pour l'ordinaire, quand on vend de la maniére dont il s'agit, ce n'est pas tant un Contract de Vente proprement ainsi nommé, qu'une convention, par laquelle on s'engage à faire un tel Contract, dans un tems ou déterminé, ou indéterminé. De sorte qu'il ne faut pas s'étonner si le Vendeur demeure Propriétaire de la chose venduë, & si par conséquent les accidens fortuits sont pour son compte. L'effet d'une telle Convention est, que le Vendeur futur s'engage, prémiérement, à ne point passer de Contract de Vente avec toute autre personne, au sujet de

BÉE (a) nous a conservé, & où l'on trouvera plusieurs autres coûtumes touchant les formalitez des Ventes, sur les Erres, sur la faculté de se dédire ; le tout fort différent de ce qui est établi par le Droit Romain. Dion *de Pruse* nous apprend (b) aussi, que, dans l'Ile de *Rhodes*, la Vente, & quelques autres Contracts, n'étoient accomplis que par l'enrégîtrement.

(a) *Serm.* XLIV.

(b) *Orat. Rhodiac.*

4. Il faut savoir encore, que, si une même (6) chose a été venduë deux fois, celui des deux Acheteurs à qui l'on aura transféré d'abord la propriété de la chose, soit par la délivrance, ou autrement, sera celui dont l'achat subsistera. Car le transport présent de Propriété a fait passer à cet Acheteur tout le pouvoir moral, que le Vendeur avoit sur la chose : ce qui n'a pas lieu dans une simple Promesse.

§. XVI. 1. Tout (a) *Monopole* (1) n'est pas contraire au Droit Naturel. (2) Le Sou-

(a) Voiez *Aristot.* Politic. Lib. I. Cap. XI.

de la chose dont on a fait marché, avant le terme ou limité ou illimité ; & en second lieu, à la donner au prix dont il est convenu, quand le Contract de Vente s'accomplira par une exécution des engagemens de part & d'autre. Il peut y avoir une Convention de vendre, qui ait quelque effet, sans aucune détermination même de prix, comme je l'ai montré sur Pufendorf, *ubi supra*, Note 3. de la seconde Edition. A plus forte raison peut-il y avoir une Convention de vendre à un certain prix. Et il semble que ce soit-là l'idée qu'avoit nôtre Auteur : c'est du moins celle qu'il devoit avoir, à mon avis, en raisonnant sur les principes du Droit Naturel tout seul. Voiez la Note suivante.

(6) Nôtre Auteur suppose ici deux Ventes, dans l'une desquelles le droit de propriété a été transféré dès le moment du Contract fait & conclu ; qui est, selon lui, la maniére la plus simple & la plus naturelle de vendre & d'acheter : dans l'autre, on est convenu, que la Propriété demeureroit encore quelque tems au Vendeur. Ainsi il ne distingue pas celui qui est le prémier ou le dernier en datte, & il ne parle point du cas où les deux Ventes ont été faites sur le même pié ; comme le suppose Pufendorf, *ubi supra*, §. 5. qui le critique à cet égard mal-à-propos ; s'imaginant que toute la différence consiste en ce que l'une des Ventes a été accompagnée de la *délivrance* : & suivant ici, sans le nommer, Ziegler, qui avoit voulu faire tomber Grotius en contradiction avec lui-même. Mais nôtre Auteur dit, *par la délivrance*, ou autrement. De sorte que, selon lui, il peut se faire qu'il n'y ait point de délivrance ; & elle ne sauroit même avoir lieu ici, lors que l'autre Acheteur a aquis sans elle la Propriété dès le moment du marché conclu, parce que, la Délivrance emportant un transport présent de Propriété, il y auroit de part & d'autre un transport de Propriété, qui feroit que les choses seroient égales jusques-là. Je n'approuve pas néanmoins le raisonnement de nôtre Auteur sur le fond même de la question. Car, quoi qu'un transport présent de Propriété soit par lui-même plus considérable, qu'une simple Promesse de transférer la Propriété ; cependant la Promesse, selon les principes établis dans le Chapitre précedent, doit avoir de sa nature assez de force pour empêcher que le Promettant ne puisse validement rien faire le sachant & le voulant, qui le mette hors d'état de la tenir. Ainsi dès là qu'un homme a promis de transférer à quelcun la propriété d'une chose, il s'est ôté par là le pouvoir de transférer actuellement cette propriété à tout autre, jusqu'au terme limité, ou illimité, dont il est convenu ou expressément, ou tacitement. La vérité est, que, selon le Droit Naturel tout seul, tant qu'il n'y a point de Délivrance, le prémier en datte a le meilleur droit, sur quel pié que la Vente ait été faite : mais, lors que la chose venduë a été actuellement délivrée, celui à qui elle a été délivrée n'est point tenu de la rendre, soit qu'il soit le prémier ou le dernier en datte, pourvû qu'il n'ait rien sû de la Vente faite à l'autre. Que le prémier en datte ait le meilleur droit, quand il n'y a point de Délivrance, cela paroit par la raison que je viens d'alléguer, tirée de la nature même des Promesses. Encore même qu'il y ait eu un transport présent de propriété en faveur du dernier en datte, dès-là que ce transport n'a point été accompagné de la délivrance, l'Acheteur a pû penser qu'il pourroit se faire que l'exécution du Contract ne s'ensuivît pas, à cause de plusieurs accidens, tel qu'est un droit antérieur d'autrui. La chose est alors en nature : il n'a pas été au pouvoir du Vendeur d'en disposer. Ainsi le prémier Acheteur, ou celui qui y a le prémier droit, peut le faire valoir ; & l'autre doit se contenter d'exiger du Vendeur les dommages & intérêts, pour avoir été amusé par un Contract illusoire. Cela a lieu sur tout, quand il n'a tenu qu'au dernier Acheteur, de se faire remettre la chose dès le moment du Contract conclu & arrêté. Mais lors que la chose venduë a été actuellement délivrée à l'un des Acheteurs, même au dernier en datte, elle n'est plus en nature, elle doit être regardée comme perduë. Ce n'est pas la faute de celui à qui elle a été délivrée, si elle étoit comme hypothéquée à un autre, puis que nous supposons qu'il n'en savoit rien. En vertu dequoi cet autre, avec qui il n'a rien eu à démêler, prétendroit-il qu'il lui rendît une chose qu'il a aquise à juste titre ? Comme, pendant que la chose n'est pas encore délivrée, le prémier en datte peut s'en prendre au Vendeur, qui l'a encore entre les mains, parce qu'il n'a pû ni dû prévoir que le Vendeur la promettroit à un autre : de même, lors que le Vendeur s'en est actuellement défait en conséquence d'un engagement postérieur, celui à qui elle a été délivrée n'est pas obligé de s'informer, tant qu'il ne voit aucune raison de le soupçonner, s'il y a quelque autre personne à qui le Vendeur eût déja transféré son droit. La nécessité du commerce de la Vie demande également l'une & l'autre de ces choses : ainsi, dans l'un & dans l'autre cas, c'est un malheur pour celui qui a compté d'avoir la chose venduë, s'il est frustré de ses espérances, ou par la découverte d'un droit antérieur, ou par la découverte de la délivrance de la chose, qui met le Vendeur hors d'état d'en donner la possession.

§. XVI. (1) Voiez, sur cette matiére, Pufendorf, *Droit de la Nat. & des Gens*, Liv. V. Chap. V. §. 7.

(2) On sait l'histoire de *Thalès*, l'un des sept Sages de *Gréce*, qui aiant prévû qu'il y auroit grande abondance d'huile, prit à ferme tous les Oliviers du païs.

 Aris-

Souverain peut quelquefois, pour de bonnes raisons, permettre à quelques Particuliers de vendre eux-seuls certaines sortes de choses, en fixant le prix qu'ils en pourront exiger. Nous en voions un exemple remarquable dans l'histoire de *Joseph*, lors qu'il fut Vice-Roi d'*Egypte*. De même, sous la domination des *Romains*, ceux d'*Alexandrie* avoient tout le commerce des *Indes* & de l'*Ethiopie*, comme nous l'apprend (3) STRABON.

2. Les Particuliers peuvent aussi faire quelque monopole, pourvû qu'ils se contentent d'un profit raisonnable.

3. Mais ceux qui, comme faisoient autrefois à *Rome* les Marchands d'huile, (4) s'accordent entr'eux, de (5) ne vendre leurs denrées & leurs marchandises qu'au delà du plus haut degré du prix courant; ceux aussi qui usent de force ou d'artifice, pour empêcher qu'on n'apporte dans le païs une plus grande quantité de certaines choses, ou qui les achétent à dessein de les revendre à un prix exorbitant pour le tems auquel ils en négocient: tous ceux-là, dis-je, font du tort à autrui, & par conséquent sont obligez de le réparer.

4. Que si l'on empêche de quelque autre maniére, que certaines marchandises ne viennent de dehors en abondance, ou si l'on en achéte pour les vendre plus cher, mais non pas à un prix exorbitant pour le tems auquel on en trafique: on ne donne proprement aucune atteinte aux droits d'autrui; quoi qu'on péche (6) contre la Charité, comme St. AMBROISE (b) le montre au long.

(b) *Offic.* Lib. III. Cap. VI.

§. XVII. 1. A L'EGARD de l'*Argent monnoié*, il faut remarquer, qu'il est naturellement susceptible de remplacement par équivalent, (1) non seulement à l'égard de (2) sa matiére, ou même (3) du nom & de la forme particuliére de chaque espéce; mais encore d'une façon plus générale, entant qu'on (4) le compare avec toutes les au-

ARISTOTE rapporte, qu'un Athénien, nommé *Pythoclès*, conseilla au Peuple d'*Athénes* d'acheter des Particuliers tout le Plomb de *Tyr* qu'il y avoit dans le païs, pour le revendre ensuite deux fois plus qu'on ne l'avoit acheté. *Oeconomic.* Lib. II. (pag. 510. D. E. Tom. II. *Ed. Paris.*) Voiez, au sujet du monopole des peaux d'Hérisson, PLINE, *Hist. Natur.* Lib. VIII. Cap. XXXVII. *in fin.* &, sur le monopole des Soies, PROCOPE, dans son *Histoire Secréte* (Cap. XXV.) GROTIUS.

Ce que l'on dit ici de *Thalès*, se trouve rapporté par divers Auteurs, mais avec quelque différence de circonstances. Voiez ARISTOTE, *Politic.* Lib. I. Cap. XI. & là-dessus HUBERT GIPHANIUS, dans la Version duquel le Chapitre est le VII. comme aussi DIOGÉNE LAERCE, Lib. I. §. 26. & là-dessus les Interprêtes.

(3) Cet exemple, aussi bien que le précedent, sont mal appliquez, comme l'a remarqué PUFENDORF, *ubi supra*, Note 2. Voici le passage, d'où il paroît que, si la Ville d'*Aléxandrie* avoit presque tout le commerce des *Indes* & de l'*Ethiopie*, c'étoit uniquement à cause de sa situation favorable, & non par aucun privilége particulier, que les *Romains* lui eussent accordé: Νῦν δὲ καὶ στόλοι μεγάλοι στέλλονται μέχρι τῆς Ἰνδικῆς καὶ τῶν ἄκρων τῶν Αἰθιοπικῶν, ἐξ ὧν ὁ πολυτιμότατος κομίζεται φόρτος εἰς τὴν Αἴγυπτον .... τῶν δὲ βαρυτίμων διπλᾶ τὰ τέλη· καὶ γὰρ δὴ καὶ μονοπωλίαν ἔχει. Μόνη γὰρ ἡ Ἀλεξάνδρεια τῶν τοιούτων ὡς ἐπὶ τὸ πολὺ καὶ ὑποδοχεῖόν ἐστι, καὶ χορηγεῖ τοῖς ἐκτός. Geograph. *Lib.* XVII. pag. 1149. C. *Ed. Amstel.* (798. *Edit. Paris.*) Les passages de CASSIODORE, *Variar.* II, 4. & 26. que nôtre Auteur indique dans une petite Note, sont mieux appliquez.

(4) C'est ce que PLAUTE donne à entendre:

Omnes compacto rem agunt, quasi in Velabro *olearii.*
Captiv. *Act.* III. *Scen.* I. vers. 29.

(5) On trouve, dans le CODE, une Loi sage & équitable, qui défend ces sortes de complots: *Neve quis, illicitis habitis conventionibus, conjuret, aut paciscatur*, Ut species diversorum corporum negotiationis, non minoris, quàm inter se statuerint, venumdentur. *Lib.* IV. Tit. LIX. *De Monopoliis* &c. Leg. unic. Il y a aussi un beau passage de l'Orateur LYSIAS, contre les Marchands de blé, qui semoient de fausses nouvelles, pour le faire renchérir: [qui faisoient courir le bruit, par exemple, qu'il étoit péri plusieurs Vaisseaux, ou qu'ils avoient été pris par les *Lacedémoniens*, ou que les endroits, dans lesquels on pouvoit acheter du blé, étoient fermez, ou que l'on seroit obligé de rompre avec les Alliez: Τότε δὲ [συμφορὰς] ὄντες λογοποιοῦσιν· ἢ τὰς ναῦς ἀπολωλέναι τὰς ἐν τῷ Πόντῳ, ἢ ὑπὸ Λακεδαιμονίων ἐκπλεούσας συνειλῆφθαι, ἢ τὰ ἐμπόρια κεκλεῖσθαι, ἢ τὰς σπονδὰς μέλλειν ἀπορρηθήσεσθαι. Orat. XXI. *contra Frumentarios*, Cap. V.] Voiez encore CASSIODORE, *Var.* IX, 5. & le DROIT CANONIQUE, *Caus.* XIV. *Quæst.* IV. Can. IX. GROTIUS.

(6) On ne péche ici contre la Charité, que, quand il s'agit des choses absolument nécessaires à la Vie, comme du Blé.

§. XVII. (1) On n'a pas tant d'égard ici à la *matiére*, qu'à la *quantité* ou la valeur: *Eaque materia, formâ publicâ percussa, usum dominiumque non tam ex substantia præbet, quàm ex quantitate.* DIGEST. Lib. XVIII. Tit. I. *De contrahenda emtione*, Leg. I. §. 1. *Sive in singulis nummis communionem pro indiviso quis esse intelligat, sive in pecunia, non corpora cogitet, sed quantitatem.* Lib. XLVI. Tit. III. *De solutionibus & liberat.* Leg. XCIV. §. 1. GROTIUS.

(2) En ce qu'on peut donner, par exemple, de la Monnoie d'argent pour de la Monnoie d'or.

(3) Entant qu'on peut donner des *Ecus*, pour des *Pisto-*

autres choses, ou du moins avec les plus nécessaires. Or, à moins qu'on n'en soit autrement convenu, cette estimation (5) doit se faire selon la valeur du tems & du lieu du paiement.

2. Voici ce que dit là-dessus un ancien Commentateur d'Aristote: (6) *Il en est de l'Argent monnoié, comme de nos besoins. Ces besoins ne sont pas toûjours les mêmes, car les choses qui appartiennent à autrui, ne nous sont pas toûjours également nécessaires. De même, la valeur de l'Argent n'est pas toûjours la même; elle change, en sorte que l'Argent vaut moins qu'il ne valloit, ou ne vaut rien du tout. Il est vrai, que la valeur de l'Argent* (7) *dure plus long-tems que celle des autres choses; & c'est pourquoi il faut s'en servir comme d'une mesure commune de tout ce qui entre dans le commerce.* Le sens de ce passage est, que tout ce dont on se sert pour être la mesure des autres choses, doit être de telle nature, qu'il ne change point de lui-même: or tels sont, entre les choses susceptibles de prix, l'Or, l'Argent, & le Cuivre; car en eux-mêmes ils vallent presque autant par tout païs, & en tout tems. Mais, selon que les autres choses, dont les Hommes ont besoin, sont abondantes ou rares, la même monnoie, faite de la même matiére, & du même poids, vaut tantôt plus, tantôt moins.

§. XVIII. 1. Le (1) Contract de Louage, comme l'a dit très-bien le Jurisconsulte Cajus, (2) a beaucoup de rapport avec le Contract de Vente, & suit les mêmes régles. Car le *Loier* ou le *Salaire* répond au *prix* de la Vente; & la faculté de joüir de la chose louée, au droit de Propriété que l'on aquiert par l'Achat.

3. Comme donc la perte d'une chose venduë (3) est pour le compte de celui à qui elle appartient: de même la stérilité, & les autres accidens qui empêchent (4) l'usage d'une chose louée, sont naturellement pour le compte du Preneur. Le Bailleur n'en a pas

Pistoles; ou des piéces de trente sols, pour des *Ecus*; ou des *Sols*, pour des *Ecus* &c. à proportion de la valeur respective de chaque espéce.

(4) En ce qu'on peut donner de l'Argent, pour du *Blé*, ou du *Vin* &c. & cela en paiant plus ou moins, selon que les choses qu'on achete sont plus ou moins rares en comparaison de l'Argent. Voiez Pufendorf, *Liv. V. Chap.* I. §. 15, 16. du *Droit de la Nat. & des Gens.*

(5) C'est-à-dire, que, si l'on a emprunté, par exemple, une somme, & que, dans le tems ou le lieu qu'on doit la rendre, il y ait plus ou moins grande quantité d'argent, ou si les autres choses se trouvent en moindre ou en plus grande abondance, & que par conséquent l'argent vaille plus ou moins qu'au tems du prêt; le Créancier néanmoins ne peut pas exiger quelques piéces de plus, ni le Débiteur prétendre paier quelques piéces de moins. La raison en est, que ce cas, qui arrive souvent, pouvoit aussi bien tourner au profit de l'un ou de l'autre des Contractans, qu'à sa perte. Ainsi ils sont & doivent être censez avoir consenti tacitement, que ce seroit tant mieux pour celui qui y gagneroit, & tant pis pour l'autre. Il entre du hazard dans une telle Convention. Il en est de même, lors qu'on doit donner en un certain tems, ou en un certain lieu, une chose, ou la valeur de cette chose. Les Commentateurs s'étendent ici beaucoup sur le changement de la valeur intrinséque ou extrinséque des Espéces. Mais c'est une autre question à laquelle il ne paroit pas que nôtre Auteur ait pensé, & sur quoi on peut voir Pufendorf, *Droit de la Nat. & des Gens*, Liv. V. Chap. VII. §. 6, 7.

(6) Ὡς ἐπὶ τῆς χρείας, οὕτω καὶ τοῦ νομίσματος ἴδοι ἄν τις γινόμενον. οὐ γὰρ ἐν ἑκάστῳ ἀεὶ ὁμοίως δεόμεθα, καὶ ἡ χρεία τῶν ἀλλοτρίων ἐνδεής· οὕτως οὖν τὸ νόμισμα ἀεὶ ἴσον δύναται, ἀλλὰ μεταπίπτει, καὶ τὸ πρότερον πλεῖον δυνάμενον, ὕστερον ἔλαττον ἢ οὐδὲν ἰσχύει. ὅμως μᾶλλόν γε τοῦτο διαμένει, καὶ δεῖ, ὡς μέτρῳ αὐτῷ, τῶν ἀλλασσομένων, χρῆσθαι. In Ethic. ad Nicomach. *Lib.* V. C'est la paraphrase de ces paroles: Πάσχει μὲν οὖν καὶ τοῦτο τὸ αὐτὸ [νόμισμα]· οὐ γὰρ ἀεὶ ἴσον δύναται. ὅμως δὲ βούλεται μένειν μᾶλλον· διὸ δεῖ πάντα τετιμῆσθαι. οὕτω γὰρ ἔσται ἀεὶ ἀλλαγή, Cap. VIII.

(7) La valeur en est fixe, & établie par autorité publique, comme le disent les Jurisconsultes Romains: *Electa materia est, cujus publica ac perpetua æstimatio difficultati permutationum, æqualitate quantitatis, subveniret.* Digest. Lib. XVIII. Tit. I. *De contrahenda emtione* &c. Leg. I. §. 1. Grotius.

§. XVIII. (1) Voiez, sur ce Contract, Pufendorf, *Droit de la Nat. & des Gens*, Liv. V. Chap. VI. avec les Notes.

(2) *Locatio & conductio proxima est emtioni & venditioni, iisdemque juris regulis consistit. Nam, ut emtio & venditio ita contrahitur, si de pretio convenerit: sic & locatio & conductio contrahi intelligitur, si de mercede convenerit.* Digest. Lib. XIX. Tit. II. *Locati, conducti*, Leg. II. *princip.*

(3) C'est-à-dire, d'une chose venduë, mais non encore délivrée. Voiez ci-dessus, §. 15. & ce que j'ai dit sur Pufendorf, *Droit de la Nat. & des Gens*, Liv. V. Chap. VI. §. 2. *Note* 1.

(4) Pourvû que ces accidens n'ôtent pas entiérement l'usage de la chose; comme il arrive, quand il ne reste aucun revenu d'un Fonds, ou si peu, que ce n'est presque rien, en comparaison de la peine & des frais de la culture, & à proportion de la grandeur du Fonds loué. On ne loüe une chose, que pour en tirer quelque usage, & il en est alors comme si la chose louée avoit peri, ou qu'on en eut été expulsé.

(5)

pas moins droit d'exiger l'argent qu'on lui a promis; parce qu'il a donné le pouvoir de jouïr, qui valloit alors tout autant. Mais cela peut-être changé par les Loix, ou par les Conventions particuliéres des Contractans.

3. Que si le Preneur n'aiant pû, à cause de quelque empêchement, jouïr de la chose louée, (5) le Bailleur l'a louée à un autre; il doit rendre au prémier Préneur tout ce qu'il a tiré du second louage, pour ne pas s'enrichir du bien d'autrui.

§. XIX. 1. NOUS avons remarqué, en parlant du Contract de Vente, qu'on peut vendre plus cher, ou acheter à meilleur marché, lors que, pour faire plaisir à l'Acheteur ou au Vendeur, on vend ou l'on achéte une chose que l'on n'auroit pas venduë ou achetée sans cela. Il faut dire la même chose de ceux qui louent leur bien ou leur peine en un cas semblable.

2. Si l'on peut en même tems être utile à plusieurs personnes par un seul & même service, comme dans un Voiage qu'on entreprend, & que l'on aît engagé sa peine toute entiére à chacune de ces personnes; (1) on pourra exiger de chacune d'elles le même salaire, qu'on demanderoit à une seule; à moins qu'il n'y aît quelque Loi qui le défende. Car que la peine qu'on prend soit utile au second, aussi bien qu'au prémier, c'est une circonstance exterieure, qui n'entre pour rien dans l'essence du Contract fait avec le prémier, & qui, par rapport à lui, ne diminuë rien de ce que vaut le service qu'on lui rend.

§. XX. 1. SUR le PRET A CONSOMTION, on demande, par quelle Loi il est défendu de prendre quelque intérêt? (1) L'opinion commune est, que cela est contraire au Droit même de Nature. Mais TOSTAT, Evêque d'*Avila*, soûtient (a) le contraire. Et il faut avouer, que les raisons dont on se sert pour prouver que le Droit

(a) *In Cap.* XXV. *Matth.* Quæst. CLXXI. & CLXXII.

(5) On suppose ici, que le Bailleur n'aît eu aucune raison de croire que le Preneur ne seroit pas bien aise qu'on relouât la chose à un tiers pendant le tems qu'il ne peut pas en jouïr lui-même. Il pourroit y avoir aussi tel empêchement, qui romproit le Contract de Louage, en vertu d'une exception tacite, fondée sur une présomtion raisonnable de l'intention de Preneur.

§. XIX. (1) Ceci a besoin de quelque modification. Voiez ce que l'on a dit sur le Chapitre de PUFENDORF, qui vient d'être cité dans le paragraphe précedent, §. 4.

§. XX. (1) Voiez, sur cette matiére, PUFENDORF, *Liv.* V. *Chap.* VII. §. 8, *& suiv.* du *Droit de la Nat. & des Gens.*

(2) Car il y a beaucoup de rapport entre le Prêt à usage (*Commodatum*), & le Prêt à consomtion (*Mutuum*) de même qu'entre le Contract de Louage (*Locatio*) & le Prêt à usure (*Fœneratio*). Dans une Loi du CODE THE'ODOSIEN, il y a, *Pecuniam commodat* : Leg. unic. *Quod jussu.* Ce que JUSTINIEN a changé en *mutuam dat.* (COD. Lib. IV. [illegible] XXVI. *Quod cum eo* &c. Leg. III.) HORACE se ser[illegible] mot de *louer*, en parlant d'un argent prêté à intérêt:

Omnia CONDUCTIS *coëmens obsonia* NUMMIS.

Lib. I. Sat. II. (vers. 9.) Sur quoi voici la remarque du Scholiaste: *Nummi enim quasi conducuntur, pro quibus merces solvitur.* Voilà *merces*, pour *usura.* GROTIUS.

Voiez le beau Traité de Mr. NOODT, *de Fœnore & Usuris*, Lib. I. Cap. VI. Et pour ce qui est des termes *Mutuum* & *Commodatum*, confondus ensemble quelquefois par les anciens Auteurs, on en trouvera bon nombre d'autres exemples dans les Notes de FABROT sur CUJAS, *Paratit.* C. *De commodat.* pag. 125. à quoi on peut joindre JAQUES GODEFROI sur le Titre du CODE THE'ODOSIEN, que nôtre Auteur cite, *Tom.* I. pag. 228.

(3) Il ne faut pas laisser l'argent stérile, disent les Jurisconsultes: *Nec enim debet ei sterilis esse pecunia.* DIGEST. Lib. XXVII. Tit. IV. *De contraria tutela & utili actione*, Leg. III. §. 4. *Quod si postea conventus, ut solveret, moram fecerit, nummi steriles ex eo tempore non erunt.* Lib. XXII. Tit. I. *De Usuris* &c. Leg. VII. GROTIUS.

(4) Voici de quelle maniére l'Auteur propose & résout plus au long la difficulté, dans une Note sur St. LUC, *Chap.* VI. vers. 35. " On objecte, que, dans le Prêt „ à consomtion, celui qui prête transfére à l'autre la „ Propriété de la chose prêtée: or, dit-on, les fruits „ d'une chose doivent appartenir au Propriétaire. „ Mais c'est-là une subtilité de langage, qui n'a aucun fondement dans l'Equité Naturelle. Car, en „ matiére de choses susceptibles de remplacement, „ comme l'Argent monnoïé, le Blé, le Vin &c. le „ droit qu'on a de se faire rendre un équivalent de „ même genre, tient lieu de Propriété. Or tout le „ monde tombe d'accord, que celui à qui l'on rend „ une chose en peu de tems, reçoit plus par là, que „ celui à qui on ne la rend que long tems après, à „ cause des avantages qui accompagnent la possession „ actuelle (ἡ φυσικὴ κατοχή). Et cela a lieu dans le „ Prêt à consomtion, aussi bien que dans le Prêt à „ usage, si l'on considére la nature des choses en elle-même, & non pas les subtilitez des termes dont on „ se sert. Le retardement du paiement est donc sans „ contredit susceptible d'estimation: & par conséquent „ on peut stipuler quelque chose pour ce retardement. „ Si, en prêtant à quelcun cent Ecus, je conviens avec lui qu'il m'en prêtera à son tour cent autres „ dans un autre tems, ce qui est un véritable échange;

Droit de Nature condamne absolument le Prêt à intérêt, ne sont pas convaincantes.

2. On dit, par exemple, que le Prêt à consomtion est gratuit de sa nature. Mais on pourroit en dire (2) autant du Prêt à usage. Cependant il n'est point illicite d'exiger quelque argent pour l'usage d'une chose qui nous appartient. Tout ce qu'il y a, c'est qu'alors le Contract change de nom.

3. L'argument tiré de ce que l'Argent est stérile de sa nature, n'a pas plus de force. Car les Maisons, & autres choses semblables, qui de leur nature sont stériles, deviennent fertiles par l'industrie (3) des Hommes.

4. Il y a quelque chose de plus specieux dans ce que l'on dit, qu'ici on rend chose pour chose, (4) & que l'usage de la chose ne peut point être distingué de la chose même, puis qu'il consiste dans la consomtion; d'où il semble suivre, qu'on ne doit rien exiger pour cet usage. Un Arrêt du Sénat Romain (5) aiant introduit l'usufruit des choses qui se consument par l'usage, ou dont la propriété est transférée à celui qui s'en sert, les anciens Jurisconsultes remarquent là-dessus, que ce Sénatusconsulte n'a pas eu la vertu de faire que l'usage de ces sortes de choses fût un véritable Usufruit. Mais il s'agit là de l'idée attachée au mot d'*Usufruit*, laquelle certainement, à considérer la proprieté du terme, ne convient point (6) au droit de consumer une chose qu'on doit rendre en équivalent. Il ne s'ensuit pourtant pas, que ce droit ne soit rien, ou qu'il ne soit point susceptible (b) d'estimation: car il est certain, au contraire, que si l'on céde ce droit au Propriétaire, on peut exiger de lui quelque argent pour cette cession. De même le droit de ne rendre qu'au bout d'un certain tems une somme, ou une certaine quantité de Vin, est susceptible d'estimation: car c'est paier moins, que de paier tard. Et de là vient que, dans (7) l'*Antichrése*, l'usage de l'argent prêté est compensé par l'usufruit du Fonds.

(b) Voiez *Digest.* Lib. XXXV. Tit. II. *Ad. Leg. Falcid.* Leg. I. §. 9.

5. Les

» ge; comment prouvera-t-on, qu'il y ait plus d'injustice dans une telle convention, que quand on prête à un Voisin quelques Bœufs pour le labourage, à condition qu'il nous prêtera les siens une autre fois? Or cette obligation de prêter à son tour, est susceptible, comme toutes les autres choses, d'une estimation à prix d'argent: [& l'on peut par conséquent la racheter en donnant à la place une certaine somme.] De plus, la Nature nous dicte cette maxime, qu'on n'est point obligé de rendre service à autrui, lors qu'on ne le peut sans se causer à soi-même du dommage. Or celui qui, pour faire plaisir à un autre, se passe de son argent pour quelque tems, pouvoit l'emploier à acheter quelque Fonds de terre, ou une Maison, & en tirer pendant ce tems-là les revenus. On dira, que ces revenus auroient été incertains. Mais cette incertitude même a son prix, & on la vend même souvent, comme tout ce où il entre du hazard. D'ailleurs, si une personne, à qui on a légué l'usufruit d'une somme sans la propriété, en est censée plus riche; il paroit par là, que cet usage est susceptible d'estimation: & par conséquent on peut dire la même chose de l'usage d'une somme que l'on prête pour un an. Je vois, que la plûpart de ceux qui condamnent la stipulation de quelque intérêt pour un argent que l'on prête, ne desapprouvent pas néanmoins qu'on exige quelque intérêt pour le retardement d'un paiement: par où ils accordent, qu'on peut stipuler, que, si celui à qui l'on prête, ne paie pas au tems convenu, il donnera tant pour l'intérêt de l'argent prêté. Or n'est-ce pas-là reconnoitre au fond la chose, & disputer seulement des mots? Car selon cette pensée, on pourra bien traiter ainsi; *Si vous ne me paiez dans trois jours, vous me donnerez tant de plus*: mais lors qu'on n'aura point parlé de *trois jours*, ou de quelque autre terme fixe, la convention sera illicite. N'est-ce pas une pure subtilite, qui n'a aucun fondement dans la nature des choses? Concluons donc, que, sans préjudice du Droit Naturel, toute personne, qui se passe de l'usage de son argent, pour faire plaisir à une autre, peut stipuler par avance de cet autre quelque chose, en recompense de ce service.

(5) *Quo Senatusconsulto inductum videtur, ut earum rerum, quæ usu tolluntur, vel minuuntur, possit ususfructus legari . . . . non id effectum est, ut pecuniæ ususfructus propriè esset: nec enim naturalis ratio auctoritate Senatus commutari potuit: sed, remedio introducto, cœpit quasi ususfructus haberi.* Digest. Lib. VII. Tit. V. *De usufructu rerum, quæ* &c. Leg. I. II.

(6) Car on entend par *Usufruit*, le droit de jouïr d'une chose appartenante à autrui, & d'en tirer les revenus, sans toucher au fond, ni en disposer: Ususfructus *est jus alienis rebus utendi fruendi, salvâ rerum substantia.* Digest. Lib. VII. Tit. I. *De Usufructu* &c. Leg. I. Au lieu que, quand on légue à quelcun une somme pour s'en servir, l'usage consiste dans la consomtion. Voiez Mr. Noodt, dans son beau Traité *De Usufructu*, Lib. I. Cap. II. & XX. XXI.

(7) La perception des fruits tient alors lieu d'intérêt, soit qu'on en soit convenu expressément, ou non. *Quum debitor gratuitâ pecuniâ utatur, potest creditor de fructibus rei sibi pignoratæ, ad modum legitimum usuras retinere.* Digest. Lib. XX. Tit. II. *In quibus caussis pignus* &c. Leg. VIII. *Si ea pactione uxor tua mutuam pecuniam dedit, ut, vice usurarum, domum inhabitaret, pactoque, ita ut convenit, usa est* &c. Cod. Lib. IV. Tit. XXXII. *De Usuris*, Leg. XIV. Grotius.

Voiez, sur l'*Antichrése*, Pufendorf, *Liv. V. Chap.*

5. Les invectives (8) de Caton, de Cicéron, de Plutarque, d'Appien (c) *d'Alexandrie*, & d'autres Auteurs, contre le Prêt à usure, ne regardent pas tant la nature de ce Contract, que les circonstances & les suites accidentelles qui l'accompagnent la plûpart du tems.

(c) *Bell. Civil.* Lib. I. pag. 382. B. *Ed. Steph.*

6. Mais, dans quelque sentiment qu'on soit sur la question dont il s'agit, il doit nous suffire (9) de savoir, que la Loi Divine défendoit aux anciens *Hébreux* de se prêter les uns aux autres à intérêt. Car la matiére de ce Précepte est, sinon d'une nécessité indispensable, du moins (10) moralement honnête: d'où vient que le (d) Psalmiste & Ezéchiel (e) la mettent au même rang, que d'autres Devoirs moraux des plus importans & des plus incontestables. Or tout ce qui est de cette nature, les Chrétiens sont obligez de le pratiquer, autant que l'étoient les *Juifs*, & même davanta-

(d) *Pseaume* XV, 5. CXII, 5.
(e) *Chap.* XVIII. vers. 8.

Chap. X. §. 14. du *Droit de la Nat. & des Gens.*

(8) Mr. Noodt a examiné les passages de ces Auteurs, & de quelques autres, dans son Traité, déja cité, *De Fænore & Usuris*, Lib. I. Capp. IV. VII. VIII. IX.

(9) Nôtre Auteur changea depuis de sentiment, comme il paroit & par son *Introduction au Droit de Hollande*; & par une de ses Lettres (c'est la 953. écrite à Saumaise) & par sa longue Note sur St. Luc, dont j'ai déja rapporté une partie. Voici comment il se réfute lui-même: " La Loi du Deutéronome, „ XXIII, 19. est ainsi conçuë: *Tu ne prêteras point à „ intérêt à ton Frére, soit qu'il s'agisse d'argent, ou de „ viandes, ou d'aucune autre chose dont on tire quelque in„ térêt. Tu prêteras à interêt à l'Etranger; mais tu ne pri„ teras point à intérêt à ton Frére.* Ceux qui veulent, que „ tout Prêt à usure soit contraire au Droit Naturel, „ prétendent que la permission accordée ici par rap„ port aux Etrangers, est une simple permission de „ fait, & non pas de droit (c'est-à-dire, une simple „ impunité) Mais les termes ne souffrent pas cette „ explication; & le Peuple, pour qui la Loi étoit fai„ te, ne l'a jamais entenduë de cette maniére. Je „ puis alléguer là-dessus les témoignages de Joseph, „ & de Philon; avec qui tous les Rabbins sont „ d'accord sur cet article. Voici les paroles du pre„ mier de ces Auteurs: *Il n'est permis de prêter à inté„ rêt à aucun* Hebreu, *pas même quand il s'agit de ce „ qui se mange ou qui se boit. Car il n'est pas juste de se „ faire un revenu aux dépens de ses Compatriotes: mais il „ faut les aider dans le besoin, & tenir pour un gain la „ reconnoissance qu'ils ont du service qu'on leur rend, & „ la recompense que* Dieu *donnera à ceux qui auront „ exercé cet acte de Bénéficence.* Δανείζειν δὲ Ἑβραίων ἐπὶ „ τόκοις ἐξέστω μηδενὶ, μήτε βρωτὸν, μήτε ποτόν. οὐ γὰρ „ δίκαιον προσοδεύεσθαι τὰς ὁμοφύλου τὰς τύχας, ἀλλὰ „ βοηθήσαντα ταῖς χρείαις αὐτοῦ, κέρδος εἶναι νομίζειν „ τήν τ' ἐκείνων εὐχαριστίαν, καὶ τὴν ἀμοιβὴν τὴν παρὰ „ τοῦ Θεοῦ γενησομένην ἐπὶ τῇ χρηστότητι. (Antiq Judaïc. *Lib.* IV. Cap. VIII. pag. 127. B.) Philon „ remarque, que, dans la Loi, dont il s'agit, il faut „ entendre par le mot de *Frére*, non seulement celui „ qui est né des mêmes Parens, mais encore tout „ Compatriote, toute personne de la même Nation: „ Ἀπαγορεύει τοίνυν ἀδελφῷ δανείζειν, ἀδελφὸν ὀνομάζων, „ οὐ μόνον τὸν ἐκ τῶν αὐτῶν φύντα γονέων, ἀλλὰ καὶ ὃς „ ἂν ἀστὸς ἢ ὁμόφυλος ᾖ. (*De caritate*, pag. 701. E. *E„ dit. Paris.*) Il ajoûte un peu plus bas, que si on „ ne veut pas donner à ceux qui ont besoin de quel„ que somme d'argent, il faut du moins la prêter vo„ lontiers & sans intérêt: car, dit-il, de cette manié„ re ni les Pauvres ne seront pas réduits à la derniére „ misere, comme ils le seroient, s'il leur falloit ren„ dre plus qu'ils n'ont reçû; ni les Créanciers n'y „ perdront rien, puis qu'ils auront ce qu'ils doivent „ avoir, & ce qu'il y a de plus précieux au monde, „ la Bonté, la Générosité, la Grandeur d'ame, les „ Louanges: Εἰ δὲ καὶ μὴ βούλοιτο δωρεῖσθαι, κιχράναι „ γοῦν ἑτοιμότατα καὶ προθυμότατα, μηδὲν ἔξω τῶν ἀρ„ χαίων ἀπολαμβανομένους. οὕτω γὰρ οὔθ' οἱ πένητες ἔμελλον „ ἀπορώτατοι γίνεσθαι, πλείονα, ὧν ἔλαβον, εἰσφέρειν „ ἀναγκαζόμενοι, οὔθ' οἱ συμβαλόντες ἀδικεῖσθαι, ἃ „ προεῖνται, χρηστότητα, μεγαλόνοιαν, εὐφημίαν, εὔ„ κλειαν, ὧν κτῆσις ἐφάμιλλος. (Pag. 702. A.) Clé„ ment *d'Alexandrie* a imité & expliqué en même „ tems ce passage, *Stromat.* Lib. II. (Cap. XVIII. „ pag. 473. *Edit. Potter.*) Il paroit assez par là, ou „ qu'on a regardé la Loi du Deutéronome, dont „ il s'agit, comme renfermant un simple Devoir de „ Citoien à Citoien: ce qui est clairement insinué „ dans le Lévitique, *Chap.* XXV, 36. où l'on „ trouve cette raison de la défense de prêter à inté„ rêt; *Afin que ton Frére vive avec toi.* C'est pourquoi „ quand le Psalmiste & Ezéchiel louent ceux qui „ s'abstiennent de prêter à intérêt, cela ne doit s'en„ tendre que de ceux à qui la Loi le défendoit. St. Am„ broise, & quelques autres après lui, croient que, „ par les *Etrangers*, à qui il étoit permis de prêter, „ il faut entendre ceux des Sept Nations auxquelles „ les *Israëlites* pouvoient légitimement faire la Guer„ re. Il ne faut pas s'étonner, dit ce Pére, s'il étoit „ permis de prêter à intérêt à des gens, que l'on pou„ voit impunément tuer. (*De Tobia*, Cap. XV) Mais „ cette explication ne s'accorde point avec les termes „ de la Loi: car, quand on parle des *Etrangers*, par „ opposition aux *Fréres*, ou à ceux du même Peuple, „ il est certain que cela doit s'entendre de tous les „ autres Peuples sans exception. Ajoûtez à cela, qu'il „ n'étoit pas de la gravité du Législateur, de faire „ une Loi par laquelle il permit de prêter à intérêt à „ des gens qu'il falloit exterminer. Voici donc la rai„ son de la différence; c'est que Dieu vouloit, que „ les *Israëlites* observassent entr'eux non seulement les „ Devoirs communs à tous les Hommes, & qui re„ gardent des choses que les autres peuvent exiger à „ la rigueur, mais encore plusieurs Devoirs de Charité „ & d'Amitié particuliére; comme il paroit par les „ Loix touchant les Esclaves, touchant les Gages, „ touchant la permission de glâner dans le Champ „ d'autrui; & sur plusieurs autres choses semblables. „ D'ailleurs, les principaux revenus du Peuple Hebreu „ se tiroient du Bêtail & de l'Agriculture, comme le „ témoigne Joseph: Ἡμεῖς τοίνυν οὔτε χώραν οἰκοῦμεν „ παράλιον, οὔτ' ἐμπορίαις χαίρομεν, οὐδὲ ταῖς πρὸς ἄλ„ λους διὰ τούτων ἐπιμιξίαις· ἀλλ' εἰσὶ μὲν ἡμῶν αἱ πό„ λεις μακρὰν ἀπὸ θαλάσσης ἀνῳκισμέναι, χώραν δὲ „ ἀγαθὴν νεμόμενοι, ταύτην ἐκπονοῦμεν. Lib. I. *adversus „ Apion.* (pag. 1038.) Au lieu que la plûpart des Peu„ ples Voisins s'enrichissoient fort par le Négoce, com„ me les *Sidoniens*, les *Tyriens*, ceux qui demeuroient „ près de la *Mer Rouge*, & les *Egyptiens*. Ainsi c'étoit „ avec

tage, comme étant appellez à une Vertu plus sublime & plus éclattante. De sorte que certains Devoirs qui n'étoient autrefois prescrits qu'entre *Israëlites*, ou autres personnes circoncises (car celles-ci, quoi qu'étrangéres, étoient sousmises aux mêmes Loix) ces Devoirs, dis-je, il faut s'en aquitter aujourdhui envers tout Homme, (11) puis que la différence des Peuples a été entiérement abolie par l'Evangile, & que le mot de *Prochain* a une signification beaucoup plus étenduë; comme il paroît entr'autres (f) par le bel Apologue, que nôtre Seigneur JE'SUS-CHRIST propose, au sujet du Samaritain. C'est pourquoi LACTANCE traitant des Devoirs du Chrétien, dit, (12) *qu'il ne prêtera point d'argent à usure, ce qui seroit s'enrichir aux dépens d'autrui.* Selon St. AMBROISE, (13) *l'Humanité veut qu'on secoure celui qui est dans le besoin; mais c'est dureté,* que

(f) *Luc*, X, 29, *& suiv.*

„ avec beaucoup de raison, que la Loi permettoit de „ prendre quelque intérêt de l'argent prêté à de tels „ Etrangers, quoi qu'elle le défendit à l'égard des „ *Israëlites*, Bergers ou Laboureurs pour la plûpart. „ Mais cette Loi de *Moïse* étant fondée sur l'état par„ticulier du Peuple d'*Israël*, & n'étant imposée qu'à „ ce Peuple seul, n'oblige point les autres, si ce n'est „ en ce qu'elle peut insinuer de conforme à l'Equité „ Naturelle. Pour ce qui est de l'Evangile, Nôtre „ Seigneur JE'SUS-CHRIST n'aiant point donné de „ Precepte particulier sur la matiére dont il s'agit, „ c'est en raisonnant sur les Préceptes généraux de sa „ Doctrine qu'il faut tirer des conséquences pour sa„voir ce qu'il permet ou qu'il prescrit là-dessus „ &c. . . . . Parmi les anciens Canons de l'Egli„se, on n'en trouve aucun, où tous ceux générale„ment qui prêtent à intérêt, soient excommuniez, „ comme cela s'est pratiqué dans les Siécles suivans. „ Cela n'est défendu qu'à ceux qui avoient quelque „ Charge considérable dans l'Eglise, à ceux que l'on „ appelloit Οἱ ἐν κανόνι, dans le XLIII. des *Canons* „ attribuez aux *Apôtres*; dans le IV. du Concile de „ *Laodicée*; dans le XVII. du Concile de *Nicée*; dans „ les V. & XVI. du Concile d'*Afrique*. Et la rai„son pourquoi on le défendoit à ces sortes de person„nes, c'est, à mon avis, parce qu'on croioit qu'el„les devoient être exemtes même de tout soupçon „ d'avarice. Les Péres du Concile d'*Afrique* le don„nent à entendre, quand ils disent, que ce qui est „ blâmable dans les Laïques, doit être condamné à „ beaucoup plus forte raison dans les Ecclésiastiques. „ Τὸ ἐν λαϊκοῖς ἐπιλήψιμον, πολλῷ μᾶλλον ἐν κληρι„κοῖς ὀφείλει καταδικάζεσθαι. Can. V. Le même Con„cile, en défendant aux Evêques, aux Prêtres, & „ aux Diacres, de prêter à intérêt, leur défend aussi „ de se charger de quelque Procuration, ou de plai„der pour autrui; & il en donne pour raison, qu'il „ n'est pas bien séant à des Ecclésiastiques de se mê„ler des affaires du Siécle. [Voiez ci-dessus, *Liv.* I. „ *Chap.* II. §. 10. *num.* 8.] HARME'NOPULE allégue „ la même raison, après avoir cité les Canons dont „ je viens de parler: Ὅτι ἱερώμενος τόκους ὅλως οὐ συγχω„ρεῖται λαμβάνειν . . . . πῶς γὰρ, ὃς οὐδὲ πράγματα „ ἔχειν συγχωρεῖται, ἢ βιωτικοῖς καὶ οὐκ [il faut ajoûter „ cette négation, qui manque dans les Editions commu„nes] ἐκκλησιαστικοῖς πράγμασιν ἐνασχολεῖσθαι; [Promp„tuar. Lib. III. Tit. VII. §. 28.] L'Empereur LE'ON „ fut le prémier, comme le remarque le même Ju„risconsulte, qui s'imaginant que tout Prêt à usure „ n'est point permis aux Chrétiens, le défendit à tous „ généralement. Avant cela les Eglises même em„pruntoient de l'argent à quatre pour cent &c. Voilà ce que dit nôtre Auteur. Si l'on y joint les réflexions de Mr. NOODT, qui a épuisé cette matiére, dans son Traité *de Fœnore & Usuris*, Lib. I. Capp. X. XI. on sera entiérement satisfait sur les objections que les Partisans de l'opinion contraire veulent tirer de l'Ecriture.

(10) Les Docteurs Juifs disent que le mot de נשך *Naschach* signifie l'intérêt d'un argent prêté; & celui de תרבית *Tarbit*, l'intérêt de toute autre sorte de chose. St. JE'ROME fait remarquer, que l'un & l'autre est défendu dans l'Ecriture, contre la pensée de ceux qui s'imaginoient, qu'il n'y avoit que l'Argent prêté, dont on ne pût point prendre d'intérêt: *Putant quidam, usuram tantum esse in pecunia: quod providens Scriptura divina, omnis rei aufert superabundantiam, ut plus non recipias, quàm dedisti.* In Ezech. Lib. VI. Cap. XVIII. GROTIUS.

Voiez, au sujet de la signification des mots Hébreux, SAUMAISE, *De Usuris*, Cap. XX. pag. 611, *& seqq.* & *de modo Usurarum*, Cap. VIII. pag. 318, *& seqq*, comme aussi le Commentaire de Mr. LE CLERC, sur le LE'VITIQUE, XXV, 36.

(11) ARNOBE dit, que la Religion Chrétienne rend ses Sectateurs communicatifs de leurs biens, & les unit avec tous les Hommes, comme avec autant de Fréres: *In quibus* (Scriptis) *aliud auditur nihil, nisi quod mites, verecundos, pudicos, castos, familiaris communicatores rei, & cum omnibus consolida germanitatis necessitudine copulatos.* Lib. IV. *adversus Gentes* (pag. 152, 153. *Edit. Salmas.* 1651.) Il remarque ailleurs, que les *Chrétiens* aiment tous les Hommes, comme leurs Fréres: *Qui omnes homines pro fratribus diligunt.* GROTIUS.

La Charité Chrétienne demande certainement, qu'on prête sans intérêt, lors qu'on le peut sans s'incommoder soi-même, à des personnes peu accommodées, qui ont besoin de quelque argent pour subsister. Mais elle ne veut nullement qu'on ne retire aucun profit d'un argent que l'on prête à des gens qui s'en servent eux-mêmes pour gagner, souvent fort au delà de l'intérêt qui se donne ordinairement.

(12) *Non dabit in usura pecuniam: hoc est enim de alienis malis lucra captare.* Epitom. Instit. *Cap.* IV. num. 12. *Ed. Cell.*

(13) *Quum pecuniam sine usuris reddendam censet* [Dominus]. *Subvenire enim non habenti, humanitatis est: duritiæ autem plus extorquere, quàm dederis.* De Offic. *Lib.* III. *Cap.* III. St. CYPRIEN met le Prêt à usure au nombre des Péchez énormes: *Usuris multiplicantibus fœnus augere.* De Lapsis (*pag.* 124. *Ed. Fell. Brem.*) St. CHRYSOSTÔME regarde tout Prêt à usure comme une extorsion, incompatible avec le vrai Jeûne: Ἐὰν νηστεύσῃς. βλέπε μὴ δανείσῃς τὸ ἀργύριόν σου ἐπὶ τόκῳ· νηστεύεις; διάῤῥηξον βιαίων συναλλαγμάτων χειρόγραφον. De Jejunio, *Lib.* V. Le même soûtient ailleurs, (*in Cap. ult. I. ad Corinth.*) que si on fait des aumônes de ce que l'on a retiré d'un argent prêté, elles ne sont pas plus agréables à DIEU, que celles qu'une Courtisane feroit de ce qu'elle gagne en se prostituant. St. AUGUSTIN blâme les Loix de ce qu'elles con-

dam-

que de se faire rendre plus qu'on n'a donné. L'Empereur (14) *Auguste* nota d'infamie quelques Chevaliers Romains, pour avoir placé à gros intérêt des sommes qu'ils avoient empruntées sur un bas pié.

§. XXI. Il faut remarquer pourtant, que l'on prend ordinairement pour Usure certaines Conventions qui ont quelque ressemblance (1) avec l'Usure, mais qui sont d'une toute autre nature; comme quand un Créancier stipule quelque chose en dédommagement de ce qu'il perd pour être long tems sans ravoir son argent, & du gain qu'il auroit pû faire, s'il ne l'eût pas prêté: bien entendu qu'on déduise d'ici ce à quoi peut se monter l'incertitude de ses espérances, & la peine qu'il lui auroit fallu prendre pour faire valoir son argent.

2. Ce n'est pas non plus une véritable Usure, (2) lors qu'une personne, qui prête à un grand nombre de gens, & qui tient toûjours pour cet effet de l'argent en caisse, exige quelque chose, pour se dédommager des dépenses qu'elle fait en vaquant à cet emploi officieux: ni lors que prêtant à un homme, qui ne nous donne pas des sûretez suffisantes, on se fait paier les risques que l'on court de perdre son capital. Démosthène (3) soûtient, qu'on ne doit pas charger du titre odieux d'Usurier, un homme, qui aiant gagné quelque argent au négoce, ou par quelque travail honnête, le place (4) à petit profit, en partie pour conserver son bien, en partie pour faire plaisir à une autre personne, à qui il le prête.

§. XXII. Pour ce qui est des Loix Humaines, qui permettent de stipuler quelque intérêt pour argent ou autre chose prêtée, comme en *Hollande* il est permis depuis long

damnent à paier l'intérêt, comme s'il n'y avoit pas plus de cruauté à tuer ainsi un Pauvre, qu'à voler un Riche: *Quid dicam de usuris, quas etiam ipsa Leges, & Judices, reddi jubent? An crudelior est, qui subtrahit aliquid, vel eripit diviti, quam qui trucidat pauperem fœnore?* Epist. LIV. (*Ad Macedonium.*) Maxime, dans une de ses Homelies, dit, qu'on fera bien de fréquenter les Eglises, pourvû que l'on prenne garde de n'être pas engagé dans les pieges mortels du Prêt à usure: *Recte, Frater, frequentabis Ecclesiam, si gressus tuos lethalibus laqueis avida illa non implicet & involvat usura.* Homil. III. *De Quadragesima.* Ajoûtez à cela, ce que dit St. Basile, en expliquant le Sermon de Nôtre Seigneur sur la Montagne: & les passages des Conciles & des Peres, que *Gratien* a recueillis dans le Droit Canonique, *Caus.* XIV. *Quæst.* III. & IV. Grotius.

Comme on n'a que trop abusé du Prêt à usure, quelque innocent qu'il soit en lui-même, & réduit à ses justes bornes; il ne faut pas s'étonner, si le zéle des anciens Docteurs de l'Eglise, joint au peu de justesse & d'étenduë de leurs lumiéres sur ces sortes de choses, les a portez à donner ici dans un sentiment outré. S'ils allèguent quelquefois des raisons un peu spécieuses, il est facile d'en découvrir la foiblesse; & Mr. Noodt l'a fait, avec la derniére évidence, dans son Traité *de Usuris & Fœnore*, Lib. I. Capp. IV. VII. VIII. XI. Il montre aussi, dans le Chap. XII. que les Interprêtes du Droit Canonique approuvent certaines choses, où il y a un véritable Prêt à usure. C'est ce que devoit refuter le P. Ceillier: & si jamais j'entreprens de lui répondre en forme, il me sera facile de montrer, que, comme il n'entend rien en Droit Naturel il n'est pas plus habile, que les anciens Peres, à expliquer l'Ecriture Sainte par les régles d'une judicieuse Critique.

(14) *Notavitque aliquos* [Equites], *quòd pecunias levioribus usuris mutuati, graviore fœnore collocassent.* Sueton. in August. *Cap.* XXXIX.

§. XXI. (1) Et à parler selon le langage des Jurisconsultes Romains, il n'y a que ce qu'ils appellent *Fœnus*, qui soit odieux: le mot d'*Usura* ne renferme rien de tel. On condamne, disent-ils, à paier quelque *usure*, non pour faire gagner celui à qui il est dû, mais pour le dédommager de ce que le paiement est retardé: *Usuræ enim, non propter lucrum petentium, sed propter moram solventium, infliguntur.* Digest. Lib. XXII. Tit. I. *De Usuris* &c. Leg. XVII. §. 3. Cujas définit le *Fœnus*, ce que l'on donne de profit, outre le Capital: & l'*Usura*, ce que l'on donne de plus, pour dédommager le Créancier: *Cujus* [Fœnoris] *definitio hæc est: Ad sortem mutuo acceptam quod accedit lucrum ex conventione. Quod si ad alium contractum accedat, præter sortem, aliquid, officio Judicis, non lucri caussâ, sed ne in damno versetur Creditor, propter moram debitoris; Usura est.* Paratit. in Digest. Lib. XXII. Tit. II. *De Nautico Fœnore.* Mais comme la plûpart des gens ont abusé de l'*Usure*, l'usage a voulu que ce mot se prît en mauvaise part: & on y a substitué, en un bon sens, le mot d'*Intérêt* (*Id quod interest.*) Grotius.

Ce que les plus anciens Auteurs Latins appellent *Fœnus*, d'un vieux mot qui signifie *produire*; comme qui diroit, le *fruit* ou le *profit* que l'on tire d'un argent prêté; c'est au fond la même chose, que ce qu'on a appellé ensuite *Usura*, terme qui donne à entendre, qu'on tire ce profit à cause de l'*usage* de son argent qu'on accorde au Débiteur. Mr. Noodt le prouve au long & solidement, dans son Traité, déja cité plusieurs fois, *de Fœnore & Usuris*, Lib. I. Cap. I. & II. où il montre aussi les divers sens que l'usage a donné à ces deux termes. La Loi du Droit Romain, que nôtre Auteur cite, ne regarde pas toute sorte d'intérêt que ces Loix permettent d'exiger; mais seulement celui qui a lieu dans les cas semblables à celui dont il s'agit là.

(2) C'est admettre au fond la chose, sous un autre nom; comme le remarque Pufendorf, *Liv.* V. *Chap.* VII.

long tems aux Marchands de prêter à douze pour cent par an, & (1) aux autres sur le pié de huit pour cent : si cet intérêt ne surpasse point le dédommagement de ce que l'on perd ou que l'on peut perdre en prêtant, il n'y a rien de contraire ni au Droit Naturel, ni au Droit Divin. Mais s'il va au delà de ce à quoi peut se monter un tel dédommagement, (2) les Loix ne donnent point un véritable droit d'exiger ce surplus, elles ne font qu'accorder l'impunité.

§. XXIII. Le (1) Contract (2) d'Assûrance est entiérement nul, si l'un des Contractans sait ou que la chose dont il s'agit est arrivée à bon port dans le lieu qu'on souhaittoit; ou qu'elle a péri. Cette connoissance est non seulement contraire à l'égalité qu'il doit y avoir dans tous les Contracts intéressez de part & d'autre, mais encore à la nature propre du Contract d'Assûrance, qui roule sur un danger incertain. L'estimation de ce danger doit se régler sur l'estimation commune.

§. XXIV. 1. Dans un Contract de Socie'te' (1) pour le négoce, si de part & d'autre on met en commun de l'argent, ou les sommes sont égales, & en ce cas-là on partage également la perte & le gain, ou elles sont inégales, & alors chacun des Associez tire à proportion de ce qu'il a donné, comme le remarque (2) Aristote. La même chose a lieu, quand la peine mise en commun de part & d'autre est égale ou inégale.

2. On peut aussi mettre en commun, d'un côté la peine, & de l'autre l'argent; (3) ou bien, d'un côté, la peine, & de l'autre l'argent & la peine tout ensemble. Cela se fait en plus d'une maniére. Car ou l'un des Associez fournit sa peine, & l'autre seulement

VII. §. 11. Voiez aussi Mr. Noodt, *De Fœnore & Usuris*, Lib. I. Cap. XII.

(3) Ὅστις δὲ εἴργασται μὲν, ὥσπερ ἐγὼ, πολλὰ, καὶ κεκινδύνευκε, εὐπορήσας δὲ μικρὸν ἠδίκησε ταῦτα, καὶ χαρίζεσθαι βουλόμενος, καὶ μὴ λαθεῖν διαρρυὲν αὐτὸν τὸ ἀργύριον· τὸ τίς ἂν τοῦτον εἰς ἐκείνους (οἱ τίκτειν τὸ ἀργύριον ἐπιστάμενοι, μήτε συγγνώμης, μήτ' ἄλλου μηδενὸς, εἶεν, ἀλλ' ἢ τοῦ πλείονος) τιθείη; Orat. in Pantænet. *pag.* 630, 631. *Edit. Basil.* 1572.

(4) Procope faisant l'éloge de *Germain*, Parent de l'Empereur *Justinien*, dit, qu'il prêtoit de grosses sommes à tous ceux qui en avoient besoin, sans prendre jamais d'eux aucun intérêt, qui puisse être véritablement ainsi appellé : Χρήματα τοῖς δεομένοις ἄνευ δεδανεικὼς μεγάλα, καὶ τόκον οὐδ' ὁτιοῦν λέγω κεκομισμένος πρὸς αὐτῶν πώποτε. Gothic. Lib. III. (Cap. XL.) Grotius.

§. XXII. (1) Cela a lieu aussi dans l'*Empire d'Allemagne*. Grotius.

(2) C'est pour cela aussi que l'Empereur Justinien se crut d'obligation de réduire à un pié plus juste & plus raisonnable l'intérêt qu'on pouvoit exiger d'un Débiteur. Voiez les Novelles XXXII. XXXIII. XXXIV. Grotius.

§. XXIII. (1) Voiez Pufendorf, *Droit de la Nat. & des Gens*, Liv. V. Chap. IX. §. 8. Il traite, dans ce Chapitre, des autres Contracts où il entre du hazard. On peut lire aussi une Dissertation de feu Mr. Hertius, qui se trouve dans ses *Parœmia Juris German.* Lib. I. Cap. XLIII. pag. 460, *& seqq.* du Tome III. de ses *Commentat. & Opuscula* &c. & dans laquelle il traite les principales questions, qui regardent le Contract d'Assûrance.

(2) Sue'tone appelle cela, *damnum in se suscipere*. Vit. Claud. (*Cap.* XVIII.) C'est ainsi que Cice'ron prit des Répondans, afin que l'argent public qu'il avoit à transporter ne courût aucun risque dans le transport : Laodiceæ *me prædes accepturum arbitror omnis pecuniæ publicæ, ut & mihi & Populo cautum sit sine vecturæ periculo.* Lib. II. Epist. XVII Grotius.

Dans ce que Sue'tone dit de *Claude*, il y a plus qu'un Contract d'Assûrance : car l'Empereur se chargeoit gratuitement de toute la perte, afin de favoriser le commerce des Marchands, qui mettoient des Vaisseaux en mer pendant la plus fâcheuse saison de l'année, pour amener des vivres à *Rome* : *Nihil non excogitavit ad invehendos, etiam in tempore hiberno, commeatus. Nam & negotiatoribus certa lucra proposuit, suscepto in se damno, si cui quid per tempestates accidisset* &c. On trouve un semblable exemple, du tems de la République, dans Tite Live, Lib. XXIII. Cap. XLIX. Pour ce qui est de Cice'ron, il y a apparence, qu'il ne fit autre chose que donner les sommes, qu'il avoit en main, à des Banquiers, qui s'engageoient de les faire compter à *Rome*; comme l'explique Paul Manuce. Rien n'empêche du moins, qu'on n'entende ainsi les termes de sa Lettre. Ainsi il s'agiroit là d'une toute autre sorte de Contract.

§. XXIV. (1) Voiez, sur ce Contract, Pufendorf, *Droit de la Nat. & des Gens*, Liv. V. Chap. VIII. L'Auteur rapporte ici, dans une Note, dont il pouvoit se passer, l'exemple d'une espece de Société pour la pêche, entre les Hommes & les Dauphins, (Plin. *Hist. Natural.* Lib. IX. Cap. VIII.) & entre deux Coquillages de mer, dont l'un s'appelle *Pinna*, & l'autre *Pinnother*. Idem, *ibid.* Cap. XLII. Cicer. *de Finib. bon. & mal.* Lib. III. Cap. XIX.

(2) Οἴονται γὰρ, καθάπερ ἐν χρημάτων κοινωνίᾳ πλεῖον λαμβάνουσιν οἱ συμβαλλόμενοι πλεῖον, οὕτω δεῖν καὶ ἐν τῇ φιλίᾳ. Ethic. Nicom. *Lib.* VIII. *Cap.* XVI. pag. 115. B.

(3) C'est ce que l'on dit ordinairement :

Par pari datum hostimentum 'st, opera pro pecunia. Grotius.

Ce vers est de Plaute. *Asinar.* Act. I. Scen. III. vers. 20. Et il s'agit-là, non d'un Contract de Société, mais d'un Contract de *Faire, afin qu'on nous donne.* Tant pris, tant paie.

ment l'usage de son argent; auquel cas, si la somme vient à se perdre, c'est tant pis pour celui à qui elle appartient, & si elle se conserve, elle lui demeure toute entiére : ou bien celui qui fournit l'argent, met en commun la propriété même de la somme avec la peine de l'autre Associé, (a) & alors le dernier entre en portion du Capital. Dans le prémier cas, on compare avec la peine de l'un des Associez, non pas le fonds même de l'autre, mais les risques que celui-ci court de perdre son argent. Dans l'autre, la valeur de la peine est censée jointe à l'argent, en sorte que celui qui fournit sa peine a part au Capital, à proportion de ce qu'elle vaut. Ce que je dis de la peine, il faut l'entendre des fatigues & du danger de la Navigation, & autres choses semblables.

(a) *Navarr.* XVII. *num.* 250. *Covarruv.* III. Var. Cap. II. *Lessius*, Lib. II, c. 25. Dub. III.

3. Qu'un des Associez aît part au gain, sans entrer pour rien dans les pertes, cela ne s'accorde point à la vérité avec la nature du Contract de Société; mais on peut néanmoins faire sans injustice une telle convention. C'est alors un Contract mixte, qui tient du Contract de Société, & de celui d'Assurance. Et pour y garder une juste égalité, il faut que celui qui se charge seul des risques & perils, aît à proportion une plus grosse part du gain, qu'il n'auroit euë sans cela (b).

(b) *Angel.* verb. *Societas.* I. §. 7. *Sylvest.* verb. *Societas.* I. Quæst. II. *Navarr.* XVII. *num.* 255. *Covarruv.* & *Less.* ubi supra.

4. Mais il n'y a pas moien d'accorder, qu'un Associé, véritablement tel, puisse souffrir les pertes, sans avoir aucune part au gain. La communication des profits est si essentielle au Contract de Société, qu'il ne sauroit subsister sans cela.

5. Les Jurisconsultes disent, (4) que, quand on n'a point déterminé la portion que doit avoir chaque Associé, ils sont censez être convenus de partager également. Cela n'est vrai que quand ils ont également contribué au fonds commun.

6. Dans une Société de tous biens généralement, il ne faut pas comparer ensemble le profit qui se trouve provenir des biens de l'un ou de l'autre des Associez, mais celui que chacun avoit lieu vraisemblablement d'en esperer.

§. XXV.

(4) *Si non fuerint partes societati adjectæ, æquas eas esse constat.* DIGEST. Lib. XVII. Tit. II. *Pro Socio*, Leg. XXIX. Mais il y a plus d'apparence, que les Jurisconsultes entendoient ici une égalité simple, & non pas proportionelle. C'est qu'ils regardoient le Contract de Société comme une espéce de fraternité (DIGEST. Lib. XVII. Tit. II. *Pro Socio*, Leg. LXIII. *princ.*) & par conséquent d'amitié, qui mettoit tout en commun, sans examiner si l'un des Associez avoit contribué plus que l'autre : à moins qu'on n'en fût autrement convenu. Voiez Mr. SCHULTING, sur les *Institutions de* CAJUS, Lib. II. Tit. IX. §. 16. Not. 98. pag. 171. b. de sa *Jurisprudentia Ante-Justinianea.*

§. XXV. (1) Parmi les citations de la marge, qui étoient ici, comme en bien d'autres endroits, transposées & mal placées dans l'Original, il y en a deux qui doivent se rapporter ici. La prémiére est de TITE LIVE, *Lib.* XXXIX. comme portent toutes les Editions, avant la mienne. Il y avoit faute. On ne trouve rien d'approchant du sujet dans ce Livre ; & je ne doute pas que nôtre Auteur n'ait eu en vuë ce que l'Historien rapporte à la fin du Livre XXIII. de trois Sociétez de Partisans, qui, dans un grand besoin de la République, s'engagérent à aller en *Espagne* porter des provisions, qu'ils fournissoient eux-mêmes, pour l'Armée des *Scipions : Indicandas populo publicas necessitates, cohortandosque, qui redempturis auxissent patrimonia, ut Reipublicæ, ex qua crevissent, ad tempus commodarent : conducerentque eâ lege præbenda, quæ ad exercitum* Hispaniensem *opus essent, ut, quum pecunia in ærario esset, iis primis solveretur . . . . . Ubi ea dies venit, ad conducendum tres societates aderant hominum undeviginti* &c. Cap. XLVIII. *num.* 9, 10, 11. XLIX. *num.* 1. Ces Partisans stipulérent, entr'autres choses, que le Public les dédommageroit des pertes qu'ils pourroient faire, si quelque Vaisseau venoit à être pris par les Ennemis, ou à périr par une tempête : *Alterum* (postulatum fuit), *ut quæ in naves imposuissent, ab hostium tempestatisque vi, publico periculo essent.* Ibid. *num.* 2. Si nôtre Auteur avoit voulu rapporter ceci au mêlange de Contract de Société, & de Contract d'Assurance, dont il parle dans le paragraphe précedent ; l'exemple ne seroit point à propos. Car la convention du Peuple Romain avec les Partisans etoit une Ferme, mêlée d'un Contract d'Assurance ; il n'y avoit point de Société. L'autre passage, cité en marge, est d'ARISTOTE, qui parle d'une Alliance qu'il y avoit entre les anciens *Toscans* & les *Carthaginois*, en vertu de laquelle ils devoient se défendre les uns les autres, sur tout dans les voiages sur mer pour le commerce : Μήτε *συμμαχίας ἕνεκεν, ὅπως ὑπὸ μηδενὸς ἀδικῶνται* .... *εἰσὶ γοῦν αὐτοῖς* [Τυρρηνοῖς καὶ Καρχηδονίοις] *συνθῆκαι περὶ τῶν εἰσαγωγίμων, καὶ σύμβολα περὶ τοῦ μὴ ἀδικεῖν, καὶ γραφαὶ περὶ συμμαχίας* &c. Politic. Lib. III. Cap. IX. pag. 348. B. Tom. II. *Edit. Paris.* Le Philosophe appelle ailleurs les Sociétez dont il s'agit, *Συμπλοϊκαὶ φιλίας*, Ethic. Nicom. *Lib.* VIII. *Cap.* XIV. *init.*

§. XXVI. (1) C'est-à-dire, avant la Loi II. du Titre du CODE, *De rescindenda venditione* : touchant laquelle on peut voir ce qui a été dit sur PUFENDORF, *Droit de la Nat. & des Gens*, Liv. V. Chap. III. §. 9. *Note* 1.

(2) Voiez sur tout ceci, le Chapitre de PUFENDORF, qui vient d'être cité, §. 10, 11. avec les Notes.

(3) *Idem* POMPONIUS *ait, in pretio emtionis & venditionis naturaliter licere contrahentibus se circumvenire.* Di-

§. XXV. Lors que (1) plusieurs Vaisseaux s'associent pour se garantir du péril qu'ils ont à craindre de la part des Pirates; leur défense mutuelle, & quelquefois l'espérance du butin, est l'avantage commun qu'ils se proposent. On fait ordinairement une estimation de la valeur des Vaisseaux associez, & de leur charge, afin de savoir pour combien les Propriétaires des Vaisseaux & des Marchandises doivent entrer, à proportion (a) de la part qu'ils ont à cette somme totale, dans les pertes qui arriveront; au nombre desquelles on met les frais nécessaires pour la guérison des blessez.

(a) Voiez quelque chose de semblable dans les Loix des *Wisigoths*, Lib. V. Tit. V. Cap. V.

§. XXVI. 1. Tout ce que nous avons dit jusqu'ici, est conforme au Droit Naturel. Il ne paroît pas que le Droit des Gens arbitraire y aît rien changé, hormis en ce qui regarde une seule maxime qu'il établit; C'est que, par rapport aux actions extérieures, une inégalité à laquelle on a consenti de part & d'autre, sans qu'il y aît eu ni mensonge, ni suppression de ce que l'on devoit déclarer, passe pour égalité: en sorte que, comme par le Droit Civil on n'avoit point action en Justice pour ce sujet, avant la (1) Constitution de Dioclétien; de même, entre ceux qui n'ont d'autre Loi commune que le Droit des Gens, (2) on ne peut exiger aucune restitution, ni avoir recours aux voies de la force, pour se faire dédommager d'une lézion comme celle-là.

2. C'étoit la pensée du Jurisconsulte Pomponius, lors qu'il a avancé, (3) qu'*il est naturellement permis de se tromper les uns les autres à l'égard du prix d'un Achat ou d'une Vente.* Quand il dit, que cela est *permis*, il n'entend pas que la chose soit juste & innocente, mais seulement qu'on n'a point action en Justice contre celui qui veut se prévaloir de la convention. Et le mot de *naturellement* ne signifie ici que ce qui (4) est conforme à la Coûtume reçuë, comme ce terme se prend en quelques autres endroits, parce que la (5) *Coûtume est une seconde nature*, selon l'ancien mot proverbial. L'Apôtre St. Paul dit, dans le même sens, (a) que *la* Nature *elle-même nous enseigne, qu'il est honteux à un Homme de porter des Cheveux longs*; ce

(a) I. Corinth. XI, 14, 15.

Digest. Lib. IV. Tit. IV. *De minoribus* &c. Leg. XVI. §. 4. Voiez aussi *Lib.* XIX. Tit. II. *Locati, conducti*, Leg. XXII. §. 3. Grotius.

(4) C'est ainsi qu'Aulu-Gelle, parlant de l'acte conjugal, dit, que c'est une chose, que la Loi de Nature veut qu'on cache: Annianus *Poëta, & plerique cum eo ejusdem Musæ viri, summis adsiduisque laudibus hos* Virgilii *versus ferebant, quibus* Volcanum *&* Venerem *junctos mixtosque jure conjugii, rem lege naturæ operiendam, verecunda quadam tralatione verborum quum ostenderet demonstraretque, protexit.* Noct. Attic. *Lib.* IX. *Cap.* X. L'Auteur du Livre de la Sapience, Chap. XIII. vers. 1. appelle les Idolatres, des *gens vains de leur nature*, φύσει μάταιοι. Car il ne s'agit point là de tous les Hommes, non plus que dans un passage de St. Paul, où il dit, en prenant le mot de *nature* dans le même sens: *Nous étions de nôtre nature enfans de colére*, Ephes. II, 3. Il ne parle pas tant en son nom, qu'au nom des *Romains*, chez qui il étoit, quand il écrivoit cette Lettre. C'est aussi en suivant cette idée de *Coûtume*, que Thucydide dit que *la Nature Humaine s'étoit renduë maitresse des Loix*: Καὶ τῶν νόμων κρατήσασα ἡ ἀνθρωπεία φύσις, εἰωθυῖα καὶ παρὰ τοὺς νόμους ἀδικεῖν &c. Lib. III. [Cap. LXXXIV. *Ed. Oxon.* Voiez aussi Cap. XLV. *in fin.*] Les *Grecs* parlant des Vertus & des Vices, qui ont jetté de profondes racines dans l'Ame, disent qu'ils ont tourné en nature, πεφυσιωμένα. Et Diodore *de Sicile* dit, que la Nécessité l'emporta sur la Nature, τῆς φύσεως ὑπὸ τῆς ἀνάγκης ἡττωμένης. Grotius.

Le mot de *naturaliter*, dans la Loi dont il s'agit, a un tout autre sens, que celui qu'y donne nôtre Auteur, comme je l'ai fait voir dans l'endroit de Pufendorf cité ci-dessus. Ainsi je n'examine point, si les passages citez dans cette Note, & ceux que d'autres Ecrivains alléguent, sont bien appliquez, en supposant le sens même qu'on veut établir. Je remarquerai seulement, que, comme nôtre Auteur n'indique ici aucun passage d'un Auteur Grec, où le mot de πεφυσιωμένα soit emploié pour marquer la force de l'habitude des Vertus & des Vices; je doutai d'abord si c'étoit même un terme qui fût en usage. Outre qu'on ne le trouve point dans les meilleurs Dictionnaires, comme celui de Robert Constantin, & le Trésor d'Henri Etienne, je voiois que Sylburge, qui étoit grand Grec, critique Antesignanus de ce qu'il explique φυσιούμενος, *in naturam versus*, Not. in Grammatic. Clenard. & Antesignan. *pag.* 564. *Ed. Hanov.* 1602. Il falloit dire, selon lui, φυσιούμενος, qui vient, non de φύσις, *natura*, mais de φῦσα, *flatus*, ou *follis*; & il cite là-dessus Hesychius. Mais j'ai trouvé depuis un passage de Clément *d'Alexandrie*, qui apparemment avoit fourni à nôtre Auteur l'occasion de faire cette remarque Grammaticale, qu'il repéte dans ses Notes sur le Livre de la Sapience, XIII. 1. C'est en parlant de son *Gnostique* que le Prêtre d'*Aléxandrie* dit, qu'il aquiert par l'exercice une Vertu, qui lui devient naturelle: Τῷ ἄρα ἀνατείλαντι τὴν ἀρετὴν ἀσκήσει γνωστικῇ πεφυσιωμένῃ, φυσιοῦται ἡ ἕξις. Strom. Lib. VII. Cap. VII. pag. 859. *Edit.* Potter.

(5) Ἐπίκτητοι φύσεις τὰ ἤθη. Galen. Lib. III. Evénus, ancien Poëte Grec, dit, qu'à force de s'exercer à une chose, & de la pratiquer, elle devient enfin naturelle:

Φημὶ πολυχρόνιον μελέτην ἔμμεναι, φίλε, καὶ δὴ
Ταύτην ἀνθρώποισι τελευτῶσαν φύσιν εἶναι.

(Gnomograph. *Edit. Sylburg.* pag. 131.) Grotius.

(6)

ce qui pourtant n'est nullement contraire à la Nature, & se trouve d'ailleurs en usage chez plusieurs Peuples. Le Jurisconsulte même, dont nous expliquons les paroles, après avoir dit, en un autre endroit, que, selon le Droit Romain, une seule & même personne, d'entre ceux qui ne sont pas gens de guerre, ne peut pas en même tems avoir testé, & décéder abintestat; ajoûte, (6) que ces deux choses se contredisent *naturellement*. Cette régle néanmoins est uniquement fondée sur les coûtumes des *Romains*: elle ne s'observe point chez les autres Peuples; & elle n'avoit pas lieu chez les *Romains* même, en matière des (7) Testamens des Gens de guerre.

3. Au reste, c'est pour une utilité manifeste que le Droit des Gens a ôté la liberté de se dédire d'un Contract à cause de l'inégalité ou la lézion dont nous avons parlé. Cela étoit nécessaire pour prévenir des contestations infinies, & qu'on n'auroit pû débrouiller, à cause de la variation & de l'incertitude du prix des choses, entre ceux qui ne reconnoissent point de Juge commun. *Telle est l'essence de l'Achat & (8) de la Vente* (disent les Empereurs Dioclétien & Maximien, entendant par l'*essence*, ou la *substance*, la pratique constante de ce Contract) *que l'Acheteur & le Vendeur entrent en traité, l'un souhaittant d'acheter à bon marché, l'autre de vendre cher, en sorte que ce n'est pas sans peine qu'après bien des (9) contestations, le Vendeur rabattant peu à peu de ce qu'il demandoit, & l'Acheteur ajoûtant à ce qu'il avoit offert, ils demeurent d'accord enfin d'un certain prix, & concluent le marché.* C'est aussi eu égard à cette pratique, autorisée par le Droit des Gens, que le Philosophe Senéque raisonne ainsi: (10) *Qu'importe combien une chose peut valoir en elle-même, lors que l'Acheteur & le Vendeur sont convenus du prix? ... Celui qui a acheté à bon compte, ne doit rien à celui qui lui a vendu.* Andronic de *Rhodes*, Paraphraste d'Aristote, dit dans la même vuë, (11) que *le gain qu'on fait dans un Contract volontaire n'est point injuste, ni sujet à être redressé, parce que les Loix permettent d'en profiter.* L'Auteur de la *Vie d'Isidore*, que j'ai cité un peu plus haut, parlant de ceux qui achétent à un prix au dessous de ce que les choses valent, ou qui vendent à un prix au dessus, appelle cela (12) *une injustice permise par les Loix, mais qui au fond n'en est pas moins injustice.*

CHA-

(6) *Jus nostrum non patitur, eumdem in paganis & testato, & intestato decessisse, earumque rerum naturaliter inter se pugna est.* Digest. Lib. L. Tit. XVII. *De diversis regulis Juris*, Leg. VII. Il s'agit du cas, où un Testateur a disposé seulement d'une partie de ses biens: comme quand, en nommant un Heritier, il ne lui a assigné que la moitié ou le quart de l'Herédité; ou lors qu'en instituant plusieurs Héritiers, il a assigné distinctement à chacun sa portion, en sorte que toutes ensemble n'épuisent pas le total des biens. Selon le Droit Romain, ce reste, dont le Testateur n'avoit rien dit, *accroissoit* à l'Héritier, ou aux Héritiers, tout de même que s'il leur eût été donné formellement. On posoit pour principe, qu'une même personne ne pouvoit pas vouloir tester, & laisser néanmoins une partie de ses biens parvenir abintestat aux Heritiers légitimes. Mr. de Bynkershoek croit que cela étoit fondé sur ce que, par les Loix des XII. Tables, tous les biens d'une personne ou échéoient à ses Parens abintestat, ou appartenoient à celui que le Testateur avoit declaré entre vifs son Héritier avec certaines formalitez (*mancipatione familiæ per æs & libram*). Voiez les *Observat. Juris Rom.* de ce grand Jurisconsulte, *Lib.* II. Cap. III. Cependant, quand je considére bien les paroles de la Loi dont il s'agit, il me semble qu'on y sent assez que le Jurisconsulte Pomponius a voulu trouver une contradiction réelle dans la supposition qu'une seule & même personne fût morte abintestat, & eût néanmoins testé. Il n'y a nulle apparence, comme le remarque Jaques Godefroi, dans son Commentaire sur cette Régle, que *naturaliter* signifie ici, *selon la coûtume reçuë* par le Droit Romain: cela étoit assez exprimé au commencement de la Régle; & l'on ne pouvoit pas choisir de termes plus forts, pour marquer une contradiction fondée sur la nature même des choses. Je conçois aisément, que des idées d'une fausse Philosophie auront empêché ce Jurisconsulte de s'appercevoir, qu'à la vérité il répugne qu'on veuille tester & ne pas tester, par rapport aux mêmes biens; mais que rien n'empêche qu'on ne veuille disposer par testament de certains biens, & laisser les autres parvenir abintestat aux Héritiers Légitimes. La question est de savoir, s'il y a naturellement lieu de présumer que ce soit par cette raison qu'un Testateur n'a disposé que d'une partie de ses biens, ou par un pur oubli, qui a fait qu'il n'a point pensé au reste. C'est dequoi on ne peut guéres juger que par les circonstances. Quoi qu'il en soit, la maxime du Droit Romain n'avoit pas lieu à l'égard des Testamens faits par des Gens de guerre. Sur quoi le Savant Godefroi, que je viens de citer, montre que ces Testamens n'étoient exceptez qu'en ce qui regardoit les dispositions des biens aquis à la Guerre, ou à l'occasion de la Guerre: car c'est ainsi qu'il entend, avec beaucoup d'apparence de raison, les mots, *eumdem in paganis*, c'est-à-dire, *bonis*. Il y avoit

CHAPITRE XIII.

Du Serment.

I. *Quelle est la force du* Serment, *selon les idées des Paiens mêmes.* II. *Pour que le Serment soit bon & valide, il faut qu'il aît été fait avec délibération, c'est-à-dire, qu'on aît voulu jurer.* III. *Les paroles du Serment obligent dans le sens qu'on croit que les a prises celui à qui l'on jure.* IV. *Si un Serment est obligatoire, quand on a été porté à le faire par quelque fraude ou quelque artifice?* V. *Qu'il ne faut pas étendre les termes du Serment au delà du sens qu'ils ont dans l'usage ordinaire.* VI. *Qu'on n'est point obligé de tenir son Serment, lors qu'on a juré de faire une chose illicite:* VII. *Ou quelque chose qui empêche un plus grand bien moral:* VIII. *Ou quelque chose d'impossible.* IX. *Du cas, où l'impossibilité n'est que pour un tems.* X. *Que le nom de* Dieu *entre dans le Serment: & comment.* XI. *On peut aussi y faire entrer le nom d'autres choses, mais par rapport à* Dieu. XII. *Que ceux qui jurent par quelque fausse Divinité, ne laissent pas de faire un véritable Serment.* XIII. *De l'effet du Serment, ou de l'obligation qui en naît, tant au moment que l'on jure, qu'après avoir juré.* XIV. *Qu'il y a des cas, où* Dieu, *& la personne à qui l'on jure, aquiérent en même tems le droit d'exiger ce que l'on a promis avec serment; & d'autres où l'on n'y est tenu qu'envers Dieu.* XV. *Réfutation de la pensée de ceux qui veulent, que, quand on a juré à un Pirate, ou à un Tyran, ce serment n'oblige pas même par rapport à* Dieu. XVI. *Si l'on doit tenir ce que l'on a promis avec serment à un Perfide?* XVII. *Qu'en matiére des Sermens, dont l'obligation regardoit* Dieu *seul, l'Héritier de celui qui a juré n'est tenu à rien.* XVIII. *Qu'il n'y a point de Parjure, quand celui à qui l'on avoit juré nous dispense de tenir nôtre serment; ou lors que celui à qui l'on avoit juré, en le considérant sous une cer-*

voit aussi quelques exceptions par rapport aux biens même de ceux qui n'étoient pas Gens de guerre. Voiez la Note suivante.

(7) Il arrive aussi souvent, que cette régle n'a pas lieu dans les Testamens même de ceux qui ne sont pas Gens de guerre, savoir, lors qu'il y a une juste plainte d'*Inofficiosité.* Voiez Digest. Lib. V. Tit. II. *De inofficioso Testamento*, Leg. XV. §. 2. Leg. XIX. XXIV. Cod. *eod. Tit.* Lib. III. Tit. XXVIII. Leg. XIII. Grotius.

On peut consulter là-dessus Cujas, *in Papinian.* pag. 378, 379. Tom. IV. Opp. & Antoine Faure, *Ration.* Tom. II. pag. 180. 188. 197, *& seqq.*

(8) *Quod si videlicet contractûs emptionis atque venditionis cogitasses substantiam, & quod emtor vilioris comparandi, venditor carioris distrahendi, votum gerentes, ad hunc contractum accedant, vixque post multas contentiones, paulatim venditore de eo quod petierat detrahente, emtore autem huic, quod obtulerat, addente, ad certum consentiant pretium: profecto perspiceres* &c. Cod. Lib. IV. Tit. XLIV. *De rescindenda venditione*, Leg. VIII.

(9) C'est de là que Festus tire l'étymologie d'un mot Latin, qui signifie *Courtier*: Cociones (il y a dans les Editions, *Coctiones*) *dicti videntur à cunctatione, quòd, in emendis vendendisque mercibus, tarde perveniant ad justi pretii finem. Itaque apud antiquos prima syllaba per V literam scribebatur.* Quintilien emploie le mot de *Cocionari*, pour dire, barguigner, être long tems à conclurre le marché d'une Vente: *Vendidit, quantum voluit, quanti voluit: & ut hoc ad illustras accederet moras, fortasse diu cocionatus est.* Declamat. XII. *Pro Civibus* (Cap. XXI. pag. 263. *Edit. Burm.*) Grotius.

Voiez la Note de Gronovius, sur ce vers de Plaute:

Vetus est, Nihili cocio est: scis cujus? non dico amplius.

Asinar. *Act.* I. *Scen.* III. vers. 51. Et la Note de Mr. Burman sur le passage de Quintilien, que nôtre Auteur cite.

(10) *Primum, quid interest quanti sint, quum de pretio inter ementem & vendentem convenerit? .... Praeterea nihil venditori debet, qui bene emit.* De Benefic. *Lib.* VI. *Cap.* XV.

(11) Τὸ γὰρ ἐν τοῖς ἑκουσίοις συναλλάγμασι κέρδος, ὅτε ἀδικεῖ ἐστιν, ὅτε ἐνδέχεται· τοῦτον γὰρ ἀδικεῖν ἀφεῖναι ὁ νόμος. In Ethic. Nicom. *Lib.* V. *Cap.* V. *in fin.*

(12) Ἀλλ' ἀδικεῖν ὑπὸ μὲν τοῦ νόμου ἀφείθησαν, τὸ δὲ δίκαιον ἀνατρέπουσαν. C'est l'Extrait de la Bibliothéque de Photius, qui a déja été cit[é] [à] la fin du §. 11. de ce Chap. & à la même page 1044. de l'Edition indiquée-là.

certaine qualité, n'est plus revêtu de cette qualité. XIX. *En quels cas ce que l'on fait contre son serment est nul.* XX. *Quel pouvoir ont les Supérieurs par rapport à la validité des Sermens que ceux qui dépendent d'eux ont fait, ou qu'on leur a fait.* XXI. *De quelle sorte de Serment il s'agit proprement dans la défense que Nôtre Seigneur* JE'SUS-CHRIST *fait de jurer.* XXII. *En quel cas une simple parole donnée a force de Serment, selon la coûtume.*

§. I. 1. DE tout tems, & parmi tous les Peuples, on a regardé le (1) SERMENT comme aiant beaucoup de force par rapport à l'obligation des Promesses, des Conventions, & des Contracts auxquels on l'ajoûte. SOPHOCLE (2) dit, que, *quand on jure, on est plus attentif à ce qu'on fait, & plus soigneux de tenir sa parole, pour éviter deux grands maux qu'on s'attireroit en se parjurant ; l'indignation de ses Amis, & la colére des Dieux.* Selon (3) CICE'RON, *il n'y a point de lien plus fort, que le Serment, pour empêcher les Hommes de manquer à leur parole.*

2. De là vient qu'on a toûjours cru, que les Parjures devoient s'attendre à quelque grande punition. HE'SIODE dit, (4) que *le Serment cause beaucoup de maux aux Hommes, lors qu'ils se parjurent volontairement.* On regardoit même cette punition comme s'étendant jusqu'à la (5) postérité des Parjures; ce qui n'auroit lieu, selon l'opinion commune, qu'en matiére des Crimes les plus énormes. On croioit aussi, que la simple volonté, sans l'effet, suffisoit pour attirer de si terribles châtimens. L'un & l'autre paroît par ce qu'HE'RODOTE raconte d'un certain *Glaucus*, Lacedémonien, qui avoit seulement délibéré s'il s'approprieroit un Dépôt, qu'il avoit promis avec serment de restituer. Là-dessus l'Historien rapporte des Vers de la *Pythienne*, ou Prophetesse de *Delphes*, dans lesquels il est dit, (6) que *le Dieu, qui préside aux Sermens, a un Fils sans nom, qui n'a ni pieds, ni mains; mais qui vient fondre tout d'un coup sur les Parjures, & ravage* (7) *toute leur Famille & toute leur Race.* JUVENAL aiant raconté la même histoire, finit par cette réflexion : (8) *Voilà les punitions auxquelles expose la seule volonté de mal faire.* C'est pourquoi, quand CICE'RON dit, (9) que *l'obligation de tenir un Serment se rapporte aux Devoirs de la Justice & de la Fidelité, & non pas à la crainte de la colére des Dieux, qui ne sont pas susceptibles*

CHAP. XIII. §. I. (1) La matiére de ce Chapitre est traitée dans PUFENDORF, *Liv.* IV. *Chap.* II. du *Droit de la Nat. & des Gens.*

(2) C'est un fragment de la Tragédie de ce Poëte, qui avoit pour titre *Hippodamie*. STOBE'E nous l'a conservé : Voici l'original, dont nôtre Auteur se contentoit de donner la traduction :

Ὅρκου δὲ προστεθέντος ἐπιμελεστέρα
Ψυχὴ κατέστη· δισσὰ γὰρ φυλάσσεται,
Φίλων τε μέμψιν, καὶ θεοὺς ἁμαρτάνειν.

Floril. *Tit.* XXVII.

(3) *Nullum enim vinculum ad adstringendam fidem Jurejurando majores arctius esse voluerunt.* De Offic. *Lib.* III. *Cap.* XXXI.

(4) Ὅρκον θ᾽, ὃς δὴ πλεῖστον ἐπιχθονίους ἀνθρώπους
Πημαίνει, ὅτε κέν τις ἑκὼν ἐπίορκον ὀμόσσῃ.

Theogon. *vers.* 231. 232.

(5) Voiez SERVIUS sur le I. Livre de l'*Enéide*; dans les additions tirées du MS. de l'Abbaïe de *Fulde*. GROTIUS.

Je ne trouve point de remarque approchante du sujet, dans le Commentaire de SERVIUS sur les deux prémiers Livres de l'*Enéide*, qui sont ceux sur lesquels PIERRE DANIEL tira des additions du MS. dont il s'agit. Mais je vois, que VIRGILE lui-même dit, dans ses *Géorgiques*, que les *Romains* de son tems ont été assez punis des parjures de la Nation Troïenne, de laquelle ils se disoient descendus. En quoi il fait allusion à ce que l'on disoit de l'infidélité de *Laomedon* à l'égard d'*Apollon* & de *Neptune* :

——— *Satis jampridem sanguine nostro*
Laomedonteæ *luimus perjuria* Trojæ.

Lib. I. vers. 501, 502. Là-dessus l'ancien Commentateur ne dit pas le mot. Ainsi nôtre Auteur pourroit bien avoir confondu le Commentaire avec le Texte.

(6) Ἀλλ᾽ Ὅρκου πάϊς ἐστὶν ἀνώνυμος, οὐδ᾽ ἔπι χεῖρες,
Οὐδὲ πόδες· κραιπνὸς δὲ μετέρχεται, εἰσόκε πᾶσαν
Συμμάρψας ὀλέσῃ γενεὴν, καὶ οἶκον ἅπαντα.

Lib. VI. Cap LXXXVI.

(7) Voiez ZACHARIE, Chap. V. vers. 3, 4. & l'explication que St. CHRYSOSTOME donne de ce passage, *Orat.* XV. *De Statuis.* GROTIUS.

(8) *Vocem adyti dignam templo, veramque probavit ;*
Exstinctus totâ pariter cum prole domoque,
Et quamvis longâ deductis gente propinquis.
Has patitur pœnas peccandi sola voluntas.

Satir. XIII. vers. 203. *& seqq.*

(9) *Est enim Jusjurandum adfirmatio religiosa. quod autem adfirmatè, quasi Deo teste, promiseris, id tenendum est. Jam enim non ad iram Deorum, quæ nulla est, sed ad Justi-*

bles de mouvemens de Colére; si par la *Colére* il entend cette passion que l'on nomme ainsi ordinairement, il n'a pas tort: mais s'il exclut tout désir & toute volonté de faire souffrir du mal aux Coupables, la proposition ne sauroit être admise en ce sens, ainsi que le prouve très-bien (a) LACTANCE. Du reste, j'approuve la définition que CICE'RON donne du Serment, dans le même endroit, lors qu'il dit, que c'est *une affirmation réligieuse: & qu'on doit tenir exactement ce que l'on a ainsi promis en prenant à témoin la Divinité.* Voions maintenant, d'où vient la force du Serment, & jusqu'où elle s'étend.

(a) Lib. *De Ira Dei.*

§. II. 1. IL FAUT d'abord supposer ici, comme dans les Promesses & les Contracts, que celui qui jure aît l'usage de la Raison, & qu'il agisse avec délibération. Si donc quelcun, sans avoir intention de jurer, prononce des paroles qui renferment une espéce de Serment, comme on le raconte de *Cydippe*; il peut tenir alors le langage (1) qu'OVIDE met dans la bouche de cette Fille, après (2) EURIPIDE: *C'est le Cœur qui jure; je n'ai point juré de cœur.*

2. Autre chose est, si voulant bien jurer on prétendoit néanmoins n'être point lié par son Serment. (a) Car, en ce cas-là, on ne laisseroit pas de contracter une véritable obligation: l'obligation étant inséparable du Serment, & un effet qui en résulte de toute nécessité.

(a) Voiez *Soto*, Lib. VIII. Quæst. I. Artic. 7. & *Covarruvias*, ad Cap. *Quamvis.* Part. I. §. 5.

§. III. 1. IL en est de même, lors qu'on profére de propos délibéré des paroles qui renferment un Serment, avec intention néanmoins de ne pas jurer. Quelques Docteurs croient qu'en ce cas-là il n'y a point d'obligation, quoi qu'on péche en ce que l'on fait un Serment vain & téméraire. Mais il est plus raisonnable de poser pour maxime, qu'on doit même alors effectuer ce dont on a pris DIEU à témoin. Car l'acte, qui étoit obligatoire en lui-même, a été fait avec délibération.

2. De là il s'ensuit, qu'encore qu'il soit vrai la plûpart du tems, que *le Parjure consiste à ne pas faire ce que l'on a juré en sa conscience*, comme le dit (1) CICERON; il y a pourtant ici une exception à faire, c'est que celui qui jure ne sâche pas, ou n'aît pas lieu de croire vraisemblablement, que la personne à qui il jure entend autrement les paroles dans lesquelles le Serment est conçû: car, quand on prend DIEU à témoin de ce que l'on dit, on doit effectuer ses paroles dans le sens (2) qu'on croit qu'elles sont prises par ceux avec qui l'on a à faire. Et c'est ce que CICE'RON établit encore:

(3)

Justitiam & ad Fidem pertinet. De Offic. *Lib.* III. *Cap.* XXIX.

§. II. (1) *Quæ jurat, mens est: nil conjuravimus illâ.*
Illa fidem dictis addere sola potest.
Consilium prudensque animi sententia jurat,
Et nisi judicii vincula nulla valent.
Si tibi conjugium volui promittere nostrum,
Exige polliciti debita jura tori:
Sed si nil dedimus, præter sine pectore vocem,
Verba suis frustra viribus orba tenes.
Non ego juravi: legi jurantia verba, &c.

„ Il n'y a que le Cœur, qui puisse faire compter „ sur les paroles. On ne jûre, que quand on a inten„ tion de jurer, & qu'on le fait avec délibération: „ il n'est point d'engagement valable, où l'Esprit n'a „ aucune part. Si j'ai bien voulu vous promettre de „ me marier avec vous, faites-moi tenir mon enga„ gement. Mais si je n'ai proféré qu'un son sans a„ me, vous ne tenez que de vaines paroles, sans for„ ce & sans effet. Je n'ai point juré, j'ai lû seule„ ment des paroles qui contenoient un Serment &c. *Epist. Heroïd.* XXI. vers. 135. *& seqq.* ANTONIUS LIBERALIS raconte une semblable histoire, au sujet de *Ctésylle*, & d'*Hermochare*, (Metamorph. *Cap.* 1.) GROTIUS.

(2) Ἡ γλῶσσ' ὀμώμοχ', ἡ δὲ φρὴν ἀνώμοτος. Hippolyt. vers. 612. C'est que, quand il avoit promis avec serment à la Nourrice de *Phédre*, de ne point révéler ce qu'on lui découvriroit, il avoit entendu que le secret roulât sur une chose honnête, & non pas qu'il s'agît d'un Adultére & d'un Inceste. GROTIUS.

§. III. (1) *Non enim falsum jurare, perjurare est; sed quod ex animi tui sententia juráris, sicut verbis concipitur more nostro, id non facere, perjurium est.* De Offic. *Lib.* III. *Cap.* XXIX. On peut rapporter ici ce que *Calypso* dit, en jurant à *Ulysse*, dans l'*Odyssée* d'HOME'RE:

Ἀλλὰ τὰ μὲν νοέω καὶ φράσσομαι ———

„ Je vais vous dire naïvement ce que je pense. (*Lib.* V. *vers.* 188.) GROTIUS.

(2) Voici ce que dit St. AUGUSTIN, en parlant de ce Prisonnier de guerre, qui étant sorti du Camp des *Carthaginois*, y étoit retourné un moment après, & puis étoit venu à *Rome*: par où il prétendoit être quitte du serment qu'il avoit fait de revenir: [Voiez ci-dessous, §. 15. à la fin.] *Ita non adtenderunt, qui eum Senatu pepulerunt, quid ipse jurando cogitasset, sed quid ab illo, quibus juraverat, exspectarent.* " Il fut chassé du Sé„ nat; & ceux qui le dégradérent ainsi n'eurent point „ d'égard à ce qu'il avoit eu dans l'esprit en jurant, „ mais à ce qu'attendoient de lui ceux à qui il avoit

„ ju-

(3) *Il faut tenir*, dit-il, *ce que l'on a promis avec serment, de la manière que l'a entendu celui qui nous a fait jurer.* TACITE remarque, (4) que le Sénat Romain aiant prescrit une formule de Serment; selon laquelle chaque Sénateur devoit jurer, qu'il n'avoit rien contribué à perdre qui que ce fût, ni profité en aucune manière du malheur de ses Concitoiens; *ceux qui se sentoient coupables étoient embarrassez, & cherchoient à éluder la force des paroles du serment par divers artifices.* ST. AUGUSTIN (5) traite de Parjures, *ceux qui, en se servant des mêmes termes qu'on leur prescrit, trompent l'attente de celui à qui ils jurent.* ON *a beau chicaner sur le sens des termes;* DIEU, *qui voit le fond de nos Cœurs, ne laisse pas de prendre le Serment dans le sens que conçoit celui à qui l'on jure; comme le dit* (6) ISIDORE.

3. Il faut donc que l'intention de celui qui jure réponde toûjours à la manière dont il voit qu'on entend les paroles du Serment: & c'est ce qui s'appelle (7) *Jurer en bonne conscience.* Par cette raison, *Métellus, le Numidique*, fit fort bien de ne pas vouloir donner son suffrage, avec serment, à l'établissement d'une Loi proposée par le Tribun *Appulejus Saturninus;* (8) quoi qu'il y eût d'autres Sénateurs moins scrupuleux, qui sous prétexte que la Loi étoit nulle à cause du tems auquel on en avoit fait la proposition, prétendoient que le Serment devoit s'entendre avec cette restriction tacite, que l'on approuvoit la Loi, supposé qu'elle eût été duëment proposée & établie. (a) En effet, on peut bien sousentendre aisément dans les Promesses où le nom de DIEU n'est pas intervenu, quelque condition tacite, qui ait la vertu de dégager le Promettant de sa parole: mais une telle reserve (9) ne doit point être admise, quand il s'agit du Serment. Et c'est ce qu'insinuë un beau passage de l'*Epître aux* HE'BREUX, où l'Apôtre raisonne ainsi: (b) DIEU *voulant faire voir très-évidemment aux héritiers de la Promesse, l'immutabilité*

(a) *Panormit.* In Cap. *Clericus:* de Jurejur. *Sylvest.* verb. *Juramentum:* IV. Quæst. 23.

(b) *Chap.* VI. vers. 17. Voiez là-dessus *Thomas d'Aquin.*

a juré. *Epist.* CXXIV. Lisez ce qui suit. Voiez là-dessus les belles choses qu'il y a dans le *Concile de* TROSLI, (Ville du Diocése de *Soissons*) *Tom.* III. CONCIL. *Edit. Sirmond.* comme aussi dans un Opuscule d'HINCMAR, Archevêque de *Rheims*, touchant le Divorce de *Lothaire* & de *Thietbergue* (ou *Theutbergue*) où il est dit, que DIEU prête l'oreille au Serment, non pas de la manière que l'entend celui qui jure, mais comme l'a entendu celui à qui l'on jure: & qu'ainsi on se rend coupable & envers celui à qui l'on a juré, & envers Dieu, quand on explique autrement son serment:

Qui [Deus] *non ut juras, sed ut is jurasse putavit,*
Cui juras, audit: sic es utrique reus.

Ad interrogat. VI. Cela est aussi exprimé dans la profession que font avec serment les *Juifs d'Espagne:* *Sic nos ex intentione perficeris, sicut à nobis, tue prositente, audita atque intellecta sunt.* GROTIUS.

(3) *Quod animo ita juratum est, ut mens* [*deferentis*] *conciperet fieri oportere, id servandum est.* De Offic. *Lib.* III. *Cap.* XXIX. Mais CICERON parle là de l'intention de celui qui jure, & non pas de la manière dont celui qui fait jurer entend les paroles du Serment. Le mot de *deferentis*, qui étoit dans les Editions communes du tems de nôtre Auteur, ne se trouve point dans les MSS. ni dans les meilleures Editions. Voiez ce que j'ai dit sur PUFENDORF, *Droit de la Nat. & des Gens*, Liv. IV. Chap. II. §. 15. *Note* 2.

(4) *Senatus, inchoantibus primoribus, jusjurandum concepit, quo certatim omnes magistratus, ceteri ut sententiam rogabantur, Deos testes advocabant,* nihil ope sua factum, quo cujusquam salus læderetur, neque se præmium aut honorem ex calamitate civium cepisse: *trepidis, & verba jurisjurandi per varias artes mutantibus, queis flagitii conscientia inerat.* Histor. *Lib.* IV. *Cap.* XLI. *num.* 1, 2.

(5) *Unde perjuri sunt, qui, servatis verbis, expectationem eorum, quibus juratum est, deceperunt.* Epist. CCXXIV,

(6) *Quacumque arte verborum quis juret, Deus tamen, qui conscientiæ testis est, ita hoc accipit, sicut ille, cui juratur, intelligit.* Lib. II. *De Summo Bono*, *Cap.* XXXI. *num.* 1. Ce passage est cité dans le DROIT CANONIQUE, *Caus.* XXII. *Quæst.* V. *Cap.* IX. GROTIUS.

(7) *Liquido jurare.* Dans l'*Andrienne* de TE'RENCE, un Esclave dit à un autre, de mettre devant la porte de son Maître un Enfant qu'il avoit apporté lui-même, afin que si par hazard il étoit obligé de jurer que ce n'étoit pas lui qui l'avoit mis là, il pût le faire en bonne conscience:

——— MYS. *Quamobrem id tute non facis?*
DAV. *Quia, si forte opus ad herum jusjurandum mihi,*
Non adposuisse, ut LIQUIDO *possim* ——— ———

(*Act.* IV. *Scen.* III. *vers.* 11, & *seqq.*) Là-dessus DONAT explique ce *liquido*, par, *purè & manifestè.* *Nam quæ sunt pura & defæcata, liquida sunt.* NICE'TAS *Choniate* parlant de la fraude d'*Andronic Comnene*, le blâme ce qu'il avoit altéré le sens des termes de son serment, au lieu de les prendre dans leur signification naturelle: [illegible] *In Alexio.* Le même Historien dit ailleurs, que l'Empereur *Alexis* chicanoit sur les termes de son serment, s'attachant à certaines paroles, comme les Mouches aux meurtrissûres d'une personne qui a été battuë de verges: [illegible] La Cour d'*Arcadius* pécha horriblement contre le précepte, que nous expliquons, lors qu'elle fit mourir à *Chalcédoine* un homme qui étoit venu à *Constantinople*, sur la parole qu'on lui avoit donnée avec serment de lui laisser la vie sauve, comme le rapporte ZOZIME, Lib. V. Voiez ce que l'on dira ci-dessous, *Chap.* XVI. de ce Livre, §. 2. GROTIUS.

On peut voir, sur cette façon de parler, *liquido jurare*, les *Disputat. anniversf.* de DUAREN, Lib. I. Cap. II. Au reste, nôtre Auteur, trompé par sa mémoire, attri-

bilité de sa résolution, y ajoûta le serment; afin que, par le moien de deux choses invariables, & à l'égard desquelles il est impossible que Dieu *nous* (10) *trompe, nous aions une sûre consolation.*

4. Pour entendre ces paroles, il faut savoir, que les Ecrivains Sacrez parlent souvent de Dieu à la maniére des Hommes, & plûtôt selon ce qui nous paroît, que selon ce qui est effectivement. Dieu, à parler selon l'exacte vérité, ne change point ses résolutions: l'Ecriture Sainte dit néanmoins, qu'il les *change*, & (11) qu'*il se répent*, toutes les fois qu'il agit autrement qu'il n'avoit déclaré qu'il feroit, à prendre les termes à la lettre: mais c'est qu'il y avoit une (12) condition (c) sousentenduë, qui manque alors, comme il paroît par (d) plusieurs exemples de l'Ecriture. Sur ce pié-là, on peut dire aussi en un sens impropre, que Dieu nous *trompe*. Et le terme (e) de l'Original, que nous traduisons ainsi, dans le passage dont il s'agit, donne ordinairement l'idée d'un événement (f) qui ne répond pas à nôtre attente. Cette apparence de changement en Dieu, qui est immuable, a lieu le plus souvent & le plus aisément en matiére de Menaces, parce qu'elles ne donnent aucun droit à personne. Mais on le remarque aussi quelquefois en matiére de Promesses, lors que, comme je viens de le dire, il y avoit quelque condition tacite. C'est pourquoi l'Apôtre fait mention ici de deux choses, qui marquent l'immutabilité de ce que Dieu avoit déclaré qu'il feroit: l'une est, sa Promesse; car toute Promesse donne un droit à celui en faveur de qui elle est faite: l'autre est son Serment, car le Serment exclut les conditions tacites & cachées en quelque maniére; comme il paroît par ce qui est (g) dit ailleurs. Autre chose est, lors que la nature même de la chose emporte clairement certaines conditions. C'est à quoi quelques-uns rapportent ce que Dieu dit aux *Israëlites*, dans le Livre des (h) Nom-

(c) Voiez *Jérémie*, XVIII, 8.
(d) *Génes.* XX, 3. *Exod.* XXXII, 14. *I. Rois*, XXI, 28. *II. Rois*, XX, 1. *Esaïe*, XXXVIII, 1. *Jonas*, III, 4, 10.
(e) Ψεύδεσθαι.
(f) Voiez *Lévitique*, VI, 2. *Josué*, XXIV, 27. *Job*, XL, 28. *Esaïe*, LVIII, 11. *Hosée*, IX, 2. *Habac.* III, 17.
(g) *Pseaum.* LXXXIX, 30-36.
(h) *Chap.* XIV. *vers.* 30.

attribuë ici à l'Empereur *Alexis*, ce que Nicétas dit d'*Andronic Comnène*, qui fut depuis Successeur d'*Alexis*, & qui dès-lors pensant à se rendre maître de l'Empire, cherchoit à éluder la force du Serment de fidelité, qu'il avoit prêté au défunt Empereur *Manuel*, & à son Fils. Voiez l'Historien cité, *in Alexio*, Lib. I. Cap. III. L'autre endroit cité, & celui-ci, ne font qu'un seul & même passage, dont nôtre Auteur a fait deux, aussi bien que deux histoires différentes, d'une seule. Les Copistes ou les Imprimeurs ont joint à cela une faute de leur chef, dans le dernier exemple. L'Edition de 1642. portoit *Zozomenus* pour *Zosimus*: de là les derniers avoient fait *Sozomenus*; le Correcteur aiant sans doute cru ôter ainsi une faute manifeste d'impression. Mais le fait se trouve dans Zosime, Lib. V. Cap. XVIII. *Edit. Cellar.* & il s'agit du Favori *Eutrope*, aussi célèbre par sa fin tragique, que par son élévation surprenante.

(8) [illegible] .... [illegible] .... [illegible] Appian. De Bell. Civil. *Lib.* I. pag. 626. Ed. Toll. (368. *H. Steph.*)

(9) Le respect qu'on doit à la Divinité, demande sans doute que l'on évite, autant qu'il est possible, de laisser rien à sousentendre dans les Sermens qu'on fait, pour ne fournir aux autres aucun prétexte de soupçonner qu'on n'est pas fort scrupuleux en matiére d'un acte religieux comme celui-là. Mais cependant, comme nôtre Auteur lui-même admet un peu plus bas, *num.* 4. les conditions qui suivent manifestement de la nature de la chose; il peut y en avoir d'autres, qui, quoi qu'elles n'aient pas une liaison si évidente avec l'affaire sur quoi on jure, considérée en elle-même, sont pourtant telles, qu'on aura tout lieu de croire, que le cas dont il s'agit n'est point du tout venu dans l'esprit de celui qui a juré, & que, s'il y eût pensé, il se seroit abstenu de jurer. Pourquoi donc le Serment ne tomberoit-il pas alors de lui-même, aussi bien qu'une Promesse faite sans serment? Nôtre Auteur raisonne ici, comme par tout ailleurs, sur la fausse supposition, qu'il y a dans le Serment deux obligations distinctes; & que le Serment change en quelque maniére la nature des actes auxquels il est ajoûté: supposition, que l'on verra renversée, dans le Chapitre de Pufendorf, déja cité, qui répond à celui-ci.

(10) C'est le sens du mot de l'Original ψεύσασθαι; de même que, dans le Prophéte Daniel une expression claire est appellée *vérité*, VII, 16. VIII, 26. X, 1. Grotius.

Voici de quelle maniére nôtre Auteur s'explique, dans ses Notes sur ce passage. „ On dit improprement, que quelcun trompe (ψεύδεται) lors qu'un „ autre se méprend, faute de bien entendre ce qu'il „ dit. C'est ainsi que le Prophéte Ezéchiel trompa *Sédécias*, en lui disant, *qu'il ne verroit point Babylone*. Le Roi croioit, qu'il n'y seroit jamais mené prisonnier: mais il y fut mené aveugle, & ainsi il ne *vit* point *Babylone*; ce que le Prophéte vouloit dire.

(11) Voiez Jonas, Chap. IV. vers. 2. Le *Concile VIII. de* Tolède, décide, que, quand Dieu jure, cela veut dire, qu'il ne détruit point ce qu'il a lui-même établi: & que, quand il se répent, il change à son gré ce qu'il avoit établi: Jurare *namque* Dei *est à se ipso ordinata nullatenus convellere:* poenitere *vero, eadem ordinata, quum voluerit, immutare.* Cela est cité dans le Droit Canonique, *Caus.* XXII. *Quæst.* IV. Can. IX. Et il faut l'entendre de la maniére que je l'explique dans le Texte. Grotius.

(12) Voiez Sénéque, *Quæst. Natural.* Lib. II. Cap. XXXVII. Grotius.

Nombres: *Aucun de vous n'entrera dans le Païs, où j'avois juré que je vous ferois habiter, hormis* Chaleb, & Josué. Mais il y a plus d'apparence que cela doit être expliqué d'une autre maniére, c'est que, quand Dieu promit avec serment d'introduire les *Israëlites* dans le Païs de *Chanaan*, il le promit non à telles ou telles personnes, mais au Peuple en général, c'est-à-dire, aux (i) Descendans des Patriarches, à qui Dieu avoit juré. Or une telle Promesse n'étant point attachée à certaines personnes, peut être accomplie en tout tems.

(i) *Vers.* 23.

§. IV. 1. De ce que nous avons dit, il est aisé de conclurre ce que l'on doit penser des *Sermens surpris par quelque artifice.* Car, quand il est certain que celui qui a juré (1) a supposé un certain fait, en sorte que sans cela il n'auroit pas juré; (a) il n'est point lié par son Serment, du moment que le fait paroît tout autre qu'il ne l'a cru. (2) Mais lors qu'il y a lieu de douter, si celui qui a juré l'auroit fait, encore même qu'il eût sû la fausseté de la chose supposée; il faut alors s'en tenir à ce qu'il a dit, parce que le Serment demande par lui-même l'interprétation la plus simple.

(a) *Navarr.* Cap. XII. *num.* 13.

2. Je raporte ici le Serment (3) que *Josué*, & les Principaux du Peuple d'*Israël*, firent aux *Gabaonites.* Les *Gabaonites* les avoient trompez, en faisant semblant de venir d'un Païs éloigné. Mais il ne s'ensuit point de là, que, si *Josué* & les Principaux du Peuple eussent sû qu'ils étoient du nombre des Nations voisines; ils ne les eussent pas épargnez. Il est vrai qu'ils avoient dit aux *Gabaonites*: *Peut-être demeurez-vous au milieu de nous, comment traiterions-nous avec vous?* Mais cela peut être entendu, comme si l'on eût demandé aux *Gabaonites*, de quelle maniére ils vouloient qu'on traitât avec eux, ou sur le pié d'Alliez, ou sur le pié de gens qui se soûmettent aux Loix qu'on voudra leur imposer. Ou bien il peut se faire que les *Israëlites* donnassent seulement à entendre par là, qu'il ne leur étoit pas permis de traiter alliance d'égal à égal avec certaines Nations, & non pas qu'ils ne pûssent, sans violer les ordres de Dieu, donner la vie à ceux qui se rendoient à discretion. En effet, la (b) Loi Divine qui condamnoit les sept Peuples *Chananéens* à être exterminez, doit être expliquée (4) par une autre (c) Loi, selon laquelle cet ordre n'avoit lieu qu'au cas que ces Peuples étant sommez de se rendre, ne le fissent pas d'abord. Cela paroît encore au-

(b) *Deuter.* VII, 2, & *suiv.*

(c) *Deuter.* XX, 10, & *suiv.*

§. IV. (1) Comme avoit fait *Hippolyte*, dont nous avons parlé ci-dessus, §. 2. *Note* 2. Sophocle fait dire au Choeur, dans une de ses Tragédies: *Quand on s'expose à recevoir tromperie pour tromperie, on doit s'attendre à en avoir du chagrin, & non pas à des faveurs:*

'Απάτα δ' ἀπάταις
'Ετέραις ἑτέρα παραβαλλομένα,
Πόνον, οὐ χάριν, ἀντιδίδωσιν ἔχειν.

Oedip. Colon. (*vers.* 236. & *seqq.* pag. 279. *Ed. H. Steph.*) Sur quoi le Scholiaste remarque, que les *Thébains* prétendoient n'avoir donné retraite à *Oedipe*, & ne lui avoir promis de le protéger, que parce qu'ils avoient été trompez, & qu'ils ne savoient pas qu'*Oedipe* avoit commis des crimes abominables, qui étoient cause de son exil. Et on allégue là-dessus le vers d'Euripide, cité ci-dessus, dans lequel *Hippolyte* dit, qu'il n'a point juré véritablement, parce qu'il avoit été trompé. Καὶ αὐτοὶ ἐν νομίζουσι προσδέξασθαι αὐτὸν [τὸν Οἰδίπουν] καὶ ἐπαγγείλασθαι τὴν ἀσφάλειαν αὐτῷ, ἀπατώμενοι, καὶ οὐ πρότερον ἐπεγνωκότες ὅτι εἰργάσατο μιάσματα. τοιοῦτόν ἐστι καὶ τό.

'Η γλῶσσ' ὀμώμοχ', ἡ δὲ φρὴν ἀνώμοτος.
Καὶ ἐκεῖνος γὰρ ἀπατηθεὶς ὤμοσε. Grotius.

Il y avoit ici quelques fautes, dans les paroles du Scholiaste, de la maniére que nôtre Auteur les rapportoit, apparemment pour avoir suivi quelque mauvaise Edition. Mais je ne sai si c'est sur une Edition comme celle-là, ou bien par conjecture, qu'il lit dans le dernier vers de Sophocle, ἀντιδίδωσιν ἔχει, au lieu d'ἀντιδίδωσιν ἔχειν, qui est la leçon que le Scholiaste a suivie, sans marquer qu'il y eût aucune varieté dans les Manuscrits. Les deux prémiers vers n'étoient pas non plus traduits assez exactement, à mon avis: j'ai tâché d'en exprimer mieux le sens; & j'en laisse le jugement aux Experts.

(2) Voiez Pufendorf, §. 7. du Chapitre déja cité, où il traite du Serment.

(3) Mais voiez ce que j'ai dit au long dans la *Note* 1. sur ce même Chapitre.

(4) Et par ce que Dieu dit de la raison pourquoi il vouloit que ces Nations fussent exterminées, savoir afin qu'elles n'entraînassent point les *Israëlites* à l'Idolâtrie: Exod. XXIII, 33. Deuter'ron. VII, 4. Car cette raison cessoit à l'égard de ceux qui s'engageoient à observer les *Préceptes des Noachides*, & à païer tribut au Peuple d'*Israël.* C'est ce que remarquent les Rabbins Moïse, *Fils de Maimon*, & Samson *de* Cotsi, Moïse *de Kotzi*, Precept. jubent. XV. & CVIII. Grotius.

(5) Il resta aussi des *Gergéséniens* jusqu'au tems de Nôtre Seigneur Jesus-Christ, comme il paroît par l'Evangile de St. Matthieu, VIII, 28. Car ce Peuple s'étoit rendu d'abord: & c'est pourquoi il n'en est point

d'autres choses, par l'histoire de *Rahab*, (d) à qui l'on sauva la vie, à cause du service qu'elle avoit rendu aux Espions d'*Israël*; par l'exemple des (e) Habitans de (5) *Gazer*; & par ce que fit *Salomon*, lors qu'il reçût au nombre de ses Sujets & qu'il rendit tributaires, les restes des Sept Peuples *Chananéens*. Il est dit aussi, dans le (f) Livre de JOSUE', *qu'il n'y eut aucune Ville des Sept Peuples* Chananéens *qui voulût avoir la paix avec les* Israëlites; DIEU *aiant permis qu'ils endurcissent leur cœur, en sorte qu'ils allérent combattre contre* Israël, *afin qu'il les exterminât entiérement, sans leur faire aucune grace*. Puis donc qu'il y a apparence, que, si la crainte n'eût pas n'empêché les *Gabaonites* de dire la chose comme elle étoit, on leur auroit néanmoins donné la vie, à condition d'être désormais Sujets du Peuple d'*Israël*. Le Serment de *Josué* & des autres Principaux de l'Etat, fut bon & valide par cette raison, jusques-là que la violation en fut depuis très-sévérement punie, (g) avec l'approbation de DIEU. St. AMBROISE dit, en parlant de cette histoire, que *Josué* ne voulut pas manquer de parole aux *Gabaonites*, (6) *parce qu'il avoit promis avec serment, & pour ne pas* (7) *se rendre coupable de perfidie, en même tems qu'il se plaignoit de ce qu'on l'avoit trompé*. Cependant les *Gabaonites* furent en quelque maniére punis de leur artifice. Car ils devinrent Sujets & personnellement (8) Esclaves des *Israëlites*: au lieu que, s'ils avoient agi sincérement, ils auroient pû être reçûs sur le pié de simples Tributaires.

§. V. 1. QUELQUE simplicité que demande la nature du Serment, comme nous l'avons dit, il ne faut pourtant pas étendre le sens des termes au delà de leur signification ordinaire. (1) Aussi les *Israëlites* ne se rendirent point coupables de Parjure, lors qu'aiant juré de ne pas donner leurs Filles en mariage à ceux de la Tribu de *Benjamin*, ils laissérent les Filles, qu'on leur enleva, vivre, comme Femmes, avec ceux qui les avoient enlevées: car autre chose est de donner; (2) & autre chose, de ne pas redemander ce qu'on nous a pris. St. AMBROISE (3) dit, que *l'indulgence même dont les* Israëlites *usérent ici envers ceux de* Benjamin, *renfermoit une espéce de punition, digne du crime qui avoit donné lieu à l'indignation des autres Tribus contre celle-ci; puis qu'on permit seulement à ceux de cette Tribu d'enlever des Filles, & non pas de les épouser dans les formes.*

2. On

(d) *Josué*, Chap. II.

(e) *Josué*, XVI, 10.

(f) Chap. XIX, vers. 19, 20.

(g) *II. Sam.* XXI, 1, & *suiv.*

point fait mention dans le dénombrement des Nations Ennemies, DEUTE'RONOME, XX, 17. JOSUE', IX, 1. GROTIUS.

Il n'est point dit, pourquoi les *Israëlites* ne chassérent pas les habitans de *Gazer*. Il n'y a rien non plus, qui donne à entendre, que les *Girgaséens* se rendirent d'abord. On ne peut rien conclurre de ce qu'ils sont omis dans le dénombrement des Nations Chananéennes: car on trouve ailleurs de semblables omissions; les Historiens Sacrez se contentant de parler quelquefois des plus considérables de ces Peuples, sous lesquels les autres étoient compris. Voiez la *Palæstina* de feu Mr. RE'LAND, Lib. I. Cap. XXVII.

(6) Jesus *tamen pacem, quam dederat, rescindendam non censuit, quia firmata erat sacramenti religione: ne, dum alienam perfidiam arguit, suam fidem solveret*. Offic. *Lib.* III. Cap. X. *in fin.*

(7) Cette raison ne vaut rien: car, du moment qu'on a été trompé dans une Convention, on ne se rend pas coupable de perfidie, lors qu'on ne tient point ce à quoi on ne s'étoit engagé qu'en supposant qu'on ne fût pas trompé.

(8) Comme les *Bruttiens*, Peuples d'*Italie*, le devinrent autrefois des *Romains*. Voiez AULU-GELLE, *Noct. Attic.* Lib. X. Cap. III. & FESTUS, au mot *Bruttiani*. GROTIUS.

§. V. (1) Voiez ce que j'ai dit sur PUFENDORF, *Droit de la Nat. & des Gens*, Liv. IV. Chap. II. §. 13. *Note* 1, 2, & *suiv.*

(2) Les autres Tribus ni ne dirent à ceux de *Benjamin* d'enlever leurs Filles, ni ne les en empêchérent; comme s'exprime JOSEPH: Τέτων κατὰ ἁρπαγὴς ἐπιτεθῆναι Βενιαμίταις, ἡμῶν ὅτε παρῃτουμένων, ὅτε κωλυόντων. (Antiq. Jud. *Lib.* V. *Cap.* II. pag. 149. B.) C'est ainsi que comme SENE'QUE le remarque, quand une Loi défend de secourir un Exilé, on n'y contrevient pas en souffrant que d'autres le secourent: *Lex enim tenet, qui juvat exulem, non qui patiatur juvari*. Excerpt. Controv. *Lib.* VI. *Contr.* II. SYMMAQUE, dans sa Requête aux Empereurs *Valentinien*, *Théodose*, & *Arcadius*, pour obtenir permission d'exercer publiquement le culte du Paganisme, leur représente, que l'on jette dans leurs esprits de vains scrupules, en voulant leur persuader qu'ils doivent faire conscience d'accorder ce qu'ils ne pourroient ôter sans se rendre odieux: *Inanem igitur metum divino animo vestro tentat incutere, si quis adserit, conscientiam vos habere præbentium, nisi detrahentium subieritis invidiam*. (Lib. X. Epist. LIV. pag. 297. *Edit. Juret.*) GROTIUS.

On voit bien que ces deux exemples sont différens.

(3) *Quæ tamen indulgentia congruo intemperantiæ supplicio non videtur vacare, quando illis hoc solum permissum est, ut raptu inirent conjugia, non connubii sacramento*. Offic. *Lib.* III. Cap. XIV.

2. On peut rapporter encore ici un exemple, que l'Histoire Profane nous fournit. Les *Achéens* aiant juré de faire certaines choses, qui ne plûrent pas aux *Romains*; (4) priérent les *Romains* d'y changer ce qu'ils jugeroient à propos, & de ne pas les réduire à la fâcheuse necessité de révoquer eux-mêmes ce qu'ils avoient résolu & confirmé par serment.

§. VI. Afin qu'un serment soit valable, il (1) faut que l'on aît pû s'engager en conscience à ce que l'on a juré de faire ou de ne pas faire. Une Promesse faite avec serment, est donc nulle, toutes les fois qu'elle roule sur quelque chose d'illicite, ou par le Droit Naturel, ou par le Droit Divin, ou même par les Loix Humaines; dequoi nous parlerons un peu plus bas. Voici là-dessus un beau passage de Philon, Juif: (2) *Que tous ceux, dit-il, qui se portent à quelque chose d'injuste, parce qu'ils ont juré de le faire, sâchent que ce n'est pas être religieux observateur du Serment, mais que c'est plûtôt renverser & detruire la nature de ce saint acte, qui demande tant d'attention & de circonspection, & qui est établi pour confirmer des choses justes & honnêtes. Car on ajoûte faute à faute, lors qu'après avoir fait un Serment qu'on ne devoit pas faire, on se porte à des actions illicites, dont il valloit beaucoup mieux s'abstenir, malgré le serment. Qu'on se garde donc bien de commettre alors de telles actions, & que l'on implore la Misericorde de* Dieu, *en lui demandant pardon du serment téméraire qu'on a fait. C'est une extravagance & une vraie fureur, que de vouloir faire deux maux, quand on peut en être quitte pour un.* Seneque pose pour maxime, dans une de ses Tragédies (3) qu'*il y a quelquefois du crime à tenir ce qu'on a promis.* St. Ambroise (4) dit la même chose du Serment: & St. Augustin (5) trouve étrange qu'on appelle du nom de foi une parole donnée qui tend à commettre quelque Péché.

2. Nous trouvons un exemple de ceci, dans l'histoire de *David*, qui aiant juré d'exterminer (a) *Nabal*, n'exécuta point ses menaces. Ciceron nous en fournit (6) un autre, dans le vœu d'*Agamemnon*, & Denys d'*Halicarnasse*, dans la conjuration que firent les Décemvirs (7) pour s'emparer du Gouvernement de la République.

(a) I. Sam. Chap. XXV.

§. VII.

(4) *Id modo petierunt* [Achæi] *ut* Romani, *quæ viderentur, de* Lacedæmoniis *mutarent, nec* Achæos *religione obstringerent, irrita ea, quæ jurejurando sanxissent, faciendi.* Tit. Liv. Lib. XXXIX. Cap. XXXVII. *num.* 21.

§. VI. (1) Cette maxime est bien établie par St. Ambroise: Offic. *Lib.* I (*Cap.* L.) & par plusieurs autres anciens Docteurs, dont on trouve les passages citez dans le Droit Canonique, *Caus.* XXII. *Quæst.* IV. Il en est traité aussi dans le VII. Canon d'*Ilerde*, Tom. III. *Concil. Galliæ*: [lequel Canon est parmi ceux du Droit Canonique, qui viennent d'être citez, *Can.* XI.] Et il y a encore bien des choses là-dessus, dans les Opuscules d'Hincmar, Archevêque de *Rheims*. Grotius.

(2) Ἴστω δὲ πᾶς ἐπομνύμενος ἀδίκημα δρᾶν, ὅτι εὐσεβεῖ μὲν οὔ, τὸν δὲ πολλῆς φυλακῆς καὶ ἐπιμελείας ἄξιον ὅρκον ἀνατρέπει, ᾧ τὰ καλὰ καὶ δίκαια ἐπισφραγίζεται. προστίθεται γὰρ ὑπαίτιον ὑπαιτίοις, ἐν οἷς ἔδοντο γινομένοις ἔργοις, οἷς πολὺ βέλτιον ἦν ἡσυχάζεσθαι, ὡρκίζειν παρείμενος. ἀποχώμενος δὲ τῶν ἀδικοπραγιῶν, ποτνιάσθω τὸν Θεὸν, ἵνα μεταδῷ τῆς ἵλεω δυνάμεως αὐτῷ συγγνῶναι, ἐφ' οἷς ἀβουλίᾳ χρησάμενος ὤμοσεν. ἀνεκτέον γὰρ αἱρεῖσθαι κακὰ, δυνάμενον τὴν ἡμίσειαν αὐτῶν ἀποσκευάσασθαι, μανία καὶ φρενοβλάβεια ἐναργεστάτη. De Specialib. Legibus, *pag.* 771. *C. D. Edit. Paris.*

(3) Nutr. *Præstare fateor posse me tacitam fidem,*
Si scelere careat. Interim scelus est fides.
Hercul. Oet. *vers.* 480, 481.

(4) *Est etiam contra officium nonnunquam solvere promissum, sacramentum custodire, ut* Herodes, *qui juravit, quoniam quidquid petitus esset, daret filiæ* Herodiadis, *& necem* Joannis *præstitit, ne promissum negaret.* Offic. Lib. I. Cap. L.

(5) *Si ad peccatum faciendum fides adhibetur; mirum, si fides appellanda est.* De bono conjugali, *Cap.* IV. Ce passage est aussi cité dans le Droit Canonique, *Caus.* XXII. *Quæst.* IV. Can. XX. St. Basile enseigne la même chose, II. *ad Amphilochium.* Voiez aussi Gailius, *de Pace publica*, Lib. I. Cap. IV. §. 16. & ce que rapporte Paul Warnefrid, au sujet d'*Alboin*, Roi des *Lombards*, Lib. II. Cap. XXVI. Grotius.

(6) Il soûtient, qu'*Agamemnon* ne devoit pas immoler *Iphigénie*, quoi qu'il eût fait vœu d'immoler à *Diane* ce qui naîtroit de plus beau, cette année-là, dans son Royaume, & qu'il ne fût rien né de plus beau, que sa Fille: *Quid?* Agamemnon *quum devovisset* Dianæ, *quod in suo regno pulcherrimum natum esset illo anno, immolavit* Iphigeniam, *quâ nihil erat eo quidem anno natum pulcrius. Promissum potius non faciendum, quàm tam tetrum facinus admittendum fuit.* De Offic. *Lib.* III. *Cap.* XXV. Cette seule raison devroit faire changer de sentiment à ceux qui expliquent à la lettre l'accomplissement du Vœu de *Jephté*.

(7) C'est dans le discours que cet Historien fait faire en plein Sénat à *Caïus Claudius*, Oncle d'*Appius*, un des Décemvirs. Ce Sénateur représente aux Décemvirs, que, supposé qu'ils se soient secrétement engagez entr'eux avec serment même, comme, dit-il, ils ont *peut-être* fait, à ne pas se démettre de leur Pouvoir; ils doivent considérer, que ce serment-là seroit lui-

§. VII. 1. BIEN PLUS: quoique la chose qu'on promet ne soit pas illicite en elle-même, (1) si néanmoins elle empêche un plus grand (2) bien moral, le Serment ne sera pas non plus valide: car nous sommes obligez, devant DIEU, de faire de plus en plus des progrès dans la Vertu, & ainsi personne ne peut s'en ôter à soi-même la liberté. A cela se rapportent des paroles remarquables du même PHILON, *Juif*, que j'ai cité, & qui suivent immédiatement: (3) *Il y a des gens*, dit-il, *d'un naturel feroce & insociable, qui, soit par un excès de misanthropie, soit par l'effet d'une furieuse colére, à laquelle ils se laissent dominer, font servir le Serment à se confirmer dans cette mauvaise disposition: jurant, par exemple, de ne manger jamais à la même Table, ou de ne loger jamais sous même toit avec tel ou tel; de ne lui rendre aucun service, & de n'en recevoir aucun de lui, jusqu'à la mort.* Le Serment, dont cet Auteur parle ici, par lequel quelques-uns juroient de ne faire jamais du bien à telle ou telle personne, c'est ce que les *Juifs* appelloient *un* (4) *Vœu touchant la Bénéficence*: & telle en étoit la formule, selon les Rabbins: (5) *Que tout ce en quoi je pourrois vous faire du bien, soit consacré à* DIEU. Les Docteurs Juifs, très-mauvais Interprêtes à cet égard de la Loi Divine, croioient qu'un Vœu, auquel on avoit ajoûté cette espéce de consécration, au préjudice d'autrui, étoit pleinement valide, quand même on l'auroit fait contre un Pére ou une Mére. Nôtre (a) Seigneur JESUS-CHRIST réfute cette pensée, & il soûtient que c'est *rendre inutile le Commandement de* DIEU, que de dispenser un Fils, à cause d'un tel Vœu, d'*honorer son Pére ou sa Mére*: car *honorer* signifie là *faire du bien, sécourir*, comme il paroît par (b) l'endroit paralléle de l'Evangile de St. MARC, & par d'autres (c) passages de l'Ecriture. (d) Mais, quand même un Serment comme celui dont il s'agit auroit été fait contre d'autres personnes, nous soûtenons avec raison qu'il n'oblige point; parce qu'il est contraire aux progrès qu'on doit faire dans la Vertu, ainsi que nous l'avons dit ci-dessus.

(a) *Matth.* XV, 5, & *suiv.*

(b) *Marc*, VII, 12.

(c) *Nombres*, XXIV, 17. *I. Timoth.* V, 3, 17.

(d) Voiez *Thom.* II. 2, 89. Artic. VII. & ibi *Cajetan*, comme aussi *Gratian.* Caus. XXII. Quæst. IV. C. ult. §. ult. sive §. *Sero*, Lib. VII. Quæst. I. Artic. 3. cites 2.

§. VIII. IL n'est pas nécessaire de parler des Sermens qui regardent quelque chose d'*impossible*. Car il est clair, que personne n'est tenu à ce qui est absolument impossible.

§. IX.

impie, comme étant contraire à la liberté des Citoiens, & au bien de leur Patrie; de sorte que, loin de se parjurer, ils feroient bien de ne pas tenir un tel engagement. Car, ajoûte-t-il, les Dieux veulent bien être pris à témoin des Conventions justes & honnêtes, mais non pas de celles qui sont injustes & deshonnêtes: *Ὁμολογίας δὲ καὶ πίστεις ἀποφαίνων ἐν ταῖς ἀδίκοις ἀδίκους, οὓς ἐγγυητὰς ποιούμενοι· τάχα γὰρ καὶ τοιοῦτον ὑμῖν αἰτιάσονται· φυλαττόμεναι μὲν, ἀσεβεῖς εἶναι μᾶλλον, ὡς κατὰ πολιτῶν καὶ πατρίδος· καταλυόμεναι δ', εὐσεβεῖς. Θεοὶ γὰρ ἐπὶ καλαῖς καὶ δικαίαις παραλαμβάνεσθαι φιλοῦσιν ὁμολογίαις, οὐκ ἐπ' αἰσχραῖς καὶ ἀδίκοις.* Antiq. Rom. *Lib.* XI. *Cap.* XI. pag. 662. *Ed. Oxon.*

§. VII. (1) Voiez ce que l'on a dit sur PUFENDORF, *Droit de la Nat. & des Gens*, Liv. IV. Chap. II. §. 10. *Note* 1.

(2) Tel étoit le Serment que *Jovius*, Préfet du Prétoire, fit faire à *Honorius*; par lequel cet Empereur jura de n'entendre jamais parler de paix avec *Alaric*, Roi des *Goths*: *Βουλόμενος δὲ [ὁ Ἰόβιος] τῆς μέμψεως αὐτὸν ἀπολῦσαι, ἐπιτίθησιν ὅρκους Ὀνωρίῳ, ἦ μὴν εἰρήνην μὴ ποτ' ἔσεσθαι πρὸς Ἀλάριχον, ἀλλ' ἀεὶ πολεμεῖν.* ZOSIM. Histor. (*Lib.* V. *Cap.* XLIX. *Edit. Cellar.*) Voiez le DROIT CANONIQUE, *Caus.* XXII. *Quæst.* IV. Can. XXII. où St. AUGUSTIN regarde comme nul le serment d'un certain *Hubald*, qu'une Concubine avoit fait jurer de chasser de sa maison sa Mére & ses Fréres. Voiez aussi le *Concile* d'ILERDE, Tom. III. *Concil. Gall.* Can. VII. & HINCMAR, Opusc. *de Divortio*, ad Interrogat. VI. & XIV. GROTIUS.

(3) *Εἰσὶ δ' οἳ τὴν φύσιν ἄμικτοι καὶ ἀκοινώνητοι, δι' ὑπερβολὴν μισανθρωπίας γεγονότες, ἢ καὶ ὑπ' ὀργῆς, εἶτα χαλεπῆς δεσποίνης, ἐκβιασθέντες, ὅρκῳ τὴν ἀγριότητα πιστοῦνται τῶν ἠθῶν, οἷον ὅτι ὁ δεῖνα φασὶν ὁμοτράπεζος ἢ ὁμωρόφιος οὐκ ἔσται τοῦ δεῖνος ἢ τὸν δεῖνα, ἢ ὠφελεῖν τῷ δεινὶ μὴ παρέξειν ὠφέλειάν τινα, ἢ παρ' ἐκείνου τινὰ λήψεσθαι, καὶ μέχρι τελευτῆς.* De Specialib. Legib. *pag.* 771. D. E.

(4) נדר הנאה *Neder Hanaah*: ce qui s'exprime ainsi en Grec, *Εὐχὴ ὠφελείας*. Il est dit, dans le LEVITIQUE, d'une personne, qui fait un tel vœu, qu'elle *jure pour ce qui est de faire du bien*, נשבע להיטיב. Voiez le Livre intitulé, BABA KAMA; & là-dessus CONSTANTIN L'EMPEREUR, dans ses Notes. GROTIUS.

Il s'agit dans le passage du LEVITIQUE, des Sermens par lesquels on s'étoit engagé témérairement à faire en faveur de quelcun une chose qu'on n'avoit pas pouvoir de promettre; & non pas des Sermens par lesquels on juroit de ne pas faire du bien à une personne. Voiez là-dessus le Commentaire de Mr. LE CLERC.

(5) Elle est ainsi exprimée dans les Evangiles: *Κορβᾶν, (ὅ ἐστι δῶρον) ὃ ἐὰν ἐξ ἐμοῦ ὠφεληθῇς.* MARC, VII, 11. L'Auteur rapportoit ici les termes des Rabbins, & ceux de la Version Syriaque. Mais on trouvera, si on veut, tout cela plus au long, dans ses Notes sur St. MATTHIEU, Chap. XV. vers. 5. Voiez aussi SELDEN, *de Jure Natur. & Gent. secundum Hebr.* Lib. VII. Cap. II.

§. IX. A l'égard des choses qui ne sont impossibles que pour l'heure, ou par supposition, la force de l'obligation est suspenduë, en sorte que celui qui a juré en supposant tel ou tel cas, est tenu de faire (1) tout ce qui dépend de lui pour rendre possible ce à quoi il s'est engagé avec serment.

§. X. La *forme* du Serment varie bien pour les termes, mais elle est toûjours la même pour le fond. Car tout Serment doit se réduire à ceci, qu'on en appelle à Dieu, comme si l'on disoit en autant de mots: *Je prens* Dieu *à témoin*; ou, *Je veux que* Dieu *me punisse*; ce qui revient à la même chose. Car, quand on prend à témoin un Supérieur, qui a droit de punir, on lui demande en même tems qu'il châtie l'infidélité ou la perfidie, s'il se trouve qu'on s'en rende coupable: & un Etre, qui sait tout ce qui se passe, est le Vengeur du Crime, par cela même qu'il en est le Témoin. *Tout Serment*, selon (1) Plutarque, *se réduit à une imprécation contre le Parjure.* Et c'est à quoi se rapportent les formules anciennes des Traitez & des Alliances, où l'on avoit accoûtumé (a) d'immoler des Victimes, & l'on prioit la Divinité (2) de frapper celui qui violeroit de propos délibéré ses engagemens, de la même maniére qu'on avoit frappé l'Agneau, par exemple, ou le Pourceau du Sacrifice.

(a) Voiez Genèse, XV, 9, & suiv.

§. XI. 1. C'est aussi une coûtume fort ancienne, de faire entrer dans le Serment, quoi qu'il se termine toûjours à la Divinité, le nom d'autres choses & d'autres personnes; soit en forme d'imprécation, par laquelle on souhaittoit d'éprouver de leur part, si l'on se parjuroit, quelque mal fâcheux, comme quand on juroit *par le Soleil*, *par la Terre*, *par le Ciel*, *par le Prince* &c. soit en se soûmettant à être puni par quelque malheur qui arrivât à ces choses ou à ces personnes, comme quand on juroit *par sa Tête*, par *ses Enfans*, par *sa Patrie*, par *son Souverain* &c.

2. Cela étoit en usage non seulement parmi les Paiens, mais aussi parmi les *Juifs*, comme nous l'apprend encore Philon. (1) Car il dit, que, quand on veut jurer, *il ne faut pas d'abord avoir recours au Créateur & au Pére de toutes choses*, mais qu'on doit

§. IX. (1) Il y est tenu, comme il le seroit dans une Promesse sans serment. Voiez ci-dessus, *Chap.* XI. de ce Livre, §. 8. *num.* 4. Ainsi, quand le Patriarche *Abraham* envoia à *Charran* le prémier de ses Esclaves, le faisant jurer, qu'il emmeneroit delà une Femme pour son Fils *Isäc*, laquelle fût de sa parenté; il lui dit, que, s'il ne s'en trouvoit aucune, qui voulût le suivre, il seroit quitte de son serment: Genese, XXIV. *vers.* 8.

§. X. (1) Ἢ ὅτι πᾶς Ὅρκος εἰς κατάραν τελευτᾷ τῆς ἐπιορκίας. Quæst. Roman. XLIV. (*pag.* 275. D.) St. Ambroise dit, que dans le Serment on reconnoit la puissance de Dieu que l'on prend à témoin de sa sincérité & de sa fidélité: *Quid est jurare, nisi ejus, quem testare fidei tuæ præsulem, divinam potentiam confiteri?* Epist. V. 30. *Ad Valentinian. Imperator.* Voiez une formule remarquable du serment fait par *Chaganus*, Roi des *Avariens*; dans les *Excerpta Legationum* de Menandre, *le Protecteur* (pag. 106. *Edit. Hæschel.*) Grotius.

Il y a des Docteurs, qui distinguent entre *prendre* Dieu *à temoin* & *jurer*. Voiez le *Jus Ecclesiasticum Protestantium*, de Mr. Böhmer, Lib. II. Tit. XXIV. §. 3, & *seqq.* Mais ils n'ont pas bien fait attention à ce que dit ici nôtre Auteur, & qui renverse tout leur systême.

(2) Cela se voit dans le Traité que les *Romains* firent avec les *Albains*: *Si prior defexit publico consilio, dolo malo: tu illo die*, Jupiter, *Populum Romanum sic ferito, ut ego hunc porcum hic hodie feriam: tantoque magis ferito, quanto magis potes pollesque.* Tit. Liv. Lib. I. (Cap. XXIV. *num.* 8.) Et dans les promesses que fit *Hannibal* à ses gens, pour les encourager: *Eaque ut rata scirent fore, agnum lævâ manu, dexterâ silicem retinens, si falleret*, Jovem, *ceterosque precatus Deos, ita se mactarent, quemadmodum ipse agnum mactasset; secundum precationem, caput pecudis saxo elisit.* Idem, *Lib.* XXI. (*Cap.* XLV. *num.* 8.) On jettoit aussi une Pierre, en souhaittant d'être chassé de la même maniére de son païs: *Lapidem silicem tenebant juraturi per Jovem, hæc verba dicentes:* Si sciens fallo, tum me *Diespiter*, salvâ Urbe, Arceque, bonis ejiciat, uti ego hunc lapidem. Festus, (voce *Lapidem.*) On trouve la même formule dans Polybe, (Lib. III. Cap. XXV. pag. 251. *Edit. Amstelod.*) Grotius.

§. XI. (1) Τοσαύτη δέ τισιν εὐχέρεια καὶ ῥᾳθυμία κέχυται, ὥσθ' ὑπερβάντες, ἐπὶ τὸν ποιητὴν καὶ πατέρα τῶν ὅλων ἀναφέρειν τολμῶσι &c. .... Κἂν εἰ μὴ, ὀμνύτωσαν εἰ βούλοιντο οἱ χρῄζοντες, πατρὸς ἢ μητρὸς, ζώντων μὲν ὑγίειαν καὶ εὐγηρίαν, τετελευτηκότων δὲ τὴν μνήμην, ὅρκον ποιεῖν ...... ἀλλὰ γῆν, ἥλιον, ἀστέρας, οὐρανὸν, τὸν σύμπαντα κόσμον. De Legib. speciallib. *pag.* 779. A. B. 769. C.

(2) C'est Eustathe: Οὐκ ἐτίθεντο προπετῶς κατὰ τῶν Θεῶν ὀμνύειν, ἀλλὰ κατὰ τῶν προστυγχανόντων. In Lib. I. *Iliad.* vers. 234.

(3) *Socrate* juroit par de semblables choses, non à dessein de jurer par les Dieux: mais pour ne pas jurer par les Dieux, Ὤμνυ γὰρ (Σωκράτης) ταῦτα, οὐχ ὡς Θεοὺς, ἀλλ' ἵνα μὴ Θεοὺς ὀμνύῃ. Philostrat. Vit. Apoll. Tyan. *Lib.* VI. (Cap. XIX. *Edit. Olear.*) Grotius.

(4) C'est dans son Traité *De abstinentia animal.* où il

doit jurer par ses Pére & Mére, par le *Ciel*, par la *Terre*, par l'*Univers*. C'est ainsi que les anciens *Grecs*, comme le remarquent (2) les Interprêtes d'HOME'RE, *ne juroient pas facilement par les Dieux, mais par les autres* (3) *choses qui se présentoient*, comme par le *Sceptre*; ce qui, au rapport de (4) PORPHYRE, & du Scholiaste (5) d'ARISTOPHANE, avoit été ainsi ordonné par *Rhadamanthe*, Roi très-juste & très-équitable. Le Patriarche *Joseph* jura (b) *par le salut de Pharaon*, selon la coûtume (c) des *Egyptiens*; & *Elisée*, (d) *par la vie d'Elie*.

(b) *Genése*, XLII, 15.

(c) Comme le remarque là-dessus *Aben-Ezra*.

(d) *II. Rois*, II, 2. Voiez encore *II. Rois* IV, 30. & *Cantiq.* II, 7.

3 Quelques-uns s'imaginent, que Nôtre Seigneur JE'SUS-CHRIST, dans son Discours prononcé sur la Montagne, (e) condamne ces sortes de Sermens, où il est fait mention de quelque Créature. Mais si l'on examine bien ses paroles, on trouvera qu'ils n'y sont pas plus défendus, que ceux où le nom de DIEU est exprimé. Tout ce qu'il y a, c'est que, comme les *Juifs* faisoient moins de scrupule de jurer de cette maniére, dans la même pensée à peu près que celui qui disoit, (6) que *le Sceptre n'étoit pas les Dieux*; Nôtre Seigneur montre, que ce sont-là de véritables Sermens, dont la violation rend coupable de parjure, tout de même que si le nom de DIEU y étoit formellement exprimé. Le Jurisconsulte ULPIEN a très-bien dit, (7) que, *quand quelcun jure par sa Tête, c'est un vrai Serment, par rapport à la Divinité*. De même, JE'SUS-CHRIST (f) fait voir, que celui qui jure par le Temple, jure par le vrai DIEU, qui y préside; & que celui qui jure par le Ciel, jure par le même DIEU, qui y est comme sur son Thrône. Au lieu que les Docteurs Juifs de ce tems-là croioient, qu'un Serment fait par quelque Créature n'étoit point obligatoire, à moins qu'il n'y eût quelque peine d'ajoûtée, comme quand on consacroit à DIEU la chose sur quoi on juroit. Car c'est ce qu'emportoit le Serment du *Korban*, ou de l'*offrande*, dont il est parlé non seulement dans le passage de St. MATTHIEU, dont il s'agit, mais encore dans les anciennes Loix des *Tyriens*, comme l'a remarqué (8) JOSEPH. Et je crois que c'est à cause de cela que les *Grecs* ont donné aux Peuples de l'Orient un nom (9) fort appro-

(e) *Matth.* V, 34, *& suiv.*

(f) *Matth.* XXIII, 21.

Il dit, que *Rhadamanthe* fit une Loi, par laquelle il ordonna aux *Crétois* de jurer par les Animaux: Κρησὶ δὲ νόμος ἦν Ῥαδαμάνθυος, ὅρκον ἐπάγεσθαι πάντα τὰ ζῷα. Lib. III. pag. 285, 286. *Ed. Lugd.* 1620. Mais le Philosophe superstitieux attribuë tout cela au respect qu'on avoit, & qu'on doit, selon lui, avoir pour les Animaux; & nullement au motif de respecter la Divinité, en jurant par d'autres choses, pour ne pas emploier son nom trop facilement.

(5) C'est dans la Comédie des *Oiseaux*, où il dit, sur la foi de SOSICRATE, ancien Ecrivain de l'Histoire de *Créte*, que *Rhadamanthe*, Prince très-juste, défendit le prémier de jurer par les Dieux, & voulut qu'au lieu de cela on jurât par l'*Oie*, par le *Chien*, par le *Bélier*, & autres choses semblables: Σωσικράτης [c'est ainsi qu'il faut lire, avec feu Mr. KUSTER, au lieu de Σωκράτης] γὰρ ἐν τῷ δευτέρῳ τῶν Κρητικῶν, οὕτω φησί. Ῥαδάμανθυς δοκεῖ διαδεξάμενος τὴν βασιλείαν δικαιότατος γενέσθαι πάντων ἀνθρώπων. λέγεται δὲ αὐτὸν πρῶτον οὐδένα ἐᾶν ὅρκους ποιεῖσθαι κατὰ τῶν θεῶν, ἀλλ' ὀμνύναι κελεῦσαι χῆνα, καὶ κύνα, καὶ κριὸν, καὶ τὰ ὅμοια. Ad vers. 521.

(6) C'est OVIDE, qui dit cela d'*Agamemnon*, sur ce que ce Prince avoit protesté avec serment, qu'il n'avoit pris aucune liberté avec *Briséïs*, jeune Captive qu'il avoit enlevée à Achille:

> *Nam sibi quod numquam tactam* Briseïda *jurat*
> *Per sceptrum: sceptrum non putat esse Deos.*

Remed. amor. *vers.* 783, 784. Ce Serment se trouve dans l'*Iliade* d'HOME'RE, Lib. XIX. vers. 258, *& seqq.* Mais *Agamemnon* y jure par *Jupiter*, par la *Terre*, par le *Soleil*, par les *Furies*; & non pas par son Sceptre.

(7) *Qui per salutem suam jurat, licet per Deum jurare videtur (respectu enim divini Numinis ita jurat) attamen* &c. DIGEST. Lib. XII. Tit. II. *De Jurejurando* &c. Leg. XXXIII. Voiez aussi ce que dit GRATIEN, dans le DROIT CANONIQUE, *Caus.* XXII. *Quæst.* I. GROTIUS.

(8) Il cite là dessus THE'OPHRASTE, qui disoit, dans son Traité *des Loix*, que nous n'avons plus, qu'il étoit défendu par les Loix des *Tyriens* de se servir, en jurant, des formules de Serment des autres Peuples, & entr'autres de celle qu'on nommoit *Korban*. D'où JOSEPH conclut, que sa Nation, & les coûtumes de sa Nation, n'étoient pas inconnuës aux autres Peuples, puis qu'il n'y avoit que les *Juifs*, parmi lesquels cette sorte de Serment fût en usage: Ἀλλὰ δὲ ὁ Θεόφραστος, ἐν τοῖς Περὶ Νόμων. λέγει γὰρ ὅτι κωλύουσιν οἱ Τυρίων νόμοι ξενικοὺς ὅρκους ὀμνύειν· ἐν οἷς μετά τινων ἄλλων καὶ τὸν καλούμενον ὅρκον Κορβᾶν καταριθμεῖ· παρ' οὐδενὶ δ' ἂν οὗτος εὑρεθείη, πλὴν μόνοις Ἰουδαίοις. Contr. Apion. *Lib.* I. pag. 1046, 1047.

(9) Κάρβανοι. Mais les Grammairiens font venir ce mot des *Cariens*, Peuples de l'*Asie Mineure*, qu'HOME'RE appelle βαρβαροφώνους, Iliad. *Lib.* II vers. 867. Voiez les *Adages* d'ERASME, au Proverbe, *Carica Musa*. Cette étymologie est du moins plus plausible, que celle de nôtre Auteur. Les coûtumes des *Juifs* n'étoient pas assez connuës des *Grecs*, pour que ceux-ci aient tiré d'une sorte de Serment usité chez les prémiers, un nom, dont ils se servoient pour désigner tous les Peuples de l'*Orient*. D'ailleurs, le mot de Κάρβανος se trouve dans ESCHYLE, Auteur Grec beau-

coup

prochant, qui se trouve dans (10) Eschyle, & dans (11) Euripide. Voilà donc l'erreur, que Nôtre Seigneur Jesus-Christ a voulu prévenir dans l'endroit dont nous venons de parler.

4. Tertullien dit, que les prémiers *Chrétiens* juroient (12) *par le salut de l'Empereur, chose plus auguste que tous les Génies* du Paganisme. Il y a dans Vegece une (g) Liv. I. Chap. II. §. 10. num. 4. formule de Serment, dont (g) nous avons fait mention ailleurs, selon laquelle les Soldats Chrétiens juroient non seulement par le Dieu qu'ils adoroient, mais encore *par la Majesté de l'Empereur, qui, après* Dieu, *doit être aimée & respectée de tout le Genre Humain.*

§. XII. Les Sermens même faits par de faux Dieux, (1) ne laissent pas d'obliger ceux qui les font. Car, quelque idée chimérique qu'aît dans l'esprit celui qui jure ainsi, il pense toûjours à la Divinité en général: de sorte que, s'il se parjure, le vrai Dieu regarde cela comme (2) un outrage fait à lui-même. Sur quoi St. Augustin dit: (3) *La Pierre, par laquelle tu as juré, ne t'a point entendu; mais* Dieu, *qui t'a entendu, te punit de ta perfidie.* Aussi voions-nous, que de saints Personnages n'ont pas à la vérité fait jurer quelcun en lui prescrivant une telle formule de Serment, moins encore juré eux-mêmes de cette maniére, comme (4) Duaren le permet, je ne sai pourquoi: mais cependant, lors qu'ils ne pouvoient engager ceux avec qui ils avoient à faire, à jurer autrement, ils n'ont pas laissé de traiter avec eux, jurant eux-mêmes comme il falloit, & recevant des autres (5) un Serment tel que ceux-ci pouvoient le faire. (a) Genése, XXXI, 53. Le Traité de *Jacob* (a) & de *Laban* nous en fournit un exemple.

§. XIII. 1. Le principal *effet* du Serment, c'est de terminer les différens. L'Auteur (a) Chap. VI. vers. 16. divin de (a) l'*Epître aux* Hébreux, dit, que *le Serment, dont on se sert pour la confirmation de quelque chose, est, parmi les Hommes, la fin de toute sorte de contestations.* Philon, Juif, définit le Serment, (1) *un acte par lequel on prend* Dieu *à té-*

coup plus ancien, que le tems auquel le vœu du *Korban* s'introduisit: car on ne voit aucune trace de cette sorte de Vœu dans les Ecrivains Sacrez; c'est une invention des derniers Siécles, dans lesquels les Docteurs avoient corrompu en diverses maniéres la doctrine de *Moyse*.

(10) En deux endroits, que Gronovius cotte. L'un est dans la Tragédie d'*Agamemnon*:

Σὺ δ' ἀντὶ φωνῆς φράζε καρβάνῳ χερί.

Vers. 1070. pag. 208. *Edit. H. Steph.* L'autre, dans les *Suppliantes*:

——— Καρβᾶνα δ' αὐδὰν
Εὖ γᾶ κοννεῖς ——— ———

Vers. 124. *pag.* 312. Ce que le Scholiaste explique ainsi: Νοεῖς καὶ τὴν βάρβαρον φωνήν: *Vous entendez ce mot barbare.*

(11) Je ne sai dans quel endroit d'Euripide nôtre Auteur a trouvé ce mot. Je doute qu'il y soit. On ne le voit point dans l'Indice de feu Mr. Barnes, qui, à mon avis, n'auroit eu garde d'omettre un terme si rare. Je ne crois pas non plus qu'il soit dans Sophocle. Il pourroit bien être que la mémoire de nôtre Auteur a confondu ce qu'il avoit lû dans Lycophron, dont on cite un passage, où il a emploié ce mot.

(12) *Sed & juramus, sicut non per Genios Cæsarum, ita per salutem eorum, quæ est augustior omnibus Geniis.* Apolog. *Cap.* XXXII.

§. XII. (1) L'Auteur du Livre de la Sapience dit, que *ce n'est pas la puissance de ceux par qui l'on jure, mais la punition de ceux qui pèchent* (ou, qui se parjurent) *qui accompagne toûjours la transgression des injustes*: Οὐ γὰρ ἡ τῶν ὀμνυμένων δύναμις, ἀλλ' ἡ τῶν ἁμαρτανόντων δίκη ἐπεξέρχεται ἀεὶ τὴν τῶν ἀδίκων παράβασιν. Cap. XIV. (*vers.* 31.) Grotius.

(2) Nôtre Auteur, dans sa Note sur le passage du Livre Apocryphe, qui vient d'être cité, applique ici un passage de Seneque, que l'on trouvera cité ci-dessous, *Chap.* XX. de ce Livre, §. 51. *Note* 6.

(3) *Et qui per lapidem jurat, si falsum jurat, perjurus est . . . . Non te audit lapis loquentem, sed punit Deus fallentem.* Serm. XXX. *De Verbis Apostoli.* Ce passage se trouve cité dans le Droit Canonique, *Caus.* XXII. *Quæst.* V. (*Can.* X.) Grotius.

(4) Dans son Commentaire sur le Titre du Digeste, *De Jurejurando*. Mais Ziegler remarque ici, avec raison, que nôtre Auteur a mal pris la pensée de ce Savant Jurisconsulte, qui permet seulement de déférer le Serment à un *Turc*, par exemple, quoi qu'on sâche bien qu'il jurera par *Mahomet*. Voiez le prémier Traité de Duaren, *De Jurejurando*, Cap. XI. Tom. I. Opp. *Ed. Lugd.* 1579. pag. 235. & l'autre Traité sur la même matiére, *Cap.* IV. Tom. II. pag. 21. Touchant la question en elle-même, consultez ce que j'ai dit sur mon Pufendorf, *Droit de la Nat. & des Gens*, Liv. IV. Chap. II. §. 4. *Note* 2. de la seconde Edition.

(5) *Alia ergo quæstio est, utrum non peccet, qui per falsos Deos sibi jurari facit; quia ille, qui ei jurat, jurat per falsos Deos, quos colit. Cui quæstioni possunt illa testimonia suffragari, quæ ipse commemorasti de* Laban, *&* Abimelech; *si tamen* Abimelech *per Deos suos juravit, sicut* Laban *per Deum* Nachor. Augustin. Epist. *ad Publicol.* CLIV. Ce passage se trouve cité dans le Droit Canonique, *Caus.* XXII. Quæst. I. Can. XVI. Grotius.

§. XIII.

témoin, touchant quelque affaire sur laquelle il y a de la difficulté. Denys d'*Halicarnasse* remarque, (2) que *la plus grande des sûretez que l'on puisse avoir parmi tous les Hommes, & Grecs, & Barbares, celle dont l'usage ne sauroit jamais être aboli, c'est celle qu'on donne par des Traitez faits avec serment, dans lesquels on prend les Dieux pour garants des engagemens où l'on entre.* Les *Egyptiens*, au rapport de Diodore *de Sicile*, (3) regardoient le Serment sur le même pié.

2. Il y a donc deux Devoirs indispensables de toute personne qui jure; (4) l'un, de ne rien dire qu'on ne pense; l'autre, d'effectuer ce que l'on a dit.

§. XIV. 1. Si la matiére du Serment est telle, & les paroles conçuës de telle maniére, qu'elles se rapportent non seulement à Dieu, mais encore à une certaine personne, cette personne aquerra sans doute un droit par un tel Serment, comme renfermant une Promesse ou un Contract, dont l'interpretation doit se faire de la maniére la plus simple qu'il est possible.

2. Que si les paroles du Serment ne se rapportent pas directement à une certaine personne en faveur de qui l'on jure de faire quelque chose, & à qui l'on donne droit d'en exiger l'accomplissement; ou qu'elles s'y rapportent, mais en sorte que l'on puisse opposer à ses demandes une exception légitime: en ce cas-là, cette personne n'aquiert à la vérité aucun droit, mais on ne laisse pas d'être obligé, devant Dieu, à tenir son Serment. Il y a un exemple de ceci dans les Sermens (1) extorquez par une crainte injuste. Car celui qui s'est fait promettre quelque chose de cette maniére, n'aquiert par là aucun droit; ou s'il aquiert quelque droit, c'est un droit auquel il doit renoncer, parce qu'en l'aquérant il a causé du dommage à celui qu'il a forcé de promettre. Cependant nous voions, que quelques Rois des anciens *Hébreux* ont été (a) censurez non seulement par de saints Prophétes, mais encore punis de Dieu, parce qu'ils (2) n'avoient pas tenu ce qu'ils avoient promis avec serment de cette maniére

(a) *Ezechiel*, XVII, 12, 13, 15. Voiez aussi *Jerem.* XXXIX, 5.

§. XIII. (1) *Φασί γε μὴν ὅρκον εἶναι μαρτυρίαν Θεοῦ περὶ πράγματος ἀμφισβητουμένου.* De Legis Allegor. *Lib.* II. pag. 99. A. *Edit. Paris.*

(2) Τελευταία δὲ πίστις ἁπάντων ἐστὶν ἀνθρώποις, Ἕλλησί τε καὶ βαρβάροις, ἣν οὐδεὶς πώποτε ἀναιρήσει χρόνος, ἡ δι' ὅρκων καὶ σπονδῶν ἐγγυητὰς Θεοὺς ποιουμένη τῶν συμβάσεων &c. Antiquit. Roman. *Lib.* VI. *Cap.* LXXXIV. pag. 319. *Edit. Oxon.* (406. *Sylburg.*)

(3) Θεούς τε ἀσεβούντων, καὶ τὴν μεγίστην τῶν παρ' ἀνθρώποις πίστιν ἀναιρούντων. Biblioth. (Lib. I. Cap. LXXVII.) pag. 49. *Edit. H. Steph.*) Procope dit la même chose: Ὅρκος, ὃ τῶν ἐν ἀνθρώποις ἁπάντων ὑγιέστατόν τε καὶ ἰσχυρότατον εἶναι δοκεῖ τῆς εἰς ἀλλήλους πίστεώς τε καὶ ἀληθείας ἐνέχυρον. Persic. *Lib.* II. (*Cap.* X.) Grotius.

(4) Le Philosophe Chrysippe exprimoit la prémiére de ces choses par le mot d'Ἀληθορκεῖν, *jurer en vérité*; & l'autre par celui d'Εὐορκεῖν, *tenir son serment.* Quand quelcun parle autrement qu'il ne pense, on dit de lui, selon le même Philosophe, qu'il *jure à faux*, Ψευδορκεῖν: & de celui qui n'effectuë pas son serment, qu'il *se parjure*, Ἐπιορκεῖν. Le prémier est défendu dans l'Exode, XX, 7. & l'autre, dans le Levitique, XIX, 12. comme le prétendent les Docteurs Juifs, *Precept. jub.* CCXL. Quoi que cette distinction soit assez commode, les termes néanmoins se confondent quelquefois. Grotius.

Le passage de Chrysippe nous a été conservé par Stobée, *Serm.* XXVIII. pag. 196. *Ed. Genev.* 1609. Nôtre Auteur le rapporte & l'explique, dans ses Notes sur St. Matthieu, *Chap.* V. vers. 33. Mais ce n'est-là au fond qu'une dispute de mots; comme il y en avoit beaucoup, même dans la Morale des *Stoïciens*,

§. XIV. (1) St. Augustin, *Epist.* CCXXIV. CCXXV. soûtient que l'on doit tenir les Sermens même extorquez par la crainte, à cause du respect dû à la Divinité. Grotius.

Mais voiez Pufendorf, *Droit de la Nat. & des Gens*, Liv. IV. Chap. II. §. 8. J'ajoûterai ici, que si l'hypothése de nôtre Auteur, au sujet de la double obligation qu'il conçoit dans les Promesses faites avec serment, étoit bien *fondée*; *je ne vois pas comment* il pourroit dire, ainsi qu'il fait plus bas, §. 20. qu'un Supérieur a pouvoir d'annuller ces sortes de Sermens. Car enfin, puis qu'il ne s'agit pas ici de choses illicites en elles-mêmes, il semble que le Supérieur ne pourroit annuller une obligation contractée envers Dieu, ni empêcher *même* qu'elle *ne se contractât*, à moins que Dieu n'eût déclaré la volonté qu'il a de renoncer, pour ainsi dire, à son droit.

(2) Cet exemple ne sert point à établir l'hypothése de nôtre Auteur. Car 1. selon ses propres principes, tout Traité fait avec un Vainqueur, même sans serment, est valide, par le Droit des Gens, quelque injuste qu'ait été la crainte par laquelle on a été réduit à en venir-là. Voiez ci-dessous, *Liv.* III. *Chap.* XIX. §. 11. Ainsi le serment, dont étoit accompagné le Traité du Roi *Sédécias* avec *Nébukadnezar*, n'aura fait que rendre plus criminelle la violation de ce Traité. 2. *Sédécias* apparemment avoit eu dessein de jurer véritablement, & il regardoit le Traité comme bon & valide: de même qu'il auroit tenu pour tel celui qu'il auroit extorqué par la supériorité de ses armes, d'un autre Peuple, à qui il n'auroit pas eu plus de droit de faire la Guerre, que le Roi de *Babylone* n'en avoit eu de venir fondre sur ses Etats. Ainsi on ne peut tirer de

re aux Rois des *Babyloniens.* Cicéron louë la (3) fidélité de *Pomponius*, Tribun du Peuple, à tenir ce qu'il avoit juré, quoi qu'on l'y eût forcé par une crainte injuste: *tant*, ajoûte-t-il, *la sainteté du Serment faisoit alors d'impression sur les Esprits!* (b) Ainsi *Régulus* (4) devoit venir se remettre en prison, quelque injustement qu'on l'y détînt; & les (5) dix autres Prisonniers, dont parle (c) Cicéron, devoient aussi retourner auprès d'*Hannibal*; parce qu'ils s'y étoient engagez avec serment.

(b) Voiez *Tolet.* Lib. IV. Cap. XXII.

(c) *De Offic.* Lib. III. Cap. XXXII.

§. XV. 1. Ce que je viens de dire n'a pas lieu seulement entre Ennemis Publics, mais encore à l'égard de tout autre Ennemi. (a) Car il ne faut pas considérer ici seulement la personne à qui l'on jure, mais encore Dieu, par qui l'on jure, & dont le respect suffit pour nous imposer une véritable obligation.

(a) *Thom.* II. 2. 89. Art. 7. & ibi *Cajetan. Alex. Imola*, in C. *Verum:* de Jurejur. *Soto*, Lib. VIII. Quæst. I. Art. 7.

2. On ne doit donc pas admettre ce que soûtient Cicéron, (1) que *si l'on se dispense de paier à des Corsaires ce qu'on leur a promis avec serment, pour racheter sa vie, ce n'est point un véritable Parjure; parce*, dit-il, *qu'un Corsaire n'étant pas de ces gens avec qui l'on est en guerre réglée; mais plûtôt l'Ennemi commun de tous les Hommes; il n'y a ni foi, ni serment, qui soit valable par rapport à une telle personne.* Il dit ailleurs la même (2) chose d'un Tyran; & *Brutus* le disoit aussi, au (3) rapport d'Appien *d'Alexandrie.* Mais quoi que, selon le Droit des Gens Positif, il y ait certainement de la différence entre un Ennemi dans les formes, & un Corsaire, comme nous le montrerons plus bas en son lieu; cette différence ne fait rien ici. Car il est bien vrai que la personne, à qui l'on a juré par force, n'a aucun droit d'exiger l'effet d'un tel Serment; mais (4) on ne laisse pas d'avoir affaire avec Dieu, & d'être obligé par rapport à lui: & c'est pourquoi (5) le Serment est quelquefois appellé un Vœu.

3. Il est faux encore, qu'il n'y ait point de Droit commun que l'on doive observer par rapport à un Corsaire, comme le suppose Cicéron. Car selon la décision judicieuse du Jurisconsulte Tryphonin, (6) le Droit des Gens veut qu'on rende le (7) Dépôt à un Voleur même, si le véritable Maître ne paroît point. Ainsi je ne saurois approuver la maxime de (8) quelques Docteurs, qui soûtiennent, que, quand

de là aucune conséquence contre ceux qui n'ont pas eu dessein de jurer véritablement, & qui ne se sont pas crû obligez de tenir une Convention forcée. 3. Dieu avoit déclaré à *Sédécias* par ses Prophétes, qu'il vouloit que ce Prince tînt religieusement ce qu'il avoit promis au Roi de *Babylone*, contre qui d'ailleurs il ne pouvoit se rebeller sans une souveraine imprudence.

(3) Ce Tribun aiant accusé *Lucius Manlius* d'avoir retenu la Dictature au delà du terme prescrit par les Loix, le Fils de ce Dictateur, surnommé depuis *Torquatus*, alla chez *Pomponius*, & se trouvant seul avec lui, jura de le tuer, s'il ne juroit lui-même de laisser son Pére en repos. *Pomponius* désista donc de ses poursuites; & le Peuple y consentit, après en avoir sû la raison: *Juravit hoc, coactus terrore*, Pomponius. *rem ad Populum detulit: docuit, cur sibi causâ desistere necesse esset:* Manlium *missum fecit. Tantum temporibus illis jusjurandum valebat.* De Offic. *Lib.* III. Cap. XXXI. Voiez Tite Live, Lib. VII. Cap. V. & Polybe, *Lib.* VI. *Cap.* LVI.

(4) Mais nôtre Auteur établit lui-même ailleurs, que ces sortes de Promesses sont valides de leur nature, indépendamment du Serment, *Liv.* III. *Chap.* XXIII. §. 6.

(5) Ces dix Prisonniers, qui revinrent dans le Camp d'*Hannibal* pour un moment, sous prétexte d'avoir oublié quelque chose, usoient par là d'une supercherie, qui les auroit rendus coupables d'infidélité, quand même ils n'auroient pas juré. Voiez cidessous, *Liv.* III. *Chap.* XXIII. §. 13.

§. XV. (1) *Ut si prædonibus pactum pro capite pretium non adtuleris, nulla fraus est, ne si juratus quidem id non feceris. nam pirata non est perduellium numero definitus, sed communis hostis omnium. cum hoc nec fides debet, nec jusjurandum, esse commune.* (De Offic. *Lib.* III. *Cap.* XXIX.) Gregoras, un des Ecrivains de l'Histoire Byzantine, dit, que tout Parjure emporte un reproche secret que l'on fait à Dieu, de négliger le mépris de son nom: Εἰς Θεὸν ἡ ἐπιορκία τὸ τῆς περιφρονήσεως ἀνατίθησιν ἔγκλημα. Grotius.

(2) *Nulla enim nobis societas cum Tyrannis, sed potius summa distractio est.* De Offic. *Lib.* III. *Cap.* VI.

(3) Εἰ δ' ἐπιθυμήσει τις ἄλλος τυραννίδος, οὐδὲν αὐτὸν ἔτι Ῥωμαίοις περὶ τυράννου, οὐδ' ὀμόσαι. De Bell. Civil. *Lib.* II. pag. 838. *Ed. Amst.* (515. *H. Steph.*)

(4) Plutarque dit, que ceux qui trompent leur Ennemi par des Sermens, témoignent par là le craindre, mais ne craindre point la Divinité: Ὁ γὰρ ὅρκῳ παρακρουόμενος, τὸν μὲν ἐχθρὸν ὁμολογεῖ δεδιέναι, τοῦ δὲ Θεοῦ καταφρονεῖν. Vit. Lysandr. (*Tom.* I. pag. 437. C.) Grotius.

(5) Ce n'est qu'improprement. Car il y a au fond beaucoup de différence entre un *Vœu*, & un *Serment.* Voiez Pufendorf, *Droit de la Nat. & des Gens*, Liv. IV. Chap. II. §. 8. Votum *fit Deo*, Juramentum *per Deum*, dit nôtre Auteur lui-même, dans ses Notes sur les Nombres, Chap. XXX. vers. 3.

(6) *Quod si ego ad petenda ea* [spolia] *non veniam, nihilominus ei restituenda sunt, qui deposuit, quamvis male*

quand on a promis quelque chose à un Corsaire, on peut s'aquitter de sa parole, en lui paiant pour l'heure ce que l'on veut lui faire rendre un moment après. Car les paroles du Serment doivent être expliquées, par rapport à Dieu, de la maniére la plus simple, & par conséquent en sorte qu'elles aient un véritable effet. Sur ce principe, le Sénat Romain décida fort bien, qu'un Prisonnier, (9) qui aiant promis de retourner chez l'Ennemi, y étoit revenu secrétement, & s'en étoit allé après cela, n'avoit pas satisfait à son serment.

§. XVI. 1. Pour ce qu'Accius, ancien Poëte Latin, fait dire à un de ses personnages; (1) *Je n'ai point donne, & je ne donne pas ma foi, à qui n'en a point*: on peut bien admettre cette maxime, quand la Promesse accompagnée de serment a été faite manifestement en vuë de ce à quoi l'autre Contractant s'engageoit de son côté, & qui formoit une espéce de (2) condition renfermée dans le Serment; mais non pas lors que les Promesses réciproques sont de divers genre, & nullement respectives: car, en ce cas-là, il faut absolument tenir ce qu'on a juré. Et c'est pourquoi un autre Poëte Latin, Silius Italicus, louë *Régulus* (3) d'*avoir gardé la foi aux* Carthaginois, *tout perfides qu'ils étoient.*

2. Nous avons dit ci-dessus, que quand il se trouve de l'inégalité, ou de la lézion, dans un Contract, cela donne lieu, selon la Loi Naturelle, ou à le casser, ou à le réformer. Nous avons aussi remarqué, qu'encore que le Droit des Gens aît apporté ici quelque changement, cependant le Droit Civil, qui a lieu entre les Membres d'un même Peuple, raméne souvent les choses à ce qui étoit permis par le Droit Naturel. Mais lors que le Serment y est intervenu, (a) quoi qu'on ne doive que peu ou rien à la personne en faveur de qui l'on a juré, il faut (4) néanmoins tenir ce qu'on a promis à Dieu. De là vient que le Psalmiste faisant l'énumération des Vertus d'un Homme-de-bien (b) dit, entr'autres choses, que, *quand il a juré*, (5) *fût-ce à son dommage, il ne se dedit point.*

(a) Voiez *Authentic.* Sacramenta puberum &c. *Cod.* Lib. II. Tit. XXVIII. *Si adversus venditionem* &c.

(b) *Pseaum.* XV, 4.

§. XVII. Mais il faut remarquer, que, toutes les fois qu'un Serment n'a de for-

le quæsita deposuit: quod & Marcellus in prædone & fure scribit. Digest. Lib. XVI. Tit. III. *Depositi, vel contra*, Leg. XXXI. §. 1. Il faut dire la même chose d'un Usurpateur de la Couronne. C'est ainsi que ceux de la Ville de *Priéne* rendirent à *Oropherne* un dépôt qu'il leur avoit confié; comme le rapportent Polybe (*Excerpt. de Virtut. & Vitiis*, pag. 1470. *Ed. Amstel.*) & Diodore *de Sicile*, *Excerpt. Peiresc. Vales.* (pag. 314.) Grotius.

(7) En ce cas-là, & autres semblables, on n'agit pas avec un Brigand considéré comme tel, & comme usant d'extorsion; mais comme avec toute autre personne. On renonce au droit de se prévaloir du caractére odieux d'un tel Contractant.

(8) On cite ici Lessius, Lib. II. *De Justitia & Jure*, Cap. XLII. *num.* 27.

(9) C'est le même fait, dont il est parlé à la fin du paragraphe précedent. Voici ce que dit là-dessus Tite Live: *Unus ex iis* (captivis) *domum abiit, quòd fallaci reditu in castra jurejurando se exsolvisset. Quod ubi innotuit, relatum ad Senatum est: omnes censuerunt, comprehendendum, & custodibus publice datis deducendum ad* Hannibalem *esse*. Lib. XXII. Cap. LXI. *num.* 4. Voiez Aulu-Gelle, *Noct. Attic.* Lib. VII. Cap. XVIII.

§. XVI. (1) *Deinde illud etiam apud* Accium:

Fregisti fidem. Neque dedi, neque do infideli cuiquam: quamquam ab impio Rege (Atreo) *dicitur, luculentè tamen dicitur.* Cicer. *De Offic.* Lib. III. Cap. XXVIII.

(2) Cela est décidé dans les De'cre'tales: *Nec tu ei, etiamsi promissum tuum juramento, vel fidei obligatione, interpositâ conditione firmasses, aliquatenus teneris, si constat eam conditioni minime paruisse.* Lib. II. Tit. XXIV. *De Jurejurando*, Cap. III. Voiez Digest. Lib. XVIII. Tit. III. *De Lege commissoria*, Leg. V. *in fin.* Grotius.

Voiez Pufendorf, *Droit de la Nat. & des Gens*, Liv. III. Chap. VIII. §. 8. & *Liv.* V. *Chap.* XI. §. 9.

(3) ——— ——— Tua, Regule, proles,
Qui longum semper famâ gliscente per ævum,
Infidis servasse fidem memorabere Pœnis.
De Bell. Punic. *Lib.* VI. vers. 62, *& seqq.*

(4) Cela n'est fondé que sur la fausse supposition de deux obligations distinctes dans les Promesses faites avec serment. La vérité est, que, du moment qu'il paroît y avoir une véritable lézion, à laquelle on n'a point consenti; le Serment tombe de lui-même. Voiez Pufendorf, dans le Chapitre souvent cité, §. 11.

(5) Nôtre Auteur, dans sa Note sur ce passage, explique autrement le mot qu'il traduit ici, *fût-ce à son dommage.* Après avoir remarqué, que la Vulgate a suivi les LXX. Interprêtes, qui ont lû comme s'il y avoit לרעה *à son Prochain*, au lieu de להרע: il dit seulement, que d'autres traduisent, *celui qui a juré de s'affliger*, (c'est-à-dire, a fait vœu de jeûner) *& qui ne manque pas de tenir son vœu.* Mais en suivant même la traduction ordinaire, *fût-ce à son dommage*; rien n'oblige à entendre cela des Promesses faites avec serment, dans lesquelles il se trouve une lezion, qui suffiroit d'ailleurs pour les rendre nulles On sait, que bien des gens sont tentez de fausser leur parole, donnée

force que par rapport à DIEU, en sorte que la personne, à qui l'on a juré, n'aquiert aucun droit, à cause de quelque défaut semblable qu'il y a dans l'engagement; (1) l'Héritier de celui qui a juré, n'est tenu à rien. Car les biens du Défunt, c'est-à-dire, les choses qui entrent en commerce, passent à la vérité à l'Héritier, avec les charges qui y sont attachées; mais non pas les autres choses, auxquelles le Défunt étoit tenu par quelque Devoir de Piété, de Reconnoissance, ou de (2) Sincérité & de Constance à ne pas se dédire. Car tout cela ne se rapporte point à ce que l'on appelle *Droit rigoureux* d'homme à homme, comme nous l'avons aussi remarqué ailleurs.

§. XVIII. 1. LORS encore que la personne, à qui l'on a juré, n'a aquis aucun droit, si le Serment se rapporte à l'avantage d'un tiers, & que ce tiers ne veuille point en profiter; (1) on ne sera tenu à rien, en vertu d'un tel Serment.

2. Il en est de même, en ce cas-là, que quand on a juré à quelcun, en le considérant sous une certaine qualité, (2) qui vient à cesser; car si un Magistrat, par exemple, cesse de l'être, le Serment qu'on lui avoit prêté, comme revêtu de ce pouvoir, tombe de lui-même. En voici un autre exemple dans ce que disoit *Curion*, au rapport de JULES CÉSAR, à ceux de ses Soldats, qui avoient été de l'Armée de *Domitius*: (3) *Comment pourriez-vous être encore liez par le serment que vous aviez prêté à* Domitius, *puis qu'aiant quitté le commandement, il étoit devenu, de Général, simple Particulier, & Prisonnier même?* Il ajoûte un peu plus bas, (4) *que leur serment étoit éteint, par la perte de la liberté de* Domitius.

(a) *Decretal.* Lib. III. Cap. V. *De Præbendis* &c. C. XXV. *Covarruv.* in Cap. *Quamvis*: Part. II. §. 2. num. 10.

§. XIX. ON demande, (a) si un acte fait contre ce que l'on avoit juré, est par là nul, ou seulement illicite? Il faut distinguer ici, à mon avis. Car si l'on a seulement (1) engagé sa foi, un Testament, un Contract de Vente ou tel autre acte, ne laisse pas de subsister, malgré le Serment. Mais l'acte postérieur est nul, si le Serment étoit conçû de telle maniére, (2) que l'on se fût par là entiérement dépouillé du droit de rien faire contre ce que l'on a juré.

§. XX. 1. TOUT ce que nous avons dit jusqu'ici, est une suite de l'acte même du Serment, consideré selon le Droit de Nature. Et c'est par de tels principes qu'il faut juger

née même avec serment, lors qu'ils ne peuvent la tenir sans souffrir quelque incommodité ou quelque perte, qu'ils n'avoient pas prévuë, quoi qu'elle ne soit pas de nature à former une exception raisonnable aux engagemens où ils sont entrez. Ne succomber pas à une telle tentation, est un effort de Vertu assez considérable, pour entrer dans le caractére d'un vrai Homme-de bien, tel que le Psalmiste le décrit.

§. XVII. (1) Voiez PUFENDORF, dans le Chapitre qui répond à celui-ci §. 17. avec les Notes de la seconde Edition.

(2) C'est ce que signifie ici le mot de *fidei*.

§. XVIII. (1) PLAUTE introduit un Vieillard, qui dit à un Valet, *Je veux que tu décharges cet autre de son serment:*

—— —— *Jurisjurandi volo*
Gratiam facias —— ——

Rudent. (*Act.* V. *Scen.* III. vers. 58, 59.) GROTIUS.

(2) C'est sur un semblable principe, qu'il est dit dans le DIGESTE, que les Gouverneurs de Province étoient bien exemts de tutéle pendant qu'ils exerçoient cet Emploi, mais qu'aussi tôt qu'il finissoit, leur privilége cessoit aussi: *Gentium præsidatus*, *puta* Asiæ, Bithyniæ, Cappadociæ, *tribuit immunitatem à tutela, hoc est, quoad in præsidatu sunt.* DIGEST. Lib. XXVII. Tit. I. *De excusationibus*, Leg. VI. §. 14. Voiez de semblables décisions dans GAILIUS, *Observ.* CXLIV. *num.* 8. & *de Arrestis*, X, 9. comme aussi dans AZOR. *Instit. Moral.* V, 22. *Quæst.* 6. Part. I. GROTIUS.

(3) *Sacramento quidem vos tenere qui potuit, quum, projectis fascibus & deposito imperio, privatus, & captus ipse, in alienam venissent potestatem?* De Bell. Civil. *Lib.* II. *Cap.* XXXII.

(4) *Quod* [sacramentum] *deditione ducis, & capitis deminutione, sublatum est.* Ibid.

§. XIX. (1) C'est-à-dire, si l'on a seulement juré de ne pas faire une certaine chose, comme de ne pas se marier; ou de donner une certaine chose, en sorte que l'on n'ait pas actuellement transferé le droit qu'on y avoit. Voiez PUFENDORF, *Droit de la Nat. & des Gens*, Liv. IV. Chap. II. §. 11.

(2) Comme si l'on donne à quelcun, ou si on lui hypothéque une chose que l'on avoit déja donnée ou hypothéquée à un autre, par un acte accompagné de serment. Mr. VITRIARIUS, dans ses *Institut. Juris Nat. & Gent.* Lib. II. Cap. XIII. §. 28. allégue ici l'exemple d'un Prince, qui, après avoir juré, en traitant alliance avec un autre, de ne faire aucun pareil Traité avec qui que ce fût, viendroit ensuite à conclurre quelque Alliance avec un tiers.

§. XX. (1) *Quid enim . . . si lex lata erit, ne id quisquam faciat, quod ego me amico meo facturum promisissem?*

juger des Sermens des Rois; comme aussi de ceux qui se font d'Etranger à Etranger, lors que la chose ne se passe pas dans un lieu, qui rende l'acte soûmis à certaines Loix Civiles. Voions presentement, ce que peut ici l'autorité des Supérieurs, (a) c'est-à-dire, des Rois, des Péres, des Maitres, & des Maris, en matiére des choses où les Femmes dépendent de leurs Maris.

(a) Voiez *St. Augustin,* Epist. CCXL. & CCXLI.

2. Le pouvoir des Supérieurs ne s'étend pas à la vérité jusqu'à dispenser de tenir un Serment, véritablement obligatoire: car il est de Droit Naturel & de Droit Divin, que l'on tienne un tel Serment. Mais comme on n'est pas maître de faire tout ce qu'on veut, quand on a un Supérieur; il peut y avoir deux actes du Supérieur par rapport à la chose sur quoi on jure: l'un, qui regarde la personne même qui jure; l'autre, qui regarde celle à qui on jure.

3. Le Supérieur use de son autorité par rapport à la personne même qui jure, ou en annullant par avance un Serment, autant que le permet l'étenduë de la sujettion où est l'Inférieur; ou en défendant d'accomplir un Serment déja fait. (b) Car l'Inférieur, comme tel, n'a pû s'engager qu'autant qu'il plairroit à son Supérieur; la liberté qu'il avoit de s'engager ne s'étendoit pas plus loin. C'est ainsi que, selon la Loi des *Hébreux*, (c) les Maris avoient droit d'annuller les Sermens de leurs Femmes; & les Péres, ceux de leurs Enfans encore sous puissance. Le Philosophe Seneque (1) propose le cas d'*une personne, qui a promis à son Ami une chose qui se trouve défenduë par quelque Loi*: & il résout la question en disant, que *la même Loi, qui défend de faire ce que l'on a promis, dispense de le tenir.*

(b) Voiez *Decretal.* Lib. II. Tit. XXIV. *De Jusjurar.* Cap. XIX. & *Feudor.* Lib. II. Tit. LV. *De prohibita Feudi alienat. per Frider.* princip.

(c) *Nombres,* XXX, 4. & *suiv.*

4. Il y a quelquefois un mélange de ces deux maniéres dont l'autorité d'un Supérieur intervient ici, c'est lors que le Supérieur déclare que les Sermens de ceux qui dépendent de lui, faits en tel ou tel cas, comme par crainte, ou par un effet de la foiblesse du Jugement, ne seront valides, que supposé qu'il les approuve. C'est sur ce fondement qu'on peut justifier les (d) Dispenses que les Princes (2) accordoient eux-mêmes à leurs Sujets; & qui se donnent aujourdhui, avec le consentement des Souverains, par les (3) Chefs de l'Eglise, sur qui l'on se repose du soin de connoître de la validité des Sermens, pour empêcher par là plus efficacement qu'il ne se fasse rien de contraire à la Piété.

(d) Voiez *Molin.* Disp. CXLIX. Cap. Si vero; *De Jurejur.*

5. Le Supérieur peut user de son autorité par rapport à celui à qui le Serment est fait,

feram? . . . . Eadem res me defendit, quæ vetat. De Benefic. *Lib.* IV. *Cap.* XXXV. Voiez, sur cette matiére, Pufendorf, *Droit de la Nat. & des Gens*, Liv. IV. Chap. II. §. 24. ou dernier; & ce que j'ai dit sur l'Abrégé des *Devoirs de l'Homme & du Citoien*, Liv. I. Chap. XI. §. 6. *Note* 3. de la troisiéme & quatriéme Edition.

(2) C'est ainsi que *Tibére* annulla le Serment d'un Chevalier Romain, qui avoit juré de ne pas répudier sa Femme, & qui la surprit depuis en flagrant délit avec son Gendre: *Equiti Romano jurisjurandi gratiam fecit, ut uxorem in stupro generi compertam dimitteret, quam se numquam repudiaturum antea juraverat.* Sueton. Vit. Tiber. Cap. XXXV. De même les Empereurs *Antonin* & *Verus* déchargérent de son Serment un homme qui avoit juré de n'entrer jamais dans le Conseil de sa Ville, & qui fut créé depuis *Duumvir*, ou l'un des principaux Magistrats: *Imperatores* Antoninus *&* Verus *rescripserunt, gratiam se facere jurisjurandi ei, qui juraverat*, se ordini non interfuturum, *& postea Duumvir creatus esset.* Digest. Lib. L. Tit. I. *Ad municipalem* &c. Leg. ult. *sive* XXXVIII. Cela s'est pratiqué pendant long tems en *Espagne*, comme le remarque Ferdinand Vasquez, *de Successionum creatione*, Lib. II. §. 18. Grotius.

Le dernier fait, qui regarde l'*Espagne*, ne se trouve point dans la Section du Traité de Vasquez, citée par nôtre Auteur; quoi qu'elle ne traite presque que de certaines choses où le Serment est intervenu. Mais je l'ai aussi cherché inutilement dans plusieurs autres endroits de ce gros Ouvrage, où il pouvoit y avoir occasion de parler de l'absolution du Serment. Ce qui me feroit encore douter qu'il y ait rien de semblable, c'est que feu Mr. Hertius, dans une Note sur Pufendorf, Lib. IV. Cap. II. §. *ult.* pose en fait, que les Rois d'*Espagne*, aussi bien que ceux de *France*, donnent encore aujourdhui l'absolution d'un Serment, pour de justes causes. Il est vrai qu'il ne produit aucun garant de ce qu'il avance; & je n'ai pas le loisir d'examiner maintenant la chose plus particuliérement.

(3) Voiez ce que l'on a dit sur Pufendorf, *Droit de la Nat. & des Gens*, Liv. IV. Chap. II. §. 24. *Note* 3. C'est par un reste de *Papisme*, que quelques Docteurs Protestans prétendent encore aujourdhui, que, si les Princes ont pouvoir d'absoudre leurs Sujets du Serment, ce n'est pas comme Princes, mais comme aiant le droit des Evêques; ainsi que le remarque Mr. Bohmer, dans son *Jus Ecclesiasticum Protestantium*, Lib. II. Tit. II. §. 30. Voiez aussi ce qu'il dit *Tit.* XXIV. §. 23. *& seqq.* sur d'autres choses où les Protestans suivent ici imprudemment les principes du Droit Canonique.

fait, en lui ôtant le droit qu'il avoit aquis par là; ou bien, si celui-ci n'avoit aquis aucun droit, (4) en lui défendant de rien recevoir en conséquence d'un tel Serment. Or il a pouvoir de faire cela, ou pour (5) punir un Coupable; ou pour quelque raison (6) d'utilité publique qui l'y autorise, en vertu du *Domaine éminent* qu'a un Souverain sur les biens de ses Sujets.

6. On voit par là, ce que peuvent les Souverains de tel ou tel païs, par rapport aux Sermens de leurs Sujets, (7) lors que celui qui a juré n'est pas Sujet du même Etat, que celui à qui il a juré.

7. Mais celui-là même, qui a promis quelque chose avec serment à un Scélérat, agissant comme tel, par exemple, à un Corsaire; celui-là, dis-je, ne (8) peut pas pour cela ôter, en forme de punition, à celui, à qui il a juré, le droit qu'il a aquis par sa promesse: car, sur ce pié-là, les paroles du Serment (9) n'auroient aucun effet: ce qu'il faut toûjours éviter soigneusement.

8. C'est par une semblable raison que l'on ne sauroit légitimement prétendre (10) compenser ce que l'on a promis, avec une chose que l'on croit nous être duë, mais qui étoit contestée par celui à qui l'on a promis, lors que la Convention a été faite depuis la contestation survenuë.

9. Les Loix Humaines qui ont mis, par leurs défenses, un obstacle à la validité de certains actes, peuvent aussi le faire cesser en faveur du Serment, dont ils se trouvent accompagnez, ou de quelque maniére que ce soit, ou d'une certaine maniére. C'est ce qu'ont fait les Loix (11) Romaines, à l'égard des choses défenduës, non pas directement pour le Bien Public, mais pour l'intérêt particulier de celui qui jure. En ce cas-là donc, un acte accompagné du Serment sera valable de la même maniére qu'il l'auroit été naturellement, & indépendamment des Loix Humaines, en sorte que ou il n'y aura que la foi de celui qui a juré, qui soit engagée; ou bien il aura donné un véritable droit d'exiger l'effet de son Serment, selon la diversité des actes par lesquels on déclare sa volonté, comme nous l'avons expliqué (c) ailleurs.

(c) *Chap.* XI. de ce Livre, §. 3, 4.

§. XXI. 1. Il faut remarquer ici en passant, que, quand Nôtre Seigneur (a) Jesus-Christ, & l'Apôtre (b) St. Jaques, défendent de jurer, cela ne regarde pas

(a) *Matth.* V, 34, *& suiv.*
(b) *Epitre*, Chap. V. vers. 12.

(4) S'il n'avoit aquis aucun droit, le Serment est nul de lui-même; & ainsi il n'est pas besoin de dispense.

(5) On avoit juré, par exemple, à un Criminel d'Etat, de lui donner telle ou telle chose: une Fille lui avoit promis de l'épouser: le Souverain peut ôter à ce Criminel le droit d'exiger l'accomplissement d'une telle Promesse, quoi que faite avec serment.

(6) Par exemple, un homme avoit juré de paier à un autre dans un tel tems une somme qu'il lui doit. Il se trouve qu'alors l'Etat a besoin du Débiteur pour la Guerre, ou pour quelque autre chose, & que ce Débiteur ne pourroit être utile à l'Etat, s'il étoit obligé de paier ses dettes dans le tems marqué. Le Souverain ôte donc au Créancier le droit qu'il avoit d'exiger le paiement.

(7) Le Souverain de celui qui a juré, ne pouvant ôter directement à celui en faveur de qui le Serment a été fait, & qui ne dépend pas de lui, le droit qu'il a aquis par là, peut, pour de bonnes raisons, décharger son Sujet du serment. Et l'autre n'a pas sujet de se plaindre, lors que l'absolution a été faite par de justes causes; parce qu'il savoit ou qu'il devoit savoir que celui qui a juré ne pouvoit s'engager qu'autant que son Souverain le jugeroit à propos, en matiére des choses soûmises à sa direction. Au contraire, le Souverain de celui à qui le Serment a été fait ne peut pas décharger du Serment celui qui l'a fait, & que nous supposons ne pas dépendre de lui: mais il peut ôter à son Sujet le droit qu'il avoit aquis par un tel serment; ce qui revient au fond à la même chose que si celui qui a juré étoit absous de son Serment.

(8) Il n'en a pas besoin, puis que le Serment est nul de lui-même.

(9) Cette raison est bonne, lors qu'il n'y a rien qui soit capable d'empêcher qu'on ne contracte en jurant une véritable obligation. Mais quand l'engagement est nul, il suit de cela même, que les paroles du Serment ne doivent avoir aucun effet.

(10) Voiez Pufendorf, *Droit de la Nat. & des Gens*, Liv. V. Chap. XI. §. 6.

(11) Nôtre Auteur semble suivre ici l'opinion commune, fondée sur une Loi du Code, Lib. II. Tit. XXVIII. *Si adversus venditionem*, Leg. I. dans laquelle l'Empereur Alexandre Sévére refuse le bénéfice de la restitution en entier à un Mineur, Homme de guerre, à cause du serment par lequel il avoit confirmé une Vente, dans laquelle il se trouvoit de la lézion à son préjudice. Mais cette Loi ne contient qu'un Rescript sur un cas particulier; & il s'agit là non de toute sorte de Serment, mais d'un Serment prêté en personne (*Juramentum corporaliter præstitum.* Voiez Pufendorf, *Droit de la Nat. & des Gens*. Liv. IV. Chap. II. §. 16). que l'on regardoit comme aiant plus de force, que celui qui étoit prêté par écrit, ou par procureur &c. Il pou-

pas proprement les *Sermens Affirmatifs*, dont on trouve quelques exemples (1) dans les Epîtres de St. Paul; mais les *Sermens Obligatoires*, par lesquels on promet pour l'avenir quelque chose d'incertain. Cela paroît manifestement par l'opposition qu'il y a dans les paroles de Nôtre Seigneur: *Vous avez appris, qu'il a été dit aux Anciens; Ne vous parjurez point, mais aquittez-vous de vos sermens envers le Seigneur. Mais moi je vous dis, de ne jurer point du tout.* La raison que St. Jaques ajoûte méne-là aussi: *De peur*, dit-il, *que vous ne soyiez trouvez menteurs*; car c'est le sens du mot de l'Original (c) dans le langage des *Hellénistes*. Cela paroît encore par ce que dit Nôtre Seigneur: *Que vôtre discours soit, Oui, oui, Non, non*: ce que St. Jaques explique ainsi; *Que vôtre Oui soit oui, & vôtre Non, non.* Il y a là manifestement une (d) figure de Rhétorique, telle que dans les exemples suivans: (2) *Depuis ce tems-là*, Corydon *est pour nous* Corydon: *Jusqu'à* (3) *ce jour*, Memmius *fut* Memmius. Car le prémier *Oui* & le prémier *Non* signifie la Promesse; le second se rapporte à son accomplissement. Quand quelcun nous demande quelque chose, & qu'on lui promet, on dit, *Oui*: ainsi ce mot, & ceux qui y répondent (e) en Hébreu, en Syriaque, en Arabe, & dans le langage des Rabbins, aussi bien que chez (4) les Jurisconsultes Romains, marquent souvent une Promesse. St. Paul dit, (f) que *toutes les Promesses de* Dieu *en* Jésus-Christ *sont Oui, & Amen*: voilà *Oui* pris pour l'accomplissement de ce que l'on a promis. Delà vient ce mot ancien des Docteurs Juifs: (5) *Le* Non *d'un Homme-de-bien est* Non; *& son Oui, est oui.* Lors au contraire que les actions de quelcun ne s'accordent point avec ses paroles, on dit qu'*il a Oui & Non*; c'est-à-dire, que son *Oui* est *Non*; & son *Non*, *Oui*. L'Apôtre St. Paul l'explique ainsi dans sa *seconde Epître aux* (g) Corinthiens: car, après avoir dit, qu'*il n'avoit point agi avec légéreté*, il ajoûte, que *son discours n'a pas été Oui & Non.* Festus (6) insinuë aussi ce sens, dans l'étymologie qu'il rapporte d'un mot Latin. Si, quand on dit qu'il y a dans les discours de quelcun *Oui & Non*, cela marque sa légéreté & son inconstance; dire, que *son Oui est Oui, & son Non, non*, doit donner à entendre sa constance & sa fermeté. Desorte que le sens des paroles de Nôtre Seigneur se réduit à cette pensée de Philon, Juif: (7) *Le meil-*

(c) Ὑπόκρισιν. Voiez *Job*, XXXIV, 30. XXXVI, 13. *Matth.* XXIV, 51. & ailleurs.

(d) Que les Rhéteurs nomment Πλοκή.

(e) אמן *Amen.* Voiez *Apocalyps.* I, 7.

(f) II. *Corinth.* I, 20.

(g) I, 18, 19.

pouvoit y avoir aussi des circonstances particuliéres, ou à l'égard de la personne qui prétendoit être lézée, ou à l'égard de la lézion en elle-même, qui déterminérent l'Empereur à faire valoir ici le serment, sans qu'il eut dessein pour cela d'établir une régle générale, contraire au Droit Civil, selon lequel un Serment n'a pas plus de force qu'une simple Convention. Mais un Jurisconsulte Scholastique, nommé Martin, aiant mal entendu ce Rescript, persuada à l'Empereur Frederic II. d'y joindre une Constitution, qui étendit généralement à tous les Contracts des Mineurs en âge de puberté, cette exception du Serment; comme le remarque très-bien Mr. Schulting, *Enarrat. partis primæ Digest.* in Tit. *De Minoribus* &c. §. 3. Voiez aussi Cujas, sur le Titre du Code, où est contenu le Rescript, dont il s'agit; & Pufendorf, *ubi supra*, §. 11. Tout cela est venu de l'autorité du Droit Canonique, qui, sans avoir égard aux Loix Civiles par lesquelles un Acte est déclaré nul, veut que le Serment, qui y est joint, le rende valide, de quelque nature qu'il soit. Voiez ce que l'on a dit sur Pufendorf, *Droit de la Nat. & des Gens*, Liv. IV. Chap. II. §. 19. *Note* 3. de la seconde Edition, & le *Jus Ecclesiasticum* de Mr. Böhmer, Lib. II. Tit. XXIV. §. 23, *& seqq.*

§. XXI. (1) Voiez Romains, I, 9. IX, 1. II. Corinth. I, 23. XI, 31. Philipp. I, 8. I. Thessalon. II, 5. I. Timoth. II, 7. Grotius.

(2) *Ex illo* Corydon, *Corydon est tempore nobis.*
Virgil. Eclog. VII. *vers.* 70. *seu ult.*

(3) *Ad illum diem* Memmius *erat Memmius.* Nôtre Auteur avoit tiré cet exemple, ou d'un Rhéteur ancien, nommé Aquila Romanus, qui le donne en autant de mots, *pag.* 19. *Antiq. Rhett. Latin. Edit. Pithæi*: ou bien de son Martianus Capella, où il le trouve en corrigeant & débarrassant le texte, *pag.* 274.

(4) Μάλιστα, & *Quidni?* Mots dont on se servoit pour répondre à une stipulation: *Etiam ipso testatore interrogato, an ea dixisset, & responso ejus tali*, Μάλιστα, *id est*, Maxime, *inserto.* Digest. Lib. XXXII. *De Legatis & Fideicomm. III.* Leg. XXXIX. §. 1. *Si quis ita interroget*, Dabis? *responderit*, Quidni? *& is utique in ea caussa est, ut obligetur.* Lib. XLV. Tit. I. *De verborum obligat.* Leg. I. §. 2.

(5) Voiez le *Florilegium Hebraicum* de Buxtorf, pag. 329.

(6) *Quidam ex Græco.* Ναὶ καὶ ἀχὶ, *levem hominem significari* [aiunt]. Voc. Naucum. On fera bien de corriger ici ἀχὶ, pour οὐχί. Car le prémier se trouve souvent dans Homére: & cela approche davantage du Latin *Nauci*. Grotius.

(7) Κάλλιστον δὲ καὶ βιωφελέστατον, καὶ ἁρμόττον λογικῇ φύσει, τὸ ἀνώμοτον, οὕτως ἀληθεύειν ἐφ' ἑκάστου δεδιδαγμένῃ, ὡς τοὺς λόγους ὅρκους εἶναι νομίζεσθαι. De Decalogo, *pag.* 756. C. Ed. *Paris.*

meilleur parti, dit-il, *celui qui est le plus utile & le plus digne d'un Etre Raisonnable, c'est de ne point jurer, & de s'accoûtumer tellement à dire la vérité, que nôtre parole toute seule soit regardée comme aiant autant de force qu'un Serment .... Que tous les discours d'un Homme-de-bien*, dit ailleurs le même Auteur, (8) *vaillent autant de Sermens, fermes, immuables, exemts de tout mensonge & de toute tromperie, toûjours fondez sur la Vérité.* C'est par cette raison que les *Esséniens* ne vouloient point jurer, regardant le Serment comme fort inutile, de leur part; ainsi que (9) nous l'apprend Joseph. Et il semble que ce soit de cette Secte des *Juifs* ou de ceux d'entre les *Juifs* dont elle avoit pris les sentimens pour modéle, que le Philosophe (10) Pythagore emprunta les siens: car il disoit, (11) *Qu'on ne devoit point jurer, mais qu'il falloit travailler à se mettre si bien dans l'esprit des autres Hommes, qu'ils nous en crussent toûjours sur nôtre parole.* On trouve la même pensée dans (12) plusieurs passages d'Auteurs anciens.

2. Pour revenir à ce que nous avons établi, que Nôtre Seigneur condamne les Ser-

(8) Ὁ γὰρ τοῦ σπουδαίου, φησὶ, λόγος, ὅρκος ἔστω βέβαιος, ἀκλινὴς, ἀψευδέστατος, ἐρηρεισμένος ἀληθείᾳ. *init.* pag. 769. C.

(9) Καὶ πᾶν μὲν τὸ ῥηθὲν ὑπ' αὐτῶν [Ἐσσηνῶν] ἰσχυρότερον ὅρκου. τὸ δὲ ὀμνύειν αὐτοῖς περιΐσταται &c. Antiq. Jud. *Lib.* II. Cap. VII. pag. 786. C.

(10) Car Hermippe, Philosophe Pythagoricien, disoit, que *Pythagore* avoit appris sa Philosophie des *Juifs*, comme le remarque Origéne, *contre Cels.* (Lib. I.) Joseph, Historien Juif, & Jamblique, Philosophe Pythagoricien, disent la même chose. Grotius.

Le passage de Joseph, est dans le I. Livre contre *Apion*, pag. 1046. F. G. Mais Mr. Le Clerc conjecture, avec beaucoup d'apparence, qu'Hermippe avoit écrit 'Ιδαίων d'où l'on a fait 'Ιουδαίων. Voiez la Bibliothéque choisie, Tom. X. pag. 162. & *suiv.* Nôtre Auteur cite ensuite Jamblique: mais sa mémoire l'a trompé; & il a confondu cet Auteur, qui ne dit rien de ce qu'il lui attribuë, avec un autre Philosophe de la même Secte, dont nous avons la Vie de *Pythagore*, imprimée dans le même volume, je veux dire, Porphyre, qui fait voiager *Pythagore* chez les *Juifs*, aussi bien que chez les *Egyptiens*, les *Arabes*, & les *Chaldéens*: Num. II. *Ed. Kust.* Au lieu que Jamblique ne parle que de son voiage en *Egypte* & en *Syrie*, Lib. I. Cap. III. & IV.

(11) Μηδὲ ὀμνύναι θεούς· ἀσκεῖν γὰρ αὑτὸν δεῖν ἀξιόπιστον παρέχειν. (Diogen. Laert. Lib. VIII. §. 22.) Philon, Juif, dit, que, dès-là qu'on fait jurer quelcun, on le soupçonne d'infidelité: Ἤδη γὰρ ὅ γε ὀμνὺς, εἰς ἀπιστίαν ὑπονοεῖται. (De Decalog. *pag.* 756. C.) Sophocle introduit *Oedipe* disant à *Thésée*, qu'il ne veut pas le faire jurer, comme s'il le croioit un méchant homme. De quoi *Thésée* tombe d'accord, car il répond, que son Serment ne seroit pas une plus grande sûreté, que sa parole toute seule:

ΟΙ. Οὔτοι σ' ὑφ' ὅρκου γ', ὡς κακὸν, πιστώσομαι.
ΘΗΣ. Οὔκουν πέρα γ' ἂν οὐδὲν ἢ λόγῳ φέροις.

Oedip. Colon. (*vers.* 642., 643.) L'Empereur Marc Antonin faisant la description d'un Homme-de-bien, donne pour un de ses caractéres, qu'il n'a pas besoin de jurer: Μήτε ὅρκου δεόμενος. (Lib. III. §. 5.) Ce que Clément d'Alexandrie exprime ainsi: Faire qu'on ajoûte foi à nos promesses à cause de l'habitude constante & perpétuelle qu'on a contractée, de parler & d'agir sincérement: Καὶ τὸ πιστὸν τῆς ὁμολογίας ἐν ἀμεταπτώτῳ καὶ ἑδραίῳ δεικνύουσι, βίῳ τε καὶ λόγῳ. (Stromat. *Lib.* VII. *Cap.* VIII. pag. 861. *Edit Potter.*) Il s'agit là aussi des qualitez d'un Homme-de-bien (ou du *Gnostique*, comme ce Pére l'appelle.) St. Chrysostôme dit, que, si l'on tient pour sincére & fidéle celui avec qui l'on a à faire, il est inutile de lui imposer la nécessité de jurer; mais que, si on le croit disposé à mentir, on ne doit pas le contraindre de se parjurer: Εἰ μὲν πιστεύεις ὅτι ἀληθής ἐστιν ὁ ἀνὴρ, μὴ ἐπαγάγῃς τοῦ ὅρκου τὴν ἀνάγκην· εἰ δὲ οἶδας ὅτι ψεύδεται, μὴ ἀναγκάσῃς ἐπιορκεῖν. De Statuis, *Orat.* XV. Grotius.

(12) C'est une des Sentences de Solon, qu'on doit travailler à se faire une réputation de Probité, sur laquelle les autres croient pouvoir compter, plus que sur tous les Sermens du monde: Καλοκἀγαθίαν ὅρκου πιστοτέραν ἔχε. (Diogen. Laert. *Lib.* I. §. 60.) Aléxis, Poëte Comique, fait dire à un de ses Acteurs, qu'un signe de tête de sa part vaut un Serment:

Ὅρκος βέβαιός ἐστιν, ἂν νεύσω μόνον.

(Apud Stob. *Serm.* XXVII.) Les *Scythes*, au rapport de Quinte Curce, disoient à *Alexandre le Grand*, que ce n'étoit pas leur coûtume de confirmer par Serment les Alliances qu'ils faisoient, & qu'ils n'avoient d'autre serment, que de garder la foi, sans la jurer: *Jurando gratiam* Scythas *sancire ne credideris: colendo fidem, jurant.* (Lib. VII. Cap. VIII. *num.* 29.) Cicéron raconte, qu'à *Athénes* un homme d'une probité reconnuë (c'étoit le Philosophe *Xénocrate*, comme il paroit par Diogéne Laerce, IV, 7. & Valére Maxime, II, 10. *extern.* num. 2. & par Cicéron même, *I. Epist. ad. Attic.* XV) étant appellé à rendre témoignage en Justice, & aiant voulu jurer sur l'Autel, selon la coûtume; les Juges unanimément l'en dispensérent, pour ne pas donner lieu de croire qu'on dût compter sur son Serment, plus que sur sa parole toute seule: Athenis *aiunt, quum quidam apud eos, qui sanctè graviterque vixisset, testimonium publicè diceret*, [c'est ainsi qu'il faut lire, avec Ménage, *Adnot. in Laërt.* IV, 7. au lieu de *& testimonium pub. dixisset*] *&, ut mos* Graecorum *est, jurandi caussâ ad aras accederet: unâ voce omnes Judices, ne is juraret, reclamasse. Quum* Graeci *homines, spectati viri noluerint religione videri potius, quàm veritate, fidem esse constrictam* &c. Orat. pro L. Corn. Balbo, (*Cap.* V.) Le même Orateur soûtient, qu'il n'y a pas au fond grande différence entre celui qui a accoûtumé de tromper par de simples mensonges, & celui qui se parjure: car, dit-il, on passe aisément de l'un à l'autre. Ainsi les Dieux punissent de même l'un & l'autre

Sermens faits à la légére sur des choses qui ne dépendent pas entiérement de nous. HIE'ROCLE'S dit quelque chose de fort approchant, en expliquant les *Vers dorez de* PYTHAGORE: (13) *Quand le Philosophe*, dit-il, *nous donne pour précepte*, DE RESPECTER LE SERMENT, *il nous enseigne par là, qu'il faut s'abstenir de jurer en matiére de choses casuelles, & dont l'événement est incertain: car ces sortes de choses sont de peu d'importance, & fort sujettes au changement; c'est pourquoi il n'est ni beau, ni sûr, d'en faire la matiére de ses sermens.* EUSTATHE, dans son Commentaire sur l'*Odyssée*, dit, (14) que, *quand il s'agit de choses incertaines, il n'est pas nécessaire de les confirmer par serment, mais qu'il faut prier* DIEU *qu'elles aient un bon succès.*

§. XXII. C'EST pour cela qu'en plusieurs endroits on a établi, à la place du Serment, la coûtume (a) de donner sa parole en touchant dans la main l'un de l'autre, comme parmi les (1) anciens *Perses*, ou en emploiant quelque autre signe, en sorte que la violation d'une telle Promesse est regardée (2) comme aussi criminelle, &

(a) *Canonici* In C. *Querelam*; de Jurejurando. *Panormit.* in C. *Ad aures*, De his quæ vi metûsve caussâ &c. *Jason*, in Dig. Lib. XII. Tit. II. *De Jurejurando*, Leg. III. §. 4. *Mynsinger.* Obs. XVII. Cent. I.

tre, parce que c'est la mauvaise foi & la perfidie du Menteur de profession, qui les irrite, plûtôt que le mépris des paroles du Serment: *At quid interest inter perjurum & mendacem? Qui mentiri solet, pejerare consuevit. quem ego, ut mentiatur, inducere possum, ut pejeret, exorare facile potero. Nam qui semel à veritate deflexit, hic non majore religione ad perjurium, quam ad mendacium, perduci consuevit. quis enim deprecatione Deorum, non conscientiæ fide, commovetur? Propterea quæ pœna à Diis immortalibus perjuro, hæc eadem mendaci constituta est. Non enim ex pactione verborum, quibus jusjurandum comprehenditur, sed ex perfidia & malitia, per quam insidiæ tenduntur alicui, Dii immortales hominibus irasci & succensere consueverunt.* Orat. pro Q. Roscio Comœdo. (*Cap.* XVI.) GROTIUS.

(13) Τὴν γὰρ ἀποχὴν τοῦ ὀμνύναι προστάττει [ὁ ΣΕ'ΒΟΥ ὍΡΚΟΝ ἐν ἀρχῇ παραγγείλας] περὶ τῶν ἐνδεχομένων, καὶ ἄδηλον τὴν ἔκβασιν ἐχόντων τὸ πέρας. Ταῦτα γὰρ καὶ μικρὰ, καὶ μεταπίπτοντα· διὸ οὔτε ἄξιον ἐπ' αὐτοῖς ὀμνύναι, οὔτ' ἀσφαλές. (Pag. 164. Edit. *Cantabr. Needham.*) St. CHRYSOSTÔME a très-bien remarqué, que, quand on ne courroit pas risque de se parjurer, en jurant par emportement, ou par contrainte, ou sans y penser; la nature même des choses nous réduiroit souvent à la nécessité de nous parjurer le sachant & le voulant: Ὅτι κἂν μὴ συναρπασθῇς, μηδὲ ἄκων, μηδὲ ἀγνοῶν, τοῦτο πάθῃς, ὑπ' αὐτῆς τῶν πραγμάτων φύσεως καὶ ἑκὼν καὶ εἰδὼς ἀναγκασθήσεται ἐπιορκῆσαι πάντως. Orat. XII. *De Statuis.* Il ajoûte un peu plus bas, qu'il est dangereux de jurer même sur son propre fait, parce qu'on se trouve souvent dans des circonstances où l'on est contraint de faire ce qu'on ne voudroit pas, ou dans l'impuissance de faire ce qu'on voudroit: Χαλεπὸν μὲν ἂν καὶ περὶ ἑαυτοῦ τινα ὀμνύναι· πολλὰ γὰρ ὑπὸ τῆς τῶν πραγμάτων περιστάσεως βιαζόμεθα. LIBANIUS faisant l'éloge d'un Empereur Chrétien, dit, qu'il étoit si fort éloigné de se parjurer, qu'il craignoit même de jurer, lors qu'il pouvoit le faire en bonne conscience: Εὐσεβείας τοσοῦτον ἀπολαύων, ὥστε καὶ περὶ τὰς εὐορκίας ἔχειν εὐλαβῶς. GROTIUS.

(14) Οὐ χρεία ὅρκου ἐν τοῖς ἀδήλοις περὶ βεβαιώσεως, ἀλλ' εὐχῆς περὶ ἀποτελέσματος. In hunc vers.

Ἀλλ' ἤτοι ὅρκον μὲν ἐάσομεν ——

Odyss. *Lib.* XIV. vers. 171.

§. XXII. (1) Καὶ τὴν δεξιὰν ἔδωκε τῷ Θετταλίωνι. Ἔστι δ' ἡ πίστις αὕτη βεβαιοτάτη παρὰ τοῖς Πέρσαις. DIOD. SICUL. *Biblioth. Hist.* (Lib. XVI. Cap. XLIII. pag. 533. *Edit. H. Stephan.*) Cette coûtume étoit répanduë ailleurs. Il en est fait mention dans EUSTATHE, sur le dernier Livre de l'*Odyssée*: dans le Scholiaste d'ARISTOPHANE, sur les *Nuées* (vers. 81.) & dans ALBERT KRANTZ; *Saxonic.* XI, 27. Il y a un Canon des DE'CRE'TALES, où la foi donnée est mise au même rang que le Serment: *Nisi forte juramento, vel fide interpositâ, sit confirmata* (renunciatio) Lib. I. Tit. XL. *De his quæ vi metûsve caussa* &c. Cap. III. GROTIUS.

Au sujet des *Perses*, voiez le Président BRISSON, *De Regno Persico*, pag. 107, *& seqq.* & Lib. II. pag. 270. *Edit. Sylburg.* On auroit pû alleguer un autre passage du Scholiaste d'ARISTOPHANE, encore plus remarquable. C'est sur les *Acharnenses*, vers. 307. où le Chœur dit, que les *Lacedémoniens* sont des gens sans foi:

Οἷσιν οὔτε βωμὸς, οὔτε πίστις, οὔθ' ὅρκος μένει.

Là-dessus le Scholiaste dit, que les Traitez & les Alliances se faisoient en trois maniéres, par des paroles, par des actions, & par les mains. Par des *paroles*, comme quand on juroit. Par des *actions*, quand on offroit des Victimes sur l'Autel. Et par les *mains*, quand on se touchoit dans la main droite l'un de l'autre, ce qui s'appelloit proprement *donner sa foi*: sur quoi on cite un passage d'HOME'RE: Αἱ γὰρ συνθῆκαι διὰ τριῶν τελοῦνται, λόγων, ἔργων, χειρῶν. Λόγων μὲν, οἷον δι' ὅρκων. Ἔργων δὲ, διὰ τῶν ἐν βωμοῖς θυσιῶν. Χειρῶν δὲ, ἐπειδὴ αἱ πίστεις διὰ τῶν δεξιῶν γίνονται· καὶ Ὅμηρος·

—— δεξιαὶ, ᾗς ἐπέπιθμεν.

(Iliad. *Lib.* II. vers. 341.) Du reste, il n'y a rien de plus commun dans les anciens Auteurs, que les exemples de la coûtume dont il s'agit; & divers Modernes ont rapporté là-dessus quantité de passages. Voiez entr'autres EVERHARD. FEITHIUS, *Antiq. Homeric.* Lib. IV. Cap. XVII. MARTIN. KEMPIUS, *De Osculis*, Dissert. XVII. §. 2. & les Notes de nôtre Auteur même sur ZACHARIE, XIV, 13. TOBIE, VII, 16.

(2) C'est ainsi qu'en *Hollande*, où il y a des *Mennonites*, qui, sur quelques passages du Nouveau Testament mal entendus, croient que l'usage du Serment est absolument défendu par l'Evangile; on se contente d'exiger de ceux de cette Secte une simple affirmation, qui vaut autant qu'un Serment de leur part, & qui les rend sujets à la peine du Parjure, s'il se trouve qu'ils mentent ou qu'ils faussent leur foi. Voiez ce que dit feu Mr. HUBER, *Prælect. Jur. Civil.* Tom. II. in Tit. *de Jurejurando*, pag. 331. Edit. *Thomas.*

& celui qui a faussé sa foi comme aussi abominable, que s'il s'étoit parjuré. On dit sur tout des Rois, & des Grands, que leur parole (3) vaut un serment. Et en effet, ils doivent se conduire de telle maniére; qu'ils puissent dire avec l'Empereur *Auguste*; (4) *Je suis de bonne foi*; & avec le Roi *Euménès*, (5) *Qu'ils mourroient plûtôt, que de manquer de parole*. CICÉRON remarque, à la louange de *Jules César*, (6) que *sa main n'étoit pas plus assûrée dans la Guerre & dans les Combats, que dans les Promesses qu'il faisoit*. Et ARISTOTE nous apprend, que, dans les Siécles des Héros, quand les Rois levoient leur Sceptre, (7) c'étoit autant que s'ils eussent juré.

CHAPITRE XIV.

Des PROMESSES des CONTRACTS, & des SERMENS du SOUVERAIN.

I. *Réfutation de la pensée de ceux qui croient, que les restitutions en entier, qui sont fondées sur le Droit Civil, ont lieu à l'égard de ce qu'un Roi a fait, considéré comme un acte du Souverain; & qu'un Roi n'est pas même tenu de son Serment.* II. *Quels actes du Souverain sont renfermez dans l'étendüe des Loix.* III. *En quels cas un Roi est lié ou n'est pas lié par son serment.* IV. *Comment il est obligé de tenir ce qu'il a promis sans cause.* V. *Usage de ce que l'on a dit touchant la force des Loix par rapport aux Contracts des Princes Souverains.* VI. *En quel sens on peut dire, qu'un Roi n'est obligé envers ses Sujets que naturellement, & non pas civilement.* VII. *Comment un Souverain ôte légitimement à ses Sujets un droit qu'ils avoient aquis.* VIII. *Inutilité de la distinction qu'on fait ici entre ce qui a été aquis par le Droit de Nature, & ce qui a été aquis en vertu du Droit Civil.* IX. *Si les Contracts des Souverains sont des Loix?* X. *Comment les Héritiers universels des biens d'un Roi, sont obligez de tenir les Contracts qu'il avoit faits?* XI. *Comment les Successeurs à la Couronne sont tenus des mêmes Contracts.* XII. *Jusqu'où*

(3) C'est ce que le Poëte GUNTHERUS fait dire à *Fréderic Barbe-rousse*:

Juramenta petis? Regem jurare minori
Turpe reor. nudo jus & reverentia verbo
Regis inesse solet, quovis juramine major.

Ligurin. (*Lib.* III. vers. 510. & *seqq.*) GROTIUS.

(4) *Eidem populo promissum quidem congiarium reposcenti*, Bonæ fidei se esse, *respondit*. [SUETON. *in Aug.* Cap. XLII.] ISOCRATE dit, à la louange d'*Evagoras*, Roi de *Salamine*, qu'il étoit aussi réligieux observateur de sa parole toute seule, que de ses Sermens: Ἀλλ' ὁμοίως τοῖς ἐν τοῖς λόγοις ὁμολογίαις, ὥσπερ τοῖς ἐν τοῖς ὅρκοις, διαφυλάττων. (Pag. 197. E. *Edit. H. Steph.*) SYMMAQUE dit, qu'il n'y a rien, sur quoi l'on compte si fort, que sur les promesses des bons Princes: *Nusquam enim major spes, quam in bonorum Principum sponsione*. Lib. X. Epist. XIX. NICÉTAS remarque, en parlant de l'Empereur *Alexis*, Frére d'*Isac*, que les Rois doivent sur toutes choses être réligieux observateurs de leurs Sermens: Βασιλεῦσι παρὰ πᾶν ἕτερον ἐνόρκων τιθέναι περὶ πλείστου χρεών. In Alex. Lib. III. (Cap. IV.) GROTIUS.

(5) C'est PLUTARQUE qui rapporte cela. On sollicitoit *Euménès* à abandonner le parti de *Perdiccas*: il répondit, qu'il perdroit plûtôt la vie, que de violer la foi qu'il avoit promise à ce Général d'*Alexandre*, devenu un de ses Successeurs: Ἀρχόντων δὲ πλειόνων, τῷ ἀδικουμένῳ βοηθεῖν, μᾶλλον ἂν ἑλέσθαι, καὶ μᾶλλον τὸ σῶμα καὶ τὸν βίον, ἢ τὴν πίστιν, προέσθαι. Vit. Eumen. *Tom.* I. pag. 585. F. *Ed. Wech.*

(6) *Per dexteram te istam, oro, quam Regi Dejotaro, hospes hospiti porrexisti: istam, inquam, dexteram non tam in bellis & præliis, quàm in promissis & fide, firmiorem.* Orat. pro Dejot. *Cap.* III.

(7) Ὁ δ' ὅρκος ἦν [τῶν Βασιλέων κατὰ τὴν ἡρωϊκὴν χρόνων] τοῦ σκήπτρου ἐπανάτασις. Politic. *Lib.* III. *Cap.* XIV. pag. 357. B. Tom. II. *Edit. Paris.*

CHAP. XIV. §. 1. (1) Voici ce que dit BODIN, dont nôtre Auteur ne rapporte pas assez exactement la pensée. Je me sers de la vieille Traduction: "Mais „ le Prince n'est-il pas sujet aux Loix du païs, qu'il „ a juré garder? Il faut distinguer. Si le Prince jure „ à soi-même, qu'il gardera sa Loi, il n'est point „ tenu de sa Loi, non plus que du serment fait à „ soi-même: car même les Sujets ne sont aucunement tenus du Serment qu'ils font ès conventions, „ desquelles la Loi permet de se départir, ores qu'elles soient honnêtes & raisonnables. Si le Prince „ Souverain promet à un autre Prince, de garder les „ Loix que lui ou ses Prédécesseurs ont faites, il est „ obligé de les garder, si le Prince, auquel la parole est donnée, y a intérêt, jaçoit qu'il n'eût point juré;

qu'où cela s'étend. XIII. *Quelle distinction il faut faire, pour juger, si les graces accordées par un Roi sont révocables ou irrévocables.* XIV. *Si le Souverain légitime est obligé de tenir les Contracts qu'avoit fait l'Usurpateur?*

§. I. 1. LES Promesses, les Contracts, & les Sermens des Rois, & des autres Souverains, donnent lieu à certaines questions particuliéres, touchant le pouvoir qu'ils ont & par rapport à la validité de leurs propres actes, & par rapport au droit que leurs Sujets aquiérent par là, & par rapport à l'obligation qu'ils imposent à leurs Successeurs.

2. Sur le prémier chef, on demande, si un Roi peut se restituer lui-même en entier, ou annuller certains Contracts qu'il avoit faits, ou se dégager de son serment, comme il exerce ce droit à l'égard des engagemens de ses Sujets? BODIN (a) croit, (1) que, quand il y a eu de la fraude ou de la mauvaise foi de la part de ceux avec qui le Roi a eu à faire, ou qu'il s'est trompé lui-même, ou qu'il a agi par crainte, il peut en être relevé pour les mêmes raisons qui autoriseroient ses Sujets à demander une restitution en entier, soit qu'il s'agisse d'engagemens qui vont à diminuer les droits de la Souveraineté, ou de ceux qui préjudicient aux intérêts particuliers de la personne du Roi. On ajoûte, que le Roi n'est pas même lié par son serment, lors qu'il s'est engagé à des choses dont le Roi permet de se dédire, quand même la Convention seroit conforme à l'Honnêteté: car, dit-on, si le Roi est tenu de son serment, ce n'est point parce qu'il a juré, mais parce que chacun est obligé d'effectuer les justes engagemens où il est entré, autant qu'un autre a intérêt à leur exécution.

(a) *De Republ.* Lib. I. Cap. VIII. pag. 135. *Ed. Francof.* 1622.

3. Pour nous, nous distinguerons ici, comme nous avons fait ailleurs, entre les *actes du Roi, considéré comme Roi,* & les *actes du Roi, considéré comme Particulier.* Ce que le Roi fait, *comme Roi,* doit être réputé fait par le Corps de l'Etat. Or, comme les Loix faites par le Corps de l'Etat n'auroient (2) aucune force par rapport à de tels actes, parce que ce Corps n'est pas au dessus de lui-même: il en est de même des Loix faites par le Roi. En matiére donc de ces sortes de Contracts, la restitution en entier ne doit point avoir lieu, puis que (3) c'est un bénéfice accordé par

„ juré: mais si le Prince, auquel la promesse est faite, „ n'y a point d'intérêt, ni la Promesse, ni le Serment, ne peut obliger celui qui a promis. Nous „ dirons le semblable, si la Promesse est faite au Sujet par le Prince Souverain, ou bien auparavant „ qu'il soit élû; car en ce cas il n'y a point de différence, comme plusieurs pensent: non pas que le „ Prince soit tenu à ses Loix, ou de ses Prédécesseurs, mais aux justes conventions & promesses „ qu'il a faites, soit avec serment, ou sans aucun serment, tout ainsi que seroit un Particulier. Et pour „ les mêmes causes que le particulier peut être relevé „ d'une Promesse injuste & déraisonnable, ou qui le „ gréve par trop; ou lors qu'il a été circonvenu par „ dol, ou fraude, ou erreur, ou force, ou juste „ crainte, pour lézion énorme: pour les mêmes causes le Prince peut être restitué en ce qui touche la „ diminution de sa majesté, s'il est Prince Souverain. „ Et par ainsi nôtre maxime demeure, que le Prince „ n'est point sujet à ses Loix, ni aux Loix de ses „ Prédécesseurs, mais bien à ses Conventions justes „ & raisonnables, & en l'observation desquelles les „ Sujets en général, ou en particulier, ont intérêt. „ En quoi plusieurs s'abusent, qui font une confusion „ des Loix, & des Contracts du Prince, qu'ils appellent Loix &c. On voit par là, que ce Savant Politique ne suppose point que la restitution en entier, dont il accorde le bénéfice au Prince agissant ou comme Souverain, ou comme Particulier, soit fondée sur les Loix Civiles: il la tire sans doute de l'Equité Naturelle, & en cela il a raison, quoi qu'en dise nôtre Auteur, qui a été relevé là-dessus avec raison par ses Commentateurs. Voiez ZIEGLER, sur cet endroit: & PUFENDORF, *Droit de la Nat. & des Gens,* Liv. VIII. Chap. X. §. 2, *& suiv.* BODIN n'est pas non plus mal fondé à regarder le Serment comme n'aiant pas une force propre d'obliger, indépendamment de la qualité de l'acte auquel il est ajoûté: sur quoi nôtre Auteur a été suffisamment refuté, comme nous l'avons remarqué en son lieu, dans le Chapitre précédent.

(2) C'est-à-dire, que si le Corps de l'Etat faisoit, comme tel, quelquechose de contraire aux Loix qu'il a établies, s'il traitoit, par exemple, d'une maniére qui ne fût pas conforme à ces Loix, l'engagement n'en seroit pas moins valide; parce qu'en établissant ces Loix, pour être la régle des Contracts entre Particuliers, il ne s'est pas lié les mains à lui-même. Voiez ci-dessus, *Chap.* IV. de ce Livre, §. 12. *num.* 1.

(3) Elle ne l'est qu'à certains égards, comme par rapport au tems, à la maniére, à l'étenduë: & ainsi elle peut avoir lieu, sans supposer un Supérieur qui l'accorde. Voiez la *Note* 2.

(4)

par le Droit Civil. Ainsi un Roi n'est pas fondé à prétendre se dédire d'un Contract, comme étant nul, sous prétexte qu'il l'a (4) fait pendant sa Minorité.

§. II. 1. Ce que je viens d'établir regarde les Rois, dont la Souveraineté est absoluë. Car si un Roi a été établi par le Peuple sous certaines Loix Fondamentales, qui limitent son Pouvoir; les engagemens contraires à ces Loix peuvent être (1) annullez ou en tout, ou en partie, puis que le Peuple s'est reservé ce droit, par cela même qu'il a imposé de telles conditions.

(a) *Chap.* VI. de ce Livre, §. 3, *& suiv.*

2. Nous avons traité ci-dessus (a) des Conventions par lesquelles un Roi absolu, mais qui ne posséde pas la Couronne comme son patrimoine, voudroit aliéner le Roiaume, ou une partie de ses Etats, ou quelque chose du Domaine: & nous avons fait voir, que ces sortes d'engagemens sont nuls par le Droit même de Nature, comme disposans du bien d'autrui.

3. Pour ce que le Roi fait *comme Particulier*, il faut le regarder comme un acte, non du Corps de l'Etat, mais d'un de ses Membres, & par conséquent comme fait avec intention de suivre à cet égard la régle commune des Loix. Ainsi les Loix qui annullent certains engagemens, ou absolument, ou au cas que le Contractant lézé le demande, auront lieu ici, comme si l'on ne s'étoit engagé que sous cette condition. C'est sur ce principe que nous voions que quelques Princes ont profité du bénéfice des Loix (2) contre l'Usure.

4. Ce n'est pas qu'un Roi ne puisse aussi bien se dispenser de suivre les Loix Civiles dans les actes même dont il s'agit, qu'en dispenser ses Sujets, lors qu'il le juge à propos. Et c'est par les circonstances qu'il faut juger, si telle (3) a été son intention: auquel cas on devra juger de la validité de l'engagement par les régles du Droit Naturel tout seul.

5. Ajoûtons encore, que, quand une Loi annulle quelque acte, non pas pour favoriser l'Agent, mais pour le punir; elle ne sauroit avoir lieu par rapport à ce que les Rois font, non plus que toute autre Loi Pénale, & que tout ce qui emporte quelque contrainte. (4) Car la Punition & la Contrainte ne peuvent pas venir de la volonté même de celui qui est puni ou contraint: il faut nécessairement que celui qui contraint & celui qui est contraint, soient deux personnes distinctes, & il ne suffit pas ici d'envisager une seule & même personne sous deux différentes faces.

§. III.

(4) Oui bien, si le Contract a été duement autorisé par ses Tuteurs, agissans de bonne foi. Mais autrement, toute la différence qu'il y a ici entre le Roi Mineur, & les Particuliers de même âge, c'est que le tems de sa Minorité est d'ordinaire plus court. Voiez l'endroit de PUFENDORF, que j'ai cité dans la Note 1. & la Dissertation de feu Mr. HERTIUS, *De Tutela Regia*, Sect. II. §. 12. pag. 478. Tom. I. *Commentat. & Opuscul.*

§. II. (1) Ceux avec qui un Roi traite, peuvent savoir & savent ordinairement jusqu'où s'étend son pouvoir à cet égard, en vertu des Loix Fondamentales de l'Etat. Ainsi en ce cas-là, c'est leur faute, s'ils ne se sont pas assûrez du consentement du Peuple.

(2) On prétend, que nôtre Auteur a ici en vuë ce que fit *Philippe II.* Roi d'*Espagne*, qui, en M. D. XCVI. abolit toutes les Dettes que ses gens avoient contractées en son nom, & se saisit de toutes les assignations qu'on avoit données à ses Créanciers. Mais ce Prince révoqua lui-même, deux ans après, son Ordonnance, & retablit ses Créanciers dans tout leur droit. " Par le nouvel accord qu'il fit avec eux, „ il déclara & confessa ouvertement, que les susdits „ Marchands & Négotiateurs avoient bien & honnêtement traité avec lui, en imputant toute la faute „ à soi-même & à son extrême nécessité. Ce sont les termes d'EMANUEL DE METEREN, dans la vieille Traduction de son *Hist. des Païs Bas*, Liv. XVIII. à la fin. Voiez le Livre suivant, *fol.* 417. *Edit. de la Haye*, 1618.

(3) Dans un doute, on doit présumer, à mon avis, que le Roi, qui traite comme Particulier, l'a fait sur le pié des Loix établies. Car, puis qu'il a lui-même établi ou du moins confirmé tacitement ces Loix, il les a par là reconnuës justes & avantageuses à l'Etat: ainsi il est de son devoir, de les maintenir par son exemple; & il peut par conséquent être censé avoir prétendu les suivre lui-même, toutes les fois qu'il n'a pas témoigné une intention bien claire d'user du droit qu'il a, comme Souverain, de se mettre au dessus des Loix, qui tirent de lui leur autorité.

(4) Il est certain qu'on ne peut pas dire, à proprement parler, que quelcun se *punisse* ou se *contraigne* lui-même: & si on parle ainsi quelquefois, c'est une de ces expressions figurées, que l'usage de toutes les Langues autorise. Quand même la Punition ne demanderoit pas deux personnes distinctes, on ne pourroit guéres présumer que quelcun voulût l'exercer par rapport à soi. Cependant comme les Loix, qui annullent quelque acte en punition du Contractant, supposent pour l'ordinaire quelque fourberie, ou quelque

autre

§. III. Pour ce qui est des Sermens, un Roi peut, aussi bien qu'un simple Particulier, rendre les siens nuls par avance, c'est-à-dire, en se dépouillant lui-même par un Serment (1) antérieur du pouvoir de jurer quelque chose de contraire: mais il ne sauroit annuller ses Sermens par un acte (2) postérieur, parce qu'il faut encore ici une distinction de personnes. En effet, ce qui est annullé de cette maniére, ne devient nul que parce qu'en le faisant on avoit dû sousentendre cette exception, qu'on ne s'engageoit qu'autant qu'il plairroit au Supérieur de qui l'on dépend. Or il est absurde de jurer à condition qu'on ne sera tenu de son Serment qu'autant qu'on le voudra soi-même; & cela est d'ailleurs contraire à la nature du Serment. Encore même qu'il y ait dans la personne de celui à qui l'on a juré, quelque vice qui empêche qu'elle n'aquiére aucun droit par le Serment, celui qui a juré ne laisse pas d'être tenu (3) par rapport à Dieu: & les Rois n'ont ici aucun privilége particulier, qui les en dispense; quoi qu'en dise Bodin, dans l'endroit que nous avons cité au commencement de ce Chapitre.

§. IV. Nous avons fait voir (a) ci-dessus, que les Promesses pleines & absoluës, qui ont été acceptées, donnent dès-lors, selon la Loi de Nature, un droit à celui en faveur de qui elles sont faites, d'en exiger l'accomplissement. Cela regarde encore les Rois, aussi bien que les autres Hommes. (b) Et ainsi il faut rejetter la pensée de ceux qui soûtiennent, qu'un Roi n'est jamais tenu d'effectuer ce qu'il a promis sans cause. Nous verrons un peu plus (c) bas, en quel sens cela peut être admis.

§. V. 1. Au reste, ce que nous avons établi ci-dessus, que les Loix Civiles d'un Roiaume n'ont aucune force par rapport aux Conventions & aux Contracts du Roi, a été déja reconnu par Fernand Vascuez. Mais il infére de là (a) mal-à-propos, qu'un Contract de Vente fait sans la détermination du prix, ou un Contract de Louage sans la détermination du loier ou du salaire, ou un (1) Bail d'Emphytéose sans aucun écrit, sont bons & valides, quand c'est un Roi qui les fait ainsi. Cette opinion ne sauroit être admise: car il est clair que le Roi agit ici, non comme Roi, mais comme feroit toute autre personne. Et bien loin qu'en matiére de ces sortes de choses les Loix générales du Roiaume n'aient aucune force, (b) il faut même, à mon avis, avoir égard aux Loix particuliéres du lieu où le Roi fait sa résidence, parce que là il est regardé d'une façon particuliére sous

(a) Chap. XI.

(b) Voiez *Aug.* ad Leg. XI. Dig. *de Evictionib.* Lib. XXI. Tit. II. & *Curt. Jun.* Cons. 158. *num.* 4.

(c) §. 12.

(a) *Controv. Ill.* Lib. II. Cap. LI. *num.* 14.

(b) Voiez *Suarez*, Lib. III. Cap. XXXV. *num.* 14.

autre disposition blâmable de la part de ce Contractant, & dans la chose même quelque préjudice qui en revient au Public; pourquoi est-ce que le Prince, qui profite du bénéfice des Loix établies en faveur d'un Contractant, seroit autorisé à violer celles qui sont établies en punition du Contractant, c'est-à-dire, à donner le mauvais exemple de faire des choses contraires à la Justice, ou à l'Utilité Publique? Si donc quelcun a fait, au nom & en l'autorité du Roi, quelque Contract sujet à être annullé pour la derniére raison, ou si lui-même l'a fait le sachant & le voulant; ne doit-il pas desavouer, dans le prémier cas, ceux qui ont agi comme par son ordre, & se repentir lui-même dans l'autre cas? Ainsi la Loi aura son effet, par rapport à lui, sans préjudice de son indépendance, & sans aucun autre inconvénient. L'acte par lequel il s'y soûmettra, ne sera pas une punition proprement ainsi nommée, moins encore une contrainte: ce ne sera qu'une déclaration, par laquelle il se dédira volontairement de ce qu'il fait sans y avoir bien pensé. Il ne fera par là que s'aquitter de son devoir, de même que quand il tient ce à quoi il s'est engagé, comme Particulier, conformément aux Loix établies; quoi que personne ne pût l'y contraindre.

§. III. (1) Voiez le Chapitre précedent, §. 19.

(2) *Consequenter.* C'est-à-dire, en sorte qu'il annulle, par un pur effet de sa volonté, un Serment qui sans cela auroit été bon & valide. Voiez le Chapitre précedent, §. 20. Mr. Vitriarius, dans ses *Instit. Jur. Nat. & Gent.* Lib. II. Cap. XIV. *num.* 8. dit, qu'un Roi peut aussi annuller son Serment par un acte postérieur, lors qu'il y a une juste cause. Mais cette *juste cause* n'est telle, que parce qu'elle étoit tacitement renfermée dans le Serment, comme une condition qui devoit le rendre nul. Voiez ci-dessous, §. 12. *num.* 5.

(3) C'est une fausse supposition, que nous avons rejettée plusieurs fois.

§. V. (1) Les Interprêtes du Droit Romain ne conviennent pas, qu'il soit de l'essence du Contract d'*Emphytéose*, que le Bail soit mis par écrit; & il y a grande apparence que ceux qui soûtiennent le contraire, ont raison. Cela n'est pas au moins reçû aujourdhui en plusieurs Païs; comme nôtre Auteur lui-même le témoigne au sujet de sa Patrie, dans son *Introduction au Droit de Hollande*, écrite en Flamand, *Lib.* II. *Cap.* XL. Voiez Cujas, sur le Titre du Code, *De Jure Emphyteutic.* avec les Notes de Fabrot, Tom. II. Opp. pag. 165. & *Recit. in Cod.* Tit. *De Pactis*, Tom. IX. pag. 101. comme aussi Vinnius, sur les Institutes, Lib. III. Tit. XXV. *De Locatione &* Con-

sous la rélation de Membre de cette Communauté. Mais, comme nous l'avons déja remarqué, tout cela n'a lieu qu'en supposant qu'il n'y aît point de circonstances particuliéres, d'où il paroisse que le Roi n'a pas voulu s'assujettir en contractant aux Loix dont il s'agit.

2. Pour l'autre exemple que VASQUEZ allégue, d'une Promesse (2) faite de quelque maniére que ce soit, il est à propos, & on peut l'expliquer par les principes que nous avons établis ci-dessus.

(a) Voiez *Bald.* in Leg. I. Dig. *de Pactis*; & in Leg. XXXI. *De Legib.* Leg. ult. Cod. *De Transact.* & Leg. II. De Servitut. *Doctores* in C. I. De Constitut. *Bald.* in Leg. X. *Cod.* De condict. ob caus. & in Leg. III. *De Testam.*

§. VI. 1. PRESQUE tous les (a) Jurisconsultes Modernes croient, que, quand un Roi a fait quelque Contract avec ses Sujets, il est *obligé* par là *naturellement*, mais non pas *civilement*. Cette maniére de parler est fort obscure. (1) Car les anciens Auteurs, dont on trouve les décisions dans le Corps du Droit, prennent quelquefois les mots d'*Obligation Naturelle* dans un sens impropre, entendant par là des choses qu'il est naturellement beau & honnête de faire, quoi qu'elles ne soient pas véritablement duës: comme, d'aquitter entiérement les Legs d'un Testateur, (2) sans déduire la *Falcidie*; de paier une Dette, (3) dont on est déchargé en punition du Créancier; de rendre bienfait (4) pour bienfait: tous actes qui ne laissent aucun lieu à l'action personnelle de repétition d'une chose comme non-duë. Mais quelquefois on entend par *Obligation Naturelle*, dans un sens plus propre & plus convenable, celle qui nous impose une véritable nécessité, soit que par là quelcun aquiére un droit envers nous, comme dans les Conventions; (5) soit qu'elle n'aît point donné de pareil droit à personne, comme dans une (6) *demi-Promesse* accompagnée d'une pleine & ferme résolution.

2. Quand on dit, que quelcun est *obligé civilement* par ce qu'il a fait, cela peut encore signifier ou que l'Obligation n'est pas fondée sur le Droit Naturel tout seul, mais uniquement sur le Droit Civil, ou bien sur le Droit Naturel & sur le Droit Civil tout en-

Conductione, §. 3. & le *Jus Controversum Civile* de Mr. COCCEJUS, Tom. I. pag. 443, 444.

(2) C'est-à-dire faite sans une stipulation dans les formes.

§. VI. (1) Voiez, sur cette distinction, ce que dit PUFENDORF, *Droit de la Nat. & des Gens*, Liv. III. Chap. IV. §. 5.

(2) *Scire debes, omissâ Falcidiâ, quà pleniorem fidem restituendæ portionis exhiberes, non videri plus debito solutum esse.* COD. Lib. VI. Tit. L. *Ad. Leg. Falcid.* Leg. I. Dans cette Loi, que nôtre Auteur cite, il s'agit d'un Héritier, qui sachant bien que les Legs alloient au delà des trois quarts de l'Hérédité, & qu'il pouvoit en retrancher dequoi achever le quart qu'il devoit avoir, a paié néanmoins les Legs tout entiers; & par là est censé renoncer à son droit, & faire présent aux Légataires de ce qu'il pouvoit diminuer légitimement. Voiez CUJAS, Tom. X. Opp. pag. 536, 537. & ANTOINE FAURE *Rational.* Tom. III. pag. 328, & *seqq.* Ainsi il n'y a rien là qui se rapporte à ce que les Jurisconsultes Romains appellent *Condictio indebiti*, ou repétition de l'indu; puis que cette action n'a lieu que quand on a paié par erreur ce que l'on croioit devoir. Mais c'est dans la Loi IX. du même Titre du CODE, qu'on trouve ordinairement le cas dont nôtre Auteur veut parler; quoi que le dernier des Jurisconsultes, que je viens de citer, prétende qu'il s'agit là de la *Quarte Trébellianique*: pour ne rien dire de la grande question sur l'*erreur de fait*, qui sera éternellement un Problême de Droit Civil.

(3) *Si pœnâ caussâ ejus, cui debetur, debitor liberatus est, naturalis obligatio manet: & ideo solutum repeti non potest.* DIGEST. Lib. XII. Tit. VI. *De condictione indebiti*, Leg. XIX. *princ.* Dans cette Loi, que nôtre Auteur cite aussi, on a en vuë principalement le cas d'un Fils de famille, qui a paié, étant devenu maître de lui-même, ce qu'il avoit emprunté pendant qu'il étoit sous puissance; de quoi il pouvoit se dispenser, en vertu du *Sénatusconsulte Macédonien*. Cela paroît par une autre Loi du même Titre: *Ubi vero in odium ejus, cui debetur, exceptio datur, perperam solutum non repetitur: veluti si Filiusfamilias, contra Macedonianum mutuam pecuniam acceperit, & paterfamilias factus solverit, non repetit.* Leg. XL. Mais il n'est pas vrai, comme nôtre Auteur doit le supposer, si l'exemple est à propos, qu'il n'y ait jamais ici d'Obligation Naturelle, proprement ainsi nommée. Voiez ce que j'ai dit, sur PUFENDORF, *Droit de la Nat. & des Gens*, Liv. III. Chap. VI. §. 4. *Note* 5. Que si l'on veut appliquer ici, comme fait GRONOVIUS, le cas d'un Proscrit, ou d'un Criminel, dont les biens ont été confisquez; il faudra faire la même distinction que j'ai emploiée au sujet d'un dépôt confié à une telle personne, dans mon Commentaire sur PUFENDORF, *Liv.* IV. *Chap.* XIII. §. 4. *Note.* 5. de la seconde Edition.

(4) *Nec si donaverint* [bonæ fidei possessores] *locupletiores facti videbuntur; quamvis ad remunerandum sibi aliquem naturaliter obligaverant.* DIGEST. Lib. V. Tit. III. *De hereditatis petitione*, Leg. XXV. §. 11. De cette Loi, que nôtre Auteur citoit encore, après d'autres, on ne peut pas inferer sûrement, que, selon les Jurisconsultes Romains, le devoir de la Reconnoissance fût une de ces Obligations Naturelles qui empêchoient la repétition d'une chose donnée par erreur, comme duë véritablement. Pour ce qui est de la question en général, sur laquelle les Docteurs sont partagez, l'opinion contraire à celle que nôtre Auteur embrasse ici, paroît la mieux fondée. Voiez HUGUES DONEL. *Comment Jur. Civ.* Lib. XII. Cap. II.

(5)

ensemble. Quelquefois aussi on entend par là simplement un acte en vertu duquel les Loix donnent action en Justice.

3. Cela posé, voici quelle est ma pensée sur la question dont il s'agit. (b) Toute Promesse & tout Contract, par lequel un Roi s'est engagé envers ses Sujets, produit une vraie obligation, proprement ainsi nommée, qui donne aux Sujets même un droit, en vertu duquel ils peuvent en exiger l'accomplissement : car telle est la nature des Promesses & des Contracts, même entre DIEU & les Hommes, comme nous l'avons (c) fait voir ci-dessus.

(b) Voiez *Jas.* ad L. 5. *De condict. caus. dat.* & *Castal.* de Imper. Quæst. III. vers. 81. *Vasqu.* Lib. I. Contr. illustr. Cap. III. *num.* 1. *Bodin.* de Rep. Lib. I. Cap. VIII.

(c) Chap. XI. §. 4.

4. Si le Roi s'engage envers ses Sujets, non comme Roi, mais comme feroit toute autre person. e, les Loix Civiles mêmes auront lieu par rapport à un tel engagement. Mais s'il contracte comme Roi, la force de son engagement ne dépendra en aucune maniére des Loix Civiles. VASQUEZ n'a pas assez observé cette différence.

5. Ce n'est pas que, dans l'un & dans l'autre cas, ceux envers qui le Roi s'est engagé n'aient action contre lui en quelque maniére, c'est-à-dire, autant qu'il le faut pour faire reconnoître la dette : mais cette demande ne peut être suivie d'aucune contrainte, à cause de la condition respective de ceux qui ont eu à faire ensemble ; car un Sujet ne sauroit légitimement contraindre celui de qui il est Sujet : le pouvoir de contraindre a lieu seulement d'égal à égal, par le Droit de Nature ; & les Souverains l'ont de plus sur leurs Sujets en vertu des Loix.

§. VII. IL FAUT savoir encore, que, lors même que les Sujets ont aquis un droit, le Roi peut le leur ôter en deux maniéres, ou en forme de peine, ou en vertu de son (1) Domaine éminent : (a) bien entendu qu'il n'use du privilége de ce *Domaine éminent*, ou Supérieur, que quand le Bien Public le demande ; & qu'alors même celui qui a perdu ce qui lui appartenoit en soit dédommagé, s'il se peut, du Fond public. Si cela

(a) *Vasquez.* Lib. I. *Contr. illustr.* Cap. V. *princ.* & Lib. IV. Cap. 3. & *Castrens.* Lib. I. Consil. 229.

(5) Le Rabbin MOÏSE, *Fils de Maimon*, Lib. III. *Moreh Nebochim*, Cap. LIV. distingue bien ces trois sortes d'Obligation. Il dit que ce qui n'est point dû proprement, s'appelle חסד *Hhésed*, c'est-à-dire, *Bonté, bénignité, faveur* ; ce que d'autres Interprêtes, sur les PROVERBES, *Chap.* XX. verset 28. expliquent par un *excès de bonté*, פלגות הטובה *Philgath hattobah*. Ce qui est dû en vertu du droit rigoureux, s'appelle en Hébreu, selon le même Docteur, משפט *Mischphat*, *Jugement*, ou *Droit* ; & ce qui n'est dû que selon les régles de l'Honnête, צדקה, *Tsdakah*, c'est-à-dire, *Justice*, ou *Equité*. Le Traducteur de St. MATTHIEU distingue (*Chap.* XXIII. *vers.* 23.) entre le *Jugement*, *la Miséricorde*, & la *Fidélité*, Κρίσις, Ἔλεος, Πίστις. Il entend par *Fidélité*, ce que les *Hellénistes* appellent ordinairement *Justice*, Δικαιοσύνη. Car on trouve aussi le mot de Κρίσις, *Jugement*, emploié pour designer ce qui est dû à la rigueur, I. MACCAB. VII, 18. & VIII, 32. Il faut rapporter à la prémiére classe, ou à ce qui n'est pas dû, les choses qui sont un pur effet de bonne volonté & de libéralité, comme le disent les Jurisconsultes Romains des Donations parfaites & irrévocables : *Donationes complures sunt. Dat aliquis eâ mente, ut statim velit accipientis fieri, nec ullo casu ad se reverti ; & propter nullam aliam caussam facit, quàm ut liberalitatem & munificentiam exerceat : hæc propriè Donatio adpellatur.* DIGEST. Lib. XXXIX. Tit. V. *De Donationibus*, Leg. I. *princ.* PLUTARQUE voulant relever la Bénéficence par dessus la Justice, dit que la prémiére a beaucoup plus d'étendue, & qu'elle a quelquefois pour objet les Bêtes même, parce qu'elle émane d'un grand fond de bonté : Καίτοι τὴν χρηστότητα τῆς δικαιοσύνης πλατύτερον τόπον ὁρῶμεν ἐπιλαμβάνουσαν. νόμῳ μὲν γὰρ καὶ τῷ δικαίῳ πρὸς ἀνθρώπους μόνον χρῆσθαι πεφύκαμεν· πρὸς εὐεργεσίας δὲ καὶ χάριτας, ἔστιν ὅτε καὶ μέχρι τῶν ἀλόγων ζώων. Ὥσπερ γὰρ ἐκ πηγῆς πλουσίας ἀποῤῥεῖ τῆς ἡμερότητος. Vit. Caton. Major. (pag. 339. A. Tom. I. *Ed Wech.*) GROTIUS.

Cette Note est tirée du Texte, pour la plus grande partie. On peut voir, sur le sens du mot חסד *Hhesed*, le Commentaire de Mr. LE CLERC sur GENESE, XXI, 23. & à l'égard des mots Grecs, Κρίσις, Ἔλεος, Πίστις, ce que nôtre Auteur, & HAMMOND, disent sur le passage même de l'Evangile de St. MATTHIEU. Nôtre Auteur donne à entendre ici, qu'il regarde cet Evangile, tel que nous l'avons, comme une Traduction. C'est qu'il croioit, comme il paroît par ses Notes sur le Nouveau Testament, que l'Evangeliste avoit écrit en Hébreu, ou dans la Langue qu'on parloit alors à *Jerusalem* : & c'est aussi l'opinion d'un grand nombre d'Auteurs, dont on peut voir les raisons exposées dans la *Dissertation Préliminaire* de Mr. DUPIN, *sur la Bible*, Tom. II. pag. 23, *& suiv.* Edit. de Holl. Le Docteur MILL s'est rangé aussi de ce sentiment, dans ses Prolegoménes sur le Nouveau Testament. Mais il y a beaucoup d'apparence, que le prétendu Original Hébreu, dont les anciens Péres, mauvais Critiques, ont tant parlé, n'est qu'une chimére. Voiez la Dissertation de Mr. LE CLERC, *De Auctoribus Evangeliorum*, jointe à son *Harmonie Evangelique*, §. 1. & la Preface sur l'Evangile de St. MATTHIEU, dans la Traduction du Nouveau Testament faite à *Berlin*.

(6) *Pollicitatio.* Voiez ci-dessus, *Chap.* XI. de ce Livre, §. 3.

§. VII. (1) Voiez PUFENDORF, *Droit de la Nat. & des Gens*, Liv. VIII. Chap. V. §. 7.

la a lieu en matiére des autres choses, il doit avoir lieu aussi à l'égard du droit qu'on aquiert par une Promesse ou par un Contract.

§. VIII. 1. Et il ne faut nullement distinguer ici, comme font quelques-uns, entre les droits que l'on aquiert en vertu de la Loi Naturelle, (1) & ceux qui sont uniquement fondez sur une concession des Loix Civiles. Car le pouvoir du Souverain s'étend également sur ces deux sortes de droits; & les derniers ne peuvent pas plus être ôtez sans juste cause, que les prémiers. La Loi même de Nature veut qu'on ne dépouille personne de la Propriété de ses biens, ou de tout autre droit légitimement aquis, sans y être autorisé par quelque raison suffisante. Si un Roi en use autrement à l'égard de quelcun de ses Sujets, il est tenu sans contredit de reparer le dommage qu'il lui a causé par là, puis qu'il a donné atteinte à un droit d'autrui certain & incontestable.

2. Toute la différence qu'il y a donc ici entre le droit des Sujets, & celui des Etrangers, c'est que le droit des Etrangers, c'est-à-dire, de ceux qui (2) ne sont Sujets en aucune maniére, ne dépend point (3) du tout du *Domaine éminent* (car je ne dis rien de la punition, dont nous traiterons ailleurs) au lieu que le droit des Sujets peut leur être ôté en vertu de ce pouvoir supérieur, autant que le demande le Bien Public.

§. IX. 1. De ce que nous avons dit il paroît encore, combien est fausse la pensée de ceux qui disent, que les (a) Contracts des Rois sont des Loix. Car personne n'aquiert par l'établissement des Loix un droit valable par rapport au Roi même: de sorte que, quand il les révoque, il ne fait tort à personne; quoi que s'il en vient là sans de bonnes raisons, il péche sans contredit. Au lieu que les Promesses & les Contracts donnent un vrai droit à celui envers qui l'on s'est engagé. De plus, il n'y a que les Contractans qui soient liez par un Contract; au lieu que tous les Sujets sont tenus d'obéïr aux Loix de leur Souverain.

(a) *Bald.* in Leg. 15. Dig. *de Publicanis: Bartol.* in Dig. *Quod cujusque univ. nom.* Leg. 7. *Jason.* Cons. I. col. 4. Vol. I. & alii laudati à *Vasq.* Controv. III. Cap. III. *num.* 5.

2. Il peut y avoir néanmoins des actes mêlez de Contract & de Loi, comme quand le Roi fait avec un Prince voisin, ou avec un Fermier public, quelque Traité qui est publié en même tems pour servir de Loi, entant qu'il renferme des choses (1) que les Sujets doivent observer.

§. X. 1. Venons maintenant à ce qui regarde la force des engagemens d'un Roi par rapport à ses (a) Successeurs. (1) Ici il faut distinguer, si le Successeur est Héritier en même tems de tous les biens du Roi défunt, comme quand un Prince succéde par testament ou abintestat à un Roiaume Patrimonial; ou bien s'il est seulement Héritier de la Couronne, comme quand il est élû tout de nouveau, ou qu'il est appellé à la Succession selon l'ordre établi, soit que cet ordre suive à peu près la régle des Héré-di-

(a) Voiez les Auteurs citez par *Reinking*. Lib. I. Class. III. Cap. X.

§. VIII. (1) Voiez ci-dessous, *Liv.* III. *Chap.* XX. §. 9.

(2) Car les Etrangers, pendant qu'ils sont dans le païs, doivent être regardez comme Sujets de l'Etat. Voiez ci-dessus, *Chap.* II. de ce Livre, §. 5. & *Chap.* XI. §. 5.

(3) Il y en a qui soûtiennent le contraire, par la raison que, selon ce qu'a dit nôtre Auteur même ci-dessus, *Chap.* II. de ce Livre, §. 10. on peut, dans un cas de nécessité, se saisir & se servir de ce qui appartient à des Etrangers. Mais alors c'est en vertu du droit général que donne la Nécessité par rapport à toute sorte de personnes, & nullement en vertu du *Domaine éminent*, qui suppose que celui envers qui on l'exerce soit Sujet. Je vois que Mr. Van der Muelen réfute aussi là-dessus le savant Gronovius.

§. IX. (1) Comme si, en vertu d'un Traité de Commerce, les Sujets sont tenus de donner certaines denrées ou certaines marchandises pour un certain prix aux Sujets d'un autre Etat, avec qui le Roi a fait ce Traité.

§. X. (1) Voiez Pufendorf, *Droit de la Nat. & des Gens*, Liv. VIII. Chap. X. §. 8. & ce que nôtre Auteur a dit ci-dessus, *Chap* VII. §. 19.

(2) *Mixto jure succedentes.* Cela est expliqué dans le paragraphe suivant.

(3) Voiez ci-dessous, *Chap.* XXI. de ce Livre, §. 19.

§. XI. (1) C'est ainsi que *Salomon* n'étoit pas obligé de tenir la promesse que *David* avoit faite à *Semeï*. Grotius.

Voiez I. Rois, Chap. II. vers. 9. & ce que Pufendorf a dit, *Droit de la Nat. & des Gens*, Liv. IV. Chap. II. §. 13.

(2) C'est ainsi que, par le Droit Canonique, un Prélat est tenu de païer les Dettes que son Prédécesseur

ditez privées, ou qu'il soit réglé un peu autrement; ou enfin si le Successeur hérite (2) d'une maniére qui tienne des deux prémiéres.

2. Il n'y a point de doute, que ceux qui sont Héritiers universels, & de la Couronne, & de tous les biens du Roi défunt, ne soient tenus de ses Promesses & de ses Contracts. Car tous les biens d'un Défunt sont engagez pour ses Dettes même personnelles; (3) c'est une régle aussi ancienne, que l'établissement du droit de Propriété.

§. XI. 1. MAIS de savoir jusqu'où s'étend ici l'obligation (a) des Princes qui succédent seulement à la Couronne, ou qui héritant de la Souveraineté entiére, ne sont qu'en partie Héritiers des biens du Défunt; c'est une question aussi importante, qu'elle a été jusqu'ici traitée confusément. Il est assez clair, que de tels Successeurs, considerez comme tels, ne sont pas obligez (1) directement, ou immédiatement; parce qu'ils ne tiennent pas la Couronne de leur Prédécesseur, mais du Peuple; soit que l'ordre de la Succession soit réglé à peu près comme celui des Héréditez privées, ou qu'il y aît une grande différence; distinction dont nous (b) avons traité ailleurs.

(a) Voiez *Aimoin. Hist. Franc. Edit. Freher.* pag. 378.

(b) *Chap.* VII. de ce Livre, §. 12, *& suiv.*

2. Mais les Princes qui succédent de cette maniére, sont tenus des Promesses & des Contracts de leurs Prédécesseurs médiatement, (2) c'est-à-dire, au nom de l'Etat qu'ils représentent. Et voici sur quoi cela est fondé. Tout Corps a droit, aussi bien que chaque Particulier, de s'obliger ou par lui-même, ou par la plus grande partie de ses Membres. Il peut aussi transférer ce droit à autrui ou expressément, ou par une conséquence nécessaire, comme quand il défére la Souveraineté à quelcun: car, en matiére de choses morales, par cela même qu'on établit quelcun pour une fin, on lui donne pouvoir de faire tout ce qu'il faut pour obtenir cette fin.

§. XII. 1. CELA ne va pourtant pas à l'infini: car un pouvoir illimité de s'engager au nom des Sujets, n'est pas plus nécessaire pour bien exercer la Souveraineté, qu'il ne l'est pour s'aquitter des fonctions d'une Tutéle ou d'une Curatelle. *Un (1) Tuteur est censé agir en Maître des biens de son Pupille, lors qu'il les administre comme il faut, (2) & non pas s'il ruïne son Pupille*; c'est la maxime du Jurisconsulte JULIEN. Et il faut entendre dans le même sens ce que dit ULPIEN, (3) que le Chef d'une Société de Partisans peut traiter non seulement au profit, mais encore au dommage de la Société.

2. Il ne faut pourtant pas, comme font (a) quelques Docteurs, juger des engagemens contractez par un Roi au nom de l'Etat, par les régles du Contract de *Gestion d'affaires*, en sorte que ce qu'il a fait ne doive être ratifié que quand il en est revenu de l'utilité au Public. Car il seroit dangereux pour l'Etat même, de borner si fort le pou-

(a) *Alphons. de Castro*, Lib. I. *De Leg. pen.* Cap. V. *Victoria*, *Relect. de potest. Pap. & Concil.* num. 18.

seur a contractées pour les besoins de l'Eglise: *Sicut Filius debita Patris solvere tenetur, ita Prælatus sui prædecessoris pro Ecclesia necessitate contracta.* DECRETAL. Lib. III. Tit. XXIII. *De Solutionibus*, Cap. I. Il y a un autre passage du même Droit, qui fait encore plus au sujet: car en décidant une dispute au sujet de quelques biens donnez à un Monastére par un Roi d'*Aragon*, on en allégue pour raison expressément, que cette donation aiant été faite au nom du Roiaume, le Roi régnant, Petit-Fils du Donateur, devoit la laisser subsister dans toute sa force: *Sed ad hæc pars vestra respondit, quod quum, tam supra dicti avi donatio, quàm locorum adquisitio præmissorum, fuerint nomine regni facta; memoratus Rex donationem servare hujusmodi tenebatur.* DECRETAL. *in VI.* Lib. II. Tit. XIV. *De sententia, & re judicata*, Cap. III. Voiez aussi HIERON. TREUTLER. Part. I. Disp. VI. Thes. 7. & PIERRE SYRING. *De Pace Religiosa*, Concl. XIX. GROTIUS.

§. XII. (1) *Nam Tutor, in re Pupilli, tunc domini loco habetur, quum tutelam administrat, non quum Pupillum spoliat.* DIGEST. Lib. XLI. Tit. IV. *Pro emtore*, Leg. VII. §. 3. Voiez aussi *Lib.* II. Tit. XIV. *De Pactis*, Leg. XXVIII. §. 1. & *Lib.* XXVII. Tit. X. *De Curatoribus furioso* &c. Leg. XII. comme aussi COD. Lib. II. Tit. III. *De Pactis*, Leg. XXII. GROTIUS.

(2) On peut rapporter ici ce que dit CAMBDEN, *Part.* IV. de son Histoire du regne d'*Elisabeth*, sur l'année M. D. XCV. & CROMER, au sujet de *Wladislas*, Roi de *Bohéme*, qui se chargea imprudemment des dettes de *George*, son Prédécesseur: Lib. XXVII. (pag. 593. *Edit. Basil.* 1555.) GROTIUS.

(3) *Item magistri societatum pactum & prodesse, & obesse, constat.* DIGEST. Lib. II. Tit. XIV. *De Pactis*, Leg. XIV.

pouvoir du Souverain: ainsi il n'y a pas lieu de présumer, que telle aît été l'intention du Peuple, lors qu'il a déféré la Souveraineté à son Roi. Mais on doit & l'on peut appliquer ici, les proportions gardées, ce que les Empereurs Romains disent dans un Rescript au sujet d'un Corps de Ville, (4) qu'une Transaction faite par le Magistrat est bonne & valide, lors qu'il s'agissoit d'une affaire litigieuse, mais non pas s'il a remis une Dette claire & liquide. Comme donc toutes sortes de Loix (b) n'obligent pas les Sujets (car, outre celles qui commandent des choses illicites, il peut y en avoir (5) de manifestement absurdes & déraisonnables): de même, les Contracts des Puissances (6) n'obligent les Sujets, que quand ils ont été faits pour des raisons apparentes: & c'est ce qu'on (7) doit présumer dans un doute, à cause de l'autorité de ceux qui gouvernent.

(b) *Thomas*, Summ. 1. 2. Quæst. 95. Art. 3. *Panormit.* in C. *Quæ in Ecclesiarum*: num, 14. *Felin.* num. 60 *Turrecrem.* in C. *Sententia*, II. Qu. 3. Concl. 6. & 7. num, 8, 9. Alii, in C. *Licet*, De Vot. *Azoirre*, Apol. Part. I. num. 70.

3. La distinction, que je viens de faire, est beaucoup mieux fondée, que celle de plusieurs, qui veulent qu'on examine s'il est revenu des engagemens du Souverain une lézion modique, ou excessive. Car il ne faut pas juger ici de la validité du Contract par le succès: mais il faut voir seulement si le Prince en traitant peut avoir eu de bonnes raisons de croire que le Traité tourneroit à l'avantage du Public. En ce cas-là, le Peuple même seroit tenu d'un tel engagement, s'il devenoit un Peuple libre: à plus forte raison les Successeurs du Roi en sont-ils tenus, comme Chefs de l'Etat. En effet, si le Peuple avoit fait quelque Traité, pendant qu'il étoit encore indépendant, celui qui viendroit à aquérir sur lui une Souveraineté absoluë, seroit obligé de le tenir.

4. On (8) louë l'Empereur *Titus*, de ce qu'il ne voulût pas qu'on lui demandât la confirmation des graces accordées par ses Prédécesseurs, comme *Tibére* & ses Successeurs l'avoient exigé, sur peine de nullité de ces sortes de concessions. *Nerva*, très-bon

(4) *Præses Provinciæ existimabit, utrum de dubia lite transactio inter te & civitatis tuæ administratores facta sit; an ambitiosè, id quod indubitatè deberi posset, remissum sit: nam priore casu ratam manere transactionem jubebit; posteriore vero casu nocere civitati gratiam non sinet.* COD. Lib. II. Tit. IV. *De Transactionib.* Leg. XII. Voiez le Traité de Mr. NOODT. *De Pact. & Transact.* Cap. XXVI. & Mr. SCHULTING, sur le Titre *De Pactis*, §. 25.

(5) Telle étoit celle que fit *Cabade*, Roi de *Perse*, (par laquelle il voulut autoriser la communauté des Femmes); comme le rapportent PROCOPE (*Persic. Bell.* Lib. I. Cap. V.) & AGATHIAS, (Lib. IV. Cap. XI.) GROTIUS.

On trouvera bon nombre d'exemples de Loix injustes & déraisonnables, dans mes deux Discours, l'un sur *la Permission des Loix*, l'autre sur le *Bénéfice des Loix*, qui ont été joints à la quatriéme Edition des *Devoirs de l'Homme & du Citoien.*

(6) *Pierre*, Ambassadeur de l'Empereur *Justin* II. auprès de *Cosroës*, Roi de *Perse*, applique ce principe aux Aliénations faites par les Souverains, en parlant de certaines choses que *Justinien* sembloit avoir promis aux *Sarazins*: Οὐ γὰρ ὑπὸ ἀνδρὸς ἔθει, φημὶ δὲ τὸ πλέον καὶ νόμῳ μὴ λυσιτελοῦντι, καὶ εἰ [illegible] βασιλεὺς ὁ τὸ ἔθος ἰσχυροποιήσας, ἤγουν νομοθετήσας, πολιτεία καταδικασθήσεταί ποτε. " L'Etat ne peut jamais être lié " par la pratique d'un seul Homme, je dis plus, pas " même par une Loi qui n'est pas avantageuse au " Public, quand même ce seroit un Empereur qui " l'auroit fait passer en coûtume, ou qui l'auroit établie par une Loi. GROTIUS.

Ces paroles sont tirées d'un Discours que l'on trouve dans les *Ambassades* de MÉNANDRE *le Protecteur*, Cap. XII. de celles de *Justin*, *Justinien*, & *Tibére*. Mais c'est *Jean*, qui parle là, & non pas *Pierre*. Nôtre Auteur a confondu les noms, parce qu'un peu avant le Discours de *Jean*, il est parlé de *Pierre*, qui avoit été envoié en Ambassade au même *Cosroës* quelque tems auparavant.

(7) C'est sur ce fondement que SIDONIUS APOLLINARIS dit, que l'Etat repond toûjours de ce que le Prince a promis: *Quidquid spoponderit Princeps, semper redhibet Principatus.* Lib. V. Epist. XVII. Voiez St. AMBROISE, *de laudib. Theodos.* (pag. 492. C. *Ed. Paris.* 1569.) SYMMAQUE, Lib. IV. Epist. VII. XIX. Lib. V. Epist. XXXVII. le *V. Concile de* TOLÉDE, Can. VI. & les DÉCRÉTALES, Lib. III. Tit. XXIV. *De Donationib.* Cap. III. Le Poëte CORIPPUS, *de laudibus Justini minoris*, Lib. II. raconte, que *Justin* II. aquitta les grandes dettes que *Justinien* son Prédécesseur avoit faites. GROTIUS.

(8) *Naturâ autem benevolentissimus, quum ex instituto Tiberii omnes dehinc Cæsares, beneficia à superioribus concessa Principibus, aliter rata non haberent, quàm si eadem iisdem & ipsi dedissent: primus præterita omnia uno confirmavit edicto; nec à se peti passus est.* SUETON. in Tito, *Cap.* VIII. Cela est rapporté aussi par XIPHILIN, *Epitom. Dion.* (pag. 212. *Ed. Rob. Steph.*) & par AURELIUS VICTOR, (*de Cæsaribus*, Cap. X. *num.* 2. *Edit. Pitisc.*) Voiez quelque chose de semblable dans le DROIT CANONIQUE, *Caus.* XXV. *Quæst.* I. Can. XV. & GAIL. *Obs.* L. II. Cap. LX. *num.* 15. comme aussi l'Histoire de RADEVIC. Le Poëte GUNTHERUS louë son Héros, l'Empereur *Frederic Barberousse*, de la bonté qu'il avoit de laisser ses Sujets en paisible possession de ce qu'ils tenoient de la libéralité de ses Prédécesseurs; & des précautions qu'il prenoit pour empêcher que les graces qu'il accordoit lui-même ne fussent révoquées un jour par ses Successeurs.

Tant

bon Prince, suivit l'exemple de *Titus*, comme il paroît par un Edit, que (8) Pline, *le Jeune*, nous a conservé. Mais lors que *Vitellius*, au rapport de Tacite, ruinoit l'Empire par des libéralitez excessives, sans penser en aucune maniére à l'intérêt de ses Successeurs, le Peuple accourant en foule pour obtenir des exemtions & des privilèges, que les Foux même achetoient, *les Sages*, comme le remarque l'Historien, *n'en tenoient aucun compte*, (9) *parce que c'étoient des choses qu'on ne pouvoit ni donner, ni recevoir, sans perdre l'Etat.*

5. Il faut ajoûter ici, qu'il peut arriver qu'un Contract fait par le Roi vienne à être non seulement désavantageux en quelque maniére, mais encore ruineux pour l'Etat, en sorte qu'on n'auroit pû en traitant l'étendre à un tel cas sans faire quelque chose d'injuste & d'illicite. On peut alors se dispenser de tenir un tel Contract, non pas tant en le révoquant, (10) qu'en déclarant qu'il n'oblige plus, comme aiant été fait sous une condition, sans laquelle on ne pouvoit s'engager légitimement.

6. Ce que j'ai dit des Contracts du Roi, se doit entendre aussi de l'aliénation (11) qu'il voudroit faire des deniers publics, ou de toute autre chose dont le Roi peut disposer pour le Bien Public, selon les Loix. Car il faut voir, si le Roi a eu des raisons plausibles de donner ou d'aliéner de quelque autre maniére ces sortes de choses.

7. Mais si un Contract tend à aliéner la Couronne, ou quelcune des parties du Roiaume ou du Domaine de la Couronne, au delà du pouvoir qu'a le Roi à cet égard; ce Contract sera nul, comme étant fait par un Contractant qui dispose du bien d'autrui.

8. Il en est de même dans les Roiaumes dont la Souveraineté est limitée, lors que le Roi a traité au sujet de certaines affaires, ou contracté certaines sortes d'engagemens, dont le Peuple s'est reservé la connoissance. Car alors le Roi n'a pû rien faire

Tanta tamen clari fuit indulgentia Regis,
Ut quicumque bona priscorum munera Regum
Hactenus istâ fide possederat, idque probare
Legitimis poterat vel demonstrare tabellis,
Principis adsensu titulo gavisus eodem,
Nunc quoque possideat ———— ————

Ligurin. *Lib.* VIII. (pag. 409. *Edit. Reuber.*)

Neve sequuturi fallum subvertere Reges,
Aut revocare queant, regali tuta sigillo
Argumenta Duci, monumentaque certa reliquit.

Ibid. *Lib.* V. (pag. 361.) Grotius.

(8) *Nolo existimet quisquam, quæ, alio Principe, vel privatim, vel publicè, consequutus, ideo saltem à me rescindi, ut potius mihi debeat, si illa rata & certa fecero: nec gratulatio ullius instauratis eget precibus.* Lib. X. Epist. LXVI.

(9) *Ipse . . . . . his tributa dimittere; alios immunitatibus juvare: denique nullâ in posterum* (nôtre Auteur semble avoir lû ici, comme il s'exprime, *nullâ posterûm*) *curâ, lacerare imperium. Sed vulgus ad magnitudinem beneficiorum aderat: stultissimus quisque pecuniis mercabatur: apud sapientes cassa habebantur, quæ neque dari, neque accipi, salvâ Republicâ, poterant.* Histor. *Lib.* III. (Cap. LV. *num.* 3, 4.) Mariana, Hist. *Lib.* XXIV. *Cap.* XVI. cite ce passage, & en fait application aux libéralitez prodigieuses de *Frederic*, Roi de *Naples*. L'Empereur *Galba* se fit rendre tout ce que *Néron* avoit donné prodigalement, sans en excepter les choses que les Donataires avoient venduës; il en laissa seulement la dixiéme partie à eux ou aux Acheteurs; comme le rapportent Tacite, *Hist.* Lib. I. (Cap. XX. *num.* 2, 3.) & Plutarque (*in Galb.* pag. 1060 A. Tom. II. *Ed Wech.*) *Pertinax* depouilla aussi les Affranchis de ce dont ils s'étoient enrichis, sous le régne de *Commode*, & qu'ils disoient avoir acheté de lui: (*A libertis etiam ea exegit, quibus, Commodo vendente, ditati fuerant.* Jul. Capitolin. in *Pertinace*, Cap. VIII.) Basile, *le Macédonien*, Empereur d'*Orient*, se fit rendre, ou en tout, ou en partie, de l'avis unanime de son Conseil, l'argent que *Michel* son Prédecesseur avoit donné sans de justes causes: [illegible] Zonaras, Tom. III. *in Basil. Maced.* Le même Historien, dans la Vie d'*Isâc Comnène*, rapporte quelque chose de semblable. Voiez De Serres, *Inventaire de l'Hist. de France*, dans l'Histoire de *Charles VIII.* (au commencement, pag. 418. *Ed. de Paris*, 1627.) au sujet des Donations de *Louïs XI.* Philippe de Commines dit, que celles-là mêmes que ce Roi avoit faites aux Eglises furent cassées. *Lib.* IX. (dans la Version Latine de Sleidan, pag. 97. *Edit. Wech.* 1578. mais *Liv.* VI. de l'original de *ces Mémoires*, Chap. VII. pag. 546. *Ed. de Genève* 1615.) Mariana parle de la révocation des Donations faites par *Ranire*, Roi d'*Aragon*. *Lib.* X. *Cap.* XVI. & de celles d'*Isabelle*, annullées par elle-même, *Lib.* XXVII. *Cap.* XI. Voiez, au sujet du Testament de *Casimir*, Roi de *Pologne*, lequel fut cassé en partie, Cromier. *Hist. Polon.* Lib. XIII. (pag. 322, 323. *Ed. Basil.* 1555.) Grotius.

(10) Voiez les Décretales. Lib. III. Tit. XXX. *De Decimis* &c. Cap. IX. On trouve un exemple de ceci dans les Actes d'*Alfonse* & de *Sanchez*, rapportez par Mariana, Lib. XII. *Cap. ult.* & dans le démêlé des *Villes Hanséatiques*, dont parle Cambden, sur l'année 1597. Grotius.

(11) On trouvera des choses qui se rapportent à ce sujet, dans les *Conciles des* Gaules, Tom. III. Grotius.

§. XIII.

faire validement, sans l'approbation ou du Peuple entier, ou de ceux qui le représentent selon les Loix du Païs, comme il paroît par ce q... nous avons dit (b) ci-dessus en traitant de l'Aliénation.

(b) Chap. VI. §. 8, & *suiv.*

9. Par les distinctions, qui viennent d'être établies, on pourra aisément juger de la justice ou de l'injustice du refus des Rois, qui n'ont pas voulu paier les dettes de leurs Prédécesseurs, dont ils n'étoient pas Héritiers. On en trouvera des exemples dans (c) Bodin.

(c) *De Republ.* Lib. I. Cap. 8. §. *Neque enim.* &c. pag. 165. *Ed. Francof.* 1622.

§. XIII. 1. Il ne faut pas non plus laisser passer sans distinction ce que (a) plusieurs ont dit, que les Princes peuvent toûjours révoquer les faveurs qu'ils ont accordées de leur pure libéralité. (1) Car il y a des faveurs que les Rois font de leur propre bien, & qui ont force de donation parfaite, à moins qu'elles n'aient été expressément accordées sous clause de précaire. Ces sortes de concessions ne peuvent (b) point être révoquées, à moins que ce ne soit, lors qu'il s'agit de Sujets, en forme de punition, ou pour l'utilité publique; & en ce dernier cas, on doit, s'il se peut, dédommager d'ailleurs les intéressez.

2. Mais il y a d'autres faveurs, qui consistent à dispenser d'une Loi, sans qu'il y aît, de la part du Roi, aucun engagement, qui emporte un Contract. Celles-ci sont révocables. Car comme, après avoir aboli une Loi absolument & sans exception, on peut toûjours l'établir de nouveau dans toute sa généralité: de même, après en avoir ôté la force par rapport à quelcun en particulier, on peut la remettre en vigueur à l'égard de cette même personne; puis qu'elle n'a aquis aucun droit au préjudice de l'autorité du Législateur.

(a) *Curt. Jun.* Cons. 138. *num.* 4. Cons. 157. *num.* 18. *Cravett.* de antiqu. temp. I. Part. *princ. num.* 56. & IV. Part. princ. *num.* 38. *Bell.* in Spec. princ. Rubr. 26. *Ant. Gabriel*, Lib. I. Tit. *De jure quæsit. non tollend.* Concl. VI. *num.* 20. & Concl. VII. & les Auteurs citez par *Reinking.* Lib. II. Class. II. Cap. VIII. *num.* 26. & *seqq.*

(b) Voiez *Afflict.* Decis. CXXVIII. *num.* 20.

§. IV. Pour ce qui regarde les Contracts (1) d'une Usurpateur, ni le Peuple, ni le Roi légitime, ne sont obligez de les tenir; parce que l'Usurpateur n'avoit aucun droit de mettre le Peuple dans quelque engagement. Le Roi & le Peuple doivent seulement restituer ce qui est tourné à leur profit, c'est-à-dire, ce en quoi ils se sont enrichis par les Contracts de l'Usurpateur.

CHAPITRE XV.

Des Traitez Publics, tant de ceux qui sont faits par le Souverain même, que de ceux qui sont conclus sans son ordre.

I. *Ce que c'est que les* Conventions Publiques. II. *En combien de sortes elles se divisent.* III. *Différence qu'il y a entre les* Traitez faits par le Souverain meme, *&* ceux qui sont conclus sans son ordre. IV. *Fausse division des Traitez Publics, proposée par un Ancien.* V. *Division plus exacte, en ceux qui regardent des* choses auxquelles on étoit déja tenu par le Droit de Nature:

§. XIII. (1) Voiez Pufendorf *Droit de la Nat. & des Gens*, Liv. VIII. Chap. X. ... ...iez.

§. XIV. (1) Consultez encore ici Pufendorf, Liv. VIII. Chap. XII. §. 3.

Chap. XV. §. I. (1) *Conventionum autem tres sunt species: aut enim ex publica caussa fiunt, aut ex privata.... Publica conventio est, quæ fit per pacem, quoties inter se Duces belli quædam paciscuntur*, Digest. Lib. II. Tit. XIV. *De Pactis*, Leg. V. Voiez le Traité de Mr. Noodt, *De Pactis & Transact.* Cap. VII. où il explique cette division: aussi bien que Mr. Schulting, sur le Titre *De Pactis*, §. 2.

§. II. (1) Voiez la fin de ce Chapitre, où l'on explique en un mot ce que l'on entend par ces sortes de Conventions Publiques, dont on renvoie à traiter ailleurs.

§. III. (1) C'est à l'occasion de l'accord honteux, dont nôtre Auteur traitera plus bas, qui fut fait avec les *Samnites* par deux Consuls, après la Journée des *Fourches Caudines.* On voit là en même tems ce que nôtre

ture: VI. *Et ceux par lesquels* on s'engage à quelque chose de plus. VII. *Ceux-ci sont ou* Egaux, *ou* Inégaux. *Subdivision des derniers.* VIII. *Que le Droit de Nature permet de faire des Traitez & des Alliances avec ceux qui sont hors de la vraie Religion.* IX. *Cela n'est pas non plus défendu généralement & sans exception par la Loi des anciens* Hébreux: X. *Ni même par l'Evangile.* XI. *Précautions qu'on doit observer en traitant avec de tels Peuples.* XII. *Que tous les* Chrétiens *sont obligez de se liguer contre les Ennemis du Christianisme.* XIII. *Lequel de plusieurs Alliez on doit secourir, plûtôt que les autres, lors qu'ils ont guerre entr'eux?* XIV. *Si une Alliance doit être tenuë pour renouvellée tacitement?* XV. *Si l'infidélité & la perfidie de l'un des Contractans dégage l'autre de sa parole?* XVI. *A quoi sont tenus ceux qui 'nt conclu un Traité Public sans ordre du Souverain, lors que le Souverain le désapprouve? Et en particulier du Traité de cette nature, qui fut fait autrefois par un Général Romain, auprès des* Fourches Caudines. XVII. *Si le Souverain est obligé de tenir un tel Traité, lors qu'en aiant eu connoissance, il ne l'a pas désavoué formellement? Exemple de celui qui fut fait par* Lutatius *avec les* Carthaginois. XVIII. *On renvoie à traiter ailleurs d'une autre sorte de Conventions Publiques.*

§. I. LE Jurisconsulte ULPIEN (1) divise les *Conventions* en *Publiques*, & *Particuliéres.* Et pour expliquer ce qu'il entend par *Conventions Publiques*, il ne les définit pas selon les régles de l'Art, comme quelques-uns se l'imaginent; mais il se contente d'en donner deux exemples: l'un, de *celles qui se font pendant la Paix*; l'autre, de *celles que les Généraux d'armée font ensemble.* Selon lui donc, les Conventions Publiques sont celles qui ne peuvent être faites qu'en vertu d'une Autorité Publique, ou Souveraine, ou Subordonnée: & c'est ce qui les distingue non seulement des Contracts entre Particuliers, mais encore des Contracts que les Rois font au sujet de leurs affaires particuliéres.

2. Or quoi que ces Contracts particuliers soient quelquefois cause de la Guerre, il arrive plus souvent que les Traitez Publics y donnent lieu. C'est pourquoi, après avoir traité assez au long des Conventions en général; il faut ajoûter quelque chose sur cette espéce de Conventions, qui est la plus noble.

§. II. ON peut diviser les (a) CONVENTIONS PUBLIQUES, en trois classes: la prémiére, de celles que les Latins appellent *Fœdus*: la seconde, de celles qu'ils désignent par le mot de *Sponsio*, pris dans un sens particulier: & la troisiéme, (1) de tous les autres Traitez faits par des Personnes Publiques, qui ne peuvent être rapportez aux deux prémiéres sortes.

(a) Que les *Grecs* appellent Συνθῆκαι.

§. III. 1. TITE-LIVE nous apprend, (1) qu'on entendoit par FOEDUS, les Traitez faits par ordre de la Puissance Souveraine, & dans lesquels le Peuple lui-même se soûmet à la Vengeance Divine, si l'on manque de parole. Parmi les *Romains*, on se servoit, pour faire ces Traitez, d'une sorte de Prêtres nommez *Feciales*, auxquels on joignoit (2) une personne qui avoit le titre de *Pater patratus.*

2. Mais

nôtre Auteur remarque, au sujet des circonstances dont les Traitez faits par ordre du Peuple étoient accompagnez. *Consules profecti ad* Pontium *in colloquium, quum de foedere victor agitaret, negarunt, injussu Populi, foedus fieri posse: nec sine Fecialibus, caerimoniaque alia solenni. Itaque, non, ut vulgo credunt,* FOEDERE *pax Caudina, sed per* SPONSIONEM *facta est. Quid enim aut sponsoribus in foedere opus esset, aut obsidibus, ubi precatione res transigitur?* per quem Populum fiat, quo minus legibus dictis stetur, ut eum ita *Jupiter feriat,* quemadmodum à fecialibus porcus feriatur? *Lib.* IX. *Cap.* V. *num.* 1, *& seqq.* Voiez SIGONIUS, *de antiquo Jure Italiae*, Lib. I. Cap. I.

(2) C'étoit un de ces Prêtres mêmes, & celui qui prêtoit le serment au nom du Peuple: PATER PATRATUS *ad Jusjurandum patrandum, id est sanciendum, fit, foedus, multisque id verbis . . . . peragit.* TIT. LIV. Lib. I. Cap. XXIV. *num.* 6. Voiez ci-dessous, *Liv.* III. *Chap.* III. §. 7.

2. Mais lors que des Personnes Publiques avoient promis, sans ordre de la Puissance Souveraine, quelque chose qui la regardoit proprement; c'est ce qu'on appelloit *Sponsio*.

3. Ainsi nous voions que le Sénat Romain, au rapport de SALLUSTE, (3) déclara que le Lieutenant Général *Aulus*, qui avoit conclu avec *Jugurtha* une Paix honteuse, *n'avoit pû faire aucun Traité Public sans l'ordre du Sénat & du Peuple*. De même, *Hiéronyme*, Roi de *Syracuse*, quoi qu'il eût conclu une Alliance avec *Hannibal*, ne laissa pas d'envoier ensuite des Ambassadeurs à *Carthage* pour faire le Traité; comme le remarque (4) TITE LIVE. C'est pourquoi, lors que SENEQUE, *le Pére*, dit, (5) que *le Chef* (Imperator) *aiant fait le Traité Public, le Peuple Romain est censé l'avoir fait lui-même*; cela regarde les anciens Généraux d'armée, qui avoient reçû un ordre particulier de la République, & non pas les *Empereurs*, ou les *Césars*, qui eurent depuis en main tout le Pouvoir du Peuple.

4. En effet, dans les Gouvernemens Monarchiques, le (6) Roi peut, de son autorité, faire des Traitez Publics; comme la Déesse *Minerve* le donne à entendre, dans EURIPIDE, lors qu'elle dit, (7) qu'*Adraste*, en qualité de Roi d'*Argos*, prêtera serment pour tout son Païs, que jamais ceux d'*Argos* ne méneront d'armée contre *Athénes*, & que, si quelque autre vient l'attaquer ils la défendront.

5. Au reste, comme le Peuple n'est pas obligé de tenir ce qu'un simple Magistrat a promis sans son ordre; il n'est pas non plus lié par les engagemens de la moindre partie de son Corps. C'est par là qu'on peut (8) justifier la maniére dont les *Romains* en usérent à l'égard du Traité conclu avec les *Gaulois Sénonois*: car la plus grande partie

(3) *Senatus ita, uti par fuerat, decernit, suo atque Populi injussu nullum potuisse fœdus fieri.* Bell. Jugurth. *Cap.* XLIII. *Ed. Wass.*

(4) Hieronymus *legatos* Carthaginem *misit, ad fœdus ex societate cum* Annibale *faciendum.* TIT. LIV. Lib. XXIV. Cap. VI. *num.* 7.

(5) *Imperator fœdus percussit: videtur Populus Romanus percussisse, & continetur inito fœdere.* Controvers. *Lib.* IV. Contr. XXV. pag. 307. *Edit. Var. Elzevir.* Voiez là-dessus la Note du docte JEAN SCHULTING, Pére du célebre Jurisconsulte, que j'ai cité plusieurs fois, & qui est présentement Professeur à *Leyde*.

(6) Voiez ce que l'on dira ci-dessous, *Liv.* III. *Chap.* XX. §. 2, *& suiv.* Le Grammairien SERVIUS remarque, que l'Etat est censé promettre ce à quoi le Roi s'engage: SERVATAQUE SERVES TROJA FIDEM] *Magnificentiùs, quàm si diceret,* Trojani: *quia, quod Rex promittit, videtur Respublica polliceri.* In Æneïd. *Lib.* II. (vers. 161.) Et dans l'endroit où VIRGILE parle du Traité que fit *Enée* avec le Roi *Latinus*, avant que d'aller se battre en combat singulier avec *Turnus*; le Commentateur fait cette réflexion, que *Turnus* ne jure point, parce qu'il n'avoit aucun pouvoir en la présence du Roi: TALIBUS INTER SE FIRMABANT FOEDERE DICTIS] Latinus *&* Æneas. Turnum *autem non inducit jurantem, quia præsente Rege non habet potestatem.* (In Æn. XII. *vers.* 212.) GROTIUS.

(7) —— —— Τοῦδε δ' ὁρκῶσαι χρεὼν
Ἄδραστον· οὗτος κύριος, τύραννος ὤν,
Πάσης ὑπὲρ γῆς Δαναϊδῶν ὁρκωμοτεῖν.

Supplic. *vers.* 1188, *& seqq.* Notre Auteur, comme il le remarquoit dans le Texte, lit avec raison, dans le dernier vers, ὁρκωμοτεῖν, pour ὁρκωμοτεῖ, & non pas, ainsi que portent toutes les Editions, par une faute d'impression qui a produit un mot inconnu à la Langue Gréque, ὁρκωντομεῖ, ὁρκωντομεῖν. Feu Mr. BARNES, qui cite ailleurs l'Ouvrage que j'explique, n'a pas pris garde à cette correction, dont il auroit sans doute dit un mot, si elle lui eût été connuë dans le tems qu'il travailloit à son Edition.

(8) Ce n'est pas la raison sur quoi les *Romains* eux-mêmes se fondoient. Voici le fait. Les *Gaulois*, après la victoire complette qu'ils remportérent sur les *Romains* près de la Riviére d'*Allia*, vinrent à *Rome*, dont ils s'emparérent d'abord sans peine, à la réserve du *Capitole*, où le Sénat, & la Jeunesse en état de porter les armes, s'étoient retirez. Les *Gaulois* ne purent prendre d'assaut cette Forteresse: mais à la fin le manque de vivres contraignit les Assiégez à capituler. Ils en furent quittes pour une certaine quantité d'or qu'ils promirent de donner aux *Gaulois*; moiennant quoi ceux ci s'engagérent à se retirer. Pendant le Siége, les *Romains*, qui s'étoient rassemblez à *Véies*, de la déroute du Combat d'*Allia*, avoient créé Dictateur *Camille*, avec l'approbation du Sénat enfermé dans le Capitole, où un Jeune Homme, nommé *Pontius Cominius*, trouva moien de se glisser secrétement, & d'en sortir de même. Comme on étoit après à peser l'or, qui avoit été promis aux *Gaulois*, le Dictateur survint avec son Armée, & enleva la rançon aux *Gaulois*, leur déclarant qu'ils n'avoient qu'à se préparer au combat. Les *Gaulois* eurent beau dire, qu'ils ne demandoient que ce qui leur étoit dû en vertu du Traité: *Camille* répondit, que, comme il avoit une autorité souveraine, en qualité de Dictateur, personne n'avoit pû faire un tel Traité sans son ordre, *Quum illi renitentes, pactos dicerent sese, negat eam pactionem ratam esse, quæ, postquam ipse Dictator creatus esset, injussu suo ab inferioris juris magistratu facta esset: denunciatque* Gallis, *ut se ad prælium expediant.* TIT. LIV. Lib. V. Cap. XLIX. *num.* 2. Voiez aussi PLUTARQUE, *in Camill.* Tom. I. pag. 143. E. *Ed. Wech.* Mais Mr. BUDDEUS, dans son *Specimen Jurisprud. Historicæ*, §. 26. pag. 855. *& seqq.* des *Selecta Juris Nat. & Gent.* soûtient, que c'étoit-là une perfidie

tie du Peuple étoit auprès du Dictateur *Camille*; & le Peuple ne pouvoit pas être assemblé en deux endroits à la fois, pour prendre quelque délibération, comme le remarque (9) AULU-GELLE.

6. Mais à quoi sont tenus ceux qui n'aiant pas pouvoir d'agir au nom du Peuple, ont promis néanmoins quelque chose qui le regarde? On s'imaginera peut-être, qu'en ce cas-là il suffit, selon ce que nous avons dit (a) des Promesses du fait d'autrui, que les Auteurs du Traité ne négligent rien de tout ce qui dépend d'eux pour procurer l'exécution de ce qu'ils ont promis. Mais la nature de l'affaire dont il s'agit, qui renferme une espéce de Contract, demande une obligation beaucoup plus étroite. Car tout Contractant, par cela même qu'il donne ou qu'il promet quelque chose du sien, prétend recevoir à son tour de l'autre quelque chose de réel. D'où vient que, selon le Droit Civil, quoi qu'une (10) Promesse du fait d'autrui soit nulle, on est néanmoins tenu des dommages & intérêts, (11) lors qu'on a promis qu'un tiers ratifieroit ce que l'on fait en son nom.

(a) *Chap.* XI. de ce Livre, §. 22.

§. IV. POUR revenir aux *Traitez Publics* (a) proprement ainsi nommez, *Ménippe*, Ambassadeur du Roi *Antiochus* auprès des *Romains*, en proposoit, au rapport de TITE LIVE, (1) une division plus accommodée à son but, que conforme aux régles de l'Art. Il y a, disoit-il, trois sortes de Traitez que les Rois & les Etats font ensemble. La prémiére est de ceux par lesquels on impose des Loix aux Vaincus; car c'est alors au Vainqueur à voir ce qu'il veut laisser au Vaincu, & ce qu'il veut lui ôter. La seconde est des Traitez conclus entre deux Ennemis, qui, après avoir eu un avantage égal dans la Guerre, font la Paix sous des conditions égales: de sorte qu'en ver-

(a) *Fœdera.*

die manifeste. Ceux, dit-il, qui étoient dans le *Capitole*, représentoient alors le Peuple Romain; & *Camille* ne doit être regardé ici que comme un simple Citoien. Supposé même que les Assiégez n'eussent pas pû validement traiter, comme ils témoignoient le pouvoir faire; il y auroit eu toûjours en cela de la mauvaise foi de leur part. Ajoûtons, que les *Gaulois* n'étoient pas obligez de savoir, ni de s'informer, si *Camille* avoit été fait Dictateur. Ils ne pouvoient pas non plus savoir, si c'étoit le plus grand nombre ou le plus petit nombre des *Romains*, qui se trouvoit dans le Capitole: & ils voioient là dans le Sénat la plus illustre partie des Citoiens. *Cette victoire* (dit ETIENNE PASQUIER, Liv. IX. Lettre X.) *ne peut être vraie qu'à la honte & confusion des* Romains. *Qu'au milieu d'une paix jurée, un homme banni de la Ville soit advenu de courre contre celui qui avoit mis les armes bas!* *Camille* lui-même, comme le remarque ici le Savant GRONOVIUS, ne faisoit pas fond sur cette raison, puis qu'il ne voulut accepter la Dictature, que quand il y eût été autorisé par un ordre du Sénat. Je suis fort trompé si nôtre Auteur, n'a eu dans l'esprit ce qui fut dit dans une autre occasion, pour empêcher que certaines Loix, qu'on proposoit, ne passassent: *Intercessioni sua prætendebant:* Velitris *in exercitu plebis magnam partem abesse: in adventum militum comitia differri debere, ut universa plebes de suis commodis suffragium ferret.* TIT. LIV. Lib. VI. Cap. XXXVI. *num.* 9.

(9) *Ea re qui eorum* (Magistratuum minorum) *primus vocat ad comitiatum, is recte agit; quia bifariam cum Populo agi non potest.* Noct. Attic. *Lib.* XIII. *Cap.* XV. ex MESSALA, Lib. *De minoribus Magistratibus.* Mais il s'agit ici d'un cas extraordinaire: & d'ailleurs cela supposoit le Peuple assemblé en deux endroits à *Rome* même; on ne pensoit point, en faisant ce réglement, que le Peuple pût être assemblé hors de *Rome*. Ainsi le passage fait contre nôtre Auteur, bien loin de favoriser son raisonnement; puis que tout le Peuple qui étoit à *Rome* avoit traité avec les *Gaulois*.

(10) *Nemo autem alienum factum promittendo obligatur.* DIGEST. Lib. XLV. Tit. I. *De verborum obligat.* Leg. XXXVIII. *princ.* Voiez PUFENDORF, *Droit de la Nat. & des Gens*, Liv. III. Chap. VII. §. 10.

(11) Cela a lieu à l'égard du Procureur d'un Demandeur, lors que la commission ne paroit pas bien clairement; car ce Procureur est obligé de donner caution pour la ratification de ce qu'il aura fait: *Sin autem per Procuratorem lis vel infertur, vel suscipitur, in actoris quidem persona, si non mandatum actis insinuatum est, vel præsens dominus litis in judicio procurationis suæ personam confirmaverit, ratam rem dominum habiturum satisdationem Procurator dare compellitur.* INSTITUT. Lib. IV. Tit. XI. *De satisdationibus*, §. 3. *Si commissa est stipulatio*, ratam rem dominum habiturum: *in tantum competit, in quantum meâ interfuit; id est, quantum mihi abest, quantumque lucrari potui.* DIGEST. Lib. XLVI. Tit. VIII. *Ratam rem haberi, & de ratihabitione*, Leg. XIII. *princip.* Voiez Mr. NOODT, sur le Titre du DIGESTE, *De Procuratoribus* &c. pag. 130. & Mr. SCHULTING, sur le même Titre, §. 7.

§. IV. (1) *Esse autem tria genera Fœderum, quibus inter se paciscerentur amicitias Civitates Regesque. Unum, quum bello victis dicerentur leges. ubi enim omnia ei, qui armis plus posset, dedita essent; quæ ex iis habere victos, quibus multari eos velit, ipsius jus atque arbitrium esse. Alterum, quum pares bello, æquo fœdere, in pacem atque amicitiam venirent. tunc enim repeti reddique per conventionem res, & si quarum turbata bello possessio sit, eas, aut ex formula juris antiqui, aut ex partis utriusque commodo, componi. Tertium esse genus, quum, qui hostes numquam fuerint, ad amicitiam sociali fœdere inter se jungendam coeant. eos neque dicere, neque accipere leges; id enim victoris & victi esse.* Lib. XXXIV. (*Cap.* LVII. *num.* 7, 8, 9.) Voiez aussi DIODORE *de Sicile*, Excerpt. Legat. IV. GROTIUS.

vertu de leurs conventions, ils peuvent se redemander & se faire rendre ce qu'ils se doivent réciproquement; & que, si les uns ou les autres ont été dépossedez pendant la Guerre de ce qui leur appartenoit, ou l'on remet les choses au même état qu'auparavant, ou bien on s'accommode là-dessus à l'avantage des deux Parties. La troisiéme & derniére sorte, est des Traitez conclus entre ceux qui n'aiant jamais été Ennemis, lient amitié ensemble; & alors aucun ne donne ni ne reçoit la loi de l'autre.

§. V. 1. Mais, pour diviser plus exactement les Traitez Publics, (1) je dis prémiérement, qu'il y en a *qui roulent simplement sur des choses auxquelles on étoit déja tenu par le Droit Naturel*, & d'autres *par lesquels on s'engage à quelque chose de plus.*

2. Il faut mettre au prémier rang, tout Traité de Paix conclu entre deux Ennemis, qui mettent bas les armes. Autrefois même ces sortes de Traitez, où l'on ne promettoit autre chose que ce que la Loi de Nature demande de tous les Hommes, se faisoient souvent, & étoient nécessaires en quelque façon, entre ceux qui n'avoient contracté aucun engagement les uns envers les autres. C'est que, bien tôt après le Déluge, les mauvaises mœurs effacérent, comme elles avoient déja fait auparavant, de l'esprit des Hommes, cette Régle incontestable du Droit Naturel, qui porte, *Que,* (2) *la Nature aiant établi une espéce de parenté entre tous les Hommes, aucun d'eux ne peut sans crime faire du mal à un autre.* On croioit alors, qu'il étoit (3) permis de voler & de piller les Etrangers, sans leur avoir déclaré la Guerre. De là vient que, comme l'a remarqué Thucydide, (4) on demandoit à des Etrangers, sans les choquer, s'ils étoient Brigands ou Pirates; de quoi on trouve aussi des exemples dans (5) Homére. Et dans une ancienne Loi (6) de Solon, il est parlé de certaines Communautez de gens *qui s'associoient pour butiner.* Justin a remarqué, (7) que, jusqu'au tems de *Tarquin*, le mêtier de Pirate étoit fort honorable. Et il est dit dans le

§. V. (1) Voiez Pufendorf, *Droit de la Nat. & des Gens*, Liv. VIII. Chap. X. §. 1, *& suiv.*

(2) Voiez la Loi citée dans le *Discours Préliminaire*, §. 14.

(3) Les anciens *Germains*, au rapport de Jules César, ne trouvoient rien de honteux à cela: *Latrocinia nullam habent infamiam, quæ extra fines cujusque civitatis fiunt.* (De Bell. Gall. *Lib.* VI. *Cap.* XXIII.) La même chose est attestée par Tacite, *de morib. German.* (Cap. XIV. *num.* 6. & XXVI. *num.* 2.) & par le Grammairien Saxon, Lib. XIV. *& alibi.* Le Commentateur Servius dit, que les *Tyrrhéniens* faisoient ce mêtier: *Ad Lib. VIII. Æneid.* (vers. 429.) & *Lib.* X. Il l'attribue ailleurs à d'autres Nations: *ad Lib. I.* Diodore *de Sicile* en dit autant des *Lusitaniens*, ou anciens Peuples du *Portugal*, (Lib. V. Cap. XXXIV.) & Plutarque nous apprend, que, du tems de *Marius*, les *Espagnols* en général regardoient encore le mêtier de Brigand ou de Corsaire comme fort honorable: Καὶ τὸ λῃστεύειν οὔπω τότε τῶν Ἰβήρων οὐχὶ κάλλιστον ἡγουμένων. Vit. Mar. (Tom. I. pag. 408. D. *Ed. Wech.*) On peut rapporter ici la maxime des Rabbins, qui soûtenoient, qu'on n'étoit pas tenu de reparer le dommage qu'on avoit causé à ceux qui n'étoient ni Juifs, ni Alliez des *Juifs.* Grotius.

Nôtre Auteur a tiré apparemment le dernier fait du Baba Kama, commenté par Constantin L'Empereur, Cap. I. §. 2. pag. 13. Au reste, on trouvera un plus grand nombre d'exemples de ces idées & ces usages barbares, dans une Dissertation de Jaques Thomasius, intitulée *Historia latrocinii gentis in gentem*, Tom. VII. *Observat. Hallens.*

(4) Il parle des Anciens, tant *Grecs*, que *Barbares*: Οἱ γὰρ Ἕλληνες τὸ πάλαι, καὶ τῶν βαρβάρων οἵ τε ἐν τῇ ἠπείρῳ παραθαλάσσιοι, καὶ ὅσοι νήσους εἶχον, ἐπειδὴ ἤρξαντο μᾶλλον περαιοῦσθαι ναυσὶν ἐπ' ἀλλήλους, ἐτράποντο πρὸς λῃστείαν, ἡγουμένων ἀνδρῶν οὐ τῶν ἀδυνατωτάτων, κέρδους τοῦ σφετέρου αὐτῶν ἕνεκα, καὶ τοῖς ἀσθενέσι τροφῆς. καὶ προσπίπτοντες πόλεσιν ἀτειχίστοις, καὶ κατὰ κώμας οἰκουμέναις, ἥρπαζον, καὶ τὸν πλεῖστον τοῦ βίου ἐντεῦθεν ἐποιοῦντο· οὐκ ἔχοντός πω αἰσχύνην τούτου τοῦ ἔργου, φέροντος δέ τι καὶ δόξης μᾶλλον. δηλοῦσι δὲ τῶν τε Ἠπειρωτῶν τινες ἔτι καὶ νῦν, οἷς κόσμος καλῶς τοῦτο δρᾶν, καὶ οἱ παλαιοὶ τῶν ποιητῶν, τὰς πύστεις τῶν καταπλεόντων, πανταχοῦ ὁμοίως ἐρωτῶντες, εἰ λῃσταί εἰσιν· ὡς οὔτε ὧν πυνθάνονται ἀπαξιούντων τὸ ἔργον, οἷς τ' ἐπιμελὲς εἴη εἰδέναι, οὐκ ὀνειδιζόντων. Lib. I. Cap. V. Edit. Oxon.

(5) Ὦ ξεῖνοι, τίνες ἐστέ; πόθεν πλεῖθ' ὑγρὰ κέλευθα;
Ἦ τι κατὰ πρῆξιν, ἢ μαψιδίως ἀλάλησθε,
Οἷά τε ληϊστῆρες ὑπεὶρ ἅλα; τοί τ' ἀλόωνται
Ψυχὰς παρθέμενοι, κακὸν ἀλλοδαποῖσι φέροντες;

Odyss. *Lib.* III. *vers.* 71, *& seqq.* sur quoi le Scholiaste remarque, que le mêtier de Pirate, bien loin d'être deshonnête parmi les Anciens, étoit même honorable: Οὐκ ἄδοξον ἦν παρὰ τοῖς παλαιοῖς τὸ λῃστεύειν, ἀλλ' ἔνδοξον. St. Epiphane appelle cela, agir à la maniére des *Scythes*, Σκυθισμός. Grotius.

Ce mot d'Epiphane se trouve dans sa Préface *adversus Hær. ad Acac. & Paul.* & *Lib.* I. pag. 4, *& seqq. Edit. Petav.* où il raisonne sur un passage de l'*Epitre de St.* Paul *aux Colossiens*, III, 11. très-mal expliqué; comme l'a remarqué Jaques Thomasius, dans la Dissertation, que je viens de citer, intitulée, *Historia latrocinii gentis in gentem*, §. 12.

(6)

le Droit (8) Romain, qu'encore qu'on ne doive pas regarder comme Ennemis les Peuples avec qui on n'a aucune liaison d'Amitié, ni de droit d'Hospitalité, ni d'Alliance, si néanmoins quelque chose de ce qui appartient aux *Romains*, se trouve dans le païs de quelcun de ces Peuples, ou au contraire si quelque chose de ce qui appartient à quelcun de ces Peuples se trouve dans les terres de la domination des *Romains*; chacun devient réciproquement maître du bien des Etrangers qui est dans son païs, en sorte même qu'une personne libre tombe par là dans l'Esclavage; ce qui fait un des cas auquel le droit de *Postliminie* a lieu. Les *Corinthiens*, dans une Harangue, que Thucydide (9) leur prête, représentent, que ceux de *Corcyre*, avant la Guerre du *Peloponnése*, n'étoient pas à la vérité Ennemis des *Athéniens*, mais qu'ils n'avoient fait avec eux ni paix, ni trêve. Salluste parlant de *Bocchus*, Roi des *Maures*, (10) dit, que *les* Romains *n'avoient eu avec lui ni guerre, ni paix*. Aristote (11) louë ceux qui font mêtier de piller les Barbares: & le mot même (a) dont on se sert en Latin pour dire un *Ennemi*, (12) ne signifioit au commencement qu'un Etranger.

(a) *Hostis.*

3. Je rapporte encore aux Traitez dont il s'agit, ceux dans lesquels on stipule de part & d'autre un droit d'*Hospitalité*, ou un droit de *Commerce*, lors que les engagemens où l'on entre par là ne s'étendent pas plus loin que ce à quoi on étoit déja tenu par le Droit de Nature.

4. Il y a dans Tite Live une Harangue, où l'on voit la distinction, que je fais ici, des Traitez qui ne renferment rien à quoi on ne fût déja obligé par la Loi de Nature, & de ceux qui engagent à quelque chose de plus. *Arco* (13) y dit aux *Achéens*, qu'il ne s'agit pas de faire une Ligue ou une Confédération; mais de laisser seulement la liberté du commerce, pour se rendre les uns aux autres ce qui leur appartenoit: car on vouloit empêcher que ceux d'*Achaïe* ne donnassent retraite aux Esclaves des *Macédoniens*. Toutes ces sortes de Conventions en général sont appellées en Grec

(6) Sodales *sunt, qui ejusdem collegii sunt, quam* Græci ἑταιρείαν *vocant. His autem potestatem facit lex, pactionem, quam velint, sibi ferre: dum ne quid ex publica lege corrumpant. Sed hæc lex videtur ex lege* Solonis *translata esse. nam illuc ita est:* Ἐὰν δὲ δῆμος, ἢ φράτορες, ἢ ἱερῶν ὀργίων, ἢ ναῦται, ἢ σύσσιτοι, ἢ ὁμόταφοι, ἢ θιασῶται, ἢ ἐπὶ λείαν οἰχόμενοι, ἢ εἰς ἐμπορίαν, ὅ, τι ἂν τούτων διαθῶνται πρὸς ἀλλήλους, κύριον εἶναι, ἐὰν μὴ ἀπαγορεύσῃ δημόσια γράμματα. Digest. Lib. XLVII. Tit. XXII. *De Collegiis & Corporibus*, Leg. IV. Le grand Saumaise a voulu corriger les mots ἐπὶ λείαν οἰχόμενοι: mais sa conjecture trop hardie n'est nullement nécessaire; comme le montre fort bien l'illustre Mr. de Bynkershoek, dans ses *Observ. Jur.* Lib. I. Cap. XVI. où il explique aussi & corrige en quelques endroits le reste de cette Loi, d'une maniére différente de ce qu'avoient pensé là-dessus les plus habiles interprêtes.

(7) *Namque* Phocæenses, *exiguitate ac macie terræ coacti, studiosius mare, quàm terras, exercuere; piscando, mercando, plerumque etiam latrocinio maris, quod illis temporibus* [Tarquinii Regis] *gloriæ habebatur, vitam tolerabant.* Lib. XLIII. Cap. III. *num.* 5.

(8) *In pace quoque Postliminium datum est: nam si cum gente aliqua neque amicitiam, neque hospitium, neque fœdus amicitiæ caussâ factum habemus: hi hostes quidem non sunt, quod autem ex nostro ad eos pervenit, illorum fit; & liber homo noster, ab eis captus, servus fit, & eorum. Idemque est, si ab illis ad nos aliquid perveniat. Hoc quoque igitur casu postliminium datum est.* Digest. Lib. XLIX. Tit. XV. *De Captivis & Postlimin.* &c. Leg. V. §. 2.

(9) Κορινθίοις μέν γε ἔνσπονδοί εἰσι, Κερκυραίοις δὲ οὐδὲ δι' ἀνοκωχῆς πώποτ' ἐγένοντο. Lib. I. Cap. XL. *Edit. Oxon.*

(10) Mauris *omnibus* Rex Bocchus *imperitabat, præter nomen, cetera ignarus* Populi Romani; *itemque nobis neque bello, neque pace, antea cognitus.* Bell. Jugurth. *Cap.* XXII. *Edit. Wass.*

(11) C'est dans l'endroit où il met la Guerre au rang des moiens naturels de s'enrichir, & il compare à la Chasse des Bêtes l'usage qu'on fait des armes contre ceux d'entre les Hommes, qui sont, selon lui, naturellement Esclaves: Διὸ καὶ ἡ πολεμικὴ φύσει κτητική πως ἔσται. ἡ γὰρ θηρευτικὴ μέρος αὐτῆς· ᾗ δεῖ χρῆσθαι πρός τε τὰ θηρία, καὶ τῶν ἀνθρώπων ὅσοι πεφυκότες ἄρχεσθαι, μὴ θέλουσιν. ὡς φύσει δίκαιον τοῦτον ὄντα τὸν πόλεμον. Politic. *Lib.* I. *Cap.* VIII. Voiez aussi Plutarque, *de fortuna vel virtute Alexandr.* pag. 329. B. Tom. II. *Ed. Wech.* & Strabon, Geograph. Lib. I. *in fin.* pag. 116. B. *Edit. Amstel.*

(12) C'est ce que Ciceron, entr'autres, a remarqué, & qu'il prouve par les Loix des Douze Tables: Hostis *enim, apud majores nostros, is dicebatur, quem nunc* Peregrinum *dicimus. Indicant* Duodecim Tabulæ: Aut status dies cum hoste. *Itemque:* Adversus hostem æterna auctoritas. *De Offic.* Lib. I. Cap. XII. Voiez là-dessus les interprêtes.

(13) *Nemo novæ societatis, aut novi fœderis, quo nos temere illigemus, conscribendi, est auctor: sed commercium tantum juris præbendi repetendique sit, ne interdictione finium nostrorum & nos quoque regno arceamus; ne servis nostris aliquò fugere liceat.* Lib. XLI. Cap. XXIV. (XXIX, 15, 16. *Edit. Cleric.*)

(b) Εἰρήνη.
(c) Σπονδαί.

Grec du nom de (b) *Paix*, dans un sens particulier, & par opposition aux (c) *Traitez* proprement ainsi nommez; comme il paroît entr'autres par la Harangue (14) d'ANDOCIDE touchant la *Paix* avec les *Lacedémoniens*.

§. VI. 1. LES Traitez Publics, qui ajoûtent quelque chose aux Droits de la Loi Naturelle, sont (1) ou *Egaux*, ou *Inégaux*. Et les uns & les autres se font ou *en vuë de la paix*, ou *pour lier ensemble quelque société*.

2. Les *Traitez Egaux* sont ceux dans lesquels, comme le dit ISOCRATE, (2) *il y a une entiére égalité*, ou dont les conditions sont également avantageuses de part & d'autre.

3. On fait de tels Traitez *en vuë de la paix*, lors que l'on convient, par exemple, de rendre de part & d'autre les Prisonniers, ou le Butin fait à la Guerre, & de laisser aller & venir sûrement des deux côtez: de quoi nous aurons occasion de parler, (a) quand nous traiterons des effets & des suites de la Guerre.

(a) *Liv.* III. *Chap.* XX.

4. Les Traitez Egaux, dans lesquels *on lie quelque société ensemble*, se font ou pour le *Commerce*, ou pour la *Guerre*, ou pour d'*autres choses*.

5. A l'égard du *Commerce*, on peut faire diverses conventions: par exemple, qu'on ne paiera de part & d'autre aucuns droits d'entrée ou de sortie pour les Marchandises; ou qu'on ne donnera pas davantage qu'il ne se donne dans le temps du Traité; ou que les impôts seront fixez sur un certain pié. On trouve un ancien *Traité* entre (3) les *Romains* & les *Carthaginois*, par lequel ils s'engageoient réciproquement de ne rien demander pour le transport des marchandises les uns des autres, excepté ce que l'on paioit aux Commis des Douanes, & au Crieur public.

6. Dans les Traitez d'Alliance pour la *Guerre*, on stipule quelquefois, que chacun des Alliez fournira un égal secours de Cavalerie, d'Infanterie, ou de Vaisseaux, soit (4) pour toute sorte de Guerres, sans exception; soit pour défendre (5) seulement le païs

(14) Voici le passage, que nôtre Auteur a eu en vuë: Εἰρήνη γὰρ, καὶ Σπονδαὶ, πολὺ διαφέρουσι σφῶν αὐτῶν. Εἰρήνην μὲν γὰρ ἐξ ἴσου ποιοῦνται πρὸς ἀλλήλους ὁμολογήσαντες περὶ ὧν ἂν διαφέρωνται· Σπονδὰς δὲ, ὅταν κρατήσωσι κατὰ τὸν πόλεμον, οἱ κρείττους τοῖς ἥττοσιν ἐξ ἐπιταγμάτων ποιοῦνται. *Pag.* 271. *Edit. Wechel.* On voit par là, que la différence de ces termes ne consiste pas tout-à-fait dans ce que nôtre Auteur dit; puis que par la *Paix* (Εἰρήνη) l'Orateur Athénien entend tous les Traitez qui se font, à conditions égales, entre deux Peuples qui mettent bas les armes, après avoir eu guerre ensemble: & par Σπονδαὶ, les Traitez dans lesquels un Vainqueur impose des loix aux Vaincus, comme de démolir les murailles de leur Ville, de livrer leurs Vaisseaux, de recevoir des gens qu'ils avoient bannis; exemples qu'ANTIPHON allégue immédiatement après: Ὥσπερ ἡμῶν κρατήσαντες Λακεδαιμόνιοι τῷ πολέμῳ, ἐπέταξαν ἡμῖν καὶ τείχη καθαιρεῖν, καὶ τὰς ναῦς παραδιδόναι, καὶ τοὺς φεύγοντας καταδέχεσθαι. τότε μὲν ἦν σπονδαὶ κατ' ἀνάγκην ἐξ ἐπιταγμάτων ἐγένοντο· νῦν δὲ περὶ εἰρήνης βουλεύεσθε. Ainsi cette distinction se rapporte plûtôt aux Conventions Publiques dont il est traité dans le paragraphe suivant.

§. VI. (1) C'est ainsi qu'*Enée* disoit au Roi *Latinus*, que les *Troiens* & les *Latins* s'uniroient à perpétuité par une Alliance égale:

Nec mihi regna peto. paribus se legibus ambæ
Invictæ gentes æterna in fœdera mittant.

(Æneid. *Lib.* XII. vers. 190, 191.) PLINE remarque, au sujet des *Parthes*, qu'ils vivent avec les Scythes comme d'égal à égal: [*Pertinent* (undecim provinciæ *Parthorum*) ad Scythas, *cum quibus ex æquo degunt.* [Histor. Natur. *Lib.* VI. *Cap.* XXV.] LUCAIN fait dire à *Pompée*, en parlant de la même Nation des *Parthes*, que leur Roi est le seul de tous ceux de l'*Orient*, qui traite avec lui d'égal à égal:

Solusque è numero Regum telluris Eoæ
Ex æquo me Parthus adit —— ——

Pharsal. (*Lib.* VIII. vers. 231, 232.) Les *Grecs* appellent les Traitez Egaux tantôt Συνθῆκαι simplement, tantôt Συνθῆκαι ἐπὶ ἴσῃ καὶ ὁμοίᾳ, comme il paroît par XE'NOPHON, & par APPIEN d'*Alexandrie*. Ils donnent aux Traitez Inégaux le nom de Σπονδαὶ, dans un sens plus propre; & par rapport aux Contractans inférieurs, ils les appellent Προστάγματα, ou Συνθῆκαι ἐκ τῶν ἐπιταγμάτων. DE'MOSTHE'NE, dans sa Harangue *touchant la liberté des Rhodiens*, dit, que ceux qui aiment la liberté doivent fuïr la derniére sorte de Traitez, parce qu'ils approchent fort de l'Esclavage. GROTIUS.

Le passage, que nôtre Auteur, dans cette Note tirée pour la plus grande partie du Texte, donne comme étant de DE'MOSTHE'NE, est certainement d'ISOCRATE; quoi que PUFENDORF, qui le cite, n'ait pas remarqué cette méprise. Le voici: Καίτοι χρὴ τοὺς βουλομένους ἐλευθέρους εἶναι, τὰς μὲν ἐκ τῶν ἐπιταγμάτων συνθήκας φεύγειν, ὡς ἐγγὺς δουλείας οὔσας. In Archidam. *pag.* 126. C. *Edit. H. Steph.* Voici, à mon avis, ce qui est cause que la mémoire de nôtre Auteur a pris le change. Il avoit lû, dans la Harangue qu'il cite, ce que DE'MOSTHE'NE dit, que les *Rhodiens*, au lieu de faire, comme ils le pouvoient, une Alliance d'égal à égal avec les *Athéniens*, qui étoient néanmoins plus puissans qu'eux; avoient mieux aimé tomber dans l'Esclavage, en recevant dans leurs Forteresses des Barbares, Esclaves eux-mêmes, c'est-à-dire, *Mausole*, Roi de *Carie*, & Vassal du Roi de *Perse*; le-

païs l'un de l'autre, en cas d'invasion; soit pour une certaine Guerre, ou contre certains Ennemis, ou contre tous, excepté les Alliez de part & d'autre. On voit un exemple de la derniére clause, dans le Traité entre les *Carthaginois* & les *Macédoniens*, qui nous a été conservé par (6) Polybe. C'est ainsi que les *Rhodiens* (7) s'engagérent de donner du secours à *Antigonus* & *Démétrius* contre tous leurs Ennemis, hormis le Roi *Ptolomée*.

7. Il y a encore, comme nous l'avons dit, d'autres choses sur lesquelles un Traité Egal peut rouler; comme, par exemple, si l'on promet de ne point avoir de Place forte sur (8) les frontiéres l'un de l'autre; de ne pas protéger les (9) Sujets l'un de l'autre; de ne point donner passage aux Ennemis l'un de l'autre &c.

§. VII. 1. Par ce que nous venons de dire sur la nature des Traitez Egaux, il est facile de voir ce que c'est qu'un *Traité Inégal*.

2. L'inégalité des choses stipulées est tantôt *du côté de la Puissance la plus considérable*, tantôt *du côté de l'inférieure*.

3. Le prémier cas arrive, lors que celui qui est d'un rang plus élevé promet du secours à l'autre, sans en stipuler aucun de lui; ou lors que le secours qu'il promet est plus considérable que celui qu'il exige à son tour.

4. L'inégalité est du côté de la Puissance inférieure en dignité, lors que, comme le dit (1) Isocrate, l'autre Puissance *exige d'elle des conditions désavantageuses & trop déraisonnables*. Aussi les *Grecs* désignent-ils ces sortes de Traitez par un nom qui signifie (a) *Commandement*. Ils se font ou en sorte qu'ils *donnent quelque atteinte à la Souveraineté* de la Puissance inférieure, ou *sans y donner aucune atteinte*. (a) Πρόσταγμα.

5. Le second Traité des *Carthaginois* avec les *Romains*, nous fournit un exemple de ceux où la Souveraineté reçoit quelque atteinte; car les *Carthaginois* y promirent de ne faire la Guerre (2) à personne sans le consentement du Peuple Romain. Depuis ce tems-

lequel *Mausole* aida aux Principaux de *Rhodes* à s'emparer du Gouvernement, & régna ainsi en quelque façon à *Rhodes*, & après lui sa Veuve *Artémise*, par le moien de ces Oppresseurs de la liberté publique, qui étoient leurs Créatures: Ὅτι τὸ κομίσασθαι τὰ ὑμέτερ' ὑμῖν φθονήσαντες, τὴν αὐτῶν ἐλευθερίαν ἀπολωλέκασι, καὶ παρὸν αὐτοῖς Ἕλλησι, καὶ βελτίοσιν ὑμῖν αὐτῶν, ἴσων συμμαχεῖν· Βαρβάροις καὶ δούλοις, [illegible] δουλεύουσιν. Pag. 79. C. *Edit. Basil.* 1572.

(2) Τίς γὰρ οὐκ οἶδεν, ὅτι Συνθῆκαι μέν εἰσιν, αἵ τινες ἂν ἴσως καὶ κοινῶς ἀμφοτέροις ἔχωσι· Προστάγματα δὲ, τὰ τοὺς ἑτέρους ἐλαττοῦντα παρὰ τὸ δίκαιον; Panegyric. *pag.* 78. A. *Ed. H. Steph.*

(3) Τοῖς δὲ κατ' ἐμπορίαν παραγινομένοις, μηδὲν ἔστω τέλος, πλὴν ἐπὶ κήρυκι ἢ γραμματεῖ. Polyb. Lib. III. Cap. XXII. *Ed. Amst.*

(4) C'est ce que les *Grecs* appelloient Συμμαχία, ou Ὁμαιχμία. Voiez le dernier mot dans Zosime, Lib. V. (Cap. XLII. & Lib. IV. Cap. LVI. *Edit. Cellar.*) Thucydide définit cette sorte d'Alliance, *par avoir les mêmes Amis & les mêmes Ennemis*: Τοὺς δὲ ἄλλους εἶπεν [Κερκυραίους], σπονδὰς πρὸς ἀλλήλους ποιήσασθαι, καὶ πρὸς Ἀθηναίους, ὥστε τοὺς αὐτοὺς ἐχθροὺς καὶ φίλους νομίζειν. (Lib. III. Cap. LXXV. *Edit. Oxon.* Voiez aussi le Chap. LXX. du même Livre, pag. 190. *in fin.*) On trouve souvent la même expression, dans Tite Live (comme, par exemple, dans cet endroit où il s'agit des *Campaniens*, & de ceux de *Cumes*: *Petierunique* [Campani], *ut &* Cumanus *eò Senatus veniret, ad consultandum communiter*, ut eosdem uterque Populus socios hostesque haberet. Lib. XXIII. Cap. XXXV. *num.* 3.) Grotius.

(5) C'est ce que les *Grecs* appellent Ἐπιμαχία, Grotius.

Par exemple, dans Thucydide, où il s'agit d'une telle Alliance Défensive, faite entre les *Athéniens*, & ceux de *Corcyre*, ou *Corfou*: Ἐπιμαχίαν δὲ ἐποιήσαντο, τῇ [c'est ainsi qu'il faut lire, avec l'Edition de *Florence*, au lieu de τὴν] ἀλλήλων βοηθεῖν, ἐάν τις ἐπὶ Κέρκυραν ἴῃ, ἢ Ἀθήνας, ἢ τοὺς τούτων ξυμμάχους. Lib. I. Cap. XLIV. Il paroît par ce qui précéde, que le mot d'Ἐπιμαχία est opposé à celui de Συμμαχία, dans le sens que leur donne nôtre Auteur. Voiez aussi la remarque du Scholiaste, sur cet endroit, *num.* 11.

(6) Ὁμοίως δὲ καὶ ἐάν τινες ἄλλοι [ἐκφέρωσι πρὸς ὑμᾶς πόλεμον], χωρὶς βασιλέων, καὶ πόλεων, καὶ ἐθνῶν, πρὸς ἃ ἡμῖν εἰσὶν ὅρκοι καὶ φιλίαι. Lib. VII. Cap. II. pag. 703. *Ed. Amstel.*

(7) Τῶν δὲ Ῥοδίων καταξανισαμένων τῷ πολέμῳ, δεόμενον προφάσεως τὸν Δημήτριον Ἀθηναῖοι παραγενόμενοι διήλλαξαν, ἐπὶ τῷ συμμαχεῖν Ῥοδίους Ἀντιγόνῳ καὶ Δημητρίῳ, πλὴν ἐπὶ Πτολεμαῖον. Plutarch. in Vit. Demetr., *Tom.* I. pag. 899. A.

(8) Voiez-en un exemple dans Procope, *Persic.* Lib. I. (Cap. II.) Grotius.

Cela est permis, à moins qu'on n'en soit ainsi convenu autrement. Voiez ci-dessous, *Chap.* XXII. de ce Livre, §. 5. *num.* 2.

(9) On trouvera ici, si l'on veut, dans les Notes de Tesmar, des exemples, tirez de Thucydide, de l'Histoire de De Thou, de Cambden, de Buchanan &c.

§. VII. (1) Voiez le passage, que j'ai cité dans la *Note* 2. du paragraphe précédent.

(2) C'est une des conditions, que *Scipion* leur imposa, au rapport de Tite Live: *Bellum neve in Africa, neve extra Africam, injussu* Populi Romani, *gere-*

tems-là, comme le remarque (2) Appien *d'Alexandrie*, les *Carthaginois* furent *dépendans des* Romains *en vertu de leur Traité.* On peut rapporter ici le cas de ceux qui se donnent à quelque autre Puissance sous certaines conditions; car Tite Live (4) appelle cela du nom de *Traité* ou d'*Alliance inégale.* Mais il y a là un transport de toute la Souveraineté, & non pas une simple diminution; dequoi nous avons (b) traité ailleurs.

(b) *Liv.* I. *Chap.* III. §. 8. *num.* 1. & *Liv.* II. *Chap.* V. §. 31.

6. Lors que la Souveraineté de la Puissance inférieure demeure en son entier, les conditions onéreuses qu'on lui impose sont quelquefois permanentes, & quelquefois non.

7. Je dis, qu'il y en a *qui ne sont pas permanentes*, ou auxquelles on peut satisfaire une fois pour toutes, comme si l'un s'engage (5) à paier les Troupes de l'autre qui ont servi dans la Guerre présente; ou de raser quelcune de ses Places; ou (6) d'évacuer certains endroits; ou de donner des Otages, des Eléphants, (7) des Vaisseaux.

8. C'est une *condition onéreuse permanente*, ou d'un effet perpétuel, lors que l'une des Puissances s'engage à maintenir & respecter la majesté de l'autre; clause dont nous avons (c) expliqué ailleurs la force. Tels sont encore les Traitez qui portent, que l'une des Puissances ne tiendra pour amis ou pour ennemis que ceux que l'autre voudra; qu'elle ne donnera ni passage, ni vivres à aucunes Troupes de ceux qui seront en guerre avec l'autre: Ou ceux qui renferment ces autres clauses moins onéreuses, de ne construire aucune Place forte en certains endroits, ou de n'y point mener d'Armée; de n'avoir qu'un certain nombre de Vaisseaux, ou de ne point bâtir de Ville, ou de ne pas faire voile, ou de ne pas lever des Troupes en certains endroits; de ne point attaquer les Alliez de l'autre Puissance; de ne pas fournir des vivres à ses Ennemis; de ne pas donner retraite à ceux qui viennent d'ailleurs; de rompre les Traitez qu'on avoit fait avec d'autres. On trouve des exemples de tout cela dans Polybe, dans Tite Live, & ailleurs.

(c) *Liv.* I. *Chap.* III. §. 21. *num.* 2.

9. Au reste, les Traitez Inégaux se font non seulement entre les Vainqueurs & les Vaincus, comme le prétendoit *Ménippe*, dont nous avons rapporté un peu plus haut la division; mais encore entre tous ceux qui sont les uns plus puissans, & les autres moins, quoi qu'ils n'aient point eu de guerre ensemble.

§. VIII. 1. C'est une question communément agitée, de savoir *s'il est permis de faire des Traitez & des Alliances avec ceux qui ne sont pas de la véritable Religion?* A en juger par la Loi de Nature, il n'y a point de difficulté là-dessus: car le droit de faire des Alliances est commun à tous les Hommes généralement, & sans que la différence des Religions y apporte aucune exception.

2. Il

gererent. Lib. XXX. Cap. XXXVII. *num.* 4. Voiez aussi Dion Cassius, *Excerpt. Legat.* XVI. & Polybe, *Hist. Excerpt.* Lib. XV. Cap. XVII. Nôtre Auteur, au reste, s'exprime ici peu exactement, puis qu'il nous donne cette clause comme étant du *Second Traité* des *Romains* avec les *Carthaginois.* Il a voulu dire, du Traité fait après la *Seconde Guerre Punique*, comme il parle lui-même dans le Chapitre suivant, §. 14. où il fait encore mention de la condition onéreuse, dont il s'agit. Car il y avoit eu plusieurs autres Traitez entre les *Romains* & les *Carthaginois*, avant celui-ci; comme on peut le voir dans Polybe, *Hist.* Lib. III. Cap. XXII, & *seqq.*

(3) Καρχηδόνιοι Ῥωμαίοις ὑπήκοοι ἐνσπονδοι. Ceci doit être des *Excerpta Legationum* recueillis par Fulvius Ursinus; car je ne le trouve ni dans l'*Histoire des Guerres Puniques*, ni dans les *Excerpta* que Mr. de Peiresc fit publier par Henri de Valois.

(4) C'est en parlant d'un Peuple de la *Pouille*, qui ne put obtenir la paix des *Romains*, que sur ce pié-là: *Id audacter spondendo impetravêre* [Theates Apuli,] *ut fœdus daretur: neque ut æquo tamen fœdere, sed ut in ditione* Populi Romani *essent.* Lib. IX. Cap. XX. *num.* 8.

(5) Comme, par exemple, les *Samnites* aiant été vaincus par le Dictateur *Lucius Papirius*, furent reçûs à faire la paix sous cette condition, qu'ils donneroient à chaque Soldat de l'Armée Romaine un Habit, & la paie d'un an: *His cladibus subacti* Samnites, *pacem ab Dictatore petière: cum quo pacti, ut singula vestimenta militibus, & annuum stipendium darent.* Tit. Liv. Lib. VIII. Cap. XXXVI. *num.* 11. Le Savant Gronovius, qui m'a fourni cet exemple, en indique quelques autres.

(6) C'est ainsi que le Roi *Antiochus*, après avoir été vaincu par *Scipion l'Africain*, s'engagea par un Traité de Paix à ne point entrer en *Europe*, & à sortir de toute cette partie de l'*Asie* qui est au deçà du mont *Taurus*: Europa *abstinete*, Asiaque *omni, quæ cis* Taurum *montem est, decedite.* Tit. Liv. Lib. XXXVII. Cap.

2. Il s'agit seulement de la Loi Divine, par rapport à laquelle non seulement les (a) Théologiens, mais encore (b) quelques Jurisconsultes, traitent cette question.

§. IX. 1. Pour commencer par le *Droit Divin de l'Ancien Testament*, il paroît, qu'avant la Loi de *Moïse*, il étoit permis de traiter avec des gens qui n'étoient pas de la vraie Religion. Nous en avons un exemple dans le Traité de (a) *Jacob* avec *Laban*; pour ne rien dire de celui d'*Abraham* (b) avec *Abimelech*, puis qu'il n'est pas certain que ce Prince fût Idolatre.

2. La Loi de *Moïse* n'ôta point la liberté à cet égard. Les *Egyptiens* étoient certainement Idolatres: & cependant il est défendu (c) aux *Israëlites* d'avoir de l'éloignement pour eux. Il y avoit seulement une exception à (d) l'égard des *Sept Nations Chananéennes*, qui furent condamnées à périr par un Arrêt du Ciel, dont les *Israëlites* devoient être les Exécuteurs; c'est-à-dire, que si ces Peuples persévéroient dans leur Idolatrie, & qu'ils refusassent de se soûmettre, il étoit défendu aux *Israëlites* de leur faire aucun quartier, non plus qu'aux (e) *Hamalékites*, contre lesquels la Justice Divine prononça la même sentence.

3. Il étoit permis aussi par la Loi, de faire avec les Paiens des Traitez de Commerce, & autres semblables qui se raportent ou à l'utilité commune des Parties, ou à l'avantage de l'une d'elles. On ne trouve là-dessus aucune défense ni expresse, ni tacite: & l'on voit, au contraire, que (f) *David* & *Salomon* (g) firent des Traitez & des Alliances avec *Hiram*, Roi de *Tyr*. Il est même à remarquer, que l'Histoire Sainte, en parlant de l'Alliance de *Salomon* avec ce Prince Idolatre, dit, que ce fut par un effet de la sagesse, dont Dieu l'avoit revêtu, qu'il contracta cette Alliance.

4. A la vérité, la Loi de *Moïse* ordonne expressément aux *Israëlites* de faire du bien (h) à ceux de leur Nation, (car c'est ce que signifie-là, *Aimer son Prochain*) sans parler des autres: & d'ailleurs les réglemens particuliers qu'elle donne sur la manière de se nourrir, & sur la conduite de la vie en général, ne permettoient guéres d'avoir un commerce familier avec les autres Hommes. Mais il ne s'ensuit point de là, ni qu'il fût défendu de faire du bien aux Etrangers, ni même que ce ne fût pas une chose belle & louable de leur rendre service; quoi qu'en disent les Docteurs Juifs (1) des siécles suivans, mauvais Interprêtes de la Loi. Nôtre Seigneur Jésus-Christ a refuté cette fausse explication par son propre exemple, puis que, tout exact qu'il étoit à observer la Loi, il ne fit pas scrupule de prendre (i) de l'eau de la main d'une Femme Samaritaine. Avant lui-même, & dès les tems anciens, on voit *David* se réfugier (k) chez

(a) *Thom. Aquin.* II. 2. Quæst. X. Art. 19. *Antonin. Cajetan. Tolet. Molina, Valdet. Malder.*

(b) Par exemple, *Oldrad.* Consf. 71. *Decian.* Decis. III. Consf. 20.

(a) *Genèse*, XXXI, 44.

(b) *Ibid.* XXI, 27. Voiez aussi XXVI, 28, 29.

(c) *Deuter.* XXIII, 7.

(d) *Ibid.* VII, 1, *& suiv.*

(e) *Ibid.* XXV, 17, *& suiv.*

(f) *II. Samuel*, V, 11.

(g) *I. Rois*, V, 12.

(h) *Levitiq.* XIX, 18. *Deut.* XXII, 1.

(i) *Jean*, IV, 7.

(k) *I. Samuel*, Chap. XXVII, &c.

Cap. XLV. *num.* 14. Voiez le Traité des *Romains* avec les *Carthaginois*, fait après la Guerre de *Sicile*; dans Polybe, Lib. III. Cap. XXVII.

(7) Cela fut ainsi stipulé par les *Romains*, dans les Traitez de Paix, dont j'ai déja parlé, avec le Roi *Antiochus*, & avec les *Carthaginois*, mais en sorte que la condition onéreuse étoit accompagnée de quelque chose de permanent, puis qu'on exigeoit des Vaincus de n'entretenir plus d'Eléphants, pour l'usage de la Guerre: Tit. Liv. Lib. XXX. Cap. XXXVII. *num.* 3. & Lib. XXXVIII. Cap. XXXVIII. *num.* 8.

§. IX. (1) C'est sur ce faux principe que les *Juifs* ne vouloient pas montrer le chemin à un Voiageur, ni lui enseigner où il pourroit aller boire, à moins qu'il ne fût de leur Nation; comme Juvenal le leur reproche:

Non monstrare vias, eadem nisi sacra colenti:
Quæsitum ad fontem solos deducere verpos.

(Satir. XIV. *vers.* 103, *& seqq.*) On voit là un exemple de ces services qui ne coûtent rien, & que les Paiens même, comme Cicéron, *de Offic.* Lib. I. (Cap. XVI) & Senéque, *De Benefic.* Lib. IV. Cap. XXIX. ont dit être de telle nature, que l'on doit les rendre à ceux même que l'on ne connoit point du tout. Tacite remarque, que les *Juifs* sont très-charitables entr'eux, & d'une fidelité inviolable; mais qu'ils ont une haine irréconciliable pour tous les autres Peuples: *Et quia apud ipsos fides obstinata, misericordia in promtu, sed adversus omnes alios hostile odium.* Hist. *Lib.* V. (*Cap.* V. *num.* 2.) Apollonius Molon leur reprochoit, qu'ils ne recevoient point chez eux quiconque avoit d'autres opinions qu'eux touchant la Divinité, & qu'ils ne vouloient avoir aucun commerce avec ceux qui ne vivoient pas comme eux: Ὃν οὐδὲν λογισάμενος ὁ Μόλων Ἀπολλώνιος, ἡμῶν κατηγόρησεν, ὅτι μὴ παραδεχόμεθα τοὺς ἄλλαις προκατειλημμένους δόξαις περὶ Θεοῦ, μηδὲ κοινωνεῖν ἐθέλομεν τοῖς καθ' ἑτέραν συνήθειαν βίου ζῆν προαιρουμένοις. [Apud Joseph. Lib. II. *Contra Apion.* pag. 1079. C. *Ed. Lips.*] Les Courtisans du Roi *Antiochus* se servoient de cette raison

chez des Peuples éloignez de la vraie Religion; sans qu'il en soit blâmé nulle part. Joseph fait parler ainsi le Roi *Salomon*, dans la Priére qu'il adresse à Dieu à l'occasion de la Dédicace du Temple, & par laquelle il le supplie d'exaucer les priéres mêmes des Etrangers, poussées de ce saint lieu: (2) *Nous ne sommes pas des gens inhumains, & nous n'avons pas de l'aversion pour les Etrangers.*

5. Il faut excepter ici, outre les Sept Nations dont nous avons parlé, les *Hammonites* & les *Moabites*: car la Loi dit expressément au sujet de ceux-ci: *Vous* (l) *ne chercherez jamais leur prospérité* (il vaut mieux traduire ainsi, que de cette maniére, *la paix avec eux*) *ni leur bien.* Par où il est défendu, de faire avec ces Peuples des Traitez qui tendent à procurer leur avantage, & non pas permis de leur faire la guerre sans aucun sujet: ou du moins, selon l'opinion de quelques Rabbins, il est défendu de leur demander la paix, & non pas de l'accepter quand ils l'offriroient. Il paroît clairement par un passage du (m) Deuteronome, que Dieu n'avoit pas donné aux *Israëlites* le droit d'attaquer les *Hammonites* de gaieté de cœur; & (n) *Jephté* ne prit les armes contr'eux, qu'après avoir cherché les moiens de vivre en paix avec eux à des conditions raisonnables, ni (o) *David*, qu'après avoir reçû d'eux des injures atroces.

(l) *Deuter.* XXIII, 6.

(m) Chap. II. vers. 19.

(n) *Juges*, XI, 16, *& suiv.*

(o) *II. Sam.* X.

6. Pour ce qui est des Ligues ou Confédérations militaires, il paroît par l'exemple d'*Abraham*, (3) qui alla au secours des (p) impies *Sodomites*, qu'avant la Loi de *Moïse* ces sortes d'Alliances avec des Peuples Profanes n'étoient nullement illicites. Et on ne voit pas que la Loi de *Moïse* ait fait là-dessus aucun changement par des défenses générales. Les *Hasmonéens*, qui (4) étoient & si fort versez dans la connoissance de la Loi, & si fort attachez à son observation, comme il paroît de ce qu'ils ne (5) permettoient de prendre les armes le jour du Sabbath que pour se défendre; ces saints hommes, dis-je, ne croioient pas qu'il fût défendu de faire des Traitez avec les Paiens, puis qu'ils (q) en firent avec les *Lacédémoniens* & les *Romains*, du consentement des Sacrificateurs & du Peuple. Ils offrirent même des Sacrifices solemnels pour la prospérité de ces Alliez.

(p) *Genése*, XIV.

(q) Voiez *I. Maccab.* Chap. VIII. & XII.

7. Les passages que l'on objecte ici, regardent des cas particuliers. Lors que Dieu déclaroit par la bouche de ses Prophétes, qu'il haïssoit & qu'il maudissoit certains Rois & certains Peuples, qui n'étoient pas du nombre de ceux dont la Loi parloit; il y auroit eu sans doute du crime à les proteger, ou à joindre ses armes avec les leurs. C'est sur ce fondement (6) qu'un Prophéte disoit à *Josaphat*, au sujet d'*Achab*, Roi d'*Israël*: (r) *Quoi? tu assistes le Méchant, tu aimes* (7) *ceux qui haïssent Dieu! A cause de cela, la colére de* Dieu *s'est enflammée contre toi.* Car *Michée* avoit déja prédit à ce Prince le mauvais succès de la Guerre où il s'étoit engagé. Il faut dire la mê-

(r) *II. Chroniq.* XIX, 2.

son, pour irriter ce Prince contre les *Juifs*, & pour l'engager à les exterminer, comme les seuls qui étoient si fort insociables, & comme autant d'Ennemis du Genre Humain: *Μόνους ἁπάντων ἐθνῶν ἀκοινωνήτους εἶναι τῆς πρὸς ἄλλο ἔθνος ἐπιμιξίας, καὶ πολεμίους ὑπολαμβάνειν πάντας..... Μηδενὶ ἄλλῳ ἔθνει τραπέζης κοινωνεῖν τὸ παράπαν, μηδὲ εὐνοεῖν.* Diodor. Sic. (Eclog. ex Lib. XXXIV. apud Phot. *in Biblioth.*) *Apollonius de Tyane* remarque aussi, qu'ils ne vouloient pas même manger avec ceux d'une autre Nation: *Ἐκεῖνοι μὲν γὰρ [Ἰουδαῖοι] πάλαι ἀφεστᾶσιν οὐ μόνον Ῥωμαίων, ἀλλὰ καὶ πάντων ἀνθρώπων. οἱ γὰρ βίον ἄμικτον εὑρόντες, καὶ οἷς μήτε κοινὴ πρὸς ἀνθρώπους τράπεζα* &c. Philostrat. (*Vit. Apoll. Tyan.* Lib. V. Cap. XXXIII. *Edit. Olear.*) Cette maniére de vivre insociable est souvent reprochée aux *Juifs*, dans Joseph même Historien Juif. *τὸ ἄμικτον, τὸ ἀσύμφυλον, ἡ διαίτης ἀμιξία.* Et dans l'Histoire du Nouveau Testament nous voions souvent, qu'ils faisoient scrupule de manger, ou d'avoir quelque commerce familier avec ceux d'une autre Nation. [Voiez, par exemple, Jean, *Chap.* IV. *vers.* 9. Actes, X, 28. XI, 3.] Grotius.

(2) *Ἡμεῖς δ᾽ οὐκ ἀπάνθρωποι τὴν φύσιν ἐσμὲν, οὐδ᾽ ἀλλοτρίως πρὸς τοὺς οὐχ ὁμοφύλους ἔχομεν, ἀλλὰ πᾶσι κοινὴν τὴν ἀπὸ σοῦ βοήθειαν, καὶ τὴν τῶν ἀγαθῶν ὄνησιν, ὑπάρχειν ἐθελήσαμεν.* Antiq. Jud. *Lib.* VIII. *Cap.* II. pag. 265. A. B.

(3) Ce Patriarche fit aussi alliance avec *Eschol* & *Haner*, Amorrhéens. (Genése, XIV, 13.) On voit dans l'Histoire Sainte de semblables Alliances, de *David*, avec *Achis*, & avec *Nahas* (I. Sam. XXVII. & II. Sam. X, 2.) De *Salomon*, avec les *Egyptiens* (I. Rois, III, 1.) & d'*Asa* avec *Benhadad*, Roi de *Syrie* (*Ibid.* XV, 19.) Grotius.

(4) On trouve leur éloge dans le *Targum*, ou la Paraphrase Chaldaïque; dans les Livres des Maccabées;

même chose de ce qu'un autre Prophéte dit à *Amatzia*: (ſ) *Que l'Armée d'Iſraël ne marche point avec toi; car* Dieu *n'aſſiſte point les Iſraëlites, aucun, dis-je, de ceux d'Ephraïm.* Et une preuve bien claire, que ce n'étoit pas à cauſe de la nature même de l'Alliance que les Prophétes crioient contre ces Rois, mais à cauſe de quelque qualité particuliére de ceux avec qui ils s'allioient, c'eſt que *Joſaphat* fut fortement (t) cenſuré, & même avec des menaces terribles, de ce qu'il avoit fait avec (8) *Ochozias*, Roi d'*Iſraël*, une Alliance pour le commerce, toute ſemblable à celle que *David* & *Salomon* avoient contractée avec *Hiram*; & néanmoins ceux-ci, bien loin d'en être blâmez, en ſont même louez, comme nous l'avons déja dit.

(ſ) *Ibid.* XXV, 7.

(t) *Ibid.* XX, 37.

8. Il faut remarquer encore, que ceux d'entre les Deſcendans de *Jacob*, qui avoient abandonné le vrai Dieu, après l'avoir connu, étant par là plus coupables, que les Peuples Etrangers, étoient auſſi traitez plus rigoureuſement. Car une Loi, qui ſe trouve dans le Deute'ronome (v) armoit le reſte de la Nation contre ces Apoſtats.

(v) *Chap.* XIII. *verſ.* 12. *& ſuiv.* Voiez-en un exemple, dans *Joſué*, Chap. XXII.

9. Quelquefois auſſi les Alliances, dont il s'agit, ſont blâmées dans l'Ecriture Sainte, à cauſe de la diſpoſition vicieuſe qui avoit porté à s'y engager. C'eſt ainſi qu'un Prophéte cenſure le Roi *Aſa* (x) de ce qu'il s'étoit ligué avec le Roi de *Syrie* par défiance pour la protection de Dieu; comme il l'avoit témoigné en envoiant au Roi de *Syrie* des choſes conſacrées au Culte Divin. (y) Le même *Aſa* eſt blâmé de s'être repoſé ſur l'art des Médecins, & non pas ſur l'aſſiſtance de Dieu. Il ne s'enſuit donc pas de cette hiſtoire, que ce ſoit une choſe mauvaiſe en elle-même & ſans exception, de s'allier avec des Peuples comme les *Syriens*; pas plus qu'on ne peut en inférer, qu'il n'eſt pas permis de conſulter les Médecins. En effet, bien des choſes qui ne ſont pas illicites en elles-mêmes, deviennent vicieuſes à cauſe de la diſpoſition de celui qui s'y détermine; quand (z) *David* fit le dénombrement de ſon Peuple, ou lors qu'*Ezéchias* (aa) montra ſes tréſors aux Ambaſſadeurs de *Babylone*. C'eſt ainſi qu'ailleurs ceux (bb) qui ſe confient ſur le ſecours des *Egyptiens* ſont blâmez; & cependant *Salomon* (cc) s'allia ſans crime avec un Roi d'*Egypte*, dont il épouſa la Fille.

(x) *II. Chron.* XVI, 2, 7. *Eſaïe*, VIII, 6.

(y) *II. Chron.* XVI, 12. Voiez *Ambroſ.* ad Roman. Cap. III. *Auct. imperf. Op.* ad *Matth.* Cap. XVI.

(z) *II. Sam.* Chap. XXIV.

(aa) *II. Rois*, XX, 13.

(bb) *Eſaïe*, XXXI, 1.

(cc) *I. Rois*, III, 1.

10. Ajoûtons encore, qu'y aiant, ſous l'état de l'Ancienne Loi, des (dd) promeſſes formelles qui aſſûroient la victoire à ceux qui obſervoient la Loi, ils n'avoient pas tant beſoin de chercher les ſecours humains.

(dd) *Deuter.* XXVIII, 7.

11. Il y a dans les *Proverbes* de Salomon, bien des Sentences (ee) touchant le ſoin qu'on doit avoir d'éviter la ſociété des Impies. Mais ce ſont des conſeils de prudence, & non pas des Commandemens d'une Loi. Ces conſeils même, auſſi bien que la plûpart des Maximes Morales, ſouffrent pluſieurs exceptions.

(ee) Par exemple, *Chap.* I, 15. XIII, 20. XXII. 24. XXIV. 1.

§. X. 1. Voilà pour ce qui regarde le tems de la Loi Moſaïque. Bien loin que la Loi

bre'es; & dans l'*Epître aux* H'ebreux (XI, 32.) A leur exemple, des Empereurs & des Rois Chrétiens ont fait des Traitez & des Alliances avec des Peuples qui n'étoient pas Chrétiens, ou qui n'avoient qu'un Chriſtianiſme corrompu; comme *Conſtantin*, avec les *Goths* & les *Vandales*; *Juſtinien*, avec les *Lombards*: *Théodoſe*, *Honorius*, *Léon*, *Héraclius*, *Baſile*, *Iſâc l'Ange*, *Paléologue*, avec les *Sarazins*, les *Alains*, les *Gépidiens*, les *Francs*, les *Suéviens*, les *Vandales*; Quelques Rois d'*Eſpagne*, comme *Alfonſe* de *Seville*, *Ramire*, *Alfonſe* le Chaſte, *Sanchez* de *Caſtille*, *Ferdinand le Saint*, *Pierre*, Roi de *Léon*, *Alfonſe*, de *Caſtille*, Prince très-ſage; avec les *Maures*: *Rodolphe*, de *Hapsbourg*, Empereur d'*Allemagne*, avec les *Tartares*. Le Pape *Jules II.* ne fit pas difficulté de ſe ſervir de Troupes Turques. Voiez Jean *de Carthagéne*, *De Jure belli Romani Pontificis*, Cap. I. Grotius.

(5) Voiez ci-deſſus, *Liv.* I. *Chap.* IV. §. 7. *num.* 1.

(6) Joseph dit, que *Jéhu* cenſura *Joſaphat*, de ce qu'il s'étoit allié avec un Impie & un Scélérat, comme étoit *Achab*: Ἰηοῦς ὁ Προφήτης συντυχὼν ᾐτιᾶτο τῆς πρὸς Ἀχάβην συμμαχίας, ἀνθρώπου ἀσεβοῦς καὶ πονηροῦ. (Antiq. Jud. *Lib.* IX. *Cap.* I. pag. 297. B. Grotius.

(7) *Gratien* répondit à l'Empereur *Valens*, ſon Oncle, qui lui demandoit du ſecours contre les *Scythes*, qu'il n'avoit garde de joindre ſes armes avec celles de l'Ennemi de Dieu: Ὡς οὐ δεῖ τῷ ἐχθρῷ τοῦ Θεοῦ συμμαχεῖν. Zonar. (Tom. III. *in Gratian.*) Grotius.

(8) En effet, ce que dit là l'Hiſtorien Sacré, qu'*Ochozias*, Roi d'*Iſraël*, *ſe conduiſit très-mal*, doit être rapporté à tout le cours de ſa vie; à cauſe de quoi Dieu fut toûjours irrité contre lui, & contraire à tous ſes projets. C'eſt ainſi que cette hiſtoire eſt expliquée dans les *Conſtitutions* attribuées à St. Cle'ment, *Lib.* VI. *Cap.* XVIII. Grotius.

Loi de l'Evangile aît rien diminué de la liberté qu'on avoit de traiter & de s'allier avec des Etats éloignez de la vraie Religion; (a) elle est encore plus favorable aux Traitez & aux Alliances qui tendent à les secourir dans une juste cause, parce qu'elle ne se contente pas de permettre & d'approuver comme une chose louable, qu'on fasse du bien à tous les Hommes dans l'occasion; elle le commande encore. Elle veut qu'à l'exemple (b) de DIEU, *qui fait lever son Soleil sur les Bons & sur les Méchans, & qui donne de la Pluie aux uns & aux autres sans distinction*, nous ne refusions à aucun Homme, de quelque ordre qu'il soit, les effets de nôtre Bénéficence. Il y a là-dessus un beau passage de TERTULLIEN: (1) *Pendant*, dit-il, *que l'Alliance étoit renfermée dans le Peuple d'Israël, c'étoit avec raison que* DIEU *ordonnoit d'exercer la Miséricorde seulement envers les Fréres. Mais depuis qu'il a donné à* JE'SUS-CHRIST *les Nations pour héritage, & les derniéres extrémitez de la Terre pour sa possession; depuis que l'on a vû s'accomplir cette prophétie d'*HOSE'E; Celui qui n'étoit point mon Peuple, & celle (*c'est-à-dire, cette Nation*) dont on n'avoit point de compassion, a obtenu miséricorde: *depuis cela, dis-je, Nôtre Seigneur a étendu sur tous les Hommes la Loi de la Charité, n'excluant personne de la Miséricorde, comme il n'exclut personne de la Vocation.*

(a) Franc. Victoria, de Indis, Relect. I. num. 15, & 17. Fr. Arias, de Bello, num. 192. Cajet. II. 2. Qu. XL. Art. I. Molina, Tract. II. Disp. CXII.

(b) Matth. V. 45.

2. Cette obligation générale se doit entendre néanmoins sans préjudice des différens degrez qu'elle a selon la qualité des personnes qui en sont l'objet: car on doit (c) *faire du bien à tout le monde, mais principalement à ceux qui sont de même Religion que nous.* C'est ainsi que la maxime est expliquée dans les (2) *Constitutions de* St. CLE'MENT, & par (3) St. AMBROISE. ARISTOTE même établit quelque chose de semblable: (4) *Il n'est pas juste*, dit-il, *de s'intéresser pour les Etrangers, autant que pour ses Amis.*

(c) Galat. VI. 10.

3. L'Evangile ne défend pas non plus de vivre familiérement, avec des gens d'une autre Religion. Elle n'engage pas même à rompre tout commerce avec ceux qui sont les plus inexcusables, je veux dire, avec les Apostats: elle veut seulement que l'on n'aît pas avec eux de liaison familiére sans nécessité, mais non pas (d) lors qu'il y a lieu d'esperer qu'on pourra les ramener à leur devoir.

(d) II. Thess. III. 15.

4. On objectera peut-être ici ce que dit St. PAUL: (e) *Ne vous unissez point avec les Infideles; car quelle société peut-il y avoir entre la Justice & l'Iniquité? Quelle union entre la Lumiére & les Tenébres? Quel accord entre* JE'SUS-CHRIST *& Satan? Quel partage à faire entre un Croiant & un Infidelle?* Mais cela regarde ceux qui se trouvoient aux Festins que l'on faisoit dans les Temples des Idoles, & qui par là ou commettoient un acte d'Idolatrie, ou du moins donnoient lieu de croire qu'ils le com-

(e) II. Corinth. VI. 14, 15, 16.

§. X. (1) *Ideoque, quamdiu intra Israëlem erat sacramentum, merito in solos fratres misericordiam mandabat. At ubi Christo dedit gentes hereditatem, & possessionem terminos terra, & cœpit expungi quod dictum est per* OSEE: Non populus meus, populus meus; & non misericordiam consequuta, misericordiam consequuta, *Natio scilicet: exinde* Christus *in omnes legem fraternæ benignitatis extendit, neminem excludens in miseratione, sicut in vocatione.* Advers. MARCION. *Lib.* IV. *Cap.* XVI.

(2) [illegible] Lib. VII. Cap. III.

(3) *Deinde perfecta liberalitas fide, caussâ, loco, tempore, commendatur, ut primum opereris circa domesticos fidei.* Offic. *Lib.* I. *Cap.* XXX.

(4) Οὐ γὰρ ὁμοίως προσήκει συνήθων καὶ ὀθνείων φροντίζειν. Ethic. Nicom. *Lib.* IV. *Cap.* XII. pag. 54. D. Tom. II. *Ed. Paris.*

§. XI. (1) Voiez le Discours de *Phartaze* aux *Laziens*, dans AGATHIAS, Lib. III. (Cap. V.) Louïs *le Debonnaire*, Empereur, & Roi de *France*, disoit à *Harold*, au rapport du GRAMMAIRIEN SAXON, que des Peuples de différente Religion ne pouvoient guéres être bien unis, & faire ensemble de grands exploits: *Nullam enim posse animorum intervenire concordiam dissona sacra complexis, quamobrem petitorem opis, primum religionis contubernio opus habere: neque magnorum operum consortes existere posse, quos superna venerationis formula disparasset.* Lib. IX. (*pag.* 158. *Edit. Wech.* 1576.) GROTIUS.

(2) C'est ATHE'NE'E, qui nous a conservé ces vers, où il s'agit effectivement de la différence des Religions, comme il paroît par le reste du fragment. » Vous adorez un Bœuf, (c'est aux *Egyptiens* que s'adresse ici celui qui parle) & nous, nous l'immolons. L'Anguille est une de vos plus grandes Divinitez; & pour nous c'est un des mets les plus délicieux. Vous ne mangez point de Cochon; c'est » la

commettoient. La suite du discours fait voir que c'étoit-là le sens de l'Apôtre; car il ajoûte: *Quel rapport y a-t-il entre le Temple de* Dieu, *& les Idoles?* Passage parallèle avec cet autre de la *I. Epître* aux mêmes Corinthiens: (f) *Vous ne pouvez pas participer à la Table de* Dieu, *& à la Table des Démons.*

(f) *Chap.* X. *vers.* 21.

5. De ce qu'on ne doit pas se mettre volontairement & sans contrainte sous la domination des Paiens ou des Infidelles, ni se marier avec eux; il ne s'ensuit pas qu'il soit défendu de faire avec eux des Traitez & des Alliances. Car, dans l'un & dans l'autre de ces cas, il y a manifestement plus de danger d'être exposé à la tentation d'abandonner la vraie Religion, ou du moins plus de peine à se maintenir dans sa profession. D'ailleurs, les liens de la Sujettion & du Mariage sont plus durables, que celui d'une Confédération entre deux Puissances: & à l'égard du Mariage en particulier, le choix est plus libre; au lieu que l'usage des Traitez & des Alliances dépend des conjonctures des tems & des lieux. (g) Après tout, comme il n'y a point de mal à faire du bien aux Paiens & aux Infidelles, il n'y en a pas non plus à leur demander du secours. Nous voions que *St. Paul* implora la protection de (h) l'Empereur, & du (i) Commandant d'une Cohorte Romaine.

(g) Voiez *Sylvest.* in verb. *Bellum*, P. 1. *num.* 9. concl. 3. *Panorm.* in Can. *Quod super.* De Voto.

(h) *Actes*, XXV, 11.

(i) *Ibid.* Chap. XXII. & XXIII.

§. XI. 1. Ce n'est donc pas une chose mauvaise en elle-même, ou toûjours illicite, de faire quelque Traité ou quelque Alliance avec des Puissances éloignées de la vraie Religion: mais il faut en juger (1) par les circonstances. Car on doit prendre garde qu'un trop grand commerce avec des gens d'une autre Religion que l'on croit fausse, ne mette les Esprits foibles en danger de se laisser corrompre; & pour cet effet il est bon que l'on ne demeure pas en même lieu, comme firent autrefois les *Israëlites*, qui se retirérent dans un petit coin du païs d'*Egypte*, où ils vivoient séparez des *Egyptiens*. Ce n'est pas sans raison qu'Anaxandride, ancien Poëte Comique, fait dire à un de ses Acteurs: (2) *Je ne voudrois pas combattre sous les mêmes étendars, que vous autres, puis que nos Loix & nos Mœurs sont si différentes.* Il faut rapporter ici ce que nous avons remarqué (a) ailleurs, du scrupule que les anciens *Juifs & Chrétiens* faisoient de servir à la Guerre avec des *Paiens.*

(a) *Liv.* I. *Chap.* II. §. 9. *num.* 8.

2. De plus, si en s'alliant avec des Paiens ou des Infidelles on les met en état de se rendre fort puissans, (b) il faut s'abstenir d'une telle Alliance, à moins qu'il n'y ait une extrême (3) nécessité de s'y engager. En effet, toute raison juste en elle-même n'est pas assez forte pour autoriser à faire une chose qu'on croit capable de nuire, sinon directement, du moins indirectement, à la Religion. Car il faut chercher (c) prémiérement le Régne céleste, c'est-à-dire, penser avant toutes choses à la propagation de l'Evangile. Et il seroit à souhaitter que plusieurs Princes & plusieurs Peuples d'au-

(b) Voiez *Sylvest.* in verb. *Bellum*, P. I. *num.* 9. concl. 3.

(c) *Matth.* VI, 33.

„ la viande que nous aimons le plus. Vous adorez „ un Chien: & nous, nous le battons bien, quand „ il prend quelque chose de la Cuisine. Nos Loix „ ne permettent d'établir aucun Prêtre, qui n'ait tous „ ses membres; les vôtres veulent que les Prêtres soient mutilez (ou circoncis). Si vous voiez „ souffrir quelque chose à un Chat, vous en pleurez „ de chagrin: mais nous, nous nous faisons un plaisir de tuer les Chats, & de les écorcher. Vous „ estimez beaucoup un Musaragne; nous n'en faisons „ aucun cas.

Οὐκ ἂν δυναίμην συμμαχεῖν ὑμῖν ἐγώ.
Οὔθ' οἱ τρόποι γὰρ ὁμονοοῦσ', οὔθ' οἱ νόμοι
Ἡμῶν, ἀπ' ἀλλήλων δὲ διέχουσιν πολύ.
Βοῦν προσκυνεῖς· ἐγὼ δὲ θύω τοῖς Θεοῖς.
Τὴν ἔγχελυν μέγιστον ἡγῇ δαίμονα·
Ἡμεῖς δὲ τῶν ὄψων μέγιστον παρὰ πολύ.
Οὐκ ἐσθίεις ὗει'· ἐγὼ δέ γ' ἥδομαι
Μάλιστα τούτοις, κύνα σέβεις· τύπτω δ' ἐγώ,
Τοὔψον κατεσθίουσαν, ἡνίκ' ἂν λάβω.
Τοὺς ἱερέας ἐνθάδε μὲν ὁλοκλήρους νόμος
Εἶναι· παρ' ὑμῖν δ', ὡς ἔοικεν, ἀπηργμένους.
Τὸ μὲν τὸν αἴλουρον κακὸν ἔχοντ' ἂν ἴδῃς,
Κλάεις· ἐγὼ δ' ἥδιστ' ἀποκτείνας δέρω.
Δύναται παρ' ὑμῖν μυγαλῆ, παρ' ἐμοὶ δέ γ' οὔ.

Deipnosophist. *Lib.* VII. *Cap.* XIII. pag. 299, 300. *Edit. Casaub.* 1657.

(3) Car, en ce cas-là, on peut appliquer ici ce que Thucydide fait dire, sur un sujet approchant, à *Archidamus*, Roi de *Lacédémone*: " Il ne faut point „ blâmer ceux qui voiant qu'on dresse des embûches, „ pour attenter à leur liberté, comme le font à nôtre égard les *Atheniens*, cherchent à s'en mettre „ à couvert par des Alliances & avec les *Grecs*, & „ avec les *Barbares*: Ἀνεπίφθονον δὲ, ὅσοι ὥσπερ καὶ ἡμεῖς ὑπ' Ἀθηναίων ἐπιβουλευόμεθα, μὴ Ἕλληνας μόνον, ἀλλὰ καὶ βαρβάρους, προσλαβόντας διασωθῆναι. Lib. I. (Cap. LXXII. *Edit. Oxon.*) Grotius.

d'aujourdhui se missent bien dans l'esprit ce que FOULQUES, Archevêque de *Rheims*, représentoit autrefois, avec une sainte liberté, au Roi *Charles le Simple* : (4) *Qui est-ce*, disoit-il, *qui ne fremiroit, de voir que vous recherchez* (5) *l'amitié des Ennemis de* DIEU, *& que vous faites des ligues abominables avec les Paiens, à la grande ruïne du nom Chrétien? Car quelle différence y a-t-il entre s'associer avec les Paiens, & renoncer au culte de* DIEU, *pour adorer les Idoles? Alexandre le Grand*, au rapport d'ARRIEN, (6) disoit, que *c'étoit un grand crime à des gens* Grecs *de nation, de porter les armes pour les* Barbares *contre les* Grecs *même, au préjudice des Statuts communs de la* Gréce.

§. XII. AJOÛTONS ici, que tous les Chrétiens étant tenus, comme Membres d'un seul Corps, (a) d'être sensibles aux maux les uns des autres; ce précepte regarde les Peuples, considérez comme tels, & les Rois, comme tels, aussi bien que les simples Particuliers. Car chacun doit servir JÉSUS-CHRIST non seulement autant qu'il le peut par lui-même, mais encore autant que le Pouvoir public dont il est revêtu lui en donne le moien. Or les Rois & les Peuples ne sauroient s'aquitter de ce devoir, quand (1) un Ennemi de la Religion vient fondre sur les Etats de la Chrétienté, (2) s'ils ne se secourent les uns les autres; & ils ne peuvent se secourir commodément sans quelque Alliance pour ce sujet; telle que la Ligue qui se fit autrefois, & dont l'Empereur (3) fut établi le Chef par un commun consentement. Comme c'est la cause commune de tous les Chrétiens, chaque Etat doit fournir des Troupes ou de l'Argent, à proportion de ses forces: & je ne vois pas comment on pourroit excuser ceux qui le refusent, à moins qu'une Guerre inévitable, ou quelque malheur semblable, ne les en empêche.

(a) *I. Corinth.* XII, 18, 26.

§. XIII.

(4) *Quis non expavescat, vos inimicorum Dei amicitiam velle, ac, in cladem & ruinam nominis Christiani, Pagana arma & fœdera suscipere detestanda? Nihil enim distat, utrum quis se Paganis societ, an, abnegato Deo, Idola colat.* FRODOARD (ou FLODOARD) *Hist. Eccles. Remens.* Lib. IV. Cap. VI.

(5) *Mancasa* en fournit un exemple, dans l'histoire de ce qui se passa sous l'Empereur *Isac l'Ange*, au rapport de NICETAS CHONIATE, Lib. II. (Cap. III.) On loue la piété d'*Emanuel*, Duc de *Savoie*, en ce que pouvant recouvrer l'Ile de *Chypre* avec le secours du *Turc*, il ne voulut pas le faire. GROTIUS.

(6) Cet Historien Philosophe dit, qu'après la Bataille du *Granique*, *Alexandre* envoia, liez & garrotez, en *Macédoine*, tous les *Grecs* qu'il put prendre du nombre de ceux qui étoient au service de *Darius*, afin qu'on les fit travailler comme des Esclaves; parce, ajoute-t-il, qu'étant *Grecs* de nation, ils n'avoient pas fait difficulté de porter les armes pour les *Barbares*, contre les *Grecs*, &c. Ὅσοι δὲ *αὐτῶν αἰχμάλωτοι ἑάλωσαν, τούτους δὲ δήσας ἐν πέδαις, εἰς* Μακεδονίαν ἀπέπεμψεν ἐργάζεσθαι, ὅτι παρὰ τὰ κοινῇ δόξαντα τοῖς Ἕλλησιν, Ἕλληνες ὄντες, ἐναντία τῇ Ἑλλάδι ὑπὲρ τῶν βαρβάρων ἐμάχοντο. De Expedit. Alexandr. *Lib.* I. *Cap.* XVII. *Ed. Gron.* Nôtre Auteur, quoi qu'il cite l'original, ne rapporte pas exactement les paroles, qu'il écrivit sans doute sur la foi de sa mémoire. Voiez, au reste, ce que dit le même Historien, à la fin de ce prémier Livre de son Histoire.

§. XII. (1) *Grassante armis hoste impio.* Nôtre Auteur suppose sans doute, que ce soit injustement que l'Ennemi du Christianisme ait pris les armes contre quelque Puissance Chrétienne Il n'avoit garde de se mettre dans l'esprit, que l'intérêt de la Religion dût faire une exception à la régle générale qu'il donne pour toute sorte de Guerres. Il suppose aussi que cet Ennemi du Christianisme soit non seulement *Turc*, ou *Paien*, ou de quelque autre Religion différente de la Chrétienne; mais encore qu'il ait temoigné manifestement en vouloir à tous les *Chrétiens*, comme tels, & ne chercher que l'occasion de les opprimer par toute sorte de voies. Autrement ce ne seroit pas la *cause commune* de tous les *Chrétiens*, comme il la fait regarder un peu plus bas. Voiez les réflexions que fait SILHON, dans son *Ministre d'Etat*, II. Part. Liv. I. Discours IV. sur la fin. Du reste, on a remarqué avec raison que, de la maniére dont les Princes Chrétiens sont disposez, une telle Alliance ne seroit pas d'un grand usage. Voiez une Dissertation de Mr. BUDDEUS, *De ratione status circa Fœdera*, (Imprimée à *Hall* en 1696. & qui est la seconde du Recueil publié en 1712.) §. 15.

(2) Voiez là-dessus MARIANA, Lib. XXX. PAUL. PARUTA, *Hist. Venet.* Lib. IV. PETR. BIZAR. *Hist. Genuens.* Lib. VII. & XII. GROTIUS.

(3) Nôtre Auteur veut parler, comme le remarque ici le Savant GRONOVIUS, de *Frideric* III. & l'on renvoie là-dessus à une Dissertation de BOECLER, *de Passagiis*, qui se trouve dans le I. Tome du Recueil imprimé il y a quelques années. Mais, quoi que cet Empereur eût la chose fort à cœur; & qu'il sollicitât beaucoup le Pape à y engager les autres Puissances; tout se passa en délibérations, il n'y eut rien de conclu, moins encore d'exécuté. Voiez la *Chronique* de NAUCLERUS, Tom. II. pag. 482., 491, 504. *Edit. Colon.* 1564.

§. XIII. (1) Voiez PUFENDORF, *Liv.* VIII. Chap. IX. §. 5. du *Droit de la Nat. & des Gens.*

(2) Voiez ci-dessous, *Chap.* XXV. de ce II. Livre, §. 4. La formule du serment de fidélité, qu'un Vassal prête à son Seigneur, porte expressément, qu'il ne le servira que dans une Guerre juste: *Et si scivero, te velle justè aliquem offendere, & inde generaliter, vel specialiter, fuero requisitus; meum tibi, sicut potero, præstabo auxilium.* FEUDOR. Lib. II. Tit VII. *De nova forma fideli-*

§. XIII. 1. Voici une autre question, (1) qu'il y a souvent occasion de discuter, c'est de savoir *quel des Alliez doit être secouru, préférablement aux autres, lors qu'il se trouve que plusieurs font la Guerre en même tems?*

2. Ici il faut d'abord poser pour maxime ce que nous avons déja remarqué ailleurs, (a) qu'on n'est jamais tenu d'assister quelcun dans une Guerre injuste. C'est pourquoi (2) celui des Alliez qui a eu juste sujet de prendre les armes, doit être secouru préférablement à l'autre, s'il est en guerre avec un tiers Etranger.

(a) *Liv.* I. *Chap.* III. §. 21. *num.* 2.

3. Il en est de même, lors que ce sont deux Alliez qui ont guerre ensemble. C'est ainsi que Demosthène, dans une de ses Harangues, fait voir que les *Athéniens* doivent secourir (3) les *Messéniens*, contre les *Lacedémoniens*, les uns & les autres leurs Alliez, si les derniers sont injustes Aggresseurs.

4. Cela doit néanmoins s'entendre avec cette exception, qu'il n'y ait pas une clause dans le Traité, par laquelle on se soit engagé à ne donner du secours à personne contre l'Allié qui en attaque un autre injustement: comme les *Carthaginois* & les *Macédoniens* stipulérent autrefois réciproquement, (4) *qu'ils seroient Ennemis de leurs Ennemis, excepté les Rois, les Républiques, & les Villes Maritimes, avec qui ils auroient quelque Alliance.*

5. Il peut arriver, que des Alliez se fassent la Guerre injustement de part & d'autre: en ce cas-là, il ne faut secourir aucun des deux. C'est ainsi que l'Orateur Aristide, dans une Harangue feinte au sujet du secours que les *Thébains* & les *Lacedémoniens* demandoient en même tems aux *Athéniens*, conclut, (5) qu'il falloit répondre aux Députez, *que, s'il s'agissoit de prendre les armes pour eux contre quelque autre Peuple, on n'auroit pas beaucoup de peine à leur accorder leur demande; mais que, puis qu'ils deman-*

delitatis. Grotius.

(3) Dans la Harangue, que nôtre Auteur cite, l'Orateur veut persuader aux *Athéniens* de donner du secours aux *Mégalopolitains*, Peuple d'*Arcadie*, contre les *Lacedémoniens*. Mais comme personne ne doutoit qu'aussi tôt que les *Lacedémoniens* auroient pris *Mégalopolis*, ils n'allassent attaquer *Messène*; Demosthène représente aux *Athéniens*, qu'il faudra alors qu'ils secourent les *Messéniens*, leurs Alliez, contre ces autres Alliez, & en vertu de l'Alliance, & pour leur propre intérêt: Καὶ μὴν πάντες ἐπίστασθε, ὅτι, καὶ περιαιρούντων τούτων καὶ μὴ, βοηθητέον· καὶ διὰ τοὺς ὅρκους, οὓς ὀμωμόκαμεν Μεσσηνίοις· καὶ διὰ τὸ συμφέρειν εἶναι, καταστῆναι ταύτην τὴν πόλιν. Orat. pro *Megalopolit.* pag. 83. C. *Edit. Basil.* 1572. Mr. Thomasius, dans une Dissertation *De Sponsione Romanorum Caudina*, (qui est la VI. de celles de *Leipsig*) §. 22, *& seqq.* prétend, que tout Traité d'Alliance, par lequel on contracte une véritable société, sur tout si c'est pour la Guerre; renferme par lui-même cette condition tacite, qu'on ne donnera du secours à personne, pas même à un autre Allié, contre celui avec qui l'on s'allie. La raison en est, que la Guerre rompant ou troublant du moins beaucoup l'union des Alliez pour une certaine fin, il implique contradiction, selon nôtre habile Jurisconsulte, de s'engager à prendre les armes contre un Allié, fût-ce même pour secourir un autre Allié, dont la cause est juste. Et comme il se présente d'abord cette objection, que chacun est tenu, par le Droit Naturel, de défendre, s'il le peut, ceux que l'on insulte ou qu'on attaque injustement, Mr. Thomasius répond, que ce n'est-là qu'une obligation imparfaite, ou un Devoir d'Humanité, qui doit céder aux engagemens de la foi donnée. Mais tout ce qui s'ensuit de la raison alleguée, c'est qu'il y a des cas où une Alliance est rompuë, ou court grand risque de l'être; & que celui dont il s'agit, est un de ces cas. Quiconque traite alliance, ayant ou pouvant avoir d'autres Alliez, est & doit être censé stipuler tacitement, que celui avec qui il s'allie aura des égards pour les autres qui sont ou qui seront unis avec lui par un lien semblable, bien loin de penser à leur nuire: l'intérêt de chacun demande cela, aussi bien que son devoir, & les sentimens dans lesquels on le suppose. Ainsi en secourant un Allié, dans une Guerre juste, contre un autre Allié, on ne fait qu'user du droit qu'on avoit en vertu même de l'Alliance avec l'un & l'autre; & l'on ne sauroit être privé de ce droit que par une renonciation expresse, comme celle dont nôtre Auteur parle immédiatement après; renonciation, qui n'est juste & raisonnable, qu'autant que l'intérêt de celui qui la fait demande qu'il pense à soi, plûtôt qu'aux autres. Mr. Buddeus, qui embrasse l'opinion, que nous venons de refuter, dans sa Dissertation intitulée, *Jurisprudentiæ Historicæ Specimen*, §. 92. semble ne s'accorder pas bien avec lui-même, ou avec ce qu'il dit dans le paragraphe précedent.

(4) Μετὰ πάσης προθυμίας καὶ εὐνοίας, ἄνευ δόλου καὶ ἐνέδρας, ἐσόμεθα πολέμιοι τοῖς πρὸς Καρχηδονίους πολεμοῦσι, χωρὶς βασιλέων, καὶ πόλεων, καὶ λιμένων, πρὸς οὓς ἡμῖν εἰσιν ὅρκοι καὶ φιλίαι. ἐσόμεθα δὲ καὶ ἡμεῖς πολέμιοι τοῖς πολεμοῦσι πρὸς βασιλέα Φίλιππον, χωρὶς βασιλέων, καὶ πόλεων, καὶ ἐθνῶν, πρὸς οὓς ἡμῖν εἰσιν ὅρκοι καὶ φιλίαι. Polyb. Lib. VII. Cap. II. pag. 702. *Ed. Amstel.*

(5) L'Orateur ne se fonde pas sur ce que la Guerre étoit injuste de part & d'autre: mais voici la raison qu'il allégue, immédiatement après: *Non que nous ne soyions pas disposez à rendre service aux uns ou aux autres; mais nous ne voulons faire du mal ni aux uns ni aux autres:* Καὶ εἰ μὲν ἐπ' ἄλλους ἐκάλουν, ῥᾳδίως ἄν· ἐπ' ἀλλήλους δὲ καλοῦντας, μὴ ἐθέλειν προσιέναι· οὐ τὸ εὖ ποιῆσαι τοὺς ἑτέρους φεύγοντες, ἀλλὰ τὸ ἀμφοτέρους κακῶς. Orat. Leu-

demandoient du secours les uns contre les autres, on ne vouloit pas se mêler de leur différent.

6. Quand deux Alliez font la Guerre, chacun pour de justes causes, à un tiers qui est hors de l'Alliance, si l'on peut les secourir l'un & l'autre, en leur envoiant à chacun, par exemple, des Troupes ou de l'Argent; il faut le faire, comme on en use à l'égard des (6) Créanciers personnels. Mais si celui qui a promis du secours doit aller lui-même en personne, comme il ne sauroit être en deux endroits à la fois, la Raison veut qu'il (7) donne la préférence au plus ancien Allié. C'est-là-dessus qu'est fondé ce que les (8) *Acarnaniens* disent aux *Lacedémoniens*, dans Polybe; & la réponse d'un Consul (9) Romain aux *Campanois.*

(a) *Sylvest.* in verb. *Bellum* P. I. *num.* 7.
(b) Voiez *Radevic*, continuat. hist. *de rebus gestis Friderici I.* Lib. I. Cap. VII.
(c) *Edict. Theodorici*, Cap. 138.

7. Il y a ici néanmoins un cas à excepter, (a) c'est lors que l'Alliance postérieure renferme, outre la promesse de donner du secours, quelque chose (b) qui emporte une espéce de transport de propriété, je veux dire, quelque maniére de Sujettion. Car alors il en est comme d'une Vente, (c) à l'égard de laquelle nous (10) disons que le prémier Acheteur est préferé, à moins que le dernier n'ait aquis la propriété de la chose qui a été venduë à tous deux. C'est ainsi que, dans Tite Live, (11) les *Népésiniens* se croioient obligez à tenir le Traité de leur reddition, préférablement à l'Alliance qu'ils avoient avec les *Romains.*

8. D'autres Auteurs font ici des distinctions plus subtiles. Mais les principes que je viens de poser, sont & plus simples, & mieux fondez, à mon avis.

(a) *Decius*, Consil. 407.

§. XIV. Lors que le tems pour lequel un Traité avoit été fait, est expiré; (a) le Traité ne doit pas être censé tacitement renouvellé; (1) à moins qu'on ne fasse des choses (2) qui ne souffrent pas d'autre interprétation. Car une nouvelle obligation ne se présume pas aisément.

§. XV. 1. Si l'une des Parties viole les engagemens où elle étoit par le Traité, (a)

Leuctric. V. *pag.* 220. Tom. II. *Edit. Paul. Steph.* Tout le Discours tend à faire voir, qu'il n'y avoit pas plus de saison de secourir les *Lacédémoniens*, que de secourir les *Thebains* : parce que les *Athéniens* n'avoient pas plus reçû de bien ou de mal des uns, que des autres ; & que d'ailleurs il étoit de leur intérêt de les laisser battre. Ainsi il s'agit de ce que demandoit la Prudence, & nullement de la justice ou l'injustice du sujet de la Guerre.

(6) On entend par *Créanciers personnels*, ceux dont le droit porte sur la personne même du Débiteur, & non pas sur tels ou tels biens affectez; par opposition aux Créanciers, qui ont un Gage ou une Hypothéque. Les Créanciers Personnels sont appellez dans le Droit Romain, *Chirographarii*, parce que d'ordinaire ils ont quelque Billet d'obligation pour sûreté de la Dette. Et dans un concours de plusieurs, si les biens du Débiteur ne suffisent pas pour les païer tous, on leur assigne à chacun sa part, à proportion de la grandeur de la dette, sans avoir égard au tems qu'elle a été contractée : au lieu que les Créanciers Hypothéquaires sont non seulement préferez à tous les Créanciers personnels, à moins que ceux-ci n'aient quelque privilége, mais encore celui qui a une hypothéque de plus vieille datte passe devant les autres, en sorte que, s'il ne reste rien, le Créancier postérieur perd tout. En matiére même de Créanciers personnels privilégiez, si le privilége est de même nature, la priorité ou la postériorité du tems n'a aucun effet. *Privilegia non ex tempore æstimantur, sed ex caussa: & si ejusdem tituli fuerunt, concurrunt, licet diversitates temporis in his fuerint.* Digest. Lib. XLII. Tit. V. *De rebus auctoritate Judicis possidendis*, Leg. XXXII. *Diversis temporibus eadem re duobus jure pignoris obligatâ, eum, qui prior, datâ mutuâ pecuniâ, pignus accepit, potiorem haberi, certi ac manifesti juris est.* Cod. Lib. VIII. Tit. XVIII. *Qui potiores in pignore habeantur.* Leg. VIII.

(7) Voiez Feud. Lib. IV. Cap. XXXI. Grotius.

Nôtre Auteur cite ici le Droit Féodal selon l'Edition de Cujas. Le passage se trouve dans l'Edition ordinaire, au *Liv.* II. *Tit.* XXVIII. *in fin.* où il est dit, qu'un Vassal doit servir son Seigneur contre tout autre, même contre un Frére ou un Fils; excepté contre un autre Seigneur plus ancien : *Contra omnes debet Vasallus Dominum adjuvare, & contra fratrem, & filium* [ce que l'on ajoûte, *& patrem*, a été fourré là par quelcun. Voiez la Note de Cujas]; *nisi contra alium Dominum antiquiorem : hic enim cæteris est præferendus.* Cette décision est fondée sur le même principe, que celle de nôtre Auteur au sujet de la préférence entre deux Alliez. Et ce principe est manifestement raisonnable. Voiez Pufendorf, *Droit de la Nat. & des Gens*, Liv. III. Chap. VII. §. 11. ou dernier.

(8) Ce ne sont pas les *Acarnaniens*, mais les *Etoliens*, qui font cette réflexion par la bouche de leur Ambassadeur *Chlaneas*, qui parlant contre celui des *Acarnaniens*, représente aux *Lacédémoniens*, qu'en prenant le parti de se joindre aux *Etoliens*, ils ne feront rien au préjudice d'une Alliance plus ancienne : Εἰ γὰρ συνέθεσθε τὴν νῦν ὑπάρχουσαν ὑμῖν πρὸς ἡμᾶς συμμαχίαν, πρότερον τῶν ὑπ' Ἀντιγόνου γεγονότων εἰς ὑμᾶς εὐεργετημάτων, ἴσως ἂν εἰκὸς ἦν διαπορεῖν, εἰ δεῖν ἐπὶ τοῖς ἐπιγενομένοις ἐάσαντας ποιεῖσθαί τι τῶν πρότερον ὑπαρχόντων. ἐπεὶ δὲ.... βουλευόμεθα, καὶ πολλάκις ἑαυτοῖς δόντες λόγον, πρότερον ὑμᾶς δεῖ ποιεῖν, Ἀντιγόνου Μακεδόνων, εἴλεσθε μετέχειν ἐν πολλοῖς, εἰς [illegible] περὶ τούτων [illegible] . . . , τίς ἔτι δύναται περὶ τούτων εἰκότως ἀπο-

(a) l'autre peut alors le rompre. (1) Car tous les articles du Traité ont force de condition, dont le défaut le rend nul. *Ceux*, dit (2) THUCYDIDE, *qui se voiant abandonnez de leurs Alliez, ont recours à d'autres, ne sont pas ceux qui rompent l'Alliance: mais ce sont ceux qui leur refusent le secours qu'ils avoient promis avec serment de leur donner.* Le même Historien parle d'un (3) Traité où il étoit dit expressément, que l'Alliance seroit rompuë, du moment que l'une des Parties en violeroit le moindre article. (a) *Declam. Consl.* 265. *Capell.* 451, 455, 461.

2. Mais cela n'est vrai qu'au cas qu'on ne soit pas convenu autrement. Car on met quelquefois cette clause, que la violation de quelcun des articles du Traité ne le rompra point, afin qu'une des Parties ne puisse pas se dédire de ses engagemens pour la moindre offense.

§. XVI. 1. PASSONS maintenant aux TRAITEZ (1) faits des PERSONNES PUBLIQUES, mais SANS ORDRE DU SOUVERAIN. Il y en a d'autant de sortes, que de ceux qui sont faits par le Souverain même, ou par son ordre: car toute la différence qu'il y a regarde le pouvoir des personnes qui traitent.

2. Mais on propose ici deux questions. L'une est, à quoi est tenu le Ministre Public qui a conclu le Traité de son chef, lors que le Roi ou l'Etat le désavouent? s'il doit seulement dédommager l'autre Partie, ou bien remettre les choses dans le même état qu'elles étoient avant l'accord, ou enfin se livrer lui-même en personne à la Puissance qui a été abusée par un Traité sans effet? De ces trois partiés, le prémier semble conforme aux principes (2) du Droit Civil des *Romains*. Le second paroît fondé sur l'Equité Naturelle, dont *Lucius Livius*, & *Quintus Mélius*, Tribuns du Peuple, pressoient ici les maximes, dans la dispute au sujet de l'accord fait par les Consuls *Lucius Véturius*, & *Spurius Posthumius*, après la malheureuse Journée des *Fourches Caudines*. Le troisiéme est autorisé par l'usage, comme il paroît par l'exemple de deux fameux accords de cette nature, savoir de celui dont je viens de parler, & d'un autre fait avec les *Numantins*.

3. Avant toutes choses il faut remarquer ici, que le Souverain n'est lié en aucune maniére par des Traitez ainsi conclus sans son ordre. C'est sur ce principe que le Consul *Posthumius* disoit très-bien au Sénat Romain: (3) *Vous n'avez, Mes-*

προσιών; Lib. IX. Cap. XXV. *pag.* 784, 285. *Edit. Amstel.*

(9) On leur refusa du secours contre les *Samnites*, parce que ceux-ci étoient plus anciens Amis & Alliez: *Auxilio vos, Campani, dignos censet Senatus: sed ita vobiscum amicitiam institui par est, ne qua vetustior amicitia ac societas violetur.* [TIT. LIV. Lib. VII. Cap. XXXI. *num.* 2.] Le Roi *Ptolemée* disoit aux *Athéniens*, que l'on doit bien secourir ses Amis contre des Ennemis, mais non pas contre d'autres Amis: *χρὴ φίλοις κατ' ἐχθρῶν συμμαχεῖν, οὐ κατὰ φίλων.* [APPIAN. *Alexandr.* Excerpt. Legat. GROTIUS.

Le dernier passage, comme on voit, ne regarde pas le cas dont il s'agit: mais il se rapporte à celui dont nous avons parlé dans la *Note* 3. & il peut servir d'autorité pour confirmer l'opinion que nous y avons examinée.

(10) Voiez ce que l'on a dit ci-dessus, sur le Chap. XII. de ce Livre, §. 15. *num.* 4.

(11) *Deinde postquam deditionis, quàm societatis, fides sanctior erat* [Nepesinis] &c. TIT. LIV. Lib. VI. Cap. X, *num.* 4. Ce cas n'est pas tout-à-fait à propos. Les *Népésiniens* aiant demandé du secours aux *Romains*, leurs Alliez, qui ne leur en envoiérent point, furent contraints de se rendre aux *Etruriens*; après quoi, ils ne voulurent pas se revolter de l'obeïssance qu'ils avoient promise à leur Vainqueur, qui s'étoit rendu maître de la Ville. Pour former là-dessus une question conforme au sujet dont il s'agit, il faudroit demander, si les *Etruriens* se seroient crus obligez de secourir les *Népésiniens*, aprés leur reddition, préférablement à quelque Allié, avec qui ils eussent auparavant traité d'égal à égal.

§. XIV. (1) Voiez PUFENDORF, *Liv.* VIII. *Chap.* IX. §. 11. du *Droit de la Nat. & des Gens.*

(2) Par exemple, si un Allié s'est engagé à donner à l'autre une certaine somme par an, & qu'aprés le terme de l'Alliance expiré, on fasse le paiement de la même somme pour l'année suivante; l'Alliance se renouvelle par là tacitement pour cette année. C'est sur le même principe que les Jurisconsultes Romains ont décidé, que, si un homme, qui avoit emprunté de l'argent pour un certain tems, paie, au delà du terme expiré, les intérêts de la somme duë, & que le Créancier les reçoive; celui-ci est censé par là consentir à prolonger pour ce tems-là le terme du paiement de la Dette: *Qui in futurum usuras à Debitore acceperit, tacitè pactus videtur, ne intra id tempus sortem petat.* DIGEST. Lib. II. Tit. XIV. *De Pactis*, Leg. LVII.

§. XV. (1) Voiez PUFENDORF, *Droit de la Nat. & des Gens*, Liv. III. Chap. VIII. §. 8. & ce que nôtre Auteur dira ci-dessous, *Liv.* III. *Chap.* XX. §. 35. comme aussi une Dissertation de Mr. BUDDEUS, *De Contraventionibus Federum*, Cap. III. §. 14. dans laquelle on trouve d'ailleurs de bonnes choses.

(2) *Λύουσι γὰρ σπονδὰς οὐχ οἱ δι' ἐρημίαν ἄλλοις προσιόντες, ἀλλ' οἱ μὴ βοηθοῦντες οἷς ἂν ξυνομόσωσι.* Lib. I. Cap. LXXI. *Ed. Oxon.* Voiez aussi *Cap.* CXXIII.

(3) *Ἰσχυριζόμενοι, ὅτι δὴ εἴρητο, ἐὰν καὶ ὁτιοῦν παραβαθῇ, λελύσθαι τὰς σπονδάς.* Lib. IV. Cap. XXIII.

§. XVI. (1) Voiez PUFENDORF, *Droit de la Nat. & des Gens*, Liv. VIII. Chap. IX. §. 12, 13.

(2) Voiez ci-dessus, §. 3. *num.* 6. *Note* 11.

(3) *Hosti nihil spopondistis: civem neminem spondere pro vobis jussistis. Nihil ergo vobis, nec nobiscum, est, quibus nihil mandastis; nec cum Samnitibus, cum quibus nihil egistis.* TIT. LIV. Lib. IX. Cap. IX. *num.* 16, 17.

Messieurs, rien promis à l'Ennemi ; vous n'avez donné ordre à aucun Citoien de promettre pour vous. Vous n'êtes donc dans aucun engagement ni par rapport à nous, que vous n'avez chargez de rien, ni par rapport aux Samnites, *avec qui vous n'avez rien eu à faire .... Je soûtiens*, dit le même un peu plus haut, (4) *qu'on ne peut faire, sans ordre du Peuple, aucun Traité dont le Peuple soit tenu ... & que, si l'on peut, sans y être autorisé, mettre le Peuple dans quelque engagement en matiére de certaines choses, il n'y a rien en quoi on ne le puisse.*

4. Ainsi, dans l'exemple dont il s'agit, le Peuple Romain n'étoit obligé ni de dédommager les *Samnites*, ni de remettre les choses au même état qu'elles étoient avant l'accord fait par les Consuls. (5) Si les *Samnites* avoient voulu avoir à faire avec lui, ils devoient retenir les Troupes Romaines renfermées dans les *Fourches Caudines*, & envoier des Ambassadeurs à *Rome*, pour traiter de la paix & de ses conditions, avec le Sénat & le Peuple, qui auroient pû juger alors à quel prix ils vouloient racheter la conservation de leur Armée. En ce cas-là, si l'on n'avoit pas tenu le Traité, les *Samnites* auroient eu raison de dire, comme ils firent, aussi bien que les *Numantins*, au rapport de *Velléius Paterculus*, (6) *Que le sang d'une seule personne ne suffisoit pas pour expier la violation de la foi publique.*

5. Il paroît plus plausible de soûtenir, que tous les Soldats de l'Armée Romaine (7) étoient engagez par l'accord fait avec les *Samnites*. Et certainement cela auroit été juste, si c'eût été par leur ordre & (8) en leur nom que l'accord avoit été conclu; comme nous voions que cela eut lieu dans le Traité qu'*Hannibal* (9) fit avec les *Macédo-*

(4) *Sed injussu Populi nego quidquam sanciri posse, quod Populum teneat ..... Si quid est, in quod obligari Populus possit, in omnia potest.* Ibid. *num.* 4, 7.

(5) Mr. Thomasius, dans une Dissertation entiére sur ce sujet, que j'ai deja citée, *De Sponsione Romanorum Caudina*, §. 84, *& seqq.* réfute ici nôtre Auteur. Je vais rapporter en abrégé ses raisons. J'avouë, dit-il, que les *Samnites* agirent imprudemment : cela paroît par les réflexions que faisoit *Herennius Pontius*, Pére de leur Général, Tit. Liv. *Lib.* IX. *Cap.* III. *num.* 5, *& seqq.* par celles d'*Ofilius Calavius*, *Ibid.* Cap. VII. *num.* 3, *& seqq.* & par ce que Tite Live dit en son propre nom, *Ibid.* Cap. XII. Mais il ne s'ensuit point de là, que les *Romains* soient innocens. Celui qui, sâchant qu'un homme est mauvais Débiteur, lui prête de l'argent, sans exiger de lui ni gages, ni caution, agit sans doute imprudemment : mais le Débiteur, qui refuse de paier, n'en est pas moins coupable d'infidélité. L'Armée Romaine, qui se trouva renfermée dans les défilez des *Fourches Caudines*, faisoit la plus grande partie du Peuple, comme le dit *Lucius Lentulus*, le prémier des Lieutenans Généraux: *Sed heic patriam video ; heic quidquid Romanarum legionum est, quæ, nisi pro se ipsis ad mortem ruere volunt, quid habent quod morte sua servent? Tecta urbis dicat aliquis, & mœnia, & eam turbam, à qua urbs incolitur. Immo hercule produntur ea omnia, deleto hoc exercitu, non servantur.* Cap. IV. *num.* 13, 14. Quand donc on auroit pû présumer, que l'autre partie des *Romains*, qui étoit à *Rome*, ne consentiroit point au Traité fait par les Consuls qui commandoient l'Armée ; celle-ci ne pouvoit-elle pas s'engager validement, dans l'extrémité où elle se trouvoit réduite? Et le Corps entier ne devoit-il pas ratifier un Traité fait par le plus grand nombre, & sans quoi le plus grand nombre etoit perdu? (Voiez ce que nôtre Auteur dit au commencement de ce Chapitre, §. 3. *num.* 5.) Une seule Ville, qui ne fait qu'une très-petite partie d'un grand Etat, peut bien se rendre, & se soûmettre à la domination d'un Ennemi victorieux, lors qu'elle n'a plus rien à attendre qu'une ruïne certaine. (Voiez ci-dessus, *Chap.* VI. de ce Livre, §. 5.) Pourquoi est-ce que l'Armée Romaine, qui faisoit la plus grande partie des *Romains*, n'auroit pas pû, dans un cas semblable, s'engager à ne plus prendre les armes contre l'Ennemi ? sur tout puis qu'elle n'étoit point par là retranchée du Corps de l'Etat, & qu'elle pouvoit lui être utile dans tout le reste, sans préjudice du Traité. Mais, quand même le Peuple Romain n'auroit pas été obligé directement par le Traité fait avec les *Samnites*, il l'auroit été indirectement : & nôtre Auteur ne peut en disconvenir, sans détruire un principe qu'il établit lui-même plus bas, *Liv.* III. *Chap.* XXII. §. 3. *num.* 3, 4. Les *Romains* aiant tiré un grand avantage du Traité, dont il s'agit, par la conservation de leur Armée ; s'ils ne vouloient pas le tenir, ils devoient renoncer à cet avantage, & renvoier leurs Troupes dans les défilez des *Fourches Caudines*, à la discrétion des *Samnites*, comme le Général de ceux-ci le disoit très-bien : *Populum Romanum appello : quem, si sponsionis ad* Furculas Caudinas *factæ pœnitet, restituat legiones intra saltum, quo septæ fuerunt. Nemo quemquam deceperit, omnia pro infecto sint : recipiant arma, quæ per pactionem tradiderunt : redeant in castra sua, quidquid pridie habuerunt, quàm in colloquium est ventum, habeant. tum bellum & fortia consilia placeant, tunc sponsio & pax repudietur.* Cap. XI. *num.* 4. Tite Live, qui fait ainsi parler *Pontius*, s'exprime lui-même en doutant, au sujet de la maniére dont les *Romains* en usérent : car il dit, que, quand les *Samnites* eurent renvoié les Auteurs du Traité, qu'on avoit voulu leur livrer, la parole de ceux-ci fut dégagée, & *peut-être aussi*, ajoûte-t-il, *la foi publique : Et illi quidem*, FORSITAN ET PUBLICA, *suâ certé liberatâ* FIDE, *ab* Caudio, *in castra Romana, inviolati, redierunt.* Ibid. *num.* 13.

(6) *Quem* [Mancinum] *illi* [Numantini] *recipere se negaverunt, sicut quondam* Caudini *fecerunt, dicentes,* publicam violationem fidei non debere unius lui sanguine. *Lib.* II. *Cap.* I.

(7) C'est ainsi que les *Numantins* prétendoient, que, si un

cédoniens. Mais si les *Samnites* se contentérent de la parole de ceux qui (10) traitoient avec eux, & des six cens Otages (11) qu'ils demandérent; c'étoit tant pis pour eux, ils ne devoient s'en prendre qu'à eux-mêmes.

6. D'autre côté, si les Auteurs de l'accord (12) témoignérent avoir pouvoir de traiter au nom de l'Etat, ils étoient tenus de réparer le dommage, comme l'aiant causé de mauvaise foi. Mais s'ils n'avoient pas donné lieu de croire qu'ils fussent autorisez par le Peuple Romain, ils devoient toûjours dédommager les *Samnites* de ce qu'ils perdoient par le défaut de ratification, selon la nature même de l'affaire. Et en ce cas-là non seulement les Corps, mais encore les biens des Promettans auroient été obligez aux *Samnites*; à moins qu'ils n'eussent expressément déclaré que la peine tiendroit lieu des dommages & intérêts. Or c'est ce qui ne paroît pas: on étoit bien convenu, (13) à l'égard des Otages, qu'ils paieroient de leur tête, si les *Romains* ne tenoient pas l'accord; mais on ne voit pas bien, si les Auteurs de l'accord s'engagérent à subir la même peine. Supposé qu'il y en eût quelcune de stipulée, une stipulation, comme celle-là, qui emporte une substitution d'un dédommagement certain à la place d'un dédommagement incertain, fait que le Promettant n'est tenu à autre chose qu'à souffrir la peine, au cas qu'il ne puisse pas procurer l'exécution de ce qu'il a promis.

7. Au reste, comme nous ne sommes pas aujourdhui du sentiment (14) commun en ces tems-là, que l'on puisse validement s'engager à perdre la vie; je crois que, parmi nous, en vertu d'un accord fait sans ordre de la Puissance Souveraine, les biens du Promettant sont prémiérement obligez pour les dommages & intérêts; &, s'ils ne suffisent pas, sa liberté personnelle. *Fabius Maximus* aiant fait avec les Ennemis un accord,

si on ne vouloit pas tenir l'accord fait avec *Cajus Hostilius Mancinus*, il falloit leur livrer l'Armée Romaine, qu'ils avoient laissée aller saine & sauve, en vertu de cet accord. Grotius.

Nôtre Auteur a eu apparemment en vuë ce passage d'Orose: *Justitia* [Numantinorum] *probanda erat? Probavit eam vel tacitus Senatus, quum iisdem* Numantini, *per legatos suos, aut inviolatam pacem solam, aut omnes, quos pignore pacis vivos dimiserant, reposcebant.* Hist. *Lib.* V. *Cap.* V. Au reste, Mr. Thomasius a aussi fait une Dissertation *De Sponsione Romanorum Numantina*, qui est la XIV. du même Recueil, & où il raisonne sur les mêmes principes. Voiez aussi Mr. Buddeus, *Jurisprud. Hist. Specim.* §. 71.

(8) Le discours de *Lentulus*, rapporté au Chap. IV. du Livre IX. de Tite Live, montre clairement, que l'accord fut fait au nom & par ordre de toute l'Armée. C'est en son nom que ce Lieutenant Général parloit. Elle étoit présente; son silence seul doit être regardé comme une véritable approbation de tout ce qui fut fait.

(9) Ce Traité portoit, qu'il étoit fait par *Hannibal*, Chef de l'Armée, & en même tems par ses Officiers, par les Sénateurs de *Carthage* qui se trouvoient-là, & par tous les Soldats: Ὅρκος, ὃν ἔθετο Ἀννίβας ὁ στρατηγὸς, Μάγωνος, Μύρκανος, Βαρμόκαρος, καὶ πάντες γερουσιασταὶ Καρχηδονίων, οἱ μετ' αὐτοῦ, καὶ πάντες Καρχηδόνιοι στρατευόμενοι μετ' αὐτοῦ, πρὸς Ξενοφάνη Κλεομάχου, Ἀθηναῖον πρεσβευτὴν, ὃν ἀπέστειλε πρὸς ἡμᾶς Φίλιππος ὁ βασιλεὺς, Δημητρίου &c. Polyb. Lib. VII. Cap. II. pag. 699. *Ed. Amst.*

(10) C'étoient les deux Consuls, les deux Questeurs, quatre Commandans, douze Tribuns militaires; au rapport d'Appien [*Excerpt. Legat.*] Ils furent tous livrez, à cause de l'accord qu'ils avoient fait aux *Fourches Caudines.* Pour ce qui est de l'accord fait avec les *Numantins*, il n'y eut que le Consul de livré: on épargna les autres, en considération de *Tiberius Gracchus*; comme nous l'apprenons de Plutarque, *Vit. Tiber. & C. Gracch.* (pag. 827. A. *Ed. Wech.*) Grotius.

(11) Appien [*Excerpt. Legat.*] fait dire à *Pontius*, Fils du Général, qu'il va choisir pour ôtages les plus considérables de la Cavalérie, afin qu'ils demeurent entre les mains des *Samnites*, jusqu'à ce que l'accord soit ratifié par tout le Peuple Romain: Τῶν τε ἱππέων ἐπιλέξομαι τοὺς ἐπιφανεστάτους, ὅμηρα τῶν δὲ τῶν συνθηκῶν, ἕως ἅπας ὁ δῆμος ἐπιψηφίσῃ. Les *Portugais*, dans un cas semblable, crurent qu'il suffisoit de laisser les Otages à la discrétion de celui qui les tenoit: Mariana, Hist. Lib. XXI. Cap. XII. Quand on refoit ceux qui sont livrez, on est censé tenir quitte de la peine: Polyb. *Excerpt.* CXXII. Grotius.

Dans le passage de Polybe, auquel nôtre Auteur renvoie, il s'agit du Sénat Romain, qui ne voulut pas recevoir le meurtrier & autres complices de l'assassinat d'un de ses Ambassadeurs; parce, dit l'Historien, qu'il vouloit se reserver le droit de se venger d'un tel attentat, quand il le jugeroit à propos; au lieu qu'on auroit pû croire qu'il en avoit tiré satisfaction, s'il en punissoit les auteurs: Ἡ δὲ σύγκλητος, ὡς ἐμοὶ δοκεῖ, ὑπολαβοῦσα, διότι δόξει τοῖς πολλοῖς ἔχειν τὸ φόνου δίκην, ἐὰν τοὺς αἰτίους παραλαβοῦσα τιμωρήσηται. τούτου μὲν οὐ προσεδέξατο . . . ἐτήρει δὲ τὴν αἰτίαν ἀκέραιον, ὥστ' ἔχειν ἐξουσίαν, ὅτε βούλοιτο, χρῆσθαι τοῖς ἐγκλήμασι. Pag. 1324. *Edit. Amst.* Voiez ci-dessous, *Liv.* III. *Chap.* XXIV. §. 7. ou dern. *Note* 1. Et pour ce qui est des *Otages*, le *Chap.* XX. du même Livre, §. 58.

(12) Il paroit clairement par le narré de Tite Live, que les Consuls se défendoient au contraire de traiter, par la raison qu'ils n'en avoient point d'ordre: *Consules profecti ad* Pontium *in colloquium, quum de fœdere victor agitaret, negarunt injussu populi fœdus fieri posse; nec sine fetialibus, cærimoniaque alia solenni.* Lib. IX. Cap. V. *num.* 1.

(13) *Obsides etiam sexcenti equites imperati, qui capite luerent, si pacto non staretur.* Tit. Liv. Lib. IX. Cap. V. *num.* 5.

(14) Voiez ci-dessous, *Chap.* XXI. de ce Livre, §. 11.

 (15)

(a) Environ cinq mille Ecus.

cord, que le Sénat désaprouva, (15) vendit une Terre, dont il tira (a) deux cens mille Sesterces, pour dégager sa parole. Les *Samnites* livrérent avec raison la personne (16) & les biens de *Brutulus Papius*, qui de son chef avoit rompu la Trêve avec les *Romains*.

§. XVII. 1. L'AUTRE question, qui se présente ici à examiner, c'est si la Puissance Souveraine est obligée de tenir un accord fait sans son ordre, lors que venant à le savoir elle garde le silence?

2. Ici il faut distinguer d'abord, si l'accord a été fait purement & simplement, ou bien sous cette condition, que le Souverain le ratifiât. Dans le dernier cas, l'accord est nul, lors que la condition ne s'accomplit pas (1) expressément, comme toute (2) condition doit s'accomplir. Et c'est ce qu'on peut fort bien appliquer à (3) l'accord que *Lutatius* avoit fait avec les *Carthaginois*: outre que le *Peuple Romain* avoit déclaré nettement, qu'il ne prétendoit pas être obligé de tenir cet accord, comme aiant été fait sans son ordre. (4) Aussi fit-on un Traité tout nouveau, par délibération publique.

(a) *Liv.* II. *Chap.* IV. §. 3.

3. Il faut voir ensuite, s'il y a eu de la part du Souverain quelque chose de plus qu'un simple silence. Car le silence sans quelque chose ou quelque action qui l'accompagne, n'est pas un indice assez fort de consentement; comme il paroît par ce que nous avons dit (a) ci-dessus au sujet de l'abandonnement de la Propriété d'un bien. Mais lors que la Puissance Souveraine a fait quelque chose qui ne peut vraisemblement être rapporté à un autre principe qu'à une approbation tacite, on a raison alors de prendre son silence pour une ratification de l'engagement qui avoit été contracté sans son ordre. Et c'est ainsi que CICÉRON (5) remarque qu'un Traité fait avec ceux de *Cadis* fut tacitement approuvé.

4. Les *Romains* alleguoient contre les *Carthaginois*, le silence (6) que ceux-ci avoient gardé au sujet d'un accord fait avec *Asdrubal*. Mais cet accord étant conçû en termes négatifs (car il portoit, que les *Carthaginois* (7) n'iroient pas audelà du Fleuve d'*Ebre*) le silence tout seul ne pouvoit guéres emporter ici une ratification du fait d'autrui; puis qu'afin qu'on pût dire qu'il s'étoit ensuivi quelque fait propre, il auroit fallu que les *Carthaginois* eussent voulu une fois passer l'*Ebre*, & que les *Romains* les en empêchant, ils se fussent soûmis à leurs défenses. Un acte comme celui-là auroit eu alors force d'acte positif.

5. Pour ce qui est de l'accord fait par *Lutatius* sans ordre de la République, s'il renfermoit plusieurs articles, & qu'il eût paru que les *Romains* avoient toûjours observé les autres articles différens du Droit commun; ç'auroit été une présomtion suffisante de la ratification de l'accord.

§. XVIII.

(15) *De redemtione captivorum cum hostibus pepigit* [Quinctus Fabius Maximus]: *quod pactum quum à Senatu improbaretur, fundum suum ducentis millibus vendidit, & fidei suæ satisfecit.* AUREL. VICTOR, *De Viris Illustrib.* Cap. XLIII. Voiez aussi DIODORE *de Sicile*, *Excerpt. Peiresc.* VALÉRE MAXIME, Lib. IV. Cap. VIII. *num.* 1. PLUTARQUE, *Vit. Fab. Max.* (pag. 178. E. Tom. I. *Ed. Wech.*) GROTIUS.

Ce n'est pas DIODORE *de Sicile*, qui parle de cette action de *Fabius*, dans les *Excerpta* de Mr. DE PEIRESC; mais bien DION CASSIUS, que l'on peut voir *pag.* 597. de ce Recueil.

(16) *Vir nobilis potensque erat, haud dubiè proximarum induciarum ruptor* [Brutulus Papius]. *De eo coacti referre Prætores, decretum fecerunt, Ut Brutulus Papius Romanis dederetur . . . Placuit, cum corpore, bona quoque ejus dedi.* TIT. LIV. Lib. VIII. Cap. XXXIX. *num.* 12, 13, 15. Voiez aussi DION CASSIUS, *Excerpt. Legat.* V. GROTIUS.

§. XVII. (1) *Disertè.* C'est-à-dire, lors que le Souverain ne ratifie pas expressément le Traité fait sans son ordre. En effet, quand on parle de *ratification*, dans un cas comme celui-là, on entend par là manifestement une ratification expresse; d'autant plus que pour l'ordinaire on marque un terme, & un terme assez court, pour la ratification; de sorte que, dans cet intervalle, il ne peut guéres y avoir de conjecture assez forte, tirée du silence. D'ailleurs, par cela même qu'on a apposé la condition de la ratification, on a témoigné douter si la Puissance Souveraine jugeroit à propos de ratifier. Au lieu que, quand le Traité a été fait purement & simplement, on semble avoir supposé ou que l'on avoit pouvoir de traiter, ou que l'on feroit aisément ratifier l'accord; & l'on n'a borné la ratification à aucun terme.

(2) C'est-à-dire, toute condition dans laquelle on exige

§. XVIII. IL FAUDROIT maintenant, selon nôtre division, parler des Conventions que les Généraux d'armée, les Officiers & les Soldats, font, non pas en matiére de choses qui se rapportent à la Souveraineté, mais en matiére de leurs affaires particuliéres, ou des choses dont on leur a donné permission. Mais nous aurons occasion d'en traiter plus commodément, lors (1) que nous en serons venus à ce qui arrive dans la Guerre.

CHAPITRE XVI.

De la maniére d'EXPLIQUER le sens d'une PROMESSE ou d'une CONVENTION.

I. *Comment une Promesse oblige à considérer l'acte extérieur.* II. *Que les* PAROLES *doivent être* ENTENDUES *selon le sens qu'elles ont dans l'*usage commun; *à moins qu'il n'y ait quelque conjecture suffisante, qui demande qu'on les explique autrement.* III. *Mais les* termes de l'Art *se doivent prendre au sens que leur donnent les Maîtres* IV. *En quels cas il est besoin de recourir aux* Conjectures. V. *Elles se tirent ou de la nature même du sujet :* VI. *Ou des effets :* VII. *Ou de la liaison qu'a un certain sens avec d'autres choses dites ou au même endroit, ou seulement par la même personne.* VIII. *Quand & comment on peut tirer quelque conjecture du motif ou des vuës de celui qui parle ?* IX. *Des sens plus ou moins étendus, qu'a un seul & même terme.* X. *Distinction des Promesses, en celles qui roulent sur des* choses favorables; *celles qui ont quelque chose d'*odieux; *& celles qui tiennent des deux prémiéres.* XI. *Que la différence des* Contracts de bonne foi, *& des Contracts* de droit rigoureux, *n'a point de lieu en matiére des engagemens que les Peuples, ou les Rois, contractent les uns avec les autres.* XII. *Régles d'Interprétation, fondées sur les distinctions faites ci-dessus des divers sens, & des différentes sortes de Promesses.* XIII. *Si, dans un Traité, on doit entendre par le mot* d'Alliez, *ceux qui ne le sont pas encore? Du Traité des* Romains *avec* Asdrubal; *& de quelques autres cas semblables, qui ont donné lieu à des disputes.* XIV. *Comment il faut expliquer cette clause,* Que tel ou tel Peuple ne fera point la Guerre sans permission d'un autre. XV. *Et cet autre,* Que *Carthage* demeurera libre. XVI. *Ce que c'est qu'une* Convention Personnelle, *& une*

exige le consentement de quelque autre personne.

(3) Car *Lutatius* avoit mis pour clause, que l'accord ne seroit bon & valide qu'au cas que le Peuple Romain l'approuvât: *Quum in* Lutatii *fœdere diserté additum esset,* ita id ratum fore, *si Populus censuisset* &c. TIT. LIV. Lib. XXI. Cap. XIX. *num.* 3. Voiez aussi POLYBE, Lib. III. Cap. XXIX.

(4) Voiez encore ici POLYBE, Lib. I. Cap. LXII. LXIII.

(5) Dans sa Harangue pour *Cornélius Balbus*, Cap. XV, *& seqq.*

(6) *In* Asdrubalis *fœdere, nec exceptum tale quidquam fuerit; & tot annorum silentio ita, vivo eo comprobatum sit fœdus, ut ne mortuo quidem auctore quidquam mutaretur.* TIT. LIV. Lib. XXI. Cap. XIX. *num.* 3.

(7) C'est-à-dire, qu'ils n'y iroient pas pour faire la Guerre: Ἐν αἷς [ὁμολογίαις Ἀσδρούβας] ἦν· Τὸν Ἴβηρα ποταμὸν μὴ διαβαίνειν ἐπὶ πολέμῳ Καρχηδονίους. POLYB, Lib. III. Cap. XXIX.

§. XVIII. (1) C'est dans les Chapitres XXII. & XXIII. du III. Livre. Mr. THOMASIUS, (dans la Dissertation déja citée plus d'une fois, *De Sponsione Romanorum Caudina*, §. 47.) critique ici la division de nôtre Auteur, comme peu exacte: car, dit-il, ces Conventions faites sur les affaires particuliéres des Généraux ou des Soldats, sont par là des *Conventions Particuliéres*, & non pas des *Conventions Publiques.* Mais nôtre Auteur les met au rang des Conventions Publiques, parce qu'encore qu'elles ne regardent souvent que les intérêts particuliers des Généraux, des Officiers, ou des Soldats, ils les font néanmoins comme Personnes publiques, & à l'occasion de la Guerre, qui est une affaire publique. Outre qu'il nait de là diverses questions, qui ont du rapport avec les Conventions Publiques, véritablement telles de leur nature; comme il paroîtra par les matiéres traitées dans les Chapitres, que je viens de coter.

une Convention. Réelle. XVII. *Qu'un Traité fait avec un Roi s'étend au cas même où ce Roi viendroit à être chassé de son Roiaume:* XVIII. *Mais qu'il ne regarde point l'Usurpateur de la Couronne.* XIX. *A qui l'on doit ajuger ce que l'on a promis au* prémier qui sera *telle ou telle chose, s'il se trouve que plusieurs la font en même tems?* XX. *Qu'il y a des Conjectures qui se présentent d'elles-mêmes, & qui autorisent ou à* étendre la signification des termes: XXI. (*A propos de quoi on traite des ordres que l'on peut exécuter par équivalent.*) XXII. *Ou à restreindre cette signification. Restriction qui se fait, prémiérement, à cause du défaut originaire de volonté, qui se déduit ou des absurditez qui s'ensuivroient:* XXIII. *Ou de ce que la raison, qui a été l'unique motif de celui qui parle, vient à cesser:* XXIV. *Ou du défaut de la matiére.* XXV. *Remarque sur les conjectures dont on vient de parler.* XXVI. *On restreint aussi la signification des termes à cause de l'incompatibilité d'un cas survenu depuis avec la volonté de celui dont on explique les paroles: & cette incompatibilité s'infére ou de ce qu'en prenant les termes dans toute leur étenduë il s'ensuivroit quelque chose d'illicite;* XXVII. *Ou quelque chose de trop incommode, eu égard à la nature de l'affaire dont il s'agit:* XXVIII. *Ou de quelques autres indices, comme quand il paroît une espéce de conflict entre les parties d'un même Acte.* XXIX. *Régles qu'il faut observer dans ce conflict.* XXX. *Que, dans un doute, il n'est pas nécessaire pour la validité d'un Contract, qu'il soit mis par écrit.* XXXI. *Qu'on ne doit pas expliquer les Contracts des Rois par le Droit Romain.* XXXII. *S'il faut avoir plus d'égard aux paroles de celui qui fait des offres & des propositions, qu'aux paroles de celui qui les accepte? ou au contraire aux paroles du dernier, plus qu'à celles du prémier?*

§. I. 1. A CONSIDERER seulement celui qui a promis quelque chose à autrui, il est obligé de tenir de son bon gré ce à quoi il a voulu s'engager, & rien de plus. *En matiére de Promesses, il faut toûjours*, dit (1) CICÉRON, *avoir égard à l'intention, plûtôt qu'aux paroles.* Mais, comme les actes internes, ou les mouvemens de l'Âme, ne sont pas de nature à se faire connoître par eux-mêmes: & que cependant il faut de toute nécessité établir quelque régle fixe pour en juger; autrement chacun pourroit se dégager d'une obligation, en feignant d'avoir eu dans l'esprit tout ce que bon lui sembleroit: la Raison, ou la Loi même de Nature, veut que celui à qui l'on a promis quelque chose aît droit de contraindre le Promettant à effectuer tout ce que demande une droite interprétation des paroles dont il s'est servi. Car, sans cela,

CHAP. XVI. §. I. (1) *Semper autem in fide, quid senseris, non quid dixeris, cogitandum.* De Offic. *Lib.* I. *Cap.* XIII. Ces paroles ne sont peut-être pas de CICERON: car elles ne se trouvent pas, non plus que d'autres qui les précédent, ou qui les suivent, dans la plûpart des Manuscrits, ni dans les plus anciennes Editions.

(2) Τούτῳ νόμῳ κοινῷ πάντες ἄνθρωποι διατελοῦμεν χρώμενοι. Orat. de præscriptione advers. Callimach. (*pag.* 376. *Ed. H. Steph.*) C'est ainsi qu'il faut lire, au lieu de Τούτῳ μόνῳ &c. & je suis en cela la correction de PIERRE DU FAUR, Savant d'un ordre très-distingué. (*Semestr.* Lib. I. Cap. VII.) GROTIUS.

Dans ce passage il n'y a rien, non plus que dans la suite du discours, qui donne lieu de croire que l'Orateur parle de la maniére d'expliquer les Conventions. Il en suppose le sens clair, & c'est sur ce pié-là qu'il fait regarder l'obligation de les tenir comme reconnuë de tous les Peuples.

(3) *Ut illa palam prima postrema, ex illis tabulis cerâve recitata sunt, sine dolo malo, utique ea heic hodie rectissimè intellecta sunt, illis legibus Populus Romanus prior non deficiet.* Lib. I. Cap. XXIV. *num.* 7.

(4) Les Rabbins remarquent, sur le Chap. XXX. des NOMBRES, que les Vœux doivent être expliquez selon le sens ordinaire des termes. GROTIUS.

(5) PUFENDORF a traité cette matiére, *Liv.* V. *Chap.* XII. du *Droit de la Nat. & des Gens*, où il ne fait qu'étendre, éclaircir, ou rectifier les pensées de nôtre Auteur: & les Notes servent en plusieurs endroits à les redresser l'un & l'autre. Ainsi il faut les confronter ici perpétuellement.

§. II. (1) PROCOPE, *Bell. Vandal.* Lib. I. parlant du terme d'Alliez (*Fœderati*) qui, dans la Langue Latine, se donnoit de son tems, à des Peuples, qu'on ne qualifioit pas ainsi autrefois; remarque avec raison, que, comme les choses mêmes changent avec le tems selon qu'il plaît aux Hommes, il ne faut pas s'étonner que la signification des mots change aussi: τῷ χρόνῳ τὰς προσηγορίας, ἐφ' ὧν τίθενται, ἕπεσθαι ἀξιοῦν-

cela, l'affaire n'aboutiroit à rien ; ce qui est regardé comme impossible, en fait de Choses Morales.

2. C'est peut-être en ce sens qu'ISOCRATE dit, après avoir parlé des Conventions, (2) *que c'est une Loi d'un usage général & perpétuel parmi tous les Hommes*, c'est-à-dire, chez les *Grecs*, & chez les *Barbares*, comme il s'exprime un peu plus haut. La formule des anciens Traitez portoit, à ce que nous apprend TITE LIVE, (3) *qu'on en tiendroit les articles de bonne foi, & de la manière qu'ils* (4) *étoient entendus alors selon leur vrai sens*.

3. La régle générale d'une bonne (5) INTERPRÉTATION, c'est de juger du sens qu'une personne a eu dans l'esprit par les signes & les indices les plus vraisemblables qu'elle en donne.

4. Ces *signes* sont de deux sortes : les *Paroles*, & les *Conjectures*. On les considére ou *séparément*, ou *conjointement*.

§. II. A L'ÉGARD des *Paroles*, il faut poser pour maxime, que, tant qu'il n'y a point de conjecture qui oblige de leur donner un sens extraordinaire, on doit leur donner celui qui leur est propre, (1) non selon l'*analogie* ou l'*étymologie grammaticale*, mais selon l'*usage commun*, qui (2) est *le maître absolu des Langues*. C'étoit donc une chicane absurde & impertinente, que celle dont les *Locriens* se servirent autrefois pour couvrir leur perfidie, lors qu'aiant inséré cette clause dans un Traité, *qu'ils l'observeroient exactement*, (3) *tant qu'ils fouleroient aux pieds la Terre sur laquelle ils étoient, & qu'ils porteroient des Têtes sur leurs Epaules* ; ils se crurent quittes de leur parole, après avoir jetté de la terre qu'ils avoient mise dans leurs Souliers, & des Têtes d'Ail qu'ils portoient sur leurs Epaules. On trouve dans POLYEN (4) quelques autres exemples de semblables fourberies, qu'il n'est pas nécessaire d'alléguer, parce qu'ils sont sans difficulté. CICÉRON (5) dit très-bien, *que ces sortes de fraudes, bien loin d'empêcher qu'on ne viole son serment, ne font que rendre le parjure plus criminel.*

§. III. MAIS pour ce qui est des *Termes de l'Art*, qui ne sont guéres (1) entendus du Peuple, il faut les expliquer (2) selon le sens que leur donnent les Maîtres : comme quand il s'agit de savoir ce que c'est que *Majesté*, ou *Parricide*. Les Rhéteurs rapportent au lieu commun (3) de la *Définition*, l'explication de ces sortes de termes.

2. Si donc il est parlé d'une *Armée* dans un Traité, on entendra par là une multitude de Gens-de-guerre, qui font irruption tout ouvertement sur les terres de l'Ennemi. Je dis, *tout ouvertement* : car les Historiens parlant des actes d'hostilité qui se commet-

ἀξιοῦντες τηρεῖν· ἀλλὰ τῶν πραγμάτων ἀεὶ περιγεγενημένων ἣ ταῦτα λέγειν ἐθέλουσιν ἄνθρωποι, τῶν πρόσθεν ὀνομασμένων ὀλιγωροῦντες. (Cap. XI.) GROTIUS.

(2) ——— ——— *Si volet usus,*
Quem penes arbitrium est, & jus, & norma loquendi.
HORAT. Art. Poët. *vers.* 73.

(3) Ἦ μὴν εὐνοήσειν αὐτοῖς, καὶ κοινῇ τὴν χώραν ἕξειν, ἕως ἂν ἐπιβαίνωσι τῇ γῇ ταύτῃ, καὶ τὰς κεφαλὰς ἐπὶ τοῖς ὤμοις φορῶσι. POLYB. Lib. XII. (Cap. IV.) C'est par une semblable supercherie que les *Béotiens* aiant promis, dans un Traité avec les *Lacédémoniens*, de leur *rendre* la Ville de *Panacte*, la leur rendirent à la vérité, mais après l'avoir rasée. THUCYD. Lib. V. (Cap. XLII. *Ed. Oxon.*) Et le Sultan *Mahomet II.* après la prise de *Négrepont*, aiant promis à quelcun qu'il ne perdroit pas la tête, le fit scier par le milieu du corps. GROTIUS.

(4) Voiez, par exemple, *Lib.* II. *Cap.* VI. & *Lib.* VII. *Cap.* XXXIV.

(5) *Fraus enim adstringit, non dissolvit, perjurium.* De Offic. *Lib.* III. *Cap.* XXXII.

§. III. (1) CICÉRON parlant des termes de la *Dialectique*, dit, que le Peuple ne les connoit point, & que cela est commun à tous les Arts : *Qualitates igitur adpellavi, quas* ποιότητας *Græci vocant : quod ipsum, apud* Græcos, *non est vulgi verbum, sed Philosophorum : atque id in multis. Dialecticorum vero verba nulla sunt publica ; suis utuntur : & id quidem commune omnium ferè artium.* Academic. Quæst. *Lib.* I. (*Cap.* VII.) GROTIUS.

(2) C'est la régle que donne St. AUGUSTIN : *Denique licet aliàs vulgares significationes probare malimus hujus nominis, tamen hoc loco, ut multa nova, tam à Technicis & Mathematicis, quàm à Philosophis cognominantur ; accipere debemus, non tam pro solito usu consuetudinis, quàm pro conditione præcepti.* Rhetoric. princip. (*Cap.* IX.) GROTIUS.

(3) *Constitutio definitiva*, CICER. *De Invent.* Lib. I. Cap. VIII. & Lib. II. Cap. XVII. ou *Finitio*, QUINTILIAN. *Instit. Orat.* Lib. VII. Cap. III.

(4)

mettent en cachette, ou par manière de brigandage, les opposent d'ordinaire à ceux qu'exerce un Corps de Troupes réglées. Pour savoir maintenant, quel nombre de Gens-de-guerre suffit pour composer une Armée, il faut en juger par les forces des Ennemis. CICE'RON (4) appelle une Armée, un Corps de six Légions, avec quelques Troupes auxiliaires. POLYBE (5) dit, que l'Armée des *Romains* consistoit ordinairement en seize mille Citoiens, & vingt mille hommes de Troupes des Alliez. Mais le titre d'Armée pouvoit convenir à un plus petit nombre de Gens-de-guerre: car le Jurisconsulte ULPIEN (6) donne le titre de *Commandant d'une Armée*, à un Général qui n'avoit qu'une seule Légion, avec quelques Troupes auxiliaires; c'est-à-dire, selon l'explication de VE'GE'CE, (7) dix mille hommes d'Infanterie, & deux mille de Cavalerie; & TITE LIVE (8) fait regarder comme une Armée complette, un Corps de huit mille hommes.

3. Ce que nous venons de dire du mot d'*Armée*, il faut l'appliquer à celui de *Flotte*. Ainsi on entend par *Forteresse* (9) ou *Place forte*, un lieu d'où l'on peut arrêter ou chasser pour quelque tems une Armée ennemie.

§. IV. 1. VOILA pour les Paroles considérées purement & simplement en elles-mêmes. Il est nécessaire d'avoir recours aux *Conjectures*, lors qu'un terme, ou plusieurs joints ensemble, sont (a) *susceptibles de plusieurs sens.* (1)

(a) Πολύσημα.

2. Cela a lieu aussi, toutes les fois qu'il se trouve dans les Promesses ou dans les Conventions quelque *contradiction* (b) *apparente.* (2) Car alors il faut tâcher de trouver des conjectures, à la faveur desquelles on puisse concilier les articles qui semblent incompatibles. Je dis, *qui semblent incompatibles:* car, s'il y a une incompatibilité manifeste, les dernieres Conventions dérogent aux prémiéres; parce que personne ne sauroit vouloir en même tems deux choses directement opposées; & que telle est d'ailleurs

(b) Ἐναντιοφανῆ.

(4) *Ergo hoc proposito, numquam eris dives, ante quam tibi ex tuis possessionibus tantum reficiatur, ut ex eo tueri sex legiones, & magna equitum ac peditum auxilia possis.* Paradox. VI.

(5) L'Auteur a sans doute en vuë ce passage du Liv. III. de cet Historien, où il dit, que l'Armée complette des *Romains*, lors que les deux Consuls sont obligez de joindre leurs Troupes, est composée de seize mille hommes d'Infanterie Romaine, & de vint mille hommes d'Infanterie des Alliez: Τὰς δὲ πεζὰς παρενέβαλον κατὰ τὰς εἰθισμένας παρ' αὐτοῖς τάξεις, οὔσας, τὰς μὲν Ῥωμαίων εἰς μυρίους ἑξακισχιλίους, τὰς δὲ συμμάχων εἰς δισμυρίους. τὸ γὰρ τέλειον στρατόπεδον, παρ' αὐτοῖς, ὡς εἰς τὰς ὁλοσχερεῖς ἐπιβολάς, ἐκ τοσούτων ἀνδρῶν ἐστίν, ὅταν ὁμοῦ τοὺς ὑπάτους ἑκατέρους οἱ καιροὶ συνάγωσι. Cap. LXXII. pag. 312. *Ed. Amst.* Mais il y avoit, outre cela, de la Cavalerie; comme il paroît par la suite. Voiez aussi la Note du Savant CASAUBON sur *Lib.* I. *Cap.* XVI. pag. 21.

(6) *Nam* exercitui præesse *dicimus eum, qui legionem, vel legiones, cum suis auxiliis, ab Imperatore commissas, administrat.* DIGEST. Lib. III. Tit. II. *De his qui notantur infamia*, Leg. II. §. 1. Voiez le Commentaire de Mr. NOODT sur ce Titre, *pag.* 114. col. 1.

(7) *Itaque in levioribus bellis unam legionem, mixtis auxiliis, hoc est, decem millia peditum, & duo millia equitum, crediderunt posse sufficere.* De re militari, *Lib.* III. *Cap.* I.

(8) *In octo millibus speciem ponit justi exercitus.* Ce sont les termes de nôtre Auteur. Il cite en marge, dans la prémiere Edition (car aucune des autres n'a conservé cette citation) *Lib.* XXV. Voici le passage: *Quòd ad Consulem* Venusiam *rediissemus, &* SPECIEM JUSTI EXERCITûS *fecissemus.* Cap. VI. *num.* 14. Mais ce reste de la défaite de *Cannes* ne faisoit que quatre mille Hommes, tant de Cavalerie, que d'Infanterie, comme l'Historien l'a dit en son lieu, *Lib.* XXII. *Cap.* LIV. *num.* 1.

(9) *Arx.* C'est l'explication qu'en donne le Grammairien SERVIUS, tirée de l'étymologie du mot: TYRIAS ARCES) Carthaginem *dicit, quam* Tyrii *condiderunt.* Arces *dicta ab eo quod est* arceo: *quòd inde hostes* arcentur, *hoc est, prohibentur.* In Æneïd. I. (*vers.* 20.) GROTIUS.

§. IV. (1) Les Rhétoriciens rapportent ceci à leur Lieu Commun de l'*Amphibologie*, Ἐξ ἀμφιβολίας. Mais les Dialecticiens distinguent entre l'*Amphibologie*, qui est, selon eux, l'ambiguité de plusieurs termes joints ensemble, ou d'une phrase, d'une période; & l'*Homonymie*, Ὁμωνυμία, par où ils entendent l'équivoque d'un seul terme. GROTIUS.

Voiez HERMOGENE, *Partit. Orat.* Sect. IV. & XIV. QUINTILIEN, *Instit. Orat.* Lib. VII. Cap. IX. & l'Auteur de la *Rhétorique adressée à Herennius*, Lib. I. Cap. XII.

(2) C'est ce que les Rhétoriciens appellent *Antinomie*, Ἀντινομία. GROTIUS.

Voiez HERMOGE'NE, *Partit. Orat.* Sect. XII. QUINTILIEN, Inst. Orat. Lib. VII. Cap. VII.

(3) C'est ce que les Rhéteurs Grecs rapportent à leur Lieu Commun Περὶ ῥητοῦ καὶ διανοίας, que les Latins ont traduit *Ex scripto & sententia scripti.* (Comme qui diroit, de la maniére de suppléer au sens des termes, par la pensée ou l'intention de celui qui parle.) GROTIUS.

Voiez HERMOGE'NE, *Partit. Orat.* Sect. XI. CICE'RON, *De Inventione*, Lib. II. Cap. XLII. & l'Auteur de la *Rhétorique adressée à* HE'RENNIUS, Lib. I. Cap. XI. comme aussi QUINTILIEN, *Inst. Orat.* Lib. VII. Cap. VI.

§. V.

leurs la nature des actes qui dépendent de la Volonté, qu'on peut les révoquer par un nouvel acte de la même Volonté, soit d'une part seulement, comme en matiére de Loix & de Testamens, soit de part & d'autre, comme dans les Contracts & les Conventions.

3. Dans les cas dont je viens de parler, l'obscurité manifeste des paroles oblige d'avoir recours aux Conjectures. Mais quelquefois les Conjectures sont si évidentes, (3) qu'elles se présentent d'elles-mêmes, en sorte qu'elles forcent à s'éloigner de la signification ordinaire des termes.

4. Or les Conjectures que l'on peut avoir de l'intention de celui qui parle, se tirent de trois chefs principaux, savoir, de *la nature même du sujet*; des *effets*; & de *la liaison avec d'autres paroles* de la même personne.

§. V. *Je dis* 1. Que *la* (1) *nature même* (a) *du sujet* dont il s'agit fournit dequoi conjecturer quelle a été la pensée de celui qui parle. Par exemple, si l'on est convenu d'une Trêve de (2) *trente jours*, le mot de *Jour* ne doit pas s'entendre seulement du Jour naturel, mais du Jour civil; comme le demande la cessation même des actes d'hostilité qu'emporte la convention. Le mot de (3) *Donner* se prend quelquefois pour transiger, ceder par accommodement, lors que c'est de cela qu'il s'agit. Quand on parle d'*Armes*, on entend par là, tantôt les instrumens dont on se sert à la Guerre, tantôt les Soldats armez, selon la nature de la chose dont il est question. Celui qui a promis de *rendre des personnes* qu'il tient, doit les rendre en vie, & non pas mortes, comme firent (4) autrefois les *Platéens*, par une chicane grossiére. Quand on impose à des Vaincus cette condition, *de mettre bas le fer*, il suffit, pour y satisfaire, qu'ils mettent bas les armes; & il n'est pas nécessaire, comme le prétendit autrefois (5) *Péri-*

(a) Voiez Everhard, *Loc. à subjecta materia*, pag. 478. *Ed. Lugd.* 1556.

§. V. (1) C'est la maxime de TERTULLIEN, qui dit, qu'on doit toûjours expliquer les paroles conformément à la nature de la chose dont il s'agit: *Ex materia dicti dirigendus est sermo.* De Pudicitia. Il repéte la même chose dans son Traité *de Resurrect. carnis.* GROTIUS.

Ces paroles se trouvent bien dans le dernier Traité, *Cap.* XXXVII avec cette différence qu'il y a *sensus*, comme il doit y avoir, & non pas *sermo*. Mais dans le Livre *de Resurr. Carnis*, l'Auteur ne fait qu'appliquer sa régle à quelques passages de l'Ecriture, *Cap.* VIII, *& seqq.*

(2) Voiez un exemple d'une chicane faite sur ce sujet, dans le Chapitre de PUFENDORF, qui répond à celui-ci, §. 7.

(3) Nôtre Auteur cite ici en marge une Loi, qui porte, que si, dans une mauvaise année, le Propriétaire d'un Fonds reláche quelque chose de la rente à son Fermier, en se servant du mot de *donner*, c'est une espéce de transaction, & non pas une donation: *Sed & si verbo* donationis *dominus, ob sterilitatem anni, remiserit; idem erit dicendum, quasi non sit donatio, sed transactio.* DIGEST. Lib. XIX. Tit. II. *Locati conducti*, Leg. XV. §. 5. Le Jurisconsulte veut dire, qu'encore que le Propriétaire ait reláché quelque chose de la rente, à cause d'une grande stérilité; si les années suivantes sont abondantes, il ne laisse pas de pouvoir se faire paier cette année entiére; comme il paroit par les paroles qui précédent immédiatement. La déclaration par laquelle il avoit témoigné vouloir reláches de la rente, n'étoit pas, selon les Jurisconsultes Romains, une cession absoluë, ou une donation pure & simple; mais une espéce de transaction, par laquelle il consentoit de ne pas exiger ou en tout, ou en partie, la rente de cette mauvaise année, au cas que le revenu incertain des autres ne fût pas assez abondant pour dédommager le Fermier de la perte qu'il avoit faite. Ainsi le mot de *donner* devoit être entendu sur ce pié-là, conformément à la nature de l'affaire, & à l'intention de celui qui parloit. Voiez CUJAS, *Observat.* Lib. XX. Cap. IV. & ANTOINE FAURE, *Rational.* Tom. V. pag. 560, 561. Mais, à en juger par le Droit Naturel tout seul, cette décision n'a pas un fondement suffisant pour former une regle générale, qui ne souffre point d'exception. Bien loin de là, il me semble au contraire, que, quand un Propriétaire reláche quelque chose de la rente à son Fermier, à cause de la stérilité de l'année présente, sans rien ajoûter qui donne à entendre qu'il ne le fait que conditionnellement; il est censé ne se reserver aucun droit de redemander ce qu'il a reláché, quelque abondance qu'il y ait dans les années suivantes. C'est un acte de générosité, dont l'interprétation se doit faire ainsi naturellement, parce que la reserve dont il s'agit en diminuë beaucoup le prix: ainsi le Fermier n'a aucune raison de la sousentendre, & c'étoit au Bailleur à l'exprimer. A plus forte raison cela a-t-il lieu, quand il s'est servi du mot de *donner*. Si les Jurisconsultes Romains ont autrement décidé, c'est sur des principes subtils, qu'ils ont confondus avec les maximes de l'Equité Naturelle, & les régles d'une bonne Interprétation. Au reste, la stérilité, dont il s'agit doit être entenduë, à mon avis, sur le pié de la distinction que j'ai faite ci-dessus, *Chap.* XII. §. 18. *Note* 4.

(4) Voiez THUCYDIDE, Lib. II. Cap. V. VI. *Ed. Oxon.*

(5) C'est FRONTIN qui rapporte le fait; comme je le vois aussi indiqué dans les Notes d'OBRECHT: Pericles *Atheniensis adfirmavit, incolumes futuros hostes, si* deponerent ferrum: *ejusque obsequutos conditionibus, universos, qui in sagulis ferreas fibulas habuissent, interfici jussit.* Strategemat. *Lib.* IV. *Cap.* VII. *num.* 17.

viclès, qu'ils quittent aussi les boucles avec lesquelles ils attachent leur manteau. Si l'on permet à une Garnison de *sortir de la Ville*, cela se doit entendre en sorte qu'après être sortie, elle puisse se retirer ailleurs en toute sûreté; contre ce que fit (6) *Alexandre le Grand* en pareil cas. Lors qu'on est convenu de *partager* un certain nombre de Vaisseaux, ou d'en laisser la *moitié*, cela doit s'entendre d'un partage des Vaisseaux entiers, & non pas de Vaisseaux sciez par le milieu, ainsi que les *Romains* (7) l'expliquérent frauduleusement dans un Traité fait avec *Antiochus*. Il faut dire la même chose des autres cas semblables.

(a) Voiez *Everhard*. Loc. *ab absurdo*, pag. 142, & *seqq*.

§. VI. 2. Les Conjectures tirées des *effets* ont lieu principalement, lors qu'en prenant un terme au sens qu'il a communément, il s'ensuivroit de là quelque chose de déraisonnable (a) Car (1) toutes les fois qu'il y a quelque ambiguité, on doit préferer le sens qui ne renferme rien d'impertinent. C'étoit donc une misérable chicane, que ce que disoit autrefois *Brasidas*, lors (2) qu'aiant promis de sortir des terres des *Béotiens*, il prétendit néanmoins y pouvoir rester, par la raison que celles qu'occupoit son Armée n'appartenoient point aux *Béotiens*; comme si par les *terres* des *Béotiens* on n'avoit pas dû entendre tout ce qui étoit renfermé dans leurs anciennes limites, & non pas ce dont on s'étoit emparé pendant la Guerre: auquel cas l'accord auroit été vain & de nul effet.

(a) Voiez *Everhard*, Loc. *à conjunct. seu combinatione duarum Legum*, pag. 177, & *seqq*.

§. VII. 3. On peut aussi découvrir le véritable sens, (1) en considérant (a) la *liaison des paroles avec d'autres* (2) ou dites au même endroit, ou seulement par la même personne. Ce qui part de la même volonté, quoi qu'elle se soit expliquée dans un autre endroit & dans une autre occasion, a par là une liaison, qui donne lieu à des conjectures raisonnables; parce que, dans un doute, on présume que chacun est d'accord avec lui-même. Ainsi ce qu'Homére (3) dit avoir été convenu entre *Paris* & *Ménélas*, qu'*Héléne* demeureroit au *Vainqueur*; cela, dis-je, doit être expliqué par la suite,

(6) Voiez Diodore *de Sicile*, Lib. XVII. Cap. LXXXIV. Polyænus, Strateg. Lib. IV. Cap. III. *num.* 20. & Plutarque, *Vit. Alex.* p. 698. C. seuls Auteurs, que le Savant Gronovius indique ici.

(7) C'est Valére Maxime, qui attribuë cela à *Quintus Fabius Labéon*, Lib. VII. Cap. III. §. 4. Mais, comme on l'a déja remarqué, Tite Live, *Lib.* XXXVIII. *Cap.* XXXIX. rapporte la chose autrement.

§. VI. (1) Ce sont les propres termes d'une Loi que nôtre Auteur cite ici en marge: *In ambigua voce Legis, ea potius accipienda est significatio, quæ vitio caret: præsertim quum etiam voluntas Legis ex hoc colligi possit.* Digest. Lib. I. Tit. III. *De Legibus* &c. Leg. XIX. Voiez là-dessus le Commentaire de Mr. Noodt sur la I. Partie du Digest, pag. 23. col. I.

(2) L'Auteur prend ici une personne pour l'autre. *Brasidas* étoit Général des *Lacédémoniens*: & ce ne fut pas lui qui dit cela aux *Béotiens*; mais un Héraut d'armes, que leur envoiérent les *Athéniens*, qui leur avoient promis de sortir de leurs terres: Χαίρειν τε ἐκέλευον (οἱ Ἀθηναῖοι τὸν κήρυκα) σφίσιν εἰπεῖν, μὴ ἀπιοῦσιν ἐκ τῆς Βοιωτῶν γῆς· οὐ γὰρ ἐν τῇ ἐκείνων ἔτι εἶναι, ἐν ᾗ δὲ δορὶ ἐκτήσαντο. Lib. IV. Cap. XCVIII. *Ed. Oxon.*

§. VII. (1) C'est ce que nôtre Auteur exprime ainsi: *Conjuncta sunt aut origine, aut etiam loco.*

(2) St. Augustin censure avec raison ceux qui, en expliquant l'Ecriture sainte, prennent quelque passage détaché, auquel ils donnent le sens que pourroient avoir les termes considérez en eux-mêmes, & sans faire attention à la suite du discours, qui découvre la pensée d'un Auteur. C'est ainsi, dit-il, qu'on trompe les Ignorans. *Particulas quasdam de Scripturis eligunt, quibus decipiant imperitos; non connectentes quæ supra & infra scripta sunt, ex quibus voluntas & intentio Scriptoris possit intelligi.* Contra Adimantium, *Cap.* XIV. Grotius.

(3) Ὁππότερος δέ κε νικήσῃ, κρείσσων τε γένηται,
Κτήμαθ' ἑλὼν εὖ πάντα, γυναῖκά τε, οἴκαδ' ἀγέσθω.
Iliad. *Lib.* III. vers. 92, 93.

(4) *Agamemnon* explique cela par tuer son homme:
Εἰ μέν κεν Μενέλαον Ἀλέξανδρος καταπέφνῃ.
Vers. 281. Et *Priam* l'entend de même, *vers.* 309.

(5) Ὥσπερ οὖν ἐν ταῖς ἀμφιβόλοις ἀντινομίαις οἱ δικασταὶ τῷ μᾶλλον ἀμφισβητουμένῳ ἔχοντι προστίθενται, τὸ ἀσαφέστερον ἐάσαντες· οὕτως ἐνταῦθα τὴν ἀσαφεστέραν καὶ γνώριμον τίνες ἄγουσαν ὁμολογίαν, βεβαιοτέραν καὶ κυριωτέραν νομίζειν. Symposiac. Quæst. *Lib.* IX. Quæst. XIII. pag. 743. A. *Ed. Wech.*

§. VIII. (1) C'est sur ce fondement que Cicéron expliquant un Arrêt du Préteur, qui ordonnoit de remettre en possession celui qu'on avoit *chassé ou par soi-même, ou par ses Domestiques, ou par son Procureur*; Unde tu, aut familia, aut procurator tuus] soûtient, que cela doit s'étendre aussi à un Fermier, à un Voisin, à un Client, à un Affranchi, & à toute autre personne qui aura usé de cette violence en nôtre nom, ou par nôtre ordre; parce, dit-il, qu'il y a la même raison: *Non enim alia caussa est æquitatis in uno servo; & in pluribus: non alia ratio juris in hoc genere dumtaxat, utrum me tuus Procurator dejecerit, is qui legitimè Procurator dicitur omnium rerum ejus, qui in* Italia *non sit, absitve Republica caussâ, quasi quidam pænè dominus, hoc est, alieni juris vicarius, aut cliens, aut libertus, aut quivis, qui illam vim dejectionemque, tuo roga-*

te, d'où il paroît (4) que le *Vainqueur* devoit être celui qui tuoit l'autre. Plutarque (5) en rend cette raison, que *les Juges se déterminent du côté où l'on peut expliquer les choses d'une manière qui ne souffre point de contestation.*

§. VIII. Cette maxime a lieu, à plus forte raison, lors qu'il se trouve dans le même endroit quelque chose qui a du rapport avec les paroles dont on ne voioit pas bien le sens. Ici il faut sur tout faire attention à ce qu'on appelle (1) *la raison de la Loi*, & que quelques-uns (2) confondent mal à propos avec l'*intention* de la Loi; au lieu que c'est un des moiens ou des indices qui servent à découvrir cette intention. Il n'y a pas de plus forte conjecture, lors qu'on est bien assûré que telle ou telle raison est l'unique motif qui a déterminé la volonté de celui qui parle: & c'est ainsi (3) qu'une Donation en faveur de Mariage est nulle, si les Nôces ne s'ensuivent pas. Mais souvent il y a plusieurs raisons différentes (4) qui font qu'on se détermine à vouloir telle ou telle chose: quelquefois même la Volonté se détermine (5) sans aucune raison, par un pur effet de sa liberté; ce qui suffit néanmoins pour produire quelque obligation.

§. IX. Au reste, il faut savoir, qu'il y a un grand nombre de mots qui ont *plusieurs sens*, les uns *plus étendus* & les autres *moins*; ce qui vient de diverses causes. Car on donne quelquefois le nom du Genre à une de ses Espéces, comme, par exemple, dans les mots (1) Latins *Adoptio*, & *Cognatio*; & dans les noms Masculins, que l'on emploie pour marquer les deux Sexes, lors qu'il n'y a point de terme qui soit de Genre Commun. Il y a des mots, qui ont un sens plus étendu dans le stile des Arts & des Sciences, que dans l'usage du Peuple. C'est ainsi que, selon le langage du Droit Civil, on étend la signification du terme de *Mort* jusqu'à marquer l'état de ceux qui sont (2) bannis d'une certaine manière; au lieu que, dans le langage commun, ce mot, comme on sait, signifie tout autre chose.

§. X.

rogatu, aut tuo nomine, fecerit. Orat. pro *Cacin.* (*Cap.* XX.) Grotius.

Voiez là-dessus les Notes de François Hotoman.

(2) Nôtre Auteur semble avoir eu ici en vuë un Jurisconsulte Scholastique de *Middelbourg*, qu'il cite souvent dans ce Chapitre; c'est Nicolas Everhard, qui dit: *Ratio enim legis, & mens legis, idem esse videntur.* Pag. 382. Mais il ajoûte immédiatement après: *Nam ex ratione legis colligitur mens legis.* Ainsi les voilà d'accord.

(3) *Quum vero dicimus, si, hac mente donat sponsus sponsæ, ut, nuptiis sequutis, res auferatur, posse repeti, non contrarium priori dicimus: sed concedimus inter eas personas fieri donationem eam, quæ sub conditione solvatur.* Digest. Lib. XXXIX. Tit. I. *De Donationibus*, Leg. I. §. 1. Cet exemple, qui étoit mal placé à la fin du paragraphe, n'est pas fort à propos. Car il regarde les exceptions tacites renfermées dans une Promesse, par une suite de l'intention manifeste du Promettant; & non pas l'explication des termes de la Promesse. Ici rien n'est plus clair, que le sens; il n'y a point d'équivoque dans le mot de *Donation*: mais la Donation est nulle, parce qu'elle n'avoit été faite qu'en supposant un Mariage, qui ne s'accomplit point.

(4) Et par conséquent ce qui s'accorde avec l'une, peut ne pas s'accorder avec l'autre; ou au contraire ce qui semble choquer l'une, peut être conforme à l'autre.

(5) Voiez ce que j'ai dit ci-dessus, sur le Chapitre XI. de ce Livre, §. 21. *Note* 1.

§. IX. (1) Voiez le Chapitre de Pufendorf, qui répond à celui-ci, §. 11. *Note* 1, 2. & pour l'exemple suivant, *Note* 3.

(2) *Deportati.* Ce sont ceux qui étoient reléguez à perpétuité dans une Ile, ensorte qu'ils perdoient tous les droits de Citoien, & que leurs biens même étoient confisquez; quoi que du reste ils demeurassent libres, & qu'ils conservassent tous les avantages que donne le Droit de la Nature & des Gens. C'est ce qu'on appelloit *Minor* ou *media capitis deminutio.* A plus forte raison, ceux qui perdoient la liberté, & qui étoient condamnez aux Mines ou aux Carriéres, (qui est la *Maxima capitis deminutio*) étoient-ils aussi tenus pour morts. *Intereunt autem, homines quidem, maximâ aut mediâ capitis deminutione, aut morte.* Digest. Lib. XVII. Tit. II. *Pro Socio*, Leg. LXIII. §. 10. Voiez aussi Lib. XXXVII. Tit. IV. *De bonorum possess. contr. tabulas*, Leg. I. §. 8. Au reste, nôtre Auteur renvoie ici, dans une Note, à ce que dit Guicciardin, Liv. XVI. de son Histoire, dans l'endroit où il s'agit des conventions de l'Empereur *Charles-Quint* au sujet du Duché de *Milan.* Voici le passage, selon la vieille Version d'Hierôme Chomedey: *Car la confédération & promesse de conserver & défendre* François Sforce *en la Duché de* Milan *ne privoit l'Empereur de la puissance de proceder contre lui, comme contre son Vassal, & de déclarer le Fief confisqué pour ce dont on le chargeoit, sçavoir est, d'avoir conspiré contre sa Majesté: & Mr.* de Bourbon *subrogé au Duc, en cas de sa mort, venoit encore à succeder en cas de sa privation, parce que les Loix considérent la mort naturelle, & la mort civile, de laquelle elles disent cestui-là mourir, qui est condamné pour un tel délit.* Tom. II. fol. 232. Ces paroles, dans l'Original, sont à la page 341. de l'Edition de *Genéve*, 1645.

§. X.

(a) *Alc.* V. Resp. XVII.

§. X. 1. Il faut remarquer encore, que les Promesses (1) roulent ou sur des (a) *Choses Favorables*, ou sur des *Choses Odieuses*, ou sur des *Choses en partie favorables, en partie odieuses.*

2. Les *Favorables* sont celles qui renferment de l'égalité, ou celles qui tendent à (2) l'Utilité commune; de sorte que, plus cette utilité est grande, & plus la Promesse est favorable. Par exemple, ce qui contribuë au bien de la Paix, est plus favorable, que ce qui méne à la Guerre. Une Guerre Défensive a quelque chose de plus favorable, qu'une Guerre entreprise pour d'autres sujets.

3. On doit regarder au contraire comme des *Choses Odieuses*, celles qui sont onéreuses à l'une des Parties seulement, ou plus onéreuses à l'une qu'à l'autre; celles qui renferment quelque (3) peine; celles qui rendent un acte nul & sans effet; celles qui apportent quelque changement aux choses déja arrêtées.

4. Que si une chose *tient de l'Odieux & du Favorable*, comme quand elle apporte quelque changement à ce dont on étoit convenu, mais pour le bien de la paix: elle peut être censée tantôt favorable, & tantôt odieuse selon la grandeur du bien qui en résulte, ou selon que le changement est plus ou moins considérable; le reste d'ailleurs égal, le Favorable l'emporte.

(a) *Gloss.* in Dig. *De Legibus.* Leg. XII.

§. XI. Pour ce qui est de la distinction des *Actes de bonne foi*, & des *Actes de droit rigoureux*, (1) selon que le Droit Romain l'établit; (a) elle n'est pas fondée sur le Droit des Gens. On peut néanmoins l'appliquer ici en un certain sens, c'est que quand la forme de certaines sortes d'affaires se trouve réglée de la même maniére dans quelques Païs, (2) tout acte d'une telle nature fait dans ces Païs-là est censé renfermer cette forme commune, à moins qu'on n'y aît fait quelque changement: au lieu qu'en matié-

§. X. (1) Je ne me retracte pas de ce que j'ai avancé ou aprés d'autres, ou de mon chef, dans les Notes sur le paragraphe 12, *& suiv.* du Chapitre de Pufendorf, qui répond à celui-ci, touchant le peu de solidité & l'inutilité de la distinction que fait ici nôtre Auteur. Je dois dire néanmoins, pour le décharger de quelque partie de la critique qu'on trouve là, qu'il ne paroît pas avoir appliqué également sa distinction aux Promesses, & aux Loix, comme fait cet autre Auteur, qui l'a empruntée de lui. A la vérité, il allégue quelquefois, dans ce Chapitre, des exemples tirez des Loix: mais il le fait rarement; & l'on n'a pas lieu pour cela de supposer qu'il ait prétendu, que toutes les régles qu'il donne se pûssent appliquer à l'explication des Loix, puis que son sujet principal n'est autre chose que la maniére d'interpréter les Conventions & les Promesses, en un mot tout Engagement volontaire. Pour ce qui est du fond même de la question, j'ajoûterai seulement ici quelques réflexions, à l'occasion de ce que je viens de voir dans une Edition de l'Abrégé de Pufendorf, *De Officio Hominis & Civis*, imprimée à *Glasgow* en *Ecosse*, l'année 1718. par les soins de Mr. Carmichael, Professeur en Philosophie dans l'Académie de cette Ville. Cet habile homme, qui y a joint un volume de Notes & de Supplémens, plus gros que celui du Texte, dit là (sur le *Liv.* I. *Chap.* XVII.) que la distinction du *Favorable* & de l'*Odieux*, que j'ai rejettée aprés d'autres, est dans la nature même des choses, y en aiant qui sont plus à desirer, que d'autres, ou plûtôt les choses aiant différentes faces, qui sont telles, que, selon qu'on les envisage, les unes doivent être regardées comme l'objet de nos désirs, & les autres comme l'objet de nôtre aversion. C'est, ajoûte-t-il, ce que le Sens Commun dicte; de sorte qu'on cherche en vain des définitions fixes du *Favorable* & de l'*Odieux*. Et il n'est pas moins certain, que cette distinction doit avoir quelque poids dans l'explication d'un discours ambigu, en sorte qu'autant que l'usage des termes & les autres circonstances le permettent, on conjecture que l'intention de celui qui parle a été telle ou telle, selon qu'il s'agit de quelque chose de Favorable ou d'Odieux. Je répons I. Qu'aucun de ceux qui ont rejetté la distinction dont il s'agit, ne s'est mis dans l'esprit de nier qu'il y eût des choses plus désirables les unes que les autres: mais la question est de savoir si cette qualité peut servir ici à fonder des régles sûres d'Interprétation. Or c'est ce qui ne me paroît pas encore. II. En effet, une seule & même chose peut être regardée comme *Favorable* ou *Odieuse*, en ce sens selon la disposition de celui dont on a à expliquer les paroles. Prenons, par exemple, une *Donation*, qui, selon les principes des partisans de la distinction dont il s'agit, se rapporte à la classe des Choses Odieuses: je dis, qu'à la considerer comme un acte onéreux à l'une des Parties seulement, ce sera une chose peu désirable, ou dont même bien des gens ont de l'aversion; mais si vous l'envisagez comme un effet de bienveillance ou d'amitié, que l'on ne peut nier être souvent le motif qui porte à donner, à cet égard ce sera une chose fort désirable; on aura lieu de présumer, que, plus le Donateur donne, & plus il se satisfait: ainsi il faudra étendre la signification des termes par cette derniére raison, & la resserrer par la prémiére. Or comment accorder cela ensemble? III. On avouë, que souvent il y a un mélange de Favorable & d'Odieux; ce qui rend encore plus impraticable l'application de la distinction. IV. On ne dit rien des raisons par lesquelles j'ai fait voir, que dans tous les exemples qu'on allégue, l'interprétation peut se faire sans avoir recours à cette distinction; ce qui la rend fort inutile, quand même elle auroit un fon-

tiére des autres affaires, indéterminées par elles-mêmes, d'une Donation, par exemple; ou d'une Promesse gratuite, on doit plûtôt s'en tenir à ce qui a été dit.

§. XII. 1. Ces distinctions posées, voici les Régles qu'il faut poser.

2. I. *En matiére* (1) *de choses, qui ne sont pas odieuses, on doit donner aux termes toute l'étenduë dont ils sont susceptibles selon l'usage commun; & si un terme a plusieurs significations, préferer la plus générale.* Ainsi le Masculin se prendra, en ce cas-là, pour le Genre Commun; & une expression (2) indéfinie sera censée universelle. S'il a été dit, qu'on seroit (3) *remis en possession du lieu d'où l'on a été chassé*; il faut étendre cela à ceux que l'on a empêché par force d'entrer dans un Fonds qui leur appartient; car le mot de *Chasser* peut souffrir cette interprétation dans un sens plus étendu; comme Ciceron le soûtient avec raison, en plaidant pour *Cécina.*

3. II. *Quand il s'agit de choses tout-à-fait favorables,* (a) *si celui qui parle entend la Jurisprudence, ou qu'il se conduise par les conseils des Jurisconsultes; il faut donner aux termes toute l'étenduë qu'ils ont, non seulement dans le langage ordinaire, mais encore en stile de Droit, ou dans quelque Loi* (b).

4. III. *Mais on ne* (4) *doit pas avoir recours à un sens entiérement impropre, à moins qu'on ne puisse se dispenser d'en venir là, sans qu'il en résulte quelque chose d'absurde, ou la nullité de l'engagement.*

5. IV. *Il faut resserrer au contraire l'étenduë des termes, au delà même de ce que renferme leur signification propre, lors que cela est nécessaire pour éviter quelque injustice, ou quelque absurdité. Que s'il n'y a point de telle nécessité, mais seulement une équité ou une utilité manifeste, qui résulte de la restriction; il faut alors s'en tenir au sens*

(a) Voiez *Bartol.* in Leg. XV. Dig. *De usurpat. & usucapion.*

(b) Voiez *Covarruv.* Var. Resol. Lib. III. Cap. V. *num.* 5. *Tiraquell.* in Leg. Connub. Gl. V. *num.* 115.

fondement clair & fixe. J'espére donc qu'on ne trouvera pas mauvais que je la laisse là, en attendant qu'on l'ait etablie d'une maniére à nous apprendre comment on peut s'en servir.

(2) *Quæ communem spectant utilitatem.* Les termes sont équivoques, & pourroient signifier *l'avantage commun des Parties*; comme a traduit Mr. de Courtin. Mais il paroit par les deux exemples que nôtre Auteur allégue immédiatement après, & par quelques-uns de ceux qu'on trouve ailleurs, *Liv.* III. *Chap.* XX. §. 21. qu'il a voulu parler de l'avantage de la Société Humaine en général.

(3) C'est-à-dire, quelque chose d'onéreux à quoi l'on s'est assujetti, au cas qu'on vint à faire ou ne pas faire certaines choses; comme si l'on s'est engagé à paier une somme, ou à ne rien demander de ce qu'on auroit pû exiger sans cela &c.:

§. XI. (1) Voiez Pufendorf, *Liv.* V. *Chap.* II. §. 8. du *Droit de la Nat. & des Gens.*

(2) L'Auteur veut parler de ce qu'il a appellé ci-dessus, *Jura multis populis seorsim communia.* Chap. VIII. §. 26. & voici quelle est, à mon avis, sa pensée. Si deux personnes de différens Etats traitent ensemble sur de telles choses, à l'égard desquelles les Loix Civiles de l'un & de l'autre Païs s'accordent, & que l'accord se fasse ou par lettres, ou dans un lieu qui n'appartient à personne (car quand l'affaire se conclut dans le Païs de l'un ou de l'autre des Contractans, il faut en juger par les Loix Civiles de ce Païs-là, encore même qu'elles soient différentes de celles de l'autre, selon ce qui a été dit ci-dessus, *Chap.* XI. de ce Livre, §. 5. *num.* 4, 5.) dans le cas, dis-je, dont il s'agit, chacune des Parties est & doit être censée suivre l'usage commun des deux Païs; à moins qu'elles n'aient déclaré expressément qu'elles vouloient traiter sur un autre pié.

§. XII. (1) Il entend par là celles qu'il a appellées *Mixtes*, ou qui tiennent de l'Odieux & du Favorable, mais en sorte qu'il y a plus du dernier, que du prémier. Il seroit bien difficile de marquer & de comparer les différens degrez de l'un & de l'autre; ce qui seul fait voir le peu d'usage qu'auroit cette distinction, supposé qu'elle fût fondée sur la nature même des choses.

(2) Voiez la *Note* 5. sur le paragraphe 18. du Chapitre de Pufendorf, que j'ai cité plusieurs fois.

(3) Consultez la *Note* 5. du même endroit.

(4) C'est ainsi qu'il est décidé dans le Code, que, quand un Héritier a été chargé de rendre après sa mort *tout ce qui lui étoit parvenu de l'Hérédité*, cela renferme aussi les *Prélegs*, ou le préciput qui lui avoit été légué pour être prélevé avant le partage; à moins qu'il n'y ait d'ailleurs des preuves, que l'intention du Testateur a été d'excepter ce préciput: *Quum virum prudentissimum* Papinianum *respondisse non ignoramus, etiam legata hujusmodi fideicommisso contineri, id est, ubi hæres rogatus fuerit,* quidquid ex hereditate [ad eum] pervenerit, post mortem restituere: *animadvertimus, etiam præceptionis compendium testatoris verbis comprehensum esse. Sanè quoniam in fideicommissis voluntas magis, quàm verba, plerumque intuenda est: si quas pro rei veritate præterea probationes habes, ad commendandam hanc patris voluntatem, quam fuisse adseveras; apud Præsidem [provinciæ] experiri non vetaris.* Lib. VI. Tit. XLII. *De Fideicommissis*, Leg. XVI. Grotius.

On peut voir, sur le cas de cette Loi, & autres approchans, Hubert Giphanius, *in* Cod. Tit. *Familiæ erciscundæ*, pag. 194, *& seqq.* comme aussi une Dissertation de feu Mr. Hertius, *De Prælegatis*, §. 18. pag. 325, 326. Tom. III. *Comment. & Opusc.* &c.

sens le plus étroit que la signification propre des termes souffre; à moins qu'il n'y ait quelque circonstance qui demande quelque chose de plus.

§. V. *En fait de Choses Odieuses, on peut admettre un peu le sens même figuré, pour éloigner les suites onéreuses du sens propre & littéral.* C'est pourquoi, dans les Donations, & dans les affaires où l'on relâche de son droit, les termes, quelque généraux qu'ils soient, se restreignent d'ordinaire (5) à ce que l'on a eu vraisemblablement dans l'esprit. Ainsi, en matiére de ces sortes de choses, un Possesseur quelquefois n'est censé occuper que ce qu'il peut esperer de retenir. (c) Dans un Traité, où il n'y a qu'une des Parties qui promette du secours à l'autre, il faut entendre que les Troupes doivent être fournies aux dépens de celui qui les a demandées.

(c) *Barbos.* IV. Cons. LXII.

§. XIII. 1. C'est une question célébre, de savoir, si dans un Traité où il est parlé d'*Alliez*, (1) on doit entendre seulement ceux qui l'étoient au tems du Traité, ou bien tous les Alliez, présens & à venir? comme lors qu'il fut convenu entre le *Peuple Romain* & les *Carthaginois*, après la Guerre au sujet de la *Sicile*, (2) *Qu'aucun des deux Peuples ne feroit aucun mal aux Alliez de l'autre.* De là les *Romains* concluoient, qu'encore qu'ils ne pussent pas se prévaloir du Traité fait avec *Asdrubal*, en vertu duquel il étoit défendu aux *Carthaginois* de passer le Fleuve d'*Ebre*, puis que ce Traité n'avoit point été ratifié par les *Carthaginois*: cependant, si ceux-ci approuvoient l'action d'*Hannibal* leur Général, qui avoit attaqué la Ville de *Sagonte*, reçuë dans l'Alliance des *Romains* depuis le Traité; on pouvoit là-dessus leur déclarer la Guerre, comme aiant enfraint le Traité. Voici comment Tite Live exprime les raisons des *Romains*: (3) *Les* Sagontins, *dit-il*, *devoient être suffisamment à couvert, en vertu de l'ancien Traité, où l'on avoit excepté les Alliez de part & d'autre. Car on n'avoit point ajoûté, que cela regarderoit seulement ceux qui étoient alors Alliez; ni qu'aucun (4) ne pourroit en avoir d'autres. Puis donc qu'il étoit permis de se faire de nouveaux Alliez, seroit-il juste que les* Romains *ou n'eussent pas eu la liberté de recevoir dans leur amitié aucun Peuple, par quelques services qu'il l'eût mérité; ou, après l'avoir reçû sous leur protection, ne pussent pas le défendre; pour empêcher seulement que les Alliez des* Carthaginois *ne fussent sollicitez à se départir de leur Alliance, ou qu'on ne re-*

(5) Voiez la *Note* 7. sur le paragraphe 13. du Chapitre de Pufendorf, qui répond à celui-ci; & que l'on doit confronter ici principalement.

§. XIII. (1) Voiez Pufendorf, *Droit de la Nat. & des Gens*, Liv. VIII. Chap. IX. §. 10.

(2) Τὴν ἀσφάλειαν ὑπάρχειν παρ' ἑκατέρων τοῖς ἑκατέρων συμμάχοις. Polyb. Lib. III. Cap. XXVII.

(3) *Quanquam, etsi priore foedere staretur, satis cautum erat* Saguntinis, *sociis utrorumque exceptis. nam neque additum erat, iis, qui tunc essent: nec, ne qui postea adsumerentur. & quum adsumere novos liceret socios, quis aequum censeret, aut ob nulla quemquam merita in amicitiam recipi? aut receptos in fidem non defendi? tantum, ne* Carthaginiensium *socii aut sollicitarentur ad defectionem, aut suâ sponte desciscentes reciperentur.* Lib. XXI. Cap. XIX. *num.* 4, 5.

(4) Cette clause fut insérée dans un Traité de Paix pendant la Guerre du *Peloponése*, entre les *Lacédémoniens*, & les *Athéniens*; comme le rapporte Thucydide, Lib. V. Grotius.

La clause, dont nôtre Auteur veut parler, regarde quelques Villes, que les *Lacédémoniens* rendoient par le Traité aux *Athéniens*, & que ceux-ci devoient laisser libres, moiennant un tribut qu'elles paieroient comme par le passé. Il fut donc dit, que ces Villes ne seroient Alliées ni des uns, ni des autres; mais que, si les *Athéniens* pouvoient les engager à entrer de leur bon gré dans leur Alliance, cela leur seroit permis: Ξυμμάχους δ' εἶναι μηδετέρων, μήτε Λακεδαιμονίων, μήτε Ἀθηναίων. ἢν δὲ Ἀθηναῖοι πείθωσι τὰς πόλεις, βουλομένας ταύτας ἐξέστω ξυμμάχους ποιεῖσθαι αὐτοὺς Ἀθηναίοις. Cap. XVIII. *Ed. Oxon.*

(5) Mais, dit Mr. Buddeus (*Jurisprud. Historic. Specim.* §. 100.) c'étoit, d'autre côté, une chose favorable, & par rapport aux *Romains*, & par rapport aux *Sagontins*, que cette Ville fût conservée, ou qu'après qu'elle auroit été détruite, on pût se précautionner contre ce que la République Romaine avoit à craindre par là. Pour moi, je dis, sans avoir égard à la distinction incertaine du Favorable ou de l'Odieux, qu'on ne doit pas à la vérité légérement présumer un sens qui tende à autoriser quelque chose d'où la rupture d'un Traité peut suivre: mais aussi, comme on n'a pas lieu de croire que les Parties aient voulu que le Traité subsistât, quoi qu'il pût arriver, il faut voir si en suivant un certain sens on n'y trouvera pas quelque raison à cause de quoi elles ont vraisemblablement mieux aimé que le Traité fût rompu, ou en danger de l'être, que s'il demeuroit à l'abri d'une rupture, à la faveur d'un autre sens. Or quiconque entre dans une Alliance, sait sans contredit qu'il peut arriver facilement qu'il lui soit autant ou plus avantageux, & quelquefois même nécessaire, de s'allier dans la suite avec d'autres, sans préjudice des engagemens par lesquels il s'est ôté à lui-même le pouvoir de faire ou ne pas faire certaines choses. Ainsi il est censé s'être reservé la liberté de faire de telles Alliances, tant qu'il n'y a pas renoncé expressément; & par conséquent il y a

reçût ceux d'entr'eux qui l'abandonneroient de leur pur mouvement? Cela est tiré presque mot-à-mot de (a) POLYBE.

(a) *Lib.* III. *Cap.* XXIX.

2. Pour dire là-dessus ma pensée, il n'y a point de doute que le mot d'*Alliez* ne puisse être entendu, sans aucune irrégularité, & dans un sens étroit pour ceux-là seulement qui étoient déja Alliez au tems du Traité; & dans un sens plus étendu, pour tous les Alliez, présens & à venir. De savoir maintenant lequel de ces deux sens doit être préferé, c'est de quoi il faut juger par les Régles établies ci-dessus. Sur ce pié-là, je dis, que, dans le cas dont il est question, on ne pouvoit pas expliquer le terme d'*Alliez* contenu dans le Traité d'une maniére qui s'étendit à ceux qui ne l'étoient pas encore alors: parce qu'il s'agissoit de la rupture d'une Alliance, (5) ce qui est une chose odieuse; & que d'ailleurs cela tendoit (6) à ôter aux *Carthaginois* la liberté de prendre les armes pour mettre à la raison ceux de qui ils croioient avoir reçû quelque tort; liberté (7) qui est accordée aux Hommes par la Nature même, & dont on ne doit pas légérement présumer que personne se dépouille.

3. N'étoit-il donc pas permis aux *Romains* de recevoir dans leur Alliance les *Sagontins*, ou de les défendre, après s'être alliez avec eux? Ils le pouvoient sans contredit; mais non pas en vertu de l'Alliance: c'étoit en vertu d'un droit naturel, auquel ils n'avoient point renoncé par le Traité. Les *Sagontins* devoient être regardez de part & d'autre, comme s'il n'y avoit eu rien de stipulé par rapport aux Alliez. De sorte qu'il n'y avoit aucune infraction du Traité, ni de la part des *Carthaginois*, en ce qu'ils attaquoient *Sagonte*, croiant avoir contre cette Ville un juste sujet de guerre; ni de la part des *Romains*, en ce qu'ils la secouroient. C'est ainsi que, du tems de *Pyrrhus*, les *Carthaginois* (8) & les *Romains* convinrent ensemble, qu'aucun des deux Peuples ne pourroit s'allier avec ce Prince, qu'en se reservant la liberté de donner du secours à l'autre, si celui-ci venoit à être attaqué par *Pyrrhus*. (9) Ceux de l'Ile de *Corfou*, au rapport de THUCYDIDE, (10) disoient aux *Athéniens*, en leur demandant du secours, qu'ils pouvoient leur en donner sans préjudice de l'Alliance qu'il y avoit entre eux *Athéniens*, & les *Lacedémoniens*, puis que par le Traité il étoit permis récipro-que-

y a tout lieu de croire, que quand on stipule réciproquement; *Qu'on ne fera point de mal aux Alliez l'un de l'autre*; chacun entend cela de ses Alliez à venir, aussi bien que de ses Alliez présens. Voiez ce que j'ai dit sur le Chapitre précedent, §. 13. *Note* 3.

(6) Point du tout. Mais comme les *Carthaginois* pouvoient, sans préjudice de leurs engagemens, tirer raison du tort que leur avoient fait véritablement quelques-uns des Alliez des *Romains*, même de ceux qui l'étoient déja au tems du Traité: les *Romains*, d'autre part, pouvoient aussi, sans violer l'Alliance, prendre la défense de leurs nouveaux Alliez, supposé qu'ils les crussent injustement attaquez. Ainsi tout se réduit à savoir si la Guerre étoit juste, ou non. Les *Carthaginois*, en attaquant *Sagonte*, donnoient atteinte à l'article du Traité dont il s'agit, supposé que cette Ville ne leur eût fait aucun tort. Mais si au contraire elle leur avoit fourni un juste sujet de Guerre, l'infraction du Traité étoit alors du côté des *Romains*, qui la protégeoient nonobstant cela.

(7) Les *Samnites* voulant déclarer la Guerre aux *Sidicins*, & en aiant demandé la permission au Peuple Romain, celui-ci répondit qu'il ne s'opposoit pas à ce qu'ils eussent cette liberté: *Quod ad* Sidicinos *attinet, nihil intercedi quo minus* Samniti *Populo pacis bellique liberum arbitrium sit*. TIT. LIV. Lib. VIII. (Cap. II. *num.* 3.) Dans le Traité des *Romains* avec le Roi *Antiochus*, il y avoit cette clause, que si quelques-uns des Alliez du Peuple Romain venoit à attaquer ce Prince, il lui seroit libre de se défendre; pourvû qu'il ne s'emparât d'aucune Ville par droit de Guerre, ou qu'il n'en reçût aucune dans son Alliance: *Si qui sociorum* Populi Romani *ultro bellum inferent Antiocho, vim vi arcendi jus esto: dum ne quam urbem aut belli jure teneat, aut in amicitiam recipiat*. *Idem*, *Lib.* XXXVIII. (*Cap.* XXXVIII. *num.* 16.) Voiez aussi POLYBE, *Excerpt. Legat.* XXXV. (pag. 1170. *Ed. Amst.*) GROTIUS.

Les *Sidicins* n'étoient en aucune maniére Alliez du Peuple Romain, comme les *Samnites* le disent à la fin du Chapitre précedent. Pour ce qui est de la clause du Traité avec *Antiochus*, il s'agit du droit de se défendre, qui doit être censé tacitement excepté dans toute sorte de Convention.

(8) Ἐὰν συμμαχίαν ποιῶνται πρὸς Πύῤῥον, ἔγγραπτον ποιείσθωσαν ἀμφότεροι, ἵνα ἐξῇ βοηθεῖν ἀλλήλοις ἐν τῇ τῶν πολεμουμένων χώρᾳ, ὁπότεροι δ' ἂν χρείαν ἔχωσι τῆς βοηθείας. POLYB. Lib. III. Cap. XXV.

(9) Il y a ici dans l'Original, une période, que j'ai renvoiée plus bas. C'est ce qu'on trouve au commencement du *numero* suivant dans ma Traduction, jusqu'à ces mots, *En effet, rien n'empêche* &c. Si l'on compare toute la suite du discours, on verra que, par cette petite transposition, la liaison est beaucoup plus nette & plus dégagée.

(10) Λύσετε δὲ οὐ τὰς Λακεδαιμονίων σπονδὰς, δεχόμενοι ἡμᾶς, μηδετέρων ὄντας ξυμμάχους. εἴρηται γὰρ ἐν αὐταῖς, τῶν Ἑλληνίδων πόλεων ἥτις μηδαμοῦ ξυμμαχεῖ, ἐξεῖναι παρ' ὁποτέρους ἂν ἀρέσκηται ἐλθεῖν. Lib. I. Cap. XXXV. *Ed. Oxon.*

(11)

(b) *Thucyd. Lib. I. Cap. XLV.* quement de s'allier avec d'autres. Les *Athéniens* (b) agirent ensuite sur ce principe, lors que, pour ne pas enfraindre l'Alliance, ils défendirent aux Commandans de leurs Vaisseaux de s'engager dans aucun combat avec les *Corinthiens*, à moins que ceux-ci ne voulussent faire quelque descente dans l'Ile de *Corfou*, ou se jetter sur quelque terre de sa dépendance.

4. Je ne prétens pas, au reste, que, dans le cas dont nous traitons, la Guerre aît pû être juste des deux côtez. Mais je dis, que, soit que les *Carthaginois* fissent mal d'attaquer *Sagonte*, ou les *Romains* de la défendre, cela (11) n'emportoit point une violation du Traité. C'est ainsi que Polybe, (12) en examinant la question, si les *Romains* avoient pû légitimement donner du secours aux *Mamertins*, distingue, si la chose étoit juste en elle-même, & si elle étoit (13) contraire au Traité qu'il y avoit entre les *Romains* & les *Carthaginois*. En effet, rien n'empêche que l'un des Alliez ne puisse secourir ceux que l'autre attaque, sans préjudice de l'Alliance, & en sorte (14) que la paix subsiste d'ailleurs entr'eux. Justin, dans l'histoire des tems dont nous avons parlé un peu plus haut, (15) dit, que les *Athéniens* & les *Lacedémoniens* *après avoir fait une trêve en leur propre nom, la rompoient sous le nom de leurs Alliez; comme s'ils se fussent rendus moins coupables de parjure, en donnant du secours les uns contre les autres à quelque Allié, qu'en se faisant la guerre directement & ouvertement.* Dans une Harangue, qui se trouve parmi celles de Démosthène, (16) il est fait mention d'un Traité de Paix entre *Philippe* & les *Athéniens*, lequel portoit, que tous les autres Etats de la *Gréce* qui n'étoient pas compris dans ce Traité demeureroient libres; & que, si quelcun venoit à les attaquer, ceux qui étoient compris dans le Traité de Paix pourroient les défendre.

§. XIV. L'exemple, que nous venons d'examiner, est tiré d'une Alliance faite comme d'égal à égal. En voici un autre, pris d'une *Alliance Inégale*. On stipule quelquefois, *que l'un des Alliez ne fera point la Guerre sans la permission de l'autre*. Cette clause fut insérée dans le Traité conclu entre les *Romains* & les *Carthaginois*,
(a) Chap. précedent, §. 7. *num.* 5. après la *Seconde Guerre Punique*; comme nous l'avons déja (a) remarqué. Et elle se trouve aussi dans celui (1) que les *Macédoniens* firent avec les *Romains*, avant le Roi *Persée*. Les mots de *faire la Guerre*, se peuvent entendre ou de toute sorte de Guerre sans exception, ou seulement des Guerres Offensives, à l'exclusion des Défensives.

(11) Il me semble que c'étoit une infraction du Traité. Voiez ce que j'ai dit dans les *Notes* 5. & 6. sur ce paragraphe.

(12) Οὐ μὴν ἀλλ' εἰ κατὰ τοῦτό τις ἐπιλαμβάνεται Ῥωμαίων περὶ τῆς εἰς Σικελίαν διαβάσεως, ὅτι καθόλου Μαμερτίνους προσελάβοντο εἰς τὴν φιλίαν, καὶ μετὰ ταῦτα δεομένοις ἐβοήθησαν, οἵτινες οὐ μόνον τὴν Μεσσηνίων πόλιν, ἀλλὰ καὶ τὴν Ῥηγίνων παρεσπονδήκεισαν· εἰκότως ἂν δόξειεν δυσαρεστεῖν. εἰ δὲ παρὰ τοὺς ὅρκους καὶ τὰς συνθήκας ὑπολαμβάνει τις αὐτοὺς πεποιῆσθαι τὴν διάβασιν· ἀγνοεῖ προφανῶς. Lib. III. Cap. XXVI.

(13) C'est ainsi qu'*Alamondare*, Roi des *Sarasins*, disoit qu'il n'avoit point enfraint le Traité entre les *Perses* & les *Romains*, puis qu'il n'y étoit point compris de part ni d'autre: Ἔφασκέ τε ὡς αὐτὸς οὐ λύει τὰς Περσῶν τε καὶ Ῥωμαίων σπονδάς, ἐπεὶ αὐτὸν εἰς ταύτας οὐδέτεροι ἐνεγράψαντο. Procop. Persic. Hist. Lib. II. (Cap. I.) Grotius.

(14) C'est ainsi que les *Corcyréens* (ou ceux de *Corfou*) résolurent, quelque tems après celui dont il a été parlé dans le Texte, de tenir le Traité d'Alliance qu'ils avoient fait avec les *Athéniens*, sans cesser pourtant d'être amis, comme auparavant, des autres Peuples du *Peloponnése*: Ἐψηφίσαντο Κερκυραῖοι Ἀθηναίοις μὲν ξύμμαχοι εἶναι, κατὰ τὰ ξυγκείμενα, Πελοποννησίοις δὲ φίλοι, ὥσπερ καὶ πρότερον. [Thucydid. Lib. III. Cap. LXX. *Ed. Oxon.*] Grotius.

(15) *Nam inducias, quas proprio nomine condixerant, ex sociorum persona rumpebant; quippe quasi minus perjurii contraherent, si ferentes sociis auxilia, potius quàm si ipsi aperto prælio dimicassent.* Lib. III. Cap. VII. *num.* 14, 15.

(16) Περὶ δὲ τοῦ ἑτέρου ἐπανορθώματος, ὃ ὑμεῖς ἐν τῇ εἰρήνῃ ἐπηνορθώσασθε· τοὺς ἄλλους Ἕλληνας, ὅσοι μὴ κοινωνοῦσι τῆς εἰρήνης, ἐλευθέρους καὶ αὐτονόμους εἶναι· καὶ ἐάν τις ἐπ' αὐτοὺς στρατεύῃ, βοηθεῖν τοὺς κοινωνοῦντας τῆς εἰρήνης &c. Orat. *de Haloneso*, pag. 33. A. Edit. *Basil.* 1572.

§. XIV. (1) *Bellum extra* Macedoniæ *fines ne injussu Senatus gereret* [Philippus]. Tite Liv. *Lib.* XXXIII. *Cap.* XXX. *num.* 6. Voiez aussi *Lib.* XLII. *Cap.* XXV.

(2) Ou plûtôt parce que le droit de se défendre est un droit naturel, dont personne ne peut être censé se dépouiller lui-même par aucune convention. La chose parle d'elle-même.

§. XV. (1) Diodore *de Sicile* dit, qu'on promit aux *Carthaginois*, de leur laisser leurs Loix, leur Païs, leurs Temples, leurs Tombeaux, leur liberté: Νόμους, χώραν, ἱερά, τάφους, ἐλευθερίαν. Excerpt. Le-

sives. Mais, dans un doute, on doit préférer ici la signification la moins étenduë, pour ne pas (2) trop gêner la liberté des Parties.

§. XV. Il faut rapporter encore ici la promesse que les *Romains* avoient faite *de laisser* (1) Carthage *libre*. Quoi que la nature même de l'engagement ne permît pas d'entendre par là une pleine & entiére indépendance (car les *Carthaginois* avoient perdu depuis long tems le pouvoir de faire la Guerre de leur chef, & quelques autres droits) cette clause néanmoins leur laissoit quelque sorte de liberté, autant du moins qu'il en falloit pour ne pas leur imposer la dure nécessité de transporter ailleurs, pour ainsi dire, leur Ville, au gré d'un Allié impérieux. C'étoit donc sans raison que les *Romains* pressoient le sens du mot de *Carthage*, disant qu'il falloit entendre par là l'assemblage des Citoiens, & non pas la Ville. Quelque impropre que soit cette signification, on pourroit accorder qu'elle a lieu ici, à cause de la *liberté* qui est attribuée à *Carthage*, & qui convient aux Citoiens, plûtôt qu'à la Ville. Mais il y avoit une chicane (2) manifeste à expliquer, comme faisoient les *Romains*, l'expression de *laisser* Carthage *libre*, ou en possession *de se gouverner par ses propres Loix*; qui est ce qu'emporte le terme emploié par (3) Appien.

§. XVI. 1. Il arrive souvent, que l'on dispute si une *Convention* est *Personnelle*, ou *Réelle*. (1) Cette question se rapporte encore ici; & voici comment on peut la décider.

2. Tout Traité fait avec une République, est sans contredit de sa nature un Traité réel, parce que le sujet, avec lequel on contracte, est une chose (2) permanente. Encore même que le Gouvernement vienne à être changé de Républicain en Monarchique, le Traité ne laisse pas de subsister, parce que le Corps est toûjours le même, il a seulement un autre Chef; &, comme nous l'avons (a) dit ci-dessus, le Gouvernement qui s'exerce par un Roi n'en est pas moins pour cela le Gouvernement du Peuple. Il y a seulement ici une exception à faire, c'est lors qu'il paroît que la constitution du Gouvernement Républicain a été la cause propre & le fondement du Traité; comme si deux Républiques avoient contracté une Alliance pour la conservation de leur liberté.

(a) Chap. IX. de ce Livre, §. 8.

3. Lors même qu'on a contracté avec un Roi, le Traité ne doit pas pour cela seul être censé personnel: car, comme l'ont très-bien remarqué les Jurisconsultes Pédius & Ul-

Legat. XXVII. Grotius.

(2) Quand on parle d'une Ville, quoi qu'on la considére comme un Corps de Peuple, on suppose toûjours la Place & les Bâtimens comme la demeure de ce Peuple. C'est le sens naturel qui se présente d'abord à chacun, & dont on ne doit jamais s'éloigner par conséquent, sans une déclaration expresse, ou des raisons manifestes tirées des circonstances, qui déterminent nécessairement à se renfermer dans l'idée d'une Multitude de personnes unies par le lien d'une Société Civile, mais envisagées comme n'aiant ni feu, ni lieu. Or c'est ce qui n'a pas lieu ici; quoi qu'en dise feu Mr. Cocceïus, dans son *Autonomia Juris Gentium*, Cap. XV. §. 14, 15. Tout ce qu'il avance, se réduit à ceci, que les *Carthaginois* étoient devenus dépendans des *Romains*, n'aiant conservé que le pouvoir de se gouverner par leurs propres Loix: & qu'un Etat même peut demeurer entiérement libre, quoi qu'il n'ait point de Ville, aussi bien qu'une Famille, quoi qu'elle n'ait point de Maison. Mais tout cela ne détruit point les raisons de nôtre Auteur, moins encore la réflexion que je viens de faire, tirée de l'usage ordinaire des termes. Car, quelque grande que fût la dépendance où étoient entrez les *Carthaginois*, il s'agit ici de savoir, si, sans préjudice de la bonne foi, on peut expliquer le Traité, en sorte que par *Carthage* on entende les *Carthaginois*, indépendamment de la Ville où ils étoient plantez. Or peut-on dire, que, si dans le tems du Traité, on eût demandé ce que l'on entendoit par *Carthage*, les deux parties seroient convenuës de ce sens? Il faut être bien entêté, pour justifier une perfidie aussi manifeste, que celle des *Romains* en cette occasion. Et cependant l'Auteur, qui l'approuve, ne fait pas difficulté de regarder l'opinion contraire de Grotius & de Pufendorf, comme l'effet d'une grande ignorance du Droit des Gens (*per summam Juris Gentium imperitiam hæc judicia præcipitata* &c) pendant qu'ici, comme ailleurs, il n'allégue lui-même que des raisons frivoles, & qu'il critique même nôtre Auteur le plus souvent sans l'entendre.

(3) Καὶ γὰρ ἡ Σύγκλητος ὑμῖν ἐπέστειλε, καὶ ὑμεῖς, τὰ ὅμηρα αἰτοῦντες, ἔφατε, τὴν Καρχηδόνα αὐτόνομον ἐάσειν, εἰ λάβοιτε. De Bell. Punic. *pag.* 79. *Ed. Amstel.* (48. *H. Steph.*)

§. XVI. (1) Voiez, sur cette matiére, Pufendorf, *Droit de la Nat. & des Gens*, Liv. VIII. Chap. IX. §. 6, & *suiv.*

(2) Voiez le Chap. IX. de ce Livre, §. 3.

& ULPIEN, (3) on insére souvent dans une Convention le nom de quelcun, pour montrer seulement avec qui l'on a conclu l'accord, & non pas pour donner à entendre qu'on a traité avec lui personnellement.

4. Mais s'il y a une clause expresse, qui porte que le Traité est fait *à perpétuité*, ou *pour le bien du Roiaume*, ou avec le Roi, (4) *pour lui & ses Successeurs*, ou *pour un certain tems limité*; on voit assez par là, que le Traité est réel. Tel étoit, ce semble, le Traité que les *Romains* firent autrefois avec *Philippe*, Roi de *Macédoine*, & qui donna lieu à une Guerre, *Persée*, Fils de ce Prince, n'aiant pas voulu le tenir, (5) comme s'il ne le regardoit point.

5. Il y a encore d'autres expressions qui peuvent faire présumer vraisemblablement qu'un Traité est réel. Quelquefois aussi la matiére même du Traité autorise suffisamment cette conjecture.

6. Que s'il y a des présomtions égales de part & d'autre, il faut alors tenir pour réels (6) les Traitez qui roulent sur des choses favorables; & pour personnels, ceux qui regardent quelque chose d'odieux. Ainsi les Traitez faits pour le bien de la paix, & les Traitez de Commerce, sont des Traitez réels, puis qu'ils concernent des choses favorables. Les Alliances pour la Guerre ne sont pas toutes odieuses, comme quelques-uns se l'imaginent; mais les Alliances Défensives tiennent plus du favorable; & les Offensives ont quelque chose qui approche davantage de l'onéreux ou de l'odieux. Ajoûtez à cela, que, dans toute Alliance pour la Guerre, on doit présumer que chacun des Alliez a (b) eu égard, en traitant, à ce que demande la prudence & la probité de l'autre, en sorte qu'il n'a pas prétendu exiger de lui qu'il s'engageât, pour son service, dans une Guerre ou injuste, ou téméraire.

(b) Voiez *Parut. Hist. Venet.* Lib. V. & VII.

7. Je ne m'arrête point à examiner ce que l'on dit ordinairement, (7) *Que la mort rompt les Sociétez.* (c) Car cette maxime ne regarde que les Sociétez de Particulier à Particulier; & elle est purement de Droit Civil.

(c) *Decius*, Lib. I. Consil. XXII.

8. Il n'y a donc plus qu'à voir si l'on peut appliquer aux cas qui se présentent, les principes que nous venons d'établir. Car de dire, par exemple, si les (d) *Fidénates*, les (e) *Latins*, les (f) *Toscans*, les (g) *Sabins*, étoient bien fondez à se croire dégagez de leur Alliance avec les *Romains*, après la mort de *Romulus*, de *Tullus Hostilius*, d'*Ancus Marcius*, de *Tarquin l'Ancien*, & de *Servius Tullius*; c'est dequoi on ne sauroit bien juger aujourdhui, puis que nous n'avons plus les actes de ces Traitez. (8) Il faut dire à peu près la même chose de la prétention de ces Villes, qui aiant été tributaires des *Médes*, se

(d) *Denys d'Halicarn.* Lib. III. Cap. VI.
(e) *Idem*, ibid. Cap. XLIX.
(f) *Idem*, Lib. IV. Cap. XXVII.
(g) *Idem*, Lib. IV. Cap. XLV.

(3) *Utrum autem in rem, an in personam, pactum factum est, non minus ex verbis, quam ex mente convenientium, æstimandum est: plerumque enim (ut & PEDIUS ait) persona pacto inseritur, non ut personale pactum fiat, sed ut demonstretur cum quo pactum factum est.* DIGEST. Lib. II. Tit. XIV. *De Pactis*, Leg. VII. §. 8. Les Jurisconsultes Romains veulent qu'on présume, dans un doute, que la Convention est Réelle, & non pas simplement Personnelle. Voiez le beau Traité de Mr. NOODT, *De Pactis & Transact.* Cap. IV. & Mr. SCHULTING, sur le Titre *De Pactis*, §. 15.

(4) L'Orateur LIBANIUS dit, qu'on ajoûte ordinairement cette clause dans les Traitez avec un Prince, καὶ τοῖς ἐκγόνοις. Defens. Demosthen. GROTIUS.

(5) *Fœdus cum patre ictum, ad se nihil pertinere.* TIT. LIV. Lib. XLII. Cap. XXV. *num.* 10.

(6) Comme cette distinction est peu sûre, il vaut mieux dire, avec Mr. THOMASIUS, (*Jurisprud. Divin.* Lib. III. Cap. VIII. §. 27.) que, dans un doute, tout Traité public, fait avec un Roi, doit être tenu pour réel; parce que, dans un doute, un Roi est censé agir comme Chef de l'Etat, & pour le bien de l'Etat.

(7) *Idem* (PAPINIANUS) *respondit, societatem non posse ultra mortem porrigi.* DIGEST. Lib. XVII. Tit. II. *Pro Socio*, Leg. LII. §. 9.

(8) *Sapor*, Roi des *Perses*, se jetta sur l'*Arménie*, après la mort de *Jovien*, sous prétexte que les Traitez qu'il avoit faits là-dessus avec cet Empereur n'avoient plus de force, dès-là qu'il n'étoit plus: *Persarum Rex* (Sapor) *manus* Armeniis *injectabat, eos ad suam ditionem ex integro vocare vi nimiâ properans, sed injustè; caussando, quod post* Joviani *excessum, cum quo fœdera firmarat & pacem, nihil obstare debebat, quominus ea recuperaret, quæ antea ad majores suos pertinuisse monstrabat.* AMMIAN. MARCELLIN. Lib. XXVI. (Cap. IV. pag. 495. *Edit. Vales. Gron.* Voiez aussi *Lib.* XXVII. *Cap.* XII. *init.*) On trouve quelque chose de semblable dans MENANDRE *le Protecteur*, au sujet des conventions faites entre *Justinien* & les *Sarrasins.* (*Excerpt. Legat.* Cap. XII.) Voiez aussi ce que les *Suisses* disoient à *De Guitry*, après la mort d'*Henri III.* dans

Du

se mirent dans l'esprit que leur condition étoit changée par le changement de maître; comme Justin (9) le remarque. Car il faudroit savoir, si dans la convention, par laquelle elles s'étoient engagées à paier tribut, elles avoient eu en vuë précisément de se soûmettre à cette charge en faveur de la Nation des *Médes*, ou seulement en faveur du Gouvernement présent.

9. Bodin (h) veut que les Rois ne soient point obligez de tenir les Traitez faits par leurs Prédécesseurs; & il se fonde sur ce que la force du Serment, qui intervient pour l'ordinaire dans ces sortes d'engagemens, ne s'étend pas au delà de la personne de celui-là même qui a juré. Mais c'est-là une mauvaise raison. (10) Car rien n'empêche qu'une Promesse n'oblige l'Héritier du Promettant, quoi que l'obligation du Serment ajoûté à la Promesse soit purement personnelle. Et il n'est pas vrai, comme cet Auteur le suppose, que le Serment soit l'unique base des Traitez. Car au contraire la Promesse seule a le plus souvent allez de force par elle-même: & si l'on y ajoûte le Serment, ce n'est que pour donner de plus grandes assûrances qu'on l'observera religieusement. Sous le Consulat de *Publius Valérius*, le Corps du Peuple de *Rome*, distingué de l'ordre des Sénateurs, avoit juré de s'assembler quand il seroit convoqué par un Consul. Ce *Valérius* étant venu à mourir, on mit à sa place *Lucius Quintius Cincinnatus*. Là-dessus quelques Tribuns du Peuple chicanoient, soûtenant que le Peuple n'étoit plus tenu de son serment. Mais voici le jugement qu'en fait Tite Live: (11) *On n'avoit pas encore alors aussi peu de respect pour les* Dieux, *qu'on en a dans nôtre Siécle. On ne s'étoit pas mis sur le pié de donner chacun à son serment & aux Loix le sens où il trouve le mieux son compte: mais chacun régloit de bonne foi sa conduite sur celui qui se présentoit naturellement.*

(h) *De Republic.* Lib. V. Cap. ult.

§. XVII. Encore même qu'un Roi Allié, ou son Successeur, vienne à être chassé du Roiaume par ses Sujets, le Traité ne laisse pas de subsister dans toute sa force. Car ce Roi conserve toûjours son droit à la Couronne, quoi qu'il n'en soit plus en possession. Et on peut dire de lui ce que Lucain (1) disoit du Sénat Romain: *Il ne perd pas ses droits, pour changer de lieu.*

§. XVIII. Au contraire, si l'on prend les armes contre un Usurpateur, avec l'approbation du Roi légitime, ou contre un Oppresseur de la liberté d'une République, avant que son Pouvoir soit suffisamment autorisé par un consentement exprès ou tacite du Peuple; on ne fera rien par là contre l'Alliance contractée avec le Roi légitime, ou avec la République; parce que ceux qui se sont ainsi emparez du Gouvernement (1) n'ont qu'une simple possession, sans aucun droit. C'est sur ce fondement que

De Thou, Lib. XCVII. sur l'année 1589. & un beau passage de Camden, sur l'année 1572. où il parle d'un ancien Traite des François avec les *Ecossois*. Grotius.

(9) *Sed civitates, quæ* Medorum *tributariæ fuerant, mutato imperio, etiam conditionem suam mutatam arbitrantes, à* Cyro *defecerunt*. Lib. I. Cap. VII. *num.* 2. Boecler, dans un Corollaire qui se trouve à la fin de sa Dissertation intitulée, *Miles Captivus*, Tom. I. Diss. *pag.* 990. conjecture que par les *Villes Tributaires*, dont il est parlé ici, on doit entendre, comme ce mot se prend quelquefois, des Villes Conquises réduites sans l'obéissance du Vainqueur, & qu'ainsi il est facile de décider la question. Mais sur ce pié-là il semble qu'il n'y auroit eu aucun prétexte de se soustraire à la domination de *Cyrus*: ou du moins le prétexte auroit été bien leger. D'ailleurs, supposé que le mot de *Tributariæ* tout seul emporte quelquefois une vraie & parfaite sujettion; dequoi on n'allégue aucun exemple: il est plus naturel de l'entendre ici dans sa signification ordinaire, & selon l'usage de ces anciens Rois de l'*Orient*, qui se contentoient souvent d'exiger quelque Tribut des Villes ou Nations conquises, en leur laissant du reste la liberté.

(10) Voiez Pufendorf, *Droit de la Nat. & des Gens*, Liv. IV. Chap. II. §. 17. avec les Notes.

(11) *Sed nondum hæc, quæ nunc tenet seculum, negligentia Deûm venerat: nec interpretando sibi quisque jusjurandum & leges aptas faciebat, sed suos potius mores ad ea adcommodabat*. Lib. III. Cap. XX. *num.* 5.

§. XVII. (1) —— *Non unquam perdidit Ordo,*
Mutato, sua jura, solo. —— ——

Pharsal. *Lib.* V. *vers.* 29, 30.

§. XVIII. (1) C'est ainsi que l'Empereur *Valens* ne se paia pas de l'excuse du Roi des *Goths*, qui disoit, qu'en conséquence des Alliances qu'il avoit avec les *Romains*, il avoit envoié du secours à *Procope*, qui s'étoit emparé de l'Empire. Ammien Marcellin appelle cela une excuse tres-vaine: Valens *parvi ducens excusationem vanissimam* &c. Lib. XXVII. (*Cap.* V. *init.*) Les Historiers Grecs rapportent la même chose, mais sous le nom des *Scythes*: car c'est ainsi qu'ils appelloient les *Goths*. L'Empereur *Justinien* disoit, qu'il ne contrevien-

que *Titus Quintius* disoit autrefois à *Nabis* (2) *Nous n'avons contracté aucune amitié ni aucune alliance avec vous, mais avec* Pélops, *légitime Roi de* Lacédémone. Si dans un Traité il est fait mention du *Roi*, ou de ses *Successeurs*, ces mots & autres semblables désignent des qualitez qui, à parler proprement, emportent un vrai droit. Et d'ailleurs, le caractére d'Usurpateur rend sa cause odieuse.

§. XIX. Le Philosophe Chrysippe proposoit cette (1) question, (2) *Si, lors qu'on a promis une récompense à celui qui arrivera le prémier au bout d'une Carriére, & que deux y arrivent en même tems; on doit donner le prix à chacun, ou ne le donner ni à l'un, ni à l'autre?* Le mot de *prémier* (a) est certainement équivoque: car il peut signifier ou celui qui devance tous les autres, ou celui qui n'est devancé de personne. Mais comme c'est une (3) chose favorable, de recompenser les belles actions qui sont l'effet de quelque Vertu; rien n'est plus plausible que de dire ici, qu'il faut partager le prix entre ceux qui sont arrivez en même tems au bout de la course. Il est pourtant plus généreux d'imiter en ce cas-là (4) *Scipion*, *César*, (5) & *Julien* l'Empereur, qui donnérent la récompense entiére à chacun de ceux qui avoient escaladé en même tems les murailles d'une Ville.

(a) Voiez *Alberic. de Rosato*, De Statutis, Quæst. CVI & CVII.

§. XX. 1. Jusques ici nous avons fait voir de quelle maniére on doit expliquer les paroles d'une Promesse ou d'une Convention, en suivant la signification ou propre, ou impropre, des termes. Mais il y a une autre sorte d'interprétation, fondée sur des *Conjectures qui ne sont tirées en aucune façon du sens des termes* dans lesquels la Promes-

viendroit point au Traité qu'il avoit fait avec *Gizeric*, en déclarant la Guerre à *Gélimer*, qui avoit ôté la liberté, avec la Couronne, au legitime Roi *Hilderic.* Voiez le Cardinal Tuschus, *Conclus. Practic.* Concl. CCCIX. *num.* 6. & Cacheran. *Decis. Pedemont.* LXXIX. *num.* 35. Grotius.

Le Roi des *Goths* ne s'excusoit pas sur ce qu'il avoit dû, en vertu des Alliances, donner du secours au Possesseur de l'Empire, légitime ou non: mais il disoit, que, sur la parole de *Procope*, il l'avoit cru légitime Successeur: *Qui* [Gothi], *ut factum firma defensione purgarent, literas ejusdem obtulêre* Procopii, *ut generis Constantiniani propinquo* IMPERIUM *sibi debitum sumsisse, commemorantis, veniâque dignum adserentes errorem.* Amm. Marcellin. ibid. Pour ce qui regarde la déclaration de l'Empereur *Justinien*, au sujet de *Gélimer*, Roi des *Vandales*, elle se trouve dans une seconde Lettre qu'il écrivit à ce Prince, comme le rapporte Procope, *De Bell. Vandalic.* Lib. I. Cap. IX.

(2) *Amicitia & societas nobis nulla tecum, sed cum* Pelope, *Rege* Lacedæmoniorum *justo ac legitimo facta est.* Tit. Liv. Lib. XXXIV. Cap. XXXII. *num.* 1. Boecler, dans sa Dissertation *De actis Civitatis*, (Tom. I. pag. 870, 871.) accuse ici nôtre Auteur d'inexactitude, par la raison que c'étoit seulement un prétexte, dont les *Romains* se servoient, puis qu'ils avoient eux-mêmes traité avec *Nabis*, comme avec un Roi légitime. Mais nôtre Auteur ne dit rien qui tende à approuver l'application de la maxime au cas présent: il lui suffit, que celui, dont il allégue les paroles, suppose cette maxime, comme vraie en elle-même.

§. XIX. (1) Voiez le Chapitre de Pufendorf qui répond à celui-ci, §. 14.

(2) C'est de Plutarque que nôtre Auteur a tiré ceci: Ἐν μὲν γὰρ τῷ Περὶ τοῦ δικάζειν ὑποθέμενος [ὁ Χρύσιππος] δύο δρομεῖς ἅμα συνεκπίπτειν (Il faut lire συνεμπίπτειν, comme l'a remarqué le docte Théologien Gataker, dans son Traité Anglois *De la nature & de l'usage du Sort*, Chap. VI. §. 1. pag. 119. à la fin des Notes) ἀλλήλοις. De Stoïcorum contradict. *Tom.* II. pag. 1045. D. *Edit. Wech.*

(3) Il ne s'agit point ici proprement d'expliquer le mot de *prémier*, & de savoir s'il convient à une ou à plusieurs personnes. En matiére des choses dont il s'agit, on suppose ordinairement qu'il n'y a qu'une seule personne qui devance les autres; parce qu'effectivement il est tres-rare que plusieurs arrivent en même tems au bout de la Carriére. Ainsi on peut dire en général, que, quand on propose une recompense à celui qui fera telle ou telle chose le *prémier*, on n'a dans l'esprit qu'une seule personne qui devancera les autres; on ne pense point à la concurrence de deux ou de plusieurs, qui se trouveront également les prémiers, par rapport à tous les autres. Ainsi tout se réduit à découvrir, quelle auroit été vraisemblablement la volonté de celui qui parle, si ce cas lui fût venu dans l'esprit. Pour cet effet, il faut voir, s'il s'agit d'une chose qui puisse être reïtérée, ou non, dans le même tems. Si la chose peut être *reïterée* dans le même tems, comme quand il s'agit de courir jusqu'à un certain endroit, encore même qu'on n'eût point parlé de plusieurs courses de suite; il y a tout lieu de croire, que celui qui a proposé le prix de la course auroit prétendu qu'en cas que deux arrivassent en même tems au lieu marqué, ils recommenceroient. C'est un moien presque sûr de satisfaire son intention, puis qu'il y auroit à parier cent contre un, que le cas dont il s'agit n'arrivera pas deux fois de suite. Et les récompenses étant d'autant plus honorables, que moins de gens les méritent, on doit présumer, que lors que quelcun regardant une chose comme difficile, a voulu récompenser celui qui la feroit le prémier, il a eu dessein que la récompense proposée échût autant qu'il se pourroit, à une seule personne. D'autant plus que, quand deux personnes arrivent, par exemple, au bout de la carriére en même tems, cela rend leur adresse ou leur agilité un peu équivoque, & donne lieu de soupçonner que l'un ou l'autre n'ait pas fait tout ce qu'il a pû. Mais lors que la chose, à quoi on a attaché une récompense, n'est pas de nature à pouvoir être reïtérée dans le même tems, comme s'il s'agissoit d'escalader les murailles d'une Ville assiégée; il faut

messe est conçuë. Et ici tantôt on *étend* l'idée que les termes donnent, & tantôt on la *resserre*.

2. L'*extension* n'a pas lieu aussi aisément, que la restriction. Car comme, par tout ailleurs, les Causes nécessaires doivent toutes concourir à la production d'un effet, au lieu que le défaut d'une seule suffit pour empêcher que cet effet ne s'ensuive : de même, en matiére d'actes par lesquels on s'engage à quelque chose, il ne faut pas légérement admettre une conjecture qui tend à rendre l'obligation plus étenduë. Et on doit être ici beaucoup plus reservé, que dans le cas dont nous avons parlé ci-dessus où l'on étend bien l'engagement, mais en vertu d'une signification plus générale dont les termes sont susceptibles, quoi que peu commune: au lieu qu'il s'agit maintenant de tirer des conjectures de quelque chose qui n'est jamais renfermé dans le sens des termes de la Promesse. Ainsi il faut que ces conjectures soient bien certaines, pour autoriser une explication qui impose à quelcun la nécessité de faire ce à quoi il n'auroit pas été tenu sans cela. Et il ne suffit pas d'alléguer ici une raison semblable : elle doit être la même précisément. Ce n'est pas encore toûjours assez, pour avoir lieu d'étendre la pensée au delà de la signification des termes: car, comme nous (a) le disions tout-à-l'heure, il arrive souvent que l'on se détermine à la vérité par une certaine raison, mais en sorte que la volonté seule est une cause suffisante par elle-même, indépendamment de cette raison. (a) §. 8.

3. Afin donc que (1) l'extension, dont il s'agit, soit bien fondée, il faut être assu-

faut voir si le prix peut être aisément multiplié, ou non. S'il peut être *multiplié* sans inconvénient, & sans trop charger celui qui l'a promis, comme quand il s'agit d'une Couronne de peu de valeur, ou d'autres choses semblables, qui sont regardées comme de pures marques d'honneur; on a tout lieu de présumer que le Promettant auroit consenti sans peine à cette multiplication. Que si le prix ne peut pas aisément être multiplié, il faut voir encore s'il est de nature à pouvoir être *partagé* ou *possédé en commun*, ou bien s'il est *indivisible*. Dans le prémier cas, on est censé avoir voulu que les Concurrens partageassent le prix, ou qu'ils en joüissent également; puis qu'ils l'ont également mérité. Dans l'autre, on a prétendu sans doute qu'ils prissent le seul parti qu'il y a à prendre en ces sortes d'occasions, c'est de *s'accommoder*, ou en tirant au *sort*, ou en laissant la chose entiére à l'un des deux qui y ont un droit égal, à condition qu'il le dédommage par quelque autre endroit. Ainsi, sans avoir besoin de la distinction du Favorable ou de l'Odieux, on peut décider le cas dont il s'agit, & autres semblables, par des présomtions raisonnables de l'intention de celui qui a parlé. Pufendorf, dans le Chapitre qui répond à celui-ci, §. 14. a traité la question un peu autrement que nôtre Auteur ne fait ici, mais non pas avec toutes les distinctions & sur les fondemens que je viens d'établir.

(4) Scipio, *collaudato* Lælio, *ad concionem advocavit, pronunciavitque*, Se satis compertum habere, *Q. Trebellium* & *Sext. Digitium* pariter in murum escendisse; seque eos ambos, virtutis caussâ, coronis muralibus donare. Tit. Liv. Lib. XXVI. Cap. XLVIII. *num.* 13. On trouve aussi ce fait dans Zonare, qui l'avoit tiré de Dion Cassius, *Excerpt. Peiresc.* pag. 602. où le Savant Henri de Valois a suppléé ce qui manque aux fragmens de l'Auteur Original, par le texte plus entier du Copiste.

(5) Je ne sai d'où est tiré ce que l'on attribuë ici à *César*. Mais à l'égard de l'Empereur Julien, je croi que nôtre Auteur avoit dans l'esprit un passage d'Ammien Marcellin, où il ne s'agit pas précisément de la même sorte de Couronne, & on ne voit non plus aucune contestation sur l'assignation du prix. C'est ce que l'Historien rapporte, qu'apres une Bataille livrée aux *Perses* près de la Ville de *Ctésiphon*, l'Empereur donna des *Couronnes Navales*, des *Couronnes Civiques*, & des Couronnes appellées *Castrenses*, à ceux qu'il avoit remarqué s'être signalez dans le Combat : *Qui* [Julianus] *adpellans plerosque nomine, quos stabili mente aliquid clarum fecisse ipse arbiter perspexit, navalibus donavit coronis, & civicis, & castrensibus.* Lib. XXIV. Cap. VI. pag. 443. *Edit. Vales. Gron.* Ce qui a fait penser à nôtre Auteur qu'il s'agissoit d'un cas, comme celui du jugement de *Scipion*, c'est que la *Couronne Navale*, & la *Castrensis*, se donnoient ordinairement, l'une à celui qui étoit sauté le prémier dans un Vaisseau des Ennemis, l'autre à celui qui étoit entré la prémier dans le Camp de l'Ennemi ; comme on peut le voir dans Juste Lipse, *De Milit. Rom* Lib. V. Dialog. LVII. & dans Charles Pascal, *De Coronis*, Lib. VII. Cap. III. *& seqq.*

§. XX. (1) Les Rhéteurs en traitent aussi dans leur Lieu Commun *Περὶ ῥητοῦ καὶ διανοίας*, *Des Paroles & de la Pensée:* car ils mettent pour une des espéces qui se rapportent à ce Lieu Commun, d'expliquer les paroles de quelcun en sorte qu'on le fasse toûjours penser de même sur les mêmes choses. Il y a un autre Lieu Commun qui se rapporte ici, c'est celui qui se tire du *Raisonnement*, *κατὰ συλλογισμόν*, & qui consiste à inférer de ce qui est écrit quelque chose qui n'est pas renfermé dans les termes: *Ergo hic status ducit ex eo quod scriptum est, id quod incertum est: quod quoniam ratiocinatione colligitur*, ratiocinativus *dicitur.* Quintilian. *Instit. Orat.* (Lib. VII. Cap. VIII.) Il faut rapporter encore ici ce que disent les Jurisconsultes touchant les fausses explications par lesquelles on élude les Loix, *quæ in fraudem Legis fiunt.* Sene'que, le Rheteur, dit, que ce sont des chicanes, par lesquelles on péche contre la Loi, sous ombre de s'attacher scrupuleusement à l'écorce de la Loi : *Circumscriptio semper crimen, sub specie legis, involvit. Quod adparet in illa, legitimum est : quod latet, insidiosum.* Lib. VI. Con-

sûré, que la raison qui convient au cas que l'on veut renfermer dans une Promesse ; soit l'unique & puissant motif qui a déterminé le Promettant ; & que le Promettant ait envisagé cette raison dans toute son étenduë, parce qu'autrement la Promesse auroit été injuste, ou de nul effet.

4. Par exemple, si dans le tems qu'on n'avoit point d'autres Fortifications, que des Murailles, on étoit convenu de ne pas enclorre de Murailles un certain lieu ; en vertu de cette clause on n'auroit pas pû non plus y faire tout autour des Remparts ou des levées de terre, supposé que l'unique but du Traité eût été manifestement d'empêcher qu'on ne fît de ce lieu une Place forte.

5. On allégue ici ordinairement l'exemple d'un Testateur, qui croiant sa Femme enceinte & ne doutant point qu'elle n'accouchât après sa mort, a substitué un autre Héritier, *au cas que cet Enfant posthume vînt à mourir.* On dit que le sens d'une telle clause doit être étendu au cas même où il ne naît point d'Enfant de la Veuve après la mort de son Mari, parce qu'il est clair que l'unique motif qui a déterminé le Testateur, c'est la supposition qu'il ne laisse point de lignée. Et cela se trouve ainsi décidé, non seulement par les Jurisconsultes, mais encore par (2) CICE'RON, & par (3) VALE'RE MAXIME. Voici la raison que le prémier en rend, dans son Plaidoier pour *Cécina*: (4) *Est-ce*, dit-il, *que les termes, dont le Testateur s'étoit servi, exprimoient cela suffisamment? Point du tout. Sur quoi donc se fonda-t-on? Sur la volonté & l'intention du Testateur. Et certainement si l'on pouvoit faire connoître ses pensées sans dire mot, on n'auroit pas cherché le moien de les exprimer par des paroles. Mais, comme la chose n'est pas possible, on a inventé le Langage, pour servir à découvrir l'intention*

Controvers. III. QUINTILIEN, le Pére, dit à peu près la même chose : *Neque enim umquam decurritur ad hanc legem, nisi quum rectum jus nequitiâ exclusum est.* Declam. CCCXLIII. On en trouve un exemple dans ce Romain, *Licinius Stolon*, qui fut condamné par une Loi qu'il avoit fait établir lui-même, pour avoir aquis plus de cinq cens arpens de terre, possedant sous le nom de son Fils ce qui étoit au delà : PLIN. *Hist. Natur.* Lib. XVIII. (Cap. III.) VALER. MAXIM. Lib. VIII. Cap. VI. *num.* 3. On peut rapporter ici les Adoptions feintes, dont parle TACITE, *Annal.* Lib. XV. (Cap. XIX.) Voiez un autre exemple dans la Novelle de MANUEL COMNE'NE, qui fait partie des Livres Grecs du Droit Romain (Cap. VI. *Edit. Labb.*) GROTIUS.

(2) *Quum is* [*Q. Scævola*] *hoc probare vellet*, Manium Curium, *quum ita heres institutus esset*, Si pupillus ante mortuus esset, quàm in suam tutelam venisset ; *pupillo non nato, heredem esse non posse . . . . contra* Crassus . . . . *hoc voluisse eum, qui testamentum fecisset, hoc sensisse, quoquo modo filius non esset, qui in suam tutelam veniret, sive non natus, sive ante mortuus*, Curius *heres ut esset : ita scribere plerosque, & id valere, & valuisse semper.* Brut. (Cap. LII. LIII.) Voiez aussi *De Oratore*, Lib. I. (Cap. XXXIX.) & *Lib.* II. (*Cap.* XXXII.) & *De Inventione*, Lib. II. (Cap. XLII.) & *Orat. pro Cæcin.* (Cap. XVIII.) Voici un autre exemple, que SENEQUE le Rhéteur nous fournit. Un Mari & une Femme avoient juré de ne pas survivre l'un à l'autre. La Femme, sur une fausse nouvelle de la mort de son Mari, que le Mari lui-même lui avoit fait donner, alla se précipiter. Mais elle n'en mourut point ; & son Pére alors voulut qu'elle quittât son Mari. Elle s'en défend, sur ce que le serment de ne pas survivre emportoit qu'ils ne se sépareroient jamais de leur vivant : *Hic animus sine dubio jurantium fuit, ut vivi non diduceremur, quum illud quoque caveremus, ne morte divideremur.* Lib. II. Controv. X. (pag. 169. *Edit. Elzevir. Var.*) GROTIUS.

(3) Je ne doute pas que nôtre Auteur ne confonde ici le cas, dont il s'agit, avec un autre tout opposé, que CICE'RON & VALE'RE MAXIME rapportent, & dont il a été fait mention ci-dessus, *Chap.* XI. de ce Livre, §. 6. *num.* 2. Voiez aussi QUINTILIEN, *Inst. Orat.* Lib. VII. Cap. VI. Il n'y a, que je sache, aucun endroit, où VALE'RE MAXIME parle du Testament fait en faveur de *Curius* : on n'en trouve rien du moins dans le Chapitre, où il faudroit chercher cela, *De ratis Testamentis & insperatis*, Lib. VII. Cap. VIII. Mais, dans le Chapitre qui précéde, *num.* 1. on voit le Testament de ce Pére, qui croiant son Fils mort à la Guerre, avoit institué d'autres Héritiers.

(4) *Quid? verbis satis hoc cautum erat? Minimè. Quæ res igitur valuit? Voluntas: quæ si, tacitis nobis, intelligi posset, verbis omnino non uteremur. quia non potest, verba reperta sunt, non quæ impedirent, sed quæ indicarent voluntatem.* Cap XVIII.

(5) *Quare si ad eum restituendum, qui vi dejectus est, eamdem vim habet æquitatis ratio ; eâ intellectâ, certe nihil ad rem pertinet, quæ verborum vis sit ac nominum . . . . . . In his caussis verba non veniunt in judicium, sed ea res, cujus caussâ verba hæc in interdictum conjecta sunt. Vim, quæ ad caput & ad vitam pertinet, restitui sine exceptione voluerunt. Ea fit plerumque per homines coactos armatosque : quæ si alio consilio, eodem periculo, facta sit, eodem jure esse voluerunt.* (Cap. XX. XXII.) Sur ce principe, PHILON, Juif, soûtient, que c'est un Adultére, d'avoir commerce avec une Fille fiancée à quelcun ; car, dit-il, les Fiançailles valent autant que les Nôces : Παρ' ἐμοὶ δὲ κρατῇ μοιχείας καὶ τοῦτ' ἐστὶν εἶδος · αἱ γὰρ ὁμολογίαι γάμοις ἰσοδυναμοῦσιν. De Legibus special. (*pag.* 788. A. *Edit. Paris.*) Dans la Loi de *Moïse*, sous le nom de *Bœuf* on comprend toute sorte d'Animaux domestiques ; & sous le nom de *Puits*, toute sorte de Fosse : EXODE, XXI, 28, 33, 34, 35. Voiez CHASSAN,

tion de celui qui parle, & non pas pour en empêcher l'effet. L'Orateur ajoûte un peu plus bas, (5) que, par tout où il y a une seule & même raison d'équité, c'est-à-dire, toutes les fois que le cas s'accorde avec la raison qui a été le seul motif de celui qui parle; on doit établir la même régle. D'où il conclut, que l'Arrêt interlocutoire où il étoit parlé de *celui qui avoit chassé quelcun d'un Héritage, en appostant des gens armez, ramassez pour cet effet*; qu'un tel Arrêt, dis-je, devoit s'entendre aussi de tout attentat contre la vie & la personne de quelcun: *car*, dit-il, *ces violences s'exercent ordinairement par le moien de gens ramassez & armez. Si donc on les commet d'une autre maniére, mais aussi dangereuse pour ceux envers qui on en use; la même Loi doit avoir lieu alors, par une suite nécessaire de la volonté de ceux qui ont dressé la formule de l'Arrêt.*

6. Voici un autre exemple, que Quintilien le Pére propose, dans une de ses Déclamations: (6) *Le mot de* Meurtre, dit-il, *semble signifier une action par laquelle on verse le sang d'une personne, en se servant de quelque instrument de fer. Cependant, si un homme a été tué d'une autre maniére, nous en reviendrons toûjours à la Loi touchant le Meurtre. Qu'on l'aît jetté dans les Latrines, ou dans la Riviére, ou dans un Précipice, c'est tout un; on sera puni de même, que si on lui avoit passé l'Epée au travers du corps.*

7. Selon les Loix d'*Athénes*, il étoit défendu à un Pére de tester, sans le consentement de sa Fille. De là l'Orateur Isæus (7) conclut, en raisonnant sur le principe dont il s'agit, qu'un Pére ne pouvoit pas non plus adopter quelcun, sans le consentement de sa Fille.

§. XXI.

san. *Catalog. gloria mundi*, Part. V. Consider. XLIX. Grotius.

Le commerce avec une Fiancée d'autrui, est regardé & puni comme un Adultére, par la Loi de *Moïse*, Deute'ron. XXII. 23, 24. Et les Loix Romaines ont suivi cette idée: *Divi* Severus & Antoninus *rescripserunt, etiam in sponsa hoc idem* [adulterium] *vindicandum: quia neque matrimonium qualecumque, nec spem matrimonii violare permittitur.* Digest. Lib. XLVIII. Tit. V. *Ad Leg. Jul. de adulter. coërcend.* Leg. XIII. §. 3. Voiez la *Collatio Mosaïcarum & Roman. Legum*, Tit. IV. §. 6. & là-dessus la Note de Pithou.

(6) Cædes *videtur significare sanguinem & ferrum. Si quis alio genere homo fuerit occisus, ad illam legem revertemur: si occiderit in latrinas, aut in aquas, præcipitatus, si in aliquam immensam altitudinem dejectus fuerit; eadem lege vindicabitur, qua ille, qui ferro percussus sit.* Declam. CCCL. J'ai rapporté & traduit ce pas[illegible]e, selon l'Edition d'Obrecht, où l'on a mis, *si occiderit in latrinas* &c. au lieu de *si inciderit in latrones*, comme il y a dans les Editions ordinaires, que nôtre Auteur suit, mais qui sont ici manifestement corrompuës. *Tomber entre les mains des Voleurs*, n'exprime pas une maniére d'ôter la vie à quelcun, distincte de l'idée que donne le mot de *cædes*.

(7) Nôtre Auteur applique mal ce passage, faute de l'avoir entendu: ainsi il ne faut pas s'étonner que le Traducteur Latin, reconnu peu habile, n'en ait pas mieux exprimé le sens. Voici dequoi il s'agit. Les Loix d'*Athénes* permettoient à un homme de disposer par testament de ses biens, comme il jugeroit à propos, s'il ne laissoit point d'Enfans Mâles, légitimes; avec cette restriction néanmoins, que, s'il laissoit des Filles légitimes, il ne pouvoit instituer pour Héritiers que ceux qui les épouseroient. Donc, dit l'Orateur, un Pére ne peut pas adopter quelcun, ni lui donner ses biens, sans lui donner en même tems sa Fille: & par conséquent, si *Pyrrhus* aiant, comme on le prétend, une Fille légitime, avoit adopté *Endius*, sans lui donner en même tems sa Fille en mariage, cette adoption seroit nulle, selon les Loix. Ainsi le raisonnement n'est pas fondé sur la necessité d'étendre la Loi au delà du sens des termes; mais sur une chose renfermée clairement dans le sens des termes. Car ils supposent que les Filles légitimes étoient Héritieres naturelles, au defaut d'Enfans Mâles; à moins que le Pére n'eût institué quelcun Héritier à condition d'épouser une de ses Filles. D'où il s'ensuit manifestement, que le Pére ne pouvoit adopter personne, sans lui donner en même tems une de ses Filles; puis que l'adoption d'un Fils emportoit un droit à l'Hérédité, à l'exclusion de tout autre. Ὁ γὰρ νόμος διαῤῥήδην λέγει, ἐξεῖναι διαθέσθαι ὅπως ἂν ἐθέλῃ τις τὰ αὑτοῦ, ἐὰν μὴ παῖδας γνησίους καταλίπῃ ἄῤῥενας· ἂν δὲ θηλείας καταλίπῃ, σὺν ταύταις. οὐκοῦν μετὰ τῶν θυγατέρων ἔστι δοῦναι καὶ διαθέσθαι τὰ αὑτοῦ· ἄνευ δὲ τῶν γνησίων θυγατέρων οὐχ οἷόν τε οὔτε ποιήσασθαι, οὔτε δοῦναι οὐδενὶ οὐδὲν τῶν ἑαυτοῦ. οὐκοῦν εἰ καὶ ἄνευ τῆς γνησίας θυγατρὸς τὸν Ἔνδιον Πύῤῥος ἐποιεῖτο υἱὸν αὑτῷ, ἄκυρος ἂν ἦν αὐτῷ ἡ ποίησις, κατὰ τὸν νόμον. Orat. II. *De Pyrrhi hereditate*, pag. 400. *Ed. Wech.* Le Traducteur Latin a rendu σὺν ταύταις, par, *in illarum arbitrio*: & ἄνευ τῶν θυγατέρων, par, *insciis filiabus, non consultis*: & c'est le faux sens, que nôtre Auteur a suivi. Cependant ce qui suit immédiatement après devoit suffire, pour faire reconnoitre la bevuë: car l'Orateur ajoûte: Εἰ δὲ τὴν θυγατέρα ἐξεδίδου, *Que s'il avoit donné sa Fille en mariage*, c'est-à-dire, avec son bien. Feu Mr. Pe'rizonius, qui, comme je m'en apperçois depuis cette Note écrite, cite par occasion le passage d'Isæus, dans sa *Dissertationum Trias*, Diss. II. pag. 129. en donne le vrai sens, d'une maniére digne de son érudition, sans relever néanmoins la bevuë de l'Interprête Latin, à qui il rend justice ailleurs en général dans ce même volume, *Diss.* I. pag. 60, *& seqq.*

§. XXI. 1. On peut résoudre par le même principe (1) une question fameuse, dont (a) Aulu-Gelle a parlé il y a long tems, savoir, *Si l'on peut s'aquitter d'une Commission, en faisant quelque chose d'aussi utile, ou même de plus avantageux, que ce qui avoit été prescrit par celui qui nous a chargé de l'affaire dont il s'agit?* Cela n'est permis, selon moi, que quand on est assûré que ce qui avoit été prescrit ne l'avoit pas été précisément comme tel & d'une maniére déterminée, (2) mais en vuë de quelque chose de plus général, dont on peut venir à bout autrement. C'est ainsi que le Jurisconsulte (3) Scevola décide, qu'un homme qui a eu ordre de répondre pour quelcun, qui veut emprunter, peut donner ordre lui-même au Créancier futur de compter l'argent à celui pour qui on l'a chargé de cautionner.

(a) Lib. I. Cap. XIII.

2. Du reste, lors qu'on n'a pas des raisons suffisantes de croire que la commission aît été donnée sur ce pie-là, il faut s'en tenir a la maxime d'Aulu-Gelle, (4) *Que c'est se mettre au dessus de la volonté de celui de qui l'on a reçu l'ordre, que d'apporter à l'exécution, au lieu de l'obéïssance exacte qu'il avoit droit d'exiger, une prudence qu'il ne demandoit point.*

§. XXII. 1. Voila' pour l'extension des engagemens au delà de ce qui est renfermé dans la signification des termes. Mais on resserre aussi quelquefois une Promesse, plus que la signification des termes ne le permet: & cette *restriction* se fait ou par une présomtion d'un *défaut originaire de volonté*, (1) ou à cause de *l'incompatibilité du cas qui arrive, avec la volonté* du Promettant.

2. Le *défaut originaire de volonté* s'infére ou des absurditez qui s'ensuivroient, si l'on n'apportoit quelque restriction à des termes généraux; ou de ce que la raison, qui a été le grand & unique motif de celui qui parle, vient à cesser; ou enfin du défaut de la matiére.

3. Le fondement du prémier chef, est, qu'on ne doit jamais présumer qu'une personne veuille des choses absurdes.

§. XXIII. Le second est fondé sur ceci, que quand le motif (1) qui seul a pleinement & efficacement déterminé à promettre, se trouve exprimé dans la Promesse, ou qu'on en est assûré d'ailleurs; tout ce qui est contenu dans les termes de la Promesses, n'est pas considéré purement & simplement en lui-même, mais entant qu'il se rapporte à ce motif.

§. XXIV.

§. XXI. (1) Voiez Pufendorf, *Droit de la Nat. & des Gens*, Liv. V. Chap. IV. §. 3.

(2) Quintilien, le Pére, dit, que les Esclaves même peuvent, à bonne intention, se donner quelque liberté dans l'exécution de leurs ordres; & qu'ils se font honneur quelquefois de leur désobéïssance, comme d'une marque de fidélité *Servi mehercle quedam liberius ex bona mente faciunt: & aliquando indicium fidei putant pretio emta mancipia, non paruisse.* Declam. CCLVII. On en trouve un exemple dans les *Excerpta Legationum*, à l'endroit où il est traité de la maniére d'exécuter & d'expliquer la commission d'une Ambassade. Voiez aussi ce que fit *Jean*, un des Capitaines de l'Empereur *Justinien*, contre les ordres de *Bélisaire*: Procop. *Gotthic.* Lib. II. Cap. X. & Lib. IV. Grotius.

Le passage du IV. Livre de Procope, que nôtre Auteur indique, est dans l'*Histoire mêlée*, Cap. XXIII. & là il s'agit bien du même *Jean*, mais ce sont les ordres de l'Empereur *Justinien* qu'il passe, & non pas ceux de *Bélisaire*.

(3) *Mandavi in hac verba:* Lucius Titius *Gajo* suo salutem. Peto, & mando tibi, ut fidem dicas pro *Publio Mævio* apud *Sempronium*: quæque à *Publio* soluta tibi non fuerint, me repræsentaturum, hac epistolâ, manu mea scriptâ, notum tibi facio. *Quæro, si non fidejussisset, sed mandasset creditori, & aliàs egisset, quàm ei mandatum esset, an actione mandati teneretur? Respondit, teneri.* Digest. Lib. XVII. Tit. I. *Mandati, vel contra*, Leg. LXII. §. I. Voiez, sur cette Loi, les *Rationalia* d'Antoine Faure, Tom. V. pag. 133.

(4) *Corrumpi atque dissolvi officium omne imperantis ratus, si quis ad id, quod facere jussus est, non obsequio debito, sed consilio non desiderato, respondeat*, Lib. I. Cap. XIII.

§. XXII. (1) On a critiqué cette distinction, comme je l'ai remarqué sur le Chapitre de Pufendorf, qui répond à celui-ci, §. 19. *Note* 2. Mais je crois maintenant, qu'il y a moien de justifier nôtre Auteur, en decouvrant sa veritable pensée, qui, à mon avis, est celle-ci. Il y a des cas, qui sont tels, qu'on a tout lieu de croire que celui qui parle ou les a prévûs, ou du moins a pû les prévoir, & que cependant il n'a pas prétendu qu'ils fussent renfermez dans la généralité des termes; quoi qu'il ne les ait pas exceptez, parce qu'il a supposé que l'exception étoit claire. Voilà le *defaut originaire de volonté.* Il y a d'autres cas, qui n'étoient pas de nature à être prévus, mais qui sont tels néanmoins, que, s'ils eussent pû venir dans l'esprit

§. XXIV. LE troisiéme & dernier chef, qui autorise une restriction, est fondé sur ce qu'on doit toûjours présumer, (1) que le sujet dont il s'agit a été incessamment devant les yeux de celui qui parle, quoi que ses paroles aient par elles-mêmes plus d'étenduë.

§. XXV. 1. IL FAUT remarquer ici, à l'égard de la raison ou du but unique de la Promesse, qu'on y rapporte souvent certaines choses considérées non comme actuellement existantes, mais comme pouvant moralement exister; de sorte que cette possibilité seule suffit pour qu'on ne doive faire aucune restriction. S'il y a, par exemple, dans un Traité, cette clause, Que l'on ne menera point d'Armée ou de Flotte en un certain endroit; cela ne sera point permis, quand même on le feroit sans dessein de nuire. Car en stipulant une telle chose, on a eu en vuë de prévenir non seulement un mal certain, mais encore tout danger & tout sujet apparent de crainte.

2. On demande ici encore, si les Promesses renferment par elles-mêmes cette condition tacite, *Que les choses demeurent dans l'état où elles sont?* Pour moi, je dis que non; à moins qu'il ne soit de la derniére évidence que cette raison, dont nous avons parlé, qui seule a pleinement & efficacement determiné à s'engager, a une liaison nécessaire avec l'état présent des choses. C'est ainsi qu'on voit (a) dans l'Histoire divers exemples d'Ambassadeurs, qui ont rebroussé chemin, parce qu'ils avoient appris que les affaires étoient changées de telle maniére, que le sujet ou la raison de leur Ambassade cessoit entiérement.

(a) *Paschal.* De Legat. *Cap.* 17.

§. XXVI. 1. POUR ce qui regarde (a) l'*incompatibilité du cas qui arrive, avec la volonté* du Promettant, on conjecture cette volonté ou des principes de la Raison Naturelle, ou de quelque autre indice.

(a) Que les Rhéteurs rapportent aussi au Lieu Commun *De Scripto & Sententia.*

2. ARISTOTE, qui a traité cette matiére fort exactement, met & dans l'Entendement, & dans la Volonté, une Vertu particuliére, dont l'office est de faire connoître l'intention de quelcun par des indices tirez de la Raison Naturelle. Celle qui est dans l'Entendement, il l'appelle (b) *Bon-Sens*, ou *Connoissance de ce qui est droit & juste*: & celle qui est dans la Volonté, il la nomme (c) *Equité*. Il définit très-bien la derniére, (1) *une juste interprétation, par laquelle on redresse ce qui se trouve défectueux dans la Loi, à cause des termes trop généraux* (2) *dans lesquels elle est conçuë*: correction que les Testamens & les Conventions demandent aussi à leur maniére. En effet,

(b) Γνώμη, Εὐγνωμοσύνη. Ethic. Nicom. VI, 12.

(c) Ἐπιείκεια.

l'esprit de celui qui parle, il les auroit exceptez. Voilà l'*incompatibilité du cas qui arrive, avec la volonté de celui qui a parlé.*

§. XXIII. (1) On en voit un exemple dans une Loi du Droit Romain, qui défend aux Patrons de faire jurer leurs Affranchis, qu'ils ne se marieront point, ou qu'ils n'éleveront point d'Enfans. Cela ne doit s'entendre, dit-on, que de ceux qui sont en état d'avoir des Enfans. De sorte que, si un Patron avoit exigé un serment comme celui-là de quelque Affranchi qui fût Eunuque, il ne seroit point sujet à la peine portée par la Loi: *Quamvis nulla persona lege excipiatur, tamen intelligendum est, de his legem sentire, qui liberos tollere possunt. Itaque si castratum libertum jurejurando quis adegerit, dicendum est, non puniri Patronum hac lege.* DIGEST. Lib. XXXVII. Tit. XIV. Leg VI. §. 2. GROTIUS.

§. XXIV. (1) Les anciens Rhéteurs traitent de cette maniére d'interpréter avec restriction, dans leur Lieu Commun *des Paroles & de la Pensée*, Περὶ ῥητοῦ καὶ διανοίας, & ils la rapportent à ce chef, Que le sens des Paroles n'est pas toûjours le même: *Quum dicitur non semper eadem* [scripti] *sententia.* GROTIUS.

Voiez CICERON, *De Inventione*, Lib. II. Cap. XLII. & MARIUS VICTORINUS, *in II. Rhetoric. Cicer.* (c'est-à-dire, sur ce même endroit) *pag.* 221, 222. *Antiqq. Rhetor. Edit. Pithœi*, Paris. 1599.

§. XXVI. (1) Καὶ ἔστιν αὕτη ἡ φύσις ἡ τοῦ Ἐπιεικοῦς, ἐπανόρθωμα νόμου, ᾗ ἐλλείπει διὰ τὸ καθόλου. Ethic. Nicom. *Lib.* V. *Cap.* XIV. pag. 72. C. Tom. II. *Ed. Paris.*

(2) Bien des choses s'exceptent d'elles-mêmes, disoit SENEQUE le Rhéteur, quelque généraux que soient les termes de la Loi: & il y a des exceptions si claires, qu'il n'est pas nécessaire de les exprimer. On en donne pour exemple, un Fils qui a frappé son Pére dans un accès de frénesie, ou lors qu'il étoit encore en bas âge &c. *An non quisquis patrem ceciderit, puniatur. In lege, inquit, nihil excipitur. Sed multa, quamvis non excipiantur, intelliguntur. Et scriptum legis angustum est, interpretatio diffusa est: quædam vero tam manifesta sunt, ut nullam cautionem desiderent. Quid legis interest, excipere, ne fraudi sit ei, qui per insaniam patrem pulsavit; quum illi non supplicio, sed remedio opus sit? Quid opus est, caveri lege, ne puniatur infans, si pulsaverit patrem? quid opus est caveri, ne puniatur, si quis aut patrem sopitum, aut subitâ corporis gravitate collapsum, excitavit: quum illa non injuria, sed medicina fuerit.* Lib. IV. *Controv.* XXVII. GROTIUS.

effet, comme on ne peut ni prévoir ni spécifier tous les cas, il faut nécessairement avoir quelque liberté d'excepter ceux qui seroient exceptez par celui-là même qui a parlé, s'il étoit présent. On ne doit pourtant pas en venir légérement à faire de telles exceptions; autrement ce seroit s'ériger en arbitre souverain d'un acte d'autrui; mais il faut y être autorisé par des indices suffisans.

3. Le plus certain que l'on puisse avoir ici, c'est lors qu'on voit qu'en suivant la force des termes, il résulteroit de là quelque chose d'illicite, c'est-à-dire, de contraire aux Loix Naturelles ou Divines. Car personne ne pouvant s'engager ou être obligé à rien de semblable, il faut l'excepter nécessairement. *Il y a*, disoit QUINTILIEN, le Pére, (3) *des choses qui s'exceptent naturellement & d'elles-mêmes, encore qu'on ne voie rien dans les termes de la Loi qui insinuë cette restriction.* Ainsi un homme qui a une Epée en dépôt, ne doit pas la rendre à un Furieux, de peur qu'il ne lui en arrive du mal, ou à d'autres personnes innocentes. On n'est pas non plus tenu de rendre la chose déposée à celui-là même qui nous l'a remise, si le véritable Propriétaire la redemande. *La Justice*, comme le dit le Jurisconsulte (4) TRYPHONIN, *consiste bien à rendre à chacun le sien, mais en sorte qu'on donne toûjours la préférence à toute personne qui a une raison plus légitime de redemander ce que l'on a entre les mains.* La raison en est, que, la Propriété des biens une fois établie, il seroit tout-à-fait injuste de ne pas rendre une chose à son Maître, du moment qu'on le connoît; c'est une suite de cet établissement, comme nous l'avons remarqué ailleurs.

§. XXVII. 1. UN autre indice qui oblige à excepter certains cas, comme ne s'accordant point avec la volonté de celui dont on explique les paroles, c'est lors qu'en s'attachant scrupuleusement aux termes, il résulteroit de là quelque chose, non pas à la vérité d'illicite en soi & à tous égards, mais qui, à en juger équitablement, seroit trop dur & insupportable; soit eu égard à la constitution de la Nature Humaine en général, soit en comparant la personne & la chose, dont il s'agit, avec le but même de l'engagement. (a) Lors qu'on a, par exemple, prêté une chose pour quelques jours, on peut la redemander avant ce terme expiré, s'il se trouve qu'on en aît grand besoin soi-même; la nature même d'un service tel que le Prêt à usage, donnant lieu de présumer, que personne ne veut s'engager par un tel acte, d'une maniére à s'incommoder beaucoup. De même, si l'on a promis du secours à un Allié, & que, dans le tems qu'il le demande, on aît à craindre chez soi quelque irruption; on sera dispensé de fournir des Troupes à cet Allié, tant qu'on en a besoin pour sa propre défense. (b) L'exemtion de charges & d'impôts accordée à quelcun, (1) doit être entenduë des impositions

(a) *Molin.* Disp. CCXCIV. *Sylvestr.* verb. *commodatum*, num. 4. *Lessius*, Lib. II. Cap. XXVII. Dub. 5.

(b) *Ang.* ad Leg. VII. Dig. *De Lege Rhod.* *Vasqu.* Controv. Illust. Cap. XXXI.

(3) *Quædam, etiamsi nullâ significatione legis comprehensa sunt, naturâ tamen excipiuntur.* Declam. CCCXV.

(4) On a déja cité cette Loi, *Chap.* X. de ce Livre, §. 1. *num.* 5. *Note* 9.

§. XXVII. (1) Voiez ROSENTHAL. *De Feudis*, Cap. V. Conclus. LXXXVI. *num.* 2. PETR. HEIGH. *Qu. Illustr.* XVIII. *num.* 16. Part. I. COTHMAN. *Cons.* XI, 32. JUL. CLARUS, §. *Feudum.* XXIX, 2. ANDR. KNICH. *De vestitis Pactis*, Part. II. Cap. V. *num.* 20. HENRIC. BOCER. *De Collectis*, Cap. IV, 12. GROTIUS.

(2) *Nec promissa igitur servanda sunt ea, quæ sint iis, quibus promiseris, inutilia: nec, si plus tibi noceant, quàm illi prosint, cui promiseris.* De Offic. *Lib.* I. *Cap.* X.

(3) Voiez CHARLES DU MOULIN, sur la *Coûtume de Paris*, Tit. I. §. 2. gloss. IV. *num.* 3. FERN. VASQU. *De Successionum creatione*, Lib. II. §. XVIII. *num.* 80. ANT. FABER, *Cod. Sabaud.* Lib. IV. Tit. XXX. ZASIUS, in Leg. LXI. *Stipulatio hoc modo*: Dig. *De verbor. oblig. num.* 8. Voiez aussi DECRETAL. Lib. II. Tit. XXIV. *De Jurejurando*, Cap. XXV. & ALCIAT sur *Cap.* XXVIII. *ibid.* GROTIUS.

(4) *Contra officium est, majus non anteponi minori: ut si constitueris te cuipiam advocatum in rem præsentem esse venturum, atque interim graviter ægrotare filius cœperit; non sit contra officium, non facere quod dixeris.* De Offic. Lib. I. Cap. X.

(5) *Tunc fidem fallam, tunc inconstantiæ crimen audiam, si, quum omnia eadem sint, quæ erant, promittente me, non præstitero promissum. alioquin quidquid mutatur, libertatem facit de integro consulendi, & me fide liberat. Promisi advocationem: postea adparuit per illam caussam præjudicium in patrem meum quæri. promisi me peregre una exiturum: sed iter infestari latronibus nunciatur. in rem præsentem venturus fui: sed æger filius, sed puerpera uxor tenet. Omnia esse debent eadem, quæ fuerunt, quum promitterem, ut promittentis fidem teneas.* De Benefic. Lib. IV. Cap. XXXV. Voici d'autres exemples, que le même Philosophe allégue un peu plus bas

positions ordinaires & annuelles, mais non pas de celles que demande une nécessité extraordinaire, ou un besoin pressant, qui fait que l'Etat ne peut s'en passer.

2. De là il paroît, comment on doit rectifier la maxime de Cicéron, (2) *Qu'on est dispensé de tenir sa parole, lors qu'en l'effectuant on causeroit du préjudice à celui-là même envers qui l'on s'est engagé, ou qu'on s'en causeroit à soi-même, plus qu'on ne feroit de bien à l'autre.* Cela est trop vague & trop général. Car de dire, si la chose promise sera utile, ou non, à celui en faveur de qui l'on s'est engagé, ce n'est pas au Promettant à en juger, hormis peut-être dans le cas d'une aliénation d'esprit survenuë, de quoi nous avons parlé ci-dessus. Et toute sorte de préjudice qui peut revenir au Promettant de l'exécution de ses engagemens, ne le dispense pas de les tenir: mais il faut que le préjudice soit tel que la (3) nature même des engagemens donne lieu de présumer qu'il étoit tacitement excepté. Ainsi un homme qui a promis à son Voisin de travailler pour lui pendant quelques jours, n'y sera pas tenu, si son Pére ou son Fils se trouvent dangereusement malades. *Si l'on s'est engagé à se transporter au Palais, pour assister quelcun dans une Cause qui doit être débattuë, & que dans cet intervalle un Fils qu'on a vienne à être attaqué d'une grosse maladie; on ne manquera pas à son devoir, en se dispensant alors de faire ce que l'on avoit promis;* autre exemple approchant, que Cicéron (4) allégue fort à propos. C'est jusques-là, & pas plus loin, qu'on peut admettre ce que Senéque établit dans les paroles suivantes: (5) *On ne se rend coupable*, dit-il, *d'infidélité & de légéreté, en manquant à effectuer sa parole, que quand toutes choses sont demeurées dans le même état qu'elles étoient au moment qu'on a promis. Car le moindre changement, qui arrive depuis, nous met en liberté de prendre de nouvelles résolutions, & dégage nôtre foi. J'ai promis, par exemple, d'assister quelcun dans un Procès: mais je viens à découvrir, que cela tourneroit au préjudice de la Cause de mon Pére. J'ai promis d'accompagner quelcun en voiage: mais j'apprens que les chemins sont pleins de Voleurs. Je devois me transporter sur les lieux pour quelque affaire: mais je suis obligé de rester chez moi, à cause que mon Fils est tombé malade, ou que ma Femme est venuë à accoucher. En un mot, toutes choses doivent être dans le même état qu'elles étoient, lors que j'ai promis, pour que l'on soit en droit d'exiger l'effet de ma promesse.* Toutes choses, c'est-à-dire, selon la nature même des engagemens dont il s'agit, comme nous l'avons expliqué un peu plus haut.

§. XXVIII. Il peut y avoir encore, comme je l'ai insinué ci-dessus, d'autres indices de la volonté, qui autorisent à excepter certains cas de la généralité des termes. Le plus fort de tous ces indices, c'est lors qu'on trouve ailleurs des paroles, non pas di-

bas: " J'ai promis à quelcun d'aller souper chez lui: „ j'y irai, quoi qu'il fasse froid, mais non pas s'il „ est venu à tomber de la neige. J'ai promis d'aller „ à des fiançailles; j'y irai, quoi que j'aie quelque „ indigestion d'estomac, mais non pas si la fiévre „ m'a pris. J'ai promis de répondre pour quelcun; „ je le ferai, mais non pas si l'on veut que je répon„ dre pour une somme illimitée, ou auprès du Fisc. „ En tous ces cas-là, dis-je, il y a une exception ta„ cite, *Si je le puis, si je le dois, si les choses se trou„ vent ainsi.* Supposé que tout soit au même état, „ qu'il étoit, lors que j'ai promis; je serai certaine„ ment coupable de légéreté, si je vous manque de „ parole. Mais s'il est survenu quelque chose d'im„ prévû, devez-vous être surpris que, l'état des af„ faires du Promettant aiant changé, il change aussi „ de résolution? Remettez toutes choses au même é„ tat, & vous me verrez alors le même. On s'en„ gage à comparoître en Justice un certain jour: ce„ pendant tous ceux qui ne comparoissent point, ne „ sont pas toûjours sujets à la peine. Il y a des em„ pêchemens invincibles, qui les en dispensent. *Ad „ cœnam, quia promisi, ibo, etiamsi frigus erit: non „ quidem, si nives cadent. Surgam ad sponsalia, quia promisi, quamvis non concoxerim: sed non, si febricitavero. Sponsum descendam, quia promisi: sed non, si spondere in incertum jubebis, si fisco obligabis. Subest, inquam, tacita exceptio, si potero, si debebo, si hæc ita erunt. Effice, ut idem status sit, quum exigitur, qui fuit, quum promitterem: Destituere levitas erit. Si aliquid intervenit novi, quid miraris: quum conditio promittentis mutata sit, mutatum esse consilium? eadem mihi omnia præsta, & idem sum. Vadimonium promittimus, tamen deserti non in omnes datur actio deserentes. vis major excusat.* Ibid. *Cap.* XXXIX. Les *Anglois* se sont souvent servis du prétexte d'un changement de l'état des choses. Voiez Cambden, sur l'année M. D. XCV. au sujet des démêlez avec les *Hollandois*, comme aussi dans ceux qu'il y eut avec les *Villes Hanséatiques*. Grotius.

directement opposées, ou contradictoires, (de quoi nous avons parlé ci-dessus) mais entre lesquelles, & celles dont il s'agit, il survient une espéce de conflict, par quelque cas imprévû, pour ainsi dire, ou (1) *à cause de certaines circonstances*, comme parlent les Rhéteurs Grecs.

§. XXIX. 1. POUR savoir, laquelle des deux choses dites ou écrites par la même personne doit l'emporter dans ce conflict, il y a certaines régles à observer. CICERON (a) en donne quelques-unes, tirées des anciens Auteurs, lesquelles ne sont nullement à mépriser, mais qui ne me paroissent pas mises en bon ordre. (1) Voici de quelle maniére on doit les ranger.

(a) Voiez là-dessus *Marius Victorinus.*

2. I. *Ce qui n'est que permis*, (2) *doit ceder à ce qui est prescrit.* Car celui qui permet est censé supposer qu'il n'y aît pas quelque autre chose, que ce dont il s'agit, qui empêche de se prévaloir de la Permission. Ainsi *une Loi qui commande ou qui défend l'emporte sur une Loi qui permet*, comme le dit (3) l'Auteur de la *Rhétorique adressée à* HERENNIUS.

3. II. *Ce que l'on doit faire* (4) *en un certain tems, a la préférence sur ce que l'on peut faire en tout tems.* D'où il s'ensuit, qu'une Convention qui tend à empêcher l'un des Contractans de faire telle ou telle chose, doit l'emporter pour l'ordinaire sur une autre qui l'astreint à faire ceci ou cela. Car la prémiére oblige en tout tems, mais non pas l'autre: à moins qu'il n'y aît un tems déterminé dans lequel on doive exécuter ce à quoi l'on s'est assujetti; ou que l'article qui impose la nécessité de faire certaines choses ne renferme une prohibition tacite.

4. III. *Entre les Conventions égales d'ailleurs par rapport aux qualitez dont nous ve-*

§. XXVIII. (1) 'Η ἐκ περιστάσεως μάχη, dit nôtre Auteur. Je trouve dans HERMOGENE, Κατὰ περίστασιν μάχη, Partit. *Sect.* IV. pag. 16. *Edit. Genev.* 1614. Au reste, QUINTILIEN appelle cela, *Collisio casu & eventu.* Instit. Orat. Lib. VII. Cap. VII. comme le Savant GRONOVIUS le remarque ici.

§. XXIX. (1) Voiez, sur ces Régles, le dernier paragraphe du Chapitre de PUFENDORF, qui répond à celui-ci; avec les Notes.

(2) *Deinde* [considerandum] *utra lex jubeat aliquid, utra permittat. nam id, quod imperatur, necessarium: illud, quod permittitur, voluntarium est.* CICER. *de Invent.* Lib. II. Cap XLIX.

(3) *Plus enim valet sanctio permissione. Lib. II. Cap. X.* QUINTILIEN, le Pére, établit la même maxime: *Et semper, Judices, potentior lex est, quæ vetat, quàm quæ permittit.* Declam. CCCLXXIV. Le Grammairien DONAT la donne aussi pour sûre: EADEM LEX HÆC JUBET) *Bené* jubet: *minorem enim vim habet ea lex, quæ aliquid permittit, quàm illa, quæ aliquid jubet.* In *Phorm.* TERENT. Act. I. Scen. II. (*vers.* 76.) Voiez aussi CICERON, *Orat. in Verr.* Lib. II. (Cap. LI.) & CONNAN, *Comment. Jur. Civ.* Lib. I. Cap. IX. GROTIUS.

J'ai remarqué sur le Chapitre de PUFENDORF, qui répond à celui-ci, §. 23. *Note* 1. qu'il faut supposer ici que la Permission soit générale, & les Défenses, ou l'Ordonnance, particuliéres. Mr. CARMICHAEL, dont j'ai déja parlé sur le §. 10. de ce Chapitre, *Note* 1. admet la restriction dans les cas où *la matiére de la Permission ou des Défenses est proposée sous les mêmes termes, & en sorte que ce qu'il y a de général ou de particulier est du côté des personnes à qui l'on permet ou l'on défend: ou bien si toute la matiére de la Permission est renfermée dans les termes de la Loi qui défend, en sorte que la Permission n'auroit aucun effet, si elle n'y dérogeoit. Mais*, ajoûte-t-on, *si la Permission n'est opposée que par accident à la Loi qui défend; il faut toujours présumer que celui qui permet le fait*, comme parle GROTIUS, *en supposant qu'il n'y ait pas quelque autre chose, que ce dont il s'agit, qui empêche de se prévaloir de la Permission. Jusques-là donc la Régle*, dit-on, *a lieu.* Mais I. Cette présomtion peut être combattuë par une autre présomtion tout aussi bien fondée; c'est que celui qui donne une Permission générale, sachant bien & devant savoir qu'il y a certaines choses défenduës qui se rapportent par accident à la matiére de la Permission, a par cela même levé les défenses par rapport aux cas où elles peuvent être opposées à la Permission. II. Je voudrois qu'on fit voir par des exemples convenables, comment la préférence de la Loi qui défend à celle qui permet, suit de la nature même de la Permission & des Défenses, indépendamment de ce qu'il y a de général ou de particulier. Voici le seul que je trouve allégué par ceux qui ont voulu expliquer la Régle dont il s'agit. *Il est libre à tout Citoien Romain, d'avoir une Concubine.* Une autre Loi porte, *Qu'aucun Soldat n'ait avec soi une Femme dans le Camp.* Cette derniére Loi, dit-on, doit restreindre la prémiére, parce qu'elle défend, au lieu que l'autre ne fait que permettre. Mais ce n'est point-là la vraie raison. Quand la Loi permet d'avoir une Concubine, la permission n'emporte autre chose que la liberté de vivre avec une Concubine, comme si elle étoit Femme légitime, sans encourir aucune peine: il n'y a là rien qui regarde les lieux où l'on peut entretenir ce commerce. Ainsi quand une autre Loi défend aux Soldats d'avoir aucune Femme avec eux dans le Camp, & par conséquent aucune Concubine; ces défenses par elles mêmes ne font proprement aucune exception à la permission d'avoir une Concubine: la permission demeure la même, dans le sens de la Loi qui l'a accordée.

(4) *Deinde ex lege utrum statim fieri necesse sit; utrum habeat aliquam moram & sustentationem. Nam id, quod statim faciendum est, perfici prius oportet.* CICER. ubi supra.

(5)

venons de parler, (5) *il faut préferer celle qui est la moins générale, & qui approche le plus de l'affaire dont il s'agit.* Car les clauses particuliéres ont d'ordinaire plus de force que les générales.

5. IV. *En matiére de Défenses*, (6) *celles qui sont accompagnées de quelque peine, doivent l'emporter sur celles auxquelles on n'en a point attaché*; (7) & celles qui portent une plus grande peine, sur celles qui en portent une moindre.

6. V. *Il faut donner la préférence à ce qui est fondé* (8) *sur des raisons ou des vuës, qui renferment un plus grand degré d'Honnêteté, ou d'Utilité.*

7. VI. Enfin, *les derniers actes* (9) *doivent prévaloir sur les prémiers.*

8. Il faut repeter ici une chose, que nous avons établie (a) ailleurs, c'est que le Serment dont une Convention est accompagnée, fait qu'elle doit être entenduë selon le sens le plus commun des termes, & qu'elle exclut absolument toutes les restrictions tacites, qui ne suivent pas nécessairement de la nature même de la chose dont il s'agit. D'où il s'ensuit que, si en certaines circonstances il y a du conflict entre une Convention faite avec serment, & une autre sans serment; la prémiére (10) doit l'emporter, à cause de l'acte religieux (11) qui l'accompagne.

(a) Chap. XIII. §. 5.

§. XXX. On demande encore, en matiére d'Interprétation, si, dans un doute, un Contract doit être tenu pour fait & parfait, avant qu'on aît dressé & délivré l'Ecrit? C'est le prétexte dont (1) se servoit autrefois *Muréna*, pour colorer la violation des conventions faites entre *Sylla* & *Mithridate*. Pour moi, il me paroît évident, qu'on doit présumer que l'Acte par écrit est destiné seulement (2) à servir de preuve & de mémoire du Contract, & non pas à en faire partie: à moins qu'on n'en soit autrement con-

(5) *Deinde utra lex de genere omni; utra de parte quadam: utra communiter in plures; utra in aliquam certam rem scripta videatur. Nam quæ in partem aliquam, & quæ in certam quamdam rem scripta est, promtius ad caussam accedere videtur, & ad judicium magis pertinere.* Idem, *ibid.* Voiez les Interprêtes, & sur tout Jaques Godefroi, sur cette Régle de Droit: *In toto Jure generi per speciem derogatur, & illud potissimum habetur, quod ad speciem directum est.* Digest. Lib. L. Tit. XVI. *De diversis Regul. Juris*, Leg. LXXX.

(6) *Deinde in utra lege, si non obtemperatum sit, pœna adficiatur, aut in utra major pœna statuatur.* Cicer. ubi supra.

(7) La raison en est, que, quand on impose une peine, on témoigne par là un plus fort desir d'obliger celui à qui on l'impose à faire ou ne pas faire certaines choses, que quand on ne lui en impose point, parce que, dans le prémier cas, on emploie, pour arriver à ses fins, un moien très-efficace, que l'on néglige dans l'autre cas. Pufendorf critique ici mal-à-propos nôtre Auteur, au dernier paragraphe du Chapitre si souvent cité dans celui-ci.

(8) *Utra lex ad majores, hoc est, ad utiliores, ad honestiores, ac magis necessarias res pertineat. Ex quo conficitur, ut, si leges duæ, aut si plures, aut quotquot erunt, conservari non possint, quia discrepent inter se; ea maximè conservanda putetur, quæ ad maximas res pertinere videatur.* Cicer. ubi supra.

(9) *Deinde utra lex posteriùs lata sit. nam postrema quæque gravissima est.* Idem, *ibid.* Cette Régle est ici hors d'œuvre. Elle regarde les cas où il y a une contrariété absoluë & perpétuelle entre deux Conventions ou deux Loix, en sorte que l'une ou l'autre doit demeurer désormais sans force: & alors certainement la derniére déroge à la prémiére, par la raison que nôtre Auteur a alléguée ci-dessus, §. 4. *num.* 2. Mais lors qu'il y a seulement du conflict en certains cas, sans que chacune des deux Conventions ou des deux Loix, incompatibles pour l'heure, perde d'ailleurs rien de sa force; la priorité ou la postériorité du tems ne sert de rien pour déterminer laquelle des deux doit l'emporter, parce qu'il n'y a point alors de changement de volonté. Il faut se régler sur d'autres indices, qui marquent un plus grand degré de volonté; & sur ce pié-là il peut arriver aisément que la Convention ou la Loi qui est la prémiere en datte l'emporte.

(10) Ceci est fondé sur une fausse supposition, comme on l'a déja remarqué, en réfutant Pufendorf.

(11) C'est sur ce principe qu'Ovide fait raisonner *Aconce* lors qu'il soûtient que *Cydippe* aiant juré de l'épouser, cela devoit l'emporter sur l'engagement du Pére de *Cydippe*, qui l'avoit simplement promise à un autre:

Promisit pater hanc: hæc adjuravit amanti.
Ille homines, hæc est testificata Deam.
Hic metuit mendax, timet hæc perjura vocari.
Num dubitas, hic sit major, an ille metus?

Epist. Heroid. XX. vers. 159, & *seqq.* Grotius.

§. XXX. (1) Καὶ προϊσχομένοις αὐτῷ τὰς συνθήκας προτείνουσιν, Οὐκ, ἔφη, συνθήκας ὁρᾶν. οὐ γὰρ συγγεγράφθαι Σύλλας, ἀλλ' ἔργῳ τὰ λεχθέντα βεβαιώσας ἀπήλλακτο. Appian. *Bell. Mithridat.* pag. 360. *Ed. Amst.* (214. *H. Steph.*) Voiez Pufendorf, *Liv.* III. *Chap.* VI. §. 16. & *Liv.* V. *Chap.* II. §. 6.

(2) C'est ce que le Droit Romain établit: *Et ideo sine scriptura si convenit, ut hypothecæ sit, & probari poterit, res obligata erit, de qua conveniunt. Fiunt enim de his scripturæ, ut quod actum est per eas facilius probari possit: & sine his autem valet, quod actum est, si habeat probationem; sicut & nuptiæ sunt, licet testatio sine scriptis habita est.* Digest. Lib. XXII. Tit. IV. *De fide instrumentorum* &c. Leg. IV. Voiez la Loi suivante, & Cod. Lib. II. Tit. III. *De Pactis*, Leg. XVII. C'est ainsi

convenu; ce qui s'exprime ordinairement dans le Contract même, comme on le voit (3) dans la Trêve faite autrefois par *Titus Quintius* avec *Nabis*.

(a) Voiez *Alc.* V. Conf. XVII.

§. XXXI. QUELQUES Auteurs ont prétendu, que les Contracts des Rois & des Peuples doivent être expliquez, autant qu'il se peut, par le *Droit Romain*. (a) Mais je ne saurois entrer dans cette pensée. A la vérité, s'il paroît que quelques Peuples soient convenus entr'eux, que le Droit Civil des *Romains* auroit lieu entr'eux comme une espéce de Droit des Gens, en matiére des choses qui se rapportent au Droit des Gens; ils doivent alors le suivre. Mais on ne doit pas présumer un tel accord, sans de bonnes preuves.

§. XXXII. FINISSONS par une question, que (1) PLUTARQUE a agitée, savoir, *si l'on doit avoir égard aux expressions de celui qui fait des offres, plûtôt qu'aux paroles de celui qui les accepte?* Il me semble que, celui qui accepte étant ici le Promettant, c'est aussi la maniére dont il s'exprime qui donne la forme à l'accord, si la teneur de son discours est absoluë & complette. Mais s'il s'est contenté d'une simple affirmation, qui se rapporte aux paroles de celui qui a fait les offres; ces paroles alors selon la nature des termes rélatifs, doivent être tenuës pour répetées dans la Promesse. Du reste, il est certain, qu'avant que les offres aient été acceptées, celui-là même qui les a faites n'est engagé à rien; puis que l'autre n'a aquis encore aucun droit, selon ce que nous avons dit ci-dessus, en traitant de (a) la nature des Promesses. Les offres, dont il s'agit, sont moins encore qu'une Promesse.

(a) *Chap.* XI. §. 14, *& suiv.*

ainsi que la LOI XVII. du Titre du CODE, *De fide instrumentorum*, est expliquée par BARTOLE, JEAN FABER, SALICET; dont l'opinion a prévalu, dans le Barreau, contre celle de BALDE, & de DE CASTRO. Voiez MYNSINGER, Decad. X. Consil. XCI. & CORNEL. NEOSTADIUS, *De pactis antenuptialibus*, Observ. XVIII. Ainsi ce que le Sieur *de Ligny* disoit, au sujet d'un Saufconduit accordé par *Charles VIII.* Roi de *France*, qu'il avoit bien été signé du Roi, mais qu'il n'avoit pas été séellé, ni souscrit par le Secrétaire; cela, dis-je, ne paroît pas une assez bonne raison. Voiez GUICCIARDIN, Liv. II. (§. 8. fol. 64. *verso*, de la vieille Trad. Françoise, pag. 93, 94. de l'Original, *Edit. de Genéve*, 1645.) GROTIUS.

(3) *Ex qua die scripta conditiones pacis edita* Nabidi *forent, ea dies ut induciarum principium esset.* TIT. LIV. Lib. XXXIV. Cap. XXXV. *num.* 3.

§. XXXII. (1) Elle y est décidée en faveur de celui qui fait les offres: Ὁ μὲν οὖν Σώσσιος ἔφη κυριώτερον εἶναι τὸν τοῦ προκαλουμένου λόγον, ὥσπερ νόμον ἐκεῖνος γὰρ ἐφ' οἷς διαγωνιοῦνται καθίστησιν· οἱ δὲ δεξάμενοι καὶ ὑπακούσαντες [illegible]θέντες. Sympos. *Lib.* IX. *Quest.* XIII.

Fin du CHAP. XVI. du LIV. II. ET DU TOM. I.

Défauts constatés sur le document original

Contraste insuffisant ou différent, mauvaise qualité d'impression

Under-contrast or different, bad printing quality